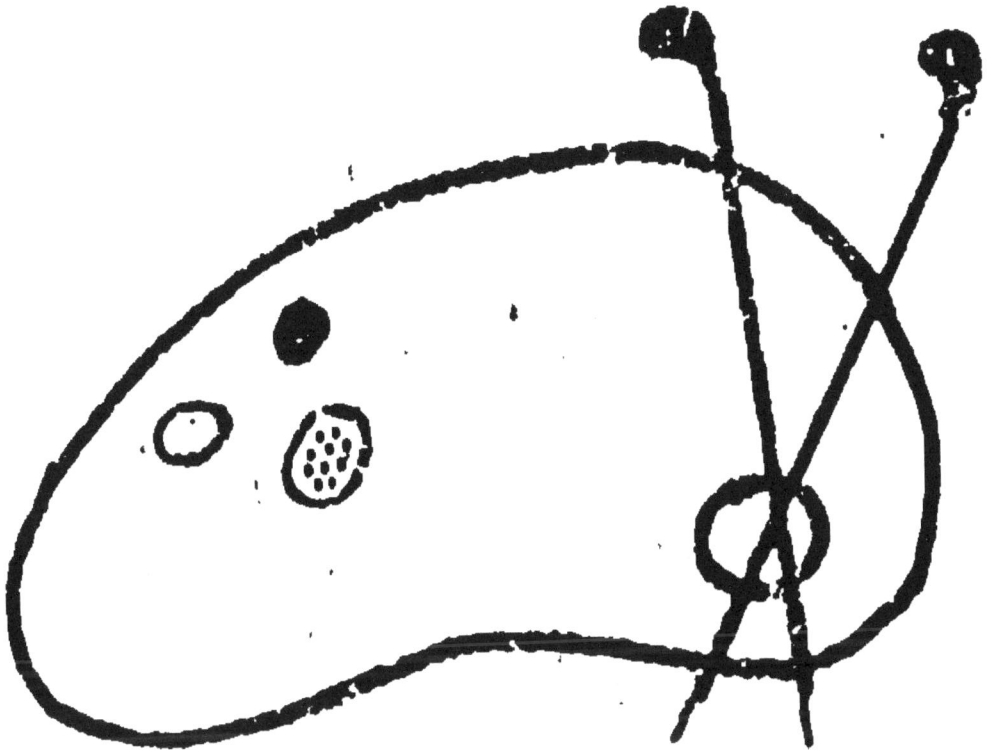

Couvertures supérieure et inférieure
en couleur

DICTIONNAIRE

DE LA

LÉGISLATION ALGÉRIENNE

7,381

(C.)

Paris. — Imprimé par E. Thunot et Cᵉ, rue Racine, 26.

DICTIONNAIRE

DE LA

LÉGISLATION ALGÉRIENNE

CODE ANNOTÉ ET MANUEL RAISONNÉ

DES

LOIS, ORDONNANCES, DÉCRETS, DÉCISIONS ET ARRÊTÉS

PUBLIÉS AU BULLETIN OFFICIEL DES ACTES DU GOUVERNEMENT

SUIVI

D'UNE TABLE ALPHABÉTIQUE DES MATIÈRES ET D'UNE TABLE CHRONOLOGIQUE DES LOIS, DÉCRETS, ETC.

PAR M. P. DE MÉNERVILLE

Président à la Cour Impériale d'Alger
Chevalier de la Légion d'honneur

PREMIER VOLUME

1830—1860

DEUXIÈME ÉDITION

ALGER

BASTIDE, libraire, place du Gouvernement
Mᵐᵉ PHILIPPE, libraire, rue Bab Azoun
Et les principaux libraires de l'Algérie

PARIS

DURAND, libraire-éditeur, rue Cujas, 9
COSSE ET MARCHAL, imp.-édit., place Dauphine, 27
CHALLAMEL, libraire commiss., rue des Boulangers, 30

1867

Depuis le jour où, marchant à la tête de la civilisation, la France a planté son drapeau en Algérie, détruit la piratrie qui s'étendait jusqu'au littoral européen et affranchi les nations du honteux tribut qu'elles subissaient, elle a soumis par ses armes tout un vaste royaume et préparé par la sagesse de sa politique et de son administration un avenir glorieux et fécond. Mais sa tâche n'est point finie.

La période de la conquête est terminée, celle de la constitution d'un nouvel empire chrétien commence, et c'est par les institutions qu'une société s'affermit, qu'un empire se fonde.

S'il avait suffi, comme l'aurait voulu et le voudrait encore la classe nombreuse des impatients, de promulguer dès le premier jour et sans transition le régime des lois françaises et de décréter l'assimilation complète de l'Algérie à la métropole ainsi que la naturalisation en masse des indigènes, l'œuvre eût été assurément facile. Eût-elle été sage, équitable et surtout prudente?

Ces lois, que les peuples voisins admirent et nous empruntent, sont l'expression de notre état social actuel, et ont suivi le développement successif des intérêts et du progrès pendant le cours de plusieurs siècles. Mais la France se trouve, dans sa nouvelle colonie, en présence d'un peuple que l'on peut dire dans l'enfance au point de vue des mœurs et des traditions des sociétés modernes; d'un peuple qu'elle n'a jamais entendu détruire ni refouler, comme le faisaient à une autre époque les nations conquérantes, mais qu'elle veut, au contraire, conserver, instruire et amener à une fusion progressive. Elle a, de plus, généreusement appelé les étrangers de tous pays à prendre part, sous l'abri de son drapeau, à l'œuvre de la colonisation. C'est une haute et glorieuse tutelle qu'elle exerce au nom de la civilisation et de l'humanité; l'émancipation viendra à son heure lorsque le temps et l'éducation civile des populations l'auront suffisamment préparée.

Indépendamment de ces conditions exceptionnelles, il fallait en même temps tenir compte de la sollicitude et des garanties auxquelles avaient droit les émigrants français. Après sa religion, est-il dit avec une grande vérité dans un rapport ministériel, ce que veut le plus conserver avec lui l'homme qui va fonder un établissement dans de nouvelles contrées, c'est la loi de son pays. Cette loi qu'il connaît, qu'il aime, qui sert de règle à sa conduite, c'est encore la patrie.

C'est au milieu de ces difficultés, comme aussi de toutes les complications que présentaient la nature des questions à résoudre, les événements de la guerre, l'influence même des agitations politiques de la mère patrie, qu'il a fallu, depuis trente ans, créer, organiser, administrer. On ne doit donc pas s'étonner que bien des hésitations, bien des tâtonnements se soient produits, et qu'une confusion inévitable en soit quelquefois résultée dans la législation coloniale.

C'est cette situation que résumait ainsi M. le ministre de la guerre dans un rapport du 7 décembre 1848 (p. 422) :

« Les intérêts qui ont été réglés l'ont été si souvent à des points de vue si différents et par des autorités si diverses, suivant la mobilité des choses et des hommes, qu'il en résulte pour les administrateurs comme pour les magistrats des embarras et des difficultés sérieuses d'application. La législation algérienne, éparse dans le *Bulletin officiel* des actes du gouvernement, est confondue avec des actes d'un intérêt tout individuel ; elle se compose d'une foule de textes émanés de différentes sources, qui se complètent ou se contredisent, dont très-peu sont abrogés explicitement, dont la plupart ne le sont que par une formule impuissante et inefficace.

« Il est indispensable d'abord de procéder à une révision générale qui, par la constatation du passé, fixe un point de départ certain pour l'avenir et résume l'œuvre législative très-complexe, très-étendue, et parfois très-confuse, qui a gouverné pendant dix-huit ans une colonie naissante. Il y a donc nécessité de résumer, de condenser cette législation dans un travail qui en présente seulement les résultats définitifs ; puis d'en retrancher tout ce qui est inutile ou abrogé implicitement ou explicitement, d'en coordonner, par une codification intelligente, et de n'en maintenir que ce qui est pratique et resté debout. Cette étude du passé préparera d'ailleurs les nécessités de l'avenir. »

En attendant cette révision législative qu'il appartient au gouvernement seul de provoquer et d'opérer, et qui s'accomplit d'ailleurs partiellement à mesure que de nouveaux décrets viennent fonder des institutions nouvelles ou réglementer celles déjà existantes, il restait à faire un travail également important et utile, celui de classer tous ces documents, et d'indiquer avec clarté et précision l'état actuel de la législation.

Mettre à la portée de tous, sous une forme rapide et facile, le Code spécial et exceptionnel de l'Algérie, en rendre ainsi l'étude et l'application promptes et sûres, tel est le but de cet ouvrage.

Le nombre des actes législatifs que renferment les vingt volume du *Bulletin officiel des actes du gouvernement* ou du *Bulletin du ministère de l'Algérie et des colonies*, qui en est la continuation, s'élève à plus de 4,000. Tous ceux qui n'avaient rapport qu'à un intérêt privé ont été laissés de côté; ceux d'un intérêt général qui avaient été abrogés ont été remplacés par un exposé sommaire de leurs principales dispositions; ceux qui forment aujourd'hui la loi du pays ont été reproduits textuellement. On y a joint en note un grand nombre de décisions administratives, pour la plupart inédites, qui en fixent l'interprétation et le mode d'exécution, ainsi que toutes les décisions judiciaires émanées soit de la Cour de cassation, soit de la Cour d'Alger, sur les questions d'application qui ont été soulevées. En tête de chaque article principal se trouve résumé dans une notice spéciale l'historique de la législation sur la matière; enfin de nombreux renvois corrélatifs et deux tables, l'une alphabétique, l'autre chronologique, complètent l'ensemble de cette publication, et lui donnent toute l'unité pratique qu'elle comporte.

Est-il besoin de signaler l'intérêt historique et politique qui s'attache à ce recueil aride au premier abord, mais où se traduit en actes officiels l'accomplissement de cette mission providentielle de la France, qui a pour objet de rattacher à la grande famille européenne un peuple jusque-là séparé d'elle par ses lois, ses mœurs et son fanatisme, de la régénérer, de l'initier à notre organisation sociale et de fonder avec lui une société nouvelle.

Un jour viendra sans doute où l'Algérie émancipée ne formera plus qu'une province française; où toute loi promulguée au siége du gouvernement de la métropole, sera de plein droit exécutoire jusqu'à la limite et dans les oasis du Sahara. Alors il ne sera plus question de lois, de principes, d'administration exceptionnels; mais la législation intermédiaire n'en conservera pas moins encore toute son importante. D'une part, en effet, ses dispositions continueront à régir les droits qui auront pris naissance sous son empire; de l'autre, une étude intelligente saura y suivre les phases de cette transformation sociale, et y trouver au besoin des enseignements et des leçons d'un haut intérêt pour l'avenir.

Octobre 1860.

EXPLICATION DES ABRÉVIATIONS.

AD.	Arrêté du directeur de l'intérieur.
AG.	— du gouverneur général ou du général en chef.
AGI.	— du général en chef et de l'intendant civil (1831-1834).
AI.	— de l'intendant civil.
AM.	— ministériel.
AP.	— du préfet.
APE.	— du président du conseil, chef du pouvoir exécutif (1848).
B.	Bulletin officiel des actes du gouvernement de 1830 au 24 juin 1859.
BM.	Bulletin du ministère de l'Algérie et des colonies à partir du 24 juin 1859.
DAN.	Décret de l'assemblée nationale.
DGP.	— du gouvernement provisoire.
DP.	— du président de la République.
DI.	— impérial.
OR.	Ordonnance royale.
SC.	Sénatus-consulte.
Circ. G.	Circulaire du gouverneur général.
Décis. I.	Décision impériale.
Décis. M.	Décision ministérielle.
Inst. M.	Instruction ministérielle.
Arr.	arrêté.
Arr. min.	arrêté ministériel.
Art.	article.
Cass.	cassation.
C. inst. crim.	code d'instruction criminelle.
C. Nap.	code Napoléon.
C. pén.	code pénal.
C. pr. civ.	code de procédure civile.
Décr.	décret.
Ord. roy.	ordonnance royale.

Lorsque les actes du gouvernement portent deux dates, la première est celle du jour où ils ont été signés, la deuxième celle du jour de la promulgation, soit à Alger du 20 octobre 1831 au 30 sept. 1858 par leur insertion au *Bulletin officiel*, soit à Paris à partir du 30 sept. 1858 par leur insertion au *Bulletin du ministère de l'Algérie et des colonies.*

EXEMPLE.

AG. — 28 juill.-20 sept. 1842. — B. 127.

Lisez : Arrêté du gouverneur en date du 28 juillet 1842, promulgué à Alger le 20 septembre 1842, inséré au n° 127 du *Bulletin officiel des actes du gouvernement.*

DICTIONNAIRE

DE LA

LÉGISLATION ALGÉRIENNE.

1830—1860.

————————

A

Abatage.—Abattoirs.

A1.—13 mars 1837.—B. 44.—*Défense d'abattre les vaches, chèvres et brebis pleines.*

Vu les rapports à nous adressés, desquels il résulte que certains bouchers, et notamment les indigènes qui exercent cette profession à Alger, abattent journellement à l'abattoir de cette ville des vaches, chèvres et brebis pleines ; — Considérant que cet état de choses, qui peut compromettre la santé publique en livrant à la consommation des viandes de mauvaise qualité, aurait en outre, s'il était toléré, pour effet inévitable de nuire à la reproduction des races et d'élever le prix de la viande ;

Art. 1. — L'abatage des vaches, chèvres et brebis pleines est formellement interdit à Alger et dans les autres villes des possessions françaises du nord de l'Afrique.

Art. 2. — Toute infraction à cette défense sera punie d'une amende de 5 à 15 fr. et de plus, en cas de récidive, d'un emprisonnement de trois à cinq jours, conformément aux art. 471, 474, 475 et 478 c. pén.

Art. 3. — Les procès-verbaux constatant les

——

(1) Pour les dispositions générales relatives à l'installation des bureaux, à la constatation des contraventions, aux poursuites et transactions, V. *Marchés*, § 1, le texte entier de cet arrêté. D'autres arrêtés spéciaux l'ont en outre successivement déclaré exécutoire dans les diverses villes du littoral et de l'intérieur.

(2) Cette disposition avait paru devoir être conservée dans la première édition, bien que le tit. 3 de l'arrêté du 28 juill. 1842 eût été abrogé par ord. du 24 déc. 1844 en ce qui concernait l'octroi de terre, parce qu'elle s'appliquait d'une manière distincte et spéciale aux abattoirs ; mais depuis lors, la cour de cassation a, par arrêt du 15

contraventions seront transmis au ministère public, pour provoquer la condamnation des contrevenants aux peines ci-dessus déterminées.

VALLET-CHEVIGNY.

AG.—28 juill. 1842.—B. 127.—*Droits d'abatage* (1).

Considérant que les droits perçus actuellement sur les abattoirs reposent pour la plupart sur des bases vicieuses et quelquefois même sur d'anciens usages ; que les tarifs varient suivant les localités, qu'il en résulte dans les charges supportées par la population une inégalité qu'il convient de faire disparaître ;

TIT. 3. — Art. 17. — Les viandes non revêtues du timbre des abattoirs seront saisies et confisquées au profit des hôpitaux (2).

TIT. 4. — *Des droits d'abatage.*

Art. 18. — Les bestiaux et animaux destinés à la consommation, ne pourront être abattus que dans les abattoirs publics, ou à défaut, dans les lieux désignés à cet effet par les arrêtés du directeur de l'intérieur approuvés par le gouverneur (3).

Art. 19. — Ces arrêtés détermineront les jours et heures d'abatage.

Art. 20. — Dans les abattoirs publics, les droits dont la perception est autorisée par l'art. 1, seront payés au poids sur la viande abattue.—Il ne sera perçu qu'un droit de marque quand les aba-

——

fév. 1855 (V. *Marchés*, § 4), déclaré cet arrêté illégal et non obligatoire dans les dispositions qui édictent la peine de la confiscation.

(3) Une décision du ministre de l'intérieur, en date du 22 déc. 1825, a consacré en France le principe qu'il n'y a point lieu de soumettre au droit d'abatage les porcs abattus par les propriétaires chez eux dans des lieux clos et séparés de la voie publique, et destinés à la consommation de leurs maisons. Application de cette jurisprudence doit être faite aux colons de l'Algérie sous la réserve des mêmes conditions (dépêche du gouv. gén. du 29 août 1857).

1

tages auront lieu dans un emplacement non clos et couvert. Cette marque sera apposée au moyen d'un timbre.

Art. 21. — Tout individu qui se sera soustrait au payement des droits, soit en abattant en dehors des abattoirs publics ou des emplacements désignés pour l'abatage, soit en abattant dans ces emplacements, mais avant ou après l'heure fixée pour l'abatage, sera passible d'une amende de 50 fr., sans préjudice des amendes de police encourues pour l'abatage en dehors des lieux désignés à cet effet (1).

Art. 22. — Les droits d'abatage et de marque seront perçus d'après le tarif ci-après : (ces droits sont réglés par l'autorité préfectorale depuis le décret du 27 oct. 1858. V. *Admin. gén.* § 1).

Art. 55. — Toutes dispositions contraires au présent arrêté sont et demeurent abrogées. (Applicable notamment à deux arrêtés des 3 juill. 1835 et 29 nov. 1841 relatifs aux abattoirs d'Oran et de Philippeville).

AG. — 21 août-9 sept. 1844. — B. 181. — *Défense d'introduire en ville les animaux destinés à être abattus.*

Vu les art. 18 et 21 de l'arr. du 28 juill. 1842 ; — Considérant que les dispositions contenues dans les articles susvisés sont éludées chaque jour, par suite de la facilité qu'a chacun de faire entrer en ville les animaux sur pied, lesquels sont ensuite abattus clandestinement dans l'intérieur des maisons particulières ; — Considérant que cet abus a pour double effet de frustrer le trésor des droits d'abatage, et de compromettre la salubrité publique ;

Art. 1. — Défense est faite d'introduire en ville des animaux sur pied, tels que bœufs, vaches, veaux, porcs ou moutons.

Art. 2. — Toute contravention à cette disposition donnera lieu à l'application d'une amende de 50 fr. par tête d'animal, sans préjudice de la saisie qui en sera faite au profit de la caisse coloniale (2).

Art. 3. — Il n'est fait d'exception à cette défense que pour les bestiaux destinés à l'exportation, et à l'occasion des fêtes musulmanes dites Aïd el Kébir et Mouloud. La veille de ces fêtes, l'entrée des moutons continuera d'être tolérée, mais seulement par les portes Bab Azoun et Bab el Oued, sous la réserve du payement préalable des droits d'abatage, qui sera constaté par une empreinte à l'oreille droite de l'animal (3).—En cas d'exportation, l'entrée en ville n'aura lieu que par les portes Bab Azoun et Bab el Oued ; elle sera franche de droits, et sera accordée sur le vu d'une autorisation spéciale du chef de la police, qui fera escorter les bestiaux par un de ses agents jusqu'au lieu d'embarquement.   Maréchal BUGEAUD.

AD. — 22-29 mai 1845. — B. 200. — *Défense d'abattre les bestiaux au-dessous d'un âge et d'un poids déterminés.*

Vu les anciens édits et règlements sur la boucherie et notamment les lettres patentes du 1er juin 1782 ; — Vu les art. 471 et 474 c. pén. ; — Considérant qu'il importe, tant dans l'intérêt de l'agriculture que dans celui de l'alimentation publique, de faire cesser l'abat des animaux dont la destruction tend à affaiblir la reproduction ;

Art. 1. — Il est expressément défendu aux bouchers ou à tous autres individus d'abattre aucune vache au-dessous de neuf ans et aucune brebis au-dessous de six ans Il leur est également interdit d'abattre des bœufs pesant moins de 150 kil., des veaux pesant plus de 80 kil., ou âgés de moins de six semaines.

Art. 2. — Tout contrevenant à cette défense sera puni des peines portées aux art. 471 et 474 c. pén. Les bouchers qui seront mis en état de récidive pourront en outre être révoqués par mesure administrative.   Comte GUYOT.

DI. — 7 août-8 oct. 1856. — B. 500. — *Droit par tête* (4).

Vu l'arr. du 28 juill. 1842 ; — Les arr. des 9 et 16 déc. 1818 (*Admin. gén.*, § 1);

Art. 1. — Les droits d'abatage actuellement perçus au poids sur la viande abattue en Algérie, conformément aux dispositions de l'arr. du 28 juill. 1842, tit. 4, seront payés par tête de bêtes vivantes à partir du 1er janv. 1857.

Art. 2. — Les tarifs seront fixés pour chaque commune par des arrêtés ministériels, rendus sur la proposition du gouverneur-général de l'Algérie ;

Art. 3. — Un tableau du produit total des droits d'abatage sera annexé au budget à présenter annuellement pour chaque commune, ou pour chaque centre de population non encore érigé en commune.— Le tableau comprendra : 1° le nombre et les quantités de chaque espèce d'animaux, ayant acquitté les droits d'abatage ; 2° Le montant du produit des droits perçus sur chaque espèce de viande ; 3° Le prix de vente au consommateur.

Art. 4. — Sont abrogées toutes les dispositions contraires au présent décret.

AM. — 9 sept. 1856. — B. 501. — *Fixation des droits dans l'abattoir d'Alger, en exécution du décret qui précède. Interdiction d'admettre les vaches pleines, et d'abattre des veaux qui aient moins de dix semaines et plus de six mois.*

AG. — 11 fév. 1857. — B. 506. — *Mêmes dispositions pour les autres villes de l'Algérie.*

Actes de notoriété.

DP. — 5 sept.-14 oct. 1851. — B. 594. — *Mariage entre israélites.*

Art. 1. — Les actes de notoriété qui, aux termes de l'art. 70 c. nap., doivent suppléer l'acte de naissance exigé pour contracter mariage, seront affranchis, en faveur des israélites indigènes de

---

(1) *Jurisp. udence.* — Attendu que l'arrêté du 28 juill. 1842 vise dans son préambule les ordonnances et arrêtés spéciaux à la matière, mais nullement l'art. 5 de l'ord. du 22 juill. 1834, d'où l'on doit nécessairement conclure qu'il n'a pas été pris dans un cas extraordinaire et urgent ; qu'il n'a, dès lors, d'autre caractère que celui d'un règlement fait par l'autorité administrative, dont l'infraction tombe sous l'application de l'art. 471, § 15, c. pén., et dont la connaissance appartient aux tribunaux de simple police, et que les dispositions pénales qu'il prononce étant prises en dehors des hautes attributions conférées au gouverneur général, elles ne sauraient avoir force de loi ; renvoie la cause et les prévenus devant le tribunal de simple police. — *Cour d'Alger*, 23 juill. 1857 (V. *Législation algérienne*, § 2, légalité des arrêtés).

(2) V. *Législation*, § 2, légalité des arrêtés.

(3) Extension de cette interdiction aux autres villes de l'Algérie. — V. *Boucherie*, arr. du 16 nov. 1846, art. 63.

(4) *Rapport à l'empereur.* — 4 août 1856. — Sire, le budget des communes et la prospérité de l'agriculture en Algérie sont intéressés à ce que les droits d'abatage perçus jusqu'à ce jour dans cette colonie soient modifiés, en substituant le droit par tête au droit au poids. Cette nouvelle tarification simplifiera le mécanisme de la perception des droits en augmentant les produits de cette branche des revenus communaux ; elle sera aussi pour l'industrie agricole un stimulant réel qui ne peut qu'aider à l'amélioration des races ovine et bovine, que le département de la guerre poursuit par tous les moyens qui sont en son pouvoir.

Le min. de la guerre, maréchal VAILLANT.

l'Algérie, des droits de timbre et d'enregistrement, lorsque lesdits israélites indigènes justifieront qu'à l'époque où ils sont nés, la loi française relative à l'état civil n'était pas encore en vigueur et appliquée dans le lieu de leur naissance.

Art. 2. — Le ministère public requerra d'office, et sans frais, l'homologation desdits actes de notoriété.

Art. 3. — Néanmoins, les parties seront tenues d'acquitter la portion des salaires revenant aux greffiers des justices de paix et des tribunaux de 1ª instance.

Dᴱ. — 23 avr.-8 juin 1852. — B. 413. — *Concessionnaires de terres.*

Vu le décr. du 26 avr. 1851 (*Concessions*, § 1);

Art. 1. — A l'avenir, les actes de notoriété destinés à constater les ressources pécuniaires des demandeurs en concessions de terres seront, tant en France qu'en Algérie, passés devant les juges de paix. — Dans les localités de l'Algérie où il n'existe pas de juges de paix, ces actes seront délivrés soit par les commissaires civils, soit par les commandants de place, suivant le territoire.

Art. 2. — Il sera alloué à tous greffiers de justice de paix pour vacation, par chaque acte, 2 fr. — Ces actes, délivrés en Algérie par les fonctionnaires indiqués au § 2 de l'art. précédent, ne donneront droit à aucune rétribution. — Les actes de notoriété seront délivrés en brevet, sur papier timbré et enregistrés, au droit fixe de 1 fr.

Décis. M. — 13 déc. 1858. — BM. 12. — *Retraites militaires.*

M. le préfet, par dépêche du 25 nov. dernier, vous m'avez soumis la proposition d'exempter des droits de timbre et d'enregistrement les actes de notoriété destinés à remplacer les actes de naissance que les anciens militaires ont à produire pour obtenir leur pension de retraite. — Ces actes me paraissent, en effet, devoir rentrer dans la même catégorie que les pièces auxquelles les décisions de l'administration des domaines ont successivement étendu le bénéfice des lois des 13 brum. et 22 frim. an VII. — Je décide, en conséquence, que les actes de notoriété destinés à remplacer les actes de naissance des anciens militaires seront à l'avenir visés pour timbre et enregistrés gratis. NAPOLÉON (Jérôme).

Actes sous seing privé.

AG. — 9 juin 1831. — *Rédaction ordonnée dans la langue de chacun des contractants.*

Considérant que dans les transactions qui ont lieu entre des Européens et des indigènes l'ignorance des langues, en favorisant la mauvaise foi, occasionne des plaintes et des abus qu'il importe de faire cesser, dans l'intérêt respectif des parties contractantes;

Art. 1. — Toute convention quelconque sous seing privé entre des Européens et des indigènes ne sera valable qu'autant qu'elle aura été écrite dans les langues des contractants, placées en regard l'une de l'autre (1).

Lieut. général baron BERTHÉZÈNE.

AG. — 19-27 mars 1856. — B. 31. — *Légalisation des actes venant de l'intérieur.*

Vu l'art. 5 de l'ord. du 21 juill. 1834, le conseil d'administration entendu, sur le rapport du procureur général;

Considérant que beaucoup d'actes supposés, simulés et entachés de fraude, sont journellement présentés devant les tribunaux français et indigènes de l'ancienne régence d'Alger; — Considérant qu'il importe à la sécurité des transactions d'entourer les actes passés à l'intérieur de toutes les garanties propres à en assurer la sincérité et à y faire ajouter foi sur tous les points où réside l'autorité française;

Art. 1. — Les actes provenant de l'intérieur des provinces ne pourront servir dans les transactions passées sur le territoire occupé par les troupes françaises, s'ils ne sont pas certifiés véritables par le cadi du lieu, légalisés par le bey de l'arrondissement dans la circonscription duquel ils ont été faits, et s'ils ne sont revêtus, en outre, du visa du chef de l'administration civile et, à son défaut, du commandant des troupes françaises en résidence au chef-lieu du beylik (2).

Art. 2. — A l'avenir, tout pouvoir de vendre, louer, acheter, donné verbalement, sera considéré comme nul par les tribunaux indigènes. — Seront également considérées comme nulles toutes procurations par écrit, qui ne seront pas passées pardevant le cadi du lieu où elles auraient été données, et dans les cas où elles seraient écrites de la main du mandant, si elles n'ont pas été certifiées et visées comme il est dit dans l'article précédent. Maréchal CLAUZEL.

Administration générale.

Deux jours après la capitulation d'Alger, le général en chef, dans le double but de pourvoir aux exigences du service et d'assurer les bases d'une

---

(1) *Jurisprudence.* — 1º Cet arrêté est toujours en vigueur. Toutefois, la législation musulmane autorisant la preuve testimoniale en toute matière, et les tribunaux pouvant, aux termes de l'art. 37 de l'ord. du 26 sept. 1842, appliquer la loi française ou celle du pays d'après les circonstances de la cause, dans les contestations ntre Européens et indigènes, on comprend que l'appréciation de la question de fait leur est toujours réservée, et que, même la convention considérée comme nulle, ils peuvent rechercher si les parties ont eu une connaissance exacte des conditions auxquelles elles entendaient se soumettre et quelles ont été ces conditions et leur commune intention.

2º — Suivant les coutumes des indigènes, l'apposition du cachet équivaut à signature : une convention entre Français et indigène qui ne porte pas le texte arabe en regard du texte français, mais au bas de laquelle est apposé le cachet de l'indigène, forme donc, même d'après la loi française, un commencement de preuve par écrit. — *Cour d'Alger,* 20 janv. 1852.

3º — L'indigène qui a lui-même demandé l'exécution de la convention, est non recevable à exciper plus tard du défaut de traduction pour en réclamer la nullité. — *Cour d'Alger,* 12 août 1851.

4º. — Le défaut de traduction ne peut être opposé que si la convention elle-même était déniée. Les tribunaux peuvent d'ailleurs recourir à la preuve testimoniale et aux présomptions. L'exception tirée de ce que le consentement a été vicié par la violence, prouve qu'il y a reconnaissance implicite que le consentement a été donné, et, dès lors, le moyen tiré du défaut de traduction doit être rejeté. — *Cour d'Alger,* 3 juill. 1856.

5º — La traduction est nécessaire, lors même que l'indigène parlerait français, s'il n'est pas établi qu'il sait en même temps le lire et l'écrire. — *Cour d'Alger,* 26 janv. 1856.

(2) *Jurisprudence.* — Parmi les musulmans, l'apposition du cachet a toujours fait foi de l'autorisation ou sanction donnée par le cadi à la délivrance d'acte qui en porte l'empreinte. Ce mode d'imprimé l'authenticité aux actes de l'autorité judiciaire est même le seul en usage dans le pays; il peut être imparfait et donner lieu à des abus, mais il faut l'accepter tel qu'il est; il y aurait surtout injustice et inconséquence à appliquer les prescriptions de l'art. 1335 c. nap. à des copies délivrées par un magistrat indigène à des indigènes. Par ces motifs, valide, etc. — *Cour d'Alger,* 5 juill. 1847.

organisation territoriale et administrative, institua, sous son autorité immédiate, une commission de gouvernement, dont il donna la présidence à l'intendant de l'armée.

Par arrêté du maréchal Clauzel, du 16 octobre suivant, cette commission prit le titre de *comité*. Ses attributions furent classées, définies : une démarcation rigoureuse commença à s'introduire entre les dépenses civiles et les dépenses militaires. Divisé en trois sections, intérieur, justice, finances, ce comité prit le rôle d'un pouvoir exécutif que développèrent les arr. des 29 et 30 octobre suivant.

Un arr. du général Berthezène du 1er juin 1831, remplaça cette dénomination par celle de *commission administrative*, mais sans rien changer d'ailleurs au fond, et cette commission vit expirer ses pouvoirs à la publication de l'ord. roy. du 1er déc. suivant, qui institua le *conseil d'administration de la régence*.

Sous le commandement du maréchal Clauzel, la direction de l'administration territoriale avait été confiée à l'intendant militaire du corps d'occupation; il en fut de même sous celui du général Berthezène. A la nomination du duc de Rovigo (1er déc. 1831), une intendance civile fut instituée. On la sépara du chef militaire : ce fut une faute. Une scission violente s'étant élevée entre des agents qu'on avait rendus rivaux par une indépendance mal calculée, il fallut rappeler l'un, et ce fut l'intendant, M. le baron Pichon. Replacé dans les attributions du commandement, son successeur, M. Genty de Bussy, n'en continua pas moins d'avoir son administration distincte de celle de l'armée; mais dans la bonne intelligence des deux autorités la force et la régularité reparurent (GENTY DE BUSSY, t. II).

En juill. 1834, une ordonnance royale institua un *gouverneur général des possessions françaises dans le N. de l'Afrique*, et nomma à ces fonctions le général comte d'Erlon. L'intendance civile fut conservée, mais on lui enleva la direction des finances et la haute surveillance de la justice.

En 1836, sous la nouvelle administration du maréchal Clauzel, l'intendance civile reprit la direction des finances. En 1838, avec le maréchal Valée, elle fut remplacée par la direction de l'intérieur, et ses attributions furent encore réduites. Cette organisation subsista, sauf quelques modifications de détail, jusqu'au 15 avr. 1845. A cette date parut une nouvelle modification dans le régime administratif de la colonie. La dénomination officielle d'*Algérie* remplaça celle de possessions françaises du N. de l'Afrique, une direction générale des affaires civiles était instituée et quatre directeurs placés à la tête des services administratifs, de la justice, de l'intérieur et des travaux publics, des finances et du commerce, des affaires arabes. — Un conseil supérieur d'administration était en même temps créé près du gouverneur général, un conseil du contentieux établi avec les attributions de conseil de préfecture; l'Algérie divisée en trois provinces, et dans chaque province en territoire civil, mixte et arabe; enfin, le mode d'administration de chaque territoire déterminé, ainsi que les attributions des nouveaux fonction-

naires et la position de tout le personnel administratif.

L'année suivante, une cinquième direction fut créée pour les travaux publics, détachés de la direction de l'intérieur; mais le 1er sept. 1847, une nouvelle ordonnance supprima le conseil du contentieux, les directions de l'intérieur, des travaux publics et des finances, ainsi que les commissions consultatives d'arrondissement, et institua dans chaque province un directeur des affaires civiles et un conseil de direction. Cette tendance de rapprochement vers les institutions de France reçut une consécration plus formelle encore en déc. 1848 par la suppression de la direction générale des affaires civiles, et l'institution d'une préfecture et d'un conseil de préfecture dans chaque province devenue département et soumise au régime administratif de la métropole, sauf les exceptions résultant de la législation spéciale de la colonie.

A ce rapide exposé des diverses organisations que l'Algérie a parcourues depuis la conquête, nous devons ajouter que, tout en conservant l'unité de commandement supérieur indispensable, la décentralisation s'est successivement opérée pour les services militaires comme pour les services civils. Depuis 1842, l'Algérie forme trois divisions militaires. Dans chacune, un intendant est placé à la tête de l'administration. En 1843, le service de la trésorerie et des postes, centralisé jusqu'alors à Alger, a de même été confié à trois trésoriers-payeurs, aux résidences d'Alger, Oran et Constantine.

En ce qui concerne l'action administrative du ministre de la guerre, une division spéciale chargée de toutes les affaires relatives au gouvernement et à l'administration civile de l'Algérie, avait été créée en 1837 à ce département sous le titre de *division d'Alger*, et plus tard de *direction des affaires de l'Algérie*, qu'elle a conservé depuis. Un comité consultatif était en outre institué en 1850 auprès du ministère de la guerre, et chargé d'examiner tous les projets de lois, décrets et règlements généraux, ainsi que les questions et affaires administratives qui lui étaient déférés, et sur lesquels il était appelé par le ministre à donner son avis.

Enfin, un décret du 30 déc. 1856 avait appliqué à l'Algérie, la décentralisation de l'action administrative avec les modifications nécessitées par l'organisation particulière de l'Algérie, et avait étendu les attributions du gouverneur général, des préfets et des généraux commandant les divisions militaires.

En 1858, l'organisation administrative de l'Algérie a été complètement modifiée. La création d'un ministère de l'Algérie et des colonies, la suppression du gouvernement général et du conseil de gouvernement, l'institution de conseils généraux, les nouvelles attributions données aux préfets en territoire civil, aux généraux de division en territoire militaire, toute cette impulsion due à l'initiative et à la haute influence du prince chargé du ministère, ont ouvert une voie entièrement nouvelle à l'action administrative et au développement des institutions algériennes. Les rapports qui accompagnent chacun de ces décrets, de même que les instructions qui les suivent, font connaître les motifs et les bases de chacune de ces mesures, et en sont en même temps le commentaire le meilleur et le plus complet.

§ 1. — ADMINISTRATION GÉNÉRALE.

1° 1830—1831.

Organisation provisoire.

5 juill. 1830. — *Capitulation.*

Convention entre le général en chef de l'armée française et Son Altesse le dey d'Alger.

Le fort de la Casbah, tous les autres forts qui dépendent d'Alger, et le port de cette ville, seront remis aux troupes françaises ce matin, à dix heures (heure française).

Le général en chef de l'armée française s'engage envers Son Altesse le dey d'Alger à lui laisser sa liberté et la possession de toutes ses richesses personnelles.

Le dey sera libre de se retirer avec toute sa famille et ses richesses particulières dans le lieu qu'il fixera ; et tant qu'il restera à Alger, il y sera, lui et sa famille, sous la protection du général en chef de l'armée française. Une garde garantira la sûreté de sa personne et celle de sa famille.

Le général en chef assure à tous les soldats de la milice les mêmes avantages et la même protection.

L'exercice de la religion mahométane restera libre. La liberté des habitants de toutes les classes, leur religion, leurs propriétés, leur commerce et leur industrie, ne recevront aucune atteinte. Leurs femmes seront respectées.

Le général en chef en prend l'engagement sur l'honneur.

L'échange de cette convention sera fait avant dix heures, ce matin, et les troupes françaises entreront aussitôt après dans la Casbah, et successivement dans tous les forts de la ville et de la marine.

Au camp devant Alger, le 5 juillet 1830.

HUSSEIN PACHA.   Comte DE BOURMONT.

AG. — 6 juill. 1830. — *Institution d'une commission du gouvernement.*

Considérant que l'occupation militaire de la ville d'Alger doit être immédiatement suivie d'une prise de possession civile et de la direction administrative du pays par l'autorité française, soit sous le rapport du domaine public, soit sous celui de la police et de tous les autres éléments de l'ordre général ; — Considérant qu'il importe, avant d'asseoir les bases d'une organisation administrative, territoriale et locale, d'étudier les besoins et les ressources du pays, les institutions qu'il s'agit de modifier ou de remplacer, l'utilité d'un amalgame de citoyens notables des différentes castes indigènes et des Français, pour remplir les emplois et exercer les fonctions qui constituent l'ordre civil ;

Art. 1. — Il est formé une commission du gouvernement, qui sera chargée, sous l'autorité immédiate du commandant en chef, de pourvoir provisoirement aux exigences du service, d'étudier et de lui proposer un système d'organisation pour la ville et le territoire d'Alger.

Art. 2. — Cette commission sera composée : — 1° De l'intendant en chef, président ; — 2° Du maréchal de camp Tholozé ; — 3° Du sieur Firino, payeur général ; — 4° Du sieur d'Aubignosc, lieutenant général de police ; — 5° Du sieur Deval, consul de France ; — 6° Du sieur Edmond de Bussière, secrétaire ; MM. Gérardin et Lassalle, interprètes.

Art. 3. — La commission sera convoquée sans délai, pour s'occuper de l'objet de sa création.

Comte de BOURMONT.

AG. — 9 août 1830. — *Remise au conseil municipal des produits affectés aux dépenses de la ville.* (1).

Art. 1. — Demain 10 août 1830, à dix heures précises du matin, la remise du service de l'octroi sera faite par le directeur général des douanes aux délégués du conseil municipal.

Art. 2. — A partir de l'instant de cette remise, la perception et l'encaissement des produits de l'octroi, tant en deniers qu'en matières, s'exécutera au nom et pour le compte de la ville d'Alger.

Art. 3. — Le corps municipal nommera, sous l'approbation de l'autorité française, le chef et les agents nécessaires à la perception et garde des produits de ces recettes.

Art. 4. — Une comptabilité tenue régulièrement garantira la fidélité des recettes des deux natures.

Art. 5. — Le produit intégral de l'octroi, sauf les frais d'administration et de perception, est spécialement affecté à pourvoir aux dépenses à la charge de la ville.

Art. 6. — Le même jour, et à midi précis, les magasins de sel seront livrés, par le directeur général des douanes, à un délégué du conseil municipal.

Art. 7. — Cette remise sera faite sur un inventaire dressé entre les parties, lequel constatera les quantités de sel existant dans les magasins à l'instant même de la remise.

Art. 8. — La vente du sel, pour compte de la ville, commencera ledit jour, 10 août, à midi précis.

Art. 9. — Une comptabilité régulièrement tenue constatera et garantira la fidélité des recettes.

Art. 10. — Le produit intégral du débit du sel, les frais d'administration, de conservation et de vente prélevés, est spécialement affecté à faire face aux dépenses à la charge de la ville.

Art. 11. — Un commissaire royal sera attaché aux deux gestions de l'octroi et de la vente du sel, pour en surveiller l'exploitation.

Le président par intérim de la commission du gouvernement,   Général THOLOZÉ.

AG. — 16 oct. 1830. — *Formation d'un comité du gouvernement.*

Le général en chef ;—Voulant instituer un pouvoir régulateur de l'administration civile dans ses rapports avec l'armée et avec le pays ;

Art. 1. — Il sera formé un comité sous le titre de *comité du gouvernement.*—Ce comité se composera de trois membres et du secrétaire général. — Il sera présidé par l'intendant du royaume d'Alger, qui, en cas d'absence, sera suppléé par le secrétaire général. — Le comité se réunira périodiquement les lundis de chaque semaine, et extraordinairement toutes les fois que le président jugera à propos de le convoquer. — Le président

_____

(1) V. sur l'institution de cette municipalité indigène la notice de l'article Commune.

décidera de toutes les affaires qui seront traitées en comité. Il référera au général de celles qui, de leur nature, lui paraîtront exiger l'intervention de l'autorité.

Art. 2. — L'administration civile, considérée dans ses rapports avec l'armée et le pays, se divise en trois branches principales : l'intérieur, la justice et les finances. — L'une d'elles compose l'attribution spéciale de chacun des trois membres du comité. Chacune de ses attributions sera plus amplement définie.

Art. 3. — Il sera établi une démarcation rigoureuse entre les dépenses civiles et les dépenses militaires. — Les dépenses civiles seront acquittées au moyen des crédits spéciaux ouverts d'après un budget particulier à ces dépenses. — Pour la formation de ce budget, chaque membre du comité produira l'aperçu des dépenses présumées de son département respectif.—Le budget devra être réglé de manière à ne dépasser, dans aucun cas, le montant des recettes. Il sera soumis à l'approbation du général en chef.—Tous les produits, de quelque nature qu'ils soient et à quelque origine qu'ils appartiennent, seront versés dans la caisse du trésor pour n'en sortir que sur des mandats en due forme, tirés sur des crédits ouverts et non épuisés.— Dans la délivrance du mandat de payement, la spécialité des dépenses devra être rigoureusement observée. — À la fin de chaque mois, l'intendant, dans un rapport raisonné, soumettra au général en chef l'état des recettes et des dépenses, et l'exposé sommaire de la marche de l'administration dans toutes ses parties.   CLAUZEL.

AG. — 29 et 30 oct. 1830. — *Attributions des membres du comité chargé de l'intérieur et des finances. (Ces dispositions, fort incomplètes d'ailleurs, n'ont été en vigueur que jusqu'au mois de décembre 1831, et n'ont plus aucun intérêt.)*

AG. — 1er juin 1831. — Le titre de commission administrative de la régence est donné au comité de gouvernement.

2° 1831—1834.

Commandant en chef du corps d'occupation d'Afrique. — Intendance civile.

OR. — 1er déc. 1831. — *Institution d'une intendance civile placée sous les ordres immédiats du ministre de la guerre et des autres ministres. — Création d'un conseil d'administration* (1).

Considérant que s'il a été nécessaire dans les premiers temps qui ont suivi l'occupation du pays d'Alger, de laisser réunis dans une seule main les pouvoirs civils et militaires, il importe maintenant au bien-être de l'établissement que ces pouvoirs soient séparés, afin que la justice et l'administra-

tion civile et financière puissent, dans ce pays, prendre une marche régulière :

Art. 1.— La direction et la surveillance de tous les services civils en Algérie, celles de tous les services financiers, tant en deniers qu'en matières, ainsi que celles de l'administration de la justice, sont confiées à un intendant civil placé sous les ordres immédiats de notre président du conseil des ministres, et respectivement sous ceux de nos ministres de la justice, des affaires étrangères, de la guerre, de la marine, des cultes, du commerce et des finances.

Art. 2.— À partir de la publication en Algérie de la présente ordonnance, les agents de ces divers services et les tribunaux civils passeront immédiatement sous les ordres de l'intendant.

Art. 3. — Il y aura auprès du commandant en chef des troupes et de l'intendant civil, un conseil d'administration composé du commandant en chef, président, de l'intendant civil, du commandant de la station navale, de l'intendant militaire, de l'inspecteur général des douanes et du directeur des domaines. En l'absence du commandant en chef, l'intendant civil présidera.

OR. — 6 déc. 1831. — *Nouveau titre et attributions du général en chef.*

Art. 1. — Le général commandant à Alger aura le titre de commandant en chef du corps d'occupation d'Afrique.— Le général commandant à Oran sera sous ses ordres, et prendra le titre de commandant la division d'Oran.

Art. 2.— Le général commandant en chef pourvoira à la conservation, à la défense et à la sûreté des possessions françaises en Afrique ; les mesures de politique et de haute police, ressortiront de son autorité ; il aura en outre la présidence du conseil d'administration qui sera formé à Alger, conformément à notre ord. du 1er déc. 1831.

AI. — 20 avril 1832.— *Institution d'un sous-intendant civil et d'un juge royal à Bône.*

Vu la nécessité de pourvoir, à Bône et dans les autres parties de la province de Constantine occupées par l'armée, aux besoins les plus urgents de la justice et de l'administration civile ;

Art. 1. — Il y aura à Bône un sous-intendant civil qui aura, sous les ordres de l'intendant, la direction et la surveillance des services civils, judiciaires et financiers, dans toute l'étendue de la province de Constantine.

Art. 2. — Il y aura à cette même résidence, et pour la même circonscription, un commissaire de police chargé de la police générale.

Art. 3. — Le commissaire de police exercera, sous les ordres du sous-intendant, la police administrative et municipale ; il remplira aussi celles d'officier de police judiciaire.— Le même fonctionnaire exercera les fonctions municipales de Bône.

Art. 4.— Le commissaire de police chargé de la

---

(1) De déc. 1831 à juill. 1834, époque où leurs attributions ont été clairement définies, les intendants civils ont rendu de nombreux arrêtés organiques sur toutes les matières concernant les institutions civiles de la colonie. La légalité de ces arrêtés a été contestée, et notamment celle de l'arrêté du 28 mai 1832, sur le régime hypothécaire. La justice, saisie de ces contestations, a, comme on le remarquera dans l'arrêt ci-dessous, maintenu le droit législatif des intendants, plutôt par des considérations de fait que par des motifs d'un droit rigoureux puisé dans l'ordonnance d'institution, qui, en effet, ne contient aucune disposition à cet égard.

Jurisprudence.—Attendu que les intendants civils des premiers temps de la conquête ont eu le pouvoir qui leur est contesté si tardivement pour la première fois, puisque ce pouvoir leur avait été conféré par les dispositions com-

binées du préambule et de l'art. 1 de l'ord. du 1er déc. 1831 ; puisqu'il l'ont exercé pendant longues années sans contestation ; puisque l'autorité, dont ils relevaient, les a approuvés pendant leur gestion, et a maintenu leurs actes longtemps après avoir transporté leurs attributions à un gouverneur général ; puisque, alors même qu'ils auraient agi sans titres, on a cru le contraire, on l'a cru généralement, on l'a cru pendant dix-huitans, et que cette croyance générale a créé des intérêts qui, cimentés par une aussi longue possession, ne sauraient être sacrifiés tout à coup sans injustice et déloyauté ; — Qu'on le saurait d'autant moins que l'ordre de choses contre lequel on s'élève n'a, jusqu'ici, donné lieu à un seul abus, et qu'à cet égard le passé ne laisse rien à appréhender pour l'avenir ; — Par ces motifs, etc — *Cour d'Alger* 31 juill. 1850 (V. en outre *Hypothèque*, arrêté du 28 mai 1832, notes, et *Législation*, § 2. légalité des arrêtés).

police générale déférera, dans les affaires de haute police, aux réquisitions qui lui seront faites par rescrit de l'officier chargé, par M. le commandant en chef, du commandement supérieur de Bône.

Art. 5. — Jusqu'à ce qu'il soit autrement pourvu à l'administration de la justice, les fonctions judiciaires seront exercées à Bône par un juge royal.

Art. 6. — Ce juge connaîtra de toutes contestations civiles entre chrétiens et entre chrétiens et musulmans et israélites. Il en connaîtra en dernier ressort jusqu'à concurrence d'une valeur de 2,000 fr. : au delà de cette somme, il y aura appel à la cour de justice d'Alger. — L'appel devra être interjeté dans les deux mois de la signification du jugement.

Art. 7. — En matière de délit, le juge royal jugera correctionnellement, sans pouvoir condamner à une peine plus forte que dix jours d'emprisonnement, outre les amendes. — Dans les affaires correctionnelles donnant lieu à de plus fortes peines, les prévenus seront renvoyés devant le tribunal correctionnel d'Alger, avec les procès-verbaux ou les plaintes et l'instruction qui aura été faite par le juge; le tribunal d'Alger jugera sur ladite instruction.

Art. 8. — Le juge royal pourra prononcer comme peine correctionnelle le renvoi hors de Bône pour un temps qui n'excédera pas un an.

Art. 9. — Dans les affaires criminelles, le juge dressera une instruction et renverra les prévenus en état de dépôt devant la cour de justice d'Alger, pour être par elle, sur les informations, statué ce qu'il appartiendra.

Art. 10. — Le juge royal nommera un greffier qui tiendra registre des jugements; ce registre sera fourni au greffier par le sous-intendant civil, et coté et parafé par lui.

Art. 11. — Il présentera à la nomination du sous-intendant un huissier pour la signification des actes tant judiciaires qu'extrajudiciaires. — En attendant l'établissement à Bône d'un bureau d'enregistrement, les enregistrements seront faits et les droits perçus par les greffiers.

Art. 12. — Sera, au surplus, exécuté l'arrêté du gouvernement de la régence, du 22 oct. 1830 (V. Justice, § 1), dans toutes celles de ses dispositions auxquelles il n'est pas dérogé par le présent. — En conséquence, sera ledit arrêté publié à Bône, à ce que nul n'en ignore. Baron Pichon.

OR. — 12 mai 1832. — *Révocation de l'ord. du 1er déc. 1831.*

Art. 1. — Notre ord. du 1er décembre dernier, concernant l'administration des services civils en Algérie, est révoquée.

(Par ordonnance du même jour, un autre intendant civil fut nommé (M. Genty de Bussy), mais seulement comme chef des services civils sous les ordres du commandant en chef.)

3° 1834—1839.

Gouverneur général des possessions françaises dans le nord de l'Afrique. — Intendance civile.

OR. — 22 juill. 1834. — *Nomination d'un gouverneur général. — Nouvelle organisation de l'administration supérieure.*

Art. 1. — Le commandement général et la haute administration des possessions françaises dans le N. de l'Afrique (ancienne régence d'Alger) sont confiés à un gouverneur général. — Il exerce ses pouvoirs sous les ordres et la direction de notre ministre de la guerre.

Art. 2. — Un officier général commandant les troupes, un intendant civil, un officier général commandant la marine, un procureur général, un intendant militaire, un directeur des finances, sont chargés des différents services civils et militaires, sous les ordres du gouverneur général et dans la limite de leurs attributions respectives.

Art. 3. — Le gouverneur général a près de lui un conseil composé de fonctionnaires désignés dans l'article précédent. — Suivant la nature des questions soumises au conseil, le gouverneur général y appelle les chefs des services spéciaux, civils ou militaires, que l'objet des discussions peut concerner. Ils ont voix consultative.

Art. 4. — Jusqu'à ce qu'il en soit autrement ordonné, les possessions françaises dans le N. de l'Afrique seront régies par nos ordonnances.

Art. 5. — Le gouverneur général prépare, en conseil, les projets d'ordonnances que réclame la situation du pays, et les transmet à notre ministre de la guerre. — Dans les cas extraordinaires et urgents, il peut provisoirement, et par voie d'arrêté, rendre exécutoires les dispositions contenues dans ces projets (1).

Art. 6. — Des ordonnances spéciales détermineront les attributions du gouverneur général et du conseil, ainsi que l'organisation de l'administration civile, celle de la justice et celle des finances. — L'administration de l'armée et celle de la marine demeurent soumises aux lois et ordonnances qui les régissent.

AM. — 1er sept. 1834. — *Attributions du gouverneur général, de l'intendant civil, etc. (2).*

CHAP. 1. — *Du gouverneur général.*

Art. 1. — Le gouverneur général a, sous les ordres du ministre de la guerre, les attributions nécessaires pour l'exercice du commandement et la direction supérieure de l'administration qui lui sont confiés.

Art. 2. — Il est chargé de la défense extérieure et intérieure des possessions françaises dans le N. de l'Afrique. — Il a sous ses ordres immédiats les gardes nationales et urbaines, la gendarmerie et les troupes de toute nature régulières et irrégulières. — Il donne, s'il y a lieu, les ordres d'embargo. En temps de guerre, il délivre des lettres de marque ou prolonge la durée de celles qui ont été délivrées en France. — Il détermine l'envoi des bâtiments parlementaires; il les commissionne. — Il convoque et préside les commissions pour le jugement des prises.

Art. 3. — Il dirige seul les rapports. — 1° Avec les tribus de l'intérieur; — 2° Avec les pouvoirs politiques des États limitrophes; — 3° Avec les agents des puissances étrangères établis dans l'étendue de son gouvernement.

Art. 4. — Il donne les ordres généraux concernant les différents services administratifs. — Les arrêtés et règlements généraux sont signés par lui, sur la proposition des chefs d'administration compétents.

Art. 5. — *Il arrête chaque année, pour être soumis au ministre de la guerre, les budgets des recettes et dépenses de son gouvernement, et les grands projets de travaux à exécuter. — Il pourvoit à l'exécution du budget arrêté par le ministre. — Il statue sur les demandes en dégrèvement, en remise et modération des droits. — Il arrête chaque année et transmet au minis-*

(1) V. *Législation*, § 2, légalité des arrêtés.
(2) Le règlement de ces attributions fait l'objet d'un second art. min. du 2 août 1836, dans lequel les dispositions

de l'arr. du 1er sept. 1834 sont en grande partie textuellement constatées. Celles qui ont été supprimées ou modifiées sont imprimées dans celui-ci en italique.

tre les comptes généraux des recettes et des dépenses ordonnancées sur les fonds de l'État. — Il approuve et rend exécutoires les budgets des recettes et dépenses municipales, et les projets de travaux de toute nature à la charge des communes. — Il arrête et transmet au ministre les comptes annuels des communes.

Art. 6. — *Il soumet au ministre les demandes ayant pour objet les établissements des sociétés anonymes.*

Art. 7. — *Il propose au ministre les acquisitions d'immeubles pour le compte de l'État, et les cessions et aliénations des propriétés publiques.*

Art. 8. — Il déclare l'utilité publique qui doit donner lieu à l'expropriation pour l'exécution des travaux d'intérêt général ou communal.

Art. 9. — *Il surveille tout ce qui a rapport à l'instruction publique. — Aucune école ou autre institution du même genre ne peut être formée sans son autorisation.*

Art. 10. — Il surveille l'usage de la presse, et permet ou interdit toutes publications d'écrits imprimés, dans le ressort de son gouvernement. — Il délivre des brevets d'imprimeur et de libraire.

Art. 11. — *Il veille au libre exercice et à la police des cultes. — Il se fait rendre compte de l'état des édifices destinés aux cultes, de la situation des fonds composant la dotation des établissements religieux, et de leur emploi.*

Aucun bref de la cour de Rome, à l'exception de ceux de pénitencerie, ne peut être reçu ni publié dans les possessions françaises du N. de l'Afrique qu'avec l'autorisation du gouverneur, donnée d'après les ordres du ministre de la guerre. — Aucun ecclésiastique employé par la cour de Rome n'y peut être, sans la même autorisation, reconnu avec un caractère public officiel. — Aucune congrégation appartenant à la religion chrétienne ne peut y être établie sans son autorisation spéciale.

Art. 12. — Le gouverneur général autorise l'acceptation des dons et legs faits aux établissements d'utilité publique ou de bienfaisance.

Art. 13. — Il accorde les dispenses de mariage, dans les cas prévus par les art. 145 et 164 c. nap., et en se conformant aux règles prescrites à cet égard.

Art. 14. — *Il veille à la libre et prompte distribution de la justice. — En matière civile, il ne peut empêcher ni retarder l'exécution des jugements et arrêts. — En matière criminelle, il prononce le sursis dans tous les cas où il y a lieu de recourir à la clémence royale. — Aucun arrêt emportant peine capitale n'est exécuté sans son autorisation. — Il peut faire surseoir aux poursuites pour le payement des amendes, à la charge d'en rendre compte au ministre, qui statue. — Il rend exécutoires les jugements administratifs rendus par le conseil d'administration.*

Art. 15. — Il est chargé de la haute police sous le double rapport de la tranquillité publique et de la sûreté du dehors. — Dans les circonstances graves, et lorsque le bon ordre ou la sûreté du pays le commandent, il peut prendre, à l'égard des individus qui compromettent ou troublent la tranquillité publique, les mesures ci-après, savoir : — L'exclusion pure et simple d'une ou plusieurs localités comprises dans son gouvernement ; — l'exclusion à temps ou illimitée des possessions françaises dans le N. de l'Afrique. — Il peut refuser, dans l'étendue de son gouvernement, l'admission des individus dont la présence est jugée dangereuse. — Il peut prononcer la suspension provisoire des fonctionnaires qui ne pourraient, à raison de leur conduite, être maintenus dans l'exercice de leurs fonctions. Dans ce cas, il en rend compte immédiatement au ministre, qui sta-

tue. Ce n'est qu'après cette décision que l'exclusion du territoire pourra être prononcée, le cas échéant, contre lesdits fonctionnaires.

Art. 16. — Le gouverneur général a sous son autorité tous les fonctionnaires civils et militaires — Il statue sur les différends qui peuvent s'élever entre eux à l'occasion de leur rang ou de leurs prérogatives. — *Il préside le conseil d'administration toutes les fois que le conseil est appelé à statuer sur la question de savoir s'il y a lieu d'autoriser des poursuites contre les agents du gouvernement, prévenus de crimes ou délits dans l'exercice de leurs fonctions.*

Art. 17. — Il pourvoit provisoirement, en cas d'urgence, aux vacances qui surviennent dans les emplois réservés à la nomination du roi ou à celle du ministre de la guerre. — Il pourvoit définitivement aux autres emplois. Il révoque ou destitue les agents nommés par lui. — Il délivre les congés.

Art. 18. — Il promulgue les lois et publie les ordonnances, arrêtés et règlements. — Il prépare les projets d'ordonnances royales ou les met provisoirement à exécution, conformément aux dispositions de l'art. 5 de l'ord. du 22 juill. dernier.

Art. 19. — En cas d'interruption des communications avec la France, il prend provisoirement les mesures de gouvernement qui lui paraissent indispensables.

Art. 20. — *Le gouverneur général peut déléguer aux fonctionnaires de son choix, dans chacune des localités, comprises dans son gouvernement, telle portion de ses pouvoirs qu'il juge convenable.*

Art. 21. — *Le gouverneur général est nommé par le roi, sur la proposition du ministre de la guerre, qui lui donne des ordres sur toutes les parties du service, et avec lequel seul il correspond pour toutes les affaires de son gouvernement.*

Le ministre de la guerre se concerte, lorsqu'il y a lieu, avec les autres ministres.

Art. 22. — *La correspondance de tous les chefs de service avec le ministre de la guerre est transmise par le gouverneur général qui y ajoute les observations dont il la juge susceptible. — Les réponses du ministre sont adressées au gouverneur général, qui les transmet aux différents chefs de service.*

Art. 23. — Le gouverneur général adresse, *tous les mois*, au ministre, un rapport général sur la situation des possessions françaises dans le N. de l'Afrique. — À ce rapport sont joints les rapports spéciaux qui lui sont remis à lui-même, ainsi qu'il sera dit ci-après, par les chefs de service sous ses ordres.

Art. 24. — Un secrétaire du gouvernement est placé près du gouverneur général. — Il centralise la correspondance administrative du gouverneur, conserve le dépôt des archives du gouvernement, et délivre, lorsqu'il y a lieu, les extraits ou expéditions des actes administratifs. — Il est nommé par le ministre de la guerre, sur la proposition du gouverneur général.

CHAP. 2. — *De l'intendant civil.*

Art. 25. — L'intendant civil a, sous les ordres du gouverneur général, la direction de toutes les parties de l'administration civile. — Ses attributions sont celles des préfets de France, *sauf l'exception qui résulte de l'art. 41 ci-après.*

Art. 26. — Il prépare et soumet au gouverneur général, pour qu'il en soit délibéré en conseil d'administration : — Les projets d'ordonnances, d'arrêtés et de règlements généraux sur les matières de sa compétence ; — Les rapports concernant les mesures à prendre à l'égard des fonctionnaires attachés à l'administration qu'il dirige, dans les cas prévus par les art. 15 et 16 ci-dessus, et les contestations entre eux relativement à leurs fonctions, rangs et prérogatives;—Les créations, conversions réunies ou suppressions d'emplois administratifs; — Les éléments du budget local, en ce qui concerne les services placés sous sa direction; — Les devis des dépenses inhérentes au matériel de ces services. — Il instruit et rapporte, d'ailleurs, au conseil d'administration toutes les affaires dépendantes de ses attributions, dont ce conseil est appelé à connaître.

Art. 27. — L'intendant civil a sous ses ordres : — Les fonctionnaires municipaux;—Les agents de l'instruction publique ; — Les agents sanitaires et les officiers de port ; — Les agents salariés par le gouvernement dans l'intérêt de la colonisation et des expériences agricoles; enfin tous les autres employés civils qui, par la nature de leurs fonctions, dépendent actuellement ou pourront dépendre de son service. — Il donne des ordres au chef du service des ponts et chaussées pour l'exécution des travaux des routes, rades, ports, etc., à la confection desquels il a été affecté des fonds au budget de son administration.—Il propose au gouverneur général les nominations, avancements, mutations et révocations de tous les fonctionnaires qui relèvent de son administration.

Art. 28. — L'intendant civil rend compte au gouverneur général de tout ce qui est relatif à son administration et au personnel placé sous ses ordres. —Il travaille et correspond seul avec le gouverneur général sur les matières de ses attributions. Seul il reçoit et transmet ses ordres aux sous-intendants et à tous autres fonctionnaires civils sur tout ce qui est relatif aux services qu'il dirige. — Il lui adresse tous les mois un rapport général sur la situation de ces services, lequel est joint au rapport d'ensemble adressé par le gouverneur général au ministre de la guerre, ainsi qu'il est dit à l'art. 23.

Art. 29. — Il correspond directement avec les chefs des différents services pour les objets relatifs à ses attributions.

Art. 30.—Il peut, sous l'autorité du gouverneur général, et en se conformant à cet égard à ses instructions, correspondre avec les consuls et agents du roi résidant dans le Levant et les autres puissances riveraines de la Méditerranée. — Le gouverneur général en rend compte au ministre de la guerre.

Art. 31. — L'intendant civil a l'ordonnancement de toutes les dépenses publiques autres que celles qui s'appliquent à la solde de l'armée de terre et de mer et aux services d'administrations militaires et maritimes. — Il sous-délègue au directeur des finances les crédits affectés aux dépenses des services placés sous sa direction. Il correspond directement, pour les objets relatifs à cette comptabilité, avec le ministre de la guerre.

Art. 32. — L'intendant civil est nommé par le roi, sur la proposition du ministre de la guerre.— Il correspond avec ce dernier, sur les objets de ses attributions, par l'intermédiaire du gouverneur général, ainsi qu'il est dit à l'art. 22, sauf l'exception stipulée à l'art. 31 ci-dessus.

Art. 33. — Il y a près de l'intendant civil un secrétaire de l'intendance, qui, indépendamment des fonctions attribuées en France aux secrétaires généraux de préfecture, est chargé de tous les détails que lui délègue l'intendant. — Il est nommé par le ministre de la guerre, sur la proposition du gouverneur général.

CHAP. 3. — Du procureur général.

Art. 34. —Le procureur général du roi près les tribunaux d'Afrique a, sous les ordres du gouverneur général, les attributions conférées, en France, aux procureurs généraux près les cours royales.

Art. 35. — Il prépare et soumet au gouverneur général, pour qu'il en soit délibéré au conseil d'administration : — Les projets d'ordonnances, d'arrêtés et de règlements généraux sur les matières judiciaires;—Les rapports concernant les conflits, les recours en grâce ; les mesures à prendre à l'égard des fonctionnaires attachés à l'ordre judiciaire, dans les cas prévus par les art. 15 et 16 ; les contestations entre les membres des tribunaux relativement à leurs fonctions, rang et prérogatives; —Les éléments du budget local en ce qui concerne l'administration de la justice.—Il instruit et rapporte, d'ailleurs, au conseil d'administration, toutes les affaires dépendantes de son service dont ce conseil est appelé à connaître.

Art. 36. —Il propose au gouverneur général les nominations, avancements, mutations et révocations de tous les fonctionnaires qui dépendent de son administration.

Art. 37. — Les art 28, 29 et 32 sont communs au procureur général.

CHAP. 4. — Du directeur des finances.

Art. 38. — Le directeur des finances dirige et surveille, sous les ordres du gouverneur général, les services : — De l'enregistrement et du timbre, —Des domaines, — Des douanes, — Des postes,— Des contributions directes ou indirectes établies ou à établir, — Et en général toutes les branches du revenu public.

Art. 39. — Il est chargé de toutes les opérations relatives à l'assiette et au recouvrement des contributions; — De la préparation des rôles; — De l'examen des demandes en décharge ou en réduction des impôts et taxes. — Les rôles sont rendus exécutoires par l'intendant civil.

Art. 40.—Le directeur des finances dirige et surveille les poursuites auxquelles donnent lieu les retards de payement et les infractions aux ordonnances et règlements en matière d'impôt. — Ces poursuites sont faites à sa requête et en son nom. Il propose le tarif des frais; il en liquide et en arrête le montant.

Art. 41. — Il exerce à l'égard du domaine public, les attributions qui sont conférées, en France, aux préfets.

Art. 42. — Il soumet au gouverneur général, pour qu'il en soit délibéré en conseil d'administration : — Les projets d'ordonnances, d'arrêtés et de règlements sur les matières de sa compétence ;—Les propositions relatives aux créations, modifications ou suppressions d'impôt; —Les créations, conversions, réunions ou suppressions d'emplois de finances; — Les mesures à prendre à l'égard des fonctionnaires attachés aux services financiers, dans les cas prévus par les art. 15 et 16, et les contestations entre eux relativement à leurs rang et prérogatives; — Les éléments du budget local en ce qui concerne les dépenses des divers services financiers, et les recettes à réaliser; — Les devis des dépenses inhérentes au matériel de ces services, aux réparations et à l'entretien des bâtiments et propriétés du domaine public; — Les transactions sur saisies, amendes et autres peines en matière d'impôt; — Les décharges et non-valeurs, et en général toutes les affaires de finance et de domaine qui sont portées, en France, devant les conseils de préfecture. — Il instruit et rapporte, d'ailleurs, au conseil d'administration, toutes les affaires qui dépendent de son service dont ce conseil est appelé à connaître.

Art. 43. — Il a le droit de vérifier toutes les caisses publiques, sans exception, ainsi que les caisses municipales et celles des établissements publics et de bienfaisance.

Art. 44. — Le directeur des finances veille à ce

que toutes les recettes, tant ordinaires qu'extraordinaires, provenant des contributions, impôts et revenus publics, ne soient effectuées que par des agents comptables, dans les formes établies pour la comptabilité publique; — *Et à ce que tous les produits et toutes les dépenses soient centralisés dans les écritures du trésorier-payeur, chargé d'en rendre compte et d'en justifier au ministre des finances et à la cour des comptes.*

Art. 45. — *Le directeur des finances ne peut ni mandater ni prescrire des payements qu'en conséquence et jusqu'à concurrence des crédits qui lui sont délégués pour les dépenses des services financiers.*

Art. 46. — *Le directeur des finances a sous ses ordres tous les agents et préposés des services financiers. — Il désigne les agents du domaine qui doivent remplir les fonctions de commissaires du roi près les commissions instituées pour la régie des biens des mosquées et fondations pieuses. — Il propose au gouverneur général les nominations, avancements, mutations et révocations des agents de tous les services financiers.*

Art. 47. — Les art. 28, 29 et 52 sont communs au directeur des finances.

Art. 48. — La gestion du directeur des finances et celle des agents placés sous ses ordres sont soumises aux vérifications que le ministre des finances juge convenable d'ordonner. — Les inspecteurs chargés de ces vérifications en font connaître le résultat au *gouverneur général*, qui en rend compte au ministre de la guerre.

Art. 49. — Le service *de la trésorerie* continuera d'être régi d'après les ordres et les instructions du ministre des finances, tant pour le personnel que pour le mouvement des fonds et de la comptabilité.

CHAP. 5. — *Du conseil d'administration.*

Art. 50. — Le conseil d'administration délibère sur : *les projets de budgets ou de travaux à soumettre au gouverneur général ou au ministre; — L'ouverture et le tracé des routes, et toutes les questions administratives de grande voirie; — L'approbation à donner aux plans et devis des travaux*, et les modifications qui peuvent devenir nécessaires pendant le cours de leur exécution; — Les marchés et adjudications de tous ouvrages, approvisionnements ou traités de fournitures; — Les réquisitions à ordonner en cas de besoins extraordinaires; — La vente des approvisionnements et des objets inutiles ou impropres au service; — *L'approbation des budgets des recettes et dépenses municipales, et les projets de travaux à la charge des communes; — Les autorisations de plaider demandées par l'autorité municipale; — Les acquisitions ou aliénations d'immeubles pour le compte de l'État ou des communes; — Les projets de concession du domaine; — Le sursis aux poursuites ayant pour but le payement des amendes; — L'assiette et la perception des redevances et contributions générales et locales; — Le règlement des tarifs en matière de douanes, d'octroi ou autres; — Les primes et encouragements à donner à l'agriculture ou à l'industrie; — Les mesures à prendre dans l'intérêt du commerce; — Les demandes ayant pour objet l'établissement des sociétés anonymes; — La création des établissements publics ou de bienfaisance; — La création des collèges et écoles; — La police des cultes; — L'acceptation des dons et legs pieux, d'utilité publique ou de bienfaisance; — La police sanitaire et celle de la navigation;* — Tous les règlements d'administration et de police administrative; — Les décisions et instructions réglementaires en exécution des ordonnances

royales et des ordres ministériels; — Les propositions de toute nature à faire au roi pour la législation des possessions françaises dans le nord de l'Afrique; — Les mesures à prendre provisoirement dans le cas prévu par l'art. 18.

Art. 51. — Le conseil d'administration est en outre consulté sur : — *toutes les mesures qui intéressent le culte, la législation et les usages des indigènes;* — Les ordres d'embargo, la délivrance des lettres de marque, l'envoi des bâtiments parlementaires; — L'exercice des pouvoirs extraordinaires qui sont conférés au gouverneur général, dans les cas prévus par les art. 15 et 19 ci-dessus; — Sur toutes les autres questions que le gouverneur général juge à propos de lui soumettre.

Art. 52. — L'avis du conseil d'administration, dans les cas prévus par les articles qui précèdent, n'est point obligatoire pour le gouverneur général; mais il est toujours immédiatement communiqué au ministre avec la décision conforme ou contraire du gouverneur général.

Art. 53. — Le conseil d'administration statue sur toutes les matières dépendantes du contentieux administratif. La forme et les effets de cette juridiction sont réglés dans l'ordonnance royale du 10 août 1834, sur l'organisation judiciaire. — *Il statue également sur l'autorisation à donner pour la poursuite des agents du gouvernement prévenus de crimes ou délits commis dans l'exercice de leurs fonctions.*

Art. 54. — Le conseil d'administration s'assemble à jour fixe ou sur la convocation du gouverneur général. — Il ne peut délibérer que sur les matières qui lui sont présentées par le gouverneur général ou par son ordre. — Il est présidé par le gouverneur général, ou, à son défaut, par celui des membres du conseil qui a la présidence. — En cas de partage, la voix du gouverneur est prépondérante.

Art. 55. — Le secrétaire du gouvernement tient la plume au conseil d'administration; il en rédige les procès-verbaux, dont le registre reste en sa garde. — Il fait en même temps l'office du greffier pour les affaires contentieuses. Il est tenu pour celles-ci un registre spécial. — Les doubles des procès-verbaux inscrits sur l'un et l'autre de ces registres sont, en exécution de l'art. 52 ci-dessus, régulièrement transmis au ministre.

CHAP. 6. — *Dispositions générales.*

Art. 56. — Tous les mandements, ordres et proclamations émanés de l'autorité immédiate du gouverneur général, les règlements par lui arrêtés sur la proposition *de l'intendant civil, du procureur général ou du directeur des finances*, ainsi que les jugements des tribunaux, porteront cet intitulé:

Louis-Philippe, roi des Français, etc.

Art. 57. — Tous arrêtés et règlements contraires aux présentes dispositions sont abrogés.

Maréchal comte GÉRARD.

ARR. — 1er sept. 1834. — *Règlement sur l'administration civile et municipale.*

CHAP. 1 — *Administration générale.*

Art. 1. — L'administration civile des possessions françaises dans le N. de l'Afrique, est confiée, sous les ordres du gouverneur général, à l'intendant civil résidant à Alger, et à deux sous-intendants civils résidant à Oran et à Bône. — Ces fonctionnaires sont nommés par le roi, sur la proposition du ministre de la guerre.

Art. 2. — L'intendant civil a les attributions déterminées par le chap. 2, art. 29 et suiv., de l'arrêté de ce jour. — Les sous-intendants civils ont, sous la direction de l'intendant, les mêmes attributions, chacun dans la ville où il réside. —Leurs rapports avec l'intendant civil sont ceux qui existent en France entre les sous-préfets et les préfets. — L'intendant civil et les sous-intendants civils portent le costume des préfets et sous-préfets.

Art. 3. — L'intendant et les sous-intendants civils statuent, par forme d'arrêtés motivés, sur toutes les réclamations relatives à l'administration civile du territoire qui leur est confié. — Ces arrêtés peuvent être déférés par les parties intéressées au conseil d'administration, dans les délais qui seront déterminés par un arrêté spécial du gouverneur général.

Art. 4. — Pour les villes de Bône et d'Oran, les questions qui sont de nature à être soumises au conseil d'administration sont préalablement discutées sur les lieux par un conseil administratif, composé du général commandant les troupes, du sous-intendant civil et du sous-intendant militaire, auxquels sont adjoints, suivant les matières qu'elles concernent. —Les délibérations de cette commission sont adressées, avec les propositions qui en résultent, à l'intendant civil, et soumises au conseil d'administration (1).

Art. 5. — A Bougie et Mostaganem, des commissaires civils sont provisoirement chargés de tous les services administratifs. — Le gouverneur général détermine, par des arrêtés spéciaux, leurs rapports, soit avec le commandement militaire de chacune de ces places, soit avec l'administration centrale d'Alger. Les commissaires civils sont nommés par le ministre de la guerre, sur la proposition du gouverneur général.

CHAP. 2. — De l'administration municipale.

Art. 6. — L'administration municipale des villes d'Alger, d'Oran et de Bône est confiée à l'intendant et aux sous-intendants civils, et, sous leur direction immédiate, à un corps municipal composé d'un maire, d'un adjoint français, d'un adjoint musulman, et, selon les localités, d'un adjoint israélite, et de conseillers municipaux. — A Mostaganem et à Bougie, les commissaires civils rempliront, provisoirement, les fonctions municipales, de la manière qui sera déterminée par le gouverneur général.

Art. 7. — Le maire d'Alger est nommé par le ministre de la guerre, sur la proposition du gouverneur général. — Ceux des autres villes et les adjoints sont nommés par le gouverneur général. — Les maires et adjoints sont rétribués sur les fonds municipaux.

Art. 8. —Les maires et les adjoints sont chargés des fonctions relatives à l'état civil, et de toutes les autres fonctions municipales et de police qui leur sont déléguées.

Art. 9. — Le conseil municipal est composé de Français et d'indigènes, en nombre et dans une proportion déterminée pour chaque localité, par un arrêté du gouverneur général.

Art. 10. — Les conseillers municipaux sont nommés par le gouverneur général, et choisis par lui parmi les notables habitants de chaque localité.

Art. 11. — (Règlement de service intérieur du conseil.)

Art. 12. —Les attributions du conseil municipal sont celles qui étaient conférées en France aux corps constitués sous la même dénomination par la loi du 28 pluv. an 8 et les règlements postérieurs antérieurement à la loi du 21 mars 1831.

Art. 13. — Les recettes municipales comprennent :

Le produit de l'octroi et des abattoirs ; — Celui de la ferme du Mezouard ; —Celui des diverses concessions qui dépendent de l'autorité municipale ; — Celui des autorisations et amendes de petite voirie ; — Celui des rétributions pour le balayage ; — Le prix des journées de traitement dans les hospices civils, à rembourser par les particuliers qui y sont admis à cette condition ; — Les divers produits des bureaux sanitaires et de la direction des ports ; — Les droits de halles et marchés ; — Le revenu des propriétés communales ; — Celui de la dotation des fontaines ; — La portion reversible aux communes du revenu des biens des mosquées et des fondations pieuses ; — Les prélèvements stipulés au profit des communes sur les bénéfices de certains établissements, sur la recette des théâtres et des jardins publics ; —Les dons et legs faits en faveur des communes.

Art. 14. — Les dépenses municipales comprennent :

Les traitements des maires et adjoints dont il est fait mention à l'art. 7 ; —Les frais concernant le personnel et le matériel de l'administration et de la police municipale ; — Ceux d'ameublement et d'entretien des divers établissements publics, dans les proportions et selon les règles usitées en France ; — Ceux de perception des revenus communaux ; — Ceux de simple entretien des ports et môles, sauf le concours du gouvernement en ce qui concerne les dépenses qui se rattacheraient à la grande navigation ; — L'éclairage, le pavage, l'arrosage et le balayage publics ; — La construction, l'entretien et le nettoiement des égouts ; — La construction et l'entretien des aqueducs publics ; — Les prisons civiles ; —Les hospices civils et les dispensaires ; — Les bureaux de santé et le service des ports ; — La construction et l'entretien des halles et marchés ; — Les écoles communales ; —Les gardes nationales et urbaines ; — Les bureaux de charité, les secours aux indigents ; — Les fêtes et réjouissances publiques.

Art. 15. — Les budgets et les comptes annuels des recettes et dépenses sont établis par les conseils municipaux, transmis par l'intendant ou sous-intendant civil, examinés par le conseil d'administration, sur le rapport de l'intendant civil, et arrêtés définitivement par le gouverneur général.

Art. 16. — Aucune perception au profit des communes, aucune dépense à leur charge, ne peuvent être ordonnées sans l'autorisation du gouverneur général.

Le ministre de la guerre, comte GÉRARD.

AG. — 20 oct.-6 nov. 1834. — B. 1. — Enumération des détails d'attribution dont l'intendant civil, le procureur général et le directeur des finances sont chargés conformément aux dispositions générales de l'arr. du 1er sept. 1834.

AM. — 2-8 août 1836. — B. 37. — Nouveau règlement sur les attributions du gouverneur général et des chefs de service (2).

Art. 16. — L'intendant civil a, sous les ordres

---

(1) Par arr. du 5 janv. 1835, B. 6, le substitut du procureur général, l'agent supérieur des douanes et l'agent supérieur des domaines, employés dans la localité avaient été adjoints aux membres composant ces commissions consultatives. Il avait en outre été décidé qu'elles donneraient leur avis : 1° Sur toutes les matières dont la connaissance était attribuée aux conseils d'administration par le § 1 de l'art. 54 de l'ord. roy. du 10 août ; — 2° Sur toutes les questions d'intérêt général ou provincial qui étaient de la compétence du conseil d'administration, lorsqu'elles en seraient saisies par le gouverneur ou par les

chefs des divers services employés dans la province, et qu'elles pourraient exprimer des vœux motivés sur toutes les questions qui se rattachaient à l'administration générale.

(2) L'organisation du 1er sept. 1834 avait fait au directeur des finances une position indépendante de celle de l'intendant civil. Pour remédier aux difficultés intérieures de service qui en résultaient, le gouvernement décida qu'à l'avenir le directeur des finances serait placé sous les ordres de l'intendant, et c'est pour déterminer les attributions respectives que devait entraîner cette nouvelle hiérarchie, que l'arrêté du 2 août 1836 a été rendu. Il

du gouverneur général, la direction de toutes les parties de l'administration civile. — Il réunit les diverses attributions qui sont conférées, en France, aux préfets et aux maires, à l'exception de ce qui est relatif aux actes de l'état civil.

Art. 19. — Les crédits nécessaires au payement de toutes les dépenses publiques autres que celles qui s'appliquent à la solde des armées de terre et de mer, aux services des administrations militaires et maritimes, lui sont ouverts par le ministre, avec la faculté de les sous-déléguer en tout ou en partie, selon les besoins du service, soit au directeur des finances, soit aux sous-intendants civils ou commissaires du roi placés sous ses ordres. — Il rend compte directement, au ministre, de l'emploi de ces crédits, suivant les formes prescrites aux ordonnateurs secondaires du département de la guerre et à leurs sous-délégataires, par l'ord. roy. du 14 sept. 1822 et par le règlement ministériel du 30 nov. 1825.

Art. 20. — L'intendant civil correspond directement, pour toutes les matières dans ses attributions, avec le ministre de la guerre, avec le gouverneur général et avec les autres chefs de service.

Art. 28. — Le directeur des finances dirige, sous les ordres de l'intendant civil, tous les services institués pour le recouvrement des revenus, soit de l'Etat, soit des communes. — Il remplit les fonctions attribuées, dans les départements de la France, aux directeurs : — De l'enregistrement ; — Des douanes; — Des postes ; — Des contributions directes et indirectes; — Et, en général, aux chefs des services administratifs des différentes branches du revenu public.

Art. 31. — Il prépare et rapporte, en conseil d'administration: — Les projets de créations, réunions ou suppressions d'emplois de finances; — Les mesures à prendre à l'égard des fonctionnaires attachés aux services financiers, dans les cas prévus par l'art. 10, et les contestations entre eux relativement à leurs fonctions, rang et prérogatives; — Les transactions sur saisies, amendes et autres peines en matière d'impôt, lorsque la condamnation excède la somme de 500 fr.; au-dessous de cette somme, il peut statuer seul ; — Les décharges et non-valeurs.

Art. 32. — Les projets d'ordonnances, d'arrêtés et de règlements généraux sur les matières de finances, les propositions relatives aux créations, modifications ou suppressions d'impôts, sont préparés par le directeur des finances, et remis par lui à l'intendant civil, qui en saisit le conseil d'administration ou qui en rend compte immédiatement au ministre de la guerre.

Art. 34. — Le directeur des finances a sous ses ordres tous les agents du recouvrement des contributions et des revenus publics ou communaux. — Il propose à l'intendant civil, pour être soumis au ministre, les nominations, avancements, mutations, révocations de ces agents. Il nomme, en vertu de la délégation qui peut lui en être faite par l'intendant civil, les brigadiers, sous-brigadiers et préposés au service actif des douanes et des autres services financiers. — Il soumet à l'intendant

civil les demandes de congés formées par les fonctionnaires sous ses ordres.

Art. 35. — (Le § 1 comme au § 1 de l'art. 48.) Les inspecteurs chargés de ces vérifications en font connaître le résultat au gouverneur général et à l'intendant civil, qui en rendent compte au ministre de la guerre.

Art. 36. — Les mesures relatives à l'organisation des caisses de recette, à l'ordre des versements et aux formes de la comptabilité sont réglées par le ministre des finances, de concert avec le ministre de la guerre. Le directeur des finances et les différents comptables lui adresseront tous les documents nécessaires pour la justification tant des droits constatés que des recettes et des dépenses effectuées.

Art. 38. — Le conseil d'administration délibère: — Sur les projets de budgets des recettes et dépenses concernant l'Etat, les communes ou les établissements religieux ou de bienfaisance ; — Les projets de travaux à exécuter au compte de l'Etat ou des communes ; — L'ouverture ou le tracé des routes. (Le reste comme aux dispositions de l'art. 50, non imprimées en italique.)

Art. 44. — Le budget général des services publics dans les possessions françaises du N. de l'Afrique, ceux des communes, ceux des établissements religieux ou de bienfaisance, ne peuvent être mis à exécution que sous l'approbation préalable du ministre de la guerre.

Art. 45. — L'établissement des sociétés anonymes, les acquisitions d'immeubles pour le compte de l'Etat et les concessions ou aliénations de propriétés publiques ne peuvent avoir lieu que sous la même autorisation.

Art. 47. — Aucun agent consulaire étranger ne peut être admis à l'exercice de ses fonctions dans les possessions françaises du N. de l'Afrique, qu'en vertu d'un *exequatur* délivré par le gouvernement du roi et transmis au gouverneur général par le ministre de la guerre.   Marquis MAISON.

4° 1838—1845 (1).

Direction de l'intérieur.

OR. — 31 oct.-18 déc. 1838. — B. 61. — *Institution d'une direction de l'intérieur. — Nouvelles attributions.*

Vu notre ord. du 22 juill. 1834;

Art. 1. — L'administration des services civils en Algérie demeure placée sous l'autorité du gouverneur général. — Il aura sous ses ordres : 1° Un directeur de l'intérieur; 2° Un procureur général; — 3° Un directeur des finances.

Art. 2. — Le directeur de l'intérieur a dans ses attributions l'administration générale provinciale et communale, les travaux publics, le commerce, l'agriculture, l'instruction publique, les cultes et tous les services que nos précédentes ordonnances et l'art. 4 ci-après ne placent pas dans les attributions du procureur général ou du directeur des finances. — Il occupe, au conseil d'administration, la place et le rang qui y étaient assignés à l'intendant civil. — Des sous-directeurs administreront,

---

reproduit presque textuellement la plupart des dispositions de l'arrêté de 1834, à l'exception de celles qui ont été imprimées en italique dans cet arrêté, ainsi qu'il a été indiqué en note (V. *suprà*), et des dispositions nouvelles insérées ci-dessus.

(1) De 1838 à 1840, un ensemble d'arrêtés spéciaux qui avaient pour objet l'organisation administrative de la province de Constantine, fut promulgué par le gouverneur général maréchal Valée. Cette province en effet venait d'être récemment conquise, l'autorité française ne pouvait en administrer directement qu'une faible partie; il était indispensable de régulariser l'action des chefs indi-

gènes et de les soumettre au commandement supérieur militaire. A l'époque où ces arrêtés parurent, ils constituaient un grand progrès, témoignaient d'une haute intelligence des affaires, d'une sage prévision de l'avenir et étaient l'œuvre d'un esprit organisateur. A mesure que les relations civiles et commerciales se sont étendues dans la province, et que des villes et des centres de population ont été fondés, les territoires soumis à l'action des chefs indigènes ont dû leur être enlevés, et cette législation transitoire et spéciale est aujourd'hui sans objet et n'offre qu'un intérêt historique.

sous ses ordres, les provinces de Constantine et d'Oran.

Art. 3. — Dans toutes les parties du territoire administré par l'autorité française, il pourra être institué des commissaires civils ou des commandants (1) dont les pouvoirs et les traitements seront déterminés par notre ministre de la guerre, sur la proposition du gouverneur général. — Sur les points éloignés de plus de 10 kil. du siège du tribunal de la province, les pouvoirs des commissaires civils ou commandants pourront comprendre la juridiction des juges de paix en France, les fonctions d'officiers de police judiciaire et de juge d'instruction, et même, à raison de la difficulté et de la rareté des communications, tout ou partie de la juridiction des tribunaux civils ou de commerce en Algérie. — Des arrêtés du gouverneur général, approuvés par notre ministre de la guerre, règleront les formes et délais de la procédure, la faculté d'appeler, et l'exécution des jugements.

Art. 4. — Le directeur des finances dirige et surveille, sous les ordres du gouverneur général, les services ci-après : — L'enregistrement et le timbre ; — Les domaines ; — Les douanes et contributions diverses, la garantie d'or et d'argent, la vérification des poids et mesures ; — Les postes ; — Le cadastre ; — Les forêts.

Il est généralement chargé de tout ce qui concerne l'établissement, le régime, la perception et la comptabilité des contributions publiques, impôts, taxes ou revenus de toute nature, quelle qu'en soit l'origine ou la destination, à l'exception de ceux dont il est parlé en l'art. 9. — Il exerce, tant en demandant qu'en défendant, les actions qui intéressent le domaine. — Il dirige et surveille l'administration des biens appartenant aux corporations et établissements indigènes, de piété, de charité ou d'utilité publique.

Art. 5. — Le directeur de l'intérieur et le directeur des finances reçoivent seuls, et transmettent à leurs subordonnés les ordres du gouverneur général sur toutes les parties des services qui leur sont confiés : ils en dirigent et surveillent l'exécution en se conformant aux lois, ordonnances, règlements et décisions ministérielles.

Ils rendent compte au gouverneur général, toutes les fois qu'il l'exige, des actes et des résultats de leur administration. — Ils travaillent et correspondent seuls avec le gouverneur général. — Ils proposent les projets d'arrêtés à prendre par le gouverneur général. — Ils préparent et proposent, en ce qui concerne l'administration qu'ils dirigent, la correspondance du gouverneur général avec le ministre de la guerre ou les consuls et résidents des gouvernements étrangers.

Ils instruisent et rapportent au conseil d'administration toutes les affaires dépendantes de leurs services, dont ce conseil est appelé à connaître. — Ils proposent au gouverneur général les nominations, avancements, mutations, suspensions, révocations, ainsi que toutes les dispositions concernant le personnel ou le matériel de l'administration intérieure ou de celle des finances.

Art. 6. — En cas d'absence ou d'empêchement des directeurs de l'intérieur ou des finances, le gouverneur général désigne le fonctionnaire qui doit être chargé de l'intérim.

Art. 7. — Les directeurs de l'intérieur ou des finances adressent au gouverneur général, tous les trois mois, et toutes les fois qu'ils en sont requis, un rapport général sur la situation des services dont ils sont chargés. — Ces rapports sont joints au rapport d'ensemble que le gouverneur général adresse lui-même tous les trois mois au ministre et accompagnés, s'il y a lieu, de ses observations.

Art. 8. — Les dispositions des art. 5 et 7 sont communes au procureur général en tout ce qui n'est point contraire aux lois, ordonnances et règlements sur l'administration de la justice.

Art. 9. — Le commandement sur les populations purement indigènes, l'assiette et la levée des tributs auxquels elles sont assujetties, les dispositions d'ordre et de comptabilité, sont réglés par des arrêtés du gouverneur général, soumis à l'approbation de notre ministre de la guerre, et qui, néanmoins, peuvent être rendus provisoirement exécutoires.

Art. 10. — Le gouverneur général nommera à tous les emplois publics auxquels il n'est pas pourvu par nos ordonnances, ou dont notre ministre de la guerre ne s'est pas réservé la nomination.

Art. 11. — Toutes dispositions contraires à la présente ordonnance sont abrogées.

OR. — 7 fév. 1841. — *Attributions du ministre de la guerre.*

Art. 1. — Notre ministre de la guerre règle, par des arrêtés spéciaux, les rapports de son département avec le gouverneur général de l'Algérie et les chefs de service placés sous ses ordres. — Toutes dispositions contraires sont abrogées.

AG. — 17-22 sept. 1841. — B. 104. — *Attributions de l'officier général investi du commandement en l'absence du gouverneur.*

Art. 1. — L'officier général, investi en notre absence des attributions du commandement à Alger, aura la direction supérieure de l'administration.

Art. 2. — Les chefs des différents services correspondront avec lui pour toutes les affaires qui doivent être soumises au gouverneur général.

Art. 3. — Le conseil d'administration qu'il présidera, sera saisi par lui de toutes les affaires dont les arrêtés ministériels attribuent la connaissance à ce conseil. BUGEAUD.

AM. — 30 juin 1842. — *L'Algérie formera jusqu'à nouvel ordre trois divisions militaires : — division d'Alger, — de Constantine — et d'Oran — L'administration militaire y sera dirigée par trois intendants indépendants l'un de l'autre.*

5° 1845—1847.

Gouverneur général de l'Algérie. — Direction générale des affaires civiles.

OR. — 15 avr.-31 août. 1845. — B. 207 (2). — *Nouvelle organisation.*

---

(1) Le titre de commandant n'est pas, dans l'art. 5, l'équivalent de celui de commissaire civil, et les deux appellations ne peuvent pas être indifféremment appliquées à des fonctionnaires de l'ordre civil ; il a été, au contraire, expressément entendu que le titre de commandant était une qualification toute militaire, et ne pouvait, dans aucun cas, être donné à un fonctionnaire de l'ordre civil. Son introduction dans l'ordonnance a eu pour unique objet de rendre possible, dans des circonstances données, la délégation de l'autorité civile et judiciaire à un commandant militaire spécialement institué (extrait d'une dépêche

de M. le ministre de la guerre, en date du 4 déc. 1838).

(2) *Rapport au roi.* — Sire, la domination française de jour en jour mieux affermie en Algérie, la sécurité répandue jusque dans les contrées qui étaient tout récemment le théâtre de la guerre ; l'affluence croissante des colons et des capitaux ; le développement donné aux travaux publics et à l'industrie privée ; le vaste champ ouvert aux relations commerciales de la métropole avec la colonie ; les villes qui s'élèvent ou se rééditent ; les villages qui se fondent ; les routes qui s'ouvrent ; l'augmentation du revenu public ; la facilité avec laquelle l'impôt arabe se

Tit. 1. — *Dispositions générales.*

Art. 1. — Les ordonnances royales destinées à

perçoit : tous ces faits, tous ces résultats caractérisent la situation en Algérie, telle que l'ont faite quatorze années de sacrifices et de combats glorieux, les efforts et la persévérance des colons, l'heureuse et puissante action de l'habile chef auquel V. M. a remis le soin de commander l'armée et d'administrer le pays, et aussi, je dois le dire, la sollicitude constante apportée par le gouvernement du roi, soit à diriger ou faciliter les opérations militaires, soit à rechercher les moyens d'introduire l'ordre, la vie et le progrès dans toutes les branches du service public.

Déjà trois ordonnances ont été rendues par V. M., l'une pour régulariser et garantir la propriété, l'autre pour fortifier l'action de la justice, la troisième pour asseoir le régime financier sur les bases de la loi du 4 août 1844. L'ordonnance que j'ai l'honneur de soumettre aujourd'hui à V. M. s'attache à des intérêts non moins dignes de sa sollicitude.

L'action du pouvoir se modifie nécessairement selon les temps, les hommes et les lieux. La permanence de la législation ne convient qu'aux États définitivement constitués. Aussi la loi du 24 avril 1833 a-t-elle décidé que les établissements français, en Algérie, continueraient d'être régis par des ordonnances royales. — Les difficultés et les incertitudes inhérentes à un pays inconnu et nouveau, la mobilité des choses, la soudaineté des besoins, l'imprévu, l'urgence, la guerre, l'éloignement, exigeaient pendant longtemps qu'une grande latitude fût accordée à l'autorité locale.

Dans l'intervalle, l'expérience a éclairé les faits ; l'ordre s'est fondé ; des communications régulières et rapides ont effacé les distances ; et si le régime des ordonnances est maintenu, l'administration peut du moins entrer dans une voie de progrès qui la rapproche davantage des règles et de la hiérarchie des pouvoirs. C'est à la faveur de ce progrès que les ordonnances royales s'étendront désormais à toutes les matières d'intérêt général, que leur préparation sera soumise à plusieurs degrés d'examen, et que le conseil d'État interviendra dans l'appréciation de celles des mesures qui touchent le plus intimement à l'état et à la sécurité des personnes, ainsi que dans certaines matières qui affectent la politique générale du royaume.

Ainsi disparaîtra de la législation de l'Algérie l'ord. du 5 juill. 1834, qui, faite pour une situation encore incertaine et difficile, serait aujourd'hui en désaccord avec celle mieux affermie et plus avancée qui lui a heureusement succédé. Elle avait d'ailleurs stipulé que les attributions du gouverneur général seraient ultérieurement déterminées, et divers arrêtés ministériels, qui ont eu pour objet de combler en partie cette lacune, n'y suffisent en aucun cas aujourd'hui.

La division du territoire est la première condition de toute organisation administrative, et, à cet égard, l'Algérie était à considérer au double point de vue géographique et administratif ; car là même province, le même arrondissement, le même cercle ou district, suivant l'état politique des territoires qui en dépendent, suivant la différence des mœurs et les besoins qui y régnent, exigent de toute nécessité un régime administratif différent.

En effet, si la population civile s'accroît et s'étend chaque jour davantage, il est cependant des portions de territoire sur lesquelles elle s'établit avec plus de confiance et d'activité. Là, tous les services publics ont pu être organisés, et ils fonctionnent sous les mêmes conditions, avec la même régularité qu'en France ; là, les Européens ont toute liberté d'acquérir, d'acheter et de vendre. Le droit commun, tel que le constitue la législation spéciale de l'Algérie, les protège. Ces territoires sont désignés sous le nom de territoires civils.

Dans d'autres localités, telles que Constantine, Sétif, Djidjelli, Bougie, Dellys, Médéah, Milianah, Orléansville, Mascara, etc., nous avons aussi des établissements militaires permanents et une population européenne.

La sécurité est très grande et le mouvement colonial sensiblement progressif ; mais on ne saurait y organiser encore tous les services publics ; non-seulement à cause du surcroît considérable de dépenses qui en résulterait pour le trésor ; mais encore, et surtout, parce qu'on est là plus rapproché du théâtre des opérations militaires, que les colons européens y sont en faible nombre, et que les relations avec les indigènes et les intérêts qu'elles font naître doivent y être incessamment protégés. De là le besoin que l'autorité soit plus forte, plus libre dans son action, et moins compliquée que sur les territoires civils ; conditions qui ne se trouvent que dans l'autorité militaire ; de là aussi la nécessité pour les colons européens établis sur ces territoires de se soumettre à un régime exceptionnel qui, toutefois, ne leur refuse aucune des garanties essentielles ; car ce sera, en effet, l'autorité civile confiée à des mains militaires, et rapprochée, autant que la situation le permet, des formes qui lui sont propres. La désignation de territoires mixtes, appliquée à ces localités, ne me paraît pas moins justifiée par la réalité des faits et la spécialité des situations que celle attribuée aux territoires civils.

Le Sahara algérien, en d'autres termes, les territoires situés au delà du Tell, devaient former une troisième catégorie. Là, point de colons européens, point d'établissements auxquels on puisse songer à donner un caractère de permanence ; l'armée n'y pénètre qu'accidentellement, soit pour réprimer des hostilités ou des désordres, soit pour préparer ou étendre les relations commerciales dont ces contrées nous ouvrent et assurent les importantes voies. Des chefs indigènes, nommés par V. M., y sont l'expression de notre domination et les intermédiaires de notre autorité. Ces territoires reçoivent la dénomination de territoires arabes ; le régime militaire seul leur convient, et le soin de l'appliquer ne peut être utilement confié qu'au gouverneur général et à ses officiers généraux, sous la haute direction du ministre de la guerre.

Il s'agit tout à la fois, sire, de peupler, de fertiliser l'Algérie. Cette œuvre est considérable. Elle ne peut s'accomplir qu'à l'aide d'un esprit d'unité, d'ensemble et de suite, imprimé à tous les pouvoirs locaux. C'est pour satisfaire à ce besoin, et comme conséquence de la disposition qui maintient réunies dans les mains du gouverneur général la double attribution du commandement et de la haute administration, que j'ai l'honneur de proposer à V. M. la création d'un directeur général des affaires civiles, qui, placé auprès du gouverneur général, dirigera sous ses ordres, et en son nom, les divers services civils et financiers, et centralisera toutes les affaires administratives autres que celles qui concernent les opérations militaires et l'administration de l'armée.

Le conseil d'administration sera pareillement l'objet d'une importante réforme. Créé d'urgence, lors de la conquête, chargé de substituer au régime déchu un régime nouveau, investi, par la force même des choses, du soin de subvenir à toutes les nécessités, le conseil d'administration dut à [...] réunir des attributions très-complexes. Il fut à la fois conseil du gouvernement et conseil administratif ; il remplit même, dans l'origine, les fonctions de cour d'appel vis-à-vis des tribunaux civils qu'on avait été dans la nécessité d'improviser, et diverses modifications qui tendirent à perfectionner sa composition ou son action se ressentirent encore des circonstances dans lesquelles elles s'étaient opérées.

Cependant l'ordre s'établissait peu à peu, et, le 10 août 1834, une ordonnance royale vint séparer le pouvoir judiciaire de l'autorité administrative. Un tribunal supérieur fut organisé pour connaître des appels envers les jugements émanés des juridictions civiles. Enfin, le tribunal supérieur a été remplacé par une cour royale, et c'est ainsi que l'Algérie est entrée dans une voie progressive et prudente d'assimilation à la métropole.

Néanmoins, le conseil d'administration a conservé, jusqu'à présent, la connaissance du contentieux administratif. Composé des chefs de service, il revêt, aux yeux du public, l'apparence d'un corps juge et partie. Les circonstances comportent et réclament une juridiction administrative plus rapprochée du droit commun. — Ce vœu, exprimé par la commission de colonisation et universellement manifesté, à suffisamment motivé, à mes yeux, l'institution en Algérie d'un conseil du contentieux, qui rendra, en Algérie, des services analogues à ceux que rendent en France les conseils de préfecture, et sera, d'ailleurs, utilement consulté en matière de législation. — Ainsi dégagé de ses attributions contentieuses, le conseil d'administration actuel, sous la dénomination nouvelle et caractéristique de

régir l'Algérie sont rendues sur la proposition de notre ministre de la guerre.

Art. 2. — Dans les cas imprévus où l'ordre et la

sécurité publique seraient gravement intéressés, le gouverneur général prend par voie d'arrêté, les mesures jugées nécessaires.—Il en rend immédiatement compte à notre ministre de la guerre.

Art. 3.— L'arrêté rendu extraordinairement par le gouverneur général dans les cas prévus par l'art. 2, est exécutoire aussitôt après sa promulgation. — Si le ministre de la guerre refuse son approbation, ou si, dans les trois mois de la date dudit arrêté, l'acte ministériel qui le ratifie n'a pas été publié au *Bulletin officiel des actes du gouvernement de l'Algérie*, l'arrêté est considéré de droit comme abrogé, et demeure nul et sans effet (1).

Art. 4. — Nos ordonnances et tous actes du gouvernement sont rendus exécutoires, en Algérie, par la promulgation qui en sera faite conformément aux règles ci-après établies.

Art. 5. — La promulgation résulte de l'insertion au *Bulletin officiel des actes du gouvernement en Algérie*.

Art. 6. — La promulgation est réputée connue au chef-lieu de la direction de l'intérieur et des travaux publics, un jour après la réception, par le directeur, du *Bulletin* qui lui est transmis par le gouverneur général ; et dans l'étendue de chaque sous-direction, passé ce même délai, après autant de jours qu'il y aura de fois 5 myriamètres de distance entre le chef-lieu de la direction et celui des sous-directions, cercles ou mairies qui en dépendent.

Art. 7. — Les numéros du *Bulletin officiel* portent l'empreinte du sceau du gouvernement de

l'Algérie. La réception en est inscrite et constatée sur des registres ouverts à cet effet, au chef-lieu de la direction et de chaque sous-direction de l'intérieur.

Art. 8.— Les registres mentionnés au précédent article contiennent, successivement et sans lacune, les numéros des bulletins et la date de la réception. Ils doivent être signés, à chaque numéro, par les fonctionnaires qui les auront reçus.

Art. 9. — Dans les circonstances extraordinaires, si l'autorité locale juge nécessaire de hâter l'exécution des actes du gouvernement en les faisant parvenir, par voie accélérée, dans les localités, ces actes y seront exécutoires à compter du jour où ils auront été publiés à son de caisse ou par affiche.

Art. 10. — Les chambres de commerce et toutes autres sociétés ayant pour objet des intérêts publics, sont instituées par une ordonnance royale.

TIT. 2. — *De la division du territoire.*

Art. 11. — L'Algérie est divisée en trois provinces, savoir : — La province d'Alger ; — La province de Constantine ; — La province d'Oran.

Art. 12. — Chaque province se subdivise, soit en arrondissements, cercles et communes, soit en khalifats, aghaliks, kaïdats et cheikhats. — On distingue dans ces circonscriptions, suivant l'état des localités et le mode d'administration qu'elles comportent : — Des territoires civils ; — Des territoires arabes.

Art. 13. — Sont déclarés : —*Territoires civils*, ceux sur lesquels il existe une population civile

---

conseil *supérieur d'administration de l'Algérie*, n'a point d'analogue en France, et doit être approprié aux nécessités d'un pays où tout est nouveau, et qui, pour prospérer, a besoin du concert régulier et permanent de ses administrateurs.

C'est le même intérêt qui m'a déterminé à introduire dans le nouveau conseil un fonctionnaire dont l'importance déjà considérable grandit de jour en jour : le directeur central des affaires arabes. Le gouvernement des indigènes sera désormais un service du premier ordre ; il devait être représenté dans le conseil appelé à délibérer sur les grands intérêts du pays.

Je crois utile aussi d'y faire entrer trois conseillers civils sans attributions fixes, choisis parmi des capacités éprouvées, qui consacreront tout leur temps à l'étude des affaires, seront les rapporteurs naturels des plus importantes, et répandront sur les discussions du conseil les lumières de leur expérience, avec d'autant plus de fruit que leur position les rendra indépendants de l'administration agissante.

L'administration civile continuera de fonctionner dans les limites qui lui sont actuellement assignées ; mais ces limites ne seront point immuables, et l'un des plus importants avantages de la nouvelle division administrative du territoire algérien sera de préparer le moyen de les étendre, à mesure que les territoires soumis à un régime exceptionnel auront fait, en population européenne et en situation politique, des progrès tels que leur régime administratif puisse être modifié ; mais l'intérêt de notre domination, qu'une force militaire imposante devra longtemps protéger encore, nous fait une loi de ne rien précipiter.

Aussi l'administration civile subit-elle peu de changements dans son organisation intérieure. Cependant, à côté des améliorations qui ont pour but de régulariser la marche des services, je citerai la création des commissions consultatives d'arrondissement sur les territoires civils. Une institution analogue avait été tentée en 1833 ; mais les impossibilités qui la firent échouer alors ne sont plus à redouter aujourd'hui, et la faculté donnée aux populations de participer légalement, par des organes choisis dans leur sein, à la manifestation de leurs besoins et de leurs vœux, ne répondra pas moins cette fois à l'attente publique de V. M. Il en sera de même de l'introduction de quelques notables européens et indigènes dans les commissions consultatives

instituées sur les territoires mixtes. Ce sont des germes que le temps fécondera.

Je ne terminerai pas, sire, sans faire connaître à V. M. le nouveau et utile concours que la commission de colonisation, présidée par M. le duc Decazes, m'a prêté dans cette dernière circonstance. Son remarquable travail a été étudié par moi avec le plus grand soin, et je l'ai mis à profit, autant que les exigences de l'état du pays m'ont paru le comporter.

Les dispositions, sire, que j'ai l'honneur de soumettre à la sanction de V. M., seront accueillies, j'en ai la ferme confiance, comme un sage et utile progrès, comme une garantie nécessaire donnée aux intérêts de toute nature qui se fondent et s'épurent chaque jour en Algérie, comme un moyen enfin de faire fructifier tout à la fois, à l'honneur et au profit de la France, une conquête si chèrement mais si glorieusement acquise.

Maréchal duc de DALMATIE.

(1) La nécessité de l'approbation ministérielle et de son insertion au *Bulletin officiel* a cessé depuis le décret du 16 déc. 1848, qui a modifié les attributions du gouverneur général.

Jurisprudence. — Attendu que l'ord. du 15 avr. 1845 a reçu de grandes modifications par le décret du 16 déc. 1848, qui forme le dernier état de la législation sur l'organisation de l'administration générale en Algérie ; — Attendu, notamment, que l'art. 6 du même décret a fixé les pouvoirs du gouverneur général et modifié le droit dont il était investi de prendre des arrêtés d'urgence ; qu'en effet, par l'art. 3 de l'ord. du 15 avril, ce droit s'étendait jusqu'à pouvoir créer des pénalités nouvelles, mais était soumis à l'approbation ministérielle qui devait être insérée dans les trois mois au *Bulletin officiel*, tandis que le décret précité a limité ce droit aux seuls cas autorisés par les lois de la métropole, et qui porte abrogation de l'art. 2 de l'ord. de 1845, et, par suite, de l'art. 3 qui s'y rattache nécessairement ;

Que, par cette modification, l'approbation ministérielle n'est plus exigée, et serait d'ailleurs inutile, puisque les mesures autorisées par ledit art. 6 sont prises sous la responsabilité du gouverneur général et à la charge seulement d'en rendre compte au ministre de la guerre. — Par ces motifs, —V. *Cour d'Alger*, 18 août 1850. Confirmé par arrêt de *Cass.* du 29 janv. 1851 (V. arrêté du 16 déc. 1848, *infra*, art. 6 et note; V. aussi *Législation*, § 2, légalité des arrêtés).

européenne, assez nombreuse pour que tous les services publics y soient ou puissent y être complétement organisés; — *Territoires mixtes*, ceux sur lesquels la population civile européenne, encore peu nombreuse, ne comporte pas une complète organisation des services publics; — *Territoires arabes*, tous ceux situés, soit sur le littoral, soit dans l'intérieur du pays, qui ne sont ni mixtes ni civils.

Art. 14. — Les territoires civils sont régis par le droit commun, tel que la législation spéciale de l'Algérie le constitue, et sous la réserve des dispositions particulières relatives aux indigènes qui habitent ces mêmes territoires. — L'administration y est civile. — Les Européens sont libres d'y former des établissements de toute nature; d'y acquérir et d'y vendre des immeubles.

Art. 15. — Les territoires mixtes sont soumis à un régime administratif exceptionnel. Les autorités militaires remplissent, sur ces territoires, les fonctions administratives, civiles et judiciaires. — Les Européens peuvent y former des établissements, y acquérir et y vendre des immeubles, mais seulement dans les limites déterminées par notre ministre de la guerre, sur la proposition du gouverneur général.

Art. 16. — Les territoires arabes sont administrés militairement. — Les Européens ne sont admis à s'y établir que dans un but d'utilité publique et en vertu d'autorisations spéciales et personnelles. — Ces autorisations sont accordées par le gouverneur général, le directeur des affaires arabes entendu.

Art. 17. — Les Européens autorisés à s'établir sur les territoires mixtes et arabes sont soumis au régime administratif propre à chacun de ces territoires.

Art. 18. — Les tribus arabes, quels que soient les territoires qu'elles occupent, restent soumises à l'autorité militaire. Néanmoins, pour ce qui concerne l'administration locale, les indigènes établis sur un territoire civil dépendent de l'autorité civile, dont les ordres sont toujours transmis conformément à l'art. 100 ci-après, par les bureaux des affaires arabes.

Art. 19. — Les limites territoriales et les chefs-lieux des provinces, arrondissements, cercles, communes et circonscriptions arabes, ainsi que la catégorie à laquelle appartiendra chaque partie de territoire, pour le service administratif, seront déterminées par des ordonnances royales rendues sur le rapport de notre ministre de la guerre, d'après la proposition du gouverneur général. Jusqu'à ce qu'il en soit autrement ordonné, ces limites, ainsi que les chefs-lieux et la classification des territoires, restent fixées telles qu'elles le sont aujourd'hui.

Art. 20. — Lorsque, d'après l'avis du gouverneur général et le rapport de notre ministre de la guerre, en raison des progrès politiques et du développement colonial, des parties de territoire arabe devront passer dans la catégorie des territoires mixtes, ou des parties de territoire mixte dans la catégorie des territoires civils, ces modifications seront spécialement l'objet d'ordonnances royales; elles entraîneront de droit le changement du régime administratif, qui devra toujours être civil sur les territoires civils, et exceptionnel sur les territoires mixtes.

Tit. 3. — *Du commandement général et de la haute administration en Algérie.*

Art. 21. — Le commandement général et la haute administration sont confiés, en Algérie, à un gouverneur général, investi à cet effet des pouvoirs civils et militaires.

Art. 22. — Le gouverneur général de l'Algérie

est nommé par nous. — Il exerce ses attributions sous les ordres directs de notre ministre de la guerre, par l'intermédiaire des autorités civiles, judiciaires et militaires.

Art. 23. — Il est institué près du gouverneur général : — Un directeur général des affaires civiles; — Des directeurs des services administratifs; — Un conseil supérieur d'administration; — Un conseil du contentieux.

Art. 24. — Les directeurs, chefs de services administratifs, sont : — Le procureur général; — Le directeur de l'intérieur et des travaux publics; — Le directeur des finances et du commerce; — Le directeur central des affaires arabes.

Art. 25. — Le directeur général des affaires civiles, le procureur général, les directeurs de l'intérieur et des finances, et le directeur central des affaires arabes, sont nommés par nous, sur la proposition de notre ministre de la guerre.

Art. 26. — Les traitements et indemnités à allouer aux fonctionnaires désignés en l'art. 25 ci-dessus, et à ceux qui, aux termes de la présente ordonnance, doivent être également nommés par nous, sont fixés conformément au tableau ci-annexé.

Chap. 1. — *Des attributions du gouverneur général.*

Art. 27. — Le gouverneur général a sous ses ordres immédiats les troupes de toutes armes, françaises, étrangères et indigènes, régulières et irrégulières employées en Algérie. — Il dispose, lorsque les circonstances l'exigent, des milices urbaines et rurales.

Art. 28. — Il est chargé de la défense intérieure et extérieure de l'Algérie. — Il prend toutes les mesures nécessaires pour faire respecter les frontières, maintenir l'autorité de la France, conserver l'ordre et la paix entre les tribus, assurer la liberté des communications et la sécurité publique. — Il soumet à notre ministre de la guerre toute proposition ayant pour objet la création d'établissements permanents et l'organisation des tribus arabes.

Art. 29. — Il veille à la bonne et prompte distribution de la justice dans la limite des juridictions et des compétences. — En matière civile, il ne peut empêcher ni retarder l'exécution des jugements et arrêts. — En matière criminelle, il prononce le sursis lorsqu'il y a lieu de recourir à la clémence royale. — Il n'autorise l'exécution des arrêts emportant peine capitale que dans les cas et sous les restrictions déterminées par notre ord. du 1er avr. 1842 (*Peine de mort*). — Il peut faire surseoir aux poursuites pour le payement des amendes, à charge de provoquer immédiatement une décision de notre ministre de la guerre.

Art. 30. — Il assure à chacun le libre exercice de son culte et de ses droits. — Il maintient à chaque autorité son rang et l'exercice de ses attributions.

Art. 31. — Il pourvoit directement aux mesures de haute police à l'égard des personnes dont la présence serait reconnue dangereuse pour l'ordre et la sécurité publique. — Il peut prononcer contre elles suivant les cas, et le conseil d'administration préalablement entendu : — Le refus d'admission en Algérie; — L'exclusion d'une ou de plusieurs localités de l'Algérie. — Ces décisions, rendues en forme d'arrêté, sont provisoirement exécutoires, et ne deviennent définitives que par l'approbation de notre ministre de la guerre.

Art. 32. — Il saisit le conseil supérieur d'administration des affaires qui doivent lui être soumises, aux termes des art. 63 et 64 ci-après. — Il saisit pareillement le conseil du contentieux de celles dont l'examen peut ou doit lui être déféré à titre consultatif. — Il transmet, avec son avis, à notre ministre de la guerre, les délibérations de l'un et l'autre conseils.

Art. 53. — Il fait promulguer les ordonnances et autres actes du gouvernement, et assurer leur exécution par les autorités dont ces actes exigent .e concours.

Art. 54. — Il arrête provisoirement, en conseil supérieur d'administration, les budgets, états de répartition de crédits et comptes administratifs à soumettre à notre ministre de la guerre. — Il maintient les demandes de fonds dans la limite des crédits ouverts ou des ressources locales et municipales réalisées. — Il tient rigoureusement la main à ce que les dépenses n'excèdent, dans aucun cas, les crédits régulièrement ouverts.

Art. 55. — Il soumet à notre ministre de la guerre les propositions de nomination d'avancement ou de révocation relatives aux fonctionnaires et agents de l'ordre administratif. — Il pourvoit directement aux emplois autres que ceux qui sont à notre nomination et à celle de notre ministre de la guerre, ou dont la nomination est réservée aux chefs de service, en vertu de règlements spéciaux. — Il délivre les congés dans les limites tracées par les arrêtés de notre ministre de la guerre.

Art. 56. — Il pourvoit provisoirement à l'intérim, soit du directeur général, soit des chefs de service, et en rend immédiatement compte à notre ministre de la guerre, qui statue. — Le suppléant du directeur général est toujours choisi parmi les membres civils du conseil supérieur d'administration.

Art. 37. — En cas d'absence du chef-lieu du gouvernement ou d'empêchement momentané quelconque, et lorsqu'il n'aura pas été institué par nous de gouverneur général intérimaire, le gouverneur général est suppléé : — Pour les affaires politiques et militaires, par l'officier général investi du commandement intérimaire ; — Pour les affaires administratives, par le directeur général des affaires civiles.

Art. 38. — En cas de décès du gouverneur général ou de son absence hors de l'Algérie, l'officier général du grade le plus élevé et le plus ancien dans ce grade, est investi des pouvoirs de gouverneur général, et en exerce les fonctions, tant qu'il n'y a pas été pourvu par nous.

CHAP. 2. — *Du directeur général des affaires civiles et de ses attributions.*

Art. 39. — Le directeur des affaires civiles exerce, sous les ordres du gouverneur général et en son nom, la haute direction des services administratifs civils.

Art. 40. — Il propose et soumet au gouverneur général toutes les mesures qui intéressent la colonisation, l'agriculture, le commerce et les travaux publics civils, ainsi que celles qui ont pour objet d'assurer l'exécution des ordonnances, arrêtés, règlements généraux et instructions concernant l'administration publique.

Art. 41. — Il travaille avec les chefs des services administratifs, et met leur correspondance et leurs propositions sous les yeux du gouverneur général, dont il prend les ordres.

Art. 42. — Il signe pour le gouverneur général et par son ordre, toute la correspondance administrative que le gouverneur général ne s'est pas réservée.

Art. 43. — Le directeur général des affaires civiles réunit à ses attributions celles du secrétariat général qui demeure supprimé.

CHAP. 3. — *Des attributions des directeurs, chefs des services administratifs.*

Art. 44. — Les attributions du procureur général demeurent fixées telles qu'elles le sont par nos ordonnances relatives à l'administration de la justice en Algérie.

Art. 45. — Les attributions du directeur de l'intérieur et des travaux publics s'étendent sur tous les territoires civils. — Elles embrassent : — L'administration civile proprement dite ; — Les travaux publics ; — La colonisation ; — L'agriculture et les sociétés agricoles ; — L'instruction publique ; — Les cultes et les congrégations religieuses ; — Les hospices et établissements de charité ; — La police générale, la police urbaine et rurale ; — L'imprimerie du gouvernement et la police de la presse ; — Le service des ports et lazarets ; — Les conseils de prud'hommes ; — Et généralement tous les services qui rentrent en France dans les attributions des ministres de l'intérieur et des travaux publics. — Sont toutefois exceptés : — Le service télégraphique, qui continuera à ressortir à l'administration centrale établie près du gouverneur général ; — Le commerce, le service des poids et mesures, et l'administration des services locaux et municipaux, qui font partie des attributions du directeur des finances.

Art. 46. — Le directeur de l'intérieur et des travaux publics a sous ses ordres directs : — Les sous-directeurs de l'intérieur employés dans les arrondissements ; — Les ingénieurs en chef chargés des services des ponts et chaussées et des mines ; — L'inspecteur de l'instruction publique ; — Les agents supérieurs chargés des travaux de la colonisation ; — L'architecte en chef des bâtiments civils.

Art. 47. — Il préside, toutes les fois qu'il le juge utile, les sociétés établies dans l'intérêt de l'agriculture.

Art. 48. — Le directeur des finances et du commerce a dans ses attributions : — La direction supérieure des régies financières ; — Les exploitations faites en régie dans l'intérêt du trésor ; — Les tarifs et la législation en matière d'impôts ; — La surveillance des banques, des monts-de-piété, caisses d'épargne, caisses hypothécaires et autres, en ce qui concerne les dispositions intéressant la fortune publique ; — Les monnaies ; — La garantie des matières d'or et d'argent ; — Le service des poids et mesures ; — Le service de la topographie parcellaire, pour la reconnaissance des propriétés ; — Le commerce intérieur et extérieur ; — La centralisation des budgets et des demandes de crédits pour les divers services énumérés en l'état B, qui est annexé à notre ord. du 17 janvier dernier ; — Les dépôts et consignations ; — Le recouvrement des créances à la requête de l'agent judiciaire du trésor ; — Et généralement toutes les affaires qui rentrent en France dans les attributions des ministères des finances et du commerce. — Sont exceptés toutefois : — Les travaux publics et l'agriculture, qui font partie des attributions du directeur de l'intérieur ; — Le service de la trésorerie et des postes, qui ressortit à notre ministre des finances.

Art. 49. — Le directeur des finances et du commerce a sous ses ordres directs les chefs de service des régies financières dans les provinces. — Il rend exécutoires les rôles rédigés par les chefs de service, chacun en ce qui le concerne. — Il exerce, tant en demandant qu'en défendant, les actions qui intéressent le domaine. — Il préside, toutes les fois qu'il le juge utile, les chambres de commerce régulièrement instituées.

Art. 50. — L'autorité du directeur des finances s'étend sur tous les agents des régies financières employés dans les divers territoires ; néanmoins, en ce qui concerne les impôts arabes et l'administration domaniale, dans les villes soumises à un régime exceptionnel, ce fonctionnaire se borne à donner aux agents sous ses ordres les instructions de comptabilité qui peuvent leur être nécessaires pour la tenue régulière des écritures et le versement intégral dans les caisses publiques, des revenus, taxes et impôts de toute nature, perçus à un titre quelconque. — Les instructions relatives à l'administration domaniale, dans les villes soumises au régime exceptionnel, ou aux impôts arabes, sont toujours données par le gouverneur général, le directeur des finances entendu.

Art. 51.—Les directeurs chefs des services administratifs ont seuls qualité pour donner ou transmettre des ordres aux agents de ces services.

En matière de comptabilité, ils correspondent directement, soit avec notre ministre de la guerre, soit avec notre ministre des finances, pour les affaires qui concernent chacun de ces départements, et conformément aux dispositions prescrites par nos ordonnances sur la comptabilité publique en Algérie.— Sur toutes les autres matières, ils correspondent avec le gouverneur général.

Ils adressent au gouverneur général, pour être soumis au conseil supérieur d'administration, les projets d'ordonnances, arrêtés et règlements généraux sur les matières qui sont dans leurs attributions. — Ils rédigent, chacun pour les services placés dans leurs attributions, les projets de budget et l'état de répartition des crédits législatifs, ainsi que les comptes administratifs. — Ils ordonnancent ou font ordonnancer par des sous-ordonnateurs secondaires employés sous leurs ordres, conformément aux règlements et dans la limite des crédits ouverts, les dépenses relatives aux mêmes services.— Ils nomment aux emplois d'agents secondaires et de sous-employés dépendant de leur service respectif, en se renfermant dans les cadres fixés par notre ministre de la guerre.

Art. 52. — En exécution des dispositions de l'art. 41, ils travaillent avec le directeur général des affaires civiles, et lui fournissent les renseignements, documents et explications verbales ou écrites qu'il est dans le cas de leur demander.

Art. 53. — Le directeur central des affaires arabes exerce, sous les ordres immédiats du gouverneur général, les fonctions qui lui sont attribuées par les arrêtés de notre ministre de la guerre.

CHAP. 4. — Du conseil supérieur d'administration de l'Algérie.

Art 54.— Le conseil supérieur d'administration, institué auprès du gouverneur général, est chargé de l'assister dans l'examen de toutes les affaires qui intéressent le gouvernement et l'administration de l'Algérie, et le développement de la colonisation, de l'agriculture et du commerce.

Art. 55. — Sont membres du conseil supérieur d'administration : — Le lieutenant général commandant la division d'Alger ; — Le directeur général des affaires civiles ; — Le procureur général ; — Le directeur de l'intérieur et des travaux publics ; — Le directeur des finances et du commerce ; — Le contre-amiral commandant la marine ; — L'intendant militaire de la division d'Alger ; — Le directeur central des affaires arabes ; — Trois conseillers civils rapporteurs.

Art. 56. — La présidence du conseil supérieur d'administration appartient au gouverneur général.

—En cas d'absence, elle est dévolue au lieutenant général membre du conseil, et, à son défaut, au directeur général des affaires civiles.

Art. 57.—Les conseillers civils rapporteurs sont nommés par nous, sur la proposition de notre ministre de la guerre.

Art. 58.— Le chef du secrétariat de l'administration centrale remplit les fonctions de secrétaire du conseil supérieur. Il en conserve les archives avec celle du gouvernement, et signe les expéditions des actes qui peuvent y être délivrées.

Art. 59.—Le conseil supérieur ne peut délibérer si, non compris le président, le nombre des conseillers présents est inférieur à cinq, dont deux conseillers rapporteurs au moins.

Art. 60.— En cas d'absence d'un conseiller, il peut être remplacé, s'il y a lieu, savoir : le conseiller fonctionnaire, par la personne qui le suit immédiatement dans l'ordre hiérarchique à Alger ; le conseiller rapporteur, par un membre du conseil du contentieux désigné par le gouverneur général.— Le membre suppléant prend rang au conseil après les membres titulaires ; il assiste avec voix délibérative, aux réunions auxquelles il a été convoqué, et compte, dans ce cas, parmi le nombre des conseillers nécessaires pour valider les délibérations.

Art. 61.— Les avis du conseil sont donnés à la majorité des voix. En cas de partage, la voix du président est prépondérante.

Art. 62. — Le conseil s'assemble, sur la convocation du président, aussi souvent que le président le juge nécessaire.

Art. 63.—Le conseil supérieur d'administration de l'Algérie est appelé à donner son avis, savoir :

§ 1. — En matière de législation. — Sur : Les projets d'ordonnances royales ou d'arrêtés ; — L'établissement, la suppression ou la modification des impôts, taxes et revenus généraux et locaux ; — Les tarifs de toute nature et les règlements qui leur sont applicables ; — L'interprétation de la législation, soit dans son texte, soit dans l'application des tarifs.

§ 2. — En matière d'administration générale. — Sur : Le mode de perception des droits, dans le cas où il n'est pas réglé par les ordonnances ; — Les règlements généraux d'administration ou de police administrative ; L'exclusion à temps ou illimitée d'une ou de plusieurs localités de l'Algérie, et sur le refus d'admission dans les cas prévus par l'art. 31 ; — Les autorisations de poursuivre devant les tribunaux ordinaires les agents de l'administration en Algérie (1) ; — L'établissement, en Algérie, des congrégations religieuses autorisées par les lois françaises, des collèges et des écoles, des sociétés anonymes, des chambres de commerce, des conseils de prud'hommes et de toute société ayant pour objet un intérêt public d'agriculture, de commerce ou de charité ; — L'acceptation des dons et legs excédant 300 fr. faits à l'État, aux communes ou aux établissements publics de toute nature ; — La police de la presse, la délivrance des brevets d'imprimeurs à proposer à notre ministre de la guerre et l'établissement des journaux en Algérie ; — La police des différents cultes ; — Les mesures intéressant le culte, les

<hr>

(1) Jurisprudence. — Sans remonter à l'état de la législation antérieure à 1845, il suffit de faire remarquer que cette disposition avait été interprétée en ce sens qu'elle devait s'appliquer à tous les fonctionnaires employés et agents de l'administration sans exception. Mais cette attribution du conseil supérieur, ainsi substitué au conseil d'État, n'ayant pas été reproduite parmi celles énumérées au décret postérieur du 9 déc. 1848, il en résulte que les fonctionnaires algériens ont été replacés sous le droit commun de la métropole régi par l'art. 75 de la constitution de l'an VIII (décision min. des 28 fév. 1849 et 7 mai 1851). — On peut citer à l'appui de ces décisions la jurisprudence du conseil d'État lui-même, qui a, notamment en 1855, accordé l'autorisation de poursuivre le maire d'Oran à l'occasion d'un arrêté par lui illégalement pris, et d'une demande en dommages-intérêts sur la-

quelle est intervenu un arrêt de la cour d'Alger, du 25 juin 1857. Deux autres arrêts de la même cour, en date des 23 janv. 1858 et 2 fév. 1859, ont consacré le même principe en l'appliquant à une instance intentée contre un chef de bureau arabe à l'occasion de transports de grains opérés par ses ordres par délégation et pour le compte de l'administration de la guerre, et à une autre instance en dommages-intérêts pour arrestation opérée aux abords d'un fort par les ordres de l'officier qui le commandait. D'un autre côté, la cour de cassation, dans l'arrêt rendu le 5 oct. 1857 sur le pourvoi du capitaine Doineau, a décidé que l'art. 75 de la constitution n'avait pas été promulgué en Algérie et n'était pas applicable, ce qui est en opposition avec les documents précités et les principes généralement admis de la promulgation en Algérie. — V. Promulgation.

mœurs et les usages des indigènes; — La concession des mines ou minières; — Le desséchement des marais.

§ 3. — *En matière de colonisation.* — Sur : L'établissement des centres de population; — Toutes les mesures qui ont pour objet le développement de la colonisation, de l'agriculture et du commerce.

§ 4. — *En matière d'administration locale.* — Sur : La classification des territoires, la circonscription et les chefs-lieux de provinces, arrondissements, cercles et communes; — La création des communes des territoires civils; — Les plans généraux et partiels des villes et villages; — L'établissement des marchés, fondouks et caravansérails.

§ 5. — *En matière de domaine.* — Sur : Le mode d'exploitation des bois et forêts; — Les projets d'aliénation ou d'échange des immeubles appartenant à l'État, aux communes ou aux établissements publics; — Les acquisitions d'immeubles pour compte de l'État, des communes ou des établissements publics placés sous la surveillance du gouvernement.

§ 6. — *En matière de travaux publics.* — Sur : L'ouverture et le tracé des routes et chemins en Algérie; — L'emplacement à choisir pour les édifices publics; — Les travaux de toute nature qui intéressent directement ou indirectement la population civile, l'agriculture ou le commerce; — Les plans et devis à soumettre à notre ministre de la guerre et les modifications qui peuvent devenir nécessaires pendant l'exécution des travaux; — Le mode d'exécution des travaux en régie ou par entreprise et les conditions à imposer par les cahiers des charges.

§ 7. — *En matière de marchés au compte du budget de l'État ou du budget local et municipal.* — Sur : Le mode de traiter par adjudication publique ou de gré à gré; — Les cahiers des charges concernant les approvisionnements et fournitures à faire pour les services civils.

§ 8. — *En matière de budgets et de comptes.* — Sur : Les propositions à notre ministre de la guerre, pour la préparation du budget à soumettre aux chambres législatives, en ce qui concerne les recettes et les dépenses civiles de l'Algérie; — Les propositions relatives à la sous-répartition des crédits législatifs votés pour les dépenses civiles; — Le budget des recettes et des dépenses locales et municipales, telles qu'elles sont établies en exécution de la loi du 4 août 1844.

Art. 64.— Le conseil supérieur d'administration est, en outre, consulté sur toutes les autres questions d'intérêt général ou spécial que notre ministre de la guerre ou le gouverneur général jugent à propos de lui soumettre.

Art. 65.— L'avis du conseil, sur les matières qui lui sont soumises, est purement consultatif. Il est toujours et immédiatement transmis, avec toutes les pièces qui concernent l'affaire, à notre ministre de la guerre. — L'extrait du procès-verbal des délibérations, reproduisant l'opinion des membres et l'avis du conseil, est signé par le secrétaire.

Lorsque le gouverneur général est absent du chef-lieu de son gouvernement, un double de ces extraits lui est adressé par celui qui aura présidé le conseil en son absence, afin qu'il puisse donner son propre avis sur celles des affaires qui lui paraîtraient le comporter.

Art. 66.— Des ordonnances délibérées en conseil d'État prononcent définitivement :—1° Sur les appels comme d'abus; — 2° Sur l'acceptation des dons et legs faits à l'État, aux communes et aux établissements publics de toute nature; — 5° Sur l'établissement en Algérie des congrégations religieuses autorisées par les lois.

CHAP. 5. — *Du conseil du contentieux.*

Art. 67.— Le conseil établi près du gouverneur général sous le nom de conseil du contentieux, se compose : — D'un président ;— De quatre conseillers ; — D'un secrétaire remplissant les fonctions de greffier.

Art. 68.—Les auditeurs au conseil d'État, attachés à l'administration centrale, sont autorisés à participer aux travaux du conseil du contentieux. Ils ont voix consultative dans toutes les affaires, et voix délibérative dans celles dont ils sont rapporteurs.—Ils suppléent en outre, par ordre d'ancienneté, les membres titulaires, en cas d'absence ou d'empêchement.

Art. 69.— Les membres titulaires sont nommés par nous, sur la proposition de notre ministre de la guerre ; ils ne peuvent être révoqués ou suspendus que par une ordonnance royale.

Art. 70.—En cas d'absence ou d'empêchement, le président du conseil du contentieux est suppléé par un conseiller que le gouverneur général désigne.

Art. 71.—Avant d'entrer en fonctions, les membres du conseil prêtent, entre les mains du gouverneur général, le serment prescrit par la loi du 31 août 1830.

Art. 72 et 73. — (Règlement de service intérieur.)

Art. 74. — Le conseil du contentieux connaît, sauf les exceptions qui résulteraient de la législation spéciale de l'Algérie, des matières qui sont déférées, en France, aux conseils de préfecture, dans les limites de la compétence de ces conseils. — Il connaît également des prises maritimes, sous la réserve de la juridiction supérieure du conseil d'État, dans tous les cas où elle s'exerce en pareille matière.

Art. 75. — En toute matière contentieuse, le conseil est saisi, soit à la requête des parties, soit à la requête des chefs des services administratifs.

Art. 76, 77, 78. — (Procédure devant le conseil.)

Art. 79. — Les arrêtés du conseil doivent être motivés, transcrits sur le registre des délibérations, et signés par le président et le secrétaire-greffier.

Art. 80.—Le conseil du contentieux peut rendre des arrêtés préparatoires pour ordonner des apports de pièces, des levées de plans, des expertises, des vérifications d'actes et de faits, des descentes de lieux, et tous autres actes d'instruction reconnus nécessaires.

Art. 81. — Les arrêtés sont par défaut lorsque les parties n'ont produit aucune défense.

Art. 82.—Les arrêtés du conseil en matière contentieuse, doivent être notifiés par le ministère d'un huissier, pour pouvoir être mis à exécution et faire courir les délais.—Ils ont la même force que les jugements des tribunaux ; ils emportent hypothèques et contrainte par corps, et sont exécutoires nonobstant appel, à moins que cette exécution ne cause un dommage irréparable ; dans ce dernier cas, notre ministre de la guerre peut accorder un sursis sur la demande des parties intéressées.

Art. 83. — Les voies de recours contre les arrêtés du conseil du contentieux sont : — L'opposition ; — La tierce opposition ; — Le pourvoi au conseil d'État.

Art. 84. — Le délai du pourvoi au conseil d'État est de trois mois à dater du jour de la signification, lorsque les arrêtés sont contradictoires, ou de l'exécution, lorsqu'ils sont par défaut.

Art. 85. — Le conseil du contentieux ne peut réformer ses arrêtés contradictoirement rendus; mais il peut, sur la demande des parties, rendre un arrêté de simple interprétation.

Art. 86. — Le secrétaire du conseil délivre aux parties expédition des arrêtés. — La grosse est délivrée sans frais. — Les expéditions sont payées au secrétariat, d'après un tarif arrêté par notre ministre de la guerre, sur la proposition du gouverneur général. — Les droits d'expédition appartiennent au trésor à titre de revenu local et municipal.

Art. 87. — Le conseil du contentieux peut, en

outre, être appelé à donner son avis sur les matières de législation et d'administration, ainsi que sur toutes autres questions que notre ministre de la guerre ou le gouverneur général juge utile de déférer à son examen. — Cet examen précède toujours celui du conseil supérieur d'administration.

Art. 88. — Dans tous les cas où l'avis du conseil du contentieux doit ou peut être demandé, communication lui est faite, par le directeur général des affaires civiles, des projets et rapports préparés à ce sujet et de tous autres documents nécessaires.

Art. 89. — Chaque affaire administrative donne lieu à un avis séparé, qui est immédiatement adressé au gouverneur général pour être déféré au conseil supérieur d'administration s'il y a lieu.

TIT. 4. — *De l'administration dans les provinces.*

CHAP. 1. — *De l'administration des territoires civils.*

SECT. 1. — *Du personnel administratif.*

Art. 90. — Il y a dans chaque province, pour l'administration des territoires civils : — Par arrondissement, un sous-directeur de l'intérieur et des travaux publics; — Par cercle, celui du chef-lieu de l'arrondissement excepté, un commissaire civil; — Par centre de population constitué en commune, un maire et des adjoints, dont le nombre est déterminé par notre ministre de la guerre sur la proposition du gouverneur général; — Par tribu ou fraction de tribu établie sur le territoire civil, un kaïd ou cheik.

Art. 91. — Les sous-directeurs de l'intérieur, les commissaires civils et les maires des chefs-lieux de province sont nommés par nous, sur la proposition de notre ministre de la guerre.

Art. 92. — Les maires des communes chefs-lieux d'arrondissement sont nommés par notre ministre de la guerre. — Les maires des autres communes sont nommés par le gouverneur général, sur la proposition du directeur de l'intérieur. — Sont également nommés par le gouverneur général : — Les adjoints aux maires, sur la proposition du directeur de l'intérieur; — Les kaïds et cheiks établis dans les communes du territoire civil, sur la proposition du directeur des affaires arabes de la division.

Art. 93. — Les maires n'ont droit qu'à des frais de bureau; ils peuvent recevoir éventuellement des indemnités pour frais de représentation. — Les fonctions d'adjoint au maire ne sont pas rétribuées.

Art. 94. — Les sous-directeurs de l'intérieur dirigent et surveillent, sous les ordres du directeur de l'intérieur, les services civils établis dans leur arrondissement. — Ils remplissent les fonctions attribuées aux commissaires civils pour le cercle du chef-lieu de leur arrondissement.

Ils proposent toutes les mesures qui intéressent la colonisation; ils dirigent et surveillent l'exécution de celles arrêtées ou approuvées par notre ministre de la guerre et qui leur sont notifiées par le directeur de l'intérieur. — Ils réfèrent à ce fonctionnaire de tous les faits de leur administration et de tous ceux qui peuvent intéresser l'ordre public, les services civils et la colonisation. — Ils informent simultanément le commandant supérieur de la localité des faits qui intéressent l'ordre et la sûreté publics, ainsi que des mesures qui ont été prises.

En matière de crédits, d'ordonnancement et de comptabilité, ils exercent les attributions qui leur sont confiées par l'ordonnance spéciale sur la comptabilité publique en Algérie.

Art. 95. — Les sous-directeurs de l'intérieur ont sous leurs ordres immédiats : — Les commissaires civils établis dans leur arrondissement; — Les maires du cercle où se trouve le chef-lieu de l'ar-

rondissement; — Les chefs des différents services civils institués auprès d'eux pour les territoires civils.

Art. 96. — Ils sont tenus de faire, au moins une fois par an, et toutes les fois que le bien du service l'exige ou que l'ordre leur en est donné, une tournée dans toutes les communes de leur arrondissement pour s'enquérir des besoins de la population, surveiller la marche de l'administration locale et vérifier les services civils. — A l'issue de chaque tournée, ils adressent au directeur de l'intérieur des rapports d'ensemble ou des rapports spéciaux sur tous les services civils, sur l'état des populations et sur les améliorations à introduire dans l'administration.

Art. 97. — Les commissaires civils reçoivent directement les ordres du sous-directeur de l'arrondissement et en assurent l'exécution sur le territoire formant la circonscription civile de leur cercle.

Ils ont sous leur direction et leur surveillance : — 1° Les maires des communes de leur cercle ; — 2° Les kaïds ou cheiks des tribus ou fractions de tribus établis sur les territoires civils; mais ils ne communiquent avec ces derniers que par la voie indiquée en l'art. 100 ci-après, et seulement pour ce qui concerne l'administration locale.

Art. 98. — Les fonctions des commissaires civils sont essentiellement actives : ils ont pour obligations spéciales de visiter fréquemment les communes et les établissements de leur cercle, de surveiller les travaux qui s'y exécutent, d'inspecter les chemins, les cultures, les plantations, les cours d'eau et les fontaines, de veiller particulièrement à la bonne et prompte installation des colons, d'assurer l'observation des règlements de police locale et municipale, d'éclairer et de diriger les maires, et de signaler au sous-directeur tout ce qui peut intéresser la population ou l'administration supérieure.

Art. 99. — Les maires remplissent, sous les ordres et la direction des autorités civiles, les fonctions d'officier de l'état civil et d'officier de police judiciaire. — Ils sont, pour leur commune, les délégués et agents directs de l'administration, à l'effet d'assurer l'exécution de toutes les dispositions relatives à l'ordre et à la sécurité publique, à la salubrité, au nettoiement et à l'éclairage des villes, à la viabilité de la voie publique et à la police locale et municipale. — Ils provoquent, à cet égard, les instructions de l'autorité sous la direction de laquelle ils sont placés et en assurent l'exécution. — Ils ont sous leurs ordres les agents civils de la force publique établie dans leur commune. — Ils peuvent requérir la gendarmerie pour assurer l'exécution des règlements et des ordres de l'autorité supérieure.

Art. 100. — Les kaïds ou cheiks exercent, pour la population indigène établie sur les territoires civils, les fonctions qui leur sont attribuées, soit par les usages musulmans, soit par les instructions du gouverneur général. — Les rapports de l'autorité civile avec les chefs et la population indigènes, et réciproquement, ont toujours lieu par l'intermédiaire des directeurs ou chefs des bureaux des affaires arabes(1).

Art. 101. — Les adjoints des maires forment, auprès de ces fonctionnaires, lorsqu'ils sont convoqués à cet effet par eux, un *conseil consultatif* qui a pour objet de les éclairer sur les besoins et les intérêts de la localité confiée à leur administration. — Les avis de ces conseils n'obligent pas les maires, qui sont toutefois tenus d'en référer à leur chef immédiat.

Art. 102. — En cas d'absence ou d'empêchement,

(1) V. disposition pareille, *infrà*, ord. 1er sept. 1847, o art. 14 et art. 18 de la présente ordonnance.

les maires sont suppléés par le plus ancien des adjoints dans l'ordre de nomination.

SECT. 2. — *Des commissions consultatives d'arrondissement.*

Art. 103. — Il est institué, dans chaque arrondissement de territoires civils, une *commission consultative* qui se réunit deux fois l'année, aux époques fixées par les arrêtés du gouverneur général, à l'effet: — 1° De donner son avis sur les projets du budget des dépenses civiles dans l'arrondissement, tant pour les services généraux que pour les services locaux et municipaux, tels que les uns et les autres sont définis et classés par l'ordonnance sur le régime financier en Algérie; — 2° D'exprimer les vœux et les besoins de la population européenne ou indigène en ce qui concerne: — La colonisation; — L'agriculture, les plantations, l'élève des bestiaux; — La construction des ports, débarcadères, phares et feux de ports; — Celle des ports, canaux, égouts et fontaines; — Celle des édifices nécessaires aux services publics; — L'instruction publique; — Les cultes chrétien, musulman et israélite; — Les établissements d'intérêt ou de charité publics; — La police rurale et municipale; — La salubrité, le nettoiement, l'éclairage et le pavage des villes; — Le service des milices; — Les halles, marchés, abattoirs, fondouks et caravansérails; — Les contributions extraordinaires que les habitants ou les tribus demanderaient à s'imposer dans un intérêt local.

Art. 104. — Sont membres de la commission consultative: — L'officier général commandant, président; — Le sous-directeur de l'intérieur, vice-président; — Le procureur du roi; — Le sous-intendant militaire; — Le chef du génie militaire; — L'officier chargé des affaires arabes; — L'ingénieur chef du service des ponts et chaussées; — Le chef du service des domaines; — Le chef du service des forêts; — Le chef du service des douanes; — Le chef du service des contributions diverses; — L'architecte chef du service des bâtiments civils et de la voirie; — Trois notables européens, nommés par le gouverneur général.

Art. 105. — Le sous-directeur donne communication au conseil: — 1° Des rapports des commissaires civils sur la situation de leur cercle; — 2° Des délibérations des conseils consultatifs établis près des maires en vertu de l'art. 101; — 3° De tous les documents propres à leur faire apprécier les vœux et les besoins de la population de l'arrondissement, sur les matières énumérées au deuxième alinéa de l'art. 103.

Art. 106. — L'opinion de la commission sur les diverses matières soumises à son examen, se résume en un cahier d'observations qui est adressé au directeur de l'intérieur, et transmis, avec ses observations, au gouverneur général.

Art. 107. — Le secrétaire de la sous-direction remplit les fonctions de secrétaire de la commission; il rédige les procès-verbaux des délibérations, et en conserve le registre aux archives de la sous-direction.

CHAP. 2. — *De l'administration des territoires mixtes.*

Art. 108. — Dans chaque province, les territoires mixtes continueront d'être administrés par les chefs militaires avec le concours des commissions consultatives dont il est parlé ci-après, art. 113 et suivants.

Art. 109. — Les fonctions civiles et judiciaires sont remplies, dans chaque localité, sous la direction du commandant supérieur, par les commandants de place. — Lorsque ces fonctions ne pourront être réunies, le gouverneur général désignera un officier pour remplir spécialement les fonctions de juge de paix.

Art. 110. — Lorsque, sur un territoire mixte, la population civile européenne et les affaires commerciales auront pris un développement suffisant, notre ministre de la guerre, sur la demande du gouverneur général, nous proposera d'établir, au chef-lieu de la division, soit une justice de paix, soit un tribunal de première instance, dont la composition sera alors déterminée.

Art. 111. — Les services financiers sont exclusivement confiés, sur les territoires mixtes, à des agents de leur administration respective, conformément aux dispositions de notre ordonnance sur la comptabilité publique en Algérie.

Art. 112. — Les projets de travaux à exécuter, sur les territoires mixtes, pour les ponts et chaussées, les bâtiments civils et la voirie, ainsi que les plans et devis y relatifs (ceux de la construction des ports exceptés), sont rédigés par les officiers du génie. — Ces travaux sont effectués sous la direction des mêmes officiers et, autant que possible, par les travailleurs militaires.

Art. 113. — Il y a dans chaque ville, pour l'administration du territoire mixte, une *commission consultative* chargée de donner son avis sur les affaires d'intérêt général ou local qui concernent exclusivement ce territoire.

Art. 114. — Sont membres de la commission consultative: — Le commandant supérieur dans la localité, président; — Le sous-intendant militaire, — Le commandant de l'artillerie; — Le commandant du génie; — L'officier chargé des affaires arabes; — Les officiers chargés des fonctions civiles ou judiciaires; — Le chef du service du domaine; — Le chef du service des douanes; — Le chef du service des contributions diverses; — Un officier de santé, deux notables européens, deux notables indigènes; ces cinq derniers membres désignés par le lieutenant général commandant la division; — Le directeur du port de commerce (ordonnance du 18 juill. 1816).

Art. 115. — Le chef du service du domaine ou, à défaut, le chef du service des contributions diverses, remplit les fonctions de secrétaire de la commission consultative; il rédige les procès-verbaux des délibérations, et en conserve le registre.

Art. 116. — Les séances de la commission consultative sont ordinaires ou extraordinaires.

Art. 117. — Les séances ordinaires sont consacrées aux affaires administratives courantes. — Les affaires sont exposées par chacun des chefs de services militaires ou financiers qu'elles concernent. — L'avis de la commission, rendu à la majorité des voix, est immédiatement transmis par la voie hiérarchique, pour chaque affaire séparément, et avec toutes les pièces y relatives, au lieutenant général commandant la division, qui y consigne son opinion, et en fait l'envoi au gouverneur général.

Art. 118. — La commission consultative s'assemble, pour les séances ordinaires, sur la convocation du président, toutes les fois que les besoins du service le réclament.

Art. 119. — Les séances extraordinaires ont lieu aux époques fixées par le gouverneur général, spécialement pour l'examen des budgets locaux et des questions d'intérêt public mentionnées en l'art. 103, qui peuvent intéresser le territoire mixte.

CHAP. 3. — *De l'administration des territoires arabes dans les provinces.*

Art. 120. — L'administration des territoires arabes est essentiellement inhérente au commandement militaire. — La direction supérieure en appartient, dans chaque province, sous l'autorité immédiate du gouverneur général, au lieutenant général commandant la division.

Art. 121. — Dans chaque circonscription de

commandement, l'administration des territoires arabes est exercée, sous les ordres du lieutenant général, par les officiers investis du commandement militaire. — Ces officiers ont sous leurs ordres : — 1° Les directeurs et autres officiers chargés des affaires arabes ; — 2° Les fonctionnaires et agents indigènes de tout rang institués par nous ou par le gouverneur général.

Art. 122. — L'administration du domaine, la perception et la centralisation des recettes de toute nature sur les territoires arabes, sont exclusivement confiées aux agents des services financiers employés dans les localités, ainsi qu'à la suite des expéditions. — Les commissions instituées en vertu de l'art. 103 sont préalablement consultées sur toutes les affaires concernant la location et l'aliénation du domaine, ainsi que l'assiette des impôts.

Art. 123. — Des rapports sont adressés tous les quinze jours, et plus souvent lorsqu'il y a lieu, par les lieutenants généraux au gouverneur général, et par le gouverneur général à notre ministre de la guerre, sur la situation politique, administrative et commerciale.

Art. 124. — Notre ministre de la guerre règle par des arrêtés tout ce qui a trait à l'administration du territoire arabe dans les provinces.

Art. 125. — Notre ordonnance du 22 juill. 1834 et toutes autres dispositions contraires à la présente ordonnance sont et demeurent abrogées.

OR. — 15 avr.-31 août 1845. — B. 207 (1). — *Dispositions règlementaires concernant le personnel administratif.*

Vu l'ordonnance du 21 août 1839, relative aux services financiers (chap. 9) ; — Vu l'ordonnance en date de ce jour, portant organisation de l'administration générale en Algérie ;

TIT. 1. — *Dispositions communes au personnel des divers services administratifs.*

Art. 1. — Nul ne peut être pourvu d'un emploi en Algérie qu'en vertu d'une ordonnance royale ou d'une nomination faite ou approuvée par notre ministre de la guerre. — Cette disposition n'est applicable ni au personnel de la marine, ni aux membres de l'inspection des finances et des agents de la trésorerie et des postes, dont la nomination appartient aux ministres de ces deux départements, chacun en ce qui le concerne.

Art. 2. — Les ordonnances et décisions portant nomination de fonctionnaires ou d'agents appartenant à un département autre que celui de la guerre, sont toujours concertées avec le département compétent.

Art. 3. — Aucun fonctionnaire, agent ou employé ne peut exercer de fonctions en Algérie qu'en vertu d'une lettre de service délivrée par notre ministre de la guerre ou avec son autorisation, ni rentrer en France qu'en vertu de ses ordres ou de son consentement préalable.

Art. 4. — Le personnel des services publics, en Algérie, se divise en personnel continental et en personnel colonial.

Art. 5. — Le personnel continental est celui qui, appartenant aux corps et aux administrations du continent, est détaché pour le service de l'Algérie sur la demande de notre ministre de la guerre et le consentement du ministre compétent. — Le personnel colonial est celui qui est nommé par notre ministre de la guerre, en dehors des corps ou des administrations du continent. — Les employés de l'une et de l'autre catégorie exercent au même titre.

Art. 6. — Des arrêtés de notre ministre de la guerre règlent l'organisation intérieure des services et celle des bureaux des diverses administrations centrales et locales.

Art. 7. — Dans le cas de travaux extraordinaires et urgents, notre ministre de la guerre peut autoriser l'admission temporaire, d'employés auxiliaires dont les emplois, rétribués sur les crédits spéciaux, seront supprimés dès que les circonstances ne les rendront plus nécessaires.

Art. 8. — Les chefs et employés des bureaux de l'administration centrale, établie auprès du gouverneur général, sont choisis indistinctement parmi le personnel continental ou colonial. — Ces chefs employés conservent leur position dans les cadres ; mais ils reçoivent le traitement spécial attaché à leur emploi dans les bureaux de ladite administration.

Art. 9. — Les fonctionnaires et agents du personnel continental sont assujettis à porter, dans l'exercice de leurs fonctions, l'uniforme attribué en France à leur grade ou emploi. — Notre ministre de la guerre déterminera l'application qui devra être faite de cette prescription aux agents du personnel colonial.

TIT. 2. — *Du personnel continental.*

Art. 10. — Le personnel de la magistrature, de l'instruction publique, du service télégraphique, des ponts et chaussées, des mines, de l'enregistrement et du domaine, des douanes, des contributions diverses et des forêts, est exclusivement choisi en France parmi les fonctionnaires et agents appartenant à ces services. — La hiérarchie des emplois, en Algérie, est la même qu'en France.

Art. 11. — La lettre de service, délivrée par notre ministre de la guerre à un fonctionnaire ou agent d'une administration continentale, ne lui attribue aucun grade ni aucun traitement dont il puisse se prévaloir en France.

Art. 12. — Aucun avancement ne peut être accordé que conformément aux règles spéciales à chaque corps ou à chaque administration, par le ministre compétent, et sur la proposition de notre ministre de la guerre. — Le grade accordé, soit au départ, soit pendant la durée du séjour en Afrique, est toujours constaté par une commission.

Art. 13. — Les fonctionnaires, agents et employés continentaux, quelle que soit leur position en Algérie, continuent d'appartenir aux cadres respectifs des corps ou des administrations dont ils sont détachés. — Ils y figurent avec le grade et le traitement que leur commission leur attribue en

---

(1) *Rapport au roi.* — Sire, l'accroissement continu de la population européenne, des affaires et des revenus publics, donne aux services civils en Algérie un développement si considérable et si rapide, que je me vois incessamment obligé d'augmenter tout le personnel ; situation qui rend chaque jour plus impérieux le besoin de pourvoir, non-seulement attacher à leur état des employés instruits et honorables, mais encore assurer pour l'avenir des choix qui, tous, offrent les garanties si essentielles d'une capacité et d'une moralité bien constatées.

L'ordonnance que j'ai l'honneur de présenter à V. M. a pour objet : — D'établir un roulement régulier entre les employés du continent et ceux des mêmes administrations qui sont détachés en Algérie. — De procurer un bon

recrutement à ceux des services publics qui ne peuvent être complètement ni exclusivement alimentés par des agents déjà éprouvés en France ; — De consacrer les règles et conditions de l'admission et de l'avancement ; — De donner à tous les agents une rémunération proportionnée à l'importance et aux difficultés du service qu'ils sont appelés à faire dans un pays qui les expose, loin de leur famille, à plus de privations et de dépenses, à des maladies plus fréquentes et plus dangereuses ; — Enfin, d'offrir à tous la perspective si morale et si légitime d'une pension de retraite.

L'ordonnance portant organisation de l'administration générale recevra de celle-ci son complément nécessaire.

Le ministre de la guerre.

France.—Le rang d'ancienneté, dans les corps ou les administrations du continent, date du jour indiqué sur les commissions.

Art. 14. — Les fonctionnaires, employés et agents continentaux sont aptes à rentrer en France avec le grade et le traitement indiqués sur la dernière commission qui leur aura été délivrée, pourvu qu'ils aient au moins cinq ans de service en Algérie, dont deux années dans le dernier grade obtenu.—Les fonctionnaires ou employés qui rentrent en France avant l'expiration de ces délais, pour quelque cause que ce soit, ne peuvent être réadmis dans leur corps ou dans leur administration qu'avec le grade et le traitement dont ils étaient pourvus avant leur dernière nomination, sauf examen des titres qu'ils pourraient avoir acquis à l'avancement, au moment de leur retour sur le continent.

Art. 15. — Le nombre des surnuméraires attachés à chacun des services financiers, est fixé au quinzième des employés titulaires. — Ils reçoivent en Algérie, pendant les deux premières années du surnumérariat, une indemnité annuelle de 1,200 fr. A l'expiration de ces deux années, ceux qui sont maintenus comme admissibles à un emploi, sont portés de droit au traitement de 1,500 fr.

Art. 16. — Nul ne peut être admis comme surnuméraire des services financiers en Algérie que sur la demande de notre ministre de la guerre, et en vertu d'une commission de notre ministre des finances.

Art. 17. — Les fonctionnaires, agents et employés du personnel continental reçoivent en Algérie le traitement attribué en France au grade pour lequel ils sont commissionnés.—Ils ont droit, en outre, à un supplément colonial qui ne pourra être inférieur au cinquième du traitement normal, ni en excéder le tiers.—Lorsque ce supplément n'élèvera pas le traitement intégral à 1,500 fr., le taux en sera augmenté jusqu'à concurrence de ce chiffre.—Les dispositions du présent article ne sont applicables ni aux magistrats dont les traitements restent fixés par nos ordonnances spéciales, ni aux comptables rétribués sur remises.

Tit. 3. — Du personnel colonial.

Art. 18.—Nul ne peut être admis dans le personnel colonial, en Algérie, qu'après avoir subi un examen.—Notre ministre de la guerre détermine, par une instruction spéciale et par un programme, les conditions d'aptitude à exiger des aspirants aux services civils, au service des bâtiments civils et de la voirie, et à celui de la topographie parcellaire.

Art. 19.—Sont dispensés de l'examen, en Algérie, les aspirants à un service autre que ceux des bâtiments civils et de la topographie parcellaire, qui auraient déjà été admis comme employés titulaires dans les bureaux du ministère de la guerre et des autres départements ministériels.

Art. 20. — Tout aspirant à un emploi dans les services coloniaux en Algérie, autres que les indigènes, devra prouver : — Qu'il est né ou naturalisé Français ; — Qu'il a satisfait à la loi du recrutement ;—Qu'il n'a pas dépassé l'âge de 50 ans. — Seront néanmoins admissibles jusqu'à l'âge de 40 ans : — 1° Les anciens militaires ; 2° Les anciens employés des administrations générales ou municipales du continent.

Art. 21.—Des commissions spéciales, nommées par notre ministre de la guerre, sur la proposition du gouverneur général, procéderont à l'examen des aspirants aux emplois : 1° dans les bureaux ou les services civils ; 2° dans le service des bâtiments civils et de la voirie ; 3° dans le service de la topographie parcellaire.

Art. 22.—Ces commissions dresseront, par ordre de mérite, la liste de ceux des candidats dont elles auront constaté l'aptitude.—En ce qui concerne le service des bureaux, il est formé deux listes : l'une pour les emplois de commis rédacteur ou vérificateur ; l'autre pour les emplois de commis expéditionnaire.—Ces listes mentionnent ceux des candidats reconnus admissibles qui ont produit le diplôme de licencié en droit ou de bachelier ès lettres, ou qui parlent une langue étrangère, et spécialement la langue arabe. A mérite égal, tout aspirant parlant couramment la langue arabe est préféré.

Art. 23. — Les candidats reconnus admissibles sont placés, au fur et à mesure des vacances, et suivant l'ordre de leur classement, dans celui des services pour lequel leur aptitude a été constatée. — Néanmoins les deux premières années sont considérées comme un temps de stage, pendant la durée ou à l'expiration duquel les agents qui ne satisferaient pas complètement à leurs obligations ou aux devoirs de leur emploi pourront être congédiés ou placés dans un autre service.

Art. 24. — Le traitement minimum est fixé à 1,500 fr. — Tout avancement emporte une augmentation de traitement qui ne peut être moindre de 300 fr.

Art. 25. — Nul ne peut obtenir d'avancement qu'après deux ans d'exercice dans l'emploi du grade ou de l'emploi dont il est titulaire.—Il pourra être dérogé à cette règle pour récompenser des services extraordinaires et importants dûment reconnus par décision spéciale de notre ministre de la guerre.

Art. 26. — Dans le cas d'infraction à l'ordre, à la discipline ou à la morale, les employés de tous grades peuvent être punis suivant les cas : 1° de la réprimande simple ; d'une retenue disciplinaire de un à cinq jours de solde ; 2° de la réprimande avec mise à l'ordre du service ; de la suspension de cinq jours à un mois ; 3° du retrait du grade ou d'une classe ; de la révocation. — Les peines de la première catégorie peuvent être imposées par le chef de service ; — Celles de la seconde, par le directeur général et par les directeurs de l'intérieur et des finances ; notre ministre de la guerre peut seul prononcer le retrait d'un grade ou d'une classe, ou la révocation des agents coloniaux qui sont à sa nomination. — Dans les deux cas réservés ci-dessus à la décision de notre ministre de la guerre, les faits seront préalablement constatés par une commission d'enquête nommée par lui.

Art. 27. — Le personnel colonial n'a point droit à être placé dans les administrations spéciales du continent. Néanmoins, pour la première formation du service des contributions diverses, les agents actuellement employés dans ce service, et réunissant d'ailleurs les conditions requises, pourront être attachés aux administrations des contributions directes ou indirectes, jusqu'à concurrence de la moitié du nombre d'agents continentaux qui devront être détachés en Algérie.

Art. 28. — Tous les agents et employés des services coloniaux participeront aux charges et aux conditions de pensions de retraite, stipulées par les règlements des ministères auxquels ils ressortissent par leurs attributions.

Tit. 4. — Dispositions transitoires.

Art. 29. — Les dispositions des titres 2 et 3 précédents seront applicables à toutes les nominations qui suivront la première organisation effectuée en vertu de la présente ordonnance. — Néanmoins les nouvelles fixations de traitement ne seront pas applicables à ceux des fonctionnaires, agents et employés qui, maintenus dans l'organisation, se trouveraient alors en possession d'un traitement supérieur; ce traitement leur sera conservé exceptionnellement jusqu'à la cessation de leurs fonctions actuelles, sans que leurs successeurs puissent s'en prévaloir pour réclamer le même avantage.

Art. 30. — Toutes les dispositions contraires à la présente ordonnance sont et demeurent abrogées.

ON. — 22 avr. 1846. — B. 224. — *Division de la direction de l'intérieur et des travaux publics en deux directions prenant l'une le titre de direction de l'intérieur et de la colonisation, l'autre de direction des travaux publics. — Attributions du directeur des travaux publics, fonctionnaires et agents sous ses ordres (abrogé par l'ord. suivante du 1er sept. 1847).*

6° 1847 – 1848.

Direction des affaires civiles dans chaque province.

ON. — 1er-30 sept. 1847. — B. 262. — *Modification à l'organisation du 15 avr. 1845.*

Art. 1. — Les directions de l'intérieur et de la colonisation, des travaux publics, et des finances et du commerce, établies en Algérie par nos ord. du 15 avr. 1845 et du 22 avr. 1846, sont supprimées.

Art. 2. — Il est établi dans chacune des trois provinces d'Alger, d'Oran et de Constantine, une direction des affaires civiles. — Les directeurs des affaires civiles auront sous leurs ordres tous les chefs des différents services civils et financiers, et exerceront, dans leurs provinces, toutes les attributions antérieurement déférées par nos ordonnances aux trois directeurs de l'intérieur et de la colonisation, des travaux publics, des finances et du commerce. — Les sous-directeurs actuels de l'intérieur et de la colonisation prendront le titre de sous-directeurs des affaires civiles.

Art. 3. — Les directeurs des affaires civiles correspondront avec le gouverneur général. Ils pourront, en outre, correspondre directement avec notre ministre de la guerre pour les détails de service qui seront déterminés par un arrêté ministériel, et avec notre ministre des finances dans les cas prévus par nos ordonnances sur la comptabilité publique en Algérie.

Ils transmettront au gouverneur général, par l'intermédiaire du lieutenant général commandant la province, qui les enverra revêtues de son avis, toutes propositions concernant : — L'établissement, la suppression ou la modification des impôts ou revenus locaux ; — La préparation des budgets et les répartitions des crédits ; — L'ouverture et le tracé des voies de grande communication ; — La création des centres de population, la création des communes, les plans généraux et partiels des villes et villages, l'établissement et la police des marchés, fondouks et caravansérails ; — Et en général les matières qui seront déterminées par un arrêté ministériel.

Ils fourniront au lieutenant général commandant la province tous les renseignements qui leur seront demandés par lui. — Ils se concerteront avec lui toutes les fois qu'il y aura des mesures à prendre sur les matières qui seront déterminées par un arrêté ministériel. — Ils seront ordonnateurs secondaires du ministre de la guerre pour toutes les dépenses des services civils.

Art. 4. — Il y aura dans chaque province un conseil de direction, qui se réunira sous la présidence du directeur des affaires civiles. — Les conseils de direction connaîtront, sauf les exceptions qui résulteront de la législation spéciale de l'Algérie, des matières qui sont déférées en France aux conseils de préfecture, dans la limite de la compétence de ces conseils. — Ils seront en outre appelés à donner leur avis sur les affaires administratives soumises à leur examen en vertu de l'art. 10 ci-après.

Art. 5. — Le conseil du contentieux établi par notre ordonnance du 15 avr. 1845 est supprimé, et les attributions dont il était investi par la législation existante, et notamment par notre ordonnance du 21 juill. 1846, sur la propriété, seront exercées dans chaque province par le conseil de direction. — En conséquence, les affaires actuellement en existence devant le conseil du contentieux seront portées, dans l'état où elles se trouveront, devant le conseil de direction de chaque province.

Art. 6. — Le conseil de direction se composera de quatre membres pour la province d'Alger, et de trois dans chacune des provinces d'Oran et de Constantine. — Ce conseil ne pourra prendre de décision qu'autant que trois de ses membres seront présents. En cas de partage, la voix du président sera prépondérante. — Un des membres du conseil de direction, désigné à cet effet par arrêté ministériel, remplira les fonctions de secrétaire de la direction des affaires civiles, et présidera le conseil en l'absence du directeur. — Les attributions précédemment dévolues au secrétariat du conseil du contentieux seront réunies, dans chaque province, aux attributions du secrétariat de la direction des affaires civiles.

Art. 7. — Les directeurs des affaires civiles, et les membres des conseils de direction, seront nommés par nous, sur la proposition de notre ministre de la guerre.

Art. 8. — Dans les territoires mixtes, le lieutenant général commandant la province exercera, en matière civile, les mêmes attributions que le directeur des affaires civiles dans les territoires civils. — La correspondance du lieutenant général, en matière civile, sera préparée par le directeur des affaires civiles, qui signera au nom et par délégation du lieutenant général, toute la correspondance que le lieutenant général ne se sera pas réservée.

Art. 9. — Seront, à l'avenir, membres du conseil supérieur d'administration : — Le gouverneur général, président ; — Le chef de l'état major général ; — Le directeur général des affaires civiles ; — Le procureur général ; — Le contre-amiral commandant la marine ; — Le maréchal de camp commandant le génie ; — Le directeur central des affaires arabes ; — Quatre conseillers civils ; — Un secrétaire, nommé par nous, sera attaché au conseil supérieur d'administration. — Les lieutenants généraux commandant les provinces pourront prendre part, avec voix délibérative, aux séances du conseil supérieur d'administration, quand ils seront appelés par une convocation spéciale du gouverneur général.

Art. 10. — Un arrêté ministériel déterminera, parmi les affaires précédemment soumises au conseil supérieur d'administration, celles sur lesquelles il devra être statué à l'avenir : — Par le directeur des affaires civiles, en conseil de direction ; — Par le lieutenant général, sur l'avis du conseil de direction ou d'une commission consultative de localité.

Art. 11. — Le directeur général des affaires civiles centralisera toutes les affaires civiles soumises par nos ordonnances à l'examen et à la décision du gouverneur général. — A cet effet, il correspondra au nom et par délégation du gouverneur général, avec notre ministre de la guerre, avec les lieutenants généraux commandant les provinces, et avec toutes les autorités civiles et militaires. — Il préparera tous les travaux à soumettre au conseil supérieur d'administration et nommera les rapporteurs des affaires.

Art. 12. — Les commissions consultatives d'arrondissement, instituées par notre ord. du 15 avr. 1845, sont supprimées.

Art. 13. — Une ordonnance spéciale réglera tout ce qui concerne l'administration communale en Algérie.

Art. 14. — Les tribus ou fractions de tribu, quel que soit le territoire qu'elles habitent, seront placées sous la direction exclusive des bureaux arabes. — Néanmoins, en matière criminelle, les indigènes de ces tribus seront justiciables des tribunaux ordinaires français, conformément à la législation existante. — Toute citation, tout mandat, tout acte de justice concernant ces indigènes leur seront notifiés par l'intermédiaire des bureaux arabes (1).

Art. 15. — Nos ordonnances antérieures sont maintenues dans toutes celles de leurs dispositions auxquelles il n'est point dérogé par la présente ordonnance.

OR. — 15 déc. 1847, 28 janv. 1848. — B. 266. — *L'intendant militaire est nommé membre du conseil d'administration.*

DGP. — 2 mars 1848. — *Les affaires d'administration courante, qui ne pouvaient jusqu'alors être réglées qu'au moyen d'ordonnance royale, seront valablement décidées par le ministre provisoire du département auquel ces affaires ressortissent.*

AG. — 5-21 mai 1848. — B. 274. — *Suppression de la direction des affaires civiles d'Alger.* — *Nouvelle division du territoire d'Alger.*

Vu l'ord. du 15 avr. 1845; — L'ord. du 1er sept. 1847; — L'arr. min. du 16 sept. 1847, qui détermine les attributions des directeurs provinciaux; — L'ord. du 28 sept. 1847 (*Commune*, § 1), sur l'organisation des municipalités en Algérie; — Les art. 2 et 3 de l'ord. du 31 janv. 1848 (*Commune*, § 3), qui délimite les territoires des communes d'Alger et Blidah;

Considérant que, si dans les provinces de Constantine et d'Oran, la nécessité évidente d'une centralisation locale a suffisamment motivé la création des directions des affaires civiles, la province d'Alger, immédiatement placée sous la main du gouverneur général et du directeur général, n'a pas besoin d'un double rouage administratif, etc...; — Vu l'urgence :

Art. 1. — La direction des affaires civiles de la province d'Alger est supprimée.

Art. 2. — La direction générale des affaires civiles est investie de ses attributions.

Art. 3. — Le directeur général exercera par lui-même ou par délégation, les fonctions du directeur provincial, déterminées par l'ord. du 1er sept. 1847, et par l'arr. min. du 16 sept. 1847, ci-dessus visés.

Art. 4. — Le territoire civil de la province d'Alger est divisé en deux arrondissements administratifs, dont les chefs-lieux sont Alger et Blidah.

L'arrondissement d'Alger comprend : — Outre les territoires dépendant des commissariats civils de Tenez et Cherchell : — Dans la portion du Sahel connu sous le nom de *Fahs*, les communes d'Alger, Hussein Dey, Kouba, Birkhadem, Douera, Draria, Chéragas et Mahelma, délimitées conformément au plan déjà dressé et qui sera annexé à l'arrêté portant réorganisation des communes de la province d'Alger; — Dans la plaine, la commune du Fondouk, jusqu'à ce qu'une route et des communications régulières permettent à cette dernière des relations administratives avec Blidah.

L'arrondissement de Blidah comprend : — Les communes de Blidah, Bouffarik, Kolgah et Mouzaïa, délimitées conformément au plan dont il vient d'être parlé, et celle de l'Arba, telle qu'elle sera instituée par un arrêté ultérieur; — Tous les territoires mixtes de la province d'Alger.

Art. 5. — Les affaires de l'arrondissement d'Alger seront traitées par la direction générale.

Art. 6. — Partie des attributions précédemment dévolues au directeur de la province pourra être déléguée par le directeur général au sous-directeur de l'arrondissement de Blidah pour les affaires spéciales de cet arrondissement. — En ce qui concerne les territoires mixtes de la province, le sous-directeur de Blidah, conformément au § 2 de l'art. 8 de l'ord. du 1er sept. 1847, préparera en matière civile la correspondance du général commandant la division militaire d'Alger.

Art. 7. — Le conseil de direction de la province d'Alger sera présidé par le directeur général, qui pourra déléguer la présidence à l'un de ses membres.

Art. 8. — A partir du jour de la promulgation du présent arrêté, il sera procédé, sous le contrôle et la surveillance d'une commission supérieure administrative, à l'expédition de toutes les affaires en cours d'instruction près la direction actuelle des affaires civiles de la province d'Alger. Le président de cette commission aura pouvoir, en vertu d'une délégation du directeur général, de donner une solution aux affaires qui ne sont pas réservées à la décision du gouverneur général. — Les affaires nouvelles seront, à partir de ce jour, traitées par la direction générale pour l'arrondissement administratif d'Alger, et par la sous-direction de Blidah pour l'arrondissement de Blidah.

E. CAVAIGNAC.

APE. — 16 août 1848 (V. *Cultes*, § 1). — *Le service des cultes est détaché du ministère de la guerre et rattaché au ministère des cultes (abrogé par décret du 2 août 1858).*

APE. — 16 août 1848 (V. *Instruction publique*, § 1). — *Même mesure en ce qui concerne le service et le ministère de l'instruction publique (abrogé par décret du 2 août 1858).*

APE. — 20 août 1848 (V. *Justice*, § 1). — *Même mesure en ce qui concerne le service et le ministère de la justice (abrogé par décret du 29 juill. 1858, eodem).*

APE. — 12 oct. 1848 (V. *Douanes*, § 2). — *Même mesure en ce qui concerne le service des douanes et le ministère des finances.*

APE. — 30 nov. 1848. — B. 300. — *Même mesure en ce qui concerne le service de l'enregistrement et des domaines, et celui des contributions diverses rattachées au ministère des finances (abrogé par décret du 17 janv. 1850. B. 339).*

DAN. — 4-30 nov. 1848. — B. 298. — *Constitution.*

Art. 109. — Le territoire de l'Algérie et des colonies est déclaré territoire français et sera régi par des lois particulières, jusqu'à ce qu'une loi spéciale le place sous le régime de la présente constitution (2).

---

(1) V. disposition pareille, ord. 15 avr. 1845, art. 18 et 100.

Jurisprudence. — 1° Il ne suffit pas qu'il soit justifié que l'acte a été remis au bureau arabe; il faut encore, pour faire courir les délais et entraîner des conséquences légales, qu'il soit établi que cet intermédiaire a accompli le mandat qui lui était donné. — *Cour d'Alger*, 24 avr. 1851.

2° Jugé de même, et en outre que la preuve de la remise de l'exploit peut être fournie au besoin par une déclaration du cadi. — *Cour d'Alger*, 10 fév. 1858.

(2) *Jurisprudence.* — La légalité de plusieurs décrets rendus par le pouvoir exécutif postérieurement à la promulgation de cette constitution et sur des matières relatives à l'Algérie, a été un instant contestée sous le prétexte que des lois seules pouvaient désormais la régir, mais le principe contraire a été consacré par un avis du

7° 1848—1858.

Préfectures et départements.

APE. — 0 déc. 1848-16 mars 1849. — B. 313 (1).
— *Nouvelle division du territoire.* — *Conseil de gouvernement.* — *Préfectures et conseils de préfecture.*

Art. 1. — La division actuelle de l'Algérie en trois provinces est maintenue. — Chaque province sera divisée en territoire civil et en territoire militaire. — Le territoire civil de chaque province formera un département.

Art. 2. — Le département sera soumis au régime administratif des départements de la métropole, sauf les exceptions résultant de la législation spéciale de l'Algérie. — Le territoire militaire sera

___

conseil d'État, du 31 oct. 1849 (V. *Intérêt de l'argent*, rapport au président de la République), et par arrêts de cassation des 10 janv. et 19 avr. 1851, D. P. 51. 5. 19 et 168.

(1) *Rapport au président du conseil, chargé du pouvoir exécutif.* — Les ord. des 15 avr. 1845 et 1er sept. 1847 ont marqué les tendances du pouvoir central à introduire dans l'administration générale de l'Algérie, les principes de l'administration métropolitaine. — L'opinion publique, en France comme en Algérie, les sentiments plusieurs fois exprimés par l'assemblée nationale, ont démontré dans ces derniers temps, qu'il était du devoir de l'administration d'introduire d'une manière plus complète le régime des institutions françaises en Afrique. — En présence de la sympathie qui s'est manifestée pour les colonies agricoles qui vont doter l'Algérie d'une population nouvelle, le moment paraît venu de réaliser d'une manière décisive le vœu si souvent manifesté d'une assimilation largement progressive.

Ce progrès peut être accompli sans danger. L'action habile et prévoyante des bureaux arabes sur les populations indigènes a modifié d'une manière notable les sentiments des tribus à l'égard de notre domination. L'attitude de ces populations pendant ces derniers mois, malgré l'importante diminution de l'effectif de l'armée, leur tendance nouvelle à se fixer sur le sol, à bâtir des maisons et à se créer des propriétés individuelles, en sont une preuve incontestable.

Le premier objet du projet d'arrêté ci-joint est de simplifier la division de l'Algérie et de partager chaque province en territoire civil ou département et en territoire militaire. Il appartiendra au pouvoir exécutif de comprendre successivement dans le ressort du département tous les anciens territoires mixtes ou même arabes, entièrement pacifiés, et de limiter le territoire militaire aux seules portions de l'Algérie qui exigent une surveillance plus étroite et une autorité plus forte.

Le département est soumis au régime administratif de la métropole, sauf les exceptions résultant de la législation spéciale de l'Algérie. — Le gouverneur général administre directement les territoires militaires par l'intermédiaire des officiers généraux commandant les divisions. Il a la disposition de toutes les forces militaires, et reste investi de la haute administration de l'Algérie. À cet effet, il a auprès de lui un conseil et un secrétaire général de gouvernement. — La séparation des deux administrations civile et militaire, pour toutes les affaires d'un intérêt purement local, se trouve, par cette combinaison, aussi distinctement établie que la division des territoires qui leur sont respectivement attribués. Cette innovation constitue un progrès réel. En laissant au pouvoir exécutif la faculté d'étendre successivement, suivant les lieux et les populations, les limites du département, elle permettra de placer sous un même régime, militaire ou civil, des populations ayant des intérêts identiques. — La suppression de la direction générale des affaires civiles devait être la conséquence de la modification des attributions du gouverneur général en ce qui concerne les territoires civils.

Quant à la direction centrale des affaires arabes, les principes d'une sévère économie ont prescrit sa suppression, et d'ailleurs elle constituait un rouage qui n'était plus indispensable. — Le territoire militaire, gouverné et administré par le gouverneur général, par l'intermédiaire des généraux commandant les provinces, renferme des indigènes et des Européens dont les intérêts sont sans cesse en contact et donnent lieu à de fréquentes discussions. — Il était nécessaire de faire converger entre les mains d'un même fonctionnaire, près du gouverneur général, tout ce qui se rattache au gouvernement et à l'administration des territoires militaires.

Les généraux commandant les provinces, qui administrent directement les populations indigènes, ont près d'eux des officiers directeurs des affaires arabes; il suffit dès lors au gouverneur général, pour centraliser la correspondance concernant cette partie de son administration, d'avoir près du secrétaire général un chef de bureau choisi parmi les officiers qui ont pris part au gouvernement des indigènes. — Cette disposition a, en outre, l'avantage de donner aux intérêts européens, dans le territoire militaire où se commence d'ordinaire la colonisation, les garanties qui leur sont indispensables. — Ces vues sont réalisées dans l'art. 17 de l'arrêté.

Les attributions du gouverneur général sont encore assez vastes pour qu'il ait paru nécessaire d'étendre la compétence du conseil de gouvernement chargé d'assister le gouverneur général, et de le mettre à même d'étudier avec plus de soin les intérêts des colons qui s'établissent en Algérie, au double point de vue de la religion et de l'instruction publique. — L'art. 8 du projet consacre, en conséquence, l'entrée de l'évêque et du recteur de l'académie d'Alger, dans le conseil de gouvernement de l'Algérie.

Ces bases fondamentales posées, il restait à organiser pour les territoires civils ou départements, et pour les territoires militaires, l'administration propre à chacun d'eux. — Tel est l'objet des tit. 2 et 3.

Le département administré par un préfet est subdivisé en arrondissements et communes administrés par des sous-préfets et par des maires. — L'institution des commissariats civils demeure cependant transitoirement maintenue pour les territoires du département qui ne comportent pas encore l'organisation communale. Cette mesure était d'autant plus nécessaire, que la suppression des territoires mixtes va livrer à l'administration civile de nombreuses localités où manquent encore les éléments d'une institution communale régulière, et où vivent des populations indigènes qu'on ne pourra admettre que progressivement aux bénéfices des institutions françaises.

Un conseil de préfecture et un conseil général électif sont institués dans chaque département, et les attributions de ces conseils sont calquées, autant que possible, sur la législation de la métropole. — La mission du gouverneur général se trouve d'autant simplifiée; il sera ainsi débarrassé des mille détails qui absorbaient son temps, et il pourra dès lors porter toute son attention, toute son activité sur le développement de la colonisation. Comme il ne reste pas étranger aux intérêts généraux du pays dont la haute administration lui est confiée, les préfets sont tenus de lui adresser, périodiquement ou éventuellement, tous les renseignements qui doivent lui faire connaître l'ensemble et les détails de la situation générale.

Il en résultera la suppression de cette double centralisation qui présentait les inconvénients d'apporter des retards regrettables dans l'instruction comme dans la solution des affaires, et il est de raison que là où est la responsabilité, là doit être la liberté entière d'action et de décision. — Enfin les art. 14 et 15 disposent que l'organisation des préfectures sera établie sur les mêmes bases qu'en France, et indiquent sommairement les éléments du budget départemental.

L'administration militaire est réglée par le tit. 3, qui a pour but de restreindre exclusivement l'action de l'autorité militaire dans les limites du territoire qui lui est attribué.

L'organisation de l'administration générale se trouve ainsi complétée, et le jeu des différentes institutions qu'elle comprend suffisamment déterminé. — Des arrêtés subséquents, actuellement à l'étude, et qui suivront de très-près celui que j'ai l'honneur de soumettre aujourd'hui au président du conseil, chargé du pouvoir exécutif, en réaliseront toute la pensée.

L'organisation nouvelle, dont les principes viennent d'être exposés, est destinée à donner une plus prompte et

exclusivement administré par les autorités militaires.

Art. 3.— Des arrêtés du pouvoir exécutif désigneront les localités et circonscriptions territoriales qui seront respectivement classées dans le département ou sur le territoire militaire.

TIT. 1. — *Du gouvernement général.*

Art. 4.—Le gouvernement général de l'Algérie comprend le commandement de toutes les forces militaires et la haute administration du pays. — Il se compose : — 1° D'un gouverneur général, fonctionnant sous l'autorité et les ordres du ministre de la guerre ; — 2° D'un conseil de gouvernement.

Art. 5.—Le gouverneur général est nommé par le chef du pouvoir exécutif, sur la proposition du ministre de la guerre. — Il administre exclusivement, sous l'autorité du ministre de la guerre et par l'intermédiaire des commandants militaires, toutes les portions du territoire de l'Algérie classées en dehors du département.

Art. 6. — Un secrétaire général du gouvernement, nommé par le pouvoir exécutif, sera chargé de la préparation et de l'expédition des affaires administratives attribuées au gouverneur général.

Art. 7.—La direction générale des affaires civiles et la direction centrale des affaires arabes sont supprimées.

Art. 8.— Le conseil de gouvernement assiste le gouverneur général dans l'examen de toutes les affaires qui intéressent la haute administration de l'Algérie. — Sont membres de ce conseil : — Le gouverneur général, président ; — Le secrétaire général du gouvernement ; — Le procureur général ;—Le chef d'état-major général de l'armée ;— L'évêque ; — Le recteur de l'Académie d'Alger ; — Le commandant supérieur de la marine ; — Le commandant supérieur du génie ; — L'intendant militaire de l'armée d'Algérie ;—Trois conseillers civils rapporteurs (1).

Art. 9.— La présidence, en l'absence du gouverneur général, appartiendra au secrétaire général du gouvernement (2). — Un secrétaire sera attaché au conseil de gouvernement.

Art. 10.— Le conseil de gouvernement est appelé à donner son avis sur les matières et objets ci-après désignés.

En ce qui concerne le gouvernement : — 1° Projets de décrets et d'arrêtés concernant l'administration générale de l'Algérie ; — 2° Règlements généraux d'administration et de police administrative.

En ce qui concerne le département et les territoires soumis au régime militaire : — 3° Établissement, suppression ou modification des impôts, taxes et revenus généraux ; — 4° Tarifs de toute nature et règlements y relatifs ; — 5° Mesures concernant les intérêts généraux de la colonisation, de l'agriculture et du commerce ; — 6° Mode d'exploitation des bois et forêts de l'État, concessions de mines et salines ; — 7° Projets d'aliénation et d'échange des immeubles appartenant à l'État ; — 8° Acquisition

d'immeubles pour compte de l'État ; — 9° Ouverture et tracé des routes exécutées et entretenues aux frais de l'État ou intéressant plusieurs provinces ; — 10° Travaux à exécuter au compte de l'État, plans, devis et mode d'exécution desdits travaux, lorsque la dépense qui doit en résulter excédera 10,000 fr. ;—11° Marchés et fournitures à faire au compte de l'État ; mode d'exécution desdits marchés dans la limite déterminée au paragraphe précédent ; — 12° Préparation du budget de la guerre, en ce qui concerne les recettes et dépenses d'administration générale en Algérie ; — 13° Répartition entre les trois provinces des crédits législatifs, votés pour les dépenses civiles ; — 14° Répartition et sous-répartition des fonds provenant, soit de l'octroi de mer, soit de l'impôt arabe et de tous autres produits généraux applicables aux dépenses d'utilité provinciale ou communale, conformément aux décrets et arrêtés qui régissent l'Algérie.

En ce qui concerne exclusivement les territoires soumis au régime militaire : — 15° Établissement, suppression ou modification des impôts, taxes et revenus locaux ; — 16° Établissement de centres de population ; création de communes ; plans généraux et partiels des villes et villages ; établissement des marchés, fondouks et caravansérails ; — 17° Transfert et incorporation au département de localités et portions du territoire militaire ; — 18° Sous-répartition des crédits législatifs affectés aux services civils du territoire militaire.

Le conseil de gouvernement pourra, en outre, être consulté sur toutes autres questions d'intérêt général ou spécial qui lui seront soumises par le ministre compétent ou par le gouverneur général.

TIT. 2. — *De l'administration civile.*

Art. 11.— Le département est subdivisé en arrondissements et communes.—Le département est administré par un préfet, et chaque arrondissement par un sous-préfet. — L'institution des commissariats civils est maintenue provisoirement pour les territoires du département qui ne comportent pas encore l'organisation communale.

Art. 12.—Les préfets correspondent directement avec le ministre de la guerre appelé à centraliser l'administration générale de l'Algérie, et avec les autres départements ministériels dans la limite de leurs attributions respectives.—Ils rendent compte périodiquement au gouverneur général de la situation générale du département, et éventuellement de tous les faits intéressant l'ordre ou la sûreté publics.

Art. 13.— Il y aura auprès de chaque préfet un conseil de préfecture ayant les mêmes attributions qu'en France, et celles qui avaient été précédemment conférées au conseil de direction par la législation spéciale de l'Algérie. — Le conseil de préfecture devra, en outre, émettre son avis sur toutes les affaires qui lui seront soumises par le préfet.—Un membre du conseil de préfecture, désigné par arrêté ministériel, remplira les fonctions de secrétaire général de la préfecture.

Art. 14. — L'organisation des préfectures sera établie sur les mêmes bases qu'en France. — Un

---

une plus complète satisfaction aux intérêts des populations de l'Algérie. Elle ne fait qu'imprimer une nouvelle forme toute française à l'administration actuelle, sans blesser les règles constitutionnelles. — Les allocations budgétaires qu'entraînera sa réalisation produiront une économie notable sur l'état de choses actuel, et l'assemblée nationale, quand elle examinera les crédits proposés pour le budget de 1849, aura à exprimer son opinion sur ce nouveau régime administratif, dont la pratique aura démontré tous les avantages.

Le min. de la guerre, DE LAMORICIÈRE.

(1) La composition du conseil a été plus tard complétée : 1° par l'adjonction de l'inspecteur général, chef de la mission des finances et du chef du bureau politique des affaires arabes, décr. du 6 déc. 1856, B. 504 ; — 2° Par la création d'un 4e conseiller civil rapporteur, décr. du 18 mars 1857, B. 509. Les conseillers civils avaient en

outre été divisés en trois classes relativement au traitement par décr. du 8 nov. 185..

(2) Le rang dans lequel devaient siéger les membres du conseil de gouvernement avait été réglé par un décr. du 15 janv. 1851, S. 374, ainsi qu'il suit : le gouverneur général ; — Le secrétaire général du gouvernement, vice-président ; — Le procureur général ; — L'évêque ;— Le chef d'état-major général ; — Le commandant supérieur de la marine ; — Le commandant supérieur du génie (ces trois derniers fonctionnaires d'après le grade et l'ancienneté dans le grade) ; — Le recteur de l'Académie ; — Les conseillers civils rapporteurs. — Deux autres décrets, l'un du 7 mars 1855, l'autre du 11 mai 1855, B. 436-439, ont ensuite décidé que si, en l'absence du gouverneur général, le conseil serait présidé par le général commandant la division d'Alger ou celui des membres du conseil que le gouverneur aurait désigné à cet effet, et que le secrétaire général prendrait seulement rang avant les conseillers civils.

règlement spécial déterminera le traitement des préfets et des sous-préfets, et l'abonnement qui leur sera alloué, pour être réparti dans les mêmes proportions qu'en France, entre le personnel et le matériel des bureaux de préfecture et de sous-préfecture.

Art. 15. — Il sera pourvu aux dépenses d'administration départementale au moyen de ressources ordinaires et extraordinaires.

Les ressources ordinaires se composent : — 1° Des allocations portées au budget de l'État ; — 2° De la portion attribuée au département, soit dans les deux cinquièmes du produit net de l'octroi de mer applicables aux dépenses d'utilité provinciale, conformément au décret du 4 novembre dernier, soit dans le produit de l'impôt arabe; — 3° Des revenus des propriétés départementales.

Les ressources extraordinaires se composent : — 1° Des emprunts autorisés au profit du département ; — 2° Du produit des aliénations d'immeubles départementaux ; — 3° Des impositions extraordinaires et de tous autres produits qui seront autorisés.

Art. 16. — Il y aura dans chaque département un conseil général électif, dont les attributions seront les mêmes que celles des conseils généraux de France.

Tit. 3. — De l'administration militaire.

Art. 17. — Les territoires militaires de chaque province seront administrés, sous les ordres du gouverneur général, par les généraux commandant les provinces, conformément aux dispositions qui seront ultérieurement arrêtées. — Le secrétaire général centralisera toutes les affaires concernant les indigènes des territoires militaires. — Il lui sera attaché un bureau spécial, qui sera chargé : 1° de la colonisation de ces territoires ; 2° de l'administration indigène, et dont le chef, choisi dans les bureaux arabes, sera nommé par arrêté ministériel.

Art. 18. — Les employés qui pourront être réformés, en exécution de cette réorganisation, recevront un mois de leur traitement à titre d'indemnité. — A l'avenir, les employés ne seront révoqués qu'après qu'il en aura été référé au ministre de la guerre et qu'ils auront été admis à présenter préalablement un mémoire justificatif.

Art. 19. — Une caisse de retraite sur fonds de retenues sera spécialement instituée à Alger pour les employés des services civils et municipaux de l'Algérie.

Art. 20. — Des règlements ultérieurs détermineront les modifications qui devront être apportées, par suite du présent arrêté, aux dispositions actuellement en vigueur sur l'administration générale de l'Algérie.

Art. 21. — Toutes dispositions contraires au présent arrêté sont et demeurent abrogées.

CAVAIGNAC.

ARR. — 16 déc. 1818-10 mars 1849. — B. 513. — Règlement d'attributions.

Vu les art. 17 et 20 de l'arr. du 9 déc. 1848;

Tit. 1. — Gouvernement.

Chap. 1. — Attributions du gouverneur général.

Art. 1. — Le gouverneur général promulgue les lois, décrets et règlements exécutoires en Al-

gérie. — La promulgation résulte de l'insertion au Bulletin officiel des actes du gouvernement.

Art. 2. — La promulgation est réputée connue au chef-lieu de chaque département un jour après la réception par le préfet du Bulletin qui lui est transmis par le gouverneur général, et dans l'étendue de chaque sous-préfecture passé ce même délai, après autant de jours qu'il y aura de fois 5 myriamètres de distance entre le chef-lieu de la préfecture et celui des sous-préfectures, commissariats civils et communes. — En territoire militaire, la promulgation est réputée connue dans chaque localité un jour après la réception du Bulletin officiel par le commandant militaire de la localité.

Art. 3. — Les numéros du Bulletin officiel portent l'empreinte du sceau du gouvernement de l'Algérie. La réception en est inscrite et constatée sur des registres ouverts à cet effet au chef-lieu de la préfecture et de chaque sous-préfecture.

Art. 4. — Les registres mentionnés au précédent article contiennent successivement, et sans lacune, les numéros des Bulletins et la date de leur réception ; ils doivent être signés, à chaque numéro, par les fonctionnaires qui les auront reçus.

Art. 5. — Dans les circonstances extraordinaires, la promulgation des lois et des actes du gouvernement peut être faite à son de caisse ou par affiches. Ils deviennent immédiatement exécutoires.

Art. 6. — Le gouverneur général assure le maintien de l'ordre et de la sécurité publique. — Dans les cas imprévus où ces intérêts seraient gravement compromis, il prend sous sa responsabilité les mesures autorisées par les lois de la métropole (1). — Il en rend compte immédiatement au ministre de la guerre.

Art. 7. — Le gouverneur général saisit le conseil du gouvernement des affaires qui doivent lui être soumises. — Il transmet, avec son avis au ministre compétent, les délibérations de ce conseil.

Art. 8. — Il pourvoit provisoirement à l'intérim du secrétaire général du gouvernement. — L'intérimaire du secrétaire général du gouvernement est choisi parmi les conseillers civils rapporteurs.

Art. 9. — En cas d'absence du chef-lieu du gouvernement, ou d'empêchement momentané quelconque, et lorsqu'il n'aura pas été institué par le pouvoir exécutif un gouverneur général intérimaire, le gouverneur général est suppléé : — Pour l'administration civile et l'administration des territoires militaires, par le secrétaire général du gouvernement ; — Pour les affaires militaires, par l'officier général investi du commandement intérimaire.

Art. 10. — Le gouverneur général a la haute direction de toutes les mesures qui intéressent la colonisation en Algérie. Il adresse à cet égard ses instructions aux préfets, qui lui rendent compte de leur exécution.

Chap. 2. — Attributions du secrétaire général du gouvernement.

Art. 11. — Le secrétaire général du gouvernement centralise le travail du gouverneur général en ce qui touche ses attributions administratives. — Il signe pour le gouverneur général et par son ordre, la correspondance que le gouverneur général lui a spécialement déléguée.

---

(1) Ce nouveau principe a été consacré par la cour de cassation, à l'occasion d'un arrêté du 18 mai 1849, qui a rangé les soufres et salpêtres dans la catégorie des munitions de guerre dont le commerce est interdit.

Jurisprudence. — La cour a décidé que l'arrêté du 16 déc. 1848, autorisant le gouverneur général à prendre toutes les mesures autorisées par les lois de la métropole, lui donne le pouvoir de prendre, sous sa responsabilité, les mesures dont il trouve le principe dans les mêmes lois; qu'en conséquence, il a pu ordonner, en se fondant sur la loi du 24 mai 1844, que le soufre sera considéré comme munition de guerre, et ne pourra être vendu aux indigènes sans autorisation préalable. Cass. 20 janv. 1851 (V. Législation, § 2, légalité des arrêtés).

Tit. 2. — *Administration départementale.*

CHAP. 1. — *Attributions du préfet.*

Art. 12. — Le préfet est seul chargé de l'administration du département. — A cet effet, il correspond directement avec le ministre de la guerre pour tout ce qui se rattache à l'administration centrale de l'Algérie, et avec les autres ministres en ce qui touche les services spéciaux qui ressortissent à leur département respectif, en vertu de la législation de l'Algérie. — Il adresse tous les mois au ministre de la guerre un rapport d'ensemble sur la situation de son département.

Art. 13. — Indépendamment des rapports périodiques ou éventuels que le préfet doit adresser au gouverneur général, en exécution de l'art. 12 de l'arrêt du 9 déc. 1848 il correspond directement avec lui pour l'instruction préparatoire des affaires du département qui doivent être soumises avant décision aux délibérations du conseil du gouvernement. — Il reçoit les instructions du gouverneur général en matière de colonisation, et lui rend compte de leur exécution.

Art. 14. — Le préfet administre directement l'arrondissement chef-lieu.

Art. 15. — L'autorité du préfet s'étend sur l'administration civile indigène de son département.

Art. 16. — Les préfets nomment aux fonctions de maires et d'adjoints pour les communes dont la population est inférieure à 3,000 âmes, et qui ne sont chefs-lieux ni de département ni d'arrondissement. — Ils nomment les cheiks des villages habités par des indigènes dans leurs départements. — Toutefois les tribus ou fractions de tribus arabes, vivant sous la tente dans les territoires civils, restent soumises à la juridiction et à l'administration militaire.

Art. 17. — Le préfet doit faire chaque année au moins deux tournées administratives dans son département. — Après chacune d'elles, le préfet rend un compte d'ensemble au ministre de la guerre ; il adresse un double de son rapport au gouverneur général. — Il adresse en outre, pour les services publics civils ressortissant directement aux autres départements ministériels, un rapport spécial à chaque ministre compétent.

Art. 18. — Le préfet ne peut s'absenter de son département sans un congé du ministre de la guerre, sauf le cas d'urgence dûment constaté et dont il devra immédiatement justifier au ministre, qui appréciera. — Dans tous les cas, il informe le gouverneur général de son absence.

Art. 19. — Lorsque le préfet s'absente de son département, il délègue son autorité au conseiller de préfecture remplissant les fonctions de secrétaire général. Il prend à cet effet un arrêté spécial qui doit être consigné au registre des actes de la préfecture et porté à la connaissance du ministre de la guerre.

Art. 20. — Lorsque le préfet est en tournée, ou en cas d'empêchement, le conseiller de préfecture faisant fonctions de secrétaire général correspond avec lui, et le représente pour les affaires urgentes en vertu d'une délégation spéciale.

Art. 21. — En cas de décès, le préfet est remplacé de droit par le conseiller de préfecture secrétaire général.

CHAP. 2. — *Conseil de préfecture.*

Art. 22. — Le conseil de préfecture de chaque département de l'Algérie sera composé de quatre membres à Alger, et de trois membres dans les autres départements, indépendamment du préfet (1).

Art. 23. — Le préfet est président de droit du conseil de préfecture. En cas de partage, sa voix est prépondérante. — La vice-présidence du conseil de préfecture appartient au membre du conseil faisant fonctions de secrétaire général.

Art. 24. — Pour des cas spéciaux et déterminés, le préfet peut déléguer temporairement une portion de ses attributions à un des membres du conseil de préfecture.

Art. 25. — Les fonctions de conseiller de préfecture sont incompatibles avec les fonctions judiciaires, avec celles de défenseurs et officiers ministériels, de membre du conseil général, de maire et d'adjoint, et toutes autres fonctions administratives.

CHAP. 3. — *Du secrétaire général.*

Art. 26. — Un des membres du conseil de préfecture, spécialement désigné à cet effet par un arrêté du ministre de la guerre, remplira, indépendamment des fonctions attachées à son titre de conseiller, celle de secrétaire général de la préfecture. — En cette qualité, il aura la garde des archives du département, signera les expéditions, délivrera des extraits certifiés des pièces déposées aux archives et des actes de la préfecture. Il légalisera, en outre, les signatures des sous-préfets, commissaires civils et maires du département, pour le cas où cette formalité est prescrite par les lois et règlements.

Art. 27. — En cas de décès, d'absence ou d'empêchement par maladie du conseiller de préfecture secrétaire général, le préfet désigne celui des autres conseillers qui le remplace provisoirement. Il en donne avis au ministre de la guerre.

CHAP. 4. — *Des sous-préfets.*

Art. 28. — Les sous-préfets administrent l'arrondissement qui leur est confié, sous l'autorité immédiate des préfets. — Pour les cas imprévus et urgents, ils prennent les mesures d'ordre et de sûreté, sans attendre les instructions de leur supérieur immédiat ; mais ils doivent lui en référer sans délai. Le préfet peut rapporter ces mesures et annuler les arrêtés y relatifs.

Art. 29. — Les sous-préfets ont sous leurs ordres immédiats les commissaires civils, les maires et les cheiks dénommés à l'art. 16 et établis dans leur ressort administratif.

Art. 30. — Les sous-préfets sont tenus de visiter et inspecter, au moins deux fois par an, toutes les communes et enclaves arabes de leur arrondissement. — Ils font, des tournées extraordinaires, toutes les fois que le bien du service l'exige ou que l'ordre leur en est donné par le préfet. — A l'issue de chaque tournée, ils adressent au préfet un rapport d'ensemble sur la situation de leur arrondissement, et des rapports spéciaux sur les divers services soumis à leur surveillance.

Art. 31. — Les sous-préfets ne peuvent s'absenter de leur arrondissement sans un congé du ministre de la guerre. Ce congé leur est accordé par l'intermédiaire du préfet. — Dans un cas d'urgence dûment constaté, le congé peut leur être accordé par le préfet, sauf l'approbation du ministre de la guerre, auquel il est rendu compte immédiatement de la délivrance du congé.

Art. 32. — En cas de décès, d'absence par congé ou d'empêchement par maladie du sous-préfet, le préfet pourvoit provisoirement à son remplacement, et en donne avis au ministre de la guerre (2).

CHAP. 5. — *Des commissariats civils.*

Art. 33. — Les commissaires civils, dont l'institution a été provisoirement maintenue par l'art. 11

---

(1) V. *infrà*, décr. 30 août 1850, Mode de remplacement en cas d'urgence.

(2) V. *infrà*, décr. 28 nov. 1847, Mode de remplacement dans les cas dont s'agit.

de l'arr. du 9 déc. 1848, seront nommés directement par le président de la République. — Leurs attributions restent les mêmes que celles qui sont définies par l'arr. du 18 déc. 1842, sauf les modifications résultant du présent arrêté, ainsi que de l'arr. organique du 9 déc. 1848.

CHAP. 6. — *Des conseils généraux.*

Art. 31 à 42. — (Prescriptions relatives à l'élection des membres du conseil général institué par l'art. 16 de l'arr. du 1 déc. 1848 qui n'a jamais reçu d'exécution.)

TIT. 3. — *Administration des territoires militaires.*

CHAP. 1. — *Attributions des commandants militaires.*

Art. 43. — L'administration des territoires militaires est essentiellement inhérente au commandement militaire. — La direction supérieure en appartient, dans chaque province, sous l'autorité immédiate du gouverneur général, au général commandant la division.

Art. 44. — Les Européens établis dans les territoires militaires sont soumis au régime administratif exceptionnel de ces territoires, et tel qu'il est réglé par les ordonnances et arrêtés en vigueur.

Art. 45. — Les fonctions judiciaires peuvent être exercées dans chaque localité par un juge de paix, ou, à son défaut, par le commandant de place ou tout autre officier désigné par le commandant de la division. — Les fonctions civiles peuvent être remplies par le commandant de place ou par un maire nommé par le gouverneur général, avec délégation spéciale des attributions d'officier de l'état civil et d'officier de police judiciaire.

Art. 46. — Dans chaque subdivision et dans chaque circonscription de commandement, l'administration du territoire militaire est exercée, sous les ordres du général commandant la division, par les officiers investis du commandement militaire. Ils ont sous leurs ordres les officiers chargés des affaires arabes et les fonctionnaires et agents indigènes de tout rang.

CHAP. 2. — *Des commissions consultatives.*

Art. 47. — Il y a, au chef-lieu de chaque subdivision, une commission consultative chargée de donner son avis sur les affaires d'intérêt général ou local, concernant exclusivement le territoire militaire qui en dépend.

Art. 48. — Cette commission est consultée : sur les projets de dépenses de toutes natures afférentes à l'administration des territoires militaires ; sur la colonisation, l'agriculture, les plantations, l'élève des bestiaux, la construction des canaux, égouts, fontaines ; celle des édifices nécessaires aux services publics ; l'instruction publique et les cultes chrétien, musulman et israélite ; la justice en ce qui touche les indigènes, les établissements d'intérêt ou de charité publics ; la police rurale ou municipale ; la salubrité, le nettoiement, l'éclairage et le pavage des villes ; le service des milices ; les halles, marchés, abattoirs, fondouks et caravansérails ; les contributions extraordinaires que les habitants ou les tribus demanderaient à s'imposer dans un intérêt local ; la fixation des indigènes sur le sol, soit par des établissements agricoles, soit par des constructions ; elle donne aussi son avis sur toutes les affaires concernant la location et l'aliénation du domaine, ainsi que sur l'assiette de l'impôt.

Art. 49. — Sont membres de la commission consultative : — Le commandant supérieur de la subdivision, président ; — Le sous-intendant militaire ; — Le commandant de l'artillerie ; — Le commandant du génie ; — L'officier chargé des affaires arabes ; — L'officier chargé des fonctions civiles et judiciaires ; — Le juge de paix et le maire qui auraient été nommés en vertu de l'art. 45 ; — Les chefs des divers services financiers ; — Un officier de santé ; — Deux notables européens ; — Deux notables indigènes, ces cinq derniers membres sont désignés par l'officier général commandant la division.

Art. 50. — L'un des chefs des services financiers remplit les fonctions de secrétaire de la commission consultative ; il rédige les procès-verbaux de délibération et en conserve le registre.

Art. 51. — Les commissions consultatives se réunissent au moins une fois par semaine, et aux époques fixées par le gouverneur général, pour l'examen des budgets et des questions qui leur sont soumises, et, sur la convocation du président, toutes les fois que les besoins du service le réclament.

Art. 52. — Les affaires administratives courantes sont exposées par chacun des chefs de services militaires ou financiers qu'elles concernent. — L'avis de la commission, rendu à la majorité des voix, est immédiatement transmis en double expédition, par la voie hiérarchique, pour chaque affaire séparément, et avec toutes les pièces y relatives, au général commandant la division, qui y consigne son opinion et en fait l'envoi au ministre et au gouverneur général.

Art. 53. — Des rapports sont adressés tous les quinze jours, et, plus souvent s'il y a lieu, par les commandants de division, directement au ministre de la guerre et au gouverneur général, avec la situation politique, administrative et commerciale de tout le territoire soumis à leur autorité.

Dispositions générales.

Art. 54. — Tout ce qui concerne l'administration du territoire militaire est réglé par des arrêtés du ministre de la guerre.

Art. 55. — Toutes dispositions des ordonnances et arrêtés antérieurs, contraires au présent arrêté, sont et demeurent abrogées.   E. CAVAIGNAC.

APE. — 16 déc. 1848, 16 mars 1849. — B. 315. — *Personnel des services administratifs. — Mode de nomination. — Traitements.*

Art. 1er. — Le gouverneur général de l'Algérie, le secrétaire général du gouvernement, les conseillers civils rapporteurs, membres du conseil de gouvernement, le secrétaire de ce conseil, les préfets, sous-préfets, les conseillers de préfecture et les commissaires civils sont nommés par le président de la République, sur la présentation du ministre de la guerre. — Les secrétaires de commissariat civil et les employés du secrétariat général du gouvernement sont nommés par le ministre de la guerre. Il pourvoira, pour la première organisation, à la désignation des employés des bureaux des préfectures et des sous-préfectures. — Les préfets et sous-préfets nommeront ultérieurement aux emplois de leurs bureaux.

Art. 2. — Les fonctionnaires, employés et agents des services de l'Algérie, dépendant du ministère de la guerre et appartenant aux administrations centrales de la métropole, sont soumis, quant à leur nomination, aux règles suivies par les départements ministériels dont ils relèvent.

Art. 3. — Les inspecteurs, ingénieurs et agents du corps des ponts et chaussées et des mines, les vérificateurs des poids et mesures, les agents des services des eaux et forêts, et enfin les agents du domaine dans les territoires militaires, sont nommés de concert par le ministre de la guerre et le ministre compétent. — Les nominations du personnel du service télégraphique continueront d'être faites conformément à l'arrêté du 8 juin 1848.

Art. 4 et 5. — Les traitements des fonctionnaires

de l'administration générale de l'Algérie sont fixés comme il suit (1) :

Art. 6. — Il est alloué aux préfets, sous-préfets et commissaires civils un abonnement pour frais annuels de bureau et d'administration, y compris ceux de tournées.

Art. 7. — Le tarif d'abonnement pour dépenses mises à la charge des fonctionnaires ci-dessus désignés sera ultérieurement fixé pour chaque ressort administratif par un arrêté ministériel.

Art. 8. — Les fonctionnaires, agents et employés du personnel continental détachés en Algérie, continueront d'avoir droit à un supplément de traitement qui ne pourra être inférieur au cinquième de leur traitement normal, ni en excéder le tiers. — Lorsque ce supplément n'élèvera pas le traitement intégral à 1,500 fr., le taux en sera augmenté jusqu'à concurrence de ce chiffre. — Les dispositions du présent article ne sont applicables ni aux magistrats ni aux comptables rétribués sur remise.

Art. 9. — Les ordonnances et arrêtés sur le personnel des services civils de l'Algérie, et portant fixation du traitement des fonctionnaires civils en Algérie, sont abrogés dans celles de leurs dispositions contraires au présent arrêté.

E. CAVAIGNAC.

DP. — 28 nov.-31 déc. 1849. — B. 337. — *Mode de remplacement des sous-préfets absents. — Délégation de leurs attributions.*

Art. 1. — Dans les cas déterminés par l'art. 32 de l'arr. organique du 16 déc. 1848 (*ci-dessus*), et jusqu'à ce qu'il y ait pourvu par le préfet, le secrétaire de la sous-préfecture suppléera de droit le sous-préfet. Il pourra être désigné par le préfet pour continuer lesdites fonctions pendant toute la durée de l'intérim.

Art. 2. — Le sous-préfet pourra toujours, pour des actes spéciaux et déterminés, déléguer, à titre temporaire ou permanent, une partie de ses attributions au secrétaire de la sous-préfecture. Cette délégation devra être approuvée par le préfet. — En aucun cas, la délégation du sous-préfet ne pourra s'étendre aux faits de l'ordonnancement des dépenses.

DP. — 30 août-18 sept. 1850. — B. 361. — *Mode de remplacement des conseillers de préfecture. — Désignation des suppléants par le ministre de la guerre et, en cas d'urgence, par les préfets (remplacé par l'art. 9, décret du 27 oct. 1858, infrà).*

AM. — 11 juill.-8 août 1851. — B. 390. — *Attributions de l'employé chargé des affaires civiles près les commandants de division.*

Vu l'art. 54 de l'arr. du 16 déc. 1848 (*ci-dessus*).

Art. 1. — L'employé chargé de l'expédition des affaires civiles, dans chaque province de l'Algérie, près du général commandant la division, aura la garde et la conservation des archives civiles des territoires administrés par l'autorité militaire. — Cet employé délivrera et signera les expéditions des actes dressés en minute par le général, comme administrateur civil. Il délivrera également des copies ou des extraits certifiés conformes des actes administratifs et autres documents déposés aux archives dont la garde lui est confiée. — Enfin, il tiendra le répertoire des actes administratifs soumis à l'enregistrement sur minute, conformément à la loi du 22 frim. an VII, sur l'enregistrement, et aux art. 78 et suiv. de la loi des finances des 15-16 mai 1818.

Comte RANDON.

DI. — 8 juill.-23 août 1854. — B. 464. — *Auditeurs au conseil d'Etat, application à l'Algérie du décret du 25 nov. 1853.*

Art. 1. — Notre décret du 25 nov. 1853, concernant les maîtres des requêtes et les auditeurs au conseil d'Etat, sera promulgué en Algérie, pour y être appliqué dans ses dispositions relatives aux auditeurs attachés aux préfectures.

Décret du 25 nov.

Art. 5. — Un auditeur sera attaché aux préfectures par nous désignées. — Il sera mis à la disposition du préfet, qui pourra le charger de remplacer provisoirement les sous-préfets du département absents ou empêchés, lui confier l'instruction des affaires administratives ou contentieuses, lui donner des missions dans le département ou lui déléguer dans l'arrondissement chef-lieu, quelques-unes des attributions déférées aux sous-préfets. — L'auditeur assistera aux séances du conseil de préfecture avec voix consultative : il pourra, dans les affaires non contentieuses, y remplir les fonctions de rapporteur.

Art. 6. — Les auditeurs placés auprès du préfet conformément à l'article précédent, seront considérés comme étant en mission et continueront d'appartenir au service ordinaire du conseil d'Etat. S'ils ne font partie que de la deuxième classe, ils recevront une indemnité annuelle égale au traitement des auditeurs de première classe. — Les auditeurs qui seraient nommés secrétaires généraux de préfecture, sous-préfets, attachés de légation, ou qui seraient appelés à toute autre fonction permanente qui les obligerait à résider hors Paris, pourront être autorisés par nous à conserver le titre d'auditeur en service extraordinaire.

DI. — 30 déc. 1856-15 janv. 1857. — B. 504. — *décentralisation administrative (2).*

Vu les arrêtés organiques des 9 et 16 déc. 1848

---

(1) Ces dispositions ayant été modifiées par plusieurs arrêtés et décrets postérieurs, le tableau des traitements actuels a été établi et complété ci-après (V. décis. imp. du 13 nov. 1858, et § 3, Personnel administratif, arr. 11 sept. 1849 et 14 juin 1850).

(2) *Rapport à l'empereur.* — Sire, le décret du 25 mars 1852, sur la décentralisation administrative, a consacré ce grand principe : « Autant il importe de centraliser l'action gouvernementale de l'Etat, autant il est nécessaire de décentraliser l'action purement administrative. » — Cette importante mesure a été une satisfaction réelle donnée à l'opinion publique, et un véritable bienfait pour les administrés. — Le moment me paraît venu, Sire, d'en étendre l'application à l'Algérie. Le mouvement sans cesse croissant de la population et des affaires multiplie chaque jour les rapports des habitants avec l'administration ; l'extension des institutions municipales donne naissance à une foule de questions qui réclament les décisions de l'autorité supérieure. Si la nécessité de simplifier les formalités et de hâter les solutions doit se faire sentir

quelque part, c'est surtout dans un pays de formation nouvelle comme l'Algérie, où l'activité et la mise à profit du temps sont, en toutes choses, les premiers éléments et les premières conditions du succès.

Toutefois, on ne saurait appliquer à nos départements d'Afrique le système de décentralisation édicté pour la France par le décret de 1852, sans y introduire certaines modifications nécessitées par l'organisation particulière de l'Algérie, où l'impôt direct n'existe pas encore, et où, conséquemment, il ne saurait être question d'instituer, au moins quant à présent, des conseils départementaux ;

En France, l'œuvre de la décentralisation s'est bornée à étendre les attributions des préfets, tandis qu'en Algérie il est indispensable de faire deux parts des affaires décentralisées : — L'une, la plus large, pour le gouverneur général, qui est chargé de la haute administration du pays ; — L'autre, pour les autorités provinciales, c'est-à-dire pour les préfets en territoire civil, et pour les généraux commandant les divisions, en territoire militaire. — Au gouverneur général appartiendrait la déci-

(ci-dessus); — Voulant assurer aux populations de l'Algérie les avantages de la décentralisation administrative en ce qu'elle a de compatible avec l'action gouvernementale de l'Etat.

Tit. 1. — Attributions du gouverneur général.

Art. 1. — Indépendamment des attributions qui lui sont conférées par la législation spéciale de l'Algérie, le gouverneur général nomme directement, sans l'intervention du ministre de la guerre, et sur la présentation des divers chefs de service, aux fonctions et emplois suivants :

Maires et adjoints des communes qui ne sont pas le siège d'un tribunal de première instance ; — Conseillers municipaux de toutes les communes ; — Receveurs municipaux des communes dont le budget est inférieur à 300,000 fr.; — Commissaires de police des villes qui ne sont pas le siège d'un tribunal civil ; — Secrétaires, commis et inspecteurs attachés aux commissariats de police ; — Tout le personnel secondaire du commissariat central de police à Alger ; — Greffier comptable, commis, concierge et gardiens de la maison centrale de l'Harrach ; — Le directeur du service de la vaccination publique en Algérie ; — Médecins de colonisation ; — Médecins vétérinaires tenant école de maréchalerie vétérinaire, en exécution du décret du 12 juillet 1851 (Art vétérinaire); — Inspecteurs des quais, des ports de commerce, secrétaires et gardes de la santé, des lazarets, gardes-pêche pour les pêcheries maritimes ; — Personnel auxiliaire entretenu du service de l'enregistrement et des domaines ; — Débitants de poudre et de papier timbré ; — Agents et employés du service des bâtiments civils, excepté les architectes en chef ; — Employés des bureaux du service des ponts et chaussées ; — Les notables appelés à faire partie des commissions consultatives des subdivisions en territoire militaire.

Art. 2. — Le gouverneur général statue directement, avec l'intervention du conseil de gouvernement, sur les divers objets d'administration civile dont la nomenclature suit :

1° Approbation des plans et devis des travaux d'entretien et de réparations simples des ponts et chaussées et des bâtiments civils, dont les dépenses sont inscrites au budget de la guerre;

2° Fixation de la part des dépenses relatives aux aliénés, enfants trouvés et abandonnés ou orphelins pauvres à mettre à la charge des communes constituées, et base de la répartition à faire entre elles;

3° Mode et conditions d'admission dans les hospices, à la charge de l'assistance publique, des enfants trouvés et abandonnés; tarifs des mois de nourrices et gardiens; composition et prix des layettes et vêtures;

4° Tarifs des droits de location de place dans les halles et marchés, et des droits de pesage, de jaugeage et de mesurage;

5° Aliénations, acquisitions et échanges de biens communaux, lorsque la valeur de l'immeuble dépasse 30,000 fr., pourvu que le domaine de l'Etat ne soit pas partie intervenante;

6° Actions judiciaires et transactions intéressant les communes, dans les limites et avec la restriction énoncée au paragraphe précédent;

7° Approbation des plans et devis de travaux neufs à exécuter pour le compte des communes, lorsque le prix de ces travaux doit dépasser 30,000 fr., sauf le cas où ils seraient exécutés avec le concours simultané du budget de l'Etat et du budget local et municipal ;

8° Approbation des règlements intérieurs des dépôts d'ouvriers, dépôts de mendicité, prisons, hôpitaux, hospices et asiles ;

9° Création de marchés, fondouks et abattoirs;

10° Autorisation des établissements insalubres de toute classe ;

11° Autorisation d'établir des foires provisoires ou définitives ;

12° Approbation des modifications proposées par les autorités locales au régime de la boulangerie et de la boucherie, en exécution des règlements en vigueur;

13° Location de gré à gré d'immeubles domaniaux, lorsque la durée de la location doit excéder trois années, ou la valeur locative annuelle de 1,000 fr. — Toute location de gré à gré d'une durée supérieure à neuf années sera soumise à l'approbation du ministre.

Art. 3. — Le gouverneur général statue directement, sans l'intervention du conseil du gouvernement, sur les objets ci-après déterminés :

1° Approbation des adjudications ou des marchés de gré à gré, suivant les cas, pour les travaux d'entretien et de réparations simples des ponts et chaussées et des bâtiments civils, quelle qu'en soit la valeur, dans la limite des crédits ouverts, soit au budget de l'Etat, soit au budget local et municipal ;

2° Dispense intégrale ou partielle du remboursement des dépenses d'entretien des aliénés, enfants trouvés et abandonnés et orphelins pauvres, lorsqu'ils sont retirés par les familles ou par des bienfaiteurs;

3° Approbation des cahiers des charges relatifs aux fournitures pour les hôpitaux, hospices, asiles et tous autres établissements publics administrés au compte de l'Etat ou des provinces ; — Pour toute somme et dans la limite des crédits ouverts, lorsqu'il s'agit des établissements placés directement dans les attributions du gouverneur général; pour toute dépense supérieure à 10,000 fr., mais dans la limite des crédits ouverts, lorsqu'il s'agit d'établissements placés dans les attributions des préfets ;

4° Approbation des adjudications tranchées pour les dites fournitures, comme au paragraphe précédent ;

5° Marchés de gré à gré pour fournitures aux mêmes établissements, quand la dépense excède 3,000 fr. et jusqu'à concurrence de 6,000 fr.;

6° Mesures de rapatriement relatives aux aliénés et aux enfants abandonnés ou orphelins pauvres;

7° Règlement des budgets et comptes des communes, lorsque les budgets s'élèvent à 100,000 fr., jusqu'à 300,000 fr. exclusivement, et ne donnent pas lieu à des subventions ou impositions extraordinaires;

8° Désignation des bourses à attribuer sur les fonds du budget local et municipal, aux élèves des écoles des arts et métiers pour l'Algérie;

9° Arrêtés portant réglementation des tournées à effectuer par le service des poids et mesures.

Tit. 2. — Attributions des préfets.

Art. 4. — Les préfets nomment aux fonctions et emplois suivants :

---

sion des affaires se rattachant à l'intérêt général de la colonisation, ou concernant des services qui doivent être nécessairement centralisés au siège du gouvernement. — Aux préfets et aux généraux commandant les divisions reviendrait la décision des affaires d'un intérêt purement local.

Telle est, Sire, la pensée qui a présidé à l'élaboration du décret que j'ai l'honneur de soumettre à Votre Majesté. — Les nomenclatures qui y sont insérées indiquent les nouvelles attributions administratives du gouverneur général, des préfets et des généraux qui, en territoire militaire, sont investis de l'autorité préfectorale. — Convaincu que j'entrais dans les vues de Votre Majesté, je me suis appliqué à étendre, autant que possible, le nombre des affaires décentralisées, et à augmenter notablement les pouvoirs du gouverneur général et la compétence des autorités locales.

Certes, la tâche confiée au gouverneur général est déjà

bien vaste. Elle embrasse, outre le commandement d'une puissante armée, la direction de l'œuvre capitale de la colonisation, ainsi que le gouvernement et l'administration exclusive d'une population indigène de 3,000,000 âmes. - Je n'ai pas hésité, néanmoins, à proposer à Votre Majesté d'élargir encore la sphère où s'exerce l'action du premier fonctionnaire de l'Algérie, non-seulement parce que tel est le véritable intérêt du pays lui-même, mais encore parce que le propre des grandes missions est de mettre en relief les hautes capacités et les grands dévouements. — J'ai lieu d'espérer, Sire, que la mesure qui fait l'objet de ce rapport aura le résultat que Votre Majesté doit en attendre. Des deux côtés de la Méditerranée, la décentralisation profitera aux administrés, et l'on pourra dire, avec plus de vérité encore, que l'Algérie est bien la continuation du territoire de la France.

Le ministre de la guerre, maréchal VAILLANT.

Maires et adjoints des localités non érigées en communes; — Membres des commissions administratives des hospices et hôpitaux civils et des bureaux de bienfaisance; — Médecins, pharmaciens, internes et économes des mêmes établissements; —Médecins et préposés des asiles indigènes; — Membres des commissions de surveillance des prisons civiles; — Concierges, gardiens, greffiers et médecins des mêmes établissements; — Gardes champêtres; — Agents du service de la police, au-dessous du grade d'inspecteur; —Personnel des marchés et abattoirs; — Canotiers des ports de commerce, du service des lazarets et de la santé; — Conservateurs d'arrondissement du fluide vaccin; — Directeurs, jardiniers en chef et régisseurs comptables des pépinières publiques, le directeur de la pépinière centrale d'Alger excepté; — Agents comptables des dépôts d'ouvriers; — Défenseurs de l'administration près la cour impériale d'Alger et les divers tribunaux de l'Algérie.

Art. 5. — Les préfets des départements de l'Algérie statuent directement, en conseil de préfecture, sur les objets mentionnés ci-après:

1° Approbation des délibérations des conseils municipaux sur le mode de jouissance en nature des biens communaux;

2° Aliénations, acquisitions et échanges de biens communaux, lorsque la valeur des biens ne dépasse pas 30,000 fr., et que le domaine de l'État n'est point partie intervenante;

3° Actions judiciaires et transactions intéressant les communes, dans la limite et avec la restriction énoncée au paragraphe précédent;

4° Baux à donner ou prendre pour les communes, quelles que soient la valeur et la durée du bail;

5° Approbation des tarifs des pompes funèbres proposés par les administrations municipales;

6° Tarif des concessions dans les cimetières;

7° Approbation des plans et devis des travaux à exécuter pour le compte des communes jusqu'à concurrence d'une dépense de 30,000 fr., et pourvu que l'État ni le budget local et municipal ne concourent à la dépense;

8° Ouverture, agrandissement et déplacement des cimetières;

9° Location d'immeubles domaniaux par adjudication publique;

10° Location de gré à gré, pour une durée n'excédant pas trois ans, d'immeubles domaniaux d'une valeur locative annuelle n'excédant pas 1,000 fr.

Art. 6. — Les préfets des départements de l'Algérie statuent directement, sans intervention du conseil de préfecture, sur les matières suivantes:

1° Approbation des cahiers des charges relatifs aux fournitures pour les hôpitaux, hospices, asiles et tous autres établissements administrés au compte de l'État ou des provinces (sauf la restriction exprimée au n° 4, § 4 de l'art. 5), lorsque la dépense ne doit pas dépasser 10,000 fr. et reste dans la limite des crédits ouverts;

2° Approbation des adjudications tranchées pour lesdites fournitures, comme au paragraphe précédent;

3° Marchés de gré à gré pour fournitures aux mêmes établissements jusqu'à 3,000 fr. inclusivement;

4° Budgets et comptes des communes, lorsque les bud-

gets sont inférieurs à 100,000 fr. et ne donnent pas lieu à des subventions aux impositions extraordinaires;

5° Approbation des cahiers des charges pour la mise en adjudication des travaux ou de fournitures à effectuer pour le compte des communes, dans la limite des crédits régulièrement approuvés; approbation des adjudications faites en vertu desdits cahiers des charges;

6° Approbation des marchés de gré à gré pour travaux et fournitures intéressant les communes, quelle qu'en soit la valeur, pourvu qu'elle n'excède pas les crédits régulièrement approuvés.

Tit. 3.—Attributions des généraux commandant les divisions.

Art. 7. — Les généraux commandant les divisions nomment directement aux emplois suivants, en territoire militaire:

Maires et adjoints des localités non érigées en communes; — Médecins et préposés des infirmeries et asiles indigènes; — Gardes champêtres; — Agents du service de la police au-dessous du grade d'inspecteur; — Gardiens civils dans les prisons militaires; — Personnel des marchés et abattoirs; — Jardiniers en chef et adjoints des pépinières publiques.

Art. 8. — En territoire militaire, les généraux commandant les divisions statuent, avec ou sans l'avis des commissions consultatives de subdivision, dans toutes les matières sur lesquelles, en territoire civil, les préfets statuent avec ou sans l'avis des conseils de préfecture, conformément aux distinctions établies par les art. 5 et 6 ci-dessus.

Tit. 4. — Dispositions générales.

Art. 9. — Le gouverneur général rend compte au ministre de la guerre, dans les formes et pour les objets déterminés par des instructions ministérielles, des décisions prises et des nominations faites par lui en vertu du présent décret. — La même obligation est imposée aux préfets et généraux commandant les divisions, qui devront, en outre, et en même temps, rendre compte au gouverneur général.

Art. 10. — Le gouverneur général pourra, par des arrêtés pris d'urgence, suspendre l'exécution des actes des préfets et des généraux qui seraient contraires aux lois et règlements, ou qui donneraient lieu aux réclamations des parties intéressées; mais ces mêmes actes ne pourront être annulés ou réformés que par le ministre.

Art. 11.—Sont maintenues toutes les dispositions antérieures qui ne sont pas contraires au présent décret.

8° 1858.

Ministère de l'Algérie et des colonies.

DI.—24 juin-9 août 1858.—BM. 1.—Création du ministère (1).

Voulant donner à l'Algérie et à nos colonies un

---

(1) 1° 29 juill. 1858. — Rapport à l'empereur sur le partage d'attributions nécessité par la création du ministère de l'Algérie et des colonies.

Sire, à la suite du décr. du 24 juin dernier, qui a institué le ministère de l'Algérie et des colonies, une commission a examiné les questions qui touchaient au partage d'attributions nécessité par la création du ministère de l'Algérie et des colonies.—Cette commission s'est réunie sous ma présidence; les ministres de la guerre et de la marine, qui avaient désigné eux-mêmes une partie des membres de la commission, ont assisté aux séances et pris part aux délibérations. — Le décr. du 24 juin avait déjà établi le principe de partage, et l'avis de la commission ne pouvait avoir pour objet que d'en préciser l'application. — J'ai l'honneur de soumettre à V. M. les résultats de son travail.

ALGÉRIE. — Dispositions générales.

Le gouverneur général est nommé sur la proposition du

prince chargé du ministère de l'Algérie et des colonies; il ne relève que de lui, et, par conséquent, ne correspond qu'avec lui, si ce n'est en ce qui touche les faits purement et exclusivement militaires, n'intéressant pas spécialement l'Algérie. — Les questions qui se rattachent à la position du prince chargé du ministère de l'Algérie et des colonies, quand il sera en Algérie et dans les colonies, surtout en ce qui concerne le commandement des troupes, seront réglées ultérieurement et avec l'approbation de V. M. La commission a reconnu en principe la nécessité de rappeler au ministère de l'Algérie et des colonies, conformément à ce qui avait été indiqué dans les projets présentés à V. M., les services de la justice, des cultes, de l'instruction publique et des finances, qui ont été détachés du ministère de la guerre en 1848. — Le ministère de l'Algérie et des colonies aura à s'entendre avec les ministres compétents pour opérer cette réintégration et en soumettre les conditions à l'approbation de l'empereur. Les officiers du génie et les agents de l'intendance conti-

3

nouveau témoignage de notre sollicitude pour leurs intérêts, et favoriser, autant qu'il est en nous, le développement de leur prospérité.

nuent à prêter leur concours pour les travaux et pour l'ordonnancement des dépenses en territoire militaire. Le personnel des bureaux arabes est mis à la disposition du ministère de l'Algérie et des colonies. — Les interprètes dépendent du ministère de l'Algérie et des colonies. Ils ont toujours eu un caractère plutôt civil que militaire, et leur recrutement ne peut être opéré que par l'administration centrale de l'Algérie.

Direction des affaires. — En ce qui concerne la direction des affaires, les principes suivants ont été établis, qui fixent nettement les attributions du nouveau ministère. — Toutes les dépêches, sans exception, qui concernent la politique et l'administration, toutes celles qui, bien qu'ayant un caractère militaire, intéressent cependant la situation de l'Algérie, sont adressées au prince chargé du ministère de l'Algérie et des colonies, sauf communication, s'il y a lieu, au ministère de la guerre, par le ministère de l'Algérie et des colonies, des dépêches qui pourraient intéresser le ministère de la guerre. — La correspondance relative à l'administration intérieure des corps, aux questions purement militaires et à la justice militaire, sauf certains cas relatifs aux conseils de guerre jugeant des Européens ou des indigènes, est transmise au ministère de la guerre. — Quelques explications de détail suffiront pour préciser la pensée qui a présidé à ce départ d'attributions.

Génie. — Ce service est chargé de travaux neufs ou de travaux d'entretien : dans la première catégorie se placent les constructions de fortifications, de casernes, d'hôpitaux et de bâtiments militaires de tous genres ; dans la seconde, les réparations à faire à ces édifices. Les propositions relatives aux travaux neufs sont adressées au ministère de l'Algérie et des colonies, qui les transmet, avec son avis, au département de la guerre ; les propositions relatives à l'exécution et à l'entretien des travaux déjà approuvés parviennent directement au ministère de la guerre. Celui-ci continue à statuer à l'égard de ces travaux. Le ministère de l'Algérie et des colonies n'a de décision directe à rendre que pour les travaux exécutés par les officiers du génie qui sont inscrits au budget de ses dépenses. — Toutefois, le gouverneur général doit faire parvenir, au commencement de chaque exercice, au ministère de l'Algérie et des colonies, le tableau de sous-répartition des crédits affectés aux différents travaux entrepris pour le compte du budget de la guerre.

Artillerie et administration militaire. — Des principes identiques sont applicables au service de l'artillerie et à celui de l'administration militaire, qui comprend l'habillement, les hôpitaux, les transports, et même, jusqu'à un certain point, les vivres de l'armée. — Ainsi, par exemple, si l'intendance juge à propos de faire des expériences ou des essais pour modifier l'alimentation, l'habillement de l'armée en Algérie, etc., les projets parviennent au ministère de la guerre par l'intermédiaire du département de l'Algérie et des colonies.

Justice militaire. — En ce qui touche l'armée, la correspondance relative à la justice militaire est transmise directement au ministre de la guerre. Toutefois, comme les conseils de guerre connaissent des crimes et délits commis par les Européens et par les indigènes dans certaines parties du territoire, les jugements de cette catégorie sont adressés au ministère de l'Algérie, qui les notifie au département de la guerre. Les propositions de réduction de peine ou de grâce concernant ces condamnés sont dans les attributions du ministère de l'Algérie et des colonies.

Troupes. — D'après la règle établie, la correspondance concernant la politique et l'administration du pays est adressée au ministère de l'Algérie et des colonies. Il reste à préciser les conséquences de cette règle pour les opérations militaires et le personnel de l'armée. — Les projets relatifs aux opérations militaires sont d'abord soumis au ministère de l'Algérie et des colonies, qui apprécie leur opportunité et se concerte, au besoin, avec le département de la guerre au sujet de la part à la composition des colonnes. Mais dès l'entrée des troupes en campagne, le ministre de la guerre reçoit un double de tous les rapports

Art. 1. — Il est créé un ministère de l'Algérie et des colonies.

Art. 2. — Ce ministère sera formé de la direc-

qui sont établis par le commandant des troupes, outre la partie de la correspondance militaire comprenant les états de situation et qui doit lui parvenir directement.

Les propositions d'avancement en faveur du personnel de l'armée d'Algérie peuvent avoir lieu, soit à la suite de l'inspection générale, soit pour services extraordinaires. — Dans le premier cas, le rapport général est définitif et adressé en duplicata au département de l'Algérie et des colonies. — Dans le second cas, les propositions sont transmises au ministère de l'Algérie et des colonies, qui les fait parvenir, avec son avis, au ministère de la guerre (V. Armée, décis. imp. du 5 déc. 1859). — Il en est de même pour les propositions de mutation et de mouvement concernant, soit les troupes, soit le personnel des officiers de tous grades.

Dispositions relatives à l'Algérie, concertées avec le ministre de la marine. — Le même principe qui a réglé les rapports du ministère de l'Algérie et des colonies et du ministère de la guerre pour l'Algérie, laissant au prince la connaissance et la direction des mesures militaires qui intéressent l'Algérie, et au ministère de la guerre les questions purement d'administration militaire, a réglé les rapports du ministère de l'Algérie et des colonies et du ministère de la marine quant à l'Algérie.

COLONIES. — *Ordonnancement.* — *Pensions.* — *Officiers détachés.* — *Gouvernement mixte* (détails spéciaux à l'administration des colonies).

LIQUIDATION DES DÉPENSES. — La comptabilité des dépenses de l'Algérie, pour l'exercice 1857, sera liquidée par les soins du ministère de la guerre, et la comptabilité de l'exercice 1858 par les soins du ministère de l'Algérie et des colonies (suivent diverses considérations générales sur l'exécution des mesures qui précèdent).

Approuvé :
NAPOLÉON.   NAPOLÉON (Jérôme).

2° *Instruction adressée au gouverneur général par le ministre de l'Algérie et le ministre de la guerre à la date du 1er juill. 1858 et contenant presque textuellement les mêmes dispositions que le rapport ci-dessus.*

3° *Instruction adressée au même par le ministre de l'Algérie et le ministre de la marine à la date du 9 juill. 1858.*

Par ma dépêche du 1er juillet courant, je vous ai fait connaître les principes établis pour la direction à donner à la correspondance des autorités algériennes, soit avec le ministère de la guerre, soit avec le ministère de l'Algérie et des colonies. Il restait à régler les rapports de ces autorités pour les services maritimes avec le département de l'Algérie et le département de la marine ; c'est le but de la présente dépêche. — Par extension de ces mêmes principes, adoptés également par le département de la marine, toutes les communications relatives au service maritime, au mouvement des stations navales de l'Algérie, aux projets de toute nature qui intéresseraient la politique, la sécurité, la bonne administration du pays, devront être adressées au ministère de l'Algérie et des colonies.

Cette disposition s'applique naturellement aux affaires ressortissant, savoir : — Aux services militaires de la marine, administrés par l'amiral commandant supérieur ; — À la direction des ports militaires et du commerce ; — Au service des bâtiments de l'État stationnés dans les eaux algériennes ou affectés au transport des passagers civils et militaires, et de la correspondance sur le littoral ; — À la surveillance de la pêche du corail et de la pêche côtière ; — À l'inscription maritime, etc., etc. — Cette disposition s'applique également à toutes les dépenses occasionnées par ces divers services et couvertes par le budget de l'Algérie. — La correspondance ayant trait à l'administration intérieure des corps de la marine et aux questions purement maritimes en dehors des intérêts de l'Algérie devra être adressée au département de la marine.

Les projets relatifs aux opérations et au mouvement des forces permanentes de la marine militaire dans les eaux algériennes devront être soumis d'abord au ministère de l'Algérie, qui les appréciera et se concertera, s'il y a lieu, pour l'exécution, avec le département de la ma-

tion des affaires de l'Algérie et de la direction des colonies, qui seront distraites du ministère de la guerre et du ministère de la marine.

Art. 5. — Notre bien-aimé cousin le prince Napoléon est chargé de ce ministère.

Art. 4. — Nos ministres d'État, de la guerre et de la marine, sont chargés, chacun en ce qui le concerne, de l'exécution du présent décret, qui sera en vigueur à partir du 1er juillet prochain.

rine. — Les projets relatifs à la défense des côtes, à la construction des ports militaires, des arsenaux maritimes, magasins, bâtiments dressés par les ingénieurs de la marine ou des ponts et chaussées, seront adressés au ministère de la marine. — Il en sera de même pour tout ce qui regarde les changements ou améliorations à introduire dans le service administratif de la marine.

Les nominations, les révocations, les changements à opérer dans le personnel supérieur des services maritimes de l'Algérie auront lieu de concert entre les départements de la marine et de l'Algérie. Les propositions relatives à ces mutations devront être adressées au ministère de l'Algérie, qui les transmettra, avec son avis, au département de la marine. — Les propositions d'avancement en faveur du personnel de l'armée navale et des services maritimes militaires de l'Algérie auront lieu comme il a été déterminé par ma dépêche du 1er juill. pour les troupes de l'armée de terre.

Vous jugerez parfaitement, M. le gouverneur général, que tous les cas n'ont pu être prévus : je répéterai donc ici ce qui a été dit au sujet du département de la guerre, à savoir : que la bonne harmonie qui ne cessera de régner entre le ministre de l'Algérie et le ministre de la marine aplanira toutes les difficultés qui se produiraient dans la pratique.

Le prince NAPOLÉON (Jérôme).   L'amiral HAMELIN.

(1) 1° Rapport à l'empereur. — Sire, la création d'un ministère de l'Algérie et des colonies doit nécessairement apporter des modifications dans l'organisation des pouvoirs publics en Algérie, et le plus grand comme le plus important de ces changements est la suppression des pouvoirs dévolus jusqu'à présent au gouverneur général. Ces hautes fonctions de gouverneur général doivent être aujourd'hui nécessairement réparties entre le ministre spécial et les autorités locales par une sage décentralisation. Cette disposition est d'autant plus opportune que V. M. a voulu que le ministre de l'Algérie pût exercer son autorité en Algérie comme en France. — Je n'hésite donc pas à proposer à V. M. de supprimer les fonctions de gouverneur général. Une double centralisation à Alger et à Paris est un grave inconvénient et un obstacle réel à la prompte exécution des affaires. — Permettez-moi, Sire, d'exposer à V. M. quels sont les principes fondamentaux qui rendent nécessaire la mesure que je propose et quelle est la situation de l'Algérie.

Préoccupé des progrès de ce pays, l'empereur veut que, tout en continuant d'assurer au moyen d'une armée suffisante la soumission des arabes et leur tranquillité, son gouvernement ait pour principal but la colonisation. Pour cela, il faut, à côté de la sécurité, plus de liberté. L'Algérie ne peut être assimilée à aucune des grandes possessions étrangères; dans l'Inde, le gouvernement s'exerce par l'intermédiaire des chefs indigènes en éloignant la colonisation; aux États-Unis, l'établissement des Européens s'est fait par l'extermination ou l'expulsion des Indiens. Rien de semblable ne peut se faire en Afrique; nos difficultés sont beaucoup plus grandes; nous avons une race belliqueuse à contenir et à civiliser, une population d'émigrants à attirer, une fusion de races à obtenir, une civilisation supérieure à développer par l'application des grandes découvertes de la science moderne. — Nous sommes en présence d'une nationalité armée et vivace qu'il faut éteindre par l'assimilation, et d'une population européenne qui s'élève; il faut concilier tous ces intérêts opposés, et, de là, les rôles indiqués aux fonctions militaires et aux fonctions civiles en Algérie.

Jusqu'à ce moment, les résultats obtenus ont entraîné de très-grands sacrifices, occasionnés surtout par les nécessités de la conquête, et par l'obligation d'entretenir une armée considérable pour maintenir une sécurité complète; il est temps que le territoire conquis, dont l'étendue embrasse deux cent vingt-cinq lieues de côtes sur une profondeur illimitée, produise un revenu qui arrive progressivement à couvrir les dépenses de la métropole et à indemniser la mère patrie de ses sacrifices.

L'Algérie se divise en trois provinces, subdivisées elles-mêmes en territoires militaires et en territoires civils. Les premiers, où l'élément arabe est presque exclusif, sont administrés par des généraux, parce qu'il est reconnu que l'autorité militaire est celle qui convient le mieux aux mœurs et aux traditions des indigènes. Les seconds, où domine l'élément européen, où nos lois, nos habitudes et une civilisation plus avancée réclament et admettent la prépondérance des institutions civiles, sont placés sous la direction des préfets. — Dans les territoires militaires, des chefs arabes exercent, sous l'autorité supérieure des généraux, une influence que nous devons amoindrir et faire disparaître. Notre but doit être de développer l'action individuelle et de substituer à l'agrégation de la tribu la responsabilité, la propriété et l'impôt individuels, de manière à préparer efficacement les populations à passer sous le régime civil. — Dans les territoires civils, il faut faire cesser la tutelle étroite qui est exercée par le pouvoir sur les intérêts et sur les personnes; le moment est venu d'accorder à l'autorité locale une action plus libre et plus directe, en lui permettant d'administrer avec plus d'indépendance, et par là même avec plus de responsabilité. — Il convient en un mot que le ministre laisse aux administrateurs, généraux ou préfets, une plus grande latitude, et n'intervienne que pour les affaires d'une certaine importance et d'un intérêt général.

Gouverner de Paris et administrer sur les lieux en divisant l'administration comme je viens de l'indiquer, tel est le système qui me paraît le plus propre à contribuer au prompt développement de la prospérité de nos possessions du nord de l'Afrique. Les hommes d'État qui ont étudié depuis vingt ans la question algérienne se sont montrés à peu près unanimes pour indiquer ce but, alors même que l'opportunité n'était peut-être pas encore venue, comme elle l'est aujourd'hui.

Dans cet ordre d'idées, V. M. reconnaîtra que la centralisation des affaires à Alger, par un gouvernement général, devient un rouage inutile. En effet, deux systèmes étaient seuls rationnels pour réaliser le progrès que vous voulez, sire : ou donner plus de pouvoir au gouverneur général en transportant tous les services à Alger et le faisant ministre, ou absorber le gouverneur général, en constituant un ministère spécial. Ces deux solutions vous ont été soumises; vous avez choisi ce dernier parti. — — Il y a urgence de donner satisfaction à l'opinion publique, qui attend du gouvernement de l'empereur une solution de ces graves questions. V. M. ne voudra pas que le ministre, seul responsable vis-à-vis de l'empereur, porte le poids d'une fausse situation qu'il ne pourrait surmonter.

L'état de l'Algérie peut se résumer ainsi : beaucoup de bien a été fait, des résultats immenses ont été obtenus; mais on ne peut se dissimuler qu'il y a des abus à faire cesser, et qu'il faut pour cela beaucoup de force et d'unité de volonté. La conquête et la sécurité sont entières, grâce aux efforts glorieux de notre armée, les crimes sont rares, les routes et les propriétés sont sûres, les impôts rentrent bien; et cependant la colonisation est presque nulle : 200,000 Européens à peine, dont la moitié Français; moins de 100,000 agriculteurs; les capitaux rares et chers, l'esprit d'initiative et d'entreprise étouffé, la propriété à constituer dans la plus grande partie du territoire, le découragement jeté parmi les colons et les capitalistes qui se présentent pour féconder le sol de l'Algérie. Telle est la situation vraie.

Vu l'arr. du 9 déc. 1848 ; — Vu le rapport approuvé par nous le 29 juill. 1858, sur le partage des attributions entre les départements de l'Algérie et des colonies, de la guerre et de la marine ;

La suppression des fonctions de gouverneur général rendra l'action du gouvernement plus facile ; elle donnera au ministre et aux autorités locales toute leur liberté d'action, elle simplifiera la direction et facilitera l'obéissance ; partant du centre du gouvernement, l'impulsion sera plus vive et plus régulière, et ainsi disparaîtra toute possibilité de conflits. Enfin pourquoi maintenir, avec un ministre spécial, un gouverneur général pour une possession située à trente-six heures de la mère-patrie ?

De plus, une question d'opportunité se présente aujourd'hui : M. le maréchal Randon a donné sa démission. V. M. l'a acceptée ; le moment est donc favorable. La réforme que je propose ne saurait affaiblir les services rendus par le haut dignitaire que V. M. avait désiré maintenir à la tête de l'Algérie ; elle ne fera que constater le succès de cet administrateur, dont les services, pendant la longue période de son commandement, ont rendu possible la nouvelle organisation, en montrant combien son zèle et son dévouement ont assuré notre conquête.

Mais, en demandant que l'administration en Algérie devienne plus libre et plus indépendante, je réserve entièrement la question militaire. Sur ce point, la centralisation à Alger doit être maintenue intacte, et le commandement supérieur de l'armée rester dévolu à un chef unique. Le pouvoir militaire attribué au gouverneur général sera exercé par un commandant supérieur, qui aura le commandement en chef de l'armée d'Afrique, et sera responsable de la sécurité du pays et de la sûreté des frontières ; il disposera de l'armée et des forces de la marine affectées à l'Algérie, pour réprimer avec promptitude et énergie toutes les tentatives de désordre.

Le commandant en chef de l'armée, que je propose de substituer au gouverneur général, sera, avec plus de pouvoirs, dans une position semblable à celle des maréchaux titulaires des commandements supérieurs des divisions actives et territoriales en France. Les rapports avec les autorités administratives et judiciaires seront réglés d'après les mêmes principes ; les préfets administrant les territoires civils, et particulièrement les généraux administrant les territoires militaires, lui rendront compte de tout ce qui peut intéresser la politique générale et la sûreté du pays. — De plus, il pourvoira, selon les circonstances et sous sa responsabilité, à toutes les mesures urgentes pour faire respecter l'autorité de l'empereur et assurer l'exécution des lois. Mais l'administration restera en dehors de ses attributions en territoire militaire aussi bien qu'en territoire civil. Ses relations avec les différents ministres de l'Algérie et des colonies, de la guerre et de la marine seront réglées par les dispositions approuvées par V. M. à la suite du rapport que j'ai eu l'honneur de lui présenter le 29 juillet dernier. — Ainsi se trouveront réparties les attributions civiles et militaires dévolues aujourd'hui au gouverneur général.

On doit attendre, Sire, les meilleurs résultats de cette réorganisation des pouvoirs. — Chaque autorité aura des attributions mieux définies et plus larges, la solution des affaires sera plus prompte, les intérêts publics et les intérêts privés seront immédiatement en contact avec les pouvoirs qui peuvent leur donner satisfaction. L'autorité militaire restant ce qu'elle doit être, concentrée dans une même main à Alger, et l'autorité administrative remise complètement aux préfets en territoire civil, et aux généraux de division en territoire militaire, enfin, le ministre ayant recouvré sa liberté d'action et de direction, pouvant accepter une responsabilité sérieuse : telles seront les conséquences de la mesure que j'ai l'honneur de proposer à V. M. — Vous pouvez espérer, Sire, féconder ainsi la colonisation et attirer en Algérie le courant de l'émigration européenne par des principes simples et salutaires.

Sécurité et justice pour tous : Français, Européens et indigènes. Émancipation successive des hommes et des intérêts.   NAPOLÉON (Jérôme).

2° 9 sept. 1858.— *Instruction sur l'application du décret du 31 août 1858, adressée au général commandant supérieur*, — Général, par un décret du 31 août dernier, S. M. a institué un commandant supérieur des forces militaires de terre et de mer employées en Algérie. Au moment de vous rendre à votre poste, j'ai à vous entretenir de vos nouvelles attributions.

Elles sont définies par l'art. 4 du décret, et le rapport précédant le décret contient quelques développements qui précisent le sens de ces dispositions. — Quant au commandement en chef de l'armée, je n'ai aucune instruction particulière à vous donner. — Vos attributions militaires sont fixées par les règlements qui régissent les armées de terre et de mer. Votre position à cet égard est, en Algérie, ce qu'elle serait dans tout autre pays. Les droits et les devoirs sont nettement déterminés, et je m'en rapporte à votre expérience de nos lois militaires et à votre énergie éprouvée.

Pour ce qui est de vos relations avec les autorités administratives et judiciaires, elles seront réglées, ainsi que l'indique le rapport, d'après l'instruction du 9 fév. 1858, pour les commandements supérieurs des divisions actives et territoriales en France. Mais comme la situation en Algérie n'est pas la même que dans la métropole, je crois utile d'entrer dans quelques explications pour vous faire connaître toute ma pensée sur cette importante question.

Le commandant supérieur n'a pas un rôle exclusivement militaire ; il a aussi une haute mission politique à remplir : il fait respecter l'autorité de l'empereur et il assure l'exécution des lois. Pour bien marquer la portée de ces attributions, le décret lui accorde le pouvoir, dans les cas d'urgence, de suspendre même l'exécution des mesures prises par les généraux et par les préfets. — J'ajoute cependant, général, que ce pouvoir extraordinaire qui vous est délégué ne peut être exercé qu'avec une extrême prudence et dans le cas d'une véritable urgence. Ces cas, on peut le prévoir, seront très-rares, puisqu'au moyen de la télégraphie électrique vous pourrez me rendre compte et me demander des ordres dans les circonstances graves. D'un autre côté, il ne vous échappera pas que, par une ingérence trop fréquente dans les affaires administratives ayant un caractère politique, vous useriez, pour des incidents secondaires, la force supérieure dont l'empereur vous a armé dans un but d'intérêt public. — Pour l'accomplissement de votre double mission militaire et politique, il est nécessaire que les généraux et les préfets vous adressent des rapports périodiques sur la situation du pays. Il faut qu'ils vous rendent compte de tous les faits politiques et même des mesures administratives qui seraient de nature à produire une émotion dans la population.

En ce qui touche les indigènes, ces rapports devront être plus circonstanciés et vous renseigner principalement sur les modifications à l'assiette de l'impôt arabe et les opérations du cantonnement des tribus. Car, dans un moment donné, par suite d'une erreur ou d'une faute, ces questions pourraient acquérir tout à coup une gravité sérieuse.—Après avoir examiné avec attention les éléments qui peuvent servir de base à votre opinion, vous m'adresserez un compte rendu sommaire, mais périodique, sur la situation générale de l'Algérie, au point de vue politique et du maintien de la paix et de la tranquillité. A cet effet, vous ne négligerez aucun moyen pour être renseigné exactement. Si les rapports des généraux et des préfets ne sont pas assez explicites, vous leur demanderez les explications et les renseignements que vous jugerez nécessaires. Je compte aussi, général, recevoir avec vos rapports, votre appréciation personnelle sur la situation, et vos observations, s'il y a lieu, sur la marche générale des affaires, avec la plus grande franchise et aussi par lettres particulières.

Vos relations avec le département de la guerre auront lieu conformément aux principes posés dans le rapport du 29 juillet dernier (V. ci-après § 2) approuvé par l'empereur. L'armée de terre et les forces de la marine ont été mises à ma disposition, et c'est de moi que doivent partir les ordres pour leur emploi. La répartition des attributions entre les ministères de l'Algérie et des colonies, de la guerre et de la marine, est nettement tracée par le document précité, et vous n'avez qu'à vous y conformer strictement pour éviter les complications et les difficultés.

En terminant ces instructions, je ne puis, général, que vous recommander de vous bien pénétrer de l'es-

Art. 1. — Les fonctions de gouverneur général de l'Algérie sont supprimées.

Art. 2. — Sont également supprimés le conseil de gouvernement et le secrétariat général du gouvernement placé auprès du gouverneur général à Alger.

Art. 3. — Il est institué un commandement supérieur des forces militaires de terre et de mer employées en Algérie.

Art. 4. — Le commandant supérieur exercera le commandement en chef de l'armée de terre et des forces de la marine. Il pourvoira à toutes les mesures nécessaires pour faire respecter l'autorité de l'empereur et assurer l'exécution des lois. En cas d'urgence, il pourra suspendre l'exécution des mesures prises par les généraux et les préfets.

Art. 5. — Ses relations avec le prince chargé du ministère de l'Algérie et des colonies et avec nos ministres de la guerre et de la marine seront réglées d'après les principes du rapport ci-dessus visé du 29 juill. 1858.

Art. 6. — Un décret ultérieur réglera les nouvelles attributions des préfets et des généraux de division en leur qualité d'administrateurs des territoires civils et militaires.

D1. — 27 oct.-6 nov. 1858.—BM. 2. — *Nouvelle organisation administrative. — Promulgation. — Préfets. — Territoires militaires.— Conseils généraux.—Budgets* (1)

Vu notre déc. du 31 août dernier ;

TIT. 1. — *De la promulgation en Algérie.*

Art. 1. — La promulgation des lois, décrets et règlements exécutoires en Algérie est confiée au

---

prit qui a présidé à la rédaction du décret du 31 août dernier. — Chargé de maintenir l'autorité de l'empereur et d'assurer l'exécution des lois, vous ne devez pas perdre de vue que S. M. a voulu donner à la population algérienne, à côté de la sécurité, plus de liberté; elle a voulu assurer la prépondérance des institutions civiles dans les territoires civils; accorder à l'administration des généraux et des préfets une action plus indépendante; assigner, enfin, pour but à son gouvernement la colonisation et concentrer la force de direction et de contrôle entre les mains du ministre de l'Algérie et des colonies. — Quant aux Arabes, l'empereur veut leur soumission et leur tranquillité ; il faut éteindre la résistance si vivace de cette race guerrière par l'assimilation et par le développement d'une civilisation supérieure; il faut amoindrir et faire disparaître l'influence des grands chefs indigènes, substituer à la solidarité communautaire de la tribu la responsabilité de l'individu, et créer pour les Arabes la propriété personnelle.

Quelques mots résument à la fin du rapport ce programme nouveau.

« Sécurité et justice pour tous, Français, Européens et indigènes : émancipation successive des hommes et des intérêts. »
NAPOLÉON (Jérôme).

5° 11 sept. 1858. — *Même instruction aux préfets et généraux commandant les divisions.* — M. le..., au moment où le commandant supérieur des forces de terre et de mer employées en Algérie, institué par le décret du 31 août dernier, va prendre possession de son commandement, il importe que vous soyez bien fixé sur le caractère et l'étendue de la mission qui lui est confiée et sur la nature des rapports que les autorités administratives de chaque province auront à entretenir avec lui. — Les attributions de ce haut fonctionnaire sont définies par l'art. 4 du décret. — Ainsi la mission du commandant supérieur est à la fois militaire et politique, et la responsabilité qu'elle lui impose sous ce double rapport exige qu'il puisse compter sur le concours le plus complet et le plus actif de l'autorité administrative.

En ce qui vous concerne, M. le....., non-seulement vous devrez adresser au commandant supérieur, dans la forme et aux époques qu'il vous prescrira, des rapports périodiques sur la situation du pays, dans votre ressort administratif, mais vous devrez encore lui rendre compte, en temps opportun, de tous les faits politiques qui viendraient à surgir, et même des mesures administratives don..'exécution serait de nature à soulever quelque émotion dans la population, ou à réveiller ce fâcheux esprit d'antagonisme qui a pu exister dans le passé et qu'il faut s'efforcer d'éteindre complètement dans l'avenir, entre les autorités civiles et militaires, entre les colons ou les agents de l'ordre administratif et l'armée. — Il importera surtout que le commandant supérieur soit informé avec détail de tout ce qui intéresse l'administration des indigènes, et plus particulièrement de ce qui a trait aux modifications introduites dans l'assiette de l'impôt arabe, et aux opérations du cantonnement des tribus, parce que ce sont là des questions politiques au premier chef, et qu'elles sont susceptibles à un moment donné, de faire naître des difficultés qui réclament l'intervention préventive ou répressive du commandant supérieur.

Je n'ai pas besoin de vous dire, M. le....., que, toutes les fois que cet officier général vous demandera, en vertu des pouvoirs qui lui sont conférés, des éclaircissements ou des renseignements, votre devoir sera de lui répondre avec autant d'empressement que de précision. — M. le commandant supérieur, conformément aux instructions particulières qu'il a reçues de moi, évitera avec soin toute ingérence inopportune dans les affaires administratives; mais, de votre côté, vous ne devrez jamais perdre de vue que la haute mission dont il est investi le place au sommet de la hiérarchie algérienne, dans une position qui exclut tout autre contrôle que celui de l'action ministérielle.
NAPOLÉON (Jérôme).

(1) 1° *Rapport à l'empereur.* — Sire, V. M. a supprimé le gouvernement général de l'Algérie et les institutions locales qui s'y rattachaient; mais il n'est pas entré dans ses vues de faire revivre toute entière à Paris la centralisation administrative qui ne devait plus exister à Alger. L'empereur m'a laissé la tâche d'appliquer la pensée du décret du 31 août; j'ai dû me préparer à l'accomplissement de ce devoir par une étude sérieuse. Le décret que je soumets à V. M. a pour but essentiel de simplifier l'administration. En confiant aux pouvoirs locaux la plus grande partie des attributions du gouverneur général, j'ai voulu donner aux administrateurs la faculté et leur imposer à la fois l'obligation d'une plus grande activité; j'ai désiré aussi, en diminuant l'intervention administrative, laisser plus de liberté à l'initiative individuelle. Je prie l'empereur de me permettre de justifier les dispositions principales du projet que j'ai l'honneur de proposer à son approbation.

TIT. 1. — *De la promulgation en Algérie.*

Avant le décret du 31 août 1858, la promulgation des lois, décrets et règlements avait lieu à Alger. Aujourd'hui, il n'y a pas d'autre administration centrale de l'Algérie que celle qui est à Paris entre les mains du ministre. C'est donc par lui que doit être confiée la promulgation. Les délais légaux, à l'expiration desquels les actes officiels seront exécutoires en Algérie, sont empruntés à la législation actuelle, dont l'application n'a soulevé aucune difficulté.

TIT. 2. — *De l'administration provinciale.*

La nouvelle organisation provinciale repose sur deux bases : — 1° L'extension des attributions des préfets et des commandants des territoires militaires ;—2° La création, pour chaque province, d'un conseil général, commun au territoire civil et au territoire militaire.

Les attributions des préfets en Algérie n'étaient même pas celles de leurs collègues de France avant le décret de décentralisation de 1852. Réduits à des pouvoirs sans portée, obligés à des référés continuels, même pour les cas les plus simples, les préfets algériens se trouvaient emprisonnés dans un système où l'on écrit sur tout et où l'on ne prend de décision sur rien. Une pareille situation enlève aux administrateurs le juste prestige qui devrait s'attacher à leurs fonctions, énerve leur force, donne à l'administration en général des habitudes funestes d'atermoiement et aboutit à l'impuissance. — Cet état de choses commandait une réforme radicale. Le décret de 1852 dont V. M. a pris l'initiative, indique assez bien quelles sont ses idées sur les conditions d'une bonne administration locale : il me traçait la route que j'avais à suivre.

ministère de l'Algérie et des colonies, et résulte de l'insertion au Bulletin officiel des actes de ce ministère.

Je n'hésite donc pas à proposer à l'empereur d'appliquer à l'Algérie les dispositions de ce décret, et d'attribuer aux préfets non seulement la presque totalité des pouvoirs départementaux centralisés précédemment au profit du gouvernement général, mais encore beaucoup de ceux que, d'après d'anciens errements, le ministre de la guerre s'était réservés.

S'il est, en effet, un pays où le pouvoir local doit avoir une certaine indépendance, c'est l'Algérie, où tout est dans des conditions spéciales. J'ai tâché d'appliquer le vrai principe : gouverner du centre, administrer sur les lieux. — Cette décentralisation, combinée avec l'agrandissement des départements, créera pour les préfets et pour les conseils de préfecture, dont l'intervention va être rendue plus fréquente, un surcroît de travail et de responsabilité. Aussi le décret porte-t-il que les secrétaires généraux seront pris en dehors des membres des conseils de préfecture. L'empereur pensera, je l'espère, que le principe applicable à un grand nombre de préfectures en France sera utilement étendu aux préfectures algériennes, auxquelles le mouvement que V. M. veut donner à la colonisation et les besoins croissants d'une société se fonde imposent des obligations inconnues aux administrations de la métropole.

Les art. 5 et 6 du décret maintiennent la division du territoire de chaque province en territoire civil et en territoire militaire. Le premier est administré par le préfet, le second par le général commandant la division, investi à cet effet des attributions préfectorales. Cette assimilation régulière de l'action civile du commandant militaire. Et, de même que j'ai proposé à V. M. de renforcer les conseils de préfecture, de même je le prie d'approuver la création d'un conseil des affaires civiles près du commandant du territoire militaire. Ce conseil, dont le principe existe dans les commissions consultatives actuelles, assistera le commandant militaire dans l'exercice de ses fonctions administratives, et remplira auprès de lui les fonctions de conseil de préfecture.

L'administration provinciale algérienne, amenée à ce degré de développement, doit avoir son complément dans l'institution d'un conseil général. Je propose à V. M. l'adoption de cette importante mesure. — Les conseils généraux forment dans notre système administratif le véritable couronnement de la constitution départementale. Le pouvoir de 1848, par cela même qu'il créait des départements en Algérie, y créa des conseils généraux. Mais cette disposition de l'arr. du 16 déc. 1848 resta sans application et à l'état de lettre morte.

Il ne faut plus qu'il en soit ainsi. Dans les dix années qui se sont écoulées, les limites du territoire civil se sont élargies, la population a augmenté, les institutions municipales ont grandi en force et en nombre, les ressources applicables à une gestion financière spéciale se sont formées : le moment est donc venu de donner corps et vie aux conseils généraux, en les faisant passer de la fiction réglementaire à la réalité pratique.

Mais l'empereur pensera peut-être qu'il ne faut pas dès aujourd'hui appliquer à cette institution en Algérie l'élection populaire. Cet admirable principe de notre droit public présenterait des périls au milieu d'une société qui se fonde. L'élection viendra à son heure; et l'empereur, conseillé par l'expérience, l'appliquera en Algérie quand le moment sera venu. Que les conseils généraux fonctionnent bien, que cette institution éminemment libérale pénètre dans les habitudes de la population et surtout dans celles de l'administration, et alors, sans agitations, sans secousses, avec certitude du succès, V. M. pourra doter les départements algériens des droits dont jouissent les départements français. Le véritable progrès est celui qui, pour n'avoir pas à reculer, procède sans précipitation. — Les membres des conseils généraux seraient donc nommés par l'empereur et choisis parmi les plus notables et les plus capables propriétaires, industriels et commerçants de l'Algérie. Ces assemblées, dont les attributions seraient conformes à celles que possèdent les conseils généraux de France, surveilleraient la gestion des finances de la province, pourraient ordonner la publicité de leurs délibé-

rations, et auraient le droit d'exprimer leurs vœux au ministre.

V. M. remarquera que, aux termes du décret, les conseils généraux algériens auront une mission provinciale embrassant les deux territoires. Les raisons qui me font proposer cette organisation s'appuient sur les conditions exceptionnelles de l'administration algérienne. Topographiquement, les deux territoires n'en font qu'un, ils s'entremêlent tellement par une série d'enclaves respectives, qu'il n'y a, pour ainsi dire, pas une route, pas un chemin vicinal dont le tracé ne passe à plusieurs reprises de l'un à l'autre territoire. Les intérêts administratifs, commerciaux, agricoles sont tellement confondus et si étroitement liés, que leur séparation, d'après la nature de l'autorité dont chacun d'eux relève, est aussi impossible à concevoir qu'à réaliser. C'est ce que votre gouvernement a compris, en étendant déjà aux deux territoires les attributions des chambres de commerce et des chambres consultatives d'agriculture. Il faut, d'ailleurs, se souvenir que le territoire militaire n'a qu'une existence transitoire, et que nous devons arriver à n'avoir que des territoires civils. La constitution des budgets coloniaux n'a jamais admis de distinction entre les recettes et les dépenses se rapportant à l'un et à l'autre territoire, et cette connexité financière n'est que maintenue par les dispositions du tit. 3 du présent décret. La logique et la force des choses obligent donc à n'avoir qu'un seul conseil général par province. Le préfet et le général auront, au même titre, leur entrée au conseil, pour y soutenir et y développer les propositions qui intéresseront leurs territoires respectifs. Le budget provincial, soumis au conseil, sera préparé de concert entre ces deux chefs d'administration et présenté par le préfet.

J'ose attendre les plus heureux résultats de l'innovation que j'ai l'honneur de proposer à V. M. L'institution des conseils généraux en Algérie aura peut-être une action encore plus sensible et plus bienfaisante sur l'esprit général des populations que sur la marche de l'administration. Les colons contracteront ainsi l'habitude de faire leurs affaires par eux-mêmes, de s'occuper du bien général, de s'élever au-dessus des préoccupations égoïstes et locales; ils apprendront, en prenant part aux affaires, combien la mission de l'administration supérieure est difficile, et ce qu'il faut de temps et d'efforts pour recueillir le fruit des mesures les plus salutaires.

TIT. 3. — Du budget provincial.

L'ord. du 21 août 1839 a jeté les premières bases du régime financier de l'Algérie en dotant la colonie d'un budget local appelé budget général des services coloniaux. Dès cette époque, la distinction entre les dépenses à la charge de la colonie et les dépenses à la charge du trésor fut visiblement inspirée par l'esprit de nos institutions financières départementales. En réalité toutefois, et malgré cette tendance, la nomenclature des dépenses coloniales différait sur des points essentiels de la nomenclature des dépenses départementales. Ainsi, entre autres dispositions d'un caractère évidemment exceptionnel, on rattachait à ce budget colonial l'administration et le commandement du peuple indigène, et toutes les dépenses qui, en France, sont à la charge des communes. Quant aux recettes coloniales, il ne fallait chercher leurs rapports avec nos recettes départementales que dans la nomenclature des sources secondaires du revenu. L'impôt foncier n'existant pas en Algérie, la ressource des centimes additionnels manquait au budget colonial, mais il jouissait en entier du produit important de l'impôt arabe. L'État se réservait que le produit des contributions extraordinaires de guerre. Ce premier essai financier ne porte aucune trace d'organisation provinciale. Les recettes formaient un fonds commun, sans distinction d'origine. Le budget des dépenses, délibéré à Alger en conseil d'administration et soumis à l'approbation du ministre, se divisait en autant de sections qu'il y avait de localités. Enfin, un fonds de réserve, dont le montant était arbitrairement fixé par le ministre, restait à sa disposition pour parer aux besoins extraordinaires et à l'insuffisance des crédits alloués.

Tel a été le régime financier de l'Algérie jusqu'en 1843. Le budget des services coloniaux de cette même année,

de chaque province de l'Algérie, un jour après la | réception du Bulletin par le préfet du départe-

---

établi pour la dernière fois sur les bases posées par l'ord. du 21 août 1839, s'est soldé par un excédant de recettes de 2,500,000 fr., les dépenses s'étant élevées à environ 12,500,000 fr.

Le 17 janv. 1845, intervint une ordonnance dont les dispositions, encore en vigueur aujourd'hui, marquent un véritable progrès dans la voie de la régularité. Cette ordonnance, complétée par celle de l'année suivante (2 janvier 1846), établit une distinction entre les dépenses à la charge du trésor et les dépenses à la charge de la colonie. La nomenclature de ces dernières rentre davantage dans les limites des dépenses qui incombent aux départements ; l'État prend à sa charge les dépenses du commandement et de l'administration des Arabes, celles de la colonisation, etc., et le nom de budget colonial, substitué à celui de budget local et municipal, indique que le défaut d'institutions communales rattache encore au budget de la colonie des budgets qui en seront un jour détachés au profit des communes.

L'ord. du 17 janv. 1845 renferme une disposition que je regarde comme fort importante, parce qu'elle est le point de départ de la décentralisation financière que consacre le nouveau décret soumis à V. M. : elle tient compte, dans la répartition des crédits applicables aux services des trois provinces, de l'origine des revenus. Les produits réalisés dans chaque province sont consacrés à ses dépenses particulières jusqu'à concurrence des trois quarts. La réserve de 25 pour 100, prélevée sur le revenu de chaque province, forme un fonds particulier dont le ministre se réserve la disposition. — Ainsi, malgré cette dernière restriction, on peut dire que la constitution financière de la province est un principe auquel les auteurs des ord. de 1845 et 1846 ont rendu hommage alors même qu'ils n'auraient pas prévu tout le développement que l'avenir lui réservait.

Enfin, pour compléter cet aperçu de l'état de la législation financière de l'Algérie, il est indispensable de rappeler l'importante modification apportée au régime de 1839, en ce qui concerne le revenu de la colonie. L'impôt arabe a cessé de figurer parmi les produits coloniaux, et a été classé dans la nomenclature des recettes du trésor. Une portion seulement de cette importante source de revenu est affectée à l'équilibre des ressources et des dépenses locales et municipales. Primitivement fixé au dixième du produit net de l'impôt, ce prélèvement proportionnel a été porté aux 3 dixièmes par décret du 25 août 1852 ; j'espère que V. M. voudra bien l'élever, pour l'avenir, à 5 dixièmes. — Constitué ainsi que je viens de l'exposer, le budget de la colonie s'est élevé, dans ces dernières années, à la somme d'environ 7 millions, dans laquelle la province d'Alger entre pour 3 millions, et chacune des deux autres à peu près pour 2 millions.

Cet exposé des phases successives du régime financier de l'Algérie a pour but de faire ressortir aux yeux de V. M., d'une part, le développement naturel et progressif qu'a reçu le principe de l'émancipation budgétaire des trois provinces ; de l'autre, l'existence et l'origine des ressources qui permettent de substituer aujourd'hui les dispositions du présent décret à l'ord. de 1845, et d'assimiler la gestion financière des provinces algériennes à celle de nos départements.

Le budget local et municipal est désormais remplacé par trois budgets provinciaux distincts, applicables dans chaque province, au territoire civil et au territoire militaire. — Les recettes et les dépenses d'une nature purement municipale sont définitivement écartées de ces budgets, qui conservent un caractère essentiellement départemental. Déjà, par le fait de la constitution d'un certain nombre de communes de plein exercice, les recettes et les dépenses qui leur étaient propres sont rentrées sous l'application du régime financier communal. Quant aux recettes et aux dépenses de même nature, particulières à des localités encore privées du droit communal, le décret en fait l'objet d'un budget spécial, réglé par le préfet ou le commandant du territoire militaire.

Le prélèvement de 25 p. 100 exercé sur les revenus de chaque province pour le fonds général de réserve et de prévoyance, est réduit à 10 p. 100, et n'alimente plus qu'un seul fonds appelé fonds commun. Le ministre pourra en disposer, soit pour subvenir à des dépenses d'un

intérêt commun aux trois provinces, soit pour venir en aide aux provinces dont les charges ordinaires surpasseraient les ressources.

Une nomenclature nouvelle des dépenses à la charge des provinces et des recettes perçues à leur profit a mis, autant que possible, le nouveau régime financier en harmonie avec notre régime départemental. — Enfin, la gestion financière est placée sous la surveillance des conseils généraux, et cette partie du projet ne fait que reproduire les dispositions de la loi du 10 mai 1838. — La liquidation du budget local et municipal pouvant laisser un boni légué par les exercices antérieurs, il m'a paru utile de réserver à la proposition du ministre l'emploi de cette ressource. Une disposition spéciale porte que la répartition en sera faite entre les trois provinces et le fonds commun par un décret impérial.

Telle est, Sire, l'économie générale du décret soumis à V. M. : il tend à rapprocher les institutions de l'Algérie de celles de la France en les simplifiant, et j'espère qu'il fera faire un grand pas dans cette voie de régularité et de progrès qui est la pensée constante de l'empereur.

NAPOLÉON (Jérôme).

2° 12 nov. 1858. — *Instruction générale pour l'exécution du décret du 27 oct. 1858 adressée aux préfets et généraux commandant les divisions.* — M. le..., mon intention n'est pas de commenter aujourd'hui toutes les dispositions du décr. du 27 oct. ; je me bornerai à quelques aperçus sommaires sur celles dont vous devez principalement vous préoccuper.

Le titre 1 consacre une forme nouvelle pour la promulgation des lois, décrets et règlements applicables à l'Algérie. — Cette promulgation aura lieu désormais à Paris, par la voie du *Bulletin officiel* de mon département. Les délais légaux, à partir desquels ces actes seront exécutés en Algérie, seront fixés par la réception du *Bulletin officiel* dans chaque chef-lieu administratif. Cette réception continuera d'être constatée dans la forme ordinaire, c'est-à-dire par l'inscription immédiate sur un registre ad hoc, ouvert tant à la préfecture que dans chaque sous-préfecture. — Vous aurez soin de faire établir immédiatement lesdits registres. Je vous rappelle qu'ils doivent contenir, successivement et sans lacune, les indications suivantes : 1° Numéro du bulletin ; 2° énoncé des actes officiels contenus dans ce numéro ; 3° date de la réception du bulletin. — Chaque inscription doit être signée en regard par le fonctionnaire compétent.

Le titre 2, relatif à l'administration provinciale, institue les conseils généraux de province. — Ces conseils sont déjà constitués par la nomination des membres appelés à en faire partie. Vous leur donnerez tous les renseignements capables de les éclairer sur les devoirs qu'ils ont à remplir. Le gouvernement donne une preuve de l'importance qu'il attache à leur fonctionnement par l'empressement qu'il a mis à les convoquer à bref délai. — Je ne saurais trop vous recommander d'assurer, en ce qui vous concerne, l'exécution de l'art. 22, § 3, du décret du 27 oct., et de préparer sans retard tous les documents destinés à être mis sous les yeux du conseil, en vertu des art. 33 et 35.

Le titre 3 et dernier traite du budget provincial. Vous avez déjà reçu des instructions pour la préparation de ce budget. Je compte que vous serez en mesure de présenter à cet égard au conseil général un travail bien étudié et concerté entre les deux autorités administratives. J'attends prochainement de vous une communication qui m'en donne l'assurance. — Le même titre contient un paragraphe spécial pour la formation des budgets des localités non érigées en communes. Je me concerte avec le ministre des finances pour que cette prescription, dont vous préparez, dès à présent, préparer l'exécution, ne donne lieu à aucune difficulté.

Ainsi que vous pourrez vous en convaincre, M....., le décret fait une large part à votre action, et, à cet égard, vous avez les mêmes attributions que les préfets de la métropole. Mais le rapport qui précède le décret vous dit à quelles conditions il peut et il doit en être ainsi. — Votre tâche est donc aujourd'hui bien définie : hâter, par de promptes décisions, toutes les solutions qui dépendent de votre autorité ; simplifier les procédures ; favoriser, en

ment; 8° Dans les circonscriptions administratives secondaires, après l'expiration du même délai, augmenté d'autant de jours qu'il y aura de fois cinq myriamètres de distance entre le chef-lieu de la province et celui de la circonscription (1).

Art. 3.—Dans les circonstacnes extraordinaires, la promulgation peut être faite à son de caisse ou par voie d'affiches. Les actes ainsi promulgués sont immédiatement exécutoires.

Art. 4.—*Le Bulletin officiel des actes du Gouvernement de l'Algérie*, publié à Alger, est supprimé.

Tit. 2. — *De l'administration provinciale.*

Art. 5. — La division administrative de l'Algérie en trois provinces est maintenue. — Chaque province est divisée en territoire civil et en territoire militaire. — Le territoire civil de chaque province forme le département.

Des préfets.

Art. 6. — Le département est administré par le préfet. — Le territoire militaire est adminis-

tré par le commandant de la division territoriale.

Art. 7.—Il y a près de chaque préfecture un secrétaire général, pris en dehors du conseil de préfecture et n'en faisant point partie.

Art. 8. — En cas de décès, d'absence ou d'empêchement du secrétaire général, le préfet désigne un conseiller de préfecture pour le remplacer. Il en donne immédiatement avis au ministre.

Art. 9. — Le conseil de préfecture est composé de quatre membres pour le département d'Alger, et de trois membres pour chacun des deux autres départements.—Lorsqu'un conseil de préfecture se trouve incomplet, par suite de vacance, d'absence ou d'empêchement d'un de ses membres, le préfet désigne, pour le suppléer, un conseiller général ou un chef de bureau de la préfecture.

Art. 10. — Les préfets nomment directement, sur la présentation des divers chefs de service, et en se conformant aux conditions d'aptitude déterminées par les règlements et les instructions ministérielles, aux emplois désignés au tableau A ci-annexé.

écartant autant que possible les formalités inutiles, les efforts de toutes les activités appelées à transformer le pays; aider et stimuler au lieu de retenir; diminuer les écritures au profit de l'action; prouver aux populations que l'administration est un appui et un levier pour toutes les entreprises honnêtes, qu'elle n'a de frein que pour le désordre et les mauvaises passions : tels sont les devoirs dont vous avez à vous pénétrer. C'est par les résultats obtenus dans la voie nouvelle qui vous est ainsi ouverte que le gouvernement de l'empereur jugera et appréciera votre administration. — Vous recevrez successivement des instructions détaillées, dans le but d'établir l'uniformité de la procédure administrative, de rappeler, pour les attributions les plus importantes qui vous sont dévolues, les principes généraux, les dispositions législatives ou réglementaires et la jurisprudence qui devront servir de règle ou de base à vos décisions.

Dès à présent vous trouverez des indications pour vous diriger : 1° dans l'instruction générale du ministre de la guerre, du 27 mars 1857, pour l'exécution du décr. du 30 déc. 1856; — 2° Dans les circulaires du ministre de l'intérieur, du 5 mai 1852, n°s 35 et 36, contenant des instructions très-étendues au sujet du décret de décentralisation du 25 mars 1852; la première en ce qui concerne les communes et les établissements de bienfaisance; la seconde pour ce qui est relatif aux affaires départementales. — Je vous fais parvenir un certain nombre d'exemplaires du Bulletin officiel du ministère de l'intérieur qui contient ces deux derniers documents. Vous pourrez les consulter avec fruit. Je m'en remets à votre expérience et à votre discernement pour reconnaître les points où la législation spéciale de l'Algérie nécessiterait une dérogation de forme aux prescriptions contenues dans ces instructions.

L'extension des attributions préfectorales ayant pour corollaire la simplification dans l'instruction des affaires, n'amènera point un surcroît de travail pour les bureaux; mais elle accroît notablement la responsabilité des administrateurs, et, par suite, leur impose, à l'égard de leurs agents d'exécution, la surveillance la plus ferme et la plus sévère. Vous ne devrez pas hésiter à réformer énergiquement les habitudes et les errements contraires à l'élaboration sérieuse et à la prompte expédition des affaires, en exigeant de votre personnel non-seulement un travail assidu et régulier, mais encore les garanties les plus positives d'instruction, de diligence et de probité. Vous me trouverez disposé à éliminer de vos cadres tous les employés qui ne rempliraient pas ces conditions.

Vous remarquerez que le secrétaire général de chaque préfecture est désormais exonéré des obligations spéciales que lui imposait son titre de conseiller de préfecture : ses fonctions sont devenues exclusivement administratives. Il entre dans les vues du gouvernement que ce fonctionnaire soit spécialement chargé de la surveillance des bureaux, et que le préfet lui délègue tous les détails de l'administration départementale dont il peut se départir sans préjudice pour son influence et son autorité, sans danger

pour sa responsabilité. La pratique a révélé qu'il est beaucoup de ces détails qui ne peuvent qu'absorber le temps et les forces du préfet, au détriment de l'attention qu'il doit aux affaires importantes, aux questions vitales dont la solution doit être la préoccupation incessante de l'administrateur algérien. Ces détails doivent être remis au secrétaire général.

D'autre part, un auxiliaire important a été donné aux généraux investis de l'autorité préfectorale en territoire militaire, par l'institution du conseiller civil, dont il est fait mention dans le § 2 de l'art. 14 du décr. Le gouvernement n'entend point faire de cette fonction nouvelle une sinécure. Non-seulement le conseiller civil aura pour mission spéciale de mettre en état les affaires à soumettre au conseil dont il fait partie, mais il conviendra de lui attribuer une partie de celles qui, dans l'organisation précédente, incombaient à l'employé chargé de la direction du bureau civil de la division. Ainsi se trouvera rempli le vœu plusieurs fois exprimé par les généraux divisionnaires d'avoir à leur disposition des éléments de travail et de contrôle plus complets que dans le passé, afin de parer aussi efficacement que possible à toutes les nécessités du service.

Il me reste, M. le préfet, à appeler toute votre attention sur un point qui importe essentiellement au succès de la grande réforme édictée par le décr. du 27 oct. En maintenant pour chaque province la distinction des deux territoires et la double administration qui en résulte, le gouvernement a obéi à une nécessité qui, malgré son caractère transitoire, lui a paru trop impérieuse encore pour être méconnue sans danger. Mais il n'entend point que cette distinction se traduise en tendances divergentes : loin de là ; il veut formellement qu'elle s'efface dans l'unité du but, qui est la formation définitive d'une France algérienne, compacte et homogène, sous l'égide de notre droit commun. C'est à ces fins que le décret constitue, dès à présent, un seul conseil général, un seul budget par province.

Les administrateurs des deux territoires s'étudieront avec soin à conformer leur conduite à cette pensée d'unité, qui est l'âme du décret organique, et ils éviteront tout ce qui serait de nature à soulever des difficultés, à troubler le concert et la bonne entente qui doivent faire la base de tous leurs rapports et rendre leur action féconde dans le ressort qui leur est respectivement assigné.

                      NAPOLÉON (Jérôme).

(1) Cette disposition n'a pu avoir en vue que les actes purement algériens ou dont l'exécution intéressait exclusivement l'Algérie ; par conséquent, elle ne peut s'étendre aux actes du pouvoir relatifs à la douane, et qui aux termes de la législation actuelle intéressent tout à la fois la France et l'Algérie. Le décret du 25 fév. 1851 qui a déterminé les délais légaux de la promulgation en Algérie des lois et décrets rendus en matière de douane reste donc applicable. — Décis. min. 11 août 1859.

Art. 11.—Ils statuent, soit en conseil de préfecture, soit sans l'intervention de ce conseil, sur toutes les matières administratives dont la nomenclature est fixée par le tableau B ci-annexé.

Art. 12.—Sont expressément réservées à la décision du pouvoir central toutes les matières qui intéressent à la fois deux provinces, ou, dans la même province, les deux territoires et tous les objets d'administration départementale et communale qui affectent directement l'intérêt général de l'Etat, et dont la nomenclature est fixée par le tableau C.

Des commandants du territoire militaire.

Art. 13. — Les commandants du territoire militaire exercent dans ce territoire les attributions civiles dévolues à l'autorité préfectorale dans le département.

Art. 14. — Il est institué près du commandement du territoire militaire un conseil des affaires civiles.—Ce conseil est composé d'un sous-intendant militaire à la désignation du commandant du territoire, du chef du service des domaines, du chef du service des contributions diverses, et d'un membre civil à la nomination du ministre (1).

Art. 15. — Les commandants du territoire militaire statuent en conseil des affaires civiles sur les matières attribuées aux préfets en conseil de préfecture.

Des conseils généraux.

Art. 16. — Il y a dans chaque province un conseil général composé de douze membres au moins et de vingt membres au plus (2).

Art. 17. — Les membres des conseils généraux sont nommés par l'empereur, sur la proposition du ministre de l'Algérie et des colonies. Ils sont choisis parmi les notables européens ou indigènes résidant dans la province et y étant propriétaires.

Art. 18. — Les membres des conseils généraux sont nommés pour trois ans. Ils sont renouvelés par tiers tous les ans et peuvent être renommés.—Pour les deux premiers renouvellements, les conseillers sortants seront désignés par la voie du sort.

Art. 19. — Ne peuvent être membres des conseils généraux : 1° Les préfets, sous-préfets, commissaires civils, secrétaires généraux, conseillers de préfecture, les commandants du territoire militaire et les commandants de subdivisions ou de cercles ; — 2° Les agents et comptables employés à l'assiette, à la perception ou au recouvrement des impôts et au payement des dépenses publiques de toute nature ; — 3° Les ingénieurs des ponts et chaussées et des mines, les officiers du génie et les architectes actuellement employés par l'administration dans la province ; — 4° Les agents forestiers en fonctions dans la province ; — 5° Les employés des préfectures, sous-préfectures et commissariats civils, et les employés des bureaux civils du commandement du territoire militaire.

Art. 20. — Lorsqu'un membre d'un conseil général a manqué à deux sessions consécutives, sans excuse légitime ou empêchement admis par le conseil, il est considéré comme démissionnaire et il est pourvu à son remplacement. — Il est toujours pourvu, avant l'ouverture de la session annuelle, aux vacances qui se produisent dans le sein des conseils généraux, par suite de décès, démission, perte des droits civils ou politiques ou pour toute autre cause.

Art. 21. — La dissolution d'un conseil général peut être prononcée par l'empereur; en ce cas, il est procédé à la formation d'un nouveau conseil avant l'ouverture de la session annuelle et au plus tard dans le délai de trois mois, à partir du jour de la dissolution.

Règles pour la session des conseils généraux.

Art. 22.—Le conseil général tient, chaque année, une session ordinaire au chef-lieu de la province.—Il se réunit en session extraordinaire toutes les fois qu'il est convoqué à cet effet.—Les membres du conseil général sont convoqués : par le préfet, dans le département; par le commandant du territoire militaire, dans ce territoire.

Art. 23. — L'époque et la durée de chaque session sont fixées par des décrets impériaux. — Les présidents, vice-présidents et secrétaires des conseils généraux sont nommés par l'empereur.

---

(1) Paris, le 15 mars 1859. — *Compétence de ce conseil.* — Général, j'ai été consulté sur la question de savoir si, dans l'esprit du décr. du 27 oct. 1858, qui a institué dans chaque division de l'Algérie, près du commandement militaire, un conseil des affaires civiles, ce conseil est investi de toutes les attributions des conseils de préfecture, y compris la juridiction au contentieux, comme tribunal administratif. — Cette question est résolue par le texte même de l'art. 15, qui limite l'intervention des conseils des affaires civiles aux matières à décider par les préfets, en conseil de préfecture, c'est-à-dire à celles sur lesquelles ce conseil ne donne qu'un simple avis.

Si le décr. du 27 oct. avait voulu investir les conseils des affaires civiles de la juridiction contentieuse, il l'eût dit en termes formels; son silence à cet égard équivaut à une négation absolue. — Les conseils dont il s'agit n'ont donc à titre mission que d'assister à titre consultatif les généraux dans certains actes déterminés de leur compétence administrative. Ils n'ont pas qualité pour rendre des jugements, et il importe qu'ils se tiennent strictement renfermés dans la limite de leurs attributions consultatives, telles qu'elles résultent de l'art. 15 précité, combiné avec le § 1 du tableau B annexé à ce décret.—Ainsi, les dispositions qui attribuent aux conseils de préfecture, comme tribunaux administratifs, la connaissance des litiges nés en territoire militaire, ont conservé toute leur vigueur; elles doivent continuer d'être observées comme par le passé. C'est à ces conseils seuls qu'il appartient de statuer notamment sur les contraventions aux règlements sur la police du roulage (décr. du 29 janv. 1819, art. 16), et sur les partages des biens indivis (décr. du 2 avril 1854, art. 15, 16 et 23). (V. *Roulage, Domaine.*)

Il reste bien entendu d'ailleurs, ainsi que je vous l'ai fait connaître précédemment, que les conseils des affaires civiles près des généraux remplacent les commissions consultatives de subdivision, dans tous les cas où l'assistance de celles-ci était prescrite par les règlements antérieurs. A ce titre, ils doivent toujours être consultés dans les affaires de concessions de terres domaniales qui sont de la compétence de l'autorité militaire.

Le ministre par intérim,   ROUHER.

(2) Un décret rendu en exécution de cette disposition avait nommé seulement dix-huit membres au conseil général d'Alger et seize à chacun de ceux de Constantine et d'Oran. Le conseil d'Alger a été complété par la nomination de deux autres membres dont un israélite suivant décret du 14 nov. 1858, BM. 4, rendu sur le rapport suivant du prince chargé du ministère : « Sire, le décret de V. M., qui a nommé les membres des conseils généraux de l'Algérie, a laissé quelques places vacantes au sein de chacun de ces conseils. Il était nécessaire, en effet, de se réserver les moyens de pouvoir accorder de nouvelles nominations aux intérêts et aux besoins qui n'auraient pas été suffisamment représentés. Celles que j'ai l'honneur de soumettre aujourd'hui à l'agrément de V. M. ont, en grande partie, pour but de faire entrer l'élément israélite dans la composition des conseils généraux. La population juive indigène est très-considérable en Algérie et se montrera reconnaissante de cette marque de confiance et d'intérêt. Cette mesure est conforme à nos principes de tolérance religieuse, et, en présence de la diversité des cultes pratiqués en Algérie, il est utile et opportun de manifester, par un acte de votre gouvernement, que l'égalité des croyances est absolue et complète devant nos lois. » Les conseils de Constantine ont été complétés également au nombre de vingt membres par décret du 8 sept. 1859, BM. 455.

Art. 24. — L'ouverture de chaque session est faite par le préfet, qui reçoit des conseillers nouvellement nommés le serment constitutionnel. — Les membres qui n'ont pas assisté à la séance d'ouverture ne prennent séance qu'après avoir prêté ce serment entre les mains du président.

Art. 25. — Les séances ne sont pas publiques. Le conseil général ne peut délibérer que si la moitié plus un des conseillers se trouvent présents. — Les votes ont lieu par assis et levé : ils sont recueillis au scrutin secret toutes les fois que quatre des conseillers présents le réclament.

Art. 26. — Les procès-verbaux, rédigés par le secrétaire et arrêtés au commencement de chaque séance, contiennent l'analyse de la discussion, avec mention du nom des membres qui y ont pris part.

Art. 27. — Le préfet du département et le commandant du territoire militaire ont entrée au conseil général ; ils sont entendus quand ils le demandent, et assistent aux délibérations, excepté lorsqu'il s'agit de l'apurement de leur compte administratif.

Art. 28. — Tout acte ou toute délibération d'un conseil général, relatifs à des objets qui ne sont pas légalement compris dans ses attributions, sont nuls et de nul effet. La nullité sera prononcée par un décret impérial.

Art. 29. — Toute délibération prise hors de la réunion légale du conseil général est nulle de droit. — Le préfet, après avoir pris l'avis du commandant du territoire militaire, prononce la nullité par un arrêté pris en conseil de préfecture, et prend les mesures nécessaires pour que l'assemblée se sépare immédiatement. — Le préfet transmet son arrêté au procureur général chargé des poursuites de droit. — En cas de condamnation, les membres condamnés sont exclus du conseil et ne pourront faire partie d'aucun conseil général de province pendant les trois années qui suivront la condamnation.

Art. 30. — Il est interdit à tout conseil général de se mettre en correspondance avec un autre conseil, ou de faire ou publier aucune proclamation ou adresse.

En cas d'infraction, le préfet, après avoir pris l'avis du commandant de la division, suspend la session du conseil général jusqu'à ce qu'il ait été statué par l'empereur.

L'arrêté de suspension est transmis au procureur général, pour l'exécution des lois et l'application, s'il y a lieu, des peines déterminées par l'art. 123 c. pén.

Art. 31. — Tout éditeur, imprimeur, journaliste ou autre, qui rendra publics les actes interdits aux conseils généraux par les art. 28 et 30, sera passible des peines rappelées en l'art. 19 de la loi du 22 juin 1833, sur l'organisation des conseils généraux.

Art. 32. — Le conseil général peut ordonner la publication de tout ou partie de ses délibérations ou procès-verbaux.

Attributions des conseils généraux.

Art. 33. — Le conseil général délibère sur les objets suivants :

1° Contributions spéciales ou extraordinaires à établir et emprunts à contracter dans un intérêt provincial ;

2° Mode de gestion des biens immeubles compris dans le domaine départemental, aux termes du tit. 2 de la loi du 16 juin 1851 ;

3° Acquisition, aliénation et échange des mêmes biens ;

4° Location d'immeubles au compte du gouvernement ;

5° Changement de destination ou d'affectation des édifices départementaux ;

6° Actions à intenter ou à soutenir au nom de la province, transactions concernant les droits du département ou du territoire militaire, sauf les cas d'urgence prévus par l'art. 58 ci-après

7° Acceptation des dons ou legs faits à la province ;

8° Classement et direction des routes départementales dans les deux territoires de la province ;

9° Projets, plans et devis de tous travaux à exécuter sur les fonds de la province ;

10° Offres faites par des communes, par des associations ou des particuliers, pour concourir à la dépense des routes départementales ou d'autres travaux à la charge de la province ;

11° Concession à des associations, à des compagnies ou à des particuliers, de travaux d'intérêt provincial ;

12° Part contributive à imposer à la province dans la dépense des travaux exécutés par l'État et qui intéressent la province, ou des travaux qui intéressent à la fois la province et les communes ;

13° Établissement et organisation des caisses de retraite ou autre moyen de rémunération en faveur des agents ou employés du service départemental ou provincial non rétribués directement par l'État ;

14° Fixation de la part de la dépense des enfants trouvés ou abandonnés, des orphelins pauvres et des aliénés indigents, à mettre à la charge des communes, et base de la répartition à faire entre elles.

Art. 34. — Les délibérations du conseil général sur les objets énumérés dans l'article précédent sont soumises à l'approbation de l'empereur, du ministre de l'Algérie et des Colonies, des préfets ou des commandants du territoire militaire, selon les cas déterminés par la législation.

Art. 35. — Le conseil général donne son avis :

1° Sur les changements proposés aux circonscriptions administratives, judiciaires ou communales ;

2° Sur les difficultés élevées relativement à la répartition de la dépense des travaux qui intéressent plusieurs communes ;

3° Sur l'établissement, la suppression ou le changement des foires ou marchés ;

4° Enfin sur toutes les questions dont il doit connaître en vertu de lois et règlements, ou sur lesquelles il est consulté par l'administration.

Art. 36. — Le conseil général vérifie l'état des archives civiles et celui du mobilier de la préfecture et du commandement du territoire militaire.

Art. 37. — Le conseil général peut adresser directement au ministre, par l'intermédiaire de son président, les réclamations qu'il aurait à présenter dans l'intérêt spécial de la province, ainsi que son opinion sur l'état et les besoins des différents services publics concourant à l'administration provinciale.

Des actions judiciaires et des transactions.

Art. 38. — Les actions de la province sont exercées par le préfet en vertu des délibérations du conseil général. — La province ne peut se pourvoir devant un autre degré de juridiction qu'en vertu d'une nouvelle délibération, à moins que la première n'autorise le préfet à épuiser tous les degrés de juridiction. — En cas d'urgence, le préfet peut intenter toute action ou y défendre sans délibération du conseil général. Il fait tous actes conservatoires ou interruptifs de la déchéance. — En cas de litige entre l'État et la province, l'action est intentée ou soutenue, au nom de la province, par le membre du conseil de préfecture le plus ancien en fonctions.

Art. 39. — Aucune action judiciaire autre que les actions possessoires ne peut, à peine de nullité, être intentée contre une province qu'autant que le demandeur a préalablement adressé au préfet un mémoire exposant l'objet et les motifs de sa réclamation. — Il lui en est donné récépissé. — L'action ne peut être portée devant les tribunaux que deux mois après la date du récépissé, sans préjudice des actes conservatoires. — Durant cet intervalle, le cours de toute prescription demeurera interrompu.

Art. 40. — Les transactions ne peuvent être

consenties par le préfet qu'en vertu d'une délibération du conseil général.

TIT. 3. — *Du budget provincial.*

Art. 41. — Le budget de chaque province, préparé de concert entre le préfet et le commandant du territoire militaire, est présenté au conseil général par le préfet. — Ce budget, après avoir été délibéré par le conseil général, est réglé définitivement par décret impérial.

Art. 42. — Si le conseil général ne se réunissait pas, ou s'il se séparait sans avoir arrêté le budget des dépenses de la province, le préfet, en conseil de préfecture, et le commandant du territoire militaire, en conseil des affaires civiles, établiraient d'office le projet de ce budget, qui serait ensuite réglé par décret impérial.

Des dépenses.

Art. 43. — Les dépenses à inscrire au budget de la province sont ordinaires ou extraordinaires. — Chaque nature de dépenses forme une section spéciale au budget. — Chaque section est divisée en chapitres, articles et paragraphes.

Art. 44. — Sont ordinaires les dépenses suivantes :

1° Frais de recouvrement des revenus provinciaux ;

2° Remboursement, restitution et non-valeurs sur les contributions, centimes additionnels, taxes, péages et autres droits perçus au profit de la province en vertu des lois et règlements ou d'autorisations spéciales ;

3° Contributions dues par les propriétés du département ;

4° Grosses réparations et entretien des édifices et bâtiments départementaux ;

5° Loyer, s'il y a lieu, des hôtels de préfecture, de sous-préfecture et de commissariat civil ;

6° Ameublement et entretien du mobilier desdits hôtels, de l'hôtel du commandement du territoire militaire et des bureaux administratifs, y compris ceux des affaires civiles du territoire militaire (1) ;

7° Bibliothèques administratives ;

8° Loyer, mobilier et menues dépenses des cours, tribunaux et des de paix ;

9° Frais de garde et de conservation des archives provinciales ;

10° Dettes exigibles et annuités d'emprunts contractés ;

11° Portion mise à la charge du département et de la province des frais des tables décennales de l'état civil ;

12° Services civils indigènes ;

13° Frais de police centrale, autres que le traitement du commissaire central ;

14° Dépenses des enfants trouvés et abandonnés et des aliénés indigents, ainsi que du traitement des malades civils indigents dans les hôpitaux civils ou militaires, sauf ce qui pourra être ultérieurement ordonné à cet égard ;

15° Service médical de la colonisation, propagation de la vaccine ; mesures contre les épidémies et les épizooties ;

16° Casernement ordinaire de la gendarmerie ;

17° Portion de la dépense ordinaire des prisons laissée à la charge de la province ;

18° Chauffage et éclairage des corps de garde des établissements départementaux ;

19° Frais de route accordés aux voyageurs indigents ;

20° Secours pour événements calamiteux ;

21° Primes pour la destruction des animaux dangereux ou nuisibles ;

22° Grosses réparations, entretien des routes départementales et des ouvrages d'art qui en font partie ;

23° Frais de tenue des conseils généraux, des chambres consultatives d'agriculture et de commerce, des conseils d'hygiène publique et des expositions provinciales ; impression des budgets et des comptes de recettes et dépenses de la province, et toutes autres impressions mises par les lois et règlements à la charge des départements ;

24° Part contributive de la province à la subvention annuelle due à l'école préparatoire de médecine et de pharmacie d'Alger, en vertu du décret du 4 août 1857 (*Instruction publique*, § 2).

Art. 45. — Les dépenses ci-dessus énumérées sont obligatoires. Si elles ne sont pas portées au budget voté par le conseil général, elles y sont inscrites d'office par le préfet, le commandant du territoire militaire ou le ministre.

Art. 46. — Toutes les autres dépenses sont extraordinaires et facultatives. Aucun crédit ne peut être inscrit d'office dans le chapitre des dépenses extraordinaires, et les allocations qui y sont portées par le conseil général ne peuvent être ni changées ni modifiées par le décret qui règle le budget.

Art. 47. — Le conseil général peut avoir au budget du service ordinaire un crédit pour dépenses imprévues, dont l'emploi est laissé à la disposition du préfet et du commandant du territoire militaire, sous leur responsabilité.

Des recettes.

Art. 48. — Les recettes à inscrire au budget de la province sont ordinaires ou extraordinaires. — Les recettes ordinaires comprennent les produits suivants :

---

(1) *Circulaire interprétative du 29 juin 1859.* — BM. 32. — M. le (général ou préfet), des divergences se sont produites au sujet de l'interprétation à donner aux dispositions de la circulaire du ministre de la guerre, en date du 6 mai 1853, qui ont trait à la composition du mobilier légal, dont la dépense doit désormais être mise à la charge des budgets provinciaux de l'Algérie. — Quelques fonctionnaires ont pensé que, sans sortir des limites tracées par ce document, ils pouvaient acheter, pour le service de leur hôtel, la lingerie de table, de lit et de cuisine, les théières, cafetières, réchauds et surtouts de table, en plaqué ou en vaolt, ainsi que tous autres objets destinés à des usages analogues. — D'autres, au contraire, sont d'avis que ces objets ne sauraient être compris dans le mobilier au compte du département. — Cette dernière interprétation est la seule admissible, parce qu'elle est la seule conforme à l'esprit de l'ord. du 7 août 1841, dont la circulaire du 6 mai 1853 a voulu évidemment appliquer les principes aux hôtels administratifs de l'Algérie. — Cette ordonnance ne parle que d'ameublement, et, sous cette désignation générale, ne peuvent être compris que les meubles meublants, tels qu'ils sont définis par l'art. 534 c. nap. — Or, la définition légale n'admet au nombre des meubles destinés à l'usage et à l'ornement des appartements : ce qui exclut implicitement tous autres objets et notamment le linge de toute espèce et la vaisselle. — C'est en vertu de ce principe que la circ. du 6 mai 1853 déclare que l'argenterie, la vaisselle, les cristaux et les porcelaines n'entrent pas dans le mobilier légal ; elle va

même plus loin, en excluant les objets d'arts, statues, bustes, tableaux, etc. — En présence de ces dernières restrictions, on ne saurait être fondé à prétendre que, par voie d'extension, le linge et certains ustensiles ou ornements de table et de buffet puissent être compris dans le mobilier légal, sous prétexte qu'ils seraient des parties intégrantes de l'ameublement. — Il reste donc bien entendu que le mobilier dont la dépense incombe obligatoirement aux budgets provinciaux doit être limité : — D'une part, aux meubles meublants pour les bureaux, appartements et chambres ; — D'autre part, à la batterie de cuisine, au mobilier des écuries et remises et aux outils de jardinage. — J'ajouterai, en ce qui concerne les écuries et remises, que leur installation aux frais du département doit être restreinte aux objets placés à demeure, ou dont le transport présenterait des inconvénients. C'est ainsi que les râteliers, seaux, crics, chevalets, coffres à avoine, etc. rentrent naturellement dans le mobilier légal, tandis qu'on doit en exclure les effets de harnachement et de sellerie. — Je n'ai pas besoin de dire que les observations qui précèdent ne s'appliquant qu'aux dépenses obligatoires, il reste toujours loisible aux conseils généraux de voter l'acquisition d'objets extrarèglementaires ; mais en pareil cas, l'initiative, vous le comprenez, ne saurait venir de l'administration, et les crédits nécessaires ne peuvent être inscrits qu'au titre des dépenses facultatives.

Comte P. DE CHASSELOUP-LAUBAT.

1° Loyers, fermages et rentes foncières provenant de biens ou fondations compris dans le domaine départemental ou constitués en propriété au département;

2° Part revenant à la province sur le produit net de l'impôt arabe;

3° Produit des centimes additionnels ordinaires qui pourront être attribués à la province sur les impôts directs établis au profit de l'État;

4° Cinquième du produit net de l'octroi municipal de mer dans les ports de la province, tant que le budget provincial restera spécialement chargé des dépenses relatives aux hôpitaux et hospices civils;

5° Remboursement par les communes, les corporations, les familles ou les particuliers, des frais de traitement et d'entretien dans les hôpitaux et hospices civils, orphelinats et asiles d'aliénés;

6° Portion des amendes payées par les Arabes en territoire militaire, qui n'est pas attribuée aux chefs indigènes par les arrêtés spéciaux sur la matière;

7° Portion attribuée au département dans le produit des amendes payées par les Arabes administrés par l'autorité civile (décr. du 8 août 1851, *affaires arabes*, § 2);

8° Plaques, livrets et permis de départ délivrés aux membres des corporations des Berranis;

9° Amendes payées par les membres desdites corporations;

10° Produits des expéditions des anciennes pièces ou des actes administratifs déposés aux archives du département;

11° Droits de péage et taxes ou cotisations autorisées au profit du département;

12° Enfin, et généralement, tous autres droits et perceptions concédés à titre permanent au département ou territoire militaire par les lois et règlements.

Art. 49. — Les recettes extraordinaires se composent des produits ci-après désignés:

1° Contributions extraordinaires et centimes additionnels facultatifs dûment autorisés;

2° Prix de ventes d'immeubles ou d'objets mobiliers;

3° Dons et legs dûment autorisés;

4° Remboursement de capitaux exigibles ou de rentes rachetées;

5° Produits des emprunts autorisés;

6° Subvention sur le fonds commun;

7° Subvention de l'État, des communes, des associations ou des particuliers, pour concourir à l'exécution des travaux publics d'utilité départementale;

8° Enfin et généralement toutes recettes accidentelles et imprévues non comprises dans la nomenclature établie par l'article précédent.

Art. 50. — Les recettes tant ordinaires qu'extraordinaires sont exclusivement appliquées aux besoins de la province où elles ont été perçues, sous la réserve ci-après: — Sur l'ensemble des ressources ordinaires de chaque province il est fait un prélèvement de 10 p. 100 destiné à former un fonds commun laissé à la disposition du ministre pour être réparti entre les trois provinces, au prorata de leurs besoins, et à titre de ressources supplémentaires.

Art. 51. — Les fonds qui n'auront pu recevoir leur emploi dans le cours de l'exercice seront reportés, après clôture, sur l'exercice en cours d'exécution, avec l'affectation qu'ils avaient au budget voté par le conseil général. Les fonds restés libres seront cumulés avec les ressources du budget nouveau.

Art. 52. — Le comptable chargé du service des dépenses provinciales ne peut payer que sur des mandats délivrés dans la limite des crédits ouverts au budget: — En territoire civil, par le préfet; — En territoire militaire, par l'intendant militaire, pour les dépenses administratives; — Par le directeur des fortifications, pour les travaux. — Ces ordonnateurs pourront déléguer leurs pouvoirs dans la limite des instructions ministérielles.

Des comptes d'administration.

Art. 53. — Le conseil général entend et débat les comptes d'administration qui lui sont présentés par le préfet et le commandant du territoire militaire. — Les observations du conseil général sur les comptes présentés à son examen sont adressées directement par son président au ministre de l'Algérie et des Colonies. — Ces comptes, provisoirement arrêtés par le conseil général, sont définitivement réglés par décret impérial.

Des budgets des localités non érigées en communes (1).

Art. 54. — Les budgets des localités non érigées en communes sont réglés dans le département par le préfet, dans le territoire militaire, par le commandant du territoire. — Ces budgets s'alimentent: — 1° Des recettes dites communales réalisées dans ces localités; — 2° De la part qui leur revient au prorata de leur population sur le produit de l'octroi de mer; — 3° Des subventions qui pourront leur être accordées sur le budget provincial. — Les dépenses seront ordonnancées comme il est dit à l'art. 52.

Dispositions transitoires.

Art. 55. — A partir du 1er janv. 1859, le budget

---

(1) Circ. M. — 1er déc. 1858. — BM. 10. — *Instructions relatives aux budgets des localités non érigées en communes.*

Monsieur le..... — En supprimant le budget local et municipal de l'Algérie, à partir du 1er janv. 1859, le décret du 27 oct. dernier a créé, pour les localités non érigées en communes, une nouvelle classe de budgets qu'il conviendra de distinguer sous le nom de budgets locaux. L'art. 54 de ce décret détermine, etc...

En ce qui concerne les dépenses, vous devrez y faire figurer toutes celles qui ont pour similaires les dépenses ayant un caractère communal, et qui n'ont point été mises à la charge des budgets provinciaux.

Quant au mode de gestion et à la forme des budgets, l'analogie des recettes et des dépenses y relatives avec celles des budgets communaux exige qu'il soit fait application des règles qui régissent la comptabilité communale, en tenant compte, toutefois, des différences devant résulter de la constitution spéciale des budgets locaux.

Ainsi, dans les communes constituées, les dépenses sont ordonnancées par le maire et acquittées par le receveur municipal ou par un agent des services financiers en remplissant les fonctions. Pour les autres localités, il y aura un budget collectif par territoire civil ou militaire de chaque province. Les recettes seront recouvrées par les agents des services financiers, et versées dans les caisses des trésoriers payeurs, où elles formeront un fonds commun applicable aux dépenses de toutes les localités du territoire civil ou militaire de la province, non érigées en communes. Ces dépenses seront ordonnancées, en territoire civil, par le préfet, avec faculté à ce fonctionnaire de sous-déléguer les crédits aux sous-préfets; dans le territoire militaire, par l'intendant et les sous-intendants militaires, pour les dépenses d'administration, et par le service du génie, pour les travaux. Elles seront acquittées par le trésorier payeur et ses préposés.

Les comptes administratifs seront arrêtés par l'autorité à laquelle est confié le règlement des budgets locaux; mais, en ce qui touche les opérations des comptables, ces budgets seront, en tous points, soumis aux principes généraux de la comptabilité publique.

Je ne m'attacherai pas, M. le........ à appeler votre attention sur la part de responsabilité résultant de l'initiative qui vous est laissée dans le règlement du budget local et la disposition des ressources qui lui sont propres. Je compte, à cet égard, sur votre sollicitude éclairée pour les intérêts qui vous sont confiés.

Veuillez, dès la réception de la présente dépêche, prendre les mesures nécessaires pour l'établissement de ce budget, en prenant, autant que possible, pour base des allocations, celles qui, jusqu'à ce jour, ont été autorisées au titre du budget local et municipal.

Un exemplaire de ce budget devra m'être adressé, en même temps que le projet de budget provincial.

NAPOLÉON (Jérôme).

local et municipal de l'Algérie est supprimé. —
Les bonis résultant de l'apurement définitif des
recettes et des dépenses locales et municipales des
exercices expirés seront répartis entre les trois
provinces et le fonds commun, par décret impérial
rendu sur la proposition du ministre.

Art. 56. — Les conseils généraux des provinces
seront convoqués dans les trois mois qui suivront
la promulgation du présent décret.

Art. 57. — Jusqu'à la seconde session des conseils généraux, les préfets et les commandants du
territoire militaire soumettront au ministre les
affaires départementales qui n'auront pu être délibérées par les conseils généraux, et dont la solution réclamée par un intérêt majeur ne pourrait,
sans inconvénient grave, être ajournée au moment
de leur session.

Art. 58. — Toutes dispositions contraires au
présent décret sont et demeurent abrogées.

TABLEAU A.

Emplois à la nomination des préfets de l'Algérie.

1° Les maires et adjoints autres que ceux des chefs-
lieux de département et d'arrondissement;

2° Les conseillers municipaux de toutes les communes;

3° Les receveurs municipaux des communes dont le revenu est inférieur à 500,000 fr.;

4° Les commissaires de police des villes de 6,000 âmes
et au-dessous;

5° Le personnel secondaire de la police centrale rétribué sur les fonds du département;

6° Les directeurs des maisons d'arrêt et des prisons départementales et les médecins desdits établissements;

7° Les gardiens desdites maisons et prisons;

8° Le personnel des maisons centrales, moins les directeurs;

9° Les membres des commissions de surveillance des
prisons;

10° Les médecins de colonisation;

11° Les directeurs du service de la vaccination publique;

12° Les médecins vétérinaires chargés du service des
épizooties, et ceux tenant école de maréchalerie vétérinaire;

13° Les médecins et comptables des asiles publics d'a-
liénés;

14° Les médecins des eaux thermales;

15° Les directeurs et agents des dépôts de mendicité;

16° Les architectes, agents et employés du service des
bâtiments départementaux, moins l'architecte en chef;

17° Les archivistes départementaux;

18° Les administrateurs, directeurs et receveurs des
établissements de bienfaisance;

19° Les médecins et préposés des asiles indigènes;

20° Les directeurs et professeurs des écoles de dessin
et les conservateurs des musées des villes, le directeur de
la bibliothèque et du musée d'Alger excepté;

21° Les débitants de poudres à feu, de papier timbré et
de tabacs de régie;

22° Les préposés en chef des octrois des villes;

23° Les gardes forestiers des départements, des communes et des établissements publics;

24° Les gardes champêtres;

25° Les piqueurs des ponts et chaussées et cantonniers
du service des routes; les employés des bureaux du service des ponts et chaussées; les gardes des eaux;

26° Les secrétaires et gardes de la santé des lazarets;

27° Les gardiens de phare, les canotiers du service des
ports de commerce, gardes-pêche pour les pêcheries maritimes, baliseurs et inspecteurs des quais;

28° Les directeurs, jardiniers en chef et régisseurs
comptables des pépinières publiques, le directeur de la
pépinière centrale d'Alger excepté;

29° Les agents comptables des dépôts d'ouvriers;

30° Les défenseurs de l'administration près les cours et
tribunaux en Algérie;

31° Et généralement les emplois civils dont la nomination a été précédemment attribuée au gouverneur général ou aux préfets par la législation spéciale de l'Algérie.

TABLEAU B.

*Matières administratives sur lesquelles les préfets de
l'Algérie sont appelés à statuer, en vertu de l'art. 11
du décr. du 27 oct. 1858.*

§ 1. — EN CONSEIL DE PRÉFECTURE.

Affaires générales et départementales.

1° Acquisitions, aliénations et échanges de propriétés
départementales non affectées à un service public;

2° Affectation d'une propriété départementale à un service d'utilité départementale, lorsque cette propriété n'est
déjà affectée à aucun service;

3° Mode de gestion des propriétés départementales;

4° Baux de biens donnés ou pris à ferme et à loyer par
le département;

5° Transactions qui concernent les droits du département;

6° Acceptation ou refus des dons faits au département
sans charge ni affectation immobilière, et des legs qui
présentent le même caractère ou qui ne donnent pas lieu
à réclamation;

7° Contrats à passer pour l'assurance des bâtiments départementaux;

8° Acceptation des offres faites par des communes, des
associations ou des particuliers, pour concourir à la dépense des travaux à la charge du département;

9° Concession à des associations, à des compagnies ou
à des particuliers, des travaux d'intérêt départemental;

10° Règlement de la part des dépenses des aliénés,
enfants trouvés et abandonnés et orphelins pauvres, à
mettre à la charge des communes, et base de la répartition
à faire entre elles;

11° Traités entre le département et les établissements
publics ou privés d'aliénés, avec les directeurs et directrices d'orphelinats;

12° Mode et conditions d'admission des enfants trouvés
dans les hospices; tarifs des mois de nourrice et de pension; indemnités aux nourriciers et gardiens; prix des
layettes et vêtures.

13° Autorisation d'établir des asiles privés d'aliénés;

14° Tarifs des droits de location de places dans les
halles et marchés, et des droits de pesage, jaugeage et
mesurage;

15° Création de foires et marchés;

16° Fixation annuelle du prix de la journée de traitement dans les hôpitaux civils, pour servir de base au
remboursement à exiger des malades non indigents;

17° Fixation du prix moyen de la journée de travail
pour le règlement des prestations ou amendes;

18° Approbation des règlements intérieurs des dépôts
d'ouvriers, dépôts de mendicité, prisons, hôpitaux civils,
orphelinats et asiles pour l'indigence et la vieillesse;

19° Autorisation des établissements insalubres de toute
classe;

20° Fixation des primes pour la destruction des animaux nuisibles;

21° Acceptation ou refus des dons et legs faits aux sociétés de charité maternelle, quand ils ne donnent pas lieu
à réclamation;

22° Examen et approbation des règlements de police
commerciale pour les foires, marchés, ports et autres lieux
publics;

23° Autorisation de fabriques et ateliers dans le rayon
des douanes, sur l'avis conforme du directeur des douanes;

24° Approbation des tableaux de marchandises à vendre aux enchères par le ministère des courtiers;

25° Transactions ayant pour objet les contraventions en
matière de poudres à feu, lorsque la valeur des amendes
et confiscations ne s'élève pas au delà de 1,000 fr.;

26° Location amiable, après estimation contradictoire
de la valeur locative, des biens de l'État, lorsque la durée
de la location ne doit pas excéder trois années, ni le prix
de location 1,000 fr.;

27° Mesures relatives au curage des cours d'eau non navigables;

28° Autorisation, sur les cours d'eau non navigables
ni flottables, de tous établissements, tels que moulin, usine,
barrage, prise d'eau d'irrigation, patouillet, bocard, lavoir
à mines;

29° Concessions de servitudes à titre de tolérance temporaire et révocables à volonté;

30° Cessions de terrains domaniaux compris dans le

tracé des routes impériales, départementales et des chemins vicinaux;

31° Échanges de terrains provenant de déclassement de routes, dans le cas prévu par le § 1 de l'art. 4 de la loi du 20 mai 1836, rendu applicable à l'Algérie;

32° Demandes en autorisation concernant les établissements et constructions mentionnés dans les art. 151, 152, 153, 154 et 155 c. for.;

33° Constitution en associations syndicales des propriétaires intéressés à l'exécution et à l'entretien des travaux d'endiguement contre la mer, les fleuves, rivières et torrents navigables ou non navigables, de canaux d'arrosage ou de canaux de desséchement, lorsque les propriétaires sont d'accord pour l'exécution desdits travaux et la répartition des dépenses.

Affaires communales.

34° Vente sur les lieux des produits façonnés provenant des bois des communes et des établissements publics, quelle que soit la valeur de ces produits;

35° Autorisation de travaux à exécuter dans les forêts communales ou d'établissements publics, pour la recherche ou la conduite des eaux, la construction des récipients et autres ouvrages analogues, lorsque ces travaux auront un but d'utilité communale;

36° Mode de jouissance en nature des biens communaux;

37° Aliénations, acquisitions, échanges et partages de biens communaux;

38° Dons et legs de toutes sortes de biens, lorsqu'il n'y a pas de réclamation des familles;

39° Autorisation d'ester en justice;

40° Transactions pour toutes sortes de biens, quelle qu'en soit la valeur;

41° Baux à donner ou à prendre, quelles qu'en soient la valeur et la durée;

42° Tarif des pompes funèbres;

43° Tarif des concessions dans les cimetières;

44° Plans d'alignement des villes;

45° Tarifs des droits de voirie dans les villes;

46° Autorisation d'emprunts, lorsqu'ils sont remboursables sur les ressources ordinaires et que le terme du remboursement n'excède pas dix années.

§ 2. SANS L'ASSISTANCE DU CONSEIL DE PRÉFECTURE.

Affaires générales et départementales.

47° Approbation des plans et devis des travaux d'entretien et de réparations simples à exécuter pour le compte de l'État et du département dans la limite des crédits ouverts;

48° Approbation des plans et devis de travaux de construction ou de grosses réparations à exécuter pour le compte du département, pourvu que la dépense créditée ne dépasse pas 50,000 fr., qu'on n'engage pas la question de système, s'il s'agit de prisons départementales ou d'asiles publics d'aliénés;

49° Adjudication de travaux dans les limites déterminées par les deux paragraphes précédents;

50° Adjudication des emprunts départementaux dans les limites fixées par les décrets d'autorisation;

51° Règlements des budgets des asiles publics d'aliénés et autres établissements départementaux d'assistance publique;

52° Dispense intégrale ou partielle du remboursement des dépenses d'entretien des aliénés, enfants trouvés et orphelins pauvres, lorsqu'ils sont retirés par les familles ou par des bienfaiteurs;

53° Approbation des cahiers des charges relatifs aux fournitures pour les hôpitaux, hospices civils, asiles, dépôts d'ouvriers, prisons et tous autres établissements administrés pour le compte de l'État ou du département;

54° Adjudication desdites fournitures;

55° Marchés de gré à gré dans les limites déterminées par les instructions ministérielles;

56° Mesures de rapatriement, relatives aux aliénés, enfants abandonnés et orphelins pauvres;

57° Délivrance de secours de route aux voyageurs indigents;

58° Délivrance de passage gratuit à bord des bâtiments chargés du service des transports entre l'Algérie et la France, dans les limites et sous les conditions déterminées par les instructions ministérielles;

59° Nomination aux bourses entretenues par le département dans les établissements publics d'instruction, excepté le lycée impérial d'Alger et le collège impérial arabe-français;

60° Règlementation des tournées à effectuer dans le département par les vérificateurs des poids et mesures;

61° Admissions exceptionnelles dans les orphelinats, en se conformant aux instructions ministérielles;

62° Locations d'immeubles domaniaux par adjudication publique;

63° Achat, sur les fonds départementaux, d'ouvrages administratifs destinés aux bibliothèques des préfectures, des sous-préfectures, et des commissariats civils;

64° Emploi du fonds de réserve inscrit au budget provincial pour dépenses imprévues;

65° Virements de crédits dans l'intérieur d'un chapitre seulement;

66° Acquisitions de meubles pour la préfecture, les sous-préfectures, les commissariats civils et l'hôtel du commandement du territoire militaire; réparations à faire au mobilier dans les limites des crédits;

67° Distributions d'indemnités ordinaires et extraordinaires allouées sur le budget départemental aux ingénieurs des ponts et chaussées;

68° Règlements, budgets et comptes des sociétés de charité maternelle.

Affaires communales.

69° Règlement des budgets et comptes des communes, lorsque les budgets sont inférieurs à 300,000 fr. et ne donnent pas lieu à des impositions extraordinaires ou à des emprunts;

70° Approbation des plans et devis des travaux neufs à exécuter pour le compte des communes;

71° Approbation des cahiers des charges pour la mise en adjudication desdits travaux;

72° Approbation des marchés de gré à gré pour travaux et fournitures au compte des communes, quelle qu'en soit la valeur;

73° Ouverture, agrandissement et déplacement des cimetières;

74° Établissement de trottoirs dans les villes;

75° Répartition du fonds commun des amendes de police correctionnelle.

En matière de travaux publics exécutés pour le compte de l'État, et sur l'avis ou la proposition des ingénieurs en chef.

76° Approbation, dans la limite des crédits ouverts, des dépenses dont la nomenclature suit:

A. Acquisitions de terrains, immeubles, etc., dont le prix ne dépasse pas 25,000 fr.;

B. Indemnités mobilières;

C. Indemnités pour dommages;

D. Frais accessoires aux acquisitions d'immeubles, aux indemnités mobilières et aux dommages ci-dessus désignés;

E. Loyers de magasins, terrains, etc.;

F. Secours aux ouvriers réformés, blessés, etc., dans les limites déterminées par les instructions;

77° Approbation de la répartition rectifiée des fonds d'entretien et des décomptes définitifs des entreprises, quand il n'y a pas d'augmentation dans les dépenses autorisées;

78° Autorisation de la mainlevée des hypothèques prises sur les biens des adjudicataires ou de leurs cautions, et du remboursement des cautionnements après la réception définitive des travaux;

79° Autorisation de la remise au service du domaine des terrains devenus inutiles au travaux.

TABLEAU C.

Annexé au décret concernant l'organisation administrative de l'Algérie.

Affaires réservées à la décision du pouvoir central.

(Art. 12 du décr. du 27 oct. 1858.)

1° Affaires mixtes, c'est-à-dire qui intéressent à la fois deux provinces, ou, dans la même province, les deux territoires;

2° Mesures relatives au cantonnement des Arabes en territoire civil ou militaire;

3° Création de villes, villages et centres de population;

4° Circonscriptions territoriales, administratives et judiclaires ; changements proposés à la désignation des chefs-lieux ;

5° Contributions extraordinaires à établir et emprunts à contracter dans l'intérêt du département ;

6° Répartition du fonds commun provincial ;

7° Règlement des budgets provinciaux et des comptes administratifs ;

8° Approbation de virements de crédits d'un article à l'autre du budget provincial ;

9° Changement de destination des édifices départementaux ;

10° Fixation du taux maximum du mobilier des préfectures, sous-préfectures et commissariats civils ;

11° Approbation des baux des édifices pris à loyer pour l'installation des services administratifs dont la dépense est mise à la charge de l'État ;

12° Acquisitions, aliénations, échanges d'immeubles appartenant à l'État, sauf les exceptions comprises aux n°s 50 et 51 § 1, et 76 du § 2 du tableau B;

13° Classement, direction et déclassement des routes départementales ;

14° Approbation des règlements d'administration et de discipline des maisons centrales, prisons départementales et établissements pénitentiaires, et généralement de toutes les mesures qui engagent les questions de système et d'organisation ;

15° Approbation des projets, plans et devis des travaux neufs à exécuter pour le compte du département, quand, pour ce dernier, la dépense doit excéder 50,000 fr., et quelle que soit la quotité de la dépense, s'il s'agit de prisons départementales, ou d'asiles d'aliénés, et si les travaux engagent la question de système ;

16° Fixation de la part contributive du budget provincial aux dépenses et aux travaux qui intéressent à la fois l'État et la province, ou la province et les communes ;

17° Organisation des caisses de retraite ou de tout autre mode de rémunération ou de secours en faveur des employés des services publics rétribués sur les fonds du département ;

18° Règlement du domicile de secours pour les aliénés et les enfants trouvés, lorsque la question s'élève entre deux provinces ;

19° Ouverture ou suppression des tours pour les enfants trouvés ;

20° Création d'octrois aux portes de terre des villes, et approbation des tarifs desdits octrois ;

21° Modifications au tarif de l'octroi municipal de mer ; approbation d'additions au tarif ou de suppléments de taxe votés par les communes ;

22° Impositions extraordinaires et emprunts votés par les communes, sauf les emprunts remboursables sur les seules ressources ordinaires, et dont le terme du remboursement n'excédera pas dix années ;

23° Expropriation pour cause d'utilité publique, sauf en matière de chemins vicinaux ;

24° Dons et legs aux départements et aux communes, lorsqu'il y a réclamation ;

25° Établissements de ponts communaux à péage ;

26° Création d'établissements de bienfaisance (hôpitaux, hospices, orphelinats, bureaux de bienfaisance, monts de piété) ;

27° Nomination aux emplois non compris dans la nomenclature fixée par le tableau A.

Décis. I. — 13 nov. 1858. — BM, 4. — *Traitement des fonctionnaires civils* (1).

Sur la proposition du prince chargé du ministère, les traitements ont été attachés à la personne et non à la résidence, excepté dans les villes d'Alger, Constantine, Oran, Blidah, Bône et Philippeville auxquelles leur organisation définitive actuelle peut faire assigner une classe déterminée.

Préfets. — Alger, 50,000 fr. ; — Constantine et Oran, 25,000 fr.

Sous-préfets. — Blidah, Bône, Philippeville, 8,000 fr.

(1) Suivant décret du 15 mai 1851, B. 400, les dispositions du décr. du 27 mars 1851 ont été déclarées applicables en Algérie. Elles attribuent les traitements de non-activité qui suivent : — 8,000 fr. aux préfets de 1re cl. ; — 6,000 fr. à ceux de 2e et 3e cl. ; — 3,000 fr. aux sous-préfets de 1re cl. ; — 2,400 fr. à ceux de 2e et

(Même décision pour Mostaganem. V. ci-après § 4, 31 déc. 1859). — Autres localités, 6 ou 7,000 fr. ; fixation laissée à l'appréciation du ministre.

Secrétaires généraux, — 6 ou 7,000 fr. *Idem.*

Commissaires civils. — 4,500 ou 5,000 fr.

Conseillers de préfecture. — Alger, 4,500 fr. ; — Constantine et Oran, 3,600 ou 4,000 fr.

Conseillers civils près les commandements militaires, 3,500 fr.

Suivant arr. min. du 14 juill. 1852. — B. 121. — Les traitements ci-après ont été ainsi réglés :

Secrét. de sous-préfet. — 1re cl., 3,500 fr. ; — 2e cl., 3,000 fr. — Sans logement.

Secrét. de comm. civil. — 1re cl., 2,400 fr. ; — 2e cl., 2,100 fr. — Avec logement.

(V. ci-après § 5, Personnel administratif, les traitements des employés de l'administration civile.)

Circ. M. — 18 nov. 1858. — BM. 8. — *Titre des généraux commandant les territoires militaires.*

La nouvelle organisation de l'Algérie n'admet plus la province comme une unité de commandement. Cette désignation territoriale ne répond plus aux faits dans l'ordre administratif, puisque la province se trouve divisée en deux départements, l'un civil et l'autre militaire. Il y a donc deux chefs pour chaque province, exerçant leurs pouvoirs dans deux territoires différents. — Cette situation ne permet plus aux chefs des territoires militaires de prendre le titre de *commandant de la province*; leur véritable qualification doit être *général commandant la division* d'Alger, d'Oran ou de Constantine. NAPOLÉON (Jérôme).

Décis. I. — 15 déc. 1858-10 janv. 1859. — BM. 11. — *Translation de Blidah à Alger du chef-lieu de la division militaire et du siège de la subdivision* (V. Inst. min. du 21 déc. 1858. — BM. 12).

DI. — 16 août 1859 (V. Circonscriptions, § 1). — *Extension du territoire civil dans le département d'Alger. — Division en quatre arrondissements.*

Décis. M. — 9 sept. 1859. — BM. 42. — *Création d'un recueil officiel des actes de la préfecture.*

M. le préfet, pour faire parvenir d'une manière régulière à tous les fonctionnaires et agents qui ont intérêt à les connaître, à les étudier, les arrêtés et les actes de l'administration préfectorale, il m'a paru nécessaire qu'ils fussent publiés, d'après un mode uniforme, dans un recueil qui prendrait le titre de *Recueil officiel des actes de la préfecture.*

En conséquence, j'ai décidé que, à partir du 1er janv. prochain, vous publierez ce recueil pour les actes de votre préfecture. — Le format et la justification seront ceux de l'in-octavo ordinaire. — Chaque livraison, qui paraîtra au fur et à mesure des nécessités du service, portera un numéro avec sommaire indicatif des actes et documents qui y seront insérés : chacun de ces actes recevra, à sa date, un numéro d'ordre. — Les livraisons d'une année seront réunies en un volume, qui sera accompagné de deux tables, l'une chronologique et l'autre alphabétique, analogues à celles du *Bulletin des lois.*

5e cl. La durée de ce traitement ne peut excéder six années ; il ne peut être accordé qu'aux fonctionnaires qui comptent au moins six années de services rétribués par l'État, et ne peut être cumulé avec un traitement payé par le trésor public, ou une pension payée sur les fonds du trésor ou de la caisse des retraites centrales.

Le Recueil des actes de votre préfecture contiendra : — 1° Les lois, décrets, ordonnances et règlements de l'administration centrale qu'il vous sera prescrit ou qu'il vous paraîtra opportun de notifier aux agents locaux placés sous vos ordres, ou de publier à nouveau, intégralement ou par extrait ; — 2° Vos arrêtés et décisions sur des objets d'intérêt général, textuellement ; — 3° Vos arrêtés portant nominations et promotions dans le personnel, par simple mention ou extrait ; — 4° Vos instructions et circulaires pour l'exécution des lois et règlements ou des mesures générales prescrites par l'autorité supérieure ; — 5° Les tarifs et mercuriales, les documents statistiques intéressant le département, les tableaux officiels de la population, et tous autres documents analogues et dont la publication vous paraîtrait utile et opportune.

Le recueil de vos actes ne devra point contenir d'actes étrangers à l'administration : ne sont point considérés comme tels ceux qui se rapportent à des objets d'économie publique, et qui tendent à éclairer les habitants des campagnes, à les détourner de pratiques nuisibles, ou à leur indiquer de bonnes méthodes ; mais il conviendra de donner à ces instructions la forme de lettres circulaires.

Je n'ai sans doute pas besoin, M. le préfet, de vous faire observer qu'il est des actes, même officiels, qui ne sont pas susceptibles d'insertion au *Recueil*. — Ainsi vous ne devez pas rendre publics les arrêtés qui auraient pour objet soit de censurer la conduite d'un fonctionnaire, soit de faire cesser un conflit entre diverses autorités, lorsque le dissentiment ne reposerait pas sur une question de principe ou de droit.

Chaque numéro du *Recueil des actes de la préfecture* sera certifié conforme par le secrétaire général et daté. La date sera celle de la réception du numéro au secrétariat général de la préfecture et de son inscription sur un registre *ad hoc*. — Le Recueil sera adressé gratuitement à tous les sous-préfets, commissaires civils et maires du département, et vous m'enverrez dix exemplaires de chaque numéro, sous le timbre de la direction de l'intérieur (1er bureau). — Les frais d'impression du Recueil seront, comme en France, imputés sur la seconde partie du fonds d'abonnement. — Je dois vous faire observer que l'insertion au Recueil ne vous dispensera pas de faire imprimer en placards les arrêtés de police et tous autres actes officiels qu'il y a lieu de porter d'une manière générale à la connaissance du public.

Comte DE CHASSELOUP-LAUBAT.

§ 2. — ADMINISTRATION CENTRALE A PARIS.

Organisation intérieure du ministère de l'Algérie et des colonies.

Jusqu'en 1831 la direction des affaires civiles de l'Algérie avait été établie au ministère de l'intérieur. En 1831 le bureau des opérations militaires, au ministère de la guerre, fut chargé de cette direction. La même année un bureau des affaires d'Afrique fut créé et ne fut converti en division que par ord. roy. du 28 fév. 1837. Le 17 janv.

1841 cette division prit le titre de direction des affaires de l'Algérie, les fonctionnaires les plus éminents occupèrent successivement les fonctions de directeur jusqu'à la nouvelle organisation de 1858.

Par décrets des 2 avr. 1850 et 17 déc. 1851, B. 317 et 401, un comité consultatif avait en outre été institué auprès du ministre de la guerre ; il était chargé d'examiner tous les projets de lois, décrets et règlements généraux, ainsi que les questions et affaires administratives qui lui étaient déférées et sur lesquelles il était appelé par le ministre à donner son avis. Cette institution a été conservée dans l'organisation actuelle sous le titre de *conseil supérieur de l'Algérie et des colonies*. Il a été de plus formé dans son sein une commission permanente des travaux publics.

L'organisation intérieure du ministère de l'Algérie et des colonies comprend : 1° la composition des directions et bureaux telle qu'elle est déterminée par le dernier décret du 10 nov. 1859, ci-après ; 2° le conseil supérieur de l'Algérie et des colonies ; 3° la commission permanente des travaux publics ; 4° un comité consultatif des affaires domaniales ; 5° un conseil des chefs de service ; 6° une commission permanente des marchés. Un arrêté du 25 juin 1859, BM. 28, avait institué en outre un service de contrôle administratif et financier qui avait été placé sous les ordres de M. le baron de Roujoux chargé de la direction des finances ; mais à la suite du décret du 10 nov. 1859, qui a modifié l'organisation de l'administration centrale au ministère, cet arrêté a été rapporté le 29 nov. du même mois, BM. 48, et ce service a été placé sous la direction du chef du cabinet du ministre. — Les documents concernant ces divers services sont insérés dans l'ordre et sous les numéros qui précèdent.

Décis. I.—29 juill. 1858.—BM. I.—*Répartition des attributions concentrées antérieurement dans la direction des affaires de l'Algérie au ministère de la guerre.—Division en deux services, l'un chargé du personnel militaire et des intérêts militaires et maritimes, l'autre appelé à traiter toutes les affaires civiles et indigènes.*

DI.—22 déc. 1858.— BM. 11.— *Réorganisation des services par nature d'attributions.—Suppression de la direction des affaires civiles de l'Algérie et de la direction des colonies. (Remplacé par décret du 10 nov. 1859 ci-après)* (1).

AM.—24 déc. 1858.— BM. 12.— *Costume des chefs de service.*

AM. — (Même date). *Grades et traitements du personnel.*

Art. 1. — Le personnel de l'administration centrale du ministère de l'Algérie et des colonies est ainsi composé : — Attachés au cabinet. — Chefs

_____

(1) Sire, en créant le ministère dont vous avez daigné me charger, et en le formant de la direction des affaires de l'Algérie et de la direction des colonies, la pensée de V. M. n'a pas été de maintenir la séparation de ces deux services, mais, au contraire, de les réunir et de leur donner une commune impulsion. En effet, le but de l'institution d'un ministère de l'Algérie et des colonies serait-il atteint si, par exemple, l'administration de la justice, de l'instruction publique et des cultes en Algérie continuait à être distraite de celle des mêmes services aux colonies ; si, en matière de finances, de travaux publics et de com-

merce, des services semblables continuaient à être régis par des principes différents ? J'ai dû songer, dès le premier jour, à substituer à cette division territoriale une répartition des services par nature d'attributions ; mais il convenait de ne pas gêner par un changement subit l'expédition des affaires. Aujourd'hui rien ne s'oppose à cette réorganisation, dont la nécessité m'a été confirmée par l'expérience ; il convient, d'ailleurs, qu'elle soit accomplie avant l'ouverture du prochain exercice.

NAPOLÉON (Jérôme).

de bureau. — Sous-chefs de bureaux. — Commis principaux. — Commis. •

Art. 2. — Il y a trois classes de chefs de bureau : traitement, 8,000 ; 7,000 ; 6,000.

Art. 3. — Il y a trois classes de sous-chefs : traitement, 5,000 ; 4,500 ; 4,000.

Art. 4. — Il y a trois classes de commis principaux : traitement, 3,600 ; 3,300 ; 3000.

Art. 5. — (Ainsi modifié par arrêté min. du 25 mai 1859), il y a cinq classes de commis : traitement, 2,500 ; 2,400 ; 2,100 ; 1,800 ; 1,600.

Art. 6. — Les avancements se feront par classe et à des intervalles qui ne pourront être moindres d'une année, sauf pour services extraordinaires que le ministre seul appréciera.

Art. 7. — Les attachés au cabinet, les secrétaires du conseil supérieur, et généralement tous les employés qui n'entrent pas dans la hiérarchie susénoncée, jouiront d'un traitement qui sera fixé personnellement et prendront rang d'après ce traitement.

Art. 8. — Les employés qui n'ont pas le traitement réglementaire de leur grade ou de leur classe restent dans leur situation actuelle et rentreront successivement dans les conditions ci-dessus établies selon leurs services, les nécessités de l'avancement général et les possibilités budgétaires. Cette régularisation aura lieu en commençant par les traitements les plus faibles.

NAPOLÉON (Jérôme).

AM. — 31 déc. 1858. — BM. 15. — *Ordonnancement secondaire.* — M. l'inspecteur en chef de la marine, conseiller d'État, chargé de la direction des finances au ministère de l'Algérie et des colonies, a été autorisé à délivrer, à titre d'ordonnateur secondaire, pour les dépenses payables par le caissier payeur central du trésor, les mandats qui n'excéderont pas la somme de 10,000 fr.

D1. — 10 nov.-10 déc. 1859. — BM. 48. — *Nouvelle organisation de l'administration centrale.*

Vu le déc. du 22 déc. 1858 (*ci-dessus*) ; — Considérant que, dans l'intérêt du service et pour accélérer l'expédition des affaires, il est nécessaire d'apporter quelques modifications à l'organisation actuelle de l'administration centrale du ministère de l'Algérie et des colonies.

Art. 1. — L'administration centrale du département de l'Algérie et des colonies est constituée ainsi qu'il suit : (V. à l'arrêté suivant pris en exécution de l'art. 2 ci-après.)

Art. 2. — Un arrêté ministériel détermine les attributions de chacun des bureaux composant, aux termes de l'article qui précède, le secrétariat général et les trois directions de l'administration centrale du département.

Art. 3. — Les traitements annuels du personnel de l'administration centrale sont fixés ainsi qu'il suit :

Secrétaire général, 25,000 fr. — Directeurs, 20,000 fr. — Chef du cabinet, 10,000 à 12,000 fr. — Chefs de bureau, 6,000 à 8,000 fr. — Sous-chefs de bureau, 4,000 à 5,000 fr. — Commis principaux, 3,000 à 3,600 fr. — Commis, 1,500 à 2,700 fr.

Art. 4. — Le secrétaire général et les directeurs sont nommés par l'Empereur, sur la proposition du ministre de l'Algérie et des colonies, qui pourvoit directement à tous les autres emplois. — Un arrêté ministériel détermine les conditions d'admission et d'avancement dans le personnel de l'administration centrale.

Art. 5. — Toutes les dispositions contraires au présent décret sont et demeurent rapportées.

AM. — 12 nov. 1859. — BM. 48. — *Organisation des bureaux en vertu du décret qui précède* (en ce qui concerne l'Algérie seulement.)

Art. 1. — Les services de l'admin. centrale du ministère de l'Algérie et des colonies sont organisés ainsi qu'il suit :

CABINET DU MINISTRE. — *Bureau du cabinet.*

Ouverture des dépêches. — Enregistrement général à l'arrivée. — Répartition de la correspondance entre les différents services du ministère. — Service du départ général. — Audiences. — Affaires réservées. — Insertions au *Moniteur.* — Publications. — Correspondance télégraphique.

SECRÉTARIAT GÉNÉRAL.

1er *Bureau.* — Secrétariat et service intérieur : — Personnel de l'administration centrale. — Matériel et service intérieur du ministère. — Impressions. — Archives. — Dépôt des actes publics coloniaux. — Ampliations. — Visas et légalisations. — *Bulletin officiel.* — Rapports avec le conseil d'État. — Honneurs et préséances. — Presse algérienne. — Pensions. — Préparation de décrets pour les croix et récompenses. — Bibliothèque.

2e *Bureau.* — Justice : — Justice civile et criminelle. — Justice musulmane : — Offices ministériels. — Interprètes judiciaires et assermentés. — Législation civile et criminelle. — Questions d'état civil. — Naturalisations. — Successions vacantes.

3e *Bureau.* — Cultes et instruction publique : — Cultes. — Instruction publique. — Salles d'asile. — Établissements scientifiques. — Musées. — Beaux-arts. — Monuments historiques.

DIRECTION DE L'ADMINISTRATION DE L'ALGÉRIE.

1er *Bureau.* — Administration générale, provinciale et communale : — Administration générale, provinciale et communale. — Administration des populations arabes. — Bureaux arabes départementaux. — Police. — Foires. — Imprimerie, librairie, théâtres. — Poids et mesures. — Service des ports et de la santé. — Milices. — Hospices et établissements de bienfaisance. — Prisons. — Mouvement et recensement de la population.

2e *Bureau.* — Colonisation, mines et forêts : — Opérations topographiques. — Création de centres de population. — Domaine. — Aliénations, concessions et amodiations. — Séquestre. — Cantonnements. — Mines. — Forêts. — Agriculture.

3e *Bureau.* — Travaux publics, commerce et industrie : — Ponts et chaussées. — Chemins de fer. — Grande voirie. — Bâtiments civils. — Édifices diocésains. — Phares et fanaux. — Travaux provinciaux et communaux. — Police et régime des eaux. — Travaux hydrauliques. — Commerce, industrie, passages.

DIRECTION DE L'ADMINISTRATION COLONIALE ET DES SERVICES FINANCIERS DE L'ALGÉRIE ET DES COLONIES.

1er *Bureau.* — Administration générale des colonies.

2e *Bureau.* — Administration intérieure des colonies.

3e *Bureau.* — Administrations financières : — Contributions directes et indirectes. — Douanes (tarifs et perceptions). — Enregistrement. — Timbre. — Impôts et produits divers. — Postes. — Service télégraphique.

4e *Bureau.* — Comptabilité générale : — Questions de finances générales. — Budget général. — Vérification des dépenses. — Ordonnancement. — Comptabilité. — Centralisation des budgets locaux, des répartitions de crédits et des ordonnances de délégation. — Centralisation des demandes et des ouvertures de crédits. — Situation des caisses du trésor aux colonies. — Envoi de fonds. — Situation des comptes de fonds de réserve aux colonies. — Comptes courants avec les receveurs généraux. — Caisse du ministère. — Comptabilité du magasin des approvisionnements pour les colonies.

Exposition algérienne et coloniale. — Expositions. — Expériences et recherches. — Communications commerciales et techniques.

DIRECTION DES AFFAIRES MILITAIRES ET MARITIMES EN ALGÉRIE ET AUX COLONIES.

1er *Bureau.* — Affaires militaires et maritimes en Algérie. — Affaires arabes : — Correspondance concernant les opérations militaires. — Rapports avec le ministre de la guerre et le ministre de la marine relativement au personnel militaire en Algérie. — Affaires politiques arabes en territoire militaire. — Personnel et administration des

4

bureaux arabes militaires. — Interprètes de l'armée. — Chefs indigènes en territoire militaire. — Propositions d'avancement et de récompenses. — Arabes internés à Ajaccio et pénitenciers indigènes en Algérie. — Marine. — Ecole des mousses. — Pêche côtière et pêche du corail en Algérie. — Dépôt des étalons des tribus.

2° *Bureau.* — Affaires militaires et maritimes aux colonies.

5° *Bureau.*—Artillerie et génie aux colonies. — Dépôt des fortifications aux colonies.

Contrôle.

Examen et visa de toutes les propositions à soumettre à l'approbation du ministre par les directeurs au sujet de concessions de traitements et d'allocations pécuniaires ou autres, et des marchés, contrats et engagements de toutes sortes. — Vérification et visa des décomptes de répartition de fonds et des ordonnances de payement. — Contrôle des propositions et liquidations de pensions. — Vérification de la caisse spéciale et de la comptabilité centrale du matériel du ministère. — Assistance aux travaux des commissions chargées à Paris de procéder à des marchés et à des recettes.

Art. 2. — Chaque bureau est chargé du personnel et de la comptabilité des services placés dans ses attributions.

2° Conseil supérieur de l'Algérie et des colonies.

DI. — 21 nov.-13 déc. 1858. — BM. 6.—*Institution du conseil supérieur* **(1).**

Vu notre déc. du 24 juin 1858 ; — Le sénatus-consulte du 3 mai 1854, réglant la constitution des colonies de la Martinique, de la Guadeloupe et de la Réunion ;—Notre déc. en date du 26 juill. 1854, sur les attributions du comité consultatif des colonies et sur l'indemnité des délégués ; — Notre déc. en date du 2 avril 1850, portant création d'un comité consultatif de l'Algérie ;

Art. 1. — Il est institué auprès du ministre de l'Algérie et des colonies, et sous sa présidence, un conseil supérieur de l'Algérie et des colonies.

Art. 2.—Un décret impérial, rendu sur la proposition du ministre, arrête, chaque année, la composition du conseil, et désigne parmi ses membres deux vice-présidents.

Art. 3.—Le conseil est appelé à délibérer sur toutes les affaires intéressant l'Algérie et les colonies, à l'occasion desquelles le ministre croit devoir le consulter. Ses avis ont un caractère purement consultatif ; il ne peut prendre l'initiative d'aucune délibération.

Art. 4.—Indépendamment des commissions spéciales et temporaires dont l'étude des questions soumises au conseil peut nécessiter la formation, il est institué dans son sein une commission permanente des travaux publics dont l'organisation est réglée par arrêté ministériel.

Art. 5.—Des jetons de présence, dont la valeur est fixée par le ministre, sont délivrés aux membres du conseil **(2).**

Art. 6.—Les chefs de service du ministère de l'Algérie et des colonies ont entrée au conseil et prennent part à ses travaux, sans voix délibérative **(3).**

Art. 7.—Des secrétaires rétribués, nommés par le ministre, sont attachés au conseil.

Art. 8.—Il n'est rien changé à l'organisation du comité consultatif des colonies, institué en vertu du sénatus-consulte du 3 mai 1854, et qui demeure régi par les dispositions de notre déc. du 26 juill. 1854.

Art. 9.—Le comité consultatif de l'Algérie, établi par notre déc. du 2 avril 1850, est supprimé.

AM.—11 déc. 1858.—BM. 11.—*Règlement de service intérieur.*

Art. 1.—Le conseil supérieur se réunit périodiquement aux jours et heures qui sont déterminés par le Prince chargé de la présidence du conseil. Il peut, en outre, être convoqué en séance extraordinaire, suivant les besoins du service. Les convocations sont faites par le chef du secrétariat du conseil. Elles sont accompagnées d'un ordre du jour contenant le programme des questions qui doivent faire l'objet de la réunion.

Art. 2.—Pour que le conseil supérieur puisse délibérer, devront être présents la moitié plus un au moins de ses membres, non compris les chefs de service du ministère, qui n'ont pas voix délibérative.

Art. 3.—En cas de partage des voix, la voix du président est prépondérante.

Art. 4.—Lorsque, soit en vertu d'une décision générale et de principe, soit en vertu d'une décision spéciale, une affaire devra être soumise au conseil supérieur, le prince désignera le rapporteur qui sera chargé de la présenter. Le dossier sera transmis, par le chef du secrétariat du conseil, au rapporteur désigné.

Art. 5.—Lorsqu'il s'agira d'affaires sommaires, ou qui auront un caractère d'urgence, les affaires seront portées au rôle de la séance, sur le simple avis donné au secrétariat par le rapporteur, qu'il est prêt à présenter ses conclusions.—Dans le cas où l'affaire comporterait un examen plus général, ou lorsqu'il en sera ainsi décidé par le conseil, le dossier demeurera déposé au secrétariat pour y être tenu, pendant un certain temps, à la disposition des membres du conseil qui désireront en prendre connaissance.

Art. 6.—S'il y a lieu de créer au sein du conseil une commission pour l'étude d'une affaire déterminée, les membres de cette commission seront

---

(1) *Rapport à l'Empereur.* — Sire, V. M., en créant le ministère de l'Algérie et des colonies, a eu principalement pour objet de constituer l'unité administrative de nos possessions d'outre-mer. Il m'a paru que cette unité gagnerait à être représentée par un conseil permanent, gardien des traditions, conservateur des principes, réunissant dans son sein les hommes les plus compétents sur les questions coloniales. — D'autre part, le régime propre au ministère de l'Algérie et des colonies consiste à réunir dans la même main, en ce qui concerne nos possessions d'outre-mer, la plupart des services militaires qui, en France, sont partagés entre les différents ministères. Il résulte de cette concentration des pouvoirs, pour celui qui en est le dépositaire, l'obligation de s'entourer, comme conseils, d'autant de spécialités qu'il y a de branches d'administration à diriger.

La création d'un conseil supérieur de l'Algérie et des colonies, que j'ai l'honneur de proposer à l'empereur, répond à ces deux ordres d'idées. Les attributions de ce conseil sont purement consultatives et s'expliquent par le principe même de sa création. J'appellerai seulement l'at-

tention de V. M. sur la formation, au sein du conseil, d'une commission permanente des travaux publics. Cette mesure se justifie par la nécessité de soumettre à des hommes spéciaux toutes les questions de travaux publics qui, je l'espère, tiendront prochainement une grande place dans les projets que j'aurai l'honneur de soumettre à V. M. — En demandant à V. M. l'autorisation d'attacher au conseil des secrétaires rétribués, j'ai eu pour objet d'assurer la régularité et la promptitude de ses travaux.

La création de ce conseil entraîne naturellement la suppression du comité consultatif de l'Algérie, institué par le déc. du 2 avr. 1850. Quant au comité consultatif des colonies, institué par le sénatus-consulte du 3 mai 1854, rien n'est changé à son institution. Il fonctionnera comme par le passé, et donnera son avis sur les questions spéciales aux colonies, qui seront soumises à ses délibérations.

NAPOLÉON (Jérôme).

(2) Excepté à ceux d'entre eux qui sont membres du corps législatif. — Décis. Imp., 15 déc. 1858.

(3) V. arr. suivant, 15 déc. 1858.

désignés par le président. La commission choisira son président et son rapporteur.

Art. 7.—Lorsque le conseil supérieur sera saisi d'une affaire qui aura déjà été soumise à la commission permanente des travaux publics, le rapporteur au conseil sera pris parmi les membres de la commission et désigné par elle-même.

NAPOLÉON (Jérôme.)

AR.—15 déc. 1858-15 janvier 1859.—BM. 12.—Les chefs de service du ministère qui ont entrée au conseil supérieur de l'Algérie et des colonies sont:—Le secrétaire général,—Le directeur de l'intérieur, — Le directeur des finances, — Le directeur des affaires milit. et marit., — Le chef du cabinet,—Le chef du secrétariat du conseil supérieur.

3° Commission permanente des travaux publics.

DI.—21 nov. 1858, art. 4. (V. suprà.) — Institution de cette commission dans le sein du conseil supérieur.

AR.—9 déc. 1858.—BM. 7.—Attributions de la commission.

Art. 1.—Seront renvoyés à l'examen de la commission permanente des travaux publics : 1° Les plans, projets et devis de tous les travaux imputables aux budgets départementaux ou locaux de l'Algérie et des colonies, et devant s'élever à une somme de plus de 50,000 fr. ; — 2° Les projets, plans et devis de tous les travaux imputables aux budgets de l'Etat, et devant s'élever à une somme de plus de 10,000 fr.

Art. 2. — Seront néanmoins, et jusqu'à nouvel ordre, envoyés à l'examen de la commission permanente tous les projets concernant les colonies, qui, en vertu des ordonnances et décrets antérieurs, étaient soumis au comité des travaux de la marine, lequel cessera de fonctionner en ce qui regarde les affaires ressortissant au ministère de l'Algérie et des colonies.

Art. 3.—La commission étudiera les affaires qui lui seront déférées, au triple point de vue de l'utilité générale, de la dépense et de l'art.

Art. 4. — Le président de la commission désignera les rapporteurs chargés de présenter les affaires.

Art. 5.—Lorsqu'il s'agira de travaux d'art importants, supérieurs à 100,000 fr., le rapport de la commission sera déféré à l'examen du conseil supérieur réuni en assemblée générale. Il en sera de même pour les travaux d'une valeur inférieure à 100,000 fr., lorsque la commission elle-même croira devoir demander cette seconde épreuve.

Art. 6.—Un des secrétaires du conseil sera attaché, au même titre, à la commission permanente des travaux publics. NAPOLÉON (Jérôme.)

4° Comité consultatif des affaires domaniales.

AR. — 16 août-17 oct. 1859. — BM. 42. — Institution de ce conseil.

Art. 1. — Il est formé au ministère de l'Algérie et des colonies, et sous la présidence du ministre, un comité consultatif des affaires domaniales.

Art. 2. Ce comité est appelé à donner son avis sur les concessions, acquisitions, aliénations, échanges ou locations d'immeubles, de chutes d'eau, de mines, de carrières et de forêts et mainlevées de séquestre. — Continueront à être portées au conseil supérieur de l'Algérie et des colonies les questions de principe et les questions générales concernant le domaine.

Art. 3. — Ce comité est composé : de 5 membres du conseil supérieur ; — 4 auditeurs au conseil d'Etat ; — 1 secrétaire ayant voix délibérative. —

Font partie du comité et prennent part à ses travaux, avec voix délibérative, les chefs de service du ministère dont les affaires sont soumises à ses délibérations.

Art. 4. — En cas d'absence du ministre, le comité ne peut délibérer que sous la présidence d'un des membres du conseil supérieur. — La présence de trois membres est indispensable pour la validité des délibérations. — En cas de partage, la voix du président est prépondérante.

Comte P. DE CHASSELOUP-LAUBAT.

5° Conseil des chefs de service.

AR. — 27 août-3 déc. 1858. — BM. 3. — Institution de ce conseil.

Art. 1. — Un conseil des chefs de service est institué au ministère de l'Algérie et des colonies pour l'expédition des affaires.

Art. 2. — Le prince chargé du ministère préside ce conseil.

Art. 3, 4, 5. — (Dispositions relatives à la composition des membres, et aux fonctions de vice-président et de secrétaire, abrogées par l'arrêté suivant.)

Art. 6. — Les ordres du jour et les principaux points des délibérations sont consignés sur un registre spécial. NAPOLÉON (Jérôme).

AR. — 15 déc. 1858. — BM. 10. — Le chef du secrétariat du conseil supérieur de l'Algérie et des colonies est appelé à siéger au conseil des chefs de service du ministère.

AR. — 31 déc. 1858. — BM. 13. — Nouvelle composition du conseil.

Vu l'arr. du 27 août 1858; le déc. du 21 nov. 1858, créant le conseil supérieur de l'Algérie et des colonies ; — Le déc. et l'arr. du 22 déc. 1858, portant réorganisation du ministère; l'arr. du 15 déc. 1858.

Art. 1. — Le premier vice-président du conseil supérieur de l'Algérie et des colonies est appelé à siéger au conseil des chefs de service du ministère. Il en a la présidence en l'absence du ministre.

Art. 2. — Le conseil demeure ainsi composé :— Le secrétaire général; — le directeur de l'intérieur ; — le directeur des finances ; — le directeur des affaires milit. et marit.; — le chef du cabinet ; — le chef du secrétariat du conseil sup.

Art. 3. — Le chef du secrétariat du conseil supérieur supplée le chef du cabinet dans les fonctions de secrétaire.

Art. 4. — Sont rapportées les dispositions de l'arr. du 27 août, contraires à celles du présent arrêté. NAPOLÉON (Jérôme).

6° Commission permanente des marchés.

AR. — 22 fév.-7 mars 1859. — BM. 19. — Institution de la commission des marchés.

Vu l'ord. du 4 déc. 1836, qui a déterminé les règles à observer dans tous les marchés à passer pour le compte de l'Etat ; — l'ord. du 31 mai 1838, sur la comptabilité publique;

Art. 1. — Les marchés à passer à Paris pour le service du ministère de l'Algérie et des colonies sont l'objet d'adjudications publiques sur soumissions cachetées, sauf le cas où, à raison des circonstances exceptionnelles déterminées dans les actes ci-dessus visés, il peut être traité de gré à gré.

Art. 2. — Une commission permanente est chargée d'établir les clauses et conditions des traités, de procéder à la passation des marchés, tant par adjudication que de gré à gré, et de pourvoir à l'examen et à la recette des fournitures effectuées, soit sur marchés, soit sur simples commandes. — L'examen et la recette des objets fournis peuvent être effectués par une sous-commission de trois membres, dont la composition est déterminée par le président.

Art. 3. — Cette commission est composée d'un fonctionnaire ou officier attaché au ministère de l'Algérie et des colonies, ayant rang d'officier supérieur, président ; — D'un chef ou sous-chef de bureau de l'admin. centrale (service intéressé) ; — d'un adjoint à l'intendance militaire ; — d'un capitaine du génie ; — d'un capitaine d'artillerie ; — de l'architecte du ministère. — Dans le cas où le président est un officier de l'une des armes indiquées ci-dessus, il n'y a pas lieu d'introduire dans la commission un second officier de la même arme.

Art. 4. — Le président peut appeler à concourir aux travaux de la commission tout officier ou fonctionnaire relevant du département de l'Algérie et des colonies, et appartenant au service auquel se rapporte le plus spécialement l'objet du traité à passer. — Lorsqu'il juge que la coopération d'un fonctionnaire d'un autre département est utile aux travaux de la commission, il en rend compte au directeur compétent du ministère de l'Algérie et des colonies. — Les divers fonctionnaires ainsi appelés à la commission y ont voix délibérative.

Art. 5. — Il peut également appeler à la commission des experts avec voix consultative.

Art. 6. — Les résolutions de la commission sont prises à la majorité des voix. — En cas de partage, la voix du président est prépondérante.

Art. 7. — Il n'est procédé aux adjudications qu'après approbation du cahier des charges par le ministre de l'Algérie et des colonies. — Aucun traité n'est exécutoire qu'après avoir été approuvé par le ministre, ou par un des fonctionnaires délégués par lui à cet effet.

Art. 8. — Chacune des expéditions des adjudications ou marchés est signée par les membres de la commission.   NAPOLÉON (Jérôme).

AM. — (Même date.) — *Organisation du service du magasin des approvisionnements du ministère.—Obligations et comptabilité de l'agent des approvisionnements ou garde-magasin.*

AM. — 7 oct.-10 nov. 1859. — BM. 44. — *Commission du service intérieur.*

Art. 1. — Il est institué, sous la présidence du secrétaire général, une commission du service intérieur du ministère de l'Algérie et des colonies.

Art. 2. — Cette commission permanente est chargée d'établir les clauses et les conditions des traités, d'apprécier et de fixer les échantillons qui doivent servir de base aux soumissions et adjudications, de procéder à la passation des marchés, tant par adjudication que de gré à gré, et de veiller à l'examen et à la recette des fournitures.

Art. 3. — Une commission de trois membres pourra être déléguée pour l'examen et la recette des fournitures.

Art. 4. — La commission interviendra toutes les fois que la dépense devra dépasser 500 fr.

Art. 5. — La commission est composée ainsi qu'il suit : le chef du 1er bureau du secrétariat gén., chargé du service intérieur ; le chef du bureau du cabinet ; un chef de bureau de chaque service, sur la présentation du directeur ; le sous-chef du 1er bureau du secrétariat gén., secrétaire, avec voix délibérative.

Art. 6. — La présence de la moitié des membres plus un est indispensable pour la validité des opérations.

Art. 7. — En cas de partage, la voix du président est prépondérante.

Art. 8. — Le chef du service du contrôle sera

informé des réunions de la commission par application de l'art. 7 de l'arr. du 25 juin 1859 (rapporté le 29 nov. suivant, V. notice § 2).

Art. 9. — L'architecte du ministère est adjoint, comme membre, à la commission, pour toutes les questions relatives au bâtiment et au mobilier.

Art. 10. — Suivant la nature du marché ou de l'adjudication, le secrétaire général prononcera l'adjonction à la commission d'un membre présentant la garantie d'une compétence spéciale.

Comte P. DE CHASSELOUP-LAUBAT.

§ 5. — PERSONNEL ADMINISTRATIF.

Le décret du 26 fév. 1859 (ci-après) qui introduit dans le personnel administratif de l'Algérie le système de l'abonnement et remet aux chefs de service la nomination de leurs employés, rend inutiles tous les documents antérieurs. Il a paru toutefois convenable de les reproduire, quand ce ne serait que pour faire apprécier de quels soins et de quelles garanties le gouvernement avait entouré le choix des employés de ce personnel.

OR.—15 avr. 1815, tit. 4 (V. *Admin. gén.,* § 1). — *Personnel administratif.* — Art. 63. — *Autorisation à demander au conseil d'administration en cas de poursuite.*

OR. — (Même date.) — (*Eodem.*) — *Règlement général.* — *Personnel continental.* — *Personnel colonial.*

AM. — 7 fév.-9 mars 1816. — B. 220. — *Enquête administrative.— Ses effets à l'égard de l'employé.*

Vu l'art. 26 de l'ord. du 15 avr. 1815 ; — Considérant qu'il importe de régler la position des fonctionnaires et agents du personnel colonial qui seraient appelés à justifier de leurs actes ou de leur conduite devant une commission d'enquête, pendant la durée de cette enquête et jusqu'à ce qu'il ait été définitivement statué à leur égard ;

Art. 1. — Tout fonctionnaire ou agent du personnel colonial, traduit devant une commission d'enquête, cessera immédiatement ses fonctions, à moins qu'il n'en soit ordonné autrement.

Art. 2. — A partir de la notification qui lui sera faite de la décision qui le traduit devant une commission d'enquête, et jusqu'au jour de la notification de la décision ministérielle rendue sur le rapport de cette commission, le fonctionnaire ou agent aura droit seulement à la moitié de son traitement d'activité.—S'il est maintenu dans ses précédentes fonctions, il lui sera fait rappel du surplus de son traitement. — S'il est puni du retrait d'un grade ou d'une classe, il aura droit aux trois quarts de son traitement. — S'il est révoqué, il ne lui sera accordé aucun rappel.   M. DE SAINT-YON.

AM. — 30 avr.-4 juin 1846. — B. 225. —*Frais de représentation.*

Art. 1. — Les indemnités attribuées à titre de frais de représentation aux fonctionnaires compris dans le tableau annexé à l'ord. roy. du 15 avril susvisée, seront à l'avenir, en cas d'absence des titulaires, allouées aux fonctionnaires ou agents désignés pour les suppléer lorsque cette désignation aura obtenu l'approbation du ministre (1).

M. DE SAINT-YON.

DGP. — 13 mars-8 avril 1848. — B. 271. — *Interdiction du cumul au-dessus de 700 fr. d'une*

_____

(1) Ce tableau comprenait divers fonctionnaires dont l'institution a été supprimée, les seuls auxquels cet arrêté puisse s'appliquer encore sont les directeurs et sous-directeurs de l'intérieur (préfets et sous-préfets) et les commissaires civils de 1re et 2e classe.

pension avec un traitement d'activité servis l'un et l'autre soit par les fonds de l'État ou des communes, soit par les fonds de retenue (1).

AM. — 11-50 sept. 1849. — B. 551. — *Classification des employés civils.* — *Traitements.*

Vu les art. 5, 6 et 8 du règl. du 29 avril 1819, concernant le personnel de l'administration centrale du ministère de la guerre, et attendu la faculté qui en résulte pour les employés des services civils de l'Algérie, d'être admis dans les bureaux de ce département;

Art. 1. — Les traitements des employés dans les bureaux des services civils de l'Algérie (secrétariat général du gouvernement, bureaux civils près les généraux commandant les divisions, préfectures, sous-préfectures) sont fixés ainsi qu'il suit, savoir : Chef de bureau de 1re cl. 5,000 fr., 2e cl. 4,500, 3e cl. 4,000; sous-chef de bureau de 1re cl. 3,600 fr., 2e cl. 3,500, 3e cl. 3,000 fr.; commis principaux (ce grade ne sera donné qu'aux chefs de section), 2,700 fr.

AM. — 14 juin-3 juill. 1850. — B. 352. — *Nouvelle classification.* — *Traitements.*

Vu les art. 5 et 6 du décr. en date du 13 de ce mois, du président de la République, sur l'organisation du personnel des bureaux du ministère de la guerre; — Vu l'arr. du 11 sept. 1849.

Art. 1. — La division du personnel des commis en commis rédacteurs ou vérificateurs et en commis ordinaires cessera d'exister; elle sera remplacée par la classification suivante :

Commis		Anciens grades.
De 1re cl. . . .	2,400 fr.	Réd. et vérif. de 1re cl.
De 2e cl. . . .	2,100	Réd. et vérif. de 2e cl.
De 3e cl. . . .	1,800	Réd. et vérif. de 3e cl.
De 4e cl. . . .	1,500	Commis ord. de 4e cl.

AM. — 17 mars-20 avr. 1851. — B. 457. — *Mode de recrutement du personnel des bureaux* (2).

Vu l'ord. du 15 avr. 1815 et les arr. des 9 et 16 déc. 1818 (*Administration générale*, § 1). — Voulant améliorer le recrutement de ce personnel en ce qui touche spécialement la composition des bureaux;

Art. 1. — Le personnel des bureaux administratifs civils de l'Algérie se recrute de la manière suivante : — Pour les quatre cinquièmes des vacances, parmi les surnuméraires ayant fait un stage d'au moins deux ans et les anciens militaires rengagés, âgés de moins de 40 ans, qui, après avoir subi les examens mentionnés à l'art. 5 ci-après, ont été reconnus aptes à remplir les doubles fonctions de rédacteur et de vérificateur. Les employés de cette catégorie reçoivent une commission de commis ordinaire de 3e classe au traitement de 1,800 fr.

Pour un cinquième des vacances parmi : — 1° Les anciens élèves des écoles spéciales (polytechnique, militaire et navale), les licenciés en droit ayant au moins un an de pratique chez un notaire ou chez un avoué, et les avocats ayant un an de stage; pourvu qu'ils n'aient pas dépassé l'âge de 30 ans; — 2° Les anciens employés titulaires des administrations générales ou des préfectures de la métropole ayant cinq ans de service et moins de 40 ans d'âge. — Des candidats de ces deux dernières catégories peuvent être, par décision spéciale, promus directement au grade que le ministre a jugé être en rapport avec leurs capacités et leurs antécédents.

Art. 2. — Tous les candidats aux emplois des services administratifs ont à établir qu'ils sont nés ou naturalisés Français, que leur moralité est incontestable, et qu'ayant satisfait à la loi du recrutement, ils sont dégagés des obligations qu'elle impose.

Art. 3. — Nul ne peut être admis au surnumérariat s'il n'a justifié : — 1° Qu'il est âgé de plus de 18 ans et de moins de 30 ans; — 2° Qu'il est muni d'un diplôme de bachelier ès lettres ou ès sciences, ou, à défaut, d'un certificat authentique

---

(1) Cette mesure a été abrogée par l'art. 27 de la loi de finances du 8 juill. 1852 qui a remis en vigueur les lois des 25 mars 1817 et 15 mai 1818, en vertu desquelles l'interdiction du cumul est restreinte aux pensions et traitements d'activité payés l'un et l'autre sur les fonds de l'État.

(2) Le département de la guerre se préoccupait depuis longtemps d'organiser, pour le personnel des services administratifs de l'Algérie, un mode de recrutement qui répondît mieux que ne l'ont fait les différentes mesures employées jusqu'ici, aux exigences particulières de ce pays. — Plusieurs systèmes étaient en présence. On pouvait introduire en Algérie l'abonnement tel qu'il est pratiqué dans les préfectures de la métropole, ou bien continuer à procéder par voie de nomination directe du ministre; on pouvait enfin subordonner les nominations au résultat d'un concours public. — Après un examen approfondi, il a paru qu'aucun de ces systèmes n'était susceptible d'être appliqué d'une manière exclusive, absolue.

Dans les préfectures de la métropole, le travail tracé par des lois et règlements que viennent compléter des traditions sûres, peut être distribué d'une manière presque mathématique. En outre, on trouve facilement sur les lieux mêmes un personnel suffisant pour cet état de choses, personnel qui, vivant dans ses foyers, près de ses intérêts, peut se contenter d'une rémunération modeste et d'une position bornée. Il en est tout autrement en Algérie, où le service des bureaux est nécessairement très-actif et très-difficile, en raison de la multiplicité des intérêts auxquels l'État doit pourvoir, de la mobilité d'une législation administrative qui, pour être tenue en harmonie avec la situation progressive du pays, reçoit incessamment des modifications, et surtout, on ne saurait trop insister à cet égard, des détails infinis inhérents à deux services tout à fait inconnus à la métropole : la colonisation et l'administration des indigènes.

De là nécessité d'avoir des employés capables, possé-

dant des connaissances étendues, et qu'on ne peut attirer en Afrique qu'en leur offrant une position sûre, constituée par une commission ministérielle, avantageuse sous le rapport du traitement, et leur ouvrant des chances d'avancement pour l'avenir. — Il est évident que dans des conditions pareilles l'abonnement ne serait pas praticable. — La voie des nominations directes sans examen a l'inconvénient de ne pas présenter suffisamment de garanties et d'exposer l'administration à des choix parfois insuffisants.

Enfin, l'expérience a démontré que par le concours, pratiqué d'une manière absolue, on n'obtenait souvent que des sujets doués sans doute d'une instruction générale plus ou moins étendue, mais peu susceptibles de se plier aux exigences de la vie administrative.

Dans cette situation, le département de la guerre a cru trouver la solution des difficultés que présente la question de recrutement des personnels des services administratifs civils de l'Algérie, dans un système mixte qui tend à réaliser, en conciliant dans une juste mesure, les avantages de différents modes connus. — C'est dans cette pensée qu'a été formulé l'arrêt suivant, qui, tout en sauvegardant scrupuleusement les positions acquises, abandonne dorénavant au choix des autorités locales, au moyen d'un fonds d'abonnement, les emplois secondaires de leurs services respectifs, et subordonne l'admission définitive des autres employés dans les cadres du personnel, aux résultats d'un examen, après deux ans de stage en qualité de surnuméraires, sauf les cas d'exception prévus dans l'art. 1.

Ces dispositions, combinées avec un certain nombre d'autres, relatives à la discipline, à l'uniforme et aux garanties nouvelles offertes aux employés de l'administration civile en Algérie, ne sauraient manquer d'atteindre le but que M. le maréchal ministre de la guerre s'est proposé, c'est-à-dire d'assurer le meilleur recrutement possible pour une branche si importante des services publics.

(Note officielle.)

constatant qu'il possède les connaissances en langue arabe exigées des interprètes militaires de 5e classe.

Art. 4. — Le temps de stage des surnuméraires ne constitue aucun droit, alors même qu'ils auraient reçu un traitement. Ceux qui, après deux ans d'épreuve et après avoir subi l'examen de capacité, n'ont pas été jugés dignes d'être admis dans le personnel, sont licenciés.

Art. 5. — Les surnuméraires anciens militaires admis à concourir pour l'emploi de commis de 5e classe, subissent un examen de capacité devant une commission constituée spécialement à cet effet, — Le ministre fixe annuellement le programme des connaissances et épreuves à exiger des candidats, ainsi que le mode et l'époque des examens (1).

Art. 6. — L'avancement est donné en totalité au choix d'après les tableaux de propositions adressés au ministre par les chefs de service.

Art. 7. — L'avancement a lieu par classe dans le même grade et subséquemment par promotion à la dernière classe du grade immédiatement supérieur. — Nul ne peut être promu d'une classe à une autre qu'après deux ans d'exercice dans la classe immédiatement inférieure. — Toutefois et dans des cas tout à fait exceptionnels, il peut être dérogé à cette règle pour récompenser des services extraordinaires et importants dûment établis par un rapport circonstancié.

Art. 8. — En cas d'inconduite et d'infraction à l'ordre et à la discipline, les employés de tous grades peuvent être punis selon la gravité de la faute commise, savoir: — Par les chefs de service: — D'un ou plusieurs services extraordinaires hors tour, soit de jour, soit de nuit; — D'une retenue disciplinaire d'un à quinze jours de traitement. — Par le ministre: — De la réprimande avec mise à l'ordre du jour; — De la retenue disciplinaire de seize jours à deux mois de traitement; — Du retrait d'un grade ou d'une classe.

Art. 9. — Pour fautes graves ou habituelles dans le service, les employés de tous grades pourront être traduits devant une commission d'enquête nommée par le ministre, et devant laquelle l'inculpé sera appelé à faire valoir ses moyens de défense. — Suivant l'avis de la commission, le ministre pourra prononcer la révocation, ou, s'il y a lieu d'user d'indulgence, toute autre disposition répressive. — Le ministre pourrait prononcer la révocation sans recourir à la voie d'enquête s'il s'agissait de faits sur la nature ou la gravité desquels il fût suffisamment éclairé.

Art. 10. — Il est pourvu aux travaux d'expéditions et de copie au moyen d'un fonds d'abonnement qui sera formé du produit des extinctions d'emploi qui auront lieu successivement parmi les commis ordinaires. — Ce fonds d'abonnement est fixé chaque année par les répartitions budgétaires, et les chefs de service justifient de son emploi conformément aux règles de la comptabilité publique (abrogé par l'art. 6 de l'arrêt suivant du 11 déc. 1857).

Art. 11. — (Uniforme des employés des bureaux administratifs civils de l'Algérie).

Art. 12. — Les dispositions du présent arrêté s'appliquent au personnel des bureaux : — Du secrétariat général du gouvernement ; — Des préfectures et sous-préfectures, ainsi que des généraux commandant les divisions pour l'administration civile des territoires militaires.

Art. 13. — Sont rapportées toutes dispositions contraires au présent arrêté. VAILLANT.

AG. — 15 sept.-30 oct. 1854. — B. 438. — *Surnuméraires auxiliaires.*

Vu l'arrêté ministériel du 17 mars 1854 (ci-dessus) ; — Considérant que, dans l'intérêt du service et des surnuméraires eux-mêmes, il importe d'assurer leur instruction administrative au double point de vue de la pratique et de la théorie ;

Art. 1. — Les surnuméraires admis près des services administratifs de l'Algérie seront placés dans les bureaux du secrétariat général du gouvernement et des préfectures. — Il ne sera commisionné qu'un surnuméraire par bureau.

Art. 2. — Les surnuméraires ne reçoivent aucune indemnité pendant la première année du stage qu'ils doivent accomplir. — Ceux qui sont maintenus dans le cadre, à l'expiration de cette première année, prennent le titre de surnuméraires auxiliaires, et reçoivent, à ce titre, une indemnité annuelle de 1,200 fr. payable par douzième.

Art. 3. — Tout aspirant au titre de surnuméraire devra justifier, à l'appui de sa demande, qu'il possède, soit par lui-même, soit par sa famille, des ressources équivalant à une pension de 1,200 fr. pour pourvoir à son entretien pendant la première année de son stage.

Art. 4. — Chaque chef de bureau veillera à ce que le surnuméraire placé sous ses ordres s'occupe sérieusement de son instruction administrative, et combinera, dans ce but, les travaux d'expédition, de vérification et de rédaction qu'il croira devoir lui assigner.

Art. 5. — Un roulement sera établi entre les surnuméraires de la même administration, pour que chacun d'eux, dans le cours de son stage, travaille successivement dans les divers bureaux dont cette administration se compose. — Le secrétaire général du gouvernement et les préfets veilleront, dans leurs services respectifs, à l'exécution de cette disposition.

Art. 6. — Indépendamment de leur coopération journalière au travail des bureaux, les surnuméraires devront se livrer à des études théoriques sur les principales branches du gouvernement et de l'administration de l'Algérie. — Il sera établi à cet effet, tant au secrétariat général du gouvernement que dans chaque préfecture, des conférences administratives. — Tout ce qui est relatif à l'organisation de ces conférences et aux matières d'administration qui y seront traitées, sera déterminé par une instruction.

Art. 7. — Tous les six mois, les surnuméraires seront tenus de fournir une composition écrite sur une des matières comprises dans le programme des conférences. — Aux mois de mars et de septembre de chaque année, une commission formée des chefs de bureau et du chef de conférence, se réunira sous la présidence du secrétaire général du gouvernement et de chaque préfet, pour juger les compositions écrites, et soumettre les surnuméraires à un examen oral. — Cet examen portera sur les diverses parties du programme que les surnuméraires auront dû étudier dans le cours du semestre.

Art. 8. — Il sera rendu compte au ministre du résultat des examens semestriels. — D'après ce résultat, et si les renseignements donnés sur la conduite d'un surnuméraire, son application au travail et son aptitude étaient défavorables, le ministre pourrait prononcer son licenciement. — Les surnuméraires de première année qui, par l'assiduité et l'utilité de leur concours et, par le succès de leurs études administratives, mérite-

---

(1) Ce programme comprenait, indépendamment de notions assez étendues sur l'histoire, la géographie physique et politique et l'arithmétique, qui étaient l'objet d'une épreuve orale et d'une composition écrite, un examen spécial sur la législation algérienne et plusieurs travaux de rédaction sur des sujets relatifs aux matières administratives. B. 486, 500, 526.

ront d'être signalés favorablement au ministre, pourront recevoir une gratification en fin d'année.

Art. 9. — Les surnuméraires qui voudront se livrer à l'étude de la langue arabe recevront les facilités nécessaires pour assister aux leçons du cours public de cette langue. Il sera pris des mesures pour s'assurer de leur assiduité à ce cours.

Art. 10. — Les surnuméraires qui, en cours de stage, satisferont aux conditions d'aptitude prescrites par l'art. 1 du déc. du 4 déc. 1849, auront droit à la prime déterminée par leur degré d'aptitude, avant même leur titularisation comme commis de troisième classe.   VAILLANT.

AM. — 12 fév.-19 mars 1855. — B. 476. — *Licenciés en droit. — Surnuméraires auxiliaires.*

Art. 1. — Les licenciés en droit qui n'auront pas dépassé l'âge de 30 ans pourront être admis, en vertu d'une commission ministérielle, dans les bureaux des services administratifs civils de l'Algérie, au titre de surnuméraires auxiliaires. — Ils jouiront de l'indemnité annuelle de 1,200 fr. attribuée à ce titre par l'art. 2 de l'arr. du 12 sept. 1854. — Le stage qu'ils auront à accomplir ne sera que d'une année. — Toutefois, cette fixation ne constitue qu'un minimum de durée, et les surnuméraires de cette catégorie ne seront susceptibles d'être titularisés en qualité de commis ordinaires de troisième classe, au traitement de 1,800 fr. qu'après avoir été reconnus admissibles à cet emploi, à la suite de l'examen prescrit par l'art. 5 de l'arr. du 17 mars 1854. — Ils restent d'ailleurs soumis à toutes les dispositions des arrêtés susvisés des 17 mars et 15 sept. 1854, auxquels il n'est pas expressément dérogé par les dispositions qui précèdent.   VAILLANT.

AM. — 19 oct.-26 nov. 1857. — B. 514. — *Modification à l'arrêté précédent. — Licenciés en droit.*

Considérant qu'il résulte de l'expérience que la présomption d'aptitude et de capacité tirée du titre universitaire dont les licenciés en droit ont obtenu la collation, ne suffit pas pour les dispenser de toute épreuve préalable à leur entrée dans la carrière administrative;

Art. 1. — Les licenciés en droit admis comme surnuméraires dans les bureaux des services civils administratifs de l'Algérie, ne seront aptes à jouir de l'indemnité de 1,200 fr. attribuée aux surnuméraires auxiliaires, qu'après avoir accompli la première moitié du stage d'une année qui leur est imposé par le § 5 de l'art. 1 de l'arrêté susvisé. — Ils subiront, à l'expiration de cette première période, un examen sur les matières administratives et fourniront une composition écrite sur un sujet donné. — D'après le résultat de ce double épreuve, le ministre statuera sur leur admission à l'indemnité.

Art. 2. — Sont maintenues toutes les autres dispositions de l'arrêté susvisé du 12 fév. 1855.   VAILLANT.

AM. — 11-31 déc. 1857. — B. 516. — *Création d'une 4e classe de commis ordinaires.*

Art. 1. — Il est créé, près des bureaux du secrétariat général du gouvernement et de chacune des préfectures de l'Algérie, une 4e classe de commis ordinaires pour les travaux d'expéditions et de copies. — Le traitement afférent à cette classe est de 1,500 fr.

Art. 2. — La 4e classe des commis ordinaires se recrute parmi : — 1° Les surnuméraires ayant accompli un stage de deux années au moins; — 2° Les auxiliaires attachés aux services civils de l'Algérie comptant au moins deux années

consécutives de service dans cette position et qui n'auront pas dépassé l'âge de 40 ans. — Toutefois, il pourra être dérogé, pour la première promotion seulement, à cette condition d'âge, en faveur des candidats qui compteraient plus de deux années d'auxiliariat dans l'une des administrations désignées dans l'art. 1 ; — 3° Les anciens militaires rengagés âgés de moins de 40 ans.

Art. 3. — Les aspirants à l'emploi de commis de 4e classe ne seront admis qu'après avoir subi des épreuves à l'effet de constater qu'ils possèdent, outre une écriture brillante et rapide, condition essentielle et de rigueur, les principes de la grammaire française et de l'arithmétique. — Ces épreuves consisteront en une dictée; un tableau d'écriture, tracé et rempli conformément à un modèle donné; une ou plusieurs opérations sur les nombres entiers et les fractions. — Elles auront lieu, dans chacune des quatre administrations ci-dessus désignées devant une commission spéciale, formée par le chef de service. Leur résultat sera transmis au ministre à l'appui des propositions de nomination.

Art. 4. — Les employés au titre de commis de 4e classe pourront, comme expéditionnaires, être successivement promus à la 3e et à la 2e classe, mais ils ne pourront passer à la 1re qu'après avoir justifié de leur aptitude aux travaux de rédaction et de vérification, en satisfaisant aux épreuves prescrites par l'art. 5 de l'arr. du 17 mars 1854.

Art. 5. — Les surnuméraires aspirant à l'emploi de commis ordinaire de 4e classe sont dispensés de la condition du baccalauréat ès lettres ou ès sciences; mais ils ne sont admis qu'après avoir satisfait aux épreuves déterminées par l'art. 3. — Les surnuméraires de cette catégorie pourront, à l'expiration de la première année de stage et sur un rapport spécial du chef de service, recevoir une indemnité annuelle de 900 fr. jusqu'à leur titularisation en qualité de commis de 4e classe.

Art. 6. — L'art. 10 de l'arrêté du 17 mars 1854 est abrogé. Toutefois, il continuera d'être pourvu par voie d'abonnement aux travaux d'expéditions et de copies dans les services auxquels il n'est point attaché de commis de 4e classe. — Toutes les autres dispositions dudit arrêté et celles du 15 sept. 1854, sur le surnumérariat auxquelles il n'est point expressément dérogé par les dispositions qui précèdent, sont applicables aux employés et surnuméraires qui sont l'objet du présent arrêté.   VAILLANT.

AM. — 21 août 1858. — B. 526. — *Ouverture de la session pour l'examen des aspirants à l'emploi de commis de 5e classe. — Délais d'inscription. — Maintien du programme fixé pour 1857.*

AM. — 16 sept. 1858. — BM. 5. — *Examen des aspirants. — Nouvelles dispositions nécessitées pour la composition de la commission par la suppression des fonctions de gouverneur général, du conseil du gouvernement et du secrétariat général. — Documents, dont l'envoi au ministre est prescrit, pour le mettre à même d'arrêter définitivement la liste des candidats déclarés admissibles.*   VAILLANT.

DM. — 26 fév.-5 mars 1859. — BM. 18. — *Nomination du personnel administratif. — Rétribution sur un fonds d'abonnement (1).*

(1) *Rapport à l'empereur.* — Sire, en France, les dépenses des bureaux des préfectures et des sous-préfectures sont payées par voie d'abonnement fixe sur un crédit spécial inscrit, chaque année, au budget du ministère

Art. 1. — A l'avenir le général commandant supérieur des forces de terre et de mer, les préfets, les généraux commandant les divisions, les sous-préfets et les commissaires civils nommeront les employés composant le personnel de leurs bureaux. — Les secrétaires de sous-préfecture et de commissariat civil et les adjoints aux bureaux arabes départementaux, détachés dans les sous-préfectures, seront nommés par les préfets.

Art. 2. — Les employés de tous grades composant le personnel désigné dans l'article précédent sont rétribués sur un fonds annuel d'abonnement, mis à la disposition des chefs de service sur les crédits législatifs alloués au titre de l'administration générale et provinciale de l'Algérie. — Il sera justifié de cet abonnement par des états d'émargement. — Les dépenses matérielles d'administration, telles que frais de bureaux, de tournées, d'impressions, etc. seront également payées par voie d'abonnement. — Les dépenses de cette nature ne sont point soumises à justification. — La quotité de ces abonnements est fixée par le ministre.

Art. 3. — Il sera institué au chef-lieu de chaque province, en faveur des agents et employés rétribués sur le fonds d'abonnement et non titularisés par le ministre, une caisse spéciale de retraites sur fonds de retenues. — Les statuts de chaque caisse seront approuvés par décret impérial.

Art. 4. — Les employés titulaires, pourvus d'une commission ministérielle, continueront d'être régis, quant au droit à pension, par la loi du 9 juin 1853 (*Pensions de retraite*). — Ces mêmes employés conservent leurs grades et traitements, sans préjudice de leurs droits éventuels à l'avancement; ils ne pourront être privés d'une classe ou d'un grade, ni être licenciés ou révoqués, qu'en vertu d'une décision du ministre, sur le rapport des préfets ou généraux, et après avoir été admis à présenter un mémoire justificatif.

Art. 5. — Toutes dispositions antérieures contraires au présent décret sont et demeurent abrogées.

Circ. M. — 23 mars 1859. — BM. 23. — *Circulaire interprétative du précédent décret.*

M. le ....., on a demandé si les dispositions de l'art. 4 du décret du 26 fév. 1859 seraient applicables aux employés, qui, par suite d'avancement ou d'une mutation quelconque, recevraient une nouvelle commission émanée de l'autorité locale. — Je me hâte de vous faire connaître que la solution ne peut être qu'affirmative, tant que les employés dont il s'agit continuent d'appartenir aux cadres de l'administration provinciale et départementale, dont ils font partie en vertu d'une commission ministérielle. — En effet, l'objet spécial des dispositions ci-dessus rappelées, ainsi que l'annonce formellement le rapport qui précède le décret, a été d'enlever à la mesure édictée tout caractère de rétroactivité, et de maintenir, au double point de vue de la pension de retraite et des garanties réglementaires, les droits acquis antérieurement à la promulgation du décret. — Or les commissions qui pourront être ultérieurement délivrées par les autorités locales aux employés de leur administration porteurs d'une commission ministérielle, ne seront que la conséquence même de leur position acquise; elles ne doivent donc pas être considérées comme formant un titre nouveau, substitué au titre antérieur et susceptible de rendre caducs les droits et garanties attachés à celui-ci par le décret du 26 fév. 1859 : autrement, la lettre et l'esprit du décret seraient également faussés.

Le ministre par intérim, ROUHER.

§ 4. — *CRÉATION DE SOUS-INTENDANCES CIVILES, SOUS-DIRECTIONS DE L'INTÉRIEUR OU SOUS-PRÉFECTURES (1).*

AI. — 20 av. 1852. — (V. § 1). — *Création d'une sous-intendance civile à Bône.*

de l'intérieur. — On a d'ailleurs compris que l'administration centrale ne pouvait intervenir dans la nomination du personnel de ces bureaux, sans compromettre l'action et l'autorité des administrateurs sur les instruments immédiats de leur initiative, et la titularisation des employés a été laissée au libre choix des préfets et des sous-préfets. — Les exigences d'une situation transitoire et la difficulté de trouver sur place des employés capables se sont, pendant longtemps, opposées à l'introduction du même système en Algérie; mais aujourd'hui que l'administration y est plus sûrement assise, que ses attributions ont grandi, et qu'enfin la population, mieux fixée au sol, offre aux services publics de meilleurs moyens de recrutement, je n'hésite pas à proposer à V. M. d'appliquer dans la colonie les errements métropolitains et de créer l'abonnement pour les bureaux des préfectures, des sous-préfectures et des commissariats civils.

La nomination et la révocation des employés appartiendraient aux chefs de service, sauf en ce qui concerne les secrétaires des commissariats civils, les secrétaires des sous-préfectures et les adjoints aux bureaux arabes départementaux, qui, en raison de leurs fonctions actives, ne me paraissent pouvoir fonctionner dans les localités secondaires qu'en vertu d'une investiture préfectorale. L'organisation serait complétée par la création au chef-lieu de chaque province d'une caisse de retraites en faveur des agents rétribués sur le fonds d'abonnement.

Afin d'enlever au nouvel ordre de choses tout caractère de rétroactivité, une disposition spéciale du décret que je soumets à V. M. maintient les employés titulaires pourvus d'une commission ministérielle sous l'empire de la loi du 9 juin 1853, quant au droit à pension. Les mêmes employés conservent les grades et traitements dont ils sont en possession, sans préjudice de leurs droits éventuels à l'avancement; ils ne peuvent être privés d'une classe ou d'un grade, ni être licenciés ou révoqués, qu'en vertu d'une décision du ministre, qui ne sont définitivement jugés qu'après avoir été admis à se justifier par écrit. — C'est ainsi qu'il est possible de concilier ce que l'on doit

aux droits acquis avec l'opportunité d'imposer aux autorités locales plus de responsabilité, en leur donnant une action plus complète sur le personnel de leurs bureaux. J'ai la conviction que la mesure aura pour double résultat d'activer l'expédition des affaires et de sauvegarder les intérêts du trésor public, souvent compromis par le système dont je demande l'abandon définitif.

En France, l'abonnement est alloué en bloc par préfecture et sous-préfecture, et une ordon. du 18 mai 1822 a prescrit d'en faire deux parts : l'une, qui fut fixée d'abord aux deux tiers, puis aux quatre cinquièmes pour les préfectures, et à la moitié pour les sous-préfectures, est destinée, sous le titre spécial de *frais de bureaux*, à rétribuer les employés et les gens de service ; l'autre, sous la dénomination de *dépenses matérielles*, est affectée aux frais de tournée, aux impressions, aux fournitures diverses, etc. Les administrateurs sont dispensés de justifier de l'emploi de cette seconde partie de l'abonnement.

Une répartition identique du fonds d'abonnement ne saurait, quant à présent, s'appliquer aux administrations de l'Algérie, parce que les traitements du personnel y sont naturellement plus élevés, et qu'en second lieu des services compliqués, tels que ceux de la colonisation proprement dite, ces règles financières et de l'administration des indigènes, constituent des charges qui n'ont point leurs similaires en France, et qui, en Algérie même, prennent, à population égale, des proportions différentes, suivant la situation et la physionomie particulière des localités.

Je viens donc proposer à l'empereur deux abonnements distincts : l'un exclusivement affecté au *personnel* (employés et gens de service) ; l'autre applicable aux *dépenses matérielles*. — Je prie V. M. de me laisser le soin de fixer la quotité de ces abonnements, qui, pendant quelque temps encore, devront varier avec l'importance des populations, la nature des éléments dont elles se composent, et le développement des territoires à administrer.

NAPOLÉON (Jérôme).

(1) Pour toutes les dispositions qui concernent le res-

AI. — 20 sept. 1832. — *Idem à Oran.*

OR. — 3 déc. 1838. — B. 61. — *Création d'une sous-direction de l'intérieur à Alger, supprimée par ord. du 7 févr. 1841.*

OR. — 10 déc. 1842. — *Création d'une sous-direction de l'intérieur à Philippeville, comprenant dans son ressort la ville de Constantine.*

OR. — 15 avr. 1845, art. 90. — (V. § 1). — *Institution en principe d'une sous-direction de l'intérieur par arrondissement.*

OR. — 2 août 1845. — B. 207. — *Création d'une sous-direction à Blidah.*

OR. — 1er sept. 1847. — (V. § 1). — *Création d'une direction de l'intérieur à Constantine et à Oran.*

DP. — 27 juill. 1849. — B. 328. — *Création d'une sous-préfecture à Mostaganem.*

DI. — 13 oct.-5 déc. 1858. — BM. 3 (1). — *Sont érigées en sous-préfectures les villes de Médéah et Milianah (dép. d'Alger). — Mascara et Tlemcen (dép. d'Oran). — Guelma et Sétif (dép. de Constantine).*

Décis. I. — 13 nov. 1858. — (V. ci-dessus § 1, 8°) — *Classement des préfectures et des principales sous-préfectures.*

---

sort civil des arrondissements. V. *Circonscriptions administratives.*

(1) 13 octobre 1858. — *Rapport à l'Empereur.* — Sire, les institutions administratives doivent suivre le mouvement progressif des intérêts civils engagés dans la colonie. Depuis la promulgation des décrets du 31 décemb. 1856, portant création de 5 commissariats civils et de 28 communes, plusieurs localités ont pris des développements et révélé des besoins qui ne s'accordent plus avec le régime auquel elles sont actuellement soumises. Je viens, en conséquence proposer à V. M. de l'élargir en décrétant dans les départements actuels 6 sous-préfectures nouvelles, et en territoire militaire 5 commissariats civils, dont les circonscriptions agrandiraient ainsi les zones départementales. — Les sièges des nouvelles sous-préfectures seraient : *Médéah* et *Milianah,* dans le dép. d'Alger; *Mascara* et *Tlemcen,* dans celui d'Oran; *Guelma* et *Sétif,* dans celui de Constantine. — Les nouveaux commissariats civils seraient établis sur les points suivants : *Aumale,* dans la province d'Alger; *Nemours,* dans celle d'Oran; *Djidjelly, Souk-Arras* et *Batna,* dans celle de Constantine.

Sous-préfectures.

L'importance des villes où seraient établies des sous-préfectures est de trop grande notoriété pour que je doive insister à cet égard. Je me bornerai à rappeler à V. M. que chacune est le centre d'un important mouvement de colonisation, et que cinq d'entre elles, Médéah, Milianah, Mascara, Tlemcen et Sétif, sont des chefs-lieux de subdivision où le commandement est exercé par des officiers généraux. Je me conforme aux règles de l'équilibre des pouvoirs en demandant à V. M. d'élever le niveau du personnel de l'administration civile dans ces localités, pour le mettre en rapport avec celui de l'autorité militaire : leur action et leur influence sont de pair. D'un autre côté, Sire, il est essentiel que les foyers de population et d'activité coloniale, lorsqu'ils ont pris de certaines proportions, soient mis en rapport direct avec le centre administratif d'où émanent les solutions, c'est-à-dire avec la préfecture. Or, dans l'état actuel des choses, quatre des grandes localités désignées, Médéah, Milianah, Mascara et Guelma, ne peuvent correspondre avec les préfets que par l'intermédiaire des sous-préfectures, en sorte que les affaires subissent forcément, avant d'aboutir, des temps d'arrêt préjudiciables aux intérêts généraux et individuels. C'est un inconvénient qui disparaîtra avec la création des arrondissements projetés.

La population agglomérée de chacune des six localités sur lesquelles j'ai l'honneur d'appeler l'attention de V. M. varie de 2000 à 4000 individus européens; elle flotte entre 4000 et 7000 âmes, si l'on y comprend les indigènes, dont l'administration a été remise à l'autorité départementale.

L'histoire de leur formation offre un intéressant spécimen du progrès des institutions civiles du pays. — Il y a dix ans à peine, ces centres n'étaient, à proprement parler, que des postes militaires. Ils ne connaissaient d'autres administrateurs que les commandants militaires, réunissant dans leurs mains l'autorité administrative et judiciaire. — Cependant, dès 1849, ces officiers ne pouvant suffire à leur tâche si complexe, on les exonérait de la plus difficile, de la moins compatible avec la profession des armes, en instituant des juges de paix dans les villes les plus populeuses, à Médéah, à Tlemcen et à Guelma. — De 1850 à 1851, les six localités devinrent des commissariats civils. — En 1854, elles étaient érigées en communes, opérant avec des budgets pourvus de recettes échelonnées entre 80,000 et 180,000 fr. — Toutes sont maintenant des sièges de justice de paix, dont les plus récentes sont celles de Milianah et de Mascara, qui datent de 1855.

L'œuvre de leur constitution administrative pourra être considérée comme accomplie quand V. M. aura bien voulu les transformer en chefs-lieux d'arrondissement de sous-préfecture, car alors l'administration y fonctionnera dans des conditions normales à tous les points de vue, et des maires choisis dans la population remplaceront les commissaires civils, qui sont encore aujourd'hui chargés des fonctions municipales à Milianah, Mascara, Tlemcen, Guelma et Sétif. V. M. aura ainsi, comme elle l'a fait à Médéah, dont le commissariat civil a été supprimé le 31 déc. 1856, complété l'émancipation communale de ces localités, et donné une précieuse satisfaction aux intérêts civils qui s'y sont groupés.

Commissariats civils.

Il arrive un moment où les agglomérations qui se sont formées à la suite de nos postes et sous la protection de nos camps, réclament la garantie d'un régime mieux approprié à leurs besoins. Toutefois, la position de ces centres au milieu de pays arabes, où ils ne forment en quelque sorte que des oasis jetées à de grandes distances, ne permet pas d'y installer l'administration avec les distinctions et les spécialités d'attributions qu'elle comporte dans les conditions normales. Il faut s'arrêter à un moyen terme, tout en faisant un pas décisif dans le domaine du droit commun. Telle est la situation des localités dans lesquelles je propose d'installer des commissaires civils. Le rôle de ces fonctionnaires est complexe et se prête facilement à toutes les exigences de la transformation dont ils sont appelés à préparer les voies.

Le commissaire civil est à la fois administrateur, officier de l'état civil, juge et officier de police judiciaire. — Comme administrateur, il statue dans les matières qui sont de la compétence de l'autorité municipale; il instruit les affaires qui ressortissent à l'autorité supérieure, dont il fait exécuter les décisions. Comme juge, il connaît des affaires qui relèvent du tribunal de paix; ses pouvoirs sont même ceux d'un président de première instance en matière de référé et dans tous les cas d'urgence. Il supplée le notaire pour la constatation des transactions et des conventions privées. — L'avènement du commissaire civil est toujours accepté avec empressement, car il est une manifestation de la sollicitude du gouvernement métropolitain, et la population voit en lui le précurseur des institutions qui doivent la doter successivement de toutes les garanties que réclament ses intérêts. — Il me reste, Sire, à donner à V. M. quelques indications sur chacun des centres qu'il s'agit de rattacher au territoire civil.

Aumale. — Chef-lieu de la 3e subdivision militaire de la province d'Alger. — Situé à 130 kilom. au S.-E. d'Alger, à l'entrée de la vallée de l'Oued-Sahel, Aumale offre un point stratégique dont l'importance est attestée par l'histoire de notre domination, comme par les ruines de la station romaine d'Auzia et de la forteresse turque de *Sour-Ghozlan,* qu'ont remplacées la ville et les établissements français. — Au point de vue des intérêts de la colonisation, tout porte à bien augurer de l'avenir de cette localité que des routes carrossables relient déjà à Alger et à Dellys, et entretient bientôt en communication directe avec Bougie. Sa population européenne est d'environ 1,100 âmes : ce chiffre ne peut manquer de s'ac-

Décis. I. — 31 déc. 1859. — BM. 54. — *La sous-préfecture de Mostaganem est élevée à la 1re classe.*

Affaires arabes.

L'administration du peuple arabe a été, dès le début de la conquête, l'objet de la plus vive sollicitude de la part du gouvernement et des officiers généraux investis du commandement en chef. Mais en présence d'une organisation, de mœurs et de lois auxquelles on était complètement étranger, alors surtout que les principales villes du littoral ou une portion très-restreinte du territoire étaient seules occupées, bien des hésitations et des difficultés de toute nature, devaient se produire, jusqu'à ce que les leçons de l'expérience et l'occupation successive de tout le pays permissent d'adopter un système approprié à la constitution et aux intérêts des populations indigènes, ainsi que d'apporter, dans cette tâche si délicate et si importante, l'unité de vues, la sagesse de direction qui doivent préparer l'avenir.

Les mesures administratives relatives aux affaires arabes comprennent des matières si diverses, qu'il n'était pas possible de les réunir sous le même article, il faudra donc consulter également les or-

---

croître assez rapidement par suite de l'extension récente donnée à la zone des terrains concessibles autour de son enceinte. Les colons se livrent avec succès à la culture des céréales et à l'élève du bétail. Cette localité possède un cours d'eau sur lequel fonctionnent, depuis plusieurs années déjà, des moulins à blé parfaitement installés.

Nemours. — Il y a quinze ans, le petit port de la province de l'Ouest, qui porte aujourd'hui ce nom, n'était qu'un nid de pirates et de maraudeurs marocains, connu sous le nom de *Djemâ el Ghazouat* (réunion des razzias). — La population européenne de Nemours dépasse aujourd'hui 800 âmes; elle se compose, pour la majeure partie, de négociants attirés par sa situation éminemment favorable aux échanges avec l'intérieur et aux opérations de cabotage entre Tanger, Oran et la côte espagnole. — Aux portes de la ville se tient un marché quotidien où les tribus voisines et les gens du Maroc apportent d'assez grandes quantités de blé, d'orge, de miel, de cire et de laine. Il s'y fait, en outre, un grand trafic de tissus et de poteries à l'usage des indigènes. — Dans le voisinage s'élève la vieille ville arabe de *Nédroma*, sous les murs de laquelle a lieu, chaque semaine, un marché considérable de bestiaux. C'est là que viennent s'approvisionner tous les bouchers des subdivisions de Tlemcen et d'Oran. — Tout semble donc concourir à assurer l'avenir commercial de Nemours, et j'ai pensé, Sire, qu'on ne pouvait différer plus longtemps de placer les intérêts qui s'y développent sous la protection de l'autorité civile.

Djidjelly. — Ce point fait passer de l'extrémité occidentale de la côte algérienne vers son extrémité orientale. Notre prise de possession du port kabyle de Djidjelly date de 1839; cette occupation fut motivée par un fait de piraterie commis par les gens de la côte sur l'équipage d'un de nos bâtiments naufragés. Nous ne trouvâmes là que quelques chétives maisons, éparses au milieu des débris d'une prospérité qui avait disparu depuis des siècles. L'origine de cette prospérité remonte aux Carthaginois; à leur comptoir avait succédé, sous Auguste, une colonie romaine; c'était une ville épiscopale au temps où florissait l'église d'Afrique. Au commencement du xvie siècle, Djidjelly fut le berceau de la domination des Barberousses sur la côte berbère. Louis XIV, un siècle et demi plus tard, tenta vainement d'y former un établissement français; il n'est resté de cette entreprise avortée que les débris d'un petit fort qui domine la ville, et auquel nous avons donné le nom de l'amiral Duquesne, qui en avait jeté les fondations.

Ce n'est qu'à partir de 1850 que la colonisation européenne a pu commencer à prendre pied sur ce point du littoral kabyle; mais la fertilité naturelle du sol et les richesses forestières et métallifères qui environnent tant de ressources à l'activité et à l'industrie coloniales, que quelques années d'une sécurité complète comme celle que nous promet la soumission définitive de la Kabylie, et l'exécution des travaux réclamés par l'état de son port et des routes qui doivent le relier à Constantine et à Sétif, suffiront pour rendre à Djidjelly une grande partie de la prospérité commerciale qui fut son apanage à d'autres époques. — Le tremblement de terre des 21 et 22 août 1856 n'a point ébranlé la confiance des colons, qui, libéralement secourus par votre gouvernement, ont fondé une nouvelle ville à côté des ruines de leurs anciennes habitations. — La population européenne de Djidjelly est aujourd'hui de 800 âmes. Elle vit en bonne intelligence avec les indigènes, race active et industrieuse qui a su conserver, sous la domination turque, le goût du travail et du commerce, à l'abri de l'indépendance que lui assuraient ses montagnes. La population arabe de la ville et de sa banlieue s'élève à 1,200 âmes.

Souk-Arras. — À 100 kilom. du littoral dans la subdivision de Bône, à 48 kilom. de Guelma vers la frontière de Tunis, s'est constitué de lui-même et avec une merveilleuse rapidité le centre européen de Souk-Arras. Il y a trois ans, ce lieu n'était encore qu'un marché établi au milieu des ruines de la vieille ville numide de Thagaste, célèbre pour avoir vu naître Saint-Augustin. En 1855, on y établit le chef-lieu d'un cercle avec un poste militaire indispensable pour la surveillance de la frontière, et, dès l'année suivante, un groupe de colons et de commerçants européens, tunisiens, juifs et mozabites, vint s'y fixer sous la protection du camp français. Les maisons se sont élevées avec rapidité, et cette prospérité naissante ne peut que s'affermir et progresser, grâce à la situation de Souk-Arras au milieu d'un terroir fertile où les eaux abondent et qu'environnent de belles forêts. Ainsi que j'ai eu l'honneur de l'exposer à V. M. dans le rapport à l'appui du décret qui vient de donner l'existence légale à ce centre, « les routes de Tunis à Constantine et de Tébessa à Bône doivent se croiser à Souk-Arras; c'est un point de passage obligé pour toutes les caravanes important des produits de l'E. et du S., et le lieu de transit et d'entrepôt du commerce de la Tunisie. » — La population civile de ce centre s'élève aujourd'hui à 1,500 habitants, en majeure partie européens.

Batna. — Chef-lieu d'une subdivision militaire et centre de notre domination dans les monts Aurès, Batna a été constitué comme centre de population coloniale à la date du 12 sept. 1848. La dénomination de *Nouvelle-Lambèse* lui avait été assignée en raison de son voisinage des ruines imposantes de la ville romaine de Lambessa; mais la désignation officielle n'a pu prévaloir contre le nom qu'avaient déjà donné les indigènes à cette localité. — La population européenne de Batna est de 1,600 âmes environ. La ville est dotée d'une justice de paix depuis 1855; le commissaire civil n'y exercera donc que les attributions administratives. — Un territoire cultivable d'une grande étendue et d'une extrême fertilité, où les bois et les eaux abondent, y garantit un bel avenir aux efforts de la colonisation européenne. L'exploitation des vastes et magnifiques forêts de cèdres et de chênes verts qui couvrent les versants septentrionaux des montagnes environnantes, présente à l'industrie un élément d'activité et de richesse qui s'accroîtra avec le développement des voies de communication en cours d'exécution et destinées à relier la ville avec Biskra, Constantine et les ports de la province de l'Est.

Les cinq commissariats civils nouveaux auraient pour limite une étendue de 4 kilom. de rayon autour de l'enceinte du chef-lieu. Mais cette disposition, essentiellement provisoire, sera remplacée prochainement par une délimitation régulière, qui elle-même s'étendra sur des territoires plus vastes, au fur et à mesure des progrès de la colonisation. — Si V. M. daigne accueillir mes propositions, il en résultera ce fait que, sur les 185,000 Européens qui habitent aujourd'hui la colonie, 177,000 seront placés sous le régime du droit commun. Est-il un résultat plus propre à constater les tendances libérales de votre gouvernement? Peut-on donner, aux bras et aux capitaux qu'appelle cette terre à peupler et à féconder, un meilleur gage de confiance et de sécurité.

NAPOLÉON (Jérôme).

donnances organiques insérées à l'article *administration générale* et les documents reproduits aux articles *colonisation, domaine, impôt arabe, ropriété, séquestre,* etc.

Sous le titre spécial d'*affaires arabes* qui est consacré par l'usage, devaient se grouper plus particulièrement l'organisation des services chargés de l'administration indigène, et les instructions politiques et administratives qui leur avaient été données comme règles de conduite. Le § 1 contient donc les documents relatifs à l'administration politique confiée en territoire militaire aux officiers des bureaux arabes. En tête de ces documents sont rapportées de nombreuses circulaires du maréchal Bugeaud, véritables chefs-d'œuvre de bon sens pratique, d'esprit d'organisation, d'honnêteté politique et administrative; le § 2, contient les documents relatifs à l'administration confiée en territoire civil aux bureaux arabes départementaux.

L'organisation spéciale des aghaliks et commandements des tribus dans les trois provinces est l'objet de modifications fréquentes et, chaque année, le bureau politique publie un tableau de ces commandements.

Les arrêtés et règlements concernant le transfèrement des prisonniers de guerre aux îles Sainte-Marguerite ou dans les forteresses de l'intérieur, n'ont plus également aucun intérêt. Ces dépôts ont été supprimés en 1858 (V. ci-après § 1, 2° circ. du 21 sept.1858), et les indigènes sont détenus actuellement dans les pénitenciers de Lalla Aouda près Orléansville, d'Aumale, de Bou Khaneff près Sidi bel Abbès, et de Aïn el Bey près Constantine. Ces pénitenciers sont entretenus par les centimes additionnels et régis par un conseil d'administration.

Enfin, au § 1, sont réunis à leur date tous les documents concernant la responsabilité collective des tribus, le régime des amendes, et les commissions disciplinaires instituées en 1858 pour la répression des crimes et délits qui ne sont point déférés aux tribunaux ordinaires, et qui, antérieurement, étaient punis arbitrairement par l'autorité militaire.

DIVISION.

§ 1. — Administration politique des indigènes.
  1° — Organisation des bureaux arabes militaires.
  2° — Instructions. — Règlements administratifs.
  3° — Commissions disciplinaires.
§ 2. — Administration civile indigène. — Bureaux arabes départementaux.

§ 1. — ADMINISTRATION POLITIQUE DES INDIGÈNES.

1° Organisation des bureaux arabes militaires.

De 1830 à 1834 la haute direction et l'administration des Arabes de la province d'Alger avaient été réunies entre les mains d'un agha indigène nommé Sidi Hadj Mahiddin. En 1834 ces fonctions furent conférées à un officier supérieur français qui prit le titre d'agha des Arabes (1). C'était le premier pas vers l'organisation actuelle. En 1837, les fonctions d'agha furent supprimées, et les affaires arabes, centralisées auprès du gouverneur général, formèrent une direction qui prit le nom de *direction des affaires arabes* (2). En 1839, cette direction fut elle-même supprimée et ses attributions furent conférées à l'état-major général, jusqu'à l'arrêté ci-après du 16 août 1841 qui l'organisa sur de nouvelles bases.

Diverses modifications de détail y ont été successivement apportées, et enfin par décision du Prince-ministre de l'Algérie et des colonies, en date du mois d'octobre 1858, le bureau politique chargé de la direction des affaires arabes ne pouvant plus conserver son organisation, par suite des changements apportés dans celle de l'administration générale, a été rattaché à l'état-major général, sous le titre de section politique.

AG. — 16-17 août 1841. — B. 101. — *Rétablissement de la direction des affaires arabes.*

Vu les arr. des 18 nov. 1834 et 15 avril 1837, sur l'organisation provisoire de la direction des affaires arabes; — Vu l'organisation provisoire des troupes indigènes irrégulières de la province d'Alger, créée par les arr. des 8 et 20 nov. 1840;

Considérant que le commandement des troupes indigènes irrégulières de la province d'Alger est devenu assez important pour absorber tous les moments de l'officier qui en est chargé; — Que la police du pays, en ce qui concerne les indigènes soumis, les relations à ouvrir avec les tribus non encore soumises, et généralement tout ce qui se rattache aux fonctions dévolues par les précédents arrêtés à l'agha des Arabes et au directeur des affaires arabes, suffisent pour motiver la création d'un emploi spécial; — Qu'il est important, tant sous le rapport de la discrétion que de la promptitude d'exécution, que l'officier revêtu de cet emploi soit attaché à notre état-major particulier.

Art. 1. — La direction des affaires arabes, créée par les arr. du 15 avr. 1837, et rentrée dans les attributions de l'état-major général par décision de M. le maréchal comte Valée, du 5 mars 1839, est rétablie.

Art. 2. — Le directeur des affaires arabes aura seul, en notre nom, l'autorité sur les kaïds, cheiks, hakems, cadis, muphtis et autres autorités indigènes établies sur le territoire, tant sous le rapport de la police que de l'administration. Les ordres qu'il leur donnera, sous notre approbation, seront considérés comme émanés de notre cabinet particulier. Il aura la surveillance administrative sur les gardes urbaines indigènes et milices locales.

Art. 3. — Le directeur des affaires arabes sera chargé, en notre nom, d'établir des relations avec les tribus du dehors et celles non soumises, de recueillir les renseignements divers propres à éclairer notre politique et nos opérations: il devra, sous notre approbation, transmettre aux différents chefs de service les renseignements qui leur seraient nécessaires.

Art. 4. — Le directeur des affaires arabes aura, sous notre responsabilité, la gestion des fonds alloués au titre des dépenses de la direction des affaires arabes, dépenses du gouvernement et dépenses secrètes, dans les limites que nous fixerons pour chacune de ces dépenses.   BUGEAUD.

(Par arrêté du même jour, M. Daumas, chef d'escadron au 2° régiment de chasseurs d'Afrique, est nommé directeur.

AM. — 1er-12 fév. 1841. — B. 168. — *Nouvelle organisation de la direction.*

Vu l'arr. du 16 août 1841; — Considérant que

---

(1) M. le lieutenant-colonel Marey-Monge, commandant le corps des spahis réguliers d'Alger.

(2) M. Pélissier, capitaine d'état-major, décédé depuis consul général à Tripoli, fut nommé directeur.

les affaires arabes ont pris depuis lors une très-grande extension, et que la pacification du pays augmente de plus en plus leur importance ;

Tit. 1. — *Organisation et hiérarchie.*

Art. 1. — Il y aura dans chaque division militaire de l'Algérie, auprès et sous l'autorité immédiate de l'officier général commandant, une *direction des affaires arabes.* — Des bureaux désignés sous le nom de *bureaux arabes* seront en outre institués : — Dans chaque subdivision, auprès et sous les ordres directs de l'officier général commandant ; — Subsidiairement, sur chacun des autres points occupés par l'armée où le besoin en sera reconnu, et sous des conditions semblables de subordination à l'égard des officiers investis du commandement.

Art. 2. — Les bureaux arabes seront de deux classes, savoir : 1ʳᵉ classe, ceux établis aux chefs-lieux de subdivision ; 2ᵉ classe, ceux établis sur les points secondaires. — Ces bureaux ressortiront respectivement à chacune des divisions militaires dans la circonscription de laquelle ils se trouveront placés.

Art. 3. — Les directions divisionnaires et les bureaux de leur ressort seront spécialement chargés des traductions et rédactions arabes, de la préparation et de l'expédition des ordres et autres travaux relatifs à la conduite des affaires arabes, de la surveillance des marchés et de l'établissement des comptes de toute nature à rendre au gouverneur général sur la situation politique et administrative du pays.

Art 4. — (Centralisation à Alger. — Ces dispositions ne sont plus en vigueur.)

Art. 5. — Partout et à tous les degrés, les affaires arabes dépendront du commandant militaire, qui aura seul qualité pour donner et signer les ordres, et pour correspondre avec son chef immédiat, suivant les règles de la hiérarchie.

Tit. 2. — *De la composition des directions et des bureaux arabes.*

Art. 6. — (Personnel de la direction centrale à Alger. — Abrogé.)

Art. 7. — Le personnel de chacune des directions des divisions militaires d'Oran et de Constantine se compose comme il suit : 1 directeur, 1 officier de santé, 1 officier payeur du makhzen, 2 interprètes, 1 copiste (sous-officier), 1 secrétaire arabe, 1 oukil-el-diaf, 2 chaouchs (1).

Art. 8. — Le personnel des bureaux arabes de 1ʳᵉ classe se composera comme il suit : 1 officier chef de bureau, 1 interprète, 1 sous-officier copiste, 1 chaouch (2).

Art. 9. — Le personnel des bureaux arabes de 2ᵉ classe se composera comme il suit : 1 officier chef de bureau (3), l'interprète de la place, 1 chaouch.

Tit. 5. — *Des allocations.*

Art. 10. — Les allocations attribuées aux emplois ci-dessus désignés sont déterminées comme il suit : (complétement modifié par des décisions postérieures) (4).

OR. — 1ᵉʳ sept. 1847, art. 14. (*Adm. gén.* § 1). — *Direction exclusive des bureaux arabes sur les tribus dans tous les territoires.*

DP. — 11 juin-23 juill. 1850. — B. 354. — *Dispositions sur l'avancement des officiers des bureaux arabes.*

Considérant que l'état des officiers et militaires de toutes armes attachés aux affaires arabes en Algérie, n'a pas encore été réglementé et qu'il importe de mettre un terme à cet état de choses, tant dans l'intérêt d'une bonne administration que pour arriver à la constatation et à la rémunération des services rendus ;

Art. 1. — Les officiers et militaires détachés aux affaires arabes continueront à compter dans leurs corps respectifs et jouiront, pour l'avancement, des garanties réservées aux officiers employés dans les services spéciaux.

Art. 2. — Les bureaux arabes seront inspectés tous les ans, dans chaque province, par le général commandant la division.

Art. 3. — Les généraux inspecteurs des affaires arabes rempliront, à l'égard des officiers et militaires de tout grade employés dans ce service, les fonctions attribuées par les règlements aux inspecteurs généraux d'armes.

Art. 4. — Le travail d'inspection générale du bureau politique, des directions divisionnaires et bureaux arabes, sera centralisé par le gouverneur général, auquel il appartient de faire, au ministre de la guerre, toutes les propositions en faveur des officiers et militaires employés aux affaires arabes qui lui paraîtront les plus méritants.

Art. 5. — L'inscription sur le tableau d'avancement dressé par le gouverneur général constituera, en faveur des officiers et militaires qui en seront l'objet, un titre à l'avancement, aux récompenses et aux choix du gouvernement.

Art. 6. — Des instructions ultérieures feront connaître au gouverneur général de l'Algérie, dans quelles proportions les propositions devront être faites pour les différents grades. Le ministre de la guerre fera concourir les candidats, proposés par M. le gouverneur général, concurremment avec ceux présentés par les généraux inspecteurs d'armes.

DP. — 19 fév.-20 mars 1852. — B. 407. — *Position spéciale des officiers des bureaux arabes* (5).

Vu l'ordonnance du 1ᵉʳ fév. 1844, le décret du

---

(1) Un 1ᵉʳ et un 2ᵐᵉ adjoint ont été attachés au directeur divisionnaire. Le payeur du Makhzen a été supprimé. Le nombre des copistes a été porté à trois.
(2) Un adjoint et deux copistes ont été ajoutés.
(3) Un adjoint a été ajouté.
(4) Suivant arr. min. du 6 octob. 1859, les indemnités et traitements annuels des officiers et employés dont la désignation suit ont été ainsi réglés :
Bureaux de 1ʳᵉ classe : — Officiers 1ᵉʳˢ adjoints 900 fr. — Idem 2ᵐᵉ adjoint, 600 fr. — Khodja, 1200 fr. — Copistes : 1ʳᵉ cl., 360 fr. ; 2ᵉ cl., 270 fr. — Chaouchs, 900 fr.
Bureaux de 2ᵉ classe : — Ch. de bureau, 600 fr. — Officier adjoint, 600 fr. — Khodja, 900 fr. — Copistes, 270 fr.
Bureaux annexes : — Ch. de bureau, 900 fr. — Officiers adjoints, 600 fr. — Khodja, 900 fr. — Copistes, 270 fr.
Officiers stagiaires : — Chaque bureau ne devra avoir qu'un seul stagiaire rétribué. Indemnité annuelle, 360 fr.

Frais de bureau : — Bureaux de 1ʳᵉ cl., 500 fr. à 900 fr. ; 2ᵉ cl., 500 à 600 fr. — Annexes, 300 à 400 fr.
(5) *Rapport au prince-président de la République :* — Le département de la guerre a eu déjà plusieurs fois l'occasion d'appeler votre attention bienveillante sur les importants services rendus en Algérie par les officiers employés dans les bureaux arabes. Après avoir pris une part glorieuse aux succès de l'armée qui ont assuré la conquête du pays, en recueillant des renseignements sur la topographie, sur les ressources et les habitudes des populations, en nouant des relations avec les tribus hostiles, ces officiers portent aujourd'hui tout le poids de l'administration des indigènes rangés sous la souveraineté de la France. — Par eux, l'autorité militaire connaît la situation des esprits dans les tribus ; ils sont ses intermédiaires pour les ordres à transmettre aux chefs arabes, dont ils surveillent l'administration ; ils poussent les indigènes à se fixer sur le sol par des constructions et par le développement de l'agriculture et de l'industrie ; enfin, ils font pénétrer dans les parties les plus reculées du pays l'esprit de

11 juin 1850 ; l'ordonnance du 16 mars 1838, sur l'avancement dans l'armée ;

Considérant que les bureaux arabes ont rendu les plus importants services pour le commandement et l'administration des populations indigènes ; — Considérant qu'il est nécessaire, afin d'assurer l'avenir de cette institution, de concilier autant que possible son existence avec l'économie des dépenses, ainsi qu'avec les besoins du service militaire dans les corps qui contribuent au recrutement de son personnel ;

Art. 1. — Les officiers et sous-officiers des bureaux arabes continueront d'être considérés comme détachés pour un service spécial, sans cesser de compter dans les corps auxquels ils appartiennent. — Ils seront pris de préférence, autant que possible, dans les corps servant à titre permanent en Algérie, et subsidiairement dans les autres corps aux états-majors employés dans la colonie.

Art. 2. — Les officiers appartenant à des corps qui recevraient l'ordre de rentrer en France, pourront être maintenus dans les bureaux arabes où ils se trouveront placés, sans, toutefois, que leur nombre puisse excéder deux par régiment et un par bataillon formant corps.

Art. 3. — Les généraux commandant les provinces continueront à remplir, à l'égard du personnel des bureaux arabes, les fonctions attribuées aux inspecteurs généraux. — Leurs propositions, transmises au ministre de la guerre par le gouverneur général, avec son avis, sont l'objet d'inscriptions spéciales sur les tableaux d'avancement ou autres récompenses.

Décis. M. — 6 janv. 1859. — BM. 15. — Cachet des officiers de bureaux arabes.

Les bureaux arabes ne constituent pas un service à part. Les officiers qui y sont employés son les agents immédiats du commandant division, de qui émanent tous les ordres. En conséquence, un seul cachet, celui du commandant, doit être en usage dans les cercles, les subdivisions et les divisions, pour les affaires arabes et pour les affaires militaires.

2° Instructions. — Règlements administratifs. — Commissions disciplinaires.

Circ. G. n° 1. — 2-29 janv. 1844. — B. 167. — Responsabilité des tribus, aghas et kaïds.

Déjà plusieurs meurtres et plusieurs vols ont été commis dans les provinces, sans que nous ayons pu en découvrir les véritables auteurs. Nous avons eu des soupçons, mais pas de certitude, et nous avons dû imposer des amendes à toute la tribu sur le territoire de laquelle le méfait avait été commis. Comme il est essentiel de mettre fin à ces actes et de procéder uniformément pour arriver à leur répression, je vais vous indiquer la marche générale à suivre en pareille circonstance.

Après avoir commis un vol ou un assassinat, le premier soin du coupable est de se cacher ; il prend d'autant plus de précautions qu'il aperçoit qu'on fait plus de recherches pour le découvrir ; si, au contraire, il peut supposer que son crime est passé inaperçu, il reprend confiance, il s'observe moins, et une active surveillance l'a bientôt reconnu.

justice et de bienveillance qui préside à notre gouvernement.

Dans un récent rapport sur l'administration des bureaux arabes, le gouverneur général de l'Algérie n'hésite pas à déclarer que cette utile institution est l'auxiliaire le plus puissant du pouvoir militaire dans la réalisation de tout progrès et dans la marche régulière du commandement. A mesure qu'on a vu s'agrandir la tâche dévolue aux bureaux arabes, et qu'on a pu apprécier leurs éminents services, on s'est justement préoccupé de régler la position et d'améliorer l'avenir des officiers qui se dévouaient à ces fonctions difficiles. L'ord. du 1er février 1844, qui avait organisé les bureaux arabes, n'avait rien prévu à cet égard, et, dès 1847, le rapporteur de la loi des crédits supplémentaires pour l'Algérie appelait l'attention du gouvernement sur la nécessité de constituer un corps des officiers employés aux affaires arabes.

Plusieurs projets furent étudiés dans ce but, mais on a toujours été arrêté par deux sortes de difficultés. En premier lieu, la création d'un corps spécial devait entraîner une dépense considérable que la situation embarrassée du budget n'aurait pas permis d'admettre. D'un autre côté, il y avait lieu d'appréhender que l'armée ne vît avec répugnance la formation d'une espèce de corps administratif appelé à prendre part à ses travaux militaires et à exercer dans beaucoup de cas une certaine prépondérance. Le gouverneur général de l'Algérie, qui était alors l'illustre maréchal Bugeaud, objectait, en outre, que la liberté du chef militaire, dont les officiers des bureaux arabes sont les agents immédiats, serait gênée s'il perdait la faculté d'appeler aux affaires arabes les officiers capables qui lui étaient signalés dans les corps servant sous ses ordres et de renvoyer à leur régiment ceux qui auraient perdu sa confiance.

En second lieu, les répugnances contre l'innovation étant écartées, la question d'argent étant résolue, il restait une objection des plus sérieuses. Comment garantir les chances d'avenir aux officiers d'un corps dont les cadres auraient été forcément très-restreints? Comment, après les avoir classés dans ces positions spéciales, les faire rentrer dans les rangs de l'armée militante proprement dite ?

Ces considérations furent jugées si graves, qu'elles déterminèrent le département de la guerre à renoncer à la création d'un corps spécial. Cependant, afin de donner

aux officiers attachés aux affaires arabes un témoignage de sa sollicitude, le gouvernement voulut les mettre à l'abri de l'oubli où laissaient leurs services les chefs des corps dont ils étaient détachés. Le décret du 1 juin 1850 stipula qu'un travail d'inspection générale serait établi chaque année pour ces officiers par les généraux commandant les divisions ; que les mémoires de proposition pour l'avancement, centralisés par le gouverneur général, seraient transmis au ministre, et que les officiers qui en seraient l'objet pourraient être promus concurremment avec ceux de leurs camarades classés par les inspecteurs généraux ordinaires.

Ces dispositions bienveillantes sauvegardèrent les intérêts des officiers détachés dans les affaires arabes ; mais elles ne levèrent pas toutes les difficultés. En effet, elles ne spécifiaient rien pour le recrutement personnel de cette institution.

L'état actuel est loin d'être favorable. Les officiers, recrutés en majorité dans l'infanterie, n'ont qu'une position précaire. Lorsque les régiments dans lesquels ils sont incorporés rentrent en France, ils doivent eux-mêmes quitter l'Algérie. La même chose arrive lorsque, pour récompenser leurs services, on leur accorde un avancement qui entraîne un changement de corps...

La combinaison que j'ai l'honneur de vous soumettre sauvegarde tous les intérêts. Elle n'entraîne aucun surcroît de dépense. Le commandement militaire, en Algérie, conserve entière son initiative pour le choix des officiers qu'il veut appeler dans les bureaux arabes ; il peut les faire rentrer à leurs corps s'ils démérítent ; il n'a plus à craindre de voir la surveillance administrative des tribus désorganisée toutes les fois que des mutations ont lieu parmi les régiments de l'armée d'Afrique. Les régiments de la métropole qui auront à fournir deux officiers pour les affaires arabes n'en supporteront aucun dommage, parce que leur service en est moins pénible qu'en Algérie et parce qu'ils n'ont pas autant de non-valeurs par la suite de l'influence du climat et des maladies, et que le nombre des officiers présents est toujours suffisant.

J'ai la confiance d'obéir à vos intentions bienveillantes envers les bureaux arabes en vous fournissant cette nouvelle occasion de témoigner votre sollicitude pour le personnel dévoué et intelligent de cette institution qui a su se rendre si utile en Algérie.

Le ministre de la guerre, A. de ST-ARNAUD.

Chez les Arabes, surtout, un voleur ou un assassin ne peut jamais entièrement cacher son méfait ; car tous se connaissent entre eux, tous ont une demeure, une famille, des amis ; ceux-ci ne peuvent manquer d'apprendre la cause de l'assassinat, si c'est une vengeance exercée ; ils voient aussi presque toujours les objets volés, si le meurtre a été commis par cupidité ; or un secret est bien vite acheté des Arabes. Voici donc les mesures à prendre pour arriver à la connaissance des coupables. Nous devons maintenir la responsabilité et la solidarité des tribus ; mais il ne faut appliquer à tous la punition méritée par un seul qu'à la dernière extrémité. — Il est bien plus utile et bien plus exemplaire de châtier les véritables coupables, que de faire rentrer dans les caisses de l'État quelques milliers de boudjoux payés par les innocents.

Ainsi nous devons prévenir les aghas qu'ils seront frappés eux-mêmes d'une amende, si, au bout de deux mois, les auteurs d'un crime ne sont pas découverts ; les kaïds seront également prévenus qu'ils seront destitués, si des assassinats ou des vols fréquents sont commis dans leurs tribus et que les coupables ne soient pas livrés. Enfin, on doit adresser des circulaires à toutes les tribus, pour bien leur faire comprendre qu'elles sont responsables des délits commis sur leur territoire, et qu'elles n'ont pas d'autre moyen d'éviter une amende générale que de dénoncer les coupables.

Nous devons pour cela leur accorder un délai de soixante jours, afin de bien leur prouver que notre but, en frappant l'amende, n'est pas de les presser, mais bien d'assurer la tranquillité dans tout le pays. — Du reste, la responsabilité des aghas et des kaïds rassurera les tribus, car c'est aux fonctionnaires qui jouissent des avantages et des prérogatives du pouvoir de veiller plus que tous les autres au maintien de l'ordre et à la répression du brigandage.

Il est important aussi de prévenir tous les aghas, kaïds, cheiks, qu'ils seront frappés d'amende et même destitués, suivant les cas, s'ils permettent la vente d'objets volés dans les marchés de leur territoire, et s'ils donnent ou laissent donner refuge dans l'étendue de leur commandement aux malfaiteurs d'un autre aghalik ou d'une autre province.

Cette mesure donne une garantie de plus aux populations, car souvent il arrive que les crimes sont commis par des gens étrangers à la tribu et qui se sauvent ensuite dans la leur, où ils espèrent trouver l'impunité. — Il faut, en outre de ces dispositions prises à l'égard des chefs indigènes et de leurs administrés, envoyer des espions intelligents sur les lieux où un crime a été commis ou ne pas craindre de les payer largement s'ils découvrent les coupables ; car deux ou trois punitions exemplaires mettraient fin à ces actes qui, quoique isolés, maintiennent de l'inquiétude dans le pays.

J'espère, général, que l'application immédiate de ces règles nous amènera d'heureux résultats.

Maréchal BUGEAUD.

Circ. G. n° 2. — 12-29 janv. 1844. — B. 107. — *Nomination, investiture et destitution des chefs arabes.*

Voulant rendre uniforme la marche à suivre pour la nomination et la révocation des chefs indigènes, j'ai arrêté les dispositions suivantes : — Les kaïds seront nommés par les commandants de province sur la présentation du commandant de la subdivision qui lui-même aura été éclairé sur le choix à faire par une proposition de l'agha dans le ressort duquel se trouve le kaïdat vacant.

La même marche sera observée pour la nomination des bakems et des cadis ; seulement, comme pour ces derniers les commandants de division, parfaitement aptes à prononcer sur les conditions de moralité d'un cadi, pourraient ne pas pouvoir juger de même ses connaissances en lois et religion, ils devront exiger un certificat d'aptitude délivré par le medjelès de la subdivision ou du lieu le plus voisin où il en aura été institué.

Quant à la révocation des kaïds, bakems et cadis, elle aura lieu sur la proposition du commandant de la subdivision au commandant de la division qui prononcera et me rendra compte immédiatement.

Dans un cas d'urgence bien déterminé comme trahison, correspondance avec l'ennemi, le commandant de la subdivision pourra opérer immédiatement l'arrestation du kaïd coupable. Il pourra faire exercer ses fonctions provisoirement. Il sera tenu d'en référer immédiatement au commandant de la province, qui prononcera définitivement et me fera connaître les motifs de sa décision.

Le burnous d'investiture est pour les Arabes le signe de la nomination et de l'entrée en fonctions. C'est donc au commandant de la division qu'appartient le droit de le donner. Lorsque les circonstances s'y opposeront, il peut déléguer le commandant de la subdivision pour le remplacer.

Le cachet chez un peuple qui ne possède que peu de gens doués de quelque instruction, forme un complément de l'investiture. La confection ne pourra donc en être ordonnée que d'après une autorisation écrite et émanée du commandant de la division. Nous avons eu tant d'exemples d'abus coupables faits de ces cachets, qui tantôt avaient été dérobés, tantôt imités par d'adroits faussaires, qu'on ne saurait apporter trop d'attention dans le choix des orfèvres chargés de le graver (1). Dans chaque division il y aura donc lieu à désigner un homme de confiance qui seul en sera chargé. On fera prévenir les autres orfèvres qu'ils seraient passibles de peines sévères s'ils venaient à confectionner des cachets. Le prix en sera payé par le fonctionnaire investi.

En cas de destitution, le cachet sera immédiatement retiré au fonctionnaire révoqué. Quant à ceux d'un ordre supérieur à celui que nous avons énuméré, tels que agha, bach-agha et khalifa, lorsqu'un emploi se trouvera vacant, MM. les commandants de province me feront la proposition d'un candidat. J'en référerai au ministre qui en proposera la nomination à Sa Majesté.

Tout en laissant l'initiative de proposition à MM. les commandants de division, ils ne devront point négliger de se faire donner par les commandants de subdivision tous les renseignements qui pourraient éclairer leur choix.

L'importance des fonctions de khalifa, d'agha et de bach-agha appelés à administrer un grand nombre de tribus exige que leur révocation définitive ne puisse avoir lieu que par décision royale. — Dans les circonstances ordinaires celui de ces fonctionnaires qui aurait encouru une destitution serait l'objet d'une proposition motivée de la part du commandant de la province au gouverneur général, qui en référé au ministre. — Dans un cas d'urgence telle, que tout retard serait funeste, MM. les commandants de division pourront prendre sur eux d'ordonner l'arrestation immédiate du chef devenu dangereux, mais ils seront tenus d'en rendre compte dans le plus bref délai.

L'investiture des khalifa, bach-agha ou agha appartient en principe au gouverneur général, mais les circonstances d'éloignement s'opposant souvent à ce qu'il puisse y présider, cette fonction pourra être déléguée aux commandants de province. Les

---

(1) La forme et la grandeur de ces cachets a été régularisée, et ils doivent être à la fois en arabe et en français afin de rendre plus difficiles les contrefaçons.

mêmes précautions et règles indiquées pour les cachets des kaïds seront suivies pour ceux des fonctionnaires d'un ordre plus élevé.

Je vous invite à faire connaître les dispositions de cette circulaire à tous les fonctionnaires arabes qui servent sous vos ordres, afin qu'ils connaissent bien les garanties dont on les entoure.

Maréchal Bugeaud.

Circ. G. n° 9.—5-20 fév. 1844.—B. 169.— Renouvellement annuel des chefs arabes.

Il m'a paru avantageux d'arrêter en principe le renouvellement périodique des kaïds et cheiks investis, qui sont présentement en fonctions. En conséquence, les fonctionnaires de cet ordre seront renouvelés tous les ans à partir du 1er mai 1845; ils pourront être prorogés si l'autorité est satisfaite de leurs services, et s'il n'y a point dans la tribu des hommes capables de les remplacer. Ils recevront un burnous d'investiture qui leur sera fourni par le gouvernement.

A chaque renouvellement ou chaque prorogation, le kaïd versera au beylik un cheval propre au service de la cavalerie. Ce versement aura lieu le jour même de l'investiture. Le prix de ce cheval sera également réparti sur toute la tribu, comme les impôts ordinaires.—Le kaïd ne payant rien pour son investiture, ne pourra rien demander à la tribu à cette occasion.—Les fractions de grandes tribus dont le cheik sera de même investi, donneront aussi le cheval.

Lorsque la tribu sera trop peu nombreuse, ou trop pauvre par suite des mauvaises récoltes, des épizooties ou de quelque grand malheur, l'officier général commandant la division pourra la dispenser de la remise du cheval dû par elle pour le renouvellement de son kaïd ou cheik. Il nous en rendra compte immédiatement.

Chaque kaïd recevra un cachet, qui lui sera fourni gratuitement par l'autorité française. En cas de remplacement ou de destitution il lui sera retiré.

Je n'ai pas cru devoir étendre de même le principe du renouvellement annuel à l'égard des cadis. Le cercle des lettrés dans lequel ils sont à choisir est très-restreint, il y a d'ailleurs avantage de maintenir en fonctions tous ceux qui se recommandent par leur savoir, leur expérience, et leur dévouement à notre cause.—Au moment de leur entrée en fonctions, ils recevront un cachet qui leur sera fourni gratuitement par le gouvernement. Il ne leur sera pas donné de burnous.—Ceux qui vous seront signalés par leur ignorance, leur vénalité, leur inconduite et leur opposition systématique aux actes du gouvernement, seront dans le cas d'être destitués.

Je me propose de régler ultérieurement, par l'adoption d'une mesure générale, la quotité des droits en argent qu'ils sont dans l'usage de se faire payer pour les actes de leur ministère.

Maréchal Bugeaud.

Circ. G. n° 11.— 12-20 fév. 1844.—B. 169.— Règlement des amendes.

Jusqu'ici les grandes occupations de la guerre nous ont empêché d'entrer dans les détails de l'administration des Arabes, mais le moment est venu de nous en occuper sérieusement. Nous ne pouvons pas les livrer plus longtemps à l'arbitraire de chefs avides, qui semblent ne tenir au pouvoir que pour avoir la faculté de spolier leurs administrés. La politique, l'humanité, les sentiments paternels qui doivent nous animer, tout nous commande de réglementer toutes choses, de manière à supprimer autant qu'il est en nous les abus, et principalement ceux qui touchent aux perceptions de toute nature.

Les amendes, plus que tout autre prétexte, don-nent lieu aux exactions; le payement des courriers arabes fournit aussi de nombreuses occasions de fouler les populations. C'étaient donc les premières choses à établir. Je le fais par le règlement qui accompagne cette circulaire, et que vous lirez et expliquerez aux chefs arabes, au fur et à mesure que vous pourrez les réunir.

Maréchal Bugeaud.

Règlement sur l'application et la répartition des amendes en pays arabes.

Les amendes ayant été imposées de temps immémorial d'après la législation musulmane, nous en maintenons le principe et l'application pour la conservation de l'ordre et de la justice, et nous fixons les règles ci-après à observer fidèlement pour que chacun ne paye que ce qui est dû et reçoive ce qui lui revient.

Tit. 1.—*Causes et quotité des amendes, autorités qui peuvent les imposer, modes de les prescrire et de les percevoir.*

Art. 1.—Les cheiks ne peuvent imposer aucune amende de leur propre autorité; s'ils ont connaissance d'une faute, ils en instruisent le kaïd qui prononce ou fait prononcer la punition suivant les règles.

§ 1. — *Amendes imposées par les kaïds.*

Art. 2.—Les kaïds peuvent imposer des amendes jusqu'à concurrence de 5 douros français (25 fr.), pour les fautes ci-après:

Refus de comparaître devant la justice, soit comme accusé, soit comme témoin; — Refus d'obéissance aux ordres donnés pour les corvées, transports et convois; — Refus d'obéissance aux ordres des cheiks; — Insulte ou injure contre les agents du pouvoir, tels que les mekhaznias, chaouchs, etc.; — Atteinte à la morale publique; — Querelles et rixes entre les particuliers; — Discours séditieux et termes de mépris tendant à déconsidérer les agents du pouvoir; — Désordre dans les marchés; — Refus de payement des courriers; — Infractions aux coutumes établies relativement à l'hospitalité à accorder aux voyageurs, et notamment aux agents du gouvernement; — Refus d'accepter la monnaie française; — Empiétements de propriété relatifs, soit aux limites des terres, soit au droit de pâturage; — Atteintes portées à la propriété commune, telles que la destruction des arbres fruitiers, la dégradation des puits, etc.

Art. 3. — Quand le kaïd jugera qu'il y a lieu d'imposer une amende pour les faits ci-dessus, il écrira une lettre revêtue du son cachet indiquant la cause de l'amende, sa quotité et la personne qui doit payer. Elle sera envoyée au cheik, qui la montrera à celui qui doit payer l'amende, recevra l'argent, et le remettra au kaïd sans rien garder. Le kaïd inscrira sa lettre et l'argent reçu sur le registre qu'il aura à tenir conformément à l'art. 21, et il en rendra compte à la fin du mois, au commandant français, comme il sera dit art. 22.

§ 2. — *Amendes imposées par l'agha.*

Art. 4. — L'agha pourra imposer des amendes jusqu'à concurrence de 10 douros français (50 fr.), pour les fautes ou délits ci-après:

Refus de contributions ou lenteur à les payer; — Emplois de termes injurieux pour désigner les autorités françaises ou les Français; — Refus d'exécution des sentences du cadi; — Absences non justifiées aux rassemblements de guerre; — Vols de faits contre les mekhaznias, chaouchs ou autres agents subalternes; — Vols autres que ceux dont il est question aux art. 8 et 9; — Recel des objets quelconques provenant de vols; — Désordre commis par un Arabe sur le territoire d'une tribu à laquelle il n'appartient pas.

Art. 5. — Les sentences des cadis, dans les causes qui par leur nature rentrent dans la nomenclature des crimes et délits entraînant des amendes, seront portées sans retard par ceux-ci à la connaissance de l'agha qui en rendra compte immédiatement au commandant supérieur français, lequel, selon qu'il y aura lieu, imposera l'amende encourue.

Art. 6. — Si l'agha juge que l'amende imposée par le cadi n'est pas suffisante, en raison de la gravité de la faute, il peut augmenter l'amende, mais sans que le total puisse dépasser 10 douros (50 fr.). Si l'agha vient à connaître directement une faute entraînant une amende imposable par les kaïds, il peut lui-même infliger l'amende.

Art. 7. — Quand l'agha juge qu'il y a lieu d'imposer une amende, il envoie au kaïd une lettre portant son cachet et indiquant la cause de l'amende, sa quotité et la personne qui doit la payer. Le kaïd envoie cette lettre au cheïk, qui la montre à celui qui doit la payer, reçoit l'argent et l'apporte, sans en rien retenir, au kaïd, qui en rendra compte comme pour les autres amendes qu'il aura imposées.

§ 3. — Amendes imposées par les khalifas ou bach-aghas.

Art. 8. — Les khalifas ou bach-aghas peuvent imposer des amendes jusqu'à concurrence de 20 douros français (100 fr.), pour les fautes, crimes ou délits ci-après :

Hospitalité accordée aux espions ou agents de l'ennemi ; — Hébergement des déserteurs, des criminels ou généralement de tous les individus poursuivis en justice pour motif quelconque ; — Relations avec les membres de tribus ennemies ou hostiles ; — Vente ou achat d'armes à feu, de poudre de chasse ou de guerre, ou d'autres munitions de guerre sans autorisation spéciale ; — Détentions illégales de biens, meubles ou immeubles du gouvernement ; — Vols de chevaux, armes et effets appartenant à des corps indigènes irréguliers ; — Vols de grains ou de bestiaux appartenant au gouvernement ; — Seront passibles d'amendes infligées par le khalifa ou le bach-agha, ceux qui, ayant connaissance de faits coupables du genre de ceux énoncés ci-dessus, n'en auront pas fait immédiatement la déclaration aux kaïds.

Art. 9. — Si les khalifas ou les bach-aghas jugent que l'amende imposée, soit par les kaïds, soit par les aghas, n'est pas suffisante en raison de la gravité de la faute, ils peuvent augmenter cette amende, mais sans que le total puisse dépasser 20 douros. — Si les khalifas ou bach-aghas viennent à connaître directement une faute entraînant une amende imposable par les aghas ou par les kaïds, ils peuvent eux-mêmes infliger l'amende.

Art. 10. — Quand les khalifas ou bach-aghas jugent qu'il y a lieu d'imposer une amende, ils envoient à l'agha une lettre revêtue de leur cachet ; celui-ci la remet au kaïd qui agit comme il a été dit à l'art. 5.

§ 4. — Amendes imposées par les commandants français sur les individus.

Art. 11. — Les commandants supérieurs français peuvent imposer aux individus établis sur le territoire soumis à leur commandement des amendes depuis 101 fr. jusqu'à 500 fr. Ils pourront même élever ces amendes au-dessus de ce chiffre, mais dans ce cas leur décision devra être approuvée par le général commandant la division.

Art. 12. — Sont passibles des amendes ci-dessus, sans préjudice de peines plus graves, s'il y a lieu de traduire les coupables devant les conseils de guerre.

La révolte ou la provocation à la révolte ; — La fabrication des poudres à feu ; — Les vols de bestiaux, chevaux, armes et effets appartenant à des corps réguliers ; La contrefaçon ou soustraction de cachets appartenant aux autorités ; — Les faux ; — La soustraction des dépêches ; — La fabrication ou mise en circulation de la fausse monnaie.

Art. 13. — Seront passibles d'une amende imposée par les commandants français, ceux qui, ayant connaissance de faits tels que trahisons, correspondance avec des chefs ennemis, assassinats, attaque de voyageurs ou de caravanes, fabrication de fausse monnaie ou de poudres à feu, vols à main armée ou avec violation de domicile, n'auront pas dénoncé ces crimes dans le plus bref délai, soit au cadi, soit à l'autorité française.

Art. 14. — Dans le cas d'assassinat, le commandant français doit en être immédiatement averti ; il fait aussitôt constater aussi complétement que possible le lieu et les circonstances du crime. — Les assassinats commis sur des indigènes donnent lieu à deux espèces d'amendes : — 1° La dia ou prix du sang dont le taux sera toujours fixé par le cadi (1) ; — 2° L'amende en punition du crime qui sera prononcée par le commandant français, et ne pourra excéder le triple de la dia. — Les assassinats commis sur des Européens sont toujours déférés au conseil de guerre.

Art. 15. — Les commandants supérieurs français ont le droit d'augmenter ou de réduire les amendes imposées par les autorités indigènes, quand ils le croient convenable. — Dans les cas de fautes graves de la nature de celles qui sont mentionnées ci-dessus aux art. 12 et 13, les commandants supérieurs en référeront au général commandant la division qui décidera s'il y a lieu de traduire les coupables devant les conseils de guerre.

Art. 16. — Quand les commandants français jugent qu'il y a lieu d'imposer à un individu une amende de la nature de celles qui viennent d'être mentionnées, ils écrivent à l'agha une lettre revêtue de leur cachet ; l'agha remet cette lettre à l'un de ses cavaliers, qui reçoit l'argent et l'apporte à l'agha, qui le fait passer immédiatement au commandant français. — Le commandant français opère, pour l'inscription de sa lettre, le versement et la répartition des fonds, comme il sera dit art. 23 et 25.

§ 5. — Amendes imposées par les commandants français sur les tribus.

Art. 17. — Les tribus ou fractions de tribus sont passibles d'amendes pour les crimes ou délits mentionnés plus haut, soit quand elles les ont commis en commun, soit quand elles n'ont pas fait connaître et remis les coupables à l'autorité française. — Quand le crime ou délit aura été commis sur les limites de deux tribus, ces deux tribus seront passibles chacune ou de la moitié ou de la totalité de la peine, suivant la gravité des circonstances. — Il est accordé un délai de deux mois aux tribus avant le prélèvement des amendes imposées pour crimes ou délits commis sur leur territoire et dont les auteurs seraient restés inconnus, afin qu'elles aient le temps de découvrir et de remettre les coupables à l'autorité française.

Art. 18. — Les amendes collectives sur les tribus ou fractions de tribus ne peuvent être imposées que par les autorités françaises. — Le prélèvement n'en peut être effectué que sur l'autorisation du commandant de la division. — Toutefois, en cas d'urgence, le commandant de la subdivision ou du cercle, ou même le commandant d'une colonne, pourront frapper et faire percevoir immédiatement les amendes collectives. — Dans ce cas, les fonds perçus seront déposés à la caisse du receveur des contributions diverses ; mais ils ne seront portés en recette définitive que sur l'autorisation du commandant de la division qui pourra, s'il y a lieu, prescrire le remboursement de tout ou partie de la somme reçue.

Art. 19. — L'amende imposée à une tribu ou

(1) La dia a été récemment abolie et il est même défendu d'écrire ce mot sur les actes. — V. ci-après circ. du 21 sept. 1858.

fraction de tribu se percevra de la manière suivante :—L'ordre écrit, après avoir été inscrit sur le registre n° 2 du commandant français, est transmis par lui au khalifa, bach-agha ou agha, qui transmet la lettre reçue au kaïd.—Celui-ci réunit immédiatement en djemâa (assemblée) les chefs de fractions qui ont à supporter l'amende, et leur donne connaissance de la lettre reçue. - Les chefs convoqués procèdent de suite et avec justice à la répartition de l'amende entre les fractions qui doivent la supporter et entre les tentes de chaque fraction : — Cette opération terminée, l'agha remet une lettre revêtue de son cachet à ses cavaliers chargés de la perception ; ceux-ci perçoivent l'argent et le remettent à l'agha qui le porte immédiatement au commandant français.

Art. 20. — Toutes les amendes au-dessus de 100 fr. devant être perçues par les cavaliers de l'agha, ces cavaliers sont payés par lui sur la partie qu'il aura touchée, conformément à ce qui sera dit ci-après.

Tit. 2. — *Des registres, de la répartition des amendes et du versement à la caisse coloniale.*

§ 1. — *Des registres.*

Art. 21. — Les kaïds tiendront un registre sur lequel ils inscriront par ordre de numéro le nom du chef qui a imposé l'amende, la date de la lettre écrite par le kaïd, le montant de l'amende, ses causes, le nom du délinquant, les sommes perçues.

Art. 22.—A la fin de chaque mois, les kaïds se rendront avec leur registre et la totalité des sommes reçues chez le commandant supérieur. — Celui-ci, en présence de l'agha et en commission administrative, vérifiera les causes des amendes et leur quotité ; il examinera si elles ont été imposées avec justice, arrêtera le registre et en portera les résultats sur le registre n° 3, après avoir procédé à la répartition et au versement des amendes.

Art. 23.— Les commandants français tiendront deux registres :— Le premier présentera l'indication des amendes imposées par l'autorité française. — Le deuxième, destiné à présenter par mois, en une seule ligne par tribu, les résultats consignés sur les registres n° 1, tenus par les cadis, et n° 2 tenus par les commandants français, ainsi que la répartition des sommes entre les chefs arabes et la caisse coloniale.

§ 2. — *Répartition des sommes.*

Art. 24.— (Ainsi modifié : arr. du 7 déc. 1857, B. 516.) — Les autorités et agents français ne prennent aucune part dans la répartition des amendes. — Le montant des amendes est attribué pour 7/10 à la caisse locale et municipale, et pour 3/10 aux chefs indigènes.—Ces 3/10 sont répartis entre les khalifa, bach-agha, agha, kaïd et cheik investis, suivant les cas, de manière à ce que les parts soient égales, excepté celle du chef de l'ordre inférieur, qui doit être du double des autres. —Le produit de la dia, fixé par le cadi, appartient à la famille de la victime.

§ 3. — *Versement à la caisse coloniale.*

Art. 25. — Les sommes revenant, d'après l'article ci-dessus, au trésor colonial seront toujours versées à la caisse du receveur des contributions diverses établi près du commandant supérieur, soit à la fin du mois pour les sommes apportées par les kaïds, soit au moment du versement effectué par les aghas.

Art. 26. — A cet effet, les commandants supérieurs feront dresser par le secrétaire de la commission administrative, après l'arrêté des registres n° 1, 2 et 3, un état de mois dressé d'après ce dernier registre et présentant le décompte des sommes perçues et réparties entre les ayants droit.

Art. 27. — Cet état, conforme au modèle ci-joint, n° 4, sera formé en double expédition, dont l'une sera remise au receveur, avec les fonds pour lui servir de titre de perception, l'autre sera transmise dans l'ordre hiérarchique au commandant de la division qui les réunira et les enverra avec un état récapitulatif sommaire au gouverneur général. — L'état récapitulatif restera dans les archives du gouvernement ; les bordereaux seront envoyés par le gouverneur au directeur des finances pour lui servir au contrôle des opérations du comptable.

Du payement des courriers arabes.

(Les droits de port de lettres ont été complètement abolis).　　Maréchal Bugeaud.

Circ. G. n° 18.—17 sept.-9 oct. 1844.—B.182.— *Règles générales d'administration.*

Après la conquête, le premier devoir comme le premier intérêt du conquérant, est de bien gouverner le peuple vaincu, la politique et l'humanité le lui commandent également. — A cet égard, la conquête de l'Algérie se distingue des conquêtes que l'on a faites quelquefois en Europe. Là, quand on gardait une province conquise, on n'avait pas la prétention d'introduire dans son sein, un peuple nouveau, on ne voulait pas prendre une partie des terres, pour les donner à des familles étrangères différant de mœurs et de religion.

En Afrique, au contraire, tous ces obstacles se présentent devant nous et rendent la tâche infiniment difficile. Nous devons donc porter la plus grande sollicitude, la plus constante activité, et une patience inébranlable dans l'administration des Arabes.

Nous nous sommes toujours présentés à eux comme plus justes et plus capables de gouverner que leurs anciens maîtres, nous leur avons promis de les traiter comme s'ils étaient enfants de la France, nous leur avons donné l'assurance formelle que nous leur conserverions leurs lois, leurs propriétés, leur religion, leurs coutumes, etc., etc., nous leur devons et nous nous devons à nous-mêmes, de tenir en tout point notre parole.

Nous avons fait sentir notre force et notre puissance aux tribus de l'Algérie, il faut leur faire connaître notre bonté et notre justice, et leur faire préférer notre gouvernement à celui des Turcs et à celui d'Abd el Kader ; ainsi nous pourrons espérer de leur faire supporter d'abord notre domination, de les y accoutumer plus tard et à la longue, de les identifier avec nous, de manière à ne former qu'un seul et même peuple sous le gouvernement paternel du roi des Français.

La bonne administration ne doit pas nous dispenser de rester forts et vigilants, mais il est permis de croire qu'elle nous donnera l'avantage de n'employer la force que rarement. L'uniformité de principes en administration, n'est pas moins nécessaire qu'en guerre. C'est au système de guerre adopté et suivi dans toute l'Algérie, que nous devons la conquête, c'est que nous la conserverons par un bon système d'administration suivi dans toutes les localités aussi uniformément que possible.

Il faut partout la même police, la même pénalité, les mêmes impôts, en un mot le même régime en toutes choses. — L'objet de cette circulaire est donc d'appeler l'attention de MM. les généraux commandants et officiers de tous grades chargés des affaires arabes, sur les principaux points de cette grande administration.

Des fonctionnaires arabes.

La bonne politique exigera peut-être toujours, que dans les emplois secondaires, nous fassions administrer les Arabes par des Arabes, en laissant la haute direction aux commandants français des

5

provinces et des subdivisions; mais quant à présent, c'est une nécessité, car le nombre des officiers connaissant la langue, les mœurs, les affaires des Arabes, sera longtemps trop restreint, pour que nous puissions songer à donner généralement aux Arabes, des aghas et des kaïds français. — Il faut donc nous servir des hommes qui sont en possession de l'influence sur les tribus, soit par leur naissance, soit par leur courage, soit par leur aptitude à la guerre ou à l'administration.

La naissance exerce encore un grand empire chez les indigènes; si elle ne doit pas être l'unique cause de notre préférence, elle doit toujours être prise en grande considération. Eloigner du pouvoir les familles influentes, serait s'en faire des ennemis dangereux; il vaut beaucoup mieux les avoir dans le camp qu'en dehors. La noblesse Arabe a beaucoup de fierté et de prétentions. Si on l'éloignait des emplois, elle ne manquerait pas de s'en faire honneur aux yeux des fanatiques de religion et de nationalité. Le meilleur moyen de l'annuler, de diminuer son prestige, c'est de la faire servir à nos desseins. Le choix des fonctionnaires doit donc être politique autant qu'administratif. MM. les commandants des provinces et des subdivisions, comprendront aisément toute l'importance de ces choix : ils ne sauraient trop consulter à cet égard l'opinion publique des tribus.

Il peut se rencontrer des localités où il ne se trouverait aucun Arabe ayant assez d'influence, assez de talent pour remplir les fonctions d'agha ou de kaïd : dans ce cas, et si la localité est voisine d'un de nos grands centres d'occupation, il sera convenable d'y placer un officier français, réunissant les qualités nécessaires pour diriger les Arabes.

Cette expérience a déjà été faite avec avantage sur un petit nombre de points. C'est même par ce moyen que nous pourrons donner aux chefs arabes l'exemple de la régularité et de l'honnêteté en administration. Les Arabes voyant que les officiers français administrent avec justice, qu'ils ne spolient personne, demanderont des Français pour les administrer; et les chefs arabes, sentant le danger d'être supplantés, modifieront leurs habitudes de concussion.

Il ne suffit pas de faire un bon choix des fonctionnaires arabes, il faut encore les surveiller, les diriger, s'occuper de leur éducation, de manière à les modifier graduellement; il faut en même temps les entourer de considération, afin de maintenir leur dignité et les faire respecter de leurs administrés. — Quand on aura des leçons à leur donner, des reproches à leur faire, ce ne doit jamais être devant des Arabes; il faut éviter avec eux les emportements, surtout en public.

On ne doit pas admettre légèrement les accusations portées contre les fonctionnaires; l'ambition et la jalousie du pouvoir portent souvent les Arabes à dénoncer l'homme qui est aux emplois. On ne doit donner suite à une dénonciation qu'après en avoir parfaitement constaté la vérité.

Les chefs qui se conduisent bien doivent toujours être accueillis avec honneur et bienveillance par les officiers français quel que soit leur grade. — L'arabe est très-sensible aux bons procédés, et je n'ai eu jusqu'ici qu'à me louer de les avoir employés avec eux. C'est à peine si on pourra citer deux ou trois Arabes ayant répondu aux bons traitements par l'ingratitude.

Des arabes non fonctionnaires.

Les simples Arabes doivent être traités avec bonté, justice, humanité. Il faut écouter leurs plaintes, leurs réclamations, les examiner avec soin, afin de leur faire rendre justice s'ils ont raison, et les punir s'ils se sont plaints à tort. C'est par ces moyens qu'Abd el Kader s'était acquis un très-grand ascendant moral et une grande popularité : il était toujours prêt à écouter le dernier des Arabes. — Les marabouts méritent des ménagements particuliers; ils peuvent être quelquefois appelés au pouvoir, mais toujours ils doivent être traités avec considération, et de manière à nous en faire des amis.

Des impôts et des amendes.

Les impôts principaux sont l'achour (dîme sur les grains) et le zekket (impôt sur les bestiaux et quelques autres petits produits appartenant plus spécialement à telle ou telle localité).

MM. les commandants supérieurs des provinces et des subdivisions dirigeront les officiers chargés des affaires arabes, de manière à perfectionner graduellement la statistique sur laquelle doivent être basés les impôts; ils accoutumeront graduellement les Arabes et leurs chefs à porter l'impôt au chef-lieu, sans qu'il soit besoin d'aller le requérir avec la force armée. Il leur sera facile de faire sentir aux Arabes que cette mesure est tout à fait dans leurs intérêts, puisque la présence de la force armée par la consommation qu'elle fait en fourrages ou autrement accroît nécessairement l'impôt. Plusieurs exemples prouvent que l'habitude de payer sans contrainte peut aisément être donnée. MM. les commandants supérieurs s'attacheront à faire tourner au profit du trésor les droits de marché qu'il est d'usage de percevoir et qui ont été perçus jusqu'ici au profit des kaïds ou des aghas. Ceux-ci ne doivent avoir que la part qui a été réglée dans ma circulaire du 5 avril 1844.

Sur un petit nombre de points, on a perçu un droit sur le mariage; ce droit sera supprimé partout.

Aucun impôt que ceux dont il vient d'être parlé ne pourra être établi ou maintenu sans l'autorisation expresse du gouverneur général qui, lui-même, consultera le ministre sur l'établissement d'un impôt nouveau. — Les tribus du désert payeront la eussa (impôt sur les achats de grains) et l'impôt du commerce, conformément à l'usage.

La législation des amendes a été réglée par ma circulaire du 5 avril 1844. — Il ne me reste ici qu'à recommander à MM. les commandants militaires et à MM. les officiers chargés des affaires arabes d'être très-modérés dans l'emploi de ce moyen de répression, en le proportionnant toujours au délit et à l'esprit plus ou moins récalcitrant de la tribu; mais, dans aucun cas, ils ne pourront dépasser les limites que j'ai fixées dans ma circulaire sus-précitée, excepté le cas de révolte ouverte, qui y est du reste prévu.

De la solidarité des tribus pour les crimes et délits.

Nous avons traité au long ce chapitre dans notre circulaire du 5 avril; nous n'en parlons ici que pour bien faire sentir à MM. les commandants militaires que si nous avons dû maintenir la terrible législation de la responsabilité des tribus, comme le seul moyen de maintenir une bonne police dans un pays qui n'a pas toutes les combinaisons multipliées de notre administration civile et judiciaire, ils ne doivent en user qu'avec une extrême modération et lorsque les nécessités politiques ou de sûreté publique sont parfaitement démontrées.

J'invite MM. les commandants supérieurs et MM. les officiers chargés des affaires arabes à se bien pénétrer de l'esprit de cette circulaire, ainsi que de toutes celles qui l'ont précédée, lesquelles ils ne sauraient trop revoir et trop étudier.

Maréchal BUGEAUD

Circ. G, n° 19. — 30 sept.-9 oct. 1844. — P. 182 — *Recensement des tribus.*

Par suite de l'état de guerre qui a jeté pendant si longtemps le trouble au milieu des populations que nous gouvernons aujourd'hui, plusieurs familles et même des fractions entières de tribus ont quitté leur territoire pour se réfugier sur le territoire des tribus voisines, soit qu'elles y aient été contraintes par l'autorité d'Abd el Kader, soit qu'elles aient pris d'elles-mêmes cette détermination pour se soustraire à notre obéissance, soit pour tout autre motif de convenance particulière.

Quoi qu'il en soit, et bien que notre domination sur les Arabes se soit étendue sur l'Algérie tout entière, un grand nombre de ces familles sont demeurées sur le territoire qu'elles avaient choisi et sont restées en dehors de la juridiction de leurs chefs naturels. Cette situation anormale a des inconvénients graves, en ce qu'elle permet à quelques individus de ces familles qui n'ont aucun intérêt de propriété dans la tribu qu'ils habitent, d'échapper à la surveillance des chefs de cette tribu et de se livrer impunément à une vie d'intrigues et de brigandages.—Nous avons le plus grand intérêt à faire disparaître peu à peu cet état de choses, sans à-coup et de manière à nuire le moins possible aux intérêts nouveaux que plusieurs de ces familles se sont créés dans leurs nouvelles résidences.

Je désire, en conséquence, que vous fassiez établir, par l'officier chargé des affaires arabes dans chaque localité placée dans l'étendue de votre commandement, un état, par aghalik, des familles ou fractions de tribus qui se trouvent dans le cas indiqué ci-dessus, avec des observations qui fassent connaître le motif pour lequel elles ont émigré, et celui pour lequel elles ont continué à rester sur le territoire étranger. Vous joindrez à ces observations vos réflexions sur l'urgence plus ou moins grande qu'il y aurait à faire rentrer de suite telle ou telle famille dans sa tribu, sur l'opportunité de conserver telle ou telle autre dans sa position actuelle. Vous m'exposerez, enfin, votre manière de voir sur l'époque la plus favorable pour faire rentrer successivement toutes celles auxquelles devra s'appliquer la mesure générale précitée.

En m'adressant ces états, vous n'attendrez pas ma décision pour faire ce qui sera raisonnable et possible.   Maréchal BUGEAUD.

Circ. G. n° 22.—15-30 nov. 1844.—B. 189.— *Impositions pour travaux publics (remplacées par la perception de centimes additionnels, V. Impôt arabe, § 2).*

Général, l'un des grands moyens d'accoutumer les Arabes à notre domination est de favoriser leurs intérêts de toute manière, mais surtout par des travaux d'utilité publique qui leur donneraient des facilités commerciales ou augmenteraient leurs richesses agricoles et les commodités de la vie. De ce nombre sont, les barrages de rivières ou de ruisseaux pour les irrigations, les routes, les chemins, les ponts, les fontaines, les puits, les abreuvoirs, etc.

Mais vous comprendrez qu'il serait impossible au gouvernement de faire tous les frais qu'entraîneraient des travaux aussi multipliés, si les tribus elles-mêmes ne s'imposaient pas, quelquefois pour la totalité des dépenses, quand elles ne sont pas très-considérables, d'autres fois pour une partie seulement quand les travaux excéderaient leurs facultés pécuniaires.

Je vous engage donc à examiner ce qu'il y aurait de plus urgent à faire dans l'ordre des travaux indiqués ci-dessus, pour les tribus qui sont sous votre commandement. Quand vous aurez reconnu cette urgence, le commandant de la subdivision fera faire, par le commandant du génie, un aperçu de la dépense, et s'il juge qu'elle n'excède pas les facultés de la tribu, ou les possibilités de l'admi-

nistration de lui venir en aide, dans le cas où cela serait nécessaire, il appellera la commission administrative à donner son avis. S'il est favorable, il réunira les chefs et les principaux de la tribu ou des tribus intéressées, pour les engager à s'imposer extraordinairement pour subvenir aux frais du travail projeté. Si l'assemblée des chefs arabes y consent, l'impôt extraordinaire sera immédiatement levé dans les formes usitées pour l'impôt ordinaire, s'il n'excède pas le tiers de l'impôt total annuel de la tribu ; s'il l'excédait et n'en dépassait pas la moitié, le commandant de la province déciderait ; s'il dépassait la moitié, il en serait référé au gouverneur général, auquel il sera rendu compte, dans tous les cas, de toutes les opérations de ce genre.

Si l'impôt extraordinaire de la tribu ne pouvait pas suffire au travail, et que l'administration dût supporter une partie des frais, il serait adressé au gouverneur général par le commandant de la province une demande de crédit à cet effet.

Au fur et à mesure que l'impôt sera perçu, il sera versé entre les mains de l'officier chargé des affaires arabes.—Dès que la perception sera complète, et le crédit supplémentaire, s'il y a lieu, accordé, on procédera à l'exécution des travaux.—Aussitôt que la dépense aura été votée par la tribu ou les tribus intéressées, le commandant de la subdivision fera étudier complètement le travail par le commandant du génie qui en fera le plan et le devis ; ce dernier sera calculé sur l'emploi des ouvriers militaires.

Le génie militaire sera habituellement chargé de l'exécution. Cependant si l'on jugeait possible de trouver des entrepreneurs civils, en leur fournissant des ouvriers militaires surveillés par des officiers, on pourrait employer ce moyen.

Dans ces deux cas, l'officier chargé des affaires arabes sera le comptable des travaux ; si c'est l'officier du génie qui exécute, il acquittera les mandats tirés sur lui à cet effet par cet officier, qui n'aura à rendre aucun compte de gestion des deniers ; il sera seulement responsable envers le commandant supérieur de la subdivision, de la bonne exécution des travaux et du bon emploi des fonds.

Si c'est un entrepreneur civil, l'officier chargé des affaires arabes acquittera les dépenses conformément au cahier des charges. L'opération étant terminée, l'officier chargé des affaires arabes rendra compte à la commission administrative de l'emploi des deniers perçus sur la tribu ou les tribus, ainsi que du crédit extraordinaire, s'il en a été rendu comptable.   Maréchal duc d'ISLY.

Circ. G. n° 26.—1er-20 juill. 1845.—B. 204.— *Pèlerins de la Mecque. — Armes.*

Vous allez sans doute recevoir de nombreuses réclamations de la part des Arabes de votre division qui reviennent de pèlerinage de la Mecque, par suite de la décision que j'ai prise, de leur retirer les armes qu'ils avaient achetées dans leur voyage et qu'ils rapportaient dans le pays. Dans un moment où l'on s'occupe de désarmer les populations rebelles et où il est facile de prévoir que tôt ou tard on en viendra à désarmer définitivement le peuple arabe tout entier, j'ai pensé que ce serait une inconséquence et un contre-sens de laisser introduire une aussi grande quantité d'armes et de permettre aux pèlerins de se livrer à cet espèce de commerce, qui est tout à fait contraire à nos intérêts. Les quantités importées en Algérie étant d'ailleurs beaucoup trop considérables pour ne pas faire naître des soupçons sur le but que se proposaient ceux qui se livrent à ce genre de négoce.

Afin, du reste, de nous mettre parfaitement à même de recevoir, comme elles le méritent, les réclamations qui pourraient vous être portées et aussi de vous prémunir contre les mensonges qui pourraient les accompagner, je porte à votre connaissance la manière dont la mesure que j'ai ordonnée a été mise à exécution à Alger.

Les armes apportées par les pèlerins ont été réunies à la marine, estimées en présence d'un officier et d'un contrôleur d'artillerie, d'un agent des finances et d'un capitaine de la direction centrale des affaires arabes. Après l'estimation, elles ont été immédiatement payées aux propriétaires en présence des mêmes témoins.

J'ai adopté cette marche de la plus rigoureuse équité, et j'ai ordonné le remboursement, parce que les Arabes auraient pu arguer de leur ignorance et protester de leur bonne foi. Toutefois, vous devrez faire savoir à tous les indigènes de votre division qui auraient l'intention de se rendre à la Mecque, qu'à l'avenir l'importation des armes leur est sévèrement interdite, et que toutes celles qui seraient saisies sur eux, à leur retour, seraient définitivement confisquées. La mesure que je viens de prendre, combinée avec cet avis, que je vous recommande particulièrement, conciliera les règles et la justice avec le soin que nous devons avoir de notre propre sûreté et de la tranquillité du pays(1).

Maréchal duc d'Isly.

Circ. G. — 5-20 juill. 1845. — B. 204. — *Proclamation du maréchal duc d'Isly.*

Le maréchal gouverneur de toute l'Algérie et du désert à tous les Arabes et Kabyles qui obéissent au roi des Français :

Le roi, notre maître à tous, veut que ses sujets arabes et kabyles soient aussi bien gouvernés et aussi heureux que les Français. C'est une recommandation qu'il ne cesse de nous faire chaque fois qu'il nous comble d'honneur en nous écrivant. — Pour obéir à ses ordres et aux inspirations de son cœur paternel, je vous adresse les exhortations suivantes :

Le premier moyen de réparer les maux de la guerre et d'être heureux, c'est de rester fidèle à la promesse de soumission que vous nous avez faite, et devant laquelle nous avons arrêté nos escadrons et nos bataillons. Il faut accepter franchement le décret de Dieu qui a voulu que nous soyons venus gouverner ce pays. Vous savez les malheurs qui sont arrivés aux tribus qui se sont révoltées contre nous et les volontés de Dieu.

Le second moyen, c'est de vous occuper, avec activité et intelligence, d'agriculture et de commerce ; établissez des villages, bâtissez de bonnes maisons en pierres et couvertes en tuiles, pour n'avoir pas tant à souffrir des pluies et du froid en hiver, de la chaleur en été ; faites de beaux jardins et plantez des arbres fruitiers de toute espèce, surtout l'olivier greffé et le mûrier, pour faire de la soie. Vous vendrez très-bien l'huile et la soie, et du produit de la vente, vous vous procurerez tout ce qui est nécessaire pour vous habiller et meubler vos maisons.

Faites de grandes provisions de paille et de foin, pour nourrir vos bestiaux pendant la mauvaise saison. — Construisez des hangars pour abriter vos troupeaux contre les pluies et les neiges, qui en détruisent beaucoup. — Castrez les jeunes veaux et les agneaux, sauf ceux qui sont réservés pour la reproduction, et ce doivent être les plus beaux. Les veaux et les agneaux castrés profitent davan-

tage et se vendent mieux au marché, parce que la viande est meilleure.

Ayez de meilleures charrues pour mieux labourer la terre. — Donnez un ou deux labours préparatoires aux terres que vous voulez ensemencer la même année ; le premier en février ou en mars, le second en mai. Par ce moyen, vous n'aurez pas cette grande quantité de mauvaises herbes qui nuisent tant à vos récoltes. Avec des terres ainsi préparées, vous pourrez semer aux premières pluies d'octobre, et vos blés n'auront plus à craindre les sécheresses de mai ; ils seront en épis au milieu d'avril. Vos récoltes auront moins à redouter les sauterelles, ce fléau n'arrivant ordinairement qu'en mai ; il trouvera vos orges mûres et vos froments bien près de l'être.

Je ne saurais trop vous recommander de ne pas détruire vos forêts, comme vous le faites ; il viendra une époque, je vous le prédis, où vous y trouverez une grande richesse. Il s'établira autour de vous des villes populeuses, où vous vendrez à bon prix vos bois de construction et de chauffage.

Je ne vous en dirai pas davantage pour cette fois. Quand vous aurez bien médité ces conseils d'ami et que vous serez entrés dans la pratique des choses que je vous ai recommandées, je vous en dirai d'autres, toujours pour votre bien, car nous vous aimons comme des frères, et nous sommes affligés toutes les fois que vous nous forcez à vous faire du mal.

SALUT.

Circ. G. n° 30. — 17-20 juill. 1845. — B. 209. — *Répartition de l'impôt.*

Par ma circ. du 15 de ce mois, je vous ai adressé des instructions sur la marche que vous auriez à suivre pour dégrever de l'impôt de l'achour, en totalité ou en partie, les tribus dont les récoltes auraient été endommagées ou détruites par les sauterelles. Vous avez vu que mon intention est que, dans ce cas, vous rendiez aux populations le fardeau de l'impôt aussi léger que possible, et que pour arriver à ce résultat, je désire que vous examiniez avec la plus scrupuleuse exactitude quel a été, cette année, le produit des cultures et le résultat des travaux de labour exécutés par les indigènes.

Les tribus kabyles sont plus pauvres que les autres et moins favorisées sous le rapport du sol et l'étendue des terres cultivables, et nous devons, avant tout, éviter que le gouvernement français puisse, comme ceux qui l'ont précédé, passer à leurs yeux pour oppresseur. Veillez donc à ce que la répartition se fasse de la manière la plus équitable entre les individus, et dans la proportion des cultures ; à ce que le pauvre ne paye pas pour le riche, ce qui n'avait que trop souvent lieu chez les Arabes autrefois, et surtout à ce que jamais les collecteurs de l'impôt ne puissent exiger rien au delà de la part qui leur revient, et qui a été déterminée par les arrêtés et circulaires que je vous ai adressés à ce sujet, ainsi que dans l'exposé que j'ai fait publier le 10 nov. 1844.

Le même esprit de justice distributive doit nous diriger dans l'application du droit d'investiture, consistant généralement en un cheval par tribu pour prix du burnous et du cachet. Des investigations scrupuleuses faites sur beaucoup de points m'ont convaincu que cette redevance était fort onéreuse aux Kabyles qui n'ont pas de chevaux. Ils sont obligés d'en aller acheter au loin et fort cher. Par ces causes, j'ai décidé qu'à l'avenir il serait demandé aux tribus kabyles, au lieu d'un cheval, un mulet propre au service du train des équipages. Il y a même des tribus pour lesquelles la remise d'un bon mulet serait une charge lourde ; dans ce cas, je vous autorise à faire remplacer le mulet par une somme qui pourra varier de 100 à 200 fr.

Maréchal duc d'Isly.

---

(1) Ces mesures de prudence ont continué à être suivies, et pour en faciliter l'exécution, il a été ordonné en 1855 que tout pèlerin se munirait à son départ d'un certificat constatant la nature et le nombre des armes emportées par lui, et qu'à son retour, il ne pourrait en faire entrer d'autres.

Circ. G. n° 31. — 6 août-4 sept. 1845. — B. 209.
— *Commerce d'échange.*

Le moment est venu où les tribus nomades du Sud se rapprochent du Tell pour s'y établir momentanément et y faire leurs transactions annuelles. C'est le cas de vous entretenir avec quelques développements de cette question commerciale et administrative, à laquelle se rattachent aussi de très-grands intérêts politiques. — Je vous prescrirai ensuite certaines mesures dans le but de favoriser les progrès de ces relations, en supprimant les abus qui les ont entravées jusqu'à ce jour.

Sous la domination si oppressive des Turcs, les beys, véritablement grands fermiers de leur maître, s'ingéniaient à pressurer, par tous les moyens en leur pouvoir, leurs malheureux administrés, afin de satisfaire à la fois aux exigences du pacha et à leur cupidité personnelle. — Les tribus du Sud étant obligées de venir chaque année acheter leurs grains dans le Tell, voilà comme les beys procédaient à leur égard pour en retirer la plus grosse contribution possible :

Chaque bey donnait aux tribus intermédiaires entre le Tell et le Sahara, dans toute l'étendue de son gouvernement, l'autorisation d'aller au-devant des populations du Sud, au moment où elles venaient s'approvisionner de grains, et verser leurs produits en échange dans les marchés du Tell : ces tribus intermédiaires, véritables courtiers de commerce, s'efforçaient, par de bons traitements, par des cadeaux, etc., etc., d'amener ces populations dans le beylik, de préférence aux beyliks voisins, et souvent à leur détriment. Puis ces populations une fois établies dans le Tell dépendant de son beylik, chaque bey en prélevait la contribution d'usage, qui était alors très-considérable, et en récompense de ces résultats, il donnait à chaque chef du petit désert, qui avait fait ce courtage entre le Tell et le Sud, un beau présent, et de plus la faculté de percevoir, pour son compte particulier, une redevance appelée *bezra*, qui était répartie entre ce chef et les principaux de sa tribu. Le bey ne pouvait se défendre de faire ce sacrifice, sous peine de voir passer dans le gouvernement de son voisin, qui avait le même intérêt personnel à les attirer à lui, les tribus du Sud, qui venaient annuellement l'enrichir.

L'émir, pendant les quelques années que dura son gouvernement, perçut directement sur les tribus du Sud l'impôt régulier, c'est-à-dire la zekkat et l'achour. Les tribus intermédiaires du petit désert ne purent rançonner celles-ci que faiblement, parce qu'Abd el Kader exerçait sur tous les Arabes une grande influence, et que ses ordres étaient fidèlement exécutés. Cependant, ne voulant pas mécontenter des chefs dont il sentait qu'il avait besoin, il laissa l'abus subsister en partie.

Depuis que notre puissance s'est substituée à celle d'Abd el Kader, les mêmes nécessités matérielles ont ramené dans le Tell les mêmes populations du Sud, et par suite les mêmes instincts du lucre ont conduit nos chefs du petit désert à s'interposer, comme antérieurement, entre le Tell et le Sahara, avec les mêmes prétentions que du temps des Turcs.

Or, il est évident que notre administration n'a pas besoin de ces intermédiaires pour amener dans notre Tell les tribus du Sud, puisqu'il est indifférent pour notre trésor qu'elles viennent sur un point plutôt que sur un autre, et que nos beys actuels, les lieutenants généraux commandant les provinces, n'ont aucun intérêt personnel à ce que les marchés se fassent dans telle ou telle subdivision de leur province, ou sur le territoire de la province voisine.

Il est urgent de supprimer un usage préjudiciable : 1° aux intérêts des populations avec lesquelles nous devons chercher à établir de plus grandes relations commerciales ; 2° au trésor qui seul devrait profiter de la bezra ; 3° à notre politique qui a tout avantage d'étendre au loin son influence directe dans le désert. — Je décide donc, général, que l'impôt de la bezra soit partout supprimé. — En conséquence, j'ordonne que vous fassiez connaître aux tribus du petit désert qui font partie de votre gouvernement, qu'elles n'aient point à accompagner les tribus du Sud dans les marchés du Tell, ni à exiger d'elles la moindre redevance ; qu'elles aient en outre à s'abstenir de toutes démarches tendant à les contraindre dans le choix des lieux de leurs marchés. Que si, de leur côté, les tribus intermédiaires du petit désert ont besoin de se pourvoir dans le Tell, elles aient à s'y rendre pour leur propre compte, en se soumettant également aux usages reçus.

Vous ferez connaître en même temps aux tribus du Sud que désormais elles n'auront plus à franchir cette barrière vivante et cupide qu'elles rencontraient entre le Sahara et le Tell. Cette suppression de la bezra leur rendra la venue dans le Tell plus attrayante. Vous prendrez dans toute l'étendue de votre gouvernement les précautions nécessaires pour assurer l'exécution de cette mesure.

Cependant comme une réforme de cette importance pourrait mécontenter tout d'abord les chefs dont nous devons ménager les susceptibilités et les intérêts, je vous autorise à les prévenir, qu'en même temps que je supprime la bezra, j'ordonne qu'une fraction du tribut payé par les populations du Sud, fraction, qui dans aucun cas, ne devra dépasser le dixième de l'impôt, sera partagée entre eux et leurs sous-ordres, dans une juste proportion. Cela me paraît utile pour encourager ces chefs et les empêcher de faire quelques manœuvres secrètes pour contrarier les tribus du Sud dans leurs transactions.

Je désirerais pouvoir rendre uniforme pour toute l'Algérie le tribut qu'ont à payer les populations sahariennes quand elles viennent dans le Tell échanger leurs produits, mais cela me paraît difficile, du moins quant à présent. Je me borne donc à vous exposer quelques vues générales. Je pense qu'il est d'une bonne politique, pour attirer à nous le commerce du Sahara algérien et par suite du centre de l'Afrique, de rendre dans toutes ses parties ce tribut plus léger qu'il ne l'était sous les Turcs, qui attachaient au commerce beaucoup moins d'importance que nous. Soyez donc en dessous de leurs exigences, soit que l'impôt soit payé en nature, soit qu'on le convertisse en numéraire. Ainsi, par exemple, les Turcs prélevaient trois boudjoux sur chaque chameau, n'en demandez que deux au plus, et ainsi du reste. Il faut qu'en tout point les tribus du Tell et du désert trouvent une amélioration dans notre gouvernement.

Il me paraît aussi tout à fait convenable que les tribus sahariennes payent l'impôt dans la localité qu'elles auront choisie pour y faire leurs transactions, sans qu'elles soient gênées par nous par des considérations de juridictions territoriales. Ce qui importe, c'est de ne point tracasser ces populations et que le trésor y trouve toujours son compte. Cette manière d'agir évitera d'ailleurs à ces tribus des courses inutiles, et il y aura moins de difficultés à redouter de la part des chefs des tribus intermédiaires.

Il est un autre droit qui existait précédemment pour les propriétaires des terrains traversés par les tribus du Sud, et pour les chefs des tribus du Tell où elles viennent s'établir. Cette redevance me paraît tout à fait équitable, car ces populations nombreuses ne peuvent pas faire pâturer leurs innombrables troupeaux sur le territoire d'autrui et recevoir gratis des difas, sans donner des compensations. Vous devez tenir la main à ce que l'indemnité demandée ne dépasse pas les frais occasionés.

Enfin, général, il peut se présenter dans votre gouvernement telle circonstance qui rendrait impolitique l'exécution rigoureuse des décisions contenues dans cette circulaire. Dans ce cas, je vous autorise à les modifier conformément aux considérations de politique et de justice.

Si lorsque vous recevrez cette circulaire, qui arrive malheureusement un peu trop tard, par suite de la petite campagne que je viens de faire, les tribus du Sahara étaient déjà arrivées sur votre territoire, et qu'elles eussent acquitté l'impôt de la hezra, vous vous borneriez à faire connaître aux chefs arabes intermédiaires et surtout aux tribus sahariennes que c'est pour la dernière fois qu'elles ont acquitté cet impôt; qu'à l'avenir elles en seront libérées, et qu'elles peuvent compter sur la protection efficace que nous leur donnerons pour qu'elles viennent librement dans l'avenir s'approvisionner et commercer. Vous les inviterez à vous informer directement de l'époque de leur arrivée, afin que si les circonstances paraissaient l'exiger, vous puissiez aller au-devant d'elles avec une petite colonne de cavalerie et d'infanterie montée. Maréchal duc d'Isly.

Circ. G. n° 51. — 14 oct. 1845-8 mai 1846. — B. 225.—Postes permanents.

Général, les circonstances me conduisent à vous rappeler ce que j'ai souvent écrit et répété, qu'au milieu du calme le plus parfait, nos troupes et nos moyens de tout genre devaient être préparés, placés et disposés comme au temps où la guerre avait la plus grande activité, comme au temps où Abd el Kader pouvait réunir douze à quinze mille hommes; car, ajoutais-je, la guerre peut renaître d'un instant à l'autre par le soulèvement du pays tout entier ou d'une fraction considérable; que si dans de pareilles circonstances nous étions décousus, éparpillés, mal approvisionnés dans nos postes, nous offririons à l'ennemi une foule d'occasions partielles ou nous faire éprouver des échecs dont les résultats matériels et surtout moraux auraient les plus graves inconvénients.

Vous savez aussi combien souvent je me suis élevé contre la multiplication des postes permanents vers lesquels la tendance était presque générale; on croyait en démontrer la nécessité par une foule de motifs plus ou moins spécieux : il fallait un poste, disait-on, en tel ou tel endroit pour surveiller le pays, pour l'administrer, pour en avoir des nouvelles et s'assurer si les chefs arabes remplissaient bien leurs obligations envers nous et envers leurs administrés; d'autres fois, c'était pour assurer telle ou telle communication, pour que les convois et même les voyageurs isolés pussent trouver quelques ressources alimentaires sur leur route, et un abri le soir contre les voleurs et les attaques nocturnes. On ne réfléchissait pas que des besoins de cette nature se faisant sentir sur toute la surface de l'Algérie, il aurait fallu, pour être conséquent, les satisfaire partout, et qu'alors toute l'armée eût été immobilisée dans des postes permanents grands et petits.

Serait-il encore nécessaire de répéter que les postes permanents qui ne peuvent être que très-faibles en raison de leur multiplicité, n'assurent pas les communications et n'ont aucune action sur le pays; qu'ils ne gardent réellement qu'un point; que l'action réelle, la véritable puissance, est dans les troupes qui tiennent la campagne, lesquelles ne conservent leur force dominatrice qu'autant qu'elles ne se subdivisent pas trop, et que chacune des fractions est capable de vaincre toutes les forces réunies de la contrée qu'elle est chargée de maintenir dans l'obéissance; que non-seulement les postes multipliés immobilisent une partie des forces de l'armée, affaiblissent numériquement les colonnes agissantes, mais encore qu'ils absorbent en partie l'action des troupes restées mobiles, puisque celle-ci sont chargées de les ravitailler, de satisfaire à leurs besoins, et souvent d'aller à leur secours, au lieu de faire des opérations utiles contre l'ennemi; que ces secours n'admettant pas de retard, il faut souvent marcher par le temps le plus défavorable, et que de là peut naître une catastrophe. Enfin que les postes qui ne sont pas d'une nécessité absolue et parfaitement démontrée doivent être soigneusement évités, car ils sont une source d'embarras, de faiblesse et de danger.

Je ne fais ici qu'effleurer la question, me proposant de faire un petit traité sur cette importante matière; d'ailleurs les douloureux événements survenus à la fin de septembre doivent avoir ouvert les yeux aux plus incrédules.

Les postes magasins ou de ravitaillement qui sont indispensables pour favoriser la mobilité des colonnes, n'ayant qu'une faible garnison, ne sont chargés, à proprement parler, que de leur défense; ils ne doivent pas prétendre à la domination du pays qui les environne, car ils en sont parfaitement incapables. Tant que le pays est calme et obéissant le chef de ces postes doit sans doute surveiller l'action des chefs indigènes, se faire faire des rapports par eux sur tous les points de leur administration; les faire venir de temps à autre auprès de lui pour se faire rendre compte, avec détail, de la disposition des esprits, de l'état des perceptions, de la police, des amendes, des bruits qui circulent, etc., etc. Mais ce chef ne doit jamais sortir avec une fraction de son monde, soit pour rétablir l'ordre qui aurait été troublé, soit sous le prétexte de protéger le pays. Il peut tout au plus faire une sortie brusque et de nuit, à courte distance, pour arrêter des hommes signalés comme dangereux, ou pour tout autre coup de main partiel, jugé nécessaire pour assurer la tranquillité du cercle; mais le détachement qui serait fait dans ces cas fort rares, devrait être rentré au point du jour. S'il y a des actes à réprimer chez une tribu ou grosse fraction de tribu, il faut attendre, pour en demander compte, qu'une colonne vienne manœuvrer dans le pays; c'est alors seulement qu'on peut le faire avec efficacité et sans danger.

Si le pays était menacé d'une insurrection ou de l'envahissement des insurgés voisins, ce n'est pas un détachement de quelques centaines d'hommes qui pourrait prévenir le danger, et il s'exposerait à une destruction complète, sans l'espoir fondé d'atteindre le but. Quand une contrée est en fermentation, il est rare que les populations demandent sincèrement à être protégées, et elles sont en général disposées à attaquer les protecteurs. Souvent elles peuvent se protéger elles-mêmes et si elles sont de bonne foi, ou elles se défendent, ou elles s'éloignent du péril. Dans tous les cas, il vaut mieux que le malheur tombe sur elles que sur un détachement impuissant.— Ainsi jamais on ne doit sortir, jamais on ne doit combattre quand on est maître de ses actions, sans un but utile, raisonné, et même, dans ce cas, sans avoir des chances de succès.

J'ai dit plus haut que les postes permanents n'assuraient pas les communications, je crois utile de démontrer encore cette vérité, que j'ai si souvent exposée dans mes entretiens avec vous.—Qu'entend-on par assurer une communication? Ce ne peut être, dans la véritable acception du mot, que donner la faculté aux petits convois, aux faibles détachements, aux isolés même, de parcourir en sécurité cette communication ; car il n'est pas nécessaire de protéger une colonne qui trouve en elle-même une force suffisante. C'est la colonne qui protège, et non pas le poste, qui ne peut rien hors de son enceinte.

Comment des postes échelonnés d'étape en étape sur une route, pourraient-ils la rendre sûre pour les convois, les petits détachements et les isolés ? Si ces fractions rencontrent à distance égale entre deux postes un rassemblement très-supérieur à elles, à quoi leur serviront les postes qui sont à trois lieues en avant et trois lieues en arrière ? Évidemment ils seront détruites ou prises, sans même qu'ils en aient connaissance.

Les postes qu'on représente comme propres à assurer les communications ne sont donc qu'une illusion dangereuse. Ils affaiblissent l'armée, ils paralysent son action, et ne remplissent pas le but pour lequel on les institue.—Il n'y a qu'une manière d'assurer ses communications: c'est de bien dompter le pays à droite et à gauche, et, dans certains cas, de couvrir la communication par une colonne postée ou agissant sur le côté le plus menacé.

La réunion, en une seule colonne, de tous les postes qu'on échelonnerait d'après la routine sur une communication, l'assurera beaucoup mieux, si cette colonne manœuvre convenablement, que ne le ferait la division des forces en postes permanents.

Ces principes excluent-ils les postes d'une manière absolue ? Non assurément. Le principe de mobilité exige quelques postes de ravitaillement. Loin d'être contraires au système ils le complètent, car ils favorisent singulièrement la mobilité des colonnes quand ils sont convenablement placés. Prenons sur notre ligne intérieure un exemple pour le démontrer.

Une colonne part de Tlemcen ou de tout autre point pour opérer dans le Sud, c'est-à-dire dans le petit désert ; si, quand elle a fini ses vivres et ses munitions, elle est obligée de venir se ravitailler à son point de départ, elle abandonne ses opérations souvent dans le moment le plus favorable, elle perd un temps précieux pour l'action ; ces marches improductives fatiguent beaucoup les hommes et les chevaux. Il faut donc qu'elle trouve plus près d'elle un point pour s'y ravitailler, y déposer ses malades, ses blessés et prolonger immédiatement son action ; on sait que c'est la continuité des opérations qui fatigue le plus les Arabes et nous fait atteindre leurs intérêts.

Il faut donc quelques postes-magasins bien répartis, mais il faudrait les construire de manière à ce qu'ils puissent remplir leur objet, en n'exigeant qu'une garnison de cent ou cent-cinquante hommes au plus. Malheureusement c'est ce que nous n'avons pas su faire et c'est ce à quoi il faut que nous arrivions.

Je terminerai ce premier aperçu sur ces importantes questions par des considérations majeures. Supposons, comme cela est arrivé, que l'insurrection éclate sur plusieurs points d'une province ou dans plusieurs provinces en même temps, faut-il se croire obligé de courir partout à la fois pour éteindre l'incendie ? Ceci serait contraire à toute bonne spéculation de la guerre et aux principes posés depuis longtemps. Notre effectif quoique nombreux n'est pas assez pour faire face à la fois à tous les dangers survenus et à survenir. Il ne faut donc se subdiviser que dans la mesure de ses forces et de telle sorte que chaque subdivision soit parfaitement en état de vaincre l'ennemi qu'elle peut rencontrer dans le pays où elle doit opérer. Quand elle a vaincu, dompté celui-ci, elle court à celui-là. En un mot il faut opérer comme

nous l'avons fait de 1041 à 1845 ; tout le pays était alors insoumis ; en avons-nous attaqué toutes les parties à la fois ? Non, nous les avons vaincues successivement ; cette action successive peut d'autant mieux s'appliquer à cette guerre, que les Arabes ne concentrent pas leurs forces à de grandes distances. On n'a généralement à faire qu'aux forces locales d'un certain rayon ; laissez donc les autres s'agiter dans l'insurrection et ne vous croyez pas toujours obligé de courir au feu partout où il se manifeste. Frappez vite et fort sur le premier foyer ou sur le foyer principal.

Il ne faut pas non plus se croire toujours obligé d'aller au secours d'un poste, quand on a des choses plus urgentes à faire ailleurs. Vos postes magasins doivent être à l'abri d'un coup de main, et vous savez que les Arabes n'ont jamais su prendre une simple maison fortifiée ; ils n'ont aucun moyen pour cela.

Je vous invite, général, à bien faire pénétrer ces principes dans l'esprit de vos subordonnés. C'est l'uniformité de vues et de sentiments jusque dans les derniers rangs de l'armée, qui assure les succès à la guerre et fait éviter les catastrophes de détail. Maréchal duc d'Isly.

Circ. G. n° 55.—23 avril-8 mai 1846.—B. 223. — *Approvisionnement des postes.*

Général, il est de la plus haute importance pour l'avenir de nos établissements de l'intérieur, places et postes magasins, que nous puissions, sur les lieux mêmes, tirer des ressources du pays, des quantités de blé et d'orge pouvant subvenir à nos besoins probables pour chaque localité.

L'expérience a démontré que pour la plupart de nos points d'occupation dans les provinces d'Oran et d'Alger, les produits de l'achour du pays environnant ne pouvaient suffire à remplir ce but. Il faudrait donc continuer à approvisionner ces points à grands frais, ce qui présente beaucoup de difficultés et nécessite des dépenses énormes surtout lorsque, par suite des éventualités de la guerre, ils doivent servir de base d'opération.

Pour obvier à ces inconvénients, on avait, dans quelques subdivisions, cru pouvoir recourir à des réquisitions forcées, c'est-à-dire rendre obligatoire pour les Arabes la vente d'une quantité déterminée de blé et d'orge. Cette mesure me paraît de nature à soulever contre nous des plaintes et des récriminations que les fanatiques ne manqueraient pas d'exploiter au profit de la révolte : ce qu'il importe surtout d'éviter.—J'ai pensé qu'on pouvait, par un autre moyen, atteindre aussi sûrement et plus sagement le but qu'on se propose, et c'est ce moyen que je vais vous indiquer.

De même que pour déterminer la quotité de l'achour, nous nous devons reconnaître dans chaque tribu la quantité de terres ensemencées, et que, plus tard, nous faisons expérimenter le rendement des grains récoltés, nous pouvons de la même manière calculer, d'après les données qui sont à notre connaissance, les quantités de grains nécessaires à la consommation annuelle de la tribu, celles destinées aux semences prochaines et en conclure les quantités restées disponibles pour la vente.

Munis de ces renseignements, on chargera l'agha, ou même encore le kaïd, de nous acheter dans sa tribu la quantité de grains qu'elle est présumée pouvoir fournir sans inconvénients. Lui seul sera dans le secret de nos besoins ; il se servira de ses moyens à lui pour nous contenter ; le désir de conserver sa place sera un mobile qui le fera probablement réussir, et nous n'aurons pas fourni d'armes nouvelles contre nous à nos habiles et fanatiques ennemis.

Le kaïd devra avoir un temps moral suffisant pour réunir les quantités demandées, les faire placer dans des silos réservés pour cet effet. Il pourra de même être autorisé, si le poste français se trouvait trop éloigné du centre de sa tribu, à les emmagasiner dans un endroit désigné, pour éviter des transports inutiles et coûteux ; l'opération terminée, il devra prévenir l'autorité.

Chaque commandant de cercle devra veiller surtout à ce qu'aucun des transports qui deviendraient nécessaires ne soit exigé des Arabes à titre de réquisition forcée. Rien n'exaspère plus les indigènes que ces courses faites avec leurs bêtes de somme par ordre et sans rétribution.

Je vous recommande aussi de tenir la main à ce que le prix des grains soit déterminé équitablement d'après les mercuriales connues dans chaque pays, sans aucun abaissement arbitraire. L'intendance devra prendre pour base, non point le prix des grains au moment de la promulgation de cet ordre, mais bien le prix réel au moment de chaque livraison.—Il est aussi très-urgent de faire tous vos efforts pour renforcer particulièrement l'approvisionnement en orge pour cette année, puisque, suivant toute apparence, la récolte de foins sera presque nulle en Algérie.

Maréchal duc d'ISLY.

Circ. G. n° 56.—24 avril-8 mai 1846.—B. 225. — *Approvisionnement des tribus.*

Général, les tribus du Petit-Désert nous ont donné, cette année, une preuve fâcheuse de leur versatilité, du peu de sincérité de leur soumission, et, par suite, de leur empressement à accueillir Abd el Kader, et à lui fournir les ressources dont il avait besoin pour continuer la guerre ; elles nous ont tenus ainsi dans un état continuel d'agitation et d'alerte.

J'ai beaucoup réfléchi aux dispositions qu'il conviendrait d'adopter à l'avenir pour prévenir autant que possible le retour de pareils événements et punir les tribus défectionnaires. La nécessité de vivre les rendant tributaires du Tell, où elles doivent forcément faire chaque année leurs approvisionnements, j'avais d'abord songé à les priver de tout commerce avec cette contrée. Mais cette mesure pourrait avoir pour conséquence de rejeter vers le Maroc, pour y acheter des grains, la plupart de ces populations, celles du moins situées à l'ouest du méridien d'Alger. Il en résulterait un grave inconvénient : ce serait de fournir à l'émir une position de protecteur vis-à-vis des tribus dans les voyages qu'elles seraient obligées d'entreprendre, et il ne manquerait certainement pas d'exploiter cette position dans son intérêt. Les tribus se trouveraient, en quelque sorte, sous sa dépendance, et, en échange de sa protection, lui prêteraient, chaque fois qu'il le leur demanderait, l'appui qu'elles ne lui ont donné cette année que par suite de circonstances exceptionnelles.

Quant aux populations nomades campées à l'est du méridien d'Alger, elles iraient s'approvisionner de grains dans la régence de Tunis, ce qui non-seulement priverait le Tell de la province de Constantine d'un grand commerce, mais nous enlèverait encore le moyen d'exercer sur elles une sorte de suzeraineté qui est pour le moment le seul acte de pouvoir dont le gouvernement français puisse les atteindre ».

Cependant l'épreuve que nous venons de subir, les ressources qu'Abd el Kader a trouvées dans le Sud pour agir contre nous, la difficulté d'atteindre les tribus qui vivent dans le désert ; toutes ces considérations doivent nous engager sinon à supprimer les achats de grains dans le Tell, du moins à les surveiller et à les soumettre à un contrôle aussi exact et aussi uniforme que possible. Il y a en effet un grand danger politique à ce que les nomades puissent faire de grands approvisionnements de blé et d'orge en excédant de leurs besoins de chaque année.

Il résulte de mes instructions précédentes que les tribus du désert, lorsqu'elles avaient acquitté leur impôt, pouvaient en toute liberté faire des achats sur un point quelconque du Tell et dans la proportion qui leur convenait. A cette liberté absolue, je pense que nous devons apporter quelques restrictions et règlements sur les marchés de la manière suivante :

On devra faire connaître de bonne heure aux tribus du Sahara qui se proposent de venir acheter des grains dans le Tell, les localités où elles pourront opérer leurs transactions commerciales. — Chaque chef de tribu devra venir se présenter au commandant du cercle auquel il appartient pour déclarer le nombre de charges de blé et d'orge que la tribu aurait l'intention d'acheter. Le commandant de la localité après avoir reçu l'impôt fixé par l'usage et réglementé par nos tarifs, donnera un permis pour le nombre de charges demandées et désignera les lieux et les marchés où ces achats seront autorisés.

Bien qu'il vaudrait mieux que chaque tribu n'achetât que dans la subdivision à laquelle elle est censée appartenir, cependant quand le bon marché, le caprice ou des relations anciennes engagent les gens du désert à aller se pourvoir de grains dans une subdivision qui n'est pas la leur, il ne faut pas s'y opposer. Seulement on devra exiger que la tribu qui vient acheter dans une autre subdivision que la sienne soit munie d'une attestation de son chef naturel constatant qu'elle a payé son *Eussa* ou *Lezma* pour un nombre déterminé de charges de blé et d'orge qu'elle est autorisée à enlever. Il va sans dire, que ce reçu étant l'expression de la volonté du commandant de la division à l'égard de la tribu qui n'achète pas chez lui, le commandant de la localité où elle se présente ne devra pas en laisser dépasser le montant en grains.

On devra prendre note des permis ainsi délivrés et si la même tribu demandait à venir plusieurs fois, comme cela a lieu d'ordinaire, on s'assurerait que les approvisionnements totaux ne dépassent pas les besoins probables d'une année. Sous aucun prétexte il ne sera permis aux tribus du désert d'acheter en sus des exigences de leur consommation annuelle ; il ne serait fait infraction à cette règle que par ordre du gouverneur général.

On interdira sévèrement les achats faits isolément dans le Tell par les gens du désert. Les cavaliers du Maghsen seront placés dans les tribus du Tell pour surveiller l'exécution de la mesure ; les aghas et les kaïds y concourront également.— Les tribus qui auront éprouvé un refus dans un cercle, soit parce qu'elles n'auraient pas acquitté l'impôt, soit pour tout autre motif, ne devront pas être reçues dans un autre cercle à moins de circonstances extraordinaires dont il sera référé au commandant de la division.

On fixera ultérieurement les marchés auxquels devront se rendre les tribus de telle ou telle circonscription. — Toute caravane qui sera rencontrée achetant des grains sans autorisation ou ailleurs que sur les lieux désignés sera saisie au profit de l'Etat. — Tout douar convaincu d'avoir vendu des grains sur ses silos isolés, sans autorisation, sera puni d'une forte amende. Il en serait de même des douars qui auraient vendu à des caravanes du désert non munies des permis des commandants de cercle.

J'ai tout lieu de penser qu'en observant aussi régulièrement que possible les instructions que je viens de donner, nous arriverons à régler d'une manière sinon exacte, du moins approximative les approvisionnements annuels des tribus du Sahara et à les empêcher de se livrer à une espèce d'accaparement, dont elles se servent, quand l'occasion se présente, pour fournir à notre ennemi les ressources qui seules lui permettent d'agir et dont par conséquent nous devons chercher par tous les moyens à le priver. Maréchal duc d'Isly.

Circ. G. n° 37. — 17 déc. 1846. — B. 244. — Officiers auxiliaires.

Général, l'extension que prennent tous les jours nos relations avec les Arabes, le grand nombre de nouvelles soumissions que nous avons reçues depuis trois ans, ont de beaucoup augmenté le travail des officiers chargés des affaires arabes. Il me paraît difficile, pour ne pas dire impossible, qu'un chef de bureau puisse seul suffire aujourd'hui aux exigences de ses fonctions, et il me paraît convenable de nous préparer pour l'avenir, des officiers qui puissent continuer l'œuvre si bien commencée.

En conséquence, j'ai décidé que dans les directions divisionnaires, et dans les bureaux de première et de deuxième classe, il serait adjoint aux officiers titulaires, des officiers qui étudieront la langue arabe, apprendront la triture des affaires et pourront aider le chef de bureau dans son travail, en même temps qu'ils lui permettront de marcher avec les colonnes, sans que sa correspondance, sans que la justice, sans que tous les besoins administratifs du service puissent souffrir de cette absence.

Le jour où l'officier chargé du bureau arabe est obligé d'accompagner une colonne, ou de faire une course, il ne reste plus d'intermédiaire entre le commandant du camp et les Arabes. Personne n'est là pour organiser les moyens de transport des convois, personne pour les diriger. Le chef par intérim cependant a plus besoin encore de cet officier que le commandant titulaire. Si des faits se présentent demandant une solution prompte et instantanée, qui éclairera le chef du camp se trouvant au milieu de ces affaires si nouvelles pour lui sans connaissance des faits antérieurs? Faudra-t-il qu'il écrive au général qui est avec la colonne? Mais le retard peut amener une catastrophe : il faudra qu'il prenne un parti de lui-même. Quelle ne sera pas son incertitude, malgré son intelligence, s'il ne connaît pas, et ne peut pas les connaître, les différentes circonstances qui ont pu amener ces faits. Où ira-t-il chercher la clef de toutes ces contradictions inhérentes à tout rapport arabe? Et puis, qui fera le service courant du bureau pendant cette absence?

Si au contraire l'officier du bureau arabe reste au camp, alors il fera défaut à la colonne, soit par ses besoins, soit pour les renseignements qui devront la guider. D'ailleurs il est essentiel que l'officier chargé des affaires arabes fasse des sorties et en fasse le plus souvent qu'il pourra. Sans parler de la nécessité de sa présence à la colonne, il étudiera le terrain dans ses courses, il vérifiera les faits de localité, il apprendra sur les lieux mille et mille circonstances qui lui seraient probablement restées inconnues, et il inspirera la confiance au goum qu'il commande, le dirigera et le maintiendra, s'il y a lieu, ces absences quoique nécessaires, apporteraient du retard et des embarras dans nos affaires, des mécontentements dans l'esprit des Arabes. Que si celui qui vient de 7, 8, 10 lieues pour porter sa plainte, et qui ne trouve pas son juge, revient une seconde fois et est encore forcé de s'en retourner sans solution; celui-là s'en ira peu content de notre manière d'agir et d'administrer. Ce n'est pas l'habitude chez les Arabes que l'on ne trouve pas le kaïd, le scheik ou le cadi. Si l'un des officiers est obligé de s'absenter, soit avec sa colonne, soit pour les affaires du bureau, l'autre restera, qui continuera à rendre justice, à correspondre avec le chef de la subdivision, à diriger les convois, aider le commandant du camp, etc., etc.

Deux causes existent donc, qui demandent l'adjonction d'un officier aux chefs de bureau arabe. La première, c'est la nécessité d'établir le service, de manière à ce que tous ses détails concordent, et qu'une partie ne souffre pas de l'autre ; la seconde, c'est le besoin de nous préparer pour l'avenir des officiers capables de remplacer utilement, et surtout instantanément, ceux qu'une circonstance pourrait distraire des bureaux.

Les fonctions de ces officiers adjoints seront : — La surveillance des marchés ; — les détails de la maison d'hospitalité ; — le règlement du cahier d'amendes ; — la vérification des labours ; — le relevé des affaires de quinzaine ; — la surveillance de la rentrée de l'achour. — Ces officiers devront suivre les affaires, afin d'être le plus promptement possible à même de rendre eux-mêmes la justice.

La position nouvelle de ces officiers ne leur donnera droit à aucune allocation particulière que lorsque, par une connaissance exacte des différents détails du service, ils auront été choisis pour remplacer les officiers titulaires dont les emplois deviendraient vacants. Maréchal duc d'Isly.

Circ. G. n° 39. — 22 juill.-17 déc. 1846. — B. 244. — Surveillance sur les indigènes.

Général, afin d'assurer aux marchés et aux voyageurs, toute la sécurité nécessaire, pour empêcher les vols et assassinats qui pourraient se commettre et s'opposer enfin aux tentatives de ces fanatiques toujours prêts à propager des idées de révolte, il est de la plus grande utilité de prendre les mesures suivantes :

Les aghas et les kaïds exerceront à l'avenir la plus grande surveillance envers les étrangers qui traversent leur territoire ; ils devront interroger et faire arrêter, s'il y a lieu, tous les individus qui leur paraîtront suspects. Ils s'attacheront à une sérieuse investigation, lorsqu'ils rencontreront de ces prétendus voisins, qui voyagent le bâton à la main, sans bête de somme et sans aucun objet qui indique leur genre de commerce ou d'industrie.

Ils n'hésiteront pas à faire saisir ceux qui, étrangers à la localité, ne seraient pas porteurs de lettres de recommandation données par nos chefs, qui ne pourraient présenter pour cautions des gens honorables, qui ne seraient pas connus de personnes bien famées dans le pays. — Ils devront aussi surveiller avec la plus scrupuleuse attention ces chanteurs errants (Medabh), qui voyagent de tribu en tribu, et sous le prétexte de leur industrie, entretiennent par des chansons populaires les idées de haine contre nous, ainsi que ces feséhha, improvisateurs de chants religieux contre les chrétiens.

Il est également un point sur lequel je dois appeler votre attention, c'est de faire retirer immédiatement des mains des fonctionnaires destitués, les cachets qui donnaient à leurs lettres et écrits une sanction valable. Il est à craindre qu'ils en fassent un usage coupable. Les cadis qui ne sont plus en fonctions doivent également remettre leurs cachets au moyen desquels ils pourraient faire des actes antidatés.

La précaution de retirer ces marques d'autorité doit être observée à plus forte raison à l'égard de ceux qui les ont reçus d'Abd el Kader ; ils devront les remettre immédiatement entre les mains de leurs kaïds respectifs qui seront chargés de vous les faire parvenir. On s'opposera ainsi à l'abus de ces correspondances clandestines, qui entretiennent des germes de soulèvement parmi les populations indigènes. De Bar.

Circ. G. — 6-22 mai 1847. — B. 255. — *Prêts en blé et orge.*

Général, par suite des mauvaises récoltes de 1846, les prêts en blé et en orge aux Arabes, pour ensemencer leurs terres, ont augmenté dans une grande proportion, et les restitutions ont été presque nulles l'année dernière. — A l'approche des récoltes, je crois utile de vous rappeler qu'il est indispensable que les restitutions se fassent avec exactitude, et on veut que l'Etat, par l'intermédiaire de l'administration militaire, continue à venir en aide aux tribus dans des circonstances malheureuses.

J'ai remarqué, d'après les rapports qui m'ont été adressés, que dans la plupart des localités, les bureaux arabes procédaient d'une manière vicieuse pour la réintégration des prêts. Sous le prétexte que les tribus ne viennent à confondre les prêts avec le versement de l'achour, on fait verser les produits de cet impôt avant les denrées prêtées; il en résulte que la majeure partie des versements de l'achour n'ant lieu dans le courant du quatrième trimestre, les réintégrations de grains prêtés sont renvoyées à l'année suivante. Il faut, après de longs délais, obtenir des Arabes de nouveaux versements, ce qui est d'autant plus difficile, qu'ils ont employé la majeure partie de leurs grains à des semailles, et qu'il faut bien leur laisser de quoi subsister jusqu'à la récolte suivante.

En conséquence, j'ai décidé qu'aussitôt après la récolte, les bureaux arabes prendront les mesures nécessaires pour faire réintégrer dans les magasins de l'Etat toutes les denrées qui ont été prêtées aux tribus. On ne s'occupera de la rentrée de l'achour qu'après que le versement des prêts aura été effectué. Il est indispensable que l'Etat soit couvert des avances qu'il a faites, et la récolte de cette année s'annonçant comme très-bonne, on doit y parvenir sans être par trop exigeant. — Je désire que vous preniez, dès maintenant, les mesures nécessaires pour assurer l'exécution de mes ordres. Les tribus devront en être informées à l'avance.

Le maréchal gouverneur général.

Circ. G. — 20 mai 1850. — *Police rurale.* — Circulaire aux généraux divisionnaires et préfets des départements.

Le contact des Européens avec les indigènes, et les rapports qui s'établissent forcément entre les deux populations à mesure que la colonisation s'étend et pénètre au cœur du pays, donnent lieu, sur certains points du territoire, à des difficultés et à des conflits que j'ai pu, tout récemment encore, constater par moi-même et que je viens signaler à votre sérieuse attention.

D'un côté, le peu de surveillance que les Arabes exercent sur leurs troupeaux, le peu de respect qu'ils ont pour la propriété, leurs habitudes errantes, leurs traditions de vaines pâtures, fournissent aux Européens, placés dans leur voisinage, de fréquents sujets de plainte. — D'autre part, ces mêmes Européens se montrent trop portés à s'exagérer leurs droits, à s'attribuer ceux qu'ils n'ont pas, et à se faire justice eux-mêmes. — De-là, une situation contraire au bon ordre, à la bonne intelligence, aux divers intérêts qui sont en cause, y compris l'intérêt de notre politique. — Il importe de remédier à un pareil état de choses.

En ce qui concerne les indigènes, les dévastations commises par les troupeaux et par les hommes sur la propriété d'autrui doivent être sévèrement réprimées par tous les moyens dont dispose l'autorité locale. Les gardes champêtres, la gendarmerie, la police militaire, doivent redoubler d'activité et faire en sorte que tous les délits soient punis suivant les lois. Les bureaux arabes doivent intervenir énergiquement par des conseils et des injonctions adressées aux chefs de tribus, afin que ceux-ci expliquent, à leur tour, à leurs administrés, ce qui leur est défendu, ce qui leur est permis en fait de parcours des troupeaux, et veillent personnellement, et sous leur propre responsabilité, à empêcher la continuation des abus existants.

En ce qui regarde les propriétaires européens, il faut qu'ils se pénètrent bien de cette idée que, si protection leur est due contre les Arabes, protection est due aussi aux Arabes contre le système d'exactions qui s'est établi sur un trop grand nombre de points, et qui consiste à exiger des indigènes des sommes quelquefois considérables, sous prétexte de transaction sur des dommages vrais ou prétendus. Il faut qu'ils sachent que nul ne peut être juge dans sa propre cause, et qu'au lieu d'exiger par eux-mêmes la réparation de leurs griefs, plus ou moins fondés, ils doivent en demander la répression à l'autorité. Agir autrement, c'est répondre aux dévastations des Arabes par des exactions, et à de simples délits par des abus coupables dont les suites sont dommageables pour tout le monde : — Pour l'administration, à qui des difficultés sont suscitées ;— Pour notre domination, que l'on rend odieuse et que l'on désconsidère dans l'esprit des indigènes ; — Pour les auteurs mêmes de ces actes illégaux, qui, en les commettant, s'attirent de sourdes représailles, et retardent le progrès de la sécurité du pays, la première de toutes les conditions de la colonisation.

Au fond, ce qui facilite, ce qui provoque les dévastations des troupeaux des Arabes, c'est qu'en général les propriétés ne sont pas closes. Si l'obligation de clore les terres concédées n'est pas introduite dans tous les actes de concession, si la loi n'en fait pas un devoir au propriétaire à titre ordinaire, il serait du véritable intérêt des colons de se clore, surtout dans le voisinage des douars arabes, et sur le passage ordinaire des troupeaux qui se rendent aux abreuvoirs ou aux marchés. — D'une part, en effet, ils éviteront à peu de frais des dommages souvent involontaires de la part des indigènes, et de l'autre l'aggravation de peines qui résulte de la violation de propriétés closes sera, pour les Arabes, un frein plus puissant encore. C'est ce qu'il importe de faire comprendre aux cultivateurs européens qui ont ainsi à leur disposition un moyen efficace de préservation et de défense, indépendamment de l'intervention de l'autorité qui, malgré la meilleure volonté de ses agents, peut quelquefois se faire attendre.

Je compte sur votre concours empressé pour mettre fin, de part et d'autre, aux abus dont je viens de vous entretenir. Je vous prie de donner aux divers fonctionnaires placés sous vos ordres des instructions précises afin, que, par la voie des conseils et des remontrances, par la force d'autorité, et par toutes les mesures nécessaires, ils fassent respecter la loi. Comte RANDON.

Circ. G. — 14 août 1856. — *Police rurale.— Incendies de broussailles.— Circulaire aux généraux et préfets.*

Nous sommes arrivés à l'époque de l'année où les incendies sont le plus fréquents et où ils trouvent le plus de facilités pour se propager. C'est en quelque sorte un mal périodique qui tient en partie aux habitudes locales et dont on ne saurait assez déplorer les funestes résultats. Le feu qu'on met aux herbes sèches ou aux broussailles, et qu'on cherche vainement à circonscrire dans un certain rayon, ravage, poussé par le vent, des étendues considérables. Ces sinistres causés par l'imprudence et l'imprévoyance appellent notre plus sérieuse attention. Il importe d'employer, pour les prévenir, tous les moyens dont nous disposons.

Si ces moyens n'ont pas toute l'efficacité nécessaire dans l'état actuel, nous ne sommes pas complètement désarmés pour la répression des délits de l'espèce. Il s'agit d'appliquer sévèrement les dispositions en vigueur et d'exercer partout la plus grande surveillance. — Les indigènes devront être prévenus qu'ils sont solidaires des crimes commis sur leur territoire, et je suis disposé à appliquer le principe dans toute sa rigueur.

Je compte sur toute votre activité et sur toute l'énergie de votre concours pour combattre ce fléau redoutable des incendies. Je vous recommande de donner les instructions les plus précises et les plus formelles aux agents d'exécution, Européens et Arabes, placés sous vos ordres, à la gendarmerie, aux gardes champêtres, et de prendre les mesures qui vous paraîtront les plus convenables, afin que les populations soient informées, par des avis et des affiches, des peines dont sont frappés les délits de ce genre, et afin que ces délits soient activement surveillés et poursuivis.

Comte RANDON.

Circ. G. 15 mars 1858.—*Police rurale.—Circulaire aux généraux divisionnaires et préfets des départements.*

Depuis l'établissement de la colonisation en Algérie, les délits ruraux ont été, à toutes les époques, un sujet de conflits regrettables entre les indigènes et les Européens, et une source d'embarras pour l'administration, chargée de réprimer, d'une part, la négligence apportée par les premiers dans la surveillance de leurs troupeaux, et de l'autre, le système honteux d'exactions mis en pratique par quelques colons. Plusieurs fois j'ai eu occasion d'appeler votre attention sur cette question, notamment par mes circulaires du 20 mai 1856 et du 23 déc. 1857. Le temps est venu de faire cesser un état de choses si préjudiciable à tous, et je me suis arrêté aux dispositions suivantes :

1° Dans toutes les tribus ou fractions de tribu voisines des centres de colonisation européenne, il sera expressément interdit aux indigènes de laisser paître leurs troupeaux sans surveillant, et la garde de ces troupeaux ne pourra être confiée à un individu âgé de moins de 18 ans ;

2° Lorsque les animaux d'une tribu, d'une fraction de tribu ou d'un douar seront assez nombreux, il sera formé des troupeaux communs, confiés à la garde d'un ou de plusieurs bergers payés par les propriétaires, proportionnellement au nombre d'animaux qu'ils possèdent. Chaque berger ne pourra avoir la surveillance de plus de cinquante bœufs ou chameaux, et deux cents moutons ou chèvres ;

3° L'autorité n'aura pas à intervenir dans les conditions à stipuler entre les bergers et les propriétaires de troupeaux, mais elle se fera rendre compte de ces conditions et veillera à ce qu'elles soient loyalement exécutées. Ses efforts devront tendre à encourager l'état de berger, et à lui donner le caractère d'une profession suffisamment rémunératrice.

4° Les bergers seront, en principe, responsables des délits commis par les troupeaux confiés à leur surveillance ; mais, s'ils sont insolvables, la responsabilité pécuniaire remontera aux propriétaires ;

5° Les animaux devront être renfermés pendant la nuit dans des espaces suffisamment clos pour qu'ils ne puissent s'échapper et aller commettre des délits. Tout délit de dépaissance commis pendant la nuit, donnera lieu à une amende infligée administrativement, sans préjudice des dommages-intérêts dus pour le dégât occasionné ;

6° Dans les centres de population européenne où il existe des terrains communaux, les autorités locales, maires ou commissaires civils, auront à prendre des arrêtés pour établir des troupeaux communs dont la garde sera confiée à des bergers nommés par l'autorité, et recevant une indemnité qui sera acquittée par les habitants, au prorata du nombre d'animaux qu'ils enverront au troupeau commun. — La cotisation que chaque propriétaire devra payer au berger communal, sera fixée par une commission nommée à cet effet par l'autorité locale ;

7° Le droit de parcours dans les communaux sera interdit à ceux qui refuseraient d'envoyer leurs animaux dans les troupeaux communs, et à ceux qui n'acquitteraient pas le montant de la cotisation fixée par la commission pour le salaire du berger ;

8° Là où il n'existe pas de communaux, l'autorité locale prendra les mesures nécessaires pour empêcher les délits de dépaissance, en obligeant les propriétaires à faire surveiller leurs troupeaux par des bergers, ou à attacher les animaux sur les lieux de pâturage ;

9° Il sera enjoint, sous des peines sévères, à la gendarmerie aux gardes-champêtres et à tous les agents de la force publique, de constater par procès-verbal les délits de dépaisssance commis par les troupeaux des Européens sur les terres des indigènes, aussi bien que ceux commis par les troupeaux des indigènes sur les terres des Européens ;

10° On devra éviter, autant que possible, les frais de fourrière, et les animaux ayant commis des dégâts ne devront être retenus que le temps nécessaire pour connaître les propriétaires auxquels ils appartiennent ;

11° Enfin, les indigènes seront bien prévenus partout qu'il n'appartient qu'à l'autorité de fixer le montant des indemnités dues pour les délits ruraux, et qu'ils n'ont pas à débattre le chiffre de ces indemnités avec les propriétaires des terrains sur lesquels ils ont été commis.

Comte RANDON.

Décis. M. 22 juill. 1858. — BM. 3. — *L'autorité militaire ne pourra plus prononcer administrativement de condamnations contre des Arabes présumés coupables de crimes ou de délits ; ils devront être renvoyés devant les conseils de guerre.* NAPOLÉON (Jérôme).

Décis. M. 24 nov.-18 déc. 1858. — BM. 8. — *Suppression de la responsabilité des tribus et des amendes collectives.*

Général, une circulaire du gouverneur général, en date du 2 janv. 1844, a établi la responsabilité des tribus pour les crimes commis sur leur territoire, et dont les auteurs ne pouvaient pas être découverts. Cette mesure rigoureuse, qui suppléait au défaut de vigilance des chefs indigènes, en frappant indistinctement les innocents et les coupables, a eu son utilité et sa justification, en quelque sorte, lorsque nous luttions non-seulement contre la puissance armée d'Ab del Kader, mais encore contre les menées secrètes des partisans qu'il avait conservés dans toutes les tribus. Notre domination était encore contestée ; l'administration se faisait les armes à la main. On a dû recourir plus d'une fois à des mesures violentes et sommaires, là où l'action régulière de la police et de la justice était impossible. — La situation n'est plus la même aujourd'hui. Notre autorité est partout établie d'une manière incontestable. Sur tous les points, nous possédons des moyens d'action et de surveillance d'une grande efficacité. Nous pouvons, nous devons même renoncer à des procédés autorisés par les nécessités de la guerre, mais que l'équité et la raison réprouvent dans des temps plus calmes.

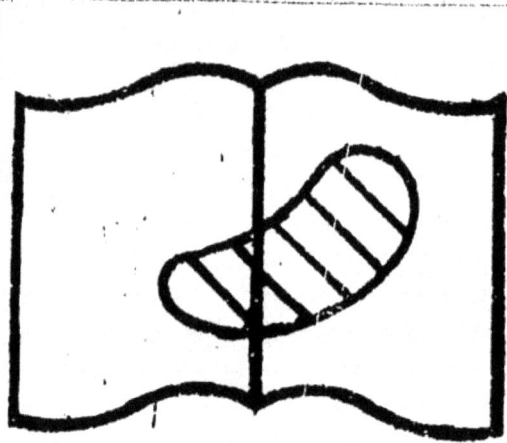

Illisibilité partielle

En conséquence, j'ai décidé qu'à l'avenir il ne serait plus imposé de ces amendes collectives qui frappent les innocents et les coupables, qui ne peuvent être perçues qu'en laissant aux chefs indigènes une grande latitude, et qui sont toujours, dans les tribus, le prétexte de dénonciations, d'intrigues et de vengeances qu'une administration loyale et honnête ne doit pas paraître protéger et encourager. — La situation politique du pays me sera exposée par le commandant supérieur et par les commandants de division, dans des rapports périodiques et toutes les fois que les circonstances le nécessiteront. Quant aux bureaux arabes, ils établiront seulement un rapport trimestriel embrassant les faits qui se rattachent à l'administration, à l'agriculture, aux travaux publics et à la statistique. Il est bien entendu que ces documents m'arriveront toujours par la voie hiérarchique, et que les rapports continueront à être contre-signés par les commandants de cercle et de subdivision, sous leur responsabilité respective. Les bureaux arabes ne pourront, à aucun titre, m'adresser des communications directes. NAPOLÉON (Jérôme).

INS. M. 28 déc. 1858. — BM. 12. — *Même sujet.* — *Responsabilité des tribus.*

Général, ma circ. du 21 nov. dernier, portant suppression des amendes collectives infligées aux tribus pour les crimes commis sur leur territoire et dont les auteurs ne pouvaient être découverts, a éveillé sur quelques points des appréhensions qui doivent être dissipées. — On s'est ému des conséquences que cette mesure pouvait avoir sur la tranquillité du pays. On a semblé perdre confiance dans la réalité des progrès accomplis par notre domination, dans l'activité et le dévouement de nos agents indigènes et dans l'efficacité des moyens de répression légale dont nous disposons. — Pour moi, je ne puis croire qu'après dix années de paix pour tout le Tell algérien, après la multiplication de nos postes permanents et des bureaux arabes, après le fractionnement des grands commandements indigènes et l'augmentation de l'effectif des Khielas et des Askars, après les habitudes d'ordre et de régularité introduites dans l'administration arabe, nous en soyons encore à regretter les procédés arbitraires, qui n'ont été que très-rarement employés, d'après l'aveu unanime, et qui rappellent les temps où la lutte était la plus vive contre les Arabes.

En 1844, en effet, à l'époque de la promulgation de la circulaire établissant la responsabilité des tribus, les Arabes venaient à peine de reconnaître notre domination ; Abd el Kader menaçait encore nos établissements ; nous étions en quelque sorte obligés de subir comme agents de notre autorité les chefs qui avaient commandé au nom de l'émir ; les maux d'une longue guerre avaient appauvri le pays, semé les ressentiments, et propagé partout des habitudes de désordre, de violence et de rapine.

La situation n'est plus la même aujourd'hui. Il faut rendre une plus entière justice aux efforts si glorieux et si dévoués de l'armée. J'ai foi dans les résultats obtenus. Mon administration s'est donné pour but de constater les progrès accomplis en rentrant le plus possible dans la régularité, en appliquant les principes du droit commun. Si cette tâche devait se limiter dans les territoires civils, au profit des Européens, l'admission des races indigènes à notre civilisation se trouverait indéfiniment ajournée, les territoires militaires constitueraient bientôt un pays et une société à part. Cela ne doit pas être et ne peut pas être.

A plusieurs reprises, j'ai déjà fait connaître que j'étais partisan d'un progrès mesuré, afin de ne jamais rétrograder. Mais je ne me dissimule pas que, toutes les fois qu'il s'agit de faire un pas en avant, on rencontre des résistances : résistances utiles, honorables, avec lesquelles il faut compter, mais auxquelles il ne faut pas céder quand l'équité, les faits, la situation, commandent de marcher. Il y a souvent nécessité de forcer la main aux dépositaires de la tradition qui s'obstinent à regarder en arrière pendant que la société progresse. — A un autre point de vue, il est dangereux de maintenir trop longtemps les procédés arbitraires, les expédients que les circonstances imposent, mais qu'un succès momentané ne saurait consacrer. On s'oublie dans l'exception ; les vrais principes s'oblitèrent, et il faut plus tard des efforts plus grands pour revenir au droit commun.

Ces considérations, que je n'ai pas craint de développer, afin de bien faire saisir ma pensée, m'ont déterminé à maintenir la mesure qui fait l'objet de ma circulaire du 21 nov. Je ne veux plus d'amendes collectives, dans le sens de la circulaire du gouverneur général du 2 janv. 1844, c'est-à-dire comme moyen d'administration et de police, et comme moyen de répression pour les crimes dont les auteurs restent inconnus. Cependant j'admets que, dans certains cas, la responsabilité et la solidarité des tribus doivent être invoquées : c'est lorsqu'il s'agit de faits généraux, de crimes commis avec une sorte de complicité collective par un grand nombre de coupables, et lorsque le châtiment individuel est tout à fait impossible. Alors la mesure change de caractère, les circonstances mêmes qui l'accompagnent précisent la signification, et elle ne peut être rangée parmi les errements habituels d'une administration qui veut être régulière.

Ces principes, d'une justesse incontestable, ne peuvent souffrir d'exception que pour les contrées, qui, par l'éloignement, échappent à notre surveillance, et sur lesquelles notre autorité n'est pas établie d'une manière normale ; là où nous sommes suzerains plutôt que souverains ; là où le régime de l'état de guerre est encore forcément en vigueur ; là où l'abandon de ce système de répression sommaire équivaudrait à une abdication de notre pouvoir politique. Dans ces cas, qui seront très-rares, puisqu'il ne s'agit que des points les plus reculés de nos possessions, la circulaire du 2 janv. 1844 pourra encore être appliquée. Des propositions motivées, spécifiant la nature et les détails de la punition collective me seront adressées pour chaque cas particulier et ne seront exécutoires qu'après mon approbation.

Je me plais à croire que ces nouvelles instructions, qui complètent les premières, lèveront tous les doutes. L'adoption de ces mesures équitables ne sera d'aucun danger pour la tranquillité publique. NAPOLÉON (Jérôme).

Circ. M. — 8 mai 1859. — BM. 26. — *Même sujet.* — *Responsabilité des tribus.*

Général, j'ai relevé dans les rapports des bureaux arabes, afférents au premier trimestre de cette année, des observations sur les difficultés que la suppression de la responsabilité des tribus aurait créées pour la surveillance et pour la répression des crimes commis dans les tribus. — En vous reportant aux circulaires des 21 nov. et 28 déc. 1858, vous reconnaîtrez, je n'en doute pas, qu'on a généralement interprété dans un sens trop restrictif les principes invoqués par ces circulaires. Les errements anciens étaient certainement irréguliers ; mais, tout en les condamnant comme pratique habituelle dans les parties de l'Algérie les mieux soumises, on a admis la nécessité d'user de ménagements avant d'appliquer les règles du droit commun à tous les territoires.

Les instructions supplémentaires du 28 déc. disent, en effet, que la responsabilité et la solidarité

un de ses adjoints. — A Alger, devant la commission supérieure, le rapport est fait par un officier de la section politique de l'état-major général. — Un officier désigné par le président remplit, dans chaque commission disciplinaire, les fonctions de greffier, et rédige le procès-verbal. — Dans les commissions de cercle, les fonctions de greffier peuvent être remplies par un sous-officier. — Un interprète est désigné par le commandant de la division pour être attaché à chaque commission disciplinaire.

Art. 4. — Les commissions disciplinaires connaissent des actes d'hostilité, crimes et délits commis par les indigènes en territoire militaire, et qu'il est impossible de déférer aux tribunaux civils ou aux conseils de guerre.

Art. 5. — La commission disciplinaire siégeant à Alger propose au ministre de l'Algérie et des colonies l'éloignement de l'Algérie des indigènes signalés comme dangereux pour le maintien de la domination française ou de l'ordre public, et les peines supérieures à celles spécifiées dans l'art. 7 ci-après.

Art. 6. — Les commissions disciplinaires de subdivision et de cercle prononcent : — 1° La détention dans un pénitencier indigène ; — 2° L'amende.

Art. 7. — Le maximum des peines à infliger est : — Pour les commissions de cercle, deux mois de détention et 200 fr. d'amende ; — Pour les commissions subdivisionnaires, un an de détention et 1,000 fr. d'amende.

Art. 8. — Les commissions disciplinaires siégeant dans les chefs-lieux de cercle et de subdivision tiennent audience à des jours déterminés à l'avance. — La commission siégeant à Alger est convoquée par son président toutes les fois qu'il est nécessaire.

Art. 9. — Les délibérations des commissions disciplinaires sont valables pourvu que trois membres soient présents. — En cas d'absence ou d'empêchement, le président désigne pour le remplacer l'officier le plus élevé en grade ou le plus ancien.

Art. 10. — Les prévenus sont traduits devant les commissions disciplinaires par le général commandant la division.

Art. 11. — Le prévenu doit comparaître en personne devant les commissions disciplinaires. — Il a le droit de se faire assister d'un défenseur, et, sur sa demande, la commission peut l'autoriser à faire entendre des témoins. — Pour les affaires renvoyées, après une première décision, devant les commissions subdivisionnaires ou devant celle siégeant à Alger, le président décide s'il sera statué sur le rapport et la production des pièces sans comparution du prévenu.

Art. 12. — Les décisions sont prises à la majorité des voix. — En cas de partage des voix, la décision de la commission est interprétée dans le sens le plus favorable au prévenu.

Art. 13. — Si la commission reconnaît que le crime ou délit qui lui est déféré entraîne une peine excédant ses pouvoirs, elle rend compte à l'autorité compétente.

Art. 14. — Le procès-verbal contient : — 1° Les noms et qualités des membres de la commission présents ; — 2° Les noms, l'âge, la profession du prévenu, la désignation de la tribu à laquelle il appartient, et l'indication sommaire des motifs de sa comparution devant la commission ; — 3° Le libellé de la décision, avec l'avis, motivé ou non, de chaque membre. — Le procès-verbal, signé par les membres présents, l'instruction, le rapport et les autres pièces composant le dossier de l'affaire, sont envoyés au ministre de l'Algérie et des colonies par la voie hiérarchique. — Si, pour cause d'incompétence, la commission ne prononce pas de décision, le dossier est adressé à l'autorité compétente ; au lieu d'une décision, le procès-verbal mentionne alors l'avis de la commission. — Dans le cas d'acquittement, le dossier est envoyé également au ministre de l'Algérie et des colonies par la même voie.

Art. 15. — Lorsque les généraux divisionnaires demandent l'éloignement de l'Algérie d'un indigène pour motifs politiques ou de sûreté générale, l'affaire est instruite, dans les formes prescrites, devant la commission présidée par le commandant supérieur, par délégation du ministre de l'Algérie et des colonies. Le procès-verbal mentionne l'avis de la commission. — Le dossier est transmis au ministre de l'Algérie et des colonies.

Art. 16. — Chaque année, des délégués du ministre de l'Algérie et des colonies passent une inspection individuelle des indigènes détenus en Algérie dans les pénitenciers ou internés à Ajaccio. — Ces délégués établissent les propositions pour les réductions de peine, les élargissements ou les rapatriements.

Art. 17. — En dehors de la juridiction des tribunaux ordinaires et des commissions disciplinaires, les indigènes du territoire militaire peuvent être punis directement par les commandants militaires ou par leurs délégués : — 1° Pour contraventions de police, conformément aux règlements existants ; — 2° Pour fautes commises dans le service militaire ou administratif.

Art. 18. Dans les cas prévus par l'article précédent, les chefs militaires chargés de l'administration des indigènes peuvent infliger : — Le commandant du cercle, quinze jours de prison et 50 fr. d'amende ; — le commandant de la subdivision, un mois de prison et 100 fr. d'amende ; — le commandant de la division, deux mois de prison et 200 fr. d'amende. — Les pouvoirs du commandant de cercle peuvent être délégués, par le commandant de la division, à l'officier placé à la tête d'un poste avancé. — Pour des méfaits et des délits dont l'importance ne dépasse pas une valeur de 50 fr., les commandants de cercle, les commandants des postes avancés autorisés ou leurs délégués peuvent infliger une détention de huit jours et une amende de 25 fr.

Art. 19. A quelque degré de la hiérarchie qu'ils appartiennent, les chefs indigènes ne pourront infliger la peine de l'emprisonnement. — Quand ils auront à procéder de leur propre initiative à une arrestation, en cas de flagrant délit ou pour des causes intéressant immédiatement l'ordre public, ils devront en rendre compte sans délai à l'autorité française dont ils relèvent, et faire conduire les prévenus à la prison du chef-lieu du cercle ou de la subdivision. Ils ne pourront frapper des amendes que jusqu'à concurrence de 50 fr., en se conformant aux dispositions arrêtées à cet égard par le commandant de la division.

Art. 20. En cas de trouble ou d'insurrection, le commandant de la division peut suspendre provisoirement l'action des commissions disciplinaires dans une subdivision ou dans un cercle. Il en rend compte immédiatement au ministre de l'Algérie et des colonies, qui fixe la durée de cette suspension. — Les attributions de la commission disciplinaire sont alors exercées par le commandant du cercle ou de la subdivision, qui rend compte, par la voie hiérarchique, de chaque décision prise par lui, avec pièces à l'appui.

Art. 21. Toutes les dispositions contraires au présent arrêté sont abrogées.

Comte P. DE CHASSELOUP-LAUBAT.

Circ. M. 21 sept. 1858. — BM. 3. — *Instructions sur l'organisation des commissions disciplinaires et l'exécution de l'arrêté de création.*

Général, ...un grand principe domine l'ensemble

des dispositions que le gouvernement militaire a mis en pratique pour constituer la justice criminelle chez les Arabes. C'est que l'indigène relève pour les crimes et délits de la justice française : lois, tribunaux, juridiction, garanties, tout doit lui être commun avec le citoyen français. Ce principe est aussi simple que juste ; seul il peut nous assimiler le peuple vaincu en l'élevant à ses propres yeux et en lui apprenant ces idées d'humanité et d'équité si puissantes dans notre société française. L'admirable simplicité de nos codes, où domine un sentiment si élevé de la justice et de la moralité absolues, indépendantes des religions, des temps et des mœurs, nous permet d'appliquer nos lois à un peuple séparé de nous par des différences profondes. — Cette assimilation des Arabes au point de vue de la justice criminelle a naturellement conduit à leur appliquer la double juridiction qui règne en Algérie : en territoire civil, ils sont justiciables des tribunaux civils ; en territoire militaire, des conseils de guerre.

Tel est le principe général que je ne saurais trop vous rappeler et que j'ai sans cesse en vue, afin que les exceptions qu'on lui fait subir ne l'obscurcissent jamais à nos yeux — Ces exceptions, qui doivent être appliquées aussi rarement que possible, et en cas seulement d'absolue nécessité, sont de natures diverses ; les unes répondent à des exigences politiques, autres à des exigences administratives. Je vais les examiner successivement :

1° La pacification du peuple arabe ne date que de quelques années. Au milieu des luttes d'une domination contestée et d'hostilités sans cesse renaissantes, il était impossible d'établir une ligne de démarcation précise entre les droits de la guerre et ceux d'une répression légale, de distinguer l'ennemi de l'insurgé. Aussi, dès les premiers jours de la conquête, fallut-il assimiler aux prisonniers de guerre toute une classe d'hommes dangereux, ayant porté les armes contre nous et prêts à les reprendre. L'autorité militaire adopta dès lors l'usage de frapper des amendes qui étaient des espèces de contributions de guerre, et de condamner administrativement à des détentions pour lesquelles s'ouvrirent successivement : le château de l'île Sainte-Marguerite, le fort Brescou, les forts Saint-Louis et Saint-Pierre à Cette et les trois pénitenciers indigènes de l'Algérie.

Aujourd'hui, l'état de guerre a cessé ; néanmoins je dois reconnaître qu'il n'est pas encore possible d'appliquer complètement le droit commun à la société arabe. On ne transforme pas par un arrêté les mœurs d'un peuple dont la civilisation est immobile depuis douze cents ans, et en un jour il ne peut passer d'une justice fonctionnant sans formalité aucune à celle que nos codes ont établie. Pour vouloir un progrès véritable il faut marcher avec mesure et assurance, de façon à ne jamais rétrograder. Avant donc d'arriver au droit commun, qui doit être le but constant de nos efforts, un système transitoire est encore nécessaire ; les intérêts de la France et la sécurité de notre domination ne nous permettent pas de renoncer complètement aux mesures de sûreté générale appliquées jusqu'à ce jour par le ministre et ses délégués.

2° Un autre ordre de difficultés entrave l'action de la justice et lui soustrait toute une classe de coupables que les autorités administratives sont obligées de poursuivre, pour qu'ils ne restent pas impunis. Nos six conseils de guerre sont absolument insuffisants pour juger tous les délits qui se commettent au sein d'une population de deux millions d'âmes répandue sur nos immenses territoires militaires. Les distances, la difficulté des communications, la répugnance des Arabes à dé-

poser contre un coreligionnaire, les frais considérables de ces procédures lointaines et incertaines, sont autant d'obstacles qui, pour beaucoup de délits peu importants que nous devons atteindre, empêchent les parquets militaires d'étendre leur action. D'ailleurs, il est incontestable que les indigènes ne se sont pas encore élevés à une conception assez nette de la justice pour lui faire un mérite de ses lenteurs légales et de ses formalités tutélaires. Pour eux, un pouvoir qui ne frappe pas le coupable aussitôt le crime commis est souvent un pouvoir faible.

3° Enfin, il est toute une série d'infractions résultant de l'organisation encore incomplète du peuple arabe et de ses devoirs mal définis. Je veux parler de celles que les indigènes peuvent commettre au point de vue de leurs obligations pour ainsi dire militaires ; ces infractions, qui résultent de ce caractère complexe de l'Arabe des tribus, qui le transforme tour à tour en sujet, en citoyen et en soldat, n'ont d'analogues que les fautes des militaires contre la discipline ; elles ne sauraient donc être justiciables des conseils de guerre, et je maintiens pour leur répression la compétence directe des autorités chargées de l'administration des indigènes.

Mon arrêté définit le pouvoir extra-judiciaire envers les Arabes ; en faisant, autant que possible, disparaître l'arbitraire, il donne des garanties à l'accusé. — Il y aura plusieurs juges, et l'accusé sera toujours entendu. Ces nouvelles formalités n'entravent en rien la rapidité de la répression et ne nous imposeront aucune charge nouvelle. Le fort Sainte-Marguerite sera supprimé ; les condamnés qui y sont actuellement pour délits ordinaires subiront leur peine dans les pénitenciers indigènes de l'Algérie ; les autres, assimilés à des prisonniers de guerre, seront internés dans une de nos villes. Les condamnés, subissant actuellement leur peine dans les trois pénitenciers indigènes, la termineront. Il ne serait pas possible de reviser leurs condamnations ; je serai seulement disposé à accorder les commutations de peine que vous me proposerez.

La désignation de *disciplinaire*, que j'ai donnée aux nouvelles commissions, vous montre que j'ai voulu, jusque dans les mots, atténuer le caractère exceptionnel de cette juridiction, en recherchant une sorte d'assimilation avec nos conseils de guerre...

J'ai reconnu qu'il serait quelquefois utile de se renseigner auprès des jurisconsultes musulmans ou des chefs indigènes pour les faits spéciaux aux coutumes, aux mœurs et aux lois du Koran. Dans ce cas, le président de la commission pourra faire appeler devant la commission un magistrat ou un chef indigène qui seront entendus à titre de renseignement. Les membres de la commission ne perdront pas de vue que cette nouvelle institution a pour but de régler l'exercice d'un droit de répression arbitraire en lui-même, et qu'ils doivent s'inspirer beaucoup plus de l'équité naturelle et de l'esprit élevé de nos codes que de la lettre de nos lois, inconnus des indigènes et qui n'ont pas été faites pour eux.

L'art. 6, qui détermine les peines que les commissions peuvent appliquer, n'a fait mention des dommages-intérêts qu'il y aura peut-être lieu d'allouer dans plusieurs affaires. Ce n'est pas une omission. Je n'ai pas voulu sanctionner la *Dia* ou prix du sang, que nos idées de légalité ne peuvent admettre. J'ai préféré, par la voie de l'instruction, laisser aux commissions la faculté de suivre la coutume du pays en la conciliant le plus possible avec nos habitudes légales.

Les commissions pourront également maintenir le principe de la responsabilité et de la solidarité des tribus. Les dispositions de la circ. du 2 janv. 1844 continueront à ressortir leur plein et entier effet à cet égard. Seulement, à l'expiration du délai accordé pour la découverte du coupable, le kaïd ou le cheik sera cité devan' la commission disciplinaire compétente, et la tribu pourra être condamnée.

Mon arrêté ne parle pas d'appel par les condamnés ; il ne doit pas y en avoir. Les commissions ne rendent pas des arrêts ou des jugements ; elles prononcent des décisions et donnent des avis sur des peines restreintes. Elles restent des instruments essentiellement administratifs, et par cela la révision de leurs actes est toujours possible par le ministre. L'art. 14 a prescrit l'envoi des dossiers au ministre, même dans les cas d'acquittement, pour bien marquer ce droit de surveillance et de contrôle que je me suis réservé.

Remarquez, général, que l'art. 17, à son § 2, est un peu vague. Je l'ai fait à dessein, parce qu'il m'a semblé impossible de prévoir à l'avance tous les cas auxquels il sera applicable ; vous vous inspirerez des nécessités et des mœurs arabes. Je range, par exemple, dans cette catégorie de faits les réprimandes ou les punitions infligées aux membres des tribunaux indigènes ou à ceux de l'instruction publique et des cultes musulmans. L'essentiel est de se tenir pour la répression dans les limites fixées par l'art. 18.

L'art. 19 nécessitera dans chaque division un travail pour régler les amendes que les chefs indigènes ont le droit de frapper, selon leur position dans la hiérarchie, jusqu'à un maximum de 50 fr. Je désire qu'à cette occasion on adopte des dispositions matérielles pour entourer la perception des amendes de toutes les garanties de régularité (1)   NAPOLÉON (Jérôme).

Circ. M.—8 nov. 1858.—BM. 8.— *Instructions sur l'exécution du même arrêté.*

Général,... cette nouvelle institution ne constitue pas une juridiction spéciale, ayant mission de juger et de rendre des arrêts. La commission disciplinaire n'est, en réalité, qu'une sorte de conseil consultatif, qui assiste le commandant militaire dans la répression des crimes et délits commis par des indigènes du territoire militaire et qui ne peuvent être déférés à la justice ordinaire. Ces commissions prononcent des décisions administratives que le ministre peut toujours reviser. Les formalités prescrites, les garanties offertes aux prévenus, n'ont pas eu pour but de donner aux commissions l'apparence d'une juridiction régulière ; elles ont été inspirées par une pensée d'équité, et elles dégagent le commandant militaire de la lourde responsabilité qui pesait sur lui, lorsqu'il exerçait sans contrôle un pouvoir arbitraire et extrajudiciaire.

...La police de l'audience appartient, de droit, au président. Si le défenseur, les témoins, le prévenu, ou toute autre personne troublent l'ordre ou manquent de respect à la commission, le président peut prononcer l'expulsion de l'audience et requérir toute autre répression selon le cas. — La commission doit être présidée, le plus souvent possible, par le commandant militaire en personne, parce qu'il s'agit de l'exercice d'une de ses attributions essentielles. Il serait aussi contraire au bien du service qu'à la considération dont le commandant doit être entouré, que le président déléguât ses pouvoirs d'une manière habituelle.—

...Les commissions disciplinaires, pas plus que les commandants militaires, ne peuvent prononcer la peine de l'internement dans l'intérieur d'une province ou dans une province voisine. L'arrêté n'a pas admis ce genre de peine, et l'art. 5 doit être exécuté tel qu'il a été formulé, sans interprétation. — Les amendes frappées par les chefs indigènes, conformément aux dispositions de l'art. 19, ne pourront être perçues qu'après l'approbation des commandants militaires.

NAPOLÉON (Jérôme).

Décis. M.—27 déc. 1858.—BM. 12.— *Instructions sur l'exécution du même arrêté. — Internement des indigènes.*

Général, vous m'avez demandé d'attribuer aux généraux commandant les divisions la faculté de prononcer des internements d'indigènes, dans certains cas déterminés, afin de garantir la tranquillité et la sécurité du territoire soumis à leur autorité.—Après avoir examiné votre proposition avec attention, j'ai reconnu qu'il n'y avait pas lieu de modifier l'arrêté sur les commissions disciplinaires, en ajoutant la peine de l'internement à celles énumérées dans l'art. 6 de ce document. Encore moins suis-je disposé à accorder aux commandants de division le droit d'internement, sous leur seule responsabilité. — Les commissions disciplinaires des divisions et des subdivisions ne sont appelées à se prononcer que sur les faits qualifiés crimes et délits échappant, par des circonstances exceptionnelles, à la juridiction des tribunaux. L'appréciation des faits politiques n'appartient qu'à la commission supérieure, présidée par vous. Il est vrai que l'art. 5 ne s'applique qu'à l'éloignement de l'Algérie des indigènes signalés comme dangereux pour le maintien de la domination française ou de l'ordre public. Il n'a pas prévu le cas où, pour des faits moins graves, il serait nécessaire d'interner, pour un temps, des hommes remuants, sur un point de la province ou dans une des deux autres provinces. — J'admets que, pour ce cas, la stricte observation des formalités prescrites par l'arr. du 21 sept. entraînerait des lenteurs, des déplacements et des dépenses qui seraient hors de proportion avec le but à atteindre. J'ai donc recherché le moyen de concilier les principes d'ordre et de régularité, posés par mon arrêté avec les besoins du service.

A cet effet, j'ai décidé que, lorsque des indigènes seront signalés comme faisant une opposition systématique à nos agents, ou se livreront à des intrigues politiques pour créer des difficultés à notre administration, le commandant du cercle pourrait adresser un rapport motivé et détaillé pour demander leur internement, soit dans une localité de la province, soit dans une autre province. Ce rapport sera transmis, par la voie hiérarchique, au commandant de la division, qui l'enverra au commandant supérieur, avec ses observations. Sur le vu de ce document, et suivant qu'il soit nécessaire de faire comparaître les prévenus, le commandant supérieur, selon qu'il jugera convenable, prononcera l'internement, ou réunira la commission supérieure, qui statuera. Dans tous les cas, il en sera rendu compte au ministre, avec les pièces à l'appui.—Si des mesures devaient être prises d'urgence, le commandant de la division prononcerait l'internement provisoire, sauf l'approbation du commandant supérieur, auquel le rapport serait transmis sans retard.   NAPOLÉON (Jérôme).

---

(1) Le général commandant la division d'Alger a décidé, par une circ. du 10 oct. 1858, que les kaïds ne pourraient plus proposer des amendes au-dessus de 25 fr. et les aghas au-dessus de 50 fr., et que ces propositions seraient soumises à l'approbation du commandant militaire. La circulaire ministérielle du 8 nov. 1858 contient dans son dernier paragraphe la même prescription.

Inst. M.—21 juill. 1859.—BM. 25. — *Instructions sur l'exécution du même arrêté. — Annulation des décisions.*

Général, j'ai été consulté sur la question de savoir si le commandant de la division n'a pas le pouvoir d'annuler la décision d'une commission disciplinaire, afin de traduire le coupable devant les tribunaux militaires, en faisant usage des droits que le Code de justice militaire lui confère. Les règles à suivre sont fort simples. — En effet, jusqu'au décr. du 31 août 1858, qui a supprimé les fonctions de gouverneur général, les généraux commandants les subdivisions appliquaient directement les peines de la détention et de l'amende pour réprimer certains délits. Ces décisions, dont il était rendu compte au commandant de la division et au gouverneur général, n'étaient approuvées par ces hauts fonctionnaires, pour les détentions dans les pénitenciers, que provisoirement, et recevaient du ministre de la guerre leur sanction définitive. — Or, depuis la nouvelle organisation, le ministre de l'Algérie et des colonies étant substitué au ministre de la guerre et au gouverneur général, c'est logiquement à lui de prononcer sur les décisions des commissions disciplinaires, dont la création a eu pour but de régulariser l'exercice des attributions extrajudiciaires des commandants militaires... — En conséquence, si les faits ont été mal appréciés, si la commission disciplinaire s'est reconnue compétente lorsqu'elle ne l'était pas, ou a prononcé des peines autres que celles prévues par l'arr. du 21 sept., alors l'annulation de leur décision peut être prononcée par le ministre, comme, avant l'établissement de ces commissions, le ministre de la guerre avait le pouvoir d'annuler les décisions prises par les commandants militaires. Le général commandant la division étant chargé de transmettre le relevé de toutes les décisions des commissions disciplinaires, il va sans dire qu'il lui appartient d'en provoquer auprès du ministre l'annulation lorsqu'il le croit nécessaire.

Comte DE CHASSELOUP-LAUBAT.

§ 2. — ADMINISTRATION CIVILE INDIGÈNE.

1° Bureaux arabes départementaux.—Règles générales d'administration en territoire civil.

AG.— 1ᵉʳ-11 mai 1848. — B. 275. — *Institution d'un service spécial de l'administration civile indigène.*

Considérant que les affaires civiles des indigènes musulmans de la ville d'Alger sont, en raison de leur nature tout exceptionnelle, étroitement liées à la politique, et qu'il importe, dans l'intérêt de leur juste appréciation, d'en confier l'étude et la direction à des agents spéciaux versés dans la connaissance de la langue, des lois et des mœurs du pays;

Art. 1. — Il est créé, pour l'administration indigène de la ville d'Alger, un service spécial, qui prendra le titre de: Service de l'administration civile indigène d'Alger.

Art. 2. — Le chef de ce service est placé sous nos ordres immédiats et travaille directement avec nous. — Il correspond avec les autres chefs de service pour les affaires confiées à sa direction.

Art. 3. — Il est investi des attributions définies dans la nomenclature annexée au présent arrêté.

Art. 4. — Par exception, le chef du service est chargé, sous les ordres du procureur général près la cour d'appel, en se conformant aux ordonnances et arrêtés en vigueur, de la surveillance des tribunaux musulmans. — Il soumet au magistrat, qui en réfère au gouverneur général, les propositions pour les divers emplois de la justice indigène.

Art. 5. — Il confère aux indigènes dépendant de son service les fonctions et emplois non rétribués, ainsi que ceux auxquels est attaché un traitement au-dessous de 600 fr.

Art. 6. — Il rédige et soumet à notre approbation les projets d'arrêtés et de règlements spéciaux à son service. — En ce qui concerne ceux de ses arrêtés qui se rattachent aux intérêts municipaux d'Alger, il se concerte, pour la rédaction, avec le maire de la ville. — Il prend les mesures nécessaires pour en assurer la publication et l'exécution.

Art. 7. — Il requiert la force publique toutes les fois que les besoins du service l'exigent.

Art. 8. — Il est chargé de la préparation du budget relatif aux dépenses particulières à son service.

Art. 9. — Il sera appelé, tant par le maire de la ville d'Alger que par les chefs des divers autres services, à donner son avis sur la rédaction de tout arrêté et règlement d'intérêt local dont les dispositions seraient applicables à la population musulmane d'Alger.

Art. 10. — Toutes les dispositions contraires au présent arrêté sont abrogées.　　E. CAVAIGNAC.

Attributions ressortissant au service de l'administration civile et indigène de la ville d'Alger.

Affaires générales. — Etude et rédaction des projets d'arrêtés et de règlements spéciaux. — Préparation des budgets. — Statistique. — Traductions et légalisations.

Culte. — Surveillance et police des mosquées, marabouts, zaouias et autres établissements religieux. — Propositions pour les emplois supérieurs du culte. — Nominations aux emplois inférieurs. — Surveillance des bâtiments et du matériel consacrés au culte. — Règlement et acquittement de toutes les dépenses de personnel et d'entretien des établissements religieux.

Instruction publique. — Organisation et surveillance des mdersa (cours d'enseignement supérieur), et des mc'id (écoles primaires). — Propositions pour les emplois de mouderres (professeurs) et de maîtres d'école. — Répartition et acquittement des primes et gratifications aux maîtres et aux élèves des écoles. — Contrôle des méthodes d'instruction, composition et distribution d'ouvrages élémentaires en arabe. — Renseignements à donner pour l'école maure-française, l'institution des jeunes filles musulmanes et l'admission au collège d'Alger des élèves musulmans.

Commerce. — Etudes de toutes les questions relatives à l'industrie et au commerce des indigènes. — Surveillance des marchés, fondoucks, caravansérails, etc. — Etude des routes suivies par les caravanes et du commerce qui se fait par elles. — Questions de l'esclavage des nègres.

Interprètes civils. — Projet d'organisation du corps des interprètes civils. — Renseignements pour les emplois à leur conférer.

Bit-el-mal. — Surveillance. — Personnel. — Inhumations. — La partie administrative du bit-el-mal relative aux successions continuera d'être confiée à l'administration des domaines.

Cheiks du Fahs (banlieue d'Alger). — Surveillance de ces agents dans le concours qu'ils ont à donner aux maires des communes rurales.

Etat civil. — Tenue des registres de l'état civil pour les naissances et les décès des musulmans soumis au visa du maire de la ville d'Alger. — Contrôle de ceux tenus par les cadis pour les mariages

Secours et établissements de bienfaisance. — Répartition et distribution des aumônes aux indigents musulmans; des secours d'anciens serviteurs et fonctionnaires indigènes; des pensions aux oukils des établissements religieux supprimés; des salaires aux thaleb et des subsides aux mekkaouis, etc. — Salle d'asile pour les pauvres invalides. — Projet d'hospice.

Cimetières. — Police des cimetières musulmans.

Corporations. — Personnel des amins. — Administration, surveillance et police des kabiles, biskris, mzabis, mzitis, laghouathis, nègres libres, etc. —Délivrance à ces

« Indigènes de plaques et livrets. — Perception et versement à qui de droit des rétributions qui leur sont imposées. — Organisation et surveillance des portefaix et bateliers indigènes sans dérogation, en ce qui concerne ces derniers, à la surveillance du directeur du port. — Des corporations professionnelles, telles que semsars (courtiers), dellals (encanteurs), bouchers, boulangers, etc.

Amin et Secca. — Nomination de cet agent, surveillance de ses opérations, sans déroger aux droits du service des contributions diverses.

Affaires diverses de police. — Renseignements à fournir sur les indigènes. — Connaissance des plaintes, réclamations et contestations qui s'élèvent entre eux. — Délivrance des certificats pour l'obtention des passe-ports. —

Délivrance des passages gratuits avec l'approbation du gouverneur général. — Autorisations pour l'ouverture des cafés et pour les fêtes maures, sauf l'approbation du maire de la ville d'Alger. — Surveillance et police des réunions de khouans (confréries), telles que aïssaoua, etc. — Organisation et surveillance des alia, (musiciens), des msams et meddahats (musiciennes), etc.

Vu et approuvé :   E. CAVAIGNAC.

D1. — 8 août-20 sept. 1854. — B. 466. — *Création de bureaux arabes départementaux.* — *Attributions* (1).

Art. 1. — Il y a dans chaque département de

---

(1) *Rapport à l'empereur.* — Sire, le décr. du 12 sept. 1853, qui a augmenté d'une manière notable l'étendue des départements d'Oran et de Constantine, a eu pour effet de placer sous l'autorité des préfets un grand nombre d'Arabes qui se trouvaient précédemment sous la direction de l'autorité militaire. — Il est donc indispensable de déterminer promptement les bases de l'administration spéciale à laquelle doivent être soumis ces indigènes, et de mettre les préfets à même de satisfaire aux obligations nouvelles qui leur sont imposées par cet accroissement d'attributions, en leur donnant les instruments qui leur sont nécessaires à ce sujet. — Tel est, Sire, l'objet des deux décrets que j'ai l'honneur de soumettre à V. M. — Le premier régularise l'institution des bureaux arabes départementaux ; — Le second fixe les bases de l'administration proprement dite des Arabes.

Si une institution a su réunir les suffrages de tous pour l'administration des indigènes de l'Algérie, c'est sans contredit celle des bureaux arabes, qui sont les conseils et les agents d'exécution de l'autorité militaire pour le gouvernement des indigènes placés sur le territoire militaire. N'est-il pas logique de donner aux préfets, pour l'administration des indigènes qui passent du territoire militaire sous l'autorité civile, des moyens d'action analogues à ceux dont disposent les commandants militaires placés à la tête des circonscriptions militaires ? Cette solution m'a paru d'autant plus normale que les bureaux arabes départementaux, qui sont de véritables bureaux arabes civils, existent, et qu'il ne s'agit plus que d'étendre et de régulariser leur action, actuellement circonscrite aux chefs-lieux de département.

L'art. 1 du projet régularise l'institution des bureaux arabes départementaux, auprès et sous la direction des préfets, dont ils sont les délégués. Ces bureaux se composent d'un chef, d'adjoints et d'un personnel indigène.

L'art. 2 fixe les attributions qui, en matière d'administration arabe, sont réservées à l'autorité préfectorale, à l'exclusion des maires. V. M. reconnaîtra par la nomenclature de ces attributions que j'ai eu soin de réserver aux préfets la connaissance de toutes les questions qui, de près ou de loin, ont un caractère politique. — Dans l'arrondissement chef-lieu, le préfet surveille et dirige, par l'intermédiaire du bureau arabe départemental, toutes les affaires indigènes énumérées dans l'art. 2. Dans les autres arrondissements, des adjoints au bureau arabe départemental peuvent être détachés auprès du sous-préfet pour exercer au même titre.

Il est évident que les préfets, pas plus que les commandants militaires, ne peuvent s'occuper de tous les détails de l'administration arabe. Pour les affaires d'un ordre inférieur, il est donc naturel qu'ils s'en rapportent au bureau arabe départemental, et il suffit, afin de maintenir l'unité de vues et de direction, que ces fonctionnaires se réservent la connaissance des plus importantes, et qu'il leur soit seulement rendu compte de celles qui rentrent dans la catégorie des affaires courantes. — Sans cette délégation, tous les moments des préfets seraient absorbés par les soins à donner à l'administration indigène, qui, bien différente de la nôtre, a peu d'affaires à traiter par écrit, mais en a, au contraire, une infinité à résoudre de vive voix.

L'art. 4 dispose donc que les préfets peuvent déléguer au chef du bureau arabe départemental une partie de leurs attributions en matière d'administration arabe ; par conséquent, cet agent supérieur ou ses adjoints n'agissant que comme représentants du préfet, à l'autorité duquel ils empruntent toute la leur.

L'art. 7 est la consécration d'une mesure qui a produit déjà les plus heureux résultats, parce qu'elle est essentiellement appropriée au caractère indigène. — L'Arabe n'admet pas les lenteurs de notre procédure, surtout dans les matières de peu d'importance ; il ne se rend pas compte que, une plainte exposée, il n'y soit pas fait droit immédiatement, si elle est reconnue fondée ; pour lui, ces lenteurs sont synonymes de faiblesse ; j'ajouterai que l'indigène éprouve une certaine sécurité lorsqu'il peut expliquer directement son affaire au fonctionnaire qui est appelé à y donner une solution.

L'art. 7 pose donc le chef du bureau arabe départemental, ou ses adjoints dans certains cas, comme des arbitres officiels pouvant prononcer à ce titre entre musulmans dans les affaires inférieures à 100 fr. Nul n'est forcé de venir s'adresser à eux, et par conséquent les parties sont libres de porter leur différend devant le cadi ou le juge de paix ; mais si elles viennent réclamer leur arbitrage, elles doivent en accepter les conséquences. — C'est là, Sire, ce qui existe depuis plusieurs années en fait ; c'est là ce que j'ai l'honneur de proposer à V. M. de vouloir bien consacrer par son approbation. En moyenne, 250 affaires sont ainsi conciliées par trimestre dans la seule ville d'Alger.

L'expérience a fait toutefois reconnaître la nécessité d'une modification. — Lorsque la sentence arbitrale est rendue par le chef du bureau arabe départemental, l'exécution, dans l'état actuel des choses, ne peut avoir lieu que si la partie condamnée consent à s'y soumettre, puisque l'arbitre est privé de tout droit de punir. — Il convient qu'il en soit autrement. C'est pour ce motif que j'ai l'honneur de proposer à V. M. d'accorder au chef du bureau arabe départemental, agissant toujours par délégation du préfet, le pouvoir de punir d'un à cinq jours de prison et de 1 à 15 fr. d'amende la partie qui refusera d'exécuter la sentence rendue.

Tel est l'ensemble du premier projet ; le second détermine l'application du principe posé, et règle l'administration des Arabes proprement dite. — Les trois premiers articles contiennent des dispositions générales qui ne sont de nature à soulever aucune difficulté, ou qui sont l'exécution de la loi du 16 juin 1851 sur la propriété.

L'art. 4 confie aux maires des communes auxquelles les agglomérations arabes seront rattachées toutes les attributions administratives autres que celles qui ont un caractère politique. Pour leur faciliter cette tâche, les maires sont assistés d'un cheikh, dont les attributions sont définies par l'art. 6. Ces cheikhs sont en même temps placés sous l'autorité du préfet ; ils sont ses agents, ils le renseignent. — Pour la surveillance spéciale des territoires habités principalement par les Arabes, des gardes champêtres montés peuvent être institués dans les principales fractions de tribu.

Une fois au moins par semaine, et plus souvent s'il se peut, le préfet et le sous-préfet font inspecter les communes de l'arrondissement sur lesquelles est établie une agglomération d'indigènes par le chef du bureau arabe départemental ou par ses adjoints. Ceux-ci se mettent en rapport avec les maires et avec les cheikhs, tranchent les différends comme arbitres, surveillent l'exécution des ordres du préfet, entendent les réclamations et rendent compte, au retour de leur inspection, de la situation matérielle et des besoins des populations arabes.

Le tit. 3 soumet les indigènes établis sous le régime civil à la constatation de l'état civil. Ces actes, reçus par les maires dans les villes et les villages, seront rédigés dans les tribus par les cheikhs, d'après les formules arabes

l'Algérie, auprès et sous la direction du préfet, un bureau chargé des affaires arabes placées dans les attributions de l'autorité préfectorale. — Ce bureau prend le titre de bureau arabe départemental ; il se compose d'un chef, d'adjoints et d'un personnel indigène.

Art. 2. — Les attributions en matière d'administration indigène qui sont réservées à l'autorité préfectorale sont les suivantes :

Police politique des indigènes ; — Organisation et personnel du culte, de l'instruction publique et de la justice en ce qui touche les musulmans ; — Organisation et surveillance des corporations ; — Surveillance des sociétés religieuses connues sous le nom de khouans ; — Organisation et surveillance du bit-el-mal, de concert avec le service des domaines ; — Organisation et surveillance des établissements de bienfaisance spéciaux aux musulmans ; — Secours politiques aux indigents arabes ; — Surveillance des marchés, avec le concours de l'autorité municipale ; — Surveillance des opérations de l'amin et sekkat, avec le concours du service des contributions diverses ; — Sages-femmes musulmanes ; — Dellals ou encanteurs ; — Surveillance des armuriers indigènes, et autorisation d'achat d'armes et de munitions de guerre par les indigènes ; — Préparation des rôles de l'impôt arabe.

Les autres attributions sont du ressort de l'autorité municipale.

Art. 3. — Dans les arrondissements où l'utilité en sera reconnue, un adjoint au bureau arabe départemental pourra être également placé sous les ordres du sous-préfet, pour concourir, sous sa direction, à l'administration des Arabes placés dans le ressort de la sous-préfecture.

Art. 4. — Dans l'arrondissement chef-lieu, le préfet peut déléguer au chef du bureau arabe départemental, ou à l'adjoint qui le remplace, partie de ses attributions en matière d'administration indigène, même celles donnant le droit de requérir la force armée. — En vertu de la même délégation le chef du bureau arabe départemental a le droit de faire arrêter préventivement les indigènes membres des corporations, pour être ensuite, à sa diligence et dans les vingt-quatre heures, traduits devant le tribunal des amins ou renvoyés devant les tribunaux suivant les cas.

Art. 5. — Par délégation du préfet, le chef du bureau arabe départemental ou l'adjoint qui le remplace a le droit, par mesure politique, d'infliger aux indigènes des amendes de 1 à 15 fr., et l'emprisonnement de un à cinq jours pour les infractions ci-après, lorsque d'ailleurs elles ne constituent ni crime ni délit :

1° Refus d'obéissance aux ordres et règlements de l'autorité ; — 2° Rixes et querelles ; — 4° Négligence à payer l'impôt ; — 4° Asile ou moyens de fuite accordés à des agents de l'ennemi, aux déserteurs, aux criminels, et généralement à tous individus poursuivis pour crimes ou délits ; — 5° Négligence apportée dans les déclarations de naissance et de décès.

Ces décisions, dont il est journellement rendu compte au préfet, sont inscrites sur un registre spécial. — En aucun cas, elles ne peuvent être déférées à la justice ordinaire.

Art. 6. — Les amendes sont recouvrées dans les formes ordinaires et perçues au profit du budget local et municipal.

Art. 7. — Dans le ressort de leur arrondissement, les sous-préfets peuvent déléguer les mêmes attributions ci-dessus spécifiées, à l'adjoint au bureau arabe départemental chargé des affaires indigènes de la circonscription. — Dans le ressort des commissariats civils, les commissaires civils exercent par eux-mêmes ces attributions.

Art. 8. — Dans les contestations de musulman à musulman, dont la valeur n'excédera pas 100 fr., les parties intéressées pourront se présenter devant le chef du bureau arabe départemental, et dans le ressort des arrondissements devant l'adjoint au bureau arabe départemental chargé des affaires arabes de la circonscription, et dans le ressort des commissariats civils devant le commissaire civil, et lui déclarer qu'elles le prennent pour arbitre. — Le chef du bureau arabe départemental, l'adjoint au bureau arabe ou le commissaire civil, après avoir fait connaître aux parties les dispositions contenues dans le § 3 du présent article, et leur avoir demandé si elles entendent renoncer à la juridiction ordinaire et s'en rapporter à sa décision, prononcera entre elles, si d'ailleurs elles déclarent persévérer à réclamer son arbitrage. — La sentence ainsi rendue sera immédiatement exécutoire. En cas de refus d'exécution, la partie condamnée pourra être frappée d'une peine qui n'excédera pas cinq jours de prison et 15 fr. d'amende.

Art. 9. — Les arrêtés ou proclamations autres que les actes émanés de l'autorité militaire s'appliquant aux indigènes ne peuvent être publiés sans avoir été approuvés par le préfet ou le sous-préfet.

NAPOLÉON.

D1. — (Même date.) — *Mode d'administration des indigènes en territoire civil.*

TIT. 1. — *Dispositions générales.*

Art. 1. — La population musulmane établie dans les territoires civils est administrée conformément aux dispositions du présent décret.

Art. 2. — Les biens dont jouissent les Arabes fixés dans le territoire civil, et qui ne seront pas reconnus être propriétés individuelles ou indivises entre particuliers, restent soumis aux prescriptions du deuxième paragraphe de l'art. 14 de la loi du 16 juin 1851. — Sont également maintenues les dispositions de l'art. 17 de la loi précitée, en ce qui concerne les propriétés indivises.

Art. 3. — Les Arabes domiciliés en territoire civil supporteront les charges municipales imposées aux habitants européens de la commune. — Ils restent soumis à l'impôt arabe et aux réquisitions.

TIT. 2. — *Administration.*

Art. 4. — Les Arabes fixés dans le territoire civil sont administrés par le maire de leur commune, qui exerce à leur égard les attributions que lui confèrent les lois et règlements en vigueur, autres que celles réservées à l'autorité préfectorale par l'art. 2 du décret de ce jour sur l'organisation des bureaux arabes départementaux (1).

Art. 5. — Des chefs arabes désignés sous le nom de cheiks sont établis dans chaque commune rurale où se trouve une agglomération de population mu-

---

déterminées, et transcrits ensuite en français sur les registres de l'état civil de la commune.

Le tit. 4 règle ce qui a trait aux réquisitions. Il dispose que les Arabes, même lorsqu'ils sont placés sous le régime civil, continuent, en cas de besoin, à fournir, sur la demande de l'autorité militaire, les moyens de transport nécessaires.

Tel est, Sire, le résumé des mesures que je crois devoir vous proposer pour l'administration des Arabes placés sous l'autorité civile. En le soumettant à V. M., j'ai la confiance de lui présenter une organisation appropriée

aux besoins de notre domination, et dont chaque jour vient démontrer de plus en plus l'urgence. — Ces projets dérivent de deux faits bien constatés : les services des bureaux arabes militaires, et ceux déjà rendus par les bureaux arabes départementaux ; ils n'en sont que le développement. Le ministre de la guerre, VAILLANT.

(1) Dans les communes constituées, la police des cimetières musulmans appartient aux maires, et la propriété de ces cimetières est également attribuée aux communes (décis. min. du 15 fév. 1855).

sulmane. Ils sont placés sous l'autorité du préfet ou du sous-préfet, ainsi que sous celle de leurs délégués.(V. *Administration générale*, § 1, 16 déc. 1848, art. 16.)

Art. 6. — Les cheiks sont en même temps chargés : 1° De fournir au maire les renseignements propres à maintenir la tranquillité et la police du pays ; — 2° De l'assister dans la répartition des réquisitions qui seront ordonnées ; — 3° D'assister les agents du trésor dans les recensements et recouvrements en matière d'impôt ; — Et, en général, de toutes les attributions que l'autorité préfectorale ou le maire jugera convenable de leur déléguer.

Art. 7. — Des gardes champêtres arabes montés sont institués, s'il y a lieu, dans les tribus ou fractions de tribus annexées au territoire des communes. — Ils sont placés sous les ordres du préfet ou du sous-préfet et de leurs délégués, ainsi que sous les ordres du maire. — Ils prêtent serment devant le juge de paix de la circonscription. — Leurs rapports, reçus par le maire, font foi, jusqu'à preuve contraire. — Les gardes champêtres arabes sont tenus de prêter main-forte à la gendarmerie toutes les fois qu'ils en .ont requis, et de faciliter l'exécution des ordres dont elle aura été chargée. — Ils notifient sans frais aux habitants arabes de la commune. verbalement ou par simple lettre, les citations émanant de l'autorité. — Ils sont nommés par le préfet.

Art. 8. — Une fois au moins par semaine, et plus souvent, s'il se peut, le préfet et le sous-préfet font inspecter les communes de l'arrondissement où une population musulmane est établie par le chef du bureau arabe départemental ou par les adjoints à ce même bureau. Ceux-ci, après s'être mis en rapport avec les maires et les cheiks, adressent, tous les quinze jours, un rapport à l'autorité de laquelle ils relèvent, sur la situation matérielle et les besoins des populations indigènes. — Pendant ces inspections, le chef du bureau arabe départemental ou ses adjoints, doivent être constamment revêtus de l'uniforme.

Art. 9. — Tous les mois le préfet rend compte au gouverneur général des faits qui sont de nature à intéresser la politique et la police générale du pays.

Tit. 3. — *État civil indigène.*

Art. 10. — Les actes de l'état civil concernant les naissances et décès des Arabes habitant en dehors des villes et villages sont reçus par les cheiks et rédigés en langue arabe, suivant les formules déterminées. — Ces actes sont immédiatement transmis au maire et transcrits en langue française sur le registre de l'état civil de la commune.

Art. 11. — Dans l'année qui suivra la promulgation du présent décret, il sera procédé dans chaque commune à la constitution de l'état civil de la population musulmane. — L'âge et la filiation seront établis par communication de titres, et, à défaut, par commune renommée.

Tit. 4. — *Des réquisitions.*

Art. 12. — Les réquisitions faites par l'autorité militaire des bêtes de somme et autres moyens de transport nécessaires aux besoins de l'armée, sont réparties par les préfets entre les communes, proportionnellement aux ressources de la population indigène de chaque commune. — En cas d'urgence, l'autorité militaire se pourvoira auprès du maire pour la levée des réquisitions.

Art. 13. — Les individus qui, après en avoir été requis dans les formes déterminées par l'article précédent, auront refusé de fournir leur quotepart des moyens de transport, seront déférés au préfet, qui pourra prononcer contre eux une amende de 16 à 200 fr.

Art. 14. — Tout indigène de 20 à 40 ans établi en territoire civil, sera tenu de faire les patrouilles de sûreté, de monter les gardes nécessaires pour les postes de surveillance, de fournir au besoin un makhzen et d'obtempérer à toute réquisition prescrite par l'autorité compétente, pour cause d'utilité publique.

Tit. 5. — *Dispositions transitoires.*

Art. 15. — Tout indigène sera libre de quitter le territoire militaire qu'il habite pour s'établir dans le territoire délimité ci-dessus, à la condition de justifier de l'acquittement de l'impôt et des amendes qu'il a pu encourir dans le territoire qu'il habitait.

Décis. M. — 25 août 1858. — BM. 3.—*Exemption de l'achour en faveur des Arabes cultivant à un titre quelconque une terre européenne.*

Circ. M. — 2 sept. 1858. — BM. 3. — *Instructions sur l'exécution de la décision qui précède.*

La disposition interprétative qui règle en ce moment la perception de l'impôt arabe sur les terres appartenant à des Européens est l'avis du conseil de gouvernement du 5 mars 1849.

Cet avis, que je crois devoir rappeler ici, dispose, — 1° Que, en matière d'impôt arabe, il n'y a aucune différence à établir entre le cultivateur arabe en territoire civil et le cultivateur arabe en territoire militaire ; — 2° Que le propriétaire européen qui loue ses terres à des fermiers arabes ne saurait les exempter de l'impôt arabe ; — 3° Que le *khammas* doit être considéré et traité par l'assiette de l'impôt à l'instar des fermiers et métayers, sauf le cas où il est établi sur une terre de propriété européenne exploitée par son propriétaire ou par un fermier européen, habitant, les uns et les autres, un corps de ferme, fournissant les instruments de travail et dirigeant la culture en personne ; — 4° Que, pour l'établissement de l'*achour* à percevoir sur la part revenant aux *khammas* dans le produit de leur travail, cette part ne pourra être évaluée au-dessous du cinquième de la récolte au brut.

Il m'a paru nécessaire d'apporter, dans l'intérêt de la colonisation européenne, une modification profonde dans les dispositions actuellement en vigueur.—Il est évident que la main d'œuvre manque au colon européen : à défaut de main-d'œuvre européenne, il convient donc de lui assurer, au meilleur marché possible, la main-d'œuvre indigène ; l'avis du 5 mars 1849 étant pour lui un obstacle ou une difficulté doit, par conséquent, être rapporté dans celle de ses parties où il blesse l'intérêt européen.

N'est-il pas d'ailleurs incontestable, que cet avis a eu un résultat absolument opposé à celui que l'administration supérieure poursuivait? Elle voulait faciliter les associations entre colons et indigènes ; elle n'est parvenue qu'à faire retomber sur le colon l'impôt qui frappait l'Arabe. Il est, en effet, de notoriété publique que, lorsque l'Européen loue des terres aux indigènes, ou lorsqu'il cultive à l'aide de *khammas*, l'Arabe qu'il emploie suppute, en déduction du prix de son loyer ou de la part de récolte qui revient au propriétaire, le montant de l'impôt qu'il doit verser à l'État. C'est donc, en définitive, le sol qui est grevé. Or, comme aucun décret n'a créé l'impôt foncier sur les terres des Européens ; que, d'ailleurs, les titres de concession ne stipulent aucune redevance à payer par les concessionnaires utilisant les Arabes, il est permis de douter de la légalité de la mesure appliquée en vertu de l'avis du conseil de gouvernement.—J'ajouterai que la classe de colons qu'elle atteint plus particulièrement est précisément celle qui mérite le plus d'intérêt.

La location des concessions rapporte en général 100 fr. par *djebda*, tandis que la *djebda*, cultivée par association au cinquième rend au minimum 400 fr. Pourquoi donc certains concessionnaires adoptent-ils la location? C'est que, après avoir épuisé leurs ressources par des travaux imprudents, ils sont obligés de vendre, pour vivre, leur bétail et leurs instruments aratoires, et qu'alors ils ne peuvent plus tirer parti de leurs terres qu'en les louant. Je ne puis croire qu'il soit opportun d'aggraver encore cette situation en faisant peser sur eux un impôt qui réduit notablement le produit de ces locations.

En présence de ces considérations, j'ai décidé, le 25 de ce mois, que, à partir du 1er janv. 1859, l'*achour* ne serait plus perçu sur les Arabes cultivant, à *un titre quelconque*, une terre européenne, soit comme *khammas*, soit comme *locataires*. — Il est bien entendu, toutefois, que cette exemption ne s'applique pas aux locataires des terres *azels*, qui continueront à supporter le *hokor* et l'*achour*.

NAPOLÉON (Jérôme).

AM. — 4-25 déc. 1858. — BM. 10. — *Avantages offerts aux indigènes travaillant sur des terres européennes.*

Considérant que le moyen le plus propre de hâter la civilisation du peuple arabe est de faciliter ses rapports avec la population européenne; — Voulant, d'autre part, favoriser, dans la mesure la plus large, le recrutement de la main-d'œuvre nécessaire aux colons; — Vu le décr. du 8 août 1854 (*ci-dessus*).

Art. 1. — L'émigration individuelle, ou par famille, du territoire militaire dans le territoire civil, est libre pour tous les indigènes de l'Algérie, à la condition de justifier de l'acquittement de leurs dettes envers l'État ou envers leur tribu, par un certificat de l'autorité française dont ils relèvent. — Ce certificat est, aussitôt après l'arrivée dans le territoire civil, soumis au visa du chef de bureau arabe départemental ou ses adjoints.

Art. 2. — Tout indigène du territoire militaire est libre de quitter sa tribu pour s'établir chez un Européen du même territoire, à la condition de produire une déclaration d'engagement signée par celui-ci, et de la faire viser par l'autorité française de la circonscription. — Le visa ne peut être refusé que dans le cas où l'indigène est débiteur envers l'État ou envers sa tribu.

Art. 3. — En territoire militaire, les indigènes établis chez l'Européen, dans les conditions définies par l'article précédent, sont soumis aux mêmes autorités que les Européens.

Art. 4. — Si l'indigène qui émigre laisse dans sa tribu des cultures, des troupeaux, des bêtes de somme ou autres matières imposables, il reste soumis, quel que soit le territoire qu'il habite, aux contributions perçues par l'État et aux charges communales de la tribu, pour tous les biens qui y sont situés. — Les corvées, réquisitions et autres obligations réglementaires sont toujours rachetables en argent, d'après un tarif fixé par le général commandant la division pour chaque subdivision. — L'indigène conserve sa part de droits collectifs sur les biens de la tribu et de droits éventuels en cas de cantonnement.

Art. 5. — L'indigène émigrant avec tout ce qui lui appartient, demeure affranchi de toute participation aux autres contributions et charges incombant à la tribu. Il est, en même temps, déchu de ses droits éventuels en cas de cantonnement.

Art. 6. — Tout chef indigène convaincu d'avoir entravé la liberté d'émigration de ses administrés, ou d'avoir commis un abus de pouvoir vis-à-vis des indigènes établis régulièrement chez un Européen, sera passible de la destitution, sans préjudice des peines portées par la loi.

Art. 7. — Les indigènes établis, à quelque titre que ce soit, sur les terres d'un Européen, sont, sans distinction de territoire, affranchis, à partir du 1er janv. 1859, de l'impôt de l'achour sur lesdites terres. Ils restent soumis aux autres impôts et aux charges municipales, telles qu'elles sont déterminées par les art. 3 et 4 du décret du 8 août 1854.

(NAPOLÉON (Jérôme).

Inst. M. — 4 déc. 1858. — BM. 10. — *Instructions aux généraux et préfets sur l'exécution du précédent arrêté.*

J'ai décidé, le 25 août dernier, que les indigènes qui travaillent, à un titre quelconque et dans quelque territoire que ce soit, sur des terres européennes, seraient exempts de l'impôt de l'achour. J'ai voulu, par cette disposition, encourager les indigènes à se mêler aux Européens. Ces liens nouveaux, contractés avec nous par le travail et la communauté d'intérêts, leur rendront le maintien de la tranquillité aussi précieux qu'à nous; en effaçant les souvenirs de la tribu, ils leur feront aimer la France et les prépareront à prendre place dans nos communes. — Mais la mesure que j'ai adoptée serait incomplète et inefficace si, en donnant d'un côté une sorte de prime à l'introduction de l'élément arabe dans la culture européenne, on restreignait de l'autre, par des formalités vexatoires, la faculté d'en profiter.

Une sorte de tradition administrative, inspirée par une pensée de surveillance et de protection exagérées, a été suivie jusqu'à ce jour, en territoire militaire, au sujet des autorisations demandées par les indigènes pour quitter leur tribu et s'établir sur une terre européenne. L'administration, s'attribuant une sorte de tutelle sur les affaires privées, se montra souvent défiante en présence des demandes de cette nature, formulées de concert par les intéressés; les autorisations qu'elle accorda étaient, en général, accompagnées de charges et de restrictions qui faisaient perdre aux indigènes une partie des bénéfices de ces autorisations. — Ainsi, l'autorité mal définie que le kaïd exerçait sur l'indigène installé chez les colons européens, la part à peu près arbitraire qu'on lui faisait supporter des charges de la tribu, comme corvées et réquisitions, étaient autant d'obstacles à la régularité de son travail et à l'exécution de ses engagements envers le propriétaire européen. — Le nouvel arrêté que je viens de prendre à la date de ce jour est destiné à régulariser cet état de choses, en déterminant, pour les indigènes, les conditions qu'ils auront à remplir et les charges qu'ils auront à supporter.

J'exposerai rapidement les principes qui ont présidé à la rédaction de mon arrêté. — L'indigène quitte sa tribu dans les conditions suivantes: — 1° Il va se fixer définitivement en territoire civil, sans conserver ni bien, ni culture dans sa tribu; — 2° Il se rend en territoire civil, afin de travailler, pour un temps, sur des terres européennes, laissant des intérêts dans sa tribu; — 3° Il s'établit, pour cultiver, à un titre quelconque, chez un propriétaire européen, en territoire militaire.

Dans le premier cas, il cesse d'appartenir à sa tribu; il ne doit plus concourir à aucune de ses charges; mais, par cela même, il perd sa part des droits collectifs attribués aux membres de la tribu.

Dans le second cas, il conserve son domicile légal dans sa tribu. Il reste donc soumis à toutes les charges, de même qu'il conserve sa part de tous les droits collectifs. Mais, les pouvoirs administratifs ayant pour base les circonscriptions territoriales, et non la race ou l'origine des habitants, l'indigène qui s'établit, même à titre provisoire, sur le territoire civil, relève exclusivement de l'administration civile, et il est soumis à toutes les obligations imposées aux individus qui, bien qu'habitant la commune, ont leur domicile légal dans une autre localité.

Dans le troisième cas, enfin, l'indigène ne changeant pas de territoire, ne devrait pas, en principe, changer de juridiction administrative; mais, comme il se trouve dans une position que le gouvernement veut protéger, certaines mesures sont à prendre pour que son travail ne soit pas troublé et que son association avec un Européen ne devienne dans aucun cas un prétexte de tracasseries contre lui. Tel est le but de l'art. 3 de mon arrêté, qui soustrait l'indigène à l'administration des chefs arabes pour le soumettre aux mêmes autorités que les Européens.

En déterminant les formalités à remplir dans les trois cas qui viennent d'être spécifiés, j'ai eu en vue de sauvegarder, autant que possible, la liberté des indigènes qui veulent passer du territoire militaire dans le territoire civil, ou qui désirent se soustraire à l'administration arabe pour se ranger sous l'autorité militaire française, en allant travailler chez un Européen, c'est-à-dire en quittant leur tribu pour entrer dans la commune militaire française. — L'administration n'a aucun intérêt à s'immiscer dans les raisons qui motivent l'émigration. Il faut seulement que l'autorité compétente soit prévenue au départ et à l'arrivée. L'émigrant n'a pas d'autorisation à demander pour se déplacer; il lui suffit de justifier, devant l'autorité française dont il relève, qu'il est libre de toute dette envers l'État ou envers sa tribu.

Vous remarquerez qu'il n'est pas question de certificat de moralité, ni de l'exhibition des actes en vertu desquels les engagements ont été contractés entre les indigènes et les Européens. La déclaration du propriétaire qui prend un indigène à son service doit suffire; elle a pour but d'avertir l'autorité de la présence d'un nouvel habitant et de faciliter la surveillance. Exiger plus, ce serait de l'inquisition. Si des difficultés surviennent entre l'Européen et l'indigène, la loi réglera leurs différends. Il est bien entendu, cependant, que l'autorité administrative pourra prendre telles mesures de police qu'elle jugera convenables, telles que : défense de porter des armes; obligation d'un livret pour les ouvriers agricoles; patrouilles, gardes de nuit, etc., etc.

Je ne me suis occupé, dans ce qui précède, que du territoire civil. Pour le territoire militaire, l'indigène qui veut quitter sa tribu pour s'établir chez un Européen du même territoire, devra produire une déclaration d'engagement signée par celui-ci, et la faire viser par l'autorité française de la circonscription. Il devra également justifier de l'acquittement de toute dette envers l'État ou envers sa tribu, en ce qui concerne les charges collectives. Le visa ne pourra être refusé que dans le cas où l'indigène ne justifierait pas de sa libération. — Les indigènes travaillant dans ces conditions ne seront soumis, comme je l'ai dit plus haut, qu'à l'autorité française de la circonscription. Le but de ces dispositions est de mettre les indigènes cultivant les terres européennes à l'abri des rancunes et des persécutions des agents arabes, et de garantir la régularité et la liberté de leur travail.

Ces mesures sont trop simples pour que leur application donne lieu à des difficultés. Si, cependant, un doute se présentait pour quelque cas particulier, vous n'auriez, pour le résoudre, qu'à remonter au principe que le gouvernement de l'empereur a adopté comme règle de sa politique vis-à-vis des indigènes. Ce principe, dont il importe que vous soyez bien pénétré, c'est la substi-

tution, dans l'ordre politique et administratif, de l'unité territoriale à l'unité de race. On a dit que la tribu est la base de l'organisation sociale des Arabes; nous devons faire prévaloir l'organisation française et englober les divers groupes indigènes dans nos communes. Bienveillance et justice envers les Arabes, afin qu'ils aiment notre autorité, qu'ils se trouvent mieux dans notre commune que dans leur tribu; et les amener ainsi, par leur propre volonté et leur intérêt, à cette fusion, but de tous nos efforts.

Je n'ignore pas que des nécessités impérieuses d'administration et de police s'opposent encore à la dislocation du peuple arabe; je sais que la tribu ne peut disparaître, sous peine de graves désordres sociaux, qu'à la condition qu'elle s'égrènera et se fondra, sans transition brusque et volontairement, dans la commune. La constitution de la propriété individuelle doit précéder toute réforme de cette nature et lui servir de base. Mais, dès à présent, nous pouvons, par des mesures progressives, diriger l'action de l'administration vers ce résultat final. — Il ne s'agit ni de violences à faire aux habitudes et aux préjugés des indigènes, ni de nouvelles obligations personnelles à leur imposer. Il s'agit encore moins de faire des travailleurs arabes des espèces de serfs attachés à la glèbe au profit des colons. « Sécurité et justice pour tous : Français, Européens et indigènes, » ai-je écrit dans le rapport qui précède le décret portant suppression des fonctions du gouverneur général; je veux rester fidèle à ces principes.

Favorisez seulement les tendances naturelles que, en présence de notre civilisation supérieure, la tribu doit avoir à se désagréger pour s'assimiler à notre organisation. Laissez les Arabes circuler sans entraves sur toute la surface du territoire, à la recherche du travail et du bien-être; qu'ils soient libres de suivre l'appât de leurs intérêts et de transporter leur personne, leur argent, leur industrie, partout où brillera pour eux l'espoir d'une condition meilleure. — C'est par ces moyens, et par ces moyens seuls, qui reposent d'ailleurs sur les principes de notre droit commun, que nous arriverons à rompre la cohésion de la tribu, à lui enlever tout caractère politique et à lui substituer notre organisation municipale. Quand une idée est juste et à de l'avenir, c'est l'initiative individuelle qui la réalise le plus sûrement. Le meilleur concours que le gouvernement puisse lui prêter, c'est de ne lui opposer lui-même aucun obstacle.

NAPOLÉON (Jérôme).

Inst. M. — 8 janv. 1859. — BM. 14. — *Instructions sur le même objet.*

Général, vous me demandez un supplément d'instructions au sujet des indigènes travaillant sur les terres européennes dans le territoire militaire. — Les questions que vous avez posées sont faciles à résoudre en se reportant aux principes développés dans ma circulaire du 4 déc. dernier, accompagnant l'arrêté du même jour. — Ainsi, pour les troupeaux et pour les biens possédés par l'émigrant sur le territoire de la tribu qu'il a quittée, rien n'est changé à la compétence administrative des fonctionnaires indigènes. Le kaïd de la tribu fera le recensement et exécutera tous les ordres qu'il recevra de l'autorité supérieure, aussi bien pour les propriétaires absents que pour ceux qui sont présents.

Restant soumis aux charges de la tribu pour les biens qu'il y conserve, l'émigrant doit continuer à participer à tous les avantages attribués à la communauté, tels que : admission de ses enfants aux écoles entretenues au moyen des centimes additionnels; usage des étalons des tribus; jouissance des médicaments, etc. Mais il est évident que, si émigrant n'a laissé aucun bien dans sa tribu, s'il n'y paye plus ni l'impôt ni les centimes additionnels, il ne peut conserver le bénéfice des avantages pour lesquels il ne fournit aucune contribution. Dans ce dernier cas, l'art. 3 l'assimile, pour sa position administrative, aux Européens établis sur le territoire militaire.

En vertu de l'art. 7, il se trouve affranchi de l'impôt achour, frappant, en quelque sorte, le sol qu'il cultive et qui ne lui appartient pas; mais cette immunité attribuée au propriétaire européen n'exempte pas l'indigène de tout autre impôt établi ou à établir, soit sur ses biens meubles, soit au titre personnel. L'autorité française, dont relèvent les Européens, prendra les mesures nécessaires pour l'accomplissement des formalités se rattachant à l'assiette et à la perception des redevances exigées par l'État. Remarquez cependant que cette disposition n'oblige pas étroitement de se servir du commandant de la place ou de tel autre agent français comme intermédiaire vis-à-vis de ces indigènes. Une certaine latitude devait être laissée, afin de pouvoir employer les procédés d'administration les plus économiques et de ne pas créer des agents spéciaux pour un service qui ne saurait avoir une grande importance. Si, en effet, la population indigène établie sur les terres européennes du territoire militaire prenait un développement considérable, la meilleure solution serait de l'englober dans le territoire civil. Sur un seul point, l'art. 7 ne comporte pas d'interprétation restrictive : « L'indigène travaillant sur la terre européenne est soustrait à l'administration de nos agents arabes. »

En ce qui concerne la constatation des naissances et des décès, il est évident qu'elle appartient aux autorités françaises, comme pour les Européens. Les mariages et les divorces n'appelant pas, même en territoire civil, l'intervention de nos fonctionnaires, les musulmans continueront à recourir au cadi de la circonscription territoriale. Il en sera de même pour le règlement de leurs intérêts civils, lorsque aucun Européen ne sera mêlé à leurs contestations.

Je pense que ces explications feront cesser toutes les incertitudes. En vous pénétrant de l'esprit de l'arr. du 4 déc. 1858, vous surmonterez facilement les difficultés qui se révéleraient dans la pratique. Servez-vous des divers agents français qui sont mis à votre disposition; simplifiez les rouages, afin de ne pas augmenter sans nécessité la tâche administrative; évitez surtout de grossir les états-majors et de créer des dépenses nouvelles. Enfin assurez au travail des indigènes établis sur les terres européennes la liberté que mon arrêté leur a promise. Napoléon (Jérôme).

2° Application du décret du 8 août 1854. — Remise à l'autorité civile de l'administration des populations indigènes.

AG.—21 mai-7 juin 1856.—B. 495.—*Arrondissement d'Alger.*

Art. 1. — Le 1er juin 1856, il sera fait remise, par l'autorité militaire à l'autorité civile de l'administration des populations indigènes, qui vivent sous la tente, dans l'arrondissement d'Alger.

Cette remise comprendra notamment les tentes des Souahlias, Beni-Khélil, Aribs, Khrachbus, et Beni-Moussa, qui se trouvent disséminées sur les territoires des communes de Douéra, Rassauta, Fondouk, L'Arba, et de leurs annexes.

Art. 2.—A partir du jour où cette remise aura été effectuée, les indigènes, qui en sont l'objet, cesseront de faire partie des tribus dans lesquelles ils ont continué d'être compris jusqu'à ce jour. Ils seront classés parmi les habitants des communes

sur le territoire desquelles ils sont fixés. Ils seront administrés conformément aux dispositions du déc. du 8 août 1851. Comte Randon.

AG. — 22 août-8 sept. 1856. — B. 499.—*Arrondissement de Constantine.*

Art. 1.—Le 1er sept. 1856, il sera fait remise par l'autorité militaire à l'autorité civile de l'administration des populations indigènes vivant sur le territoire de la vallée du Bou-Merzoug et de ses annexes et sur les terrains formant enclaves militaires dans l'ancien territoire de l'arrondissement de Constantine.

Art. 2.—(Comme ci-dessus.)
Comte Randon.

AG. — 27 oct.-8 nov. 1856. — B. 501. —*District d'Arzew.*

Art. 1. — Le 15 nov. prochain, il sera fait remise, par l'autorité militaire à l'autorité civile, de l'administration des populations indigènes formant la fraction de tribu connue sous le nom de Hamianes-el-Melch, et vivant sur la partie S. E. du territoire d'Arzew, tel qu'il est délimité dans l'art. 9 du décr. du 12 sept. 1855 (*Circonscription*, § 4-5°).

Art. 2. — (Comme ci-dessus.)
Comte Randon.

AG. — 12 déc. 1856-7 janv. 1857. — B. 503. —*District de Sétif.*

Art. 1.—Le 1er janv. 1857, il sera fait remise par l'autorité militaire à l'autorité civile de l'administration des populations indigènes vivant sur le territoire du district de Sétif.

Art. 2. — (Comme ci-dessus.)
Comte Randon.

AG.—13 juin-9 juill. 1858.—B. 522.—*Arrondissement de Blidah.*

Art. 1.—Le 1er juill. 1858, il sera fait remise à l'autorité civile de l'administration des populations indigènes établies dans l'arrondissement de Blidah.

Art. 2.—(Comme ci-dessus.)
Comte Randon.

AM.—26 oct.-6 déc. 1858.—BM. 7.—*Arrondissements de Bone et Philippeville.*

Art. 1.—Le 1er nov. 1858, il sera fait remise, par l'autorité militaire à l'autorité civile, de l'administration des populations indigènes vivant sur le territoire de l'arrondissement de Philippeville et de l'arrondissement de Bone, moins la portion située sur la rive droite de la Seybouse.

Art. 2. — (Comme ci-dessus.)
Napoléon (Jérôme).

Afficheurs et crieurs publics.

AG.—19-23 mai 1843.—B. 150.—*Règlement sur la profession d'afficheur (V. Législation, § 2, légalité des arrêtés).*

Vu les art. 13 et 14 du décr. des 18-22 mai 1791, et les lois des 10 déc. 1830 et 16 fév. 1834;—Vu les art. 283, 284, 285, 286, 465, 471 et 474 c. pén.;—Vu l'arrêté du 30 mars 1835;—Considérant qu'il importe de coordonner et de compléter les dispositions réglementaires de la profession d'afficheur public en Algérie, le conseil d'administration entendu;—Vu l'urgence;

Art. 1. — Nul ne pourra exercer en Algérie, même temporairement, la profession d'afficheur, s'il n'est pourvu d'une autorisation spéciale émanée du chef de l'autorité civile du lieu où il devra exercer.—Cette autorisation pourra être retirée; elle ne sera délivrée qu'aux individus dont les antécédents et la moralité seront connus et suffisamment justifiés.

Art. 2.—Il sera tenu un registre spécial de ces autorisations. Chacune d'elles devra mentionner le nom, prénoms, domicile et signalement de l'afficheur. Ce dernier, toutes les fois qu'il changera de domicile, sera tenu d'en faire la déclaration.

Art. 3. — Aucun écrit, placard, avis, dessin, gravure, lithographie ou imprimé, ne pourra être affiché ou placardé, sans qu'au préalable il n'en ait été déposé entre les mains du commissaire de police ou l'autorité en faisant fonctions, deux exemplaires, dont l'un sera rendu visé si la publicité est autorisée.

Art. 4. — Lesdits écrits, placards, avis, etc., devront porter le nom de l'auteur et de l'imprimeur. — Ils ne pourront en aucun cas être faits sous un nom collectif ni sous une forme obligatoire ou impérative.

Art. 5. — Les actes émanés de l'autorité pourront seuls être affichés sur papier blanc.—Défense est faite de couvrir ou arracher les affiches légalement apposées, comme aussi d'afficher sur les édifices et monuments publics, les fontaines et les arcades des maisons. — Les actes de l'autorité sont néanmoins exceptés de cette dernière disposition.

Art. 6.—Les afficheurs devront porter ostensiblement pendant l'exercice de leurs fonctions, une plaque en cuivre dont le modèle leur sera délivré par le commissaire de police ou l'autorité en faisant fonctions, et sur laquelle seront gravés ces mots : *afficheur public*. Ils devront toujours, en outre, être munis d'un livret, renfermant les indications dont il est parlé en l'art. 2, et qu'ils seront tenus de représenter à toutes les réquisitions des agents de l'autorité publique.—Ils ne pourront rien afficher avant le lever ni après le coucher du soleil.

Art. 7. — Toute infraction à l'art. 1 sera punie conformément à l'art. 7 de la loi du 11 déc. 1830, par la voie ordinaire de la police correctionnelle, d'une amende de 25 fr. à 200 fr., et d'un emprisonnement de six jours à un mois, cumulativement ou séparément, sauf l'application, s'il y a lieu, des dispositions de l'art. 463 c. pén. — Conformément à l'art. 3 de la même loi, toute infraction à l'art. 3 sera punie d'une amende de 25 à 500 fr. et d'un emprisonnement de six jours à un mois, cumulativement ou séparément. — Toute infraction à l'art. 4 donnera lieu, contre toute personne qui aura sciemment contribué à la publication, à un emprisonnement de six jours.

BUGEAUD.

AG. — 21-27 juill. 1849. — B. 326. — *Loi du 10 déc. 1830.—Promulgation.*

Art. 1. — Aucun écrit, soit à la main, soit imprimé, gravé ou lithographié, contenant des nouvelles politiques ou traitant d'objets politiques, ne pourra être affiché ou placardé dans les rues, places ou autres lieux publics.—Sont exceptés de la présente disposition les actes de l'autorité publique.

Art. 2. — Quiconque voudra exercer, même temporairement, la profession d'afficheur ou crieur, de vendeur ou distributeur sur la voie publique d'écrits imprimés, lithographiés, gravés ou à la main, sera tenu d'en faire préalablement la déclaration devant l'autorité municipale et d'indiquer son domicile.—Le crieur ou afficheur devra renouveler cette déclaration chaque fois qu'il changera de domicile.

Art. 3.—Les journaux, feuilles quotidiennes ou périodiques, les jugements et autres actes d'une autorité constituée, ne pourront être annoncés dans les rues, places et autres lieux publics, autrement que par leur titre.—Aucun autre écrit imprimé, lithographié, gravé ou à la main, ne pourra être crié sur la voie publique qu'après que le crieur

ou distributeur aura fait connaître à l'autorité municipale le titre sous lequel il veut l'annoncer, et qu'après avoir remis à cette autorité un exemplaire de cet écrit.

Art. 4. — La vente ou distribution de faux extraits de journaux, jugements et actes de l'autorité publique, est défendue et punie des peines ci-après.

Art. 5.—L'infraction aux dispositions des art. 1 et 4 de la présente loi sera punie d'une amende de 25 fr. à 500 fr., et d'un emprisonnement de six jours à un mois, cumulativement ou séparément. —L'auteur ou l'imprimeur des faux extraits défendus par l'article ci-dessus, sera puni du double de la peine infligée au crieur, vendeur ou distributeur de faux extraits. — Les peines prononcées par le présent article seront appliquées sans préjudice des autres peines qui pourraient être encourues par suite des crimes et délits résultant de la nature même de l'écrit.

Art. 6. -- La connaissance des délits punis par le précédent article est attribuée aux cours d'assises. Ces délits seront poursuivis conformément aux dispositions de l'art. 4 de la loi du 8 oct. 1830.

Art. 7. —Toute infraction aux art. 2 et 3 de la présente loi sera punie par la voie ordinaire de police correctionnelle, d'une amende de 25 fr. à 200 fr. et d'un emprisonnement de six jours à un mois, cumulativement ou séparément.

Art. 8.—Dans les cas prévus par la présente loi, les cours d'assises et les tribunaux correctionnels pourront appliquer l'art. 463 c. pén., si les circonstances leur paraissent atténuantes et si le préjudice causé n'excède pas 25 fr.

Art. 9. — La loi du 5 niv. an 5, relative aux crieurs publics et l'art 290 c. pén. sont abrogés.

Vu pour être promulgué en Algérie.

V. CHARON.

AG.—21-27 juill. 1859. — B. 326. — *Loi du 16 fév. 1854.—Promulgation.*

Art. 1. — Nul ne pourra exercer, même temporairement, la profession de crieur, de vendeur ou de distributeur, sur la voie publique, d'écrits, dessins ou emblèmes imprimés, lithographiés, autographiés, moulés, gravés ou à la main, sans autorisation préalable de l'autorité municipale. — Cette autorisation pourra être retirée. —Les dispositions ci-dessus sont applicables aux chanteurs sur la voie publique.

Art. 2. — Toute contravention à la disposition ci-dessus sera punie d'un emprisonnement de six jours à deux mois, pour la première fois, et de deux mois à un an en cas de récidive. Les contrevenants seront traduits devant les tribunaux correctionnels, qui pourront, dans tous les cas, appliquer les dispositions de l'art. 463 c. pén.

Vu pour être promulgué en Algérie.

V. CHARON.

DP.—27 oct.-15 déc. 1852.—B. 426.—*Loi du 8 juill. et décret du 25 août 1852.*

Vu l'art. 30 de la loi du 8 juill. 1852, ainsi conçu : «A partir du 1er août 1852, toute affiche inscrite dans un lieu public, sur les murs, sur une construction quelconque, ou même sur toile, au moyen de la peinture ou de tout autre procédé, donnera lieu à un droit d'affichage fixé à 50 c. pour les affiches de 1 mètre carré et au-dessous, et à 1 fr. pour celles d'une dimension supérieure. Un règlement d'administration publique déterminera le mode d'exécution du présent article.— Toute infraction à la présente disposition et toute contravention au règlement à intervenir pourront être punies d'une amende de 100 à 500 fr., ainsi que des peines portées à l'art. 464 c. pén.»—Vu le décr. du 25 août dernier, rendu en exécution de l'art. précédent ;

Art. 1. — Les dispositions de l'art. 30 de la loi du 8 juill. 1852 ci-dessus visé et le décr. du 25 août suivant, rendu en exécution de cet article, seront promulgués en Algérie et y seront applicables sous les modifications suivantes :

1° Le payement du droit se fera au bureau de l'enregistrement, dans la circonscription duquel se trouvent les localités où les affiches devront être placées.

2° Dans les localités non constituées en municipalité, l'autorisation ou permis d'afficher sera délivré par les fonctionnaires ou les officiers qui tiennent lieu de l'autorité municipale.

3° Dans les territoires militaires, les contraventions à l'art. 30 de la loi du 8 juill. 1852 et aux dispositions du règlement du 25 août suivant, constatées, comme il est dit à l'art. 4 de ce règlement, seront poursuivies à la requête du commissaire du gouvernement près du conseil de guerre dans le ressort duquel elles auront été commises et portées devant ce conseil.

4° Les individus qui auront fait inscrire des affiches sur les murs antérieurement à la promulgation du présent décret, auront un délai de deux mois, à dater de cette promulgation, pour acquitter le droit d'affichage et se faire délivrer un permis, en se conformant aux dispositions du règlement du 25 août dernier, modifié par celles qui précèdent.

Décret du 25 août 1852.

Art. 1. — Tout individu qui voudra, au moyen de la peinture ou de tout autre procédé, inscrire des affiches dans un lieu public, sur les murs, sur une construction quelconque ou même sur toile, sera tenu préalablement de payer le droit d'affichage établi par l'art. 30 de la loi du 8 juill. 1852, et d'obtenir de l'autorité municipale dans les départements, et à Paris du préfet de police, l'autorisation ou permis d'afficher. — Le payement du droit se fera au bureau de l'enregistrement dans l'arrondissement duquel se trouvent les communes où les affiches devront être placées. — Dans le département de la Seine, il se fera à un ou plusieurs bureaux d'enregistrement désignés à cet effet.

Art. 2. — Le droit sera perçu sur la présentation, pour chaque commune, d'une déclaration en double minute, datée et signée, contenant : — 1° Le texte de l'affiche ; — 2° Les noms, prénoms, professions et domicile de ceux dans l'intérêt desquels l'affiche doit être inscrite et de l'entrepreneur de l'affichage ; — 3° La dimension de l'affiche ; — 4° Le nombre total des exemplaires à inscrire ; — 5° La désignation précise des rues et places où chaque exemplaire devra être inscrit ; — 6° Et le nombre des exemplaires à inscrire dans chacun de ces emplacements.

Un double de la déclaration restera au bureau pour servir de contrôle à la perception ; l'autre, revêtu de la quittance du receveur de l'enregistrement, sera rendu au déclarant. — Les droits régulièrement perçus ne seront point restituables, lors même que, par le fait des tiers, l'affichage ne pourrait avoir lieu. — Mais ces droits seront restitués, si l'autorisation d'afficher est refusée par l'administration.

Art. 3. — L'autorité municipale ou le préfet de police ne délivrera le permis d'affichage qu'au vu et sur le dépôt de la déclaration portant quittance, dont il est parlé dans l'article précédent, et sans préjudice des droits des tiers. — Chaque permis sera enregistré, sur un registre spécial, par ordre de date et de numéro. — Le numéro du permis devra être lisiblement indiqué au bas de chaque exemplaire de l'affiche, qui devra porter, en outre, son numéro d'ordre.

Art. 4. — Aucun exemplaire de l'affiche ne pourra être d'une dimension supérieure à celle pour laquelle le droit aura été payé.

Art. 5. — Les contraventions à l'art. 30 de la loi du 8 juill. 1852 et aux dispositions du présent règlement, seront constatées par des procès-verbaux rapportés, soit par les préposés de l'administration de l'enregistrement et des domaines, soit par les commissaires, gendarmes, gardes champêtres et tous les autres agents de la force publique.

Art. 6. — Il sera accordé, à titre d'indemnité, aux gendarmes, gardes champêtres et autres agents de la force publique qui auront constaté les contraventions, un quart des amendes payées par les contrevenants.

Art. 7. — Les poursuites seront faites à la requête du ministère public et portées devant le tribunal de police correctionnelle dans l'arrondissement duquel la contravention aura été commise.

Art. 8. — Les contraventions à l'art. 1, au dernier alinéa de l'art. 3, et à l'art. 4 du présent règlement, seront passibles des peines portées par l'art. 30 de la loi du 8 juill. 1852. — Il sera dû une amende pour chaque exemplaire d'affiche inscrit sans payement du droit ou d'une dimension supérieure à celle pour laquelle le droit aura été payé, et pour chaque exemplaire posé dans un emplacement autre que celui indiqué par la déclaration. — Dans tous les cas, les contrevenants devront rembourser les droits dont le trésor aura été frustré.

Art. 9. — Ces droits, amendes et frais seront recouvrés par l'administration de l'enregistrement et des domaines.

Art. 10. — Les individus qui auront fait inscrire des affiches sur les murs antérieurement au 1er août 1852 auront un délai de deux mois, à compter de la même époque, pour acquitter le droit d'affichage et se faire délivrer un permis, en se conformant aux dispositions du présent règlement. Ce délai expiré, l'administration aura la faculté de faire supprimer lesdites affiches.

LOUIS-NAPOLÉON.

Agriculture.

L'agriculture, sur laquelle repose l'avenir de l'Algérie, a dû être particulièrement encouragée par le gouvernement. On trouvera au § 2, dans le rapport qui accompagne la décision impériale du 19 mars 1859, l'exposé des mesures prises en 1853 pour propager la culture du coton. L'administration, en outre, achète chaque année, en Algérie, 5 millions de kilogrammes de tabacs, à un prix rémunérateur. Les documents reproduits aux articles *Colonisation, Douanes, Concessions, Propriété* complètent l'ensemble des dispositions relatives à cette matière.

§ 1. — CHAMBRES D'AGRICULTURE.

Un décret présidentiel du 6 oct. 1850 avait institué en Algérie des chambres consultatives d'agriculture. Des difficultés d'exécution les ayant empêchées de commencer leurs utiles travaux, un nouveau décret, reproduit ci-après, a été rendu le 22 avril 1855 et a abrogé le premier ; les importantes modifications apportées aux bases de l'institution ont eu pour principal objet de supprimer le principe électif, de restreindre les attributions des chambres et de réduire le nombre des membres qui les composent. Plusieurs autres dispositions de détail ont également été modifiées ou remplacées.

DI. — 22 avr.-7 juin 1853. — B. 408.

Vu le décret du 6 oct. 1850, portant organisation des chambres consultatives d'agriculture en Algérie ; — Considérant que le décret précité a présenté des difficultés sérieuses d'exécution, au point de vue du mode d'élection, et qu'il est urgent de les faire cesser.

Tit. 1. — *De la création des chambres consultatives d'agriculture.*

Art. 1. — Il est établi en Algérie des chambres consultatives d'agriculture.

Art. 2. — Il y aura par province une chambre consultative, qui siègera : — Pour le département et le territoire militaire de la province d'Alger, à Alger ; — Pour le département et le territoire militaire de la province d'Oran, à Oran ; — Pour le département et le territoire militaire de la province de Constantine, à Constantine.

Art. 3.— Le nombre des membres est fixé à 30 pour la province d'Alger, et à 20 pour chacune des provinces d'Oran et de Constantine.

Art. 4. — Le territoire civil et militaire de chaque province est divisé en circonscriptions pour la nomination des membres de la chambre consultative. — Les circonscriptions seront formées d'un certain nombre de communes, centres ou localités, d'après un tableau qui sera arrêté par notre ministre de la guerre.—Ce tableau fera connaître le nombre des membres à nommer par circonscription (V. l'arrêté suivant).

Art. 5. — Le gouverneur général désigne, dans chaque circonscription, pour faire partie de la chambre consultative, des agriculteurs notables, européens ou indigènes, ayant leur domicile ou des propriétés rurales dans la circonscription.

Art. 6. — Les membres des chambres consultatives sont nommés pour trois ans; ils peuvent toujours être renommés.

Art. 7.—En cas de vacance par décès, démission ou autre cause, il sera pourvu au remplacement avant l'époque fixée pour la session annuelle de la chambre d'agriculture.—Les membres qui manquent à deux sessions ordinaires consécutives, sans excuses reconnues légitimes par le gouverneur général, sont réputés démissionnaires et remplacés conformément à l'art. 5.

Art. 8.—Les chambres d'agriculture auront une session annuelle dont le gouverneur général fixera l'époque et la durée (1). Le programme de leurs travaux est préparé, dans chaque province, par le préfet du département, et arrêté par lui, de concert avec le général commandant la division.

Art. 9.—Ces chambres pourront, en outre, être convoquées en session extraordinaire par ordre du gouverneur général, pour donner leur avis sur des objets spécifiés à l'avance.

Art. 10.— Les chambres consultatives transmettent aux généraux commandant les divisions, et aux préfets des départements, les procès-verbaux de leurs séances, en les accompagnant d'un rapport spécial, si elles le jugent nécessaire. — Ces documents, centralisés par le gouverneur général, sont adressés au ministre de la guerre, avec ses observations.

Tit. 2. — *De la tenue des séances.*

Art. 11. — Chaque année, avant l'ouverture de la session ordinaire, le gouverneur général nomme

pour chacune des chambres consultatives d'agriculture : un président, un vice-président, un secrétaire, un vice-secrétaire. — La composition du bureau reste la même pour les sessions extraordinaires qui pourraient avoir lieu pendant le cours de l'année.

Art. 12. — Le préfet du département, et le général commandant la division, ou leur délégué, ont entrée aux séances. Ils sont entendus quand ils le demandent, et assistent aux délibérations.

Art. 13. — Les chambres consultatives se réunissent dans un local fourni gratuitement par l'administration ; — Leur budget est réglé par le gouverneur général ; les dépenses sont imputées sur les fonds du budget local et municipal.

Tit. 3. — *Attributions.*

Art. 14. — Les chambres consultatives d'agriculture présentent leurs vues sur les questions qui intéressent l'agriculture. — Leur avis peut être demandé sur les changements à opérer dans la législation en ce qui touche les intérêts agricoles, et notamment en ce qui concerne les contributions, les douanes, les octrois, la police et l'emploi des eaux. Elles peuvent aussi être consultées sur l'établissement, la suppression et le changement des foires et marchés, et sur la destination à donner aux subventions de l'État et du gouvernement.—Elles fournissent à l'administration les éléments de la statistique agricole de la province.

Art. 15. — En outre, elles peuvent faire, sous l'approbation du gouverneur général, les publications ayant pour but de propager en Algérie la connaissance des travaux, des découvertes, des essais et des perfectionnements tendant à l'amélioration des cultures.

Art. 16 —Toute chambre d'agriculture pourra être dissoute : en ce cas, il sera procédé, dans le délai de trois mois, à de nouvelles nominations.— La dissolution peut être prononcée par le ministre de la guerre, sur la proposition du préfet et du général commandant la division, et l'avis du gouverneur général.—En cas d'urgence, le préfet peut prononcer la clôture de la session : il en informe immédiatement le général commandant la division.

Art. 17.—Le décret du 6 oct. 1850 est rapporté.

AM. — 23 mai-20 sept. 1853. — B. 445. — *Circonscription et composition des chambres d'agriculture.*

Art. 1. — Les circonscriptions des arrondissements agricoles pour la nomination des membres consultatives d'agriculture comprenant les territoires civil et militaire de chaque subdivision, et le nombre des membres à attribuer à chacune d'elles, sont déterminés conformément au tableau ci-après :

Province d'Alger : Subdiv. d'Alger, 12 membres ; — De Blidah, 8 id.; — De Medeah, 3 id.; — De Milianah, 3 id.; — D'Orléansville, 3 id.; — D'Aumale, 1 id.; — Total : 30 membres.

Province d'Oran : Subdiv. d'Oran, 9 membres ; — De Mostaganem, 6 id.; — De Sidi-bet-Abbès, 1 id.; — De Mascara, 2 id.; — De Tlemcen, 2 id.; — Total : 20 membres.

Province de Constantine : Subdiv. de Constantine, 10 membres ; — De Bône, 7 id.; — De Batna, 1 id.; — De Sétif, 2 id.; — Total : 20 membres.

A. DE SAINT-ARNAUD.

Décis. M.—22 oct. 1859.—BM. 46.—*Modifications à l'arrêté du 22 avril 1853.*

M. le général (ou préfet), le décr. du 22 avril 1853, portant organisation des chambres consultatives d'agriculture en Algérie, avait placé dans les attributions du gouverneur général la nomination des membres de ces assemblées et la fixation de

---

(1) Cette session est habituellement ouverte dans la première quinzaine d'octobre et la durée en est fixée à dix jours.

l'époque et de la durée des sessions. D'autre part, bien que le § 2 de l'art. 8 du décret remit aux préfets le soin de dresser, de concert avec les généraux divisionnaires, le programme des travaux des chambres, l'usage s'était établi d'arrêter un programme unique pour les trois provinces, et c'était le gouverneur général qui le formulait chaque année.

Il est nécessaire aujourd'hui d'assurer, par des mesures nouvelles, la constitution et la réunion des chambres consultatives, et j'ai arrêté les dispositions suivantes, qui répondent à l'organisation administrative de l'Algérie, telle qu'elle a été fixée par le décret du 27 oct. 1858 (*Admin. gén.*, § 1).

La nomination des membres des chambres consultatives d'agriculture sera faite par le ministre de l'Algérie et des colonies, sur la double présentation des généraux divisionnaires et des préfets. Le ministre désignera également les membres des bureaux.—L'époque et la durée de la session annuelle des chambres seront fixées dans chaque province par le préfet du département, après concert avec le général commandant la division.—Il en sera de même, le cas échéant, pour les sessions extraordinaires.—Le programme des travaux des chambres consultatives sera arrêté de concert entre le département et le général commandant la division et le préfet. Cette mesure n'est que le retour aux dispositions de l'art. 8 du décret du 22 avril 1853. Un programme spécial répondra, d'ailleurs, mieux qu'un programme unique aux intérêts du régime agricole, qui peuvent, dans chaque province, soulever des questions différentes.

Je vous prie d'assurer l'exécution de ces dispositions, et de vous concerter sans retard avec M. le préfet du département (ou le général commandant la division) au sujet de l'ouverture de la session ordinaire de la province d.....—Il y a d'utiles et féconds résultats à attendre des travaux des chambres consultatives d'agriculture, et je désire que la plus entière latitude soit laissée aux délibérations de ces assemblées. On a interprété dans un sens trop restrictif le déc. du 22 avr. 1853, en pensant que les discussions ne devaient pas sortir des limites du programme de l'administration. J'estime, au contraire, que l'art. 11 du décret, en autorisant les chambres à présenter leurs vues sur les questions intéressant l'agriculture, leur a laissé à cet égard une certaine initiative.—Je suis persuadé, d'ailleurs, que le bon esprit des membres que vous désignerez à l'administration supérieure leur fera comprendre l'importance et le véritable caractère de la mission qui leur est confiée.—Pour ma part, je serai toujours disposé à prendre en très-sérieuse considération les vœux que les chambres consultatives d'agriculture de l'Algérie croiront devoir émettre.

Comte P. DE CHASSELOUP-LAUBAT.

§ 2. — CULTURES INDUSTRIELLES.—COTON, SOIE, COCHENILLE, OPIUM.

Décis. I.—19-24 mars 1859.—BM. 21.—*Culture du coton.—Achats par l'administration.*

Rapport à l'Empereur.—Sire, trois décrets, en date des 16 oct. 1855 et 19 août 1856, ont accordé, jusques et y compris 1858, les encouragements suivants à la culture du coton en Algérie :—1° Un prix annuel de 20,000 fr., fondé sur la cassette particulière de V. M., délivré au planteur ayant exécuté les meilleures cultures sur une surface déterminée ;—2° Divers prix, également annuels, attribués dans chaque province aux producteurs ayant le mieux cultivé des étendues proportionnées à l'importance des prix ;—3° Distribution gratuite aux cultivateurs des graines

nécessaires à leurs plantations ;—4° Primes distribuées à l'industrie de l'égrenage ;—5° Enfin achat par l'État des cotons récoltés, à des prix fixés d'avance, suivant l'espèce et la qualité des produits.

L'application de ces différentes mesures a, depuis 1854, produit des résultats dont il n'est pas possible de méconnaître l'importance. Ainsi, l'expérience a été concluante quant à l'aptitude du sol et du climat ; en outre, il a été maintes fois constaté que, comme qualité, les cotons de l'Algérie, très-recherchés par les filateurs, prendront une valeur au moins égale, sinon supérieure, aux produits similaires des États-Unis, lorsqu'ils auront perdu le défaut d'homogénéité qu'on leur reproche encore, ce qu'il est facile d'obtenir en apportant plus de soins dans le choix des graines et le triage des récoltes. La production cotonnière a d'ailleurs suivi constamment une progression significative : elle était de 507,000 kil. en 1854 ; en 1857 elle atteignait 780,000 kil., et les comptes rendus des autorités locales permettent de penser que la récolte de 1858 sera plus importante encore.

En présence de ces premiers succès, on s'est demandé s'il convenait d'abandonner à elle-même la culture du coton, ou si, au contraire, il fallait lui venir en aide pendant une nouvelle période, et, dans ce dernier cas, sous quelle forme les encouragements devraient être accordés.—Les chambres consultatives d'agriculture de la colonie et le jury central du prix impérial de 1857 estiment, d'un commun accord, que, si l'État veut recueillir le fruit de ses sacrifices passés, il est indispensable qu'il les continue pendant quelque temps en achetant les récoltes. Tel est aussi l'avis de la chambre de commerce du Havre et du conseil général de la province d'Oran, où la culture cotonnière a pris le plus de développement.—Le conseil du gouvernement de l'Algérie s'est prononcé dans le même sens.—La question est, en ce moment, soumise au conseil supérieur du ministère ; mais sa gravité réclame des études sérieuses qui ne peuvent être terminées avant quelque temps, et nous touchons au moment des plantations.—Il est donc urgent de prendre provisoirement un parti.

Le maintien du prix et des primes accordés par les décrets précités n'est pas considéré comme une mesure nécessaire ; la production comprend elle-même qu'elle doit renoncer à ces subventions spéciales, et je propose à l'Empereur de les supprimer ; mais ce qu'elle réclame avec de très-vives instances, c'est l'assurance d'un débouché certain et immédiat pour les produits récoltés ; c'est la continuation de l'achat de ces produits par l'État.—Sans doute, ce système n'est pas irréprochable, mais je verrais un danger réel à s'en départir brusquement, et je reste convaincu que, en l'abandonnant cette année, on ruinerait immédiatement une culture qui peut devenir une source précieuse de richesse pour la colonie, d'activité pour la production manufacturière de France et d'avantages pour la consommation. — En présence d'une éventualité aussi fâcheuse, je n'hésite pas à demander à V. M. de m'autoriser à acheter les cotons de la campagne de 1859, en me laissant le soin de ramener le prix d'achat à des bases propres à concilier à la fois les intérêts du trésor et l'opportunité de stimuler les efforts des producteurs.

Le ministre par intérim, ROUHER.
Approuvé. NAPOLÉON.

DI.—25 avril 1860.—BM. 81. — *Culture du coton. — Primes.*

Art. 1. — La production du coton en Algérie continuera à être encouragée, pendant douze an-

nées, à partir de l'année courante, jusqu'à la clô-
t:re des opérations relatives à la récolte de 1861,
fixée au 31 oct. de l'année suivante.—Cet encouragement, consistant en une prime décroissante,
ne sera accordé que pour des cotons d'origine
algérienne, égrenés, emballés et marqués suivant les usages du commerce, reconnus de qualité marchande, propres à être employés dans les
filatures et expédiés par le producteur ou ses
ayants cause en France ou à l'étranger.

Art. 2. — Un arrêté ministériel déterminera,
chaque année, avant l'époque des plantations, le
tarif de la prime et les formalités à remplir pour
en obtenir le payement.

Art. 3. — Tous les ans, il nous sera rendu
compte des résultats de la culture et des dépenses
supportées par l'État.

AM. — 30 juin 1860. — BM. 84. — *Règlement
d'exécution du décret précédent pour la campagne de 1860.*

21 sept. 1856.—*Production de la soie.*—*Convention entre le ministre de la guerre et le sieur
Reidon pour l'achat et la filature des cocons
provenant de la récolte des soies de la province d'Alger. — Prix d'achat aux producteurs déterminé chaque année par une commission spéciale. — Durée de la convention
fixée à quinze années (Moniteur Algérien du
.15 oct. 1856, n° 1506).*

Décis. M.—27 déc. 1858-21 janv. 1859. — BM.
15. — *Production de la cochenille et de l'o-
pium.*

En vue d'encourager l'introduction en Algérie
de diverses cultures industrielles, l'administration
a pris jusqu'ici l'habitude d'acheter aux colons
leurs produits à des prix supérieurs à ceux du
commerce. Ce mode d'encouragement me paraît
pouvoir être retiré sans inconvénients aux cultures expérimentales depuis longtemps, et dont les
produits, appréciés en France, peuvent y rencontrer un placement certain et avantageux. Le système de l'achat administratif est d'ailleurs trop
contraire à tous les principes d'économie politique,
pour que j'hésite à en restreindre dès à présent
l'application, en attendant qu'il soit possible de le
supprimer complètement. — Par ces considérations,
je décide que, à partir du 1ᵉʳ janv. prochain, l'administration cessera complétement ses achats directs de cochenille et d'opium. Veuillez bien porter
cette disposition à la connaissance des planteurs,
en les informant qu'ils trouveront facilement à
écouler ces produits, le premier à Marseille, où
il est l'objet d'un commerce très-actif, le second à
Paris, où la pharmacie en emploie de grandes
quantités.

Quant à l'industrie séricicole, je suis obligé de
respecter le traité passé avec la société *Chazel et
Reidon* pour le filage des soies à Alger. Mais, en
dehors de cet encouragement spécial, que je ne
renouvellerai pas, elle cessera également d'être
subventionnée par l'État, soit sous la forme d'a-
chats, soit de toute autre façon dans les autres
localités.   NAPOLÉON (Jérôme).

§ 5. — EXPOSITIONS AGRICOLES. — CONCOURS
POUR LES BESTIAUX.

Un premier arrêté du 8 juill. 1848, B. 281,
avait institué une exposition annuelle, à Alger,
de tous les types de la production animale et végétale obtenue par les Européens en Algérie. Cet
exemple fut suivi par les provinces, et, à partir de
1849 elles eurent également leurs expositions dont
les programmes étaient approuvés par le ministre
et publiés par les préfets. L'arrêté du 9 juin 1854

et les suivants ont modifié et réglementé ce
usage.

AM. — 9 juin-15 juill. 1854. — B. 462. — *Règlement concernant l'exposition agricole de
1854.*

Art. 1. — L'exposition publique et le concours
des produits de l'agriculture et des différentes industries agricoles, dont le programme a été arrêté
par décision ministérielle du 26 déc. 1853, aura
lieu en 1854, dans chaque province, au chef-lieu
du département, sous la direction du préfet, qui
s'entendra à cet effet avec le général commandant
la division.

Ar. 2. — Les Européens et les indigènes résidant en territoire civil ou en territoire militaire
seront indistinctement admis au concours.

Art. 3.—Des jurys spéciaux seront institués par
le gouverneur général de l'Algérie, dans chacune
des trois provinces. — Chaque jury sera composé
comme suit : — Un conseiller de préfecture, président ; — un officier du bureau arabe ; — un inspecteur de colonisation ; — un directeur de pépinière ; — un vétérinaire ; — quatre membres pris en
totalité ou en partie dans la chambre consultative
d'agriculture de la province, et présentés, moitié
par le général commandant la division, moitié par
le préfet du département. — Le secrétaire sera élu
par les membres du jury.

Art. 4. — Les prix et les médailles seront décernés d'après la décision du jury, constatée dans
un rapport écrit. — Le jugement sera prononcé à
la majorité des voix. — En cas de partage, la voix
du président sera prépondérante. — La présence
de cinq membres sera nécessaire pour délibérer.

Art. 5. — Le jury aura le droit d'éliminer et
d'exclure de l'exposition les produits qui lui paraîtront nuisibles ou incompatibles avec le but de
l'exposition, et ceux qui auraient été envoyés au
delà des exigences et des convenances de l'exposition.

Art. 6. — La police du concours appartiendra
exclusivement à un commissaire général, membre
du jury, désigné par le gouverneur général de
l'Algérie. — Des commissaires désignés par le
préfet du département seront placés sous sa direction pour recevoir, classer et surveiller les animaux et les produits exposés, enregistrer les déclarations des exposants, assister le jury dans ses
travaux, veiller en un mot à la bonne et prompte
exécution des opérations. — Des agents seront en
outre placés sous les ordres du commissaire général. — Aucune personne ne pourra être admise
dans l'enceinte du concours pendant les opérations
du jury.

Art. 7. — Indépendamment du jury, une commission locale pourra être instituée dans chaque
subdivision, de concert entre le général commandant la division et le préfet du département, pour
vérifier l'état des plantations et des travaux agricoles admis au concours. Ces commissions seront
présidées par un membre du jury.

Art. 8. — Les membres du jury et des commissions locales, ainsi que les directeurs des pépinières, du gouvernement, auront le droit d'exposer
leurs produits, mais ils ne seront pas admis à concourir pour l'obtention des primes et des médailles
accordées par le programme. Ils pourront néanmoins obtenir, s'il y a lieu, une mention honorable
dans le compte rendu de l'exposition.

Art. 9. — Le concours durera huit jours, et il
sera ouvert du 22 au 30 sept., dans la province
d'Alger ; — du 5 au 15 oct., dans les provinces
d'Oran et de Constantine.

Art. 10. — Tous les instruments et produits devront être rendus au chef-lieu du département
sur le lieu de l'exposition, le jour de l'ouverture

du concours. Ils seront reçus ledit jour, de huit heures du matin à deux heures du soir. — Les animaux devront être amenés le lendemain de l'ouverture du concours. Ils seront reçus de huit heures du matin à deux heures du soir. — Après ces heures, aucun objet et aucun animal ne pourra être reçu. — Les prix seront proclamés le dernier jour de l'exposition.

Art. 11. — L'individualité des exposants et la justification de la provenance les produits seront constatées par un certificat émanant de l'autorité du lieu de la résidence de l'exposant, ou d'un inspecteur de colonisation.

Art. 12. — Les exposants qui auront obtenu des primes pour des graines ou semences quelconques seront tenus de laisser, à la disposition de l'administration, une partie de ces graines ou semences, pour être envoyée à l'exposition permanente du ministère de la guerre.

Art. 13. — Dans chaque province, les exposants devront adresser au préfet du département, dix jours avant l'ouverture du concours, une déclaration écrite.

Pour les animaux, la déclaration contiendra leur origine, leur race et leur âge, la durée de possession, conformément au modèle A, annexé au présent arrêté. — Pour les instruments, elle indiquera : — 1° La désignation, l'usage et le prix de vente ou de fabrication courante ; — 2° Le nom et la résidence de l'exposant ; — 3° Si celui-ci a inventé, importé ou perfectionné, ou enfin s'il a exécuté ou fait exécuter, sur des données antérieurement connues, l'instrument exposé ; — 4° S'il y a lieu, le nom et la résidence de l'ouvrier exécutant. (V. modèle B.)

Pour les produits agricoles, la déclaration portera leur nature, leur provenance et leur valeur vénale, conformément au modèle C.

Ces diverses déclarations seront adressées au secrétariat général des préfectures, aux époques suivantes : — A la préfecture d'Alger, jusqu'au 15 sept., au soir ; — Aux préfectures d'Oran et de Constantine, jusqu'au 26 sept., au soir. — Le lendemain desdits jours, le procès-verbal d'inscription sera clos, et aucun animal, instrument ou produit non inscrit ne pourra être admis au concours.

Art. 14. — Les exposants d'instruments, machines ou appareils seront tenus, sur la demande du jury, de les faire fonctionner autant que besoin sera. — Ils devront fournir tout ce qui sera nécessaire pour les expériences, et indiquer, sur chacun de leurs produits, le prix de vente.

Art. 15. — Les personnes qui voudront concourir pour les plantations d'arbres, les irrigations, les meilleures méthodes d'exploitation ou la construction des silos, devront en faire la déclaration par écrit, avant le 15 juill., au général commandant la division ou au préfet du département, selon que leurs propriétés seront situées en territoire militaire ou en territoire civil. Les maires des communes adresseront, à la même époque, leurs propositions en faveur des gens à gages qui leur sembleraient avoir des droits à la récompense accordée par le programme.

Art. 16. — Les cultures non annuelles, ainsi que les exploitations ou travaux quelconques déjà primés dans une précédente exposition, ne pourront plus concourir que pour une mention honorable.

Art. 17. — Les animaux primés dans un précédent concours général ne pourront concourir de nouveau que pour les prix d'un degré supérieur à celui qu'ils auront précédemment obtenu. — Dans le cas où ils seraient désignés pour un prix d'un degré égal à celui qui leur aurait été antérieurement décerné, ils n'auront droit qu'au rappel de leur prix, sans médaille. S'ils ne sont désignés que pour un prix inférieur, ils ne doivent point

être mentionnés. Afin de pouvoir être ultérieurement reconnus, les animaux primés devront être marqués.

Art. 18. — Un propriétaire ne pourra recevoir qu'un seul prix dans chaque catégorie et pour chaque sexe, mais il est autorisé à présenter autant d'animaux qu'il voudra dans chacune des catégories.

Art. 19. — Dans le cas où le jury estimerait que plusieurs animaux, appartenant au même propriétaire, auraient mérité des prix dans la même catégorie, il ne pourra, comme il a été dit plus haut, que décerner un prix à ce propriétaire; mais il sera libre de lui accorder une ou plusieurs mentions honorables.

Art. 20. — En ce qui concerne spécialement les produits qui ne peuvent, à raison des nécessités de leurs cultures, figurer à l'exposition générale, il sera fait des expositions particulières, dont les époques seront ultérieurement fixées par des arrêtés spéciaux du gouverneur général de l'Algérie.

Art. 21. — Toutes contraventions aux dispositions du présent arrêté seront jugées par le jury.

Art. 22. — Après la proclamation des prix, le procès-verbal des différentes opérations du concours et les rapports présentés par chaque jury, seront immédiatement transmis au gouverneur général par les préfets des départements, pour être adressés au ministre de la guerre.   VAILLANT.

AG. — 22 août-8 sept. 1856. — **B.** 499. — *Le concours agricole qui avait lieu annuellement à Alger pour toute la province, sera remplacé en 1856 par un concours exclusivement destiné aux animaux.*

AG. — 23 sept. 1856. — *Même décision pour la province de Constantine.*

AM. — 15 sept.-8 nov. 1856. — **B.** 501. — *Règlement sur les expositions agricoles à partir de 1857.*

Considérant que, dans le but de créer une utile émulation entre les agriculteurs des diverses parties de l'Algérie, il convient de substituer aux expositions agricoles qui ont lieu simultanément dans les trois provinces, une exposition générale, ouverte alternativement dans chacune de ces provinces :

Art. 1er. — A dater de l'année 1857, il y aura tous les ans, en Algérie, une exposition générale des produits de l'agriculture et des différentes industries agricoles.

Art. 2. — L'exposition agricole sera ouverte successivement au chef-lieu de chacune des provinces d'Alger, d'Oran et de Constantine, à l'époque qui sera déterminée par arrêté du gouverneur général. — Les Européens et les indigènes des trois provinces résidant en territoire civil ou en territoire militaire seront indistinctement admis à cette exposition.

Art. 3. — Les produits agricoles des trois provinces concourront pour l'obtention des primes et des médailles. — Les cultivateurs de la province dans laquelle l'exposition générale aura lieu, seront seuls admis à concourir pour les prix accordés aux plus belles plantations d'arbres et aux primes diverses qui seraient attribuées dans le programme aux irrigations, aux exploitations agricoles et aux autres objets du concours dont l'examen ne peut avoir lieu que sur place.

Art. 4. — Il y aura annuellement, dans chaque province, une exposition publique et un concours des produits appartenant aux races chevalines, bovines, ovines et autres, s'il y a lieu. — Les agriculteurs de la province seront seuls appelés à ce concours, qui aura successivement lieu dans les localités qui auront été désignées conformément aux dispositions de l'art. 8.

Art. 5. — Les prix et les médailles seront décernés d'après la décision d'un jury spécial institué par le gouverneur général, dans chacune des trois provinces, et qui sera composé comme il suit : — 1 conseiller de préfecture, président ; — 1 officier de bureau arabe ; — 1 inspecteur de colonisation ; — 1 directeur de pépinière ; — 1 vétérinaire ; — 4 membres pris en totalité, ou en partie dans la chambre consultative d'agriculture de la province, et présentés, moitié par le général commandant la division, moitié par le préfet du département. — Le secrétaire sera élu par les membres du jury.

Art. 6. — Les produits agricoles et instruments aratoires expédiés par la voie de mer seront transportés aux frais de l'État, mais aux risques et périls de l'exposant, jusqu'au chef-lieu du département dans lequel l'exposition générale doit avoir lieu. — Seront seuls admis à jouir de cette faveur les produits qui auront été acceptés par une commission spéciale nommée par le préfet de chaque département. Les frais de transport jusqu'au lieu d'embarquement seront à la charge des exposants.

Art. 7.—Le jury aura le droit d'éliminer ou d'exclure de l'exposition les produits qui lui paraîtraient nuisibles ou incompatibles avec le but de l'exposition.

Art. 8. — Les chambres d'agriculture des trois provinces seront annuellement consultées sur les modifications à apporter au programme des expositions agricoles, ainsi que sur le mode de répartition des primes et le choix de la localité du leur ressort, dans laquelle aura lieu le concours annuel pour les bestiaux.

Art. 9. — Sur la proposition du gouverneur général, le conseil du gouvernement entendu, un arrêté ministériel déterminera chaque année le nombre de prix et la valeur des primes à accorder pour l'exposition générale agricole de l'Algérie, et le concours spécial des bestiaux dans chacune des provinces.

Art. 10. — Dans le cours de la présente année, il n'y aura point d'expositions agricoles en Algérie : le concours pour les bestiaux sera seul maintenu. — Ce concours aura lieu pour chaque province dans la localité qui aura été désignée par le gouverneur général, sur la proposition des généraux commandant les divisions et les préfets des départements. VAILLANT.

AM. — 20 mai-16 juin 1857. — B. 509. — *Dispositions relatives à l'exposition agricole qui doit avoir lieu à Alger, et au concours pour les bestiaux ouvert dans les trois provinces. pour l'année 1857.*

AM. — 30 avr.-16 juill. 1858. — B. 522.—*Idem. — Exposition agricole à Oran en 1858, et concours pour les bestiaux (1).*

Amnistie.

DP. — 28 mars-8 mai 1852. — B. 411. — *Amnistie à tous les marins des navires de commerce qui sont en état de désertion.*

DP. — 14 août-20 nov. 1852. — B. 431. — *Amnistie pour tous délits ou contraventions relatifs aux lois sur les forêts, la pêche, la chasse, la police de roulage et la grande voirie. — Remise des amendes prononcées.*

_____

(1) L'exposition agricole aurait dû avoir lieu en 1859 à Constantine. Sur le vœu exprimé par le conseil général du département, cette mesure a été suspendue et les conseils généraux des autres provinces doivent être consultés sur l'opportunité de maintenir les expositions générales.

DI. — 2 déc. 1852-15 févr. 1853. — B. 431. — *Amnistie pour tous délits et contraventions relatifs à la presse périodique ; à la police de l'imprimerie ; à la garde nationale ou milice algérienne ; aux décrets des 9 janv. 1852 sur la pêche maritime côtière, 19 mars 1852 sur le rôle d'équipage et les indications des navires de commerce, 20 mars 1852 sur la navigation au bornage, 24 mars 1852 sur la discipline dans la marine marchande ; aux lois sur la grande voirie et la police du roulage.*

DI. — 10 mai-7 juin 1856. — B. 495. — *Amnistie à l'occasion du baptême du prince impérial pour tous délits et contraventions en matière de chasse ; douanes ; contributions indirectes ; forêts ; pêche ; garantie des matières d'or et d'argent ; grande voirie ; police de roulage ; police d'inscription, navigation et pêches maritimes.*

DI. — 12 juin-8 juill. 1856. — B. 497. — *Amnistie pour tous délits et contraventions en matière de police d'inscription, navigation et pêches maritimes.*

DI. — 16 août-20 sept. 1859. — BM. 57. — *Amnistie générale en matière politique et de presse périodique (V. Presse. — Transportés).*

Animaux.

DIVISION.

§ 1. — Animaux domestiques.
§ 2. — Animaux errants.
§ 3. — Animaux féroces ou nuisibles.

§ 1. — ANIMAUX DOMESTIQUES.

AG. — 2-6 août 1850. — B. 357. — *Promulgation de la loi du 2 juill. 1850 (dite loi Grammont).*

Art. unique. — Seront punis d'une amende de 5 à 15 fr., et pourront l'être d'un à cinq jours de prison, ceux qui auront exercé publiquement et abusivement de mauvais traitements envers les animaux domestiques. — La peine de la prison sera toujours appliquée en cas de récidive. — L'art. 463 c. pén. sera toujours applicable.

Vu pour être promulgué en Algérie,
Le gouverneur général, CHARON.

§ 2. — ANIMAUX ERRANTS.

En ce qui concerne les animaux errants en général, V. Fourrière. — Des arrêtés locaux sont pris actuellement dans chaque ville, en ce qui concerne la divagation des chiens, et les autres mesures de police municipale.

§ 3. — ANIMAUX FÉROCES OU NUISIBLES.

Circ. G. n° 15. — 22 mars-9 avr. 1844. — B. 175. — *Primes pour la destruction des lions, etc.*

Dans les dernières courses que j'ai faites pour visiter les routes en construction et le sud de la province de Milianah, nous avons entendu, presque toutes les nuits, des familles arabes crier, tirer des coups de fusil pour éloigner de leurs douars les lions, les panthères et les hyènes. D'un autre côté, j'ai appris que ces bêtes détruisaient chaque jour, sur un point ou sur un autre, des bœufs, des chevaux, des moutons et des chameaux : ainsi se trouvent gravement affectés le repos et les intérêts des populations.

Nos devoirs envers les Arabes que nous gouvernons, la nécessité de multiplier les troupeaux pour assurer à bon marché les approvisionne-

de l'armée et de la population européenne; nous commandent d'exciter les Arabes à la destruction des animaux malfaisants. — En conséquence, j'ai décidé qu'il serait accordé des primes proportionnées à la puissance destructive de chaque bête féroce qui sera présentée morte ou vivante à l'autorité. Ces primes seront graduées comme suit : (Ce tarif a été modifié et remplacé par l'arrêté suivant du 13 oct. 1852). Maréchal Bugeaud.

AC. — 10 juin-1er juill. 1847. — B. 257. — *Mode de payement des primes.*

Vu la circulaire du 22 mars 1844; — Vu la dépêche minist. du 26 mai 1847;

Art. 1. — A l'avenir, les primes à accorder pour destruction des animaux nuisibles, payées jusqu'à ce jour, par exception, sur les fonds secrets, dans l'étendue des territoires mixtes et arabes, seront imputées, ainsi que cela se pratique déjà dans les territoires civils, sur les crédits spécialement ouverts à cet effet au budget local et municipal.

Art. 2. — Les dépenses de l'espèce seront justifiées conformément aux règles sur la comptabilité publique en Algérie. De Bar.

AM. — 13 oct.-15 déc. 1852. — B. 426. — *Modification des primes.*

Art. 1. — La décision du gouverneur général, en date du 22 mars 1844, qui détermine le chiffre des primes accordées pour la destruction des animaux féroces ou malfaisants est modifiée ainsi qu'il suit :

Pour un lion ou une lionne. 40 fr. ; pour un lionceau de un à six mois, 15 fr. ; pour une panthère, 40 fr. ; pour de jeunes panthères de un à six mois, 15 fr. ; pour une hyène, 5 fr. ; pour de jeunes hyènes de un à six mois, 1 fr. 50 c. ; pour les chacals de tout âge, 1 fr. 50 c.

Art. 2. — La destruction des animaux sera constatée par un procès-verbal dressé, sur papier libre, par le maire ou le fonctionnaire en tenant lieu. — Ce procès-verbal sera présenté, avec les animaux détruits, au sous-préfet ou au commissaire civil. Ce dernier transmettra, avec son avis, le procès-verbal au fonctionnaire chargé de mandater la prime. — En territoire militaire, cette formalité sera remplie par le commandant du cercle. — Les mandats seront envoyés aux parties prenantes, par l'intermédiaire des maires ou des fonctionnaires en tenant lieu. — Les animaux détruits resteront la propriété du chasseur.

A. DE SAINT-ARNAUD.

Apprentissage (contrat d').

DP. — 17 mars-18 avr. 1851. — B. 381. — *Loi des 22 janv., 3 et 22 fév. 1851. — Promulgation.*

Art. 1. — La loi des 22 janv., 3 et 22 fév. derniers, relative aux contrats d'apprentissage, sera promulguée en Algérie.

TIT 1. — *Du contrat d'apprentissage.*

SECT. 1. — *De la nature et de la forme du contrat.*

Art. 1. — Le contrat d'apprentissage est celui par lequel un fabricant, un chef d'atelier ou un ouvrier s'oblige à enseigner la pratique de sa profession à une autre personne qui s'oblige, en retour, à travailler pour lui, le tout à des conditions et pendant un temps convenus.

Art. 2. — Le contrat d'apprentissage est fait par acte public ou par acte sous seing privé. — Il peut aussi être fait verbalement; mais la preuve testimoniale n'en est reçue que conformément au titre du c. nap., des contrats ou des obligations

conventionnelles en général. — Les notaires, les secrétaires des conseils de prud'hommes et les greffiers des justices de paix peuvent recevoir l'acte d'apprentissage. — Cet acte est soumis pour l'enregistrement au droit fixe de 1 fr., lors même qu'il contiendrait des obligations de sommes ou valeurs mobilières, ou des quittances. — Les honoraires dus aux officiers publics sont fixés à 2 fr.

Art. 3. — L'acte d'apprentissage contiendra : — 1° Les nom, prénoms, âge, profession et domicile du maître; — 2° Les nom, prénoms, âge et domicile de l'apprenti; — 3° Les nom, prénoms, professions et domicile de ses père et mère, de son tuteur ou de la personne autorisée par les parents, et, à leur défaut, par le juge de paix; — 4° La date et la durée du contrat; — 5° Les conditions de logement, de nourriture, de prix et toutes autres entre les parties. — Il devra être signé par le maître et par les représentants de l'apprenti.

SECT. 2. — *Des conditions du contrat.*

Art. 4. — Nul ne peut recevoir des apprentis mineurs, s'il n'est âgé de vingt et un ans au moins.

Art. 5. — Aucun maître, s'il est célibataire ou en état de veuvage, ne peut loger, comme apprenties, de jeunes filles mineures.

Art. 6. — Sont incapables de recevoir des apprentis : les individus qui ont subi une condamnation pour crime; ceux qui ont été condamnés pour attentat aux mœurs; ceux qui ont été condamnés à plus de trois mois d'emprisonnement pour les délits prévus par les art. 388, 401, 403, 406, 407, 408 et 423 c. pén.

Art. 7. — L'incapacité résultant de l'art. 6 pourra être levée par le préfet, sur l'avis du maire, quand le condamné, après l'expiration de sa peine, aura résidé pendant trois ans dans la même commune. — A Paris, les incapacités seront levées par le préfet de police.

SECT. 3. — *Devoirs des maîtres et des apprentis.*

Art. 8. — Le maître doit se conduire envers l'apprenti en bon père de famille, surveiller sa conduite et ses mœurs, soit dans la maison, soit au dehors, et avertir ses parents ou leurs représentants des fautes graves qu'il pourrait commettre ou des penchants vicieux qu'il pourrait manifester. — Il doit aussi les prévenir, sans retard, en cas de maladie, d'absence, ou de tout fait de nature à motiver leur intervention. — Il n'emploiera l'apprenti, sauf conventions contraires, qu'aux travaux et services qui se rattachent à l'exercice de sa profession. Il ne l'emploiera jamais à ceux qui seraient insalubres ou au-dessus de ses forces.

Art. 9. — La durée du travail effectif des apprentis âgés de moins de 14 ans ne pourra dépasser dix heures par jour. — Pour les apprentis âgés de 14 à 16 ans, elle ne pourra dépasser douze heures. — Aucun travail de nuit ne peut être imposé aux apprentis âgés de moins de 16 ans.

Est considéré comme travail de nuit tout travail fait entre neuf heures du soir et cinq heures du matin. — Les dimanches et jours de fêtes reconnues ou légales, les apprentis, dans aucun cas, ne peuvent être tenus, vis-à-vis de leur maître, à aucun travail de leur profession. — Dans le cas où l'apprenti serait obligé, par suite des conventions ou conformément à l'usage, de ranger l'atelier aux jours ci-dessus marqués, ce travail ne pourra se prolonger au delà de dix heures du matin.

Il ne pourra être dérogé aux dispositions contenues dans les trois premiers paragraphes du présent article que par un arrêté rendu par le préfet, sur l'avis du maire.

Art. 10. — Si l'apprenti âgé de moins de 16 ans ne sait pas lire, écrire et compter, ou s'il n'a pas encore terminé sa première éducation religieuse, le maître est tenu de lui laisser prendre, sur la journée du travail, le temps et la liberté nécessaires pour son instruction. — Néanmoins ce temps ne pourra pas excéder deux heures par jour.

Art. 11. — L'apprenti doit à son maître fidélité, obéissance et respect; il doit l'aider, par son travail, dans la mesure de son aptitude et de ses forces. — Il est tenu de remplacer, à la fin de l'apprentissage, le temps qu'il n'a pu employer par suite de maladie ou d'absence ayant duré plus de quinze jours.

Art. 12. — Le maître doit enseigner à l'apprenti, progressivement et complètement, l'art, le métier ou la profession spéciale qui fait l'objet du contrat. — Il lui délivrera, à la fin de l'apprentissage, un congé d'acquit, ou certificat constatant l'exécution du contrat.

Art. 13. — Tout fabricant, chef d'atelier ou ouvrier, convaincu d'avoir détourné un apprenti de chez son maître, pour l'employer en qualité d'apprenti ou d'ouvrier, pourra être passible de tout ou partie de l'indemnité à prononcer au profit du maître abandonné.

SECT. 4. — De la résolution du contrat.

Art. 14. — Les deux premiers mois de l'apprentissage sont considérés comme un temps d'essai pendant lequel le contrat peut être annulé par la seule volonté de l'une des parties. Dans ce cas, aucune indemnité ne sera allouée à l'une ou à l'autre partie, à moins de conventions expresses.

Art. 15. — Le contrat d'apprentissage sera résolu de plein droit: 1° par la mort du maître ou de l'apprenti; — 2° Si l'apprenti ou le maître est appelé au service militaire; — 3° Si le maître ou l'apprenti vient à être frappé d'une des condamnations prévues en l'art. 6 de la présente loi; — 4° Pour les filles mineures, dans le cas de décès de l'épouse du maître, ou de toute autre femme de la famille qui dirigeait la maison à l'époque du contrat.

Art. 16. — Le contrat peut être résolu sur la demande des parties ou de l'une d'elles: 1° dans le cas où l'une des parties manquerait aux stipulations du contrat; — 2° Pour cause d'infraction grave ou habituelle aux prescriptions de la présente loi; — 3° Dans le cas d'inconduite habituelle de la part de l'apprenti; — 4° Si le maître transporte sa résidence dans une autre commune que celle qu'il habitait lors de la convention. — Néanmoins, la demande en résolution de contrat fondée sur ce motif ne sera recevable que pendant trois mois, à compter du jour où le maître aura changé de résidence. — 5° Si le maître ou l'apprenti encourait une condamnation emportant un emprisonnement de plus d'un mois; — 6° Dans le cas où l'apprenti viendrait à contracter mariage.

Art. 17. — Si le temps convenu pour la durée de l'apprentissage dépasse le maximum de la durée consacrée par les usages locaux, ce temps peut être réduit ou le contrat résolu.

TIT. 2. — De la compétence.

Art. 18. — Toute demande à fin d'exécution ou de résolution de contrat sera jugée par le conseil des prud'hommes dont le maître est justiciable, et, à défaut, par le juge de paix du canton. — Les réclamations qui pourraient être dirigées contre les tiers, en vertu de l'art. 13 de la présente loi, seront portées devant le conseil des prud'hommes ou devant le juge de paix du lieu de leur domicile.

Art. 19. — Dans les divers cas de résolution prévus en la sect. 4 du tit. 1, les indemnités ou les restitutions qui pourraient être dues à l'une ou à l'autre des parties seront, à défaut de stipulations expresses, réglées par le conseil des prud'hommes, ou par le juge de paix dans les cantons qui ne ressortissent point à la juridiction d'un conseil de prud'hommes.

Art. 20. — Toute contravention aux art. 4, 5, 6, 9 et 10 de la présente loi sera poursuivie devant le tribunal de police et punie d'une amende de 5 à 10 fr. Pour les contraventions aux art. 4, 5 et 10, le tribunal de police pourra, dans le cas de récidive, prononcer, outre l'amende, un emprisonnement d'un à cinq jours. — En cas de récidive, la contravention à l'art. 6 sera poursuivie devant les tribunaux correctionnels et punie d'un emprisonnement de quinze jours à trois mois, sans préjudice d'une amende qui pourra s'élever de 50 à 500 fr.

Art. 21. — Les dispositions de l'art. 463 c. pén. sont applicables aux faits prévus par la présente loi.

Art. 22. — Sont abrogés les art. 9, 10 et 11 de la loi du 22 germ. an XI.

Armée.

L'armée d'Afrique se compose de régiments de toutes armes qui sont envoyés de France, et relevés par d'autres après cinq ou six années de séjour; et en outre de corps spéciaux créés dans le pays et qui n'en sont éloignés que momentanément, et pour prendre part aux glorieuses campagnes des troupes françaises en Europe.

L'effectif de l'armée d'expédition de 1830 était de 36,000 hommes. La Révolution de Juillet et les événements qui suivirent, engagèrent le gouvernement à retirer en France une partie de ces troupes, de sorte qu'au 1er janvier 1831 et après que le maréchal Clauzel eût mis une garnison dans Medeah, l'effectif n'était plus que de 17,000 hommes; il fallait nécessairement augmenter ces forces, et constituer un système de défense pour la conservation du territoire conquis. Aussi dans le courant de 1831, furent créés une direction d'artillerie, une direction des fortifications, un corps d'artillerie garde-côtes, des gendarmes maures pour la sécurité de la ville, un corps de chasseurs algériens, une milice à cheval sous le nom de spahis, deux régiments de chasseurs d'Afrique.

Plus tard on organisa dans les villes et territoires successivement occupés, des escadrons de gendarmes maures, de spahis réguliers et irréguliers, des bataillons de zouaves et de tirailleurs indigènes qui ont été ensuite convertis en régiments. Enfin on institua auprès des chefs indigènes reconnus par l'autorité française et auxquels étaient délégués, dans certaines localités, le commandement et l'administration du pays arabe, des maghzens, cavalerie indigène auxiliaire, et une force militaire composée de cavalerie et d'infanterie, sous la dénomination générale de Khiëla et d'Askar, astreinte à un service permanent, et destinée à donner appui à l'autorité de ces chefs, à assurer la police du pays, la rentrée de l'impôt, et à leur fournir le moyen de prêter en tout temps le concours qui pourrait leur être demandé.

Les corps spéciaux à l'Algérie se composent actuellement, pour la cavalerie: de trois régiments de chasseurs d'Afrique et de trois régiments de spahis; pour l'infanterie: de trois régiments de zouaves, trois régiments de tirailleurs algériens, deux régiments légion étrangère; enfin d'une légion de gendarmerie.

Le texte de toutes les ordonnances et décisions concernant l'armée étant publié au *Journal militaire* ainsi qu'au *Moniteur de l'armée*, il est inutile de le reproduire et on a seulement inséré ci-après quelques mesures d'intérêt général spéciales à l'Algérie, que l'on complétera d'ailleurs au moyen des renvois indiqués à la table.

AG. — 11 fév.-5 mars 1844.—B. 170. — *Prime pour arrestation de déserteurs.*

Vu le décr. du 14 janv. 1811, relatif à la gratification à payer à ceux qui arrêtent un déserteur (*Bulletin des Lois*, 1er semestre, p. 41); — Vu la note ministérielle du 28 oct. 1831, insérée au *Journal militaire*, 2e semestre 1831, p. 252, relative au payement de ladite gratification; — Vu le règlement sur la comptabilité publique en date du 1er déc. 1838 et la nomenclature des pièces à produire aux payeurs à l'appui des mandats de payement : —Considérant qu'il est urgent de faire payer, sans aucun retard, aux Arabes qui ramèneront des déserteurs de l'armée la gratification de 25 fr. accordée par le décret précité pour l'arrestation de chaque déserteur.

Art. 1. — La gratification de 25 fr. accordée pour l'arrestation de chaque déserteur sera payée sans aucun retard à tout Arabe capteur, dans le lieu même où il aura remis, au chef de la gendarmerie, le déserteur arrêté et ramené par lui.

Art. 2. — Le chef de la gendarmerie à qui un Arabe aura remis un déserteur, constatera sur-le-champ, par un procès-verbal, l'arrestation et la remise de ce déserteur.

Art. 3.—Il dressera immédiatement l'état nominatif des déserteurs arrêtés et le fera certifier par l'autorité civile dans les lieux où elle existe.

Art. 4. — Dans les localités où l'autorité civile n'existe pas, l'état nominatif sera certifié par le commandant supérieur ou par son suppléant en cas d'absence ou d'empêchement.

Art. 5.—Copie certifiée du procès-verbal d'arrestation et copie de l'état nominatif prescrit par l'art. 3. ci-dessus, seront remises au sous-intendant militaire de la localité, dans la journée même de leur rédaction. Sur le vu desdites pièces, le sous-intendant militaire délivrera immédiatement le mandat de payement de la gratification que le payeur devra acquitter sur-le-champ. La quittance des capteurs qui ne sont ni militaires ni agents civils, doit être timbrée aux frais de celui qui reçoit. Maréchal BUGEAUD.

AG. — 22 mai 1847. — B. 255. — *Position des militaires libérés du service.*

Considérant que les formalités auxquelles sont astreints les militaires libérés du service qui se fixent en Algérie, ne sont pas suffisamment connues et que les mêmes règles ne sont pas suivies dans toutes les localités ;

Art. 1. — Les militaires libérés du service qui veulent rester en Algérie conservent, pendant deux ans, à dater du jour de leur libération, leur droit au passage gratuit sur les bâtiments de l'État et à l'indemnité de route pour se rendre dans leurs foyers, ainsi qu'il a été réglé par décision ministérielle du 10 oct. 1832.—Ils reçoivent des permis de séjour, pour la province d'Alger, de l'état-major général, et pour les provinces d'Oran et de Constantine, de l'état-major de la division. Ceux qui ne sont pas porteurs de certificats de bonne conduite ou qui appartiennent à l'un des corps de discipline, ne reçoivent ces permis de séjour que sur la présentation d'un certificat d'un propriétaire ou d'un maître ouvrier connu, constatant qu'ils ont du travail à leur donner immédiatement.

Ces permis de séjour, visés par le commandant de la gendarmerie de la localité où le militaire se fixe, seront échangés au bureau de la police, ou celui du commandant de la place (suivant qu'il

s'agit d'une place en territoire civil ou en territoire mixte), contre une carte de sûreté et un livret. Le congé et le certificat de bonne conduite du militaire restent en dépôt au bureau où la carte a été délivrée, et inscription de ce dépôt est faite sur un registre ouvert à cet effet.

Art. 2. — Lorsqu'un militaire libéré, autorisé à se fixer en Algérie, désire changer de résidence, il doit se conformer aux mesures de police établies pour se faire afficher trois jours avant son départ. Sa carte de sûreté est ensuite visée par celui qui la lui a délivrée, et ce visa tient lieu du passe-port que, dans aucun cas, il ne peut être obligé à prendre avant l'expiration du délai de deux ans, pendant lequel il conserve le droit au passage gratuit et à l'indemnité de route. Les papiers des militaires (congé de libération et certificat de bonne conduite), sont envoyés au port d'embarquement le plus voisin du lieu où il se fixe, et inscription de cet envoi est faite sur la carte de sûreté avec ce visa, pour changer de résidence.

Maréchal duc d'ISLY.

En conséquence de cet arrêté, il sera tenu à l'état-major de chaque division, un registre spécial, où seront inscrits tous les permis de séjour qui seront délivrés. Ce registre portera les noms et prénoms des hommes, le corps auquel ils appartiennent, le lieu où ils s'établissent, et la profession à laquelle ils veulent se livrer.

Lorsqu'un militaire libéré désirera rester en Algérie, s'il reçoit son congé dans une place autre qu'un des trois chefs-lieux de division, le permis de séjour sera demandé par la voie hiérarchique, et la délivrance de ce permis devra toujours être constatée par une inscription au dos du congé de libération de l'homme.

Le présent arrêté, ainsi que l'arrêté qu'il relate, sera lu dans tous les corps à deux appels consécutifs, aussitôt sa réception. Il sera lu de nouveau, quinze jours avant l'époque de la libération de chaque classe de recrutement. Les hommes seront bien prévenus que, par décision du ministre de la guerre, tous ceux d'entre eux qui resteraient en Algérie sans y avoir été autorisés régulièrement, perdraient tout droit à obtenir une feuille de route et l'indemnité, s'ils voulaient rentrer dans leurs foyers avant l'expiration du délai de deux ans.

Maréchal duc d'ISLY.

(*Une circulaire du gouverneur général maréchal Randon, en date du 27 oct. 1853 a de nouveau prescrit la stricte exécution de ces dispositions.*)

AG.—27 mai 1818.—B. 276.—*Engagements volontaires. — Autorisation à tout Français de les contracter devant* 1° *les maires des villes d'Alger, Blidah, Oran, Mostaganem, Bône et Philippeville;* 2° *les commissaires civils des villes où il en existe;* 3° *les commandants de place des villes chefs-lieux de subdivision en territoire mixte; avec la faculté du choix de l'arme —Autorisation aux étrangers de contracter devant les fonctionnaires de l'intendance militaire des engagements pour les deux régiments de la légion étrangère.*

APE.—5-27 juill. 1848.—B. 280.— *Restriction des effets de l'arrêté ci-dessus.*

Vu l'art. 34 de la loi du 21 mars 1832 sur le recrutement de l'armée, portant que les engagements volontaires seront contractés devant les maires des chefs-lieux de canton; — Vu l'art. 20 de l'ord. du 28 avril 1832 sur les engagements volontaires;

Considérant que l'ord. du 28 sept. 1847 sur l'organisation municipale en Algérie n'établit pas de circonscriptions par cantons; que, par suite, les jeunes Français résidant en Algérie sont obligés, lorsqu'ils veulent servir dans l'armée, de venir en France pour contracter des engagements devant des maires de chefs-lieux de canton, ce qui est pour eux, et même pour l'État, une source de dépenses; que cet état de choses a pour effet d'entraver l'engagement volontaire; qu'il importe de le faire cesser, notamment dans les circonstances actuelles, et de seconder, sur tous les points du territoire continental de la République et de ses possessions, le patriotisme des Français qui demandent à entrer sous les drapeaux;

Art. 1.—Les Français résidant en Algérie pourront être admis à contracter un engagement volontaire devant les maires des villes ci-après indiquées, lesquels sont, pour cet effet, considérées comme chefs-lieux de canton; — savoir: Alger, Blidah, Oran, Mostaganem, Bône et Philippeville.

Art. 2.—Ces engagements ne devront être effectués qu'avec destination pour les corps stationnés en Algérie. Ils seront, d'ailleurs, soumis aux mêmes formes et conditions que les engagements qui sont contractés en France. E. CAVAIGNAC.

DI.—25 oct. 1854. — B. 469. — *Extension des dispositions qui précèdent aux villes érigées en communes de plein exercice par les décrets des 26 avril et 17 juin 1854 (V. Communes §3) savoir: Constantine, Medeah, Milianah, Tenès, Cherchell, Mascara, Tlemcen, Bougie, Sétif et Guelma, lesquelles sont, pour cet effet, considérées comme chefs-lieux de canton.*

DI.—18 juin 1860.—BM. 85.— *Même extension aux communes de: Aumale, Bouffarick, Dellys, Douera, Koléah, Marengo, Orléansville, Ain Temouchent, St-Cloud, St-Denisdu-Sig, Nemours, Sidi bel Abbès, Bathna, Djidjelli, Jemmapes, la Calle, Souk-Arras.—Jusqu'à ce que Ain-Temouchent, Nemours, et Souk-Arras soient érigés en communes de plein exercice, les actes d'engagement seront reçus par les commissaires civils chargés des fonctions de maires.*

DI.—17 janv.-1er mars 1855.—B. 475.—*Engagements volontaires.—Age.*

Art. 1. — Le décret du 10 juill. 1848, portant que tout Français âgé de 17 ans accomplis pourra être admis à contracter un engagement volontaire dans l'armée de terre, est déclaré applicable et exécutoire en Algérie.

Décis. I.—5 déc. 1859. (V. *Médaille militaire.*) —*Droit de proposition du ministre de l'Algérie.*

Armes et munitions de guerre. — Poudres et matières propres à la fabrication.

Cette matière est une de celles où la législation algérienne a été le plus souvent modifiée selon les circonstances de paix ou de guerre et les besoins du commerce ou de l'agriculture. — Il en est résulté à diverses époques une confusion réelle qui donnait lieu à des décisions judiciaires contradictoires; et les dispositions incomplètes de la plupart des arrêtés présentaient des difficultés sérieuses d'application qui entraînaient souvent l'impunité, pour des faits qu'il eût été cependant d'une haute importance de réprimer.

Ainsi l'arrêté du 8 mai 1845, auquel seul nous remonterons, ne prévoyait ni la vente des soufres et salpêtres, ni le fait d'achat d'aucune des espèces d'armes et de munitions prohibées. L'arrêté du 18 mai 1849, en venant combler une lacune et ranger les soufres et salpêtres dans la catégorie des munitions dont le libre commerce était interdit, défendait l'achat et la circulation de ces nouvelles denrées, et oubliait tant de réparer l'omission de l'arrêté du 8 mai 1845, que de comprendre dans l'interdiction qu'il prononçait, les matières qui peuvent au besoin remplacer le salpêtre et le soufre.

La légalité de cet arrêté de 1849 a même été contestée; mais un arrêt de la cour d'Alger, du 16 août 1850, confirmé par arrêt de cassation du 29 janv. 1851, déclara que les modifications apportées aux attributions du gouverneur général par l'arrêté ministériel du 16 déc. 1848, rendaient inutile la promulgation de l'approbation du ministre lorsque les mesures prises par le gouverneur avaient leur principe dans les lois de la métropole et qu'aucune pénalité nouvelle n'était édictée (*adm. gén.*, § 1; ord. du 15 avril 1845, art. 5, et art. min. du 16 déc. 1848, art. 6).

Toutes ces difficultés ne paraissent plus devoir se représenter. Le dernier décret du 12 déc. 1851 réglemente d'une manière plus complète le commerce des munitions. L'ord. du 14 sept. 1844 prévoit tout ce qui a rapport aux poudres à feu (V. l'article spécial *Poudres à feu*); le port des armes prohibées ou non apparentes est interdit et réprimé par les arrêtés des 23 fév. 1835, 24 août 1850 et 7 juin 1852; enfin le port d'armes de chasse est aujourd'hui réglé par la loi sur la chasse du 3 mai 1844.

L'exportation, la réexportation et le transit des armes et munitions de guerre qui avaient été interdits pendant les guerres de Crimée et d'Italie ont été de nouveau rendus libres par un dernier décret du 14 juillet-31 août 1859. BM. 34.

DIVISION.

§ 1. — Achat et vente. — Commerce en général.
§ 2. — Port d'armes.

§ 1. — ACHAT ET VENTE.—COMMERCE EN GÉNÉRAL.

AG. 8-14 mai 1845. — B. 199. — *Interdiction de la vente aux indigènes non munis d'une autorisation spéciale, d'armes, poudres, plombs, pierres à feu et capsules.*

AG. — 31 mai-20 juin 1848. — B. 277. — *Même interdiction étendue au salpêtre et au soufre.*

AG. — 12-26 juin 1848. — B. 277. — *Formalités pour la vente. — Autorisations.*

Vu l'arrêté du 8 mai 1845; — Considérant qu'il importe de prendre des mesures pour contrôler les ventes faites par les armuriers ou détenteurs d'armes et munitions, et assurer ainsi l'observation des dispositions de l'arrêté précité; — Considérant que la vente des armes aux indigènes, quel que soit le territoire qu'ils habitent, est une question d'ordre politique; que cette vente doit être prohibée en principe et qu'il appartient à l'autorité militaire seule, responsable de la sécurité publique, d'autoriser les exceptions; — Vu l'urgence;

Art. 1. — Tout armurier, fabricant ou marchand d'armes ou de munitions de guerre en Algérie, sera tenu d'adresser, tous les trois mois, au chef divisionnaire des affaires arabes dans les villes d'Alger, Constantine et Oran, et au chef du bureau arabe dans les autres localités, un inventaire général et détaillé des armes et munitions existant dans leurs ateliers ou magasins. — Il leur est accordé jusqu'au 5 juill. pour fournir le premier inventaire qui devra présenter la désignation des marchandises existant dans leurs magasins ou ateliers au 30 juin 1848. Les inventaires, se rapportant aux trimestres suivants, devront être remis dans les cinq jours qui suivront l'expiration du trimestre.

Art. 2. — Les autorisations spéciales dont il est fait mention à l'art. 1 de l'arrêté du 8 mai précité, ne pourront, à l'avenir, être délivrées que par les chefs des bureaux arabes de la résidence, quel que soit le territoire habité par les indigènes qui les solliciteront.

Art. 3. — Les armuriers, fabricants ou marchands d'armes ou de munitions, devront tenir un registre sur lequel ils inscriront jour par jour, sans aucune lacune, les noms, qualités et domicile habituel des Européens auxquels ils auraient vendu des armes ou munitions, ainsi que la nature de ces marchandises. Dans le cas où ils feraient une vente à un indigène, le registre dont il s'agit devra porter la date de l'autorisation et les noms et qualités de l'autorité qui l'a accordée.

Art. 4. — Le registre dont il est fait mention à l'article précédent sera coté et parafé par le chef du bureau arabe de la résidence et devra être représenté à toute réquisition des employés du service des contributions diverses porteurs de leurs commissions ou lettres de service, de la gendarmerie, des commissaires, inspecteurs ou agents de police.

Art. 5. — Tout contrevenant aux dispositions ci-dessus sera poursuivi conformément aux art. 471, § 15 et 473 c. pén.

Art. 6. — Il n'est rien changé aux dispositions de l'arrêté du 8 mai 1845 qui ne sont pas contraires au présent. CHANGARNIER.

AG. — 18-25 mai 1849. — B. 320. — *Les soufres et salpêtres sont rangés dans la catégorie des munitions de guerre dont le libre commerce est interdit par l'arr. du 8 mai 1845.*

DP. — 12 déc. 1851. — 31 janv. 1852. — B. 402. — *Nouvelles dispositions générales sur le commerce des armes.*

Vu la loi du 24 mai 1834, sur les armes et munitions de guerre; — Les arrêtés prohibant, en Algérie, le commerce des armes, munitions de guerre, soufres et salpêtres, notamment les arrêtés des 8 mai 1845 et 18 mai 1849, émanés du gouvernement général, et approuvés par le ministre de la guerre; — Les arrêtés du pouvoir exécutif, en date des 9 et 16 déc. 1848 (*Administration générale*, § 1);

Considérant que la législation appliquée actuellement à l'Algérie, n'établit pas des pénalités suffisantes pour réprimer les contraventions en matière d'achat par les indigènes, ou de vente aux indigènes, d'armes, de munitions de guerre ou de toutes matières pouvant servir à fabriquer la poudre.

Art. 1. — Sont interdits la vente aux indigènes et l'achat par ceux-ci, d'armes, plomb, pierres à feu, poudre, soufre, salpêtre, ou de toutes autres substances pouvant servir de munitions de guerre

ou remplacer la poudre. — Néanmoins, la vente et l'achat de ces objets seront permis à ceux qui auront obtenu une autorisation spéciale. — Cette autorisation, qui devra rester entre les mains, soit du vendeur, soit de l'acheteur, sera délivrée par le chef de l'administration civile, dans les localités où il existe un bureau arabe départemental, et de l'avis de ce bureau, mais seulement aux indigènes relevant de sa juridiction. Dans toutes les autres localités, cette autorisation sera délivrée par le commandant du cercle ou de la subdivision. — Les autorités civiles seront tenues de faire connaître, aux commandants des divisions militaires, les autorisations qu'elles auront délivrées.

Art. 2. — Jusqu'à ce qu'il en soit autrement ordonné, et par dérogation temporaire aux dispositions de la loi du 24 mai 1834, tout individu qui contreviendra aux dispositions de l'article précédent, sera puni d'une amende de 200 fr. à 2,000 fr., et d'un emprisonnement d'un mois à deux ans. — Le coupable pourra aussi être mis, par le jugement de condamnation, sous la surveillance de la haute police, pendant cinq ans au moins, et dix ans au plus. — Il pourra, en outre, être interdit, pendant le même temps, des droits mentionnés à l'art. 25 du c. pén. — En cas de récidive, les peines pourront s'élever jusqu'au double.

Art. 3. — La circulation des armes et autres objets énumérés en l'art. 1, la proposition de vente et celle d'achat seront punies comme la vente et l'achat consommés.

Art. 4. — La simple détention, par un indigène, de munitions de guerre ou autres substances et matières énumérées en l'art 1, sans autorisation préalable, ou dépassant par sa quantité, l'autorisation donnée, sera punie des peines édictées en l'art. 2.

Art. 5. — Les armes, munitions de guerre, poudre, soufres, salpêtres et toutes autres matières pouvant servir à fabriquer la poudre, saisis dans le cas de contravention au présent décret, seront confisqués. Il en sera de même des moyens de transport.

Art. 6. — Toutes dispositions contraires à celle du présent décret, sont et demeurent abrogées.

§ 2. — PORT D'ARMES.

AG. — 23 fév.-6 mars 1835. — B. 10. — *Interdiction du port d'armes prohibées.*

Vu les décrets des 23 déc. 1805 (2 niv. an XIV) et 12 mars 1806, concernant le port des armes dangereuses ou secrètes; — Vu l'art. 314 c. pén., qui détermine les peines applicables aux fabricants, débitants et porteurs desdites armes; — Considérant qu'il est urgent de mettre en vigueur, dans les possessions françaises du nord de l'Afrique, et notamment dans la ville d'Alger, les dispositions dudit article.

Art. 1. — La déclaration du 23 mars 1728, le décret du 23 déc. 1805 (2 niv. an XIV) et l'article 314 c. pén. seront réimprimés à la suite du présent arrêté, pour recevoir leur pleine et entière exécution (1). D. comte D'ERLON.

(1) La déclaration de 1728 a été maintenue en vigueur par un arrêt de la cour de cassation du 6 août 1823.
Jurisprudence. — La loi du 24 mai 1834, qui a modifié l'art. 314 c. pén., est-elle applicable en Algérie? On a objecté que l'arrêté du 23 fév. 1835 et le décret postérieur du 7 juin 1852, en ne visant que l'art. 314 c. pén., ont ainsi établi une législation spéciale pour l'Algérie et dérogé à la loi de France; la cour d'Alger a repoussé cette doctrine par l'arrêt suivant:
Considérant que la loi du 24 mai 1834 a ajouté aux dispositions de l'art. 314 c. pén. et de la déclaration du 23 mars 1728, la peine de l'emprisonnement de six jours

à six mois, outre l'amende prononcée par le susdit article contre les détenteurs d'armes prohibées; — Considérant qu'en matière criminelle et correctionnelle, le code français est applicable en Algérie relativement à tous les crimes et délits qu'il prévoit; que, par conséquent, les changements modificatifs ou additionnels faits aux articles dudit code pénal en France, font corps avec lui, et, dès lors sont applicables en Algérie; — Considérant que l'arr. du 23 fév. 1835 est déclaratif et rappelle aux obligations de la loi française, en ce qui concerne le port d'armes prohibées; mais qu'il n'est pas supposable que cet arrêté ait voulu déroger à la juste sévérité de la loi française, la

Déclaration du roi concernant le port des armes, donnée à Versailles, le 23 mars 1728, registrée en parlement le 20 avril suivant.

Louis, etc. ; — Les différents accidents qui sont arrivés de l'usage et du port des couteaux en forme de poignard, des baïonnettes et pistolets de poche, ont donné lieu à différents règlements, et notamment à la déclaration du 18 déc. 1660 et à l'édit du mois de déc. 1666; néanmoins, quelque expresses que soient les défenses à cet égard, l'usage et le port de ces sortes d'armes paraissent se renouveler ; et, comme il importe à la sûreté publique que les anciens règlements qui concernent cet abus soient exactement observés, nous avons cru devoir les remettre en vigueur. A ces causes, nous avons dit et déclaré, disons et déclarons par ces présentes, signées de notre main, voulons et nous plaît que la déclaration du 18 déc. 1660, au sujet de la fabrique et port d'armes, soit exécutée selon sa forme et teneur; ordonnons, en conséquence, qu'à l'avenir toute fabrique, commerce, vente, débit, achat, port et usage des poignards, couteaux en forme de poignard, soit de poche, soit de fusil, des baïonnettes, pistolets de poche, épées en bâtons, bâtons à ferrements autres que ceux qui sont ferrés par le bout, et autres armes offensives cachées et secrètes, soient et demeurent pour toujours généralement abolis et défendus ; enjoignons à tous couteliers, fourbisseurs, armuriers et marchands de les rompre et briser incessamment après l'enregistrement de ces présentes, si mieux ils n'aiment faire rompre et arrondir la pointe des couteaux, en sorte qu'il n'en puisse arriver d'inconvénients....; n'entendons néanmoins comprendre en ces présentes défenses les baïonnettes à ressort qui se mettent au bout des armes à feu pour l'usage de la guerre, à condition que les ouvriers qui les fabriqueront seront tenus d'en faire déclaration au juge de police du lieu, et sans qu'ils puissent les vendre ni débiter qu'aux officiers de nos troupes, qui leur en délivreront certificat, dont lesdits ouvriers tiendront registre parafé par nosdits juges de police.

Décret du 23 déc. 1805 (2 niv. an XIV).

Art. 1. — Les fusils et pistolets à vent sont déclarés compris dans les armes offensives, dangereuses, cachées et secrètes dont la fabrication, l'usage et le port sont interdits par les lois

Art. 2. — Toute personne qui, à dater de la publication du présent décret, sera trouvée porteur desdites armes, sera poursuivie et traduite devant les tribunaux de police correctionnelle, pour être jugée et condamnée conformément à la loi du 25 mai 1728.

Art. 314 c. pén.

Tout individu qui aura fabriqué ou débité des stylets, tromblons ou quelque espèce que ce soit d'armes prohibées par la loi ou par des règlements d'administration publique, sera puni d'un emprisonnement de six jours à six mois. — Celui qui sera porteur desdites armes sera puni d'une amende de 16 à 200 fr. — Dans l'un et l'autre cas, les armes seront confisquées. — Le tout sans préjudice de plus forte peine, s'il y échet, en cas de complicité de crime.

AG. — 24-28 août 1838. — B. 58. — *Interdiction*

du port d'armes non apparentes. (V. *Législation*, § 2, légalité des arrêtés).

Attendu que les indigènes arrivent souvent dans la ville et dans les lieux de réunions publiques avec des armes cachées sous leurs vêtements ; — Que la possession de ces armes présente, en cas de rixes, les plus graves inconvénients ; — Vu l'urgence :

Art. 1. — Le port d'armes non apparentes est défendu.

Art. 2. — Tout individu qui, dans la ville ou dans les réunions publiques, sera surpris en contravention à cette défense, sera condamné, par voie de police, à un emprisonnement de deux à cinq jours et à une amende de 5 à 15 fr. : ses armes seront saisies. Le tout sans préjudice des peines plus fortes qu'il pourrait avoir encourues pour l'usage fait desdites armes.

Art. 3. — Les dispositions ci-dessus ne dérogent pas à celles sur le port d'armes en général et sur le port d'armes prohibées. Comte VALÉE.

Circ. G. — 1er juill. 1845. — (V. *Affaires arabes*, § 1). — *Saisie des armes rapportées de la Mecque par les pèlerins.*

AG. — 7-23 juin 1852. — B. 414. — *Armes prohibées.* — *Étrangers.* — *Expulsion.*

Vu l'arr. du 23 fév. 1835 ; — Vu l'art. 7 de la loi du 29 vend. an VI, concernant l'expulsion du territoire français des étrangers dont la présence est jugée susceptible de troubler l'ordre et la tranquillité publique ; — Vu l'arr. du 7 déc. 1851 et le décr. du 17 du même mois, sur la mise en état de siège de l'Algérie ; — Considérant qu'il importe de prévenir, par des mesures énergiques, les crimes auxquels donne lieu l'usage où sont certains étrangers de porter des armes secrètes et prohibées ;

Art. unique. — Les étrangers trouvés porteurs d'armes prohibées seront expulsés de l'Algérie. Cette mesure ne s'appliquera, à l'égard de ceux contre lesquels des poursuites judiciaires seront exercées, qu'à l'expiration des peines prononcées contre eux, conformément à la législation en vigueur. Comte RANDON.

AG. — 22 fév.-10 mars 1853. — B. 433. — *Détention d'armes de guerre.*

Vu l'art. 3 de la loi du 24 mai 1834, ainsi conçu : « Tout individu qui, sans y être légalement autorisé, aura fabriqué ou confectionné, débité ou distribué des armes de guerre, des cartouches ou autres munitions, ou sera détenteur d'armes de guerre, cartouches et munitions de guerre,..... sera puni d'un emprisonnement d'un mois à deux ans et d'une amende de 16 fr. à 1,000 fr.; »

Vu les ordres donnés pour le désarmement des anciennes milices algériennes, et pour la réintégration dans les magasins de l'État des armes délivrées à l'administration civile, et affectées à l'armement de ces milices ou confiées à divers propriétaires ou colons ; — Attendu qu'il résulte des opérations du désarmement qu'un nombre considérable de fusils et de sabres n'ont pas été restitués ;

Art. 1. — Tous individus auxquels des armes ont été confiées pour le service de la milice antérieurement au décret du 12 juin 1852, portant réorganisation des milices algériennes, toutes personnes

---

quelle est rendue applicable par des ordonnances royales qui sont obligatoires pour les tribunaux ; — Par ces motifs, etc. *Cour d'Alger,* 28 fév. 1844.

Dans un autre arrêt du 28 nov. 1850 (min. pub. C. Dittmar. — Vente de poudres), la cour, sans s'expliquer dans ses motifs sur la question qui ne lui avait pas été formellement soumise, a visé dans son dispositif la loi de 1834 dont elle déclare faire application.

Le décret du 12 déc. 1831 (V. § 1 ci-dessus) mentionne cette loi dans son préambule en même temps que les autres arrêtés et décrets relatifs à la vente des munitions de guerre.

Enfin, un décret du 22 fév. 1853 (V. *infra*) déclare la loi de 1834 applicable aux détenteurs d'armes de guerre.

entre les mains desquelles se trouvent des armes de guerre, appartenant à l'Etat, quelle que soit leur origine, sont tenus de les remettre, avant le 31 mars prochain, au maire de leur résidence ou à l'autorité en faisant fonction.

Art. 2. — Les autorisations personnelles ou spéciales qui ont pu être délivrées à diverses époques pour la détention d'armes de guerre, cesseront de plein droit d'avoir leur valeur après l'expiration du délai ci-dessus.—Les armes seront réintégrées par les détenteurs ainsi qu'il est prescrit par l'art. 1.

Art. 3. — Il n'est fait exception aux dispositions qui précèdent qu'en ce qui concerne les armes remises aux gardes-champêtres ou autres agents appartenant aux services publics, et celles qui, en vertu de décisions des généraux commandant les divisions et des préfets, seraient laissées dans les localités où la milice n'est pas réorganisée.

Art. 4. — Des perquisitions auront lieu par les soins des maires, de la police et de la gendarmerie, à l'effet de faire rentrer les armes de guerre indûment détenues par les particuliers, et, après le 31 mars 1853, les détenteurs seront traduits devant les tribunaux pour l'application des peines prononcées par la loi du 24 mai 1834.

Comte RANDON.

Art médical.

La législation concernant l'exercice de la médecine, de la chirurgie et de la pharmacie a fait l'objet d'arrêtés et décrets successifs dont diverses dispositions sont abrogées, les unes explicitement, les autres implicitement; pour éviter toute erreur d'interprétation, ces arrêtés sont reproduits ci-après, sauf, à avoir tel égard que de droit à leur valeur relative.

AI. — 12 sep. 1832. — *Réglement sur l'exercice de la profession de pharmacien.*

Après avoir pris l'autorisation du général commandant en chef l'armée d'occupation d'Afrique, et en avoir référé au conseil d'administration; — Vu les lois des 22 juill. 1791 et 21 germ. an II; — Vu aussi l'arr. du 25 therm. an XI et le décr. du 25 prair. an XIII.

CHAP. 1. — *Des conditions requises pour exercer la profession de pharmacien.*

(Abrogé par l'arr. du 15 janv. 1835, V. *infrà*.)

CHAP. 2. — *De l'exercice de la profession de pharmacien.*

Art. 8.—A l'avenir, aucun pharmacien, même porteur d'un diplôme, ne pourra s'établir dans toute la régence d'Alger avant d'en avoir obtenu la permission de l'autorité compétente.

Ar. 9.—Les pharmaciens ne pourront employer au service de leur pharmacie que des hommes âgés de 18 ans au moins, sachant lire, écrire et compter; ils devront en outre être porteurs de certificats délivrés par les autorités du lieu de leur dernier séjour, constatant pendant une année au moins leur bonne conduite.

Art. 10. -- Au décès d'un pharmacien, son établissement sera immédiatement fermé, à moins qu'un autre pharmacien établi dans la ville ne se rende garant et responsable des faits de la veuve ou des héritiers du décédé.—Cet état provisoire ne pourra toutefois excéder une durée de trois mois.

Art. 11.—Les pharmaciens ne vendront aucun

remède secret dont la distribution n'aurait pas été autorisée en France.

Art. 12. — Les marchands qui débiteront des drogues simples seront soumis aux visites autorisées par l'art. 17 ci-après.

Art. 13.—Tous les habitants de la régence seront admis à signaler, soit à la mairie, soit au commissariat général de police, les noms des marchands qui vendraient des médicaments composés sans avoir rempli les conditions exigées par le présent arrêté.

Art. 14.—Les pharmaciens ne pourront débiter de préparations médicales ou drogues composées que sur les prescriptions dûment signées des médecins, chirurgiens et officiers de santé, reconnus légalement pour tels.

Art. 15.—Les substances vénéneuses seront enfermées dans des lieux sûrs et séparés, dont les pharmaciens seuls auront la clef; ils ne vendront ces substances, même pour la destruction des animaux nuisibles, qu'à des personnes domiciliées et bien connues.

Art. 16. — Les noms et demeures des pharmaciens qui auront justifié de leurs diplômes, de ceux qui auront été admis par le jury ou qui le seraient par la suite, seront successivement insérés au *Moniteur algérien*. Chaque année la liste complète des pharmaciens en exercice sera également envoyée au *Moniteur*.

CHAP. 3. — *Dispositions pénales.*

Art. 17. — Deux membres du jury d'examen accompagnés d'un commissaire de police, pourront visiter, autant de fois qu'ils le jugeront nécessaire, les officines, laboratoires et magasins des pharmaciens; et, s'ils y trouvent des substances de mauvaise qualité, ils les feront jeter à la mer, après en avoir préalablement fait dresser procès-verbal, et les pharmaciens délinquants seront en outre tenus de payer une amende de 100 fr.

Art. 18.—Les pharmaciens tiendront un registre coté et parafé par le président du tribunal correctionnel, sur lequel ils feront inscrire par l'acheteur, autant que possible, mais sur lequel, à défaut de pouvoir le faire faire par l'acheteur, ils porteront toujours eux-mêmes les noms et demeure de l'acheteur, la nature, la qualité, le prix et la destination des substances vénéneuses vendues; le tout à peine de 1,000 fr. d'amende, et, en cas de récidive, de fermeture immédiate de leur établissement (1).

Art. 19. — Il est expressément défendu à toutes personnes autres que les pharmaciens autorisés de vendre ou de préparer des drogues ou médicaments, ou des substances vénéneuses, sous les mêmes peines que celles prononcées contre les pharmaciens et contravention dans les cas prévus par les art. 17 et 18.

Art. 20. — Toute contravention sur laquelle il n'aura point été statué par le présent règlement sera déférée au tribunal correctionnel, qui, dans ce cas, appliquera toujours le maximum des peines ou amendes.

CHAP. 4. — *Dispositions transitoires.*

Art. 21. — Dans le délai de trois jours de la publication du présent arrêté, les pharmaciens, soit français, soit étrangers, établis à Alger, seront tenus de représenter à la mairie leurs diplômes ou titres, quels qu'ils soient, dont ils sont porteurs, et le commissaire du roi, remplissant les fonctions de maire, après les avoir soumis au jury d'examen, les visera ou admettra, s'il y a lieu, ceux qui n'en auraient

---

(1) Les éditions officielles du *Bulletin des actes du gouvernement* portent en chiffre la pénalité de 1,000 fr. édictée par cet art. 18. Mais en présence de l'excessive sévérité de cette répression pour une simple contravention, il est permis de supposer qu'il y a eu erreur d'impression et qu'il s'agit d'une amende de 100 fr. C'est ce que semble indiquer en outre la rédaction de l'article suivant.

point de légaux, à subir de nouveaux examens.

Art. 22. — Le jury prendra, à l'égard des pharmaciens étrangers, telle mesure qu'il appartiendra : il les confirmera dans l'exercice de cette profession, ou exigera d'eux un examen, suivant qu'il le jugera nécessaire.

Art. 23. — Les dispositions du présent arrêté sont applicables à toute la régence d'Alge''.

Art. 24. — Les maires et commissaires de police, chacun en ce qui le concerne, sont chargés de son exécution.

Art. 25. — Des dispositions particulières régleront ultérieurement tout ce qui est relatif à l'exercice et à la profession des pharmaciens maures ou juifs. Genty de Bussy.

AG. — 15-19 janv. 1835. — B. 6. — *Règlement. — Officiers de santé et pharmaciens.*

Vu les lois des 10 mars et 11 avr. 1803 (19 vent. et 12 germ. an XI), concernant l'exercice de la médecine et de la chirurgie;

Considérant que ces deux lois ont déterminé, pour la réception des officiers de santé et des pharmaciens, des formes qui ne peuvent être usitées dans les possessions françaises du nord de l'Afrique, puisque les présidents des jurys de médecine auxquels est attribué l'examen des aspirants doivent être choisis par le gouvernement parmi les professeurs d'une des écoles de médecine instituées en France; qu'ainsi les dispositions du chap. 1 de l'arr. du 12 sept. 1832 ne sauraient être plus longtemps maintenues en vigueur; — Considérant toutefois qu'il importe de ne point priver pour cette année du bénéfice de ces dispositions, les aspirants au titre d'officier de santé ou de pharmacien qui, comptant sur un ordre de choses établi par l'autorité, ont négligé d'aller se faire examiner en France vers la fin de l'année dernière;

Art. 1. — Nul ne pourra exercer, dans les possessions françaises du nord de l'Afrique, la profession d'officier de santé ou de pharmacien, s'il n'est pourvu d'un diplôme à lui délivré par un jury de médecine, conformément aux dispositions des lois précitées. — Ce diplôme nous sera représenté pour être soumis à la vérification d'une commission composée de trois membres choisis parmi les professeurs de l'école de médecine instituée à Alger : après quoi nous délivrerons, s'il y a lieu, l'autorisation d'exercer.

Art. 2. — La prohibition résultant de l'article précédent n'est point applicable aux sous-aides-majors attachés aux hôpitaux, sans préjudice, toutefois, des dispositions de l'art. 29 de la loi du 12 août 1803 (19 vent. an XI).

Art. 3. — Les aspirants au titre d'officiers de santé et de pharmaciens qui se seront fait inscrire avant le 1er fév. prochain au secrétariat de l'intendance, pour profiter des dispositions du chap. 1 de l'arr. du 12 sept. 1832, seront, par exception, examinés et reçus, le cas échéant, par la commission mentionnée en l'art. 2 du présent arrêté.

Art. 4. — Les frais d'examen et de réception ou de vérification de diplôme seront fixés, savoir : Pour les officiers de santé, à 100 fr.; — Pour les pharmaciens, à 200 fr.; — Ces sommes seront versées dans la caisse municipale, conformément à la décis. minist. du 5 mars 1829.

D. comte d'Erlon.

AI. — 10-17 mars 1835. — B. 11. — *Dispositions pénales concernant l'exercice illégal de la médecine et de la pharmacie. — Commission d'inspection.*

Vu la loi du 10 mars 1803 (19 vent. an XI); — Vu la loi du 11 août de la même année (21 germ.) concernant l'exercice de la pharmacie, et celle du 18 fév. 1805 (29 pluv. an XIII), interprétative de l'un des articles de la précédente; — Vu l'arrêté du gouvernement du 15 août 1803 (25 therm. an XI) portant règlement sur les écoles de pharmacie; — Vu l'art. 87 de la loi du 15 mars 1818 qui maintient les prescriptions prescrites par ledit arrêté;

Considérant qu'indépendamment des dispositions pénales extraites de la loi du 10 mars 1803 (19 vent. an XI), il importe de rappeler celles de l'arrêté du gouvernement du 15 août 1803 (25 therm. an XI) qui déterminent la quotité des perceptions applicables aux frais de visite des pharmacies;

Art. 1. — Seront réimprimés à la suite du présent arrêté, — 1° les art. 35 et 36 de la loi du 10 mars 1803 (19 vent. an XI); — 2° les art. 52, 53, 54, 35 et 56 de la loi du 11 août 1803 (21 germ. an XI); — 3° l'art. 42 de l'arrêté du gouvernement du 15 août de la même année (25 therm.).

Art. 2. — Les visites chez les pharmaciens, droguistes et épiciers seront faites, dans la ville d'Alger, par les membres de la commission instituée par le § 2 de l'art. 1 de l'arr. du 15 janvier dernier; ils seront assistés d'un commissaire de police. — La liste nominative desdits pharmaciens, droguistes et épiciers sera remise au receveur municipal, qui fera les diligences nécessaires pour obtenir le versement, à sa caisse, des droits déterminés par l'art. 42 de l'arr. du gouvernement du 15 août 1803 (25 therm. an XI).

Le Pasquier.

Loi du 10 mars 1803 (19 vent. an XI).

Art. 35. — Six mois après la publication de la présente loi, tout individu qui continuerait d'exercer la médecine ou la chirurgie . . . . sans avoir de diplôme, de certificat, ou de lettre de réception, sera poursuivi et condamné à une amende pécuniaire envers les hospices.

Art. 36. — Ce délit sera dénoncé aux tribunaux de police correctionnelle, à la diligence du commissaire du gouvernement près ces tribunaux. — L'amende pourra être portée jusqu'à 1,000 fr. pour ceux qui prendraient le titre et exerceraient la profession de docteur; — A 500 fr. pour ceux qui se qualifieraient d'officiers de santé, et verraient des malades en cette qualité. — L'amende sera double en cas de récidive, et les délinquants pourront, en outre, être condamnés à un emprisonnement qui n'excédera pas six mois.

Loi du 11 août 1803 (21 germ. an XI).

Art. 52. — Les pharmaciens ne pourront livrer et débiter des préparations médicinales ou drogues composées quelconques, que d'après la prescription qui en sera faite par les docteurs en médecine ou en chirurgie, ou par les officiers de santé, et sur leur signature. Ils ne pourront vendre aucun remède secret. Ils se conformeront, pour les préparations et compositions qu'ils devront exécuter et tenir dans leurs officines, aux formules insérées et décrites dans les dispensaires ou formulaires qui ont été rédigés ou qui le seront dans la suite par les écoles de médecine. Ils ne pourront faire, dans les mêmes lieux ou officines, aucun autre commerce ou débit que celui des drogues et préparations médicinales.

Art. 53. — Les épiciers et droguistes ne pourront vendre aucune composition ou préparation pharmaceutique, sous peine de 500 fr. d'amende. Ils pourront continuer de faire le commerce en gros des drogues simples, sans pouvoir néanmoins en débiter aucune au poids médicinal.

Art. 54. — Les substances vénéneuses, et notamment l'arsenic, le réalgar, le sublimé corrosif, seront tenues dans les officines des pharmaciens et les boutiques des épiciers, dans des lieux sûrs et séparés, dont les pharmaciens et épiciers seuls auront la clef, sans qu'aucun autre individu qu'eux puisse en disposer. Ces substances ne pourront être vendues qu'à des personnes connues et domiciliées, qui pourraient en avoir besoin pour leur profession ou pour cause connue, sous peine de 5,000 fr. d'amende de la part des vendeurs contrevenants,

Art. 35.—Les pharmaciens et épiciers tiendront un registre coté et paraté par le maire ou le commissaire de police, sur lequel registre ceux qui seront dans le cas d'acheter des substances vénéneuses inscriront, de suite et sans aucun blanc, leurs noms, qualités et demeures, la nature et la quantité des drogues qui leur auront été délivrées, l'emploi qu'ils se proposent d'en faire, et la date exacte du jour de leur achat ; le tout à peine de 5,000 fr. d'amende contre les contrevenants. Les pharmaciens et les épiciers seront tenus de faire eux-mêmes l'inscription, lorsqu'ils vendront ces substances à des individus qui ne sauront point écrire, et qu'ils connaîtront comme ayant besoin de ces mêmes substances.

Art. 36.—Tout débit au poids médical, toute distribution de drogues et préparations médicamenteuses sur des marchés, toute annonce et affiche imprimée qui indiquerait des remèdes secrets, sous quelque dénomination qu'ils soient présentés, sont sévèrement prohibés. Les individus qui se rendraient coupables de ce délit seront poursuivis par mesure de police correctionnelle, et punis d'une amende de 25 à 600 fr. ; et, en outre, en cas de récidive, d'une détention de trois jours au moins et de dix au plus.

Arrêté du gouv. du 13 août 1803 (25 therm. an XI).

Art. 42.—Il sera fait, au moins une fois par an, conformément à la loi, des visites chez les pharmaciens, les droguistes et les épiciers. — Il sera payé, pour les frais de ces visites, 6 fr. par chaque pharmacien, et 4 fr. par chaque épicier ou droguiste, conformément à l'art. 56 des lettres patentes du 10 fév. 1780.

DP.—12 juill.-28 août 1851.— B. 391.— *Règlement général sur l'exercice de la médecine et de la chirurgie.*

Vu la loi du 19 vent. an XI, et le règlement du 20 prair. de la même année ; — Vu les arrêtés des 12 sept. 1852, 18 janv. et 10 mars 1855 ; — Considérant que ces arrêtés ont rendu la loi de ventôse an XI exécutoire en Algérie, tout en modifiant quelques-unes des dispositions réglementaires de cette loi ; qu'il y a lieu d'apporter à ces dispositions réglementaires des modifications nouvelles ;

Art. 1.—Nul ne pourra exercer, en Algérie, la médecine, la chirurgie et l'art des accouchements s'il n'a été examiné et reçu dans les formes prescrites par les tit. 1, 2, 3 et 5 de la loi du 19 vent. an XI.—Les médecins et chirurgiens gradués dans les universités étrangères, les officiers de santé et les sages-femmes reçus par les jurys médicaux de France, ne peuvent exercer leur art en Algérie qu'en vertu d'une autorisation spéciale du ministre de la guerre.—Cette autorisation n'est valable que pour l'Algérie, et est soumise à la formalité de l'enregistrement comme les diplômes.

Art. 2.—Il est institué, dans chaque province, un jury médical pour la réception des officiers de santé et des sages-femmes.

Art. 3.—Ce jury est composé d'un professeur de la faculté de Montpellier, président, désigné par le ministre de la guerre, de concert avec le ministre de l'instruction publique, et de deux docteurs civils ou militaires, résidant dans la province, et nommés par le ministre de la guerre, sur la proposition du gouverneur général.—Ce jury est renouvelé tous les cinq ans ; ses membres peuvent être continués.

Art. 4.—Le président du jury peut être le même

dans les trois provinces. — Le jury siège au chef-lieu du département.

Art. 5.—A moins d'une autorisation spéciale du gouverneur général, les officiers de santé et les sages-femmes ne peuvent exercer que dans les provinces où ils ont été reçus.

Art. 6.—Les rétributions provenant des droits d'examen à subir par les aspirants sont versées dans la caisse du budget local et municipal.

Art. 7.—A défaut de docteurs en médecine et en chirurgie, les officiers de santé peuvent être chargés des fonctions de médecins et chirurgiens jurés près les tribunaux.

Art. 8.—Les dispositions des art. 21, 25, 26 et 54 de la loi du 19 vent. an XI, exécutoires dans le territoire civil de chaque province, sont appliquées, en territoire militaire, de la manière suivante : — Les docteurs, les officiers de santé et les sages-femmes sont tenus de présenter leurs diplômes au bureau du commandant de la subdivision, et au greffe du juge de paix, ou de l'officier qui en remplit les fonctions.—Le commandant de la subdivision, le juge de paix ou l'officier qui en remplit les fonctions, enregistrent les diplômes et adressent les extraits d'enregistrement au général commandant la division et au procureur de la République du tribunal le plus voisin, lesquels dressent les listes prescrites par la loi.

Art. 9. — Les listes dressées par les préfets et les commandants de division sont envoyées au gouverneur général, qui les transmet au ministre de la guerre, et les fait publier dans le *Bulletin officiel des actes du gouvernement.* — Les listes dressées par les procureurs de la République, sont envoyées au procureur général, qui en adresse copie au ministre de la justice.

Art. 10. — Les docteurs, officiers de santé et sages-femmes qui exercent actuellement en Algérie, sont tenus de faire enregistrer leurs diplômes dans le délai de trois mois, à partir de la promulgation du présent décret.

Art. 11.—Les dispositions précédentes ne sont pas applicables aux indigènes, musulmans ou juifs, qui pratiquent la médecine, la chirurgie et l'art des accouchements à l'égard de leurs coreligionnaires.

Art. 12.—Les dispositions des arrêtés antérieurs, qui ne sont pas conformes aux dispositions de la loi du 19 ventôse an XI, et du présent décret, sont et demeurent abrogées.

DP.—12 juill.-28 août 1851.— B. 391.— *Règlement général sur la profession de pharmacien et herboriste.*

Vu les lois du 21 germ. et l'arr. du gouvernement du 25 therm. an XI ; —Vu la loi du 29 pluv. et le décr. du 25 prair. an XIII ;—Vu les arr. des autorités locales de l'Algérie, du 12 sept. 1852 et des 15 janv. et 10 mars 1855 ; — Vu la délibération du conseil du gouvernement ; — Considérant que ces arrêtés ont rendu la loi de vent. an XI exécutoire en Algérie, tout en modifiant quelques-unes des dispositions réglementaires de cette loi ; qu'il y a lieu d'apporter à ces dispositions réglementaires des modifications nouvelles.

Art. 1. — Nul ne peut exercer, en Algérie, la profession de pharmacien et d'herboriste, s'il n'a été examiné et reçu dans les formes prescrites par les tit. 1, 2, et 3 de la loi du 21 germ. an XI. —Les pharmaciens pourvus de titres délivrés par des universités étrangères, et les pharmaciens reçus par les jurys médicaux de France, ne peuvent s'établir en Algérie qu'en vertu d'une autorisation spéciale du ministre de la guerre. — Cette autorisation est soumise aux formalités de l'enregistrement prescrites par l'art. 4 du présent décret, et n'est valable que pour l'Algérie.

Art. 2.—Il est adjoint, pour la réception des
pharmaciens et des herboristes, aux jurys médicaux
institués par le décr. du 12 juill. 1851, quatre
pharmaciens civils ou militaires, choisis parmi
ceux reçus par une des écoles de pharmacie de
France.—Les pharmaciens adjoints aux jurys médicaux sont nommés par le gouverneur général;
ils sont renouvelés tous les cinq ans, et peuvent
être continués dans leurs fonctions.—A moins d'une
autorisation spéciale délivrée par le gouverneur
général, les pharmaciens admis par les jurys ne
peuvent exercer que dans la province où ils ont
été reçus.

Art. 3.— Les rétributions, provenant des droits
d'examen des pharmaciens et herboristes, sont
versées dans la caisse du budget local et municipal.

Art. 4.—La présentation des diplômes de pharmacien, et l'enregistrement de ces diplômes, ont
lieu dans les formes déterminées par l'art. 8
du décr. du 12 juill. 1851, sur l'exercice de la
médecine.—Les herboristes sont tenus de faire
enregistrer leur certificat d'examen par le maire
de la localité où ils veulent s'établir, ou par l'officier public qui en remplit les fonctions.

Art. 5.—Les préfets et les généraux commandant les divisions dressent les listes des pharmaciens dont les diplômes sont enregistrés, et les
transmettent au gouverneur général, qui les fait
publier dans le Bulletin officiel des actes du
gouvernement.

Art. 6.—Les pharmaciens établis en Algérie, et
ayant officine ouverte, sont tenus de se conformer
aux prescriptions de l'art. 4 du présent décret, dans
un délai de trois mois, à partir de sa promulgation.

Art. 7.—Les visites des officines et des magasins de pharmacies, herboristes, épiciers et droguistes, prescrites par la loi du 21 germ. an XI,
et par l'arr. du 25 therm. de la même année, sont
faites dans chaque province par les membres du
jury de médecine réunis aux quatre pharmaciens
adjoints.—Si le jury n'est pas rassemblé, ou si les
circonstances ne lui permettent pas de se transporter sur les lieux, ces visites sont faites par une
commission spéciale composée d'un docteur en
médecine et d'un ou plusieurs pharmaciens de la
localité, désignés par le préfet, en territoire civil,
et par le général commandant la division, en territoire militaire. — Les membres du jury et les
membres de la commission instituée par le § précédent sont assistés, dans leurs visites, d'un commissaire de police, et, à défaut d'un commissaire
de police, du maire ou de l'officier public qui en
remplit les fonctions, lesquels dressent procès-
verbal pour être, en cas de contravention, procédé
contre les délinquants, conformément aux lois et
règlements en vigueur.

Art. 8.—Les taxes fixées pour frais de visites
par l'arr. du 25 therm. an XI, sont perçues et recouvrées comme en matière de contributions diverses. Le produit en est versé dans la caisse du
budget local et municipal.

Art. 9.—Au décès d'un pharmacien, la veuve a

la faculté de tenir son officine ouverte pendant un
an, sous les conditions déterminées par l'art. 41
de l'arr. du 25 therm. an XI. — Toutefois, si le
jury ne peut être rassemblé, l'élève présenté par
la veuve du pharmacien décédé est soumis à l'examen de la commission instituée par l'art. 7 et
dont les membres rempliront alors les obligations
imposées au jury.

Art. 10.—Sont et demeurent abrogés les arrêtés
antérieurs qui ne seraient pas conformes au présent décret et aux lois ci-dessus visées.

DP.—12 juill.-28 août 1851.—B. 391.— Mise en
vigueur en Algérie des lois de France sur la
vente et l'achat des substances vénéneuses.

Art. 1.—Sont rendus exécutoires en Algérie et
seront publiés à la suite du présent décret : — 1°
La loi du 19 juill. 1845; — 2° L'ord. du 29 oct.
1846, portant règlement sur la vente des substances vénéneuses; — 3° Le décr. du 8 juill. 1850 et le
tableau annexé à ce décret.

Art. 2.— Nul indigène, musulman ou israélite,
ne peut se livrer au commerce, soit en gros, soit
en détail, de l'une des substances vénéneuses
comprises dans le tableau annexé au décr. du 8
juill. 1850, sans une autorisation (1) délivrée, en
territoire civil, par les préfets, sous-préfets ou
commissaires civils, et, en territoire militaire, par
le général commandant la division ou les commandants de subdivision ou de cercle. — Cette autorisation doit spécifier les substances vénéneuses dont
le commerce est permis à l'impétrant; elle est
toujours révocable. — Les indigènes autorisés à
faire le commerce des substances vénéneuses sont
soumis aux visites prescrites par l'ord. du 29 oct.
1846 et le décr. du 8 juill. 1850.

Art. 3. — Dans les visites faites, en vertu de
l'art. 14 de l'ord. du 29 oct. 1846, les maires ou
commissaires de police, en territoire civil, et les
commandants de place, en territoire militaire,
peuvent être assistés, soit d'un docteur en médecine, soit d'un membre du jury médical et d'un
des pharmaciens adjoints à ce jury, soit de deux
membres de la commission spéciale instituée par
le décr. du 12 juill. 1851, sur l'exercice de la
pharmacie et désignés par le préfet ou par le général commandant la division.

Loi du 19 juill. 1845.

Art. 1. — Les contraventions aux ordonnances
portant règlement d'administration publique sur
la vente, l'achat et l'emploi des substances vénéneuses seront punies d'une amende de 100 fr. à
300 fr., et d'un emprisonnement de six jours à
deux mois, sauf application, s'il y a lieu, de l'art.
463 du c. pén. Dans tous les cas, les tribunaux
pourront prononcer la confiscation des substances
saisies en contravention.

Art. 2.—Les art. 34 et 35 de la loi du 21 germ.
an XI seront abrogés, à partir de la promulgation
de l'ordonnance qui aura statué sur la vente des
substances vénéneuses.

(1) Certaines substances vénéneuses, telles surtout que
le sulfure d'arsenic, entrent dans la composition des cosmétiques dont les indigènes se servent pour leur toilette
et pour la pratique même de quelques règles religieuses,
c'est dans le but de ne point porter atteinte à ces usages
que l'exception contenue dans l'art. 2 a été introduite, et
l'on a considéré que soumettre les indigènes à l'application rigoureuse de la loi française ce serait établir une
véritable prohibition aussi bien pour l'achat que pour la
vente, donner naissance aux ventes clandestines, plus dangereuses que les ventes licites et régulières, et concentrer
celles-ci entre les mains d'un petit nombre d'indigènes
plus intelligents, habitant les villes et qui se soumettraient
aux formalités prescrites par la loi. Aussi malgré les réclamations de la commission pharmaceutique de Constan-

tine, une instruction ministérielle du 28 mai 1857 a décidé que les dispositions de l'art. 2 précité devaient être
maintenues à la charge par les autorités désignées dans le
décret, d'apporter à la délivrance de l'autorisation la plus
grande réserve; de concentrer ce commerce dans chaque
localité entre les mains de quelques marchands en nombre aussi restreint que possible; de ne l'appliquer qu'aux
substances les moins vénéneuses et les plus indispensables aux usages indigènes; d'imposer la condition expresse de se conformer aux mêmes obligations que les
marchands européens, et notamment à celle du registre
d'inscription; de procéder à plusieurs visites dans le
courant de l'année; enfin de poursuivre rigoureusement la
répression des ventes clandestines.

Ord. du 29 oct. 1846.

Tit. 1.—*Du commerce des substances vénéneuses.*

Art. 1.—Quiconque voudra faire le commerce d'une ou plusieurs des substances comprises dans le tableau annexé à la présente ordonnance (1), sera tenu d'en faire préalablement la déclaration devant le maire de la commune, en indiquant le lieu où est situé son établissement.—Les chimistes, fabricants ou manufacturiers, employant une ou plusieurs desdites substances, seront également tenus d'en faire la déclaration dans la même forme. — Ladite déclaration sera inscrite sur un registre ce destiné, et dont un extrait sera remis au déclarant: elle devra être renouvelée dans le cas de déplacement de l'établissement.

Art. 2.—Les substances auxquelles s'applique la nouvelle ordonnance ne pourront être vendues ou livrées qu'aux commerçants chimistes, fabricants ou manufacturiers qui auront fait la déclaration prescrite par l'article précédent, ou aux pharmaciens. — Lesdites substances ne pourront être livrées que sur la demande écrite et signée de l'acheteur.

Art. 3. — Tous achats ou ventes de substances vénéneuses seront inscrits sur un registre spécial, coté et parafé par le maire ou le commissaire de police.—Les inscriptions seront faites de suite et sans aucun blanc, au moment même de l'achat ou de la vente; elles indiqueront l'espèce et la quantité des substances achetées ou vendues, ainsi que les noms, profession ou domicile des vendeurs ou des acheteurs.

Art. 4. — Les fabricants ou manufacturiers employant des substances vénéneuses en surveilleront l'emploi dans leur établissement, et constateront cet emploi sur un registre établi conformément au § 1 de l'art. 3.

Tit. 2. — *De la vente des substances vénéneuses par les pharmaciens.*

Art. 5. — La vente des substances vénéneuses ne peut être faite, pour l'usage de la médecine, que par les pharmaciens et sur la prescription d'un médecin, chirurgien, officier de santé ou d'un vétérinaire breveté.—Cette prescription doit être signée, datée et énoncer en toutes lettres la dose desdites substances, ainsi que le mode d'administration des médicaments.

Art. 6. — Les pharmaciens transcriront lesdites prescriptions avec les indications qui précèdent, sur un registre établi dans la forme déterminée par le § 1 de l'art. 3. Ces transcriptions devront être faites de suite et sans aucun blanc. — Les pharmaciens ne rendront les prescriptions que revêtues de leur cachet et après y avoir indiqué le jour où les substances auront été livrées, ainsi que le numéro d'ordre de sa transcription sur le registre. — Ledit registre sera conservé pendant vingt ans au moins, et devra être représenté à toute réquisition de l'autorité.

Art. 7. — Avant de délivrer la préparation médicale, le pharmacien y apposera une étiquette indiquant son nom et son domicile, et rappelant la destination interne ou externe du médicament.

Art. 8.—L'arsenic et ses composés ne pourront être vendus, pour d'autres usages que la médecine, que combinés avec d'autres substances.—Les formules de ces préparations seront arrêtées sous l'approbation du ministre de l'agriculture et du commerce, savoir: pour le traitement des animaux domestiques, par le conseil des professeurs de l'école nationale vétérinaire d'Alfort; pour la destruction des animaux nuisibles et pour la conservation des peaux et objets d'histoire naturelle, par l'école de pharmacie.

Art. 9. — Les préparations mentionnées dans l'article précédent ne pourront être vendues ou délivrées, que par les pharmaciens et seulement à des personnes connues et domiciliées. — Les quantités livrées, ainsi que le nom et le domicile des acheteurs, seront inscrits sur le registre spécial dont la tenue est prescrite par l'art. 4.

Art. 10. — La vente et l'emploi de l'arsenic et de ses composés sont interdits pour le chaulage des grains, l'embaumement des corps et la destruction des insectes.

Tit. 3.—*Dispositions générales.*

Art. 11. — Les substances vénéneuses doivent toujours être tenues, par les commerçants, fabricants, manufacturiers et pharmaciens, dans un endroit sûr et fermé à clef.

Art. 12. — L'expédition, l'emballage, le transport, l'emmagasinage et l'emploi doivent être effectués par les expéditeurs voituriers, commerçants et manufacturiers, avec les précautions nécessaires pour prévenir tout accident. — Les fûts, récipients ou enveloppes ayant servi directement à contenir les substances vénéneuses, ne pourront recevoir aucune autre destination.

Art. 13.—A Paris, et dans l'étendue du ressort de la préfecture de police, les déclarations prescrites par l'art. 1 seront faites devant le préfet de police.

Art. 14.—Indépendamment des visites qui doivent être faites en vertu de la loi du 21 germ. an XI, les maires ou commissaires de police, assistés, s'il y a lieu, d'un docteur en médecine désigné par le préfet, s'assureront de l'exécution des dispositions de la présente ordonnance (2). — Ils visiteront, à cet effet, les officines des pharmaciens, les boutiques et magasins des commerçants et manufacturiers, vendant ou employant lesdites substances; ils se feront représenter les registres mentionnés dans les art. 1, 3, 4 et 6, et constateront les contraventions. — Leurs procès-verbaux seront transmis au procureur de la République, pour l'application des peines prononcées par l'art. 1 de la loi du 19 juill. 1845.

Décr. du 8 juill. 1850.

Art. 1.—Le tableau des substances vénéneuses annexé à l'ordonnance du 29 oct. 1846 est remplacé par le tableau joint au présent décret.

Art. 2.—Dans les visites spéciales prescrites par l'art. 14 de l'ordonnance du 29 oct. 1846, les maires ou commissaires de police seront assistés, s'il y a lieu, soit d'un docteur en médecine, soit de deux professeurs d'une école de pharmacie, soit d'un membre du jury médical et d'un des pharmaciens adjoints à ce jury, désigné par le préfet (3).

Tableau des substances vénéneuses à annexer au décret du 8 juill. 1850.

Acide cyanhydrique.—Alcaloïdes végétaux vénéneux et leurs sels.—Arsenic et ses préparations.—Belladone, extrait et teinture.—Cantharides entières, poudre et extrait.—Chloroforme.—Ciguë, extrait et teinture.—Cyanure de mercure.—Cyanure de potassium.—Digitale, extrait et teinture.—Émétique.—Jusquiame, extrait et teinture.—Nicotine. — Nitrate de mercure —. Opium et son extrait.—Phosphore. — Seigle ergoté. — Stramonium, extrait et teinture.—Sublimé corrosif.

---

(1) Ce tableau a été remplacé par celui joint au décr. du 8 juill. 1850, ci-après.
(2) Modifié par l'art. 2 du décr. du 8 juill. 1850.

(3) Cette disposition a été remplacée pour l'Algérie par l'art. 3 du décr. du 12 juill. 1851.

Circ M. — 15 avr.-23 juill 1852. — B. 414. — *Vente du tannate de quinine.*

Par dépêche du 10 juin 1852, adressée à M. le gouverneur général, M. le ministre de la guerre a prescrit la publication de la circulaire suivante de M. le ministre de l'intérieur, et a en même temps autorisé la vente du tannate de quinine en Algérie.

Circulaire.—Paris, le 15 avril 1852.—Monsieur le préfet, par une circulaire émanée de l'ancien ministère de l'agriculture et du commerce, le 2 nov. 1850, vous avez reçu des instructions relatives aux remèdes nouveaux auxquels s'applique le décret du 3 mai 1850, et vous avez été averti que les jurys médicaux seraient successivement informés des approbations qui seraient données, à l'avenir, à des médicaments de cette espèce.

L'Académie nationale de médecine ayant jugé favorablement le tannate de quinine, qui lui avait été présenté par M. Barreswil, chimiste, j'ai donné mon approbation à ce fébrifuge, dont le mode de préparation est indiqué dans le *Bulletin de l'Académie* (t. 17, p. 415). — Les préparations de tannate de quinine pourront donc, conformément aux dispositions du décret précité, être vendues librement par les pharmaciens, sur la prescription des médecins en attendant qu'elles soient insérées dans la prochaine édition du Codex pharmaceutique; elles doivent être, en un mot, considérées comme étant, dès ce moment, insérées dans ce recueil.

Veuillez, je vous prie, porter cette décision à la connaissance du jury médical de votre département.

Circ. M. — 31 janv.-15 fév. 1853. — B. 451. — *Substances vénéneuses. — Interdiction du papier tue-mouches.*

Une circulaire ministérielle du 31 déc. dernier signale les dangers qui peuvent résulter de l'emploi des papiers dits tue-mouches, qui se vendent chez les droguistes, les épiciers ou les pharmaciens. — Ces papiers qui doivent, pour la plupart, leur propriétés toxiques à la présence de préparations solubles d'arsenic, d'acide arsénieux ou d'arséniate de potasse, peuvent devenir, entre les mains de personnes imprudentes ou mal intentionnées, la cause de graves accidents.

L'interdiction dont sont frappés, par l'art. 10 de l'ord. du 29 oct. 1846, la vente et l'emploi de l'arsenic et de ses composés, non-seulement pour le chaulage des grains et l'embaumement des corps, mais aussi pour la destruction des insectes, cette interdiction s'applique essentiellement aux papiers arsenicaux.

Quant à ceux qui seraient préparés avec d'autres toxiques indiqués au tableau des substances vénéneuses, ils peuvent être fabriqués et vendus, mais seulement avec les précautions exigées par les art. 1, 2, 3, 4, 11 et 12 de l'ordonnance précitée.

AG. — 3 août. 1855-16 mai 1857. — B. 508. — *Vente de médicaments toxiques. — Étiquettes spéciales.*

Vu les instructions de M. le ministre de la guerre, en date du 20 juill. 1855 ; la circulaire de M. le ministre du commerce, en date du 25 juin précédent ; les lois de police des 14 déc. 1789, 16-24 août 1790, 19-22 juill. 1791 ; les lois des 21 germ. an XI, 18 juill. 1857, et 19 juill. 1845 ; l'ordonn. royale du 29 oct. 1846, les décr. des 8 juill. 1850 et 12 juill. 1851, sur la vente des substances vénéneuses ;

Art. 1.—A dater de la publication du présent arrêté, les pharmaciens seront tenus de placer sur les fioles ou paquets contenant des médicaments toxiques destinés à l'usage externe, une étiquette spéciale indiquant cette destination. — Cette éti-

quette devra être conforme, quant à la couleur (rouge-orangé) et à l'inscription (portant les seuls mots : *médicament* pour l'usage *externe*, imprimés en noir et en caractères très-distincts), à l'échantillon annexé au présent arrêté.

Art. 2.—Les contraventions seront poursuivies et punies conformément à la loi.

Comte RANDON.

Art vétérinaire.

DP. — 12 juill.-28 août 1851. — B. 591. — *Réglement sur l'exercice de la profession de médecin ou maréchal vétérinaire.*

Vu le décr. du 15 janv. 1813 sur l'exercice de l'art vétérinaire ;

Art. 1. — Nul ne peut prendre en Algérie le titre de médecin ou de maréchal vétérinaire, s'il n'est breveté par l'une des écoles vétérinaires de France, conformément au tit. 1 du décr. du 15 janv. 1813.—Le titre de maréchal expert ne peut être pris que moyennant la justification d'un certificat d'apprentissage délivré dans les formes prescrites par les art. 15, 16 et 17 du décr. de 1813 et par l'art. 5 du présent décret.

Art. 2.—Les médecins et maréchaux vétérinaires et les maréchaux experts présentent leurs diplômes et leurs certificats à la mairie de leur résidence en territoire civil, et au bureau du commandant de place, en territoire militaire.

Art. 3.—Le préfet et le commandant de la division font enregistrer ces diplômes et dressent annuellement la liste des médecins et maréchaux vétérinaires, ainsi que des maréchaux experts exerçant dans la province.—Ces listes sont publiées et affichées dans toutes les communes.

Art. 4. — Nul ne peut être employé comme vétérinaire pour un service public, permanent ou temporaire, s'il n'est breveté médecin ou maréchal vétérinaire.

Art. 5. — Il y aura, dans les villes désignées par le ministre de la guerre, un médecin vétérinaire obligé d'y résider. Ce médecin recevra une indemnité de 800 fr. à 1,200 fr. prise sur les fonds du budget local et municipal. Il sera tenu de former un atelier de maréchalerie et de faire des élèves. A la fin de la seconde année d'apprentissage, il pourra délivrer à ses élèves un certificat de maréchal expert ; ce certificat sera visé par le préfet, en territoire civil, et par le général commandant la division en territoire militaire.

Dans les autres localités, tout médecin ou maréchal vétérinaire peut, sur sa demande, appuyée par le maire ou par l'officier public qui en remplit les fonctions, être autorisé par le préfet ou par le général commandant la division, suivant le territoire, à délivrer à ses apprentis, aux conditions fixées par le paragraphe précédent, des certificats de maréchal expert.—Ces certificats sont visés par le maire ou par l'officier public qui en remplit les fonctions.

Art. 6.—Aucun propriétaire ne peut prétendre à des indemnités pour pertes de bestiaux morts d'épizootie, s'il ne justifie qu'un vétérinaire breveté, civil ou militaire, a été appelé à les traiter.—Ce fait est constaté par un certificat émanant du vétérinaire appelé, et visé par le maire ou par l'officier qui en remplit les fonctions. — Toutefois, cette justification n'est pas nécessaire si, dans un rayon de 12 kilom. autour de l'habitation où l'épizootie a régné, il n'existe pas de vétérinaire breveté. [1]

Art. 7.—Les médecins et maréchaux vétérinaires, ainsi que les maréchaux experts actuellement établis en Algérie, se conformeront aux prescriptions de l'art. 2 du présent décret, dans le délai de deux mois à partir de sa promulgation. — La liste prescrite par l'art. 3 sera publiée dans le délai de trois mois, à partir de la même époque.

AM.—17 nov.-23 déc. 1851.—B. 599.—*Création d'un atelier de maréchalerie à Alger.*

Vu l'art. 3 du décr. du 12 juill. 1851 ;

Art. 1.—Un atelier de maréchalerie pour la formation de maréchaux experts sera établi dans la ville d'Alger.—Cet atelier sera tenu et dirigé par un médecin vétérinaire, breveté par l'une des écoles spéciales de France, dans les formes prescrites par l'ord. du 15 janv. 1843. — Ce praticien sera nommé par le gouverneur général; il prendra l'engagement de donner à ses élèves toutes les notions théoriques et pratiques qui constituent l'art du maréchal expert. — Il recevra à titre d'indemnité annuelle une allocation de 800 fr.

Art. 2.— L'apprentissage sera de deux années. —Les élèves, au moment de leur entrée dans l'atelier, seront inscrits sur un registre tenu à cet effet au secrétariat de la préfecture.—Cette inscription devra être renouvelée au commencement de la seconde année d'apprentissage.

A. DE SAINT-ARNAUD.

AM. — 22 déc. 1851-3 fév. 1852. — B. 403. — *Création d'un atelier de maréchalerie à Oran.*

Art. 1. — Un atelier de maréchalerie pour la formation de maréchaux experts sera établi dans la ville d'Oran.

Art 2.—Sont applicables à cette institution les dispositions de notre arr. du 17 nov. 1851, art. 1 et 2.

A. DE SAINT-ARNAUD.

AM. — 19 mars-17 avril 1852.—B. 409.—*Même création à Constantine.*

Arts et métiers (écoles des).

APE. — 19 déc. 1848-23 juill. 1849. — B. 525.— *Règlement concernant l'organisation et l'enseignement des écoles d'arts et métiers.*

Art. 1. — Le nombre des élèves, dans les écoles nationales d'arts et métiers, est et demeure fixé à 500 par école.

Art. 2. — Dans chaque école, l'État continue de prendre à sa charge : 1° 75 pensions entières; 2° 75 trois-quarts de pension; 3° 75 demi-pensions.

Il est affecté sur ce nombre, à chaque département une pension entière, deux trois-quarts de pension et deux demi-pensions.— Il est, en outre, affecté à chaque école 25 bons de dégrèvement d'un quart de pension, pour être répartis à la suite des examens de fin d'année, à titre de récompense et encouragement, à ceux des élèves qui s'en seront montrés dignes par leur progrès et leur bonne conduite.

Art. 3. — Les bourses affectées à des départements qui ne présenteraient pas de candidats admissibles seront à la disposition du ministre de l'agriculture et du commerce. — Le droit de présentation et d'examen attribué jusqu'ici à la société d'encouragement lui est maintenu.

Art. 4. — Tout Français, âgé de 15 à 17 ans, qui voudra concourir pour être admis dans ces écoles, devra en faire par écrit la déclaration au moins trois mois à l'avance, au chef-lieu de la préfecture de son département.—Il produira en même temps : 1° son acte de naissance; 2° un certificat d'un docteur-médecin, constatant que le candidat est d'une constitution forte et robuste, et particulièrement qu'il n'est atteint d'aucune maladie scrofuleuse, etc.; 3° un certificat de vaccination; 4° un certificat d'apprentissage, indiquant la date de l'en-

trée en apprentissage et la profession; 5° un certificat de bonnes vie et mœurs, délivré par l'instituteur ou les autorités locales; 6° l'engagement pris par les parents d'acquitter la pension ou la portion de pension laissée à la charge de la famille, ainsi que le prix du trousseau de 200 fr. et les 50 f. destinés à la masse particulière d'entretien de l'élève.

Art. 5. — Au chef-lieu de chaque département, un jury spécial convoqué par le préfet dans la première semaine du mois d'août procédera à l'examen des candidats aux écoles d'arts et métiers. — Ce jury, présidé par le préfet, sera composé : 1° de l'ingénieur en chef du département; 2° du premier professeur de mathématiques du lycée du chef-lieu; 3° d'un professeur de dessin choisi par le préfet; 4° de deux industriels, dont l'un mécanicien ou fondeur, l'autre menuisier ou entrepreneur de constructions, désignés par la chambre de commerce ou la chambre consultative des arts et manufactures ou à défaut par le préfet; 5° d'un membre du conseil général désigné par le préfet : 6° d'un docteur-médecin.

Art. 6. — L'examen portera sur la lecture, l'écriture, l'orthographe;—La pratique et la démonstration des quatre premières règles de l'arithmétique, les fractions et le système décimal inclusivement; — Les premiers éléments de la géométrie, jusques et y compris tout ce qui concerne les surfaces planes, du dessin linéaire ou d'ornement; — La pratique du métier dans lequel le candidat a fait son apprentissage.

Indépendamment de l'examen oral, les candidats auront à faire, sous les yeux du jury : — Une dictée, deux problèmes d'arithmétique, deux problèmes de géométrie, un dessin linéaire ou d'ornement.

Art. 7. — Le jury d'examen dressera la liste d'admissibilité par ordre de mérite. Cette liste, ainsi que les procès-verbaux à l'appui, sera transmise par le préfet au ministre de l'agriculture et du commerce.

Les bourses vacantes affectées aux départements, et celles à la nomination du ministre, ne pourront être accordées qu'aux seuls candidats reconnus admissibles par le jury. — Les bourses départementales appartiendront de droit aux candidats dans l'ordre de leur admissibilité. — Les autres bourses seront accordées en tenant compte tout à la fois du rang d'admissibilité, de l'âge du candidat, des services rendus au pays par la famille du candidat et de sa position de fortune.

Art. 8. — La durée des études est de trois années. —Toutefois, les élèves qui, dans le cours de la troisième année, se seront le plus distingués par leur conduite et leurs progrès, pourront obtenir, à titre de récompense, de faire une quatrième année dans une des écoles d'arts et métiers autre que celle à laquelle ils appartenaient. — Le ministre arrêtera le programme des cours de chacune des trois divisions de l'école.

A l'avenir, une commission composée des professeurs du conservatoire national des arts et métiers, et d'ingénieurs civils désignés par le ministre, formera un conseil de perfectionnement chargé de la rédaction des programmes des cours et de leur modification. — Les directeurs des écoles d'arts et métiers pourront être appelés à ce conseil.

Art. 9.—L'enseignement moral et religieux, au point de vue de l'éducation, sera confié dans chaque école à l'aumônier et au pasteur protestant.

Art. 10. — Il y aura quatre ateliers dans chacune des trois écoles : forges, fonderies et moulages divers, ajustage et serrurerie, tours, modèles et menuiserie.

Art. 11.—Les élèves, à leur entrée, seront, autant que possible, classés dans ceux des ateliers qui se rapprocheront davantage de l'art ou du métier dans lesquels ils auront fait une année d'apprentissage.

Art. 12. — Les sous-chefs d'atelier pourront être chargés, indépendamment de l'enseignement pratique, de la répétition des cours théoriques.

Art. 13. — Aucun maître externe ne sera introduit ni toléré, sous aucun prétexte; aucun élève externe ne pourra être admis aux cours ni aux travaux des écoles; il ne pourra être appelé dans les ateliers aucun ouvrier étranger, sans l'autorisation du ministre.

Art. 14. — Des examens auront lieu deux fois l'an : les premiers, au mois d'avril, par le directeur, assisté de l'ingénieur et d'un professeur désigné par le directeur; les seconds, à la fin de l'année scolaire, par les examinateurs nommés par le ministre de l'agriculture et du commerce.

Art. 15. — Ces examinateurs présideront à la distribution des prix; ils désigneront parmi les élèves de la troisième année les quinze jeunes gens qui se sont le plus distingués par leurs progrès. — Chacun de ces élèves recevra une médaille d'argent, portant son nom avec ces mots : *Ecole d'arts et métiers*. — *Récompense*. Indépendamment de cette récompense, le ministre pourra allouer un encouragement pécuniaire à ceux qu'il en jugera dignes; mais cet encouragement ne sera délivré qu'après avoir justifié d'une année entière passée dans des ateliers particuliers.

Art. 16 à 22. — (Organisation du personnel administratif et enseignant des écoles.)

Art. 23. — Les règlements intérieurs des écoles seront faits par le ministre de l'agriculture et du commerce.   E. CAVAIGNAC.

(*En exécution de cet arrêté, un jury d'examen des aspirants est nommé chaque année dans chacun des trois départements de l'Algérie.*)

Assesseurs musulmans.

OR. — 10 août 1834 (V. *Justice*, § 1). — *Art. 18, 24, 28, 29, 35, 36.* — *Institution d'assesseurs musulmans près les tribunaux.* — *Attributions.*

AG. — 11-28 nov. 1834. — B. 2. — *Nomination de quatre assesseurs musulmans près les juridictions d'Alger.* — *Droits de présence fixés à 12 fr. pour chaque jour d'audience civile ou correctionnelle du tribunal de première instance, et à 15 fr. pour chaque jour d'audience civile ou criminelle du tribunal supérieur.*

OR. — 28 fév. 1841 (V. *Justice*, § 1). — *Art. 21, 34, 41, 42.* — *Les assesseurs sont maintenus avec les mêmes attributions.*

OR. — 26 sept. 1842 (V. *Justice*, § 1). — *Art. 30, 40.* — *Les assesseurs sont supprimés en matière criminelle.*

AM. — 29 déc. 1846, 15 fév. 1847. — B. 247 bis. — *Droits de présence fixés à 3 fr. par jugement par défaut, et 6 fr. par jugement contradictoire.* (*Par dérogation à cet arrêté, et,*

à partir du 1er janv. 1859, l'assesseur musulman près la cour impériale est porté au budget pour un traitement fixe de 3,000 fr.)

DI. — 31 déc. 1859. (V. *Justice musulmane*). — *Institution de deux assesseurs près les tribunaux pour le jugement des affaires entre musulmans.*

Assistance judiciaire.

DI. — 2-7 mars 1859. — BM. 19. — *Règlement spécial* (1).

Vu la loi du 22 janv. 1851;

Art. 1. — L'assistance judiciaire est accordée aux indigents, en Algérie, dans les cas prévus par le présent règlement.

Tit. 1. — *De l'assistance judiciaire en matière civile.*

Chap. 1. — *Des formes dans lesquelles l'assistance judiciaire est accordée.*

Art. 2. — L'admission à l'assistance judiciaire devant les tribunaux civils, les tribunaux de commerce, les juges de paix, les commissaires civils et les juges militaires, est prononcée par un bureau spécial, établi au chef-lieu judiciaire de chaque arrondissement, et composé : — 1° Du procureur impérial près le tribunal de 1re instance ou de son substitut ; — 2° Du directeur de l'enregistrement et des domaines ou d'un agent de cette administration délégué par lui ; — 3° D'un délégué du préfet ; — 4° De deux autres membres pris parmi les anciens magistrats, les avocats ou anciens avocats, les défenseurs ou anciens défenseurs, les avoués ou anciens avoués, les notaires ou anciens notaires, et qui seront nommés par le tribunal civil.

Art. 3. — Le bureau d'assistance établi près la cour impériale est composé : — 1° D'un membre du parquet de la cour, désigné par le procureur général ; — 2° De deux délégués nommés ainsi qu'il est dit dans les numéros 2 et 3 de l'article précédent ; — 3° De deux autres membres parmi les anciens magistrats, les avocats ou anciens avocats, les défenseurs ou anciens défenseurs, les avoués ou anciens avoués, les notaires ou anciens notaires, et qui seront nommés, en assemblée générale, par la cour.

Art. 4. — Lorsqu'un musulman réclame l'assistance judiciaire devant un tribunal français, un des assesseurs musulmans en fonctions au chef-lieu d'arrondissement est adjoint au bureau avec voix délibérative. Cet assesseur est désigné par le procureur impérial, si l'affaire doit être portée devant le tribunal civil, le tribunal de commerce, le juge de paix, le commissaire civil ou devant un juge militaire. — Lorsque le procès ressortit à la cour impériale, cette désignation est faite par le procureur général.

Art. 5. — Lorsque le nombre des affaires l'exige, le bureau peut, en vertu d'une décision du prince chargé du ministère de l'Algérie et des colonies,

---

(1) *Rapport à l'empereur.* — Sire, le service de l'assistance judiciaire a été organisé en France sur les bases les plus larges et les plus libérales par la loi des 22-30 janv. 1851. — Un décret spécial a admis les colonies de la Martinique, de la Guadeloupe et de la Réunion à participer au bénéfice de cette institution. Je viens aujourd'hui proposer à V. M. d'étendre le même bienfait à l'Algérie.

...En Algérie, plus peut-être que partout ailleurs, l'organisation de l'assistance judiciaire est appelée à sauvegarder des intérêts légitimes, en mettant les moyens de réclamer la protection des lois à la portée des indigents, souvent exposés, faute de ressources pécuniaires, à s'incliner devant les exigences de la cupidité ou de la mau-

vaise foi. — Le décret ci-joint emprunte la plupart de ses dispositions à la loi du 22 janv. 1851. Néanmoins, quelques modifications, motivées par les circonstances locales, ont dû y être introduites, dans le but d'étendre le bénéfice de l'assistance judiciaire aux instances portées devant certaines juridictions spéciales à la colonie, telles que celles des commissaires civils et des juges militaires. — J'ai dû me préoccuper, en même temps, des moyens de rendre les avantages de la nouvelle institution aussi accessibles que possible à la population indigène; aussi ai-je prévu l'adjonction d'un assesseur musulman au bureau d'assistance judiciaire toutes les fois qu'il s'agira de statuer sur une demande d'assistance formée par un musulman.   NAPOLÉON (Jérôme).

prise sur l'avis du tribunal ou de la cour, être divisé en plusieurs sections.—Dans ce cas, les règles prescrites par les art. 2 et 3, relativement au nombre des membres du bureau et à leur nomination, s'appliquent à chaque section.

Art. 6.— Le bureau d'assistance, ou la section, est présidé par le membre du parquet présent à la séance, et, à son défaut, par celui de ses membres que le bureau ou la section désigne. Les fonctions de secrétaire sont remplies par le greffier de la juridiction près laquelle il est établi, ou par un de ses commis assermentés. — Le bureau ne peut délibérer qu'au nombre de trois membres au moins, non compris le secrétaire qui n'a pas voix délibérative. — Les décisions sont prises à la majorité; en cas de partage, la voix du président est prépondérante.

Art. 7.— Les membres du bureau, nommés par le tribunal ou par la cour, sont soumis au renouvellement, au commencement de chaque année judiciaire et dans le mois qui suit la rentrée; les membres sortants peuvent être réélus.

Art. 8.— Toute personne qui réclame l'assistance adresse sa demande sur papier libre au procureur impérial du tribunal de son domicile. Ce magistrat la soumet au bureau établi près ce tribunal. Si le tribunal n'est pas compétent pour statuer sur le litige, le bureau se borne à recueillir des renseignements, tant sur l'indigence que sur le fond de l'affaire. Il peut entendre les parties. Si elles ne sont pas accordées, il transmet, par l'intermédiaire du procureur impérial, la demande, le résultat de ses informations et les pièces, au bureau établi près la juridiction compétente.

Art. 9.—Si la juridiction devant laquelle l'assistance a été admise se déclare incompétente, et que, par suite de cette décision, l'affaire soit portée devant une autre juridiction de même nature et de même ordre, le bénéfice de l'assistance subsiste devant cette dernière juridiction. — Celui qui a été admis à l'assistance judiciaire devant une première juridiction continue à en jouir sur l'appel interjeté contre lui, dans le cas même où il se rendrait incidemment appelant. Il continue pareillement à en jouir sur le pourvoi en cassation formé contre lui.—Lorsque c'est l'assisté qui émet un appel principal ou qui forme un pourvoi en cassation, il ne peut, sur cet appel ou sur ce pourvoi, jouir de l'assistance qu'autant qu'il y est admis par une décision nouvelle. Pour y parvenir, il doit adresser sa demande, savoir : — S'il s'agit d'un appel à porter devant le tribunal civil, au procureur impérial près ce tribunal ; — S'il s'agit d'un appel à porter devant la cour impériale, au procureur général près cette cour; — S'il s'agit d'un pourvoi en cassation, au procureur général près la cour de cassation. — Le magistrat à qui la demande est adressée en fait la remise au bureau compétent.

Art. 10.— Quiconque demande à être admis à l'assistance judiciaire doit fournir :—1° Un extrait du rôle de ses contributions ou un certificat du receveur de son domicile constatant qu'il n'est pas imposé ; — 2° Un déclaration attestant qu'il est, à raison de son indigence, dans l'impossibilité d'exercer ses droits en justice, et contenant l'énumération détaillée de ses moyens d'existence, quels qu'ils soient.—Le réclamant affirme la sincérité de sa déclaration devant le maire ou l'adjoint au maire de la commune de son domicile; dans les localités où il n'existe pas de maire, devant le fonctionnaire faisant fonction d'officier de l'état civil, si le réclamant est européen ou israélite; devant le cadi, si le réclamant est musulman; à défaut de cadi dans la localité, devant l'officier des affaires arabes.—Le maire ou le fonctionnaire qui le remplacera pour ce cas donnera acte au

réclamant de son affirmation au bas de sa déclaration.

Art. 11.—Le bureau prend toutes les informations nécessaires pour s'éclairer sur l'indigence du demandeur, si l'instruction déjà faite par le bureau du domicile du demandeur, dans le cas prévu par l'art. 8, ne lui fournit pas, à cet égard, des documents suffisants.—Il donne avis à la partie adverse qu'elle peut se présenter devant lui, soit pour contester l'indigence, soit pour fournir des explications sur le fond. — Si elle comparaît, le bureau emploie ses bons offices pour opérer un arrangement amiable.

Art. 12.— Les décisions du bureau ne contiennent que l'exposé sommaire des faits et des moyens, et la déclaration que l'assistance est accordée ou qu'elle est refusée, sans expression de motifs.— Les décisions du bureau ne sont susceptibles d'aucun recours. —Néanmoins, le procureur général, après avoir pris communication de la décision d'un bureau établi près le tribunal civil et des pièces à l'appui, peut, sans retard de l'instruction, ni du jugement, déférer cette décision au bureau établi près la cour impériale, pour être réformée, s'il y a lieu. — Le procureur général près la cour de cassation et le procureur général près la cour impériale peuvent aussi se faire envoyer les décisions des bureaux d'assistance qui ont été rendues dans une affaire sur laquelle le bureau d'assistance établi près de l'une ou de l'autre de ces cours est appelé à statuer, si ce dernier bureau en fait la demande.— Hors les cas prévus par les deux paragraphes précédents, les décisions du bureau ne peuvent être communiquées qu'à la personne qui a demandé l'assistance et à ses conseils; le tout sans déplacement.— Elles ne peuvent être produites ni discutées en justice, si ce n'est devant la police correctionnelle, dans le cas prévu par l'art. 26 du présent règlement.

CHAP. 2. — *Des effets de l'assistance judiciaire.*

Art. 13. — Dans les trois jours de l'admission à l'assistance judiciaire, le procureur impérial envoie au président de la cour ou du tribunal, au juge de paix, au commissaire civil ou au juge militaire, un extrait de la décision portant seulement que l'assistance est accordée; il y joint les pièces de l'affaire. — Si la cause est portée devant la cour ou le tribunal civil, le président invite le bâtonnier de l'ordre des avocats, le président de la chambre des défenseurs ou des avoués et le syndic des huissiers à désigner l'avocat, le défenseur ou l'avoué et l'huissier qui prêteront leur ministère à l'assisté. — S'il n'existe pas de bâtonnier, ou s'il n'y a pas de chambre de discipline des défenseurs, avoués ou huissiers, la désignation est faite par le président du tribunal. — Si la cause est portée devant un tribunal de commerce ou devant un juge de paix, le président du tribunal ou le juge de paix invite le syndic des huissiers à désigner un huissier. Dans les localités où il n'existera pas de syndic, cette désignation sera faite par le juge de paix. — Si la cause est portée devant un commissaire civil, ou un juge militaire, les actes du ministère des huissiers seront faits par l'agent qui en remplit les fonctions. — Dans le même délai de trois jours, le secrétaire envoie un extrait de la décision au receveur de l'enregistrement.

Art. 14.— L'assisté est dispensé provisoirement du payement des sommes dues au trésor pour droit de timbre, d'enregistrement et de greffe ainsi que de toute consignation d'amende. — Il est aussi dispensé provisoirement du payement des sommes dues aux greffiers ou aux officiers ministériels et aux avocats pour droits, émoluments et honoraires. — Les actes de la procédure faite à la requête de l'assisté sont visés pour timbre et enregistrés en débet. — Le visa pour timbre est donné sur l'original au moment de son enregistrement. — Les actes et titres produits par l'assisté pour justifier de ses droits et qualités sont pareillement visés pour timbre et enregistrés en débet. — Si ces actes et titres sont du nombre de ceux dont les lois ordonnent l'enregistrement dans un délai déterminé, les droits d'enregistrement deviennent exigibles immédiatement après le jugement définitif; il en est de même des sommes dues pour contraventions aux lois sur le timbre. — Si ces actes et titres ne sont pas du nombre de ceux dont les lois ordonnent l'enregistrement dans un délai déterminé, les droits d'enregistrement de ces actes et titres sont assimilés à ceux des actes de la procédure. — Le visa pour timbre et l'enregistrement en débet doivent mentionner la date de la décision qui admet au bénéfice de l'assistance; ils n'ont d'effet, quant aux actes et titres produits par l'assisté, que pour le procès dans lequel la production a eu lieu. — Les frais de transport des juges, des officiers ministériels et des experts, les honoraires de ces derniers et les taxes des témoins dont l'audition a été autorisée par le tribunal ou le juge commissaire, sont avancés par le trésor, conformément à l'art. 118 du décr. du 18 juin 1811. Le § 6 du présent article s'applique au recouvrement de ces avances.

Art. 15. — Le ministère public est entendu dans toutes les affaires dans lesquelles l'une des parties a été admise au bénéfice de l'assistance.

Art. 16. — Les notaires, greffiers, interprètes, traducteurs et tous les dépositaires publics ne sont tenus à la délivrance ou à la traduction gratuite des actes et expéditions réclamés par l'assisté, que sur une ordonnance du président, du juge de paix, du commissaire civil ou du juge militaire. — Les assesseurs musulmans n'auront provisoirement droit à aucune vacation dans les affaires où il y aura lieu à l'assistance judiciaire, sauf ce qui est dit en l'art. 14, en cas de transport.

Art. 17. — En cas de condamnation aux dépens prononcée contre l'adversaire de l'assisté, la taxe comprend tous les droits, frais de toute nature, honoraires et émoluments auxquels l'assisté aurait été tenu s'il n'y avait pas eu assistance judiciaire.

Art. 18. — Dans le cas prévu par l'article précédent, la condamnation est prononcée et l'exécutoire est délivré au nom de l'administration de l'enregistrement et des domaines, qui en poursuit le recouvrement comme en matière d'enregistrement. — Il est délivré un exécutoire séparé au nom de l'administration de l'enregistrement et des domaines pour les droits qui, n'étant pas compris dans l'exécutoire délivré contre la partie adverse, restent dus par l'assisté au trésor, conformément au § 6 de l'art. 14. — L'administration de l'enregistrement et des domaines fait immédiatement aux divers ayants droit la distribution des sommes recouvrées. — La créance du trésor pour les avances qu'il a faites, ainsi que pour tous droits de greffe, d'enregistrement et de timbre, a la préférence sur celle des autres ayants droit.

Art. 19. — En cas de condamnation aux dépens prononcée contre l'assisté, il est procédé, conformément aux règles tracées par l'article précédent, au recouvrement des sommes dues au trésor, en vertu des §§ 6 et 9 de l'art. 14.

Art. 20. — Les greffiers sont tenus de transmettre, dans le mois, au receveur de l'enregistrement, l'extrait du jugement de condamnation ou l'exécutoire, sous peine de 10 fr. d'amende pour chaque extrait de jugement ou chaque exécutoire non transmis dans ledit délai.

CHAP. 3. — Du retrait de l'assistance judiciaire.

Art. 21. — Devant toutes les juridictions, le bénéfice de l'assistance peut être retiré en tout état de cause, soit avant, soit même après le jugement: — 1° S'il survient à l'assisté des ressources reconnues suffisantes; — 2° S'il a surpris la décision du bureau par une déclaration frauduleuse.

Art. 22. — Le retrait de l'assistance peut être demandé, soit par le ministère public, soit par la partie adverse. — Il peut être aussi prononcé d'office par le bureau. — Dans tous les cas, il est motivé.

Art. 23. — L'assistance judiciaire ne peut être retirée qu'après que l'assisté a été entendu ou mis en demeure de s'expliquer.

Art. 24. — Le retrait de l'assistance judiciaire a pour effet de rendre immédiatement exigibles les droits, honoraires, émoluments et avances de toute nature dont l'assisté avait été dispensé. — Dans tous les cas où l'assistance judiciaire est retirée, le secrétaire du bureau est tenu d'en informer immédiatement le receveur de l'enregistrement, qui procédera au recouvrement et à la répartition suivant les règles tracées en l'art. 18 ci-dessus.

Art. 25. — L'action tendant au recouvrement de l'exécutoire délivré à la régie de l'enregistrement et des domaines, soit contre l'assisté, soit contre la partie adverse, se prescrit par dix ans. — La prescription de l'action de l'adversaire de l'assisté contre celui-ci, pour les dépens auxquels il a été condamné envers lui, reste soumise au droit commun.

Art. 26. — Si le retrait de l'assistance a pour cause une déclaration frauduleuse de l'assisté, relativement à son indigence, celui-ci peut, sur l'avis du bureau, être traduit devant le tribunal de police correctionnelle et condamné, indépendamment du payement des droits et frais de toute nature dont il avait été dispensé, à une amende égale au montant de ces droits et frais, sans que cette amende puisse être au-dessous de 100 fr., et à un emprisonnement de huit jours au moins et de six mois au plus. — L'art. 463 c. pén. est applicable.

TIT. 2. — De l'assistance judiciaire en matière criminelle et correctionnelle.

Art. 27. — Il est pourvu à la défense des accusés devant les cours d'assises, conformément aux dispositions de l'art. 294 c. inst. crim.

Art. 28. — Les présidents des tribunaux correctionnels désignent un défenseur d'office aux prévenus poursuivis à la requête du ministère public, ou détenus préventivement, lorsqu'ils en font la demande, et que leur indigence est constatée, soit par les pièces désignées dans l'art. 10, soit par tous autres documents.

Art. 29. — Les présidents des cours d'assises et les présidents des tribunaux correctionnels peuvent, même avant le jour fixé pour l'audience, ordonner l'assignation des témoins qui leur sont indiqués par l'accusé ou le prévenu indigent, dans le cas où la déclaration de ces témoins serait jugée utile pour la découverte de la vérité. — Peuvent être également ordonnées d'office toutes productions et vérifications de pièces. — Les mesures ainsi prescrites sont exécutées à la requête du ministère public.

Attroupements.

LOI. — 7 juin 1848-27 juill. 1849. — B. 326. — Sur les attroupements.

Art. 1. — Tout attroupement armé formé sur la voie publique est interdit. — Est également interdit, sur la voie publique, tout attroupement non armé qui pourrait troubler la tranquillité publique.

Art. 2. — L'attroupement est armé : 1° quand plusieurs des individus qui le composent sont porteurs d'armes apparentes ou cachées ; 2° lorsqu'un seul de ces individus, porteur d'armes apparentes n'est pas immédiatement expulsé de l'attroupement par ceux-là mêmes qui en font partie.

Art. 3. — Lorsqu'un attroupement armé ou non armé se sera formé sur la voie publique, le maire ou l'un de ses adjoints, à leur défaut le commissaire de police ou tout autre agent ou dépositaire de la force publique et du pouvoir exécutif, portant l'écharpe tricolore, se rendra sur le lieu de l'attroupement. — Un roulement de tambour annoncera l'arrivée du magistrat. — Si l'attroupement est armé, le magistrat lui fera sommation de se dissoudre et de se retirer. — Cette première sommation restant sans effet, une seconde sommation, précédée d'un roulement de tambour, sera faite par le magistrat. — En cas de résistance, l'attroupement sera dissipé par la force. — Si l'attroupement est sans armes, le magistrat, après le premier roulement de tambour, exhortera les citoyens à se disperser. S'ils ne se retirent pas, trois sommations seront successivement faites. — En cas de résistance, l'attroupement sera dissipé par la force.

Art. 4. — Quiconque aura fait partie d'un rassemblement armé sera puni comme il suit : — Si l'attroupement s'est dissipé après la première sommation et sans avoir fait usage de ses armes, la peine sera d'un mois à un an d'emprisonnement. — Si l'attroupement s'est formé pendant la nuit, la peine sera d'un an à trois ans d'emprisonnement. — Néanmoins, il ne sera prononcé aucune peine pour fait d'attroupement contre ceux qui, en ayant fait partie, sans être personnellement armés, se seront retirés sur la première sommation de l'autorité.

Si l'attroupement ne s'est dissipé qu'après la deuxième sommation, mais avant l'emploi de la force, et sans qu'il ait fait usage de ses armes, la peine sera de un à trois ans, et de deux à cinq ans, si l'attroupement s'est formé pendant la nuit.

Si l'attroupement ne s'est dissipé que devant la force ou après avoir fait usage de ses armes, la peine sera de cinq à dix ans de détention pour le premier cas, et de cinq à dix ans de reclusion pour le second cas. Si l'attroupement s'est formé pendant la nuit, la peine sera la reclusion.

L'aggravation de peine résultant des circonstances prévues par la disposition du § 5 qui précède, ne sera applicable aux individus non armés faisant partie d'un attroupement réputé armé, dans le cas d'armes cachées, que lorsqu'ils auront eu connaissance de la présence dans l'attroupement de plusieurs personnes portant des armes cachées, sauf l'application des peines portées par les autres paragraphes du présent article.

Dans tous les cas prévus par les §§ 3, 4 et 5 du présent article, les coupables condamnés à des peines de police correctionnelle pourront être interdits, pendant un an au moins et cinq ans au plus, de tout ou partie des droits mentionnés en l'art 42 c. pén.

Art. 5. — Quiconque faisant partie d'un attroupement non armé ne l'aura pas abandonné après le roulement de tambour précédant la deuxième sommation sera puni d'un emprisonnement de quinze jours à six mois. — Si l'attroupement n'a pu être dissipé que par la force, la peine sera de six mois à deux ans.

Art. 6. — Toute provocation directe à un attroupement armé ou non armé, par des discours proférés publiquement et par des écrits ou des imprimés, affichés ou distribués, sera puni comme le crime et le délit, selon les distinctions ci-dessus établies. — Les imprimeurs, graveurs, lithographes, afficheurs et distributeurs seront punis comme complices, lorsqu'ils auront agi sciemment. — Si la proposition faite par les moyens ci-dessus n'a pas été suivie d'effet, elle sera punie, s'il s'agit d'une provocation à un attroupement nocturne et armé, d'un emprisonnement de six mois à un an ; s'il s'agit d'un attroupement non armé, l'emprisonnement sera de un mois à trois mois.

Art. 7. — Les poursuites dirigées pour crime ou délit d'attroupement ne font aucun obstacle à la poursuite pour crimes et délits particuliers qui auraient été commis au milieu des attroupements.

Art. 8. — L'art. 463 c. pén. est applicable aux crimes et délits prévus et punis par la présente loi.

Art. 9. — La mise en liberté provisoire pourra toujours être accordée avec ou sans caution.

Art. 10. — Les poursuites pour délits et crimes d'attroupements seront portées devant la cour d'assises.

V. Charon.

Avocats.

AG. — 16-26 avr. 1848. — B. 272. — *Etablissement d'un tableau des avocats.*

Le conseil supérieur d'administration entendu ; — Vu la loi du 22 vent. an XII ;— Les décr. des 14 déc. 1810, 2 juill. 1812 ; — Les ord. des 20 nov. 1822, 27 août 1830, sur la profession d'avocat en France ; — Les ord. et arr. des 27 janv. 1835, 13 juill. 1837, 26 nov. 1841, 16 avr. 1843, sur les défenseurs près les tribunaux en Algérie ; — L'ord. du 15 avr. 1845 ; (*Admin. gén.*, § 1).

Considérant que d'après la législation spéciale de l'Algérie, les citoyens ne peuvent se faire défendre en justice que par des défenseurs nommés par le gouvernement, lesquels réunissent le double privilège de la postulation et de la plaidoirie ; — Considérant qu'un tel état de choses est contraire aux droits et à la liberté de la défense ; — Arrête d'urgence ;

Art. 1. — Il sera formé près la cour d'appel d'Alger et près les tribunaux de son ressort un tableau des avocats.

Art. 2. — La profession d'avocat y sera exercée au même titre, aux mêmes conditions et soumise aux mêmes règles de discipline qu'en France.

Art. 3. — Le premier tableau des avocats sera dressé et arrêté par la cour d'appel sur l'avis du procureur général et pour les tribunaux du ressort, sur l'avis du commissaire du gouvernement près les tribunaux.

Art. 4. — Si, dans les six mois de la formation de ce premier tableau, le nombre des avocats inscrits le permet, il sera procédé à la formation du tableau, à la nomination du bâtonnier et du conseil de discipline, conformément aux dispositions de l'ord. du 27 août 1830.

Art. 5. — Jusqu'à ce qu'il ait été statué ou ordonné autrement, les défenseurs actuellement en exercice en Algérie continueront concurremment avec les avocats inscrits au tableau, de jouir du droit de plaider devant la cour et les tribunaux ; ils rempliront en outre provisoirement les fonctions d'avoués.

Art. 6. — Le présent arrêté sera soumis à l'approbation de M. le ministre de la guerre et provisoirement exécuté.

E. Cavaignac.

B

Banque de l'Algérie.

Une loi du 19 juill. 1845 avait autorisé la banque de France à établir un comptoir d'escompte à Alger, au capital de 10 millions, dont deux seraient fournis par la banque et huit par les actionnaires, au moyen d'une émission de huit mille actions de 1,000 fr. chacune; elle ordonnait, en outre, que les conditions d'émission et les autres détails d'exécution seraient déterminés par une ord. roy., rendue dans la forme des règlements d'administration publique. Cette ordonnance ne fut rendue que le 16 déc. 1847. Mais les événements politiques de 1848 survinrent avant que les opérations du comptoir eussent pu commencer, et la banque obtint que l'ordonnance fût rapportée, et qu'aucune suite ne fût donnée à cette création.

A cette époque fut promulgué, en Algérie, le décret du 15 mars, qui établissait le cours légal et forcé des billets de la banque de France, autorisait l'émission de coupures qui ne pouvaient être inférieures à 100 fr., et fixait à 350 millions le maximum de la circulation. Ce décret a été abrogé par une loi du 6 août 1850, excepté en ce qui concerne l'émission des coupures de 100 fr. et au-dessus.

Mais, en même temps que la banque renonçait à l'établissement d'un comptoir à Alger, un décret du gouvernement provisoire, du 7 mars 1848, autorisait la création, dans toutes les villes industrielles et commerciales, d'un comptoir national d'escompte destiné à répandre le crédit, et à l'étendre à toutes les branches de la production.

En vertu de ce décret, un comptoir d'escompte fut établi à Alger, et vint offrir au commerce des facilités et des garanties qui devaient l'aider à traverser la crise financière qui pesait si cruellement sur la colonie depuis 1847. Ses opérations ont duré trois ans, et n'ont cessé qu'au moment où il a été remplacé par la banque de l'Algérie créée en 1851.

Loi. — 4-28 août 1851. — B. 391. — *Institution et statuts de la banque.*

Art. 1. — Il sera fondé à Alger une banque d'escompte, de circulation et de dépôt, sous la désignation de *Banque de l'Algérie.*

Art. 2. — Le capital de la banque est fixé à 3 millions de francs, représentés par six mille actions de 500 fr., dont deux mille resteront spécialement affectées au remboursement du prêt stipulé à l'article ci-après.

Art. 3. — Une somme de 1 million de francs sera avancée à la banque par l'État, à titre de prêt subventionnel. — Trois ans après l'ouverture des opérations de la banque, le remboursement de ce prêt pourra être effectué au moyen de l'émission des deux mille actions réservées, comme il est dit à l'art. 2.

Art. 4. — La banque est autorisée, à l'exclusion de tous autres établissements, à émettre des billets au porteur de 1,000, 500, 100 et 50 fr. — Ces billets seront remboursables à vue au siége de la banque.

Art. 5. — La durée du privilége conféré à la banque est de vingt années, à partir du jour de la promulgation de la présente loi en Algérie.

Art. 6. — Le montant des billets en circulation, cumulé avec celui des sommes dues par la banque en compte courant, ne pourra excéder le triple du numéraire existant en caisse. — L'excédant du passif sur le numéraire en caisse ne pourra dépasser le triple du capital réalisé.

Art. 7. — Aucune opposition n'est admise sur les fonds déposés en compte courant à la banque de l'Algérie.

Art. 8. — Les entrepôts de douane, et tous autres magasins désignés à cet effet par le ministre des finances, seront considérés comme magasins publics, où pourront être déposées les marchandises affectées à des nantissements. La marchandise sera représentée par un récépissé qui pourra être transporté par voie d'endossement ou par un contrat non négociable.

Art. 9. — Tous actes qui ont pour objet de constituer les nantissements par voie d'engagement, de transport ou autrement, au profit de la banque, et d'établir ses droits comme créancière, seront enregistrés au droit fixe de 2 fr.

Art. 10. — A défaut de remboursement à l'échéance des sommes prêtées, la banque est autorisée, huit jours après une simple mise en demeure, à faire vendre aux enchères publiques, et par le ministère des courtiers de commerce, nonobstant toute opposition, soit les marchandises, soit les matières d'or ou d'argent données en nantissement, sans préjudice des autres poursuites qui pourront être exercées contre les débiteurs, jusqu'à entier remboursement des sommes prêtées, en capital, intérêts et frais.

Art. 11. — Les souscripteurs, accepteurs, endosseurs ou donneurs d'aval d'effets souscrits en faveur de la banque de l'Algérie, ou négociés à cet établissement, seront justiciables des tribunaux de commerce, à raison de ces engagements ou des nantissements ou autres sûretés y relatifs.

Art. 12. — La banque de l'Algérie pourra prêter sur effets publics, à échéances indéterminées, conformément aux dispositions de la loi du 17 mai 1834 et de l'ord. du 15 juin suivant.

Art. 13. — Des succursales de la banque pourront être établies dans les villes de l'Algérie, sur la délibération de son conseil d'administration, approuvée par décret du président de la République, rendu sur le rapport du ministre des finances, d'accord avec le département de la guerre, le conseil d'État entendu. — La suppression de ces établissements pourra être prononcée dans la même forme.

Art. 14. — Les billets, traites et mandats émis par la banque algérienne et par ses succursales sont affranchis de la formalité préalable du timbre proportionnel. — Le droit sera perçu par voie d'abonnement, conformément à l'art. 9 de la loi du 30 juin 1840.

Art. 15. — Le ministre des finances rendra compte, chaque année, à l'assemblée nationale et au président de la République, de la situation de la banque. Cette situation sera publiée dans le *Moniteur universel* et dans le *Moniteur algérien*.

Statuts pour la banque de l'Algérie.

Tit. 1. — *Constitution de la banque et nature des opérations qui lui sont attribuées.*

Sect. 1. — *Constitution, durée et siége de la société.*

Art. 1. — Il est établi en Algérie une banque d'escompte, de circulation et de dépôt, sous la dénomination de *Banque de l'Algérie.*

Art. 2. — Cette banque est constituée en société anonyme.

Art. 3. — La durée de la société est fixée à vingt

ans, qui courront du jour de la promulgation en Algérie de la loi, sauf les cas prévus au titre des dispositions générales.

Art. 4.—Le siège de la société est établi dans la ville d'Alger.

Art. 5.—La banque pourra établir des succursales dans les villes de l'Algérie. Ces succursales seront créées en vertu d'une délibération de son conseil d'administration, approuvée par un décret du président de la République, rendu sur la proposition du ministre des finances, d'accord avec le département de la guerre, et le conseil d'Etat entendu.

Sect. 2. — Du capital et des actions.

Art. 6. — Le capital est fixé à 3 millions de francs.—Il est représenté par six mille actions de 500 fr. chacune, dont deux mille resteront exclusivement affectées au remboursement d'un prêt de 1 million fait par l'Etat.

Art. 7.—La banque commencera ses opérations lorsqu'elle aura réalisé, par l'émission de deux mille actions, le tiers de son capital, et reçu de l'Etat une avance de 500,000 fr.

Art. 8.—L'émission des deux mille actions suivantes aura lieu au fur et à mesure des besoins, sur délibération du conseil d'administration, approuvée par le ministre des finances, et sous la condition que les avances de l'Etat seront augmentées, à chaque émission, d'une somme égale à la moitié du capital réalisé.

Art. 9.—Trois ans après l'ouverture des opérations, le ministre des finances aura droit de demander que les deux mille dernières actions soient émises pour rembourser les avances de l'Etat.

Art. 10.—Les actions à émettre seront attribuées par préférence aux actionnaires. Aucune action ne pourra être émise au-dessous du pair.

Art. 11. — Les actions sont nominatives ou au porteur, au choix du souscripteur; elles sont inscrites sur un registre à souche, et le certificat détaché porte les signatures du directeur, d'un administrateur et d'un censeur. — Les actions au porteur peuvent être déposées en échange du certificat nominatif.

Art. 12.—La transmission des actions nominatives s'opère par une déclaration de transfert signée du propriétaire ou de son fondé de pouvoirs, et visée par un administrateur sur le registre spécial à ce destiné. — S'il y a opposition signifiée à la banque, le transfert ne pourra s'opérer qu'après la levée de l'opposition.

Sect. 3. — Des opérations de la banque.

Art. 13.—La banque ne peut, en aucun cas et sous aucun prétexte, faire d'autres opérations que celles qui lui sont permises par les précédents statuts.

Art. 14.—Les opérations de la banque consistent : — 1° A escompter les lettres de change et autres effets à ordre, ainsi que les traites du trésor public ou sur le trésor public, et les caisses publiques ; —2° A escompter des obligations négociables ou non négociables, garanties par des récépissés de marchandises déposées dans des magasins publics, par des transferts de rentes ou des dépôts de lingots, de monnaies ou de matières d'or et d'argent ; —3° A prêter sur effets publics, en se conformant à la loi du 17 mai 183 et à l'ord. du 15 juin suivant ; —4° A recevoir en compte courant, sans intérêts, les sommes qui lui sont déposées ; à se charger, pour le compte des particuliers ou pour celui des établissements publics, de l'encaissement des effets qui lui sont remis, et à payer tous mandats et assignations, jusqu'à concurrence des sommes encaissées ; —5° A recevoir, moyennant un droit de garde, le dépôt volontaire de tous titres, lingots, monnaies et matières d'or

ou d'argent ; — 6° A émettre des billets payables au porteur et à vue, des billets à ordre et des traites ou mandats.

Art. 15. — La banque reçoit à l'escompte les effets à ordres, timbrés, payables en Algérie ou en France, portant la signature de deux personnes au moins, notoirement solvables, et dont l'une au moins sera domiciliée à Alger ou au siège d'une des succursales.—L'échéance de ces effets ne doit pas dépasser cent jours de date ou soixante jours de vue.—La banque refusera d'escompter les effets dits *de circulation* créés collusoirement entre les signataires, sans cause ni valeur réelle.

Art. 16.—L'une des signatures exigées par l'article précédent peut être suppléée par la remise, soit d'un connaissement d'expédition de marchandises exportées d'Algérie, soit d'un récépissé de marchandises déposées dans un magasin public. —Dans ce cas, l'échéance des effets et obligations ne devra pas dépasser soixante jours de date.— Le débiteur aura droit d'anticiper sa libération, et il lui sera tenu compte, pour le temps restant à courir, des intérêts calculés au taux déterminé par le conseil d'administration. — La banque ne pourra accepter en garantie les marchandises dont la conservation serait difficile ou onéreuse.

Art. 17. — Les effets à une signature, garantis comme il est dit ci-dessus, pourront ne pas être stipulés à ordre.

Art. 18. — Le rapport de la valeur des objets fournis comme garantie additionnelle avec le montant des billets ou engagements qui peuvent être escomptés dans le cas prévu par l'art. 15, sera déterminé par les règlements intérieurs de la banque.—Cette proportion ne pourra excéder, quant aux avances sur connaissements, la moitié de la valeur de la marchandise au lieu de l'embarquement, et quant à tous autres effets et marchandises, les deux tiers de la valeur, calculés après déduction de tous droits ou engagements.

Art. 19.—En cas de remise d'un connaissement à ordre comme garantie conditionnelle d'un effet de commerce, la marchandise doit être régulièrement assurée.

Art. 20. — En cas de non-payement d'un effet garanti par la remise d'un récépissé de marchandises, la banque peut, huit jours après le protêt ou après une simple mise en demeure par acte extrajudiciaire, faire vendre la marchandise aux enchères publiques et par ministère d'un courtier, pour se couvrir jusqu'à due concurrence.

Art. 21.—Les garanties additionnelles données à la banque ne font pas obstacle aux poursuites contre les signataires des effets. Ces poursuites pourront être continuées concurremment avec celles qui auront pour objet la réalisation des gages spéciaux constitués au profit de la banque, et jusqu'à l'entier remboursement des sommes avancées, en capital, intérêts et frais.

Art. 22. — Le taux des escomptes de la banque sera réglé d'accord avec le ministre des finances ; il est fixé quant à présent, à 6 p. 100 par an.— L'escompte est perçu à raison du nombre de jours à courir et même d'un seul jour.— Pour les effets payables à plusieurs jours de vue, l'escompte est calculé sur le nombre de jours de vue, et si ces effets sont payables hors du lieu de l'escompte, le nombre de jours de vue est augmenté d'un délai calculé suivant les distances.

Art. 23. — Les sommes qui seront versées à la banque à titre de dépôt, ne porteront point d'intérêt. Ces sommes pourront être, à la volonté du propriétaire des fonds, retirées ou transportées, par virement, à un autre compte.

Art. 24.—Pour les encaissements opérés à l'extérieur, la banque est autorisée à percevoir un droit de commission qui sera fixé par le conseil d'administration.

Art. 25.—Toute personne notoirement solvable, domiciliée en Algérie, pourra être admise à l'escompte et obtenir un compte courant. — L'admission sera prononcée par le conseil d'administration, sur demande appuyée par un de ses membres ou par deux personnes ayant des comptes courants.

Art. 26.—La qualité d'actionnaire ne donnera droit à aucune préférence.

Art. 27.—La banque fournira des récépissés des dépôts volontaires qui lui seront faits; le récépissé exprimera la nature et la valeur des objets déposés, le nom et la demeure du déposant, la date du jour où le dépôt a été fait et de celui où il devra être retiré, enfin le numéro du registre d'inscription. — Le récépissé ne sera point à ordre et ne pourra être transmis par voie d'endossement. —La banque percevra, immédiatement, sur la valeur estimative des dépôts, un droit de garde dont la quotité sera déterminée d'après un tarif arrêté par le conseil d'administration. — Lorsque les dépôts seront retirés avant le temps convenu, le droit de garde perçu restera acquis à la banque.

Art. 28.—L'émission et l'annulation des billets payables au porteur et à vue, seront déterminées par le conseil d'administration, dans les limites fixées par la loi à laquelle les présents statuts sont annexés.

Art. 29. — La banque ne pourra émettre de traites ou mandats qu'en échange de versements d'espèces ou de billets, à charge par elle de faire, avant l'échéance, la provision des fonds. L'échéance de ces traites ou mandats ne pourra dépasser dix jours de vue ou quinze jours de date.

Art. 30.—La banque publiera tous les mois sa situation dans le *Moniteur algérien*.

SECT. 4. — *Dividende et fonds de réserve.*

Art. 51. — Tous les six mois, aux époques des 1ᵉʳ mai et 1ᵉʳ nov., les livres et comptes sont arrêtés et balancés; le résultat des opérations de la banque est établi.—Les créances en souffrance ne pourront pas comprises dans le compte de l'actif pour un chiffre excédant la moitié de leur valeur nominale. — Le bilan de la banque établira le compte des bénéfices nets acquis pendant le semestre. — Sur ces bénéfices, il sera prélevé une somme suffisante, d'abord pour servir aux actionnaires l'intérêt du capital versé, à raison de 4 p. 100 l'an; ensuite pour servir à l'État l'intérêt de ses avances à raison de 5 p. 100.—Le surplus des bénéfices sera partagé en deux parts égales; l'une d'elles sera répartie aux actionnaires comme dividende complémentaire; l'autre moitié sera attribuée à la formation d'un fonds de réserve.

Art. 52.—En cas d'insuffisance des bénéfices, le complément nécessaire pour servir l'intérêt de 4 p. 100 aux actionnaires, sera prélevé sur le fonds de réserve.—Dans ce cas, il ne sera payé à l'État aucun intérêt pour ses avances.—Les intérêts non payés à l'État seront portés à son crédit pour être imputés sur les bénéfices des années suivantes, après payement des intérêts aux actionnaires.

Art. 55.—Aucune répartition d'intérêt et de dividende ne pourra avoir lieu sans l'approbation du ministre des finances.

Art. 54.—Aussitôt que le fonds de réserve aura atteint la moitié du capital social, tout prélèvement cessera d'avoir lieu au profit de ce compte.

TIT. 2. — *De l'administration de la banque.*

SECT. 1. — *De l'assemblée générale.*

Art. 55.—L'universalité des actionnaires de la banque est représentée par l'assemblée générale. — L'assemblée générale se compose de cent actionnaires qui sont, depuis six mois révolus, pro-

priétaires du plus grand nombre d'actions nominatives ou d'actions au porteur déposées depuis six mois. En cas de parité dans le nombre des actions, l'actionnaire le plus anciennement inscrit est préféré.—Toutefois, nul actionnaire non Français ne peut faire partie de l'assemblée générale s'il n'a son domicile, depuis deux ans au moins, en Algérie ou en France, ou dans une colonie française.

Art. 36. — Chacun des membres de l'assemblée générale n'a qu'une voix, quel que soit le nombre des actions qu'il possède.

Art. 37. — Les membres de l'assemblée générale peuvent s'y faire représenter par un fondé de pouvoirs, qui doit être lui-même propriétaire d'une action nominative au moins. La forme des pouvoirs sera déterminée par le conseil d'administration. Indépendamment du droit personnel qu'il peut avoir, aucun fondé de pouvoirs n'aura, en cette qualité, droit à plus d'une voix.

Art. 58. — L'assemblée générale se réunit au moins une fois par année, dans le courant du mois de novembre.—Elle est présidée par le directeur. — L'administrateur secrétaire du conseil d'administration remplit les fonctions de secrétaire. — Les deux plus forts actionnaires sont scrutateurs.

Art. 39. — Le directeur rend compte à l'assemblée générale de toutes les opérations de la banque. —Le compte des dépenses de l'administration pour l'année écoulée est soumis à son approbation.— Elle procède ensuite à l'élection des administrateurs et censeurs dont les fonctions sont déterminées ci-après. — Ces nominations ont lieu par bulletin secret, à la majorité absolue des suffrages des membres présents. — Après deux tours de scrutin, s'il ne s'est pas formé de majorité absolue, l'assemblée procède au scrutin de ballottage entre les candidats qui ont obtenu le plus de voix au second tour. — Lorsqu'il y a égalité de voix au scrutin de ballottage, le plus âgé est élu.

Art. 40. — Les délibérations de l'assemblée générale ne sont valables, dans une première réunion, qu'autant que quarante membres au moins y ont participé par eux-mêmes ou par leurs fondés de pouvoirs. — Dans le cas où ce nombre ne serait pas atteint, l'assemblée est renvoyée à un mois, une nouvelle convocation a lieu, et les membres présents à la seconde réunion peuvent délibérer valablement, quel que soit leur nombre, mais seulement sur les objets qui auront été mis à l'ordre du jour de la première réunion.

Art. 41.—L'assemblée générale peut être convoquée extraordinairement toutes les fois que, sur la proposition de l'un de ses membres, le conseil d'administration en reconnaîtra l'utilité.—Elle doit toujours être convoquée dans le cas de la démission ou de la mort de deux censeurs ou de trois des administrateurs élus, pour pourvoir à leur remplacement.—Les membres élus par l'assemblée générale, et ceux nommés par le ministre des finances, en remplacement, ne demeureront en exercice que pendant la durée du mandat confié à leurs prédécesseurs. — L'assemblée générale devra être convoquée extraordinairement : 1° lorsque les actionnaires nominatifs ou porteurs d'actions déposées, réunissant ensemble le cinquième au moins des actions, en auront adressé la demande au directeur ou au ministre des finances; — 2° Dans le cas où les pertes auraient réduit le capital de moitié.

Art. 42. — Les convocations ordinaires et extraordinaires sont faites par lettres individuelles adressées aux membres de l'assemblée générale, aux domiciles par eux indiqués sur les registres de la banque, et par un avis inséré un mois au moins avant l'époque de la réunion, dans *le Moniteur universel*, le *Moniteur algérien*, un des journaux de Marseille, et les journaux désignés par le tribunal de commerce d'Alger, aux termes de l'art. 12 c. com. Les lettres et l'avis doivent contenir l'indication sommaire de l'objet de la convocation.

Sect. 2. — Du conseil d'administration.

Art. 43. — L'administration de la banque est confiée à un conseil composé d'un directeur, d'un sous-directeur, de neuf administrateurs et de trois censeurs. — Le père et le fils, l'oncle et le neveu, les frères ou alliés au même degré, et les associés de la même maison, ne peuvent faire partie de la même administration.

Art. 44. — Le conseil d'administration fait tous les règlements du régime intérieur de la banque. — Il détermine, dans les limites ci-dessus fixées, le taux de l'escompte et de l'intérêt, les changes, commissions et droit de garde, le mode à suivre pour l'estimation des lingots, monnaies, matières d'or et d'argent et marchandises diverses. — Il autorise, dans les limites des statuts, toutes les opérations de la banque, et en détermine les conditions ; il statue sur les signatures dont les billets de la banque doivent être revêtus, sur l'émission, le retrait et l'annulation de ces billets. — Il fixe l'organisation des bureaux, les appointements et salaires des agents ou employés, et les dépenses générales de l'administration, lesquelles devront être déterminées chaque année et d'avance. — Les actions judiciaires sont exercées en son nom, poursuite et diligence du directeur, soit en demandant, soit en défendant.

Art. 45. — Toute délibération ayant pour objet la création, l'émission ou l'annulation de billets devra être approuvée par la majorité des censeurs.

Art. 46. — Il est tenu registre des délibérations du conseil d'administration. — Le procès-verbal, approuvé par le conseil, est signé par le directeur et par l'administrateur qui remplit les fonctions de secrétaire.

Art. 47. — Le conseil d'administration se réunit au moins une fois par semaine, sous la présidence du directeur. — Il se réunit extraordinairement toutes les fois que le directeur le juge nécessaire ou que la demande en est faite par deux administrateurs ou deux censeurs.

Art. 48. — Aucune délibération n'est valable sans le concours du directeur et de cinq administrateurs, et la présence de l'un au moins des censeurs. — Le directeur, le sous-directeur et les administrateurs ont voix délibérative. — En cas de partage, la voix du directeur est prépondérante. — Les censeurs n'ont que voix consultative.

Art. 49. — Le compte des opérations de la banque, qui doit être présenté à l'assemblée générale le jour de la réunion périodique, est arrêté par le conseil d'administration et présenté en son nom par le directeur. — Ce compte est imprimé et remis au gouverneur général, aux préfets de l'Algérie et à chacun des membres de l'assemblée générale.

Sect. 3. — Du comité d'escompte.

Art. 50. — Le conseil d'administration sera assisté d'un comité d'escompte, pour la formation duquel il s'adjoindra seize notables commerçants de la place, actionnaires de la banque. — La liste de ces notables commerçants sera arrêtée pour chaque année.

Art. 51. — Le comité d'escompte est exclusivement chargé d'examiner et d'admettre ou de rejeter toute valeur présentée à l'escompte.

Art. 52. — Il se compose du directeur de la banque, président, de deux administrateurs et de quatre membres, pris dans la liste des notables commerçants indiqués à l'art. 50. — Tous les membres du comité d'escompte ont voix délibérative. En cas de partage, le rejet est prononcé. — Les bordereaux d'admission ou de rejet des valeurs présentées à l'escompte seront signés par tous les membres qui

ont assisté à la réunion du comité. — Les décisions du comité ne pourront être prises qu'autant que quatre membres au moins y auraient concouru.

Sect. 4. — De la direction.

Art. 53. — Le directeur est nommé par décret du président de la République, sur la proposition du ministre des finances. — Le traitement du directeur est fixé par arrêté ministériel, et payé par la banque. — Il est tenu de justifier qu'il est propriétaire de vingt actions de la banque. Ces actions doivent être libres et demeurent inaliénables pendant la durée de ses fonctions.

Art. 54. — Le directeur préside le conseil d'administration et en fait exécuter les délibérations. — Nulle délibération ne peut être exécutée si elle n'est revêtue de la signature du directeur. — Aucune opération d'escompte ou d'avance ne peut être faite sans son approbation.

Art. 55. — Il dirige les bureaux, nomme et révoque les employés, signe la correspondance, les marchés et conventions, les acquits ou endossements d'effets, les traites ou mandats à ordre.

Art. 56. — Le directeur ne peut faire aucun commerce ni s'intéresser dans aucune entreprise commerciale. Aucun effet ou engagement revêtu de sa signature ne peut être admis à l'escompte.

Art. 57. — Le directeur ne peut être révoqué que par un décret du président de la République, rendu sur le rapport du ministre des finances. — Il peut être suspendu par le ministre des finances.

Art. 58. — Le sous-directeur est nommé par le ministre des finances, qui fixe son traitement payé par la banque. — Il est tenu de justifier qu'il est propriétaire de douze actions de la banque, qui doivent être libres et demeureront inaliénables pendant la durée de ses fonctions.

Art. 59. — Il est placé sous les ordres du directeur, qui détermine ses attributions.

Art. 60. — En cas d'absence, d'empêchement du directeur, ou de cessation de ses fonctions, le sous-directeur le remplace de droit dans toutes ses attributions.

Art. 61. — Les administrateurs sont nommés par l'assemblée générale des actionnaires. Jusqu'au remboursement du prêt de l'État, le ministre des finances nommera trois des administrateurs.

Sect. 5. — Des administrateurs.

Art. 62. — En entrant en fonctions, chacun des administrateurs est tenu de justifier qu'il est propriétaire de six actions. Ces actions doivent être libres et demeurent inaliénables pendant la durée des fonctions de l'administrateur.

Art. 63. — Les administrateurs sont nommés pour trois ans, et renouvelés par tiers chaque année. Ils sont rééligibles. — Pour les deux premières années, le sort déterminera l'ordre de sortie, tant des six administrateurs élus par l'assemblée, que des trois administrateurs désignés par le ministre.

Art. 64. — Les administrateurs reçoivent des jetons de présence dont le montant est fixé par l'assemblée générale.

Sect. 6. — Des censeurs.

Art. 65. — Les trois censeurs seront nommés par l'assemblée générale des actionnaires. — Ils sont tenus de justifier qu'ils sont propriétaires de six actions, qui doivent être libres et demeureront inaliénables pendant la durée de leurs fonctions.

Art. 66. — Les fonctions de censeurs durent trois ans. — Ils sont renouvelés par tiers chaque année. — Le sort déterminera l'ordre de leur sortie de fonctions pour chacune des deux premières années. — Ils sont rééligibles.

Art. 67. — Les censeurs veillent spécialement à l'exécution des statuts et des règlements de la banque ; ils exercent leur surveillance sur toutes les parties de l'établissement ; ils peuvent assister aux réunions des comités d'escompte ; ils se font représenter l'état des caisses, les registres et le portefeuille ; ils proposent toutes les mesures qu'ils croient utiles, et, si leurs propositions ne sont pas adoptées, ils peuvent en requérir la transcription sur le registre des délibérations. — Ils rendent compte à l'assemblée générale, dans chacune de ces réunions, de la surveillance qu'ils ont exercée. — Le rapport annuel est imprimé et distribué avec celui du conseil d'administration. — Ils ont droit, comme administrateurs, à des jetons de présence.

SECT. 7. — *Surveillance directe du ministre des finances.*

Art. 68. — Le ministre des finances pourra déléguer la haute surveillance de la banque au corps de l'inspection des finances, dont le service est permanent en Algérie. — Son délégué aura toutes les attributions des censeurs, et correspondra directement avec lui.

TIT. 3. — *Dispositions générales.*

Art. 69. — Dans le cas où, par suite de pertes sur les opérations de la banque, le capital serait réduit des deux tiers, la liquidation de la société aura lieu de plein droit. — Dans le cas où, par la même cause, la réduction serait de moitié, l'assemblée de tous les propriétaires d'actions nominatives ou d'actions au porteur déposées, convoquée extraordinairement, pourra demander la liquidation. Cette délibération ne pourra être prise que dans une assemblée représentant plus de la moitié des actions déposées. — Si une première assemblée ne réunit pas le nombre d'actions nécessaire, il y aura une nouvelle convocation à un mois, dans les termes de l'art. 40, et cette nouvelle assemblée délibérera valablement, quel que soit le nombre des actions représentées. — En cas de dissolution, le ministre des finances déterminera le mode à suivre pour la liquidation et désignera les agents qui en seront chargés.

Art. 70. — Deux ans avant l'époque fixée pour l'expiration de la société, l'assemblée générale de tous les propriétaires d'actions nominatives sera appelée à décider si le renouvellement de la société devra être demandé au gouvernement. — Le renouvellement ne pourra être décidé que par la majorité des deux tiers des membres ayant pris part à la délibération. Ce vote sera obligatoire pour la minorité.

DI. — 13 août 1853. — *Règlement sur les opérations et l'administration des succursales de la banque de l'Algérie.*

TIT. 1. — *Des succursales et de leurs opérations.*

Art. 1. — Les succursales de la banque de l'Algérie sont sous la direction immédiate de cette banque.

Art. 2. — Les comptes des succursales font partie de ceux qui doivent être rendus au gouvernement et aux actionnaires de la banque.

Art. 3. — Le compte des profits et pertes est réglé tous les six mois dans chaque succursale, et le solde est porté au compte de la banque.

Art. 4. — Les dépenses annuelles de chaque succursale sont arrêtées par le conseil d'administration de la banque.

Art. 5. — Les opérations des succursales sont les mêmes que celles de la banque. Elles sont exécutées sous les conditions et dans les limites déterminées par le conseil d'administration de la banque.

Art. 6. — Les succursales ne peuvent faire entre elles aucune opération, sans une autorisation expresse du conseil d'administration de la banque.

Art. 7. — Le taux de l'escompte dans les succursales est fixé par le conseil d'administration de la banque, d'accord avec le ministre des finances.

Art. 8. — Les succursales émettent les mêmes billets que la banque ; ces billets sont frappés d'un timbre indiquant le nom de la succursale à la circulation de laquelle ils appartiennent.

Art. 9. — Les billets émis par chaque succursale sont payables à la caisse de cette succursale. Néanmoins, ils peuvent être remboursés à Alger par la banque, lorsque le conseil d'administration le juge convenable. — Les billets émis à Alger peuvent également être remboursés par les succursales, avec l'autorisation du conseil d'administration et aux conditions qu'il détermine.

Art. 10. — Les effets publics sur lesquels les succursales ont fait des avances, ou qu'elles ont admis à titre de garantie, sont transférés au nom de la banque de l'Algérie. — Les arrérages de ces effets sont payés aux caisses des succursales.

TIT. 2. — *De l'administration des succursales.*

Du conseil d'administration.

Art. 11. — L'administration de chaque succursale est confiée à un conseil composé : — D'un directeur ; — De neuf administrateurs au plus, et de six au moins, suivant l'importance de la succursale, — Et de trois censeurs. — Le père et le fils, l'oncle et le neveu, les frères ou alliés au même degré, et les associés de la même maison ne peuvent faire partie de la même administration.

Art. 12. — Le conseil d'administration surveille toutes les parties de l'établissement. — Il arrête les règlements intérieurs, sauf les modifications qui peuvent y être apportées par le conseil d'administration de la banque. — Il fixe, sous l'approbation du même conseil, les sommes à employer aux escomptes et aux avances. — Il propose l'état annuel des dépenses de la succursale. — Il veille à ce que la succursale ne fasse d'autres opérations que celles qui sont permises par les statuts et qui sont autorisées par la banque.

Art. 13. — Il est tenu registre des délibérations du conseil d'administration. — Le procès-verbal, approuvé par le conseil, est signé par le directeur et par l'administrateur, qui remplit les fonctions de secrétaire.

Art. 14. — Le conseil d'administration se réunit, au moins deux fois par mois, sous la présidence du directeur. — Il se réunit extraordinairement toutes les fois que le directeur le juge nécessaire ou que la demande en est faite par deux administrateurs ou deux censeurs.

Art. 15. — Aucune délibération n'est valable sans le concours du directeur et de la moitié des administrateurs, et la présence de l'un au moins des censeurs. — Le directeur et les administrateurs ont voix délibérative. — En cas de partage, la voix du directeur est prépondérante. — Les censeurs n'ont que voix consultative.

Du comité d'escompte.

Art. 16. — Le conseil d'administration est assisté d'un comité d'escompte. Ce comité est choisi par le conseil d'administration, auquel il est adjoint pour cette nomination, suivant l'importance de la succursale, de dix à seize notables commerçants de la place, actionnaires de la banque. — Ces notables commerçants sont désignés, chaque année, par le conseil d'administration de la banque, sur une liste générale arrêtée par le conseil de la succursale.

Art. 17. — Le comité se compose du directeur, président ; de deux administrateurs et de deux à quatre membres pris parmi les notables commerçants précédemment désignés. — Tous les membres du comité d'escompte ont voix délibérative. — Les décisions du comité ne peuvent être prises qu'autant que la moitié des membres au moins y a concouru.

Art. 18. — Le comité d'escompte est exclusivement chargé d'examiner et d'admettre ou de rejeter toute valeur présentée à l'escompte. — En cas de partage, le rejet est prononcé. — Les bordereaux d'admission ou de rejet des ···!··· présentées à l'escompte sont signés par ···· ··· membres qui ont assisté à la réunion du comité.

Du directeur.

Art. 19.—Le directeur de chaque succursale est nommé par décret impérial sur la proposition du ministre des finances.—Son traitement est fixé par le ministre des finances et payé par la banque. — En entrant en fonctions, le directeur est tenu de justifier qu'il est propriétaire de quinze actions de la banque. — Ces actions doivent être libres et demeurent affectées à la garantie de sa gestion. — Il ne peut être révoqué que par un décret impérial, rendu sur le rapport du ministre des finances. — Il peut être suspendu par le ministre des finances.—En cas d'urgence, il peut être suspendu par le directeur de la banque, qui rend compte immédiatement au ministre des finances. Cette suspension n'est maintenue qu'autant qu'elle a été, dans le délai d'un mois au plus, confirmée par le ministre.

Art. 20. — Le directeur exécute ou fait exécuter les délibérations du conseil d'administration de la succursale, en se conformant aux instructions transmises par la direction de la banque. — Il dirige les bureaux, signe la correspondance, ainsi que les acquits ou endossements d'effets, les traites ou mandats à ordre. — Nulle délibération ne peut être exécutée si elle n'est revêtue de la signature du directeur. — Aucune opération d'escompte ou d'avance ne peut être faite sans son approbation.

Art. 21. — Le directeur ne peut faire aucun commerce ni s'intéresser dans aucune entreprise commerciale.—Aucun effet ou engagement revêtu de sa signature ne peut être admis à l'escompte.

Art. 22.—En cas de mort, de maladie ou autre empêchement du directeur, le conseil d'administration nomme un de ses membres pour en remplir provisoirement les fonctions, jusqu'à ce qu'il ait été pourvu à l'intérim par le directeur de la banque.

Des administrateurs et des censeurs.

Art. 23. — Les administrateurs et les censeurs des succursales sont nommés par le conseil d'administration de la banque.

Art. 24.—En entrant en fonctions, ils sont tenus de justifier de la propriété de cinq actions qui doivent être libres, et demeurent inaliénables pendant la durée de leurs fonctions.

Art. 25. — Les administrateurs et les censeurs sont nommés pour trois ans et renouvelés par tiers chaque année. Ils peuvent être réélus. — Le sort détermine l'ordre de leur sortie de fonctions pour chacune des deux premières années.

Art. 26. — Les administrateurs et les censeurs reçoivent des jetons de présence dont la valeur est fixée par l'assemblée générale des actionnaires de la banque d'Alger.

Art. 27. — Les censeurs veillent spécialement à l'exécution des statuts et des règlements ; ils exercent leur surveillance sur toutes les parties de l'établissement ; ils peuvent assister aux réunions du comité d'escompte ; ils se font représenter l'état des caisses, les registres et le portefeuille ; ils proposent toutes les mesures qu'ils croient utiles, et, si leurs propositions ne sont pas adoptées, ils peuvent en requérir la transcription sur le registre des délibérations. — Ils adressent, au moins une fois par trimestre, au conseil d'administration de la banque, un rapport sur l'exercice de leur surveillance.

TIT. 3. — Dispositions générales.

Art. 28. — Le directeur de la banque nomme et révoque les employés des succursales.

Art. 29. — Les appointements des employés des succursales sont fixés par le conseil d'administration de la banque, sur la proposition du conseil d'administration des succursales.

Art. 30. — Dans chaque succursale, les actions judiciaires sont exercées au nom du conseil d'administration et à la requête du directeur de la banque, poursuites et diligences du directeur de la succursale.

Art. 31.—Les publications mensuelles imposées à la banque par l'art. 30 des statuts doivent comprendre la situation des succursales.

Art. 32. — Le ministre des finances peut déléguer la haute surveillance des succursales aux inspecteurs des finances.—Ces délégués ont toutes les attributions des censeurs, et correspondent directement avec lui.

DI. — 15 août 1853. — *La banque de l'Algérie est autorisée à établir une succursale à Oran.*

DI. — 3 déc. 1856. — B. 503. — *Même autorisation pour Constantine.*

Bâtiments civils (service des).

Décis. M.—25 mars et 5 août 1843. — *Création et organisation de ce service sous le nom de Service des bâtiments civils et de la voirie.*

AM. — 27 janv. 1846 (V. *Travaux publics*). — *Répartition des travaux publics entre les divers services des ponts et chaussées, des mines, du génie et des bâtiments civils.*

OR.—22 avr. 1846, art. 5 et 6 (V. *Admin. gén.*, § 1).—*Le service des bâtiments civils est placé dans chaque province sous les ordres d'un architecte chef de service, et peut être divisé en arrondissements.*

AM. — 9 fév. 1849 (V. *Ponts et chaussées*). — *Institution de régisseurs comptables.—Règlement.*

AM. — 12 nov. 1850, 3 janv. 1851. — B. 370. — *Organisation du service des bâtiments civils.*

Vu l'arr. min. du 27 janv. 1846, qui détermine la répartition des travaux publics en Algérie, entre les divers services appelés à concourir à leur exécution ; — Vu l'ord. du 28 sept. 1847 (*Commune*, § 1) ; — Vu les arr. des 9 et 16 déc. 1848 (*Admin. gén.*, § 1) ;

Considérant que, par suite de la création de départements et de communes en Algérie, et de la nouvelle division des dépenses publiques, qui a été la conséquence de cette création, le service des bâtiments civils ne saurait être régulièrement tenu de diriger, comme par le passé, les travaux départementaux et communaux ; — Considérant, en outre, qu'en présence des lois de finances des 19 mai 1849 et 29 juill. 1850, qui n'admettent que le nombre d'agents strictement nécessaires pour la direction des travaux à la charge de l'État, et pour l'exécution desquels ces lois ont alloué des crédits, le service précité n'est plus en position de se charger des travaux incombant aux budgets des départements et des communes ;

Considérant, d'ailleurs, que la situation des ressources départementales (ou locales et municipales) ne permet pas le maintien du personnel auxiliaire spécial qui est encore chargé de la conduite des travaux locaux et municipaux (ou départementaux) sous la direction du personnel titulaire des bâtiments civils; — Considérant aussi que la plupart des communes se trouvent, sous le rapport financier, dans une position analogue à celle des départements pour l'exécution des travaux communaux;

Attendu qu'il convient, néanmoins, de pourvoir à la bonne et économique exécution des travaux départementaux et communaux jusqu'au moment où les départements et les communes pourront suffire à tous leurs besoins, et avoir à leur solde un personnel spécial pour la direction de leurs travaux;

Art. 1. — Le service des bâtiments civils et de la voirie en Algérie, créé par les décisions ministérielles des 25 mars et 5 août 1843, ne conserve que le titre de *Services des bâtiments civils*.

Art. 2. — Il a pour attributions spéciales : — 1° La construction, la restauration et l'entretien des monuments, édifices et bâtiments publics de toute nature à la charge de l'État, les édifices et bâtiments diocésains exceptés; — 2° La restauration et l'entretien des bâtiments domaniaux, et de ceux des corporations religieuses indigènes; — 3° La conservation et la restauration des monuments anciens.

Art. 3. — Ce service est exceptionnellement et transitoirement chargé des travaux dont la dépense incombe au budget local et municipal tenant lieu du budget départemental pour toute l'Algérie, et du budget communal pour les localités non encore érigées en communes.

Art. 4. — En exécution de l'article qui précède, les agents et employés auxiliaires du service des bâtiments civils, payés sur les fonds dudit budget local et municipal, seront licenciés à partir du 1ᵉʳ décembre prochain. — Chacun de ces agents et employés recevra, s'il n'est pas immédiatement replacé dans un autre service, une indemnité de licenciement équivalente à un mois du traitement qui lui était alloué.

Art. 5. — Le service des bâtiments civils pourra être ultérieurement appelé à diriger les travaux de construction ou d'entretien des édifices départementaux.

Art. 6. — Le même service peut, dès à présent, être chargé des travaux de construction ou d'entretien des édifices communaux, sur la demande du conseil municipal, et avec l'assentiment du préfet. — Toutefois, jusqu'à ce que la commune soit en mesure de faire exécuter ses travaux, au moyen de ressources qui lui soient propres, le préfet pourra, avec l'autorisation préalable du ministre, confier d'office la direction de ces travaux au service des bâtiments civils (1).

Art. 7. — Il sera alloué, à ces services, pour les travaux locaux et municipaux, c'est-à-dire départementaux ou communaux, qu'il fera exécuter, une indemnité de 5 p. 100 des dépenses liquidées, à répartir entre les agents qui auront concouru à la rédaction et à la révision des projets, à la direction, à la vérification, à l'inspection et à la conduite des travaux. — Cette indemnité sera portée à 6 p. 100, lorsque les travaux s'exécuteront à cinq kilom. de distance du lieu de la résidence légale des agents. — Elle sera augmentée de 1/2 p. 100 par cinq nouveaux kilom. de distance, à partir des cinq premiers, ainsi de suite. — Le préfet arrêtera la répartition des indemnités acquises entre les ayants droit, et la portera à la connaissance du ministre, tant pour ce qui concerne les travaux départementaux que pour ce qui regarde les travaux communaux. — Les maires ordonnanceront le montant des indemnités, au nom des parties prenantes, d'après la répartition préfectorale.

Art. 8. — Deux tiers du montant des indemnités allouées sont payés au service des bâtiments civils, au fur et à mesure de l'exécution des travaux, et un tiers après leur achèvement et l'apurement des comptes y relatifs.

Art. 9. — En cas de dépassement de la dépense énoncée à l'état estimatif des travaux, dressé par le service des bâtiments civils, et arrêté par l'autorité supérieure, il ne sera dû à ce service aucune indemnité pour les travaux exécutés en dehors de ceux prévus audit état, quels que soient d'ailleurs les motifs du dépassement.

Art. 10. — Conformément aux dispositions de l'art. 1792 c. Nap., les architectes de département et d'arrondissement du service des bâtiments civils répondent pendant dix ans des constructions qu'ils font exécuter.

Art. 11. — Le mode d'exécution des travaux départementaux est déterminé d'après les règlements en vigueur. — La comptabilité de ces travaux (deniers et matières) sera tenue par les soins et aux frais des préfectures.

Art. 12. — Les conseils municipaux détermineront le mode d'exécution des travaux communaux, confiés au service des bâtiments civils, et en surveilleront l'exécution. — La comptabilité de ces travaux (deniers et matières) sera tenue par les soins et aux frais des communes.

Art. 13. — Le service des bâtiments civils cesse d'être chargé de la police de la voirie urbaine et des alignements dans les villes érigées en communes et où les municipalités pourvoient à ce service, au moyen d'agents spéciaux qu'elles nomment. — Néanmoins, les agents des bâtiments civils peuvent être investis des fonctions d'agents voyers par les communes, et recevoir des émoluments particuliers à ce titre. — Dans les villes et villages du territoire civil, non encore érigées en communes, le service des bâtiments civils continue d'être exceptionnellement chargé de la police de la voirie urbaine et des alignements. — Il ne lui est alloué aucune indemnité pour ce service; mais l'administration pourvoit, sur la proposition du préfet, aux frais extraordinaires de levée et de confection de plans.

Art. 14. — Toutes les dispositions contraires à celles qui font l'objet du présent arrêté sont et demeurent abrogées.
                                        DE SCHRAMM.

AM. — 26 nov. 1850, 3 janv. 1851. — B. 271. — *Personnel des bureaux. — Traitements.*

Art. 1. — Le personnel des bureaux des architectes composant le service des bâtiments civils en Algérie, sera formé de commis, rangés dans trois catégories, savoir : comptables vérificateurs : de 1ʳᵉ cl., 2,400 fr.; de 2ᵉ cl., 2,100 fr.; de 3ᵉ cl., 1,800 fr. — Dessinateurs : de 1ʳᵉ cl., 2,100 fr.; de 2ᵉ cl., 1,800 fr.; de 3ᵉ cl., 1,500 fr. — Expéditionnaires : de 1ʳᵉ cl., 2,100 fr.; de 2ᵉ cl., 1,800 fr.; de 3ᵉ cl., 1,500 fr.

Art. 2. — Ces commis porteront le titre de commis auxiliaires, et seront nommés par le ministre, sur la double proposition des architectes en chef et des préfets des départements. — Ils seront essentiellement révocables suivant les nécessités ou les convenances du service.

Art. 3. — Par application des dispositions des art. 1 et 2, la composition des bureaux des architectes des bâtiments civils est réglée ainsi qu'il suit : — Bureaux des architectes en chef du département, un comptable vérificateur, un dessinateur, deux expéditionnaires. — Bureaux des architectes d'arrondissement, un comptable vérificateur, un dessinateur, un expéditionnaire.

Art. 4. — Toutefois, lorsque les besoins d'un service extraordinaire l'exigeront, il pourra être adjoint aux commis auxiliaires permanents des commis supplémentaires qui seront agréés par les

_____
(1) V. *Travaux publics*, arrêté du 19 déc. 1856.

préfets, sur la proposition des architectes en chef. Ces commis ne pourront, dans aucun cas, être maintenus au delà de l'expiration de l'exercice dans le cours duquel ils auront été appelés, sans qu'il en soit rendu compte au ministre, dont l'autorisation sera indispensable pour régulariser leur maintien pendant tout ou partie de l'exercice suivant. — Ils recevront des indemnités dont le chiffre ne pourra pas dépasser 120 fr. par mois. — Les fonctions des commis supplémentaires cesseront avec les travaux qui auront rendu leur concours nécessaire.

Art. 5. — Tout employé des bureaux des archives du service des bâtiments civils, non compris dans les trois catégories de commis instituées par l'art. 1, et non conservé à ce titre, sera licencié un mois après l'organisation, sans qu'il puisse prétendre à aucune autre indemnité. Il sera considéré, pendant ce temps, comme commis supplémentaire.

Art. 6. — L'organisation prescrite par le présent arrêté devra être terminée, et ses dispositions devront être mises en vigueur à partir du 1er janvier 1851.

DE SCHRAMM.

Bienfaisance.

AM. — 28 avril-7 juin 1856. — B. 495. — *Inspection permanente des établissements de bienfaisance* (V. les renvois à la table).

Art. 1. — Il est créé, pour les trois provinces de l'Algérie, une inspection permanente des établissements de bienfaisance. — Le service de l'inspection relève directement du secrétariat général du gouvernement; il comprend : — 1° Les établissements publics, savoir : — Les hôpitaux, hospices et infirmeries civils; — Le service des enfants placés en nourrice aux frais de l'assistance publique; — Les bureaux de bienfaisance; — Les dispensaires communaux; — 2° Les établissements privés, savoir : — Les orphelinats de garçons et de filles; — Les maisons de sevrage tenues par des sœurs hospitalières.

Art. 2. — En ce qui touche les établissements publics : — L'inspecteur vérifie tout ce qui est relatif à l'administration et aux comptabilités en deniers et en matières. — La vérification de la caisse et des écritures de chaque comptable sera constatée par un procès-verbal dressé contradictoirement. Cette opération a lieu en présence du maire ou de son délégué, qui signe au procès-verbal. — S'il y a lieu, l'inspecteur rappellera les règles prescrites par les lois, ordonnances et décrets, par les arrêtés et instructions de l'autorité supérieure. — En ce qui touche spécialement les enfants placés en nourrice : — Il s'assure de leur existence et de leur identité; il vérifie, en même temps, s'ils reçoivent des nourrices tous les soins physiques et moraux que réclame leur âge, s'ils ont été vaccinés et s'ils sont visités dans leurs maladies par le médecin de l'administration. — En ce qui touche les établissements privés, les investigations de l'inspecteur auront particulièrement pour objet d'assurer la stricte exécution des traités passés entre l'administration et les directeurs ou directrices de ces mêmes établissements.

Art. 3. — La mission de l'inspecteur est exclusivement d'enquête et de contrôle. Il ne peut prendre de son chef aucune mesure de répression ou de redressement; mais il constate les infractions et faits répréhensibles ou punissables par des procès-verbaux qu'il adresse immédiatement à l'autorité administrative compétente.

Art. 4. — Les rapports de tournée de l'inspecteur seront adressés au gouverneur général et communiqués à chaque préfet pour les établissements compris dans son ressort administratif. —

Ces mêmes rapports seront transmis au ministre, accompagnés des observations des préfets, de celles du gouverneur général, et du compte rendu des mesures qui auraient été prises dans un but de réforme ou d'économie.

Art. 5. — Le gouverneur général déterminera chaque année, par des instructions spéciales, qui seront notifiées aux préfets, et dont il sera rendu compte au ministre : — 1° L'époque des tournées générales ou partielles qui seront opérées par l'inspecteur; — 2° Le détail des objets sur lesquels devront porter, suivant la nature de l'établissement et dans les limites tracées par l'art. 2 du présent arrêté, les investigations de l'inspecteur.

Art. 6. — Dans l'intervalle de ses tournées, l'inspecteur travaillera dans les bureaux du secrétariat général du gouvernement, et sera spécialement chargé, sous la direction du secrétaire général, de la centralisation du travail administratif concernant le service de l'assistance publique; il suivra l'effet des mesures prescrites par l'autorité supérieure et préparera la correspondance du gouverneur général, soit avec le ministre, soit avec les autorités locales, sur les divers objets compris dans sa mission active.

Art. 7. — L'inspecteur des établissements de bienfaisance en Algérie est nommé par le ministre, sur la présentation du gouverneur-général. — Son traitement est fixé à 5,000 fr. (élevé à 6,000 fr. par arr. min. du 6 janv. 1858). — Il jouira, en outre, d'une indemnité, pour frais de tournée, fixée à 15 fr. par jour. — Le traitement et l'indemnité ci-dessus spécifiés seront acquittés sur les fonds du budget local et municipal de l'Algérie, au titre des établissements de bienfaisance.

VAILLANT.

AM. — 9 mars 1860. — BM. 72. — *Création d'un emploi d'inspecteur pour le département d'Oran. Le titulaire sera nommé par le ministre sur la proposition du préfet. Traitement 4,000 fr., frais de tournée 600 fr., frais de bureau 500 fr.*

Bois et forêts.

Le service des forêts prend chaque jour une nouvelle importance en Algérie. Depuis 1848, de nombreuses autorisations d'exploitation, ont été accordées à des particuliers ou à des compagnies; ces autorisations, mal à propos qualifiées de *concessions*, ne sont en réalité que des contrats d'affermage consentis pour une durée plus ou moins longue. Les plus importantes sont celles qui ont eu lieu dans les forêts de la Calle et dans celle de l'Edough (près Bône), pour l'exploitation des chênes-lièges. Des compagnies de planteurs instituées en 1855 par le gouverneur général, maréchal Randon, avaient pour mission spéciale les semis et plantations, l'aménagement des broussailles destinées à être converties en bois, la greffe des oliviers et autres travaux de préparation. Elles ont rendu de grands services à l'économie forestière de la colonie; dès l'année 1845, le général Randon avait organisé dans la subdivision de Bône une compagnie de bûcherons militaires pour l'aménagement du sol forestier de cette circonscription. C'est cette utile institution qu'il a plus tard développée et étendue à chaque province.

DIVISION.

§ 1. — Législation spéciale.
§ 2. — Forêts domaniales soumises au régime forestier.
§ 3. — Agents du service administratif.

§ 1. — Législation spéciale.

AG. — 4 sept. 1831. — *Défense de couper aucun arbre de haute futaie.* — *Pénalité (abrogé par l'arrêté suivant).*

AGI. — 2 avr. 1833. — *Arbres forestiers et fruitiers.* — *Autorisation nécessaire pour les couper.*

Vu : — 1° La loi du 19 vent. an XIII ; — 2° Le décr. du 15 avr. 1811 ; — 3° Les art. 125 et 129 c. for. ; — 4° L'arr. du 4 sept. 1831 ; — Considérant qu'il importe de déterminer quelles sont les essences d'arbres de la régence d'Alger comprises dans la prohibition de l'arr. du 4 sept. 1831 ; — Que l'art. 1 de cet arrêté, en ce qui concerne les peines à appliquer aux délinquants, se réfère, sans les préciser, aux lois en vigueur en France, et que ces lois ne statuent que pour l'abatis ou l'arrachement d'arbres rares ou presque inconnus dans la régence d'Alger ; — Qu'il importe donc de combler cette lacune et de réunir dans un seul arrêté, à la prohibition portée en l'arr. du 4 sept. 1831, les peines encourues par les contrevenants ;

Art. 1. — Il est défendu à tous propriétaires, fermiers ou colons européens ou indigènes d'abattre ou d'arracher, quelle que soit son essence, aucun arbre forestier ou fruitier, en plein bois ou en haie, sans avoir préalablement fait la déclaration et obtenu l'autorisation.

Art. 2. — En l'absence d'administration forestière, les déclarations seront faites à la direction des domaines, et les autorisations délivrées par le directeur de cette administration.

Art. 3. — Les déclarations devront spécifier le nombre, la grosseur, l'essence et, autant que possible, la situation des arbres dont l'abatis ou l'arrachement sera demandé.

Art. 4. — Les propriétaires, fermiers ou colons ne seront assujettis à comprendre dans leur déclaration que les arbres ayant au moins 3 décim. de tour, en les prenant à 5 décim. au-dessus du sol. — Sont exceptés de l'obligation de la déclaration les arbres renfermés dans les jardins clos et fermés de murs.

Art. 5. — Les contrevenants seront condamnés à une amende de 50 fr. pour chaque arbre dont la circonférence n'excéderait pas 1 m. L'amende sera augmentée de 5 fr. par décim. de tour et au-dessus de 1 m., et les arbres abattus seront en outre confisqués. — En cas de récidive dans l'année, l'amende sera du double.

Art. 6. — La circonférence sera toujours mesurée à 5 décim. du sol : dans le cas où le tronc aurait été enlevé ou travaillé, le métré serait fait sur la souche.

Art. 7. — L'abatis ou l'arrachement des arbres pour lesquels il aura été délivré des autorisations devra être fait, chaque année, du 1er nov. au 1er mars.

Art. 8. — Les autorisations ne seront valables que pour six mois ; faute par les propriétaires d'en avoir fait usage dans ce délai, elles seront annulées.

Art. 9. — Les contraventions seront constatées par procès-verbaux dressés, soit par des agents spéciaux qui seront nommés à cet effet, soit par les gendarmes, soit par les gardes champêtres, les agents des canaux et fontaines, et les cantonniers des routes. Les procès-verbaux feront foi jusqu'à preuve contraire.

Art. 10. — L'appel des condamnations sera jugé en dernier ressort, savoir : pour Alger, par le tribunal de police correctionnelle, à la poursuite du ministère public ; pour Oran et Bône, par les juges royaux de ces villes.

Art. 11. — Les peines spécifiées au présent arrêté seront appliquées sans préjudice de celles portées au code pénal dans les cas qu'il a prévus.

Art. 12. — Le montant des amendes fixées par le présent arrêté sera versé dans la caisse du domaine, et les procès-verbaux qui auront constaté les contraventions seront envoyés au directeur de cette administration, qui sera chargé de poursuivre le recouvrement des condamnations prononcées. — Ces procès-verbaux seront en outre passibles du droit d'enregistrement fixé par l'arrêté du 22 sept. 1832 (*Enregistrement*).

Art. 13. — Sont et demeurent rapportées toutes dispositions contraires au présent arrêté, et notamment l'arr. du 4 sept. 1831.

Général AVIZARD.   GENTY DE BUSSY.

AGI. — 9 mai 1833. — *Procédure pour la poursuite des contraventions (complété et remplacé par l'arrêté suivant).*

AGI. — 21 mai 1834. — *Juridictions compétentes pour statuer sur les contraventions.*

Art. 1. — Le tribunal de police correctionnelle, à Alger, et les juges royaux à Bône et à Oran, connaîtront de tous les délits de coupes de bois prévus par l'arr. du 2 avril 1833, et appliqueront les peines qui y sont portées ; en premier et dernier ressort, lorsque l'amende n'excédera pas 500 fr., et à la charge d'appel lorsqu'elle s'élèvera au-dessus.

Art. 2. — L'appel sera porté devant la cour de justice, qui jugera comme chambre d'appel de police correctionnelle.

Général VOIROL.   GENTY DE BUSSY.

AG. — 11-17 juill. 1838. — B. 57. — *Bois taillis et broussailles.* — *Défrichements.* — *Autorisation* (1).

Vu l'arr. du 2 avril 1833 ; — Considérant que cet arrêté n'est relatif qu'aux bois de haute futaie, mais que les bois taillis et les broussailles ont été abandonnés jusqu'à présent à toute l'imprévoyance d'une population qui, par des exploitations et des défrichements mal calculés, finirait par détruire une ressource précieuse et qu'il est essentiel de ménager ; — Vu l'art. 5 ord. du 22 juill. 1834, le conseil d'admin. entendu, arrêtons les dispositions suivantes pour être provisoirement exécutées ;

Art. 1. — Nul ne pourra, sans une autorisation préalable de l'intendant civil, défricher, arracher ou exploiter en tout ou en partie les terres ou bois taillis, ou broussailles, dont la contenance excédera 2 hectares. — Cette prohibition s'applique : — 1° Aux parcelles de fonds qui, pour le défrichement, l'arrachement ou l'exploitation, seraient détachées d'une contenance excédant 2 hectares et appartiennent au même propriétaire ; — 2° Aux terres actuellement indivises, même après le partage qui en serait ultérieurement effectué.

Art. 2. — L'autorisation qui sera accordée sur une déclaration faite deux mois à l'avance, pour la province d'Alger à l'intendant civil, et partout ailleurs, au sous-intendant de la province, prescrira, s'il y a lieu, les précautions jugées nécessaires pour la conservation, la plantation, ou le repeuplement des bois.

Art. 3. — Il est interdit de mettre, pour quelque cause que ce soit, le feu aux bois taillis, broussailles, haies vives, herbes et végétaux sur pied.

Art. 4. — Toute infraction aux dispositions des art. 1 et 2 sera punie de la saisie des bois détachés du sol et d'une amende égale à leur valeur, sans qu'en aucun cas l'amende puisse être au-

_____

(1) V. *Colonisation*, circ. du gouverneur général en date du 7 mai 1849, dont les prescriptions sont, en ce qui concerne les indigènes, contraires aux dispositions de cet arrêté.

dessous de 50 fr. — Si les bois ne peuvent être saisis, le délinquant sera condamné au payement de leur valeur, qui sera arbitrée par le jugement, mais ne pourra jamais être inférieure au minimum de l'amende.

Art. 5. — Le délit prévu en l'art. 3 sera puni d'un emprisonnement de six jours à deux mois, et d'une amende de 20 à 200 fr., sans préjudice des dommages-intérêts au profit des parties lésées et des poursuites criminelles dans les cas prévus par la loi.

Art. 6. — Les dispositions de l'art. 463 c. pén. ne seront pas applicables aux délits prévus par le présent arrêté. Néanmoins, et selon les circonstances, l'emprisonnement et l'amende pourront être prononcés cumulativement ou séparément.

Art. 7. — Les délits seront jugés correctionnellement, ils seront constatés par les officiers de police judiciaire, les maires, gardes forestiers, gardes champêtres et gendarmes, dans les limites de la juridiction des tribunaux ordinaires ; en dehors de ces limites, par tous agents, ou chefs français ou indigènes préposés, institués ou reconnus par l'autorité française. — Ces constatations feront foi en justice jusqu'à preuve contraire ; elles seront au besoin suppléées ou complétées par la preuve testimoniale. Comte VALÉE.

AG. — 8-11 avril 1844. — B. 174. — *Interdiction de vente ou colportage de bois vert provenant de l'olivier.*

Considérant que les oliviers forment une des principales richesses de l'Algérie, et qu'il importe d'en assurer la conservation par tous les moyens ;

Art. 1. — La vente du bois vert provenant de l'olivier est interdite sur tous les marchés de l'Algérie, à partir du 1er mai prochain.

Art. 2. — Le bois vert provenant de l'olivier, trouvé circulant sur les routes, ou exposé en vente sur les marchés, sera saisi, confisqué et livré à l'administration militaire pour les hôpitaux et pour les troupes (1). Maréchal BUGEAUD.

DP. — 14 mai 1850 (V. *Justice de paix*, § 1). — *Compétence des juges de paix, des commissaires civils et des commandants militaires en matière de délits forestiers. Cette compétence a en outre été étendue, par décret du 19 août 1854 (eodem), aux délits n'emportant pas une peine supérieure à six mois d'emprisonnement ou 500 fr. d'amende (V. Justice, § 4, compétence spéciale des commandants de place, et appel de leurs jugements.)*

AG. — 25-28 juin 1850. — B. 351. — *Interdiction de la vente du bois atteints par le feu. (Arrêté approuvé en projet par M. le ministre de la guerre, le 18 mai 1850.)*

Vu l'arr. du 11 juill. 1838, art. 3 ; — Considérant que le plus sûr moyen d'assurer l'exécution de cette disposition est de faire cesser les avantages que procure l'exploitation du bois provenant des incendies ;

Art. 1. — La vente des bois atteints par le feu sera interdite à partir du 1er oct. 1850.

Art. 2. — Ces bois exposés en vente ou transportés, seront saisis et livrés aux établissements de bienfaisance, ou à défaut à d'autres établissements publics, sans préjudice de l'application aux délinquants des peines prévues par l'art. 471, §§ 1 et 15, et par l'art. 474 c. pén.

Art. 3. — Toutefois les préfets, les sous-préfets et les commissaires civils, dans les territoires civils, et les généraux commandant les divisions, les commandants des subdivisions et les commandants des cercles, dans les territoires militaires, pourront, sur la demande des parties intéressées et

après une enquête administrative sur les causes de l'incendie, autoriser le transport et la mise en vente des bois incendiés.

Art. 4. — L'autorisation délivrée à cet effet fera connaître : 1° Le lieu où les bois seront situés ; — 2° La durée du permis.

Art. 5. — Quiconque sera rencontré transportant ou vendant des bois portant les traces du feu, sera tenu d'exhiber, à toute réquisition des agents de la force publique, l'autorisation mentionnée en l'article précédent, sous peine d'être considéré comme délinquant.

Art. 6. — Le présent arrêté sera traduit en arabe et affiché dans toutes les localités de l'Algérie. V. CHARON.

DI. — 19 janv. 1856 (V. *Enregistrement*) *Délai d'enreg. pour les procès-verbaux de contraventions constatées en territoire militaire.*

Décis. M. — 31 juill. 1858. — BM.3. — *Exemption de redevances.*

En vue d'atténuer dans une mesure équitable les obligations auxquelles sont assujettis les concessionnaires dans l'intérêt de l'aménagement et de la régénération des forêts de chênes-lièges en Algérie, j'ai décidé, à la date du 31 juill. dernier, que les bois abattus sur la désignation du service forestier, et dont les fermiers ne pourront trouver l'écoulement, seront provisoirement et jusqu'à ce qu'il en ait été décidé autrement, exempts de la redevance domaniale spécifiée au cahier des charges (Circ. du 26 août 1858).

NAPOLÉON (Jérôme).

§ 2. — FORÊTS DOMANIALES SOUMISES AU RÉGIME FORESTIER.

Aux termes de l'art. 1 c. for., les bois et forêts appartenant au domaine de l'État, aux communes, aux établissements publics, ou seulement même indivis entre ceux-ci et des particuliers, sont légalement et de plein droit soumis au régime forestier. Les arrêtés spéciaux rendus en Algérie n'ont point pour objet de déroger à ce principe, ni de créer un droit nouveau. Leur caractère est purement administratif et réglementaire, et ils ne font que déterminer les localités où des soins particuliers d'administration et d'aménagement sont devenus possibles ou nécessaires pour l'amélioration des bois destinés plus tard à constituer des réserves forestières pour l'État ou les communes. Lors même qu'ils ne seraient ni rendus ni publiés, par ce seul fait que les terrains et forêts auxquels ils s'appliquent sont la propriété de l'État, les délits et contraventions qui y seraient commis et constatés seraient passibles des peines portées par la loi. On remarquera d'ailleurs que ce cas se présente précisément dans les provinces de Constantine et d'Oran, où l'État possède les importantes forêts de La Calle, des Beni-Salah, de l'Edough, de Stora, de Muley-Ismaël et autres, dans lesquelles le régime forestier est en plein exercice, sans qu'aucun arrêté spécial ait cependant été publié au *Bulletin officiel*. C'est donc à la prudence de l'administration seule qu'il appartient de prendre les mesures nécessaires pour que les populations environnantes, et notamment les indigènes soient avertis du changement apporté par l'application successive du régime forestier aux anciens droits d'usage qui pouvaient exister, et qui sont presque toujours maintenus et réglés par les arrêtés suivants.

---

(1) V. *Législation*, § 2, légalité des arrêtés.

La conduite à suivre par les agents forestiers a été en effet ainsi tracée avec autant de sagesse que de bienveillance dans une circulaire ministérielle du 5 juin 1860 : BM. 83. — « Lorsqu'une forêt est soumise au régime forestier, le premier soin de l'administration locale doit être de faire, si je puis m'exprimer ainsi, l'éducation forestière des Arabes ; de leur apprendre ce qui leur est permis, ce qui leur est défendu ; de leur faire comprendre que les exploitations désordonnées, conduisant fatalement au dépeuplement du sol forestier, auraient pour résultat inévitable l'amoindrissement de la valeur des droits d'usage qui leur sont attribués, et qu'ils sont ainsi directement intéressés à rompre avec les errements du passé. C'est seulement après cette sorte d'instruction que peuvent venir les procès-verbaux, et encore est-il indispensable de les faire précéder d'avertissements officieux et de conseils bienveillants, la répression ne devant atteindre que les délinquants qui se montreraient récalcitrants. Il faut d'ailleurs s'efforcer de prévenir les délits en donnant satisfaction aux besoins réels, et pour cela il est bon de supprimer les formalités inutiles. S'entendre avec les chefs arabes pour apprécier l'importance de ces besoins, marquer à l'avance les arbres qui peuvent être nécessaires aux tribus, se montrer aussi large que possible dans ces délivrances et dans les autorisations de pâturages : telle est la marche à suivre, et, si l'on ne s'en écarte pas, je suis convaincu que nous parviendrons en peu de temps à faire accepter franchement par les Arabes ce qu'ils ont jusqu'à présent considéré comme des vexations gratuites.

« En résumé, par cela même que je tiens à préserver et à développer les richesses forestières de l'Algérie, je crois qu'il faut se garder de rigueurs prématurées, qui n'amèneraient que des embarras ; je désire donc qu'aux exigences de règles trop inflexibles pour un peuple chez lequel elles n'ont jamais existé l'on substitue les bons procédés, la persuasion ; que la sévérité n'arrive que graduellement et ne frappe pas indistinctement l'ignorance et la mauvaise volonté ; qu'enfin l'Arabe trouve dans les avantages du nouveau régime et la douceur avec laquelle on les lui fera comprendre un lien qui le rattache au progrès dont nous devons poursuivre la réalisation. »

1° Province d'Alger.

Arrondissement de Koléah.

AM. — 9 juin 1854. — B. 463. — Sont soumis au régime forestier, les terrains boisés, connus sous le nom de Chaïba inférieur, — Mulati — Hamed Cachouch — el-Faghen — Sidi-Bouzid — Bois des corvées.

AM. — 20 août 1858. — BM. 3. — Forêt de Mostakera, 144 hect.

Territoire de Marengo.

AM. — 6 sept. 1855. — B. 487. — Forêt de Sidi-Sliman, 206 hect.

Subdiv. d'Alger. — Cercle de Dellys.

AM. — 16 janv. 1857. — B. 506. — Bois de Bou-Kartout, 239 hect. ; — Bois d'Ain-bou-Arbi, 64 hect.

AM. — 20 août 1858. — BM. 3. — Forêt du Bouberack, 000 hect., réserve en faveur des tribus voisines d'y mener paître leurs troupeaux (chèvres exceptées) et y prendre du bois pour construction de gourbis et confection d'instruments.

AM. — 14 mars 1859. — BM. 23. — Massifs boisés de Mizrana et de Djebel-tizi-ben-Ali, 1,450 hect. — Réserve personnelle et inaliénable en faveur des tribus et fractions de tribu voisines de faire paître leurs bestiaux et prendre du bois pour chauffage, construction de gourbis, et confection d'instruments aratoires, le tout selon les désignations du service forestier.

AM. — 17 août 1859. — BM. 39. — Forêt de Beni-Khalfoun, 1,058 hect. — Réserve personnelle aux indigènes riverains du droit de parcours, de la faculté d'y prendre, dans les cantons désignés, le bois nécessaire pour chauffage, construction de gourbis et confection d'instruments, et d'y récolter des écorces de liège pour les ruches à miel.

AM. — 24 déc. 1859. — BM. 55. — Forêt de Moula-Yahia, 400 hect. — Réserve de droits d'usage pour les indigènes riverains.

AM. — 15 janv. 1860. — BM. 50. — Forêt de Teniet-el-Begass, 1,500 hect. — Mêmes réserves.

AM. — 16 janv. 1860. — BM. 56. — Forêt de Bou-Many, 1,800 hect. — Mêmes réserves.

Cercle de Ténez.

AM. — 5 juill. 1854. — B. 463. — Terrains boisés dits de Tigheirem, des gorges de l'Oued-Al-lalah et de l'Oued-Avour) 611 hect.

AM. — 31 mars 1855. — B. 481. — Forêt de Guergoure, 458 hect. Réserves particulières sur une parcelle de 20 hect. au profit d'un sieur Ahmed-ben-Saïch.

AM. — 26 août 1858. — BM. 3. — Forêt des Ouled-bou-Frid, 1,800 hect. Réserve personnelle en faveur de tribus voisines, d'y mener paître leurs troupeaux (chèvres exceptées), et y prendre du bois pour construction de gourbis et confection d'instruments.

AM. — 16 nov. 1859. — BM. 49. — Forêt de l'Oued-Masseur, 550 hect. — Réserve personnelle aux indigènes riverains du droit de parcours et de la faculté d'y prendre du bois.

Subdivision d'Orléansville.

AM. — 31 mars 1855. — B. 481. — Forêt des Beni-Rached, 611 hect. — Réserve personnelle à divers indigènes dénommés de récolter les fruits pendants aux arbres dans une proportion et des conditions déterminées, et de jouir du cinquième du produit des coupes de bois.

AM. — (Même date.) — Forêt de Laghr-Isly, 582 hect. — Réserve des mêmes droits d'usage.

AM. — (Même date.) — Forêt de Tramdrara, 528 hect. — Réserve des mêmes droits d'usage.

AM. — (Même date). — Forêt de Medjadju, 552 hect. — Réserve des mêmes droits d'usage.

AM. — (Même date.) — Forêt de Sidi-Dris, 956 hect. — Réserve des mêmes droits d'usage.

AM. — 14 mars 1859. — BM. 23. — Forêt d'Aïn-Lelou, 2,500 hect. et de Bou-Jelfenne, 1,700 hect. — Réserve personnelle à la tribu de Bou-Kannous, d'y mener paître ses bestiaux et y prendre du bois pour chauffage, construction de gourbis et confection d'instruments.

AM. — 14 oct. 1859. — BM. 48. — Forêt de Bat-el-Bégra, 888 hect. — Réserve des mêmes droits d'usage.

AM. — (Même date.) — Forêt de Tezentelba, 400 hect. — Réserve des mêmes droits d'usage.

AM. 2 juin 1854.—B. 465.—*Forêt de Bled-aïn-Turqui*, 290 hect.—*Réserve des mêmes droits d'usage.*

AM.—12 juin 1854.—B. 465.—*Terrains boisés dits de Sidi-Sba*, 563 hect.

AM.—28 mars 1855.—B. 481.—*Forêt des Attafs*, 2,584 hect.—*Réserve de droits d'usage.*

AM.—25 mai 1855.—B. 482.— *Forêt des cèdres de Teniet-el-Hdad*, 5,000 hect. — *Réserve de droits d'usage.*

AM. — 29 juin 1855. — B. 485. — *Forêt [de Te-laouch-Kouff*, 90 hect. — *Réserve de droits d'usage.*

AM.—14 sept. 1855. — B. 487.—*Forêt du Bou-Rouis ou de Fernen*, 2,500 hect.—*Réserve de droits d'usage.*

AM.—26 août 1858.—BM. 5.—*Forêt de l'Oued-Aïdoux*, 570 hect., *de l'Oued-Chaaba*, 900 hect., *et de Reilès et Bou-Alem (cercle de Teniet-el-Haad)*, 5,000 hect. — *Réserve de droits d'usage.*

AM.—14 mars 1859.—BM. 23.—*Forêt de l'Oued-Massine*, 5,000 hect. — *Réserve de droits d'usage.*

AM.—27 août 1859.—BM. 59.—*Forêt d'Aïn-Turqui*, 705 hect.—*Réserve de droits d'usage.*

AM.—(Même date.)—*Forêt de Gaate-el-Kadvet ou Sougareth*, 150 hect. — *Réserve de droits d'usage.*

AM. — (Même date.)—*Forêt de Tacheta*, 1,100 hect.—*Réserve de droits d'usage.*

AM.—15 janv. 1860.—BM. 56.—*Forêt d'Ache-chou*, 76 hect.—*Réserve de droits d'usage.*

AM.—14 mai 1860.—BM. 80.—*Forêt des Ouled-Ablou*, 800 hect.—*Mêmes réserves.*

AM.—7 août 1857.—B. 515.—*Forêt des Ouled-Anteur (cercle de Boghar)*, 8,445 hect. — *Réserve de droits d'usage.*

AM.—27 fév. 1857.—BM.—29.—*Forêt de Fer-néen*, 924 hect., *et des Ouzéras*, 957 hect.—*Réserve de droits d'usage.*

AM.—8 sept. 1858.—BM. 46. — *Forêt des Mou-zaïas*, 5,530 hect.—*Réserve de droits d'usage.*

AM.—26 août 1858.—BM. 5.—*Forêt des Ouled-*

Meriem et de Sour-Djouab, 5,000 hect.—*Id des Ouled-Ferah et du Dirah*, 2,500 hect.—*Réserve de droits d'usage.*

AM.—14 mars 1859.—BM. 23.—*Forêt de Ksena et des Beni-Amar*, 7,500 hect. — *Réserve de droits d'usage.*

AM. — 17 août 1859. — BM. 39.—*Forêt d'El-Hama*, 200 hect.—*Réserve de droits d'usage.*

AM.—20 août 1858.—BM. 5.—*Azel du Meridj-ben-Medjaleb*, 16 hect.

AM.—22 août 1855.—B. 487.—*Forêt de l'Habra (subd. de Mostaganem)*, 727 hect.

AM.—26 août 1858.—BM. 5.—*Forêt de Tilmo-cren et de Tessara (cercle de Tlemcen)*, 5,850 hect. — *Id. de l'Agboub (cercle de Mostaganem)*, 5,270 hec.—*Id de Guétarnia (cercle de Sidi-bel-Abbès)*, 10,681 hect.

§ 5. — AGENTS DU SERVICE ADMINISTRATIF.

AM.—27 oct. 1859.—BM. 49.—*Fixation, à partir du 1er janv. 1860, des traitements et accessoires de traitement du personnel des forêts en Algérie.*

Circ. M.—19 déc. 1859.—BM. 53.—*Instruction sur l'exécution de l'arrêté précédent.*

Boissons (débitants de).

DP. — 5 janv.-3 fév. 1852. — B. 403. — *Promulgation du décr. du 29 déc. 1851 sur la police des cafés et débits.*

Art. 1. — Sera promulgué en Algérie le décret du 29 déc. 1851, relatif à l'ouverture, à la police et à la fermeture des cafés, cabarets ou autres débits de boissons à consommer sur place.

Art. 2. — En territoire militaire, les généraux commandant les divisions exerceront les attributions conférées aux préfets dans les départements, et les conseils de guerre connaîtront des délits qui sont déférés, en territoire civil, aux tribunaux correctionnels.

Décret du 29 déc. 1851 (1).

Considérant que la multiplicité toujours croissante des cafés, cabarets et débits de boissons, est

---

une cause de désordre et de démoralisation ;—Que, dans les campagnes surtout, ces établissements sont devenus, en grand nombre, des lieux de réunion ou d'affiliation pour les sociétés secrètes, et ont favorisé d'une manière déplorable les progrès des mauvaises passions ; — Qu'il est du devoir du gouvernement de protéger, par des mesures efficaces, les mœurs publiques et la sûreté générale ;

Art. 1. — Aucun café, cabaret ou autre débit de boissons à consommer sur place, ne pourra être ouvert, à l'avenir, sans la permission préalable de l'autorité administrative (1).

Art. 2. — La fermeture des établissements désignés en l'art. 1 qui existent actuellement ou qui seront autorisés à l'avenir, pourra être ordonnée, par arrêté du préfet, soit après une condamnation pour contravention aux lois et règlements qui concernent ces professions, soit par mesure de sûreté publique.

Art. 3. — Tout individu qui ouvrira un café, cabaret ou débit de boissons à consommer sur place, sans autorisation préalable ou contrairement à un arrêté de fermeture pris en vertu de l'article précédent, sera poursuivi devant les tribunaux correctionnels et puni d'une amende de 25 à 500 fr. et d'un emprisonnement de six jours à six mois. — L'établissement sera fermé immédiatement (2).

LOUIS-NAPOLÉON BONAPARTE.

DI.—6 oct.-17 nov. 1855.—B. 487.—*Loi sur les fraudes dans la vente des boissons*

Vu le décr. du 14 sept. 1851 (V. *Substances alimentaires*) ; — Vu la loi du 5 mai 1855 ;

Art. 1. — La loi du 5 mai 1855 est déclarée exécutoire en Algérie et y sera promulguée à la suite du présent décret.

Loi du 5 mai 1855.

Art. 1. — Les dispositions de la loi du 27 mars 1851 (fraudes dans la vente de marchandises et substances alimentaires) sont applicables aux boissons.

Art. 2. — L'art. 518 et le n° 6 de l'art. 475 c. pén. sont et demeurent abrogés.

Boucherie.—Bouchers.

L'exercice de la profession de boucher est aujourd'hui régi par les arr. des 16 nov. 1846, 11 juill. 1853 et 18 sept. 1856. De 1831 à 1846, divers arrêtés avaient été rendus sur cette matière ; mais ils ont été abrogés sans réserve par l'art. 68, et n'ont conservé aucun intérêt.

AM. — 16 nov.-11 déc. 1846. — B. 243. — *Règlement général sur l'exercice de la profession de boucher, charcutier et tripier.*

Vu l'art. 7 de la loi des 2-17 mars 1791, lequel, en proclamant la liberté des professions, les sou-

met aux règlements de police qui peuvent être faits pour les régir ;—Vu l'art. 3 du tit. 2 de la loi des 16-24 août 1790, qui charge l'autorité municipale de veiller à tout ce qui peut assurer la fidélité du débit des denrées et la salubrité des comestibles exposés en vente publique ; — Vu, en outre, l'art. 50 du tit. 1 de la loi des 19-22 juill. 1791, concernant la taxe des subsistances ; — Vu l'arr. du 2 avr. 1853, concernant l'exercice de la profession de boucher en Algérie ;— Considérant la nécessité d'y réglementer complètement les professions de boucher, charcutier et tripier ;

TIT. 1. — *De la boucherie.*

CHAP. 1.

SECT. 1. — *De l'admission et du nombre des bouchers.*

Art. 1.—Nul ne pourra exercer la profession de boucher en Algérie, s'il n'est pourvu d'une autorisation spéciale délivrée, soit par le directeur de l'intérieur, soit par les sous-directeurs, dans leurs arrondissements, soit par les commissaires civils dans l'étendue de leurs commissariats.

Art. 2.—L'autorisation pourra être accordée aux individus majeurs qui auront justifié : — 1° D'une bonne moralité ; — 2° De la connaissance pratique des procédés de la profession ; — 3° De ressources pécuniaires suffisantes pour entreprendre le commerce de la boucherie.—Cette autorisation pourra être aussi accordée aux mineurs émancipés qui produiront les mêmes justifications, et qui rempliront, en outre, les conditions prescrites par l'art. 2 c. com.

Art. 3.—Aucune patente de boucher ne pourra être délivrée par les receveurs ou agents des finances, que sur le vu de l'autorisation exigée par l'art. 1.

Art. 4.—L'autorisation indiquera la rue et le numéro de la maison où l'étal devra être ouvert.

Art. 5. — Aucun boucher ne pourra transférer son établissement dans un autre local, sans une permission préalable et écrite, émanant de l'autorité qui aura délivré l'autorisation.

Art. 6.— Aucun boucher ne pourra vendre ailleurs que dans son étal.

Art. 7.— Il ne pourra être accordé d'autorisation au même individu d'ouvrir deux ou plusieurs étaux ou boutiques.

Art. 8. — Des arrêtés spéciaux, émanés du directeur de l'intérieur, pour l'arrondissement d'Alger, et des sous-directeurs, dans les sous-directions ainsi que dans les commissariats civils qui en dépendent, détermineront et limiteront le nombre des bouchers, dans chaque localité, et pourront l'augmenter proportionnellement à l'accroissement de la population.

SECT. 2. — *De la transmission des étaux.*

Art. 9.— Aucun boucher ne pourra quitter sa

---

voir de faire fermer un établissement après une seule condamnation pour infraction aux lois et règlements spéciaux. S'il vous est démontré que la falsification est faite sciemment, qu'un établissement condamné réalise des bénéfices illicites aux dépens de la santé des pauvres gens, supprimez-le sans hésiter.

Pénétrez-vous, M. le préfet, de ces instructions, qui ont pour objet de vous faire bien connaître la pensée de haute moralité et de prévoyance qui a dicté le décret du 29 déc. : que l'administration accomplisse énergiquement son devoir, afin que les populations voient toujours en elle la personnification de la puissance qui féconde et développe les éléments du bien, qui poursuit et frappe sans pitié le principe du mal.

Le ministre de l'intérieur,   A. DE MORNY.

(1) L'esprit et la lettre du déc. du 29 décr. 1851, concernant les débits de boissons, ont pour but de diminuer plutôt que d'augmenter les établissements de cette nature. — Afin de prévenir un abus qui se propage et sauvegar-

der en même temps le droit de propriété, le préfet d'Alger prévient les intéressés qu'aucun acquéreur de fonds de débit ne sera admis à faire valoir cette acquisition, comme titre à une continuation de l'autorisation accordée précédemment au vendeur, si, préalablement à toute transaction verbale ou écrite de l'espèce, il ne s'est pourvu d'une autorisation provisoire signée soit du préfet, soit des sous-préfets ou commissaires civils, suivant la localité.

Alger, le 7 juill. 1853.   LAUTOUR-MÉZERAY.

(2) *Jurisprudence.*— 1° L'autorisation dont il s'agit est personnelle à celui qui l'a obtenue; par suite, en cas de cession de l'établissement, une autorisation nouvelle est nécessaire au successeur. — Cass. 26 mai 1859, D. P. 60. 1. 52.

2° L'autorisation est également restrictive, quant à l'emplacement du débit, et la translation de l'établissement oblige le débiteur à se munir d'une autorisation nouvelle. — Cass. 6 janv. 1851, D. P. 54. 1. 135.

profession, sans en avoir fait trois mois d'avance la déclaration par écrit à l'autorité dont il tiendra sa nomination, sous peine de révocation immédiate.— Acte lui sera donné de sa déclaration.

Art. 10.—Tout boucher, non révoqué, sera admis à présenter un successeur.—Les héritiers d'un boucher décédé jouiront de la même faculté.—Les clauses du titre de cession devront être soumises à l'autorité dont a émané l'autorisation, et approuvées par elle.—Toute contre-lettre ou clause non spécifiée en l'acte de cession fera perdre au cédant son droit à présenter un successeur, et entraînera contre le cessionnaire la peine de la révocation, si déjà il a été nommé; si le cessionnaire n'a pas encore obtenu l'autorisation, il sera déclaré incapable de l'obtenir pour la localité où était situé l'étal qu'il avait acquis.

Art. 11.—La veuve et les enfants pourront toujours, s'ils le préfèrent, être autorisés à continuer l'exercice de la profession, à la charge par eux de faire agréer par l'autorité compétente, un garçon boucher réunissant les conditions exigées pour l'exercice de cette profession.

SECT. 5. — *Des garçons bouchers.*

Art. 12.—Tout garçon boucher devra être muni d'un livret, portant ses noms et son signalement. Ce livret lui sera délivré par le commissaire de police ou par le fonctionnaire qui en exercera les attributions.

Art. 13.— Ce livret ne lui sera délivré que sur l'attestation de deux bouchers autorisés, constatant qu'il est apte à exercer sa profession.

Art. 14.— Le garçon boucher qui entrera chez un boucher devra lui remettre immédiatement son livret, afin que celui-ci y inscrive son entrée.

Art. 15.— Le maître conservera le livret et le rendra au garçon lors de sa sortie, en y mentionnant la date et les causes.

Art. 16.— Le garçon boucher ne pourra quitter son maître sans l'avoir averti au moins huit jours à l'avance, sous peine de perdre son livret et de ne pouvoir être reçu dans aucun autre étal de la localité. — Néanmoins, dans le cas où des circonstances graves forceraient un garçon boucher à quitter immédiatement, il pourra y être autorisé par le commissaire de police ou par le fonctionnaire qui en exerce les attributions, après avoir entendu le maître boucher. Dans ce cas, le maître sera tenu de remettre au garçon son livret, et le commissaire de police y inscrira la date de la sortie.

CHAP. 2. — *Des marchés aux bestiaux et de l'approvisionnement des bouchers.*

Art. 17.— Des règlements particuliers émanés, soit du directeur de l'intérieur, soit des sous-directeurs dans leurs arrondissements et soit des commissaires civils dans l'étendue de leurs commissariats, détermineront les mesures de police à prendre pour la tenue des marchés aux bestiaux.

Art. 18.— Chaque boucher sera obligé d'entretenir un parc de réserve toujours au complet, composé d'un nombre de bestiaux suffisant pour assurer, proportionnellement à la part pour laquelle il devra y concourir, la consommation de la localité où il exercera sa profession.

Art. 19.—Le directeur et les sous-directeurs de l'intérieur et les commissaires civils régleront par des arrêtés particuliers le nombre des bestiaux qui devra former l'approvisionnement général de chaque localité, le temps pour lequel ces approvisionnements devront être faits et la quote-part afférente à chaque boucher. — Ces arrêtés seront rendus après avis des syndics de la boucherie de chaque localité.

Art. 20. — La fixation de l'approvisionnement sera révisée tous les six mois par les directeur et sous-directeurs de l'intérieur.

Art. 21.—Chaque boucher devra faire connaître à l'administration le lieu où son parc de réserve sera établi, afin qu'elle puisse en tout temps s'assurer de l'existence de son approvisionnement. Aucun boucher ne pourra déplacer son parc sans en avoir fait préalablement la déclaration écrite à l'autorité dont émane l'autorisation.

Art. 22. — Aucun boucher ne pourra faire le commerce des bestiaux, soit directement, soit indirectement, par lui-même ou par personnes interposées, sous peine d'encourir l'application de l'art. 471 c. pén. En cas de récidive, indépendamment des peines prononcées, l'autorisation sera immédiatement retirée par l'autorité administrative.

CHAP. 3. — *Des abattoirs.*

Art. 23.— Il est défendu aux bouchers d'abattre les bestiaux ailleurs que dans les abattoirs, ou à défaut dans les lieux désignés à cet effet par l'autorité, sous peine d'encourir l'application de l'art. 471 c. pén. --En cas de récidive, indépendamment des peines prononcées, l'autorisation pourra être retirée par l'autorité administrative.

Art. 24.— Nul autre que les bouchers régulièrement autorisés ou que leurs garçons agréés par l'autorité, ne pourra tuer les bestiaux dans les abattoirs publics ou autres lieux désignés à cet effet. — En conséquence, chaque boucher ou garçon boucher sera porteur d'une plaque faisant connaître son nom et son numéro, qu'il représentera toutes les fois qu'il en sera requis par les préposés de l'abattoir ou tout autre agent de l'autorité publique. — Néanmoins, tout musulman est autorisé à abattre ou faire abattre le bétail destiné à sa famille dans l'abattoir public, sous la réserve des payements des droits d'abatage.

Art. 25.— Il est défendu à tout boucher ou garçon boucher de prêter sa plaque, et à toute autre personne d'en faire usage, sous les peines portées par l'art. 471 c. pén.

Art. 26.— Aucun boucher ne pourra introduire dans les abattoirs que le nombre de bestiaux qui devront être abattus chaque jour.

Art. 27.— Aucune tête de bétail ne pourra être introduite dans les abattoirs, sans avoir été préalablement visitée par un agent préposé à cet effet, qui s'assurera que les animaux sont sains, exempts de maladie, de l'âge exigé par les règlements faits par les directeur et sous-directeurs de l'intérieur et les commissaires civils dans leurs circonscriptions respectives, pour déterminer les conditions d'admission.—En conséquence, chaque tête sera marquée d'un signe constatant qu'elle peut être abattue.

Art. 28.— Toute bête qui ne présenterait pas les conditions sanitaires requises sera provisoirement renfermée dans un lieu spécial de l'abattoir; procès-verbal sera dressé par l'agent qui l'aura visitée, et si, après une expertise contradictoire avec le boucher qui l'aurait présentée, dans le cas où il aurait requis l'expertise, la bête est reconnue impropre au commerce de la boucherie, elle sera définitivement rejetée et marquée de manière à ce qu'elle ne puisse pas être représentée dans un autre abattoir. — Si la bête était atteinte d'une maladie qui la rendît malsaine et nuisible pour la santé, elle sera immédiatement abattue et enfouie avec des matières qui puissent la consumer dans l'espace de temps le plus court.

Art. 29. — Des locaux distincts seront affectés dans chaque abattoir aux bouchers européens, aux bouchers musulmans et aux bouchers israélites.

CHAP. 4. — *Des étaux et de la vente.*

Art. 30. — Les bouchers ne pourront vendre que de la viande crue de bœuf, vache, veau, mouton, brebis et chèvre, et de bonne qualité. Toute viande reconnue gâtée ou nuisible, par les agents préposés à la surveillance de la boucherie, sera saisie et enfouie aux frais des délinquants; procès-verbal sera dressé du fait après expertise contradictoire, si elle est requise par le boucher, et les délinquants seront en outre punis des peines prononcées par les art. 475 à 478 c. pén.

Art. 31. — Il est interdit à tout boucher de vendre des viandes apprêtées et de faire le commerce de la charcuterie ou celui de la triperie. En conséquence, les bouchers ne pourront vendre aucune des espèces de viande désignées dans les art. 51 et 55 du présent arrêté.

Art. 52. — Tout boucher qui fermera son état ou qui le laissera dépourvu de viandes pendant trois jours au moins, encoura les peines prononcées par l'art. 471 c. pén. — En cas de récidive, indépendamment des peines encourues, son autorisation pourra lui être retirée.

Art. 33. — Tout boucher qui aura fermé son état, même avec autorisation, ne pourra être admis à le rouvrir, dans la même localité, qu'à l'expiration d'une année, à partir de cette fermeture et à la même époque où il aura cessé son exploitation.

Art. 34. — Il est défendu à tout boucher de faire entrer dans la pesée, sous la dénomination de réjouissance ou de quelque autre nom que ce soit, aucune partie de l'animal, provenant des issues rouges ou blanches, aucune partie de tête et aucun os qui ne serait pas adhérent à la viande par eux livrée. — Tout amas d'os, toutes têtes de bœufs ou d'autres animaux coupées par morceaux, qui seraient trouvés dans les magasins, seront enfouis aux frais du contrevenant, qui sera, en outre, puni des peines portées aux art 471 et 474 c. pén.

Art. 35. — Tout étalage en dehors des boutiques et en saillie sur la voie publique est formellement interdit sous peine d'encourir l'application des art. 471 et 474 c. pén. et de l'enlèvement aux frais des contrevenants des étalages, tringles, râteliers et crochets qui excéderaient le nu du mur de façade.

CHAP. 5. — *Du poids et de la taxe de la viande.*

Art. 36. — La viande ne pourra être vendue qu'au poids. En conséquence, chaque boucher devra être pourvu de balances et d'un assortiment de poids métriques dûment poinçonnés.

Art. 37. — Des arrêtés émanés du directeur de l'intérieur pour l'arrondissement d'Alger, des sous-directeurs pour les autres arrondissements et des commissaires civils dans l'étendue de leurs commissariats, détermineront les époques auxquelles la viande sera taxée, sans que néanmoins cette taxe puisse avoir lieu moins de deux fois par mois.

Art. 38. — La taxe sera faite par les commissaires civils, maires ou autres agents de l'autorité publique en remplissant les fonctions, après avoir pris l'avis du bureau syndical, et selon le mode prescrit par des arrêtés émanés des autorités indiquées dans l'article précédent.

Art. 39. — La taxe fixée selon le choix et la nature des viandes sera publiée dans les journaux de la localité, affichée sur les principales places, et en outre dans un lieu apparent de chaque état.

Art. 40. — Tout boucher qui vendra de la viande au delà du prix fixé par la taxe, ou un choix inférieur au prix du choix supérieur ou d'une espèce autre que celle demandée par l'acheteur, encoura les peines prononcées par les art. 471 et 474 c. pén. — En cas de récidive, son autorisation pourra lui être retirée sans préjudice des peines encourues.

Art. 41. — Toutes les fois que plusieurs bouchers d'une localité se seront réunis ou entendus de quelque manière que ce soit pour ne pas vendre de la viande ou pour ne la vendre qu'à un certain prix, et notamment lorsqu'ils auront refusé de se

soumettre à la taxe régulièrement faite et publiée, ou qu'ils auront fermé leurs magasins et les auront laissés dégarnis de la quantité de viande qu'ils ont l'habitude de débiter, ils encourront les peines portées par l'art. 419 c. pén., ils pourront en outre être suspendus ou révoqués par l'autorité administrative.

CHAP. 6. — *Du bureau syndical.*

Art. 42. — Un bureau syndical sera institué dans chaque ville ou dans chaque cercle par des arrêtés émanés du directeur de l'intérieur pour l'arrondissement d'Alger, et des sous-directeurs et commissaires civils pour les autres arrondissements. Ces arrêtés en détermineront la composition d'après les règles suivantes: le bureau sera composé d'un syndic et d'un adjoint choisis parmi les bouchers en exercice; un second adjoint sera nommé lorsque le nombre des étaux s'élèvera à plus de 10, un troisième lorsqu'il s'élèvera à plus de 20, et un quatrième lorsqu'il excédera 50.

Art. 43. — Dans les villes ou cercles où il y aura des bouchers européens, maures et israélites, le syndic sera toujours choisi parmi les bouchers européens; mais aux adjoints européens il sera ajouté un adjoint choisi parmi les bouchers maures et un adjoint choisi parmi les bouchers israélites. — Lorsque le nombre des étaux ou boutiques ne comportera qu'un adjoint, bien qu'il y ait des bouchers musulmans et israélites, il sera ajouté un adjoint pris parmi les bouchers musulmans et un autre parmi les bouchers israélites. — Un adjoint représentant les professions de charcutiers et tripiers réunis sera également ajouté au bureau syndical, lorsque le nombre de ces marchands ne leur permettra pas d'avoir un bureau syndical spécial.

Art. 44. — Les syndics et les adjoints seront nommés tous les ans dans la dernière quinzaine de décembre par tous les bouchers pourvus d'autorisation, dûment convoqués à cet effet par l'autorité administrative. Les charcutiers et les tripiers dûment pourvus d'autorisation concourront également à la nomination du bureau syndical, dans le cas où ils n'en auront pas un spécial.

Art. 45. — Les syndics et les adjoints seront indéfiniment rééligibles, sauf l'exception portée en l'art. 48.

Art. 46. — Les arrêtés de convocation pour élire et renouveler le bureau syndical détermineront le mode d'élection et les règles de police à suivre pendant les opérations. — Le procès-verbal de l'élection sera soumis à l'approbation du directeur de l'intérieur, pour l'arrondissement d'Alger, et à celle des sous-directeurs et commissaires civils pour les autres arrondissements.

Art. 47. — Le bureau syndical est chargé de la police intérieure de la corporation, il surveillera les établissements de bouchers, ainsi que ceux de charcutiers et tripiers, dans le cas où ceux-ci n'auraient pas de bureau syndical spécial. Il veillera à l'exécution de toutes les mesures qui pourront être ordonnées pour l'exercice de la profession.

Art. 48. — Tout syndic ou adjoint qui refusera son concours à l'autorité et qui contreviendra lui-même aux dispositions des règlements sur sa profession, sera suspendu ou révoqué de ses fonctions, selon la gravité des faits, et, dans le cas de révocation, il ne pourra être réélu que deux années après qu'elle aura été prononcée, le tout indépendamment des peines qu'il aura pu encourir pour l'infraction commise.

Art. 49. — Les recettes et les dépenses de la corporation seront délibérées dans l'assemblée générale où aura été formé le bureau syndical, et, après cette formation, elles feront l'objet d'un règlement approuvé chaque année par les directeur et sous-directeurs de l'intérieur.

Tit. 2. — De la charcuterie.

Art. 50. — Toutes les dispositions des art. 1 à 11 relatives à l'admission, à l'exercice de la profession de boucher et à la transmission des étaux, ainsi que les art. 12 à 16 et les art. 22 et 35 du présent arrêté, sont applicables aux charcutiers.

Art. 51. — Les charcutiers ne pourront vendre de la viande crue autre que celle de porc et de sanglier; mais ils pourront, comme en France, employer dans la préparation des viandes cuites d'autres viandes que celles de porc. — Ils ne pourront employer dans la confection des boudins et dans celle des saucisses d'autres viandes et d'autre sang que ceux du porc, sous peine d'encourir l'application des art. 475, 476 et 478 c. pén.

Art. 52. — Les charcutiers ne pourront se servir d'autres vases et ustensiles que ceux en pierre, marbre, grès, bois, poterie non vernissée, fonte et fer battu; les vases et ustensiles devront être tenus dans la plus grande propreté.

Art. 53. — Il est défendu aux charcutiers d'abattre et de brûler des porcs ailleurs que hors les villes, ou dans les échaudoirs destinés à cet usage.

Tit. 3. — De la triperie.

Art. 54. — Toutes les dispositions des art. 1 à 11 relatives à l'admission à l'exercice de la profession de boucher, et à la transmission des étaux, ainsi que les art. 12 à 16 et les art. 22, 35 et 52 du présent arrêté, sont applicables aux tripiers.

Art. 55. — Les tripiers auront seuls la faculté de vendre les issues rouges ou blanches. — Les issues rouges se composent du cœur, du foie et de la rate et des poumons du bœuf, de la vache et du mouton; les issues blanches: 1° celles du bœuf, du veau et de la vache, des quatre pieds avec leurs patins, de la panse, de la franche-mule, de la mamelle, des feuillets avec l'herbière, des mufles et du palais; 2° celles du mouton, de la tête avec la langue, de la cervelle, des quatre pieds, de la panse et de la caillette.

Art. 56. — Les tripiers pourront seuls enlever ces issues dans les abattoirs après les abats; ils devront chaque jour les faire transporter directement dans les ateliers où elles devront être préparées après les avoir nettoyées avant de les entrer en ville. — Il est interdit de les préparer de les faire cuire ailleurs que dans les endroits à ce destinés par l'autorité locale. — Il est également défendu de les livrer au commerce ou à la consommation avant de leur avoir fait subir les préparations nécessaires, sous peine d'encourir l'application des art. 475 à 478 c. pén.

Tit. 4. — Dispositions particulières aux art. 2 et 3.

Art. 57. — Il est interdit aux charcutiers de faire le commerce de la boucherie ou de la triperie, et aux tripiers de faire celui de la boucherie ou de la charcuterie.

Art. 58. — Lorsque les charcutiers et tripiers seront au nombre de dix au moins, ils auront un bureau syndical spécial pour les deux professions réunies, qui sera formé, élu et renouvelé d'après les règles tracées aux art. 42 à 49 du présent arrêté.

Tit. 5. — Dispositions générales.

Art. 59. — Tout individu qui s'immiscera dans l'une des professions de boucher, tripier ou charcutier, sans y avoir été légalement autorisé, encourra l'application des art. 471 et 474 c. pén.; la viande sera en outre saisie, ainsi que les instruments ou ustensiles employés pour ce commerce, et le tout vendu au profit des hospices ou des pauvres de la commune où le commerce avait lieu.

Art. 60. — La défense prononcée par l'article précédent n'est point applicable aux individus, autres toutefois que les marchands de comestibles, qui, sans en faire l'objet d'un commerce ou d'une spéculation, sont dans l'usage de conserver des viandes salées pour leur consommation particulière.

Art. 61. — Il est défendu aux bouchers, charcutiers ou tripiers de se livrer à aucune des professions dans lesquelles on donne à manger ou à boire, telles, par exemple, que celles d'aubergiste, de restaurateur et de marchand de vins.

Art. 62. — Les professions de boucher, charcutier et tripier pourront être cumulées en vertu d'autorisation du directeur et des sous-directeurs de l'intérieur et commissaires civils, chacun pour son arrondissement, dans les centres de population au-dessous de 500 individus.

Art. 63. — Les bestiaux ne pourront être introduits sur pied dans les villes de l'Algérie en dehors des abattoirs ou des lieux spéciaux de leur abat, excepté dans les cas prévus par l'arr. du 21 août 1844, à l'égard des bestiaux destinés à l'exportation et pour les fêtes dites Aïd el Kébir ou Mouloud, en ce qui concerne la population musulmane. (V. Abatage.)

Art. 64. — Des arrêtés et règlements émanés des directeur et sous-directeurs de l'intérieur et commissaires civils dans leurs arrondissements respectifs, détermineront toutes les mesures d'ordre, de police, de salubrité et de propreté à suivre pour l'exécution du présent arrêté.

Art. 65. — Toute contravention aux dispositions du présent arrêté ou aux arrêtés et règlements faits par les autorités compétentes pour assurer son exécution, sera constatée par un procès-verbal séparé pour chaque contravention et pour chaque délinquant. A cet effet les maires et les adjoints, les commissaires de police, les inspecteurs spéciaux et agents de l'autorité ou de la force publique, les vérificateurs des poids et mesures et les commissions permanentes de santé, se transporteront chez les bouchers, charcutiers et tripiers, à toutes réquisitions et toutes les fois qu'ils le jugeront convenable, et pourront visiter leurs étaux, ateliers, boutiques et magasins, ainsi que les lieux où sont leurs approvisionnements et même toutes les parties des maisons et appartements par eux occupés.

Art. 66. — Les contraventions aux dispositions du présent arrêté, ainsi qu'aux arrêtés ou règlements émanés de l'autorité compétente qui ne seront pas l'objet d'une pénalité spéciale, seront punies des peines de simple police prononcées par le code pénal. — En cas de récidive, les contrevenants pourront être suspendus pendant un mois au moins à six mois au plus, ou révoqués par décision administrative, sans préjudice des autres peines encourues.

Art. 67. — Tous arrêtés ou règlements pour assurer l'exécution du présent arrêté émané des sous-directeurs de l'intérieur ou des commissaires civils, devront être soumis à l'approbation préalable du directeur de l'intérieur.

Art. 68. — Toute disposition antérieure au présent décret, relative à l'exercice des professions de boucher, charcutier et tripier, est et demeure abrogée.   M. DE SAINT-YON.

ARR. — 11 juill.-10 août 1853. — B. 442. — *Libre exercice de la boucherie.*

Vu l'arr. min. du 16 nov. 1846; — Considérant la nécessité de procurer la viande au plus bas prix possible aux populations de l'Algérie;

Art. 1. — Le nombre des bouchers européens et indigènes pourra être déclaré illimité dans toutes les localités où cette mesure sera jugée nécessaire au bien public.

Art. 2. — Cette déclaration sera faite : — 1° Pour les territoires civils : dans les localités érigées en communes, par les maires, après délibération en conseil municipal, et dans les autres localités, par les commissaires civils ou par les maires, sous la réserve de l'approbation du préfet ; — 2° Pour les territoires militaires : par les officiers chargés des affaires civiles dans chacune des localités, sous la réserve de l'approbation du général commandant la division.

Art. 3. — La taxe de la viande vendue au détail sera supprimée dans toutes les localités où la liberté d'exercice de la profession de boucher aura été prononcée par l'autorité compétente. (Abrogé par l'arr. suivant.)

Art. 4. — La réserve en bestiaux à entretenir par chaque boucher cessera également d'être obligatoire dans lesdites localités.

Art. 5. — Les dispositions de l'arrêté organique du 16 nov. 1846 continueront d'être applicables dans toutes les localités où il aura été reconnu nécessaire de maintenir le régime de la boucherie déterminé par ledit arrêté.

Art. 6. — Toutes les infractions énoncées dans les art. 59, 60, 61 du tit. 5 de l'arr. du 16 nov. 1846 et toutes celles prévues par la loi en matière de boucherie, seront punies conformément aux dispositions du code pénal. A. DE SAINT-ARNAUD.

ART. — 18 sept.-8 nov. 1856. — B. 501.— Modification à l'arr. précédent.

Considérant que les deux principes de l'illimitation des étaux et du maintien de la taxe ne sont pas exclusifs l'un de l'autre, et que, dans toutes les villes de France où la liberté d'exercice de la profession de boucher existe, le droit de taxer la viande a toujours été maintenu à l'autorité municipale ; — Considérant qu'il est indispensable d'attribuer aux autorités communales de l'Algérie la même faculté ;

Art. 1. — L'art. 3 de l'arr. min. du 11 juill. 1853, concernant le régime de la boucherie en Algérie, est abrogé.

Art. 2. — A dater de la promulgation du présent arrêté, la taxe de la viande pourra être, au besoin, conservée ou supprimée par les autorités qui auront prononcé l'illimitation du nombre des bouchers. VAILLANT.

Boulangerie.

L'exercice de la profession de boulanger est aujourd'hui régi par l'arr. du 6 janv. 1845, qui a abrogé sans réserve (art. 31) toutes les dispositions antérieures. Le principe de libre exercice établi par l'arr. du 23 juin 1853 a seulement rendu nécessaires diverses modifications qui ont été consacrées par les deux arrêtés suivants de 1854.

AG. — 6 janv.-4 fév. 1845. — B. 194. — Règlement général sur l'exercice de la profession de boulanger (approuvé par le ministre de la guerre, le 15 janvier 1845).

Vu les arr. des 2 avril 1833 et 30 avril 1835 concernant l'exercice de la profession de boulanger ; — Considérant que les arrêtés susvisés n'ont statué que d'une manière particulière, et pour quelques localités, sur l'exercice de la boulangerie ; qu'il convient de les modifier et de les étendre à tous les points où l'administration civile est établie;

TIT. 1. — De l'administration et du nombre des boulangers dans chaque localité.

Art. 1. — Nul ne pourra exercer la profession de boulanger en Algérie, s'il n'est pourvu d'une autorisation spéciale émanée des directeur et sous-directeur de l'intérieur pour le chef-lieu de leur ressort, et des commissaires civils pour l'étendue de leurs districts respectifs. — Cette autorisation ne sera accordée qu'aux individus majeurs qui justifieront de leur moralité, de ressources suffisantes, et de la connaissance pratique des procédés relatifs à la panification. — Elle pourra être accordée aussi aux mineurs émancipés qui produiront les mêmes justifications, et qui rempliront en outre les conditions prescrites par l'art. 2 c. com.

Art. 2. — L'autorisation susénoncée indiquera le quartier, et, au besoin, la rue et le numéro de la maison où le boulanger devra exercer.

Art. 3. — Toute boulangerie ouverte sans autorisation sera immédiatement fermée, et les approvisionnements en farines, les ustensiles destinés à la fabrication, ainsi que le pain déjà confectionné, seront saisis et vendus au profit de la caisse coloniale.

Art. 4. — Le nombre des boulangers sera limité dans chaque localité.—Il en sera dressé et publié, tous les ans, un tableau numérique, par les soins du directeur de l'intérieur. — Ceux qui exercent maintenant en vertu d'une autorisation régulière, sont maintenus.

Art. 5. — Le nombre des boulangers pourra être augmenté :—1° Lorsque la consommation moyenne d'une localité s'élèvera, par jour et par boulanger, au moins à quatre balles de farine, du poids de 122 kilog. 1/2 ; — 2° Lorsque, dans le cas de création d'un nouveau quartier, ou de l'agglomération de la population sur un nouveau point, un ou plusieurs boulangers ne consentiraient pas à y transporter leur établissement.

TIT. 2. — Obligations des boulangers.

Art. 6. — L'autorité locale déterminera les qualités de pain que les boulangers seront tenus de fabriquer.

Art. 7. — Les boulangers seront tenus d'apposer sur leur pain une marque apparente qui indiquera par un signe, l'établissement de fabrication, et, par des numéros correspondants, la qualité du pain. — Le double de cette marque sera déposé tant à la mairie qu'au bureau de police de chaque localité.

Art. 8. — Il est expressément défendu aux boulangers de se livrer au colportage du pain ; néanmoins, ceux des communes rurales auront la faculté d'en colporter dans les campagnes, mais seulement dans les localités où il n'existera pas de boulangerie. — La présente prohibition ne porte point atteinte au droit qui leur est laissé de porter le pain à domicile, sur la demande du consommateur, à condition que le porteur sera muni de poids et de balances dûment poinçonnés. (Abrogé par arr. ci-après du 10 nov. 1854 dans les localités où le commerce de la boulangerie aura été déclaré libre).

Art. 9. — Défense est également faite aux boulangers, à peine de révocation, de se livrer directement ou indirectement, soit par eux-mêmes, ou par personnes interposées, au commerce des grains ou des farines ; ils pourront toutefois débiter de ces dernières à petit poids, et pourvu que la quantité vendue ne dépasse pas à 1 kilog. (Abrogé comme l'article précédent par arr. du 24 mars 1854 ci-après).

Art. 10. — Tout boulanger chez lequel il aura été trouvé soit des farines gâtées, soit du pain de mauvaise qualité, ou n'ayant pas le degré de cuisson convenable, sera puni de 6 à 10 fr. d'amende et de trois jours de prison. — L'amende sera portée de 11 à 15 fr., et l'emprisonnement de trois à cinq jours, dans le cas où il aurait été convaincu soit d'avoir employé lesdites farines gâtées, soit d'avoir introduit, dans la confection du pain, sous quelque prétexte que ce soit, des substances étrangères ou nuisibles à la santé. — Les farines et le pain dont il s'agit aux deux paragraphes qui précèdent seront en outre confisqués et détruits, sans préjudice de l'application des art. 319 et 320 c. pén., en cas d'accidents de la nature de ceux prévus par ces deux derniers articles.

Art. 11. — Sera puni des peines portées aux art. 479, 480 et 482 du même code, tout boulanger qui aura exposé en vente un ou plusieurs pains d'un poids inférieur au poids fixé (1), ou qui aura vendu du pain, soit au-dessus de la taxe établie, soit d'une autre qualité que celle dont le prix lui aura été payé. — Les pains qui n'auront pas le poids seront, en outre, immédiatement saisis et remis aux établissements de charité.

Art. 12. — Les boulangers ne pourront abandonner leur profession, sans en avoir fait, trois mois d'avance, la déclaration par écrit à l'autorité dont ils tiendront leur autorisation, sous peine de perdre leur approvisionnement de réserve qui, dans ce cas, sera mis en vente au profit de la caisse coloniale. — Il ne pourront quitter leur établissement pendant plus de quinze jours, sans congé, dont les conditions seront réglées par l'autorité civile.

Tit. 3. — Du poids et de la taxe du pain.

Art. 13. — Il ne pourra être fabriqué, par les boulangers, que des pains pesant 500 gram., 1, 2, 3, 4 et 6 kilog., lesquels seront toujours assujettis à la taxe et au poids. — Sont seuls exceptés de cette disposition, les pains forme couronne, jusqu'à 1/2 kilog., et tous autres pains au-dessous de ce poids, qui seront considérés comme pains de luxe et de fantaisie.

Art. 14. — Les boulangers seront tenus de peser, en le livrant, le pain qu'ils vendront, toutes les fois que l'acheteur l'exigera, sans pouvoir prétendre à aucune espèce de tolérance, à titre de déchet de cuisson ou sous tout autre prétexte. Ils auront, à cet effet, sur leurs comptoirs, des balances en cuivre, avec un assortiment de poids légaux, dûment poinçonnés.

Art. 15. — Le pain sera taxé tous les quinze jours par l'autorité locale. — Le bureau syndical sera toujours appelé à donner son avis sur la taxe.

Art. 16. — À défaut de pain taxé, les boulangers devront livrer, au prix de la taxe, les espèces de pain non taxées.

Tit. 4. — Du bureau syndical.

Art. 17. — La boulangerie sera divisée en autant de circonscriptions que les besoins du service le rendront nécessaire. — Il y aura, au chef-lieu de chaque circonscription, un bureau composé d'un syndic et d'un ou plusieurs adjoints. — Toute localité ayant plus de trois boulangers, devra avoir un adjoint au syndic, qui relèvera du bureau syndical du chef-lieu de la circonscription.

Art. 18. — Le syndic et les adjoints seront nommés tous les ans, dans la première quinzaine de décembre, par les boulangers, dûment convoqués à cet effet par l'autorité. — Les uns et les autres seront indéfiniment rééligibles, sauf l'exception portée en l'art. 29 ci-après. — Le procès-verbal de l'élection sera soumis à l'approbation du directeur de l'intérieur, pour la province d'Alger, et à celle des sous-directeurs, pour les autres provinces.

Art. 19. — Le bureau syndical est chargé de la police intérieure de la corporation. Il surveillera les approvisionnements, constatera la nature et la qualité des farines, et assurera l'exécution de toutes les mesures qui pourront être ordonnées pour le bon exercice de la boulangerie. Il remettra, le 1er de chaque mois, à l'autorité, un état de consommation en farines, de chaque boulanger, pendant le mois précédent.

Art. 20. — Les recettes et dépenses de la corporation seront délibérées en assemblée générale, et feront l'objet d'un règlement arrêté, chaque année, par les directeur ou sous-directeurs de l'intérieur. — Les recettes résulteront d'une colisation mensuelle, qui constituera, par corporation, une créance dont les syndics poursuivront le recouvrement par les voies de droit.

Tit. 5. — De l'approvisionnement de réserve et du magasin central.

Art. 21. — Il y aura, au chef-lieu de chaque circonscription, un magasin central, où les boulangers du ressort devront entretenir à titre de cautionnement et de réserve, un approvisionnement, dont la quotité sera égale à la consommation de la population pendant trente jours. — Cette quotité sera fixée sur la base établie ci-dessus par les directeur ou sous-directeurs de l'intérieur. — Elle pourra être augmentée, en cas de nécessité constatée et déclarée par le gouverneur général. — Chaque localité de la même circonscription sera tenue d'y contribuer proportionnellement à l'importance de sa consommation particulière, et ce contingent se divisera entre tous les boulangers de la même localité, au prorata de leur fabrication individuelle. — À défaut de magasin central, la réserve sera déposée chez les boulangers.

Art. 22. — Les farines composant la réserve devront être renouvelées toutes les fois que cette mesure sera jugée nécessaire pour empêcher la

<hr/>

(1) Jurisprudence. — 1° L'arrêté municipal qui soumet les boulangers à l'obligation de peser les pains par eux vendus, qu'ils en soient ou non requis par l'acheteur, ne saurait être considéré comme abrogeant implicitement la disposition antérieure de l'art. 11, qui prescrit l'observation, pour le poids des pains vendus, d'un poids réglementaire. Un arrêté municipal n'aurait pu, d'ailleurs, légalement déroger aux dispositions prises par des arrêtés émanés soit du gouverneur général, soit du ministre de la guerre, soit du préfet du département. En conséquence, il ne fait pas obstacle à ce que le premier arrêté, du 6 janv. 1845, reçoive son application. — Cass. 9 mai 1856, D. P. 57. 1. 26, arrêt qui casse un jugement du tribunal de simple police de Constantine.

2° — Attendu que l'art. 11 de l'arrêté du 6 janv. 1845, légal et obligatoire en tant qu'il avait pour objet d'assurer la fidélité du débit du pain, était illégal et rendu en dehors des pouvoirs du gouverneur général dans la disposition qui déclarait l'infraction prévue audit article passible de la peine portée en l'art. 479 c. pén. et de la confiscation des pains; — Que l'arrêté ministériel du 23 juin 1855, en se bornant à déclarer que toutes les infrac-

tions énoncées aux articles visés seraient punies conformément aux dispositions du code pénal, a restitué au fait de la mise en vente du pain n'ayant pas le poids légal, le caractère d'une contravention qu'un arrêté précédent, du 17 avr. 1847, avait fait disparaître, n'a reproduit pour la répression de ce fait ni la peine du pain, ni celle de la confiscation, mais s'en est référé à la pénalité du droit commun, c'est-à-dire à la sanction générale de l'art. 471, n° 15, c. pén.; que d'ailleurs, alors même qu'il devrait être considéré comme ayant eu pour objet, par son art. 7, de faire revivre purement et simplement les dispositions de l'art. 11 de l'arrêté du 6 janv. 1845, il ne pouvait, pas plus que ledit arrêté, créer des peines non édictées par le code pénal pour le cas prévu; qu'un droit de cette nature n'appartient qu'au pouvoir législatif, réservé pour l'Algérie au chef de l'État; — Qu'il suit de ce qui précède, que les art. 11 de l'arrêté du 6 janv. 1845 et 7 de l'arrêté ministériel du 23 juin 1855 ne peuvent légalement trouver leur sanction que dans l'art. 471, n° 15, c. pén., rejette le pourvoi. — Cass. 10 sept. 1857, D. P. 57. 1, 450 (V. Législation, § 2, légalité des arrêtés).

détérioration; mais elles ne seront enlevées du magasin qu'après y avoir été remplacées par des quantités égales.

Art. 23. — Indépendamment de la réserve établie par l'art. 21, chaque boulanger devra toujours entretenir un approvisionnement particulier de farine, égal, au moins, à la consommation pendant dix jours.

Art. 24. — Un agent responsable sera attaché à la garde du magasin central; il sera nommé, sur la proposition du syndicat, par le directeur ou sous-directeurs, et ne pourra être révoqué que par eux. Ses appointements, ainsi que les frais de location et autres du magasin, seront à la charge de la corporation.

Tit. 6. — *Dispositions générales.*

Art. 25. — Tout boulanger non révoqué sera admis à présenter un successeur. — Les héritiers et ayants cause jouiront de la même faculté. — La femme et les enfants pourront être autorisés, s'ils le préfèrent, à continuer l'exercice de la profession.

Art. 26. — Le boulanger dont le successeur aura été agréé, ne pourra retirer son approvisionnement de réserve, qu'après que le nouveau titulaire aura réalisé la totalité du sien.

Art. 27. — Les contraventions aux dispositions du présent arrêté, pour lesquelles il n'a été établi aucune pénalité spéciale, seront punies conformément à l'art. 479 c. pén. — L'impression et l'affiche des jugements pourront toujours être prononcées aux frais des contrevenants. — L'autorité administrative pourra, en outre, en cas de récidive, prononcer leur suspension pour un temps qui n'excédera pas trois mois, ou même leur révocation, suivant la gravité des circonstances.

Art. 28. — Les contraventions seront constatées par un procès-verbal séparé pour chaque délinquant. A cet effet, les maires et les adjoints, les commissaires de police et leurs délégués, au moins une fois par mois, les vérificateurs des poids et mesures et les commissaires permanents de santé, toutes les fois qu'ils le jugeront convenable, ou qu'ils en seront légalement requis, se transporteront chez les boulangers pour y visiter leurs boutiques et leurs magasins. — Les syndics et leurs adjoints sont également autorisés à procéder aux mêmes inspections. Lorsqu'une contravention arrivera, de quelque manière que ce soit, à leur connaissance, ils devront la signaler à l'autorité compétente, afin qu'elle soit constatée et poursuivie.

Art. 29. — Tout syndic ou adjoint au syndicat qui refusera son concours à l'autorité, ou qui contreviendra lui-même aux dispositions du présent arrêté, sera révoqué de ses fonctions, et ne pourra être réélu avant deux années à partir de sa révocation.

Art. 30. — Le présent arrêté n'est pas applicable aux marchands et fabricants de pains indigènes. — Il est applicable à toutes les localités de l'Algérie qui sont administrées militairement. Le commandant supérieur, et à son défaut le commandant de place, remplira dans ces localités les fonctions attribuées à l'autorité civile.

Art. 31. — Les arrêtés des 2 avril 1835 et 30 avril 1835, ainsi que toutes autres dispositions locales antérieures au présent arrêté et concernant l'exercice de la boulangerie sont abrogés.

Général de Bar.

AD. — 17 avril-10 mai 1847. — B. 254. — *Vente du pain au poids.*

Vu l'arrêté du 6 janv. 1815 : — Considérant que les boulangers se trouvent le plus souvent dans l'impossibilité de donner à leurs pains un degré de cuisson assez égal pour leur conserver toujours le poids voulu; — Qu'il est équitable de tenir compte

à ces derniers d'une difficulté qu'il ne dépend pas d'eux de surmonter, tout en garantissant aux consommateurs l'exactitude du poids du pain qu'ils achètent;

Art. 1. — La vente du pain se fera, à l'avenir, au poids constaté entre le vendeur et l'acheteur, soit que cette vente s'applique à des pains entiers, ou à des fractions de pains.

Art. 2. — Lorsque les pains entiers n'auront pas le poids voulu, les boulangers devront compléter la différence avec du pain de la même qualité et de la même fournée.

Art. 3. — L'acheteur ne sera plus admis à réclamer contre le poids du pain, après sa sortie de la boulangerie, où il aura dû le faire peser, et recevoir le complément de poids, s'il y a lieu.

Comte Guyot.

AM. — 23 juin 1853. — *Libre exercice de la boulangerie.*

Vu les arr. des 2 avril 1835, 30 avril 1835, 6 janv. 1815 : — Considérant la nécessité de procurer le pain au plus bas prix possible aux populations de la colonie; — Le conseil du gouvernement et le comité consultatif de l'Algérie entendus;

Art. 1. — Le nombre des boulangers pourra être déclaré illimité dans toutes les localités de l'Algérie où cette mesure sera jugée nécessaire au bien public.

Art. 2. — Cette déclaration sera faite :

1° *Pour les territoires civils :* dans les localités érigées en communes, par les maires, après délibération en conseil municipal, et dans les autres localités, par les commissaires civils ou par les maires, sous la réserve de l'approbation du préfet;

2° *Pour les territoires militaires :* par les officiers chargés des affaires civiles dans chacune des localités, sous la réserve de l'approbation du général commandant la division.

Art. 3. — Tout individu qui voudra ouvrir une boulangerie sera tenu d'en faire la déclaration à l'autorité compétente et de justifier d'un approvisionnement dont la nature (blés ou farines), et la quotité auront été déterminées par l'arrêté administratif autorisant l'illimitation.

Art. 4. — Toute boulangerie une fois ouverte ne pourra être fermée sans un avertissement préalable donné par l'exploitant à l'autorité compétente, et avant l'expiration d'un délai dont la durée aura été fixée par l'arrêté d'illimitation, le tout sous peine d'abandon à la commune ou à la localité de l'approvisionnement fixé par ce même arrêté.

Art. 5. — La taxe du pain pourra être, au besoin, conservée ou supprimée, conformément aux dispositions de l'art. 2 du présent arrêté.

Art. 6. — Les dispositions de l'arrêté du 6 janv. 1815 continueront d'être applicables dans toutes les localités où il aura été reconnu nécessaire de maintenir le régime de la boulangerie déterminé par ledit arrêté.

Art. 7. — Toutes les infractions énoncées dans les art. 8, 9, 10, 11 et 12, tit. 2, de l'arrêté du 6 janv. 1815 et toutes celles prévues par la loi en matière de boulangerie, seront punies conformément aux dispositions du code pénal (1).

A. de Saint-Arnaud.

AM. — 24 mars-30 avril 1854. — B. 457. — *Modification à l'arrêté du 6 janv. 1815.*

Vu l'art. 9 de l'arrêté du 6 janv. 1815 qui interdit aux boulangers, en Algérie, la faculté de se livrer au commerce des grains et des farines; —

_____

(1) V. sur la portée de cette disposition l'arrêt de cassation du 10 sept. 1857, en note de l'art. 11 de l'arrêté ci-dessus du 6 janv. 1845.

Vu l'art. 7 de l'arr. min. du 23 juin 1853 qui maintient implicitement cette interdiction ; — Considérant que le principe de la libre concurrence en matière de boulangerie, inauguré par l'arrêté du 23 juin 1853, est incompatible avec l'interdiction dont il s'agit :

Art. 1. — Les dispositions de l'art. 9 de l'arrêté du 6 janv. 1845 sont abrogées pour toutes les localités où le commerce de la boulangerie a été et sera déclaré libre. VAILLANT.

AM. — 10 nov.-29 déc. 1854. — B. 472. — *Modifications à l'arrêté du 6 janv. 1815.*

Vu l'art. 8 de l'arrêté du 6 janv. 1845, qui interdit aux boulangers de se livrer au colportage du pain ; — L'art. 7 de l'arrêté ministériel du 23 juin 1853, qui maintient implicitement cette interdiction ; la délibération du conseil du gouvernement, du 25 août 1854 ;—Considérant que le principe de la libre concurrence, en matière de boulangerie, inauguré par l'arrêté du 23 juin 1853, est incompatible avec l'interdiction dont il s'agit :

Art. 1. — La prohibition contenue dans l'art. 8 de l'arrêté du 6 janv. 1845 cessera de recevoir son application dans les localités où le commerce de la boulangerie a été ou sera déclaré libre. VAILLANT.

Bourse de commerce.

DP.—16 avr.-8 mai 1852.—B. 411.—*Institution d'une bourse de commerce à Alger.*

Considérant l'importance du mouvement commercial de l'Algérie, et le développement qu'il est appelé à prendre par suite des avantages résultant de la loi douanière du 11 janv. 1851, et de l'institution récente d'une banque d'escompte à Alger.

Art. 1.—Une bourse de commerce est instituée dans la ville d'Alger.

Art. 2.—Les frais d'installation, d'entretien et d'administration seront supportés par le budget de la chambre de commerce de cette ville, au moyen des ressources déterminées par l'art. 14 de la loi du 23 juill. 1820, et par l'ord. du 21 janv. 1857.

Art. 3.—Dans les trois mois de la promulgation en Algérie du présent décret, un règlement pour la police intérieure de la bourse sera soumis à l'approbation du département de la guerre.

A. — 15 juin 1852. — *Arrêté réglementaire pris par le maire d'Alger pour la police intérieure de la bourse (approuvé par le ministre de la guerre le 2 août 1852.)*

Vu le décr. du 16 avril dernier ; — L'arr. du 29 germ. an IX ; — Un autre arr. du 27 prair. an X ; — Le liv. 1, tit. 5 c. com., ainsi que les art. 607 et 614 du même code ; — L'art. 15 du décr. du 3 sept. 1851 ; — Vu enfin l'ord. du 28 sept. 1847 (*Commune*, § 1) ; — Considérant qu'il importe de régler les mesures de police intérieure prescrites par l'art. 14 de l'arrêté susvisé, du 29 germ. an IX et par l'art. 15 du décret précité, du 3 sept. 1851 ;—Après nous être concerté avec le tribunal de commerce et avoir pris l'avis de la chambre de commerce et du syndicat des courtiers ;

Art. 1.—L'ouverture de la bourse d'Alger aura lieu tous les jours, non fériés, à trois heures ; la fermeture à quatre. L'ouverture et la fermeture de la bourse seront annoncées au son de la cloche.

Art. 2.—Un commissaire de police désigné par nous sera chargé de la police de la bourse pendant sa tenue.

Art. 3.—Il est défendu de s'assembler ailleurs qu'à la bourse et à d'autres heure que celles fixées ci-dessus.

Art. 4.—La bourse est ouverte à toute personne jouissant de ses droits civils et aux étrangers.

Art. 5.—Il est défendu, sous les peines portées par l'art. 8 de la loi du 28 vent. an IX, à toutes les personnes autres que celles nommées par le gouvernement, de s'immiscer, d'une façon quelconque et sous quelque prétexte que ce puisse être, dans les fonctions de courtier de commerce, soit dans l'intérieur, soit à l'extérieur de la bourse. Les commissaires de police sont spécialement chargés de veiller à ce qu'il ne soit pas contrevenu à la présente disposition.—Il est néanmoins permis à tous particuliers de négocier entre eux et par eux-mêmes, les lettres de change, billets à ordre ou au porteur, et tous effets de commerce, et de vendre aussi par eux-mêmes leurs marchandises.

Art. 6. — En cas de contravention aux dispositions du présent article, les commissaires de police et courtiers de commerce feront connaître les contrevenants au maire et aux officiers de police, lesquels, après vérification des faits et audition des prévenus, pourront, par mesure de police, leur interdire l'entrée de la bourse.

Art. 7.—Il ne pourra être effectué à la bourse, aucune des opérations dites de parquet.

Art. 8.—A la fin de chaque séance de la bourse, les courtiers se réuniront pour la vérification des cotes des marchandises et matières premières ou métalliques, et pour faire constater le cours arrêté par le syndic, en présence du commissaire de police qui portera ledit cours sur un registre spécial.

Art. 9. — Nul commerçant failli ne pourra se présenter à la bourse, à moins qu'il n'ait obtenu sa réhabilitation. A la diligence de qui de droit, copie de la demande en réhabilitation restera affichée à la bourse pendant un délai de deux mois.

Art. 10.—Les noms et demeures de tous les courtiers seront inscrits sur un tableau placé dans un lieu apparent de la bourse.—Un second tableau contiendra les noms des courtiers suspendus ou révoqués.

Art. 11.—Le présent arrêté sera soumis à l'approbation de l'autorité compétente.

Brevets d'invention.

DP. — 5 juill.-6 août 1850. — B. 557. — *Loi sur les brevets d'invention.*

Art. 1.—La loi du 5 juill. 1844 sur les brevets d'invention recevra son exécution en Algérie à partir de la promulgation du présent décret.

Art. 2. — Les pièces exigées par l'art. 5 de la loi précitée devront être déposées en triple expédition au secrétariat de la préfecture à Alger, Oran ou Constantine. Une expédition de ces pièces restera déposée sous cachet au secrétariat général de la préfecture, où le dépôt aura été fait pour y recourir au besoin. Les deux autres expéditions seront enfermées dans une seule enveloppe scellée et cachetée par le déposant, pour être adressée au ministre de la guerre.

Art. 3.—Le préfet devra, dans le plus bref délai, après l'enregistrement des demandes, adresser au ministre de la guerre, qui la transmettra au ministre de l'agriculture et du commerce, l'enveloppe cachetée contenant les deux expéditions dont il s'agit, en y joignant les autres pièces exigées par l'art. 7 de la loi du 5 juill. 1844. Les brevets délivrés seront envoyés par le ministre du commerce au ministre de la guerre, qui les transmettra aux préfets pour être remis aux demandeurs.

Art. 4.—Les taxes prescrites par les art. 4, 5, 11 et 22 de la loi du 5 juill. seront acquittées pro

les mains du trésorier-payeur, qui les versera au trésor et qui enverra au ministre de la guerre, pour être transmis au ministre de l'agriculture et du commerce, un état de recouvrement des taxes.

Art. 5. — Les actions pour délits et contrefaçons seront jugées par les tribunaux compétents en Algérie. Le délai des distances fixé par l'art. 48 de la loi du 5 juill. sera modifié conformément aux lois et décrets qui, dans l'Algérie, régissent la procédure en matière civile.

Brocanteurs—Fripiers.

AG. — 30 mars-23 avr. 1855. — B. 13. — *Règlement sur l'exercice de la profession de brocanteur.*

Vu la déclaration du 28 mars 1778, l'ord. de police du 8 nov. 1780, les arrêts du conseil de 1716 et 1787, et la loi du 28 mars 1795, qui concernent l'exercice de la profession de fripier ou brocanteur, soit en boutique, soit sur la voie publique; — Vu l'art. 484 c. pén.; — Vu l'art. 5 de l'ord. du 22 juil. 1851, et attendu l'urgence, sur le rapport de l'intendant civil et le conseil d'administration entendu; — Considérant qu'il importe de mettre en vigueur les susdites lois et règlements dans les possessions françaises du nord de l'Afrique, afin de déjouer les spéculations illicites de quelques individus:

Art. 1. — Tous individus exerçant la profession de fripier ou de brocanteur sont, à l'avenir, tenus d'avoir un registre coté et parafé par le commissaire de police de leur résidence, portant en tête leurs nom, demeure et profession; ils inscriront, jour par jour, sans aucun blanc ni lacune, sur ce registre, qui sera soumis chaque mois au visa dudit commissaire, les objets qu'ils auront achetés, les prix d'achat et les nom et profession du vendeur. Toute contravention à cette disposition sera punie d'une amende de 400 fr. en ce qui concerne les fripiers en boutique, et de 100 fr. en ce qui concerne les brocanteurs sur la voie publique.

Art. 2. — Les fripiers et brocanteurs représenteront le registre susmentionné à toute réquisition des officiers ou agents de police, sinon ils deviendront passibles d'un amende de 50 fr., indépendamment de la saisie des objets volés.

Art. 5. — Il leur est expressément interdit de rien acheter: — 1° Des enfants, ou domestiques qui ne leur remettraient pas en même temps le consentement de leurs père et mère, tuteurs ou maîtres, non plus que de toutes personnes à eux inconnues, sous peine d'une amende de 400 fr., indépendamment de la responsabilité des objets qui auraient été volés;

2° Des militaires, leurs habillements, équipements, sous peine de l'emprisonnement et d'une amende dont le maximum est fixé à 3,000 fr. (1);

5° De tout individu quelconque, des munitions de guerre et autres objets, tels que armes, ustensiles, outils, etc. provenant des magasins de l'État, sous les peines énoncées au précédent paragraphe.

Art. 4. — Il est interdit aux fripiers et brocanteurs qui se présentent dans les ventes publiques faites à l'encan, 1° d'empêcher, par quelque moyen que ce soit, le libre accès des particuliers qui veulent enchérir, ni de déprécier les objets mis en vente; 2° de s'associer pour obtenir l'adjudication desdits objets, sauf à les partager ensuite; le tout à peine de 500 fr. d'amende.

Art. 5. — Les brocanteurs sur la voie publique, soit stationnaires, soit ambulants, devront être munis d'une permission de l'intendant civil, qu'ils représenteront à toute réquisition des commissaires et

agents de police, sous peine de 10 fr. d'amende. — Ces permissions, dont le renouvellement aura lieu tous les ans, seront visées par le commissaire de police, sur l'exhibition de la patente dont lesdits brocanteurs doivent être pourvus.

Art. 6. — Il est interdit auxdits brocanteurs de trafiquer de leurs permissions, ni de faire exercer leur industrie par des tiers autres que leurs femmes et leurs enfants. — Toute permission saisie sur un tiers sera annulée, et le détenteur condamné à l'amende déterminée par le paragraphe précédent.

Art. 7. — Indépendamment des peines ci-dessus déterminées, tous contrevenants en récidive subiront un emprisonnement de dix à vingt jours.

Art. 8. — Les brocanteurs qui auront obtenu la permission d'étaler sur la voie publique, payeront les droits d'étalage déterminés par l'autorité municipale. D. comte D'ERLON.

Bureaux de bienfaisance.

DIVISION.

§ 1. — Législation spéciale.
§ 2. — Institution de bureaux et décisions spéciales.

§ 1. — LÉGISLATION SPÉCIALE.

DI. — 15 juill. 1849. — (V. *Hôpitaux.*) — *Institution des bureaux de bienfaisance déclarés établissements publics et régis par la législation de la métropole.—Commissions administratives. — Droit de quête.*

AM. — 26 avril 1856. — (V. *Bienfaisance.*) — *Inspection permanente.*

AM. — 12 fév. 1858. — B. 518. — *Commissions administratives. — Promulgation du décret du 17 juin 1852.*

Vu le décr. du 13 juill. 1849; le décr. du 31 juill. 1850 (ci-après, § 2); l'arr. min. du 16 mai 1856 et le décr. du 23 mars 1852 (V. *Hôpitaux*);

Art. 1. — Il sera procédé à la formation et au renouvellement des commissions administratives des bureaux de bienfaisance de l'Algérie, conformément aux dispositions du décr. du 17 juin 1852, qui sera inséré au *Bulletin officiel des actes du gouvernement de l'Algérie* à la suite du présent arrêté.

Décret du 17 juin 1852.

Art. 1. — Les dispositions du décr. du 23 mars 1852, relatif à la composition des commissions administratives des hospices et hôpitaux (V. *Hôpitaux*), sont applicables aux commissions administratives des bureaux de bienfaisance.

§ 2. — INSTITUTION DE BUREAUX ET DÉCISIONS SPÉCIALES.

DP. — 26 mai 1851. — B. 587. — *Le bureau de bienfaisance de la ville d'Alger est autorisé à accepter le legs d'une somme de 30,000 fr. qui lui a été fait par M. Jean Gallian, suivant testament du 2 mars 1850.*

DP. — 16 juin 1851. — B. 588. — *Le même bureau est autorisé à accepter, sous bénéfice d'inventaire, le legs à titre universel qui lui a été fait par M. Fortin d'Ivry (Théodore-Marie), décédé à la ferme de Chaïba, district de Koleah, le 30 octobre 1849, suivant testament du 17 septembre 1849, ainsi conçu:*

« Je donne et lègue aux pauvres de la ville de Paris tous mes biens et toutes mes créances de France. Je donne et lègue aux pauvres de la ville d'Alger tous mes biens et créances de l'Algérie, le tout avec les droits actifs et les charges qui les grè-

---

(1) § 2 remplacé par l'arrêté du 24 mars 1841 (*Effets militaires*) et abrogé par la promulgation du code pénal militaire. — V. *eodem*, note.

vent, et aux conditions et exceptions ci-dessous indiquées, avec réversibilité de ces legs des uns aux autres, en cas d'impossibilité locale. — L'administration des pauvres à Alger, et, en cas de non-constitution régulière, le maire de la ville d'Alger, assisté du conseil municipal, sera tenu de construire un hôpital ou hospice civil extérieur à la ville d'Alger, disposé principalement pour les pauvres malades de la campagne, et d'une construction de 200,000 fr. au moins. »

DI. — 31 juill. 1856. — B. 503. — *Institution de bureaux dans différentes villes.*

Art. 1. — Est confirmée l'institution des bureaux de bienfaisance dans les villes d'Alger, Blidah, Oran, Mostaganem, Tlemcen, Constantine, Philippeville et Bône.

Art. 2. — Il est institué un bureau de bienfaisance dans chacune des villes de Médéah et de Mascara.

DI. — 19 mars 1859. — BM. 21. — *Même institution à Orléansville.*

DI. — 28 juin 1859. — BM. 32. — *Même institution à Arzew.*

---

(1) *Rapport à l'empereur.* — Sire, la population musulmane de la ville d'Alger est, sans contredit, celle de toute l'Algérie qui a eu le plus à souffrir de la conquête. Deux causes principales ont amené la ruine d'un grand nombre de ses habitants. Entraînés, dans les premiers temps, par le courant des spéculations, les propriétaires so, deurent, à vil prix des immeubles qui constituaient leur fortune; quant à la partie de la population habituée à vivre de son industrie, elle trouva dans les Européens une concurrence d'autant plus ruineuse que le travail exécuté par ces derniers, au moyen de procédés plus parfaits et plus rapides, pouvait être livré à des prix moins élevés. L'une de ces causes ne saurait heureusement exercer sur l'industrie indigène qu'une influence transitoire, car elle cessera lorsque l'ouvrier algérien aura abandonné un outillage défectueux pour adopter le nôtre. — Jusqu'à ce que cette révolution soit opérée, c'est un devoir pour le gouvernement de rechercher les moyens d'adoucir l'état de crise dans lequel se trouve la population indigène de la ville d'Alger : tel est, Sire, le but des moyens que je viens proposer à V. M. — Ce n'est pas que, jusqu'à présent, le département de la guerre soit resté tranquille spectateur d'une situation qui va chaque jour en s'aggravant. Mes prédécesseurs se sont, au contraire, constamment efforcés de proportionner les remèdes aux maux qui leur étaient signalés; mais plusieurs années d'expérience ont démontré que ces remèdes étaient insuffisants. J'ai dû prescrire, dès lors, d'étudier avec soin les moyens de pourvoir à des besoins de plus en plus impérieux, et je viens rendre compte à V. M. du résultat de cette étude. Auparavant, quelques observations préliminaires m'ont paru indispensables pour éclairer cette grave et délicate question.

Au moment de la conquête, il existait à Alger un certain nombre d'immeubles que la piété des fidèles avait affectés, soit à des fondations pieuses, soit à l'entretien du culte, soit enfin à venir en aide à la misère. Un arrêté, du 7 déc. 1830 (*Domaine*, § 2), fit rentrer tous ces biens au domaine, d'une part, parce que leur mode d'administration rendait les détournements trop faciles; de l'autre, parce qu'à une époque où le fanatisme était dans toute sa force, il eût été dangereux de laisser entre les mains des chefs de la religion des sommes considérables qu'ils auraient pu appliquer à entretenir la guerre. Mais, en même temps qu'il plaçait ces biens sous le séquestre, l'État prenait naturellement à sa charge les dépenses que leurs revenus étaient destinés à couvrir. C'est ainsi que, depuis les premiers temps de la conquête, mon département a fait figurer au budget local et municipal une somme importante qui a été distribuée chaque année, en subsides, à d'anciens serviteurs, en secours et en aumônes aux pauvres de la ville d'Alger. Cette somme, qui est bien plutôt l'acquit d'une dette qu'un sacrifice de notre part, s'élève, pour l'année 1857, à 113,510 fr.

DI. — 11 mars 1860. — BM. 75. — *Même institution à Sétif.*

DI. 5 déc. 1857. — B. 516. — *Bureau spécial de bienfaisance musulmane à Alger.*

Art. 1. — Un bureau de bienfaisance spécial est créé à Alger pour la distribution des secours aux indigènes musulmans. — Ce bureau se compose : 1° D'un conseiller de préfecture, président; — 2° Du chef du bureau arabe départemental; — 3° De quatre membres français parlant l'arabe; — 4° De quatre membres musulmans sachant le français; — 5° D'un nombre illimité de commissaires de bienfaisance et de dames de charité qui n'assisteront aux séances qu'avec voix consultative et lorsqu'ils y seront invités par le bureau. — Jusqu'à ce qu'il en soit autrement ordonné, les fonctions de trésorier seront remplies par un agent que le préfet désignera.

Art. 2. — Les membres du bureau de bienfaisance musulmane, les commissaires et les dames de charité sont nommés par le préfet.

Art. 3. — Le bureau de bienfaisance musulmane de la commune d'Alger est déclaré établissement

---

Je ne viens pas proposer à V. M. de l'augmenter, mais seulement de m'autoriser à en régler l'emploi d'une manière qui en rendra l'affectation plus utile pour la population musulmane nécessiteuse. — Dans l'état actuel des choses, et sauf la portion affectée au payement des subsides, ce crédit est employé à distribuer des secours en argent. Ces secours sont inefficaces; je n'en veux d'autre preuve que le rapprochement suivant : sur 1,985 familles participant aux aumônes, 694 d'entre elles ne reçoivent que 2 fr. par mois. — Il m'a semblé, Sire, qu'au lieu de répartir la majeure partie du crédit de 113,510 fr. affecté à l'assistance publique musulmane de la ville d'Alger, en secours trop faibles pour être une atténuation de la misère de celui qui les reçoit, il serait préférable de l'attribuer à la création d'établissements de bienfaisance, et de réserver le restant disponible à des distributions, autant que possible, en nature.

Si V. M. approuvait cette idée, mon intention serait de créer immédiatement pour la population musulmane d'Alger : 1° Une salle d'asile pour les enfants de deux à sept ans; 2° Un certain nombre de bourses d'apprentissage qui seraient pour de jeunes musulmans un moyen de se perfectionner dans nos industries; 3° Un ouvroir où les jeunes filles musulmanes, déjà habituées dans nos écoles aux travaux d'aiguille, pourraient trouver des ouvrages à exécuter; 4° Des fourneaux économiques destinés à distribuer au plus bas prix possible, à la population musulmane nécessiteuse, une nourriture appropriée à ses besoins; 5° Une infirmerie indigène, où seraient momentanément reçus les infirmes avant d'être dirigés sur l'hospice, ou les malades atteints d'indispositions qui ne nécessiteraient pas leur transport à l'hôpital civil. — Le crédit nécessaire à subvenir à ces diverses créations, réuni à celui affecté aux subsides, constituerait une dépense totale de 50,684 fr., et il resterait, par conséquent, pour les distributions de secours, une somme de 62,826 fr.

Afin d'assurer cette distribution d'une manière convenable, et de permettre à la charité privée d'apporter son tribut à la misère de la population musulmane, j'ai l'honneur de proposer à V. M. la création à Alger d'un bureau de bienfaisance spécial qui sera chargé de la répartition des secours, de recevoir les dons et les legs, d'en régler l'emploi; enfin, de venir en aide au préfet pour la mise à exécution de toutes les mesures relatives à l'assistance publique musulmane.

Ces modifications apportées dans l'organisation de l'assistance musulmane de la ville d'Alger combattront la misère beaucoup plus efficacement, j'en ai la confiance, que le système d'aumônes adopté jusqu'à ce jour, et la population indigène y trouvera une nouvelle preuve de la sollicitude de V. M. pour les classes souffrantes.

Le ministre de la guerre,   VAILLANT.

d'utilité publique, jouissant de l'existence civile. En conséquence, il pourra être autorisé à accepter des dons et legs; — Ceux faits par les européens auront lieu d'après les lois en vigueur; ceux faits par les musulmans pourront être reçus selon les formes de la loi musulmane.

Art. 4. — Des arrêtés de notre ministre de la guerre déterminent l'administration intérieure du bureau et sa comptabilité, et pourvoient aux diverses créations d'assistance publique musulmane.

C

Caisses d'épargne.

DP. — 22 sept.-20 nov. 1852. — B. 424. — *Application à l'Algérie des lois concernant les caisses d'épargne.*

Art. 1. — Sont déclarés applicables à l'Algérie, les lois du 5 juin 1835, 31 mars 1837, 22 juin 1845 et 30 juin 1851, l'ord. du 28 juill. 1846 et le décr. du 15 avril 1852, relatifs aux caisses d'épargne et de prévoyance.

DP. — 22 sept.-20 nov. 1852. — B. 424. — *Institution d'une caisse d'épargne à Alger (1).*

Art. 1. — La caisse d'épargne et de prévoyance fondée à Alger est autorisée. — Sont approuvés les statuts de ladite caisse annexé au présent décret.

Art. 2. — La présente autorisation pourra être révoquée en cas de violation ou de non-exécution des statuts approuvés, sans préjudice des droits des tiers.

Art. 3. — La caisse d'épargne d'Alger sera tenue d'adresser au commencement de chaque année, par l'intermédiaire du préfet, au gouverneur général qui le transmettra au ministre de la guerre, un extrait de son état de situation au 31 déc. précédent.

DI. — 14 avr.-2 juin 1854. — B. 460. — *Même institution à Bone. — Lois précédentes visées par le décret et en outre celle du 7 mai 1853.*

DI. — 12 avr.-2 juin 1854. — B. 460. — *Même institution à Philippeville. — Mêmes statuts.*

DI. — 15 avr.-30 mai 1855. — B. 480. — *Même institution à Oran. — Mêmes statuts.*

DI. — 24 avr.-12 juin 1858. — B. 521. — *Même institution à Constantine. — Mêmes statuts.*

Statuts de la caisse d'épargne et de prévoyance d'Alger (2).

Art. 1. — Il est fondé une caisse d'épargne et de prévoyance à Alger.

Art. 2. — Cette caisse est destinée à recevoir en dépôt les sommes qui lui seront confiées par toutes personnes qui désireront y verser leurs épargnes. Elle sera mise en activité aussitôt que les présents statuts auront reçu l'autorisation du gouvernement.

Art. 3. — Le fonds de dotation de la caisse se composera de dons et souscriptions recueillies en sa faveur. — Jusqu'à ce que les intérêts de ce fonds et les bénéfices de l'établissement puissent suffire aux frais d'administration, les sommes nécessaires pour les compléter seront fournies par la commune d'Alger. — Un registre sera ouvert au secrétariat de la mairie pour recevoir les souscriptions. — Le capital du fonds de dotation est placé en rentes sur l'Etat, et ne peut être aliéné sans l'approbation du ministre de la guerre: les intérêts seuls peuvent être employés au payement des frais d'administration. — Une salle de la mairie sera destinée à l'administration de la caisse d'épargne.

Art. 4. — La caisse d'épargne sera administrée par un conseil composé de (3) douze administrateurs. Leurs fonctions dureront six ans; ils seront renouvelés, par tiers, tous les deux ans. — Les administrateurs sortants seront désignés par le sort pour les deux premières séries, et ensuite par ancienneté. Ils seront rééligibles.

Art. 5. — Les douze administrateurs seront choisis par le conseil municipal, savoir : — Trois parmi les membres dudit conseil ; — Neuf parmi les personnes domiciliées dans la commune d'Alger, qui figurent dans la liste des donateurs ou souscripteurs mentionnés à l'art. 3.

Art. 6. — Le maire préside le conseil des administrateurs. Il peut se faire remplacer par un adjoint (4).

Art. 7. — Les administrateurs élisent, à la majorité des suffrages, un vice-président et un secrétaire. Ils arrêtent, pour l'administration intérieure,

---

(1) *Rapport au prince-président de la République.* — Monseigneur, une institution qui a rendu en France, depuis trente-cinq ans, les plus grands services aux classes laborieuses, en leur inspirant des habitudes d'ordre et d'économie, et en leur ménageant des ressources précieuses pour les circonstances difficiles et pour le temps où l'âge et les infirmités commandent à l'homme de prendre du repos, l'institution des caisses d'épargne et de prévoyance, a été vivement sollicitée, dans ces derniers temps, pour les populations de l'Algérie, comme un nouveau bienfait de votre gouvernement.

En effet, ce qui a souvent manqué à ces populations et surtout aux nouveaux colons arrivant dans le pays, nantis de quelques ressources, c'était un lieu sûr où ils pussent les déposer en attendant de pouvoir en faire un usage utile ; c'était un moyen facile de mettre à l'abri l'argent gagné plus tard dans les travaux industriels et agricoles. Ainsi, beaucoup d'entre eux, venus avec d'excellentes dispositions, ont vu périr toutes ces ressources, les uns en les exposant, par l'appât de gros bénéfices, dans des placements pleins de dangers et presque toujours ruineux ; les autres, ce qui est plus déplorable encore, en les dissipant dans le jeu et la débauche, qui entraînent à leur suite l'oisiveté, la paresse et toutes les misères.

Frappée de ces inconvénients qui, en se perpétuant, devaient apporter un grand obstacle au développement de la colonisation et à la moralisation des classes ouvrières, l'administration algérienne a dû rechercher les moyens d'y mettre un terme, en commençant par le chef-lieu de

l'Algérie, où il lui a semblé qu'on pouvait attendre les plus heureux effets de l'établissement d'une caisse d'épargne et de prévoyance…

Le conseil d'Etat a adopté le projet de statuts suivant, ainsi que deux projets de décret : le premier destiné à rendre applicables, en Algérie, les lois et règlements de la métropole relatifs aux caisses d'épargne et de prévoyance ; le second portant autorisation de la caisse d'épargne et de prévoyance, fondée dans la ville d'Alger, avec approbation des statuts précités.

Ce sont ces deux projets, Monseigneur, que j'ai l'honneur de soumettre aujourd'hui à votre approbation, comme corollaire et complément de la mesure par laquelle vous avez tout récemment autorisé la création d'un mont-de-piété dans la ville d'Alger. L'une et l'autre de ces institutions, par des voies différentes, concourront, en effet, au même but, qui est d'assurer, surtout aux classes laborieuses de la colonie, la conservation et la fructification des produits de leur travail, c'est-à-dire la sécurité pour le présent et le bien-être dans l'avenir.

Le min. de la guerre, A. DE SAINT-ARNAUD.

(2) Les statuts des caisses d'épargne de Bone, Philippeville, Oran, Constantine, exactement conformes l'un à l'autre, offrent avec ceux d'Alger quelques différences de rédaction qui vont être signalées sous chaque article correspondant.

(3) Du maire et de….

(4) Et à défaut de ce dernier par un vice-président choisi parmi les administrateurs.

un règlement qui est soumis à l'approbation du ministre de la guerre (5).

Art. 8. — Si les administrateurs décident que la direction et la tenue du bureau doit être confiée à un employé spécial et salarié, cet employé sera nommé par le maire sur la proposition des administrateurs.

Art. 9. — Aucune délibération ne peut avoir lieu sans le concours du président et de six administrateurs au moins. — Toutes les décisions du conseil d'administration sont prises à la majorité absolue des voix. En cas de partage, celle du président est prépondérante. — Il est tenu registre des procès-verbaux de chaque séance.

Art. 10. — La caisse ne reçoit pas de dépôt de moins de 1 fr., ni de plus de 300 fr. par chaque versement (6) du même déposant. — Il n'est reçu, toutefois, aucun versement lorsque les dépôts successifs ont atteint, en y comprenant les intérêts, le capital de 1,000 fr.

Art. 11. — Lorsqu'un déposant aura versé la somme nécessaire pour l'achat d'une inscription de rente de 10 fr. au moins, la caisse pourra, sur la demande du déposant, en faire l'achat au nom de ce dernier, qui n'aura à supporter aucun frais.

Lorsque par suite du règlement annuel des intérêts, un compte excédera le maximum de 1,000 f. fixé par la loi, si le déposant pendant un délai de trois mois n'a pas réduit son crédit au-dessous de cette limite, l'administration de la caisse d'épargne achètera pour son compte et sans frais, 10 fr. de rente en 4 1/2 p. 100 lorsque le prix (7) ne sera pas au-dessus du pair, et en 3 p. 100 si le cours de la rente 4 1/2 dépasse cette limite. — Aussi longtemps que le déposant ne réclamera pas la remise de son inscription de rente, les arrérages seront touchés par la caisse et portés en accroissement au crédit du déposant. — Le présent article sera transcrit sur tous les livrets.

Art. 12. — Les remplaçants (8), dans les armées de terre et de mer, seront admis à déposer en un seul versement le prix stipulé dans l'acte de remplacement, à quelque taux qu'il s'élève. — Les marins portés sur les contrôles de l'inscription maritime seront admis à déposer en un seul versement le montant de leur solde, décompte et salaire, au moment soit de leur embarquement, soit de leur débarquement. — Les dispositions (9) du précédent article seront appliquées à ces divers dépôts pour les ramener (10) à la limite fixée par la loi. Toutefois, les remplaçants n'y seront soumis qu'à l'expiration de leur engagement. — L'origine

des fonds admis à ces versements exceptionnels doit être justifiée dans les formes établies par l'ord. du 28 juill. 1846.

Art. 13. — Les sociétés de secours mutuels, autres que celles déclarées établissements d'utilité publique (11) seront admises à faire des versements, mais le crédit de leur compte ne pourra excéder 8,000 fr. en capital et intérêts. — Lorsque ce maximum aura été atteint, les dispositions de l'art. 11 (12) des présents statuts leur seront appliquées, et les achats effectués sans frais, s'il y a lieu, par l'administration de la caisse d'épargne, seront de 100 fr. de rente.

Art. 14. — Les dépôts seront inscrits au nom du déposant sur un livret, numéroté et contre-signé par un administrateur et par le secrétaire. — L'intérêt sera réglé à la fin de chaque année. Il sera capitalisé et produira intérêt pour l'année suivante. — Les remboursements successifs seront inscrits au livret, qui sera retenu lors du remboursement intégral. — Aucun déposant ne pourra avoir d'un livret en son nom (13) soit à la caisse d'Alger, soit sur deux ou plusieurs autres caisses d'épargne. Le contrevenant sera privé de tout intérêt et de la faculté d'avoir un compte à la caisse.

Art. 15. — L'intérêt des sommes versées à la caisse est le même que celui qui est alloué par la caisse des dépôts et consignations (14), et qui est en ce moment fixé à 4 1/2 p. 100, sous la déduction, toutefois, de la retenue autorisée par la loi au profit de la caisse d'épargne. — La quotité de cette retenue, obligatoire pour 1/4 p. 100 et facultative pour 1/4 p. 100, conformément à l'art. 7 de la loi du 30 juin 1851, sera déterminée au mois de décembre de chaque année pour l'année suivante, par délibération du conseil d'administration. — Le taux d'intérêt résultant de la quotité de la retenue sera rendu public par la voie des journaux du département.

Art. 16. — L'intérêt est alloué sur toutes sommes de 1 fr. Les fractions au-dessous de 1 fr. ne seront pas productives d'intérêt. Il commence à courir du jour de la semaine suivante correspondant à celui du dépôt, et cesse de courir à partir du même jour de la semaine qui précédera le remboursement, conformément à l'art. 5 du décr. du 15 avr. 1852.

Art. 17. — Les sommes déposées à la caisse d'épargne seront, dans les vingt-quatre heures, versées en compte courant à la caisse des dépôts et consignations, conformément à la loi du 31 mars 1837 (15).

(5) Ils peuvent établir un bureau d'administration composé de cinq membres, dont au moins un conseiller municipal, lesquels sont choisis parmi eux pour régir la caisse et en surveiller le service.

(6) Chaque semaine, au lieu de par chaque versement.

(7) Est au-dessous, au lieu de ne sera pas au-dessus.

(8) Et les rengagés.

(9) De l'art. 2 de la loi du 30 juin 1851.

(10) Au maximum fixé par l'art. 1 de la même loi.

(11) Et les sociétés approuvées conformément au décret du 26 mars 1852.

(12) 2 de la loi du 30 juin 1851.

(13) Ou sous des noms supposés.

(14) Et qui est en ce moment de 4 1/2 p. 100 n'est pas reproduit.

(15) Et au décret du 15 avr. 1852. Elles ne peuvent être retirées de cette caisse que dans la forme prescrite par l'art. 12 dudit décret.

Articles nouveaux.

Art. 18. — Les dépôts peuvent être retirés en totalité ou en partie, à la volonté des déposants, en prévenant deux semaines à l'avance et sans préjudice du règlement d'intérêt, ainsi qu'il est fixé ci-dessus. — La caisse se réserve la faculté de rembourser avant l'expiration de ce délai.

Art. 20. — Les certificats de propriété destinés aux retraits de fonds versés dans les caisses d'épargne, doivent être délivrés dans les formes et suivant les règles prescrites par la loi du 28 floréal an VII (art. 3, de la loi du 30 mars 1853).

Art. 21. — Lorsqu'il s'est écoulé un délai de trente ans à partir tant du dernier versement ou remboursement, que de tout achat de rente et de toute autre opération effectuée à la demande des déposants, les sommes que détiennent les caisses d'épargne au compte de ceux-ci sont placées en rentes sur l'État, et les titres de ces rentes, comme les titres des rentes achetées, soit en vertu de la loi du 22 juin 1845, soit en vertu de la loi du 31 juill. 1851, à la demande des déposants, ou d'office, sont remis à la caisse des dépôts et consignations pour le compte des déposants.

À partir du même moment et jusqu'à la réclamation des déposants, le service des arrérages de la rente est suspendu. — Les reliquats des placements en rentes ci-dessus énoncés et les sommes qui, à raison de leur insuffisance, n'auraient pu être converties en rentes sur l'État, demeurent, à la même époque, acquis définitivement aux caisses d'épargne.

À l'égard des versements faits sous la condition stipulée par le donateur que le titulaire n'en pourra disposer qu'après une époque déterminée, le délai de trente ans ne

Art. 18. — En cas de décès d'un déposant, les sommes par lui déposées dans la caisse d'épargne seront restituées, ainsi que les sommes qu'elles auront produites, à ses héritiers, qui devront se présenter à la caisse, où ils recevront les instructions nécessaires pour obtenir ce remboursement.

Art. 19. — A la fin de chaque année, les administrateurs présenteront au conseil municipal le compte de l'administration de l'année écoulée. Ce compte sera réglé et définitivement approuvé par ledit conseil. Il sera rendu public.

Art. 20. — La dissolution de la caisse arrivant pour quelque cause que ce soit, les valeurs qui resteront libres après le remboursement de tous les dépôts et le payement de toutes les dettes, demeureront destinées à la prolongation et au renouvellement de l'établissement, s'il y a lieu, sinon, elles seront, après délibération du conseil municipal, employées à des œuvres de bienfaisance.

Chambres de commerce.

AG. — 7 déc. 1830. — *Première institution d'une chambre de commerce composée de sept négociants, dont cinq français, un maire et un israélite.*

AG. — 30 mars 1835. — B. 12. — *Augmentation du nombre des membres de la chambre de commerce d'Alger, porté à neuf. — Composition de la liste des électeurs. — Mode de nomination. — Attributions. (Remplacé par l'arr. du 19 déc. 1848.)*

AM. — 4-28 oct. 1844. — B. 187. — *Création de chambres de commerce à Oran et Philippeville.*

APE. — 19 déc. 1818, 15 janv. 1849. — B. 505. — *Nouvelle organisation des chambres de commerce.*

Art. 2. — La chambre du commerce d'Alger sera composée de quinze membres, au nombre desquels seront admis un musulman, un israélite indigène et deux étrangers. — Les chambres de commerce d'Oran, de Philippeville, et celles des localités où il serait jugé par la suite convenable d'étendre cette institution, seront composées de neuf membres, dont un musulman, un israélite indigène et un étranger.

(*Tous les autres articles de cet arrêté, ainsi que les modifications qui avaient été apportées à quelques-unes de leurs dispositions par un décret du 19 mars 1850, ont été abrogés par le décret ci-après du 5 mars 1855.*)

APE. — 19 déc. 1818. — B. 505. — *Création d'une chambre de commerce à Bône.*

Art. 1. — Il est créé une chambre de commerce dans la ville de Bône (Algérie). Cette chambre sera composée de neuf membres, dont un musulman, un israélite indigène, et un étranger, choisis parmi les commerçants patentés actuellement en exercice dans cette localité.

DP. — 20 janv. 1851. — B. 576. — *Circonscrip-*

court qu'à partir de cette époque. — A l'égard des sommes déposées pour le compte des remplaçants dans les armées de terre et de mer, le délai de trente ans ne court qu'à partir de l'expiration de leur engagement. — Dans tous les cas, les noms des déposants sont publiés au *Moniteur* et dans la *Feuille d'annonces judiciaires* de l'arrondissement où est située la caisse d'épargne dépositaire, six mois avant l'expiration du délai de trente ans fixé ci-dessus (art. 4 de la loi du 30 mars 1853).

Art. 22. — Les modifications qui pourraient être faites aux présents statuts, doivent être délibérées et adoptées par le conseil d'administration, à la majorité absolue des

tion des chambres de commerce. — Recettes et dépenses.

Vu l'art. 15 de la loi du 25 juill. 1820; — Vu l'ord. du 17 janv. 1815 (*Finances*, § 1); — Vu l'art. 35 de l'ord. du 31 janv. 1847 (*Patentes*);

Art. 1. — La circonscription des chambres de commerce d'Alger et d'Oran comprendra respectivement les territoires civil et militaire des provinces d'Alger et d'Oran. — La circonscription de la chambre de commerce de Philippeville comprendra les territoires civil et militaire des arrondissements et subdivisions militaires de Constantine, de Sétif et de Batna (1). — La circonscription de la chambre de commerce de Bône comprendra les territoires civil et militaire de l'arrondissement et subdivision militaire de Bône.

Art. 2. — Les recettes et les dépenses des chambres de commerce de l'Algérie seront réglées, à l'avenir, conformément à la loi du 28 vent. an IX, à l'arrêté du 3 niv. an XI, au décret du 25 sept. 1806 et aux lois des 25 juill. 1820 et 25 avr. 1844 (2).

Art. 3. — Les centimes additionnels et la contribution des patentes, destinés à subvenir aux dépenses des chambres de commerce, et dont la perception est autorisée en Algérie par l'art. 35 de l'ord. du 31 janv. 1847, continueront à être perçus par les receveurs des contributions diverses, mais à titre de recettes à charge de remboursement. — Les produits seront recueillis, pour chaque chambre de commerce, au chef-lieu du département et versés à la caisse des trésoriers-payeurs, dans la forme et aux époques qui sont indiquées pour les versements des produits de l'Etat. Ils figureront également dans les écritures de ces comptables comme opérations de trésorerie, et il y sera ouvert un compte spécial pour chaque chambre. — Sur la demande des présidents des chambres de commerce, les produits de ladite contribution seront mis, jusqu'à due concurrence des sommes encaissées, à leur disposition, au moyen de mandats de remboursements délivrés par les préfets.

Art. 4. — Conformément à l'art. 4 de la loi du 14 juill. 1838, il sera ajouté pour frais de perception, à la partie de contribution à recouvrer pour les chambres de commerce, 3 c. par franc sur ladite contribution. — Le montant de ces 3 c. sera recouvré avec la contribution à laquelle ils seront ajoutés et versés dans les caisses des établissements intéressés, à la charge, par ces derniers, d'en tenir compte aux receveurs des contributions diverses.

Art. 5. — Toutes dispositions contraires, et notamment le § 3 de l'art. 35 de l'ord. du 31 janv. 1847 sur les patentes, sont et demeurent abrogées.

Bl. — 5 mars 1855. — B. 477. — *Promulgation des décrets des 5 sept. 1851 et 30 août 1852.*

Vu l'arr. du 19 déc. 1818 (qui précède); — Les décrets des 5 sept. 1851 et 30 août 1852; — L'ordonnance du 24 nov. 1847, qui règle le mode d'élection des tribunaux de commerce en Algérie (*Trib. de comm.*, § 1);

Art. 1. — Les décrets des 5 sept. 1851 et 30

membres qui la composent; elles ne sont exécutoires qu'après l'approbation du gouvernement.

Art. 19, 23 et 24. — (Comme aux art. 18, 19 et 20 des statuts d'Alger.)

Maréchal VAILLANT.

(1) Modifié par le décret ci-après du 22 mars 1856.

(2) Chaque année, en exécution de cette disposition et des lois sur la matière, un décret impérial détermine la contribution spéciale destinée à l'acquittement des dépenses des chambres et bourses de commerce, et qui sera répartie entre les patentés, conformément à l'art. 35 de l'ord. du 31 janv. 1847 (V. *Patentes*).

août 1852, sur l'organisation des chambres de commerce en France, publiés à la suite du présent décret, sont rendus applicables en Algérie, moyennant les modifications mentionnées aux art. 2 et 3.

Art. 2. — Seront éligibles les commerçants français, indigènes et étrangers, établis en Algérie, âgés de 30 ans au moins et exerçant le commerce ou une industrie depuis trois ans, dont deux ans au lieu où réside la chambre de commerce (3).

Art. 3. — Les chambres de commerce de l'Algérie peuvent correspondre directement avec le ministre de la guerre; mais, dans ce cas, elles devront faire connaître aux préfets de leur département et au gouverneur général, l'objet et la teneur de leur communication.

Art. 4. — Toutes les dispositions antérieures relatives à l'organisation des chambres de commerce algériennes, sont et demeurent abrogées.

Décret du 3 sept. 1851.

Louis-Napoléon, etc. : — Vu les lois des 28 vent. an IX, 23 juill. 1820, 14 juill. 1838 et 25 avr. 1845, et les arrêtés, décrets et ordonn. du 3 niv. an XI, 23 sept. 1806, 16 juin 1832 et 19 juin 1848 ;

Art. 1, 2, 3. — (Abrogés par le décret suivant.)

Art. 4. — Plusieurs associés en nom collectif ne peuvent faire partie simultanément d'une même chambre. Dans le cas où plusieurs associés en nom collectif auraient été élus, celui qui aura obtenu le plus de voix, ou, si le nombre de voix est égal, celui qui sera le plus âgé, sera préféré.

Art. 5. — (Abrogé par le décret suivant.)

Art. 6. — Le nombre des membres des chambres de commerce est déterminé par le titre de leur institution, ou par un décret postérieur. Il ne peut être au-dessous de neuf ni excéder vingt et un.

Art. 7. — Les fonctions de membres durent six ans; le renouvellement a lieu par tiers, tous les deux ans. Pour les deux premières élections qui suivent la nomination générale, l'ordre de sortie est réglé par le sort. Les membres qui s'abstiendraient de se rendre aux convocations pendant six mois, sans motifs légitimes approuvés par la chambre, seront considérés comme démissionnaires, et remplacés à la plus prochaine élection. Les vacances accidentelles sont également remplies à la plus prochaine élection, mais seulement pour le tems qui restait à courir sur l'exercice du membre remplacé.

Art. 8. — Les membres sortants sont indéfiniment rééligibles.

Art. 9. — Les chambres nomment tous les ans, dans leur sein, un président, et, s'il y a lieu, un vice-président. Elles nomment aussi soit un secrétaire-trésorier, soit un secrétaire et un trésorier. Ces nominations sont faites à la majorité absolue. Le préfet et le sous-préfet, suivant les localités, sont membres de droit des chambres de commerce; ils président les séances auxquelles ils assistent.

Art. 10. — Les chambres de commerce peuvent désigner, dans toute l'étendue de leur circonscription, des membres correspondants, dont le nombre ne devra pas dépasser celui des membres de la chambre elle-même. Les membres correspondants peuvent assister aux délibérations de la chambre, mais avec voix consultative seulement.

Art. 11. — Les chambres de commerce ont pour attribution : 1° de donner au gouvernement les avis et renseignements qui leur sont demandés sur les faits et les intérêts industriels et commerciaux ; 2° de présenter leurs vues sur les moyens d'accroître la prospérité de l'industrie et du commerce, sur les améliorations à introduire dans toutes les branches de la législation commerciale, y compris les tarifs des douanes et octrois ; sur l'exécution des travaux et l'organisation des services publics qui peuvent intéresser le commerce ou l'industrie, tels que les travaux des ports, la navigation des fleuves, des rivières, les postes, les chemins de fer, etc.

Art. 12. — L'avis des chambres de commerce est demandé spécialement sur les changements projetés dans la législation commerciale ; sur les érections et règlements des chambres de commerce ; sur les créations de bourses et les établissements d'agents de change ou de courtiers ; sur les tarifs des douanes ; sur les tarifs et règlements des services de transports et autres, établis à l'usage du commerce ; sur les usages commerciaux, les tarifs et règlements de courtage maritime et de courtage en matière d'assurances de marchandises, de change et d'effets publics ; sur les créations des tribunaux de commerce dans leur circonscription ; sur les établissements de banques, de comptoirs d'escompte et de succursales de la banque de France; sur les projets de travaux publics locaux relatifs au commerce ; sur les projets de règlements locaux en matière de commerce ou d'industrie.

Art. 13. — Quand il existe dans une même ville une chambre de commerce et une bourse, l'administration de la bourse appartient à la chambre, sans préjudice des droits du maire et de la police municipale dans les lieux publics.

Art. 14. — Les établissements créés pour l'usage du commerce, comme les magasins de sauvetage, entrepôts, conditions pour les soies, cours publics pour la propagation des connaissances commerciales et industrielles, sont administrés par les chambres de commerce, s'ils ont été formés au moyen de contributions spéciales sur les commerçants. L'administration de ceux de ces établissements qui ont été formés par dons, legs ou autrement, peut leur être remise, d'après le vœu des souscripteurs et donateurs. Enfin, cette administration peut leur être déléguée pour les établissements de même nature qui seraient créés par l'autorité.

Art. 15. — (2) La correspondance des chambres du commerce avec le ministre de l'agriculture et du commerce est directe ; elles doivent lui donner communication immédiate des avis et réclamations qu'elles seraient dans l'obligation d'adresser aux autres ministres, soit d'office, soit sur la demande qui leur en sera faite.

Art. 16. — Dans les cérémonies publiques, les chambres de commerce prennent rang immédiatement après les tribunaux de commerce.

Art. 17. — Dans les six premiers mois de chaque année, les chambres de commerce adressent aux préfets de leur département le compte rendu des recettes et des dépenses de l'année précédente, et le projet de budget des recettes et dépenses de l'année suivante. Le préfet transmet les comptes et ces budgets avec ses observations et son avis personnel, au ministre de l'agriculture et du com-

---

(1) Le droit d'éligibilité implique toujours le droit d'élection. En conséquence, les étrangers et indigènes de l'Algérie reconnus éligibles, doivent être portés sur les listes des notables commerçants. — Décis. min. du 23 juill. 1856. — Il n'y a d'exception à cette règle pour les anciens négociants ou manufacturiers, qui n'étant plus assujettis à la patente ne doivent point figurer sur les

listes. — Il suffit pour qu'un commerçant notable soit porté sur les listes d'électeurs qu'il soit majeur. Il n'est pas nécessaire, comme pour les tribunaux de commerce, qu'il ait au moins 30 ans suivant le mode adopté en Algérie. — Même décision.

(2) Modifié pour l'Algérie par l'art. 3 du décret du 3 mars 1855.

merce, qui les approuve, s'il y a lieu. Les dispositions du présent article sont applicables aux recettes et dépenses ordinaires des chambres de commerce provenant des contributions prélevées sur les patentes, comme aux recettes et dépenses spéciales des établissements à l'usage de commerce dont l'administration leur est confiée.

Art. 18. — Aucune chambre de commerce ne peut être établie que par un décret rendu dans la forme des règlements d'administration publique.

Art. 19. — Sont déclarés établissements d'utilité publique, les chambres de commerce actuellement existantes, et celles qui seront instituées à l'avenir.

Art. 20. — Dans un délai de six mois, à partir de la promulgation du présent décret, il sera procédé au renouvellement des chambres du commerce.

Art. 21. — Toutes les dispositions antérieures relatives aux chambres de commerce et contraires au présent décret, sont et demeurent abrogées.

Décret du 30 août 1852.

Art. 1. — Les membres des chambres de commerce, lorsque leur circonscription est la même que le ressort d'un tribunal de commerce, sont nommés par les électeurs désignés conformément aux art. 618 et 619 c. com., pour élire les membres de ce tribunal. — Quand une chambre de commerce comprend dans sa circonscription plusieurs tribunaux de commerce, il est procédé à l'élection de ses membres, d'après les listes dressées par ces tribunaux. — A défaut de tribunal de commerce dans les arrondissements ou cantons compris dans la circonscription d'une chambre, il est dressé, pour lesdits arrondissements ou cantons, des listes de notables, d'après les bases déterminées par les art. 618 et 619 ci-dessus mentionnés.

Art. 2. — L'assemblée électorale se tient dans la ville où est établie la chambre de commerce ; elle est convoquée et présidée, suivant les localités, par le préfet, le sous-préfet ou leurs délégués, assistés de quatre électeurs, qui sont les deux plus âgés et les deux plus jeunes des membres présents. — Le bureau, ainsi composé, nomme un secrétaire pris dans l'assemblée. Il décide toutes les questions qui peuvent s'élever dans le cours de l'élection, à l'exception de celles qui seraient relatives à la capacité des candidats élus.

Art. 3. — (Relatif aux chambres consultatives des arts et manufactures.)

Art. 4. — Sont éligibles : — 1° Tout commerçant ayant au moins 30 ans, et exerçant le commerce ou une industrie manufacturière depuis cinq ans au moins (1) ; — 2° Les anciens négociants ou manufacturiers domiciliés dans la circonscription de la chambre, pourvu qu'ils aient au moins 30 ans d'âge : toutefois les éligibles de la seconde catégorie ne pourront jamais excéder le tiers du nombre des membres de la chambre ; — 3° Les conditions d'éligibilité sont les mêmes pour les chambres consultatives que pour les chambres de commerce.

Art. 5. — Les élections ont lieu sur une seule liste de candidats pour toute la circonscription, au scrutin secret et à la majorité absolue des électeurs présents. Au second tour, la majorité relative suffit.

Art. 6. — Il sera procédé au renouvellement des chambres de commerce et des chambres consultatives, en conformité des dispositions qui précèdent, dans les six mois, à partir de la date du présent décret.

Art. 7. — Sont abrogés les art. 1, 2, 3 et 5 du décr. du 3 sept. 1851, et les art. 1, 2, 3, 4, 5, 6 (2) et 8 de l'arr. du 19 juin 1848. Il n'est pas

dérogé, d'ailleurs, aux dispositions qui ont réglé précédemment l'organisation intérieure, les prérogatives et attributions des chambres de commerce et des chambres consultatives des arts et manufactures.

DI. — 22 mars-8 mai 1850. — B. 494. — *Création d'une chambre de commerce à Constantine.*

Art. 1. — Il est créé, dans la province de Constantine, une troisième chambre de commerce, qui siègera à Constantine.

Art. 2. — La circonscription de la chambre de Philippeville comprendra les territoires civils et militaires des cercles de Philippeville, Djidjelly et Bougie.

Art. 3. — Il n'est apporté aucune modification à la circonscription de la chambre de commerce de Bône.

Art. 4. — La circonscription de la chambre de commerce de Constantine comprendra tous les territoires civils et militaires de la province restés en dehors du ressort des deux autres chambres.

Art. 5. — La chambre de commerce de Constantine sera composée de neuf membres, dont un musulman, un israélite indigène et un étranger.

AG. — 8 sept. 1856,-7 janv. 1857. — B. 503. — *Fixation du nombre des électeurs.*

Vu le décr. du 5 mars 1855, la décis. min. interprétative du 25 juill. 1856 ; les décr. des 3 sept. 1851 et 30 août 1852, combinés avec l'ord. du 24 nov. 1847, qui règle en Algérie le mode d'élection des tribunaux de commerce (*Trib. de com.* § 1).

Art. 1. — Le nombre des commerçants notables qui seront appelés à concourir à l'élection des membres des chambres de commerce de l'Algérie est fixé ainsi qu'il suit ; savoir :

Chambre d'Alger. — Alger : électeurs français, 70; étrangers, 10 ; indigènes, 10. — Blidah : électeurs français, 5. — Ténès, id. 4. — Medeah, Miliannah, Aumale, Orléansville et Dellys, id. 2. — I , e Tarik et Douera, id. 1. — Total 112.

Chambre d'Oran. — Oran : électeurs français, 40 ; étrangers, 5 ; indigènes, 5. — Mostaganem et Tlemcen : électeurs français, 3, — Mascara, id. 2. — Arzew, Saint-Denis du Sig, Sidi bel Abbès et Nemours, id. 1. — Total 62.

Chambre de Constantine. — Constantine : électeurs français, 15; étrangers, 4 ; indigènes, 6. — Sétif : électeurs français, 3. — Bathna, id. 2. — Total 30.

Chambre de Bône. — Bône : électeurs français, 19; étrangers, 2 ; indigènes, 2. — Guelma : électeurs français, 3. — La Calle, id. 2. — Total 29.

Chambre de Philippeville. — Philippeville : électeurs français, 16 ; étrangers ou indigènes, 1. — Bougie : électeurs français, 3. — El Arrouch et Djidjelly, id. 1. — Total 25.

Comte RANDON.

Chasse.

De 1830 à 1854 la chasse fut permise en tout temps et sans port d'armes. Mais les plaintes nombreuses qu'occasionnèrent les accidents et les dégâts causés par les chasseurs qui se répandaient dans les campagnes, comme en pays conquis, éveillèrent la sollicitude de l'autorité, et le 5 déc. 1854, le gouverneur général rendit un arrêté, qui, empruntant quelques dispositions pénales à la loi du 28 avr. 1790 et au décr. du 4 mai 1812, imposa l'obligation de se munir d'un permis de port d'armes, et interdit la chasse sur les terrains apparte-

(1) Modifié pour l'Algérie par l'art. 2 du décret du 5 mars 1855.

(2) L'art. 7 de l'arrêté du 19 juin 1848, le seul qui soit resté en vigueur, est ainsi conçu : — « Ne pourront

être électeurs ni éligibles les faillis non réhabilités, et tout commerçant qui aurait subi une condamnation pour un acte contraire à la probité ou aux mœurs. »

nant à autrui, clos ou cultivés, et non dépouillés de leurs récoltes.

Mais cet arrêté, dont la légalité même fut souvent mise en question, et sur laquelle la cour de cassation fut appelée à statuer, par un arrêt du 21 mai 1836, — DP. 36. 1. 312, — était, en outre, incomplet. Il n'avait point prévu les contraventions de chasse en temps prohibé, et lorsqu'en 1835 et les années suivantes, la chasse fut momentanément fermée dans l'intérêt des récoltes, cette interdiction ne se trouva sanctionnée par aucune disposition pénale contre les contrevenants. Les tribunaux, ainsi privés de règles précises, appliquèrent, les uns, les dispositions de la loi de 1790; les autres, celles de simple police, et leur jurisprudence resta incertaine.

En 1841, les circonstances de guerre motivèrent l'interdiction absolue du droit de chasse dans toute l'Algérie, excepté dans l'arrondissement de Bône, demeuré en état de paix. Les postes militaires, est-il dit dans l'arrêté du 23 mars 1841, sont exposés à de fausses alertes, qui, trop souvent répétées, pourraient diminuer leur vigilance. La sûreté des chasseurs eux-mêmes, dont plusieurs étaient tombés entre les mains des Arabes, se trouvait, d'ailleurs, gravement compromise. Le 30 nov. de la même année, la chasse fut permise de nouveau, mais seulement dans une partie déterminée du Sahel d'Alger: enfin, le 1er août 1842, elle put être ouverte dans toute la province, et les directeurs et sous-directeurs de l'intérieur furent chargés à l'avenir de fixer chaque année l'époque où elle serait ouverte et fermée.

Cet état a duré jusqu'au décr. du 22 nov. 1850, qui a rendu exécutoire en Algérie la loi du 3 mai 1844, et établi ainsi une législation uniforme et régulière. — Il est inutile de reproduire aucun des arrêtés antérieurs, les principaux viennent d'être cités, et ils sont aujourd'hui abrogés et sans application.

DP. — 22 nov. 1850, 12 fév. 1851. — B. 375. — *Loi sur la chasse.*

Considérant qu'il y a opportunité et nécessité d'introduire en Algérie les lois et ordonnances qui régissent, en France, la police de la chasse, sauf les modifications rendues indispensables par les circonstances locales ou par le système administratif et judiciaire propre à l'Algérie;

Art. 1. — La loi du 3 mai 1844, sur la police de la chasse, et l'ord. du 5 mai 1845, rendue en exécution de ladite loi, seront promulguées en Algérie, à la suite du présent décret. Elles y seront applicables et exécutoires, sauf les modifications ci-après déterminées.

Art. 2. — Pour les localités non érigées en communes, le droit de 10 fr., établi par l'art. 5 de la loi du 3 mai 1844, en faveur des communes, sera perçu au profit de la caisse locale et municipale.

Art. 3. — Les arrêtés des préfets sur les objets énoncés en l'art. 9 de la loi précitée, seront, à dé-

faut des conseils généraux, pris en conseil de préfecture.

Art. 4. — Les préfets pourront prendre, en la forme ci-dessus prescrite, des arrêtés: — 1° Pour autoriser, en tout temps, la chasse des bêtes fauves, et déterminer les conditions, le mode et le procédé de cette chasse; — 2° Pour autoriser la chasse à tir de la caille, aux époques, dans les lieux et sous les conditions qu'il serait utile de régler, dans l'intérêt des récoltes et des propriétés (1).

Art. 5. — Il n'est pas dérogé aux arrêtés ministériels pris en vertu de l'art. 13 de l'ord. du 26 sept. 1812, lesquels attribuent la connaissance des délits de chasse aux juges de paix de Mostaganem, de Medeah, de Tenez, de Guelma, de Tlemcen et de Saint-Cloud, et aux commissaires civils investis d'attributions judiciaires, à charge d'appel devant les tribunaux civils du ressort. — La présente disposition s'applique à tous arrêtés ministériels attributifs de juridiction qui pourront être pris ultérieurement en vertu de l'ordonnance précitée.

Art. 6. — L'arrêté du gouverneur général, en date du 5 déc. 1831, est abrogé, etc.

Loi du 3 mai 1844.

SECT. 1. — *De l'exercice du droit de chasse.*

Art. 1. — Nul ne pourra chasser, sauf les exceptions ci-après, si la chasse n'est pas ouverte, et s'il ne lui a pas été délivré un permis de chasse par l'autorité compétente. — Nul n'aura la faculté de chasser, sur la propriété d'autrui, sans le consentement du propriétaire ou de ses ayants droits.

Art. 2. — Le propriétaire ou possesseur peut chasser ou faire chasser, en tout temps, sans permis de chasse, dans ses possessions attenant à une habitation, et entourées d'une clôture continue faisant obstacle à toute communication avec les héritages voisins.

Art. 3. — Les préfets détermineront par des arrêtés publiés, au moins dix jours à l'avance, l'époque de l'ouverture et celle de la clôture de la chasse dans chaque département.

Art. 4. — Dans chaque département, il est interdit de mettre en vente, de vendre, d'acheter, de transporter et de colporter du gibier pendant le temps où la chasse n'y est pas permise. — En cas d'infraction à cette disposition, le gibier sera saisi et immédiatement donné à l'établissement de bienfaisance le plus voisin, en vertu, soit d'une ordonnance du juge de paix, si la saisie a eu lieu au chef-lieu de canton, soit d'une autorisation du maire, si le juge de paix est absent, ou si la saisie a été faite dans une commune autre que celle du chef-lieu. Cette ordonnance ou cette autorisation sera délivrée sur la requête des agents ou gardes qui auront opéré la saisie, et sur la présentation du procès-verbal régulièrement dressé. — La recherche du gibier ne pourra être faite à domicile que dans les lieux ouverts au public. —
— Il est interdit de prendre ou de détruire, sur le terrain d'autrui, des œufs et des couvées de faisans, de perdrix et de cailles.

Art. 5. — Les permis de chasse seront délivrés, sur l'avis du maire et du sous-préfet, par le préfet du département dans lequel celui qui en fera la demande aura sa résidence ou son domicile. — La

---

(1) *Jurisprudence.* — Le pouvoir de réglementation donné aux préfets, ne va pas jusqu'à leur conférer le droit de violer ni modifier une prescription générale et formelle de la loi elle-même. Ainsi, notamment l'art. 26 de la loi subordonne la poursuite d'office du ministère public à la plainte du propriétaire, lorsque le fait de chasse a eu lieu sans son consentement sur des terres non closes et dépouillées de leurs fruits. Un arrêté préfectoral qui ordonnerait que ce consentement sera délivré par écrit an-

térieurement à tout fait de chasse, et que, faute d'en justifier à première réquisition, le chasseur sera poursuivi comme délinquant, aurait pour effet d'ajouter à la loi une condition qu'elle n'a pas imposée pour la validité du consentement qui peut être verbal, et de donner au ministère public une initiative que ni la loi ni le décret du 22 nov. 1850 ne lui conféraient; dès lors, il ne peut être considéré comme obligatoire sur ce chef. — *Jug. du trib. corr. d'Alger*, 1er avr. 1851.

délivrance des permis de chasse donnera lieu au payement d'un droit de 15 fr. au profit de l'Etat, et de 10 fr. au profit de la commune dont le maire aura donné l'avis énoncé au paragraphe précédent (modifié par l'art. 2 du décret ci-dessus). — Les permis de chasse seront personnels ; ils seront valables pour tout le royaume, et pour un an seulement.

Art. 6. — Le préfet pourra refuser le permis de chasse : — 1° A tout individu majeur qui ne sera point personnellement inscrit, ou dont le père ou la mère ne serait pas inscrit au rôle des contributions ; — 2° A tout individu qui, par une condamnation judiciaire, a été privé de l'un ou de plusieurs des droits énumérés dans l'art. 42 c. pén., autres que le droit de port d'armes ; — 3° A tout condamné à un emprisonnement de plus de six mois pour rébellion ou violence envers les agents de l'autorité publique ; — 4° A tout condamné pour délit d'association illicite, de fabrication, débit, distribution de poudre, armes ou autres munitions de guerre ; de menaces écrites ou de menaces verbales avec ordre ou sous condition ; d'entraves à la circulation des grains ; de dévastations d'arbres ou de récoltes sur pied, de plants venus naturellement ou faits de main d'hommes ; — 5° A ceux qui auront été condamnés pour vagabondage, mendicité, vol, escroquerie ou abus de confiance. — La faculté de refuser le permis de chasse aux condamnés dont il est question dans les §§ 3, 4 et 5, cessera cinq ans après l'expiration de la peine.

Art. 7. — Le permis de chasse ne sera pas délivré : 1° Aux mineurs qui n'auront pas seize ans accomplis ; — 2° Aux mineurs de seize à vingt et un ans, à moins que le permis ne soit demandé pour eux par leur père, mère, tuteur ou curateur, porté au rôle des contributions ; — 3° Aux interdits ; — 4° Aux gardes champêtres ou forestiers des communes ou établissements publics, ainsi qu'aux gardes forestiers de l'Etat et gardes-pêche.

Art. 8. — Le permis de chasse ne sera pas accordé : — 1° A ceux qui, par suite de condamnation, sont privés du droit de port d'armes ; — 2° A ceux qui n'auront pas exécuté les condamnations prononcées contre eux pour l'un des délits prévus par la présente loi ; — 3° A tout condamné placé sous la surveillance de la haute police.

Art. 9. — Dans le temps où la chasse est ouverte, le permis donne à celui qui l'a obtenu, le droit de chasser le jour, à tir et courre, sur ses propres terres et sur les terres d'autrui avec le consentement de celui à qui le droit de chasse appartient. — Tous autres moyens de chasse, à l'exception des furets et des bourses destinées à prendre le lapin, sont formellement prohibés. — Néanmoins, les préfets des départements, sur l'avis des conseils généraux (modifié par l'art. 3 du décret ci-dessus) prendront des arrêtés pour déterminer : — 1° L'époque de la chasse des oiseaux de passage, autres que la caille, et les modes et procédés de cette chasse ; — 2° Le temps pendant lequel il sera permis de chasser le gibier d'eau dans les marais, sur les étangs, fleuves et rivières (modifié, quant à la chasse de la caille, par l'art. 4 du décret ci-dessus, § 1) ; — 3° Les animaux malfaisants ou nuisibles que le propriétaire, possesseur ou fermier pourra en tout temps détruire sur ses terres, et les conditions de l'exercice de ce droit, sans préjudice du droit appartenant au propriétaire ou fermier de repousser ou détruire, même avec des armes à feu, les bêtes fauves qui porteraient dommage à ses propriétés (modifié par l'art. 4 du décret ci-dessus, § 2). — Ils pourront prendre également des arrêtés : 1° pour prévenir la destruction des oiseaux ; 2° pour autoriser l'emploi des chiens lévriers pour la destruction des animaux malfai-

sants ou nuisibles ; 3° pour interdire la chasse pendant les temps de neige.

Art. 10. — Des ordonnances détermineront la gratification qui sera accordée aux gardes et gendarmes rédacteurs des procès-verbaux ayant pour objet de constater les délits (V. ci-après l'ord. du 5 mai 1845, formant la seconde annexe du décret ci-dessus).

Sect. 2. — Des peines.

Art. 11. — Seront punis d'une amende de 16 à 100 fr. ;
1° Ceux qui auront chassé sans permis de chasse ;
2° Ceux qui auront chassé sur le terrain d'autrui sans le consentement du propriétaire.
L'amende pourra être portée au double si le délit a été commis sur des terres non dépouillées de leurs fruits ; ou s'il a été commis sur un terrain entouré d'une clôture continue, faisant obstacle à toute communication avec les héritages voisins, mais non attenant à une habitation. — Pourra ne pas être considéré comme délit de chasse le fait du passage des chiens courants sur l'héritage d'autrui, lorsque ces chiens seront à la suite du gibier lancé sur la propriété de leurs maîtres, sauf l'action civile, s'il y a lieu, en cas de dommage.
3° Ceux qui auront contrevenu aux arrêtés des préfets concernant les oiseaux de passage, le gibier d'eau, la chasse en temps de neige, l'emploi des chiens lévriers, ou aux arrêtés concernant la destruction des oiseaux et celle des animaux nuisibles ou malfaisants ;
4° Ceux qui auront pris ou détruit, sur le terrain d'autrui, des œufs ou couvées de faisans, perdrix ou cailles ;
5° Les fermiers de la chasse, soit dans les bois soumis au régime forestier, soit sur les propriétés dont la chasse est louée au profit des communes ou établissements publics, qui auront contrevenu aux clauses et conditions de leurs cahiers de charges relatives à la chasse.

Art. 12. — Seront punis d'une amende de 50 à 200 fr., et pourront en outre l'être d'un emprisonnement de six jours à deux mois :
1° Ceux qui auront chassé en temps prohibé ;
2° Ceux qui auront chassé pendant la nuit ou à l'aide d'engins et instruments prohibés, ou par d'autres moyens que ceux qui sont autorisés par l'art. 9 ;
3° Ceux qui seront détenteurs ou ceux qui seront trouvés munis ou porteurs, hors de leur domicile, de filets, engins ou autres instruments prohibés ;
4° Ceux qui, en temps où la chasse est prohibée, auront mis en vente, vendu, acheté, transporté ou colporté du gibier ;
5° Ceux qui auront employé des drogues ou appâts qui sont de nature à enivrer le gibier ou à le détruire ;
6° Ceux qui auront chassé avec appeaux, appelants ou chanterelles.
Les peines déterminées par le présent article pourront être portées au double contre ceux qui auront chassé pendant la nuit sur le terrain d'autrui et par l'un des moyens spécifiés au § 2, si les chasseurs étaient munis d'une arme apparente ou cachée.
Les peines déterminées par l'art. 11 et par le présent, seront toujours portées au maximum, lorsque les délits auront été commis par les gardes champêtres ou forestiers des communes, ainsi que par les gardes forestiers de l'Etat et des établissements publics.

Art. 13. — Celui qui aura chassé sur le terrain d'autrui sans son consentement, si ce terrain est attenant à une maison habitée ou servant à l'habilation, et s'il est entouré d'une clôture continue, faisant obstacle à toute communication avec les héritages voisins, sera puni d'une amende de 50 à 500 fr., et pourra l'être d'un emprisonnement de six jours à trois mois.—Si le délit a été commis pendant la nuit, le délinquant sera puni d'une amende de 100 à 1,000 fr. et pourra l'être d'un emprisonnement de trois mois à deux ans, sans préjudice, dans l'un et l'autre cas, s'il y a lieu, de plus fortes peines prononcées par le code pénal.

Art. 14.—Les peines déterminées par les trois articles qui précèdent pourront être portées au double, si le délinquant était en état de récidive, s'il était déguisé ou masqué, s'il a pris un faux nom, s'il a usé de violence envers les personnes, ou s'il a fait des menaces, sans préjudice, s'il y a lieu, de plus fortes peines prononcées par la loi.—Lorsqu'il y aura récidive, dans les cas prévus en l'art. 11, la peine de l'emprisonnement de six jours à trois mois pourra être appliquée si le délinquant n'a pas satisfait aux condamnations précédentes.

Art. 15.—Il y a récidive lorsque, dans les douze mois qui ont précédé l'infraction, le délinquant a été condamné en vertu de la présente loi.

Art. 16. — Tout jugement de condamnation prononcera la confiscation des filets, engins et autres instruments de chasse. Il ordonnera, en outre, la destruction des instruments de chasse prohibés.—Il prononcera également la confiscation des armes, excepté dans le cas où le délit aura été commis par un individu muni d'un permis de chasse, dans le temps où la chasse est autorisée. — Si les armes, filets, engins ou autres instruments de chasse n'ont pas été saisis, le délinquant sera condamné à les représenter ou à en payer la valeur, suivant la fixation qui en sera faite par le jugement, sans qu'elle puisse être au-dessous de 50 fr. — Les armes, engins ou autres instruments de chasse, abandonnés par les délinquants restés inconnus, seront saisis et déposés au greffe du tribunal compétent. La confiscation et, s'il y a lieu, la destruction en seront ordonnées sur le vu du procès-verbal.—Dans tous les cas, la quotité des dommages-intérêts est laissée à l'appréciation des tribunaux.

Art. 17. — En cas de conviction de plusieurs délits, prévus par la présente loi, par le code pénal ordinaire et par les lois spéciales, la peine la plus forte sera seule prononcée.—Les peines encourues pour des faits postérieurs à la déclaration du procès-verbal de contravention pourront être cumulées, s'il y a lieu, sans préjudice des peines de la récidive.

Art. 18.—En cas de condamnation pour délits prévus par la présente loi, les tribunaux pourront priver les délinquants du droit d'obtenir un permis de chasse pour un temps qui n'excédera pas cinq ans.

Art. 19.—La gratification mentionnée en l'art. 10 sera prélevée sur le produit des amendes. — Le surplus desdites amendes sera attribué aux communes sur le territoire desquelles les infractions ont été commises.

Art. 20. — L'art. 463 c. pén. ne sera pas applicable aux délits prévus par la présente loi.

SECT. 3. — De la poursuite et du jugement.

Art. 21.—Les délits prévus par la présente loi seront prouvés, soit par procès-verbaux ou rapports, soit par témoins à défaut de rapports et procès-verbaux à leur appui.

Art. 22.—Les procès-verbaux des maires et adjoints, commissaires de police, officiers, maréchaux des logis ou brigadiers de gendarmerie, gendarmes, gardes forestiers, gardes-pêche, gardes champêtres ou gardes assermentés des particuliers, feront foi jusqu'à preuve contraire.

Art. 23.—Les procès-verbaux des employés des contributions indirectes et des octrois feront également foi jusqu'à preuve contraire, lorsque, dans les limites de leurs attributions respectives, ces agents rechercheront et constateront les délits prévus par le § 1 de l'art. 4.

Art. 24.—Dans les vingt-quatre heures du délit, les procès-verbaux des gardes seront, à peine de nullité, affirmés par les rédacteurs devant le juge de paix ou l'un de ses suppléants, ou devant le maire ou l'adjoint, soit de la commune de leur résidence, soit de celle où le délit a été commis.

Art. 25.—Les délinquants ne pourront être saisis ni désarmés ; néanmoins, s'ils sont déguisés ou masqués, s'ils refusent de faire connaître leurs noms, ou s'ils n'ont pas de domicile connu, ils seront conduits immédiatement devant le maire ou le juge de paix, lequel s'assurera de leur individualité.

Art. 26.—Tous les délits prévus par la présente loi seront poursuivis d'office par le ministère public, sans préjudice du droit conféré aux parties lésées, par l'art. 182 c. inst. crim.—Néanmoins, dans le cas de chasse sur le terrain d'autrui sans le consentement du propriétaire, la poursuite d'office ne pourra être exercée par le ministère public, sans une plainte de la partie intéressée, qu'autant que le délit aura été commis dans un terrain clos, suivant les termes de l'art. 2 et attenant à une habitation, ou sur des terres non encore dépouillées de leurs fruits.

Art. 27. — Ceux qui auront commis conjointement les délits de chasse seront condamnés solidairement aux amendes, dommages-intérêts et frais.

Art. 28.—Le père, la mère, le tuteur, les maîtres et commettants, sont civilement responsables des délits de chasse commis par leurs enfants mineurs non mariés, pupilles demeurant avec eux, domestiques ou préposés, sauf tout recours de droit. —Cette responsabilité sera réglée conformément à l'art. 1384 c. nap., et ne s'appliquera qu'aux dommages-intérêts et frais, sans pouvoir toutefois donner lieu à la contrainte par corps.

Art. 29.—Toute action relative aux délits prévus par la présente loi, sera prescrite par le laps de trois mois, à compter du jour du délit.

SECT. 4. — Dispositions générales.

Art. 30. — (Supprimé comme n'étant pas susceptible d'application en Algérie.)

Art. 31. — Le décret du 4 mai 1812 et la loi du 30 avril 1790 sont abrogés.

Art. 32. — Sont et demeurent également abrogés les lois, arrêtés, décrets et ordonnances intervenus sur les matières réglées par la présente loi, en tout ce qui est contraire à ses dispositions.

Ordonnance du 5 mai 1845.

LOUIS-PHILIPPE, etc. ; —Vu les art. 10, 11, 12, 13, 14, 17 et 19 de la loi du 3 mai 1844 sur la police de la chasse ;

Art. 1. — La gratification accordée aux gendarmes, gardes forestiers, gardes champêtres, gardes-pêche et gardes assermentés des particuliers, qui constateront des infractions à la loi du 3 mai 1844, sur la police de la chasse, est fixée ainsi qu'il suit : 8 fr. pour les délits prévus par l'art. 11 ; — 15 fr. pour les délits prévus par les art. 12 et 13, § 1 ; — 25 fr. pour les délits prévus par l'art. 15, § 2.

Art. 2. — La gratification est due pour chaque amende prononcée ; elle sera acquittée par les receveurs de l'enregistrement, suivant le mode actuel et les règles de la comptabilité ordinaire.

Art. 3. — (Remplacé par le décret qui suit.)

Art. 4. — Il ne pourra être alloué qu'une seule gratification, lors même que plusieurs agents auraient concouru à la rédaction du procès-verbal constatant le délit.

Art. 5. — La présente ordonnance est applicable

aux amendes qui auront déjà été prononcées en vertu de la loi du 3 mai 1844.

DI. — 8 déc. 1852-25 janv. 1853. — B. 450. — *Gratifications aux gendarmes et gardes.*

Art. 1. — Le décret du 4 août 1852 sera promulgué en Algérie, pour y être exécuté selon sa forme et teneur. — Toutefois, pour les localités de l'Algérie non érigées en communes, le compte spécial prescrit aux receveurs de l'enregistrement par l'art. 4 du décret précité, sera ouvert au titre du service local et municipal.

Décret du 4 août 1852.

Vu l'art. 19 de la loi du 3 mai 1844 et l'ord. d'exécution du 5 mai 1845 ; — Considérant que le règlement des comptes ouverts avec les communes, tel qu'il est effectué en vertu de cette ordonnance, est contraire à la loi et préjudiciable aux intérêts du trésor ;

Art. 1. — L'art. 5 de l'ord. du 5 mai 1845 est modifié ainsi qu'il suit :

Les receveurs de l'enregistrement tiendront un compte spécial, par commune, du recouvrement des amendes prononcées pour infraction à la loi du 3 mai 1844, sur la police de la chasse ; ce compte sera réglé chaque année. Après prélèvement des gratifications et de 5 p. 100 pour frais de régie, le produit restant des amendes recouvrées sera compté à la commune sur le territoire de laquelle l'infraction aura été commise. — En cas d'excédant de dépenses à l'époque du règlement, il ne sera exercé aucun recours contre la commune, mais cet excédant sera reporté au compte ouvert pour l'année suivante, dans lequel il formera le premier article de la dépense. Les frais de poursuite tombés en non-valeurs seront remboursés conformément à l'art. 6 de l'ord. du 30 déc. 1823.

(1) 8 avr. 1857. — *Rapport à l'empereur.* — Sire, V. M. a pensé que le moment est venu de doter l'Algérie de chemins de fer, afin de donner satisfaction aux intérêts agricoles déjà créés, et d'en hâter le développement progressif. Les chemins de fer doivent, en effet, être considérés comme un des plus puissants éléments de la prospérité future de notre vaste conquête : un réseau de voies ferrées embrassant les trois provinces y porterait la vie et la richesse, par le commode et rapide transport des produits du sol et de l'industrie, comme aussi par les facilités données aux mouvements colonisateurs d'une population croissante. — J'ai donc recherché les moyens de réaliser les vues de V. M. ; et à l'aide d'études faites sur le terrain, soit par les ingénieurs du gouvernement, soit par l'industrie privée qui, depuis plusieurs années déjà, s'est occupée de cette question, j'ai fait élaborer le projet d'un réseau général de chemins de fer algériens.

Ce réseau se composerait : 1° d'une grande ligne parallèle à la mer, reliant les chefs-lieux des trois provinces, et desservant les principales localités, à l'E., entre Alger et Constantine, et à l'O., entre Alger et Oran, avec embranchement sur Tlemcen par Sidi bel Abbès. — 2° Des lignes partant des principaux ports et aboutissant à cette grande artère, de manière à mettre en communication Bône et Philippeville avec Constantine, Bougie avec Sétif, Ténez avec Orléansville, Mostaganem et Arzew avec Relizane. — Les contrées au S. de l'artère principale, seraient mises en rapport avec le système général par les routes de terre actuellement existantes ou en cours d'exécution.

Ces routes de terre, dues aux bras de notre infatigable armée, et déjà nombreuses, viennent de la lisière du Sahara et relient entre eux des centres de population, tels que Sebdou et Tlemcen, Daya et Sidi bel Abbès, Tiaret et Orléansville, Teniet el Hâad et Miliannh, Boghar, Médéah, Boûçada et Sétif, Batna et Constantine, Tebessa et Guelma, et d'autres localités plus ou moins importantes. — Ainsi, par le double mouvement qui constitue l'échange commercial, en même temps que s'écouleront, vers les ports d'embarquement, les produits de ces immenses

Chemins de fer.

DI. —8 avr. 1857. — B. 508. — *Réseau des chemins de fer algériens* (1).

Art. 1. — Il sera créé en Algérie un réseau de chemins de fer embrassant les trois provinces. — Ce réseau se composera : — 1° D'une ligne parallèle à la mer, suivant, à l'E., le parcours entre Alger et Constantine, et passant par ou près Aumale et Sétif ; à l'O., le parcours entre Alger et Oran, et passant par ou près Blidah, Amourah, Orléansville, Saint-Denis du Sig et Sainte-Barbe ; — 2° De lignes partant des principaux ports et aboutissant à la ligne parallèle à la mer, savoir : à l'E., de Philippeville ou Stora à Constantine, de Bougie à Sétif, de Bône à Constantine, en passant par Guelma ; à l'O., de Ténez à Orléansville, d'Arzew et Mostaganem à Relizane, et d'Oran à Tlemcen, en passant par Sainte-Barbe et Sidi bel Abbès.

Loi. — 20 juin 1860. — BM. 89. — *Subvention, garantie de l'État.*

Art. 1. — Le ministre de l'Algérie et des colonies est autorisé à s'engager, au nom de l'État, au payement d'une subvention de 6 millions de fr. pour l'exécution des chemins de fer ci-après désignés : — 1° De la mer à Constantine ; — 2° d'Alger, à partir de l'enceinte fortifiée, à Blidah ; — 3° De Saint-Denis du Sig à Oran, avec prolongement jusqu'au port ; — Lesdits chemins faisant partie du réseau des chemins de fer algériens, tel qu'il est défini par le décr. du 8 avr. 1857. — Le montant de ladite subvention se compose : 1° pour 1,500,000 fr., de la valeur des travaux exécutés en 1858, sur les fonds de l'État, entre Alger et Blidah ; 2° pour le surplus de trois annuités de

plaines qui se succèdent des frontières du Maroc aux frontières de Tunis, les produits des usines et des fabriques de la mère patrie pénétreront et se répandront rapidement dans toutes les parties de l'Algérie.

Telle est, Sire, le projet que j'ai l'honneur de soumettre à l'approbation de V. M. — Les diverses parties dont il se compose seraient exécutées au fur et à mesure que les besoins de la colonisation en feraient reconnaître l'opportunité. — Il paraît résulter d'études statistiques faites avec soin que, parmi les parcours de l'Algérie, il en est trois principaux, un par province, sur lesquels les transports en marchandises et en voyageurs suffisent, dès ce moment, pour assurer aux voies ferrées des éléments de vie et de succès : ces parcours sont ceux qui se trouvent : 1° entre Alger, Blidah et Amourah, desservant les grands marchés arabes de la plaine du Chélif, 2° entre Constantine et Philippeville, transit commercial le plus fréquente aujourd'hui ; 3° enfin entre Oran et Saint-Denis du Sig, section qui sert à l'écoulement des riches produits des plaines du Sig, du Télat et de l'Eghris.

Ces trois lignes pourraient être concédées à des compagnies particulières, aux conditions qui seraient ultérieurement déterminées. — En dehors de ces trois premières lignes, et conformément à la pensée émise par V. M., une partie de l'armée, lorsque le gouverneur général jugerait devoir lui donner cette destination, serait employée à faire les travaux de terrassement des grandes sections se rattachant aux lignes concédées, et préparerait ainsi l'exécution ultérieure du système général des voies ferrées de l'Algérie. — Une telle œuvre, accomplie par l'armée pendant la paix, et rappelant avec plus de grandeur encore les travaux exécutés en Algérie par les légions romaines, augmenterait le renom de nos soldats, agrandirait le champ tracé à la colonisation européenne, et hâterait le moment où la population indigène, reconnaissant enfin l'ascendant de notre civilisation, et se décidant à en accepter les bienfaits, confondra ses intérêts agricoles et commerciaux avec ceux de la France.

Le ministre de la guerre, VAILLANT.

CHEMINS VICINAUX.

143

1,500,000 fr. chacune, payables à partir du 1er janv. 1862.

Art. 2. — Le ministre de l'Algérie et des colonies est autorisé, en outre, à garantir au nom de l'Etat, jusqu'à l'expiration d'une période de 75 ans, un intérêt de 5 p. 100, amortissement compris, sur le capital à employer pour l'établissement des chemins de fer ci-dessus désignés. — Le capital garanti pour l'ensemble de ces chemins de fer ne pourra excéder la somme de 55 millions de fr. — En conséquence, l'intérêt garanti annuellement par l'Etat ne pourra excéder 2,750,000 fr. — La garantie d'intérêt s'exercera sur l'ensemble des lignes concédées, à partir du 1er janvier de l'année qui suivra l'époque de la mise en exploitation de la totalité desdites lignes.

Art. 3. A dater de la promulgation du décret de concession jusqu'à l'expiration du délai fixé par le cahier des charges pour la construction des chemins de fer concédés, la compagnie aura la faculté d'introduire en franchise de tous droits de douane, à charge de réexportation après l'achèvement des travaux, les wagons, machines et autres objets d'outillage destinés à la construction desdits chemins. — Les mesures propres à garantir l'emploi exclusif à la construction des chemins de fer désignés à l'art. 1 des objets introduits en Algérie en exécution du présent article seront concertées entre le ministre de l'Algérie et des colonies et le ministre des finances.

DI. — 11 juill. 1860. — BM. 89. — *Approbation de la convention signée le 7 juill. entre le ministre de l'Algérie et les sieurs Rostand et consorts en exécution de la loi du 20 juin 1860. — Cahier des charges de la concession.*

Chemins vicinaux.

Le décret du 5 juill. 1854 qui règle en Algérie les dispositions relatives à l'ouverture et à l'entretien des chemins vicinaux, a pour base la loi du 21 mai 1836, qui régit cette matière en France. Diverses modifications de détail ont dû seulement être introduites à raison de l'organisation particulière du pays. Ainsi, d'après la loi du 21 mai 1836, il peut être pourvu à l'entretien des chemins vicinaux au moyen de centimes spéciaux ou additionnels au principal des quatre contributions directes; cette disposition ne pouvait être applicable à l'Algérie où ces contributions n'existent pas encore. Il est à remarquer également que la servitude de la prestation en nature prescrite dans la métropole pour l'entretien des chemins de ces voies de communication, a été étendue pour l'Algérie à leur ouverture comme à leur entretien.

AI. — 1er-13 fév. 1837. — B. 43. — *Entretien des chemins vicinaux.*

Art. 1. — Tous propriétaires riverains des chemins vicinaux sont tenus d'élaguer les arbres et les haies vives qui bordent ces chemins, de manière à ce qu'aucune branche ou autre obstacle ne s'oppose à leur viabilité ou aux réparations qu'ils pourraient exiger.

Art. 2. — L'élagage et le déblayement devront être opérés, chaque année, avant le 1er oct., et toutes les fois que les propriétaires en seront requis par l'autorité locale. — A défaut par eux d'obtempérer à ladite réquisition, il y sera procédé d'office à leurs frais. — Pour la présente année, ces travaux auront lieu immédiatement après la promulgation de cet arrêté.

Art. 3. — Les infractions prévues par l'article précédent seront constatées par procès-verbaux des gardes champêtres ou de tous autres agents de la police judiciaire, et punies, selon les cas, des peines portées en l'art. 471, n° 5, ou 479, n° 11 c. pén.

Art. 4. — Chaque contrevenant sera, en outre, condamné à payer, à titre de réparations civiles, les frais auxquels auront donné lieu les travaux exécutés d'office pour son compte. A cet effet, MM. les maires auront soin de transmettre à M. le procureur général, avec des procès-verbaux de contravention, une note, certifiée par eux, du montant de ces frais.

Pour l'intendant civil, VALLET-CHEVIGNY.

AM. — 9 juin 1854. — (V. *Voirie* § 1). — *Plantation d'arbres le long des routes et des chemins vicinaux.*

DI. — 5 juill. 3 sept. 1854. — B. 465. — *Règlement sur les chemins vicinaux.*

Vu la loi du 21 mai 1836;

TIT. 1. — *Chemins vicinaux.*

Art. 1. — Les chemins vicinaux légalement reconnus sont à la charge des communes, et, pour les localités non érigées en communes, à la charge du budget local et municipal, sans préjudice des autres ressources créées par le présent décret.

Art. 2. — La déclaration de vicinalité sera prononcée par le préfet, après une enquête dont il déterminera la forme et la durée, et sur l'avis du conseil municipal. — L'arrêté du préfet fixera les dimensions et les limites des chemins. — Le déclassement des chemins vicinaux s'opérera de la même manière et après les mêmes formalités.

TIT. 2. — *Ressources extraordinaires affectées aux chemins vicinaux.*

Art. 3. — En cas d'insuffisance des ressources ordinaires des communes ou des crédits portés au budget local et municipal pour cette nature de dépense, il sera pourvu aux travaux d'ouverture et d'entretien des chemins vicinaux à l'aide soit de prestations en nature, dont le maximum est fixé à trois jours de travail, soit d'une contribution spéciale. — Le conseil municipal pourra voter l'une ou l'autre de ces ressources ou toutes les deux concurremment.

Art. 4. — Tout habitant de l'Algérie, européen ou indigène, tout chef de famille ou d'établissement à titre de propriétaire, de régisseur, de fermier ou de colon partiaire, pourra être appelé à fournir chaque année une prestation de trois jours: 1° Pour sa personne et pour chaque individu mâle valide, âgé de 18 ans au moins et de 55 ans au plus, membre ou serviteur de la famille; 2° Pour chacune des charrettes ou voitures attelées, et, en outre, pour chacune des bêtes de somme, de trait, de selle, au service de la famille ou de l'établissement dans la commune. — Le chef de famille ou d'établissement qui n'habiterait pas l'Algérie, ou qui, l'habitant, ne serait pas assujetti à la prestation pour sa personne, n'en sera pas moins soumis aux autres obligations imposées par les n° 1 et 2 du présent article. — Les indigents sont exempts de la prestation.

Art. 5. — La prestation sera appréciée en argent, conformément à la valeur qui aura été attribuée annuellement pour la commune, ou pour les localités non érigées en communes à chaque espèce de journées, par le préfet, en conseil de préfecture. — La prestation pourra être acquittée en nature ou en argent, au gré du prestataire; toutes les fois qu'il n'aura pas opté dans les délais prescrits, la prestation sera de droit exigible en argent. — Dans les localités non érigées en communes, le montant des prestations converties en argent sera perçu, à titre spécial, pour le compte du budget local et municipal, pour être affecté aux chemins vicinaux desdites localités. — La prestation non rachetée en argent pourra être convertie en tâches, d'après les bases et les évaluations préalablement fixées par le conseil municipal.

Art. 6. — Si le conseil municipal, mis en demeure, n'a pas voté dans la session désignée à cet effet les prestations et contributions spéciales, ou si la commune n'en a pas fait emploi dans les délais prescrits, le préfet pourra d'office imposer la commune à faire exécuter les travaux. — Chaque année, le préfet transmettra au gouverneur général un état des prestations établies d'office.

Art. 7. — Il sera dressé dans chaque commune ou dans chaque localité non érigée en commune, une matrice des personnes qui peuvent être tenues aux prestations. — Cet état sera rédigé par une commission composée du maire qui la présidera et de commissaires désignés par le sous-préfet, assistés, dans les communes, du receveur des contributions diverses. — Le nombre des commissaires sera de trois à neuf, selon l'importance des communes ou localités ; ils seront désignés, chaque année, par le sous-préfet, sur une liste de candidats d'un nombre double de celui des commissaires présentés par le maire.

Art. 8. — Cet état restera déposé à la mairie pendant un mois, pour être communiqué au public ; un registre sera ouvert pour recevoir les réclamations pendant le même délai. — A l'expiration du mois, l'état-matrice et les réclamations qui se seront produites seront mis sous les yeux du conseil municipal ; ce conseil rectifiera, s'il y a lieu, l'état-matrice qui devra être soumis à l'approbation du préfet, et révisé tous les ans, en procédant comme il est dit ci-dessus.

Art. 9. — L'état-matrice ainsi établi servira de base au rôle de prestation qu'il y aura lieu de rédiger par suite du vote du conseil municipal ou de la décision du préfet, prise d'office. — Les rôles de prestations seront certifiés par le maire et rendus exécutoires par les préfets.

Art. 10. — Le recouvrement des prestations sera poursuivi comme en matière de patente (1) et les dégrèvements seront prononcés sans frais ; les comptes seront rendus comme pour les dépenses communales ou celles qui sont portées au budget local et municipal.

Art. 11. — Les demandes en dégrèvement seront instruites par le service des contributions diverses ; elles seront communiquées à la commission chargée de rédiger l'état-matrice, pour avoir son avis. Il sera statué à leur égard comme en matière de patentes.

Art. 12. — Lorsqu'un chemin vicinal intéressera plusieurs communes ou plusieurs localités, le préfet, sur l'avis des conseils municipaux, désignera les communes ou localités qui devront concourir à sa construction ou à son entretien, et fixera la proportion dans laquelle chacune d'elles y contribuera.

TIT. 3. — *Chemins vicinaux de grande communication.*

Art. 13. — Les chemins vicinaux peuvent, selon leur importance, être déclarés chemins vicinaux de grande communication, par le gouverneur général en conseil de gouvernement, sur l'avis des conseils municipaux et sur la proposition du préfet. — Sur les mêmes avis et proposition, le gouverneur général détermine la direction de chaque chemin vicinal et désigne les communes qui doivent contribuer à sa construction ou à son entretien. — Le préfet fixe la largeur et les limites du chemin et déter-

mine annuellement la proportion dans laquelle chaque commune doit concourir à la construction et à l'entretien de la ligne vicinale dont elle dépend ; il statue sur les offres faites par les particuliers, associations de particuliers ou de communes. — Dans le cas où un chemin de grande communication dessert les deux territoires, civil et militaire, la largeur et les limites en sont réglées par le gouverneur général.

Art. 14. — Les chemins vicinaux de grande communication, et dans les cas extraordinaires, les autres chemins vicinaux pourront recevoir des subventions, soit sur les fonds ordinaires du budget local et municipal, soit au moyen des impositions extraordinaires qui seraient autorisées au profit desdits chemins. — La distribution des subventions sera faite, en ayant égard aux ressources, aux besoins et aux sacrifices des communes, par le préfet, qui en rendra compte chaque année au gouverneur général. — Les communes acquitteront la portion des dépenses mises à leur charge au moyen de leurs revenus ordinaires, et, en cas d'insuffisance, au moyen de deux journées de prestations sur les trois journées autorisées par l'art. 5 et des ressources spéciales votées par le conseil municipal.

Art. 15. — Les chemins vicinaux de grande communication sont placés sous l'autorité du préfet ; les dispositions de l'art. 5 du présent décret leur sont applicables.

TIT. 4. — *Dispositions générales.*

Art. 16. — Les chemins vicinaux reconnus et maintenus comme tels sont imprescriptibles.

Art. 17. — Jusqu'à ce qu'il en soit autrement ordonné, le service des ponts et chaussées continuera d'être chargé des projets, de l'exécution, de l'entretien, de la surveillance et de la police des chemins vicinaux. — Les indemnités à allouer aux ingénieurs pour ce service seront fixées par le ministre de la guerre.

Art. 18. — Toutes les fois qu'un chemin vicinal entretenu à l'état de viabilité sera habituellement ou temporairement dégradé par des exploitations de mines, de carrières, de forêts ou de toutes autres entreprises industrielles appartenant à des particuliers, à des établissements publics ou à l'Etat, il pourra y avoir lieu à imposer aux entrepreneurs ou propriétaires, suivant que l'exploitation ou les transports auront eu lieu pour les uns ou pour les autres, des subventions spéciales, dont la quotité sera proportionnée à la dégradation extraordinaire qui devra être attribuée aux exploitations. — Ces subventions pourront, au choix des subventionnaires, être acquittées en argent ou en prestations en nature, et seront exclusivement affectées à ceux des chemins qui y auront donné lieu. — Elles seront réglées annuellement sur la demande de l'autorité locale, par le conseil de préfecture, après les expertises contradictoires, et recouvrées comme en matière de patente. — Les experts seront nommés d'après le mode déterminé par l'article suivant. — Ces subventions pourront aussi être déterminées par abonnement ; elles seront réglées dans ce cas par le conseil du gouvernement.

Art. 19. — Les extractions de matériaux, les dépôts ou enlèvements de terre, les occupations temporaires de terrains seront autorisés par arrêté du préfet, lequel désignera les lieux. Cet arrêté sera notifié aux parties intéressées au moins dix jours avant que son exécution puisse être commen-

---

(1) Cette disposition ne se rapporte, ainsi que l'a jugé le conseil de préfecture d'Alger, qu'aux formes à observer pour le recouvrement. Du moment qu'il n'est pas fait mention explicite dans le décret de 1854, pas plus que dans la loi du 21 mai 1836, qui régit la matière en

France, de la responsabilité des propriétaires pour les prestations dues par leurs locataires, cette responsabilité ne peut leur être imposée en vertu du décret qui régit la contribution des patentes. — *Décis. min. 22 juin 1860, BM. 85.*

tée. — Si l'indemnité ne peut être fixée à l'amiable, elle sera réglée par le conseil de préfecture, sur le rapport d'experts nommés, l'un par le sous-préfet, et l'autre par le propriétaire. — En cas de désaccord, le tiers expert sera nommé par le conseil de préfecture.

Art. 20. — Les arrêtés des préfets portant reconnaissance et fixation de la largeur d'un chemin vicinal, attribuent définitivement au chemin le sol compris dans les limites qu'ils déterminent. — Le droit des propriétaires se résout en une indemnité qui sera réglée à l'amiable par le juge de paix, sur le rapport d'experts nommés conformément à l'article précédent. — En cas de désaccord entre les experts nommés par le sous-préfet et le propriétaire, il sera procédé dans les formes prescrites par l'art. 19 § 3.

Art. 21. — L'action en indemnité des propriétaires pour les terrains qui auront servi à la confection des chemins vicinaux et pour extraction des matériaux sera prescrite par le laps de deux ans.

Art. 22. — En cas de changement de direction ou d'abandon d'un chemin vicinal en tout ou en partie, les propriétaires riverains dans la partie de ce chemin qui cessera de servir de voie de communication, pourront faire leur soumission, s'en rendre acquéreurs et en payer la valeur qui sera fixée par des experts nommés dans la forme déterminée par les art. 19 et 20.

Art. 23. — Les plans, procès-verbaux, certificats, significations, jugements, contrats, marchés, adjudications de travaux, quittances et autres actes ayant pour objet exclusif la construction, l'entretien et la réparation des chemins vicinaux, seront enregistrés moyennant le droit fixe de 1 fr. — Les actions civiles intentées par les communes ou dirigées contre elles, relativement à leurs chemins, seront jugées comme affaires sommaires et urgentes, conformément à l'art. 405 c. pr. civ.

Art. 24. — Dans l'année qui suivra la promulgation du présent décret, chaque préfet fera, pour en assurer l'exécution, un règlement qui sera communiqué au conseil de gouvernement et transmis avec ses observations et l'avis du gouverneur général au ministre de la guerre pour être approuvé s'il y a lieu.

Tit. 5. — *Dispositions spéciales.*

Art. 25. — Dans les localités non érigées en communes, les attributions conférées aux maires par le présent décret seront remplies par les fonctionnaires en tenant lieu. — Celles conférées aux conseils municipaux seront exercées par une commission composée de huit membres désignés par le préfet et présidée par l'autorité remplissant les fonctions de maire.— Cette commission sera formée en territoire militaire comme en territoire civil; elle sera renouvelée par moitié et par la voie du sort pour la première moitié, tous les trois ans : les membres sortants pourront être renommés. — Les règles concernant la convocation et les délibérations des conseils municipaux lui sont applicables.

Art. 26. — En territoire militaire, les généraux commandants supérieurs des divisions, les commandants des subdivisions, les commandants de places, les directeurs des fortifications, les officiers chefs du génie exerceront les attributions correspondantes des préfets, sous-préfets, maires, juges de paix, ingénieurs en chef et ingénieurs ordinaires des ponts et chaussées.

Art. 27. — Toutes les fois qu'il s'agira de décisions devant être prises par les préfets en conseil de préfecture, les généraux commandants supérieurs des divisions rendront les mêmes décisions relativement au territoire militaire. — Les recours contre les décisions des généraux commandants

supérieurs des divisions et contre celles des préfets, prises en conseil de préfecture en vertu du présent décret, seront portés devant le gouverneur statuant définitivement, le conseil de gouvernement entendu.

Art. 28. — Le gouverneur général prendra toutes les mesures qu'il jugera convenable, en en rendant compte au ministre de la guerre, pour l'ouverture et l'entretien des chemins intéressant exclusivement les tribus administrées militairement, ainsi que pour l'établissement et l'emploi des prestations auxquelles elles pourront être imposées.

Chèvres.—Chevriers.

AG. — 17 oct. 1844. — B. 187.— *Règlement sur l'exercice de la profession de chevrier.* — (V. *Législation*, § 2, Légalité des arrêtés.)

Considérant que les chèvres sont, en Algérie surtout, une cause permanente d'insalubrité pour les villes et de dévastations pour les campagnes; qu'il importe donc tout à la fois de les éloigner des centres de populations et de protéger contre leurs ravages, par des mesures efficaces, l'agriculture et les plantations dont elles sont le plus redoutable fléau;

Art. 1. — Nul ne pourra, sous peine de 100 fr. d'amende et de un à trois mois d'emprisonnement, exercer en Algérie la profession de chevrier, s'il n'est pourvu d'une autorisation spéciale délivrée par la principale autorité civile du lieu de sa résidence.

Art. 2. — L'autorisation devra être renouvelée tous les ans, dans la dernière quinzaine de décembre, et pourra toujours être retirée. — Elle mentionnera les noms, prénoms, domicile, âge, lieu de naissance, signalement et numéro d'ordre du titulaire, ainsi que la situation du local occupé par son troupeau et le nombre de têtes dont il sera composé.—Il sera perçu pour chaque tête un droit de 15 cent. par mois, qui seront versés dans la caisse coloniale.

Art. 3.—Un état nominatif de tous les chevriers, contenant toutes les énonciations ci-dessus, sera dressé et affiché au bureau de police ou à la mairie chaque localité.

A. 4. — Quiconque voudra obtenir l'autorisation exigée par le présent arrêté, devra justifier préalablement qu'il possède, soit à titre de propriétaire, soit à titre de locataire, une étable proportionnée au nombre d'animaux qu'elle sera destinée à contenir, et située, s'il s'agit d'une ville, en dehors des portes ou dans l'un des faubourgs extérieurs.

Art. 5. — Les commissaires civils, maires, adjoints, commissaires de police ou leurs délégués veilleront à ce que les chèvreries soient entretenues dans le plus grand état de propreté possible, et prescriront à cet effet toutes les mesures qui leur paraîtront nécessaires.

Art. 6.— Les chevriers porteront au bras droit une plaque en fer-blanc, où sera gravé le mot *chevrier*, avec le numéro d'ordre du porteur. — Il sera de plus attaché au cou de chaque chèvre une petite plaque, où sera reproduit le numéro de son propriétaire.— Lesdites plaques seront délivrées par le commissaire de police ou par l'autorité qui en remplira les fonctions, au prix de 1 fr. 50 c. pour les premières et de 25 c. pour les secondes. Les fonds en provenant seront versés à la caisse coloniale.

Art. 7. — Les chèvres devront être nourries et tenues constamment renfermées dans leurs étables. — Toutefois le chef de l'autorité civile désignera, dans chaque localité, des lieux de stationnement où elles pourront être amenées pour la distribution du lait, savoir : de cinq heures à huit heures du matin, à partir du 1er avril jusqu'au 1er octobre, et, pendant les six autres mois, de six à neuf heures; en ce compris le temps nécessaire, tant pour aller que pour revenir, et à la charge pour les chevriers de balayer et d'enlever, avant leur départ, toutes les ordures occasionnées par ces animaux sur l'emplacement qu'ils auront occupé. — Chaque défaut de balayage ou d'enlèvement donnera lieu contre son auteur à une amende de 10 fr., conformément à l'art. 12 de l'arrêté de nettoiement, du 26 juill. 1813 (Police municipale).

Art. 8.— Lorsque les chèvres seront trouvées en divagation, soit à d'autres heures que celles fixées par l'article précédent, soit hors des lieux de stationnement déterminés par le même article ou du chemin usité pour y conduire, elles seront mises en fourrière, et ceux à qui elles appartiendront seront tenus de payer, pour chaque chèvre, une amende de 3 fr., indépendamment des droits de fourrière, tels qu'ils sont établis par l'art. 3 de l'arr. du 29 avr. 1835, et des dommages intérêts qui pourront être encourus à raison du préjudice causé.—Cette amende sera doublée à la première récidive; il y sera ajouté un mois de prison pour la seconde, et la troisième entraînera de plein droit le retrait de l'autorisation précédemment accordée.

Art. 9.—Les chevriers ne pourront employer ni même avoir en leur possession d'autres mesures que les créées par la loi du 18 germ. an III, et rendues obligatoires en Algérie par l'ord. roy. du 26 déc. 1842 (Poids et mesures).— Ces mesures seront établies en fer-blanc dans la forme cylindrique, et auront intérieurement le diamètre égal à la hauteur. Elles seront garnies d'une anse ou d'un crochet, et porteront le nom qui leur est propre, ainsi que le nom ou la marque du fabricant, sur le cercle supérieur rabattu et servant de bordure. Deux gouttes d'étain aplaties seront en outre placées, l'une au bord supérieur, l'autre à la jonction du fond de chaque mesure, pour recevoir les marques de vérification; le tout conformément à l'ord. roy. du 16 juin 1839.

Art. 10. — Dans les localités où les chevriers excéderont le nombre de six, il y aura parmi eux un syndic qui sera nommé par la principale autorité civile du district et pourra toujours être remplacé ou révoqué.—Ses fonctions seront gratuites. —Elles consisteront à surveiller la pureté du lait et la fidélité du mesurage; à visiter au moins une fois par mois l'intérieur des étables, afin de vérifier si elles sont entretenues dans l'état de propreté prescrit par l'art. 5; à assurer l'exécution de toutes les mesures relatives au bon exercice de la profession; enfin à signaler toutes les contraventions, qui parviendront, de quelque manière que ce soit, à leur connaissance.

Art. 11.— Il est accordé aux chevriers actuels un délai de deux mois, à partir de la publication du présent arrêté, pour se conformer à toutes les dispositions qui précèdent.

Art. 12. — Tout propriétaire ou principal locataire qui, ce délai passé, aura loué ou fourni, dans l'intérieur des villes, un local pour y loger ou abriter des chèvres, sera puni de 15 fr. d'amende et de un à cinq jours d'emprisonnement.

Art. 13. — Les contraventions seront constatées par les gendarmes, gardes coloniaux, gardes champêtres, gardes particuliers, agents forestiers, inspecteurs de police et autres ayant qualité pour verbaliser.

Art. 14. — Tout chevrier qui aura encouru le retrait de son autorisation sera tenu de se défaire de son troupeau dans le mois pour tout délai.—A l'expiration du délai, les chèvres, boucs et chevreaux existant encore dans sa possession, seront vendus aux enchères publiques, et le produit de la vente sera versé dans ses mains, déduction faite des frais, amendes et réparations civiles.

Art. 15.—Aucune chèvre particulière ne pourra être tenue en pâturage, même sur les terrains appartenant à son propriétaire, à moins qu'ils ne soient clos de mur. Maréchal Bugeaud.

A. — 12 mars 1850.— *Arrêté de police municipale spécial pour la commune d'Alger, qui reproduit les principales dispositions de l'arrêté précédent; supprime toutes peines exceptionnelles pour contraventions, lesquelles restent seulement passibles conformément à la loi, de l'application des art. 471, 475 et 479 c. pén.; et impose une redevance mensuelle de 1 fr. par tête de bétail pour tenir lieu des droits de place et de stationnement en ville.*

Chiens (taxe sur les).

D1.— 4 août-8 nov. 1856. — B. 501. — *Établissement d'une taxe sur les chiens.*

Considérant que, dans l'intérêt de la sécurité publique, il y a lieu d'appliquer en Algérie le principe de la taxe municipale sur les chiens, établie au profit des communes de l'empire par la loi du 2 mai 1855;

Art. 1.—A partir du 1er janv. 1857, il sera établi en Algérie, dans toutes les localités érigées en communes, et à leur profit, une taxe sur les chiens.

Art. 2. — Cette taxe ne pourra excéder 10 fr., ni être inférieure à 1 fr.

Art. 3.— Des arrêtés rendus par le gouverneur général, en conseil de gouvernement, régleront, sur la proposition des conseils municipaux, et après avis des conseils de préfecture, les tarifs à appliquer dans chaque commune. — A défaut de présentation de tarifs par la commune, il est statué d'office et de la même manière par le gouverneur général sur la proposition du préfet.

Art. 4.—Les tarifs établis en exécution de l'art. 2 pourront être revisés à la fin de chaque période de trois ans.

Art. 5.—Le ministre de la guerre déterminera, par un arrêté, après avis du conseil de gouvernement de l'Algérie, les formes à suivre pour l'assiette de l'impôt et les cas où l'infraction aux dispositions de cet arrêté donnera lieu à un accroissement de taxe. Cet accroissement ne pourra s'élever à plus du quadruple de la taxe fixée par les tarifs.

Art. 6.— Le recouvrement des taxes autorisées par le présent décret sera opéré par les receveurs municipaux. Il y sera procédé, comme pour la taxe sur les loyers, édictée par l'arr. du 4 nov. 1848.

AM.— 6 nov. 1856. — B. 501. — *Règlement sur l'assiette et le recouvrement de cette taxe.*

Vu l'art. 5 du décret du 4 août 1856;
Vu la délibération du conseil de gouvernement de l'Algérie, en date du 18 avr. 1856, et l'avis du comité consultatif de l'Algérie.

TIT. 1. — *De l'assiette de la taxe.*

Art. 1.—Les tarifs pour l'établissement de l'impôt qui doit être perçu au profit des communes, sur les chiens, ne peuvent comprendre que deux taxes dans les limites de l'art. 2 du décr. du 4 août 1855, ci-dessus visé. — La taxe la plus élevée porte sur les chiens d'agrément ou servant à la chasse. — La taxe la moins élevée porte sur les chiens de garde, comprenant ceux qui servent à guider les aveugles, à garder les troupeaux, les habitations, magasins, ateliers, etc., et en général tous ceux qui ne sont pas compris dans la catégorie précédente. — Les chiens qui peuvent être classés dans la première ou dans la seconde catégorie, sont rangés dans celle dont la taxe est la plus élevée.

Art. 2. — La taxe est due pour les chiens possédés au 1er janvier, à l'exception de ceux qui, à cette époque, sont encore nourris par la mère. — La taxe est due pour l'année entière (1).

Art. 3. — Lorsque le contribuable décède dans le courant de l'année, ses héritiers sont redevables de la portion de taxe non encore acquittée.

Art. 4. — En cas de déménagement du contribuable hors du ressort de la perception, la taxe est immédiatement exigible pour la totalité de l'année courante (2).

Art. 5. — Du 1er oct. de chaque année au 15 janvier de l'année suivante, les possesseurs de chiens devront faire, à la mairie, une déclaration indiquant le nombre de leurs chiens, et les usages auxquels ils sont destinés, en se conformant aux distinctions établies en l'art. 1 du présent arrêté. — Ceux qui auront fait cette déclaration avant le 1er janvier, devront la rectifier, s'il est survenu quelque changement dans le nombre ou la destination de leurs chiens.

Art. 6. — Les déclarations prescrites par l'art. précédent sont inscrites sur un registre spécial. Il en est donné reçu aux déclarants; les récépissés font mention des noms et prénoms des déclarants, de la date de la déclaration, du nombre et de l'usage des chiens déclarés.

Art. 7. — Du 15 au 31 janv., il sera dressé un état-matrice des personnes imposables; cet état sera rédigé par une commission composée du maire, qui la présidera, et de commissaires, au nombre de 5 à 9, désignés par le préfet ou le sous-préfet, assistés du receveur municipal. — En cas de refus du maire et des commissaires de prêter leur concours pour la rédaction de l'état-matrice, le receveur municipal la dressera d'office.

Art. 8. — L'état-matrice présente les noms, prénoms et demeures des imposables, le nombre de chiens qu'ils possèdent et la catégorie à laquelle chaque animal appartient. — L'état-matrice relate, en outre, les déclarations faites par les possesseurs de chiens, avec les détails nécessaires pour permettre d'apprécier les différences entre les déclarations et les faits constatés.

Art. 9. — Du 1er au 15 févr., le receveur municipal procédera à la confection des rôles d'après les états-matrices rédigés conformément aux prescriptions ci-dessus. — Il est procédé, pour la mise à exécution et la publication des rôles, la distribution des avertissements et le recouvrement des taxes, comme en matière de taxe sur les loyers, conformément à l'art. 6 du décr. du 4 août 1856, et aux art. 2, 3 et 4 du présent arrêté (3). — Toutefois, la taxe est payable en un seul versement

pour toute cote qui n'excédera pas 1 fr. Les cotes supérieures à 1 fr. seront acquittées par portions égales, en autant de termes qu'il restera de mois à courir à dater de la publication des rôles, ainsi que cela est prescrit pour les patentes par l'art. 26 de l'ord. du 21 janv. 1817.

TIT. 2. — Des infractions au présent règlement.

Art. 10. — Sont passibles d'un accroissement de taxe : 1° celui qui, possédant un ou plusieurs chiens, n'a pas fait de déclaration; 2° celui qui a fait une déclaration incomplète ou inexacte. — Dans le premier cas, la taxe sera triplée, et dans le second elle sera doublée pour les chiens non déclarés ou portés avec une fausse désignation. — Lorsqu'un contribuable aura été soumis à un accroissement de taxe, et que l'année suivante il ne fera pas la déclaration exigée ou fera une déclaration incomplète ou inexacte, la taxe sera quadruplée dans le premier cas et triplée dans le second.

Art. 11. — Lorsque les faits pouvant donner lieu à des accroissements de taxe n'ont pas été constatés en temps utile pour entrer dans la formation du rôle primitif, il est dressé, dans le cours de l'année, un rôle supplémentaire conformément aux dispositions du présent arrêté.

TIT. 3. — Des frais de perception, de confection des rôles et des avertissements.

Art. 12. — Les frais d'impression relatifs à l'assiette de la taxe sur les chiens, ceux de l'établissement des rôles, de la confection et de la distribution des avertissements, sont à la charge des communes.

AG. — 19 janv.-9 fév. 1857. — B. 501. *Tarif de la taxe.*

Vu le décr. du 4 août 1856; l'arrêté du 6 du même mois; les délibérations des conseils municipaux, etc.;

Art. 1. — La taxe municipale à percevoir sur les chiens dans chacune des communes constituées des départem. d'Alger, d'Oran et de Constantine, est réglée conformément au tarif ci-après : — 1° 6 fr. pour les chiens d'agrément ou servant à la chasse; 2° 1 fr. pour les chiens de garde et autres, classés dans la seconde catégorie.

Comte RANDON.

AG. — 4-30 mars 1858. — B. 519. — *Même tarif déterminé pour les communes nouvellement instituées.*

Vu, etc. comme ci-dessus.

Art. 1. — Sont applicables aux nouvelles communes des départ. d'Alger, de Constantine et d'Oran, instituées en vertu du décr. du 30 déc. 1856, les dispositions de l'arrêté susvisé, du 19 janv. 1857, qui règle la taxe municipale à percevoir sur les chiens, conformément au tarif ci-dessus.

Comte RANDON.

(1) Aucune distinction n'est admise entre les redevables ; tous, même les indigents, sont soumis à la taxe.

(2) Les propriétaires ou principaux locataires n'encourent aucune responsabilité en cas de non-payement de cette taxe par les locataires, les dispositions exceptionnelles de l'art. 50 de l'arrêté du 4 nov. 1848 (V. *Commune*, § 1) sur la taxe des loyers n'étant pas reproduites dans les décrets et arrêtés sur la taxe des chiens. — Décis. min. 9 sept. 1859. — Décidé de même que les termes de l'art. 6 du décr. du 4 août 1856 ne contiennent pas autre chose que la simple indication d'un mode de poursuite, et que le silence du décret et de la loi française à l'égard de la responsabilité des propriétaires et des principaux lo-

cataires, ne permet pas de la leur imposer ; la taxe sur les loyers est la seule contribution communale à laquelle s'applique en Algérie le principe de cette responsabilité. — V. *Chemins vicinaux*, art. 10, note. — Décis. min. 22 juin 1860, DM. 85.

(3) L'arrêté ne fait aucune mention des réclamations ; mais, en indiquant que le recouvrement des taxes que le décr. du 4 août autorise aura lieu comme pour la taxe sur les loyers, édictée par le décr. du 4 nov. 1848 (V. *Commune*, § 1), on doit inférer de là que les réclamations seront aussi présentées, instruites et jugées de la même manière que les réclamations sur la taxe des loyers (circ. du gouverneur général, 21 oct. 1856).

Circonscriptions.

DIVISION.

CIRCONSCRIPTIONS ADMINISTRATIVES.

§ 1. — Départements.
§ 2. — Arrondissements ou sous-préfectures.
§ 3. — Districts ou commissariats civils.
§ 4. — Communes.

CIRCONSCRIPTIONS JUDICIAIRES.

§ 5. — Cour impériale.
§ 6. — Tribunaux.
§ 7. — Justices de paix.

CIRCONSCRIPTIONS ADMINISTRATIVES.

L'Algérie est divisée en trois provinces. Chaque province est elle-même divisée en territoire civil et en territoire militaire. Le territoire civil de chaque province forme un département. Le département est subdivisé en arrondissements, districts et communes. Les arrondissements sont administrés par un sous-préfet, et les territoires du département qui ne comportent pas encore l'organisation communale forment des districts administrés par des commissaires civils.

La circonscription administrative de ces divers ressorts a suivi le développement des centres de population qui y étaient successivement créés et a donné lieu à de nombreux arrêtés de délimitation. En effet, au moment où un centre est fondé, il lui est assigné par le même décret une circonscription territoriale, c'est-à-dire une étendue de territoire spécialement affecté à la culture et à la colonisation (V. *Villes et villages*). Plus tard il est converti en commune ou section de commune dont la circonscription administrative est alors délimitée, et il est annexé à un commissariat civil ou à un arrondissement, jusqu'à ce que son importance ou sa position spéciale rende nécessaire de le constituer en chef-lieu. Les transformations successives qu'ont ainsi subies les principales localités de l'Algérie sont indiquées aux articles *Commune*, §§ 2 et 3, *Commis-*

sariats civils, Administration générale, § 4, et rappelées sommairement dans cet article.

Le département d'Alger avait été divisé en deux arrondissements par décr. du 28 oct. 1854. — Arrondissement d'Alger : comprenant la partie du territoire agglomérée à l'E., et les territoires isolés de Tenès et d'Orléansville. — Arrondissement de Blidah : comprenant la partie du territoire agglomérée à l'O. et les territoires isolés de Medeah, Cherchell, Milianah, Sidi Abdelkader Bou Medfa, Aïn Benian et Aïn Sultan. Cette délimitation a été remplacée le 16 août 1859 par une nouvelle division en quatre arrondissements : Alger, Blidah, Medeah, Milianah. Le département d'Alger ainsi constitué comprend trois sous-préfectures, Blidah, Medeah, Milianah; six commissariats civils, Aumale, Cherchell, Dellys, Marengo, Tenès, Orléansville; vingt-trois communes de plein exercice et diverses autres parties de territoire. Il s'étend sur une superficie de 423,990 hect. renfermant une population de 209,000 âmes.

Le département de Constantine a été divisé par un décr. du 25 fév. 1860 en cinq arrondissements : Constantine, Bone, Philippeville, Sétif et Guelma. Les quatre derniers sont chefs-lieux de sous-préfecture. Il comprend en outre cinq commissariats civils : Bathna, Djidjelli, Jemmapes, Lacalle, Souk-Arras; et dix communes de plein exercice. Sa superficie est de 1,097,000 hect. et renferme une population de 260,000 individus.

Le département d'Oran comprend trois sous-préfectures, Mascara, Mostaganem, Tlemcen; quatre commissariats civils, Nemours, St- enis-du-Sig, Sidi bel Abbès, Aïn Temouchen; et dix-huit communes de plein exercice.

§ 1. — DÉPARTEMENTS.

1° Département d'Alger.

DI. — 16 août-5 sept. 1859. — BM. 36. — *Division en quatre arrond.* (1).

Vu le décr. du 28 oct. 1854, qui détermine les

---

(1) *Rapport à l'empereur.* — Sire, le décr. du 13 oct. 1858, par lequel V. M. a créé dans la province d'Alger deux nouvelles sous-préfectures et un commissariat civil nouveau, n'a déterminé que d'une manière générale et provisoire les circonscriptions des centres administratifs. Pour satisfaire à toutes les convenances politiques et économiques, les délimitations définitives ne pouvaient être arrêtées qu'après avoir été mûrement étudiées sur les lieux et concertées entre les deux autorités civile et militaire, qui, dans chacune des trois provinces, se partagent l'administration des populations.

Conformément aux vues libérales de l'empereur, ces autorités ont été invitées à diriger leurs études dans le sens d'une large et progressive extension du territoire remis à l'administration civile; il leur a été, en outre, recommandé de s'appliquer à rendre le territoire compris dans la circonscription départementale aussi compacte et aussi continu que possible, et, dès lors, de ne conserver d'enclaves militaires que celles dont le maintien serait commandé par de sérieuses considérations de politique et de sûreté générale. — Ces instructions ont été suivies avec autant d'intelligence que de zèle, et je suis heureux d'avoir à signaler à V. M. l'accord complet qui existe entre les propositions du général commandant la division et les propositions du préfet du dép. pour cette importante affaire, dont j'avais pu, d'ailleurs, discuter les points principaux avec eux. — C'est le résultat de ces propositions, auxquelles M. le commandant supérieur des forces de terre et de mer a donné son adhésion, que j'ai l'honneur de soumettre à l'approbation de V. M.

La nouvelle carte du dép. d'Alger, que je mets sous

les yeux de l'empereur, constate un accroissement, en superficie, de 200,000 hect., et, en population, de 50,000 âmes. Grâce à sa nouvelle délimitation, ce dép. présente un territoire compacte, se développant sur 160 kilom. de côtes, de l'embouchure de l'Isser à la limite occidentale de la commune de Cherchell, et comprend, sans solution de continuité, l'arrond. d'Alger et les arrond. entiers de Blidah et de Medéah; toutefois, on trouve encore, en dehors de ce massif, six portions formant îlots et qu'on n'a pas cru possible de réunir aujourd'hui au reste du département, savoir : — A l'E., le district de Dellys; — A l'O., celui de Tenès; — Au S.-E., celui d'Aumale; — Au S., l'arrond. de Milianah et la commune de Ve-soul-Benian, qui en dépend; — Enfin, au S.-O., le district d'Orléansville. — Mais, du moins, chacun de ces districts, considéré isolément, ne renferme aucune enclave militaire, et s'est agrandi dans des proportions qui, pour quelques-uns, quadruplent leur étendue.

Quoi qu'il en soit, ces extensions de territoire offrent à l'œuvre de la colonisation, ainsi qu'à nos institutions civiles, un champ déjà vaste, et dont on pourra plus tard reculer d'autant plus facilement les limites que l'établissement de l'autorité civile en pays arabe se sera accompli sans perturbation, sans froissement pour les populations, et dans des conditions de complète sécurité. — Aller plus loin dès aujourd'hui, ce serait peut-être imposer à l'administration civile une tâche au-dessus des moyens d'action qu'elle possède actuellement sur les indigènes. La prudence conseille, d'ailleurs, de ne pas rompre trop tôt et sur une trop grande étendue à la fois les traditions de commandement et de subordination qui ont maintenu et

limites du territoire civil de la province d'Alger (V. ci-après § 2, arr. d'Alger) ; — Le décr. du 13 oct. 1858 (*Admin. gén.*, § 1), portant création des sous préfectures de Médéah et de Milianah et du commissariat civil d'Aumale ; — Le décr. du 27 du même mois (*Admin. gén.*, § 1), sur l'organisation administrative de l'Algérie.

Art. 1. — Le département d'Alger est divisé en quatre arrondissements, savoir : — L'arr. d'Alger, qui comprend la partie du territoire aggloméré à l'E. et les districts de Tenès, Dellys et Aumale ; — L'arr. de *Blidah*, qui comprend la partie du territoire aggloméré à l'O., formant les districts de Blidah, de Cherchel et de Marengo ; — L'arr. de

Médéah, qui comprend la commune actuelle de Médéah et le territoire des Hassen ben Ali ; — L'arr. de *Milianah*, qui comprend les communes de Milianah, Duperré, Vesoul-Benian et le district d'Orléansville ; — Le tout conformément à la carte générale du dép. annexée au présent décret.

(V. les autres articles de ce décret à chacun des paragraphes suivants.)

2° Département de Constantine.

D1. — 25 fév.-21 mars 1860. — B.M. 61. — *Division en cinq arrondissements* (1).

Vu l'ord. du 13 déc. 1846 (V. § 3, *district de*

---

consolidé notre autorité. Dans la voie où nous sommes entrés, il faut avant tout marcher avec circonspection, pour éviter de revenir sur ses pas et pour être certain d'atteindre le but. — Après avoir fait connaître à V. M. l'esprit dans lequel a été conçu le travail que j'ai l'honneur de lui présenter, il est nécessaire d'entrer dans quelques détails statistiques sur les territoires et les populations qui seront annexée au dép. d'Alger.

Arrond. d'Alger. — L'accroissement donné à cette circonsc. admin. sera de 61,510 hect. en superficie, et de 20,618 hab. en population, savoir : — 1° Dans le district de Dellys, les territoires des *Beni Thour* et des *Taourga*, 10,000 hect., 5,572 hab. ; — 2° A l'E. du massif d'Alger, les *Khachnas* de la montagne et les *Isers Gherbi*, ensemble 50,000 hect., 11,460 hab. ; — 3° Dans le district de Tenès, l'ancien *Caïdat*, aujourd'hui banlieue militaire, et le territoire des *Zougaras*, en tout 11,240 hect. et 3,550 hab. ; — 4° Dans le district d'Aumale, une portion de la plaine des *Aribs*, comprenant les territoires de *Guelt Zerga*, des *Trembles* et de *Bir Rabalou*, territoires déjà rendus disponibles pour la colonisation et où se trouvent établis 557 Européens, en présence d'une population indigène qui ne dépasse pas 300 individus.

Arrond. de Blidah. — Cet arrond., que, pour satisfaire aux convenances topographiques et aux relations des populations entre elles, je propose d'étendre à l'O. jusqu'à Cherchel inclusivement, comprendra dans son territoire les populations indigènes groupées sous les noms de *Hadjoutes*, *Souahlias*, *Mouzaïas* et *Chénouans*, et dont le chiffre est évalué à 8,600 individus épars sur une superficie de 45,800 hect. — Ces populations se rattacheront administrativement, savoir : — 1° Les *Mouzaïas* et une partie des *Souahlias* à la commune de Mouzaïa-Ville ; — 2° Une autre partie des *Souahlias* et les *Hadjoutes* à la commune de Marengo ; — Enfin les *Chénouans* au district de Cherchel.

Arrond. de Médéah. — Cet arrond., l'un de ceux créés par le décr. du 13 oct. 1858, comprendra, en se prolongeant vers le S.-E., le territoire et la population de la tribu des *Hassen ben Ali*. La contenance de ce territoire est de 24,000 hect., dont 6,400 environ à l'état de culture ; sa population est de 5,600 individus.

Arrond. de Milianah. — Cet arrond., constitué comme le précédent par le décr. du 13 oct. 1858, rend à celui de Blidah, conformément aux vœux comme aux intérêts bien entendus des populations, les districts de Marengo et de Cherchel ; se composera de la commune chef-lieu, de celles de Vesoul-Benian et de Duperré, et du district d'Orléansville, auquel il est topographiquement relié par le cours du Chélif. — Cet arrond. comprendra, en outre, les territoires occupés par les *Bou Hallouane*, les *Rhiras*, les *Abids* et *Fraïlias* et les *Ouled Kosseïr*, et qui, réunis, présentent une superficie de près de 60,000 hect. habités par environ 16,000 indigènes. — Les *Bou Hallouane* et les *Rhiras* sont rattachés à la commune de Vesoul-Benian, avec 20,600 hect. et 4,400 individus. — Les *Abids* et les *Fraïlias* complètent le territoire de la nouvelle commune de Duperré, en lui apportant une superficie de 8,000 hect., peuplée de 1,300 hab. — Les *Ouled Kosseïr*, qui se divisent en deux sections, *Chéragas* ou orientaux et *Garabas* ou occidentaux, fournissent au district d'Orléansville un contingent de 29,000 hect. et 16,150 hab.

Il est à remarquer que, si l'on excepte les *Hassen ben Ali*, dans l'arrond. de Médéah, et les *Ouled Kosseïr*, dans l'arrond. de Milianah, aucune des populations dont l'ad-

ministration va être confiée à l'autorité civile n'existe réellement à l'état de tribu proprement dite. Avant notre conquête, elles étaient placées sous le commandement de chefs amovibles et nommés par le dey. Quelques-unes, débris d'anciens *maghzen* ou *smalas*, étaient établies par le gouvernement turc, pour la garde des routes et des passages et pour la protection des marchés. Les *Aribs*, des environs d'Aumale, les *Hallouane*, les *Abids* et les *Fraïlias* sont de ce nombre ; toutes les terres qu'ils habitent et qu'ils n'occupaient, dès le principe, qu'à titre d'usufruitiers, étaient essentiellement domaniales. — D'autres, comme les *Beni Thour* et les *Taourga*, dans le district de Dellys, les *Chenouans*, dans celui de Cherchel, les *Zougaras*, dans celui de Tenès, sont des groupes de race berbère, habitués à la vie sédentaire ; aussi retrouve-t-on toujours chez eux la terre possédée à titre privé.

Ainsi, pour toutes ces populations, ni la constitution de la tribu ni la constitution de la propriété n'apportent le moindre obstacle à la substitution immédiate du régime civil au régime militaire. — J'ajouterai que le caractère généralement pacifique de ces indigènes, dont le plus grand nombre est occupé à la culture des céréales, leur soumission, qui, pour la plupart d'entre eux, date des premiers temps de notre occupation, leur contact habituel avec la population européenne, leurs besoins et leurs intérêts, tout enfin contribue à en rendre l'administration facile pour l'autorité nouvelle à laquelle ils ont été confiés. — Quant aux *Ouled Kosseïr* et aux *Hassen ben Ali*, restés jusqu'à présent à l'état de tribus, je dois faire observer à V. M. que cette situation sera bientôt modifiée par le cantonnement. Cette opération, terminée pour les premiers, est commencée et se poursuit sans rencontrer d'obstacle chez les seconds ; la tribu des Hassen ben Ali est, d'ailleurs, l'une des premières de l'ancien beylick de Titteri qui se soit rangée sous notre domination, et elle s'est toujours montrée inébranlable dans sa fidélité.

En résumé, dans son ensemble, et tel que je propose à V. M. de le constituer, le dép. d'Alger, c'est-à-dire la partie de la province confiée à l'administration civile, comprendra une superficie de 423,990 hect., et une population de 209,000 âmes se divisant entre 91,000 Européens et 118,000 indigènes ; ce qui double son territoire et augmente d'un tiers sa population : le rapport de cette population à la superficie sera donc d'un habitant pour 2 hect., soit 50 hab. par kilom. carré. — Si cette proportion reste encore inférieure à la population spécifique de la France entière, qui est de 68 hab. par kilom. carré, elle est supérieure à celle de vingt-quatre départements de la métropole. — Sans doute, cette constitution du territoire du dép. d'Alger devra être modifiée dans un avenir assez prochain, nous devons l'espérer ; c'est là l'œuvre du temps ; chaque jour nos mœurs, nos lois, notre autorité deviennent plus sympathiques, plus familières aux indigènes, et chaque jour elles étendent ainsi leurs pacifiques conquêtes. — C'est le progrès vers lequel nous devons tendre incessamment, et que la haute sagesse de l'empereur a indiqué d'avance, en dotant l'Algérie de ses nouvelles institutions.

Comte P. DE CHASSELOUP-LAUBAT.

(1) *Rapport à l'empereur.* — Sire... Le dép. de Constantine comprend actuellement 5 arrond. de sous-préfecture, dont les chefs-lieux sont Bône, Constantine, Guelma, Philippeville et Sétif. De ces arrond. dépendent les districts de la Calle, Souk-Ahras, Jemmapes, Batna et Djidjelli. La superficie totale du dép. est de 337,000

la Calle), et nos décrets des 4 nov. 1850, 6 août 1852, 12 sept. 1855 et 17 janv. 1857 (V. § 2, Arr. de Guelma, et arr. de Constantine; §3, district de Jemmapes; § 4, commune de Bougie) fixant les limites des diverses circonscriptions du dép. de Constantine;

Vu notre décr. du 15 oct. 1858 (Admin. gén., § 4, et Commiss. civils, § 2), qui érige les commissariats civils de Sétif et de Guelma en arrond. de sous-préfecture, et crée trois commiss. civils à Batna, Souk-Ahras, et Djidjelli;

Vu notre décr. du 11 sept. 1859 (V. § 3), portant délimitation définitive des districts de Batna et de Djidjelli;

Art. 1. — Le département de Constantine est divisé en cinq arrondissements, qui ont pour chefs-lieux Bône, Constantine, Guelma, Philippeville et Sétif. — Les limites desdits arrond. sont fixées ainsi qu'il suit, conformément aux plans A, B, C, D, E, annexés au présent décret.

Art. 2 à 12. — (V. p. 157, 158, 159, 160, 169, 170, 178, limites de ces arrondissements et districts.)

Art. 13. — Sont abrogées toutes dispositions contraires.

Art. 14. — Le présent décret sera exécutoire à partir du 1er juillet prochain.

§ — ARRONDISSEMENTS OU SOUS-PRÉFECTURES.

1° Département d'Alger.

Arrondissement d'Alger.

AG. — 22 avr. et 25 mai 1835 (V. Commune, § 2). — Division du massif d'Alger en communes.

hect., divisée en 9 massifs séparés par des distances quelquefois assez considérables. — Par la délimitation nouvelle, le nombre des circonscriptions ne change pas, mais les 5 arrond. se joignent en s'agrandissant, et forment, de Philippeville à Constantine, de la Calle à Sétif, un territoire compacte au delà duquel il ne reste plus que trois annexes isolées (les districts de Batna et de Djidjelli et la commune de Bougie). — Dans ces conditions, le dép. de Constantine aurait une superficie de 1,097,000 hect., dont 1,069,000 sans solution de continuité, et une population de 260,000 individus, dont 43,000 Européens.

Sans doute, au point de vue du contingent de la population européenne dont le dép. s'enrichit, l'extension du territoire civil paraît avoir une importance assez restreinte; mais ce n'est pas seulement sur l'état de choses actuel qu'il faut arrêter ses regards, c'est surtout en vue de préparer des conditions favorables à la colonisation qu'on a déterminé un périmètre qui comprend précisément les territoires sur lesquels elle pourra s'établir avec le plus de facilité, et qui devront lui suffire pendant un certain nombre d'années. — C'est ainsi que le projet embrasse, entre la Calle, Bône, Philippeville, Guelma, Constantine et Sétif, de vastes étendues de terres domaniales richement dotées par la nature, qui pourront être offertes dans un avenir prochain, à l'installation de nombreuses familles. — A côté de ces terres sont des gîtes importants de minerais de fer, de plomb, de cuivre, de mercure et d'antimoine, des massifs boisés considérables; enfin des cours d'eau dont l'aménagement doit fournir à l'agriculture de précieux moyens d'irrigation, et à l'industrie des forces motrices importantes.

Quant à la population indigène dont l'administration doit être remise à l'autorité civile et dont le chiffre peut paraître élevé, elle est en complète relation d'affaires avec nous; elle a donné des gages incontestables de la plus entière soumission, et ses intérêts sont tellement liés aux nôtres qu'une plus longue séparation administrative ne paraît plus avoir de raison d'être.

Bône. Cet arrond. comprend le district de la Calle, à l'extrémité orientale de l'Algérie; sa superficie sera portée de 118,000 à 311,000 hect. — 42 tribus ou fractions de tribus accroîtront sa population de 50,000 indigènes habitant 5,260 tentes ou gourbis et cultivant 18,000 hect. Le sol de cet arrond. est un des plus riches en mines, en forêts, en terres cultivables, et est appelé à un développement agricole et industriel considérable.

Constantine. Cet arrond. a dans sa circonscription la vallée du Bou Merzoug; le district de Buna s'y rattache administrativement. Sa superficie était élevée de 90,000 à 249,000 hect. — Il recevra, avec cet accroissement de territoire, 17 tribus formant une population de 70,500 individus répartis sous 12,227 tentes, et cultivant 75,970 hect.

Guelma. Cet arrond. a dans son ressort le district de Souk-Ahras. Sa superficie s'élèvera de 21,000 à 222,000 hect., et sera ainsi plus que décuplée. Il gagnera 25,000 indigènes appartenant à 8 tribus, habitant 4,170 tentes et cultivant 20,932 hect.

Philippeville. Cet arrond. comprend le district de Jemmapes, ainsi que celui de Djidjelli, à l'état d'isolement sur le littoral. Son territoire actuel n'est que de 86,000 hect.; les adjonctions proposées le porteront à 200,000. — 7 tribus lui apporteront un accroissement de population de 11,000 individus. Ces indigènes, qui habitent 2,080 tentes ou gourbis, cultivent 10,289 hect.

Sétif. Cet arrond., qui forme le prolongement occidental du dép., a dans son ressort administratif la commune de Bougie, qui lui fort est son débouché naturel. — Les accroissements qu'il reçoit porteront sa superficie actuelle de 22,000 à 115,000 hect. — 6 tribus lui fourniront un surcroît de population indigène de 27,500 individus cultivant 51,605 hect.

Telle sera la composition des divers arrond. du dép.; mais un remaniement territorial de cette importance ne saurait avoir lieu brusquement; la délimitation effective, le départ des diverses attributions entre les agents de l'administration, la perception de l'impôt, l'organisation des moyens de surveillance, sont des détails qui doivent être arrêtés sur les lieux avant la remise du territoire au préfet par le général commandant la division. Il est donc nécessaire de laisser aux autorités le temps de se concerter, et, dans ce but, je prie l'empereur de fixer au 1er juill. prochain l'époque à laquelle le décret que j'ai l'honneur de soumettre à son approbation recevra son exécution.

Ce décret, sire, consacre un grand progrès, et c'est un beau spectacle que celui de l'administration civile s'établissant en Algérie sur une aussi vaste étendue de territoire, au milieu d'une population indigène aussi nombreuse, qu'elle réunit aux Européens sous la même direction, sous la même justice, et sans d'autres pouvoirs

AM. — 21 déc. 1842 (V. Commiss. civils, § 2). Création de commissariats civils à Bouffarik, Douéra, Koléah et Blidah. — Circonscriptions. (Abrogé en ce qui concerne les limites du territoire d'Alger, par décr. du 28 oct. 1854.)

Art. 13. — La ville et la banlieue d'Alger continueront de former un arrondissement particulier dont les limites sont fixées par une ligne qui, partant du fort des Anglais, passe à la poudrière du Dey, remonte ensuite le cours de l'Oued Bab el Oued, enceint le château de l'Empereur et aboutit à la mer auprès du fort Bab Azoun, par le ravin de l'Oued Boni Mezab.

AM. — 17 déc. 1845 (V. Commune, § 2). — Division du terr. du district d'Alger en 14 communes. — Circonscriptions.

Vu les arr. des 22 avril et 25 mai 1835, sur les délimitations des communes du district d'Alger; — Considérant que la création de nouveaux villages et le changement des anciennes circonsc. ont rendu nécessaire la modification des arrêtés ci-dessus visés;

Art. 1. — Le territoire du district d'Alger est divisé en quatorze communes dont la circonsc. est déterminée par les limites ci-après:

Alger.

Au N., le par une haie d'aloès limitant le N.-O. d'une pièce de terre contiguë au cimetière européen; — 2° par la susdite haie jusqu'au chemin d'Alger à la Pointe Pescade et son prolongement jusqu'à la mer, à la distance de 100 m. N.-O. du fort des Anglais.

A l'E., par la mer jusqu'à l'embouchure de l'Oued Beni Mezab;

Au S., 1° par le susdit ravin en remontant jusqu'au chemin du fort l'Empereur, laissant à gauche les communes de Mustapha et d'El Biar; — 2° Par ce chemin jusqu'à la grande route, en la suivant jusqu'au premier coude, dans la direction de Douera; — 3° De là, en continuant par une ligne droite qui va aboutir au coude formé par le chemin de Bir Trérïa, en traversant le ravin du fort de l'Étoile.

A l'O., 1° par le cours du susdit ravin jusqu'au chemin d'Alger à Aïoun Skhakna; — 2° De là, en suivant un petit chemin qui rencontre la route d'Alger à la Bouzaréah, à quelques mètres au-dessus du quatrième moulin Marin; — 3° Par la continuation de cette route jusqu'à l'angle N.-E. de l'hôpital du Dey, et de là, en suivant un sentier qui conduit au bassin du train d'artillerie; — 4° Par la continuation de ce sentier jusqu'au ravin du cimetière européen; — 5° La limite de la commune d'Alger contourne le cimetière qui en fait partie, et va rencontrer une petite élévation de terrain séparant la broussaille de la terre cultivée, jusqu'à la haie d'Aloès, point de départ.

La commune d'Alger est limitrophe, au N., à la commune de la Pointe Pescade; à l'E., à la mer; au S., à la commune de Mustapha; à l'O., aux communes d'El Biar et Bouzaréah.

Birkadem;

(Ainsi modifiée par arrêté du 13 août 1844, B. 181, par suite de la réunion du village de Saoula, compris d'abord dans la commune de Draria.)

Au N., 1° à partir de l'Oued el Kerma, la haie qui sépare le jardin de Braham ben Dhaman de celui de Hadji Mustapha ben Zemouri jusqu'au sentier de Tixeraïn à Kaddous; — 2° La continuation de ce petit sentier jusqu'au chemin de Birmandraïs; — 3° De là, en suivant ce chemin jusqu'à la rencontre à droite d'une haie limitant au S. la propriété de Smaïn Kaoudji; — 4° Une série de haies laissant à gauche les propriétés de Smaïn Kaoudji, Bourgue., Khadoudja bent Sidi Mohammed et Lapalisse; laissant à droite celles de Mohammed Debbagh, Hofer et Moulet, et venant aboutir à la grande route d'Alger à Birkadem;

A l'E., 1° la grande route d'Alger à Birkadem jusqu'au chemin de Kouba; — 2° La continuation de ce chemin jusqu'à l'ancienne route d'Alger au gué de la Ferme Modèle, et se prolongeant jusqu'au pied des collines du Sahel; — 3° De ce point, la limite suit une ligne touchant à l'E. une redoute placée sur l'obstacle continu et se prolongeant jusqu'à l'Harrach;

Au S., 1° à l'Harrach, en remontant cette rivière jusqu'à son confluent avec l'Oued el Kerma; — 2° Le ravin de l'Oued el Kerma jusqu'à la rencontre, à gauche, d'une ligne droite formant le prolongement des n° 75, 74 et 72 des concessions de Saoula; — 3° Cette ligne droite et le territoire des concessions de Saoula jusqu'à l'angle S. du n° 111 de ces concessions;

A l'O., 1° la limite contourne le territoire des concessions jusqu'au ravin de Sidi Mokhtar; — 2° Elle descend ce ravin jusqu'à la rencontre à gauche d'une haie bornant au S. la propriété de Sidi Mokhtar; — 3° De là, elle suit une série de haies, laissant à gauche les propriétés de Sidi Mokhtar, de Mohammed Raïs et du baron Vialar; à droite, celles de Brahmont, Chaloumi Khelaba, hadj Dahman, Ben Lakhdar et Salem, et venant aboutir à l'Oued el Kerma; — 4° L'Oued el Kerma, en remontant son cours jusqu'à la rencontre à droite de la haie qui sépare la propriété de Braham ben Dhaman de celle de Hadji Mustapha ben Zemouri.

La commune de Birkadem est limitrophe : au N., à la commune de Birmandraïs; à l'E., à celle de Kouba; au S., à la plaine de la Métidja, et à l'O., à la commune de Draria.

Birmandraïs.

Au N., 1° en partant de l'Oued el Kerma, par la route de Kaddous à Alger, jusqu'au chemin de ceinture de Ben Aknoun; — 2° Par la continuation de ce chemin jusqu'au sentier qui conduit au café d'Hydra, en suivant jusqu'à l'aqueduc d'Aïn Zebondja; — 3° De là, par le susdit aqueduc, allant dans la direction d'Alger jusqu'à la rencontre du chemin d'El Biar à la colonne Voirol;

A l'E., 1° de ce point, par la grande route d'Alger jusqu'à la traverse de Birmandraïs; — 2° Par cette traverse, en suivant jusqu'à la rencontre, à gauche, d'un petit chemin passant derrière la maison de M. Tonneins, et allant aboutir à l'ancienne route d'Alger à Birmandraïs; — 3° En continuant cette ancienne route vers Birmandraïs jusqu'à la rencontre, à gauche, d'une haie qui contourne la propriété de M. Poiré, en laissant à gauche les jardins des sieurs Dhaman Saïdji, de Salles, Mohammed ben Eumeraïn; — 4° Cette limite aboutit à un petit ravin, et suit son cours jusqu'à l'Oued el Knis;

Au S., 1° par le cours du susdit ruisseau jusqu'au puits de Bir Selsaf; — 2° La limite suit un sentier allant aboutir au chemin de Birkadem à Kouba; — 3° Elle suit ce dernier chemin jusqu'à la grande route d'Alger à Birkadem, et cette dernière route vers Alger jusqu'à la rencontre, à gauche, d'une haie séparant la propriété de M. Moulet de celle de M. Lapalisse; — 4° A cet endroit, elle se forme par une série de haies laissant à gauche la propriété de MM. Moulet, Hofer et Mohammed Debbagh, et à droite les jardins de Khadoudja bent sidi Mohammed, Bourguet et Smaïn Kaoudji, et vient aboutir au chemin de Birmandraïs à Tixeraïn; — 5° Elle se continue par ce chemin vers Tixeraïn, jusqu'au café maure de ce nom; — 6° De là elle prend le sentier de Kaddous jusqu'à la rencontre, à gauche, d'une haie séparant la propriété du sieur Braham ben Dhaman de celle de Hadj Mustapha ben Zemouri; — 7° Elle suit cette haie jusqu'à l'Oued el Kerma;

A l'O., elle remonte le cours de ce ruisseau jusqu'au chemin de Kaddous à Alger.

Cette commune est bornée, au N., par la commune d'El Biar; à l'E., par celle de Mustapha; au S., par celles de Kouba et de Birkadem, et à l'O. par celle de Draria.

Bouzaréah.

Au N., 1° par le chemin des hauts de Bouzaréah à la naissance du ravin du cap Caxine; 2° De là la limite suit le chemin des hauteurs, se dirige vers Alger jusqu'à la rencontre du chemin des carrières des ponts et chaussées;

A l'E., elle suit ce dernier chemin jusqu'à la hauteur du quatrième moulin Marin, et va aboutir, par un petit sentier, à l'Oued Aïoun Skhakna;

Au S., 1° elle remonte ce ravin jusqu'à la route d'Alger à Chéragas; — 2° Elle suit cette route en se dirigeant vers Chéragas jusqu'à la rencontre de l'Oued el Kerma, à la hauteur du bassin Fougerouz; — 3° Elle remonte ce ravin, et, par son prolongement, vient aboutir à la route de la gendarmerie de Bouzaréah; — 4° Elle suit cette route jusqu'à la rencontre de la naissance de l'Oued beni Messous; — 5° Elle descend le cours de ce ravin jusqu'à son embranchement avec le ravin du marabout Sidi ben Sellam;

A l'O., de là, elle se forme par une ligne droite, allant aboutir au chemin des hauteurs de Bouzaréah, à la naissance du ravin du cap Caxine.

Cette commune est limitée, au N., par la commune de la Pointe Pescade; à l'E., par celle d'Alger; au S., par les communes de Dely Ibrahim et d'El Biar, et à l'O. par celle de Chéragas.

Chéragas.

Au N., par le rivage de la mer, en partant de l'embouchure de l'Oued beni Messous jusqu'au ravin du cap Caxine;

A l'E., 1° la limite remonte ce ravin jusqu'au chemin des hauteurs de Bouzaréah; — 2° De là, elle suit une ligne droite venant aboutir à la jonction de l'Oued beni Messous et du ravin du marabout Sidi ben Sellam; — 3° Elle remonte ce ravin jusqu'à la rencontre, à droite, d'une haie d'aloès, limitant, à l'E., une petite pièce de terre dépendant de ce marabout; — 4° Elle suit cette haie

que ceux qu'elle possède en France. — Un pareil fait est le plus grand éloge de cette armée qui, en si peu d'années, a su conquérir et pacifier le pays, préparer et assurer les voies à la civilisation, et qui convie aujourd'hui l'autorité civile à recueillir les fruits de ses généreux efforts et à féconder son œuvre.

Comte DE CHASSELOUP-LAUBAT.

jusqu'à un petit chemin, parcourt ce chemin qui passe à l'E. de la tribu des Beni Messous, et se dirige par ce chemin vers Alger, jusqu'à l'angle N.-O. d'une pièce de terre labourée ; —5° Elle contourne cette pièce de terre, qu'elle laisse dans la commune de Dely Ibrahim, ayant toujours à droite une grande pièce couverte de broussailles, jusqu'à la grande route d'Alger à Chéragas ; — 6° Elle suit cette route, en se dirigeant vers Alger jusqu'à la rencontre, à droite, du chemin longeant la propriété de M. Gauthier ; — 7° Elle suit ce chemin jusqu'à un petit ravin, qu'elle remonte en laissant à gauche la propriété de M. Berthelot, jusqu'à un petit chemin qui contourne une propriété domaniale délivrée aux colons de Dely Ibrahim ; — 8° Elle longe les n°s 6, 5, 4, 3, 2, 1, 8, 9, 10, 11, 12, 13, 14, 42, 45, 44, 45, 46 des nouvelles concessions de Dely Ibrahim, et vient aboutir à l'ancien chemin d'Alger à Koleah ;

Au S., 1° elle parcourt ce chemin jusqu'au ravin d'Aïn Talla ; — 2° Elle suit ce ravin jusqu'à la rencontre, à gauche, des nouvelles concessions de Chéragas ; — 5° De là elle se forme, par le côté E., des n°s 113, 114, 112, 111, 110 de ces nouvelles concessions, et vient aboutir à l'Oued Staouëll ; — 4° Elle descend ce ravin jusqu'à la rencontre à droite d'une ligne limitant à l'E. le territoire de Staouëll ;

A l'O., elle suit cette ligne qui vient aboutir à l'embouchure de l'Oued beni Messous.

Cette commune est limitée, au N., par la mer ; à l'E., par les communes de la Pointe Pescade, de Bouzaréah et de Dely Ibrahim ; au S., par celle d'Ouled Fayet ; à l'O., par celle de Staouëli.

Kouba.

Au N., 1° en partant de l'embranchement du chemin du gué de la Ferme Modèle et de la route de Birkadem à Kouba, par cette dernière route, et un petit chemin qui vient aboutir à l'Oued Knis, au puits dit Bir Sefsaf ; — 2° La limite suit le cours de ce ruisseau, jusqu'à l'ancien chemin d'Alger au gué de Constantin ;

A l'E., 1° elle parcourt ce chemin dans la direction du gué, jusqu'à la rencontre, à droite, d'une haie limitant, au S., la propriété de M. Albert Bœnsch ; — 2° Elle se continue par une série de haies laissant en dehors la propriété de M. Lacrouts, et, dans la commune, celles de MM. Albert, Montagne et Troilet ; — 5° Elle contourne la propriété de ce dernier et vient aboutir à la grande route d'Alger, qu'elle parcourt jusqu'au gué de Constantine ;

Au S., elle remonte le cours de l'Harrach jusqu'à la rencontre à l'O. de la ligne droite indiquée à l'alinéa suivant, et fixant la limite de la commune à l'O. ;

A l'O., 1° la limite est formée par une ligne droite, passant à l'E. d'une redoute, et venant aboutir au chemin du gué de la ferme ; — 2° Elle suit ce chemin jusqu'à son embranchement avec la route de Kouba.

Cette commune est limitrophe, au N., à la commune de Mustapha ; à l'E., à celle de Hussein Dey ; au S., à la plaine de la Métidja, et à l'O., aux communes de Birkadem et de Birmandrais.

Draria.

(Ainsi modifiée par arrêté du 15 août 1844, V. ci-dessus Birkadem :)

Au N., par l'Oued el Kerma, à partir du pont d'El Achache, sur la route d'Alger à Dely Ibrahim ;

A l'E., 1° par le susdit ruisseau jusqu'à la rencontre, à gauche, d'une haie qui sépare la propriété de M. le baron Vialar de celle de Salem ; — 2° Par une série de haies laissant à gauche les propriétés de Salem Hadj l'ahman ben Lakhdar, Khehabi, Chaloum et Brahmont ; à droite, celles de M. le baron Vialar, Mohammed Raïs et Sidi Mokhiar ; — 5° Par ce ravin, et qui vient aboutir au ravin de Sidi Mokhiar ; — 5° Par ce ravin, en remontant son cours jusqu'à la rencontre à gauche des concessions de Draria ; — 4° Par la limite E. de ces concessions ;

Au S., par la limite des concessions de Draria ;

A l'O., 1° par ces mêmes limites jusqu'à la route d'Alger à Draria ; — 2° Par ce chemin jusqu'à la grande route de Dely Ibrahim, et par cette dernière jusqu'au pont d'El Achache.

Cette commune est limitée : au N., par la commune d'El Biar ; à l'E., par celles de Birmandraïs et de Birka-

dem ; au S., par le district de Douera ; à l'O., par la commune de Dely Ibrahim.

Dely Ibrahim.

Au N., à partir de l'embranchement du ravin du marabout Sidi ben Sellam avec l'Oued beni Messous par ledit ruisseau en remontant jusqu'à la rencontre du chemin de la gendarmerie de Bouzaréah ;

A l'E., 1° la lim. suit ce chemin jusqu'à la naissance de l'Oued el Kerma, dont elle suit le cours jusqu'à la grande route d'Alger à Dely Ibrahim ; — 2° De là elle prend la route de Draria jusqu'à la rencontre des premiers lots de terre de ce village ; — 5° Elle contourne les lim. de ces concessions, en les laissant en dehors, jusqu'à l'angle S.-O. du n° 94 des concessions de Draria ;

Au S., 1° Elle se forme, à partir de cet angle, par une ligne droite allant aboutir à l'angle N.-E. du n° 5 des concessions de Baba Hassan ; — 2° De là elle remonte le ravin qui limite également les concessions de Baba Hassan, jusqu'à la grande route d'Alger à Douera ;

A l'O., 1° Elle parcourt ladite route dans la direction d'Alger, jusqu'à la naissance de l'Oued Bridja ; — 2° Elle suit ce ravin en longeant le territoire d'Ouled Fayet jusqu'aux anciennes concessions de Dely Ibrahim ; — 5° Elle contourne ces concessions et vient aboutir à l'Oued Talla ; — 4° Elle remonte ce ravin jusqu'à l'ancien chemin d'Alger à Koleah ; par ce chemin dans la direction d'Alger, jusqu'à la rencontre à gauche, des nouvelles concessions de Dely Ibrahim ; — 5° Elle contourne et embrasse les n°s 46, 45, 44, 43, 42, 44, 15, 12, 11, 10, 9, 8, 1, 2, 3, 4, 5, 6, desdites concessions, et vient aboutir à une haie limitant à l'O. les propriétés de M. Berthelot ; — 6° Elle suit cette haie jusqu'au ravin ; — 7° Parcourt ce ravin jusqu'au chemin de la propriété de M. Gauthier ; — 8° Elle suit ce chemin jusqu'à la route d'Alger à Chéragas ; — 9° Elle se dirige sur Chéragas, l'espace de 100 mètres environ, et tourne à droite, en longeant une série de haies qui laissent en dehors de la commune un vaste terrain couvert de broussailles et vient aboutir au chemin d'Alger à Beni Messous ; — 10° Elle parcourt ce chemin qui passe à l'E. de la tribu, et vient rencontrer une haie d'aloès, limitant l'O. d'une petite pièce de terre dépendant du marabout Sidi ben Sellam ; — 11° Elle suit cette haie jusqu'au ravin du même marabout Ben Sellam, et ce ravin jusqu'à son emb. dans l'Oued des Beni Messous.

Cette commune est bornée, au N., par la commune de Bouzaréah ; à l'E., par les communes d'El Biar et Draria ; au S., par le district de Douera, à l'O. par les communes d'Ouled Fayet et Chéragas.

El Biar.

Au N., 1° En partant de l'Oued Aïoun Skhakna à quelques mètres au-dessous du quatrième moulin Marin, par un petit chemin allant dans la direction d'Alger ; — 2° La limite suit ce chemin jusqu'au ravin du fort de l'Étoile ; — 5° Elle remonte ce ravin jusqu'à la rencontre du chemin d'Alger à Bir Tréria ; — 4° A ce point, elle se forme par une ligne droite qui vient aboutir au premier coude que forme la grande route d'Alger à Douera après son embranchement avec le chemin du fort l'Empereur ; — 5° Elle suit la grande route jusqu'au chemin du fort l'Empereur ; — 6° Ce dernier chemin, jusqu'à la rencontre d'une haie d'aloès ; — 7° Cette haie jusqu'à l'aqueduc d'Aïn Zeboudja ;

A l'E., 1° la lim. suit l'aqueduc d'Aïn Zeboudja ;

Au S., 1° elle est formée par le coude que fait le susdit aqueduc, jusqu'au café d'Hydra ; — 2° Elle se continue par un petit chemin jusqu'à la route de ceinture de Ben Akhnoun ; — 5° Elle suit cette route jusqu'au chemin d'Alger à Kaddous ; — 4° Ce dernier chemin jusqu'à l'Oued el Kerma ;

A l'O., 1° elle remonte ce ravin jusqu'à la route d'Alger à Chéragas, à la hauteur du bassin Fougeroux ; — 2° Elle suit cette route dans la direction d'Alger, jusqu'à la rencontre de l'Oued Aïoun Skhakna ; — 5° Elle descend ce ravin jusqu'au petit chemin, point de départ.

La commune d'El Biar est limitrophe, au N., à celles de Bouzaréah et d'Alger ; à l'E., à la commune de Mustapha ; au S., à celles de Birmandraïs et Draria ; à l'O., à celle de Dely Ibrahim.

Hussein Dey.

Au N., en partant de l'embouchure de l'Oued Knis

par le rivage de la mer, jusqu'à l'embouchure de l'Harrach;

A l'E. et au S., par le cours de cette rivière en remontant jusqu'au gué de Constantine;

A l'O., 1° la limite suit la route d'Alger jusqu'à la rencontre, à droite, de la propriété de M. Troliet; — 2° Elle se continue par une série de haies, laissant en dehors les propriétés de MM. Troliet, Montagne et Albert Bœnsch, et dans la commune celle de M. Lacrouts; — 3° Elle vient aboutir à l'ancien chemin d'Alger, au gué de Constantine; — 4° Suit ce dernier chemin jusqu'à l'Oued Knis et ce ruisseau jusqu'à la mer.

Cette commune est limitée, au N., par la mer; à l'E. et au S., par la plaine de la Métidja, et à l'O. par les communes de Kouba et de Mustapha. (Le hameau de la Maison Carrée réuni à cette commune par arrêté du 17 oct. 1844, en a été séparé par décret du 22 août 1851. V. ci-après § 4, commune de la Rassauta.)

Mustapha Pacha.

Au N., en partant de l'Aqueduc d'Aïn Zeboudja, à la naissance du ravin de Beni Mezab, par le cours de ce ravin jusqu'à la mer;

A l'E., par le rivage de la mer, jusqu'à l'embouchure de l'Oued Knis;

Au S., par le susdit ruisseau qu'elle remonte jusqu'à la rencontre, à droite, d'un petit ravin au-dessous de la propriété de M. Poiré;

A l'O., 1° La limite suit ce ravin jusqu'à la rencontre d'une haie qui sépare la propriété de M. Poiré de celle de M. de Salles; — 2° Elle entoure la première, en suivant une série de haies, laissant dans la commune les jardins de Mohammed ben Eumérain, de Salles, Dahman Saïdji et Rozet, et vient aboutir à l'ancien chemin d'Alger à Birmandraïs; — 3° Elle parcourt ce chemin dans la direction d'Alger jusqu'à la rencontre à gauche d'un petit chemin qui passe derrière la maison de M. Tonneins et vient rencontrer la traverse de Birmandraïs; — 4° Elle suit cette traverse dans la direction d'Alger jusqu'à la grande route; — .... elle la remonte jusqu'au chemin d'El Biar; — 6° Parc.... chemin jusqu'à la rencontre de l'aqueduc d'Aïn Ze...., qu'elle suit jusqu'à la naissance du ravin des Beni .... zab.

Cette commune est limitrophe, au N., à celle d'Alger; à l'E., à la mer; au S., à la commune de Kouba; à l'O., à celles de Birmandraïs et El Biar.

Ouled Fayet.

(Ainsi modifiée par arr. du 13 sept. 1844. — B. 184 :)

Au N., par l'Oued Staouëll, en remontant son cours depuis l'extrémité d'un petit chemin d'exploitation qui aboutit à l'angle N.-E. du n° 35 des concessions de Saint-Ferdinand, jusqu'à la route d'Alger à Douera, en renfermant dans la commune toutes les concessions d'Ouled Fayet;

A l'E., elle suit cette route vers Douera, jusqu'à la rencontre à droite des concessions de Baba Hassan.

Au S., 1° elle laisse en dehors de la commune ces concessions, longe les n°s 14, 13, 1, 2, 3, jusqu'au point trigonométrique Z, placé à l'angle N.-O. du n° 4; — 2° De là elle se forme par une ligne droite allant aboutir à la naissance du grand ravin qui passe au N. de Saint-Ferdinand; — 3° Elle suit le cours de ce ravin qui sert aussi de limite à Saint-Ferdinand, sur une longueur d'environ 1,000 m.

A l'O., 1° Elle se prolonge par le même ravin jusqu'au coude qu'il fait au-dessus de la parcelle 128 des concessions de Saint-Ferdinand; — 2° De là elle continue par une ligne droite qui vient aboutir à la jonction des ravins N. et S. de Aïn Kala; — 3° Elle remonte le cours de l'embranchement N. sur une longueur de 140 m.; — 4° De là elle suit une ligne droite vient aboutir à la route de Saint-Ferdinand à Alger, à l'entrée du petit chemin d'exploitation; — 5° Elle suit ce petit chemin d'exploitation jusqu'à l'Oued Bridja; — 6° Elle remonte le cours de ce ruisseau jusqu'au prolongement d'un petit chemin d'exploitation, et se continue par ce chemin jusqu'au point de départ.

Cette commune confronte, au N., la commune de Chéragas; à l'E., celle de Dely Ibrahim; au S., le district de Douera, à l'O., la commune de Sidi Ferruch.

Sidi Ferruch.

(Ainsi modifiée par arr. du 13 sept. 1844. — B. 184 :)

Au N., en partant de l'embouchure de l'Oued Bridja, par le rivage de la mer jusqu'à l'embouchure de l'Oued Beni Messous;

A l'E., par une ligne droite qui longe le territoire du village de Staouëll; passe à l'angle O. d'une redoute, et se prolonge jusqu'à l'Oued Staouëll, par une autre ligne droite, formant un angle ouvert au S.-O. de 164° 40";

Au S., 1° La limite parcourt ce ravin jusqu'à l'angle N.-O. des concessions de Saint-Ferdinand; — 2° De là elle se forme par une ligne droite, limitant à l'O. les concessions de Saint-Ferdinand, et qui vient aboutir à l'Oued Bridja;

A l'O., elle suit ce dernier ravin jusqu'à la mer.

Pointe Pescade.

Au N., en partant du cap Caxine, par le rivage de la mer jusqu'à 100 m. O. du fort des Anglais;

A l'E., 1° la limite partant de ce dernier point, suit une ligne droite, prolongement d'une haie d'aloès, qui borne, au N., une propriété contiguë au cimetière européen; — 2° A l'extrémité de cette haie, la limite se forme par une élévation qui sépare la terre labourée de la broussaille et vient rencontrer la limite du cimetière; — 3° Elle le contourne en le laissant dans la commune d'Alger jusqu'au ravin; — 4° Parcourt un petit sentier qui passe devant le bassin du train d'artillerie et vient aboutir près l'angle N.-O. de l'hôpital du Dey; — 5° Elle suit la route qui longe à l'O. l'hôpital, et se prolonge vers les carrières des ponts et chaussées, jusqu'à la rencontre à droite du chemin des hauteurs de Bouzareah;

Au S., elle se continue par ce chemin jusqu'à la naissance à droite du ravin du cap Caxine;

A l'O., elle descend le susdit ravin jusqu'à la mer.

La commune de la Pointe Pescade est limitrophe, au N., à la mer; à l'E., à la commune d'Alger; au S., à celle de Bouzareah; à l'O., à celle de Chéragas.

OR. — 31 janv. 1818 (V. ci-après, § 4, Commune d'Alger). — Nouvelle circonscr.

AG. — 5 mai 1818 (V. Admin. gén., § 1-6°). — Nouvelle délimitation des arrond. d'Alger et de Blidah.

DP. — 21 nov. 1851 (V. Communes, § 3). — Les communes de Douera et de Koléah, nouvellement constituées, font partie de l'arrond. d'Alger.

DI. — 28 oct. 1854. — B. 472. — Division du départ. d'Alger en deux arrond., par suite de la remise à l'autorité civile des colonies agricoles. — Arrond. d'Alger comprenant la partie agglomérée à l'E. et les territoires isolés de Tenès et d'Orléansville. — Arrond. de Blidah comprenant la partie du territoire agglomérée à l'O. et les territoires isolés de Medeah, Cherchel, Milianah, Sidi abd el Kader bou Medfa, Aïn Benian et Aïn Sultan. — Délimitation de ces divers territoires (V. infra l'article spécial à chacun d'eux). — Division et limites des arrond. d'Alger et de Blidah. (Abrogé par le décr. du 16 août 1859.)

DI. — 31 déc. 1856 (V. Commune, § 3). — Art. 4. — Modification des limites des arrond. d'Alger et de Blidah, par suite de la nouvelle délimitation des communes de Douera, Koléah et Bouffarik.

DI. — 20 oct. 1858. — BM. 11. — Nouvelle modification aux limites des arrond. d'Alger et de Blidah; par suite du décret du même jour qui modifie également la circonscr. des communes de Douéra, Chéragas et Koléah. (Abrogé par le décret suivant.)

DI. — 16 août 1859 (V. ci-dessus, § 1). — Art. 2.

L'arrond. d'Alger comprend les communes de : Alger, Dely Ibrahim, Kouba, Birkadem, l'Arbâ, le Fondouk, la Rassauta, Chéragas, Douéra, Tenès, Dellys, Aumale, et les territoires occupés par les Issers Gherbi et les Khachnas.

Arrondissement de Blidah.

A.G.—1er oct. 1840. (V. *Villes et villages*, § 1.)
Fondation d'une colonie à Blidah.

ARR.—8 mai 1841. (V. *Commiss. civils*, § 2.)—
La ville et le territ. de Blidah formeront un district administré par un commissaire civil et limité au N. par la route de Blidah à l'Oued Kaddara; à l'E. par la coupure de l'Oued Kaddara; au S. par la première crête de l'Atlas: à l'O. par la coupure de la Chiffa.

ARR. — 21 déc. 1842. — (V. *Commiss. civils*, § 2.) — *Ressort administratif.*

Art. 4.— Le ressort du commissariat civil de Blidah est le même que celui qui est déterminé pour la justice de paix de cette ville, par l'arr. du 21 déc. 1842. (V. ci-après, § 7.)

A.G.—23 juin 1845.—(V. *Villes et villages*, § 1.) — *Création d'un nouveau centre à Blidah. (Camp inférieur.)*

OR.—2 août 1845.—(V. *Admin. gén.*, § 4.) — *Création d'une sous-direction de l'intérieur.*

OR.—29 oct.-28 nov. 1845.—B. 215.—*Création de cinq communes , Blidah, Joinville, Montpensier, Dalmatie, Beni Mered.*

Art. 1.—Il est créé dans l'arr. de Blidah cinq communes, dont la circonsc. est déterminée par les limites ci après :

Blidah.

Au N. : — 1° Par le côté N. de l'enceinte de la nouvelle Blidah; — 2° Par le côté E. de la même enceinte; — 3° Par les limites du territ. de Montpensier, jusqu'à la route projetée de ce village à Dalmatie; — 4° Par cette route jusqu'à l'Oued Beni Aza;

A l'E., par l'Oued Beni Aza jusqu'aux limites du district;

Au S., par la limite du district jusqu'à sa rencontre avec l'Oued el Kebir;

A l'O., 1° par l'Oued el Kebir, en remontant son cours jusqu'à l'obstacle continu; — 2° Par l'obstacle continu jusqu'à la rencontre des premières concessions du village de Joinville; — 3° Par la limite des concessions de Joinville jusqu'à la route de ce village à Alger; — 4° Par cette route jusqu'à l'angle N.-O. de la nouvelle enceinte de Blidah, servant de point de départ.

La commune de Blidah est limitrophe, au N., à la commune de Montpensier; à l'E., à celle de Dalmatie; au S., à la chaîne du petit Atlas; à l'O., au territ. de Joinville.

Joinville.

Au N., par la limite des concessions de ce village, laquelle est formée par une ligne droite partant de l'obstacle continu jusqu'à la redoute du centre;

A l'E., 1° par le fossé d'enceinte de Blidah jusqu'à la hauteur du côté N. de la nouvelle Blidah; — 2° Par une ligne droite venant aboutir à l'angle N.-O. de l'enceinte de la nouvelle Blidah;— 3° Par la route formant la limite des concessions du village de Joinville;—4° Par la continuation de ces limites jusqu'à l'obstacle continu;

A l'O., par l'obstacle continu jusqu'à l'angle N.-O. des concessions de Joinville, servant de point de départ.

La commune de Joinville est limitrophe, au N., à la plaine de la Métidja; à l'E., aux territ. de Montpensier et de Blidah. — La ferme connue sous le nom de *Haouch Nebtouah*, avec le territ. qui en dépend, est provisoirement annexée à cette commune.

Montpensier.

Au N., par l'enceinte de Blidah, depuis la redoute du centre jusqu'à l'Oued Beni Aza;

A l'E., par l'Oued Beni Aza jusqu'à la route projetée de Montpensier à Joinville;

Au S., 1° par la route projetée de Dalmatie à Montpensier; 2° par la limite S. des concessions de ce dernier village jusqu'à la route de Montpensier à Joinville;

A l'O., 1° par la continuation de cette limite jusqu'à l'angle S.-E. de l'enceinte de la nouvelle Blidah; 2° par le côté E. de cette enceinte; 3° par son côté N.; 4° par une ligne partant de l'angle N.-O. de cette enceinte, dans le prolongement du côté N., jusqu'au fossé d'enceinte de Blidah; 5° par le fossé d'enceinte, depuis ce dernier point jusqu'à la redoute du centre servant de point de départ.

La commune de Montpensier est limitrophe, au N., à la plaine de la Métidja; à l'E., au territ. de Beni Mered et de Dalmatie; au S., à Blidah, et à l'O. à Joinville.

Dalmatie. —

Au N., 1° par la limite S. des concessions de Beni Mered, depuis l'Oued Beni Aza jusqu'à l'enceinte de Blidah; 2° par la limite N. des concessions de Dalmatie, depuis ce dernier point jusqu'à l'angle N.-E. des terrains affectés aux fermes de ce village;

A l'E., par la limite des concessions de Dalmatie, prolongée jusqu'à la rencontre des limites de l'arrond.;

Au S., par les limites de l'arrond. jusqu'à l'Oued Beni Aza;

A l'O., par l'Oued Beni Aza jusqu'à la rencontre des limites S. de Beni Mered, servant de point de départ.

La commune de Dalmatie est limitrophe, au N., à celle de Beni Mered; à l'E., à la plaine de la Métidja; au S., à la chaîne du petit Atlas; à l'O., à Blidah et à Montpensier.

Beni Mered.

Au N., par les limites des concessions de Beni Mered, depuis l'Oued Beni Aza jusqu'au ravin Chabb el Djoudi; à l'E., par la continuation de ces limites jusqu'à la rencontre des concessions de Dalmatie;

Au S., 1° par la limite des concessions communes aux deux villages, jusqu'au fossé d'enceinte de Blidah; — 2° Par la continuation des limites de ces concessions, jusqu'à l'Oued Beni Aza;

A l'O., par l'Oued Beni Aza jusqu'à l'angle N.-E. des concessions du village servant de point de départ.

Cette commune est limitrophe au N. à l'E., à la Métidja; — Au S., à la commune de Dalmatie, et à l'O., à celle de Montpensier et à la Métidja.—Les fermes connues sous le nom de *Haouch Zaouia Medjber, Haouch Beni Tamon, Haouch Hobzira* et *Sidi Mohammed el Haouar*, ainsi que le territoire qui en dépend, sont annexées provisoirement à la commune de Beni Mered.

OR.—10 fév.-9 mars 18.6.—B. 220.—*Ressort de l'admin. civile à Blidah.*

Vu l'ord. du 2 août 1845 portant création d'une sous-direction de l'intérieur.

Art. 1. — La circonsc. administrative de l'arrond. de Blidah est la même que celle déterminée pour le ressort judiciaire du tribunal de première instance de cette localité, par l'art. 7 de notre ordon. du 30 nov. 1844 (*Justice*, § 1).

OR.—31 janv. 1848. (V. *Commune*, § 3.)

Art. 3. — La commune de Blidah comprend les anciennes communes de Blidah, de Joinville, de Montpensier, de Dalmatie, de Beni-Mered, telles qu'elles ont été délimitées par notre ord. du 29 oct. 1845.

APR. — 16 août-27 sept. 1848. — B. 287.—*Annexion des villages de la Chiffa et de Mouzaïa.*

Art. 1. — Les villages de la Chiffa et de Mouzaïa et leurs territoires, tels qu'ils ont été fixés par les ord. du 22 déc. 1846 (*Villes et villages*, § 1), passent dans la catégorie des territoires civils et sont compris dans l'arrond. civil et judiciaire de Blidah.

A.G.—5 mai 1848.—(V. *Admin. gén.*, § 1-6).—*Nouvelle délimitation des arrond. d'Alger et de Blidah.*

DP.—21 nov. 1851.—(V. *Commune*, § 3.) — *La commune de Boufarik fera partie de l'arrond. de Blidah.*

DP.—26 fév. 1852.—B. 407. — *La commune de Koleah et son territoire sont rattachés à l'arrond. de la sous-préfecture de Blidah.*

A.G.—12 janv. 1855. — B. 450.— *Annexion des*

colonies agricoles de Bou Ismaël, Tefeschoun, El Affroun, Bouroumi, Ameur et Aïn.

DI —28 oct. 1851.— (V. ci-dessus, § 2. Arrond. d'Alger.) — Division du départ. d'Alger en deux arrond. — Alger et Blidah. — Délimitation.

DI. — 15 janv. 1855. — (V. ci-après, § 3) — Le commissariat civil de Marengo est classé dans l'arrond. de Blidah.

DI —4 juill. 1853.—(V. Villes et villages, § 2.) —Circonsc. définitive des colonies agricoles de Ameur et Aïn, Bourkika, Sidi Abd el Kader Bou Medfa, Aïn Benian, Aïn Sultan.

DI.—31 déc. 1856.—(V. ci-dessus, § 2, Arrond. d'Alger.)—Modification aux limites des arrond. d'Alger et de Blidah.

DI.—31 déc. 1856.—(V. Communes, § 3.)—Nouvelle circonsc. de la commune de Blidah.

Art. 0.—La commune de Blidah, outre le territoire et les annexes de Dalmatie, Joinville et Mered qui lui ont été attribuées par les précédents décrets, comprend le centre de l'Oued el Halleg et territoire adjacent formant section de commune. — La commune de Blidah est délimitée de la manière suivante :

A l'E., et à partir de la redoute de Sidi Klifa, les limites actuelles, qui sont celles de la commune de Bouffarik ; — Au S., la limite du dép. d'Alger ; — A l'O., la rive droite de la Chiffa, jusqu'au point où elle rencontre les limites N. de la commune de Koléah, précédemment indiquées ; — Au N., les limites de cette même commune jusqu'à l'Oued Tarfa, et à partir de cette rivière une ligne droite aboutissant, en tournant à l'E., à la redoute de Sidi Klifa, point de départ.

DI.—20 oct. 1858.—(V. ci-dessus, § 2, Arrond. d'Alger.)—Modification aux limites des arrond. d'Alger et de Blidah.

DI. — 16 août 1859. — (V. ci-dessus, § 4.) — Arrond. de Blidah.

Art. 9.—L'arrond. de Blidah comprend les communes de : Blidah, Bouffarik, Koléah, Mouzaïa-Ville, Marengo, et Cherchel.

Arrondissement de Médéah.

DP.—4 nov. 1850.—(V. Commiss. civils, § 2.) Institution d'un commissariat civil dont le ressort s'étendra à un rayon de 2,000 m. de distance autour de l'enceinte de Médéah.

DP.—11 août-15 sept. 1852.—B. 420 — Circonsc. du commissariat de Médéah.

Art. 1.—La circonsc. du commissariat civil de Médéah est délimitée de la manière suivante :

La limite partant de l'O. du confluent de l'Oued Zaouia avec l'Oued Sebi, qui plus haut prend le nom de Bonnongueur, suit le cours de cette rivière jusqu'au col de Ber el Meuten ; — Traverse ce col et continue vers le S.-O. jusqu'aux sources de l'Oued Ber el Meuten ; — Descend cette rivière jusqu'à son confluent avec l'Oued Haouch Seffa ; — Remonte à l'E. l'Oued Haouch Seffa jusqu'à la limite S. du territoire de la colonie de Lodi ; — Suit la limite de ce territoire jusqu'à l'Oued Haouach, descend cette rivière jusqu'à son confluent avec l'Oued Bassab ; — Remonte l'Oued Bassab jusqu'à son confluent avec l'Oued Douhara et suit ce cours d'eau jusqu'à sa rencontre avec la route de Médéah à Boghar, en longeant une ligne de rochers et le Djebel Terdjeet qu'elle laisse en dehors ; — A partir de la route de Boghar, suit la limite du territoire de la colonie agricole de Damiette, dans la direction du N.-O. et revient ensuite dans la direction du N.-E. jusqu'à l'Oued Yenfed ; — Descend l'Oued Yenfed jusqu'à sa rencontre avec un sentier connu sous le nom de sentier El Salem, et suit ce sentier jusqu'à la première source de l'Oued Hteb ; — Descend l'Oued Hteb jusqu'à sa rencontre avec l'Oued Sid Ali ; — Descend cette rivière qui prend le nom de l'Oued Chiffa jusqu'à son confluent avec

l'Oued Merdja ; — Puis, passant sur la rive gauche de la Chiffa, suit la limite N. de la concession des mines de Mouzaïa, telle qu'elle a été déterminée par l'arrêté min. du 23 sept. 1841 (Mines, § 3), jusqu'à l'Oued Zaouia qu'elle suit jusqu'à son confluent avec l'Oued el Sebi.

Art. 2.—Les colonies agricoles de Damiette et de Lodi, dont les territoires sont enclavés dans la délimitation qui précède, continueront, jusqu'à ce qu'il en soit autrement ordonné, à être administrées par l'autorité militaire.

AG.—12 janv. 1853.—B. 450.—Annexion des colonies agricoles de Damiette et de Lodi.

DI.—17 juin 1854. — (V. Commune, § 3.)— Institution de la Commune de Médéah.

Art. 2. — La circonsc. de la commune de Médéah est celle qui a été assignée au commissariat civil de la même ville par le décr. du 11 août 1852. - Elle comprendra, comme sections de commune, les anciennes colonies agricoles de Damiette et de Lodi et le centre de Mouzaïa les Mines.

DI —28 oct. 1851.—B. 472.—Art. 3. — La délimitation du territoire de la commune sera maintenue telle qu'elle a été fixée par l'art. 1 de l'arr. du 11 août 1852. L'art. 2 du décr. du 11 août 1852 est abrogé.

DI.—31 déc. 1856.—(V. Commune, § 3.) — Le commissariat civil est supprimé.

DI. — 13 oct. 1858.—(V. Admin. gén., § 4.)—La ville de Médéah est érigée en chef-lieu de sous-préfecture. L'arrond. comprend provisoirement les circonsc. communales de Médéah et de Mouzaïa les Mines.

DI.—10 août 1859.—(V. ci-dessus, § 1.)—Nouvelle circonsc. de l'arrond. et de la commune.

Art. 13. — L'arrond. de Médéah se compose de la commune actuelle de Médéah et du territoire actuellement occupé par les Hassen ben Ali.

Art. 14. — La délimitation de la commune de Médéah, fixée par le décr. du 28 oct. 1851, est modifiée ainsi qu'il suit :

Au N., la limite N. de la concession des mines, depuis le point où l'Oued Merdja s'embranche sur la Chiffa, jusqu'à un marabout situé au col des Mouzaïa ; — Cette même limite, jusqu'à la naissance de l'Oued Zaouia ; — L'Oued Zaouia, jusqu'à l'Oued bou Krim ou Bou Roumi ;

A l'O., l'Oued bou Roumi, que l'on remonte jusqu'à sa naissance près du col Bir el Meuten, formant le passage du chemin de Médéah à Amoura ; — L'Oued Tegrera, depuis sa naissance jusqu'à l'Oued Haouch Seffa ;

Au S., l'Oued Haouch Seffa, jusqu'à la rencontre de la limite S. du territoire de Lodi ; — La limite S. du territoire de Lodi, jusqu'à sa rencontre avec l'Oued Larech ; — L'Oued Larech jusqu'à l'Oued Boutemaïa, jusqu'à l'Oued Bassat ; — L'Oued Bassat et une ligne sinueuse aboutissant au sommet dit Grand Bassat, formant la ligne S. du territoire de Damiette ;

A l'E., Une ligne brisée coupant le chemin de Médéah à Boghar et de Médéah au marabout de Sidi Aïssa, passant près d'un cimetière arabe appelé Garden Ancer, qu'elle laisse dans la commune de Médéah, et aboutissant à l'Oued Boutemaïa ; — L'Oued Boutemaïa jusqu'à la rencontre de l'Oued Ouerra ; — L'Oued Ouerra jusqu'à la rencontre de l'Oued Chiffa ; — Et l'Oued Chiffa, que l'on descend jusqu'à l'Oued Merdja et la limite N. de la concession des mines, point de départ.

Arrondissement de Milianah.

DP.— 4 nov. 1850. — (V. Commiss. civils, § 2) Institution d'un commissariat civil dont le ressort s'étendra à un rayon de 200 m. de distance autour de l'enceinte de Milianah.

DP.— 11 fév.-11 mars 1851. — B. 578. — Circonsc. du ressort de Milianah (abrogé par l'arrêté suivant).

DP. — 10 juill.-25 déc. 1851. — B. 599. — *Nouvelle circonscription du ressort de Milianah.*

Vu les décr. du 4 nov. 1850 et du 14 fév. 1851;

Art. 1. — Le décr. du 14 fév. 1851, est rapporté.

Art. 2. — La circonsc. du commissariat civil de Milianah demeure limitée :

A l'E., par une ligne qui, partant du gué du Chélif, sur la route de Milianah à Tenlet el Had, remonte cette ligne en se dirigeant vers le N., jusqu'à l'ancien gué de l'Oued Souffray, et ensuite remonte cette rivière jusqu'à son confluent avec l'Oued Hammam ;

Au N., par une ligne qui de ce confluent suit, vers le N.-O., le lit de l'Oued Hammam, jusqu'au point où il reçoit les eaux de l'Oued Meroudj et, de ce point, remonte, vers l'O, l'Oued Meroudj jusqu'à sa source, en contournant le Djebel Zaccar ;

A l'O., par une ligne qui franchit directement le col séparant le bassin de l'Oued Meroudj de celui de l'Oued Ribann, suit, en descendant vers le S., le lit de l'Oued Ribann, jusqu'à sa rencontre avec la limite N. du village d'Affreville, contourne, en se dirigeant à l'O. puis au S., une partie du périmètre de ce village jusqu'à la route de Blidah à Orléansville, qu'elle suit, à l'O., jusqu'au point du Hakem, sur l'Oued Boutan ;

Au S., par l'Oued Boutan, jusqu'à sa rencontre avec l'ancien chemin arabe de Milianah, puis, par ce chemin, jusqu'au point où il atteint le Chélif, et enfin par le Chélif, en remontant cette rivière jusqu'au gué de la route de Tenlet el Had, point de départ, et en renfermant dans le territoire départemental une partie des terres de Mouhabra, fraction de Braz comprise entre le Chélif et l'Oued Boutan.

Art. 3. — La portion de la tribu des Mouhabra, fraction des Braz comprise dans le territoire départem. de Milianah, reste sous l'aaministration et la juridiction militaires, et forme une enclave militaire, conformément aux dispositions du § 3 de l'art. 16 de l'arr. du 16 déc. 1848 (*Admin. gén.*, § 1).

AG. — 12 janv. 1853. — B. 430. — *Annexion de la colonie agricole de Sidi Abd el Kader bou Medfa.*

DI. — 17 juin 1854. — (V. *Commune*, § 5.) — *Constitution de la commune de Milianah.*

Art. 3. — La commune de Milianah comprendra le territoire du commissariat civil de ce nom, tel qu'il a été délimité par le décr. du 10 juill. 1851, et le territoire assigné au village d'Affreville, qui formera une section de commune.

DI. — 28 oct. 1854. — B. 472. — *Territoire civil de Milianah.*

Art. 3. — La limite du territoire civil de Milianah est fixée de la manière suivante :

A l'E., le gué de l'Oued Chélif, sur la route de Milianah à Tenlet el Had ; — La route de Tenlet el Had à Milianah, remontant vers le N., jusqu'à l'ancien gué de l'Oued Souffray ; — Le cours de l'Oued Souffray, en remontant jusqu'à son confluent avec l'Oued el Hammam ;

Au N., une ligne qui, de ce confluent suit, vers le N.-O., le lit de l'Oued Hammam, jusqu'au point où il reçoit les eaux de l'Oued Meroudj. — L'Oued Meroudj, remontant vers l'O., jusqu'à sa source et contournant le Djebel Zaccar Rarbi ;

A l'O., une ligne franchissant directement le col et séparant le bassin de l'Oued Meroudj de celui de l'Oued Rebam ; — Le lit de l'Oued Rebam, en descendant vers le S., jusqu'au sentier venant de Milianah ; — Ce sentier contournant au S. la montagne où se trouve établi le télégraphe de Zaccar, et dans la direction de l'O., jusqu'à sa rencontre avec l'Oued Merzoug ; — Le cours de l'Oued Zarour, que l'on remonte jusqu'à la route de Blidah à Orléansville ; — La route de Blidah à Orléansville qu'on suit, à l'O., jusqu'au pont du Hakem sur l'Oued Boutan ;

Au S., l'Oued Boutan jusqu'à sa rencontre avec l'ancien chemin arabe de Milianah ; — Ce chemin qu'on remonte au S. jusqu'au Chélif ; — La rive droite du Chélif, qu'on remonte jusqu'au gué de la route de Milianah à Tenlet el Had, point de départ.

Art. 6. — Sont abrogés : — L'art. 2 du décr. du

10 juill. 1851, fixant l'ancienne délimitation du territoire civil de Milianah.

AG. — 22 déc. 1854. — B. 472. — *Annexion des colonies agricoles de Aïn Sultan et Vesoul Benian.*

DI. — 31 déc. 1856. — (V. *Commune*, § 5.) — *Délimitation de la commune de Milianah.*

Art. 6. — La commune de Milianah, outre le territoire et les annexes qui lui ont été attribués par les précédents décrets, comprend le territoire de Aïn Sultan, constitué par notre décr. du 4 juill. 1855 (*Villes et villages*, § 2), et qui formera une section de commune.

DI. — 13 oct. 1858. — (V. *Admin. gén.*, § 4.) — *Sous-préfecture.*

Art. 1. — La ville de Milianah est érigée en chef-lieu de sous-préfecture.

Art. 3. — 2° L'arrond. de Milianah comprend les circonsc. communales de Milianah et de Vesoul Benian et les districts d'Orléansville, de Cherchell et de Marengo.

DI. — 16 août 1859. — (V. ci-dessus, § 1.) — *Arrond. de Milianah.*

Art. 17. — L'arrond. de Milianah comprend les communes de Milianah, Vesoul Benian, Duperré, et Orléansville.

Art. 18. — La délimitation de la commune de Milianah, fixée par le décr. du 31 déc. 1856, est modifiée ainsi qu'il suit :

Au N., la limite N. du territoire du village d'Aïn Sultan — Une ligne fictive, partant de l'angle N.-O. du territoire d'Aïn Sultan, aboutissant à l'angle N.-E. du territoire de Boukorchfa ; — Un chemin, passant par Aïn Melek, Taïcha, aboutissant au chemin de Milianah, au télégraphe d'Adelia, au point où ce chemin coupe l'Oued Souffray ; — L'Oued el Hammam ; — L'Oued Meroudj, jusqu'à sa naissance dans le Djebel Zaccar ; — Le Djebel Zaccar, que l'on contourne jusqu'à la naissance de l'Oued Rehan ; — L'Oued Rehan, que l'on descend jusqu'au chemin conduisant de Milianah au télégraphe du Zaccar ; — La limite O. du territoire de Lavarande, formée de crêtes de montagnes et des Oued Aïn Merzoug, Zerour et Boutemala ; — La route de Milianah à Orléansville, jusqu'au pont du Hakem ;

A l'O., une ligne partant de ce pont, aboutissant au Chélif et formant la limite E. du territoire des Ouled Sahari et de la commune de Duperré ;

Au S., le Chélif, que l'on suit jusqu'à la limite orientale d'Aïn Sultan ;

Et à l'E., la limite orientale du territoire d'Aïn Sultan, jusqu'à la route de Milianah à Blidah, par le Goutas.

2° Département de Constantine.

Arrondissement de Constantine.

AM. — 23 nov. 1842. — (V. *Commiss. civil*, § 2.) — *Institution d'un commissariat civil.*

AM. — 21 déc. 1842. — (*Eodem.*) — *Le ressort du commissariat comprend la ville et le territoire qui en dépend.*

OR. — 1er sept. 1847. — (V. *Admin. gén.*, § 1.) — *Création d'une direction de l'intérieur.*

DP. — 20 mars 1849. — (V. *Transactions immobilières.*) — *Délimitation de la banlieue.*

DI. — 12 sept. 1853. — B. 446. — *Circonsc. civile de l'arrond.*

Art. 2. — Le territoire de la banlieue civile de Constantine reste délimité tel qu'il l'a été par le décr. du 20 mars 1849, sauf les modifications suivantes. — Ce territoire est délimité :

Au N., 1° par l'Oued el Hadjer, depuis sa source jusqu'à l'ancienne route de Philippeville ; — 2° par une ligne brisée qui va rejoindre le chemin des Guims à Constantine ; — 3° par une portion de ce chemin ; — 4° par une ligne brisée partant dudit chemin et allant aboutir à un tremble, qui sert de point trigonométrique.

A l'O., 1° par un chemin qui, partant de ce point, aboutit à une fontaine située sur le Chabet el Guerle; — 2° Par le Chabet el Guerle, le Chabet Mdouda, l'Oued el Malha et l'Oued el Akar; — 3° Par une ligne brisée partant du chemin des Mouln, traversant celui de Malha el el Kiner, et rejoignant l'Oued Mouln à Aïn Senned; — 4° Par une portion du chemin de Debboblab, jusqu'au marabout qu'on y rencontre, et une ligne droite partant de ce marabout et allant aboutir au Rummel; — 5° Par le Rummel, le Chabet Karbara jusqu'à la rencontre du chemin de Milah à Constantine. — A partir de ce point, la limite de la banlieue de Constantine reste la même que celle fixée par le décr. du 20 mars 1849; elle n'est modifiée qu'à partir du chemin d'El Gammas à Gouelsa Dardjab, qu'elle suit jusqu'au Chabet Garbous.

A l'E., la banlieue civile de Constantine est bornée : — 1° Par le Chabet Garbous jusqu'au chemin de Guiffa Namma; — 2° Par une portion de ce chemin jusqu'à Chabet Ablafa; — 3° De ce point par une ligne brisée passant par un gros arbre et venant rejoindre le Chabet Louarat; — 4° Par le Chabet Louaral, une portion de l'Oued Berquet et l'Oued Sidi Lakhdar; — 5° Par une ligne qui suit le ravin, traverse les ruines romaines, l'Oued Mesibaouah, et remonte au marabout de Sidi Abd Allah; — 6° Par le djebel Sidi Kelil et une ligne aboutissant à la source de l'Oued el Hadjar, point de départ.

Art. 3. — A partir du territoire de la banlieue civile, la circonsc. de l'arrond. de Constantine comprend les terrains situés à droite et à gauche de la route de Constantine à Philippeville, jusqu'au col d'el Kantour et délimités de la manière suivante :

1° Une ligne brisée qui part du chemin des Culma à Constantine, remonte dans la direction du N. en suivant le chemin de Fedj el Amar jusqu'à la rencontre de l'Oued Smendou; — 2° De ce point, une ligne remontant le cours de cette rivière jusqu'à la route de Philippeville à Constantine; — 3° Une portion de cette route jusqu'à la limite du territoire de Smendou et la limite N. de ce territoire, jusqu'à la ligne qui sépare la propriété des Culma de celle des Beni Brahim; — 4° La limite du territoire des Beni Brahim jusqu'à la crête du djebel Aïn Kerma.

A partir de la crête de cette montagne :

1° Une ligne qui se dirige du N. au S.-E., et va rejoindre l'ancien chemin de Constantine; — 2° Une portion de ce chemin jusqu'à la naissance du ravin de Chabet Mta Dourah; — 3° De là, une ligne suivant le cours de ce ravin, l'Oued Beni Brahim et l'Oued Kneg el Amour; — 4° A partir de ce point, une ligne brisée suivant les limites S. des propriétés Bled Mehaïda et Mbrouka, et allant aboutir à l'Oued Smendou; — 5° De là, une ligne qui se prolonge jusqu'au marabout Gbouf el Dieb, suit la limite E. du village d'Aïn Rmel jusqu'à la limite d'Aïn el Khiouli; — 6° Les limites de cette même propriété et une ligne brisée qui rencontre le Chabet el Kram; — 7° Enfin les limites S. de la propriété Ksar el Kiel jusqu'au Koudiat Mechta, Mta ben sl Ali, pointe où la ligne de délimitation vient rejoindre le territoire civil.

DI. — 28 mai 1856. — B. 497. — *Nouvelle circonsc.*

Vu le décr. du 12 nov. 1853 ;
Art. 1. — La circonsc. civile de l'arrond. de Constantine comprend la vallée du Bou Merzoug et ses annexes délimités ainsi qu'il suit :

Au N., en partant du chemin des Zemouls à Constantine, la limite S. du territoire civil actuel jusqu'au chemin de Constantine à Djemma Torcha; puis la limite S. du Bled ben Djellou jusqu'à Hadja Sefra; de ce point à Kef el Merdja, en suivant la crête du Djebel Ouach et la limite du Bled Bourgah jusqu'à Aïn Kerma; le Chabet el Djenan jusqu'à sa rencontre avec le chemin de Constantine à Guelma; puis une ligne droite aboutit à une mare sur l'Oued Aïn el Kerma; de ce point, une ligne brisée passant sur une ruine romaine et aboutissant au Djebel-Boudj-Melnle.

A l'E., la crête des montagnes dites Karaml, Fedj Bougareb et M'sousach, jusqu'à la rencontre du chemin de Bône à Constantine; ledit chemin jusqu'à l'Oued Mengls, le cours du lit ruisseau jusqu'à son embouchure avec le Chabet Aïn Batta; le cours de ce dernier ruisseau

jusqu'au chemin de Kroubs aux Segnia; le tracé de ce chemin en passant à Aïn Hadjar, Aïn Shar bir Borat, Aïn Manchor jusqu'à sa rencontre avec le chemin des Zemouls à Ouralsa, et sous réserve d'une parcelle appartenant aux Segnia et teintée en jaune audit plan.

Au S., le chemin des Zemouls à Ouralsa jusqu'à la route de Constantine à Batna, le Chabet Hammâm Sour jusqu'au chemin de Boucada à Ouled Slamata; ledit chemin jusqu'à la limite S. du lot n° 226; la limite de ce lot et du n° 227, jusqu'à un ravin formant la limite S. des n°s 227, 228 et 228 bis. De ce point à la limite S. de l'Arel-Khasaudj.

A l'O., les limites O. des Arels Khasaudj et Tsigmerts, jusqu'à l'intersection du chemin des Zemouls à Constantine avec celui de Sbir Kala à el Gouari : ce dernier chemin jusqu'à sa rencontre avec celui des Zemouls à Constantine, chemin qui suit la crête de la montagne; puis ce dernier chemin jusqu'à la limite actuelle du territoire civil.

DI. — 31 déc. 1859. — (V. ci après, § 4, *Communes*.) — *Circonsc. de la commune de Constantine.*

DI. — 28 janv. 1860. — (V. *Commune*, § 5.) — *Délimitation des nouvelles circonsc. communales de la vallée du Bou Merzoug.*

1° *Circonscription de Lamblèche.* Elle est limitée :
Au N. et à l'E., par la limite actuelle des territoires civil et militaire formée par la crête des montagnes du Djebel Ouache; — Au S., par le Kef el Kenif, les crêtes rocheuses qui séparent le territoire de Massine de celui d'Aïn Nahs, l'Oued Feutaria jusqu'à la grande route de Constantine au Khoubs, cette grande route jusqu'à son arrivée à l'Oued Hamimin, l'Oued Hamimin jusqu'à sa rencontre avec l'Oued Bou Merzoug, et ce dernier cours d'eau jusqu'à la limite de l'ancienne banlieue de Constantine.

2° *Circonscription de Madjiba*, limitée :
Au N., par le Kef el Kenif, la crête rocheuse de Massine et l'Oued Feutaria jusqu'à son croisement avec l'ancienne route de Bône passant par le monument romain du Summa; — A l'E. et au S., par les limites actuelles des territoires civil et militaire formées par les crêtes des montagnes de Khennaba, le Djebel Feïj bou Gareb et le sommet de Oum Settas; — A l'O., par l'ancien chemin de Constantine à Bône, passant par le monument romain du Summa.

3° *Circonscription du K'houbs*, limitée :
Au N., par la rivière du Bou Merzoug, à partir de la limite de l'ancienne banlieue de Constantine jusqu'à sa rencontre avec l'Oued Hamimin; par l'Oued Hamimin jusqu'à la grande route de Constantine au Khoubs; par cette route jusqu'à son arrivée à l'Oued Feutaria; par l'Oued Feutaria jusqu'à l'ancien chemin de Constantine à Bône, passant par le monument romain du Summa, et enfin par ce dernier chemin; — A l'E., par les limites actuelles des territoires civil et militaire; — Au S., par l'Oued Mengis et le chemin de Constantine aux Ouled Ramoun; — A l'O., par les limites de l'ancienne banlieue de Constantine.

4° *Circonscription des Ouled Ramoun*, limitée :
Au N., par l'Oued Mengis et une partie de la grande route de Constantine aux Ouled Ramoun; — A l'E. et au S., par les limites actuelles des territoires civil et militaire; — A l'O., par la crête des montagnes d'Aïn Kala et l'Oued Melha jusqu'à son embouchure dans le Bou Merzoug.

5° *Circonscription de Guerfa*, limitée :
Au N., par l'ancien chemin de Constantine aux Ouled Ramoun; — A l'E., par la crête des montagnes d'Aïn Kala et l'Oued Melha; — Au S., par les limites actuelles des territoires civil et militaire; — A l'O., par les limites de l'ancienne banlieue de la ville ou commune de Constantine.

DI — 25 fév. 1860. — (V. ci-dessus, § 1-2°.) — *Nouvelle délimitation.*

Art. 4. — L'arrond. de Constantine comprend le district de Batna (V. ci-après, § 3, *Délimitation de ce district*), et a pour limites :
Au N., partant de l'Oued Mamera; la limite N. de la tribu des Abd el Nour, jusqu'au Kef Tazerouls; l'Oued-Tenda; le chemin de Ferdjioua à Constantine; l'Oued Milah; l'Oued el Kebir; l'Oued Smendou; les limites actuelles du territoire civil jusqu'à la montagne d'El Kan-

tour; la crête du Djebel Toumiette; et la crête du Djebel-M'zouna jusqu'à l'Oued el Arrouch.

A l'E., l'Oued el Arrouch, en le remontant jusqu'au Kef Baconner; le Djebel Taya; le Djebel Aïn Terzen; le Djebel Sada; l'Oued bou Neb.

Au S., le Djebel Ansal; le Abdjar Rayen; l'Aïn el Trao; l'Aïn Mekerla; le Djebel el Alchla; le Djebel Arrouba; les Oulad Artâ; le Djebel Hamra; la limite N. de la tribu des Segnia jusqu'à l'Oued Menzis; la limite actuelle du territoire civil jusqu'à l'Oued Haddada; le Chabet Bardencha; la limite N. de la tribu des Berrania; la limite E. et N. de la tribu des Telergma; l'Oued-Merdj el Hatris; les limites E., S. et N. de l'Azel Merdj-el Harris; l'Oued Merdj el Harris et l'Oued Mamra, en le remontant jusqu'à la limite de l'Azel Mamra.

A l'O., les limites E. de l'Azel Mamra; l'Oued el-Mamra, en le remontant jusqu'à la limite N. de la tribu des Abd el Nour, point de départ.

Arrondissement de Bône.

AI. — 20 avr. 1852. — (V. Admin. gén., § 1.)-- Création d'une sous-intendance civile.

AM. — 6 mars 1845. — B. 197. — La juridiction de l'autorité civile est étendue aux limites du ressort assigné au tribunal de cette ville par ord. du 12 févr. 1815. (V. ci-après, § 6.)

OR. — 31 janv. 1848. — (V. Commune, § 3.) — Limites de la commune de Bône.

Art. 6. — La commune de Bône a pour limites :

Au N., la mer et le cours de la Seybouse;

A l'E., le canal de dérivation de la Meboudja, dans la Seybouse, au pont de Constantine;

Au S., le lit de la Meboudja, depuis le pont de Constantine jusqu'à la partie de la route de Bône à El Arrouch, qui est située au pied d'un mamelon, au sommet duquel se trouvait autrefois un blockaus;

A l'O., une ligne tirée du sommet de ce mamelon au matabout de Mohammed ben Osman, et se prolongeant par les marabouts de Sidi Aïssa et de Sidi Nour jusqu'à la mer.

AG. — 12 janv. 1853. — B. 430. — Annexion des colonies agricoles de Mondovi et Barral à la sous-préf. de Bône.

DI. — 12 sept. 1853. — B. 440. — Circonsc. civile de l'arrond.

Art. 5. — L'arrond. de Bône a pour limites :

A l'E. : 1° une ligne brisée qui part de l'embouchure de la Mafrag, remonte le cours de cette rivière et celui de l'Oued Bou Namousa jusqu'à la crête des mamelons des Beni-Salah, tourne derrière ces mamelons dans la direction de l'E. à l'O. jusqu'au territoire de Barral, où elle rencontre la Seybouse, les limites des territoires de Barral et de Mondovi jusqu'au point B; — 2° De là, en descendant vers le S.-O., une ligne coupant l'Oued Ouitoba, joignant les limites E. du territoire de Nechmoya jusqu'à la nouvelle route de Bône à Guelma, remontant cette route jusqu'à son arrivée à la limite du territoire de Bou Shah, englobant ce territoire, l'annexe projeté de Millésimo et de Petit jusqu'à la Seybouse, qu'elle descend et qu'elle franchit à la limite du territoire de Petit; — 3° la limite E. du territoire de Petit.

Au S. : 1° La limite S. de ce territoire et de celui de Millésimo jusqu'à l'Oued Malz; — 2° Une ligne brisée se dirigeant E. et O. contournant la concession de Medjez Amar et venant aboutir au point extrême du territoire d'Héliopolis.

A l'O., 1° En remontant vers le N., les limites O. de la colonie d'Héliopolis, celles de Bou Shah et de Nechmeya, une ligne se prolongeant jusqu'aux points O et A, sur la rive occidentale du lac Fetzara, côtoyant ce lac, jusqu'au point trigonométrique X; — 2° De ce point une ligne droite se dirigeant jusqu'au plateau de Bourizi et aboutissant à la mer, en suivant l'ancien tracé du territoire civil de l'arrond.

DI. — 31 déc. 1856. — (V. Commune, § 3.) — L'arrond. de Bône comprend la commune de la Calle.

DI. — 25 fév. 1860. — (V. ci-dessus, § 1-2°.) — Nouvelle délimitation.

Art. 2. — L'arrond. de Bône comprend le district de la Calle (V. ci-après, § 3, Délimitation de ce district), et a pour limites :

Au N., la mer, depuis l'Oued el Kebir jusqu'à l'Ouel el Hout; — A l'E. et au S., l'Oued el Hout; les limites E. et S. du lac Guerah M'ta Oued el-Hout; le chemin de la Calle à Tunis; le chemin du pont de l'Oued el Kebir à la Calle, l'Oued el Kebir; la limite O. des Oulad Amar-ben Ali; le Djebel bou Abed; l'Oued Mejza Lamen; la limite actuelle du territoire civil formée par le chemin de Constantine à la Calle; la Seybouse; la crête des montagnes du Djebel Ahdjeur Hadaïr, du Hadjar Hadaïr, du Djebel Fedj Hammam de Aïn Berdar, du Djebel Mouadzenne; l'Oued S'fa, l'Oued Malah; le Djebel Zroua; Djebel Demen Abdallah; Djebel Mezara; Djebel Aouana; Djebel Feljoudj; le Djebel Menchoura, le Kef Sidi Ali-Larieneuf, et les limites E. et N. du village de Kesantina-el-Kedima jusqu'à l'Oued Saucudja; — A l'O., l'Oued-Saucudja et l'Oued el Kebir jusqu'à la mer, point de départ.

Arrondissement de Philippeville.

AM. — 8 mai 1841. — (V. Commiss. civils, § 2.) — La ville et territoire de Philippeville formeront un district administré par un commissaire civil, et comprendront provisoirement l'espace renfermé dans la ligne extérieure des postes militaires.

OR. — 10 déc. 1842. — (V. Admin. gén., § 1.) — Il est créé à la résidence de Philippeville une sous-direction de l'intérieur, qui comprendra dans sa juridiction administrative la ville de Constantine.

AM. — 19 nov. 1844. — D. 190. — Ressort de l'administration civile.

Art. 1. — Le ressort de l'administration civile de Philippeville comprend toute la vallée du Zeramma et la partie inférieure de la vallée du Saf Saf, jusqu'à la crête des premières montagnes.

OR. — 31 janv. 1848. — (V. Commune, § 3.) — Constitution et limites de la commune.

Art. 7. — La commune de Philippeville a pour limites le ressort attribué à l'administration civile et judiciaire de Philippeville par l'arr. minist. du 19 nov. 1844.

DP. — 10 mars 1850. — B. 343. — Le cercle de Bougie passe de la division et du départ. d'Alger dans la division de Constantine (subdiv. de Sétif), et dans le ressort de la préfecture de Constantine, arrond. de Philippeville (abrogé par décr. du 15 oct. 1858, V. Arrond. de Sétif, qui classe dans ce dernier arrond. la commune de Bougie).

AG. — 12 janv. 1853. — B. 430. — Annexion des colonies agricoles de Gastonville et de Robertville à la sous-préf. de Philippeville.

DI. — 12 sept. 1853. — B. 440. — Circonsc. civile de l'arrond.

Art. 4. — L'arrond. de Philippeville a pour limites :

Au N., la mer;

A l'E. : 1° la limite actuelle jusqu'au Djebel Alia; 2° La crête du Djebel Alia allant rejoindre l'Oued Metman; — 3° Le cours de cette rivière, celui de l'Oued Chebba, de l'Oued Chaïb el Tgareb jusqu'à son confluent avec le Saf Saf; — 4° De ce point, le cours du Saf Saf jusqu'à son entrée sur le territoire de Saint-Charles, la limite E. et S. de ce territoire jusqu'au point de sa rencontre avec la même rivière; — 5° Le cours du Saf Saf remontant vers le S. jusqu'à l'extrémité du territoire d'El Arrouch; — 6° Le ravin qui borne, au N., la concession Bonnaff; — 7° Une ligne fictive partant de cette concession, passant par les deux sommets du mont Toumiette, le sommet des montagnes qui dominent le village d'El Kantour;

Au S., le col de ce nom, et joignant à l'O. un olivier placé sur une élévation, point trigonométrique.

A l'O. : 1° De cet olivier, une ligne fictive remontant au N. en passant par un autre olivier, à l'extrême O. du territoire de la tribu des Biacha, suivant la limite occidentale de ce territoire, puis se dirigeant, en passant par un rocher pyramidal, jusqu'à la concession de Ben Brahim et l'Oued Bou Grina; — 2° De ce point, les limites occidentales des territoires d'El Arrouch et de Robertville, jusqu'au confluent de l'Oued el Ourag avec l'Oued Medj; — 3° De ce confluent, une ligne tombant perpendiculairement sur l'Oued Aïn el Héras, remontant le cours de ce ruisseau, celui de l'Oued Matmatia, et, du point de rencontre de ce dernier ruisseau avec celui du Darbel Ouahn, une autre ligne fictive se prolongeant par un sentier arabe jusqu'à la rencontre du territoire de Saint-Antoine; — 4° Enfin, la limite du territoire de Saint-Antoine et celle de l'ancien territoire de l'arrondissement de Philippeville jusqu'à la mer.

DI. — 4 juill. 1855. — (V. *Villes et villages*, § 2.) — *Annexion des colonies agricoles de Sidi Nassar et Hamed ben Ali.*

DI. — 31 déc. 1856. — (V. *Commune*, § 3.) — *Circonsc. communale.*

Art. 13. — Le territoire de la commune de Philippeville est définitivement délimité de la manière suivante :

Au N., la mer; — A l'E et à l'O., la limite de l'arrond.; — Au S., la limite actuelle de la commune, le cours du Saf Saf jusqu'à sa rencontre avec l'Oued Tigliarab, cet oued, l'Oued Chebba el Motzan.

DI. — 31 déc. 1856. — (V. ci-après, § 3.) — L'arrond. de Philippeville comprend le commissariat civil de Jemmapes.

DI. — 25 fév. 1860. — (V. ci-dessus, § 1.) — Nouvelle délimitation.

Art. 8. — L'arrond. de Philippeville comprend les districts de Jemmapes et de Djidjelli (V. § 3 ci-après, *Délimitation de ces districts*), et a pour limites :

Au N., la mer, depuis Stora jusqu'à l'embouchure de l'Oued el Kebir;

A l'E., l'Oued el Kebir; l'Oued Sanandja; les limites N., E. et S. du territoire du village de Kesentina el Kedima; l'Oued Mouger, en le remontant jusqu'au Djebel Thala;

Au S., le Kef Haouanner; l'Oued el Arrouch; la crête du Djebel M'Souna; le Djebel Toumiettes; le Djebel-Kantour;

A l'O., la limite O. des Arel ben Saada et de Bled bou Guérim; les limites O. des territoires des villages d'El Arrouch, de Robertville, de Saint-Antoine et de Philippeville, jusqu'à Stora, point de départ.

Arrondissement de Sétif.

OR. — 11 fév. 1847. — (V. *Villes et villages*, § 1.) — *Fondation de la ville de Sétif.*

DI — 21 nov. 1851. —(V. *Commissariats civils*, § 2.) *Institution d'un commissariat civil, dont le ressort s'étendra provisoirement à un rayon de 2,000 m. de distance autour de l'enceinte du chef-lieu.*

DI. — 12 sept. 1853. — B. 446. — *Circonsc. civile de l'arrond.*

Art. 6. — Le ressort du commissariat civil de Sétif a pour limites :

Au N. : 1° Du point d'intersection du chemin de Sidi Behir à Aïn Roua, avec le chemin de Bougie, une ligne suivant ce dernier chemin, puis remontant vers le N.-E., en passant par un gros rocher et fléchissant ensuite vers l'E., un peu avant le ravin qui débouche dans l'Oued Hamra; — 2° Le cours de ce ruisseau en redescendant au S., jusqu'au chemin de l'En Nasser, et remontant vers le N. en suivant le pied des collines, englobant la fontaine dite Aïn el Hassi, reprenant le pied des collines, jusqu'au puits de Ras el Aïn; — De là remontant l'Oued Bou Sa-

lam jusqu'au pied du Djebel Deradj; — 4° De ce point une ligne redescendant au S.-E. en suivant le pied des collines jusqu'à l'Oued Fernatou au N. du Koudiat el Lib, remontant l'Oued Fernatou jusqu'au pied du Kaf Zia Daoua pour venir joindre la route de Sétif à Djemalah et à Milah.

A l'E. : 1° du point d'intersection de la route de Milah avec le chemin de Bou Rouba, ce chemin jusqu'à Aïn Bou Chama; — 2° De ce point à Chabet Boutouar; — 3° Puis longeant l'Oued Bou Chama jusqu'à Chabet Dhob et aboutissant par le chemin de la fontaine romaine et le cours de l'Oued Fidhyaya ben Ali au sentier de Tinnar à Touéd.

Au S. : 1° Ce sentier jusqu'au carrefour des courbis du Tinnar; — 2° De ce point, une ligne droite aboutissant à Mzart Hirch, le chemin de Mdessana à Rira et le sentier dit de la rivière; — 3° L'Oued el Maleb jusqu'au pont en bois jeté sur l'Oued Mader; — 4° Une ligne droite allant jusqu'à la maison Saad ben Nelca el Hamila.

A l'O. : 1° De cette maison une ligne qui, remontant au N.-N.-O. par sections brisées, et passant par El Gharef, Goui, Frida jusqu'à sa rencontre avec le chemin de Toumiet, vient aboutir au chemin d'Aïn Turk, en longeant l'Oued Mehta Semmar, l'Oued Chaïb et l'Oued Loubonara jusqu'au chemin d'Aïn Turk, puis tourne à l'E. jusqu'à sa rencontre du chemin de Sidi Bekir et de ce point se dirige vers le N., en suivant ce chemin jusqu'à son point d'intersection avec le chemin de Bougie, point de départ.

DI. — 17 juin 1851. — (V. *Commune*, § 3.) — *Constitution et circonsc. de la ville de Sétif.*

Art. 9. — La circonsc. communale de Sétif embrasse tout le territoire affecté au commissariat civil par le décr. du 21 nov. 1851.

DI. — 15 oct. 1858. — (V. *Admin. gén.*, § 4.) — La ville de Sétif est érigée en chef-lieu de sous-préfecture.

Art. 5. — L'arrond. de Sétif comprend les circonsc. du commissariat civil de Sétif et de la commune de Bougie, ainsi que les villages et territoires dépendant des concessions de la Compagnie génevoise.

DI. — 25 fév. 1860. — (V. ci-dessus, § 1.) — Nouvelle délimitation.

Art. 11. — L'arrond. de Sétif comprend la commune de Bougie (V. ci-après, § 4, *Délimitation de cette commune*), et a pour limites :

Au N. et à l'O., en partant de l'Oued Bou Sellam; l'Oued Maïha; l'Oued Abd el Bey; les limites O. et N. du territoire des villages de Mésaoud, Bouhetra, Lanasser et Mahouan, les limites O., N. et E. du village d'El Ouricia; la limite E. de la ferme de Goussimet; l'ancien chemin de Sétif à Constantine jusqu'à la rencontre de la limite de la subdivision; ladite limite jusqu'à l'Oued Djerman; la limite N. de la tribu des Abd el Nour jusqu'à l'Oued el Mamra; ledit Oued; les limites N.-E. du village projeté à Bordj el Mamra; les limites S. et O. de l'Azel el Mamra jusqu'à la route de Constantine à Sétif;

Au S. et à l'E., la route de Constantine à Sétif jusqu'à l'Oued Djerman; l'Oued Djerman; la limite de la subdivision de Sétif passant par El Moudjen jusqu'à Chetti-el-Belda; la limite S. de la tribu des Eulmas jusqu'au Djebel Brao; la crête de la montagne du Djebel-Youssef; une ligne brisée passant par deux ruines romaines et allant aboutir à l'angle S. de la ferme suisse d'Harmelia; le Bou Sellam jusqu'à la rencontre de l'Oued Malah, point de départ.

Arrondissement de Guelma.

AG. — 18 mai 1845. — B. 200. — *Circonsc. territ. fixée à 1,956 hect.*

DP. — 4 nov. 1850. — (V. *Commissaires civils*, § 2.) — *Institution d'un commissariat civil, dont le ressort s'étendra à un rayon de 2,000 m. de distance autour de l'enceinte de la ville de Guelma.*

AG. — 12 janv. 1855. — B. 430. — *Annexion des colonies agricoles d'Héliopolis, Millésimo, Petit.*

AG. — 9 juill. 1852. — B. 416. — *Annexion de la colonie agricole de Guelma (annexe).*

DI. — 17 juin 1851. — (V. *Commune*, § 3.) — *Constitution et circonsc. de la commune de Guelma.*

Art. 10. — La circonsc. communale de Guelma comprend le territoire du commissariat civil délimité par le décr. du 4 nov. 1850, et les territoires des anciennes colonies agricoles d'Héliopolis, de Millésimo et de Petit, qui formeront chacune une section de commune, et dont les délimitations respectives ont été fixées par décr. du 11 fév. 1851. (V. *Villes et villages*, § 2.)

DI. — 20 oct.-17 nov. 1855. — B. 485. — *Ressort du commissariat civil de Guelma.*

Vu notre décr. du 12 sept. 1853, portant délimitation de la circonsc. de l'arrond. de Bône. (V. ci-dessus, *Arrond. de Bône.*)

Art. 1. — Le commissariat civil de Guelma a pour limites :

Au N., la crête du Fedy-Zoudj ; au S., à l'E et à l'O., la ligne de démarcation du territoire civil, telle qu'elle est déterminée par déc. du 12 sept. 1855.

DI. — 31 déc. 1856. — (V. *Commune*, § 3.) — *Délimitation de la commune de Guelma.*

Art. 12. — La commune de Guelma, indépendamment du territoire et des annexes de Millésimo, Petit, Héliopolis, qui lui ont été attribués par des décrets précédents, comprend les territoires de Guelaat bou Sba, de l'Oued Touta et de Medjez el Amar, qui devront plus tard former des sections de commune. — La circonsc. territoriale de Guelma est déterminée de la manière suivante :

Au N., la crête du Ferd-Soug, formant limite de la commune de Penthièvre ;
A l'E., à l'O. et au S., la limite du territoire civil.

DI. — 13 fév. 1858. — B. 519. — *Sections communales.*

Art. 1. — Les villages de Guelâa bou Sba et de l'Oued Touta et leurs territoires, compris dans la circonsc. communale de Guelma, formeront désormais deux nouvelles sections de cette commune.

Art. 2. — Jusqu'à ce qu'il en soit autrement ordonné, le territoire de Medjez el Ammar est réuni à la section du chef-lieu de la commune.

DI. — 13 oct. 1858. — (V. *Admin. gén*, § 4.) — *La ville de Guelma est érigée en chef-lieu de sous-préfecture.*

Art. 3. — L'arrond. de Guelma comprend la circonsc. communale de Guelma et le district du commissariat civil de Souk Arras.

DI. — 25 fév. 1860. — (V. ci-dessus, § 1.) — *Nouvelle délimitation.*

Art. 6. — L'arrond. de Guelma comprend le district de Souk Abras (V. ci-après, § 3, *Délimitation de ce district*), et a pour limites :

Au N. et à l'E., en partant du Djebel Thala par l'Oued Mouger ; la limite S. du territoire du village de Kerentina el Kedima ; la crête des montagnes de Kef Sidi Ali Larieneuf, de Djebel Menchoura, de Djebel Fedjoudj, Djebel-el-Aouara, le Djebel Mezara, le Djebel Demen Abd Allah, Aïn Derdar sur la rive droite de la Seybouse, le Djebel-Mouadzenne, Kaf Néchimab, Oued S'fa, Oued el Houebia, le Djebel Hachache, la crête des montagnes du Djebel Nahabouba et du Djebel Srir, l'Oued Sedra jusqu'à l'Oued Medjerda ; — Au S. et à l'O., l'Oued Medjerda, en remontant jusqu'à la limite O. du territoire de Souk Ahras ; le Djebel Merlès ; Aïn Kerma ; Djebel Fequirina ; Oued Ghaneme ; Oued el Milah ; la Seybouse jusqu'à la limite E. du village de Petit ; l'Oued-Bousara, le Djebel Mahouna, l'Oued Cherf, l'Oued Bou Deb, le Djebel Ansal, Djebel bou Cheibra, Djebel Sanda, Djebel Aïn Teïsen et le Djebel Taja, point de départ.

5° Département d'Oran.

Arrondissement d'Oran.

AI. — 20 sept. 1840. — *Création d'une sous-intendance civile.*

AH. — 4 août 1843. — B. 156. — *Ressort civil et judiciaire.*

Art. 1. — Le ressort de l'administration civile et judiciaire d'Oran a pour limites :

A l'O., le cours du ruisseau qui se jette dans la mer aux ruines d'Andalouse, depuis son embouchure jusqu'à sa source, dite Bou el Aïn Mta Djeddara ; de là, en suivant de l'O. à l'E. la crête escarpée qui domine la plaine d'Andalouse et la Ferme. En passant au-dessous de l'Aïn el Auser, Aïn Sidi bou Asfar, Aïn Sidi Bou Amer, jusqu'au point où le chemin, dit chemin des Espagnols, par lequel on monte du col d'Aïn Khedidja sur le plateau du Santon, coupe la crête escarpée précitée. — De là, en se dirigeant vers le S., au marabout de Djefri à la source de Misserghin, par une ligne droite, au point où le chemin de Tensalmet quitte la grande route de Tlemcen, de là au grand lac (Sebka), en laissant au dedans de la limite la Dalat et Kball ;

Au S., le bord du lac, jusqu'au point où il fait une rentrée à 2,000 m. au S. du camp du Figuier : de là, quittant le lac de Thahrig dès sa rentrée, jusqu'à la route d'Oran à Mascara, et ensuite la route de Mascara jusqu'à Dika ;

A l'E., en se dirigeant vers le N. en suivant les confins de la terre du Beylik d'El Kerma, pour gagner le marabout d'El Kerbi, et successivement les marabouts de Sidy el Thami, de Sidy Abd el Kader, et à partir de ce dernier, par une direction presque N., en arrivant au Mechta de ben Daoud ; de là, coupant la route d'Oran à Arzew, à 1,000 m. environ à l'E. d'Hassi el Djer ; d'Hassi el Djer à une pyramide en pierres, ancien signal télégraphique, et de ce dernier point à la mer ;
Au N., la mer.

OR. — 29 oct.-28 nov. 1845. — B. 215. — *Création de quatre communes : — Oran, — La Senia, — Misserghin, — Mers et Kebir.*

Art. 1. — Il est créé dans l'arrond. d'Oran quatre communes, dont la circonsc. est déterminée par les limites ci-après :

Oran.

Au N., par la mer depuis le blockhaus du Rocher jusqu'au ravin Blanc ; — A l'E., 1° par le Ravin Blanc jusqu'au fossé d'enceinte ; — 2° Par le fossé d'enceinte jusqu'à la route du Figuier ; — 3° Par la route du Figuier jusqu'au ravin Rouge. — Au S., par le ravin Rouge jusqu'à sa rencontre avec la route Misserghin. — A l'O., 1° par une ligne courbe partant de la route de Misserghin, et contournant le polygone d'artillerie jusqu'au blockhaus Ras el Aïn ; — 2° Par une ligne droite partant du blockhaus Ras el Aïn, aboutissant au blockhaus du Rocher et à la mer. — La commune d'Oran est limitrophe, au S. à la commune de la Senia, et à l'O. à celle de Mers el Kebir.

La Senia.

Au N., par le ravin Rouge, depuis le chemin d'Assi el Arach jusqu'au petit lac ; — A l'E., 1° par le petit lac ; — 2° Par le chemin de traverse d'Oran à Mascara, depuis le petit lac jusqu'à un point trigonométrique servant de point de départ qui se dirige sur le marabout de Sidi Abd el Kader ben Larrag ; — Au S., 1° par une ligne droite ayant pour direction l'extrémité S. des concessions de la Senia et l'axe du fort Sainte-Croix ; — 2° Par une ligne tirée de l'extrémité S. des concessions et dans l'axe de la tour Combes, jusqu'à la rencontre de cette ligne avec le chemin d'Assi el Arach ; — A l'O., par le chemin d'Assi el Arach, depuis sa rencontre avec la ligne ci-dessus jusqu'au ravin Rouge, servant de point de départ. — Cette commune est limitrophe, au N., à la commune d'Oran.

Misserghin.

(Délimitation remplacée par celle fixée dans l'arr. suivant du 10 mai 1848.)

Mers el Kebir.

Au N., par la mer, depuis la pointe du cap Abuja jusqu'au blockhaus du Rocher; — A l'E., par la limite de la commune d'Oran, depuis la mer et le blockhaus du Rocher jusqu'à la crête de la montagne; — Au S. et à l'O., par la crête des montagnes jusqu'au point de départ. — Cette commune est limitrophe à l'E., à la commune d'Oran.

OR.—4 déc. 1816.—(V. *Villes et villages*, §1). *Création de huit villages.*

OR.— 1er sept. 1817.— (V. *Admin. gén.*, § 1.) — *Création d'une direction de l'intérieur.*

OR.— 31 janv. 1818.— (V. *Commune*, § 3.) — *Constitution en commune.—Circonscription.*

Art. 4.— La commune d'Oran a pour limites :

Au N., la mer, depuis la limite O. de la commune de Mers el Kebir jusqu'à la batterie turque; à l'E., une ligne brisée partant de la batterie turque, passant par le télégraphe d'El Oudja, l'angle N.-E. de la ferme Charles, l'ancienne redoute du Petit Lac, l'ancien blockhaus Sidi Abd el Kader, et se terminant à l'angle S.-E. du territoire de la Senia (point indiqué par une borne); — Au S., 1° par le territoire de ce village; — Par une ligne droite tirée dans la direction de la tour Combes, jusqu'à son intersection avec la route d'Oran à Aïn Beda;—3° Par une nouvelle ligne droite allant rejoindre la route de Misserghin, à l'intersection de cette route avec le Grand Ravin; — A l'O., 1° par une ligne qui, partant de ce point, aboutit au grand ravin de la montagne du Santon; — 2° Par l'ancienne limite de la commune de Mers el Kebir jusqu'à la mer.

AG.— 10-26 mai 1818. — B. 275. — *Circonsc. des communes de Misserghin, — Valmy, — Sidi Chami, — Fleurus.*

Vu l'ord. du 29 oct. 1845; — Considérant que par la constitution nouvelle de la commune d'Oran, les anciennes communes de Mers el Kebir et de la Senia ont cessé d'exister;

Art. 1.—La commune de Misserghin, créée par l'ord. du 29 oct. 1845, est désormais limitée ainsi qu'il suit :

Au N., les limites de la nouvelle commune d'Oran; — A l'E., la route d'Oran à Aïn Beda jusqu'à l'embranchement de celle de Misserghin au Figuier, une ligne tirée de ce dernier point à la grande source d'Aïn Beda, et ensuite le bord du lac; — Au S., le bord du grand lac Salé jusqu'à la limite du territoire civil;—A l'O., la limite du territoire civil jusqu'au marabout Djefry, point de départ de la limite N.

Art. 2.— Il est créé trois nouvelles communes, savoir: celle de Valmy (anciennement le Figuier), celle de Sidi Chami et celle de Fleurus (ancien territoire d'Assi el Gir). — Ces communes seront délimitées ainsi qu'il suit :

Valmy.

Au N., le territoire de la nouvelle commune d'Oran; — A l'E., la nouvelle route d'Oran à Mascara, passant par le petit lac et par les puits d'Assi el Abied; — Au S., la limite du territoire civil et le bord du grand lac Salé jusqu'au N.-O. du marais d'Aïn Beda; — A l'O., le bord de ce marais jusqu'à la grande source, de cette source une ligne tirée à l'embranchement de la route de Misserghin au Figuier, et de là la route d'Aïn Beda à Oran jusqu'au point de départ de la limite N.

Sidi Chami.

Au N., la route d'Oran à Sidi Marouf, à partir de son point d'intersection avec la ligne qui forme la limite E. de la province d'Oran jusqu'au ravin qui sépare la Meciba de Ben Daoud d'avec la terre de Sidi Marouf, et ensuite jusqu'à la limite du territoire civil; — A l'E., la limite du territoire civil; — Au S., la nouvelle route d'Oran à Mascara, passant par le petit lac et les puits d'Aïn el Abied jusqu'à la limite de la commune d'Oran;—A l'O., la limite de la commune d'Oran.

Fleurus.

Au N., la mer à partir de la batterie turque jusqu'à la limite du territoire civil; — A l'E., la limite du territoire civil jusqu'au ravin qui sépare la Mechta de Sidi ben Daoud avec la terre de Sidi Marouf; — Au S., le ravin précité jusqu'à la nouvelle route d'Oran à Sidi Marouf jusqu'à son point d'intersection avec la ligne qui forme la limite de la commune d'Oran; — A l'O., la limite de la commune d'Oran, à partir de la route de Sidi Marouf jusqu'à la batterie turque qui est située au bord de la mer et sert de point de départ à la limite N.

Art. 3.— Les maires et adjoints qui seront donnés à ces communes exerceront, jusqu'à ce qu'il en soit autrement ordonné, les attributions définies par l'art. 99 de l'ord. du 15 avr. 1845 (*Admin. gén.*, § 1).

DI. — 12 sept. 1853. — B. 446. — *Circonsc. de l'arrond.*

Art. 7.—La circonsc. civile de l'arrond. d'Oran a pour limites :

Au N., la mer; — A l'O., l'Oued Boudroura, l'Oued Gadara, les limites extérieures des territoires de Millah et de Bou Tlelis; — Au S., la rive N. du grand lac, les limites extérieures de Valmy, Mangin, Sidi Chami, Assi bou Nif, Saint-Louis; — A l'E., la limite extérieure du lac salé d'Arzew prolongé jusqu'à un point à situé au N.-E. des marais de la Makta, à 2,000 m. environ de la mer.

DI. — 31 déc. 1856. — (V. *Commune*, § 3.) — *Nouvelle circonsc. communale.*

Art. 9. — La commune d'Oran, outre le territoire et les sections de Mers el Kebir et de la Sénia qui lui ont été attribués par les précédents décrets, comprend les territoires d'Aïn el Turk et Bousfer, formant une section de commune. — La circonsc. territoriale de la commune d'Oran est délimitée de la manière suivante :

Au N., la mer; — A l'O., la mer, jusqu'à l'embouchure de l'Oued Boudrara, formant limite de l'arrond. civil d'Oran; — Au S. et à l'E., les limites actuelles.

DI. — 31 déc. 1856. — (V. *Commune*, § 3.) — *Communes de l'arrond. d'Oran.— Sidi Chami, Valmy, Misserghin, Arzew, Saint-Cloud, Fleurus, Saint-Louis, Sainte-Barbe du Tlélat, Saint-Denis du Sig, Sidi bel Abbès.*

Arrondissement de Mascara.

DI.—4 nov. 1850 (V. *Commissaires civils*, § 2) — *Institution d'un commissariat civil, dont le ressort s'étendra à un rayon de 2,000 m. de distance autour de l'enceinte de la ville de Mascara.*

DI.—12 sept. 1853.— B. 446.—*Circonsc. civile de l'arrond.*

Art. 10. — Le commissariat civil de Mascara a pour limites :

Au N.-E., à partir du signe trigonométrique F, situé à l'extrémité du chemin de Mascara à Saint-Hippolyte, une ligne droite se prolongeant dans la direction du S.-E. jusqu'au ravin de Thirs qu'elle parcourt jusqu'à la rencontre de la route de Mascara à Tiaret.

A l'E. et au S., 1° cette route jusqu'au ravin de l'Atela à un point indiqué par le signe trigonométrique G; — 2° A partir de ce point, une ligne droite se dirigeant vers le S.-E., passant par le grand tremble de Sidi Osman ben Amar, par le marabout de Sidi Yousef el Babs, par le marabout de Sidi Ali Kodni et aboutissant à une borne plantée sur la route de Saïda à Mascara; — 3° De là, la limite se prolonge par cette dernière route sur une longueur de 1,200 m. environ, et suit dans la direction de l'O. un petit ravin qui va aboutir à celui de Hahnia, ce dernier ravin, celui de Fakzen, jusqu'à la rencontre de la route de Mascara à Oran.

A l'O., le territoire du commissariat civil de Mascara est borné par cette route, par le chemin de Crévecœur, le ravin des Ouled Zellat, le ravin Madouni jusqu'à celui de Surfa, et de ce point par une ligne indiquée par les signes trigonométriques K, L, D et rejoignant le point de départ F.

DI. — 17 juin 1854 (V. *Commune*, § 3). — *Institution et circonsc. de la commune de Mascara.*

Art. 6. — La circonscription communale de Mascara est délimitée conformément au plan annexé au présent décret. — Elle comprendra comme sections de communes les territoires des villages de Saint-André et de Saint-Hippolyte, tels qu'ils ont été délimités par décr. du 22 janv. 1850 (V. *Villes et villages*, § 1).

DI. — 30 sept. 1854. — B. 469. — *Territoire civil de Mascara.*

Vu les décr. des 4 nov 1850 et 12 sept. 1853:

Art. 1. — Le territoire civil de Mascara est délimité ainsi qu'il suit:

Au N., 1° par le ravin d'El Surfa; — 2° Par une ligne brisée suivant la crête de la montagne jusqu'à la borne D; — 3° Par une ligne allant aboutir de cette borne au point trigonométrique F, et se prolongeant jusqu'au point G, sur le chemin de Saint-Hippolyte, en suivant la crête du mamelon; — 4° De ce point G, par une ligne allant s'abattre sur la route de Mostaganem, à 700 m. environ du point de jonction de cette route avec le chemin de Se-latena.

A l'E., par la route de Mostaganem, sur une longueur de 1,400 m. environ, dans la direction de l'O., jusqu'au point où elle rencontre l'ancienne limite à laquelle il n'est apporté aucune autre modification.

Au S., 1° par une ligne droite qui, partant du grand tremble de Sidi Aman ben Amar, va aboutir au marabout de Youssef el Baba; — 2° Par une ligne droite se dirigeant vers l'O., sur une longueur de 2,500 m. environ; — 3° De là, par une ligne brisée et une ligne droite formant ensemble un angle, jusqu'à la borne R; — 4° De ce point, par une ligne droite aboutissant à un puits placé sur un sentier conduisant au marabout Si Mohamed ben Ata; — 5° Par une ligne brisée qui, après avoir suivi ce sentier sur une longueur de 400 m. environ, tourne à gauche, dans la direction de l'O., et, à 1,200 m. environ, se dirige du N. au S., sur la borne K; — 6° Enfin, par une ligne brisée passant par la borne M sur la route de Saïda, et allant joindre le chemin de Tlemcen.

A l'O., 1° par le chemin de Tlemcen, sur une longueur de 1,800 m. environ; — 2° Par une ligne brisée aboutissant au marabout de Sidi Mohamed ben Ata; — 3° Par la route de Saïda jusqu'au ravin de Abnia; — 4° Par ce ravin jusqu'à la route d'Oran; — 5° Enfin, par le ravin de Ouled Zellat jusqu'à sa jonction avec celui de El Zerfa, point de départ.

DI. — 15 oct. 1858 (V. *Admin. gén.*, § 4). — *La ville de Mascara est érigée en chef-lieu de sous-préfecture.*

3° L'arr. de Mascara comprend la circonscr. communale de Mascara et les centres de population créés ou à créer dans les plaines de l'Egbris et de l'Habra;

Arrondissement de Mostaganem.

AM. — 8 mai 1841 (V. *Commiss. civils*, § 2). — *La ville et le territoire de Mostaganem formeront un district administré par un commissaire civil et comprenant provisoirement l'espace renfermé dans la ligne extérieure des postes militaires.*

AM. — 21 déc. 1842 (V. *Commiss. civils*, § 2). — *Le ressort du commissariat comprend la ville et le territoire qui en dépend.*

AM. — 4 août 1843. — B. 150. — *Délimitation du ressort.*

Art. 2. — Le ressort de l'administration civile et judiciaire de Mostaganem a pour limites:

A l'O., une ligne droite allant de la fontaine de la Stidia à la mer; depuis la fontaine, en suivant le pied des collines jusqu'à Mazagran, et de Mazagran, se dirigeant vers le S. par une ligne coupant la crête des collines jusqu'à la redoute Desmichels; de cette redoute jusqu'au blockhaus Schauenbourg; — Au S., depuis le blockhaus Schauenbourg, la crête des collines jusqu'au village des Hachems; — A l'E., une ligne droite tirée vers le N., depuis le village des Hachems jusqu'au fort de l'E., et de ce point à la mer, en passant derrière l'ancienne ville ruinée de Tig-Dig; — Au N., la mer.

AM. — 18 juill. - 13 août 1845. — B. 206. — *Circonscription du territoire de Mostaganem.*

Art. 1. — Le territoire de Mostaganem est limité:

Au S., 1° à partir de la pointe de la Salamandre, par une ligne droite passant sur une ancienne redoute, et venant traverser la route d'Arzew au bout des terrains cultivés de la ferme des Haras (n° 201 et 559 du plan cadastral); — 2° Par le ravin qui limite cette ferme jusqu'au point où il forme un coude vers Mazagran (entre les n° 368 et 369); — 3° De là par une ligne droite allant aboutir à l'angle d'une haie qui sépare les terres cultivées des terres incultes (entre les n° 505 et 572); — 4° Par cette haie jusqu'au chemin supérieur de Mazagran à Mostaganem; — 5° Par ce chemin jusqu'à la haie séparant les n° 102 et 103 du n° 75; — 6° Par cette haie jusqu'à la rencontre du chemin d'exploitation n° 83; — 7° Par ce chemin d'exploitation jusqu'au point où il se termine; — 8° De ce point par une haie se dirigeant vers l'E. dans une longueur de 60 m. environ; — 9° De là par la première haie que l'on rencontre et qui suit la direction N.-E. jusqu'à son extrémité; — 10° Par une ligne droite traversant la route de Mascara et allant aboutir à l'angle S.-O. du blockhaus Schauenbourg;

A l'E. de ce blockhaus, le territoire communal de Mostaganem a pour limite une ligne droite allant aboutir au chemin des Hachems à Mostaganem, à la rencontre de la haie qui se termine au marabout Sidi Osman;

Au N., à partir de cette haie, une ligne droite qui, passant sur le marabout de Sidi Michdaub, se prolonge jusqu'à la mer;

A l'O., la mer.

OR. — 31 janv. 1848 (V. *Commune*, § 3). — *Constitution et circonsc. de la commune de Mostaganem.*

Art. 5. — La commune de Mostaganem a pour limites:

Au S., 1° à partir de la pointe de la Salamandre, une ligne droite passant par une ancienne redoute et venant traverser la route d'Arzew, au bout des terrains cultivés de la ferme des Haras; — 2° Le ravin qui limite cette ferme jusqu'au point où il forme un coude vers Mazagran; — 3° De là, une ligne droite allant aboutir à l'angle d'une haie qui sépare les terres cultivées des terres incultes; — 4° Cette haie jusqu'au chemin supérieur de Mazagran à Mostaganem; — 5° Ce chemin jusqu'à la haie qui sépare les n° 102 et 103 du n° 75 du plan cadastral; — 6° Cette haie jusqu'à la rencontre du chemin d'exploitation du n° 89 du plan cadastral; — 7° Ce chemin d'exploitation jusqu'au point où il se termine; — 8° De ce point, une haie se dirigeant vers l'E. dans une longueur de 60 m. environ; — 9° De là la première haie qui suit la direction N.-E., et jusqu'à son extrémité; — 10° Une ligne droite traversant la route de Mascara et allant aboutir à l'angle S.-O. du blockhaus Schauenbourg;

A l'E., une ligne droite partant du blockhaus et allant aboutir au chemin des Hachems à Mostaganem, à la rencontre de la haie qui se termine au marabout de Sidi Osman;

Au N., à partir de cette haie, une ligne droite se dirigeant vers le marabout de Sidi Michdaub, s'arrêtant à la crête de la montagne dite de Badour, suivant la crête de la montagne jusqu'en face du ravin de Chabet el Yhoud, qui se trouve au pied du grand mamelon de Djebel Dis, et allant aboutir à la mer;

A l'O., la mer.

DP. — 27 juill. 1849 (V. *Admin. gén.*, § 4). — *La ville de Mostaganem est érigée en chef-lieu de sous-préfecture.*

AG. — 12 janv. 1853. — B. 430. — *Annexion des colonies agricoles de Rivoli, Aïn Nouissi, et Cherif, Aboukir, Bled Touaria, Aïn Tedeles,*

Sourk el Mitou, Tounin, Kharouba, Aïn Boudinar, à la sous-préfecture et à la justice de paix de Mostaganem, ainsi que les villages de la Stidia, des Libérés, et tous les établissements créés dans la vallée des Jardins.

DI.—12 sept. 1853.—B. 446.—*Circonscription civile de l'arrond.*

Art. 8.—L'arr. de Mostaganem a pour bornes :

Au N., le Chélif et les limites extérieures du village du pont du Chélif ;—A l'O., la mer ;—Au S., une ligne partant du point A, indiqué à l'art. 7 et va about ir à l'extrémité du village de Bled Touaria, en passant par Aïn Nouissi ;—A l'E., la limite extérieure de Bled Touaria prolongée jusqu'à Sourk el Mitou, parallèlement au chemin qui relie ces deux villages.

DI.—14 juin.-23 août 1854.—B. 464.—*Communes de l'arrond. de Mostaganem.*

Vu l'art. 8 du décr. du 12 sept. 1853.

Art. 1.— L'arrond. de Mostaganem, tel qu'il a été fixé par le décret précité, comprend cinq communes, dont la circonscription est déterminée par les limites ci-après.

Mostaganem.

Au N., par le cours du Chélif jusqu'à son embouchure, à partir du point de jonction de l'Oued Aouzert avec ce fleuve ;

A l'O., par la mer jusqu'au ravin limite des territoires d'Ouréah et de la Stidia ;

Au S., par la limite des mêmes territoires ;

A l'E., 1° par la limite du territoire de Rivoli, fixée par la crête du côteau jusqu'au chemin supérieur de ce village à Mostaganem ; 2° par ce chemin jusqu'à l'angle qu'il forme avec celui de Sidi Chérif ; et 3° par une ligne brisée suivant la limite des parcelles 102 et 103 du plan cadastral, et venant s'abattre sur le grand chemin de la vallée des Jardins, qu'elle remonte sur une longueur de 200 m. environ jusqu'à un chemin d'exploitation ; 4° par ce chemin jusqu'au point où il se termine ; 5° de ce point par une haie qui suit la direction n° 2 jusqu'à son extrémité ; 6° par une ligne droite traversant la route de Mascara et allant about ir à l'angle S.-O. du blockhaus Schauenbourg ; 7° par une ligne droite se dirigeant au N. et allant about ir au chemin des Hachems, à la rencontre d'une haie qui se termine au marabout de Sidi Osman ; 8° A partir de cette haie par une ligne se dirigeant au N.-O. jusqu'au territoire de Karouba et vient about ir au point trigonométrique D, sur la montagne ; 9° par une ligne N.-E. qui suit la crête de la montagne, passe par le télégraphe des Hachems et vient about ir à la source de l'Oued Aouzert, dont elle suit le cours jusqu'au Chélif, point de départ.

Annexes : Karouba, Mazagran, Ouréah.

Les Libérés.

Limitée :— Au N., par le Chélif, depuis le ravin dit Méderbin jusqu'à l'Oued Aouzert ;

A l'O., par la limite de la commune de Mostaganem, telle qu'elle a été déterminée plus haut, depuis l'Oued Aouzert jusqu'à la route de Mascara ;

Au S., par la route de Mascara jusqu'au mamelon dit Elazdjem, situé sur cette route ;

A l'E., 1° par une ligne droite courant N.-E., jusqu'au mamelon dit Guéronenza ; 2° par une ligne droite courant plein N., en passant par Hassi Nessada, jusqu'à la tête du ravin dit Méderbin ; 3° par ce ravin jusqu'au Chélif, point de départ.

Annexes : Aïn Boudinar, Aïn Tounin.

Aïn Tédélès.

Limitée :— Au N., 1° par le cours du Chélif, depuis le marabout Sidi Abdel Aziz jusqu'au ravin limite du territoire du pont du Chélif ; 2° par la limite même de ce territoire qui, remontant d'abord le ravin, oblique ensuite au N.-O., passe au point de triangulation indiqué sur la montagne dont elle suit la crête, en se dirigeant à l'O. jusqu'à un autre point de triangulation formant l'extrémité du territoire ;

A l'O., 1° par la ligne limite du territoire descendant la montagne jusqu'à la rive droite du Chélif ; 2° de l'autre

côté du fleuve par le ravin Méderbin et la limite E. déjà décrite de la commune des Libérés ;

Au S., par la route de Bel Assel, depuis le mamelon dit Guéronenza jusqu'à une borne nouvellement plantée et désignée au plan par la lettre C ;

A l'E., par une ligne droite qui traverse les tribus des Ouled Sidi Abd Allah Chéraga, des Ouled Aïnès, des Bou Kamel, passe par le marabout Sidi Abd el Kader Meta Hadaïdha et vient about ir sur le Chélif au marabout de Sidi Abd el Aziz, point de départ.

Annexes : Souk el Mitou, le Pont du Chélif.

Aboukir.

Limitée : — Au N., par la route de Bel Assel, de la borne C au mamelon dit Guéronenza ;

A l'O., 1° par une ligne droite partant de ce mamelon et arrivant à celui d'El Adjem sur la route de Mascara ; 2° par une ligne passant par un gros tas de pierres où elle se brise pour venir s'abattre sur la crête du Djebel Babern au point où il délimite le territoire de Sidi Chérif ; 3° par le territoire de Sidi Chérif jusqu'à son extrémité S.-O. et, de là, par une ligne droite jusqu'à la borne C, placée dans la plaine des Ouled Malef ;

Au S., par une ligne qui, partant de cette borne, traverse le territoire des Ouled Malef et vient s'abattre à l'angle formé par les deux lignes O. et E. du territoire de Bled Touaria ;

A l'E., par cette dernière ligne passant au marabout Sidi Abd el Kader, et par son prolongement à travers les tribus des Ouled Sidi Abd Allah Gharaba et des Ghonfirat jusqu'à la borne C sur la route de Bel Assel, point de départ.

Annexes : Touaria, Sidi Chérif.

Rivoli.

Limitée :—Au N., par la route de Mascara, du mamelon d'El Ardjem au territoire de Mostaganem, à hauteur du blockhaus Schauenbourg ;

A l'O., 1° de ce point jusqu'à la mer au ravin, limite des territoires d'Ouréah et de la Stidia par la limite de la commune de Mostaganem, telle qu'elle a été plus haut déterminée ; 2° par la mer jusqu'à l'embouchure de la Macta ;

Au S., la commune de Rivoli a pour limites celles de l'arrondissement lui-même, depuis la mer jusqu'au point indiqué par la borne G ;

A l'E., la limite O. du territoire de Sidi Chérif jusqu'au mamelon d'El Ardjem, point de départ.

Annexes : Aïn Nouissi, la Stidia.

DI.— 4 juill. 1855 (V. *Villes et villages*, § 2).—*Circonscription définitive des centres agricoles de Bled Touaria, Aïn Sidi Chérif, Aïn Boudinar, et pont du Chélif.*

DI.—31 déc. 1856 (V. *Commune*, § 5).— *L'arr. de Mostaganem comprend les communes de Rivoli, Pélissier, Aïn Tédélès, Aboukir.*

Arrondissement de Tlemcen.

DI.— 21 nov. 1851.—(V. *Commiss. civils*, §2.) — *Institution d'un commissariat civil dont le ressort sera celui attribué à la justice de paix par les décrets des 11 fév. 1850 et 8 sept. 1851.*

DI.— 17 juin 1854. — (V. *Commune*, § 5.) — *Institution et circonsc. de la commune de Tlemcen.*

Art. 7. — La circonsc. communale de Tlemcen comprendra : 1° Le territoire du commissariat civil, tel qu'il a été délimité par le décr. du 21 nov. 1851, combiné avec celui du 11 fév. 1851 (V. *Villes et villages*, § 2). — 2° Et comme sections de commune, les territoires des villages de Bréa, de Négrier, de Saf Saf, de Mansourah et d'Hennaya, tels qu'ils ont été délimité ; savoir : — Par décr. du 11 janv. 1849, pour Bréa et Négrier ; du 6 mai 1850, pour Saf Saf et Mansourah ; et du 8 sept. 1851, pour Hennaya (V. *eodem. §1*, pour les deux premiers décrets, et ci-après § 7,

Justice de paix de Tlemcen pour celui du 8 sept. 1851).

DI. — 30 sept.-8 nov. 1854. — B. 469. — *Territoire civil de Tlemcen.*

Vu le décr. du 21 nov. 1851 ;

Art. 1.— Le territoire civil de Tlemcen est délimité ainsi qu'il suit :

Au N., par une ligne qui, partant d'un point situé sur le Saf Saf, coté au plan sous le n° 4, et aboutissant au marabout de Muley Abd el Kader (point n° 5), arrive ensuite au mamelon d'El Hanouin (point n° 6).

A l'O., par une ligne d'environ 200 m., descendant sur le ravin Dermimin (point n° 7) ; — 2° Par ce ravin jusqu'à la route de Tlemcen à Lalla Maghrnia (point n° 8) ; — 3° Par le ravin d'Aïn el Hadjar, jusqu'à son commencement ; — 4° De là, par une ligne allant jusqu'au Djebel Fateot (point n° 9), et aboutissant, après avoir suivi les points culminants de cette montagne aux grottes de Dar Amzen (point n° 10), sur le ruisseau de Bou Hemra ; — 5° Enfin, par ce ruisseau, jusqu'au point où il est traversé par la route de Tlemcen au Maroc (point n° 11).

Au S., 1° par une ligne partant de ce point n° 11, montant directement au Djebel Souratiman (point n° 12), suivant les crêtes de montagnes et traversant les mamelons d'El Halliga Cheïr et Soughritaïne (points n° 13, 14 et 15), pour venir tomber dans la cascade de Loured (point n° 16), à l'endroit où le canal de Bou Medine prend son eau ; — 2° Par le Saf Saf.

A l'E., 1° par le Saf Saf, jusqu'au point de Lemteld (point n° 17) ; — 2° Par une ligne partant de ce point, aboutissant au Djebel Moulalan (point n° 18), et arrivant de là directement au télégraphe, sur le Djebel Hadid (point n° 19) ; — 3° Par une ligne partant de ce point et rencontrant la route de Tlemcen à Oran, à 1,500 m. environ du pont d'Ouzidan (point n° 1) ; — 4° Par le ravin partant de ce point jusqu'au ruisseau d'Ourid au point n° 2 ; — 5° Par ce ruisseau, jusqu'à son embouchure dans le Saf Saf (point n° 3) ; — 6° Enfin par cette rivière, jusqu'au point n° 4 (point de départ).

DI. — 13 oct. 1858. — (V. *Admin. gén.*, § 4.) — *La ville de Tlemcen est érigée en chef-lieu de sous-préfecture.*

Art. 5.— 4° L'arrond. de Tlemcen comprend la circonsc. du commissariat civil de Tlemcen et le district du commissariat civil de Nemours.

§ 5. — Districts ou commissariats civils.

1° Département d'Alger.

District d'Aumale.

DI.—18 juill. 1855.—(V. *Villes et villages*, § 1.) — *Territoire de colonisation d'Aumale.*

DI. — 13 oct. 1858. — (V. *Admin. gén.*, § 4.) — *Institution d'un commissariat civil dont le ressort s'étendra provisoirement à un rayon de 4 kilom. autour de l'enceinte du chef-lieu.*

DI. — 16 août 1859. — (V. ci-dessus, § 1.) — *Circonsc. de la commune d'Aumale.*

Art. 5. — La commune d'Aumale est délimitée ainsi qu'il suit :

Au N., la limite N. du territoire du village projeté aux Trembles, du point trigonométrique 41 au point 30 ; — Les limites E. et N. du territoire du village de Bir Rabalou jusqu'à l'Oued Zéroua ;

A l'O., l'Oued Zéroua, qui sépare le territoire de Bir Rabalou de la tribu des Ouled-Brahim ; — L'Oued Rè-fissa ; — L'Oued el Melhs ; — La limite O. du territoire du village des Trembles, jusqu'au point trigonométrique n° 19 ; — De ce point, une crête jusqu'au chemin dit Trek bou Djemel ; — Le chemin dit Trek bou Djemel, jusqu'à la limite de la terre du Coïd Sdad Saoud ; — La limite E. de cette propriété jusqu'à l'Oued Hiédria ;

Au S.. L'Oued Hiédria ;—L'Oued Zémoura ;—L'Oued Béary ; — L'Oued Mougary ; — Une ligne droite, partant de la naissance de cet oued et aboutissant à un ravin que

l'on suit jusqu'à un chemin conduisant de l'Oued Djenan à Aumale ;

A l'E., le chemin dit *Trek Lasnam* ; — Une ligne brisée, partant de ce chemin, aboutissant à un ravin dit *Chabet Sant Ouali ; —* Le Chabet Sant Ouali, jusqu'au chemin d'Aumale à Bordj Bouïra ; — Le chemin d'Aumale à Bordj Bouïra, que l'on suit un instant vers l'O. jusqu'au Chabet Chagran ; — Le Chabet Chagran, le Trek Mahoudja en un autre chemin, jusqu'à l'Oued Lekhal, formant la limite entre la terre domaniale de Smélda et l'ancienne banlieue d'Aumale ; — L'Oued Lekhal et l'Oued Féham, formant la limite E. du territoire du village de Guelt el Zergua ; — Et une crête passant par les points trigonométriques 59, 40 et 41, aboutissant à la limite du territoire du village d'Aïn Bessem restant en territoire militaire.

DI. — 5 sept. 1859. — (V. *Commune*, § 5.) — *Constitution en commune. — Même circonsc. que ci-dessus.*

District de Cherchell.

AM. — 20 sept. 1840. — (V. *Villes et villages*, § 1.)— *Fondation de Cherchell.*

AM. — 8 mai 1841.—(V. *Commiss. civils*, § 2.) —*Les ville et territoire de Cherchell formeront un district administré par un commissaire civil, et comprenant provisoirement l'espace renfermé dans la ligne extérieure des postes militaires.*

AM.—21 déc. 1842.—(V. *Commiss. civils*, § 2.) —*Le ressort du commissariat comprend la ville et le territoire qui en dépend.*

OR.— 15 juill.-14 août 1846.—B. 231.—*Agrandissement du territoire de Cherchell.*

Art. 1.—Le territoire civil de Cherchell a pour limites :

Au N., la mer ; — A l'E., l'Oued el Hachem, jusqu'à sa jonction avec l'Oued bou Hamoud ; — A l'O., le premier ravin après l'Oued el Hamman, depuis son embouchure dans la mer jusqu'au point où il rencontre le chemin qui sort de la montagne ;—Au S., une ligne partant du ravin ci-dessus désigné franchit l'Oued Hamman, l'Oued Shassous, la route de Miliannah par la Zaouïa, l'Oued Bellak, et aboutit à l'Oued bou Hamoud.

OR.— 21 août-15 sept. 1846.—B. 234.—*Ressort de l'admin. civile à Cherchell.*

Vu l'art. 19 de notre ord. du 15 avr. 1845 (*Admin. gén.*, § 1) ; Vu notre ord. en date du 15 juill. 1846 ;

Art. 1.—Les limites du territoire civil de Cherchell sont les mêmes que celles qui ont été assignées au territoire de la colonisation de cette ville, par l'art. 1 de notre ord. du 15 juill. 1846.

AG. — 9 juill. 1852.— B. 416.—*Annexion de la colonie agricole de Novi.*

AG. — 12 janv. 1855.— B. 450.— *Annexion de la colonie agricole de Zurich.*

DI. — 17 juin 1854. — (V. *Commune*, § 5.) — *Constitution et circonsc. de la commune de Cherchell.*

Art. 5.—La circonsc. communale de Cherchell comprend le territoire du commissariat civil, tel qu'il a été délimité par l'ord. du 15 juill. 1846, et les territoires des anciennes colonies agricoles de Novi et de Zurich, délimités par décr. du 11 fév. 1851 (V. *Villes et villages*, § 2).—Lesdites colonies formeront des sections de commune.

DI.— 28 oct. 1854.— B. 472.—*Territoire civil de Cherchell.*

Art. 5.— Le territoire de Cherchell a pour limites.

A l'O., l'Oued Tamisda ;
Au S., une ligne fictive longeant le pied du coteau Tazrourira jusqu'à l'Oued Anserrou ; — Le chemin de

Tarzout remontant au N.; — Le ruisseau de Tarzout remontant au S.; — Le chemin de Talan Saâda; — Le
chemin Tazrourira, passant par les sommets Edjiay Ba-
cbé, Ammous Narcesse et Abd el Melouk; — Le sentier
passant par les pics Etentayette, Toucagne ou Hammam
et Vegemestel; — Le ravin descendant dans l'Oued
Hamman; — La rive gauche de l'Oued Hamman; — Le cours de
l'Oued Bel Asker; — Le cours de l'Oued Ben Lazem; —
L'Oued Thebaynen; — L'Oued Khater y Kouernenjusqu'à la
route de Milianah à Cherchell, par la Zouala; — La ligne
des cours d'eau de l'O. à l'E., se déversant dans l'Oued
Bellah; — Une ligne descendant la rive droite de l'Oued
Bellah, puis contournant un ruisseau au S., traversant
l'Oued Touchna et suivant l'Oued Bou Hamoud; — Une
ligne partant de l'Oued Bou Hamoud et aboutissant à l'Oued
Bou Hamoud, au S. du Djebel Bou Hamoud; — La crête
passant par les grands aqueducs; — La traverse de l'a-
queduc sur l'Oued El Kouas; — La crête des grands
aqueducs; —Les crêtes de Tidafs, dites Koudiat Tazouda,
Sidi Sekri, Tis Oula, Bou Ikkourden, Sidi Ali ou Amar;
— La rive gauche de l'Oued El Bourmat; — Le gué
Mokta Saf Saf; — Le chemin de Kamis;
   A l'E., la branche S. de l'Oued el Hachem; —L'Oued
Sidi Sliman; — Les crêtes Kerma el Mera, Koudiat Bou
Rouer, et Bou Areug jusqu'au chemin de Cherchell à
Blidah; — A partir de ce chemin, l'Oued Kersellah jus-
qu'à son embouchure dans l'Oued el Hachem; — La rive
droite de l'Oued el Hachem jusqu'à la mer;
   Au N., la mer.
   Art. 6.— Sont abrogées les ord. des 15 juill. et
21 août 1846.

DI. — 16 août 1859. — (V. ci-dessus, § 1.) —
Circonsc. de la commune de Cherchell.

   Art. 12. — La délimitation de la commune de
Cherchell, déterminée par le décr. du 28 oct. 1854,
est modifiée de la manière suivante:
   Au N., la mer, depuis l'embouchure de l'Oued Nador
jusqu'à l'Oued Tamisda;
   A l'O., l'Oued Tamisda;
   Au S., une ligne fictive, longeant le pied du coteau de
Tazrourira jusqu'à un ravin où commence l'agrandissement du territoire de Novi; la limite S. de cet agrandissement, jusqu'à une crête formant limite de l'ancien territoire de Novi, auprès de laquelle prend naissance l'Oued
Chaaba Aouman; cette même crête, se dirigeant vers le
N, passant par les pics de Ezentayette, Toucagne ou Hammam, et aboutissant à la limite du lot n° 109 de la section G du territoire de Novi; la limite S. du lot n° 109,
jusqu'à un sentier; ce sentier, puis un ravin que l'on suit
jusqu'à l'Oued el Hammam; le cours de l'Oued bel Asker;
un ravin tombant dans l'Oued Ghezoul; l'Oued Ghezoul,
en remontant son cours jusqu'à l'Oued ben Lazem; l'Oued
ben Lazem; l'Oued Thebaynem, jusqu'à l'Oued bou Rerik;
l'Oued Khater Kouainem, jusqu'à la route de Milianah à
Cherchell par la Zouala; de cette route, un grand ravin e
jetant dans l'Oued Bellah; l'Oued Bellah, en descendant
son cours, jusqu'au premier ravin à droite, que l'on suit
presque jusqu'à la crête; une ligne brisée, aboutissant à
l'Oued ben Hamoud et traversant l'Oued Touchena; l'Oued
ben Hamoud, jusqu'à un coude très-prononcé, situé un
peu au sud du Djebel ben Hamoud; une ligne droite, partant de ce coude et aboutissant à un autre Oued ben Hamoud, en passant au S. du Djebel ben Hamoud; la crête,
passant par les grands aqueducs romains construits sur
l'Oued el Kouas; la crête dite des *Grands-Aqueducs*; les
crêtes de Tidafs, dites *Coudiat Tazouda Sidi Sekri, Tis
Oula, Bou Ikkourden, Sidi Ali ou Amar;* l'Oued el Bourmat, en descendant son cours, jusqu'au gué de Mokta
Saf saf; de ce point, le chemin du Khamis, jusqu'à la limite S. du lot n° 1, de la section G du territoire de Zurich; cette limite, jusqu'à l'Oued el Hachem; l'Oued el
Hachem, en descendant son cours, jusqu'à sa jonction avec
l'Oued Sidi Slimann; l'Oued Sidi Slimann, jusqu'à sa
rencontre avec la route de Cherchell à Blidah; puis la
route de Cherchell à Blidah, jusqu'à l'Oued bou Iersen;
   A l'E., l'Oued bou Iersen, jusqu'à sa rencontre avec
l'Oued Nador; et l'Oued Nador, jusqu'à la mer.

DI. — 10 déc. 1859-6 janv. 1860. — BM. 51. —
Ressort du commissariat civil.

   Art. 3.— Le ressort des commissariats civils de

.... Cherchell, s'étend sur le territoire respectivement affecté à chacune de ces communes.

District de Dellys.

AG.—2 mars 1815.—(V. *Villes et villages,* § 1.)
— *Fondation d'une ville à Dellys.*

DI. — 31 déc. 1856. — (V. *Commune,* § 3.) —
*Institution d'un commissariat civil. — Cir-
conscription.*

   Art. 3. — Le district du commissariat civil de
Dellys est rattaché à l'arrond. d'Alger. Il comprend, outre la ville et le territoire qui en dépend
le centre de Ben N'choud. — Son territoire est
limité:
   Au N., par la mer, depuis l'embouchure de l'Oued-
Sebaou à l'O., jusqu'à celle de l'Oued-Oubey à l'E. ;—Au
S., par une ligne brisée passant par les points trigonométriques nos 172, 166, 154, 153, jusqu'à la rencontre du
Chama Bouya-Ahmed; par ledit Chama, jusqu'à la rencontre de l'Oued Hammam, et à partir de l'Oued Hammam
par la limite des concessions de Ben N'choud jusqu'à leur
rencontre avec l'Oued Sebaou; — A l'E., par l'Oued
Oubey, depuis son embouchure jusqu'au point B, déterminé par la rencontre d'une ligne droite passant par les
points trigonométriques nos 166 et 172; — A l'O., par
la rive droite de l'Oued Sebaou, à partir de son embouchure et en remontant jusqu'au point C des concessions
de Ben N'choud.

DI. — 31 déc. 1846. — (V. *Commune,* § 3.) —
Constitution en commune. — Même circonsc.

DI. — 16 août 1859.— (V. ci-dessus, § 1.)—*Circonsc. de la commune de Dellys.*

   Art. 4. — La délimitation de la commune de
Dellys, fixée par le décr. du 31 déc. 1856, est modifiée ainsi qu'il suit :
   Au N., par la mer, depuis l'embouchure de l'Oued
Oubey jusqu'à celle de l'Oued Sébaou;
   A l'O., l'Oued Sébaou, jusqu'à la rencontre d'un ravin
formant sur la rive gauche de cette rivière la limite N. du
territoire du village projeté à Barlia; les limites O. et S.
de ce territoire pour la partie située sur la rive gauche
de l'Oued Sébaou ; l'Oued Sébaou, que l'on remonte jusqu'à la limite S. du territoire de Dar-el-Bélda;
   Au S., la limite S. du territoire de Dar el Bélda,
formée par le Kef el Ammar ; Un chemin, conduisant de
Dar el Beïda à Bouhabachou, formant la limite du territoire de Bordj-Sébaou, jusqu'à la rencontre d'un ravin;
ce ravin, que l'on remonte jusqu'en face du Drâ Zâtoutia;
le Drâ Zâtoutia, jusqu'à l'Oued er Rha; de l'Oued er
Rha, une crête formant la limite entre la tribu de Taourga
et celle des Améraoua, passant par le Koudiat Kriam Sa-
lam, Dra Kerrouch, Dra Ktous, Dra el Attach, et aboutissant à Dra Takeps;
   A l'E., une ligne brisée passant par les Koudiats Tik
Boubin, Bou Keunaffou, les rochers dits *Hadjar Aïn
Nouna,* et aboutissant au chemin appelé *Trek Erril;* ce
chemin, que l'on remonte vers le N. jusqu'à la limite qui
sépare le Bled Mezoudj du Bled Mechachka; cette limite,
aboutissant au chemin dit *Trek Cherraba,* presque en
face d'un rocher appelé *Hadjar ben Ahmed;* ce chemin,
jusqu'au Chabet Lakser, formant lim'te entre le Bled el
Chegga et le Bled Mechachka; le Chabet Lakser, jusqu'à
l'Oued el Kébir ; l'Oued el Kébir, jusqu'à l'Oued ou Bey,
et l'Oued ou Bey, jusqu'à son embouchure, point de départ.

DI. — 10 déc. 1859-6 janv. 1860. — BM. 51. —
Ressort du commissariat civil.

   Art. 3. — Le ressort des commissariats civils de
.... Dellys s'étend sur le territoire respectivement
affecté à chacune de ces communes.

District de Marengo.

DI. — 15 janv. 1855 (V. *Commiss. civils,* § 2).
— *Institution d'un commissariat civil. —
Circonscription.*

   Art. 2. — Le ressort du commissariat civil de
Marengo est fixé ainsi qu'il suit :

Au N., la mer depuis l'Oued Barguet jusqu'à l'Oued Nador;

A l'O., le cours de l'Oued Nador jusqu'à la limite O. de la colonie de Marengo; cette limite jusqu'à l'Oued Meurat, que l'on remonte ainsi que l'Oued El Kebir jusqu'à la tête de la prise d'eau de Marengo; de ce point la ligne des crêtes jusqu'à la rencontre avec l'ancienne route de Cherchell à Milianah; cette ancienne route jusqu'à sa bifurcation avec la nouvelle route de Milianah à Marengo, que l'on suit jusqu'à sa rencontre avec la limite S. de cette colonie;

Au S., la limite S. de la colonie de Marengo; la limite S. de la colonie de Bourkika;

A l'E., la limite O. des concessions de Haouch Ben Meïda, l'ancien chemin de Cherchell à Blidah, en contournant toutefois une parcelle de la colonie de Bourkika, jusqu'à la limite S. de la concession de Tipaza; la limite de cette concession et l'Oued Barguet, que l'on descend jusqu'à la mer. — Les villages de Bou Medfa, de Vesoul Benian, ainsi que leur territoire délimité par le décr. du 28 oct. 1854, sont compris dans le ressort du commissariat civil de Marengo.

DI. — 31 déc. 1856 (V. *Commune*, § 5). — *Modification à la circonsc.*

Art. 2. — Les centres de population créés à Vesoul Bénian et à Bou Medfa sont distraits du commissariat civil de Marengo, pour être réunis en une circonsc. communale séparée, et qui relèvera immédiatement de la sous-préfecture de Blidah. — Le centre de population d'Ameur el Aïn est réuni au commissariat civil de Marengo, dont la limite à l'E. se trouve reportée au cours de l'Oued Djer.

DI. — 31 déc. 1856 (V. *Commune*, § 5). — *Modification à la circonsc. communale.*

Art. 12. — La commune de Marengo comprend le territoire du commissariat civil de ce nom, tel qu'il est déterminé par notre décret de ce jour. Les centres de Bourkika, de Tipaza et d'Ameur el Aïn forment autant de sections de la commune de Marengo.

DI. — 10 déc. 1859-6 janv. 1860. — BM. 51. — *Ressort du commissariat civil.*

Art. 3. — Le ressort des commissariats civils de ..... Marengo s'étend sur le territoire respectivement affecté à chacune de ces communes.

DI. — 16 août 1859 (V. ci-dessus, § 1). — *Circonsc. communale.*

Art. 11. — La délimitation de la commune de Marengo, fixée par le décret du 31 déc. 1850, est modifiée ainsi qu'il suit :

Au N. : La mer, depuis l'Oued Houreït, formant la limite O. du territoire de Bérard, jusqu'à l'embouchure de l'Oued Nador;

A l'O., l'Oued Nador, depuis son embouchure jusqu'à l'Oued bou Iersen, jusqu'à la route de Cherchell à Blidah; la route de Cherchell à Blidah, jusqu'à l'Oued Fera Megheroud; l'Oued Fera Megheroud, en remontant au S., jusqu'à la limite du lot n° 275 de la section O du territoire de Marengo; la limite S. du lot n° 275, aboutissant à l'Oued Mérad; l'Oued-Mérad, en remontant son cours jusqu'à la prise d'eau du conduit d'alimentation du village de Marengo; une crête, aboutissant à la route de Cherchell à Milianah, par la montagne non loin de l'Oued bou Djabroun;

Au S. : La route de Cherchell à Milianah, par la montagne, jusqu'à son embranchement avec la route de Marengo à Milianah; la route de Milianah à Marengo, en remontant cette voie, dans la direction de Marengo, jusqu'à un chemin d'exploitation; ce chemin d'exploitation, formant la limite S. des lots n° 379 et 380 de la section O de Marengo. Un autre chemin, se dirigeant vers le N., jusqu'à l'Oued Sidi Moussa; l'Oued Sidi Moussa; jusqu'à la limite S du territoire de Bourkika; la limite S. du territoire de Bourkika; la limite S., des concessions faites sur le haouch Ben Meïda; la limite S. du haouch Zaouïa el Kébira; la limite S. du territoire d'Ameur el Aïn;

la limite S. du hameau de Chaterbach, jusqu'à l'Oued Djer;

A l'E. : L'Oued-Djer, jusqu'à la limite des haouchs Serumback et Sidi el Heubchi; la limite des haouchs Serumback et Sidi el Heubbhi, jusqu'à la rencontre de la limite séparant au N. ce dernier haouch de celui de Ben Khoucha; la limite de Ben Khoucha, se dirigeant vers l'E., jusqu'au territoire de Bérard (*Tagoureïth*), et la limite O. du territoire de Bérard, formée en partie par l'Oued Houreït, jusqu'à la mer;

District d'Orléansville.

DI. — 21 nov. 1851 (V. *Commiss. civis*, § 2). — *Institution d'un commissariat civil dont le ressort s'étend provisoirement à un rayon de 2,000 m. de distance autour de l'enceinte du chef-lieu.*

AG. — 9 ju. 1852. — B. 410. — *Annexion de la colonie ~icole La Ferme.*

DP. — 22 sept.-20 nov. 1852. — B. 424. — *Circonscription du commissariat d'Orléansville.*

Art. 1. — La circonscription administrative et judiciaire du commissariat civil d'Orléansville est déterminée de la manière suivante :

Au N., la limite partant d'une borne indiquée au plan ci-joint, sous le n° 2, suit un chemin arabe dit Aïn Meran jusqu'aux n° 3 et 4, puis longe un chemin arabe jusqu'à la borne n° 5, et de là descend, par une ligne droite, jusqu'à la borne n° 6, sur la rive du Chélif; suit cette rive jusqu'en face du confluent de l'Oued Kerar avec le Chélif;

A l'E., la limite, après avoir coupé le Chélif à ce confluent, remonté l'Oued Kerar jusqu'à un chemin arabe qu'elle suit jusqu'à un marabout;

Au S., à partir de ce marabout, la limite suit la crête des coteaux jusqu'à la borne n° 7, et ensuite une ligne passant au moyen de plusieurs brisures indiquées au plan par les bornes 8, 9, 10, 11, 12, 13, 14, 15, 16 et 17, jusqu'à la rencontre d'un chemin arabe; suit ce chemin jusqu'au lieu dit Zoudja Khalifa, descend l'Oued Zoudj Khalifa jusqu'à l'Oued Tigahout; descend ce ruisseau jusqu'à la borne n° 18, et de là, rejoint par une ligne droite l'Oued Alloula en passant par les bornes n° 19 et 20; descend l'Oued Alloula jusqu'au chemin d'Orléansville à Mostaganem, jusqu'à un ruisseau dont elle descend le cours jusqu'au Chélif et traverse le Chélif en face du confluent de ce ruisseau;

A l'O., la limite suit la rive droite du Chélif jusqu'à la borne n° 1, et une ligne droite rejoignant la borne n° 2, point de départ, sur le chemin d'Aïn Meran.

Art. 2. — La colonie de Ponteba dont le territoire est compris dans la circonscription fixée par l'art. 1, continuera transitoirement et jusqu'au 31 déc. 1852, à être administrée par l'autorité militaire.

AG. — 12 janv. 1853. — B. 430. — *Annexion de la colonie agricole de Ponteba.*

DI. — 28 oct. 1854. — B. 472. — *La délimitation du territoire civil d'Orléansville est maintenue telle qu'elle a été fixée par l'art. 1 du décret du 22 sept. 1852. — L'art. 2 dudit décret est abrogé.*

DI. — 31 déc. 1856 (V. *Commune*, § 5). — *Institution et circonscription de la commune d'Orléansville.*

Art. 3. — La circonscription communale d'Orléansville est celle qui a été attribuée au commissariat civil par le décret du 22 sept. 1852, y compris les villages de Ponteba et de La Ferme. — La délimitation reste telle qu'elle a été fixée par le décret du 22 sept. 1852.

DI. — 16 août 1859 (V. ci-dessus, § 1). — *Circonscription communale.*

Art. 21. — La délimitation de la commune d'Orléansville, fixée par le décret du 22 sept. 1852, est modifiée ainsi qu'il suit :

Au N., la rive droite du Chélif, depuis le confluent de l'Oued bou Lekref jusqu'au lieu dit *Hardjet Sidi Hennil*, près du confluent de l'Oued bou Silman ;—Les crêtes des Coudiat Dhil Slougin et El Aarar Aïda, où se trouvent placés les points trigonométriques 23 et 22 ;— Le ravin appelé *Mekatela*, jusqu'à son confluent avec l'Oued Mèroul ;—Une crête allant vers l'O., aboutissant au point 21 placé sur le Kef el Ouguch (*Rocher de l'Aigle*) ;— Une ligne droite partant de ce point, aboutissant à la naissance d'un ravin, puis ce ravin et une ligne aboutissant au point n° 19, appelé *Haoud Sekkouna* ;—Lesdites limites séparant la tribu des Ouled Kosseïr de la tribu des Beni Rached ;— Un chemin partant du point Haoud Sekkouna, jusqu'à l'olivier Sidi Sâah ;— Ce même chemin, entre l'olivier de Sidi Sâah et le Feïd ben Daha ;—Un pli le terrain formé par le fond N. de la vallée Feïd ben l'aha ; — Plusieurs sentiers, que l'on suit jusqu'à la rencontre d'une des branches de l'Oued bou Khenous ;— L'Oued bou Khenous, jusqu'au Chélif ;— Le Chélif, jusqu'à la limite formée par le Sera Mohamed ben Halima ; —Le Sera Mohamed ben Halima, jusqu'au chemin d'Orléansville aux Beni Rached ;— De ce chemin, une ligne droite aboutissant à un chemin conduisant aux Medjadja ; —Ce chemin jusqu'à un signal ;—Une ligne droite aboutissant au chemin dit *Trek Chebaka* ;— Ce chemin, jusqu'à la limite d'une parcelle enclavée dans les Medjadja, formée en partie par le chemin dit *Trek Feïdat* ;— Un sentier aboutissant à l'Oued el Fers ;— L'Oued el Fers, jusqu'au point trigonométrique n° 76, placé au lieu dit *Sidi ben Ali* ;—Un chemin, divisant la réserve forestière, appelé *chemin de la Crête* et aboutissant au télégraphe des Medjadja ; — Une crête jusqu'à la route d'Orléansville à Ténès ;— De cette route, une ligne brisée traversant les Trek el Aïcha, Trek ben Kadel, et passant par le point dit *Khouan el Kheïl* ;—De ce point, un ravin aboutissant au chemin d'Orléansville à Mazouna ;—Ce chemin, jusqu'au point trigonométrique n° 55 ;— Une ligne brisée, partant de ce point et aboutissant à un signal situé sur le chemin du marché ; — Ce chemin, jusqu'au Chélif, à 500 m. environ du confluent de l'Oued Ouarhan ;— Le Chélif, jusqu'au point qui divise les tribus des Ouled Farès des Sbéas et des Ouled Kosseïr, à 300 m. environ du Bordj Kaïd el Abd ;

A l'O., un chemin partant du point de jonction des trois tribus dont il vient d'être parlé, passant près du cimetière appelé *Sidi ben Djilali ben Toufa*, traversant l'Oued Isly au gué dit *Mechera ben Settil*, et aboutissant à l'Oued Medinat Zebous ;—L'Oued Medinat Zebous, jusqu'à un contre-fort aboutissant au Dar Leïla, point trigonométrique n° 50 ;—Une ligne partant de ce point, passant successivement aux points trigonométriques 51, dit *El Amra*, et 68, et aboutissant à un ravin que l'on suit jusqu'à l'Oued Kaf el Amar ;— L'Oued Kaf el Amar, que l'on remonte jusqu'en face du point trigonométrique n° 69, dit *Koudiat el Kem* ; — Une ligne passant par ce point et celui de Koudiat el Guebli, et aboutissant à l'Oued Kseb ;— L'Oued Kseb, jusqu'à sa rencontre avec l'Oued Béagal ;— L'Oued Béagal, que l'on remonte jusqu'à une ligne aboutissant au n° 142 ;— Une ligne partant de ce point, passant par Khebouni Djabal, Achet Diafou, et arrivant au chemin de la Crête, en suivant le Sera ben Emerach ;— Ce chemin, passant par le Djebel Lehoula, Serek Beshes et Kerba Aliben Djilali, jusqu'à un sentier que l'on suit et qui aboutit à l'Oued ben Malmati ; —L'Oued ben Malmati, jusqu'au Feïd el Gharbia ;— Une ligne, passant par deux jujubiers et aboutissant à Drâ Zoudj Batra, qui forme le point de jonction des tribus des Ouled Kosseïr, des Sbéah du S. et des Beni Houragh ;

Au S., un chemin passant à Drâ Zoudj Batra, près du marabout de Moulet Abd el Kader, à Koudiat Guemata, et aboutissant au koudiat el Khechoucha ;— Une ligne partant de ce point et aboutissant à l'Oued bou Melhoul ; — L'Oued bou Melhoul, que l'on suit jusqu'à la rencontre de l'Oued Safsaf ;—De ce point, l'Oued el Hammam, que l'on suit jusqu'à l'Oued Isly, où commence le territoire de la tribu des Sindjès ;— L'Oued Isly, que l'on descend jusqu'à l'Oued Ghroum ;— L'Oued Ghroum jusqu'à sa naissance ;—Une ligne, passant par la Goubba ben Adda, le point trigonométrique n° 59, Aarrar Terroux, le Feïd Zenidja el Aarrar, et aboutissant à l'Oued ben Allous ;— L'Oued ben Allous jusqu'à sa naissance ;— De ce point, une ligne brisée par Ghaar Tzaleb, Drâa Set el Nemeur, Chabel Khetra, et aboutissant au chemin d'Ammit Moussa

à Orléansville ; — De ce chemin, un ravin se jetant dans l'Oued Sidi Silman, puis un autre ravin ayant son confluent sur la rive droite de cet Oued, que l'on remonte jusqu'à sa naissance ;— Une ligne brisée, suivant la crête, passant par un tas de pierres, Bou el Ghaba, marabout Sidi Abd el Kader (n° 168), une borne, et aboutissant à l'Oued Aouaoua, à 100 m. environ d'un four à chaux ;— Une crête, passant par le point trigonométrique n° 79, jusqu'au Thigaout ;— L'Oued Zoudj Khalifa, jusqu'à sa naissance sous le point n° 174 ;— Une ligne brisée, suivant plusieurs chemins et aboutissant à l'Oued bou Adouan ;— Un ravin et plusieurs chemins, que l'on suit pour rejoindre l'Oued bou Adouan ;—L'Oued Kerma, que l'on suit jusqu'à sa naissance ;— Une crête, passant par El Kaïa (n° 165) et aboutissant par un contre-fort à l'Oued Zeroud ;— Le Chabet el Biajusqu'à sa naissance ;— Une ligne de crêtes, passant par le télégraphe des Ouled Kosseïr, Tachier, Sera M'ta el Haoula, Coudiat Chaïba, Haoudi Bouzir, et aboutissant au Chabet Messaoura ;— Le Chabet Messaoura, jusqu'au point trigonométrique n° 83 ;— Un chemin, passant par les points trigonométriques 85, 86, 88, et aboutissant à l'Oued Fodda, près du point 91, où commence la tribu des Attafs ;

A l'E., l'Oued Fodda, que l'on descend jusqu'au gué dit *Zérerka* ;— Un chemin, prenant à gauche et aboutissant à la route de Milianah à Orléansville, au point dit *Zeboudj Mahhi ed din* ;— Une ligne droite, partant de cet olivier (*Zeboudj*) et aboutissant au point trigonométrique, n° 70 ;—Une crête appelée *Aoud el Koura ben el Krifa*, jusqu'à la naissance de l'Oued el Meddah ;— L'Oued el Meddah ; — L'Oued bou Khelaa ;— Et l'Oued bou Lekref, jusqu'à son confluent avec le Chélif, point de départ.

District de Ténès.

AM. — 14 janv. 1848 (V. *Commiss. civils*, § 2). — *Institution d'un commissariat civil.*

DP. — 31 juill.-28 août 1851.—B. 301—*Ressort de l'administration civile à Ténès.*

Art. 1.— Le territoire civil de Ténès est limité :

Par une ligne qui, partant de l'embouchure de l'Oued Kseb à l'O., remonte cette rivière jusqu'au col de Taraka ; — De là suit, sur une longueur de 2,000 m. environ, vers le N.-E., le chemin des crêtes, continue vers l'E., en laissant au N. le marabout de Sidi Atenti, et suit les crêtes qui dominent le bassin de l'Oued Arour jusqu'à son confluent avec l'Oued Allala ; — Se point remonte vers l'O., puis se dirige au S.-E., en embrassant le territoire de la colonie agricole de Montenotte jusqu'aux sources de l'Oued Tazzoud et de l'Oued Rehan ;

A partir de ces sources, la ligne de délimitation se prolonge par les crêtes qui dominent d'un côté le bassin de l'Oued Rehan et de l'autre côté le bassin de l'Oued el Djedje, jusqu'à la rencontre de l'ancienne route du Ténès à Orléansville ; — Elle suit cette route jusqu'à son intersection avec l'Oued Allala ; — Descend cette rivière jusqu'au pied des collines de la rive droite de manière à comprendre le vieux Ténès dans le territoire civil ; — Se dirige en suivant le pied des collines jusqu'à la rivière de Bou Soussa ;—Remonte l'Oued Bou Soussa, qui prend plus haut le nom de Oued Tifilettas jusqu'à sa source ; — A partir de cette source, la limite suit la ligne de partage des eaux du bassin de l'Oued Tifilettas et de celui de l'Oued Sidi Bou Yacoub, jusqu'au cap de Ténès ;

Au N., le territoire civil est borné par la mer depuis le cap Ténès jusqu'à l'embouchure de l'Oued Kseb.

Art. 2. — Jusqu'à ce qu'il ait été statué sur le rattachement des colonies agricoles aux territoires civils, la colonie agricole de Montenotte, sera distraite de la juridiction du commissaire civil de Ténès.

BI. — 17 juin 1851 (V. *Commune*, § 5).— *Institution et circonscription de la commune de Ténès.*

Art. 4.—La circonscription de la commune de Ténès est celle qui a été attribuée au commissariat civil par le décret du 31 juill. 1851, y compris le territoire de l'ancienne colonie agricole de Montenotte. Ce village formera une section de commune.

AG. — 12 janv. 1853. — B. 430. — *Annexion de la colonie agricole de Montenotte.*

DI. — 28 oct. 1854. — B. 473. — *Territoire civil de Tenès.* — *Délimitation.*

Au N., la mer;

A l'O., le cours de l'Oued Kesseb, depuis son embouchure jusqu'au col de Tazaka; — Le chemin des crêtes, depuis le col de Tazaka jusqu'au télégraphe des Charer; — Une ligne droite partant du télégraphe des Charer, allant rejoindre la fontaine romaine; — La rive droite de l'Oued el Harour jusqu'au point d'intersection de ce ruisseau et du chemin qui conduit au col de Rebla; — La chemin du col de Rebla jusqu'au col dit Bab el Rebla; — La rive gauche d'Aïn Kesseb, depuis ce col jusqu'au cimetière de Sidi Haddid; — Une ligne droite partant du cimetière de Sidi Haddid jusqu'au ravin situé à l'O. du cimetière de Montenotte; — Ce ravin longeant le cimetière de Montenotte jusqu'à l'Oued Allalah;

Au S., une ligne droite partant de l'Oued Allalah, traversant l'Oued Ali, et gagnant le ravin de Toumiate; — Le ravin de Toumiate jusqu'à l'Oued Ali; — Le cours de l'Oued Ali, qu'on remonte jusqu'à l'Oued Bou Fadit; — L'Oued Bou Fadit jusqu'à sa jonction avec l'Oued Bou Chitan; — L'Oued Bou Chitan jusqu'au point d'intersection formé par la ligne droite partant du mont Si Bou Aïssi et allant joindre le Kef el Biat;

A l'O., une ligne brisée partant de l'Oued Bou Chitan, atteignant Kef el Biat, Djebel Ammar, Djebel Zererzoumara et aboutissant au point de bifurcation principal de l'Oued Heni ou Oued Djedj; — Le cours de ce ruisseau jusqu'au confluent de l'Oued Allalah; — La rive droite de l'Oued Allalah jusqu'à sa sortie des gorges; — A partir de ce dernier point, la vallée qui sépare la plaine du nouveau Tenès de la partie montueuse, jusqu'à l'Oued Bou Souma; — Le cours de l'Oued Bou Souma, qui prend successivement en remontant les noms de Teffilet et de Gracbia jusqu'aux sources de ces divers ruisseaux; — A partir de ce point, une ligne sinueuse suivant les limites de partage des eaux du bassin de Teffilet avec l'Oued Sidi Bou Yacob, et aboutissant au cap Tenès.

DI. — 16 août 1859 (V. ci-dessus § 1). — *Circonscription de la commune de Tenès.*

Art. 3. — La délimitation de la commune de Tenès, déterminée par le décret du 28 oct. 1854, est modifiée ainsi qu'il suit:

Au N., la mer, depuis l'Oued bou Yacoub, débouchant dans la baie de Taragnia, jusqu'à l'Oued Mè'ah;

A l'O., l'Oued Mèlah et un ravin formant la limite E. de la tribu de M'tallassa; — Le Djebel Meçaoud, aboutissant par un contre-fort au confluent de l'Oued Ameri avec l'Oued Sidi Salah; — L'Oued Sidi Salah, que l'on remonte jusqu'à un ravin prenant naissance dans le Djebel Souman; — Ce ravin et le Djebel Souman, jusqu'à la naissance d'un autre ravin que l'on suit et qui se jette dans l'Oued Allalah;

Au S., l'Oued Allalah, que l'on descend jusqu'à la hauteur du camp des Chasseurs et jusqu'à la rencontre d'un chemin appelé *Trek el Hacmès*; — Ce chemin, jusqu'à un autre chemin appelé *Trek Senadig*; — Le *Trek Senadig*, jusqu'à un chemin de traverse se rendant directement du camp des Chasseurs à Tenès; — Ce dernier chemin, jusqu'à l'Oued Semmann; — L'Oued Semmann, jusqu'au point où il se jette dans l'Oued Allalah; — l'Oued Allalah, que l'on descend jusqu'à l'Oued el Mèlah; — L'Oued el Mèlah et un ravin aboutissant à un Oued du même nom; — Une crête, passant par un jujubier sauvage et aboutissant par un contre-fort à l'Oued Anseur el Naz; — L'Oued Anseur el Naz, que l'on remonte jusqu'à l'Oued Sidi Lakdar; — L'Oued Sidi Lakdar, que l'on remonte jusqu'au point trigonométrique 122; — Une crête, aboutissant au point trigonométrique 123, portant le nom de Kaf Nèga; — Le Feld el Nèga,

tombant dans l'Oued bou Sekanne, que l'on suit jusqu'à l'Oued Makarech; — L'Oued Makarech et un chemin aboutissant à un ravin que l'on remonte jusqu'à une source appelée Aïn Alteg, située non loin du marabout de Haoulta Si Mamar, qui reste en territoire militaire; — La crête du Djebel bou Chedda, aboutissant par un contre-fort au Chabet el Guédour; — Le Chabet el Guédour, jusqu'à l'Oued Guétara; — L'Oued Guétara, jusqu'à son confluent avec l'Oued Ghazen, que l'on remonte par une de ses branches jusqu'à la source dite Aïn el Hadjar; — Une ligne brisée aboutissant au Drah Sahnoun; — Lesdites limites faisant à la fois la séparation entre le nouveau territoire civil et la tribu des Heumis; — Une crête, partant du Drah Sahnoun, jusqu'à la naissance d'un ravin que l'on suit et qui se jette dans l'Oued Zelgroa; — L'Oued Zelgroa, que l'on descend jusqu'à la limite E. de la concession des mines de Bou Hallou; — La limite E. de cette concession, passant par le Djebel Trit Habelid, jusqu'à la rencontre de l'Oued bou Hallou; — L'Oued bou Chitan; — L'Oued bou Brahim; — Une ligne, partant de la naissance de l'Oued bou Brahim, aboutissant à l'origine de l'Oued bou Chagral; — L'Oued bou Chagral; — L'Oued Sidi Ali; — L'Oued Salamoun; — Le Djebel Tazanoun; — L'Oued Abouden; — Et l'Oued bou Yacoub, jusqu'à son embouchure, point de départ.

2° Département de Constantine.

District de Batna.

APE. — 12 sept. 1848 (V. *Villes et villages*, § 1). — *Fondation de la ville de Batna, appelée d'abord Nouvelle Lambèse.*

DI. — 15 oct. 1858 (V. *Admin. gén.*, § 4). — *Institution d'un commissariat civil dont le ressort s'étendra provisoirement à un rayon de 4 kilomètres autour de l'enceinte du chef-lieu.*

DI. — 14 sept. 1859. — BM. 42. — *Délimitation du ressort* (1).

Art. 1. — Le district du commissariat civil de Batna, arrond. de Constantine, est définitivement limité ainsi qu'il suit:

Au N., partant du Coudiat Hamla : le Coudiat Tiza; Le Coudiat Hanon; le Djebel bou Merzoug; Foüm Islamen (cimetière arabe); le Djebel Akken Rem; le chemin du Foüm Islamen au Chabet bou Hef; l'Oued et le Chabet bou Hef; la route de Batna à Constantine, jusqu'au camp des nomades; une ligne brisée, passant par Aïn Fesdis et rejoignant par un sentier la route de Batna à Constantine, jusqu'au pied du Djebel Fesdis; le Djebel Fesdis; Merfag el Baroud; le Djebel Tarlit; le Teniet el Ksar, et le Djebel Touda.

A l'E., le Djebel Mezouala; le Djebel Tafraat; le Teniet el Bilhoum.

Au S. et à l'E., une ligne brisée, passant au pied du Djebel bou Arif, jusqu'à sa rencontre avec l'Oued Kerma; ce cours d'eau jusqu'au chemin de Batna au marabout Sidi Ali Taamenst; ce chemin jusqu'à l'Oued Ali Guerra; de cet oued, une ligne passant par le fond du ravin qui sépare le Djebel bou arif du Djebel Azeb, jusqu'à sa rencontre avec le chemin de Batna à Tioukelinn; de ce point une ligne brisée passant par Merfag Sfondar, traversant le chemin de Batna à Krencha, et aboutissant à un sentier qu'elle suit jusqu'à l'Oued Ruel; le ruisseau Ceuta Abdallah ben Braham; un sentier passant par Aïn Merdjet el Beraïna, jusqu'au ravin de Bertonnelli; ce ravin jusqu'à Aïn bou Benana.

A l'O., le Djebel bou Adeloün; le Chabet el Rhoul, jusqu'au chemin qui, de ce point, conduit à Batna; ledit chemin; le pied N. du Merfag si bel Kher et du Djebel Ich Ali, jusqu'à la rencontre du chemin de Biskara à Batna; ledit chemin jusqu'à un amandier marquant l'angle S.-O. de cette direction; enfin une ligne droite partant de cet arbre et remontant jusqu'au Coudiat Hamla, point de départ.

___

(1) Le district de Batna fait partie de l'arrond. de Constantine. Le périmètre qui lui est assigné embrasse une superficie d'environ 20,000 hect., mesurant 28 à 30 kilom. de longueur sur une largeur très-variable, déterminée par la configuration même de la vallée qui sépare le Belesma des monts Aourès. — Il comprend le fertile

territoire de l'ancienne Lambessa et les centres projetés de Fesdis et de Quessala, sur la route de Batna à Constantine. — La tribu des Haractas, dont les tentes, au nombre d'environ 900, occupent ce territoire, apporte au district une population de 5,600 individus.

Art. 3. — Les Arabes fixés dans la circonscription administrative ci-dessus déterminée seront administrés par l'autorité civile, conformément aux dispositions de nos deux décrets du 8 août 1854.

D1. — 18 fév. 1860 (V. *Commune*, § 5). *Constitution en commune.*

D1. — 25 fév. 1860 (V. ci-dessus, §§ 1 et 2).

Art. 5. — Les limites fixées par le décr. du 14 sept. 1859 sont maintenues.

District de Djidjelly.

D1. — 15 oct. 1858 (V. *Admin. gén.*, § 4). — *Institution d'un commissariat civil, dont le ressort s'étendra provisoirement à un rayon de 4 kilom. autour de l'enceinte du chef-lieu.*

D1. — 14 sept. 1859. — BM. 42. — *Délimitation du ressort* (1).

Art. 2. — Le district du commissariat civil de Djidjelly, arrond. de Philippeville, est définitivement limité ainsi qu'il suit :

Au N., la mer, depuis la pointe qui s'avance dans la mer, au lieu dit *Meurdj Kala*, à l'O., jusqu'à l'embouchure de l'Oued Mencha, à l'E.

A l'E., l'Oued Mencha, que l'on remonte jusqu'à sa rencontre avec le Chabet bou Marissa.

Au S., le chabet ou ravin qui prend successivement les noms de *Bou Marissa*, de *Stita* et de *Tidjiaïne*, et que l'on suit en le remontant jusqu'au chemin arabe de Sétif à Djidjelly ; ce chemin, jusqu'à la rencontre du ravin de Ben Hamada ; ce ravin, jusqu'à l'Oued ben Hamada ; les Chabet Segnia dar Moussa et Bou Djerouna, jusqu'à l'Oued Kantarah ; cet oued que l'on remonte au S. jusqu'au point où il reçoit l'Oued Kellah ; l'Oued Kellah, que l'on suit jusqu'au Chabet Meurdja ; le Chabet Meurdja, jusqu'au Coudiat Telouda ; une ligne passant par le Coudiat Telouda et les Kef ou pics Makade, Si Saïd, Labad et Sour.

A l'O., le Kef Mezritouna, jusqu'à Meurdj Kala, point de départ.

Art. 3. — Les Arabes fixés dans la circonsc. administrative ci-dessus déterminée seront administrés par l'autorité civile, conformément aux dispositions de nos deux décr. du 8 août 1854.

D1. — 10 déc. 1859-6 janv. 1860. — BM. 51. — *Le ressort du commissariat civil s'étend sur le territoire du district, tel qu'il est délimité par le décr. du 14 sept. dernier.*

D1. — 18 fév. 1860 (V. *Commune*, § 5). — *Constitution en commune.*

D1. — 25 fév. 1860 (V. ci-dessus, §§ 1 et 2).

Art. 10. — Les limites fixées par le décr. du 14 sept. 1859 sont maintenues.

District de Jemmapes.

OR. — 14 fév. 1848 (V. *Villes et villages*, § 1). — *Création du village de Jemmapes.*

D1. — 31 déc. 1856 (V. *Commune*, § 5). — *Institution d'un commissariat. — Circonscription.*

Art. 5. — Le district du commissariat civil de Jemmapes est rattaché à l'arrondissement de Philippeville. Il comprendra, outre le territoire attribué à ce centre, ceux de Ahmed ben Ali et de Sidi Nassar, institués par le décr. du 4 juill. 1855 (V. *Villes et villages*, § 2) ainsi que le périmètre de l'exploitation marbrière du Filfila. — La délimitation de ce district sera ultérieurement déterminée.

D1. — 31 déc. 1856 (V. *Commune*, § 5). — Con-

stitution et circonsc. de la commune de Jemmapes.

Art. 29. — Le territoire de la commune de Jemmapes est le même que celui attribué au district de ce nom par notre décret de ce jour.

D1. — 17 janv. 1857. — B. 505. — *Délimitation du district.*

Art. 1. — Les limites du commissariat civil de Jemmapes sont fixées ainsi qu'il suit :

Au N., la mer.

A l'O., l'Oued Rizane, jusqu'à sa rencontre avec la forêt du Filfila ; la limite O. de cette forêt jusqu'à sa rencontre avec la ligne des crêtes ; cette ligne des crêtes passant par les points de Rhaoui Hammé, Djebel-Dorbane, Kel el Ham, Djebel el Halia, Tabetz Zerniche, Kef Serak ; le Djebel Quassaba ; la limite O. du territoire de Raz el Mâ, jusqu'au peuplier sur la route de Philippeville à Bône : une ligne partant de ce peuplier, allant au Djebel Magsen et aux crêtes du S. et englobant les mines du Djebel Magsen.

Au S., la ligne des crêtes passant par Tasselcmetz, Djebel Tangoust, Djebel Salafa, Djebel Ferfour, Djebel Masseur ; du Djebel Masseur, une ligne droite allant rejoindre la limite des cercles de Philippeville et de Guelma, la limite entre ces deux cercles jusqu'au marabout de Sidi Saïd.

A l'E., une perpendiculaire abaissée de Sidi Saïd sur l'Oued Emchekel ; l'Oued Emchekel jusqu'au point B, limite de la section forestière ; la limite de cette 6e section forestière jusqu'à Dra el Kaouef ; la limite S. de la forêt de la Safia passant par Coudiat ben Sessi, Dra ben Hassem, Hacheb-Srira ; la limite E. des forêts de la Safia, Samendja, des Guerbès, jusqu'à la mer.

D1. — 25 fév. 1860 (V. ci-dessus, §§ 1 et 2). — *Nouvelle délimitation.*

Art. 9. — Le district de Jemmapes a pour limites :

Au N., la mer, de l'embouchure de l'Oued Laxeb à celle de l'Oued el Kebir.

A l'E., les limites des arrond. de Bône et Philippeville jusqu'au Dra el Kaouef ; la limite des arrond. de Guelma et de Philippeville jusqu'au Djebel Thala.

Au S., les limites des arrond. de Constantine et de Philippeville, jusqu'au Djebel-Sdeira.

A l'O., le Djebel Sdeira ; le Djebel Lakhdar ; le Djebel Hammam ; le Kef Serak ; le Djebel M'sirah ; le Djebel M'barek ; le Djebel Halia ; le Djebel Tarben, et le cours de l'Oued Laxeb jusqu'à la mer.

District de la Calle.

AM. — 21 déc. 1842 (V. *Commiss. civils*, § 2). — *Institution d'un commissariat civil dont le ressort comprend la ville et le territoire qui en dépend.*

OR. — 15-51 déc. 1846. — B. 246. — *Ressort du commissariat de la Calle.*

Art. 1. — Le ressort du commissariat civil de la Calle a pour limites :

Au N., le rivage de la mer, depuis la rivière Salée jusqu'à la rivière des Poissons ; — A l'E. : 1° La rivière des Poissons jusqu'au lac du même nom ; 2° La rive O. de ce lac jusqu'à la hauteur du chemin de la Calle à Tunis ; — Au S. : 1° Le chemin de la Calle à Tunis jusqu'au ruisseau du camp des Faucheurs ; 2° ce ruisseau jusqu'au lac El Garah ; 3° la rive N. de ce lac jusqu'au chemin de Bône à Tunis ; 4° ce chemin jusqu'au lac Salé ; — A l'O. : 1° la rive E. du lac Salé jusqu'à la rivière Salée ; 2° cette rivière jusqu'à la mer.

D1. — 51 déc. 1856 (V. *Commune*, § 5). — *Institution et circonsc. de la commune de la Calle.*

---

(1) Ce district appartient à l'arrondissement de Philippeville ; il forme, comme celui de Batna, enclavé dans le territoire militaire. Des motifs de sécurité et la nature accidentée du sol s'opposant à ce qu'on lui assigne un périmètre étendu, sa superficie ne sera que de 3000 hect., compris entre la mer, au N., et les contre-forts de la

chaîne des Babors qui forment ceinture au S. et à l'O. — Dans la partie de ce territoire la plus rapprochée du littoral, 1250 hect. de terres cultivables et disponibles ont été allotis en vue de la formation de deux centres de population dans des conditions favorables à leur développement.

Art. 28. — Le territoire de la commune de la Calle est le même que celui attribué au commissariat civil par le décr. du 15 déc. 1846.

DI. — 25 fév. 1860 (V. ci-dessus, §§ 1 et 2). — *Nouvelle délimitation.*

Art. 5. — Le district de la Calle a pour limites :

Au N., la mer, de l'embouchure de la Mafrag à celle de l'Oued el Hout ; — A l'E. et au S., les limites du départ. de Constantine et de l'arrond. de Bône, depuis l'Oued el Hout jusqu'à l'Oued bou-Namoussa ; — A l'O., les cours de l'Oued Bou Namoussa et de la Mafrag jusqu'à la mer.

District de Souk Arras.

DI. — 15 oct. 1858 (V. *Commiss. civils*, § 2). — *Institution d'un commissariat civil dont le ressort s'étend provisoirement à un rayon de 4 kilom. autour de l'enceinte du chef-lieu, et est compris dans l'arrond. de Guelma.*

DI. — 25 fév. 1860 (V. ci-dessus, §§ 1 et 2). — *Nouvelle délimitation.*

Art. 7. — Le district de Souk Arras a pour limites :

A l'E. et au S., les limites du départ. de Constantine et de l'arrond. de Guelma ; — Au N., l'Oued S'fa ; — A l'O., l'Oued Ghaneme, Djebel Fequirina, Aïn Kerma, Djebel Meriès et l'Oued Medjerda.

3° Département d'Oran.

District de Nemours.

DI. — 15 oct. 1858 (V. *Administ. gén.*, § 4). — *Institution d'un commissariat civil dont le ressort s'étend provisoirement à un rayon de 4 kilom. autour de l'enceinte du chef-lieu.*

District de Saint-Denis du Sig.

DI. — 15 janv. 1855 (V. *Commiss. civils*, § 2). — *Institution d'un commissariat civil. — Circonscription.*

Art. 2. — Le ressort du commissariat civil de Saint-Denis du Sig est limité ainsi qu'il suit :

Au N., depuis le grand lac (Sebgha) jusqu'à la pointe S. des salines, par la limite de l'arrond. civil d'Oran, ainsi qu'elle est fixée par le décr. du 12 sept. 1853, et par le bord des salines jusqu'à la rencontre de la route d'Arzew à Saint-Denis du Sig ;

A l'E., par ladite route depuis les salines jusqu'à la rencontre de l'Oued Tennegrera, l'Oued Tennegrera, les limites assignées aux concessions des territoires de Bou Adjemi et de Saint-Denis du Sig et par l'Oued Krouf ;

Au S., par la route de Mascara, les limites de l'Union agricole du Sig, la route de Mascara, les limites S. de la forêt de Muley Ismaël, la limite des concessions de Sidi bel Khatr, la limite de la réserve de Sainte-Barbe, la limite des concessions du Hamoul Djellal Derbeya et l'Oued Tielat ;

A l'O , par le grand lac (Sebgha).

DI. — 31 déc. 1856 (V. *Commune*, § 5). — *Constitution et circonsc. communale.*

Art. 8. — Le territoire de Sainte-Barbe du Tlélat, tel qu'il est délimité par notre décret de ce jour, portant institution de ce centre en commune, est distrait du district du commissariat civil de Saint-Denis du Sig. — Ladite commune ressortira judiciairement à la justice de paix de Saint-Cloud, conformément à l'art. 5 du décr du 6 juill. 1850 (V. ci-après, § 7-5°). — La limite O. du commissariat civil de Saint-Denis du Sig est celle de la forêt de Muley Ismaël jusqu'à la route d'Arzew à l'E.

DI. — 31 déc. 1856 (V. *Commune*, § 5). — *Constitution et circonsc. de la commune de Saint Denis du Sig.*

Art. 22. — Le territoire de la commune de Saint-Denis du Sig est le même que celui du com-

missariat civil, tel qu'il est délimité par notre décret de ce jour.

District de Sidi bel Abbès.

DP. — 5 janv. 1849 (V. *Villes et villages*, § 1). — *Fondation de la ville de Sidi bel Abbès.*

DP. — 26 mars 1852. — B. 411. — *Circonscription.*

Art. 1. — La circonsc. territoriale à affecter à la ville de Sidi-bel Abbès est fixée à 16,101 hect.

DI. — 31 déc. 1856 (V. *Commune*, § 5). — *Circonsc. du commissariat.*

Art. 4. — Le district du commissariat civil de Sidi bel Abbès est rattaché à l'arrond. d'Oran. Il comprend, outre la circonsc. attribuée à la ville de Sidi bel Abbès par le décr. du 26 mars 1852, les territoires inscrits dans les polygones A. B. C. D. E. F. G. H. I. J. K. L. M. N. O. P. et notamment ceux de Sidi Lahssen et de Sidi Amram, au S.; du Rocher et de Sidi Brahim, au N.-E., et de Frenda au N.-O.

DI. — 31 déc. 1856 (V. *Commune*, § 5). — *Constitution et circonsc. de la commune de Sidi bel Abbès.*

Art. 23. — Le territoire de la commune de Sidi bel Abbès est le même que celui assigné au district de ce nom par notre décret de ce jour.

District d'Aïn-Témouchen.

DI. — 11 janv. 1860 (V. *Commiss. civils*, § 2). — *Délimitation.*

Art. 2. — Les limites du commissariat civil d'Aïn Témouchen sont fixées ainsi qu'il suit :

Au N., l'Oued Ouzert, à partir de son embouchure dans la mer ; puis une ligne prolongée de cet oued au bord occidental du lac Salé (Sebgha) et traversant ce lac jusqu'à l'embouchure de l'Oued Si ben Hallima ; — A l'E., au S. et à l'O., cette même limite jusqu'à la mer ; — A l'O., la mer jusqu'à l'embouchure de l'Oued Ouzert, point de départ.

Art. 5. — Les tribus ou fractions de tribus existant dans l'étendue du périmètre ci-dessus fixé sont provisoirement maintenues sous l'administration du commandant de la division et sous la juridiction des tribunaux militaires. — Le ministre déterminera par des arrêtés l'époque de la remise de ces populations à l'administration civile et à la juridiction des tribunaux ordinaires.

§ 4. — COMMUNES (1).

1° Département d'Alger.

Commune d'Alger.

OR. — 31 janv. 1818 (V. *Commune*, § 3). — *Constitution de la commune d'Alger. — Circonsc.*

Art. 2. — La commune d'Alger comprend, outre son territoire actuel, celui qui avait été attribué précédemment aux communes de Mustapha, d'El Biar, de la Bouzaréah et de la Pointe Pescade, par l'arr. min. du 17 déc. 1845 (V. cet arrêté au § 2 ci-dessus, arrond. d'Alger).

Commune d'Aumale.
(Arrond. d'Alger.)

V. ci-dessus § 3, délimitation de ce district.

_____

(1) La circonscription des annexes formant section de commune se trouve indiquée soit dans le décret de fondation de ces centres de population (V. *Villes et villages*, §§ 1 et 2); soit dans des arrêtés de délimitation postérieure qui comprennent en même temps la délimitation du chef-lieu (V. ci-dessus § 2, arrond. d'Alger, Blidah, Oran et Mostaganem).

Commune de Birkadem.
(Arrond. d'Alger.)

AG. — 22 avr. 1855, 17 déc. 1843 et 13 août 1844 (V. ci-dessus, § 2, arrond. d'Alger). — Première délimitation.

DI. — 31 déc. 1856 (V. Commune, § 5). — Constitution communale. — Circonsc.

Art. 5. — La commune de Birkadem comprend, outre son territoire actuel, et comme section de commune, les villages de Birmandreïs et de Saoula. — Cette commune est limitée de la manière suivante :

Au N., la ligne de l'aqueduc d'Hydra, depuis sa jonction avec l'Oued el K'nis jusqu'au chemin d'El Biar à la colonne Voirol ; la grande route depuis la colonne jusqu'au chemin de traverse de Birmandreïs ; une ligne rompue suivant la limite des propriétés depuis ce chemin jusqu'à l'Oued el K'nis, l'Oued el K'nis jusqu'au chemin de Birkadem à Mustapha ;

Au N.-E., le chemin de Birkadem à Mustapha, et le chemin de la Ferme-Modèle prolongé par une ligne fictive jusqu'au gué de Constantine ;

A l'E. et au S.-E., l'Harrach, à partir du gué de Constantine jusqu'à l'embouchure de l'Oued de Kerma, et de cette embouchure jusqu'à la limite du haouch Baba Ali ;

Au S., la limite des haouchs Baba Ali et Hassen Pacha, l'Oued Torro jusqu'à sa rencontre avec le fossé d'enceinte ; cet obstacle prolongé jusqu'à un fossé de dessèchement ; l'Oued Baba Tabadj jusqu'à la route d'Alger à Blidad, et, à partir de la route, les limites de Crescia jusqu'à leur rencontre avec les limites et les concessions de Saoula ;

A l'O., les limites et les concessions de Saoula ; le ravin descendant l'Oued-el-Kerma, que l'on remonte jusqu'au point où il traverse le chemin de Drariah à Alger ; puis le chemin contourné rejoignant au N. l'aqueduc d'Hydra, point de départ.

Commune de Chéragas.
(Arrond. d'Alger.)

AG. — 22 août 1842 (V. Villes et villages, § 1). — Création du village de Cheragas.

AG. — 17 déc. 1845 (V. ci-dessus, § 2, arrond. d'Alger). — Délimitation.

DI. — 31 déc. 1856 (V. Commune, § 5). — Constitution communale. — Circonsc.

Art. 5. — La commune de Chéragas comprend le territoire actuel de ce village, et les territoires des villages de Sidi Ferruch, avec Staoueli et Guyotville formant une section de commune. — La commune de Chéragas est délimitée ainsi qu'il suit :

Au N., la mer, depuis le cap Aconater jusqu'à l'embouchure de l'Oued Mellah ; — A l'E., le cours de l'Oued Mellah, puis une ligne fictive rejoignant l'Oued Beni Messour, la limite occidentale de la commune de Dely Ibrahim jusqu'à l'Oued Ouled Fayet ; — Au S., l'Oued Ouled Fayet, la limite O. des concessions de Saint-Ferdinand, l'Oued Kerkour, la suite de la limite du territoire de Saint-Ferdinand, l'Oued Sidi Harrach et l'Oued el Nagar jusqu'à la mer ; — A l'O., la mer depuis l'embouchure de l'Oued el Nagar jusqu'au cap Aconater.

DI. — 30 oct. 1858. — BM. 11. — Modification au décret précédent.

Vu les décr. du 31 déc. 1856 portant création et délimitation des nouvelles communes.

Art. 1. — La commune de Chéragas comprend le territoire actuel de ce village et les territoires des villages de Sidi Ferruch, avec Staoueli et Guyotville, formant une section de commune. — La commune de Chéragas est délimitée ainsi qu'il suit :

Au N., la mer, depuis le cap Aconater jusqu'à l'embouchure de l'Oued Mellah, près le cap Caxine ;

A l'E., le cours de l'Oued Mellah jusqu'au chemin de Baïnen à Boudjaréah, puis une ligne fictive venant aboutir à la rencontre de l'Oued Beni Messous et d'un ravin que l'on remonte jusqu'aux limites orientales des parcelles nos 298 et 299 du plan cadastral ; de ces limites à la ren-

contre d'un chemin suivi dans la direction d'Alger jusqu'à un autre chemin à droite qui conduit à celui de Baïnen ; la limite orientale du Haouch Mamouth jusqu'à la route de Koléah ; cette route, vers l'E., jusqu'à un chemin se dirigeant vers le S.-O. et arrivant à la naissance de l'Oued Bou Ziafar jusqu'à la limite des propriétés Ibrahim ben Omar, Machaaly et Braham Oulid ; la limite occidentale des concessions de Dely Ibrahim jusqu'à son extrémité S. ; enfin, la limite O. des terres de l'orphelinat, pour arriver par un petit chemin à la naissance d'un ravin sans nom connu ;

Au S., les limites actuelles des communes de Dely-Ibrahim, Douéra et Koléah, depuis les terres de l'orphelinat jusqu'à l'embouchure de l'Oued el Aghar ;

A l'O., la mer, depuis l'embouchure de l'Oued el Aghar jusqu'au cap Aconater.

DI. — 5 mars 1859. — BM. 20. — Sections de commune.

Art. 1. — Les villages et territoires composant la commune de Chéragas forment, indépendamment de la section du chef-lieu, deux sections annexes, la première comprend Guyotville avec Baïnen, et la seconde Sidi Ferruch avec Staoueli et Mokta Essefa.

Commune de Dellys.
(Arrond. d'Alger.)

V. ci-dessus § 3, délimitation de ce district.

Commune de Dely Ibrahim.
(Arrond. d'Alger.)

AG. — 22 avr. 1855 et **AM.** 17 déc. 1845 (V. ci-dessus, § 2, arrond. d'Alger). — Première délimitation de ce territoire.

DI. — 31 déc. 1856 (V. Commune, § 5). — Constitution et circonsc. communale.

Art. 4. — La commune de Dely Ibrahim comprend le territoire actuel de ce village et les territoires des villages de El Achour, Drariah et Ouled Fayet. — La commune de Dely Ibrahim est délimitée de la manière suivante :

Au N., l'Oued Beni Messour ; — A l'E., depuis le Beni Messour jusqu'à l'Oued el Kerma, le chemin d'El Biar à la Bouzaréah, le cours de l'Oued el Kerma jusqu'au ravin de Draria ; la limite des concessions de Saoula ; — Au S., la limite des concessions de Draria, le ravin qui traverse la route de Douera, la limite des concessions de Baba Hassen, le ravin de Kalaâ, la limite du haouch d'Aïn Kalaâ, l'Oued Dra Rebia, la limite des concessions de Saint-Ferdinand ; — A l'O., l'Oued Ouled Fayet et la limite orientale de la commune de Chéragas, jusqu'à la rencontre de l'Oued Beni Messour.

Commune de Douera.
(Arrond. d'Alger.)

AM. — 17 fév. 1840 (V. Commiss. civils, § 2). — Institution d'un commissariat civil.

AM. — 21 déc. 1842 (V. eodem). — Ressort admin.

Art. 5. — Le ressort du commissariat civil de Douera, a pour limites :

Au S., les limites N. du commissariat civil de Bouffarik ; — Au N., les limites S. du ressort de la justice de paix d'Alger, réglées par l'arrêté du 21 déc. 1842 ; — A l'O., la rive gauche de l'Arrach à partir du pont en pierre sur cette rivière jusqu'au lieu dit l'Haouch Mimouch ; — A l'E., une ligne tirée de l'extrémité N. du territoire de Staoueli, perpendiculairement à l'emplacement du village de ce nom, passant par l'Haouch Boukandoura comprenant le territoire du village projeté sur ce point et aboutissant directement, en enceignant Mahelma et son territoire, à Ben Chaban.

AM. — 15 sept. 1844. — B. 184. — Délimitation de sept communes.

Vu l'arr. du 17 déc. 1845 (ci-dessus, § 2, arrond. d'Alger). — Considérant que la création de nouveaux centres de population dans le district de

Douera rend nécessaire la délimitation de leur territoire;

Art. 1.—Il est créé sur une portion du territoire du district de Douera sept communes dont la circonscription est déterminée par les limites ci-après:

Baba Hassan.

Au N., 1° en partant du point trigonométrique Z placé à l'angle N.-O., n° 4, des concessions de Baba Hassan, les limites de ces concessions jusqu'à l'angle N.-E. du n° 3; — 2° De ce point une ligne droite venant aboutir à l'angle S.-O. du n° 4 des concessions de Draria;

A l'E., les concessions de Draria et celles de Saoula jusqu'à l'Oued el Kerma;

Au S., l'Oued el Kerma;

A l'O., les limites des concessions de Baba Hassan jusqu'au point trigonométrique Z, placé au N.-E. du n° 4.

Cette commune est bornée, au N., par les communes d'Ouled Fayet et Dely Ibrahim; à l'E., par celle de Draria; au S., par celles de Crescia et Douera, et à l'O., par Douera.

Crescia.

Au N., à partir du confluent de l'Oued Kadri avec l'Oued el Kerma, ce dernier ruisseau, en suivant son cours jusqu'à la rencontre des concessions de Saoula;

A l'E., 1° les limites des concessions de Saoula jusqu'au chemin de Birkadem à Douera; — 2° De là une ligne droite venant aboutir à la naissance d'un ravin entre Ouled Si Soliman et Ouled ben Hadj; — 3° Ce ravin jusqu'à la route de Birkadem à Blidah;

u S., cette route jusqu'à la rencontre, à droite, du ravin des Ouled ben Chaoua;

A l'O., 1° le ravin des Ouled ben Chaoua jusqu'à l'ancienne route de Birkadem à Douera; — 2° Cette route, en se dirigeant vers Birkadem jusqu'à la rencontre, à gauche, de l'Oued Kadri; — 3° L'Oued Kadri jusqu'à l'Oued el Kerma.

Cette commune est limitée, au N., par la commune de Baba Hassan; à l'E., par la commune de Birkadem; au S., par la plaine de la Mètidja, et à l'O., par la commune d'Ouled Mendil.

Douera.

Au N., par la commune d'Ouled Fayet;

A l'E., 1° par la limite des concessions de Baba Hassan jusqu'à l'Oued el Kerma; — 2° Par ce ruisseau, en suivant son cours jusqu'à son embranchement avec le ravin d'Aïn Kadri; —3° Par ce dernier ravin jusqu'à l'ancien chemin de Birkadem à Douera;

Au S., 1° par ce chemin, en se dirigeant vers Douera, sur une longueur de 900 m. environ, jusqu'à la rencontre à gauche de la naissance du ravin d'Ouled ben Chaoua; — 2° De là par une ligne droite passant par le mont Ouled Mendil, et venant aboutir à l'angle S.-E. des concessions de Douera; — 3° Par la limite des concessions de Douera jusqu'à l'Oued el Dekaknas;

A l'O., 1° par ce ravin en remontant son cours jusqu'à la route de Douera à Mahelma; — 2° De là par les limites des concessions de Sainte-Amélie jusqu'au point du départ.

La commune de Douera est limitrophe, au N., à la commune d'Ouled Fayet; à l'E., aux communes de Baba Hassan et Crescia; au S., à Ouled Mendil, et à l'O., à Sainte-Amélie.

Mahelma.

Au N., à l'E., au S. et à l'O., par les limites des concessions du village de Mahelma.

Cette commune est limitrophe, au N., au district de Koleah; à l'E., aux communes de Saint-Ferdinand et Sainte-Amélie; au S., à la tribu de Ben Chaban, et à l'O., au district de Koleah.

Ouled Mendil.

Au N., en partant du deuxième ravin à l'O. d'Ouled Mendil, par la limite des concessions de Douera jusqu'à la rencontre, à droite, du ravin d'Ouled ben Chaoua;

A l'E., 1° par ce ravin, jusqu'à la route de Birkadem à Blidah; — 2° De ce point, par une ligne droite formant, avec cette route, un angle ouvert au S.-O. de 5° 30″.

Cette ligne vient aboutir à l'ancien chemin de Birkadem à Blidah;

Au S., par une autre ligne droite allant de ce dernier point à l'angle S. de la redoute du pont des Chevalets;

A l'O., 1° par une ligne droite partant de l'angle O. de la redoute, et venant aboutir à la route d'Alger à Koleah, à l'entrée du deuxième ravin à l'O. d'Ouled Mendil; — 2° Par ce ravin, jusqu'à la rencontre des limites de Douera;

Cette commune est limitée, au N., par la commune de Douera; à l'E., par celle de Crescia et la plaine de la Mètidja; au S., par la plaine de la Mètidja, et à l'O., par la tribu de Zaïria.

Sainte-Amélie.

Au N., par les concessions du village de Saint-Ferdinand;

A l'E. et au S., par la limite des concessions du village de Sainte-Amélie;

A l'O., par le ravin à l'O. de Sidi Azrak, jusqu'à la rencontre à droite des concessions de Saint-Ferdinand.

Cette commune est bornée, au N., par la commune de Saint-Ferdinand; à l'E., par celle de Douera; au S., par la tribu d'Ech Chabenla, et à l'O., par la commune de Mahelma.

Saint-Ferdinand.

Bornée: — Au N., 1° par l'Oued Bridja, en remontant son cours, depuis l'angle N.-E. des concessions de Saint-Ferdinand, sur une longueur, en ligne droite, de 720 m.; — 2° De là par une ligne droite limitant, à l'O., les n°s 14 et 46 des concessions de Saint-Ferdinand et qui vient aboutir à l'Oued Staouëli; — 3° De ce point, la limite remonte le cours de l'Oued Staouëli sur une longueur en ligne droite de 740 m.;

A l'E., 1° elle suit un petit chemin d'exploitation et le prolongement de ce chemin jusqu'à l'Oued Bridja; — 2° Elle suit le cours de ce ravin jusqu'à la rencontre du petit chemin d'exploitation désigné ci-dessus; — 3° Elle se continue par ce petit chemin jusqu'à la rencontre de la route de Saint-Ferdinand à Alger; — 4° De là elle se prolonge par une ligne droite, limitant à l'E. le n° 24 des concessions de Saint-Ferdinand jusqu'au ravin N. d'Aïn Kala; — 5° La limite suit le cours de ce ravin jusqu'à son embranchement avec le ravin S.; — 6° De là elle se forme, par une ligne droite, venant aboutir au ravin de Saint-Ferdinand, au coude qu'il fait au-dessous de la parcelle 128 des concessions de Saint-Ferdinand; — 7° La limite remonte le cours de ce ravin jusqu'à sa rencontre avec le chemin de Saint-Ferdinand à Sainte-Amélie;

Au S., les limites des concessions de Sainte-Amélie;

A l'O., 1° la limite suit le cours du ravin du marabout Sidi Ben el Azrak, jusqu'à son troisième embranchement; — 2° De là elle se forme par une ligne droite qui vient aboutir au point de départ.

Cette commune est limitrophe, au N., à la commune de Sidi Ferruch; à l'E., à celle d'Ouled Fayet; au S., à celle de Sainte-Amélie, et à l'O., à celle de Mahelma et au district de Koleah.

Art. 2.—Il y aura, dans chaque commune autre que celle de Douera, un maire et un adjoint.— Les autorités indigènes établies dans les communes du district de Douera, avant la délimitation prescrite par le présent arrêté, sont et demeurent supprimées.—Il y aura dans chaque commune un indigène adjoint au maire.

DI.—21 nov. 1851 (V. *Commune*, § 3).—*Le commissariat civil est supprimé.—Le district de Douera tel qu'il est délimité par l'arr. du 21 déc. 1842 est érigé en commune.*

DI.—51 déc. 1856 (V. *Commune*, § 3).—*Circonscription communale.*

Art. 5.—Le territoire de la commune de Douera est délimité ainsi qu'il suit:

Au N., les limites actuelles, formant celles du territoire de Dely Ibrahim; — Au S., la route dite du pied des collines du Sahel, à partir de Saint-Charles jusqu'aux Quatre-Chemins; — Au S.-E., la route d'Alger à Blidah, jusqu'à l'extrémité des concessions de Crescia, au point de rencontre d'un ancien chemin allant à l'Harrach, et formant la limite nouvelle de la commune de Birkadem; — A l'E., la limite des concessions de Crescia; — A l'O., les limites de la commune de Koléah.

DI.— 20 oct. 1858.—BM. 11. — *Modification au décret précédent.*

Le territoire de la commune de Douera est délimité ainsi qu'il suit :

Au N., l'Oued Ouled Fayet, depuis la limite occidentale jusqu'à la limite orientale des concessions de Saint-Ferdinand; les limites actuelles de la commune de Dely Ibrahim jusqu'à la jonction de celles des concessions de Drariah et Saoula; — A l'E., les limites occidentales des concessions de Saoula jusqu'à l'Oued Kerma; la limite occidentale des concessions de Crescia; la limite du Haouch Sidi Soliman et le cours de l'Oued Baba Tobji jusqu'à la route de Blidah; — Au S.-E., la route d'Alger à Blidah, depuis l'Oued Baba Tobji jusqu'aux Quatre-Chemins; — Au S., la route dite du pied du Sahel, depuis les Quatre-Chemins jusqu'à la limite du Haouch el Kadri; — A l'O., la limite orientale de la commune de Koléah jusqu'à l'Oued el Aghar; le cours de cet oued jusqu'au confluent de l'Oued Boughala, que l'on remonte jusqu'à la limite du Haouch Mokta Essefa; cette limite; l'Oued el Mendry jusqu'à la limite occidentale des concessions de Saint-Ferdinand; enfin les limites de ces concessions jusqu'à l'Oued Ouled Fayet, point de départ.

Commune du Fondouk.
(Arrond. d'Alger.)

AG.—14 oct. 1844 (V. *Villes et villages*, § 1).— *Création du village du Fondouk.*

DP.—22 août 1851.—B. 293.—*Circonscription.*
Vu l'arr. du 14 oct. 1844.

Art. 1. — Le Fondouk formera une commune dont la circonscription territoriale d'une contenance de 15,061 hect. 84 a. sera délimitée de la manière suivante :

Au S., par le territoire militaire, c'est-à-dire par les premières crêtes du petit Atlas, depuis l'Oued Kadra jusqu'à l'Oued Boudouaou;—A l'E., par le cours de l'Oued Boudouaou jusqu'à sa rencontre avec la route d'Alger à Dellys; — Au N., par la route d'Alger à Dellys jusqu'à l'Oued Hamis;—A l'O., par le cours de l'Oued Hamis en remontant jusqu'au chemin situé sur les confins de Haouch Merdadji, par ce chemin à partir de l'Oued, traversant la route d'Alger au Fondouk, à 300 m. environ au-dessus du marabout de Sid Khalef, jusqu'à la rencontre d'un sentier prenant la direction d'Aïn Kadra, par ce sentier jusqu'à l'Oued Kadra, et par cette petite rivière jusqu'au territoire militaire.

DI.—31 déc. 1836 (V. *Commune*, § 5).—*Institution et circonsc. de la commune du Fondouk.*

Art. 7.— La circonscription de la commune du Fondouk comprend le territoire actuel de ce village et les circonscriptions de la Réghaïa, du Boudouaou et de l'Oued Corso, jusqu'à l'embouchure de l'Oued bou Merdès, au point dit *Djezzaïr Kadra*, qui forment provisoirement une seule annexe. — Le territoire de la commune du Fondouk est délimité de la manière suivante :

Au N., la mer depuis l'embouchure de l'Oued Réghaïa jusqu'à l'embouchure de l'Oued bou Merdès;

A l'E., le cours de l'Oued bou Merdès, qu'on remonte jusqu'à l'endroit où il reçoit le Chabet Djérouëden; le Chabet Djérouëden jusqu'à la route de Dellys à Alger; la route de Dellys à Alger, de l'E. à l'O. jusqu'à son embranchement avec le chemin de la ferme du Corso; l'Oued Corso, le parallélogramme réservé sur la rive gauche du Corso pour le cimetière, une ligne partant de l'Oued Corso, laissant la rivière à droite et regagnant la route, dont elle suit les contours jusqu'à l'Oued Boudouaou; l'Oued Boudouaou qu'on remonte jusqu'au chemin du Fondouk aux Issers; à partir de ce point, une ligne quittant la rivière et longeant la limite du haouch El Morah;

Au S., la limite du haouch de Kara Mustapha, la limite S. des concessions du Fondouk, le chemin du Fon-

douk à Bak Alem, jusqu'à l'embranchement de l'Oued Turquia; l'Oued Turquia qu'on remonte jusqu'aux sources pour redescendre ensuite par l'Oued Malalek, jusqu'à l'embranchement du chemin de Bak Alem; les limites des haouchs Kassad Ali, d'Ouled Saïd et d'Aïn Kadra;

A l'O., le Chabet el Kadra jusqu'à son embranchement avec le chemin d'Alger à Ben Hossaïn; le chemin de traverse coupant l'Oued Malalek, l'Oued Esroror, et rejoignant la route d'Alger au Fondouk à l'O. du haouch Ben Ouaël; la route susdite qu'on remonte, jusqu'au haouch Ouaël, par le chemin de traverse partant de la route en face de ce haouch et gagnant l'Oued el Khemis; l'Oued el Khemis qu'on descend jusqu'à l'ancienne route d'Alger à Dellys; cette ancienne route jusqu'à la limite du haouch Ben Aïda; la limite O. du haouch Ben Aïda; l'Oued el Biar jusqu'à sa jonction avec l'Oued Reghaïa, et celle dernière jusqu'à la mer, point de départ.

DI.—20 avril 1859.—BM. 25.—*Section de commune.*

Art. 1.—Les villages et territoires composant la commune du Fondouk forment indépendamment de la section chef-lieu, deux sections annexes, la première comprenant la Réghaïa avec les fermes environnantes, et la seconde l'Alma avec l'Oued Corso pour annexe.

Commune de Kouba.
(Arrond. d'Alger.)

AG.—22 avril 1835 et 17 déc. 1843 (V. ci-dessus, §2, *arrond. d'Alger*).—*Première délimitation.*
DI.—31 déc. 1856 (V. *Commune* § 5).—*Circonscription communale.*

Art. 2.—La commune de Kouba comprend, outre son territoire actuel, et comme section de commune, le village d'Hussein Dey.—Cette commune est délimitée de la manière suivante :

Au N., la mer; à l'E., l'Oued el Arrach, jusqu'au gué de Constantine; à l'O., le cours inférieur de l'Oued el K'nis formant la limite de la commune d'Alger et le chemin de Birkadem à Mustapha; au S.-O. et au S., le chemin d'Alger à la Ferme modèle, prolongé, à partir du point A, par une ligne fictive aboutissant à l'Harrach, au gué de Constantine.

Commune de l'Arba.
(Arrond. d'Alger.)

DP. 5 janv. 1849 (V. *Villes et villages*, §1).— *Création du village de l'Arba.*

DP.—22 août 1851.—B. 293.—*Circonscription.*
Vu le décr. du 5 janv. 1849.

Art. 1. –L'Arba formera une commune dont la circonscription territoriale, fixée à 14,597 hect. 50 à. 50 c., sera délimitée de la manière suivante :

Au S., par les limites du territoire civil entre l'Oued Kadra et le chemin arabe qui conduit de la montagne aux terres des Ben Zerghin, Bou Kandoura, et traverse l'Oued Djemmah;

A l'E., par les limites de la commune du Fondouk, c'est-à-dire par le cours de l'Oued Kadra jusqu'à la rencontre du chemin arabe du Fondouk à Bouffarik;

Au N. et au N.-E., par le chemin arabe du Fondouk à Bouffarik, jusqu'à la rencontre du chemin arabe d'Alger à l'Arba, par ce dernier chemin jusqu'à l'Oued Harrach, et de ce point par l'Harrach en le remontant jusqu'à l'Oued Djemmah;

A l'O., par le cours de l'Oued Djemmah, en le remontant jusqu'au chemin qui le traverse et conduit à la montagne et au territoire militaire à travers les terres d'Arabadj, Bou Kandoura et Ben Zerghin.

Art. 2. — Seront provisoirement rattachés à la commune de l'Arba les terrains sur lesquels doit être établi le village de Rovigo, lesquels présentent une superficie de 4,935 hect. 15 a. 50 c., et se trouvent compris entre la limite O. de l'Arba, la limite du territoire civil jusqu'à l'Harrach, et l'Harrach depuis ce dernier point jusqu'à sa jonction avec l'Oued Djemmah.

DI. 31 déc. 1856 (V. *Commune*, § 5).—*Institution et circonscription de la commune de l'Arba.*

Art. 6. — La circonscription de la commune de l'Arba comprend le territoire actuel du village de ce nom, plus celui de Rovigo qui, avec Sidi Moussa, forme une section de commune. — Cette commune est délimitée de la manière suivante:

Au N., le chemin d'Alger au Fondouk, depuis la rive droite de l'Harrach jusqu'à l'embranchement du chemin de l'Arba à la Réghaïa;

A l'E., l'Aïn Kadra, qu'on remonte depuis le chemin de la Réghaïa jusqu'au chabet (fossé); les contours du haouch Bakalem, le ravin sur la gauche de ce chemin de l'Arba au Fondouk, la limite E. du haouch Mselhman, l'Oued Sidi Hamise, les limites E. des haouchs Kaïd Ahmed et Baouini, l'Oued Ghora, les limites E. des haouchs Merdjadj, Rhio Eddin et Tabarant;

Au S., l'Oued Djemâa, les limites S. des haouchs Boukad, Dour, Ben Ahmara, les limites S. du territoire des Beni Astia et des Beni Serghin; celle des haouchs Sidi Hamouda et Merboni; le ravin qui rejoint la limite du haouch Khodja; la limite S. de ce haouch et le ravin qui descend dans l'Oued el Harrach;

A l'O., le cours de l'Oued el Harrach, qu'on descend depuis le ravin du haouch Khodja jusqu'au chemin d'Alger au-dessus du pont de Constantine, point de départ.

Commune de la Rassauta.
(Arrond. d'Alger.)

DP. —11 janv. 1850 (V. *Villes et villages*, § 1). — *Création du village du Fort-de-l'Eau.*

DP. —22 août 1851. — B. 293. — *Circonscr.*

Vu l'arr. min. du 17 déc. 1813 (V *ci-dessus*, § 2, *arr. d'Alger*); — L'arr. min., en date du 17 oct. 1844, qui rattache à la commune d'Hussein Dey le hameau de la Maison-Carrée; — Notre décret du 11 janv. 1850:

Art. 1.—Il est créé, sous le nom de la Rassauta, une commune comprenant dans sa circonscription les villages de la Maison-Carrée et du Fort-de-l'Eau, dans l'arr. d'Alger.

Art. 2. — Cette commune comprend un territoire de 11,069 hect. 58 ares; elle est délimitée de la manière suivante:

A l'E., par l'Oued Hamis, depuis son embouchure dans la mer jusqu'à un chemin qui commence à un gué situé sur son cours;

Au S.-E., par ce chemin qui, partant du Hamis, limite le Haouch Merdadji et se continue après avoir traversé la route du Fondouk, au-dessus du marabout de Sidi Khalef, dans la direction de Aïn Hadrat. La limite S.-E. suit ce chemin en traversant les Haouchs Hamédi, Ben Ouali, Ben Seghir, Ouled Brahim, jusqu'au point où il rencontre près de l'Haouch Ben Abdellif le grand sentier arabe qui conduit de Boufarik au Fondouk;

Au S., par ce dernier chemin, en allant à l'O. et coupant les Haouchs ben Abdellif par les limites S. des Haouchs ben Dissa, et Souk Akria, traverse Amida ben Koballi, par les limites des Haouchs Sida et Abderhman, coupe le territoire des Schralbia, les Haouchs Ben Chétoh et Tatani, Tordjman, le territoire des Ouled Hamed, par la limite du Haouch Turqui, et s'arrête dans cette direction au point d'intersection des chemins de Boufarik au Fondouk et d'Alger à l'Arba;

A l'O., par ce dernier chemin, en descendant au N. jusqu'à l'Harrach;

Au N.-O., par l'Harrach, depuis le marabout de Sidi Argin jusqu'à son embouchure;

Au N., par la mer, depuis l'embouchure de l'Harrach jusqu'à celle du Hamis.

Art. 3. — L'arr. min. du 17 oct. 1844, qui a réuni le hameau de la Maison-Carrée à la commune d'Hussein Dey est et demeure rapporté.

DI. — 31 déc. 1856 (V. *Commune*, § 5). — *Institution et circonscr. de la commune de la Rassauta.*

Art. 8.—La commune de la Rassauta comprend le territoire de la Rassauta, proprement dit, et ceux du Fort-de-l'Eau, de la Maison-Carrée avec la Maison-Blanche, d'Aïn Taya avec Aïn Beïda, Rouiba avec Matifoux, qui forment quatre sections de commune. — La commune de Rassauta est délimitée de la manière suivante:

Au N., la mer, depuis l'embouchure de l'Oued el Harrach jusqu'à l'Oued Reghaïa;

A l'E., l'Oued Reghaïa, qu'on remonte jusqu'à l'endroit où il reçoit l'Oued el Biar, qui n'est à proprement parler qu'un ravin; ce ravin, qui traverse la nouvelle route d'Alger à Dellys, et forme, au S. de cette route, la limite du haouch Ben Aïda;

Au S., l'ancienne route d'Alger à Dellys jusqu'à sa rencontre avec l'Oued Khemis; l'Oued Khemis, qu'on remonte jusqu'à un petit chemin conduisant à la route d'Alger au Fondouk; cette route, qu'on quitte bientôt au-dessous du marabout de Sidi Khalef, pour prendre le chemin de traverse conduisant au chemin de l'Arba à la Reghaïa; ce dernier chemin jusqu'à son embranchement avec le chemin de Boufarik au Fondouk; enfin, ce dernier chemin jusqu'à son embranchement avec celui d'Alger à l'Arba;

A l'O., le chemin de l'Arba à Alger, qu'on parcourt du S. au N., jusqu'à sa rencontre avec l'Oued el Harrach, puis l'Oued el Harrach qu'on descend jusqu'à son embouchure, point de départ.

Commune de Tenès.
(Arrond. d'Alger.)

V. ci-dessus, § 3, délimitation de ce district.

Territoire des Issers Gherbi.
(Arrond. d'Alger.)

DI. — 16 août 1859 (V. *ci-dessus*, § 1). — *Délimitation.*

Art. 6.—Le territoire des Issers Gherbi est délimité de la manière suivante:

Au N., la mer, depuis l'embouchure de l'Oued Isser jusqu'à l'Oued Megrouma; — A l'O., l'Oued Megrouma, l'Oued Bergouga, une ligne brisée et le chemin dit *Trek Abcdous*, formant la limite E. du Bled ben Djebil; les limites E. des haouchs Belkadj, Zaatra, Bou Merdès et Ouled Boudar, la limite S. du haouch Ouled Boudar; — Au N. et à l'E., l'Oued Isser, que l'on remonte jusqu'à son embouchure, point de départ.

Territoire des Khachnas.
(Arrond. d'Alger.)

DI. — 16 août 1859 (V. *ci-dessus*, § 1). — *Délimitation.*

Art. 7. — Le territoire des Khachnas est délimité ainsi qu'il suit:

Au N., la mer, depuis l'Oued Megrounia jusqu'à l'Oue bou Merdès;

A l'O., l'Oued bou Merdès; le Chabet Beni Khalifaï; le Chabet Tereschout; la route d'Alger à Dellys, que l'on suit vers l'O. jusqu'à l'Oued Corso; la limite S. de la ferme du Corso; la route d'Alger à Dellys, jusqu'à l'Oued Boudouaou; l'Oued Boudouaou, que l'on remonte jusqu'à la naissance de l'Oued Djelloula;

Au S., l'Oued Djelloula, que l'on remonte jusqu'à sa naissance; une ligne brisée et le Chabet Sidi ben Assenat, formant la limite S. du Bled Ouled ben Cheltah; l'Oued Corso, que l'on descend jusqu'à l'Oued Keubal; une ligne brisée rejoignant le Chabet Safsaf; le Chabet Safsaf, un chemin et un ravin se jetant dans l'Oued Zaouta, formant la limite S. du Bled Oulen ben Hassenat; l'Oued Zaouta; l'Oued Taouïnin; le chemin dit *Trek Mescour*; une ligne brisée, passant par la source Aïn Djelfa ou Kouar et par des rochers, et aboutissant au marabout Sidi Mescour; le chemin dit *Trek Mescour*, que l'on reprend jusqu'à la limite S. du territoire du village arabe de M'raldin; cette limite jusqu'au Chabet Tergès; le Chabet Tergès; l'Oued Addouch; une ligne brisée, passant par la source dite Aïn Hamou et rejoignant le chemin conduisant au village arabe des Beni Amadouch; l'Oued

Talaouane et un chemin aboutissant à l'Oued Isser, formant la limite N. du Bled Beni Amran;

A l'E., l'Oued Isser, jusqu'à la limite entre le Haouch Ouled Hamza et le Haouch Ouled Boudar; la limite entre ces deux haouchs, jusqu'à celle qui sépare le haouch Hammeur Focani des haouchs Ouled Boudar et Bou Merdès; la limite entre les haouchs Tayeb ben Chellal et le haouch Bou Merdès; la limite entre le haouch Belkadi, le Bled ben Djébil et le Bled Merdja, formée en partie par l'Oued Megrouma, point de départ.

Art. 8.—Les territoires des Issers Gherbi et des Khachnas seront administrés par des cheikhs, sous à surveillance immédiate du préfet.

Commune de Blidah.
(Arrond. de Blidah.)

V. ci-dessus, § 2, arrondissement de Blidah.

Commune de Bouffarik.
(Arrond. de Blidah.)

AG.—27 sept. 1836 (V. *Villes et villages*, § 1). —*Création d'un centre de population à Bouffarik.*

AM.— 17 fév. 1840 (V. *Commiss. civils*, § 2).— *Institution d'un commissariat civil.*

AM.—21 déc. 1842 (V. *eodem*). —*Délimitation.*

Art. 2. — Le ressort du commissariat civil de Bouffarik a pour limites :

Au S., les limites N. du ressort de la justice de paix de Blidah, réglées par l'arr. du 21 déc. 1842; —A l'O. les limites de l'arrond. des tribunaux de première instance et de commerce d'Alger, à partir du point où vient aboutir sur la Chiffa le chemin de Bouffarik à Millanah, au lieu appelé Souk el Sebts jusqu'au confluent de la Chiffa avec l'Oued Ger; —Au N., une ligne tirée de ce dernier point au lieu dit Ben Chaban, de Ben Chaban à Sidi Aïd, et de Sidi Aïd à la rive gauche de l'Arrach à la hauteur de l'Haouch Mimouch;—A l'E., et à partir de ce dernier point, la rive gauche de l'Arrach jusqu'au camp de l'Arrach exclusivement.

AG.— 31 déc. 1843 (V. *Villes et villages*, § 1). —*Annexion de deux territoires.*

DP.— 21 nov. 1851 (V. *Commune*, § 3).—*Suppression du commissariat. — Institution de la commune de Bouffarik. — Même circonscr. que ci-dessus.*

DI. — 31 déc. 1856 (V. *eodem*). — *Nouvelle circonscr.*

Art. 4. — La commune de Bouffarik comprend, outre le territoire et l'annexe de Souma, attribués à ce centre par les décrets précédents, le village de Chebli, créé par le décret du 21 juill. 1854 et formant section de commune. — Ce territoire est délimité de la manière suivante :

Au N.-O., les limites de la commune de Koléah; — Au N., et en deçà de Saint-Charles, le côté droit de la route d'Alger à Blidah, jusqu'à l'extrémité du territoire de Crescia; à partir de la route, l'Oued Baba Tabadi, jusqu'à la rencontre d'un fossé de dessèchement; une ligne droite prolongeant ce fossé jusqu'au fossé d'enceinte; ce dernier fossé jusqu'à sa rencontre avec l'Oued Torro; cet oued jusqu'à la limite des haouchs Baba Ali et Assem Pacha; cette dernière limite jusqu'à l'Harrach;—A l'E., l'Harrach;—Au S., la limite S. du département d'Alger, telle qu'elle a été fixée par le décr. du 28 oct. 1854; —Au S.-O., les limites de la commune de Blidah;—A l'O., les limites de la commune de Blidah, jusqu'à la redoute de Sidi Klifa, et à partir de cette redoute, une ligne droite aboutissant à l'Oued Tarfa.

Les limites de l'arr. d'Alger et de Blidah sont modifiées conformément au présent décret.

Commune de Cherchell.
(Arrond. de Blidah.)

V. ci-dessus, § 3, délimitation de ce district.

Commune de Koléah.
(Arrond. de Blidah.)

AG. — 1er oct. 1840 (V. *Villes et villages*, § 1). —*Fondation d'une colonie militaire à Koléah.*

AM. — 21 déc. 1842 (V. *Commiss. civils*, § 2). — *Institution d'un commissariat civil.—Circonscription.*

Art. 8. — Le ressort du commissariat civil de Koléah a pour limites :

Au S., la limite N. du ressort du commissariat civil de Bouffarik, depuis le point où la Chiffa fait sa jonction avec l'Oued Ger jusqu'à Ben Chaban;—A l'O., la limite du ressort du tribunal de première instance d'Alger, depuis le point de jonction de la Chiffa avec l'Oued Ger jusqu'à la mer; — Au N., les bords de la mer, jusqu'à la limite O. de l'arrond. du tribunal de première instance d'Alger, jusqu'à l'embouchure de l'Oued Bridja et de ce dernier point, les limites du ressort de la justice de paix d'Alger jusqu'à son point de jonction avec la limite O. du ressort du commissariat civil de Douera; — A l'E., la limite O. de ce dernier ressort jusqu'à Ben Chaban.

AM. — 6 août-9 sept. 1844. — B. 181. — *Communes de Koléah, Fouka et Douaouda.*

Vu l'arr. du 17 déc. 1843 (V. *ci-dessus*, § 2, arr. d'Alger).

Art. 1. — Il est créé, dans le district de Koléah, trois communes, dont la circonscription est déterminée par les limites ci-après :

Commune de Koléah.—Au N., les territoires de Fouka et Douaouda, tels qu'ils sont délimités par des bornes plantées sur le terrain ; — A l'E. et au S., le Mazafran; — A l'O., l'arrière fossé d'enceinte.

Commune de Fouka. — Au N., par la mer ; — A l'E., par le territoire de Douaouda; — Au S., par le territoire de Koléah ; — A l'O, par l'ancien fossé d'enceinte.

Commune de Douaouda. — Au N., par la mer; — A l'E., par le Mazafran; — Au S., par le territoire de Koléah; — A l'O., par le territoire de Fouka.

DI. — 21 nov. 1851 (V. *Commune*, § 3). —*Suppression du commissariat civil. — Institution de la commune de Koléah. — Même circonscr. qu'à l'arrêté du 21 déc. 1842.*

DI. — 31 déc. 1856 (V. *eodem*). — *Nouvelle délimitation.*

Art. 5. — La commune de Koléah, outre le territoire et les annexes de Fouka, Douaouda et Zéralda, comprend les territoires de Tefeschoun et de Castiglione, formant section de commune. — Le territoire de la commune de Koléah est délimité de la manière suivante :

Au N., la mer, depuis le Chabet bou Aroum jusqu'à l'embouchure de l'Oued Kerkour; — A l'E., le cours de l'Oued Kerkour jusqu'à la limite du haouch Mokta Essefla; cette limite jusqu'à l'Oued el Nagar; la limite des concessions de Mahelma, après avoir franchi la route de Koléah à Mahelma; le cours de l'Oued Zatria, celui de l'Oued ben Chaban, et après avoir traversé la route de Koléah à Alger, la limite du haouch Ben Chaban; — Au S., le cours de l'Oued Tleia, qu'on remonte jusqu'à la limite du haouch Touta; les cours de l'Oued Roumilly, de l'Oued Farghen et de l'Oued Terfa; la limite S. du haouch Farghen; la route de Koléah à Blidah qu'on remonte du N. au S., pour suivre la limite du haouch Chatba; le cours de l'Oued Chiffa qu'on traverse au confluent de l'Oued Djer; la limite du haouch Chatba sur la rive gauche du Mazafran; les limites des concessions de Castiglione et le Chabet ben Aroum descendant à la mer, point de départ.

DI.—20 oct. 1858.—BM. 11.—*Nouvelle délimitation.*

La commune de Koléah, outre le territoire du chef-lieu et les annexes de Fouka, Douaouda et Zéralda, comprend les territoires de Tefeschoun et de Castiglione, formant sections de commune. —

La circonsc. de la commune est délimitée ainsi qu'il suit :

Au N., la mer, depuis l'embouchure de l'Oued Bou Raouam (Chabet bou Aroum) jusqu'à l'embouchure de l'Oued el Aghar;

A l'E., le cours de l'Oued el Aghar jusqu'à la limite des concessions de Maëlma ; la limite occidentale de ce territoire jusqu'à la rencontre de l'Oued ben Chaban ; le cours de l'Oued ben Chaban jusqu'à la limite orientale du haouch el Kadri ; enfin, cette limite jusqu'à l'Oued Tléta, après avoir traversé la route de Koléah aux Quatre-Chemins ;

Au S., le cours de l'Oued Tléta, qu'on remonte jusqu'à la limite occidentale du haouch Toust ; cette limite, les cours de l'Oued Roumily, de l'Oued Farghen et de l'Oued Torfa ; la limite S. du haouch Farghen, la route de Koléah à Blidah, qu'on remonte du N. au S. pour suivre la limite du ' aouch Chaïba;

A l'O., le cours de l'Oued Chiffa, qu'on traverse au confluent de l'Oued Djer, la limite du haouch Chaïba, sur la rive gauche de l'Oued Mazafran ; les crêtes formant limites des concessions de Castiglione et Tefeschoun; une ligne fictive partant de ces crêtes pour aboutir à la naissance de l'Oued Bou Raouam (Chabet Bou Aroum) et le cours de cet oued jusqu'à son embouchure, point de départ.

Commune de Marengo.
(Arrond. de Blidah.)

V. ci-dessus § 5, délimitation de ce district.

Commune de Mouzaïaville.
(Arrond. de Blidah.)

OR. — 22 déc. 1840. — (V. *Villes et villages,* § 1.)—*Création du village de Mouzaïa.*

DI. —31 déc. 1856.—(V. *Commune,* § 5.)—*Institution et circonsc. de la commune de Mouzaïaville.*

Art. 11. — La commune de Mouzaïaville comprend le territoire actuel de ce village, plus ceux des villages de l'Affroun, de Bou Roumi et de la Chiffa, qui forment trois sections.—La délimitation de cette commune est fixée de la manière suivante :

Au N., le chemin de Cherchell à Blidah, depuis la limite E. des concessions de Marengo jusqu'à l'embranchement du chemin de Bou Roumi à Alger; de ce point une ligne traçant la limite des concessions de Mouzaïa et gagnant l'Oued Mézerou, qu'elle suit jusqu'à la route de Marengo à Blidah, cette route jusqu'aux limites N. des concessions de la Chiffa ;

A l'E., l'Oued Chiffa depuis la limite N. des concessions de la Chiffa jusqu'au chabet Toulanta;

Au S., le chabet Toulanta jusqu'à sa rencontre avec le chemin qui forme la limite des concessions de la Chiffa ; ce chemin jusqu'à sa rencontre avec l'Oued beni Chaouch qu'on remonte jusqu'à la bifurcation de deux petits sentiers qui redescendent à l'Oued el Ansscur ; puis une ligne parallèle au petit chemin conduisant à la redoute, tombant d'équerre sur la ligne droite et fictive qui limite les concessions de Mouzaïa au S.; le cours du Bou Roumi jusqu'au chemin de Milianah à Blidah ; ce chemin jusqu'à l'Oued Djer ;

A l'O., le cours de l'Oued Djer.

DI.—16 août 1859. — (V. ci-dessus, § 1.)—*Nouvelle délimitation.*

Art. 10.—La délimitation de la commune de Mouzaïaville, fixée par le décr. du 31 déc. 1856, est modifiée ainsi qu'il suit :

Au N., la mer, depuis l'Oued bou Raouan, formant la limite O. du territoire de Tefeschoun, jusqu'à l'Oued Hourett, formant la limite O. du territoire de Bérard.

A l'O., la limite O. du territoire de Bérard formée par l'Oued Hourett et une ligne fictive aboutissant à la crête; — La crête, formant la limite des haouchs Ben Khoucha et Sidi el Heubchi; — La limite, jusqu'à l'Oued Djer des haouchs Serumback et Sidi el Heubchi; — L'Oued Djer, jusqu'à la rencontre de la limite S. du territoire d'El Affroun et du Bou Roumi; — L'Oued bou Roumi, en remontant son cours jusqu'au ravin de l'Oued Sidi

Rabah, près duquel se trouve la maison du caïd des Soumata; — L'Oued Sidi Rabah, jusqu'à son origine, et passant près d'une maison appartenant à *Rabah ben Mahmoud;* — Une ligne, partant de l'origine de l'Oued Sidi Rabah, passant par le Koudiat Fers Fougani et aboutissant à l'Oued el Berout; — L'Oued el Berout, jusqu'à sa rencontre avec l'Oued Euchem; — L'Oued Euchem, en le remontant jusqu'à son origine; — Une crête, passant par le Koudiat Nador et aboutissant au Chabet Inglisali, près de l'ancien chemin de Blidah à Médéah; — Le cours d'un ravin, jusqu'à la source d'Aïn Dzoukara; — Une ligne courbe, partant de cette source et passant par les sources de Aïn Tala, ou Khelidj Aïn ben Ammar, et aboutissant à l'Oued el Malekhal; — L'Oued el Malekhal, jusqu'à son confluent avec l'Oued Iesmat; — L'Oued Iesmat, jusqu'à son origine; — Une ligne, passant par le Koudiat el Fkher et aboutissant au pic de Taïchet;

Au S., la limite N. de la concession des mines de Mouzaïa, passant par le pic des Mouzaïas les aboutissant à la Chiffa, au point où l'Oued Merdja se jette dans cette rivière;

A l'E., la rivière de la Chiffa, jusqu'à son confluent avec l'Oued Djer ; — La limite entre le haouch Chaïba et le haouch Teklaka; — La crête formant la limite S. des concessions du village de Tefeschoun; — Et une ligne fictive aboutissant à l'Oued bou Raouan, formant avec ce ruisseau la limite O. du territoire de Tefeschoun.

Commune de Médéah.
(Arrond. de Médéah.)

V. ci-dessus, § 2, arrondissement de Médéah.

Territoire des Hassem ben Ali.
(Arrond. de Médéah.)

DI.—16 août 1859 — (V. ci-dessus, § 1.)—*Délimitation.*

Art. 15.—Les limites du territoire des Hassem ben Ali sont fixées de la manière suivante :

Au N. : une crête partant du marabout de Sidi Mançour jusqu'à un chemin conduisant à Aïn Hadjera; — Ce chemin, que l'on suit jusqu'à la rencontre de la limite E. du Bled Miloud ben Khalifa; — Les limites E. et N. du Bled Miloud ben Khalifa; — Un chemin et une ligne sinueuse, passant par les sources de Aïn Zora Aïcha et Aïn Goussen, faisant la limite N. des propriétés appartenant à Si Hamed Cadi, Seghir Bougdini et Hamed ben Khalifa; —La limite N. des propriétés de *Kelil bel Hadj Mustapha* et de *Mohamed ben Kedda,* passant par les points trigonométriques 118, 175, et aboutissant à un arbre situé sur la route de Médéah à Boghar; — De cette route, une ligne passant par les points trigonométriques 183, 134 et 200, formant la limite N. de la propriété de *El Arbi ben Ali* et consorts; — Le chemin de Médéah à Boghar, jusqu'à la rencontre de la limite E. du territoire de Damiette;

A l'O., la limite E. du territoire de Damiette, formée sur la plus grande étendue par l'Oued Bassat et l'Oued Boutemiats;

Au S., l'Oued Souber, jusqu'à la limite O. de la propriété de *Mohamed ben Mahmoud* et de *Ben Si Touami;* — Les limites O. et S. de la propriété de *Mohamed ben Mahmoud* et de *Ben Si Touami;* — La limite S. du Bled ben Osman; — Les limites O. et S. du Bled Ouled ben Chaïba; — La limite O. de la propriété de *Ouled Sidi Ali ben Mahamed,* jusqu'à la rencontre de l'Oued Hallouf; — L'Oued Hallouf, que l'on remonte jusqu'au Bled ben Chikao; — La limite S. des propriétés de *Ben Chikao* et *Salem ben Ammeur,* jusqu'à une branche de l'Oued Gour; — L'Oued Gour, que l'on descend jusqu'à la limite O. de la propriété de *Hamed ben el Toumi,* faisant aussi limite du territoire de la Smala de Berrouaghia; — Les limites O. et S., passant par un tremble, de la propriété de *Hamed ben el Toumi;* — La limite S. du Bled Hussein ben Kara Hassen, passant par le Djebel M'Guert et le Djebel Sbâa; — La limite S. du Bled Feradh ben Toumi, faisant aussi limite à la tribu de Ouled Si Nedji; — La limite S. de la terre domaniale de Mérachda, passant par Dra Mezzeboudj et Dra Daya.

A l'E., le chemin de Oum Djemb, jusqu'au marabout de Sidi Gonifid, formant la limite E. de la terre domaniale de Mérachda; — De ce marabout, une ligne brisée aboutissant, après avoir traversé l'Oued Gour, à l'Oued

Bouaout ben Ghourida ; — Une partie de la limite N. de la terre domaniale de Mérachda, jusqu'à un sentier formant la limite S. de la terre de *Mohamed ben Allel;* — La limite E. de la terre de *Mohamed ben Allel,* jusqu'à l'Oued Besbess ; — L'Oued Besbess, jusqu'au chemin du Tléta à Berrouaghia ; — Ce chemin, jusqu'au Chabet Ouled Rouïf ; — Et la limite N., du Bled el Hadj ben Mohamed, jusqu'au marabout de Sidi Mançour, point de départ.

Art. 16. — Le territoire des Hassen ben Ali sera administré par un cheikh, sous la surveillance immédiate du sous-préfet de Médéah.

Commune de Milianah.
(Arrond. de Milianah.)

V. ci-dessus § 2, arrondissement de Milianah.

Commune de Vesoul Benian.
(Arrond. de Milianah.)

DI. — 4 juill. 1855. — (V. *Villes et villages,* § 2.) *Réunie à l'autorité civile de la colonie agricole d'Aïn Benian.*

DI. — 28 oct. 1854. — B. 472. — *Territoire d'Aïn Benian.*

Le territoire d'Aïn Benian, comprenant une superficie de 1,323 hect., est délimité ainsi qu'il suit, conformément au plan n° 8 ci-joint :

Au N., l'Oued el Hammam;
A l'E., un chemin qui, partant de l'Oued el Hammam, passe Aïn Mozzia et vient aboutir à un sentier à 100 m. au S. d'Aïn Zemenala ; — Un autre chemin, partant de ce dernier point, passant à 100 m. environ à l'E. d'Aïn Saf Saf, et venant aboutir à une fontaine sans nom à la naissance d'un ravin ; — Ce ravin, en se dirigeant vers l'E., jusqu'à sa jonction avec l'Oued Bellah ;
Au S., l'Oued Bellah, en remontant son cours jusqu'au ravin connu sous le nom de Aïn el Hadjar ; — Ce dernier ravin, en remontant sur une longueur de 300 m. environ ; — Un autre petit ravin se dirigeant vers le S. et venant aboutir à Aïn Sidi el Miloud. — Un autre ravin en remontant jusqu'aux crêtes ; — Une ligne fictive passant par les crêtes et venant aboutir à Aïn el Azeri ; — Un ravin, en remontant son cours et passant par le lieu El Bir, pour venir aboutir au Treik el Fekara ; — Un autre ravin, une ligne de crêtes et un autre ravin, jusqu'au chemin appelé Treik Bakhedeur ; — Le chemin jusqu'à l'Oued Bakhedeur ; — L'Oued Bakhedeur, en remontant son cours ; — Le lieu dit Fra el Hadjar et un ravin aboutissant à l'Oued ben Chaouch ; — L'Oued ben Chaouch, en remontant son cours jusqu'à l'Oued Sebba ; — L'Oued Sebba, jusqu'à sa naissance et une ligne de crêtes venant aboutir à l'Oued Attarfa ;
A l'O., l'Oued Attarfa, jusqu'à sa naissance ; — Un ravin qui, passant par Aïn Kala, vient aboutir à l'Oued el Hammam.

DI. — 51 déc. 1856. — (V. *Commune,* § 3.) — *Circonscription.*

Art. 15. — La circonsc. communale de Vesoul Benian comprend le centre de ce nom et celui de Sidi Abd el Kader bou Medfa, tels qu'ils ont été délimités par les plans annexés au décret du 4 juill. 1855.

DI. — 16 août 1859. — (V. ci-dessus, § 1.) — *Délimitation.*

Art. 19. — La délimitation de la commune de Vesoul Benian, fixée par le décr. du 28 oct. 1854, est modifiée de la manière suivante :

Au N., la limite N. du territoire du village de Bou Medfa, depuis une carrière jusqu'à la limite O. du lot 341, dépendant de ce territoire ; — La limite O. de ce lot, jusqu'à l'Oued Djer ; — L'Oued Djer, jusqu'à un ravin aboutissant à un point de la nouvelle route de Blidah à Milianah, appelé *Melkat el Troug;* — La limite N. de la terre domaniale des Righas, suivant une crête, jusqu'à un coude prononcé de la nouvelle route de Blidad à Milianah, où prend naissance l'Oued Aïn Amra ;
A l'O., l'Oued Aïn Amra, jusqu'à la rencontre de

l'Oued Zeboudj ; — l'Oued Zeboudj, jusqu'au Chabet Adjel ben Melah ; — Le Chabet Adjel ben Melah, jusqu'à une ligne aboutissant au point, sur l'Oued Quérata, appelé M'Kebrel el Djouard ; — l'Oued Quérata ; — l'Oued Merazik supérieur ; — La limite entre la terre domaniale de Ras el Oued et les Bled Louetta et Mohamed bel Kassem, jusqu'au chemin conduisant de l'Arbâ des Djendel à Vesoul Benian ;
Au S., la crête du Gontas, formant la limite entre la tribu des Djendel et celle des Bouhallaouan Gontas, passant par le marabout Sellah, le télégraphe du Gontas, et aboutissant en face du marabout de Bou Adjadja, au point d'intersection de la limite entre les Djendel, les Ouamer et les Soumata ;
A l'E., une ligne, partant de ce point, passant à Chabet Médouk, Aïn Redjem, et aboutissant à l'Oued Kammoudja ; — L'Oued Kammoudja ; — Une ligne partant de cet oued, aboutissant au Koudiat Laoba ; — Un chemin, jusqu'au Koudiat Kherba ; — Une ligne brisée, coupant l'Oued Kherba, passant par le Koudiat Dar el Amar et aboutissant à l'Oued Sidi bou Ali ; — L'Oued Sidi bou Ali, que l'on remonte, et une ligne droite, aboutissant à l'extrémité S. du territoire de Bou Medfa, au N. de Guadet Salem ; — Et la limite E. du territoire de Bou Medfa, jusqu'à la carrière, point de départ.

Commune de Duperré.
(Arrond. de Milianah.)

DI — 6 sept. 1857. — (V. *Villes et villages,* § 1.) - *Création du village Duperré.*

DI. — 16 août 1859. — (V. ci-dessus, § 1.) — *Circonsc. communale.*

Art. 20. — La délimitation de la commune de Duperré est fixée ainsi qu'il suit :

Au N., l'Oued Boutan, depuis le pont du Hakem jusqu'au Chélif ; — Le Chélif, jusqu'à l'embouchure de l'Oued Serkèche, rive droite ;
A l'O., le cours du Chélif, jusqu'à l'Oued el Arlche ; — L'Oued el Arlche, jusqu'à sa naissance ;
Au S., la crête de la montagne Grise, jusqu'à un marabout en ruine, passant par les points trigonométriques 38 et 36 ; — De ce marabout, la crête du Djebel Douhi, passant par Kef Ensour et le rocher Blanc, et aboutissant à l'angle S.-E. de la réserve forestière de Duperré ; — La limite S. du cantonnement des Feghalla, formant aussi la limite N. des tribus des Beni Ferrah et des Ouzaghrass ; — La limite S. du territoire concédé aux indigènes de Milianah, formant aussi la limite N. du Bled Lekal et Bled ben Attaïeb el Hadj Beraba ;
A l'E., le chemin de Miru au Chélif, formant la limite entre le territoire concédé aux indigènes de Milianah et le Bled ben Zian ; — Le Chélif, que l'on remonte, jusqu'à la limite E. du Bled Sahari ; — Et cette limite, jusqu'au pont du Hakem sur l'Oued Boutan, point de départ.

DI. — 5 sept. 1859. — (V. *Commune,* § 3.) — *Constitution en commune. — Même circonsc.*

Commune d'Orléanville.
(Arrond. de Milianah.)

V. ci-dessus § 3, délimitation de ce district.

2° Département de Constantine.
Commune de Constantine.

AM. — 23 nov. et 21 déc. 1842. — (V. ci-dessus, § 2, *Arrond. de Constantine.*)

DP. — 20 mars 1849. — (V. *Transactions immobilières.*) — *Banlieue de Constantine.*

DI. — 12 sept. 1853. — (V. ci-dessus, § 2.) — *Territoire de la banlieue.*

DI. — 20 avr. 1854. — (V. *Commune,* § 3.) — *Même circonsc. que celle fixée par le décr. du 20 mars 1849.*

DI. — 51 déc. 1856. — (V. *Commune,* § 3.) — *Circonsc. communale.*

Art. 11. — La circonsc. territoriale de la commune de Constantine est déterminée ainsi qu'il suit :

12

Au N., les limites de la concession Octave, la route de Philippeville à Constantine, et la limite S. de la terre de Chellala; — Au S., à l'E. et à l'O., les limites de l'arrondissement.

Commune de Bathna.
(Arrond. de Constantine.)

V. ci-dessus § 3, délimitation de ce district.

Commune de Bône.
(Arrond. de Bône.)

V. ci-dessus § 2, arrondissement de Bône.

Commune de Guelma.
(Arrond. de Bône.)

V. ci-dessus § 2, arrondissement de Guelma.

Commune de la Calle.
(Arrond. de Bône.)

V. ci-dessus § 3, délimitation de ce district.

Commune de Philippeville.
(Arrond. de Philippeville.)

V. ci-dessus § 2, arrondissement de Philippeville.

DI. — 18 nov. 1857. — B. 515. — *Section de commune.*

Art. 1. — Le village et le territoire de Stora, compris dans la circonsc. communale de Philippeville, formeront désormais une section de cette commune.

Commune de Jemmapes.
(Arrond. de Philippeville.)

V. ci-dessus § 3, délimitation de ce district.

Commune de Djidjelli.
(Arrond. de Philippeville.)

V. ci-dessus § 3, délimitation de ce district.

Commune de Sétif.
(Arrond. de Sétif.)

V. ci-dessus § 2, arrondissement de Sétif.

Commune de Bougie.
(Arrond. de Sétif.)

AM. — 8 mai 1841. — (V. Commiss. civils, § 2.) — *La ville et le territoire de Bougie forment un district administré par un commissaire civil, et comprenant provisoirement l'espace renfermé dans la ligne extérieure des postes militaires.*

AM. — 21 déc. 1842. — (V. eodem.) — *Le commissariat civil est supprimé; le district est placé sous l'autorité des commandants militaires et la juridiction des conseils de guerre.*

APE. — 27 juill. 1848. — (V. eodem.) — *Rétablissement du commissariat.*

APE. — (Même date.) — *Circonsc. du commissariat de Bougie.*

Art. 1. — La ville de Bougie et sa banlieue, telles qu'elles sont délimitées par le présent arrêté, passent dans la catégorie des territoires civils, et sont comprises dans l'arrond. administratif et judiciaire de la ville d'Alger.

Art. 2. — La banlieue de Bougie a pour limites :

A l'O., une ligne partant d'une grande masse de rochers qui, de la mer, se dirige sur le pic de la Dent, et allant aboutir au saillant N. du blockhaus Lemercier; de à, une ligne formant avec ce saillant et la tour Dpria un angle de 60° 30', et se dirigeant jusqu'à la rencontre du ravin qui descend du village de Darnassar, connu des indigènes sous le nom d'Oued Difelg; de ce point, le ravin jusqu'au fossé qui le joint à la petite rivière, le fossé et la petite rivière jusqu'à la mer; — Au S., à l'E. et au N., la mer, depuis la petite rivière jusqu'à la masse des rochers précités.

Art. 3. — Les transactions immobilières de toute nature restent soumises, dans l'étendue de ce territoire, aux dispositions des ordonnances et arrêtés qui régissent la propriété en territoire civil.

DP. — 10 mars 1850. — (V. ci-dessus, § 2, Arrond. de Philippeville.) — *Le cercle de Bougie est rattaché à l'arrond. de Philippeville.*

DP. — 6 août-15 sept. 1852. — B. 420. — *Circonsc. territoriale de la ville de Bougie.*

Art. 1. — Les limites de la banlieue de Bougie, ayant une étendue de 1,176 hect., d'après l'art. du 27 juill. 1848, sont portées à 1,421 hect. — Les 245 hect. annexés audit territoire sont délimités, suivant la ligne tracée en rouge sur le plan annexé au présent décret, de la manière suivante :

Au S.-O., par le grand fossé de desséchement et la Summam, jusqu'à son embouchure dans la Méditerranée ; — A l'O., par une ligne parallèle à la route de Sétif ; — A l'E., par la mer Méditerranée ; — Au N., par l'Oued Sghir ou petite rivière.

DI. — 17 juin 1854. — (V. Commune, § 3.) — *Circonsc. communale.*

Art. 8. — La circonsc. communale de Bougie comprend la ville et sa banlieue, conformément aux délimitations arrêtées par les décr. des 27 juill. 1848 et 6 août 1852.

DI. — 31 déc. 1856. — (V. eodem.) — *Suppression du commissariat.*

DI. — 13 oct. 1858. — (V. ci-dessus, § 2, Arrond. de Sétif.) — *La commune de Bougie est classée dans la circonsc. de l'arrond. de Sétif.*

DI. — 25 fév. 1860. — (V. ci-dessus, §§ 1 et 2.) — Art. 12. — *Les limites fixées par les décr. des 6 août 1852 et 17 juin 1854 sont maintenues.*

3° Département d'Oran.

Commune d'Oran.
(Arrond. d'Oran.)

V. ci-dessus § 2, arrondissement d'Oran.

Commune de Mascara.
(Arrond. de Mascara.)

V. ci-dessus § 2, arrondissement de Mascara.

Commune de Tlemcen.
(Arrond. de Tlemcen.)

V. ci-dessus § 2, arrondissement de Tlemcen.

Commune de Sidi'Chami.
(Arrond. d'Oran.)

OR. — 16 déc. 1845. — (V. Villes et villages, § 1.) — *Création du village de Sidi Chami.*

AG. — 10 mai 1848. — (V. ci-dessus, § 2, Arrond. d'Oran.) — *Première délimitation.*

DI. — 31 déc. 1856. — (V. Commune, § 3.) — *Constitution en commune. — Circonsc.*

Art. 14. — La commune de Sidi Chami comprend, outre le territoire actuel de ce village, les annexes d'Arcole, Assi el Biod, l'Etoile ; Arcole formant seul une section de commune. — Cette commune est délimitée de la manière suivante :

Au N., la mer ; — A l'E., les limites O. des territoires de Fleurus et d'Assi bou Nif; — Au S.-E., la limite de l'arrond. d'Oran ; — Au S., le chemin de Mangin à Saint-Louis et celui de Moussa Tbouil; les limites anciennes de Sidi Chami, jusqu'à la rencontre de la route d'Oran à Mascara jusqu'à Assi el Biod; l'ancien chemin d'Oran à Assi el Biod ; — A l'O., les limites E. de la commune d'Oran.

DI. — 18 fév. 1860. — BM. 65. — *Nouvelle délimitation.*

Art. 2. — Le territoire de la commune de Sidi Chami a pour limites :

Au N., à l'O. et au S., celles qui ont été déterminées par l'art. 14 de notre décret précité; — A l'E., à partir de la mer jusqu'au chemin de Sidi Chami à Saint-Louis, la limite actuelle; ledit chemin de Sidi Chami à Saint-Louis, sur une longueur de 5 kilom.; puis une ligne droite allant joindre le chemin de ceinture sur le chemin de Mangin à Saint-Louis; ce dernier chemin jusqu'à la rencontre d'un ravin; ce ravin, sur une longueur de 700 m.; et enfin une ligne brisée allant aboutir sur le chemin de Sidi Chami à Sainte-Barbe, au point appelé Chresjaa M'Taara, point commun avec l'ancienne limite.

Commune de Valmy.
(Arrond. d'Oran.)

OR. — 14 fév. 1818. — (V. *Villes et villages,* § 1.) — *Création du village de Valmy.*

AG. — 10 mai 1848. — (V. ci-dessus, § 2, *Arrond. d'Oran.*) — *Première délimitation.*

DI. — 31 déc. 1856. — (V. *Commune,* § 3.) — *Constitution en commune et circonse.*

Art. 15. — La commune de Valmy a pour annexe le village de Mangin, formant section de commune. — Le territoire de cette commune est délimité de la manière suivante:

Au N., l'ancien chemin d'Assi el Biod, à partir du point où il rencontre les limites de la commune d'Oran; la route d'Oran à Mascara; les limites de la commune de Sidi Chami; — A l'E., le chemin de Sidi Chami à Moussa Thoull, et au S.-E., les limites de l'arrond. civil d'Oran; — Au S., ces mêmes limites, en suivant le lac Salé jusqu'au marais d'Aïn Beïda, la route d'Aïn Beïda; — Au N., la limite de la commune d'Oran jusqu'au chemin d'Oran à Assi el Biod, point de départ.

Commune de Misserghin.
(Arrond. d'Oran.)

AG. — 25 nov. 1844. — (V. *Villes et villages,* § 1.) — *Création du village de Misserghin.*

OR. — 29 oct. 1845. — (V. ci-dessus, § 2, *Arrond. d'Oran.*) — *Délimitation de cette commune.*

AG. — 10 mai 1848. — (V. eodem.) — *Nouvelle délim...ation.*

DI. — 31 déc. 1856. — (V. *Commune,* § 3.) — *Constitution en commune. — Circonse.*

Art. 16. — La commune de Misserghin comprend, outre ce territoire, celui du village de Bou Tlélis, formant une section de commune. — Le territoire de cette commune est délimité ainsi qu'il suit:

Au N., la crête du Rochéra, à partir du point où il rencontre la limite de la commune d'Oran; une ligne droite passant par le grand Pic et allant jusqu'au pic du Tombeau; à partir de ce point, une ligne droite allant à la source de l'Oued Guedara; l'Oued Guedara jusqu'à la limite de l'arrond. civil d'Oran; — A l'O., les limites de cet arrond. jusqu'à leur rencontre avec le lac Salé; — Au S., le grand lac Salé formant aussi la limite de l'arrond. d'Oran; — A l'E., la ligne extérieure des marais d'Aïn Beïda, la route de Beïda à Oran; formant la limite de la commune d'Oran; — Au N.-E., cette même limite passant par le Pont-Albin et par le marabout de Dethri, jusqu'aux crêtes de la Rochéra, point de départ.

Commune d'Arzew.
(Arrond. d'Oran.)

OR. — 12 août 1845. — (V. *Villes et villages,* § 1.) — *Fondation d'une ville à Arzew.*

DP. — 4 nov. 1850. — (V. *Commissariats civils,* § 2.) — *Institution d'un commissariat.*

AG. — 9 juill. 1852. — B. 416. — *Annexion de la colonie agricole d'Arzew (Annexe).*

DI. — 12 sept. 1853. — B. 446. — *Circonse. de l'arrond.*

Art. 9. — Le commissariat civil d'Arzew a pour limites:

Au N., la mer, à partir du point où elle est rencontrée par la limite de la commune d'Arcole, jusqu'à l'embouchure de la Makta; — A l'O., les limites des communes d'Arcole et de Sidi Chami; — Au S., un tracé qui suit les limites des communes d'Assi bou Nif, Saint-Louis et Sainte-Adélaïde; — A l'E., la rive des salines d'Arzew et la ligne de demarcation de l'arrond. d'Oran.

DI. — 31 déc. 1856. — (V. *Commune,* § 3.) — *Constitution en commune. — Circonse.*

Art. 17. — La commune d'Arzew comprend, outre le territoire de cette ville, les anciennes colonies agricoles de Damesme et de Saint-Leu et le centre de Mulcï Magoun, les deux premières formant sections de commune. — Le territoire de la commune d'Arzew est délimité ainsi qu'il suit:

Au N. et au N.-E., la mer; — A l'E., la limite de l'arrond. de Mostaganem; — Au S., la limite actuelle de l'arrond. d'Oran, depuis le pont de la Macta jusqu'à l'extrémité S. du lac des salines d'Arzew; — Au S., les bords N. O. du lac des salines d'Arzew, à partir de l'extrémité N. de ce lac, la route dite *des Salines;* plusieurs lignes brisées formant la limite de Saint-Cloud, jusqu'à la route de Saint-Cloud; de cette route, une ligne droite aboutissant au chemin de Sainte-Léonie; le cours supérieur de l'Oued Teumacie; une ligne droite aboutissant à la route d'Oran à Arzew; le côté droit de cette route, et, à partir de cette route, une série de lignes brisées formant la limite de Saint-Cloud et aboutissant à la mer, près la pointe de l'Aiguille.

DI. — 18 fév. 1860. — BM. 65. — *Nouvelle délimitation.*

Art. 5. — La commune d'Arzew a pour limites:

Au N., la mer; — A l'E., la mer et la rivière de la Macta jusqu'au pont; une ligne droite partant du pont et aboutissant à un lac appelé Sbara, situé dans les marais de la Macta; — Au S., une ligne droite partant du Sbara, traversant les marais et allant aboutir à la route d'Arzew à Saint-Denis du Sig; à partir de ce point, la vieille route jusqu'au lac que la limite contourne jusqu'en face de la montagne d'Hammam el Melah; — A l'O., les limites E. des communes de Saint-Cloud et de Saint-Louis.

Commune de Saint-Cloud.
(Arrond. d'Oran.)

OR. — 4 déc. 1846. — (V. *Villes et villages,* § 1.) — *Création du village de Saint-Cloud.*

DI. — 31 déc. 1856. — (V. *Commune,* § 3.) — *Constitution en commune. — Circonse.*

Art. 18. — La commune de Saint-Cloud comprend, outre le territoire de ce village, celui des anciennes colonies agricoles de Kléber et de Messesour, et le centre de Sainte-Léonie, formant section de commune, et l'annexe de Christel. — Le territoire est délimité ainsi qu'il suit:

Au N., les limites du territoire d'Arzew, telles qu'elles viennent d'être réglées; — Au N.-E., l'Oued Toumacie, le chemin de Sainte-Léonie à Damesme, le territoire de Saint-Leu, section d'Arzew, et par le chemin d'Arzew aux Salines; — Au S.-E., les salines d'Arzew; — Au S. et au S.-O., le chemin de Saint-Louis aux Salines, puis les limites de la commune de Fleurus, dont il y aura question ci-après; — A l'O., la mer, depuis la limite d'Arzew, près la pointe de l'Aiguille, jusqu'à la limite de Fleurus.

DI. — 18 fév. 1860. — BM. 65. — *Nouvelle délimitation.*

Art. 5. — Le territoire de la commune de Saint-Cloud a pour limites:

Au N., celles qui ont été fixées par l'art. 18 de notre décret précité; — A l'E., les limites déterminées par le même article jusqu'au chemin d'Arzew au télégraphe de Télamine; ce chemin jusqu'au télégraphe; — Au S., le chemin du télégraphe de Télamine à Saint-Cloud, formant la limite N. de la plaine de Télamine, jusqu'au point de rencontre de la limite actuelle; — A l'O., et à partir de ce point jusqu'à la pointe de l'Aiguille, la limite déterminée par l'art. 18 du décret précité.

Commune de Fleurus.
(Arrond. d'Oran.)

OR.—14 fév. 1818.—(V. *Villes et villages*, § 1.) *Création du village de Fleurus.*

AC.—10 mai 1818.—(V. ci-dessus, § 1, *arrond. d'Oran.*) — *Délimitation.*

DI. — 31 déc. 1856. — (V. *Commune*, § 5.) — *Constitution en commune et délimitation.*

Art. 19. — La commune de Fleurus comprend, outre le territoire de ce centre, celui des villages de Assi ben Okba, Assi Ameur, Assi bou Nif, formant trois sections de commune. — Le territoire est délimité ainsi qu'il suit :

Au N. et au N.-O., la mer, à partir de la limite de la section d'Arcole, commune de Sidi Chami ; — Au N.-E., la limite de Saint-Cloud jusqu'à la limite N.-O. de Saint-Louis ; — A l'E., la limite de ladite commune de Saint-Louis ; — Au S., la limite actuelle de l'arrond. d'Oran ; — A l'O., la limite du territoire de la commune de Sidi Chami, depuis la route conduisant de ce centre à Saint-Louis jusqu'à la mer.

Commune de Saint-Louis.
(Arrond. d'Oran.)

OR.— 4 déc. 1846.—(V. *Villes et villages*, § 1.) — *Création du village de Saint-Louis.*

DI. — 31 déc. 1856. — (V. *Commune*, § 5.) — *Constitution en commune et circonsc.*

Art. 20. — La circonsc. communale de Saint-Louis comprend, outre ce centre, celui d'Aïssi ben Ferèab. — Sa délimitation est déterminée, savoir :

Au N.-O., la limite de la commune de Fleurus jusqu'à la route de Mangin à Saint-Louis ; — Au N.-E., les limites de la commune de Saint-Cloud jusqu'à la route de Saint-Louis aux Salines ; — Au S., la limite de l'arrond. d'Oran.

DI.— 18 fév. 1860.— BM.— 65.— Nouvelle délimitation.

Art. 4. — La commune de Saint-Louis a pour limites :

Au N., la limite de la commune de Fleurus et une partie de celle de Saint-Cloud (chemin de Saint-Cloud au télégraphe) ; — A l'E., le chemin du télégraphe jusqu'à son embranchement sur la route de Saint-Louis à Saint-Eugène ; de cet embranchement une ligne droite traversant la montagne d'Hammam el Melah et aboutissant aux Salines ; — Au S., la limite N. du lac des Salines et la limite de la forêt de Muley Ismaël jusqu'au marabout de Sidi Yaya ;—A l'O., une ligne droite partant du marabout Sidi Yaya et allant au chemin de ceinture, et enfin ce chemin jusqu'à sa rencontre avec la route de Saint-Louis à Saint-Eugène, limite de la commune de Fleurus.

Commune de Sainte-Barbe du Tlélat.
(Arrond. d'Oran.)

OR.— 4 déc. 1846.—(V. *Villes et villages*, § 1.) *Création du village de Sainte-Barbe.*

DI. — 31 déc. 1856. — (V. *Commune*, § 5.) — *Constitution en commune.— Circonsc.*

Art. 21.—Le territoire de la commune de Sainte-Barbe du Tlélat est le même que celui qui lui a été attribué par l'ord. du 4 déc. 1846. — Il est limité :

Au N., par les communes de Fleurus, Sidi Chami et Valmy ;—Au S., par la limite des concessions de Sidi bel Khaïr, la limite de la réserve de Sainte-Barbe, la limite des concessions du hamoul Djella Derbeya, et l'Oued Tlélat jusqu'à sa sortie du grand lac (Sebgha) ;—A l'E., par la commune de Saint-Cloud, la pointe S. des salines d'Arzew, la limite occidentale de la forêt de Muley Ismaël et la limite orientale des concessions de Sidi bel Khaïr ; — A l'O., par le grand lac (Sebgha), depuis la sortie de

l'Oued Tlélat jusqu'à la limite S. de la commune de Valmy.

Commune de Saint-Denis du Sig.
(Arrond. d'Oran.)

V. ci-dessus, § 5, délimitation de ce district.

Commune de Sidi bel Abbès.
(Arrond. d'Oran.)

V. ci-dessus, § 5, délimitation de ce district.

DI.— 18 nov. 1857.— B. 515.—*Section de commune.*

Art. 2. — Le village et le territoire de Sidi el Hassen, compris dans la circonsc. communale de Sidi bel Abbès (départ. d'Oran), formeront à l'avenir une section de cette commune.

Commune de Mostaganem.
(Arrond. de Mostaganem.)

V. ci-dessus, § 2, arrondissement de Mostaganem.

Commune de Rivoli.
(Arrond. de Mostaganem.)

DP.—11 fév. 1851.—(V. *Villes et villages*, § 2 *Constitution en colonie agricole.*

DI.— 14 juin 1854.—(V. ci-dessus, § 2, *arrond. de Mostaganem.*)—*Délimitation.*

DI.—31 déc. 1856.—(V. *Commune*, § 5.)—*Circonsc. communale.*

Art. 24.—La circonsc. de la commune de Rivoli est celle qui lui a été assignée par le décr. du 14 juin 1854.—Elle comprendra comme sections l'ancienne colonie agricole d'Aïn Nouissy et le centre de la Stidia.

Commune de Pélissier.
(Arrond. de Mostaganem.)

DP.—11 fév. 1851.—(V. *Villes et villages*, § 2.) — *Colonies agricoles.*

DI.— 14 juin 1854.—(V. ci-dessus, § 2, *arrond. de Mostaganem.*) — *Délimitation.*

DI.—31 déc. 1856.—(V. *Commune*, § 5.)—*Circonsc. communale.*

Art. 25. — La circonsc. de la commune de Pélissier comprend le territoire de cette commune tel qu'il a été délimité sous le nom des *Libérés*, par le décr. du 14 juin 1854.—Elle a, comme sections, les anciennes colonies agricoles de Tounin et d'Aïn Boudinar, et la partie de la vallée des jardins figurée au plan annexé au présent décret.

Commune d'Aïn Tédelès.
(Arrond. de Mostaganem.)

DP.—11 fév. 1851.—(V. *Villes et villages*, § 2.) *Colonies agricoles.*

DI.— 14 juin 1854.—(V. ci-dessus, § 2, *arrond. de Mostaganem.*) — *Délimitation.*

DI.— 31 déc. 1856.—V. *Commune*, § 5.)—*Circonsc. communale.*

Art. 26. — La circonsc. de la commune de Aïn Tédelès est celle qui a été attribuée à cette commune par le décr. du 14 juin 1854 ; elle comprend le territoire de l'ancienne colonie agricole de Sourk el Mitou et le centre du Pont du Chélif.

Commune d'Aboukir.
(Arrond. de Mostaganem.)

DP.—11 fév. 1851.—(V. *Villes et villages*, § 1.) *Colonies agricoles.*

DI.— 14 juin 1854.—(V. ci-dessus, § 2, *arrond. de Mostaganem.*) — *Délimitation.*

ID.— 31 déc. 1856.—(V. *Commune*, § 5.)—*Circonsc. communale.*

Art. 27.— La circonsc. de la commune d'Abou-kir est celle qui lui a été assignée par le décr. du 11 juin 1854.—Elle comprend, comme sections de commune, les anciennes colonies agricoles de Bled Touaria et d'Aïn Si Chérif.

CIRCONSCRIPTIONS JUDICIAIRES.

La première juridiction est celle des juges de paix, dont les attributions ont été conférées aux commissaires civils dans les districts et aux commandants de place, dans les places, postes et camps où l'autorité civile n'existe pas encore. (V. *Commissaires civils*, § 1.— *Justice*, § 4.) La circonscription du ressort des commissariats civils est déterminée dans les arrêtés reproduits au § 3 ci-dessus. Celle du ressort des commandants de place comprend généralement la ville et le territoire de colonisation ou banlieue qui lui est attribué par le décret de fondation (V. *Villes et villages*).

Quant aux tribunaux de première instance, leur juridiction, aux termes des ordonnances organiques, s'étend en principe sur tous les territoires occupés dans chaque province, jusqu'aux limites déterminées par arrêtés du ministre de la guerre. Mais ces limites ont été souvent modifiées et suivent le développement de la colonisation et de l'administration civile. En outre, le ressort affecté à l'autorité judiciaire n'est pas toujours le même que celui attribué à l'administration civile dans un district ou un arrondissement. En effet, les convenances résultant des facilités de communication ou de l'établissement moins rapide des tribunaux, exigent souvent que leur juridiction s'étende spécialement sur des localités qui dépendent d'une autre circonscription administrative.

Enfin un décr. du 22 mars 1852 (V. *Justice*, § 4), confère juridiction aux tribunaux pour statuer en appel sur les jugements des commandants militaires des postes les plus éloignés, ainsi que sur les affaires excédant leur compétence, le décr. du 31 déc. 1859 sur la justice musulmane, leur confère également juridiction sur les jugements des cadis.— Les tribunaux spéciaux de commerce ont toujours le même ressort que le tribunal civil d'arrondissement où ils sont établis.

Quelques décrets portent cette prescription générale que le ressort judiciaire comprendra, outre le territoire civil spécialement déterminé, les territoires militaires qui y seront ultérieurement réunis, V. *Trib. de Constantine*, ord. du 9 juill. 1849, et *Justices de paix de Bathna, Aumale, Sidi bel Abbès, Médéah, Ténès, Guelma et Tlemcen*). Mais ordinairement c'est la circonscription actuelle qui, seule, est déterminée.

Les modifications successives qui ont eu lieu antérieurement à la fixation des circonscriptions judiciaires aujourd'hui en vigueur, ont été seulement indiquées par la mention de leur date et du numéro du bulletin officiel auquel on peut recourir s'il était nécessaire.

§ 5. — COUR IMPÉRIALE.

OR.— 10 août 1854, art. 4 et 37; 28 fév. 1841, art. 4 et 42; 26 déc. 1842, art. 4 et 42. — (V. *Justice*, § 1).—*Le ressort de la cour impériale* embrasse la totalité de l'Algérie, sauf la juridiction réservée aux conseils de guerre.

§ 6. — TRIBUNAUX DE PREMIÈRE INSTANCE (1).

Tribunal d'Alger.

AG.— 8 juill. 1857 et 15 avr. 1859.—B. 50, 65. — *Limites de la juridiction criminelle.*

AG.— 20 sept. 1840. — (V. *Villes et villages*, § 1).— *La ville et le territoire de Cherchell sont placés sous la juridiction des tribunaux siégeant à Alger (placés dans le ressort du trib. de Blidah par arr. du 7 mars 1855).*

AG.—1er oct. 1840.—(V. *Villes et villages*, § 1.) — *Annexion au ressort d'Alger de la ville et territoire de Blidah (abrogé à la création du trib. de Blidah).*

AM.— 21 déc. 1842. — B. 137. — *Nouvelles limites du ressort.*

AG.— 25 avr. 1848. — B. 273. — *Annexion de la ville et territoire de Ténès.*

DP.— 9 juill. 1849.— (V. *Justice de paix*, § 2.) — *Annexion de la justice de paix de Ténès.*

DP.— 26 déc. 1851. — B. 402. — *Annexion du commissariat civil d'Orléansville.*

DI.— 21 juin 1854.— (V. *Justice de paix*, § 2.) — *Annexion de la justice de paix d'Aumale.*

DI.— 23 avr. 1855. — (V. *eodem.*) — *Annexion de la justice de paix d'Orléansville.*

DI.— 31 déc. 1856.— (V. ci-dessus, § 3.) — *Annexion du commissariat civil de Dellys.*

DI.— 10 déc.-6 janv. 1859. — BM. 51. — *Nouvelle circonsc.*

Art. 1. — Le ressort du tribunal de première instance d'Alger comprend l'arrond. d'Alger et les communes de Ténès et d'Orléansville, tels qu'ils sont délimités par le décr. du 16 août dernier (V. ci-dessus, § 2, *arrond. d'Alger*).

Tribunal de Blidah.
(Dép. d'Alger.)

OR. — 30 nov. 1844. — (V. *Justice*, § 1.) — *Le ressort s'étend sur les districts de Blidah, Bouffarik et Koléah.*

APE. — 16 août 1848. — (V. ci-dessus, § 3, *arrond. de Blidah.*)— *Annexion des villages de la Chiffa et de Mouzaïa.*

DP. — 9 juill. 1849. — (V. *Justice de paix*, § 2.) — *Annexion de la justice de paix de Médéah.*

DP. — 10 avr. 1851. — B. 583. — *Annexion de la justice de paix de Médéah et du commissariat civil de Milianah.*

DI. — 7 déc. 1855. — (V. *Justice de paix*, § 2.) — *Annexion de la justice de paix d'Aumale (réunie au ressort d'Alger par décr. du 21 juin suivant).*

DI. — 7 mars 1855. — B. 477. — *Annexion du district de Cherchell.*

DI. — 23 av. 1855. — (V. *Justice de paix*, § 2.) — *Annexion de la justice de paix de Milianah.*

DI. — 5 déc. 1857. — (V. *Just. de paix*, § 2.)— *Annexion de la justice de paix de Bouffarik.*

DI. — 10 déc.-6 janv. 1859. — BM. 51. — *Nouvelle circonscription.*

Art. 2. — Le ressort du tribunal de première

(1) Compléter au besoin les renseignements ci-après par ceux consignés aux paragraphes précédents.

instance de Blidah comprend les arrond. de Blidah, de Médéah et de Milianah (moins la commune d'Orléansville), tels qu'ils sont délimités par le décr. du 16 août 1859 (V. ci-dessus, § 3).

Tribunal de Constantine.

DP. — 9 juill. 1849. — (V. *Justice*, § 5.) — *Création d'un tribunal à Constantine.*

Art. 3. — Son ressort embrasse le territoire déterminé par l'arr. du 20 mars 1849, qui a fixé les limites de la banlieue de Constantine ; il comprendra en outre les territoires militaires qui y seront ultérieurement réunis.

Art. 5. — (Annexion de la justice de paix créée à Guelma et classée dans le ressort du tribunal de Bône par décr. du 6 juillet suivant.)

DP. — 26 déc. 1851. — (V. *Commiss. civils*, § 3.) — *Annexion du commissariat civil de Sétif.*

DI. — 7 déc. 1853. — (V. *Justice de paix*, § 2.) — *Annexion de la justice de paix de Batna.*

DI. — 21 oct. 1854. — (V. *eodem.*) — *Annexion de la justice de paix de Sétif.*

DI. — 25 juin 1860. — BM. 82. — *Extension du ressort civil à partir du 1er juill. 1860.*

Art. 1. — Le ressort du tribunal de première instance de Constantine comprend : — 1° L'arrond. de Constantine, tel qu'il est délimité par le décr. du 25 fév. 1860 ; — 2° L'arrond. de Sétif, tel qu'il est délimité par le même décret, moins la commune de Bougie ; — 5° Le district de Batna, tel qu'il est délimité par le décr. du 14 sept. 1859.

Tribunal de Bône.
(Dép. de Constantine.)

AG. — 28 juill. 1858. — B. 58. — *Limites de la juridiction criminelle.*

Partir de la fontaine du fort Génois jusqu'à l'embouchure de la Seybouse, de là remonter la rive gauche de cette rivière jusqu'au marabout de Sidi Hamet Chebi, et aboutir au pont de Constantine ; suivre la rive droite de la Méboudja jusqu'au corps de garde des Karézas, le chemin qui, de ce point, conduit, en passant au pied et au S. du Kefensour, aux ruines de l'ancien aqueduc romain, situées à l'entrée de la vallée des Lauriers, et de ces ruines, en suivant le pied de la montagne Djebel Edough, à la maison placée au N. du blockhaus de l'aqueduc ; de cette maison et en suivant le pied des collines appelées Habbete el Hassein et Zafrania, aller aboutir à l'Oued el Kouba, prendre la droite de ce ruisseau jusqu'au point où il est coupé par la route de Bône au fort Génois, et enfin cette route jusqu'à la carrière de marbre.

AG. — 23 sept. 1840. — B. 81. — *Annexion de la ville et banlieue de Philippeville (abrogé à la création du tribunal de Philippeville).*

AM. — 21 déc. 1842. — B. 157. — *Les limites de la juridiction criminelle sont rendues communes à la juridiction civile et comprennent en outre le commissariat civil de la Calle.*

OR. — 12 fév.-7 mars 1845. — B. 196. — *Modification aux précédentes limites.*

Art. 1. — Le ressort du tribunal de première instance de Bône, en matière civile et criminelle, a pour limites :

Au N., la mer depuis la ville jusqu'à l'embouchure du Mafrag ; — A l'E., le cours du Mafrag et de la Bona Moussa jusqu'aux pieds des collines de Beni Sala ; — Au S., le pied des collines de Beni Sala jusqu'à la Seybouse, et de là une ligne tirée vers le lac Fetzara, en passant par Dréan ; — A l'O., le contour du lac Fetzara, dans la partie N., et de là une ligne continue tirée vers le sommet du Bouzizi, enseignant la forêt de l'Edough jusqu'à la mer et de la mer à la ville suivant le rivage.

DP. — 6 juill. 1850. — B. 559. — *Annexion de la justice de paix de Guelma.*

DP. — 10 av. 1851. — B. 583. — *Même disposition.*

DI. — 25 juin 1860. — BM. 82. — *Extension du ressort civil à partir du 1er juill. 1860.*

Art. 2. — Le ressort du tribunal de première instance de Bône comprend les arrond. de Bône et de Guelma, ainsi que les districts de la Calle et de Souk Arrhas, tels qu'ils sont délimités par le décr. du 25 fév. 1860.

Tribunal de Philippeville.
(Dép. de Constantine.)

OR. — 26 sept. 1842. — (V. *Justice*, § 1.) — *Création du tribunal.*

AM. — 21 déc. 1842. — *Limites de juridiction.*

Art. 4. — Le ressort du tribunal de première instance de Philippeville comprend la ville et le territoire qui en dépend. — Est également compris dans la juridiction du même tribunal, le territoire formant le ressort de la justice de paix et du commissariat civil de Constantine.

AM. — 19 nov. 1844. — (V. ci-dessus, § 2, *Arrond. de Philippeville.*) — *Délimitation du ressort.*

OR. — 31 janv. 1848. — (V. *eodem.*) — *Même juridiction.*

DP. — 10 avr. 1851. — B. 583. — *Annexion de la ville et territoire de Bougie.*

DI. — 25 avr. 1855. — (V. *Justice de paix*, § 2.) — *Annexion de la justice de paix de Bougie.*

DI. — 25 juin 1860. — BM. 82. — *Extension du ressort civil à partir du 1er juill. 1860.*

Art. 5. — Le ressort du tribunal de Philippeville comprend : — 1° L'arrond. de Philippeville, les districts de Jemmapes et de Djidjelli, tels qu'ils sont délimités par les décrets des 25 fév. 1860 et 14 sept. 1859 ; — 2° La commune de Bougie, telle qu'elle a été délimitée par les décrets des 6 août 1853 et 17 juin 1854.

Tribunal d'Oran.

AM. — 4 août 1843. — (V. ci-dessus, § 2, *Arrond. d'Oran.*) — *Ressort judiciaire.*

DP. — 9 juill. 1849. — (V. *Justice de paix*, § 2.) — *Annexion de la justice de paix de Tlemcen.*

DP. — 6 juill. 1850. — (V. *eodem.*) *Annexion de la justice de paix de Saint-Cloud.*

DP. — 10 avr. 1851. — B. 583. — *Annexion des deux justices de paix précitées et du commissariat civil de Mascara.*

DI. — 7 déc. 1853. — (V. *Justice de paix*, § 2.) — *Annexion de la justice de paix de Sidi bel Abbès.*

DI. — 25 avr. 1855. — (V. *eodem.*) — *Annexion de la justice de paix de Mascara.*

DI. — 5 déc. 1857. — (V. *eodem.*) — *Annexion de la justice de paix de Saint-Denis du Sig.*

DI. — 11 janv. 1860. — (V. *Commissariats civils*, § 2.) — *Annexion du commissariat civil d'Aïn Temouchen.*

Tribunal de Mostaganem.
(Dép. d'Oran.)

DI. — 6 fév 1856 — (V. *Justice*, § 5.) — *Création du tribunal.*

Art. 5. — Le ressort de ce tribunal comprend le territoire déterminé par l'art. 8 du décret du 12 sept. 1855. (V. ci-dessus, § 2, *Arrond. de Mostaganem*).

DI. — 28 mai 1858. — BM. 1. — *Ressort judiciaire.*

Art. 1. (Ainsi rectifié par décr. du 23 août 1858.) — Le ressort du tribunal de Mostaganem comprend, outre le territoire déterminé par l'art. 4 du décret du 6 fév. 1856, le district de Mascara, tel qu'il est délimité par le décret du 30 sept. 1854 (V. ci-dessus, § 2, *Arrond. de Mascara*).

§ 7. — JUSTICES DE PAIX.

1° Département d'Alger.
Justice de paix d'Alger.

AM. — 21 déc. 1842, art. 5. — B. 157. — *Délimitation du ressort.*

OR. — 30 nov. 1844, art. 10. — (V. *Justice* § 1.) — *Nouvelle délimitation entre les deux cantons S. et N.*

DI. — 10 déc.-6 janv. 1859. — BM. 51. — *Annexion de territoire.*

Art. 3. — Le territoire des Issers Gherbi et des Khachnas est rattaché à la justice de paix d'Alger (canton Sud.)

Justice de paix d'Aumale.
(Dép. et trib. d'Alger.)

DI. — 7 déc. 1853. — (V. *Justice de paix*, § 2). — *Ressort.*

Art. 3. — Le ressort, etc.., — Celui de la justice de paix d'Aumale s'étendra sur un rayon de 4,000 m. autour du chef-lieu. — Chacun de ces ressorts s'augmentera ultérieurement des territoires militaires qui seront réunis à celui sur lequel s'exercera leur juridiction respective.

DI. — 10 déc.-6 janv. 1859, art. 3. — BM. 51. — *Le ressort des justices de paix de Tenès, d'Orléansville et d'Aumale s'étendent sur le territoire respectivement attribué à chacune de ces communes.* (V. ci-dessus § 4, *chacune de ces communes, décr. du 16 août 1859.*)

Justice de paix de Blidah.
(Dép. d'Alger. — Trib. de Blidah.)

AM. — 21 déc. 1842, art. 6. — B. 157. — *Délimitation du ressort.*

OR. — 23 janv. 1847. — B. 249. — *Annexion du cercle de Bouffarik.*

AG. — 12 janv. 1855. — B. 450. — *Annexion des colonies agricoles de El Affroun, Bourouni et Ameur el Aïn.*

DI. — 21 nov. 1858. — BM. 6. — *La commune de Vesoul Benian, placée dans le ressort de la justice de paix de Blidah, en est distraite et rattachée à celui de la justice de paix de Milianah.*

DI. — 10 déc.-6 janv. 1859. — BM. 51. — *Nouveau ressort.*

Art. 4. — Le ressort de la justice de paix de Blidah s'étend sur les communes de Blidah et de Mouzaïaville. (V. ci-dessus § 4.)

Justice de paix de Bouffarik.
(Dép. d'Alger. — Trib. de Blidah.)

OR. — 18 mai 1844. — (V. *Justice de paix*, § 2.) — *Le ressort comprendra la totalité du territoire du district tel qu'il a été ou sera délimité.*

DI. — 5 déc. 1857. — (V. *Justice de paix*, § 2.) — *La circonsc. de la justice de paix de Bouffarik comprendra le territoire de cette com-* mune, tel qu'il est délimité par le décr. du 31 déc. 1856. — (V. ci-dessus, § 4.)

Justice de paix de Douera.
(Dép. et trib. d'Alger.)

OR. — 30 nov. 1844, art. 12. — (V. *Justice*, § 1.) *La circonsc. est la même que celle du district.*

Justice de paix de Koléah.
(Dép. d'Alger. — Trib. de Blidah.)

OR. — 9 sept. 1847, art. 3. — (V. *Justice de paix*, § 2.) — *Même circonsc. que celle du cercle.*

AG. — 12 janv. 1855. — B. 450. — *Annexion des colonies agricoles de Bou Ismaël et Tefeschoun.*

Justice de paix de Médéah.
(Dép. d'Alger. — Trib. de Blidah.)

DP. — 9 juill. 1849. — (V. *Justice*, § 3.) — *Création des justices de paix de Médéah, Tenès, Guelma et Tlemcen.*

Art. 7. — Leur ressort s'étend sur un rayon de 2,000 m. autour du chef-lieu ; il comprendra, en outre, les territoires militaires qui seront ultérieurement réunis à celui sur lequel s'exercera leur juridiction respective.

AG. — 12 janv. 1855. — B. 450. — *Annexion des colonies agricoles de Damiette et de Lodi.*

DI. — 10 déc. 1859. — BM. 51. — *Le ressort des justices de paix de…. s'étendent.*

Art. 4. — Celui de la justice de paix de Médéah, sur la commune de Médéah et sur le territoire des Assen ben Ali. — (V. ci-dessus, § 4, décr. du 16 août 1859.)

Justice de paix de Milianah.
(Dép. d'Alger. — Trib. de Blidah.)

DI. — 23 avril 1855. — (V. *Justice de paix*, § 2.) — *Même circonscription que celle du commissariat civil.*

DI. — 21 nov. 1858. — BM. 6. — *Annexion de la commune de Vesoul Benian.*

DI. — 10 déc. 1859. — BM. 51. — *Le ressort des justice de paix de… s'étendent.*

Art. 4. — Celui de la justice de paix de Milianah, sur les communes de Milianah, de Vesoul Benian et de Duperré. (V. ci-dessus, § 4, Décr. du 16 août 1859).

Justice de paix d'Orléansville.
(Dép. et trib. d'Alger.)

DI. — 23 avril 1855. — (V. *Justice de paix*, § 2.) — *Même circonscription que celle du commissariat civil.*

DI. — 10 déc. 1859, art. 3. — (V. *supra, Justice de paix d'Aumale.*)

Justice de paix de Tenès.
(Dép. et trib. d'Alger.)

DI. — 9 juill. 1849, art. 7. — (V. *supra, Justice de paix de Médéah.*) — *Même disposition.*

AG. — 12 janv. 1855. — B. 450. — *Annexion de la colonie agricole de Montenotte.*

DI. — 10 déc. 1859. — BM. 51, art. 3 (V. *supra, Justice de paix d'Aumale.*) — *Mêmes dispositions.*

2º Département de Constantine.

Justice de paix de Bathna.
(Dép. et trib. de Constantine.)

DI.—7 déc. 1853.—(V. Justice de paix, § 2.)—Ressort.

Art. 3.—Le ressort, etc.,—Celui de la justice de paix de Bathna s'étendra sur un rayon de 4,000 m. autour du chef lieu et comprendra, en outre, le territoire de Lambèse.—Chacun de ces ressorts s'augmentera ultérieurement des territoires militaires qui seront réunis à celui sur lequel s'exercera leur juridiction respective.

DI.—10 déc. 1859.—B.M. 31.—Ressort.

Art. 5.—Le ressort de la justice de paix de Bathna et celui etc... s'étendent sur le territoire de ces deux districts tel qu'il est délimité par le décr. du 14 sept. dernier. (V. ci-dessus, § 3).

Justice de paix de Bône.
(Dép. de Constantine. — Trib. de Bône.)

AM.—21 déc. 1842.—B. 157.—Ressort.

Art. 7. — Le ressort de la justice de paix de Bône a les mêmes limites que celui du tribunal de première instance de cette ville, non compris le territoire de la Calle.

AG.—12 janv. 1853.—B. 430. — Annexion des colonies agricoles de Mondovi et Barral.

DI.—22 déc. 1855.—B. 491.—Délimitation.

Art. 1. — Le ressort de la justice de paix de Guelma comprend tout le territoire attribué par le décret du 20 oct. 1855 au commissariat civil de ce nom (ci-dessus, § 2, Arrond. de Guelma).

Art. 2.—Le surplus des territoires civils compris dans le décret du 12 sept. 1853 (ci-dessus, § 2, Arrond. de Bône), sauf toutefois celui qui compose le district ayant la Calle pour chef-lieu, est rattaché à la justice de paix de Bône.

Justice de paix de Bougie.
(Dép. de Constantine. — Trib. de Philippeville.)

DI.—23 avril 1855.—(V. Justice de paix, § 2.)—Même circonscription que celle du commissariat civil.

Justice de paix de Constantine.
(Dép. et trib. de Constantine.)

AM. — 21 déc. 1842, art. 2. — B. 157.—Même ressort que celui du commissariat civil.

DP.—9 juill. 1849, art. 4.—(V. Justice, § 3.)—La juridiction s'étendra sur le même territoire que celle du tribunal de première instance.

Justice de paix de Guelma.
(Dép. de Constantine. — Trib. de Bône.)

DP.—9 juill. 1849, art. 7.—(V. suprà, Justice de paix de Médéah).—Même disposition.

AG.—12 janv. 1853.—B. 430. — Annexion des colonies agricoles de Millesimo, Petit, Héliopolis et de Guelma. (Annexe. — Arr. du 9 juill. 1852.)

DI.—22 déc. 1855.—(V. suprà, Justice de paix de Bône.)—Territoire du commissariat civil.

Justice de paix de Philippeville.
(Dép. de Constantine. — Trib. de Philippeville.)

OR. — 18 mai 1841. — (V. Justice de paix, § 2.) — Le ressort comprendra la totalité du territoire du district tel qu'il a été ou sera délimité.

AM. — 21 déc. 1842. — B. 157. — Ressort.

Art. 9. — Le ressort de la justice de paix de

Philippeville comprend la ville et le territoire qui en dépend.

AG. — 12 janv. 1853. — B. 430. — Annexion des colonies agricoles de Gastonville et Robertville.

Justice de paix de Sétif.
(Dép. et trib. de Constantine.)

DI.—21 oct. 1854. — (V. Justice de paix, § 2.) — La circonsc. comprend tout le territoire attribué au commissariat civil par l'arr. du 12 sept. 1853. (V. ci-dessus, § 2, Arrond. de Sétif.)

DI. — 30 déc. 1858. — BM. 11. — Nouveau ressort.

Art. 1. — Le ressort de la justice de paix de Sétif est étendu aux limites assignées à l'arrond. de sous-préfecture dont cette ville est le chef-lieu. (V. ci-dessus, § 2, Arrond. de Sétif, décr. du 13 oct. 1858.)

3º Département d'Oran.

Justice de paix de Mascara.
(Dép. d'Oran. — Trib. de Mostaganem.)

DI. — 23 av. 1855. — (V. Justice de paix, § 2.) — Même circonsc. que celle du commissariat civil.

Justice de paix de Mostaganem.
(Dép. d'Oran. — Trib. de Mostaganem.)

AM. — 12 déc. 1843. — B. 163. — Ressort.

Art. 4. — Le ressort de la justice de paix de Mostaganem a pour limites celles qui sont fixées par l'art. 2 de notre arr. du 4 août 1843. (V. ci-dessus, § 2, Arrond. de Mostaganem.)

AG. — 12 janv. 1853. — B. 430. — Annexion des colonies agricoles de la Stidia, des Libérés (village Pélissier), ainsi que de tous les établissements créés dans la vallée des Jardins, et en outre, des colonies de Rivoli et autres. (V. l'énumération ci-dessus, § 2, Arrond. de Mostaganem.)

Justice de paix d'Oran.
(Dép. et trib. d'Oran.)

AM. — 21 déc. 1842. — B. 157. — Ressort.

Art. 8. — Le ressort de la justice de paix d'Oran comprend la ville d'Oran, sa banlieue et Mers el Kebir.

DP. — 6 juill. 1850. — (V. Justice de paix, § 2.) — Nouvelle délimitation.

Art. 4. — Le ressort de la justice de paix établie à Oran a pour limites, ainsi qu'il est indiqué dans le plan annexé au présent décret :

Au N., la mer; à l'O., la limite du territoire civil, ainsi qu'elle est déterminée à l'art. 1, nº 1, de l'arrêté ministériel du 4 août 1843 ;

Au S., les bords du grand lac Sebka, à partir du point où la limite susmentionnée y aboutit jusqu'à celui où ils cessent de servir de limites au territoire civil ; — Depuis ce point, la ligne qui termine au midi le territoire de la commune de Valmy, intégralement comprise dans cette circonscription ;

A l'E., un tracé décrivant toutes les sinuosités des confins actuels des communes de Valmy et d'Oran, laissant en dedans de la limite le petit lac, les embranchements de routes et la redoute qui sont à sa proximité, suivant à partir de cette redoute une ligne presque droite jusqu'au télégraphe établi près de la route du Christel, et se dirigeant de ce point à la mer, où il aboutit à l'emplacement de la batterie espagnole.

AG. — 6 av. 1853. — B. 435. — Annexion de la colonie agricole de Bou Tlelis.

DI. — 21 nov. 1858. — BM. 6. — *La commune de Sidi Chami est distraite du ressort de la justice de paix de Saint-Cloud et rattachée au ressort d'Oran.*

Justice de paix de Saint-Cloud.
(*Dép. et trib. d'Oran.*)

DP. — 6 juill. 1850. — (V. *Justice de paix*, § 2.) — *Délimitation du ressort.*

Art. 5. — Le ressort de la justice de paix établi à Saint-Cloud a pour limites, conformément au même plan :

Au N., la mer, à partir de la batterie espagnole jusqu'à l'embouchure de la Macta ;

A l'O., le ressort de la justice de paix d'Oran :

Au S., un tracé décrivant les confins de la commune de Sainte-Barbe comprise dans cette circonsc., passant à la redoute sise au lieu dit Tuazat, se dirigeant ensuite sur le point de rencontre des chemins qui conduisent aux auberges de Bonne Maison et de Blandin, en aboutissant à cette dernière ;

A l'E., les limites du territoire de la commune de Sainte-Barbe, la rive O. du lac El Melah, puis les limites de la commune de Saint-Eugène jusqu'à la mer, au point où se jette la Macta.

Cette délimitation comprend les colonies agricoles de : 1° Kléber, Muley Magoun, Damesme, Saint-Leu, Méfessour, Saint-Cloud, Haci ben Féréah, Haci ben Okba, Haci Ameur, Haci bou Nif, Fleurus, Saint-Louis et Mangin.

2° Du village Sainte-Léonie et de son territoire, ainsi que des territoires de Sainte-Isabelle, San Fernando et Christine.

DI. — 21 nov. 1858. — BM. 6. — *Les communes de Sainte-Barbe du Tlélat et de Sidi Chami sont distraites du ressort de la justice de paix de Saint-Cloud et rattachées la première au ressort de Saint-Denis du Sig, la seconde à celui d'Oran.*

Justice de paix de Saint-Denis du Sig.
(*Dép. et trib. d'Oran.*)

DI. — 5 déc. 1857. — (V. *Justice de paix*, § 2.) — *Même circonsc. que celle du commissariat civil.*

DI. — 21 nov. 1858. — (V. *suprà*, *Saint-Cloud*.) — *Annexion de la commune de Sainte-Barbe du Tlélat.*

Justice de paix de Sidi bel Abbès.
(*Dép. et trib. d'Oran.*)

DI. — 7 déc. 1853. — (V. *Justice de paix*, § 2.) — *Ressort.*

Art. 3. — Le ressort de la justice de paix de Sidi bel Abbès comprendra tout le territoire déterminé par le décr. du 26 mars 1852 (V. ci-dessus, § 2, *District de Sidi bel Abbès*). — Chacun de ces ressorts s'augmentera ultérieurement des territoires militaires qui seront réunis à celui sur lequel s'exercera leur juridiction respective.

Justice de paix de Tlemcen.
(*Dép. et trib. d'Oran.*)

DP. — 9 juill. 1849, art. 7. — (V. *suprà*, *Justice de paix de Médéah*.) — Même disposition.

DP. — 11 fév. 1850. — B. 315. — *Ressort.*

Vu les art. 5 et 7 du décr. du 9 juill. 1849 ; — Considérant qu'il importe de comprendre dans le ressort de la justice de paix créée à Tlemcen tous les établissements européens formés autour de cette ville ;

Art. 1. — Le ressort de la justice de paix établi à Tlemcen est délimité conformément au plan annexé au présent décret, savoir :

Au S., par la chaîne des rochers depuis la route de Sebdou à Bab Remila, Aïn Zarour, Ghar Remila, jusqu'à l'Oued Metrouch à la cascade de Louret ;

Au N., par une ligne passant à 1,000 m. des villages de Bréa et Négrier, au lieu dit Chitouan et El Madin Bakir et venant couper la route de Maghrnia à Aïn Medjadel ;

A l'O., par une ligne partant d'Aïn Medjadel sur la route de Maghrnia à Tlemcen et venant aboutir sur l'Oued bel Abbès, à 1,000 m. de l'angle N.-O. de l'enceinte de Mansourah, puis remontant ce ruisseau jusqu'à la route de Sebdou à Bab Remila ;

A l'E., par le cours de la Saf Saf, depuis la cascade de Louret jusqu'à la route d'Oran au pont de la Saf Saf.

DP. — 8 sept.-8 nov. 1851. — B. 595. — *Ressort de la justice de paix de Tlemcen.*

Vu l'art. 3 de l'arr. du 9 déc. 1848 ; — Vu le décr. du 11 fév. 1850 ; — Considérant qu'il convient de comprendre dans ce ressort le village de Hennaya, récemment créé ;

Art. 1. — Le ressort de la justice de paix établie à Tlemcen comprendra le territoire du village de Hennaya, qui est délimité conformément au plan annexé au présent décret, savoir :

Au S., par la ligne N. de l'ancienne limite, depuis Chaba Beni Mester, passant à 1,000 m. des villages de Bréa et de Négrier jusqu'à Aïn Medjadel, route de Maghrnia ;

A l'O., par l'Oued Hennaya, depuis Aïn Medjadel jusqu'au chemin d'Aïn el Hadjar, par le chemin de traverse d'Aïn el Hadjar, village arabe qu'il laisse en dehors, jusqu'à 3,500 m. du village de Hennaya, et de là au point où le chemin d'Hennaya à Sidi Hahouan coupe celui de Sidi Yaya à Sidi M'barech ;

Au N., par le chemin de Sidi Yaya à Sidi M'barech ;

A l'E., par le chemin de Bréa à Muley Abd el Kader et Sidi Yousef, jusqu'à Chaba Beni Mester, et, en remontant ce ravin, jusqu'à l'ancienne limite N. à 1,000 m. de Bréa.

Colonisation.

Toutes les institutions de l'Algérie, et presque toutes les questions qui s'y présentent, se rapportent en définitive à la colonisation du pays, c'est là le grand et l'unique but auquel doit tendre actuellement l'occupation française, et dont se préoccupe à juste titre l'administration. Des systèmes nombreux se sont produits, des essais de toute nature ont été faits jusqu'à ce jour ; ils ont souvent été entravés, soit par les opérations de la guerre, soit par les difficultés de toute espèce qui venaient en retarder les résultats. Mais ils ont toujours tendu à faire un nouveau pas dans cette voie. Il ne suffisait pas que quelques colons aventureux vinssent fonder des établissements isolés, il fallait donner à l'agriculture les moyens de se développer et pour cela constituer la propriété, encourager la culture, rechercher les bases de la propriété domaniale, en régler le mode de concession, utiliser toutes les parties du territoire dont le gouvernement pouvait disposer. Toutes les dispositions législatives ou les instructions et circulaires rapportées aux articles — *Affaires arabes* — *Agriculture* — *Bois et forêts* — *Concessions* — *Domaine* — *Douanes* — *Eaux* — *Propriété* — *Villes et villages, et autres* — forment donc un ensemble qui ne peut être divisé. La fondation de villes, villages et centres de population, est une des solutions pratiques de ce problème si compliqué. En dehors de ces mesures générales, et pour activer le résultat, comme aussi pour procurer quelque bien-être à l'armée, M. le maréchal Bugeaud avait, en 1840, fondé des colonies militaires à Beni Mered, à Koléah et à Fouka, et affecté en 1811 des lots de terrains, aux corps de troupes pour y établir des cultures ; ces essais ont été abandonnés. M. le maréchal Randon formait plus tard des compagnies de planteurs pour obtenir le reboisement du pays. Toujours et avec une abnégation remarquable, l'armée a été occupée aux routes et à tous les grands travaux publics de communication, de défrichements ou d'assainissement. Aujourd'hui une des importantes questions qui s'élaborent, est celle du cantonnement des indigènes ; des études sont prescrites pour rechercher quelles doivent être les bases de cette mesure, qui livrerait à la colonisation une étendue considérable du territoire, et comment elle sera appliquée. Une autre question non moins intéressante était celle de la concession ou de la vente des terres domaniales : elle a été récemment réglementée par un décr. du 25 juill. 1860, inséré à l'article *domaine*.

Il n'était pas possible de reproduire dans cet article et sous le titre générique de *colonisation*, tous les documents qui se rattachent à cette matière et qui ont été classés sous leur titre spécial ; on s'est donc borné à y réunir les circulaires et instructions qui, par la généralité de leur but, auraient pu difficilement trouver place ailleurs, et qui se rapportent plus spécialement à l'action administrative en ce qui concerne les mesures d'ensemble.

Circ. G. — 10 avr. 1817. — B. 258. — *Politique.* — *Colonisation.*

Général, je crois vous avoir dit plusieurs fois que ma doctrine politique vis-à-vis des Arabes, était, non pas de les refouler, mais de les mêler à notre colonisation ; non pas de les déposséder de toutes leurs terres pour les porter ailleurs, mais de les resserrer sur le territoire qu'ils possèdent et dont ils jouissent depuis longtemps, lorsque ce territoire est disproportionné avec la population de la tribu.

Je considère sa longue possession comme équivalente aux titres écrits, et devant donner lieu aux mêmes ménagements, avec cette différence cependant, que lorsque les circonstances permettent de resserrer une tribu qui n'a d'autres titres qu'une longue jouissance, on peut se dispenser de lui donner des indemnités pour ce territoire qu'on lui prend ; mais, même dans ce cas, il est convenable et politique de lui accorder quelques dédommagements pour l'espace qu'on lui enlève. Ces dédommagements peuvent être, un pont, un barrage pour les irrigations, une route, une mosquée ; quelques secours en bois, en fer, en ouvriers pour aider les indigènes à construire des villages, des distributions d'arbres utiles pour planter les environs de leurs habitations, un fondouck reconnu nécessaire, enfin, un objet quelconque d'utilité publique désiré par la tribu.

Ces compensations doivent être d'autant moins négligées qu'en même temps qu'elles satisferont à la politique, vis-à-vis de chaque tribu, elles concourront puissamment à la prospérité générale du pays. Ces maximes d'administration des Arabes sont déjà toutes, ou à peu près, adoptées par le gouvernement et certains vœux émanés des chambres semblent devoir les consacrer ; elles ont même reçu un commencement d'application dans la plaine de la Mitidja par la concession définitive faite aux Arabes d'une partie des terres de la Rassauta. Cette mesure va être étendue à plusieurs autres fractions de tribus.

La commission des crédits extraordinaires d'Afrique de 1846, disait dans son rapport que dans son opinion, la longue possession par les Arabes devait équivaloir à des titres. — Cet ordre d'idées, général, doit vous diriger dans tous vos projets de colonisation européenne ; il n'est point à craindre que cela puisse entraver la marche de cette œuvre. Les terres domaniales dans l'intérieur sont d'une étendue considérable ; dans certaines subdivisions, dans celle d'Oran, par exemple, elles ne vont pas à moins de 150,000 hect. Enfin, nous avons les moyens de resserrement dont j'ai parlé plus haut.

Tout projet de colonisation européenne doit donc, d'après les principes énoncés ci-dessus, se concilier, se combiner, avec les intérêts arabes, c'est la meilleure des garanties à donner à la colonisation européenne. Le mécontentement des indigènes serait pour elle un danger permanent qui ne manquerait pas d'éclater à la première occasion favorable.

Le meilleur moyen d'atténuer, et peut-être de faire disparaître ce danger, c'est de fixer les arabes au sol par l'attrait de la propriété bâtie et des cultures sédentaires et soignées. Il faut partout encourager la culture des arbres fruitiers autour des villages que construiront les indigènes. Rien n'attache autant au sol que l'arboriculture. On fait facilement le sacrifice des récoltes annuelles pour se livrer à la révolte ; on se résout avec peine à sacrifier de belles plantations d'arbres.

Évitez avec soin, général, de donner aux tribus des inquiétudes anticipées sur la dépossession de leur territoire, en le faisant arpenter et cadastrer. Cela ne doit se faire que pour des projets d'une prochaine exécution. Que si l'on veut cependant, dans les prévisions d'un avenir qui ne serait pas très-éloigné, avoir des données approximatives sur certains territoires dont on voudrait disposer plus tard, il faut le faire sans apparat, en envoyant, sous un prétexte plausible, des officiers d'état-major visiter les tribus avec un détachement, et chargés de faire en même temps des levés à vue sur une grande échelle et par grosses masses.

Cette précaution est d'autant plus essentielle que déjà l'inquiétude et le mécontentement des Arabes ont été excités sur plusieurs points par les opérations topographiques, et même cadastrales, qui ont été faites par des officiers. J'appelle, général, toute votre attention sur ce point comme sur toutes les autres questions qui sont traitées dans cette circulaire.   Maréchal duc d'Isly.

Circ. G. n° 2. — 7-12 mai 1849. — B. 319. — *Constructions et défrichements* (1).

Un des moyens les plus efficaces d'assurer et de maintenir notre domination consiste dans l'amélioration du sort des populations qui nous sont soumises ; ces populations doivent trouver en effet, dans l'attrait des intérêts matériels et du bien-être, le désir de contribuer à la continuation de la paix et à l'établissement de l'ordre.

L'essor qu'ont pris cette année les travaux agricoles et les constructions de fermes et de maisons d'habitation, prouve que les Arabes sont disposés à entrer dans cette voie. — Il convient de favoriser par quelques exemptions et immunités ceux qui, d'après nos conseils, rendront à une bonne culture des terres aujourd'hui improductives, ou qui se feront construire des demeures fixes. — Dans toutes les tribus, il existe des espaces immenses de terrains inutilisés ou qui ne servent qu'au parcours des troupeaux. Les parties cultivées sont même le plus souvent entremêlées de plantes parasites, de

(1) V. *Bois et forêts*, § 1, arr. du 11 juill. 1858, dont les prescriptions générales sont contraires aux dispositions de cette circulaire.

palmiers nains, de broussailles qui nuisent à la culture.

Je désire que vous donniez des instructions à MM. les officiers des affaires arabes pour que, dans leurs tournées, ils engagent les tribus à se livrer aux défrichements, en leur faisant savoir que, pour encourager ces utiles travaux, le gouvernement est disposé à exempter pendant un certain nombre d'années, de tout impôt d'achour, les terres arrachées ainsi à la stérilité. Ils seront informés, en même temps, que des immunités non moins avantageuses seront allouées à ceux qui auront construit des fermes suffisamment spacieuses. 4 hect. de terre seront attribués en toute propriété à tout indigène qui aura construit dans de bonnes conditions sur un terrain dont auparavant il n'avait que l'usage.

J'appelle toute votre attention sur ces deux points, dont vous apprécierez l'importance ; je désire que vous en fassiez l'objet de recommandations particulières, et que vous m'adressiez des propositions en conséquence.—En ce qui concerne spécialement les constructions, un moyen d'encouragement qui me paraîtrait aussi très-efficace, serait de mettre à la disposition des Arabes qui veulent bâtir, quelques ouvriers militaires pour diriger les travaux. V. CHARON.

Circ. O. n° 4. — 15-22 juin 1849. — B. 522. —
Colonisation, propriété arabe.

La grande préoccupation des Arabes est aujourd'hui la question de propriété. En présence du développement que tend à prendre la colonisation, leur imagination travaille, et la crainte de se voir déposséder des terres qu'ils occupent depuis si longtemps, les rend accessibles à tous les bruits absurdes que font courir ceux qui veulent les entraîner dans un mouvement contraire à notre domination. Il importe donc au plus haut degré de les tranquilliser en démentant par nos actes les insinuations des malveillants, et de nous occuper ostensiblement de leurs intérêts pour ramener chez eux la confiance qui doit favoriser les idées qu'on est déjà parvenu à faire naître dans certaines localités, touchant les constructions et l'extension de l'agriculture.

La constitution définitive de la propriété chez les indigènes est un travail de longue haleine, qui nécessite des recherches minutieuses, et l'étude approfondie des droits de chacun, des actes qui existent et des usages à respecter. Je crois donc que pour éviter des lenteurs préjudiciables au maintien de la tranquillité, il est bon de procéder petit à petit en commençant par nous occuper des populations chez lesquelles nous avons déjà implanté des colons, et de celles qui doivent en recevoir dans un avenir prochain. Par mes dépêches des mois d'octobre et de décembre derniers, je vous ai déjà fait connaître la manière dont j'envisageais la question, et vos réponses m'ont prouvé que vous étiez en communauté d'idées avec moi sur les principes généraux qui dominent cette matière.

Il résulte de cette correspondance, que nous devons en premier lieu utiliser les terres domaniales, toutes les fois qu'elles réuniront les conditions indispensables pour assurer la prospérité des centres de population que nous voulons créer ; et en second lieu, que ce n'est qu'après nous être assurés qu'elles sont insuffisantes ou impropres à cette affectation, que nous devons toucher aux terrains cultivés par les Arabes et sur lesquels ils vivent, soit comme propriétaires reconnus, soit comme usufruitiers depuis un certain nombre d'années. Nous devons donc rechercher d'abord les surfaces qui nous sont nécessaires, en prévision du développement présumé de la colonisation pendant une dizaine d'années environ, et arriver ensuite par les moyens les

moins vexatoires et les plus réguliers, à obtenir des indigènes les portions que nous serions obligés de leur prendre, après avoir choisi dans les terrains domaniaux disponibles ce que nous pouvons convenablement utiliser pour le but que nous nous proposons.

En conséquence, je crois qu'il convient de donner aux terres la classification suivante, et de prendre relativement à chaque catégorie les dispositions énoncées ci-dessous, sur lesquelles j'appelle votre attention, et pour l'application desquelles je vous prie de me donner votre avis :

1° *Terres possédées à titre privé.* — Si les terres dont nous avons besoin sont reconnues comme appartenant à des particuliers, il convient de n'en disposer qu'avec l'adhésion des propriétaires, et pour obtenir cette adhésion, il faut leur faire des avantages assez considérables pour qu'ils se croient suffisamment indemnisés, et pour qu'ils ne gardent pas rancune aux Européens qui y seront installés. Dans un grand nombre de cas, l'indemnité en argent a peu d'attraits pour les indigènes, qui se contentent souvent d'enfouir leurs richesses, tandis qu'ils tirent parti de la terre ; aussi est-ce surtout par échange qu'il importe de procéder pour arriver plus sûrement à les satisfaire. Nous ferons donc tout ce qui sera en notre pouvoir pour régler les expropriations, de manière à donner aux individus dépossédés des terres à leur portée et autant que possible à leur choix. Nous leur en assurerons immédiatement la propriété incommutable, sous les réserves énoncées ci-après, par un titre délivré par vos soins et revêtu de mon cachet. Je crois cette dernière formalité indispensable pour leur enlever toute espèce de doute sur la validité de l'opération.

Les droits à la propriété particulière, ou Melk, sont naturellement constatés par des titres ou par des preuves irrécusables ; un agent du domaine doit donc être appelé pour la vérification des justifications ; mais là ne se bornera pas sa mission, et il devra encore être consulté sur le choix des terrains à donner en échange.

2° *Terres possédées à titre collectif.* — Si les espaces dont nous désirons nous emparer font partie des terres reconnues propriété d'une tribu par des titres authentiques, il convient également de n'agir qu'avec beaucoup de ménagement ; de voir, au préalable, quel est leur état actuel ; s'ils sont convenablement cultivés et s'ils sont plus que suffisants pour les besoins de la tribu. Dans ce dernier cas, on pourra calculer largement ce qu'il convient de laisser aux habitants et ne leur prendre le reste qu'après les avoir indemnisés, soit en argent, soit par des compensations en nature. Cette opération serait légalisée par des titres établis comme il a été dit ci-dessus, et les Arabes seraient bien prévenus qu'aucune nouvelle disposition ne viendra à l'avenir les troubler dans leur possession, et qu'ils peuvent en toute sécurité s'établir d'une manière définitive, construire, cultiver et défricher.

3° *Terres possédées à titre d'usufruit, depuis une époque antérieure à la conquête.* — Si l'étude des terres nécessaires à la colonisation nous oblige à prendre une partie de celles sur lesquelles les tribus sont installées à titre d'usufruit depuis assez longtemps pour qu'il y ait lieu de les traiter comme si elles étaient véritablement propriétaires, nous pouvons agir avec moins de réserve, en évitant toutefois, autant que possible, de froisser les usages et les habitudes. Je ne fixe pas la durée d'occupation qui peut à nos yeux constituer une sorte de droit à ce sujet ; je laisse ce soin à votre appréciation. Il ne me paraît pas, sauf des cas exceptionnels qui pourraient donner lieu à des décisions spéciales, que des indigènes établis sur des terres domaniales sans titre et depuis la conquête puissent invoquer cette occupation comme un droit à être reconnus définitivement propriétaires du terrain sur lequel on les a tolérés. Dans les autres cas, il devra d'abord être procédé avec soin au recensement des tribus, à l'appréciation exacte des terres dont elles ont besoin, et ensuite à leur resserrement si elles sont trop au large, et si cette opération suffit; enfin à leur établissement définitif sur d'autres points, si elles doivent être complétement refoulées. Dans cette dernière hypothèse, elles ne pourront se plaindre, puisqu'elles arriveront à posséder d'une manière positive et sans retour des terres suffisantes en échange de celles sur lesquelles elles n'existaient qu'à titre d'usufruit ou de tolérance. Mais, je le répète, il convient de ne procéder qu'avec une extrême prudence et qu'après avoir suffisamment étudié la question pour n'avoir pas à y revenir plus tard, ce qui ne manquerait pas de produire un très-mauvais effet.

4° *Terres du Beylik cultivées par les indigènes depuis une époque non antérieure à la conquête.* — Il reste à parler des indigènes qui cultivent depuis la conquête surtout des terres du Beylik, et dont les droits à l'occupation définitive du sol ne peuvent être admis. Si la colonisation a immédiatement besoin de ces terres, il sera bon de déterminer l'époque à laquelle elles devront être évacuées par les usufruitiers actuels, et on pourra assigner à ces indigènes d'autres terrains de culture, en leur laissant un délai suffisant pour enlever les produits existants. On pourra leur laisser la jouissance de ces biens, si on prévoit que la colonisation puisse en avoir besoin dans un avenir éloigné en constatant par un bail de location les droits de l'État. Si ces immeubles ne peuvent être utiles à la colonisation, on pourra même leur abandonner en toute propriété une partie des terrains, en se réservant de statuer plus tard sur le reste.

Ces titres, délivrés comme il a été dit plus haut, porteront en substance, dans le cas où il sera possible d'obtenir ce résultat, l'obligation de bâtir et de planter un certain nombre d'arbres par chaque hectare concédé. Les titres définitifs de propriété, dont je parlerai tout à l'heure, ne seront remis qu'après l'accomplissement des conditions imposées.

Après avoir délimité chaque territoire de colonisation, on s'assurera que les indigènes doivent trouver, dans les quartiers où ils seront resserrés, des eaux potables, pouvant suffire largement à leurs besoins, surtout à l'abreuvement du bétail si nombreux dans certaines tribus. Des travaux y seront exécutés s'il est nécessaire, par les soins du génie, pour l'amélioration des puits ou des fontaines, ou la construction de quelques abreuvoirs. Jusqu'à ce que ces conditions soient remplies, les Arabes conserveront l'usage des eaux comprises dans les terrains dont ils auront été dépossédés. Dans ces mêmes espaces, les marabouts et cimetières devront toujours être respectés. Les cimetières seront régulièrement délimités et entourés de haies.

Des voies spacieuses, tracées dans la direction des différents marchés, des eaux ou des pâturages, et dont on devra tenir compte dans le lotissement des nouvelles colonies, faciliteront le passage des troupeaux auxquels l'accès des ruisseaux ou rivières devra être conservé autant que possible.

En constituant la propriété, nous devons assurer partout et à tout le monde la libre circulation et l'usage des eaux. Il importe que, sous ce rapport, la présence des Français devienne, pour les anciens habitants de l'Algérie, un avantage et non une cause de privation ou de gêne. — En procédant de cette manière, j'espère que nous parviendrons à atténuer la mauvaise impression que produisent sur les indigènes nos projets de colonisation, et que peu à peu nous arriverons à leur donner assez de confiance pour qu'ils entrent franchement dans la voie du progrès où il est de notre intérêt de les pousser.

Veuillez donc vous reporter à mes dépêches précitées, dans lesquelles je me suis longuement étendu sur la question du cantonnement des Arabes et sur les dispositions à prendre pour l'exécuter dans les meilleures conditions possibles; veuillez aussi rechercher quels pourront être les besoins de la colonisation, quelle est la situation des terrains dont il est indispensable de prendre possession dès à présent, et me faire part de toutes les réflexions qui vous seront suggérées, tant par rapport aux indigènes qu'il nous est si important d'encourager, que pour la réalisation complète de l'œuvre que la France vient d'entreprendre. Plus tard nous pourrons nous occuper des autres localités, et avec le temps nous arriverons à constituer définitivement la propriété partout.

C'est pour éviter toute lenteur administrative qu'on délivrera aux indigènes des titres revêtus de mon cachet; à leurs yeux ces titres seront suffisants. Nous nous occuperons sans retard de remplir toutes les formalités pour régulariser les concessions et délivrer des titres définitifs. Mon but en agissant ainsi, je le répète, est de rassurer autant que possible les indigènes.

Je crois devoir joindre à cette circulaire un document intéressant au point de vue de la question qui nous occupe, c'est le travail d'un jurisconsulte indigène de la province d'Oran, sur la transmission de la propriété. Il est fondé sur les textes de plusieurs auteurs dont la doctrine fait autorité dans les pays musulmans. Vous le consulterez utilement à titre de renseignement.   V. CHARON.

QUESTION (1). — *Est-il permis ou non à l'iman* (2) *de concéder la partie mâmour* (3) *de la terre anoua? c'est-à-dire de la terre dont on s'est rendu maître par la victoire et la force des armes?*

Réponse. — Grâce à Dieu, l'iman ne peut pas la concéder en toute propriété, mais il peut la concéder en usufruit, ainsi que les princes ont coutume de le faire. Il la concède en usufruit seulement, en se conformant à la maxime du Cheik Khalil : *Et il ne concède pas en toute propriété le* MAMOUR *de l'A-* NOUA, *mais en usufruit* (V. son chapitre sur les *terres mortes*).

Et cela est ainsi parce que le simple fait de la conquête de ces terres les rend *ouakf* (habous), et, par conséquent, leur *kharadj* (impôt) appartient au peuple musulman. — Cette création de *ouakf* s'effectue par la déclaration de l'iman.

Là vérité énoncée par l'auteur (*du ceci*) est celle d'Ebn Rochd, et s'accorde avec la doctrine de Mulek. — Elle est admise et reconnue; elle est conforme à la vérité. C'est la règle d'après laquelle on se dirige dans la pratique. El Lakhmi a énoncé une doctrine contraire à celle-ci, mais son opinion n'a aucune valeur par la raison qu'elle est fausse.

Telle est aussi la déclaration du commentateur du Mogbareça, ouvrage composé par Sidi Abd el

---

(1) M. le docteur Worms a publié, dans le Journal asiatique, une série d'articles sur la constitution de la propriété chez les musulmans. Il y a joint des textes où l'on découvre une concordance parfaite avec ceux que nous donnons ici, et dont la traduction est due aux soins de M. de Slane.

(2) D'après les docteurs musulmans, l'iman, en matière juridique, est considéré tout à la fois comme chef de l'islam et sultan, comme souverain spirituel et temporel.

(3) *Mâmour* veut dire susceptible de culture et située dans la campagne.

Rahman el Adjadji ; regardez-y, comme nous l'avons fait, lisez-le en entier, ô vous qui interrogez : cette lecture comblera vos désirs à ce sujet. Considérez aussi les règles qui s'appliquent aux fondations pour le bien public, vous y trouverez la réponse qu'il faut donner aux personnes qui vous interrogeront sur cette matière.

De plus, les commentateurs des textes de la loi, savoir : le Sidi Mohammed el Kharchi, le Sid es Soudani, le cheik Et Tata, le cheik Ibrahim, El Aïchi et autres s'accordent avec Abou Ed dia (Sidi Khalil). — Voyez aussi l'ouvrage intitulé *El Moghareça*, où il est dit : *et non pas le contraire de cela*, et où il est dit aussi : *et à lui appartient le droit de la transporter*. C'est-à-dire, et à l'iman appartient le droit de transporter la terre d'anoua, après l'avoir donné en usufruit. Il la transporte en l'ôtant de celui-ci et la donnant ensuite à celui-là. Car la terre du Mazhreb est anoua, et le Maghreb central (l'Algérie) s'y trouve inclus, ainsi que le Zab, le Sous el Adna et le Sous el Aksa.

Ebn Abd es Selam a dit : *Quiconque a mangé du produit de la terre du Maghreb sans en avoir acquitté le droit du sultan, a mangé une chose défendue.*

Voyez aussi les questions renfermées dans le Madjmouâ, ô vous qui faites des recherches à ce sujet, vous y trouverez de quoi vous satisfaire.

La preuve que la terre d'anoua est accordée en usufruit seulement, et avec l'autorisation de l'iman, se trouve dans le fait suivant : Abou r' Rabiâ el Mazoughi vit mourir son père et ensuite son grand-père paternel. Ses oncles paternels s'en allèrent alors, le titre en main (dahira), afin de le faire renouveler chez le sultan. Ebn Abd es Selam lui dit : Vas et écris ton nom avec leurs noms. Abou r' Rabiâ répondit : Je n'en possède rien, car mon père mourut avant mon grand-père. Ebn Abd es Selam lui dit alors : « Ton grand-père n'en a eu rien, si ce n'est ce que l'iman lui a donné, et il est permis à l'iman de prendre de celui-ci pour donner à celui-là ; et quant à elle (c'est-à-dire la terre d'anoua), l'achat et la vente n'en sont pas permis ; on ne peut pas la donner en gage, et pour elle le droit de chefâ n'existe pas. Et quand le concessionnaire meurt, l'usufruit passe, par l'autorisation de l'iman, à l'héritier ou à un autre. La terre de Dahira (*concédée par un titre écrit*) n'est pas soumise à la possession absolue, mais seulement à l'usufruit ; de sorte que la vente et le partage en son également défendus. »

Circ. G. — 23 déc. 1857. — *Installation des colons.*

Dans l'ensemble des faits de la colonisation sur les diverses parties de l'Algérie, il en est un qui domine tous les autres : c'est le succès incontestable et presque immédiat de la petite propriété, — c'est surtout la petite propriété qui a contribué plus que tout système au peuplement agricole du pays. — Moins préoccupé de la cherté et de la rareté de la main-d'œuvre étrangère dont il a moins besoin, le petit propriétaire, installé dans les villages ou ailleurs, s'établit de sa personne, cultive de ses bras, bâtit de ses deniers et forme souche d'une génération destinée à vivre sur le sol. — C'est donc à l'installation du plus grand nombre de colons de cette catégorie que l'administration doit s'attacher plus particulièrement, sans négliger la constitution de la grande et de la moyenne propriété, dont il n'y a point lieu de s'occuper dans la présente circulaire. Sous ce rapport, vous continuerez à vous occuper de l'instruction des demandes qui vous seront transmises.

La multiplication des villages est sans doute la première de ces conditions, et je ne saurais trop

vous inviter à procéder sans relâche aux études nécessaires à cet effet. Mais les villages créés dans les conditions voulues par les règlements ne sauraient être nombreux, ni rapidement exécutés. Tant de formalités président à ces créations, les dépenses de toute nature qu'ils entraînent sont si disproportionnées avec les crédits annuels du budget, qu'avec la plus grande somme de zèle et de travail, les administrations provinciales et départementales ne pourraient parvenir tous les ans qu'à fonder un nombre insignifiant de centres agricoles. En attendant ces créations si compliquées, les familles qui se présentent pour être installées peuvent être condamnées à une longue attente qui absorbe leurs faibles ressources. — Il y a donc quelque chose à faire en dehors de ce système que vous devrez, d'ailleurs, poursuivre le plus activement possible : c'est d'étendre la constitution de la petite propriété sans attendre la fondation des villages.

Si, dans le peuplement par les villages, il y a cet avantage résultant du groupement des colons, de condenser la résistance dans l'hypothèse d'une attaque que l'état général du pays rend désormais de plus en plus improbable, il y a cet inconvénient grave pour le cultivateur d'être placé à une distance quelquefois considérable de son champ, d'être exposé à des pertes de temps et de récolte, faute de surveillance immédiate, et de subir, dans ces longs trajets du village à la concession, des insolations dangereuses, ou, tout au moins, les inclémences ordinaires de toutes les saisons. Il y a encore cet inconvénient qu'en dehors des villages, il n'y a pas, le plus souvent, une seule maison, et que le territoire environnant paraît être complètement désert ; et puis il y a dans l'aspect rectiligne de ces villages tirés au cordeau quelque chose de si tristement uniforme, on y rencontre à chaque pas l'estampille si apparente de l'administration, que rien n'y rappelle l'idée de nos villages d'Europe, si pittoresques par l'irrégularité de leurs alignements et le désordre de leur formation toute spontanée.

J'ai donc décidé qu'il serait fait choix tous les ans dans l'ensemble des territoires dont l'administration dispose, ou disposera à l'avenir, d'un certain nombre de terrains destinés à l'établissement de la petite propriété, et je désire que vous mettiez tous vos soins à appliquer ce système sur une large échelle. Votre choix doit se porter tout d'abord sur les terres les plus voisines des centres de population, de telle sorte que tous les vides soient remplis et que les colons, tout en trouvant dans ces centres des facilités d'approvisionnement, en soient en quelque sorte eux-mêmes les gardes avancés.

Ce système, dont vous apprécierez toute la simplicité, en éparpillant la population agricole sur un territoire donné, où par suite du peu d'étendue des lots, elle formera une masse considérable par le nombre, en la plaçant sur le sol même qu'elle doit cultiver, contribuerait pour beaucoup, j'en suis convaincu, au peuplement réel de la colonie : par cela seul qu'il coûterait moins cher, il pourrait s'appliquer à la fois sur un grand nombre de points, de manière à ce que l'administration puisse faire un appel plus sérieux aux populations agricoles ; il permettrait, en un mot, de réaliser d'une manière plus complète le but que le gouvernement se propose : celui de donner rapidement satisfaction aux cultivateurs peu aisés de tous les pays.

Vous recevrez, en même temps que la présente circulaire, notification des mesures que j'ai prises à l'effet de pourvoir à l'insuffisance des éléments de peuplement des villages qui se fait remarquer dans les provinces et dans l'intérieur. Elles consistent à diriger sur ces points le trop-plein qui se produit quelquefois à Alger, en établissant, en quelque sorte, un courant des émigrants des points d'arrivée à l'intérieur. La disponibilisation annuelle d'un nombre considérable de lots prêts à recevoir leurs habitants, permettront de faire ce qu'on est convenu d'appeler de la colonisation à bureaux ouverts, ce qu'il est vraiment impossible de faire en l'état actuel des choses pour la grande propriété. — Non-seulement on ne serait plus embarrassé pour placer immédiatement les familles arrivant en Algérie, mais il serait possible encore de provoquer une immigration plus sérieuse du fond de la plupart des départements de la métropole d'où bien des familles n'hésiteraient pas, peut-être, à venir par de là la mer se constituer un patrimoine territorial.

Il ne faut pas que les colons qui arrivent soient condamnés à une attente stérile pour le pays et ruineuse pour eux. Si l'administration était toujours prête, au moins dans les limites du possible, à recevoir les émigrants, si on le savait bien partout, on verrait certainement arriver en plus grand nombre les véritables cultivateurs. L'amour de la propriété est bien fort chez les populations agricoles; ce goût, d'une satisfaction difficile dans les pays organisés, peut, par son excès même, contribuer au peuplement d'une région si favorisée par son climat et dont les terres n'ont plus à faire leur réputation de fertilité. Nous arriverons ainsi plus facilement au but qu'il faut poursuivre à tout prix, c'est-à-dire placer, comme un contre-poids, une population européenne active et nombreuse à côté de la population indigène.

Dès que les mesures prescrites par la présente circulaire seront en cours d'exécution, c'est-à-dire lorsque les lotissements auront été approuvés par l'autorité compétente, à chaque port de débarquement un agent spécial de l'autorité locale sera chargé d'indiquer aux arrivants les terres disponibles; ils devront être placés immédiatement, dès qu'ils auront justifié de leurs ressources. Sans se montrer trop exigeante sous ce rapport, l'autorité devra s'attacher à ne placer sur la terre que ceux qui pourront réellement la mettre en valeur: ceux qui ne possèdent que leurs bras pourront, en attendant, travailler pour autrui et se créer des ressources pour devenir propriétaires à leur tour.

Si quelque département français ou quelque contrée étrangère paraît plus particulièrement disposé à nous envoyer des émigrants, l'administration devra s'attacher à réunir, autant que possible, ces colons de même origine, de manière à ce qu'ils trouvent autour d'eux les mêmes coutumes et entendent parler la même langue. Les diverses natures du sol algérien peuvent même se prêter à leur faire retrouver à quelque chose près, les mêmes conditions de climat et de production.

Comte RANDON.

Circ. G. — 20 mai 1858. — *Cantonnement des indigènes* (1).

Général, les instructions que j'ai données à différentes reprises, et notamment par ma circ. du 19 juin 1856, en vue d'étudier les bases du cantonnement des tribus, sont restées sans aucune suite ou n'ont amené jusqu'ici que des résultats à peu près insignifiants. — Cette question du cantonnement des indigènes a pourtant une importance immense et l'on peut dire qu'elle domine l'œuvre entière de la colonisation. Elle doit avoir, en effet, pour résultat principal, de nous fournir des ressources territoriales suffisantes pour que la colonisation européenne puisse progresser rationnellement et équitablement; elle aura de plus ce grand avantage, en posant des limites à l'expansion de l'élément colonial, de calmer les justes appréhensions qui agitent trop souvent les populations indigènes.

Je désire donc que cette question du cantonnement, qui est pour tous d'une si impérieuse nécessité, sorte enfin de la spéculation pour entrer dans l'ordre des faits, et que les autorités provinciales s'occupent de sa réalisation d'après des bases arrêtées à l'avance et dont je vais vous donner ci-après l'indication sommaire. — Il va sans dire que cette opération, œuvre délicate et de longue haleine, ne peut ni ne doit être entreprise sur tous les points à la fois. Les moyens d'exécution manqueraient, alors même que la possibilité de tirer immédiatement parti des terres, ainsi jointes au domaine de l'État, ne devrait pas faire défaut. Le cantonnement devra s'opérer annuellement et progressivement, en procédant de proche en proche, dans la proportion des besoins du peuplement européen et en tenant compte des établissements déjà existants et de ceux qu'il y a intérêt de créer prochainement. — Il conviendra, en outre, de procéder successivement par chaque subdivision, ainsi qu'on l'a déjà fait dans la province d'Alger pour la reconnaissance des terres domaniales et ainsi qu'on l'exécute en ce moment dans les deux autres provinces. — Dans ma pensée, le cantonnement des tribus ne pourra prendre une activité réelle qu'après l'accomplissement du travail de reconnaissance des terres domaniales confié aux commissions dont il vient d'être parlé; mais en raison de l'importance de cette question, j'ai cru devoir vous adresser les présentes instructions, afin que vous prépariez dès ce moment les bases du travail qu'il s'agit d'exécuter. Vous aurez à réunir, à cet effet, les renseignements qui existent déjà dans les archives de la division et dans celles de chaque subdivision, et à m'adresser ensuite telles propositions que vous croirez utiles pour arriver le plus sûrement possible au but que nous nous proposons.

L'exécution matérielle du travail, c'est-à-dire son étude détaillée et successive sur les lieux, sera confié ultérieurement à une commission unique par province et que, dans le but de concilier tous les intérêts, il me paraît convenable de constituer ainsi qu'il suit, savoir...: (2)

Tous les membres de la commission conserveront ces fonctions spéciales pendant toute la durée des opérations dans la province, d'où il résultera que leurs propositions, conçues et formulées avec les mêmes vues d'ensemble, présenteront sur tous les points un caractère uniforme. — L'officier du

---

(1) V. *Domaine*, § 1, circulaire de la même date sur les mesures à prendre pour la reconnaissance des terres domaniales.

(2) Par décision ministérielle du 12 mai 1860, BM. 85, et pour activer des opérations dont le prompt achèvement est appelé par les intérêts réciproques de la colonisation et de la population indigène, au lieu d'une commission unique par province, il est institué une commission spéciale par subdivision en territoire militaire, et par arrondissement en territoire civil. Ces commissions seront ainsi composées (circ. min. 29 mai 1860):

Subdivisions. Un officier supérieur, président; — Un officier du bureau arabe de la subdivision; — Un vérifi-

cateur des domaines; — Un inspecteur de colonisation.

Arrondissements. Un sous-préfet, conseiller de préfecture ou commissaire civil, président; — Un adjoint du bureau arabe départemental; — Un vérificateur des domaines; — Un inspecteur de colonisation.

Un agent du service des forêts fera en outre partie de chaque commission toutes les fois que besoin sera.

Un géomètre et un interprète sont adjoints à chaque commission comme agents auxiliaires.

Les membres seront à la nomination de l'autorité supérieure de chaque territoire. Le président aura droit à une indemnité de 15 fr. par jour, les autres membres titulaires ou auxiliaires à une indemnité de 10 fr.

bureau arabe de la subdivision pourra seul être changé lorsqu'on quittera le territoire de cette subdivision pour entrer dans un autre, de telle sorte que les intérêts de la population indigène seront toujours représentés par un membre des bureaux arabes, ayant une connaissance approfondie du pays et de ses besoins.

L'importance des travaux à accomplir et l'intérêt d'avenir qui s'y rattache nous font un devoir de ne désigner pour la formation de cette commission que les hommes actifs, dévoués et d'une aptitude incontestable. Je ne saurais donc trop insister pour que vous apportiez la plus grande circonspection dans vos choix. Dans le cas où vous n'auriez pas à votre disposition un personnel suffisamment capable, vous auriez à m'en référer et je m'empresserais d'aviser.

La commission une fois constituée, et procédant d'après les bases que nous venons d'indiquer et sur les points préalablement autorisés par l'administration supérieure, sa mission consistera dans l'examen des droits en vertu desquels les indigènes occupent le sol et surtout dans l'appréciation de leurs besoins. Cette constatation est des plus importantes, car ce serait une erreur grave de penser qu'il est facile de les chiffrer à priori et qu'il suffit, par exemple, d'attribuer à chaque groupe un territoire calculé à raison de trois hectares par chaque tête d'habitant. Les terres sont de qualités trop inégales, la constitution des tribus est trop variée pour se prêter à l'application de cette loi uniforme et arbitraire.

Un territoire étant donné et son étendue parfaitement délimitée, la tribu qui l'occupe sera l'objet de consciencieuses investigations. La composition de son personnel devra être scrutée avec soin, afin de se rendre compte, aussi exactement que possible, du chiffre des habitants étrangers à sa population, et de connaître l'époque à laquelle remonte l'agrégation de ces individus qui ne peuvent être appelés à jouir indistinctement des bénéfices du cantonnement. Il y aura lieu de constater ensuite le nombre des chefs de famille, le nombre des personnes composant chacune d'elles, et, autant que faire se pourra, le chiffre des têtes de bétail dont la tribu dispose. En d'autres termes, la commission devra, par tous les documents statistiques qu'il lui sera permis de se procurer, reconnaître la situation vraie de la tribu, interroger son passé, son état actuel et son avenir, discerner ses tendances plus ou moins pastorales, agricoles ou commerciales, et fournir enfin dans son travail tous les moyens susceptibles de permettre à l'autorité supérieure de comparer tous ces éléments aux ressources de chaque territoire et d'arbitrer la part à faire à la colonisation européenne et celle qui devra être retenue pour former le patrimoine collectif de la tribu. Je dis patrimoine *collectif*, car je désire qu'on ne perde pas de vue qu'il y aura lieu de procéder par attribution à l'ensemble de la tribu, à moins de circonstances spéciales qui devront, dans tous les cas, m'être signalées et au sujet desquelles je me réserve personnellement de statuer. Il est bien entendu qu'une fois les études faites, la part destinée à constituer cette attribution générale sera indiquée au plan par une ligne spéciale.

L'œuvre du cantonnement va bien certainement se heurter contre deux tendances rivales et qui se résument énergiquement dans ces deux mots : *prendre et retenir*, tendances qui, soit au nom de l'élément européen, soit au nom des indigènes, se montreront également exigeantes. Je compte assez sur l'esprit d'équité des membres appelés à former les commissions pour espérer qu'ils tiendront une balance égale entre tous les intérêts qui sont en jeu et qu'ils ne perdront pas de vue que

l'œuvre qu'il s'agit d'accomplir touche aux plus hautes questions d'humanité et de politique. Le but à atteindre est, en définitive, de laisser aux indigènes des moyens d'existence suffisants et de leur montrer ainsi le bon vouloir et l'impartialité du gouvernement français, et d'autre part, de préparer l'avenir du pays par le développement de la colonisation et l'installation aussi large que possible de l'élément européen.

Les projets de cantonnement dressés par les commissions organisées dans chaque province, seront envoyés avec toutes les pièces à l'appui aux autorités divisionnaires qui les examineront avec leurs observations personnelles à l'avis du conseil de gouvernement et soumis à l'approbation ministérielle. — Quand ils auront été sanctionnés, je donnerai les instructions nécessaires pour en assurer l'exécution. Les terres laissées aux indigènes seront définitivement délimitées ; le service du domaine inscrira les autres sur les sommiers de consistance et en conservera l'administration jusqu'au jour où la remise en sera faite au service de la colonisation pour être aliénées soit par vente, soit par la voie des concessions gratuites.

Je vous ferai connaître ultérieurement, en vous notifiant l'état approuvé des territoires sur lesquels le cantonnement devra s'effectuer, l'imputation à donner aux dépenses qui résulteront de cette opération, ainsi que la limite dans laquelle il y aura lieu de les renfermer. — La présente dépêche ne s'occupe que des territoires exclusivement situés dans votre ressort administratif. J'examinerai prochainement les mesures qu'il y aura lieu de prendre pour le cantonnement des tribus dépendant en même temps des autorités civiles et militaires, et je vous ferai connaître la décision que j'aurai prise à cet égard.

Comte RANDON.

Décis. M. —25 août 1858 ; décr. 4 déc. 1858, et circulaires interprétatives. —(V. *Affaires arabes*, § 2.) — *Dégrèvement d'impôt en faveur des indigènes cultivant des terres appartenant à des Européens.*

Inst. M. —28 juin-23 juill. 1859.—BM. 52.—*Lotissement des territoires destinés à la colonisation européenne.*

M. le . . . . . , votre attention a été maintes fois appelée sur les inconvénients graves qui peuvent résulter de la délivrance de concessions plus ou moins étendues sur des territoires qui n'ont pas été l'objet d'un lotissement préalablement approuvé. Il importe que les instructions qui vous ont été données sous ce rapport soient ponctuellement exécutées, car je me verrais dans l'obligation de refuser mon assentiment à toute demande en concession qui s'en écarterait. — Quelques observations me paraissent en outre nécessaires pour bien préciser mes intentions à l'égard des projets à établir pour l'utilisation des territoires choisis comme périmètres de colonisation européenne :

La première question à étudier est celle de l'opportunité d'y créer un ou plusieurs centres de population. Cette question résolue, on s'occupera de la division motivée du surplus des terres en petites, moyennes et grandes concessions. Je ne saurais trop vous recommander de donner des ordres pour qu'en procédant à ce travail on ait toujours égard, dans la formation des lots, à la topographie du sol, aux diverses qualités de terres à mettre en valeur, aux facilités d'arrosage existant dans la localité, au tracé des chemins en exploitation, etc.

A ces divers points de vue, l'intervention des inspecteurs de colonisation dans les opérations du lotissement me paraît une garantie de bonne distribution du sol, et je vous prie de veiller à ce qu'ils y concourent sur le terrain, de concert avec les géomètres du service topographique. Les projets ainsi préparés devront m'être renvoyés en double expédition, revêtus de l'attache de ces agents.—Je désire, d'ailleurs, qu'après mon approbation les plans de lotissement soient rigoureusement suivis. J'ai remarqué une tendance à s'en écarter chez quelques autorités locales, qui, pouvant, par exemple, disposer d'un territoire divisé en quinze ou vingt lots de diverses étendues, en font ultérieurement la répartition, de telle façon que ce territoire ne reçoit plus que huit ou dix familles.—Ces irrégularités ne doivent plus se reproduire, et je tiens essentiellement à ce qu'à l'avenir aucun remaniement de lotissement n'ait lieu sans mon approbation préalable.

Comte DE CHASSELOUP-LAUBAT.

Circ. M.—7 sept.-15 oct 1859.—BM. 41.—*Instruction sur la colonisation.*

M. le . . . . ., ainsi que j'ai eu l'honneur de vous en informer par ma circulaire en date du 5 de ce mois (*Opérations topographiques*), le service topographique vient d'être réorganisé sur de nouvelles et plus larges bases.—En demandant à la bienveillance de l'empereur les crédits nécessaires pour cette organisation, mon but principal a été de donner une très-grande impulsion aux travaux préparatoires relatifs : 1° Au cantonnement des indigènes ; 2° à la formation des périmètres de colonisation ; 3° à la création des villages ; 4° enfin à l'aliénation des terres domaniales.—Je dois donc appeler votre attention sur chacun de ces objets.

Cantonnement des indigènes. — Si toutes les questions de droit relatives au cantonnement des Arabes n'ont pu être encore résolues, des instructions du ministre de la guerre et du gouverneur général ont du moins tracé les règles auxquelles vous devez vous conformer, et qui déjà ont été plusieurs fois appliquées dans chaque province. Je me borne à recommander spécialement à votre attention les trois points suivants :

1° Partout où des tribus doivent être cantonnées, afin de laisser une place à la population européenne, il est essentiel que la commission de cantonnement soit en même temps chargée de reconnaître et de dégager les propriétés domaniales, et de déterminer ainsi en quelque sorte d'avance les périmètres de colonisation.—Ces deux opérations sont connexes par leur nature comme par leur but, et il importe de ne point les séparer, afin de ne pas avoir à revenir sur des opérations toujours délicates par rapport aux Arabes, qui peuvent craindre qu'on ne veuille leur enlever incessamment les terres sur lesquelles ils sont placés.—En faisant simultanément la part des deux populations, en assurant aux indigènes les bénéfices qui résultent pour eux du cantonnement, en même temps qu'on fixera définitivement les territoires de colonisation environnants, on évitera ces alarmes qui, sans être fondées, n'en sont pas moins dangereuses pour nos intérêts.

2° Autant que les circonstances locales le permettent, les cantonnements indigènes ne doivent être ni trop dispersés ni trop compactes. Trop dispersés, ils rendraient impossible la formation des établissements européens par groupes, ce qui est le premier élément de leur prospérité. Trop compactes, ils laisseraient entre ces établissements de trop grands espaces, et isoleraient d'une manière fâcheuse deux populations qui, en se rapprochant, doivent se prêter un mutuel secours : secours de main-d'œuvre, d'un côté ; secours de capitaux, de science agricole et de civilisation, de l'autre.

3° Enfin, précisément parce que, loin de refouler la race indigène, nous devons nous efforcer de la faire entrer dans la sphère même de notre co-

lonisation, il est essentiel de veiller à ce que les étendues affectées aux tribus cantonnées n'excèdent en aucun cas leurs besoins, et soient strictement proportionnés au chiffre de leur population ainsi qu'à l'importance des troupeaux qu'elles entretiennent. On aura soin de faire la distinction des familles étrangères qui peuvent s'y trouver momentanément agrégées. Je désire que vos propositions de cantonnement soient toujours motivées sous ce rapport de la manière la plus détaillée.

Périmètres de colonisation. — J'attache la plus haute importance à ce que tous les émigrants qui se présentent dans la colonie avec le désir et les moyens de fonder une exploitation agricole puissent y trouver place dès leur arrivée. A cet effet, il est indispensable de toujours allotir d'avance les terres présumées nécessaires pour les besoins de l'émigration pendant une période d'au moins une année.—Ces terres seront choisies par masses compactes, d'abord dans le voisinage immédiat et sous la protection des centres de population déjà créés, puis, de proche en proche, sur des points plus éloignés. Dans le premier cas, elles pourront être alloties exclusivement en vue de constituer des exploitations isolées. Mais dans le second cas, et alors qu'elles s'éloigneront davantage des centres existants, il conviendra d'en réserver toujours une partie pour la création de villages ou de hameaux destinés à former à leur tour de nouveaux points de résistance.

Villages. — Les villages destinés à devenir des chefs-lieux de commune doivent être à la fois pour les populations environnantes un point d'appui, un centre de commerce et d'industrie où elles puissent aller s'approvisionner de toutes les choses nécessaires à la vie, où elles trouvent la force publique, l'administrateur, le prêtre, l'instituteur et le médecin. Ces avantages ne peuvent être accordés à de petites agglomérations ; il convient de constituer toujours chacun de ces villages en vue d'une population de quelque importance. — Je remarque que des espaces insuffisants sont généralement attribués aux lots à bâtir. Je désire qu'à l'avenir la contenance en soit fixée à 10 ou 12 ares au moins, afin de laisser aux colons, dans l'enceinte de leurs habitations, toutes les facilités que nécessite une bonne exploitation agricole. -- Au moment même de la création des villages, on devra se préoccuper des réserves communales qu'il importe essentiellement de faire dans un intérêt d'avenir. — Aux termes de l'ordonnance organique du 5 juin 1847, ces réserves sont fixées au dixième du territoire de chaque village. Mais il est facultatif d'en accroître la proportion, par application des dispositions de l'arrêté présidentiel du 4 nov. 1848 et de l'art. 9 de la loi du 16 juin 1851 ; et je désire que cette faculté soit exercée toutes les fois que cela sera possible, afin de ménager d'importantes ressources aux communes.

Aliénation de terres domaniales. — Divers systèmes ont été présentés sur le régime à suivre pour la cession des terres domaniales. Jusqu'à présent aucun n'a été adopté d'une manière exclusive, et ces difficiles questions sont encore soumises à une sérieuse étude, dont le conseil supérieur est en ce moment saisi. Il est permis de croire que, tout en posant des règles précises sur les différents modes d'aliénation, le gouvernement n'en voudra peut-être prescrire aucun d'une manière absolue. — Jusqu'à ce qu'un règlement complet ait été fait sur cet important objet, je continuerai donc à autoriser par décisions spéciales, sur vos propositions, la vente aux enchères publiques des terrains pour lesquels ce mode d'aliénation serait plus particulièrement indiqué, en raison de leur valeur, de leur situation ou de la concurrence des demandes ; mais le régime de la concession ne cessera pas pour cela d'être appliqué; et, à ce sujet, je vous demande de nouveau de vous conformer, en toute circonstance, aux règles tracées par le décret organique du 26 avr. 1851 et par la circulaire minist. du 17 janv. dernier (*Concessions*).

Comte DE CHASSELOUP-LAUBAT.

Colonisation (Inspect. de la).

AM. — 24 oct. 1845.— *Institution d'un service d'inspecteurs de la colonisation.*

AG. — 28 fév.-9 mai 1846. — B. 224. — *Répartition de service.*

Vu l'arr. du 24 oct. 1845, portant institution d'un service d'inspecteurs de la colonisation et en exécution des prescriptions contenues dans les dépêches ministérielles des 31 oct. et 9 déc. 1845;

Art. 1. — Les inspecteurs de la colonisation sont à la disposition du gouverneur général.

Art. 2. — Ils font partie de l'administration de la direction de l'intérieur, mais ils peuvent en être détachés par le gouverneur général, selon les besoins du service, pour être mis à la disposition soit du directeur des finances, soit des commandants supérieurs des provinces.

Art. 3.—Le gouverneur général arrête la répartition de ces agents entre les divers services, sauf aux chefs de ces services à faire une sous-répartition de ceux mis à leur disposition, sous-répartition qu'ils soumettront à l'approbation du gouverneur général.

Art. 4. — Il sera préparé, par les soins du directeur général des affaires civiles, les livrets pour être remis par lui à chaque inspecteur de la colonisation.

Art. 5.—Il sera également préparé, par les soins du même fonctionnaire, un registre destiné à l'enregistrement des rapports des inspecteurs de la colonisation.

Art. 6. — Les inspecteurs de la colonisation devront adresser directement leurs rapports aux chefs de services sous les ordres desquels ils se trouveront, et ceux-ci devront les transmettre immédiatement au gouverneur général, avec leur avis, pour qu'ils soient enregistrés sur le registre tenu à cet effet dans les bureaux de la direction générale des affaires civiles et adressés ensuite à M. le ministre de la guerre.

Art. 7. — M. le directeur de l'intérieur devra prévenir le gouverneur général de tout envoi de colons sur des contrées de population établis dans les territoires mixtes, afin que MM. les commandants supérieurs puissent, sur l'avis du gouverneur général, donner aux inspecteurs de la colonisation les instructions qu'ils jugeront nécessaires.

AG. — 28 avr.-9 mai 1846. — B. 224. — *Règlement sur les devoirs et attributions.*

Vu l'arrêté du 24 oct. 1845. — Vu notre arrêté du 28 fév. dernier et en exécution des prescriptions contenues dans les dépêches minist. des 31 oct. et 9 déc. 1845.

CHAP. 1. — *Devoirs et fonctions des inspecteurs de la colonisation laissés à la disposition du directeur de l'intérieur et des travaux publics, et de ceux mis à celle des commandants des territoires mixtes.*

Art. 1. — Les inspecteurs de la colonisation inspectent les bureaux de placement des ouvriers et les dépôts où les émigrants concessionnaires et autres sont admis à leur débarquement.—Ils veillent à la répartition des concessionnaires et des ouvriers dans les diverses localités. — Ils apposent leur visa sur les états mensuels remis par les chefs des dépôts.

Art. 2. — Ils donnent leur avis sur les projets

d'allotissement des territoires des centres nouveaux, remis par les agents du service des opérations topographiques et les officiers du service du génie, avant la présentation de ces projets au conseil supérieur d'administration. — Ils veillent au peuplement des nouveaux centres de population, et président, sous les ordres du directeur de l'intérieur, des sous-directeurs, des commissaires civils et des commandants de subdivisions et de cercles, suivant les territoires, à l'installation des familles et à la distribution, faite par les agents des opérations topographiques, des lots à bâtir et à cultiver. — Ils président également à la distribution des semences, plants, instruments, animaux, etc., etc., prêtés ou donnés aux colons. — Ils adressent chaque mois au directeur de l'intérieur ou aux commandants supérieurs des provinces, suivant le territoire sur lequel ils opèrent, un état conforme au modèle n° 1.

Art. 3. — Ils contrôlent l'emploi des matériaux à bâtir délivrés aux concessionnaires à titre de subvention. — Dans le mois qui suit la délivrance des matériaux, ils rendent compte du résultat de leur contrôle.

Art. 4. — Ils tiennent le contrôle et la comptabilité des instruments et des animaux prêtés aux concessionnaires, en font la visite et en assurent la conservation et le roulement.—Chaque trimestre ils remettent un état conforme au modèle n° 2.

Art. 5.—Chaque mois au moins, et plus souvent s'il le faut, ils font connaître par des rapports spéciaux le mouvement de la population, des constructions, des cultures dans les nouveaux centres, ainsi que les besoins des localités, sous le rapport des voies de communications, de l'assainissement, de la police rurale, de la boulangerie, des usines, marchés, etc., etc. — Ces rapports sont adressés aux chefs de service et transmis immédiatement par ceux-ci au gouverneur général avec leur avis personnel. — Ils sont enregistrés sur un registre tenu à cet effet à la direction générale des affaires civiles et transmis en original au ministre de la guerre avec l'avis des chefs de service et celui du gouverneur général, dans la quinzaine de leur engagement.

Art. 6. — Ils recueillent les documents propres à établir la statistique agricole : ils constatent les produits des récoltes en céréales, paille, foin, tabac, etc., etc., le développement des plantations et de l'industrie séricicole, les faits relatifs à l'accroissement et à l'amélioration des différentes races d'animaux domestiques. — Ils se concertent, à cet effet, avec les officiers municipaux et les commissions consultatives. — Ils remettent annuellement des états conformes aux modèles 3, 4, 5 et 6.

Art. 7. — Ils donnent leur avis motivé sur toute demande de substitution et d'hypothèque, et sont spécialement chargés de constater par procès-verbaux les travaux de constructions et de cultures imposés aux concessionnaires provisoires pour l'obtention des titres définitifs de propriété.

Art. 8. — En certains cas, notamment dans les premiers temps de la formation des centres, les inspecteurs de la colonisation peuvent être chargés par nous de remplir les fonctions d'officiers municipaux.

CHAP. 2. — *Devoirs et fonctions des inspecteurs de la colonisation mis à la disposition du directeur des finances et du commerce.*

Art. 9. —Les inspecteurs de la colonisation, mis temporairement à la disposition de la direction des finances, concourent avec les agents de cette administration à la vérification des cultures alléguées par les prétendants à la propriété des terres soumises aux dispositions de l'ord. du 1er oct. 1844, relatives aux terres incultes.

Art. 10. — Ils procèdent, en outre, de concert avec les receveurs et les géomètres du domaine, au contrôle des immeubles ruraux vendus ou aliénés depuis 1830, pour constater si les conditions de cultures, de plantations, de clôtures, d'assainissement, de constructions et autres ont été remplies.

CHAP. 3. — *Dispositions générales.*

Art. 11. — Les inspecteurs de la colonisation sont munis d'un livret coté et parafé par le directeur général des affaires civiles, sur lequel ils inscrivent jour par jour leurs courses, les centres dans lesquels ils ont opéré, la nature de leurs opérations.

ARR. — 12 juin-22 août 1848. — B. 282. — *Modification à l'organisation qui précède.*

Vu la décision min. du 24 oct. 1815;
Art. 1. — Les deux emplois d'inspecteurs principaux de colonisation, créés par la décision ministérielle sus-indiquée, sont supprimés.
Art. 2. — Le cadre des inspecteurs de colonisation est provisoirement réduit à huit, répartis ainsi qu'il suit :—4 inspecteurs de 1re cl. —4 inspecteurs de 2e cl.   E. CAVAIGNAC.

Commissaires civils.

DIVISION.

§ 1. — Législation spéciale.
§ 2. — Institution de commissariats.

§ 1. — LÉGISLATION SPÉCIALE.

L'établissement des commissariats civils a rendu et rend chaque jour d'importants services. Cette institution est en outre une excellente école pour les administrateurs de la colonie. Indiquée en principe, d'abord dans l'art. 5 d'un arr. min. du 1er sept. 1834, puis dans l'art. 5 de l'ord. du 31 oct. 1838, elle ne fut réalisée qu'en fév. 1840. Un arrêté du 17 de ce mois, créa quatre commissariats et régla les attributions des fonctionnaires chargés de les diriger. Ce premier essai ayant entièrement répondu aux intentions du gouvernement, une organisation plus complète leur fut donnée le 18 déc. 1842. C'est celle qui est en vigueur aujourd'hui.

Le commissaire civil et, lorsqu'il est absent et remplacé par intérim, le secrétaire même du commissariat, est investi, dans le district qui lui est confié, de tous les pouvoirs répartis ailleurs entre plusieurs ordres de fonctionnaires. Tour à tour administrateur, maire, juge en matière civile, commerciale et de police, procureur impérial, juge d'instruction, la multiplicité de ces attributions aurait pu faire craindre que l'exercice n'en fût souvent incomplet et périlleux ; mais cette délicate et difficile mission a été parfaitement comprise et toujours remplie avec intelligence et courage au milieu d'obstacles de toute nature qui, à l'origine surtout, et lorsqu'il y avait tout à créer à la fois, semblaient devoir paralyser tout effort.

Plusieurs localités n'ont dû leur transformation complète et rapide qu'à une active et énergique direction qui n'était pas sans dangers. On se rappelle encore la création de Bouffarik sous le feu de l'ennemi, malgré les fièvres qui décimaient la population et avec les moyens d'action si limités qu'avait alors à sa disposition l'administration civile.

L'organisation en commissariats s'étend aujour-

d'hui à quinze districts (1), et à mesure que l'accroissement de la population et le développement des intérêts civils permettent de les convertir en cités et d'y établir les services administratifs et judiciaires régulièrement institués, de nouveaux districts sont organisés plus avant dans l'intérieur et préparent ainsi d'autres territoires à la colonisation.

Voici d'ailleurs comment s'exprimait M. le ministre de la guerre, dans un rapport du 4 nov. 1850 adressé au président de la République, et à la suite duquel a été rendu le décret de la même date qui institue cinq nouveaux commissariats :

« Parmi les villes situées en territoire militaire, il en est un certain nombre dans lesquelles les intérêts civils se sont considérablement développés depuis plusieurs années, sous l'influence de la tranquillité dont jouit l'Algérie et à raison de l'impulsion donnée à la colonisation.—Ces villes, qui sont restées principalement des points d'occupation armée et de défense jusqu'en ces derniers temps, ont vu se créer dans leur enceinte des établissements considérables, et elles sont devenues des centres de population industrielle, agricole et commerciale, destinés à prendre, dans un avenir prochain, le rang des chefs-lieux de circonscriptions civiles.

Le régime administratif et judiciaire en vigueur dans les territoires militaires n'est plus en harmonie avec l'importance que ces localités ont acquise; toutefois, elles ne possèdent encore ni les éléments d'une administration municipale, ni les ressources pécuniaires indispensables pour vivre à l'état de communes.— A cette situation exceptionnelle, qui n'a pas d'analogue dans la métropole, et que rend plus tranchée, pour la plupart des points, l'infériorité numérique de la population européenne vis-à-vis de la population indigène, une seule institution convient : c'est celle des commissariats civils, création éminemment algérienne, et dont on a pu, depuis environ dix ans qu'elle a été intronisée en Algérie, apprécier les heureux résultats.

Cette institution, dans laquelle le fonctionnaire est souvent à la fois juge de paix délégué de l'autorité préfectorale et maire, se prête heureusement aux exigences de territoires où les intérêts sont peu compliqués, et présentent généralement ce caractère d'urgence inhérent aux établissements qui se fondent. — Le commissariat civil est, en un mot, une transition nécessaire, efficace, entre le régime de l'occupation militaire et le régime communal.

Aussi le gouvernement qui s'attache à faire concorder les institutions de l'Algérie avec le développement des intérêts et les besoins qu'ils font naître, s'est-il appliqué à étendre, dans une sage mesure, l'organisation des commissariats civils. Les différentes assemblées législatives se sont montrées favorables à ce système, et une augmentation de crédits a été portée, sur la demande de mon prédécesseur, au budget de 1850, pour la création de cinq commissariats civils; c'est cette

---

(1) Dans la province d'Alger : Cherchell, Ténès, Orléansville, Marengo, Dellys, Aumale; — Dans celle de Constantine : La Calle, Jemmapes, Batna, Djidjelly, Souk Arras; — Dans celle d'Oran : Saint-Denis du Sig, Sidi bel Abbès, Nemours, Aïn Temouchen.

création que j'ai l'honneur de vous prier de vouloir bien consacrer par le décret soumis à votre approbation. »

Le même témoignage est encore rendu en faveur de cette institution dans le rapport qui accompagne le décr. du 15 oct. 1858 (V. *Admin. gén.*, § 4).

AM. — 18-31 déc. 1842. — B. 137. — *Nouvelle organisation.*

Vu l'art. 5 de l'ordon. royale du 31 oct. 1838 (*Admin. gén.*, § 1) et l'art. 15 de l'ord. du 26 sept. 1842 (*Justice*, § 1).

TIT. 1. — *Organisation des commissariats.*

Art. 1. — Lorsqu'il y a lieu d'instituer des commissariats civils en Algérie, il y est pourvu par des arrêtés spéciaux du ministre de la guerre. — Ces arrêtés déterminent, en même temps, le ressort territorial des commissariats civils ainsi établis.

Art. 2. — Chaque commissariat civil se compose d'un commissaire civil et d'un secrétaire. — Les attributions de ces fonctionnaires, en matière administrative et judiciaire, sont déterminées par les tit. 2 et 3 du présent arrêté.

Art. 3. — A chacun des commissariats civils sont attachés un interprète assermenté, et, sous le titre de gardes coloniaux, des agents français, également assermentés, dont le nombre est déterminé par décision ministérielle, selon les besoins du service. Les attributions de ces agents sont réglées par les titres suivants.

Art. 4. — Les commissaires civils, les secrétaires et interprètes des commissariats sont nommés par le ministre de la guerre, directement ou sur la proposition du gouverneur général. — L'un des gardes coloniaux est nommé par le procureur général et spécialement désigné par ce magistrat pour remplir, auprès du commissaire civil, les fonctions d'huissier, ainsi qu'il sera dit ci-après. Les autres gardes coloniaux sont nommés par le directeur de l'intérieur. — Le directeur de l'intérieur et le procureur général donnent immédiatement avis au ministre de la guerre, chacun en ce qui le concerne, de la nomination des gardes coloniaux.

Art. 5. — Nul ne peut être commissaire civil et secrétaire du commissariat civil, s'il n'est âgé de 25 ans révolus, et s'il n'est, en outre, licencié en droit, ou s'il n'a rempli, pendant deux années au moins, soit en France, soit en Algérie, des fonctions administratives. — Les interprètes des commissariats doivent remplir les conditions d'aptitude qui sont exigées par les règlements en vigueur pour être admis aux fonctions d'interprète judiciaire et d'interprète traducteur de la langue arabe. — Les gardes coloniaux doivent être âgés de 25 ans révolus; ils sont choisis de préférence parmi les sous-officiers congédiés, s'ils justifient qu'ils parlent et écrivent correctement la langue française, et, s'ils offrent, d'ailleurs, les garanties nécessaires de moralité et de capacité.

Art. 6. — Avant d'entrer en fonctions, les commissaires civils, les secrétaires, interprètes et gardes coloniaux des commissariats civils prêtent le serment dont la formule suit : — « Je jure obéissance à la constitution et fidélité à l'empereur (S. C. du 25 déc. 1852, art. 16); je jure aussi obéissance aux ordonnances, arrêtés et règlements obligatoires en Algérie, et de remplir mes fonctions en âme et conscience. » — Ce serment est prêté, savoir : par les commissaires civils et les secrétaires des commissariats, devant le tribunal de première instance dans le ressort duquel ils doivent exercer leurs fonctions, par les interprètes et gardes coloniaux des commissariats, entre les mains du commissaire civil auquel ils sont attachés.

Art. 7. — Le costume des commissaires civils est le même que celui des maires des chefs-lieux d'arrondissement de France. — Dans l'exercice de leurs fonctions de juge, ils doivent toujours siéger en ce costume et ceints de l'écharpe. — Les secrétaires des commissariats portent l'habit noir complet et la cravate blanche toutes les fois qu'ils remplissent à l'audience l'office de greffier. Ils portent l'écharpe lorsqu'ils suppléent le commissaire civil dans les fonctions de juge. Les gardes coloniaux sont armés de sabres et de carabine; leur costume sera ultérieurement déterminé par le ministre de la guerre.

Art. 8. — Les commissaires civils prennent rang parmi les fonctionnaires de l'ordre administratif, savoir : dans la province d'Alger, après le secrétaire général de la direction de l'intérieur, et dans les autres provinces, après le sous-directeur de l'intérieur; néanmoins, dans les cérémonies auxquelles assiste un tribunal de première instance, ils ne marchent qu'après ce tribunal.

Art. 9. — Les commissaires civils, les secrétaires, interprètes et gardes coloniaux des commissariats, reçoivent un traitement fixe, et, lorsqu'il y a lieu, des indemnités. — Les traitements et indemnités à leur allouer et toutes autres dépenses de personnel et de matériel des commissariats sont déterminés, au budget des services coloniaux, par décision spéciale du ministre de la guerre. — Le même budget supporte les dépenses de construction, location et entretien des bâtiments affectés au logement des commissaires civils et des gardes coloniaux, ainsi que celles d'ameublement des prétoires et bureaux.

Art. 10. — Dans le siège de chaque commissariat civil, ou dans le lieu le plus voisin, il est établi une brigade de gendarmerie française, et, dans la caserne de cette gendarmerie, une chambre de sûreté ou geôle placée sous la garde de cette brigade et qui tient lieu de prison de dépôt pour les détenus. — Le gouverneur général règle, selon les circonstances, le nombre de gendarmes dont chaque brigade doit se composer. — Les dépenses d'établissement de la caserne de gendarmerie et de la geôle sont à la charge du budget des services coloniaux.

Art. 11. — Les commissaires civils et les secrétaires des commissariats sont placés, en ce qui concerne leurs fonctions administratives, sous la surveillance et l'autorité du directeur et des sous-directeurs de l'intérieur, et en tout ce qui a rapport à leurs fonctions judiciaires, sous la surveillance et l'autorité du procureur général et de ses substituts près les tribunaux de première instance.

Art. 12. — Ils sont tenus de résider dans le chef-lieu du commissariat civil auquel ils sont attachés. — Ils ne peuvent s'absenter de leur poste sans une autorisation du gouverneur général qui prend l'avis du directeur de l'intérieur et du procureur général. — Si leur absence doit durer plus d'un mois, le congé ne peut leur être accordé que par le ministre de la guerre, sur le double rapport du directeur de l'intérieur et du procureur général.

Art. 13. — Les interprètes et gardes coloniaux sont également tenus de résider au chef-lieu du commissariat civil près duquel ils exercent leurs fonctions et ne peuvent s'absenter, savoir : pendant moins de quinze jours, sans l'autorisation du commissaire civil; pendant vingt-cinq jours et plus, sans l'autorisation du directeur de l'intérieur, et, si le congé est demandé par le garde colonial chargé des fonctions d'huissier, sans la permission expresse du procureur général.

Art. 14. — En cas d'absence ou d'empêchement, le commissaire civil est suppléé, dans ses fonctions administratives et judiciaires, par le secrétaire du commissariat. — Dans le même cas, le secrétaire, faisant, par intérim, fonctions de commissaire civil, est lui-même suppléé par un agent que désigne d'office et provisoirement le gouverneur général, sur la proposition du directeur de l'intérieur, à la charge d'en rendre immédiatement compte au ministre de la guerre. Cet agent intérimaire prête, devant le tribunal de première instance du ressort, serment de bien et fidèlement remplir les fonctions dont il est temporairement chargé. S'il y a lieu de lui allouer une indemnité, elle est réglée par le ministre de la guerre.

Le commissaire civil, à moins de dispositions contraires prises par le gouverneur général, sur la proposition du directeur de l'intérieur, pourvoit au remplacement provisoire de son secrétaire, lorsque celui-ci est absent ou autrement empêché ; il reçoit de cet agent intérimaire le serment de bien et fidèlement remplir ses fonctions. Il est tenu d'informer de ce remplacement provisoire le directeur de l'intérieur, qui en rend compte au ministre de la guerre par l'intermédiaire du gouverneur général.

Art. 15. — Tous officiers ou commandants de la force publique, et spécialement les commandants de brigades de gendarmerie établies dans les districts, sont tenus de déférer aux réquisitions qui leur sont adressées par les commissaires civils ou leur intérimaire, pour l'exécution des lois, ordonnances ou arrêtés ayant force de loi, des jugements des tribunaux et des actes de l'autorité supérieure. — Dans leur rapport avec la gendarmerie, les commissaires civils doivent se conformer aux règles tracées par l'ord. roy. du 29 nov. 1820, sur le service de cette arme, et adresser leurs réquisitions au commandant de la brigade, dans la forme prescrite par ladite ordonnance.

Art. 16. — Les commissaires civils sont tenus de déférer à toute réquisition que l'autorité militaire supérieure leur adresse par écrit, et sous sa propre responsabilité, dans l'intérêt de l'armée et de la sûreté du pays, sauf à eux à en rendre compte à leurs supérieurs hiérarchiques.

TIT. 2.—*Attributions administratives des commissaires civils et de leurs agents.*

Art. 17. — Les commissaires civils exercent, comme administrateurs, dans l'étendue de leur district, sous l'autorité du directeur et des sous-directeurs de l'intérieur, les pouvoirs ci-après déterminés. — Ils sont chargés : 1° de la publication et de l'exécution des lois et ordonnances, arrêtés ou règlements ; — 2° De l'exécution des mesures de sûreté générale ; — 3° De la police municipale ; — 4° De la police rurale ; — 5° De la voirie vicinale ; — 6° De la surveillance des biens appartenant à la colonie ; — 7° De la surveillance des travaux exécutés sur les fonds du budget des services coloniaux ;—8° De toutes les autres fonctions spéciales qui leur sont ou leur seraient ultérieurement attribuées par la législation spéciale de l'Algérie et de celles qui peuvent leur être régulièrement déléguées.

Art. 18.— Ils peuvent prescrire, dans les mêmes cas et avec les mêmes pouvoirs que les maires des villes et des communes de France, les mesures locales de police sur les objets confiés à leur surveillance, spécialement en ce qui concerne la sûreté, la tranquillité et la salubrité publiques.—Ces mesures ne sont néanmoins exécutoires qu'après avoir été concertées avec le commandant supérieur du lieu, et, en cas d'opposition de la part de celui-ci, qu'après avoir été approuvées par le gouverneur général, sur le rapport du directeur de l'intérieur. — En aucun cas, les commissaires civils ne peuvent créer des pénalités, ni statuer sur les matières qui sont du domaine de la loi ou de l'ordonnance, ou que le gouvernement a seul pouvoir de réglementer. Les contraventions à leurs arrêtés

sont punies conformément aux dispositions du liv. 4 c. pén.

Art. 19. — Au chef-lieu du commissariat, et jusqu'à la distance de 2 kilom. de ce chef-lieu, les commissaires civils remplissent les fonctions d'officier de l'état civil et sont chargés de la tenue des registres destinés à constater les naissances, mariages, publications et décès. — En cette qualité d'officiers de l'état civil, ils sont soumis à la surveillance du ministère public, conformément aux dispositions de la loi française. — Dans celles des localités, dépendant de leur district, qui seraient situées à plus de 2 kil. de distance du chef-lieu du commissariat, les fonctions d'officier de l'état civil sont remplies, s'il y a lieu, par des maires que le gouverneur général peut instituer, et qui peuvent, en outre, être chargés, en matière administrative et de police municipale et rurale, d'une partie déterminée des attributions du commissaire civil, en vertu de la délégation de ce dernier, approuvée par le directeur de l'intérieur. — Ces maires sont placés sous l'autorité immédiate du commissaire civil ; il peut leur être alloué des indemnités annuelles réglées par décision du ministre de la guerre.

Art. 20. — Les propositions touchant les recettes ou dépenses à effectuer dans les districts, sont transmises par les commissaires civils au directeur de l'intérieur de la manière prescrite par l'article suivant.

Art. 21. — Les commissaires civils de la province d'Alger correspondent directement avec le directeur de l'intérieur. — Dans les autres provinces, les rapports et correspondances des commissaires civils sont adressés au sous-directeur de l'intérieur qui les transmet, sans délai, et en original, au directeur de l'intérieur, et les accompagne, s'il y a lieu, de ses observations et propositions personnelles. — Les ordres et instructions du directeur de l'intérieur aux commissaires civils des mêmes provinces leur sont également transmis en original, par l'intermédiaire du sous-directeur qui les accompagne, au besoin, des explications ou observations convenables. Néanmoins, lorsque le bien du service l'exige, le directeur de l'intérieur leur donne directement ses ordres et en informe sans retard le sous-directeur, qu'il charge d'en assurer l'exécution.

Art. 22. — Les commissaires civils peuvent requérir, toutes les fois qu'il en est besoin pour le service d'ordre et de sûreté, les bataillons et compagnies de la milice africaine organisés dans l'étendue de leur commissariat et qui sont placés sous leur autorité, conformément aux dispositions de l'arrêté d'organisation de cette milice, en date du 28 octobre 1856. — Les commissaires civils déféreront, ainsi qu'il est dit à l'art. 16 ci-dessus, à toute demande qui leur serait adressée par le commandant militaire supérieur, pour le concours, par ces bataillons et compagnies de la milice, au service général et à la défense commune.

Art. 23. — Les commissaires civils surveillent, à défaut d'agents spéciaux du domaine, la perception des revenus, taxes, impôts de toute nature, dont le recouvrement peut être poursuivi, à la diligence du directeur des finances, en vertu, soit des anciennes lois ou coutumes du pays, soit des arrêtés intervenus depuis 1830.

Art. 24. — Le secrétaire du commissariat exerce, en matière administrative, sous les ordres du commissaire civil, les attributions qui peuvent lui être déléguées par ce fonctionnaire. — Il est, en outre, spécialement chargé de la tenue des registres d'ordre, de la garde et du classement des archives du commissariat, ainsi que des registres de l'état civil, et au besoin de l'expédition de la correspondance. — Il délivre gratis à l'autorité compétente, lorsqu'il en est requis par elle, toutes expéditions d'actes administratifs et de l'état civil. Si ces expéditions sont requises par des particuliers, il est autorisé à percevoir, à son profit, 10 c. par rôle de quarante lignes à la page et de quinze syllabes à la ligne. En ce cas, l'expédition délivrée porte quittance détaillée des honoraires ainsi perçus.

Art. 25. — L'interprète du commissariat traduit, lorsqu'il en est besoin, toutes notifications et tous écrits administratifs. Il assiste, d'ailleurs, le commissaire civil et son secrétaire dans tous les actes d'administration dans lesquels son concours peut leur être nécessaire.

Art. 26. — Les gardes coloniaux et, à leur défaut, les gendarmes établis près du commissariat ont qualité pour faire, par ordre du commissaire civil, toutes notifications administratives. Ces notifications, certifiées par eux, font foi jusqu'à inscription de faux. — Elles sont faites gratuitement, ainsi que tous autres actes pour lesquels le ministère desdits agents peut être requis, en matière administrative.

Tit. 3. — *Attributions judiciaires des commissaires civils et de leurs agents.*

Chap. 1. — *Attributions judiciaires des commissaires civils.*

Art. 27. — Comme juges et comme officiers de police judiciaire, les commissaires civils exercent, dans l'étendue de leur district, sous l'autorité du procureur général et de ses substituts, les attributions qui leur sont conférées par les dispositions ci-après.

Sect. 1. — *Attributions en matière civile et commerciale.*

Art. 28. — En matière civile, les commissaires civils connaissent : 1° En dernier ressort, jusqu'à la valeur de 100 fr., et à charge d'appel, jusqu'à la valeur de 200 fr., de toutes actions personnelles et mobilières ;

2° En dernier ressort jusqu'à la valeur de 100 fr., et, à charge d'appel, jusqu'au taux de la compétence en dernier ressort des tribunaux de première instance : des contestations entre les hôteliers, aubergistes ou logeurs, et les voyageurs ou locataires en garni, pour dépenses d'hôtellerie et pertes ou avaries d'effets déposés dans l'auberge ou dans l'hôtel ; — Entre les voyageurs et les voituriers ou bateliers, pour retard, frais de route et pertes ou avaries d'effets accompagnant les voyageurs ; entre les voyageurs et les carrossiers ou autres ouvriers, pour fournitures, salaires ou réparations faites aux voitures de voyage ; des indemnités réclamées par le locataire ou fermier, pour non-jouissance provenant du fait du propriétaire, lorsque le droit à une indemnité n'est pas contesté ; — Des dégradations et pertes dans les cas prévus par les art. 1732 et 1735 c. Nap.

3° En dernier ressort, jusqu'à la valeur de 100 fr., et, à charge d'appel, à quelque valeur que la demande puisse s'élever : — Des actions en payement de loyers ou fermages, des congés, des demandes en résiliation de baux, fondées sur le seul défaut de payement de loyers ou des fermages, des expulsions de lieux et des demandes en validité de saisie-gagerie, le tout lorsque les locations verbales ou par écrit n'excèdent pas annuellement 200 fr., et, lorsque le prix principal du bail ne consiste qu'en argent, des actions pour dommages faits aux champs, fruits et récoltes, soit par l'homme, soit par les animaux, et de celles relatives à l'élagage des arbres ou baies, et au curage, soit des fossés, soit des canaux, servant à l'irrigation des propriétés ou au mouvement des usines, lorsque les droits de propriété et de servitude ne sont pas contestés ; — Des réparations locatives des maisons ou fermes mises par la loi à la charge du locataire ou fermier ; — Des contestations relatives aux engagements respectifs des gens de travail, au jour, au mois et à l'année, et de ceux qui les emploient, des maîtres et des domestiques ou gens de service à gages, des maîtres et de leurs ouvriers ou apprentis ; — Des contestations relatives au payement des services, des actions civiles pour diffamation verbale, ou pour injures publiques ou non publiques, verbales ou par écrit, des mêmes actions pour rixe ou voie de fait, le tout lorsque les parties ne se sont pas pourvues par la voie criminelle ;

4° A charge d'appel : — Des entreprises commises dans l'année sur les cours d'eau servant à l'irrigation des propriétés et au mouvement des usines et moulins, sans préjudice des attributions de l'autorité administrative dans les cas déterminés par les lois et par les règlements ; — Des dénonciations de nouvel œuvre, complaintes, actions en réintégrande, et autres actions possessoires fondées sur des faits également commis dans l'année ; — Des actions en bornage et de celles relatives à la distance prescrite par la loi, les règlements particuliers à l'usage des lieux, pour les plantations d'arbres ou de haies, lorsque la propriété ou les titres qui l'établissent ne sont pas contestés ; — Des actions relatives aux constructions et aux travaux énoncés dans l'art. 674 c. Nap. lorsque la propriété ou la mitoyenneté du mur ne sont pas contestées ; — Des demandes en pensions alimentaires n'excédant pas 150 fr. par an, et seulement lorsqu'elles sont formées en vertu des art. 205, 206 et 207 c. Nap.

Art. 29. — En matière commerciale, les commissaires civils connaissent de toute affaire, savoir : — En dernier ressort, jusqu'à la valeur de 100 fr. et à charge d'appel jusqu'à la valeur de 500 fr. — Toute demande excédant cette dernière somme est portée devant le tribunal de commerce du ressort.

Art. 30. — Les commissaires civils connaissent, en matière civile et commerciale, de toutes les demandes reconventionnelles ou en compensation qui, par leur matière ou leur valeur, sont dans les limites de leur compétence, alors même que ces demandes, réunies à la demande principale, s'élèveraient, dans le cas prévu par le n° 1 de l'art. 28, au-dessus de 200 fr., et, dans le cas prévu par l'art. 29, au-dessus de 500 fr. Ils connaissent, en outre, à quelques sommes qu'elles puissent monter, des demandes reconventionnelles en dommages-intérêts, fondées exclusivement sur la demande principale elle-même.

Art. 31. — Lorsque chacune des demandes principale, reconventionnelle ou en compensation, est dans les limites de la compétence du commissariat civil, en dernier ressort, il prononce sans qu'il y ait lieu à appel. — Si l'une de ces demandes n'est susceptible d'être jugée qu'à charge d'appel, le commissaire civil ne prononce sur toutes qu'en premier ressort. — Si la demande reconventionnelle ou en compensation excède les limites de sa compétence, il peut, soit retenir le jugement de la demande principale, soit renvoyer, sur le tout, les parties à se pourvoir devant le tribunal compétent.

Art. 32. — Lorsque plusieurs demandes, formées par la même partie, sont réunies dans une même instance, le commissaire civil ne prononce qu'en premier ressort, si leur valeur totale s'élève au-dessus de 100 fr., lors même que quelqu'une de ces demandes serait inférieure à cette somme. Il est incompétent sur le tout, si ces demandes excèdent, par leur réunion, les limites de sa juridiction.

Art. 33. — Les parties peuvent toujours se présenter volontairement devant le commissaire civil, auquel cas il juge le différend, soit en dernier ressort, si la loi ou les parties l'y autorisent, soit à la charge d'appel, encore qu'il ne soit pas le juge naturel des parties, ni à raison du domicile du défendeur, ni à raison de la situation de l'objet litigieux. — La déclaration des parties qui demandent jugement est signée d'elles, ou mention est faite de la cause qui les empêche de signer.

Art. 54. — En cas de demande en validité de saisie-gagerie formée devant le commissaire civil, en conformité de l'art. 28, s'il y a opposition de la part des tiers, pour des causes et pour des sommes qui, réunies, excéderaient sa compétence, le jugement en est déféré au tribunal de première instance.

Art. 55. — L'appel des sentences du commissaire civil, en matière civile et de commerce, est portée devant le tribunal civil de première instance du ressort (1). — N'est point recevable l'appel des jugements mal à propos qualifiés en premier ressort, ou qui, étant en dernier ressort, n'ont point été qualifiés.

Sont sujets à l'appel : 1° Les jugements qualifiés en dernier ressort, s'ils ont statué sur des matières dont le commissaire civil ne pouvait connaître qu'en premier ressort ; — 2° Les jugements, même rendus en dernier ressort, s'ils sont attaqués pour cause d'incompétence, d'excès de pouvoir ou de violation de la loi ou pour l'une des causes d'ouverture à requête civile énoncées en l'art. 480 c. proc. de France. — En aucun cas, les jugements des commissaires civils, en matière civile et de commerce, ne peuvent être attaqués par la voie du recours en cassation.

Art. 56. — Les contestations sur l'exécution des jugements des commissaires civils, en matière civile et de commerce, sont portées devant le tribunal civil de première instance du ressort. — Néanmoins, si l'exécution est poursuivie dans le district du commissaire civil qui a rendu le jugement, et si les difficultés auxquelles elle donne lieu requièrent célérité, ce magistrat y statue provisoirement, en état de référé, et renvoie la connaissance du fond devant le tribunal de première instance.

Art. 57. — Le commissaire civil peut également, dans tous les cas d'urgence, statuer provisoirement en référé, avec les mêmes pouvoirs que les présidents des tribunaux de première instance, sur les difficultés élevées, soit à l'occasion de l'exécution de tous jugements ou titres exécutoires, poursuivie dans l'étendue de sa juridiction, soit en matière d'opposition et de levée de scellés, d'inventaire et de ventes mobilières opérées dans son ressort. — En ce cas, comme en celui prévu en l'article précédent, ses ordonnances, dont il doit être gardé minute au greffe du commissariat, sont sujettes à l'appel devant le tribunal de première instance, alors même que l'objet de la contestation n'excède pas les limites de sa juridiction.

Art. 58. — Il peut aussi, toutes les fois qu'il y a péril en la demeure, autoriser, sur la demande des parties intéressées, toutes mesures conservatoires et spécialement des saisies-arrêts et saisies-revendication, lorsque le tiers saisi ou le tiers détenteur des effets mobiliers revendiqués est domicilié dans son ressort, et des saisies-gageries, même pour des causes excédant sa compétence. — Les demandes en validité des saisies-arrêts et saisies-revendications ainsi autorisées et celles des saisies-gageries, lorsque leurs causes excèdent la compétence du commissaire civil, sont portées devant le tribunal de première instance.

Art. 59. — En cas de faillite d'un commerçant établi dans son district, le commissaire civil peut,

s'il y a urgence, donner aux syndics provisoires les autorisations nécessaires à l'effet de procéder conformément aux art. 469 et 470 c. com. Il peut même, s'il en est besoin, avant le jugement du tribunal de commerce, charger un agent de son choix de remplir, sous sa surveillance, les actes conservatoires les plus urgents, dans l'intérêt de la faillite. Les fonctions de cet agent cessent dès l'instant où commencent celles des syndics nommés par le tribunal de commerce.

Art. 40. — Les commissaires civils exercent, d'ailleurs, dans l'étendue de leur district, les attributions spéciales que les lois françaises confèrent aux juges de paix, notamment en matière de douane, de conseils de famille, d'avis de parents, de déclaration de tiers saisis, d'apposition et de levée de scellés, d'inventaire, ainsi que dans les cas prévus par les art. 106, 234, 243, 245, 246, 414, 457, 471 et autres c. com. — Ils connaissent, en outre, de toutes autres matières civiles et commerciales et procèdent à tous autres actes à l'égard desquels compétence leur est attribuée par la législation spéciale de l'Algérie.

SECT. 2. — *Attributions en matière criminelle.*

Art. 41. — En matière criminelle, les commissaires civils connaissent, comme juges des contraventions de simple police, suivant les règles de compétence établies pour les juges de paix. Ils jugent sans assistance du ministère public, et se saisissent d'office de la connaissance des affaires dont le jugement leur est attribué.

Art. 42. — Les jugements des commissaires civils, en matière de simple police, sont susceptibles d'appel devant le tribunal correctionnel du ressort, dans les mêmes cas que ceux des juges de paix. Ils sont, en outre, sujets à l'appel pour incompétence, excès de pouvoir, ou violation de la loi, même lorsqu'ils ont été rendus en dernier ressort. — Ils ne peuvent être attaqués par la voie du recours en cassation.

Art. 43. — Pour la recherche, la constatation et la poursuite des crimes ou délits commis dans l'étendue de leur district, les commissaires civils remplissent les fonctions d'officiers de police judiciaire et procèdent avec les mêmes pouvoirs que les procureurs du roi et les juges d'instruction. — Ils instruisent, soit d'office, soit sur la réquisition du procureur général ou de ses substituts près les tribunaux de première instance, et envoient l'inculpé avec la procédure et les pièces à conviction, devant le procureur du roi du ressort. — Ils sont tenus de déférer aux instructions du procureur général ou de ses substituts et d'exécuter les commissions rogatoires qui leur sont adressées par les magistrats compétents.

Art. 44. — Ils reçoivent l'affirmation de tous procès-verbaux sujets à cette formalité et dressés par des agents établis dans leur ressort, et remplissent, au surplus, en matière criminelle, toutes autres attributions qui sont de la compétence des juges de paix, ou qui leur seraient conférées par la législation spéciale de l'Algérie.

Art. 45. — Les gardes coloniaux, attachés aux commissariats, exercent, dans l'étendue du district pour lequel ils sont assermentés, les fonctions de gardes champêtres. — Ils ont qualité pour constater tous crimes, délits ou contraventions qui s'y commettent. — Les procès-verbaux rédigés par eux pour contravention de police municipale ou rurale font foi jusqu'à preuve contraire. — Les dispositions des deux paragraphes qui précèdent sont applicables aux gendarmes établis près des commissariats. — Les gardes coloniaux et les gendarmes peuvent toujours être entendus comme témoins à l'appui de leurs procès-verbaux.

---

(1) *Jurisprudence.* La cour serait incompétente pour en connaître. — *Cour d'Alger,* 18 oct. 1842.

CHAP. 2. — *Attributions particulières du secrétaire, de l'interprète et des gardes coloniaux du commissariat, en matière judiciaire.*

Art. 46. — Le secrétaire du commissariat remplit auprès du commissaire civil, toutes les fois que ce magistrat agit en qualité de juge ou d'officier de police judiciaire, l'office du greffier des tribunaux de paix. — Il lui est alloué un fonds d'abonnement pour matériel et menues dépenses.

Art. 47. — Il rédige, dans la forme et suivant les règles prescrites par les tribunaux de paix, les minutes de tous les jugements ou ordonnances rendus par le commissaire civil et de tous autres actes du ministère de ce magistrat.

Art. 48. — Il est astreint à la tenue d'un répertoire, sur lequel sont mentionnés, jour par jour, tous les actes du ministère du juge et du greffier. — Ce répertoire est soumis, tous les trois mois au moins, au visa du receveur de l'enregistrement le plus voisin de la résidence du commissaire civil.

Art. 49. — Le secrétaire du commissariat est tenu de délivrer aux parties intéressées qui le requièrent expédition de tous jugements du commissaire civil ou de tous actes du greffe. En ce cas, il a droit à la rétribution fixée par le dernier paragraphe de l'art. 24, dont les prescriptions sont exécutées en ce qui concerne la quittance à délivrer à la partie. S'il y a contestation sur la quotité de cette rétribution, elle est réglée par le président du tribunal de première instance du ressort. — Les extraits ou expéditions, en toute matière judiciaire, sont délivrés gratis au ministère public, ainsi qu'à toute autre autorité qui les requiert dans l'intérêt du service public.

Art. 50. — Les greffes des commissariats civils sont assujettis aux vérifications et inspections que le ministère public et l'administration des finances jugent à propos de faire ou de prescrire.

Art. 51. — L'interprète du commissariat remplit, aux audiences tenues par le commissaire civil, et dans toutes les circonstances où ce magistrat agit comme juge ou comme officier de police judiciaire, les fonctions d'interprète des tribunaux. Il traduit toutes notifications judiciaires destinées à des musulmans. — Son ministère est gratuit toutes les fois qu'il agit pour le service du commissariat et par ordre du commissaire civil ou de son secrétaire.

Art. 52. — Les gardes coloniaux ont tous qualités pour faire fonctions d'huissier dans le ressort du commissaire civil auquel ils sont attachés. — Toutefois, l'exercice de ces fonctions est plus spécialement délégué à celui des gardes coloniaux qui est nommé pour chaque commissariat, par le procureur général, en conformité de l'art. 4. — Cet agent les exerce, à l'exclusion des autres gardes coloniaux, lorsqu'il n'en est pas empêché, toutes les fois qu'il s'agit de formaliser dans le district des actes du ministère des huissiers, pour l'exécution, soit de titres ou jugements, soit de mandements de justice, émanés d'une juridiction autre que celle du commissaire civil.

Art. 53. — Les huissiers des tribunaux de première instance et de paix ne peuvent instrumenter devant les juridictions des commissaires civils ni donner des citations à comparaître devant cette juridiction. Ces citations sont exclusivement notifiées par les gardes coloniaux, et à défaut de ceux-ci, mais seulement en matière de police ou d'instruction criminelle, par les gendarmes du district. — Néanmoins, les actes du ministère des huissiers, nécessaires pour l'exécution des jugements des commissaires civils, en matière civile et de commerce, peuvent être formalisés, dans les districts, par les huissiers des tribunaux de première instance et de paix de la province, concurremment avec le garde colonial spécialement chargé des fonctions

d'huissier, lorsque le siège du commissariat civil, dans le ressort duquel l'exécution doit avoir lieu, n'est pas éloigné de plus de 5 myriam. de distance de la résidence de ces officiers ministériels, et lorsque des communications par terre sont établies entre cette résidence et le chef-lieu du commissariat.

Il en est de même lorsqu'il s'agit, soit de l'exécution, dans le ressort d'un commissariat, des jugements émanant d'une autre juridiction ou de titres exécutoires, soit de protêts ou de tous autres exploits à formaliser dans le même ressort, en toute matière étrangère à la compétence du commissaire civil.

Art. 54. — S'il ne se trouve pas d'huissier dans la distance de 5 myriamètres, ou si l'on ne peut communiquer que par mer avec le siège du commissariat civil, dans le district duquel doivent être faits les actes mentionnés aux deux derniers paragraphes du précédent article, le garde colonial, chargé des fonctions d'huissier, et à son défaut dûment constaté par autorisation spéciale du commissaire civil, les autres gardes coloniaux ont seuls pouvoir d'instrumenter et sont tenus de procéder, lorsqu'ils en sont requis, soit par le commissaire civil, soit par les parties.

Art. 55. — Dans tous les cas où les gardes coloniaux procèdent en qualité d'huissiers, leurs actes font même foi en justice, et sont assujettis à l'accomplissement des mêmes formalités que ceux des huissiers ordinaires. — Dans les mêmes cas, lorsqu'ils instrumentent à la requête et dans l'intérêt des parties, ils ont droit, indépendamment de leurs déboursés dûment justifiés, au lieu des honoraires qui seraient dus aux huissiers pour les actes de même nature. Ces honoraires sont, s'il y a lieu, taxés par le président du tribunal de première instance du ressort. — Il ne leur est alloué aucun salaire, pour les notifications qu'ils sont chargés de faire, en toute matière, par ordre du commissaire civil ou à la requête du ministère public.

Art. 56. — Le traitement du garde colonial spécialement chargé des fonctions d'huissier est du quart en sus de celui des autres gardes coloniaux. Il est remplacé, quand il y a lieu, par le procureur général, qui peut aussi prononcer, selon les cas, la suspension dudit agent, pour toutes fautes commises dans l'exercice de ses fonctions, auquel cas la suspension entraîne, pendant tout le temps de sa durée, la privation du traitement attaché à l'emploi.

Art. 57. — Chacun des gardes coloniaux doit tenir un répertoire, sur lequel il mentionne, jour par jour, et par ordre de dates, les actes et procès-verbaux de toute nature, qu'il formalise, soit à titre d'huissier, soit comme officier de police judiciaire. — Ce registre, coté et parafé par le commissaire civil, doit être représenté à toute réquisition de l'autorité ; il est soumis, tous les trois mois au moins, au visa du receveur de l'enregistrement le plus voisin.

Art. 58. — Tous les actes du ministère du commissaire civil, du greffier et des gardes coloniaux, en matière judiciaire, sont soumis à l'enregistrement, conformément à l'ord. roy. du 19 oct. 1841 (*Enregistrement*). — Néanmoins ces actes demeurent provisoirement dispensés dans ceux des districts de commissariats civils où il n'est pas encore établi de bureaux d'enregistrement. Dans ce dernier cas, s'il est requis hypothèque, en vertu d'un jugement du commissaire civil, les droits d'enregistrement auxquels l'obligation en résultant serait assujettie sont perçus au moment de l'inscription ; et si la sentence emporte transmission d'immeubles, les droits de mutation sont exigibles dès que ladite sentence est devenue définitive.

Art. 59. — Même dans les lieux où il n'existe pas de bureau d'enregistrement, nul acte translatif de propriété ne peut être énoncé ou visé dans le jugement d'un commissaire civil, ou dans les actes du ministère du secrétaire ou des gardes coloniaux du commissariat, s'il n'a été enregistré. — Sont au surplus observées, dans les commissariats, en tout ce qui n'est pas contraire aux dispositions du présent arrêté, les prescriptions des lois de finances et d'enregistrement, rendues applicables à l'Algérie par l'ord. précitée du 19 oct. 1841. — Les tribunaux peuvent, néanmoins, relever de l'inobservation de ces prescriptions, dans le cas où il est jugé par eux qu'elles n'ont pu être exécutées.

Art. 60. — Hors les exceptions formellement exprimées au présent arrêté, les secrétaires et agents des commissariats procèdent gratuitement aux actes de leur ministère. — En aucune matière le commissaire civil n'a droit à des vacations, il lui est seulement alloué, selon les cas, ainsi qu'à son greffier, des indemnités de transport réglées conformément au décr. du 18 juill. 1811, en raison des distances parcourues pour opérations accomplies, en matière criminelle, en dehors de sa résidence. — Tout fonctionnaire ou agent des commissariats qui aura perçu ou exigé d'autres droits, honoraires, remises ou indemnités que ceux qui sont expressément autorisés, sera révoqué, sans préjudice des peines portées par l'art. 174 c. pén.

Chap. 3. — *Formes de procéder en matière judiciaire.*

§ 1. — *Procédure en matière civile et de commerce.*

Art. 61. — La forme de procéder devant les commissaires civils pour l'introduction, l'instruction et le jugement des instances civiles ou commerciales qui sont de leur compétence, est celle qui est réglée par le livre 1 et les autres dispositions du code de procédure civile, applicables aux tribunaux de paix, sauf les exceptions et dérogations énoncées au présent arrêté, et celles qui sont ou seraient ultérieurement établies par la législation spéciale de l'Algérie.

Art. 62. — Dans toutes les causes civiles ou commerciales, excepté celles où il y aurait péril en la demeure, le commissaire civil peut, si le défendeur est domicilié dans l'étendue de son district, interdire aux gardes coloniaux de donner aucune citation en justice sans qu'au préalable il ait appelé, sans frais, les parties devant lui.

Art. 63. — La copie de toute citation destinée à une partie domiciliée ou en résidence dans le ressort d'un commissariat civil, peut être laissée, lorsqu'il ne se trouve personne au domicile de cette partie, au secrétaire du commissariat, lequel vise l'original sans frais et fait les diligences nécessaires pour faire parvenir la copie à sa destination.

Art. 64. — Le commissaire civil peut toujours exiger que les parties comparaissent en personne, si elles n'en sont pas empêchées. — Les parties ne sont jamais admises à se faire représenter devant lui par un officier ministériel ou par un garde colonial.

Art. 65. — En aucun cas le commissaire civil ne peut ordonner l'affiche de ses jugements.

Art. 66. — L'exécution provisoire des jugements du commissaire civil peut être ordonnée, nonobstant appel et sans caution, lorsqu'il y a titre authentique, promesse reconnue ou condamnation précédente dont il n'y a pas eu appel. — L'exécution provisoire peut être également ordonnée, soit lorsqu'il s'agit de pension alimentaire, soit lorsque le montant de la condamnation n'excède pas la somme de 500 fr., soit enfin lorsqu'il est exprimé, dans le jugement, qu'il y a péril en la demeure. — Dans tous les autres cas, cette exécution ne peut être ordonnée que moyennant caution, laquelle est reçue par le commissaire civil, sans formalités ni jugement, après vérification de la solvabilité contradictoirement avec la partie condamnée ou elle dûment appelée. La caution admise par le juge fait sa soumission au greffe du commissariat.

Art. 67. — L'appel des sentences du commissaire civil, en matière civile et de commerce, n'est recevable ni avant les trois jours qui suivent celui de la prononciation du jugement, à moins qu'il n'y ait lieu à exécution provisoire, ni après les trente jours qui suivent la signification dudit jugement, outre le délai, à raison des distances, pour les parties domiciliées hors du district du commissariat. — Les jugements par lesquels le commissaire civil ordonne un interlocutoire, ou se déclare compétent sur déclinatoire proposé, ne peuvent être attaqués par appel qu'après le jugement définitif ; le tout sans préjudice de la disposition de l'art. 15, § 1, c. pr. civ.

Art. 68. — Les minutes de tous jugements du commissaire civil sont portées sur la feuille d'audience et signées dans le plus bref délai, par le juge et le greffier. — Les jugements doivent toujours être motivés et contenir la mention des qualités des parties, de leurs conclusions et des points de fait et de droit.

Art. 69. — Si le jugement ordonne une opération par les gens de l'art, les experts sont appelés par le secrétaire du commissariat qui leur indique les lieux, jour et heure de l'expertise, le fait, les motifs et les dispositions du jugement relatif à l'expertise ordonnée. — Si le jugement ordonne une enquête, le commissaire civil décerne une cédule de citation qui est notifiée, sans frais, aux témoins par un garde colonial, lorsque ces témoins sont domiciliés ou trouvés dans le district du commissariat. — Il en est de même, en cas de convocation de parents ou amis domiciliés résidant dans le district et appelés à composer un conseil de famille.

Art. 70. — L'intervention dans une instance introduite devant un commissaire civil, est formée par requête de l'intervenant, signée de lui ou de son fondé de procuration spéciale et adressée au juge qui commet, s'il y a lieu, le garde colonial faisant fonctions d'huissier, pour notifier ladite requête et les pièces à l'appui aux parties en cause ou à leurs représentants. — L'intervention ne peut retarder le jugement de la cause principale, quand elle est en état.

Art. 71. — Une partie peut former tierce opposition à un jugement du commissaire civil qui préjudicie à ses droits, et lors duquel ni elle, ni ceux qu'elle représente n'ont été appelés. — Si la tierce opposition est formée, incidemment à une contestation dont le commissaire civil est saisi, contre un jugement émané d'un autre tribunal et produit dans la cause, ce magistrat ne peut en connaître, quelle que soit la juridiction qui ait rendu ce jugement ; en ce cas, il peut, suivant les circonstances, passer outre ou surseoir pendant le délai jugé par lui nécessaire pour faire statuer par le tribunal compétent sur la tierce opposition déclarée.

Art. 72. — Les commissaires civils peuvent être récusés, en matière civile et de commerce, dans les mêmes cas que les juges de paix. — La partie qui veut récuser un commissaire civil est tenue de former la récusation et d'en exposer les motifs par un acte dont elle remet copie certifiée par elle au secrétaire du commissariat qui vise l'original. La copie ainsi remise est déposée au secrétariat et communiquée immédiatement au commissaire civil par le secrétaire. — Il est procédé, au surplus conformément aux art. 46 et 47 c. pr. civ.

Art. 73. — La prise à partie est admise contre

les commissaires civils, dans tous les cas où elle est admise à l'égard des juges de paix. — Le réquisitions autorisées par l'art. 507 c. pr. civ., à l'effet de constater, le cas échéant, un déni de justice de la part du commissaire civil, sont faites à ce magistrat, en la personne du greffier du commissariat, de trois jours en trois jours au moins. Tout huissier compétent pour exercer dans le ressort du commissariat, tout garde colonial est tenu de faire ces réquisitions, lorsqu'il en est requis. — Sont au surplus, exécutées, pour la forme de procéder et le jugement, en matière de prise à partie contre les commissaires civils, les dispositions du tit. 5, liv. 4 c. pr. civ., applicable aux juges de paix.

Art. 74. — Si un différend est soumis à deux ou plusieurs commissaires civils ressortissant du même tribunal de première instance, le règlement de juges est porté à ce tribunal; si les commissaires civils simultanément saisis relèvent de tribunaux différents, le règlement de juges est porté devant la cour royale. — Dans les deux cas prévus par le présent article, le règlement de juges, est jugé conformément aux règles tracées par le tit. 19 c. pr. civ.

Art. 75. — Lorsque le commissaire civil est appelé à statuer provisoirement en référé, dans les cas prévus par les art. 56 et 57, il peut, si les parties ne comparaissent pas volontairement devant lui, permettre, sur la demande de l'une d'elles, d'assigner, soit à son audience, soit en sa demeure, à heure indiquée, même les jours de fête. Il décerne, à cet effet, cédule de citation, laquelle est notifiée, à la requête de la partie, par le garde colonial par lui commis. — Les ordonnances rendues sur référé par le commissaire civil sont exécutoires par provision, avec ou sans caution. L'exécution peut même en être ordonnée sur minute, en cas de nécessité. — L'appel n'en est recevable qu'autant qu'il a été interjeté dans la huitaine, à dater du jour de l'ordonnance, si elle est contradictoire, et de la signification si elle est par défaut, outre le délai à raison des distances.

Art. 76. — Dans le cas de l'article précédent, comme dans tous ceux où le commissaire civil est autorisé à ordonner ou permettre des mesures conservatoires, en des matières excédant sa compétence, les parties intéressées se pourvoient devant lui par simple requête signée d'elles ou de leurs fondés de pouvoirs spéciaux. — S'il s'agit d'une saisie à opérer, l'ordonnance qui l'autorise doit être mentionnée dans le procès-verbal.

Art. 77. — Dans le ressort d'un commissariat civil, les scellés ne peuvent être apposés que par le commissaire civil, et, en cas d'absence ou d'empêchement de celui-ci, par son secrétaire, même lorsqu'il s'agit d'effets mobiliers délaissés dans ledit ressort par un militaire décédé en activité de service et lorsque ces effets sont placés hors des camps, caserne, hôpitaux et établissements militaires. — Pour l'apposition des scellés, les commissaires civils doivent se servir d'un sceau particulier qui reste entre leurs mains et dont l'empreinte est déposée au greffe du tribunal de première instance du ressort.

Art. 78. — Si, lors de l'apposition ou de la levée des scellés, il s'est trouvé un testament ouvert ou cacheté, soit des papiers cachetés, le commissaire civil, après en avoir constaté l'état conformément aux art. 916 et 919 c. pr., les transmet par la voie la plus prompte et la plus sûre, sous enveloppe scellée de son seing, et contre-signée par lui et paraphée par le greffier et les parties présentes, au président du tribunal de première instance du ressort, sous le couvert du procureur du roi; il prévient les parties intéressées du jour de cet envoi. Dans ce cas, le président

fait connaître auxdites parties, les jour et heure auxquels il procédera, en leur présence, à l'ouverture desdits testaments ou papiers.

Art. 79. — Lorsqu'il y a lieu, dans les cas prévus par les art. 928 et 942 c. pr. civ., d'appeler un notaire pour représenter, à la levée des scellés ou à l'inventaire, des intéressés domiciliés hors de la distance de 5 myriam., le commissaire civil peut, soit désigner lui-même ce notaire, s'il en existe dans l'étendue de son district, ou dans la distance de moins de 5 myriam., soit ordonner qu'il soit passé outre, même en l'absence de cet officier public. — A défaut de notaire, l'inventaire est dressé, conformément aux règles tracées par les art. 942 et 943 c. pr. civ., par le greffier du commissariat, en présence du commissaire civil qui, s'il n'y a pas de commissaire-priseur sur les lieux, peut commettre une personne de son choix pour faire la prisée des effets à inventorier. Dans ce cas, l'inventaire est signé par le commissaire civil, le greffier, l'agent commis pour faire la prisée et les intéressés présents (1).

Art. 80. — Le commissaire civil et son greffier observent, d'ailleurs, en ce qui concerne les appositions et levées de scellés et les inventaires, les règles et les formalités prescrites par le code de procédure civile, sauf les exceptions exprimées ci-dessus et celles qui sont ou seraient établies par la législation spéciale de l'Algérie.

Art. 81. — La contrainte par corps prononcée par jugement d'un commissaire civil, ne peut être exercée, contre un débiteur domicilié ou trouvé dans le ressort d'un commissariat, que suivant les formes et les conditions prescrites par le tit. 15 du liv. 5 c. pr. modifié par les art. 7, 24, 25 et 51 de la loi du 17 avril 1832, soit qu'elle ait lieu par le ministère d'un huissier commis par le président du tribunal de première instance, dans les cas où ce ministère est autorisé, aux termes de l'art. 53, soit qu'elle ait lieu par le ministère du garde colonial faisant fonctions d'huissier commis à cet effet, par le commissaire civil du lieu de l'exécution.

Toutefois, le commissaire civil peut, sur la requête à lui adressée par le créancier, dispenser celui-ci de la signification préalable au débiteur du jugement prononçant la contrainte par corps et du commandement de payer exigé par l'art. 780 c. pr., et autoriser par ordonnance spéciale l'exercice immédiat de la contrainte, si ledit jugement a été rendu contradictoirement et s'il y a eu juste sujet de craindre que le débiteur ne cherche à se soustraire aux poursuites. — Dans ce cas, le procès-verbal d'arrestation doit contenir la copie entière de ladite ordonnance, dont il est gardé minute au greffe du commissariat.

Art. 82. — Tout débiteur contraint par corps, dans le ressort d'un commissariat civil, en exécution d'un jugement émané, soit de ce commissariat, soit de toute autre juridiction, doit être sur-le-champ conduit devant le commissaire civil du lieu, qui peut ordonner l'élargissement dudit débiteur, si celui-ci consigne entre les mains du greffier du commissariat, le montant de sa dette, en principal, intérêts et frais, ou s'il justifie par titres non contestés de son entière libération.

En tous autres cas, le commissaire civil ordonne qu'il soit passé outre, mais à la charge par le créancier de consigner aux mains du secrétaire du commissariat, la somme que ledit commissaire civil juge nécessaire pour la nourriture du débiteur, à dater du jour de son arrestation, jusqu'au moment de son arrivée dans la prison pour dettes, établie dans la ville où siège le tribunal de première in-

---

(1) V. *Notaires*, Arrêté du 30 déc. 1842, art. 57. — Note de jurisprudence.

stance et pour les frais de transfèrement s'il y a lieu. A défaut de cette consignation dans le délai par lui fixé, le commissaire civil peut rendre ordonnance d'élargissement du débiteur, laquelle est sujette à l'appel devant le tribunal de première instance, mais exécutoire par provision.

Art. 83. — Le débiteur arrêté dans le ressort d'un commissariat est provisoirement déposé, par ordre du commissaire civil, dans la geôle du lieu, où il est nourri aux frais du créancier. Il est ensuite transféré par la plus prochaine correspondance et par ordre du même magistrat, dans la prison pour dettes établie dans la ville où siége le tribunal de première instance du lieu de l'exécution. — Les dépenses à prélever sur la somme consignée en conformité de l'article précédent, sont réglées par le commissaire civil, et l'excédant, s'il y en a, est remis, lors de la translation du débiteur, au créancier ou au fondé de pouvoirs spéciaux. — Le créancier est tenu, au moment de l'écrou du débiteur, dans la prison pour dettes du chef-lieu, de renouveler la consignation d'aliments en exécution de l'art. 791 c. pr. civ.

Art. 84. — Si, lors de son arrivée dans le lieu où siége le tribunal de première instance, le débiteur requiert qu'il en soit référé, il est procédé conformément aux art. 786 et suiv. c. pr.

Art 85. — Sont, au surplus, observées pour l'exécution des jugements des commissaires civils, en matière civile et de commerce, les dispositions du code de procédure civile de France, relatives à l'exécution forcée des actes et jugements; le tout sauf les modifications exprimées au présent arrêté, et celles qui sont ou seraient ultérieurement introduites par la législation spéciale de l'Algérie.

§ 2. — *Procédure en matière de police et d'instruction criminelle.*

Art. 86. — Sont applicables aux commissaires civils, sauf les exceptions ci-après et celles qui sont énoncées au chap. 2 du tit. 3, les formes de procéder, en matière de simple police, réglées par les sect. 2 et 3 du chap. 1 du tit. 1 du liv. 2 c. inst. crim.

Art. 87. — Les citations pour contraventions de simple police, sont faites par les gardes coloniaux, et, à leur défaut par les gendarmes, à la requête et sur l'ordre du commissaire civil, si la poursuite a lieu d'office, et si la poursuite est intentée par une partie civile préalablement autorisée à cet effet par le [...], à la requête de cette partie. — La disposition de l'art. 63 est applicable à toutes citations et notifications en matière de simple police.

Art. 88. — Dans tous les cas où le code d'instruction criminelle exige, en matière de simple police, l'intervention et les réquisitions du ministère public, le commissaire civil agit et prononce d'office.

Art. 89. — L'opposition aux jugements par défaut, rendus en matière de simple police, peut être faite par déclaration en réponse au bas de l'acte de signification dudit jugement, ou par requête adressée, dans les trois jours de ladite signification outre le délai à raison des distances, au commissaire civil qui a rendu le jugement. — Cette requête doit être notifiée dans le même délai aux parties en cause, s'il y en a. — L'opposition, ainsi formée, emporte, de plein droit, citation à la première audience, après l'expiration des délais; elle est réputée non avenue, si l'opposant ne comparaît pas. Dans le même cas, la partie condamnée n'est plus recevable à s'opposer à l'exécution du jugement, sauf néanmoins ce qui est réglé ci-après en qui concerne l'appel.

Art. 90. — L'appel contre les jugements de simple police doit être, sous peine de déchéance,

déclaré par les parties au greffe du commissariat, dans les dix jours au plus tard, à partir de celui où le jugement a été prononcé contradictoirement, et, si le jugement est, par défaut, dans les dix jours au plus tard, après celui de la signification, outre le délai à raison des distances.

Art. 91. — Le procureur du roi près le tribunal de première instance du ressort, peut appeler des jugements de simple police, rendus par les commissaires civils, dans tous les cas où l'appel en est autorisé. Son recours doit être, sous peine de déchéance, notifié, soit à l'inculpé, soit à la personne civilement responsable, dans les deux mois au plus tard à partir du jour de la prononciation du jugement.

Art. 92. — En cas d'appel, les pièces sont adressées avec l'expédition des jugements et de la déclaration d'appel, s'il y a lieu, par le commissaire civil au procureur du roi du ressort, qui fait citer les parties devant le tribunal correctionnel compétent.

Art. 93. — Au commencement de chaque mois, le commissaire civil transmet au procureur impérial l'extrait de tous jugements de simple police qu'il a rendus pendant le mois précédent. Cet extrait doit contenir les motifs et le dispositif de chaque jugement.

Art. 94. — L'exécution des jugements de simple police, devenus définitifs, est poursuivie, à la requête et sur l'ordre du commissaire civil, en ce qui concerne les condamnations prononcées à leur profit. — Dans les qualités des jugements rendus sur poursuites dirigées d'office par le commissaire civil, il n'est fait mention que des noms, prénoms, profession, âge et domicile des inculpés et des personnes civilement responsables, sans indication d'une partie poursuivante.

Art. 95. — Lorsqu'il agit en qualité d'officier de police judiciaire, le commissaire civil se conforme aux règles tracées par le code d'instruction criminelle pour les actes formalisés par le procureur impérial et les juges d'instruction.

TIT. 4. — *Dispositions générales.*

Art. 96. — Dans les parties du territoire soumis à la juridiction des tribunaux de première instance et de paix, où il n'existe pas de commissariat civil, le gouverneur général institue des maires et adjoints qui sont chargés des fonctions d'officier de l'état civil, dans l'étendue de la circonscription territoriale assignée à chacun d'eux, et qui peuvent, en outre, être chargés, par délégation du directeur ou des sous-directeurs de l'intérieur, de tout ou partie des attributions administratives et de police judiciaire conférées aux commissaires civils par le présent arrêté. — Ces maires et adjoints sont placés sous l'autorité du directeur et du sous-directeur de l'intérieur, en tout ce qui concerne leurs attributions administratives, et sous l'autorité du procureur impérial et de ses substituts, pour ce qui a rapport à leurs fonctions d'officiers de l'état civil et de police judiciaire. — Il peut leur être alloué des indemnités annuelles réglées par le ministre de la guerre.

Art. 97. — Il n'est rien changé par le présent arrêté aux attributions actuelles du maire de la ville d'Alger.

Art. 98. — Lorsqu'une justice de paix est établie dans le ressort d'un commissariat, les attributions judiciaires conférées par le présent arrêté aux commissaires civils sont exclusivement exercées par le juge de paix et ses suppléants. — Néanmoins, le commissaire civil, ou tout autre fonctionnaire administratif qui en tient lieu, peut toujours agir, à défaut du juge de paix et de ses suppléants, en qualité d'officier de police judiciaire.

Art. 99. — Les justiciables, établis dans les parties du territoire situées hors des limites et de la juridiction des tribunaux de première instance et des commissariats civils, peuvent convenir que leurs différends en matière civile et commerciale, de quelque nature qu'ils soient, seront portés devant le tribunal de première instance, de commerce ou de paix, ou devant le commissaire civil le plus voisin de leur résidence.

Art. 100. — Les cadis institués en conformité de l'art. 51 de l'ord. roy. du 26 sept. 1842, dans le ressort des commissariats, sont placés sous la surveillance immédiate du commissaire civil du lieu.

Art. 101. — L'arr. min. du 1er fév. 1840 est abrogé.

Art. 102. — Le présent arrêté sera exécutoire à partir du 1er janv. 1843.

Maréchal duc de DALMATIE.

OR.— 15 av. 1845.—(V. Admin. gén., § 1.) — Art. 97-98. — Attributions générales.

DP.— 14 mai 1850. — (V. Justice de paix, § 2.) — Compétence des commissaires civils en matière de délits forestiers.

§ 2. — INSTITUTION DE COMMISSARIATS (1).

AM.— 17 fév.-14 mars 1840.— B. 74.—Institution de commissariats civils à Kouba, Doue-ra, Bouffarik, et au Hamis.

AM.—8-26 mai 1841.—B. 97.—Idem à Blidah, Cherchell, Bougie, Mostaganem et Philippeville.

AM.— 23 nov.-13 déc. 1842.—B. 135.— Idem à Constantine.

AM.— 21-51 déc. 1842.—B. 157.— Suppression des commissariats de Kouba, du Hamis, de Philippeville et de Bougie.— Nouveaux commissariats institués à la Calle et à Koléah. — Circonsc.

OR.— 2 août 1845.— (V. Admin. gén.) — Suppression du commissariat de Blidah érigé en sous-direction.

OR.— 1er sept. 1817.—·(V. Admin. gén.)—Suppression du commissariat de Constantine érigé en direction des affaires civiles.

OR.— 14 janv.-28 mars 1848.— B. 270.— Institution d'un commissariat à Tenès.

APE.— 27 juill.-2 sept. 1848. — B. 283.— Rétablissement d'un commissariat à Bougie.

DP.— 27 juill. 1849.— (V. Admin. gén.)—Suppression du commissariat de Mostaganem érigé en chef-lieu de sous-préfecture.

DP.— 4-18 nov. 1850.-B. 365.— Institution du commissariat de Médéah, Mascara, Milianah, Arzew et Guelma.

DP.— 21 nov. 1851.— (V. Commune.) — Suppression des commissariats de Douera, Koléah et Bouffarik érigés en communes.

DP.— 21 nov. 1851.— B. 597.— Institution de commissariats à Tlemcen, Sétif et Orléansville.

DI.— 15 janv.-1er mars 1855.—B. 475. — Institution de commissariats à Marengo et Saint-Denis du Sig.

DI.—31 déc. 1856-9 fév. 1857.— B. 504.—Suppression des commissariats de Médéah, Arzew et Bougie, érigés en communes. — Institution à Dellys, Sidi bel Abbès et Jemmapes (V. Commune, § 3, le rapport ministériel à l'appui de ce décret).

DI.— 13 oct.-3 déc. 1858. — (V. Admin. gén., § 4.) — Suppression des commissariats de Médéah, Milianah, Mascara, Tlemcen, Guelma et Sétif érigés en chefs-lieux de sous-préfecture. — Institution à Aumale, Nemours, Batna, Djidjelly, Souk Arras de cinq nouveaux commissariats (V. le rapport ministériel à l'appui de ce décret).

DI. — 11 janv. 1860. — BM. 56. — Institution d'un commissariat à Aïn Temouchen (Départ. d'Oran.

Commissaires-priseurs.

DIVISION.

§ 1. — Législation spéciale.
§ 2. — Création d'offices.

§ 1. — LÉGISLATION SPÉCIALE.

Quatre arrêtés avaient été rendus avant celui du 1er juin 1841 sur les attributions des commissaires-priseurs et la fixation de leurs droits; ils sont aujourd'hui abrogés et sans intérêt.

AM.—1er-23 juin 1841.—B. 98.—Règlement général sur les fonctions de commissaire-priseur.

Art. 1.—Les commissaires-priseurs institués en Algérie procèdent exclusivement (2), dans le lieu de leur résidence (3) et dans un rayon de 4 kilom., à la vente aux enchères publiques de tous les biens, meubles et marchandises neuves (4) ou d'occasion, à l'exception des droits mobiliers incorporels, dont la vente s'effectuera par le ministère des notaires. — Pourront néanmoins les huissiers procéder, concurremment et par continuation de poursuites, à la vente des fruits et objets mobiliers saisis.

Art. 2. — Les ventes seront faites au comptant. Le commissaire-priseur sera responsable de la réalisation immédiate des prix, à moins qu'il n'y ait terme accordé ou consenti par les propriétaires des objets vendus.

Art. 5. — Les préposés de l'administration continueront à vendre publiquement aux enchères les meubles et effets mobiliers appartenant à l'État, d'après les lois et ordonnances en vigueur. Il sera toutefois loisible à l'administration de confier ces ventes aux commissaires-priseurs. — Ces derniers procéderont seuls aux ventes faites pour le compte de l'État lorsqu'elles intéresseront des tiers.

Art. 4. — Il est interdit à tous particuliers et à tous autres officiers publics de s'immiscer dans les prisées et ventes attribuées aux commissaires-priseurs, à peine d'une amende qui ne pourra excé-

---

(1) Pour toutes les dispositions qui concernent le ressort civil et judiciaire des commissaires civils, V. Circonscriptions.

(2) Modifié par l'arrêté du 6 mai 1844 sur les courtiers qui admet et règle la concurrence de ces officiers ministériels.

(3) Jurisprudence. — Par lieu de résidence, il faut entendre la ville et non la commune où le commissaire-priseur réside; et le rayon de 4 kilom. doit se compter à partir de la ville ou des limites de la commune (fleur. taux C. comm.-pris.). — Trib. d'Alger, 21 avr. 1849. C'est à partir non du point central de la ville où ré-

side le commissaire-priseur, mais de l'enceinte de cette ville que doit être calculé le rayon de 4 kilom, où il a un droit exclusif d'exercice. — Dans tout le reste de l'arrondissement, il exerce ce droit concurremment avec les autres officiers ministériels (comm.-pris. C. Heurtaux).— Cour d'Alger, 21 juill. 1852.

(4) Jurisprudence.—Les art. 7 et 27 de l'arrêté du 6 mai 1844 sur les courtiers ont enlevé aux commissaires-priseurs le droit de vendre les marchandises neuves, et la promulgation en Algérie de la loi du 23 juin 1841 n'a rien changé à cette compétence d'attributions. — Cour d'Alger, 7 oct. 1851.

der la moitié du prix des objets prisés ou vendus, sans préjudice de tels dommages-intérêts qu'il appartiendra.

Art. 5. — Les commissaires-priseurs pourront recevoir toutes déclarations concernant les ventes, recevoir et visiter toutes les oppositions qui y seront formées, introduire devant les autorités compétentes tous référés auxquels leurs opérations donneraient lieu, et à cet effet, ajourner, par le procès-verbal, les parties intéressées devant lesdites autorités.

Art. 6. — Toute opposition, toute saisie-arrêt formée entre les mains des commissaires-priseurs, toute signification de jugements qui en prononcent la validité, seront sans effet, à moins que l'original desdites opposition, saisie-arrêt ou signification de jugement n'ait été visé par le commissaire-priseur ; en cas d'absence ou de refus, il en sera dressé procès-verbal par l'huissier, qui sera tenu de le faire viser par le maire ou le fonctionnaire qui en tiendra lieu.

Art. 7. — Les commissaires-priseurs auront la police dans les ventes ; ils pourront faire toutes réquisitions aux dépositaires de la force publique, pour y maintenir l'ordre, et dresser tous procès-verbaux de rébellion. Ils seront tenus de porter, dans l'exercice de leurs fonctions, l'habit noir complet, la ceinture noire et le chapeau à la française.

Art. 8. — Le ministre de la guerre détermine le nombre et la résidence des commissaires-priseurs, qui sont nommés et révocables par lui. — Les titulaires actuels devront se pourvoir d'une commission confirmative, qui leur sera délivrée, s'il y a lieu.

Art. 9. — Nul ne sera admis aux fonctions de commissaire-priseur : 1° S'il n'est Français ou domicilié en Afrique depuis plus de cinq ans ; — 2° S'il n'a satisfait aux lois sur le recrutement de l'armée ; — 3° S'il n'est âgé de 25 ans accomplis ; — 4° S'il ne justifie de sa moralité.

Art. 10. — Tout traité direct ou indirect pour la cession, transmission ou exploitation en commun de titre ou clientèle de commissaire-priseur est interdit, à peine de destitution. La destitution sera prononcée même contre le successeur régulièrement nommé, à quelque époque que soit constatée l'existence d'accords ou de conventions quelconques avec le précédent titulaire.

Art. 11. — Il est interdit aux commissaires-priseurs, à peine de destitution : 1° de se rendre adjudicataires, directement ou indirectement, d'objets qu'ils sont chargés de priser ou de vendre ; — 2° d'exercer par eux-mêmes, par personnes interposées ou prête-noms, la profession de marchands de meubles, de marchands fripiers ou tapissiers, et même d'être associés à aucun commerce de cette nature ; — 3° de vendre de gré à gré et autrement qu'aux enchères publiques ; — 4° de comprendre dans les ventes des meubles, objets mobiliers ou marchandises non appartenant aux personnes dénommées dans les déclarations prescrites par l'art. 13.

Art. 12. Les commissaires-priseurs tiendront un répertoire sur lequel ils inscriront leurs opérations jour par jour, et qui sera préalablement visé au commencement, côté et parafé à chaque page par le juge du tribunal civil ou le juge de paix de leur résidence.

Ce répertoire, qui énoncera les noms des propriétaires, la nature des objets vendus, la date et le montant de la vente, et la quotité des droits d'enregistrement perçus, sera arrêté, tous les trois mois, par le receveur de l'enregistrement : une expédition en sera déposée chaque année, avant le 1er mars, au greffe du tribunal.

Art. 13. — Aucun commissaire-priseur ne pourra procéder à une vente avant d'en avoir préalablement fait la déclaration au bureau d'enregistrement dans l'arrondissement duquel la vente aura lieu. — Cette déclaration sera inscrite, à sa date, sur un registre spécial, et signée du commissaire-priseur ; elle contiendra les noms, qualité et domicile de l'officier public, du requérant et de la personne dont les meubles ou effets mobiliers seront mis en vente, avec l'indication de l'endroit où la vente se fera et du jour de son ouverture.

Art. 14. — Les commissaires-priseurs transcriront en tête de leurs procès-verbaux de vente les copies de leurs déclarations. Chaque objet adjugé sera porté du suite au procès-verbal ; le prix y sera inscrit en toutes lettres, et tiré hors ligne en chiffres. — Chaque séance sera close et signée par l'officier public et deux témoins domiciliés. — Lorsqu'une vente aura lieu par suite d'inventaire, il en sera fait mention au procès-verbal, avec indication de la date de l'inventaire et du nom du notaire qui y aura procédé.

Art. 15 — Toute contravention aux dispositions contenues dans les art. 12, 13 et 14 sera punie d'une amende de 50 fr., sans préjudice des dommages-intérêts dus aux parties, s'il y a lieu. — Les amendes seront recouvrées comme en matière d'enregistrement. — A défaut de constatation par procès-verbaux des contraventions aux dispositions du présent arrêté, la preuve par témoins sera toujours admissible.

Art. 16. — Les commissaires-priseurs se conformeront aux lois, ordonnances, arrêtés et règlements sur la vente de certaines marchandises, telles que armes, substances réputées dangereuses, matières d'or et d'argent, matériel d'imprimerie, voitures de place et autres à l'égard desquelles des précautions ou formalités particulières sont prescrites.

Art. 17. — Les préposés de la régie de l'enregistrement sont autorisés à se transporter dans tous les lieux où se feront des ventes publiques et par enchères, et à s'y faire représenter les procès-verbaux de vente et les copies des déclarations préalables. Ils constateront en la forme ordinaire les contraventions qu'ils auront reconnues.

Art. 18. — Les procès-verbaux des commissaires-priseurs seront exécutoires en vertu d'une simple ordonnance d'*exequatur* rendue par eux.

Art. 19. — Les procès-verbaux de prisée et de vente de meubles seront enregistrés, pour chaque vacation, dans les dix jours de sa date.

Art. 20. — Tout commissaire-priseur sera tenu de déclarer au pied de la minute de son procès-verbal, en le présentant à l'enregistrement, et de certifier par sa signature qu'il a ou n'a pas connaissance d'oppositions aux scellés ou autres opérations qui ont précédé ladite vente.

Art. 21. — Dans la huitaine de la consommation des ventes, les commissaires-priseurs devront rendre leurs comptes aux ayants droit ; ils recevront quittance et décharge en la forme prescrite par l'avis du conseil d'État, du 21 oct. 1809. — S'il existe des oppositions, comme aussi en cas de contestations entre les intéressés et lorsque les ventes ont été ordonnées par justice, ils effectueront le dépôt du reliquat à la caisse des dépôts et consignations.

Art. 22. — Après le dixième jour à partir de la dernière séance du procès-verbal de vente, les commissaires-priseurs seront débiteurs envers qui de droit, et au taux légal, de l'intérêt des sommes demeurées entre leurs mains.

Art. 23. — En cas de retard dans le compte à rendre aux parties ou dans le dépôt à effectuer, le procureur général, sur la demande de tout intéressé et même d'office, fera au commissaire-priseur toutes réquisitions nécessaires et provoquera, s'il y a lieu, la suspension ou la révocation.

Art. 24. — Le directeur des finances, sur l'avis du procureur général, décernera contrainte contre le commissaire-priseur pour le versement, dans la caisse publique, du reliquat des ventes dont il n'aura pas été compté avec les parties. L'exécution des contraintes aura lieu comme en matière d'enregistrement.

Art. 25. — Les commissaires-priseurs sont assujettis à un cautionnement en numéraire fixé, pour Alger, à 2,000 fr., et pour toutes les autres résidences à 1,000 fr.—Ce cautionnement sera affecté par privilège à l'acquittement des condamnations prononcées ou des contraintes décernées contre les titulaires, à raison de leurs fonctions.

Art. 26.— Avant d'entrer en exercice, et après avoir justifié du versement de leur cautionnement et s'être pourvus de patente, les commissaires-priseurs prêtent devant le tribunal civil le serment suivant : — « Je jure obéissance à la constitution et fidélité à l'empereur (S. C. du 23 déc. 1852, art. 16), je jure aussi obéissance aux lois, ordonnances, arrêtés et règlements en vigueur dans l'Algérie, et de remplir les devoirs de ma profession avec exactitude et probité. »

Art. 27.— Tout commissaire-priseur qui se sera absenté de sa résidence pendant plus de vingt jours, sans un congé régulièrement obtenu, sera considéré comme démissionnaire et remplacé.

Art. 28. — Il est alloué aux commissaires-priseurs (1) :—1° Pour droit de prisée et par chaque vacation de trois heures, 6 fr.; — 2° Pour assistance aux référés, 5 fr.;— 3° Pour tous droits de vente, non compris les déboursés faits pour y parvenir et pour en acquitter les droits, 7 fr. 50 c. p. 100, quel que soit le produit de la vente (2);— 4° Pour consignation à la caisse, quand il y aura lieu, 5 fr.; — 5° Pour seconde expédition ou extrait de procès-verbaux de vente, pour chaque rôle de trente lignes à la page, 1 fr. 50 c.

Art. 29.— Lorsque la taxe des vacations, droits et remises alloués aux commissaires-priseurs sera requise, elle sera faite par le juge civil du tribunal de première instance, ou par le juge de paix du district.

Art. 30.— Toutes perceptions directes ou indirectes autres que celles autorisées, à quelque titre et sous quelque dénomination que ce soit, sont formellement interdites. — L'infraction à cette disposition sera punie de destitution, sans préjudice de l'action en répétition de la partie lésée, et des peines prononcées par la loi contre la concussion.

Art. 31.—Il est également interdit aux commissaires-priseurs de faire aucun abonnement ou modification, à raison des droits ci-dessus fixés, si ce n'est avec l'État ou les établissements publics. Toute contravention sera punie d'une suspension de trois à six mois; en cas de récidive, la destitution sera prononcée.

Art. 32. — Il y aura entre les commissaires-priseurs d'une même résidence, une bourse commune dans laquelle entrera la moitié des droits proportionnels qui leur sont alloués sur chaque vente.— Toute convention entre les commissaires-priseurs, qui aurait pour objet de réduire ou modifier directement ou indirectement le taux ci-dessus fixé, est nulle de plein droit, et les officiers ministériels qui y auront concouru seront passibles des peines prononcées par l'art. 31 ci-dessus.

Art. 33.—Les fonds de la bourse commune sont

affectés, comme garantie spéciale, au payement des deniers produits par les ventes, ils seront saisissables.

Art. 34.— La répartition des fonds de la bourse commune sera faite tous les mois, par portions égales, entre les commissaires-priseurs.

Art. 35. — Les commissaires-priseurs sont placés sous la surveillance du procureur général, qui leur adresse, au besoin. les avertissements qu'il juge nécessaire. Quand il y a lieu à suspension ou révocation, il est statué par le ministre, sur le rapport du procureur général, qui provoque et transmet les explications de l'inculpé.

Art. 36.— Les commissaires-priseurs se conformeront aux dispositions des lois générales ou spéciales sur les patentes, les cautionnements, l'enregistrement, la tenue des répertoires et leurs vérifications, en tout ce qui n'a pas été prévu par le présent arrêté.

Art. 37.— Tout commissaire-priseur qui cessera ses fonctions sera tenu de remettre ses minutes à son successeur, et, s'il n'en est pas nommé, à l'officier public désigné par le tribunal.

Art. 38.—Tous arrêtés et règlements antérieurs, relatifs aux commissaires-priseurs, sont abrogés.

Maréchal duc de DALMATIE.

AM.—25 août-7 sept. 1842.—B. 125.—*Modification au tarif des droits de vente.*

Art. 1. — Sont exceptées des dispositions du tarif établi par l'art. 28 de l'arr. du 1er juin 1841 : — 1° Les ventes aux enchères, de navires, agrès ou apparaux, et de marchandises ou effets quelconques, faites en vertu de jugements, décisions ou ordonnances de la juridiction consulaire dans les circonstances suivantes : après faillite, par suite de sauvetage, pour cause d'avarie, de délaissement, de liquidation forcée et de laissé pour compte;—2° Les ventes publiques volontaires faites par des commerçants, de navires, agrès ou apparaux, et de marchandises autres qu'effets mobiliers ou à usage.

Art. 2.—Dans les ventes énumérées en l'article qui précède, il sera alloué aux commissaires-priseurs :—3 p. 100 jusqu'à 5,000 fr. inclusivement ; —2 p. 100 de 5,000 fr. à 10,000 fr.;—1 1/2 p. 100 au-dessus de 10,000 fr.

Art. 3.—Moyennant l'allocation allouée ci-dessus, tous les frais quelconques de publicité, d'emmagasinage et de vente, sauf les droits d'enregistrement, resteront à la charge des commissaires-priseurs.

Art. 4.— Sont expressément maintenues, en ce qui n'y est point dérogé par le présent arrêté, les dispositions des arrêtés antérieurs sur la matière.

Maréchal duc de DALMATIE.

AM. — 18 nov.-11 déc. 1846. — B. 215.— *Institution d'offices dans les territoires mixtes.*

Art. 1. — Il sera institué des commissaires-priseurs dans les territoires mixtes, selon les besoins des localités et des populations.

Art. 2. — Seront applicables à ces officiers publics, sous les modifications suivantes, les dispositions des arr. des 1er juin 1841, 7 janv. et 25 août 1842.

Art. 3. — Nul ne sera admis aux fonctions de commissaire-priseur, s'il n'est Français ou naturalisé Français.

Art. 4. — Les juges civils, dans les localités où

(1) V. *infrà*, arrêté du 25 août 1842.—Exception pour certaines ventes.

(2) Modifié par arrêté minist. du 7 janv. 1842, ainsi conçu : « Art. 1. Les droits proportionnels alloués aux commissaires-priseurs par l'art. 28, § 3, de l'arrêté du

1er juin 1841 à raison des ventes auxquelles ils sont appelés à procéder, seront acquittés par l'acheteur. Cette obligation sera mentionnée dans les affiches indicatives de la vente. » Maréchal duc de DALMATIE.

il en sera établi, et, à leur défaut, les commandants de place, rempliront, à l'égard des commissaires-priseurs des territoires mixtes, les attributions qui sont dévolues au procureur du roi, aux tribunaux de première instance et à leurs présidents, par l'arr. du 1er juin 1811.

Art. 5. — Ces commissaires-priseurs seront assujettis à un cautionnement de 1,000 fr. en numéraire.

Art. 6. — Ils prêteront serment devant la cour royale. Ils instrumenteront exclusivement dans les lieux de leur résidence et dans un rayon de 4 kil.

Art. 7. — Ils ne pourront s'absenter plus de cinq jours du lieu de leur résidence sans autorisation du juge, ou, à son défaut, du commandant de place, sous peine d'être, selon les circonstances, réputés démissionnaires. M. DE SAINT-YON.

§ 2. — CRÉATION D'OFFICES.

AM. — 4-29 juin 1841. — B. 99. — *Institution d'un commissaire-priseur à Oran, à Bône et à Philippeville.*

AM. — 15-27 août 1842. — B. 124. — *Institution d'un deuxième office à Philippeville.*

AM. — 1er-13 déc. 1842. — B. 153. — *Institution d'un quatrième office à Alger.*

AM. — 2 sept.-3 oct. 1846. — B. 235. — *Institution d'un office à Blidah.*

AM. — 16 nov.-31 déc. 1846. — B. 246. — *Institution d'un office à Constantine.*

Art 1. — Il est créé un office de commissaire-priseur à Constantine.

Art. 2. — Le ministère de cet officier public ne sera point obligatoire pour la population indigène de cette résidence. M. DE SAINT-YON.

AM. — 19 nov.-11 déc. 1846. — B. 245. — *Institution d'un office à Tènes.*

DI. — 14-27 avril 1859. B. M. 21. — *Institution d'un deuxième office à Constantine.*

Commune.

Ce n'est qu'en 1847 que l'organisation municipale a été sérieusement et utilement décrétée en Algérie. A cette époque furent établis dans chaque province des directions et conseils de direction. Cette institution devait, peu de temps après, se convertir en préfectures et conseils de préfecture, et ses attributions, soumises seulement aux modifications résultant nécessairement de la législation spéciale du pays, introduisirent dans l'administration générale de l'Algérie les principes de l'administration métropolitaine. En même temps des conseils municipaux furent établis, un budget communal institué, et le maire rentra dans l'exercice réel et complet de ses fonctions.

Jusque-là il y avait eu, il est vrai, des maires, des conseils municipaux, des communes, mais il était interdit aux maires d'exercer aucune autre attribution que celle d'officier de l'état civil. Les conseils municipaux, privés d'action et d'initiative, s'étaient éteints depuis bien des années faute de budget à administrer et de renouvellement à l'expiration de leurs pouvoirs; les communes, simples circonscriptions administratives, n'avaient aucune existence civile. On conçoit d'ailleurs que dans l'état précaire où l'Algérie s'était longtemps trouvée, il était difficile qu'il en fût autrement.

Peu de jours après la prise d'Alger, le maréchal de Bourmont avait institué, sous le nom de conseil municipal, une commission composée de Maures et d'israélites présidée par le Maure Ahmed Bouderbah, dont les attributions précises ne se trouvent définies dans aucun arrêté, mais dont la mission consistait à pourvoir aux premiers besoins les plus urgents. Le produit des octrois et de la vente du sel lui fut remis pour faire face aux dépenses à la charge de la ville (V. *Admin. gén*, S 1). Un arrêté du 9 janv. 1831 composa ce conseil municipal indigène de 7 musulmans et de 2 israélites.

Cette première organisation née des embarras du moment, n'était que provisoire. La ville cessa bientôt d'avoir des revenus qui lui fussent propres, et il fut pourvu à toutes ses dépenses sur les fonds du budget de l'État. Un commissaire du roi dont les seules fonctions étaient celles d'officier de l'état civil fut institué près la municipalité, et le conseil municipal indigène n'eut plus à s'occuper d'aucune administration.

En septembre 1834 (V. *eodem*), un premier essai d'administration municipale plus régulière fut tenté; des conseillers municipaux furent créés dans les villes d'Alger, Bône et Oran, des revenus furent affectés aux dépenses des communes qui allaient être établies; mais l'autorité municipale restait attribuée tout entière à l'intendant civil, qui pouvait seulement en déléguer une partie aux maires chargés de l'état civil. Deux ans après, les recettes et dépenses furent de nouveau comprises dans le budget colonial; le droit de délégation aux maires de partie des fonctions municipales, dont il n'avait d'ailleurs été fait aucun usage, disparut dans l'arrêté du 2 août 1836, et l'organisation de 1834 se trouva implicitement, mais complètement abrogée.

Onze années s'écoulèrent, pendant lesquelles les nombreux changements opérés dans l'organisation de l'administration civile n'apportèrent aucune modification à cet état de choses.

Mais, en 1848, le régime communal commença à prendre un rapide développement. Par ordonn. du 31 janvier les six principales villes de l'Algérie furent constituées en communes de plein exercice. Un arrêté du général Cavaignac, chef du pouvoir exécutif, en date 16 août de la même année, déclarait même que tout le territoire civil de l'Algérie était érigé en communes. Cette déclaration de principe ne pouvait être mise à exécution sans que les circonscriptions et les ressources des nouvelles communes fussent déterminées et calculées de manière à assurer leur existence et leur prospérité. Aussi cette mesure ne fut-elle appliquée que plus tard et successivement, le 21 nov. 1851 à trois districts; le 26 av. 1854 à Constantine; le 17 juin 1854 à 9 autres villes; enfin, le 51 déc. 1856 à 28 communes. A cette époque, et sauf un très-petit nombre d'exceptions, tout le territoire civil de l'Algérie s'est trouvé divisé en 47 municipalités de plein exercice, comprenant dans leurs circonscription 166 localités où la population européenne dépasse le chiffre de 150,000 âmes. Quatre autres communes nouvelles ont été instituées par décrets des 5 sept. 1859 et 18 fév. 1860.

Les rapports remarquables qui précèdent ces divers décrets, font connaître les principes adoptés et suivis par le gouvernement pour cette organisation, la prudence apportée à ces créations et des détails intéressants concernant les diverses localités.

En ce qui concerne l'institution des corps municipaux, les principes posés dans l'ord. du 28 sept. 1847 avaient été abandonnés en 1848, et l'arrêté du général Cavaignac dont il a déjà été parlé avait ordonné que les conseils municipaux seraient nommés par voie d'élection. Mais dès l'année 1850, tous furent, à raison de leurs actes et de l'illégalité de leurs délibérations suspendus d'abord, dissous ensuite et remplacés par des commissions municipales. L'administration est alors revenue aux règles de l'ord. organique de 1847, et l'arr. du 16 août 1848 a été définitivement abrogé par un décr. du 8 juill. 1851.

Les documents législatifs intéressant l'organisation communale, se composent indépendamment de ceux réunis sous cet article, de ceux insérés au mot *Administration générale*, et aux divers articles cités aux SS 3 et 4.

DIVISION.

§ 1. — Administration municipale. — Constitution de la propriété communale.
§ 2. — Organisation transitoire abrogée. — Délimitation de communes. — Conseils électifs et commissions municipales.
§ 3. — Organisation actuelle. — Communes de plein exercice. — Corps municipaux.
§ 4. — Revenus communaux.

§ 1. — ADMINISTRATION MUNICIPALE. — CONSTITUTION DE LA PROPRIÉTÉ COMMUNALE.

OR. — 28 sept.-23 oct. 1847. — B. 265. — *Organisation municipale.*

De l'organisation municipale en Algérie.

Art. 1. — Les centres de population en Algérie pourront être érigés en communes par ordonnances royales, lorsqu'ils auront acquis le degré de développement nécessaire. Ces ordonnances seront rendues sur le rapport de notre ministre de la guerre, et sur la proposition du gouverneur général, le conseil supérieur d'administration entendu : elles détermineront la circonscription de la commune.

TIT. 1. — *Composition du corps municipal.*

Art. 2. — Le corps municipal de chaque commune se compose d'un maire, d'un ou de plusieurs adjoints et d'un conseil municipal. — Les fonctions des maires peuvent être rétribuées. Celles des adjoints et des autres membres du corps municipal sont gratuites.

CHAP. 1. — *Du maire et des adjoints.*

Art. 3. — Les maires et adjoints sont nommés par nous dans les communes de 3,000 hab. et au-dessus, ainsi que dans les chefs-lieux d'arrond. ou de tribunaux de première instance; dans les autres communes, ils sont nommés par le gouverneur général.

Art. 4. — Le nombre des adjoints sera déterminé par l'ordonnance qui érigera chaque commune.

Art. 5. — Les maires et adjoints peuvent être suspendus par arrêté du gouverneur général, mais ils ne peuvent être révoqués que par ordonnance royale.

Art. 6. — Les maires et les adjoints sont nommés pour trois ans: ils doivent être Français ou naturalisés Français et âgés de 25 ans accomplis.

Art. 7. — En cas d'absence ou d'empêchement,

le maire est remplacé par l'adjoint le premier dans l'ordre des nominations. — En cas d'absence ou d'empêchement du maire et des adjoints, le maire est remplacé par le conseiller municipal le premier dans l'ordre des nominations.

Art. 8. — Ne peuvent être maires ni adjoints : — 1° Les membres de la cour royale, des tribunaux de première instance et les juges de paix; — 2° Les directeurs des affaires civiles, les membres du conseil supérieur d'administration et des conseils de direction, les sous-directeurs des affaires civiles et les commissaires civils; — 3° Les ministres des cultes; — 4° Les militaires et employés des armées de terre et de mer, en activité de service ou en disponibilité; — 5° les ingénieurs des ponts et chaussées et des mines, en activité de service; — 6° les fonctionnaires et employés du service des bâtiments civils; — 7° les agents et employés des administrations financières et des forêts; — 8° Les fonctionnaires et employés des collèges communaux; — 9° Les instituteurs primaires; — 10° Les commissaires et agents de police.

Art. 9. — Les agents salariés du maire ne peuvent être ses adjoints.

Art. 10. — Il y a incompatibilité entre les fonctions de maire et d'adjoint et le service de la milice.

CHAP. 2. — *Des conseils municipaux.*

Art. 11. — Le conseil municipal se compose, indépendamment du maire et des adjoints : — De huit membres, dans les communes dont les maires sont nommés par le gouverneur général; — De douze membres, dans celles dont les maires sont nommés par nous. — A Alger, le conseil sera de seize membres (modifié par le décr. des 1er mai et 8 juill. 1851, ci-après, § 3).

Art. 12. — Les conseillers municipaux doivent être Français ou naturalisés Français, ou, s'ils sont étrangers, autorisés par le roi à exercer leurs droits civils en Algérie. Ils doivent, en outre, être âgés de 21 ans accomplis.

Art. 13. — Dans les communes où la population indigène sera du dixième au moins de la population totale, des indigènes pourront être nommés membres du conseil municipal, sans qu'ils puissent, en aucun cas, excéder le quart du nombre total des membres du conseil. — Les conseillers municipaux, tant Français qu'indigènes, sont à la nomination du gouverneur général. — Ils sont nommés pour trois ans, et peuvent être renommés. — Ils peuvent être suspendus de leurs fonctions et révoqués par arrêté du gouverneur général.

Art. 14. — Tout membre d'un corps municipal dont les droits civils ou civiques auront été suspendus, ou qui en aurait perdu la jouissance, cessera de faire partie du corps municipal et ne pourra être renommé qu'après avoir recouvré les droits dont il aura été privé.

Art. 15. — Ne peuvent être membres d'un conseil municipal : — 1° Les directeurs des affaires civiles, les sous-directeurs des affaires civiles et les commissaires civils; — 2° Les ministres des cultes en exercice dans la commune; — 3° Les comptables des revenus communaux et tout agent salarié par la commune. — Nul ne peut être membre de deux conseils municipaux.

CHAP. 3. — *Des assemblées des conseils municipaux.*

Art. 16. — Les conseils municipaux se réunissent quatre fois l'année, au commencement des mois de février, mai, août et novembre. — Chaque session peut durer dix jours.

Art. 17. — Les directeurs et sous-directeurs des affaires civiles peuvent, en outre, prescrire la convocation extraordinaire du conseil municipal ou l'autoriser, sur la demande du maire, toutes les fois que les intérêts de la commune l'exigent.

Art. 18.— Dans les sessions ordinaires, le conseil municipal peut s'occuper de toutes les matières qui rentrent dans ses attributions. — Dans les réunions extraordinaires, il ne peut s'occuper que des objets pour lesquels il a été spécialement convoqué.

Art. 19.— Le maire préside le conseil municipal. Les fonctions de secrétaire sont remplies par un des membres nommé au scrutin et à la majorité, à l'ouverture de chaque session.

Art. 20.— Le conseil municipal ne peut délibérer que lorsque la majorité des membres assiste au conseil. Les délibérations se prennent à la majorité des voix. En cas de partage, la voix du président est prépondérante. — Il est voté au scrutin secret toutes les fois que trois des membres présents le réclament.

Art. 21. — Il est interdit aux conseils municipaux de prendre aucune délibération sur des objets étrangers à leurs attributions, ou hors de leur réunion légale; de se mettre en correspondance avec un ou plusieurs autres conseils; de publier des proclamations ou adresses aux habitants.—Le gouverneur général, en conseil supérieur d'administration, déclare la nullité des actes faits contrairement à cette interdiction, sans préjudice des poursuites encourues par les membres qui auraient pris part sciemment à des faits qualifiés crimes ou délits par les lois pénales.

Art. 22.—Les délibérations des conseils municipaux sont inscrites, par ordre de date, sur un registre coté et parafé par l'autorité du ressort. Elles sont signées par tous les membres présents à la séance, ou mention est faite de la cause qui les empêche de signer.

Art. 23. — Lorsque, après deux convocations successives, faites à huit jours d'intervalle et dûment constatées, les membres du conseil municipal ne sont pas réunis en nombre suffisant, la délibération prise après la troisième convocation est valable, quel que soit le nombre des membres présents.

Art. 24.—Les séances des conseils municipaux ne sont pas publiques; leurs débats ne peuvent être publiés qu'avec l'approbation de l'autorité supérieure.

Tit. 2. — De l'administration municipale.

Chap. 1. — Des attributions des maires et des conseils municipaux.

Sect. 1. — Des attributions des maires.

Art. 25.— Les maires remplissent les fonctions d'officier de l'état civil; ils remplissent également celles d'officier de police judiciaire, conformément au code d'instruction criminelle.

Art. 26.— Le maire est chargé, sous l'autorité de l'administration supérieure: — 1° De la publication et de l'exécution des lois, ordonnances et arrêtés; — 2° Des fonctions spéciales qui lui sont dévolues par les lois, ordonnances et arrêtés; — 3° De l'exécution des mesures de sûreté générale.

Art. 27.— Le maire est chargé, sous la surveillance de l'administration supérieure:

1° De la police municipale, de la police rurale, de la voirie municipale, et de pourvoir à l'exécution des actes de l'autorité supérieure qui y sont relatifs; —2° De la conservation et de l'administration des propriétés de la commune, et de faire, en conséquence, tous actes conservatoires de ses droits; —3° De la gestion des revenus, de la surveillance des établissements communaux et de celle de la comptabilité communale; — 4° De la proposition du budget et de l'ordonnancement des dépenses; — 5° De la direction des travaux communaux; — 6° De soumettre les marchés, de passer les baux des biens et les adjudications des travaux communaux dans les formes établies par les ordonnances et règlements; — 7° De souscrire dans les mêmes formes les actes de vente, échange, partage, ac-

ceptation de dons ou legs, acquisitions, transactions, lorsque ces actes auront été préalablement autorisés, conformément aux dispositions de la présente ordonnance et de celle du 15 avr. 1813; — 8° De représenter la commune en justice, soit en demandant, soit en défendant.

Art. 28.— Lorsque le maire procède à une adjudication publique pour ' compte de la commune, il est assisté de deux membres du conseil municipal désignés d'avance par le conseil, ou, à défaut, appelés dans l'ordre du tableau. — Le receveur municipal est appelé à toutes les adjudications. — Toutes les difficultés qui peuvent s'élever sur les opérations préparatoires de l'adjudication sont résolues, séance tenante, par le maire et les deux conseillers assistants, à la majorité des voix, sauf le recours de droit.

Art. 29. — Les adjudications ne seront valables et définitives, à l'égard des communes, qu'autant qu'elles auront été approuvées: — Par le sous-directeur des affaires civiles, si la dépense n'excède pas 5,000 fr.; — Par le directeur des affaires civiles, si la dépense est supérieure à 5,000 fr. et inférieure à 10,000 fr.; — Par le gouverneur général, si la dépense excède 10,000 fr. et ne dépasse pas 50,000 fr.; — Dans les autres cas, par notre ministre de la guerre.

Art. 30.—Le maire prend des arrêtés, à l'effet; — 1° D'ordonner sur les mesures locales sur les objets confiés à sa vigilance et à son autorité; — 2° De publier de nouveau les lois, ordonnances, arrêtés et règlements de police, et de rappeler les habitants à leur observation. — Les arrêtés pris par le maire sont immédiatement adressés à l'autorité civile supérieure du ressort, laquelle peut toujours les annuler ou en suspendre l'exécution.

Art. 31. — Les arrêtés municipaux qui portent règlement permanent ne sont exécutoires qu'après l'approbation du directeur des affaires civiles.

Art. 32. — Le maire nomme à tous les emplois communaux pour lesquels les lois, ordonnances et arrêtés ne prescrivent pas un mode spécial de nomination. — Il suspend et révoque les titulaires de ces emplois.

Art. 33. — Le maire est seul chargé de l'administration de la commune; mais il peut déléguer une partie de ses fonctions à un ou plusieurs de ses adjoints, et, en l'absence des adjoints, à ceux des conseillers municipaux qui sont appelés à en faire les fonctions.

Sect. 2.—Des attributions des conseils municipaux.

Art. 34. — Le conseil municipal délibère sur les objets suivants:

1° Le mode d'administration des biens communaux;

2° Le mode de jouissance et la répartition des pâturages et fruits communaux, ainsi que les conditions à imposer aux parties prenantes;

3° Le budget de la commune, et, en général, toutes les dépenses et recettes, soit ordinaires, soit extraordinaires;

4° Les tarifs et règlements de perception de tous les revenus propres à la commune;

5° Les acquisitions, aliénations et échanges de propriétés communales, leur affectation aux différents services publics, et, en général, tout ce qui intéresse leur conservation et leur amélioration;

6° Les conditions des baux de biens donnés à ferme ou à loyer par la commune, ainsi que celles des baux des biens pris à loyer par la commune;

7° Les projets de construction, des grosses réparations, d'entretien et de démolition, et, en général, tous les travaux à entreprendre;

8° L'ouverture des chemins vicinaux, des rues et places publiques, et les projets d'alignements de la voirie municipale;

9° Le parcours et la vaine pâture;

10° L'acceptation des dons et legs faits à la commune ou aux établissements communaux;

11° Les actions judiciaires et transactions, et tous les

autres objets sur lesquels les lois, ordonnances et arrêtés appellent les conseils municipaux à délibérer.

Art. 55. — Les délibérations des conseils municipaux sont adressées à l'autorité civile supérieure du ressort. — Ces délibérations sont soumises à l'approbation du directeur des affaires civiles, sauf celles qui, d'après les lois, ordonnances et arrêtés, doivent être approuvées par le gouverneur général, par notre ministre de la guerre ou par ordonnance royale.

Art. 56. — Les conseils municipaux sont toujours appelés à donner leur avis sur les objets suivants : — 1° Les circonscriptions relatives aux cultes ; — 2° Les circonscriptions relatives à la distribution des secours publics ; — 3° Les projets d'alignement de grande voirie, dans l'intérieur des villes, bourgs et villages ; — 4° L'acceptation des dons et legs faits aux établissements de charité et de bienfaisance ayant un caractère communal ; — 5° Les autorisations d'emprunter, d'acquérir, d'échanger, d'aliéner, de plaider ou de transiger, demandées par les mêmes établissements ; — 6° Les budgets et les comptes des mêmes établissements ; — 7° Les budgets et les comptes des fabriques et autres administrations préposées à l'entretien des cultes dont les ministres sont salariés par l'Etat, lorsqu'elles reçoivent des subventions sur les fonds communaux ; — 8° Enfin, tous les objets sur lesquels les conseils municipaux seront consultés par les directeurs ou les sous-directeurs des affaires civiles.

Art. 57. — Le conseil municipal délibère sur les comptes annuellement présentés par le maire. — Il entend, débat et arrête, sauf le règlement définitif par l'autorité supérieure compétente, les comptes des deniers des receveurs.

Art. 58. — Le conseil municipal peut exprimer son vœu sur tous les objets d'intérêt local.

Art. 59. — Dans les séances où les comptes d'administration du maire sont débattus, le conseil municipal désigne au scrutin celui de ses membres qui exerce la présidence. — Le maire peut assister à la délibération ; il doit se retirer au moment où le conseil municipal va émettre son vote. — Le président adresse directement la délibération à l'autorité supérieure du ressort.

CHAP. 2. — *Des dépenses et recettes et des budgets des communes.*

Art. 40. — Les dépenses des communes sont obligatoires ou facultatives.

Sont obligatoires les dépenses suivantes :

1° L'acquittement des dettes exigibles ;
2° Les frais d'administration et de perception des droits et revenus municipaux ;
3° Les prélèvements autorisés, remboursements et restitutions sur ces produits ;
4° Les traitements des maires et les frais de bureau des mairies et de l'état civil ;
5° Les frais d'entretien des horloges publiques ;
6° Les dépenses des écoles communales ;
7° Les dépenses des cultes mises à la charge de la commune par les lois, ordonnances et arrêtés ;

8° Les traitements et frais de bureau du service de pesage et mesurage publics ;
9° Les dépenses des milices et du service des pompes à incendie ;
10° Les traitements des gardes de biens et bois communaux et des gardes champêtres ;
11° Les traitements et frais de bureau de la police locale, du service de la petite voirie, de celui des inhumations, et de celui des fourrières publiques ;
12° Les frais de nettoiement et d'éclairage de la voie publique ;
13° Les frais de loyer des immeubles destinés aux services ci-dessus spécifiés ;
14° Les dépenses des travaux et bâtiments civils comprenant : 1° l'ouverture, la construction et l'entretien des chemins vicinaux mis à la charge de la commune par les lois, ordonnances et arrêtés ; 2° l'alignement, le nivellement et le pavage des rues des petites voiries, à l'exception de ceux de ces travaux qui sont à la charge des propriétaires ; 3° les aqueducs, canaux, égouts et fontaines, dans les rues de petite voirie et hors des villes sur les chemins vicinaux ; 4° les dépenses de grosses et simples réparations et entretien des bâtiments affectés aux services communaux ;
15° Toutes les autres dépenses mises à la charge des communes par une disposition des ordonnances spéciales de l'Algérie (1).

Toutes les dépenses autres que les précédentes sont facultatives.

Art. 41. — Les recettes des communes sont ordinaires ou extraordinaires. — Les recettes ordinaires des communes se composent :

1° Des produits tels que loyers et fermages, rentes foncières et valeurs des récoltes des immeubles appartenant à la commune ;
2° De la portion attribuée aux communes sur le produit de l'impôt des patentes ;
3° Des droits de place dans les halles, foires et marchés publics ;
4° Des droits d'abatage dans les abattoirs publics, d'après les tarifs dûment autorisés ;
5° Du produit des permis de stationnement, de vente, et des locations sur la voie publique, sur les ports, rivières et autres lieux publics ;
6° Du produit des péages communaux, des droits de pesage, mesurage et jaugeage ;
7° Des droits de voirie et autres droits légalement établis ;
8° Du produit des fourrières publiques ;
9° Du prix des concessions de terrains dans les cimetières communaux ;
10° Du produit des concessions d'eau, de l'enlèvement des boues et immondices de la voie publique, de l'équarrissage et autres concessions autorisées pour les services communaux ;
11° Du produit des expéditions des actes administratifs et des actes de l'état civil ;
12° De la portion des amendes et confiscations attribuées par les lois, ordonnances et arrêtés aux communes ;
13° Du produit des saisies opérées pour contraventions aux règlements de police ;
14° Du produit des rétributions mensuelles des élèves admis aux écoles communales ;
Et généralement du produit de toutes taxes de ville et de police dont la perception est légalement autorisée.

Art. 42. — Les recettes extraordinaires des communes se composent :

(1) Ont été également classés au rang des dépenses obligatoires, à la charge des communes :
1° Le logement des conseillers désignés pour les assises. Décret du 18 nov. 1854 (V. *Justice*, § 1) ;
2° Le logement des médecins de colonisation, décret du 29 juill. 1858 (V. *Méd. de colonisation*) ;
3° L'abonnement au Bulletin officiel de l'Algérie et des colonies. Décret du 5 mars 1859, BM. 20.
4° L'indemnité de logement aux curés et desservants et autres ministres des cultes chrétiens, lorsqu'il n'existe pas de bâtiment affecté à leur logement. — Décis. min. du 4 juin 1858, interprétation de l'art. 40, § 7, ci-dessus ;
5° Les secours aux fabriques des églises et autres administrations préposées aux cultes, en cas d'insuffisance de leurs revenus justifiée par leurs comptes et budgets.— Même décision.
6° Les grosses réparations aux églises, temples et presbytères.

Sont facultatives les dépenses d'acquisition ou de construction des mêmes édifices.

En ce qui touche le culte israélite, les choses restent dans la situation définie par l'art. 5 de l'ord. du 9 nov. 1845 (V. *Cultes*, § 5). Quant au culte musulman, la répartition des dépenses entre le budget de l'Etat et le budget local et municipal est maintenue telle qu'elle existe. — Même décision.

14

1° Du produit des contributions directes ou indirectes, que les communes pourront être autorisées ultérieurement à établir à leur profit par des ordonnances royales délibérées dans la forme des règlements d'administration publique;

2° Du prix des biens communaux aliénés;

3° Du prix de vente d'objets mobiliers provenant des services municipaux ;

4° Des dons et legs ;

5° Du remboursement des capitaux exigibles et rentes constituées ;

6° Du produit des coupes extraordinaires des bois appartenant aux communes ;

7° Du produit des emprunts ;

8° Du montant de la subvention annuelle allouée à la commune par notre ministre de la guerre, sur les fonds généraux du budget local et municipal;

Et de toutes autres recettes accidentelles.

Art. 43. — L'excédant des recettes sur les dépenses de l'exercice expiré et réglé sera porté en première ligne dans les ressources du budget de chaque commune, pour l'exercice suivant.

Art. 44. — Le budget de chaque commune, présenté par le maire et voté par le conseil municipal, est réglé définitivement par le directeur des affaires civiles, dans les communes dont le revenu est inférieur à 50,000 fr. ;—Par le gouverneur général, dans les communes dont le revenu, supérieur à 50,000 fr., est de moins de 100,000 fr. ; — Par ordonnances royales dans les autres communes. — Le revenu est évalué d'après le montant moyen des recettes de la commune pendant les trois dernières années, et, si la commune n'est pas érigée depuis plus de trois ans, notre ministre de la guerre détermine provisoirement à quelle autorité il appartient d'en régler le budget.

Art. 45. — Les crédits qui pourraient être reconnus nécessaires après le règlement du budget sont délibérés conformément aux articles précédents et doivent être approuvés par l'autorité appelée à régler le budget. Toutefois, dans les communes dont le budget est réglé par ordonnance royale, les crédits supplémentaires pourront être approuvés en cas d'urgence, par le gouverneur général.

Art. 46. — Dans le cas où, par une cause quelconque, le budget d'une commune n'aurait pas été approuvé avant le commencement de l'exercice, les recettes et dépenses ordinaires continueront, jusqu'à l'approbation de ce budget, à être faites conformément à celui de l'année précédente.

Art. 47. — Les dépenses proposées au budget d'une commune peuvent être rejetées ou réduites par l'arrêté qui règle ce budget.

Art. 48. — Les conseils municipaux peuvent porter au budget un crédit pour dépenses imprévues. — La somme inscrite pour ce crédit ne pourra être réduite ou rejetée qu'autant que les revenus ordinaires, après avoir satisfait à toutes les dépenses obligatoires, ne permettraient pas d'y faire face, ou qu'elle excéderait le dixième des recettes extraordinaires. — Le crédit pour dépenses imprévues sera employé par le maire avec l'approbation des directeurs et sous-directeurs des affaires civiles.

Art. 49. — Les dépenses proposées au budget d'une commune ne peuvent être augmentées, et il ne peut y en être introduit de nouvelles par l'autorité appelée à les régler définitivement, qu'autant qu'elles sont obligatoires.

Art. 50. — Si un conseil municipal n'allouait pas les fonds exigés pour une dépense obligatoire, ou n'allouait qu'une somme insuffisante, l'allocation nécessaire serait inscrite au budget par l'autorité appelée à le régler définitivement. — Dans tous les cas, le conseil municipal sera appelé à en délibérer. — S'il s'agit d'une dépense annuelle et variable, elle sera inscrite pour sa quotité moyenne pendant les trois dernières années. S'il s'agit d'une dépense annuelle et fixe de sa nature, elle sera inscrite pour sa quotité réelle. — Si les ressources de la commune, augmentées de la subvention mentionnée au § 8 de l'art. 12, sont insuffisantes pour couvrir les dépenses obligatoires inscrites d'office en vertu du précédent article, il y sera pourvu par le conseil municipal, ou, en cas de refus de sa part, au moyen d'une contribution extraordinaire. — Cette contribution sera établie par l'autorité chargée de régler le budget par voie d'addition aux contributions directes ou indirectes créées en vertu de l'art. 42, n° 1, et dans les limites du maximum fixé annuellement par une ordonnance royale, et, en cas d'insuffisance, par une ordonnance spéciale.

Art. 51. — Aucun emprunt ne pourra être autorisé que par ordonnance royale rendue dans les formes des règlements d'administration publique.

Art. 52. — Les tarifs des droits de voirie sont réglés par arrêté du gouverneur général, le conseil supérieur d'administration entendu.

Art. 53. — Les taxes particulières dues par les habitants ou propriétaires en vertu des ordonnances ou arrêtés sont réparties, par délibération du conseil municipal, approuvée par le directeur des affaires civiles. — Ces taxes seront perçues suivant les formes établies pour le recouvrement des contributions diverses.

Art. 54. — Aucune construction nouvelle ou reconstruction entière ou partielle ne pourra être autorisée que sur la production des projets et devis. Ces projets et devis seront soumis à l'approbation de notre ministre de la guerre quand la dépense excédera 30,000 fr. S'ils ne s'élèvent pas à ce chiffre, ils seront approuvés par le gouverneur général, le conseil supérieur d'administration entendu.

Art. 55. — Les dispositions de la loi du 10 vend. an IV sur la responsabilité civile des communes, résultant des attentats commis sur le territoire de la commune, soit envers les personnes, soit envers les propriétés, sont applicables aux centres de population de l'Algérie qui sont érigés en communes.

CHAP. 5. — Des acquisitions, aliénations, baux, dons et legs.

Art. 56. — Les délibérations des conseils municipaux, ayant pour objet des acquisitions, ventes ou échanges d'immeubles, le partage des biens indivis, sont soumises à l'approbation des directeurs des affaires civiles, le conseil de direction entendu, quand il s'agit d'une valeur n'excédant pas 5,000 fr. pour les communes dont le revenu est au-dessous de 100,000 fr., et 10,000 fr. pour les autres communes. — S'il s'agit d'une valeur supérieure, il est statué par le gouverneur général.

Art. 57. — Les délibérations des conseils municipaux ayant pour objet des baux de biens pris ou donnés à loyer par la commune, ne seront exécutoires qu'autant qu'elles auront été approuvées : 1° Par les directeurs des affaires civiles, lorsque leur durée n'excédera pas neuf ans pour les biens ruraux, et trois ans pour les autres biens ;—2° Par le gouverneur général dans les autres cas.

Art. 58. — Les délibérations des conseils municipaux, portant refus ou acceptation de dons et legs mobiliers, ou de sommes d'argent faits à la commune et aux établissements communaux, seront soumises à l'approbation des directeurs des affaires civiles, le conseil de direction entendu ; s'il s'agit de dons et legs mobiliers d'une valeur de plus de 5,000 fr., ou de dons et legs immobiliers, les délibérations sont soumises à notre approbation. — Le maire peut toujours, à titre conservatoire, accepter les dons et legs, en vertu de la délibération du conseil municipal ; l'arrêté qui intervient ensuite a l'effet du jour de cette acceptation.

Art. 59. — La vente des biens mobiliers et immobiliers des communes, autres que ceux qui servent à un usage public, pourra, sur la demande de tout créancier porteur de titres exécutoires, être autorisée par un arrêté du gouverneur général en conseil supérieur d'administration. — Cet arrêté déterminera les formes de la vente.

CHAP. 4. — Des actions judiciaires et des transactions.

Art. 60. — Nulle commune ne peut introduire une action en justice sans y être autorisée par le conseil de direction. — Après tout jugement intervenu, la commune ne peut se pourvoir devant un autre degré de juridiction qu'en vertu d'une nouvelle autorisation du même conseil.

Art. 61. — Quiconque voudra intenter une action contre une commune sera tenu d'adresser préalablement au directeur des affaires civiles un mémoire exposant les motifs de sa réclamation. Il lui en sera donné récépissé. — La présentation du mémoire interrompra toutes prescriptions et déchéances. — Le directeur des affaires civiles transmettra le mémoire au maire, avec l'autorisation de convoquer immédiatement le conseil municipal pour en délibérer.

Art. 62. — La délibération du conseil municipal sera, dans tous les cas, renvoyée au conseil de direction, qui décidera si la commune doit être autorisée à ester en justice. — La décision du conseil de direction devra être rendue dans le délai de deux mois à partir de la date du récépissé énoncé en l'article précédent.

Art. 63. — Toute décision du conseil de direction portant refus d'autorisation devra être motivée. — En cas de refus d'autorisation, le maire pourra, en vertu d'une délibération du conseil municipal, se pourvoir devant nous en notre conseil d'État. — Le pourvoi sera introduit et jugé administrativement ; il devra être interjeté dans le délai de trois mois, à dater de la notification de la décision du conseil de direction. — Il devra être statué sur le pourvoi, dans le délai de deux mois, à partir du jour de son enregistrement au secrétariat général de notre conseil d'État.

Art. 64. — L'action ne pourra être intentée qu'après la décision du conseil de direction, à défaut de décision, dans le délai fixé par l'art. 62, qu'après l'expiration de ce délai. — En cas de pourvoi contre la décision du conseil de direction, l'instance sera suspendue jusqu'à ce qu'il ait été statué sur le pourvoi, et, à défaut de décision dans le délai fixé par l'article précédent, jusqu'à l'expiration de ce délai. — En aucun cas, la commune ne pourra défendre à l'action qu'autant qu'elle y aura été régulièrement et expressément autorisée.

Art. 65. — Le maire peut, toutefois, sans autorisation préalable, intenter toute action possessoire et y défendre, et faire tous actes conservatoires et interruptifs de déchéances et prescriptions.

Art. 66. — Toute transaction consentie par un conseil municipal ne peut être exécutée qu'après l'homologation, par arrêté de notre ministre de la guerre, s'il s'agit d'objets mobiliers d'une valeur supérieure à 3,000 fr., ou d'objets immobiliers, et, dans les autres cas, par arrêté du directeur des affaires civiles, le conseil de direction entendu.

CHAP. 5. — Comptabilité des communes.

Art. 67. — Les comptes des maires, pour l'exercice clos, sont présentés au conseil municipal avant la délibération du budget. Ils sont approuvés par l'autorité chargée de régler définitivement le budget.

Art. 68. — Le maire seul peut délivrer des mandats. S'il refusait d'ordonnancer une dépense régulièrement autorisée et liquide, il serait statué par les directeurs des affaires civiles. — Dans ce cas, l'arrêté des directeurs et sous-directeurs des affaires civiles tiendra lieu de mandat.

Art. 69. — Les recettes et dépenses communales s'effectuent par les soins des receveurs municipaux. — Les excédants des recettes sur les dépenses seront versés au trésor, suivant les formes et d'après les conditions déterminées par les règlements.

Art. 70. — Toutes les recettes municipales pour lesquelles il n'est point prescrit un mode spécial de recouvrement, s'effectuent sur des états dressés par le maire. Ces états sont exécutoires après qu'ils ont été visés par le directeur des affaires civiles.

Art. 71. — Les oppositions, lorsque la matière est de la compétence des tribunaux ordinaires, sont jugées comme affaires sommaires, et la commune peut y défendre sans autorisation du conseil de direction.

Art. 72. — Les budgets et les comptes des communes restent déposés à la mairie, où tout contribuable a droit d'en prendre connaissance.

Dispositions générales.

Art. 73. — Les sous-directeurs des affaires civiles informent immédiatement le directeur des affaires civiles des autorisations qu'ils ont données en vertu de la présente ordonnance. — Tous les trois mois, le directeur des affaires civiles rend compte au gouverneur général tant desdites autorisations que de celles qu'il a personnellement accordées. Ce compte est transmis à notre ministre de la guerre, par le gouverneur général, avec ses observations. — Chaque année, le gouverneur général présente à notre ministre de la guerre le compte de la situation financière et administrative des communes de l'Algérie (1).

Art. 74. — Toutes les dispositions contraires à la présente ordonnance sont et demeurent abrogées.

Art. 75. — La présente ordonnance sera exécutoire à partir du 1er janv. 1848.

APP. — 16 août-2 sept. 1848. — (V. ci-après, § 2.) — *Modification à l'organisation qui précède.* — *Tout le territoire civil de l'Algérie est érigé en communes. — Le mode électif est adopté pour la nomination des membres des conseils municipaux. — Une nouvelle composition de ces conseils est déterminée.* (Abrogé par décr. du 8 juill. 1855. V. la notice en tête de cet article et le § 2 ci-après.)

APP. — 4 nov.-16 déc. 1848. — B. 590. — *Constitution de la propriété communale.*

Vu la loi du 10 juill. 1837, l'ord. du 28 sept. 1847, l'arr. du 16 août 1848 et les ord. des 17 janv. et 13 avr. 1845 (Finances et Administration gén.).

TIT. 1. — *Constitution de la propriété communale.*

Art. 1. — Les édifices et bâtiments domaniaux actuellement occupés pour les services de l'administration municipale en Algérie sont concédés gratuitement aux communes é. pleine propriété.

Art. 2. — La remise de la propriété desdits bâtiments sera faite aux maires des communes par les agents de l'administration de l'enregistrement et des domaines, en vertu d'un arrêté du gouverneur général, pris sur la proposition du directeur des affaires civiles de la province.

_____

(1) Ce dernier paragraphe est ainsi modifié : Les préfets doivent adresser au ministre dans le courant du mois de juillet, un tableau général annuel de la situation financi-

clère des communes de leurs départements respectifs. Ce document doit être établi d'après la marche tracée par une circulaire du gouverneur général en date du 9 nov. 1857.

Art. 3. L'État se réserve la faculté de reprendre, pendant cinq ans, parmi les édifices actuellement occupés, ceux qu'il jugerait convenables, à la charge de donner en échange d'autres bâtiments domaniaux susceptibles de recevoir la même destination. — Les concessions ainsi faites à titre d'échange auront lieu en vertu d'un arrêté du chef du pouvoir exécutif, rendu sur la proposition du ministre de la guerre, le conseil supérieur d'administration préalablement entendu.

Art. 4.—Des immeubles domaniaux qui seraient reconnus, à l'avenir, susceptibles d'être affectés à des services municipaux, pourront être concédés aux communes, en toute propriété, à titre gratuit. — Les concessions seront faites dans la forme et aux conditions établies dans l'article précédent.

Art. 5. — Indépendamment des immeubles ci-dessus désignés, il sera constitué, en faveur de chaque commune, une dotation en immeubles, susceptible de produire des revenus, et provenant des domaines de l'État. — Ces concessions auront lieu à titre gratuit : elles auront lieu en la forme prescrite par le § 2 de l'art. 3 du présent arrêté.

Art. 6.—Le mode des jouissances des biens ainsi concédés sera réglé par l'autorité administrative supérieure du ressort, le conseil municipal entendu. — Les revenus provenant desdits biens seront exclusivement affectés aux dépenses d'utilité publique.

Art. 7.—Ces biens ne pourront être vendus par l'administration municipale qu'à la charge de faire le remploi du prix des ventes (1). — Ils pourront être échangés contre d'autres immeubles d'un produit au moins égal.

Art. 8.—Les échanges ou ventes des biens concédés par l'État aux communes et le remploi du prix des ventes ne pourront être autorisés qu'en vertu d'un arrêté du chef du pouvoir exécutif, rendu sur la proposition du ministre de la guerre, le conseil supérieur d'administration préalablement entendu.

TIT. 2. — Revenus des communes.

Art. 9. — Les lois qui régissent en France l'administration municipale sont applicables dans l'Algérie, en ce qui concerne : — 1° Les acquisitions, échanges, ventes, mises en ferme ou locations de biens autres que ceux compris dans le domaine municipal ; — 2° L'acceptation ou le refus de dons et legs mobiliers et immobiliers ; —3° Les actions judiciaires intéressant les communes. — A cet effet, les directeurs et sous-directeurs des affaires civiles dans les provinces, ainsi que les conseils de direction en Algérie, rempliront les attributions conférées en France aux préfets, sous préfets et conseillers de préfecture. — Le ministre de la guerre exercera les attributions du ministre de l'intérieur. — L'avis du conseil supérieur d'administration tiendra lieu de celui du conseil d'État.

Art. 10. — Les ressources ordinaires des communes de l'Algérie se composent : — 1° Des revenus des biens concédés aux communes; — 2° De la part attribuée à chacune d'elles dans le produit de l'octroi de mer, conformément à l'art. 12 ci-après ; — 3° Des produits énumérés dans les §§ 2

et suivants de l'art. 41 de l'ord. du 28 sept. 1847 ; —4° Du produit de la taxe spéciale ci-après déterminée.

Art. 11. — Les ressources extraordinaires des communes se composent : — 1° Des produits énumérés dans les §§ 2, 3, 4, 5, 6 et 7 de l'art. 42 de l'ord. du 28 sept. 1847;—2° Du produit des taxes extraordinaires que les communes auront été autorisées à s'imposer.

Art. 12.— L'octroi, établi aux ports de mer des villes du littoral de l'Algérie, par l'ord. du 21 déc. 1844, continuera d'être perçu conformément à ladite ordonnance (Octroi). — Le produit de cet octroi, déduction faite du dixième revenant au trésor, sera centralisé pour former un fonds commun, applicable aux dépenses d'utilité communale et provinciale, dans les proportions suivantes : — Pour les dépenses d'utilité communale, les trois cinquièmes;—Pour les dépenses d'utilité provinciale, les deux cinquièmes. — La répartition des trois cinquièmes attribués aux communes sera faite, chaque année, par le ministre de la guerre, sur la proposition du gouverneur général, le conseil supérieur d'administration préalablement entendu, au prorata des besoins et des ressources comparés de chaque commune (V. Octroi de mer).

TIT. 3. — De la taxe sur les loyers.

Art. 13.—Il sera perçu, dans chaque commune, au profit de la caisse municipale, une taxe sur les loyers. — Cette taxe aura pour base la valeur locative de l'habitation ; elle ne pourra dépasser le dixième de cette valeur. — Elle sera payée par chaque habitant français, indigène ou étranger de tout sexe, et non réputé indigent (2).

Art. 14. — La taxe sur les loyers est due pour toute habitation meublée, alors même que le propriétaire ou locataire n'y a pas établi son domicile réel, et ne l'habite que temporairement.

Art. 15. — La cote de chaque contribuable sera déterminée d'après le loyer de son habitation personnelle et de celle de sa famille.—Ne sont point compris dans l'évaluation des loyers d'habitation: — 1° Les magasins, boutiques, comptoirs, auberges, usines et ateliers, pour raison desquels les habitants payent patente ; — 2° Les granges, bergeries, étables, ou autres bâtiments servant aux exploitations rurales ; — 3° Les bureaux des fonctionnaires publics ou employés ; — 4° Les parties des bâtiments qui servent aux élèves dans les maisons d'éducation. — Les jardins d'agrément attenant à l'habitation doivent entrer dans l'évaluation du loyer. — Il en sera de même des remises, écuries, terrasses et autres dépenses de luxe ou d'agrément.

Art. 16.—Les officiers de terre et de mer, ayant des habitations particulières, soit pour eux, soit pour leur famille, les officiers sans troupes, officiers d'état-major, officiers de gendarmerie, les employés de la guerre et de la marine dans les garnisons et dans les ports, les préposés de l'administration des douanes non casernés, sont imposables à la taxe sur les loyers, d'après le même mode et dans les mêmes proportions que les autres contribuables (3).

_____

(1) V. infrà, décr. du 28 juill. 1860.
(2) La taxe sur les loyers a un caractère éminemment municipal, et est appliquée à des dépenses spéciales dont les consuls étrangers profitent comme les autres habitants. Ils y sont en conséquence soumis, ainsi qu'à la taxe sur les chiens et à celle des chemins vicinaux : il n'y a exception à cette règle qu'en vertu de clauses expresses du droit conventionnel ou d'après les principes de réciprocité. En Algérie, les consuls des États-Unis, d'Espagne, de Sardaigne, de Toscane, de Naples, de Suède et de Norwège, ont seuls droit à cette exemption, qui ne s'étend pas d'ailleurs à ceux de ces agents qui seraient Fran-

çais. — Décis. min. 22 déc. 1858 (V. Receveurs municipaux; décr. du 20 janv. 1858, art. 7, note sur les frais et allocations de recouvrement).

(3) En principe, les officiers de troupe occupant un appartement en ville à défaut de logement dans les casernes, doivent être exempts de la taxe sur les loyers. Pour que le prix de loyer payé en excédant de l'indemnité de logement puisse donner lieu à l'application de la taxe, il faut que l'appartement excède en importance celui auquel l'officier aurait droit dans les bâtiments militaires. Il faut, dans tous les cas, tenir compte du prix élevé des loyers en Algérie, qui rend souvent insuffisante l'indemnité allouée

Art. 17. — Les fonctionnaires, les ministres du culte et les employés civils et militaires, logés gratuitement dans les bâtiments appartenant à l'État ou aux communes, sont imposables d'après la valeur locative des parties de ces bâtiments affectées à leur habitation personnelle et à celle de leur famille.

Art. 18. — Les habitants qui n'occupent que des appartements garnis ne seront assujettis à la taxe qu'à raison de la valeur locative de leur logement, évalué comme logement non meublé.

Art. 19. — Pour l'établissement du rôle de la taxe sur les loyers, il sera, à la diligence de l'autorité communale, et par des commissaires désignés par le conseil municipal, procédé chaque année à un recensement général des contribuables. — Ces commissaires seront au nombre de cinq par commune, dont deux au moins choisis en dehors du conseil municipal. — Dans les villes et dans les communes rurales divisées en sections, il pourra être établi une commission de recensement pour chaque quartier ou section de commune.

Art. 20. — L'opération du recensement terminée, les commissaires se réuniront sous la présidence du maire ou de l'adjoint. — Ils rédigeront la matrice du rôle et détermineront, pour chacun des habitants passibles de la taxe, la valeur locative qui doit servir de base à sa cotisation. — Le receveur municipal assistera à cette réunion avec voix délibérative; il remplira les fonctions de secrétaire.

Art. 21. — Les loyers seront évalués, soit d'après les conventions réelles, soit par comparaison avec l'ensemble des loyers analogues et notoirement connus (1).

Art. 22. — Les commissaires désigneront ceux des habitants qui leur paraîtront devoir être exemptés de la taxe. — Le travail des commissaires sera soumis, par le maire, au conseil municipal, qui arrêtera le rôle des contribuables. — Le conseil déterminera le *quantum* de la taxe pour l'année où le rôle sera mis en recouvrement, en se conformant, d'ailleurs, aux prescriptions de l'art. 13.

Art. 23. — La taxe sur les loyers est recouvrable par douzième échu.

Art. 24. — Le rôle de ladite taxe ne pourra être mis en recouvrement qu'après avoir été rendu exécutoire par le directeur des affaires civiles de la province. — Cette formalité remplie, le rôle sera porté à la connaissance des contribuables par voie d'affiches et d'avertissement individuel; l'avertissement énoncera : — Le montant de la taxe imposée au contribuable; — La valeur locative qui lui sert de base ; — Le *quantum* de la taxe par rapport au loyer; — Le mode d'acquittement; — Le délai et le mode des réclamations.

Art. 25. — L'autorité municipale publiera l'arrêté qui rend le rôle exécutoire immédiatement après sa réception dans la commune. — L'arrêté sera affiché à l'extérieur de la mairie et de l'église paroissiale, ainsi que dans tous les autres lieux destinés à recevoir les affiches et actes émanés de l'autorité publique. — L'autorité municipale fera connaître en même temps la date de l'arrêté qui a rendu le rôle exécutoire, précisera le délai dans lequel les réclamations devront être présentées, et fera connaître les formalités à remplir par les réclamants.

Art. 26. — Tout contribuable qui se prétendra surtaxé ou indûment imposé, devra présenter sa réclamation dans les trois mois de la publication du rôle. — La réclamation devra être rédigée sur papier timbré, si elle porte sur une cote de 30 fr. et au-dessus. — Toute réclamation devra être accompagnée de pièces justificatives et de la quittance des termes échus. — Elle sera déposée à la mairie, où il en sera donné récépissé. — Le maire transmettra immédiatement la réclamation, avec ses observations, au sous-directeur des affaires civiles de la province, qui, dans le délai de quinzaine, adressera le tout au directeur des affaires civiles, avec son propre avis.

Art. 27. — Il sera statué en dernier ressort, par le conseil de direction, dans les deux mois qui suivront l'enregistrement de la réclamation, au secrétariat de la direction des affaires civiles (2).

Art. 28. — Tout contribuable en retard pourra être poursuivi par voie de saisie et de vente mobilière, à la requête du receveur municipal, en vertu d'une autorisation délivrée par le sous-directeur de l'administration, sur la proposition du maire. — La poursuite n'aura lieu qu'après deux sommations préalables, à dix jours de distance. La première de ces sommations sera sans frais. — Elles seront signifiées au contribuable en personne, ou remises à son domicile, en cas d'absence, par le ministère d'un agent municipal ou de l'autorité publique.

Art. 29. — La taxe sur les loyers est établie pour l'année entière; lorsqu'un contribuable viendra à décéder dans le courant de l'année, ses héritiers seront tenus d'acquitter le montant de sa cote.

Art. 30. — En cas de déménagement hors de la commune, comme en cas de vente volontaire ou forcée, la taxe sera exigée du contribuable pour la totalité de l'année courante. — Les propriétaires, et à leur place les principaux locataires, sont responsables vis-à-vis de l'administration municipale de la cotisation de leur location, lorsque ceux-ci ont déménagé hors de la commune, sans satisfaire à l'obligation spécifiée dans le paragraphe précédent (3).

TIT. 4. — *Des receveurs municipaux* (4).

Art. 31. — Dans les villes, il sera établi des receveurs municipaux. — Ces agents seront soumis à un cautionnement égal au dixième des recettes ordinaires de la commune.

Art. 32. — Les receveurs municipaux seront nommés par le ministre de la guerre, sur une liste de trois candidats présentés par le conseil municipal.

---

aux officiers, et le peu de ressources qu'offrent, sous le rapport des logements, certaines localités. — *Décis. min.* 23 nov. 1858.

(1) *Jurisprudence.* — L'individu qui occupe un appartement dans la maison (dans l'espèce) de son beau-père, pour lequel celui-ci a déjà été imposé à la contribution mobilière, à raison de la totalité de l'habitation commune, ne peut réclamer contre son imposition s'il n'est pas contesté qu'il ait par lui-même des moyens d'existence; mais il résulte de cette situation le droit pour le beau-père de réclamer une réduction de sa cote comme faisant double emploi. — *Cons. d'Ét.* 9 mars 1859, D, P. 59. 3. 60.

(2) *Jurisprudence.* — La compétence des conseils de préfecture de l'Algérie est la même que celle des conseils de préfecture de France. Ils ne statuent que sauf recours

au conseil d'État sur les demandes en décharge ou réduction de taxes. — Lorsque le contribuable se borne à invoquer l'irrégularité du recensement, sans prétendre qu'il ne soit pas imposable, ni que la taxe ait été exagérée, sa demande en décharge n'est pas recevable. — *Cons. d'Ét.* 7 janv. 1858, Roure, D, P. 58. 3.

(3) Il est indispensable toutefois que le rôle de la taxe ait été publié et que le locataire ait été mis en demeure d'acquitter les termes échus antérieurement à son déménagement hors de la commune, autrement le propriétaire, placé dans l'impossibilité d'agir par le fait même de l'administration, serait certainement fondé à décliner cette responsabilité. — *Décis. min.* 22 juin 1860. BM. 85.

(4) Abrogé par décr. du 20 janv. 1858. — V. *Receveurs municipaux.*

Art. 53.—Les conseils municipaux fixeront les remises ou traitements des receveurs des communes. Toutefois les tarifs qu'ils auront arrêtés ne seront définitifs qu'après avoir été approuvés par le ministre de la guerre, le conseil supérieur d'administration préalablement entendu.

Art. 54.—Les communes dont les ressources sont inférieures à 50,000 fr. pourront, moyennant un abonnement dont le taux devra être approuvé par les ministres de la guerre et des finances, confier les fonctions de receveur municipal aux agents des services financiers.

Tit. 5. — Dispositions générales.

Art. 55.—L'ord. du 15 avril 1845 continuera d'être appliquée, en ce qui concerne les services municipaux, aux localités comprises dans les territoires mixtes et arabes.—Il sera pourvu aux dépenses d'administration et d'utilité municipale dans lesdits territoires, conformément aux ordonnances et arrêtés en vigueur sur la matière.

Art. 56.—Sont maintenues les dispositions de l'ord. du 28 sept. 1847, sur l'organisation municipale en Algérie, auxquels il n'a pas été dérogé par le présent décret, lequel recevra son exécution à partir du 1er janv. 1849. CAVAIGNAC.

Loi,—16 juin 1851.—(V. *Propriété*, § 1.)—Domaine communal.

D⁺.—17 juin 1854, art. 1, et 31 déc. 1856.—(V. ci-après, § 3.) — *Les fonctions de maire sont confiées transitoirement aux commissaires civils dans les communes de plein exercice nouvellement instituées.—Une indemnité pour frais de représentation leur est accordée par un arr. min. du 25 juin 1856.*

D⁺.—16 avril-8 juillet 1856.—B. 497.—*Institution de commissions syndicales (1).*

Vu l'ord. du 28 sept. 1847, et l'art. 6 de l'arr. du 4 nov. 1848 (ci-dessus) :

Art. 1. — Dans les localités de l'Algérie qui ne sont pas érigées en communes, il peut être institué des commissions syndicales, spécialement chargées de la gestion des biens communaux ou considérés comme tels.

Art. 2. — Ces commissions sont instituées par un arrêté du gouverneur général. L'arrêté d'institution détermine le nombre des membres nationaux ou étrangers dont chaque commission se compose, indépendamment du syndic.

Art. 3. — Le syndic et les membres de ces commissions sont nommés par le préfet, pour les localités situées en territoire civil, et par le général commandant la division, pour celles qui sont situées en territoire militaire. — Le syndic et les membres des commissions syndicales sont nommés pour trois ans, et peuvent être renommés indéfiniment.

Art. 4. — Les commissions syndicales ne peuvent se réunir qu'en vertu d'une autorisation spéciale du préfet ou du général commandant la division. Elles sont présidées par l'agent de l'administration ou par l'officier qui remplit dans la localité les fonctions de maire, et, en son absence, par le syndic.

Art. 5. — Chaque année il est établi, par les soins des commissions syndicales, un budget des recettes et des dépenses relatives à la gestion des biens communaux. — Dans le cas où les revenus de ces biens sont insuffisants pour faire face aux dépenses, ces commissions déterminent le montant de la contribution à demander aux propriétaires

---

(1) *Rapport à l'empereur.* — Sire, les centres de population européenne, dont chaque année voit s'accroître le nombre en Algérie, ne peuvent atteindre que par degrés le développement nécessaire à l'application d'un régime municipal régulier. Mais, au début même de toute agrégation civile destinée à devenir une commune, surgissent des besoins et des intérêts collectifs, auxquels la réglementation administrative de la colonie ne me paraît pas avoir suffisamment pourvu. — Les centres en cours de formation sont administrés par des maires fonctionnant sans l'assistance d'aucun conseil; si le centre, ce qui arrive souvent, n'est peuplé que d'émigrants étrangers, le maire est pris nécessairement en dehors de la communauté, souvent même en dehors de la localité. Il n'agit donc que comme délégué de l'autorité publique, et la communauté des habitants, en l'absence de toute représentation tirée de son sein, reste privée de l'organe naturel de ses besoins et de ses intérêts.

À chaque village, cependant, où doit venir se grouper une population coloniale, est affectée une portion de territoire destinée à former, sous le titre de communal, la propriété indivise de la généralité des habitants. Il importe toujours d'aviser aux moyens d'assurer la conservation de ce domaine commun, de le rendre productif, d'en régler la jouissance au plus grand avantage de tous et de chacun. Comment pourvoir à ces moyens sans l'intervention d'un corps délibérant sorti de la masse des intéressés, et dont les résolutions, sanctionnées par l'autorité supérieure, feront la loi de la communauté? — C'est là, en tout pays, une des attributions essentielles des conseils municipaux; mais en Algérie, et là où ces conseils ne peuvent encore exister, ne convient-il pas d'y suppléer par une institution spéciale et transitoire comme la situation à laquelle il faut pourvoir?

Tel est, Sire, l'objet de la mesure que j'ai l'honneur de soumettre à la sanction de V. M. — Le décret qui la consacrerait a subi l'épreuve d'une double élaboration au sein du conseil de gouvernement, à Alger, et du comité consultatif de l'Algérie institué près du mon département. — La mesure consiste à conférer au gouverneur général la faculté d'instituer, dans les localités de l'Algérie qui ne sont pas érigées en communes, des commissions syndi-

cales, spécialement chargées de la gestion des biens communaux. — Ces commissions seraient composées d'un syndic, agent d'exécution, et d'un certain nombre de membres pris parmi les habitants notables de la localité.

J'ai trouvé le type de l'institution syndicale appliqué à la gestion des biens communaux, dans la législation municipale de France, et quelques dispositions du décret proposé sont empruntées, pour le fond, au tit. 7 de la loi du 18 juill. 1837. — Mais, à côté de cet intérêt de premier ordre qui rendait l'institution nécessaire, s'en présentent d'autres dérivant de la même source, mais lesquels il n'est pas moins important de recourir à cet esprit d'entente et d'association qui ne peut se produire qu'au sein d'une représentation officielle de la communauté. — On se trouvait donc amené, par une conséquence logique, irrésistible, à étendre les attributions des commissions syndicales aux objets de cette nature.

Ainsi, d'une part ces commissions jouiraient des attributions dévolues aux conseils municipaux en matière de vicinalité, et tiendraient lieu, par conséquent, des commissions spéciales instituées par l'art. 25 du décr. du 3 juill. 1854, sur les chemins vicinaux en Algérie. — D'autre part, elles pourraient être consultées sur les questions relatives à la police rurale, à l'établissement des chemins d'exploitation, à l'aménagement des eaux d'irrigation, toutes les fois, enfin, qu'il s'agirait de pourvoir à l'utilité commune, et de subordonner, à cet effet, l'intérêt individuel à l'intérêt collectif.

Il m'a semblé, Sire, qu'ainsi constituées, les commissions syndicales, dont j'ai l'honneur de vous proposer la création, remplaceraient efficacement, pour les centres où elles seraient établies, les conseils municipaux, dans tous les cas où il est nécessaire de recourir au principe de la solidarité communale. — L'institution ne peut manquer d'être bien accueillie par la population coloniale, car elle répond à un de ses besoins les plus urgents. Elle aura pour effet immédiat d'initier les agglomérations naissantes des villages algériens, nonobstant la diversité des origines, aux mouvements réguliers de la vie collective, et de les préparer ainsi tout naturellement à la plénitude du régime municipal.

Le ministre de la guerre, VAILLANT.

fonciers de la circonscription, et dressent l'état de la répartition de cette contribution entre eux, d'après l'étendue de chaque propriété.—Le budget des recettes et des dépenses est définitivement arrêté, et le rôle de la contribution, lorsqu'il y a lieu, est rendu exécutoire par le préfet ou par le général commandant la division, selon le territoire.

Art. — 6. Les commissions syndicales arrêtent, sous l'approbation du préfet ou du général commandant la division, le mode de jouissance des biens communs entre les habitants de la circonscription.— Les excédants de recettes sont versés à la caisse locale et municipale, pour être employés à des dépenses d'intérêt commun.

Art. 7. — Le syndic administre les biens indiqués en l'art. 1; — Dirige les travaux d'intérêt commun; — Prépare le budget; — Ordonnance les dépenses; — Surveille la comptabilité; — Nomme les pâtres communs. — Le syndic, pour les objets compris dans ses attributions, ne correspond avec l'autorité supérieure que par l'intermédiaire du maire.

Art. 8. — Lorsque la comptabilité ne peut être confiée au receveur d'une commune voisine, il peut être établi auprès de la commission syndicale un agent ou un régisseur comptable, qui est soumis aux mêmes règles et obligations que les receveurs municipaux. — Cet agent ou régisseur est nommé par le préfet ou le général commandant la division, sur la proposition du syndic.

Art. 9. En matière de chemins vicinaux, les commissions syndicales sont investies des attributions conférées aux conseils municipaux par le décret du 5 juillet 1854. — Ces mêmes commissions peuvent être consultées sur les questions relatives à la police rurale, à l'établissement des chemins d'exploitation, à l'aménagement des eaux d'irrigation, et enfin sur tout autre objet portant un caractère d'intérêt communal.

DE. — 28 juill. 1860. — Aliénation de la propriété communale.

Art. 1. — Indépendamment de la faculté qui leur est attribuée par l'art. 7 de l'arr. du 4 nov. 1818 de vendre, à charge de remploi, les biens composant leur dotation immobilière, les communes de l'Algérie peuvent être autorisées à aliéner ces biens pour le prix en être affecté à la construction d'édifices communaux, à l'exécution de travaux d'intérêt commun, à la part incombant à la commune ou au concours offert par elle dans la dépense des travaux publics à exécuter par l'État.

Art. 2. Ces aliénations sont autorisées par arrêté de notre ministre de l'Algérie et des colonies après délibération du conseil municipal pour les communes de plein exercice, et avis du préfet en conseil de préfecture ou du général en conseil des affaires civiles. — L'arrêté déterminera pour chaque aliénation le mode d'après lequel il y sera procédé.

§ 2. — ORGANISATION TRANSITOIRE ABROGÉE. — CRÉATION DE COMMUNES. — CONSEILS MUNICIPAUX. COMMISSIONS MUNICIPALES.

AM. — 1er sept. 1834, art. 6 et suiv. (V. Admin. gén., § 1.) — Administration municipale instituée à Alger, Oran et Bône.

AG. — 18 nov. 1834. — B. 3. — Institution des conseils municipaux d'Alger, Oran et Bône. (Les pouvoirs de ces conseils, prorogés par plusieurs arrêtés successifs, cessèrent lors du renouvellement qui eut lieu le 17 mars 1836. Après l'organisation nouvelle du 2 août 1836, les conseils étaient presque totalement privés d'attributions. Leurs pouvoirs furent cependant prorogés encore jusqu'au 31 déc. 1837;

mais à cette époque il n'y eut ni renouvellement ni prorogation, et ils cessèrent d'exister, jusqu'à l'arrêté du 16 août 1818.)

AG. — 22 avr. 1835. — B. 13. — Division du massif d'Alger en neuf communes : Pointe pescade, Bouzareah, Dely Ibrahim, Mustapha, El biar, Birmandrais, Kaddous, Birkadem, Kouba.

AG. — 23 avr. 1835. — B. 14. — Institution dans chacune de ces communes d'un maire et de deux adjoints, dont l'un indigène. — Attributions restreintes.

AG. — 23 mai. 1835. — B. 16. — Création de cinq communes nouvelles : Birtouta, Hussein Dey, Douera, Deschioued, Mazafran.

AM. — 2 août 1836. — (V. Admin. gén., § 1). — L'autorité municipale est conférée aux intendants et sous-intendants civils. — Les fonctions de maire sont restreintes à celles d'officier de l'état civil. — Les dépenses de la commune sont mises à la charge de l'État, et l'organisation du 1er sept. 1834 est abrogée implicitement.

AM. — 17 déc. 1843. — B. 164. — Nouvelle division du territoire d'Alger en 14 communes : Alger, Birkadem, Birmandrais, Bouzareah, Cheragas, Kouba, Draria, Dely Ibrahim, El biar, Hussein Dey, Mustapha pacha, Ouled Fayet, Pointe pescade, Sidi Ferruch. — Institution dans chaque commune d'un adjoint indigène et suppression de toutes autorités indigènes établies dans les districts autres que celui d'Alger.

AM. — 6 août 1844. — B. 181. — Division du district de Koléah en trois communes : Koléah, Fouka, Douaouda. — Mêmes dispositions que ci-dessus.

AM. — 13 sept 1844. — B. 184. — Division du territoire de Douera en sept communes : Baba Hassan, Crescia, Douera, Mahelma, Ouled Mendil, Sainte-Amélie, Saint-Ferdinand. — Mêmes dispositions complémentaires que ci-dessus.

OR. — 29 oct. 1845. — (V. Circonsc., § 2.) Création de cinq communes dans l'arrondissement de Blidah : Blidah, Joinville, Montpensier, Dalmatie, Beni Mered.

OR. — Même date. — (V. eodem). — Création de quatre communes dans l'arrondissement d'Oran : Oran, La Senia, Misserghin, Mers el Kebir.

AM. — 8 nov. 1845. — B. 214. — Institution d'une mairie à Blidah.

OR. — 4 déc. 1846. — (V. Villes et villages, § 1.) — Création de huit communes en territoire mixte dans la subdivision d'Oran : Nemours, Joinville, Saint-Louis, Saint-Cloud, Sainte-Adélaïde, Saint-Eugène, Saint-Leu, Sainte-Barbe.

AM. — 20 mai 1847. — B. 256. — Institution d'une mairie à Mostaganem.

OR. — 28 sept. 1847. — (V. ci-dessus, § 1.) — Nouvelle organisation municipale.

AG. — 27 mars 1848. — B. 271. — Nomination d'office du maire, des adjoints et des conseillers municipaux d'Alger, en attendant qu'il puisse être pourvu par voie d'élection à ces fonctions.

AG. — 10 mai 1848 (V. Circonscriptions, § 2). — Création, dans l'arrondissement d'Oran, des trois communes de Valmy, Sidi Chami, Fleurus.

APR. — 16 août 1848 — B. 285. — Régime électif.

*(Abrogé par décret du 8 juill. 1851. V. au §
suivant.)*

Art. 1. — Tout le territoire civil de l'Algérie est
érigé en communes. — La circonscription administrative des communes non encore érigées, sera
fixée par des arrêtés ultérieurs du ministre de la
guerre.

Art. 2. — Le corps municipal de chaque commune se compose d'un maire, d'un ou de plusieurs
adjoints, et d'un conseil municipal.

Art. 3. — La nomination des membres des conseils municipaux se fait par voie d'élection : ils
sont nommés pour trois ans ; renouvelés par tiers,
chaque année, et toujours rééligibles.

Art. 4. — Sont électeurs tous citoyens français
ou naturalisés Français, âgés de 21 ans, et domiciliés dans la commune depuis un an au moins.

Art. 5. — Tout étranger, âgé de 21 ans, autorisé par le pouvoir exécutif à jouir des droits civils en Algérie, ou propriétaire, ou concessionnaire dans la commune, ou y payant, depuis six
mois au moins, un loyer annuel de plus de 600 fr.
pour locations de terres ou maisons, ou une patente ou licence de troisième classe, au minimum,
et admis à concourir à l'élection des membres
des conseils municipaux. — Les étrangers électeurs devront justifier d'une résidence de deux ans
au moins en Algérie, dont un an dans la commune.

Art. 6. — Sont éligibles tous les Français âgés de
25 ans, domiciliés dans la commune depuis un an
au moins, et ceux qui, sans résider, y seraient
propriétaires d'immeubles depuis un an, ou y
payeraient, depuis la même époque, une patente
de troisième classe au minimum. — Néanmoins,
suivant la proportion établie par l'art.15 de la loi
du 21 mars 1831, le nombre de ces derniers ne
pourra dépasser le quart des membres des conseils.

Art. 7. — Sont éligibles tous les étrangers électeurs âgés de 25 ans.

Art. 8. — Les conditions imposées aux indigènes musulmans et israélites, pour être électeurs
et éligibles, sont les mêmes que celles établies par
les art. 5 et 7.

Art. 9, 10, 11 et 12. — (Dispositions relatives
aux formalités de l'élection.)

Art. 13. — Le conseil municipal se compose,
indépendamment du maire et de ses adjoints:
1° de 9 membres dans les communes comptant
moins de 3,000 âmes ; 2° de 12 membres dans les
communes de 3,000 âmes et au-dessus ; 3° de 15
membres dans les communes de 10,000 âmes et au-
dessus. — A Alger, le conseil sera, indépendamment du maire et de ses adjoints, de 24 membres.

Art. 14. — Les étrangers et les indigènes ne
pourront excéder, dans le conseil municipal, le
tiers du nombre total de ses membres. — Un règlement particulier déterminera : — 1° le nombre
des étrangers et des indigènes qui devront, au minimum, s'il y a lieu, d'après la population, être
élus membres du conseil municipal ; — 2° Les
proportions dans lesquelles ils concourront, soit à
la composition de la part à eux dévolue, soit au
renouvellement triennal.

Art. 15. — Le maire et les adjoints seront nommés parmi les citoyens éligibles, aux termes de
l'art. 6, par le gouverneur général, dans les communes comptant moins de 3,000 âmes, et par le
pouvoir exécutif dans les chefs-lieux d'arrondissement et de province, ainsi que dans les communes
au dessus de 3,000 âmes. — Les maires et adjoints seront nommés pour trois ans, ils peuvent
être suspendus par un arrêté du gouverneur général. La suspension ne peut excéder trois mois. —
Les maires et adjoints ne sont révocables que par
une décision du pouvoir exécutif. Ceux qui auront
été révoqués ne pourront être réélus pendant un an.

Art. 16. — Les étrangers et les indigènes ne
peuvent être maires ni adjoints, ni les suppléer
en cas d'empêchement.

Art. 17. — Les conseils municipaux peuvent
être suspendus par arrêté du gouverneur général,
le conseil supérieur d'administration préalablement entendu, mais ils ne peuvent être dissous
que par un acte du pouvoir exécutif.

Art. 18. — Lorsque la dissolution d'un corps
municipal aura été prononcée, il sera procédé à sa
réélection dans le délai de deux mois.

Art. 19. — Toutes les dispositions de l'ord. du
28 sept. 1817, qui ne sont pas contraires au présent arrêté, sont et demeurent exécutoires.

                  E. CAVAIGNAC.

AG. —9 oct. 1818 et 14 oct. 1819.—B. 290, 332.
— *Composition des conseils municipaux en
exécution de l'art. 14 de l'arrêté précédent
dans les six communes constituées par l'ord.
du 31 janv. 1818 (V. § 3 ci-après).*

AM. — 22 mars 1850. — B. 344. — *Suspension
du conseil de Blidah pour illégalité de ses
délibérations. — Nomination d'une commission municipale. — (Ce conseil a été dissous
définitivement par arr. du 30 septembre 1850.
B. 564.)*

AM. — 25 juin 1850. — B. 353. — *Nomination
d'une commission municipale, en remplacement du conseil municipal d'Oran, déclaré
suspendu, et dissous par arrêté du 8 juill.1851.
B. 589. — Réserve de poursuites contre les
conseillers suspendus, pour infraction aux
lois dans l'exercice de leurs fonctions.*

AG. — 18 août 1851. — B. 392. — *Nomination
d'une commission municipale en remplacement du conseil municipal d'Alger, déclaré
suspendu.*

DP.—22 août 1851 (V. *Circonscriptions*, § 4).—
*Création des communes du Fondouck, de
l'Arba et de la Rassauta.*

AG. — 24 déc. 1851. — B. 400. — *Institution,
à raison de l'état de siège, de commissions
municipales dans les nouvelles communes de
Douéra, Bouffarick et Koléah.*

DI. — 14 juin 1851. — B. 464. — *Division de
l'arrondissement de Mostaganem en cinq communes : Mostaganem, Libérés, Ain-Tedelès,
Aboukir, Rivoli.*

§ 3. — ORGANISATION ACTUELLE. — COMMUNES DE
    PLEIN EXERCICE. — CORPS MUNICIPAUX (1).

OR. — 31 janv.-28 fév. 1848.—B. 269.— *Alger,
Blidah, Oran, Mostaganem, Bône et Philippeville.*

Vu les art. 1 et 4 de l'ord. du 28 sept. 1847 ;
Art. 1. — Les villes d'Alger, de Blidah, d'Oran,
de Mostaganem, de Bône et de Philippeville sont
érigées en communes. — Les limites de ces communes sont fixées par la présente ordonnance et
conformément aux plans ci-annexés.

DP.— 21 nov.-5 déc. 1851.— B. 597.— *Les districts de Douéra, Koléah et Bouffarik, sont
érigés en communes.*

Art. 1. — Sont supprimés dans le départ. d'Alger, les commissariats civils de Douéra, Koléah et
Bouffarik.

Art. . —Les territoires des districts de Douéra,
Koléah et Bouffarik, tels qu'ils ont été délimités

---

(1) V. l'article spécial *Circonscriptions admin.*, pour
toutes les dispositions relatives à la circonscription de ces
communes ainsi que des districts et arrondissements.

par l'arr. min. du 21 déc. 1812, sont érigés en communes.

Art. 3. — Les communes de Douera et Koléah feront partie de l'arrond. d'Alger. — La commune de Bouffarik fera partie de l'arrond. de Blidah.

(L'ord. et le décret qui précèdent contenaient en outre la fixation du nombre des adjoints de chaque commune, et leur résidence. Ces dispositions modifiées d'abord de 1848 à 1854 par les arrêtés rapportés au § 2, sont aujourd'hui remplacées ainsi qu'il suit.)

DI. — 1er mai-3 sept. 1854. — B. 465. — *Réorganisation de la municipalité d'Alger.*

Vu l'art. 1 de l'ord. du 28 sept. 1817 ; — Vu l'art. 2, § 2, de l'ord. du 31 janv. 1818 :

Art. 1. — La municipalité de la commune d'Alger sera reconstituée conformément aux dispositions suivantes.

Art. 2. — Le corps municipal se composera : — 1° D'un maire ; — De 5 adjoints domiciliés dans la la ville d'Alger ; — D'un adjoint spécial pour chacune des trois sections suburbaines ; — 2° D'un conseil municipal de 16 membres, savoir : 10 Français ou naturalisés Français ; — 3 colons étrangers ayant au moins deux années de résidence en Algérie, dont une dans la circonscription communale ; — 3 Indigènes, dont 2 musulmans et 1 israélite. — Le maire est président-né du conseil municipal, dont font également partie les adjoints, avec voix délibérative.

Ar. 3. — Le maire et les adjoints seront nommés par nous, sur la présentation de notre ministre secrétaire d'État de la guerre. — Les conseillers municipaux seront nommés par le gouverneur général de l'Algérie sur la proposition du préfet.

Art. 4. — Sont applicables au corps municipal de la commune d'Alger celles des dispositions du titre 1 de l'ordonnance susvisée du 28 sept. 1817 auxquelles il n'est pas dérogé par le présent décret.

DI. — 8 juill.-3 sept. 1854. — B. 465. — *Municipalité des communes de Blidah, Douéra, Koléah, Bouffarik, Oran, Mostaganem, Bône, Philippeville.*

Vu le déc. du 21 mars 1851 :

Art. 1. — Les municipalités des communes de Blidah, Douéra, Koléah, Bouffarik, dans le département d'Alger ; Oran, Mostaganem, dans le département d'Oran ; Bône, Philippeville, dans le département de Constantine, seront constituées conformément aux dispositions suivantes.

Art. 2. — *Blidah :* — Le maire et 3 adjoints dont 1 domicilié dans la ville de Blidah, et les 2 autres dans chacune des sections rurales de Mered et Dalmatie ; — Conseil municipal de 10 membres, savoir : 7 Français ou naturalisés Français (1) ; 1 colon étranger ayant au moins deux années de résidence en Algérie dont une dans la circonscription communale (2) ; 2 indigènes dont 1 musulman et 1 israélite. — (Augmenté d'un adjoint à la résidence de Oued el Halleg, et d'un conseiller français, par décret du 31 décembre 1856.)

Douéra : — Le maire et 6 adjoints, dont 1 à la résidence de Douéra et les 5 autres à celle de chacune des sections suburbaines de Baba Hassen,

Crescia, Sainte-Amélie, Saint-Ferdinand, Mahelma ; — Conseil municipal de 7 membres, savoir : 6 Français, 1 colon étranger.

Koléah : — Le maire et 4 adjoints, dont 1 à la résidence de Koléah, les 3 autres à celles de Fouka, Douaouda, Zeralda ; — Conseil municipal de 7 membres, savoir : 5 Français, 1 étranger, 1 indigène musulman. — (Augmenté de 2 adjoints à la résidence de Castiglione et de Tefeschoun, et de 2 conseillers français, par décret du 31 décembre 1856.)

Bouffarik : — Le maire et 2 adjoints, dont 1 domicilié dans la commune, et l'autre dans l'annexe de Souma ; — Conseil municipal de 7 membres, savoir : 6 Français, 1 colon étranger. — (Augmenté d'un adjoint à la résidence de Chebli, et d'un conseiller indigène musulman, par décret du 31 décembre 1856. — Augmenté d'un adjoint à la résidence de Bouinan, qui forme une section annexe, par décret du 11 avril 1860.)

Oran : — Le maire et 4 adjoints, dont 2 domiciliés à Oran et 1 dans chacune des sections suburbaines de Mers-el-Kébir et de la Senia ; — Conseil municipal de 12 membres, savoir : 7 Français, 3 colons étrangers, 2 indigènes, dont 1 musulman et 1 israélite. — (Augmenté d'un adjoint à la résidence d'Aïn el Turk, par décret du 31 déc. 1856.)

Mostaganem : — Le maire et 2 adjoints (portés à 4 par décret impérial du 14 février 1855, B. 176, dont 2 pour les sections suburbaines de Mazagran-Oureah et de Karouba) ; — Conseil municipal de 10 membres, savoir : 7 Français, 1 colon étranger, 2 indigènes, dont un musulman et un israélite.

Bône : — Le maire et 2 adjoints ; — Conseil municipal de 10 membres, savoir : 6 Français, 2 étrangers, 2 indigènes, dont 1 musulman et 1 israélite.

Philippeville : — Le maire et 4 adjoints dont 2 pour les sections suburbaines de Saint-Antoine, et de Damrémont-Valée (porté par décret du 18 nov. 1857, B. 515, à 5 adjoints, dont 1 à la résidence de Stora) ; — Conseil municipal de 8 membres, savoir : 6 Français, 2 colons étrangers.

Art. 3. — Le maire est président du conseil municipal, dont les adjoints font également partie avec voix délibérative.

Art. 4. — Dans les communes d'Oran, chef-lieu de département ; de Blidah, de Mostaganem, de Bône, de Philippeville, chefs-lieux d'arrondissement, le maire et les adjoints seront nommés par nous, sur la présentation de notre ministre secrétaire d'État de la guerre. — Dans les communes de Douéra, Koléah, Bouffarik, ils seront nommés par le gouverneur général sur la proposition des préfets. — Les conseillers municipaux des différentes communes désignées au présent décret seront également nommés par le gouverneur général.

Art. 5. — Sont applicables au corps municipal desdites communes celles des dispositions du titre 1 de l'ordonnance susvisée du 28 septembre 1817 auxquelles il n'est pas dérogé par le présent décret. — L'arrêté du chef du pouvoir exécutif, du 16 août 1848 (V. ci-dessus, § 2), sur les municipalités de l'Algérie, est abrogé.

DI. — 26 avril-18 mai 1854. — B. 459. — *Constantine* (3).

_____

(1 et 2) Cette mention est reproduite pour chacune des communes dont la désignation suit, ainsi que dans les décrets postérieurs.

(3) 26 avr. 1854. — *Rapport à l'empereur.* — Sire, j'ai l'honneur de proposer à V. M. d'ériger la ville de Constantine en commune de plein exercice.

Constantine, chef-lieu de la province de l'est, est, par sa population, la seconde ville de l'Algérie. Elle continue, entre nos mains, le rôle de métropole que lui a con-

stamment assigné l'histoire, depuis Jugurtha jusqu'à Ahmed Bey. Dominant par son assiette topographique, cette fertile Numidie qui avait mérité le nom de grenier de Rome, elle a toujours été un centre très-actif de commerce et d'industrie, où viennent déjà se donner carrière l'intelligence et l'activité européennes.

Ce sera compléter la destinée moderne de cette antique cité, que de lui conférer le titre de municipe français. Elle possède tous les moyens de le soutenir dignement. Ses

Vu l'art. 1 de l'ord. du 28 sept. 1847 ;

Art. 1. — Une municipalité est instituée pour la ville de Constantine et pour sa banlieue, telle qu'elle a été déterminée par l'art. 1 du décret du 20 mars 1849 (V. *Transactions immobilières*).

Art. 2. — Le corps municipal se composera : 1° D'un maire et de deux adjoints qui devront être Français ou naturalisés Français ; 2° D'un conseil municipal (ainsi modifié par décret du 11 avril 1850, B.M. 24) de 12 membres, savoir : 8 Français ou naturalisés Français ; 1 colon étranger ayant au moins deux années de résidence en Algérie, dont une dans la circonscription communale ; 3 indigènes, dont 2 musulmans et 1 israélite. — Le maire est président-né du conseil municipal, dont font également partie les adjoints, avec voix délibérative.

Art. 3. — Le maire et les adjoints seront nommés par nous sur la présentation de notre ministre secrétaire d'État de la guerre. — Les conseillers municipaux seront nommés par le gouverneur général de l'Algérie, sur les propositions du préfet.

Art. 4. — Sont applicables à la commune de Constantine toutes celles des dispositions de l'ordonnance susvisée du 28 sept. 1847, et de l'arrêté du chef du pouvoir exécutif du 4 novembre 1848, auxquelles il n'est pas dérogé par le présent décret.

DI.—17 juin,-13 juill. 1854.—B. 462.—*Médéah, Miliana, Cherchell, Tenès, Mascara, Tlemcen, Bougie, Sétif, Guelma* (1).

Art. 1. — Les villes de Médéah, de Miliana, de Cherchell et de Tenès, dans le dép. d'Alger ;

---

ressources budgétaires, évaluées d'après les plus sévères prévisions, peuvent lui constituer, dès à présent, un revenu de 300,000 fr. C'est là le revenu d'une grande ville de France, et ce qui révèle toute l'importance commerciale de Constantine, c'est que les seuls droits de place et de mesurage sur les marchés produisent plus des deux tiers de la somme que je viens d'énoncer. Cette source de produits est loin d'avoir atteint son développement normal, sa nature étant de suivre le mouvement ascendant de la colonisation et de l'affluence des produits du sol vers le centre principal d'écoulement qui leur est ouvert.

Ainsi les ressources financières de la nouvelle commune sont positives, abondantes, assurées. La composition actuelle de sa population fixe, dont le chiffre dépasse 31,000 âmes, n'offre pas de garanties moins solides de vitalité communale. La population coloniale de Constantine a plus que doublé depuis deux ans, et grâce à la sécurité complète dont jouit la province, elle tend incessamment à s'accroître. Elle était de 4,500 âmes à la fin de 1852 ; elle doit atteindre aujourd'hui près de 5,000 âmes, dont les quatre cinquièmes appartiennent à la nationalité française.

Ce seul élément de la population de Constantine suffirait, sire, pour démontrer que le moment est venu de la doter d'une administration municipale. Elle la sollicite depuis longtemps ; mais si la nécessité, en présence de la trop grande prédominance de l'élément arabe, a dû conseiller de résister à ce vœu tant qu'il était prématuré, elle prescrit d'y faire droit, aujourd'hui que cette prédominance s'est assez atténuée pour écarter toute idée d'inconvénient ou de danger. Loin de là, sire, l'admission de quelques indigènes considérables et influents dans le conseil de la commune ne peut avoir que des résultats éminemment favorables à notre politique, et nul doute que, dans un moment de crise, la municipalité, composée, comme elle le sera toujours, de l'élite de la cité, au lieu d'être un embarras et un danger, ne fût pour l'administration française une force et un point d'appui.

L'unité municipale est d'ailleurs le lien le plus naturel et le plus fort qu'on puisse établir entre les éléments hétérogènes dont se compose la population des villes algériennes. Comme habitants de la même cité, le musulman, l'israélite, le colon français et l'émigrant étranger ont des intérêts communs ; qu'on les appelle concurremment à s'occuper de ces intérêts, à discuter les moyens d'y satisfaire, et l'on verra aussitôt s'établir le concours si nécessaire des volontés, des efforts et des sacrifices pour le bien de tous. Le concours ne saurait exister à l'état de simple juxtaposition qui précède l'organisation communale ; mais les grandes municipalités de l'Algérie ont montré avec quelle facilité la communauté des besoins et des intérêts triomphait, dans les conseils locaux, de la diversité des origines, et même des antipathies de race.

A ce point de vue, sire, l'extension du régime communal me paraît appelée, en Algérie, à jouer un rôle des plus importants dans l'œuvre de la transformation politique et sociale des populations indigènes des grandes villes, œuvre qui nous a été imposée par la conquête, et dont l'accomplissement pacifique, par la seule force de nos lois libérales, est si digne des préoccupations de votre gouvernement. Aussi l'ai-je fait-je un devoir, sire, de vous demander l'institution communale pour les localités de l'Algérie, à mesure qu'elles me paraîtront mûres pour cette

institution, c'est-à-dire lorsque la municipalité de plein exercice pourra y être constituée dans des conditions réelles de progrès et de vitalité, comme c'est le cas pour la ville de Constantine.

Aux termes du décret, le corps municipal de la nouvelle commune se composera (V. art. 2).

Notre élément national concourra ainsi pour près des trois quarts à la formation du corps municipal ; il m'a semblé, sire, que cette proportion était commandée par la politique et par le bon sens, puisque, après tout, c'est une cité française que nous voulons fonder dans chaque commune de l'Algérie.

Les quatre voix données aux éléments étrangers à notre nationalité suffisent pour assurer le bénéfice de la représentation et de la discussion aux intérêts et aux besoins spéciaux qu'elles auront mission de faire valoir dans le conseil de la cité. C'est assez pour que ces intérêts ou ces besoins obtiennent toutes les satisfactions qui pourront leur être accordées.

Par un retour aux règles sagement établies par l'ord. organique du 28 sept. 1847, et conformément, d'ailleurs, au fait qui prévaut aujourd'hui en Algérie, je propose à V. M. de réserver au gouvernement le choix des membres du corps municipal. Cette réserve n'a rien d'hostile à la liberté des assemblées municipales : elle est une garantie indispensable contre les surprises de l'état et les erreurs de l'opinion. L'intérêt de l'État est que les municipalités qu'il fonde en Algérie grandissent et prospèrent. La tutelle qu'il exerce sur elles ne saurait avoir d'autre but ; mais, pour l'atteindre sûrement, il est indispensable quant à présent du moins, qu'il préside lui-même à leur composition, afin de n'y introduire que des éléments d'ordre, de sagesse et de concorde.

Le ministre de la guerre, VAILLANT.

(1) Paris, le 16 juin 1854. — *Rapport à l'empereur.* — Sire, si entre dans les vues de votre gouvernement de donner à l'organisation municipale en Algérie tout le développement que permet et comporte l'état de la population civile dans ce pays. — Tout porte, en effet, à considérer la commune, sagement et fortement constitué, comme un des auxiliaires les plus sûrs et les plus efficaces de l'œuvre de la colonisation. — La commune continue la mère patrie pour l'émigrant français et européen ; l'indigène lui-même peut y trouver une image de la djemâ. — À l'idée de commune se lient celles de fixité, de perpétuité, d'attachement des familles au sol par la propriété, par le travail, par la succession des générations et par la tradition, c'est-à-dire que, dans la commune, se résume tout ce qui constitue une société régulière et bien assise.

La commune est l'élément primordial de toute nationalité ; multiplier en Algérie des communes faites à l'image de celles de la métropole, n'est-ce pas étendre et consolider tout à la fois les fondements de la France algérienne ? — La commune, en créant des besoins et des intérêts collectifs, fait naître, par cela même, parmi ses membres actifs, le concert des volontés et la solidarité des efforts en vue du bien général ; et dans cette solidarité se confondent pour s'effacer avec le temps, les diversités d'origine et de race qui caractérisent, à ses débuts, toute agrégation agricole.

Enfin, pourquoi ne pas le dire? le moment est venu, sire, de faire comprendre aux populations algériennes que c'est en s'aidant beaucoup elles-mêmes qu'elles doivent mériter d'être aidées. L'institution de la commune pourra seule leur donner cette intelligence; ce n'est qu'au sein de la commune, s'administrant elle-même, avec ses propres ressources, que se développera cet esprit d'initiative et d'entreprise qui pousse les populations énergiques à s'ingénier, à s'imposer des sacrifices pour conquérir le bien-être et la richesse par le progrès. L'expérience n'a que trop prouvé que, sous l'influence d'une sorte de communisme administratif qui les accoutume à tout attendre de la vigilance et de la sollicitude du pouvoir central, les masses, comme les individus, s'abandonnent volontiers à l'imprévoyance et à l'inertie. En perpétuant la minorité des populations, on ne fait que perpétuer leur enfance et leur débilité; pour initier celles de l'Algérie à la vie collective, à cette vie d'activité et d'énergie qui, en se généralisant, fait la virilité et la puissance d'une nation, il faut les appeler à la vie municipale.

Il s'agit seulement, en instituant les communes algériennes, de ne les constituer que suffisamment dotées des conditions nécessaires de force et d'avenir. La crainte de compromettre une œuvre nouvelle par des mesures prématurées a longtemps fait hésiter l'administration devant l'application de ses propres doctrines, et lui a toujours imposé la plus grande réserve dans ses propositions d'organisation municipale.

Je ne m'écarte point, sire, de ces errements de prudence et de circonspection, en venant vous proposer de porter presque au double le nombre des municipalités qui existent aujourd'hui en Algérie, et d'ériger en commune de plein exercice neuf villes, dont cette mesure va consacrer l'importance politique et agrandir le rôle dans l'œuvre de la colonisation algérienne.

Permettez-moi, sire, de vous exposer sommairement les titres de ces villes à l'existence municipale, et de vous faire connaître en même temps les bases et les traits essentiels de l'organisation que je propose de leur donner.

1. — *Commune de Médéah.* — Grâce à sa position avancée dans la région du Tell, sur la route la plus directe qui relie le port d'Alger au Sahara, la ville de Médéah a toujours joui d'une grande importance politique et commerciale. Sous la domination turque, elle était la capitale du beylik de Tittery. — Médéah est le chef-lieu d'une subdivision militaire. L'administration civile y date de 1830, époque de l'institution du commissariat civil : une justice de paix y avait déjà été créée l'année précédente. — Cette ville possède un marché très-fréquenté, où les indigènes apportent en abondance les divers produits du pays en laines, céréales et bestiaux. La population coloniale y a trouvé un sol et un climat propices à la culture de la vigne, et elle s'est empressée de les mettre à profit. Les vins de Médéah ont déjà acquis une renommée qui contribuera à la richesse du pays.

La circonscription du district formera celle de la commune, qui comprendra dès lors, comme sections ou annexes rurales, les colonies agricoles de Damiette et du Lodi, ainsi que le centre de Mouzaïa les Mines. La population fixe de la commune et de ses annexes s'élève en ce moment à 7,200 habitants, dont la répartition, en raison de l'origine, s'établit ainsi qu'il suit : — Français, 2,010. — Européens, 420. — Indigènes musulmans, 3,980. — Indigènes israélites, 790. — Total, 7,200. — Les revenus municipaux peuvent être évalués dès à présent à 100,000 fr.

2. — *Commune de Milianah.* — Milianah est une ville d'origine romaine; des ruines imposantes attestent son antique prospérité. Assise à mi-côte, sur un contre-fort du Zakkar, elle commande la vallée du Chélif et doit à cette position une grande importance stratégique; aussi a-t-elle été choisie comme centre d'un commandement militaire supérieur : c'est là qu'est le quartier général de l'une des subdivisions de la province d'Alger. — Un commissariat civil y a été institué en 1850. — La fertilité de son territoire, l'un des plus abondamment arrosés de l'Algérie, son marché arabe, son industrie minotière que favorise la multiplicité des chutes d'eau, sont pour Milianah des sources certaines et permanentes de prospérité.

La circonscription de la commune sera celle du district, et comprendra comme section la colonie agricole d'Affreville, fondée sur l'emplacement d'une ancienne colonie romaine qui florissait à l'ombre de l'antique cité. C'est

ainsi que sur presque tous les points de l'Algérie la civilisation française ne fait que reprendre, en quelque sorte, à de longs siècles d'intervalle, l'œuvre interrompue de la civilisation romaine. — La population fixe de Milianah et de son annexe dépasse 4,610 habitants, classés ainsi qu'il suit : — Français, 950. — Européens, 540. — Indigènes musulmans, 2,650. — Indigènes israélites, 520. — Total, 4,610. — Les revenus municipaux, susceptibles d'un grand accroissement, peuvent être évalués, dans l'état actuel, à 70,000 fr.

3. — *Commune de Cherchell.* — Cherchell, qui, comme tant de villes maritimes de cette côte, doit sa première fondation aux Carthaginois, a été, sous le nom de *Julia Cæsarea*, la capitale de la Mauritanie Césarienne. Une aussi haute destinée ne sera point celle de la ville française succédant à la ville arabe; mais elle ne s'engourdira point comme celle-ci dans l'indolence et la misère, sur les nombreux débris d'une époque de richesse et de prospérité. Son port, déblayé et restauré, appelle de nouveau l'activité commerciale et la spéculation, car Cherchell est nécessairement le débouché maritime des produits agricoles de l'ouest de la Métidja et du district de Milianah. — Cette ville possède un marché où se traitent, deux fois par semaine, des affaires assez importantes en bestiaux, laines et céréales.

Le commissariat civil de Cherchell, érigé en 1841, comprend dans son district les colonies agricoles de Novi et de Zurich. — La circonscription du district formera celle de la commune, dont les deux colonies ci-dessus désignées composeront des sections rurales. — La population fixe de Cherchell et de ses annexes dépasse 5,030 habitants, conformément aux distinctions suivantes : — Français, 1,250. — Européens, 350. — Indigènes musulmans, 3,450. — Total, 5,030. — Les revenus communaux peuvent être évalués à 40,000 fr.

4. — *Commune de Tenès.* — Sur l'emplacement de la cité romaine de *Cartena Colonia*, à une petite distance de la ville arabe de Tenès, s'est élevée, depuis 1843, la ville actuelle que, pour la distinguer de sa voisine, on a nommée le Nouveau-Tenès, ville française, que sa belle position maritime au débouché de la vallée du Chélif et les gîtes métallurgiques dont elle est entourée doivent faire grandir rapidement en population et en richesse.

Tenès est aujourd'hui le chef-lieu d'un district administré par un commissaire civil, et la résidence d'un juge de paix. — La circonscription communale, qui sera la même que celle du district, comprendra : — 1° Le Vieux-Tenès, jadis capitale d'un petit royaume, réduite à l'état de pauvre bourgade depuis qu'elle fut conquise et à peu près détruite par les frères Barberousse, fondateurs de la domination turque dans ce pays. — 2° Montenotte, colonie agricole de 1848, dont l'avenir est doublement garanti par la fertilité du sol et par le voisinage des mines de cuivre de l'Oued Allelah. — La population fixe de Tenès et de ses annexes dépasse 5,000 habitants, qui se divisent ainsi qu'il suit : — Français, 1,200. — Européens, 630. Indigènes musulmans, 1,150. Israélites, 50. — Total, 5,030. — Les revenus municipaux peuvent être évalués à 45,000 fr.

5. — *Commune de Mascara.* — Mascara, au temps de la régence d'Alger, était la capitale d'un beylik. De nos jours, avant et depuis le traité de la Tafna jusqu'en 1841, elle fut le centre du gouvernement de l'émir Abd el-Kader. C'est aujourd'hui le chef-lieu de l'une de nos subdivisions militaires de la province d'Oran et d'un district administré par un commissaire civil.

Mascara, par son assiette, domine la vaste et fertile plaine d'Eghris. Indépendamment de l'importance politique et militaire qu'elle doit à cette position, la nature l'a dotée d'un grand avenir comme centre commercial et industriel. Le sol et le climat y sont également favorables à la culture des céréales, du tabac, de la vigne et de l'olivier. Ses fabriques de burnous noirs et de tapis de Kalaâ ont une grande renommée dans tout le Maghreb. Il s'y tient trois fois par semaine un des plus considérables marchés de la province de l'ouest. — Quand les routes qui doivent relier Mascara aux ports d'Oran et de Mostaganem d'une part avec plusieurs grands centres de l'intérieur d'autre part seront achevées, sa prospérité sera aussi rapide que certaine.

dans le dép. de Constantine ; — Sont érigées en communes, conformément aux dispositions suivantes.

La circonscription du district formera celle de la commune, qui aura pour annexes ou sections les villages agricoles de Saint-André et de Saint-Hippolyte. — La population fixe de Mascara et de ses annexes dépasse 6,100 habitants et se décompose ainsi qu'il suit : — Français, 1,440.—Européens, 640.—Indigènes musulmans, 3,500. Indigènes israélites, 560. — Total, 6,140. — Les revenus municipaux s'élèveront à 80,000 fr.

6. — *Commune de Tlemcen.* — Elevée sur les ruines d'une ancienne colonie romaine, Tlemcen a été florissante sous les dynasties arabes et berbères. Elle était alors la capitale d'un royaume qui comptait de 600 kilom. de côtes, depuis l'embouchure de la Tafna jusqu'au port de Djidjelli. Les histoires arabes disent merveilles de ses palais, de ses mosquées, de ses grandes écoles, des caravanes de ses marchands au pays des dates et de l'or. Elle conserve assez de vestiges de sa splendeur passée pour attester la véracité des récits qui la peuplent de plus de 100,000 âmes au temps de sa prospérité. — Tlemcen est aujourd'hui le chef-lieu d'une subdivision militaire de la province d'Oran. Comme institutions civiles, elle ne possède encore qu'un commissariat civil et une justice de paix ; mais elle verra bientôt agrandir sa juridiction administrative et judiciaire.

Placée comme en vedette au sommet du bassin de la Tafna, à proximité des frontières du Maroc, Tlemcen aura toujours une haute importance politique et militaire. Cette position n'est pas moins favorable à son existence industrielle et commerciale ; elle lui doit d'avoir toujours été un des plus grands marchés de la région du Tell. C'est là que viennent affluer les laines et les céréales des tribus du S.-O., aussi bien que les marchandises apportées par les caravanes qui font la traite avec le Maroc. — Des tanneries, des fabriques de haïks et de burnous y soutiennent la vieille renommée de l'industrie indigène. L'industrie européenne y a multiplié, depuis quelques années, les moulins à huile et à farine, qui fournissent au commerce d'exportation un aliment déjà considérable.

La circonscription communale sera celle du district, et la commune aura pour sections rurales les cinq villages de Bréa, Négrier, Saf Saf, Mansourah et Hennaya, tous fondés, dans son fertile voisinage, de 1849 à 1851. — La population fixe de la commune et de ses annexes s'élève à 12,400 âmes, savoir : — Français, 1,800. — Européens, 1,000.—Indigènes musulmans, 7,300. — Indigènes israélites, 2,300. — Total, 12,400. — Les revenus municipaux peuvent être évalués, quant à présent, à 120,000 fr.

7. — *Commune de Bougie.* — Les avantages de la position maritime occupée par la ville berbère de Bougie n'avaient point échappé à l'instinct spéculateur des Carthaginois. Ils y avaient fondé un de leurs comptoirs les plus importants, sous le nom punique de *Saldæ*, qui fut conservé à la colonie romaine. — Sous les dynasties arabes et berbères, Bougie était la capitale de la province orientale du royaume de Tlemcen, et devint célèbre chez les musulmans d'Afrique par ses écoles savantes et par la vénération attachée à ses mosquées. — Du temps de Léon l'Africain, Bougie, qui était alors au pouvoir des Espagnols, comptait plus de huit mille familles, toutes enrichies par leur commerce et le produit de leur agriculture. Le géographe arabe Edresi, plus vieux de quatre siècles, vante l'habileté de ses habitants dans divers arts et métiers, et la grande aisance qu'ils devaient à leur génie commercial.

Toute cette prospérité s'était évanouie sous la domination des deys d'Alger et n'était plus constatée, quand nous y sommes arrivés, que par des ruines et de vagues souvenirs. Mais Bougie a conservé ses avantages naturels, qui font de sa baie un des mouillages les plus sûrs et les mieux abrités en toute saison, et de son port le grand marché, l'entrepôt nécessaire de la petite Kabylie et de la riche plaine de la Medjana. Aujourd'hui que la soumission des confédérations kabyles qui l'entourent peut être considérée comme un fait accompli et irrévocablement acquis, Bougie ne peut manquer de reconquérir le rôle commercial et industriel qui lui appartient. La spéculation, qui pressent cet avenir de la ville française, y a

Art. 2. — *Médéah ;* — Le maire et 4 adjoints

déjà fondé de nombreux comptoirs relevant du commerce d'Alger, de Marseille et même de Paris.

L'installation d'une administration française à Bougie remonte à 1833, date de l'institution du commissariat civil. — La circonscription communale sera celle du district, qui ne comprend que la ville et une banlieue rurale, que la configuration topographique a forcé de limiter à 1,400 hect. environ. — La population fixe de Bougie est de 1,800 habitants, se répartissant de la manière suivante : — Français, 700. — Européens, 530. — Indigènes musulmans, 460. — Indigènes israélites, 110. — Total : 1,800. — Les revenus municipaux s'élèvent, dès à présent, à 100,000 fr.

8. — *Commune de Sétif.* — La jeune ville de Sétif s'élève sur l'emplacement de la cité romaine de *Sitifis*, capitale de la Mauritanie orientale, qui lui avait emprunté le nom de Mauritanie *Sitifienne*. Détruite par les Vandales, elle ne s'était pas relevée depuis, et lorsqu'elle fut visitée pour la première fois par notre armée, en 1839, elle n'était qu'un amoncellement de ruines depuis longtemps abandonnées. Les anciens itinéraires établissent son importance politique en indiquant les voies romaines qui la reliaient à Carthage et à *Julia Cæsarea* (Cherchell), à *Saldæ* (Bougie) et *Igigilis* (Djidjelli) sur la côte berbère, à *Lambessa* et *Tebessa* vers le S. Sa position, qui commande la vaste plaine de la Medjana, et qui permet de faire rayonner avec rapidité les colonnes expéditionnaires vers tous les points d'un territoire occupé par une population guerrière et turbulente, y fit asseoir, en 1836, un camp à l'abri duquel s'est bientôt formée la ville coloniale.

L'assiette de Sétif, au milieu d'une contrée dont la fertilité était devenue proverbiale au temps des Romains, le débouché que lui offre à 80 kilom. de distance, et par une route déjà praticable au roulage, le port de Bougie, ses rapports faciles avec les tribus du S., lui assignent un rôle important comme marché intérieur et lieu de transit. — Cette petite ville possède déjà un marché hebdomadaire très-fréquenté par les Arabes, et qui prend chaque jour plus d'importance. — L'Arabe Edresi, qui vivait au XIIe siècle, assure que de son temps la culture du coton florissait aux environs de Sétif. Ce témoignage ne peut qu'encourager nos colons à renouveler une culture qui, à une époque déjà si éloignée, contribuait à la fortune de leurs devanciers ; ils tiendront sans doute à prendre un rang honorable dans le concours que la munificence impériale vient d'ouvrir à l'industrie cotonnière en Algérie. — Ainsi, les gages d'un bel avenir ne manquent pas à la commune de Sétif.

Aujourd'hui, chef-lieu d'une subdivision militaire et d'un district administré par un commissaire civil, Sétif est destiné à devenir prochainement le siège d'un arrondissement administratif. — La circonscription assignée au district sera provisoirement celle de la commune. — La population fixe de Sétif et de sa banlieue civile s'élève actuellement, en nombres ronds, à 1,600 habitants ainsi répartis, en raison de leur origine : — Français, 780. — Européens, 340. — Indigènes, pour la plus grande partie israélites, 480. — Total : 1,600. — Les revenus municipaux peuvent être évalués à 50,000 fr.

9. — *Commune de Guelma.* — A distance à peu près égale de Cirtha (Constantine) et d'Hippone (Bône) s'élevait la citadelle formidable de Suthul, dépositaire des trésors de Jugurtha, et sous les remparts de laquelle le prince numide fit éprouver un grave échec aux aigles romaines. Le peuple-roi se vengea depuis en faisant disparaître le nom et les monuments de la ville numide, pour y substituer la colonie militaire de Calama, détruite à son tour par les Vandales. — Arrivé en 1836 au pied de ces ruines, le maréchal Clauzel, frappé de l'importance stratégique de la position, y établit un camp permanent destiné à surveiller le bassin de la Seybouse, et à préparer la conquête définitive de la province de l'E.

Telle a été l'origine de la ville actuelle de Guelma, dont la création a été officiellement consacrée par une ord. du 20 janv. 1840. — L'appel fait par cette dernière mesure à l'esprit colonisateur a porté des fruits si prompts qu'aujourd'hui Guelma possède déjà tous les éléments de l'existence municipale. — La nature généreuse du sol se

dont 1 spécial pour chacune des sections de Da-miette, Lodi et Mouzaïa les Mines.—9 conseillers municipaux, savoir : 5 Français, 1 colon étranger, 3 indigènes dont 2 musulmans et 1 israélite.

Art. 3.—*Milianah :*— Le maire et 2 adjoints dont 1 à la résidence d'Affreville.— 9 conseillers municipaux, savoir : 5 Français, 1 colon étranger, 2 indigènes musulmans, 1 indigène israélite. — (Augmentation de 2 adjoints à la résidence de Aïn Sultan et de Lavarande, et de 1 conseiller français, par décr. des 31 déc. 1856 et 5 sept. 1859.)

Art. 4.—*Tenès :*— Le maire et 2 adjoints dont 1 à la résidence de Montenolte.— 6 conseillers municipaux, savoir : 4 Français, 1 colon étranger, 1 indigène musulman.—(Augmentation de 2 conseillers dont 1 Français et un musulman, par décr. du 5 sept. 1859.)

Art. 5.—*Cherchell :*— Le maire et 3 adjoints, dont 1 à la résidence de chacune des sections de Novi et Zurich.—6 conseillers municipaux, savoir : 4 Français, 1 colon étranger, 1 indigène musulman. (Même augmentation qu'à l'art. précédent.)

Art. 6. — *Mascara :* — Le maire et 5 adjoints dont 1 à la résidence de chacune des deux sections de Saint-André et de Saint-Hyppolite.—8 conseillers municipaux, savoir : 4 Français, 1 colon étranger, 2 indigènes musulmans, 1 indigène israélite.

Art. 7.—*Tlemcen :*— Le maire et 6 adjoints, dont 1 spécial pour chacune des sections de Bréa, Négrier, Saf Saf, Mansourah et Hennaya.—9 conseillers municipaux, savoir : 5 Français, 1 colon étranger, 2 indigènes musulmans, 1 indigène israélite.

Art. 8.—*Bougie :*— Le maire et 1 adjoint.— 6 conseillers municipaux, savoir : 4 Français, 1 colon étranger, 1 indigène musulman.

Art. 9. — *Sétif :* — Le maire et 2 adjoints, dont 1 pour la banlieue. — 6 conseillers municipaux, savoir : 4 Français, 1 colon étranger, 1 israélite indigène.

Art. 10. — *Guelma :*— Le maire et 4 adjoints, dont 1 pour chacune des sections de Héliopolis, Millésimo et Petit.—(Augmenté par décr. du 15 fev.

1858, B. 519 de 2 adjoints, dont un pour chacune des sections de Guelâa bou Sba et de l'Oued Touta.)—6 conseillers municipaux, savoir : 5 Français, 1 colon étranger.

Art. 11. — Les maires présideront les conseils municipaux, dont feront également partie les adjoints, avec voix délibérative. — Les maires, adjoints et conseillers municipaux des neuf communes ci-dessus désignées seront nommés par le gouverneur général de l'Algérie, sur la proposition des préfets. — Toutefois, transitoirement et jusqu'à ce qu'il en soit autrement ordonné, les fonctions de maire seront remplies, dans chacune desdites communes, par le commissaire civil (1).

Art. 12.—Sont applicables aux neuf communes ci-dessus désignées toutes celles des dispositions de l'ord. du 28 sept. 1847 et de l'arr. du 4 nov. 1848, auxquelles il n'est pas dérogé par le présent décret.

DI.—31. déc. 1856-9 fév. 1857.—B. 504.—*Nouvelles circonscriptions et composition de conseils municipaux.* — (V. *le rapport min. en note du décret suivant de la même date.*)

Art. 1, 2, 3.—(Nouvelles circonscriptions et délimitation du commissariat civil de Marengo et de la commune de Douera.—(V. *Circonscriptions administratives*, §§ 3 et 4.)

Art. 4 à 7 et 9.—(Nouvelle composition des conseils municipaux de Boufîarik, Koléah, Blidah, Milianah, Oran, annotée au décr. ci-dessus du 8 juill. 1854.— Délimitations nouvelles.—(V. *Circonscriptions administratives.*)

Art. 8. — (V. *Circonscriptions administratives.—District de Saint-Denis du Sig.*)

Art. 10. — *Pélissier.* — Le centre de population créé en 1846 sous le nom de *Militaires libérés* et délimité sous le nom de *Libérés* seulement par décr. du 14 juin 1854 prend le nom de Pélissier, pour perpétuer le souvenir du commandement exercé dans la province d'Oran, par le maréchal duc de Malakoff.

Art. 11, 12, 13.— (V. *Circonscriptions admi-*

---

conde merveilleusement les efforts des colons; aussi le marché de Guelma, qui se tient deux fois par semaine, donne-t-il déjà lieu à des transactions importantes sur les bestiaux, les laines, les huiles et les céréales.

Guelma est le chef-lieu d'un district administré par un commissaire civil et le siège d'une justice de paix. — La circonscription communale sera celle du district, et comprendra comme sections de commune les colonies agricoles d'Héliopolis, de Millésimo et de Petit.— La population de la circonscription communale dépasse 2,000 habitants, et se décompose ainsi qu'il suit : — Français, 1,650. — Européens, 470. — Indigènes musulmans, 280. — Indigènes israélites, 180. — Total : 2,580. — Les revenus municipaux sont évalués à 70,000 fr.

J'ai cru devoir, Sire, entrer dans les développements qui précèdent, afin de bien établir qu'en accordant l'émancipation communale aux neuf villes algériennes que je viens de désigner, votre gouvernement ne fera pour ainsi dire que les ramener à leur antique origine, et renouer pour elles la tradition historique, brisée par des siècles de barbarie et d'oppression. — J'ai voulu montrer, d'autre part, que l'avènement des communes nouvelles s'accomplirait pour toutes dans des conditions d'aisance et de vitalité, sans lesquelles le soin de gérer leurs intérêts municipaux n'eût été qu'un présent funeste et ruineux.

Mais toutes, Sire, comme vous avez pu vous en convaincre, vont se trouver immédiatement en mesure de pourvoir largement aux nécessités de leur position nouvelle dans le présent, et de préparer, par la sagesse de leurs conseils et l'intelligence de leurs efforts, toutes les améliorations désirables. Aussi ai-je la ferme espérance que, dans un avenir assez prochain, toutes deviendront des cités florissantes, qui n'auront rien à envier à leurs sœurs de la métropole.

L'organisation de ces communes est calquée sur celle qui a été consacrée par vos récents décr. des 26 avr. et 1er mai derniers sur les municipalités de Constantine et d'Alger.— Toutefois, pour garantir ces jeunes municipalités, à leur début, des erreurs et des tâtonnements de l'inexpérience, il m'a paru prudent d'en laisser l'inauguration et la direction première aux commissaires civils, façonnés de longue main aux attributions municipales, et qui en resteront provisoirement investis dans leurs territoires respectifs. — Cet ordre de choses, essentiellement transitoire, cessera au fur et à mesure que les communes nouvelles auront pris assez de consistance pour recevoir, sans inconvénient pour elles-mêmes, une organisation tout à fait normale.

Le ministre de la guerre, VAILLANT.

(1) Cette disposition a donné lieu à l'arrêté ministériel suivant, du 23 juin 1856, B. 497 : — Vu le décr. du 17 juin 1854, art. 11; — Vu l'art. 2, § 2, de l'ord. du 28 sept. 1847; — Considérant que les fonctions conférées aux commissaires civils par le décr. du 17 juin 1854, leur imposent des devoirs et des nécessités de représentation, qui se traduisent en dépenses réelles, dont il est juste qu'il leur soit tenu compte :

Art. 1. — Une indemnité, pour frais de représentation, imputable au budget communal, pourra être allouée aux commissaires civils remplissant les fonctions de maire dans les localités de l'Algérie érigées en communes de plein exercice. — Cette indemnité sera votée, chaque année, par le conseil municipal, au titre des dépenses facultatives. Le chiffre en sera définitivement fixé par l'autorité qui arrête le budget. Il ne pourra, en aucun cas, dépasser la somme de 1,000 fr.   VAILLANT.

nistratives des arrondissements et communes de Constantine, Guelma, Philippeville.)

Art. 11. — Mêmes dispositions qu'à l'art. 12 du décr. qui précède.

D2. — 31 déc. 1856.-9 fév. 1857. — D. 504. — *Institution de 28 nouvelles communes* (1).

Vu l'ordonnance du 28 sept. 1847;

(1) 30 déc. 1856. — *Rapport à l'empereur.* — Sire, Je viens constater un nouveau et remarquable progrès dans la marche des intérêts civils en Algérie, en soumettant à V. M. une série de décrets relatifs à l'extension de l'administration préfectorale et du régime municipal dans ce pays.

Des trois décrets qui accompagnent le présent rapport, le premier, en modifiant un certain nombre de circonscriptions administratives et communales, satisfait à des convenances et à des besoins nés du progrès même de la colonisation et du développement des intérêts locaux. — Le deuxième décret a pour objet de supprimer trois anciens commissariats civils dans les districts où cette institution, essentiellement transitoire, a cessé d'être nécessaire, et qu'on peut abandonner sans inconvénient à l'initiative et aux efforts spontanés de la vie communale. — Le même décret élargit le ressort de l'administration départementale, en remplaçant les trois commissariats civils supprimés par un nombre égal de nouveaux districts détachés du territoire militaire. — Enfin, le troisième décret institue dans la zone civile 28 communes nouvelles, comprenant dans leurs circonscriptions 90 localités entre lesquelles se répartit une population de plus de 38,000 âmes.

Permettez-moi, Sire, d'entrer dans quelques détails en ce qui touche particulièrement les commissariats civils à supprimer ou à créer, et les communes nouvelles dont je propose l'institution.

§ 1. — *Commissariats civils à supprimer.*

Les commissariats civils qu'il me paraît opportun de supprimer sont les suivants : — Celui de Médéah (département d'Alger) ; — Celui de Bougie (département de Constantine) ; — Et celui d'Arzew (département d'Oran).

Les districts de Bougie et de Médéah, institués en 1848 et 1850, ont été érigés en communes par décret du 17 juin 1854 ; les commissaires civils y avaient été maintenus comme maires, afin, ainsi que je l'exposais dans mon rapport à V. M., « de garantir ces jeunes municipalités, à leur début, des erreurs et des tâtonnements de l'inexpérience. » L'absence d'une justice de paix rendait, en outre, la mesure indispensable pour le district de Bougie. — Depuis lors, les deux communes ont grandi, et le siège d'un tribunal de paix a été institué à Bougie. — Enfin, l'œuvre de la colonisation et du peuplement, en tant qu'elle incombe à l'administration, est terminée dans les deux districts : l'institution du commissariat civil y a donc fait son temps et n'a plus sa raison d'être.

Le district d'Arzew, créé par décr. du 4 nov. 1850, et limité dans le principe à un territoire de 2,000 m. de rayon autour de l'enceinte urbaine, s'est accru, en 1853, de treize des colonies agricoles fondées dans la province d'Oran, en exécution du décr. du 19 sept. 1848. — Ces colonies ont reçu leur assiette définitive au double point de vue du peuplement et de la distribution des terres. L'une d'elles, Saint-Cloud, est devenue le siège d'une justice de paix dont le ressort s'étend à tout le district projeté ; toutes communiquent facilement avec le chef-lieu du département ; il ne reste donc plus qu'à laisser à l'énergie propre à la vie municipale le soin de développer leur avenir.

§ 2. — *Nouveaux commissariats civils.*

Les trois nouveaux districts civils auront pour chefs-lieux : — *Dellys*, ressortissant au département d'Alger, dont il formera l'extrémité N.-E.; — *Sidi bel Abbès*, dont le district accroîtra le ressort de la préfecture d'Oran ; — *Jemmapes*, dont le district sera compris dans le département de Constantine, et rattaché à l'arrondissement de Philippeville.

District de Dellys. — Je n'ai pas besoin, Sire, d'insister sur l'importance de la ville berbère de Dellys, doublée aujourd'hui d'une ville européenne, mieux appropriée aux destinées qui lui sont réservées sous notre domination.

Art. 1. — Les centres de Koubâ, Birkadem, Dely Ibrahim, Chéragas, l'Arba, le Fondouk, la Rassauta, Mouzaïaville, Marengo, Orléansville, Dellys et Vesoul Benian dans le département d'Alger; — Sidi Chami, Valmy, Misserghin, Arzew, Saint-Cloud, Fleurus, Saint-Louis, Sainte-Barbe du Tlélat, Saint-Denis du Sig, Sidi bel Abbès, Rivoli, Pélissier, Aïn Tédelès, Aboukir, dans le départe-

Cette importance résulte principalement de sa situation, comme port, au fond d'une rade très-sûre et au débouché de la fertile vallée du Sébaou. — Un marché considérable, où les rudes montagnards du Djurjura viennent échanger leurs huiles contre les produits de la plaine; un sol fertile, où la culture européenne n'a point à subir les fatigues et les dépenses préalables du débroussaillement; une route, aujourd'hui praticable aux voitures dans tout son parcours, jusqu'à Alger, placent Dellys et son district dans des conditions particulières de prospérité.

Un premier village, formé sous le nom de *Bèn Nechoud*, à l'extrémité occidentale du périmètre assigné au nouveau district, prélude à une série de créations semblables, qui, sous l'influence et l'impulsion de l'autorité civile, tarderont peu à répandre, avec le travail européen, le mouvement dans cette portion du territoire algérien. — En l'état actuel, la population du district est de 2,800 âmes environ, dont le quart à peu près d'Européens.

District de Sidi bel Abbès. — L'existence de la ville de Sidi bel Abbès a été officiellement constatée par un décr. du 5 janv. 1849; mais les premiers fondements en avaient été jetés depuis quelques années déjà par l'instinct spontané de la population coloniale. C'est une ville toute française, assise au milieu d'un territoire fertile, abandonné en 1843 par la puissante tribu des Beni Amer. Devenue chef-lieu d'une subdivision militaire et dotée, à ce titre, d'établissements importants, la jeune ville a pris de si rapides développements, qu'elle figure déjà avec distinction parmi les villes de second ordre de l'Algérie.

Le district que je propose de lui assigner comprendra une superficie de 16,000 hect., arrosée dans sa plus grande longueur (du N. au S.) par l'Oued Mékerra, et sillonnée en sens divers par d'autres cours d'eau dont l'agriculture peut tirer les moyens les plus abondants d'irrigation. Plusieurs centres de population y sont en cours de formation ou projetés. Ceux de *Sidi Bráhim*, au N. de la ville, et de *Sidi Lahsen*, au S., sont déjà parvenus à un certain degré de développement. — L'installation de l'autorité civile ne pourra que régulariser et accélérer l'œuvre de colonisation si heureusement inaugurée par l'autorité militaire dans le riche bassin de la Mékerra. — La population actuelle du district est de 7,600 âmes, dont 3,500 Européens.

District de Jemmapes. — Le chef-lieu choisi pour ce nouveau district est une des colonies agricoles fondées, dans la province de Constantine, en exécution du décr. du 19 sept. 1848, et l'une de celles qui ont le plus prospéré. Un climat des plus salubres, des eaux abondantes, un sol fertile, des routes qui mettent la colonie en communications faciles avec Guelma, centre de production, avec Philippeville et Bône, ports d'écoulement, ont jeté les bases durables de cette prospérité.

Je propose de comprendre dans le district de Jemmapes la concession marbrière du Filfila. Cette exploitation, habilement dirigée et dont l'avenir est assuré par la richesse et la beauté de ses produits, est devenue un centre puissant d'attraction pour la population ouvrière et coloniale. Cette population s'est si rapidement accrue dans ces derniers temps, que l'administration a dû se hâter de pourvoir des divers éléments du régime civil : mairie, école, chapelle, service médical, etc. — Le district de Jemmapes comprendra, outre son chef-lieu, deux centres déjà formés : *Sidi Nossar* et *Ahmed ben Ali*, deux autres centres appartiennent au périmètre de la concession marbrière, mais non encore officiellement institués, *Saint-Louis* et *Saint-Léon du Filfila*. — La population du district projeté, toute européenne, peut être évaluée, en l'état actuel, à 2,400 âmes.

§ 3. — *Création de communes nouvelles.*

Lorsque, en 1851, j'avais l'honneur de proposer à V. M. la création de neuf communes nouvelles, j'émettais cette pensée que « la commune, sagement et fortement

ment d'Oran. — La Calle et Jemmapes, dans le département de Constantine; — Sont érigés en communes, conformément aux dispositions suivantes.

constituée, devait être considérée comme l'auxiliaire le plus sûr et le plus puissant de l'œuvre de la colonisation en Algérie. L'expérience n'a fait que me confirmer dans cette opinion. L'institution municipale a eu pour conséquence immédiate d'accroître les ressources des localités auxquelles elle avait été donnée, d'y stimuler le zèle des populations et l'activité des administrations locales. Il y a émulation entre les communes constituées pour tout ce qui est amélioration, embellissements, institutions et travaux d'utilité publique. Aussi, est-ce avec confiance, Sire, que je soumets aujourd'hui à V. M. une mesure par suite de laquelle, sauf un très-petit nombre d'exceptions, tout le territoire civil de l'Algérie va se trouver divisé en municipalités de plein exercice.

Ces municipalités seront au nombre de 47, comprenant dans leurs circonscriptions 166 localités où la population européenne dépasse le chiffre de 150,000 âmes. — Les 28 communes à constituer se répartissent ainsi entre les trois départements : — Département d'Alger, 12 communes et 52 annexes; — Département d'Oran, 14 communes et 27 annexes; — Département de Constantine, 2 communes et 3 annexes. — Ce serait m'exposer, Sire, à donner à ce rapport des proportions démesurées que d'entrer, sur chacune des communes que je viens de désigner, dans des détails circonstanciés, comme j'ai dû le faire plus haut pour les nouveaux districts à créer. Je me bornerai donc à quelques indications générales.

Communes du département d'Alger.

Kouba, Birkadem, Dély Ibrahim, Chéragas et leurs annexes sont des villages du Sahel d'Alger, dont la création remonte aux premiers temps de la colonisation. Depuis longtemps la propriété y est régulièrement constituée et la population définitivement assise. Une culture variée et développée, diverses industries se rattachant à l'exploitation des produits naturels, y ont répandu le bien-être et une certaine aisance ; toutes ces localités sont mûres pour la vie municipale.

L'Arba doit son nom à un marché considérable qui se tient tous les mercredis sur le territoire des Beni Moussa, et qui assure à la commune une source importante de revenus.

Le Fondouk et la Rassauta embrasseront dans leurs circonscriptions respectives tous les centres de population déjà constitués ou en cours de formation, depuis la rive droite de l'Harrach jusqu'à l'Oued Boudouaou, soit la partie orientale de la Mitidja. Ce canton de la plaine où, indépendamment des villages, sont disséminées plusieurs exploitations agricoles très-importantes, a trouvé un puissant aliment de vitalité dans l'achèvement de la route qui relie Dellys à Alger. Sa population est assez disséminée sur un territoire trop vaste, et qu'il faudra, dans un avenir très-rapproché, diviser en circonscriptions plus restreintes ; néanmoins, Sire, je n'ai pas cru devoir ajourner, pour la population active et intelligente qui défriche et féconde ce territoire, l'institution communale qu'elle désire, et pour laquelle elle a déjà manifesté son aptitude en devançant dans la pratique l'initiative de l'administration.

Les circonscriptions communales d'Orléansville, de Dellys et de Marengo, dans l'arrondissement de Blidah, seront celles des districts actuels. — Toutefois, je dois faire observer que le district de Marengo, en devenant circonscription communale, perd ses deux annexes de l'Atlas, Vesoul Bénian et Bou Media, pour gagner en échange, dans la plaine, l'ancienne colonie agricole d'Ameur et Aïn ; ce qui lui donne à l'E. une limite naturelle, l'Oued Ger, et une configuration topographique plus régulière.

La difficulté de rattacher, dans des conditions normales, Vesoul Bénian et Bou Media à des centres plus considérables, m'a déterminé à les réunir en une circonscription communale qui relèvera directement de la sous-préfecture de Blidah. Ce sera la moins considérable et la moins riche des communes du département d'Alger ; toutefois, j'estime que ses revenus ordinaires annuels s'élèveront à 6,000 fr., et un emploi judicieux de ces ressources lui permettra de pourvoir aux besoins essentiels de l'administration locale.

Communes du département d'Oran.

Les centres de Sidi Chami, Valmy, Misserghin et leurs annexes datent des premiers essais de colonisation dans la province de l'O. L'administration n'a plus rien à faire pour eux que de favoriser leur développement normal en les élevant à l'état de municipes.

Le port d'Arzew, que nous occupons définitivement depuis 1833, semble, dans son assiette, au débouché des vallées du Sig et de l'Habra, être appelé à prendre, avec le temps, une véritable importance commerciale. Du reste, il possède dès aujourd'hui toutes les conditions de l'existence municipale, et les localités que je propose de lui donner pour annexes appartiennent naturellement à sa sphère d'attraction.

Saint-Cloud, Fleurus, Saint-Louis et leurs annexes sont des colonies agricoles fondées de 1848 à 1851; ainsi que je l'ai dit plus haut, ces centres ont accompli leur période de peuplement et d'appropriation du sol. Le reste doit être l'œuvre des institutions municipales.

Sainte-Barbe du Tlélat, arrosé par le cours d'eau de ce nom, est détaché du district de Saint-Denis du Sig, dont il se trouve éloigné de 24 kilom. et séparé par la forêt de Bou Ismaël, pour former une commune à part, relevant immédiatement de la préfecture d'Oran. Ce centre, qui se trouve compris, par le décr. du 6 juill. 1850, dans le ressort de la justice de paix de Saint-Cloud, possède un marché arabe très-fréquenté, ce qui lui assure, malgré la faiblesse relative de sa population européenne, les moyens de pourvoir largement aux dépenses de son administration.

Les circonscriptions communales de Saint-Denis du Sig et de Sidi bel Abbès sont celles des commissariats civils; mais Saint-Denis du Sig, ainsi que j'en viens de le faire connaître à V. M., perd en devenant commune son annexe du Tlélat. Cette perte n'est point compensée, quant à présent ; il lui reste, toutefois, un périmètre encore assez étendu pour se prêter à la formation de centres agricoles nouveaux, qui deviendront plus tard autant de sections communales. — Du reste, le commissariat civil est destiné à être transféré, dans un avenir assez rapproché, sur un autre point de la province ; ce qui ne pourra avoir lieu, cependant, qu'après l'institution au Sig d'une justice de paix dont le ressort s'agrandirait de parties détachées des circonscriptions trop étendues des justices de paix d'Oran et de Saint-Cloud.

Quatre des nouvelles communes appartiennent à l'arrondissement de Mostaganem : ce sont celles de Pélissier, Rivoli, Aboukir et Aïn Tédelès. — Le chef-lieu proposé pour la première de ces communes avait reçu, en 1846, le nom de Libérté, en vue de son peuplement par des soldats de l'armée d'Afrique libérés du service militaire. Cette pensée n'ayant pas été réalisée, et le village n'ayant été peuplé que de colons sortis de la classe civile, les habitants demandent aujourd'hui le changement d'une dénomination qui a l'inconvénient de présenter un sens équivoque. — V. M. approuvera, sans doute, ma proposition de faire droit à cette juste réclamation, en conférant à la commune dont il s'agit un nom illustre dans les fastes militaires et civils de l'Algérie, et particulièrement cher à la province d'Oran.

Communes du département de Constantine.

Le port de la Calle est le plus ancien de nos établissements sur la côte septentrionale d'Afrique et l'un des premiers commissariats civils institués en Algérie depuis la conquête. A ce double titre, l'investiture municipale lui était due. La ville n'a qu'une banlieue agricole assez restreinte ; mais elle a dans son voisinage les mines de plomb argentifère de Kéfoum Teboul et de vastes forêts de chênes-lièges. Elle touche à la frontière de la régence de Tunis. Ces circonstances, beaucoup plus encore que la pêche du corail, qui se fait dans ses parages maritimes, offrent des éléments de prospérité que l'avenir ne saurait manquer de développer. — La commune possède d'ailleurs, dès à présent, des ressources suffisantes pour subvenir, dans une mesure convenable, à tous les services municipaux ; mais son éloignement de tout chef-lieu administratif, son isolement à l'extrémité du littoral algé-

Composition des corps municipaux.

TIT. 1. — *Département d'Alger.*

§ 1. — *Arrond. d'Alger.*

Art. 2.—*Kouba.* — Le maire et 2 adjoints, dont 1 pour la section d'Hussein Dey. — 6 conseillers municipaux, savoir : 4 français ou naturalisés Français ; 1 étranger ayant au moins deux années de résidence en Algérie, dont une dans la circonscription communale (1) ; 1 indigène musulman.

Art. 3. — *Birkadem.* — Le maire et 3 adjoints, dont 1 pour chacune des sections de Birmandrais et de Saoula. — (Conseil municipal. (Le même que le précédent.)

Art. 4. — *Dely Ibrahim.* — Le maire et 4 adjoints, dont 1 pour chacune des sections de El Achour, Draria et Ouled Fayet. — Conseil municipal. (Le même que les précédents).

Art. 5. — *Cheragas.* — Le maire et 2 adjoints, dont 1 pour la section de Sidi Ferruch. — (Augmenté par décr. du 3 mars 1859, BM. 20, d'un adjoint à la résidence de Guyotville.) — Conseil municipal. (Le même que les précédents.)

Art. 6. — *L'Arba.* — Le maire et 2 adjoints, dont 1 à la résidence de Rovigo. — Conseil municipal. — (Le même que les précédents.) — Par décr. du 11 janv. 1860, BM. 56, il a été ordonné que le village et territoire de Rivet compris dans la section du chef-lieu, formerait à l'avenir une section annexe de ladite commune, et que le corps municipal serait augmenté d'un adjoint à la résidence de Rivet, et de 2 conseillers français.

Art. 7. — *Le Fondouk.* — Le maire et 2 adjoints, dont 1 résidant à la Reghaïa et qui ne sera nommé qu'au moment du peuplement de ce nouveau centre. — (Augmenté par décr. du 20 avr. 1859, BM. 25, d'un adjoint à la résidence de la section de l'Alma.) — Conseil municipal. (Le même que les précédents.)

Art. 8. — *La Rassauta.* — Le maire et 5 adjoints, dont 1 résidant dans chacune des sections du fort de L'eau, de la Maison-Carrée avec la Maison-Blanche, d'Aïn Taya avec Aïn Beida, de Rouïba avec Matifoux. — 8 conseillers municipaux dont 5 français, 2 étrangers, 1 indigène musulman.

Art. 9. — *Orléansville.* — Le maire et 3 adjoints dont un pour chaque annexe de Ponteba et de la Ferme. — 6 conseillers municipaux, savoir : 4 français, 1 colon étranger, 1 indigène musulman.

Provisoirement et jusqu'à ce qu'il en soit autrement ordonné, les fonctions de maire seront remplies par le commissaire civil.

Art. 10. — *Dellys.* — Le maire et 2 adjoints, dont 1 à la résidence de Ben N'choud — Conseil municipal. (Ainsi modifié par décr. du 5 sept. 1859, BM. 41.) — 9 conseillers dont 6 français, 1 étranger, 2 indigènes musulmans.

Transitoirement et jusqu'à ce qu'il en soit autrement ordonné, les fonctions de maire seront remplies par le commissaire civil.

§ 2. — *Arrond. de Blidah.*

Art. 11.— *Mouzaïa-Ville.*—Le maire et 4 adjoints, dont un à la résidence de chacune des annexes de l'Afroun, Bou Roumi et la Chiffa. — Conseil municipal. (Ainsi modifié par le même décr. du 5 sept. 1859.) — 8 conseillers dont 5 français, 1 étranger, 2 indigènes musulmans.

Art. 12. — *Marengo.* — Le maire et 4 adjoints, dont 1 à la résidence de chacune des trois sections de Bourkika, Tipaza et Ameur et Aïn.— Conseil municipal. (Ainsi modifié par le même décr. du 5 sept. 1859.—8 conseillers dont 5 français, 1 étranger et 2 indigènes musulmans.

Les fonctions de maire seront remplies provisoirement par le commissaire civil.

Art 13. — *Vesoul Benian.* — Le maire et 2 adjoints, dont 1 à la résidence de Bou Medfa.—Conseil municipal. (Ainsi modifié par le même décr., 5 sept. 1859.)—7 conseillers dont 5 français et 2 indigènes musulmans.

TIT. 2. — *Département d'Oran.*

§ 1. — *Arrond. d'Oran.*

Art. 14. — *Sidi Chami* — Le maire et 2 adjoints, dont 1 à la résidence d'Arcole. — 5 conseillers municipaux, dont 4 français, 1 européen,

Art. 15. — *Valmy.* — Le maire et 2 adjoints, dont 1 pour la section de Mangin. — Conseil municipal. (Le même que le précédent.)

Art. 16.—*Misserghin.* — Le maire et 2 adjoints dont 1 pour la section de Bou-Tlelis.—7 conseillers municipaux, dont 5 Français, 1 étranger, 1 indigène musulman.

Art. 17.—*Arzew :* — Le maire et 3 adjoints dont 1 à la résidence de chacune des sections de Damesme et de Saint-Leu.— 6 conseillers municipaux dont 5 Français, 1 étranger.

Art. 18. — *Saint-Cloud :* — Le maire et 4 ad-

---

rien, l'absence, enfin, d'un juge de paix, font une nécessité d'y maintenir indéfiniment l'institution du commissariat civil.

La circonscription de la commune de *Jemmapes* sera celle du district. Ce que j'ai dit pour motiver la création du commissariat civil s'applique à la commune ; je puis donc me dispenser d'entrer, à cet égard, dans de plus amples détails.

Par suite de l'organisation je viens de présenter le tableau à V. M., tout le territoire civil des provinces d'Alger et d'Oran va se trouver distribué en circonscriptions communales ; quelques lacunes resteront encore dans le département de Constantine ; mais grâce à l'impulsion donnée de ce côté au travail de la colonisation et du peuplement, j'ai la confiance qu'elles seront bientôt comblées.

Vous avez, Sire, approuvé cette pensée que j'émettais dans mon rapport du 16 juin 1854, qu'il ne fallait instituer en Algérie que des communes dotées de toutes les conditions nécessaires de force et d'avenir. Je suis resté fidèle à cette pensée, et j'ai la conviction que les nouvelles communes qui vont être créées naîtront parfaitement viables comme leurs aînées. Le seul produit de l'octroi de mer, auquel toutes participeront au prorata de leur population, assure à chacune d'elles un revenu bien supérieur

à celui que peuvent réaliser, dans la métropole, l'immense majorité des communes de même importance.

Elles auront, en outre, comme ressources ordinaires, le produit de l'impôt direct créé sous le nom de taxe sur les loyers, en faveur des communes algériennes, par l'arrêté organique du 1 nov. 1848 ; plus, toutes les autres sources de recettes que la législation municipale ouvre aux communes de l'Algérie aussi bien qu'à celles de France. Beaucoup possèdent des marchés qui sont très-fréquentés, et qui donnent lieu, par suite, à des perceptions très-productives pour les caisses municipales. — Elles sauront, au besoin, s'imposer des sacrifices, quand l'intérêt de leur bien-être et de leur prospérité les rendra nécessaires. — Le mouvement progressif que révèlent les propositions que je soumets à la sanction de V. M. n'est pas arrivé à son terme. Il est dans la nature des choses que tout progrès en amène un nouveau, et ce n'est point l'Algérie qui pourrait faire exception à cette loi. — J'ose donc espérer, Sire, qu'il s'écoulera peu de temps avant que j'aie à prendre les ordres de V. M. sur de nouvelles mesures destinées à compléter celles qui font l'objet du présent rapport.

Le ministre de la guerre, VAILLANT.

(1) Cette prescription se reproduit à tous les articles suivants, ainsi que pour les conseillers français la mention : « ou naturalisés Français. »

joints dont 1 pour chacune des sections de Mefessour, Kleber, Sainte-Léonie —3 conseillers municipaux dont 4 français, 1 étranger.

Art. 19. — *Fleurus :* — Le maire et 4 adjoints dont 1 pour chacune des sections de Assi ben Okba, Assi Ameur, Assi bou Nif. Conseil municipal. — (Le même que le précédent.)

Art. 20. — *Saint-Louis :* — Le maire et 2 adjoints dont 1 à la résidence de Assi ben Féréah.— Conseil municipal.—(Le même que le précédent.)

Art. 21.—*Sainte-Barbe du Tlélat :* — Le maire et 1 adjoint. — 6 conseillers municipaux, dont 4 français, 1 étranger, 1 indigène musulman.

Art. 22.—*Saint-Denis du Sig :* — Le maire et 1 adjoint. — 7 conseillers municipaux, savoir : 5 français, 1 étranger, 1 indigène musulman.

Provisoirement et jusqu'à ce qu'il en soit autrement ordonné, les fonctions de maire seront remplies par le commissaire civil.

Art. 23. — *Sidi bel Abbès :* — Le maire et 2 adjoints, dont 1 à la résidence de Sidi Brahim (porté par décr. du 18 nov. 1847, B. 515, à 3 adjoints, dont 1 à la résidence de Sidi el Hassen).— 8 conseillers municipaux, dont 4 français, 2 étrangers, 2 indigènes, dont 1 musulman et 1 israélite.)

Transitoirement et jusqu'à ce qu'il en ait été autrement ordonné, les fonctions de maire seront remplies par le commissaire civil.

§ 2. — *Arrond. de Mostaganem.*

Art. 24. — *Rivoli :* — Le maire et 3 adjoints, dont 1 pour chacune des sections d'Aïn Nouissy et de la Stidia. — 6 conseillers municipaux, savoir : 4 français, 1 colon étranger, 1 indigène musulman.

Art. 25.—*Pélissier :* — Le maire et 3 adjoints, dont 1 à la résidence de Tounin et 1 à Aïn Boudinar. — Conseil municipal. (Le même que le précédent.)

Art. 26. — *Aïn Tedelès :* — Le maire et 3 adjoints, dont 1 à la résidence de Sourk el Mitou et 1 au Pont du Chélif. — 5 conseillers municipaux, dont 4 français et 1 étranger.

Art. 27. — *Aboukir :* — Le maire et 3 adjoints, dont 1 pour chacune des sections de Bled Touaria et d'Aïn si Chérif.—Conseil municipal. (Le même que le précédent.)

---

(1) 5 sept. 1859. — *Rapport à l'empereur.* — Sire, comme conséquence du décret, en date du 16 août dernier, qui détermine les nouvelles délimitations du département d'Alger, j'ai l'honneur de proposer à V. M., d'une part, d'ériger en communes de plein exercice les centres d'Aumale, dans l'arrondissement d'Alger, et de Duperré, dans l'arrondissement de Miliauah ; d'autre part, d'augmenter les corps municipaux de sept communes de ce département.

Création des communes d'Aumale et de Duperré.

Commune d'Aumale. —Cette localité a été constituée, comme chef-lieu de commissariat civil, par décret du 13 oct. 1858. Elle est le centre d'un riche territoire agricole où la colonisation s'est rapidement développée. Deux villages entièrement peuplés, Bir Rabalou et Gueli ez Zerga, et près de trois cents fermes ont été fondés dans sa banlieue, où 50,000 hectares de terres domaniales, rendus disponibles tout récemment, attendent de nouvelles familles de cultivateurs, qui doubleront bientôt sa population européenne.—Son marché, entrepôt de la vallée de l'Oued Sahel et du pied de la Kabylie, donne à son commerce une importance déjà considérable. — Par suite de l'extension que vient de recevoir le territoire du district d'Aumale, la circonscription communale comprendra une population de 4,600 âmes, dont 1,800 Européens et 2,800 indigènes. — Ses revenus pourront s'élever à 50,000 fr., qui permettront de pourvoir amplement aux divers services de son administration municipale.

Commune de Duperré. — Le village de Duperré a été créé par décr. du 6 sept. 1857. Assis sur un plateau salubre, au centre d'un bassin fertile, à cheval sur la route

Tit. 3. — *Département de Constantine.*

§ 1. — *Arrond. de Bône.*

Art. 28. — *La Calle :* — Le maire et 1 adjoint. —Conseil municipal. — (Le même que le précédent.)

Provisoirement et jusqu'à ce qu'il en soit autrement ordonné, les fonctions de maire seront remplies par le commissaire civil.

§ 2. — *Arrond. de Philippeville.*

Art. 29.—*Jemmapes :*—Le maire et 4 adjoints dont 1 pour chacune des sections de Ahmed-ben-Ali , Sidi Nassar et de Filfila.—8 conseillers municipaux, dont 6 français et 2 étrangers.

Provisoirement et jusqu'à ce qu'il en soit autrement ordonné, les fonctions de maire seront remplies par le commissaire civil.

Tit. 4.—*Dispositions générales.*

Art. 30. — Les maires présideront les conseils municipaux, dont feront également partie les adjoints avec voix délibérative. — Les maires, adjoints et conseillers municipaux des communes ci-dessus désignées seront nommés par le gouverneur général de l'Algérie, sur la proposition du préfet.

Art. 31.—Sont applicables aux communes désignées ci-dessus toutes celles des dispositions de l'ord. du 28 sept. 1847 et de l'arr. du 4 nov. 1848 auxquelles il n'est pas dérogé par le présent décret.

DI.—16 août 1859.—BM. 36.—(V. *Circonscriptions administratives.*)—*Division du département d'Alger en quatre arrondissements.*— *Nouvelle délimitation de diverses communes.* —*Mode d'administration des massifs arabes.*

DI. — 5 sept.-15 oct. 1859. — BM. 41. — *Institution des communes d'Aumale et de Duperré* (*dép. d'Alger*) (1).

Vu l'ord. du 28 sept. 1847 et le décr. du 27 oct. 1858.—(*Administration gén.* § 1.)

Art. 1.—Les centres d'Aumale et de Duperré, dans le dép. d'Alger, sont érigés en communes.

Art. 2. — Les corps municipaux des communes d'Aumale et de Duperré, dont les territoires ont

qui conduit de Milianah à Orléansville, il possède des éléments de prospérité agricole et commerciale qui ont déjà pris un développement plein de promesses pour son avenir. —Autour du village, habité par environ 200 Européens, se sont groupées des fermes importantes, dont le nombre va s'accroître prochainement par la mise en vente des terres domaniales restées disponibles. — Les tentes des Abids et des Frailas, englobées dans la circonscription communale, vont augmenter sa population de 1,500 individus, la plupart cultivateurs. — Les revenus municipaux, grâce aux produits d'un marché arabe qui se tient, tous les mardis, à 4 kilom. du village, ne seront pas inférieurs à 10,000 fr. Ces ressources suffiront aux besoins des services de la commune.

Augmentation des corps municipaux de sept communes.

Par suite des annexions de territoire que viennent de recevoir plusieurs communes du département d'Alger par le décr. du 16 août 1859, il y a lieu d'apporter quelques modifications dans leurs corps municipaux, afin de mettre ceux-ci en rapport avec la situation nouvelle faite à chaque commune. — La municipalité de Milianah serait augmentée d'un adjoint à la résidence de Lavarande, section nouvelle de cette commune. — Les conseils municipaux de Dellys et Tenès, dans l'arrondissement d'Alger ; de Cherchell, Marengo et Mouzaïa-Ville, dans l'arrondissement de Blidah, et de Vesoul Benian, dans l'arrondissement de Milianah, seraient accrus chacun d'un conseiller indigène, conformément à ce qu'exige l'importance du contingent que l'élément arabe apporte à la population de ces communes.

Comte DE CHASSELOUP-LAUBAT.

été fixés par décr. du 16 août dernier (*Circonscriptions administratives*), sont composés ainsi qu'il suit :

Commune d'Aumale.—Le maire et 2 adjoints, dont 1 à la résidence du chef-lieu et 1 à la résidence de Bir-Rabalou.—7 conseillers municipaux, dont 5 français ou naturalisés Français, 1 étranger européen, ayant au moins deux années de résidence en Algérie, dont une dans la circonscription communale et 1 indigène musulman.

Provisoirement les fonctions de maire de la commune d'Aumale seront remplies par le commissaire civil.

Commune de Duperré.—Le maire et 1 adjoint. —6 conseillers municipaux, dont 4 français ou naturalisés Français, 1 étranger remplissant les conditions ci-dessus et 1 indigène musulman.

Art. 3. — Le village de Lavarande, compris dans la commune de Milianah, forme une section de commune. — Le nombre des adjoints au maire de Milianah, fixé à 3 par les décr. des 17 juin 1854 et 31 déc. 1856, est porté à 4, dont 1 à la résidence de Lavarande.

Art. 4.—Le nombre des conseillers municipaux, dans les communes de Dellys, Tenès, Marengo, Cherchell, Mouzaïa-Ville et Vesoul Benian, dont les délimitations ont été modifiées par décr. du 16 août dernier, est porté, savoir : (Texte annoté aux décrets et articles modifiés.)

D1. — 28 janv. 1860.— BM. 57.—*Localités non érigées en communes de plein exercice. — Vallée du Bou Merzoug divisée en circonscriptions communales.*

Vu nos décrets du 6 août dernier (*Villes et villages*, § 1, 2°), portant création de 5 centres de population dans la vallée du Bou Merzoug;

Art. 1. — Le territoire de la vallée du Bou Merzoug (arrondissement et département de Constantine) est divisé en 5 circonscriptions communales, qui prendront le nom de : — Lamblèche, — Madjiba,—Khoubs,—Ouled Ramoun,—et Guerla.

Art. 2. — Délimitation. (V. *Circonscriptions*, § 2, *Arrondissement de Constantine.*)

Art. 3.—Il y a dans chacune de ces circonscriptions 1 maire et 1 adjoint.

Art. 4.—Le service des recettes et des dépenses desdites circonscriptions est réglé conformément à l'art. 54 de notre décret du 27 oct. 1858. (*Admin. gén.*, § 1.)

D1. — 18 fév.-17 avril 1860.— BM. 65. — *Institution des communes de Batna et Djidjelli.*

Art. 1. — Les villes de Batna et de Djidjelli sont érigées en communes.

Art. 2. — La circonscription de la commune de Batna comprend le territoire du district, tel qu'il a été délimité par notre décr. susvisé du 11 sept. 1859; — le village de Lambessa et son territoire forment une section de cette commune ; — *Corps municipal :* — le maire — 2 adjoints, dont 1 pour la section urbaine et 1 pour la section de Lambessa; — 8 conseillers municipaux ; dont 5 français ou naturalisés Français; — 1 étranger ayant au moins deux années de résidence en Algérie, dont une dans la circonscription communale ; — 2 indigènes dont 1 musulman et 1 israélite. — Provisoirement, et jusqu'à ce qu'il en soit autrement ordonné, les fonctions de maire de la commune de Batna seront remplies par le commissaire civil.

Art. 3. — La circonscription de la commune de Djidjelli comprend le territoire du district, tel qu'il a été délimité par notre décr. susvisé du 11 sept. 1859; — *Corps municipal :* — le maire — 1 adjoint; — 6 conseillers municipaux, dont 4 français ou naturalisés Français; — 1 étranger remplissant les conditions ci-dessus; — 1 indigène musulman. — Provisoirement, et jusqu'à ce qu'il en soit autrement ordonné, les fonctions de maire de la commune de Djidjelli seront remplies par le commissaire civil.

§ 4. — REVENUS COMMUNAUX.

Les revenus des communes sont énumérés dans les art. 41 et 42 de l'ord. du 28 sept. 1847; 9 et suiv. de l'arrêté du 4 nov. 1848, et les arrêtés qui règlent ces diverses recettes sont insérés aux articles spéciaux : — *Abattoirs* — *Eaux et fontaines* — *Fourrière* —*Impôt arabe* — *Inhumations*—*Marchés* — *Patentes* — *Voirie*—*Octroi de mer* et autres. — La taxe sur les loyers autorisée par le titre 5 de l'arrêté du 4 nov. 1848, a été établie et mise en recouvrement depuis l'année 1855. — La contribution spéciale créée par l'art. 3 du décr. du 5 juill. 1854, relatif aux chemins vicinaux, a été établie également à partir de 1857; enfin il a été fait application à l'Algérie du principe de la taxe municipale sur les chiens instituée au profit des communes par la loi du 2 mai 1855. Ces diverses recettes ont lieu par l'entremise des receveurs municipaux ou des agents financiers qui en remplissent les fonctions. Voir en conséquence, indépendamment des articles déjà cités : — *Chemins vicinaux.*—*Chiens*—*Receveurs municipaux.*

Comptes de retour.

AG.—20 mai-6 juin 1848. — B. 276.— *Comptes de retour. — Rechange.*

Attendu que les abus du compte de retour pèsent d'une manière grave sur le commerce en Algérie et que ce ne serait apporter aucun remède à ces abus que de s'en référer aux usages du commerce pour régler le rechange :

Art. 1.—Le décret du gouvernement provisoire, du 24 mars dernier, qui modifie les art. 178 et 179 c. com., est applicable en Algérie sous les modifications ci-après :

Le rechange se règle pour l'Algérie comme suit : — Sur la France continentale, 1 p. 100 sur les chefs-lieux de département et 1 1/2 p. 100 sur les autres localités. — Sur l'Algérie, 1 p. 100 sur Alger, Blidah, Oran, Constantine, Bône et Philippeville, et 1 1/2 p. 100 sur les autres lieux. — Les changes entre l'Algérie et les autres colonies françaises et l'étranger continueront à être régis par les usages du commerce. CHANGARNIER.

Concessions.

Les dispositions législatives qui règlent le régime des concessions en Algérie ont seules été inscrites dans cet article, qui se complète par les articles *Colonisation, Domaine, Propriété, Villes et villages, Administration générale* et autres. Le régime suivi jusqu'en 1860, a reçu de profondes modifications par le décret du 25 juill. 1860 (*Domaine*, § 1) qui, en principe et comme règle générale, substitue au système des concessions la vente des terres destinées à la colonisation.

DIVISION.

§ 1. — Législation spéciale.
§ 2. — Concessions particulières de terres.

§ 1. — LÉGISLATION SPÉCIALE.

AG. — 18 avril-4 mai 1841. — B. 90. — *Règle-*

ment sur les concessions en général, et la formation de centres de population.

Considérant que, s'il importe d'encourager les projets de colonisation sur les points où la défense est assurée, l'état du pays ne permet pas encore de laisser de nouveaux établissements se fonder sans l'intervention de l'autorité supérieure; — Que, pour activer le plus possible la formation de nouveaux centres de population, la reconnaissance et la distribution des terres à concéder, il est nécessaire de régler les attributions des diverses branches de l'administration publique qui sont appelées à prendre part aux opérations préparatoires de la colonisation; sur la proposition des directeurs de l'intérieur et des finances, le conseil d'administration entendu :

Art. 1. — La colonisation d'un territoire déterminé et la formation de nouveaux centres de population sont autorisées par arrêté du gouverneur général, qui règle les conditions d'existence de ces établissements, leur emplacement, leur circonscription, la population qu'ils sont susceptibles de recevoir immédiatement, et l'étendue des terres à concéder aux premiers habitants.

Art. 2. — L'arrêté du gouverneur général est rendu en conseil d'administration, sur la proposition du directeur de l'intérieur. — Cette proposition ne peut être mise en délibération si elle n'est accompagnée d'un plan détaillé et d'un rapport explicatif, indiquant : 1° le périmètre des villes et villages et celui des terres qui doivent y être annexées pour en former le territoire ; — 2° Les routes, chemins, places, rues et autres voies de communication ; — 3° Les bâtiments ou emplacements réservés pour les établissements publics, ainsi que pour les différents services militaires, civils et financiers.

Art. 3. — A la proposition du directeur de l'intérieur seront nécessairement joints : 1° L'avis du directeur des finances et le relevé sommaire des propriétés présumées appartenir aux particuliers, aux corporations et au domaine ; — 2° L'avis du directeur des fortifications, lequel sera accompagné d'un plan indicatif des travaux à exécuter pour assurer la défense par les habitants, avec évaluation de la dépense.

Art. 4. — Les arrêtés pris par le gouverneur général, en conformité des art. 1 et 2, ne peuvent être mis à exécution avant l'approbation du ministre, auquel les projets, plans et rapports seront adressés.

Art. 5. — Les propriétés domaniales non réservées pour des services publics, seront affectées à la colonisation, et remises, à cet effet, au directeur de l'intérieur par le directeur des finances. Cette remise sera constatée par procès-verbal contradictoire des agents des deux administrations. Les propriétés particulières et de corporations, qui auront été reconnues indispensables à la colonisation par délibération du conseil, seront expropriées d'urgence pour cause d'utilité publique, à la diligence du directeur de l'intérieur, et affectées à la colonisation immédiatement après l'arrêté qui aura prononcé l'expropriation, sauf règlement ultérieur de l'indemnité.

Art. 6. — Les propriétés bâties, les emplace-

ments à bâtir et les terrains à cultiver seront distribués aux colons, conformément à un état de proposition dressé par le directeur de l'intérieur, et arrêté provisoirement par le gouverneur général.
— Cet état contiendra : — 1° Les noms, prénoms et professions des concessionnaires ; — 2° La situation, les tenants et aboutissants, la nature et l'étendue des concessions ; — 3° Les conditions spéciales et obligatoires que les concessionnaires auront à remplir, sous peine de déchéance.

Art. 7. — Chacun des colons admis sera envoyé en possession provisoire des immeubles compris dans sa concession ; il recevra du directeur de l'intérieur un titre de concession conforme au modèle n° 1, annexé au présent arrêté, et contenant la mention de toutes les conditions imposées au concessionnaire et acceptées par lui.

Art. 8. — Les concessionnaires pourront, avec l'autorisation du directeur de l'intérieur, substituer au bénéfice de leur concession toute personne agréée par ce fonctionnaire. Les conditions de cette substitution seront, à peine de nullité, écrites dans l'acte même qui la constituera. Toute contre-lettre, toute simulation, donnera lieu à la révocation de la concession, tant contre le concessionnaire que contre son ayant droit. Le concessionnaire pourra également, sous la même autorisation, grever d'hypothèques les immeubles concédés, mais seulement lorsque la créance aura pour cause vérifiée des dépenses de construction ou de mise en culture. Cette autorisation cessera d'être nécessaire après la délivrance du titre définitif de propriété dont il sera parlé ci-après (1).

Art. 9. — A l'expiration des délais fixés par l'acte de concession, l'exécution ou la non-exécution des conditions imposées sera vérifiée par un agent de la direction de l'intérieur. Le résultat de cette vérification sera constaté par un procès-verbal, dans lequel le concessionnaire aura droit de faire consigner ses dires et explications.

Art. 10. — Si toutes les conditions ne sont pas remplies, le concessionnaire pourra demander, et le directeur de l'intérieur accorder, s'il y a lieu, une prorogation de délai. — En cas de refus, le concessionnaire aura la faculté de se pourvoir devant le gouverneur général, qui statuera définitivement.

Art. 11. — Le concessionnaire est toujours admis, même avant l'expiration du délai, à justifier de l'accomplissement des conditions à lui imposées. Il en est dressé procès-verbal de vérification, comme il est dit en l'art. 9. L'état de tous les concessionnaires libérés, dressé par le directeur de l'intérieur, est transmis au gouverneur général, qui l'arrête en conseil d'administration. Il est ensuite soumis à l'approbation du ministre, avec toutes les pièces justificatives.

Art. 12. — En conséquence de l'approbation ministérielle, le directeur des finances, auquel l'état définitif mentionné en l'article précédent est remis par le gouverneur général, délivre à chacun des concessionnaires et dénommés, un titre définitif de propriété, conforme au modèle n° 2, et fait procéder à l'inscription du propriétaire sur les sommiers du domaine.

Art. 13. — Dans le cas prévu par l'art. 10, où

---

(1) *Jurisprudence.* — L'hypothèque consentie sur une concession provisoire est valable si la concession devient définitive, mais elle devient nulle en cas de retrait de la concession, alors même qu'elle a été prise sans l'autorisation administrative. — Attendu que la prohibition prononcée par l'arrêté est purement comminatoire et n'a d'autre but que d'avertir les tiers de l'incertitude des droits du concessionnaire provisoire; — Que la nullité des contrats hypothécaires relatifs à des concessions provisoires n'est pas prononcée; — Que loin de là l'art. 13, en décidant que

l'immeuble pourrait entrer aux mains de l'administration, libre de tout droit, charges et hypothèques qui n'auraient pas été autorisés, suppose que des hypothèques non autorisées ont pu être consenties et que dans le cas de retrait seulement lesdites hypothèques non autorisées seront sans effet; — Par ces motifs, etc. — *Cour d'Alger,* 27 mai 1850, 29 juill. 1852, 10 déc. 1855. — V. en outre *infra* ord. du 21 juill. 1845, art. 9 et note. — Ord. du 5 juin 1847, art. 10 et note.

le concessionnaire n'aura pas entièrement accompli les conditions mises à sa charge, la concession pourra lui être retirée, en tout ou partie, sur la proposition du directeur de l'intérieur, par décision du gouverneur général, rendue en conseil d'administration. — Cette décision sera notifiée administrativement par l'agent de la direction de l'intérieur. Elle sera sans recours et immédiatement exécutoire. Les immeubles ou parties d'immeubles devenus disponibles resteront dans les mains de l'administration, libres de tous droits, privilèges et hypothèques autres que celles qui auront été formellement autorisées par le directeur de l'intérieur, conformément à l'art. 8 du présent arrêté.

Art. 14. — Jusqu'à la délivrance du titre définitif de propriété, toute contestation relative aux immeubles concédés sera vidée par décision du directeur de l'intérieur, sauf recours au conseil d'administration, qui statuera définitivement. Ce recours devra être exercé, à peine de déchéance, dans le mois de la notification de la décision du directeur (1).

Art. 15. — Il n'est rien innové aux dispositions et règlements concernant l'administration des propriétés, appartenant au domaine et aux corporations, qui ne seront ni comprises dans les territoires colonisables déterminés conformément à l'art. 2, ni expropriées ni délaissées en exécution de l'art. 5.

Art. 16. — Toutes dispositions contraires au présent arrêté sont et demeurent abrogées.

							BUGEAUD.

OR. — 1er oct. 1844, art. 80 et suiv. (V. *Propriété*, § 1). — *Concessions hors des périmètres de territoires assignés aux établissements européens.*

OR. — 21 juill.-1er sept. 1845. — B. 208. — *Règlement général sur les concessions.*

Art. 1. — Il est statué par ordonnances royales sur les concessions : — De terres ; — De forêts ; — De mines et bancs de sel gemme ou artificiel ; — De sources minérales ; — De sources d'eaux salées ; — De desséchements de marais ; — De force motrice pour l'établissement de moulins et usines sur les rivières et cours d'eau, et de prises d'eau pour les irrigations.

Art. 2. — Les propriétés domaniales non affectées à un service public et les terres incultes, réputées vacantes aux termes de l'art. 85 de notre ord., du 1er oct. 1844, peuvent être affectées à la fondation de villes, villages et hameaux, ou concédées à des particuliers.

Art. 3. — Nos ordonnances déterminent la fondation et le périmètre des villes, villages et hameaux, ainsi que l'étendue de leur territoire. — Les concessions à faire, soit à l'intérieur, soit à l'extérieur de ce périmètre et de ce territoire, pour des étendues moindres de 100 hectares, sont autorisées par notre ministre de la guerre, qui nous soumet chaque trimestre un état des concessions délivrées, pour être sanctionnées par ordonnance royale.

Art. 4. — Le conseil supérieur d'administration est consulté sur les concessions réglées par la présente ordonnance. — Le gouverneur général transmet la délibération de ce conseil, avec son avis personnel, à notre ministre de la guerre, dans le délai déterminé par le même ministre.

Art. 5. — Tout individu qui se trouvera dans l'un des cas prévus par l'art. 89 de notre ord. du 1er oct. 1844, pourra réclamer une concession de terres incultes, dont l'étendue sera proportionnée au montant de la rente stipulée comme prix d'acquisition dans les titres produits, et sera fixée à raison d'un hectare par chaque 3 fr. de rente établis auxdits titres, le tout moyennant les conditions ordinaires de culture imposées aux autres concessionnaires.

Art. 6. — Toute concession soumet le concessionnaire à payer au domaine de l'État une rente annuelle et perpétuelle dont la quotité est, dans chaque cas, déterminée par l'acte de concession, qui fixe également l'époque à partir de laquelle cette rente est exigible. — Cette disposition n'est pas applicable aux concessions mentionnées dans l'article précédent.

Art. 7. — Si, à l'expiration des délais déterminés par l'acte de concession, il est constaté que les conditions imposées au concessionnaire ont été accomplies, une nouvelle ordonnance royale déclare la concession définitive. — Avant l'expiration des mêmes délais, le concessionnaire a la faculté de demander qu'il soit procédé à la vérification prescrite par le paragraphe précédent.

Art. 8. — Lorsque la vérification, faite d'office ou sur la demande du concessionnaire, établit que les conditions imposées par l'acte de concession n'ont pas été remplies, le concessionnaire peut être déclaré déchu du bénéfice de tout ou partie de la concession. — Cette déchéance est prononcée par notre ministre de la guerre; sur le rapport du gouverneur général et l'avis du conseil du contentieux, le concessionnaire préalablement entendu, sauf recours devant nous en notre conseil d'État, par la voie contentieuse.

Art. 9. — Tant que son titre n'est pas déclaré définitif, le concessionnaire ne peut aliéner ni hypothéquer les biens compris dans la concession, sans l'autorisation de notre ministre de la guerre (2).

Art. 10. — Sont abrogées toutes dispositions contraires aux dispositions qui précèdent.

AG. — 2-16 avril 1846. — B. 221. — *Commission d'enquête sur l'établissement de chaque centre de population.*

Considérant qu'aucun centre de population ne doit être établi sans que, préalablement à la création, l'autorité se soit parfaitement rendu compte de l'avenir que peut avoir le nouvel établissement pour l'avancement progressif de la colonisation;

Considérant que, pour atteindre ce but, l'autorité doit tout d'abord faire constater par des hommes compétents avec le plus grand soin et

---

(1) *Jurisprudence.* — V. *infrà* ord. du 5 juin 1847, art. 10 et note. — V. aussi arr. du 9 nov. 1843, art. 18 (*Domaine*, § 1) et notes. — Jusqu'à la délivrance du titre définitif, les tribunaux sont incompétents *ratione materiæ* pour toute contestation relative aux immeubles concédés, et cette incompétence doit être prononcée lors même que l'administration n'aurait pas pris de conclusions à cet égard. — *Arrêt cass.* 7 mai 1851.

(2) *Jurisprudence.* — Les lois prohibitives n'emportent pas nécessairement la nullité des actes, lorsque cette nullité n'y est pas expressément prononcée, à moins que la prohibition ne soit d'ordre public. — Ce principe reçoit surtout toute sa force lorsque la loi contient déjà une sanction pénale. — Les arrêts coloniaux et ordonnances sur les concessions défendant aux concessionnaires provisoires de consentir des aliénations ou des constitutions d'hypothèques avant d'avoir obtenu le titre définitif, ne prononcent pas la nullité de ces actes, mais soumettent les concessionnaires à une déchéance, et cette pénalité est la seule qu'ils puissent encourir. Seulement, lorsque dont s'agit sont soumis à l'éventualité de la condition supérieure d'approbation ou de déchéance réservée par l'administration. — Dans le premier cas, ces actes conservent toute leur force, et leur effet remonte au jour de l'engagement, aux termes de l'art. 1179 c. Nap.; dans le second, au contraire, la déchéance de la concession entraîne nécessairement la résolution du contrat. — *Cour d'Alger*, 9 février 1850,

dans une enquête approfondie, le territoire sur lequel ce centre de population pourrait être établi avec le plus d'avantage, aux divers points de vue de la sécurité et de l'influence politique, de la salubrité, de la propriété, des communications, des eaux, du commerce et de la dépense;

Vu l'ord. du 1er oct. 1844 (*Propriété*, § 1); — Vu l'ord. du 21 juill. 1845 (ci-dessus); — Vu les inst. minist. du 7 mars 1845.

Art. 1. — A l'avenir tout projet d'établissement d'un nouveau centre de population devra être précédé de l'avis d'une commission spéciale, déterminant dans le territoire qui lui aura été désigné, l'emplacement le plus favorable à l'assiette du village, aux divers points de vue: — 1° De la sécurité et de l'influence politique; 2° — De la salubrité; — 3° De la propriété; — 4° Des communications; — 5° Des eaux; — 6° Du commerce; — 7° De la dépense.

Art. 2. — Chacun des apurements indiqués à l'art. 1 fera l'objet d'un examen spécial et d'un article séparé dans le procès-verbal que la commission instituée devra dresser.

Art. 3. — Un plan figuratif du centre de population et de son périmètre sera joint au procès-verbal. Ce plan devra porter toutes les indications résultant des apurements ordonnés par l'art. 1.

Art. 4. — La commission sera composée: *Sur les territoires civils*: — D'un ingénieur des ponts et chaussées, président; — D'un officier du génie militaire; — D'un officier du bureau arabe; — D'un agent des domaines; — D'un inspecteur de la colonisation; — D'un médecin; — D'un agent du service des bâtiments civils qui remplira les fonctions de secrétaire. — *Sur les territoires mixtes et arabes*: — D'un officier du génie, président; — D'un officier du bureau arabe; — D'un inspecteur de la colonisation; — D'un médecin ou officier de santé; — D'un agent du domaine, secrétaire (1).

Art. 5. — Chaque commission sera instituée par nous, lors du projet de création des centres de population, sur la proposition de M. le directeur de l'intérieur, pour les territoires civils, et sur celle de MM. les lieutenants généraux, commandants supérieurs des provinces pour les territoires mixtes et arabes (2). Maréchal d'Isly.

OR. — 21 juill. 1846, art. 18 et suiv. (V. *Propriété*, § 1). — *Concessions de faveur aux propriétaires dont les titres n'auront pu être homologués.*

OR. — 5 juin-1er juill. 1847. — B. 257. — *Nouveau règlement sur les concessions.*

Tit. 1. — *Des concessions sur les territoires civils.*

CHAP. 1. — *Dispositions générales.*

Art. 1. — Toutes les concessions d'immeubles, individuelles ou collectives, soit à l'intérieur, soit à l'extérieur du territoire assigné à chacun des centres de population créés ou à créer, rentrent dans les attributions du directeur de l'intérieur et de la colonisation. — Les concessions de forêts, de mines, de sources minérales, de sources d'eaux salées, de dessèchement de marais et de prise d'eaux continuent à ressortir, celles qui concernent les forêts, à la direction des finances et du commerce, et toutes les autres à la direction des travaux publics.

Art. 2. — Les immeubles concessibles sont mis, par le directeur des finances et du commerce, à la disposition du directeur de l'intérieur et de la colonisation, au fur et à mesure de leur dévolution au domaine. — Chaque remise est constatée par un procès-verbal contradictoire, auquel sont tou-

jours joints le plan de l'immeuble et un état indiquant sa provenance, sa situation, ses tenants et aboutissants et son étendue, ainsi que le numéro sous lequel il est inscrit au sommier de consistance du domaine.

Art. 3. — Les concessions d'une superficie de 25 hect. et au-dessous à opérer sur le territoire des nouveaux centres de population, régulièrement approuvés, sont autorisées par le gouverneur général, sur la proposition du directeur de l'intérieur et de la colonisation. — Celles d'une étendue supérieure à 25 hect., mais inférieure à 100 hect. à effectuer dans les conditions de situation qui viennent d'être indiquées, sont autorisées par notre ministre de la guerre, sur l'avis du gouverneur général et du conseil supérieur d'administration, de même que celles de toute contenance au-dessous de 100 hect. à opérer en dehors du territoire des nouveaux centres de population. — Quant à celles d'une superficie de 100 hect. et au-dessus, soit qu'elles s'appliquent ou non au territoire des nouveaux centres de population, elles sont autorisées par nos ordonnances, sur le rapport de notre ministre de la guerre, notre conseil d'État entendu.

Art. 4. — Toute proposition de concession doit être accompagnée: — 1° De la soumission du demandeur; — 2° Du projet d'acte provisoire à délivrer au concessionnaire, conformément aux dispositions de l'art. 7 ci-après; — 3° Du plan de l'immeuble à concéder.

Art. 5. — Toute concession, à l'exception de celles à opérer en exécution des dispositions prévues par les art. 18, 19, 23, 24, 25, 26 et 32 de notre ord. du 21 juill. 1846, soumet le concessionnaire à payer au domaine de l'État une rente annuelle et perpétuelle dont le chiffre est proportionné à l'importance de l'immeuble et des dépenses à y effectuer. — Cette rente n'est exigible qu'après l'expiration du délai accordé au concessionnaire pour l'entier accomplissement des divers travaux imposés.

Art. 6. — Toute concession d'une superficie de 100 hect. et au-dessus n'est accordée, sauf les exceptions indiquées par l'article précédent, qu'à la condition de la réalisation par le concessionnaire, et avant son entrée en jouissance, d'un cautionnement calculé à raison de 10 fr. par chacun des hectares concédés. — Ces cautionnements sont réalisables en numéraire ou sur l'État. — Ceux en numéraire sont versés au titre de la caisse des dépôts et consignations, et productifs d'intérêts à raison de 3 p. 100 par an, à compter du soixante et unième jour de leur réalisation. — Ceux en rentes sur l'État sont constitués à Paris par les soins de l'agent judiciaire du trésor public au ministère des finances.

Art. 7. — Tout concessionnaire reçoit, au moment de sa mise en possession, un titre provisoire, signé par le directeur de l'intérieur et de la colonisation, et indiquant: — 1° Les noms, prénoms et professions; — 2° La situation, les tenants et aboutissants, la nature et l'étendue de la concession; — 3° les diverses conditions imposées; — 4° La date de la décision qui a autorisé la concession, et l'autorité de laquelle elle émane; — 5° Le montant du cautionnement, s'il a dû en être exigé, et la date du dépôt qui en a été fait.

Art. 8. — En cas de décès du concessionnaire, le titre provisoire qui lui a été délivré en vertu de l'article précédent est transmissible de plein droit à ses héritiers, sous la réserve de toutes les conditions stipulées.

Art. 9. — Tant que son titre n'a pas été déclaré définitif, le concessionnaire ne peut, sous peine de déchéance, consentir aucune substitution, aliénation ou hypothèque, sans une autorisation spéciale. — Cette autorisation est donnée par le gouverneur

_____

(1, 2) Ces articles ont été modifiés par arrêté du 25 août 1859 ci-après.

général, sur la proposition du directeur de l'intérieur et de la colonisation, dans les cas prévus par le § 1 de l'art. 3 ci-dessus.—Sauf cette exception, l'autorisation est délivrée conformément aux dispositions de notre ord. du 21 juill. 1845.

Art. 10. — En cas d'expropriation judiciaire de l'immeuble concédé, l'adjudicataire reste soumis, vis-à-vis de l'État, aux obligations du concessionnaire provisoire exproprié (1).

Art. 11. — A l'expiration du délai fixé par le titre provisoire, et même avant cette époque si le concessionnaire le demande, l'exécution des conditions imposées est vérifiée par un inspecteur de la colonisation, ou, à son défaut, par tout autre délégué du directeur de l'intérieur et de la colonisation. — Le résultat de cette vérification est constaté par un procès-verbal, qui est immédiatement communiqué au concessionnaire, lequel a le droit d'y faire consigner ses dires et observations.

Art. 12. — Si toutes les conditions ont été remplies, le directeur de l'intérieur et de la colonisation, en produisant les pièces justificatives des faits, propose de convertir la concession provisoire en concession définitive. — Ces propositions sont transmises à notre ministre de la guerre par le gouverneur général, avec l'avis du conseil supérieur d'administration. — Aussitôt qu'elles ont été approuvées par notre ministre de la guerre, dans les cas prévus par les §§ 1 et 2 de l'art. 3 ci-dessus, et par nos ordonnances, dans les cas prévus par le § 5 du même article, le directeur de l'intérieur et de la colonisation délivre au concessionnaire un titre définitif de propriété. — Le concessionnaire est admis, sur la production de ce titre, à demander la mainlevée du cautionnement qu'il a pu avoir à constituer. — Cette demande est adressée à notre ministre de la guerre par l'intermédiaire du gouverneur général.

Art. 13. — Si les conditions de la concession n'ont pas été remplies, ou ne l'ont été qu'en partie, le directeur de l'intérieur et de la colonisation a la faculté, soit de provoquer auprès du gouverneur général la déchéance du concessionnaire, en tout ou en partie, soit de solliciter, au profit de ce dernier, en cas d'excuses légitimes, une prorogation de délai pour l'achèvement de ses travaux.

Art. 14. — Les déchéances sont prononcées dans les formes indiquées par notre ord. du 21 juill. 1845. — Aussitôt qu'elles sont devenues définitives, le cautionnement du concessionnaire déchu est acquis à l'État en totalité, à titre de dommages-intérêts, alors même qu'elles ne s'appliqueraient qu'à une partie de la concession. — Toutefois, dans ce dernier cas, notre ministre de la guerre appréciera quand il y aura lieu de restituer une partie dudit cautionnement.

Art. 15. — Les prorogations des délais sont accordées, lorsqu'il y a lieu, par le gouverneur général, sur la proposition du directeur de l'intérieur et de la colonisation, dans les cas prévus par le § 1 de l'art. 3 ci-dessus, et dans les autres cas par notre ministre de la guerre, sur l'avis du gouverneur général, le conseil supérieur d'administration entendu.

A l'expiration de ces prorogations, il est procédé à une nouvelle inspection de l'état des lieux, et le directeur de l'intérieur et de la colonisation propose, suivant le cas, dans les formes indiquées par les art. 12, 13 et 14 ci-dessus, la délivrance d'un titre définitif en faveur du concessionnaire, ou son éviction.

Art. 16. — Dans la première quinzaine de chaque trimestre, le gouverneur général adresse à notre ministre de la guerre des états détaillés de toutes les opérations du trimestre précédent en matière de concessions. — Ces états, qui tous doivent être remplacés, lorsqu'il y a lieu, par des certificats négatifs, comprennent, par arrondissement, pour les propriétés situées en dehors des nouveaux centres de population, et par village, pour celles situées dans le territoire de ces centres : — 1° Les immeubles concessibles mis par le directeur des finances et du commerce à la disposition du directeur de l'intérieur et de la colonisation ; — 2° Les concessions provisoires ; — 3° Les concessions définitives ; — 4° Les substitutions ; — 5° Les emprunts hypothécaires ; — 6° Les prorogations de délais ; — 7° Les déchéances.

CHAP. 2. — *Dispositions particulières relatives aux concessions sur le territoire des nouveaux centres de population.*

Art. 17. — Toute proposition du directeur de l'intérieur et de la colonisation pour l'établissement d'un nouveau centre de population, est examinée préalablement par une commission spéciale, aux divers points de vue : — 1° De la sécurité et de l'influence politique ; — 2° De la salubrité ; — 3° De la propriété ; — 4° Des communications ; — 5° Des eaux ; — 6° Du commerce ; — 7° De la dépense.

Art. 18. — Il est réservé sur le territoire de chaque nouveau centre de population ; — 1° Un dixième de la superficie, tant urbaine que rurale, comme domaine de l'État ; — 2° Un second dixième de la superficie rurale, comme terrain communal.

Art. 19. — Immédiatement après la promulgation de l'ordonnance autorisant la création d'un nouveau centre de population, et, s'il y a lieu, de l'arrêté prononçant l'expropriation des propriétés particulières, comprises dans son territoire, le directeur de l'intérieur et de la colonisation et le directeur des travaux publics se concertent pour l'exécution des travaux des voies de communication, de conduites d'eaux et autres qui doivent précéder l'installation des colons.

TIT. 2. — *Des concessions sur les territoires mixtes.*

CHAPITRE UNIQUE.

Art. 20. — Toutes les dispositions qui font l'objet des art. 3 à 19 ci-dessus sont applicables aux concessions sur les territoires mixtes. — Les attributions du directeur de l'intérieur et de la colonisation y sont remplies par le lieutenant général commandant la province, lequel est tenu de prendre sur chaque affaire l'avis préalable de la commission consultative de la localité. — Les attributions du directeur des travaux publics y sont

(1) *Jurisprudence.* — *Décision du tribunal des conflits,* 13 juin 1850. — Vu l'art. 14 de l'arr. du 18 avril 1841, les art. 9 et 10 de l'ord. du 5 juin 1847 et l'art. 1 de l'ord. du 1er sept. même année ; — Considérant que d'après l'art. 14 de l'arr. du 18 avril 1841, jusqu'à la délivrance du titre définitif de propriété, toute contestation relative aux immeubles concédés en Algérie doit être vidée par décision de l'autorité administrative ;

Que si l'art. 10 de l'ord. du 5 juin 1847 prévoit le cas d'une expropriation judiciaire des immeubles compris dans une concession provisoire, il résulte de l'art. 9 de cette ordonnance, que cette expropriation ne peut être prononcée qu'autant que l'autorité administrative aurait préalablement autorisé, soit une hypothèque sur ces immeubles, soit une substitution de la concession ; — Que, dans l'espèce, aucune affectation des immeubles n'avait été autorisée par l'administration à la garantie des engagements consentis par le concessionnaire ; — Que, dès lors, le tribunal d'Oran ne pouvait, sans excéder sa compétence, prononcer l'expropriation de ces immeubles ;

Décide : — Art. 1. Est confirmé l'arrêté de conflit.

exercées par le commandant supérieur du génie militaire.

Art. 21. — Indépendamment des pouvoirs qui lui sont conférés sur les territoires mixtes, par application des art. 3, 9 et 15 ci-dessus, le gouverneur général est autorisé à accorder sur ces territoires les concessions provisoires d'une superficie de 25 hect. et au-dessous, dans un rayon de 4 kil. autour des places et postes militaires.

Art. 22. — Sont abrogées toutes dispositions contraires aux dispositions qui précèdent.

OR. — 1er-30 sept. 1847. — B. 263. — *Dispositions complémentaires du règlement qui précède.*

Vu nos ord. des 21 juill. 1845 et 5 juin 1847;

Art. 1. — A l'avenir, les concessions provisoires de terres de 25 hect. et au-dessous seront autorisées, dans les territoires civils, par le directeur des affaires civiles de la province, sur l'avis du conseil de direction, et dans les territoires mixtes par le lieutenant général commandant la province, sur l'avis de la commission consultative du lieu de la situation des biens. — Les concessions provisoires au-dessus de 25 hect. et au-dessous de 100 hect. seront autorisées par le gouverneur général, sur l'avis du conseil supérieur d'administration. — Les concessions de 100 hect. et au-dessus seront autorisées par nous, sur le rapport de notre ministre de la guerre et l'avis de notre conseil d'État.

Art. 2. — Les autorisations d'hypothèques et les substitutions, ainsi que les prorogations de délais, seront accordées par les directeurs des affaires civiles, par les lieutenants généraux et par le gouverneur général, pour les propriétés qu'ils sont autorisés à concéder par l'article précédent.

Art. 3. — Les immeubles concessibles seront mis à la disposition du directeur des affaires civiles pour les territoires civils, et du lieutenant général commandant la province pour les territoires mixtes, par le chef du service des domaines. — Chaque remise sera constatée par un procès-verbal contradictoire, auquel seront toujours joints le plan de l'immeuble et un état indiquant sa provenance, sa situation, ses tenants et aboutissants et son étendue, ainsi que le numéro sous lequel il aura été inscrit au sommier de consistance du domaine.

Art. 4. — Les concessionnaires indigènes seront exemptés du cautionnement imposé par l'art. 6 de notre ord. du 5 juin 1847, pour les concessions d'une superficie de 100 hect. et au-dessus.

Art. 5. — Les concessions de forêts, de mines, de sources minérales, de sources d'eau salée et de dessèchement de marais, seront toujours accordées par nous, sur le rapport de notre ministre de la guerre, notre conseil d'État entendu.

Art. 6. — Nos ord. du 21 juill. 1845 et du 5 juin 1847, sur les concessions en Algérie, sont maintenues dans toutes celles de leurs dispositions auxquelles il n'est point dérogé par la présente ordonnance.

Dr. — 26 avr.-20 mai 1851. — B. 285. — *Modification aux ord. du 21 juill. 1845, 5 juin et 1er sept. 1847 (1).*

Art. 1. — Les ord. des 21 juill. 1845, 5 juin et

(1) *Rapport au président de la république.* — L'expérience a fait ressortir de nombreux inconvénients dans l'application des ordonnances des 21 juill. 1845, 5 juin et 1er sept. 1847, qui constituent la législation actuelle sur les concessions de terres en Algérie. — D'une part, ces ordonnances prescrivent des formalités trop multipliées, et qui nuisent essentiellement à l'expédition des affaires; d'autre part, elles imposent aux concessionnaires des charges trop lourdes et de nature à décourager les entreprises agricoles qui ont droit, au contraire, à toute la sollicitude du gouvernement dans un pays qui ne peut vivre et prospérer que par l'agriculture. — Le conseil d'État est saisi depuis quelque temps d'un projet de loi sur la matière..... Dans cet état de choses, j'ai pensé que, pour tout concilier, il convenait de modifier transitoirement, par un décret du pouvoir exécutif, quelques-unes des dispositions des ordonnances en vigueur; je crois utile, monsieur le président, de vous donner quelques explications sur les améliorations que ce décret a pour but de réaliser.

Il n'a été accordé jusqu'à ce jour, aux autorités provinciales de l'Algérie, qu'une insuffisante délégation de pouvoirs pour la délivrance des concessions. — Il en résulte que beaucoup de demandes, échappant à leur compétence par l'application des principes exagérés de contrôle et de centralisation, sont soumises à des lenteurs nuisibles à tous les intérêts. — Le projet (art. 2 et 14) remédie, dans une limite raisonnable, à cet inconvénient, en élevant de 25 à 50 hect. le maximum des concessions pouvant être accordées sur la place par les soins des autorités provinciales. — De cette manière, toutes les concessions destinées à constituer la petite et la moyenne propriété, qui sont les plus nombreuses, et qui exigent plus impérieusement que les autres une décision prompte, seront toujours délivrées très-rapidement.

Aujourd'hui, les colons reçoivent, au moment de leur mise en possession, un titre provisoire indiquant les conditions imposées et le délai accordé pour leur accomplissement. Pendant toute la durée de ce délai, le concessionnaire ne peut valablement conférer une hypothèque sur la propriété, ni l'aliéner, en totalité ou en partie, sans l'autorisation préalable de l'administration. Ce délai expiré, il est procédé à une vérification des travaux exécutés; si les conditions sont remplies en totalité, le colon reçoit un titre définitif de propriété; si elles ne sont remplies qu'en partie, il peut obtenir, soit un titre partiel de propriété,

soit une prorogation de délai; si le colon n'a rien fait, il doit être frappé de déchéance, et l'immeuble retourne à l'État; le titre provisoire ne confère ainsi qu'un simple droit de jouissance, qui peut, à certaines conditions, constituer ultérieurement un droit de propriété; c'est une simple *promesse de concession*, soumise à une condition suspensive.

Ce mode de concession renferme l'un des vices principaux de la législation actuelle, car il occasionne de très-grandes difficultés pour les concessionnaires qui ne peuvent jamais trouver de crédit avec leur titre provisoire, qu'à des taux d'intérêt ruineux. — Le projet (art. 3 et 7) lève ces entraves, en prescrivant de délivrer immédiatement aux concessionnaires, non plus un simple *titre provisoire*, mais un titre de *propriété avec clause résolutoire* en cas d'inexécution des conditions imposées, et en leur conférant, sous la seule réserve de cette clause résolutoire, le droit d'hypothéquer et d'aliéner, sous toutes les formes, les immeubles concédés.

Jusqu'à ce moment, il n'a jamais été assigné aux concessionnaires aucun délai obligatoire pour la prise de possession. — Par suite, il arrive quelquefois que des concessionnaires inactifs diffèrent indéfiniment de se présenter, et que les immeubles restent ainsi inoccupés, au détriment des intérêts de l'État et de la colonisation. — Le projet (art. 4 et 5) comble cette lacune en déclarant déchu, de plein droit, tout concessionnaire qui n'aura pas requis sa mise en possession dans les trois mois de la date de la concession.

D'après la législation actuelle, les concessions d'une étendue de 100 hect. et au-dessus imposent aux concessionnaires l'obligation de déposer, préalablement à leur entrée en possession, un cautionnement calculé à raison de 10 fr. par hectare. — Cette obligation, qui prive les colons d'une partie de leurs moyens d'action, n'est pas nécessaire pour assurer l'exécution des travaux prescrits, car la clause résolutoire fournit à cet égard une garantie suffisante. — Le projet (art. 6) abroge cette disposition. Dans l'état des choses, la vérification des travaux imposés aux concessionnaires est effectuée simplement par un inspecteur de colonisation ou par tout autre délégué de l'autorité administrative. — Cet acte est d'une grande importance, puisqu'il doit avoir pour résultat d'affranchir la propriété de la clause résolutoire, ou d'anéantir la concession et tous les droits du concession-

1ᵉʳ sept. 1817, relatives aux concessions en Algérie, sont modifiées ainsi qu'il suit :

Art. 2. — Les concessions d'une étendue de moins de 50 hectares sont autorisées par le préfet, sur l'avis du conseil de préfecture.

Art. 3. — Les actes de concessions en Algérie conféreront, à l'avenir, la propriété immédiate des immeubles concédés, à la charge de l'accomplissement des conditions prescrites. — Ces actes contiendront les indications portées aux nᵒˢ 1, 2, 3 et 4 de l'art. 7 de l'ord. du 5 juin 1817. — Ils seront dressés en minute, enregistrés et transcrits. Il en sera remis une expédition accompagnée du plan de l'immeuble, tant au concessionnaire qu'au directeur des domaines. — Le concessionnaire sera tenu de faire élection de domicile dans le ressort du tribunal de la situation de l'immeuble. Il en sera fait mention dans l'acte de concession.

Art. 4. — Sur la présentation de l'acte de cession et du plan qui l'accompagne, le concessionnaire est mis en possession de l'immeuble concédé par les soins de l'autorité locale. — Cette opération est constatée par un procès-verbal contradictoirement dressé, et contenant une description de l'état des lieux au moment de l'entrée en possession.

Art. 5. — Si le concessionnaire ne requiert pas sa mise en possession dans le délai de trois mois, à partir de la date de la concession, la déchéance a lieu de plein droit.

Art. 6. — Est rapporté l'art. 6 de l'ord. du 5 juin 1817, qui exige un cautionnement des concessionnaires d'une superficie de 100 hectares et au-dessus.

Art. 7. — Le concessionnaire peut hypothéquer et transmettre, à titre onéreux ou à titre gratuit, tout ou partie des terres à lui concédées. — Les détenteurs successifs sont soumis à toutes les obligations imposées au concessionnaire. — Les affectations hypothécaires sont régies par les dispositions de l'art. 2125 c. Nap.

Art. 8. — Dans le mois qui suit l'expiration du délai fixé pour l'exécution des conditions, ou plus tôt si le concessionnaire ou ses ayants droits le demandent, il est procédé contradictoirement à la vérification prescrite par l'art. 11 de l'ord. du 5 juin 1817, par une commission composée de trois membres, savoir : — Un inspecteur de colonisation ; — Un agent du service topographique ; — Un colon désigné par le concessionnaire ou, à son défaut, par le préfet. — Il est dressé procès-verbal de cette opération. Les parties sont admises à faire consigner leurs dires et réquisitions au procès-verbal, dont il leur est donné copie.

Art. 9. — Si toutes les conditions sont exécutées, le préfet, après avoir pris l'avis du directeur des domaines, déclare l'immeuble affranchi de la condition résolutoire. — En cas de dissentiment entre le directeur des domaines et le préfet, il est statué par le ministre de la guerre. — Si toutes les conditions ne sont pas exécutées, il est statué soit sur la prorogation du délai, soit sur la déchéance totale ou partielle, conformément aux ord. des 21 juill. 1815 et 5 juin 1817.

Art. 10. — La décision administrative qui déclare l'immeuble affranchi de la clause résolutoire, ou qui prononce la déchéance, est transcrite au bureau des hypothèques de la situation des biens.

Art. 11. — Lorsque la déchéance sera prononcée, l'immeuble concédé fera retour à l'État, franc et quitte de toutes charges. — Néanmoins, si le concessionnaire a fait sur l'immeuble des améliorations utiles et constatées par le procès-verbal de vérification, il sera procédé publiquement, par voie administrative, à l'adjudication de l'immeuble. — Les concurrents seront tenus de justifier des facultés suffisantes pour satisfaire aux conditions du cahier des charges. — Le prix de l'adjudication, déduction faite des frais, appartiendra au concessionnaire ou à ses ayants cause. — Tous les droits réels provenant du fait du concessionnaire seront transportés sur ce prix, et l'immeuble en sera de plein droit affranchi, par le seul fait de l'adjudication.

Art. 12. — S'il ne se présente aucun adjudicataire, l'immeuble fera retour à l'État, franc et quitte de toutes charges provenant du fait du concessionnaire déchu. Le procès-verbal en fera la déclaration expresse et sera transcrit au bureau des hypothèques de la situation de l'immeuble.

Art. 13. — Les concessions provisoires, faites avant la promulgation du présent décret, en vertu des ord. des 21 juill. 1815, 5 juin et 1ᵉʳ sept. 1817, et qui ne sont pas devenues définitives, pourront, si le concessionnaire en fait la demande, être, conformément à l'art. 2 du présent décret, échangées contre un nouveau titre, dans lequel les délais restant à courir pour l'accomplissement des conditions imposées seront déterminés d'après les clauses de l'acte de concession primitif.

Art. 14. — Les dispositions du présent décret sont applicables aux territoires militaires. Dans ces territoires, les attributions conférées au préfet et au conseil de préfecture par les ordonnances et décrets antérieurs sont remplies par le général commandant la division et par la commission consultative de la subdivision.

Décis. M. — 17 sept.-14 oct. 1851. — B. 394. — *Conditions pour la vente ou la concession d'immeubles domaniaux à des fonctionnaires.*

1° Des concessions et des ventes de gré à gré d'immeubles domaniaux pourront être consenties en faveur des officiers de terre et de mer, des fonctionnaires publics, des employés civils et militaires, après approbation par le ministre.

2° Les demandes en concession et en ventes de gré à gré formées par ces fonctionnaires et employés, devront être transmises par la voie hiérarchique au gouverneur général, qui, en se conformant à l'instruction particulière qui accom-

---

naire. Il a paru essentiel de l'entourer de garanties plus réelles ; tel est l'objet des art. 8, 9 et 10 du projet.

En permettant au concessionnaire de vendre ou d'hypothéquer la terre concédée, l'administration a voulu faciliter et assurer l'exécution du contrat ; elle pourrait certainement, sans excéder les limites d'un droit légitime, exiger en toute circonstance l'accomplissement rigoureux des conditions qu'elle impose et se borner, en cas d'inexécution totale ou partielle de ces conditions, à reprendre possession de l'immeuble. — Toutefois, il y aurait des inconvénients graves à déclarer obligatoire, d'une manière absolue, l'exercice de ce droit. L'éventualité d'une déchéance empêcherait souvent les colons de se procurer les fonds nécessaires à leurs travaux, en rendant trop précaire le gage hypothécaire qu'ils offriraient, et les intérêts généraux de la colonisation en éprouveraient un notable dommage. — Pour obvier à ces difficultés, le projet (art. 11 et 12)

tempère la rigueur des déchéances par le principe nouveau d'une mise en adjudication au profit du concessionnaire, lorsqu'il a fait sur l'immeuble des améliorations utiles.

Il était convenable et juste, en améliorant la position des concessionnaires futurs, d'accorder les mêmes avantages aux concessionnaires anciens, et notamment de leur conférer le droit de faire convertir leurs titres provisoires en titres définitifs, excepté pour les concessions faites dans les colonies agricoles, qui sont et doivent continuer de rester régies par la loi spéciale. — L'art. 13 du projet a été rédigé dans ce but.

Enfin, l'art. 14 rend les dispositions du nouveau décret applicables aux territoires militaires, et prévient toute incertitude en indiquant l'autorité qui, dans ces territoires, exerce les attributions conférées au préfet pour les territoires civils.

Le ministre de la guerre, RANDON.

pagne la présente décision, les examinera en conseil de gouvernement, et fera connaître au ministre si elles sont susceptibles d'être accueillies.

3° Tous fonctionnaires ou employés civils et militaires seront admis, sans autorisation préalable et sans autre condition que celle de leur solvabilité, à traiter de gré à gré avec le domaine, de l'acquisition, soit de la portion d'immeuble que le domaine tiendrait par indivis avec eux, soit de l'immeuble domanial qui serait enclavé dans celui ou ceux leur appartenant, ou qui les enclaverait de manière à en gêner l'exploitation, à en diminuer notablement la valeur.

4° Les décis. min. des 19 avril 1844 et 22 janv. 1850 sont rapportées en ce qu'elles ont de contraire aux précédentes dispositions.

Instruction ministérielle pour l'application des art. 2 et 3 de la décision du 17 sept. 1851.

« Toute demande en autorisation d'acquérir, par voie de gré à gré ou de recevoir en concession un immeuble domanial, doit être examinée non-seulement au point de vue de la solvabilité du demandeur et de ses titres à la bienveillance de l'administration, mais à celui de la convenance de la mesure en elle-même.

« La loi pénale qualifie délit et punit très-sévèrement le fonctionnaire ou l'agent du gouvernement qui prend un intérêt quelconque dans l'acte où il est intervenu comme administrateur ou comme surveillant: aucune vente de gré à gré, aucune concession d'immeuble domanial ne peut donc être proposée au ministre au profit d'un fonctionnaire ou d'un employé qui sera intervenu dans la préparation ou qui devra intervenir dans la consommation de l'acte. Ce serait pourtant exagérer la portée de cette interdiction que de poser en principe que les fonctionnaires et employés civils ou militaires exerçant dans la circonscription administrative où est situé l'immeuble domanial à aliéner, doivent tous être mis en dehors du droit commun relativement à cet immeuble. Il suffit, pour satisfaire à toutes les exigences, à celles de la loi comme à celles des convenances administratives, que le fonctionnaire employé civil ou militaire, au profit de qui est faite la proposition d'autorisation, ne soit pas intervenu ou n'ait pas à intervenir personnellement, et sous sa part de responsabilité administrative, dans la préparation ou la consommation de l'acte de vente ou de concession, qu'il n'ait été chargé ni de constituer, ni de délimiter, ni d'administrer l'immeuble domanial objet de la proposition, et qu'enfin il n'ait pas eu d'avis officiel à émettre sur l'opportunité ou la nécessité de la vente ou de la concession dudit immeuble.

« Il importe également d'examiner si, de la position de propriétaire sollicitée, ne résulterait pas pour le fonctionnaire employé civil ou militaire, des obligations de nature à le détourner de l'accomplissement de ses fonctions ou de son emploi. Ce point est surtout à considérer à l'occasion des concessions qui, ayant toutes pour objet des immeubles ruraux, et devant, autant que possible, être exploitées directement par le concessionnaire, nécessitent une résidence, une certaine liberté de disposition de temps que ne comportent pas toutes les fonctions et tous les emplois. Une règle bien précise serait impossible à déterminer pour la constatation de cette sorte d'incompatibilité. On peut, toutefois, admettre en principe que des autorisations de vente de gré à gré, et principalement de concession, ne doivent être proposées au gouverneur général d'abord et ensuite au ministre, qu'au profit de fonctionnaires ou employés civils ou militaires établis à poste fixe, ou du moins pour un laps de temps assez long pour la mise en valeur de l'immeuble, dans la localité ou à proximité de la localité où est situé ledit immeuble. Les dérogations exceptionnelles qu'on croirait devoir proposer à ce principe seront toujours très-soigneusement motivées.

« Enfin, il est à remarquer que l'art. 3 de la décis. du 17 sept., ne saurait être invoqué par les fonctionnaires ou employés civils ou militaires étant intervenus ou devant intervenir dans l'acte de vente de gré à gré d'un immeuble domanial indivis ou enclavé ou formant enclave. »

Inst. M. — 26 oct.-16 déc. 1858. — BM. 7. — *Création de nouveaux centres de population en territoire militaire.*

Général, les dispositions principales qui régissent la création des centres de population se trouvent contenues dans les arrêtés des 18 avr. 1844 et 2 avr. 1846, et dans l'ord. du 21 juill. 1845. La première recommandation qui est faite aux autorités chargées de préparer les projets est de s'assurer du degré de sécurité du pays et de la facilité de la protection et de la défense. Cette prescription a perdu de son importance en ce qui touche les territoires civils, où notre influence politique et administrative est établie sans conteste et où les tribus indigènes sont désagrégées; mais il n'en est pas de même pour les territoires militaires. Là nous nous trouvons encore en présence de difficultés sérieuses, qui doivent être étudiées avec soin et qui ne nous permettent pas de nous départir des précautions ordonnées.

La situation topographique de l'emplacement d'un village; sa proximité de tribus turbulentes encore, mal façonnées au joug; l'absence de voies de communication faciles le reliant aux centres de l'autorité militaire; l'irritation produite par les mesures de cantonnement chez les populations indigènes voisines, sont autant de conditions qui méritent un examen très-approfondi.

Nous sommes dans l'obligation de ne pas laisser les colons se disséminer au hasard en Algérie. Des actes de brigandage ou de vengeance, qui ne pourraient pas être réprimés rapidement et énergiquement, compliqueraient notre situation, mettraient notre influence en échec et feraient peser sur mon administration une fâcheuse responsabilité. — Je veux que ces éventualités ne puissent pas se réaliser, en observant scrupuleusement les mesures de prudence adoptées pour les conjurer. — J'appliquerai au développement de la colonisation le principe que j'ai émis dans ma circulaire du 21 sept., sur les commissions disciplinaires (*Affaires arabes*): « Pour vouloir un progrès véritable, il faut marcher avec mesure et assurance, de façon à ne jamais rétrograder. » — Ces considérations, général, m'ont déterminé à ne pas affaiblir les garanties dont était entourée la formation des nouveaux centres de population.

La nouvelle organisation des pouvoirs publics en Algérie ayant supprimé, pour ces projets, le contrôle local du conseil de gouvernement et du gouverneur général, j'ai décidé que, dans les territoires militaires, la première formalité à remplir, pour la création d'un centre de population, serait de consulter le commandant supérieur sur la question d'opportunité politique et militaire. L'avis motivé du commandant supérieur devra être joint aux pièces du dossier que vous aurez à me soumettre pour ces créations. — Cette prescription, d'un caractère politique et militaire, ne préjuge rien au sujet des instructions que j'aurai à vous adresser ultérieurement, sous le timbre de la direction civile, pour les questions économiques, agricoles et se rattachant à la formation des centres de population.   NAPOLÉON (Jérôme.)

Circ. M.— 17 janv.-15 oct. 1859. — BM. 41.

M. le (préfet ou général), je décide que, jusqu'à nouvel ordre, les préfets et généraux divisionnaires s'abstiendront d'accorder directement aucune concession de terrain, excepté celles d'une étendue de 20 hect. et au-dessous, sur les territoires des villages dont la création a été sanctionnée par décrets impériaux, et en se conformant strictement au lotissement adopté pour ces territoires.—Toute concession qu'il y aurait lieu de faire en dehors des villages devra, quelle que soit son étendue, faire l'objet d'une proposition spéciale à mon département. J'attache de l'importance à ce que vous vous conformiez très-strictement à ces dispositions transitoires, qui devront être mises à exécution à partir du jour où vous recevrez la présente dépêche, dont je vous prie de m'accuser réception.

NAPOLÉON (Jérôme).

Arr. — 23 août-4 oct. 1859.— BM. 59. — *Modification aux art. 4 et 5 de l'arr. du 2 avr. 1846.*

Vu les ord. et arr. des 21 juill. 1845, 2 avr. 1846 et 5 juin 1847 (V. ci-dessus); le décr. du 31 août 1859 (V. *Admin. gén.*), qui a supprimé les fonctions de gouverneur général;

Art. 1. — Les projets d'établissement de nouveaux centres de population en Algérie continueront d'être soumis à l'examen de commissions spéciales, ainsi que le prescrit l'arr. du 2 avr. 1846.

Art. 2. — La composition de ces commissions est réglée ainsi qu'il suit, savoir:

En territoire civil : 1 ingénieur des ponts et chaussées, président; 1 officier du génie; 1 agent du bureau arabe départemental; 1 inspecteur de colonisation; 1 médecin; 1 agent des domaines, qui remplira les fonctions de secrétaire.

En territoire militaire : 1 officier du génie, président; 1 ingénieur des ponts et chaussées; 1 officier du bureau arabe; 1 inspecteur de colonisation; 1 médecin ou officier de santé; 1 agent des domaines, secrétaire.

Art. 3. — Les membres de ces commissions sont nommés, en territoire civil, par les préfets, à l'exception de l'officier du génie, qui est désigné par les généraux commandant les divisions, et, en territoire militaire, par les généraux commandant les divisions, à l'exception de l'ingénieur des ponts et chaussées, qui est désigné par les préfets.

Comte DE CHASSELOUP-LAUBAT.

DI. — 25 juill. 1860. — (V. *Domaine*, § 1). *Concession et aliénation des propriétés domaniales.—Vente des terres.*

§ 2.—CONCESSIONS PARTICULIÈRES DE TERRES.

1° Province d'Alger.

Les ordonnances et décrets qui accordent des concessions à des particuliers ne concernent que des intérêts privés, et la reproduction en est inutile. Il a toutefois été fait exception à l'égard de celles de ces concessions qui ont pour objet des établissements publics, ou dont les conditions imposent l'obligation de créer soit des centres de population, soit quelque grande exploitation d'une nature spéciale, et s'appliquent aux divers essais de colonisation qui ont été tentés.

Arr. — 11-29 juill. 1845. — B. 154. — *Concession à la société des trappistes dans la plaine de Staouëli.*

Vu l'arrêté de M. le gouverneur général de l'Algérie, du 17 fév. 1843, approuvé par nous, portant qu'il sera établi un centre de population au lieu dit Camp de Staouëli, dans la plaine de ce

nom; — Vu les propositions présentées, en vertu de pouvoirs spéciaux, par M. Pierre Hercelin, prêtre, en religion Joseph-Marie, abbé de la grande Trappe, général des trappistes, demeurant à la Trappe, commune de Soligny (Orne); — Vu l'acte constitutif de la société civile des religieux qui veulent s'établir en Algérie; — Vu les délibérations du conseil d'administration de la colonie, des 17 fév. et 8 mars derniers.

Art. 1. — Il est fait concession à la société civile établie suivant acte passé devant Me Brideau, notaire à Mortagne, le 23 juin 1845, entre les sieurs le Tertro de Mayence (Hippolyte), cultivateur, Hanriat (Jean), de Martrin-Donnos (F. Régis), prêtre directeur, Durif (Joseph), prêtre, Espanet (Jean-Marie-Alexis), médecin, et Gerbier (Antoine), serrurier-taillandier, demeurant actuellement à Aiguebelle, commune de Mont-Joyeux (Drôme), représentée par M. Hercelin, prêtre ci-dessus nommé, des immeubles désignés ci-après, savoir : une superficie de 1,020 hect. de terres et broussailles dans la plaine de Staouëli, limitée au N. par la mer, au S. par l'Oued Brisja, à l'E. par l'Oued Bakarat, à l'O. par la plaine de Staouëli. — Lesdits associés auront la faculté de s'adjoindre de nouveaux associés, en tel nombre que bon leur semblera, afin de mieux assurer la durée de la société et le succès de l'entreprise, mais sauf toutefois l'approbation du ministre.

Art. 2. — La présente concession deviendra définitive après l'accomplissement, dans les délais ci-après indiqués, des conditions établies au présent acte.

Art. 3. — La société édifiera les constructions nécessaires pour l'habitation et l'exploration des terres, conformément aux plans qui seront communiqués à l'administration. — Une subvention de 62,000 fr. est accordée à cet effet à la société, et lui sera payée par fractions de 5,000 fr. au fur et à mesure que la société aura effectué pour 5,000 fr. de travaux constatés contradictoirement avec l'administration.

Art. 4. — Elle mettra en culture, dans le délai de deux années, les terres qui en seront susceptibles. La moitié au moins devra être cultivée à la fin de la cinquième année. Le restant sera mis en état, par cinquième, d'année en année.

Art. 5. — Le bornage se fera immédiatement après la prise de possession, contradictoirement avec l'administration et dans les formes administratives.

Art. 6. — La compagnie sera tenue de se conformer aux règlements forestiers.

Art. 7. — L'administration se réserve expressément la propriété des cours d'eau qui pourraient se trouver sur les terrains concédés. Les concessionnaires en auront l'usage. Il sera établi à ce sujet, s'il y a lieu, un règlement d'utilité publique par l'administration. Dans le cas où la société voudrait exécuter des constructions se rattachant à la jouissance desdits cours d'eau, elle devra en référer à l'administration, qui statuera dans le délai de trois mois.

Art. 8. — La société plantera deux mille arbres par chaque période de deux ans : en tout dix mille arbres dans les dix années.

Art. 9. — Tant que les conditions ci-dessus stipulées n'auront pas été remplies, la société ne pourra échanger, aliéner, hypothéquer la propriété concédée, si ce n'est avec l'autorisation formelle du ministre, à peine de nullité.

Art. 10. — Si la société exécute les engagements pris par elle, avant le terme ci-dessus fixé de dix années, elle pourra demander, et il lui sera délivré un titre définitif de propriété, conformément à l'art. 11 de l'arr. du 18 avr. 1841.

Art. 11. — En cas d'inexécution, dans le délai

prescrit, des conditions ci-dessus, ou de la dissolution volontaire de la société, il y aura lieu à la résolution de la présente concession. Elle sera ordonnée par le ministre, qui en réglera les effets.

Art. 12. — La société supportera en faveur de l'administration, à partir de la cinquième année révolue, l'intérêt à 4 p. 100 à raison des avances qui lui auront été faites, conformément à l'art. 5 ci-dessus. Elle pourra toujours s'en libérer par le remboursement du capital.

Art. 13. — Dans le cas où la société voudrait vendre tout ou partie des terres faisant l'objet de la présente concession, elle ne pourra le faire qu'à la condition de rembourser à l'administration les 62,000 fr. qui lui auront été avancés, proportionnellement aux étendues et à la valeur des terres aliénées. — Elle payera les redevances ou contributions qui pourront être ultérieurement imposées, en Algérie, à la propriété en général, mais seulement après dix ans de la date du présent acte.

Art. 15. — Toutes contestations relatives à l'interprétation et à l'exécution du présent acte seront jugées administrativement.

Maréchal duc de DALMATIE.

DP.—28 nov.-31 déc. 1849.—B. 557.—*Concessions de Bouffarik déclarées gratuites.*

Vu les arr. des 27 sept. 1830 et 18 avr. 1841, et l'ord. roy. du 21 juill. 1845, sur les concessions en Algérie;

Considérant que la ville de Bouffarik, l'un des centres les premiers créés dans la plaine de la Métidja, aux avant-postes de notre occupation et sous le feu de l'ennemi, est aussi celui où il a été fait le plus de travaux et d'efforts, et où les colons ont le plus souffert de l'insalubrité qui existait alors et des événements politiques; — Considérant qu'il ne serait pas juste d'assujettir à des redevances les concessionnaires de Bouffarik, qui ont eu des charges considérables à supporter et souvent des pertes à réparer, alors qu'ils se sont établis entièrement à leurs frais, et que d'autres concessionnaires, installés postérieurement dans des circonstances et des dispositions moins périlleuses, jouissent du bénéfice de la gratuité;

Art. 1. — Les concessions faites jusqu'à ce jour dans l'intérieur ou sur le territoire de Bouffarik sont déclarées gratuites.

Art. 2. — Il est fait remise des sommes dues pour celles de ces concessions qui ont été, par le passé, assujetties au service d'une rente envers l'Etat.

Art. 3. — Toutes dispositions contraires au présent décret sont et demeurent abrogées.

DP.—16 août-8 sept. 1851.—B. 393.—*Concession du camp d'Erlon (Bouffarik)* à M. l'abbé Brumauld, *directeur de l'orphelinat de Ben Aknoun.*

Vu l'ord. du 9 nov. 1845.—(Domaine.)

Art. 1. — Il est fait abandon en toute propriété à M. l'abbé Brumauld, fondateur et directeur de l'établissement d'orphelins de Ben Aknoun, des immeubles ci-après désignés : — 1° Les bâtiments de l'ancien camp d'Erlon, sis à Bouffarik, ensemble les enclos, cours, etc., d'une contenance de 7 hect. 57 ares 72 cent.; — 2° Les terrains extérieurs dépendant dudit camp, lesquels terrains étaient affectés autrefois au pacage des troupeaux de l'administration de la guerre et à une pépinière: superficie 51 hect. 26 ares 98 cent. — Lesdits bâtiments, enclos, terrains sont désignés au plan ci-joint n° 1; — 3° Un lot de 86 hect. à pren-

dre sur l'Haouch Ben Abed (district de Bouffarik), —Ledit lot désigné au plan ci-joint n° 2 (1.)

Art. 2. — Cet abandon a lieu à la condition expresse que M. l'abbé Brumauld, pendant une période de vingt ans, consacrera les immeubles susdésignés à une maison d'apprentissage agricole des jeunes orphelins ou autres enfants qui pourront, en vertu de traités spéciaux, lui être confiés par l'administration.

Art. 3. —Si, par le fait ou la volonté de l'administration ou de M. l'abbé Brumauld, les immeubles abandonnés cessent, après un temps de vingt années, à partir de ce jour, d'être affectés à un orphelinat, ou tout autre établissement de même nature, agréé par l'Etat, M. l'abbé Brumauld versera à la caisse du receveur des domaines de Blidah la somme de 45,253 fr. 94 c., représentant la valeur desdits immeubles, suivant procès-verbal d'expertise, en date du 27 mars 1851. — Le payement se fera par tiers, d'année en année, à partir du jour de la notification qui sera faite à M. l'abbé Brumauld ou à ses ayants droit, d'avoir à se libérer.

Art. 5. — En cas d'inexécution des traités passés avec M. l'abbé Brumauld pour l'éducation des jeunes détenus, pendant la période de vingt années, les immeubles abandonnés feront purement et simplement retour à l'Etat. M. l'abbé Brumauld ne pourra démolir les bâtiments actuellement existants sans en avoir obtenu l'agrément de l'autorité.

Art. 5. — M. l'abbé Brumauld supportera les contributions et toutes les servitudes ou services fonciers dérivant, soit de la situation des lieux, soit des obligations imposées par la loi ou celles qui seront ultérieurement établies par l'administration dans l'intérêt des exploitations agricoles et pour le service des terrains voisins; comme aussi M. l'abbé Brumauld jouira de toutes celles qui pourraient lui profiter, à l'exception de la réserve ci-après stipulée.

Art. 6. — L'administration se réserve expressément la propriété des sources et cours d'eau connus ou inconnus, existant sur les terrains abandonnés, et M. l'abbé Brumauld sera tenu de se conformer, à cet égard, à tous les règlements existants ou à intervenir. — L'usage de ces eaux sera réglé ultérieurement par l'administration, et jusque-là, M. l'abbé Brumauld aura le droit d'en jouir, à charge par lui, dans le cas où il faudrait exécuter des constructions ou faire des travaux se rattachant à cette jouissance, d'en référer à l'administration, qui statuera en dernier ressort, dans le délai de trois mois.

Art. 7.—M. l'abbé Brumauld sera tenu, pendant un délai de dix années, de livrer, sans indemnité, à l'Etat tous les terrains qui lui seraient nécessaires pour l'établissement des routes, chemins, aqueducs et cours d'eau, avec servitudes ordinaires de francs-bords, sauf le cas où ces établissements causeraient des dommages aux constructions préexistantes. — Il acquittera les impôts qui pourront être établis sur la propriété en Algérie.

DI. — 12 août-3 sept. 1851. — B. 465.—*Concession de Tipaza.*

Art. 1.—Il est fait concession au sieur Demonchy (Auguste-Adolphe), propriétaire, demeurant à Paris, d'un territoire de 2,672 hect. 12 ares 95 cent., situé dans la province d'Alger, lequel figuré au plan ci-joint, compose la section dite de Tipaza, et comprend l'emplacement de l'ancienne ville romaine de Tipaza. — Cette concession demeure

(1) Par décr. du 7 juill. 1856, B. 498, cette concession a été augmentée de trois lots du Haouch Chaban (commune de Douera), d'une contenance totale de 87 hect.

69 ares, évaluée à 5,361 fr., et cette augmentation a été accordée sous les mêmes conditions.

soumise aux conditions suivantes, pour l'exécution desquelles le sieur Demonchy fera élection de domicile à Alger.

Art. 2. — En vue de la création d'un centre de population dont il sera ultérieurement parlé, l'État fait réserve, — Dans l'emplacement même de Tipaza : — Des terrains qui pourront être nécessaires pour travaux d'enceinte, boulevards, rues, places, fontaines et tous édifices destinés à des services publics ; le tout conformément aux plans de distribution et d'alignement qui seront soumis à l'approbation de l'administration, ainsi qu'il est dit aux art. 4 et 20 ci-après. — Dans le territoire agricole : 1° De deux lots de 5 hect. chacun, lesquels seront attribués au ministre du culte et à l'instituteur, pendant la durée de leurs fonctions ; — 2° D'un lot de 200 hect., destiné à servir, soit de réserve forestière, soit de libre parcours, et qui pourra, s'il y a lieu, être affecté à la dotation de la commune. Ledit lot sera délimité de gré à gré entre le sieur Demonchy et les agents du service forestier sous l'approbation de l'autorité supérieure ; — 3° De 500 hect. de terres qui formeront 50 concessions, directement délivrées par l'État aux colons du village ; — 4° D'un emplacement à proximité du centre de population, et destiné à servir de cimetière européen ; — 5° Des cimetières arabes existant sur diverses parties de la concession. — Ces diverses réserves territoriales seront définitivement déterminées par le plan général de l'établissement.

Art. 3. — Pour subvenir aux dépenses que nécessitera, de la part de l'État, la mise en possession de l'intégralité des terrains compris dans la concession faite au sieur Demonchy, ce dernier versera immédiatement au trésor une somme de 20,000 fr. qui demeurera définitivement acquise à l'État.

Art. 4. — Le concessionnaire créera à ses frais sur l'emplacement de l'ancienne ville de Tipaza un centre de population d'au moins 50 feux, (1) composé de familles de cultivateurs européens, suivant un plan de distribution et nivellement établi par ses soins et approuvé par le ministre de la guerre. — A cet effet, 50 maisons en maçonnerie, couvertes en tuiles ou en voûte maçonnée, avec terrasse, devront être construites dans le délai de trois ans. Chacune d'elles devra être composée d'au moins trois pièces propres au logement d'un agriculteur et de sa famille. — Les travaux seront reçus par un agent de l'administration, désigné à cet effet, lequel estimera contradictoirement avec le sieur Demonchy la valeur de la construction.

Art. 5. — Au fur et à mesure de la construction du village, le sieur Demonchy appellera en Algérie les familles destinées à habiter les maisons achevées. — Il ne pourra bénéficier sur la construction desdites maisons, en les cédant au prix de revient, mais toutefois que ce prix puisse dépasser la somme de 2,500 fr. — A chaque habitation seront annexés gratuitement des terrains de culture pris dans la réserve mentionnée au n° 3 de l'art. 2, d'une superficie de 10 hect. au moins, dont celui choisis parmi les terres labourables les plus rapprochées du village, et le surplus dans les parties les plus éloignées. Un plan général d'allotissement sera, à cet effet, préparé par les soins du concessionnaire et soumis à l'approbation de l'administration.

Art. 6. — (Comme à l'art. 12, §§ 1 et 2 du décret suivant concernant la Compagnie génevoise.)

Art. 7. — (Comme à l'art. 15 du décret précité.)

Art. 8. — (Comme à l'art. 10 du décret précité.)

Art. 9. — Pendant cinq années, à dater de la

(1) Réduit à 40 familles, par décision impériale du 23 août 1859, BM. 39.

promulgation du présent décret, le gouvernement accordera, sur les bateaux à vapeur faisant le service des dépêches entre la France et l'Algérie, des passages gratuits, savoir : — 1° De 1re cl., aller et retour, au sieur Demonchy et sa famille, jusqu'à concurrence de trois par année ; — 2° De 2e cl., aller et retour, jusqu'à concurrence de quatre par année, pour les agents supérieurs dudit sieur Demonchy ; — 3° De 3e cl., aller seulement, pour les colons désignés par lui, ainsi que pour leurs familles, leurs bagages et les instruments de leurs professions. — Le poids des bagages sera, dans les deux premiers cas, restreint dans les limites réglementaires.

Art. 10. — Le gouvernement se charge de tous les travaux d'utilité publique à construire dans le village, notamment de l'établissement des puits et fontaines qui seront nécessaires aux habitants et à leurs bestiaux ; de l'achèvement de la route de Marengo à Tipaza, du nivellement des rues et places, conformément au plan approuvé, ainsi qu'il a été dit plus haut ; enfin, des ouvrages qu'il jugera nécessaires à la défense. Ces travaux, dont l'administration se réserve d'apprécier la nécessité et l'importance, seront terminés dans le même temps que la construction du village. — Le gouvernement pourvoira, en outre, s'il y a lieu, à l'exécution d'un débarcadère et des ouvrages nécessaires à l'amélioration du mouillage de Tipaza, mais il sera libre de fixer l'époque et l'importance de ces travaux.

Art. 11. — Le gouvernement fera construire une église et une école. En attendant l'achèvement de ces constructions, et aussitôt que 50 familles seront établies dans le village, il installera les services du culte et de l'instruction publique dans les locaux que le concessionnaire s'engage à mettre à sa disposition, moyennant un prix de location qui sera fixé de gré à gré.

Art. 12. — (Comme à l'art. 8 du décret précité.)

Art. 13. — Lorsque le colon ne payera pas comptant le prix de sa maison, les sommes restant dues seront payables au concessionnaire en vingt-six ans et demi, par annuité de 7 p. 100, intérêts et amortissement compris. Le colon pourra, toutefois, se libérer par des versements anticipés qui ne seront pas moindres de 100 fr. ; mais lorsqu'il voudra user de cette faculté, il sera tenu de prévenir le sieur Demonchy, ou son fondé de pouvoirs, un mois à l'avance.

Art. 14. — Les annuités dues au concessionnaire par le colon seront payées en deux termes égaux et d'avance. Pour garantie de cette obligation, le concessionnaire pourra, indépendamment de son privilège sur la maison du colon acquéreur, prendre inscription sur les 10 hect. de terre qui y sont annexés, et ce jusqu'à complète libération.

Art. 15. — Les colons seront tenus de mettre en bon état de culture les 10 hect. qui leur seront concédés, dans un délai de quatre ans, à partir du jour de leur mise en possession. Seront considérés comme en état de culture, etc. (Comme à l'art. correspondant du décret précité.)

Art. 16, 17, 18 et 19. — (Comme aux art. 12, § 5, 16, 17 et 18 du décret précité.)

Art. 20. — Les dispositions contenues dans les art. 5, 6, 7, 8, 9, 13, 14, 15 et 19 du présent décret ne s'appliquent qu'aux 50 premières maisons que le sieur Demonchy s'est engagé à construire, et aux 50 lots de terre qui y seront annexés. Quant aux maisons qu'il ferait bâtir au delà de ce nombre, soit dans l'intérieur, soit à l'extérieur de Tipaza, et au reste des terres qui lui sont concédées, il sera libre d'en disposer à son gré. Toutefois, la construction des maisons dans l'intérieur de Tipaza sera soumise à un plan d'alignement ou de distribution approuvé par l'administration, dans la même forme que celui du village de 50 feux. Les emplacements affectés aux boulevards, rues et places seront de droit réservés. L'administration indiquera sur le plan les autres réserves qu'il y aurait lieu de déterminer, dès que 50 maisons auront été construites.

Art. 21. — Si, dans le délai de trois ans, le sieur Demonchy a construit 50 maisons et y a installé 50 familles dans les conditions prescrites par les art. 4 et 5, les terrains qui lui resteront personnellement attribués après le prélèvement des réserves mentionnées en l'art. 2, seront affranchis de la clause résolutoire conformément à l'art. 9 du décr. du 26 avril 1851 (ci-dessus, § 1). En cas d'inexécution totale ou partielle des obligations par lui souscrites, il ne lui sera laissé, en dehors des terrains affectés aux 50 familles de colons, qu'autant de lots de 10 hect. qu'il aura bâti et peuplé de maisons.

Art. 22. — (Comme à l'art. 21 du décret précité.)

2° Province de Constantine.

31. — 26 avr.-6 juin 1853. — B. 458. — *Concession au comte* Sautter de Bauregard *et autres* (Compagnie génevoise) *de* 20,000 *hect.*

Art. 1. — Il est fait concession aux personnes dénommées ci-après : — 1° etc. — De terrains domaniaux, d'une contenance de 20,000 hect., situés dans les environs de Sétif. — Cette concession demeure soumise aux conditions suivantes, pour l'exécution desquelles les concessionnaires seront solidaires et feront élection de domicile, soit à Sétif, soit dans l'un des villages à édifier.

Art. 2. — Dès à présent, 10,000 hect. sont réservés aux concessionnaires, à prendre sur les 22,000 hect. environ, délimités par un liséré violet sur le plan ci-annexé. — Ne sont point compris dans les 10,000 hect. attribués aux concessionnaires par le paragraphe précédent : — 1° Les réserves militaires indiquées par une teinte verte sur le plan ; — 2° Les terrains concédés, teintés en jaune sur le plan, et le territoire des cinq villages en cours d'exécution, ainsi que celui assigné, par l'ord. du 11 fév. 1847, à la ville européenne de Sétif (*Villes et villages*) ; — 3° Les villages arabes de Aïn Lachechia et d'Oued Tinar et leur territoire. — Les 10,000 hect. complémentaires, autant que possible attenant aux premiers, seront désignés ultérieurement par notre ministre de la guerre, sur la demande des concessionnaires, après avoir pris l'avis du gouverneur général, le conseil de gouvernement entendu.

Art. 3. — La superficie desdits terrains sera partagée en sections ou zones de 2,000 hect., d'un seul tenant, autant que possible, dont les concessionnaires seront successivement mis en possession. Chacune de ces zones est destinée à la création d'un village de 50 feux, composé de familles de cultivateurs européens. L'emplacement et le plan de ces villages seront arrêtés par l'administration, de concert avec les concessionnaires.

Art. 4. — Les concessionnaires construiront à leurs frais, dans chaque village, 50 maisons en maçonnerie, couvertes en tuiles, ou en voûte maçonnée en terrasse. L'emplacement nécessaire sera mis à leur disposition aussitôt qu'ils en feront la demande. — Chaque maison sera composée d'au moins trois pièces, propres à un logement d'agriculteur et de sa famille.

Art. 5. — Les concessionnaires ne pourront point bénéficier sur la construction des villages ; ils traiteront à forfait avec un ou plusieurs entrepreneurs pour chaque groupe de 50 maisons, puis ils remettront à chaque famille une de ces maisons à un prix équivalent à la cinquantième partie du coût de la construction du village. — Toutefois, il

ne pourra être exigé du colon, pour prix de cette maison, une somme supérieure à 2,500 fr.

Art. 6. — Le gouvernement se charge de tous les travaux d'utilité publique, notamment de la construction, dans chaque village, des fontaines qui seront nécessaires aux habitants et à leurs bestiaux, de l'aménagement des eaux pluviales et des eaux insalubres avoisinant le village, de l'ouverture et de l'entretien des principales voies de communication ; enfin, des ouvrages qu'il jugera nécessaires à la défense des villages. — Ces travaux, dont l'administration se réserve d'apprécier la nécessité et l'importance, seront terminés en même temps que la construction des villages.

Art. 7. — Le gouvernement fera construire une église et une école dans le premier village établi par les concessionnaires, et, aussitôt après l'arrivée des familles audit village, il pourvoira aux frais du culte et de l'instruction publique, en instituant et rémunérant un ecclésiastique et un instituteur, qui seront catholiques ou protestants, selon que les familles appartiendront à l'un ou à l'autre de ces deux cultes.

Art. 8. — Toutes les dispositions administratives en vigueur en Algérie concernant l'assistance publique et le traitement des malades seront applicables aux colons des villages. — Le gouvernement prendra, soit pendant la construction des villages, soit après l'installation des familles, les mesures propres à maintenir la sécurité dans la localité. — Il distribuera aux colons, si les circonstances l'exigent, des armes et munitions que ceux-ci devront conserver en bon état tant qu'ils en seront détenteurs.

Art. 9. — Pendant dix années, à dater de la promulgation du présent décret, le gouvernement accorde, sur les bateaux à vapeur faisant le service des dépêches entre la France et l'Algérie, des passages gratuits, savoir : — 1° De 1re classe, aller et retour, jusqu'à concurrence de quatre par année, pour les concessionnaires et leur famille ; — 2° De 2e classe, aller et retour, jusqu'à concurrence de six par année, pour les agents des concessionnaires ; — 3° De 3e classe, pour l'aller seulement, aux colons désignés par les concessionnaires, ainsi qu'à leurs familles, à leurs bagages et aux instruments de leurs professions. — Le poids des bagages sera, dans les deux premiers cas, restreint dans les limites réglementaires.

Art. 10. — Les colons doivent faire face par eux-mêmes aux frais de leur voyage jusqu'au port d'embarquement et du port de débarquement au lieu de la concession. — Le gouvernement leur fournira, au besoin, la protection nécessaire pour se rendre du port de débarquement à leur destination.

Art. 11. — Dès qu'un village sera construit, les 2,000 hect. composant son territoire seront répartis ainsi qu'il suit, à la diligence de l'administration : — 1° 190 hect. seront mis, à titre de parcours communal, à la disposition des habitants de la zone, pour en jouir conformément aux règlements en vigueur. Dans cette superficie seront compris les terrains occupés par les places, rues et édifices publics du village. — 2° 10 hect. seront affectés, par portions égales et pendant la durée de leurs fonctions, au ministre du culte et à l'instituteur. — 3° 1,000 hect. seront divisés en 50 lots de 20 hect. chacun. Un de ces lots sera affecté à chacune des 50 habitations du village, et deviendra la propriété du colon, à la condition de satisfaire aux prescriptions de l'art. 15 ci-après. Aucun colon ne pourra obtenir plus d'un lot. — Dans les 20 hect. seront compris le sol occupé par la maison du colon et le jardin y attenant. — 4° 800 hect. seront remis par l'administration aux concessionnaires, et deviendront leur propriété définitive et incommutable aussitôt que les 30 maisons d'un village auront été construites et qu'elles seront occupées par les colons. — Le fait de cette construction sera constaté par un procès-verbal de l'autorité compétente. — L'allotissement des 1,200 hect. et la désignation des 800 hect. complémentaires seront faits par l'administration aussi équitablement que possible, eu égard à la valeur et à la qualité des terrains.

Art. 12. — Les concessionnaires ont seuls le choix des colons; mais ils ne peuvent désigner au gouvernement, comme aptes à recevoir un lot de terre, que des individus mâles, majeurs et valides. — La désignation du lot de terrain et de la maison affectés à chaque colon appartient aux concessionnaires; mais la concession du sol lui est faite directement par le gouvernement au moyen d'un titre transmissible. — Les concessionnaires et les habitants des villages seront, par dérogation spéciale à l'art. 5 de l'ord. du 5 juin 1847, exonérés de toute redevance quelconque envers l'État. Ils seront tenus, néanmoins, aux charges et impôts qui pourront grever ultérieurement la propriété foncière en Algérie.

Art. 13. — Avant de diriger un colon sur les lieux et de lui délivrer l'acte qui lui attribue la propriété de l'une des maisons de la colonie, les concessionnaires devront avoir reçu de lui 1,000 fr., à valoir sur le prix de la maison, et, en outre, un dépôt de 2,000 fr. destiné à pourvoir à ses premiers besoins lors de son arrivée, ainsi qu'à l'achat, par lui, des bestiaux et instruments nécessaires à la mise en culture du terrain qui lui est concédé. — Ce dépôt sera versé par les concessionnaires aux mains du gouvernement, qui leur en donnera décharge et qui les restituera aux colons comme suit, savoir: 1,000 fr. à l'arrivée du colon, 500 fr. six mois après, 500 fr. après un an de séjour.

Art. 14. — La somme due aux concessionnaires par le colon pour compléter le prix d'acquisition de la maison portera, à partir de l'entrée en jouissance, un intérêt annuel de 5 p. 100, payable au 31 déc. de chaque année. — Le colon sera tenu, en outre, de se libérer par des versements annuels qui ne pourront être moindres de 100 fr. — Pour la garantie des obligations ci-dessus, les concessionnaires pourront, indépendamment de leur privilège sur la maison du colon acquéreur, prendre inscription sur les 20 hect. de terre qui y sont attachés, et ce, jusqu'à payement intégral.

Art. 15. — Les colons sont tenus de mettre en bon état de culture les 20 hect. qui leur seront concédés, dans un délai de huit ans, à partir du jour de leur mise en possession. — Seront considérés comme en état de culture les terrains sur lesquels des boisements ou ensemencements de forêts auront été pratiqués, ainsi que les terrains laissés en prairies naturelles, pourvu que celles-ci soient en bon état de production et d'entretien et

que leur étendue n'excède point la moitié de la concession.

Art. 16. — Les concessionnaires et colons se conformeront aux règlements existants ou à intervenir sur le régime des eaux en Algérie.

Art. 17. — Les concessionnaires et colons seront tenus, pendant dix années, d'abandonner à l'État, sans indemnité, les terrains nécessaires à l'ouverture des routes, chemins, canaux, et autres ouvrages d'utilité publique. — Ils seront tenus de maintenir les chemins existants, à moins qu'ils ne soient autorisés par l'administration à les supprimer ou à leur donner une autre direction. — L'État se réserve la propriété des objets d'art, mosaïques, bas-reliefs, statues, médailles, etc., qui pourront exister sur la concession.

Art. 18. — En cas d'inexécution par un colon des obligations qui lui seront imposées par l'art. 15, le gouvernement pourra, conformément à l'art. 11 du décr. du 26 avr. 1851, faire vendre les lieux, aux enchères publiques, son lot de 20 hect. et sa maison, pour le produit en être, jusqu'à due concurrence et déduction faite des frais, affecté au remboursement de la créance des concessionnaires, dans les termes de l'art. ci-dessus, puis à celui des autres créances hypothécaires inscrites suivant l'ordre amiable ou judiciaire qui en sera fait. — L'excédant, s'il y en a, sera remis au colon exproprié.

Art. 19. — Dans le cas où, un village étant construit, des circonstances de force majeure empêcheraient les colons de s'y rendre, toutes les constructions faites par les concessionnaires resteraient la propriété de ceux-ci, ainsi que 10 hect. de terre par maison, à prendre dans les 2,000 hect. qui avaient été attribués à ce village.

Art. 20. — Un délai de dix ans est accordé aux concessionnaires pour la création des villages; mais si le premier n'est pas construit deux ans à dater de ce jour, la présente concession deviendra nulle et non avenue. — Dans le cas où, à l'expiration de dix ans, les concessionnaires n'auraient pas établi un village sur chacune des sections ou zones de 2,000 hect. qui font l'objet du présent décret, ils demeureraient propriétaires définitifs d'autant de lots de 800 hect. qu'il y aurait de villages terminés et occupés par les colons aux termes de l'art. 10. L'État pourra alors disposer des zones excédantes dont il n'aura pas été fait emploi.

Art. 21. — Toutes les règles établies par le décret organique du 26 avr. 1851 (ci-dessus, § 1), et qui ne sont pas contraires aux dispositions précédentes, seront applicables à la présente concession.

DI. — 17 mai-13 juill. 1854. — B. 462. — *Douze décrets de la même date accordant des concessions de terrains à divers indigènes du cercle de Guelma* (1).

DI. — 10 déc. 1854.-8 fév.. 1855. — B. 474. —

Concession aux sieurs Joly de Brésillon, Héraud et Marill, de 2,000 hect. (subdivision de Constantine) en vue de la création d'un centre de population d'au moins 50 familles.

Art. 1. — Il est fait concession aux sieurs Joly de Brésillon, Héraud (Louis) et Marill (Jean), propriétaires à Constantine, tant pour eux que pour leurs héritiers ou leurs ayants droit, de terrains domaniaux d'une contenance de 2,000 hect., situés sur le territoire de l'Ouled Dekri (subdivision de Constantine), et figurés au plan ci-joint dudit territoire.

Art. 2. — Ne sont pas compris dans les 2,000 hect. concédés : — 1° Les terrains délimités sur le plan par une teinte rouge de Saturne, et destinés au boisement ; — 2° Les terrains teintés en jaune sur le même plan, et déjà occupés par les sieurs Marill et consorts.

Art. 3. — En vue de la création d'un centre de population dont il sera ultérieurement parlé, l'État fait réserve, dans l'emplacement même des habitations du village : — Des terrains qui pourront être nécessaires pour les boulevards, rues, places, fontaines et tous édifices destinés à des services publics, le tout conformément au plan de distribution d'alignement qui sera soumis à l'approbation de l'administration, ainsi qu'il est dit dans l'article ci-après. — Dans le territoire agricole : — 1° De deux lots de 5 hect. chacun, destinés soit au ministre du culte et à l'instituteur, soit à toute autre affectation d'utilité publique ; — 2° D'un lot de 190 hect. qui pourra servir de libre parcours, et, s'il y a lieu, être affecté à la dotation communale ; — 3° De 1,000 hect. qui formeront 50 concessions directement délivrés par l'État aux colons du village. — Ces diverses réserves territoriales sont, dès à présent, déterminées et figurées au plan ci-joint. — La concession ainsi réglée, demeure soumise aux conditions suivantes, pour l'exécution desquelles les concessionnaires seront solidaires, et feront élection de domicile soit à Constantine, soit dans le futur centre de population.

Art. 4. — Les concessionnaires construiront, dans le délai de deux ans, à leurs frais, sur l'emplacement indiqué au plan, un village d'au moins 50 familles européennes, dont la distribution et l'alignement seront établis par leurs soins, et approuvés par le ministre de la guerre.

Art. 5. — Les 50 maisons devront être bâties en maçonnerie, à chaux et sable, couvertes en tuiles ou en voûte maçonnée avec terrasse. — Chacune d'elles sera composée d'au moins trois pièces propres au logement d'un agriculteur et de sa famille. — 25 maisons au moins devront être achevées à l'expiration de la première année.

Art. 6. — (§ 1, comme à l'art. 5 du décret précédent concernant la compagnie génévoise.) — Les travaux seront reçus par un agent de l'administration, désigné à cet effet. — A chaque habitation seront annexés gratuitement des terrains de culture d'une superficie de 20 hect., pris sur les 1,000 hect. réservés, ainsi qu'il est dit au § 5 de l'art. ci-dessus. — Le prix maximum de la maison du colon est fixé à 2,500 fr.

Art. 7. — Lorsque le colon ne payera pas comptant le prix de la maison, les sommes restant dues porteront, à partir de son entrée en jouissance, un intérêt annuel de 5 p. 100 payable le 31 déc. de chaque année. — Le colon sera tenu, en outre, de se libérer par des versements annuels qui ne pourront être moindres de 100 fr. — Pour garantie des obligations ci-dessus, les concessionnaires pourront, indépendamment du leur privilège de vendeurs, sur la maison du colon acquéreur, prendre inscription sur les 20 hect. de terre qui y seront annexés, et ce, jusqu'à payement intégral.

Art. 8. — (Comme à l'art. 12 du décret précité.)

Art. 9. — (Comme à l'art. 10 du même décret).

Art. 10. — Pendant trois années, à dater du jour de la mise en concession, le gouvernement accordera, sur les bateaux à vapeur, faisant le service des dépêches entre la France et l'Algérie, des passages gratuits, savoir : 1° de 1re cl., aller et retour, aux concessionnaires, jusqu'à concurrence de deux par année ; — 2° de 3e cl., aller seulement, aux colons désignés par les concessionnaires, ainsi qu'à leurs familles, leurs bagages, et aux instruments de leur profession. — Le poids des bagages, dans le premier cas, sera restreint dans les limites réglementaires.

Art. 11. — (Comme à l'a. 6 du décret précité, sauf le délai fixé à trois années.)

tants au point de vue politique et au point de vue de la colonisation elle-même, en rapprochant intimement deux races qui ont à gagner à leur contact, en établissant entre elles un échange nécessaire de services.

La population arabe fournit aux colons européens sa main-d'œuvre peu coûteuse, des conditions plus économiques de production ; les colons lui donnent l'exemple du bien-être dû au travail, l'initient à des pratiques agricoles plus avancées, qu'elle est d'autant mieux disposée à imiter qu'un territoire plus restreint l'invite à une culture plus intense. — Un encouragement puissant et puissant est d'ailleurs offert aux progrès agricoles des indigènes, et doit assurer à la mesure tous les bons effets qui peuvent en ressortir. En conférant à chaque tribu la propriété collective d'un périmètre déterminé, mon département se réserve de constituer dans ce périmètre la propriété individuelle, en faveur des familles qui s'en montreront dignes par leurs travaux de culture. Or la propriété individuelle ainsi conquise, en modifiant radicalement l'état social des indigènes, les liera irrévocablement à notre cause par leurs propres intérêts. Née du travail et de l'esprit de progrès, elle ouvrira les voies à toutes les améliorations sociales et agricoles ; elle sera le plus sûr point d'appui de l'assimilation des deux peuples.

Ces principes, qui concilient les exigences de la colonisation avec les intérêts des indigènes, empruntent aux circonstances politiques actuelles de l'Algérie un caractère plus spécial d'opportunité qui n'échappera point à la haute appréciation de V. M. J'ai cru nécessaire de la loi exposer succinctement, en soumettant à sa sanction les projets de décrets ci-joints, relatifs à des concessions territoriales proposées en faveur de douze Arabes du cercle de Guelma, dont les tribus ont été cantonnées.

Les concessions proposées en faveur du kaïd Deradj ben Querath et du cheik Lakdar ben Teboula, justifiées, comme celles des autres indigènes, par l'importance des travaux de culture déjà effectués, présentent, toutefois, ce caractère particulier qu'elles sont situées, non dans les limites du cantonnement de leurs tribus, mais sur le territoire européen de Guelma. Cette exception est fondée sur ce que le kaïd Deradj ben Querath a fait, avant le cantonnement, des travaux de construction qui auraient permis difficilement de le déplacer, et sur ce que le cheik Ben Teboula rend des services spéciaux comme chargé de la surveillance de la route de Bône, et comme intermédiaire généralement accepté dans les discussions entre les colons et les Arabes.

Des conditions analogues aux obligations souscrites par les concessionnaires européens ont été imposées à chacun de ces douze indigènes. Ces conditions assurent l'achèvement des travaux nécessaires pour la bonne et complète exploitation du sol. Les principales sont, indépendamment du payement à l'État d'une rente annuelle et perpétuelle de 1 fr. par hect., — 1° La construction de bâtiments d'exploitation en rapport avec l'étendue de l'immeuble concédé ; — 2° La plantation d'au moins 25 arbres fruitiers ou forestiers par hectare ; — 3° La mise en culture de toutes les terres cultivables, dans le délai de cinq ans......

Le ministre de la guerre, VAILLANT.

Art. 12.—Le village jouira, en ce qui concerne les besoins du culte, de l'instruction et de la santé, de la protection et de tous les avantages accordés aux autres centres de population établis en Algérie. Le gouvernement prendra, soit pendant la construction dudit village, soit après l'installation des familles, toutes les mesures propres à maintenir la sécurité.

Art. 13.—(Comme à l'art. 12 du décret précité.)

Art. 14.—(Comme à l'art. 13 du décret précité.)

Art. 15.—Les colons seront tenus de mettre en culture les 20 hect. qui leur seront concédés, dans un délai de cinq ans à partir du jour de leur mise en possession.—Ils devront, dans le même délai, planter au moins 25 arbres fruitiers ou forestiers à haute tige par hectare; mais ils demeureront libres de les distribuer, à leur gré, sur l'ensemble des terres concédées. — Seront considérés comme cultivés, les terrains sur lesquels des boisements ou commencements de forêts auront été pratiqués, ainsi que les terrains laissés en prairies naturelles, pourvu que celles-ci soient en bon état de production et d'entretien, et que leur étendue n'excède pas la moitié de la concession.

Art. 16 et 17.—(Comme aux articles correspondants du décret précité.)

Art. 18.—En cas d'inexécution, par un colon, des obligations qui lui sont imposées par l'art. 15, le gouvernement pourra, conformément à l'art. 11 du décr. du 26 avr. 1851, faire vendre, sur les lieux, aux enchères publiques, son lot de 20 hect. et sa maison. Dans ce cas, le nouvel acquéreur prendra à sa charge toutes les obligations souscrites par le colon exproprié, tant vis-à-vis des concessionnaires, à raison des sommes encore dues sur le prix de la maison, que vis-à-vis de l'État pour la bonne et complète exploitation du sol. — Le prix de vente, déduction faite des frais, sera, selon les cas, remis au colon exproprié ou réparti jusqu'à due concurrence entre les créanciers inscrits, le tout conformément au décr. du 26 avr. 1851.

Art. 19. — Les concessionnaires ne seront mis en possession des terrains, non compris dans les réserves exprimées à l'art. 3, que lorsqu'ils auront rempli les obligations stipulées dans le présent décret. Ces terrains leur seront abandonnés en toute propriété et sans clause résolutoire.

Art. 20.—(Comme à l'art. 21 du décret précité.)

DI.—20 juin-30 août 1855.—B. 485. — *Concession de l'ancien camp de Medjez Amar à M. le comte Bagnoud, évêque de Bethléem, en remplacement de M. l'abbé Plasson, précédent concessionnaire.*

Vu l'ord. du 9 nov. 1845 (Domaine);—Le décr. du 26 juill. 1852, autorisant la cession immobilière à M. Plasson, du domaine de Medjez Amar, dans le cercle de Guelma, province de Constantine, pour l'établissement d'un orphelinat;— La lettre, en date du 3 déc. suivant, par laquelle cet ecclésiastique renonce au bénéfice de la cession autorisée à son profit;

Art. 1. — Le décr. du 26 juill. 1852, ci-dessus visé, est rapporté.

Art. 2.—Il est fait abandon, en toute propriété, à M. le comte Etienne Bagnoud, abbé de Saint-Maurice en Valais (Suisse) évêque de Bethléem, *in partibus*, du domaine de Medjez Amar, cercle de Guelma, se composant: — 1° Des bâtiments de l'orphelinat actuel et de ceux de l'ancien camp, l'État s'engageant à allouer, pour l'achèvement des constructions commencées, une subvention de 25,000 fr. imputable moitié sur les fonds de l'exercice 1855, et l'autre moitié sur ceux de l'exercice 1856; — 2° De 500 hect., 80 cent. de terres adjacentes,—Lesdits bâtiments, cours et terrains désignés au plan ci-joint.

Art. 3.—Il est en outre fait abandon à M. le comte Bagnoud du matériel agricole et du cheptel existant actuellement dans l'établissement.

Art. 4.—Cet abandon a lieu à la condition expresse que M. le comte Bagnoud, pendant une période de vingt années, exécutera le traité passé avec lui pour l'éducation des orphelins qui lui seront confiés par l'administration.

Art. 5.—Si, par le fait ou la volonté de l'administration ou de M. le comte Bagnoud, les immeubles abandonnés cessent, après un terme de vingt années, à partir de ce jour, d'être affectés à un orphelinat ou à tout autre établissement de même nature agréé par l'État, M. le comte Bagnoud versera à la caisse du receveur des domaines de Guelma, la somme de 100,000 fr., valeur desdits immeubles, suivant évaluation faite d'accord et à l'amiable, entre l'administration et M. le comte Bagnoud.—Le payement se fera par tiers d'année en année, à partir du jour de la notification qui sera faite à M. le comte Bagnoud ou à ses ayants droits d'avoir à se libérer.

Art. 6. — Il est entendu toutefois que, dans le cas où, à l'expiration de la période ci-dessus énoncée de vingt années, les immeubles abandonnés cesseraient, par le fait de M. le comte Bagnoud ou de ses ayants droit, d'être affectés à un orphelinat, et s'il convenait à l'administration de conserver cet établissement, l'État aura la faculté de reprendre lesdits immeubles, sauf à payer à M. le comte Bagnoud ou à ses ayants droits la plus-value que ces immeubles auraient acquise, en sus de 100,000 fr. mentionnés dans l'art. 5.—Une expertise aura lieu en la forme ordinaire pour déterminer cette plus-value.—Pour assurer l'effet de cette condition, M. le comte Bagnoud ou ses ayants droit devront faire connaître, avant l'expiration de la période de vingt années, et au moins un an à l'avance, leur intention de conserver l'orphelinat ou d'y renoncer.

Art. 7.—En cas d'inexécution du traité passé avec M. le comte Bagnoud pour l'éducation des orphelins de l'État pendant la période de vingt années, les immeubles abandonnés feront purement et simplement retour à l'État francs et quittes de toutes charges ou hypothèques et tels qu'ils se trouveront, sans que M. le comte Bagnoud ou ses ayants droit aient à prétendre à aucune indemnité pour amélioration ou plus-value.—M. le comte Bagnoud ne pourra d'ailleurs démolir aucun des bâtiments actuellement existants, sans avoir préalablement obtenu l'agrément de l'autorité.

Art. 8, 9 et 10. — (Mêmes dispositions qu'aux art. 5; 6 et 7 du décret de concession en faveur de M. l'abbé Brumauld (V. même paragraphe, art. 1).

DI.—29 avr.-16 juin 1857.—B. 509.—*Concession au sieur Faucheux et comp. d'un terrain de 1007 hect. sur le domaine d'El Haria, route de Guelma, pour l'établissement d'une bergerie mérinos.*

DI.—8 sept.-6 nov. 1858.—BM.1.—*Autorisation de concession au docteur Moreau d'un terrain de 1,273 hect. et de l'usage des eaux minérales d'Hammam Meskoutin pour la fondation d'un établissement thermal.—Cahier des charges.—Cette concession a été consentie par arrêté min. du 12 octobre suivant, BM. 7.*

5° Province d'Oran.

OR. — 12 mars 1847-31 janv. 1848. — B. 266 *bis.* — *Concessions aux sieurs Veyret et Del-Balzo d'une partie des territoires érigés en communes par ord. du 19 fév. 1847.*

Vu notre ord. du 4 déc. 1846 (*Villes et villages*) sur la colonisation du triangle compris entre les villes d'Oran, de Mostaganem et de Mascara; — Vu notre ord. du 19 fév. dernier, portant création des trois communes d'Isabelle, de San Fernanda et de Christine, dans les localités désignées sous les noms de Sidi Ali, de Tazout et de Guessiba, dans la subdivision d'Oran;

Art. 1. — Il est fait concession aux sieurs Charles Veyret, négociant, demeurant à Paris, et Nicolas Del Balzo, propriétaire, demeurant à Oran, d'une superficie d'environ 7,840 hect., situé entre le cap Canastel et le territoire de la commune d'Arzew, comprenant les communes d'Isabelle (Guessiba), de San-Fernanda (Tazout), moins le nouveau territoire des Christels, tel qu'il est délimité sur le plan d'ensemble annexé à l'ord. du 4 déc. 1846, et la partie E. de la commune de Christine (Sidi Ali), englobant les hameaux de Perouïa et d'Azelef, et ayant pour limites, à l'O. une ligne partant de la pointe Canastel et aboutissant à la commune de Joinville (Assian Toual); à l'E., du point dit Assi Beni Okba, à l'exception toutefois des carrières de plâtre de Canastel, avec un territoire de 40 hect., dont l'État se réserve la propriété(1).

Art. 2. — Les sieurs Veyret et Del Balzo seront tenus au service d'une rente annuelle et perpétuelle de 7,840 fr. laquelle courra à partir du 1er janv. 1855, et sera rachetable conformément aux dispositions de l'art. 12 de notre ord. du 1er oct. 1844 (*Propriété*, § 1).

Art. 3. — Ils établiront à demeure, sur les terres concédées, 172 familles d'agriculteurs, dont les deux cinquièmes au moins devront être d'origine française. — Ils les pourvoiront de logements, de matériel d'exploitation, et ils les entretiendront. — Ils resteront libres de répartir le sol entre les familles, et de les installer selon telles conditions qu'il conviendra aux parties, mais avec l'obligation expresse de délivrer à chacune des 172 familles, après l'accomplissement des obligations réciproques, 4 hect. labourables et défrichés, dont elles demeureront propriétaires.

Art. 4. — L'établissement de ces familles et la mise en culture des terrains concédés devront être effectués, sauf le cas de force majeure, dans le délai de cinq ans et par cinquième à partir du jour de la notification de la présente ordonnance.

Art. 5. — Indépendamment d'une réserve forestière dont la contenance devra être de 1000 hect. et comprendre tous les terrains sur lesquels il existe des chênes verts, les concessionnaires boiseront, par des plantations et des semis, ceux reconnus impropres à toute autre culture.

Art. 6. — Pendant dix ans, à partir de l'époque où la concession aura été déclarée définitive, les concessionnaires abandonneront, sans indemnité, les terrains dont l'administration aura besoin pour l'ouverture des routes, des canaux d'irrigation et les édifices d'utilité publique. — L'entretien des chemins communaux et vicinaux demeure à leur charge.

Art. 7. — Ils jouiront des eaux de source qui existent sur le territoire concédé, conformément aux règlements existants ou à intervenir sur le régime et l'usage des eaux en Algérie.

Art. 8. — Ils tiendront en réserve, à la disposition de l'État, un quart des surfaces comprises dans les enceintes des villages à l'établissement desquels l'État aura concouru, afin que ce quart soit concédé, au besoin, aux familles qui, devenues propriétaires des 4 hect. mentionnés en

l'art. 3, voudront se bâtir des habitations dans l'intérieur desdits villages.

Art. 9. — Ils constitueront à l'état de propriété communale un septième de la surface totale. — L'administration et l'usage de ces propriétés seront déterminés conformément aux principes et aux règles de l'organisation communale qui sera ultérieurement donnée à l'Algérie.

Art. 10. — Pour garantir l'exécution des diverses conditions ci-dessus énoncées, les concessionnaires ont présenté et fait agréer, pour caution solidaire, la maison Veyret, Alcain et comp. de Paris.

Art. 11. — En cas d'inexécution, dans les délais déterminés, de tout ou partie desdites conditions, il y aura lieu à la résolution de tout ou partie de la présente concession, suivant les faits constatés. Cette résolution sera prononcée, le cas échéant, conformément aux dispositions de notre ord. du 21 juill. 1845. — Les droits des familles établies au moment de la résolution seront maintenus, et ces familles demeureront entièrement libérées de leurs obligations vis-à-vis des concessionnaires.

Art. 12. — Tant que la concession n'aura pas été déclarée définitive, les concessionnaires ne pourront, sous peine de déchéance, consentir aucune hypothèque ni aucune cession de leurs droits sous forme de substitution, sans l'autorisation préalable du ministre de la guerre.

Art. 13. — Les actions qui pourront être émises, soit pour former, soit pour compléter le capital d'exploitation, ne seront transmissibles ni négociables qu'après l'accomplissement dûment constaté de toutes les conditions imposées aux concessionnaires.

Art. 14. — Les contestations auxquelles pourrait donner lieu la présente concession seront jugées administrativement sauf recours à notre ministre de la guerre. — Les contestations entre les concessionnaires et les colons métayers, fermiers ou colons partiaires, seront déférées à la juridiction régulièrement établie pour connaître des affaires de cette nature, dans les communes créées par les ord. des 4 déc. et 19 fév. dernier.

Art. 15. — L'État s'engage, de son côté, vis-à-vis des sieurs Veyret et Del Bazo : — 1° A accorder une prime de 100 fr. pour chaque famille qu'ils installeront à demeure sur la concession, en sus du nombre fixé par l'art. 3; — 2° A ouvrir, à ses frais, les routes secondaires, et à faire ultérieurement des travaux d'utilité communale selon que le permettront les ressources du budget local et municipal.

DP. — 16 août-8 sept. 1851. — B. 392. — *Concession à M. l'abbé Abram, directeur de l'orphelinat de Misserghin de l'ancien camp de Misserghin.*

Art. 1. — Il est fait abandon en toute propriété à M. l'abbé Abram, directeur de l'établissement d'orphelins de Misserghin, province d'Oran, des immeubles ci-après désignés : — 1° Les bâtiments et terrains affectés à l'ancien camp de Misserghin, décrits au plan ci-joint par un liséré violet, comprenant une superficie de 6 hect. 45 ares 50 cent.; — 2° La pépinière créée par les soins et aux frais de l'État, à côté dudit camp, ensemble les bassins, canaux d'irrigations, hangars et plantations qui s'y trouvent, ladite pépinière désignée au plan précité par un liséré vert et d'une contenance totale en superficie de 16 hect. 28 ares 40 cent.; — 3° Les terres en friches, provenant du domaine Tailhanel acquis par l'État, désignées au même plan par un liséré carmin, moins la portion comprise dans le liséré encre de Chine,

(1) La superficie de cette concession a été délimitée par décret postérieur du 13 fév. 1858, B. 519, suivant procès-verbal et plan géométrique annexé audit décret.

16

lesdites terres d'une contenance en superficie de 52 hect. 42 ares, 70 cent.

Art. 2. — Cet abandon a lieu à la condition expresse que M. l'abbé Abram, pendant une période de vingt années, exécutera les traités passés avec lui : — 1° Pour l'éducation d'orphelins placés à Misserghin ; 2° Pour l'exploitation de la pépinière de Misserghin.

Art. 3. — Si par le fait ou la volonté de l'administration ou de M. l'abbé Abram, les immeubles abandonnés cessent, après un terme de vingt années, à partir du 1er oct. prochain, d'être affectés à une pépinière et un orphelinat ou à l'un ou l'autre de ces deux établissements, M. l'abbé Abram versera à la caisse du receveur des domaines d'Oran la somme de 91,526 fr. 17 cent., représentant la valeur desdits immeubles, suivant procès-verbal d'expertise, en date du 16 mars 1851. — Le payement se fera par tiers, d'année en année, à partir du jour de la notification qui sera faite à M. Abram ou à ses ayants droit d'avoir à se libérer.

Art. 4, 5, 6 et 7 (mêmes dispositions qu'aux articles correspondants du décret de concession rendu à la même date en faveur de M. l'abbé Brumauld. V. même paragraphe, art. 1) (1).

DP. — 31 mars-8 mai 1852. — B. 411. — Concession à la dame Marie-Joseph Borel, supérieure de l'établissement du Bon-Pasteur, de bâtiments et terrains à Misserghin.

Art. 1. — Il est fait abandon à perpétuité à la dame Marie-Joseph Borel, supérieure de l'établissement du Bon-Pasteur, à Misserghin, des bâtiments existant sur l'ancien immeuble Tailhan, à Misserghin, et d'un terrain contigu de 4 hect.; lesdits bâtiments et terrains figurés au plan ci-annexé par un liséré rose. — Le présent abandon est fait à la dame Borel, à la charge par elle de se soumettre aux conditions suivantes.

Art. 2. — Les bâtiments et terrains dont il s'agit devront être consacrés à perpétuité à un établissement de refuge, principalement destiné aux filles et femmes repenties et aux filles dites à préserver.

Art. 3. — Dans le cas où les bâtiments et les terres abandonnées à la dame Borel changeraient de destination à une époque quelconque, par le fait de la dame Borel ou de ses ayants droit, ladite dame Borel s'engage, pour elle ou ses ayants droit, à restituer à l'État lesdits bâtiments et terres tels qu'ils se trouveront alors, sans prétendre à aucune indemnité, ou à lui payer, dans le délai d'un an, la somme de 8,054 fr. fixée par expertise contradictoire.

Art. 4, 5 et 6 (mêmes dispositions qu'aux art. 5, 6 et 7 du décret de concession rendu le 16 août 1851, en faveur de M. l'abbé Brumauld, et reproduit même paragraphe, art. 1).

Congés (baux et locations).

OR. — 10 août-15 sept. 1816. — B. 224. — Délais pour donner congé (2).

Art. 1. — En Algérie, lorsqu'un bail aura été fait sans écrit, ou que la durée et les clauses ou conditions n'en auront pas été fixées par le contrat, celle des parties qui voudra résilier le bail sera tenue de donner congé à l'autre, savoir : — 180 jours avant le terme, pour une maison entière, un corps de logis entier, ou une boutique sur la rue ; — 90 jours avant le terme, pour les appartements au-dessus de 400 fr. ; — 45 jours avant le terme, pour les appartements au-dessous de 400 fr.

Art. 2. — Les termes sont fixés aux 15 janv., 15 avr., 15 juill. et 15 oct. — A partir du 1er janv. prochain, les congés devront être signifiés de manière que, quels que soient le prix du loyer et la nature de la location, la sortie de tous les locataires ait lieu uniformément aux jours des termes. — Le locataire devra avoir effectué son déménagement le jour du terme avant midi. — Il n'est point, d'ailleurs, dérogé à l'art. 1758 c. Nap., en ce qui touche les baux faits à tant par an, par mois, ou par jour.

Art. 3. — Les mêmes délais seront observés lorsque le preneur ayant été laissé en possession après l'expiration du terme fixé pour sa sortie, il se sera opéré un nouveau bail, conformément aux art. 1738 et 1759 c. Nap.

Art. 4. — L'indemnité due par le bailleur au locataire dans le cas prévu par les art. 1744 et 1745 c. Nap., consistera dans une somme égale au prix du loyer, pendant le temps qui devra s'écouler entre le congé et la sortie. — Les art. 1746 et 1747 continueront à servir de base à cette indemnité lorsqu'il s'agira de biens ruraux, de manufactures, usines ou autres établissements du même genre.

Art. 5. — Ne seront point réputés faits par anticipation, et pourront en conséquence être opposés au propriétaire les payements faits de bonne foi par le sous-locataire, en vertu d'une clause de son bail, ou qui n'excéderont pas un terme de loyer, d'après les distinctions établies par l'art. 1 de la présente ordonnance.

Art. 6. — Le bail des meubles fournis pour garnir une maison, un corps de logis, une boutique ou tous autres appartements, sera censé fait pour

---

(1) Par décr. du 16 août 1857, B. 512, cette concession a été augmentée de 500 hect. situées sur le territoire d'Aïn el Khremis (subdivision de Sidi bel Abbès) évalués à 25,000 fr., et cette nouvelle concession a été accordée sous les mêmes conditions que la première.

(2) Aux termes des art. 1736 et 1759 c. Nap., lorsque le bail a été fait sans écrit, ou, qu'ayant été fait par écrit, le locataire est resté dans les lieux après son expiration, l'une des parties ne peut donner congé à l'autre qu'en observant les délais fixés par l'usage des lieux. Chaque province en France a ses usages particuliers. L'usage à Paris est de six semaines pour les logements de 400 fr. et au-dessous; de trois mois pour ceux au-dessus de 400 fr., et de six mois pour une maison, un corps de logis entier ou une boutique.

En Algérie, où aucun usage ne pouvait exister, des contestations s'élevaient chaque jour sur la validité des congés, et quelques efforts que fissent les tribunaux pour établir une règle uniforme, ils n'évitaient point toujours une contrariété regrettable dans leurs jugements, et parvenaient difficilement à éteindre chez les justiciables l'espoir de faire triompher l'usage qui satisfaisait le mieux leur intérêt du moment. C'est à ces incertitudes et à ces

inconvénients que l'ord. de 1846 a sagement voulu mettre fin, en établissant une règle qui suppléât à l'usage et en adoptant la coutume de Paris.

Jurisprudence. — Un grand nombre de locations, en Algérie, se payent par mois. Cet usage a souvent fait penser aux locataires qu'en justifiant de quittances mensuelles, il suffisait de donner congé un mois ou même quinze jours d'avance, sans se préoccuper des délais plus longs fixés par l'ordonnance. Mais lorsque aucune circonstance de fait n'est venue à l'appui de cette prétention, il a été décidé plusieurs fois par le tribunal d'Alger, et notamment par jugements des 27 sept., 3 et 10 oct. 1850 : — Que les quittances ne peuvent faire foi que du fait même qu'elles expriment; — Que le payement mensuel du loyer peut être une des conditions d'un bail à plus longue terme, et qu'il n'en résulte nullement que ce bail ait été stipulé au mois, lorsque les quittances ne mentionnent d'ailleurs aucune condition de la location; — Enfin que l'art. 1758 c. Nap., spécial pour les baux d'appartements meublés, ne peut s'étendre à aucune autre location, et n'est pas applicable aux baux ordinaires; — Qu'en conséquence, les quittances d'un payement mensuel ne dispensent pas des délais fixés par l'ord. de 1846 pour les congés.

la durée ordinaire des baux de maisons, corps de logis, boutiques ou autres appartements, d'après les règles établies ci-dessus.

Congés (de fonctionnaires).

AM. — 8 mars-5 avr. 1854. — B. 456. — *Nouveau règlement sur les congés, en exécution de la loi sur les pensions civiles de retraite.*

Vu l'art. 16 du règlement d'administration publique du 9 nov. 1853 (*Pensions de retraite*), rendu en exécution de la loi du 9 juin précédent, sur les pensions;

Art. 1. — Les congés, soit pour cause de maladie, soit pour affaires personnelles, sont accordés par l'autorité supérieure de laquelle ils relèvent, aux fonctionnaires, employés et agents de l'Algérie, ressortissant au département de la guerre. — Toutefois, le ministre se réserve de statuer, sur la proposition du gouverneur général, sur les demandes de congé formées par les préfets, le secrétaire général, du gouvernement et les sous-préfets. — Les congés demandés par les fonctionnaires et agents, dont l'action s'exerce à la fois en territoire civil et en territoire militaire, sont délivrés par le gouverneur général, sur l'avis du préfet et du général. — Il est rendu compte au ministre de la guerre de tous les congés accordés (1).

Art. 2. — Les congés pour cause de maladie sont accordés par l'autorité compétente, sur le vu des certificats de visite et de contre-visite délivrés par les médecins en chef des hôpitaux de l'Algérie, constatant le genre et le degré de maladie, le temps probable nécessaire à la guérison, ainsi que la nécessité, pour le malade, de se faire traiter en France.

Art. 3. — Les congés doivent toujours être renfermés dans la proportion du dixième du cadre.

Art. 4. — Les fonctionnaires, employés et agents porteurs de congés de convalescence, se présenteront, à leur arrivée en France, devant la commission instituée pour visiter les militaires venant en France en vertu de semblables congés (2). Le ministre déterminera, sur le rapport de cette commission, la quotité du traitement à allouer, pendant leur congé, conformément à l'art. 16, § 7, du règl. du 9 nov. 1853, aux fonctionnaires, employés et agents de l'Algérie.

Art. 5. — Les prolongations de congé sont accordées par le fonctionnaire qui a accordé le congé primitif. — S'il s'agit d'une prolongation pour cause de maladie, elle ne peut être accordée que sur le

vu de nouveaux certificats de visite et de contre-visite, délivrés par les officiers de santé en chef de l'hôpital militaire du lieu de séjour indiqué par le congé, ou de l'hôpital militaire qui en sera le plus voisin. — Néanmoins, dans le cas où, par suite de maladie grave, il y aurait impossibilité pour le porteur du congé de se transporter à une résidence voisine, les certificats des médecins civils pourront être considérés comme suffisants, lorsqu'ils seront dûment légalisés et qu'ils constateront l'impossibilité pour le malade de se déplacer.

Art. 6. — Le ministre de la guerre détermine, sur la proposition de l'autorité qui aura délivré le congé, la quotité du traitement à allouer aux porteurs de congés pour affaires personnelles, dans les limites de l'art. 16, § 5, du règl. du 9 nov. 1853.

Art. 7. — La durée des congés commence à courir du jour du débarquement en France, constaté par le vu arriver du sous-intendant militaire chargé des embarquements. — Les fonctionnaires, employés ou agents, doivent être de retour au port d'embarquement au plus tard le jour de l'expiration de leur congé. — Le retour et sa date réelle doivent être également constatés par le vu arriver du sous-intendant militaire chargé du service des embarquements. — Le traitement d'activité recommence à courir à dater du lendemain du jour de l'arrivée au port d'embarquement.

Art. 8. — L'arrêté ministériel du 29 août 1845 est abrogé.   A. DE SAINT-ARNAUD.

AM. — 12 sept.-30 oct. 1854. — B. 468. — *Arrêté du ministre de la justice sur les congés des magistrats de l'Algérie.*

Les congés de moins d'un mois à accorder aux magistrats, officiers ministériels et fonctionnaires de l'ordre judiciaire en Algérie, sont délivrés par le procureur général (3), qui doit m'en rendre compte immédiatement. — Ces congés sont délivrés conformément aux prescriptions du règlement d'administration publique du 9 nov. 1853 et à la circulaire du 28 déc. suivant. — Le point de départ du congé, et le jour où le magistrat doit être de retour à son poste, sont fixés par le procureur général, et doivent être renfermés dans la limite de vingt-neuf jours ci-dessus déterminés. — Le procureur général en Algérie et le président de la cour impériale ne peuvent s'absenter sans un congé délivré par le garde des sceaux.

Décis. M. — 12 janv.-3 fév. 1855. — B. 474.

L'art. 17 du règlement d'administration publique du 9 nov. 1853 porte: (V. *Pensions de retraite*). —

---

(1) 1° Dispositions particulières en ce qui concerne le service télégraphique (V. *Télégraphie*), inst. min. du 11 nov. 1858.

2° Les maires sont, en Algérie, placés dans une position exceptionnelle. L'indemnité dont ils jouissent exceptionnellement n'a été admise qu'en vue des nécessités de la représentation et comme compensation des sacrifices de temps et de travail imposés à ces fonctionnaires au détriment de leurs affaires privées. On doit donc, pour conserver à cette position la considération et l'influence qui s'y attachent, éviter toute assimilation avec des fonctionnaires ou agents rétribués. En conséquence, il ne doit pas être délivré de congés aux maires, mais bien des autorisations d'absence, quel que soit d'ailleurs le motif de leur départ. — *Décis. min.* 29 août 1846.

3° Les médecins de colonisation, non plus que les médecins, chirurgiens, pharmaciens et internes préposés au service des établissements hospitaliers ou des prisons, ne sont pas des fonctionnaires publics ni assimilables aux employés appartenant à un cadre administratif. En conséquence, les lois et règlements sur les congés ne leur sont pas applicables. Ils sont dans le cas de tous les entrepreneurs de services spéciaux et ne peuvent s'absenter

de leur poste sans assurer le service pendant leur absence. Ils peuvent proposer leur intérimaire, et, s'il est agréé, traiter avec lui de gré à gré, et toucher alors leur traitement par voie de rappel à leur retour; mais ils n'ont droit à aucune solde de congé, et si l'administration a dû pourvoir, d'office à leur remplacement, le traitement doit être abandonné en entier pour couvrir les frais d'intérim. — *Décis. min.* 24 août 1855.

(2) Abrogé par la décision ministérielle suivante, du 15 nov. 1858 : « M. le…, je vous informe que j'ai décidé que, à l'avenir, les fonctionnaires des services civils de l'Algérie, rentrant en France en vertu de congés de convalescence, n'auraient plus à se présenter devant la commission de Marseille pour faire contre-visiter. — Vous devrez vous montrer très-sévère pour la délivrance des congés de convalescence aux employés sous vos ordres, et m'adresser directement vos propositions pour la fixation du traitement d'absence des titulaires de congés.   NAPOLÉON (Jérôme). »

(3) Depuis la nouvelle organisation judiciaire du 15 déc. 1858 (V. *Justice*, § 1), cette attribution est répartie entre le premier président et le procureur général, conformément aux lois et règlements de France.

Mais le retard d'un employé à reprendre son service à l'expiration de son congé peut, dans certains cas, prendre le caractère d'un véritable manquement au service, et donner lieu, par conséquent, à l'application des peines édictées soit par le § 2 de l'art. 17 précité, soit par les §§ 3 et 4 de l'art. 8 du règlement ministériel du 17 mars dernier (V. *Admin. gén.*, § 3), sur le recrutement du personnel de l'administration civile en Algérie.

Consulté sur les mesures à prendre en pareil cas, j'ai décidé que le fonctionnaire ou l'employé qui n'aura pas rejoint son poste dans les délais fixés par son titre de congé, ne pourra être l'objet d'aucun rappel de solde, jusqu'à ce qu'il m'ait été fait rapport des circonstances dans lesquelles le retard s'est produit, et que j'aie été mis à même d'apprécier la quotité de la retenue disciplinaire à exercer, sans préjudice de la pénalité plus grave que le délinquant aurait encourue.

Vaillant.

Décis. M. 18 juin 1858. — B. 523. — *Intérimaire. — Indemnité de traitement.*

1° Lorsque l'absence d'un sous-préfet ou d'un commissaire civil, en vertu d'un congé, devra se prolonger au delà d'un mois, les fonctions intérimaires seront confiées à un conseiller de préfecture, désigné à cet effet, par le préfet. L'indemnité à allouer à l'intérimaire sera fixée par le ministre, sur la proposition du préfet, et prélevée, dans tous les cas, sur le traitement du titulaire absent. Elle sera liquidée, non mensuellement, mais à l'expiration de l'intérim; — 2° Toutes les fois qu'il y aura lieu d'allouer des frais d'intérim au fonctionnaire qui aura remplacé, soit le secrétaire général du gouvernement, soit un préfet, absent par congé, ces frais seront également prélevés sur le traitement du titulaire. — Sont d'ailleurs maintenues les dispositions de l'arr. min. du 8 mars 1834, sur les congés, relatives à la fixation de la quotité du traitement à allouer aux fonctionnaires pendant leur congé.

Vaillant.

Consulats.-Consuls.

Depuis la prise de possession de l'Algérie, les consuls étrangers sont entièrement assimilés aux consuls étrangers résidant dans la métropole, et ils n'ont plus d'autres droits que ceux de ces derniers en France. Un arrêté sur les douanes du 22 sept. 1830 déclara d'abord que, conformément aux usages et règlements français, les consuls non revêtus du caractère diplomatique n'avaient droit à aucune franchise. Un arr. du 22 oct. 1830 sur l'organisation provisoire de la justice leur conserva, il est vrai, juridiction sur leurs nationaux, mais elle leur fut enlevée définitivement par l'ordonnance organique de 1834 et les suivantes. Une dépêche ministérielle du 22 sept. 1831 avait même informé antérieurement le général en chef, que le gouvernement ne pouvait plus reconnaître aux agents des puissances étrangères d'autre juridic-

tion que celle qu'ils avaient en France, et que la conservation même partielle de leurs anciens privilèges était incompatible avec l'ordre de choses résultant de l'occupation du territoire par nos troupes. Enfin, l'arr. min. du 2 août 1836 (V. *Admin. gén.*, § 1) proclama le principe qu'aucun agent consulaire étranger ne pourrait être admis à l'exercice de ses fonctions en Algérie qu'en vertu d'un *exequatur* délivré par le gouvernement : on ne crut pas toutefois, devoir imposer cette formalité nouvelle à ceux qui étaient en fonctions avant 1830 (1).

Diverses dispositions relatives aux consuls et à l'exercice de leurs attributions se trouvent aux articles *Passe-ports*, arrêté du 6 déc. 1831, art. 3 et 5; *Ports* (police des), arr. du 21 août 1838, art. 2; *Préséances*; *Successions vacantes*, ord. du 26 déc. 1842, art. 47, et autres articles indiqués à la table.

Contrainte par corps.

La législation spéciale de l'Algérie autorise les tribunaux à déclarer exécutoire, par la voie de la contrainte par corps, tout jugement portant condamnation au payement d'une somme d'argent ou à la délivrance de valeurs ou objets mobiliers. — Ordon. roy. des 10 août 1834, art. 60; 28 fév. 1841, art. 72; 26 sept. 1842, art. 72 (V. *Justice*, § 1, notes de jurisprudence sous ce dernier article).

Pendant longtemps, cette disposition exceptionnelle et justement motivée dans l'origine par la position particulière du pays, a été, dans la pratique, appliquée indistinctement à tout jugement de condamnation. La jurisprudence actuelle des tribunaux algériens est de réserver cette voie de rigueur pour les cas où elle est autorisée ou ordonnée par les lois de la métropole, lorsqu'il s'agit de stellionat, de folle enchère, etc., pour ceux où il s'agit de restitution, et en outre, pour tous ceux où des preuves de mauvaise foi et de fraude ressortent des faits de la cause, mais de ne plus y soumettre le débiteur de bonne foi qui est seulement malheureux.

Lorsque la contrainte par corps doit être exercée contre un militaire sous les drapeaux, ou contre un chef indigène investi d'un commandement, l'accomplissement de certaines formalités préalables est prescrit par l'ord. du 26 sept. 1842 et par le décret rapporté ci-après.

DP. — 10 oct.-15 déc. 1852. — B. 420. — *Exercice de la contrainte par corps contre des chefs indigènes.*

Considérant que les motifs qui ont déterminé le gouvernement à entourer de certaines garanties l'exercice de la contrainte par corps en Algérie, à l'égard des militaires, réclament l'application des mêmes garanties en ce qui concerne les chefs indigènes investis de commandements;

<hr>

(1) 1° L'*exequatur* n'est pas délivré aux simples chanceliers. Mais si le consul venait, en cas d'absence ou de maladie, à confier la gestion intérimaire de son poste à son chancelier, une autorisation spéciale du département des affaires étrangères serait nécessaire.—*Inst. du gouv. gén.* 26 juin 1833.

2° Sont incompatibles avec les fonctions de représentant accrédité d'une puissance quelconque, celles de président, juges et greffiers de tribunaux civils et de commerce, juges de paix et greffiers de justices de paix,

notaires, avoués, huissiers, courtiers-interprètes, conducteurs de navires, préfets, sous-préfets, secrétaires généraux de préfecture et commissaires de police, maires et adjoints (la règle peut toutefois admettre à leur égard des exceptions), négociants faillis et non réhabilités. Il n'en est pas de même des membres des conseils généraux ou d'arrondissement, des conseils municipaux, des chambres de commerce et des intendances sanitaires. — *Inst. min. du 25 déc.* 1834.

Art. 1. — La contrainte par corps ne peut être mise à exécution, en Algérie, à l'égard des chefs indigènes investis d'un commandement par le gouvernement français, que conformément aux règles tracées par le § 2 de l'art. 72 de l'ord. en date du 26 sept. 1852, sur l'organisation de la justice en Algérie.

DI. — 18 juill.-8 août 1855.— B.484.— *Promulgation en Algérie de la loi du 26 mars 1855 sur l'exercice de la contrainte par corps.*

Art. 1. — L'art. 1 de la loi du 26 mars 1855 et la loi du 2 mai 1855, qui remplace, par de nouvelles dispositions, les art. 3 et 17 de la loi du 25 mai 1838, sur les justices de paix (V. *Justice de paix*, § 1), seront promulgués en Algérie et y seront exécutoires à partir du jour de cette promulgation.

Loi du 26 mars 1855.

Art. 1. — Le § 5 de l'art. 781 du code de proc. civ. est remplacé par la disposition suivante:

« N° 5. — Dans une maison quelconque, même dans son domicile, à moins qu'il n'ait été ainsi ordonné par le juge de paix du lieu, lequel juge de paix devra, dans ce cas, se transporter dans la maison avec l'officier ministériel, ou déléguer un commissaire de police. »

Contributions diverses.

AI. — 17 mars 1852 (V. *Dépôts et consign.*). — *L'administration des domaines est chargée, sous le titre d'administration des domaines et des droits réunis, du recouvrement exclusif de tous droits et revenus, provenant, à quelque titre que ce soit, de contributions, fermages ou autres causes.*

AGI. — 11 juill. 1833. — *Règlement général sur le mode de poursuites contre les redevables (abrogé par arr. min. du 20 sept. 1850).*

AI. — 8 déc. 1834. — B. 4. — *L'administration des douanes est chargée du recouvrement des contributions diverses, à la place de l'administration des domaines, et prend le titre d'administration des douanes et contributions diverses.*

AG. — 13 avr. 1835. — B. 14. — *Les lois de France sont déclarées applicables aux contributions diverses, en ce qui concerne les divers cas de fraude ou contraventions, les poursuites, la compétence et la pénalité.*

OR. — 15 avr. 1845 (V. *Admin. gén.*, § 1). — *Les régies financières sont placées sous les ordres d'un directeur.*

OR. — 2 janv. 1846 (V. *Finances*, § 1). — *Le service des contributions diverses est séparé de la douane, et forme une des cinq régies financières placées sous les ordres d'un directeur.*

APE. — 30 nov. 1848 (V. *Admin. gén.*, § 1). — *Le service des contributions diverses est supprimé sous ce titre; la perception des impôts directs et indirects s'effectuera sous les ordres immédiats du ministre des finances (rapporté par décr. du 17 janv. 1850, V. eodem).*

AM. — 20 sept.-30 oct. 1850. — B. 300. — *Recouvrement des contributions diverses.*

1ᵉ PARTIE. — *Obligations des redevables et droits des receveurs.*

Art. 1. — Tout débiteur de droits ou sommes dont le recouvrement est confié à l'administration des contributions diverses peut être poursuivi, s'il n'est pas libéré dans les dix jours qui suivent l'époque fixée pour le payement.

Art. 2. — Les héritiers ou légataires peuvent être poursuivis solidairement, à raison des sommes dues par ceux dont ils ont hérité ou auxquels ils ont succédé.

Art. 3. — Les redevables en réclamation sont tenus de payer les droits à leur charge qui viendront à échoir pendant les trois mois qui suivront leur réclamation.

Art. 4. — Nul fonctionnaire n'a le droit de surseoir au recouvrement des contributions et redevances de toute nature, ni aux poursuites qui ont ce recouvrement pour objet.

Art. 5. — Les receveurs des contributions diverses ont seuls qualité pour effectuer et poursuivre le recouvrement des sommes dues au trésor, et celui de toutes contributions locales et spéciales établies dans les formes voulues par les ordonnances, décrets et arrêtés.

Art. 6. — Le privilège attribué à la perception des deniers publics, au profit du trésor pour le recouvrement des contributions diverses, s'exerce avant tout autre, sans préjudice des droits antérieurement acquis à des tiers. — Il est réglé ainsi qu'il suit : pour l'année échue et l'année courante sur les meubles et effets mobiliers appartenant aux redevables, en quelque lieu qu'ils se trouvent.

Art. 7. — Le privilège attribué au trésor ne préjudicie point aux droits qui peuvent être exercés en son nom sur les biens immeubles des redevables comme tout autre créancier.

Art. 8. — Tous receveurs, agents, économes, notaires, commissaires-priseurs, fermiers, locataires, et autres dépositaires et débiteurs de deniers provenant du chef des redevables et affectés au privilège du trésor et de la caisse municipale sont tenus, sur la demande qui leur en est faite par le receveur chargé du recouvrement, de payer en l'acquit des redevables, sur le montant et jusqu'à concurrence des sommes qu'ils doivent ou qui sont entre leurs mains, les sommes dues par ces derniers. Les commissaires-priseurs, séquestres et autres dépositaires sont autorisés à payer d'office les sommes dues avant de procéder à la délivrance des deniers. — Les quittances des receveurs leur sont allouées en compte.

Art. 9. — Les propriétaires et principaux locataires de maisons doivent, un mois avant l'époque du déménagement de leurs locataires ou sous-locataires, se faire représenter, par ces derniers, les quittances de leurs contributions comprenant toutes les sommes exigibles à l'époque du déménagement, et, à défaut de cette représentation, en donner immédiatement avis au receveur et en retirer une reconnaissance par écrit de cet avertissement. — Si le receveur refuse de recevoir la déclaration faite à l'époque prescrite et d'en délivrer une reconnaissance, elle peut lui être notifiée par le ministère d'huissier, et, dans ce cas, les frais de l'acte sont à la charge du receveur.

Art. 10. — Dans le cas de déménagement furtif, les propriétaires ou les principaux locataires sont responsables des termes échus des contributions de leurs locataires, s'ils n'ont fait constater, dans les trois jours, ce déménagement par le maire, le juge de paix ou le commissaire de police. — La remise au receveur d'une expédition du procès-verbal de déménagement furtif, dressé dans le délai voulu, dispense le propriétaire ou principal locataire de toute garantie si la remise est prouvée par une reconnaissance du receveur. — Le receveur exerce son privilège sur les meubles enlevés partout où ils se trouvent, conformément à l'art. 6 ci-dessus.

Art. 11. — Les droits et privilèges attribués au trésor et à la caisse municipale pour le recouvrement des contributions, s'étendent au recouvrement des frais dûment taxés.

Art. 12. — Les receveurs qui ont laissé passer

trois années à compter du jour de la constatation des droits sans faire de poursuites contre un redevable, ou qui, après avoir commencé des poursuites, les ont abandonnées pendant trois ans, sont déchus de leurs droits contre le redevable et restent responsables vis-à-vis du trésor ou de la caisse locale et municipale ; passé ce délai de trois années, toutes poursuites leur sont interdites.

Art. 13. — Le receveur ne peut commencer les poursuites qu'après avoir prévenu le redevable retardataire par une sommation sans frais (modèle n° 1).

Art. 14. — La sommation sans frais est signifiée au domicile du redevable et remise, en cas d'absence dudit redevable, à la personne qui le représente, et, à défaut, entre les mains du maire, qui demeure chargé de la notification. — La sommation sans frais doit être remise huit jours avant le premier acte de poursuites donnant lieu à des frais ; mais le receveur n'est pas tenu de la renouveler pour la contribution d'un même contribuable dans le courant de l'exercice. La date de la remise de la sommation sans frais doit être constatée sur les sommiers.

Art. 15. — Les poursuites comprennent, sans division d'exercice, toutes les sommes dues par le même redevable.

Art. 16. — Aucune poursuite donnant lieu à des frais ne peut être exercée, savoir : pour la sommation avec frais, qu'en vertu d'un ordre du receveur et d'un état arrêté et signé par lui, et remis à l'agent des poursuites ; — Pour les degrés de commandement, saisie et vente, qu'en vertu d'une contrainte décernée par le receveur des contributions, visée, dans l'arrondissement chef-lieu de chaque province, par le préfet, et, dans les autres localités, par le sous-préfet ou par les commissaires civils respectifs, ou enfin par toute autre autorité en faisant fonctions.

Art. 17. — La sommation avec frais décernée par le receveur n'est point sujette au tarif ; elle est collective et nominative, et elle est établie suivant le modèle n° 2, placé à la fin du présent arrêté.

Art. 18. — La signification de la sommation avec frais a lieu par la remise d'un bulletin (modèle n° 3) au domicile du débiteur poursuivi ; en l'absence du débiteur, ce bulletin est laissé à la personne représentant le redevable, et, à défaut, entre les mains du maire, qui demeure chargé de la notification. — Le porteur de contraintes indique le nom de la personne à laquelle la sommation avec frais est remise, — Il fait signer cette personne ; si elle refuse de le faire, il constate ce refus.

2ᵉ PARTIE. — Agents de poursuites.

Art. 19. — Les poursuites en matières de contributions dues au trésor ou de sommes comprises dans le budget local et municipal sont exercées par des porteurs de contraintes, lesquels agissent dans tous les degrés de poursuites.

Art. 20. — Le nombre des porteurs de contraintes est fixé par le préfet du département, sous l'approbation du ministre.

Art. 21. — Les porteurs de contraintes sont nommés par le préfet du département. — Ils prêtent serment devant les autorités désignées au § 2 de l'art. 16.

Art. 22. — Les collecteurs et préposés du service des contributions ou du service municipal peuvent être commissionnés comme porteurs de contraintes dans les localités où le préfet le juge convenable.

Art. 23. — Les porteurs de contraintes, dans l'exercice de leurs fonctions, doivent être munis de leur commission ; ils la mentionnent dans leurs actes, et la représentent à toute réquisition (modèle n° 4.)

Art. 24. — Les porteurs de contraintes remplissent les fonctions d'huissiers pour les droits dont le recouvrement est confié à l'Administration des contributions diverses ; en cette qualité, ils font les commandements, saisies et ventes, à moins qu'il n'existe des commissaires-priseurs dans le lieu où ils exercent leurs poursuites : dans ce cas, les commissaires-priseurs sont chargés des ventes.

Art. 25. — Les porteurs de contraintes ne sont pas assujettis au droit de patente.

Art. 26. — Dans les localités où il ne peut être créé de porteurs de contraintes, le chef du service autorise les receveurs à se servir des huissiers près les tribunaux, pour l'exécution des actes réservés aux porteurs de contraintes, en se conformant, pour les frais, aux fixations du présent arrêté.

Art. 27. — Les porteurs de contraintes jouissent d'un traitement fixe, qui est déterminé par le ministre de la guerre sur la proposition du préfet. — Toutefois, lorsque, pour l'exercice de leurs fonctions, ils doivent se rendre dans des localités distantes d'au moins 6 kilom. du lieu de leur résidence, ils ont droit, indépendamment de leur traitement fixe, à une indemnité réglée à raison de 3 fr. par jour.

Art. 28. — Les porteurs de contraintes ne peuvent, dans aucun cas, ni sous aucun prétexte, recevoir, sous peine de destitution, aucune somme des redevables pour les payements, soit des contributions ou droits donnant lieu aux poursuites, soit des frais même desdites poursuites. — Les contribuables qui payeraient entre leurs mains s'exposeraient à payer deux fois.

Art. 29. — Il est interdit aux porteurs de contraintes d'exercer aucune poursuite sans une autorisation régulière, donnée dans les formes déterminées par l'art. 16 ci-dessus, sous peine de destitution.

Art. 30. — Les porteurs de contraintes sont assujettis à tenir un répertoire coté et parafé par le juge de paix, visé gratuitement pour timbre par le receveur de l'enregistrement ; ils y portent tous les actes de leur ministère sujets au timbre et à l'enregistrement, soit gratis, soit payés, sous peine d'une amende de 5 fr. par chaque omission. — Chaque article du répertoire doit contenir : 1° son numéro ; 2° la date de l'acte ; 3° sa nature ; 4° les noms et prénoms des parties et leur domicile ; 5° la relation de l'enregistrement. — Ce répertoire doit également contenir, dans une colonne distincte, le coût de chaque acte, d'après les fixations du présent arrêté. — Dans les dix premiers jours de chaque trimestre, ce répertoire est présenté au receveur de l'enregistrement pour être revêtu de son visa. Le porteur de contraintes qui, dans ce délai, a négligé de faire cette présentation est puni d'une amende de 10 fr. par chaque dizaine de retard (1). — Le porteur de contraintes est tenu, en outre, de communiquer son répertoire, à toute réquisition, aux agents, soit de l'enregistrement, soit des contributions diverses, à peine d'une amende de 50 fr., en cas de refus.

Art. 31. — En cas d'injures et rébellion contre les agents des poursuites, ils en dresseront procès-verbal ; ce procès-verbal visé par le maire est enregistré et envoyé au chef de service des contri-

(1) Cette disposition, tirée de l'art. 51 de la loi du 22 frim. an VII, a été rapportée par décis. min. du 27 fév. 1851, B. 455. Elle avait été abrogée par l'art. 10 de la loi en vigueur du 16 juin 1824, portant que les amendes progressives prononcées dans certains cas contre les fonc-

tionnaires publics et les officiers ministériels par les lois sur l'enregistrement et le dépôt des répertoires seront réduites à une seule amende de 10 fr., quelle que soit la durée du retard.

butions, lequel dénonce le fait aux tribunaux, s'il y a lieu.

3ᵉ PARTIE. — *Moyens et degrés de poursuites*

Art. 52.—Les degrés de poursuites sont établis ainsi qu'il suit, savoir : 1ᵉʳ degré, sommation avec frais ; 2ᵉ degré, commandement ; 3ᵉ degré, saisie ; 4ᵉ degré, vente.

Art. 53.—Les poursuites ne pourront être exercées que dans l'ordre établi par l'article précédent, et qu'en observant, entre chaque degré, le délai déterminé ci-après.

Premier degré de poursuites.—Sommation avec frais.

Art. 54.—Les poursuites par voie de sommation avec frais sont employées contre les redevables retardataires qui ne sont pas libérés, huit jours après l'avertissement sans frais, mentionné par l'art. 15 du présent.

Art. 55.—La signification de la sommation avec frais aux contribuables a lieu dans les formes prescrites par l'art. 18.

Art. 56. — Lorsqu'un redevable qui a reçu une sommation avec frais, devient débiteur de nouvelles sommes sans avoir, depuis la date de la remise de ladite sommation, payé intégralement la somme qui était alors exigible, le même acte de poursuites ne doit pas être répété pour ces nouveaux droits ; il y a lieu de procéder pour la totalité de la dette, par degrés de poursuites subséquents, à moins qu'il ne s'agisse de sommes appartenant à l'exercice suivant ; il en est de même pour les poursuites des autres degrés qu'il y aurait à exercer ultérieurement.

Art. 57.— Le coût du bulletin de la sommation avec frais est fixé comme il est dit au tarif ci-annexé.

Deuxième degré de poursuites. — Commandement.

Art. 58. — Le commandement n'a lieu que huit jours après la remise de la sommation avec frais.

Art. 39. — Aucun redevable ne peut être poursuivi par voie de commandement qu'en vertu d'une contrainte, ainsi qu'il est dit à l'art. 16. — La contrainte comprend l'ordre de procéder à la saisie, si le contribuable ne se libère pas dans le délai de trois jours à compter de la signification du commandement. — Elle est conforme au modèle nᵒ 5.

Art. 40. — Les commandements sont faits et délivrés par les porteurs de contraintes sur des imprimés conformes au modèle nᵒ 6.

Art. 41. — Le prix du commandement est fixé uniformément pour l'original et la copie, conformément au tarif ci-annexé.

Art. 42. — Lorsqu'un redevable aura quitté, sans être libéré, la localité où les droits auront été constatés à sa charge, il pourra être procédé immédiatement contre lui par voie de commandement. Dans ce cas, le receveur de cette localité décerne une contrainte et l'envoie au chef de service, lequel la vise et la transmet au receveur de la nouvelle résidence du débiteur où ladite contrainte, après avoir été soumise au visa de l'autorité, désignée au § 2 de l'art. 16, est mise à exécution par un porteur de contraintes.

Art. 43. — Si le redevable, qui s'est mis dans le cas d'être poursuivi de la manière indiquée dans l'article précédent, se libère dans l'intervalle de l'expédition de la contrainte à la signification du commandement, ou des autres poursuites dirigées contre lui, il ne doit pas moins le payement des frais encourus.

Troisième degré de poursuites. — Saisie.

Art. 44. — La saisie est toujours précédée d'un

commandement, elle ne peut avoir lieu que trois jours après la signification dudit commandement ; elle est effectuée en exécution de la même contrainte.

Art. 45. — La saisie est faite pour toutes les sommes qui sont devenues exigibles au jour de la vente, quoique le commandement ait exprimé une somme moindre.

Art. 46. — Les saisies s'exécutent par les porteurs de contraintes, d'après les formes prescrites pour les saisies judiciaires, tit. 8, liv. 5 c. pr. civ.

Art. 47. — La saisie est exécutée nonobstant toute opposition, sauf à l'opposant à se pourvoir par-devant le conseil de préfecture.

Art. 48. — Si, au moment où le porteur de contraintes vient à effectuer une saisie, le redevable retardataire demande à se libérer, l'agent de poursuites doit, sur la déclaration écrite du débiteur, suspendre la saisie et inscrire au procès-verbal le motif de cette suspension, en relatant sur la quittance du receveur qui doit lui être représentée, soit la justification qui lui serait produite du dépôt fait par le retardataire de la somme par lui due entre les mains du maire, lorsque la poursuite s'exerce dans une autre localité que celle de la résidence du receveur qui a décerné la contrainte. — Dans le cas ci-dessus, le redevable doit seulement les frais déjà faits et liquidés suivant le tarif placé à la fin du présent arrêté.

Art. 49. — En cas de revendication des meubles et effets saisis, la revendication n'est portée devant les tribunaux qu'après avoir été, conformément aux lois des 5 nov. 1790 et 12 nov. 1808, déférée à l'autorité administrative. En conséquence, le receveur se pourvoit auprès du préfet, par l'intermédiaire du chef de service pour être statué par lui, s'il y a lieu.

Art. 50. — Le porteur de contraintes qui, se présentant pour saisir, trouve une saisie déjà faite, se borne à procéder au récolement des meubles et effets saisis, et, s'il y a lieu, provoque la vente, ainsi qu'il est prescrit par les art. 611 et 612 c. pr. civ.

Art. 51. — Lorsque le porteur de contraintes ne peut exécuter sa commission parce que les portes sont fermées ou que l'ouverture en est refusée, il a le droit d'établir un gardien aux portes pour empêcher le divertissement. — Il se retire sur-le-champ devant le maire ou l'adjoint, lequel autorise l'ouverture des portes, y assiste et reste présent à la saisie des meubles et effets. — L'ouverture des portes et la saisie sont constatées par un seul procès-verbal dressé par le porteur de contraintes et signé en outre par le maire ou son adjoint.

Art. 52. — Le procès-verbal de saisie fait mention de la réquisition faite au saisi de présenter un gardien volontaire. — Le porteur de contraintes est tenu d'admettre ce gardien sur l'attestation de solvabilité donnée par le maire de la commune.

Art. 53. — Si le saisi ne présente pas de gardien, le porteur de contraintes en établit un d'office, en observant les prohibitions portées par l'art. 598 c. proc. civ.

Art. 54. — Les gardiens à la saisie sont contraignables par corps pour la représentation des objets saisis.

Art. 55. — Si le gardien des effets mobiliers saisis ne les représente pas, le receveur se pourvoit auprès du fonctionnaire désigné en l'art. 16, en autorisation de poursuivre ce gardien devant le tribunal civil, à l'effet de le condamner par corps au payement des sommes dues et des frais de poursuites, conformément aux art. 2060, 2045 et 2007 c. Nap., et à la loi du 17 av. 1832 sur la contrainte par corps.

Art. 56. — En cas de soustraction frauduleuse, les gardiens d'objets saisis, autres que le saisi lui-même, peuvent être poursuivis par voie criminelle. — Le redevable qui aura détruit, détourné ou tenté de détourner les objets saisis sur lui et confiés à sa garde ou à celle d'un tiers peut être poursuivi, conformément aux dispositions du code pénal.

Art. 57. — Ne peuvent être saisis : — Les lits et vêtements nécessaires au redevable et à sa famille ; — Les outils et métiers à travailler ; — Les chevaux, bœufs, mulets et autres bêtes de somme ou de trait servant au labour ; — Les charrues, charrettes, ustensiles et instruments aratoires, harnais de bêtes de labourage ; — Les livres relatifs à la profession du saisi, jusqu'à la somme de 300 fr. à son choix ; — Les machines et instruments servant à l'enseignement pratique ou exercice des sciences et arts, jusqu'à concurrence de la même somme et au choix du saisi ; — Les équipements des militaires suivant l'ordonnance et le grade. — Il est laissé au saisi une vache à lait, ou deux chèvres, ou trois brebis à son choix, avec les pailles, fourrages et grains nécessaires pour la nourriture et la litière de ces animaux pendant un mois, plus la quantité de grains ou de graines nécessaires à l'ensemencement ordinaire des terres. — Les abeilles, les vers à soie, les feuilles de mûriers ne sont saisissables que dans les temps déterminés par les lois et usages ruraux. — Les porteurs de contraintes qui contreviennent à ces dispositions sont passibles d'une amende de 100 fr.

Art. 58. — A défaut d'objets saisissables, et lorsqu'il sera constant qu'il n'existe aucun moyen d'obtenir le payement de la somme due, il est dressé, sur papier libre, un procès-verbal de carence en présence de deux témoins ; ce procès-verbal doit être certifié par le maire.

Art. 59. — Le préfet décide, selon les différents cas d'insolvabilité, s'il y a lieu de mettre les frais de ce procès-verbal à la charge du receveur, ou s'ils sont susceptibles d'être imputés, comme la somme due même sur les fonds de non-valeurs.

Art. 60. — L'insolvabilité des redevables sera constatée de la manière suivante : — 1° Pour les retardataires qui auraient primitivement été réputés solvables, et contre lesquels une saisie, précédée de commandement, aurait été intentée, il sera fait usage du procès-verbal de carence prescrit par l'art. 58 ci-dessus ; — 2° Pour les redevables, dont l'insolvabilité serait notoire, les receveurs devront se borner au moment où ils reconnaîtront cette insolvabilité à obtenir (en exécution de l'arrêté du gouvernement, du 6 mess. an X) des certificats des maires attestant l'indigence desdits redevables.

Quatrième degré de poursuites. — Vente.

Art. 61. — Aucune vente ne peut s'effectuer qu'en vertu d'une autorisation spéciale donnée par les autorités désignées à l'art. 16, § 2, sur la demande expresse du receveur.

Art. 62. — Il n'est procédé à la vente des meubles et effets saisis que huit jours après la clôture du procès-verbal de saisie ; — Néanmoins, ce délai peut être abrégé suivant les circonstances par les autorités désignées à l'art. 16, § 2.

Art. 63. — Les ventes sont faites par les commissaires-priseurs dans les villes où ils sont établis, ou par les porteurs de contraintes suivant le cas prévu à l'art. 21 précédent. — Les porteurs de contraintes et commissaires-priseurs sont tenus, sous leur responsabilité, de discontinuer la vente aussitôt que son produit est suffisant pour solder le montant des sommes dues et les frais de poursuites.

Art. 64. — La vente doit avoir lieu dans la localité où s'opère la saisie, il ne peut être dérogé à cette règle que d'après l'assentiment des autorités désignées à l'art. 16. Dans ce dernier cas, la vente s'opère au marché le plus voisin ou à celui qui est jugé le plus avantageux. — Les frais de transport des meubles et objets saisis sont réglés par les autorités susdésignées.

Art. 65. — Il est défendu aux porteurs de contraintes et receveurs de s'adjuger ou faire adjuger aucun des objets vendus en conséquence des poursuites faites ou dirigées par eux, sous peine de destitution.

Art. 66. — Le receveur doit être présent à la vente ou s'y faire représenter pour en recevoir les deniers ; il est responsable desdits deniers.

Art. 67. — Immédiatement après avoir reçu le produit de la vente, le receveur émarge les sommiers jusqu'à concurrence des sommes dues par le saisi, frais compris, et lui en délivre quittance à souche.

Art. 68. — En cas de contestation sur la légalité de la vente, il sera statué par le conseil de préfecture sauf recours au conseil d'État. — En cas d'opposition sur les fonds provenant de la vente, la distribution sera faite, s'il y a lieu, par le tribunal.

Art. 69. — Toute vente faite contrairement aux formalités prescrites par le présent arrêté donne lieu à des poursuites contre ceux qui y ont procédé, et les frais restent à leur charge.

Moyens conservatoires.

Art. 70. — A défaut de payement par un receveur, agent, économe, notaire, commissaire-priseur ou autre dépositaire et débiteur de deniers provenant d'un redevable, le receveur fait, entre les mains desdits dépositaires et débiteurs de deniers, une saisie-arrêt ou opposition.

Art. 71. — La saisie-arrêt ou opposition s'opère à la requête du receveur par le ministère d'un huissier ou d'un porteur de contraintes, sans autre diligence et sans qu'il soit besoin d'autorisation préalable, suivant les formes réglées par le tit. 7, liv. 5, c. pr. civ. ; il en suit l'effet conformément aux dispositions de ce code. — La saisie arrêt n'est pas nécessaire lorsqu'un receveur a fait constater sa demande ou sa saisie-arrêt dans un procès-verbal de vente d'effets mobiliers, dressé par un officier ministériel.

Art. 72. — Lorsque la saisie-arrêt ou opposition doit être faite entre les mains d'un receveur ou de tout autre dépositaire de deniers publics, le porteur de contraintes se conforme aux formalités prescrites par le décr. du 18 août 1807.

Art. 73. — Lorsqu'un receveur est informé d'un commencement d'enlèvement furtif de malles ou effets mobiliers, et qu'il y a lieu de craindre la disparition du gage de la dette, il a le droit, s'il y a déjà eu un commandement, de faire procéder immédiatement et sans autre ordre ni autorisation, à la saisie-exécution par un porteur de contraintes, et, à son défaut, par un huissier des tribunaux.

Art. 74. — Si le commandement n'a pas été fait, le receveur établit d'office, soit au domicile du redevable, soit dans le lieu où existe le gage de l'impôt, un gardien chargé de veiller à sa conservation, en attendant qu'il puisse être procédé aux poursuites ultérieures qui devront, dans ce cas, commencer sous cinq jours au plus tard.

Art. 75. — Lorsqu'il y a lieu d'appliquer les dispositions autorisées par les art. 73 et 74 ci-dessus, le receveur en informe le maire de la résidence du redevable, et en rend compte au chef du service de la province, en lui demandant ses instructions. — Dans tous les cas, la vente ne peut être faite que dans la forme prescrite par le présent arrêté.

Règlement des frais de poursuites.

Art. 76. — Les frais de poursuites sont réglés ainsi qu'il suit :

La sommation avec frais devant être rédigée en simple expédition, 15 cent.: — Commandement (original e. copie), 1 fr.; — Saisie (original et copie), 3 fr.; — Vente (original et copie), 4 fr. — Il sera fait recette des frais ci-dessus au profit du trésor.

Art. 77. — Les droits d'enregistrement et de timbre des actes de commandements, saisies et ventes, ne sont pas compris dans ce tarif.

Art. 78. — Les autres frais de poursuites, tels que ceux de gardien, et dont il n'est pas fait recette au profit du trésor, seront réglés par le président du tribunal civil ou le juge de paix.

Dispositions communes aux poursuites de divers degrés.

Art. 79. — La sommation avec frais n'est soumise ni au timbre ni à l'enregistrement.

Art. 80. — Les actes de commandement, saisie-arrêt, saisie-exécution, vente et tous autres actes y relatifs, doivent être sur papier timbré et enregistrés dans les quatre jours, non compris celui de la date.

Art 81. — Seront enregistrés gratis les actes de poursuites et tous autres actes, tant en action qu'en défense, ayant pour objet le recouvrement des contributions et autres sommes comprises au budget local et municipal, lorsqu'il s'agira de cotes, droits ou créances non excédant en total la somme de 100 fr.

Art. 82. — Lorsque dans le délai de quatre jours, mentionné en l'art. 80, les redevables se seront libérés intégralement, toutes les cotes de poursuites, les procès-verbaux de vente exceptés, non encore présentées à l'enregistrement, peuvent, quoique ayant pour objet le recouvrement de sommes excédant 100 fr., être admises à la formalité gratis. Dans ce cas, indépendamment de l'annotation sur le répertoire, les porteurs de contraintes doivent faire mention, dans l'acte de poursuite, de la libération intégrale du redevable, et faire certifier cette déclaration par le receveur.

Art. 83. — Chacun des actes de poursuites relate le prix auquel il est taxé, sous peine de nullité.

Art. 84. — Il sera fait usage, pour les divers degrés de poursuites, de papiers imprimés aux frais de l'administration, qui seront remis, au fur et à mesure des besoins, aux porteurs des contraintes. — Les actes de tous les degrés, sans exception, à distribuer aux contribuables devront être imprimés sur un papier de couleur différente pour chaque degré de poursuites. — Tous les actes, à l'exception de la sommation avec frais, devront être timbrés à l'extraordinaire par les soins des receveurs, qui feront l'avance des frais de timbre, et qui se les feront rembourser par les redevables.

Art. 86. — L'arrêté du 11 juill. 1833 sur les poursuites, ainsi que toute disposition contraire au présent arrêté, sont abrogés. D'HAUTPOUL.

AM.—30 juin 1852. — B. 417.—*Tarif des droits à percevoir au profit du trésor pour les actes du ministère des porteurs de contraintes non prévus dans l'arr. min. du 20 sept. 1850, et pour lesquels il n'était perçu que les frais de timbre et d'enregistrement* (1).

1° *Saisie-arrêt ou opposition.*

Dénonciation au saisi avec assignation en validité (original et copie), 3 fr.—1 fr. 50 c.

Dénonciation au tiers saisi de l'assignation en validité au débiteur (original et copie), 3 fr.—1 fr. 50 c.

Assignation au tiers saisi en déclaration affirmative (original et copie), 3 fr.—1 fr. 50 c.

2° *Saisie-exécution.*

Copie du procès-verbal au gardien quand ce n'est pas le saisi, 1 fr.—50.

3° *Frais de vente à la suite de la saisie-exécution.*

Procès-verbal du récolement avant la vente (original seulement), 4 fr.—2 fr.

Procès-verbal d'apposition d'affiches auquel sera joint l'original de l'affiche, 3 fr.—1 fr. 50 c.

Original d'affiches et placards manuscrits, 1 fr.—50 cent.

Copie des placards ou affiches, 50—2ⁿ cent.

Extrait de la déclaration de vente a : receveur d'enregistrement, 1 fr.—50 cent.

4° *Actes extraordinaires.*

Sommation à un propriétaire ou principal locataire de payer la contribution due par le locataire en cas de déménagement (original et copie), 3 fr.—1 fr. 50.

Sommation à un débiteur de deniers affectés au privilége du trésor (original et copie), 3 fr.—1 fr. 50 c.

Procès-verbal de récolement en cas de saisie-exécution antérieure contenant sommation au premier saisissant de vendre (original), 4 fr.—2 fr.

Copie au saisi, 1 fr.—50 cent.

Copie au gardien, 1 fr.—50 cent.

Procès-verbal de défaut de vente ou de renvoi (original), 3 fr.—1 fr. 50 c.

Copie à la partie, 1 fr.—50 cent.

Copie au gardien, 1 fr.—50 cent.

Sommation à la partie non domiciliée dans la commune où la saisie a lieu, ou absente, de se trouver à la vente le jour indiqué au procès-verbal de renvoi (original), 2 fr.—1 fr.

Copie, 1 fr.—50 cent.

Procès-verbal constatant la non-représentation des objets saisis (original et copie), 6 fr.—3 fr.

Sommation au saisissant par le receveur opposant, de faire vendre dans la huitaine (original et copie), 3 fr.—1 fr. 50 c.

Exploit d'opposition sur le prix d'une vente à la requête de tiers (original), 2 fr.—1 fr.

Copie au saisissant, 1 fr.—50 cent.

Copie à l'huissier, 1 fr.—50 cent.

Assignation en référé, 2 fr.—1 fr.

DI. — 19 janv. 1856. — (V. *Enregistrement.*) — *Délai pour l'enregistrement des procès-verbaux de contravention constatés en territoire militaire.*

AM.—3 juin-8 oct. 1856.—B. 500.—*Perception des cotisations à Souk Arras, Aïn Beïda et Tebessa.*

TIT. 1. — *Recettes.*

Art. 1. — Le versement de l'impôt arabe, des amendes et des autres produits du service des contributions diverses aura lieu entre les mains des receveurs des douanes à Souk Arras, Aïn Beïda et Tebessa, qui demeurent chargés d'en faire emploi dans la forme prescrite par les règlements.

Art. 2.—Les comptables susnommés seront aussi chargés de l'encaissement, pour le compte des receveurs des contributions diverses de Constantine et de Bône, des centimes additionnels établis par l'arr. min. du 30 juill. 1855. (*Impôt arabe,* § 2.)

Art. 3. — Comme les agents des contributions diverses, les receveurs des douanes opéreront, sans déplacement, le recouvrement de l'impôt, en vertu des rôles rendus exécutoires par M. le gouverneur général.

TIT. 2. — *Dépenses.*

Art. 4.—Les receveurs des douanes seront aussi chargés de faire directement emploi des fonds réalisés entre leurs mains, ou de les verser dans les caisses du trésor.

Art. 5.—Suivant les indications portées aux rôles de recouvrement, ils payeront aux chefs indigènes, sur décomptes quittancés, les parts qui leur

---

(1) Le premier chiffre est celui de la taxe pour les huissiers ; le second, celui du droit à percevoir au profit du trésor.

cont attribuées.—Ils acquitteront également tous les mandats revêtus du visa du trésorier payeur.

Tit. 3. — *Comptabilité.*

Art. 6.—Pour toutes les opérations de comptabilité, les receveurs des douanes se conformeront aux dispositions des ordon. des 17 janv. 1815 et 2 janv. 1816, sur l'administration et la comptabilité des finances en Algérie; ils observeront aussi les prescriptions des instructions particulières dont il leur sera transmis des ampliations.

Art. 7. — En leur qualité de receveurs provisoires des contributions diverses, les receveurs des douanes de Souk Arras, d'Aïn Beïda et de Tebessa seront justiciables de la cour des comptes; à cet effet, toutes les écritures relatives à leur gestion comme receveurs des contributions diverses, seront consignées sur des registres spéciaux; elles seront, tant en recettes qu'en dépenses, entièrement distinctes des écritures relatives au service des douanes.

Tit. 4. — *Régie intérieure.*

Art. 8.—Les receveurs des douanes relèveront du directeur des douanes pour toutes les questions de douane et de personnel; ils recevront du chef du service des contributions diverses à Constantine, les instructions pour les opérations de comptabilité et la production des pièces relatives à ce service; ils sont autorisés à correspondre, en franchise, directement et sous bande, avec ce chef pour tout ce qui se rattachera à leurs nouvelles attributions.

Art. 9.—Afin d'assurer la plus grande régularité dans les écritures et mettre aussi l'agent vérificateur à même d'établir le solde réel en caisse, les vérifications de l'inspecteur des douanes de Bône (pour Souk Arras) et du sous-inspecteur de Constantine (pour Tebessa et Aïn Beïda) s'étendront sur l'ensemble de la double gestion; et pour qu'ils puissent vérifier en toute connaissance de cause, ils recevront par les soins du chef du service des contributions diverses de Constantine, avec lequel ils auront la correspondance en franchise, une expédition des instructions transmises à leurs subordonnés en matière de contributions diverses.

Art. 10. — L'inspecteur et le sous-inspecteur des contributions diverses pourront aussi, de leur côté, se faire représenter le livre-journal relatif au service des douanes, mais, dans aucun cas, à moins de suspicion de prévarication, dont avis devra être donné au chef des douanes, ils ne pourront exiger la production des autres registres de ce service.

Art. 11.—Si un déficit de caisse venait à être reconnu par l'inspecteur des douanes, il devrait en informer directement, et sans délai, le chef du service des contributions diverses, pour que l'enquête puisse simultanément porter sur l'ensemble de la gestion. Le même avis sera transmis au directeur des douanes. La même marche sera suivie si le déficit était constaté par l'agent vérificateur des contributions diverses.

Art. 12.—Comme agent des contributions diverses, chaque receveur des douanes recevra l'indemnité annuelle de 400 fr. allouée par la décision ministérielle du 2 avr. 1852.

Art. 13.—Tous les frais de recouvrement, de versement et de gestion faits pour le service des contributions diverses seront prélevés sur les crédits de ce service. Des escortes militaires seront fournies aux receveurs, lorsqu'il y aura lieu, pour assurer les versements qu'ils seront dans le cas de faire à Constantine et à Guelma.

VAILLANT.

Corporations indigènes.

Les corporations indigènes ont été réorganisées en 1850, et soumises à un nouveau régime d'administration intérieure, dont les motifs et les bases sont exposés dans le rapport qui précède le décret. — En 1837, un premier arrêté avait organisé spécialement en corporation les Kabyles qui habitent Alger, et sur lesquels il était, surtout à cette époque, très-important d'avoir un moyen de contrôle et de surveillance. — En 1838, les diverses corporations d'indigènes, réunies aujourd'hui sous la dénomination commune de *berrants*, furent réglementées par un arrêté qui reçut son exécution jusqu'en 1850. Il est inutile de reproduire les arr. de 1837 et 1838, actuellement abrogés, et dont les principales dispositions sont analysées dans le rapport ministériel, sur lequel a été rendu le décr. du 3 sept. 1850.

(1) 3 sept. 1850. — *Rapport à M. le président de la République.* — M. le président, la population indigène des villes de l'Algérie se divise en deux parties bien distinctes : les *hadars* ou citadins, les *berranis* ou gens du dehors qui viennent dans ces villes exercer momentanément leur industrie.

Les premiers constituent la population fixe, les habitants proprement dits; les seconds, au contraire, composés des artisans ou des commerçants venus de la Kabylie, de Biskra, de Laghouat, de l'oasis des Beni Mzab et jusque du pays des Nègres, forment, dans les principales cités de l'Algérie, une population flottante qui vit du produit de son travail. Le Kabyle s'emploie comme manœuvre et comme ouvrier agricole; le Biskri, comme portefaix ou batelier; le Mozabite, comme baigneur, boucher, épicier ou marchand au détail; le Laghouati s'adonne au transport des huiles; le Nègre blanchit les maisons. Tous ces individus, soucieux d'économiser plus promptement le pécule qui doit leur donner l'aisance au pays natal, vivent dans nos villes sans résidence fixe, et vont chaque soir chercher un abri pour la nuit dans les cafés, dans les bazars ou sous les arcades de nos places publiques.

Il est facile de comprendre qu'il serait imprudent et dangereux de soumettre une population aussi mobile, et dont les éléments sont si divers, au droit commun administratif des Européens, et d'en confier la surveillance aux agents de la police française. Pour exercer une action efficace sur ces indigènes, l'expérience a démontré qu'il fallait une autorité vigilante, profondément initiée à leurs habitudes et à leurs mœurs spéciales, exclusivement préoccupée de leurs intérêts si compliqués, afin de prévenir ou de réprimer au besoin les délits de toutes sortes dont ils se rendent coupables, et pour donner à ces hommes venus des contrées les plus éloignées une haute idée de notre justice. Les nombreuses relations que cette population flottante entretient incessamment avec les tribus donnent à cette partie de l'administration un caractère essentiellement politique.

Au moment de la conquête, les *berranis*, ou gens de

Considérant qu'il importe d'assurer une surveillance spéciale sur les indigènes qui viennent se fixer dans les villes de l'Algérie pour y exercer leur industrie;

Tit. 1. — *Dispositions générales.*

Art. 1. — La population indigène flottante des villes de l'Algérie, telle que berranis (indigènes du dehors), Kabyles, Biskris, Mezabis, Laghouatis, Mozitis et Nègres, sont réunis en corporations placées sous la surveillance de l'autorité administrative, et dont la police intérieure est confiée à des amins (syndics), assistés, s'il y a lieu, de mekaddems, kebirs ou cheicks (agents inférieurs).

Art. 2. — A partir de la promulgation du présent décret, tout berrani qui viendra dans l'une des villes auxquelles ce décret aura été déclaré applicable, devra, sous peine de 5 à 15 fr. d'amende, se présenter, dans les vingt-quatre heures de son arrivée, devant l'autorité chargée de l'administration civile indigène.—Il sera inscrit, s'il y a lieu, dans l'une des corporations, et il lui sera délivré une plaque et un livret, dont le prix sera déterminé, pour chaque département, par un arrêté du préfet.

Art. 3.—Nul ne peut, sous peine de 1 à 15 fr. d'amende, prendre ou conserver à son service, ou employer un indigène étranger à la localité, qui ne serait pas porteur de la plaque et du livret mentionnés à l'article précédent. — Ces peines, ainsi que celles édictées par l'art. 4, § 2, ci-après, sont prononcées par le tribunal de simple police.

Art. 4.—Le livret restera déposé entre les mains du maître, qui ne le restituera qu'à la sortie du titulaire, après y avoir inscrit ou fait inscrire les motifs de cette sortie. — En cas de disparition du titulaire, sous la peine portée à l'article précédent, le maître transmettra sans délai le livret à l'autorité civile, avec ses observations sur les causes réelles ou probables de cette disparition.

Art. 5. — Sous l'une des peines prononcées par l'art. 14 ci-après, aucun membre d'une corporation ne peut quitter l'arrondissement où le permis de séjour lui a été accordé, qu'après avoir échangé, par l'intermédiaire de l'amin, sa plaque et son livret contre un permis de départ. — Ce permis lui

tiendra lieu de passe-port en Algérie; il sera signé par le préfet ou son délégué.

Art. 6. — Tout berrani convaincu d'avoir prêté ou cédé son livret, sa plaque ou son permis de départ, ou qui se sera servi du livret, de la plaque ou du permis de départ appartenant à un autre, sera puni, suivant le cas, de l'une des peines énoncées à l'art. 14 ci-après.

Tit. 2. — *Des amins.*

Art. 7. — Les amins sont chargés, sous les ordres de l'autorité préfectorale, de la surveillance et de la police des membres de leur corporation. Ils sont nommés par le gouverneur général, sur la proposition du préfet.

Art. 8. — Les amins, ainsi que le khodja (écrivain) et les chaouchs qui pourront leur être attachés, reçoivent un traitement fixe. — Les mekadems, kebirs, et cheicks sont nommés par les préfets; ils ne reçoivent pas de traitement. Ils sont, néanmoins, exemptés des taxes imposées aux membres des corporations.

Tit. 3. — *Tribunal des amins.*

Art. 9. — Dans les localités où les berranis sont divisés en trois corporations au moins, les amins sont constitués en tribunal (mehakma) sous la surveillance de l'autorité préfectorale. — Ils sont présidés par celui d'entre eux qui est désigné par le préfet. — Ce tribunal ne peut juger qu'au nombre de trois membres et en audience publique. Les condamnations sont prononcées à la majorité des voix; en cas de partage, la voix du président est prépondérante.

Art. 10. — Dans les villes où le nombre des corporations est inférieur à trois, l'amin de chaque corporation prononce comme juge unique, sous la surveillance de l'autorité administrative, sur tous les faits de la compétence du tribunal des amins.

Art. 11. — Tout amin qui, en dehors des conditions de publicité ci-dessus spécifiées, prononcera un jugement ou une peine quelconque, sera passible de la révocation, sans préjudice des poursuites qui pourront être dirigées contre lui, conformément aux art. 186 et 258 c. pén.

Art. 12. — Les amins ordonnent l'arrestation préventive des membres de leur corporation, à

---

dehors habitant les villes, étaient divisés en corporations composées des individus de même race ou de même origine, ayant chacune une spécialité distincte, et placées sous l'autorité d'amins (syndics), soumis eux-mêmes à la surveillance du kaïd et beled (chef de la ville).

Mais la conquête ne tarda pas à relâcher ces liens consacrés par l'usage, et l'autorité des amins ne survécut plus que comme un souvenir; dès lors le désordre, la désobéissance et tous les délits auxquels peut se livrer une population abandonnée à elle-même ne tardèrent pas à se produire. — La présence d'une agglomération aussi considérable d'individus, dont un grand nombre servent d'espions aux tribus rebelles, présentait des dangers sans nombre pour la tranquillité des villes et pour la sécurité politique de l'Algérie entière.

Le gouverneur général résolut d'y remédier, et, par un arr. du 31 janv. 1858, il réorganisa les corporations, tout en conservant la plupart des usages anciens et en rendant une nouvelle force à l'autorité traditionnelle des amins. Malheureusement l'exécution de cet arrêté, qui eut toutefois pour résultat d'assurer une sorte de surveillance sur les corporations, se ressentit de l'absence d'agents français spéciaux et des premières incertitudes de notre administration vis-à-vis d'une population dont alors nous ne connaissions pas suffisamment les mœurs. Dans l'impossibilité d'exercer une action directe par nous-mêmes, nous laissâmes aux amins une latitude qu'ils ne tardèrent pas à tourner au profit de leurs passions. On avait cru, en rétribuant les amins avec le produit des amendes, stimuler leur vigilance, il est arrivé qu'on ne fit que stimuler leur cupidité; car en leur confiant la délivrance des

brevets dont chaque membre des corporations doit être porteur, on avait placé tous les berranis sous leur dépendance arbitraire : de là des plaintes, des réclamations qui amenèrent, après examen, la révocation en masse de tous les amins d'Alger.

De pareils abus démontraient trop clairement les vices du principe sur lequel reposait l'arr. du 31 janv. 1838, pour que je ne me préoccupasse pas des moyens d'y porter remède, et la confiance, M. le président, que le projet de décret que j'ai l'honneur de soumettre à votre signature, et sur lequel le conseil de gouvernement a été appelé à donner son avis, apportera de notables améliorations dans l'organisation des corporations.

En voici les dispositions principales, etc. (comme au décret).

Les dispositions dont je viens d'avoir l'honneur de vous présenter le résumé me paraissent de nature à atteindre le double but auquel nous devons tendre : assurer notre surveillance sur les membres des corporations en les plaçant sous notre tutelle directe; les protéger contre les exactions dont ils ont été si longtemps victimes. — Leur assurer ce bienfait, c'est gagner à notre cause des hommes qui, plus tard, iront proclamer dans leurs tribus, dans les montagnes abruptes de la Kabylie et jusque dans les oasis du Désert, notre justice et notre bienveillance à l'égard des indigènes venus dans nos villes pour y exercer leur industrie. L'influence de ces mesures libérales et protectrices s'étendra non-seulement en Algérie, mais encore au dehors de notre sphère d'action immédiate, sur la route des grandes caravanes de l'Afrique centrale.

Le ministre de la guerre, D'HAUTPOUL.

charge d'en rendre compte immédiatement au chef de bureau d'administration indigène, et, pour les localités où ce service n'est pas établi, à l'autorité civile, qui peut autoriser la mise en liberté.

Art. 13. — Le tribunal des amins juge, outre les cas prévus par les art. 2, 5, 6 : — 1° Les contestations pécuniaires ou relatives à l'exercice de leur profession, et toute demande en dommages et intérêts qui n'excéderait pas 100 fr., entre les membres des diverses corporations; — 2° Les disputes, injures, rixes et voies de fait, qui n'auront entraîné aucune incapacité de travail ; — 3° Tout refus d'obéissance aux réquisitions de l'administration pour un service d'utilité publique et d'insubordination vis-à-vis des amins ou de leurs agents ; — 4° Toutes contraventions aux arrêtés et règlements qui concernent les corporations.

Art. 14. — Les peines que le tribunal des amins prononce sont, suivant les cas, outre les peines applicables d'après la législation musulmane, aux contraventions ci-dessus : — 1° L'amende de 1 à 15 fr.; — 2° La prison de un à dix jours.

Art. 15. — Les citations se font sans frais ; elles sont notifiées, verbalement ou par simple lettre, par les agents ou les chaouchs.

Art. 16. — Les justiciables sont tenus de comparaître en personne devant le tribunal des amins, sans pouvoir se faire assister de défenseurs ni d'oukils, à moins de maladie constatée. — Hors le cas de maladie, si la personne se refuse à comparaître, à la seconde citation elle y sera contrainte.

Art. 17. — Les jugements sont sans frais, sans appel et immédiatement exécutoires. — La contrainte par corps pour l'acquittement des amendes sera prononcée pour un temps déterminé qui ne pourra excéder quinze jours.

Art. 18. — Les fonctions de greffier du tribunal des amins sont remplies par le commis qui sera désigné à cet effet par le préfet. — Ce commis, qui pourra être assisté d'un khodja, tiendra un registre qui sera coté et parafé par l'autorité civile, et sur lequel seront inscrites toutes les condamnations prononcées.

Tit. 4. — *Des capitaines, raïs et patrons de navires.*

Art. 19. — Les capitaines, raïs et patrons de navires, barque ou sandale, ne pourront recevoir à leur bord aucun berrani qui ne serait pas porteur d'un passe-port ou d'un permis de départ en bonne forme. — Il leur est enjoint, immédiatement après leur arrivée au port de débarquement, de déclarer à la police le nom de tous ceux qui pourraient se trouver au nombre des passagers.

Art. 20. — Les contrevenants aux dispositions de l'article précédent sont passibles de l'amende prononcée par l'ordonnance de 1681 (500 fr. par personne), et de toutes autres peines, s'il y a lieu.

Tit. 5. — *Des recettes et des dépenses.*

Art. 21. — Les taxes, amendes et rétributions autorisées par le présent décret seront perçues par le receveur des contributions diverses, sur la notification qui lui en sera faite journellement par le commis greffier du tribunal des amins. La recette sera au profit du budget local et municipal.

Art. 22. — Il sera fait, au profit de chaque amin, une remise de 25 cent. sur les taxes perçues au départ de chaque membre de sa corporation. — Les sommes qui leur seront dues à ce titre seront ordonnancées par le préfet, à la fin de chaque trimestre, sur les fonds du budget local et municipal. — Les dépenses de personnel et de matériel résultant de la mise à exécution du présent décret seront à la charge du même budget.

Art. 23. — Un arrêté du ministre de la guerre déterminera les villes de l'Algérie auxquelles le présent décret est applicable ; il réglera également les dispositions de détail destinées à en assurer l'exécution, dont il reste chargé.

AM. — 3-23 sept. 1850. — B. 362. — *Règlement pour l'exécution du décret ci-dessus.*

Art. 1. — En exécution de l'art. 2, § 2, du décret susvisé, il sera tenu, dans chacune des villes où ce décret aura été rendu applicable, un registre distinct pour chaque corporation, sur lequel seront inscrits, au fur et à mesure de leur arrivée, les indigènes étrangers. — Ce registre, qui sera coté et parafé par le préfet ou le sous-préfet, contiendra les indications suivantes : — Numéro matricule, noms, profession et tribu, jour de l'arrivée, résidence, mutations, date du départ, signalement, observations.

Art. 2. — Le livret dont tout membre de corporation doit être porteur reproduira en caractères français et arabes les indications du registre dont il est fait mention à l'article précédent. Il renfermera, en outre, un extrait rappelant les obligations imposées par les art. 3, 4, 5, 6 du décret précité et par les art. 3, 4 et 6 du présent arrêté. — La plaque indiquera en français et en arabe la corporation ainsi que le numéro matricule du titulaire ; elle devra être portée constamment et d'une manière ostensible. — Le livret et la plaque sont valables pour toute la durée du séjour ; ils ne seront jamais délivrés l'un sans l'autre (1).

Art. 3. — En cas de perte de l'un ou de l'autre, le berrani devra s'en faire délivrer un nouveau, dont il acquittera le prix. Néanmoins, si la perte a eu lieu dans le cas d'un service commandé, le préfet pourra en autoriser la remise gratuite.

Art. 4. — Tout berrani qui contractera un engagement de service de plus de huit jours devra, dans les vingt-quatre heures, en donner avis à son amin. — Chaque mutation inscrite sur le livret sera reportée, sans frais, sur le registre mentionné à l'art. 1.

Art. 5. — Les permis de départ seront extraits d'un registre à souche qui reproduira les indications du registre matricule. Ils ne seront délivrés qu'après la présentation d'un certificat du commissaire de police. — Le permis n'est délivré que la veille du départ ; il n'est valable que pour une fois ; son coût demeure fixé à 2 fr. En cas d'indigence, le permis est délivré gratis.

Art. 6. — Les livrets des individus partis restent déposés aux archives pour justifier au besoin des produits encaissés à l'arrivée et au départ des incorporés.

Art. 7. — Pour l'exécution des art. 12 et 17 du décret présidentiel, en date de ce jour, un local particulier sera installé auprès du tribunal des amins pour recevoir les individus arrêtés préventivement par ordre des amins, ainsi que ceux qui auront été condamnés à l'emprisonnement.

Art. 8. — Les membres des corporations condamnés à la prison pourvoient eux-mêmes à leur subsistance, à moins d'indigence reconnue, auquel cas les frais de leur nourriture seront payés sur les crédits alloués à cet effet.

Art. 9. — Dans un délai de deux mois, à partir de la promulgation du présent arrêté, tout individu appartenant à l'une des corporations actuellement

---

(1) Le dernier paragraphe de cet article a été modifié ainsi qu'il suit par arrêté ministériel du 11 déc. 1857, B. 516 : « Le livret est valable pour toute la durée du séjour. Au commencement de chaque année, la plaque est marquée d'un poinçon spécial qui indiquera le millésime. Le prix de la plaque à l'arrivée ainsi que celui du poinçonnage est fixé uniformément à 2 fr. pour toute l'Algérie. »

existantes sera tenu de se munir d'un nouveau livret et d'une nouvelle plaque.

Art. 10. — Le décret présidentiel de ce jour et le présent arrêté sont immédiatement exécutoires dans les arrondissements d'Alger, de Constantine et d'Oran. D'HAUTPOUL.

AM. — 28 oct.-26 nov. 1850. — B. 369. — *Traitement des amins et employés.*

Vu l'art. 24 du décr. du 3 sept. dernier :

Art. 1. — Les corporations indigènes pour lesquelles il est nommé des amins et chaouchs dans l'arrondissement d'Alger sont au nombre de sept : — 1° Kabyles ; — 2° Biskris ; — 3° Mzabis ; — 4° Mzitis ; — 5° Laghouatis ; — 6° Nègres ; — 7° Berranis.

Art. 2. — Le personnel rétribué qui s'y rattache est fixé ainsi qu'il suit : 1° pour chacune des corporations ci-dessus désignées, un amin et un chaouch ; 2° pour le service des écritures, un khodja.

Art. 3. — Les amins jouiront d'un traitement annuel de 1,200 fr. — L'amin chargé de la présidence du tribunal, créé en vertu de l'art. 9 du décret précité, jouira d'un supplément de 300 fr. Le traitement annuel du khodja est fixé à 720 fr., celui des chaouchs à 600 fr.

Art. 4. — Le préfet du département d'Alger pourvoira directement à la nomination des khodja, chaouchs et autres employés secondaires. DE SCHRAMM.

AM. — 11 déc. 1850, 3 janv. 1851. — B. 370. — *Le décr. du 3 sept. 1850 est rendu exécutoire à Blidah.*

Art. 1. — Le décret du 3 sept. dernier, et l'arrêté ministériel qui y fait suite sont immédiatement exécutoires dans l'arrondissement de Blidah (département d'Alger).

Art. 2. — La population indigène flottante de cette ville, connue sous le nom de berranis, sera répartie en trois sections : 1° Kabyles ;—2° Mzabis (Biskris, Mzitis, Laghouatis) ;—3° Nègres et Beni Addas. — La surveillance et la police intérieure de chacune d'elles appartiendra à un mekadem ou kebir qui exercera ses fonctions sous la surveillance d'un seul amin. — Un chaouch est attaché à ce service.

Art. 3. — Le traitement annuel de l'amin de la corporation des terrains de Blidah est fixé à 1,200 fr., celui du chaouch à 600. DE SCHRAMM.

AM. — 26 déc. 1850, 28 janv. 1851. — B. 372. — *Organisation à Constantine.*

Vu l'art. 21 du décr. du 3 sept. dernier ;

Art. 1. — Les corporations indigènes pour lesquelles il est nommé des amins et chaouchs dans la ville de Constantine sont au nombre de six, savoir : — 1° Kabyles ; — 2° Chaouïas ; — 3° Biskris ; 4° Mzabis ; — 5° Mzitis ; — 6° Nègres.

Art. 2. — Le personnel rétribué qui s'y rattache est fixé ainsi : — 1° Pour chacune des corporations ci-dessus désignées, un amin et un chaouch ; — 2° Pour le service des écritures, un khodja.

Art. 3. — En raison de l'importance de sa corporation, l'amin des Kabyles recevra un traitement annuel de 1,200 fr. ; les cinq autres amins auront droit à un traitement de 900 fr. — Le traitement annuel des khodja est fixé à 720 fr., celui des chaouchs à 480 fr. ; le chaouch des Kabyles recevra seul 600 fr.

Art. 4. — Le préfet du département de Constantine pourvoira directement à la nomination des khodja et des chaouchs. DE SCHRAMM.

AM. — 4 juill.-8 août 1851. — B. 390. — *Organisation à Oran.*

Art. 1. — La population indigène flottante de la ville d'Oran, connue sous le nom de berranis, sera divisée en deux sections : 1° Marocains et Kabyles du Maroc ; — 2° Mzabis (cette section comprend les individus appartenant aux diverses tribus ou localités de l'Algérie, situées en dehors de la subdivision d'Oran). — La surveillance et la police intérieure de chacune d'elles appartiendra, sous la direction d'un seul amin, à un mekadem ou kebir. — Deux chaouchs seront attachés à ce service.

Art. 2. — Le traitement annuel de l'amin des berranis d'Oran est fixé à 1,200 fr., celui des chaouchs à 600 fr. chacun. Comte RANDON.

AM. — 15 sept.-4 oct. 1851. — B. 394. — *Organisation à Médéah.*

Art. 1. — La population indigène flottante de la ville de Médéah, connue sous la dénomination de berranis, est constituée en une corporation divisée en quatre sections : 1° Kabyles ; — 2° Mzabis ; — 3° Nègres ; — 4° Gens de l'ouest. (Cette section se compose d'individus originaires des environs d'Orléansville et de la province d'Oran. — La surveillance et la police intérieure de chacune d'elles appartient, sous la direction d'un seul amin, à un mekadem ou kebir. — Un chaouch est attaché à ce service.

Art. 2. — Le traitement annuel de l'amin des berranis de Médéah est fixé à 800 fr., celui du chaouch à 400 fr. Comte RANDON.

AM. — (Même date.) — *Organisation à Milianah.*

Art. 1. — La population indigène flottante de la ville de Milianah, connue sous la dénomination de berranis, est constituée en une corporation divisée en quatre sections : 1° Kabyles (cette section comprend les Mzitis et les Laghouatis) ;—2° Mzabis ;— 3° Nègres ;— 4° autres étrangers, non compris dans les trois catégories ci-dessus spécifiées. — La surveillance et la police intérieure de chacune de ces sections appartient, sous la direction d'un seul amin, à un mekadem ou kebir.

Art. 2. — Le traitement annuel de l'amin des berranis de Milianah est fixé à 800 fr. Comte RANDON.

AM. — 11 fév.-10 mars 1853. — B. 435. — *Organisation à Mostaganem, Mascara et Tlemcen.*

Art. 1. — La population indigène flottante, connue sous la dénomination de berranis, est constituée en corporation dans chacune des villes de Mostaganem, Mascara et Tlemcen (dép. d'Oran). — La corporation de Tlemcen est divisée en trois sections ; celles de Mostaganem et de Mascara en deux sections chacune. — La surveillance et la police intérieure de chaque section appartient, sous la direction d'un seul amin par corporation, à un mekadem ou kebir. — L'organisation de ces services comprend un chaouch pour Mostaganem, un pour Mascara et deux pour Tlemcen.

Art. 2. — Les traitements affectés aux emplois d'amin et de chaouch sont fixés ainsi qu'il suit : 1° Mostaganem et Mascara ; — Traitement de l'amin, 800 fr. — Traitement du chaouch, 400 fr. — 2° Tlemcen : — Traitement de l'amin, 900 fr. — Des chaouchs (480 fr. chacun), 960 fr. A. DE SAINT-ARNAUD.

AM. — 1er juill.-10 août 1853. — B. 442. — *Organisation à Sidi bel Abbès.*

Art. 1. — La population indigène flottante de

Sidi bel Abbès, connue sous la dénomination de berranis, formera une corporation placée sous la surveillance d'un amin.

Art. 2. — Le traitement annuel de l'amin est fixé à 600 fr.   A. DE SAINT-ARNAUD.

AM. — 24 sept.-17 nov. 1855. — B. 487. — *Mêmes dispositions pour Saint-Denis du Sig.*

AM. — 7-31 déc. 1855. — B. 490. — *Mêmes dispositions pour Orléansville.*

AM. — 12 fév.-30 mars 1858. — B. 510. — *Mêmes dispositions pour Souk Arras. — Traitement de l'amin fixé à 800 fr.*

Courses de chevaux.

Un règlement concernant les courses de chevaux et portant la date du 25 août 1856 avait été arrêté par M. le gouverneur général comte Randon : il est remplacé par le règlement ministériel ci-après, qui, entre autres modifications de détail, supprime les courses de fond instituées par le précédent.

AM. — 9-31 août 1859. — BM. 35. — *Nouveau règlement.*

TIT. I.

Art. 1. — Les courses de chevaux de l'Algérie auront lieu dans chaque province aux époques fixées par le ministre de l'Algérie et des colonies. — Il ne sera fait que des courses de vitesse.

Art. 2. — La présidence d'honneur des courses est dévolue, dans chaque province, au fonctionnaire civil ou militaire du rang le plus élevé, selon l'ordre des préséances réglé par le décret du 24 mess. an XII.

Art. 3. — Le colonel directeur des haras et remontes, les commandants de dépôts de remontes et les commandants de haras et dépôts d'étalons, remplissent les fonctions de commissaires du gouvernement pour les courses. — Ils les surveillent et en rendent compte au président. — Ils peuvent être suppléés par les officiers de remonte.

Art. 4. — Une commission des courses est nommée par le général commandant la division, et choisie parmi les membres du conseil général de la province et du conseil municipal du chef-lieu, les officiers de l'armée, les éleveurs civils, les employés d'administration et les chefs arabes. Elle est chargée de préparer le programme des courses, de le soumettre à l'approbation du commandant de la division, et de régler, avec l'approbation de cet officier général, tous les détails de leur installation matérielle. — En cas de partage des voix, la voix du président est prépondérante. — Nul ne peut être membre de la commission s'il est directement ou indirectement engagé dans les courses.

Art. 5. — La commission nomme dans son sein une sous-commission de sept membres, qui prend la dénomination de *Jury des courses.* — Font de droit partie du jury : le président de la commission, un membre du conseil général de la province, un officier de remonte, le chef du bureau arabe de la province, deux chefs indigènes, un vétérinaire. — Ce jury statue sur toutes les questions relatives aux courses. Il prend les dispositions qui lui paraissent convenables pour le terrain des courses, le pesage des jockeys, la désignation des juges de départ et d'arrivée.

Art. 6. — Le jury propose au président d'exclure, soit à toujours, soit pour un temps limité, du droit de courir ou de faire courir dans les courses du gouvernement tout éleveur ou tout jockey qui se serait rendu coupable de fraude ou de violence.

Art. 7. Il constate l'identité des chevaux engagés.

Art. 8. Le jury dresse procès-verbal de toutes ses opérations. — Ce procès-verbal, transmis dans le délai de vingt-quatre heures au général commandant la division, est, à la diligence de ce fonctionnaire, adressé dans le plus bref délai au ministre de l'Algérie et des colonies.

Art. 9. — Toutes les réclamations ou contestations élevées au sujet des courses sont jugées en dernier ressort par le jury des courses. — Dans tous les cas, le jury peut en référer à la commission des courses, si l'importance ou la difficulté de la question lui paraît l'exiger.

TIT. 2.

Art. 10. — Ne seront admis à faire courir, dans la province, que les habitants qui y ont leur résidence. Toutefois, le prix de l'empereur et le prix du ministre de l'Algérie et des colonies pourront être disputés par tous les chevaux nés et élevés en Algérie, quelle que soit la résidence de leurs propriétaires.

Art. 11. — Les courses sont divisées : 1° En courses entre Européens, 2° en courses entre indigènes, 5° en courses mixtes d'Européens et d'indigènes.

Les courses entre indigènes seront classées comme il suit : Les courses des aghas, les courses des caïds, les courses des chefs de grandes tentes, les courses des Arabes de petites tentes.

Enfin les courses des Arabes de toute condition, propriétaires de poulains et pouliches de trois à quatre ans, ayant, dans les deux années qui ont précédé celle des courses, obtenu des primes de cercle, d'arrondissement ou de division.

Art. 12. — Les aghas, caïds et chefs de tentes sont libres de monter leurs chevaux eux-mêmes, ou de les faire monter par leurs parents. Mais ils ne peuvent faire courir leurs serviteurs, ou autres gens à leurs gages que pour les courses de poulains et pouliches primés comme il est dit en l'art. 51. Pour les courses mixtes, ils ont le droit de faire monter leur chevaux par des jockeys européens.

Art. 13. — Les Arabes non compris dans les désignations mentionnées à l'art. 10 sont admis à disputer entre eux un ou plusieurs prix de vitesse.

Art. 14. — Tout Arabe est admis à courir ou à faire courir aux courses de poulains ou pouliches primés.

Art. 15. — Tous les chevaux nés dans la colonie (chevaux hongres exceptés) sont admis aux courses du gouvernement dans les séries d'âges ci-après : — Poulains et pouliches de 5 à 4 ans, — Chevaux entiers et juments de 5 ans et au-dessus. — Les chevaux d'officiers appartenant à l'État sont exclus.

Art. 16. — Les coureurs européens se font inscrire au moins huit jours à l'avance, par lettre, chez le chef du bureau arabe du chef-lieu, et versent entre ses mains le prix d'entrée. — L'inscription des indigènes se fait à chaque chef-lieu de subdivision, entre les mains du chef du bureau arabe qui reçoit les entrées. — Les chefs des bureaux arabes subdivisionnaires transmettent au chef du bureau arabe de la division, quinze jours avant les courses, les listes d'inscription relatant les noms des coureurs, le nom de la tribu, le signalement du cheval et l'indication de son origine. — Au moment de l'inscription, chaque propriétaire doit fournir le signalement exact du cheval engagé. — Toutes les inscriptions sont centralisées chez le président de la commission. — La veille du jour des courses, la commission se fait représenter sur l'hippodrome les chevaux inscrits et elle constate leur identité. — Cette opération faite, chaque coureur reçoit une carte d'entrée avec un numéro d'ordre qu'il doit représenter, au moment de la course, aux commissaires nommés à cet effet. Cette carte porte le signalement du cheval.

Art. 17. — Le costume des coureurs européens est fixé comme il suit : gants blancs, casquette ronde, cravatte blanche, veste de couleur boutonnée, culotte ou pantalon blanc collant, bottes molles, éperons en argent ou en acier poli. — Les indigènes montant leurs chevaux conservent la tenue et le harnachement arabes.

Tit. 3.

Art. 18. — Les jockeys européens, avant d'entrer en lice, sont pesés avec le harnachement. Tout ce que porte le cheval, à l'exception des fers, peut être pesé. — Le poids imputable à chaque cheval est ainsi réglé : — De trois ans, 50 kilog.; — De quatre ans, 60 kilog.; — De cinq ans et au-dessus, 65 kilog. 1/2. — Les juments porteront 2 kilog. en moins. — Tout cheval n'ayant pas porté le poids déterminé par la condition de la course est distancé. — Les commissaires des courses s'entendent avec les chefs arabes pour décider si les coureurs indigènes doivent être pesés ou non. — Dans les courses entre Européens, tout cheval qui a gagné antérieurement un prix de course et qui court pour un prix de même classe porte une surcharge de 4 kilog. pour les chevaux et 2 kilog. pour les poulains.

Art. 19. — La place des chevaux au départ est tirée au sort.

Art. 20. — S'il se présente, pour disputer un même prix, un nombre de chevaux trop considérable pour qu'ils puissent sans danger entrer en lice en même temps, les concurrents sont divisés en pelotons de huit chevaux au plus, qui courront successivement. — Les chevaux qui doivent former chaque peloton sont désignés par le sort; les vainqueurs de chaque peloton concourent entre eux, et le prix est accordé au cheval qui, dans cette dernière course, sera arrivé le premier.

Art. 21. — La commission fixe, d'après l'âge et la qualité des chevaux engagés par les Européens, le nombre de tours d'hippodrome à parcourir à chaque épreuve, et le nombre d'épreuves à subir; en aucun cas il n'est parcouru plus de deux tours et moins d'un. Les chevaux de quatre ans et au-dessous ne peuvent être astreints à plus d'un tour. — Les courses entre indigènes se composent d'un seul tour d'hippodrome; après quoi les vainqueurs de chaque peloton concourent ensemble pour l'épreuve définitive de chaque course.

Art. 22. — Le commandant du dépôt de remonte de la province place les chevaux et donne le signal du départ.

Art. 23. — À l'heure fixée pour chaque course, la cloche sonne, la lice est ouverte et le départ a lieu sans que l'on attende les absents. — La mise d'entrée de ceux-ci n'en est pas moins due.

Art. 24. — Dans les courses à plusieurs épreuves, il est accordé entre chaque épreuve, savoir : vingt minutes de repos pour celles à un tour, et une demi-heure pour celles à deux tours d'hippodrome.

Art. 25. — Quand, en courant, un cheval passe en dedans des poteaux, il est distancé, à moins qu'on ne le fasse retourner et rentrer dans la lice à l'endroit même où il en est sorti.

Art 26. — Le premier cheval dont la tête dépasse le but gagne la course. — S'il y a incertitude de la part des juges, les deux chevaux arrivés les premiers au but dans les conditions de vitesse requises doivent courir l'un contre l'autre, à moins que les parties ne consentent à partager le prix.

Art 27. — Lorsque, dans une course, un jockey en pousse un autre, le croise ou l'empêche par un moyen quelconque d'avancer, le cheval monté par le jockey peut être distancé, ainsi que tout autre cheval appartenant entièrement ou en partie au même propriétaire.

Art. 28. — Après la course, les jockeys doivent rester à cheval jusqu'à l'endroit où ils sont pesés; s'ils descendent avant d'y arriver, les chevaux qu'ils montent sont distancés. — Si, par suite d'un accident, un jockey est hors d'état de retourner à cheval jusqu'aux balances, il peut, mais dans ce cas seulement, y être porté ou conduit.

Art. 29. — Aucun prix n'est gagné si l'épreuve n'a été accomplie dans un maximum de temps fixé ainsi qu'il suit, savoir : — Deux minutes quinze secondes pour un tour d'hippodrome; — Quatre minutes quarante secondes pour deux tours. — Les hippodromes mesureront 1,500 m. sur leur bord interne. — Toutefois, dans les courses à plusieurs épreuves, on ne court contre le temps qu'à la première épreuve; dans les autres épreuves, le prix appartient au cheval arrivé le premier, sans avoir égard au temps qu'il a mis à courir. — Les prix sont remis sur-le-champ à qui de droit. — Les vainqueurs de chaque catégorie reçoivent, en outre, une carte attestant leur succès. — Les cartes, écrites en français et en arabe, sont délivrées, autant que possible, séance tenante, et signées par les membres du jury. Elles relatent le nom du propriétaire, sa qualité et son domicile, le nom et le signalement complet du cheval. — La couleur des cartes est : — 1° Pour les vainqueurs de peloton, vert; — 2° Pour les vainqueurs définitifs, rouge; — 3° Pour les vainqueurs de courses de poulains primés, bleu.

Art. 30. — Aucune course particulière ne peut avoir lieu sur l'hippodrome, le jour des courses, sans l'autorisation de la commission.

Art. 31. — Toute contestation relative à la conduite des cavaliers engagés est jugée aussitôt par le jury.

Tit. 4. — *Des différentes espèces de courses.*

Des courses en partie liée.

Art. 32. — Dans les courses en partie liée, aucun propriétaire ne peut faire courir plus d'un cheval lui appartenant, en totalité ou en partie, quand même les chevaux seraient engagés sous les noms de personnes différentes. — Sont formellement interdits tous arrangements par lesquels des propriétaires de chevaux admis à courir s'intéresseraient les uns et les autres dans leurs chances de gagner.

Art. 33. — Pour les courses en partie liée, un poteau est placé à 100 mètres en arrière du but; les chevaux qui n'ont pas dépassé ce poteau lorsque le premier cheval dépasse le but, sont distancés et ne peuvent plus courir les épreuves suivantes.

Courses de poulains et pouliches primés.

Art. 34. — Sont admis à ces courses les poulains et pouliches de 3 à 4 ans, primés dans les concours de cercles, de subdivisions et divisions des deux années antérieures à celle des courses. — Ces courses sont divisées en deux classes : — 1re cl., poulains et pouliches de 4 ans. — 2e cl., poulains et pouliches de 3 ans. — La distance à parcourir pour l'une et l'autre classe est de 1,500 m. — L'exhibition des cartes de prime est exigée; la commission décide si des preuves testimoniales peuvent être admises à défaut de ces cartes. — Les propriétaires ne payent point d'entrée. — Ils sont libres de monter leurs animaux eux-mêmes, ou de les faire monter par leurs parents ou des gens à gages. — Les jockeys sont pesés, et les dispositions de l'art. 18 appliquées.

Courses de haies.

Art. 35. — Il peut être institué des courses de haies, auxquelles sont appelés à prendre part, sans payer d'entrée, les sous-officiers de troupes à cheval en garnison dans la ville où ont lieu les courses. — Le général commandant la division peut y faire participer quelques sous-officiers des autres garnisons.

Tit. 5. — *Dispositions générales.*

Art. 56. — Les officiers, sous-officiers, brigadiers et cavaliers indigènes des régiments de spahis, appartenant à des familles de grandes tentes, peuvent engager leurs chevaux immatriculés, à la condition de fournir un certificat constatant que ces chevaux sont nés et élevés chez eux.

Art. 57. — Les prix accordés par les conseils généraux et les conseils municipaux sont disputés et distribués conformément aux votes de ces conseils et aux prescriptions du présent règlement. — Les courses auxquelles ces prix donnent lieu sont réputées courses du Gouvernement et qualifient les chevaux qui y prendront part.

Entrées.

Art. 58. — Chaque année, l'arrêté ministériel qui fixera l'époque des courses déterminera le prix des entrées. Le montant des entrées sera intégralement appliqué à augmenter la valeur des prix attribués aux vainqueurs.

Art. 59. — Aucune entrée n'est payée pour les courses indiquées à l'art. 55.

Art. 40. — Les dispositions de l'arrêté réglementaire du ministre de l'agriculture et du commerce, en date du 17 fév. 1853, concernant les courses de chevaux, demeurent applicables à celles de l'Algérie, en tout ce qui n'est pas contraire au présent règlement.

Comte DE CHASSELOUP-LAUBAT.

Courtiers.

Deux arr. des 2 avr. et 2 mai 1853 avaient réglé provisoirement l'exercice de la profession de courtier en Algérie; l'arr. de 1844, qui est actuellement seul en vigueur, les a abrogés, et ils n'offrent plus aucun intérêt.

DIVISION.

§ 1. — Législation spéciale.
§ 2. — Création d'offices.

§ 1. — LÉGISLATION SPÉCIALE.

ARR. — 6-28 mai 1844. — B. 170. — *Règlement général sur l'exercice de la profession de courtier.*

Art. 1. — Des courtiers sont institués en Algérie, savoir : à Alger, Oran, Bône, Philippeville, Mostaganem, Tenès, Cherchell, Bougie et Djigelli. — Il pourra en être créé dans les autres villes de l'Algérie, lorsque l'importance des affaires l'exigera.

Art. 2. — Les courtiers se divisent en deux classes : — 1° Les courtiers de marchandises; — 2° Les courtiers maritimes.

Art. 3. — Les courtiers de marchandises, institués conformément aux dispositions du présent arrêté, ont seuls le droit de faire le courtage des marchandises et d'en constater le cours. — A défaut d'agents de change, ils ont seuls le droit de faire les négociations des effets publics et autres susceptibles d'être cotés, de faire pour le compte d'autrui les négociations des lettres de change ou billets et de tous papiers commerçables, et d'en constater le cours; de faire les négociations et le courtage des ventes ou achats de matières métalliques, et d'en constater le cours.

Art. 4. — Les courtiers maritimes rédigent les contrats en police d'assurance, concurremment avec les notaires; ils en attestent la vérité par

leur signature, certifient le taux des primes pour tous les voyages de mer ou de rivières. — Ils ont seuls, en outre, le droit de traduire, en cas de contestations, devant les tribunaux, les déclarations, charte-parties, connaissements, contrats et tous actes de commerce dont la traduction serait nécessaire; enfin, de constater le cours du fret ou du nolis. — Dans les affaires contentieuses de commerce et pour le service de toutes les administrations, ils serviront seuls de truchement à tous étrangers, maîtres de navires, marchands, équipages de vaisseaux et autres personnes de mer. — L'arrêté de nomination déterminera les langues que chaque courtier aura droit d'interpréter.

Art. 5. — Dans le cas où parmi les courtiers régulièrement institués, il ne se trouverait pas d'interprète ou de traducteur pour remplir les fonctions déterminées au présent article, il pourra être commissionné par le ministre de la guerre des interprètes ou traducteurs suppléants. — Ces interprètes traducteurs cesseront leurs fonctions aussitôt qu'ils seront remplacés par des courtiers, relativement à la langue pour laquelle ils avaient été nommés.

Art. 6. — Lorsqu'il y aura lieu de faire une interprétation ou une traduction à l'audience, et qu'il y aura urgence et péril en la demeure, le président du tribunal pourra, en cas d'empêchement des interprètes traducteurs titulaires ou suppléants, en désigner un d'office et séance tenante; lequel prêtera serment avant d'opérer, et ne sera admis à interpréter ou à traduire que dans les affaires pour lesquelles il aura été commis par le président. — Il sera fait mention sur le plumitif d'audience de la désignation faite par le président, et du serment prêté par l'interprète traducteur commis d'urgence.

Art. 7. — Les courtiers de marchandises seront exclusivement (1) chargés des ventes de marchandises aux enchères publiques ordonnées par le tribunal de commerce ou le tribunal qui le remplace, pour quelque cause que ce soit. — Néanmoins, en cas de faillite, les dispositions de l'art. 486 c. com. continueront de recevoir leur exécution.

Art. 8. — La vente de marchandises aux enchères publiques, même lorsqu'elle est volontaire, ne peut se faire qu'avec l'autorisation du tribunal de commerce ou du tribunal qui le remplace. — Il n'y a pas lieu, en ce cas, de dresser le tableau prescrit par l'art. 2 du décr. du 17 avr. 1832, mais la vente ne peut être autorisée que par lots, dont le montant sera déterminé par le tribunal de commerce, et qui ne pourront être au-dessous de 1,000 fr., ni excéder 10,000 fr.

Art. 9. — Hors les cas prévus par les art. 193, 197 et suivants c. com., et 620 c. pr. civ., les courtiers maritimes procèderont exclusivement à la vente des navires, chaloupes et autres bâtiments destinés à la navigation fluviale et maritime, ainsi qu'à la vente des agrès, apparaux, armements et victuailles.

Art. 10. — Le cumul des fonctions déterminées en l'art. 2 pourra être autorisé par l'arrêté de nomination de chaque courtier.

Art. 11. — Dans les localités où il n'y aura pas de courtiers de commerce, les commissaires-priseurs, et à défaut de commissaires-priseurs, les huissiers, notaires ou greffiers des justices de paix, pourront faire les ventes mentionnées aux art. 8 et 9, mais selon les formes, conditions et tarifs imposés aux courtiers.

Art. 12. — Les droits exigibles pour le courtage et le change sont fixés ainsi qu'il suit :

---

(1) V. *Commissaires priseurs*, arr. du 1er juin 1841 (art. 1, note 3), sur le droit exclusif de vente des marchandises neuves.

1° Pour le courtage des marchandises, 1 p. 100 payable par le vendeur, et 1 p. 100 payable par l'acheteur (modifié pour les affaires au-dessus de 1,000 fr. par arrêté du 31 mai 1853 ci-après);

2° Pour le change de papier en espèces métalliques, 1/3 p. 100, payable par le cédant;

3° Pour le courtage de nolisement, 5 p. 100 sur les affrétements en bloc, et 5 p. 100 sur les affrétements à la cueillette, payables par le capitaine seulement (droit unique de 4 p. 100 fixé par arr. du 16 juill. 1847 ci-après);

4° Pour le courtage d'assurances, 7 1/2 p. 100, payables sur la prime par l'assureur seulement;

5° Pour les ventes aux enchères, 2 p. 100, payables par l'acheteur, y compris dans le procès-verbal de vente, indépendamment des frais d'enregistrement, de ceux de publication et autres dont le montant sera fixé, suivant l'importance de la vente, par le tribunal de commerce, dans l'autorisation mentionnée en l'art. 8 ci-dessus, et qui tous demeureront à la charge de l'acheteur.

Art. 13. — Les courtiers sont nommés et révocables par le ministre de la guerre : l'arrêté de nomination déterminera la résidence à laquelle ils sont attachés. — Ils ne peuvent entrer en fonctions qu'après avoir prêté serment. Leur nombre est réglé par le ministre de la guerre, selon les besoins du service. — Il est présentement fixé, savoir : — 40, pour la résidence d'Alger; — 15, pour celle d'Oran; — 5, pour celle de Philippeville; — 8, pour celle de Bône; — 5, pour celle de Mostaganem; — 2, pour celle de Bougie; — 2, pour celle de Djidjelli; —2, pour celle de Cherchell; — 2, pour celle de Tenès. — Les courtiers, qui exercent actuellement, à titre provisoire, en vertu de l'arr. du 2 avr. 1853, devront se pourvoir d'une commission confirmative qui leur sera délivrée, s'il y a lieu.

Art. 14. — Nul ne sera admis aux fonctions de courtier : 1° s'il n'est Français; — 2° S'il n'a 25 ans accomplis; — 3° S'il n'a satisfait à la loi du recrutement; — 4° S'il ne réside depuis deux ans en Algérie, dont un an au moins dans la ville où il demande à exercer lesdites fonctions; — 5° S'il ne produit un certificat de moralité, et s'il n'a fait vérifier sa capacité. — Toutefois les étrangers peuvent être admis aux fonctions de courtier, après une résidence de trois années révolues et consécutives en Algérie, et s'ils remplissent les conditions d'âge, de moralité et de capacité prescrites par les dispositions ci-dessus.

Art. 15.—Les conditions de résidence prescrites par le n° 4 de l'article qui précède pourront n'être pas exigées pour les premières nominations, qui seront faites conformément à l'art. 15.

Art. 16. — Le certificat de moralité sera délivré par l'autorité administrative du lieu dans lequel le candidat sera domicilié en Algérie. — Si ce candidat est domicilié en Algérie depuis moins de cinq ans, il devra produire, en outre, un certificat de moralité délivré par l'autorité municipale du lieu de son dernier domicile en France.

Art. 17 (ainsi modifié par arr. min. du 10 juill. 1844, B. 180) : — La capacité du candidat sera vérifiée par la chambre de commerce d'Alger. — Pour les premières nominations à faire conformément à l'art. 15, le candidat qui ne résiderait pas en Algérie sera admis à faire vérifier sa capacité par la chambre de commerce de l'arrondissement de son domicile, ou à défaut, par la chambre de commerce la plus voisine.

Art. 18.—Les courtiers sont assujettis à un cautionnement de 5,000 fr. pour Alger, et de 3,000 fr. pour les autres résidences. Le cautionnement est reçu sur la production d'une copie de leur nomination, certifiée à Alger par le directeur de l'intérieur, et dans les autres villes, par les sous-

directeurs de l'intérieur. Il est affecté, par privilège, à l'acquittement des condamnations prononcées ou des contraintes décernées contre les titulaires à raison de leurs fonctions. Il donne lieu au privilège de second ordre en faveur des bailleurs de fonds.

Art. 19. — Les courtiers sont tenus de se munir d'une patente, dont le montant est fixé à 150 fr. pour Alger, et à 100 fr. pour toutes les autres résidences.

Art. 20 (ainsi modifié par arr. min. du 27 mai 1846, B. 229):—Le ministre de la guerre désigne, parmi les courtiers de chaque résidence et sur une liste de trois candidats présentés par eux pour chaque fonction, un syndic, et, s'il y a lieu, des syndics adjoints, dont le nombre pourra être porté jusqu'à six. — Les attributions des syndics et adjoints consistent : — 1° A donner leur avis après information, le cas échéant, sur toutes les plaintes portées contre un courtier de leur résidence ; — 2° A intervenir officieusement et comme conciliateurs dans les débats qui s'élèveraient, soit entre des courtiers du ressort, soit entre les mêmes courtiers et leurs clients ; — 3° A représenter les intérêts collectifs des courtiers pour toutes demandes ou réclamations, et dans toutes relations ou communications avec l'autorité.

Art. 21. — Les règlements de discipline intérieure pourront être préparés par les syndics et seront transmis au directeur de l'intérieur, qui les soumettra, avec les modifications qu'il jugera convenables, à l'approbation du ministre de la guerre.

Art. 22.—Tout courtier convaincu d'avoir exigé des droits plus élevés que ceux du tarif ci-dessus, sera révoqué et poursuivi comme concussionnaire.

Art. 23. — Tout individu qui se livrera à l'exercice des fonctions de courtier, sans y être légalement autorisé, sera passible des peines portées par la loi.

Art. 24. — Tout traité direct ou indirect pour la cession ou transmission de titre ou clientèle de courtier est interdit, et sera considéré comme nul et de nul effet entre les contractants et leurs ayants cause, sans préjudice de la peine de destitution. La destitution sera prononcée même contre le successeur régulièrement nommé, à quelque époque que soit constatée l'existence d'accords ou de conventions quelconques avec le précédent titulaire.

Art. 25. — Le directeur de l'intérieur et, en ce qui concerne les opérations de douane, le directeur des finances, exerceront la haute surveillance sur les courtiers, et proposeront au ministre de la guerre la suspension ou la révocation de ceux dont la conduite donnera lieu à des plaintes graves, ou qui seront reconnus avoir favorisé des opérations de fraude ou de contrebande.

Art. 26. — Sont applicables aux courtiers de l'Algérie, les dispositions des lois, ordonnances et règlements qui, en France, régissent les courtiers, sauf ce qui est réglé par le présent arrêté.

Art. 27. — Toutes les dispositions antérieures, et notamment celles des art. 1 et 4 de l'arr. du 1er juin 1844, sur les commissaires-priseurs, sont abrogées, en ce qu'elles ont de contraire au présent arrêté.—Les arr. des 2 avr. et 2 mai 1853, relatifs, l'un à l'institution des courtiers et l'autre à la fixation du taux de leur patente, sont rapportés.

Maréchal duc de Dalmatie.

AM. — 9-25 avr. 1815. — B 198. — *Délai pour le versement du cautionnement.*

Vu les arrêtés des 6 mai et 10 juill. 1844 ;

Art. 1. — A l'avenir les courtiers nommés en exécution des arr. des 6 mai et 10 juill. 1844, seront tenus d'effectuer le versement de leur cautionnement et d'être rendus à leur résidence dans le délai de trois mois, à partir du jour où leur nomination aura été publiée au *Moniteur algérien.*

Art. 2. — Les courtiers déjà nommés en Algérie devront avoir versé leur cautionnement et être arrivés au lieu de leur résidence dans le délai de deux mois, à dater de la promulgation du présent arrêté.

Art. 3. — Les courtiers qui ne se seront point conformés aux prescriptions portées dans les articles précédents, seront considérés de plein droit comme démissionnaires. Maréchal duc de Dalmatie.

AM. — 15 oct.-3 nov. 1846. — B. 239. — *Règlement de police intérieure du syndicat.*

Règlement de police intérieure proposé par la chambre syndicale des courtiers d'Alger, en exécution de l'art. 21 de l'arr. min. du 16 mai 1844, approuvé par le ministre de la guerre, le 13 oct. 1846, et rendu applicable à tous les courtiers en Algérie.

Tit. 1. — *Dispositions générales.*

Art. 1. — La compagnie des courtiers d'Alger se conformant aux art. 15 et 16 de l'arr. du 29 germ. an IX, 21 et 22 de l'arr. du 27 prair. an X, et à l'arr. min. du 6 mai 1844, se place, pour ce qui concerne la police intérieure et l'exécution des lois, ordonnances et règlements, sous l'autorité disciplinaire d'une chambre syndicale.

Art. 2. — Cette chambre est composée d'un syndic et d'adjoints élus par l'assemblée syndicale des membres du corps, et dont la nomination est ensuite soumise à la sanction du gouvernement.

Art. 3. — La durée de ces fonctions est d'un an, qui commence le 1er sept. de chaque année et finit à la même époque de l'année suivante. — Les membres du syndicat sont indéfiniment rééligibles.

Art. 4. — Le syndic préside les assemblées générales et ordinaires, et ouvre les lettres et paquets adressés au syndicat ou à la compagnie. — En cas de partage constaté par un double scrutin, la voix du syndic est prépondérante.

Art. 5. — Le premier adjoint, dans l'ordre de nomination, remplacera le syndic en cas d'absence ou de maladie. — Les adjoints doivent coopérer, conjointement avec le syndic, aux délibérations de l'administration syndicale. C'est en leur nom que sont portées les plaintes ou les actions judiciaires qui intéressent le corps. — A défaut de premier adjoint, la suppléance sera dévolue au second, et ainsi de suite.

Art. 6. — Un trésorier est nommé aussi en assemblée générale, immédiatement après l'élection faite du syndic et des adjoints. — Il reçoit et paye au nom de la compagnie en vertu des déterminations prises par le syndicat. — Il est aussi garant et responsable des deniers qui lui sont confiés. — Ses fonctions expirent avec celles des membres du syndicat. — Il a voix consultative dans les délibérations de la chambre syndicale.

Art. 7. — La chambre syndicale est chargée:

1° De veiller à ce que tous les membres de la compagnie se renferment strictement dans les limites légales de leurs fonctions, et se conforment ponctuellement aux lois, ordonnances et règlements qui les régissent;

2° D'exercer sur les membres de la compagnie l'influence et l'autorité d'une chambre de discipline pour l'application des peines qui pourraient être encourues;

3° De dénoncer à l'autorité les infractions aux lois existantes commises par les membres du corps, ainsi que les faits qui seraient de nature à porter atteinte à son honneur et à sa considération, soit aux intérêts et aux droits du commerce;

4° De porter plainte et de faire toutes les démarches nécessaires pour faire punir les personnes qui s'immisceraient dans les fonctions de courtier;

5° De correspondre avec toutes les autorités pour tout ce qui intéresse la compagnie;

6° D'exercer les actions judiciaires dans l'intérêt de la compagnie;

7° D'assurer la constatation régulière du prix des marchandises, et de fournir officiellement aux administrations les renseignements demandés par elles;

8° De connaître comme arbitre et amiable compositeur dans les limites déterminées par l'art. 16 de la loi du 29 germ. an IX, des contestations qui peuvent s'élever entre les membres de la compagnie, à raison de leurs fonctions.

Art. 8. — La correspondance de la chambre est transcrite sur un registre tenu à cet effet. — Les lettres expédiées sont signées par le syndic ou l'adjoint qui le remplace.

Tit. 2. — *Des assemblées générales.*

Art. 9. — La compagnie des courtiers d'Alger est représentée par la réunion de ses membres en assemblée générale. — Sont membres de l'assemblée générale, tous les titulaires qui ont été nommés par Son Excellence le ministre de la guerre et qui ont rempli les formalités prescrites pour leur installation.

Art. 10. — L'assemblée générale a lieu de droit à la fin de chaque année, soit au 31 août. — Les membres de la compagnie peuvent aussi se réunir extraordinairement lorsque la chambre syndicale en reconnaît l'utilité, sur la demande écrite et motivée de dix d'entre eux. En cas de refus de la part du syndicat, les réclamants peuvent s'adresser à M. le directeur des finances et du commerce de l'Algérie. — En outre, des assemblées ordinaires spéciales à la certification des prix courants et ventes de la semaine, auront lieu tous les seconds vendredis de chaque quinzaine.

Art. 11. — Les assemblées générales auront lieu dans le local de la chambre syndicale. Tous les courtiers doivent y assister. — L'assemblée générale est valablement constituée par la présence de la moitié plus un des membres du corps présents à Alger.

Art. 12. — Le président de l'assemblée est chargé de maintenir l'ordre intérieur. Il dirige les délibérations, met aux voix les questions proposées, et peut rappeler à l'ordre les membres qui s'écarteraient de la bienséance, de même que ceux qui voudraient porter atteinte à la considération qui doit entourer les membres du syndicat dans l'exercice de leurs fonctions.

Art. 13. — Les délibérations de l'assemblée sont prises à la majorité des voix des membres présents.

Art. 14. — Les délibérations des assemblées sont transcrites sur un registre tenu à cet effet, et signées par les membres présents du syndicat.

Art. 15. — Tout membre régulièrement convoqué, absent de l'assemblée, sans cause jugée légitime par la chambre syndicale, est passible, au profit de la caisse du syndicat, d'une amende de 5 fr.

Art. 16. — Le droit de présence et celui de voter n'est acquis qu'aux membres qui auront répondu à l'appel fait un quart d'heure après l'heure indiquée par la convocation; cette formalité remplie, tout membre absent sera passible d'amende.

Art. 17. — La cotisation annuelle pour l'acquittement des dépenses communes est fixée en assemblée générale.

Art. 18. — Sur le refus de payement de la cotisation annuelle par quelqu'un des membres du corps, la chambre syndicale procédera, par toutes les voies de droit, à la fin de chaque trimestre, et nommément par citation devant le juge de paix de l'arrondissement, au recouvrement des sommes dues, et le nom des retardataires sera affiché dans la chambre syndicale jusqu'à entière libération.

§ 5. — Droits et devoirs des courtiers.

Art. 19. — Les courtiers sont tenus de se conformer rigoureusement, pour l'exercice de leurs fonctions, dans les dispositions des lois, ordonnances et règlements qui régissent la matière. Ils ne peuvent en conséquence : — Faire aucune opération commerciale pour leur propre compte, ni s'intéresser directement ou indirectement dans aucune opération commerciale ; — Se rendre garants pour tout ou partie des marchés dans lesquels ils s'entremettent ; — Prêter leur nom à des individus non commissionnés ou favoriser d'une manière quelconque les opérations de ces derniers, en y prenant quelque intérêt. — Ils sont tenus de se présenter en personne, soit aux tribunaux, soit à la douane, soit aux autres administrations publiques, soit enfin pour toutes les opérations commerciales auxquelles les appellent leurs fonctions.

Art. 20. — Les courtiers ne peuvent, sous aucun prétexte, avoir des commis traitants.

Art. 21. — Les associations entre courtiers pour l'exploitation de leurs offices, sont prohibées, conformément à l'esprit des art. 52 de l'arr. du conseil du 24 sept. 1724, 3 de l'arr. du 5 sept. 1786, et 10 de l'arr. du conseil du 27 prair. an X.

Art. 22. — Les courtiers ne peuvent s'entraver dans leurs opérations ; ceux qui auront mis quelque obstacle à la négociation d'une affaire traitée par quelques-uns de leurs collègues, sont dans le cas d'être censurés par le syndicat en assemblée générale, et, en cas de récidive, poursuivis rigoureusement devant l'autorité compétente.

Art. 23. — Les courtiers sont tenus d'avoir leurs livres en règle conformément à ce qui est prescrit par le code de commerce. — Ils sont tenus de les représenter à toute réquisition du syndical, de les lui faire vérifier et parafer, comme aussi de lui fournir tous les renseignements qui pourraient être jugés nécessaires. — Au syndical seul appartient le droit de délivrer des certificats et prix courants demandés par le commerce. Ces certificats et prix courants sont imprimés au nom et aux frais de la compagnie.

Art. 24. — Le courtier qui refuse de comparaître devant le syndical, lorsqu'il en est requis, peut, lorsque le cas pour lequel il est appelé est une prévention de contraventions aux lois et règlements, être censuré, et ce refus peut donner lieu à la provocation de sa suspension auprès de l'autorité supérieure.

Art. 25. — Le courtier doit percevoir la totalité de ses droits de courtage et n'exiger que ceux du tarif. Il ne peut se soumettre, pour le règlement de ces droits, à aucune chance de hausse ou de baisse, ou à la réalisation d'une condition éventuelle. — Tous les membres de la compagnie sont tenus de signaler au syndical les faits de réduction ou d'abandon de courtage qui viennent à leur connaissance.

Art. 26. — Les dispositions ci-dessus sont communes à tous les courtiers, tant pour ceux qui exercent le courtage maritime que pour les courtiers de marchandises qui, d'après l'arrêté de création des offices, sont appelés en même temps aux fonctions d'agents de change, avec ou sans cumul.

Approuve le présent règlement pour être rendu applicable aux courtiers dans toutes les places de l'Algérie. M. DE SAINT-YON.

ARR. — 16 juill.-21 août 1847. — B. 260. — Modification à l'art. 12 de l'arrêté du 6 mai 1844.

Considérant : 1° que la distinction des droits de 3 et 5 p. 100 à percevoir sur les deux espèces d'affrètements, en bloc et à la cueillette, tels qu'ils sont établis par le § 3 de l'art. 12 de l'arrêté susmentionné, peut donner lieu à des abus et à des erreurs ; 2° que les deux espèces d'affrètements dont il s'agit se présentent à peu près en proportion égale sur les places de l'Algérie, et que, dès lors, il convient d'établir pour l'une et l'autre catégorie un droit unique calculé sur la moyenne des deux droits actuellement exigibles ;

Art. 1. — A l'avenir, il sera perçu par les courtiers maritimes en Algérie, sur les affrètements en bloc et à la cueillette, sans distinction, un droit unique de 4 p. 100, payable pour le capitaine seulement.

Art. 2. — Le § 3 de l'art. 12 de l'arr. du 6 mai 1844 est rapporté. TRÉZEL.

ARR. — 31 mai-7 juill. 1853. — B. 440. — Modification aux droits de courtage.

Vu l'arr. min. du 6 mai 1844 ;

Art. 1. — A partir du 1er juill. 1853, le droit de courtage des marchandises en Algérie sera perçu à raison de 1 p. 100 pour toutes les affaires dont l'importance dépassera la somme de 1,000 fr. — Pour toutes les affaires dont le chiffre n'atteindra pas la somme de 1,000 fr., les droits de courtage resteront fixés à 2 p. 100, conformément à l'art. 12, § 1, de l'arr. du 6 mai 1844. — Dans les deux hypothèses, ces droits seront payés, moitié par le vendeur, moitié par l'acheteur.

A. DE SAINT-ARNAUD.

ARR. — 29 nov. 1859. — BM. 51. — Tarifs des droits de courtage maritime à Oran.

Art. 1. — A l'avenir, la perception des droits de courtage des navires, sur la place d'Oran, aura lieu de la manière et dans les conditions suivantes : — 1° La perception se fera par échelle de jauge. — 2° Il sera payé pour la conduite des navires, entrée et sortie, savoir :

Navires français : — Oran : jusqu'à 80 tonn. 25 fr. par nav. ; de 80 à 150 tonn. 35 fr. ; au-dessus de 150 tonn. 40 fr. — Mers el Kébir : jusqu'à 80 tonn. 35 fr. ; de 80 à 150 tonn. 45 fr. ; au-dessus de 150 tonn. 50 fr.

Navires à vapeur, quel qu'en soit le tonnage. — Oran, 40 fr. — Mers el Kébir, 60 fr.

Navires étrangers : — Oran : jusqu'à 80 tonn. 30 fr. ; de 80 à 150 tonn. 35 fr. ; au-dessus de 150 tonn 45 fr. — Mers el Kébir : jusqu'à 80 tonn. 40 fr. ; de 80 à 150 tonn. 45 fr. ; au-dessus de 150 tonn. 50 fr.

Navires espagnols, dits tabuts, balancelles, venant d'Espagne, et ca oteurs marocains : — Oran, 20 fr. ; Mers el Kébir, 25 fr.

Caboteurs de la côte. — Oran : de 10 à 20 tonn. 12 fr. ; de 20 à 35 tonn. 18 fr. — Mers el Kébir : de 10 à 20 tonn. 15 fr. ; de 20 à 35 tonn. 21 fr.

Art. 2. — Les traductions de pièces faites par les courtiers interprètes continueront à être taxées par le président du tribunal de commerce, sur le vu desdites pièces.

Art. 3. — Tout tarif ou règlement antérieur établissant d'autres droits de courtage que ceux qui précèdent, relativement à la conduite des navires pour la place d'Oran, est abrogé.

Comte DE CHASSELOUP-LAUBAT.

ARR. — 15 mars 1860. — BM. 73. — Même arrêté pour le port de Mostaganem avec le tarif du port d'Oran.

§ 2. — CRÉATION D'OFFICES.

ARR. — 6 mai 1844. — (V. ci-dessus, § 1, art. 13.) — Nombre fixé dans les principales villes.

AM.—30 juill.-17 oct. 1846.—B. 237.—*Création de deux offices de courtiers à Constantine.*

AM.—27 mai-27 juill. 1848.—B. 280.—*Création d'un office de courtier de commerce à Arzew.*

AM.—27 nov. 1848-7 mars 1849.—B. 512.—*Création d'un office de courtier dégustateur à Alger, pour la vérification de la nature et de la qualité des boissons.—Cautionnement fixé à 5,000 fr.*

AM.—21 mai-25 juin 1852.—B. 414.—*Création d'un troisième office à Constantine.*

AM.—25 août-50 oct. 1854.—B. 468.—*Création d'un office de courtier en marchandises à Sétif.*

AM.—30 avr. 1858.—B. 521. — *Création d'un troisième office de courtier en marchandises à Bône.*

Crédit foncier.

DI. — 11 janv.-14 mai 1860. — BM. 74. — *Extension à l'Algérie du privilége accordé au crédit foncier de France.*

Vu nos décrets du 28 fév. 1852, sur les sociétés de crédit foncier ; — Du 28 mars 1852, relatif à la constitution de la banque foncière de Paris ; — Du 50 juill. 1852, qui approuve les statuts de la banque foncière de Paris ; — Du 10 déc. 1852, qui a substitué le nom de *Crédit foncier de France* au nom de *Banque foncière de Paris*, et a étendu le privilége de la société ; — Du 22 mars 1853, qui approuve diverses modifications apportées aux statuts de la société ; — La loi du 10 juin 1853, qui modifie le chap. 1 du tit. 4 du décret du 28 fév. 1852, relatif à la purge ; — Nos décrets du 21 déc. 1853, qui prescrit des modifications aux statuts ; — Du 26 juin 1854, qui place les sociétés de crédit foncier dans les attributions du ministre des finances ; — Du 6 juill. 1854, relatif à la nouvelle organisation du Crédit foncier de France ; — Du 28 juin 1856, qui approuve des modifications aux statuts ; — La loi du 10 juin 1857, concernant les avances sur dépôt d'obligations foncières faites

par la société du Crédit foncier de France ; — Du 16 août 1859, qui approuve des modifications aux statuts ; — La délibération du conseil d'administration de la société du Crédit foncier de France, à la date du 9 nov. 1859;

Art. 1. — Le privilége accordé au Crédit foncier de France par nos décrets des 28 mars et 10 déc. 1852 est étendu au territoire de l'Algérie.

Art. 2. — Les prêts qui seront faits par le Crédit foncier de France aux propriétaires d'immeubles situés en Algérie, ne pourront dépasser 5 pour 100 de la totalité des prêts qui auront été effectués sur le territoire continental de la France. — Cette proportion ne pourra être augmentée que par un décret rendu dans la forme des réglements d'administration publique, sur la demande du conseil d'administration du Crédit foncier, approuvée par l'assemblée générale des actionnaires.

Art. 3.—Les prêts seront réalisés en numéraire ; ils seront remboursables par annuités, comprenant : 1° l'intérêt ; 2° la somme nécessaire pour amortir la dette dans le délai de trente ans au plus ; 3° les frais d'administration. — Le taux de l'intérêt ne pourra dépasser 8 p. 100 et l'allocation pour frais d'administration n'excédera pas 1 fr. 20 cent. — Pour les emprunts d'une durée moindre de trente ans, l'annuité sera établie sur les mêmes bases que ci-dessus.

Art. 4. — Dans tous les cas de remboursement anticipés, l'indemnité allouée à la société par l'art. 65 des statuts est fixée à 50 cent. p. 100.

Art. 5. — Pendant toute la durée du privilége de la société, les bureaux de l'administration du Crédit foncier seront établis à Alger, dans une maison dont la jouissance gratuite lui sera assurée par le ministre de l'Algérie et des colonies.—Pendant le même temps, les agents du Crédit foncier auront droit au transport gratuit des côtes de France aux côtes de l'Algérie.

DI. — 10 mars-14 mai 1860. — BM. 74. — *Promulgation des deux lois et des dix décrets qui régissent le Crédit foncier de France et sont visés dans le préambule du décret précédent* (1). (V. au Bulletin le texte de ces actes législatifs.)

---

(1) *Rapport à l'Empereur.* — Sire, Par décr. en date du 11 janv. dernier, V. M. a bien voulu autoriser la société du Crédit foncier de France à étendre ses opérations sur le territoire de l'Algérie.

Je viens aujourd'hui demander à l'Empereur de promulguer et de rendre exécutoires dans la colonie les actes législatifs qui ont organisé cette institution, et peuvent seuls lui permettre de fonctionner dans des conditions identiques à celles qui lui sont faites dans la métropole.

En effet, le décr. du 11 janv. est établi sur le principe d'une assimilation complète entre les garanties que peut offrir au prêteur la propriété en Algérie et celles qu'elle lui présente en France. Ces garanties reposent, en ce qui concerne les actes et leur exécution, sur :

1° Les dispositions relatives à la forme des actes et à leurs effets;

2° Le mode d'acquérir et de conserver les droits hypothécaires;

5° Enfin, les moyens de contraindre le débiteur au payement de sa dette.

C'est donc seulement par l'application de toutes les prescriptions qui régissent le Crédit foncier en France qu'il est possible de le mettre à même de commencer ses opérations en Algérie.

Quant à la constitution même de la propriété dans la colonie, elle repose sur les principes, sur les bases mêmes de notre droit commun, et les titres que beaucoup de propriétaires ont entre leurs mains sont en général tout aussi réguliers que ceux qui existent en France; si dans quelques circonstances ces titres ne présentent pas encore

toute la régularité désirable, cette régularité s'établira d'autant plus vite qu'on sentira davantage le besoin de posséder une propriété dégagée de toutes les entraves qui mettraient obstacle au crédit dont elle peut être le gage, et sous ce rapport, l'établissement du Crédit foncier rendra encore service à la colonie.

Sans doute, Sire, la grande et prudente société dont le privilége est étendu à l'Algérie ne saurait modifier aussi promptement qu'on pourrait le souhaiter la situation de la dette et du crédit territorial de la colonie ; sans doute ses prêts pourront être assez limités, au début de sa carrière surtout, mais ce serait méconnaître entièrement la portée d'une institution de cette nature que de mesurer uniquement à l'étendue de ses opérations l'étendue des services qu'elle est appelée à rendre.

C'est d'abord, en quelque sorte, comme régulateur du taux de l'intérêt pour les transactions du genre de celles auxquelles il s'applique, qu'un établissement de crédit exerce une salutaire influence ; ensuite, par la confiance qu'il fait naître dans les opérations auxquelles il se livre, il convie, pour ainsi dire, à suivre son exemple, bien des capitaux qui souvent n'attendent pour s'engager dans une voie nouvelle que de la voir déjà parcourir par d'autres.

Or, dans un pays où la propriété est constituée sur les bases les plus sérieuses, où la valeur foncière est déjà considérable, où la richesse du sol est immense, où tant de progrès ont été déjà réalisés, c'est à la confiance à terminer l'œuvre. En venant s'y établir, le Crédit foncier montre que, quant à lui, sa confiance est entière, etc.

Comte DE CHASSELOUP-LAUBAT.

Cultes.

§ 1. — DISPOSITIONS GÉNÉRALES.

(V. à l'article *Administration générale*, § 1, les ordonnances d'organisation qui règlent d'une manière générale l'administration et la surveillance du service des cultes en Algérie).

APE.—16 août-9 sept. 1848.—B. 284.—*Le service des cultes est rattaché au ministère des cultes.*

Vu l'arrêté de la commission du pouvoir exécutif en date du 18 juin dernier, portant que l'administration des cultes chrétiens et israélite en Algérie sera remise au ministre de l'instruction publique et des cultes ;

Art. 1. — L'administration des cultes chrétiens, tant catholique que réformé, et du culte israélite, est du ressort exclusif du ministre des cultes. — Le culte musulman reste placé dans les attributions du ministre de la guerre.

Art. 2. — La législation relative à l'administration des cultes en Algérie est celle qui régit la métropole, sauf les modifications qui seront reconnues nécessaires et qui seront arrêtées de concert entre le ministre des cultes et celui de la guerre, chargé de l'administration générale du pays. — Il y aura également concert préalable entre les deux ministres, toutes les fois qu'il s'agira de la création d'un établissement ecclésiastique et de l'introduction d'une communauté religieuse en territoire mixte.

Art. 3. — L'évêque, le pasteur président du consistoire central de l'Église réformée et le grand rabbin du consistoire israélite correspondront directement avec le ministre des cultes pour l'administration de leurs diocèse et consistoires.

Art. 4. — En territoire civil, les directeurs des affaires civiles exerceront, quant à l'administration et à la police des cultes chrétiens et israélite, toutes les attributions déférées en France aux préfets.—Ces fonctionnaires correspondront directement, pour les détails du service, avec le ministre des cultes.—En territoire mixte, les mêmes attributions sont dévolues au général commandant la province.

Art. 5. — Les dépenses des cultes chrétiens et israélite en Algérie, imputables sur les fonds généraux de l'État, seront réglées exclusivement par le ministre des cultes qui en déterminera l'imputation sur les crédits rattachés à cet effet au budget des cultes.—Le même ministre réglera également les dépenses des cultes mises par les lois et ordonnances à la charge des communes et départements, en se concertant au préalable avec le ministre de la guerre.   CAVAIGNAC.

DI. — 2 août 1858. — (V. *Instruction publique*, § 1.)—*Le service des cultes est placé dans les attributions et sous l'autorité du ministre de l'Algérie et des colonies. — Dispositions générales.—L'arrêté du 16 août 1848 est abrogé.*

§ 2. — CULTE CATHOLIQUE.

Dans les premiers temps de l'occupation, les aumôniers de l'armée durent suffire aux besoins spirituels de la population civile. Une ord. du 10 déc. 1831 avait nommé un préfet apostolique (M. l'abbé Collin), mais le personnel dirigé par lui était composé d'un si petit nombre d'ecclésiastiques, que, malgré leur zèle et leur dévouement, le service et les secours religieux n'étaient assurés que dans les principales villes. L'organisation du culte catholique était devenue urgente, et vint, en 1838, porter remède à un état de choses qui ne pouvait durer. — Depuis cette époque jusqu'à ce jour, divers décrets ont successivement érigé en succursales 52 églises dans la province d'Alger, 50 dans celle de Constantine, 37 dans celle d'Oran.

OR.—25 août-18 oct. 1838.—B. 59.—*Les possessions françaises dans le nord de l'Afrique formeront, à l'avenir, un diocèse suffragant de la métropole d'Aix.—Le siège épiscopal sera établi à Alger.*

OR.—13 oct. 1838.—B. 62.— *Nomination de M. Dupuch (Antoine-Adolphe), prêtre du diocèse de Bordeaux, à l'évêché d'Alger.*

OR.—14 mai 1846.—B. 226.— *Nomination du sieur Pavy (Louis-Antoine-Augustin), doyen de la Faculté de théologie de Lyon, en remplacement de M. Dupuch, démissionnaire.*

AG.—24 avr. 1859.—(V. *Fabrique.*)—*Application à l'Algérie des lois de France en ce qui concerne les conseils de fabrique.*

§ 3. — CULTE RÉFORMÉ.

OR. — 31 oct. 1839. — *Organisation du culte protestant.*

Art. 1.—Il y aura à Alger une église consistoriale pour le culte protestant. Le consistoire sera composé d'un pasteur et de douze anciens. Le pasteur présidera le consistoire.

Art. 2. — Les anciens seront nommés, pour la première fois, par le gouverneur général, et choisis parmi les notables protestants domiciliés à Alger. Dans la suite, ils seront nommés et renouvelés conformément à la loi du 18 germ. an X.

Art. 3. — Il pourra être établi par ordonnances royales des oratoires du culte protestant sur les différents points de l'Algérie où la nécessité s'en ferait sentir ; des pasteurs auxiliaires du consistoire d'Alger seront attachés à ces oratoires.

Art. 4. — Le traitement du pasteur d'Alger est fixé à 3,000 fr., celui des pasteurs auxiliaires à 1,500 fr. — Ces traitements seront payés sur les fonds du département de la guerre.

Art. 5. — Le pasteur d'Alger et les pasteurs auxiliaires seront élus dans les formes ordinaires par le consistoire, et leur élection confirmée par nous, s'il y a lieu, sur la proposition de notre garde des sceaux, qui devra se concerter préalablement avec notre ministre de la guerre.

OR.—10 juill.-9 août 1842.—B. 122.— *Établissement de deux oratoires, l'un à Oran, l'autre à Dély Ibrahim.*

Art. 1. — Il est établi à Oran un oratoire du culte réformé ; un pasteur auxiliaire du consistoire d'Alger sera attaché à cet oratoire.

Art. 2.—Il est établi à Dély Ibrahim un oratoire du culte de la confession d'Augsbourg ; un pasteur de cette communion sera chargé de desservir cet oratoire. — Ce pasteur et cet oratoire relèveront du consistoire d'Alger, sous la surveillance et sous l'autorité du directoire du consistoire général de la confession d'Augsbourg, séant à Strasbourg.

Art. 3. — L'oratoire et le pasteur de Dély Ibrahim resteront soumis à la discipline des églises de la confession d'Augsbourg, ainsi qu'aux lois, règlements et usages qui les régissent.

OR.—2-27 déc. 1843.—B. 165. — *Le traitement*

des pasteurs auxiliaires appelés à desservir des oratoires des cultes réformés de la confession d'Augsbourg, en Algérie, est élevé, à partir du 1er janv. 1844, à 2,000 fr. par an.

OR.—4 fév.-5 mars 1844.—B. 170.—*Il est établi à Philippeville un oratoire du culte réformé, auquel sera attaché un pasteur auxiliaire du consistoire d'Alger.*

DP.—18 mai-28 juin 1849.—B. 523.—*Il est établi à Blidah un oratoire du culte de la confession d'Augsbourg.—Le traitement du pasteur de l'oratoire d'Alger, président du consistoire, est élevé de 3,000 à 4,000 fr.—Celui des pasteurs des oratoires de Douera, Oran et Philippeville, de 2,000 à 2,400 fr.*

DI.—20 juill. 1853-20 mars 1854. — B. 455. — *Institution d'un oratoire du culte protestant à Constantine.—Traitement du titulaire fixé à 2,400 fr.*

DI.—21 déc. 1853-25 fév. 1854.—B. 453.—*Institution d'un oratoire du culte réformé à Aïn Arnat, premier village de la compagnie genevoise dans la province de Constantine.—Traitement du titulaire, 2,400 fr.*

DI. — 9 sept.-8 nov. 1856. ✠ B. 501. — *Etablissement du culte protestant à Mostaganem.—Traitement du titulaire, 2,400 fr.*

DI. — 19 janv.-10 mars 1857. — B. 500. — *Etablissement d'un oratoire du culte de la confession d'Augsbourg à Guelma, — Traitement du titulaire, 2,400 fr.*

DI.—14 sept.-20 oct. 1859.—BM. 43. — *Réorganisation des cultes protestants en Algérie* (1).
Vu le décr. du 2 août 1858 (V. suprà, § 1);—La

---

(1) 14 sep. 1859. — *Rapport à l'Empereur.* — Sire, J'ai l'honneur de présenter à l'agrément de V. M. un projet de décret portant réorganisation des cultes protestants en Algérie. Eclairées par les travaux les plus consciencieux, préparées par les hommes les plus compétents, les dispositions aujourd'hui soumises à la sanction de l'Empereur répondent aux vœux légitimes de l'une et l'autre communion, et seront accueillies par elles avec reconnaissance.

Lorsque le gouvernement métropolitain eut à s'occuper, en 1839, de l'organisation des cultes protestants en Algérie, il se trouva en présence de situations qui n'étaient ni bien connues ni bien définies. Les colons protestants appartenaient, dans une proportion déterminée, à l'Eglise réformée et à l'Eglise de la confession d'Augsbourg, et formaient une population trop peu nombreuse pour qu'il fût possible de créer en Algérie, comme la loi du 18 germ. an X l'avait fait en France, une administration pour chacun des cultes protestants. L'ord. du 31 oct. 1839 se borna donc à décider, en termes généraux, qu'il y aurait à Alger une Eglise consistoriale pour le culte protestant, sans l'attribuer particulièrement à l'un ou à l'autre des deux cultes. Le consistoire devait être composé d'un pasteur et de douze anciens.

En fait, les protestants du culte réformé s'étant trouvés à cette époque les plus nombreux à Alger, ce fut un pasteur de l'Eglise réformée qui fut appelé à la présidence du consistoire. — En 1842, lorsque la colonisation se fut étendue, que la population protestante eut augmenté et que l'origine de ses diverses agglomérations fut mieux connue, le Gouvernement créa, par ord. du 10 juill. de cette même année, et conformément au principe posé dans celle de 1839, deux oratoires protestants; il jugea nécessaire de spécifier à laquelle des deux Eglises appartiendrait chacun de ces oratoires, et de faire en même temps mieux ressortir le principe de composition mixte qui avait présidé à l'institution du consistoire d'Alger.

L'état de choses constitué par ces deux ordonnances, et qui répo. dait d'ailleurs d'une manière assez satisfaisante aux vues qui l'avaient fait établir, a été maintenu jusqu'à ce jour. Le consistoire d'Alger est resté mixte dans sa composition; tous les pasteurs de l'Algérie, luthériens ou réformés, ont été appelés à en faire partie; les membres laïques ont été pris indistinctement dans les deux Eglises, bien que dans une proportion inégale, ce qui a tenu surtout à la mobilité d'une certaine partie de la population algérienne. Le pasteur titulaire de la ville d'Alger ayant continué d'être choisi parmi les pasteurs réformés, cette ville a reçu, en 1850, un pasteur auxiliaire de l'Eglise de la confession d'Augsbourg, et les paroisses qui ont été successivement créées depuis 1842 ont été rattachées en proportion égale à l'Eglise luthérienne et à l'Eglise réformée. — Partout, dans toutes les paroisses protestantes, les deux communions ont vécu en bonne intelligence, et ont uni leurs efforts pour fonder en commun les établissements d'instruction et de charité qui leur manquaient.

Cependant, l'accroissement du nombre des oratoires faisait sentir progressivement le besoin d'une organisation un peu plus complète. Les oratoires établis dans les provinces d'Oran et de Constantine, privés de tout conseil presbytéral régulier, éprouvaient pour la gestion de leurs affaires une gêne à laquelle il fallait remédier, et, lorsque

le décr. imp. du 26 mars 1852 vint introduire dans l'organisation des Eglises de la confession d'Augsbourg, en France, des changements assez considérables, notamment en ce qui touche la nomination des pasteurs, ces changements exercèrent une certaine influence en Algérie, et amenèrent entre le consistoire d'Alger et le directoire de la confession d'Augsbourg quelques luttes d'attributions.

Dans ces circonstances, les deux départements de la guerre et des cultes pensèrent, d'un commun accord, que le meilleur moyen de mettre un terme à ces différends était de réviser la législation qui y avait donné lieu; ce qui offrirait en même temps l'occasion de satisfaire aux autres besoins des Eglises protestantes de l'Algérie, que l'expérience avait fait reconnaître. Le consistoire d'Alger, le conseil du gouvernement et le directoire de Strasbourg furent successivement appelés à concourir à cet important travail, dont tous les éléments furent définitivement confiés à une haute commission composée d'hommes éminents appartenant à l'une et à l'autre des deux confessions, (Président, M. Frédéric Cuvier, conseiller d'Etat. Membres : MM. Juillerat, présid. du consist. de l'Eglise réformée; de Bucsière, député; le gén. de Chabaud-Latour; de Larnac, de Contencin, cons. d'état, directeur gén. de l'admin. des cultes; Bayon, chef de la section des cultes non catholiques.)

C'est le résultat des délibérations de cette commission que j'ai l'honneur de soumettre, sous forme de décret, à l'approbation de V. M.

On pouvait, sans doute, se demander si les obstacles que l'exécution des ord. de 1839 et de 1842 a parfois rencontrés n'étaient pas un indice que le temps de la communauté d'institutions était fini, et qu'il y avait en présence des intérêts assez divergents pour qu'on dût songer à régler séparément l'organisation des deux Eglises et à les amener à un régime plus semblable à celui que le temps et la loi de l'an X ont établi en France. Mais une étude attentive des faits a démontré qu'aucune rivalité ne s'était élevée entre les populations des deux confessions; qu'elles ne se plaignaient pas de la communauté d'institutions administratives, et que les difficultés qui se sont produites tenaient bien plus à l'absence de quelques dispositions réglementaires qu'aux institutions elles-mêmes. En effet, le consistoire actuel d'Alger ne s'est pas moins préoccupé des intérêts des luthériens que des intérêts des réformés; il a demandé avec le même soin des pasteurs pour les membres de l'une et de l'autre confession; luthériens et réformés concourent ensemble aujourd'hui à la création et à l'entretien d'écoles ou d'établissements de bienfaisance. La séparation des deux cultes et leur représentation par des consistoires distincts ne pourrait que leur enlever leur but commun; elle affaiblirait les paroisses en les divisant; elle entraînerait la nécessité de temples distincts, de pasteurs pour chaque culte dans des localités peu importantes. Elle serait donc à la fois funeste aux intérêts protestants et onéreuse pour les communes et pour l'Etat. — Aussi, l'une des premières conditions admises pour la nouvelle organisation a été le maintien d'institutions mixtes et communes aux deux Eglises. Le directoire de Strasbourg a lui-même adhéré à ce principe.

Mais, dans l'application, il fallait en premier lieu écarter le danger des luttes de province à province, en se rapprochant de l'état de choses déjà établi en Algérie de-

loi du 18 germ. an X, organique des cultes protestants ; – l'ord. du 31 oct. 1859, portant organisation du culte protestant en Algérie, et celle du 10 juill. 1812 ; – Le décr. du 26 mars 1852, concernant les cultes protestants en France, et les règlements rendus en exécution de ce décret ; – Le mémoire adressé à notre ministre des cultes par le directoire de la confession d'Augsbourg, le 7 sept. 1857, etc. ;

Art. 1.—Les églises protestantes en Algérie sont administrées par des conseils presbytéraux, sous l'autorité supérieure d'un consistoire siégeant à Alger.

Des conseils presbytéraux.

Art 2. — Il y a une paroisse partout où l'État rétribue un ou plusieurs pasteurs. — Lorsque l'État rétribue deux pasteurs dans une paroisse composée, en nombre notable, de membres de l'Église réformée et de membres de l'Église de la confession d'Augsbourg, il y a un pasteur pour chacune des deux communions.

Art. 3. — Les protestants habitant les localités où le gouvernement n'a pas encore institué de pasteurs sont rattachés administrativement à la paroisse la plus voisine.

Art. 4.—Chaque paroisse a un conseil presbytéral, composé de quatre membres laïques au moins, de huit au plus, choisis en nombre égal, autant que possible, parmi les membres de l'Église réformée et ceux de l'Église de la confession d'Augsbourg.

Art. 5. — Les conseils presbytéraux sont élus, pour la première fois, par une assemblée composée du pasteur ou des pasteurs de la paroisse, et des notables laïques désignés par le consistoire de l'Algérie, en nombre au moins double de celui des conseillers à élire. — L'assemblée est présidée par le pasteur ou le plus ancien des pasteurs.

Art. 6.—Les conseils presbytéraux sont renouvelés par moitié tous les trois ans, dans une élection pour laquelle ils s'adjoignent un nombre de notables égal au moins à celui de leurs membres. — Les conseillers sortants sont, pour la première fois, désignés par la voie du sort ; ils sont rééligibles.

---

puis vingt ans, et en maintenant l'institution d'un consistoire unique, siégeant à Alger et représentant toutes les paroisses protestantes disséminées dans les trois provinces ; en second lieu, il fallait déterminer nettement le caractère mixte de ce consistoire, ainsi que des conseils presbytéraux.

Une des principales améliorations que présente le décret soumis à V. M. est la création d'un conseil presbytéral dans toutes les paroisses. Ces conseils seront placés sous l'autorité supérieure du consistoire siégeant à Alger, et une représentation aussi égale que possible y sera assurée aux deux Églises protestantes. En outre, lorsque l'État rétribuera deux pasteurs dans une paroisse composée en nombre notable de membres de l'Église réformée et de membres de l'Église de la confession d'Augsbourg, il y aura un pasteur de chacune des deux communions, et, pour éviter toute apparence de subordination d'une Église à l'autre, la présidence du conseil presbytéral de ces paroisses sera exercée alternativement, d'année en année, par le pasteur ou le plus ancien des pasteurs de chaque communion.

On suivra, pour la nomination des membres des conseils presbytéraux, les règles prescrites par la loi du 18 germ. an X, qui a confié les élections à une assemblée de notables, et, quant aux attributions de ces conseils presbytéraux, on se conformera aux dispositions consacrées, en France, par les arrêtés réglementaires des 18 nov. 1852 et 29 mai 1853. — Le consistoire de l'Algérie, tel que le nouveau décret l'institue, diffère du consistoire actuel, établi par l'ord. de 1859, par ce point important, qu'il cesse d'être le représentant particulier de la paroisse d'Alger, laquelle a aussi son conseil presbytéral, et qu'il devient un consistoire central chargé de l'administration supérieure de toutes les Églises de l'Algérie.

C'est ici qu'il importait, Sire, de régler soigneusement les droits et la situation des deux Églises, car on ne pouvait se dissimuler que c'est surtout ce que l'ord. de 1859 laissait d'incertain à cet égard, que sont nées les difficultés qui ont éveillé l'attention de votre gouvernement. Pour en prévenir le retour, les membres laïques du consistoire seront choisis en nombre égal parmi les membres de l'Église réformée et les membres de l'Église de la confession d'Augsbourg, et le consistoire sera, comme chaque conseil presbytéral, présidé alternativement, et d'année en année, par le pasteur ou le plus ancien des pasteurs de chaque communion résidant à Alger. — Comme conséquence immédiate de cette dernière disposition, le pasteur au titre luthérien qui réside à Alger, en même temps que le pasteur au titre réformé, mais qui n'a que la qualité de pasteur auxiliaire, devra être placé dans une situation égale à celle de ce dernier.

Il y avait encore à se préoccuper, dans la composition du consistoire de l'Algérie, de la pondération à établir entre l'élément ecclésiastique et l'élément laïque. L'usage constant, soit en Algérie, soit en France, et le désir de ne pas créer d'inégalités entre les pasteurs, nous ont déterminé à les appeler tous au consistoire. Quant à l'élément laïque, pendant longtemps encore il sera suffisamment re-

présenté par dix membres. Six de ces membres laïques seront élus par la province d'Alger, et deux par chacune des provinces d'Oran et de Constantine.

Pour que le consistoire puisse être considéré comme le représentant de toutes les Églises de l'Algérie, il fallait que ces Églises prissent part à la nomination de ces membres. Dans ce but, le conseil presbytéral du chef-lieu de chaque province sera comme le noyau d'une assemblée électorale, auquel s'adjoindront le pasteur et un délégué laïque de chacune des paroisses de cette province. Outre qu'elle aura l'avantage de rapprocher les diverses paroisses de leur centre provincial, et de fortifier ainsi entre elles des liens qui, aujourd'hui, sont à peine formés, cette combinaison offrira aussi au consistoire de l'Algérie les moyens de s'éclairer, quand il le jugera nécessaire, sur la situation religieuse ou sur les intérêts de l'une ou de l'autre des deux provinces latérales. A Oran et à Constantine, le consistoire d'Alger pourra confier à une assemblée, composée comme pour l'élection des membres laïques, l'examen de telle question ou l'instruction de telle affaire qu'il jugera utile.

Le décret consacre l'institution d'un secrétaire du consistoire. Cette mesure est rendue indispensable par la présidence alternative et annuelle dévolue à des pasteurs des deux confessions, et par la nécessité de conserver et de transmettre les traditions administratives, et de donner ainsi un esprit de suite à la conduite des affaires consistoriales.

Le règlement des attributions du consistoire d'Alger présentait une question difficile, celle de la nomination et de la révocation des pasteurs de la confession d'Augsbourg ; mais elle n'était pas insoluble, grâce au caractère mixte du consistoire, qui assure une représentation égale et des droits égaux aux deux Églises. D'après le nouveau décret, la nomination des pasteurs luthériens appartiendra au directoire de la confession d'Augsbourg ; mais, comme il est juste en même temps que le consistoire puisse apprécier un pasteur qui doit prendre part à ses travaux et devenir un de ses membres, le décret réserve au consistoire de l'Algérie le droit de donner son avis avant que cette nomination soit soumise à l'agrément de l'empereur. La même règle s'appliquerait en sens inverse pour la révocation des pasteurs de la confession d'Augsbourg : elle serait prononcée par le consistoire, à qui appartient sur tous les pasteurs de son ressort l'action disciplinaire ; mais cette révocation ne serait soumise à la sanction de l'empereur que lorsque le directoire de qui le pasteur tient son élection aurait été entendu.

Pour toutes les autres attributions du consistoire de l'Algérie, les dispositions appliquées aux consistoires du continent par les règlements existants ont été presque textuellement reproduites. — J'ai cru devoir exposer, avec quelque développement, à V. M., l'économie du décret que j'ai l'honneur de soumettre à sa signature, et que j'ai élaboré de concert avec le ministre de l'instruction publique et des cultes. — J'ai confiance qu'il sera accueilli par les deux Églises protestantes avec les mêmes sentiments que ceux qui ont présidé à sa rédaction.

Comte DE CHASSELOUP-LAUBAT.

Art. 7.—Le conseil presbytéral est présidé par le pasteur ou le plus ancien des pasteurs. — Dans les paroisses où il y a des pasteurs des deux communions, la présidence est exercée alternativement, et d'année en année, par le pasteur ou le plus ancien des pasteurs de chaque communion.

Art. 8.—Les conseils presbytéraux se réunissent sur la convocation du président, une fois au moins tous les trois mois, en séance ordinaire. Ils sont convoqués extraordinairement pour les besoins du service et sur la demande motivée de deux membres.

Art. 9. — Le conseil presbytéral maintient l'ordre et la discipline dans la paroisse. — Il veille à l'entretien du temple, du presbytère et de ses écoles. —Il administre les biens de l'église et surveille l'exécution des fondations pieuses et des legs.— Il nomme les employés de l'église. — Il recueille les aumônes et en règle les emplois.—Il accepte, sous l'approbation de l'autorité supérieure, les dons et legs faits à son église.

Art. 10.—Le conseil presbytéral soumet au consistoire les actes d'administration et les demandes qui, par leur nature, exigent l'approbation ou la décision de l'autorité supérieure. —Sont également soumises au consistoire toutes difficultés entre les pasteurs et les conseils presbytéraux.

Du consistoire de l'Algérie.

Art. 11. — Le consistoire est composé des pasteurs de l'Algérie et de dix membres laïques nommés, savoir : six par le conseil presbytéral d'Alger, et deux par chacun des conseils presbytéraux d'Oran et de Constantine, dans les formes et avec les adjonctions dont il sera parlé ci-après.— Il y a en outre un secrétaire du consistoire de l'Algérie ayant voix délibérative. Il est nommé par le consistoire. Sa nomination est soumise à l'agrément du ministre de l'Algérie et des colonies.—Il remplit également les fonctions de secrétaire du conseil presbytéral d'Alger.

Art. 12.—Pour la nomination des membres du consistoire de l'Algérie, chacun des conseils presbytéraux d'Alger, d'Oran et de Constantine s'adjoint le pasteur et un délégué laïque de chacune des paroisses de la province.—Les membres laïques du consistoire sont choisis en nombre égal pour chacune des provinces, parmi les membres de l'Église réformée et les membres de l'Église de la confession d'Augsbourg. — A Oran et à Constantine, les membres peuvent être choisis parmi les protestants résidant dans la province d'Alger.

Art. 13.—Le consistoire de l'Algérie est présidé alternativement, et d'année en année, par le pasteur ou le plus ancien des pasteurs de chaque communion résidant à Alger.

Art. 14. — Les membres laïques du consistoire seront élus pour la première fois après la constitution des conseils presbytéraux. — Dans la suite, le consistoire sera renouvelé par moitié, tous les trois ans. — Les membres sortants sont, pour la première fois, désignés par la voie du sort; ils sont rééligibles.

Art. 15.—Le consistoire représente les Églises de l'Algérie auprès de l'administration.

Art. 16.—Il réunit les renseignements statistiques sur les populations protestantes des diverses communions, afin de proposer la création de nouvelles paroisses et l'établissement de nouveaux lieux de culte.

Art. 17.—Le consistoire veille à la célébration régulière du culte, au maintien de la liturgie et de la discipline, à l'expédition des affaires dans les diverses paroisses, ainsi qu'à l'application des dispositions de l'art. 4 ci-dessus. — Il surveille l'administration des biens des paroisses; il administre les biens consistoriaux et les établissements

de bienfaisance protestants. — Il accepte, sous l'approbation de l'autorité supérieure, les dons et legs faits au consistoire, ou indivisément aux Églises de son ressort.—Il arrête les budgets, vérifie et approuve les comptes des conseils presbytéraux.

Art. 18. — Les pasteurs du culte réformé sont nommés par le consistoire de l'Algérie, sous notre approbation. — Les pasteurs de la confession d'Augsbourg sont nommés par le directoire de cette Église. Mais la nomination ne nous est soumise qu'après que le consistoire de l'Algérie a été entendu par le ministre.

Art. 19.— Le consistoire statue sur la suspension des pasteurs, sauf l'approbation du ministre de l'Algérie et des colonies.— Il statue également sur la destitution des pasteurs, sauf notre approbation. Toutefois, lorsqu'il s'agit d'un pasteur de la confession d'Augsbourg, la destitution prononcée par le consistoire de l'Algérie ne nous est soumise qu'après que le directoire a été entendu par le ministre.

Art. 20. — Le consistoire règle les tournées des pasteurs et il détermine les indemnités et gratifications auxquelles ces pasteurs peuvent avoir droit.

Art. 21. — Le consistoire peut, avec l'autorisation du ministre, soumettre aux conseils presbytéraux d'Oran et de Constantine, renforcés des adjonctions prescrites par l'art. 12 ci-dessus, l'examen de toute question ou l'instruction de toute affaire qu'il juge utile de leur confier.

Art. 22. — Les articles organiques de la loi du 18 germ. an X, et les autres lois et règlements concernant les cultes, exécutoires en Algérie, continueront d'être appliqués dans tout ce qui n'est pas contraire au présent décret.

Art. 23. — Le titre de pasteur adjoint attribué au pasteur de l'Église de la confession d'Augsbourg, à Alger, par le décr. du 15 avr. 1850, est supprimé et remplacé par celui de pasteur titulaire.

Art. 24. — Les dispositions de l'art. 13 ci-dessus, relatives à la présidence du consistoire de l'Algérie, ne commenceront à recevoir leur application qu'à l'époque où le président titulaire actuel cessera ses fonctions.

Art. 25. — Jusqu'à la constitution des conseils presbytéraux et du consistoire de l'Algérie, le consistoire actuel d'Alger continuera ses fonctions et veillera à la mise à exécution des dispositions du présent décret.

§ 4. — CULTE MUSULMAN.

Le culte musulman, garanti par la capitulation de 1830, n'a été l'objet d'aucune réglementation spéciale de la part du gouvernement. L'administration en est restée placée sous les attributions du ministre de la guerre jusqu'à la création du ministère de l'Algérie. En territoire civil, la surveillance des établissements religieux, leur comptabilité, la nomination aux emplois inférieurs, sont confiés à l'administration civile indigène. Les immeubles affectés à l'entretien du culte ont été, en 1830, réunis au domaine colonial, qui a été depuis lors chargé de les administrer et de fournir à toutes les dépenses nécessaires. (V. *Domaine*, § 2.) On peut consulter aussi à ce sujet le rapport ministériel joint au décret qui institue un bureau de bienfaisance musulman. (V. *Bureau de bienfaisance*.) Enfin le culte continue à faire l'objet d'un enseignement spécial dans les écoles que le gouvernement a entourées d'une sollicitude particulière. (V. *Instruction publique*, § 4.)

§ 5. — CULTE ISRAÉLITE.

OR. — 9 nov.-31 déc. 1845. — B. 215 *bis.* —
Organisation du culte israélite.

SECT. 1. — *De l'organisation du culte israélite en Algérie.*

Art. 1. — Il y aura en Algérie un consistoire algérien et des consistoires provinciaux.— Le consistoire algérien siégera à Alger. — Les consistoires provinciaux, au nombre de deux, siégeront, l'un à Oran, l'autre à Constantine. — L'autorité du consistoire algérien s'étendra sur toutes les possessions françaises du N. de l'Afrique. Celle des consistoires provinciaux s'exercera respectivement dans la circonscription de leurs provinces,

Art. 2. — Le consistoire algérien sera composé de quatre membres laïques et d'un grand rabbin, et chaque consistoire provincial, de trois membres laïques et d'un rabbin. — Les consistoires seront présidés par un des membres laïques; ils ne pourront délibérer qu'au nombre de trois membres au moins. — En cas de partage, la voix du président sera prépondérante.

Art. 3. — Les membres laïques du consistoire algérien et le grand rabbin seront nommés par nous, sur la proposition de notre ministre de la guerre. — Les rabbins des consistoires provinciaux seront nommés par notre ministre de la guerre. — Le président du consistoire algérien, les présidents et les membres laïques des consistoires provinciaux sont également nommés par notre ministre de la guerre, sur la présentation du gouverneur général, et en outre, pour les membres laïques des consistoires provinciaux, sur l'avis du consistoire algérien.

Art. 4. — Les membres laïques du consistoire algérien seront nommés pour quatre ans, et renouvelés par moitié tous les deux ans. Les membres laïques des consistoires provinciaux seront nommés pour trois ans et renouvelés par tiers chaque année. — Lors du premier renouvellement du consistoire algérien, et lors des deux premiers renouvellements de chacun des consistoires provinciaux, les membres sortants seront désignés par la voie du sort. — Le rang d'ancienneté réglera ensuite, à chaque opération, la série des membres sortants. — Les membres sortants pourront être de nouveau appelés aux mêmes fonctions.

Art. 5. — Les traitements et frais de logement du grand rabbin du consistoire algérien et des rabbins des consistoires provinciaux, ainsi que les frais d'administration du consistoire algérien, seront à la charge de l'État.

Art. 6. — Les membres des consistoires, au jour de leur installation, prêteront, en levant la main, le serment suivant : «Devant le Dieu tout-puissant, créateur du ciel et de la terre, qui défend de prendre son nom en vain, et qui punit le parjure, je jure fidélité au roi des Français, obéissance aux lois, ordonnances et règlements publiés ou qui seront publiés par son gouvernement. » — Ce serment sera prêté devant le gouverneur général ou devant le fonctionnaire qu'il aura délégué à cet effet.

Art. 7. — Le consistoire algérien réglera l'organisation, le nombre et la circonscription des synagogues particulières ainsi que le nombre et le mode de nomination des rabbins et des ministres officiants nécessaires à l'exercice du culte. — Il consultera les consistoires provinciaux, pour tout ce qui aura rapport à leur ressort. — Ses décisions seront soumises à l'autorité administrative,

et ne seront exécutoires qu'après avoir été approuvées par elle.

Art. 8. — Nul ne pourra exercer les fonctions du culte, soit à titre de rabbin, soit à titre de ministre officiant, sans être institué à cet effet par le consistoire algérien ou les consistoires provinciaux. — La nomination des rabbins, autres que ceux mentionnés à l'art. 3, et des ministres officiants, sera soumise à l'approbation de notre ministre de la guerre.

Art. 9. — Les fonctions des consistoires sont :— 1° De maintenir l'ordre dans l'intérieur des synagogues, et de veiller à ce que, pour cause ou sous prétexte de religion, il ne se forme, sans une autorisation expresse, aucune assemblée de prières; de nommer les desservants du temple et autres agents du culte, notamment les schohets; 2° — De veiller à ce que les familles envoient leurs enfants dans les salles d'asile et dans les écoles, et de prendre les mesures qui paraîtront nécessaires à cet effet; — 3° D'encourager les israélites à l'exercice des professions utiles et plus particulièrement des travaux agricoles; — 4° De surveiller l'emploi des sommes destinées aux frais du culte, des salles d'asile et des écoles qui seront établies en vertu de la section 2 de la présente ordonnance, et à tous autres frais de même nature.

Art. 10. — Les fonctions du grand rabbin et des rabbins sont : — 1° D'enseigner la religion, de rappeler en toute circonstance l'obéissance aux lois, la fidélité à la France et le devoir de la défendre; — 2° D'officier, de faire les prédications, de réciter des prières pour le roi et la famille royale dans toutes les synagogues de leur circonscription ; — 3° D'assister aux inhumations et de célébrer les mariages religieux ; — 4° D'inspecter les salles d'asile et les écoles israélites qui seront établies en vertu de la section 2 de la présente ordonnance, et d'y surveiller l'enseignement religieux. — Dans les synagogues où il n'y a pas de rabbins, ou en leur absence, les ministres officiants remplissent les fonctions des rabbins.

Art. 11. — Le grand rabbin du consistoire algérien aura droit de suspendre de leurs fonctions pendant deux mois au plus, avec l'approbation du consistoire algérien, les ministres officiants et les rabbins autres que ceux qui seront membres des consistoires provinciaux. — Il pourra provoquer contre les rabbins membres des consistoires provinciaux, la suspension, conformément aux dispositions de l'art. 13 ci-après.

Art. 12. — Les rabbins membres des consistoires provinciaux pourront, avec l'autorisation du grand rabbin, prononcer contre les autres rabbins et les ministres officiants de leurs circonscriptions respectives, une suspension d'un mois au plus, sur l'avis du consistoire provincial et avec l'approbation du consistoire algérien.

Art. 13. — Notre ministre de la guerre pourra suspendre le grand rabbin et les rabbins membres des consistoires provinciaux, soit d'office, soit sur la demande du consistoire algérien. — Les autres rabbins et ministres officiants pourront être révoqués par le consistoire algérien, avec l'approbation de notre ministre de la guerre.

Art. 14. — La suspension des fonctions entraîne, pendant sa durée, la réduction à moitié du traitement de celui qui en est l'objet.

Art. 15. — Les consistoires nommeront, auprès de chacune des synagogues établies en vertu de l'art. 7, un commissaire qui exercera, sous leur autorité, les fonctions qu'ils lui auront déléguées (1).

---

(1) *Jurisprudence.*— En admettant que le commissaire administrateur d'une synagogue en Algérie, établi en vertu de l'art. 15 de l'ord. du 9 nov. 1845, puisse contracter comme représentant de la synagogue et de la communauté israélite pour laquelle cette synagogue a été créée, il n'a pas le droit d'ester en justice pour poursuivre l'exe-

Art. 16. — Une fois par an, à jour fixe, chaque consistoire invitera les notables de sa circonscription à se réunir à lui pour arrêter la fixation des frais généraux de la circonscription et leur répartition entre les diverses synagogues. — Les notables seront annuellement désignés, au nombre de dix, par l'autorité administrative.

Art. 17. — Les frais généraux comprendront : — 1° Les dépenses d'administration non payées par l'État ; — 2° Les subventions pour les salles d'asile et pour les écoles israélites ; — 5° Les subventions pour la reconstruction et les réparations des synagogues ; — 4° Les dépenses diverses considérées par le consistoire algérien ou chaque consistoire provincial comme étant utiles ou nécessaires.

Art. 18. — Une fois l'an et à jour fixe, le commissaire institué près de chaque synagogue invitera sept notables désignés comme ci-dessus à se réunir à lui pour arrêter l'état des dépenses et des recettes de la synagogue.

Art. 19. — Les dépenses comprendront : — 1° La portion des frais généraux mis à la charge de la synagogue en vertu des art. 16 et 17 ; — 2° Les traitements des rabbins, des ministres officiants et des agents de la synagogue ; — 3° Tous les frais locaux du culte et les distributions de bienfaisance.

Art. 20. — Les recettes comprendront le produit de la location des places dans les synagogues et celui des offrandes et cotisations volontaires.

Art. 21. — Les états de dépenses et de recettes et les comptes seront soumis à l'approbation des consistoires, et devront être communiqués à l'administration toutes les fois qu'elle en réclamera la production.

Art. 22. — A partir du jour de l'installation des consistoires, toutes les autorités spéciales aux israélites de l'Algérie, autres que celles qui sont instituées par la présente ordonnance, demeureront abolies.

SECT. 2. — Des écoles israélites en Algérie.

Art. 23. — Il sera créé en Algérie des salles d'asile et des écoles pour les israélites des deux sexes.

Art. 24. — Ces salles d'asile et ces écoles seront établies dans des locaux fournis à cet effet, par l'administration. Elles seront entretenues au moyen des subventions des consistoires, des rétributions des élèves payants, et, s'il y a lieu, des subventions qui pourront être accordées par le gouvernement.

Art. 25. — Les salles d'asile et les écoles israélites seront placées sous la surveillance de l'administration, qui prendra l'avis des consistoires pour la nomination et la révocation des maîtres, les mesures de discipline, les matières de l'enseignement et la création des comités des écoles. — L'enseignement comprendra l'instruction religieuse et l'étude de la langue française.

D

Défenseurs.

Jusqu'au 26 nov. 1841, le corps des défenseurs

avait été régi par deux arrêtés des 27 janv. 1835 et 15 juill. 1837, qui sont aujourd'hui sans utilité et sans intérêt. C'est le règlement de 1841 qui seul est encore en vigueur, complété toutefois par l'arr. du 20 mai 1845, qui contient quelques dispositions disciplinaires, et par l'arr. du 17 juill. 1818, qui détermine une nouvelle répartition des défenseurs devant les juridictions d'Alger.

ARR. — 26 nov.-7 déc. 1841. — B. 108. — *Règlement général sur l'exercice de la profession de défenseur.*

Vu l'art. 75 de l'ord. roy. du 28 fév. 1841, sur l'organisation de la justice en Algérie ;

Art. 1. — Les défenseurs ont seuls qualité pour plaider et conclure devant la cour royale et les tribunaux français de l'Algérie, pour faire et signer tous les actes nécessaires à l'instruction des causes civiles et commerciales et à l'exécution des jugements ou arrêts, défendre les accusés ou prévenus devant les tribunaux criminels ou correctionnels ; le tout sans préjudice du droit des parties de se défendre elles-mêmes, et de l'exécution de l'art. 295 c. inst. crim. — Seront toutefois admis à plaider en toute matière, devant les tribunaux de l'Algérie, les avocats inscrits au tableau de leur ordre en France auxquels le ministre de la guerre aurait délivré des autorisations spéciales. L'autorisation sera mentionnée au jugement ou au procès-verbal de l'audience.

Art. 2. — Les tribunaux devront, même d'office, et sauf les exceptions portées en l'article précédent, interdire la parole à quiconque n'étant ni intéressé dans la contestation ni pourvu du titre de défenseur, se présenterait pour la soutenir ou y défendre.

Art. 3. — Le ministère des défenseurs ne sera point admis dans les affaires de la compétence des justices de paix, si ce n'est dans celles qui seront sujettes à l'appel, et en vertu de l'autorisation spéciale du juge.

Art. 4. — La comparution et le consentement de la partie présente, et interpellée par le juge, tiendront lieu à son défenseur du pouvoir spécial requis par l'art. 412 c. pr. civ. (1). — Il y aura présomption de mandat en faveur du défenseur qui se présentera porteur de la copie d'ajournement et des pièces du procès. La représentation desdites copies et pièces sera expressément mentionnée dans le jugement.

Art 5. — Le nombre des défenseurs est fixé à douze pour les tribunaux d'Alger, et à quatre pour chacun des tribunaux de Bône et d'Oran. — Ils sont nommés par le ministre de la guerre, sur la proposition du procureur général.

Art. 6. — Tout aspirant au titre de défenseur devra : — 1° Être âgé de 25 ans accomplis et jouir des droits civils et politiques ; — 2° Avoir obtenu le diplôme de licencié en droit, et, en outre, justifier de deux années de travail dans l'étude d'un avoué, en France, ou d'un défenseur en Algérie ; — 3° Être Français ou résidant depuis cinq années consécutives en Algérie ; — 4° Avoir satisfait à la loi du recrutement ; — 5° Justifier de sa moralité.

Art. 7. — Les défenseurs ne peuvent exercer leur ministère hors des limites de l'arrondissement judiciaire pour lequel ils ont été nommés, et

---

cution des actes passés en cette qualité. Ce droit n'appartient qu'au consistoire provincial et après autorisation préalable donnée dans les termes de l'art. 64 de l'ord. du 25 mai 1844. — Cour d'*Alger*, 20 juin 1859. (Le décret du 16 août 1848, — ci-dessus § 1, — avait en effet rendu applicable à l'Algérie la législation relative à l'administration des cultes qui régit la métropole ; mais ce décret

a été purement et simplement abrogé par un décret postérieur du 2 août 1858 (*Instruction publique*, § 1), qui a placé le service des cultes sous l'autorité du ministre de l'Algérie et des colonies.)

(1) Les éditions officielles portent également art. 412. — Mais il est évident que c'est une erreur et qu'il s'agit de l'art. 421 (comparution devant les tribunaux de commerce).

où ils sont tenus de résider, si ce n'est en vertu d'une autorisation spéciale, délivrée à Alger par le procureur général, et par le procureur du roi dans les autres sièges.

Art. 8. — Tout défenseur qui, sans autorisation et hors le cas d'excuse vérifiée, aura cessé pendant deux mois consécutifs de paraître aux audiences, sera considéré comme démissionnaire, et il sera pourvu à son remplacement.

Art. 9. — L'art. 91 de la loi du 28 avr. 1816 n'est point applicable aux défenseurs institués par le présent arrêté. Tout traité pour la cession ou transmission de titres ou clientèles, à quelque époque qu'il apparaisse, et alors même qu'il n'aurait pas été suivi d'effet, entraînera la révocation, soit du défenseur encore en exercice, soit de son successeur, si la nomination avait suivi le traité.

Art. 10. — Les défenseurs sont assujettis à un cautionnement, fixé, pour la résidence d'Alger, à 4,000 fr., pour toutes les autres à 2,000 fr., et qui devra appartenir en propre au titulaire.—Les défenseurs actuellement en exercice devront, dans le délai d'une année, libérer les cautionnements par eux versées de toute intervention de bailleurs de fonds, et de tout privilège de deuxième ordre; faute de quoi, et ledit délai passé, ils seront considérés comme démissionnaires. — Lorsque l'intégralité du cautionnement sera affectée par des conventions quelconques ou des jugements passés en force de chose jugée, le défenseur sera tenu de le remplacer ou compléter dans les deux mois de l'invitation qui lui en sera adressée par le procureur général; après l'expiration de ce délai, il sera pourvu à son remplacement.— Le cautionnement des défenseurs demeure affecté, par privilège, à la garantie des condamnations qu'ils auraient encourues à raison de l'exercice de leurs fonctions.

Art. 11. — Avant d'entrer en exercice, les défenseurs prêtent le serment suivant : « Je jure obéissance à la constitution et fidélité à l'empereur (S.-C. du 23 déc. 1852, art. 16).— Je jure aussi obéissance aux lois, ordonnances, arrêtés ou règlements obligatoires en Algérie, et de remplir avec exactitude et probité les devoirs de ma profession.»— Le serment est prêté devant la cour royale par les défenseurs nommés à la résidence d'Alger, et par tous les autres devant les tribunaux auxquels ils sont attachés. — Les défenseurs ne sont admis au serment qu'après avoir justifié du versement de leur cautionnement. — Ils seront déchus du bénéfice de leur nomination si, dans les deux mois du jour où elle leur aura été notifiée, ils ne se sont pas conformés aux prescriptions du présent article.

Art. 12. — Les défenseurs ont droit à des honoraires. Ils ont action pour leur recouvrement. — En matière civile ou commerciale, les défenseurs, tant en demandant qu'en défendant, sont tenus de dresser, chacun pour sa partie, un état de frais, lequel ne peut contenir, outre les déboursés, qu'un article unique d'honoraires, portés en un seul chiffre pour tous soins donnés à l'affaire, plaidoiries, mémoires et autres diligences quelconques, jusques et compris le jugement définitif. Il est interdit de faire figurer dans cet état aucun droit ou vacation résultant de l'application des tarifs de France, sauf toutefois l'exception portée en l'art. 14.—Les états, dressés comme il est dit ci-dessus, sont déposés en double au greffe pour être taxés par le juge. Mention est faite de la taxe sur les deux originaux de l'état, dont l'un est remis au défenseur, qui ne peut rien exiger au delà de la taxe. — Le juge détermine la portion des frais taxés qui doit être mise, dans la liquidation, à la charge de la partie condamnée aux dépens; cette liquidation ne peut comprendre, à titre d'honoraires et selon l'importance des affaires, que, sa-

voir; — Pour obtention d'un arrêt contradictoire, 20 à 60 fr.; pour obtention d'un jugement contradictoire, 10 à 50 fr., et la moitié de ces sommes pour l'obtention d'un arrêt ou jugement par défaut (1).

Art. 13.—Dans le cas prévu par l'art. 5, où une partie comparaîtra en justice de paix aura été autorisée à se faire assister par un défenseur, les honoraires de la défense ne pourront être répétés contre l'autre partie.

Art. 14. — Pour les poursuites de saisie immobilière, les licitations et ventes en justice de biens immeubles, les procédures d'ordre ou de distributions par contribution entre créanciers, les droits et vacations passés aux avoués de Paris par les tarifs de France seront, par le juge taxateur, et sur état dressé comme il est dit en l'article précédent, alloués aux défenseurs sans distinction de résidence, mais ils n'auront droit à aucun autre émolument à titre d'honoraires. Il ne leur sera, dans aucun cas, rien passé pour rédaction d'actes quelconques du ministère des huissiers. Les autres contestations portées à l'audience à l'occasion de l'exécution des jugements et actes, hors les cas prévus par le présent article, donneront lieu à l'application de l'art. 12.

Art. 15. — Seront tenus, les défenseurs, de donner, au bas de l'état mentionné aux articles précédents, quittance aux parties, soit des honoraires taxés par le juge, soit de toutes autres sommes volontairement payées au même titre.

Art. 16. — Toute clause ou condition qui aurait pour objet d'éluder la taxe exigée par les art. 12 et 14 est réputée non écrite, sans préjudice de telles peines qu'il appartiendra contre le défenseur.

Art. 17. — En matière criminelle ou correctionnelle, les défenseurs ne sont assujettis à aucune taxe. Ils sont néanmoins tenus de délivrer quittance des sommes par eux reçues pour soins donnés à la défense. Il leur est interdit, à peine de révocation, d'exiger et d'accepter des accusés ou prévenus, préalablement au jugement, des engagements ou garanties pour le payement de leurs honoraires.

Art. 18. — Toutes les fois qu'ils auront été désignés d'office par le juge pour défendre les accusés ou prévenus devant les tribunaux criminels ou correctionnels, ou devant les conseils de guerre, les défenseurs ne pourront refuser leur ministère sans avoir fait agréer leur excuse.

Art. 19. — Chaque année le procureur général désigne, à tour de rôle, deux défenseurs chargés de fournir gratuitement des consultations aux indigents, et de défendre au besoin leurs intérêts civils, ainsi que ceux des militaires ou marins absents.

Art. 20. — L'exercice de la profession de défenseur est incompatible avec toute fonction publique salariée, toute autre profession et toute espèce de négoce.

Art. 21.—Il est interdit aux défenseurs, à peine de révocation : — 1° De se rendre directement ou indirectement adjudicataires des biens meubles et immeubles dont ils sont chargés de poursuivre la vente; — 2° De se rendre cessionnaires de droits successifs ou litigieux; — 3° De faire avec leurs parties des conventions, aléatoires ou autres, subordonnées à l'événement du procès; — 4° De s'associer, soit entre eux, soit avec des tiers, pour l'exploitation de leur office et le partage de ses produits.

(1) Pour toutes les décisions judiciaires rendues sur des questions de taxes d'honoraires et de frais, V. *Jurisprudence de la cour impériale d'Alger*, t. 1, v° *Frais et dépens*, par M. le conseiller DE MÉNERVILLE.

Art. 22. — Les peines encourues par les défenseurs pour toute infraction à laquelle le présent arrêté n'attache pas une peine particulière sont, selon la gravité des cas, le rappel à l'ordre, la suspension pour six mois au plus, la révocation.

Art. 23. — Les défenseurs sont placés sous la surveillance du procureur général, qui prononce, selon les cas, après les avoir entendus, le rappel à l'ordre ou les réprimandes, et leur donne d'ailleurs les avertissements qu'il juge convenables. — Les pouvoirs du procureur général sont exercés par le procureur du roi, hors de la province d'Alger. — Quand il y a lieu à suspension ou révocation, il est statué par le ministre, sur le rapport du procureur général, qui provoque et reçoit les explications de l'inculpé, en cas d'urgence, et, sur la réquisition du procureur général, la suspension est provisoirement prononcée par le gouverneur général, qui en rend compte immédiatement au ministre.

Art. 24. — Si les défenseurs s'écartent à l'audience, du respect dû aux lois et à la justice, les tribunaux peuvent, dans tous les cas, prononcer en dernier ressort le rappel à l'ordre, la réprimande ou la suspension pendant deux mois au plus. — Lorsque les tribunaux estiment qu'il y a lieu à l'application d'une peine plus grave, il est dressé procès-verbal des faits, lequel est, sans délai, transmis au procureur général. Le défenseur inculpé est invité à faire connaître par écrit ses moyens de défense. Le ministre prononce au vu desdites pièces et sur le rapport du procureur général.

Art. 25. — Le procureur général désigne (1), parmi les défenseurs en exercice dans l'arrondissement judiciaire d'Alger, un président et quatre membres pour former une chambre de discipline, dont les attributions consistent : — 1° A donner son avis sur toute plainte portée contre un défenseur; — 2° A intervenir officieusement pour prévenir tout débat, soit entre défenseurs, soit entre les défenseurs et les parties ; — 3° A représenter les intérêts collectifs des défenseurs pour toutes demandes ou réclamations, et dans toutes relations ou communications avec le procureur général. — Les attributions de la chambre de discipline seront, dans les autres résidences, conférées à un défenseur, qui prendra le nom de syndic, et qui sera également désigné par le procureur général.

Art. 26. — Les défenseurs ne peuvent, dans les actes de leur ministère, prendre d'autre titre que celui assigné à leur profession par l'ord. du 28 février 1841 et le présent arrêté. — Ils sont tenus de se présenter en robe aux audiences. Les licenciés en droit portent les insignes de ce grade, et sont admis à plaider couverts.

Art. 27. — Sont maintenus en exercice les défenseurs nommés depuis le 27 janv. 1835, alors même qu'ils ne réuniraient pas toutes les conditions exigées par le présent arrêté, et sans qu'il soit besoin de commissions confirmatives.

Art. 28. — Toutes dispositions antérieures sur l'exercice de la profession de défenseur sont abrogées.   Maréchal duc de DALMATIE.

(Le nombre des défenseur d'Alger, fixé d'abord à douze, avait été élevé à quatorze par arr. du 11 juill.

(1) Modifié par l'arrêté du 29 juill. 1848 ci-après.

(2) *Jurisprudence.* — Ces dispositions ont abrogé, en matière commerciale, les art. 4 et 12 de l'arrêté ministériel du 26 nov. 1841 et l'art. 47 de l'ord. du 16 avr. 1843 (V. *Procédure*). Elles ont eu pour but de rendre applicables en Algérie comme en France les art. 414 c. pr. et 627 c. com., et les tribunaux de commerce ne peuvent, sans excès de pouvoir, comprendre dans une condamnation aux dépens les honoraires alloués au défenseur de la partie adverse. — *Cass.* 14 *mai* 1860 (*Gaz.*

1843, à quinze par arr. du du 27 sept. 1843, enfin à dix-huit, par arr. du 16 avr. 1845).

AM. — 26 mai-18 juin 1845. — B. 202. — *Division des défenseurs d'Alger entre les diverses juridictions. — Dispositions réglementaires.*

Art. 1, 2, 3, 4, 5. — Dix défenseurs sont attachés au tribunal de première instance, huit au tribunal spécial de commerce, avec droit exclusif de postulation et de plaidoirie près de chacune de ces juridictions et faculté de postuler et plaider concurremment devant la cour. (Abrogé par l'arrêté suivant du 17 juill. 1848.)

Art. 6. — (Comme à l'art. 25 de l'arrêté qui précède.)

Art. 7. — (Comme à l'art. 23 *eodem*.)

Art. 8. — Si les défenseurs s'écartent à l'audience du respect dû aux lois et à la justice, les tribunaux peuvent, dans tous les cas, prononcer le rappel à l'ordre, la réprimande ou la suspension pendant trois mois au plus. — La décision des tribunaux de première instance est, dans tous les cas, sujette à l'appel devant la cour. — Si la suspension a été prononcée ou requise, la décision des tribunaux ou de la cour est soumise à l'approbation du ministre, qui peut la modifier ou la réformer et prononcer telles peines qu'il jugera convenables.

Art. 9. — Sont abrogées toutes les dispositions contraires à celles du présent arrêté.
          Maréchal duc de DALMATIE.

AG. — 17-27 juill. 1848. — B. 280. — *Nouvelle division des défenseurs.*

Art. 1. — Les vingt-quatre défenseurs actuellement en exercice à Alger, seront attachés, savoir : huit à la cour d'appel, et seize au tribunal de première instance.

Art. 2. — Devant les tribunaux de commerce, la défense des parties pourra être présentée par toute personne pourvue d'un pouvoir spécial à cet effet. — Ce pouvoir sera présumé en faveur de l'avocat ou du défenseur porteur de l'original ou de la copie de la citation (2).   MAREY-MONGE.

(Le nombre des défenseurs, fixé à dix-huit au moment où l'ord. du 26 mai 1845 avait paru, avait été porté de dix à quatorze pour le tribunal civil, par arr. du 7 sept. 1846, et de huit à dix pour le tribunal de commerce, par arr. du 22 fév. et 6 mai 1847.)

AG. — 29 juill.-3 août 1848. — *Chambre de discipline.*

Vu notre arr. du 17 de ce mois; — Attendu qu'il importe d'instituer une chambre de discipline pour chacune des deux compagnies; — Attendu qu'aux termes de l'art. 14 de l'arr. du 15 juill. 1837, les défenseurs avaient le droit d'élire les membres de leur chambre de discipline;

Art. 1. — Chaque année, dans la première quinzaine de décembre, le corps des défenseurs près la cour d'appel et le corps des défenseurs près le tribunal de première instance d'Alger éliront chacun une chambre de discipline. — Chaque chambre de discipline sera composée de quatre membres, savoir : un président, un rapporteur, un trésorier et un secrétaire. — Les défenseurs attachés à chacun des tribunaux du ressort éliront à la même

des trib. du 21 mai 1860), cassation d'un jugement du tribunal de commerce d'Oran.

Il est à remarquer que cet arrêté du 17 juill. 1848, auquel la cour de cassation attribue l'effet d'avoir abrogé les dispositions d'un arrêté ministériel et d'une ordonnance royale, n'est pas lui-même rigoureusement légal, faute d'accomplissement des formalités prescrites par les art. 2 et 3 de l'ord. du 15 avr. 1845 pour en opérer la validité (V. à ce sujet les observations consignées à l'article *Législation*, § 2, légalité des arrêtés des gouverneurs).

époque un syndic.—L'élection aura lieu à la majorité absolue des suffrages.

Art. 2.—Les attributions des chambres de discipline et des syndics demeurent telles qu'elles sont
déterminées par l'art. 25 de l'arr. du 26 nov. 1841.

MAREY-MONGE.

*(Le nombre des défenseurs établis près le tribunal de
Philippeville par arr. du 23 nov. 1842 a été porté de
trois à quatre par arr. du 19 juin 1844.*

*Quatre offices de défenseurs ont été créés près le tri-
bunal de Blidah par arr. du 22 déc. 1844.*

*Le nombre des défenseurs établis près le tribunal
d'Oran a été porté de cinq à six par arr. du 31 mai
1847.*

*Quatre avoués ont été institués près le tribunal de
Constantine, par décr. du 29 août 1849.)*

Dépôts et consignations.

Depuis le décret du 11 oct. 1851 ci-après, les
dépôts et consignations en Algérie sont soumis aux
mêmes règles d'administration et de comptabilité
qu'en France, et les trésoriers-payeurs remplissent
à cet égard les fonctions de receveurs généraux.

AG. — 17 mars 1832. — *La caisse de l'administration des domaines est désignée pour
faire fonction de caisse des dépôts et consignations.*

OR. — 4 mars-9 avr. 1835. — B. 12. — *Versement, intérêts et remboursement des cautionnements.*

TIT. 1. — *Des cautionnements en numéraire.*

Art. 1.—Les cautionnements en numéraire exigés dans nos possessions françaises du N. de l'Afrique, pour l'exercice d'un emploi admini.tratif ou
de comptable, pour une profession d'officier public,
et pour la sûreté des marchés passés avec l'Etat,
seront versés à la caisse du trésorier, à Alger, ou
de ses préposés dans les autres localités, au vu de
l'acte de nomination ou de la décision portant fixation de cautionnement.

Art. 2.—Les cautionnements spécifiés dans l'article précédent seront productifs de l'intérêt de
4 pour 100 fixé par la loi du 28 avr. 1816.

Art. 3. — Le récépissé à talon délivré par le
trésorier, et contrôlé par les agents administratifs
du ministère de la guerre, sera remis par le titulaire au directeur des finances, dans nos possessions du N. de l'Afrique, qui adressera à notre
ministre des finances, par l'intermédiaire de notre
ministre de la guerre, la demande du certificat
d'inscription de cautionnement sur les livres du
trésor. — Ce certificat, délivré en exécution de
l'art. 8 de la loi du 24 germ. an VIII (14 avr.
1800), sera transmis par la même voie au directeur
des finances à Alger, et remis ensuite par lui à
l'ayant droit.

Art. 4. — Le payement des intérêts et le remboursement des capitaux de cautionnements seront
faits directement par le trésorier à Alger, sur ordonnance du ministre des finances, d'après une
demande formée par le directeur des finances à
Alger, et appuyée des pièces de libération ou de
justification de droits exigées par les lois et règlements en vigueur sur la matière. — Lesdits payements d'intérêts et remboursements de capitaux
pourront également être effectués à Paris ou sur
tout autre point du royaume, si la demande en est
faite à l'avance par les ayants droit.

Art. 5. — Les dispositions des lois et arrêtés
relatifs aux bailleurs de fonds de cautionnements
dont il s'agit, et aux oppositions formées par des
tiers, soit au greffe du tribunal de la résidence du
titulaire, soit directement au ministère des finances
à Paris, recevront leur application à ces caution-

nements, comme à ceux qui sont versés en France.

Art. 6. — Les dispositions des art. 96 et 97 de
la loi du 28 avr. 1816 seront également appliquées
aux titulaires de cautionnements dans nos possessions du N. de l'Afrique.

TIT. 2. — *Des dépôts et consignations.*

Art. 7. — Les dépôts provisoires auxquels les
soumissionnaires des fournitures de la guerre et
de la marine, et les entrepreneurs de divers travaux publics, peuvent être assujettis en garantie
des cautionnements qu'ils sont tenus de faire, s'ils
deviennent adjudicataires, seront versés dans la
caisse du trésorier ou dans celle de ses préposés.

Art. 8. — Ces dépôts, lorsqu'il n'y aura pas eu
lieu de les convertir en cautionnements, seront immédiatement rendus et sans intérêts aux titulaires,
suivant le mode adopté en France.

Art. 9. — Les dépôts ou consignations judiciaires, administratifs et volontaires, faits en vertu
des lois et règlements, et le produit des successions vacantes, seront versés, sur autorisation du
directeur des finances à Alger, à la caisse des
préposés de l'administration des domaines. — Ils
ne seront point productifs d'intérêts.

Art. 10. — Le remboursement des sommes dont
l'origine est spécifiée dans l'article précédent sera
effectué sur mandat signé du directeur des finances
à Alger, et appuyé des pièces justificatives.

Art. 11. — Les retenues exercées par suite d'oppositions juridiques sur le traitement des employés
civils et militaires, le produit des successions et
des ventes des effets des militaires et employés décédés, continueront d'être perçus par le trésorier,
conformément aux instructions du ministre des
finances.

Art. 12. — Les cautionnements ou consignations
en matière de douanes ou de contributions indirectes ne seront dans aucun cas productifs d'intérêt, et seront suivis exclusivement par les préposés
des administrations qui les reçoivent, selon les règles qui leur sont propres.

Art. 13. — Sont et demeurent abrogées toutes
les dispositions contraires au présentes.

AM. — 6-18 mai 1844. — B. 177. — *L'ord. du
4 mars 1835 est étendue aux cautionnements
des officiers ministériels.*

Art. 1. — Les dispositions de l'ord. du 4 mars
1835, concernant les cautionnements en numéraire
exigés en Algérie, sont applicables aux notaires,
défenseurs, huissiers, commissaires-priseurs et
courtiers de commerce.

Art. 2. — Sont abrogées, toutes dispositions
contraires au présent arrêté.

Maréchal duc de DALMATIE.

Inst. M. — 23 juin 1849, 25 avr. 1850.—B. 345.
—*Cautionnement des entrepreneurs au-dessous de 100 fr.*

Dans le nombre des marchés, passés en Algérie
pour les divers services de la guerre, il s'en trouve
quelques-uns qui n'assujettissent les titulaires qu'à
des cautionnements de 75 fr., 50 fr., 25 fr., et
même 10 fr.—Ces garanties pouvant, en raison de
leur exiguïté, être dispensées de la rigoureuse application de certaines formalités réglementaires,
qui donne lieu à des complications d'écritures hors
de toute proportion avec le peu d'importance des
intérêts qu'il s'agit de sauvegarder, le ministre a
décidé, le 23 juin dernier, que les ordonnateurs
secondaires seraient désormais chargés du soin de
poursuivre la réalisation, et d'effectuer le remboursement des cautionnements qui ne dépasse-
raient pas la somme de 100 fr.

En conséquence, les cautionnements dont il s'agit continueront à être versés, suivant l'usage, dans les caisses des receveurs de l'enregistrement et du domaine en Algérie, mais les récépissés, au lieu d'être adressés au ministre de la guerre, resteront déposés entre les mains des fonctionnaires qui auront signé les marchés, jusqu'au jour où les entrepreneurs auront été reconnus dégagés envers l'Etat, par suite de l'exécution complète et régulière de leurs marchés. C'est alors seulement que la restitution, à qui de droit, de la somme versée, à titre de garantie, pourra être autorisée, d'après l'ordre et sous la responsabilité de l'ordonnateur secondaire, lequel donnera en même temps avis au ministre, de la libération de l'entrepreneur, et de la mainlevée de son cautionnement.

DP. — 14 oct.-51 déc. 1851. — B. 400. — *Nouvelles attributions des trésoriers-payeurs en matière de dépôts et consignations;*

Vu l'art. 110 de la loi du 28 avr. 1816, qui a attribué l'administration des dépôts et consignations à un établissement spécial sans le nom de *caisse des dépôts et consignations.*

Vu l'ord. du 22 mai 1816 concernant l'organisation administrative de cet établissement, et notamment l'art 27, portant que le directeur général est autorisé à se servir de l'intermédiaire des receveurs généraux des finances, pour effectuer dans les départements les recettes et les dépenses de la caisse des dépôts et consignations;

Vu l'ord. du 5 juill. 1816, qui a déterminé les attributions de la caisse des dépôts et consignations, et celle du 21 août 1839, sur l'organisation du régime financier en Algérie, et particulièrement l'art. 88, d'après lequel les trésoriers-payeurs remplissent, dans les colonies les fonctions de receveurs des finances;

Vu l'art. 109 de la constitution (*Admin. gén.*, § 1), qui déclare l'Algérie territoire français, et l'arrêté réglementaire du 9 déc. 1848 (*eodem*), qui a divisé le territoire civil de l'Algérie en trois départements, et soumis chacun de ces départements au régime administratif des départements de la métropole;

Considérant qu'il importe de faire participer l'Algérie au bienfait résultant de l'établissement créé par la loi du 28 avr. 1816, pour recevoir et conserver, à titre de dépositaire permanent et inviolable, placé sous la surveillance de l'autorité législative et sous les yeux de la justice, toutes les sommes dont le dépôt ou la consignation aura été ordonnée ou autorisée;

Art. 1. — Les dépôts et consignations effectués en Algérie sont soumis aux formes d'administration et de comptabilité qui régissent le service des dépôts et consignations de France.

Art. 2—Les trésoriers-payeurs de l'Algérie rempliront, vis-à-vis de la caisse des dépôts et consignations, les fonctions attribuées en France aux receveurs généraux des finances. — Les dispositions du tit. 6 de l'ord. du 22 mai 1816 leur sont entièrement applicables.

Art. 3. — Toutes les sommes et valeurs que la caisse des dépôts et consignations est autorisée à recevoir, aux termes des lois, ordonnances et règlements qui régissent son service, seront versées aux trésoriers-payeurs, et encaissés par eux comme préposés de ladite caisse.

Art. 4. — Le présent décret recevra son exécution à partir du 1er janv. 1852.

Art. 5. — Toutes dispositions contraires à celles qui précèdent sont et demeurent abrogées.

Loi du 28 niv. an XIII relative aux consignations.

Art. 1. — A compter de la publication de la présente loi, la caisse d'amortissement recevra les consignations ordonnées, soit par jugement, soit par décision administrative : elle établira, à cet effet, des préposés partout où besoin sera.

Art. 2. — La caisse d'amortissement tiendra compte aux ayants droit, de l'intérêt de chaque somme consignée, à raison de 5 p. 100 par année ; cet intérêt courra du soixantième jour après la consignation, jusqu'à celui du remboursement. — Les sommes qui resteront moins de soixante jours en consignation, ne porteront aucun intérêt.

Art. 3. — Le recours sur la caisse d'amortissement, pour les sommes consignées dans les mains de ses préposés, est assuré à ceux qui auront fait la consignation, à la charge par eux de faire enregistrer, dans le délai de cinq jours, les reconnaissances desdits préposés, au bureau de l'enregistrement du lieu de la consignation. — Le droit d'enregistrement sur ces reconnaissances est fixé à 1 fr.

Art. 4. — Le remboursement des sommes consignées s'effectuera dans le lieu où la consignation aura été faite, dix jours après la notification faite au préposé de la caisse d'amortissement, de l'acte ou jugement qui en aura autorisé le remboursement. — Si la durée de la consignation donne ouverture à des intérêts, ils seront comptés jusqu'au jour du remboursement.

Art. 5. — Les préposés de la caisse d'amortissement qui ne satisferaient pas au payement après le délai fixé ci-dessus, seront contraignables par corps (sans préjudice du recours contre la caisse d'amortissement, conformément à l'art. 3), sauf le cas où ils pourraient justifier d'oppositions faites dans leurs mains, auquel cas ils seront tenus de dénoncer immédiatement lesdites oppositions à ceux qui leur auraient fait connaître leur droit au remboursement, pour que ces derniers puissent en poursuivre la mainlevée devant les tribunaux.

Art. 6. — La caisse d'amortissement et ses préposés ne pourront exercer aucune action pour l'exécution des jugements ou décisions qui auront ordonné des consignations.

Art. 7. — La caisse d'amortissement est autorisée à recevoir les consignations volontaires aux mêmes conditions que les consignations judiciaires.

Art. 8. — Tous les frais et risques relatifs à la garde, conservation et mouvement des fonds consignés, sont à la charge de la caisse d'amortissement.

Loi du 28 avr. 1816, sur les finances.

Art. 110. — La caisse d'amortissement ne pourra recevoir aucun dépôt ni consignation, de quelque espèce que ce soit. — Les dépôts, les consignations, les services relatifs à la Légion d'honneur, à la compagnie des canaux, aux fonds de retraite, et les autres attributions (l'amortissement excepté) confiées à la caisse actuellement existante, seront administrés par un établissement spécial sous le nom de *caisse des dépôts et consignations.*

Art. 111. — Cet établissement est soumis à la même surveillance et aux mêmes règles de responsabilité et de garantie que la nouvelle caisse d'amortissement instituée par la présente loi.

Ord. du 5 juill. 1816 relative aux attributions de la caisse des dépôts et consignations créé par la loi du 28 avr. 1816.

Louis, etc. — Les rois nos augustes prédécesseurs, en créant des établissements pour recevoir des dépôts et consignations, ont eu pour objet de remédier à des abus non moins préjudiciables aux fortunes particulières qu'à l'intérêt général de l'Etat. — L'édit du mois de juin 1578 a toujours été considéré comme un bienfait signalé ; et deux siècles après, malgré tant de variations importantes survenues dans l'administration de la justice, l'édit du mois d'oct. 1772 proclamait cette maxime : qu'il importait à la sûreté publique qu'il existât, sous les yeux des magistrats, un dépôt permanent et inviolable pour toutes les consignations judiciaires. »—Depuis 1789 même, l'esprit d'innovation qui s'est trop malheureusement introduit dans toutes les parties de la législation, n'a pas empêché qu'on ne renonçât cette vérité.

Les lois des 50 sept. 1791, 25 sept. 1793 et 18 janv. 1805 (28 niv. an XIII) paraissent l'avoir prise pour base ; mais, les établissements qu'elles avaient formés manquant d'indépendance, d'une surveillance et d'une garantie qui n'eussent rien d'illusoire, leur exécution n'a point répondu à ce qu'on pouvait en attendre. Il est notoire que la plupart des sommes sur lesquelles diverses personnes prétendent des droits opposés ou litigieux, loin d'être mises en séquestre dans une caisse de dépôts dont l'inviolabilité puisse rassurer chacun des intéressés, restent entre les mains de débiteurs qui ne présentent aucune garantie, ou d'officiers ministériels dont les cautionnements n'ont pas pour objet de répondre de ces sommes, parce qu'il n'entre pas dans leurs fonctions de les recevoir et de les garder. Ainsi la confiance publique est trompée, les dépôts sont violés ; on a vu des officiers ministériels détourner des sommes qu'ils avaient conservées contre le vœu des lois et l'intention des parties, sans qu'il y eût des moyens pour prévenir de tels abus.

Frappé de tant de désordres, résolu d'y mettre fin, et convaincu que les intérêts particuliers ne peuvent trouver une plus sûre garantie que dans un dépôt placé sous la foi publique et sous la surveillance de la commission qui inspecte la caisse d'amortissement, dont les opérations touchent si directement la fortune de l'État, nous avons proposé aux chambres, et elles ont adopté dans les art. 110, 111 et 112 de la loi du 28 avr. dernier, l'institution d'une caisse des dépôts et consignations.

L'art. 112 de ladite loi nous attribuant le droit d'organiser cette caisse, nous avons cru, en attendant qu'une loi spéciale ait déterminé tous les cas dans lesquels il y a lieu de consigner des sommes ou valeurs, devoir réunir les diverses dispositions des lois actuelles sur cet objet, et déterminer les mesures propres à en assurer l'exécution.

A ces causes, et vu les art. 110 et suivants de la loi du 28 avr. 1816, vu l'art. 14 de la charte constitutionnelle, qui nous réserve et attribue le droit de faire tous les règlements nécessaires pour l'exécution des lois, — Nous avons ordonné et ordonnons ce qui suit :

SECT. 1. — *Des sommes qui doivent être versées dans la caisse des dépôts et consignations.*

Art. 1. — La caisse des dépôts et consignations, créée par l'art. 110 de la loi du 28 avr. dernier, recevra seule toutes les consignations judiciaires.

Art. 2. — Seront en conséquence versés dans ladite caisse :

1° Les deniers offerts réellement, conformément aux art. 1257 et suivants c. civ.; ceux que voudra consigner un acquéreur ou donataire dans le cas prévu par les art. 2183, 2184, 2186 et 2189; le montant des effets de commerce dont le porteur ne se présente pas à l'échéance, lorsque le débiteur voudra se libérer conformément à la loi du 25 juill. 1793 (6 therm. an III) et en général toutes sommes offertes à des créanciers refusants par des débiteurs qui veulent se libérer;

2° Les sommes qu'offriront de consigner, suivant la faculté que leur accordent les art. 2011 c. civ., 167, 512 c. pr., 117 c. inst. crim. et autres dispositions des lois, toutes personnes qui, astreintes, soit par lesdites lois, soit par des jugements ou arrêts, à donner des cautions ou garan-

ties, ne pourraient ou ne voudraient pas les fournir en immeubles;

3° Les deniers remis par un débiteur à un garde de commerce exerçant une contrainte par corps, pour éviter l'arrestation, conformément à l'art. 14 du décr. du 14 mars 1808, et ceux qui, dans les mêmes circonstances, seraient remis à un huissier exerçant la contrainte par corps dans les villes et lieux autres que Paris, lorsque le créancier n'aura pas voulu recevoir lesdites sommes dans les vingt-quatre heures accordées auxdits officiers ministériels pour lui en faire la remise;

4° Les sommes que des débiteurs incarcérés doivent, aux termes de l'art. 798 c. pr., déposer ès mains du geôlier de la maison de détention pour être mis en liberté, lorsque le créancier ne les aura pas acceptées dans le délai de vingt-quatre heures;

5° Les sommes dont les cours et tribunaux ou les autorités administratives, quand ce droit leur appartient, auraient ordonné la consignation, faute par les ayants droit de les recevoir ou réclamer, ou le séquestre en cas de prétentions opposées;

6° Le prix que doivent consigner, conformément à l'art. 209 c. com., les adjudicataires de bâtiments de mer vendus par autorité de justice;

7° Les deniers comptants saisis par un huissier chez un débiteur contre lequel il exerce une saisie-exécution, lorsque, conformément à l'art. 590 c. pr. civ., le saisissant, la partie saisie et les opposants, ayant la capacité de transiger, ne seront pas convenus d'un séquestre volontaire dans les trois jours du procès-verbal de saisie, et ceux qui se trouveront lors d'une apposition de scellés ou d'un inventaire, si le tribunal l'ordonne ainsi sur le référé provoqué par le juge de paix;

8° Les sommes saisies et arrêtées entre les mains de dépositaires ou débiteurs, à quelque titre que ce soit; celles qui proviendraient de ventes de biens meubles de toute espèce, par suite de toute sorte de saisies, ou même de ventes volontaires, lorsqu'il y aura des oppositions dans les cas prévus par les art. 656 et 657 c. pr. civ.;

9° Le produit des coupes et des ventes de fruits pendants par les racines sur des immeubles saisis réellement; celui des loyers ou fermages des biens non affermés lors de la saisie, qui seraient perçus au profit des créanciers, dans les cas prévus par l'art. 688 c. pr.; ensemble tous les prix des loyers, fermages ou autres prestations, échus depuis la dénonciation au saisi, au fur et à mesure des échéances;

10° Le prix ou portion de prix d'une adjudication d'immeubles vendus sur saisie immobilière, bénéfice d'inventaire, cession de biens, faillite, que le cahier des charges n'autoriserait pas l'acquéreur à conserver entre ses mains, si le tribunal ordonne cette consignation sur la demande d'un ou de plusieurs créanciers;

11° Les deniers provenant des ventes des meubles, marchandises des faillis et de leurs dettes actives, dans le cas prévu par l'art. 497 c. com.;

12° Les sommes d'argent trouvées ou provenues des ventes et recouvrements dans une succession bénéficiaire, lorsque, sur la demande de quelque créancier, le tribunal en aura ordonné la consignation;

13° Les sommes de deniers trouvées dans une succession vacante, ou provenant du prix des biens d'icelle, conformément à l'avis du conseil d'État du 13 oct. 1809;

14° Enfin toutes les consignations ordonnées par des lois, même dans les cas qui ne sont pas rappelés ci-dessus, soit que lesdites lois n'indiquent pas le lieu de la consignation, soit qu'elles désignent une autre caisse, et notamment ce qui peut être encore dû par les anciens commissaires aux saisies réelles, conformément au décr. du 12 fév. 1812, lequel continuera de recevoir son exécution.

Art. 3. — Défendons à nos cours, tribunaux et administrations quelconques, d'autoriser ou d'ordonner des consignations en autres caisses et dépôts publics ou particuliers, même d'autoriser les débiteurs, dépositaires, tiers saisis, à les conserver sous le nom de séquestre ou autrement ; et au cas où de telles consignations auraient lieu, elles seront nulles et non libératoires.

Art. 4. — Pour assurer l'exécution des dispositions ci-dessus, il ne pourra être ouvert aucune contribution de deniers provenant des ventes, recouvrements, mobiliers, saisies-arrêts ou autres, que l'acte de réquisition, qui doit être rédigé conformément à l'art. 658 c. pr. civ., ne contienne mention de la date et du numéro de la consignation qui en a été faite : défendons aux présidents de nos tribunaux de commettre des commissaires pour procéder aux distributions ainsi requises sans ladite mention ; et en cas où une nomination leur serait surprise, défendons à tous commissaires nommés d'y procéder, sauf aux parties qui seraient lésées, leur recours contre les avoués par la faute desquels la distribution n'aurait pas lieu ; défendons pareillement à tous greffiers de délivrer les mandements énoncés en l'art. 671 du même code, sur autres que sur les préposés de la caisse des dépôts et consignations. Il en sera de même relativement aux ordres, lorsque le prix aura dû être versé dans le cas prévu n° 10 de l'art. 2.

SECT. 2. — *Obligations des officiers ministériels ou autres tenus de faire des versements à la caisse des dépôts et consignations.*

Art. 5. — Tout officier ministériel qui aura fait des offres réelles extrajudiciairement ou judiciairement, sera tenu, si elles ne sont pas acceptées, d'en effectuer le versement, dans les vingt-quatre heures qui suivront l'acte desdites offres, à la caisse des dépôts et consignations, à moins qu'il n'en ait été dispensé par ordre écrit de celui qui l'a chargé de faire lesdites offres.

Art. 6. — Tout garde de commerce, huissier ou geôlier, qui, ayant reçu des sommes dans les cas prévus par les n° 3 et 4 de l'art. 2 ci-dessus, n'en aura pas fait le versement à la caisse des dépôts et consignations dans les délais prescrits par ledit art. 2, sera poursuivi comme rétentionnaire de deniers publics.—Seront, à cet effet, tenus les gardes de commerce et huissiers de mentionner au pied de leurs exploits, et avant de les présenter à l'enregistrement, s'ils ont remis au créancier les sommes par eux reçues, et de mentionner également cette remise sur les répertoires ; et les geôliers feront ladite mention sur les registres d'écrou.

Art. 7. — Tout notaire, greffier, huissier, commissaire-priseur, courtier, etc., qui aura procédé à une vente, sera tenu déclarer au pied de la minute du procès-verbal en le présentant à l'enregistrement, et de certifier par sa signature qu'il a ou n'a pas d'oppositions et qu'il a ou n'a pas connaissance d'oppositions aux scellés ou autres opérations qui ont précédé ladite vente.

Art. 8.— Les versements des sommes énoncées au n° 8 de l'art. 2 seront faits dans la huitaine, à compter de l'expiration du mois accordé par l'art. 656 c. pr. aux créanciers pour procéder à une distribution amiable.—Ce mois comptera, pour les sommes saisies et arrêtées, du jour de la signification au tiers saisi, du jugement qui fixe ce qu'il doit rapporter. — S'il s'agit de deniers provenant de ventes ordonnées par justice, ou résultant de saisies-exécutions, saisies foraines, saisies-brandons, ou même de ventes volontaires auxquelles il y aurait eu des oppositions, ce délai courra du jour de la dernière séance du procès-verbal de vente.—S'il s'agit de deniers provenant de saisies de rentes ou d'immeubles, du jour du jugement d'adjudication.

Art. 9. — Conformément à l'art. 10 de la déclaration du 29 fév. 1618 et de celle du 16 juill. 1669, le directeur général de la caisse des consignations pourra décerner ou faire décerner par les préposés de la caisse, des contraintes contre toute personne qui, tenue d'après les dispositions ci-dessus de verser des sommes dans ladite caisse ou dans celle de ses préposés, sera en retard de remplir ces obligations ; il sera procédé pour l'exécution desdites contraintes comme pour celles qui sont décernées en matière d'enregistrement, et la procédure sera communiquée à nos procureurs près les tribunaux.

Art. 10. — Tout notaire, courtier, commissaire-priseur, huissier ou geôlier qui aura contrevenu aux obligations qui lui sont imposées par la présente ordonnance, en conservant des sommes de nature à être versées dans la caisse des consignations, sera dénoncé par nos préfets ou procureurs à celui de nos ministres dans les attributions duquel est sa nomination, pour sa révocation nous être proposée, s'il y a lieu, sans préjudice des peines qui sont ou pourront être prononcées par les lois.

SECT. 3. — *Obligations de la caisse des dépôts et consignations et de ses préposés.*

Art. 11. — La caisse des consignations aura des préposés, pour le service qui lui est confié, dans toutes les villes du royaume où siège un tribunal de première instance. — Elle sera responsable des sommes par eux reçues, lorsque les parties auront fait enregistrer leurs reconnaissances dans les cinq jours de celui du versement, conformément à l'art. 3 de la loi du 18 janv. 1805 (28 niv. an XIII).

Art. 12. — Les reconnaissances de consignations délivrées à Paris par le caissier, et dans les départements par les préposés de la caisse, énonceront sommairement les arrêts, jugements, actes ou causes qui donnent lieu auxdites consignations ; et dans le cas où les deniers consignés proviendraient d'un emprunt, et qu'il y aurait lieu à opérer une subrogation en faveur du prêteur, il sera fait mention expresse de la déclaration faite par le déposant, conformément à l'art. 1250 c. civ., laquelle produira le même effet de subrogation que si elle était passée devant notaire. Le timbre et l'enregistrement seront aux frais de celui qui consigne, s'il est débiteur, ou prélevés sur la somme, s'il la dépose à un autre titre.

Art. 13. — Tous les frais et risques relatifs à la garde, conservation et mouvement des fonds consignés, sont à la charge de la caisse ; défendons à ses préposés ou à leurs commis et employés, de se faire payer par les déposants ou ceux qui retireront les sommes consignées, aucun droit de garde, prompte expédition, travail extraordinaire ou autre, à quelque titre que ce soit, à peine de destitution et d'être poursuivis comme concussionnaires.

Art. 14. — Conformément à l'art. 2 de la loi du 18 janv. 1805 (28 niv. an XIII), la caisse des dépôts et consignations payera l'intérêt de toute somme consignée, à raison de 3 p. 100, à compter du soixante et unième jour à partir de la date de la consignation jusques et non compris celui du remboursement.—Les sommes qui resteront moins de soixante jours en état de consignation ne produiront aucun intérêt ; lorsque les sommes consignées seront retirées partiellement, l'intérêt des portions restantes continuera de courir sans interruption.

Art. 15. — Conformément à l'art. 4 de la susdite loi, les sommes consignées seront remises, dans le lieu où le dépôt aura été fait, à ceux qui justifieront leurs droits, dix jours après la réquisition de payement au préposé de la caisse. — Ladite réquisition contiendra élection de domicile dans le lieu où demeure le préposé de la caisse des consignations; elle devra être accompagnée de l'offre de remettre les pièces à l'appui de la demande, de laquelle remise mention sera faite dans le visa que doit donner le préposé, conformément à l'art. 69 c. pr. civ. — Les préposés qui ne satisferaient pas au payement après ce délai, seront contraignables par corps, sans préjudice des droits des réclamants contre la caisse des consignations, ainsi qu'il est dit en l'art. 11.

Art. 16. — Ne pourront, lesdits préposés, refuser les remises réclamées, que dans les deux cas suivants : — 1° Sur le fondement d'opposition dans leurs mains soit sur la généralité de la consignation, soit sur la portion réclamée, soit sur la personne requérante ; 2° Sur le défaut de régularité des pièces produites à l'appui de la réquisition. — Ils devront, dans ce cas, avant l'expiration du dixième jour, dénoncer, lesdites oppositions ou irrégularités aux requérants par signification au domicile élu, et ne seront contraignables que dix jours après la signification des mainlevées ou du rapport des pièces régularisées. — Les frais de cette dénonciation seront à la charge des parties réclamantes, à moins qu'elles n'aient fait juger contre le préposé que son refus était mal fondé, auquel cas les frais seront à la charge de ce dernier, sans répétition contre la caisse des dépôts et consignations ; sauf le cas où son refus aurait été approuvé par le directeur général.

Art. 17. — Pour assurer la régularité des payements requis par suite d'ordre ou de contribution, il sera fait, par le greffier du tribunal, un extrait du procès-verbal dressé par le juge-commissaire, lequel extrait contiendra : 1° les noms et prénoms des créanciers colloqués ; 2° les sommes qui leur sont allouées ; 3° mention de l'ordonnance du juge qui, à l'égard des ordres, ordonne la radiation des inscriptions, et à l'égard des contributions, fait mainlevée des oppositions des créanciers forclos ou rejetés.—Le coût de cet extrait sera compris dans les frais de poursuite, nonobstant toutes dispositions contraires de l'art. 157 du décr. du 16 fév. 1807. Dans les dix jours de la clôture de l'ordre ou contribution, cet extrait sera remis par l'avoué poursuivant, savoir : à Paris, au caissier, et dans les autres villes, au préposé de la caisse des consignations, à peine de dommages-intérêts envers les créanciers colloqués à qui ce retard pourra être préjudiciable. — La caisse des consignations ne pourra tenue de payer aucun mandement ou bordereau de collocation avant la remise de cet extrait, si ce n'est dans le cas de l'art. 758 c. pr. civ.

SECT. 4. — Dispositions transitoires.

Art. 18. — Toute personne, sans distinction, dépositaire ou débitrice, à quelque titre que ce soit, de sommes qui, d'après les dispositions de la présente ordonnance, doivent être reçues par la caisse des consignations ou par celle de ses préposés, est tenue d'en faire la déclaration et versement avant le 1er août prochain, sous les peines prononcées par les art. 5, 8 et 10 de la présente ordonnance, etc.

Loi du 8 juill. 1857, portant règlement définitif du budget de l'exercice 1834.

Art. 11. — Les dispositions des art. 14 et 15 de la loi du 9 juill. 1856 sont déclarées applicables aux saisies-arrêts, oppositions et autres actes ayant pour objet d'arrêter le payement des sommes versées, à quelque titre que ce soit, à la caisse des dépôts et consignations et à celle de ses préposés. — Toutefois le délai de cinq ans mentionné à

l'art. 14 ne courra, pour les oppositions et significations faites ailleurs qu'à la caisse ou à celle de ses préposés, que du jour du dépôt des sommes grevées desdites oppositions et significations. — Les dispositions du décret du 18 août 1807, sur les saisies-arrêts ou oppositions, sont également déclarées applicables à la caisse des dépôts et consignations.

Loi du 9 juill. 1856, portant règlement définitif du budget de l'exercice 1853.

Art. 12. — Le montant des créances portant intérêts, et notamment de celles résultant de prix d'immeubles liquidées à la charge de l'État, en exécution des art. 1 et 4 de la loi du 8 avril 1834, relative à la liquidation de l'ancienne liste civile, dont le payement n'aura pas été effectué, faute de productions ou justifications suffisantes, dans les trois mois de la liquidation ou de l'ordonnance royale intervenue sur pourvoi au conseil d'État, sera versé, en capital et intérêts, à la caisse des dépôts et consignations, à la conservation des droits des créanciers. — Ce versement libérera définitivement le trésor public, et toutes les inscriptions existantes sur les immeubles seront rayées en vertu d'arrêtés du ministre des finances, qui mentionneront la date du dépôt. — Cette règle, néanmoins, cessera de recevoir son application toutes les fois que le terme du payement aura été stipulé, en faveur du vendeur ou du créancier, par une clause expresse du contrat.

Art. 13. — Toutes saisies-arrêts ou oppositions sur des sommes dues par l'État, toutes significations de cession ou transport desdites sommes, et toutes autres ayant pour objet d'en arrêter le payement, devront être faites entre les mains des payeurs, agents ou préposés sur la caisse desquels les ordonnances ou mandats seront délivrés. — Néanmoins à Paris, et pour tous les payements à effectuer à la caisse du payeur central au trésor public, elles devront être exclusivement faites entre les mains du conservateur des oppositions au ministère des finances. Toutes dispositions contraires sont abrogées. — Seront considérées comme nulles et non avenues toutes oppositions ou significations faites à toutes autres personnes que celles ci-dessus indiquées. — Il n'est pas dérogé aux lois relatives aux oppositions à faire sur les capitaux et intérêts des cautionnements.

Art. 14. — Lesdites saisies-arrêts, oppositions et significations n'auront d'effet que pendant cinq années, à compter de leur date, si elles n'ont pas été renouvelées dans ledit délai, quels que soient d'ailleurs les actes, traités ou jugements intervenus sur lesdites oppositions ou significations.—En conséquence, elles seront rayées d'office des registres dans lesquels elles auraient été inscrites, et ne seront pas comprises dans les certificats prescrits par l'art. 14 de la loi du 19 fév. 1792, et par les art. 7 et 8 du décret du 18 août 1807.

Art. 15. — Les saisies-arrêts, oppositions et significations de cession ou transport, et toutes autres faites jusqu'à ce jour, ayant pour objet d'arrêter le payement des sommes dues par l'État, devront être renouvelées dans le délai d'un an, à partir de la publication de la présente loi, et conformément aux dispositions ci-dessus prescrites ; faute de quoi elles resteront sans effet et seront rayées des registres dans lesquels elles auront été inscrites.

Art. 16. — Le montant des cautionnements dont le remboursement n'aura pas été effectué par le trésor public, faute de productions ou de justifications suffisantes, dans le délai d'un an, à compter de la cessation des fonctions du titulaire ou de la réception des fournitures et travaux, pourra être versé, en capital et intérêts, à la caisse des dépôts et consignations, à la conservation des droits de qui il appartiendra. — Ce versement libérera définitivement le trésor public.

Décret impérial du 18 août 1807, qui prescrit des formalités pour les saisies-arrêts ou oppositions entre les mains des receveurs ou administrateurs de caisses ou deniers publics.

NAPOLÉON, etc.; — Vu l'avis de notre conseil d'État, du 12 mai 1807, approuvé par nous le 1er juin suivant ; — Vu le tit. 20 du liv. 5 c. de pr. civ., ensemble les lois des 19 fév. 1792 et 30 mai 1793;

Considérant que les lois des 19 fév. 1792 et 30 mai 1793 avaient établi les formes à suivre pour les saisies-arrêts ou oppositions signifiées au trésor public; — Que d'après le susdit avis de notre conseil d'État, approuvé par nous, l'abrogation prononcée par l'art. 1011 c. pr. civ. ne s'étend point aux affaires qui intéressent le gouvernement, pour lesquelles il a toujours été regardé comme nécessaire de se régir par des lois spéciales, soit en simplifiant la procédure, soit en produisant des formes différentes; — Qu'ainsi les lois des 19 fév. 1792 et 30 mai 1793 continuent d'être les règles de la matière, à l'exception des dispositions du code de procédure civile, qui portent nominativement sur les saisies-arrêts ou oppositions signifiées aux administrations publiques, et qui se bornent aux deux art. 561 et 569; — Voulant, pour le bien de notre service et pour celui des parties intéressées, réunir toutes les dispositions relatives à cet objet et faciliter la connaissance des règles à observer;

Art. 1. — Indépendamment des formalités communes à tous les exploits, tout exploit de saisie-arrêt ou oppositions entre les mains des receveurs, dépositaires ou administrateurs de caisse ou de deniers publics, en cette qualité, exprimera clairement les noms et qualités de la partie saisie; il contiendra, en outre, la désignation de l'objet saisi.

Art. 2. — L'exploit énoncera pareillement la somme pour laquelle la saisie-arrêt ou opposition est faite; et il sera fourni, avec copie de l'exploit, auxdits receveurs, caissiers ou administrateurs, copie ou extrait en forme du titre du saisissant.

Art. 3. — A défaut par le saisissant de remplir les formalités prescrites par les art. 1 et 2 ci-dessus, la saisie-arrêt ou opposition sera regardée comme non avenue.

Art. 4. — La saisie-arrêt ou opposition n'aura d'effet que jusqu'à concurrence de la somme portée en l'exploit.

Art. 5. — La saisie-arrêt ou opposition formée entre les mains des receveurs, dépositaires ou administrateurs de caisse ou de deniers publics, en cette qualité, ne sera point valable, si l'exploit n'est fait à la personne préposée pour le recevoir, et s'il n'est visé par elle sur l'original, ou, en cas de refus, par le procureur impérial près le tribunal de première instance de leur résidence, lequel en donnera de suite avis aux chefs des administrations respectives.

Art. 6. — Les receveurs, dépositaires ou administrateurs seront tenus de délivrer, sur la demande du saisissant, un certificat qui tiendra lieu, en ce qui les concerne, de tous autres actes et formalités prescrits, à l'égard des tiers saisis, par le titre 20 du livre 5 c. pr. civ. — S'il n'est rien dû au saisi, le certificat l'énoncera. — Si la somme due au saisi est liquide, le certificat en déclarera le montant; — Si elle n'est pas liquide, le certificat l'exprimera.

Art. 7. — Dans le cas où il serait survenu des saisies-arrêts ou oppositions sur la même partie et pour le même objet, les receveurs, dépositaires ou administrateurs seront tenus, dans les certificats qui leur seront demandés, de faire mention desdites saisies-arrêts ou oppositions, et de désigner les noms et élection de domicile des saisissants, et les causes desdites saisies-arrêts ou oppositions.

Art. 8. — S'il survient de nouvelles saisies-arrêts ou oppositions depuis la délivrance d'un certificat, les receveurs, dépositaires ou administrateurs seront tenus, sur la demande qui leur en sera faite, d'en fournir un extrait contenant pareillement les noms et élection de domicile des saisissants, et les causes desdites saisies-arrêts ou oppositions.

Art. 9. — Tout receveur, dépositaire ou administrateur de caisse ou de deniers publics, entre les mains duquel il existera une saisie-arrêt ou opposition sur une partie prenante, ne pourra vider ses mains sans le consentement des parties intéressées, ou sans y être autorisé par justice.

AM. — 21 mai 1852, 21 fév. 1855. — B. 452.
Cautionnement des entrepreneurs et adjudicataires. — Facilités pour le versement et le remboursement (1).

Le ministre des finances; — Vu l'arrêté du ministre des finances, en date du 1er juin 1839, por-

---

(1) Paris, le 1er juill. 1852. — *Circulaire à MM. les trésoriers payeurs en Algérie.*—Par la lettre, monsieur, que j'ai eu l'honneur de vous écrire, le 5 fév. dernier, je vous traçais la marche que vous aviez à suivre ainsi que vos préposés, touchant la recette et le remboursement des dépôts de garantie faits par les soumissionnaires, adjudicataires et entrepreneurs de fournitures et travaux pour le compte de l'État.

Je vous adresse aujourd'hui l'ampliation d'un arrêté que le ministre a pris, sous la date du 21 mai, après en avoir concerté les dispositions avec le ministre de la guerre et la caisse des dépôts et consignations, et qui, sans rien changer aux formes actuelles, en ce qui concerne les dépôts provisoires, détermine avec précision la limite dans laquelle devra se renfermer, sous votre surveillance, l'action de vos préposés, pour ne point compromettre les intérêts du trésor et votre responsabilité, tout en accordant cependant aux entrepreneurs des facilités réelles pour faire et retirer leurs cautionnements sans déplacement et sans frais.

Vous remarquerez que d'après l'art. 1, vos préposés, sans devenir pour cela agents directs de la caisse des dépôts et consignations, pourront, mais sous votre responsabilité personnelle vis-à-vis des tiers et de cette caisse dont vous resterez seul préposé au département, suivant les termes du décr. du 14 oct. 1851, recevoir les cautionnements des adjudicataires de fournitures et tra-

vaux pour garantie de l'exécution de leurs marchés; que les récépissés de ces cautionnements, souscrits par lesdits préposés, visés et contrôlés, ainsi que leurs talons, par l'agent administratif accrédité à cet effet dans la localité, formeront titre au profit des parties versantes et que ces mêmes préposés devront être pourvus d'un registre annexe du vôtre sur lequel ils recevront à leur date les déclarations à faire par les soumissionnaires devenus adjudicataires et par leurs bailleurs de fonds, des versements qu'ils effectueront à titre de cautionnements définitifs produisant intérêt à 5 p. 100 à partir du soixante et unième jour de la date du versement.

Vous voudrez donc bien faire tenir à vos préposés ce registre annexe, revêtu de votre visa et coté et paraphé par vous, en leur faisant observer que n'étant pas préposés de la caisse des dépôts et consignations et n'agissant qu'en votre nom et pour votre propre compte, les déclarations qu'ils auront à inscrire dans la forme du modèle n° 1, joint à l'instruction générale de la caisse des dépôts et consignations du 1er déc. 1851, devront toujours être à votre nom, et que lorsqu'un cautionnement sera fourni par un bailleur de fonds, la déclaration devra en faire mention et être, en outre, signée par le prêteur lui-même, conformément à l'art. 5 de l'arrêté du ministre des finances, dont le texte se trouve aux pages 108 et 109 de l'instruction générale susrelatée.

Vous aurez à vous faire adresser par ces comptables à

tant que les cautionnements en numéraire des adjudicataires de fournitures et travaux entrepris au compte de l'État et des départements seront versés à la caisse des dépôts et consignations et reçus, dans les départements, par les receveurs de finances en leur qualité de préposés de ladite caisse; — Vu le décret du 14 oct. 1851 ;

Considérant que s'il convient de ne pas donner, quant à présent, plus d'extension aux dispositions de ce décret, il importe aussi de procurer aux adjudicataires de fournitures et de travaux pour la réalisation et le remboursement de leurs cautionnements en numéraire toutes les facilités conciliables avec les intérêts du trésor public et la ré-

---

la fin de chaque dizaine, avec les éléments périodiques de leur comptabilité, une copie textuelle et certifiée des déclarations des espèces qu'ils auront reçues dans les dix jours écoulés, et vous conserverez ces pièces avec soin afin de pouvoir y recourir au besoin, notamment lorsque des demandes de remboursement de cautionnements vous seront faites. En outre, des copies de ces déclarations certifiées par vous véritables devront être transmises à la direction générale de la caisse des dépôts et consignations à l'appui de vos relevés de recettes mensuelles (Instr. gén. précitée du 1er déc. 1851, page 56, art. 75); et par suite des comptes particuliers conformes au modèle prescrit par l'art. 44 de ladite instruction, devront être ouverts sur vos registres de consignations pour les cautionnements versés par l'art. 44 de ladite instruction, devront être ouverts par les adjudicataires.

S'il arrivait (ce qui devra du reste être fort rare) que l'existence d'un bailleur de fonds ne se fût pas révélée au moment même de la déclaration de l'adjudicataire ou du fournisseur, et qu'il ne pût plus être suppléé en l'absence de l'intervention de ce bailleur de fonds dans la déclaration primitive que par la signification extrajudiciaire d'une déclaration devant notaire, conformément au modèle annexé au décr. du 22 déc. 1812, cette signification devrait être faite directement à vous comme seul préposé de la caisse des dépôts et consignations et non à votre préposé, et, dans ce cas spécial, la déclaration ainsi que l'acte de signification seraient transcrits par vous, à la date de leur réception, sur votre registre des oppositions, et vous auriez à en donner avis immédiatement à votre préposé, qui lui-même en prendrait note en marge de la déclaration de cautionnement par lui reçue.

Quant aux formalités préalables à remplir, aux récépissés à délivrer, aux écritures à rédiger par vos préposés et par vous-même pour constater l'encaissement des dépôts et leur conversion en cautionnements définitifs, je me réfère à ma lettre susrelatée du 3 février dont les dispositions, sous ces divers rapports, doivent être maintenues et continuer à recevoir leur application.

Maintenant, en ce qui concerne le remboursement des cautionnements de l'espèce après leur libération, vous verrez, monsieur, qu'aux termes de l'art. 2 de l'arrêté, dont l'ampliation est ci-jointe, vous êtes seul appelé à les opérer ou à les autoriser, par ce motif que vous êtes seul préposé de la caisse des dépôts et consignations, qu'à ce titre vous avez seul qualité pour recevoir les oppositions, et que vos préposés, en recevant ces cautionnements, n'ont agi que pour vous suppléer dans cette qualité.

L'art. 3 prévoit le cas où les parties désireraient recevoir au lieu même de leur résidence les sommes dont le remboursement a été autorisé à leur profit en capital et intérêts, et il statue qu'ils pourront, s'il n'y a pas d'oppositions et sur la demande qu'ils vous en feront, être désintéressées en mandats délivrés par vous sur vos préposés.

Toutes les demandes formées à la fin de liquidation et de remboursement, devront vous être adressées directement avec toutes les pièces à l'appui; mais, afin d'éviter des déplacements et des frais d'actes aux parties qui auraient leur domicile hors du chef-lieu de votre province, les ayants droit pourront se servir de l'intermédiaire de vos préposés, en vous faisant connaître dans leurs demandes qu'ils désirent être payés au moyen de mandats sur la caisse de ces préposés.

Après avoir examiné ces pièces dont la nature et la forme sont indiquées sous le n° 109, page 76 du tableau des justifications à produire à l'appui des remboursements des consignations, annexé à l'instruction générale de la caisse des dépôts et consignations du 1er déc. 1851 déjà citée, et après vous être assuré qu'il n'y a point d'oppositions, vous enverrez, d'une part, aux parties, des mandats de payement sur la caisse de vos préposés, et, d'autre part, vous enverrez à ces derniers, avec les pièces, l'avis

de la délivrance desdits mandats et vos avis d'autorisation de payement. Ces comptables feront acquitter les mandats, lors de leur présentation, par les titulaires; ils se feront remettre en même temps par les parties adjudicataires ou bailleurs de fonds, des quittances formulées conformément aux art. 117 et 118 de l'instruction générale du 1er déc. 1851, indiquant que ces quittances, qui vous seront transmises ensuite par vos préposés avec les demandes de remboursement et toutes les pièces à l'appui, ne forment qu'une seule et même chose avec l'acquit donné au dos des mandats.

Enfin, ainsi que le porte l'art. 5 mentionné ci-dessus, de l'arrêté du 21 mai, la caisse des dépôts étant valablement libérée vis-à-vis des tiers par l'émission et la remise de vos mandats, vous devrez veiller à ce que cette double opération soit exactement constatée dans vos écritures. Vous comprendrez, en effet, que dans le cas où des oppositions sur des cautionnements de cette nature, déjà remboursés par des mandats, viendraient à vous être notifiées après cette émission, ces oppositions n'engageraient plus l'administration, ainsi qu'il résulte des dispositions d'un avis du conseil d'État du 12 août 1807, rappelé dans l'instruction des finances du 27 août 1813 sur les oppositions, lequel a posé le principe que le trésor est libéré par le fait seul de l'émission de ses mandats. Néanmoins, dans cette hypothèse, il conviendrait que l'opposition fût visée par vous sur l'original, pour valoir seulement dans le cas où le mandat de payement délivré sur la caisse du préposé ne serait pas encore acquitté au moment où la partie se présenterait à le recevoir de ce dernier. En effet, de ce que le trésor et la caisse des dépôts et consignations se trouvent libérés par l'effet de l'émission d'un mandat sur l'un de vos préposés, il ne s'ensuivrait pas que vous ne dussiez pas aider le créancier opposant à faire valoir ses droits; les instructions disent, au contraire, que le payeur, après avoir reçu l'opposition, doit avertir sur-le-champ son délégué de l'existence de l'opposition et lui recommander de ne pas payer s'il en est temps encore. C'est ce qui résulte d'une circulaire du 30 mars 1846 de la direction du contentieux des finances et de l'art. 74 de l'instruction ministérielle déjà citée sur les oppositions.

J'ajouterai que comme ce ne sera, ainsi qu'il est dit ci-dessus, qu'au moyen de mandats émis par vous que vos préposés restitueront des cautionnements versés à leurs caisses, il n'y aura pas lieu de leur part de débiter du montant de ces restitutions le compte payements pour le compte de la caisse des dépôts et consignations ouvert dans leurs écritures, mais bien le compte mandats du trésorier payeur acquittés. Il est bien entendu aussi que pour cette émission de mandats par vous et sur vos préposés, vous aurez à débiter le compte caisse des dépôts et consignations, son compte courant au crédit du compte mandats du trésorier sur ses préposés, et que les dispositions de ma lettre du 5 février concernant les restitutions par vos préposés des dépôts provisoires faits entre leurs mains par les soumissionnaires et les écritures à rédiger par eux pour constater ces restitutions, devront continuer à être observées. Il en est de même des cautionnements en inscriptions de rentes fournis par les adjudicataires dont il est question dans ladite lettre.

Je vous invite, monsieur, à adresser de nouvelles instructions dans ce sens à vos préposés, et à ajouter telles explications que vous jugerez utiles pour qu'ils n'éprouvent aucune incertitude sur la marche qu'ils auront à suivre pour procéder régulièrement à ces opérations.

Je vous prie, en outre, de m'accuser réception de la présente lettre dont les dispositions ont été concertées avec M. le directeur général de la caisse des dépôts et consignations.

Le directeur de la comptabilité générale des finances,
DE LÉPINE.

ponsabilité des trésoriers-payeurs; — Vu l'avis conforme de M. le ministre de la guerre;

Art. 1. — Les cautionnements que les adjudicataires de fournitures et de travaux en Algérie sont tenus de verser en numéraire à la caisse des dépôts et consignations, pour la garantie de l'exécution de leurs marchés, pourront, dans les localités autres que celles de la résidence des trésoriers payeurs, être reçus, pour le compte et sous la responsabilité de ces derniers, par les préposés-payeurs. — A cet effet, il sera remis à chaque préposé, dans la forme en usage pour les consignations, un registre annexe de celui du trésorier-payeur, et sur lequel seront reçues, à leur date, les déclarations à faire par les soumissionnaires devenus adjudicataires, et par leurs bailleurs de fonds, des versements par eux effectués à titre de cautionnements définitifs. — Les récépissés des préposés-payeurs, visés et contrôlés, ainsi que leurs talons, par l'agent administratif accrédité à cet effet dans la localité, formeront titre, au profit des parties versantes, sur la caisse des dépôts et consignations, et les cautionnements ainsi réalisés produiront intérêt à partir du soixante et unième jour de la date du versement.

Art. 2. — Le remboursement des cautionnements dont la libération aura été constatée dans les formes prescrites ne pourra, en aucun cas, être effectué ou autorisé que par les trésoriers-payeurs et sous leur responsabilité. — En conséquence, toute demande à fin de liquidation et de remboursement devra être adressée à ces comptables avec toutes les pièces à l'appui, et toute opposition qui n'aurait pas été formée régulièrement entre leurs mains serait sans valeur contre la caisse des dépôts et consignations.

Art. 3. — Les parties qui désireront recevoir au lieu même de leur résidence les sommes dont le remboursement ou le payement aura été autorisé à leur profit sur les cautionnements de l'espèce, en capital ou intérêts, pourront, s'il n'y a pas d'oppositions, et sur la demande qu'ils en feront au trésorier-payeur, en lui envoyant toutes les pièces justificatives de leurs droits, être désintéressés en un mandat du trésorier-payeur sur la caisse de son préposé. — La caisse des dépôts et consignations sera valablement libérée vis-à-vis des tiers par l'émission de ces mandats; toutefois les parties prenantes devront, en outre de leur acquit sur le mandat, remettre au préposé-payeur une quittance dans la forme prescrite par les règlements pour les dépôts et consignations.

Art. 4. — Les dispositions de l'arrêté ministériel du 1er juin 1839 continueront à être exécutées en Algérie en tout ce qui n'est point modifié par le présent arrêté.

Art. 5. — Les directeurs du mouvement général des fonds et de la comptabilité générale sont chargés de concerter avec le directeur général de la caisse des dépôts et consignations et les services compétents du ministère de la guerre les instructions à préparer pour l'exécution du présent arrêté, dont des ampliations seront remises à qui de droit.   BINEAU.

Circ. M. — 20 juin 1856. — *Cautionnements, adjudications et marchés avec les communes,* (V. ci-après *Circul. du 24 oct. 1856*).

M. le préfet, aux termes d'une circ. du 9 juin 1838, émanée de l'un de mes prédécesseurs, les cautionnements définitifs en numéraire, d'adjudications ou de marchés passés au compte des communes et des établissements de bienfaisance, peuvent être reçus à la caisse municipale ou hospitalière, pour être ensuite versés en compte courant au trésor public. Cette marche a été adoptée en vue de l'exécution de l'ord. du 14 nov. 1837,

qui étendit aux communes et aux établissements de bienfaisance les dispositions de celle du 4 déc. 1836, sur les formes à suivre dans les adjudications et marchés à passer au compte de l'État ou des départements, pour lesquels les cautionnements en numéraire étaient, à cette époque, versés au trésor.

Mais, depuis, un arrêté de M. le ministre des finances, du 1er juin 1839, ayant décidé que ces cautionnements seraient reçus désormais par la caisse des dépôts et consignations M. le directeur général de cette administration a exprimé l'avis qu'il conviendrait d'étendre, par analogie, la même disposition aux cautionnements définitifs réalisés en numéraire par les adjudicataires de travaux ou de fournitures au compte des communes et des établissements charitables; que ce serait, d'ailleurs, une application naturelle des règles édictées par l'ord. du 3 juill. 1816 sur les consignations.

Cet avis m'ayant paru fondé, j'ai décidé, d'accord avec M. le ministre des finances, que les cautionnements dont il s'agit, devront à l'avenir, être versés à la caisse des dépôts et consignations qui, conformément à l'art. 14 de l'ord. précitée de 1816, en payera l'intérêt à 3 p. 0/0, à partir du 61e jour de la consignation. — Je vous invite à assurer, en ce qui vous concerne, l'exécution de la présente circulaire et à m'en accuser réception. — De son côté, mon collègue va adresser des instructions aux receveurs des finances sur la marche à suivre lors du versement et du remboursement des cautionnements.

Le ministre de l'intérieur,   BILLAULT.

DI. — 23 oct.-28 nov. 1856. — B. 502. — *Versements par les receveurs de l'enregistrement et des domaines.*

Vu les décrets des 14 oct. 1851 et 21 nov. 1855;

Art. 1. — Les receveurs de l'enregistrement et des domaines en Algérie suivront et opéreront, au nom et pour le compte de la caisse des dépôts et consignations le recouvrement : — 1o Du produit des successions vacantes; — 2o Des cautionnements des personnes à représenter en justice; — 3o Du prix de la vente des effets mobiliers déposés dans les greffes des cours et tribunaux; — 4o Du produit des coupes de bois en litige, et des condamnations pécuniaires prononcées pour les délits commis dans ces mêmes bois; — 5o Du produit de la vente des bestiaux saisis dans les bois des particuliers; — 6o Des amendes à acquitter en exécution des lois et décrets sur la presse.

Art. 2. — Le montant des recettes qui seront faites par les receveurs de l'enregistrement et des domaines, en exécution de l'art. ci-dessus, sera par eux versé, dans le plus bref délai, au trésorier-payeur de la province, en qualité de préposé de la caisse des dépôts et consignations. — Ce versement n'aura lieu, pour les recettes énoncées aux nos 1, 3, 4 et 5 del'art. 1er, que sous déduction de la retenue de 5 p. 0/0 pour frais d'administration et de perception.

Art. 3. — Les poursuites contre les curateurs aux successions vacantes, pour le recouvrement des deniers provenant de ces successions, seront exercées, en cas de retard dans les versements prescrits par l'art. 20 de l'ord. du 26 déc. 1842, par les receveurs du domaine, à la requête du directeur général de la caisse des dépôts et consignations; elles auront lieu par voie de contrainte. — Il sera procédé pour l'exécution de ces contraintes comme pour celles qui sont décernées en matière de droit d'enregistrement.

Art. 4. — Les comptes annuels à rendre par les curateurs, conformément à l'art. 26 de l'ord. du 26 déc. 1842, seront, avant le dépôt au greffe, par eux communiqués avec les pièces à l'appui, aux receveurs du domaine, qui procéderont à leur examen et fourniront leur avis motivé sur la régularité de ces comptes.

Circ. M. — 24 oct. 1856. — *Cautionnements. — Adjudications et marchés avec les communes.*

J'ai été consulté sur la question de savoir s'il y a lieu d'étendre aux communes de l'Algérie les dispositions de la circulaire du 20 juin dernier. — Je crois, M. le préfet, qu'il convient, en ce qui concerne l'administration des communes algériennes, de se conformer aux règles de la métropole, toutes les fois qu'elles ne sont pas en contradiction avec la législation spéciale de la colonie, et qu'il n'y a pas de motif particulier pour s'en écarter, c'est le principe même de l'organisation municipale de l'Algérie, et mon département l'a constamment suivi depuis la création des premières communes. — Dans l'espèce, je ne vois aucun inconvénient à appliquer aux communes de l'Algérie les prescriptions de la circ. minist. du 20 juin 1856, et je vous invite, en conséquence, à en assurer l'exécution dans votre département.

VAILLANT.

Dépôts musulmans.

AG. — 20 juin-6 juill. 1848. — B. 278. — *Dépôts reçus par les cadis. — Versement à la caisse du Bit el Mal.*

Considérant qu'il est urgent, dans l'intérêt des parties, que les amaïn ou dépôts soient surveillés et placés dans une caisse publique qui offre toutes les garanties;

Art. 1. — A l'avenir, les amaïn ou dépôts, de quelque nature qu'ils soient, seront immédiatement versés par les cadis à la caisse du Bit el Mal, qui les prendra en charge et en deviendra comptable vis-à-vis des ayants droit.

Art. 2. — Dans les localités où l'administration du Bit el Mal n'est pas encore organisée, les amaïn ou dépôts seront déposés à la caisse du receveur des domaines (1).

Art. 3. — Dans les dix jours à partir de la publication du présent arrêté, tous les amaïn ou dépôts, confiés jusqu'à ce jour aux cadis, seront versés, soit dans la caisse du Bit el Mal, soit dans celle du receveur des domaines, comme il est dit ci-dessus.

Art. 4. — Le receveur des domaines et le Bit el Mal ne restitueront les dépôts dont il s'agit, en totalité ou en partie, que sur le vu d'un jugement rendu dans les formes ordinaires par le cadi ou par le Midjelès. CHANGARNIER.

DI. — 1er oct. 1851. — *Art. 49, 50. — Décret sur la justice musulmane. — Prescriptions générales sur le même objet.*

Art. 49. — Les dépôts de toute nature, faits entre les mains des cadis sont transcrits par eux sur un registre spécial et versés à l'administration du Bit el Mal, qui en donnera récépissé.

Art. 50. — Un arrêté pris par notre ministre de la guerre, sur la proposition du gouverneur général, détermine la valeur et la nature des dépôts qui peuvent être opérés entre les mains des cadis, le mode de versement au Bit el Mal, le mode de restitution ainsi que les obligations et la responsabilité des cadis et des agents du Bit el Mal, en ce qui concerne tous les dépôts qui leur sont faits en leur qualité.

(1) La caisse de l'administration des domaines remplissait à cette époque, l'office de caisse des dépôts et consignations (V. *Dépôts et consignations*). qui plus tard et par décret du 14 oct. 1851 a été confié aux trésoriers-payeurs.

AG. — 2 nov.-2 déc. 1855. — B. 189. — *Nouveau règlement sur cette matière.*

Vu les art. 49 et 50, du déc. du 1er oct. 1851;

Art. 1. — La valeur des dépôts, dits amaïn, que reçoivent les cadis est illimitée. Ils se composent de valeurs en numéraire ou en papier, lingots d'or ou d'argent, bijoux ou matières précieuses. — Ces dépôts sont de quatre espèces: — 1° Ceux des absents; — 2° Ceux que la justice conserve jusqu'au moment de la solution d'un procès; — 3° Ceux des orphelins; — 4° Ceux des interdits.

Art. 2. — Tous les dépôts reçus par les cadis sont versés dans les dix jours au Bit el Mal. Toutefois ils peuvent conserver les sommes nécessaires pour servir, pendant trois mois, les nafaka (pensions alimentaires) aux ayants droit.

Art. 3. — Les versements seront toujours accompagnés de bordereaux dressés par les adouls et signés par eux et le cadi. Ils indiqueront la date de la remise au cadi, la valeur des dépôts, leur nature et leur origine.

Art. 4. — Les bijoux, pierreries et matières précieuses, appartenant à des absents, des mineurs ou des interdits, seront versés en présence d'un agent du domaine; ils seront placés dans des paquets scellés et revêtus des cachets: 1° du cadi déposant; 2° de l'oukil du Bit el Mal; 3° de l'agent du domaine. Ces paquets seront accompagnés d'un état descriptif en trois expéditions: une pour le cadi, une pour le Bit el Mal et l'autre pour l'administration des domaines.

Art. 5. — Les restitutions des dépôts en partie ou en totalité aux ayants droit, ne pourront avoir lieu que sur le vu d'une invitation écrite du cadi ou d'un jugement en due forme.

Art. 6. — La restitution des bijoux, pierreries, etc., spécifiés à l'art. 4, aura lieu en présence de l'agent des domaines.

Art. 7. — Les cadis sont tenus de conserver intactes les valeurs qui leur ont été remises en dépôt pendant le temps qu'elles restent entre leurs mains; ils ne doivent ni en disposer, ni les changer, ni les altérer.

Art. 8. — Les cadis demeurent responsables de toutes les valeurs qu'ils ont reçues, jusqu'au moment où ils les livrent au Bit el Mal, et en reçoivent un récépissé.

Art. 9. — Les oukils du Bit el Mal sont soumis aux mêmes obligations que les cadis pour la conservation des valeurs placées entre leurs mains, ainsi qu'il est dit à l'art. 7.

Art. 10. — Ils sont responsables de toutes les valeurs qu'ils conservent en dépôt, jusqu'à ce qu'ils aient reçu décharge des ayants droit régulièrement autorisés. VAILLANT.

DI. — 31 déc. 1859 (V. *Justice musulmane***). —** *Art. 42 et 43 du nouveau décret. — Mêmes dispositions qu'aux art. 49 et 50 du décret de 1851.*

Dispenses de parenté.

Aux termes des art. 13 de l'arr. du 1er sept. 1834 et 7 de l'arr. du 2 août 1836 (V. *Admin. gén.*, § 1) le gouverneur général avait le droit d'accorder les dispenses de parenté. — Ce droit lui a été retiré par les ordonnances suivantes d'organisation, et est rentré, comme en France, dans les attributions du chef de l'État.

Distances légales.

Plusieurs arrêtés avaient déterminé d'une manière partielle ou générale les distances qui séparent les divers points de l'Algérie, et le tableau annexé à un décret présidentiel du 2 mai 1851 avait été inséré dans la première édition de cet ouvrage. Mais, depuis lors, l'art. 93 du décr. du 18 juin 1811 (tarif des frais criminels) a été mis à exécution; en conséquence, dans chaque département, les préfets ont fait dresser un tableau des distances de chaque commune aux chefs-lieux de canton, d'arrondissement et de département, d'après les modifications les plus récentes résultant du développement et de l'amélioration des voies de communication, et ce tableau est déposé dans les lieux prescrits par la loi. Quant à la distance légale entre Paris et Alger, elle a été fixée à 160 myriamètres par un décret du 25 fév. 1851, relatif à la promulgation spéciale des lois de douane (V. *Douanes*, § 1).

Domaine.

Dès le 1er sept. 1830, un directeur des domaines et revenus publics et quelques agents sous ses ordres furent nommés pour diriger cet important service. Le 17 mars 1832, cette administration fut chargée, sous le titre d'administration des domaines et droits réunis, de la perception de tous les droits et revenus provenant de contributions, fermages ou autres causes, et de recevoir en outre les dépôts et consignations. En 1834, elle prit le nom d'administration de l'enregistrement et des domaines qu'elle porte encore aujourd'hui. Les contributions diverses lui furent enlevées d'abord pour faire partie du service des douanes, puis pour constituer un service spécial. Les attributions de caisse des dépôts et consignations lui furent aussi retirées successivement. Un premier arrêté du 2 avr. 1833 avait ordonné que les deniers provenant des successions vacantes, seraient versés dans les caisses du payeur de l'armée. Deux autres arrêtés du 4 mars 1835 et 6 mai 1844 prirent la même mesure à l'égard des cautionnements. Enfin un décret du 14 oct. 1851 attribua aux officiers payeurs les fonctions de receveurs généraux et les chargés de la caisse des dépôts et consignations.

Le service de la conservation des hypothèques remis par arrêté du 22 juill.1835 à l'administration des domaines et confié aux receveurs, a été par arrêté postérieur du 30 déc. 1842, remis comme en France à des conservateurs.

En 1848, cette administration, qui jusque-là était restée sous la direction du ministre de la guerre, en fut quelque temps détachée et placée dans le ressort du ministre des finances; mais la nature de la mission qu'elle avait à remplir en Algérie fit bientôt reconnaître que cette organisation présentait de graves inconvénients et entravait le service; la mesure fut donc rapportée par décr. du 17 janv. 1850.

Un arrêté du 16 août 1859 (*Admin. gén.*, § 2) a institué au ministère de l'Algérie et des colonies un comité consultatif des affaires domaniales.

On trouvera tous les arrêtés précités aux articles: — *Administration générale* — *Contributions diverses* — *Dépôts et consignations* — *Enregistrement* — *Finances* — *Hypothèques* — *Successions vacantes*.

§ 1. — CONSTITUTION ET ADMINISTRATION DE LA PROPRIÉTÉ DOMANIALE.

Les principales dispositions qui régissent la constitution du domaine national, départemental ou communal en Algérie se trouvent dans les lois et ordonnances sur la propriété. On a seulement réuni dans ce paragraphe les arrêtés qui sont exclusivement relatifs à cette matière, et il est indispensable, pour compléter ces documents, de se reporter soit au paragraphe suivant, soit aux articles : — *Affaires arabes* — *Colonisation* — *Commune* — *Concessions* — *Finances* — *Procédure devant les tribunaux : instances domaniales, conflits* — *Propriété* — *Séquestre*.

Le mode de poursuites contre les redevables a fait l'objet d'un règlement général qui est inséré à l'article *Contributions diverses*.

AG. — 8 nov. 1850.— *Prohibition de toute aliénation. — Durée des baux.*

Art. 1. — Toute aliénation d'immeubles dépendant du domaine public, soit à titre de vente, soit à titre de concession à temps ou à perpétuité, est prohibée jusqu'à ce qu'il en soit autrement ordonné.

Art. 2. — Le domaine est autorisé à conclure des affermages de terrains et des locations de maisons ; mais la durée des baux ne pourra excéder le terme de trois ans.   CLAUZEL.

AG. — 26 nov. 1851. — *Remise d'immeubles au génie militaire pour le casernement* (1).

Considérant qu'avant de procéder à la vente des immeubles du domaine, ordonné par le ministre de la guerre le 17 sept. dernier, il est indispensable de pourvoir au logement des troupes et des officiers avec les moyens qu'offrent en maisons les ressources dudit domaine, afin de prévenir de nouvelles constructions, toujours lentes et très-coûteuses ;

Art. 1. — Toutes les casernes et maisons qui sont la propriété du domaine ou sous son séquestre, actuellement occupées militairement pour le service des hôpitaux; pour le logement des corps de troupes des différentes armes, officiers compris; de MM. les officiers généraux et officiers d'état-major, intendant et sous-intendants militaires, officiers de santé et d'administration des hôpitaux, et employés des divers autres services, et pour les magasins du génie, de l'artillerie et de l'administration, restent affectées à leurs destinations actuelles et dans les attributions du génie militaire, à qui elles sont concédées, et qui est chargé de leur conservation, réparation et entretien, ainsi que des maisons du domaine qui seront jugées nécessaires et propres à ce service et y affectées, d'après l'assiette desdits logements militaires que en établit M. le lieutenant-colonel Lemercier, commandant le génie, pour être soumis immédiatement à notre approbation (2).   Baron BERTHEZÈNE.

_____

(1) V. jurisprudence relative à la vente des immeubles affectés au casernement (*Expropriation*, arr. du 9 déc. 1841, art. 51, note).

(2) V. *logements militaires*.

AG. —12 déc. 1851.—*Recensement général des propriétés domaniales.*

Considérant que l'administration supérieure a reconnu depuis longtemps la nécessité d'avoir sur les immeubles appartenant au domaine des renseignements qui pussent la mettre à même d'en reconnaître d'une manière précise le nombre, la nature et la valeur, et de la fixer en même temps sur le parti le plus avantageux qu'on pourrait en tirer;

Que cette nécessité vient d'acquérir un nouveau degré d'urgence par suite de la mesure arrêtée par le ministre de la guerre, le 17 sept. dernier, « de vendre (en exceptant toutefois entièrement les biens de la Mecque, de Médine et des mosquées, qui doivent être respectés) les propriétés domaniales qui en sont susceptibles, en commençant par celles dont l'entretien est onéreux et le produit insignifiant : par les motifs que, loin de profiter à l'État, la possession de ces biens est très-certainement dans ses mains une charge très-onéreuse, et qu'il est très-intéressé à s'en défaire promptement; qu'ils dépérissent rapidement faute d'un entretien convenable; que, rentrés dans la circulation, ils donneront, par les droits sur les transactions, un revenu supérieur à celui que l'État en retire comme propriétaire; qu'en économie politique l'État ne peut ni posséder ni administrer avec avantage; »

Art 1. — Il sera formé une commission de six membres pour faire : — 1° Le recensement de tous les immeubles appartenant au domaine et situés à Alger, tels que palais, casernes, maisons, magasins, boutiques, terrains, etc.; — 2° Le recensement de toutes les maisons, bâtiments, etc., autres que ceux du domaine, affectés au service du casernement ou aux logements militaires.

Art. 2 et suiv. — (Nomination des membres et détails d'exécution).   Baron BERTHEZÈNE.

AI. —4 juin 1852.—*Baux à loyer.—Dispositions réglementaires.*

Vu l'arr. du 8 nov. 1830; — Une décision du gouvernement, prescrivant que les baux à loyer desdits biens soient faits par adjudication; — La lettre de l'inspecteur des finances, en date du 4 oct. 1851, autorisant à déroger à cette forme pour les biens de la ville; — L'arr. du 7 déc. 1830 (V. ci-après, § 2); — L'arr. du 10 juin 1831 (V. *Séquestre*);

Considérant que si, depuis la publication de l'arr. du 10 juin, on a dû le considérer comme ayant limité aux biens y dénommés la mainmise du domaine ordonnée par les arrêtés locaux précédents, l'administration des domaines, en se fondant sur l'arr. du 8 nov. 1830, combiné avec l'arr. du 7 déc. suivant, s'est toujours crue autorisée à intervenir dans la disposition des biens des corps et des établissements publics, et que, dans plusieurs cas, elle s'y est opposée; — Que cette intervention, à raison de l'incertitude qui règne sur la nature et l'étendue des séquestres prononcés par l'arr. du 7 déc. n'a point encore été régularisée; — Que si les biens des corps et établissements publics sont exempts du séquestre, il est néanmoins toujours du droit et du devoir de l'administration supérieure d'exercer, sur les dispositions dont ces biens peuvent être utilement l'objet, dans l'intention des fondateurs, la surveillance qui a toujours appartenu aux précédents gouvernements sur ces biens; — Que les motifs qui ont fait suspendre les aliénations, soit à perpétuité, soit à long terme, des biens domaniaux, s'appliquent aux biens des établissements publics; — Considérant, à l'égard de la location de ces diverses natures de biens, qu'il est instant d'en ré-

gler les formes, restées jusqu'ici indéterminées;

Art. 1. — Tous les biens dépendant du domaine, ou par lui administrés, et les biens des corps et établissements publics, soit religieux, soit civils, sont et demeurent, quant à la transmission, soumis aux dispositions de l'arr. du 8 nov. 1830, qui sera exécuté selon sa forme et sa teneur. — En conséquence, lesdits biens ne pourront être transmis que par baux à loyer pour les maisons et boutiques, et par baux à ferme pour les biens ruraux, et, dans les deux cas, pour la durée de trois années.

Art. 2. — Ces transmissions ne pourront être faites que par adjudication publique, après annonces au *Moniteur algérien* et affiches apposées aux lieux accoutumés et aux lieux de situation, pour les biens ruraux.

Art. 3. — Les boutiques, chambres ou maisons estimées d'un revenu actuel inférieur à 100 fr., pourront être louées de gré à gré, toutefois après une annonce au *Moniteur algérien* et une affiche dans les deux langues.

Art. 4. — La location de tous biens d'une valeur supérieure devra être annoncée deux fois au *Moniteur*; et indépendamment de ce, elle sera annoncée par une affiche dans les deux langues, apposée le jour de la dernière publication au *Moniteur algérien*.

Art. 5. — L'administration des domaines reste chargée de veiller à ce que les oukils ou administrateurs des divers établissements se conforment aux dispositions du présent arrêté : à cet effet, les annonces et affiches pour locations des biens desdits établissements devront être, sous peine de nullité des locations, visées par le directeur des domaines et approuvées par l'intendant civil. — Les annonces et affiches resteront déposées à l'administration des domaines; l'affiche sera certifiée pour apposition dans la ville d'Alger, par le commissaire du roi près la municipalité; et hors la ville, par le procureur du roi.

      Baron PICHON.

AGI. —17 oct. 1853.—*Location des immeubles domaniaux à Arzew, Bougie et Mostaganem.*

Art. 1. — Jusqu'à dispositions contraires, tous les immeubles appartenant au domaine, à Arzew, Mostaganem et Bougie ne pourront être donnés à location que par adjudication publique et pour un an.

Art. 2. — La location ne préjudiciera en rien aux droits des propriétaires dont les titres seraient légalement reconnus, et les locataires ne pourront, dans tous les cas, être assujettis à payer le prix du loyer que pendant le temps qu'ils auront réellement occupé les immeubles. Ils ne pourront non plus exercer de répétition contre l'administration pour tout le temps pendant lequel ils auront été privés de leurs locations.

Général VOIROL.   GENTY DE BUSSY.

AGI. — 2 avr. 1854. — *Règlement général sur l'administration des immeubles.*

Vu les arr. des 8 nov. et 4 juin 1852, l'art. 9 de l'arr. du 27 juin dernier, les arr. du 17 oct. 1853 (V. *Expropriation*);

Considérant que l'État, aujourd'hui mieux fixé sur les produits des immeubles qu'il possède, doit prendre d'autres moyens pour en assurer la conservation; — Que le plus efficace de tous est d'augmenter la durée des baux et d'intéresser les locataires, par une plus longue jouissance, à tenir constamment les immeubles en bon état; — Qu'il importe de statuer réglementairement sur les charges, clauses et conditions auxquelles les adjudications devront avoir lieu; — Qu'il est nécessaire de déterminer les limites des effets de l'expropriation, aussi bien quant aux droits acquis par l'État qu'à ceux qui restent aux particuliers ; — Que lorsqu'il y a lieu de démolir, pour cette cause, une portion d'immeuble bâti, l'État doit indemniser le propriétaire pour la totalité ; — Que si l'expropriation n'affecte qu'une portion d'immeuble bâti, il est juste toutefois, dans certains cas, d'en laisser au propriétaire le surplus lorsqu'il manifeste l'intention de le conserver ; — Qu'il y a urgence à régler le mode des concessions de terrain à faire par l'État, et à déterminer les cas où elles devront avoir lieu, soit par voie d'adjudication publique, soit de gré à gré ; — Voulant enfin mettre d'accord et compléter la législation sur la matière ;

CHAP. 1. — I i la *location des immeubles du domaine.*

· SECT. 1 — *Dispositions réglementaires.*

Art. 1. — Dans l'intérieur des villes de la régence, les maisons, chambres, magasins ou boutiques dépendant du domaine, et, jusqu'à ce qu'il en ait été autrement ordonné, les immeubles de même nature appartenant aux établissements publics, ne pourront être transmis que par bail à loyer dont la durée sera de trois, six ou neuf années.

Art. 2. — Ces transmissions seront faites par adjudications publiques, qui devront être précédées d'un avis descriptif des immeubles à louer, inséré deux fois au *Moniteur algérien*, et affiché aux endroits accoutumés huit jours au moins avant l'adjudication , pour Alger, Oran , Bône et autres villes. — Les annonces et affiches resteront déposées à l'administration des domaines. — L'affiche sera certifiée pour apposition, dans les villes, par les commissaires du roi près les municipalités, et hors des villes, par le procureur du roi à Alger, et les juges royaux dans les autres points occupés.

Art. 3. — Les adjudications auront lieu à l'hôtel des domaines, par les soins du receveur de cette administration, sous la surveillance d'un employé supérieur des domaines, et en présence d'un fonctionnaire public délégué par l'intendant ou par les sous-intendants civils. Le dernier et plus offrant enchérisseur sera déclaré adjudicataire après trois criées consécutives dans les deux langues française et arabe.

SECT. 2. — *Clauses et conditions générales des baux.*

Art. 4. — Nul ne sera admis à enchérir pour autrui ; en conséquence, tout adjudicataire restera personnellement responsable des suites de son enchère.

Art. 5. — Ne seront point admis non plus comme adjudicataires les précédents locataires ou fermiers de propriétés domaniales qui, ayant donné lieu à une folle enchère, n'en auraient pas acquitté le montant.

Art. 6. — L'adjudicataire ne pourra sous-louer ni céder son droit de bail sans le consentement exprès de l'administration, sous peine de voir procéder à une nouvelle adjudication à ses risques et périls, et sans qu'il soit besoin d'une autorisation judiciaire.

Art. 7. — Il sera tenu de se conformer aux conditions particulières de construction ou de réparation spécifiées aux affiches et procès-verbal d'adjudication dans les délais fixés, à peine de résiliation du bail et d'adjudication à la folle enchère, dans la huitaine, après la signification d'un simple commandement, et sans qu'il soit nécessaire d'une autorisation de justice.

Art. 8. — Le prix annuel de la location sera payé par trimestre et d'avance, savoir : le premier terme, dans la huitaine de l'adjudication ; le deuxième, dans la huitaine du quatrième mois, et ainsi de suite, jusqu'à l'expiration du bail. — En cas de retard de plus de quinze jours de paye-

ment d'un terme aux époques ci-dessus déterminées, l'administration pourra, dans la huitaine après la signification d'un simple commandement, et sans qu'il soit besoin d'autres formalités, provoquer une nouvelle adjudication aux risques et périls du retardataire.

Art. 9. — En cas de dépossession par suite d'événements de force majeure, d'incendie ou d'écroulement, l'administration ne sera tenue qu'à la restitution des termes ou portions de termes de loyer échus qui auraient été payés d'avance.

Art. 10. — Les droits d'enregistrement du bail seront acquittés par l'adjudicataire dans le délai et suivant le tarif déterminé par les arrêtés sur la matière.

Art. 11. — Dans les huit jours qui suivront l'adjudication, il devra être dressé entre un délégué de l'administration et le locataire un état sommaire des lieux énonciatif des réparations qui auront été prévues. — Un double de cet état et du procès-verbal d'adjudication sera remis avec les clefs à l'adjudicataire. Ce dernier ne pourra entrer en jouissance qu'après avoir signé l'état et le procès-verbal, faute d'accomplissement de cette formalité, il sera procédé contre lui conformément aux dispositions de l'art. 7.

Art. 12. — Les réparations locatives ou de menu entretien demeureront à la charge de l'adjudicataire, qui sera en outre spécialement tenu de clore chaque maison, boutique ou autre local ; de faire peindre les portes à l'huile, d'entretenir les terrasses, la toiture et les conduits, de faire blanchir deux fois par an, aux mois d'avril et de septembre, les murs intérieurs et extérieurs et les terrasses, conformément à l'arr. du 12 sept. 1852, d'éviter que l'eau séjourne dans les appartements et dans les cours, et de se conformer d'ailleurs à tous les règlements ou arrêtés de police sur la salubrité publique. Des agents des domaines seront spécialement chargés de surveiller l'exécution de ces obligations, et, dans le cas où elles n'auraient pas été remplies dans les délais fixés, l'administration aura la faculté ou de faire exécuter elle-même les travaux, sauf remboursement des dépenses par l'adjudicataire, ou de procéder contre lui dans la forme déterminée par l'art. 8.

Art. 13. — Il est interdit au locataire de percer aucun mur et de faire aucun changement dans la distribution des lieux sans une autorisation expresse de l'administration.

Art. 14. — A l'expiration du bail, les lieux seront vérifiés contradictoirement entre le domaine et le locataire ; ils devront être rendus tels qu'ils auront été décrits dans l'état sommaire mentionné à l'art. 11 et tels que le locataire aura été tenu de les disposer et entretenir. Les clefs seront immédiatement remises à l'administration ; le tout sous peine de dommages-intérêts.

Art. 15. — Les changements et augmentations non autorisés pourront être supprimés aux frais du locataire, et dans le cas où ils seraient maintenus, celui-ci n'aurait droit à aucun remboursement ni indemnité.

CHAP. 2. — *De la propriété des emplacements provenant de démolitions ordonnées pour cause d'utilité publique.*

Art. 16. — Pour mettre l'administration à même de bien connaître les terrains qui lui appartiennent ou lui appartiendront à l'avenir, soit par suite de démolitions pour expropriation, soit pour toute autre cause, l'ingénieur des ponts et chaussées de la régence pour Alger, et les ingénieurs civils pour Oran et Bône et autres villes, feront dresser immédiatement, en présence des propriétaires dépossédés ou de leurs représentants, dûment appelés, des plans figuratifs de ces emplacements. —

Ces plans résumeront leurs situation, contenance et confronts.

Art. 17. — Lorsqu'une propriété bâtie se trouvera comprise, pour une portion seulement, dans le plan des immeubles expropriés, le propriétaire aura l'option ou d'abandonner l'immeuble en totalité, ou de conserver l'autre portion. — S'il est dans l'intention d'user de cette dernière faculté, il sera tenu d'en faire la déclaration par écrit à l'administration des domaines, dans les quinze jours de la publication de l'arrêté qui aura prononcé l'expropriation, et dans ce cas, la plus-value pour le portion restante entrera en déduction de l'indemnité à régler, conformément à l'art. 6 de l'arr. du 17 oct. 1833. Passé le délai de quinze jours susénoncé, le propriétaire qui n'aura point usé de la faculté créée par le § 2 du présent article sera considéré comme exproprié pour la totalité de l'immeuble.

Art. 18. — Le propriétaire dépossédé aura toujours, au moment de l'adjudication publique, la préférence, à prix égal, sur l'enchérisseur qui aura offert la plus forte somme de l'emplacement à vendre.

Art. 19. — La faculté consacrée par l'art. 17 est restreinte au cas où la portion de bâtiments disponible présentera une étendue suffisante pour qu'il puisse y être fait une construction nouvelle et indépendante de tout bâtiment voisin, conformément au plan d'alignement adopté par l'administration. — Mais dans le cas contraire, et toutes les fois que l'emplacement restant ne pourra être utilisé qu'au moyen de sa réunion aux propriétés contiguës, il sera compris dans l'expropriation, et le domaine aura seul le droit d'en disposer.

CHAP. 5. — Des concessions.

Art. 20. — Les propriétés domaniales autres que les maisons, chambres, magasins ou boutiques, et telles que masures, emplacements de démolitions, terrasses de magasins et autres locaux de peu de valeur; les terrains épars ou enclaves situés hors de l'enceinte des villes, et généralement tous les immeubles ruraux, pourront être concédés ou loués, soit par voie d'adjudication, soit de gré à gré, pour un temps qui n'excédera jamais quatre-vingt-dix-neuf ans.

Art. 21. — Pour établir les bases des concessions ou locations de gré à gré, l'administration des domaines fera procéder, par deux experts au moins, aux délimitation, arpentage et évaluation des terrains à concéder, s'il s'agit d'immeubles ruraux. Dans tout autre cas, il suffira d'un procès-verbal d'estimation fait par un seul expert. — Les frais de l'expertise seront toujours à la charge des concessionnaires ou locataires.

Art. 22. — Les transmissions de gré à gré et celles faites par adjudication pour un temps excédant neuf années, autorisées par l'art. 20, ne pourront être opérées qu'en vertu d'un arrêt spécial rendu d'après une décision du conseil d'administration de la régence. — L'arrêt déterminera la durée et les conditions de transmission; il sera transcrit dans le contrat ou énoncé au procès-verbal d'adjudication.

Art. 23. — Sont et demeurent rapportées toutes dispositions contraires.

Général VOIROL. .   GENTY DE BUSSY.

OR. — 21 août 1839. — B. 73. — *Constitution et administration du domaine de l'État* (1).

CHAP. 8. — Du domaine.

§ 1. — Domaine de l'État.

137. Le domaine de l'État comprend : — Les immeubles qui, en vertu de décisions régulières, ont été ou seront affectés à un service public rétribué sur les fonds de l'État; — Ceux qui ont été ou seront acquis, en rentes ou en capitaux, sur les fonds du trésor; — Ceux dont le revenu n'avait pas, sous l'ancienne administration, une affectation spéciale à des besoins locaux des villes, douars, outhans, tribus ou provinces, ou qui n'étaient pas la propriété de communautés, associations ou agglomérations d'habitants; — Les propriétés en déshérence; — Les biens reconnus vacants et sans maîtres.

§ 2. — Domaine colonial.

138. Le domaine colonial comprend : — Les immeubles qui, en vertu de décisions régulières, ont été ou seront affectés à un service public rétribué sur les fonds coloniaux; — Ceux qui seront acquis, en rentes ou en capitaux, sur les fonds coloniaux; — Ceux dont le revenu était affecté à des dépenses locales concernant les villes, douars, outhans, tribus ou provinces, ou qui étaient la propriété de communautés, associations ou agglomérations d'habitants; — Les terres vaines et vagues, landes, bruyères, pacages, marais et autres énoncés en l'art. 1, tit. 4 de la loi du 10 juin 1793.

139. La colonie est tenue d'acquitter, comme charge de la propriété : — Les frais d'administration, d'entretien et de surveillance du domaine colonial; — Les indemnités dues pour démolition, occupation ou expropriation d'immeubles dans l'intérêt public, à l'exception toutefois de ceux qui, à partir du 1er janv. 1835, auraient été ou seraient affectés aux services militaires; — Et, généralement, toutes les dépenses de police, de salubrité, d'assainissement, de construction d'égouts, fontaines et abreuvoirs auxquelles des revenus spéciaux étaient autrefois affectés.

140. La colonie est tenue, en outre, d'abandonner à l'État, quand il y aura lieu, et moyennant indemnité, les terrains et bâtiments dont l'expropriation serait reconnue nécessaire dans l'intérêt d'un service public de l'État, sauf toutefois le remboursement des dépenses de construction ou d'appropriation effectuées sur les fonds coloniaux. — Le montant du remboursement sera fixé par le ministre de la guerre, au vu des pièces de dépense, ou, à défaut, sur expertises contradictoires.

§ 3. — Dispositions communes.

141. Il sera formé et arrêté en conseil d'administration, sur la proposition des chefs de service, des états distincts : — Du domaine de l'État, — Du domaine colonial, — Des biens séquestrés. — Ces états seront transmis au ministre et serviront de bases aux sommiers généraux tenus à la direction des finances, qui présenteront les mêmes divisions.

142. Aucune propriété ne peut cesser de figurer sur les états mentionnés en l'article précédent, ni être transportée d'un état à l'autre, qu'en vertu d'une décision du ministre. — Les changements résultant de ces décisions donneront lieu, chaque année, à la formation d'un tableau de mutation qui sera transmis au ministre.

§ 4. — Administration du domaine.

143. Le domaine de l'État et le domaine colo-

---

(1) L'ord. du 21 août 1839, qui régissait le régime financier de l'Algérie a été remplacée par les ord. des 17 janv. 1845 et 2 avril 1846, (V. *Finances*). On en a extrait seulement le chapitre suivant dont les dispositions, sont encore utiles pour régler les questions de propriété qui se rapportent à cette époque; mais toute cette législation a été abrogée par les ordonnances successives relatives à la constitution de la propriété et notamment par la loi du 16 juin 1851.

nial, lorsque les immeubles ne sont pas affectés à un service public, sont administrés, sous les ordres du directeur des finances, conformément aux règlements sur la matière, par les agents du domaine nommés par le ministre de la guerre. — Les immeubles affectés à des services publics sont administrés et gérés par les chefs des services auxquels ils sont affectés; il est pourvu à leur entretien et à leur conservation sur les fonds de ces services.

111. Aucun immeuble appartenant à l'État ou à la colonie ne peut être affecté à un service public, même dans les cas d'urgence, qu'en vertu d'une décision du gouverneur, prise sur l'avis du chef de service qui réclame l'immeuble et du directeur des finances. Il est immédiatement rendu compte de cette disposition au ministre.

145. Aucun immeuble administré par le domaine ne peut être aliéné qu'en exécution d'un arrêté du gouverneur, délibéré en conseil d'administration, sur la proposition du directeur des finances, et approuvé par le ministre. — L'arrêté détermine le mode d'aliénation. — Un plan des immeubles aliénés et une expédition du cahier des charges sont joints au projet d'arrêté transmis au ministre.

146. Les dispositions de l'article précédent sont applicables aux échanges.

147. La location des immeubles gérés par le domaine aura lieu par adjudication publique et aux enchères; néanmoins, et dans les cas qui seront déterminés, les baux de gré à gré dont la durée n'excédera pas trois ans, ou la prolongation, pour le même espace de temps, des baux expirés, pourront être autorisés par le gouverneur général, sur la proposition du directeur des finances. — Les baux de gré à gré d'une plus longue durée seront approuvés par le ministre. — Les baux de gré à gré sont personnels et ne peuvent être cédés, à peine de résiliation.

148. Lorsque des immeubles ou parties d'immeubles affectés à des services publics seront jugés, par les chefs de ces services, susceptibles d'être mis en location, l'adjudication s'en fera en présence du receveur des domaines, et les produits seront versés au compte du trésor ou de la colonie, suivant la nature des immeubles.

ARR.—14 mai-23 juin 1841.—B. 98.—*Formalités pour les ventes, échanges et concessions.*

Considérant qu'il importe de régler la forme des ventes et concessions de biens domaniaux de manière à assurer aux acquéreurs et concessionnaires la franchise des frais de rédaction, d'expédition et de dépôt des actes destinés à constater les aliénations consenties par l'administration;

Art. 1.—A partir du 1er juil. prochain, les ventes par adjudication publique des biens du domaine de l'État, de la colonie ou des corporations, autorisées conformément aux dispositions de l'art. 145 de l'ord. du 21 août 1839, seront faites sans le concours des notaires, savoir : — A Alger, par le directeur des finances ou son délégué, en présence de l'employé supérieur de l'enregistrement et des domaines, et du chef de l'un des bureaux de l'administration centrale, désigné par le directeur;—Dans les autres localités, par le directeur des finances ou son délégué, en présence de deux employés du domaine les plus élevés en grade.

Art. 2. — Les actes de concession ou d'échange, dûment autorisés par arrêté du gouverneur général, délibéré et approuvé dans la forme ordinaire, seront passés par le directeur des finances et rédigés dans ses bureaux.

Art. 3. — Tous les actes portant transmission, en propriété ou usufruit, des biens provenant du domaine ou des corporations, seront assujettis aux règles ordinaires de l'enregistrement, et déposés

en minute aux archives de la direction des finances.

Art. 4. — (Ainsi modifié : Arrêté ministériel du 1er mai 1844. — B. 176). — La grosse et les expéditions à délivrer aux parties donneront lieu, indépendamment des droits d'enregistrement, d'hypothèques et de timbre, au payement de 50 cent. par rôle qui seront employés à indemniser les expéditionnaires chargés de ce travail.

Art. 5. — Lorsque les actes de vente ou de concession donneront lieu à des clauses emportant obligation de la part des tiers non acquéreurs, ou hypothèques et garanties subsidiaires fournies par l'acquéreur ou le concessionnaire, pour plus grande sûreté du payement du prix, ces conventions complémentaires et additionnelles aux conditions ordinaires des aliénations consenties par l'administration seront rédigées en acte notarié, aux frais desdits concessionnaires et acquéreurs.

Maréchal duc de DALMATIE.

OR. — 9 nov.-15 déc. 1845. — B. 214. — *Règlement général sur l'administration des biens domaniaux.*

Vu nos ord. du 1er oct. 1844 et 21 juill. 1845, relatives au droit de propriété et aux concessions en Algérie (*Propriété*, § 1, et *Concessions*, § 1).

Tit. 1. — *Administration des biens du domaine de l'État et du domaine public.*

Art. 1. — Il sera dressé pour chaque province un état général des biens domaniaux, indiquant leur situation, leur nature, leur consistance, leur emploi et leurs produits. Ces états seront tenus constamment à jour. Ils seront centralisés à la direction des finances et du commerce, et transmis à notre ministre de la guerre par le gouverneur général. Il sera rendu compte chaque mois, à notre ministre de la guerre, des modifications faites auxdits états pendant le mois précédent.

Art. 2. — Lorsqu'il y a lieu d'affecter un bien domanial à un service public, la demande en est faite par le chef de service, et elle est communiquée au directeur des finances et du commerce. — Elle est effectuée par une décision de notre ministre de la guerre, rendue sur la proposition ou l'avis du gouverneur général, le conseil supérieur d'administration entendu.

Art. 3. — Il sera dressé un tableau de ces affectations. Ce tableau sera constamment tenu à jour. Il contiendra la date de l'affectation et l'indication du service auquel l'immeuble est affecté, ainsi que sa valeur estimative.

Art. 4. — Les immeubles domaniaux qui ne sont pas affectés à un service public, doivent être affectés dans les formes suivantes. — Les baux ont lieu aux enchères publiques, sur des cahiers de charges approuvés par notre ministre de la guerre. Ils sont faits dans la forme administrative et passés par le directeur des finances et du commerce. — Néanmoins, si des circonstances exceptionnelles l'exigent, les baux peuvent être faits de gré à gré, avec l'autorisation préalable et spéciale de notre ministre de la guerre, sur l'avis du conseil supérieur d'administration. — La durée des baux n'excédera pas neuf ans.

Art. 5. — Lorsqu'il y a lieu d'affermer, en tout ou en partie, des immeubles ou portions d'immeubles domaniaux, affectés à un service public, il est procédé conformément à l'article précédent.

Art. 6. — Ceux des biens, faisant partie du domaine public ou considérés comme des dépendances de ce domaine, et qui sont de nature à produire des fruits, peuvent être momentanément affermés dans les formes établies par l'art. 4 de la présente ordonnance.

Art. 7. — Les baux mentionnés aux art. 5 et 6 sont essentiellement révocables sans indemnité.

Art. 8. — Toute cession de bail doit être autorisée par notre ministre de la guerre, sinon, elle sera de plein droit nulle et de nul effet, sans qu'il soit besoin de jugement.

TIT. 2. — Aliénation des biens domaniaux.

Art. 9. — Les immeubles dépendant du domaine de l'État peuvent être aliénés : 1° aux enchères publiques; 2° par vente de gré à gré et sur estimation préalable; 3° par voie d'échange; 4° et à titre de concession, soit individuelle à des colons ou à des indigènes, soit collectives à des communes. Notre ministre de la guerre détermine celui des modes à suivre dans chaque cas spécial.

Art. 10. — Les ventes aux enchères publiques auront lieu en vertu d'autorisation de notre ministre de la guerre, le conseil supérieur d'administration entendu, sur une mise à prix établie par expertise. Les adjudications ne seront valables et exécutoires qu'en vertu de l'approbation de notre ministre de la guerre. — L'entrée en possession de l'adjudicataire n'aura lieu qu'après cette approbation, sauf les cas d'urgence reconnus.

Art. 11. — Les ventes de gré à gré sont précédées d'une estimation contradictoire. — Le directeur des finances et du commerce prépare l'acte de vente. Cet acte est soumis à l'examen du conseil supérieur d'administration, et transmis à notre ministre de la guerre par le gouverneur général, avec son avis personnel. — Il est statué définitivement par une ordonnance royale, rendue sur le rapport de notre ministre de la guerre.

Art. 12. — Lorsque le procès-verbal d'expertise établit une estimation inférieure au capital de 5,000 fr., ou à une rente représentant cette somme, l'acte de vente est approuvé par notre ministre de la guerre, qui nous soumet tous les trois mois un état de ventes effectuées dans l'intervalle, pour être sanctionnées par ordonnance royale.

Art. 13. — Toute demande en échange est soumise au conseil supérieur d'administration par le directeur des finances et du commerce, avec les titres de propriété et l'état des charges, servitudes et hypothèques. — Si le conseil supérieur est d'avis de l'utilité de l'échange, il est procédé contradictoirement à l'estimation des biens par trois experts désignés, l'un par le directeur des finances et du commerce, l'autre par le propriétaire, le troisième par le président du tribunal de la situation des biens. — Les résultats de l'expertise sont constatés par un procès-verbal que les experts affirment devant le même magistrat. — Le conseil supérieur d'administration délibère sur les conditions de l'échange, le gouverneur général donne son avis, et notre ministre de la guerre décide s'il y a lieu de passer acte avec l'échangiste.

Art. 14. — Le contrat d'échange détermine la soulte à payer, s'il y a lieu ; il contient la désignation de la nature, de la consistance et de la situation des immeubles, avec énonciation des charges et servitudes dont ils seraient grevés. Ils

relatent les titres de propriété, les actes qui constatent la libération des prix, enfin les procès-verbaux d'estimation qui doivent y demeurer annexés. — Le contrat d'échange est sanctionné, s'il y a lieu, par une ordonnance royale, rendue sur le rapport de notre ministre de la guerre. L'entrée en possession de l'échangiste n'a lieu qu'après cette sanction.

Art. 15. — Le contrat d'échange est enregistré gratis et transcrit sans autres frais que le salaire du conservateur. La soulte est régie, quant au droit proportionnel d'enregistrement, par les dispositions relatives aux aliénations des biens de l'État. Les frais de l'échange sont supportés moitié par l'État, moitié par l'échangiste. — Les formalités établies par l'art. 2195 c. Nap. par les avis du conseil d'État des 9 mai 1807 et 5 mai 1812 et par l'art. 854 c. de pr. civ., sont remplies à la diligence de l'administration des domaines. — S'il existe des inscriptions sur l'échangiste, il est tenu d'en reporter mainlevée et radiation, par les quatre mois du contrat d'échange, à moins qu'il ne lui ait accordé un plus long délai. — Faute par lui de rapporter ces mainlevée et radiation, le contrat d'échange est résilié par notre ministre de la guerre, et l'échangiste demeure passible de tous les faits auxquels l'échange a donné lieu. — L'acte d'échange, ainsi que toutes les pièces et titres de propriété sont déposés aux archives de la direction des finances et du commerce.

Art. 16. — Les dispositions des art. 13, 14 et 15, ne sont pas applicables aux échanges ayant pour objet des terres incultes. L'échange, en ce cas, a lieu dans la même forme que les concessions.

Art. 17. — Les concessions continueront d'être régies par notre ord. du 21 juill. 1845.

TIT. 3. — Dispositions générales.

Art. 18. — Lorsque, pour établir le droit de l'État sur un immeuble quelconque le domaine alléguera la possession de l'autorité existant avant l'occupation française, il sera statué par le conseil du contentieux, sauf recours par-devant nous en notre conseil d'État (1).

Art. 19. — Les droits des tiers sur les bois et forêts et les cimetières abandonnés ne peuvent être établis que par des titres réguliers et conformes aux dispositions de l'art. 82 de notre ord. du 1ᵉʳ oct. 1844 (2).

Art. 20. — Sont abrogées toutes les dispositions contraires aux dispositions qui précèdent.

AM. — 20 sept. 1850. (V. *Contributions diverses.*) — Règlement général sur le mode de poursuites contre les redevables, qui abroge un arrêté antérieur du 11 juill. 1835 sur la même matière.

DI. — 2 avril-18 mai 1854. — B. 459. — Partage des biens indivis entre le domaine de l'État et les particuliers (3).

Vu les lois du 1ᵉʳ flor. an III, du 28 pluv. an VIII,

---

(1) *Jurisprudence.* — Cette attribution de juridiction n'existe plus, aujourd'hui la compétence des tribunaux ordinaires résulte des art. 13 et 23 de la loi du 16 juin 1851. (*Propriété* § 1). — *Cour d'Alger*, 24 sept. 1851.

(2) 1° *Jurisprudence.* — Lorsque le domaine revendique un terrain possédé par un tiers, celui-ci, comme possesseur, est réputé propriétaire, et c'est au domaine, en sa qualité de demandeur, à prouver (dans l'espèce) que les terrains revendiqués faisaient partie de cimetières publics abandonnés, et qu'à ce titre, ils étaient possédés par l'autorité existante avant l'occupation française. — (*Conseil du contentieux*, 7 août 1847).

2° V. ord. du 21 juill. 1846 sur la propriété, art. 53.

(3) *Rapport à l'Empereur.* — Sire, je viens proposer

à V. M. de régler la législation domaniale de l'Algérie, en un point par lequel elle est restée jusqu'ici incomplète. — L'ord. du 21 juill. 1846, remplacée aujourd'hui par la loi du 16 juin 1851 sur la constitution de la propriété en Algérie, non plus que cette loi elle-même, n'ont rien statué sur le mode à suivre pour le partage des immeubles possédés par indivis par l'État et des particuliers. — Cette situation, éminemment contraire aux intérêts de toutes les parties en présence, a été dans la métropole l'objet d'une attention toute particulière, et les lois du 1ᵉʳ flor. an III et du 28 pluv. an VIII, ainsi que le décr. du 12 juin 1813, édictés en vue de remédier, contiennent un ensemble de dispositions combinées de façon à ce que l'État puisse sortir promptement, au moins quant à la part proportionnelle sur laquelle son droit est reconnu incontesta-

le décr. du 12 juin 1813 ; — Vu l'ord. du 21 juill. 1846 et la loi du 16 juin 1851. (*Propriété*, § 1.)

TIT. 1. — *Du partage des biens indivis.*

Art. 1. — Il sera procédé par l'autorité administrative au partage et, s'il y a lieu, à la licitation des biens indivis entre le domaine de l'Etat et les particuliers en Algérie, conformément aux dispositions du présent décret.

Art. 2. — Ceux de ces biens qui seront reconnus n'être susceptibles d'être partagés seront vendus en totalité aux enchères publiques, et le produit de la vente sera réparti entre l'Etat et les autres intéressés.

Art. 3. — Toutes contestations, tant sur la forme que sur le fond des partages, des allotissements ou abandonnements et des licitations seront déférées au conseil de préfecture, sauf appel au conseil d'Etat.

Art. 4. — La fixation de la quotité afférente à l'Etat, dans la propriété indivise, sera déterminée soit d'après les titres, soit, en cas d'absence ou d'insuffisance de titres, par voie d'enquête administrative.

Art. 5. — Les partages, en ce qui concerne la distinction et l'attribution de la part revenant à l'Etat et les ventes sur licitation, seront réputés contradictoires avec le domaine à l'égard de tout copropriétaire, après l'accomplissement des formalités prescrites au tit. 2 du présent décret.

TIT. 2. — *Du mode de procéder en matière de partage.*

Art. 6. — La demande en partage ou en licitation sera introduite devant le préfet, par simple requête, soit par le chef du service des domaines, soit par l'un des copropriétaires.

Art. 7. Dans la quinzaine, à dater de la réception de cette demande, le préfet fera insérer au *Moniteur Algérien*, dans l'un des journaux du département, et, s'il s'agit d'indigènes, dans le *Mobacher*, l'avis qu'il sera procédé, contradictoirement avec le domaine, à la distraction de la part revenant à l'Etat, dans la propriété indivise, et qu'il sera fait masse du surplus pour être attribué aux copropriétaires. — Notification administrative de cet avis sera faite à chacune des parties intéressées. Dans le cas où celles-ci ne seraient pas connues comme dans celui où leur domicile actuel serait ignoré, la notification administrative sera faite au parquet du procureur impérial. — Cette notification contiendra sommation aux intéressés d'avoir à désigner, dans le délai d'un mois, un expert, pour procéder, avec celui qui sera désigné par le chef du service des domaines, aux opérations d'estimation et de formation des lots.

Art. 8. — Les copropriétaires de l'Etat, quel que soit leur nombre, ne pourront nommer qu'un seul expert.

Art. 9. — Dans le délai de soixante jours, à dater des publications et notifications prescrites par l'art. 7, toute partie intéressée sera tenue de produire ses titres, et de fournir par écrit ses observations. Le dépôt en sera fait, sur récépissé, au secrétariat de la préfecture.

Art. 10. — A l'expiration du délai prescrit en l'article précédent, le préfet ordonnera qu'il soit procédé aux opérations du partage. — Il donnera

ble, d'une indivision qui, pour la plupart du temps, s'oppose à la mise en produit d'un immeuble.

Préoccupé pendant longtemps en Algérie du soin capital de constituer la propriété en elle-même, on avait négligé d'en assurer, par voie administrative, la libre disposition à l'Etat dans les cas d'indivision et laissé aux tribunaux civils la mission de statuer sur les actions en partage introduites, soit par le domaine, soit par ses copropriétaires. Cependant ces actions ne conduisent qu'à travers de longs délais à des licitations ruineuses pour toutes les parties ; quelquefois même elles restent sans résultats utiles, et presque toujours elles paralysent le gouvernement dans la distribution des terres aux nombreux demandeurs en concession. La grandeur des inconvénients de ce dernier résultat sera facilement appréciée par V. M. lorsqu'elle saura que dans la seule plaine de la Métidja une commission instituée pour la recherche des biens domaniaux a constaté que vingt-huit propriétés d'une contenance de plus de 23,000 hect. sont encore à l'état d'indivision, et que plusieurs d'entre elles comprennent des parts qui se fractionnent par millièmes.

Dans cet état de choses, j'ai pensé, sire, qu'il importait essentiellement de rendre communes à l'Algérie les règles administratives en vigueur dans la métropole en matière de partage des propriétés indivises entre l'Etat et les particuliers, règles qui, ainsi que je l'ai rappelé tout à l'heure, ont leur base dans la loi du 1er flor. an III, tit. 3, et qui ont été sanctionnées de nouveau par le décret rendu en conseil d'Etat, le 12 juin 1813, lequel décide que, conformément à ladite loi et à celle du 28 pluv. an VIII, les partages de biens indivis entre l'Etat et les particuliers appartiennent aux préfets, et que le contentieux qui s'élève, tant sur le fond que sur la forme des partages, doit être décidé par le conseil de préfecture, et porté, en cas d'appel, devant le conseil d'Etat.

Le projet de décret que je soumets à l'approbation de V. M. a pour but de rendre ce dernier principe applicable à l'Algérie et de déterminer, en même temps, le mode de cette application. Dans la crainte qu'au premier aperçu les dispositions de ce projet de décret ne paraissent pas toutes également en parfaite harmonie avec la loi précitée du 16 juin 1851, qui a transporté des conseils de préfecture aux tribunaux civils la connaissance des contestations que l'Etat peut avoir à soutenir en matière de propriété avec des tiers, et qui a abrogé l'ord. du 21 juill. 1846, notamment quant au mode de justification de la propriété par ces tiers, je prie V. M. de me permettre d'entrer dans quelques explications.

Le décret n'a en aucune façon pour but d'établir le droit de propriété en lui-même. Son action ne commence qu'au moment où ce droit est reconnu à chacune des parties en présence sur le même immeuble et où il s'agit d'en régler l'exercice en ce qui concerne le domaine de l'Etat par rapport à ses copropriétaires. Il est donc évident que lorsque les art. 1 et 3 du projet de décret chargent les préfets d'abord, puis, sur l'appel des parties, les conseils de préfecture, et enfin le conseil d'Etat, de statuer tant sur le fond que sur la forme des allotissements ou abandonnements et des licitations, ils n'enlèvent rien aux attributions des tribunaux civils, puisqu'il n'est plus question à ce moment de la contestation des droits respectifs de propriété, mais seulement du droit d'exercice de ce droit en ce qui concerne l'Etat.

Il en est de même des dispositions combinées des art. 5 et 7. Il ne saurait en résulter une nouvelle déchéance du droit de propriété, mais seulement l'impossibilité pour les copropriétaires de l'Etat de contester la régularité des opérations de partage, lorsque, mis en demeure d'y intervenir, ils auront négligé de remplir, dans les délais voulus, les formalités indispensables pour cela. La production de titres qu'on leur demande n'a pour but que d'indiquer la quotité appartenant à chacun d'eux, et non point de soumettre aux vérifications prescrites par l'ord. du 21 juill. 1846 ceux de ces titres que la loi du 16 juin 1851 dispense desdites vérifications. Le partage opéré, quant au domaine, les anciens copropriétaires de celui-ci restent tous en présence les uns des autres, également en mesure de faire valoir leurs droits respectifs sur la portion restant de l'immeuble, qui n'est plus indivis qu'entre eux.

Tel est, sire, l'esprit du projet de décret que j'ai l'honneur de soumettre à V. M. Préparé par le conseil de gouvernement, à Alger, mûrement examiné à deux reprises différentes par le comité consultatif de l'Algérie institué près mon département, il résout toutes les difficultés que présentait une matière si délicate, et c'est avec la confiance qu'il sauvegarde complétement tous les intérêts en présence, que je prie V. M. de vouloir bien le revêtir de sa signature.

Le ministre de la guerre, VAILLANT.

acte aux parties de la nomination des experts, et, à défaut de nomination, il y procédera lui-même d'office par le même acte, et fixera, en outre, le délai dans lequel les experts devront prêter serment devant l'autorité qu'il aura désignée.

Art. 11. — Faute par lesdits experts ou l'un d'eux de remplir cette formalité dans le délai prescrit, le préfet pourvoira d'office à leur remplacement.

Art. 12. — Les experts procéderont à l'estimation des immeubles et à la formation des lots, en raison des droits respectifs de l'État et des particuliers. En cas de désaccord, ils nommeront immédiatement un tiers expert ; à défaut de nomination dans la huitaine du désaccord, le choix du tiers expert sera fait d'office par le préfet. Le tiers expert devra prêter serment, dans la huitaine, devant l'autorité désignée en vertu de l'art. 10.

Art. 13. — Les experts devront procéder dans le mois, et le tiers expert dans la quinzaine qui suivront leur prestation de serment. Ils déposeront leur rapport au secrétariat de la préfecture.

Art. 14. — L'expert ou le tiers expert qui, après avoir prêté serment, ne remplira pas sa mission, sera remplacé d'office par le préfet. — Il pourra être condamné par le conseil de préfecture aux frais frustratoires.

Art. 15. — S'il s'élève des difficultés sur l'exécution de l'arrêté qui aura ordonné de procéder aux opérations du partage, le préfet renverra les parties devant le conseil de préfecture, pour être statué ce que de droit.

Art. 16. — Le procès-verbal de l'attribution des lots, soit par la voie du sort, soit par abandonnement, suivant qu'il aura été réglé par arrêté du préfet, sera homologué par l'arrêté du conseil de préfecture prononçant le partage. — Les arrêtés de partage seront notifiés administrativement aux parties intéressées, à la diligence de l'administration des domaines, dans la même forme que l'avis prescrit à l'art. 7 du présent décret. — Ils seront transmis au ministre de la guerre. — Ces arrêtés deviendront définitifs si les parties ne se sont pas pourvues au conseil d'État dans le délai de trois mois à partir de la notification.

Art. 17. — Les immeubles reconnus non susceptibles de partage seront vendus aux enchères publiques, d'après les formes établies en Algérie pour la vente des biens du domaine.

Art. 18. — Ces immeubles seront revendus dans la même forme à la folle enchère de l'adjudicataire qui n'effectuerait pas des payements aux échéances fixées.

Art. 19. — Le prix de ces adjudications sera versé par les acquéreurs, savoir : pour ce qui se trouvera dû à l'État, dans la caisse du receveur des domaines ; et pour ce qui sera dû aux copropriétaires, entre leurs mains, sur la déclaration qui leur aura été fournie par le préfet, de la portion qui leur reviendra dans le produit des ventes.

Art. 20. — Les frais d'expertise et autres, faits pour parvenir à la vente, seront prélevés sur le prix, comme frais de poursuites privilégiés et payés immédiatement.

Art. 21. — Les frais de partage et de traduction de titres, s'il y a lieu, seront supportés par l'État et les copartageants, au prorata de leurs droits. — Ces frais seront taxés par le préfet.

Art. 22. — Tous actes et pièces relatifs à l'exécution du présent décret seront dispensés de la formalité du timbre et enregistrés gratis.

Dispositions spéciales.

Art. 23. — A l'égard des partages de biens indivis et situés dans les territoires militaires, toutes les attributions qui sont exclusivement du ressort du préfet seront exercées par le commandant de la division. — Les contestations qui s'élèveront seront déférées au conseil de préfecture. — En conséquence, les publications et notifications prescrites par l'art. 7 de l'arrêté déclaratif du partage mentionné aux art. 10 et 16, la nomination des experts et tiers experts, dans les cas prévus aux art. 10, 11, 12 et 14, seront faits par le commandant de la division. — Sera également faite, à sa diligence, devant le juge de la situation de l'immeuble, l'enquête administrative prescrite par l'art. 4. — Enfin, les dépôts de pièces et de rapports indiqués aux art. 9 et 13 seront effectués au secrétariat de la division, et le tout transmis au conseil de préfecture pour être, par lui, statué conformément aux art. 15 et 16.

Art. 24. — Dans toutes les instances en partage où des indigènes sont intéressés, les notifications administratives exigées par les art. 7 et 16 seront faites par l'intermédiaire du bureau arabe de la situation des biens.

Art. 25. — Les tribunaux civils de l'Algérie sont dessaisis des instances sur partage actuellement pendantes devant eux. Il sera statué sur ces instances dans les formes prescrites au présent décret.

DI. — 30 oct. 1857 (V. *Finances*, § 1). — *Perception des frais de régie.*

Circ. G. — 20 mai 1858. — *Mesures à prendre pour la reconnaissance des terres domaniales.*

Général, j'ai eu l'honneur de vous entretenir, par dépêche du 2 mai dernier, n° 2,612, des mesures à prendre pour la constitution dans chaque province d'une grande réserve territoriale. — Dans la province d'Alger, j'ai fait exécuter un travail approfondi pour la reconnaissance et la constatation des terres domaniales qui avaient échappé jusque-là à cette utile mesure. Il est résulté de ce travail, qui a été exécuté par le chef du service topographique et un vérificateur des domaines, la découverte de précieuses ressources dont il sera possible de tirer un utile profit pour la colonisation. — Je désire qu'un travail analogue soit établi pour les provinces d'Oran et de Constantine, et, dans ce but, je crois devoir vous indiquer ici la marche méthodique suivie dans la province d'Alger. Les deux agents que vous aurez à désigner pour sa réalisation, n'auront rien de mieux à faire qu'à s'y conformer ponctuellement, sauf les modifications que pourront comporter les nécessités ou habitudes locales.

Il y aura lieu tout d'abord de rechercher dans les documents historiques : — 1° Quelles étaient les terres ayant une affectation à des services publics sous le gouvernement turc ; — 2° Et celles dont le produit devait pourvoir aux besoins du trésor public. — Ces immeubles formeront une première classification que j'appellerai biens du beylick, et je crois que, sous ce rapport, les anciennes reconnaissances sont déjà fort avancées et que l'administration de ces biens fonctionne avec une certaine régularité.

Une deuxième catégorie sera formée des biens des anciennes corporations religieuses. — Une troisième comprendra les biens séquestrés. — Une quatrième, ceux dévolus à l'État comme vacants et sans maîtres et ceux en déshérence, par application des art. 33, 539, 541, 723 et 768 du c. Nap., et de l'art. 4, n° 1 de la loi du 16 juin 1851 sur la propriété en Algérie. — Enfin, une cinquième catégorie comprendra les bois et forêts définitivement réunis au domaine de l'État par application de l'art. 4 de la loi du 16 juin 1851 précitée, et après accomplissement des formalités prescrites par ma circulaire du 31 déc. 1851. — Je vais entrer dans quelques développements sur chacune de ces diverses catégories.

Biens de l'ancien beylick turc. — Les Turcs privés de l'assistance pécuniaire du gouvernement métropolitain, privés de l'appui qu'ils auraient pu trouver dans une population coloniale turque, et réduits à une armée assez faible, avaient dû chercher dans le sol et la population indigène les moyens de faire face aux charges de leur gouvernement et aux besoins de leur domination. C'est par des colonies militaires ou smalas qu'ils avaient pourvu aux diverses nécessités de leur établissement.

Ces colonies n'avaient pas toutes la même constitution, n'étaient pas recrutées de la même manière. Ainsi, l'on a pu constater dans la province d'Alger, et les mêmes diversités se rencontreront probablement ailleurs : — 1° Que parfois c'était une tribu entière qui, par suite de ses aptitudes guerrières et de la prépondérance qu'elle exerçait dans le pays, était chargée des services militaires confiés aux smalas ; — 2° Que le plus souvent ces smalas étaient composées de berranis (étrangers) engagés au maghzen et installés sur des terres que le gouvernement s'était appropriées par des moyens quelquefois réguliers et souvent violents ; — 3° Qu'il était fait, dans ce cas, aux cavaliers du maghzen, au moment de leur engagement, une avance consistant en un cheval, un fusil et assez souvent une paire de bœufs ; — Que d'autres fois aussi le maghzen était recruté parmi les gens de grande tente.

Ces distinctions ont leur importance, car lorsqu'il s'agira de la prise de possession réelle des terres occupées par les smalas, il importera de savoir si les éléments qui les composaient sont restés attachés au sol, ou si au contraire les smalas dispersées ont laissé vacant le terrain qui a été successivement envahi par les tribus environnantes. Ainsi, il est hors de doute que les cavaliers des smalas, composées de berranis, n'ayant ni terres en propre, ni domicile assis, sont venus se joindre aux contingents qui nous ont fait la guerre et ont dû délaisser le territoire par eux occupé. Un grand nombre d'entre eux ont dû périr pendant la guerre ; quelques autres ont dû fixer leurs tentes, après la pacification, sur le territoire où ils avaient l'habitude de vivre. — Quant aux autres, c'est-à-dire à ceux des grandes tentes qui avaient des terres à eux, ne recevant ni cheval, ni fusil, ni bœufs de labour, il est évident qu'ils sont allés rejoindre leur pays natal, laissant libre ou vacant le territoire des smalas. — D'où la conséquence que sur le territoire des smalas, composées de berranis, on doit trouver encore aujourd'hui quelques tentes d'anciens cavaliers du maghzen mêlés à des indigènes des tribus environnantes, tandis que celui des smalas, composées des gens des grandes tentes, a dû être complètement envahi par des étrangers.

Il y aura donc, le cas échéant, à purger le territoire des smalas, composées de berranis, des étrangers qui s'y sont introduits, sauf à faire, par mesure gracieuse, des concessions limitées aux familles des anciens cavaliers du maghzen justifiant de leur origine. — Quant à la population d'envahisseurs qui se trouvent sur l'emplacement des autres smalas, il n'y aura qu'à leur prescrire de rejoindre leurs tribus, et le territoire entier de ces derniers restera à la disposition de la colonisation européenne. Il est bien entendu que ces principes ne recevront leur application que lorsque le moment en sera venu et que, pour le présent, il convient de se borner à des constatations, à des rapports et à des relevés.

Terres affectées au besoin du trésor public. — Les terres affectées aux besoins du trésor étaient de plusieurs natures distinctes. — Les unes, formant de véritables fermes, étaient administrées par des oukils, qui avaient à leur disposition, comme moyens d'exploitation, des bœufs et des khramès. Les labours étaient faits au moyen de ces seules ressources, mais la moisson et le dépiquage s'effectuaient par des corvées commandées aux tribus voisines. Ce système paraît avoir été beaucoup moins en usage dans la province de Constantine que dans celle d'Alger, et l'on y suppléait par le *hokkor* (dans la province d'Oran, c'était le *guetcha*) ou loyer de la terre appliqué d'une manière presque générale.

Biens des anciennes corporations religieuses. — Les biens appartenant aux anciennes corporations religieuses ont été réunis au domaine de l'État par les arr. des 7 déc. 1830, 10 juin 1831, 15 oct. et 4 nov. 1840, 4 juin 1845 et 5 oct. 1818. L'obligation de prendre à sa charge les frais du culte est une conséquence nécessaire de cette mesure.

Biens séquestrés. — Je n'ai rien à dire touchant les biens de cette origine, soumis aux règlements particuliers de l'ord. du 31 oct. 1845.

Biens en déshérence, vacants ou sans maîtres. — Les recherches des biens en déshérence exigeant la vérification de titres de propriété, l'établissement de généalogies, ne peuvent être effectuées qu'autant que des renseignements déjà fournis donneraient les premiers éléments de conviction nécessaire. — C'est un travail à faire compléter ultérieurement par des commissions spéciales. — Quant aux biens vacants ou sans maîtres, ils étaient fort nombreux du temps des Turcs et durant les temps d'anarchie qui ont suivi notre conquête ; mais, depuis lor, ces espaces, incultes auparavant, ont été mis en culture, des droits s'y sont créés et s'y créent tous les jours. Quelque rares que soient ces terres, ne serait-il pas juste qu'une part en revînt aux conquérants, aux pacificateurs ? — Il n'est donc pas sans utilité de déterminer les points du territoire ainsi conquis sur l'anarchie.

Bois et forêts. — Les bois et forêts étant la propriété de l'État par application de l'art. 4, n° 4 de la loi du 16 juin 1851, et la reconnaissance des massifs boisés étant dévolue à un service spécial, il n'y aura lieu à s'occuper des biens de l'espèce que pour les inscrire sur un état général dont il sera parlé plus loin, en se bornant à dire quelques mots sur leur situation topographique, sur leur richesse et leur possibilité d'exploitation. — Il me reste maintenant à vous entretenir des moyens d'exécution et des documents à fournir. — Les agents désignés devront établir un travail spécial pour chaque subdivision, et, dans ce but, se mettre en rapport avec MM. les commandants supérieurs, afin de s'assurer le concours des bureaux arabes dont il doit être complet et sans réserve, sous leur responsabilité. — Vous aurez à donner à cet égard les instructions les plus formelles. — Ce travail, qui devra m'être transmis avec vos observations, au fur et à mesure qu'il sera terminé pour chaque subdivision, comprendra un état analytique divisé en cinq paragraphes.

Sous le § 1 sera établi la division politique et la statistique du pays complétée des calculs de la superficie territoriale de chaque tribu. — Sous le § 2, seront confondus tous les biens domaniaux des diverses origines ou catégories plus haut indiquées, savoir : terrains d'anciennes smalas, anciennes fermes du beylick, terrains frappés de l'impôt du hokkor ou du guetcba, les biens séquestrés et les biens des anciennes corporations religieuses. — Un § 3 sera ouvert pour l'inscription des immeubles appartenant à l'État, mais dont la reconnaissance a pu être effectuée. — Le § 4 contiendra la nomenclature des tribus qui sont susceptibles de cantonnement immédiat, soit à cause de leur propriété indigène, soit à cause de l'étendue territoriale de la tribu comparativement à ses besoins. — Le § 5 sera destiné à l'inscription des propriétés forestières.

À l'appui de chaque inscription du §2, sera joint un dossier comprenant : le procès-verbal de reconnaissance de la terre domaniale; — une notice géographique et agricole indiquant sa situation, sa fertilité, les points par lesquels elle se rattache aux routes ouvertes ou à ouvrir, ses ressources en eaux et en bois; — enfin, les croquis visuels ou, s'il y a lieu, les plans réguliers réduits au 20 millième de ces terres. — Il sera également utile de joindre, autant que possible, à l'appui des articles inscrits au § 4, le précis historique de la tribu, et une notice géographique et agricole. — Je désire, en outre, qu'il soit dressé une carte développée au 1/100,000e par chaque subdivision, indiquant les limites des subdivisions et la division de ces subdivisions par cercles, aghaliks et tribus. Ces renseignements pourront être obtenus soit au moyen des documents que l'on trouvera dans les bureaux arabes, soit au moyen d'indications à recueillir sur place.

Dans les courses de reconnaissance, les agents qui en seront chargés devront être pourvus de la carte au 1/200,000e de l'état-major au moyen de laquelle ils rectifieront les erreurs que fera ressortir l'examen des lieux. Il sera bon qu'ils relèvent et indiquent, autant que possible, dans leur travail, les marchés, les villages construits ou en voie de création et les constructions de toute nature. — Chaque carte de subdivision sera complétée par l'indication au moyen de teintes particulières des terres domaniales reconnues. Ces teintes et indications seront, en outre, reproduites sur une carte au 1/200,000e pour pouvoir embrasser d'un seul coup d'œil l'ensemble des terres dont l'État pourra disposer.

Après les instructions qui précèdent, et dont je vous prie d'assurer la complète exécution, il ne me reste plus qu'à vous recommander de choisir les agents qui seront chargés du travail de reconnaissance dont il s'agit parmi les plus élevés et les plus intelligents du service des domaines et des opérations topographiques, et de les inviter à commencer d'urgence leurs opérations et à les pous-

ser avec la plus grande activité possible. — Je dois ajouter que si, dans les instructions qui précèdent et qui sont dictées surtout d'après l'état des choses dans la province d'Alger, vous trouvez des différences provenant d'un état particulier à votre province, ce que je ne suppose pas à priori, vous aurez à me les faire connaître dans le plus bref délai.

Comte RANDON.

Inst. M. — 25 sept. 1858 (V. *Procédure judiciaire*). — *Instances domaniales.* — *Recommandation aux préfets de ne réclamer au nom du domaine que des droits évidents.*

DI. — 25 juill. 1860. — BM. — *Aliénation des terres domaniales* (1).

Vu l'ord. du 9 nov. 1845 (V. ci-dessus); — les ord. des 21 juill., 5 juin et 1er sept. 1847, et le décr. du 26 avril 1851 (*Concessions*, § 1); — la loi du 16 juin 1851 (*Propriété*); — le décr. du 27 oct. 1858 (*Admin. gén.*, § 1).

TIT. I. — *Des périmètres de colonisation.*

Art. 1. — Les terres appartenant à un titre quelconque à l'État sont inscrites aux sommiers de consistance des domaines et affectées, en totalité ou en partie, à l'établissement de périmètres de colonisation.

Art. 2. — Les projets des périmètres de colonisation sont préparés, en territoire civil, par les préfets, en territoire militaire, par les généraux commandant les divisions. — Ils sont arrêtés par le ministre de l'Algérie et des colonies. — Réserve y est faite, s'il y a lieu, de terrains propres à l'exécution de travaux publics, à la fondation des villes, de villages et hameaux, à la formation de communaux ou autres biens d'établissements publics.

Art. 3. — La décision ministérielle, qui arrête un périmètre de colonisation, désigne les parties du lotissement et les numéros des lots qui doivent être tenus en réserve tant pour l'application du § 3 de l'article précédent que pour le placement immédiat de colons, et détermine le mode d'aliénation des autres lots, conformément aux dispositions du présent décret.

---

(1) Ce décret qui inaugure un nouveau régime pour la distribution des terres destinées à la colonisation, est précédé d'un rapport ministériel où se trouvent exposées toutes les phases et les difficultés de cette œuvre laborieuse de la constitution de la propriété en Algérie, tant à l'égard des populations européennes qu'à l'égard des populations indigènes dont les droits antérieurs se bornaient souvent à une jouissance indivise et précaire sur des territoires trop étendus pour leurs besoins. Une différence immense, y est-il dit, existe d'ailleurs entre les conditions de colonisation qu'offre l'Amérique dont l'exemple est fréquemment cité, et celles que présente l'Algérie. Là, ce sont de vastes étendues de terrains libres sur lesquelles les nouvelles populations peuvent se répandre à leur aise; elles n'ont à vaincre que les difficultés de la nature; nul accaparement n'est à redouter, nulle spéculation dangereuse pour l'avenir n'est à craindre. Après de vastes espaces peuplés, de plus vastes espaces restent à peupler encore. Ici, au contraire, les limites que l'on peut assigner à notre colonisation sont restreintes, et il faut empêcher qu'elle ne se heurte contre un peuple que nous avons voulu conserver, et que nous voulons amener à notre civilisation.

Le décret consacre trois modes de vente dont il détermine les conditions; le premier, celui qui se rapporte aux ventes à prix fixe, est pour l'Algérie une véritable innovation. Dans la pensée du décret, ce mode est en quelque sorte la règle et doit être employé d'abord dans tous les territoires où nous pouvons offrir des espaces assez vastes à la colonisation. C'est celui qui permet à tout émigrant qui arrive de se procurer sans démarches, sans perte de temps, la terre qu'il vient chercher en Afrique; c'est celui qui dès lors semble mériter la préférence pour toute créa-

tion nouvelle. — Les ventes aux enchères doivent au contraire servir lorsque déjà les centres de population sont formés, lorsque les terres qu'il s'agit d'aliéner ont acquis une valeur vénale qui doit les faire rechercher. — Enfin, les ventes de gré à gré ne sont qu'une exception, renfermée dans des limites restreintes, dont il a fallu maintenir la faculté pour régulariser des situations qui deviennent chaque jour de plus en plus rares. — Pour réunir toutes les règles relatives aux différents modes d'aliénation, le décret consacre une de ses sections aux échanges; il ne fait guère en cela que coordonner, avec quelques améliorations, les prescriptions de la législation actuelle et qui n'ont donné naissance à aucun inconvénient. Le décret n'a cependant point proscrit d'une manière absolue la faculté de concéder, mais elle a été renfermée dans des limites étroites, et ne pourra excéder 50 hectares. Il est enfin un autre genre de concession autorisé, mais qui ne saurait avoir le caractère d'une aliénation à titre gratuit. C'est le cas où pour les dessèchements des marais, pour des travaux d'irrigation ou autres grands travaux d'utilité publique, il serait possible de les faire entreprendre en concédant une partie des terrains à dessécher, à arroser, etc.; dans ces circonstances, la concession est véritablement le prix du travail exécuté.

Enfin, par une mesure libérale qui aura pour effet de dégager de bien des entraves le droit de propriété d'un grand nombre de cultivateurs, les concessions antérieures sont affranchies de toutes les obligations relatives soit aux plantations, soit au mode de mise en culture, à la seule condition que les anciens propriétaires auront rempli l'obligation de bâtir, stipulée dans leur acte de concession.

(Analyse du rapport qui précède le décret.)

Art. 4. — La décision du ministre est insérée au *Bulletin officiel de l'Algérie et des colonies*, et reçoit, indépendamment des publications et dépôts obligatoires résultant des dispositions qui suivent, toute autre publicité qu'il juge convenable. — Une notice annexe, accompagnée d'un plan de lotissement et d'un tableau indicatif des lots, avec leurs numéros d'ordre, fait connaître la situation du périmètre, sa superficie, les cours d'eau, fontaines et sources qui s'y trouvent, les routes et chemins ouverts ou dont l'ouverture est arrêtée, les centres de populations déjà existants, etc.

TIT. II. — *Des modes d'aliénation.*

Art. 5. — Les terres comprises, en exécution des dispositions précédentes, dans les périmètres de colonisation, sont aliénables par vente à prix fixe ou par vente aux enchères publiques. — Elles peuvent aussi être aliénées, sous les conditions déterminées par le présent décret, par vente de gré à gré, par voie d'échange, par voie de concession.

SECT. 1. — *De la vente à prix fixe.*

Art. 6. — Les ventes à prix fixe sont affranchies de toute charge relative à la mise en valeur du sol.

Art. 7. — Le prix de chaque lot à vendre est fixé par le ministre, sur l'avis d'une commission composée du préfet ou du général commandant la division, suivant le territoire, du chef du service des domaines, d'un membre du conseil général de la province, désigné par le ministre, et de deux autres personnes également nommées par lui

Art. 8. — Le prix est payable par tiers, dont un tiers comptant, et les deux autres d'année en année.

Art. 9. — Au moment du payement du premier tiers du prix, le receveur des domaines mentionne la vente sur le tableau indicatif et sur le plan de lotissement, fait signer le contrat de vente et le fait mettre immédiatement en possession. Il est dressé contradictoirement et sans frais procès-verbal de cette première opération.

Art. 10. — Le contrat de vente est enregistré et transcrit aux frais de l'acquéreur, qui en reçoit une expédition dans le délai d'un mois à dater du jour de la vente.

Art. 11. — Les ventes à prix fixe sont faites par le receveur des domaines. — La mise en vente est précédée des publications prescrites par l'art. 4. Elle est, en outre, annoncée par voie d'affiches. Le plan de lotissement reste déposé au bureau du receveur pour être communiqué au public pendant deux mois au moins avant le jour de la vente. Il est également à la disposition du public tant que tous les lots qui y sont compris n'ont pas été vendus.

Art. 12. — Les acquéreurs ne sont admis qu'à dater du jour fixé par le ministre pour l'ouverture de la vente. — Le même individu peut se rendre acquéreur de plusieurs lots. — Tout demandeur est tenu, sous peine de nullité de sa demande, de verser immédiatement entre les mains du receveur, à titre de dépôt de garantie, une somme égale au tiers du prix de la vente de chacun des lots soumissionnés. Le lendemain, cette somme est encaissée définitivement, en déduction du prix de la vente, ou restituée au déposant, suivant que la vente est ou non réalisée. — Si deux ou plusieurs personnes, voulant acquérir le même lot, se présentent le même jour, pendant le temps compris entre l'ouverture et la fermeture réglementaires du bureau du receveur, une enchère publique est ouverte à huitaine par les soins du receveur, et le lot est acquis au plus offrant, aux conditions de payement déterminées par l'art. 8, et sans qu'il soit besoin d'aucune approbation de l'autorité supérieure. Des affiches, dont une apposée dans le

bureau du receveur, font connaître le jour et l'heure de l'enchère.

Art. 13. — Au commencement de chaque trimestre, les préfets et les généraux commandant les divisions, suivant le territoire, transmettent au ministre un état des ventes effectuées pendant le trimestre précédent. — Cet état indique le montant du prix de chaque lot par numéro. Il est certifié par le directeur des domaines et visé par le préfet ou le général.

Art. 14. — A l'expiration de l'année qui suit le jour fixé pour l'ouverture de la vente, le ministre détermine à nouveau, conformément aux dispositions du présent décret, le mode d'aliénation des lots qui n'ont pas été vendus.

SECT. 2. — *De la vente aux enchères publiques.*

Art. 15. — La mise à prix des terres désignées pour être vendues aux enchères publiques est établie par expertise. — Le jour de la vente est fixé par le ministre sous l'observation des publications et délais prescrits par l'art. 2.

Art. 16. — Les adjudications ne sont valables et exécutoires qu'après l'approbation du ministre. — Cette approbation doit toujours précéder l'entrée en possession de l'adjudicataire, à moins qu'il n'y ait urgence reconnue.

SECT. 3. — *De la vente de gré à gré.*

Art. 17. — Sauf en ce qui concerne les départements, les communes et les établissements publics, les aliénations de gré à gré ne peuvent être faites qu'en cas d'indivision, d'enclave, et de préemption légale ou d'indice de possession de bonne foi.

Art. 18. — Les ventes de gré à gré sont précédées d'une estimation contradictoire. — L'acte de vente dressé par le directeur des domaines, soumis à l'examen du conseil de préfecture ou du conseil des affaires civiles, est transmis, avec avis, au ministre par le préfet ou le général commandant la division. — Il est statué définitivement par un décret impérial rendu sur le rapport du ministre.

Art. 19. — Lorsque l'estimation est inférieure à 10,000 fr., l'acte de vente est approuvé par le ministre, qui nous soumet, tous les trois mois, l'état des ventes ainsi effectuées.

SECT. 4. — *De l'échange.*

Art. 20. — Toute demande d'échange doit être adressée directement au ministre. — Si le ministre estime qu'il puisse y avoir lieu à échange, la demande est par lui renvoyée, suivant le territoire, au préfet ou au général commandant la division. — Il est fait estimation contradictoire des biens par experts, désignés, l'un par le directeur des domaines, l'autre par le propriétaire. Un tiers expert est désigné par le président du tribunal de la situation des biens. — Les résultats de l'expertise sont constatés par un procès-verbal, affirmé par les experts. — Le dossier de l'affaire, accompagné des titres de propriété et de l'état des charges, servitudes et hypothèques, est renvoyé à l'examen du conseil de préfecture ou du conseil des affaires civiles, qui délibère sur l'utilité et les conditions de l'échange. Le préfet ou le général commandant la division donne son avis et le ministre décide s'il y a lieu de passer acte avec l'échangiste.

Art. 21. — Le contrat d'échange détermine la soulte à payer, s'il y a lieu; il contient la désignation de la nature, de la consistance et de la situation des immeubles, avec énonciation des charges et servitudes dont ils peuvent être grevés; il relate les titres de propriété, les actes qui constatent la libération des prix, enfin les procès-verbaux d'estimation qui doivent y demeurer annexés. — Si la valeur de l'échange est inférieure à 10,000 fr., le contrat est approuvé par le ministre, qui nous rend compte tous les trois mois, comme il est dit à l'art. 19. — Tout échange d'une valeur supérieure est soumis à notre approbation. — L'entrée en possession de l'échangiste n'a lieu qu'après l'approbation. Elle est subordonnée, dans tous les cas, à la radiation des hypothèques de l'immeuble cédé par l'échangiste.

Art. 22. — Le contrat d'échange est enregistré gratis et transcrit sans autres frais que le salaire du conservateur. — La soulte est régie, quant au droit proportionnel d'enregistrement, par les dispositions relatives aux aliénations des biens de l'État. — Les frais de l'échange sont supportés moitié par l'État, moitié par l'échangiste. — Les formalités établies par l'art. 2191 C. Nap., par les avis du conseil d'État des 9 mai 1807 et 5 mai 1812, et par l'art. 1 de la loi du 23 mars 1855, sont remplies à la diligence de l'administration des domaines. — S'il existe des inscriptions sur l'immeuble cédé par l'échangiste, il est tenu d'en rapporter mainlevée et radiation dans les quatre mois de la transcription du contrat d'échange, à moins qu'il ne lui ait été accordé un plus long délai. — Faute par lui de rapporter ces mainlevée et radiation, le contrat d'échange est résilié et l'échangiste demeure passible de tous les frais auxquels l'échange a donné lieu. — L'acte d'échange, ainsi que toutes les pièces et titres, est déposé aux archives de la direction des domaines.

SECT. 3. — Des concessions.

Art. 23. — Sur les lots réservés, conformément aux dispositions des art. 2 et 5 du présent décret, le ministre peut faire des concessions d'une contenance au maximum de trente hectares au profit d'anciens militaires, d'immigrants ou de cultivateurs résidant en Algérie. — Les travaux imposés à ces concessionnaires seront limités à la construction d'une habitation. — Le ministre peut, par une décision spéciale à chaque lotissement, déléguer aux préfets et aux généraux le droit de faire ces concessions. — Des états trimestriels certifiés des concessions ainsi faites sont adressés au ministre.

Art. 24. — Des concessions d'une plus grande étendue peuvent être exceptionnellement accordées par nous, sur le rapport de notre ministre de l'Algérie et des colonies, notre conseil d'État entendu. — Le décret qui accorde la concession en détermine les conditions.

Art. 25. — Ne sont pas soumises aux conditions du présent décret les concessions qui peuvent être faites aux communes, aux départements et aux établissements publics.

TIT. 2. — Dispositions transitoires.

Art. 26. — Est affranchi des obligations relatives aux plantations et au mode de mise en culture tout propriétaire d'une concession accordée antérieurement au présent décret qui aura rempli la condition de bâtir stipulée par son titre.

Art. 27. — Pourront être régularisés, conformément aux dispositions actuellement existantes, les concessions qui ont fait l'objet de mises en possession provisoire ou de demandes sur lesquelles les conseils de préfecture ou les conseils des affaires civiles auront délibéré antérieurement à la promulgation du présent décret.

Art. 28. — Les prescriptions des sections 2, 3, 4 et 5, du titre 2 sont applicables aux immeubles urbains.

Art. 29. — Toutes dispositions contraires au présent décret sont et demeurent abrogées.

§ 2. — ANNEXION D'IMMEUBLES AU DOMAINE.

Les ordonnances sur la propriété établissent les droits du domaine sur les marais, les terres va-

gues et abandonnées ; les arrêtés spéciaux insérés ci-après, déclarent également réunis au domaine de l'État, les immeubles affectés à des corporations religieuses et divers biens considérés comme vacants et sans maître. Ces diverses dispositions jointes à celles reproduites au § 1, et aux arrêtés sur le séquestre complètent cette matière. Voir les articles indiqués.

AG. — 8 sept. 1830 (V. Séquestre). — Réunion au domaine des propriétés appartenant à la Mecque et à Médine.

AG. — 7 déc. 1830. — Réunion de celles appartenant à quelque établissement que ce soit ou ayant une affectation spéciale.

Art. 1. — Toutes les maisons, magasins, boutiques, jardins, terrains, locaux et établissements quelconques dont les revenus sont affectés, à quelque titre que ce soit, à la Mecque et à Médine, aux mosquées, ou ayant d'autres affectations spéciales, seront, à l'avenir, régis, loués ou affermés par l'administration des domaines, qui en touchera les revenus et en rendra compte à qui de droit.

Art. 2. — Moyennant la disposition qui précède, l'administration des domaines devra pourvoir à tous les frais d'entretien et toutes les autres dépenses au payement desquelles les revenus desdits immeubles sont spécialement affectés.

Art. 3. — Les individus de toutes nations, détenteurs ou locataires des immeubles désignés en l'art. 1, sont tenus de faire, dans le délai de trois jours à dater de la publication du présent arrêté, et ce devant le directeur des domaines, sur les registres ouverts à cet effet, une déclaration indiquant la nature, la situation, la consistance des biens de cette catégorie dont ils ont la jouissance par location ou autrement, le montant du revenu ou du loyer, et l'époque du dernier payement.

Art. 4. — Les mouphtis, cadis, ulémas et autres, préposés jusqu'à présent à la gestion desdits biens, remettront, dans le même délai, au directeur des domaines, les titres et actes de propriétés, les livres, registres et documents qui concernent leur gestion, et l'état nominatif des locataires, sur lesquels ils indiqueront le montant du loyer annuel et l'époque du dernier payement.

Art. 5. — Ils adresseront en même temps au directeur des domaines un état motivé des dépenses que nécessitent l'entretien et le service des mosquées, les œuvres de charité et autres frais auxquels ils sont dans l'usage de subvenir à l'aide des revenus des biens dont il s'agit. Les fonds reconnus nécessaires leur seront remis chaque mois d'avance, et à partir du 1er janv. prochain, pour en être par eux disposé conformément au but des diverses affectations.

Art. 6. — Tout individu assujetti à la déclaration prescrite par l'art. 3, et qui ne l'aurait pas faite dans le délai fixé, sera condamné, au profit de l'hôpital, à une amende qui ne pourra pas être moindre d'une année du revenu ou du loyer de l'immeuble non déclaré, et il sera contraint au payement de cette amende même par corps.

Art. 7. — Toute personne qui révélera au gouvernement l'existence d'un immeuble non déclaré, aura droit à la moitié de l'amende encourue par le contrevenant. CLAUZEL.

AI. — 21 sept. 1832. — Mesures concernant les propriétés de Dely Ibrahim et Kouba.

Art. 1. — Les propriétaires des environs des lieux dits de Dely Ibrahim et de Kouba devront se présenter, soit en personne, soit par fondé de pouvoir, savoir : ceux de Dely Ibrahim, le lundi 24 du présent mois, à sept heures et demie du matin, près de la maison dite de Dely Ibrahim ; et ceux de Kouba, le lendemain mardi, 25, à la même heure, près la maison dite de Kaïd Ali, attenant au terrain sur lequel se construit le village colonial de Kouba, pour procéder, contradictoirement avec le directeur des domaines, assisté du gérant de la colonisation, et accompagné : 1° de l'un des ulémas du cadi ; 2° du kaïd el fahs ; 3° et d'un géomètre arpenteur, à la délimitation des propriétés qu'ils peuvent posséder près de ces deux points.

Art. 2. — Ils auront à produire avec leurs contrats d'acquisition les titres originaux et signalétiques de leurs propriétés.

Art. 3. — Faute par eux de se présenter, il sera passé outre à cette opération, et application leur sera faite des dispositions de l'art. 713 c. Nap., ainsi conçu : — « Les biens qui n'ont pas de maître appartiennent à l'État. »

                       GENTY DE BUSSY.

AI. — 1er mars 1833. — *Commission de vérification de tous les titres de propriété de la régence. — Attribution au domaine de tous les immeubles non réclamés ou occupés sans titre régulier.*

Vu les déc. min. des 24 nov., 11 déc. 1832 et 10 janv. 1833 ; — Considérant qu'il importe, autant dans l'intérêt du domaine de l'État que dans celui des propriétaires, détenteurs ou tenanciers actuels, et des corporations religieuses : — 1° De faire vérifier les titres en vertu desquels la possession des immeubles de la régence est acquise à tous ; — 2° Et, par suite, de faire procéder à leur enregistrement, afin de leur donner la légalité nécessaire ;

Art. 1. — Trois jours après l'avertissement qui leur sera donné par la commission instituée à cet effet, et dont il sera parlé ci-dessous, art. 3, les propriétaires, détenteurs ou tenanciers, les corporations religieuses, seront tenus de déposer à la direction des domaines, qui leur en donnera récépissé, les titres en vertu desquels ils sont en possession d'immeubles situés dans la régence d'Alger.

Art. 2. — Faute par eux de le faire et passé ce délai, il leur sera fait application des dispositions de l'art. 713 c. Nap.

Art. 3. — (Nomination des membres).

Art. 4. — Il sera ultérieurement statué sur la composition des commissions analogues qui devront s'occuper des mêmes vérifications à Oran et à Bône. — GENTY DE BUSSY.

AGI. — 26 juill. 1834. — *Mode de recherche des propriétés domaniales.*

Considérant qu'il importe de pourvoir, par des dispositions plus efficaces que celles qui ont été employées jusqu'à ce jour, aux moyens de faire rentrer aux mains de l'État les propriétés qui lui auraient été momentanément soustraites, et celles qui, par suite d'absence de propriétaires connus, doivent être régies par les soins de l'administration des domaines ;

Art. 1. — Lorsqu'il y aura juste motif de croire que des propriétés domaniales sont occupées sans titre régulier, l'administration du domaine pourra requérir le détenteur de justifier de sa possession. — Si la justification n'est pas trouvée suffisante, la contestation sera portée, sur le rapport de l'inspecteur en chef du service des domaines, et avec l'autorisation de l'intendant civil, à Alger et à Bougie (jusqu'à ce que, pour cette dernière ville, une juridiction spéciale ait été créée), devant la cour de justice ; à Bône et à Oran, devant le juge royal de chacune de ces résidences.

Art. 2. — Le domaine sera admis à opposer à la preuve testimoniale, telle que la loi musulmane la constitue, les circonstances tendantes à en faire

reconnaître le vice ou l'insuffisance, et le tribunal pourra, selon les cas, soit écarter cette preuve, soit ordonner tel complément de preuve qu'il jugera nécessaire.

Art. 3. — Le domaine prendra possession des biens vacants et sans maîtres ; ces biens seront tenus sous le séquestre, lequel sera publié et affiché. Deux ans après ces publications et affiches, le domaine pourra se pourvoir près des tribunaux, à l'effet d'être autorisé à vendre ou à concéder, sauf le remboursement du prix de la vente ou de la concession à celui qui, dans un nouveau délai de cinq ans, à compter du jour de la vente, justifiera de ses droits.

Art. 4. — Sont et demeurent rapportées toutes dispositions contraires.

   Général VOIROL.   GENTY DE BUSSY.

AG. — 4 nov.-3 déc. 1840. — B. 86. — *Affectation des diverses mosquées de Blidah.*

Considérant que l'établissement d'une colonie française à Blidah exige qu'un édifice soit consacré au culte de la religion chrétienne ; — Que le nombre des habitants musulmans de cette ville ayant diminué, il y a lieu de réduire celui des mosquées ; — Que les revenus des mosquées actuellement existantes à Blidah sont insuffisants pour leur entretien ; — Voulant, d'autre part, pourvoir aux besoins des services civils dans la ville de Blidah ;

Art. 1. — La mosquée connue à Blidah sous le nom de Djemah el Kebir, et actuellement occupée par l'administration militaire, sera consacrée à la religion catholique et servira d'église paroissiale à la ville de Blidah. — Le presbytère et les écoles chrétiennes seront établis dans les annexes de la Djemah el Kebir. La mosquée, connue à Blidah sous le nom de Djemah Bab el Djezaïr, continuera à être employée au service des troupes de la garnison. — Les mosquées connues à Blidah sous les noms de Djemah el Turk et de Djemah ben Saadoun, continueront à être affectées au culte musulman.

Art. 2. — Les revenus des mosquées el Kebir et Bab el Djezaïr, et ceux des établissements pieux qui ont été détruits ou abandonnés, seront consacrés à l'entretien des mosquées réservées au culte musulman. Ces revenus seront administrés conformément aux règles prescrites dans notre arr. du 1er oct. 1840. (*Villes et villages.*)

Art. 3. — La maison appelée à Blidah Dar Ibrahim Agha prendra le nom d'hôtel de ville de Blidah. Les services civils y seront immédiatement établis.

                       Comte VALÉE.

AM. — 23 mars-11 avr. 1843. — B. 147. — *Confirmation plus spéciale des dispositions qui précèdent.*

Vu l'arr. du 7 déc. 1830 qui a ordonné la réunion au domaine de l'État en Algérie de tous les biens appartenant aux corporations, mosquées et autres établissements pieux, à la charge par cette administration d'acquitter sur les revenus les dépenses de ces établissements ; — L'ord. du 31 oct. 1839 (*Admin. gén.*, § 1), qui place la gestion des établissements religieux sous la surveillance et la direction de l'administration financière ; — L'ord. royale du 21 août 1839 (*ci-dessus*, § 1), sur le régime financier de l'Algérie :

Considérant que si, dans l'intérêt des corporations et de la population musulmanes, il a été nécessaire de surseoir à l'exécution de l'arr. du 7 déc., afin de laisser à l'administration le temps d'étudier et de bien connaître les ressources et les besoins des établissements religieux, il est aujourd'hui nécessaire et avantageux de placer sous la main de l'administration des domaines les immeubles de cette origine, et d'introduire dans la comptabilité des recettes et des dépenses les formes prescrites par l'ord. du 21 août 1839;

Art. 1. — Les recettes et les dépenses de toute nature des corporations et établissements religieux sont rattachées au budget colonial.

Art. 2. — Les immeubles appartenant aux établissements religieux déjà gérés par le domaine en vertu de décisions antérieures, continueront à être régis par cette administration.

Art. 3. — Les immeubles provenant de la dotation des établissements qui ont cessé d'avoir une affectation religieuse seront immédiatement réunis à ceux compris dans l'article précédent et administrés conformément aux mêmes règles.

Art. 4. — Les immeubles appartenant aux établissements encore consacrés au culte seront successivement réunis au domaine, mais en vertu de décisions spéciales. Ceux de la corporation du bit el mal sont également compris dans cette catégorie.

Art. 5. — Le produit présumé des immeubles gérés par le domaine sera, chaque année, porté au budget colonial, et fera partie des ressources de chaque exercice.

Art. 6. — Les dépenses afférentes au personnel religieux, à l'entretien des mosquées et marabouts, aux frais du culte, aux pensions ou secours accordés à quelque titre que ce soit aux lettrés de la religion musulmane, mekaoufs, andalous, etc., etc , ainsi qu'aux pensions de toute nature, secours et aumônes, seront portées au budget de l'intérieur pour être acquittées conformément aux règles ordinaires sur les crédits coloniaux ouverts à cette direction.

Art. 7. — Les dépenses afférentes aux frais de perception et d'administration seront portées aux crédits du budget colonial applicables aux services financiers, et acquittées dans les limites de ces crédits.

Art. 8. — Les modifications résultant du présent arr., qui recevra son exécution à partir du 1er janv. 1813, seront opérées au budget des dépenses coloniales pour l'exercice courant.

Maréchal duc de DALMATIE.

AG. — 4 juin-22 juill. 1845. — B. 155.—*Immeubles affectés à la grande mosquée d'Alger.*

Vu l'arr. du 7 déc. 1850; — Vu les ord. des 31 oct. 1838 et 21 août 1839 et l'arr. min. du 25 mars 1813;

Art. 1. — Les immeubles dont les revenus étaient affectés, à quelque titre et sous quelque dénomination que ce soit, à la grande mosquée d'Al-

---

ger et au personnel de cet établissement, sont et demeurent réunis au domaine colonial.

Art. 2. — Les recettes et les dépenses de toute nature de cet établissement religieux sont rattachées au budget colonial.

Art. 3. — Les dépenses afférentes au personnel religieux, à l'entretien de la mosquée, aux frais du culte, ainsi qu'aux secours et aumônes à la charge de cet établissement, seront réglées par l'administration et portées au budget de l'intérieur pour être acquittées conformément aux règles ordinaires sur les crédits coloniaux ouverts à cette direction.

Art. 4. — Les dépenses afférentes aux frais de perception et d'administration seront portées aux crédits du budget colonial, applicables aux services financiers et acquittées dans les limites de ces crédits.

Pour le gouverneur général absent,　DE BAR.

AG. — 3-6 oct. 1848. — B. 289. — *Immeubles régis par des oukils.*

Vu l'art. 4 de l'arr. min. du 25 mars 1813;

Art. 1. — Les immeubles appartenant aux mosquées, marabouts, zaouias, et en général à tous les établissements religieux musulmans qui sont encore exceptionnellement régis par les oukils, seront réunis au domaine, qui les administrera conformément aux règlements.

Art. 2. — Cette remise aura lieu dans les dix jours de la réquisition, qui en sera faite à chaque oukil par les soins du domaine. Elle sera accompagnée des titres, registres et autres documents relatifs à la gestion desdits immeubles, et d'un état nominatif des locataires indiquant la date de chaque bail en cours de durée, le montant du loyer annuel et l'époque du dernier payement.

Art. 3. — Chaque oukil remettra en outre, à l'agent du service des domaines de la localité, dans ledit délai, les titres constitutifs des anas et rentes foncières dus à l'établissement dont il a la gestion et un état indiquant les immeubles grevés, le montant de la redevance, l'époque de l'exigibilité et la date des derniers payements.　V. CHARON.

§ 3. — RENTES DOMANIALES. — RÉDUCTION ET REMBOURSEMENT.

DP. — 21 fév.-14 mars 1850. — B. 512. — *Réduction et remboursement des rentes dues au domaine (1).*

Vu l'ord. du 1er oct. 1844 (tit. 2), sur le rachat

---

(1) Une question grave s'est élevée sur l'exécution des décrets des 21 et 22 fév. 1850. À qui doit profiter la remise accordée par l'État? Que doit-on entendre par le mot *débiteur?*

Si au moment où les décrets ont été promulgués, l'immeuble grevé d'une rente domaniale était libre et intact entre les mains de son propriétaire, point de difficulté. Mais si l'immeuble était saisi, s'il a été vendu, soit de gré à gré, soit judiciairement, et que le prix n'en soit point encore payé, à qui doivent bénéficier les décrets? Est-ce au débiteur originaire, à ses créanciers, à l'adjudicataire ou à l'acquéreur amiable. — Cette question n'a plus aujourd'hui le même intérêt. La liquidation des rentes domaniales est à peu près terminée ; les intérêts qui étaient atteints par cette mesure sont réglés pour la plupart. Nous exposerons, en peu de mots seulement, la jurisprudence adoptée par la cour d'Alger.

Malgré la diversité des opinions, elles peuvent se résumer en deux systèmes contraires. L'un, simple, absolu, rigoureux, qui ne souffrait aucune exception, consistait à déclarer que la réduction avait été consentie en faveur de l'immeuble, sans acception de personnes ou d'intérêts individuels, et que le propriétaire de l'immeuble, au moment de la promulgation des décrets, eût-il acquis la veille par adjudication ou contrat volontaire, en un mot, le dé-

---

tenteur à titre certain était le seul débiteur de la rente dans l'esprit de la loi, le seul qui fût appelé par conséquent à profiter du dégrèvement, à moins de donner aux décrets un effet rétroactif.

L'autre système, complexe et admettant une foule de distinctions, forcé de se subdiviser au gré de tous les incidents, de toutes les éventualités, ne considérait le détenteur, comme propriétaire à titre certain, qu'après le payement de son prix, et attribuait le bénéfice de la réduction, tantôt à l'acquéreur, tantôt aux créanciers du vendeur volontaire ou du débiteur exproprié, parfois même à ce dernier, selon que l'ordre pour la distribution du prix était clos définitivement, ou n'était pas ouvert, ou que les délais pour contredire le règlement provisoire étaient expirés, ou que l'adjudication avait été faite moyennant un prix qui ne suffisait pas à assurer le service de la rente primitive capitalisée au denier 10, etc.

De graves considérations de droit et d'équité militent en faveur de chacun de ces deux systèmes; mais la cour a consacré le premier par les motifs dont voici l'analyse succincte.

Considérant que les mesures édictées par les deux décrets ont pour unique objet de remédier à la fâcheuse situation de la propriété immobilière en Algérie; — Que c'est pour atteindre ce but, si désirable, que l'administra-

des rentes en Algérie (*Propriété*, § 1); — Vu l'ord. du 9 nov. 1815, sur l'aliénation des biens domaniaux, maintenue en vigueur par l'art. 112 de la constitution jusqu'à la promulgation des lois promises par l'art. 109; — Vu l'inst. min. du 7 oct. 1848, prescrivant de vendre à l'avenir les immeubles domaniaux, en capital et sur soumissions cachetées.

Art. 1.—Toutes rentes constituées en Algérie au profit du domaine, pour prix de vente ou de concession d'immeubles, ou pour concession de droits immobiliers sont et demeurent réduites de moitié, à dater du 1er janv. 1850.

Art. 2.—Tout débiteur d'une rente ainsi réduite, qui s'engagera envers le domaine, avant le 31 déc. 1850, à se libérer de sa dette par le remboursement du capital, calculé conformément à l'ord. du 1er oct. 1844, sera admis à effectuer ce remboursement en huit ans, par annuités égales.—Ces annuités commenceront à courir du 1er janv. 1850; elles ne porteront pas intérêt et seront exigibles, année par année, au 31 déc. de chaque année.

Art. 3. — Faute par le débiteur de remplir ses obligations ou de souscrire l'engagement prescrit par l'art. 3, et conformément aux dispositions de l'art. 4 de l'ord. du 11 juin 1817, l'acquéreur primitif, le détenteur, les acquéreurs intermédiaires et les créanciers hypothécaires seront admis à payer toutes sommes exigibles, et à jouir du bénéfice de l'article précédent. — Les tiers qui auront effectué ledit payement seront subrogés, par la quittance, aux droits de l'Etat.

DP. —22 fév.-14 mars 1850.--B. 342.— *Remise des arrérages, escompte de remboursement.*

Vu l'ord. du 2 janv. 1816, art. 94, (*Finances*, § 1); — Vu le décr. du 21 de ce mois;

Art. 1.—Le montant des arrérages de rentes foncières restant dus au domaine en Algérie sur les exercices 1847 et antérieurs sont admis en non-valeurs.

Art. 2.—Il est fait remise à tous débiteurs, envers le domaine, de rentes constituées en Algérie pour prix de vente ou de concession d'immeubles ou pour cession de droits immobiliers, de la moitié des arrérages échus du 1er janv. 1848 au 31 déc. 1849.—Il sera fait compte des sommes payées, et celles qui auraient été acquittées en excédant de la disposition du paragraphe précédent seront imputées aux comptes des débiteurs comme avances sur les termes à échoir.—Le recouvrement des sommes restées dues aux termes du paragraphe

précédent sera poursuivi par toutes les voies de droit, y compris l'expropriation forcée.

Art. 3.—Tout débiteur d'une rente envers le domaine, qui aura contracté l'engagement de rembourser sa dette en huit années, conformément aux dispositions de l'art. 2 de notre décr. du 21 fév. courant, sera admis à anticiper sa libération et jouira, dans ce cas, d'un escompte de 5 p. 100 par an pour chaque annuité payée par anticipation.

Inst. M.—28 fév.-14 mars 1850.—B. 342. — *Instruction sur l'exécution des deux décrets qui précèdent.*

Les mesures consenties par les décr. des 21 et 22 fév. courant ont pour but de remédier à la fâcheuse situation de la propriété immobilière en Algérie. Ramenées à une seule pensée qui embrasse à la fois et le passé et l'avenir, elles comportent diverses parties dont il convient de se rendre parfaitement compte pour éviter toute erreur, toute incertitude dans l'application.

Ces décrets accordent, — Pour le passé : — 1° Remise complète des arrérages de rentes dus au domaine pour les années antérieures à 1848 à raison de vente ou de concession d'immeubles, ou de cession de droits immobiliers en Algérie; —2° Remise de la moitié seulement de ces arrérages dus au 31 déc. 1849, pour les années 1848 et 1849.

Pour l'avenir : — 1° Réduction de 50 p. 100 sur toutes les rentes susmentionnées; — 2° Faculté d'extinction desdites rentes réduites, moyennant engagement, à souscrire avant le 31 déc. prochain, d'en rembourser le capital, formé au taux légal de 10 p. 100, en huit annuités égales ne rapportant pas intérêt; — 3° Escompte de 5 p. 100 par an sur toute annuité payée par anticipation; — 4° Enfin, réserve en faveur de l'acquéreur primitif, du détenteur et des créanciers hypothécaires, du droit de se subroger à l'Etat, en remplissant, à défaut du débiteur, les engagements pris par celui-ci.

Observation générale. — Il importe de ne pas perdre de vue, en premier lieu, que le trésor ne pouvant, dans aucun cas, être appelé à restituer les sommes perçues à son profit, les abandons qu'il consent pour le passé et les réductions de rente qu'il accorde pour l'avenir, ne sauraient légitimer aucune répétition de la part des acquéreurs qui auraient exactement satisfait à leurs obligations, ou qui auraient précédemment racheté les rentes constituées; *en second lieu*, que l'Etat ne pouvant modifier de sa propre autorité des con-

---

tion a cru devoir accorder toutes sortes de facilités aux débiteurs des rentes domaniales, soit en les admettant au remboursement à des conditions on ne peut plus favorables, soit en leur faisant remise de la totalité des arrérages échus, d'abord pour les années antérieures au 1er janv. 1848, et plus tard pour les années 1848, 1849, 1850, 1851;

Que par ces mots, *débiteurs de rentes*, employés dans les deux décrets de février 1850 et dans celui qui les a suivis à la date du 19 déc. 1851, il faut nécessairement entendre le détenteur actuel de l'immeuble; que cela résulte clairement des dispositions combinées des art. 2 et 3 du décret du 21 fév. et des art. 2 et 3 du décret du 22 du même mois;

Qu'on ne trouve ni dans l'un ni dans l'autre de ces décrets aucune disposition de laquelle on puisse induire que le législateur a voulu se préoccuper de la position des anciens débiteurs, tandis que tout concourt, au contraire, à démontrer que sa sollicitude a porté uniquement et exclusivement sur le dégrèvement de la propriété, en quelques mains qu'elle se trouvât;

Que de toutes ces considérations, il faut conclure que la remise des arrérages, à quelque époque qu'elle s'applique, doit bénéficier au détenteur actuel, il ne saurait, dans aucun cas, profiter ni aux anciens débiteurs des rentes ni à leurs créanciers; — Par ces motifs, etc. — *Cour d'Alger,*

20 août 1850; 18 nov. 1850; 10 mars 1852 et autres.

Dans ce dernier arrêt, la cour était même allée trop loin et avait décidé que la remise des arrérages à quelque époque qu'ils remontassent, c'est-à-dire même avant que celui qui était détenteur au moment de la promulgation des décrets, fût devenu acquéreur des adjudicataires, devait profiter à lui seul. Cette décision a été déférée à la cour de cassation, qui, par arrêt du 23 juillet 1855, a déclaré avec raison que la remise des arrérages antérieurs à l'acquisition devait profiter à ceux qui étaient alors en possession des immeubles grevés et tenus directement du service de ces arrérages ou à leurs ayants cause.

Quant à la question principale, touchant la remise des arrérages postérieurs à l'acquisition de la propriété par le détenteur actuel, le pourvoi ne portant pas sur ce chef, la cour de cassation n'a pas eu à statuer et c'est à tort qu'on a cru voir dans les termes dont l'arrêt s'est servi la condamnation de la doctrine de la cour d'Alger, tandis qu'ils emploient seulement la formule usitée lorsque la cour évite de se prononcer sur une question qu'elle n'a pas à résoudre: attendu qu'en admettant, ainsi que l'a décidé la cour d'Alger, etc... aussi postérieurement à cette décision et après nouvelles discussions approfondies, la cour d'Alger a maintenu sa jurisprudence par un nouvel arrêt du 30 oct. 1857.

trats sur lesquels il a cédé ses droits, les décrets des 21 et 22 fév. dernier ne sont applicables, dans aucune de leurs dispositions aux rentes restituées ou attribuées à des tiers antérieurement à ces décrets.

Remise des arrérages échus. — Aucune difficulté d'application ne peut se présenter en ce qui concerne la remise complète des arrérages dus jusqu'au 31 déc. 1847. Mais il est nécessaire d'entrer dans quelques explications en ce qui concerne la remise de la moitié seulement des arrérages dus pour 1848 et 1849.

Les faits relatifs à ces deux années devront être réunis, soit pour la constitution du chiffre de la dette réduite, soit pour l'imputation, à valoir sur cette dette ou sur les arrérages à échoir postérieurement au 31 déc. 1849, des versements effectués pendant leur durée. Si donc le débiteur d'une rente de 100 fr. avait payé la totalité de cette rente pour 1848, sans rien payer pour 1849, il ne faudrait pas faire abstraction de l'année 1848 et réclamer 50 fr. pour 1849, mais il y aurait lieu d'imputer sur la période entière de deux ans le payement effectué, et de délivrer quittance jusqu'au 31 déc. 1849.

Il convient d'ajouter que, par application de l'art. 2 du décr. du 22 fév., on devra porter en compte dans le règlement des compensations la totalité des versements d'arrérages effectués, depuis le 1er janv. 1848, lors même qu'une partie de ces versements aurait été destinée à acquitter un arriéré de rentes antérieures au 1er janv. 1848.

Aussitôt après notification des décrets et réception de la présente instruction, les receveurs de l'enregistrement et des domaines annuleront en totalité sur leurs sommiers des droits constatés les consignations afférentes aux années antérieures à 1848, et jusqu'à concurrence de moitié seulement, celles afférentes aux années 1848, 1849. Ils mentionneront à l'appui de ces radiations l'art. 2 précité du décr. du 22 fév. Ensuite, et pour satisfaire à la double nécessité de n'apporter aucune modification aux recettes portées dans les comptes de chaque exercice et d'imputer, comme il vient d'être expliqué, à valoir sur les arrérages à échoir postérieurement au 1er janv. 1850, les sommes versées en excédant des arrérages réduits pour 1848 et 1849, les receveurs réduiront dans la proportion dudit excédant les arrérages échus ou à échoir postérieurement au 1er janv. 1850. Ces réductions seront également justifiées sur les sommiers par la mention du décret précité.

Réduction des rentes. — La réduction de 50 p. 100, consentie sur toute rente domaniale, ayant pour but de restreindre les charges des acquisitions dans la proportion de leur exagération, toutes les fois que la chose est possible sans déboursés de la part du trésor, doit être établie sur la quotité de la rente constituée par l'acte de vente ou de concession, alors même que cette quotité se trouverait actuellement diminuée par suite du rachat partiel. Si donc une rente constituée, dans le principe, à 100 fr., a été, à une époque quelconque, capitalisée et rachetée jusqu'à concurrence de 50 fr., elle est, par application de l'art. 1 du décr. du 21 fév., complètement éteinte à dater du 1er janv. 1850; et il n'y a plus lieu de réclamer du débiteur, aux termes de l'art. 2 du décr. du 22 fév., que la moitié des arrérages qu'il peut devoir pour 1848 et 1849.

Les sommiers des droits constatés seront immédiatement modifiés pour l'exercice 1850, conformément à la disposition qui précède; et le chiffre définitif de la rente réduite sera indiqué sur la grosse des contrats au moyen d'une annotation marginale.

Le but principal des mesures décrétées étant, comme on l'a déjà dit en commençant, de remédier à la fâcheuse situation de la propriété immobilière en Algérie, et cette situation tenant surtout, en ce qui concerne les biens d'origine domaniale, à l'importance du privilège qui les grève et empêche qu'ils ne soient ou l'objet ou le gage de transactions commerciales, il est essentiel que, sans attendre les réclamations des débiteurs, le privilège du trésor soit immédiatement et d'office restreint en proportion de la réduction consentie.

A cet effet, les receveurs prépareront, chacun en ce qui le concerne, un arrêté collectif, en radiation partielle d'inscription hypothécaire, indiquant la date et le numéro de chacune des inscriptions, prises en garantie des rentes dues au domaine, le nom des débiteurs des rentes, le capital qu'elles représentent et le capital nouveau à garantir en vertu de l'art. 1 du décret du 21 fév. Ces arrêtés, qui mentionneront la présente instruction, seront soumis, par l'intermédiaire des chefs de service, à l'approbation des préfets, et notifiés, par ampliation régulière, aux conservateurs des hypothèques, qui opéreront les radiations partielles dans la forme prescrite par la circulaire du ministre des finances, n° 1610, et par l'instruction de l'administration des domaines, n° 253.

En outre, les receveurs adresseront, dans le plus bref délai, aux divers débiteurs, un décompte établissant distinctement: 1° les arrérages restant dus pour 1848 et 1849; 2° le chiffre auquel la rente aura été réduite à partir du 1er janv. 1850. — Ces décomptes seront accompagnés d'une invitation aux débiteurs de profiter des avantages qui leur sont offerts, par les décrets, pour la capitalisation des rentes, en souscrivant l'engagement exigé dans le délai voulu, et en payant au préalable les arrérages de 1848 et de 1849. — Les chefs de service feront distribuer, à cet effet, aux receveurs des formules imprimées dont on trouvera ci-joint le modèle.

Rachat des rentes réduites. — L'art. 2 du décret du 21 fév., en accordant aux débiteurs la faculté de racheter leurs rentes par le remboursement du capital en huit annuités sans intérêt, et l'art. 3 en réservant aux tiers intéressés le pouvoir de se subroger aux droits de l'État, n'ont pas entendu créer un contrat nouveau annulant le contrat primitif. Il résulte, au contraire, formellement des termes de la dernière partie du § 1 de l'art. 2 du décret du 22 fév. qu'en *admettant* le débiteur à user de ce mode de libération, l'État se réserve nécessairement le droit de rentrer, en cas d'inexécution de l'engagement, dans la position que lui a faite le contrat primitif modifié par l'art. 1 du décret du 21 fév.

Si donc le payement des annuités était interrompu à une époque quelconque, le contrat d'aliénation reprendrait sa force et vigueur, et la rente perpétuelle réduite, ne pourrait plus être éteinte qu'au moyen du remboursement immédiat de son capital.

Toutefois, dans ce cas, il y aurait à tenir compte, à titre de payement par avance sur les arrérages à échoir, des sommes qui auraient été versées chaque année, en excédant du chiffre de la rente redevenue exigible. Dans ces cas les annuités acquittées seraient toujours comptées au pair, c'est-à-dire, sans défalcation de l'escompte dont elles auraient pu être bonifiées en vertu de l'art. 3 du décret du 22 fév.

Escompte sur les payements d'annuités par anticipation. — Cet escompte fixé à 5 p. 100 par an sur chaque annuité payée par anticipation, ne saurait être dû pour des fractions d'annuité, et les payements par anticipation ne peuvent être faits qu'au titre de l'année, ou des années qui suivent immédiatement celle pour laquelle l'engagement a été tenu en dernier lieu.

Le décret du 22 fév. a fixé le 31 déc. de chaque

année pour époque du payement de chaque annuité. Il semblerait donc qu'il n'y eût pas possibilité d'obtenir l'escompte pour la première annuité qui sera due au 31 déc. prochain. L'intention des décrets consultés sur ce point de détail permet de trouver, dans la latitude implicitement laissée au débiteur, d'acquitter ses annuités avant cette époque précise, le moyen de rendre la première annuité elle-même susceptible d'escompte, et de servir ainsi à bonifier chacun des escomptes suivants. A cet effet, le temps restant à courir sur la présente année sera compté pour l'année entière. Le débiteur qui, voulant profiter de la plus grande somme possible des avantages offerts par les décrets, acquittera ses huit annuités avant le 31 déc. prochain, jouira donc des escomptes successifs, calculés dans le tableau ci-joint, d'après une rente de 1,000 fr. Celui qui préférera ne commencer ses payements qu'au 31 déc. prochain perdra au contraire forcément l'escompte afférent à la première année alors échue, et n'aura plus droit par conséquent pour la huitième et dernière annuité qu'à un escompte de 35 p. 100, au lieu de 40 p. 100, ce qui le constituera en perte de 250 fr.

Droit de subrogation des tiers intéressés. — La faculté donnée aux tiers intéressés de se substituer aux droits de l'Etat est l'application des principes posés et développés dans les art. 1255 à 1252 c. Nap. Son usage reste réglé dans toutes ses parties par le droit commun, et l'administration n'aura pas à intervenir dans les contestations qui pourraient surgir entre les parties.

Les receveurs devront se borner à recevoir soit les engagements en capitalisation, soit les versements de rente, pourvu que les engagements et les versements portent la mention expresse du nom du débiteur aux lieu et place duquel ils sont effectués, et la désignation de l'immeuble donnant lieu à l'opération.

Le ministre de la guerre,   D'HAUTPOUL.

DP. — 25 juin-15 juill. 1851. — B. 388. — *Prorogation du délai fixé pour souscrire l'engagement de remboursement.*

Vu les décrets des 21 et 22 fév. 1850;

Art. 1. — Le délai accordé jusqu'au 30 déc. 1850 inclusivement, par l'art. 2 du décret du 21 fév. 1850, aux débiteurs des rentes constituées en Algérie, au profit du domaine, pour souscrire l'engagement de se libérer de leur dette, par le remboursement de ces rentes en huit ans, par annuités égales, et aux tiers créanciers dénommés en l'art. 3 dudit décret, pour se subroger aux droits de l'Etat, vis-à-vis de ces débiteurs, est prorogé au 31 déc. 1851.

Art. 2. — Les débiteurs de rentes domaniales ou leurs tiers créanciers qui n'auront souscrit cet engagement que postérieurement au 30 déc. 1850, seront tenus d'acquitter les arrérages desdites rentes afférentes à l'année 1850, tels qu'ils ont été réduits par l'art. 1 du décret du 21 fév. 1850. Les annuités qu'ils s'engageront à acquitter ne commenceront à courir qu'à dater du 1er janv. 1851, et ne jouiront qu'à partir de ladite époque du bénéfice que leur accordent l'art. 2 du décret du 21 fév. 1850 et l'art. 3 du décret du 22 fév. de la même année.

DP. — 19-31 déc. 1851. — B. 400. — *Remboursement rendu facultatif à toute époque.*

Vu l'ord. du 2 janv. 1846, art. 94 (V. Finances, § 1);

Art. 1. — Toutes rentes constituées en Algérie au profit du domaine, pour prix de vente ou de concession d'immeubles, ou pour cession de droits immobiliers, sont et demeurent réduites de moitié, ainsi que l'a statué l'art. 1 du décr. du 21 fév. 1850.

Art. 2. — Tout débiteur d'une rente ainsi réduite qui s'engagera envers le domaine, à une époque quelconque, à se libérer de sa dette par le remboursement du capital, calculé conformément à l'ord. du 1er oct. 1844, sera admis à effectuer ce remboursement en huit ans, par annuités égales.

Art. 3. — Ces annuités commenceront à courir du 1er janv. de l'année où l'engagement en capitalisation aura été souscrit. — Elles ne porteront pas intérêt, et seront exigibles année par année, au 31 déc. de chaque année. — Dans le cas où un à-compte aurait été payé sur les arrérages de rentes afférentes à l'année pendant laquelle aura été souscrit l'engagement en capitalisation, le montant de cet à-compte sera imputé à valoir sur l'annuité du capital qui sera dû au 31 déc. suivant.

Art. 4. — Faute par le débiteur du domaine d'acquitter avant le 31 déc. de chaque année le montant, soit de la rente, soit de l'annuité de capital échue, l'acquéreur primitif, le détenteur, les acquéreurs intermédiaires et les créanciers hypothécaires seront admis, conformément aux dispositions de l'art. 4 de l'ord. du 11 juin 1847, mais seulement pendant trente jours, à payer toutes sommes exigibles et à jouir du bénéfice des deux articles précédents. — Les tiers qui auront effectué ledit payement seront subrogés par la quittance aux droits de l'Etat.

Art. 5. — A l'expiration du délai de trente jours sus-indiqué, et à défaut de payement par le débiteur du domaine, ou aux lieu et place de celui-ci, par les tiers sus-mentionnés, le recouvrement des arrérages de rentes dus et du capital de cette rente, ou quand il y aura eu engagement en capitalisation, le montant de l'annuité échue et des annuités restant à échoir sera poursuivi par toutes les voies de droit, y compris l'expropriation forcée.

Art. 6. — Les engagements en capitalisation, souscrits en vertu des décr. des 21 et 22 fév. 1850 et 25 juin 1851, recevront leur effet à partir du 1er janv. 1852, sans que les parties intéressées aient besoin de les renouveler.

Art. 7. — Est maintenu l'escompte de 5 p. 100 par an accordé par l'art. 3 du décr. du 22 fév. 1850, à tout débiteur d'une rente foncière qui, après avoir contracté l'engagement de rembourser le capital de cette rente en huit années égales, anticipera sa libération. — Le droit à cet escompte est acquis toutes les fois que le payement par anticipation est effectué avant l'expiration du premier trimestre de chaque année.

Art. 8. — Le montant des arrérages de rentes foncières dues pour les années 1848, 1849, 1850 et 1851 est admis en non-valeur, comme ceux afférents aux années 1847 et antérieures.

Art. 9. — Est également admis en non-valeur le montant des annuités 1850 et 1851, dues par les débiteurs qui auront souscrit, antérieurement au 31 déc. prochain, l'engagement de rembourser en huit années le capital de leurs rentes.

Art. 10. — Il sera fait compte des sommes payées, soit à titre d'arrérages de rentes, soit à titre d'annuités de capital, postérieurement au 1er janv. 1848, et le montant en sera imputé aux comptes des débiteurs comme avances sur les termes à échoir.

Art. 11. — Les décr. des 21 et 22 fév. 1850 et 25 juin 1851 sont abrogés en ce qu'ils ont de contraire au présent décret.

Inst. min. — 23-31 déc. 1851. — B. 400. — *Instruction pour l'exécution du décr. du 19 déc. 1851.*

Le but du décr. du 19 déc. 1851 est de venir une dernière fois en aide aux débiteurs de rentes domaniales en Algérie, constituées à une époque antérieure au 1er janv. 1850, par suite d'acquisitions ou de concessions d'immeubles, ou de cessions de droits immobiliers.

Il est à remarquer d'abord qu'aucun débiteur de rente par suite d'une transaction ou d'un acte quelconque postérieur au 31 déc. 1849 ne saurait être admis à invoquer le bénéfice du nouveau décret, dont les art. 1 et 2 précisent suffisamment d'ailleurs qu'il est spécial aux créances, objet des décr. des 21 et 23 fév. 1850. Mais d'un autre côté, ce bénéfice est acquis aux rentes constituées antérieurement au 1er janv. 1850, lors même que le premier terme de ces rentes n'aurait été exigible qu'en 1851 ou années suivantes.

Les instructions publiées à la suite des deux décrets de fév. 1850 vont être reproduites ici dans ce qu'elles ont encore d'applicable, afin d'éviter toute obscurité, toute fausse interprétation —Les mesures édictées par le décr. du 19 févr. 1851 règlent, comme celles prises par les décrets de 1850, les faits se rattachant au passé et les conditions de l'avenir.

Elles accordent pour le passé : — 1° La remise complète des arrérages de rente dus pour les années 1848, 1849, 1850 et 1851 par les débirentiers qui n'auront pas, au 31 déc. courant, souscrit l'engagement en capitalisation autorisé par les décr. des 21 et 22 fév. 1850 et 25 juin 1851; — 2° La remise des annuités de capital dues pour 1850 et 1851 par les débirentiers qui auront, au 31 déc. courant, souscrit l'engagement sus-mentionné.

Elles accordent pour l'avenir : 3° Le maintien de la réduction de 5 p. 100 sur toutes les rentes domaniales constituées comme il a été dit précédemment; — 4° L'autorisation de souscrire, à une époque quelconque, l'engagement de rembourser le capital de ces rentes en huit annuités égales ne rapportant pas intérêt; — 5° Le maintien de l'escompte de 5 p. 100 par an sur toute annuité payée par anticipation; — 6° L'imputation, soit sur les arrérages de rente, soit sur les annuités de capital à échoir à dater du 1er janv. 1852, de toutes les sommes payées à l'un ou à l'autre de ces titres, pendant les années 1848, 1849, 1850 et 1851; — 7° Elles réservent en faveur de l'acquéreur primitif, du détenteur et des créanciers hypothécaires, un délai de trente jours, au commencement de chaque année, à partir de 1853, pour user du droit de se subroger à l'État en remplissant, au défaut du débiteur du domaine, l'engagement en capitalisation contracté par celui-ci, ou en souscrivant en son lieu et place cet engagement; — 8° Enfin, elles stipulent pour sanction de ces bienveillantes dispositions, l'expropriation forcée de l'immeuble gage de la créance, à défaut de payement de l'un des termes, soit des arrérages de rente, soit des annuités de capital.

Observations générales. — Il importe de ne pas perdre de vue, en premier lieu, que le trésor ne pouvant, dans aucun cas, être appelé à restituer les sommes perçues à son profit, les abandons qu'il consent ne sauraient légitimer aucune répétition de la part des débirentiers qui auraient en 1850 ou 1851 remboursé la totalité du capital de leurs rentes. Toutes les opérations relatives à la réduction des rentes ayant dû être remplies dès la promulgation des décrets de 1850, on n'a pas à s'en occuper nécessairement aujourd'hui.

Cependant, afin de tout prévoir, on croit devoir rappeler, quant à ce point : 1° que l'État ne pouvant modifier de sa propre autorité des contrats sur lesquels il a cédé ses droits, les décr. des 21 et 22 fév. 1850, non plus que ceux des 25 juin et 19 déc. 1851, ne sont applicables dans aucune de leurs dispositions aux rentes restituées ou attribuées à des tiers antérieurement à ces décrets; 2° Que les réductions et remises accordées par eux sont applicables aux locataires d'immeubles doma-

niaux, situés en territoire militaire, dont les baux expriment formellement qu'ils ont été passés en vue d'aliénations ultérieures. Cette circonstance doit, au surplus, être constatée aux termes de la décision min. du 29 juill. 1850, par l'avis des commissions consultatives approuvé par les généraux commandant les provinces et par le gouverneur général; — 3° Que ces mêmes réductions et remises sont applicables aux rentes provenant d'anas ou de séquestre, aussi bien qu'à celles provenant de concessions et d'aliénations d'immeubles domaniaux; — 4° Que l'État n'est tenu de restituer, dans les cas prévus par les art. 10 de l'ord. du 1er oct. 1844 et 7 de l'ord. du 31 oct. 1845, que le montant de ce qu'il a effectivement reçu par suite de ces réductions et remises.

Examen de chacune des huit dispositions principales sus-indiquées.

1° et 2° *Remise des arrérages de rente et des annuités de capital.* —Aucune difficulté d'application ne peut se présenter quant à cette remise elle-même. Aussitôt après notification du nouveau décret et réception des présentes instructions, les receveurs de l'enregistrement et des domaines annuleront en totalité sur leurs sommiers des droits constatés, les consignations afférentes aux années 1848, 1849, 1850 et 1851. Ils mentionneront à l'appui de ces radiations les art. 8 et 9 du nouveau décret.

3° *Maintien de la réduction des rentes domaniales.* — Ce qu'on a dit aux observations générales dispense d'entrer dans aucun développement à cet égard.

4° *Engagement en capitalisation.* — Deux points sont à noter ici : 1° le report à dater du 1er janv. 1852, du point de départ des huit annuités de capital que les débirentiers s'étaient engagés à acquitter, soit à partir du 1er janv. 1850, en vertu du décr. du 21 fév. 1850, soit à partir du 1er janv. 1851, en vertu du décr. du 25 juin de la même année ; 2° l'autorisation de souscrire désormais cet engagement à une époque quelconque.

Il n'échappera pas aux débirentiers qui se sont précédemment engagés à capitaliser, qu'en reportant au 1er janv. 1852 le point de départ de leurs huit annuités, on augmente en réalité d'une ou plusieurs années le délai qui leur avait été primitivement accordé pour rembourser le capital de leurs rentes. En effet, l'art. 10 du décr. du 19 déc. prescrivant que le montant des annuités et des arrérages de rentes acquittés en 1848, 1849, 1850 et 1851, soit imputé à valoir sur les annuités qu'ils devront pour 1852, 1853, et, au besoin, années suivantes, il est évident qu'ils gagnent ou de ne rien payer pour ces années, ou de recevoir, pour l'annuité qu'ils acquitteraient dans le courant du premier trimestre 1852, un escompte de 10, 15, 20 ou 25 p. 100, suivant que, par la situation nouvelle de leur compte, cette annuité deviendrait afférente aux années 1853, 1854, 1855 ou 1856.

Il est inutile de faire remarquer que des avantages analogues seront appliqués aux débiteurs qui, sans avoir fait encore aucune déclaration en capitalisation, auront payé en 1848, 1849, 1850 et 1851 des arrérages de rente.

Quant à la faculté de souscrire à toute époque l'engagement en réaffectation, il convient de ne pas perdre de vue la prescription de l'art. 3, § 1, du décr. du 19 déc., qui détermine que les annuités commenceront à courir du 1er janv. de l'année où l'engagement aura été souscrit. Ainsi, dans le cas où un engagement serait souscrit au 31 déc. 1852, la première annuité serait due au titre de 1852.

Les précédentes instructions réservaient à l'État, dans le cas où les engagements en capitalisation ne seraient pas observés, un droit dont le dépouille l'art. 5 du décret nouveau. — Aux termes de ces instructions, quand une annuité n'est pas acquittée, l'engagement en capitalisation était considéré comme nul. — Il n'en est plus ainsi : l'acceptation de cet engagement constituera à l'avenir novation de la créance, et le domaine, à défaut de payement, poursuivra le remboursement de toutes les sommes restant dues aux termes du nouveau contrat.

5° *Maintien de l'escompte de 5 p.* 100. — Cet escompte ne saurait être dû pour des fractions d'annuité, et les payements par anticipation ne peuvent être faits qu'au titre de l'année ou des années qui suivent immédiatement celle pour laquelle l'engagement a été tenu en dernier lieu. — On remarquera que l'art. 7, § 2, du décr. du 19 déc. courant, accorde le droit à l'escompte, pour chaque année, toutes les fois que le payement par anticipation est effectué avant l'expiration du premier trimestre de cette année. De cette façon les débirentiers ont trois mois chaque année, pour s'assurer le bénéfice d'un escompte de 5 p. 100 à raison du payement successif de leurs huit annuités. — Conformément à la décis. min. du 9 juill. 1850, les sommes versées à titre d'arrérage de rente pour 1848, 1849, 1850 et 1851, sont susceptibles d'escompte si ceux qui les ont versées s'engagent à en rembourser le capital par annuités.

6° *Imputation des sommes versées.* — Les termes des art. 5 et 10 du dernier décret et les explications données aux §§ 4 et 5 ne laissent rien à ajouter ici sur ce point.

7° *Subrogation des tiers aux droits de l'Etat.* — La faculté donnée aux tiers intéressés de se substituer aux droits de l'Etat est l'application des principes posés et développés dans les art. 1255 à 1252 c. Nap. Son usage reste réglé dans toutes ses parties par le droit commun, et l'administration n'aura pas à intervenir dans les contestations qui pourraient surgir. — Les receveurs devront se borner à recevoir, soit les engagements en capitalisation, soit les versements de rente, pourvu que les engagements et les versements portent la mention expresse du nom du débiteur au lieu et place duquel ils sont effectués et la désignation de l'immeuble, objet de l'opération.

Au moyen du délai de trente jours accordé à ces tiers par l'art. 4 du décr. du 19 déc., on rend inutiles les engagements conditionnels qu'ils avaient été admis à souscrire, par décis. min. du 16 juill. dernier, rendue sous l'empire des précédents décrets, qui n'avaient point suffisamment tenu compte de la situation respective des débiteurs et de leurs créanciers. — Il n'y a nul besoin de procéder, dans ce cas, aux notifications prescrites par l'ord. du 11 juin 1817; elles auront forcément lieu si, par application de l'art. 5, le domaine a recours à l'expropriation.

Si avant l'expiration de ce délai de trente jours, et aucun tiers ne s'étant présenté pour se subroger aux droits de l'Etat, le débiteur du domaine effectuait le versement de l'arrérage de rente ou de l'annuité de capital échus, il conviendrait de recevoir ce versement et de le considérer comme effectué régulièrement.

8° *Expropriation.* — Les dispositions de l'art. 5 du décr. du 19 déc. devront être exécutées sans terme ni délai et avec la plus grande rigueur. — Les chefs du service des domaines veilleront à ce qu'il soit adressé, dans le plus bref délai, aux divers débiteurs des décomptes établissant le montant actuel de leur dette envers l'Etat. — Ces décomptes seront accompagnés d'une invitation aux débiteurs de profiter des avantages qui leur sont offerts par le décr. du 19 déc., en souscrivant l'engagement de se libérer par annuités.

Le min. de la guerre.   A. DE SAINT-ARNAUD.

§ 4. — SERVICE ADMINISTRATIF. — AGENTS. — CAUTIONNEMENTS.

AM. — 10 mai-7 juin 1845. — B. 201. — *Cautionnement des inspecteurs et vérificateurs.*

Vu la loi du 7 vent. an VIII ; — Les ord. des 22 mai 1825 et 25 juin 1835, relatives aux cautionnements des agents des admin. financières ; — L'ord. du 21 août 1839, sur l'organisation du régime financier en Algérie ;

Art. 1. — Les inspecteurs et vérificateurs de l'enreg. et des domaines en Algérie sont, comme en France, soumis à un cautionnement en numéraire de 2,400 fr. pour les premiers, et de 1,200 fr. pour les seconds.

Art. 2. — Les dispositions spéciales qui, sous ce rapport, les concernent sur le continent leur sont également applicables en Algérie.

Maréchal duc de DALMATIE.

AM. — 11 juin-12 juill. 1850. — B. 353. — *Cautionnement des directeurs.*

Vu la loi du 7 vent. an VIII ;

Art. 1. — Les directeurs de l'enreg. et des domaines en Algérie sont, comme en France, soumis à un cautionnement en numéraire de 4,000 fr. pour la 1re cl.; 3,500 pour la 2e; 3,000 fr. pour la 3e.

Ar. 2. — Les dispositions spéciales qui, sous ce rapport, les concernent sur le continent, leur sont également applicables en Algérie.

D'HAUTPOUL.

Inst. M. — 25 août. 1858. — BM. 3. — *Injonction aux agents du domaine de communiquer directement aux sous-préfets, commissaires civils, commandants de subdivisions et de cercles, tous les renseignements et documents domaniaux dont ceux-ci leur feront la demande par écrit, dans l'intérêt du service.*

DI. — 30 oct. 1857. — (V. *Finances*, § 1. — Ord. du 2 janvier 1816). Art. 66. — *Frais de régie pour perception de produits et revenus.* — Art. 81. — *Cautionnements des comptables des finances.*

Décis. M. — 20 sept. 1858. — (V. *Finances*, § 1. — Ord. du 17 janv. 1845, *tableau A, note*). *Vente d'objets mobiliers pour le compte du budget local et municipal.*

Douanes.

Le régime commercial auquel l'Algérie a été soumise depuis 1830, comprend quatre périodes distinctes et marquées par les ord. des 11 nov. 1835, 16 déc. 1843, et la loi du 11 janv. 1851. Nous allons les parcourir rapidement.

De 1830 au 11 nov. 1835, la législation douanière mal assise, sévère et restrictive pour la plupart des produits du sol de la régence importés en France, inefficace à protéger en Algérie les produits de nos manufactures contre la concurrence étrangère, subissant les fluctuations qu'entraînaient les circonstances de guerre et l'état précaire du pays, se composa d'un grand nombre d'arrêtés incomplets et confus, qui furent tous abrogés en 1835.

Un seul remarquable et important fut excepté et mérite d'être mentionné : c'est celui du 27 nov. 1834 qui, proclamant hautement et pour la première fois notre souveraineté de droit sur la totalité du territoire, soumis avant la conquête à l'autorité du dey et de ses lieutenants, que ce territoire fût ou non occupé par les troupes françaises, consacra ce principe fondé sur la législation de la métropole, que l'importation et l'exportation de toutes marchandises, soit françaises, soit étrangères, ne peuvent avoir lieu que par les ports occupés par les autorités françaises, et punit de la confiscation et de 3,000 fr. d'amende toute contravention à cette disposition.

L'ord. du 11 nov. 1835 vient asseoir le régime douanier sur des bases uniformes. Ouvrir à la France le plus grand débouché possible de ses produits naturels ou manufacturés, favoriser l'exportation des denrées du sol colonial, accueillir en franchise des produits étrangers que la France pouvait fournir, mais qui étaient d'une nécessité majeure pour notre agriculture et pour les constructions; consacrer la liberté du commerce des grains et des farines; appeler les populations nouvellement soumises aux avantages de la navigation sur les côtes, en faisant seulement constater la nationalité de leurs navires et embarcations; admettre les produits étrangers sans prohibition et sous la seule condition d'un droit protecteur pour nos fabriques : telles étaient les principales idées qui avaient présidé à la rédaction de l'ordonnance, les bases plus larges sur lesquelles était constituée la nouvelle législation commerciale, et qui sans accorder la franchise absolue, la liberté illimitée que quelques-uns réclamaient, étaient un progrès réel.

A l'importation, donc, aucune prohibition; droit, dit d'octroi de mer, fixé à 4 p. 100 sur les marchandises; franchise absolue : 1° pour toutes les marchandises françaises; 2° pour celles des marchandises étrangères dont la France ne produit pas les similaires, ou celles qui sont nécessaires à la vie animale, aux travaux de l'agriculture et aux constructions. Les autres marchandises étrangères, frappées d'un droit de 15 p. 100 de leur valeur, quand elles sont prohibées en France; d'un droit du quart ou du cinquième des droits portés au tarif français, quand elles n'y sont pas prohibées.

A l'exportation, franchise pour les sorties à destination de la métropole, et payement des droits d'après le tarif français pour les marchandises allant à l'étranger.

En ce qui concerne la navigation; franchise pour les bâtiments français; droit de 2 fr. par tonneau sur les navires étrangers, cabotage autorisé seulement par navires français ou sandales indigènes.

Huit années s'écoulèrent sous le régime de cette ordonnance, qui subit cependant quelques modifications. Plusieurs lois de douanes de la métropole furent successivement rendues exécutoires en Algérie.

L'admission en franchise, autorisée pour certaines marchandises étrangères, fut étendue à d'autres denrées que celles énumérées dans l'ordonnance. L'expérience, en effet, démontrait que divers produits indispensables à l'agriculture et à l'industrie, envoyés par la mère patrie, ou provenant du cru de la colonie, n'étaient pas en rapport avec les besoins de la consommation, et que le but de l'ordonnance ne se trouverait pas atteint, s'ils restaient frappés de droits.

D'autre part, une ord. du 23 fév. 1837, rendue sous l'empire de nécessités particulières, établit que les transports par cabotage d'un port à l'autre de l'Algérie, et même ceux entre l'Algérie et la France, pourraient s'effectuer par navires étrangers, soumis toutefois aux droits fixés par l'ord. de 1835. Mais aux termes d'une autre ord. du 7 déc. 1841, cette autorisation fut restreinte au cabotage sur la côte. Enfin un arr. du 30 juin 1836 (V. Navigation, § 1) régla les conditions de francisation pour cette navigation.

Cependant de graves inconvénients ayant été reconnus au régime adopté, un nouveau progrès fut consacré par l'ord. du 16 déc. 1843, sagement conçue, et destinée à étendre encore les relations avec l'Algérie.

Réservant, avant tout, les transports entre la France et l'Algérie, au pavillon national, elle établit pour les navires français la franchise absolue du tonnage, et soumit les navires étrangers à un droit égal à celui qu'ils payent dans les ports français.

A l'importation, complète exemption de droits pour les articles provenant de France, et franchise, quelle que soit leur provenance, pour les articles destinés à l'alimentation, à l'agriculture et aux constructions.

Mais à l'égard des tissus étrangers, une disposition tout autre est prise, et le droit d'entrée est de 10 ou 15, à 20 ou 25 p. 100. L'Algérie se trouvait, depuis la conquête, ouverte aux tissus anglais, dont les arrivages, chaque jour croissants, excluaient presque complétement nos articles d'un marché si chèrement payé de notre sang et de notre or. A des droits à la valeur trop modérés et que de fausses déclarations affaiblissaient encore, et rendaient même quelquefois illusoires, se trouvèrent donc substituées des tarifications spécifiques qui garantissaient à nos tissus une protection suffisante.

Le tarif d'entrée, pour les sucres de nos colonies, est réduit de 45 fr. à 10, et abaissé des quatre cinquièmes pour les sucres étrangers. Une prohibition absolue est seulement maintenue sur les armes de munition, les contrefaçons de librairie, et les sucres raffinés à l'étranger. Enfin, le décime de guerre est supprimé pour l'Algérie, et la faculté d'entrepôt pour les marchandises étrangères, accordée à plusieurs villes.

Quant à l'exportation, une autre ordonnance du même jour stipule, pour les produits de l'Algérie, un traitement de faveur qui leur assure la priorité sur les marchés de France. Les laines, les huiles, la cire, la soie, le coton, etc., sont l'objet d'une modération de moitié dans le droit d'entrée en France, et affranchis de tout droit de sortie.

Cette législation fut maintenue jusqu'à la loi de 1851, qui en conserve d'ailleurs plusieurs dispositions. Dans cet intervalle parut la loi du 9 juin 1845, dont la section 2 portait également modération de droits en faveur de l'Algérie, à l'importation et à l'exportation, et déterminait les ports qui seraient appelés à en jouir. Divers arrêtés ou ordonnances accordèrent aussi mainlevée partielle de prohibitions spéciales, modification dans quelques tarifs, application de la loi de juin 1845 à de nouveaux ports algériens, promulgation de plusieurs lois spéciales de France qui venaient modifier les droits d'importation et d'exportation.

Enfin là loi du 11 janv. 1851, présentée et soutenue à l'assemblée nationale par M. le général comte Randon, alors ministre de la guerre, vint ouvrir au commerce algérien et à la production coloniale une ère nouvelle. Jusque-là l'Algérie avait son tarif particulier; dans ses rapports commerciaux avec la France, elle était assimilée aux pays étrangers: quelques-uns de ses produits seulement obtenaient dans les ports de la métropole un traitement de faveur. En vertu de la nouvelle loi, le tarif et la législation des douanes métropolitaines deviennent généralement applicables. L'Algérie forme une sorte d'annexe commerciale de la France; elle trouve dans la métropole, en exemption de toute taxe, le débouché des produits qu'elle est en mesure de fournir. Sauf quelques exceptions, elle ne recevra les produits étrangers que sous le payement des droits exigibles en France.

En ce qui concerne les expéditions à l'étranger, l'art. 7 de la loi ne maintient les taxes de sortie du tarif métropolitain que pour certains produits, et prohibe l'exportation de quelques autres, hors le cas d'autorisation spéciale donnée par le chef du gouvernement. Tous les autres produits algériens peuvent être exportés librement à toute destination.

Quant aux conditions de la navigation, tant entre la France et l'Algérie que dans les ports de la colonie, celles qui avaient été établies par l'ord. de 1843 sont confirmées; toutefois, les navires étrangers sont affranchis des droits de tonnage dans deux cas non prévus par l'ordonnance : 1° lorsque ces navires arrivés sur lest en Algérie repartent chargés de produits français ou algériens; 2° lorsque ayant déjà acquitté les droits dans un premier port de l'Algérie, ils se rendent dans d'autres ports de la colonie pour compléter leur déchargement, mais sans effectuer d'embarquement.

Divers décrets et notamment celui du 11 fév. 1860 sont venu étendre à un grand nombre de produits algériens les dispositions favorables de la loi de 1851 en autorisant leur entrée en franchise sur le territoire français.

D'un autre côté des mesures ont été prises par le décret du 11 août 1853 pour faciliter l'introduction, par les frontières de terre, des produits de la régence de Tunis et du Maroc. Elles ont été complétées par un décret important du 25 juin 1860, en ce qui concerne les produits originaires du Sahara et du Soudan. Avant la conquête de l'Algérie par la France, dit le rapport ministériel qui précède le décret, les caravanes qui apportaient ces produits sur les marchés du nord de l'Afrique se dirigeaient, selon leurs besoins ou leurs sympathies vers Alger, Tunis ou le Maroc. Ce courant commercial s'était détourné de l'Algérie depuis

1850, alors que nous avions à combattre les Arabes pour établir notre domination, et que le pays ne présentait plus la sécurité indispensable au commerce; mais aujourd'hui que la paix est rétablie, le moment était arrivé de nouer des relations commerciales avec ces contrées presque inconnues, de procurer de nouveaux débouchés à notre industrie, de seconder les bonnes dispositions des Touaregs qui servent habituellement d'intermédiaires entre les négociants du nord de l'Afrique et les producteurs du Soudan, et dont quelques chefs, déjà venus jusqu'à Alger, ont pu se faire une idée de notre civilisation, et ont hautement exprimé leur admiration pour l'abondance et la variété des marchandises que nos magasins étalaient à leurs yeux. Le moyen d'arriver à ce résultat était de lever les prohibitions qui frappaient les produits du centre de l'Afrique et en maintenant les dispositions de la législation antérieure, quant à l'introduction, sous certains droits, des produits destinés à rencontrer des similaires en Algérie.

DIVISION.

§ 1. — Législation spéciale. Régime commercial.
§ 2. — Organisation du service.

§ 1. — LÉGISLATION SPÉCIALE. — RÉGIME COMMERCIAL.

OR. — 16 déc. 1843, 5 janv. 1844. — B. 165. — *Régime commercial de l'Algérie* (1).

Tit. 1. — *Navigation.*

Art. 1. — Les transports entre la France et l'Algérie ne pourront s'effectuer que par navires français, sauf le cas d'urgence et de nécessité absolue pour un service public.

Art. 2. — Le cabotage d'un port à un autre de l'Algérie pourra s'effectuer par navires français, par sandales algériennes, *et jusqu'à ce qu'il en soit autrement ordonné, par navires étrangers.*

Art. 3. — Les navires étrangers, chargés ou sur lest, payeront à leur entrée dans les ports de l'Algérie, un droit de 4 fr. par tonneau de jauge (2). — *Ce droit sera pareillement perçu à l'égard des navires étrangers, dans le cas où ils seront admis, par application de l'article précédent, à faire le cabotage d'un port à un autre de cette possession.*

Art. 4. — Seront affranchis de tout droit de navigation : 1° Les navires français et les sandales algériennes; — 2° *Les bateaux et embarcations étrangers exclusivement affectés à la pêche du corail ou du poisson, ainsi qu'aux transports comme allèges dans l'intérieur des ports de l'Algérie;* — 3° Les navires étrangers entrant en relâche forcée ou librement dans ces ports, et qui n'y feront aucune opération de commerce.

Art. 5. — Les embarcations étrangères employées en Algérie à la pêche du corail ou du poisson, ou aux transports, comme allèges, dans l'intérieur des ports, et les embarcations françaises

---

(1) Les dispositions de cet ord. et de la loi du 9 juin 1845 qui, aux termes de la loi du 11 janv. 1851, ne restent en vigueur qu'à titre provisoire, sont indiquées en lettres italiques; celles qui sont abrogées ne sont pas reproduites.

(2) Par dérogation à cette prescription et en vertu de l'art. 9, § 7, loi du 11 janv. 1860, un décret du 10 oct. 1853, B. 487, a décidé:

Art. 1. — Les navires étrangers, qui auront importé des pays du nord de l'Europe dans les ports de l'Algérie, des bois de construction dans la proportion des trois quarts de leur tonnage légal et qui, ensuite, repartiront de ces

mêmes ports avec des cargaisons composées de produits français ou algériens, seront affranchis du droit de tonnage.

Art. 2. — Dans le cas où le chargement en bois de construction n'atteindrait pas la proportion déterminée par l'article précédent, le droit sera exigé pour toute la partie du tonnage demeurée sans emploi, ou occupée par d'autres marchandises. La même perception proportionnelle aura lieu à l'égard des navires qui, ayant rempli la première condition, n'auraient pas employé *la moitié au moins* de leur tonnage à l'exportation de produits français ou algériens.

attachées auxdits ports, porteront un numéro
d'ordre, ainsi que l'indication du nom des propriétaires et du port d'attache, sous peine de 500 fr.
d'amende. Ces indications seront reproduites dans
un passe-port ou congé dont chacune de ces embarcations devra être accompagnée, sous peine
d'une amende de 100 fr.

Ces passe-ports ou congés seront valables pour
un an. Leur prix est fixé ainsi qu'il suit, savoir :
Congés des bateaux français de tout tonnage 1 fr.
Passe-ports des bateaux étrangers de moins de
10 tonn. 5 fr. : de 10 à 50 tonn. 15 fr. : de plus
de 50 tonn. 30 fr.

Art. 6. — Les navires étrangers seront tenus, à
leur sortie des ports de l'Algérie, de se pourvoir
d'un passe-port. Le prix de ce passe-port, ainsi
que celui des permis qui seront délivrés pour
l'embarquement et le débarquement des marchandises, est fixé à 50 c. — Il ne sera pas exigé de
droit d'expédition d'acquit, ni de certificat.

Tit. 4. — *Importations.*

Art. 7. — Les produits du sol et de l'industrie
du royaume, à l'exception des sucres, et les produits étrangers nationalisés en France par le
payement des droits, seront admis en Algérie en
franchise des droits d'entrée, sur la présentation
de l'expédition de douane délivrée à leur sortie de
France et constatant leur origine.

Art. 8. — Seront pareillement admises en franchise, venant de l'étranger ou des ports de France,
les marchandises étrangères énumérées ci-après :

Les grains et farines, légumes frais ; — Bois à brûler,
charbons de bois et de terre ; — Bois de construction et
de menuiserie, marbre brut et scié en tranches sans autre
main-d'œuvre, pierre à bâtir, chaux, plâtre, pouzzolane,
briques, tuiles, ardoises, carreaux en terre cuite ou en
faïence, verres à vitres, fonte, fers ou aciers fondus ou
forgés, fers-blancs, plomb, cuivre, zinc, étain brut ou
laminé ; — Chevaux et bestiaux, plants d'arbres, graines
pour semences.

Art. 9. — Les produits étrangers, à l'exception
de ceux mentionnés en l'art. 12 ci-après, les produits des colonies françaises et le sucre provenant
des fabriques du royaume, acquitteront à l'importation, par navire français, les droits portés au
tarif suivant : (Suit le détail de ces droits) (1).

Art. 10.—(Abrogé).

Art. 11. — *L'embarquement et le départ des*

productions coloniales françaises et des marchandises étrangères prises dans les ports de
France, devront être justifié par les manifestes de sortie certifiés par la douane, et indiquant les marques et numéros des colis,
ainsi que le poids, l'espèce et l'origine des
objets.

Art. 12.—Sont et demeurent prohibés en Algérie les sucres raffinés à l'étranger, et, quelles
qu'en soient la provenance et l'origine, les armes,
munitions et projectiles de guerre (2), les contrefaçons en matières de librairie, de typographie,
de gravure et de musique gravée.

Tit. 3.— *Exportations.*

Art. 13. — Les marchandises expédiées à destination d'un port français, sous les formalités
prescrites en France pour le cabotage, seront affranchies des droits de sortie.

Art. 14.—(Abrogé).

Tit. 4. — *Restrictions d'entrée.*

Art. 15.—Les marchandises imposées en Algérie à la valeur ou à un droit de plus de 15 fr.
par 100 kil., ne pourront être importées que
par les ports d'Alger, Mers el Kebir, Oran,
Tenès, Philippeville et Bône.

Art. 16.—Sauf l'exception relatée à l'art. 21
ci-dessous, toute importation par terre est prohibée, sous peine de : — 1° De la confiscation des
objets saisis et des moyens de transport ; —
2° D'une amende de 1,000 fr. à 5,000 fr., et
d'un emprisonnement d'un à six mois (5).

Tit. 5. — *Cabotage.*

Art. 17.—Les marchandises provenant de l'Algérie . . . . et celles qui,
passibles de droits, les auront acquittés, pourront être transportées en franchise de tout droit
d'entrée et de sortie, d'un port à un autre de
l'Algérie, moyennant les formalités prescrites en
France pour le cabotage.

Tit. 6. — *Entrepôts.*

Art. 18.—Il pourra être établi, pour les marchandises étrangères et les productions des colonies françaises, un entrepôt réel dans chacune
des villes d'Alger, Mers el Kebir, Oran, Tenès,
Philippeville et Bône, à la charge par ces villes
de se conformer à l'art. 25 de la loi du 8 floréal an XI (4).

(1) Diverses modifications ont été apportées aux tarifs
par les décrets suivants :—Droit sur les eaux-de-vie étrangères, 25 fr. (décr. 16 déc. 1857) ; — Importation des
viandes salées, 50 cent. par 100 k. 50 centigr. (décr. 5 oct.
1854) ; — Importation des vins et liqueurs, 25 fr. par
hect. (décr. 5 oct. 1854) ; — Piments d'origine étrangère,
15 fr. les 100 k. par nav. français ; 16 fr. 50 par nav.
étr. (décr. 5 sept. 1855) ; — Tabacs. Substitution du droit
au poids au droit *ad valorem* (décr. 1er sept. 1856) ; —
Bâtiments de mer. Substitution du droit de 40 c. par tonneau au droit à la valeur jusqu'à 80 tonn. (décr. 7 sept.
1856) ; — Mules, mulets et bestiaux. Admission en franchise à l'importation en Algérie par les frontières de terre
et par mer (décr. 10 juin 1857) ; — Exportation des chevaux et mulets autorisée pour toute destination (arr. du
gouv. 7 mai 1857).

(2) Cette prohibition a été levée en ce qui concerne les
armes de commerce, les fers, aciers, plombs, pierres à
feu, capsules, soufres et salpêtres, par un arrêté du gouverneur en date du 12 fév. 1844, B. 170, moyennant
l'accomplissement des formalités prescrites en douane, le
payement des droits et une autorisation donnée par l'autorité civile.

(3) V. ci-après décr. du 11 août 1853, importation de
la régence de Tunis et de l'empire du Maroc par les frontières de terre. Avant l'établissement des douanes frontières, créées par ce décret, un arr. du 15 janv. 1844 avait
confié aux chefs arabes des tribus frontières le soin d'em-

pêcher l'introduction en fraude de toutes marchandises
prohibées par l'ord. de 1843, de les saisir et conduire
immédiatement les personnes en contravention, les objets
saisis et les moyens de transport près du commandant supérieur du lieu le plus voisin. — V. § 2 ci-après la mission de même nature conférée aux chefs arabes des tribus
du littoral.

(4) Dès le mois de décembre 1830, l'entrepôt réel avait
été institué à Alger, et en 1832, la faculté d'entrepôt
fictif avait été accordée au commerce (arr. des 31 déc.
1830 et 3 sept. 1832). — L'ord. du 11 nov. 1835 contenait dans ses art. 17, 18 et 19 les mêmes dispositions
que celle de 1843. Des entrepôts réels et fictifs ont été,
en effet, établis dans divers ports de l'Algérie. Un arr.
du 20 mars 1837, rendu sur la demande de la chambre de
commerce et du conseil municipal d'Alger, créa également
un entrepôt réel dans cette ville et approuva le règlement
constitutif et le tarif de perception proposés. Mais les magasins nécessaires n'ayant pas été fournis, aucune suite
n'a été donnée à ces dispositions, ce service est resté organisé comme il l'était auparavant, et les perceptions n'ont
pas lieu au profit de la ville.

Les ports de Mostaganem, Arzew, Djemâa Ghazouat,
Dellys, Bougie et Djidjelli, ont été ajoutés par ord. du 17
janv. 1845 à ceux désignés dans les art. 15, 18, 19 et 20
de l'ord. de 1843 ; ceux de Stora et La Calle l'ont été également par une autre ord. du 2 déc. 1845, B. 196 et
215 bis.

Art. 19.—*Jusqu'à ce que ces entrepôts soient régulièrement constitués, les marchandises pourront être admises en entrepôt fictif, sous les formalités prescrites par l'art. 15 de la loi du 8 floréal et sous la condition de renoncer à la faculté de réexportation.— La durée de cet entrepôt est fixée à une année; toutefois, sur la demande motivée de l'entrepositaire, elle pourra être prolongée de six mois.*

Art. 20.—*Les marchandises extraites des entrepôts de l'Algérie seront exemptes de tout droit de réexportation.*

TIT. 7. — *Dispositions générales.*

Art. 21.—*Des arrêtés du gouverneur général de l'Algérie, délibérés en conseil d'administration, et approuvés par notre ministre secrétaire d'État au département de la guerre, pourront:* — 1° et 2° (abrogés).— 3° *Désigner parmi les ports de l'Algérie où il n'existe pas d'établissements de douane ceux dont les provenances seront admises en franchise dans les autres ports de cette possession, en ce qui concerne les objets ci-après: — Grains, légumes verts, lait; beurre, œufs, volaille, gibier, bois à brûler, charbon de bois, bois de construction, matériaux à bâtir et savon noir.— Toutes les autres marchandises venant de ces ports ou y allant seront traitées comme venant de l'étranger ou y allant.*

Art. 22. — *Les droits de douane et de navigation, perçus en vertu de la présente ordonnance, seront affranchis du décime additionnel.*

LOI.—9 juin 1845. — *Loi sur les importations et exportations.*

SECT. 2.

ART. 3. — *Importations de l'Algérie en France.*

Les marchandises importées de l'Algérie, par navires français, seront admises... lorsqu'elles arriveront directement des ports d'Alger, Mers el Kebir, Tenès, Oran, Philippeville, Bône, Mostaganem, Cherchell, Djemmah Ghazouat, Dellys, Bougie, Djidjelli, ainsi que Arzew, Stora, La Calle. (Ord. 2 déc. 1845. — B. 215). *Collo.* (Décr. 6 mars 1860, BM. 65.)

Ces modérations de droits ne seront accordées que dans les ports ouverts à l'importation des marchandises taxées à plus de 20 fr. par 100 kilogrammes. — Les marchandises autres que celles dénommées ci-dessus continueront de payer, à leur importation en France, les droits déterminés par le tarif général.

ART. 4. — *Exportations de France en Algérie.*

Les marchandises et denrées expédiées de France à destination des ports (les mêmes qu'à l'art. 3 ci-dessus).

Les marchandises dont l'exportation est prohibée ne pourront être expédiées pour l'Algérie.

ART. 5. — *Dispositions relatives à l'île de Corse.*

La seconde écorce de chêne-liège, brute ou non moulue, cessera de pouvoir être exportée de l'île de Corse à destination de l'étranger. Les expéditions de ladite île sur les ports de l'Algérie soumis à la domination française continueront d'être permises sous le payement du droit fixé par la loi du 2 juill. 1856.

LOI.—11 janv.-4 fév. 1851. — B. 375. — *Nouveau régime commercial de l'Algérie.*

Art. 1. — Les produits naturels de l'Algérie, et nommément ceux qui sont énumérés au tableau 1, d'origine dûment justifiée et transportés directement, seront admis en franchise de droits dans les ports de la République.

Art. 2. — Seront admis en franchise de droits, dans les ports de France, les produits d'industrie algérienne énumérés au tableau 2. — Soit à l'entrée, soit à la sortie, l'affranchissement des droits ne dispensera pas de faire aux douanes la déclaration conforme aux dispositions de l'art. 3, tit. 2, de la loi du 22 août 1791, selon les unités énoncées au tarif général de France, sous peine de 100 fr. d'amende par fausse déclaration.

Art. 3. — Les marchandises exportées de France en Algérie, ou d'Algérie en France, seront exemptes de tout droit de sortie.

Art. 4. — Les produits étrangers importés en Algérie seront soumis aux mêmes droits que s'ils étaient importés en France par les ports de la Méditerranée, sauf les exceptions des art. 5 et 6.

Art. 5. — Seront admis francs de droits en Algérie les produits étrangers nécessaires: 1° aux constructions urbaines et rurales, suivant le tableau 3; 2° à la reproduction agricole, suivant le tableau 4.—Seront admis, en payant la moitié des droits du tarif général de France, les produits énumérés au tableau 5.

Art. 6. — Continueront d'être en vigueur les dispositions de l'ord. du 16 déc. 1843 non modifiées par les articles précédents, spécialement en ce qui concerne les produits nommément tarifés par l'art. 9 de cette ord., et la quotité des droits applicables, en Algérie, aux marchandises prohibées en France.

Art. 7. — Sont et demeurent affranchis de tous droits de sortie les produits exportés d'Algérie à l'étranger, à l'exception des soies, bourres de soie, fils de mulquinerie, tourteaux de graines oléagineuses, bois de fusils et bois de noyer bruts, sciés et façonnés, qui seront soumis aux droits de sortie du tarif général de la France. — Les drilles, cartons de simple moulage, minerais de cuivre, écorces à tan (1), armes, munitions et projectiles de guerre, ne pourront être exportés qu'à destination de la France, à moins d'autorisations contraires, données conformément aux dispositions de l'art. 9 de la présente loi, et, dans ce cas, ils seront soumis aux conditions du tarif général de la métropole.

Art. 8. — Continueront également d'être en vigueur les dispositions de l'ord. du 16 déc. 1843, qui règlent les conditions de la navigation et de cabotage, sauf l'exception suivante : les navires étrangers, 1° s'ils viennent sur lest en Algérie et s'ils repartent chargés de produits français, seront exempts du droit de tonnage ; 2° s'ils déchargent leurs marchandises en divers ports de l'Algérie sans opérer de chargements intermédiaires, ils ne payeront qu'un seul droit de tonnage.

Art. 9. — Le président de la République pourra, par voie de décret, pour l'Algérie : 1° classer les nouveaux produits naturels que présentera le commerce pour être admis au tableau 1 de l'art. 1, à la charge de convertir les dispositions ordonnées en projet de loi dans le délai d'une année; 2° déterminer les bureaux et zones du littoral et de la frontière de terre par où devront avoir lieu les importations et les exportations, suivant les provenances et les classifications; 3° désigner le lieu des entrepôts réels sur la côte ou dans l'intérieur et réglementer ces entrepôts; 4° établir et réglementer

---

(1) Déjà par un arrêté du 16 janv. 1843, B. 147, l'exportation des bois, écorces à tan et du liège avait été interdite à toute destination autre que la France et les ports occupés de l'Algérie. Cette prohibition a été levée partiellement par un décr. du 17 nov. 1851, V. ci-après à sa date.

des bureaux de visite et de garantie nécessaires pour empêcher les produits frauduleux de nuire au commerce de la France avec l'intérieur de l'Algérie ; déterminer les dimensions des tissus et d'autres produits nécessaires au commerce, en exigeant la garantie des marques de fabrique ; 5° accorder temporairement l'exportation à l'étranger des drilles et cartons, des écorces à tan, des minerais de cuivre, des armes, des projectiles et des munitions de guerre ; 6° en cas d'insuffisance de la navigation française, accorder temporairement la faculté du cabotage, en Algérie, à des navires étrangers, avec ou sans exemption du droit de tonnage ; 7° accorder l'exemption du droit de tonnage aux navires arrivant chargés de bois du Nord, lorsqu'ils repartiront chargés des produits français ; 8° appliquer aux contraventions commises contre les dispositions des décrets sur ces diverses réglementations, des amendes fixées par voie de règlement d'administration publique, sans préjudice de la confiscation des objets saisis en fraude ou contrebande, d'après les règles suivies en France. — Les décrets rendus en vertu des §§ 1, 6, 7 et 8 du présent article devront être soumis à l'assemblée législative, pour être convertis en lois dans le cours de l'année qui suivra leur mise à exécution.

Art. 10. — Les lois, ordonnances, décrets et règlements ministériels actuellement en vigueur pour le service des douanes de France, s'appliqueront à l'Algérie en tout ce qui n'est pas contraire aux dispositions de la présente loi.

Art. 11. — Jusqu'au 1er mars 1851, les farines étrangères seront admises en payant par quintal métrique : — Provenant des entrepôts de France, 4 fr.; — Provenant de l'étranger, 5 fr.

Art. 12. — La présente loi sera simultanément exécutoire, en France et en Algérie, à partir du 1er mars prochain.

TABLEAU 1. — *Produits naturels de l'Algérie auxquels la franchise est accordée à leur entrée en France.*

Animaux vivants des races chevaline, bovine, ovine, etc. — Bambous, bois d'ébénisterie indigènes, boyaux frais et salés.

Céréales en grain, cire non ouvrée, jaune ou brune, cochenille, corail brut de pêche algérienne, cornes de cerf, coton en laine, crins, cuivre pur et allié de première fusion en masses. — Dents d'éléphant, drille. — Écorces à tan, écorces propres à la médecine.

Feuilles de palmier nain, feuilles propres à la médecine, filaments végétaux bruts ou n'ayant subi qu'une préparation analogue au teillage, fleurs propres à la médecine, fontes brutes, aciéreuses; fourrages de toute sorte, fruits de table frais, secs ou tapés et confits de toute espèce, fruits oléagineux de toute sorte.

Garance en racine, verte ou sèche, gibier, volaille et tortues, gommes pures indigènes, graines à ensemencer, graines oléagineuses de toute sorte, graisse de bœuf et de mouton (suif brut), groisil ou verre cassé.

Herbes propres à la médecine, huiles d'olive et de graines grasses. — Indigo. — Kermès en grains. — Laines en masse, légumes frais et secs, lichens tinctoriaux, liége brut ou simplement râpé. — Marbre brut, miel, minerais de toute sorte. — Nerfs de bœufs et d'autres animaux. — Opium, os, sabots et cornes de bétail, oreillons.

Patates, peaux brutes, pelleteries, plomb brut; plumes de parure, poil de Messine, poils en masse, poisson de mer frais, sec, salé ou fumé, provenant de pêche algérienne; pommes de terre, poudre d'or. — Racines propres à la médecine, ruches à miel renfermant des essaims vivants.

Safran, sangsues, sels de marais ou de salines et sel gemme ou fossile, sauf perception de droit de consommation applicable au sel français; soies et œufs de ver à soie, soufre non épuré (mineral compris), spartes en tiges brutes et battues. — Tabac en feuilles destiné à la régie, terres savonneuses.

Produits ajoutés aux précédents.

Oignons de scille marine, graine d'alpiste, bois de cactus (L. 26 juill. 1856, B. 500). — Huile d'arachide (décr.

7 mars 1857). — Farines de céréales (décr. 14 fév. 1855). — Autres produits dont le tableau est annexé au décr. du 11 fév. 1860 ci-après.

TABLEAU 2. — *Produits fabriqués en Algérie qui seront admis en franchise en France.*

Armes de luxe damasquinées. — Ceintures algériennes en laine, cordages en sparterie et fil d'aloès. — Echarpes algériennes en coton, de laine et de soie brochées d'or, essences odoriférantes, de jasmin, de géranium et toutes autres. — Futailles vides. — Haïcks, burnous en laine ou mélangés de laine et de soie. — Joaillerie algérienne. — Livres, brochures, mémoires et autres écrits imprimés en Algérie. — Nattes. — Objets d'histoire naturelle. — Paniers à ouvrages en écorce et laine ou en fil d'aloès, pipes en bois ornées de cuivre. — Sellerie indigène. — Tapis algériens mélangés de laine et d'écorce, tapis algériens étroits de grosse laine, tresses. — Vannerie.

Produits ajoutés aux précédents.

Parfumeries liquides (L. 26 juill. 1856, B. 500). — Alcools d'asphodèle (décr. 23 mai 1855). — Ferraille (décr. 15 sept. 1856). — Pâtes alimentaires et autres produits (décr. 16 oct. 1858). — Et autres produits dont le tableau est annexé au décr. du 11 fév. 1860 ci-après.

TABLEAU 3. — *Produits étrangers nécessaires aux constructions urbaines et rurales qui continueront d'être admis francs de droits en Algérie.*

Ardoises. — Bitumes, solides purs, mélangés de terre, et généralement tous les mastics bitumineux, bois à brûler, bois communs. — Carreaux en faïence, charbon de bois et de terre, chaux. — Etain (supprimé par l'art. 2 du décr. du 11 fév. 1860 ci-après). — Pierres à bâtir, plants d'arbres, pouzzolane. — Zinc brut ou laminé (supprimé comme ci-dessus).

TABLEAU 4. — *Produits étrangers nécessaires à la reproduction animale et végétale qui continueront d'être admis en franchise de droits en Algérie.*

Les graines pour semences, les fruits et les légumes frais, les plants d'arbres, les chevaux, étalons et juments, les taureaux et les vaches laitières, les béliers, la race porcine.

TABLEAU 5. — *Produits étrangers admissibles en Algérie, en payant la moitié des droits en France* (supprimé de fait par l'art. 2 du décr. du 11 fév. 1860 ci-après).

DP. — 25 fév.-3 avril 1851. — B. 381. — *Promulgation des lois de France sur les douanes. — Délai de distance* (1).

Vu la loi du 11 janv. 1851 ; — Vu l'art. 1, c. Nap. et l'ord. du 27 nov. 1816, qui déterminent les délais légaux de promulgation ;

Art. 1. — Les lois et décrets rendus en matière de douanes seront applicables en Algérie, à compter du jour où ils seront réputés connus à Alger, d'après les règles établies par l'art. 1, c. Nap.

Art. 2. — La distance légale de Paris à Alger est fixée à 160 myriamètres.

DP — 17 nov. 1851, 31 janv. 1852. — B. 402. — *Exportation des écorces à tan.*

Art. 1. — La prohibition de sortie à destination de l'étranger, portée à l'art. 7 de la loi du 11 janv. 1851, à l'égard des écorces à tan, provenant des forêts de l'Algérie, est levée temporairement, par application de l'art. 9 de ladite loi, pour les écorces à tan de chêne-liége provenant de la forêt de l'Edough, près de Bône.

Art. 2. — Ces écorces payeront les droits de sortie prescrits par la loi du 2 juill. 1836.

Art. 3. — Les dispositions qui précèdent ne sont applicables qu'aux produits de l'espèce dont l'embarquement aura lieu au port de Bône, et qui seront accompagnés d'un certificat du service forestier indiquant le lieu de provenance.

DI. — 11 août 1853. — B. 444. — *Frontières de terre. — Provenances du Maroc et de Tunis.* —

_____

(1) V. Admin..gén., § 1, décr. 27 oct. 1858, art. 2, note sur la portée des nouvelles règles de promulgation.

Tarifs (1).—(V. *Pour les provenances du Sahara*, *le décr*, *suivant du 25 juin 1860*.)

Vu l'ord. du 16 déc. 1813 et la loi du 11 janv. 1851, relative au régime des douanes en Algérie ;—Considérant la nécessité, d'une part, de régulariser les rapports commerciaux, par terre, de l'Algérie avec le Maroc et la Régence de Tunis ; d'autre part, d'assurer une protection efficace aux intérêts industriels et agricoles de la métropole et de la colonie.

Art. 1.—La prohibition générale d'importation par les frontières de terre, édictée par l'art. 16 de l'ord. du 16 déc. 1813, est levée en ce qui concerne les produits de la régence de Tunis et de l'empire du Maroc. Elle est maintenue à l'égard des produits de toute autre origine.

Art. 2. — L'importation des provenances du Maroc et de Tunis, et l'exportation des produits du sol ou de l'industrie de la métropole et de l'Algérie, auront lieu par les villes et postes ci-après désignés. — *Pour la frontière E.* : — Par Soukbaras et Guelma ; par Tebessa et Aïn Beïda ; par Biskara. — *Pour la frontière O.* : — Par Lalla Maghnia, Tlemcen et Nedrouma (ce dernier point, lorsqu'il sera occupé) (2).

Art. 3.— Des bureaux et des brigades de douanes seront établis et organisés sur les frontières de terre. L'action du service aura pour limite intérieure les places formant la seconde ligne et qui sont dénommées ci-après, savoir :— *A l'E.*, Bône, Guelma, Constantine, Aïn Beïda et Biskara. — *A l'O.*, Raschgoun, Tlemcen et Daya.

Art. 4. — La ligne saharienne depuis Biskara jusqu'au territoire tunisien et depuis Saïda jusqu'à la frontière marocaine, sera fermée à toute marchandise qui ne proviendrait pas du cru ou de l'industrie du territoire algérien.

Art. 5. — Les parties des frontières de terre de l'E. et de l'O., ainsi que la ligne saharienne, qui ne pourront être l'objet de la surveillance directe du service des douanes, seront gardées par des chefs indigènes, commissionnés à cet effet par les généraux commandant les divisions.

Art. 6. — Seront admises aux droits modérés portés au tableau ci-annexé, les marchandises tunisiennes et marocaines mentionnées dans ce tableau. — Celles taxées jusqu'à ce jour *ad valorem* et figurant également audit tableau supporteront, à l'avenir, le droit au poids, tel qu'il y est spécifié.

Art 7. — L'art. 7 de la loi du 11 janv. 1851, qui règle le régime d'exportation par les frontières de mer, sera applicable aux frontières de terre.

Art. 8. — Il pourra être établi, pour les produits de Tunis et du Maroc importés par les frontières de terre de l'E. et de l'O, ainsi que pour les marchandises étrangères et les produits des colonies françaises importées par mer, un entrepôt réel dans chacune des villes où il existera un bureau de douane, à la charge par ces villes de se conformer à l'art. 25 de la loi du 8 flor- an XI.—Aucun établissement de cette nature, ne pourra toutefois, être formé qu'en vertu d'autorisation accordée par un décret spécial.

Art. 9. — Jusqu'à ce que les entrepôts réels soient régulièrement constitués, les marchandises pourront : 1° être déposées en douane, à charge par les propriétaires d'en acquitter les droits d'importation et de magasinage dans le délai d'un an ; 2° être admises en entrepôt fictif sous les formalités prescrites par l'art. 15 de la loi du 8 flor. an XI, et sous la condition de recourir à la faculté de la réexportation. — La durée de l'entrepôt fictif est fixée à une année ; sur la demande des entrepositaires, elle pourra être prolongée de six mois.

Art. 10. — Le droit d'octroi municipal sera perçu, aux frontières de terre, sur les produits tunisiens et marocains, qui en sont passibles à l'entrée par mer.

Art. 11. — Les délits et contraventions seront déférées, savoir: en territoire civil, aux tribunaux ordinaires français, institués par l'art. 3 de l'ord. du 26 sept. 1842 (V. *Justice*, § 1), et en territoire militaire, aux conseils de guerre consacrés par l'art. 42 de ladite ordonnance, et aux commandants de place institués ou confirmés par l'ord. du 31 oct. 1858, l'arr. du 5 août 1845 et le décr. du 22 mars 1852 (V. *Justice*, § 4). ← Ces tribunaux appliqueront aux délits et contraventions dont il s'agit les peines et réparations civiles édictées par la législation de la métropole, et notamment par les lois des 22 août 1791, 4 germ. an II, 28 avr. 1816 et 27 avr. 1818.

Art. 12. — Les délits et contraventions en matière de douanes, commis sur les frontières de terre, seront établis soit par procès-verbaux revêtus des formalités qui, d'après le titre 4 de la loi du 9 flor. an VII, confèrent à ces actes le privilège de faire foi en justice jusqu'à inscription de faux, soit, à défaut, par toutes les preuves qu'autorisent les art. 154 et 189 du c. d'inst. crim.

Art. 13. — Les dispositions du présent décret seront applicables deux mois après sa promulgation.

Etat des droits à percevoir sur les marchandises importées en Algérie par les frontières de terre de Tunis et de Maroc (ainsi modifié par décr. du 7 sept. 1856, B. 500) (3).

Bonnets de laine (bonneterie orientale), 4 fr. 50 c.

Burnous en laine, tissus non foulés valant moins de 10 fr. le mètre, 3 fr. 50 c.

Burnous en tissu de laine mélangés de soie, 15 fr.

Hatcks en laine avec filets de soie (comme tissus de laine valant moins de 10 fr. le mètre), 5 fr. 50 c.

Haïcks en tissu de laine mélangée de soie; ceintures en laine mélangée de soie, 15 fr.

Turbans en tissu de coton mélangé de soie : de moins de 16 fils, 4 fr. 20 c.; — De 16 fils et au-dessus, 9 fr. 50 c.

Ed adjals (tissus de coton mélangé de soie) : de moins de 16 fils, 4 fr. 20 c.; — De 16 fils et au-dessus, 9 fr. 50 c.

Scheimbir (tissu de soie, étoffe pure, unie), 8 fr.

Bréinchia de Constantinople (gaze de soie pure), 15 fr.

Peaux ouvrées (babouches), les 100 kilog., 50 fr.

Peaux préparées, les 100 kilog., 20 fr.

Dattes (fruits secs ou tapés) les 100 kilog., 8 fr.

Laines en masse, mêmes droits, suivant leurs espèces ou qualités, que les produits similaires importés par mer, sous pavillon français, des pays situés hors d'Europe (décr. 5 juin 1850, B. 496).

AM. — 9 mai-2 juin 1854. — B. 460. — *Crédit et escompte en matière de douanes.*

Vu l'art. 53 de la loi du 26 avr. 1806 et la décis. min. du 18 juin 1816, relatifs à la faculté de crédit accordée aux redevables de droits de douanes; — Vu l'arr. du 28 janv. 1851, qui élève de 3 à 4 p. 100 par an le taux de l'escompte bonifié aux redevables qui, dans les conditions déterminées par les règlements, acquittent en numéraire les mêmes taxes;

Art. 1. — À compter du 1er juill. prochain, les dispositions qui régissent sur le continent le crédit et l'escompte en matière de droits de douane, seront appliquées à l'Algérie, sous la réserve, toutefois, que la durée du crédit sera réduite à trois mois.

Art. 2. — Les mêmes dispositions seront étendues aux taxes d'octroi de mer, sans que lesdites taxes puissent être cumulées avec les droits de douanes pour l'obtention du crédit ou de l'escompte.
BINEAU.

DI. — 11 fév.-14 mars 1860. — BM. 58. — *Produits algériens. — Admission en franchise en France (1).*

Vu l'art. 9 de la loi du 11 janv. 1851 et l'art. 17 de la loi du 26 juill. 1850;

Art. 1. — Les produits naturels et les produits fabriqués dénommés dans les tableaux A et B annexés au présent décret sont ajoutés à ceux dont l'art. 9 de la loi du 11 janv. 1851 et l'art. 17 de la loi du 26 juill. 1856 autorisent l'admission en franchise de droits dans les ports de l'empire.

Art. 2. — Ceux des produits admis en franchise sur le continent français, conformément aux dispositions de l'article précédent, qui jouissent actuellement en Algérie, soit de la franchise des droits de douane, soit d'une modération quelconque de tarif, devront, à leur importation de l'étranger en Algérie, être soumis aux droits d'entrée du tarif général de France.

Art. 3. — Les produits dénommés dans le tableau C annexé au présent décret, dont les similaires jouissent en France d'une prime à l'exportation, devront, à leur importation d'Algérie en France, acquitter une somme égale à cette prime, conformément aux indications dudit tableau C.

TABLEAU A. — *Produits naturels de l'Algérie auxquels la franchise est accordée à leur entrée en France.*

Antimoine métallique (régule). — Argent pur. — Bois communs de toute sorte, bruts, équarris ou sciés. — Cire brute de toute sorte. — Conserves alimentaires. — Cuivre pur ou allié de zinc ou d'étain : de première fusion, en masses, barres ou plaques : laminé en barre ou en planches. — Drinn en feuilles. — Étain. — Fer; fonte brute non aciéreuse en masses pesant 15 kilog. au plus; étiré en barres plates, carrées ou rondes; platiné ou laminé; acier. Garance moulue. — Graines de sorgho entières. — Graisses de poisson de pêche algérienne. — Henné en feuilles pour la teinture. — Marbres sciés et travaillés. — Olives en saumure ou à l'huile. — Or brut. — Orge perlé. — Pain et biscuit de mer. — Plumes d'oiseaux à écrire. — Résines d'exsudation, de combustion, distillées. — Soies moulinées. — Zinc brut et laminé.

TABLEAU B. — *Produits fabriqués en Algérie auxquels la franchise est accordée à leur entrée en France.*

Acide stéarique ouvré (bougies stéarines, etc.). — Alcools de toute sorte. — Amidon. — Blagues à tabac, brodées or, soie et argent, sur cuir et sur tissu. — Bourses en soie, façon de Tunis. — Bracelets en passementerie arabe. — Brosserie de palmier nain et de drinn. — Cannes en bois de myrte et autres. — Carton. — Carmin. — Chachias en velours. — Chandelles. — Chapeaux du Sahara en paille ou sparte avec plumes d'autruche. — Chapelets arabes. — Cire ouvrée (bougies, etc.). — Coussins en cuir ou en velours brodés or et d'argent. — Coussins en drap, le drap valant moins de 4 fr. le kilog.

Éventails brodés d'or et d'argent en plumes d'autruche, en paille. — Extrait colorant de la graine et de la plante de sorgho à l'état liquide. — Fichus de soie, laines d'or et d'argent. — Fils, nattes, tresses, cordages de crin, de

---

Footnotes (bottom):

— Le droit de perception indiqué est celui affecté aux produits de la régence de Tunis; les produits du Maroc ne sont soumis qu'à la moitié de ce droit.

(1) *Instruction ministérielle.* — A MM. les généraux et préfets... Le premier effet de cette mesure sera de donner une salutaire impulsion à la production de l'Algérie et de multiplier ses moyens d'échange avec la métropole. C'est une conquête nouvelle et significative faite dans la voie de l'assimilation douanière des deux pays. — Quelques explications vous feront apprécier le but et la portée des art. 2 et 3 du décret.

L'art. 2 stipule que les produits admis en franchise sur le continent français et qui jouissent actuellement en Algérie, soit de la franchise des droits de douane, soit d'une modération quelconque de tarif, devront, à leur importation de l'étranger en Algérie, acquitter les droits d'entrée du tarif général de France. Cette disposition s'applique en particulier aux produits de l'industrie métallurgique désignés dans le tableau A annexé au décret et qui sont ainsi privés de l'exonération partielle de droits dont ils jouissaient en Algérie, en vertu de la loi de 1851. Il ne pouvait en être autrement : il était difficile, en effet, d'échapper à ce principe qu'entre la France et l'Algérie il ne peut y avoir égalité d'échanges qu'à la condition d'une égalité de rapports vis-à-vis de l'étranger; et, d'autre part, il était nécessaire d'assurer aux entreprises de l'industrie algérienne une protection sans laquelle elles ne pourraient se développer. L'art. 2 est la conséquence de cette double considération; et si, au point de vue de l

consommation, cet article était critique, vous auriez à faire remarquer que ses effets vont être singulièrement atténués par le nouveau tarif du traité de commerce avec l'Angleterre, qui abaissera les droits sur les fontes et sur les fers de ce pays, importés en France à peu près au taux des droits présentement perçus en Algérie, où ce même tarif sera rendu applicable. La situation de ces importations spéciales dans la colonie ne subira donc qu'une modification insignifiante.

L'art. 3 dispose que les produits dénommés dans les tableaux A et B, dont les similaires jouissent en France d'une prime à l'exportation, devront, à leur importation d'Algérie en France, acquitter une taxe égale à cette prime, conformément aux indications du tableau C.

Il n'aurait pas été possible d'admettre en franchise les produits de cette catégorie sans ouvrir la porte à un commerce frauduleux; car on aurait pu les envoyer avec prime en Algérie, puis les faire rentrer en France dans le but d'obtenir une seconde prime au moyen d'une nouvelle exportation. C'est ce que l'art. 3 a voulu prévenir.

La suppression des primes ferait disparaître toute possibilité de fraude et donnerait un grand caractère d'opportunité aux démarches qui seraient faites pour obtenir l'entrée en franchise des produits désignés au tableau C, et de quelques autres objets manufacturés. Il est donc intéressant d'examiner très-attentivement s'il ne conviendrait pas, pour favoriser la production algérienne, de renoncer à ces primes. Je désire que cette question soit soumise à l'étude des chambres de commerce, etc...
Comte DE CHASSELOUP-LAUBAT.

palmier nain, d'alpha et d'aloès. — Gandouras (grandes tuniques sans capuchon en laine mélangée de soie, la laine entrant pour moins de moitié dans le mélange). — Instruments de musique arabe. — Lanternes mauresques. — Librairie en feuilles. — Liège ouvré (bouchons, etc.). — Meubles de toute sorte. — Noir animal. — Œufs d'autruche peints et garnis. — Orfèvrerie, bijouterie d'or, de vermeil ou d'argent. — Ouvrages en bois de toute sorte. — Ouvrages en marqueterie indigène ou en mosaïque arabe.

Paniers et corbeilles de nègres avec franges et tressage en drap. — Pantoufles pour hommes et pour femmes, unies ou brodées or et argent, sur cuir et sur velours. — Papier. — Parfumerie : eaux distillées et de senteur, vinaigres parfumés, pâtes liquides ou en pain, savons liquides en poudre, pains ou boules, poudres de senteur, pommades de toutes sortes, fards, pastilles odorantes à brûler. — Passementeries arabes, laine et soie, or et soie, tout or (la laine entrant pour moins de moitié dans le mélange). — Pelleteries ouvrées. — Plateaux en cuivre ciselé. — Porte-cigares, porte-monnaie brodés or ou argent, sur cuir ou sur velours. — Poteries de terre, grossière, faïence commune. — Poupées en costume indigène. — Tuyaux de pipe en bois, garnis ou non, et pipes arabes. — Vinaigres. — Vins ordinaires et de liqueurs.

Tableau C. — *Droits à percevoir à l'importation en France sur les produits algériens ci-après, les 100 kil.*

Soude naturelle, 3 fr. 60 c. — Savons autres que de parfumerie (détail selon leur composition). — Peaux tannées, corroyées, etc., 5 fr. ; chamoisées ou maroquinées, 10 fr. — Coussins en drap (détail selon la valeur du drap). — Passementerie en laine ou en soie (détail selon la quantité de laine contenue). — Gandouras (idem). — Liqueurs alcooliques, 12 fr. 50 c. l'hectol.

DI. — 25 juin-21 juill. 1860. — BM. 85. — *Produits du Sahara et du Soudan. — Admission en franchise.*

Art. 1. — Jusqu'à ce qu'il en soit autrement ordonné, la frontière S. de l'Algérie, suivant une ligne partant de Géryville, se dirigeant vers Laghouat et se terminant à Biskra, est ouverte à l'importation en franchise de droits de douanes des produits naturels et fabriqués, originaires du du Sahara et du Soudan.

Art. 2. — Des décrets détermineront ultérieurement sur ladite ligne les points où des bureaux de douanes seront établis et ouverts aux marchandises ci-dessus désignées. — Provisoirement, les commandants des divisions sont autorisés à désigner, sur les routes de passage des caravanes, les points où les vérifications auront lieu, soit par le service des douanes, soit par les agents de l'autorité militaire, commissionnés à cet effet par lesdits commandants de divisions.

Art. 3. — La frontière du S. de l'Algérie reste fermée à l'importation de tous autres produits que ceux qui sont originaires du Sahara et du Soudan.

Art. 4. — Sont et demeurent maintenues, à l'égard des échanges entre l'Algérie et les États de Tunis et du Maroc, les dispositions des décr. précités des 11 août 1853 et 7 sept. 1856.

§ 2. — Organisation du service.

Le service de douanes installé provisoirement dès le 8 sept. 1830, fut réorganisé en 1833 et composé depuis cette époque d'employés détachés de l'administration continentale. De 1834 à 1846, la perception des contributions diverses lui avait en outre été confiée. Par arrêté du chef du pouvoir exécutif, en date du 12 oct. 1848, ce service qui jusqu'alors était resté dans les attributions du ministère de la guerre, a été placé sous la direction du ministre des finances, dont il n'a, depuis cette époque, cessé de dépendre.

AG. — 29 janv.-12 fév. 1844. — B. 168. — *Sur-*

veillance confiée aux chefs arabes. — *Frontière de mer.*

Vu l'ord. du 16 déc. 1843 et l'arr. du 15 janv. 1844 ; — Considérant qu'il importe, dans l'intérêt du commerce de bonne foi et des manufactures françaises, de confier aux chefs arabes des tribus du littoral le soin de réprimer les opérations de fraude qui pourraient être tentées sur la frontière de mer qui n'est point gardée par la douane ; — En vertu de l'approbation donnée le 26 déc. 1843 par M. le min. de la guerre, conformément à l'art. 21 de l'ord. du 16 déc. 1843 ;

Art. 1. — Les chefs arabes des tribus du littoral, autorisés à cet effet par une commission écrite signée par les commandants supérieurs, auront le droit d'arrêter et de retenir tous objets prohibés qui auront été débarqués en dehors de l'enceinte des ports occupés, ainsi que les individus qui auront effectué les débarquements frauduleux et les navires et embarcations qui auront servi auxdits débarquements.

Art. 2. — Les personnes en contravention et les objets saisis seront conduits immédiatement près du commandant supérieur le plus voisin au lieu de la saisie. Celui-ci nous en rendra compte et fera remise des objets saisis au recouveur des douanes, qui rédigera le procès-verbal, requerra l'incarcération des contrevenants et suivra l'affaire par-devant les tribunaux, conformément aux règlements.

Art. 3. — Les peines à infliger dans le cas d'embarquement d'objets prohibés, sont celles édictées par l'art. 16 de l'ord. du 16 déc. 1843.

Maréchal Bugeaud.

DP. — 18 juin-25 juill. 1851. — B. 389. — *Fixation des heures d'ouverture des bureaux.*

Art. 1. — La durée du temps pendant lequel les bureaux de douanes doivent être ouverts en Algérie, est fixée ainsi qu'il suit : — Du 1er oct. au 31 mars, de 8 à 10 heures du matin et de midi à 5 heures du soir ; — Du 1er avr. au 30 sept., de 7 à 10 heures du matin et de midi à 5 heures du soir.

Art. 2. — Les agents du service des douanes devront, conformément à l'art. 5, tit. 13, de la loi du 22 août 1791, se trouver aux bureaux pendant les heures ci-dessus fixées, sous peine de répondre des dommages-intérêts des redevables qu'ils auront retardés.

Art. 3. — Le présent décret devra rester affiché dans tous les bureaux de douanes de la colonie.

DI. — 11 août 1853. (V. § 1 *ci-dessus*.) — *Organisation du service aux frontières de terre.*

E

Eau.

En droit français, l'art. 538 c. Nap. n'attribue au domaine public que les cours d'eau navigables ou flottables. La propriété de tous autres cours d'eau est en général attribuée aux riverains, et celle des sources au propriétaire du fonds, sauf les droits d'usage et de servitude. En Algérie, l'art. 2 de la loi du 17 juin 1851 (*Propriété*, § 1) a déclaré le domaine public propriétaire des lacs salés, des cours d'eau de toutes sorte et des sources. Tout en reconnaissant et maintenant les droits de propriété privée qui pouvaient exister antérieurement à la promulgation de la loi (V. à ce sujet la discussion de la loi et le commentaire de M. Dareste, avocat à la cour de cassation).

§ 1. — AQUEDUCS ET FONTAINES.

A1. — 6 août 1832. — *Règlement sur les concessions d'eau.*

Art. 1. — Tout propriétaire qui désirera obtenir une concession d'eau des aqueducs publics, devra s'adresser, par écrit, à l'intendant civil, qui, après avoir pris l'avis de l'ingénieur en chef et en avoir référé au conseil d'administration de la régence, statuera sur la demande par un arrêté.

Art. 2. — L'autorisation ne sera accordée qu'à la charge d'une redevance annuelle payable à la caisse du domaine, par trimestre et d'avance.

.(Ainsi complété : arrêté du 25 août 1832.) — Pour chaque prise d'eau nouvellement concédée, la redevance annuelle sera fixée à raison de 5 fr. par hectol. — Lorsqu'il y aura continuation de jouissance, la redevance annuelle sera réduite à 2 fr. 50 cent. par hectol.

Art. 3. — L'exécution des travaux de toute espèce sera entièrement à la charge du concessionnaire.

Art. 4. — Il se conformera exactement aux indications qui lui seront données par l'inspecteur des eaux sur la disposition de l'embranchement et sur la mise en état des lieux.

Art. 5. — Si les besoins du service général l'exigent, il pourra être privé d'une partie ou de la totalité des eaux, sans jamais, à l'occasion de cette privation temporaire et définitive, pouvoir prétendre à aucune indemnité de la part du gouvernement.

Art. 6. — L'administration n'est chargée que d'entretenir les conduits principaux et les embranchements qui amènent l'eau aux fontaines publiques; l'entretien de tous les autres embranchements est à la charge de l'usager.

Art. 7. — Il est expressément défendu à tout particulier, propriétaire ou locataire, d'employer les fontainiers des ponts et chaussées à la réparation des conduits qui desservent son habitation, sous peine d'une amende de 10 fr. par journée d'ouvrier, et sans préjudice des dommages et intérêts qui pourraient être dus pour détournement de matériaux.

Art. 8. — Dans le délai d'un mois, à compter de ce jour, tous les particuliers jouissant, à quelque titre que ce soit, d'une prise d'eau dans les aqueducs publics, seront tenus d'en faire la déclaration au secrétariat de l'intendance civile, et de produire les titres de leur jouissance.

Art. 9. — Il sera statué, sur les demandes en continuation de jouissance, dans la même forme que pour les demandes de concessions nouvelles.

Art. 10. — Toutes les prises d'eau qui n'auront pas été déclarées dans le délai fixé par l'art. 8, seront regardées comme abusivement établies; elles seront supprimées, et les usagers poursuivis comme contrevenants.

Art. 11. — Toutes celles qui, ayant été déclarées, n'auront pas été confirmées, seront supprimées aux frais de l'administration.

GENTY DE BUSSY.

AI. — 17 mars-9 avril 1835. — B. 12. — *Déclaration et production de titres ordonnées.*

Vu l'art. 13 de l'arrêté ministériel du 1ᵉʳ sept. 1834 (*Admin. gén.*, § 1), qui classe au nombre des recettes municipales le produit de la dotation des fontaines; — Considérant que les eaux, dans l'ancienne régence d'Alger, n'ont jamais été l'objet d'une propriété privée; qu'elles étaient considérées comme une dépendance essentielle du domaine public, et que personne, quels que fussent son rang et sa condition, ne pouvait prétendre à en jouir privativement qu'en vertu d'une concession qui ne s'obtenait qu'à titre onéreux; — Que, depuis l'occupation du territoire d'Alger, il a pu être pratiqué abusivement dans les aqueducs publics des prises d'eau dont divers individus, soit dans la ville, soit dans la campagne, se seraient ainsi attribué la jouissance sans autorisation, et qu'il importe de mettre un terme à ces abus.

Art. — Dans les quinze jours qui suivront la publication du présent arrêté, tous les particuliers qui jouissent actuellement, à quelque titre que ce soit, d'une prise d'eau dans les aqueducs publics, seront tenus d'en faire la déclaration au secrétariat de l'intendance civile, et de produire, à l'appui de cette déclaration, les titres qui leur donnent droit à cette jouissance.

Art. 2. — Ce délai expiré, toutes les prises d'eau particulières pour lesquelles il n'aurait été fait aucune production de titres, seront immédiatement interceptées. LE PASQUIER.

AG. — 1ᵉʳ-7 juill. 1835. — B. 17. — *Institution d'une commission des eaux et fontaines. — Attributions.*

Vu les art. 13 et 14 de l'arrêté du 1ᵉʳ sept. 1834 (V. *Admin. gén.*, § 1); — Vu l'art. 5 de l'ord. du 22 juillet 1834 (*eodem*); — Considérant que s'il importe de ne point négliger des soins qui intéressent à un haut degré la population, il n'est pas moins essentiel d'adopter des mesures propres à prévenir ou réprimer tous abus, tous actes quelconques qui auraient pour résultat la déperdition des eaux provenant soit des aqueducs, ou fontaines publiques, soit des sources, ruisseaux ou rivières qui existent sur le territoire d'Alger; — Sur la proposition de l'intendant civil, le conseil d'administration entendu, vu l'urgence:

Art. 1. — Il est institué, en la ville d'Alger, une commission composée de six membres, qui aura pour mandat spécial de veiller à la conservation des eaux, à l'exécution des travaux propres à en procurer le libre cours, et à la répression de toutes les contraventions qui en causeraient la déperdition ou qui en priveraient abusivement le public au profit d'un intérêt particulier.

Cette commission, qui se réunira sous la présidence de l'intendant civil, sera en outre chargée : 1° de tous les soins préliminaires à l'exécution des travaux d'entretien et réparations, ainsi qu'à la mise en location des propriétés composant la dotation des fontaines; 2° de la présentation de l'état des recettes et dépenses propres à l'administration qui lui est confiée, et qui doivent être comprises dans le budget municipal.

Art. 2. — La commission procédera, immédiatement après avoir été installée dans ses fonctions, à l'évaluation du volume d'eau habituellement nécessaire aux usages et établissements publics. — Elle s'occupera ensuite de l'examen de tous les titres, quelle qu'en soit l'origine, établissant une concession d'eau, soit à l'intérieur, soit à l'extérieur de la ville, en faveur de tous particuliers, propriétaires de maisons, jardins, usines, etc. Elle formera un état indicatif desdites concessions, et fera toutes propositions auxquelles donnerait lieu la nécessité de pourvoir, avant tout, aux besoins de la consommation du public.

Art. 3. — Tous concessionnaires qui n'auraient point produit leurs titres dans le délai de deux mois, à dater de la publication du présent arrêté, ou qui ne seront point en mesure, passé ce délai, de représenter un certificat de cette production, faite à l'intendant civil, pourront être, sur la proposition de la commission, déclarés déchus de tout droit au maintien de la concession qu'ils auraient obtenue.

Art. 4. — Nonobstant la reconnaissance des titres de concession faite en conformité du § 2 de l'art. 2, le volume des eaux concédés, à quelque époque que ce soit, à chaque particulier, pourra être réduit ou momentanément supprimé si l'intérêt public l'exige. Cette réduction sera prononcée par un a.rêté de l'intendant civil.

Art. 5. — Tous délits ou contraventions de la nature de ceux qui sont indiqués aux art. 6, 8 et 9, seront constatés concurremment par l'architecte chargé de la direction des travaux d'entretien des aqueducs, ainsi que par les adjoints et les gardes des eaux. Les uns et les autres prêteront, en conséquence, serment devant le tribunal supérieur.— Les procès-verbaux rédigés par cet agent, et affirmés devant le juge du tribunal civil, feront foi jusqu'à inscription de faux.

Art. 6. — Seront appliquées, à tous délinquants, les peines ci-après déterminées, savoir : (1)

1° En cas de dégradation des canaux, des aqueducs et fontaines, un emprisonnement d'un mois à deux ans, et une amende de 100 fr. à 500 fr.;

2° En cas de dépôt dans les canaux de matières susceptibles d'altérer la pureté des eaux, un emprisonnement d'un mois à un an, et une amende de 100 fr. à 300 fr.;

3° En cas d'encombrement pratiqué dans les canaux, un emprisonnement d'un mois à six mois, et une amende de 100 fr. à 200 fr.;

4° En cas de prise d'eau, sans titre de concession ou au delà du volume concédé, par quelques moyens que ce soit, autres que ceux qui constitueraient les délits prévus par les §§ 1 et 3, un emprisonnement d'un mois à deux mois, et une amende de 500 fr. à 1,000 fr.

5° En cas de conduite d'animaux aux regards des aqueducs publics pour s'y abreuver, un emprisonnement de deux mois, et une amende de 50 fr. à 150 fr.;

6° En cas d'empêchement au libre cours des eaux, des sources, fontaines, ruisseaux ou rivières, un emprisonnement de quinze jours à un mois, et une amende de 50 fr. à 100 fr. ;

7° En cas d'anticipation sur le lit des ruisseaux ou rivières, d'établissement de barrages, d'ouverture de rigoles ou d'autres actes abusifs, soit pour modifier le cours naturel des eaux, soit pour les dériver en totalité ou en partie, un emprisonnement de dix à quinze jours, et une amende de 100 fr. à 200 fr.

Art. 7. — Les procès-verbaux constatant les délits susmentionnés, après avoir été affirmés et enregistrés en débet, dans les quarante-huit heures, seront remis à l'intendant civil qui fera exécuter d'office et immédiatement, en cas d'urgence, tous travaux nécessaires pour remédier aux dommages. Il transmettra ensuite lesdits procès-verbaux au procureur général, qui requerra, auprès du tribunal, la condamnation des délinquants aux peines encourues et au remboursement de la dépense des travaux exécutés d'office.

Art. 8. — Toutes contraventions aux règlements concernant l'irrigation, arrêtés et publiés par l'intendant civil, seront punies d'une amende de 15 fr., indépendamment des dommages réclamés par les intéressés.— En cas de récidive, l'emprisonnement pendant cinq jours sera en outre prononcé.

Art. 9. — La commission des fontaines déterminera, selon la nature des propriétés que traverseront les aqueducs, la largeur des francs-bords qui devront être réservés le long de ces conduits, et sur lesquels il demeure interdit, sous peine de 100 à 200 fr. d'amende : — 1° De faire aucune plantation, s'il s'agit de propriétés closes;— 2° D'introduire aucune espèce de culture, s'il s'agit de propriétés non closes.

L'accès des francs-bords ainsi déterminés sera toujours libre pour les membres de la commission, pour l'architecte et ses adjoints, ainsi que pour les gardes des eaux. En conséquence, ils auront droit de requérir l'entrée des cours, jardins et autres lieux clos ; en cas de refus de la part des propriétaires, ils le constateront par procès-verbal, et ceux-ci seront, pour ce seul fait, condamnés à une amende de 50 fr., sauf l'application, selon les cas, de l'art. 209 c. pén. (2).

---

(1) *Jurisprudence.* — La légalité de cet arrêté ayant été contestée, la cour de cassation a statué ainsi qu'il suit :— Sur la question de savoir si l'arr. du 1er juill. 1855 est encore en vigueur, et si les peines qu'il prononce doivent encore être appliquées aux délinquants : — Attendu qu'en 1854, les possessions françaises dans le nord de l'Afrique étaient régies par des ordonnances qui avaient force de loi; que, par l'ord. du 22 juill. 1834, le gouverneur général était investi de la haute administration; qu'il pouvait provisoirement, dans les cas extraordinaires et urgents, et par voie d'arrêté, rendre exécutoires les dispositions contenues dans les projets réclamés par l'intérêt et la situation de la colonie; que c'est en vertu de ces pouvoirs (art. 4 et 5) qu'il a pris l'arr. du 1er juill. 1855; que si c'est à titre provisoire qu'il a été rendu, ce provisoire s'est continué jusqu'à ce jour, puisque aucune disposition postérieure sur la même matière n'en a modifié ni suspendu l'exécution; — Attendu, en fait, que si les ord. des 13 avr. et 31 août 1845 ont limité les pouvoirs du gouverneur général, elles n'ont disposé que pour l'avenir et ne peuvent avoir d'effet rétroactif; — Attendu, en outre, qu'il n'appartient pas aux tribunaux d'apprécier les motifs extraordinaires et d'urgence en vertu desquels l'arrêté avait été pris; — Que cet arrêté et les dispositions pénales qu'il renferme doivent donc recevoir leur exécution jusqu'à ce qu'ils aient été réformés par l'autorité supérieure; — Attendu, en conséquence, que la cour d'Alger, en déclarant cet arrêté obligatoire, et prononçant contre le demandeur la peine d'un mois d'emprisonnement et de 600 fr. d'amende, en a fait une saine application; — Rejette le pourvoi. — *Cass.* 9 janv. 1857, D. P. 57. 1. 79.

(2) *Jurisprudence.* — Les propriétaires dont l'immeuble est traversé par un aqueduc ont-ils, tout en réservant le libre accès aux agents de l'administration, le droit de se clore pour empêcher au moins le public d'y pénétrer? Si l'on ne consulte que les arrêtés publiés au *Bulletin officiel*, le droit naturel, les usages de la métropole, cette question ne paraît pas douteuse, et l'on est surpris d'avoir à la poser. Le cas de clôture est même prévu par l'arr. du 1er juill. 1855, puisqu'il y est formellement dit que les agents désignés auront le droit de requérir, pour le service des eaux, l'entrée de tous les lieux clos.

Mais un règlement administratif émané onze ans plus tard de la direction de l'intérieur, en exécution de l'art. 5 de l'arr. du 8 mars 1856, et qui aurait assurément mérité d'être publié, puisqu'il réglait des droits importants, chargea, en 1847, les ingénieurs des ponts et chaussées de faire procéder au tracé des francs-bords et de faire démolir dans une largeur déterminée les murs de clôture existant en travers des aqueducs; il contient, en outre, cette disposition que les propriétaires *pourront être autorisés, selon le cas,* à clore leurs propriétés de barrières dont le mode de fermeture sera approuvé par l'administration.

Ce règlement, rigoureusement exécuté non-seulement à l'occasion de murs fermés qui auraient entravé le service, mais à l'occasion de simples barrières dont les clefs étaient à la disposition de l'administration, a provoqué des résistances sur lesquelles la justice a statué ainsi :

1° Attendu que le règlement de 1847 n'a pu, sans excès de pouvoirs, ordonner la démolition des clôtures des propriétés traversées par les aqueducs et fontaines publiques, lorsque les arrêtés en vertu desquels il a été pris reconnaissent que ces propriétés peuvent être closes : — Attendu qu'il résulte du procès-verbal du garde des eaux

Art. 10. — La commission désignera d'ailleurs les propriétés riveraines sur lesquelles devront être extraits, sauf dédommagement, les matériaux nécessaires à la réparation des aqueducs. — Il sera procédé, pour l'exécution de cette disposition, conformément aux lois et règlements concernant les travaux publics.

Art. 11. — La moitié des amendes prononcées dans les cas prévus par les art. 6, 8 et 9, sera versée à la caisse municipale, pour former un fonds commun sur lequel seront imputées, tous les six mois, jusqu'à concurrence de la somme déterminée par l'intendant civil, les gratifications qu'il pourra être convenable de distribuer aux gardes des eaux. D. comte D'ERLON.

AG. — 8-18 mars 1836. — B. 30. — *Francs-bords réservés — Plantations défendues.*

Vu l'art. du 1er juill. 1835, art. 9 ; — Vu le rapport de M. l'intendant civil, en date du 26 oct. dernier, ayant pour objet de nous proposer de fixer la largeur des francs-bords des aqueducs, conformément aux délibérations de la commission des fontaines, des 13 et 20 du même mois et du 9 courant ; — Sur la proposition de l'intendant civil, le conseil d'administration entendu :

Art. 1. — Est et demeure fixée à 1 mètre 50 cent. la largeur des francs-bords qui doivent être réservés de chaque côté sur toute la longueur des aqueducs et fontaines. En conséquence, la commission fera tracer d'une manière apparente, sur chaque propriété que traversent les aqueducs, la limite de cette largeur, afin que le propriétaire puisse connaître les obligations auxquelles il est soumis.

Art. 2. — Il est interdit à tout propriétaire de faire aucune plantation d'arbres à moins de 8 m. de la limite extérieure des francs-bords, ainsi déterminés, sauf certains cas exceptionnels où il pourra être accordé une autorisation spéciale, en conséquence d'une délibération de la commission des fontaines.—Les arbres actuellement existants à une distance plus rapprochée seront abattus par les propriétaires, à la requête de l'administration, qui y fera procéder d'office, le cas échéant, et provoquera envers les contrevenants l'application de l'art. 9 de l'arr. du 1er juill. dernier (1).

Art. 3. — L'administration publiera chaque année, dans les saisons convenables, tous règlements nécessaires pour la conservation des francs-bords dans toute leur intégrité, la facilité de leur accès et l'extirpation des racines qui endommagent les aqueducs. Ces règlements seront exécutoires pour tous les propriétaires, qui seront au besoin contraints de s'y conformer par voie administrative (2). Maréchal CLAUZEL.

§ 2. — CONCESSIONS POUR ÉTABLISSEMENT D'USINES.

Inst. M.—28 fév. 1855. — B. 484.—*Instructions relatives aux demandes en concession de prises d'eau pour établissement d'usines en Algérie.*

§ 1. — Toute demande soit en autorisation de moulins, usines, barrages et prises d'eau, soit en

réglementation de jouissance de ceux de ces établissements existant sans autorisation régulière, soit en modification de jouissance des conditions imposées aux établissements régulièrement autorisés, doit être adressée en double expédition au préfet en territoire civil, ou au général commandant la division en territoire militaire. Elle doit être accompagnée d'une description de la partie des cours d'eau où devront être exécutés les travaux projetés.

Elle doit, en outre, énoncer : 1° les noms des cours d'eau, de la localité, des établissements hydrauliques placés immédiatement en amont et en aval ;—2° L'usage auquel les constructions seront destinées et la description des travaux projetés ; — 3° Le volume des eaux dont le pétitionnaire a besoin ; — 4° La durée présumée de l'exécution des travaux.

§ 2. — S'il s'agit de la construction d'une usine nouvelle ou de l'établissement d'un barrage autre que ceux destinés aux irrigations, le pétitionnaire doit, en outre, justifier, indépendamment de ses moyens pécuniaires, soit de la propriété du sol sur lequel les travaux seront exécutés, soit du consentement par écrit du propriétaire de ces terrains, ou produire un plan des terrains domaniaux dont il demande la concession ou qu'il voudrait acquérir de gré à gré, ou bien des terrains particuliers à l'expropriation desquels il pourrait y avoir lieu, en vertu de l'art. 19 de la loi du 16 juin 1851.

Dans les trois derniers cas, la demande sera soumise, relativement aux terrains, à une instruction spéciale, conforme aux règlements sur la matière, c'est-à-dire pour les concessions et les ventes de terre, au décr. du 26 avr. 1851 et à l'ord. du 9 nov. 1845, et pour les expropriations, à la loi du 16 juin 1851, ainsi qu'à l'ord. du 1er oct. 1844.

La justification des moyens pécuniaires du demandeur, exigée par le présent paragraphe, devra être faite par la production d'un acte de notoriété, et lorsque le demandeur sera propriétaire d'immeubles, il devra être joint à l'acte précité, si cela est possible, un certificat du conservateur des hypothèques faisant connaître s'il existe ou s'il n'existe pas sur ces immeubles des inscriptions hypothécaires.

§ 3. — S'il s'agit de modifier ou de régulariser le système hydraulique d'une usine déjà existante ou d'un ancien barrage, le propriétaire est tenu de fournir, indépendamment des renseignements exigés par le § 1, copie des titres en vertu desquels son établissement existe.

§ 4. — S'il s'agit de prises d'eau ou barrages destinés à des irrigations, le pétitionnaire est tenu de faire connaître, indépendamment des renseignements exigés par les §§ 1 et 2, la surface et le périmètre des terrains à irriguer.

§ 5. — S'il s'agit de modifier ou de régulariser une prise d'eau ou un barrage déjà existant, le pétitionnaire doit fournir, indépendamment des renseignements exigés par les §§ 1 et 4, le titre en vertu duquel son établissement a été créé.

§ 6. — *Première enquête.* — Le préfet, en territoire civil, enregistre la demande, en donne

---

et de la déclaration de ce dernier à l'audience que le sieur Chauve a consenti à lui livrer passage, qu'il lui a même offert la clef des portes des barrières ; que, de plus il avait antérieurement, et par acte extrajudiciaire, offert à l'administration les clefs nécessaires pour faciliter l'accès des lieux aux employés ; qu'il n'y a donc dans le fait incriminé ni délit ni contravention ; — Par ces motifs, confirme le jugement de première instance. — Cour d'Alger, 9 nov. 1850, Chauve.

2° Cet arrêt, rendu par la chambre correctionnelle de la cour d'Alger, a été suivi d'un autre arrêt rendu par la

chambre civile, le 18 juill. 1853, qui a statué dans les mêmes termes et décidé en outre : 1° que le droit de clôture inhérent à la propriété était, aux termes de la loi du 16 juin 1851 (*Propriété*, § 1), de la compétence exclusive des tribunaux ordinaires ; 2° qu'il en était, de même des questions de savoir si le chemin traversé par un aqueduc est un chemin public et à qui il appartient. V. *Jurisprudence de la cour d'Alger*, par M. le conseiller de MÉNERVILLE, t. 1, p. 511.

(1) V. *Législation*, § 2, légalité des arrêtés.
(2) V. la note à l'art. 9 de l'arrêté précédent.

récépissé, et, après l'accomplissement des formalités voulues par les paragraphes précédents, ordonne, par un arrêté conforme au modèle ci-joint n° 1, le dépôt de la demande à la mairie de la commune où les travaux doivent être faits. — Un registre (modèle n° 2) destiné à recevoir les observations des parties intéressées est ouvert pendant quinze jours à la mairie de cette commune. — L'arrêté du préfet fixe le jour de l'ouverture de l'enquête : il désigne, en outre, les communes dans lesquelles l'enquête devra être annoncée. Cet arrêté est affiché et publié à son de caisse ou de trompe. —

§ 7. — Si l'entreprise s'étend sur plusieurs communes, le préfet désigne celle de ces communes où le dépôt de la pétition doit avoir lieu. — Si ces communes appartiennent à deux départements, l'arrêté prescrivant le dépôt de la pétition et l'ouverture de l'enquête est pris par le préfet du département où se trouve le siége principal de l'établissement. — Cet arrêté est transmis au préfet du département voisin, affiché et publié de la manière déterminée au § 6.

§ 8. — A l'expiration du délai de quinze jours, le maire de la commune dans laquelle le registre de l'enquête a été déposé remet au sous-préfet de l'arrondissement, pour être transmises au préfet, toutes les pièces de l'enquête, avec un certificat (modèle n° 2) constatant l'accomplissement des formalités prescrites.

§ 9. — Le préfet s'assure de la régularité de l'enquête et transmet toutes les pièces à l'ingénieur en chef du département, lequel fera procéder par l'ingénieur ordinaire à la visite des lieux et à l'instruction de l'affaire.

§ 10. — Instruction par l'ingénieur ordinaire. — L'ingénieur ordinaire annonce son arrivée, au moins cinq jours à l'avance, aux maires des communes désignées conformément aux §§ 6 et 7, et les invite à donner à cet avis toute publicité (modèle n° 3) et à prévenir les parties intéressées.

§ 11. — Visite des lieux. — Il est procédé par l'ingénieur ordinaire à la visite des lieux en présence du maire ou de son représentant et de ceux des intéressés qui se sont rendus aux avertissements donnés. — En cas d'absence des personnes dûment appelées, il est passé outre.

§ 12. — L'ingénieur constate l'état des lieux avant les changements qui doivent y être apportés, et recueille tous les renseignements nécessaires pour régler les droits des parties intéressées. — Lorsqu'il doit résulter des travaux projetés une augmentation ou une diminution dans la hauteur des eaux, l'ingénieur procède par voie d'expérience directe, afin de mettre les parties intéressées à même d'apprécier les conséquences de ces changements ; s'il est impossible de faire ces expériences, il a recours à tous autres moyens qui lui paraissent propres à y suppléer. — S'il existe des ouvrages tels que barrages, déversoirs, vannes, prises d'eau, etc., il constate leur débouché et rapporte à un ou plusieurs repères provisoires la hauteur des eaux, des seuils, le dessus des vannes et la crête des déversoirs.

§ 13. — L'ingénieur dresse, en présence du maire et des parties intéressées, le procès-verbal (modèle n° 4) des opérations faites conformément au paragraphe précédent, et y consigne les observations qui ont été produites.

§ 14. — Lecture du procès-verbal est donnée aux parties intéressées, avec invitation de le signer ou d'y inscrire sommairement leurs observations. Mention est faite des personnes convoquées qui sont absentes, de celles qui se sont retirées pendant les opérations et de celles qui n'ont pas voulu signer, ni déduire les motifs de leur refus. — Lorsque, dans la visite des lieux, les parties inté-

ressées parviennent à s'entendre et font entre elles des conventions amiables, l'ingénieur doit constater cet accord dans le procès-verbal. Cette constatation, signée des parties, est régulière, et il a été reconnu en France, par le conseil d'Etat, qu'elle suffit pour que l'administration puisse statuer.

Il est recommandé à MM. les ingénieurs de s'attacher à ne faire en présence des intéressés que des opérations qui soient facilement comprises, et à ne consigner au procès-verbal que des résultats matériels sur lesquels il ne puisse s'élever aucun doute. Ils comprendront, d'ailleurs, qu'en recevant les observations des intéressés, leur rôle ne doit pas se borner à enregistrer les dires contradictoires, mais qu'il leur appartient de provoquer les discussions qui peuvent éclairer les faits et de rechercher toutes les dispositions qui, en sauvegardant l'intérêt public, peuvent donner satisfaction aux intérêts privés.

§ 15. — Plans et nivellements. — L'ingénieur ordinaire dresse les plans et nivellements nécessaires à l'instruction de l'affaire, conformément au programme ci-annexé.

§ 16. — Rapport. — Dans son rapport sur la demande du pétitionnaire, l'ingénieur présente un exposé de l'affaire, décrit l'état des lieux, discute les oppositions et motive les propositions relatives au niveau de la retenue, aux ouvrages régulateurs et aux prescriptions diverses qu'il estime devoir être imposées au pétitionnaire.

Exposé de l'affaire. — L'exposé de l'affaire comprend l'analyse succincte de la pétition et les différentes phases de l'instruction à laquelle elle a été soumise.

Description des lieux. — La description des lieux embrasse toutes les parties de la vallée que peut affecter le régime des eaux de l'usine à régler. Les routes, les voies de communication vicinale, les gués, les ponts, les abreuvoirs, tous les ouvrages ou établissements publics qui peuvent se ressentir d'une manière quelconque des changements projetés dans la hauteur, le parcours ou la transmission des eaux, doivent y être sommairement indiqués. Il faut aussi faire connaître s'il existe sur le cours d'eau des usines réglées ou non réglées, soit en amont, soit en aval.

Discussion des oppositions. — Les questions de propriété, d'usage et de servitude sont soumises aux règles du droit commun et ressortissent aux tribunaux civils : mais, dans l'exercice du droit de police qui lui est attribué, l'administration, dont toutes les décisions réservent d'ailleurs le droit des tiers, doit rechercher et prescrire, nonobstant tous titres et conventions contraires, les mesures que réclament l'intérêt public. En conséquence, MM. les ingénieurs ne devront s'arrêter devant des oppositions qui soulèvent des questions de droit commun, qu'autant que les intérêts généraux n'auront pas à souffrir de l'ajournement de l'instruction. Dans tous les cas, avant de suspendre l'examen de l'affaire, il conviendra d'examiner si ces propositions ont quelque fondement et si elles n'ont pas été mises en avant uniquement pour entraver la réalisation des projets du demandeur.

§ 17. — Niveau de la retenue. — Le premier point dont MM. les ingénieurs aient à s'occuper dans le règlement d'une usine, est la détermination du niveau légal de la retenue. On entend par niveau légal d'une retenue la hauteur à laquelle l'usinier doit, par une manœuvre convenable des vannes de décharge, maintenir les eaux en temps ordinaire et les ramener autant que possible en temps de crues. — La fixation de ce niveau doit être faite de manière à ne porter aucune atteinte aux droits de l'usine supérieure, et à ne causer aucun dommage aux propriétés riveraines.

Repère. — Il sera posé, près de l'usine, en un point apparent et de facile accès, désigné, s'il y a lieu, par l'ingénieur, un repère définitif et invariable. — Le zéro de ce repère indiquera seul le niveau légal de la retenue.

Ouvrages régulateurs.—Du reste, pour les dispositions techniques en général et notamment pour les ouvrages régulateurs, tels que déversoirs, vannes et canaux de décharge, les ingénieurs devront se guider, toutes les fois qu'il y aura lieu, sur les prescriptions contenues dans la circulaire de M. le ministre des travaux publics, en date du 25 oct. 1851.

Ouvrages accessoires. — Les propositions des ingénieurs com endront les obligations spéciales qu'il peut êt .. essaire, à raison de l'état des lieux, d'imposer à l'usinier, telles que rétablissement de gués, construction de ponts, ponceaux ou aqueducs, ou autres ouvrages présentent un caractère d'utilité générale. Toutefois, il convient que ces prescriptions soient rédigées en termes généraux, et qu'elles ne règlent pas des détails qui doivent rester dans les attributions des autorités locales.

§ 18. — *Clauses spéciales.* — Les ingénieurs devront émettre leur avis relativement au chiffre de la redevance à imposer au demandeur envers l'Etat, conformément aux ord. des 21 juill. 1815 et 5 juin 1817. — Le permissionnaire doit être tenu de subir sans indemnité les chômages ordonnés régulièrement dans l'intérêt des irrigations, ou pour l'exécution de travaux reconnus d'utilité générale.

On peut aussi, selon les cas, lui imposer l'obligation, 1° de permettre aux ayants droit à l'arrosage de se servir des barrages, déversoirs et autres ouvrages, à charge par eux de contribuer aux dépenses d'établissement et d'entretien desdits ouvrages, dans la proportion de leur intérêt; 2° de laisser exécuter, si mieux il n'aime les exécuter lui-même, les travaux nécessaires pour rendre ces ouvrages propres aux irrigations. — Les travaux faits ou à faire pour cet objet sont à la charge des ayants droit à l'arrosage.—A défaut de fixation amiable, la répartition des dépenses entre les ayants droit à l'arrosage et les propriétaires des barrages et autres ouvrages régulateurs est réglée par les tribunaux ordinaires. — Lorsque des intérêts publics sont engagés dans la question, il est procédé conformément aux dispositions de l'art. 54 de la loi du 16 sept. 1807.

§ 19. — *Scieries.* — S'il s'agit de créer une scierie, le préfet aura à prendre l'avis du chef du service des forêts, qui est appelé à examiner si l'établissement projeté n'est pas soumis aux prohibitions déterminées par la législation forestière. Dans tous les cas, on doit stipuler que le permissionnaire ne pourra invoquer l'autorisation à lui accordée au point de vue du régime des eaux, qu'après s'être conformé aux règlements des eaux et forêts.

§ 20. — *Usines situées dans la zone frontière.* —Si l'usine doit être établie dans la zone frontière soumise à l'exercice des douanes, le directeur des douanes doit être également consulté et une réserve analogue à celle indiquée ci-dessus doit être insérée dans l'acte d'autorisation.

§ 21. — *Usines situées dans la zone des servitudes militaires.*—Enfin, lorsque l'établissement projeté se trouve compris dans la zone des servitudes militaires, autour des places de guerre, il y a lieu de procéder conformément à l'ord. du 1er août 1821.

§ 22. — *Projet de règlement.*—L'ingénieur ordinaire résume ses propositions, s'il y a lieu, dans un projet de règlement séparé de son rapport (modèle n° 5), et adresse avec les plans et nivelle-ments, toutes les pièces de l'instruction à l'ingénieur en chef. — MM. les ingénieurs ne perdront pas de vue, en présentant leurs conclusions, que dans toutes les prescriptions relatives au règlement des usines, il importe de ménager avec soin les intérêts des propriétaires de ces établissements; il faut tenir compte des ouvrages existants, s'efforcer de les conserver, rechercher les moyens de n'imposer aucune construction trop dispendieuse, en laissant, d'ailleurs, autant que possible, à l'usinier, la faculté de choisir pour ces constructions les emplacements qui lui conviendront le mieux, ne prescrire enfin de dispositions onéreuses que celles que l'intérêt de la police des eaux rend indispensables.

§ 23.—*Avis de l'ingénieur en chef.* — L'ingénieur en chef transmet au préfet toutes les pièces avec ses observations et son avis.

§ 24.—*Deuxième enquête.*—Si les propositions des ingénieurs modifient d'une manière notable la demande du pétitionnaire ou ne satisfont pas aux principales observations produites dans l'enquête, une seconde enquête est ordonnée par le préfet.—Cette seconde enquête est accomplie dans les mêmes formes que celles prescrites par les §§ 6, 7 et 8.

§ 25.—*Avis du préfet.* — Après l'accomplissement de ces formalités, le préfet transmettra les pièces avec son avis au gouverneur général. Si les conclusions des ingénieurs sont adoptées par lui sans modification, il pourra, afin d'éviter des transcriptions qui demandent un temps assez long, se borner à faire connaître dans sa lettre d'envoi qu'il approuve le projet de règlement. Si, au contraire, il croit devoir modifier ces conclusions, il devra formuler par arrêté un avis motivé, en se conformant d'ailleurs au modèle n° 5.

§ 26.—*Avis du gouverneur général.*—Le gouverneur général aura à prononcer le rejet de la demande ou à en proposer l'admission. — En cas de rejet, il fera notifier immédiatement son arrêté motivé au pétitionnaire qui, s'il le juge utile à ses intérêts, exercera son recours devant le ministre de la guerre.—En cas d'admission, il transmettra les pièces de l'affaire au ministre, avec l'avis du conseil du gouvernement et les observations qu'il croirait devoir y ajouter, et il sera statué ce que de droit.

§ 27.—*Récolement.*—Lorsque l'acte d'autorisation a été rendu, l'ingénieur ordinaire, à l'expiration du délai fixé par cet acte, se transporte sur les lieux pour vérifier si les travaux ont été exécutés conformément aux dispositions prescrites, et rédige un procès-verbal de récolement en présence de l'autorité locale et des intéressés, convoqués à cet effet dans les mêmes formes que pour la visite des lieux dont il a été parlé ci-dessus. — Le procès-verbal (modèle n° 6) rappelle les divers articles de l'acte d'autorisation et indique la manière dont il y a été satisfait. — L'ingénieur y fait mention de la pose du repère définitif, et pour en définir la position, le rattache à des points fixes servant de contre-repères.

Si les travaux exécutés sont conformes aux dispositions prescrites, l'ingénieur en propose la réception et transmet le procès-verbal de récolement en triple expédition à l'ingénieur en chef qui le soumet, avec son avis, à l'approbation du préfet. L'une des expéditions est transmise au ministre de la guerre, une autre est déposée aux archives de la préfecture, et la troisième à la mairie de la situation des lieux.

Lorsque les travaux ne sont pas entièrement conformes aux dispositions prescrites, l'ingénieur, à la suite du procès-verbal de récolement, discute les différences et il y joint, au besoin, de nouveaux dessins pour rendre plus facile la comparaison de l'état de choses qui existe avec celui qui a été prescrit.

Si les différences reconnues sont peu importantes et ne donnent lieu à aucune réclamation, le préfet soumettra l'affaire au ministre qui prendra telle mesure qu'il appartiendra. S'il s'agit, au contraire, de différences notables et qui seraient de nature à causer des dommages, le préfet devra, tant qu'il soit nécessaire d'en référer au ministre, mettre immédiatement le permissionnaire en demeure de satisfaire aux prescriptions de l'acte d'autorisation, et, en cas de refus ou de négligence de la part de ce dernier, il ordonnera la mise en chômage de l'usine, et même, s'il y a lieu, la destruction des ouvrages dommageables.

§ 28. — *Règlement de plusieurs usines.* — Lorsqu'ils auront à traiter en même temps les affaires relatives à plusieurs usines, MM. les ingénieurs s'efforceront de former, autant que possible, un dossier distinct et de présenter un projet de règlement spécial pour chaque établissement, afin que, d'une part, chaque propriétaire ait un titre réglementaire particulier et que, d'autre part, les retards auxquels une affaire pourrait donner lieu, n'arrêtent pas l'instruction des autres.

§ 29. — *Dispositions générales.* — Dans le cas où il y aurait lieu au retrait de l'autorisation pour cause d'inexécution des conditions prescrites, il sera prononcé par arrêté du ministre de la guerre, sur la proposition du gouverneur général et le permissionnaire préalablement entendu.

§ 30. — Les frais de déplacement des ingénieurs et des agents secondaires placés sous leurs ordres et les dépenses relatives aux opérations nécessitées par l'instruction des affaires, sont à la charge des pétitionnaires, conformément aux dispositions du décr. du 7 fruct. an XII. — En cas de travaux exécutés d'office par l'administration, par suite de négligence ou d'une contravention de la part du permissionnaire, le salaire des ouvriers employés sous la direction de l'ingénieur, ainsi que les frais accessoires, sont réglés et recouvrés comme en matière de contributions directes.

§ 31. — *Dispositions spéciales au territoire militaire.* — Les formalités prescrites pour les territoires civils sont observées en territoire militaire. Les attributions conférées aux préfets, sous-préfets et maires, sont remplies par les commandants de divisions, de subdivisions et les commandants de place ; celles conférées aux ingénieurs en chef et ingénieurs ordinaires des ponts et chaussées sont remplies par les directeurs des fortifications et chefs du génie.

§ 32. — Lorsque les conséquences des établissements projetés en territoire civil s'étendront, quant à la modification du régime des eaux, sur le territoire militaire, ou réciproquement, l'affaire sera soumise à la commission mixte des travaux publics, instituée dans chaque province.

§ 33. — Les dispositions ci-dessus concernant l'instruction des demandes en autorisation de prises d'eau, etc., ne sont pas applicables aux établissements formés par les indigènes sur des cours d'eau dépendant du territoire militaire. Les formalités à suivre dans ce cas seront déterminées par le mi-

nistre de la guerre, sur la proposition du gouverneur général.

§ 5. — DRAINAGE ET IRRIGATIONS.

AD. — 18 août-26 sept. 1849. — B. 126. — *Réguliarisation du service des eaux à Blidah.*

Art. 1. — Les eaux d'arrosement de Blidah seront, jusqu'à ce qu'il en soit autrement ordonné, distribuées par les soins de l'architecte de la province d'Alger, dans la proportion des surfaces à arroser.

Art. 2. — La distribution aura lieu par heure, par jour et par semaine. Les vannes d'écoulement seront ouvertes et fermées par les gardes des eaux, sans que les usagers puissent, sous aucun prétexte, s'immiscer dans cette opération.

Art. 3. — Les travaux nécessaires pour amener l'eau des canaux principaux dans les jardins seront à la charge des usagers, et exécutés par eux sous la surveillance et d'après les indications écrites de l'agent qui sera préposé à ce service. En cas d'absence ou d'inexécution dans les délais prescrits, il y sera pourvu d'office et à leurs frais par les soins de l'administration. — Défense est faite aux usagers d'exécuter sans autorisation aucun travail auxdits canaux, non plus qu'aux canaux principaux.

Art. 4. — Les anciens concessionnaires d'eaux d'arrosement ou d'abreuvement devront, à peine de déchéance, faire, d'ici au 1er oct. prochain, au secrétariat du commissariat civil la déclaration écrite des prises dont ils jouissent ou dont ils réclament le rétablissement, et déposer à l'appui les titres sur lesquels ils se fondent. — Il sera donné récépissé de tout.

Art. 5. — Les contraventions aux dispositions du présent arrêté, comme à celles qui régissent la police générale des eaux, seront poursuivies et réprimées, conformément aux art. 6, 8 et 9 de l'arr. du 1er juill. 1835.   Comte GUYOT.

DI. — 5-29 sept. 1859. — BM. 28. — *Promulgation en Algérie des lois sur le drainage et les irrigations* (1).

Vu la loi du 14 floréal an XI ; — l'ord. du 1er oct. 1844, et la loi du 16 juin 1851 (V. *Propriété*, § 1) : — Vu les lois des 29 avr. 1845 et 11 juill. 1847, sur les irrigations, et celle du 10 juin 1854, sur le drainage ;

Art. 1. — Les lois des 29 avr. 1845 et 11 juill. 1847, sur les irrigations, et celle du 10 juin 1854, sur le drainage, sont promulguées en Algérie, et y recevront leur application, sous les modifications suivantes.

Art. 2. — Les contestations prévues par les art. 4 de la loi du 29 avr. 1845 et 5 de la loi du 11 juill. 1847 sont portées, en premier ressort, devant les juges de paix, lorsque les droits de propriété ou de servitude ne sont pas contestés. — S'il y a lieu à expertise, il pourra n'être nommé qu'un seul expert.

Art. 3. — En cas d'exécution de l'art. 4 de la loi du 10 juin 1854, l'utilité publique est déclarée, et les indemnités dues pour expropriations sont

<hr/>

(1) *Rapport à l'Empereur.* — Sire, les lois sur l'irrigation et sur le drainage, dont une expérience de plusieurs années a démontré les excellents résultats, n'ont pas encore été promulguées en Algérie. Cependant, s'il est une contrée qui puisse réclamer à juste titre les bienfaits de cette législation, c'est assurément l'Algérie appelée à trouver dans son développement agricole sa principale source de richesse et de prospérité. La nature du sol et les conditions du climat rendent nécessaire en Afrique plus que partout ailleurs une large et facile distribution des eaux. — En conséquence, j'ai l'hon-

neur de soumettre à l'approbation de V. M. le projet de décret ci-joint, qui promulgue en Algérie les lois des 29 avr. 1845, 11 juill. 1847 et 10 juin 1854, sous la réserve des modifications nécessitées par la législation qui règle, en Algérie, la propriété et la police des eaux. L'art. 2 du décret, en étendant aux contestations en matière d'irrigation la compétence déjà attribuée aux juges de paix en matière de drainage par l'art. 5 de la loi du 10 juin 1854, épargnera aux justiciables des frais et des déplacements coûteux.

Comte DE CHASSELOUP-LAUBAT.

réglées conformément à la législation spéciale de l'Algérie.

Art. 4. — Il n'est point dérogé par le présent décret aux lois et règlements sur la propriété et la police des eaux en Algérie.

Loi du 29 avril 1845. — Irrigations.

Art. 1. — Tout propriétaire qui voudra se servir, pour l'irrigation de ses propriétés, des eaux naturelles ou artificielles dont il a le droit de disposer, pourra obtenir le passage de ces eaux sur les fonds intermédiaires, à la charge d'une juste et préalable indemnité. — Sont exceptés de cette servitude les maisons, cours, jardins, parcs et enclos attenants aux habitations.

Art. 2. — Les propriétaires des fonds inférieurs devront recevoir les eaux qui s'écouleront des terrains ainsi arrosés, sauf l'indemnité qui pourra leur être due. — Seront également exceptés de cette servitude les maisons, cours, jardins, parcs et enclos attenants aux habitations.

Art. 3. — La même faculté de passage sur les fonds intermédiaires pourra être accordée au propriétaire d'un terrain submergé en tout ou en partie, à l'effet de procurer aux eaux nuisibles leur écoulement.

Art. 4. — Les contestations auxquelles pourront donner lieu l'établissement de la servitude, la fixation du parcours de la conduite d'eau, de ses dimensions et de sa forme, et les indemnités dues, soit au propriétaire du fonds traversé, soit à celui du fonds qui recevra l'écoulement des eaux, seront portées devant les tribunaux, qui, en prononçant, devront concilier l'intérêt de l'opération avec le respect dû à la propriété. — Il sera procédé devant les tribunaux comme en matière sommaire, et, s'il y a lieu à expertise, il pourra n'être nommé qu'un seul expert.

Art. 5. — Il n'est aucunement dérogé par les présentes dispositions aux lois qui règlent la police des eaux.

Loi du 11 juillet 1847. — Irrigations.

Art. 1. — Tout propriétaire qui voudra se servir, pour l'irrigation de ses propriétés, des eaux naturelles ou artificielles dont il a le droit de disposer, pourra obtenir la faculté d'appuyer sur la propriété du riverain opposé les ouvrages d'art nécessaires à sa prise d'eau, à la charge d'une juste et préalable indemnité. — Sont exceptés de cette servitude les bâtiments, cours et jardins attenants aux habitations.

Art. 2. — Le riverain sur le fonds duquel l'appui sera réclamé pourra toujours demander l'usage commun du barrage, en contribuant pour moitié aux frais d'établissement et d'entretien; aucune indemnité ne sera respectivement due dans ce cas, et celle qui aurait été payée devra être rendue. — Lorsque cet usage commun ne sera réclamé qu'après le commencement ou la confection des travaux, celui qui le demandera devra supporter seul l'excédant de dépense auquel donneront lieu les changements à faire au barrage pour le rendre propre à l'irrigation des deux rives.

Art. 3. — Les contestations auxquelles pourra donner lieu l'application des deux articles ci-dessus seront portées devant les tribunaux. — Il sera procédé comme en matière sommaire, et, s'il y a lieu

à expertise, le tribunal pourra ne nommer qu'un seul expert.

Art. 4. — Il n'est aucunement dérogé, par les présentes dispositions, aux lois qui règlent la police des eaux.

Loi du 10 juin 1854. — Drainage.

Art. 1. — Tout propriétaire qui veut assainir son fonds par le drainage ou un autre mode d'assèchement peut, moyennant une juste et préalable indemnité, en conduire les eaux souterrainement ou à ciel ouvert, à travers les propriétés qui séparent ce fonds d'un cours d'eau ou de toute autre voie d'écoulement. — Sont exceptés de cette servitude les maisons, cours, jardins, parcs et enclos attenants aux habitations.

Art. 2. — Les propriétaires de fonds voisins ou traversés ont la faculté de se servir des travaux faits en vertu de l'article précédent pour l'écoulement des eaux de leurs fonds. — Ils supportent dans ce cas : 1° une part proportionnelle dans la valeur des travaux dont ils profitent; 2° les dépenses résultant des modifications que l'exercice de cette faculté peut rendre nécessaires; et 3°, pour l'avenir, une part contributive dans l'entretien des travaux devenus communs.

Art. 3. — Les associations de propriétaires qui veulent, au moyen de travaux d'ensemble, assainir leurs héritages par le drainage ou tout autre mode d'assèchement, jouissent des droits et supportent les obligations qui résultent des articles précédents. Ces associations peuvent, sur leur demande, être constituées, par arrêtés préfectoraux, en syndicats auxquels sont applicables les art. 3 et 4 de la loi du 14 floréal an XI.

Art. 4. — Les travaux que voudraient exécuter les associations syndicales, les communes ou les départements, pour faciliter le drainage ou tout autre mode d'assèchement, peuvent être déclarés d'utilité publique par décret rendu en conseil d'État. — Le règlement des indemnités dues pour expropriation est fait conformément aux §§ 2 et suiv. de l'art. 16 de la loi du 21 mai 1836.

Art. 5. — Les contestations auxquelles peuvent donner lieu l'établissement et l'exercice de la servitude, la fixation du parcours des eaux, l'exécution des travaux de drainage ou d'assèchement, les indemnités et les frais d'entretien, sont portées, en premier ressort, devant le juge de paix du canton, qui, en prononçant, doit concilier les intérêts de l'opération avec le respect dû à la propriété. — S'il y a lieu à expertise, il pourra n'être nommé qu'un seul expert.

Art. 6. — La destruction totale ou partielle des conduits d'eau ou fossés évacuateurs est punie des peines portées à l'art. 456 c. pén. — Tout obstacle apporté volontairement au libre écoulement des eaux est puni des peines portées par l'art. 457 du même code. — L'art. 463 c. pén. peut être appliqué.

Art. 7. — Il n'est aucunement dérogé aux lois qui règlent la police des eaux.

Effets militaires (Achat d').

AG. — 24-50 mars 1841. — B. 93. — *Interdiction de l'achat des effets militaires* (1).

Vu les arr. des 22 avr. 1831 et 30 mars 1833;

---

(1) *Jurisprudence.* — Par exception au droit commun en matière de délit, la vente et l'achat d'effets militaires sont considérés, malgré la complicité des deux agents, comme constituant deux délits distincts et séparés. La disjonction des poursuites a été ordonnée, et le militaire qui a vendu est traduit devant le conseil de guerre pour y répondre du fait qui lui est imputé, tandis que l'habitant civil qui a acheté est appelé devant la justice ordinaire.

Dès le mois d'avr. 1831, un arrêté avait établi une pénalité contre ceux qui achèteraient des effets militaires. La même interdiction avait été prononcée contre les brocanteurs, dans un arrêté du 30 mars 1833; mais ces dispositions étaient incomplètes et ont été abrogées par l'arrêté de 1841. Ce dernier arrêté se trouve lui-même abrogé partiellement par la promulgation en Algérie du nouveau code pénal militaire (V. *Justice milit.*). En effet, l'art. 247

— Vu l'art. 5 de l'ord. du 22 juill. 1834, le conseil d'administration entendu—(attendu l'urgence.

Art. 1. — Quiconque sera convaincu d'avoir acheté à un militaire ou d'en avoir reçu, à titre de gage, de payement, de prêt ou de don, ou par tout autre moyen de tradition, des effets d'armement, d'habillement, de grand ou de petit équipement, de casernement, de campement, ou autres choses mobilières faisant partie du matériel ou de l'approvisionnement de l'armée, et appartenant à l'État, sera puni d'un emprisonnement de deux mois à deux ans et d'une amende de 25 à 500 fr.

Art. 2. — Les effets de même nature qui auraient été trouvés ou qu'un militaire aurait abandonnés ou laissés en dépôt devront être immédiatement remis, par le détenteur ou dépositaire, à l'autorité locale ou au poste de gendarmerie le plus voisin de sa résidence. — Ceux qui sciemment auront gardé en leur possession lesdits effets sans avoir fait aucune diligence pour en opérer la remise, ainsi qu'il est dit ci-dessus, seront condamnés aux peines portées par le précédent article, à moins qu'ils ne justifient qu'il leur a été impossible d'effectuer ladite remise.

Art. 3. — Si le coupable de l'une des infractions aux art. 1 et 2 est un revendeur, fripier, brocanteur, aubergiste, logeur, traiteur ou débitant de boissons, la peine sera, outre l'emprisonnement porté par l'art. 1, de 50 fr. à 5,000 fr. d'amende.

Art. 4. — Tout individu exerçant l'une des professions indiquées en l'article précédent, qui sera trouvé nanti ou sera reconnu avoir été détenteur d'effets de l'espèce mentionnée ci-dessus provenant des magasins de l'État, sera, pour ce seul fait, passible des peines portées par l'art. 3, s'il ne prouve que ces effets étaient à son insu dans son domicile ou qu'il les tient de personnes ayant droit d'en disposer. — Il en sera de même de ceux qui, détenant ou ayant détenu de pareils effets, les auraient dénaturés d'une manière quelconque ou en auraient fait disparaître les marques distinctives, afin d'en dissimuler l'origine et d'en faire l'objet d'un commerce.

Art. 5. — Dans les cas prévus par les art. 1, 2 et 3, la confiscation des effets saisis, et leur réintégration dans les magasins de l'État seront toujours ordonnées, lors même que le jugement ne prononcerait aucune condamnation contre les dé-

tenteurs. La confiscation sera également ordonnée dans le cas de l'art. 4, lorsque le détenteur n'aura pas prouvé que les effets saisis lui proviennent de personnes ayant droit d'en disposer.

Art. 6. — Toutes personnes autres que celles désignées en l'art. 3, qui, ne se trouvant dans aucun des cas prévus par les art. 1, 2 et 4, auront détenu, soit comme les ayant achetés ou reçus à un titre quelconque d'individus non militaires, soit par suite de toute autre cause, des effets de l'espèce mentionnée dans l'art. 1 et appartenant à l'État, seront condamnées à un emprisonnement de six jours à deux mois et à une amende de 10 à 50 fr., ou à l'une de ces deux peines seulement, selon les circonstances, si elles ne justifient de leur bonne foi, et si elles ne fournissent en même temps les indications nécessaires pour faire découvrir ceux de qui elles tiennent lesdits effets. — Dans tous les cas, elles seront passibles de la confiscation et responsables des frais de poursuite, sauf leur recours contre qui de droit. — Sont exceptés de la présente disposition ceux qui détiendraient de pareils effets en vertu de l'autorisation dûment constatée de l'administration militaire compétente.

Art. 7. — En cas de récidive de l'un des délits prévus par les art. 1, 2, 3 et 4, le maximum des peines prononcées pour le second délit sera toujours appliqué et pourra être élevé jusqu'au double. — Les coupables en récidive du délit énoncé en l'art. 6 seront condamnés à une année d'emprisonnement et 50 fr. d'amende.

Art. 8. — Les peines portées par les dispositions qui précèdent seront prononcées par les tribunaux de police correctionnelle, sans préjudice de celles que les coupables auraient pu encourir comme auteurs ou complices des vols ou détournements frauduleux d'effets de l'État. En cas de concours de plusieurs peines, la plus grave serait seule appliquée.

Art. 9. — Lorsqu'il y aura des circonstances atténuantes, ces peines ne pourront être réduites, savoir : 1° dans le cas des art. 1 et 2, au-dessous de six jours d'emprisonnement et de 16 fr. d'amende ; 2° dans le cas des art. 3 et 4, au-dessous d'un mois d'emprisonnement et de 25 fr. d'amende ; 3° en cas de récidive de l'un des délits prévus par ces trois articles, au-dessous de trois mois de prison et de 50 fr. d'amende. — Si, dans le cas de

---

de ce code porte : « Tout individu qui achète, recèle ou reçoit en gage des armes, munitions, effets de grand et petit équipement, ou tout autre objet militaire, dans les cas autres que ceux où les règlements autorisent leur mise en vente, est puni par le tribunal compétent de la même peine que l'auteur du délit » (cette peine est de un an à cinq ans d'emprisonnement pour le militaire qui vend son cheval, ses effets d'armement, d'équipement ou d'habillement, des munitions ou tout autre objet à lui confié pour le service ; de six mois à un an s'il s'agit d'effets de petit équipement ; elle est graduée dans des proportions moins sévères s'il s'agit de simple dissipation ou de mise en gage des mêmes objets, art. 244, 245, 246).

Pour les trois cas d'achat, de recélé, ou de prise en gage prévus par l'art. 247 il y a donc une disposition spéciale qui, par suite de la promulgation qui en a été faite en Algérie, abroge virtuellement l'arrêté de 1841 en ce qui concerne les mêmes faits. Ce dernier conserve néanmoins toute sa force relativement au fait de simple détention et à tous les autres cas qu'il prévoit.

La peine d'un an à cinq ans d'emprisonnement prononcée par l'art. 244 peut-elle être modifiée par les circonstances atténuantes ? La solution de cette question se trouve dans les art. 154 et 267 du même code, ainsi que dans l'exposé des motifs. — La pensée qui a présidé de la part du législateur à l'économie de la loi a été d'établir une distinction capitale entre les divers crimes et délits. Les uns intéressent la constitution de l'armée et les principes mêmes sur lesquels reposent son existence et son action. C'est dans cette catégorie qu'est rangé le chapitre concernant la

vente et l'achat d'effets militaires ; et la loi a voulu qu'en aucun cas des circonstances atténuantes pussent être admises. Les autres, bien qu'ayant un caractère militaire, parce qu'ils sont commis par des militaires et concernent l'administration militaire, ont cependant une grande analogie avec les crimes et délits communs. L'admission des circonstances atténuantes a été autorisée, mais restreinte toutefois à dix cas particuliers, pour chacun desquels une mention spéciale de cette faculté a été insérée dans la loi. Aussi l'art. 154 a-t-il soin, en s'occupant du mode de déclaration des circonstances atténuantes, de s'exprimer ainsi : « dans le cas où la loi autorise l'admission des circonstances atténuantes, le conseil de guerre, etc. »

Mais dans son art. 267 le nouveau code a pris soin de prescrire que pour tous les crimes et délits non prévus spécialement dans les articles qui précèdent, les lois pénales ordinaires seront appliquées, et que dans ce cas, s'il existe des circonstances atténuantes, il sera fait application de l'art. 463 c. p. La règle générale reprend alors son empire ; mais cette disposition ne peut être étendue à la vente et l'achat d'effets militaires qui constituent un délit spécial prévu par un chapitre déterminé de la loi, rentrant dans la catégorie de ceux à raison desquels l'admission des circonstances atténuantes a été à dessein refusée ; dès lors il ne peut être apporté par les tribunaux aucune atténuation à la rigueur de la peine. C'est ainsi qu'a décidé la cour d'Alger en confirmant un jugement du trib. correct. qui avait prononcé la peine d'une année d'emprisonnement contre un revendeur qui avait acheté la capote et la veste d'un soldat. — Arrêt du 17 juillet 1858.

l'art. 6, les circonstances sont atténuantes, les peines pourront être réduites au minimum de celles de simple police; dans le même cas, s'il y a récidive, elle ne pourront être moindres de six jours d'emprisonnement et de 10 fr. d'amende (1).

Art. 10. — L'arrêté du 22 avr. 1831 est rapporté; l'art. 2 de l'arr. du 30 mars 1835, (brocanteurs) relatif à l'exercice de la profession de fripier et brocanteur, est également rapporté en tout ce qui est contraire aux présentes dispositions.

Art. 11. — Le présent arr. sera applicable, un mois après sa promulgation, à tous individus qui, se trouvant dans l'un des cas exprimés aux art. 1, 2, 5, 4 et 6, auraient sciemment conservé en leur possession, au delà de ce délai, des effets de l'espèce énoncée auxdits articles, lors même que l'origine de cette possession remonterait à une époque antérieure à ladite promulgation. — Seront exemptés de poursuites pour le passé ceux desdits détenteurs qui, avant l'expiration du même délai, auront volontairement opéré la remise, dans les magasins de l'Etat ou entre les mains de l'autorité, des effets de même nature possédés par eux.

Art. 12. — Le présent arr. sera publié et affiché dans les deux langues française et arabe partout où besoin sera.   BUGEAUD.

Enregistrement

AG. — 21 juin 1831. — *Enregistrement obligatoire sous peine de nullité des actes de transmission immobilière.*

Sur l'exposé qui a été fait que le cadi maure et le cadi turc, qui passent la majeure partie des actes de vente d'immeubles dans la régence d'Alger, ne tenaient pas régulièrement registre de ces actes; — Considérant qu'il est d'une grande importance, pour les personnes qui acquièrent des immeubles dans la régence d'Alger, d'être fixées sur la date précise des actes de propriété ou de transfert; — Qu'il est du devoir de l'autorité de préserver les habitants de la régence d'Alger des dommages qui pourraient résulter pour eux de la passation d'actes antidatés;

Art. 1. — Tous les actes passés à Alger, depuis le 5 juill. 1830, ou qui seront passés à l'avenir, pour acquisition d'immeubles situés dans l'étendue de la régence, devront être soumis, sous peine de nullité, à l'enregistrement du domaine.

Art. 2. — Il est accordé un délai de six jours, qui expirera le 28 du courant (prorogé jusqu'au 4 juill. suivant, par arr. du 25 juin), pour satisfaire à cette formalité.

Art. 3. — Il sera ouvert à cet effet, par le directeur du domaine, un registre destiné à l'enregistrement dont il est question à l'art. 1. — Ce registre sera coté et parafé par le membre de la commission administrative chargé de la section des finances.

Art. 4. — Il est défendu au cadi maure et au cadi turc de passer aucun acte d'achat d'immeuble, sous peine d'être poursuivi suivant la rigueur des lois.

à dater de la promulgation du présent arrêté jusqu'au 28 du courant inclusivement.

Art. 5. — Le présent arrêté, imprimé dans les deux langues, sera publié et affiché.
                    Baron BERTHEZÈNE.

AG. — 11 juill.- 17 sept. et 20 déc. 1831. — *Arrêtés qui fixent les droits à percevoir par l'admin. et déterminent le délai dans lequel les actes passés depuis le 1er août 1831 devront être soumis à cette formalité.* (Abrogés par l'ord. du 19 oct. 1841.)

AI. — 16 fév. 1832. — *Enreg. ordonné pour les jugements, les actes des notaires et ceux des huissiers.*

AI. — 25 fév. 1832. — *L'admin. des domaines est chargée de la perception des droits. — Prescriptions concernant les greffiers, notaires, commissaires-priseurs, huissiers. — Délai. — Tarif des droits.* (Abrogé par l'ord. du 19 oct. 1841.)

AI. — 6 avr.-7 mai-22 sept. 1832. — *Arrêtés concernant l'enreg. des baux au-dessous de neuf années, des procès-verbaux et jugements prononçant des amendes.* (Abrogés par l'ord. du 19 oct. 1841.)

AG. — 23-29 août 1839. — B. 68. — *Traduction des actes écrits en langue étrangère.*

Vu l'arr. du 9 juin 1831 (Actes s. s. privé); — Considérant que la formalité de l'enregistrement des actes civils en langue étrangère ne peut être utile et complète qu'au moyen d'une traduction entière et authentique, produite en même temps que l'acte; — Que cette condition, imposée en Algérie pour les actes sous seing privé, doit être étendue aux actes reçus et rédigés par les cadis et rabbins, quelle que soit d'ailleurs la langue des contractants; — Qu'il y a lieu d'y soumettre également, au cas où l'enregistrement est requis, les actes reçus en pays étranger et non rédigés en langue française;

Sur le rapport du directeur des finances, le conseil d'administration entendu :

Art. 1. — Tout acte public ou sous signature privée, rédigé en Algérie par les cadis, rabbins ou autres, ou en pays étranger, autrement qu'en langue française, devra, pour recevoir la formalité de l'enregistrement, être accompagné d'une traduction entière, faite aux frais de la partie requérante, et certifiée par un traducteur assermenté.

Art. 2. — Le délai prescrit pour l'enregistrement des actes qui y sont assujettis est prorogé de dix jours à l'égard des actes, non écrits en langue française, qui ne seraient point enregistrés au jour de la publication du présent décret.

Art. 3. — La mention de l'enregistrement sera apposée sur la traduction et, par duplicata, sur l'original.   Comte VALÉE.

OR. — 19 oct.-16 nov. 1841. — B. 107. — *Application des lois et décrets de France* (1).

---

(1) Les éditions officielles portent au deuxième § de l'art. 9 : *Si dans le cas de l'art. 5, les circonstances, etc.* Cette rédaction contient une faute typographique qui n'a pas tardé à être reconnue et a donné lieu à une dépêche officielle du chef de la justice aux divers parquets de l'Algérie. — Il faut lire: *Si dans le cas de l'art. 6.* — Même observation pour le § 2 de l'art. 7.

(2) *Rapport au roi.* — Sire, le service de l'enregistrement a été introduit en Algérie par des arrêtés du général en chef, dont le premier remonte au 21 juin 1831, époque à laquelle des abus sans nombre avaient déjà fait sentir la nécessité d'une institution qui offre aux intérêts privés une garantie si précieuse. La législation locale ne contenait aucune prescription pour donner aux actes date

certaine, et les habitudes des officiers publics se prêtaient avec une facilité déplorable à des fraudes dont la preuve même devenait impossible. — La survenance d'une population européenne, et la multiplicité des transactions auxquelles elle se livra avec les indigènes, firent tout d'abord de l'enregistrement un besoin et un bienfait. — Le système de perception, appliqué d'abord aux seules ventes immobilières par l'arr. de juin 1831, fut bientôt après réglé par celui du 11 juill. suivant, et enfin un troisième arr. du 25 fév. 1832 assujettit à l'enregistrement tous les actes des officiers ministériels et les expéditions des jugements. Dans cette législation qui ne fut qu'un expédient, et à laquelle on ne saurait reconnaître en effet qu'un caractère essentiellement transitoire, aucune disposition réglementaire n'existe; elle

Art. 1. — A partir du 1ᵉʳ janv. 1842, seront applicables ou exécutoires en Algérie, sauf les exceptions et modifications ci-après, et celles qui résulteraient de l'exécution de notre ord. du 28 fév. 1841, art 10 (*Justice*, § 1), les lois, décrets et ord. qui régissent en France : — 1° Les droits d'enregistrement ; — 2° Les droits de greffe ; — 3° Les droits d'hypothèques ; — 4° Les obligations des notaires, huissiers, greffiers, commissaires-priseurs, et tous autres officiers publics ou ministériels, en ce qui concerne la rédaction matérielle des actes et la tenue des répertoires.

Art. 2. — Il ne sera perçu pour les droits d'enregistrement, de greffe et d'hypothèques, que la moitié des droits, soit fixes, soit proportionnels, décime non compris, qui sont perçus en France, sans que néanmoins, dans aucun cas, le minimum du droit perçu pour un même acte puisse être au-dessous de 25 cent.

Art. 3. — Les droits de greffe continueront à être perçus au profit du trésor, conformément à l'art. 28 de notre ord. du 28 fév. 1841.

Art. 4. — Les mutations de biens meubles ou immeubles, droits et créances, opérées par décès, ne sont assujetties à aucun droit ni soumises à aucune déclaration.

Art. 5. — Il est fait remise de toutes les amendes encourues jusqu'au jour de la publication de la présente ordonnance pour contravention aux lois sur l'enregistrement, le greffe et les hypothèques.

Art. 6. — Il est accordé jusqu'au 1ᵉʳ janv. 1842 pour faire enregistrer, sans droits en sus ni amendes, tous les actes qui n'auraient pas encore été soumis à la formalité. — Le même délai de faveur est accordé pour faire la déclaration des mutations entre-vifs d'immeubles ou de droits immobiliers qui n'auraient pas encore été constatés par conventions écrites.

Art. 7. — Les lois et ordonnances qui seraient rendues en France relativement aux droits d'enregistrement, de greffe ou d'hypothèque, ne deviendront exécutoires en Algérie qu'en vertu d'ordonnances spéciales.

Art. 8. — Toutes dispositions contraires à la présente ordonnance sont et demeurent abrogées.

AG. — 8-21 mai 1848. — B. 274. — *Délai de deux mois pour l'enregistrement des actes sous-seing privé et d'un mois pour les jugements accordés à raison des événements politiques, et applicable seulement aux contraventions existantes au jour de la publ. de l'arr.*

AG. — 16 mai 1848. — (V. *Procédure judiciaire*). Réduction de frais de protêts.

LOI. — 21 nov. 1848. — (V. *Timbre*). — *Exemption de droits pour les ventes d'inscriptions aux caisses d'épargne et de bons du trésor.*

DP. — 19 mars-25 avril 1850. — B. 346. — *Enregistrement des baux et autres contrats.*

Vu l'art. 14, § 9, et l'art. 15, §§ 2, 3, 4, 7 et 8 de la loi du 22 frim. an VII, relatifs au mode de capitalisation des valeurs soumises au droit proportionnel d'enregistrement ; — Vu l'ord. du 19 oct. 1841, qui, en rendant ladite loi exécutoire en Algérie, a réduit à la moitié de leur taux dans la métropole, les droits à percevoir dans la colonie ; — Vu l'ord. du 7 déc. 1835, qui a fixé à 10 p. 100 le taux légal de l'intérêt de l'argent en Algérie ;

Art. 1. — Sont modifiées de la manière suivante les évaluations à faire pour l'établissement des droits d'enregistrement à percevoir en Algérie, par application des dispositions de l'art. 14, § 9, et de l'art. 15, §§ 2, 3, 4, 7 et 8, de la loi du 22 frim. an VII :

« Art. 14, § 9. — Pour les rentes et pensions créées sans expression de capital, leurs transports et amortissements, en raison d'un capital formé de dix fois la rente perpétuelle, et de cinq fois la rente viagère ou la pension, et quel que soit le prix stipulé pour le transport ou l'amortissement, etc.

» Art. 15, § 2. — Pour les baux à rentes perpétuelles et ceux dont la durée est illimitée, par un capital formé de dix fois la rente ou le prix annuel, etc.

» Art. 15, § 3. — Pour les baux à vie sans distinction de ceux faits sur une ou plusieurs têtes, par un capital formé de cinq fois le prix et les charges annuels, etc.

» Art. 15, § 4. — Pour les échanges, par une évaluation qui doit être faite en capital d'après le revenu annuel multiplié par dix, sans distraction des charges.

» Art. 15, § 7. — Pour les transmissions de propriétés entre-vifs à titre gratuit, et celles qui s'effectuent par décès, par l'évaluation qui sera faite et portée à dix fois le produit des biens ou le prix des baux courants, sans distraction des charges, etc.

» Art. 15, § 8. — Pour les transmissions d'usufruit seulement, soit entre-vifs, soit à titre gratuit, soit par décès, par l'évaluation qui en sera portée à cinq fois le produit des biens ou le prix des baux courants, aussi sans distraction des charges. »

DP. — 10 août-2 sept. 1850. — B. 360. — *Mutations par décès. — Droits.*

Vu l'ord. du 19 oct. 1841 ; — Vu la loi du 18 mai 1850, portant fixation du budget des recettes de l'exercice 1850 ;

Art. 1. — Sont déclarées exécutoires en Algérie les dispositions des art. 5, 6, 7, 8, 9 et 10 de la loi du 18 mai 1850, à l'exception de celles de ces dispositions relatives aux mutations par décès qui, en exécution de l'art. 4 de l'ord. du 19 oct. 1841, ne sont assujetties à aucun droit ni soumises à aucune déclaration.

Art. 2. — Ainsi qu'il est établi par l'art. 2 de l'ord. du 19 oct. 1841, il ne sera perçu pour les droits d'enregistrement, exigibles en vertu de la

---

établit une sorte de tarif dont l'imperfection est si frappante, qu'il suffit du plus léger examen pour la reconnaître. Les obligations et les quittances n'y sont même pas classées.

Ce court exposé suffit pour montrer combien il est urgent de réformer complètement cette partie du service. On n'y saurait mieux réussir qu'en promulguant la législation enseignée dans la métropole. — Mais si les lois et ordonnances doivent être d'une utile application, on ne saurait en dire autant des tarifs dont l'élévation imposerait à la colonie des charges trop lourdes et sous tous les rapports prématurées. J'ai pensé, avec mon collègue, le ministre des finances, que les droits à percevoir devraient être généralement réduits de moitié.

Le ministre de la guerre.

Jurisprudence. — Procédure en matière d'instances contre l'administr. de l'enreg. — 1° L'art. 65 de la loi du 22 frim. an VII qui veut que les affaires concernant

l'enregistrement soient jugées au rapport d'un juge et sans ministère d'avoué, est applicable aux jugements rendus en Algérie sur cette matière. — *Cass.* 3 fév. 1851.

2° De simples observations présentées oralement par les parties suffisent pour faire casser le jugement. — *Cass.* 29 nov. 1854, D. P. 55. 1. 58.

3° — L'art. 15 n° 2 de la loi du 22 frim. an VII rendue exécutoire en Algérie par ord. du 19 oct. 1841, prescrit la liquidation et le payement du droit proportionnel pour les baux à rentes perpétuelles en déterminant la valeur de la propriété par un capital formé de vingt fois la rente ou prix annuel. — Un tribunal ne peut décider que le capital sera calculé sur dix années, et réduire en conséquence de moitié la contrainte décernée par l'administration. — *Cass.* 19 nov. 1851, l'enregt. c. Sid Mohammed ben Dhaoour. — D. P. 51. 1. 324 n.

4° Est nul le jugement qui ne constate pas que le ministère public a été entendu. — *Cass.* 16 avr. 1856.

loi du 18 mai 1850, que la moitié des droits, soit fixes, soit proportionnels, décime non compris, qui sont perçus en France.

Loi du 18 mai 1850.

Art. 5. — Conformément à l'art. 5 de la loi du 16 juin 1824, les donations portant partage, faites par acte entre-vifs par les père et mère ou autres ascendants, ne donneront ouverture qu'aux droits établis pour les successions en ligne directe ; mais les règles de perception concernant les soultes de partage leur seront applicables, ainsi qu'aux partages testamentaires également autorisés par les art. 1075 et 1076 c. Nap.

Art. 6. — Les actes renfermant soit la déclaration pour le donataire ou ses représentants, soit la reconnaissance judiciaire d'un don manuel, seront sujets aux droits de donation.

Art. 7. — Les mutations par décès et les transmissions entre-vifs, à titre gratuit, d'inscriptions sur le grand-livre de la dette publique, seront soumises aux droits établis pour les successions ou donations. — Il en sera de même des mutations par décès de fonds publics et d'actions des compagnies ou sociétés d'industrie et de finances étrangers, dépendant d'une succession régie par la loi française et des transmissions entre-vifs, à titre gratuit, de ces mêmes valeurs au profit d'un Français. — Le capital servant à la liquidation du droit d'enregistrement sera déterminé par le cours moyen de la bourse au jour de la transmission. — S'il s'agit de valeurs non cotées à la bourse, le capital sera déterminé par la déclaration estimative des parties, conformément à l'art. 14 de la loi du 22 frim. an VII, sauf l'application de l'art. 39 de la même loi, si l'estimation est reconnue insuffisante.

Art. 8. — Le moindre droit fixe d'enregistrement pour les actes civils et administratifs est porté à 2 fr., à l'exception du droit sur les certificats de vie et de résidence, qui est maintenu au taux actuel.

Art. 9. — Les actes et mutations qui auront acquis date certaine avant la promulgation de la présente loi seront régis par les lois antérieures.

Art. 10. — Les transmissions des biens meubles à titre gratuit entre-vifs, et celles qui s'effectuent par décès, seront assujetties aux diverses quotités de droit établies pour les transmissions d'immeubles de la même espèce.

DP. — 4 fév.-11 mars 1851.—B. 378.—*Application à l'Algérie, sous la réduction accordée par l'art. 2 de l'ord. du 19 oct. 1841, de l'art. 9 de la loi du 7 août 1850, qui réduit à partir du 1er janvier 1851 : à 1/2 pour 100, les droits dus pour les actes tarifés au droit de 1 p. 100 par l'art. 69, § 5, n° 5, de la loi du 22 frim. an VII, et à 25 cent. p. 100 fr. les droits des actes ou écrits portant libération de sommes et valeurs mobilières désignées au n° 11 du § 2 de l'art. 69 de la même loi. (Abr. par le décret ci-après du 29 août 1855.)*

DP.—5 sept. 1851.—(V. *Actes de notoriété.*)—*Affranchissement de droits pour les actes de notoriété servant à contracter mariage entre israélites indigènes.*

DI.—13 déc. 1852.—(V. *Secours mutuels.*)—*Affranchissement de droits pour les actes intéressant des sociétés de secours mutuels.*

Décis. M.—5 nov. 1851-5 oct. 1853.—B. 444.—*Actes des cadis et des rabbins.*

Une décision min. du 5 nov. 1851 a de nouveau reconnu, en principe, que les actes reçus en Algérie par les cadis et les rabbins ne doivent être considérés que comme de simples actes sous seing privé (1).—La législation en vigueur dans la métropole et rendue exécutoire en Algérie par l'ord. du 19 oct. 1841, n'assujettit à la formalité de l'enregistrement, dans le délai de trois mois, que ceux des actes de cette nature qui portent transmission de propriété, d'usufruit ou de jouissance de biens immeubles, et ne soumet tous les autres à cette formalité que lorsqu'il en est fait usage. — Dans l'intérêt des parties, comme aussi dans celui du trésor, M. le ministre de la guerre a prescrit, par dépêche du 9 sept. 1853, n° 628, de rappeler que les porteurs d'actes reçus par les cadis et rabbins sont seuls responsables de l'accomplissement de la formalité de l'enregistr., les cadis et les rabbins n'ayant d'autre soin à prendre à cet égard que d'avertir les parties de cette obligation.

DI. — 15 nov. 1853-25 fév. 1851.— B. 155.— *Application de la loi du 19 juill. 1815.*

Vu l'ord. du 19 oct. 1841 ;—Vu la loi du 19 juill. 1815 sur le budget des recettes de l'exercice 1816 :

Art. 1.—Sont déclarées exécutoires, en Algérie, à partir du 1er juill. 1854, les dispositions de l'art. 5 de la loi du 19 juill. 1815.

Art. 2.—(Comme à l'art. 2 de l'arr. du 10 août 1850 ci-dessus.)

Loi du 19 juill. 1815.

Art. 5.—A partir du 1er janv. 1816, le droit d'enregistrement de 1 fr. établi par l'art. 68, § 1, n° 30, de la loi du 22 frim. an VII, pour les exploits relatifs aux procédures en matière civile, devant les juges de paix, jusques et y compris les significations des jugements définitifs, sera porté à 1 fr. 50 c. en principal. — Le droit de 2 fr. établi par l'art. 68, § 2, n° 3 et 4, de la loi du 25 frim. an VII, et par l'art. 45, n° 4, de la loi du 28 avr. 1816, pour les avis de parents, les procès-verbaux de nomination de tuteurs et curateurs, et les procès-verbaux d'apposition, de reconnaissance et de levée de scellés, sera porté à 4 fr. en principal. — Le droit de 5 fr., établi par l'art. 68, § 4, n° 2, de la loi du 22 frim. an VII, pour les actes d'émancipation, sera porté à 10 fr. en principal.

DI. — 29 août-8 oct. 1855.— B. 486.— *Abrogation de l'art. 9 de la loi du 7 août 1850 et du décret du 4 fév. 1851.*

Art. 1.—Le décr. du 4 fév. 1851 est abrogé.

Art. 2.—Sont déclarées exécutoires en Algérie les dispositions de l'art. 15 de la loi du 15 avr. 1855.

Art. 3.—(Comme à l'art. 2 de l'arr. du 10 août 1850 ci-dessus.)

Loi du 15 avril 1855.

Art. 15. — L'art. 9 de la loi du 7 août 1850 est abrogé. Les droits dont la réduction a été prononcée par cet article sont rétablis à partir du 1er mai 1855, aux quotités fixées par la loi du 25 frim. an VII.

DI. — 19-27 janv. 1856.— B. 191.— *Procès-verbaux en territoire militaire.—Délai.*

Art. 1.—A partir du jour de la promulgation du présent décret, le délai de quatre jours fixé par l'art. 20 de la loi du 22 frim. an VII, pour l'enre-

_____

(1) Cette décision a été modifiée en ce qui concerne les cadis, par les nouvelles dispositions du décr. du 1er oct. 1854, sur l'organisation de la justice musulmane, art. 67 et suivants, reproduites textuellement dans les art. 54 et suiv. du dernier décret du 31 déc. 1859 (*Justice musulmane*). Elle n'avait d'ailleurs de portée qu'au point de

vue du droit d'enregistrement, et n'ôtait point aux actes des cadis le caractère d'actes authentiques qui leur est conféré par les ordonn. antérieures, et notamment l'art. 45 de l'ord. du 26 sept. 1842. — Jurisprudence en ce sens Cour d'Alger, 9 mars 1857.

gistrement des procès-verbaux des contraventions, sera porté à quinze jours pour celles de ces contraventions qui seront constatées dans les territoires militaires de l'Algérie, en matière de douane, de forêts et de contributions diverses.

D1. — 6 janv.-5 mars 1858. — B. 518.—*Adjudications et marchés. — Travail dans les prisons.*

Art. 1.— Est déclarée exécutoire en Algérie, sauf les modifications résultant de l'ord. du 19 oct. 1811, la loi du 6 juin 1857. qui soumet à un droit fixe d'enregistrement les adjudications et marchés de toute nature relatifs au travail dans les prisons.

D1. — 31 déc. 1859. — (V. *Justice musulmane*). — *Art. 54 et suiv. — Dispositions et notes relatives à l'enregistrement des actes et jugements des cadis.*

D1. — 11 janv. 1860. — (V. *Timbre*, § 1.) — *La loi du 11 juin 1859 sur l'enregistrement des marchés et traités réputés actes de commerce, est déclarée exécutoire.*

Circ. M. —30 nov. 1859. — B. M. 51. — *Responsabilité des notaires et défenseurs.*

Des demandes tendant à obtenir la remise des doubles droits d'enregistrement sont fréquemment adressées au ministre de l'Algérie et des colonies. L'examen de ces demandes a fait reconnaître que les contrevenants sont, le plus souvent, des colons ou des indigènes qui ignorent complètement la législation sur la matière. En outre, il a été établi que, si les parties intéressées avaient été suffisamment éclairées par les notaires ou défenseurs auxquels elles avaient eu recours, les doubles droits, dont la loi ne permet pas la restitution, auraient pu être évités. — Le ministre, frappé d'un état de choses qui compromet les intérêts des populations et nuit à la considération que nos institutions doivent leur inspirer, vient, par des instructions en date du 30 nov. dernier, d'appeler spécialement l'attention de M. le procureur général à Alger sur cette partie du service.—Ces instructions rappellent que, indépendamment de l'action directe des parties intéressées contre les officiers ministériels, ceux-ci pourraient encore être poursuivis, par voie disciplinaire, s'ils ne s'acquittaient pas, avec la plus scrupuleuse exactitude, des devoirs de protection qu'ils ont à remplir envers leurs clients.

Esclavage.

DGP. — 27 avr. 1848. — B. 277. — *Abolition de l'esclavage dans les colonies françaises.*

Le gouvernement provisoire de la République ; — Considérant que l'esclavage est un attentat contre la dignité humaine ; — Qu'en détruisant le libre arbitre de l'homme, il supprime le principe naturel du droit et du devoir ; — Qu'il est une violation flagrante du dogme républicain : liberté, égalité, fraternité ; — Considérant que si des mesures effectives ne suivaient pas de très-près la proclamation déjà faite, du principe de l'abolition, il en pourrait résulter dans les colonies les plus déplorables désordres ;

Art. 1. — L'esclavage sera entièrement aboli dans toutes les colonies et possessions françaises, deux mois après la promulgation du présent décret dans chacune d'elles. A partir de la promulgation du présent décret dans les colonies, tout châtiment corporel, toutes ventes de personnes non libres, seront absolument interdits.

Art. 2. — Le système d'engagement à temps, établi au Sénégal, est supprimé.

Art. 3. — Les gouverneurs ou commissaires généraux de la République sont chargés d'organiser la liberté à la Martinique, à la Guadeloupe et dépendances, à l'île de la Réunion, à la Guyane, au Sénégal et autres établissements français de la côte occidentale d'Afrique, à l'île Mayotte et dépendances, et en Algérie.

Art. 4. — Sont amnistiés les anciens esclaves condamnés à des peines criminelles et correctionnelles, pour des faits qui, de la part d'hommes libres, n'auraient point entraîné ce châtiment. Sont rappelés les individus déportés par mesure administrative.

Art. 5. — L'assemblée nationale réglera la quotité de l'indemnité qui devra être accordée aux colons.

Art. 6. — Les colonies purifiées de la servitude, et les possessions de l'Inde seront représentées à l'assemblée nationale.

Art. 7. — Le principe « que le sol de la France affranchit l'esclave qui le touche » est appliqué aux colonies et possessions de la République.

Art. 8. — A l'avenir, même en pays étranger, il est interdit à tout Français de posséder, d'acheter ou de vendre des esclaves et de participer, soit directement, soit indirectement, à tout trafic ou exploitation de ce genre, sous peine de perdre sa qualité de citoyen français. — Néanmoins, les Français qui se trouveront atteints par ces prohibitions, au moment de la promulgation du présent décret, auront un délai de trois ans pour s'y conformer. Ceux qui deviendront possesseurs d'esclaves en pays étranger, par héritage, don ou mariage, devront, sous la même peine, les affranchir ou les aliéner, dans le même délai, à partir du jour où leur possession aura commencé.

Vu pour être promulgué en Algérie.—9 juin 1848. Le gouverneur général.

État civil.

AG. — 7 déc. 1830. — *Réception des actes de l'état civil à Alger.*

Art. 1.—Les actes de l'état civil pour les Français qui ne font pas partie de l'armée, reçus jusqu'à ce jour par le consul de France à Alger, remplissant en cela les fonctions d'officier de l'état civil, seront reçus à dater du 1er janv. 1841, à la municipalité d'Alger, par le commissaire du roi près ladite municipalité.

Art. 2. — Les registres existants à la chancellerie de France seront transférés à la municipalité, où se délivreront, à l'avenir, les actes extraits desdits registres, sur la demande des parties intéressées.

Art. 3. — Nul cadavre ne pourra être enlevé, et aucune inhumation ne pourra être faite dans les cimetières maures, juifs et chrétiens, que sur un permis délivré par la municipalité. CLAUZEL.

AM. — 18 déc. 1842, art. 19. (V. *Commissariats civils.*) — *Les commissaires civils sont chargés des fonctions d'officiers de l'état civil.*

AM. — 13 janv.-6 fév. 1843. — B. 141. — *Droits d'expéditions.*

Vu le décr. du 12 juill. 1807, qui fixe le tarif des droits à percevoir en France pour les expéditions des actes de l'état civil ; — Vu l'art. 12 de l'ord. roy. du 21 août 1839, § 2 ;

Art. 1. — A partir du 1er mars 1843, les expéditions des actes de l'état civil seront payées dans toute l'Algérie, conformément au tarif fixé par l'art. 3 du décr. du 12 juill. 1807. — En conséquence, il sera perçu, indépendamment des droits de timbre, savoir : — Pour chaque expédition d'acte de naissance, de décès et de publication de mariage, 75 c. ; — Pour celle des actes de mariage et d'adoption, 1 fr. 50 c.

Art. 2.—Il est défendu, à peine d'être poursuivi comme concussionnaire, d'exiger d'autres taxes et droits. — Il n'est rien dû pour la confection des actes susdésignés et leur inscription sur les registres.

Art. 3. — Il pourra être délivré gratuitement des expéditions aux individus qui justifieront de leur indigence. — Les expéditions destinées à être transmises administrativement aux préfets de France sont affranchies de tout droit.

Art. 4. — Les recettes seront opérées par les officiers de l'état civil ou agents de l'administration en faisant fonctions, et le produit en sera versé dans la caisse coloniale.

Art. 5. — Le mode de comptabilité à suivre, pour la perception et le versement des droits, sera déterminé par un règlement spécial concerté entre les directeurs de l'intérieur et des finances, qui sera soumis à notre approbation.

Maréchal duc de DALMATIE.

AG. — 15-27 sept. 1813. — B. 157. — *Officiers de l'état civil dans les colonies militaires.*

Vu l'art. 11 de l'arr. du 2 août 1836 (V. *Admin. gén.*, § 1);

Art. 1. — M. le lieutenant Montigny, commandant de la compagnie de colons militaires de Beni Mered, et M. le capitaine de Pontenays, commandant de la compagnie de Mahelma, rempliront provisoirement dans ces deux localités, et chacun dans celle à laquelle il est attaché, les fonctions de maire, officier de l'état civil.

Art. 2. — Les actes de l'état civil qu'ils auraient pu recevoir antérieurement au présent arrêté auront la même force et valeur que s'ils avaient été dressés depuis sa publication.

BUGEAUD.

AG. — 5 août 1813 (V. *Justice* § 4.) — *Officiers de l'état civil dans les camps et places. — Commandants de place.*

AG. — 29 sept.-3 oct. 1848. — B. 288. — *Officiers de l'état civil dans les localités non comprises dans les circonscriptions communales.*

Vu l'arr. min. du 18 déc. 1842, sur l'organisation des commissariats civils, et d'après lequel les commissaires civils remplissent les fonctions d'officiers de l'état civil; — Vu l'arr. du 5 août 1813, qui confère aux commandants de place, en territoire mixte, les attributions de commissaires civils;

Art. 1. — Dans toutes les localités du territoire civil non comprises dans les circonscriptions communales, le chef de l'administration civile locale remplira provisoirement les fonctions d'officier de l'état civil.

Art. 2. — Lorsque ces fonctions seront dévolues au directeur des affaires civiles de la province, ce fonctionnaire pourra les déléguer à un conseiller de direction.

Art. 3. — Les fonctionnaires désignés dans les deux articles précédents se conformeront aux dispositions du code Nap. sur les actes de l'état civil.

Art. 4. — En territoire mixte, les registres sur lesquels les commandants de place inscriront les actes de l'état civil seront cotés et parafés conformément aux prescriptions de l'art. 41 c. Nap.

Art. 5. — Ces registres seront tenus doubles, et l'un des doubles sera déposé chaque année, au greffe du tribunal de 1re inst. de la province la plus voisine, dans les délais fixés par le code Napoléon.

Art. 6. — Les commandants de place se conformeront au surplus, pour la tenue des registres et la forme des actes, aux dispositions de ce code (1).

V. CHARON.

_____

(1) En ce qui concerne la légalisation de ces actes conf. l'art. 45 c. Nap., V. *Justice*, § 4; décr. 22 mars 1852, art. 2, note sur la compétence exclusive des présidents de tribunaux.

DI. — 23 mai-7 juill. 1853. — B. 440. — *Tables décennales.*

Vu la loi du 20 sept. 1792 et le décr. imp. du 20 juill. 1807;

Art. 1. — Il sera procédé, d'ici au 1er sept. de la présente année, à l'établissement des tables alphabétiques décennales de l'état civil en Algérie, conformément aux prescriptions du décret ci-dessus visé du 20 juill. 1807. — Ces tables comprendront tous les actes inscrits sur les registres de l'état civil depuis l'origine de la tenue de ces registres dans chaque localité jusqu'au 31 déc. 1852 inclusivement. — Elles seront continuées successivement, à l'expiration de chaque période décennale, aux mêmes époques et de la même manière qu'en France.

Art. 2. — Par exception et pour cette fois seulement, les trois expéditions prescrites par l'art. 5 du décr. du 20 juill. 1807 seront établies sur papier libre et visées gratuitement pour timbre par le receveur de l'enregistrement et des domaines du chef-lieu d'arrondissement. — Le droit dû aux greffiers, aux termes des art. 6 et 7 du décret précité pour les expéditions à déposer soit aux préfectures, soit aux mairies, sera acquitté par imputation au budget local et municipal sans que les communes puissent se prévaloir de cette disposition pour les tables subséquentes.

État de guerre.

Par un premier arrêté du 9 mars 1840, les districts de Bouffarik, du Hamise et de Philippeville avaient été déclarés en état de guerre. Par autre arrêté du maréchal Bugeaud, gouverneur général, cette déclaration fut étendue à tous les points occupés par nos troupes en Algérie; mais les effets en furent restreints à l'application des art. 91 et 92 du décr. du 24 déc. 1811 ci-après. Cette mesure a depuis longtemps cessé d'être exécutée.

Extrait du décret du 24 déc. 1811, relatif à l'organisation et au service des états-majors des places.

Tit. 3, chap. 3, art. 91. — « Dans les places en état de guerre, le service et la police seront soumis aux mêmes règles que dans l'état de paix, sauf les exceptions et modifications suivantes :

« Art. 92. — Dans les places en état de guerre, la garde nationale et la garde municipale passent sous le commandement du gouverneur ou commandant, et l'autorité civile ne peut ni rendre aucune ordonnance de police sans l'avoir concertée avec lui, ni refuser de rendre celles qu'il juge nécessaires à la sûreté de la place ou à la tranquillité publique. »

État de siége.

LOI. — 9 août-30 sept. 1849. — B. 351. — *Dispositions générales sur l'état de siège.*

CHAP. 1. — *Des cas où l'état de siège peut être déclaré.*

Art. 1. — L'état de siège ne peut être déclaré qu'en cas de péril imminent pour la sécurité intérieure ou extérieure.

CHAP. 2. — *Des formes de la déclaration de l'état de siège.*

Art. 2. — L'assemblée nationale peut seule déclarer l'état de siège, sauf les exceptions ci-après. — La déclaration de l'état de siège désigne les communes, les arrondissements ou départements auxquels il s'applique, et pourra être étendu.

Art. 3. — Dans le cas de prorogation de l'assemblée nationale, le président de la République peut déclarer l'état de siège de l'avis du conseil des ministres. — Le président, lorsqu'il a déclaré l'état de siége, doit immédiatement en informer la commission instituée en vertu de l'art. 32 de la constitution, et selon la gravité des circonstances, convoquer l'assemblée nationale. — La prorogation de l'assemblée cesse de plein droit lorsque Paris est déclaré en état de siége. L'assemblée nationale, dès qu'elle est réunie, maintient ou lève l'état de siége.

Art. 4. — Dans les colonies françaises, la déclaration de l'état de siége est faite par le gouverneur de la colonie. — Il doit en rendre compte immédiatement au gouvernement.

Art. 5. — Dans les places de guerre et postes militaires, soit de la frontière, soit de l'intérieur, la déclaration de l'état de siége peut être faite par le commandant militaire, dans les cas prévus par la loi du 10 juill. 1791, et par le décr. du 24 déc. 1811. — Le commandant en rend compte immédiatement au gouvernement.

Art. 6. — Dans le cas des deux articles précédents, si le président de la République ne croit pas devoir lever l'état de siége, il en propose sans délai le maintien à l'assemblée nationale.

CHAP. 3. — Des effets de l'état de siége.

Art. 7. — Aussitôt l'état de siége déclaré, les pouvoirs dont l'autorité civile était revêtue pour le maintien de l'ordre et de la police, passent tout entiers à l'autorité militaire. — L'autorité civile continue néanmoins à exercer ceux de ses pouvoirs dont l'autorité militaire ne l'a pas dessaisie.

Art. 8. — Les tribunaux militaires peuvent être saisis de la connaissance des crimes et délits contre la sûreté de la République, contre la constitution, contre l'ordre et la paix publique, quelle que soit la qualité des auteurs principaux et des complices.

Art. 9. — L'autorité militaire a le droit : — 1° De faire des perquisitions, de jour et de nuit, dans le domicile des citoyens ; — 2° D'éloigner les repris de justice et les individus qui n'ont pas leur domicile dans les lieux soumis à l'état de siége ; — 3° D'ordonner la remise des armes et munitions, et de procéder à leur recherche et à leur enlèvement ; — 4° D'interdire les publications et les réunions qu'elle juge de nature à exciter ou à entretenir le désordre.

Art. 10. — Dans les lieux énoncés en l'art. 5, les effets de l'état de siége continuent en outre, en cas de guerre étrangère, à être déterminés par les dispositions de la loi du 10 juill. 1791 et du décr. du 24 déc. 1811.

Art. 11. — Les citoyens continuent, nonobstant l'état de siége, à exercer tous ceux des droits garantis par la constitution dont la jouissance n'est pas suspendue en vertu des articles précédents.

CHAP. 4. — De la levée de l'état de siége.

Art. 12. — L'assemblée nationale a roulé le droit de lever l'état de siége, lorsqu'il a été déclaré ou maintenu par elle. — Néanmoins, en cas de prorogation, ce droit appartiendra au président de la République. — L'état de siége, déclaré conformément aux art. 3, 4 et 5, peut être levé par le président de la République, tant qu'il n'a pas été maintenu par l'assemblée nationale. — L'état de siége, déclaré conformément à l'art. 4, pourra être levé par les gouverneurs des colonies, aussitôt qu'ils croiront la tranquillité suffisamment rétablie.

Art. 13. — Après la levée de l'état de siége, les tribunaux militaires continuent de connaître des crimes et délits dont la poursuite leur avait été déférée.

Vu pour être promulgué en Algérie, le 15 sept. 1849.

AG. — 7 déc. 1851. — B. 398. — *L'Algérie est mise en de siége.*

DP. — 17 déc. 1851. — B. 400. — *Approbation de l'arrêté qui précède.*

DI. — 30 août 1854. — B. 467. — *Abrogation de cette mesure.*

États à marteau.

AD. — 31 janv.-19 fév. 1842. — B. 113. — *Heures de travail.*

Vu les art. 479, n° 8 ; 480, n° 5, et 482 c. pén. — Considérant qu'il importe, dans l'intérêt du repos et de la tranquillité des citoyens, de fixer les heures de travail pour les états à marteau.

Art. 1. — A partir de la publication du présent, tous serruriers, forgerons, taillandiers, charrons, ferblantiers, chaudronniers, maréchaux-ferrants, layetiers, menuisiers, et généralement tous artisans, entrepreneurs ou ouvriers exerçant en Algérie des professions qui exigent l'emploi de marteaux ou de matières et appareils susceptibles d'occasionner des percussions et un bruit assez considérable pour troubler la tranquillité des habitants, seront tenus d'interrompre chaque jour leurs travaux, savoir : de neuf heures du soir à cinq heures du matin, depuis le 1er avr. jusqu'au 30 sept., et de huit heures du soir à six heures du matin, depuis le 1er oct. jusqu'au 31 mars.

Art. 2. — Les contraventions aux prescriptions qui précèdent seront déférées au tribunal de simple police et punies d'un emprisonnement d'un à cinq jours, et d'une amende de 11 à 15 fr., en conformité des art. 479, n° 8, 480, n° 5, et 482 c. pén. En cas de récidive, l'emprisonnement sera toujours de cinq jours.   Comte E. GUYOT.

Exposititon permanente de l'Algérie et des colonies.

AM. — 2 déc. 1858. — BM. 10. — *Réunion des deux expositions, algérienne et coloniale.*

Vu l'arr. du min. de la marine, en date du 23 oct. 1858, sur la formation de l'exposition des produits coloniaux ; — L'arr. du 10 juill. 1858, qui fait rentrer les collections dans les attributions du cabinet ; — Le rapport du chef du cabinet, sur la nécessité de concentrer en une seule main l'administration des expositions algérienne et coloniale ;

Art. 1. — L'exposition permanente de l'Algérie, située rue de Grenelle-Saint-Germain, et l'exposition permanente des colonies, située rue de Rivoli, n° 244, seront réunies dans un même local, sous le nom d'*Exposition permanente de l'Algérie et des colonies.*

Art. 2. — Il sera pourvu aux dépenses de cette exposition au moyen des crédits affectés à ce service dans le budget du ministère de l'Algérie et des colonies, chap. 8 pour l'exercice 1858, chap. 11 pour 1859, et au moyen des fonds spéciaux votés par les colonies. — Les dépenses des exercices suivants seront imputées sur les crédits spéciaux portés au budget du ministère, et sur les fonds votés par les colonies.

Art. 3. — L'administration et la conservation des collections seront confiées, sous la direction du chef du cabinet, à des attachés au cabinet, dont les traitements pourront être imputés, en partie, sur les fonds coloniaux.

Art. 4. — La commission supérieure de l'exposition coloniale est supprimée.

Art. 5. — Le comité consultatif des colonies sera chargé, par délégation spéciale du ministre, et en dehors de ses attributions ordinaires, du contrôle de l'emploi des fonds votés, chaque année, par les

EXPROPRIATION, § 1.   319

colonies, pour l'exposition.— La forme de ce contrôle sera l'objet d'un règlement particulier.

Art. 6. — Tous les actes ministériels contraires au présent arrêté sont et demeurent abrogés.

Napoléon (Jérôme.)

AM. — 30 déc. 1859. — BM. 55. — *Règlement.*

Art. 1. — L'exposition permanente de l'Algérie et des colonies est placée dans les attributions du directeur de l'administration coloniale et des services financiers de l'Algérie et des colonies.

Art. 2.—Un conservateur dirige l'administration de cet établissement.

Art. 3. — Une commission dont les membres sont nommés par le ministre, exerce sa surveillance sur toutes les parties du service.

Art. 4. — Un comité d'exposition est établi dans les chefs-lieux des trois provinces de l'Algérie et dans chacune des colonies. Ces comités formés, autant que possible, de membres des chambres d'agriculture et de commerce, donnent leur avis sur toutes les questions qui se rattachent au succès de l'exposition, et correspondent avec le comité central de Paris.

Art. 5.—Le conservateur est chargé de la comptabilité financière et matérielle; il effectue les recettes et les dépenses, surveille les collections, le mobilier, les archives et le laboratoire, classe les produits, prépare les catalogues et la correspondance, dirige le personnel et prend toutes les mesures d'ordre et de détail nécessaires à la marche du service intérieur.

Art. 6. — Les recettes de l'exposition se composent : — 1° Des subventions accordées sur le budget de l'État et qui sont administrées de la manière prescrite par les règlements sur la comptabilité publique ; — 2° Des subventions accordées par les conseils généraux de l'Algérie et des colonies ; — 3° Du produit des ventes et cessions à divers. — Les sommes provenant de ces deux dernières catégories sont déposées à la caisse des dépôts et consignations, qui les tient disponibles aux conditions fixées pour les dépôts des établissements publics, et qui acquitte les dépenses de l'exposition sur les ordonnances qui lui sont adressées.

Art. 7. — Les dépenses se composent : — 1° De la solde, des indemnités, gratifications et allocations diverses au profit du personnel de l'établissement ; — 2° Du montant des achats du matériel ou d'objets de collection, des travaux, expériences, frais de transport, de douane, d'octroi et autres frais accessoires.

Art. 8. — Les recettes et les dépenses concernant les fonds du budget de l'État sont arrêtées suivant les formes ordinaires.—Les recettes et les dépenses concernant les fonds déposés à la caisse des dépôts et consignations sont arrêtées au 31 janvier ; passé cette époque, toutes les opérations des exercices antérieurs sont rattachées à l'exercice en cours.

Art. 9. — Les recettes et les dépenses sont reconnues et liquidées par le conservateur, ordonnancées par le directeur de l'administration coloniale et visées par le contrôle. — Les ordonnances de payement adressées sur la caisse des dépôts et consignations sont payables dans les dix jours de leur date, sur la quittance des parties y dénommées, donnée au bas des lettres d'avis signées et délivrées par le conservateur.

Art. 18. — Pour faciliter l'acquittement des menues dépenses, il est fait au conservateur une avance de 500 fr., qui ne peut être renouvelée

qu'après justification de l'emploi de la plus grande partie des derniers fonds avancés.

Art. 11.—(Ainsi modifié par arr. min. du 31 mars 1860) — La commission de surveillance est composée de huit membres, y compris le président. Le conservateur assiste aux séances avec voix consultative. — Un secrétaire désigné par le ministre est adjoint à la commission. — Les fonctions des membres et du secrétaire sont gratuites.

Art. 12. — La commission choisit dans son sein un vice-président dont la nomination est soumise à l'approbation du ministre ; elle ne peut délibérer que lorsque quatre membres au moins sont présents. — Les délibérations sont prises à la majorité des voix, et le procès-verbal de chaque séance est transcrit sur un registre spécial.

Art. 13. — La commission reçoit communication de tous les faits et documents relatifs à l'exposition permanente, aux expositions dans les colonies et les concours régionaux de France ; elle donne son avis sur toutes les dispositions à prendre en vue de provoquer la prospérité coloniale, signale au ministre les progrès réalisés dans la culture et l'industrie, lui rend compte des expériences intéressant le commerce, et appelle son attention sur les encouragements et les récompenses à décerner ; elle contrôle, en outre, toutes les opérations concernant le service intérieur, autorise la vente des objets qui risquent de s'avarier et détermine les formes de cette vente.

Art. 14. — La commission examine, chaque année, les budgets de l'exposition, ainsi que les comptes administratifs qui sont soumis, par le directeur de l'administration coloniale et des services financiers, à l'approbation du ministre ; enfin elle adresse annuellement au ministre un compte rendu qui est communiqué aux préfets, aux commandants des territoires militaires en Algérie et aux gouverneurs des établissements d'outre-mer.

Art. 15. — Toutes dispositions contraires au présent arrêté sont rapportées.

Comte P. de Chasseloup-Laubat.

Expropriation publique.

DIVISION.

§ 1. — Règlements généraux.—Occupation temporaire.
§ 2. — Indemnités. — Dispositions spéciales. — Commission de liquidation.

§ 1. — RÈGLEMENTS GÉNÉRAUX.

AGI.—17 oct. 1833. — *Règlement sur l'expropriation publique* (1).

Vu les lois des 16 sept. 1807 et 8 mars 1810 ;— La loi du 7 juill. 1833 ;—Les arr. des 26 oct. 1830, 19 janv. et 24 mai 1831 (ci-après, § 2) ;

Considérant que lorsqu'il s'agit d'expropriation pour cause d'utilité publique, soit de maisons, soit de terrains, il n'est pas encore possible d'appliquer à la régence d'Alger les principes de la législation française sur la matière ; — Que sur les points que nous occupons en Afrique, les besoins de l'armée et de l'administration ont un caractère d'urgence qu'ils ne peuvent avoir en France ; qu'ainsi il y a lieu d'abréger ici les formalités ailleurs et en pareil cas prescrites ; — Qu'en fait de routes destinées à assurer les communications de l'armée, une fois qu'elles sont ordonnées, il y a nécessité absolue de ne pas en interrompre les travaux ; — Que ces routes tendent à consolider

---

(1) Cet arrêté fut modifié par une décision du gouverneur, en date du 4 nov. 1833, sur les points suivants : 1° elle exigeait la notification au propriétaire de l'arrêté d'expropriation ; 2° elle substituait à l'expert commun deux experts dont l'un nommé par le tribunal ; 3° elle faisait précéder la prise de possession du jugement portant fixation de l'indemnité.

notre établissement en Afrique, et à ouvrir aux colons et habitants de toutes classes de nouvelles sources de prospérité ; — Qu'il est d'une stricte justice que les charges de travaux profitables à tous soient aussi supportées par tous ; — Qu'aucun impôt foncier n'a été jusqu'ici établi en Afrique ; — Voulant régler enfin tout ce qui est relatif aux démolitions des maisons qui menacent la voie publique, et que leurs propriétaires, soit par suite d'absence, soit par défaut de moyens pécuniaires, sont dans l'impossibilité de faire abattre eux-mêmes;

Art. 1. — L'expropriation pour cause d'utilité publique ne pourra être prononcée que par arrêté rendu concurremment par le général commandant en chef le corps d'occupation d'Afrique et l'intendant civil de la régence d'Alger

Art. 2. — Dans les vingt-quatre heures qui suivront la publication de l'arrêté qui déclarera l'utilité publique, et toutes les fois qu'il y aura lieu d'occuper des maisons ou terrains pour cette cause, la remise, sauf l'exception ci-après mentionnée en l'art. 5, en sera faite sur une expertise préalable entre les propriétaires et le domaine, ou le génie civil ou militaire, stipulant ceux-ci au nom de l'Etat.—Les propriétaires qui devront être dépossédés se concerteront, soit avec le génie, soit avec le domaine, pour le choix d'un expert commun ; faute par eux de le faire, il y sera pourvu d'office par la cour de justice, pour Alger; par les juges royaux, pour Oran et Bône, dans un délai qui ne pourra non plus excéder vingt-quatre heures. — L'expertise prendra pour base le contrat de vente, le prix de la location des maisons, et de plus, en ce qui concerne les terrains, la valeur de ceux qui leur sont contigus ou de même nature. Son estimation sera considérée comme un arbitrage; elle sera définitive et sans appel.

Art. 3.—Les cas de plus-value ne devront s'entendre que des améliorations matérielles, et non de celles qui résulteraient d'une extension d'occupation militaire qui aurait augmenté la sécurité des propriétaires. — Tous les procès-verbaux, documents, etc., etc., seront faits doubles, entre le domaine ou le génie civil ou militaire et les propriétaires, et les minutes en seront déposées aux archives du domaine.

Art. 4.— L'indemnité sera réglée sur les bases portées dans l'estimation.

Art. 5. — Toutes les fois que, par suite d'un arrêté délibéré en conseil d'administration et publié dans les formes voulues, il sera ouvert une route nouvelle, les propriétaires des terrains traversés par cette route seront dépossédés des portions qu'elle devra comprendre.

Art. 6. — Dans le cas de l'article précédent, la plus-value pour les avantages acquis aux terrains restants sera considérée comme une compensation de toute indemnité pour les terrains qui seront occupés par la route, ou fouillés pour emprunt de matériaux nécessaires à sa confection.—Toutefois, s'il y avait lieu de démolir des maisons, murs ou constructions quelconques, l'expertise en serait faite dans les formes prescrites par l'art. 1 ; et dans ce cas, la plus-value entrerait toujours en déduction de l'indemnité stipulée.

Art. 7.—Si par suite, soit de l'absence du propriétaire dont la maison devra être abattue parce qu'elle menace la voie publique, soit de l'impossibilité matérielle où il sera de la faire abattre à ses frais, l'administration est obligée d'exécuter la démolition, l'opération aura lieu aux risques et périls de ce propriétaire; et pour gage du remboursement des dépenses qu'il aura faites, le domaine s'emparera du terrain, qu'il conservera jusqu'à ce que l'administration soit couverte de ses avances.

Art. 8.—Les propriétaires qui s'opposeront à la prise de possession de leurs propriétés, dans les cas prévus par les art. 2 et 5 du présent arrêté, y seront contraints administrativement.

VOIROL.   GENTY DE BUSSY.

AG1,—17 oct. 1835.—*Cause d'expropriation.*— *Marais non desséchés.*

Vu l'arr. du 8 mai dernier sur la mise en adjudication publique des maisons des villes de la régence qui ne sont point réparées par leurs propriétaires; — Considérant qu'il y a lieu d'appliquer aux propriétaires des environs des villes de la régence occupées par nos troupes, dont les terrains sont devenus marécageux, soit par suite de la rupture des canaux qui recueillaient les eaux pluviales ou de source, et les conduisaient aux rivières et ruisseaux ayant un cours déterminé, soit par d'autres causes, des mesures propres à réprimer une négligence aussi préjudiciable au développement de la culture qu'à la salubrité du pays ; — Que cet état de choses constitue un véritable cas de force majeure, inhérent aux localités, et qu'il importe de déterminer les moyens les plus efficaces à employer pour y porter remède;

Art. 1. — Dans les quinze jours qui suivront la publication du présent arrêté, les propriétaires de terrains marécageux devront faire aux bureaux du domaine des villes que nous occupons la déclaration :— 1° Des quantités qui leur appartiennent ; — 2° De l'intention où ils sont de faire travailler à la réparation des canaux dont la rupture ou l'encombrement occasionnent des marécages aux environs.

Art. 2. — Dans le mois qui suivra l'expiration du délai ci-dessus fixé, les propriétaires devront avoir commencé les travaux. Faute par eux, ou d'avoir fait la déclaration prescrite par l'article précédent, ou après l'avoir faite, de n'avoir pas commencé les travaux, ou enfin de les avoir commencés et de les avoir interrompus, toutes circonstances qui seront constatées, — Dans le premier cas, par l'inspecteur chef du service des domaines, ou ses préposés dans la régence ; — Dans le second et dans le troisième, par les officiers commandant le génie militaire des villes qu'ils occupent, il sera procédé, par voies d'enchères publiques, à l'adjudication des terrains et parties de terrains dont ils étaient en possession à leurs risques et périls, et les adjudicataires seront mis en leur lieu et place. A défaut d'autres adjudicataires, le gouvernement prendra lui-même ces terrains au taux fixé par la mise à prix. — Les adjudicataires comme le gouvernement, substitués ainsi aux propriétaires qui n'auraient pas exécuté eux-mêmes les desséchements des terrains dont il s'agit, en seront mis en jouissance pendant quinze ans, à compter du jour où les travaux seront terminés.

Art. 3. — Les limites des terrains à dessécher seront fixées par les cahiers des charges des mises en adjudication. — Les propriétaires et adjudicataires trouveront aux bureaux du génie des points que nous occupons les instructions relatives aux travaux de desséchement: ils seront tenus de s'y conformer.

Général VOIROL.   GENTY DE BUSSY.

AG. — 9-15 déc. 1841. — B. 109. — *Règlement général sur les expropriations.*

Vu les arr. des 26 oct. 1830, 17 oct. 1833, 2 avr. 1834, et la décision du 4 nov. 1835; — Vu l'art. 5 de l'ord. du 22 juill. 1834; — Le conseil d'administration entendu, vu l'urgence;

TIT. 1. — *De l'expropriation.*

SECT. 1. — *Formes de l'expropriation,*

Art. 1. — Il y a lieu à expropriation toutes les fois que l'utilité publique commande l'occupation définitive ou temporaire de tout ou partie d'une ou plusieurs propriétés particulières.

Art. 2. — L'utilité publique est déclarée et l'expropriation prononcée par un arrêté du gouverneur général, rendu en conseil d'administration. Cet arrêté exprime si l'occupation doit être temporaire ou définitive. Il n'est susceptible d'aucun recours.

Art. 3. — Le conseil d'administration, avant de donner son avis, peut appeler devant lui les propriétaires qu'il s'agit d'exproprier, et toutes autres parties intéressées, pour entendre leurs observations ou réclamations.

Art. 4. — L'arrêté portant expropriation indique, s'il y a lieu, l'époque à laquelle l'administration doit prendre possession. La prise de possession peut être immédiate: en ce dernier cas, l'état et la consistance de l'immeuble sont constatés conformément à l'art. 17. — Extrait de cet arrêté indicatif des immeubles soumis à l'expropriation, de leur nature et situation, et de leurs propriétaires, est inséré sans délai dans le *Moniteur algérien*, et affiché au chef-lieu de la province dans l'étendue de laquelle les immeubles sont situés. — Pareil extrait est notifié aux propriétaires ou à leurs représentants légaux.

SECT. 2. — *Des suites de l'expropriation, quant aux privilèges, hypothèques et autres droits réels.*

Art. 5. — L'arrêté du gouverneur est exécutoire du jour où il a été notifié, conformément à l'article précédent. — Dans le cas d'occupation définitive, cet arrêté est, immédiatement après la notification, transcrit sans frais au bureau de la conservation des hypothèques, conformément à l'art. 2181 c. Nap.

Art. 6. — Dans la quinzaine de la transcription, les privilèges et les hypothèques conventionnelles judiciaires ou légales, antérieurs à la publication de l'arrêté, seront inscrits. — A l'expiration de ce délai, l'immeuble exproprié demeurera libre de tous privilèges et de toutes hypothèques non encore inscrits, de quelque nature qu'ils soient, sans préjudice du recours contre les maris, tuteurs ou autres administrateurs qui auraient dû requérir les inscriptions, et les droits des femmes, mineurs ou interdits, ou de l'Etat, seront transportés sur le montant de l'indemnité, tant qu'elle n'a pas été payée ou que l'ordre n'a pas été réglé définitivement entre les créanciers.

Art. 7. — Les actions en résolution, en revendication, et toutes autres actions réelles, ne pourront arrêter l'expropriation, ni en empêcher l'effet. Le droit des réclamants sera transporté sur le prix, pour être exercé comme celui des créanciers de tout ordre, et l'immeuble en sera affranchi. L'indemnité une fois payée, en exécution des dispositions ci-après, nul recours ne sera admis contre l'administration.

TIT. 2. — *Règlement, attribution et payement de l'indemnité.*

Art. 8. — Le propriétaire qui veut faire valoir ses droits à l'indemnité est tenu de produire ses titres de propriété. Ces titres sont, dans tous les cas, communiqués au directeur des finances, qui fait procéder à leur examen et prend ou provoque telles mesures qu'il juge convenables pour la conservation des intérêts du domaine. — L'expression, dans les titres produits, des origines, consistance et contenance, ne dispense point le réclamant de justifier du droit de ses auteurs, ainsi que des limites entre les fonds expropriés et les autres propriétés contiguës, appartenant soit au domaine, soit aux particuliers.

Art. 9. — L'indemnité pour occupation définitive est réglée par le conseil d'administration, après une expertise contradictoire. — A cet effet, et dans la notification de l'arrêté d'expropriation prescrite par l'art. 4, l'administration fait connaître le choix qu'elle a fait d'un expert au propriétaire, ou à son représentant légal, qui, dans les dix jours de cette notification, est tenu de faire connaître à l'administration l'expert qu'il a lui-même choisi. — Si, dans le délai ci-dessus, le propriétaire, ou son représentant légal, n'a pas désigné son expert, celui de l'administration opère seul; s'il l'a désigné, l'expertise a lieu contradictoirement. Lorsque les deux experts ne s'accordent pas, l'avis de chacun d'eux est consigné dans le procès-verbal. — L'expertise doit être terminée, et le procès-verbal remis à l'administration, dans les quarante jours, à partir de la notification par elle faite de l'arrêté d'expropriation et du choix de son expert.

Art. 10. — Les experts prennent pour base de leur estimation le prix porté dans le dernier acte d'acquisition, augmenté des frais et loyaux coûts. La valeur estimative est accrue des intérêts échus depuis la prise de possession effective, ou depuis le délaissement, que le propriétaire a toujours le droit d'effectuer, après la notification à lui faite, en exécution de l'art. 4.

Art. 11. — Il est tenu compte au propriétaire des améliorations par lui faites à l'immeuble depuis son acquisition. Toutefois ces améliorations ne sont point comprises dans l'évaluation de l'indemnité : 1° lorsque, par l'appréciation des circonstances, le conseil acquiert la conviction que le propriétaire, en les faisant, a eu en vue d'obtenir une indemnité plus élevée ; 2° lorsqu'elles n'auront point accru la valeur vénale ou le revenu annuel.

Art. 12. — Les fermiers ou locataires des biens expropriés n'ont d'action que contre le propriétaire, qui a la faculté de faire valoir ses risques, à raison de cette action, pour la fixation de l'indemnité. — Le dédommagement qui pourrait être réclamé par les locataires ou fermiers ne s'appliquera qu'aux pertes matérielles éprouvées, jamais au bénéfice dont ils prétendraient avoir été privés, ni à la valeur des fonds ou achalandages. — L'indemnité, liquidée au nom du propriétaire, comprendra, quand il y aura lieu, en chiffres distincts, la valeur propre de l'immeuble et le dédommagement autorisé par le présent article. Le propriétaire n'est obligé envers ses fermiers et locataires que jusqu'à concurrence des sommes ou valeurs qui lui sont allouées pour pertes matérielles éprouvées par ces derniers.

Art. 13. — Si l'exécution des travaux doit procurer une augmentation de valeur immédiate et spéciale au restant de la propriété ou à une propriété contiguë et appartenant au même propriétaire, cette augmentation est évaluée et portée en déduction du chiffre de l'indemnité.

Art. 14. — A l'expiration du délai fixé par l'art. 9, les pièces sont déposées au secrétariat général du gouvernement. Dans les trente jours, à partir de cette expiration, le conseil d'administration fixe l'indemnité, au vu du rapport des experts. — Si les experts ont négligé de donner leur avis dans le délai prescrit, l'évaluation est faite d'office par le conseil, sur tous autres documents produits par l'administration ou les intéressés. — Le conseil n'est pas tenu de suivre l'avis des experts, si sa conviction s'y oppose. Il peut, avant de statuer, ordonner une nouvelle expertise et prescrire ou faire telles vérifications qu'il juge convenables.

Art. 15. — L'indemnité fixée par le conseil d'administration ne peut être inférieure au prix porté dans le dernier acte d'acquisition, augmenté des frais et loyaux coûts, des intérêts échus depuis la prise de possession et des améliorations, ainsi qu'il est dit aux art. 10 et 11. — Néanmoins, s'il s'élève des présomptions graves contre la sincérité des actes produits, le conseil, en motivant sa décision,

21

peut prendre pour base de l'estimation les actes anciens, les baux authentiques ou notoires, les actes de vente et les baux concernant les propriétés voisines ou de même nature, et généralement tous documents et renseignements qu'il juge propres à éclairer sa religion.

Art. 16.—Lorsqu'il y a lieu seulement à expropriation d'une portion de l'immeuble, la portion non expropriée est également estimée, et le propriétaire a l'option ou de se réserver cette portion ou de l'abandonner à l'administration, en réclamant une indemnité pour le tout.—L'option doit être notifiée à l'administration avant l'expiration du délai de quarante jours, porté par l'art. 9, Dans tous les cas, le conseil d'administration a la faculté d'étendre l'expropriation à la totalité de l'immeuble, s'il reconnaît que la portion qui serait réservée au propriétaire ne peut être utilisée par lui pour une construction ou une exploitation indépendante.

Art. 17.—Dans le cas d'expropriation pour occupation temporaire, l'état et la consistance de l'immeuble sont constatés, au moment de l'occupation, par un procès-verbal descriptif que les agents de l'administration dressent contradictoirement avec le propriétaire ou ses représentants.

Art. 18.—L'indemnité pour occupation temporaire peut être réglée administrativement de gré à gré.—A défaut de règlement amiable, et après la cessation de l'occupation, il est procédé à l'évaluation de l'indemnité selon les formes prescrites en cas d'occupation définitive. Sur la demande du propriétaire, des allocations provisoires à titre d'acompte peuvent être autorisées.

Art. 19.—Lorsque les fonds des particuliers sont occupés temporairement pour l'exploitation de carrières ou minières, l'extraction de matériaux ou l'enlèvement des terres, il est dû dédommagement au propriétaire, mais seulement pour la destruction des bâtiments ou clôtures, pour la perte des récoltes pendantes et pour la diminution de valeur que les terrains ont subie par suite des travaux de l'administration.—S'il existait sur lesdits fonds des carrières en état d'exploitation régulière, les experts et le conseil d'administration auraient égard à cette circonstance dans l'évaluation de l'indemnité, sans toutefois prendre aucunement en considération l'existence ou les besoins des travaux qui ont nécessité l'occupation.—Les dispositions de l'art. 13 sont applicables à l'indemnité due pour occupation temporaire.

Art. 20.—Si l'occupation se prolonge plus de trois ans, le propriétaire a le droit d'offrir le délaissement, par une déclaration expresse notifiée à l'administration; en ce cas, il est procédé à l'expropriation définitive, conformément aux dispositions du présent arrêté, et l'indemnité est réglée eu égard à l'état et consistance de l'immeuble, tels qu'ils auront été constatés par le procès-verbal mentionné en l'art. 17.

Art. 21.—Si, de la part de quelque personne et pour quelque cause que ce soit, il s'élève des contestations relativement à l'attribution de tout ou partie de l'indemnité, le règlement en est fait avec la simple indication de l'immeuble exproprié, sauf attribution ultérieure, et sous la réserve des droits de qui il appartiendra.

Art. 22.—S'il existe des inscriptions sur l'immeuble exproprié, des oppositions ou autres empêchements à la délivrance au propriétaire des valeurs représentatives de l'indemnité, ces valeurs seront déposées dans la caisse du domaine, pour être distribuées ou remises selon les règles du droit commun.

Art. 23.—L'indemnité est liquidée en rentes constituées et rachetables au taux de l'intérêt légal dans la colonie à l'époque de l'expropriation.—

Un arrêté spécial déterminera les dispositions applicables à la forme et à la délivrance des titres, au payement des arrérages, aux transferts, et enfin à l'inscription sur les sommiers du domaine des immeubles expropriés.

Art. 24.—La décision du conseil n'est définitive qu'après qu'elle a été rendue exécutoire par le ministre.—Dans le délai de trente jours, à partir de la notification qui leur en est faite, les parties intéressées peuvent déposer au secrétariat du gouvernement les observations et les pièces à l'appui, lesquelles sont adressées au ministre avec la décision elle-même. — Si le ministre n'autorise pas l'exécution de la décision, le conseil est appelé de nouveau à statuer et les parties intéressées admises à présenter de nouvelles observations; le tout conformément aux dispositions qui précèdent. — Les décisions du conseil d'administration, rendues exécutoires par le ministre, ne sont sujettes à aucun recours.

Art. 25. — En cas de contestation sur la propriété des immeubles expropriés, ou sur l'attribution de l'indemnité, les tribunaux ordinaires sont appelés à en connaître, et les titres de liquidation ne peuvent être délivrés que sur jugement passé en force de chose jugée, ou sur transaction régulière et authentique.

Tit. 3. — *Dispositions particulières ou transitoires.*

Art. 26.—L'arrêté qui déclare l'utilité publique et prononce l'expropriation, est rendu sur la proposition du chef du service dans l'intérêt duquel cette expropriation est poursuivie.—Le directeur de l'intérieur fait, pour tous les services, procéder au règlement et à l'attribution de l'indemnité, conformément aux dispositions du présent arrêté. —Les droits du domaine et des corporations sont exclusivement débattus par le directeur des finances, soit administrativement, soit devant les tribunaux.

Art. 27. — Tous actes et notifications relatifs à l'expropriation pour cause d'utilité publique seront faits et rédigés en la forme administrative et enregistrés gratis, lorsqu'il y aura lieu à la formalité de l'enregistrement.

Art. 28. — L'art. 71 de l'ord. du 28 fév. 1841 (*Justice,* § 1) est applicable à toutes les notifications faites pour l'exécution du présent arrêté. — Si le propriétaire de l'immeuble exproprié est inconnu, les notifications sont faites au parquet du procureur général, sans préjudice de l'intervention dudit propriétaire, en tout état de l'instruction administrative, jusqu'à la liquidation définitive et attribution de l'indemnité.—Seront en outre observés, à l'égard des propriétaires expropriés ou de leurs représentants notoirement résidant hors de la province dans laquelle l'expropriation se poursuivra, les délais réglés par l'art. 70 de l'ordonnance précitée.

Art. 29. — Les frais avancés par l'administration pour parvenir à l'expropriation et au règlement de l'indemnité resteront à sa charge. L'exproprié acquittera sans répétition les honoraires de l'expert qu'il aura nommé. — Toutes notifications faites par l'huissier sont supportées par la partie qui les aura requises.

Art. 30.—L'indemnité due pour expropriations consommées depuis le 7 août 1830 jusqu'à la publication de l'arr. du 17 oct. 1833, sera réglée en prenant pour base la valeur des maisons ou terrains à l'époque de la démolition ou de l'occupation.

Art. 31.—L'expropriation, pour le temps antérieur à la promulgation de l'arr. du 17 oct. 1833, est réputée consommée : 1° par le seul fait de la démolition ou de l'occupation effective de l'immeuble; 2° par son attribution à un service public; 3° par la disposition qu'en aurait faite l'administration en faveur des tiers, à titre d'aliénation, d'échange ou de toute autre manière; 4° enfin, en conséquence de tout acte ou fait administratif ayant eu pour résultat de faire cesser la possession du propriétaire (1).

Art. 52.—Toutes dispositions des arrêtés ou règlements antérieurs relatifs à l'expropriation pour cause d'utilité publique sont abrogées.

BUGEAUD.

OR.—1er oct. 1844, tit. 4.—(*Propriété*, § 1.)— *Règlement général sur l'expropriation, l'occupation temporaire et la prise de possession d'urgence.*

OR. — 21 juill. 1846, art. 40 et suiv. — (*Propriété*, § 1). — *Inculture des terres. — Cause d'expropriation pour utilité publique. — Formalités.*

LOI. — 16 juin 1851, tit. 4 (*Propriété*, § 1). — *Règles sur les causes générales d'expropriation. — L'ord. du 1er oct. 1844 est maintenue en ce qui concerne les formes à suivre.*

DI. — 5 déc. 1855.-27 janv. 1856. — B. 491. — *Occupation temporaire. — Abrogation du chap. 4, tit. 4, de l'ord. du 1er oct. 1844, sur la propriété (2).*

Vu la loi du 16 juin 1851 sur la propriété en Algérie; — L'arrêt du conseil du 7 sept. 1855, les lois du 6 oct. 1791, du 28 pluv. an VIII, du 16 sept. 1807, et le décr. du 6 sept. 1813; — Les lois des 30 mars 1851 et 3 mai 1841, etc.;

Art. 1. — Lorsqu'il y aura lieu d'occuper temporairement des terrains, soit pour l'exécution des travaux publics, soit pour l'extraction des matériaux nécessaires à ces travaux, la désignation des propriétés, leur prise de possession et le règlement de l'indemnité auront lieu d'après les mêmes lois et dans les mêmes formes qu'en France.

Art. 2. — Pour l'exécution du présent décret, en territoire militaire, les attributions du préfet y seront remplies par le général commandant la division, celles de l'ingénieur en chef par le directeur des fortifications, et la juridiction du conseil de préfecture du département s'étendra à tout le territoire de la province.

Art. 3. — Le chap. 4 du tit. 4 de l'ord. du 1er oct. 1844 est abrogé.

DI. — 11 juin-6 août 1858. — B. 523. — *Modifications au chap. 5, tit. 4 de l'ord. du 1er oct. 1844.*

Art. 1. — Lorsqu'il y aura lieu, en Algérie, d'acquérir par voie d'expropriation et d'occuper immédiatement tout ou partie d'une ou plusieurs propriétés pour l'exécution des travaux spécifiés à l'art. 19 de la loi du 16 juin 1851, et que l'urgence ne permettra pas d'accomplir les formalités prescrites à cet égard par l'ord. du 1er oct. 1844, notre ministre de la guerre pourra, en approuvant ces travaux, déclarer qu'il y sera procédé conformément aux dispositions du présent décret.

Art. 2. — Un avis indiquant la nature et la situation des travaux à entreprendre et des établissements à former, la désignation des immeubles qui doivent être soumis à l'expropriation, leur nature, leur situation et les noms de leurs propriétaires, s'ils sont connus, sera inséré, à la diligence du gouverneur général, dans le *Moniteur algérien* et dans un journal de la localité la plus rapprochée. Il sera affiché dans la commune de la situation des biens; et s'il s'agit d'immeubles situés dans la circonscription d'une des localités non érigées en communes, au chef-lieu du district, en territoire civil, et en territoire militaire, à la résidence des commandants de cercle ou de place. Cet avis fera connaître l'intention de prendre possession d'urgence (3). — Pendant dix jours à partir de ces insertions et affiches, les propriétaires et autres intéressés seront admis à consigner leurs observations sur un registre ouvert à cet effet dans le lieu où l'affiche a été apposée. — Ces observations seront soumises au conseil de préfecture, en territoire civil, ou à la commission mixte, en territoire militaire, qui en constateront sommairement le résultat. — Toutes les pièces seront transmises ensuite à notre ministre de la guerre, qui pourra, par une seule décision, déclarer l'utilité publique, prononcer l'expropriation et déclarer l'urgence.

Art. 3. — La déclaration d'urgence sera notifiée au président du tribunal civil avec invitation de désigner d'office, dans les vingt-quatre heures trois experts qui prêteront serment entre ses mains ou entre les mains du fonctionnaire désigné par son ordonnance. Ces experts seront chargés de visiter les lieux et de procéder, dans un délai de dix jours, à la rédaction d'un procès-verbal indiquant la nature et la contenance des cultures, plantations, bâtiments, clôtures et autres accessoires du fonds à exproprier. Cet état descriptif devra être assez détaillé pour pouvoir servir de base à l'appréciation de la valeur foncière, et, en cas de besoin, de la valeur locative, ainsi que des dommages-intérêts qui pourraient résulter des

(1) *Jurisprudence.* — Considérant que si, au moment de la vente qui a fait l'objet du contrat, l'immeuble était occupé militairement et affecté au casernement, cette circonstance n'était pas inconnue à l'acquéreur; que d'ailleurs le fait seul de l'occupation militaire d'un immeuble n'en enlève pas la disposition au propriétaire et que celui-ci peut en opérer la vente;

Que si l'art. 31 de l'arr. du 9 déc. 1841 est venu assimiler à une expropriation consommée toute occupation effective d'un immeuble par l'administration, antérieure au 17 oct. 1833, et convertir en ce cas le droit du propriétaire en une action en indemnité, cette ordonnance n'a pu détruire le contrat antérieurement passé entre Bourgoin et Raïs Caddous, ni conférer une action en garantie contre ce dernier; qu'il en résulte seulement que l'indemnité liquidée par l'administration pour l'occupation et la dépossession de la maison dont il s'agit, doit être attribuée à Bourgoin; — Par ces motifs, etc. — Cour d'Alger, 4 août 1851.

Un nombre considérable de décisions importantes ont été rendues par la cour d'Alger sur toutes les questions qu'a soulevées en Algérie cette expropriation cette validée par l'art. 31 ci-dessus et par l'art. 79 de l'ord. du 1er oct. 1844 (*Propriété*). Il serait impossible de les re-

produire ici, et elles sont déjà insérées au recueil *Jurisprudence de la cour d'Alger* du même auteur.

(2) *Rapport à l'empereur.* — Sire, l'ord. du 1er oct. 1844, sur l'expropriation et l'occupation temporaire des propriétés privées pour cause d'utilité publique avait eu en vue de réglementer l'Algérie à cet égard d'une manière spéciale; mais il a été reconnu qu'au lieu d'introduire dans cette colonie des formalités plus expéditives, elle y a multiplié les difficultés et rendu si lente la solution des affaires de cette nature, qu'elles y sont devenues de véritables entraves.

Pour remédier à ce fâcheux état de choses, une commission spéciale a été chargée d'étudier les réformes que pouvait comporter cette partie de la législation algérienne, et son avis, partagé par le conseil du département de l'Algérie, par mon département et aussi par le département des travaux publics consulté à cet effet, a été que la meilleure mesure à prendre en cette circonstance était d'appliquer sous ce rapport à l'Algérie la législation métropolitaine, notamment la loi du 16 sept. 1807 et le décret du 6 sept. 1813.

En conséquence......

Le ministre de la guerre, VAILLANT.

(3) Modifié par décret du 8 sept. 1859, ci-après.

changements ou dégâts occasionnés au surplus de la propriété. Il devra enfin contenir tous les renseignements nécessaires pour la fixation de l'indemnité. — Les experts indiqueront, dans leur procès-verbal, la valeur approximative de chaque immeuble, les motifs des évaluations diverses et le temps qu'il paraîtra nécessaire d'accorder aux occupants pour évacuer les lieux. — La déclaration d'urgence sera, en outre, publiée par affiches, tant à la porte de l'église du lieu, qu'à celle de la maison commune, du commissariat civil ou du commandant du cercle, suivant les circonscriptions administratives. Cette publication, qui durera au moins trois jours, fera connaître l'époque de la visite des experts. — La déclaration d'urgence sera en même temps notifiée, avec l'indication sus-énoncée, au propriétaire, si son domicile est connu, et, en tous cas, au détenteur de l'immeuble, fermier, locataire, gardien, régisseur ou autre occupant.

Art. 4. — Le président du tribunal, sur le vu du procès-verbal des experts, ordonnera la prise de possession et la consignation de l'indemnité approximative de dépossession. La consignation devra comprendre, outre le principal, la somme nécessaire pour assurer, pendant deux ans, le payement des intérêts au taux légal. — Le président déterminera le délai dans lequel, à compter de la notification faite administrativement de son ordonnance et du procès-verbal de la consignation, les détenteurs seront tenus d'abandonner les lieux. Ce délai ne pourra excéder sept jours. — Il sera ensuite procédé, à la poursuite de la partie la plus diligente, au règlement définitif des indemnités, d'après les renseignements contenus au procès-verbal, et appréciation faite de tous actes, documents et circonstances, en se conformant aux formalités indiquées dans l'ord. du 1er oct. 1844.

DI. — 8-29 sept. 1859. — **BDJ.** 58. — *Modifications à l'ord. de 1844. — Formalités d'expropriation.*

Vu l'ord. du 1er oct. 1844, la loi du 16 juin 1851, le décret du 11 juin 1858, les décrets du 51 août et du 27 oct. 1858, relatifs à la réorganisation administrative (*Admin. gén.*).

Art. 1. — Dans les différents cas prévus, tant par les art. 26, 27, 28 et 51 de l'ord. du 1er oct. 1844, que par l'art. 2 du décret du 11 juin 1858, les attributions qui appartenaient au gouverneur général seront exercées en territoire civil par le préfet, et en territoire militaire par le général commandant la division. — Dans les cas pour lesquels les dispositions précitées demandent l'avis du conseil d'administration, il y aura lieu à avis du préfet en conseil de préfecture ou du général en conseil des affaires civiles, suivant les territoires.

Art. 2. Les avis déterminés par les art. 26 et 27 de l'ordonnance précitée seront affichés dans la commune de la situation des biens, et, à défaut, au chef-lieu du commissariat civil ou de l'autorité qui en tient lieu. — Les registres d'enquête seront ouverts aux mêmes lieux. Les observations écrites adressées aux autorités chargées de procéder aux enquêtes seront annexées à ces registres. — Les insertions prévues par ladite ordonnance et ledit décret seront publiées dans le journal désigné pour l'insertion des annonces judiciaires. Les décisions rendues par le ministre seront, en outre, publiées au *Bulletin officiel de l'Algérie et des Colonies.*

Art. 3. — Le plan parcellaire des immeubles compris dans la déclaration d'utilité publique prévue par l'art. 27 de l'ordonnance précitée sera tenu à la disposition des intéressés aux mêmes lieux et pendant le même délai que les registres d'enquête.

§ 2. — INDEMNITÉS. — DISPOSITIONS SPÉCIALES. — COMMISSION DE LIQUIDATION.

AG. — 26 oct. 1830. — *Indemnité promise aux propriétaires expropriés.*

Art. 1. — Les habitants d'Alger dont les maisons, boutiques et magasins ont été ou seront, à l'avenir, compris dans les démolitions ordonnées pour cause d'utilité publique, pour l'élargissement des rues, l'embellissement et la salubrité de la ville, seront indemnisés au *prorata* de la valeur locative des maisons, boutiques et magasins abattus ou hors d'usage.

Art. 2. — Les immeubles tombés dans le domaine public seront spécialement affectés à ces indemnités, aussitôt que le recensement général, qui s'opère en ce moment, aura fait connaître ceux dont le gouvernement français peut disposer.

Art. 3. — La commission instituée précédemment à cet effet continuera à tenir registre des réclamations, pour y être fait droit en temps et lieu.
CLAUZEL.

AG. — 19 janv. 1831. — *Formalités pour le règlement de l'indemnité.*

Vu l'arrêté du 26 oct. 1830 ;

Art. 1. — Les propriétaires de maisons, boutiques et magasins démolis dans la ville et les faubourgs d'Alger, pour cause d'utilité publique, ayant à réclamer une indemnité en raison du dommage qui leur a été causé par suite de ces démolitions, ou, à défaut, leurs fondés de procuration ou ayants droit, devront produire, dans le mois qui suivra la publication du présent arrêté, pour tout délai, leurs titres de propriété devant les muphtis et le cadi assemblés en commission.

Art. 2. — Les muphtis et le cadi jugeront la validité des titres soumis à leur examen, estimeront la valeur locative de l'immeuble démoli, servant de base à l'indemnité, et mentionneront leur avis et leur décision sur l'acte de propriété, qui devra être immédiatement présenté par les réclamants au directeur des domaines.

Art. 3. — Le directeur des domaines se fera remettre, par la commission instituée précédemment pour recevoir les réclamations relatives aux immeubles démolis, le registre ouvert à cet effet et tous les documents recueillis par ladite commission. — Il inscrira sur un registre spécial, dans l'ordre de leur production, les justifications qui lui seront présentées en exécution de l'art. 1. Ce registre indiquera le numéro de la réclamation, le nom et le domicile du réclamant, la désignation et la situation de l'immeuble démoli, sa valeur locative, les titres de propriété et l'avis des muphtis et du cadi. — Il soumettra immédiatement au comité du gouvernement ses propositions relatives à l'indemnité à allouer pour chaque immeuble, de manière que l'allocation de ladite indemnité, à qui de droit, éprouve le moins de retard possible.

Art. 4. — Aucune réclamation ne sera reçue passé le délai fixé par l'art. 1, à moins d'une décision spéciale du général en chef. CLAUZEL.

AG. — 24 mai 1831. — *Payement d'un à-compte sur l'indemnité.*

Vu l'arrêté du 26 oct. 1830 ; — Vu les instructions du ministre de la guerre, en date du 4 mars dernier, qui règlent qu'à l'avenir les immeubles régis par le domaine ne pourront être aliénés qu'avec son approbation spéciale ; — Considérant, toutefois, qu'il est juste que les propriétaires dépossédés reçoivent une première indemnité pour le dommage qu'ils ont éprouvé, en attendant que la situation du trésor permette de les indemniser complétement.

Art. 1. — Les propriétaires de maisons, boutiques, etc., ayant droit à une indemnité par suite de la démolition de leurs immeubles, et compris dans l'état annexé à notre arrêté de cejourd'hui, recevront chacun, au *prorata* de cet état, à titre de premier à-compte sur leur indemnité, une somme équivalente à un semestre de loyer des immeubles dont ils ont été dépossédés.

Baron BERTHEZÈNE.

AG. — 24 mai 1831. — *Modifications aux dispositions de l'arrêté du 19 janvier précédent.*

Vu l'arrêté du 26 oct. 1830 ; — Vu l'arrêté du 19 janv. 1831 ; — Considérant que, d'après les rapports de l'intendant, les formalités auxquelles l'arrêté du 19 janvier dernier soumet le cadi et le muphti n'ont pu être remplies que partiellement, par suite de leur inaptitude aux affaires et aux formes de notre administration ; que, notamment, ils ne se sont pas renfermés dans le délai prescrit pour la réception des réclamations, lequel cas est prévu par l'art. 4 dudit arrêté, qui laisse au général commandant la faculté de prolonger le délai fatal ; — Considérant qu'il ne serait pas juste que les réclamants fussent déchus de leurs droits à une indemnité, par suite de négligence des agents préposés à recevoir les réclamations ;

Art. 1. — L'état ci-annexé, dressé par le directeur des domaines sur les listes remises, les 28 fév., 1er, 2, 20 mars et 14 avril, par le cadi et le muphti, et revêtu de la déclaration conforme de ces magistrats, servira de base à la distribution des indemnités dues aux habitants d'Alger dépossédés de leurs maisons, boutiques, etc., pour cause d'utilité publique.

Art. 2. — Il ne sera admis aucune réclamation postérieure au 14 avril, époque à laquelle a été arrêté ledit état.

Art. 3. — Les dispositions de l'arrêté du 19 janvier dernier sont révoquées en ce qui serait contraire à celles du présent arrêté.

Baron BERTHEZÈNE.

AG. — 14 fév. 1832. — *Expropriation sur la place du Gouvernement à Alger.*

Vu la décision de M. le ministre de la guerre, du 25 oct. 1831, concernant la Place du Gouvernement commencée à Alger ; — Vu, etc. ;

Art. 5. — Préalablement à toute démolition ultérieure sur les emplacements que doivent occuper les nouvelles constructions, chacun des deux services devra faire procéder à l'estimation contradictoire des bâtiments à démolir qui seraient propriétés privées. — Cette estimation devra être faite par experts, dans les délais fixés par l'intendant civil, à la diligence du commissaire du roi près la municipalité d'Alger.

Baron PICHON.   Duc DE ROVIGO.

AG. — 15 fév. 1832. — *Indemnités pour expropriations sur la place du Gouvernement.*

Art. 5. — Les propriétaires des maisons déjà démolies, sur les alignements de l'ancienne ou de la nouvelle place, ou leurs fondés de pouvoirs, déposeront sans retard, si fait n'a déjà été, chez le directeur des domaines, leur demande en indemnité, afin que le travail des indemnités relatives à la place puisse se poursuivre et s'achever sans délai.

Baron PICHON.

AGI. — 17 oct. 1833. — (V. ci-dessus, § 1), *Règlements généraux.*

AGI. — 2 avr. 1834, art. 16 (V. *Domaine*, § 1). *Expropriation. — Indemnité.*

OR. — 31 juill.-22 août 1836. — B. 36. — *Délais et formes de réclamation des indemnités* (1).

Vu notre décision du 11 de ce mois, relative à la liquidation des indemnités qui peuvent être dues à des propriétaires d'immeubles dans les possessions françaises du N. de l'Afrique ;

Art. 1. — Toute demande d'indemnité aux-quelles croiront avoir droit des propriétaires dépossédés par suite de mesures administratives dans les possessions françaises du N. de l'Afrique sera, à peine de déchéance, présentée dans le délai de trois mois, à partir de la publication de la présente ordonnance, par les propriétaires résidant, soit en France, soit dans lesdites possessions. — Ce délai sera d'un an pour les propriétaires domiciliés en pays étranger.

Art. 2. — Les demandes seront adressées à la direction des domaines à Alger, et enregistrées sur un registre spécial, parafé par le directeur des finances. — Extrait de cet enregistrement sera délivré gratis aux réclamants.

Art. 3. — À l'appui de chaque demande, les réclamants seront tenus de produire les pièces nécessaires pour établir la propriété sur la tête du propriétaire au moment de la dépossession.

Art. 4. — Les réclamants domiciliés en pays étranger devront en outre fournir un certificat d'un agent consulaire français faisant connaître le lieu de leur résidence et l'époque depuis laquelle elle y est fixée.

Décis. M. — 12 fév.-30 mars 1841. — B. 93. — *Nouveau délai fixé pour les réclamations d'indemnités antérieures au 31 juill. 1836.*

Le directeur de l'intérieur porte à la connaissance du public l'extrait ci-après d'une décision prise par M. le ministre de la guerre le 12 fév. dernier, au sujet des liquidations d'indemnités qui ont fait l'objet de l'ord. roy. du 31 juill. 1836 : — « 1° Il est accordé aux anciens propriétaires d'immeubles occupés ou démolis pour cause d'utilité publique, depuis les premiers temps de la conquête jusqu'au jour de la publication en Algérie de l'ord. du 31 juill. 1836, un nouveau et dernier délai pour la présentation de leurs demandes en indemnité et la production de leurs titres. — 2° Ce délai sera de trois mois pour les ayants droit résidant en France ou dans nos possessions d'Afrique, et de six mois pour ceux résidant en pays étranger. — 3° Les délais courront du jour de la publication dans le *Moniteur algérien* de la présente décision, qui sera insérée en même temps au *Bulletin officiel* des actes du gouvernement de l'Algérie. » — M. le ministre a en même temps décidé que la remise des réclamations et titres aurait lieu à la direction de l'intérieur, qui demeure chargée des liquidations.

Comte E. GUYOT.

AG. — 9 déc. 1841. — (V. ci-dessus, § 1, *Règlements généraux*).

AM. — 15 janv.-4 mars. 1842. — B. 114. — *Mode de liquidation des rentes dues pour indemnité d'expropriation.*

Vu l'ord. roy. du 21 août 1839 ; — Vu l'arr. du 9 déc. 1841 (V. ci-dessus, § 1) ;

Art. 1. — Les rentes dues en Algérie pour indemnité d'expropriation et liquidées en conformité de l'arr. du 9 déc. 1841 courront à partir du jour où il aura été pris possession de l'immeuble exproprié. — Le payement desdites rentes sera imputé

---

(1) Cette ordonnance avait pour objet de faciliter l'accomplissement de la mission confiée à M. Baude, par ord. du 12 juill. 1836, en fixant le délai pendant lequel devaient être formées les demandes d'indemnité pour les expropriations antérieures à 1836 ; mais cette mission n'ayant point produit les résultats que le gouvernement en avait attendus, il devint nécessaire de rouvrir le délai expiré. C'est ce que fit la décis. min. du 12 fév. 1841.

sur les revenus coloniaux, même lorsque l'indemnité sera due par le trésor.

Art. 2. — Les rentes servies pour indemnités liquidées à la charge du trésor seront remboursées par le service détenteur de l'immeuble ; le recouvrement sera effectué à la diligence du directeur des finances. Le montant des remboursements à poursuivre en exécution de la disposition qui précède, sera porté au budget des recettes coloniales.

Art. 3. — Il sera ouvert au budget des services coloniaux un crédit spécial sous le titre : *Rentes pour expropriation*. Ce crédit sera augmenté chaque semestre d'une somme égale à celle des rentes liquidées, dans le cours du semestre expiré. — Il en sera fait emploi par le directeur des finances, conformément aux dispositions ci-après.

Art. 4. — Les procès-verbaux de liquidations dressés en conseil d'administration et approuvés par le ministre seront, à cet effet, transmis au directeur des finances et transcrits sur un registre coté et parafé. — Les procès-verbaux, registres et certificats d'inscription mentionneront le taux de la liquidation et le service débiteur de la rente.

Art. 5. — Les titres constatant l'inscription des rentes au registre dont il vient d'être parlé, seront détachés d'un journal à souche ; chaque extrait ou certificat d'inscription portera un talon.

Art. 6. — Ces extraits d'inscription seront délivrés aux parties aussitôt après justification de leurs droits, par un agent spécial nommé par le ministre, sur la proposition du directeur des finances, et qui pourra, s'il y a lieu, continuer de remplir d'autres fonctions actives. — Cet agent sera assujetti à un cautionnement de 5,000 fr., et prêtera serment ; il sera chargé, sous les ordres et la surveillance du directeur des finances, du détail des écritures.

Art. 7. — Les extraits d'inscription ne seront valables qu'autant qu'ils auront été revêtus d'un timbre sec et du visa pour contrôle du directeur des finances. Le talon sera détaché, avant la remise du titre, pour être transmis au ministre de la guerre avec le certificat constatant que les immeubles ont été consignés sur les sommiers du domaine.

Art. 8. — Aucune inscription ne peut être délivrée pour une rente de moins de 10 fr. Les indemnités inférieures n'en seront pas moins liquidées dans la forme ordinaire ; mais le capital en sera remboursé sur mandat du directeur des finances aussitôt après la réception du procès-verbal de liquidation approuvé par le ministre et la reconnaissance des droits de propriété.

Art. 9. — Les coupures de rente produisant des fractions de francs sont interdites : les fractions au-dessous de 50 c. seront laissées en dehors ; au-dessus de 50 c., elles seront portées au franc.

Mutation et transfert.

Art. 10. — Les titres constitutifs de rentes et les certificats d'inscription sont nominatifs. — La propriété ne peut en être transmise que par acte authentique ou par succession réglée conformément aux lois.

Art. 11. — Tout nouveau propriétaire de rentes par cession ou transport, succession ou donation, obtiendra un titre nouveau, en son nom, sur dépôt à la direction des finances, de l'ancien titre des actes constatant sa propriété. — Ce dépôt donnera lieu à la délivrance d'un récépissé extrait d'un journal à souche.

Art. 12. — Lorsque par le résultat d'un partage entre les ayants droit à une même inscription, la part de quelqu'un d'entre eux se trouvera inférieure à 10 fr. de rente, l'administration aura la faculté d'en rembourser le capital ou d'acquitter les rentes suivant qu'il y aura lieu. — Dans ce dernier cas, il ne sera délivré qu'une seule inscription de rente, au nom de l'intéressé désigné par les parties ; faute par elles de s'entendre, l'administration choisira d'office le plus intéressé, ou l'intéressé le plus âgé si l'intérêt est égal. — Les noms des copartageants et leur quote-part seront inscrits pour mémoire sur le titre nouveau.

Du payement des rentes.

Art. 13. — Les rentes sont payables à la caisse du trésorier-payeur ou de ses préposés, à toute personne connue ou domiciliée qui se présente munie de l'inscription. — Les payements commencent au 15 janv. et au 15 juill. pour les intérêts du semestre précédent et sont ouverts, pour le premier semestre jusqu'au 15 juin, pour le deuxième jusqu'au 15 déc.

Art. 14. — Les inscriptions délivrées pendant la durée du semestre ne porteront jouissance qu'à partir du semestre suivant. — Les arrérages dus depuis la prise de possession des immeubles jusqu'à l'époque ci-dessus indiquée, seront acquittés en un mandat délivré par le directeur des finances et imputés sur les crédits mentionnés en l'art. 2. Le mandat sera remis à la partie intéressée en même temps que l'extrait d'inscription.

Amortissement.

Art. 15. — A dater du 1er janv. 1845, il pourra être porté chaque année, au budget des services financiers, un crédit spécial affecté au rachat d'une somme représentative de rentes.

Art. 16. — Les inscriptions à rembourser seront désignées par la voie du sort, sauf l'exécution des dispositions contenues aux art. 16 et 17. — Le tirage au sort, quand il y aura lieu d'y procéder, s'effectuera en public, à la direction des finances, en présence du directeur, du trésorier-payeur, d'un inspecteur des finances, d'un employé supérieur du domaine et de l'agent spécial chargé de la tenue des écritures, qui remplira les fonctions de secrétaire. — L'époque du tirage sera annoncée deux mois à l'avance par insertions, trois fois renouvelées au *Moniteur algérien*, avec énonciation du crédit ouvert pour remboursement.

Art. 17. — Les propriétaires de rentes qui désireront obtenir le remboursement du capital sans attendre les chances du sort, devront en adresser la demande au directeur des finances et déposer avant l'époque du tirage, au bureau de l'agent spécial, qui en délivrera récépissé, une soumission cachetée indiquant le capital demandé pour chaque franc de rente. La demande sera nécessairement inférieure au taux de liquidation.

Art. 18. — Au jour fixé pour le tirage, la liste des soumissions sera close ; à l'ouverture de la séance, il sera immédiatement procédé à leur dépouillement en présence des fonctionnaires ci-dessus désignés. — Les soumissionnaires qui offriront les meilleures conditions auront la préférence, et leurs inscriptions seront admises pour être remboursées jusqu'à concurrence du crédit ouvert. — Dans le cas où les demandes admises n'absorberaient pas la totalité du crédit, la somme de rentes à rembourser sera complétée par le tirage au sort.

Art. 19. — Les inscriptions admises à remboursement seront payées d'après le taux de la soumission. — Les inscriptions désignées par le sort seront remboursées au pair d'après le taux de liquidation. — Les mandats de remboursement seront délivrés sur la remise de l'inscription dans le mois qui suivra le dernier payement des arrérages et sans bonification d'intérêts pour le temps échu depuis le tirage.

Écritures et comptabilité.

Art. 20. — Tous les trois mois le directeur des finances transmettra au ministre de la guerre : —

1° Les talons d'inscriptions délivrés ; — 2° Les inscriptions déposées pour les mutations effectuées ; — 3° Les inscriptions annulées pour rachat.

Art. 21. — Le relevé des inscriptions en cours de circulation sera dressé tous les six mois par l'agent spécial des finances et arrêté par le directeur pour servir de bordereau de payement des arrérages. Ce bordereau devra être remis au payeur ou à ses préposés le 10 janv. et le 10 juill. au plus tard.

Art. 22. — Chaque payement d'arrérages donnera lieu : — 1° A la délivrance d'une quittance qui sera jointe aux acquits de payement ; — 2° A l'apposition au dos du certificat d'inscription d'une estampille qui indiquera le trimestre payé et la date du payement. — La quittance et l'estampille seront en noir pour les payements afférents à l'exercice courant, en rouge pour les payements afférents aux exercices clos.

Art. 23. — Les arrérages non acquittés pendant l'exercice pourront être payés pendant cinq ans. — Au delà de ce terme, ils seront prescrits conformément à l'art. 2277 c, Nap.

Dispositions transitoires.

Art. 24. — Le présent arrêté sera exécutoire à partir du 1er juill. 1842.

Art. 25. — Les rentes liquidées jusqu'à ce jour seront remplacées au profit des titulaires, par des extraits d'inscription délivrés conformément aux dispositions du présent arrêté. — L'état général desdites rentes sera dressé par le directeur de l'intérieur, communiqué au directeur des finances, et approuvé par le ministre avant toute exécution.

Art. 26. — Les nouveaux extraits délivrés en échange du titre primitif, qui sera remis à la direction des finances et transmis au ministre, porteront jouissance à dater du 1er juill. 1842, époque à laquelle les crédits affectés au service des rentes annulées seront transportés du budget de l'intérieur et transportés à celui des finances (*Services coloniaux*).

Art. 27. — Les modèles des registres et du journal à souche prescrits par les art. 4 et 5, ainsi que les instructions et règlements concernant les mesures d'ordre ou de comptabilité pour l'exécution des dispositions ci-dessus, seront soumis à l'approbation du ministre.

Maréchal duc de DALMATIE.

AM. — 1er-27 avr. 1844. — B. 175. — *Institution d'une commission pour régler définitivement les indemnités.*

Considérant qu'à la suite de la conquête, la nécessité de frayer à l'armée des routes carrossables a produit la démolition d'urgence de nombreux édifices, sans la formalité d'expertises préalables ; — Que ces démolitions ont été assimilées, par l'arr. du 9 déc. 1841, à l'expropriation pour cause d'utilité publique ; — Que l'absence d'expertise, jointe à l'insuffisance de la plupart des titres, forme l'obstacle qui a jusqu'ici retardé la liquidation d'indemnités, et constitue une situation exceptionnelle à laquelle il y a lieu de pourvoir par des dispositions particulières ; — Considérant qu'il importe de hâter et de terminer la liquidation de toutes les indemnités dues pour cause d'expropriation ;

Art. 1. — Les expropriations dont les indemnités restent à liquider seront classées en deux catégories distinctes, savoir : — 1° Les expropriations faites avec expertise ; — 2° Les expropriations faites sans expertise.

Art. 2. — La direction de l'intérieur continuera de procéder dans les formes ordinaires à la liquidation des indemnités dues pour les expropriations appartenant à la première desdites catégories. — A l'effet d'activer ce travail, de nouveaux employés seront ajoutés au bureau qui en est chargé.

Art. 3. — Le règlement des indemnités dues pour démolitions d'immeubles, dans les cas où des circonstances extraordinaires n'auront pas permis l'expertise préalable, est confié à une commission dite de *liquidation*, qui sera composée ainsi qu'il suit ; — Un magistrat, président ; — Un auditeur au conseil d'État ; — Un agent de la direction de l'intérieur ; — Un agent de la direction des finances ; — Un membre de la chambre de commerce.

Art. 4. — La commission de liquidation recherchera, en premier lieu, les circonstances diverses dans lesquelles ont été faites les démolitions ; vérifiera si tout ou partie des indemnités qui en résultent, sont susceptibles de liquidation individuelle, ou si elles doivent être faites collectivement. Elle donnera son avis sur les règles et les formes qu'il convient de suivre pour arriver le plus promptement possible à cette liquidation.

Art. 5. — La commission exposera dans un rapport les faits par elle constatés, ainsi que ses vues et ses propositions. En cas d'opinions différentes, le rapport les énoncera toutes avec leurs motifs.

Art. 6. — Le rapport de la commission sera adressé au gouverneur général pour être soumis au conseil d'administration. — Copie en sera immédiatement transmise au ministre.

Art. 7. — Le conseil d'administration appréciera les propositions faites par la commission, et en présentera d'autres concurremment, s'il le juge convenable. Sa délibération fera connaître et motivera, le cas échéant, les diverses opinions qui auront pu être émises.

Art. 8. — La délibération du conseil d'administration sera envoyée sans retard, avec les observations du gouverneur général, au ministre, qui statuera définitivement.

Art. 9. — Il sera procédé ultérieurement et sans retard à la fixation du chiffre des indemnités et à leur répartition, conformément aux règles qui auront été adoptées par le ministre.

Maréchal duc de DALMATIE.

OR. — 9 mai-18 juin 1845. — B. 202. — *Délai nouveau pour les réclamations d'indemnités.*

Vu l'ord. du 31 juill. 1836, qui détermine les délais dans lesquels devront être présentées les demandes d'indemnités auxquelles croiront avoir droit les propriétaires dépossédés par suite de mesures administratives en Algérie ;

Art. 1. — Toute demande d'indemnité pour démolitions ou expropriations antérieures au 31 juill. 1836, devra être formée, et justification devra être faite des droits de propriété, par les propriétaires ou les ayants droit, dans le délai de trois mois, à partir de la promulgation de la présente ordonnance, sous peine de déchéance.

Art. 2. — Toute demande de même nature pour dépossession d'immeubles, postérieurement au 31 juill. 1836, devra être présentée avec les titres à l'appui dans le délai de deux ans sous la même peine de déchéance.

AG. — 5-21 mai 1848. — B. 274. — *Institution d'une nouvelle commission de liquidation des indemnités* (1).

_____

(1) *Rapport à M. le gouverneur général.* — M. le gouverneur général, vous m'avez fait l'honneur de me communiquer, 1° les dossiers contenant les indemnités pour expropriations antérieures à 1845 ; 2° les dépêches ministérielles des 5 fév. et 10 mars 1848, et de me demander un avis personnel sur l'issue à donner à cette question.

Vu l'arr. du 26 oct. 1830 ; — L'arr. du 19 janv. 1831 ; — L'arr. du 21 mai 1851 — L'ord. du 31 juill. 1836 ; — L'ord. du 21 août 1839, sur l'organisation du régime financier en Algérie ; — La décision ministérielle du 12 février 1840, relative aux indemnités qui ont fait l'objet de l'ord. du 31 juill. 1836 ; — L'arr. du 9 déc. 1841 ; — L'arr. min. du 15 janv. 1842 ; — L'ord. du 9 mai 1845 ; — Les dépêches min. des 5 fév. et 10 mars 1848, relatives aux mesures à prendre pour la conclusion des liquidations d'indemnités dues pour expropriations antérieures à 1845 ; — Notre arr. du 5 mai 1848 relatif à la suppression de la direction des affaires civiles de la province d'Alger ; — Considérant qu'il importe que l'administration, dans un sentiment de justice et de loyauté, comme dans l'intérêt des particuliers, arrête définitivement la liquidation des indemnités dues pour cause d'expropriation publique antérieurement à 1845 ; — Que pour arriver à ce résultat si désirable le plus promptement possible, il convient de recourir à l'application des règles françaises qui, à toutes les époques, ont régi les liquidations administratives faites en France ; — Que ces règles sont d'ailleurs conformes à la lettre comme à l'esprit de la législation spéciale de l'Algérie, ainsi qu'aux vues exprimées dans les dépêches ministérielles ci-dessus visées.

Art. 1. — La liquidation des indemnités qui peuvent être dues dans les trois provinces d'Alger, Oran et Constantine, à des particuliers, à leurs ayants droit ou ayants cause, par suite d'expropriation pour cause d'utilité publique, soit par l'administration civile, soit par le service militaire, antérieurement au 1er janvier 1845, sera faite par une commission composée de cinq membres. — Les décisions de cette commission seront susceptibles de recours devant le conseil d'État par la voie contentieuse.

Art. 2. — Il y aura auprès de la commission un agent de l'administration des domaines, auquel il sera préalablement donné communication de toutes les demandes en indemnité.

Art. 3. — La commission statuera sur les réclamations d'après les actes et documents qui seront produits devant elle, ou par commune renommée, ou par voie d'enquête si elle le juge convenable ; — Elle appréciera les biens suivant leur consistance et leur estimation à l'époque de la prise de possession, et d'après la valeur commune des propriétés à cette époque.

— La mesure que je vais avoir l'honneur de vous proposer est élémentaire en matière de liquidation financière ; de plus, vous reconnaîtrez qu'il est digne et honorable pour l'administration de mener à fin une situation contre laquelle, depuis longtemps s'insurgent, avec autant de vivacité que de justice, des intérêts privés en souffrance.

Il est vrai de dire que l'administration locale s'est souvent préoccupée d'un état de choses dont elle a vainement, jusqu'ici, pressé avec instance la solution, tant il lui paraissait contraire au bon droit comme à la loyauté que, par son fait, un défaut de conclusion pût se prolonger davantage. — Quelques expédients administratifs ont été tentés ou indiqués à diverses époques ; une commission a même été envoyée de Paris en 1851 (a). Tout jusqu'ici a été stérile et négatif. — Puis constamment on s'est heurté, tout d'abord, contre une difficulté qu'on considérait comme insurmontable et qui n'est pas même sérieuse : à savoir qu'il fallait préalablement connaître le chiffre de la somme définitive à appliquer à cette liquidation. — Ceci sera le résultat, la conséquence de la liquidation administrative ; aussi est-ce cette liquidation qu'il faut préalablement, et avant tout, préparer et terminer pour obtenir cet inconnu.

Il importe d'aborder carrément la question pour la résoudre radicalement en même temps qu'honorablement, et de recourir aux principes qui, à toutes les époques, ont régi en France les grandes liquidations des dettes de l'État ou des communes, de façon à concilier les principes avec les vues des deux dépêches ministérielles. — La première, celle du 5 fév. 1848, dit qu'il faut protéger les intérêts du trésor contre des prétentions illégitimes ; est-ce qu'il a pu entrer dans la pensée qu'il en fût autrement ? — Mais traiter de prétentions illégitimes les droits des cessionnaires, ayants cause ou ayants droit des propriétaires primitifs, c'est renverser tous les principes rigoureux du droit.

Établir des catégories ou des exclusions non justifiées entre les réclamants, ce serait se montrer plus qu'injuste.

En effet, que fatigués, que découragés d'attendre, que réduits à la misère, les propriétaires dépossédés aient cédé leurs titres à des tiers, peut-on leur imputer à crime ? Qu'il se soit rencontré des spéculateurs qui aient profité de cette situation, c'est un malheur ; mais ne pourrait-on pas en imputer la faute à l'administration qui est encore à état de déni de justice vis-à-vis des propriétaires ? — Ce sera à la liquidation et à ceux qui auront mission de la diriger, qu'il appartiendra de faire la part des uns et des autres.

Dans les nombreuses liquidations françaises de 1789 à 1851, on ne trouverait pas trace d'une objection de cette nature ; on sait cependant combien le règlement de l'énorme passif de l'arriéré de la dette publique en France avait peu d'entraves. — Cette dépêche, en demandant pour conclusion de faire dresser un état général des réclamations, avec les éléments qu'elle indique, demande en d'autres termes une véritable liquidation. — La seconde dépêche, celle du 10 mars 1848, reconnaît qu'il est urgent de sortir de la situation ; et dans des vues sages d'appréciation, elle se résume en faisant appel au conseil supérieur d'administration à une commission spéciale prise dans son sein pour terminer cette liquidation. — Là n'est pas encore le remède héroïque et prompt qui doit améliorer l'opération ; le conseil supérieur est d'ailleurs trop occupé : abordons les règles suivies en France.

La France, quoique en possession d'une forte organisation administrative, fonctionnant par de nombreux conseils, a toujours eu recours, en cette matière, à des commissions spéciales, exceptionnelles, pour leur conférer la tâche exclusive de telle ou telle liquidation. — L'assemblée nationale avait dans son sein un comité chargé de la liquidation de la dette publique (lois des 17 juill.-8 août 1790). — Une loi du 22 déc. 1790 institua une direction générale de liquidation. — Un arrêté du 15 prair. an X créa un conseil général de liquidation qui fonctionna jusqu'en 1810, époque de sa suppression. — Les dépenses et fournitures faites, durant et à l'occasion de l'occupation, furent liquidées par des commissions départementales. — Les liquidations des indemnités d'émigrés et des colons de Saint-Domingue se firent par des commissions spéciales de liquidation. — La liquidation des créances contre l'Espagne, le Portugal, le Mexique, les États-Unis, ont également donné lieu en 1822, 1824, 1836, 1840, à la création de commissions spéciales. — Enfin, un décret tout récent du gouvernement provisoire, en ordonnant l'achèvement du Louvre, a créé une commission permanente d'expropriation et de liquidation des indemnités.

Existe-t-il dans la législation spéciale de l'Algérie une disposition quelconque qui fasse obstacle à l'application des règles de la législation française en matière de liquidation, soit générale, soit spéciale ? Aucune. — En effet, en 1830, c'est à une commission que sont renvoyées les réclamations des propriétaires dépossédés. — En 1831, l'appréciation de ces réclamations est remise au comité du gouvernement. — En 1841, c'est la direction de l'intérieur qui demeure chargée des liquidations. — Par un arrêté du 9 déc. 1841, sur l'expropriation pour cause d'utilité publique, c'est au conseil d'administration qu'est confié le soin du règlement des indemnités.

Ainsi, le projet d'arrêté est, en principe, conforme à la législation et aux pratiques administratives de la France, à la législation spéciale de l'Algérie et aux deux dépêches ministérielles communiquées. — Enfin, il sera de plus un grand service rendu aux intérêts privés, un éclatant hommage aux principes de justice et de loyauté qui doivent présider à tous les actes de l'administration.

Le conseiller civil, membre du conseil sup. d'admin.,
A. GERMAIN.

(a) La commission envoyée sous la présidence de M. Baude, conseiller d'État.

Art. 4. — Dans le bordereau définitif de liquidation, il sera fait déduction des sommes qui peuvent avoir été touchées par les réclamants, en vertu des arr. des 24 mai 1831 et 15 janv. 1842.

Art. 5. — La commission fera application des déchéances prononcées par les arrêtés et ordonnances pour défaut de réclamation dans les délais précédemment fixés ou par défaut de production de pièces nécessaires à la justification des droits de ceux qui auraient produit leur demande dans les délais utiles. — Dans ce dernier cas, la commission pourra prendre en considération les empêchements ou impossibilités qui auraient pu s'opposer à la production des pièces justificatives.

Art. 6. — S'il s'élevait des doutes ou des réclamations sur la question de la propriété, ou s'il était allégué que ces propriétés sont domaniales, soit comme provenant de l'ancien beylik ou de corporations religieuses ou par suite de séquestre, soit comme ayant un caractère public qui n'en permettait ni l'aliénation ni la transmission, la commission renverra ces questions devant les tribunaux, qui statueront d'urgence et comme en matière sommaire. — Ce renvoi sera ordonné d'office par la commission ; il pourra être requis par l'agent de l'administration des domaines.

Art. 7. — Il sera délivré à chaque ayant droit un titre d'indemnité contenant le bordereau de la somme à laquelle aura été fixée cette indemnité.

Art. 8. — La liquidation ainsi définitivement réglée, si les ressources ordinaires financières ne le permettent pas, il sera demandé au pouvoir législatif un crédit spécial pour l'acquittement du montant des indemnités liquidées; il décidera si ce remboursement s'opérera en capital ou en rentes de 5 p. 100 en totalité ou par partie.

E. CAVAIGNAC.

AM. — 1er juill.-8 nov. 1848. — B. 294. — *Bases de la liquidation ordonnée.*

Vu l'arr. du 5 mai 1848 ; — Vu les art. 50 et 51 de l'arr. du 9 nov. 1841 et 79 de l'ord. du 1er oct. 1844 : — Considérant que la prompte liquidation des indemnités d'expropriation est une nécessité d'ordre public, et qu'il importe de lever tous les obstacles qui pourraient la rendre incomplète ou la retarder ; — Considérant que l'exercice du droit autorisé par l'art. 1699 c. Nap. est un moyen de hâter le payement de ceux que cet article concerne, et d'accélérer la liquidation des indemnités restantes par la diminution de leur masse ;

Art. 1. — La commission instituée par l'arr. du 5 mai 1848 réglera les indemnités dues pour expropriations consommées depuis le 5 juill. 1830 jusqu'au 1er janv. 1845, conformément à la législation sous l'empire de laquelle ces expropriations auront été consommées.

Art. 2. — Pour le temps antérieur à l'ord. du 1er oct. 1844, l'expropriation est réputée consommée : — 1° Par le seul fait de la démolition ou de l'occupation effective de l'immeuble ; — 2° Par l'attribution qui en aura été faite à un service public ; — 3° Enfin par tout acte ou fait administratif ayant eu pour résultat de faire cesser la possession du propriétaire. — La commission précitée statuera sur les cas donnant ouverture à l'application de la présente disposition.

Art. 3. — Lorsque l'expropriation aura eu lieu

sans expertise, et qu'il s'agira d'un édifice démoli, l'administration pourra désintéresser le cessionnaire du droit à l'indemnité, en lui faisant les remboursements prescrits par l'art. 1699 c. Nap.

DE LAMORICIÈRE.

DP. — 5 fév.-11 mars 1851. — B. 578. — *Clôture des opérations de la commission.*

Vu l'arrêté du gouverneur général du 5 mai 1848, approuvé le 27 du même mois par le ministre de la guerre ; — Considérant que le travail des liquidations est arrivé à un degré d'avancement tel, qu'il permet de fixer le terme des travaux de la commission ;

Art. 1. — Les travaux de la commission instituée par l'arr. du 5 mai 1848 susvisé seront clos le 28 fév. courant.

Art. 2. — Les réclamations sur lesquelles la commission n'aurait pas encore pu rendre de décision définitive, à cette époque, seront remises aux préfets de chacun des départements qu'elles concerneront respectivement, pour être jugées au fur et à mesure de leur mise en état, par les conseils de préfecture, sur les bases posées par l'arr. du 5 mai 1848 (1).

Expulsion de la colonie.

AG. — 25 juin 1831. — *Expulsion de tout indigène qui tiendrait des propos alarmants. — Peine de mort dans le cas où il rentrerait.*

AI. — 20 avril 1832, art. 8 (V. *Admin. gén.*, § 1). — *Droit conféré au juge royal établi à Bône, de prononcer comme peine correctionnelle le renvoi de la ville de Bône pour un an au plus.*

AM. — 1er sept. 1834, art. 15 (V. *eodem*). — *Attributions du gouverneur général en matière de haute police.*

AG. — 6 déc. 1834, art. 2 (V. *Passe-ports*). — *Renvoi dans leur pays de tous ceux qui n'ont point de moyen d'existence connus.*

AM. — 2 août 1836, art. 10 (V. *Admin. gén.*, § 1). — *Attributions du gouverneur général, comme à l'arr. du 1er sept. 1834.*

AG. — 26-30 sept. 1836. — *Expulsion de l'Algérie de Hamed Bouderba, et quatre autres indigènes, qui ont entretenu des intelligences coupables avec l'ennemi.*

AG. — 14-23 juin 1841. — B. 98. — *Dispositions contre les individus expulsés qui rentreraient.*

Vu l'art. 5 de l'ord. du 22 juill. 1834, le conseil d'administration entendu, vu l'urgence.

Art. 1. — Toute personne exclue, à toujours ou pour un temps déterminé, soit du territoire entier de l'Algérie, soit de quelqu'un des points occupés, ne pourra, à moins qu'elle ne justifie d'une autorisation écrite et spéciale accordée par le gouverneur général, reparaître, durant le temps fixé par l'arrêté d'exclusion, dans aucun des lieux dont l'approche et le séjour lui auront été interdits.

Art. 2. — En cas de désobéissance aux dispositions prescrites par l'article précédent, l'individu expulsé sera puni d'un emprisonnement de trois mois à deux ans ; la peine, en cas de récidive, sera toujours portée au maximum, et pourra même

---

(1) *Jurisprudence.* — Cette disposition n'a point introduit un droit nouveau. En effet, c'est seulement à partir de l'ord. du 1er oct. 1844 que les indemnités dont il s'agit ont cessé d'être réglées administrativement et que les tribunaux ordinaires ont été chargés d'en connaître. Mais l'art 79 de cette ord. avait réservé à l'autorité administrative le règlement des indemnités dues pour tout acte ou fait administratif antérieur, ayant eu pour résultat de faire

cesser la possession du propriétaire même temporairement et c'est en exécution de cette prescription que l'arr. du 5 mai 1848 et le décret du 5 fév. 1851 ont été rendus.

L'occupation temporaire, qui a commencé avant 1845 et s'est prolongée depuis, est un fait continu dont le caractère et les effets remontent nécessairement au jour où il a pris naissance. — *Cour d'Alger*, 31 juill. 1854.

être élevée jusqu'au double. — L'art. 463 c. pén. n'est point applicable au délit prévu par le présent arrêté.

Pour le gouverneur général absent, DE BAR.

AG. — 11 janv. 1842 (V. *Transactions immobilières*). — *Expulsion des Européens ou israélites qui contreviendraient aux arrêtés sur les transactions immobilières.*

OR. — 26 sept. 1842, art. 48 (V. *Justice*, § 1). — *Transférement en France de tout indigène condamné à plus de six mois de prison et interdiction facultative de retour,*

DÉCIS. M. — 8 mars 1843. — *Expulsion de Maltais libérés.*

Après m'être concerté avec MM. les ministres de l'intérieur et des affaires étrangères, j'ai décidé qu'à l'avenir le séjour de l'Algérie serait interdit aux condamnés maltais libérés. — Cette mesure est destinée à concourir directement à la prospérité de notre colonie en y attirant, par les garanties de sécurité qu'elle leur offre, de nouveaux colons, et en assurant davantage la tranquillité et le repos de ceux qui s'y trouvent déjà. Son exécution ne saurait être trop rigoureusement surveillée. — Des ordres sont donnés pour que tous les condamnés dont s'agit soient, à l'expiration de leur peine, expulsés de France et renvoyés dans leur patrie ; mais, en outre, des notices sur leur position légale, ainsi que des copies de leur signalement, seront transmises par mon département, au fur et à mesure des libérations, à M. le gouverneur général, qui en donnera communication à M. le procureur général, Le ministre de la guerre, Maréchal duc de DALMATIE.

(Cette mesure a été complétée par la dépêche suivante, du 27 avr. 1843.)

Ma décision du 8 mars dernier a été rendue sur les rapports qui m'ont été adressés par M. le directeur de l'intérieur, au sujet des graves inconvénients du retour en Algérie des condamnés maltais conduits en France pour y subir leur peine, et elle ne s'applique qu'aux individus de cette nation qui auraient été condamnés, soit aux travaux forcés, soit à la réclusion, soit à un emprisonnement correctionnel de plus d'une année, puisque ces condamnations seules donnent lieu au transfèrement des condamnés dans les prisons de la métropole. Elle ne saurait, par conséquent, être étendue à ceux qui, n'ayant été condamnés qu'à moins d'un an d'emprisonnement, auraient subi leur peine en Algérie. Cette mesure m'a paru offrir des garanties suffisantes pour le maintien de l'ordre et de la sécurité de la colonie.

OR. — 15 avr. 1845, art. 31 (V. *Admin. gén.*, 31). — *Attributions du gouverneur maintenues, mais soumises, pour l'exercice du droit d'expulsion, à l'avis du conseil d'administration et à l'approbation ministérielle.*

AG. — 10-26 mai 1848. — B. 275. — *Expulsion pour quinze ans de cinq individus (1), à raison de troubles politiques excités par eux à Bône.*

AM. — 16 déc. 1848, art. 6 (V. *Admin. gén.*, § 1.) *Modification aux attributions du gouverneur général.*

AG. — 7 juin 1852 (V. *Armes*). — *Expulsion des étrangers trouvés porteurs d'armes prohibées.*

(1) Sans désapprouver officiellement la mesure prise par le gouverneur général, le gouvernement de cette époque la trouva trop sévère, et permit quelque temps après la rentrée à Bône des individus expulsés. L'organisation administrative des préfectures, qui eut lieu bientôt après

F

Fabrique (conseil de).

AG. — 24 avr.-18 mai 1859. — D. 60. — *Application à l'Algérie des lois de France.*

Vu l'arr. du 23 déc. 1857 qui institue un conseil de fabrique à Alger ; — Considérant que l'organisation du culte catholique dans les possessions françaises du N. de l'Afrique commande de pourvoir d'une manière définitive à l'administration du temporel des églises qui y sont ou pourront être établies ; — Vu le décr. du 30 déc. 1809 et l'ord. roy. du 12 janv. 1825, concernant les fabriques des églises catholiques : — Sur la proposition de M. le directeur de l'intérieur, le conseil d'administration entendu ; — Vu l'art. 5 de l'ord. du 22 juill. 1834.

Art. 1. — Les dispositions du décr. du 30 déc. 1809 et des art. 2, 3, 4, 5, 6 et 7 de l'ord. roy. du 12 janv. 1825, recevront leur exécution dans les possessions françaises du N. de l'Afrique, sauf les modifications indiquées aux art. 2, 3 et 4 ci-après.

Art. 2. — Le directeur de l'intérieur exercera les attributions conférées aux préfets par ledit décret.

Art. 3. — Toute disposition qui, excédant les pouvoirs des conseils de fabrique, serait arrêtée, soit par le directeur de l'intérieur, soit par l'évêque, sera délibérée en conseil d'administration et, au besoin, soumise à M. le ministre de la guerre.

Art. 4. — Les crédits nécessaires pour pourvoir à l'insuffisance des revenus des fabriques seront portés aux budgets locaux ; ils seront ordonnancés, et l'emploi en sera justifié dans les formes ordinaires de la comptabilité municipale.

Art. 5. — Les budgets des fabriques ainsi que les comptes des trésoriers seront communiqués chaque année au conseil d'administration.

Art. 6. — L'arrêté provisoire du 23 déc. 1857 est rapporté. Comte VALÉE.

Fête nationale.

AG. — 1er-11 juin 1851. — B. 385. — *Institution d'une fête anniversaire de la prise d'Alger*

Vu la dépêche minist. du 21 mai dernier ; — Considérant que, pour perpétuer en Algérie le souvenir du débarquement de l'armée française à Sidi Ferruch, le 14 juin 1830, et consacrer le glorieux anniversaire de la prise de possession de l'ancienne régence d'Alger, il convient de prescrire des dispositions générales, applicables à tous les points occupés.

Art. 1. — Le 14 juin de chaque année, ou le dimanche suivant, lorsque le 14 ne sera pas jour férié, un service religieux et d'actions de grâces, auquel assisteront les autorités civiles et militaires, sera célébré dans toutes les églises de l'Algérie. — Dans les chefs-lieux de division et de subdivision, une salve de vingt et un coups de canon sera tirée pendant le *Te Deum*. — Dans les ports militaires, les bâtiments de l'État seront pavoisés. — La milice et les troupes seront passées en revue. — Les concours, séances solennelles et réunions ayant pour but de distribuer des récompenses

en déc. 1848, nécessita un nouveau règlement sur les attributions des hauts fonctionnaires de l'Algérie, et dans l'arrêté qui fut rendu à ce sujet, les droits du gouverneur général en matière de haute police furent modifiés et restreints aux mesures autorisées par les lois de la métropole.

ou de donner des encouragements, à cette époque de l'année, auront lieu le même jour.

Le gouv. gén. par int. **A. PÉLISSIER.**

Finances.

Le régime financier de l'Algérie est aujourd'hui réglé par les ord. des 17 janv. 1845 et 2 janv. 1846. Jusqu'à l'année 1850 une confusion réelle présidait à l'assiette des impôts, à l'emploi de leurs produits, à toute la comptabilité publique; les tarifs et modes de perception variaient d'une localité à l'autre, les mêmes anomalies se retrouvaient dans l'affectation des revenus, dans l'imputation des dépenses.

Le principe d'organisation municipale qui avait été établi par l'arr. min. du 1er sept. 1834 (V. *Admin. gén.*, § 1) était en partie cause de ce désordre. Les impôts municipaux, que l'on avait créés par analogie avec ce qui se pratique en France, n'avaient nulle part un caractère local ; ils portaient autant sur la population des campagnes que sur celle des villes, qui seules cependant étaient appelées à en profiter. Les ressources communales mal réparties étaient partout insuffisantes, et il était devenu impossible de pourvoir aux dépenses qui par leur nature n'étaient pas susceptibles de rester à la charge de l'État.

Il était donc urgent de soumettre la comptabilité à un régime uniforme, et de pourvoir d'une manière sage et équitable aux besoins de la colonie. L'ord. du 21 août 1839 fut rendue dans ce double but ; considérant l'Algérie comme un seul corps, elle supprima les municipalités, attribua à la colonie tous les impôts analogues à ceux qui en France seraient perçus au profit des communes et des départements, et mit à sa charge les dépenses qui avaient un caractère municipal ou départemental ; elle détermina également les taxes qui, appartenant au trésor, ne pouvaient plus, comme par le passé, être détournées de leur destination; toutes les recettes et les dépenses durent être effectuées par les mêmes comptables et soumises au contrôle de la cour des comptes ; un ordre satisfaisant fut ainsi introduit dans la comptabilité.

L'ord. de 1839 réglait encore le mode d'administration des propriétés domaniales divisées, suivant leur origine, entre l'État et la colonie, mais soumises au même régime et administrées par les mêmes agents, et elle fut complétée sur ce point par un arr. du 23 mars 1843 (V, *Domaine*, §§ 1 et 2), qui réglment l'administration des établissements religieux musulmans, et attribua leurs revenus à la colonie, en mettant à la charge de celle-ci les dépenses auxquelles ils étaient destinés à pourvoir.

L'ord. du 17 janv. 1845 a établi une nouvelle répartition des recettes et dépenses afférentes tant au budget de l'État qu'à celui de la colonie ; celle du 2 janv. 1846 a déterminé les formes de comptabilité et toutes les dispositions administratives qui devaient assurer l'exécution du nouveau régime financier. Ce régime, toujours en vigueur

quant à ses principales dispositions, a toutefois subi une grave modification par suite du décr. du 27 oct. 1858 qui a supprimé le budget local et municipal et l'a remplacé par trois budgets principaux distincts, applicables dans chaque province, au territoire civil et au territoire militaire. (V. à l'article *Administration générale*, § 1, 8°, le décr. de 1858, le rapport ministériel contenant l'historique de la législation financière de l'Algérie, et l'explication des nouvelles mesures adoptées, enfin les tableaux des recettes et dépenses dressés en vue de la nouvelle organisation.) Les arrêtés et ordonnances antérieurs au 17 janv. 1845, et qui ne sont aujourd'hui d'aucune application, ne sont pas reproduits.

ORD. — 17 janv.-14 mai 1845. — B. 199. — *Nouveau régime financier.*

Vu notre ord. du 21 août 1839 ; — Vu la loi du 4 août 1844, portant fixation du budget des dépenses de l'exercice 1845, et dont l'art. 5 est ainsi conçu : — « À partir du 1er janv. 1846, toutes les recettes et dépenses de l'Algérie, autres que celles qui ont un caractère local et municipal, seront rattachées au budget de l'État. — Les recettes et dépenses locales et municipales seront réglées par une ordonnance. »

TIT. 1. — *Assiette des impôts.*

Art. 1. — Les impôts, taxes et revenus de toute nature, créés ou à créer en Algérie, soit comme produits généraux appartenant à l'État, soit comme produits formant les ressources locales et municipales, ne pourront être établis, modifiés ou supprimés qu'en vertu d'ordonnances royales (1).

Sont exceptés toutefois de cette disposition : — 1° Les taxes de ville et de police analogues à celles dont la perception est autorisée en France, au profit des communes, par la loi du 18 juill. 1837 ; — 2° Jusqu'à disposition contraire, les impôts dus par les populations arabes. — Ces taxes et impôts pourront être établis, savoir : — Les impôts arabes, par arrêté de notre ministre secrétaire d'État de la guerre ; — Les taxes de ville et de police, par arrêtés du gouverneur général, avec l'approbation du ministre.

Art. 2. — Les impôts dus par les Arabes seront fixés en numéraire (valeurs françaises) ; mais ils pourront, d'après l'autorisation du gouverneur général, être acquittés en nature, soit à la demande de l'administration militaire, dans l'intérêt des approvisionnements de l'armée, soit à la demande des commandants supérieurs, si les contribuables ne peuvent se libérer en argent. — Les payements en nature, dans le cas où ils seraient autorisés par le gouverneur général, s'effectueront d'après un tarif arrêté, sur sa proposition, par notre ministre de la guerre.

Art. 3. — Les impôts dus par les Arabes seront constatés au brut dans les écritures ; il y sera fait dépense : — 1° Du dixième du produit brut attribué aux chefs indigènes pour frais de recouvrement ; — 2° Du dixième du net, attribué aux localités comme ressources locales et municipales (2).

Art. 4. — Les centimes additionnels aux impôts établis et les contributions extraordinaires que les communes de l'Algérie demanderaient à s'imposer, ainsi que les emprunts qu'elles seraient dans le cas de contracter, ne pourront être autorisés qu'en vertu d'ordonnances royales. — Des arrêtés de

---

(1) Un décret imp. du 18 juill. 1855, B 483, déclare applicable à l'Algérie l'art. 5 de la loi du 14 juill. 1855 aux termes duquel le principal des impôts et produits de toute nature soumis au décime par les lois en vigueur sera

augmenté temporairement d'un nouveau décime jusqu'au 1er janv. 1858.

(2) Cette répartition a été modifiée par décret des 25 août 1852 et 1er déc. 1858 (V. *Impôt arabe*.)

notre ministre de la guerre autoriseront les contributions extraordinaires que les tribus arabes demanderaient à s'imposer pour des dépenses à locales faire sur leur territoire (1).

Art. 5. — Toutes contributions directes ou indirectes, toutes taxes ou perceptions autres que celles qui sont autorisées dans la forme prescrite par la présente ordonnance, à quelque titre et sous quelque dénomination qu'elles se perçoivent, sont formellement interdites, sous peine, contre les autorités qui les ordonneraient, contre les employés qui confectionneraient les rôles et tarifs, et ceux qui en feraient le recouvrement, d'être poursuivis comme concussionnaires.

Art. 6. — Les recettes de toute nature, tant au profit du trésor qu'au profit des localités et des communes, ainsi que les dépenses de l'un et de l'autre service, ne peuvent être effectuées, dans toute l'Algérie, qu'en vertu d'un titre légalement établi par des comptables régulièrement institués et cautionnés. — Ces comptables sont justiciables de la cour des comptes.

Art. 7. — Les rétributions diverses qui, d'après leur nature, ne peuvent être perçues directement par les comptables des services financiers, continueront, à être perçues par les agents des services administratifs désignés à cet effet. — Ces agents compteront les produits réalisés par eux à un comptable des services financiers, et seront, pour le fait de leur gestion, soumis aux mêmes obligations et à la même surveillance que les autres préposés.

Art. 8. — Toute recette et tout payement faits sans l'intervention des comptables du trésor donneront lieu aux poursuites autorisées par l'art 258 c. pén.

Art. 9. — Tout agent qui opère un maniement de deniers appartenant au trésor ou au service local et municipal, est constitué comptable par le fait seul de la réception desdits fonds, sur sa quittance ou récépissé. — Ne sont pas compris dans cette disposition : — 1° Les chefs indigènes autorisés à faire dans les tribus le recouvrement direct de l'impôt arabe, et de compter du montant brut aux receveurs des contributions diverses ; — 2° Les agents des services administratifs désignés pour recevoir, sur leur quittance, les fonds destinés aux payements des appointements et salaires.

Tit. 2. — Recettes et dépenses du trésor.

Art. 10. — Sont revenus généraux de l'Etat et compris dans les ressources annuelles du budget des voies et des moyens, les produits désignés dans le tableau A ci-annexé.

Art. 11. — Ces revenus, et tous autres de même nature qui seraient établis à l'avenir, seront compris au budget général des voies et moyens sous le titre : Produits et revenus de l'Algérie.

Art. 12. — Sont dépenses à la charge de l'Etat: — Comme dépenses militaires : 1° Les dépenses des corps et des services militaires français ; — 2° Les dépenses des corps indigènes et les indemnités accordées aux chefs qui font un service militaire ; — Comme dépenses civiles : — Les dépenses comprises au tableau B annexé à la présente ordonnance et à la première partie des états de développement B bis et B ter.

Art. 13. — Les dépenses civiles sont ordinaires ou extraordinaires. — Les dépenses ordinaires sont celles qui ont pour objet les services permanents et les travaux neufs ou d'entretien. — Les dépenses extraordinaires sont celles qui ont pour objet les services accidentels et les dépenses de première construction pour grands travaux d'uti-

lité ou d'exploitation publique. — Il est pourvu aux unes et aux autres au moyen de crédits ordinaires ou extraordinaires alloués par les lois de finances.

Tit. 3. — Recettes et dépenses locales et municipales.

Art. 14. — Les recettes locales et municipales en Algérie sont ordinaires et extraordinaires. — Sont recettes ordinaires celles qui sont mentionnées au tableau C annexé à la présente ordonnance. — Sont recettes extraordinaires celles qui figurent au tableau C bis.

Art. 15. — Les produits et revenus formant les ressources locales et municipales sont constatés et recouvrés par les agents institués pour les services financiers ou par des collecteurs placés sous leur surveillance, à la diligence et sous la direction des chefs de service, chacun en ce qui le concerne.

Art. 16. — Les produits sont versés, aux époques fixées par les règlements sur la comptabilité publique, dans les caisses des trésoriers-payeurs, qui en tiennent un compte spécial au crédit du service local et municipal.

Art. 17. — Les sommes ainsi recouvrées forment un fonds commun affecté, sans distinction de nature de produit ou d'origine, à l'acquittement des dépenses locales et municipales de toute espèce, tant sur le territoire civil que sur les territoires mixte et arabe.

Art. 18. — Les dépenses locales et municipales en Algérie sont ordinaires ou extraordinaires. — Sont dépenses ordinaires celles qui sont comprises au tableau D annexé à la présente ordonnance. — Sont dépenses extraordinaires celles qui sont mentionnées au tableau D bis. — Les unes et les autres doivent toujours être renfermées dans les limites des ressources disponibles.

Art. 19. — Il est pourvu à ces dépenses au moyen des crédits ouverts au budget établi sur la proposition des conseils de province et par le conseil supérieur d'administration et approuvé par notre ministre de la guerre.

Art. 20. — Les produits réalisés dans chaque province sont consacrés aux dépenses de la province, sous la déduction de 25 p. 100 employés ainsi qu'il suit : — 15 p. 100 affectés, sans distinction de province, sur la proposition du conseil supérieur d'administration, aux dépenses d'une utilité commune à toutes les provinces ; — 10 p. 100 conservés, à titre de réserve, pour parer aux dépenses locales et municipales en Algérie, qui n'ont pu être prévues lors de la formation du budget. — Il ne pourra être disposé de ce fonds de 10 p. 100 qu'en vertu des autorisations spéciales de notre ministre de la guerre, et dans les limites qu'elles auront fixées, d'après les ressources réalisées.

Art. 21. — Les dépenses locales et municipales sont acquittées par les trésoriers-payeurs ou par leurs préposés dans chaque province.

Tit. 4. — Dispositions générales.

Art. 22. — Une ordonnance, rendue sur la proposition de notre ministre de la guerre, déterminera les formes de comptabilité et les dispositions relatives à l'administration des finances en Algérie.

Art. 23. — Toutes dispositions contraires à la présente ordonnance sont et demeurent abrogées.

Tableau A.

Produits et revenus du trésor en Algérie.

Contributions directes. — Contribution à établir sur la propriété foncière. — Contribution des patentes, sous la déduction des centimes qui pourront être attribués aux communes.

Enregistrement, timbre et domaine. — Droits d'enregistrement de greffe et d'hypothèque. — Moitié des salaires pour la transcription hypothécaire des actes de mutation. — Produit de l'impôt du timbre. — Prix des passe-ports et permis de port d'armes. — Droits et demi-droits en sus et amendes de contravention aux lois, ordonnances ou arrêtés sur ces matières, quand elles ne sont pas attribuées aux communes. — Produit des terrains des fortifications et des bâtiments civils.—Loyers, fermages, rentes foncières et rachat de rentes provenant du domaine autre que celui qui est la propriété des corporations religieuses ou des communes. — Prix des récoltes faites sur les terres du domaine de l'État. — Produit des pépinières et plantations faites par le gouvernement. — Prix de vente d'effets mobiliers appartenant à l'État (1).—Prix des épaves, deshérences ou biens vacants.

Forêts. — Produits à réaliser sur les bois et forêts de l'État.

Douanes et sels.—Droits de douanes à l'importation et à l'exportation. — Droits de navigation. — Droits de magasinage dans les entrepôts réels. — Droits sur la pêche du corail. — Taxe de consommation à établir sur les sels.

Contributions indirectes. — Droits de licence sur la fabrication et la vente des boissons. — Droits de licence sur la fabrication et la vente des tabacs. — Produit de la vente des poudres à feu.—Droits de garantie sur les matières d'or et d'argent à établir. — Dixième du produit net de l'octroi municipal, tel qu'il est établi en France par l'art. 255 de la loi du 28 avr. 1816.

Postes. — Produit de la taxe des lettres. — Droit de 5 p. 100 sur les envois d'argent.—Produit des places sur les bateaux à vapeur de l'État.

Contributions arabes. — Produit net (sous les déductions prescrites par l'art. 4 de l'ordonnance) : 1° Du hockor (loyer des terres arch); — 2° De l'achour (impôts sur les grains ; — 3° Du zekkat (impôt sur les bestiaux) ; — 4° Le l'oussa (impôt payé par les tribus du désert).

Produits divers. — Redevances et produits extraordinaires des mines.—Droits de vérification des poids et mesures. — Droits de timbre sur les expéditions et quittances délivrées par les administrations financières. — Droits sanitaires et de port. — Rétributions imposées aux élèves des collèges et des écoles dont les dépenses sont payées sur les fonds de l'État.—Prix des abonnements au *Moniteur algérien* et au *Bulletin officiel des actes du gouvernement.*—Prix des travaux effectués par l'imprimerie du gouvernement, pour les divers services publics, des communes et des particuliers. — Montant de l'abonnement fixé pour frais de perception des recettes locales et municipales réalisées par les agents des services financiers, et pour frais d'acquittement des menues dépenses effectuées par les agents du trésor. — Recouvrements sur frais d'instance, frais de justice criminelle et tous autres recouvrements effectués pour le compte de l'État, par les trésoriers-payeurs, ou par les comptables des administrations financières.

Recettes de différentes origines. — Produit des prises faites sur l'ennemi. — Contributions extraordinaires de guerre.

TABLEAU B.
Dépenses à la charge du budget de l'État.
Dépenses ordinaires.

1° *Dépenses du gouvernement et de l'administration générale de l'Algérie.* — Traitement du gouverneur général. — Dépenses générales du gouvernement. — Personnel et matériel de l'administration générale. — Commandement et administration des populations arabes. — Corps des interprètes. — Service télégraphique.

2° *Dépenses des services militaires indigènes.* — Solde et entretien des troupes indigènes. — Indemnité aux chefs ou agents indigènes qui font un service militaire.

3° *Dépenses du service maritime.* — Personnel et matériel du service intérieur des ports. — Solde et entretien des équipages des bâtiments légers chargés de surveiller les côtes et d'assurer l'observation des traités et règlements sanitaires.

4° *Dépenses des services civils.* — Personnel et menues dépenses des cours et tribunaux. — Frais de justice criminelle. — Traitement des directeurs, sous-directeurs et commissaires civils ; des commissaires de police et fonctionnaires ou agents principaux des prisons civiles.— Traitement des ministres des différents cultes catholique, protestant, musulman et israélite. — Traitement des fonctionnaires et agents de l'instruction publique, de l'imprimerie et de la lithographie, des services des pépinières et plantations, du service sanitaire, des mines, et autres qui intéressent l'agriculture, le commerce et l'industrie. — Dépenses de matériel des services ci-dessus désignés, excepté en ce qui concerne les casernes de gendarmerie, les prisons civiles, les cultes, les écoles et salles d'asile. — Dépenses de toute nature de la commission scientifique de l'Algérie. — Frais de personnel et de matériel, et dépenses diverses de tous les services financiers ; remboursements, restitutions et non-valeurs. — Indemnités pour expropriations antérieures à 1845; rachat des rentes dues aux propriétaires dépossédés.

5° *Dépenses des travaux civils.* — Traitement des fonctionnaires et agents des services des ponts et chaussées et des bâtiments civils. — Dépenses des travaux comprenant, d'après la répartition indiquée aux tableaux B *bis* et B *ter* :

1° Pour le service des ponts et chaussées, l'entretien et les réparations simples ;

2° Pour le service des bâtiments civils, l'entretien, les réparations simples, les constructions et grosses réparations.

6° *Dépenses de la colonisation.* — Traitement des fonctionnaires et agents attachés au service de la colonisation. — Dépenses des travaux pour la création et le développement des centres de population, des voies de communication à établir entre eux, les défrichements, les subventions aux colons, et les frais d'émigration en Algérie.

7° *Dépenses secrètes.* — *Dépenses extraordinaires.* — *Travaux civils.* — Dessèchement. — Routes. — Port d'Alger.—Ports secondaires. — Travaux sur le territoire arabe.

TABLEAU B bis.
Répartition entre le budget de l'État et le budget local et municipal des dépenses et des travaux civils.

1re PARTIE. — *Dépenses à la charge du budget de l'État.*

Ouverture, construction et entretien des routes royales (du littoral à l'intérieur et d'une province à une autre) ; — Des routes stratégiques (quelle qu'en soit la direction) ; — Des routes provinciales (d'une route royale à une autre, dans l'intérieur d'une province) ; — Des routes d'arrondissement (d'une route provinciale à une autre, dans l'intérieur d'un arrondissement) ;

Ponts, ponceaux, fossés d'écoulement et plantations sur ces routes. — Travaux maritimes (ports, débarcadères, quais, etc.); phares et feux de port. — Alignement, nivellement et pavage dans les rues de grande voirie. — Aqueducs, canaux, égouts et fontaines dans les rues de grande voirie et hors des villes sur les routes. — Canalisation, endiguement et barrage des rivières. — Canaux d'irrigation.

Travaux de dessèchement.— Travaux d'exploration et de fouilles concernant les mines.—Travaux de sondage pour l'établissement de puits artésiens.

2e PARTIE. — *Dépenses à la charge du budget local et municipal.*

Ouverture, construction et entretien des chemins vicinaux autres que les communications à établir pour la création de centres de population. — Alignement, nivellement et pavage dans les rues de petite voirie. — Aqueducs, canaux, égouts et fontaines dans les rues de petite voirie et hors les villes sur les chemins vicinaux.

(1) Un arrêté du ministre des finances, du 28 fév. 1856, rendu applicable à l'Algérie par décision du ministre de la guerre, du 22 juill. suivant, a prescrit : 1° que les adjudicataires du mobilier de l'État paieront, pour tenir lieu des frais de vente, 5 cent. par franc du prix de la vente ; 2° que les droits de timbre et d'enregistrement seront prélevés sur le produit de cette perception, et le surplus porté en recette ; 3° que dans le cas où ce produit serait insuffisant pour l'acquittement de la totalité des mêmes droits, la somme nécessaire pour les compléter sera

liquidée, ordonnancée et admise en dépense définitive comme les autres frais de vente suivant le mode habituel. Ces dispositions ont été par décision, ministérielle du 20 sept. 1858, BM. 5, déclarées également applicables aux ventes de mobilier dont le produit profite au budget local et municipal, et il a été ordonné en outre que les frais occasionnés par ces ventes, autres que ceux de timbre et d'enregistrement, seront ordonnancés par le préfet, sur les fonds du budget local et municipal, à la demande du chef de service des domaines produisant les pièces justificatives,

TABLEAU B *ter.*

Répartition entre le budget de l'État et le budget local et municipal des dépenses des bâtiments civils.

1re PARTIE. — *Dépenses à la charge du budget de l'État.*

Constructions, réparations et entretien: des hôtels affectés au gouvernement et à l'administration générale; — Des palais de justice, cours et tribunaux; — Des bâtiments affectés au logement des directeurs et sous directeurs; — Des bâtiments et mécanismes affectés au service télégraphique; — Des directions de ports; — Des lazarets; — Des bureaux de la police générale; — Des bâtiments des pépinières; — Des bâtiments des services financiers (entrepôts réels, casernes et magasins, bureaux des receveurs et agents pour ces divers services); — Des caravansérails; — Des bâtiments affectés aux directions et bureaux des affaires arabes.

Constructions et grosses réparations: des églises (1), presbytères, temples, mosquées, marabouts, synagogues; — Des collèges et écoles; — Des casernes de gendarmerie; — Des prisons civiles; — Des bourses et tribunaux de commerce; — Des hospices civils; — Des salles de spectacle.

La fourniture et le premier établissement des horloges publiques.

Les fouilles et travaux pour la recherche, la conservation et la restauration des monuments anciens et objets d'art.

2e PARTIE. — *Dépenses à la charge du budget local et municipal.*

Constructions, réparations et entretien: des bâtiments affectés aux mairies et au service des milices; — Des bureaux de la police locale; — Des dispensaires; — Des bâtiments destinés au service de la perception des produits et revenus locaux; — Des salles d'asile; — Des halles, marchés et abattoirs; — Des lavoirs publics; — Des clôtures des cimetières.

Entretien et réparations simples: des églises, presbytères, temples, mosquées, marabouts, synagogues; — Des collèges et écoles; — Des casernes de gendarmerie; — Des prisons civiles; — Des bourses et tribunaux de commerce; — Des hospices civils. — Entretien et réparations des salles de spectacle; des horloges publiques.

TABLEAU C.

Recettes locales et municipales ordinaires.

Loyers, fermages et rentes foncières provenant de la location ou de la vente des biens appartenant aux anciennes corporations religieuses, et de ceux qui auraient été ou seront acquis par les communes ou agglomérations d'habitants. — Dixième du produit net des impôts payés par les Arabes, tenant lieu des centimes ordinaires affectés en France aux communes. — Centimes ordinaires qui pourront être attribués aux communes par les ordonnances établissant l'impôt foncier.

Produit de la portion accordée aux communes dans l'impôt des patentes; — Produit de l'octroi municipal sous la déduction du dixième attribué au trésor. — Produit des droits de place perçus dans les halles, foires, marchés, abattoirs, d'après les tarifs dûment autorisés. — Produit des permis de stationnement et des locations sur la voie publique, sur les ports, rivières et autres lieux publics. — Produit des péages communaux, des droits de pesage, mesurage et jaugeage, des droits de voirie et autres droits légalement établis.

Prix des concessions dans les cimetières. — Produit des concessions d'eau, de l'enlèvement des boues et immondices de la voie publique, et autres concessions autorisées pour les services communaux. — Dixième du produit de toute représentation théâtrale. — Produit des expéditions des actes administratifs et des actes de l'état civil. — Portion des amendes payées par les Arabes, qui n'est pas affectée aux chefs indigènes par les arrêtés spéciaux sur la matière. — Portion accordée aux communes de France dans le produit des amendes prononcées par les tribunaux de simple police, par ceux de police correctionnelle et par les conseils de discipline de la garde nationale; et généra-

lement le produit de toutes les taxes de ville ou de police dont la perception est autorisée en France par la loi du 18 juill. 1837.

TABLEAU C *bis.*

Recettes locales et municipales extraordinaires.

Contributions extraordinaires dûment autorisées. — Prix de vente des biens des communes, agglomérations d'habitants ou anciennes corporations religieuses. — Dons et legs dûment autorisés. — Remboursements des capitaux exigibles ou des rentes rachetées. — Produit des bois appartenant aux communes. — Produit des emprunts. — Et toutes autres recettes accidentelles (2).

TABLEAU D.

Dépenses locales et municipales ordinaires.

Abonnement avec le trésor pour la portion des revenus locaux et municipaux, recouvrée par les agents des services financiers. — Traitements et frais de bureau des agents spéciaux, chargés de la perception des produits locaux et municipaux. — Remboursement, restitutions et non-valeurs, en ce qui concerne ces produits. — Rétributions allouées par les arrêtés spéciaux sur la matière, aux chefs indigènes sur les amendes payées par les Arabes.

Personnel et matériel: des mairies et de l'état civil; — Des milices; — De la police locale; — De la petite voirie; — Des prisons civiles; — Des hospices; — Des établissements de bienfaisance; — Des écoles; — Des salles d'asile; — Du service médical dans les villages; — Des dispensaires; — Des halles, marchés et abattoirs; — Des dépôts d'étalons.

Achat et renouvellement du matériel de tous les cultes; — Des casernes de gendarmerie; — Des bourses et tribunaux de commerce.

Entretien des horloges publiques. — Primes au commerce des localités avec les Arabes. — Encouragements à l'industrie et à l'agriculture locale. — Subventions aux caisses d'épargne. — Monts-de-piété. — Secours aux indigents ou pour événements calamiteux. — Subsides à d'anciens fonctionnaires de l'administration des corporations religieuses. — A des Mekaouls et Tolbas. — Distributions à l'occasion des fêtes religieuses musulmanes. — Achat et entretien des pompes à incendie. — Secours aux asphyxiés et noyés. — Secours dans les épidémies. — Nettoiement et éclairage. — Travaux et bâtiments civils, d'après la répartition, pour les dépenses de réparations et d'entretien, déterminées aux travaux B bis et B ter.

TABLEAU D *bis.*

Dépenses locales et municipales extraordinaires.

Travaux et bâtiments civils, d'après la répartition indiquée pour les dépenses des constructions neuves aux tableaux B bis et B ter.

OR. — 2 janv.-7 fév. 1840. — B. 217. — *Administration et comptabilité des finances.*

Vu notre ord. du 17 janv. 1845; art. 22;

TIT. 1. — *Dispositions communes au budget général de l'État et au budget local et municipal.*

§ 1. — *Des budgets.*

Art. 1. — Les produits et revenus du trésor mentionnés au tableau A annexé à notre ord. du 17 janv. 1845, et les dépenses à la charge du trésor comprises au tableau B de la même ordonnance, donnent lieu à la formation, en Algérie, de deux états présentant, l'un les recettes accordées à réaliser pour chaque exercice, l'autre les dépenses à prévoir. — Ces états sont arrêtés et approuvés par notre ministre de la guerre. — Les recettes figurent aux voies et moyens du budget général de l'État sous le titre: Produits et revenus de l'Algérie. — Les dépenses sont comprises dans

---

(1) Abrogé implicitement en ce qui concerne les grosses réparations par suite de l'installation en Algérie d'un régime municipal calqué sur celui de France (V. *Commune*, § 1, ordon. 28 sept. 1847, art. 40, note 1-6°.)

(2) V. tableau A, note 1, produit des ventes d'objets mobiliers pour le compte du budget local et municipal.

le budget du ministère de la guerre, sous le titre : Dépenses civiles ordinaires et extraordinaires de l'Algérie.

Art. 2. — Chaque année, les crédits ouverts par la loi des finances pour les dépenses civiles de l'Algérie sont l'objet d'un tableau de sous-répartition, dressé et approuvé comme il est dit au § 3, titre 2, de la présente ordonnance.

Art. 3. — Les recettes et dépenses inscrites aux tableaux C et C bis, D et D bis, annexés à notre ord. du 17 janv. 1845, donnent lieu, chaque année, à la formation d'un budget distinct, sous le titre de Budget des recettes et des dépenses locales et municipales de l'Algérie. Ce budget est approuvé aux époques et dans les formes déterminées au titre 5 de la présente ordonnance.

Art. 4. — Les recettes du trésor, les recettes locales et municipales, les dépenses civiles à la charge de l'État, et les dépenses locales et municipales, ne peuvent être faites, en Algérie, qu'en vertu des tableaux de sous-répartition et budget ci-dessus mentionnés, ou des autorisations spéciales données par notre ministre la guerre.

Art. 5. — Dans le cas où le tableau de sous-répartition des dépenses civiles à la charge du trésor et le budget des dépenses locales et municipales n'auraient pas été approuvés avant le commencement de l'exercice auquel ils s'appliquent, les recettes et les dépenses ordinaires continueraient, jusqu'à approbation, et sauf décision contraire du ministre, à être faites conformément à ceux de l'année précédente.

§ 2. — Durée des exercices.

Art. 6.—L'exercice pour les services à la charge du trésor et pour les services locaux et municipaux commence au 1ᵉʳ janv. et finit au 31 déc. de l'année qui lui donne son nom. — Néanmoins, la durée de la période pendant laquelle doivent se consommer tous les faits de recette et de dépense de chaque exercice se prolonge pendant la seconde année, savoir : 1º Jusqu'au 1ᵉʳ mars, pour achever, dans la limite des crédits ouverts, les services du matériel dont l'exécution n'aurait pu, d'après une déclaration motivée de l'ordonnateur, être terminée avant le 31 déc.; 2º Jusqu'au 31 mai, pour la délivrance des mandats des ordonnateurs secondaires, tant en ce qui concerne les services à la charge du trésor qu'en ce qui concerne les services locaux et municipaux; 3º Jusqu'au 30 juin, pour l'acquittement desdits mandats dans la résidence des trésoriers-payeurs; jusqu'au 20 juin dans les autres localités; 4º Jusqu'au 30 sept., pour la délivrance des ordonnances ministérielles concernant les services à la charge du trésor; 5º Jusqu'au 31 oct., pour l'acquittement desdites ordonnances dans la résidence des trésoriers-payeurs; jusqu'au 20 oct. dans les autres localités.

§ 3. — Des crédits.

Art. 7. — Les crédits législatifs afférents aux dépenses qui sont mentionnées à l'état B annexé à notre ordonnance du 17 janv. 1845, et ceux relatifs aux dépenses locales et municipales, ne peuvent être ouverts que par délégations de notre ministre de la guerre.

Art. 8. — Les crédits ouverts pour les dépenses de chaque exercice ne peuvent être employés aux dépenses d'un autre exercice. — Sont seuls considérés comme appartenant à un exercice, sauf l'exception mentionnée au troisième alinéa de l'art. 6, les services faits et les droits acquis pendant l'année qui donne sa dénomination audit exercice.

Art. 9. — Les crédits de délégation cumulés, ouverts aux services à la charge du trésor, sont valables jusqu'au 31 mai seulement de l'année qui suit

l'exercice pour lequel ils ont été ouverts. — En conséquence, à partir du 1ᵉʳ juin, les ordonnateurs secondaires ne peuvent plus ordonnancer aucune dépense sur les fonds de l'exercice précédent.

Art. 10. — Les crédits locaux et municipaux ouverts pour les dépenses d'un exercice et restés sans emploi sont reportés à l'exercice suivant. Ce report a lieu en vertu de décisions spéciales de notre ministre secrétaire d'État de la guerre.

Art. 11. — Si, dans le cours d'un exercice, des crédits extraordinaires et supplémentaires, pour le service général, sont reconnus indispensables, la demande ne peut en être faite à notre ministre de la guerre que sur la proposition du gouverneur général, appuyée d'une délibération du conseil supérieur d'administration, le directeur des finances et du commerce entendu. — En ce qui concerne le service local et municipal, les crédits extraordinaires ou supplémentaires sont autorisés par ordonnances royales et doivent toujours être renfermés dans la limite des droits constatés et reconnus recouvrables avant le 31 déc.

Art. 12. — Les changements d'imputation de crédits ne peuvent être effectués que dans le même chapitre et sur l'autorisation de notre ministre de la guerre. — Les demandes qui lui en sont adressées doivent être appuyées de l'avis du directeur des finances et du commerce, et de la délibération du conseil supérieur d'administration.

Art. 13. — Les crédits pour dépenses imprévues ne peuvent être employés par les ordonnateurs que dans les limites déterminées par notre ministre de la guerre et en vertu de ses autorisations.

§ 4. — De la liquidation des dépenses.

Art. 14. Aucune dépense à la charge du trésor ou des services locaux et municipaux ne peut être définitivement liquidée que par le ministre, l'établissement du droit constaté par les ordonnateurs ne dispensant, dans aucun cas, de la liquidation ministérielle.

Art. 15. — Les titres de chaque liquidation doivent offrir la preuve des droits acquis aux créanciers et être rédigés dans la forme prescrite par le règlement du 1ᵉʳ déc. 1838, sur la comptabilité du ministère de la guerre (tit. 3, art. 50 et suiv.).

Art. 16. — Aucune stipulation d'intérêts ou commission de banque ne peut être consentie par les ordonnateurs, au profit d'un fournisseur, d'un régisseur ou d'un entrepreneur, à raison d'emprunts temporaires ou d'avances de fonds pour l'exécution et le payement des services civils ou des services locaux et municipaux.

Art. 17. — Aucun marché, aucune convention pour travaux et fournitures ne doit stipuler d'à-compte que pour un service fait. — Les à-compte ne doivent, dans aucun cas, excéder les cinq sixièmes des droits constatés par pièces régulières présentant le décompte, en quantités et en deniers du service fait.

§ 5. — De l'ordonnancement.

Art. 18. — Aucune dépense ne peut être acquittée, si elle n'a été préalablement ordonnancée par notre ministre de la guerre ou par un ordonnateur secondaire.

Art. 19. — Sont ordonnateurs secondaires des dépenses civiles à la charge du trésor, et des dépenses locales et municipales, les chefs de service mentionnés au tableau nº 1 annexé à la présente ordonnance, chacun pour la partie de dépense détaillée audit tableau.

Art. 20. — Les dépenses prévues au budget local et municipal à faire en France sont ordonnancées par notre ministre de la guerre et acquittées par les payeurs du trésor, conformément aux dispositions réglementaires qui seront arrêtées de concert entre nos ministres de la guerre et des finances.

Art. 21. — Les fonctions d'ordonnateur et d'administrateur sont incompatibles avec celles de comptable.

Art. 22. — Aucune dépense des services à la charge du trésor ou du budget local et municipal ne peut être acquittée, si elle n'a été précédemment ordonnancée par le ministre de la guerre, ou mandatée par les ordonnateurs secondaires, en vertu de ses délégations.

Art. 23. — Les ordonnances et mandats sont délivrés au profit et au nom des créanciers directs.

Art. 24. — Les dépenses ne peuvent être ordonnancées que sur les crédits qui leur sont spécialement affectés.

Art. 25. — Les pièces justificatives des dépenses sont fournies par les créanciers en double expédition. L'une de ces expéditions est jointe aux ordonnances de payement ou aux mandats, l'autre doit être transmise à notre ministre de la guerre par chaque ordonnateur à l'appui de sa comptabilité.

Art. 26. — Les mandats doivent énoncer l'exercice, le chapitre, ainsi que le crédit auxquels la dépense s'applique, et être accompagnés, pour justifier de la réalité de la dette et valider le payement, des pièces indiquées par la nomenclature annexée à la présente ordonnance.

Art. 27. — Les ordonnateurs demeurent chargés, sous leur responsabilité, de la remise aux ayants droit des mandats qu'ils délivrent sur les fonds du trésor ou sur les fonds locaux ou municipaux.

Art. 28. — Notre ministre de la guerre désigne ceux des services civils de l'Algérie qui sont régis par économie. — Les dispositions des art. 120, 121, 122 et 123 du règlement du 1er déc. 1838 sont rendues applicables par analogie à l'allocation, à l'emploi et à la justification des avances à faire pour faciliter l'exploitation des services civils, suivant le mode d'administration déterminé pour chacun d'eux.

Tit. 2. — Dispositions spéciales concernant les recettes et les dépenses du trésor.

§ 1. — État des recettes présumées à comprendre au budget général des voies et moyens.

Art. 29. — Chaque année, dans les dix premiers jours de juin, le directeur des finances et du commerce adresse au gouverneur général l'état des recettes présumées à réaliser pour le trésor pendant le deuxième exercice qui suit celui de l'année courante. — Cet état, arrêté provisoirement par le gouverneur général en conseil d'administration, est transmis, dans les dix premiers jours de juillet, à notre ministre de la guerre, pour être, après examen, adressé à notre ministre des finances, qui en porte le résultat au budget général, sous le titre : Produits et revenus de l'Algérie.

§ 2. — État des crédits à porter au budget du ministère de la guerre, pour les dépenses du tableau B.

Art. 30. — Chaque année, à l'époque fixée par l'article précédent, les chefs de service mentionnés au tableau n° 2 de la présente ordonnance, préparent et transmettent au gouverneur général les états partiels des crédits présumés nécessaires pour subvenir aux dépenses des services dont ils sont chargés pendant le deuxième exercice qui suit celui de l'année courante.

Art. 31. — Ces états, accompagnés des pièces justificatives à l'appui, sont arrêtés provisoirement par le gouverneur général, après discussion en conseil supérieur d'administration, et transmis à notre ministre de la guerre, pour servir à la formation du budget des dépenses de son département, en ce qui concerne les services civils de l'Algérie.

§ 3. — État de sous-répartition des crédits législatifs ouverts aux dépenses civiles de l'Algérie.

Art. 32. — Après la promulgation de la loi de finances, les crédits législatifs ouverts pour les dépenses du tableau B de notre ord. du 17 janv. 1845 sont notifiés par notre ministre de la guerre au gouverneur général, qui en fait connaître le montant aux chefs de service, chacun en ce qui le concerne.

Art. 33. — Les chefs de service procèdent sans délai à la sous-répartition de ces crédits et en transmettent les états, avec les pièces à l'appui, au gouverneur général, le 1er sept. au plus tard. — Dans le cas où les chefs de service n'auraient pas reçu, des fonctionnaires et agents dans les provinces, les documents nécessaires à la formation des états de répartition, ils procèdent d'office à la confection de ces états, dont l'envoi au gouverneur général ne peut être différé au delà de l'époque fixée par le paragraphe précédent.

Art. 34. — Les états, ainsi préparés, sont examinés en conseil supérieur d'administration, arrêtés provisoirement par le gouverneur général et récapitulés, aux termes de l'art. 48 de notre ord. du 15 avr. 1845, par le directeur des finances et du commerce, qui en forme le tableau général de sous-répartition des crédits ouverts par la loi annuelle de finances pour les dépenses civiles de l'Algérie.

Art. 35. — Ce tableau doit être transmis par le gouverneur général, avant le 1er oct., à notre ministre de la guerre qui, après l'avoir revêtu de son approbation, en fait dresser quatre expéditions, une pour ses bureaux, une pour notre ministre des finances, une pour notre cour des comptes et une pour être envoyée au gouverneur général avant le 1er déc. — Le gouverneur général en adresse une ampliation au directeur des finances et du commerce, lequel fait parvenir à chacun des ordonnateurs secondaires et trésoriers-payeurs les extraits qui le concernent.

Tit. 3. — Dispositions spéciales concernant les services locaux et municipaux.

§ 1. — Des recettes.

Art. 36. — Le tableau des recettes présumées qui doit former la première partie du budget local et municipal présente distinctement pour chaque province : 1° le montant du boni réalisé sur les recettes de l'exercice expiré et réglé ; 2° le montant des recettes extraordinaires classées au tableau C de notre ord. du 17 janv. 1845 ; 3° le montant des recettes extraordinaires classées au tableau C bis de la même ordonnance. — L'évaluation de ces divers produits est présentée avec la comparaison des mêmes produits réalisés pendant le dernier exercice expiré.

Art. 37. — Le montant des recettes présumées mentionnées au précédent article, déduction faite de 25 p. 100 en exécution de l'art. 20 de notre ord. du 17 janv. 1845, est destiné à pourvoir, sous le titre de fonds provincial, aux dépenses locales et municipales spéciales à chaque province. Cette réserve de 25 p. 100 se compose : 1° de 15 p. 100 affectés, sans distinction de province, aux dépenses d'utilité commune, et qui prennent la dénomination de fonds général de 15 p. 100 ; 2° de 10 p. 10 conservés pour subvenir aux dépenses locales et municipales des trois provinces, qui n'auraient pas été prévues lors de la formation du budget ; ces 10 p. 100 forment un fonds de réserve et de prévoyance.

Art. 38. — Le tableau des recettes est préparé par le directeur des finances et du commerce, et transmis au gouverneur général pour être discuté et arrêté provisoirement en conseil supérieur d'administration, le 15 juill. au plus tard de l'année qui précède celle à laquelle il se rapporte.

§ 2. — *Des dépenses.*

Art. 39. — Le tableau des dépenses présumées qui doit former la deuxième partie du budget local et municipal présente : 1° la répartition, par province de la totalité du fonds provincial réservé pour les dépenses de chacune d'elles ; 2° la répartition, également par province, de tout ou partie du fonds général de 15 p. 100 à affecter sans distinction aux dépenses d'utilité commune ; 5° l'indication du montant des 10 p. 100, représentant le fonds de réserve et de prévoyance.

Art. 40. — Aussitôt après la fixation, en conseil supérieur d'administration, du tableau des recettes présumées, le gouverneur général fait connaître aux fonctionnaires désignés à la troisième partie du tableau n° 3, annexé à la présente ordonnance, le montant des ressources applicables à leurs services respectifs. — Cette répartition est faite proportionnellement aux besoins constatés par les projets de budgets de dépenses transmis par les présidents des commissions consultatives appelées à donner leur avis en exécution des dispositions des art. 103, 100 et 119 de notre ord. du 15 avr. 1845.

Art. 41. — Chacun des fonctionnaires mentionnés à l'article précédent dresse un état partiel de sous-répartition de détail des fonds affectés à son service par le gouverneur général. — En l'absence des budgets examinés par les commissions consultatives dans les provinces, cette sous-répartition est établie d'office.

Art. 42. — Le tableau général des dépenses imputables au fonds provincial est dressé à l'aide des états partiels de sous-répartition de détail préparés pour chaque service.

Art. 43. — L'emploi à faire de tout ou partie du fonds général de 15 p. 100 donne lieu à la formation d'un état partiel distinct, présenté par le directeur général des affaires civiles. — Les sommes dont l'emploi n'est pas déterminé au moment de la formation du budget sont classées comme crédit disponible à répartir ultérieurement.

Art. 44. — Le crédit disponible sur le fonds général de 15 p. 100 ne peut être affecté à d'autres dépenses que celles pour lesquelles ce fonds a été créé par notre ord. du 17 janv. 1845, qu'en cas d'épuisement total du fonds de réserve, d'insuffisance de crédits pour des dépenses déjà autorisées qui ne peuvent être ajournées, et pour des dépenses nouvelles d'une urgence constatée.

Art. 45. — Le fonds de réserve et de prévoyance, créé par l'art. 20 de notre ord. du 17 janv. 1845, est porté au budget des dépenses locales et municipales sans indication d'emploi. — Il est exclusivement affecté, dans le cours de l'exercice, soit aux dépenses qui n'ont pu être prévues, soit aux dépenses déjà autorisées, et pour lesquelles les crédits alloués sont devenus insuffisants.

Art. 46. — Il ne peut être disposé d'aucune portion du crédit disponible sur le fonds général de 15 p. 100, ni du fonds de réserve et de prévoyance, que sur l'ordre de notre ministre de la guerre, ou avec son autorisation préalable, en vertu d'une délibération du conseil supérieur d'administration. — Les propositions à soumettre à cet effet au conseil supérieur d'administration sont présentées par le directeur général des affaires civiles, avec l'autorisation préalable du gouverneur général. — L'avis du directeur des finances et du commerce est textuellement inséré dans le procès-verbal des délibérations relatives à l'emploi du fonds de réserve et de prévoyance.

Art. 47. — Les crédits alloués tant sur le fonds de réserve que sur le fonds général de 15 p. 100 sont ouverts à ceux des fonctionnaires qui ont dans leurs attributions l'ordonnancement des dépenses d'une nature analogue à celles auxquelles ces crédits s'appliquent.

Art. 48. — Il est rendu des comptes spéciaux de l'emploi du fonds de réserve et de prévoyance et du fonds général de 15 p. 100 ; mais ces comptes ne présentent que l'indication des crédits ouverts et la nature de la dépense ; le détail de l'emploi du crédit figure aux comptes des ordonnateurs secondaires qui ont mandaté les dépenses.

Art. 49. — Les états de dépenses mentionnés aux art. 41 et 42 de la présente ordonnance doivent être transmis au gouverneur général le 15 août au plus tard. — Ils sont immédiatement soumis au conseil supérieur d'administration, et arrêtés provisoirement par le gouverneur général, après délibération. — Le directeur des finances et du commerce en dresse l'état récapitulatif.

§ 3. — *Du budget local et municipal.*

Art. 50. — Le budget local et municipal est établi par le directeur des finances et du commerce, à l'aide des états partiels arrêtés en conseil supérieur d'administration. — Il comprend : — 1° Pour la partie des recettes, l'état des ressources indiquées à l'art. 36. Les produits et revenus sont toujours classés dans l'ordre et sous les dénominations indiquées pour les tableaux C et C bis, annexés à notre ord. du 17 janv. 1845 ; — 2° Pour la partie des dépenses, l'état détaillé des crédits à ouvrir pour chaque province, d'après la nomenclature des services mentionnés aux tableaux D et D bis de la même ordonnance, — Sur le fonds provincial ; — Sur le fonds général de 15 p. 100 ; — Sur le fonds de réserve et de prévoyance.

Art. 51. — Le budget local et municipal, préparé et arrêté provisoirement par le gouverneur général, après délibération du conseil supérieur d'administration, est adressé à notre ministre de la guerre, avant le 15 sept. de l'année qui précède celle qu'il concerne. — Ce budget est définitivement réglé par nous, sur le rapport de notre ministre de la guerre, conformément aux dispositions de l'art. 5 de la loi du 4 août 1844 (1).

Art. 52. — Une ampliation de notre ordonnance portant règlement du budget local et municipal est transmise à notre ministre des finances et à notre cour des comptes. — Ce budget est renvoyé avant le 1er déc., au gouverneur général. Une copie en est transmise au directeur des finances et du commerce, qui fait parvenir à chacun des ordonnateurs secondaires et trésoriers-payeurs les extraits qui les concernent.

§ 4. — *Des exercices clos.*

Art. 53. — Les payements à effectuer pour solder les dépenses des exercices clos sont mandatés sur l'exercice courant.

Art. 54. — Les ordonnateurs sont tenus de renfermer le montant des mandats à délivrer sur l'exercice courant, par rappel sur les exercices clos, dans les limites des crédits par chapitre, qui ont été annulés pour les dépenses restant à payer à la clôture de l'exercice. — Ces mandats sont imputés sur un chapitre distinct, ouvert pour mémoire et

---

(1) Les ordonnances royales ou décrets portant fixation annuelle du budget local et municipal, ont été publiés au *Bulletin officiel*, depuis 1846 jusqu'en 1858. Il en était de même en ce qui concernait le règlement des exercices clos. Ces documents sont aujourd'hui inutiles à reproduire. Le budget local et municipal a été supprimé par l'art. 55 du décr. du 27 oct. 1858. V. dans ce décret et dans le rapport à la suite duquel il a été rendu, les motifs de cette suppression et les bases de la nouvelle organisation financière.

pour ordre sans allocation spéciale. — Le montant des payements effectués pendant le cours de chaque année, pour des exercices clos, est porté au crédit de ce chapitre, et la dépense est sanctionnée par le règlement définitif du compte d'exercice.

Art. 55. — Lorsque des créances dûment constatées sur un exercice clos n'ont pas fait partie des restes à payer arrêtés à l'époque du règlement de compte, il ne peut y être pourvu qu'au moyen de crédits supplémentaires, suivant les formes prescrites par les art. 159, 160 et 162 du règlement du 1ᵉʳ déc. 1838, et conformément à l'art. 5 de la loi du 4 août 1844, portant que le budget local et municipal est réglé par ordonnance royale.

Art. 56. — Les comptes annuels des ordonnateurs et le compte général des recettes et dépenses locales et municipales contiennent un tableau spécial qui présente, pour chacun des exercices clos et par chapitre de dépense : — Les crédits annulés pour les dépenses restant à payer ; — Les nouvelles créances qui auraient fait l'objet de crédits supplémentaires ; — Les payements effectués jusqu'au terme de déchéance.

§ 5. — Des écritures.

Art. 57. — Le ministre de la guerre tient, pour la comptabilité du service local et municipal, des écritures analogues à celles qui sont prescrites par les art. 165, 166 et 168 du règlement du 1ᵉʳ déc. 1838.

Art. 58. — Les ordonnateurs secondaires tiennent, chacun en ce qui le concerne, les écritures prescrites par les art. 169 à 175 dudit règlement.

Art. 59. — Tous les journaux, livres et registres des ordonnateurs secondaires sont clos, balancés et dûment arrêtés pour chaque exercice, dès que le ministre a notifié à ces ordonnateurs, chacun en ce qui le concerne, les résultats du compte général et définitif de l'emploi des crédits de délégation ouverts pour ledit exercice ; — Les écritures de l'administration centrale sont définitivement closes au 31 déc. de la seconde année de l'exercice, époque à laquelle le compte est établi.

§ 6. — Des comptes.

Art. 60. — En fin d'exercice, il est rendu un compte administratif des recettes et des dépenses locales et municipales. — Ce compte est rédigé et présenté au conseil supérieur d'administration par le directeur général des affaires civiles, pour être mis à l'appui de l'ordonnance royale qui a pour but le règlement définitif du budget. Il est formé à l'aide des tableaux partiels ci-après : — 1° Tableau des recettes dressé par le directeur des finances et du commerce, et présentant la nature des recettes, les évaluations admises au budget, la fixation définitive de la somme à recouvrer d'après les titres justificatifs, les recouvrements effectués pendant l'exercice et les restes à recouvrer ; — 2° Le tableau de l'emploi du fonds provincial ; — 3° Le tableau de l'emploi du fonds général de 15 p. 100 ; — 4° Le tableau de l'emploi du fonds de réserve et de prévoyance.

Art. 61. — Le tableau de l'emploi du fonds provincial est accompagné des comptes partiels dressés par les ordonnateurs secondaires chacun en ce qui le concerne, savoir : — Compte des frais d'administration et de perception des revenus locaux et municipaux, dressé par le directeur des finances et du commerce ; — Compte des dépenses

de l'administration civile et des travaux civils sur les territoires civils, dressé par le directeur de l'intérieur et des travaux publics ; — Compte des dépenses civiles et arabes sur les territoires mixte et arabe, par l'intendant militaire de la division d'Alger ; — Compte des travaux civils sur les mêmes territoires, par le commandant supérieur du génie en Algérie.

Art. 62. — Ces comptes partiels présentent, par exercice et par nature de dépenses : — Les crédits ouverts ; — Les droits constatés au profit des créanciers ; — Les payements effectués ; — Les payements restant à faire. — Ils sont accompagnés de tous les développements propres à faire apprécier la gestion des administrateurs.

Art. 63. — Les états et comptes partiels doivent être remis au directeur général des affaires civiles le 31 juill. au plus tard. — Le compte général qu'ils servent à former est rédigé dans le mois suivant. — Les résultats en sont exposés au conseil supérieur d'administration. — Aussitôt après cette communication, le compte général administratif est transmis à notre ministre de la guerre, pour être soumis à notre approbation et réglé par nous.

Art. 64. — Une copie conforme des comptes d'administration, délivrée par chacun des ordonnateurs appelés à rendre des comptes, doit être, comme élément du contrôle, jointe aux comptes de gestion des comptables soumis au jugement de la cour des comptes.

TIT. 4. — Des services financiers.

§ 1. — Régies financières.

Art. 65. — Les régies financières placées sous les ordres et la surveillance du directeur des finances et du commerce, instituée par notre ord. du 15 avr. 1845, sont fixées au nombre de cinq, savoir : — Enregistrement et domaines ; — Forêts ; — Douanes ; — Contributions diverses ; — Opérations topographiques (pour la reconnaissance des propriétés). Elles embrassent dans leurs attributions la gestion des services, l'administration et la perception des droits et revenus mentionnés pour chaque régie au tableau n° 4 annexé à la présente ordonnance. — Les services, produits ou revenus qui seraient créés ultérieurement seront rangés par analogie dans les attributions des régies indiquées audit tableau.

Art. 66. — Les frais de perception des produits et revenus, et de payement des dépenses classées au budget local et municipal en exécution des art. 15 et 21 de notre ord. du 17 janv. 1845, sont remboursés au trésor, au moyen du prélèvement de 10 p. 100 sur le montant brut des recouvrements effectués par les agents du trésor au titre dudit service local et municipal (1). — Le décompte de ce prélèvement est établi de mois en mois, au vu des bordereaux de recette, par le directeur des finances et du commerce, qui en ordonnance le montant au nom des trésoriers-payeurs de chaque province.

Art. 67. — Les chefs de service des régies financières remettent au directeur des finances et du commerce : — Tous les trois mois, un rapport sur l'événement des produits ; — Tous les six mois : 1° un rapport sur leur gestion et sur le service dont ils sont chargés, 2° le tableau de signalement des agents sous leurs ordres. — Ces rapports et états de signalement sont adressés à notre mi-

(1) Il est intervenu, en ce qui concerne l'administration des domaines, un décret impérial rendu le 30 oct. 1857, B. 515, et ainsi conçu :

Art. 1. — Les frais de régie dus à l'administration de l'enregistrement et des domaines en Algérie, sur le montant des sommes et des produits qu'elle recouvre pour le compte de tiers, ou qui doivent leur être remis, seront

prélevés et perçus au taux uniforme de 5 pour 100, et à titre de frais d'administration et de perception.

Art. 2. — Il n'est point dérogé, par le présent décret, aux dispositions de l'ord. du 2 janv. 1845, relatives aux frais de perception de recettes et de payement des dépenses du budget local et municipal.

nistre de la guerre et communiqués par lui à notre ministre des finances, qui les lui renvoie avec les observations auxquelles a donné lieu leur examen. Ces observations sont ensuite transmises aux chefs de service par l'intermédiaire du gouverneur général (direction des finances et du commerce).

Art. 68. — Le directeur des finances et du commerce soumet au gouverneur général toutes propositions à transmettre à notre ministre de la guerre, concernant les créations, suppressions ou modifications d'emploi des régies financières, les avancements, récompenses et punitions des agents financiers. — Il prend ses ordres sur les demandes de congés et les propositions de mutation d'une résidence à une autre.

Art. 69. — Le directeur des finances et du commerce est entendu au conseil supérieur d'administration sur toutes les demandes de crédit ou de virement de crédit.

Art. 70. — Il approuve les transactions consenties par les chefs de service des régies financières, jusqu'à concurrence de 3,000 fr., pour le montant des condamnations encourues; au-dessus de ce chiffre, il adresse les transactions au gouverneur général, pour être soumises à notre ministre de la guerre. — Il vérifie et arrête les états de droits constatés. — Il reçoit, contrôle et arrête les états de reste à recouvrer. — Il prononce sur les restitutions de droits indûment perçus. — Il autorise les admissions en décharge et en non-valeurs.

Art. 71. — Il reçoit, vérifie et centralise tous les documents nécessaires pour faire connaître le mouvement des recettes et des dépenses, celui du commerce, de la navigation et de l'exploitation des revenus.

Art. 72. — Il transmet au gouverneur général, outre les documents qui peuvent lui être demandés, ceux qui sont mentionnés au tableau n° 5 annexé à la présente ordonnance.

Art. 73. — Les chefs de service des régies financières, quel que soit leur grade, remplissent, en tout ce qui n'est pas contraire aux règlements spéciaux à l'Algérie, sous les ordres et la surveillance du directeur des finances et du commerce, les fonctions attribuées en France aux directeurs des administrations financières, conservateurs des forêts et géomètres en chef dans les départements.

Art. 74. — Ils correspondent seuls avec le directeur des finances et du commerce; ils donnent des ordres aux agents de leur administration, sous la réserve prescrite par l'art. 50 de notre ord. du 15 avr. 1845.

Art. 75. — Les chefs de service des régies financières adressent au directeur des finances et du commerce toutes les propositions concernant le personnel sous leurs ordres. Ils peuvent néanmoins

prescrire les mutations des préposés des douanes et forêts.

Art. 76. — Ils mandatent, en vertu des sous-délégations qui leur sont faites par le directeur des finances et du commerce, les dépenses à la charge du trésor, les dépenses locales et municipales afférentes à leur service.

Art. 77. — Ils transmettent directement à la comptabilité générale du ministère des finances les bordereaux, pièces et documents que les directeurs des administrations financières en France sont tenus d'envoyer à ce département. — Ils adressent au directeur des finances et du commerce un double de leurs bordereaux, ainsi que des autres éléments nécessaires pour la centralisation que l'art. 71 ci-dessus lui impose. — Leur correspondance avec lui est réglée et suivie d'une manière analogue à celle des directeurs des départements avec les directeurs généraux des administrations centrales.

§ 2. — Service de la trésorerie et des postes.

Art. 78. — Le service de la trésorerie et des postes reste confié, sous les ordres directs de notre ministre des finances, à un trésorier-payeur établi dans chaque province, conformément à notre ord. du 16 déc. 1843 (1).

Art. 79. — En ce qui concerne l'établissement du service des postes aux lettres, toute proposition est transmise au directeur des finances et du commerce, et soumise au gouverneur général; pour être discutée en conseil supérieur d'administration; l'avis du conseil est adressé à notre ministre de la guerre, qui se concerte avec notre ministre des finances pour la suite à donner aux propositions reçues.

§ 3. — Service de l'inspection générale des finances.

Art. 80. — Les régies financières, les comptables de deniers publics ou de matières appartenant au trésor, et tout préposé chargé d'une perception quelconque ou de l'acquittement de dépenses, sont soumis aux vérifications des inspecteurs des finances, conformément aux dispositions de notre ord. du 16 déc. 1843.

TIT. 5. — Des agents comptables (2).

§ 1. — De la perception.

Art. 81. — La perception des deniers publics, dans l'Algérie, tant pour le compte du trésor que pour le compte du service local et municipal, est confiée aux receveurs de l'enregistrement et des domaines, à ceux des douanes, des contributions diverses, aux préposés aux recettes placés sous leur surveillance immédiate, aux entrepreneurs des poudres à feu, aux trésoriers-payeurs et à leurs préposés.

De 10,000 fr. et au-dessous.	. . . .	500 fr.
De 10,001 à 50,000 fr.	. . . .	1,000
De 50,001 à 100,000.	. . . .	1,500
De 100,001 à 200,000.	. . . .	2,000
De 200,001 à 300,000.	. . . .	2,500
De 300,001 à 500,000.	. . . .	3,000
De 500,001 à 1,000,000.	. . . .	4,000
De 1,000,001 et au-dessus.	. . . .	5,000

Art. 82.—Les produits et revenus de toute nature à percevoir en Algérie sont répartis entre les diverses régies financières, conformément au tableau n° 4, annexé à la présente ordonnance. — Chaque comptable effectue, pour la régie à laquelle il appartient, les recouvrements à faire pour le compte du trésor, du service local et municipal et à titre d'opérations de trésorerie.

Art. 83.—Les préposés aux recettes effectuent, sous la surveillance des receveurs de l'enregistrement et des domaines, des douanes, des contributions diverses, les perceptions qui leur sont confiées par les instructions. Les faits de leur gestion sont rattachés, au fur et à mesure des versements, à la comptabilité des receveurs ci-dessus désignés, suivant la nature des recettes.

Art. 84.—Dans les localités où l'importance des recettes n'exige pas le concours de ces divers comptables, le même receveur pourra faire toutes les opérations de recette.

Art. 85.—Les trésoriers-payeurs, dans chaque province, et les préposés-payeurs sous leurs ordres, remplissent, pour tous les territoires de la province, les fonctions de receveur des finances et de caissier des revenus locaux municipaux. — Ils reçoivent directement pour le compte du trésor les produits et revenus du trésor réalisés directement par les trésoriers-payeurs ou leurs préposés, savoir : — Le produit de la taxe des lettres; — Le droit sur les articles d'argent déposés; — Le prix des places sur les bateaux à vapeur de l'Etat; le prélèvement de 10 p. 100 sur les recettes faites pour le service local et municipal; — Les autres produits qui, par leur nature, n'entrent pas dans les recouvrements des comptables des régies financières.

Art. 86. — Ils reçoivent à titre d'opérations de trésorerie : — Les versements des comptables des régies financières sur produits du trésor et sur produits locaux et municipaux; — Le produit des retenues sur les traitements et émoluments au profit de la caisse des retraites; — Les produits appartenant à la caisse des invalides de la marine; — Les cautionnements à inscrire au trésor; — Les recettes effectuées pour la caisse des dépôts et consignations; — Les produits des successions et des ventes d'effets des militaires décédés; — Les parts et prises sur l'ennemi appartenant à des militaires congédiés, décédés ou absents; — Les fonds de masse des militaires congédiés; — Les retenues au profit de divers; — Les retenues exercées par suite de délégation ou d'opposition sur les traitements.

§ 2. — Des titres de perception, de la constatation des droits et recouvrements.

Art. 87. — Les rôles des contributions ne peuvent être mis en recouvrement avant d'avoir été rendus exécutoires, savoir : — Ceux des contributions arabes, par le gouverneur général ou, en vertu de ses ordres, par les commandants supérieurs;— Tous autres rôles, par le directeur des finances et du commerce.—Les recouvrements à effectuer par suite des décisions judiciaires ou administratives s'opèrent à la diligence des receveurs de l'enregistrement et des domaines, sur les extraits de jugement ou les arrêtés en forme exécutoire.

Art. 88.—Les rôles de taxes, de sous-répartitions ou de prestations doivent, aussitôt qu'ils ont été rendus exécutoires, être transmis aux agents comptables. — Il leur est, en outre, adressé une expédition en forme de tous les arrêtés, baux, contrats, jugements, déclarations, titres nouveaux et autres concernant les revenus dont la perception leur est confiée.

Art. 89.—Les receveurs recouvrent les produits aux échéances déterminées par les titres de perception ou par l'administration. — Ils sont tenus, sous leur responsabilité personnelle, de faire toutes les diligences nécessaires pour la perception des revenus, legs, donations, amendes et recouvrements d'avances; de faire faire contre les débiteurs en retard de payer, à la requête du directeur des finances et du commerce, les exploits, significations, poursuites et commandements nécessaires; d'avertir les administrateurs à l'expiration des baux; d'empêcher les prescriptions; de veiller à la conservation du domaine, des droits, privilèges et hypothèques; de requérir et renouveler, à cet effet, l'inscription au bureau des hypothèques de tous les titres qui en sont susceptibles; enfin, de tenir registre de ces inscriptions et autres poursuites et diligences.

Art. 90.—Ils ne peuvent accorder ni crédit ni escompte, en ce qui concerne les droits de douane et autres produits attribués au trésor, qu'en vertu d'un règlement spécial, concerté entre les ministres de la guerre et des finances.

Art. 91.—Tous les droits et produits constatés du 1er janv. au 31 déc. de chaque année, ainsi que les droits et produits payables comptant, dont le recouvrement est effectué dans le même intervalle, appartiennent à l'exercice auquel l'année donne son nom.

Art. 92.—Les droits et produits constatés pour chaque exercice, tant ceux au profit du trésor que ceux au profit du service local et municipal doivent être entièrement recouvrés dans le cours de dix-huit mois, à partir de l'ouverture de l'exercice. — En conséquence, les comptables sont déclarés responsables des droits et produits constatés qu'ils n'auraient pas recouvrés au 30 juin de la deuxième année de l'exercice.—Les comptables ne peuvent être déchargés de cette responsabilité qu'en justifiant qu'ils ont été dans l'impossibilité de recouvrer les sommes qui restaient dues à ladite époque.

Art. 93.—A cet effet, les trésoriers-payeurs, les receveurs de l'enregistrement et des domaines, des douanes et des contributions diverses, dressent, le 1er juill. de la deuxième année de l'exercice, le relevé des articles non recouvrés, indiquant par chaque article, les motifs de défaut de recouvrement; ils y joignent les certificats délivrés par l'autorité locale et constatant que les débiteurs sont insolvables, absents ou inconnus; les décisions portant remise ou modération de créances, et toutes autres pièces destinées à justifier les obstacles qui ont empêché la réalisation des sommes restant dues.

Art. 94.—Ces relevés et les pièces à l'appui, vérifiés et visés par le chef de service, sont adressés, avant le 15 juill., au directeur des finances et du commerce, qui arrête provisoirement l'état des sommes dont le comptable doit être déchargé, de celles qui doivent être mises à sa charge, et de celles qu'il y a lieu de reporter à l'exercice courant. —Cet état est soumis à l'approbation de notre ministre de la guerre.—L'état indicatif du résultat final de ces liquidations est adressé, le 1er sept., au ministre des finances.

§ 3. — Versements et récépissés.

Art. 95. — Les comptables sont tenus de verser, les 10, 20 et dernier jours de chaque mois, et plus souvent si les instructions du directeur des finances et du commerce le prescrivent, le montant total des recouvrements qu'ils ont effectués, tant pour le compte du trésor que pour le compte du service local et municipal, aux trésoriers-payeurs ou à leurs préposés.

Art. 96. — Les trésoriers-payeurs et leurs préposés délivrent immédiatement un récépissé à talon pour chacun des versements qui leur sont faits en exécution de l'article précédent, et pour toutes les sommes qu'ils reçoivent des particuliers et des débiteurs envers le trésor ou le service local et municipal. — Ce récépissé est libératoire et forme titre, à la charge, par la partie versante, de le faire viser et séparer de son talon, dans les vingt-quatre heures de sa date, savoir : sur les territoires civils par les sous-directeurs de l'intérieur ou les commissaires civils ; sur les territoires mixtes et arabes, par les fonctionnaires de l'intendance militaire. — A l'égard des envois faits par des comptables à d'autres comptables qui n'habitent pas la même résidence, le visa à apposer sur le récépissé est requis par celui qui a reçu les fonds et valeurs. — Les récépissés, revêtus du visa après que le talon en a été détaché, sont immédiatement rendus aux parties.

Art. 97. — Les talons de récépissé délivrés par les trésoriers-payeurs, sont adressés au directeur des finances et du commerce par les fonctionnaires qui les ont visés. — Les talons de récépissé délivrés par les préposés comptables, dûment visés, sont par eux transmis aux trésoriers-payeurs.

Art. 98. — Dans les cinq premiers jours de chaque mois, les préposés comptables dressent un relevé partiel, par nature de produit, des récépissés qu'ils ont délivrés pendant le mois expiré. Ce relevé est remis au sous-directeur, commissaire civil ou fonctionnaire de l'intendance militaire de leur résidence, qui, après l'avoir vérifié et certifié, l'adresse au directeur des finances et du commerce.

Art. 99. Les trésoriers-payeurs établissent également, dans les cinq premiers jours de chaque mois, un relevé des récépissés qu'ils ont délivrés dans le mois précédent. Ce relevé est sommaire et énonce seulement le numéro, la date et le montant des versements. — Les récépissés sont inscrits et totalisés par la nature des produits. — Les trésoriers-payeurs dressent ensuite un bordereau récapitulatif, comprenant non-seulement les recettes faites directement par eux, mais encore le montant, par place et par nature de produits, des recettes de leurs préposés dont ils ont passé écriture dans le mois.

Art. 100. — Le 5 de chaque mois, au plus tard, les trésoriers-payeurs envoient les états mentionnés en l'article précédent au directeur des finances et du commerce.

Art. 101. — Le directeur des finances et du commerce est tenu de renvoyer, avant le 10 de chaque mois, aux trésoriers-payeurs les deux états ci-dessus, visés et certifiés conformes à ses écritures. — Il y joint, en ce qui concerne les trésoriers-payeurs, les talons des récépissés, et, en ce qui concerne les préposés, les relevés partiels dressés par ces comptables.

Art. 102. — Les trésoriers-payeurs procèdent au classement des talons dans l'ordre des relevés partiels, et les transmettent à notre ministre des finances avec leurs éléments de compte du mois auquel la recette se rapporte.

§ 4. — Des payements.

Art. 103. — Les dépenses, soit à la charge du trésor, soit à la charge du service local et municipal, sont acquittées par les trésoriers-payeurs ou par leurs préposés. Les mandats sont délivrés sur leur caisse : ils peuvent néanmoins, pour la facilité des parties prenantes, les faire payer en leur nom par les receveurs des administrations financières. Dans ce cas, les mandats sont revêtus d'un visa daté et signé par les trésoriers-payeurs ou par leurs préposés, qui indique le receveur auquel ils délèguent le payement.

Art. 104. — Toute saisie-arrêt ou opposition sur des sommes dues par l'État ou par le service local et municipal, toute signification de cession ou transport desdites sommes, et toutes autres ayant pour objet d'en arrêter le payement, doivent, pour être valables, être faites conformément à la loi du 9 juill. 1836 et à l'ord. roy. du 31 mai 1838.

Art. 105. — Les payements et remboursements qui concernent les opérations de trésorerie sont effectués, conformément aux instructions propres aux différents services, sur mandats du directeur des finances et du commerce, pour chacun des agents à la caisse desquels ces opérations appartiennent.

Art. 106. — Les trésoriers-payeurs et leurs préposés ne peuvent se refuser à acquitter les mandats ou ordonnances, ni en retarder le payement, que dans les seuls cas : — 1° Où la somme ordonnancée ne porterait pas sur un crédit régulièrement ouvert ou l'excéderait ; — 2° Où, exigées par la nomenclature, les pièces produites seraient incomplètes ou irrégulières. — Tout refus, tout retard doit être motivé dans une déclaration écrite, immédiatement délivrée par le payeur au porteur du mandat, lequel se retire devant l'ordonnateur pour que ce dernier avise aux mesures à prendre ou à provoquer.

Art. 107. — Si, malgré cette déclaration et sauf les cas prévus dans le n° 1 de l'art. précédent, l'ordonnateur requiert par écrit, et sous sa responsabilité, qu'il soit passé outre au payement, le comptable y procédera sans autre délai, et il annexera au mandat, avec copie de sa déclaration, l'original de l'acte de réquisition qu'il aura reçu. — Les ordonnateurs rendront compte immédiatement à notre ministre de la guerre des circonstances qui auront nécessité cette mesure, et les trésoriers-payeurs en informeront notre ministre des finances.

Art. 108. — Dans le cas où le titulaire d'une ordonnance ou d'un mandat de payement serait reconnu hors d'état de quittancer ladite ordonnance ou ledit mandat, faute de savoir ou de pouvoir écrire, le comptable est autorisé à effectuer le payement sur quittance administrative, délivrée conformément aux dispositions prescrites par notre ministre des finances. — Cette quittance est établie sur le modèle annexé à la présente ordonnance par le fonctionnaire chargé des services civils dans la résidence de la partie prenante. — A défaut de quittance administrative, le payement a lieu en présence de deux témoins notoirement connus, qui signent avec le comptable sur l'ordonnance ou mandat, la déclaration faite par la partie prenante qu'elle ne sait ou ne peut signer.

Art. 109. — Dans les payements faits aux indigènes, leur signature ou l'apposition de leur cachet est certifiée par la déclaration écrite d'un interprète dûment assermenté ou commissionné, laquelle porte que la partie prenante ne sait pas signer en français. — Cette déclaration est visée par le fonctionnaire qui a remis l'extrait d'ordonnance ou le mandat au titulaire. — A défaut d'interprète assermenté ou commissionné on doit exiger la quittance administrative mentionnée en l'art. précédent, ou l'attestation de deux témoins français notoirement connus. Dans ce dernier cas, le comptable signe avec les témoins.

§ 5. — Vérifications mensuelles et en fin d'année.

Art. 110. — Les chefs de chaque service, dans les différentes localités, vérifient le plus souvent possible, et au moins à la fin de chaque mois, les registres de perception et ceux qui sont relatifs au travail et aux opérations du service actif ; ils en vérifient la concordance, se font représenter les valeurs de caisse et de portefeuille, et arrêtent les recettes du mois. — Ils contrôlent les bordereaux au vu des pièces de recette et de dépense, et constatent leurs vérifications par un arrêté, tant sur les registres que sur les bordereaux et les pièces à l'appui. — Les négligences, irrégularités ou manquements reconnus dans le cours des vérifications, soit pendant le mois, soit lors des arrêtés mensuels, sont constatés sur un registre spécial et mentionnés dans les journaux de travail avec les recommandations auxquelles ils donnent lieu.

Art. 111.—Le directeur des finances et du commerce constate ou fait constater, le 31 décembre de chaque année, après la fermeture des bureaux, par un procès-verbal en double expédition, les espèces et valeurs existant dans la caisse des trésoriers-payeurs. — La même opération a lieu, savoir : — Pour les préposés des payeurs, par le fonctionnaire ou l'agent désigné à cet effet par le directeur des finances et du commerce; — Pour les autres comptables, par le chef de service sous la surveillance duquel ils sont placés.

Art. 112. — L'une des expéditions du procès-verbal des sommes et valeurs en caisse ou en portefeuille est laissée au comptable, pour être jointe à son compte de fin d'année; l'autre est envoyée au directeur des finances et du commerce ou conservée par lui.

§ 6. — *Livres et écritures des agents comptables.*

Art. 115. — Chaque comptable tient, selon les ordonnances, règlements et instructions, des sommiers des droits et produits constatés à la charge des redevables de l'État ou du service local et municipal, à l'égard de ceux de ces droits et produits dont la perception n'a pas lieu au comptant.

Art. 114. — Tout comptable chargé de la perception des droits et revenus est tenu d'enregistrer les faits de sa gestion sur les livres ci-après : — 1° Un livre-journal de caisse et de portefeuille où sont consignés les entrées, les sorties d'espèces et valeurs, et le soldé de chaque journée. — Ce livre présente le total général des valeurs de caisse et de portefeuille, quelle qu'en soit l'origine; — 2° Des registres auxiliaires destinés à présenter les développements propres à chaque nature de service ; — 3° Des sommiers où livres récapitulatifs présentent, par service, par nature de produits et par article, les entrées et les sorties de chaque jour.

Art. 115.—Tout préposé à la perception des deniers publics est tenu de procéder : — 1° A l'enregistrement, en toutes lettres, aux rôles, états de produits ou autres titres légaux, quelles que soient leur dénomination et leur forme, de la somme reçue et de la date du recouvrement; — 2° A son inscription immédiate en chiffres sur son livre récapitulatif ou sur les autres sommiers de recette ; — 3° A la délivrance d'une quittance à souche. Le total de chaque journée au journal à souche est reporté, à la fin du jour, au journal général, lorsque celui-ci n'est pas complétement supplée par le journal à souche.—Sont néanmoins exceptés de la formalité d'une quittance à souche les recettes des droits d'enregistrement, de timbre, de greffe et d'hypothèques; le produit de la taxe des lettres et les menues recettes qui, par leur nature, ne peuvent être soumises à cette formalité.

§ 7. — *Bordereaux mensuels et trimestriels.*

Art. 116. — Les trésoriers-payeurs adressent, le 1er de chaque mois, au directeur des finances et du commerce, en simple expédition, un bordereau présentant, par exercice, pour le mois qui vient de finir et pour les mois antérieurs : — 1° Le montant des recettes directes des trésoriers-payeurs et de leurs préposés, en qualité de receveurs des finances et de directeurs des postes; — 2° Le montant des recettes et des dépenses sur les opérations de trésorerie désignées à l'art. 86 ; — 3° Le montant des dépenses sur produits locaux et municipaux. — A

ce bordereau est joint l'état détaillé des dépenses locales et municipales acquittées pendant le mois. —Les trésoriers-payeurs adressent en même temps à notre ministre des finances le bordereau de leurs recettes et dépenses, accompagné des pièces justificatives.

Art. 117. — Les receveurs de l'enregistrement et des domaines, des douanes et des contributions diverses, et les entreposeurs des poudres, adressent également, le 1er de chaque mois, au chef de la régie financière à laquelle ils appartiennent, chacun en ce qui le concerne, un bordereau présentant pour le mois expiré et pour les mois antérieurs : — 1° Le montant des recouvrements qu'ils ont effectués pour le trésor, pour le service local et municipal, et sur les opérations de trésorerie ;—2° Les versements qu'ils ont faits, les dépenses qu'ils ont acceptées comme opérations de trésorerie et la situation de leurs caisses. — Ils joignent à ces bordereaux les pièces justificatives des versements et des dépenses.

Art. 118. — Les bordereaux mensuels contiennent tous les développements qui sont exigés en France pour le service du trésor, et ceux que comporte par analogie le service local et municipal.

Art. 119. — Chaque chef de service des régies financières dresse, d'après ces bordereaux particuliers, un bordereau général, dans la même forme, et l'envoie à notre ministre des finances avec les pièces à l'appui, le 10 de chaque mois au plus tard.

Art. 120. — Les receveurs de l'enregistrement et des domaines, des douanes et des contributions diverses, et les entreposeurs de poudres, adressent, le 1er jour de chaque trimestre, au chef du service de la régie financière, un état des droits et produits constatés à la charge des redevables, présentant les recouvrements faits et ceux qui restent à faire.

Art. 121. — Le chef de service de chaque régie financière rédige, d'après ces états, par comptable, un état général dans la même forme, et l'adresse à notre ministre des finances, le 10 du premier mois de chaque trimestre.

§ 8. — *Des comptes annuels.*

Art. 122. — Les trésoriers-payeurs adressent au ministre des finances, dans les délais prescrits par les instructions, le compte de leur gestion annuelle. Ils remettent en même temps au directeur des finances et du commerce un extrait de ce compte, en ce qui concerne les contributions et revenus qu'ils perçoivent, et les opérations de trésorerie mentionnées en l'art. 89.

Art. 123.—Le 1er janvier, chacun des receveurs de l'enregistrement et des domaines, des douanes et des contributions diverses, et des entreposeurs des poudres, dresse le compte des droits et produits constatés, ainsi que des recettes et dépenses, et des versements effectués pendant l'année écoulée.—Ce compte, affirmé et signé par le receveur, est formé en triple expédition, dont une reste entre les mains du comptable, et dont les deux autres sont adressées, avec les pièces à l'appui, au chef de service.

Art. 124. — Les comptes dont l'établissement est prescrit par l'article précédent sont vérifiés par le chef de service ; il en établit un bordereau récapitulatif en triple expédition, appose un visa sur les comptes, et les adresse avant le 1er fév. avec deux expéditions du bordereau récapitulatif, à notre ministre des finances (comptabilité générale).

Art. 125. — Les pièces justificatives envoyées périodiquement au ministère des finances, par les chefs de service, sont jointes aux comptes annuels par le directeur de la comptabilité générale, et adressées à la cour des comptes, avec ces comptes et une expédition du bordereau récapitulatif.

Art. 126. — Dans la première quinzaine de septembre, les comptables dressent, d'après leurs écritures, un état de situation de l'exercice clos, en ce qui concerne les revenus locaux et municipaux. Cet état doit faire ressortir les recouvrements effectués et les restes à recouvrer, les dépenses faites et celles à payer, ainsi que les crédits annulés, et enfin, l'excédant définitif des recettes.— Il est remis par les comptables aux chefs de service, et transmis au directeur des finances et du commerce, pour être joint comme pièce justificative, au compte d'administration, et pour servir au règlement définitif des recettes et des dépenses de l'exercice clos.

Art. 127. — En cas de mutation dans les emplois de comptables, il est procédé, pour la remise du service et la reddition des comptes, selon les règles prescrites par notre ord. du 31 mai 1838, portant règlement général sur la comptabilité publique, et par les instructions données pour son exécution.

Art. 128. — Sont justiciables directs de la cour des comptes, pour toutes les recettes et dépenses faites par eux ou pour leur compte : — Les trésoriers-payeurs ; — Les receveurs de l'enregistrement et des domaines, des douanes et des contributions diverses ; — Les conservateurs des hypothèques ; — Les entreposeurs des poudres.

Tit. 6. — Dispositions transitoires.

Art. 129. — Les dispositions de notre ord. du 21 août 1839 sur le régime financier en Algérie continueront de recevoir leur exécution jusqu'à la clôture définitive des opérations de l'exercice 1845, en ce qui concerne la perception des recettes et l'acquittement des dépenses coloniales à classer au titre de cet exercice. — Les comptes particuliers des ordonnateurs et le compte général de l'administration des finances coloniales seront établis, pour ledit exercice, dans les formes et conditions prescrites par la même ordonnance.

Art. 130. — L'excédant final de recette constaté par le résultat du compte général de l'administration des finances coloniales sur le total des produits et revenus réalisés à l'époque de la clôture de l'exercice 1845 fera partie des nouvelles ressources locales et municipales déterminées par notre ord. du 17 janv. 1845.

Art. 131. — L'excédant de recettes coloniales provenant de l'exercice 1845 sera réparti proportionnellement au montant brut des produits attribués à chaque province par le budget local et municipal de 1847. — Il formera le premier article des recettes extraordinaires à inscrire à ce budget.

Art. 132. — Les restes à payer pour dépenses coloniales constatés par le compte de l'exercice 1845, ou qui seraient constatés postérieurement au règlement de ce compte, seront acquittés en totalité, sur les fonds du budget local et municipal. Les dépenses ainsi acquittées feront l'objet d'un chapitre distinct dans le compte de l'exercice pendant lequel le payement aura été fait.

Art. 133. — Les restes à recouvrer sur produits coloniaux, à la clôture de l'exercice 1845, seront attribués, suivant leur origine, soit au budget de l'État, soit au budget local et municipal, conformément à la classification déterminée par notre ord. du 17 janv. 1845.

Tit. 7. — Dispositions générales.

Art. 134. — Pour tout ce qui n'est pas prévu par la présente ordonnance, les dispositions de notre ord. du 31 mai 1838 et les règlements particuliers sur la comptabilité de chaque département ministériel seront appliquées, par analogie, aux services civils ainsi qu'aux services locaux et municipaux de l'Algérie.

Art. 135. — Toutes dispositions contraires à la présente ordonnance sont et demeurent abrogées.

DP. — 11 janv.-8 fév. 1851. — B. 374. — Modification à l'art. 80 de la nomenclature annexée à l'ord. du 2 janv. 1846.

Vu l'ord. du 2 janv. 1846 ; — Considérant que les subventions accordées aux colons dans le but de réparer des pertes résultant de sinistres, ne peuvent être réellement efficaces qu'autant qu'elles sont promptement délivrées, et que dès lors il convient d'autoriser les préfets des départements et les généraux commandant les divisions militaires d'Alger, d'Oran et de Constantine, à en accorder directement dans certaines limites ;

Art. 1er. — L'art. 80 de la nomenclature annexée à l'ord. du 2 janv. 1846 est ainsi modifié :

Les pièces à produire aux trésoriers-payeurs, à l'appui des mandats émis au titre du chap. 35, art. 2 (subventions aux colons), consistent : — 1° Dans un extrait de la décision ministérielle qui fixe la subvention, ou pour les subventions de 200 fr. et au-dessous, dans un extrait de la décision, soit du ministre, soit du général commandant la division ou du préfet ; — 2° dans la quittance timbrée de la partie prenante.

DI. — 9 mai 1860. — BM. 79. — A partir du 1er juin 1860, les directeurs d'artillerie seront ordonnateurs secondaires des dépenses effectuées par le service de l'artillerie pour le compte du budget de l'État.

Circ. M. — 22 oct. 1859. — BM. 55. — Quittances. — Payement de fournitures frappées de retenue au profit de la caisse des invalides de la marine.

Messieurs, le trésorier-payeur de l'un de nos établissements coloniaux a demandé si, par analogie avec ce qui se pratique pour les créances de solde, les quittances pour créances de travaux ou de fournitures, sujets à la retenue de 5 p. 100 au profit de la caisse des invalides de la marine, peuvent être données seulement pour la somme nette restant à la partie, sans que cela empêche d'inscrire en dépense la totalité du titre de payement.

M. le ministre des finances, ne voyant aucune différence entre les retenues exercées sur les services du matériel et celles concernant les traitements, et pensant, avec raison, que l'administration et le comptable lui-même se trouvent garantis dès l'instant qu'ils justifient de l'emploi en recette de la portion des acquits mise en dépense et non payée aux titulaires des ordonnances ou mandats, a dû lever les doutes du trésorier à cet égard, et l'a autorisé à recevoir sans difficulté les quittances de fournisseurs qui ne seraient souscrites que pour les sommes nettes. — Cette doctrine, qui ressort des instructions de la comptabilité générale du ministère des finances, du 4 avril 1842, devra être appliquée par les ordonnateurs secondaires de mon département, s'ils étaient appelés à se prononcer sur le refus que ferait un trésorier de recevoir les quittances à la somme nette, et vous la notifierez à tous les fonctionnaires qui prennent part à la liquidation ou au mandatement des dépenses publiques ; vous ferez donner, au besoin, une copie de cette circulaire aux trésoriers chargés de payer ces dépenses.

Comte P. DE CHASSELOUP-LAUBAT.

Circ. M. — 22 oct. 1859. — BM. 55. — Fort centime. — Décomptes.

Messieurs, j'ai eu lieu de remarquer que la manière de calculer le fort centime dans les divers décomptes à établir n'est pas la même de la part de tous les fonctionnaires et agents chargés de mandater les dépenses du ministère de l'Algérie et des colonies; les uns ont coutume de forcer d'un centime lorsque le chiffre 5 des millimes est suivi d'une fraction décimale, tandis que les autres ne forcent que si les millimes sont exprimés par le chiffre 6 et au-dessus. — Afin de ramener l'uniformité, et pour obtenir des résultats se rapprochant autant que possible de la vérité, sans qu'il soit nécessaire de poursuivre les calculs au delà du troisième chiffre, j'ai décidé, de concert avec M. le ministre des finances, et conformément à ce qui se pratique au département de la marine, que l'on forcerait d'un centime dès que les millimes atteindraient le chiffre 5 ou lui seraient supérieurs; au-dessous de 5, il n'y aura jamais lieu de forcer.

Comte DE CHASSELOUP-LAUBAT.

Foires.

AM. — 8 déc. 1849, 13 juin 1850. — B. 250. — *Établissement d'une foire à Mostagamem.*

Vu le décr. du 16 oct. 1813 et l'ord. du 26 nov. 1814, portant réglementation des foires et marchés dans la métropole;

Art. 1. — Un champ de foire se tiendra chaque année à Mostaganem, à l'époque correspondante aux courses de chevaux, qui ont lieu dans cette localité au mois d'octobre. D'HAUTPOUL.

AG. — 30 mars-17 avr. 1852. — B. 409. — *Établissement d'une foire à Blidah.*

Vu la dépêche min. du 8 mars courant;

Art. 1. — Une foire de cinq jours sera ouverte à Blidah, à titre d'essai, du 20 au 25 mai prochain,

Art. 2. — Pendant la durée de cette foire, il ne sera perçu aucun droit de place ou autre sur les emplacements désignés par l'autorité municipale pour la tenue de la foire, excepté pour les buvettes et débits de boissons. Comte RANDON.

(Cette décision est renouvelée chaque année.)

DP. — 12 avr.-8 mai 1852. — B. 411. — *Établissement d'une foire à Alger* (1).

Vu le décr. du 18 vend. an II et l'ord. du 26 nov. 1814;

Art. 1. — Il est institué dans la ville d'Alger une foire annuelle, qui ouvrira le 20 sept. et durera jusqu'au 30 du même mois inclusivement.

AG. — 19-30 oct. 1851. — B. 468. — *Foire aux porcs à Douéra.*

Art. 1. — Une foire aux porcs aura lieu à Douéra, à titre d'essai, le premier dimanche de nov. 1854 et le premier dimanche de mars et de nov. 1855 et 1856.

Fourrière publique.

Les règlements relatifs aux fourrières publiques sont faits dans chaque département par les préfets. La décision ministérielle ci-après est seule d'un intérêt général.

Décis. M. — 15 juin 1855. — *Destination à donner aux produits des fourrières.*

Les objets et animaux mis en fourrière et non réclamés dans les délais voulus, doivent être vendus par les soins des agents de l'enregistrement et des domaines, conformément à la loi du 18 juin 1811. — Le produit de vente doit être encaissé par les agents de cette administration, au même titre que le produit des épaves, biens vacants, etc., attribués au trésor par l'ord. du 17 janv. 1815, constitutive du régime financier en Algérie. — Le produit de la régie ou de la mise en ferme des fourrières constitue seul le revenu attribué par l'ord. du 28 sept. 1817, aux communes constituées et au budget local et municipal dans les localités non encore érigées en communes.

Franchise.

DIVISION.

§ 1. — Correspondance ordinaire.
§ 2. — Correspondance télégraphique.

§ 1. — CORRESPONDANCE ORDINAIRE

OR. — 26 juin-28 août 1835. — B. 21. — *Service des postes.*

Art. 4. — Les dispositions relatives aux franchises et contre-seings, et toutes autres dispositions prescrites par l'instr. gén. des postes, en date du 29 mars 1832, seront applicables au service des postes dans les posses. franç. du N. de l'Afrique.

OR. — 19 mai 1844. — B. 177. — *Droit de franchise. — Fonctionnaires militaires.*

Vu l'ord. du 14 déc. 1825 concernant les franchises; — Vu notre ord. du 22 juill. 1834 qui a placé les affaires de l'Algérie dans les attributions de notre min. de la guerre;

Art. 1. — Le contre-seing de notre ministre de

(1) *Rapport au prince-président de la République.* — Monseigneur, l'expérience a depuis longtemps démontré que l'institution des foires était appropriée aux besoins commerciaux d'une société naissante, aux pays où les populations sont éparses dans les villes ou villages de nouvelle fondation et où les voies de communication comme les moyens de transport n'ont pas encore atteint tout le développement et tout le perfectionnement désirables.

Ces institutions ont encore un caractère plus marqué d'opportunité dans un pays où se trouvent en présence deux populations, non-seulement distinctes, mais dont l'une, il faut bien le dire, soumise il est vrai, mais impatiente du joug, est antipathique et hostile à l'autre. Il est, dès lors, d'une bonne politique de créer entre ces deux nationalités, entre le peuple vainqueur et le peuple vaincu des occasions de rapprochement par la fusion et la communauté des intérêts.

Aussi, préoccupé du soin d'étendre et de développer de plus en plus les rapports entre les populations européenne et indigène de l'Algérie, en facilitant un commerce d'échanges approprié à leurs besoins réciproques, le département de la guerre a cru devoir autoriser, à titre d'essai, la tenue d'une foire à Alger, pendant les années 1850 et 1851. Le mouvement d'affaires auquel a donné lieu la foire de 1851 a été surtout satisfaisant. De nombreuses

transactions ont eu lieu, on a remarqué l'importance des achats faits par des Arabes venus des points les plus éloignés de l'Algérie, pour assister aux courses de chevaux que l'administration avait eu soin de faire coïncider avec la tenue de la foire. Ils ont emporté nombre d'articles variés de notre industrie et de notre manufacture. Les ventes ont principalement porté sur l'horlogerie, la bijouterie, les cotonnades, la lingerie, la mercerie, les nouveautés, la quincaillerie, la vannerie, la coutellerie, etc.

En somme, les résultats ont dépassé toutes les espérances, et tout autorise à croire que de semblables réunions, renouvelées périodiquement, serviront de la manière la plus utile, en multipliant nos relations et en les rendant en quelque sorte plus intimes, à l'extension du commerce d'échanges qui est le seul point de contact possible avec des populations si différentes des nôtres par les mœurs, les usages et toutes les conditions de l'existence.

Par ces motifs, et après avoir pris l'avis du conseil d'État, j'ai l'honneur de soumettre à votre approbation, monseigneur, un projet de décret portant institution d'une foire annuelle à Alger, à l'époque du 20 sept.

Le ministre de la guerre, A. DE SAINT-ARNAUD.

La création des foires a été placée par le décret du 27 oct. 1858 (*Adminis. gén.*, § 1), dans les attributions des préfets.

la guerre opérera la franchise à l'égard des directeurs de l'intérieur et des finances en Algérie, aux conditions et suivant les règles déterminées par l'ord. précitée du 14 déc. 1825.

Art. 2. — Les commandants des provinces sont autorisés à correspondre en franchise avec les préfets des départements de la métropole.

Art. 3. — Sont autorisés à correspondre en franchise en Algérie, les officiers et fonctionnaires ci-après désignés, savoir : — 1° Le chef de l'état-major gén. de l'armée d'Afrique, avec les officiers généraux, supérieurs et autres, commandant les provinces ou divisions, subdiv., les cercles, les places, les corps et les détachements; — 2° Le commandant sup. de l'artillerie, avec les comm. de l'artillerie des trois divisions, et les comm. des batteries et détachements de cette arme; — 3° Le commandant sup. du génie, avec les comm. en chef du génie; — 4° L'officier chargé de l'arsenal du génie à Alger, avec les chefs du génie; — 5° Les commandants de l'artillerie de chaque division, avec les comm. de batterie et de détachements de leur division; — 6° Les commandants du génie de chaque division, avec les chefs du génie de leur division.

Art. 4. — Les correspondances auxquelles sont applicables les dispositions des art. 2 et 3, devront être expédiées sous bande. Toutefois, celles qui seront revêtues du contre-seing du général chef de l'état-major gén., des généraux comm. les divisions, des commandants sup. de l'artillerie et du génie en Algérie, et des préfets des départ. de la métropole, pourront être expédiées sous pli fermé, à la charge, par le contre-signataire, d'écrire d'une manière apparente sur l'adresse de chaque dépêche, ces mots : *Nécessité de fermer.*

Décis. M. — 26 janv. 1850. — *Consuls.*

Une décis. min. de 1849 a autorisé les préfets de l'Algérie à correspondre en franchise avec les consuls de France dans les États barbaresques, en Espagne, en Italie, en Sicile et à Malte. Cette mesure a été étendue par la décis. du 26 janv. 1850 aux consuls de France en Égypte, en Portugal et en Sardaigne.

Décis. M. — 31 janv. 1852. — B. 408. — *Fonctionnaires admis au droit de franchise.*

Sur la demande de M. le gouverneur gén. et sur la proposition de M. le ministre de la guerre, M. le ministre des finances a accordé le droit de franchise à la correspondance officielle des inspecteurs de colonisation, des architectes et des agents du service topographique, par une décis. en date du 31 janv. 1852, ainsi conçue :

Art. 1. — Les architectes en chef des dép. de l'Algérie sont autorisés à correspondre en franchise, sous bandes, dans toute l'étendue du département, avec les commissaires civils, les inspecteurs des bâtiments civils, chargés d'arrond., les préfets, sous-préfets et maires.

Art. 2. — Les chefs du service topographique en Algérie sont autorisés à correspondre en franchise, sous bandes, avec le préfet du dép. et le général, comm. la division militaire.

Art. 3. — Les géomètres arpenteurs et triangulateurs du service des opérations topographiques en Algérie sont autorisés à correspondre en franchise, sous bandes, avec le chef du service topographique.

Art. 4. — Les inspecteurs des bâtiments civils chargés d'un arrond., ou d'une fraction d'arrond. en Algérie, sont autorisés à correspondre en franchise, sous bandes, dans toute l'étendue de leur arrond. d'inspection, avec les commissaires civils, les préfets, les sous-préfets et les maires.

Art. 5. — Les inspecteurs de la colonisation en Algérie sont autorisés à correspondre en franchise,

sous bandes, avec le général commandant la division militaire et le préfet du dép.

DM. — 8 fév. 1855. — B. 474. — *Les chefs de service de l'enregistrement et des domaines, en Algérie, sont autorisés à correspondre entre eux et avec les directeurs de ce service dans les dép. continentaux en franchise et sous bande.*

AM. — 20 août 1859. — B. 41. — *Tableau des fonctionnaires et autres personnes à l'égard desquelles le contre-seing du ministre de l'Algérie et des colonies opérera la franchise.*

AM. — 25 août 1859. — B. 41. — *Correspondance du commandant supérieur des forces de terre et de mer.*

Art. 1. — Le commandant sup. des forces militaires de terre et de mer en Algérie jouira des droits de franchise et de contre-seing attribués : 1° aux maréchaux de France, commandants sup. des divisions militaires; 2° aux officiers de la marine imp. commandant en chef une armée navale, escadre ou division.

Art. 2. — Il exercera son contre-seing au moyen d'une griffe fournie par l'administration des postes et qui ne pourra être confiée qu'à une seule personne qui demeurera responsable de son emploi.

Art. 3. — Il recevra en franchise, sans condition de contre-seing, les lettres et les dépêches qui lui seront adressées de tout lieu situé en Algérie.

Art. 4. — Sont et demeurent supprimées, les franchises attribuées au gouverneur gén. de l'Algérie par les tabl. 1 et 3 de l'ord. du 17 nov. 1817, le § 10 de l'art. 8 de cette ord., et par les décis. min. des 14 avr. 1845 et 30 juin 1858.

Le ministre des finances par intérim, J. BAROCHE.

§ 2. — CORRESPONDANCE TÉLÉGRAPHIQUE.

AM. — 12 fév. 1859. — BM. 18. — *Droit de correspondance officielle et gratuite (Décision qui remplace divers arrêtés précédents rendus sur le même objet).*

Les changements opérés dans l'organisation administrative de l'Algérie ont donné lieu de régler le droit de transmission gratuite des dépêches télégraphiques. — D'un autre côté, j'ai reconnu que l'usage qu'on faisait de ce moyen de correspondance était, en général, poussé jusqu'à l'abus. — Je vous informe que je règle de la manière suivante le droit de transmission gratuite en Algérie.

La franchise télégraphique appartient aux fonctionnaires ci-dessous désignés :

Le commandant supérieur des forces militaires de terre et de mer; — L'évêque; — Le premier président de la cour impériale; — Le procureur général près la cour impériale; — Le directeur des douanes; — Les préfets; — Les sous-préfets; — Les commissaires civils; — Les généraux commandant les divisions; — Les intendants militaires des divisions; — Les commandants des subdivisions; — Les sous-intendants militaires des subdivisions; — Les commandants des cercles; — Les procureurs impériaux et les juges de paix faisant fonctions de juges d'instruction; — Les généraux inspecteurs; — Le chef de la légion de gendarmerie en tournée; — Les présidents des assises; — Les présidents des conseils généraux pendant les sessions; — Le recteur de l'académie (décis. minis. du 30 mars 1860); — Les autres fonctionnaires ne peuvent correspondre par la même voie qu'en soumettant leurs dépêches au visa de l'autorité supérieure dans chaque localité.

Je vous prie de veiller à ce que les fonctionnaires placés sous vos ordres ne fassent usage de ce moyen de correspondance qu'avec une extrême réserve, pour affaires de service et seulement en cas de nécessité absolue, et de réprimer tout abus qui viendrait à se produire, ainsi que toute infraction aux règles prescrites dans la présente dépêche. NAPOLÉON (Jérôme).

Décis. M. — 27 oct. 1859. — BM. 46. — *Droit de correspondance avec la France par le télégraphe franco-sarde.*

M. le général (ou préfet), des arrêtés du ministre de l'intérieur, en date du 7 déc. 1857, 8 et 18 mars 1858 et 20 mai 1859 (1), ont réglé le droit, pour les fonctionnaires de l'Algérie, de transmettre gratuitement par le télégraphe leurs dépêches administratives hors de l'Algérie.

Par suite du déplacement d'attributions auquel a donné lieu la création du ministère de l'Algérie et des colonies, ces arrêtés présentent aujourd'hui soit des lacunes, soit des prescriptions qui ne sont plus susceptibles d'application.

Je me suis concerté avec M. le ministre de l'intérieur, et nous avons adopté les dispositions suivantes :

1° Additionnellement à l'arrêté du 20 mai 1859, la franchise pour les dépêches de service adressées d'Algérie par le télégraphe franco-sarde au ministère de l'Algérie et des colonies appartiendra désormais aux fonctionnaires ci-après désignés, savoir ;

Au général commandant supérieur des forces de terre et de mer, en Algérie ; — Aux généraux commandant les divisions ; — Aux préfets ; — A l'évêque ; — Au procureur général ; — Au général commandant supérieur du génie ; — Au général commandant supérieur de l'artillerie ; — Aux intendants divisionnaires ; — Au commandant de la station navale ; — Au recteur ; — Au commandant de la marine ; — Au commandant de la gendarmerie ; — Au directeur divisionnaire des lignes télégraphiques ; — Au commissaire central de police à Alger ; — Aux directeurs des ports de l'Algérie.

2° L'arrêté du 8 mars 1858 conserve son effet, en ce qui concerne le droit de franchise attribué :

Aux directeurs des ports de la marine avec ; — Le ministre de la marine, — Le préfet maritime à Toulon, — Le chef du service de la marine à Marseille.

3° Il en est de même de l'arrêté du 20 mai 1859, en ce qui concerne le droit de correspondance en franchise attribué :

1. Au commandant de la station navale avec ; — Le ministre de la marine, — Le préfet maritime de Toulon, — Les chefs de la marine à Toulon et à Bastia, — Les administrateurs des sous-quartiers à Marseille et à Bastia.

2. Au commandant supérieur des forces de terre et de mer ; — Aux généraux commandant les divisions ; — Au général commandant supérieur de l'artillerie ; — Au général commandant du génie ; — Aux intendants militaires avec les destinataires, et sous les conditions énoncées dans le susdit arrêté.

Je n'ai pas besoin d'ajouter que ces dispositions ne portent aucune atteinte aux prescriptions de l'arr. du 7 déc. 1857, relatives à la correspondance avec le ministre de la guerre, des fonctionnaires dénommés en cet arrêté. Toutefois, les préfets, en raison de ce qu'ils relèvent exclusivement du ministre de l'Algérie et des colonies, n'auront plus la franchise de la correspondance télégraphique avec le ministre de la guerre.

Comte de CHASSELOUP-LAUBAT.

G

Gendarmerie.

OR. — 31 août-30 sept. 1859. — B. 69. — *Création d'une légion de gendarmerie d'Afrique, formée de quatre compagnies dont les chefs-lieux sont : Alger, Bouffarik, Constantine et Oran. — effectif 708 hommes officiers compris et 448 chevaux.*

DI. — 10 mars-28 avr. 1855. — B. 470. — *Nombre des brigades porté de 108 à 118. — Complet de l'effectif 601 hommes, 443 chevaux.*

Greffiers.

AI. — 25 fév. 1832 (V. *Enregistrement.*) — *Obligation des greffiers, relativement à l'enregistrement des actes.*

AI. — 8 juill. 1852. — *Mise en vigueur de l'art. 14, Loi du 21 vent. an VII, sur le droit de légalisation. — Droit fixé à 25 c. (2).*

OR. — 19 oct. 1841 (V. *Enregistrement*). — *Application à l'Algérie des lois, décrets et ordonnances qui régissent en France les droits de greffe, sauf réduction à moitié.*

OR. — 9 fév.-7 mars 1815. — B. 196. — *Droit de greffe. — Dispositions spéciales concernant les greffiers.*

Art. 1. — Le greffier de la cour royale d'Alger et ceux des tribunaux de 1re instance, de commerce et de paix de l'Algérie, percevront à leur profit les droits et remises qui sont alloués aux greffiers de France, outre le traitement fixe qui sera déterminé par notre ministre de la guerre ; le tout à la charge par eux de faire face aux dépenses de greffe. Toutefois les remises proportionnelles sur les droits attribués en France au trésor public, ne seront perçues en Algérie par les greffiers que sur la moitié des mêmes droits, conformément à l'art. 2 de notre ord. du 19 oct. 1841.

Art. 2. — L'art. 91 de la loi du 28 avril 1816 n'est point applicable aux greffiers de l'Algérie. — Tout traité pour la cession ou transmission de titres, à quelque époque qu'il apparaisse, et alors même qu'il n'aurait point reçu d'effet, entraînera la révocation, soit du greffier en exercice, soit de son successeur, si la nomination avait suivi le traité.

Art. 3. — A l'avenir, les greffiers de la cour royale et les greffiers des tribunaux de 1re instance de l'Algérie nommeront sous l'approbation du procureur général, et présenteront au serment, des commis greffiers dont le nombre et le traitement seront fixés par un arrêté de notre ministre de la guerre. Ces commis greffiers seront salariés par l'État. — Les commis greffiers dont l'établissement paraîtrait nécessaire pour les besoins du service dans les tribunaux de commerce et les justices de paix de l'Algérie, seront également nommés et présentés au serment par les greffiers en chef de ces juridictions, sous l'approbation du procureur général. Ils seront salariés par le greffier en chef.

Art. 4. — La présente ordonnance sera exécutoire pour toute l'Algérie, à partir du 1er mars prochain.

---

(1) Aucun de ces arrêtés n'a été publié en Algérie.

(2) Les greffiers ont incontestablement le droit de toucher ce droit de 25 centimes pour la légalisation des extraits d'actes de décès, que les maires des communes sont tenus d'envoyer (art. 80 C. Nap.) au dernier domicile des

individus morts dans les hôpitaux civils et militaires et autres établissements publics. Mais cette mesure ayant le caractère purement administratif, ces actes peuvent également être légalisés sans frais par les préfets et sous-préfets. — *Instruction ministérielle, 29 oct. 1844.*

Art. 5.—Sont abrogées toutes dispositions contraires à la présente ordonnance, dont notre ministre de la guerre est chargé d'assurer l'exécution.

AM. — 16 fév.-7 mars 1845. — B. 196. — *Fixation du nombre des greffiers. — Traitements.*

Art. 1. — Il y a, près la cour royale d'Alger, un greffier en chef et deux commis greffiers (1); — Près le tribunal de 1re inst. d'Alger, un greffier et deux commis greffiers; — Près chacun des tribunaux de 1re inst. de Blidah, Bône, Oran et Philippeville, un greffier et un commis greffier; — Près le tribunal de commerce d'Alger, un greffier; — Près chacune des justices de paix, un greffier; — Et près le tribunal de simple police d'Alger, un greffier.

Art. 2. — Le traitement de ces officiers publics est fixé de la manière suivante :

Greffier en chef de la cour royale, 5,600 fr.;—Commis greffier, 2,000 fr.;—Greffier du tribunal de 1re instance d'Alger, 2,400 fr.;—Commis greffier, 1,800 fr.;—Greffiers des tribunaux de 1re instance de Blidah, Bône, Oran et Philippeville, 2,000 fr.;—Commis greffiers, 1,500 fr.;—Greffier du tribunal de commerce d'Alger, 1,200 fr.;—Greffier des justices de paix d'Alger, 1,200 fr.;—Greffier du tribunal de simple police d'Alger, 1,000 fr.;—Greffiers des justices de paix du ressort, 1,000 fr.

Maréchal duc de DALMATIE.

OR. — 1er-25 fév. 1846. — B. 219. — *Cautionnement des greffiers.*

Art. 1. — Les greffiers près la cour royale et les tribunaux de l'Algérie sont soumis à un cautionnement qui est fixé comme il suit, savoir :

Greffier de la cour royale, 4,000 fr.;—Greffier du tribunal de 1re instance d'Alger, 4,000 fr.;—Greffier du tribunal de commerce d'Alger, 4,000 fr.;—Greffier près les autres tribunaux de 1re instance, 3,000 fr.;—Greffiers près les justices de paix d'Alger, 2,000 fr.;—Greffier près les autres justices de paix, 1,500 fr.;—Greffiers près le tribunal de simple police d'Alger, 1,500.

Art. 2. — Les greffiers ne sont admis à la prestation de serment (1) qu'après avoir justifié du versement de leur cautionnement.

Art. 5. — Le cautionnement des greffiers demeure affecté, par privilége, à la garantie des condamnations qu'ils auraient encourues, à l'occasion de l'exercice de leurs fonctions.

Art. 4. — Un délai de six mois, à partir de la promulgation de la présente ordonnance, est accordé aux titulaires actuels pour le versement du cautionnement exigé par l'art. 1 ci-dessus.—Le greffier qui n'aura point satisfait à cette obligation pourra être considéré comme démissionnaire.

OR. — 19 mai-11 juin 1847. — B. 256. — *Greffier du tribunal de commerce d'Oran. — Traitement. — Cautionnement.*

Vu les ord. des 9 et 16 fév. 1845 et 1er fév. 1846 (ci-dessus);

Art. 1. — Le greffier du tribunal de commerce d'Oran aura droit à un traitement annuel de 1,200 fr.; — Seront d'ailleurs applicables au greffier de ce tribunal les dispositions de l'ord. roy. du 9 fév. 1845.

Art. 2. — Le greffier du tribunal de commerce d'Oran ne sera admis à prêter serment et à exercer en cette qualité qu'après avoir justifié du versement d'un cautionnement de 5,000 fr. — Ce cautionnement sera affecté, par privilége à la

garantie des condamnations que ce greffier aurai encourues à l'occasion de l'exercice de ses fonctions. TRÉZEL.

DI. — 51 mai-21 juin 1856. — B. 496. — *Décret du 21 mai 1851, rendu exécutoire.*

Art. 1. — Le décr. du 21 mai 1851, portant fixation des émoluments attribués, en matière civile et commerciale, aux greffiers des tribunaux civils de 1re inst. et aux greffiers des cours impériales, est rendu exécutoire en Algérie.

Art. 2. — Il n'est pas dérogé à l'ord. du 9 fé 1845.

II

Hôpitaux.—Hospices.

DIVISION.

§ 1. — LÉGISLATION SPÉCIALE ET RÈGLEMENTS.

AM. — 5 nov. 1846, 5 mars 1847. — B. 219. — *Règlement général pour l'hôpital civil d'Alger (5).*

TIT. 1. — *Administration générale.*

Art. 1. — L'administration de l'hôpital civil d'Alger (hôpital principal et succursales) est placée dans les attributions du directeur de l'intérieur et de la colonisation, et par délégation dans celles du maire de la ville. — La surveillance active en est confiée à une commission administrative dont l'organisation et les attributions spéciales ont été déterminées par un arr. en date du 21 août 1837.

Art. 2. — La commission administrative se réunit tous les mois pour délibérer, sous la présidence du maire délégué, son président, sur les affaires et intérêts de l'établissement. — Dans les circonstances pressantes ou sur la demande motivée du maire ou de l'administrateur de service, dont il sera parlé à l'art. 4, le directeur de l'intérieur et de la colonisation convoque extraordinairement la commission par l'organe du président.

Art. 5. — Les délibérations de la commission sont rédigées dans la forme d'un procès-verbal sur un registre coté et cet effet par le directeur de l'intérieur et de la colonisation. Tous les membres inscrits à la séance signent au procès-verbal, et chacun d'eux a le droit de consigner à la suite ses observations. — Copie du procès-verbal et des observations est transmise, dans les quarante-huit heures, à M. le directeur de l'intérieur et de la colonisation, par les soins du maire. — Les mesures délibérées par la commission administrative n'ont que la force d'avis et de proposition, et elles ne sont mises à exécution, en aucun cas, qu'après avoir été sanctionnées par le directeur de l'intérieur et de la colonisation, qui réfère de ces mesures au gouvernement général lorsqu'elles dépassent la limite de ses attributions. — Tous les trois mois, ce fonctionnaire adresse copie au ministre des délibérations de la commission administrative, et fait connaître la suite qui a été don-

---

(1) Un troisième commis greffier a été institué par décret du 27 nov. 1859.

(2) La formule du serment des greffiers est ainsi conçue : *Je jure obéissance à la constitution et fidélité à l'empereur. Je jure aussi et promets de bien et loyalement remplir mes fonctions, et d'observer en tout les devoirs qu'elles m'imposent.*

(5) Les dispositions d'un intérêt général que contient ce règlement sont seules reproduites, toutes celles qui concernent seulement l'organisation et la discipline intérieure de l'établissement n'ayant qu'une utilité relative et spéciale.

née aux observations ou propositions qu'elles renferment.

Art. 4. — Chacun des membres de la commission administrative, le président excepté, est chargé à tour de rôle, pendant un mois, de la surveillance du détail de l'administration de l'établissement. Il vérifie les comptes, assiste aux réceptions et aux distributions, inspecte le service en général et concourt aux différentes opérations indiquées dans le cours du règlement. — Le membre sortant rend compte, dans la plus prochaine réunion de la commission, du résultat de son inspection. — Dans l'intervalle, il signale immédiatement au maire tous les objets qui lui paraissent susceptibles d'éveiller la sollicitude de l'administration, afin qu'il soit pris des mesures s'il y a lieu.

TIT. 2. — *Personnel.*

Art. 5 à 22. — (Composition. Personnel de santé, personnel d'administration, devoirs et attributions respectives.)

TIT. 3. — *De l'admission des malades.*

Art. 23. — L'hôpital civil d'Alger reçoit les malades civils, indigènes, des deux sexes, atteints de maladies aiguës ou blessés accidentellement. — Les malades incurables ne sont pas admis. — Si, par la suite, on reconnaît qu'un malade traité dans l'hôpital n'est plus susceptible de guérison, il est renvoyé et mis à la disposition de l'autorité administrative pour être transporté dans son pays, s'il est dans l'impossibilité de pourvoir, par son travail, à sa subsistance.

Art. 24. — Jusqu'à nouvel ordre, et à défaut d'établissements spéciaux, l'hôpital civil d'Alger continuera à recevoir : — 1° Les femmes enceintes qui se présentent pour faire leurs couches ; toutefois, elles ne sont reçues que dans le neuvième mois de leur grossesse et doivent, à moins de complication de maladie, sortir avec leur enfant dans la quinzaine qui suit leurs couches ; — 2° Les vénériens ; — 3° Les galeux et teigneux ; — 4° Les malades pensionnaires, c'est-à-dire qui remboursent à la caisse locale et municipale les frais de leur traitement ; — 5° Les prévenus et détenus qui ne peuvent être soignés convenablement à la prison et qui sont envoyés par ordre du directeur de l'intérieur et de la colonisation. Une salle particulière leur est affectée, et l'économe de l'hôpital prend toutes les mesures nécessaires pour y maintenir le bon ordre et empêcher les évasions.

Art. 25. — Les aliénés ne sont reçus que provisoirement, pour attendre le moment où il sera possible de les diriger sur un établissement spécial.

Art. 26. — Pour être admis gratuitement dans l'hôpital civil d'Alger, il faut justifier de l'état d'indigence attesté par un certificat du maire de la commune que le malade habite et être reconnu, par les officiers de santé de l'établissement, atteint d'une affection assez grave pour nécessiter des soins particuliers et continus. — Si le malade est atteint d'une maladie aiguë, l'officier de santé de garde peut le faire admettre d'urgence, sauf l'accomplissement, dans les vingt-quatre heures, des formalités ordinaires.

Art. 27. — Les indigents dont la maladie n'est pas sérieuse sont renvoyés devant le médecin chargé du service des consultations gratuites, lequel délivre, s'il y a lieu, un bon de médicaments.

Art. 28. — Les malades doivent recevoir leur billet de sortie dès que le médecin traitant le juge convenable. Ils ne pourront, toutefois, être retenus au delà de la convalescence.

Art. 29. — Les malades sont sous la police du maire et de l'administrateur de service ; ils obéissent aux injonctions qui leur sont faites par les officiers de santé et d'administration, en tout ce qui concerne leur traitement et le bon ordre de l'établissement. — Les officiers de santé et d'administration veillent à ce que les malades soient traités avec douceur et bienveillance. — Les malades qui croient avoir à se plaindre doivent adresser leurs réclamations à l'administrateur de service.

TIT. 4. — *Matériel.* — Ex...... du service.

Art. 30 à 53. — (Achats en général, mobilier, denrées et objets de consommation, chauffage et éclairage, bâtiments.)

§ 6. — *Service religieux.*

Art. 54. — La chapelle à ériger dans l'hôpital sera desservie par un ecclésiastique désigné à cet effet par Mgr l'évêque d'Alger.

Art. 55. — L'aumônier ne reçoit aucun dépôt ou valeur quelconque, à quelque titre et pour quelque destination que ce puisse être, et ne peut s'immiscer dans aucun détail du service administratif de l'établissement.

Art. 56. — L'entretien du mobilier de la chapelle est confié aux soins des sœurs. Les remplacements, réparations, substitutions ou additions n'y peuvent être effectués qu'avec l'approbation du directeur de l'intérieur et de la colonisation. La supérieure des sœurs, d'accord avec l'aumônier, remet sa demande au maire. — Ainsi qu'il est dit à l'art. 35, le mobilier est compris sur les inventaires dressés par l'économe.

Art. 57. — L'hôpital civil d'Alger est ouvert, sous les restrictions spécifiées au présent règlement, à tous les indigents malades, sans distinction de nation ni de religion. — Il ne sera imposé à aucun malade, de quelque nation et de quelque culte qu'il soit, aucun acte ou exercice religieux qui serait contraire à sa volonté. — Par conséquent chaque malade, de quelque nation et de quelque religion qu'il soit, reste libre d'appeler auprès de lui tel ministre du culte qu'il juge à propos.

Art. 58. — La sœur supérieure est chargée de procurer les secours religieux aux catholiques qui les réclament. — L'économe est chargé de procurer aux malades non catholiques les secours religieux du culte qu'ils professent.

TIT. 5. — *Dispositions d'ordre et diverses.*

Art. 59 à 60. — (Service d'admission et de garde des malades.)

Art. 61. — Les malades admis remettent entre les mains de l'économe l'argent, les bijoux et les valeurs généralement quelconques dont ils sont nantis. Inscription en est faite immédiatement sur un registre coté et parafé par le directeur de l'intérieur et de la colonisation, et un récépissé détaillé en est donné aux malades. — Si les malades déclarent qu'ils n'ont rien à déposer, il est fait mention de leur déclaration sur le billet de salle.

Art. 62. — Lorsque les malades sortent de l'hôpital, les objets qu'ils ont déposés leur sont remis en échange du récépissé qui leur a été délivré. — En cas de décès, et s'il résulte des informations recueillies que les héritiers du décédé ne sont ni connus ni présents, l'économe donne sur-le-champ avis du dépôt au procureur du roi ou au juge de paix du ressort, ainsi qu'au curateur aux successions vacantes (art. 8 de l'ord. roy. du 26 déc. 1842).

Art. 63. — L'économe est responsable des objets déposés conformément à l'art. 61 : il les place dans un magasin sous une série de numéros correspondant à ceux des lits de l'hôpital, et il prend toutes les précautions qu'exige leur conservation.

Art. 64. — Lorsqu'un malade exprime la volonté de faire des dispositions testamentaires, l'économe est tenu, sous sa responsabilité personnelle, de lui en fournir les moyens.

Art. 65 et 66. — (Déclaration des décès et inhumations. — V. aussi *Greffiers*, 8 juill. 1839, note, légalisation des extraits des actes de décès.)

Art. 67. — Les détenus traités à l'hôpital ne peuvent avoir aucune communication avec les autres malades. — Lorsqu'ils sont guéris et peuvent, sans danger pour leur santé, être réintégrés à la prison, il en est donné avis au directeur de l'intérieur et de la colonisation et au parquet du procureur du roi. — L'économe ne remet le détenu que sur la présentation d'un ordre de sortie au bas duquel l'agent chargé de le conduire à la prison déclare qu'il a été remis entre ses mains. — Dans le cas d'évasion d'un détenu traité à l'hôpital, il en est dressé procès-verbal par l'économe. Ce procès-verbal, signé par les agents pouvant donner des renseignements sur le fait, est envoyé au directeur de l'intérieur et de la colonisation par l'intermédiaire du maire, et au parquet.

Art. 68 à 70. — (Dispositions transitoires.)
M. DE SAINT-YON.

DP. — 15 juill.-29 août 1849. — P. 328. — *Bureaux de bienfaisance. — Hôpitaux déclarés établissements publics.*

Vu les lois des 24 vend. an II, 16 vend. et 7 frimaire an V, le décret du 19 janv. 1811, les ord. des 31 oct. 1821, 6 juin 1830 et 2 avr. 1831, etc ;

Art. 1. — Les hôpitaux et hospices civils de l'Algérie sont déclarés établissements publics, jouissant de l'existence civile. Ils exerceront tous les droits, prérogatives et actions attachés à ce titre. — Ils seront administrés, comme ceux de France, par des commissions gratuites, instituées dans les mêmes formes et ayant les mêmes attributions.

Art. 2. — Il pourra être établi, dans chaque commune de l'Algérie, un bureau de bienfaisance pour la distribution des secours à domicile. — Ces bureaux seront institués conformément aux lois, ordonnances et règlements qui régissent en France les mêmes institutions. — Ils jouiront des droits, prérogatives et actions spécifiées dans le § 1 de l'article précédent.

Art. 3. — Les droits perçus en France au profit des hospices et bureaux de bienfaisance, sur les bals, spectacles, concerts, feux d'artifice, fêtes quelconques où le public est admis en payant, seront perçus en Algérie dans les mêmes formes et proportions, et affectés à la même destination.

Art. 4. — Les administrateurs des hospices et bureaux de bienfaisance de l'Algérie sont autorisés à faire procéder à des quêtes dans les édifices consacrés aux cérémonies religieuses, à y placer des troncs pour recevoir les aumônes, ainsi que dans tous les établissements et lieux publics à ce convenables (1).

Art. 5. — En conséquence des dispositions qui précèdent, sont rendus exécutoires en Algérie les lois, ordonnances et règlements de la métropole, actuellement en vigueur, touchant l'organisation, la dotation, l'administration et la comptabilité des hospices et bureaux de bienfaisance (2).

AM. — 5 sept.-15 oct. 1859. — B. 423. — *Règlement sur l'admission et le traitement dans les hôpitaux.*

Considérant que l'extension abusive donnée en Algérie à l'administration gratuite des malades civils des établissements hospitaliers a eu pour résultat d'accroître la dépense de ce service dans une proportion qui n'est plus en rapport avec la situation des revenus locaux et municipaux ; — Que, dans l'intérêt même des indigents, qui seuls ont droit aux secours gratuits de l'assistance publique, il importe de ramener l'administration des services hospitaliers sous l'empire d'une règle conforme aux principes de l'équité et de la raison ;

Art. 1. — Les malades traités dans les hôpitaux civils de l'Algérie seront divisés en trois catégories, savoir : — 1° Malades pensionnaires de 1re classe, astreints à rembourser le prix intégral de la journée de traitement ; — 2° Malades pensionnaires de 2e classe, admis moyennant le remboursement de la moitié du prix de la journée de traitement ; — 3° Malades indigents, traités gratuitement.

Art. 2. — Tous les ans, au commencement de décembre, le gouverneur général fixera par un arrêté, pour l'année suivante, le prix de la journée de traitement dans les hôpitaux civils de l'Algérie. — Cette fixation aura pour base le total de la dépense d'une année dans lesdits hôpitaux divisé par le total des journées des malades pendant la même période ; l'année prise pour base sera formée des quatre derniers trimestres accomplis à la date de l'arrêté de fixation. — Toutefois, le prix fixé ne pourra dépasser 1 fr. 50 c., sauf pour le cas spécifié au § 2 de l'art. 6 du présent.

Art. 3. — Les malades pensionnaires seront admis à la première classe sur leur demande. — Pour être admis à la seconde classe, les malades pensionnaires devront justifier, par un certificat du maire de leur domicile, que leurs facultés pécuniaires ne leur permettent pas de supporter intégralement les frais de la journée de traitement. — L'admission à titre gratuit n'aura lieu également que sur la production d'un certificat d'indigence, délivré par le maire de la localité où le malade a son domicile ou sa résidence habituelle. — En cas d'urgence constatée par un officier de santé de l'hôpital, les malades seront admis sans l'accomplissement de cette formalité ; mais, à la diligence de l'économe de l'établissement, le maire du do-

---

(1) Aux termes de la législation et de la jurisprudence fondues applicables aux hospices et bureaux de bienfaisance de l'Algérie, par le décret du 15 juill. 1849 , le droit de quête appartient aux fabriques, aux bureaux de bienfaisance et aux hospices, concurremment dans les églises ; aux bureaux de bienfaisance et aux hospices seulement, hors des églises ; le droit des fabriques est limité aux quêtes faites pour les frais du culte (art. 36 décret du 30 déc. 1809) ; l'exercice du même droit en ce qui touche les hospices et bureaux de bienfaisance, est réglé par l'arrêté min. du 5 prair. an XI et par le décret précité de 1809. L'art. 75 de ce décret attribue à l'évêque le règlement de tout ce qui concerne les quêtes dans les églises , mais sans préjudice des quêtes pour les pauvres, lesquelles doivent toujours avoir lieu dans les églises, toutes les fois que les bureaux de bienfaisance le jugeront convenable. Enfin nulle disposition législative ou réglementaire ne consacre le droit de quête en faveur des sociétés libres de charité ; l'intervention des personnes faisant partie de ces sociétés autrement que comme auxi-

liaires des bureaux de bienfaisance, et désignées ou agréées par eux (ord. 31 oct. 1821 art. 4), est donc entachée d'illégalité et constitue une sorte d'usurpation d'attributions, quelles que soient d'ailleurs la respectabilité du but et la pureté des intentions. Les sociétés de charité doivent être encouragées ; mais les bureaux de bienfaisance doivent être maintenus dans l'exercice de leurs droits et de leurs attributions légales. — *Décis. min.* du 20 avr. 1850.

(2) Quant aux lois, règlements et ordonnances postérieurs au décr. du 15 juill. 1849, ils ne peuvent être exécutoires qu'autant qu'ils auront été promulgués en vertu d'un décret spécial ou d'un arrêté ministériel suivant l'importance de l'objet. Il serait d'ailleurs inutile de promulguer des lois dont l'introduction dans la colonie ne serait opportune qu'avec certaines modifications en harmonie avec le régime des établissements hospitaliers de l'Algérie, et dont la plupart des dispositions devraient nécessairement rester à l'état de lettre morte. — *Décis. min.*, 24 mars 1859.

micile devra fournir, sur la position de fortune de chaque malade ainsi admis, les renseignements nécessaires pour déterminer celle des catégories dans laquelle il doit être classé.

Art. 4. — Au moment de leur entrée à l'hôpital, les malades pensionnaires ou leur famille devront souscrire l'engagement de rembourser les frais de leur traitement, conformément au tarif entre les mains de l'économe de l'établissement. — Un délai de trois mois après la sortie de l'hôpital pourra être accordé pour effectuer ce remboursement. — Les dispositions qui précèdent sont applicables aux malades admis d'urgence à l'hôpital, en vertu de l'art. 3, lorsque, d'après les renseignements fournis par l'autorité locale, ils devront être classés comme pensionnaires.

Art. 5. — Les sommes payées entre les mains de l'économe de l'hôpital seront versées au service des domaines, pour le compte de la caisse locale et municipale. — Ce service sera, en outre, chargé de poursuivre directement le recouvrement des sommes dont le malade sera resté redevable à l'hôpital.

Art. 6. — Des salles spéciales seront affectées à la première catégorie de malades. — Des chambres particulières pourront également être établies; mais pour les malades qui demanderont à y être admis, le prix de la journée de traitement sera de 2 fr.

Art. 7. — Les malades civils traités dans les hôpitaux militaires seront tenus de rembourser les frais de leur traitement d'après les décomptes établis par l'administration militaire. Ils ne pourront être exonérés de ces frais que sur la production d'un certificat d'indigence délivré par le maire de la commune ou par l'autorité qui en remplit les fonctions. — Le recouvrement de ces frais de traitement sera poursuivi à la diligence de l'autorité administrative et par les soins du service des domaines.   A. DE SAINT-ARNAUD.

AG. — 9-12 juin 1858. — B. 591. — *Asile des vieillards et incurables indigents.*

Vu l'art. 2, n° 8, du décr. du 30 déc. 1850, (*Admin. génl* 8, 1) sur la décentralisation admin.; — Vu les instructions de M. le ministre de la guerre, en date des 30 sept. 1857 et 25 mai 1858, fixant le nombre de lits à entretenir dans l'asile des vieillards et incurables, annexé à l'hôpital civil de Douéra.

Tit. 1. — *Conditions d'admission.*

Art. 1. — L'hospice créé à Douéra, sous le titre d'*Asile départemental des vieillards et incurables indigents*, est spécialement ouvert aux habitants de la province d'Alger qui, Français ou étrangers, y auront acquis le domicile de secours par une année de résidence fixe. — Le nombre des lits qui lui sont affectés est fixé à 40 pour les hommes, à 20 pour les femmes. Dix lits supplémentaires seront réservés pour les besoins des autres provinces. — Les communes constituées, les bureaux de bienfaisance, les sociétés de charité et toutes personnes seront en outre admises à fonder, dans les formes déterminées par la loi et moyennant le prix de pension ci-après indiqué, le nombre de lits supplémentaires que comportera l'établissement.

Art. 2. — Les vieillards et incurables sont reçus dans l'asile, soit à titre gratuit, soit comme pensionnaires. — Le prix de la pension est fixé à 30 fr. par mois, soit 360 fr. par an. — Pourront être reçus comme pensionnaires à prix réduits, les vieillards ou incurables qui feront abandon de leurs biens à l'asile.

Art. 3. — Nul indigent valide n'est admissible s'il n'est âgé de 70 ans accomplis.

Art. 4. — Les indigents invalides seront reçus de préférence aux vieillards valides.

Art. 5. — Toute demande d'admission doit être accompagnée des pièces suivantes : — 1° Acte de naissance du vieillard ou de l'incurable ; — 2° Certificat constatant sa moralité ; — 3° Ses titres de services, soit civils, soit militaires ; — 4° Certificat constatant qu'il a acquis le domicile de secours ; — 5°. Certificat de médecin indiquant le degré d'incurabilité des infirmités ; — 6° Certificat d'indigence, émanant du maire de la commune habitée par le vieillard ou l'incurable ; — 7° La preuve que sa famille n'est pas en état de subvenir à son entretien.

Art. 6. — Les admissions seront prononcées par le gouverneur général, sur la proposition des préfets ou des généraux, suivant le territoire dans lequel les postulants auront acquis leur domicile de secours. — Le gouverneur génél. statue par décision spéciale sur les demandes en dispense d'âge.

Art. 7. — Un rapport périodique du médecin de l'asile constate trimestriellement l'état des infirmités des incurables admis. Cet état est transmis à la commission administrative, laquelle se tient, en outre, au courant des circonstances qui auraient fait cesser l'état d'indigence des vieillards ou incurables. — La commission administrative signale au préfet d'Alger les vieillards ou incurables qui, par suite de changements survenus dans les conditions qui auront motivé leur admission, lui paraîtraient ne pas devoir être conservés dans l'asile, ou qui, admis gratuitement, ne pourraient être autorisés à y séjourner que comme pensionnaires. — Enfin, la commission administrative délibère sur tout motif qui, porté à sa connaissance, pourrait exiger une exclusion. — Il est statué par le gouverneur génél, sur la proposition du préfet.

Tit. 2. — *Ordre et discipline.*

Art. 8. — Les vieillards et incurables, admis à l'asile, seront tenus de se conformer aux mesures d'ordre et de discipline prescrites par le règlement.

Art. 9. — Le travail est obligatoire dans l'asile pour les individus en état de s'y livrer. — Les travaux seront appropriés à l'âge et aux infirmités constatées par le médecin. — Un règlement spécial déterminera la part du prix du travail qui devra être remise mensuellement aux travailleurs, ainsi que les diverses conditions de l'organisation du travail.

Art. 10. — Toutes communications sont interdites entre le quartier des hommes et le quartier des femmes.

Art. 11. — Les injures graves et les provocations seront punies d'une réprimande publique. — En cas de récidive, les contrevenants seront privés de sortie pendant un mois, et, s'il y a lieu, l'exclusion sera prononcée.

Art. 12. — Les vieillards valides devront concourir à l'entretien des salles et aider, autant que possible, les infirmiers.

Art. 13. — Les effets, propriété des vieillards, seront placés dans un local séparé des dortoirs. — Il est défendu de laisser des objets sur les lits ou dans les salles occupées en commun.

Art. 14. — Les vieillards changeront de linge tous les dimanches. — Les draps de lit seront renouvelés tous les mois.

Art. 15. — Les vieillards se lèveront à 5 heures du matin depuis le 1er mai jusqu'au 1er oct., et à 7 heures du 1er oct. au 1er mai. — Ils se coucheront à 8 heures du soir du 1er mai au 1er oct., à 7 heures du soir du 1er oct. au 1er mai.

Art. 16. — Les effets dont il est question dans l'art. 13 seront mis à la disposition de leurs propriétaires les jours de sortie, à l'heure du lever.

Art. 17. — Les dimanches et jeudis sont consacrés à la sortie : — En hiver : les dimanches de midi à 4 heures du soir ; les jeudis de midi à 3 heures du soir ; — En été : les dimanches de 1 heure à 4 heures du soir ; les jeudis de 3 heures à 5 heures du soir.

Art. 18.—En dehors de ces jours de sortie, des permissions pourront être accordées par M. le maire de Douéra ou par l'administrateur de service.

Art. 19. — Tout individu qui se sera absenté de l'asile pendant 48 heures sans permission, ne pourra plus y rentrer sans qu'une nouvelle admission ait été prononcée en sa faveur.

Art. 20. — Les permissionnaires ne pourront sortir de l'asile avec les effets appartenant à l'établissement sans une autorisation préalable de l'économe.

Art. 21. — Une semblable permission sera nécessaire pour qu'un objet, de quelque nature qu'il soit, puisse sortir de l'asile ou y être introduit.

Art. 22.—Aucune liqueur spiritueuse ne pourra être introduite. — Tout vieillard qui contreviendrait à cet ordre serait privé de sortie pendant un mois.—Les liquides seront saisis.

Art. 23. — Les vieillards qui ne rentreront pas aux heures fixées par l'art. 17, seront privés de sortie pendant un mois.

Art. 24. — L'inconduite notoire et l'habitude d'ivresse, soit dans l'intérieur de l'asile, soit au dehors, entraîneront l'exclusion.

Art. 25.—Il est défendu aux vieillards de mendier, soit dans l'établissement, soit au dehors, sous peine d'être privés de sortie pendant un mois. —En cas de récidive, les contrevenants seront expulsés de l'asile.

Art. 26. — Les parents et amis des vieillards et incurables ne seront admis à les visiter que deux fois par semaine, les mardi et samedi de 2 heures à 4 heures du soir seulement. — Il n'y aura d'exception qu'en vertu d'une permission de l'autorité ou de l'administrateur de service.

Art. 27. — La pratique des services religieux aura lieu tous les dimanches matin aux heures qui seront fixées de concert entre la commission administrative et le desservant.

Art. 28. — Tous les repas se feront en commun et dans les réfectoires.

Art. 29. — Les heures des repas seront ainsi fixées : — 1er repas, du 1er mai au 1er oct., à 6 heures 1/2 du matin ; du 1er oct. au 1er mai, à 7 heures 1/2 du matin. — 2e repas, à 10 heures du matin. — 3e repas, à 4 heures 1/2 du soir.

Art. 30.—L'ordre, le calme et les convenances devront être respectés au réfectoire, dans les salles et dans toutes les autres dépendances de l'asile.

Art. 31.—Le présent règlement sera affiché dans les salles occupées par les vieillards.

Art. 32. — Les peines disciplinaires, autres que l'exclusion, seront prononcées par l'administrateur de service. — L'exclusion sera déclarée comme il est dit à l'art. 7.

Tit. 3. — Régime alimentaire et habillement.

Art. 33. — Le prix de journée comprenant les frais d'entretien, ceux d'habillement et le régime alimentaire ne dépassera pas un franc par jour.

Art. 34. — Le régime gras sera suivi les lundis, mardis, mercredis, jeudis et dimanches. — Le régime maigre les vendredis et samedis.

Art. 35 et 36. — (Prescriptions de détail intérieur relatives à l'alimentation et l'habillement des vieillards et incurables).   Comte RANDON.

§ 2. — COMMISSIONS ADMINISTRATIVES.

A1. — 21-28 août 1857. — B. 51. — Commission administrative. — Hospice d'Alger.

Art. 1 à 5. — (Relatifs à la composition et à l'organisation de la commission instituée près l'hospice civil d'Alger, abrogés par le décret du 16 mai 1856 ci-après.)

Art. 6. — Les attributions de la commission administrative consistent : — 1° A exercer une surveillance active sur le personnel, le matériel, le régime intérieur de l'hospice, l'exécution du service de santé et la tenue de la comptabilité ; — 2° A proposer toutes les mesures de salubrité, d'organisation et d'amélioration dont le service intérieur de l'hospice sera susceptible ; — 3° A donner son avis à l'intendant civil sur toutes les ventes ou achats, sur tous les marchés à conclure par voie d'adjudication ou autrement, s'il y a nécessité ou avantage ; — 4° A proposer les cahiers des charges qui devront servir de base auxdits marchés ; — 5° A assister soit en corps, soit par délégation d'un ou plusieurs de ses membres qu'elle désignera, aux adjudications, achats ou ventes dans lesquels l'hospice est intéressé ; — 6° A vérifier et transmettre, par les soins de son président, la comptabilité du directeur ; — 7° A proposer le budget des dépenses de chaque exercice et toutes les dépenses extraordinaires.   BRESSON.

AU. — 13 janv.-4 fév. 1848. — B. 268. — Enfants trouvés et orphelins. — Attributions de la commission.

Vu l'arr. du 21 août 1857 (qui précède) ; — Vu la loi du 15 pluv. an XIII et le décr. du 19 janv. 1811, qui placent les enfants trouvés et les orphelins sous la tutelle des commissions administratives des hospices ;

Art. 1.—La commission administrative des hospices d'Alger exercera, à l'avenir, sur les enfants trouvés et sur les orphelins élevés aux frais de la commune, les droits de surveillance et de tutelle déterminés par la loi du 15 pluv. an XIII. — Elle est de plus chargée, à partir de ce jour : — 1° De l'administration directe des maisons d'orphelins et enfants trouvés érigés en établissements publics ; — 2° De la surveillance permanente des établissements privés, qui, en vertu de traités spéciaux et moyennant des subventions, reçoivent des hospices d'Alger, en apprentissage ou pour les élever, des orphelins et enfants trouvés des deux sexes.

Art. 2.—Les membres de la commission administrative des hospices seront à l'avenir nommés par nous, sur la proposition du directeur des affaires civiles de la province.

Art. 3. — Toutes les dispositions contraires à celles du présent arrêté sont et demeurent rapportées.   Le gouverneur général.

AM. — 16 mai-21 juin 1856. — B. 496. — Nouvelle organisation des commissions administratives.

Vu le décr. du 13 juill. 1849 (ci-dessus, § 1) ; — La loi du 7 août 1851 ; — Le décr. du 23 mars 1852, sur les commissions administratives des hospices et hôpitaux ; — Considérant qu'il y a lieu d'appliquer, en Algérie, les dispositions dudit décret ; et, par conséquent, de procéder à la réorganisation des commissions actuellement existantes, lesquelles, depuis leur formation, n'ont pas été régulièrement renouvelées ;

Art. 1. — Les commissions administratives des hospices et des hôpitaux civils de l'Algérie sont dissoutes. — Il sera immédiatement procédé par les préfets à la formation de nouvelles commissions, conformément aux dispositions du décr. précité du 23 mars 1852, qui sera inséré au Bulletin officiel des actes du gouvernement de l'Algérie, à la suite du présent arrêté.   VAILLANT.

Décret du 23 mars 1852.

Louis-Napoléon, etc.; — Vu l'art. 6 de loi du 7 août 1851, portant qu'un règlement d'administration publique déterminera la composition des commissions administratives des hospices et hôpitaux;

Art. 1. — Les commissions administratives des hospices et hôpitaux sont composées de cinq membres, nommés par le préfet, et du maire de la commune. — La présidence appartient au maire; il a voix prépondérante en cas de partage. — En cas d'absence du maire, la présidence appartient au plus ancien des membres présents, et, à défaut d'ancienneté, au plus âgé (1). — Les fonctions des commissions administratives sont gratuites.

Art. 2. — Les commissions administratives sont renouvelées chaque année, par cinquième. — Le renouvellement est déterminé par le sort pendant les quatre premières années, et ensuite par l'ancienneté. — Les membres sortants sont rééligibles. — Les fonctions des membres présents, en cas de remplacement dans le cours d'une année, les fonctions du nouveau membre expirent à l'époque où auraient cessé celles du membre qu'il a remplacé.

Art. 3. — Les commissions administratives peuvent être dissoutes par le ministre de l'intérieur, de l'agriculture et du commerce, sur la proposition ou l'avis du préfet. — Les membres de ces commissions peuvent être individuellement révoqués dans la même forme.

Art. 4. — Le nombre des membres des commissions administratives peut, en raison de l'importance des établissements ou des circonstances locales, être porté à plus de cinq, par des décrets spéciaux rendus sur l'avis du conseil d'État.

Art. 5. — Il n'est point dérogé, par le présent décret, aux ordonnances, décrets et autres actes du pouvoir exécutif, en vertu desquels l'administration de certains hospices et hôpitaux est organisée d'une manière spéciale.

Huissiers.

DIVISION.

§ 1. — Législation spéciale.
§ 2. — Création d'offices.

§ 1. — LÉGISLATION SPÉCIALE.

Alg. — 26 nov.-17 déc. 1842. — B. 134. — *Règlement général sur l'exercice de la profession d'huissier.* — *Abrogation de toute disposition antérieure.*

Art. 1. — Toutes citations, notifications ou sommations, tous exploits nécessaires pour l'exécution des actes, arrêtés, jugements, ordonnances ou mandements de justice, sont faits par la cour royale, et les tribunaux de 1re instance, de commerce et de paix, en toute matière civile, commerciale et criminelle, par le ministère d'huissier, sauf les exceptions portées par les lois, ordonnances, arrêtés et règlements, obligatoires en Algérie.

Art. 2. — Le nombre des huissiers est fixé, sa voir : à dix, pour l'arrondissement du tribunal de 1re instance d'Alger, dont un à la résidence de Blidab, et à trois pour chacun des arrondissements des tribunaux de 1re instance de Bône, Oran et Philippeville.

Art. 3. — Les huissiers ont tous le même caractère, les mêmes attributions et le droit d'exploiter concurremment dans le ressort du tribunal de 1re instance de leur résidence. Ils sont également aptes à faire concurremment le service des audiences dans les diverses juridictions près desquelles ils sont établis, le tout sans préjudice des dispositions exprimées aux art. 4, 5 et 6 ci-après.

Art. 4. — Dans chacun des sièges de Bône, Oran et Philippeville, le tribunal de 1re instance pourra, par une délibération spéciale, désigner l'un des huissiers de son siège pour faire seul et exclusivement le service des audiences de la justice de paix.

Art. 5. — L'huissier attaché au tribunal de paix de Blidah aura seul le droit d'exploiter dans le ressort de ce tribunal. — En cas d'absence ou d'empêchement de cet huissier, le procureur général pourra pourvoir à son remplacement provisoire par la désignation d'un autre huissier, appartenant à l'arrondissement judiciaire d'Alger.

Art. 6. — Il sera fait par la cour royale un règlement pour la répartition du service des audiences des diverses juridictions d'Alger, entre les huissiers attachés à cette résidence. Ce règlement ne sera définitif qu'après l'approbation du ministre de la guerre.

Art. 7. — Les huissiers sont tenus, toutes les fois qu'ils en sont requis par le ministère public, de notifier, dans l'intérêt des parties notoirement indigentes ou des militaires et marins absents, et ce, moyennant les simples débourses et frais de transports, les citations en justice, les jugements obtenus et les actes nécessaires pour l'exécution de ces jugements; en cas de recouvrement sur la partie condamnée, les droits restant dus pourront être répétés.

Art. 8. — Nul ne sera admis aux fonctions d'huissier : — 1° S'il n'est Français ou domicilié en Algérie depuis plus de cinq ans; — 2° S'il n'est âgé de 25 ans accomplis; — 3° S'il ne jouit de ses droits civils et civiques; — 4° S'il n'a satisfait à la loi du recrutement; — 5° S'il n'a travaillé pendant deux années au moins, soit dans un greffe, soit dans l'étude d'un avoué, d'un défenseur, d'un notaire ou d'un huissier; — 6° S'il ne justifie de sa moralité.

Art. 9. — Les huissiers sont nommés par le ministre de la guerre sur la proposition du procureur général. — L'arrêté de nomination des huissiers les attache à une résidence déterminée. Cette résidence ne peut être changée que par arrêté du ministre de la guerre, sauf néanmoins le cas prévu en l'art. 5. — Les huissiers de l'arrondissement d'Alger prennent le titre d'huissier près la cour

---

(1) 1° Le maire n'exerce aucune action administrative en dehors de celle que lui donne sa participation aux délibérations. Il est d'usage, il est vrai, qu'en sa qualité de président-né il corresponde, au nom de la commission, avec l'autorité supérieure à l'occasion des actes ou des mesures qui ont fait l'objet des délibérations; mais si pour un motif quelconque il a été remplacé dans sa résidence, son remplaçant peut prendre ce soin. Comme aussi dans le cas d'un désaccord entre le maire et la commission, celle-ci peut exercer collectivement, en dehors de ce fonctionnaire, le droit de correspondance avec l'autorité supérieure.

2° A défaut par le maire de convoquer la commission aux époques de ses réunions ordinaires, ou bien dans les cas imprévus et urgents, l'administrateur de service peut,

aux termes des dispositions encore en vigueur de l'art. 500 ord. du 31 mai 1838, qui lui attribue les fonctions d'ordonnateur, de l'ord. du 31 oct. 1821 et de l'instr. du 8 fév. 1823, faire à cet effet auprès du membre de la commission auquel échoit la présidence en l'absence du maire, les diligences qu'avant la loi du 7 août 1851 il avait à faire auprès du vice-président.

Ces deux décisions ne s'appliquent que aux commissions administratives des bureaux de bienfaisance, et ne seraient applicables aux commissions administratives des hospices que autant que le régime de ces établissements aurait reçu la constitution normale qui investit ces commissions de la plénitude de leurs attributions.—*Décis. min. 6 fév. 1859.*

royale et les tribunaux de l'arrondissement d'Alger.

Art. 10. — Avant d'entrer en exercice, et après avoir justifié du versement de leur cautionnement et s'être pourvus de patente, les huissiers prêtent le serment suivant :

« Je jure obéissance à la constitution et fidélité à l'empereur (S.-C. du 23 déc. 1852, art. 16); je jure aussi obéissance aux lois, ordonnances, arrêtés et règlements obligatoires en Algérie, et de remplir avec exactitude et probité les devoirs de ma profession. » — Ce serment est prêté, savoir : par les huissiers de l'arrondissement d'Alger devant la cour royale, et par ceux des autres arrondissements devant le tribunal de 1re inst. auquel ils sont attachés.

Art. 11. — Les huissiers sont assujettis à un cautionnement en numéraire, fixé, savoir : pour ceux de l'arrondissement d'Alger, à 2,000 fr., et pour ceux des autres arrondissements, à 1,200 fr. — Ce cautionnement est affecté, par privilège, à la garantie des condamnations prononcées contre les titulaires, à l'exercice de leurs fonctions. — Les titulaires sont déchus du bénéfice de leur nomination si, dans les deux mois à partir du jour où elle leur a été notifiée, soit par le ministre, soit par l'autorité judiciaire de l'Algérie, ils n'ont pas prêté le serment prescrit, et ne sont pas entrés en fonctions, à moins qu'ils ne justifient d'une excuse légitime.

Art. 12. — Les huissiers sont tenus de résider dans la ville où siége la cour ou le tribunal près duquel ils exercent leurs fonctions. Ils ne peuvent, sous peine d'être réputés démissionnaires, s'en absenter pendant plus de dix jours sans une autorisation délivrée, à Alger, par le procureur général; à Blidah, par le juge de paix du lieu; et dans les autres siéges, par le président du tribunal de 1re inst., sur l'avis du procureur du roi. S'ils doivent s'absenter plus d'un mois ou sortir de l'Algérie, l'autorisation ne peut leur être accordée, quelle que soit leur résidence, que par le procureur général, qui en donne avis au ministre de la guerre.

Art. 13. — Aux audiences, dans les cérémonies publiques et toutes les fois qu'ils sont de service auprès des magistrats, ils doivent être vêtus en noir et porter le petit manteau.

Art. 14. — Dans tous les siéges, les droits et honoraires dus aux huissiers, pour les actes de leur ministère, sont réglés d'après le tarif du 16 fév. 1807, et sur le taux de la taxe accordée aux huissiers de Paris. — Les rôles d'écriture leur sont également payés d'après les tarifs de Paris, conformément au même décret du 16 fév. 1807. — Pour toute notification faite à plus de 500 mètres de la ville dans laquelle ils résident, les huissiers peuvent réclamer un droit de transport pour un demi-myriamètre. — Le surplus de la distance parcourue se règle sur le tableau des distances. — Dans les lieux pour lesquels ce tableau n'a pas encore été dressé, les distances sont arbitrées par le juge, et les droits de transports taxés en conséquence.

Art. 15. — Tous exploits et copies de pièces signifiés par les huissiers, doivent être écrits lisiblement et correctement, à peine de rejet de la taxe et de telle mesure de discipline qu'il appartiendra.

Art. 16. — Il est expressément interdit aux huissiers d'exiger ou de recevoir des parties aucune somme au delà des droits qui leur sont alloués, aux termes de l'art. 14; de se livrer directement ou indirectement à des opérations de commerce, de change, banque ou courtage, et de procéder, dans les territoires où sont établis les commissaires-priseurs, à des ventes aux enchères de biens, meubles, effets mobiliers ou fruits, si ce n'est dans le cas de saisie ou par continuation de poursuites.

Art. 17. — Tout traité pour la cession ou transmission de titres ou clientèles, à quelque époque qu'il apparaisse, et alors même qu'il n'aurait pas été suivi d'effet, entraînera la révocation, soit de l'huissier encore en exercice, soit de son successeur, si la nomination avait suivi le traité.

Art. 18. — L'exercice de la profession d'huissier est incompatible avec toute fonction publique salariée, avec toute autre profession et toute espèce de négoce.

Art. 19. — Il est interdit aux huissiers, sous peine de révocation : — 1° De se rendre directement ou indirectement adjudicataires des biens, meubles ou immeubles dont ils sont chargés de poursuivre la vente ; — 2° De se rendre cessionnaires de droits successifs ou litigieux ; — 3° De faire avec leurs parties des conventions aléatoires ou autres subordonnées à l'événement du procès ; — 4° De s'associer soit entre eux, soit avec des tiers, pour l'exploitation de leur office et le partage de ses produits.

Art. 20. — Les peines encourues par les huissiers pour toute infraction à laquelle le présent arrêté n'attache pas une peine particulière, sont, selon la gravité du cas : le rappel à l'ordre, la suspension pour six mois au plus, la révocation.

Art. 21. — Les huissiers sont placés sous la surveillance du procureur général, qui prononce, selon le cas, après les avoir entendus, le rappel à l'ordre ou les réprimandes et leur donne d'ailleurs les avertissements qu'il juge convenables. — Les pouvoirs du procureur général sont exercés par le procureur du roi, hors la province d'Alger. — Quand il y a lieu à suspension ou révocation, il est statué par le ministre de la guerre sur le rapport du procureur général, qui provoque et reçoit les explications de l'inculpé ; en cas d'urgence et sur la réquisition du procureur général, la suspension est provisoirement prononcée par le gouverneur général, qui en rend compte immédiatement au ministre de la guerre.

Art. 22. — Pour les fautes ou manquements commis ou découverts à l'audience, la cour royale pour les huissiers d'Alger, et les tribunaux de 1re inst. pour les autres siéges, peuvent prononcer contre eux, sans recours, la peine de la suspension pendant quatre mois au plus. Lorsque les tribunaux estiment qu'il y a lieu à l'application d'une peine plus forte, il est dressé procès-verbal des faits. Ce procès-verbal est sans délai transmis au procureur général, l'huissier inculpé est invité à faire connaître par écrit ses moyens de défense. Le ministre de la guerre prononce au vu desdites pièces et sur le rapport du procureur général.

Art. 23. — Au commencement de chaque année le procureur général nomme parmi les huissiers de chaque arrondissement un syndic dont les attributions consistent : — 1° A prendre, s'il y a lieu, des informations et à donner son avis aux magistrats compétents sur les plaintes portées contre les membres de sa compagnie ; — 2° A intervenir officieusement, pour prévenir tout débat, soit entre ses confrères, soit entre ceux-ci et leurs parties ; — 3° A représenter les intérêts collectifs de sa compagnie, pour toutes demandes ou réclamations et dans toutes relations ou communications avec l'autorité judiciaire. — Le procureur général donne au ministre de la guerre avis de la nomination du syndic.

Art. 24. — Les répertoires des huissiers sont cotés et parafés : savoir : ceux des huissiers en résidence dans les villes où siége le tribunal de 1re inst. par le président de ce tribunal ou par le juge qui le remplace, et ceux des huissiers établis en d'autres lieux, par le juge de paix de leur résidence.

Art. 25. — Sont au surplus applicables aux

huissiers, en tout ce qui n'est pas contraire au présent arrêté et à la législation spéciale de l'Algérie, les dispositions des lois, ordonnances et règlements de France relatives aux obligations imposées à cette classe d'officiers ministériels, et notamment celles des art. 35, 41, 42, 45, 47 et 48 du décr. du 14 juin 1813 (1).

Art. 26. — Il sera ultérieurement statué, s'il y a lieu, sur l'établissement d'une bourse commune pour les huissiers.

Art 27. — Sont maintenus en exercice et sans qu'il soit besoin de commissions confirmatives, les huissiers nommés près les tribunaux de l'Algérie depuis le 27 janv. 1835.

Art. 28. — Toutes dispositions antérieures sur l'exercice et la discipline de la profession d'huissier sont abrogées.

Maréchal duc de DALMATIE.

AM. — 18 déc. 1842. (V. *Commissariats civils*.) — *Exercice des fonctions d'huissier dans le ressort des commissariats civils.* — *Gardes coloniaux.*

AG. — 29 mai 1846. (V. *Justice, 3 4.*) — *Idem dans la juridiction des commandants de place.* — *Brigadiers de gendarmerie.*

OR. — 15 avr. 1815, art. 100, et 1er sept. 1817, art. 14. (V. *Admin. gén.*, § 1.) — *Signification d'actes par l'intermédiaire des bureaux arabes.*

§ 2. — CRÉATION DE NOUVEAUX OFFICES.

Tribunal d'Alger.

AM. — 31 janv.-7 mars 1845. — B. 196. — *Le nombre des huissiers près la cour royale et les tribunaux d'Alger est porté de 9 à 13.*

AM. — 8 sept.-3 oct. 1846. — B. 235. — *Le nombre des huissiers d'Alger est porté de 13 à 18.*

Tribunal de Blidah.

AM. — 31 janv.-7 mars 1845. — B. 196. — *Le nombre des huissiers près le tribunal de Blidah est fixé à 3. (De même que pour les tribunaux indiqués dans l'art. 2 de l'arrêté réglementaire suprà et en remplacement des deux offices créés, l'un par le même art. 2 de l'arr. du 26 nov. 1842, et l'autre par arr. du 21 juin 1844.)*

AM. — 29 mars-10 mai 1847. — B. 254. — *Création d'un 4e office à Blidah.* — *Boufarik.*

Art. 1. — Il est créé un quatrième office d'huissier près le tribal de 1re inst. de Blidah, à la résidence de Boufarik.

Art. 3. — Cet officier ministériel aura le droit d'instrumenter dans le ressort de l'arrondissement de Blidah, tel qu'il est délimité par l'art. 7 de l'ord. roy. du 30 nov. 1844.

M. DE SAINT-YON.

DI. — 27 avr. 1860. — BM. 78. — *Création d'un 4e office à Blidah (tribunal).*

Tribunal de Constantine.

AM. — 29 août-13 sept. 1840. — B. 350. — *Institution de quatre huissiers près le tribunal de Constantine (en remplacement des deux offices créés l'un par arr. du 21 déc. 1842, l'autre par arr. du 10 août 1845.)*

DI. — 14 sept.-10 nov. 1859. — BM. 44. — *Création d'un 5e office.*

Tribunal d'Oran.

AM. — 22 déc. 1847-28 janv. 1848. — B. 266. — *Création d'un 4e office à la résidence d'Oran.*

Justices de paix et colonies agricoles.

AM. — 15-30 janv. 1845. — B. 193. — *Douéra.*

Vu l'art. 12 de l'ord. roy. du 30 nov. 1844 portant création d'une justice de paix à Douéra ;

Art. 1. — Il est créé un office d'huissier près la justice de paix de Douéra, à la résidence de cette ville.

Art. 2. — Cet officier ministériel aura exclusivement le droit d'instrumenter dans le ressort de cette justice de paix, tel qu'il a été délimité par l'art. 12 de l'ord. roy. du 30 nov. 1844. — Néanmoins, en cas d'absence ou d'empêchement de cet huissier, le procureur général pourra pourvoir à son remplacement provisoire par la désignation d'un autre huissier, appartenant à l'arrondissement judiciaire d'Alger.

Maréchal duc de DALMATIE.

AM. — 27 sept.-25 oct. 1847. — B. 263. — *Création d'un office à Koléah.*

Vu l'art. 1 de l'ord. roy. du 9 sept. 1847, portant création d'une justice de paix à Koléah ;

Art. 1. — Il est créé un office d'huissier près la justice de paix de Koléah, à la résidence de cette ville.

Art. 2. — (Comme à l'arrêté précédent. — Res-

---

(1) *Décr. du 14 juin 1813.* — Art. 35. — Dans tous les cas où les règlements accordent aux huissiers une indemnité pour frais de voyage, il ne sera alloué qu'un seul droit de transport pour la totalité des actes que l'huissier aura faits dans une même course et dans le même lieu. Ce droit sera partagé en autant de portions égales entre elles qu'il y aura d'originaux d'actes, et à chacun de ces actes, l'huissier appliquera l'une desdites portions, le tout à peine de rejet de la taxe ou de restitution envers la partie, et d'une amende qui ne pourra excéder 100 fr. ni être moindre de 20 fr.

Art. 41. — Il est défendu aux huissiers, sous peine d'être remplacés, de tenir auberge, cabaret, café, tabagie ou billard, même sous le nom de leur femme, à moins qu'ils n'y soient spécialement autorisés.

Art. 42. — Les huissiers sont tenus d'exercer leur ministère toutes les fois qu'ils en sont requis et sans acception de personnes, sauf les prohibitions pour cause de parenté ou d'alliance portées par les art. 4 et 66 c. pr. civ. L'art. 85 de notre décr. du 18 juin 1811 sera exécuté à l'égard de tout huissier qui, sans cause valable, refuserait d'instrumenter à la requête d'un particulier.

Art. 45. — Tout huissier qui ne remettra pas au domicile l'exploit ou les copies de pièces qu'il aura été chargé de signifier sera condamné par voie de poli[ce] cor-

rectionnelle à une suspension de trois mois, à une amende qui ne pourra être moindre de 200 fr. ni excéder 2,000 fr., et aux dommages-intérêts des parties. Si, néanmoins, il résulte de l'instruction qu'il a agi frauduleusement, il sera poursuivi criminellement et puni d'après l'art. 146 c. pén.

Art. 47. — Outre les mentions qui, aux termes de l'art. 50 de la même loi, doivent être faites dans lesdits répertoires, les huissiers y marqueront dans une colonne particulière le coût de chaque acte ou exploit, déduction faite de leurs déboursés.

Art. 48. — Pour faciliter la taxe des frais, les huissiers, outre la mention qu'ils doivent faire au bas de l'original et de la copie de chaque acte, du montant de leurs droits, seront tenus d'indiquer en marge de l'original le nombre de rôles des copies de pièces et d'y marquer de même le détail de tous les articles de frais formant le coût de l'acte.

Décr. du 18 juin 1811. — Art. 85. — Tout huissier qui refusera d'instrumenter dans une procédure suivie à la requête du ministère public, ou de faire le service auquel il est tenu près la cour et le tribunal, et qui, après injonction à lui faite par l'officier compétent, persistera dans son refus, sera destitué, sans préjudice de tous dommages-intérêts et des autres peines qu'il aura encourues.

sort délimité par l'art. **5**, ord. du 9 sept. 1847.— Remplacement provisoire par un huissier du même arrondissement.) Trézel.

DP. — 6-31 déc. 1819.—B. 337. — *Justices de paix de Médéah, Tenès, Guelma, Tlemcen.*

Vu l'arr. du 20 août 1848; — Vu le décr. du 9 juill. 1819, portant création de justices de paix à Médéah, Tenès, Guelma et Tlemcen;

Art. 1.—Il est créé un office d'huissier pour chacune des justices de paix de Médéah, de Tenès, de Guelma et de Tlemcen.

Art. 2. — (Comme à l'arrêté précédent.)

AG. — 12-21 fév. 1853. — B. 452. — *Villages de Mondovi et Barral.*

Vu l'arr. du 29 mai 1846 (V. *Justice*, § 4); — Vu l'ar. du 12 janv. 1853, concernant la remise des colonies agricoles à l'autorité civile; — Considérant la nécessité de pourvoir transitoirement aux besoins du service judiciaire dans certaines colonies éloignées du siège de la juridiction à laquelle elles sont rattachées;

Art. 1. — Les fonctions d'huissier dans les territoires de Mondovi et de Barral, rattachés à la justice de paix de Bône, seront provisoirement exercées par le commandant de la brigade de Mondovi, conformément aux dispositions de l'arr. du 29 mai 1846. Comte Randon.

DI.—14 sept.-10 nov. 1859. — BM. 44. — *Création d'un 2e office près les justices de paix de Sétif et Sidi bel Abbès.*

DI. — 50 mai 1860. — BM. 80. — *Création d'un 2e office près la justice de paix de Bathna.*

Hygiène publique.

DP.—25 avr.-8 juin 1852.—B. 415. — *Institution de conseils d'hygiène et de salubrité publique.*

Tit. 1.—*Institution et organisation des conseils et commissions d'hygiène publique en Algérie.*

Art. 1.—Il sera institué au chef-lieu de chacun des départements de l'Algérie un conseil d'hygiène et de salubrité publique, présidé par le préfet ou par un délégué du préfet.—Il pourra en être successivement établi par des arrêtés du gouverneur général dans les chefs-lieux de sous-préfecture et en territoire militaire, dans les chefs-lieux de subdivisions. Les premiers seront présidés par le sous-préfet, les seconds par l'officier général ou supérieur commandant la subdivision.

Art. 2.—Des commissions d'hygiène publique ou des correspondants pourront être institués dans les autres villes, savoir : en territoire civil, par les préfets; en territoire militaire, par les généraux commandant les divisions militaires.—Les commissions d'hygiène seront présidées, en territoire civil, par le commissaire civil ou le maire, et en territoire militaire, par l'officier qui en remplit les fonctions.—Les commissions d'hygiène et les correspondants relèveront du conseil d'hygiène dans la circonscription duquel ils seront institués.

Art. 3.—La composition des conseils d'hygiène sera déterminée par l'arrêté d'institution. — Le nombre des membres sera de sept au moins et de quinze au plus, y compris le président.—Les commissions d'hygiène seront composées du président et de quatre membres nommés par le préfet, en territoire militaire par le général commandant la division.—Les correspondants seront nommés, selon le territoire, par le préfet ou le général commandant la division.

Art. 4.—Seront membres de droit, avec voix délibérative, du conseil d'hygiène publique et de salubrité de leur résidence :— Le général commandant la division;—Le commandant de la subdivision militaire.

Art. 5.—Pourront être appelés à assister avec voix délibérative au conseil d'hygiène de leur résidence, dans le cas où ils n'en feraient point partie:—Le chef du service de la police municipale; —Le médecin des épidémies;—Le médecin chargé du service de la vaccination publique; —L'un ou plusieurs des officiers de santé en chef de l'hôpital militaire; — Le médecin en chef ou le chirurgien en chef, ou le pharmacien en chef de l'hospice civil; — L'ingénieur des mines; — L'ingénieur des ponts et chaussées; — L'officier du génie en chef dans la place; — L'inspecteur de colonisation; — Le chef du service des bâtiments civils;—L'officier, chef du bureau arabe.

Art. 6.—Le personnel médical des conseils d'hygiène ne pourra excéder la moitié du nombre des membres de chaque conseil, qui sera complété par des notables désignés parmi les principaux habitants ou parmi les fonctionnaires en résidence dans la ville.—Un vétérinaire en fera toujours partie.

Art. 7.—Les membres des conseils d'hygiène seront nommés pour deux ans par le préfet ou par le général commandant la division, selon le territoire, et renouvelés par moitié chaque année. — Les membres soumis au premier renouvellement partiel seront désignés par la voie du sort. Ils seront toujours rééligibles.

Art. 8.—Chaque conseil élira un vice-président et un secrétaire, qui seront nommés pour un an, et seront toujours rééligibles.

Art. 9.—Les conseils et les commissions d'hygiène se réuniront au moins une fois tous les trois mois, et chaque fois qu'ils seront convoqués par l'autorité.

Art. 10. — Tout membre d'un conseil ou d'une commission d'hygiène qui, sans motifs d'excuse agréés par le président, aura manqué de se rendre à trois convocations consécutives, sera considéré comme démissionnaire.

Tit. 2. — *Attributions.*

Art. 11.—Les conseils ou commissions d'hygiène publique ou de salubrité ont mission de donner leur avis sur toutes les questions relatives à l'hygiène publique de leur circonscription qui leur sont respectivement renvoyées par les préfets, par les sous-préfets ou les commissaires civils, et par les généraux commandant les divisions ou les commandants de subdivisions.

Art. 12. — Les conseils d'hygiène institués par le présent décret, au chef-lieu de chaque département, réuniront et coordonneront pour tous les territoires civil et militaire de la province : 1o les documents propres à éclairer l'administration supérieure sur la mortalité et sur ses causes et sur la statistique médicale; 2o les renseignements fournis par les commissions d'hygiène et par les correspondants.—Ils adresseront respectivement ces pièces au préfet ou au général commandant la division.—Lorsque des conseils d'hygiène auront été organisés dans des sous-préfectures ou des subdivisions, ils exerceront les mêmes attributions dans leurs circonscriptions, et transmettront directement leurs travaux au préfet ou au général commandant la division.

Art. 13.—Le conseil d'hygiène du département sera chargé de centraliser et coordonner, sur le renvoi du préfet ou du général commandant la division, les travaux des conseils d'arrondissement et de subdivision.—Il fera, chaque année, un rapport général sur l'hygiène publique et la salubrité du département, et un pareil rapport sur celles du territoire militaire de la division : le premier sera adressé au préfet, le second au général commandant la division; un double sera envoyé au ministre par l'intermédiaire du gouverneur général.

Art. 14.—Quand le conseil d'hygiène sera saisi par le gouverneur général de questions intéressant les deux territoires civil et militaire, le général commandant la division présidera le conseil. — Quand il sera saisi de questions concernant exclusivement le territoire militaire, il sera présidé par le général commandant la division, ou par l'officier général qu'il aura délégué à cet effet. — Le préfet aura le droit d'y assister avec voix délibérative.

Art. 15. — Les dépenses auxquelles pourront donner lieu la tenue des séances et les travaux des conseils d'hygiène publique sont déclarées d'utilité provinciale et départementale. Elles seront, à ce titre, acquittées sur les ressources afférentes au budget local et municipal.

AG. —8-25 juin 1852.—B. 414.—*Composition des conseils d'hygiène.*

Art. 1.—Les conseils d'hygiène et de salubrité publique institués au chef-lieu des départements d'Alger, d'Oran et de Constantine, seront composés, indépendamment du président et des membres de droit désignés par l'art. 4 du décret précité, savoir : — A Alger, de 14 membres ; — A Oran, de 10 membres.—A Constantine, de 8 membres.

Hypothèques.

A1.—28 mai 1852.—*Dispositions relatives à la conservation des hypothèques. — Dispense d'inscription pour les indigènes* (1).

Considérant qu'il s'est fait depuis l'occupation et qu'il se fait encore dans la régence, et notamment dans la province d'Alger, de nombreuses transactions sur immeubles, soit pour aliénations, soit pour prêts hypothécaires, et que l'absence de toute disposition pour conserver et publier les hypothèques, jette dans ces transactions une insécurité à laquelle il est urgent de pourvoir ;

Art. 1. — En attendant l'établissement d'une conservation des hypothèques dans la régence, les hypothèques seront conservées de la manière suivante, savoir : — Pour la province d'Alger, par des registres tenus à cet effet au greffe de la cour de justice, et pour les provinces de Constantine et d'Oran, par de semblables registres tenus au greffe des tribunaux d'Oran et de Bône.

Art. 2. — Tous les actes de prêt sur immeubles, avec affectation hypothécaire consentie conformément au c. Nap. devront, afin de déterminer le rang des hypothèques entre les divers créanciers d'un même immeuble, être transcrits par extraits, dans les registres tenus à cet effet auxdits greffes. — Les registres où seront faites ces inscriptions seront publics, et toute personne, moyennant un

salaire au greffier, qui sera ultérieurement déterminé, pourra s'en faire donner extrait, en ce qui concerne l'immeuble ou les immeubles qu'elle aura désignés.

Art. 3. — Les aliénations d'immeubles et les transmissions équivalentes à l'aliénation, tout bail à loyer ou à rente excédant neuf années, devront, indépendamment de la formalité de l'enregistrement, être transcrits par extraits dans un autre registre tenu aux greffes sus-énoncés. A cet effet, les actes desdites aliénations et transmissions devront être déposés auxdits greffes ; ils y resteront déposés pendant une quinzaine, après quoi les actes seront rendus avec un certificat de transcription au pied ; ledit certificat expédié comme il va être dit ci-après.

Art. 4. — Outre le dépôt, à l'effet de la transcription sus-énoncée, les actes d'aliénation devront encore, dans la huitaine de la date de l'acte, être annoncés, savoir : pour la province d'Alger, par le *Moniteur algérien*; pour les deux autres provinces, par affiches à la porte des tribunaux, et aux lieux d'affiches accoutumés. L'annonce contiendra les noms, prénoms et domiciles des vendeurs et des acquéreurs, la désignation de la propriété et le prix de la vente.

Art. 5. — Le délai de quinzaine, après le dépôt de l'acte au greffe, écoulé, le greffier délivrera à l'acquéreur, au pied de l'acte de vente, son certificat constatant que l'acte a été transcrit, et délivrera l'état des inscriptions existantes sur ses registres qui frappent sur ledit immeuble, y compris les inscriptions qui seront survenues pendant la quinzaine du dépôt de l'acte, lesquelles, bien que postérieures à la vente, frapperont ledit immeuble comme si elles eussent précédé ladite vente.

Art. 6. — Les payements faits au préjudice des hypothèques énoncées auxdites inscriptions sont nuls et non avenus à l'égard des créanciers hypothécaires au profit desquels auront été prises lesdites inscriptions.

Art. 7. — Afin de faire rentrer sous le régime de cette conservation et de cette publicité les hypothèques conférées antérieurement au présent arrêté, il est accordé, jusqu'au 1er oct. prochain, terme et délai, à tous intéressés, pour les faire utilement inscrire. Toutes les hypothèques inscrites dans ledit délai prendront entre elles rang à compter de la date des actes qui les auront conférées : passé ce délai, leur rang sera déterminé par la date de l'inscription.

Art. 8. — Pour l'exécution des dispositions du présent arrêté, il sera ouvert, dans les trois greffes, deux registres, lesquels seront cotés et parafés par le directeur des domaines. L'un de ces registres servira aux inscriptions, et l'autre aux transcriptions.

---

(1) La validité et l'exécution des prescriptions contenues dans l'art. 10 de cet arrêté sont, il faut le reconnaître, une question de haute moralité, de bonne foi politique et publique. Sans doute il est fâcheux aujourd'hui que des privilèges non inscrits puissent exister sur des immeubles ; c'est là un embarras, une inquiétude pour la propriété. Il y aurait à examiner s'il était possible en 1852 de soumettre les vendeurs indigènes à remplir entre eux des formalités qui leur étaient inconnues ; dans tous les cas, ils en ont été affranchis, et rejeter aujourd'hui leurs créances faute d'accomplissement de cette formalité, serait entraîner la ruine, disons plutôt consommer la spoliation de toute une population qui a dû se fier à la parole du législateur. (V. sur la légalité de l'arrêté, *Législation*, § 2, et *Admin. gén.*, § 1 ; ord. 1er déc. 1831 et note.)

Jurisprudence.—1° Attendu qu'il s'agit de musulmans, natifs d'Alger, qui ont traité avec un israélite également indigène (depuis la première vente, la propriété avait successivement passé entre les mains de plusieurs acquéreurs européens) ;

Attendu que l'arr. du 28-mai 1852, qui a introduit le régime hypothécaire en Algérie, porte textuellement dans son art. 10, etc..., ; — Attendu que cette disposition si claire, si précise, si formelle, ne jusqu'ici fait dispenser les indigènes de l'obligation de prendre inscription pour la conservation de leurs privilèges ; — Par ces motifs, ordonne leur collocation dans l'ordre, pour le capital de leur créance et les arrérages qui leur sont légitimement dus. — *Cour d'Alger*, 31 juill. 1850.

2° Considérant que les intimés se prévalent vainement de l'arr. du 28 mai 1852 ; — Qu'en admettant que cet arrêté fût encore en vigueur, l'art. 10 ne dispensait des formalités hypothécaires que les transactions entre musulmans ; que telle n'est pas la situation des intimés, puisque leurs droits résultent de leurs rapports avec l'administration des domaines, et qu'ainsi ils étaient, comme les Européens, soumis, quant à ce, à l'inscription du titre qui les constituait créanciers ; — Par ces motifs, etc. — *Cour d'Alger*, 30 juill. 1851.

Art. 9. — Il sera incessamment dressé un tarif des taxations à payer aux greffiers pour l'une et l'autre opération, ainsi que pour la recherche et l'expédition du certificat des inscriptions.

Art. 10. — Les dispositions du présent arrêté ne sont applicables qu'aux transactions entre chrétiens, entre chrétiens et musulmans et entre chrétiens et israélites. Les transactions sur immeubles, entre musulmans et entre musulmans et israélites, ainsi qu'entre israélites, continueront d'être régies par le droit antérieur, jusqu'à ce qu'il en ait été autrement ordonné.

Art. 11. — Les fonctions conférées aux greffiers de la cour de justice et des tribunaux de Bône et d'Oran par le présent arrêté seront par eux exercées sous la surveillance de l'administration des domaines. Baron PICHON.

AG. — 22 juill.-23 déc. 1835.—B. 25. — *Remise de la conservation des hypothèques à l'administration des domaines. — Les autres dispositions de cet arrêté ont été abrogées par l'arrêté ci-après du 30 déc. 1842.*

AG.—15-20 oct. 1840.—B. 85.—*Création d'un bureau de conservation à Philippeville* (1).

Vu la loi du 21 vent. an VII et l'arr. spécial à l'Algérie du 22 juill. 1835 ;

Art. 1. — Il sera créé un bureau de conservation des hypothèques pour la ville de Philippeville et ses dépendances. Ce bureau sera établi à Philippeville. — Cette conservation sera confiée au receveur de l'enregistrement.

Art. 2. — Seront applicables à cette conservation toutes les lois et tous les arrêtés qui régissent la matière en Algérie.

Art. 3. — Les diverses formalités dont l'accomplissement est prescrit au greffe du tribunal de 1re inst., en ce qui concerne les hypothèques, auront lieu, jusqu'à organisation complète des tribunaux, au secrétariat du commissariat civil.

Comte VALÉE.

OR.—19 oct. 1841. (V. *Enregistrement*.) — *Application des règlements et lois de France sur les droits d'hypothèques, sauf réduction à moitié.*

AM. — 5 nov. 1841. (V. *Finances*.) — *Cautionnement imposé aux conservateurs des hypothèques.*

AG. — 30-31 déc. 1842. — B. 137. — *Abrogation de l'arr. du 22 juill. 1835.—Salaires des conservateurs.*

Vu l'arr. du 22 juill. 1835, le décr. du 21 sept. 1810 et l'ord. roy. du 1er mai 1816 ;

Art. 1. — A partir du 1er janv. 1843, les salaires des conservateurs des hypothèques de l'Algérie seront réglés et perçus conformément aux dispositions du décr. du 21 sept. 1810, modifié par l'ord. du 1er mai 1816.

Art. 2. — Lorsque les salaires hypothécaires réunis au traitement (fixe ou à remise) alloué à un conservateur pour d'autres attributions, auront atteint, à la fin d'une année, le chiffre de 3,000 fr., le traitement (fixe ou à remise) décroîtra d'une somme égale à celle qui excédera ce chiffre de 3,000 fr., sans pouvoir cependant descendre au-dessous de 2 p. 100 des recettes effectuées. Il ne sera pas tenu compte des fractions au-dessous de 50 fr.

Art. 3. — L'art. du 22 juill. 1835 est abrogé.

DI. — 5-31 déc. 1855. — B. 490. — *Salaires des conservateurs.*

Vu le décr. du 24 nov. 1855, portant modification du salaire alloué aux conservateurs des hypothèques, pour la transcription des actes de mutation dans la métropole ; — Vu l'art. 7 de l'ord. du 19 oct. 1841 (V. *Enregistrement*) sur les droits d'enregistrement, de greffe et d'hypothèque, et sur les frais de rédaction des actes passés ou reçus par les officiers publics et ministériels en Algérie ; — Considérant que les dispositions du décret précité sont susceptibles d'être appliquées en Algérie aussi bien qu'en France ;

Art. 1. — Le décr. du 24 nov. 1855 sur le nouveau salaire à allouer aux conservateurs des hypothèques pour la transcription des actes de mutation, sera promulgué en Algérie.

Décret du 24 nov. 1855.

Vu le décr. du 21 sept. 1810, portant fixation des salaires attribués aux conservateurs des hypothèques ; — Vu l'ord. du 1er mai 1816, concernant les salaires pour la transcription des actes de mutation ; — Vu l'art. 10 de la loi du 23 mars 1855 ;

Art. 1. — A partir du 1er janv. 1856, le salaire alloué aux conservateurs des hypothèques par le n° 7 du tableau annexé au décr. du 21 sept. 1810, pour la transcription des actes de mutation, est réduit à 50 cent. par rôle de 25 lignes à la page et de 18 syllabes à la ligne.

Art. 2. — A compter de la même époque, l'art. 1 (unique) de l'ord. du 1er mai 1816, cessera de recevoir son exécution. NAPOLÉON.

I

Impôt arabe.

Les deux principaux impôts auxquels les Arabes sont soumis sont : 1° l'*achour*, dîme sur les récoltes, impôt religieux dont la terre cultivée est grevée ; 2° le *zekkat*, impôt sur les bestiaux et quelques autres produits moins importants, appartenant plus spécialement à telle ou telle localité.

---

(1) Aux termes de la loi du 21 niv. an VII, un bureau de conservation doit être établi dans le ressort de chaque tribunal de première instance. Cette prescription a été suivie en Algérie. Mais pendant longtemps elle n'a rempli que très-imparfaitement le vœu de la loi. En effet, la division du territoire en territoire civil et territoire militaire empêchait la juridiction civile de s'étendre au delà du périmètre qui lui était assigné, et cependant chaque jour de nouveaux intérêts immobiliers prenaient naissance dans le territoire encore régi par l'autorité militaire et sous sa protection spéciale, et donnaient lieu à des constitutions hypothécaires qui ne pouvaient être légalement réalisées. Il en résultait de nombreux procès et de sérieux inconvénients. Enfin un décr. du 22 mars 1852 (*Justice*, § 4) a modifié la situation légale de ces territoires. Jusqu'alors les commandants de place n'étant investis que d'une compétence restreinte, toutes les affaires

qui l'excédaient restaient sans juges et sans solution possible. Le décret dont s'agit a prescrit qu'à l'avenir elles seraient portées, ainsi que l'appel des jugements rendus par les commandants de place, devant le tribunal civil de la province la plus voisine. Bien que cette extension donnée à la juridiction des tribunaux fût spéciale à un cas déterminé, les tribunaux en ont tiré la conséquence que l'effet du décret devait entraîner l'institution du régime hypothécaire dans les territoires militaires, par suite du principe que la circonscription des bureaux de conservation est la même que celle des tribunaux de première instance. L'administration l'a pensé également, et fait prendre chaque jour au bureau de conservation le plus voisin des inscriptions d'office pour les rentes résultant à son profit de l'aliénation d'immeubles appartenant au domaine de l'État et situés en territoire militaire.

Vient ensuite le *hokor*, simple redevance de loyer, ou fermage pour les terres *arch* ou terres d'*azel*, c'est-à-dire sur lesquelles, par suite, soit de concession originaire, soit de confiscation résultant du droit de la guerre, la tribu n'a qu'un simple droit de jouissance. Le *hokor* qui, dans la province d'Oran, est appelé le *Guetcha*, est ordinairement fixé à 25 fr. par *paire de bœufs*, mesure indigène connue dans l'O, sous le nom de *zouidja* et dans l'E. sous celui de *djebda*, et dont la contenance varie suivant la nature et la qualité des terres de 8 à 12 hectares.

Sous le nom générique de *lezma*, on comprend certaines contributions obligatoires spéciales qui, principalement en Kabylie, se perçoivent sous diverses formes, droits de capitation, droits mobiliers et immobiliers. Les tribus du désert payent un impôt sur le commerce et un impôt sur l'achat des grains qu'on appelle la *eussa*.

Enfin, plusieurs autres contributions ont été supprimées, telles qu'un droit sur le mariage, perçu sur un petit nombre de points, et la *bezra*, redevance que les populations saharienes avaient à payer, quand elles venaient dans le Tell échanger leurs produits, aux chefs des tribus intermédiaires du petit désert, qui s'employaient à les conduire sur les marchés de leur beylik. (V. *Affaires arabes*, § 1-2°; circulaires des 17 sept. 1844 et 0 août 1845.)

Les impôts arabes font partie, aux termes de l'ord. du 17 janv. 1845 (V. *Finances*), des produits généraux appartenant à l'État. Toutefois un dixième en était distrait et abandonné aux chefs indigènes pour frais de recouvrement, et un autre dixième était attribué aux localités comme ressources locales et municipales. Cette dernière part a été élevée à trois dixièmes par décret du 25 août 1852, et à quatre dixièmes par autre décret du 1er déc. 1858.

Les tribus étaient en outre autorisées à s'imposer extraordinairement pour dépenses locales à faire sur leur territoire. (V. *Affaires arabes*, § 1-2°; circulaires du 13 nov. 1844, et *Finances*, ord. du 17 janv. 1845 art. 4.) Ces contributions sont aujourd'hui remplacées par le payement de centimes additionnels ajoutés à l'impôt (V. ci-après, § 2); et sous l'influence d'un ensemble de mesures intelligentes et sages qui ont fait succéder l'ordre à la confusion, la régularité aux exactions des chefs indigènes, le revenu du pays arabe s'est élevé successivement jusqu'au chiffre de 17,700,000 fr. qu'il a atteint en 1857 et qui ne peut que s'augmenter rapidement par l'entière pacification du pays et la richesse progressive des tribus.

DIVISION.

§ 1. — Assiette, recouvrement et répartition de l'impôt.

§ 2. — Centimes additionnels.

(1) Le décr. du 27 oct. dernier a introduit dans le classement général des dépenses de l'Algérie des modifications qui auront pour effet d'enlever au budget de l'État, pour les transporter aux budgets provinciaux, des charges d'une certaine importance. — Cette mesure, principalement fondée sur la nécessité de ramener aux vrais principes le système financier de la colonie, doit, comme je l'ai dit à l'empereur (rapport sur le décr. du 27 oct. 1858,

§ 1. — Assiette, recouvrement et répartition de l'impôt.

OR. — 17 janv. 1845 (V. *Finances*), art. 1, 2, 3, 4. — *Établissement de l'impôt arabe, répartition; contributions extraordinaires pour dépenses locales des tribus, remplacées par des centimes additionnels.* (V. ci-après, § 2.)

DP. — 25 août-15 sept. 1852. — B. 420. — *Modification à l'art. 3 de l'ord. du 17 janv. 1845.*

Art. 1. — La part d'*un dixième* du produit net de l'impôt arabe, attribuée dans la répartition entre le trésor et la colonie du susdit impôt, à la caisse locale et municipale de l'Algérie, par l'ord. du 17 janv. 1845, est provisoirement portée à *trois dixièmes* à partir du 1er janv. 1853.

DI. — 1er déc. 1858. — Bll. 6. — *Nouvelle modification dans la répartition* (1).

Art. 1. — La part de *trois dixièmes*, attribuée aux budgets provinciaux sur le produit net de l'impôt arabe, par notre décr. du 25 août 1852, est portée à *quatre dixièmes*, à partir du 1er janv. 1859.

AM. — 5 juin 1856. (V. *Contributions diverses.*) — *Perception à Soukarras, etc., par les receveurs des douanes.*

Circ. G. — 7 janv. 1857. — *Instruction aux généraux commandant les divisions.*

Sans attendre la promulgation du règlement sur l'impôt arabe que j'ai fait étudier pendant les dernières conférences, et que je soumettrai prochainement à l'approbation de S. Exc. le ministre de la guerre, avec l'avis du conseil du gouvernement, je viens appeler votre attention sur une amélioration qu'il est devenu possible d'assurer, et qu'il est, par conséquent, de notre devoir de réaliser immédiatement. — Je veux parler de la division plus grande à donner tant aux états statistiques qui servent de base à la constatation et à l'évaluation des richesses imposables, qu'aux rôles de contributions formés ensuite à l'aide de ces états.

Dans plusieurs subdivisions, les états statistiques et les rôles auxquels ces états servent de matrice ne sont pas aussi détaillés qu'ils le pourraient être. On continue généralement de prendre la tribu comme l'unité imposable, et ce n'est qu'exceptionnellement que les douars ou les ferkas figurent sur les rôles. Je désire que ce qui a été l'exception jusqu'à présent devienne la règle, et que désormais les groupes portés sur les états de recensement et sur les rôles soient divisés en autant de fractions qu'il sera possible d'en établir.

L'unité imposable devra être, à partir de 1857 : — *La tente*, dans les tribus les plus rapprochées de nos centres de commandement, c'est-à-dire dans les tribus sur lesquelles nous avons une action immédiate et en quelque sorte journalière; — *Le douar* ou la *ferka*, dans les tribus plus éloignées; — *La tribu*, dans les seules parties du territoire où notre autorité s'exerce plus particulièrement par des intermédiaires.

Je laisse tout à fait à votre appréciation le soin de déterminer les catégories dans lesquelles il y aura lieu de classer tels ou tels groupes de population. Vous êtes mieux que tout autre à même de

Adminis. gén., § 1), être complétée par une augmentation correspondante dans les revenus du service provincial. — Après m'être concerté avec M. le ministre des finances, nous avons reconnu, d'un commun accord, que l'on concilierait les intérêts des deux budgets en portant de trois à quatre dixièmes, à dater du 1er janv. 1859, la part afférente aux budgets provinciaux sur le produit net des impôts arabes.

NAPOLÉON (Jérôme).

juger ce qu'il est possible et convenable d'exiger et d'obtenir à cet égard. Je vous recommande seulement de donner des ordres pour que chaque année l'on mette à profit les progrès réalisés pendant l'exercice écoulé pour ouvrir la voie à des améliorations nouvelles; pour faire passer, par exemple, des tribus de 2ᵉ catégorie dans la 1ᵉ, de la 3ᵉ catégorie dans la seconde, et pour continuer, comme cela se fait du reste actuellement, à comprendre de proche en proche, dans les recensements réguliers, des territoires ou des populations précédemment assujettis à de simples lezmas.

Une conséquence naturelle de la division plus détaillée des articles des états statistiques et des rôles, sera de rapprocher les contribuables des receveurs du service des contributions diverses, chargés d'encaisser l'impôt. C'est encore là un des buts que nous devons nous efforcer d'atteindre. En principe, toute unité imposable doit verser directement sa quote-part dans les caisses des agents financiers, et retirer elle-même récépissé de son versement. Vous inviterez MM. les commandants des subdiv. à s'attacher à faire comprendre aux contribuables que le concours que l'on réclame des chefs, pour l'acquittement de l'impôt entre les mains du receveur, n'est qu'un concours en quelque sorte moral, toutes les fois que les administrés sont inscrits nominativement sur les rôles. Le même avis devra être donné aux chefs de douar, par rapport aux kaïds; à ces derniers, par rapport aux aghas ou aux autres chefs d'un ordre supérieur. Les bulletins d'avertissement à adresser à chaque unité imposable, pour lui notifier le chiffre de sa cote, lui rappelleront encore ce principe du versement direct et sans intermédiaire obligé.

A partir de cette année, mon intention est de déférer au conseil de gouvernement l'examen des états de recensement qui servent de matrice aux rôles de perception et des autres documents relatifs à l'impôt arabe. J'apprécierai ainsi, plus complètement encore l'attention que l'on mettra dans les différents cercles à se conformer à mes recommandations et la part de concours que chacun apportera à poursuivre le cours de réformes qui seront aussi profitables aux populations qu'au trésor, et qui donneront, dans la limite du possible, une satisfaction nouvelle aux exigences des règlements financiers.　Comte RANDON.

Décis. M. — 25 août 1858 et circulaires interprétatives. — (V. *Affaires arabes*, § 2.) — *Exemption du payement de l'achour pour les indigènes cultivant une terre appartenant à un Européen, sans distinction de territoire.*

AR. — 19 fév.-5 mars 1859. — BM. 18. — *Assiette de l'impôt. — Autorité compétente.*

Vu: — L'ord. du 2 janv. 1846 (V. *Finances*); — L'arr. du 16 therm. an VIII, qui confère aux préfets la faculté de rendre exécutoires les rôles des contrib. directes; — Le décr. du 31 août 1858, portant suppression du gouv. gén. de l'Algérie; — Et le décret de décentralisation du 27 oct. suivant (*Admin. gén.*, § 1);

Art. 1. — Les bases qui doivent servir à établir l'assiette de l'impôt arabe en Algérie sont préparées par les préfets en conseil de préfecture, et par les généraux en conseil des affaires civiles. — L'assiette de l'impôt est arrêtée par le ministre.

Art. 2. — Les rôles des contributions arabes sont rendus exécutoires par les préfets des départements et par les généraux commandant les divisions territoriales, chacun en ce qui concerne son ressort administratif.

Art. 3. — Les demandes en décharge ou réduction d'impôt arabe, qui présentent un caractère essentiellement contentieux, sont soumises à la juridiction des conseils de préfecture en territoire civil, et des conseils des affaires civiles en territoire militaire. — Les dégrèvements à titre gracieux sont réservés à la décision du ministre (1).

NAPOLÉON (Jérôme).

Décis. M. — 21 fév.-7 mars 1859. — BM. 19. — *Traduction des avertissements et sommations notifiés aux indigènes.*

Vous appelez mon attention sur les inconvénients que peut présenter, en matière de contributions, l'application de l'art. 58 de l'ord. du 10 août 1854, qui dispose que toute citation ou notification faite à un indigène, en matière civile ou criminelle, devra, à peine de nullité, être accompagnée de la traduction en langue arabe, faite et justifiée par un interprète assermenté. — Vous ajoutez que, jusqu'à ce jour, pour les poursuites en matière de contributions directes et indirectes, les dispositions de l'art. 58 n'ont pas été appliquées, parce que, indépendamment des difficultés, ou même de l'impossibilité d'exécution, il eût été regrettable de faire payer à un contribuable un droit de traduction exorbitant comparé au coût d'une sommation avec frais ou d'un commandement, qui sont taxés, la première à 15 c. et le second à 1 fr.

Il a dû arriver rarement que les comptables aient eu des poursuites à exercer contre les indigènes, attendu que, dans presque toute l'étendue du territoire, les impôts arabes étaient payés sous forme collective par les chefs de tribus, et que, d'ailleurs, l'administration civile prêtait le concours que le décr. du 8 août 1854 lui permet d'exercer. — Mais aujourd'hui les indigènes des territoires civils figurent nominativement sur les rôles d'impôt, et il est à présumer que ce système recevra une rapide extension; dès lors, les receveurs se trouveront constamment en présence des contribuables indigènes et auront à exercer à leur égard les mêmes moyens de poursuite qu'à l'égard des Européens. — Dans cette situation, la marche suivie jusqu'à ce jour pour la notification des actes de poursuite pouvant, selon vous, donner lieu à des nullités dont le résultat amènerait des complications fâcheuses et arrêterait les recouvrements, il vous paraît préférable, sous tous les rapports, de borner l'application des dispositions de l'art. 58 précité aux degrés extrêmes de poursuite, c'est-à-dire à la saisie et la vente, et, en conséquence, vous me proposez de provoquer dans ce sens la modification dudit article.

En thèse générale, il est toujours fâcheux d'avoir à modifier une loi ou une ordonnance pour établir à côté du principe général une règle particulière, une exception. — D'ailleurs, les dispositions de l'art. 58 de l'ord. du 10 août 1854 ont été abrogées par l'ord. du 26 sept. 1842, qui porte (art. 68) que « toute citation ou notification faite à « un musulman en matière civile ou criminelle « sera accompagnée d'une analyse sommaire en « langue arabe; » cette analyse, aux termes du décr. du 26 nov. 1852, qui fixe le tarif des honoraires dus aux interprètes, coûte 1 f. 50 c. seulement. Ces frais sont sans doute élevés, comparés au coût de la sommation, qui est de 15 c.; mais il ne faut pas perdre de vue que le contribuable qui n'a pas tenu compte des premiers avertissements mérite moins d'intérêt. — D'un autre côté, le défaut de la formalité de traduction ou d'analyse sommaire ne constitue pas une cause absolue de nullité; le juge apprécie; il lui est facultatif de prononcer la validité ou la nullité de la signification.

Pour concilier les intérêts de l'administration et

(1) L'observation rigoureuse de ces dispositions qui n'avaient pas reçu partout une complète exécution a été formellement recommandée dans une circulaire ministérielle du 7 fév. 1860, B M. 57.

des contribuables en écartant, d'une part, les causes d'entraves, d'autre part, celles de frais inutiles, il convient de faire imprimer les cotes et les bulletins d'avertissement et de sommation en français et en arabe; bien que le texte arabe ne soit dans ce cas certifié par aucune signature d'interprète, ainsi que le veut la lettre de la législation, le vœu même de la loi ne s'en trouve pas moins rempli, et je ne pense pas qu'on puisse contester la validité des actes établis dans ces conditions.

NAPOLÉON (Jérôme.)

AM. — 16 janv. 1860. — BM. 56. — *Perception en 1860* (1).

Vu les art. 1 et 5 de l'ord. du 17 janv. 1845 (*Finances*);

Art. 1. — Les impôts achour, zekkat, hokor, lezma et l'impôt de capitation en Kabylie continueront à être perçus en 1860, en vertu des titres actuellement existants et d'après les bases et tarifs fixés par ces titres. — Toutefois, si le besoin en était démontré, les tarifs de conversion en argent de l'impôt apprécié en nature pourraient être révisés après les recensements.

Comte P. DE CHASSELOUP-LAUBAT.

§ 2. — CENTIMES ADDITIONNELS.

AM. — 30 juill.-17 nov. 1855. — B. 487. — *Centimes additionnels ajoutés au principal de l'impôt arabe.*

Vu les art. 1 et 3 de l'ord. du 17 janv. 1845 (*Finances*), portant que les impôts ordinaires et extraordinaires à payer par les Arabes sont établis par arrêtés ministériels; — Considérant qu'il importe de régulariser le mode de perception, d'emploi et de comptabilité des taxes supplémentaires que les Arabes s'imposent annuellement dans le but de pourvoir aux dépenses d'utilité commune dans les tribus (V. *Affaires arabes*, § 1; 2°-circ. du 15 nov. 1844);

Art. 1. — A partir du 1er janv. 1856, des centimes additionnels seront ajoutés au principal de l'impôt arabe et remplaceront les taxes et contributions supplémentaires que les tribus s'imposent pour faire face aux dépenses énumérées dans l'art. 4 du présent arrêté.

Art. 2. — La quotité des centimes additionnels sera fixée par le gouverneur général par délégation du ministre de la guerre, sans pouvoir dépasser, toutefois, le dixième de l'impôt principal (2).

Art. 3. — Les centimes additionnels seront recouvrés dans la même forme et aux mêmes époques que l'impôt principal. — Ils sont consacrés intégralement et exclusivement aux dépenses d'utilité commune spéciales aux tribus de chaque subdivision militaire.

Art. 4. — Les dépenses imputables sur les centimes additionnels des tribus sont les suivantes : — 1° Frais de bureau et indemnité au receveur comptable (3); — 2° Ouverture et entretien dans les tribus des voies de communication classées comme chemins vicinaux ou qui peuvent y être assimilés; — 3° Construction et entretien sur le territoire des tribus : des maisons de commandement, des caravansérails, des mosquées et des écoles, des puits, fontaines, abreuvoirs, des maisons de cantonniers indigènes sur les chemins désignés au

§ 2, et généralement des établissements et édifices ayant un caractère communal ; — 4° Instruction primaire, culte et justice (dépenses d'entretien; traitement du personnel inférieur et au besoin supplément de traitement au personnel supérieur) ; — 5° Traitement des cantonniers indigènes sur les voies dont l'entretien est à la charge des centimes additionnels ; — 6° Traitement des agents employés à un service de surveillance ou de police ; — 7° Entretien d'élèves dans les m'dersas (écoles supérieures), les cours de médecine, les pépinières et autres établissements d'instruction ; — 8° Plantations et pépinières; — 9° Frais de distribution de médicaments et dépenses d'assistance publique ;— 10° Enfin toutes dépenses d'utilité favorisant l'intérêt collectif des tribus dans chaque subdivision.

Art. 5. — Les recettes et les dépenses d'intérêt commun aux tribus arabes forment dans la comptabilité des receveurs des contributions diverses des chefs-lieux de subdivision, un service spécial dont ils comptent, quelle que soit leur importance, à l'administration et à la cour des comptes.

Art. 6. — Les budgets des dépenses à la charge des centimes additionnels des tribus sont préparés chaque année, au mois de septembre au plus tard, pour l'exercice suivant, par les commandants supérieurs des subdivisions, en commission consultative. — Ils sont transmis par les généraux commandant les divisions au gouverneur général qui les arrête par délégation au ministre.

Art. 7. — Les dépenses imputées sur lesdits budgets, sont acquittées sur mandats délivrés, savoir :— Par l'intendance militaire pour les dépenses administratives ; — Par le service du génie pour les travaux.

Art. 8. — Les règles de la comptabilité des communes sont applicables à la comptabilité des centimes additionnels des tribus en ce qui touche la division et la durée des exercices, la justification, le contrôle, l'ordonnancement et le payement des dépenses, le maximum de l'encaisse des receveurs, et enfin le mode d'écritures et de comptabilité.

Art. 9. — Les comptes des receveurs des contributions en ce qui touche le recouvrement et l'emploi des centimes additionnels sont rendus dans le mois qui suit la clôture de chaque exercice. — Ils sont transmis à la cour des comptes par l'entremise du chef de service des contributions diverses de la province. — Les comptes administratifs des ordonnateurs sont réglés par le gouverneur général par délégation du ministre de la guerre.

VAILLANT.

AM. — 26 fév.-30 mars 1858. — B. 519.— *Maximum et emploi des centimes additionnels* (4).

Vu les art. 1 et 3 de l'ord. du 17 janv. 1845 ; (V. *Finances*) ; — Vu l'arr. min. du 30 juill. 1855.

Art. 1. — A partir de l'exercice 1858, le maximum des centimes additionnels qui peuvent être ajoutés au principal de l'impôt arabe, pour subvenir aux dépenses d'utilité commune dans les tribus, est porté de 10 cent. à 18 cent. par fr.

A. 2. — Sur le produit des centimes additionnels, sera pourvu aux dépenses ci-après, qui avaient été maintenues provisoirement en dehors de la nomenclature de l'art. 4 de notre arrêté précité, du 30 juill. 1855, et qui se réglaient dans les

---

(1) Aux termes des articles visés dans cet arrêté, les impôts ne peuvent être établis et perçus qu'en vertu d'arrêtés ministériels. Ces perceptions sont régularisées chaque année par un arrêté semblable à celui reproduit ci-dessus.

(2) Modifié par l'arr. min. du 26 fév. 1858 ci-après.

(3) Ces frais de bureau et indemnité ont été fixés par arr. des 16 nov. 1855 et 17 oct. 1856, B. 487 et 501, à — 1 1/2 p. 100 sur les premiers 50,000 fr.; — 1 p. 100

au-dessus de 50,000 jusqu'à 100,000 fr. ; — 1/4 p. 100 au-dessus de 100,000 fr.

(4) La quotité des centimes additionnels a été, en vertu de cet arrêté et de celui du 30 juill. 1855, fixée pour 1856 et 1857, au dixième de l'impôt principal suivant arr. des 16 nov. 1855 et 17 oct. 1856, B. 487 et 501 ; et pour les années 1858 et 1859 à 18 centimes par arr. des 21 mars 1858 et 21 fév. 1859, L. 519 et B M. 19.

djemmâa des tribus, sous la surveillance des chefs indigènes, savoir : gardes à pied et à cheval chargés de la police du pays, de la surveillance des routes et du transport de la correspondance pour le service dans l'intérieur du pays ; achat des étalons appartenant aux tribus ; achat et entretien des chevaux de relais pour le service de la police et de la correspondance.

Art. 3. — Toutes contributions, toutes taxes ou perceptions en sus du principal de l'impôt arabe, autres que celles qui sont autorisées par le présent arrêté, sont formellement interdites, et donneront lieu aux poursuites ordonnées par l'art. 5 de l'ord. du 17 janv. 1845. Tout maniement de fonds opéré en dehors des règles établies par l'arr. du 30 juill. 1855, tombera sous l'application des dispositions de l'art. 258 c. pén.

Art. 4. — Une expédition des budgets et des comptes administratifs des diverses dépenses à la charge des centimes additionnels à l'impôt arabe, sera transmise au ministre de la guerre dans le mois qui suivra le règlement qui en aura été fait par le gouverneur général, par délégation du ministre, conformément aux art. 6 et 9 de l'arr. du 30 juill. 1855. VAILLANT.

AM. — 25 juill.-22 août 1860. — BM. 90. — *Centimes additionnels en territoire civil.*

Vu les art. 1 et 3 de l'ord. du 17 janv. 1845 (V. *Finances*) ; — Vu les arrêtés des 30 juill. 1855 et 26 fév. 1858 (ci-dessus) ;

Art. 1. — Les Arabes résidant en territoire civil, dans les localités non comprises dans des circonscriptions communales, continueront d'être assujettis au payement des centimes additionnels aux impôts arabes, établis en vertu des arrêtés susvisés des 30 juill. 1855 et 26 fév. 1858.

Art. 2. — Le produit desdits centimes additionnels sera centralisé dans la caisse du receveur des contributions diverses du chef-lieu de chaque département, qui sera également chargé de la centralisation des dépenses.

Art. 3. — Les dépenses imputables sur ce fonds seront les mêmes que celles qui seront déterminées par l'art. 4 de l'arr. du 30 juill. 1855, et par l'art. 2 de l'arr. du 26 fév. 1858.

Art. 4. — Le budget des recettes et dépenses des centimes additionnels perçus dans le territoire civil de chaque département, en vertu de l'art. 1, sera préparé annuellement au mois de septembre au plus tard, pour l'exercice suivant, par le préfet en conseil de préfecture, et transmis au ministre, qui l'arrêtera définitivement.

Art. 5. — Le comptable chargé du service des dépenses ne peut payer que sur des mandats délivrés, dans la limite des crédits ouverts au budget, par le préfet ou par ses sous-délégataires.

Art. 6. Les comptes administratifs sont également préparés par les préfets, dans le mois qui suit la clôture de chaque exercice, et réglés par le ministre.

Art. 7. — Toutes les dispositions des arrêtés précités des 30 juill. 1855 et 26 fév. 1858 qui n'ont rien d'incompatible avec celles du présent arrêté sont applicables aux budgets et comptes ci-dessus mentionnés. Comte DE CHASSELOUP-LAUBAT.

Imprimerie.

DI. — 28-sept.-8 nov. 1856. — B. 501. — *Imprimerie en taille-douce. — Promulgation du décret du 22 mars 1852.*

Vu le décret du 22 mars 1852, sur l'exercice de la profession d'imprimeur en taille douce, la possession ou l'usage des presses de petite dimension ;

Art. 1. — Le décret susvisé est rendu exécutoire en Algérie.

Décret du 22 mars 1852.

Vu le décret du 5 fév. 1810 ; — Les art. 11, 12, 13, 14, 15 et 16 de la loi du 21 oct. 1814 ; — Les art. 2 et 3 de l'ord. du 24 oct. 1815 ; — L'ord. du 8 oct. 1817 ;

Art. 1. — Nul ne sera imprimeur en taille-douce s'il n'est breveté et assermenté.

Art. 2. — Nul ne pourra, pour des imprimeries privées, être possesseur ou faire usage de presses de petite dimension, de quelque nature qu'elles soient, sans l'autorisation préalable du ministre de la police générale, à Paris, et des préfets dans les départements. — Cette autorisation pourra toujours être révoquée, s'il y a lieu.

Art. 3. — Les contrevenants seront punis des peines édictées par l'art. 13 de la loi du 21 oct. 1814.

Art. 4. — Les fondeurs de caractères, les clicheurs ou stéréotypeurs, les fabricants de presses de tous genres, les marchands d'ustensiles d'imprimerie, seront tenus d'avoir un livre coté et parafé par le maire, sur lequel seront inscrites, par ordre de date, les ventes par eux effectuées, avec les noms, qualités et domiciles des acquéreurs. Au fur et à mesure de chaque livraison, ils auront à transmettre, sous forme de déclaration, au ministère de la police générale, à Paris, et à la préfecture, dans les départements, copie de l'inscription faite au registre. — Chaque infraction à l'une de ces dispositions sera punie d'une amende de 50 à 200 fr.

Art. 5. — Les maires, les commissaires-inspecteurs de la librairie et les commissaires de police constateront les contraventions par des procès-verbaux.

Art. 6. — Un délai de trois mois est accordé aux imprimeurs en taille-douce, aux détenteurs de presses et aux industriels mentionnés dans l'art. 4, pour se conformer aux obligations ci-dessus relatées. — Après ce délai, ils seront passibles des peines édictées par le présent décret, lequel n'est applicable ni à l'Algérie ni aux colonies.

Incendie.

AD. — 10-26 oct. 1843. — B. 160. — *Mesures de police.*

Vu l'art. 3, § 5, du tit. 11 de la loi du 24 août 1790, qui confie à l'autorité municipale le soin de prévenir les accidents et fléaux calamiteux, tels que les incendies ;

Art. 1. — Il est défendu, dans toutes les villes de l'Algérie et de leurs faubourgs, de tirer des coups de fusil, de pistolet ou autres armes à feu, des pétards, fusées, bombes et pièces d'artifice quelconques, à moins d'en avoir obtenu la permission de la police locale. — Il est également défendu de brûler sur les terrasses ou dans l'intérieur des maisons, cours et jardins, du foin, du fumier, de la paille et autres matières promptement inflammables.

Art. 2. — Nul ne pourra pénétrer dans les écuries, greniers ou magasins contenant des grains, pailles, foins, fourrages et autres matières analogues, ni circuler autour des meules ou un amas d'objets de même nature, soit avec des pipes ou des cigares allumés, soit avec des lumières qui ne seraient pas renfermées dans des lanternes bien closes.

Art. 3. — Les contrevenants seront punis de 1 à 5 fr. d'amende et pourront de plus être condamnés à trois jours de prison. — Cette dernière peine sera toujours prononcée et ajoutée au maximum de la première en cas de récidive. — Les instruments qui auront servi à commettre la contravention pourron en outre être saisis et confisqués : les pièces d'artifice le seront dans tous les cas;—Le tout conformément aux art. 471, nos 2 et 15, 472, 73 et 474 c. pén. (1). Comité G. G. ...

Inhumations.

DIVISION.

§ 1. — Dispositions réglementaires.
§ 2. — Tarifs des concessions.

§ 1. — DISPOSITIONS RÉGLEMENTAIRES.

A. — *25 juin 1834.*—*Règlement sur les inhumations.*

Art. 1.—Chaque inhumation aura lieu dans une fosse séparée ayant au moins 1 m. 50 cent. de profondeur sur 8 décim. de largeur, et qui sera remplie ensuite de terre bien foulée.

Art. 2. — Les fosses devront être distantes les unes des autres de 3 à 4 décim. sur tous les côtés.

Art. 3. — Pour éviter le danger qu'entraînerait le renouvellement trop rapproché des fosses, leur ouverture pour la sépultures nouvelles ne pourra avoir lieu qu'après un laps de cinq années au moins.

Art. 4.—Le gardien du cimetière est exclusivement chargé de préparer les fosses, aux conditions déterminées par les articles qui précèdent. — Il aura droit à un salaire de 5 fr. par chaque fosse. —Sont toutefois exceptées les fosses destinées à la sépulture des indigènes, lesquelles seront faites sans frais, sur la représentation d'un certificat du commissaire du roi près les municipalités.

Art. 5.—Les cercueils seront fournis par le gardien des cimetières aux prix ci-après fixés, savoir : —Pour tout individu âgé de plus de 15 ans, 10 fr. ; —Pour ceux de 7 à 15 ans, 8 fr. ;—Et pour les enfants au-dessous de 7 ans, 3 fr.

Art. 6.—Le tarif ci-dessus n'est applicable aux militaires décédés dans les hôpitaux de l'armée qu'en ce qui concerne la fourniture des cercueils. —Les inhumations qui en proviendront continueront d'avoir lieu par les soins des infirmiers, qui, sous la surveillance du gardien, devront se conformer aux dispositions relatives à la distance et aux dimensions des fosses.

Art. 7.—La garde du cimetière s'étend à celles de toutes les tombes qui pourront y être placées.—Le gardien sera responsable de leur violation, tant dans l'intérêt public que dans celui des familles, et passible des peines et dommages-intérêts auxquels auraient pu donner lieu, soit le défaut de surveillance, soit toute autre infraction à ses devoirs. A. COTTIN.

DP.—*24 mai-23 juin 1851.*—*B. 386.*—*Règlement sur les cimetières et concessions.*

Vu le décr. du 23 prair. an XII et l'ord. du 6 déc. 1843;

Art. 1.—Le décr. du 23 prair. an XII et l'ord. du 6 déc. 1843 sont applicables aux cimetières européens en Algérie, sauf les modifications ci-après.

Art. 2.—Les cimetières ne peuvent être établis à moins de 100 m. de distance de l'enceinte des villes, bourgs et centres de population agricole. —Les cimetières existant à une distance de moins de 35 m. de l'enceinte des villes, bourgs et cen'res de population agricole, seront transférés, dans le plus court délai possible, à la distance prescrite par le paragraphe précédent.—La translation sera ordonnée, pour les localités non érigées en communes, par un arrêté du préfet, pris en conseil de préfecture, ou du général commandant la division, la commission consultative entendue.

Art. 3.—Les cimetières seront clos.—Le mode de clôture sera déterminé par l'administration.

Art. 4.—Les dépenses d'entretien, de clôture et de translation seront supportées par le budget local et municipal dans les localités non érigées en communes.

Art. 5.—Les terrains ayant servi de cimetières ne peuvent être aliénés et mis dans le commerce que dix années révolues après la déclaration d'interdiction.—Toutefois, ces terrains peuvent être affermés cinq années après la fermeture des cimetières, à la condition que ces terrains ne pourront être qu'ensemencés et plantés, et qu'il n'y sera fait aucune fouille ou fondation pour des constructions de bâtiments avant l'expiration d'un délai de dix années, conformément au paragraphe précédent.

Art. 6. — Toute construction d'habitation, tout creusement de puits, à moins de 35 m. de distance de l'enceinte des cimetières, sont interdits. — Au delà de 35 m., et jusqu'à 100 m. de rayon autour de ladite enceinte, aucune habitation ne peut être élevée, ni aucun puits creusé, sans autorisation de l'administration.—Les bâtiments existant à une distance de moins de 35 m. ne peuvent être ni restaurés ni augmentés.—Un arrêté du préfet ou du général commandant la division, pris sur la demande de l'autorité municipale ou du fonctionnaire qui en tient lieu, peut, après expertise contradictoire, ordonner le comblement des puits existant à une distance de moins de 35 m.

Art. 7.—(Modifié ainsi par décret présidentiel du 22 nov. 1852, B. 427.) — Les tarifs de concession de terrain, dans les cimetières européens, seront fixés par le gouverneur général, sur l'avis du conseil de gouvernement.—Pour les localités érigées en communes, les tarifs seront proposés par les conseils municipaux. Pour les autres localités, ils seront proposés par le préfet, ou par le général commandant la division, suivant le territoire.—Les arrêtés de fixation seront insérés au *Bulletin officiel des actes du gouvernement de l'Algérie.*

Art. 8. — Le prix des concessions tarifées par le § 2 de l'article précédent sera attribué au budget local et municipal.

Art. 9.—Aucune concession dans les cimetières, à titre d'hommage public, ne pourra être accordée sans l'autorisation du ministre de la guerre.

Art. 10.—Sont abrogés tous les arrêtés locaux contraires aux dispositions du présent décret, et notamment l'arr. du gouv. du 6 juill. 1842 (B. 120).

§ 2. — TARIFS DES CONCESSIONS.

En exécution de l'art. 7 du décret précédent, divers arrêtés du gouverneur général, rendus à la date des 12 fév., 23 juin, 31 déc. 1853, 7 janv., 13 et 28 mars 1854, B. 452, 441, 452, 456, 459, ont déterminé le tarif des concessions dans les diverses localités de l'Algérie. Ces tableaux ont été réunis ci-après en un seul par province pour la facilité des recherches. Les concessions, dans les cimetières européens pour lesquels seuls ces arrêtés ont statué, se divisent en trois catégories : — *Concessions perpétuelles; — Concessions trentenaires pouvant être renouvelées; — Concessions temporaires de quinze ans au plus et ne pouvant être renouvelées.* Les trois chiffres qui suivent les noms des localités se rapportent dans le même ordre à chacune de ces séries, et expriment le prix du mètre carré.

1o *Province d'Alger.*

Alger, fr. 150 — 60 — 15.

_____
(1) V. en outre l'art. 458 du c. p.

Blidah, fr. 100 — 40 — 10.

Mustapha (annexe de la commune d'Alger), Bouffarik, Koléah, Douéra, Cherchell, Médéah, Milianah, Tenès, Orléansville, fr. 50 — 15 — 5.

El Biar et Bouzareah, (annexes de la commune d'Alger), Birmandrais, Birkadem, Saoula, Chéragas, Guyot-Ville, Dély Ibrahim et El Achour (un seul cimetière), Drariah et Kaddous (un seul cimetière), Fondouck, Hussein Dey, Kouba, Rassauta, Maison Carrée et Fort de l'Eau (un seul cimetière), Ouled Fayet, Sidi Ferruch, Montenotte, Novi, Zurich, Béni Méred, Dalmatie, Joinville, Montpensier (annexes de la commune de Blidah), Soumah (annexe de la commune de Bouffarik), l'Arba, Rovigo, Baba Hassem, Crescia, Saint-Amélie, Saint-Ferdinand, Mahelma, Birtouta (annexes de la commune de Douéra), Oued el Halleg, El Afroun, Castiglione, Tefschoun, Mouzaïa-Ville, la Chiffa, Fouka, Douacuda, Zéralda (annexes de la commune de Koléah), Damiette, Lodi, Monzaïa les Mines, Affreville, Bou Medfa, Ponteba, la Ferme, Marengo, Bourkika, Boghar, Laghouat, Aïn Benian, Aïn Sultan, Tenlet el Haad. fr. 50 — 12 — 5.

Dellys et Aumale. fr. 40 — 15 — 5.

2° Province de Constantine.

Constantine, Bône, Philippeville. fr. 100 — 40 — 10. Guelma, la Calle, Bougie, Setif, Batbna. fr. 40 — 15 — 5.

El Arrouch, Saint-Charles, Jemmapes, Djidjelly, Penthièvre, Bordj bou Arreridj, Bou-Sada, Biscara, Condé, Duzerville, El Hadjar, Bugeaud, Barral, Nechmeya, Mondovi, Heliopolis, Millesimo, Petit, Galaat ben Sbâa, Oued Touta, Stora, Valée, Damrémont, Gastonville, Robertville. fr. 50 — 12 — 5.

3° Province d'Oran.

Oran. fr. 150 — 60 — 15.

Mostaganem. fr. 100 — 40 — 10.

Mascara, Tlemcen, fr. 40 — 15 — 5.

Misserghin, Bou Tlelis, Bousfer, Aïn el Turck, Valmy, Mangin, Sidi Chami, Arcole, Arzew, Saint-Leu, Damesme, Kléber, Melessour, Sainte-Léonie, Saint-Cloud, Fleurus, Assi ben Okba, Assi bou Nif, Assi Ameur, Saint-Louis, Ben Ferréah, Auréa, Karouba, Mazagran, Aïn Tedelès, Sourk el Mitou, les Libérés, Aïn bou Dinar, Toumin, Aboukir, Bled Touaria, Sidi Chérif, Rivoli, Aïn Nouissy, la Stidia, Pont du Chélif, Saint-Hippolyte, Saint-André, Négrier, Bréa, Mansourah, Hennaya, Saf Saf. fr. 50 — 12 — 5.

Instruction publique.

Jusqu'en 1848, aucune mesure d'ensemble n'avait été prise pour l'organisation de l'instruction publique en Algérie, et c'était par des décisions particulières qu'il était pourvu aux besoins de ce service, à mesure qu'ils se manifestaient. Ainsi une ordonnance royale du 15 avr. 1839 (B. 66) avait établi en principe que les fonctionnaires de l'instruction publique qui, avec l'autorisation du ministre chargé de ce département seraient attachés aux établissements ouverts en Algérie, conserveraient tous les droits de membres de l'Université.

Une autre ordonnance du 14 juill. 1844 (B. 180) compléta ce système en décidant qu'à l'avenir il serait pourvu aux fonctions d'inspecteur chef de service, d'inspecteur des écoles primaires, de principal, régents et maîtres d'étude du collège d'Alger, par le ministre de l'instruction publique qui se concerterait avec le ministre de la guerre ; que l'inspecteur chef de service remplirait les conditions prescrites par l'ord. du 29 sept. 1852 et jouirait du rang et des prérogatives d'inspecteur d'académie ; d'autres assimilations furent également déterminées pour les gradués et fonctionnaires de l'enseignement.

Un arr. min. du 9 sept. 1846 (B. 255), se fondant sur l'art. 17 de la loi du 28 juin 1833, qui cependant n'a pas été déclarée applicable en Algérie, plaçait les établissements d'instruction primaire sous la surveillance d'un comité local qui ne paraît pas avoir jamais été constitué ni avoir rempli ses fonctions.

La direction supérieure de ce service avait appartenu d'abord au gouverneur général (arr. min. des 1er sept. 1824 et 2 août 1836), et, plus tard, sous ses ordres, au directeur de l'intérieur et au directeur général des affaires civiles. Ce dernier remplissait en réalité les fonctions de recteur d'académie. La liberté de l'enseignement était d'ailleurs soumise à une législation exceptionnelle, et aucune école ni institution du même genre ne pouvait être formée sans une autorisation administrative. (V. Admin. gén., arr. min. 1er sept. 1834, art. 9 ; ord. 15 avr. 1845, art. 63, § 2.)

En 1848, une organisation nouvelle a été décrétée. Une académie a été instituée, et l'administration de l'instruction publique a été détachée du ministère de la guerre pour être confiée exclusivement au ministre de l'instruction publique, à l'exception de ce qui concernait l'enseignement dans les écoles musulmanes. Il était déclaré en outre, dans l'arr. du chef du pouvoir exécutif en date du 16 août 1848, B. 284, que la législation relative à cette administration en Algérie serait celle qui régit la métropole, sauf les modifications qui seraient reconnues nécessaires et arrêtées de concert entre le ministre de l'instruction publique et celui de la guerre, chargé de l'administration générale du pays. Mais cet arrêté a été abrogé par le décret ci-après du 2 août 1858, et ses dispositions ne sont plus applicables. D'après le dernier décret, les fonctionnaires d'académie et ceux de l'enseignement secondaire sont considérés comme détachés du ministère de l'instruction publique et des cultes pour un service public.

L'enseignement a été successivement régi en France par le décret du 17 mars 1808, la loi du 28 juin 1833, et la loi du 15 mars 1850. L'art. 81 de cette dernière portait qu'un règlement d'administration publique déterminerait les dispositions qui pourraient être appliquées en Algérie. Ce règlement n'a pas été fait ; aucune de ces deux lois n'a été déclarée exécutoire dans la colonie, et l'enseignement s'y trouve régi soit par le décret de 1808, soit par les dispositions spéciales des ordonnances d'organisation qui ont été rappelées ci-dessus.

En fait, tout ce qui concerne l'enseignement supérieur et l'instruction secondaire est administré d'après les lois et règlements de la métropole. Ce principe a été récemment consacré dans divers décrets (ci-après § 5), qui, en instituant des collèges communaux, visent l'art. 74 de la loi du 15 mars 1850, et constatent que toutes les prescriptions qu'il impose ont été remplies. L'instruction primaire seule est soumise à un régime exceptionnel. Aucun établissement ne peut s'y être ouvert sans l'autorisation du recteur qui a remplacé à cet égard le directeur général des affaires civiles dans ses attributions ; et c'est lui également qui nomme aux fonctions d'instituteurs et institutrices publics. Chaque année le ministre désigne une commission chargée d'examiner les aspirants, et de délivrer les brevets de capacité.

§ 1. — Dispositions générales.

APE. — 1848. *Institution d'une académie à Alger.*

APE. — 16 août 1848. — B. 281. — *L'administration de l'instruction publique est remise au ministère de l'instruction publique et des cultes (abrogé par décret du 2 août 1858, ci-après.)*

APE. — 5 oct. 1848. — *Un inspecteur et deux sous-inspecteurs sont atttachés à l'académie d'Alger (modifié par arr. du 8 mai 1860 ci-après.)*

AM. — 30 déc. 1853-2 fév. 1854. — B. 452. — *Traitement des instituteurs*

Art. 1. — A partir du 1er janv. 1854, le traitement des instituteurs et institutrices publics établis dans les localités de l'Algérie non érigées en communes, est fixé ainsi qu'il suit : — Instituteurs, 1,200 fr.; institutrices, 1,000 fr. — Ils cumuleront avec ce traitement le produit de la rétribution scolaire fixée à 2 fr. par élève et par mois. — Cette rétribution sera perçue directement par les ayants droit. — Pour les écoles gratuites tenues par des personnes appartenant à des congrégations religieuses, les traitements des frères et sœurs chargés de l'enseignement seront fixés par des traités spéciaux passés avec les supérieurs des communautés et approuvés par le ministre de la guerre.

Art. 2. — A la fin de chaque année, le préfet, pour le territoire civil, et le commandant de la division, pour le territoire militaire, fixent, sur l'avis de l'inspecteur de l'enseignement primaire, le nombre maximum des enfants qui pourront être admis gratuitement dans chaque école publique pendant le cours de l'année suivante. — La désignation des enfants à recevoir gratuitement est faite dans chaque localité par le maire ou celui qui en remplit les fonctions, de concert avec les ministres des différents cultes. Cette liste ainsi dressée est arrêtée par le préfet ou par le commandant de la division.

Art. 3. — Le traitement fixe des instituteurs et institutrices publics, désignés dans l'art. 1, sera acquitté par douzièmes sur les fonds de la caisse locale et municipale, sauf abandon à ladite caisse du crédit porté annuellement au budget de l'Etat pour l'enseignement primaire en Algérie.

Art. 4. — Dans les localités érigées en communes, le traitement des instituteurs et institutrices est fixé par le conseil municipal, sauf approbation de l'autorité supérieure. — Ce traitement est exclusivement à la charge du budget communal.

Art. 5. — La décision ministérielle du 15 nov. 1844 est rapportée. — (Cette décision, relative au traitement des instituteurs et institutrices en Algérie, n'a pas été publiée au bulletin officiel.)

Le ministre de l'instruction publique et des cultes, H. Fortoul.

Le ministre de la guerre, A. de Saint-Arnaud.

DI. — 2-9 août 1858. — BM. 1. — *Abrogation de l'arr. du 16 août 1848. — Services de l'instruction publique et des cultes placés sous l'autorité du ministre de l'Algérie et des colonies.*

Art. 1. — Le service de l'instruction publique et des cultes en Algérie est placé dans les attributions et sous l'autorité du prince chargé du ministère de l'Algérie et des colonies. — Toutefois, lorsqu'il s'agit de modifier, soit la législation de l'instruction publique et des cultes, soit l'organisation réglementaire de l'enseignement, il y est pourvu par des décrets rendus sur le rapport du prince chargé du ministère de l'Algérie et des colonies et de notre ministre de l'instruction publique et des cultes. — Le recteur de l'académie d'Alger adresse tous les six mois au prince chargé du ministère de l'Algérie et des colonies et à notre ministre de l'instruction publique et des cultes un rapport sur l'état de l'enseignement public en Algérie. — Les rapports des inspecteurs généraux sont adressés directement au prince chargé du ministère de l'Algérie et des colonies; copie en est remise à notre ministre de l'instruction publique et des cultes.

Art. 2. — Les décrets portant nomination de l'évêque d'Alger, nomination ou révocation du recteur, sont rendus sur la proposition collective du prince chargé du ministère de l'Algérie et des colonies et de notre ministre de l'instruction publique et des cultes, qui les contre-signent. — Les arrêtés portant nomination, mise en disponibilité ou révocation des inspecteurs d'académie, du proviseur, du censeur, des professeurs ou chargés de cours du lycée d'Alger, sont pris par le prince chargé du ministère de l'Algérie et des colonies, après avis de notre ministre de l'instruction publique et des cultes.

Art. 3. — Les fonctionnaires d'académie et les fonctionnaires de l'enseignement secondaire placés sous l'autorité du prince chargé du ministère de l'Algérie et des colonies sont considérés comme détachés du ministère de l'instruction publique et des cultes pour un service public. — Les mesures disciplinaires auxquelles ils peuvent donner lieu sont arrêtées de concert entre le prince chargé du ministère de l'Algérie et des colonies et notre ministre de l'instruction publique et des cultes.

Art. 4. — L'arrêté du chef du pouvoir exécutif du 16 août 1848 est abrogé. — Toutes les dispositions non contraires au présent décret sont maintenues.

AM. — 8 mai 1860. — BM. 79. — *Le titre de sous-inspecteur primaire (V. arr. du 5 oct. 1848, ci-dessus) est supprimé. — Les trois inspecteurs sont divisés en trois classes aux traitements de 4,000 fr., 3,500 fr., 3,000 fr.*

§ 2. — Ecole de médecine.

DI. — 4 août-21 sept. 1857. — B. 512. — *Institution d'une école préparatoire de médecine et de pharmacie à Alger.*

Vu les lois du 21 germ. et du 19 vent. an XI; — Les ord. des 13 oct. 1840 et 12 mars 1841, relatives aux écoles préparatoires de médecine et de pharmacie ; — Le décret du 22 août 1854, sur le régime des établissements d'enseignement supérieur ; — Le décret du 28 oct. 1854, sur le prix des inscriptions prises dans les écoles préparatoires de médecine et de pharmacie ;

Art. 1. — Une école préparatoire de médecine et de pharmacie est instituée dans la ville d'Alger. — Le siège de l'école sera établi dans un édifice domanial qui, à cet effet, sera cédé gratuitement à la ville d'Alger, à la charge par elle de pourvoir à l'entretien des bâtiments. — L'hôpital civil et l'hôpital militaire devront concourir au service de la clinique médicale et chirurgicale de ladite école, et mettre à la disposition des élèves toutes les ressources d'instruction qu'offre, pour la pratique de l'art de guérir, une grande réunion de malades. — Il sera pourvu aux moyens d'exécution conformément aux dispositions qui seront ultérieurement concertées entre les autorités locales et approuvées par le ministre de l'instruction publique et des cultes.

Art. 2. — L'enseignement de l'école préparatoire de médecine et de pharmacie d'Alger est distribué entre huit professeurs titulaires, de la manière suivante : — Chaire d'anatomie et de physiologie; — De pathologie externe; — De clinique externe; — De pathologie interne; — De clinique interne; — D'accouchement, des maladies des femmes et des enfants; — De chimie et de pharmacie; — D'histoire naturelle médicale et matière médicale; — Quatre professeurs suppléants sont, en outre, attachés à ladite école; — Un des professeurs titulaires, désigné par le ministre de l'instruction publique, remplira les fonctions de directeur. — Celles de secrétaire agent-comptable seront remplies par le secrétaire de l'Académie d'Alger.

Art. 3. — Les traitements du personnel de l'école sont fixés ainsi qu'il suit : — Professeurs titulaires, 2,000 fr.; — Id. suppléants, 1,500 fr.; — Chef des travaux anatomiques, 1,000 fr.; Prosecteur, 600 fr.; — Préparateur, 600 fr.; — Le professeur nommé aux fonctions de directeur jouira, à ce titre, d'un supplément de traitement de 400 fr. — Le secrétaire de l'Académie d'Alger, secrétaire agent-comptable de l'école, jouit, à ce titre, d'une indemnité annuelle de 500 fr.

Art. 4. — Ainsi qu'il est prescrit par l'ord. du 15 oct. 1840, il sera pourvu par la ville d'Alger à toutes les dépenses, soit du personnel, soit du matériel de l'école, dont les recettes propres, provenant du prix des inscriptions et du reliquat du prix des examens, prélèvement fait des droits de présence des examinateurs, seront versées dans la caisse municipale. — Toutefois, il sera alloué, en déduction de ces dépenses, sur les fonds du budget local et municipal de l'Algérie : — 1° Une somme de 10,000 fr., une fois payée, pour frais de première installation; — 2° Une subvention annuelle de 8,000 fr. — L'école sera organisée dès que le conseil municipal d'Alger aura, par une délibération spéciale, régulièrement approuvée, voté les crédits nécessaires pour assurer l'exécution des dispositions qui précèdent.

Art. 5. — L'école préparatoire de médecine et de pharmacie d'Alger est placée, quant aux sessions d'examen, dans la circonscription de la faculté de médecine et de l'école supérieure de pharmacie de Montpellier.

Art. 6. — Les certificats d'aptitude ou diplômes délivrés par l'école préparatoire de médecine et de pharmacie d'Alger vaudront pour toute l'étendue de la colonie, sans que ceux qui voudront changer de province soient tenus de subir de nouveaux examens ni d'obtenir un nouveau certificat d'aptitude; mais cette condition sera imposée à ceux qui voudraient exercer dans un département de la métropole.

Art. 7. — Les officiers de santé, pharmaciens et sages-femmes de 2e classe, reçus par l'école préparatoire de médecine et de pharmacie d'Alger, devront faire viser leur diplôme ou certificat d'aptitude à la préfecture de la province où ils entendent exercer leur profession; en cas de changement de résidence, ils devront obtenir un nouveau visa.

Art. 8. — Les indigènes qui auront reçu l'enseignement du degré supérieur dans les écoles arabes-françaises seront admis à l'école préparatoire, sur la production d'un certificat d'études visé par l'autorité administrative, et sur l'attestation donnée, après examen, par le directeur du collège impérial arabe-français, qu'ils sont en état de suivre les cours. — Le diplôme spécial délivré, en vertu de l'art. 21 du décret du 14 mars 1857, aux élèves indigènes du collège impérial arabe-français, dispensera de toutes formalités quant à l'aptitude scolaire.

Art. 9. — Les étrangers, chrétiens ou musulmans, seront également admis à l'école préparatoire en justifiant de leur aptitude à suivre les cours. Cette aptitude sera constatée et certifiée par le recteur de l'Académie d'Alger pour les étrangers chrétiens, et par le directeur du collège impérial arabe-français pour les étrangers musulmans. — Les titres délivrés par le jury d'examen de l'école, aux élèves étrangers, ne seront valables pour l'Algérie qu'en vertu d'une autorisation spéciale du ministre de la guerre.

Art. 10. — Celles des dispositions des ordonnances et décrets visés en tête du présent, auxquelles il n'est pas dérogé, sont rendues exécutoires en Algérie et applicables à l'école préparatoire de médecine et de pharmacie d'Alger.

Décis. M. — 18 déc. 1858.-15 janv. 1859. — BM. 12. — *Un concours pour les places de chef des travaux anatomiques, de prosecteur et de préparateur de chimie, à l'École préparatoire de médecine et de pharmacie d'Alger, est institué à Alger, d'après un programme dressé par les professeurs de l'École, réunis en commission, sous la présidence du directeur, et approuvé par le recteur. Les candidats seront examinés par un jury composé du personnel enseignant l'École, sous la présidence du directeur, qui dressera et transmettra au recteur la liste des candidats déclarés admissibles. Le ministre désignera, d'après ces listes, celui des candidats qui lui paraîtra mériter d'être nommé à l'emploi vacant.*

D1. — 24 mars 1860. — BM. 76. — *Par exception aux dispositions de l'art. 1, § 1, du décret du 23 août 1858, sur l'enseignement, les étudiants de l'école préparatoire d'Alger ne sont tenus de produire le diplôme de bachelier ès sciences, restreint pour la partie mathématique, qu'au moment de prendre la cinquième inscription.*

§ 3. — LYCÉES ET COLLÈGES.

1° Lycée d'Alger.

APE. — 21 sept.-6 oct. 1848. — B. 289. — *Collège d'Alger érigé en lycée.*

Vu l'arrêté de la commission du pouvoir exécutif, en date du 30 mai 1848, qui a fait rentrer l'instruction publique en Algérie dans les attributions du ministre de l'instruction publique; — L'arrêté du 16 août dernier; — Le décr. du 15 nov. 1811; — La loi de finances du 8 août 1817;

Art. 1. — Le collège d'Alger est érigé en lycée. Les bâtiments et le mobilier du collège qui appartiennent à l'État, seront affectés au service du lycée dont l'organisation aura lieu pour la prochaine rentrée des classes.

Art. 2. — Une somme de 50,000 fr. est attribuée à cet établissement sur les fonds de l'État à titre de subvention.

Art. 3. — Le prix de la pension des élèves internes, boursiers ou pensionnaires libres, est fixé à 800 fr., y compris les frais de livres classiques.

Art. 4. — Il sera entretenu aux frais de l'État, dans le lycée d'Alger, quarante-trois bourses trois quarts, qui seront divisées ainsi qu'il suit : quinze bourses entières, dix-sept trois quarts bourses, trente-deux demi-bourses. — La désignation des élèves qui devront les occuper sera faite conformément aux dispositions de l'art. 8 de l'arr. du 10 août 1848.

Art. 5. — La subvention et la dotation en bourses attribuées au lycée d'Alger, seront acquittées pendant l'année 1848, au moyen des crédits qui ont été votés au budget du ministère de la guerre pour le service de l'instruction publique en Algérie.

Art. 6. — Traitement du personnel. (Remplacé par le décret suivant du 12 mai 1860.)

Art. 7. — Toutes les dispositions des règlements universitaires applicables aux lycées du continent, qui ne seront pas contraires au présent arrêté continueront d'être observées.   E. CAVAIGNAC.

AM. — 17 oct.-10 nov. 1853. — B. 446. — *Examen des candidats à des bourses.*

Vu les arr. des 16 août et 21 sept. 1848, portant, entre autres dispositions, création de bourses

---

(1) *Note indicative des conditions et des formalités à remplir pour l'obtention d'une bourse impériale dans le lycée d'Alger, en exécution du décret du 7 fév. 1852 et des arrêtés du 9 dudit mois, du 21 mai et du 17 oct. 1853.*

1. *Des différentes natures de bourses.* — Les bourses fondées aux frais de l'État, dans le lycée d'Alger, sont la récompense de services rendus en Algérie, préférablement à tous autres. — Les services militaires sont constatés par des états dûment certifiés; les services civils, par les préfets ou par les ministres compétents. — La désignation des élèves boursiers appartient pour les deux tiers au ministre de la guerre : les demandes lui sont adressées par l'intermédiaire du gouverneur général. — Le ministre de l'instruction publique reçoit directement les pétitions relatives aux bourses réservées à son département.

2. *Commission d'examen.* — Les candidats aux bourses impériales doivent justifier, par un examen préalable, qu'ils sont en état de suivre la classe correspondante à leur âge. — Les candidats examinés ne peuvent obtenir une bourse qu'autant qu'ils ont mérité, dans les résultats comparés des deux épreuves, au moins la moyenne cinq. Le chiffre dix exprime la note la plus favorable. — La commission chargée d'examiner les candidats se réunit, à la préfecture de chaque département, du 1er au 15 avr. et du 1er au 15 juill. — Le résultat de l'examen est valable pour les candidats aussi longtemps qu'ils appartiennent par leur âge à la catégorie dans laquelle ils ont été examinés.

3. *Formalités et conditions à remplir pour l'examen.* — Les familles des candidats doivent les faire inscrire, du 15 au 30 mars ou du 15 au 30 juin, au secrétariat de la préfecture du département de leur résidence ou de la résidence de leurs enfants. — Pour être admis à l'examen, les candidats doivent avoir 9 ans accomplis et moins de 17 ans. — Lors de l'inscription pour l'examen, les familles des candidats doivent produire : — 1° L'acte de naissance de l'enfant; — 2° Un certificat de bonne conduite délivré par le chef de l'établissement où le candidat a commencé ses études, s'il a déjà suivi des cours primaires ou secondaires.

4. *Programme des examens.* — Les candidats sont réunis pour l'examen de la manière suivante : — Les candidats ayant 9 ans accomplis et moins de 11 ans, au 1er oct. de l'année où l'examen est subi; — Les candidats ayant 11 ans accomplis et moins de 12 ans; — Les candidats ayant 12 ans accomplis et moins de 13 ans; — Les candidats ayant 13 ans accomplis et moins de 14 ans; — Les candidats ayant 14 ans accomplis et moins de 17 ans; — Chaque série de candidats aura à subir une épreuve écrite et une épreuve orale. — Ces épreuves consistent :

Pour la 1re série. — *Épreuve écrite :* Exercices d'orthographe française sur les noms, les adjectifs et les verbes. — *Épreuve orale :* Une lecture à haute voix; interrogations sur la grammaire française (noms, adjectifs et verbes),

---

do l'État dans le lycée d'Alger; — Vu le décr. du 7 fév. 1859, portant règlement pour la collation des bourses dans les lycées et collèges; — Vu les arr. des 9 fév. et 21 mai 1853;

Art. 1. — Les candidats aux bourses impériales dans le lycée d'Alger devront justifier désormais, par un examen préalable, subi devant une commission départementale, conformément aux programmes établis par l'arr. du 21 mai 1853, ci-dessus visé, qu'ils sont en état de suivre la classe correspondante à leur âge. — Ledit examen ne sera pas obligatoire pour les candidats aux bourses spécialement affectées aux indigènes.

          H. FORTOUL.

DI. — 12 mai 1860. — BM. 79. — *Nouvelle fixation du traitement des fonctionnaires et professeurs du lycée d'Alger.*

2° Collèges communaux.

DI. — 19-22 fév. 1859. — BM. 17. — *Institution d'un collège communal à Bône.*

---

sur la pratique des quatre règles (nombres entiers), sur l'histoire sainte (jusqu'à la mort de Salomon), sur la géographie (définitions, divisions principales du globe et de l'Europe), une explication d'une fable de Fénelon.

Pour la 2e série. — *Épreuve écrite :* Exercices de déclinaisons et de conjugaisons latines. — *Épreuve orale :* Une lecture à haute voix; interrogations sur la grammaire française, sur la grammaire latine (déclinaisons et conjugaisons), sur le système légal des poids et mesures, sur l'histoire sainte, sur la géographie de la France; une explication d'un passage choisi dans les vingt premiers chapitres de l'*Epitome historiæ sacræ*.

Pour la 3e série. — *Épreuve écrite :* Une version latine de la force de la classe de sixième. — *Épreuve orale :* Interrogations sur la grammaire française, sur la grammaire latine (syntaxe, premières règles sur la méthode), sur la grammaire grecque (déclinaisons), sur les éléments d'histoire et de géographie ancienne; sur l'histoire de France (1re race), et sur la géographie correspondante; exercices de calcul au tableau; explication d'un passage tiré du *De viris illustribus urbis Romæ*.

Pour la 4e série. — *Épreuve écrite :* Une version latine de la force de la classe de cinquième. — *Épreuve orale :* Interrogations sur la grammaire française, sur la grammaire latine, sur la grammaire grecque (déclinaisons et conjugaisons), sur l'histoire de France (jusqu'au règne de François Ier) et sur la géographie correspondante, sur la géographie physique de la France; exercices de calcul au tableau; une explication d'un passage tiré du *Selectæ è profanis scriptoribus historiæ*, et des fables d'Esope.

Pour la 5e série. — *Épreuve écrite :* Une version latine de la force de la classe de quatrième. — *Épreuve orale :* Interrogations sur les grammaires française, latine et grecque, sur la prosodie latine, sur l'histoire et la géographie de la France, sur les éléments de l'arithmétique et de la géométrie plane; une explication d'un passage tiré des *Métamorphoses* d'Ovide et de la *Cyropédie* de Xénophon.

5. *Formalités à remplir pour les demandes en concession de bourse.* — Les familles des candidats aux bourses impériales doivent envoyer au ministre de l'instruction publique, ou au ministre de la guerre, par l'intermédiaire du gouverneur général, à l'appui de leur demande en concession de bourse : — 1° L'acte de naissance de l'enfant; — 2° Le certificat de bonne conduite délivré par le chef de l'établissement où le candidat a commencé ses études, s'il a déjà suivi des cours primaires ou secondaires; — 3° Un extrait de la liste des admissibles, délivré au secrétariat de la préfecture, constatant le nombre de points obtenu par le candidat; — 4° Une note détaillée ou un état dûment certifié des services sur lesquels la demande est fondée; — 5° Un bulletin indicatif du montant annuel de leurs ressources de toute nature, ainsi que du nombre et de l'âge de leurs enfants, et des charges quelconques qu'elles ont à supporter. Cet état doit être certifié par le préfet du département.

Vu le décr. du 2 août 1858, qui a placé les services de l'instruction publique et des cultes en Algérie dans les attributions du ministère de l'Algérie et des colonies ; — La délibération du conseil municipal de Bône, en date du 10 août 1858 ; — L'art. 74 de la loi du 15 mars 1850, sur l'enseignement ; — La délibération du conseil académique d'Alger, en date du 6 nov. 1858 ; — Considérant qu'en affectant au collège communal un local convenable, en s'engageant à fournir et à entretenir le mobilier nécessaire à la tenue des cours, en garantissant pour cinq ans le traitement fixe du personnel enseignant ou autre, la ville de Bône a satisfait aux dispositions de l'art. 74 précité de la loi du 15 mars 1850 ;

Art. 1. — La ville de Bône est autorisée à ériger son institution secondaire en collège communal.

DI. — 29 fév. 1860. — BM. 66. — *Même institution à Constantine.*

DI. — (Même date.) — *Même institution à Oran.*

DI. — 30 mai 1860. — BM. 80. — *Même institution à Philippeville.*

§ 4. — ÉCOLES.

1° Écoles religieuses autorisées.

OR. — 23 avr.-23 mai 1813. — B. 150. — *Écoles des frères de Saint-Joseph.*

Vu l'ord. du 25 juin 1825, la loi du 10 mai 1806, le décr. du 17 mars 1808, et la loi du 28 juin 1833 ;

Art. 1. — La congrégation des frères de Saint-Joseph (du Mans), autorisée par ord. du 25 juin 1825, à former des instituteurs pour les départements de la Sarthe et de la Mayenne, est autorisée à fonder et à diriger des écoles dans les possessions françaises du N. de l'Afrique.

OR. — 20 nov.-28 déc. 1840. — B. 245. — *École secondaire ecclésiastique.*

Vu les ord. des 5 oct. 1814 et 16 juin 1828, concernant les écoles secondaires ecclésiastiques ;

Art. 1. — L'évêque d'Alger est autorisé à former, aux environs de cette ville, une école secondaire ecclésiastique, avec la faculté d'y admettre le nombre de 100 élèves.

DP. — 24 juill.-15 déc. 1852. — B. 426. — *Écoles des frères de Saint-Yon.*

Vu l'art. 109 du décr. du 17 mars 1808, et l'art. 31 de la loi du 15 mars 1850 ;

Art. 1. — La congrégation des frères de Saint-yon, dits des écoles chrétiennes, autorisée par le décr. du 17 mars 1808 à former des instituteurs pour tous les départements de la France, est autorisée à fonder et à diriger des écoles dans les possessions françaises du N. de l'Afrique.

DI. — 16 avril-7 mai 1853. — B. 436. — *Congrégation des frères de Notre-Dame de l'Annonciation à Misserghin.*

Vu la demande formée par M. l'abbé Abram et tendant à la reconnaissance légale de la congrégation fondée par lui en Algérie, sous le titre des *frères de Notre-Dame de l'Annonciation* ; — L'avis du conseil de l'Université, en date du 20 juill. 1819 ; — L'avis du conseil impérial de l'instruction publique, en date du 21 janv. 1853 ; — Les statuts de ladite congrégation ; — L'art. 910 c. Nap. ; l'ord. du 2 avril 1817 et les art. 31, 34 et 79 de la loi du 15 mars 1850 ;

Art. 1. — La congrégation religieuse, vouée à l'enseignement, des frères de Notre-Dame de l'Annonciation, établie à Misserghin (Algérie), est reconnue comme établissement d'utilité publique.

Art. 2. — Sont approuvés les statuts de la congrégation de Notre-Dame de l'Annonciation dont une copie est ci-annexée. — Ces statuts seront transcrits sur les registres du conseil d'État ; mention de ladite transcription sera faite par le secrétaire général du conseil sur la pièce enregistrée.

2° Écoles musulmanes.

DP. — 14 juill.-6 août 1850. — B. 357 (1). — *Établissement d'écoles arabes-françaises.*

Vu l'arr. du pouvoir exécutif du 9 déc. 1848 ; — Vu le décr. du président de la République, du 2 avr. 1850 ; — Considérant qu'il importe de faciliter la propagation de la langue française dans la population musulmane de l'Algérie ; — Que des écoles et des cours publics où la langue française est enseignée, soit aux enfants, soit aux adultes, existent déjà dans plusieurs villes, et qu'il faut tout à la fois consacrer ces établissements et les étendre aux villes où l'utilité en sera reconnue ;

CHAP. 1. — *Écoles primaires.*

§ 1. — *Écoles de garçons.*

Art. 1. — Il est établi dans chacune des villes d'Alger, Constantine, Bône, Oran, Blidah, Mostaganem, une école primaire pour le double enseignement de l'arabe et du français aux enfants musulmans. — L'établissement de ces écoles sera étendu successivement aux villes où l'utilité publique en sera reconnue par le gouverneur général sur la proposition du préfet.

(1) *Rapport à M. le président de la République.* — M. le président, un des moyens les plus efficaces pour arriver à la complète pacification de l'Algérie, doit être de propager et de vulgariser, parmi les populations indigènes, la connaissance de la langue française. Depuis longtemps l'administration s'est préoccupée de l'examen de cette importante question ; malheureusement, les efforts tentés par elle ont été paralysés par des circonstances au-dessus de toutes les prévisions. Aujourd'hui que des temps plus calmes ont succédé aux préoccupations de la guerre en Algérie, la France doit rechercher d'accomplir la mission civilisatrice qu'elle s'est imposée. — J'ai l'honneur, M. le président, de placer sous vos yeux un projet de décret qui a pour but de faire faire un premier pas à l'éducation musulmane.

Ce projet de décret consacre la création dans chacune des villes d'Alger, Constantine, Oran, Bône, Blidah et Mostaganem, d'une école primaire pour le double enseignement de l'arabe et du français, et dans chacune des villes d'Alger, d'Oran, de Constantine et de Bône une semblable école pour les jeunes filles. — Cet ensemble d'organisation, pour l'enseignement primaire, est complété par l'établissement d'écoles d'adultes, dans les trois chefs-lieux de préfecture, où seront ouverts gratuitement, sous la direction des professeurs aux chaires d'arabe, des concours de langue française, de calcul, d'histoire et de géographie.

Les écoles primaires de garçons relèvent, sous le rapport de la surveillance, d'un comité local dans lequel figurent le muphti ou le cadi, et les écoles de filles, de celle d'un comité de dames désignées par le préfet. — Les écoles primaires et les écoles d'adultes sont inspectées par un fonctionnaire désigné par le préfet, et assisté d'un fonctionnaire indigène. — Des jurys d'examen, institués au chef-lieu de chaque département, ont pour mission de délivrer, aux jeunes indigènes qui ont suivi les cours, des brevets constatant leur capacité, brevets qui leur donneront des titres à l'obtention, par préférence, des emplois auxquels ils peuvent prétendre.

Enfin, le projet de décret me laisse le soin de déterminer les livres destinés à l'enseignement dans les écoles arabes françaises, et met à la charge du budget départemental, ou, suivant le cas, à celle du budget local et municipal, les dépenses résultant de l'établissement de ces écoles.

Le ministre de la guerre, D'HAUTPOUL.

Art. 2.—L'enseignement primaire est gratuit.— Il comprend :—La lecture et l'écriture de l'arabe ; — Les éléments de la langue française ; la lecture et l'écriture du français ;—Les éléments du calcul, et le système légal des poids et mesures.

Art. 3.—Le personnel de chaque école se compose d'un directeur français et d'un maître adjoint musulman choisi parmi les tolbas.

Art. 4. — Les directeurs et les maîtres adjoints sont nommés par le gouverneur général, sur la proposition du préfet.—Ils peuvent être suspendus par le préfet ; ils sont révoqués par le gouverneur général.

Art. 5.— Nul ne peut être nommé directeur s'il n'est pourvu du brevet de capacité exigé pour les instituteurs primaires, et d'un certificat d'aptitude pour l'enseignement de la langue arabe délivré par le jury d'examen des interprètes militaires. — Les maîtres adjoints sont présentés par le préfet, le muphti ou le cadi consulté.

Art. 6.—Les directeurs reçoivent au traitement fixe de 1,200 fr., et les maîtres adjoints de 600 fr. — Il leur est en outre alloué : — 1° Une gratification annuelle, dont le chiffre, déterminé par le gouverneur général ne peut jamais s'élever au-dessus de la moitié du traitement fixe ; — 2° Une rétribution mensuelle de 1 fr. par élève et répartie, savoir : — Les deux tiers au directeur ; — Et le tiers au maître adjoint.

§ 2. — Écoles de filles.

Art. 7. — Il est établi une école primaire de jeunes filles musulmanes dans les villes d'Alger, Constantine, Oran et Bône.—Cette institution sera successivement étendue aux villes où l'utilité publique en sera reconnue par le gouverneur général, sur la proposition du préfet.

Art. 8. — L'instruction est gratuite. Elle comprend : — 1° La lecture et l'écriture de l'arabe:— 2° La lecture et l'écriture du français, les éléments de la langue française et les éléments du calcul ; — 3° Les travaux à l'aiguille.

Art. 9.—Le personnel de chaque école se compose d'une directrice française et d'une sous-maîtresse musulmane.

Art. 10. — La nomination, la suspension et la révocation des directrices et des sous-maîtresses ont lieu conformément à l'art. 4 ci-dessus. — Les dispositions du § 1 de l'art. 5 sont également applicables aux directrices.

Art. 11. — Les directrices reçoivent un traitement fixe de 1,000 fr., et les sous-maîtresses un traitement fixe de 500 fr. — Les dispositions des deux derniers paragraphes de l'art. 6 leur seront applicables.

CHAP. 2. — Écoles d'adultes.

Art. 12. — Un enseignement français pour les adultes indigènes est établi dans les villes d'Alger, Oran et Constantine, et sera étendu successivement dans les villes où l'utilité en sera reconnue par le gouverneur général sur la proposition du préfet.— Cet enseignement est gratuit ; il est confié aux professeurs du cours public d'arabe dans les villes où ces cours sont établis, et dans les autres villes à des maîtres désignés par le gouverneur général, conformément à l'art. 4 ci-dessus. — Ces maîtres doivent remplir les conditions exigées par le § 1 de l'art. 5.

Art. 13. — Une indemnité de 600 à 1,000 fr. est allouée au professeur ou au maître.

Art. 14. — L'enseignement comprend les éléments de la langue française, du calcul, de l'histoire et de la géographie. — Les cours ont lieu trois fois au moins par semaine.

Art. 15. — Des gratifications peuvent être accordées par le préfet aux élèves qui se font remarquer par leur assiduité, leur application et leurs progrès.

CHAP. 3. — Surveillance et inspection.

Art. 16. — Les écoles primaires de garçons sont placées sous la surveillance d'un comité local, institué dans chaque ville et composé : — Du maire ou du juge de paix dans les villes où les municipalités ne sont pas instituées ; — Du muphti ou du cadi et d'un fonctionnaire désignés par le préfet.

Art. 17. — Les écoles primaires et les écoles d'adulte sont inspectées par un fonctionnaire ou un officier français choisi, pour chaque localité, par le préfet, et assisté d'un fonctionnaire indigène.

Art. 18. — Les écoles de filles sont surveillées et inspectées par des dames inspectrices désignées par le préfet.

Art. 19. — Les écoles primaires de filles et de garçons et les écoles d'adultes sont placées sous l'autorité du préfet. — Tous les trois mois le préfet adresse au gouverneur général un rapport sur la situation de ces divers établissements.—Ce rapport est transmis au ministre de la guerre.

CHAP. 4. — Jurys d'examen et brevets d'aptitude.

Art. 20. — Il est institué par le gouverneur général, dans le chef-lieu de chaque province, un jury d'examen chargé de délivrer aux jeunes indigènes des brevets constatant leur aptitude.

Art. 21. — Ces brevets sont de trois degrés :— Le brevet de 3° degré est accordé au candidat sachant parler français ; — Le brevet de 2° degré, à celui qui sait lire et écrire le français ; — Le brevet de 1er degré, à celui qui possède les matières d'enseignement indiquées dans l'art. 14.

Art. 22. — Les emplois auxquels peuvent prétendre les indigènes sont donnés de préférence aux candidats pourvus du brevet du degré le plus élevé.

CHAP. 5. — Dispositions générales.

Art. 23. — Un règlement ministériel déterminera : — 1° Le choix des livres destinés à l'enseignement des écoles instituées conformément au présent décret ;— 2° L'âge d'admission des élèves dans ces écoles et l'âge où ils en sortiront.

Art. 24. — Des arrêtés préfectoraux détermineront les heures d'ouverture et de clôture des classes, le montant des gratifications à accorder conformément à l'art. 15, et généralement ce qui tient au régime intérieur et à la discipline des écoles.

Art. 25.—Toutes les dépenses relatives au personnel et au matériel des établissements institués conformément au présent décret sont mises à la charge du budget départemental, et pour les localités situées en dehors des départements, à la charge du budget local et municipal.

Art. 26. — Les attributions conférées au préfet par le présent décret sont exercées en territoire militaire par le général commandant la division.

DP. — 30 sept.-30 oct. 1850. — B. 366 (1). — *Organisation des écoles musulmanes.*

---

(1) *Rapport à M. le président de la République.* M. le président, parmi les questions importantes dont la solution doit influer sur l'avenir de notre domination en Algérie, figure au premier rang l'instruction publique des indigènes. Nulle part l'intervention du gouvernement n'est plus né-

cessaire pour organiser, surveiller et diriger l'enseignement public.

Si la terreur qu'inspirent nos armes doit rester longtemps encore la garantie principale pour maintenir dans l'obéissance des populations turbulentes, que la différence

Vu les arr. des 16 août et 9 déc. 1848 ; — Considérant qu'il importe de placer sous la surveillance et la direction du gouvernement tous les établissements d'instruction publique musulmane,

— de race et de religion sépare profondément de nous, il faut reconnaître que l'équité de notre gouvernement, que ses bienfaits pour le peuple vaincu, peuvent, en rassurant les indigènes sur nos intentions, calmer les inquiétudes que leur cause l'envahissement progressif, par la colonisation européenne, d'une partie du sol qu'ils cultivaient. Nul doute que les soins à donner à l'instruction publique ne concourent à ce résultat. En matière de croyance, la violence irrite les consciences, tandis que, par le développement gradué et intelligent des études musulmanes, nous pouvons espérer de désarmer le fanatisme et de le réduire à l'impuissance.

Rétablir généralement, sous notre patronage, les écoles indigènes, dans les localités où notre domination est le mieux assise, ce sera disposer la population arabe à accepter notre intervention dans les matières délicates de l'enseignement. Par le choix des professeurs, nous aurons un moyen d'action sur la classe la moins rapprochée de nous, celle des gens de savoir et de religion. Après avoir fait la part de ceux que nous appelons les hommes d'épée, et que les Arabes appellent les hommes de poudre, nous devons rallier à nous ceux qui exercent sur les masses, par l'autorité des traditions et par la puissance de la parole, l'influence la plus incontestée.

Au moment de la conquête, les études musulmanes étaient dans une situation de prospérité relative ; elles se divisaient en plusieurs branches :

1° L'instruction primaire, qui consistait à apprendre aux enfants, entre l'âge de six à dix ans, les premiers éléments de la religion, et en même temps, pour une partie d'entre eux, les principes de la lecture et de l'écriture. Le local de l'école primaire était presque toujours attenant à une mosquée, et faisait partie des biens immeubles substitués aux établissements religieux. La grande majorité des enfants arabes, dans les villes et dans les tribus, recevait l'instruction primaire.

2° L'instruction secondaire, comprenant la lecture et l'explication du Coran et les études grammaticales élémentaires, était en général suivie par les enfants appartenant à la classe aisée, entre l'âge de dix à quinze ans. Cet enseignement se donnait dans des locaux dépendant des mosquées, et particulièrement dans les chapelles appelées zaouïa.

3° Les hautes études qui se composaient de cours de droit et de jurisprudence, de théologie, de traditions religieuses et de quelques notions d'arithmétique, d'astronomie, de géographie, d'histoire, d'histoire naturelle et de médecine ; ces espèces d'universités (medressa) formaient aussi une dépendance d'une mosquée. Quelques-unes offraient un certain nombre de cellules où les étudiants logeaient gratuitement ; on leur donnait, en outre, des prestations en nature sur les revenus des mosquées. Les jeunes gens qui fréquentaient les medressa appartenaient presque exclusivement aux familles lettrées et vouées à la vie religieuse.

Mais, pour ces divers établissements, rien ne rappelait les institutions et les coutumes qui régissent en France l'instruction publique. L'État n'avait aucune part immédiate à la direction et à la surveillance de l'enseignement. Les écoles étaient, en quelque sorte, placées sous la sauvegarde de la loi religieuse et les munificences des fondations pieuses. Les locaux faisaient partie des biens substitués aux mosquées, et les instituteurs ou professeurs remplissaient le plus souvent des fonctions du culte dans ces mosquées. Les élèves ne payaient qu'une rétribution pour ainsi dire facultative et presque toujours en nature. L'enseignement secondaire et des hautes études était gratuit.

Cette constitution particulière de l'instruction publique, en dehors de l'action directe de l'administration, ne pouvait, à l'origine de l'occupation de l'Algérie, que soustraire cette intéressante question à notre attention. Lorsque les abus commis par les gérants des revenus de mosquées nous obligèrent à réunir ces biens au domaine de l'État, les traditions pour les dépenses concernant l'instruction publique, déjà presque complétement négligées, furent entièrement mises en oubli. La presque totalité des écoles primaires des villes furent abandonnées ; la même ruine frappa l'instruction secondaire, et l'enseignement

supérieur donné encore dans quelques zaouïa éloignées s'appauvrit singulièrement. Les professeurs, privés de leur logement et des allocations diverses qui leur étaient accordées, tombèrent dans la misère. Les uns se sont retirés dans les tribus ou ont quitté l'Algérie ; les autres sont dans un état de souffrance trop réelle ; tous sont restés aigris et mécontents.

Les officiers généraux commandant les trois provinces, consultés sur cette importante matière, ont tous répondu qu'il était urgent de s'occuper des établissements d'instruction publique, et de modifier, le plus promptement possible, les conséquences funestes de l'abandon dans lequel ils sont restés jusqu'à ce jour. Ils ont été unanimes à reconnaître que de toutes les sommes que nous dépensons pour consolider notre domination, il n'en est pas qui puissent recevoir une destination plus utile que celles consacrées à relever la position intellectuelle du peuple arabe. Tous ont signalé l'ignorance des populations musulmanes comme un des plus sérieux obstacles que nous rencontrons. Cette ignorance engendrant la crédulité la plus grossière, fait parmi les tribus le succès des chérifs, du moula-jaa, ou autres prétendus envoyés du ciel, et des intrigants de toutes sortes ; elle rend possibles ces tentatives insensées qui nous ont étonnés quelquefois, et qui n'avaient d'autre cause que la confiance plus que puérile du vulgaire dans la parole d'un homme un peu moins ignorant que lui.

Telle est, M. le président, la situation à laquelle il s'agit de porter remède. Mais s'il a été facile de se rendre compte de la grandeur du mal, on s'est trouvé en présence de difficultés très-graves lorsqu'il a fallu entreprendre une réforme et poser les bases d'une organisation. Convenait-il de s'occuper à la fois des trois branches de l'instruction publique, ou bien était-il préférable de commencer par régulariser les écoles primaires qui sont le fondement naturel et solide de tout bon système d'enseignement public ?

Après avoir mûrement examiné ces questions, je me suis convaincu qu'il fallait renoncer à l'idée d'organiser en même temps les trois branches de l'instruction publique. J'ai dû écarter également le projet de réglementer d'abord les écoles primaires. En effet, toucher à l'instruction primaire, c'était se mettre en contact immédiat et direct, sur toute l'étendue de l'Algérie, avec l'universalité de la population musulmane ; c'était multiplier les chances d'insuccès ; car une faute commise sur un seul point pouvait avoir les conséquences les plus désastreuses. Professeurs et élèves auraient pu nous manquer à la fois ; notre surveillance et nos efforts, affaiblis et rendus plus incertains par la grandeur même de la tâche, seraient restés sans efficacité.

Tandis qu'en ne s'occupant d'abord que des hautes études, il ne s'agissait plus que de trouver en Algérie quelques professeurs éclairés et un petit nombre d'élèves disposés à fréquenter les établissements que nous aurons créés. Dans ces conditions, une bonne direction est possible. L'enseignement des écoles supérieures ne s'adresse qu'à des adultes, et excite par cela même moins de défiance dans les familles ; il relève l'importance des hommes lettrés qui vivent encore sous notre domination ; il prépare des candidats pour les emplois réservés aux indigènes dans quelques-uns de nos services administratifs ; il nous permet, enfin, de former les instituteurs avec lesquels nous pourrons, plus tard, faire la conquête de l'instruction primaire. Nous ne voulons rien changer à l'ordre et au caractère religieux des études musulmanes ; mais en ouvrant avec prudence, et seulement sur quelques points, les horizons de la science européenne à ces intelligences si vives et si curieuses, nous arriverons sûrement à exercer une salutaire influence sur les esprits et sur les mœurs.

Ce sont ces considérations, M. le président, qui m'ont déterminé à vous proposer d'abord l'organisation des écoles supérieures. Les écoles primaires et l'instruction secondaire seront maintenues dans leur constitution actuelle, afin de n'éveiller aucune susceptibilité. Elles seront placées sous la haute surveillance du gouverneur général, qui l'exercera, en territoire civil, par l'intermédiaire des préfets, et en territoire militaire, par les généraux commandant les provinces. Un fonds d'encouragement, mis à la disposition du gouverneur général, lui permettra d'étu-

24

— Considérant la décadence des écoles où étaient enseignées les hautes études musulmanes qui peuvent fournir des candidats pour les fonctions de muphti, de cadi, d'iman, de khodja, et autres emplois réservés aux indigènes dans les services administratifs de l'Algérie ;

CHAP. 1. — *Instruction primaire et secondaire.*

Art. 1. — L'instruction primaire et l'instruction secondaire, données dans les écoles musulmanes, sont placées sous la haute surveillance du gouverneur gén., qui s'exercera par l'intermédiaire des préfets dans les territoires civils, et dans les territ. milit. par les généraux comm. les divisions. — Il n'est apporté aucune modification aux conditions d'existence et au mode d'instruction actuellement en usage.

Art. 2. — Un fonds annuel, inscrit au budget de l'État, sera affecté à accorder des gratifications aux instituteurs qui se seront fait remarquer, et aux élèves les plus méritants. — Le gouverneur gén. arrêtera la répartition de ces fonds sur les propositions qui lui seront faites par les généraux comm. les divisions et les préfets. Il en rendra compte au ministre de la guerre.

CHAP. 2. — *Écoles supérieures musulmanes.*

Art. 3. — Il est institué aux frais de l'État, dans chacune des villes de Médéah (1), Tlemcen et Constantine, une école supérieure (*medressa*) pour former des candidats aux emplois dépendants des services du culte, de la justice, de l'instruction publique indigène et des bureaux arabes.

Art. 4. — L'enseignement des écoles supérieures est gratuit, et comprend : — Un cours de grammaire et de littérature (nahhon) ; — Un cours de droit et de jurisprudence (fak) ; — Un cours de théologie (toubhid).

Art. 5. — Le personnel de chaque école se compose de : — Un directeur, chargé en même temps de faire un des trois cours, auquel il sera alloué un traitement de 2,100 fr. ; — Deux professeurs au traitement de 1,500 fr., 3,000 fr. ; — Un oukaf (homme de peine) au traitement de 600 fr.

Art. 6. — Les directeurs et professeurs des écoles supérieures musulmanes sont nommés par le ministre de la guerre, sur la proposition du gouverneur gén. de l'Algérie. — L'oukaf est nommé par le général comm. la division, sur la désignation du directeur de l'école.

Art. 7. — Chaque école supérieure sera installée auprès d'une des mosquées auxquelles étaient attenantes les medressa. — Une subvention de 100 fr. par an sera accordée aux dix élèves les plus méritants de chaque école ; il leur sera également donné un logement dans l'établissement, si les dispositions du local le permettent.

Art. 8. — Les écoles supérieures sont placées sous la surveillance des officiers généraux comm. les provinces. Cette surveillance s'exerce par l'intermédiaire des bureaux arabes.

Art. 9. — Les écoles supérieures sont inspectées, chaque année, par un des officiers français attachés aux affaires arabes, et par un des professeurs aux chaires publiques d'arabe désigné par le gouverneur gén. de l'Algérie.

Art. 10. — Les dépenses résultant de la création des écoles supérieures musulmanes sont à la charge du budget de la guerre.

DI. — 14 mars-21 avr. 1857. — B. 507. — *Institution d'un collége arabe-français* (2).

dier le personnel des instituteurs primaires et secondaires, de distinguer les meilleurs, de diriger, par des conseils habiles et sans alarmer les consciences, l'enseignement dans la voie qui convient le mieux à nos intérêts. Lorsque, par le succès des écoles supérieures, les méfiances seront en partie assoupies, on pourra sans danger réglementer d'une manière générale l'instruction publique musulmane.

Le projet de décret que j'ai l'honneur de soumettre à votre sanction a donc pour objet de saisir le gouverneur général de la haute direction de l'enseignement primaire et secondaire donné aux musulmans par des musulmans ; de maintenir pour ces institutions l'état actuel des choses, et de donner cependant à ces écoles un témoignage de sollicitude en affectant un fonds à distribuer pour encouragements aux maîtres ou aux élèves les plus méritants (art. 1 et 2).

L'art. 3 détermine le nombre des écoles supérieures à établir. Il est fixé à trois, une pour chaque province et dans les villes de l'intérieur que des traditions ou des souvenirs spéciaux signalent au choix de l'administration.

Les art. 4, 5 et 6 règlent l'enseignement, la composition et la rétribution du personnel. Le programme des études est conforme à ce qui se pratiquait autrefois ; les fixations des traitements répondent aux besoins actuels et sont en rapport avec la position faite par nous aux musulmans lettrés qui occupent des emplois publics.

L'art. 7 assure quelques avantages aux élèves les plus méritants. Nous avons dû mettre à profit, dans une certaine limite, l'expérience faite en Égypte, où on n'a pu fonder des écoles publiques qu'en allouant une solde aux élèves. Il y a lieu d'espérer qu'outre les dix subventions accordées par le gouvernement, on pourra déterminer les tribus les plus importantes à entretenir des élèves à leurs frais dans les écoles supérieures.

Les art. 8 et 9 réservent la surveillance de ces écoles à l'autorité militaire, chargée du gouvernement et de l'administration des tribus. Il n'en pouvait être autrement, ces institutions ayant essentiellement un caractère politique. C'est un moyen de gouvernement dont il faut régler le fonctionnement avec la plus grande prudence, et au point de vue spécial des hommes et des choses de l'islamisme. Cette pensée a dû faire renoncer à choisir les inspecteurs de ces écoles parmi les indigènes. Les officiers chefs des affaires arabes se feront, du reste, assister par les cadis de leur bureau pour la surveillance qu'ils auront à exercer.

L'art. 10 mentionne l'imputation de la dépense pour laquelle des fonds ont été votés dans les budgets des exercices 1850 et 1851.

Ce décret est destiné, M. le président, à compléter et à corroborer l'effet des mesures consacrées par le décret du 14 juillet dernier, sur les écoles musulmanes françaises. L'enseignement mixte qui a été organisé, et qui a pour but de propager et de vulgariser la connaissance de la langue française, aurait pu susciter des inquiétudes chez les Arabes, et leur inspirer la crainte de voir transformer leurs usages et l'éducation de l'enfance d'une manière trop brusque et trop radicale.

La création des écoles supérieures et les mesures généreuses adoptées en faveur de l'instruction primaire leur donnent un témoignage de plus de notre sollicitude bienveillante pour leurs mœurs et pour leurs coutumes religieuses. Sans renoncer aux utiles progrès que le temps et des efforts persévérants peuvent rendre réalisables, nous ne devons rien faire dans le présent qui soit directement contraire aux intérêts, aux affections et aux croyances du peuple conquis. La politique et l'équité nous dictent cette conduite. Les exemples du passé comme le spectacle des sociétés modernes nous montrent partout le fanatisme maître des esprits quand l'ignorance aveugle les masses, tandis que les haines de religion s'éteignent en proportion des progrès de l'instruction et des sages ménagements apportés dans la lutte contre les préjugés.

C'est donc avec confiance, M. le président, que j'ai l'honneur de vous prier de vouloir bien revêtir de votre signature le projet de décret ci-joint. En restaurant des établissements d'instruction, nous donnons des garanties nouvelles au maintien de la paix, et nous assurons la durée de notre domination.

Le ministre de la guerre, D'HAUTPOUL.

(1) La medressa de Médéah a été transférée à Blidah, par arrêté du 17 janv. 1855.

(2) *Rapport à l'empereur.* — Sire, l'un des moyens les plus propres à assurer notre influence sur la race arabe et à la diriger dans la voie qui convient à nos intérêts,

TIT. 1. — *Institution d'un collége arabe-français.*

Art. 1. — Un collége impérial arabe-français

est sans contredit l'instruction; car l'instruction, en développant l'intelligence, a pour effet d'abaisser les barrières élevées par la différence des mœurs et des croyances.

Déjà V. M., par deux décrets, l'un du 14 juillet, l'autre du 30 sept. 1850, a posé les bases premières de l'organisation de l'instruction publique indigène en Algérie. Je viens lui proposer aujourd'hui de compléter cette organisation, en instituant à Alger un collége impérial arabe-français pour les jeunes musulmans.

Le décr. du 14 juill. 1850 a organisé l'instruction primaire indigène, en constituant dans les principales villes de l'Algérie des écoles musulmanes dirigées par des maîtres français, et où l'on enseigne simultanément le français et l'arabe. Ces établissements ont produit des résultats avantageux; un grand nombre de parents n'ont pas hésité à nous confier l'éducation de leurs enfants, et ce nombre a été même si considérable à Alger, que je me suis vu dans la nécessité de dédoubler les écoles qui avaient été créées dans cette ville.

Le décr. du 30 septembre de la même année a eu pour objet de réglementer l'enseignement arabe supérieur donné par des maîtres arabes. Il s'agissait, d'une part, de diriger et de surveiller l'instruction des jeunes gens appelés plus tard à fournir des candidats pour les emplois de secrétaires arabes attachés aux administrations françaises, et pour les places dans le clergé et la magistrature musulmane; d'autre part, il fallait tenter de ramener sans secousse sous notre action les écoles placées dans des tribus éloignées, où des maîtres fanatiques inculquent trop souvent à la jeunesse studieuse un fâcheux esprit d'intolérance.

Ainsi, distribution de l'enseignement primaire par des maîtres français dans les principales villes de l'Algérie; — Distribution de l'enseignement supérieur arabe (lettres, législation, instruction religieuse) par des professeurs indigènes nommés et surveillés par nous: — Tel est actuellement, sire, l'organisation de l'instruction publique indigène en Algérie.

Pour compléter cette organisation, il manque un établissement d'enseignement répondant à nos établissements d'instruction secondaire, où, sous la direction de maîtres français connaissant la langue et les mœurs des indigènes, la jeune génération musulmane puisse recevoir une éducation appropriée à ses besoins, embrassant les connaissances susceptibles d'être utilisées par elle, laissant au contraire celles qui sont seulement nécessaires dans l'état de civilisation beaucoup plus avancé de l'Europe.

Le décret ci-joint, élaboré par le gouverneur général de l'Algérie, a pour objet de combler la lacune que je viens de signaler à V. M. — En préparant ce travail, une première question s'est offerte: l'établissement à fonder devait-il présenter un caractère mixte, c'est-à-dire recevoir comme pensionnaires des Européens en même temps que des indigènes? Devait-il être exclusivement consacré à la jeunesse musulmane? — Après de mûres réflexions, je n'ai pas hésité à me prononcer pour ce dernier système. — En effet, pour les pensionnaires, le programme de l'institution doit embrasser l'éducation, et l'éducation comprend nécessairement l'enseignement religieux et la pratique des observances religieuses. Il ne m'a pas paru possible de soumettre aux principes d'une éducation commune des enfants appartenant à deux religions aussi différentes dans leurs dogmes comme dans leurs rites, que le christianisme et l'islamisme.

On n'a pu l'essayer que par des compromis qui auraient soulevé la défiance des familles chrétiennes ou musulmanes, et empêché le développement de l'institution qu'il s'agit de fonder. — J'ai pensé que les avantages de la fusion, d'ailleurs très-problématique, des deux races, au moyen d'une éducation reçue en commun, ne pouvaient entrer en comparaison avec les inconvénients signalés. — Rédigé dans cet ordre d'idées, l'art. 1 du projet pose le principe de l'institution à Alger d'un collége impérial arabe-français, qui ne devra recevoir comme pensionnaires que des élèves musulmans. Mais si la discipline intérieure du collége réclame impérieusement cette réserve, elle ne m'a pas paru s'opposer cependant à ce que de jeunes Européens puissent être admis à suivre les

cours comme externes. — Le paragraphe final de l'art. 2 laisse au directeur la faculté de les admettre en cette qualité.

L'établissement du collége impérial arabe-français a un but essentiellement politique; à ce titre, la subvention qui doit lui être accordée sous forme de bourses, ne pouvait retomber exclusivement à la charge du budget local et municipal de l'Algérie; il m'a semblé juste que le budget de l'État apportât son concours à une œuvre aussi essentielle de gouvernement. — Tel est le but de l'art. 2, qui dispose que 150 élèves seront entretenus dans le collége impérial arabe, tant comme boursiers que comme demi-boursiers, aux frais de l'État ou du budget local et municipal. Je ne doute pas qu'un certain nombre de familles riches, et notamment celles de nos chefs indigènes, ne consentent à nous confier bientôt l'éducation de leurs enfants, et que, d'un autre côté, les tribus ne se montrent disposées à envoyer à leurs frais au collége arabe-français d'Alger des enfants qui révéleraient des dispositions spéciales. — Ces divers éléments me paraissent constituer à cet établissement toutes les garanties désirables d'avenir.

Le titre 2 du projet de décret fixe les conditions d'admission des élèves boursiers ou pensionnaires. Les premiers sont exclusivement choisis parmi les enfants arabes fils d'officiers ou de chefs indigènes, et parmi les fils des sous-officiers et agents arabes tués ou restés estropiés par suite de blessures reçues dans l'exercice de leurs fonctions. Les bourses accordées aux enfants ne sont donc pas la récompense exclusive de services militaires; elles s'appliquent également à tous les services que les indigènes peuvent être appelés à nous rendre.

La direction du collége impérial arabe s'exerce sous la haute surveillance du gouverneur général, par un directeur nommé par V. M. L'autorité de ce fonctionnaire s'étend sur toutes les branches de l'enseignement, de l'administration et du service. Il est assisté d'un censeur et d'un personnel de professeurs dont le nombre sera déterminé suivant les besoins. Telles sont les dispositions renfermées dans le titre 3.

Le titre 4 fixe les bases de l'enseignement et laisse au ministre de la guerre le soin d'en déterminer le programme. — J'aurai soin de rendre ce programme essentiellement pratique et de condenser l'enseignement sur les matières dont la connaissance présentera une utilité directe pour les indigènes. — Le conseil d'instruction créé par l'art. 12 me permettra d'apporter dans le programme les modifications dont l'expérience aura fait reconnaître la convenance.

Les art. 13 et 14 assurent les services du culte et de santé. — Un iman spécial est chargé de l'instruction religieuse des élèves; sa présence dans le collége arabe donnera aux familles la garantie que leur culte sera respecté, et que leurs enfants seront à l'abri de toute tentative de prosélytisme.

Je n'ai pas pensé, sire, qu'il convînt d'occuper V. M. des détails d'administration du collége impérial arabe: j'ai jugé plus opportun de renvoyer ces détails trop minutieux à un arrêté ministériel. Il me suffira de faire connaître à V. M. que mon intention est de confier la surveillance administrative de cet établissement à l'intendance militaire, qui l'exercera d'après les règlements et ordonnances relatifs à l'administration des corps de troupes. La bonne gestion des fonds affectés aux dépenses du collége, m'est d'ailleurs garantie par l'intervention du conseil institué par l'art. 15.

Le titre 8 soumet le collége impérial arabe à une double inspection périodique ayant pour but, l'une l'enseignement littéraire et scientifique, l'autre l'administration. — La première, par sa nature, exige l'intervention d'hommes spéciaux; la seconde est confiée à un intendant militaire.

Mais il ne suffit pas que toutes les précautions soient prises pour assurer l'instruction et le bien-être des élèves; il convient de constater à leur sortie du collége leur degré de connaissances, et de montrer à ceux qui se sont fait remarquer par leur travail la perspective d'une récompense. — C'est là l'objet du titre 9. — L'art. 21 sous

Art. 2. — 150 élèves seront entretenus dans le collége arabe-français aux frais du budget de l'État ou du budget local et municipal : 45 comme boursiers, 45 à trois quarts de bourse et 60 comme demi-boursiers. — Le collége reçoit, en outre, des élèves indigènes pensionnaires entretenus, soit en entier aux frais des tribus ou des familles, soit en partie aux frais des tribus et en partie aux frais des familles. — Les enfants européens et indigènes peuvent être admis à suivre les cours du collége comme externes, moyennant une rétribution mensuelle dont la quotité sera déterminée chaque année par le gouverneur gén. de l'Algérie.

Tit. 2. — Conditions d'admission.

Art. 3. — Les places qui sont en totalité ou en partie à la charge du budget de l'État ou du budget local et municipal sont réservées pour les fils d'officiers, chefs et agents indigènes, ayant servi ou servant encore l'État, et pour les fils de sous-officiers indigènes tués ou restés estropiés par suite de blessures reçues dans l'exercice de leurs fonctions. — Elles sont accordées de préférence aux orphelins de père et de mère, subsidiairement aux orphelins de père.

Art. 4. — Les enfants qui remplissent les conditions indiquées à l'article précédent ne peuvent être admis au collége qu'autant que leurs parents ou tuteurs ont produit à l'appui de leur demande : — 1° L'acte de naissance de l'enfant ou un acte de notoriété établi conformément à la loi ; — 2° Une déclaration signée d'un docteur en médecine attaché à un hospice civil ou militaire, ou au bureau arabe de la localité, dûment légalisée et constatant que l'enfant a eu la petite vérole ou a été vacciné, et qu'il n'est atteint ni d'affection chronique ni de maladie contagieuse ; — 3° Un état authentique des services du père ; — 4° Un relevé du rôle des impôts et un certificat délivré par l'autorité civile ou militaire du lieu de domicile de la famille, énonçant exactement les moyens d'existence, le nombre d'enfants et les autres charges des parents. Si le père fait encore partie d'un corps de troupes ; ce certificat est délivré par le conseil d'administration. — Toutes ces pièces doivent être adressées au gouverneur gén. de l'Algérie par les préfets et les généraux comm. les divisions et transmises par lui, avec son avis, à notre ministre de la guerre, avant le 1er juill.

Art. 5. — Les familles qui sollicitent l'admission de leurs fils comme pensionnaires, indépendamment des deux premières pièces mentionnées à l'art. 4, doivent produire un certificat de l'autorité civile ou militaire du lieu de leur résidence, visé par le préfet ou le général comm. la division et constatant qu'elles sont en état de payer la pension.

Art. 6. — Le prix de la pension est fixé à 800 fr., celui de la demi-pension à 400 fr., celui du quart de pension à 200 fr., non compris le trousseau. — Les familles des élèves admis soit à titre gratuit, soit comme pensionnaires, sont tenues, lors de l'admission, de subvenir aux frais du trousseau dont le prix sera fixé par le conseil d'administration du collége, sauf approbation de notre ministre de la guerre.

Art. 7. — Les parents des enfants nommés élèves à trois quarts de bourse ou demi-boursiers, ou élèves pensionnaires, doivent remettre au directeur, lorsqu'ils présentent ces élèves au collége, l'engagement de verser au trésor, par trimestre et d'avance, le prix de la pension ou de la partie de la pension laissée à leur charge.

Tit. 3. — Direction.

Art. 8. — La direction du collége impérial arabe-français s'exerce sous la surveillance du gouverneur général de l'Algérie. — Le directeur est nommé par nous, sur la présentation de notre ministre de la guerre. Il est choisi exclusivement parmi les personnes qui connaissent la langue arabe. — L'autorité du directeur s'étend sur toutes les parties de l'instruction, de l'administration et du service. Il préside les conseils d'instruction, d'administration et de discipline institués à l'art. 12, ci-après.

Art. 9. — Un censeur, sous-directeur des études, est chargé de surveiller toutes les parties de l'enseignement. — En cas d'absence du directeur du collége, le sous-directeur le remplace dans toutes ses fonctions.

Tit. 4. — Enseignement et discipline.

Art. 10. — L'instruction donnée au collége comprend : — Un cours élémentaire et supérieur de langue française ; — Id. élement. et sup. de langue arabe ; — Id. de géographie et d'histoire ; — Id. de mathématiques ; — Id. de sciences physiques ; — Id. d'histoire naturelle ; — Id. de dessin. — Les élèves pratiquent en outre tous les exercices gymnastiques, l'équitation et la natation. — Ils complètent au collége leur éducation religieuse. — Notre ministre de la guerre règle le programme des études.

Art. 11. — Les professeurs, répétiteurs et maîtres nécessaires aux besoins de l'enseignement, sont nommés par notre ministre de la guerre, sur la proposition du gouverneur général de l'Algérie, et choisis parmi les personnes connaissant la langue arabe.

Art. 12. — Il est établi au collége impérial arabe-français un conseil de discipline et un conseil d'instruction. — Des arrêtés de notre ministre de la guerre en déterminent la composition et les attribution. (V. ci-après.)

Tit. 5. — Service du culte.

Art. 13. — Un imam est spécialement chargé, sous la surveillance du directeur, du service du culte et de l'instruction religieuse des élèves. — Il est nommé par le gouverneur général de l'Algérie.

Tit. 6. — Service de santé.

Art. 14. — Un chirurgien-médecin est chargé du service de santé.

Tit. 7. — Administration.

Art. 15. — Un conseil spécialement chargé de diriger l'emploi des fonds affectés aux dépenses de l'établissement veille à tous les détails de l'administration intérieure. — Sa composition et ses attributions sont réglées par arrêté de notre ministre de la guerre.

Art. 16. — Les traitements des directeur, sous-directeur, professeurs et fonctionnaires du collége arabe-français sont déterminés par le tarif annexé

---

met les élèves, qui ont parcouru tout le cercle de l'enseignement, à un examen spécial embrassant l'ensemble des études qu'ils auront faites. Ceux qui le subiront avec succès recevront un diplôme qui ouvrira, aux uns, la carrière de certains emplois civils, aux autres, celle des armées. Ainsi, à leur sortie du collége, les jeunes indigènes que l'administration aura reçus enfants, et qu'elle rendra adultes à leurs familles, trouveront encore la main qui leur aura fait donner l'instruction pour les aider à se créer un avenir.

Tel est, sire, le projet que j'ai l'honneur de soumettre à V. M. — Sans entraîner de dépenses considérables, puisqu'il ne recevra son exécution que graduellement, il permet d'espérer des résultats avantageux. Le développement de l'instruction combattra efficacement es suggestions hostiles du fanatisme, et conduira, avec le temps, à cette tolérance religieuse qui est pour l'Algérie la première condition de sa complète pacification.

Le ministre de la guerre, VAILLANT.

au présent décret. — Toutefois, le traitement du directeur pourra être élevé de 1,000 fr. au bout de chaque période ternaire, sans que ce traitement puisse dépasser 8,000 fr. — Les fonctionnaires du collège-français sont soumis aux retenues prescrites par l'art. 3 de la loi du 9 juin 1853, sur les pensions de retraite. — Les dispositions du § 1 de l'art. 4 de la même loi leur sont applicables.

Art. 17. — Notre ministre de la guerre, fixe le nombre et le traitement des agents subalternes attachés au collège arabe-français. — Le directeur du collège pourvoit aux nominations de ces agents sur la présentation du conseil d'administration.

Tit. 8. — Inspection.

Art. 18. — Notre ministre de la guerre désigne un ou deux inspecteurs parmi les hommes qui ont suivi la carrière de l'enseignement et parmi les orientalistes, pour inspecter au collège les études littéraires et scientifiques.

Art. 19. — Un intendant militaire inspecte le collège sous le rapport administratif.

Art. 20. — Chaque année, après avoir pris l'avis de l'intendant inspecteur et de l'inspecteur des études, ainsi que celui du conseil d'instruction, le gouverneur général présente un rapport à notre ministre de la guerre sur les résultats obtenus, sur les perfectionnements à apporter à l'enseignement et sur les améliorations et économies dont l'administration et le régime intérieur lui paraissent susceptibles.

Tit. 9. — Sortie du collège.

Art. 21. — Les élèves qui auront parcouru tout le cercle de l'enseignement du collège et qui auront subi avec succès, au terme de leurs études, un examen officiel, recevront un diplôme spécial qui équivaudra au baccalauréat pour les emplois donnés en Algérie par le département de la guerre.

Art. 22. — Un certain nombre d'emplois de sous-officiers sera réservé chaque année pour ceux des élèves qui, remplissant les conditions énoncées à l'article précédent, désireraient entrer dans les troupes indigènes.

Disposition finale.

Art. 23. — Notre ministre de la guerre détermine : — 1° Le mode de comptabilité des dépenses du collège arabe-français ; — 2° L'âge d'entrée et de sortie des élèves tant boursiers que pensionnaires.

Tarif des traitements.

Directeur, 6,000 fr. — Sous-directeur, 4,500. fr. — Iman, 1,000 fr. — Professeurs de 1re cl., 3,500 fr. ; de 2e cl., 3,000 fr. ; de 3e cl., 2,500 fr. ; de 4e cl., 2,000 fr. — Répétiteurs et maîtres de 1re cl., 1,800 fr. ; de 2e cl., 1,600 fr. ; de 3e cl., 1,400 fr. ; de 4e cl., 1,200 fr. —Trésorier-bibliothécaire, 3,000 fr. — Econome, 2,500 fr.

AM. — 24 avr.-16 juin 1857. — B. 509. — Conseil d'administration.

Art. 1. — Le conseil d'administration du collège impérial arabe-français est composé ainsi qu'il suit : — 1° Le directeur du collège, président ; — 2° Le sous-directeur des études ; — 3° Trois professeurs, renouvelés et pris à tour de rôle, suivant leur rang d'ancienneté.

Art. 2. — Le conseil est chargé spécialement de diriger l'emploi des fonds affectés aux dépenses de l'établissement ; il veille à tous les détails de l'administration intérieure.

Art. 3. — Le conseil d'administration a sous ses ordres : — Un trésorier, qui est en même temps bibliothécaire, archiviste et secrétaire des conseils ; — Un économe. — Ces deux comptables sont tenus de fournir un cautionnement fixé, pour le premier, à 12,000 fr., et pour le second, à 8,000 fr., et

constitué en numéraire ou en rentes sur l'Etat. — Le trésorier assiste aux séances du conseil comme archiviste et secrétaire, mais sans voix délibérative. — L'économe est appelé aux séances avec voix délibérative, lorsque le conseil le juge convenable.

Art. 4. — La surveillance administrative du collège est confiée à l'intendance ; elle s'exerce d'après les règles déterminées par les ordonnances et règlements relatifs à l'administration des corps de troupes. Toutes les dispositions prescrites par ces règlements pour la tenue des séances, les attributions et les délibérations des conseils d'administration des corps de troupes, sont applicables au conseil d'administration du collège.

Art. 5. — Le conseil d'administration établit le budget de chaque exercice, ainsi que les demandes particulières de fonds pour les dépenses de chaque trimestre.

Art. 6. — Les règlements sur la comptabilité du département de la guerre doivent être suivis pour la justification de toutes les dépenses du collège, à la charge du budget de ce département, et à celle du budget local et municipal.

Art. 7. — Une comptabilité spéciale, tant en deniers qu'en matière, est tenue sous la surveillance et la responsabilité du conseil d'administration, pour l'emploi des fonds des trousseaux payés par les familles, et soumise au contrôle de l'intendance militaire, qui transmet cette comptabilité au ministre.

Art. 8. — Le conseil d'administration ne peut faire aucune dépense extraordinaire s'il n'y a été préalablement autorisé par le ministre de la guerre. — Toutes les dépenses à la charge du budget sont acquittées, sans aucune exception, sur les crédits législatifs. — Les boni qui pourraient résulter de la comptabilité des trousseaux, comme le produit des pensions des élèves entretenus au compte de leurs familles ou des tribus, doivent être versés au trésor public. VAILLANT.

AM. — (Même date.) — Conseil d'instruction.

Art. 1. — Le conseil d'instruction du collège impérial arabe-français est composé comme il suit : — 1° Le directeur du collège, directeur des études, président ; — 2° Le sous-directeur des études ; — 3° Le professeur du cours supérieur de français alternant avec le professeur du cours de grammaire ; — 4° Le professeur de mathématiques ; — 5° Le professeur de sciences physiques alternant avec le professeur d'histoire naturelle ; — 6° Le professeur d'histoire et géographie ; — 7° Un professeur pris tour à tour dans les classes élémentaires. — En cas de partage des voix, celle du président est prépondérante.

Art. 2. — Le conseil d'instruction est institué pour provoquer les améliorations que nécessite l'intérêt des études ; il règle, lorsqu'il y a lieu, l'emploi du temps. — Le conseil se réunit au moins une fois par mois pour entendre le rapport qui lui est fait par le sous-directeur des études, sur le mode et les progrès de l'instruction. — Un procès-verbal des séances est adressé, à la fin de chaque trimestre, par le directeur du collège au gouverneur général, qui le transmet, avec ses observations, au ministre de la guerre, qui prononce sur les propositions du conseil.

Art. 3. — Jusqu'à ce que le personnel enseignant du collège impérial arabe-français soit au complet, et que les différents membres désignés à l'art. 1 puissent prendre place au conseil, celui-ci se composera, outre le directeur et le sous-directeur des études, des professeurs en exercice. VAILLANT.

AM. — (Même date.) — *Conseil de discipline.*

Art. 1. — Le conseil de discipline du collége impérial arabe-français est composé ainsi qu'il suit : — 1° Le directeur du collége, président ; — 2° Le sous-directeur des études ; — 3° Trois professeurs renouvelés annuellement, et choisis parmi les plus anciens professeurs qui ne feraient pas partie d'un autre conseil.

Art. 2. — Le conseil se réunit sur la convocation du directeur du collége. Il est chargé de provoquer les mesures nécessaires au maintien de l'ordre.

Art. 3. — Les élèves qui auraient commis une faute assez grave pour encourir le renvoi du collége paraissent devant le conseil de discipline. Le ministre de la guerre statue sur les propositions de renvoi, qui doivent toujours être accompagnées d'un avis motivé signé par tous les membres du conseil. Ces propositions lui seront transmises par le gouverneur général, qui y joint ses observations.

Art. 4. — Jusqu'à ce que le personnel enseignant du collége soit au complet et permette d'appliquer les dispositions de l'art. 1, concernant la composition du conseil, celui-ci comprendra, outre le directeur et le sous-directeur des études, et jusqu'à concurrence du nombre fixé, les professeurs en exercice. VAILLANT.

AM. — (Même date.) — *Age d'admission des élèves.*

Art. 1. — L'âge d'admission au collége arabe-français est fixé ainsi qu'il suit : — 1° De 9 à 11 ans pour les élèves boursiers ; — 2° De 9 à 12 ans pour les élèves pensionnaires.

Art. 2. — Les élèves boursiers ou pensionnaires qui, au moment de leur admission, auront accompli leur dixième année, doivent être en état de suivre la classe correspondante à leur âge.

Art. 3. — Les élèves ne peuvent rester au collége au delà de la fin de l'année scolaire dans le courant de laquelle ils ont accompli leur 17e année. VAILLANT.

AG. — 15 janv. 1858. — B. 517. — *Rétribution à payer par les externes.*

Vu le décr. du 14 mars 1857, art. 2 ;

Art. 1. — La rétribution mensuelle à payer par les élèves externes simples ou externes surveillés est fixée, pendant l'année 1858, à la somme de fr.

Art. 2. — Les externes ci-dessus désignés devront avoir au moins 8 ans et 12 ans au plus. Comte RANDON.

Inst. M. — 21 oct. 1858. — BM. 7. — *La haute direction du collège impérial arabe-français appartiendra désormais au recteur, qui exercera sur cet établissement la surveillance pré-* cédemment confiée au gouverneur général, et celle qu'il exerce sur les colléges de l'Université. NAPOLÉON (Jérôme).

3° Écoles Israélites.

ON. — 9 nov. 1845. — (V. *Cultes*, § 5.) — *Institution d'écoles d'israélites.*

§ 5. — ÉTABLISSEMENTS SCIENTIFIQUES (1).

AM. — 26 nov. 1858. — BM. 7. — *Observatoire.*

Une station d'observations astronomiques est créée en Algérie, à proximité d'Alger. — L'établissement relèvera du recteur de l'académie d'Alger. — Le matériel de cette station se composera : — 1° Des instruments de météorologie et de magnétisme actuellement au collége d'Alger, et qui seront transférés à l'Observatoire ; — 2° Des instruments d'observations astronomiques à acquérir. Parmi ceux-ci figurera, en première ligne, un télescope à grand diamètre du système de M. Foucault. — Le personnel de la station comprendra : — 1° Un professeur du collège d'Alger, chargé des observations météorologiques et magnétiques, chef du service ; — 2° Un observateur astronome ; — 3° Un homme de service.

Intérêt de l'argent.

ON. — 7 déc. 1835-18 janv. 1836. — B. 20. — *Intérêt légal et conventionnel.*

Art. 1. — Dans les possessions françaises du N. de l'Afrique, la convention sur le prêt à intérêt fait la loi des parties.

Art. 2. — L'intérêt légal, à défaut de convention et jusqu'à ce qu'il en soit autrement ordonné, sera de 10 p. 100, tant en matière civile qu'en matière de commerce.

APE. — 4-17 nov. 1848. — B. 296. — *Abrogation de l'ordonnance qui précède en ce qui concerne l'intérêt conventionnel.*

Art. 1. — L'intérêt légal en Algérie, en matière civile et commerciale, sera de 10 p. 100 sans retenue.

Art. 2. — L'intérêt conventionnel ne pourra, en aucun cas, excéder le taux légal, sous les peines portées par les art. 3 et 4 de la loi du 3 sept. 1807, qui seront publiées à la suite du présent arrêté.

Art. 3. — Il n'est rien innové aux stipulations d'intérêts par contrats ou autres actes faits jusqu'au jour de la publication du présent arrêté.

Art. 4. — L'ord. du 7 déc. 1835 est abrogée. E. CAVAIGNAC.

DP. — 11 nov.-13 déc. 1849. — B. 356 (1). — *Remise en vigueur de l'ord. du 7 déc. 1835.*

Art. 1. — L'arr. du chef du pouvoir exécutif, du

---

(1) Les établissements scientifiques comprennent l'observatoire, les bibliothèques et musées publics et l'exposition permanente des produits de l'Algérie, sur lesquels le recteur a le droit de haute surveillance.

(2) *Rapport à M. le président de la République.* — Paris, le 21 nov. 1849. — M. le président, c'est un principe généralement admis aujourd'hui : l'argent est une marchandise dont le commerce doit rester libre. Turgot, Bentham, J. B. Say avaient posé ce principe qui, longtemps contesté, est actuellement reconnu par la raison publique. Une ordonnance rendue le 7 déc. 1835, le conseil d'État entendu, avait décidé en conséquence, qu'en Algérie, la convention sur le prêt à intérêt faisait la loi des parties. Seulement, à défaut de conventions particulières, la même ordonnance établissait l'intérêt légal à 10 p. 100, tant en matière civile qu'en matière de commerce.

Le 4 nov. 1848, un arrêté du chef du pouvoir exécutif, rendu sans l'intervention, ni de l'autorité gouvernementale en Algérie, ni du conseil d'État, ni sous l'impression des discussions politiques relatives au crédit, a abrogé l'ordonnance précitée de 1835, maintenu à 10 p. 100 le taux de l'intérêt légal, et déclaré que l'intérêt conventionnel ne pourrait, en aucun cas, excéder le taux légal, sous les peines portées par les art. 3 et 4 de la loi du 3 sept. 1807. Cet arrêté, dicté évidemment par l'intention louable de diminuer l'usure, a complétement manqué son but, ou plutôt a été décrément contre son but. Il n'a fait qu'aggraver le mal et rendre sensibles, par l'expérience, tous les inconvénients attachés à la fixation du taux de l'intérêt par la loi, tels que les signalait l'honorable M. Lherbette, à la chambre des députés, dans la séance du 9 mars 1836.

D'une part, l'arr. du 4 nov. 1848, aussitôt éludé que

4 nov. 1848, est rapporté; l'ord. du 7 déc. 1835 continuera à recevoir son exécution en Algérie.

Interprètes.

DIVISION.

§ 1. — Interprètes militaires.
§ 2. — Interprètes judiciaires et interprètes traducteurs assermentés.

§ 1. — INTERPRÈTES MILITAIRES.

Cette institution avait été réglementée par divers arrêtés dès 3 nov. 1815, 30 mai 1816, 12 juin 1817, 17 fév. 1818, remplacés aujourd'hui par le décret suivant.

D. — 4 fév.-10 mars 1851. — B. 454. — *Nouvelle organisation des interprètes militaires* (1).

rendu, a donné lieu à une foule d'opérations dans lesquelles l'excédant d'intérêt a été frauduleusement dissimulé ; de l'autre, il a été funeste en éloignant les capitaux, en élevant leur prix que là concurrence tendait à diminuer, en nécessitant des actes simulés qui multipliaient les frais, en livrant les emprunteurs à la merci de ceux des prêteurs qui, ne craignant pas d'éluder la loi, faisaient nécessairement payer les peines ou la honte qu'ils avaient à braver.

Sous l'empire de l'ord. de 1835, les placements étaient descendus successivement à un taux inférieur à celui du taux légal. Sous l'arr. du 4 nov. 1848, l'argent, déjà si rare, a presque disparu complètement, et malgré les peines édictées, l'intérêt des prêt qui s'effectuent aujourd'hui s'élève en fait à un taux fabuleux qu'on n'oserait citer. Déjà, par une délibération du 28 nov. 1848, les chambres de commerce d'Alger et d'Oran, présageant tous les dangers que l'art. 4 du même mois devait apporter avec lui, avaient demandé avec chaleur le retour à l'ord. de 1835.

Depuis, le mal n'a fait qu'empirer ; des faits récents l'attestent ; des témoignages honorables le confirment. Il est urgent de remédier à ce mal qui aggraverait, en la prolongeant, la crise déjà trop longue dont souffre aujourd'hui l'Algérie; d'abroger une mesure essentiellement révolutionnaire, contraire à tous les principes d'économie politique, et de rétablir ainsi le courant des capitaux qui s'était formé entre l'Afrique et la métropole.

Avant de soumettre à votre signature un projet de décret portant abrogation de l'arrêté rendu le 4 nov. 1848, sans le concours des autorités locales ou du conseil d'État, et de remettre ainsi en vigueur l'ord. du 7 déc. 1835, j'ai cru convenable de réclamer l'avis des ministres des finances et du commerce. Mes collègues ont reconnu avec moi la nécessité et l'urgence de la mesure proposée. Toutefois, M. le ministre des finances, bien que complètement d'accord avec moi sur le principe, a élevé quelques doutes sur la question de savoir si, en présence de l'art. 109 de la constitution, qui déclare que l'Algérie sera régie par des lois, il suffirait d'un décret pour rapporter l'arr. du 4 nov. 1848; la question, du moins, lui a paru avoir assez de gravité pour nécessiter l'attache du conseil d'État. Je me suis empressé de me ranger à cette opinion.

Le conseil d'État, saisi par moi de l'examen de cette question de constitutionnalité, a reconnu par son avis du 31 oct. dernier : — 1° Que tant qu'une loi ne sera pas intervenue pour régler l'interprétation de l'art. 109 et déterminer les matières qui seront, en Algérie, du domaine du pouvoir législatif, et celles qui rentreront dans la compétence du pouvoir exécutif, il appartient au gouvernement de statuer par des décrets, selon les cas et d'après les circonstances, sur une partie des questions qui se présentent, en réservant la loi pour celles dont l'importance réclamerait spécialement une solution législative; — 2° Qu'on ne pourrait refuser ce droit au gouvernement sous exposer l'Algérie à être privée, pendant un délai indéterminé, de toutes les améliorations à introduire dans les règlements qui la concernent; — 3° Que le projet de décret à l'occasion duquel le conseil d'État était consulté, tendait à rapporter un acte du pouvoir exécutif qui n'a point été rendu dans les formes de la loi; et que les circonstances exposées

par le ministre de la guerre sient que le décret projeté était urgent.

En présence d'un avis aussi positivement motivé quant à la forme et quant au fond, je n'hésite pas à soumettre à votre approbation le projet de décret ci-joint portant abrogation de l'arrêté du chef du pouvoir exécutif, du 4 nov. 1848. Le ministre de la guerre, D'HAUTPOUL.

(1) *Rapport à l'empereur.* — Sire, j'ai l'honneur de soumettre à la signature de V. M. un projet de décret destiné à organiser, sur des bases définitives et plus régulières, le corps des interprètes de l'armée d'Algérie, dont les services, je me plais à leur rendre cette justice, ont été constamment, depuis plusieurs années, à la hauteur de la mission difficile qui leur a été dévolue. — La position de ces agents utiles n'a pas été, jusqu'à ce jour, entourée des garanties qu'il convient d'assurer aux serviteurs de l'État; il appartenait au gouvernement de V. M. de combler une lacune préjudiciable aux intérêts d'un corps qui est l'auxiliaire intelligent et dévoué de l'armée d'Algérie et du gouvernement des Arabes.

Tel est, Sire, le but du projet de décret ci-annexé. — Ce projet divise le corps des interprètes en deux catégories distinctes : celle des interprètes titulaires, dont le cadre est fixé, comme précédemment, à 40, répartis en quatre classes, et celle des interprètes auxiliaires, répartis eux-mêmes en deux classes, et dont le nombre sera déterminé chaque année, suivant les besoins du service. — Les postes les plus importants sont réservés aux premiers, la position des interprètes auxiliaires étant considérée que comme un stage qui leur permettra de se perfectionner par la pratique.

Jusqu'à ce jour, et en présence de la pénurie des candidats ayant reçu une éducation française suffisante, et connaissant la langue arabe et les coutumes du pays, mon département s'était vu dans la nécessité de maintenir l'organisation des interprètes de l'armée d'Algérie à l'état d'essai, en quelque sorte, et d'admettre à ce corps des étrangers et des indigènes. — Mais actuellement les mêmes motifs n'existent plus. Le nombre des personnes qui se livrent à l'étude de la langue arabe augmente; d'autre part, beaucoup d'officiers de l'armée se sont initiés à la connaissance de l'arabe parlé, et peuvent traiter directement avec les indigènes les détails courants du service. Le concours des interprètes n'est plus indispensable, sur un certain nombre de points de l'Algérie, que pour la traduction des pièces et pour les affaires importantes où le chef politique a besoin d'avoir pour intermédiaire un agent possédant à fond la langue arabe. Ces circonstances nouvelles permettent de réserver aux seuls Français ou naturalisés Français les emplois d'interprètes titulaires, les étrangers et les indigènes devant continuer à être admis comme interprètes auxiliaires.

Les fonctions de l'interprétation, en rendant un agent l'intermédiaire obligé de mesures politiques ou de plans d'opérations militaires, exigent naturellement qu'elles ne soient accordées qu'à des nationaux et à des hommes sur la fidélité et la discrétion desquels on puisse compter. C'est à ce titre que j'ai cru devoir proposer à V. M. de soumettre les interprètes de l'armée à un serment spécial. (Suit l'analyse des principales dispositions du décret).

Le ministre de la guerre, A. DE SAINT-ARNAUD.

Art. 1. — Le corps des interprètes de l'armée d'Algérie se compose d'interprètes titulaires et d'interprètes auxiliaires.

TIT. 1. — *Des interprètes titulaires.*

Art. 2. — Le cadre des interprètes titulaires comprend : — 5 interprètes principaux; — 8 interprètes de 1re cl.; — 12 interprètes de 2e cl.; — 15 interprètes de 3e cl. — Total, 40.

Art. 3. — A l'avenir, nul ne pourra entrer dans le cadre des interprètes titulaires de l'armée, s'il n'est Français ou naturalisé Français, et s'il n'a satisfait à la loi du recrutement. — Les interprètes titulaires sont nommés par nous sur la proposition de notre ministre de la guerre.

Art. 4. — Les interprètes titulaires de 3e cl. sont choisis parmi les interprètes auxiliaires de 1re cl. et, exceptionnellement, parmi les candidats qui, après avoir satisfait aux épreuves auxquelles sont soumis les interprètes de 3ᵉ cl., seraient proposés par la commission instituée par l'art. 6 ci-après.

Art. 5. — L'avancement a lieu, en totalité, au choix, dans l'ordre des grades et des classes. — Nul ne peut être nommé à une classe supérieure, s'il n'a servi deux ans au moins dans la classe immédiatement inférieure, et s'il n'a été porté au tableau d'avancement.—Nul ne peut être nommé interprète principal, s'il n'a servi pendant trois ans comme interprète de 1ʳᵉ cl., et s'il n'a été inscrit au tableau d'avancement.

Art. 6.—Une commission d'examen, composée ainsi qu'il sera réglé par notre ministre de la guerre, se réunira à Alger, Oran et Constantine, tous les deux ans, à l'époque des inspections générales, pour dresser le tableau d'avancement des interprètes titulaires. — Ce tableau, arrêté définitivement par le gouverneur général, sera transmis à notre ministre de la guerre, et devra reproduire textuellement les notes données par les officiers généraux commandant les divisions et subdivisions dans lesquelles ils sont employés.

Art. 7.—Le temps exigé pour passer d'un grade ou d'une classe à une autre ne sera pas obligatoire dans le cas d'une proposition spéciale du gouverneur général, basée sur des services extraordinaires constatés par un rapport circonstancié.

Art. 8. — Les interprètes titulaires qui justifieront des connaissances spéciales suffisantes, pourront être admis, après quatre années d'exercice à titre de récompense des services qu'ils auront rendus, à concourir pour des emplois dans l'administration civile.

Art. 9.—Nul interprète titulaire ne peut être révoqué que d'après l'avis de la commission d'examen des interprètes de l'armée, convoquée par le gouverneur général et constituée en conseil d'enquête.—Cette commission, à laquelle seront adjoints deux interprètes du même grade que celui de l'interprète qui sera l'objet de l'enquête, procédera conformément aux dispositions des art. 10, 11, 13, 14, 17, 18 (§§ 1, 2, 3 et 4), 19, 20 et 21 de l'ord. du 21 mai 1856.

Tit. 2. — Des interprètes auxiliaires.

Art. 10. — Le nombre des interprètes auxiliaires est fixé par notre ministre de la guerre, suivant les besoins du service.

Art. 11.—Les interprètes auxiliaires sont divisés en deux classes; ils sont nommés par notre ministre de la guerre, ou, en vertu de sa délégation, par le gouverneur général de l'Algérie.

Art. 12.—Nul ne peut être admis en qualité d'interprète auxiliaire de 2ᵉ cl., s'il n'est présenté par la commission d'examen, et s'il ne satisfait aux conditions suivantes : — 1° Justifier d'une moralité irréprochable ; — 2° Être âgé de 18 ans révolus.—L'avancement à la 1ʳᵉ cl. a lieu ainsi qu'il est déterminé par les art. 5 et 7 ci-dessus.

Art. 13. — Les interprètes auxiliaires peuvent être licenciés lorsque leur concours n'est plus nécessaire, ou révoqués pour motif de discipline, par le gouverneur général, sous l'approbation du ministre de la guerre.

Tit. 3. — Dispositions générales.

Art. 14.—Avant d'entrer en fonctions, les interprètes titulaires ou auxiliaires sont tenus de prêter, entre les mains du général commandant la division, ou de l'officier général ou supérieur qu'il aura désigné à cet effet, le serment dont la teneur suit : « Je jure obéissance à la constitution et fidélité à l'empereur ; je jure également d'interpréter fidèlement les pièces ou discours que je serai chargé de traduire, et d'en garder le secret. »

Art. 15.—La solde et les accessoires de solde, ainsi que les diverses prestations en nature auxquelles ont droit les interprètes titulaires et auxiliaires, sont déterminés par le tableau annexé au présent décret.

Art. 16. — Des arrêtés de notre ministre de la guerre régleront l'uniforme des interprètes de l'armée et le programme des examens auxquels ils seront soumis.

Art. 17. — Sont abrogés les arrêtés ministériels des 3 nov. 1845, 30 mai 1846 et 17 fév. 1848.

A.M. — (Même date.) — Commission et programme d'examen.

Art. 1.—La commission d'examen des interprètes de l'armée sera composée des membres ci-après désignés :

Pour la division d'Alger : — 1° Le chef de l'état-major général, président ; — 2° Le chef du bureau politique des affaires arabes ; — 3° Un interprète principal à la désignation du gouverneur général ; — 4° Un officier d'état-major du grade de capitaine, id. — 5° Le professeur d'arabe à la chaire d'Alger, rapporteur. — Pour les divisions d'Oran et de Constantine : — 1° Un officier général, à la désignation du gouverneur général, président ;—3° Le directeur des affaires arabes de la division ; — 2° Un interprète principal, à la désignation du gouverneur général ; — 4° Un officier d'état-major du grade de capitaine, id. ; — 5° Le professeur d'arabe à la chaire d'Alger, rapporteur.

Art. 2. — Le programme pour l'examen des interprètes titulaires et auxiliaires comprendra les matières suivantes : — 1° Interprétation orale en français ou en arabe sur les points du service en général ; — 2° Lecture et traduction orale et par écrit d'arabe en français ;—3° Traduction écrite de français en arabe ; — 4° Notions générales de géographie et d'histoire de l'Afrique septentrionale et éléments de la jurisprudence musulmane ; —5° Questions relatives à l'étude de la langue française.—Il sera tenu compte aux interprètes de la connaissance qu'ils auront d'autres langues étrangères.—La commission d'examen déterminera à l'avance les pièces qui serviront aux épreuves et graduera les difficultés en raison de la différence des classes.

Art. 3. — Les interprètes qui se rendront au chef-lieu de la division pour y subir les examens recevront une indemnité de déplacement pour chaque jour d'absence de leur poste.—Cette indemnité sera ultérieurement fixée sur la proposition du gouverneur général.

A. DE SAINT-ARNAUD.

A.M.—5 fév.-10 mars 1854.— B. 454.—Uniforme des interprètes de l'armée.

AG.—5 déc. 1848-8 fév. 1849.—B. 507.—Indemnités pour délimitation.

Vu la dépêche min. du 7 oct. 1848, au sujet des indemnités à allouer aux fonctionnaires et agents chargés de la délimitation des propriétés rurales, en exécution de l'ord. du 21 juill. 1816 (Propriété, § 1);—Considérant qu'en fixant à 4 fr. seulement l'indemnité journalière à accorder aux interprètes militaires détachés près des fonctionnaires chargés des délimitations, le ministre de la guerre a adopté cette base dans la prévision que ces agents sont tous montés et que l'État leur passe les rations nécessaires à l'entretien des chevaux ;

Attendu qu'il existe à la suite du corps des interprètes de l'armée des agents dénommés sous le titre d'interprètes auxiliaires et d'interprètes temporaires, qui, aux termes de l'arr. min. du 3 nov. 1845, ne reçoivent des indemnités de fourrage que dans des cas exceptionnels;—Qu'on ne peut refuser à ceux de ces agents qui ne sont pas montés l'indemnité attribuée aux interprètes civils quand ils sont requis d'assister les conseillers délimitateurs;

Art. 1.—Les interprètes auxiliaires ou temporaires de l'armée non montés recevront, pendant la durée des missions qu'ils emploiront pour la délimitation des propriétés rurales, une indemnité journalière fixée, comme pour les interprètes civils, à 8 fr.

Art. 2. — Les effets du présent arrêté remonteront à partir du jour de l'application de la dépêche min. du 7 oct. 1818. V. CHARON.

§ 2. — INTERPRÈTES JUDICIAIRES ET INTERPRÈTES TRADUCTEURS ASSERMENTÉS.

Un arr. du 2 fév. 1835, abrogé en 1846, avait réglé l'institution d'interprètes-traducteurs, déterminé leurs obligations et fixé les droits qu'ils étaient autorisés à percevoir; ses dispositions ont été en partie modifiées par les ord. des 19 et 29 mai 1846. Quelques-unes, toutefois, ont été reproduites textuellement, notamment celles qui forment les art. 3, 4, 5, 7 de l'ord. du 19 mai 1846.

●R.—19 mai-16 juill. 1846.—B. 228.—*Organisation des interprètes civils.*

Voulant régulariser et compléter l'institution des interprètes judiciaires et des interprètes traducteurs assermentés en Algérie;

Art. 1.—Des interprètes sont spécialement attachés au service des tribunaux et répartis, selon les besoins, par arrêté de notre ministre de la guerre.

Art. 2. — Ces interprètes ne peuvent exercer aucune autre profession. Ils demeurent constamment à la disposition des magistrats. Ils ont seuls qualité pour faire et certifier la traduction des notifications en matière criminelle ou correctionnelle et généralement de tous actes ordonnés par justice.

Art. 3.—Nul acte reçu par les notaires, cadis ou autres officiers publics de l'Algérie n'est valable, lorsque les parties ne parlent pas la même langue, sans l'entremise d'un interprète-traducteur assermenté qui le signera, comme témoin additionnel.

Art. 4.—Nul acte écrit en langue arabe ou étrangère ne peut être produit en justice, cité ou annexé à un autre acte reçu par un officier public français, s'il n'est accompagné de la traduction faite et certifiée par un interprète-traducteur assermenté (1). — Les actes écrits en langue française ou étrangère ne peuvent être produits devant un juge ou notaire indigène, sans une traduction en langue arabe également faite et certifiée par un interprète-traducteur.

Art. 5. — Les traductions dûment certifiées feront foi en justice, de leur contenu, sauf vérification par les tribunaux.

Art. 6.—Notre ministre de la guerre nomme les interprètes attachés aux tribunaux et les interprètes-traducteurs assermentés, en fixe le nombre, détermine leur traitement et règle l'exercice de leurs fonctions.

Art. 7. — Les interprètes-traducteurs nommés par notre ministre de la guerre ont exclusivement qualité, dans le ressort de la juridiction devant la-

quelle ils sont assermentés, pour intervenir entre les parties, quand il est besoin, dans toutes les conventions authentiques ou sous seing privé.—L'arrêté qui les nomme fixe leur résidence.

Art. 8. — L'acceptation par les interprètes judiciaires et les traducteurs assermentés d'un salaire ou indemnité quelconque, en sus de leur traitement ou de leurs honoraires, sera poursuivie comme concussion.

Art. 9. — Avant d'entrer en fonctions, les interprètes judiciaires et les interprètes-traducteurs prêtent devant le tribunal de leur arrondissement, le serment suivant : « Je jure obéissance à la constitution, fidélité à l'empereur (S.-C. du 25 déc. 1852, art. 16); je jure aussi obéissance aux lois, ordonnances et arrêtés en vigueur en Algérie, et de remplir avec exactitude et probité les devoirs de ma profession. »

Art. 10. — L'infidélité ou la mauvaise foi dans les interprétations ou traductions seront punies de révocation, sans préjudice de l'application des art. 162, 174, 361, 362 et 363 c. pén.

Art. 11. — Toute personne qui aura usurpé les fonctions d'interprète judiciaire ou de traducteur assermenté, sera traduite devant les tribunaux et passible de l'application de l'art. 258 c. pén.

Art. 12. — L'arr. du 2 fév. 1835 est abrogé.

AM. — 29 mai-16 juill. 1846. — B. 228. — *Dispositions réglementaires. — Traitements. — Cautionnement. — Tarif.*

Vu les art. 22 et 73 de l'ord. roy. du 26 sept. 1842; — L'ord. roy. du 19 mai 1846; — L'arr. du 2 fév. 1835;

Art. 1. — Le nombre des interprètes judiciaires attachés à la cour et aux tribunaux de l'Algérie est fixé à onze, savoir : dix pour les langues arabe et turque, un pour la langue espagnole.

Art. 2. — Les traitements des interprètes judiciaires sont fixés ainsi qu'il suit :

Interprète de la langue arabe attaché à la cour royale, 3,000 fr.; — *Id.* au tribunal de 1ᵉʳ instance d'Alger, 3,000 fr.; — *Id.* au tribunal de commerce et aux justices de paix d'Alger, 2,400 fr.; — *Id.* au tribunal de Bône et en même temps à la justice de paix de cette résidence, 2,400 fr.; — *Id.* au tribunal de Philippeville et en même temps à la justice de paix de cette résidence, 2,400 fr.; — *Id.* au tribunal de Blidah et en même temps à la justice de paix de cette résidence, 2,400 fr.; — *Id.* des langues arabe et espagnole attaché au tribunal de 1ʳᵉ instance d'Oran et en même temps à la justice de paix de cette résidence, 2,400 fr.; — *Id.* de la langue arabe attaché aux justices de paix de Mostaganem et de Constantine, 1,500 fr.; — *Id.* de la langue espagnole attaché aux différentes juridictions d'Alger, 2,400 fr.

Art. 3. — Les interprètes attachés aux diverses juridictions du ressort se suppléeront réciproquement en cas de nécessité, sans avoir droit à aucun supplément de traitement.

Art. 4. — Le nombre des interprètes-traducteurs assermentés est provisoirement fixé, en Algérie, à 24, savoir : — 10 pour les langues arabe et turque; — 2 pour la langue hébraïque et l'arabe hébreu; — 4 pour la langue espagnole; — 3 pour la langue anglaise; — 2 pour la langue italienne; — 2 pour la langue allemande; — 1 pour la langue suédoise. — Les arrêtés de nomination détermineront la résidence du titulaire.

Art. 5. — Nul ne sera nommé interprète-traducteur s'il n'est âgé de 21 ans accomplis, s'il n'est Français ou résidant en Algérie depuis trois ans, et s'il ne justifie, par examen subi devant une commission spéciale désignée par le procureur général, qu'il sait : — 1° Parler et écrire correctement la langue française; — 2° Traduire, d'après le langage parlé et l'écriture usuelle, les langues

---

(1) *Jurisprudence.* — Cette disposition ne s'étend pas aux actes sous seing privé. — *Cour d'Alger,* 21 avr. 1845.

Le défaut d'assistance d'interprète rend l'acte nul, et il ne peut même pas servir pour invoquer la prescription. — *Cour d'Alger,* 8 fév. 1858.

pour lesquelles il demandé à être nommé; —
5° Parler familièrement les mêmes langues et les
écrire en caractères usuels.

Art. 6. — Avant d'être admis à prêter serment,
les interprètes judiciaires et les interprètes-traducteurs fourniront un cautionnement en numéraire
fixé, pour ceux résidant à Alger, à 8,000 fr.; —
Et pour ceux résidant sur les autres points du ressort, à 1,200 fr. — Les interprètes actuellement
en exercice et qui seront maintenus devront fournir
ce cautionnement dans le délai d'un an. — Le
cautionnement sera affecté par privilège à l'acquit
des condamnations qui pourraient être prononcées
contre eux à raison de leurs fonctions.

Art. 7. — Ils traduiront les actes avec simplicité et brièveté. Ils en reproduiront le sens littéral,
sauf à en expliquer l'esprit, s'il y a lieu, par des
annotations. Lorsque l'expression à traduire n'aura
pas de termes correspondant ou équivalent dans
la langue de la traduction, ils rappelleront textuellement cette expression, en indiquant toutefois
le sens qui leur semble devoir y être attaché.

Art. 8. — Il est alloué aux interprètes-traducteurs pour assister les parties devant un officier
public, quand les écritures constateront des obligations, le quart des honoraires de l'officier rédacteur, sans que dans aucun cas la somme puisse
être supérieure à 20 fr. ni inférieure à 5 fr. —
L'officier public recouvrera sous sa responsabilité
les droits de l'interprète et lui en fera compte immédiatement.

Art. 9. — Les interprètes-traducteurs percevront
à raison de la traduction d'actes et de pièces, par
rôle de traductions de 25 lignes à la page et
15 syllabes à la ligne, savoir : pour les langues
arabe, turque et hébraïque, 3 fr.; pour toutes les
autre langues, 2 fr. — Toute traduction mentionnera le prix réclamé ou reçu par le traducteur.
L'interprète-traducteur qui aura reçu ou exigé une
somme supérieure à la fixation ci-dessus, sera puni
disciplinairement sans préjudice des autres peines
encourues.

Art. 10. — Les interprètes judiciaires et les interprètes-traducteurs sont placés sous la surveillance du procureur général, qui prononcera selon
le cas, après les avoir entendus, le rappel à l'ordre
ou la réprimande. — Les pouvoirs du procureur
général sont exercés par le procureur du roi, hors
de la province d'Alger. — Quand il y a lieu à
suspension ou révocation, il est statué par le ministre de la guerre, sur le rapport du procureur
général, qui provoque et reçoit les explications de
l'inculpé. En cas d'urgence et sur la réquisition
du procureur général, la suspension est provisoirement prononcée par le gouverneur général, qui
en rend compte immédiatement au ministre de la
guerre.

Art. 11. — Les interprètes-traducteurs ne pourront s'absenter pendant plus de trois jours sans un
congé délivré par le gouverneur général.

Art. 12. — L'arr. du 2 fév. 1835, concernant les
interprètes en Algérie, est abrogé.

M. DE SAINT-YON.

DP. — 16 nov.-31 déc. 1849. — B. 557. — In-
*terprètes à Constantine et près des nouvelles
justices de paix* (modifié par l'arrêté suivant).

Art. 1. — Un emploi d'interprète judiciaire pour
la langue arabe est créé près le tribunal de
1re inst. et la justice de paix de Constantine. Il
est également créé un emploi d'interprète judiciaire près chacune des justices de paix de Médéah,
Tenès, Guelma et Tlemcen.

Art. 2. — Le traitement de l'interprète judiciaire
près le tribunal et la justice de paix de Constan-

tine est fixé à 2,400 fr. — Le traitement de chacun
des interprètes judiciaires attachés aux justices de
paix de Médéah, Tenès, Guelma et Tlemcen, est
fixé à 1,000 fr.

DP. — 25 mars-10 mai 1850. — B. 547. — *Modification à l'arrêté précédent.*

Art. 1. — Le décr. du 16 nov. 1849 est modifié
comme suit : — Un emploi d'interprète judiciaire
pour la langue arabe est créé près le tribunal de
1re inst. de Constantine (Algérie), au traitement
de 2,400 fr. — Un emploi d'interprète judiciaire
pour la langue arabe est créé près la justice de
paix de Constantine, au traitement de 1,500 fr.

Art. 2. — Le décr. du 16 nov. 1849 recevra son
exécution en tout ce qui n'est pas contraire au
présent décret.

DP. — 25 avr.-31 mai 1851. — B. 584. —
Division des interprètes judiciaires en 3 cl.

Vu l'arr. du 29 mai 1816; — Le décr. du 4 déc.
1849;

Art. 1. — Les interprètes judiciaires de l'Algérie
sont divisés en 3 classes : — 1re cl. : Interprètes
judiciaires près la cour d'appel d'Alger. Les conditions d'admission sont celles exigées des interprètes militaires de 1re cl. — 2e cl. : Interprètes
judiciaires près les tribunaux de 1re inst. ou de
commerce. Les conditions d'admission sont celles
exigées des interprètes militaires de 2e cl. —
3e cl. : Interprètes près les justices de paix. Les
conditions d'aptitude sont celles exigées des interprètes militaires de 3e cl.

Art. 2. — Lorsqu'un interprète judiciaire devra
être attaché en même temps, à deux juridictions
d'un degré différent, il devra subir l'examen exigé
des interprètes attachés à la juridiction la plus
élevée.

Art. 3. — Les examens à subir par les interprètes judiciaires auront lieu devant le jury institué par le décr. du 4 déc. 1849. Seulement, en ce
cas, la présidence appartiendra à un magistrat de
l'ordre judiciaire désigné à cet effet par le procureur général.

Art. 4. — A l'avenir, nul ne pourra être présenté aux fonctions d'interprète judiciaire, s'il n'a
passé devant le jury, conformément aux dispositions ci-dessus, l'examen exigé pour la classe d'interprètes judiciaires à laquelle il aspire. Le certificat d'examen sera joint à la demande et adressé,
avec elle, au ministre de la justice.

Art. 5. — Les interprètes de 2e et 3e cl. sont
soumis à un examen annuel.

Art. 6. — Les candidats aux fonctions d'interprètes-traducteurs assermentés pour les langues
autres que l'arabe, continueront d'être soumis aux
conditions d'aptitude exigées par l'art. 5 de l'arr.
du 29 mai 1816.

Art. 7. — Avant le 1er juill. 1851, tous les interprètes judiciaires actuellement en exercice devront se présenter devant le jury institué comme il
est dit en l'art. 2. Ils y subiront un examen, d'a-
près lequel ils seront rangés, suivant leur mérite,
dans les trois classes indiquées par l'art. 1.

Art. 8. — Les interprètes-traducteurs assermentés, pour la langue arabe, se présenteront dans le
même délai, devant le jury d'examen pour y justifier de leur aptitude. Ils seront soumis aux épreuves
de la 1re cl., et examinés principalement sous le
rapport de l'interprétation écrite.

DP. — 28 déc. 1850-28 janv. 1851. — B. 572. —
*Création d'un emploi d'interprète judiciaire,
près la justice de paix de Saint-Cloud.*

DP. — 20 nov.-18 déc. 1852. — B. 527. — *Tarif
des droits et honoraires.*

Vu l'ord. du 19 mai 1846 et les art. 8 et 9 de l'arr. du 29 du même mois ; — Considérant qu'il importe de fixer les droits et honoraires des interprètes assermentés, pour tous les cas où leur ministère est requis ;

Art. 1. — Les droits et honoraires dus aux interprètes-traducteurs assermentés institués en Algérie par l'ord. du 19 mai 1846, sont fixés comme suit :

Lorsqu'il y aura lieu d'assister les notaires, pour tous actes et conventions, le quart des honoraires des notaires, sans que ce quart puisse être inférieur à 3 fr. ni dépasser 50 fr.; — Du français en arabe, 4 fr. par rôle d'original, le rôle calculé comme ci-dessus ; — Pour les inventaires, la moitié des droits de vacations et de transport, s'il y a lieu, accordés au notaire ; — Lorsqu'il y aura lieu d'assister les huissiers dans les actes d'exécution, les mêmes droits de vacations et d'indemnités pour frais de transport que ceux alloués à l'huissier.

Pour traduction d'actes : — De l'arabe, de l'hébreu, de l'arabe-hébreu et du turc en français, 3 fr. par rôle de traduction de 25 lignes à la page et 15 syllabes à la ligne ; — Du français en arabe, 4 fr. par rôle d'original, le rôle calculé comme ci-dessus ; — De toute langue européenne étrangère en français, 2 fr. par rôle de traduction, le rôle calculé comme ci-dessus ; — Pour analyse sommaire des citations et notifications faites conformément à l'art. 68 de l'ord. du 26 sept. 1842 : original, 1 fr. 50 c.; chaque copie, 50 c.; — Pour légalisation de signatures apposées en caractères arabes ou hébraïques sur mandats de payement, lettres de change, billets ou effets de commerce, 50 c.

Art. 2. — La taxe des droits dus à l'interprète-traducteur assermenté sera faite dans la même forme et par le même juge que celle des droits revenant à l'officier public ou ministériel assisté et, autant que possible, par la même ordonnance. — Le notaire ou l'huissier aura qualité pour requérir la taxe de l'interprète en même temps que la sienne.

Israélites.

Les israélites, en Algérie, sont sujets français, mais aucune disposition législative ne leur a encore conféré ni la qualité ni les droits de citoyens français. Il aurait été injuste et impolitique de faire tout d'abord pour eux ce qu'on ne faisait pas pour les musulmans ; toutefois diverses mesures les ont déjà rapprochés de nous, en leur enlevant peu à peu le caractère de nationalité distinct qui leur avait d'abord été conservé. Voici l'exposé rapide des principaux actes du gouvernement qui, par leur texte comme par leur esprit, peuvent servir à apprécier ses intentions.

Le premier est la capitulation d'Alger (V. Adm. gén., § 1), où, après une disposition spéciale à la religion musulmane, se trouve la stipulation suivante : « La liberté des habitants de toutes les classes, leur religion, leurs propriétés, leur commerce et leur industrie ne recevront aucune atteinte. » La cour d'Alger n'a pas hésité à décider, dans plusieurs arrêts importants, que la population israélite avait été comprise dans cette désignation générale, qui n'admet aucune distinction entre les diverses fractions de la population indigène.

Cette interprétation est conforme aux principes du droit public admis en Europe et religieusement observés par la France dans ses conquêtes, d'après lesquels la nation vaincue et annexée conserve son culte, ses lois, ses coutumes, à moins qu'elle ne demande elle-même à être soumise aux institutions du vainqueur. On peut en conclure que ce principe doit s'étendre non-seulement aux israélites de la ville d'[...] ou de celle de Con-

stantine, pour laquelle une capitulation semblable a été signée, mais aux israélites de tout le pays soumis aujourd'hui à l'autorité française. Ces deux conventions, en effet, renferment évidemment la pensée générale du gouvernement, et l'on ne comprendrait pas que les juifs algériens, de même que les musulmans, placés tous dans les mêmes conditions, ayant droit aux mêmes garanties, fussent cependant, selon la partie du territoire habité par eux, traités d'après des distinctions que la loyauté politique repousse et d'où résulterait une confusion préjudiciable à tous les intérêts.

Les actes postérieurs viennent confirmer cette opinion. Ainsi, dès le 16 nov. 1830, un nouveau chef de la nation juive est nommé ; en 1831, on institue auprès de lui un conseil hébraïque ; en 1836, ses fonctions sont conférées à l'israélite nommé adjoint au maire. Cette organisation est tombée en désuétude et s'est trouvée abrogée implicitement par l'ord. du 9 nov. 1845 sur le culte israélite (V. Cultes, § 3), par les ordonnances sur la justice et par celles d'organisation de l'administration générale. En matière judiciaire (V. Tribunaux israélites), les rabbins conservent d'abord une juridiction souveraine tant au civil qu'au criminel. La juridiction criminelle leur est enlevée en 1834, et leur compétence civile est restreinte ; enfin, en 1841, ils ne conservent plus aucune attribution judiciaire ; mais en même temps que les tribunaux français sont investis, à l'égard des israélites, de la plénitude de juridiction, il leur est enjoint d'appliquer aux indigènes la loi du pays, et ce qui indique clairement que par indigènes il faut entendre musulmans et israélites(1), et que l'on n'a voulu porter aucune atteinte à la loi spéciale qui régit ces derniers en particulier, c'est que dans les contestations relatives à l'état civil, aux mariages et aux répudiations, les tribunaux sont obligés avant de statuer de demander l'avis écrit des rabbins.

Jusqu'à cette époque donc, et sauf les mesures générales d'ordre et de police administrative auxquelles les israélites ont été soumis, leurs lois et leur état civil antérieur ont été conservés intacts, et il ne faut pas oublier que la loi de Moïse est essentiellement religieuse, et que les institutions civiles y font partie des croyances et se confondent avec elles. Pour que cette situation fût modifiée, il faudrait trouver dans les actes législatifs postérieurs une abrogation formelle des ordonnances qui précèdent, ou tout au moins une disposition inconciliable avec leurs prescriptions, et il n'en est aucun d'où l'on puisse tirer une pareille conséquence.

Les israélites sont restés, non plus une nation, mais comme autrefois en France, une agrégation d'hommes régis, quant à leur état civil, par leur loi spéciale, et pouvant seulement invoquer la loi générale commune à tous. Ils n'ont pas été appelés à la dignité de citoyens français ; car, loin que cette émancipation leur ait été accordée, ce n'est toujours comme israélites seulement qu'en vertu de nomination spéciale et dans une proportion déterminée qu'ils

(1) V. Justice militaire, § 2, décr. du 29 avr. 1831 et la note. C'est ainsi également que l'a toujours décidé la jurisprudence.

sont appelés à faire partie des chambres de commerce, des corps municipaux, de la milice, et en dernier lieu des conseils généraux(1). En 1857, une commission instituée par M. le gouverneur général, sur l'invitation du ministre de la guerre, a même été chargée d'étudier toutes les questions relatives à l'exercice de certains droits civils ou politiques et à la naturalisation des israélites et des étrangers fixés en Algérie.

Dans un but d'ordre et de police, les israélites indigènes ont été astreints, depuis 1830 pour les inhumations, depuis 1836 pour les naissances, à une inscription régulière sur les registres de l'état civil; ils ont été également invités, mais non contraints à faire célébrer leurs mariages devant les officiers de l'état civil français, et cet usage a été peu à peu accepté généralement par eux; mais la cour d'Alger, appelée plusieurs fois à statuer sur les graves questions d'état que pouvait faire naître le fait de cette célébration, comme sur toutes celles relatives soit au serment *more judaïco*, soit aux autres droits résultant de la loi mosaïque, a constamment maintenu les principes qui viennent d'être rappelés. (V. le recueil *Jurisprudence de la cour d'Alger*.)

Un seul décret du 16 août 1848 (V. *Cultes*, § 1), en plaçant le service des cultes, en Algérie, sous l'autorité du ministre des cultes, semblait au premier abord introduire par son art. 2 un droit nouveau, bien que, par son but comme par l'ensemble de ses dispositions, on pût comprendre qu'il ne rendait applicables que des lois réglementaires et d'administration intérieure. Mais ce qui lèverait au besoin tous les doutes, et prouve surabondamment qu'il en était effectivement ainsi, c'est qu'un décret postérieur du 2 août 1858 (V. *Instruction publique*, § 1), en annexant de nouveau ce service au ministère de l'Algérie, a abrogé sans réserve le premier.

Tel est, relativement à la situation des israélites en Algérie, l'état actuel de la législation et de la jurisprudence.

En France, bien que l'égalité des droits eût été proclamée par l'assemblée constituante de 1789, les juifs continuèrent pendant dix-huit ans à se tenir en dehors de l'unité nationale à laquelle ils étaient conviés, et cependant depuis longtemps ils vivaient de la vie commune à tous les Français; habitudes, langage, intérêts étaient les mêmes, et cette mesure était pour eux un bienfait. Ce fut en 1807 seulement que le grand sanhédrin, composé des députés de toutes les synagogues de l'Europe, donna une déclaration solennelle et obligatoire sur les diverses questions qui lui avaient été posées, et proclama que la soumission aux lois de l'État, en matière civile et politique, était un devoir religieux. Les israélites furent alors appelés à jouir des droits de citoyens français.

En Algérie, où ils se trouvent sous tous les rapports dans des conditions bien moins favorables, le gouvernement n'a point encore jugé opportun de décréter cette grande émancipation. C'est un progrès que le temps amènera et que préparent

les mesures qui, depuis la conquête, tendent à la fusion et à l'assimilation progressive de cette population, digne d'intérêt surtout au point de vue de la civilisation.

A. — 16 nov. 1830. — *Jacob Bacry est nommé chef de la nation israélite.*

AG. — 21 juin 1831. — *Conseil hébraïque. — Chef de la nation, attributions.*

Vu l'arr. du 16 nov. 1830, qui nomme le sieur Jacob Bacry aux fonctions de chef de la nation juive, et qui définit les attributions qui lui sont dévolues en cette qualité; — Considérant que l'expérience a révélé des inconvénients dans la concentration dans les mêmes mains d'un chef unique, et sans contrôle, du maniement des affaires de la nation juive; — Considérant, en outre, qu'il convient de déterminer la durée des fonctions du chef de la nation et des membres du conseil qui seront appelés à prendre part à l'administration des affaires;

Art. 1. — Le chef de la nation hébraïque sera nommé par le général commandant le corps d'occupation, sur la présentation, par les principaux notables de cette nation, de trois candidats.

Art. 2. — La durée des fonctions du chef de la nation hébraïque est limitée à un an, et il sera procédé à un renouvellement de la manière exprimée en l'art. 1.

Art. 3. — Il sera créé un conseil sous le titre de *conseil hébraïque*. — Ce conseil sera composé de trois membres, qui seront également nommés par le général commandant le corps d'occupation, sur la présentation, par les principaux notables, d'une liste de neuf candidats.

Art. 4. — Le conseil hébraïque sera renouvelé par tiers tous les six mois. — Le sort désignera le membre sortant; son remplacement aura lieu de la même manière et dans mêmes formes que la première nomination des membres du conseil.

Art. 5. — Le chef de la nation hébraïque est investi du droit de police et de surveillance sur tous les membres de cette nation habitant Alger.

Art. 6. — Toutes les contestations qui s'élèveraient entre eux, et qui ne seraient pas de la compétence du tribunal israélite, seront réglées par lui.

Art. 7. — Le conseil hébraïque est chargé du recouvrement des impôts de toute nature. La perception s'en opérera sous sa surveillance, par des commissaires désignés à cet effet, sur sa proposition, par le membre de la commission administrative de la régence chargé de la section des finances.

Art. 8. — Un des membres du conseil aura la garde de la caisse dans laquelle seront versés les produits des perceptions dont il est question dans l'art. 7. Il sera désigné à cet effet par le conseil et prendra le titre de trésorier.

Art. 9. — Nulle dépense, nulle distribution ou répartition d'aumônes ne pourra avoir lieu que sur la proposition du conseil, approuvée par le chef de la nation.

Art. 10. — Les entrées et les sorties de caisse devront être inscrites sur un registre coté et parafé par le chef de la nation.

Art. 11. — L'arr. du 16 nov. 1830 est et demeure abrogé.   Baron BERTHEZÈNE.

AG. — 28-31 mars 1836. — B. 52. — *L'adjoint israélite est chargé d'exercer les attributions de chef de la nation.*

Vu les instructions du ministre de la guerre;

Art. 1. — Le sieur Ange-Saül Cohen-Solal, adjoint israélite au maire de la ville d'Alger, exercera en cette qualité, sous la direction du maire et la surveillance de l'intendant civil, les fonctions

---

(1) V. Admin. gén., § 1, décr. du 27 oct 1858, note 2. Rapport motivé du prince chargé du ministère.

attribuées au chef de la nation juive, par les arr. des 21 juin 1831 et 14 avr. 1835.

Maréchal CLAUZEL.

J

Jeunes détenus.

LOI. — 5 août-2 sept. 1850. — B. 360. — *Règlement général.* — *Colonies pénitentiaires.*

Art. 1. — Les mineurs des deux sexes détenus à raison de crimes, délits, contraventions aux lois fiscales, ou par voie de correction paternelle, reçoivent, soit pendant leur détention préventive, soit pendant leur séjour dans les établissements pénitentiaires, une éducation morale, religieuse et professionnelle.

Art. 2. — Dans les maisons d'arrêt et de justice, un quartier distinct est affecté aux jeunes détenus de toute catégorie.

Art. 3. — Les jeunes détenus acquittés en vertu de l'art. 66 c. pén., comme ayant agi sans discernement, mais non remis à leurs parents, sont conduits dans une colonie pénitentiaire; ils y sont élevés en commun, sous une discipline sévère, et appliqués aux travaux de l'agriculture, ainsi qu'aux principales industries qui s'y rattachent. Il est pourvu à leur instruction élémentaire.

Art. 4. — Les colonies pénitentiaires reçoivent également les jeunes détenus condamnés à un emprisonnement de plus de six mois et qui n'excède pas deux ans. — Pendant les trois premiers mois, ces jeunes détenus sont renfermés dans un quartier distinct, et appliqués à des travaux sédentaires. — A l'expiration de ce terme, le directeur peut, en raison de leur bonne conduite, les admettre aux travaux agricoles de la colonie.

Art. 5. — Les colonies pénitentiaires sont des établissements publics ou privés. — Les établissements publics sont ceux fondés par l'Etat, et dont il institue les directeurs. — Les établissements privés sont ceux fondés et dirigés par des particuliers, avec l'autorisation de l'Etat.

Art. 6. — Dans les cinq ans qui suivront la promulgation de la présente loi, les particuliers ou les associations qui voudront établir des colonies pénitentiaires pour les jeunes détenus, formeront, auprès du ministre de l'intérieur, une demande en autorisation, et produiront à l'appui des plans, statuts et règlements intérieurs de ces établissements — Le ministre pourra passer avec ces établissements, dûment autorisés, des traités pour la garde, l'entretien et l'éducation d'un nombre déterminé de jeunes détenus. — A l'expiration des cinq années, si le nombre total des jeunes détenus n'a pu être placé dans des établissements particuliers, il sera pourvu, aux frais de l'Etat, à la fondation des colonies pénitentiaires.

Art. 7. — Toute colonie pénitentiaire privée est régie par un directeur responsable, agréé par le gouvernement et investi de l'autorité des directeurs des maisons de correction.

Art. 8. — Il est établi auprès de toute colonie pénitentiaire un conseil de surveillance qui se compose : — D'un délégué du préfet; — D'un ecclésiastique désigné par l'évêque du diocèse; — De deux délégués du conseil général; — D'un membre du tribunal civil de l'arrondissement, élu par ses collègues.

Art. 9. — Les jeunes détenus des colonies pénitentiaires peuvent obtenir, à titre d'épreuve, et sous les conditions déterminées par le règlement d'administration publique, d'être placés provisoirement hors de la colonie.

Art. 10. — Il est établi, soit en France, soit en Algérie, une ou plusieurs colonies correctionnelles où sont conduits et élevés : — 1° Les jeunes détenus condamnés à un emprisonnement de plus de deux années; — 2° Les jeunes détenus des colonies pénitentiaires qui auront été déclarés insubordonnés. — Cette déclaration est rendue, sur la proposition du directeur, par le conseil de surveillance. Elle est soumise à l'approbation du ministre de l'intérieur.

Art. 11. — Les jeunes détenus des colonies correctionnelles sont, pendant les six premiers mois, soumis à l'emprisonnement et appliqués à des travaux sédentaires. — A l'expiration de ce terme, le directeur peut, en raison de leur bonne conduite, les admettre aux travaux agricoles de la colonie.

Art. 12. — Sauf les prescriptions de l'article précédent, les règles fixées par la présente loi pour les colonies pénitentiaires sont applicables aux colonies correctionnelles. — Les membres du conseil de surveillance des colonies correctionnelles établies en Algérie seront au nombre de cinq, et désignés par le préfet du département.

Art. 13. — Il est rendu compte par le directeur, au conseil de surveillance, des mesures prises en vertu des art. 9 et 11 de la présente loi.

Art. 14. — Les colonies pénitentiaires et correctionnelles sont soumises à une surveillance spéciale du procureur général du ressort, qui est tenu de les visiter chaque année. — Elles sont en outre visitées chaque année par un inspecteur général délégué par le ministre de l'intérieur. — Un rapport général sur la situation de ces colonies sera présenté tous les ans par le ministre de l'intérieur à l'assemblée nationale.

Art. 15. — Les règles tracées par la présente loi pour la création, le régime et la surveillance des colonies pénitentiaires, s'appliquent aux maisons pénitentiaires destinées à recevoir les jeunes filles détenues, sauf les modifications suivantes.

Art. 16. — Les maisons pénitentiaires reçoivent : 1° les mineures détenues par voie de correction paternelle; 2° les jeunes filles de moins de seize ans condamnées à l'emprisonnement pour une durée quelconque; 3° les jeunes filles acquittées comme ayant agi sans discernement, et non remises à leurs parents.

Art. 17. — Les jeunes filles détenues dans les maisons pénitentiaires sont élevées sous une discipline sévère, et appliquées aux travaux qui conviennent à leur sexe.

Art. 18. — Le conseil de surveillance des maisons pénitentiaires se compose : — D'un ecclésiastique désigné par l'évêque du diocèse; — De quatre dames déléguées par le préfet du département. — L'inspection faite, au nom du ministre de l'intérieur, sera exercée par une dame inspectrice.

Art. 19. — Les jeunes détenus désignés aux art. 3, 4, 10 et 16, §§ 2 et 3, sont, à l'époque de leur libération, placés sous le patronage de l'assistance publique pendant trois années au moins.

Art. 20. — Sont à la charge de l'Etat : — 1° Les frais de création et d'entretien des colonies correctionnelles et des établissements publics servant de colonies et de maisons pénitentiaires; — 2° Les subventions aux établissements privés auxquels des jeunes détenus seront confiés. — La loi sur l'organisation départementale déterminera, s'il y a lieu, le mode de participation des départements dans l'entretien des jeunes détenus.

Art. 21. — Un règlement d'administration publique déterminera : — 1° Le régime disciplinaire des établissements publics destinés à la correction et à l'éducation des jeunes détenus; — 2° Le mode de patronage des jeunes détenus après leur libération.

Vu pour être promulgué en Algérie. — 21 août 1850.   Le gouverneur général.

Journée de travail.

OR.—27 sept.-15 nov. 1845.—B. 212.—*Fixation annuelle du prix moyen de la journée de travail* (1).

Vu la loi du 28 mai 1791 ; — Considérant que la journée de travail étant, en certains cas, la base de l'amende ou la mesure de l'impôt, il convient, dans ce double intérêt, d'en déterminer annuellement la valeur ;

Art. 1.—Le prix moyen de la journée de travail sera fixé tous les ans, pour toutes les localités de l'Algérie, par un arrêté du gouverneur général, rendu en conseil d'administration, sur la proposition du directeur de l'intérieur, et d'après les renseignements fournis par les autorités locales.—Cette fixation ne portera néanmoins aucune atteinte au droit qu'auront toujours les maîtres et les ouvriers d'établir entre eux des prix différents.

AG.—30 juin-16 juill. 1846.—B. 228.—*Fixation pour 1846.*

Art. 1.—Le prix moyen de la journée de travail est fixé, pour toutes les localités de l'Algérie et pour l'année 1846, à 4 fr. 56 c.

Art. 2.—Cette fixation, qui a pour but de déterminer, dans certains cas, la base de l'amende et la mesure de l'impôt, ne préjudicie aucunement au droit que conservent les maîtres et les ouvriers de fixer entre eux des prix différents.

Maréchal duc d'ISLY.

AG. — 22 mai-11 juin 1847.—B. 256.—*Même fixation pour 1847, à 4 fr. 81 c.*

Justice.

De toutes les branches des services publics, la justice est celle qui, par la spécialité de ses institutions et des connaissances qu'elle exige, se prête le moins à l'improvisation. A Alger, cependant, elle dut suivre la destinée commune aux administrations civiles que l'on tira du néant. Trouver une organisation assez complète pour ne laisser en souffrance aucun intérêt légitime, lui donner un personnel assez peu nombreux pour permettre de le rémunérer convenablement, tel fut dans l'origine le problème à résoudre. Le gouvernement était aussi sous l'influence d'une autre pensée : il voulait essayer de dégager la procédure des formes inutiles qui l'entravent ou la rendent trop onéreuse aux justiciables, et faire en Algérie un essai sur l'autorité duquel il eût pu un jour s'appuyer pour régénérer, même en France, cette partie de l'administration de la justice.

Le résultat, il faut le reconnaître, n'a pas répondu au but qu'on aurait pu atteindre : les quinze ou seize arrêtés rendus dans la première période avaient, au lieu de simplifier ce service, fini par y porter une telle confusion que l'administration en était venue à marcher au hasard. On la vit

même nommer une commission, présidée par un sous-intendant militaire, pour décider sur la plainte d'une partie qui avait perdu son procès s'il y avait lieu de confirmer ou annuler un jugement rendu par le cadi d'Alger en matière civile.

C'est ainsi que les juridictions n'ayant pas été suffisamment déterminées, il en résultait de continuels embarras, des incertitudes, et en définitive, des dénis de justice ou l'impunité des coupables.

On reconnut qu'il fallait remédier à ces abus, et le 20 juin 1831 une commission fut chargée de réviser et mettre en harmonie la législation jusqu'alors en vigueur. Mais les améliorations qui y furent apportées étaient elles-mêmes incomplètes, et l'action judiciaire continua à s'exercer au milieu d'arrêtés de rectification nécessités par les lacunes et les contradictions.

D'ailleurs, les premiers besoins se compliquaient chaque jour par suite de l'accroissement de la population et du développement des intérêts. Le gouvernement se décida alors à une organisation plus sérieuse. Une commission fut nommée à Paris, et de ses travaux sortit l'ord. du 10 août 1834, dont les principes ont régi l'administration de la justice pendant huit années. M. Laurence, membre de cette commission, y avait fait triompher le système de l'unité de juge ; le rapport, dont il fut le rédacteur, contient un remarquable exposé des motifs, et fait habilement ressortir sous un séduisant aspect l'exemple des nations où cette institution est en vigueur, et de la France elle-même, où, avant la révolution de 89, les juges seigneuriaux et les lieutenants civils suffisaient seuls à une juridiction très-étendue.

Ce n'est point ici le lieu de discuter une théorie ; constatons seulement les résultats. Malgré l'infatigable dévouement des magistrats, malgré tout ce que le régime adopté pouvait avoir de bon en lui-même, des difficultés sérieuses, de graves et nombreux inconvénients se révélèrent dans l'exécution, et en amenèrent l'abandon.

En février 1841, une nouvelle ordonnance, tout en conservant les principes de l'ord. du 10 août 1834, augmenta le personnel, et partagea entre plusieurs le lourd fardeau jusque-là supporté par un seul. Bientôt enfin et par l'ord. du 26 sept. 1842, qui est encore en vigueur aujourd'hui, on revint presque entièrement aux institutions de la métropole, du moins quant à la composition des corps judiciaires.

De graves modifications ont toutefois été apportées à cette ordonnance et sont venues diminuer le nombre des dispositions exceptionnelles auxquelles l'organisation judiciaire était soumise, et satisfaire ce besoin des populations si bien exprimé en ces termes dans un rapport ministériel : « Après sa religion, ce que veut le plus conserver avec lui l'homme qui va fonder un établissement dans de nouvelles contrées, c'est la loi de son pays. Cette loi qu'il connaît, qu'il aime, qui sert de règle

---

(1) Cette ordonnance n'a reçu son exécution qu'en 1846 et 1847 ; une décision ministérielle du ...... 1848 a dispensé d'y donner suite pour l'avenir. Il est évident qu'une pareille fixation ne peut avoir aucune base précise ; mais comme elle n'a d'autre but que de servir de règle aux tribunaux pour l'application de certaines amendes que la loi

du 28 sept. 1791 (c. rural) notamment détermine d'après le prix moyen de la journée de travail, il serait convenable de continuer à fixer ce prix, même arbitrairement, pour ne point entraver, dans un cas donné, l'action répressive de la justice.

à sa conduite, ainsi que le magistrat qui l'applique ; c'est presque la patrie. »

Ainsi l'institution des cours d'assises, d'une chambre des mises en accusation, d'une première présidence a réalisé un progrès rapide vers l'assimilation avec la magistrature métropolitaine ; assimilation qui sera complète lorsque la garantie de l'inamovibilité aura été accordée.

Cet article, qui comprend seulement les ordonnances d'organisation, les règlements de service intérieur, la création et la composition des tribunaux de première instance et les arrêtés relatifs à la juridiction spéciale des commandants de place en territoire militaire, se complète par les articles spéciaux. *Circonscription judiciaire, Justice de paix, Justice militaire, Justice musulmane, Procédure judiciaire, Tribunaux de commerce, Tribunaux israélites*, et les renvois indiqués à la table.

DIVISION.

§ 1. — Organisation judiciaire.
  1° 1830—1834.—Cour de justice. — Juges royaux.
  2° 1834—1842.—Tribunal supérieur. — Cour royale. — Juges uniques.
  3° 1842. —Cour royale. —Tribunaux de cinq juges. —Cours d'assises.
§ 2. — Règlements de service intérieur.
§ 3. — Tribunaux civils de première instance.
§ 4. — Juridiction spéciale des commandants de place.

§ 1. — ORGANISATION JUDICIAIRE.

1° 1830—1834.

Cour de justice. — Juges royaux.

AG. — 9 sept. 1830. — *Institution provisoire d'un tribunal spécial composé d'un président, de deux juges et d'un procureur du roi, auxquels étaient adjoints des juges musulmans et israélites, lorsque des indigènes musulmans ou israélites étaient en cause. — La compétence en dernier ressort de ce tribunal s'étendait jusqu'à 12,000 fr. — La juridiction des consuls sur leurs nationaux était maintenue. — (Ce tribunal, dont M. Pillaut-Débit avait été nommé président, n'a point été installé et n'a jamais siégé.)*

AG. — 22 oct. 1830. — *Institution d'une cour de justice et d'un tribunal de police correctionnelle.*

Vu l'arr. du 16 oct., portant institution d'un comité du gouvernement ; — Vu la disposition de cet arrêté (art. 2), par laquelle le général en chef se réserve de définir plus amplement les attributions de chacun des membres de ce comité ; — Considérant que le cours de la justice a dû se trouver interrompu par la chute du gouvernement turc, et que le mode de juridiction établi par l'arr. du 9 sept. dernier, n'étant que provisoire, il importe de le modifier et de le rendre définitif ;

Art. 1. — Toutes les causes entre musulmans, tant au civil qu'au criminel, seront portées devant le cadi maure, pour y être jugées par lui, souverainement et sans appel, d'après les règles et suivant les formes instituées dans le pays. Dans les cas où le cadi maure est dans l'usage de se faire assister des muphtis ou du cadi turc, celui-ci n'aura que voix consultative, le droit de décider étant exclusivement dévolu au cadi maure.

Art. 2. — Toutes les causes entre israélites, tant au civil qu'au criminel, seront portées par-devant un tribunal composé de trois rabbins, qui prononcera, souverainement et sans appel, d'après la teneur et suivant les formes des lois israélites.

Art. 3. — Les causes entre les musulmans et les israélites, tant au civil qu'au criminel, seront portées par-devant le cadi maure, en première instance, et sauf appel à la cour de justice dont il va être parlé ci-après ; l'appel devra, à peine de déchéance, être interjeté dans les trois jours de la décision intervenue.

Art. 4. — La cour de justice par-devant laquelle seront portés les appels interjetés de jugements rendus par le cadi maure entre les musulmans et les israélites, sera composée de celui des membres du comité du gouvernement chargé de la section de la justice qui en sera le président, et auquel il sera adjoint deux juges français.

Art. 5. — La cour de justice connaîtra de toute cause civile ou commerciale dans laquelle un Français se trouverait intéressé. Elle se conformera, dans l'instruction et le jugement des affaires de cette nature, aux ordonnances qui règlent et déterminent les fonctions judiciaires des consuls de France. — Dans les causes entre Français, les jugements de la cour de justice seront sujets à appel ; ils le seront également dans les causes entre Français et étrangers ; mais, dans l'un et dans l'autre cas, le tribunal jugera en dernier ressort jusqu'à la somme de 12,000 fr., indépendamment de tous dommages et intérêts. — La cour de justice connaîtra aussi de toutes les causes entre étrangers de diverses nations, et de celles de ces derniers avec les habitants du pays.

Art. 6. — La cour de justice est autorisée à appliquer les lois françaises ou celles du royaume d'Alger, de même que les usages et coutumes de l'un et de l'autre pays, suivant qu'elle le croira convenable.

Art. 7. — Les affaires criminelles entre Français seront instruites devant la cour de justice, et les prévenus renvoyés en France, ainsi que les pièces de l'information, pour y être jugés.

Art. 8. — Les affaires criminelles entre Français et étrangers seront instruites devant la cour de justice, il en sera référé au général en chef, pour être par lui statué ce qu'il appartiendra.

Art. 9. — Il est créé un tribunal de police correctionnelle, composé du commissaire général de police, qui en aura la présidence, et de deux assesseurs français. Ce tribunal connaîtra : — 1° De toutes les contraventions dont la connaissance est attribuée par le code français aux juges de paix, concurremment avec les maires jugeant en matière de police ; — 2° De tous les délits dont la connaissance est attribuée par le code français aux tribunaux de 1re instance, jugeant en matière correctionnelle.

Art. 10. — Toute plainte pour cause de forfaiture, de prévarication ou de déni de justice, contre les juges des tribunaux musulmans et israélites, sera portée devant le général en chef, qui en ordonnera.

Art. 11. — Aucun des juges composant les tribunaux musulmans et israélites ne pourra exercer sans avoir préalablement reçu l'institution du général en chef, sous peine de forfaiture.

Art. 12. — Tout jugement portant condamnation à la peine capitale, ne sera exécutoire qu'après avoir obtenu l'approbation du général en chef.

Art. 13. — Les consuls des diverses puissances continueront à connaître des causes entre leurs nationaux.

Art. 14. — Il n'est rien dérogé aux dispositions de l'arr. du 15 oct., qui attribue aux conseils de guerre la connaissance des délits et des crimes commis par les habitants du pays sur les personnes et les propriétés des Français.

Arr. 15. — Au moyen des dispositions ci-dessus, l'arr. du 9 sept. dernier, qui n'était que pro-visoire, se trouve rapporté.

Art. 16. — L'intendant est chargé de l'exécution du présent arrêté, qui sera imprimé dans les deux langues, publié et affiché partout où besoin sera.
                                                    CLAUZEL.

(Les dispositions incomplètes de ce premier essai d'organisation, et les lacunes qui s'y firent bientôt reconnaître, donnèrent lieu à plusieurs arrêtés qui tentèrent d'y porter remède. Par arrêté du 7 déc. 1830, le commissaire général de police fut investi des fonctions de juge de paix. Par arrêté du 21 mars 1831, les triples fonctions de commissaire général de police, de président du tribunal correctionnel et de juge de paix, jusqu'alors confiées au même fonctionnaire (M. Rolland de Bussy), furent séparées; le service de la police en fut détaché et remis au grand prévôt de l'armée. Par arr. du 9 juin 1831, il fut déclaré que les appels des jugements de police correctionnelle, sur lesquels on avait omis de statuer, seraient portés devant la cour de justice. Par arr. du 16 fév. 1832, on détermina le mode de recours contre les décisions judiciaires rendues seulement en premier ressort, c'est-à-dire sur des intérêts excédant la somme de 12,000 fr. Il fut ordonné que ce recours serait porté devant le conseil d'administration de la régence, dans un délai de quinze jours pour Alger et un rayon de 7 lieues autour d'Alger, et de deux mois pour le reste de la régence. La forme et l'instruction de ces recours furent réglées par trois arrêtés des 1er mars, 1832, 21 janv. et 9 mars 1833.)

AI. — 20 avr. 1832. (V. *Administration générale*, § 1.) — *Institution d'un juge royal à Bône.* — *Attributions, compétence. (Par autre arrêté du 20 sept. suivant, la même institution eut lieu à Oran.)*

AGI. — 16 août 1832. — *Institution d'une cour criminelle.*

Vu les arr. du général en chef, des 15 et 22 oct. 1830 et 9 juin 1831 ; — Vu les instructions criminelles commencées contre les nommés X...; — Vu le renvoi de cette dernière affaire à la cour de justice par l'autorité militaire, ledit renvoi motivé sur une des dispositions de l'arr. précité du 22 oct. 1830;

Considérant qu'il y a incertitude dans quelques-unes des dispositions des arrêtés sus-énoncés, sur la compétence, soit des conseils de guerre, soit des tribunaux civils; que les juridictions établies par eux ne se trouvent point définies d'une manière assez précise dans leurs limites et dans leurs effets; qu'ils ne contiennent d'ailleurs aucune prévision pour des cas qui peuvent se présenter et se présentent en effet fréquemment; — Qu'il résulte de ces incertitudes et de ces lacunes que, soit les tribunaux civils, soit les conseils de guerre, refusent respectivement de connaître des crimes ou délits dont la connaissance ne leur est pas expressément attribuée par les arrêtés; qu'ainsi les attentats les plus graves restent souvent sans répression, ou que la détention des prévenus se prolonge sans qu'ils puissent obtenir d'être jugés ; — Qu'il convient d'étendre à tous les habitants de la régence, à quelque nation qu'ils appartiennent, une protection et une répression qui sont toutes deux d'ordre public ; — Que les dispositions qui n'attribuent à la cour de justice que l'instruction des affaires criminelles entre Français ou entre Français et étrangers, sauf le renvoi des prévenus devant les tribunaux de France, ou devant le général en chef, sont non-seulement d'une exécution difficile, mais d'un effet préjudiciable à la bonne administration de la justice; — Enfin qu'il y a urgence, et qu'il importe de pourvoir à des besoins immédiats, sans attendre l'organisation générale et définitive de la justice à Alger;

Art. 1. — Les crimes emportant peine afflictive ou infamante, commis par des naturels du pays contre les personnes ou les propriétés des Français ou des étrangers, seront jugés par les conseils de guerre.

Art. 2. — Les crimes emportant peine afflictive ou infamante, commis par des Français ou des étrangers, ou quand il y aura des Français ou des étrangers parmi les prévenus, seront jugés par la cour criminelle d'Alger.

Art. 3. — La cour criminelle se composera de la cour de justice et du tribunal de police correctionnelle réunis au nombre de sept membres, et présidée par le magistrat appelé à faire partie du conseil d'administration de la régence. — Il y aura un vice-président, qui sera désigné par l'intendant civil. — Les magistrats composant la cour criminelle siégeront dans l'ordre ci-après : — Le président, — Le vice-président, — Les juges de la cour de justice, — Les juges du tribunal correctionnel, — Les juges suppléants de la cour de justice, — Les juges suppléants du tribunal correctionnel.

Les condamnations ne pourront être prononcées qu'à la majorité de cinq voix. — Les fonctions du ministère public et celles de juge d'instruction près la cour criminelle seront remplies par le procureur du roi près les tribunaux d'Alger. — Les fonctions de greffier seront remplies auprès de la cour criminelle par le greffier de la cour de justice, et auprès du juge d'instruction par un commis greffier assermenté qui sera nommé par l'intendant civil. — Les interprètes de la cour de justice et du tribunal correctionnel seront attachés en la même qualité à la cour criminelle. — La procédure et l'instruction devant cette cour auront lieu conformément aux règles établies par les lois pour la procédure devant les tribunaux de 1re instance jugeant en matière correctionnelle.

Art. 4. — L'appel du jugement de la cour criminelle sera porté devant le conseil d'administration jugeant au nombre d'au moins cinq membres; il devra être formé dans un délai de dix jours après le jugement intervenu. — Les jugements de la cour criminelle ne pourront être infirmés par le conseil d'administration qu'à la majorité de quatre voix, s'il y a cinq membres présents; de cinq voix, s'il y en a six, et de six voix, s'il y en a davantage.

Art. 5. — Les délits en matière correctionnelle commis contre des Français ou des étrangers, et les contraventions en matière de simple police, seront jugés par le tribunal de paix et de police correctionnelle, à quelque nation que les prévenus appartiennent. — L'appel en sera porté à la cour de justice dans le délai de dix jours.

Art. 6. — Les affaires criminelles ou correctionnelles entre musulmans continueront à être jugées par le cadi maure, comme il est dit en l'art. 1 de l'arr. du 22 oct. 1830. — Les affaires criminelles ou correctionnelles entre israélites continueront à être jugées par les rabbins, comme il est dit en l'art. 2 du même arrêté. — Toutefois il y aura appel de ces jugements, en matière correctionnelle, devant la cour de justice; en matière criminelle, devant le conseil d'administration, dans le délai prescrit par les art. 4 et 5 qui précèdent.

Art. 7. — Les affaires criminelles ou correctionnelles entre israélites et musulmans seront jugées par la cour criminelle ou par le tribunal de police correctionnelle, suivant leur compétence respective.

Art. 8. — Il n'est pas dérogé à la disposition de l'art. 12 de l'arr. du 22 oct. 1830, portant qu'aucune condamnation à la peine capitale ne sera exécutée qu'avec l'approbation du général en chef.

Art. 9. — Toutes dispositions contraires sont rapportées.
    GENTY DE BUSSY.   Duc de ROVIGO.

AGI. — 8 oct. 1832. — *Modification à l'arrêté précédent.*

Vu les art. 5 et 6 de l'arr. du 16 août dernier; — Considérant que s'il y a, dans certains cas, nécessité de saisir en dernier ressort le conseil d'administration de la régence de l'appel des arrêts de la cour criminelle, cette nécessité doit être restreinte aux condamnations les plus graves, et conséquemment à celles emportant la peine capitale; que s'il en était autrement, et que l'appel s'étendît à tous les arrêts de cette cour, sans exception, le conseil se verrait transformé en une juridiction judiciaire, dont l'exercice absorberait tous ses moments et l'enlèverait à sa principale attribution, celle de connaître de l'administration et des affaires du pays; — Que, par suite de ce principe, il importe également de rendre à la cour criminelle l'appel des jugements des cadis ou des rabbins en matière criminelle, que l'art. 6 de l'arrêté susdaté avait porté devant le conseil d'administration; — Qu'il reste à fixer le délai dans lequel sera interjeté l'appel de ces derniers jugements.

Art. 1. — L'appel des arrêts de la cour criminelle emportant condamnation à la peine capitale d'individus appartenant à toutes autres nations qu'à celles maure et juive, sera seul porté devant le conseil d'administration. Sauf cette exception, la cour en jugera en dernier ressort.

Art. 2. — L'appel des jugements rendus dans tous les cas par les cadis ou les rabbins en matière criminelle sera porté devant la cour criminelle; il devra être interjeté dans le délai de trois jours.

Art. 3. — Toutes dispositions contraires sont rapportées.

Duc de Rovigo.   Genty de Bussy.

2° 1834—1842.

Tribunal supérieur.—Cour royale.—Juges uniques.

OR. — 10 août 1834.—*Organisation du service judiciaire.* — *Tribunal supérieur.* — *Unité de juge en 1re instance.*

Art. 1. — Dans les possessions françaises du N. de l'Afrique, la justice est administrée au nom du roi par des tribunaux français et par des tribunaux indigènes, suivant les distinctions établies par la présente ordonnance.

Art. 2. — Les juges français et indigènes sont nommés et institués par le roi. — Ils ne peuvent entrer en fonctions qu'après avoir prêté serment. —Leurs audiences sont publiques, au civil comme au criminel, excepté dans les affaires où la publicité sera jugée dangereuse pour l'ordre ou les mœurs. — Leurs jugements seront toujours motivés.

Tit. 1.

Sect. 1. — Des tribunaux français.

Art. 3. — Dans chacune des villes d'Alger, de Bône et d'Oran, il y a un tribunal de 1re instance, un tribunal de commerce à Alger, et un tribunal supérieur siégeant dans la même ville.

Art. 4. — La juridiction des tribunaux d'Alger, Bône et Oran, s'étend sur tous les territoires occupés dans chacune de ces provinces jusqu'aux limites qui seront déterminées par un arrêté spécial. — Le ressort du tribunal supérieur embrasse la totalité des possessions françaises dans le N. de l'Afrique.

Art. 5. — Le tribunal de 1re instance d'Alger se compose : — De deux juges; — D'un substitut du procureur général du roi; — D'un greffier et d'un commis greffier.

Art. 6. — L'un des deux juges du tribunal de 1re instance d'Alger connaît de toutes les matières civiles. Il juge en dernier ressort les demandes

qui n'excèdent pas 1,000 fr. de valeur déterminée ou 50 fr. de revenu, et, à charge d'appel, toutes les autres actions. — Le second juge connaît en dernier ressort de toutes les contraventions de police, et, à la charge d'appel, des autres contraventions et délits correctionnels.— Il est aussi chargé de l'instruction des affaires criminelles.

Art. 7. — Ces deux juges remplissent, chacun selon la nature de ses attributions, les diverses fonctions que les lois confèrent en France aux juges de paix. — Mais l'appel des jugements qu'ils rendent n'est reçu que dans les limites établies par l'article précédent.

Art. 8. — Les deux juges du tribunal de 1re instance d'Alger se suppléent réciproquement dans toutes leurs fonctions.

Art. 9. —Les tribunaux de 1re instance de Bône et d'Oran sont composés chacun d'un juge, d'un suppléant, d'un substitut du procureur général du roi et d'un greffier. — Dans chacun de ces sièges, le juge réunit les attributions énumérées dans les art. 6 et 7 de la présente ordonnance. — Il connaît en outre des affaires de commerce, et sauf l'exception admise par l'art. 39 ci-après, il juge en dernier ressort les prévenus de contraventions, de délits ou de crimes contre lesquels la loi ne porte pas une peine supérieure à celle de la réclusion. — Il connaît, à la charge d'appel, des autres crimes.

Art. 10. — Le tribunal de commerce d'Alger se compose de sept notables négociants, nommés chaque année par le gouverneur, qui désigne en même temps le président. — Ils sont indéfiniment rééligibles.—Ils ne peuvent rendre de jugements qu'au nombre de trois.—Un greffier est attaché à ce tribunal, dont le président et les juges ne reçoivent ni traitement ni indemnité.

Art. 11. — Le tribunal supérieur d'Alger est composé : — D'un président et de trois juges; — D'un procureur général du roi; — D'un substitut; —D'un greffier et d'un commis greffier assermenté. — Il connaît de l'appel des jugements rendus en premier ressort par les tribunaux de 1re instance et de commerce. — Il ne pourra juger qu'au nombre de trois juges au moins.

Art. 12. — Le tribunal supérieur, constitué en tribunal criminel, juge les appels en matière correctionnelle, toutes les affaires qui seraient portées en France devant les cours d'assises, ainsi que les appels des jugements d'Oran et de Bône mentionnés en l'art. 9 ci-dessus.—Dans ces cas, les magistrats doivent nécessairement siéger au nombre de quatre. — Trois voix sont requises pour qu'il y ait condamnation.

Art. 13. — Le procureur général exerce auprès de tous les tribunaux les attributions du ministère public en France. — Ses substituts exercent, sous sa direction immédiate, les mêmes attributions près du tribunal auquel ils sont attachés.

Art. 14. — Chaque année le gouverneur, après avoir pris l'avis du président du tribunal supérieur et du procureur général, désigne, par un arrêté spécial, ceux des juges qui doivent composer les divers tribunaux.—Il désigne également celui des juges du tribunal de 1re instance d'Alger qui connaît des affaires civiles, et celui qui est chargé des affaires correctionnelles et de police, ainsi que de l'instruction des affaires criminelles.—En cas d'empêchement d'un juge, il est suppléé par un autre juge désigné par le président supérieur, et à Oran et à Bône, par le juge suppléant attaché au tribunal de chacune de ces deux villes.

Art. 15.— Chaque année le procureur général, par un arrêté spécial, fait la distribution du service entre les substituts, et désigne le tribunal près duquel chacun d'eux doit exercer ses fonctions. — Expédition de cet arrêté est immédiatement trans-

25

mise au gouverneur. — Cette distribution du service ne fait pas obstacle à ce que le gouverneur et le procureur général, quand ils le jugent nécessaire, changent les attributions et la résidence des juges et des substituts. Ils conservent respectivement, à toute époque de l'année, le droit de modifier le roulement.

Art. 16. — En cas d'absence ou d'empêchement d'un des juges du tribunal supérieur, il sera remplacé de droit par un des juges du tribunal de 1re instance d'Alger.

Art. 17. — Les greffiers pourront être suppléés par les commis assermentés désignés par eux, et, au besoin, par un des notaires de la résidence désigné par le tribunal.

Art. 18. — Il est attaché aux tribunaux français, pour les assister ou siéger avec eux dans les cas déterminés au titre suivant, des assesseurs musulmans, au nombre de quatre pour Alger, et deux pour chacune des villes de Bône et d'Oran. — Ces assesseurs sont nommés par le gouverneur.

Art. 19. — Des interprètes assermentés sont spécialement attachés au service des divers tribunaux, et répartis, selon les besoins, par arrêté du gouverneur.

Art. 20. — Les juges, les suppléants, le procureur général et ses substituts doivent réunir toutes les conditions d'aptitude requises en France pour exercer les mêmes fonctions.

Art. 21. — Les juges des tribunaux d'Alger, de Bône et d'Oran portent le costume des juges de 1re instance de France. — Le costume du président du tribunal supérieur et du procureur général est le même que celui des conseillers des cours royales en France.

Art. 22. — Le traitement du procureur général et du président du tribunal supérieur est fixé à 12,000 fr. ; — Celui des juges et du substitut du procureur général à 6,000 fr. ; — Celui des suppléants à 5,000 fr. — Ces divers traitements subissent la retenue établie en faveur de la caisse des retraites. — Les services en Afrique sont comptés, pour les droits à la retraite, comme s'ils avaient été rendus en France.

Art. 23. — Le traitement des greffiers est fixé ainsi qu'il suit : — (Abrogé par ord. du 9 fév. 1845. — V. Greffiers.)

Moyennant les allocations ci-dessus, le personnel et le matériel des greffes demeurent à la charge des greffiers, sauf le papier timbré, qui leur est remboursé par le trésor royal. Les droits de greffe et d'expéditions fixés par les tarifs de France sont perçus au profit du domaine.

Art. 24. — Il est alloué aux assesseurs nommés en exécution de l'art. 18 ci-dessus des droits de présence fixés par un tarif spécial du gouverneur, pour toutes les affaires au jugement desquelles ils participent.

Sect. 2. — Des tribunaux indigènes.

Art. 25. — Les tribunaux musulmans sont maintenus. — Les muphtis et les cadis sont nommés et institués par le roi ou, en son nom, par le gouverneur. Ils reçoivent un traitement de l'État. La quotité en sera ultérieurement fixée sur la proposition du gouverneur.

Art. 26. — Le gouverneur institue également, partout où il le juge nécessaire, des tribunaux israélites composés d'un ou trois rabbins par lui désignés. — Leurs fonctions sont gratuites.

Tit. 2. — Compétence et attributions des tribunaux français et indigènes.

Art. 27. — Les tribunaux français connaissent de toutes les affaires civiles et commerciales entre Français, entre Français et indigènes ou étrangers, entre indigènes de religion différente, entre indi-

gènes et étrangers, entre étrangers, enfin entre indigènes de la même religion, quand ils y consentent.

Art. 28. — Les tribunaux français civils et de commerce, pour le jugement de tout procès dans lequel un musulman est intéressé, sont assistés d'un assesseur musulman, pris à tour de rôle sur la liste dressée par le gouverneur, en exécution de l'art. 18 ci-dessus. — Cet assesseur a voix consultative ; son avis, sur le point de droit, est toujours mentionné dans le jugement.

Art. 29. — La disposition qui précède est applicable au tribunal supérieur toutes les fois qu'il juge sur appel, tant en matière civile et commerciale que correctionnelle.

Art. 30. — La compétence du tribunal de commerce d'Alger, à raison de sa matière, est la même que celle des tribunaux de commerce de France.

Art. 31. — La loi française régit les conventions et contestations entre Français et étrangers. Les indigènes sont présumés avoir contracté entre eux selon la loi du pays, à moins qu'il n'y ait convention contraire. — Dans les contestations entre Français ou étrangers et indigènes, la loi française ou celle du pays sont appliquées selon la nature de l'objet du litige, la teneur de la convention, et, à défaut de convention, selon les circonstances ou l'intention présumée des parties.

Art. 32. — Les tribunaux français connaissent de toutes les infractions aux lois de police et de sûreté, à quelque nation ou religion qu'appartienne l'inculpé ; — De tous les crimes ou délits commis par des Français, des israélites ou des étrangers ; — Des crimes ou délits commis par des musulmans indigènes au préjudice des Français, d'israélites ou d'étrangers.

Art. 33. — Ils ne peuvent prononcer d'autres peines que celles établies par le code pénal français.

Art. 34. — En matière correctionnelle et criminelle, dans tous les cas où les tribunaux français reconnaissent des circonstances atténuantes, ils appliquent l'art. 463 c. pén. — Si le prévenu est un indigène, et si le fait à lui imputé n'est ni prévu ni puni par la loi du pays, les tribunaux peuvent modérer indéfiniment la peine, et même renvoyer le prévenu absous.

Art. 35. — Toutes les fois qu'un musulman est mis en jugement comme coupable ou complice d'un délit ou d'un crime, le juge français est assisté d'un assesseur musulman ayant voix consultative, comme il est prescrit en matière civile par l'art. 28 ci-dessus. — Cette disposition est applicable au jugement sur appel.

Art. 36. — Quand le tribunal supérieur est constitué en tribunal criminel, et qu'il est appelé à prononcer sur un musulman, il s'adjoint deux assesseurs qui ont voix délibérative sur la déclaration de culpabilité, et voix consultative seulement sur l'application de la peine. — Dans le premier cas, les deux tiers des voix sont nécessaires pour reconnaître la culpabilité ; il en faut trois pour l'application de la peine, ainsi qu'il est dit à l'art. 12 ci-dessus.

Art. 37. — Demeure réservée aux conseils de guerre la connaissance des crimes et délits commis en dehors des limites telles qu'elles auront été déterminées en exécution de l'art. 4 : — 1° Par un indigène au préjudice d'un Français ou d'un Européen ; — 2° Par un indigène au préjudice d'un autre indigène, alors seulement que le fait à punir intéresse la souveraineté française ou la sûreté de l'armée ; — 3° Par un Français au préjudice d'un indigène.

Art. 38. — La compétence et les attributions des cadis et des autres tribunaux musulmans sont maintenues. — Les cadis continuent à constater et rédiger en forme authentique les conventions dans lesquelles les musulmans sont intéressés.

Art. 39. — Les musulmans indigènes, prévenus de crimes ou délits contre la personne ou les propriétés d'autres musulmans aussi indigènes, sont jugés par le cadi ou les autres juges du pays, selon la loi et les formes suivies jusqu'à ce jour. — Néanmoins, aucun jugement de condamnation ne peut être mis à exécution qu'après avoir été revêtu du visa du procureur général à Alger, et de son substitut à Bône ou à Oran. — L'exécution a lieu, dans tous les cas, par des agents spéciaux de la force publique, institués ou agréés par le procureur général.

Art. 40. — Dans le cas de l'article précédent, le prévenu, le substitut du procureur général et le procureur général lui-même peuvent interjeter appel de la décision du cadi. Le tribunal supérieur la réforme s'il y a lieu, mais seulement lorsque le fait qui a provoqué la poursuite est prévu par la loi française.

Art. 41. — Si le cadi néglige ou refuse de poursuivre, le tribunal supérieur peut, d'office ou sur le réquisitoire du procureur général, évoquer la poursuite desdits crimes ou délits. — Dans ce cas, comme dans celui de l'article précédent, le tribunal supérieur applique la loi du pays; il doit appliquer la loi française si elle prononce une peine moindre.

Art. 42. — Les jugements rendus par le cadi, lorsque la partie condamnée ne les exécute pas volontairement et à l'instant, sont, ainsi que les actes civils qu'il reçoit, écrits en double minute et signés, tant du cadi que des assesseurs et des parties, quand il y a lieu, sur un registre spécial dont le dépôt est, tous les trois mois, effectué sans frais au greffe du tribunal supérieur. — Il n'est point dérogé, par cette disposition, aux autres obligations que la loi ou la coutume imposent aux cadis.

Art. 43. — Les tribunaux israélites connaissent en dernier ressort : 1° Des contestations entre israélites, concernant la validité ou la nullité des mariages et répudiations selon la loi de Moïse ; 2° Des infractions à la loi religieuse, lorsque, d'après la loi française, elles ne constituent ni crime, ni délit, ni contravention. — Ces tribunaux concilient les israélites qui se présentent volontairement et constatent entre eux toutes conventions civiles. — Toutes autres attributions leur sont interdites, à peine de forfaiture. — Les dispositions de l'article précédent leur demeurent applicables.

Art. 44. — Tout jugement portant condamnation à la peine de mort, et prononcé, soit par les tribunaux français, soit par les tribunaux indigènes, ne pourra être exécuté sans l'autorisation formelle et écrite du gouverneur.

Art. 45. — Le gouverneur peut ordonner un sursis à l'exécution de toute condamnation quelconque. — Le droit de faire grâce n'appartient qu'au roi.

Art. 46. — Le recours en cassation est ouvert aux parties, mais seulement contre les jugements du tribunal supérieur. — Il est formé et suivi d'après les règlements en vigueur pour les possessions françaises hors du territoire continental. — Toutefois le pourvoi ne pourra être formé, en matière criminelle ou correctionnelle, que lorsque le c...damné se sera préalablement consulté.

Tit. 3. — De la procédure devant les tribunaux français et indigènes.

Art. 47. — Toutes les instances civiles sont dispensées du préliminaire de la conciliation. Les juges de 1ʳᵉ instance pourront néanmoins inviter les parties à comparaître en personne sur simple avertissement et sans frais. — Quand un musul-

man ou israélite doit être mis en cause, l'invitation sans frais précède nécessairement l'assignation.

Art. 48. — La forme de procéder, en matière civile ou commerciale, devant les tribunaux français d'Afrique, est celle qui est suivie en France devant les tribunaux de commerce. — On suit devant le cadi et les autres tribunaux indigènes la procédure usitée dans le pays.

Art. 49. — Le délai pour interjeter appel des jugements contradictoires, en matière civile et commerciale, est d'un mois à partir de la signification à personne ou au domicile réel ou d'élection. Ce délai est augmenté à raison des distances, qui seront réglées par un arrêté du gouverneur. — A l'égard des incapables, ce délai ne pourra courir que par la signification à personne ou au domicile de ceux qui sont chargés de l'exercice de leurs droits. — L'appel des jugements rendus par le cadi, pour les formes et le délai dans lequel il doit être interjeté, reste soumis à la loi et aux usages du pays. — Dans aucun cas l'appel ne sera reçu ni contre les jugements par défaut, ni contre les jugements interlocutoires, avant le jugement définitif.

Art. 50. — En matière correctionnelle ou de simple police, le tribunal est saisi par le ministère public, soit qu'il y ait eu ou qu'il n'y ait pas eu instruction préalable, ou directement par la citation donnée au prévenu à la requête de la partie civile. — S'il y a eu instruction, le juge remet les pièces au procureur général ou à son substitut, qui reste le maître de ne pas donner suite à l'affaire ou de saisir le tribunal correctionnel.

Art. 51. — Le juge d'instruction ...tué, le ministère public entendu, sur les demandes de mise en liberté provisoire.

Art. 52. — Après l'envoi des pièces de l'instruction par le juge d'instruction au procureur général, celui-ci est d'avis qu'il y a lieu de traduire l'accusé devant le tribunal supérieur faisant fonctions de tribunal criminel, il dresse l'acte d'accusation et demande au président l'indication d'un jour pour l'ouverture des débats. L'ordonnance du juge et l'acte d'accusation sont signifiés à l'accusé, auquel toutes les pièces de la procédure sont communiquées sur sa demande. — Le procureur général peut également, dans le cas de crime, sans instruction préalable, saisir directement le tribunal supérieur.

Art. 53. — La forme de procéder en matière criminelle, correctionnelle ou de police, ainsi que les délais et les formes de l'appel, dans les cas où il est autorisé, sont réglés par les dispositions du code d'instruction relatives à la procédure devant les tribunaux de police correctionnelle.

Tit. 4. — Juridiction administrative.

Art. 54. — Le conseil d'administration établi près du gouverneur statue sur toutes les matières dont la connaissance est, en France, dévolue au conseil de préfecture. — Il connaît également des actes d'administration attribués en France au conseil d'État. — Les mêmes formes d'instruction sont observées.

Art. 55. — Les arrêtés du conseil pourront être déférés au conseil d'État ; mais ils seront, dans tous les cas, provisoirement exécutoires. — Néanmoins, en ayant égard aux circonstances, le gouverneur pourra d'office ou sur la demande des parties intéressées, suspendre l'exécution jusqu'à décision définitive.

Art. 56. — Dans le cas où le gouverneur peut prononcer seul, ses arrêtés ne seront sujets à aucun recours, sauf toutefois les actions devant les tribunaux ordinaires, dans les matières de leur compétence.

Art. 57. — Lorsque l'autorité administrative

élève le conflit d'attribution, il est jugé en dernier ressort par le conseil, réuni sous la présidence du gouverneur, auquel est adjoint un nouveau membre de l'ordre judiciaire.

TIT. 5. — *Dispositions particulières.*

Art. 58. — Toute citation ou notification faite à un indigène, en matière civile ou criminelle, sera, à peine de nullité, accompagnée de la traduction en langue arabe, faite et certifiée par un interprète assermenté.

Art. 59. — Nonobstant toutes dispositions des lois, les nullités d'exploits et actes de procédure seront facultatives pour le juge qui pourra, selon les circonstances, les accueillir ou les rejeter.

Art. 60. — Tout jugement portant condamnation au payement d'une somme d'argent ou à la délivrance de valeurs ou objets mobiliers pourra, lors de sa prononciation, être déclarée exécutoire par la voie de la contrainte par corps. — Il n'est rien innové aux règles de l'exécution des jugements en matière commerciale.

Art. 61. — Seront tenus, tous les fonctionnaires musulmans ou israélites, dans l'ordre judiciaire ou administratif, et tous agents de la force publique mis à leur disposition spéciale, de prêter assistance à l'autorité française pour la recherche ou constatation des crimes ou délits, comme aussi pour la mise à exécution des mandements de justice et des jugements rendus par les tribunaux français.

Art. 62. — Un règlement du gouverneur déterminera les conditions d'admission aux professions ou fonctions de défenseurs près les tribunaux, notaires, huissiers, commissaires-priseurs, ainsi que les règles de discipline auxquelles les individus qui les exercent sont assujettis.

Art. 63. — Toutes les dispositions des arrêtés ou règlements publiés depuis le 7 juill. 1830 sur l'organisation et l'administration de la justice, cesseront d'avoir leur effet à compter du jour de la mise à exécution de la présente ordonnance.

AG. — 21 mars-29 avr. 1836. — B. 33. — *Adjonction au juge de 1ʳᵉ inst. d'un juge du tribunal supérieur chargé spécialement des fonctions accessoires à la juridiction des juges de paix en France et des affaires qui ne sont pas susceptibles d'appel.*

AG. — 28 mars-29 avr. 1836. — B. 33. — *Création au tribunal d'Alger d'une chambre temporaire chargée exclusivement des affaires intéressant des musulmans.*

OR. — 6 oct.-10 nov. 1836. — B. 41. — *Modification au personnel judiciaire.*

Vu notre ord. du 10 août 1834;—Considérant que l'expérience a fait reconnaître l'utilité de quelques modifications dans la composition et le service des tribunaux créés par ladite ordonnance ;

Art. 1. — Les art. 5, 8, 9, 11, 14 et 22 de notre ord. du 10 août 1834 seront remplacés par les articles ci-après :

Art. 5. — Le tribunal de 1ʳᵉ inst. d'Alger est composé :—De deux juges et d'un juge suppléant ; — D'un substitut du procureur général du roi ; D'un greffier et de deux commis greffiers assermentés.

Art. 8.—Les deux juges du tribunal de 1ʳᵉ inst. d'Alger se suppléent réciproquement dans toutes leurs fonctions. —Le juge suppléant peut être adjoint, par arrêté du gouverneur, au substitut du

procureur général, pour l'expédition des affaires du parquet et l'exercice des fonctions du ministère public.

Art. 9. — Les tribunaux de 1ʳᵉ inst. de Bône et d'Oran sont composés chacun d'un juge, d'un suppléant, d'un substitut du procureur général du roi et d'un greffier. — Dans chacun de ces sièges, le juge réunit les attributions énumérées dans les art. 6 et 7 de la présente ordonnance. — Il connaît, en outre, des affaires de commerce, et, sauf l'exception admise par l'art. 39, il juge en dernier ressort les prévenus de contraventions ou de délits. — Il connaît des crimes à charge d'appel.

Art. 11. — Le tribunal supérieur d'Alger est composé : — D'un président, de deux juges et d'un juge suppléant ; — D'un procureur général du roi ; —D'un avocat général, substitut du procureur général ; — D'un greffier et d'un commis greffier assermentés. — Il connaît de l'appel des jugements rendus en premier ressort par les tribunaux de 1ʳᵉ inst. et de commerce. — Il ne pourra juger qu'au nombre de trois juges au moins.

Art. 14. — Chaque année, le gouverneur, après avoir pris l'avis du président du tribunal supérieur et du procureur général, désigne, par un arrêté spécial, ceux des juges qui doivent composer les divers tribunaux. — Il désigne également celui des juges du tribunal de 1ʳᵉ inst. d'Alger qui est chargé des affaires correctionnelles et de police, ainsi que de l'instruction des affaires criminelles. — En cas d'insuffisance de ces deux juges pour l'expédition des affaires dont ils ont à connaître, le gouverneur, par un arrêté rendu pareillement sur l'avis du président et du procureur général, peut en désigner un troisième parmi les juges et juge suppléant qui composent le tribunal supérieur, pour exercer en même temps telle portion que l'arrêté déterminera de la juridiction confiée aux juges de première instance. — En cas d'empêchement d'un juge, il est suppléé, à Alger, sur la désignation du président du tribunal supérieur, par un autre juge ou le juge suppléant qui n'est point attaché aux travaux du parquet, et à Oran et à Bône, par le juge suppléant attaché au tribunal de chacune de ces deux villes.

Art. 22.—Traitement de l'avocat gén. 8,000 fr. (le reste comme à l'art. 22 de l'ord. du 10 août 1834).

OR. — 16 janv.-15 mai 1838. — B. 56. — *Les fonctions d'avocat général sont supprimées. Ce magistrat est remplacé par un substitut du procureur général.*

AG. — 28 nov. 1840. — *Etablissement d'une chambre temporaire en 1ʳᵉ instance pour les affaires correctionnelles et de simple police.*

OR. — 28 fév.-27 avr. 1841. — B. 95. — *Institution d'une cour royale. — Modifications à l'ord. de 1834 (1).*

Notre ord. du 10 août 1834, sur l'organisation de la justice en Algérie, est modifiée conformément au texte ci-après, qui sera le seul officiel, à partir de la publication de la présente.

TIT. 1. — *De l'administration de la justice.*

Art. 1. — (Comme à l'art. 1 de l'ord. du 10 août 1834.)

Art. 2.—Les juges français et indigènes (le reste comme à l'art. 2 de l'ord. du 10 août 1834).

SECT. 1. — *Des tribunaux français.*

Art. 3. — L'organisation judiciaire comprend :

---

(1) Cette ordonnance n'étant qu'une mesure transitoire entre l'organisation du 10 août 1834 et celle du 26 sept. 1842, on a rarement occasion de la consulter. On a donc indiqué, par renvois seulement, un grand nombre d'articles qui se retrouvent textuellement, soit dans l'ord. de 1834, soit dans celle de 1842, et l'on n'a reproduit en entier que le texte de la première de ces ordonnances, qui a établi en Algérie un régime nouveau et complet, et celui de la seconde, qui est seule en vigueur aujourd'hui.

— Une cour royale séant à Alger ; — Des tribunaux de 1re inst. siégeant à Alger, Bône et Oran, et dans les autres lieux où il serait jugé nécessaire d'en établir ; — Des justices de paix et des juridictions spéciales dans les cas prévus par l'art. 10 de la présente ordonnance et l'art. 3 de celle du 31 oct. 1838 (V. *Admin. gén.*, § 1) ;—Un tribunal de commerce à Alger;—Des tribunaux musulmans en nombre indéterminé, dont le gouverneur général arrête l'établissement et nomme les membres.

Art. 4. — Le ressort de la cour royale embrasse la totalité de l'Algérie, sauf la juridiction des conseils de guerre, réservée par l'art. 43. — La juridiction des tribunaux de 1re inst. s'étend sur tous les territoires occupés dans chaque province, jusqu'aux limites déterminées par des arrêtés spéciaux du gouverneur, soumis à l'approbation du ministre de la guerre.

Art. 5. — La cour royale d'Alger se compose : — D'un conseiller, président ; — De quatre conseillers, — Et de deux conseillers adjoints, ayant voix délibérative ; — D'un greffier et de deux commis greffiers. — Elle connaît de l'appel des jugements rendus en premier ressort par les tribunaux de 1re inst. ou de commerce et par les tribunaux musulmans. — Elle ne peut juger qu'au nombre de trois conseillers au moins. — La cour royale, constituée en cour de justice criminelle, juge : — 1° Toutes les affaires de la compétence des cours d'assises, directement pour la province d'Alger, et sur appel des jugements rendus par les tribunaux d'Oran et de Bône, dans le cas prévu par le dernier paragraphe de l'art. 12 ci-après; — 2° Les appels, en matière correctionnelle, dans le cas où l'appel est autorisé ; — 3° Les délits et contraventions imputés aux agents de l'autorité, dans les cas où la connaissance en est déférée par la loi française aux cours royales. — La cour criminelle siège au nombre de quatre conseillers; trois voix sont requises pour qu'il y ait condamnation.

Art. 6. — (Art. 6, ord. du 26 sept. 1842.)

Art. 7. — Le tribunal de 1re inst. d'Alger se compose : — De deux juges et de trois juges adjoints ; — D'un greffier et de quatre commis greffiers assermentés.

Art. 8. — L'un des deux juges au tribunal de 1re instance d'Alger connaît de toutes les matières civiles. Il juge en dernier ressort les demandes qui n'excèdent pas 1,000 fr. de valeur déterminée, ou 100 fr. de revenu, et à charge d'appel, toutes les autres actions. — Le second juge connaît en dernier ressort de toutes les contraventions de police, et, à la charge d'appel dans les limites ci-après, des autres contraventions et délits correctionnels. — Il est aussi chargé de l'instruction des affaires criminelles. — Il peut être appelé des jugements rendus en matière correctionnelle, dans tous les cas où la peine portée par la loi peut s'étendre jusqu'à deux années d'emprisonnement ou plus, quelle que soit d'ailleurs celle qui est appliquée par le juge.

Art. 9. — Ces deux juges remplissent, chacun selon la nature de ses attributions, les diverses fonctions que les lois confèrent en France aux juges de paix.

Art. 10. — Des ordonnances royales pourront : — 1° Charger l'un des juges adjoints d'Alger, Bône et Oran de juger toutes les affaires du ressort des justices de paix; — 2° Instituer, s'il y a lieu, des juges de paix dans les territoires érigés en commissariats civils, en exécution de l'art. 3 de notre ord. du 31 oct. 1838. — Les juges de paix ainsi institués peuvent être investis des mêmes pouvoirs que notre ordonnance précitée permet de conférer en matière judiciaire, aux commissaires civils. — Les arrêtés du ministre de la guerre dé-

terminent provisoirement et modifient, s'il est besoin, les règles de procédure à observer devant les juges de paix ou commissaires civils et pour l'exécution de leurs jugements.

Art. 11. — Les deux juges du tribunal de 1re inst. d'Alger se suppléent réciproquement dans toutes leurs fonctions. — En cas d'empêchement des conseillers ou juges titulaires, les conseillers ou juges adjoints attachés au même siège sont appelés à en remplir toutes les fonctions.

Art. 12. — Les tribunaux de 1re inst. de Bône et d'Oran ᶜᵃ ont composés chacun d'un juge, de deux juges adjoints, d'un greffier et d'un commis greffier. Dans chacun de ces sièges, le juge réunit les attributions énumérées dans les art. 8 et 9 de la présente ordonnance. Il connaît en outre des affaires de commerce, à l'égard desquelles sa compétence en dernier ressort est la même qu'en matière civile. — Le juge de 1re inst. à Bône et à Oran connaît des crimes, à charge d'appel. — La dernière disposition de l'art. 8 est applicable aux jugements rendus par les tribunaux de Bône et d'Oran. L'appel de ces jugements est néanmoins interdit, lorsque la poursuite a eu pour objet un délit contre la chose publique, prévu soit par le tit. 1, liv. 3, c. pén., soit par la législation spéciale de l'Algérie.

Art. 13. — Le tribunal de commerce d'Alger se compose de notables négociants, nommés chaque année par le gouverneur, qui désigne en même temps le président. — Ils sont indéfiniment rééligibles. — Ils ne peuvent rendre de jugements qu'au nombre de trois. — Un greffier et un commis greffier sont attachés à ce tribunal, dont le président et les juges titulaires ou suppléants ne reçoivent ni traitement ni indemnité.

Art. 14. — Un procureur général, deux avocats généraux, un substitut du procureur général, deux procureurs du roi remplissent, auprès des diverses juridictions, les fonctions du ministère public.

Art. 15. — Chaque année le procureur général, par un arrêté spécial, fait la distribution du service entre les avocats généraux, le substitut et les conseillers ou juges adjoints attachés au parquet d'Alger, en vertu de l'art. 16, et désigne le siège près duquel chacun d'eux doit exercer ses fonctions. — Expédition de cet arrêté est immédiatement transmise au gouverneur. — Le procureur général conserve toute l'année, et aux mêmes conditions, le droit de modifier, dans l'intérêt du service, l'arrêté pris en vertu du présent article. — Les procureurs du roi sont attachés aux tribunaux d'Oran et de Bône.

Art. 16. — L'un des deux conseillers adjoints à la cour royale, et l'un des juges adjoints aux tribunaux de 1re inst. sont, par arrêté du gouverneur, désignés pour le service du parquet. — Les conseillers et juges adjoints ainsi désignés peuvent en outre siéger, s'il est besoin, comme juges, quand ils n'en sont pas légalement empêchés.

Art. 17. — Le procureur général correspond directement avec le ministre de la guerre pour tout ce qui concerne l'administration de la justice.

Art. 18. — Le procureur général exerce directement, ou par ses substituts auprès de toutes les juridictions, la généralité des attributions du ministère public en France. — En cas d'absence ou d'empêchement, il est remplacé par un des avocats généraux qu'il désigne, et à défaut de désignation, par le plus ancien d'entre eux. — Les avocats généraux, le substitut, les procureurs du roi et les autres membres de la magistrature adjoints au service du parquet, exercent sous la direction immédiate du procureur général, toutes les attributions du ministère public près de la juridiction à laquelle ils sont attachés.

Art. 19. — Dans les cas d'urgence, et pour éviter que le cours de la justice ne soit interrompu, le gouverneur, sur le rapport du procureur général, désigne, par un arrêté spécial et parmi les magistrats de tous les sièges, ceux qui doivent temporairement faire partie de telle juridiction que l'arrêté détermine, ainsi que les fonctions qu'ils sont appelés à remplir. Cet arrêté est immédiatement publié.

Art. 20. — (Art. 20 ord. de 1842).

Art. 21. — (Art. 18 ord. de 1834.)

Art. 22. — (Art. 19 id.)

Art. 23. — Le procureur général, les avocats généraux, le substitut, les procureurs du roi, les conseillers et juges titulaires ou adjoints et les juges de paix, doivent réunir toutes les conditions d'aptitude requises pour exercer les fonctions correspondantes dans la magistrature française.

Art. 24. — Les ordonnances portant nomination des membres de la cour royale et des tribunaux seront rendues sur la proposition et sous le contreseing de notre garde des sceaux, ministre de la justice qui se concertera à cet effet avec notre ministre de la guerre.

Art. 25. — (Art. 25 ord. de 1842.)

Art. 26. — Le procureur général, les avocats généraux et les substituts du procureur général portent le costume attribué en France aux fonctions qu'ils remplissent ; — Le conseiller président de la cour royale et les conseillers titulaires ou adjoints, celui des conseillers ; — Les procureurs du roi, les juges titulaires et les juges adjoints, celui des membres des tribunaux de 1ʳᵉ instance.

Art. 27. — (Art. 27 ord. de 1842.)

Art. 28. — Les greffiers et les commis greffiers sont nommés par le ministre de la guerre, qui règle les traitements et indemnités à leur allouer. Moyennant ces allocations, le matériel des greffes et le personnel auxiliaire, quand il y a lieu, demeurent à la charge des greffiers. — Les droits de greffe et d'expédition sont perçus au profit du trésor.

Art. 29. — Les juges français et leurs greffiers n'ont droit à aucune vacation pour les actes ou opérations auxquels ils procèdent dans l'ordre de leurs attributions. Il leur est seulement alloué, selon les cas, une indemnité de transport, réglée par arrêté du ministre de la guerre, en raison des distances parcourues.

Art. 30. — (Art. 50 ord. de 1842.)

SECT. 2. — Des tribunaux indigènes.

Art. 31. — Les tribunaux musulmans sont maintenus, sauf la modification portée en l'art. 44. — Les muphtis et cadis sont nommés et institués par le gouverneur : ils reçoivent un traitement dont la quotité est déterminée par le ministre de la guerre.

Art. 32. — (Art. 32 ord. de 1842.)

TIT. 2. — Compétence des tribunaux français et indigènes.

Art. 33. — (Art. 53 ord. de 1842.)

Art. 34. — (Art. 28 ord. de 1834.)

Art. 35 et 36. — (Art. 55 et 36 ord. de 1842.)

Art. 37. — (§§ 1 et 2 comme à l'art. 31 de l'ord. de 1834.) — Les contestations entre indigènes, relatives à l'état civil, seront jugées conformément à la loi religieuse des parties.

Art. 38 et 39. — (Art. 58 et 39 ord. de 1842.)

Art. 40. — En matière correctionnelle et criminelle, dans tous les cas où la législation française autorise à reconnaître des circonstances atténuantes, les tribunaux français appliquent l'art. 463 du c. pén., à moins qu'il n'en soit autrement ordonné par la législation spéciale de l'Algérie.

Art. 41. — (Art. 35 ord. de 1834.)

Art. 42. — Quand la cour royale est constituée en cour criminelle et appelée à juger un musulman, elle s'adjoint deux assesseurs qui ont voix délibérative sur la déclaration de culpabilité, et voix consultative seulement sur l'application de la peine. Dans le premier cas, quatre voix sont nécessaires pour qu'il y ait condamnation ; il en faut trois pour l'application de la peine, ainsi qu'il est dit en l'art. 5.

Art. 43, 44, 45, 46, 47, 48, 49. — (Art. 42, 43, 44, 45, 46, 47 et 48 ord. de 1842.)

Art. 50. — Les rabbins désignés pour chaque localité par le gouverneur sont appelés à donner leur avis écrit sur les contestations relatives à l'état civil, aux mariages et répudiations entre israélites. Cet avis demeure annexé à la minute du jugement rendu par les tribunaux français. — Ils prononcent sur les infractions à la loi religieuse, lorsque, d'après la loi française, elles ne constituent ni crime, ni délit, ni contravention. — Toutes autres attributions leur sont interdites. — La disposition finale de l'art. 45 et l'art. 47 sont applicables aux rabbins.

Art. 51. — Tout jugement portant condamnation à la peine de mort, et prononcé soit par les tribunaux institués par la présente ordonnance, soit par les conseils de guerre dans les cas prévus par l'art. 45, ne pourra être exécuté sans l'autorisation formelle et écrite du gouverneur.

Art. 52. — Le gouverneur peut ordonner un sursis à l'exécution de toute condamnation quelconque. Il en rend compte sur-le-champ au ministre. Le droit de grâce n'appartient qu'au roi.

Art. 53. — Le recours en cassation est ouvert aux parties, mais seulement en matière criminelle ou correctionnelle. — Le pourvoi ne pourra être formé, et le greffier devra se refuser d'en donner acte, si le condamné, même ayant obtenu sa liberté sous caution conformément à l'art. 69, ne s'est préalablement constitué.

TIT. 3. — De la procédure devant les tribunaux français et indigènes.

Art. 54. — (§ 1, comme au § 1 de l'art. 47 de l'ord. de 1834 ; § 2, reproduit textuellement dans l'art. 54 de l'ord. de 1842.)

Art. 55. — (§ 1 comme au § 1 de l'art. 48 de l'ord. de 1834.) — Les parties sont tenues de déposer à l'audience leurs conclusions écrites et motivées, signées d'elles ou de leurs défenseurs. — Il peut être fait, par des arrêtés ministériels, aux règles sur l'exécution forcée des jugements et actes, les exceptions et modifications nécessitées par l'état du pays.

Art. 56. — (§§ 1 et 2 comme aux §§ 1 et 2 de l'art. 49 de l'ord. de 1834 et de l'art. 56 de l'ord. de 1842) ; § 3, reproduit textuellement au § 5 de l'art. 56 de l'ord. de 1842 ; § 4, comme au § 4 de l'art. 49 de l'arr. de 1834 et de l'art. 56 de l'ord. de 1842.

Art. 57. — (Art. 57 ord. de 1842.)

Art. 58. — (Art. 58 ord. de 1842.)

Art. 59. — En toute matière, le procureur général peut autoriser la mise en liberté provisoire avec ou sans caution. Il peut admettre comme cautionnement suffisant, sans qu'il soit besoin de dépôt de deniers ou autres justifications et garanties exigées par la loi française, la soumission écrite de toute tierce personne jugée solvable, portant engagement de représenter ou faire représenter le prévenu à toute réquisition de justice, ou à défaut, de verser au trésor, à titre d'amende, une somme déterminée dans l'acte du cautionnement. Le prévenu, mis provisoirement en liberté, sera solidairement tenu au payement de cette amende. Le recouvrement des sommes dues à ce titre sera poursuivi par voie de contrainte, comme en matière d'enregistrement.

Art. 60. — (Art. 52 de l'ord. de 1834.)

Art. 61. — En toute matière et en tout état de l'instruction, le procureur général peut requérir à l'instant la remise des pièces, faire cesser la poursuite et mettre le prévenu en liberté.

Art. 62. — La forme de procéder en matière criminelle, correctionnelle ou de police, ainsi que les formes de l'appel, dans le cas où il est autorisé, sont réglées par les dispositions du code d'instruction criminelle relatives à la procédure devant les tribunaux de police correctionnelle. — (SS 2 et 3, reproduits textuellement par les SS 2 et 3 de l'art. 62 de l'ord. de 1842.)

Art. 63. — En matière criminelle, le conseiller président de la cour royale et les juges pourront faire application de l'art. 269 c, inst. crim.

Tit. 4. — *Juridiction administrative.*

Art. 64, 65, 66. — (Art. 64, 65, 66, ord. de 1842.)
Art. 67. — (Art. 57, ord. de 1835.)

Tit. 5. — *Dispositions particulières.*

Art. 68, 69, 70, 71, 72, 73, 74. — (Articles correspondants de l'ord. de 1842.)

Art. 75. — Toutes dispositions des ordonnances, arrêtés ou règlements antérieurs sur l'organisation ou l'administration de la justice cesseront d'avoir leur effet, en ce qu'ils ont de contraire à la présente ordonnance.

5° 1842.

Cour royale. — Tribunaux de cinq juges. — Cours d'assises.

OR. — 26 sept.-23 oct. 1842. — B. 128. — *Nouvelle organisation.* — *Modifications aux ordonnances précédentes.*

Notre ord. du 28 fév. 1841, sur l'organisation de la justice en Algérie, est modifiée conformément au texte ci-après, qui sera seul officiel à partir du 1er janv. 1843.

Tit. 1. — *De l'administration de la justice.*

Art. 1. — La justice, en Algérie, est administrée au nom du roi par des tribunaux français et par des tribunaux indigènes, suivant les distinctions établies par la présente ordonnance.

Art. 2. — Les juges français sont nommés et institués par le roi. — Ils ne peuvent entrer en fonctions qu'après avoir prêté serment. — Leurs audiences sont publiques au civil comme au criminel, excepté dans les affaires où la publicité est jugée dangereuse pour l'ordre et les mœurs. — Leurs jugements sont toujours motivés.

Sect. 1. — *Des tribunaux français.*

Art. 3. — L'organisation judiciaire comprend : — 1° une cour royale siégeant à Alger ; — 2° Des tribunaux de 1re instance siégeant à Alger, Bône, Oran, Philippeville, et dans tous les autres lieux où il serait jugé nécessaire d'en établir ; — 3° Un tribunal de commerce siégeant à Alger ; — 4° Des tribunaux de paix siégeant à Alger, Blidah, Bône, Oran, Philippeville, et dans les autres lieux où leur établissement serait nécessaire ; — 5° Des juridictions spéciales dans les cas prévus par l'art. 3 de l'ord. du 31 oct. 1838 ; — 6° Des tribunaux musulmans, en nombre indéterminé, dont le gouverneur général arrête l'établissement, et nomme les membres, avec l'approbation du ministre de la guerre.

Art. 4. — Le ressort de la cour royale embrasse la totalité de l'Algérie, sauf la juridiction des conseils de guerre réservée par l'art. 42 (1). — La juridiction des tribunaux de 1re instance s'étend

sur tous les territoires occupés de chaque province, jusqu'aux limites déterminées par arrêtés du ministre de la guerre.

Art. 5. — La cour royale d'Alger se compose : — D'un président ; — De sept conseillers ; — De deux conseillers adjoints ayant voix délibérative ; — D'un greffier et de commis greffiers assermentés, dont le nombre est déterminé par le ministre de la guerre selon les besoins du service. — Les fonctions du ministère public près la cour sont remplies par un procureur général, deux avocats généraux, un substitut du procureur général.

Constituée en chambre civile, la cour connaît, en matière civile et commerciale, de l'appel des jugements rendus en premier ressort par les tribunaux de 1re instance et de commerce, et par les tribunaux musulmans. — Constituée en chambre criminelle, elle juge (2) : — 1° Toutes les affaires de la compétence des cours d'assises, directement pour la province d'Alger, et sur appel des jugements rendus par les tribunaux de Bône, Oran et Philippeville, dans les cas prévus par le troisième alinéa de l'art. 10 ci-après ; — 2° Les appels en matière correctionnelle ; — 3° Directement, les crimes et délits prévus par le chap. 3 du tit. 4, liv. 2, du c. inst. crim. dans tous les cas où la connaissance en est déférée aux cours royales de France. — En toute matière, la cour ne peut juger qu'au nombre de cinq conseillers au moins.

Art. 6. — La cour royale ne peut exercer d'autres attributions que celles qui lui sont expressément conférées par la présente ordonnance. — Le droit d'évocation, les injonctions au procureur général lui sont nommément interdits. — Elle ne peut se réunir en assemblée générale que sur la réquisition du procureur général, et seulement pour délibérer sur les objets qui lui sont communiqués par ce magistrat.

Art. 7. — Le tribunal de 1re instance d'Alger se compose : — D'un président ; — D'un juge d'instruction ; — De quatre juges ; — De trois juges adjoints ayant voix délibérative ; — D'un greffier et de commis greffiers assermentés, dont le nombre est réglé par le ministre de la guerre, selon les besoins du service. — Il y a près de ce tribunal un procureur du roi et un substitut du procureur du roi.

Art. 8. — Le tribunal de 1re instance d'Alger se divise en deux chambres : — La première chambre connaît des affaires civiles, le président du tribunal la préside. — La seconde chambre connaît des affaires correctionnelles, et, s'il y a lieu, des affaires civiles qui peuvent lui être renvoyées par le président. Elle est présidée par l'un des juges désigné chaque année, à cet effet, par le ministre de la guerre. — Le président du tribunal peut, quand il le juge convenable, présider la seconde chambre. — L'une et l'autre chambre jugent au nombre de trois juges.

Art. 9. — Les tribunaux de 1re inst. de Bône, Oran et Philippeville se composent chacun d'un président, de deux juges, dont l'un est chargé du service de l'instruction criminelle, de deux juges adjoints ayant voix délibérative, d'un greffier et de commis greffiers assermentés dont le nombre est réglé par le ministre de la guerre. — Ils jugent au nombre de trois juges. — Il y a près de chacun

_____

(1) *Jurisprudence.* — Le ressort de la cour d'Alger est limité à l'étendue de la juridiction des tribunaux de première instance. L'art. 4 de l'ord. du 30 nov. 1844 (inséré ci-après) viendrait au besoin expliquer la généralité des termes employés dans l'art. 4 ci-dessus. La juridiction de la cour ne s'applique qu'aux parties du territoire où l'action ordinaire de la justice civile est régulièrement établie, et non à celles soumises à un régime exceptionnel. — Les décrets des 22 mars et 9 mai 1852 (ci-après § 4),

qui ont déféré aux tribunaux civils l'appel des décisions rendues par les commandants de place, renferment une décision toute spéciale qui doit être restreinte aux localités qu'elle concerne. — *Cour d'Alger*, 15 juin 1853.

(2) Les contestations auxquelles la rédaction de cet article avait donné lieu, en ce qui concernait la compétence de la cour relativement aux crimes et délits politiques et aux délits de presse, n'ont plus aucun intérêt depuis l'institution des cours d'assises.

de ces tribunaux un procureur du roi et un substitut du procureur du roi.

Art. 10.—La compétence en premier et dernier ressort des tribunaux de 1ʳᵉ inst., en matière civile et correctionnelle, est la même que celle des tribunaux de 1ʳᵉ inst. de France.—Ils connaissent de l'appel des jugements en premier ressort des tribunaux de paix, en matière civile et de simple police.—Les tribunaux de 1ʳᵉ inst. de Bône, Oran et Philippeville connaissent, en outre : — 1° Des crimes à charge d'appel; — 2° Des affaires de commerce à l'égard desquelles leur compétence en premier et dernier ressort, est la même qu'en matière civile. — Dans tous les cas où le tribunal statue sur des faits qualifiés crimes, le juge qui a fait l'instruction ne peut siéger.

Art. 11.—Chacun des juges de paix institués par l'art. 5 de la présente ordonnance aura deux suppléants et un greffier.—Les fonctions du ministère public près le tribunal de paix jugeant en matière de simple police, sont remplies par un commissaire de police, ou autre officier de police désigné à cet effet par le procureur général.

Art. 12.—La compétence en premier et dernier ressort, et les attributions spéciales des juges de paix en matière civile et de simple police, sont les mêmes que celles des juges de paix en France.

Art. 13. — Lorsqu'il y aura lieu d'instituer des justices de paix sur d'autres points que ceux où il en est établi par la présente ordonnance, il y sera pourvu par ordonnance royale.—Les arrêtés du ministre de la guerre modifient provisoirement, s'il y a lieu, la compétence et les attributions du juge de paix de Blidah. — Il pourra également être statué par arrêté du ministre de la guerre sur la compétence des justices de paix qui seraient ultérieurement établies en dehors des lieux où siègent des tribunaux de 1ʳᵉ inst., sur celles des commissariats civils, ainsi que sur les règles de la procédure à observer devant ces juridictions et pour l'exécution de leurs jugements. (V. *Justice de paix*, § 1).

Art. 14. — Le tribunal de commerce d'Alger se compose de notables négociants nommés, chaque année, par ordonnance royale sur la présentation du gouverneur général, et sur le rapport de notre ministre de la guerre. Les membres de ce tribunal sont indéfiniment rééligibles. Ils ne peuvent rendre jugement qu'au nombre de trois. Ils ne reçoivent ni traitement ni indemnité. — Un greffier et des commis greffiers dont le nombre est réglé par le ministre de la guerre sont attachés au tribunal de commerce.

Art. 15. — Le procureur général exerce toutes les attributions qui sont conférées en France aux procureurs généraux près les cours royales et, en outre, celles qui lui sont spécialement conférées par les ordonnances, arrêtés et règlements en vigueur dans l'Algérie.

Art. 16.—En cas d'absence ou d'empêchement, le procureur général est remplacé par l'un des avocats généraux qu'il désigne, et à défaut de désignation, par le plus ancien d'entre eux.

Art. 17.—Le procureur général correspond directement avec le ministre de la guerre pour tout ce qui concerne l'administration de la justice.

Art. 18.—Les avocats généraux, le substitut du procureur général, les procureurs du roi, les substituts du procureur du roi, les autres membres de la magistrature, adjoints au parquet, ainsi qu'il sera dit ci-après, les officiers du ministère public, près les tribunaux de simple police, exercent, sous la surveillance et la direction du procureur général, toutes les attributions du ministère public, auprès de la juridiction à laquelle ils sont attachés.

Art. 19.—Les conseillers adjoints à la cour royale peuvent être attachés au service du parquet, sur la désignation du procureur général. — Les

juges adjoints aux tribunaux de 1ʳᵉ inst. peuvent également être attachés au même service dans leur siège, sur la désignation du même magistrat. —Les conseillers et les juges adjoints, ainsi désignés pour le service du parquet, reprendront leur siège comme juge lorsqu'ils ne seront plus employés au parquet.

Art. 20. — Les greffiers seront suppléés par les commis greffiers, et au besoin par des officiers publics ou ministériels assermentés que le tribunal désigne.

Art. 21.—Il est attaché aux tribunaux français, pour les assister et siéger avec eux, dans les cas déterminés au titre suivant, des assesseurs musulmans, au nombre de quatre pour Alger et de deux pour chacune des villes de Bône, d'Oran et de Philippeville. — Ces assesseurs sont nommés par le gouverneur général.

Art. 22.—Des interprètes assermentés sont spécialement attachés au service des divers tribunaux et répartis selon les besoins, par arrêté du gouverneur général.

Art. 23.—Le procureur général, le président de la cour, les avocats généraux, les conseillers titulaires et adjoints, le substitut du procureur général, les présidents, juges titulaires et adjoints, procureurs du roi et substituts des tribunaux de 1ʳᵉ inst., les greffiers et commis greffiers de la cour et des tribunaux, doivent réunir toutes les conditions d'aptitude requises pour exercer les fonctions correspondantes dans l'ordre judiciaire de France.—Les juges de paix doivent être licenciés en droit; ils peuvent être nommés, ainsi que leurs suppléants, à l'âge de 25 ans révolus.

Art. 24.—Les ordonnances portant nomination des membres de la cour royale, des tribunaux de 1ʳᵉ inst. et des juges de paix des villes d'Alger, Bône, Oran et Philippeville, seront rendus sur la proposition et sous le contre-seing de notre garde des sceaux, ministre de la justice, qui se concertera, à cet effet, avec notre ministre de la guerre.

Art. 25.—Les magistrats nommés en conformité de l'article précédent seront considérés comme détachés, pour un service public du département de la justice. Ils pourront demander à rentrer dans la magistrature métropolitaine après cinq années d'exercice des fonctions qui leur auront été conférées en Algérie.

Art. 26.—Le procureur général, le président de la cour, les conseillers titulaires et adjoints, avocats généraux et le substitut du procureur général portent le costume attribué en France aux fonctions qu'ils remplissent.

Les présidents, les juges titulaires et adjoints des tribunaux de 1ʳᵉ inst., les procureurs du roi et substituts du procureur du roi portent le costume des membres des tribunaux de 1ʳᵉ inst. Toutefois, le président de la cour royale et les présidents des tribunaux de 1ʳᵉ inst. auront un galon de plus en haut et autour de leur toque. — Les membres du tribunal de commerce d'Alger portent le costume des juges des tribunaux de commerce de France. — Les juges de paix et leurs suppléants, celui des membres des justices de paix de France. —Le greffier de la cour, celui des greffiers de la cour royale;—Les greffiers et commis greffiers des tribunaux de 1ʳᵉ inst., de commerce et de paix, celui des fonctions correspondantes près les tribunaux de France.

Art. 27.—Les traitements de tous les membres de la magistrature sont déterminés par une ordonnance royale. Ces traitements subissent les retenues établies en faveur de la caisse des retraites du ministère de la justice. — Les services en Algérie sont comptés comme s'ils avaient été rendus en France.

Art. 28. — Les juges de paix créés en exécution de l'art. 13 ci-dessus pour les lieux dans lesquels

les tribunaux de 1ᵉ inst. ne sont point établis, seront nommés, ainsi que les suppléants de toutes les
justices de paix, par ordonnance royale rendue sur
le rapport de notre ministre de la guerre.—Le ministre de la guerre nomme les greffiers et commis
greffiers, il règle les traitements et indemnités à
leur allouer. Moyennant ces allocations le matériel
des greffes et le personnel auxiliaire , quand il y a
lieu, demeurent à la charge des greffiers. — Les
droits de greffe et d'expédition sont perçus au
profit du trésor.

Art. 29. — Les juges de paix et leurs greffiers
n'ont droit à aucune vacation pour les actes ou
opérations auxquels ils procèdent dans l'ordre de
leurs attributions. Il leur est seulement alloué,
selon le cas, une indemnité de transport, réglée
par arrêté du ministre de la guerre en raison des
distances parcourues.

Art. 30.—Le ministre de la guerre détermine également le mode de rémunération des assesseurs
musulmans , à raison de leur participation aux
jugements pour lesquels leur assistance est requise

SECT. 2. — Des tribunaux indigènes.

Art. 31. — Les tribunaux musulmans sont maintenus, sauf la modification portée en l'art. 43. —
Les muphtis et cadis sont nommés et institués par
le gouverneur général avec l'approbation du ministre de la guerre. Ils reçoivent un traitement dont
la quotité est déterminée par le ministre de la guerre.

Art. 32. — Les ministres du culte israélite institués à un titre quelconque par le gouverneur général pour l'exercice ou la police de ce culte, n'ont
aucune juridiction sur leurs coreligionnaires, lesquels sont exclusivement justiciables des tribunaux
français, sauf toutefois la disposition contenue en
l'art. 49 ci-après.

TIT. 2. — Compétence des tribunaux français
et indigènes.

Art. 33. — Les tribunaux français connaissent,
entre toutes personnes, de toutes les affaires civiles et commerciales, à l'exception de celles dans
lesquelles les musulmans sont seuls parties, et qui
continueront d'être portées devant les cadis.

Art. 34. — Les tribunaux français civils et de
commerce, pour le jugement de tout procès dans
lequel un musulman est intéressé, sont assistés
d'un musulman, pris à tour de rôle parmi ceux
nommés en exécution de l'art. 21 ci-dessus. Cet
assesseur a voix consultative ; son avis, sur le
point de droit, est toujours mentionné dans le jugement (1).

Art. 35. — La disposition qui précède est ap-

plicable à la cour royale statuant sur appel en matière civile ou commerciale.

Art. 36. — La compétence du tribunal de commerce d'Alger, à raison de la matière, est la même
que celle des tribunaux de commerce en France.
Il juge en dernier ressort dans les limites établies
pour les tribunaux civils par l'art. 10.

Art. 37. — La loi française régit les conventions
et contestations entre Français et étrangers (2).
— Les indigènes sont présumés avoir contracté
entre eux, selon la loi du pays, à moins qu'il y
ait convention contraire. — Les contestations entre
indigènes relatives à l'état civil seront jugées conformément à la loi religieuse des parties. — Dans
les contestations entre Français ou étrangers et
indigènes, la loi française ou celle du pays est
appliquée, selon la nature de l'objet en litige, la
teneur de la convention, et à défaut de convention,
selon les circonstances ou l'intention présumée
des parties.

Art. 38. — Les tribunaux français connaissent,
sauf l'exception portée en l'art 42, de tous crimes,
délits ou contraventions, à quelque nation ou religion qu'appartienne l'inculpé.

Art. 39. — Ils ne peuvent prononcer , même
contre les indigènes, d'autres peines que celles
établies par les lois pénales françaises (3).

Art. 40. — En matière criminelle et correctionnelle, les assesseurs musulmans sont supprimés.

Art. 41. — S'il y a lieu à indemnité pour remplacement provisoire des greffiers de justice de
paix, elle est réglée par le ministre de la guerre.

Art. 42. — Demeure réservée aux conseils de
guerre la connaissance des crimes et délits commis en dehors des limites, telles qu'elles auront
été déterminées en exécution de l'art. 1. Les jugements rendus par les conseils de guerre , en
vertu du présent article, ne donnent lieu qu'au
pourvoi de révision, tel qu'il est réglé par les lois
militaires. — Néanmoins, lorsqu'un Français ou
Européen, étranger à l'armée, a été traduit devant
un conseil de guerre, le jugement peut être déféré
à la cour de cassation, mais seulement pour incompétence ou excès de pouvoir.

Art. 43. — Les cadis continueront de connaître,
entre musulmans seulement, de toutes affaires civiles ou commerciales. — Ils continueront également de constater et rédiger en forme authentique
les conventions dans lesquelles des musulmans
sont seuls intéressés. — Toutefois, lorsqu'il n'existera point de notaires français en résidence dans
un rayon de 20 kil., le cadi pourra constater et rédiger toutes les conventions dans lesquelles un
musulman sera partie (4).

---

(1) Jurisprudence.— L'assesseur musulman ne peut
être considéré comme un juge et compléter le nombre légal
exigé par l'art. 5 de l'ord. du 26 sept. 1842, à peine de
nullité, pour les décisions de la cour.— Cass. 16 juill. 1850.

(2) Les éditions et réimpressions portent con-
t. ventions. C'est une erreur évidente. Cette disposition
n'est que la reproduction textuelle de celle contenue dans
les art. 31 de l'ord. du 10 août 1834, et 37 de l'ord. du
28 juill. 1841, où on lit convention. La suite de l'article
ne permet du reste aucun doute.

1° Jurisprudence.— Les lois d'un intérêt général qui
régissent la France sont de plein droit applicables en Algérie, sans qu'il soit besoin d'une promulgation spéciale,
à moins que le droit exceptionnel de l'Algérie ait restreint
ou modifié la loi générale. — L'exercice du droit de propriété littéraire, qui n'a reçu d'atteinte en Algérie par aucun décret ou arrêté particulier, doit donc être inviolable,
et les lois qui règlent en France les droits d'auteurs, recevoir leur entière exécution ; en outre, et en ce qui concerne la pénalité encourue, l'ord. de 1842 porte également
que les lois pénales françaises sont applicables en Algérie.
Dès lors, la loi du 13 janv. 1791 doit être appliquée. —
Cour d'Alger, 11 avr. 1850, Société des auteurs dramatiques C. le théâtre d'Alger.

2° Questions d'état entre étrangers. — Sur la compétence des tribunaux de l'Algérie relativement aux contestations relatives à la validité et aux effets du mariage entre
étrangers, aux séparations de corps, etc., V. le recueil Jurisprudence de la cour d'Alger, par M. DE MÉNERVILLE.

3° Serment more judaïco. — La cour prenant en considération les dispositions de cet article relatives aux indigènes et les termes des capitulations d'Alger et de Constantine, a constamment décidé, à l'exception d'un seul
arrêt, que le serment more judaïco pouvait être déféré
aux israélites indigènes. Elle a même étendu ce principe
aux israélites européens et français quand il n'était pas
nié qu'ils professaient cette religion (V. eodem).

(3) Jurisprudence.— Les lois pénales de la métropole
intéressant l'ordre et la sûreté publique, sont applicables
à l'Algérie, lorsqu'il n'existe dans la législation coloniale
aucune disposition spéciale sur la matière. — Cour d'Alger,
22 févr. 1851. (Cet arrêt, déféré à la cour de cassation,
a été confirmé le 19 avr. 1851, mais par d'autres motifs ;
la doctrine qu'il renferme n'a donc pas encore reçu de consécration souveraine.) — V. Promulgation.

(4) Jurisprudence. — 1° L'acte reçu par un cadi a,
aux termes de cet article, le caractère d'authenticité, aussi
bien dans le cas prévu par le § 1 que dans celui prévu

Art. 44. — Les cadis connaissent de toutes les infractions commises par les musulmans, punissables selon les lois du pays, lorsque, d'après la loi française, elles ne constituent ni crime, ni délit, ni contravention. — Ils sont, s'il y a lieu, saisis de la connaissance de ces faits par l'autorité française et tenus de statuer sur ses réquisitions. — L'exécution des jugements des cadis a lieu, dans tous les cas, par des agents spéciaux de la force publique institués ou agréés par le procureur général.

Art. 45. — En dehors des limites fixées, conformément à l'art. 4, les cadis musulmans nommés et institués par le gouverneur général conservent leurs anciennes attributions, sauf la juridiction des conseils de guerre et les autres exceptions déterminées par la législation locale.

Art. 46. — Il est tenu des jugements rendus par le cadi en toute matière, un registre qui doit être soumis tous les mois au visa du procureur général.

Art. 47. — L'art. 463 c. pén. n'est point applicable aux crimes et délits commis par des indigènes : — 1° Contre la sûreté de l'État ; — 2° Contre la chose publique ; — 3° Contre la personne au préjudice d'un Français, d'un Européen ou d'un indigène au service de la France.

Art. 48. — Tout indigène condamné à une peine excédant six mois d'emprisonnement pourra être transféré en France pour y subir sa peine. A l'expiration de la peine, il pourra être contraint d'y résider pendant le temps qui sera déterminé par le gouvernement. Le retour en Algérie pourra, de plus, lui être interdit à temps ou à toujours.

Art. 49. — Les rabbins désignés pour chaque localité par le gouverneur général, après l'approbation du ministre de la guerre, sont appelés à donner leur avis écrit sur les contestations relatives à l'état civil, aux mariages et répudiations entre israélites. Cet avis demeure annexé à la minute du jugement rendu par les tribunaux français. — Ils prononcent sur les infractions à la loi religieuse lorsque, d'après la loi française, elles ne constituent ni crime, ni délit, ni contravention. Toutes autres attributions leur sont interdites. — La disposition finale de l'art. 44 et l'art. 46 sont applicables aux rabbins.

Art. 50. — Tout jugement portant condamnation à la peine de mort, et prononcé soit par les tribunaux institués par la présente ordonnance, soit par les conseils de guerre dans les cas prévus par l'art. 42, soit par toute autre juridiction quelconque, ne pourra être exécuté que conformément aux dispositions de notre ord. du 1er avr. dernier (V. Peine de mort).

Art. 51. — Le gouverneur général peut ordonner le sursis à l'exécution de toute condamnation criminelle non capitale ; il en rend compte sur-le-champ à notre ministre de la guerre.

Art. 52. — Le droit de grâce n'appartient qu'au roi.

Art. 53. — En toute matière le recours en cassation est ouvert contre les arrêts ou jugements en dernier ressort.

TIT. 3. — De la procédure devant les tribunaux français et indigènes.

Art. 54. — Toutes les instances civiles sont dispensées du préliminaire de conciliation (1). Le président du tribunal, ou le juge qui le remplace, peut néanmoins inviter les parties à comparaître en personne sur un simple avertissement et sans frais. — Quand un musulman doit être mis en cause, l'invitation sans frais précède nécessairement l'assignation. L'accomplissement de ce préliminaire est constaté par le juge, en marge de l'original qui est, à cet effet, soumis à son visa ayant notification, à peine contre l'huissier de 20 fr. d'amende pour chaque omission.

Art. 55. — La forme de procéder en matière civile ou commerciale devant les tribunaux français en Algérie, est celle qui est suivie en France devant les tribunaux de commerce. Les parties sont tenues de déposer à l'audience leurs conclusions écrites et motivées, signées d'elles ou de leurs défenseurs. — En matière de justice de paix, la forme de procéder est celle qui est suivie en France devant les tribunaux de paix.

Art. 56. — Le délai pour interjeter appel des jugements contradictoires en matière civile, commerciale et de justice de paix, est d'un mois à partir de la signification, soit à personne, soit au domicile réel ou d'élection (2). Ce délai est augmenté à raison des distances qui sont réglées par un arrêté du gouverneur général. — A l'égard des incapables, ce délai ne pourra courir que par la signification à personne ou à domicile de ceux qui sont chargés de leurs droits. — Il peut être appelé de tous les jugements rendus par les cadis dans les limites, les délais et les formes prescrites à l'égard des jugements rendus par les tribunaux français (V. Justice musulmane). — Dans aucun cas, l'appel ne sera reçu ni contre les jugements par défaut ni contre les jugements interlocutoires, avant le jugement définitif (3).

Art. 57. — En matière correctionnelle ou de simple police, le tribunal est saisi par le ministère public, soit qu'il y ait ou non instruction préalable. — S'il y a eu instruction, le juge remet les pièces au procureur général ou à ses substituts, qui peuvent ne pas donner suite à l'affaire ou saisir le tribunal compétent.

Art. 58. — La partie civile ne peut directement citer le prévenu à l'audience, si elle n'est préalablement autorisée par le ministère public, sans préjudice de l'action civile en réparation ou dommages-intérêts qu'elle peut toujours intenter.

Art. 59. — En toute matière, le procureur général à Alger, et dans les autres sièges le procureur

---

par le second, il fait foi par lui-même de sa date. — Cour d'Alger, 23 sept. 1846, 22 mai 1854 — et il n'est pas indispensable qu'il soit dressé une minute de l'acte. — 9 mars 1857.

2° Le cadi n'est compétent que pour les procès entre musulmans indigènes ; la présence d'un musulman sujet d'une autre puissance entraînerait la compétence des tribunaux français. — Cour d'Alger, 5 mars 1847.

3° L'incapacité résultant du § 3 de l'art. 45 n'est que relative. Elle n'a pas été prononcée en vue de la population musulmane, et le musulman qui aurait ainsi contracté ne serait pas habile à invoquer la nullité de l'acte. — Cour d'Alger, 22 mai 1854. (Il semble qu'on pourrait de même opposer à l'Européen contractant sa comparution volontaire devant le cadi et l'extension de juridiction par lui donnée à ce magistrat : ce sont là, du reste, de ces contestations où le fait et la bonne foi ont un caractère déterminant.)

(1) Abrogé par la promulgation du code de procédure

(V. Procédure, ord. du 16 avril 1845, art. 2, note).

(2) t° Ce délai est absolu. L'exception fondée sur ce qu'il n'a pas été observé est péremptoire. Il s'agit d'une déchéance d'ordre public, et non d'une nullité de procédure qu'il serait facultatif aux tribunaux d'admettre ou de rejeter. — Cour d'Alger, nombreux arrêts.

2° L'art. 16 de l'ord. du 16 avril 1845, qui parle seulement d'un délai de trente jours en vue des cas où il y aurait lieu à augmentation à raison des distances (V, Procédure judiciaire) n'a en rien abrogé le terme ordinaire d'un mois fixé par l'art. 56. — Cour d'Alger, 20 juin 1854 et 21 avril, 1856 — en matière de revendication de propriété après délimitation administrative, délai spécial de huit jours pour faire appel (V. Propriété, § 1, réglem. min. du 17 sept. 1846, art. 6).

(3) Jurisprudence. — Cette disposition a été abrogée en ce qui concerne les jugements interlocutoires par la promulgation du code de pr. Ord. du 16 avril 1845. — Cour d'Alger, 20 janv. 1846.

du roi, peuvent autoriser la mise en liberté provisoire, avec ou sans caution. Ils peuvent admettre comme cautionnement suffisant, sans qu'il soit besoin de dépôt de deniers ou autres justifications et garanties exigées par la loi française, la soumission écrite de toute tierce personne jugée solvable, portant engagement de faire représenter ou faire représenter le prévenu à toute réquisition de justice, ou à défaut, de verser au trésor, à titre d'amende, une somme déterminée dans l'acte du cautionnement. Le prévenu mis provisoirement en liberté sera solidairement tenu au payement de cette amende. Le recouvrement des sommes dues à ce titre sera poursuivi par voie de contrainte, comme en matière d'enregistrement.

Art. 60.'— A Alger, dans le cas de crime, aussitôt que l'information est terminée, le procureur du roi transmet les pièces de la procédure au procureur général. Si celui-ci est d'avis qu'il y a lieu de traduire l'accusé devant la cour royale constituée en cour criminelle, il dresse l'acte d'accusation et demande au président l'indication d'un jour pour l'ouverture des débats. L'ordonnance du juge et l'acte d'accusation sont signifiés à l'accusé, auquel toutes les pièces de la procédure sont communiquées sur sa demande. — Le procureur général à Alger et les procureurs du roi dans les autres sièges peuvent également, dans le cas de crime, saisir directement la cour royale ou le tribunal, sans instruction préalable.

Art. 61. — En toute matière et en tout état de cause, le procureur général peut requérir à l'instant la remise des pièces, faire cesser les poursuites et mettre le prévenu en liberté. — Ce droit peut être exercé par le procureur du roi dans les sièges autres que celui d'Alger.

Art. 62. — La forme de procédure en matière criminelle et correctionnelle, ainsi que les formes de l'opposition ou de l'appel, sont réglées par les dispositions du code d'instruction criminelle relatives à la procédure devant les tribunaux correctionnels. — Toutefois, les dépositions des témoins à l'audience seront constatées de la forme suivante : il sera donné lecture par le greffier des notes par lui tenues; le juge les rectifiera et les complétera, s'il y a lieu; le témoin sera invité à déclarer si l'analyse sommaire de sa déposition est fidèlement reproduite. Le témoin sera, en outre, requis de signer, ou mention sera faite de la cause qui l'en empêche. — Les notes ainsi arrêtées seront signées du greffier, certifiées par le juge, et jointes, en cas d'appel, à l'expédition du jugement.

Le mode de procéder, devant les tribunaux de simple police, est réglé par les sect. 1 et 3 du chap. 1, tit. 1, du liv. 2 c. inst. crim. — Néanmoins, l'appel des jugements de simple police, dans les cas où il est autorisé, doit être, sous peine de déchéance, déclaré au greffe des tribunaux de paix dans les dix jours, au plus tard, à partir de celui où le jugement a été prononcé contradictoirement, et si le jugement est par défaut, dans les

dix jours, au plus tard, après celui de sa signification, outre le délai à raison des distances.

Art. 63. — En matière criminelle, le président de la cour royale d'Alger, les présidents des tribunaux de 1re inst. de Bône, Oran et Philippeville, pourront faire application de l'art. 269 c. inst. crim.

TIT. 4. — Juridiction administrative.

Art. 64. — Le conseil d'administration établi près du gouverneur général statue sur les matières contentieuses dont la connaissance lui est attribuée par la législation de l'Algérie. — L'instruction a lieu dans les formes observées en France devant les conseils de préfecture. — Dans tous les cas où il y a lieu à visite ou estimation par experts, leur rapport ne vaut, devant le conseil, que comme renseignement.

Art. 65. — Les décisions du conseil d'administration en matière contentieuse, sauf les exceptions prévues par les ordonnances et arrêtés ayant force de loi en Algérie, pourront être déférées au conseil d'Etat, mais elles seront, dans tous les cas, provisoirement exécutoires. — Néanmoins, en ayant égard aux circonstances, le gouverneur général pourra d'office, ou sur la demande des parties intéressées, suspendre l'exécution jusqu'à décision définitive.

Art. 66. — Dans tous les cas où le gouverneur général peut prononcer seul, ses arrêtés ne donnent ouverture à aucun recours au contentieux, sauf aux intéressés à porter leurs réclamations devant le ministre de la guerre.

Art. 67. — Lorsque l'autorité administrative élève le conflit d'attributions, le conseil, auquel est adjoint un nouveau membre de l'organisation judiciaire, se réunit sous la présidence du gouverneur général, et juge le conflit, sauf appel au conseil d'Etat, s'il y a lieu.

TIT. 5. — Dispositions particulières.

Art. 68. — Toute citation ou notification faite à un musulman, en matière civile ou criminelle, sera accompagnée d'une analyse sommaire en langue arabe, faite et certifiée par un interprète assermenté le tout à peine contre l'huissier de 20 fr. d'amende pour chaque omission, et sans préjudice de la nullité de l'acte, si le juge croit devoir la prononcer (1).

Art. 69. — Nonobstant toutes dispositions des lois, les nullités des actes d'exploits et de procédure seront facultatives pour le juge, qui pourra, selon les circonstances, les accueillir ou les rejeter (2).

Art. 70. — Les délais pour les ajournements à comparaître devant les tribunaux de l'Algérie, et pour la notification de tous actes, seront augmentés de 30 jours à l'égard des personnes domiciliées en Algérie dans l'arrondissement d'un autre tribunal; de 40 jours à l'égard de celles qui sont domiciliées en France; de 60 jours pour celles qui demeurent dans les Etats limitrophes de la France ou de l'Algérie. — Les dispositions de l'art. 73 c. pr. seront exécutées à l'égard de toutes les autres personnes, selon le lieu de leur résidence.

(1) Jurisprudence. — 1° L'obligation de la traduction n'a été imposée qu'en vue de la signification à partie, et non de la signification à défenseur. — Cour d'Alger, 29 mars 1834;

2° L'annotation en marge de l'exploit du coût de la traduction ne peut suppléer la mention formelle que la copie remise a été traduite. — Cour d'Alger, 5 janv. 1838.

3° Cette formalité n'est pas prescrite à peine de nullité absolue. L'art. 68 n'exprime pas non plus si un extrait de la traduction doit être inscrit sur l'original de l'acte ou s'il suffit pour sa validité de la mention par l'huissier qu'il a été traduit. Le juge peut donc apprécier les circonstances de fait. — Cour d'Alger, 2 janv. 1834.

4° V. Impôt arabe, décis. min. 21 févr. 1839, interprétation de cette prescription.

(2) Jurisprudence. — La rédaction de cet article n'est

pas heureuse, et il eût mieux valu conserver celle de l'art. 59 de l'ord. du 10 août 1834. En tout cas, que doit-on entendre par acte de procédure? La cour d'Alger a décidé par plusieurs arrêts que cette expression devait s'entendre des actes qui ne peuvent être qualifiés exploits, tels que les déclarations aux greffes, etc., mais ne pouvait être étendue à l'accomplissement tardif des formalités qui constituent la procédure elle-même, et sont soumises à des délais et déchéances; qu'en conséquence la faculté accordée pouvait s'appliquer aux nullités de rédaction et d'énonciations contenues dans les actes précités, mais n'autorisait pas les tribunaux à relever les parties de déchéances ou forclusions encourues, faute d'accomplissement de formalités prescrites dans les délais déterminés, et à déclarer valables les actes qui auraient eu pour but de les remplir tardivement.

Art. 71. — Seront valables, en ce qui concerne les droits et actions qui auront pris naissance en Algérie, les citations et notifications faites dans ce pays : — 1° Au domicile élu dans les conventions; — 2° A la dernière résidence connue de ceux qui possèdent ou ont possédé des immeubles dans le pays, y ont fondé un établissement ou exercé une industrie ; — 3° Au domicile et en la personne du mandataire général ou spécial de la personne à laquelle la notification est destinée. — A défaut d'élection de domicile, de dernière résidence connue, ou de mandataire constitué, les citations ou notifications seront valablement faites au parquet du procureur général, lequel en fera insérer l'extrait au *Moniteur algérien.*

Art. 72. — Tout jugement portant condamnation au payement d'une somme d'argent, ou à la délivrance de valeurs ou objets mobiliers pourra, lors de sa prononciation, être déclaré exécutoire par la voie de contrainte par corps. — Toutefois, cette contrainte prononcée contre des militaires présents en Algérie, et en activité sous les drapeaux, ne sera mise à exécution qu'un mois après l'avis donné par la partie poursuivante au chef de l'état-major de la division qui en fournira récépissé (1).

Art. 73. — Les règlements concernant l'exercice des fonctions ou professions de notaires, défenseurs près les tribunaux, huissiers, commissaires-priseurs et courtiers de commerce, seront arrêtés par le ministre de la guerre. — Les règlements pour le service intérieur et l'ordre des audiences des divers tribunaux, ne seront exécutoires qu'après son approbation, et sous les modifications qu'il aura prescrites. — Le ministre de la guerre continue de nommer à tous les emplois d'officiers publics et ministériels.

Art. 74. — Les tribunaux de l'Algérie n'auront point de vacations; ils seront toutefois autorisés à suspendre leurs audiences pendant dix jours consécutifs de chacun des mois de juin, juillet, août et septembre (Abrogé par décr. du 19 mars 1853, ci-après, § 2).

Art. 75. — L'ord. du 18 mai 1841 (*Justice de paix*), est rapportée ; toutes autres dispositions des ordonnances, arrêtés ou règlements antérieurs sur l'organisation ou l'administration de la justice cesseront d'avoir leur effet, en ce qu'ils ont de contraire à la présente ordonnance qui sera exécutoire à dater du 1er janv. 1843.

OM. — 30 nov.-31 déc. 1844. — B. 191. — *Création d'une deuxième chambre à la cour royale, d'un tribunal à Blidah, et de justices de paix.*

Vu nos ord. des 26 sept. 1842 et 1er oct. dernier.

Art. 1. — Le ressort de la cour royale d'Alger embrasse tous les territoires compris dans la juridiction des tribunaux de 1re inst. de l'Algérie.

Art. 2. — La cour royale d'Alger se compose : — D'un président, d'un vice-président, de douze conseillers, d'un greffier en chef qui a sous ses ordres deux commis greffiers assermentés. — Les fonctions du ministère public près la cour sont remplies par un procureur général, deux avocats généraux et deux substituts du procureur général.

Art. 3. — La cour se divise en deux chambres : une chambre civile et une chambre criminelle. — La chambre civile connaît des appels des jugements rendus, en matières civiles et commerciales, par les tribunaux de 1re inst. et de commerce et par les tribunaux musulmans. Elle est présidée par le président de la cour.

La chambre criminelle connaît : — 1° De toutes les affaires de la compétence des cours d'assises, directement de la province d'Alger, et sur appel des jugements rendus par les tribunaux de Bône, de Philippeville et d'Oran, pour les provinces de Constantine et d'Oran ; — 2° Des appels en matière correctionnelle ; — 3° Directement des crimes et délits prévus par le chap. 3 du tit. 4, liv. 2, c. inst. crim., dans tous les cas où le jugement en est déféré aux cours royales de France. — Elle connaît, en outre, des appels en matière civile et commerciale qui lui sont renvoyés par le président. — Elle est présidée par le vice-président : toutefois le président de la cour la préside quand il le juge convenable.

Art. 4. — Le tribunal de 1re inst. d'Alger se compose : d'un président, d'un vice-président ; d'un juge d'instruction ; de cinq juges ; d'un greffier auquel sont adjoints des commis greffiers assermentés, dont le nombre est déterminé par le ministre de la guerre, selon les besoins du service. — Il y a près de ce tribunal un procureur du roi et deux substituts.

Art. 5. — Le tribunal de 1re inst. d'Alger se divise en deux chambres : une chambre civile et une chambre correctionnelle. — La première connaît des affaires civiles. Elle est présidée par le président du tribunal. — La seconde connaît des affaires correctionnelles et des appels de simple police et des affaires civiles qui peuvent lui être renvoyés par le président. Elle est présidée par le vice-président : toutefois le président du tribunal la préside quand il le juge convenable. — L'une et l'autre chambre jugent au nombre de trois juges au moins.

Art. 6. — A la fin de chaque année, le ministre de la guerre, après la délibération de la cour et du tribunal de 1re inst. d'Alger et sur la proposition du procureur général, désigne, par un arrêté spécial, ceux des conseillers et des juges qui devront faire partie pendant l'année suivante de chacune des chambres de la cour et du tribunal. — Cette désignation subsiste aussi longtemps que

---

(1) V. *Contrainte par corps.* — Arrêté du 10 oct. 1852. — Exécution contre des chefs indigènes.

Jurisprudence. — 1° D'après la législation spéciale de l'Algérie, il est toujours facultatif aux tribunaux de prononcer la contrainte par corps, mais ils peuvent en suspendre l'exercice pendant une année, aux termes de l'art. 11 de la loi du 15 sept. 1848, quand l'exige l'intérêt des enfants mineurs. — *Cour d'Alger*, 10 sept. 1850.

2° La disposition de l'art. 72 n'est applicable qu'aux obligations contractées en Algérie. — *Cour d'Alger*, 17 août 1843 et jurisprudence constante.

3° Elle n'est pas applicable au musulman déclaré interdit par un jugement du cadi et bien que l'interdiction en droit musulman n'ait pas le même caractère qu'en droit français. — *Cour d'Alger*, 16 févr. 1859.

4° Elle est applicable en matière de payement de fermage de biens ruraux, bien que la disposition de l'art. 2062 c. Nap. ait été abrogée en France par l'art. 2 de la loi du 13 déc. 1848. — *Cour d'Alger*, 24 août 1857.

5° Elle est applicable en matière commerciale pour une

créance de moins de 200 fr., bien que la loi du 17 avril 1832, sur la contrainte par corps, promulguée spécialement dans l'art. 45 de l'ord. du 16 avril. 1843 (V. *Procédure*) soit exécutoire en Algérie. — *Cour d'Alger*, 23 juill. 1858.

6° Elle est applicable aux femmes (dans l'espèce, en matière de folle enchère) ; en effet, le législateur a, dans les art. 2059 et suiv. c. Nap., formulé les règles auxquelles serait soumise la contrainte par corps, d'abord à raison de la matière, puis à raison des personnes. En Algérie, au contraire, l'art. 72 de l'ord. de 1842 ne reproduit à cet égard aucune distinction. Ses termes sont généraux et absolus, et il en résulte clairement qu'aucune réserve autre que celle de l'appréciation des faits et circonstances qui seraient de nature à faire admettre ou rejeter cette voie rigoureuse d'exécution, n'a été conférée à la faculté exceptionnelle qui était conférée aux tribunaux, et que cette disposition a tous les caractères d'une mesure d'ordre général prise en vue des nécessités du pays. — *Cour d'Alger*, 27 juill. 1859.

l'arrêté de renouvellement n'est pas intervenu. Elle ne fait pas obstacle à ce que les conseillers ou juges attachés à l'une des chambres soient, en cas d'empêchement ou de besoin, suppléés par ceux de l'autre chambre.—La première désignation pour l'année 1845 sera faite d'office par le ministre de la guerre avant le 1er janv.

Art. 7.—Il est établi un tribunal de 1re inst. à Blidah.—Le ressort de ce tribunal comprend les districts de Blidah, Bouffarik et Koléah.—Sa compétence est la même en matière civile, commerciale, correctionnelle et d'appel de simple police, que celle des tribunaux de Bône, Oran et Philippeville.

Art. 8.—Les tribunaux de Blidah, Bône, Oran et Philippeville se composent chacun : d'un président, de quatre juges dont l'un est chargé du service de l'instruction, et d'un greffier qui a sous ses ordres un commis greffier assermenté. — Ils ne peuvent juger qu'au nombre de trois juges au moins.—Il y a près de chacun de ces tribunaux un procureur du roi et un substitut du procureur du roi.

Art. 9. — Il est établi une seconde justice de paix à Alger et une justice de paix à Douéra.

Art. 10.—Les justices de paix d'Alger sont délimitées ainsi qu'il suit :—L'une (canton N.) comprend ;—1° La partie de la ville située du côté droit de la ligne qui, partant de la porte de la Marine, suit la rue de la Marine, et traversant la place Royale, suit la rue de la Porte-Neuve et la route de Blidah ; — 2° Les communes d'El Biar, de Dely Ibrahim, de Cheragas, d'Ouled Fayet, de Sidi-Ferruch, de la Pointe Pescade et de la Bouzareah. — L'autre (Canton S.), comprend : — 1° Toute la partie de la ville en dehors de la porte de la Marine et des limites ci-dessus déterminées ; —2° Les communes de Mustapha, d'Hussein Dey, de Kouba, de Birmandraïs, de Birkhadem et de Draria.

Art. 11.—Le service au tribunal de simple police d'Alger se fera conformément aux dispositions des art. 142 et 145 c. inst. crim.

Art. 12. — La circonscription de la justice de paix de Douéra est la même que celle du district.

Art. 13. — La compétence et les attributions diverses des juges de paix de Blidah et de Douéra sont les mêmes que celles des juges de paix de France.

Art. 14. — Les conseillers adjoints et juges adjoints sont supprimés

Art. 15.—Le traitement du vice-président de la cour est du quart en sus de celui de conseiller.— Le traitement des avocats généraux est du sixième en sus de celui de conseiller.—Le traitement des substituts du procureur général est de 4,500 fr.

Art. 16. — Le traitement du vice-président du tribunal de 1re inst. d'Alger est du quart en sus de celui du juge.

Art. 17. — Le traitement des membres du tribunal de 1re inst. de Blidah est le même que celui des membres des tribunaux de Bône, Oran et Philippeville.

Art. 18. — Le traitement des juges de paix d'Alger est de 3,000 fr. ; celui du juge de paix de Douéra de 2,400 fr.

Art. 19. — L'intégralité de leur traitement est provisoirement conservée aux magistrats remplissant des fonctions qui seraient moins rétribuées d'après la présente ordonnance.

APE.—20 août-9 sept. 1848.—B. 284 et 524. — *Service judiciaire remis au ministre de la justice.* (Abrogé par décr. du 29 juill. 1858, infra).

Vu l'arr. du 30 mai dernier, portant que l'administration de la justice en Algérie, sera remise au ministre de la justice ;

Art. 1.—Les attributions conférées par la législation actuelle au ministre de la guerre, pour l'administration de la justice en toute matière, relativement à la population civile française et européenne des territoires civils en Algérie, sont du ressort exclusif du ministre de la justice. — Le service de la justice indigène reste placé dans les attributions du ministre de la guerre.

Art. 2. — dans les territoires mixtes, la justice continuera provisoirement d'être rendue d'après les règles établies par les ord. des 26 sept. 1842 et 15 avr. 1845. — Le procureur général pourra, avec l'autorisation du gouverneur général, se faire rendre compte des travaux intéressant l'administration de la justice dans ces territoires.

Art. 3. — Dans le cas où il y aura lieu de modifier la législation actuelle de l'Algérie, relativement à l'administration de la justice en toute matière, et d'instituer, en territoire civil ou mixte, des tribunaux de 1re inst. ou de commerce, et des justices de paix sur d'autres points que ceux où il en est actuellement établi, il y sera pourvu par le pouvoir exécutif, sur le rapport du ministre de la justice, qui se concertera à cet effet, au préalable, avec le ministre de la guerre. — L'arrêté qui interviendra sera contre-signé par le ministre de la justice.

Art. 4. — Dans les localités où les commissaires civils sont appelés exceptionnellement à exercer des fonctions judiciaires, ils sont placés à ce titre, sous le contrôle et la surveillance du chef du service de la justice en Algérie. — Toutefois aucune mesure disciplinaire ne pourra leur être infligée qu'à raison de leurs fonctions judiciaires et avec l'assentiment du ministre de la guerre. — La révocation ne pourra être prononcée que par le ministre de la guerre.

Art. 5. — Les arrêtés portant nomination, admission à la retraite ou révocation des membres de la cour d'appel, des tribunaux de 1re inst. et des justices de paix, seront rendus sur le rapport du ministre de la justice.

Art. 6. — Les arrêtés portant institution des membres des tribunaux de commerce seront également rendus sur le rapport du ministre de la justice.

Art. 7. — Le greffier en chef de la cour d'appel, les greffiers des tribunaux de 1re inst., de commerce et des justices de paix, les notaires, les avoués près la cour et les tribunaux, les huissiers, les interprètes judiciaires, les commissaires-priseurs, seront nommés par le pouvoir exécutif, sur le rapport du ministre de la justice.

Art. 8. — Les conditions d'aptitude aux fonctions de notaire, avoué, huissier, interprète judiciaire et commissaire-priseur, sont maintenues provisoirement telles qu'elles ont été réglées par les arrêtés ministériels.

Art. 9.—Les propositions pour les nominations aux fonctions de l'ordre judiciaire seront faites par le procureur général et transmises par lui au ministre de la justice.

Art. 10. — Les droits conférés au gouverneur général par l'art 29 de l'ord. du 15 avr. 1845 sont maintenus, mais il devra rendre compte sur-le-champ aux ministres de la guerre et de la justice des mesures qu'il aura prises conformément à ces dispositions.   E. Cavaignac.

DI. — 19 août-22 nov. 1851.—B. 470. — *Institution de cour d'assises.*

Tit. 1 et 2. — *Extension de la compétence des juges de paix* (V. *Justice de paix*).

Tit. 3. — *Des cours d'assises* (1).

Art. 1. — Les cours d'assises connaissent de

---

(1) V. ci-après 13 et 25 mars 1860—compétence en territoire militaire, — officiers auxiliaires de police judiciaire.

tous les faits qualifiés crimes par la loi. — Elles jugent sans l'assistance de jurés.

Art. 5. — La tenue des assises a lieu tous les quatre mois dans chacun des chefs-lieux d'arrondissement de l'Algérie où est établi un tribunal de 1ʳᵉ inst. — Toutefois, notre ministre de la justice peut ordonner que la cour d'assises siégera dans un lieu autre que celui où elle siège habituellement; il peut également ordonner la tenue d'assises extraordinaires.

Art. 6. — La cour d'assises se compose : — A Alger : 1° de cinq conseillers de la cour impériale, dont l'un remplit les fonctions de président; 2° du greffier de la cour impériale, ou de l'un de ses commis assermentés. — Dans les autres arrondissements : 1° de trois conseillers à la cour impériale, dont l'un remplit les fonctions de président; 2° de deux magistrats pris parmi les présidents ou juges composant le tribunal de 1ʳᵉ inst. dans la circonscription duquel siège la cour d'assises; 3° du greffier du tribunal ou de l'un de ses commis assermentés. — Les fonctions du ministère public sont remplies, auprès de chaque cour d'assises, par le procureur général près la cour impériale ou par l'un de ses substituts.

Art. 7. — Notre ministre de la justice nomme, pour chaque session d'assises, le conseiller président, et les conseillers assesseurs. — Les président et juges du tribunal de 1ʳᵉ inst. sont appelés dans l'ordre du tableau. — Le juge d'instruction peut être membre de la cour d'assises. — Les mêmes président et conseillers assesseurs sont désignés pour chaque département. Ces magistrats se transportent successivement dans les divers arrondissements pour y exercer leurs fonctions.

Art. 8. — La nomination du président des assises et des conseillers assesseurs doit être faite quatre mois au moins avant l'ouverture de chaque session; à défaut, il y est procédé par le procureur général. — La nomination est déclarée par une ordonnance du procureur général, qui fixe l'époque de l'ouverture des assises, et qui est publiée deux mois au moins avant cette ouverture.

Art. 9. — En cas d'empêchement du président des assises, il est remplacé par l'un des conseillers assesseurs. — En cas d'absence ou d'empêchement des conseillers assesseurs, constaté avant l'ouverture des assises dans un département, ils sont remplacés par ordonnance du procureur général. — Dans les autres cas où l'un des membres de la cour d'assises est empêché, le président appelle pour le remplacer l'un des magistrats du siège pris dans l'ordre du tableau.

Art. 10. — Si une session extraordinaire d'assises est ordonnée, le président et les conseillers assesseurs de la dernière session sont de droit président et membres de la cour. En cas d'empêchement, ils sont remplacés à l'instant où la nécessité des assises extraordinaires est connue. — Le remplacement est fait par le procureur général. — Une ordonnance de ce magistrat détermine l'époque de l'ouverture de cette session extraordinaire.

Art. 11. — Les cours d'assises prononcent à la majorité, et par des dispositions distinctes; — Sur chaque chef d'accusation; — Sur les circonstances aggravantes; — Sur les circonstances atténuantes. — Et sur l'application de la peine. — Les arrêts sont rendus par cinq juges.

Art. 12. — Les dispositions du chap. 5 de la loi du 20 avr. et du tit. 2 du décret du 6 juill. 1810, relatives à l'ouverture, à la tenue et à la clôture des assises, les chapitres du code d'instruction criminelle relatifs, 1° à la formation des cours d'assises, 2° à la procédure devant la cour d'assises, 3° enfin à l'examen, au jugement et à l'exécution,

sont applicables, en Algérie, dans tout ce qui n'est pas contraire au présent décret et aux dispositions des lois et ordonnances antérieures non abrogées par ledit décret.

Art. 13. — Les cours d'assises instituées par le présent décret entreront en fonctions à partir du 1ᵉʳ janv. 1855. — Jusqu'à cette époque, les juridictions actuellement existantes continueront à connaître des affaires criminelles qui leur seront renvoyées. — Pour la première session d'assises, dans chaque département, les nominations des présidents et des conseillers assesseurs devront être faites deux mois au moins avant l'ouverture de la session. — Dans le mois qui suivra ces nominations, les époques de la tenue des assises dans toute l'Algérie seront fixées par un arrêté du procureur général. — Cet arrêté sera envoyé à tous tribunaux de 1ʳᵉ inst. — Lecture en sera faite dans les trois jours de sa réception à l'audience publique, sur la réquisition du procureur impérial; il sera publié dans les journaux et affiché dans tous les chefs-lieux d'arrondissement et sièges des tribunaux de 1ʳᵉ inst.

DI. — 1ᵉʳ nov.-8 déc. 1854. — B. 471. — *Cours d'assises.* — *Indemnités aux conseillers délégués.*

Vu le décret du 10 août dernier, art. 5, 6, 7 et 13; — Considérant qu'il importe de fixer le supplément de traitement qui doit être alloué aux magistrats délégués et qu'il convient de prendre pour base le nombre des arrondissements compris dans chaque département, la durée moyenne des assises et la population des villes où elles se tiennent; — Considérant que les frais extraordinaires de voyage et de séjour auxquels sont assujettis les magistrats appelés à présider ou composer les cours d'assises, sont les mêmes pour tous; — Sur le rapport de notre ministre de la justice.

Art. 1. — Les conseillers délégués pour présider ou composer les cours d'assises ordinaires en Algérie, en dehors de l'arrondissement d'Alger, recevront chacun un supplément de traitement qui est fixé comme suit, savoir : — 1° 500 fr. pour le département de Constantine; — 2° 500 fr. pour le département d'Oran (élevé à 400 fr. à cause de l'institution du tribunal de Mostaganem); — 3° 150 fr. pour l'arrondissement de Blidah.

Art. 2. — Les mêmes magistrats appelés à présider et composer une cour d'assises extraordinaire recevront chacun une indemnité de 15 fr. par jour, pendant la durée de l'assise.

Art. 3. — Le procureur général près la cour impériale ou son substitut qui ira remplir les fonctions de ministère public dans une cour d'assises de l'Algérie aura droit aux mêmes suppléments de traitement et indemnité, selon les distinctions précédentes; — Si son séjour ne s'étend pas à toute la durée de la session, il aura droit seulement à une indemnité de 15 fr. par jour.

DI. — 18 nov.-29 déc. 1854. — B. 472. — *Cours d'assises.* — *Logement des conseillers délégués.*

Art. 1. — Dans toute commune de l'Algérie où se tiendront les assises, le président et les conseillers assesseurs seront logés, par les soins et aux frais de la commune, dans des appartements convenables et meublés.

DI. — 29 juill.-9 août 1858. — BM. 1. — *Service judiciaire relié au ministère de l'Algérie et des colonies.*

Vu notre décret du 24 juin 1858, qui crée un ministère de l'Algérie et des colonies;

Art. 1. — Le service de la justice en Algérie est placé dans les attributions du ministère de l'Algérie et des colonies. — Toutefois, lorsqu'il s'agit de modifier soit la législation judiciaire, soit l'organisation des tribunaux de l'Algérie, il y est pourvu par des décrets rendus sur le rapport du Prince chargé du ministère de l'Algérie et des colonies et de notre ministre de la justice. — Le procureur général et le président de la cour impériale d'Alger adressent tous les trois mois au Prince chargé du ministère de l'Algérie et des colonies et à notre ministre de la justice, un rapport sur l'administration de la justice et sur la marche de la législation en Algérie.

Art. 2. — Les décrets portant nomination ou révocation des membres de la cour impériale, des tribunaux de 1ʳᵉ inst. et des justices de paix, ou institution des membres des tribunaux de commerce en Algérie, sont rendus sur la proposition collective du Prince chargé du ministère de l'Algérie et des colonies et de notre ministre de la justice, qui les contre-signent.

Art. 3. — Les magistrats de l'Algérie sont considérés comme détachés du ministère de la justice pour un service public: ils sont placés sous l'autorité du Prince chargé du ministère de l'Algérie et des colonies. — Toutefois, les mesures disciplinaires qu'il y aurait lieu de prendre à leur égard seront arrêtées de concert entre le Prince chargé du ministère de l'Algérie et des colonies et notre ministre de la justice.

Art. 4. — Les officiers publics et ministériels de l'Algérie et les interprètes judiciaires sont nommés et révoqués sur la seule proposition du Prince chargé du ministère de l'Algérie et des colonies.

Art. 5. — L'arrêté du chef du pouvoir exécutif du 20 août 1848 est abrogé. — Toutes les dispositions non contraires au présent décret sont maintenues.

DI. — 15-18 déc. 1858. — BM. 9. — *Nouvelle organisation de la cour impériale. — Chambre des mises en accusation* (1).

Vu les art. 1 et 3 de l'ordonnance du 22 juill. 1834 (*Administration générale*, § 1);

---

(1) 15 déc. 1858. — *Rapport à l'empereur.* — Sire, l'organisation de la cour impériale d'Alger n'est plus à la hauteur de la situation nouvelle faite à l'Algérie. Surchargée d'affaires civiles, obligée de détacher tantôt cinq conseillers, tantôt trois, pour le service des cours d'assises, elle ne saurait suffire plus longtemps à sa lourde tâche. Privée d'une chambre des mises en accusation et du droit d'évocation, elle laisse l'issue des informations criminelles aux décisions souveraines du procureur général, et la poursuite des affaires graves manque de l'un des plus puissants moyens de l'instruction judiciaire. — Pour remédier à cet état de choses, il m'a paru indispensable de remanier l'organisation actuelle et de faire un pas de plus vers l'assimilation complète aux cours de la métropole. — La cour impériale d'Alger, qui n'avait eu jusqu'à ce jour qu'un président et un vice-président, se composera donc d'un premier président, de deux présidents de chambre, et le nombre de ses conseillers sera porté de quatorze à dix-sept. Le procureur général cessera d'être le chef de la justice; c'est la conséquence forcée de la création d'une première présidence. Comme en France, l'un des avocats généraux de son parquet sera nommé premier avocat général. En rentrant dans la constitution normale des pouvoirs judiciaires, on relève la cour et on ajoute à l'autorité de ses arrêts.

Reconstituée de la sorte, la cour se divisera en trois chambres: une chambre civile, une chambre correctionnelle et une chambre des mises en accusation, qui prononceront suivant les mêmes règles que les cours de l'empire. — En matière civile et correctionnelle, c'est l'assimilation absolue de nos institutions, et, sous ce rapport, l'Algérie n'aura rien à envier à la France. — En matière criminelle, la création d'une chambre des mises en accusation est la base essentielle du décret. Par elle se réalise une série de réformes qui suppriment de graves anomalies et introduisent dans la procédure criminelle un immense progrès.

Art. 1. — La cour impériale d'Alger se compose d'un premier président, de deux présidents de chambre et de 17 conseillers. — Les fonctions du ministère public près la cour sont remplies par un procureur général, deux avocats généraux, dont l'un reçoit le titre de premier avocat général, et deux substituts.

Le premier président et le procureur général de la cour impériale d'Alger ont les attributions, le rang et les prérogatives accordés par la législation aux premiers présidents et aux procureurs généraux des autres cours impériales de l'empire.

Art. 2. — La cour impériale d'Alger se divise en trois chambres, dont une connaît des affaires civiles, une des mises en accusation, et une des appels de police correctionnelle.

Art. 3. — Les lois et décrets relatifs à la formation des chambres, au nombre de voix nécessaires pour la validité des arrêts, au roulement des magistrats et à l'ordre du service dans les cours impériales de l'empire, sont applicables à la cour impériale d'Alger.

Art. 4. — Sont également applicables en Algérie: — 1° Les chap. 6, 7, 8 et 9 du liv. 1 du c. d'inst. crim., modifiés par les lois des 4 avr. 1855 et 17 juill. 1856; — 2° La loi du 13 juin 1856; — 3° Le chap. 1 du tit. 2 du c. d'inst. crim., modifié par la loi du 17 juill. 1856; — 4° Le chap. 2 du tit. 4 du liv. 2 du même code, relatif aux contumaces.

Art. 5. — Le délai pour notifier l'opposition du procureur général aux ordonnances du juge d'instruction est de vingt jours pour les tribunaux autres que ceux de la province d'Alger.

Art. 6. — Sont abrogées les dispositions de l'ord. du 26 sept. 1842, en tout ce qu'elles ont de contraire au présent décret, et notamment les art. 60 et 61.

DI. — 15 déc. 1858-10 janv. 1859. — BM. 11. — *Grâces et commutations de peine* (1).

Vu le décr. du 29 juill. 1858 ci-dessus; — Vu le décr. du 10 juill. 1852, sur les propositions de

---

On peut citer notamment la prérogative d'évocation rendue à la cour, le droit d'incarcération préventive enlevé au ministère public, ainsi que la faculté qui lui était accordée par l'art. 61 de l'ord. du 26 sept. 1842, de faire cesser les poursuites en tout état de cause; la liberté provisoire soumise aux formes du Code d'instruction criminelle; les informations judiciaires réglées par les ordonnances émanées, non plus du procureur général, mais du juge d'instruction, et la mise en vigueur de la procédure relative aux contumaces.

Telle est, Sire, l'économie du décret. Dans le présent, il donne satisfaction à des intérêts légitimes; dans l'avenir, il est certainement destiné à hâter les progrès de l'Algérie. L'histoire et l'expérience ont, en effet, démontré que les institutions judiciaires occupent une grande place dans la fondation des colonies. Pour attirer une population civile nombreuse, intelligente et laborieuse dans un pays nouveau et pour l'y enraciner, il ne suffit pas que ce pays abonde en richesses variées, il faut encore que cette population y trouve un régime qui garantisse ses libertés et sa fortune. Sans cette protection certaine et efficace, les colons s'aventurent à la recherche de la fortune, mais ne se lient pas au sol par des entreprises agricoles sérieuses et de longue durée. — Convaincu de ces vérités, j'ai cherché à réaliser les améliorations les plus importantes que pouvait comporter l'organisation judiciaire de l'Algérie; et, d'accord avec M. le garde des sceaux, je les soumets avec confiance à la sanction de V. M. NAPOLÉON (Jérôme).

(2) 15 déc. 1858. — *Rapport à l'empereur.* — Sire, l'instruction et la présentation des grâces ne sont encore réglées d'une manière uniforme. En Algérie, elles sont confiées au ministère de la justice quand il s'agit de condamnations prononcées par les tribunaux ordinaires, et elles relèvent de mon département en ce qui concerne

grâces et de commutations relatives aux individus condamnés par les juridictions militaires ou maritimes;

Art. 1. — Les propositions de grâce, commutation et réduction de peines en faveur des individus condamnés par les cours et tribunaux ordinaires de l'Algérie et des colonies nous sont directement présentées par le ministre de l'Algérie et des colonies.

Art. 2. — Les rapports qui nous sont soumis à cet effet énoncent l'avis de notre ministre de la justice, qui est préalablement consulté dans les formes tracées pour les condamnés militaires par le décr. du 10 juill. 1852.

Art. 3. — Les propositions relatives aux Européens non militaires et aux indigènes condamnés en Algérie par les juridictions militaires et maritimes nous sont présentées dans les mêmes formes.

Art. 4. — Sont abrogés le décr. du 21 frim. an XIV et toutes les dispositions contraires au présent décret.

DI. — 22 avr.-14 juin 1859. — BM. 26. — Traitement du premier président, etc. (1).

Art.1.—A partir du 1er janv. 1859, les traitements

(1) *Rapport à l'empereur.* — Sire, le décr. du 15 déc. 1858, qui réorganise la cour impériale d'Alger, a élevé au rang de premier président le président de cette cour, et a créé deux places de président de chambre et une place de premier avocat général.—Par suite de ces créations, les traitements des principaux membres de la magistrature algérienne ne sont plus en rapport avec les fonctions nouvelles, et il y a lieu de les fixer, en se rapprochant, autant que possible, des règles appliquées à la magistrature métropolitaine. — Avant la réorganisation, le procureur général recevait, comme chef du service de la justice, outre une indemnité de 4,500 fr. pour frais de représentation, un traitement de 12,000 fr. et le président de la cour un traitement de 12,000 fr. seulement. Le maintien de cet état de choses serait contraire à la hiérarchie, et j'ai l'honneur de proposer à V. M. de rétablir l'égalité entre les traitements du premier président et du procureur général de la cour d'Alger, en les fixant à 15,000 fr., chiffre adopté pour les cours de 4e classe de la métropole. — Il me semble toutefois nécessaire, à raison de la position spéciale de l'Algérie et des nécessités imposées aux deux chefs de la cour, d'accorder à chacun de ces magistrats une indemnité pour frais de représentation. — Je prie V. M. de vouloir bien la fixer à 3,000 fr.

Quant aux présidents de chambre et au premier avocat général, l'ord. du 2 nov. 1846 décide que le traitement de ces magistrats est de moitié en sus du traitement des conseillers. Les conseillers à la cour impériale d'Alger touchant 6,000 fr., il en résulte que les présidents de chambre et le premier avocat général doivent recevoir 9,000 fr. — Je prie V. M. de vouloir bien leur accorder ce traitement.

Enfin, sire, le moment me paraît également venu de régulariser la position anormale du président, du procureur impérial et des juges d'instruction du tribunal d'Alger.—Ce tribunal est divisé en trois chambres, et, comme dans les tribunaux ainsi composés, les juges reçoivent un traitement de 4,000 fr. En prenant ce point de départ, le traitement du président et du procureur impérial serait porté de 6,000 à 8,000 fr., et celui des juges d'instruction de 4,500 à 4,800 fr.

les indigènes et les Européens non militaires condamnés par les conseils de guerre. Dans les colonies, ces attributions sont l'objet du décr. du 21 frim. an XIV et appartiennent à la chancellerie. — Il importe de suivre une marche plus régulière, et j'ai l'honneur de soumettre à V. M. un décret qui me donne l'initiative des mesures de clémence à proposer, me confère l'exécution de ses décisions, et maintient cependant par l'avis du garde des sceaux, avec lequel je me suis concerté, les traditions suivies jusqu'à ce jour en pareille et si grave matière. — Ces dispositions sont, du reste, empruntées au décr. du 10 juill. 1852 sur les commutations de peines prononcées par les tribunaux militaires et maritimes, et ont aujourd'hui la sanction de l'expérience.

du premier président de la cour impériale d'Alger, du procureur général, des présidents de chambre, du premier avocat général, ceux du président du tribunal d'Alger, du procureur impérial et des juges d'instruction près le même siège, sont fixés ainsi qu'il suit :

Cour impériale : Premier président, 15,000 fr. ; procureur général, 15,000 fr. ; président de chambre, 9,000 fr. ; premier avocat général, 9,000 fr.

Tribunal d'Alger : Président, 8,000 fr. ; procureur impérial, 8,000 fr. ; juge d'instruction, 4,800 fr.

Art. 2. — Il est alloué une indemnité de représentation de 3,000 fr. au premier président et au procureur général près la cour impériale d'Alger.

Art. 3. — Les dépenses résultant du présent décret seront imputées sur les fonds ouverts au chap. 4 du budget de l'Algérie et des colonies (exerc. 1859).

DI. — 15 mars-4 avr. 1860. — M. 63. — Compétence des cours d'assises et tribunaux correctionnels relativement aux crimes et délits commis par les Européens et israélites en territoire militaire (2).

En soumettant, du reste, ces diverses propositions à V. M., je dois faire remarquer qu'il n'est entré ni dans les intentions de M. le garde des sceaux, ni dans les miennes, que les traitements dont il s'agit pussent être considérés comme constituant une assimilation de classe. Nous avons pensé seulement qu'il convenait de reconnaître, par une amélioration de position, les services rendus par la magistrature hors de la France continentale; j'ajouterai que la mesure soumise à V. M. se justifie, et par l'étendue exceptionnelle du ressort de la cour impériale d'Alger, et par l'importance du tribunal placé au chef-lieu de notre colonie.

(2) *Rapport à l'empereur.* — Sire, l'ord. du 26 sept. 1842, sur l'organisation de la justice en Algérie, a réservé, par son art. 42, aux conseils de guerre la connaissance des crimes et délits commis en territoire militaire, sauf, toutefois, le recours en cassation pour incompétence et excès de pouvoirs, lorsque le jugement s'applique à un Français ou à un Européen étranger à l'armée.

La situation de l'Algérie à l'époque à laquelle cette ordonnance a été rendue nécessitait ces mesures. La population civile proprement dite se tenait alors enfermée dans les villes du littoral ou groupée dans leur banlieue. Elle était donc placée ainsi presque tout entière dans les ressorts des tribunaux ordinaires, tels qu'ils avaient dû être déterminés en exécution de l'ord. même de 1842. Au delà de ces limites, l'état de guerre était flagrant, et les individus que le trafic attirait à la suite de l'armée auraient pu, par suite même de leur position spéciale dans les camps, et sans qu'il fût besoin de dispositions expresses, être considérés comme relevant légalement de la juridiction militaire (art. 63 c. pén. milit.).

Aujourd'hui cet état de choses s'est considérablement modifié. Grâce à nos armes, la sécurité s'est faite, les limites indiquées d'abord par la prudence ont pu être franchies, les routes ont été ouvertes, des villages, des fermes, des usines ont été créés à l'intérieur du pays, et ce ne sont plus quelques Européens isolés et pour ainsi dire nomades, c'est une véritable population civile qu'on rencontre fixée en territoire militaire.

Sans doute, par l'extension des territoires remis à l'autorité civile, une partie des populations qui se trouvaient d'abord placées sous la juridiction des conseils de guerre rentre dans le ressort des tribunaux ordinaires; mais ces extensions, qui ne doivent être faites qu'avec circonspection, ne sont elles-mêmes possibles que lorsque, dans les territoires auxquels elles s'appliquent, déjà la colonisation a fait d'assez sérieux progrès pour qu'on puisse y trouver les éléments d'une administration civile et des intérêts qui la réclament.

Or c'est précisément pour la formation de ces centres de population qu'il est bon, qu'il est utile de montrer à nos nouveaux colons qu'ils retrouveront, aussi bien dans les territoires militaires que dans les territoires civils, et

Vu les art. 4 et 42 de l'ord. du 26 sept. 1842; — L'arr. du 5 août 1843 (V. ci-après, § 4); ensemble les décr. des 22 mars 1852, 19 août 1854 et 29 juill. 1858 (V. ci-dessus).

Art. 1. — Les crimes, délits et contraventions punissables de peines correctionnelles, commis en territoire militaire par les Européens et les israélites, sont déférés aux cours d'assises et aux tribunaux correctionnels.

Art. 2. — Néanmoins les délits et les contraventions punies de peines correctionnelles dont la connaissance est attribuée exceptionnellement aux juges de paix par l'art. 2, § 3, du décr. du 19 août 1854, sont portés devant le tribunal de paix à compétence étendue, lorsque ce tribunal est plus voisin du cercle où le délit a été commis que ne l'est le tribunal de 1re inst.

Art. 3. — Les commandants de place continuent à connaître des contraventions punies des peines de simple police, sauf recours devant le tribunal de 1re inst. dans les cas où l'appel est autorisé par la loi.

Art. 4. — La connaissance des crimes et des délits commis en territoire militaire par des Européens ou des israélites, de complicité avec un militaire ou un individu assimilé aux militaires, appartient aux tribunaux ordinaires, à moins que le fait ne constitue un crime ou un délit prévu par le tit. 2 du liv. 4 c. just. mil. pour l'armée de terre, auquel cas les conseils de guerre continuent à en connaître à l'égard de tous les inculpés.

Art. 5. — Sont officiers de police judiciaire auxiliaires du procureur impérial en territoire militaire, pour la recherche et la constatation des crimes, délits et contraventions de la compétence des tribunaux ordinaires, indépendamment des magistrats, fonctionnaires et agents dénommés aux art. 9 et 10 c. inst. crim. : — 1° Les commandants, majors et adjudants de place; — 2° Les sous-officiers et commandants de brigades de gendarmerie. — En cas de concurrence entre un officier de police judiciaire de l'ordre civil et un officier de police judiciaire appartenant à l'armée, l'instruction est faite par le premier.

Art. 6. — Les officiers et sous-officiers désignés aux §§ 1 et 2 de l'article précédent, transmettent sans délai à l'autorité judiciaire compétente les procès-verbaux, actes, pièces et instruments dressés ou saisis par eux, et, en cas d'arrestation de l'inculpé, ils le mettent à la disposition de cette autorité.

Art. 7. — Des arrêtés de notre ministre de l'Algérie et des colonies déterminent les justices de paix à compétence étendue, les tribunaux correctionnels et les cours d'assises auxquels ressortissent les territoires militaires des cercles de l'Algérie.

AM. — 25 mars-4 avr. 1860. — BM. 63. — *Exécution de l'art. 7 du décret qui précède. — Désignation des ressorts.*

Art. 1. — Sont déterminés ainsi qu'il suit les justices de paix à compétence étendue, les tribunaux correctionnels et les cours d'assises auxquels ressortissent, pour l'application du décr. du 15 mars 1860, les territoires militaires des cercles de l'Algérie :

Territoire militaire des cercles de Dellys, Fort Napoléon, Dra el Mizan, Tizi Ouzou. — *Tribunal et cour d'assises d'Alger.*

Id. d'Aumale et annexe des Beni Mansour. — *Justice de paix d'Aumale; tribunal et cour d'assises d'Alger.*

Id. de Médéah, Boghar, Laghouat et annexe de Djelfa. — *Justice de paix de Médéah; tribunal et cour d'assises de Blidah.*

Id. de Millanah, Tenlet et Hâd. — *Justice de paix de Millanah; tribunal et cour d'assises de Blidah.*

Id. de Cherchell. — *Tribunal et cour d'assises de Blidah.*

Id. d'Orléansville. — *Justice de paix d'Orléansville; tribunal et cour d'assises d'Alger.*

Id. de Tenès. — *Justice de paix de Tenès; tribunal et cour d'assises d'Alger.*

Id. d'Oran et annexe d'Aïn Temouchen. — *Tribunal et cour d'assises d'Oran.*

Id. de Mostaganem, Ammi Moussa. — *Tribunal et cour d'assises de Mostaganem.*

Id. de Sidi bel Abbès et annexe de Daïa. — *Justice de paix de Sidi bel Abbès; tribunal et cour d'assises d'Oran.*

Id. de Mascara, Tiaret, Saïda, Géryville. — *Justice de paix de Mascara; tribunal et cour d'assises de Mostaganem.*

Id. de Tlemcen, Nemours, Lella Maghnia, Sebdou. — *Justice de paix de Tlemcen; tribunal et cour d'assises d'Oran.*

Id. de Constantine et annexe de Miliah, Aïn Beïda, Tebessa. — *Tribunal et cour d'assises de Constantine.*

Id. de Philippeville et annexe de Collo, Djidjelli. — *Tribunal et cour d'assises de Philippeville.*

Id. de Bône, La Calle. — *Tribunal et cour d'assises de Bône.*

Id. de Guelma, Souk Arrhas. — *Justice de paix de Guelma; tribunal et cour d'assises de Bône.*

Id. de Bathna, Biskra. — *Justice de paix de Bathna; tribunal et cour d'assises de Constantine.*

Id. de Sétif et annexe de Takitount, Bordj bou Arerídj, Bousada. — *Justice de paix de Sétif; tribunal et cour d'assises de Constantine.*

Id. de Bougie. — *Justice de paix de Bougie; tribunal et cour d'assises de Philippeville.*

Comte DE CHASSELOUP-LAUBAT.

DI. — 15 mars-20 avr. 1860. — BM. 67. — *Officiers des bureaux arabes. — Attributions d'officiers de police judiciaire en territoire militaire* (1).

leurs lois et leurs juges. Après sa religion, ce que veut le plus conserver avec lui l'homme qui va fonder un établissement dans de nouvelles contrées, c'est la loi de son pays. Cette loi qu'il connaît, qu'il aime, qui sert de règle à sa conduite, ainsi que le magistrat qui l'applique, c'est presque la patrie.

Aussi ce désir d'être soumis à la juridiction des tribunaux ordinaires a-t-il été plus d'une fois exprimé par les populations civiles placées en territoires militaires; les conseils généraux s'en sont rendus les interprètes, non pas, il faut se hâter de le dire, que les conseils de guerre ne présentassent à leurs yeux toutes les garanties d'une parfaite impartialité, d'un soin scrupuleux à remplir les devoirs qui leur étaient confiés, mais parce que cette attribution à la juridiction ordinaire de tous ses justiciables naturels semble être la constatation la plus sérieuse d'un état de choses régulier permanent.

J'ai cru, sire, que le moment était venu de donner satisfaction au vœu qui avait été si souvent exprimé à cet égard, etc. Comte DE CHASSELOUP-LAUBAT.

(1) *Rapport à l'empereur.* — Sire, depuis l'ord. du 10 août 1834, les crimes et délits commis en territoire militaire par les indigènes ont été déférés aux conseils de guerre. La loi pénale française est seule appliquée par cette juridiction, qui observe, au surplus, en Algérie, toutes les règles, toutes les formes qui lui sont imposées par notre législation, et qui sont autant de garanties pour l'accusé.

Mais si, en France, la constatation des crimes et délits est facile et rapide au moyen des agents auxquels le code d'instruction criminelle et le code pénal militaire ont confié l'instruction des affaires, et si, en Algérie, il en est de même pour les crimes et délits qui peuvent être commis par des personnes appartenant à l'armée, les difficultés et les lenteurs de la procédure deviennent considérables lorsqu'il s'agit des indigènes.

En effet, c'est sous la tente, au milieu des tribus, quelquefois dans des douars isolés, que, pour la plupart des cas, des méfaits ont lieu. Au moment où ils viennent d'être commis, lorsque l'émotion qu'ils ont causée est

Art. 1. — En ce qui concerne la recherche des crimes, des délits et des contraventions commis par les indigènes, la police judiciaire est exercée, dans les territoires militaires, sous l'autorité du général commandant la division, par les chefs des bureaux arabes et leurs adjoints titulaires, concurremment avec les agents désignés en l'art. 84 du code de justice militaire pour l'armée de terre.

§ 2. — RÈGLEMENTS DE SERVICE INTÉRIEUR. — ATTRIBUTIONS DU PROCUREUR GÉNÉRAL.

AM. — 1ᵉʳ sept.-20 oct. 1834 (V. *Admin. gén.*, § 1). — *Attributions du procureur général.*

AM. — 2 août 1836 (V. *eodem*). — *Modification aux attributions du procureur général.*

AM. — 22 nov.-15 déc. 1842. — *Règlement des attributions du procureur général et de la discipline de l'ordre judiciaire.*

Vu l'arr. du 20 oct. 1834; — L'arr. min. du 2 août 1836; — Les ord. roy. du 31 oct. 1838, et du 26 sept. 1842;

TIT. 1.

CHAP. 1. — *Du procureur général.*

Art. 1. — Le procureur général a, sous les ordres du gouverneur général, la direction du service judiciaire de l'Algérie. — Les membres de la magistrature, les officiers publics et ministériels et tous autres fonctionnaires, employés ou agents dépendant de l'administration de la justice sont placés sous sa surveillance.

Art. 2. — Il a seul la correspondance avec le ministre et le gouverneur général; — Seul il est chargé : — 1° De proposer les nominations, avancements ou mutations des magistrats, des officiers publics et ministériels et de tous fonctionnaires dépendant du service de la justice; de recevoir les plaintes dont ils sont l'objet; d'instruire sur les mesures disciplinaires à prendre contre eux et de provoquer, lorsqu'il y a lieu, les suspensions et révocations; — 2° De recevoir et de transmettre à qui de droit, les instructions du ministre et du gouverneur général, les nominations ou commissions des membres de l'ordre judiciaire, des officiers publics ou ministériels et des divers agents attachés aux tribunaux; — 3° De recevoir et de transmettre à l'autorité supérieure les demandes de congé et toutes autres demandes ou réclamations, de quelque nature qu'elles soient, qui seraient adressées par les mêmes fonctionnaires, soit au ministre, soit au gouverneur général, le tout sans préjudice de

la disposition de l'art. 25 ci-après; — 4° D'instruire sur les contestations relatives aux fonctions, rangs et prérogatives du personnel judiciaire, et généralement sur toutes questions ou dispositions concernant le personnel, et de proposer les décisions convenables.

Art. 3. — Le procureur général est entendu toutes les fois qu'il s'agit de suspendre un fonctionnaire de l'ordre judiciaire. — Les communications ou réclamations relatives à l'exécution des lois, ordonnances, arrêtés ou règlements, à l'exécution des arrêtés, jugements ou mandements de justice; à l'instruction ou à l'expédition des affaires, aux dénis de justice qui seraient imputés à des magistrats français ou indigènes, au personnel judiciaire, au matériel des sièges de justice et aux dépenses qui s'y rapportent, lui sont directement adressées sauf néanmoins ce qui sera dit en l'art. 12 ci-après. — Il instruit sur les recours en grâce ou en commutation de peines.

Art. 4. — Il adresse en duplicata au ministre de la guerre et au ministre de la justice : — 1° Les comptes, états et relevés statistiques de l'administration de la justice civile et criminelle; — 2° Les rapports spéciaux qui seraient réclamés sur le même objet par le ministre de la guerre; — 3° Les discours prononcés, à titre officiel, dans les solennités judiciaires; — 4° Les feuilles, notes et rapports concernant le personnel de la magistrature, ainsi que ses propositions de toute nature à cet égard.

Art. 5. — Le procureur général fixe chaque année les époques des suspensions d'audience autorisées par l'art. 74 de l'ord. roy. du 26 sept. 1842. Cette fixation sera toutefois soumise à l'approbation du gouverneur général.

Art. 6. — Il a seul la surveillance des bâtiments et du matériel affectés au service de la justice. — Il arrête les feuilles d'émargement des traitements ou indemnités dues aux magistrats et employés de la cour et des tribunaux, reçoit et quittance les mandats délivrés pour cet objet. — Il règle l'emploi des fonds alloués par le budget aux divers sièges de justice pour menues dépenses et pour entretien du mobilier et des bibliothèques, arrête et certifie les mémoires des fournisseurs ou autres parties prenantes. — Il nomme et remplace les agents du service intérieur, concierges, gardiens et autres employés de cette classe, dont le nombre et les salaires sont déterminés, sur sa proposition, par le ministre de la guerre.

Art. 7. — Il exerce directement, ou par ses substituts, la discipline envers les notaires, défenseurs,

---

encore toute vive, sans doute on peut réunir des renseignements utiles, recueillir des témoignages précieux; mais, comme les seuls fonctionnaires français qui peuvent se rencontrer dans ces circonstances sont des chefs de bureaux arabes, et qu'ils ne sont pas revêtus du caractère spécial d'officiers de police judiciaire, il en résulte que l'enquête à laquelle ils se livrent n'arrive à la commission disciplinaire ou au conseil de guerre qu'à titre de simple renseignement; il faut, par conséquent, recommencer l'instruction au siége même du conseil, procéder souvent à de nouvelles constatations sur place, à de nouvelles confrontations, faire venir de loin de nombreux témoins. Pendant ce temps, les emprisonnements préventifs se prolongent, et, lorsque le jour du châtiment arrive, les indigènes, habitués jadis à une justice prompte, peut-être même trop sommaire, ont oublié le crime dont alors ils ne comprennent plus l'expiation.

Ces lenteurs si préjudiciables à l'action répressive et à la puissance morale de notre justice, ces déplacements si coûteux, si antipathiques aux indigènes, il est possible, dans une certaine mesure, de les faire disparaître, tout en laissant aux accusés les garanties précieuses dont notre législation a voulu les entourer. Il suffit, pour cela, de reconnaître à l'enquête faite sur place par les chefs des

bureaux arabes la véritable valeur qu'elle a dans la réalité, c'est-à-dire celle d'une instruction faite par un officier de police judiciaire.

— Ce caractère d'officier de police judiciaire, le code d'instruction criminelle le confère aux officiers de gendarmerie, le code pénal militaire le donne aux adjudants de place, aux sous-officiers et commandants de brigade de gendarmerie, aux chefs de poste, aux gardes d'artillerie et du génie, enfin aux rapporteurs près les conseils de guerre. Le décret que V. M. vient de rendre (ci-dessus), et qui défère aux tribunaux ordinaires les crimes et délits commis en territoire militaire par des Européens, en a revêtu les commandants, majors et adjudants de place. Il ne s'agit donc réellement que de combler une lacune pour l'instruction des affaires criminelles aux indigènes en territoire militaire. — La disposition du décret qui confère aux chefs des bureaux arabes la qualité d'officiers de police judiciaire a été examinée par le conseil supérieur de l'Algérie, et a reçu son entier assentiment. M. le maréchal ministre de la guerre considère également comme éminemment utile le projet que, d'accord avec lui, j'ai l'honneur de soumettre à l'approbation de V. M.

Comte DE CHASSELOUP-LAUBAT.

huissiers, commissaires-priseurs, interprètes judiciaires et autres officiers ministériels, et peut, après les avoir entendus, leur infliger le rappel à l'ordre ou la réprimande, et leur donner tels avertissements qu'il juge convenables.—S'il y a lieu à l'application de peines disciplinaires plus graves, il est statué, sur sa proposition, par le ministre de la guerre, sans préjudice de la faculté accordée aux tribunaux par les arrêtés en vigueur, de prononcer la suspension, dans certains cas.

Art. 8.—Comme membre du conseil d'administration de l'Algérie, le procureur général prépare et soumet au gouverneur général, pour qu'il en soit délibéré en ce conseil : 1° Les projets d'ordonnances, d'arrêtés ou de règlements généraux sur les matières judiciaires ; 2° Les projets de budget, en ce qui concerne l'administration de la justice ; — 3° Les projets d'arrêtés sur les conflits d'attributions élevés par l'administration ; 4° Les rapports sur les demandes à fin d'autorisation de mise en jugement des agents du gouvernement attachés aux administrations civiles de l'Algérie, et sur toutes autres affaires dépendant de son service, dont le conseil d'administration est appelé à connaître.

Art. 9. — Le procureur général est, en cas d'absence, suppléé au conseil d'administration par celui des avocats généraux qui fait l'intérim de ses fonctions.

Art. 10. — Le procureur général exerce, d'ailleurs, toutes autres attributions qui lui sont conférées par les lois générales, par la législation spéciale de l'Algérie et par les dispositions ci-après.

CHAP. 2. — Des procureurs du roi et autres officiers du ministère public.

Art. 11. — Le procureur du roi reçoit, dans l'étendue de la juridiction territoriale du siége auquel il est attaché, les procès-verbaux, plaintes ou dénonciations sur tous faits qui sont de nature à provoquer l'application, soit de peines afflictives ou infamantes, soit de peines correctionnelles.—Toute personne arrêtée par la force publique ou par les citoyens dans le cas de flagrant délit, doit être immédiatement conduite devant lui pour qu'il en dispose selon la loi. —Dans tous les cas où le ministère public poursuit directement à l'audience, et sans instruction préalable, les inculpés de crimes ou délits, l'ordre d'incarcération provisoire, délivré par l'officier du parquet compétent pour la poursuite, tient lieu de mandat de dépôt.

Art. 12. — Le procureur du roi surveille les officiers publics et ministériels, les curateurs aux successions vacantes, les administrateurs des biens des absents. — Il surveille également, en ce qui le concerne, et visite les prisons de son ressort, vérifie la régularité des arrestations, celle des registres d'écrou, et s'assure de l'exécution des lois à l'égard des détenus. — Il autorise, lorsqu'il y a lieu, après s'être concerté avec l'autorité administrative locale, le transfert du détenu dans un hospice ou d'une prison dans une autre. — Il correspond directement avec les autres chefs de service du lieu de sa résidence en tout ce qui a rapport à son administration judiciaire. — Il remplit, au surplus, sous les ordres du procureur général, toutes les fonctions qui lui sont attribuées par les lois générales et par la législation spéciale de l'Algérie.

Art. 13. — Dans les siéges de 1re inst. autres que celui d'Alger, les attributions du procureur général touchant à l'exercice de la discipline à l'égard des officiers publics et ministériels, la surveillance des bâtiments et l'administration du matériel des siéges de justice, le règlement des traitements et l'emploi des menues dépenses, la désignation et le remplacement des agents salariés des tribunaux peuvent être exercées, en vertu de la délégation dudit procureur général, par le procureur du roi.

Art. 14. — Dans chacune des villes où sont établies des justices de paix, l'officier du ministère public près le tribunal de simple police reçoit les procès-verbaux, plaintes ou dénonciations ayant pour objet des contraventions de simple police de la compétence de la juridiction à laquelle il est attaché.

Art. 15. — Les juges de paix, les commissaires civils, les officiers du ministère public près les tribunaux de simple police et tous autres officiers de police judiciaire sont placés sous la surveillance immédiate du procureur du roi de leur ressort, et correspondent avec lui en tout ce qui concerne l'exercice de leurs fonctions.

TIT. 2.

CHAP. 1. — Des peines de discipline et de la manière de les infliger.

Art. 16. — Le ministre de la guerre exerce directement la discipline à l'égard des membres de la magistrature. — Le procureur général peut néanmoins avertir tout magistrat qui manquerait aux devoirs et aux convenances de son état; dans ce cas, il devra en donner avis au ministre de la guerre et au ministre de la justice.

Art. 17. — Si l'avertissement reste sans effet ou si le fait reproché au magistrat est de nature à compromettre l'honneur ou la dignité de son caractère, le procureur général peut provoquer contre ce magistrat, après l'avoir entendu ou dûment appelé, l'application de l'une des peines de discipline suivantes : — La censure simple, — La censure avec réprimande, — La suspension. — Ces peines sont prononcées, s'il y a lieu, par le ministre de la guerre, qui se concerte, à cet effet, avec le garde des sceaux, toutes les fois que le magistrat inculpé est du nombre de ceux qui sont nommés sur le rapport de ce dernier ministre.

Art. 18. — La censure avec réprimande emporte de droit la privation du traitement pendant un mois. La suspension emporte également, pendant tout le temps de sa durée, la privation du traitement, sans que, dans aucun cas, la durée de cette privation de traitement puisse être moindre de deux mois.

Art. 19. — Lorsqu'il y a lieu à révocation de l'un des magistrats nommés sur le rapport du garde des sceaux, il est statué sur le rapport du même ministre, qui se concerte, à cet effet, avec le ministre de la guerre. La révocation de tous autres magistrats est prononcée, le cas échéant, par le ministre de la guerre.

Art. 20. — Les peines de discipline mentionnées aux précédents articles du présent chapitre sont applicables aux greffiers et commis greffiers de la cour et des tribunaux de 1re inst., de commerce et de paix. — S'ils manquent aux devoirs de leur état, ils sont avertis, savoir : à Alger, par le procureur général, et dans les autres siéges, par le président du tribunal de 1re inst., d'office ou sur le réquisitoire du procureur du roi. Lorsqu'ils ont encouru la censure simple ou la censure avec réprimande, elle est prononcée par le procureur général. S'il y a lieu de les suspendre ou de les révoquer, il est statué, sur le rapport du gouverneur général, par le ministre de la guerre.

Art. 21. — Il est interdit, sous telles peines de discipline qu'il appartiendra, à tous les membres de l'ordre judiciaire de se charger de procuration, de souscrire des billets négociables et de se livrer directement ou indirectement à des opérations de commerce de quelque nature qu'elles soient. — Sont au surplus applicables aux magistrats et greffiers de l'Algérie toutes autres prohibitions imposées aux membres de l'ordre judiciaire de la métropole par les lois et règlements de France ou par la législation spéciale de l'Algérie et les décisions ministérielles.

Chap. 2. — *De l'obligation de résider et des congés.*

Art. 22. — Le procureur général, le président de la cour royale, les avocats généraux, le substitut du procureur général, les autres membres de la cour royale, ceux des tribunaux de 1re inst., les procureurs du roi et substituts, sont tenus de résider dans la ville où siège la juridiction à laquelle chacun d'eux est attaché, — Les juges de paix doivent résider au chef-lieu dans lequel est établi le tribunal de paix.

Art. 23. — Les magistrats désignés à l'article précédent ne peuvent fixer en aucune manière leur résidence dans la banlieue de la ville où ils exercent leurs fonctions, sans l'autorisation expresse et spéciale du ministre de la guerre.

Art. 24. — Aucun des mêmes magistrats ne peut s'absenter de sa résidence sans congé, si ce n'est pour cause de service (1).

Art. 25. — Si l'absence ne doit pas excéder quinze jours, et si le magistrat qui demande l'autorisation de s'absenter ne doit pas sortir du territoire de l'Algérie, cette autorisation peut être délivrée par le procureur général qui en donnera immédiatement avis au ministre de la guerre.

Art. 26. — Si le congé doit excéder quinze jours, sans toutefois dépasser trente jours, ou s'il est demandé par le procureur général, il peut être accordé par le gouverneur général, mais dans le cas seulement où il ne s'agit que d'une absence à faire dans l'intérieur de l'Algérie, le ministre de la guerre en sera immédiatement informé.

Art. 27. — Les congés demandés à l'effet de s'absenter de l'Algérie ou pour plus de trente jours, sont délivrés, s'il y a lieu, par le ministre de la guerre sur le rapport du procureur général. —Néanmoins, dans ce dernier cas, s'il y a urgence ou nécessité absolue dûment constatée, le congé peut être provisoirement délivré par le gouverneur général et même, en l'absence du gouverneur et de son délégué, par le procureur général, à la charge d'en rendre compte immédiatement au ministre de la guerre.

Art. 28. — Tout congé excédant un mois entraîne la privation de moitié du traitement pendant les trois premiers mois, et de la totalité du traitement pendant le surplus de sa durée, si celle-ci dépasse ce dernier terme. — Néanmoins, le ministre reste juge, dans tous les cas, des motifs qui pourraient permettre d'accorder le traitement entier.

Art. 29. — Les dispositions du présent chapitre sont rendues communes aux greffiers et commis greffiers de la cour royale et des tribunaux de 1re inst., de commerce et de paix, ainsi qu'aux interprètes judiciaires.

Art. 30. — Seront au surplus observés, en tout ce qui n'est pas contraire aux dispositions qui précèdent, les règlements applicables à l'ordre judiciaire de France en matière de résidence et de congés.

Art. 31. — Le titre 2 de l'arr. du 20 oct. 1834 (V. *Admin. gén.*, § 1), et toutes dispositions contraires au présent arrêté sont abrogées.
                    Maréchal duc de Dalmatie.

ARR. — 22 nov.-13 déc. 1842. —*Règlement sur l'ordre du service judiciaire.* (Modifié sur

plusieurs points par l'art. 4 du décret du 15 déc. 1858 ci-dessus § 1.)

Tit. 1.

Chap. 1. — *Du rang de service aux audiences.*

Art. 1. — Le rang de service aux audiences de la cour royale et des tribunaux de 1re inst. et de commerce est réglé ainsi qu'il suit :

Cour royale. — Le président, les conseillers, les conseillers adjoints, l'assesseur musulman, dans le cas où il est appelé à siéger.

Tribunal de 1re inst. — Chambre civile : Le président, les juges, les juges adjoints, l'assesseur musulman. — Chambre correctionnelle : Le président ou le juge désigné pour en faire les fonctions, les juges, les juges adjoints.

Tribunaux de 1re inst. de Bône, Oran et Philippeville. — Le président, les juges, les juges adjoints, l'assesseur musulman.

Tribunal de commerce d'Alger. — Le président, les juges, l'assesseur musulman.

Art. 2. — Les conseillers, conseillers adjoints, juges, juges adjoints et juges du tribunal de commerce prennent rang entre eux, d'après la date et l'ordre de leur nomination (2).

Chap. 2. — *Ordre et police des audiences de la cour royale.*

Art. 3.—Le président et les conseillers titulaires de la cour royale sont tenus de siéger à toutes les audiences des chambres civile et criminelle, à moins d'empêchement légitime.— Les conseillers adjoints peuvent siéger également comme juges, avec voix délibérative, lorsqu'ils n'en sont pas empêchés par leur service au parquet.

Art. 4. — La police des audiences de la cour royale appartient au président ou au conseiller qui le remplace.

Art. 5. — Le président de la cour ouvre l'audience à l'heure indiquée par le règlement. — Le temps destiné aux audiences ne peut être employé à délibérer en chambre du conseil sur les affaires à juger, ni à aucun autre service. — Si l'audience vient à manquer, à défaut d'un nombre suffisant de magistrats, le président ou le plus ancien des conseillers présents, en dresse un procès-verbal qui est envoyé au ministre de la guerre par le procureur général.

Art. 6. — Aux audiences solennelles, et toutes les fois que la cour se constitue en chambre criminelle, les membres qui la composent doivent porter la robe rouge.

Art. 7. — Il est tenu par le greffier de la cour un registre de pointe sur lequel le président et les conseillers titulaires sont obligés de s'inscrire. Le président ou le conseiller qui le remplace arrête ce registre et pointe les absents. Si la cause de l'absence est connue, il en est fait mention en regard du nom de l'absent. — Les conseillers adjoints sont soumis à la pointe, toutes les fois qu'ils sont appelés à suppléer des conseillers titulaires. — Copie du registre de pointe est transmise tous les trois mois par le procureur général au ministre de la guerre.

Art. 8.—Avant d'entrer à l'audience, le président fait prévenir, par un huissier, celui des membres du parquet qui doit y assister, que la cour est complète, et qu'il est attendu à la chambre du conseil. — Toutefois, lorsque le procureur général juge à propos d'entrer à l'audience pour y remplir les fonctions du ministère public, le président ne le fait prévenir en son parquet qu'après que la cour

---

(1) V. l'article spécial *Congés*.
(2) Le conseiller ou le juge appelé en remplacement dans une autre chambre que la sienne doit, si le président est absent ou empêché, en prendre la présidence quand

il se trouve, dans l'ordre de nomination, le plus ancien des membres qui la composent. — *Décis. min.* du 28 mars 1836 (Extrait du *Manuel du procureur du roi*, par Massabiau, t. 1, p. 154, édit. de 1857.)

est montée sur les rangs. Les huissiers de service conduisent le procureur général à son banc.

CHAP. 3. — *Ordre et police des audiences des tribunaux de première instance, de commerce et de paix.*

Art. 9. — A la fin de chaque année, le ministre de la guerre, après délibération du tribunal de 1re instance d'Alger et sur la proposition du procureur général, désigne, par un arrêté spécial, ceux des juges de ce tribunal qui devront faire partie pendant l'année suivante de chacune des chambres civile et correctionnelle. — Cette désignation subsiste aussi longtemps que l'arrêté de renouvellement n'est pas intervenu; elle ne fait pas obstacle à ce que les juges attachés à l'une des deux chambres soient, en cas d'empêchement et de besoin, suppléés par ceux de l'autre chambre. — La première désignation pour l'année 1843 sera faite d'office par le ministre de la guerre, avant l'installation des juridictions instituées par l'ord. roy. du 26 sept. 1842.

Art. 10. — La police des audiences du tribunal de 1re instance d'Alger appartient au président de chacune des sections de ce tribunal ou au juge qui le remplace.

Art. 11. — Dans les autres sièges de 1re inst., la police des audiences appartient également au président du tribunal ou au juge qui le remplace. Il en est de même pour le tribunal de commerce d'Alger. — Le juge de paix et, en son absence, le suppléant qui le remplace, a la police de son audience.

Art. 12. — Les juges adjoints sont tenus de siéger aux audiences du tribunal auquel ils sont attachés, lorsqu'ils n'en sont pas empêchés par leur service au parquet. Ils assistent aux délibérations; mais ils ne peuvent prendre part au jugement, avec voix délibérative, que dans le cas où ils sont appelés à suppléer un juge titulaire.

Art. 13. — Sont applicables aux tribunaux de 1re instance les dispositions des art. 5, 7, et du § 1 de l'art. 8 ci-dessus. Les juges adjoints ne sont soumis à la pointe que lorsqu'ils suppléent des juges titulaires. — A Alger, il est tenu un registre de pointe pour chacune des deux chambres du tribunal de 1re instance établi dans cette ville.

CHAP. 4. — *Des assemblées générales.*

Art. 14. — Les assemblées qui peuvent avoir lieu en conformité de l'art. 6 de l'ord. du 26 sept. dernier, ont pour objet de délibérer sur les matières qui concernent l'ordre et le service intérieur, et qui sont dans les attributions de la cour royale et des tribunaux de 1re instance.

Art. 15. — Elles se tiennent en chambre du conseil, à huis clos, et se composent de tous les membres de la cour ou du tribunal. Les présidents, conseillers ou juges titulaires et adjoints qui n'assistent pas à ces assemblées sont soumis à la pointe, comme en cas d'absence aux audiences. — Les membres du parquet y sont appelés et ils y ont individuellement voix délibérative. — Le greffier y tient la plume. — Les décisions sont prises à la simple majorité.

Art. 16. — Les assemblées générales de la cour n'ont lieu que sur la convocation du procureur général, faite ou de son propre mouvement, ou sur l'ordre du ministre de la guerre. — Lorsque le procureur général assiste à ces assemblées, la présidence lui appartient. — En son absence, la présidence appartient au président de la cour ou au conseiller le plus ancien.

Art. 17. — Les tribunaux de 1re instance se réunissent, lorsqu'il y a lieu, en assemblée générale, sur la convocation du président du tribunal.

— Cette convocation ne peut avoir lieu que sur le réquisitoire du procureur du roi. — La présidence de l'assemblée appartient au président du tribunal, et en son absence, au plus ancien des juges présents.

TIT. 2. — *Des prestations de serment des membres de l'ordre judiciaire; des préséances et des honneurs.*

CHAP. 1. — *Prestations de serment des membres de l'ordre judiciaire* (1).

Art. 18. — La cour royale reçoit le serment de son président, des conseillers titulaires et adjoints, des avocats généraux et substituts du procureur général, des membres des tribunaux de 1re instance et de commerce, ainsi que celui de son greffier et de ses commis greffiers.

Art. 19. — Les tribunaux de 1re instance reçoivent le serment de leurs greffiers et commis greffiers, ainsi que celui des juges de paix et des suppléants de justice de paix établis dans leur ressort.

Art. 20. — Les greffiers et commis greffiers du tribunal spécial de commerce d'Alger prêtent serment devant ce tribunal.

Art. 21. — Les juges de paix reçoivent le serment de leur greffier. Ils peuvent, en outre, être délégués par le tribunal de 1re instance de leur ressort, pour recevoir le serment de leurs suppléants.

Art. 22. — Expédition des procès-verbaux de prestation de serment est transmise par le procureur général, savoir : au ministre de la guerre et au garde des sceaux, lorsque le serment est prêté par des magistrats nommés sur le rapport de ce dernier ministre, et au ministre de la guerre seulement, s'il s'agit de tous autres membres de l'ordre judiciaire.

CHAP. 2. — *Des préséances et des honneurs.*

Art. 23. — Sont applicables, sous les modifications exprimées ci-après, aux corps judiciaires de l'Algérie, les dispositions des règlements de France concernant le rang des magistrats entre eux, l'ordre des préséances et les honneurs à rendre aux cours et tribunaux.

Art. 24. — Dans les cérémonies qui ont lieu au palais de justice, et toutes les fois que la cour sort en corps, hors l'enceinte de ce palais, le procureur général, s'il est présent, marche seul en tête de la compagnie. Le président de la cour et les conseillers marchent après lui.

Art. 25. — Pour les cérémonies qui ont lieu hors l'enceinte du palais de justice, les corps judiciaires et les officiers publics et ministériels sont convoqués, savoir : à Alger, sur l'invitation du gouverneur général, par le procureur général; à défaut de celui-ci, par le président de la cour, et dans les autres lieux, par le président du tribunal de 1re inst., en suite de l'invitation qui lui est adressée par l'autorité compétente.

Art. 26. — Lorsqu'il y a lieu de complimenter soit un prince, soit le gouverneur général, les corps judiciaires sont présentés, savoir : à Alger, par le procureur général, qui seul porte la parole, et en son absence, par le président de la cour royale; dans les autres lieux, par le président du tribunal de 1re inst.

Maréchal duc de DALMATIE.

OR. — 15 avr. 1845. (V. *Admin. gén.*, § 1.) — *Attributions du procureur général.*

DI. — 19 mai 1853. — B. 439. — *Vacances.*

Art. 1. — La cour impériale d'Alger et les tri-

---

(1) La formule du serment des membres de l'ordre judiciaire est ainsi conçue : *Je jure obéissance à la constitution et fidélité à l'empereur ; je jure aussi et promets de ien et fidèlement remplir mes fonctions, de* garder religieusement le secret des délibérations, et de me conduire, en tout, comme un digne et loyal magistrat.

bunaux de 1er inst. de l'Algérie, ont, chaque année, des vacances depuis le 1er août jusqu'au 1er oct.

Art. 2. — Pendant les vacances, il est pourvu à l'expédition des affaires civiles, commerciales, criminelles et correctionnelles, tant à la cour qu'aux tribunaux de 1re inst., par une chambre de vacations.

Art. 3. — La chambre de vacations de la cour impériale se compose du président ou du vice-président et de six conseillers; — Celle du tribunal de 1re inst. d'Alger, du président ou d'un vice-président et de quatre juges, dont un juge d'instruction. — Dans les tribunaux de 1re inst. autres que celui d'Alger, la chambre de vacations est formée du président ou du juge le plus ancien et de deux juges.

Art. 4. — Les chambres de vacations tiennent au moins deux audiences par semaine.

Art. 5. — (Composition de la chambre de vacations. — Remplacé par les art. 4 et 6 du décr. du 25 fév. 1860 ci-après.)

Art. 6. — L'art. 74 de l'ord. roy. du 26 sept. 1842 est abrogé.

Décis. M., — 14 oct. 1856-24 avr. 1857. — B. 507. — Application à l'Algérie des dispositions de la loi suivante sur les traitements des magistrats.

Loi du 23 mai 1854.

Art. 1. — Les traitements des magistrats de la cour de cassation, des cours impériales et des tribunaux de 1re inst., cessent d'être divisés en traitement fixe, droits d'assistance et suppléments de traitement. — Ces allocations réunies constituent le traitement des magistrats.

Art. 2. — Dans le cas de vacance d'une place de l'ordre judiciaire, et dans tous les cas où il est pourvu au service d'un magistrat privé de la totalité de son traitement, le magistrat chargé de l'intérim touche le traitement affecté à la fonction qu'il remplit et le traitement de celui-ci passe au magistrat qui le remplace, sans qu'en aucun cas il puisse y avoir cumul de deux traitements.

Dé. — 25 fév.-17 avr. 1860. — BM. 65. — Roulement des magistrats. — Service des vacations (1).

Art. 1. — Dans la première quinzaine du mois qui précède les vacances, le tableau de roulement des présidents et des conseillers dont la cour impériale d'Alger se compose, est dressé par le premier président et par le procureur général, et présenté aux chambres assemblées pour recevoir leurs observations. Il est soumis à l'approbation de notre ministre de l'Algérie et des colonies.

Art. 2. — Aucun président ou conseiller ne peut être forcé de rester plus d'un an dans chacune des chambres criminelles, et plus de deux ans dans la chambre civile.

Art. 3. — La répartition des conseillers est combinée de manière que les chambres criminelles soient composées, au moins pour la moitié, de conseillers qui ont déjà fait le service dans la chambre.

Art. 4. — La chambre des vacations est tenue par le président et les conseillers de la chambre des appels de police correctionnelle, et, en cas d'absence ou d'empêchement, par les moins anciens conseillers de la chambre des mises en accusation.

(1) Ce décret reproduit textuellement, sauf les dénominations spéciales pour l'Algérie, les dispositions d'un décr. du 16 août 1859 sur la formation des tableaux de roulement des cours impériales et tribunaux de première instance en France.

Art. 5. — A l'époque fixée par l'art. 1, le tableau de roulement des vice-présidents et des juges composant le tribunal d'Alger est dressé par le président et par le procureur impérial, et présenté aux chambres assemblées pour recevoir leurs observations. Il est soumis à l'approbation de notre ministre de l'Algérie et des colonies.

Art. 6. — Le service des vacations est toujours fait par la chambre de police correctionnelle.

Art. 7. — Dans les tribunaux de 1re inst. autres que celui d'Alger, le roulement est arrêté par le tribunal entier et approuvé par notre ministre de l'Algérie et des colonies.

Art. 8. — Sont abrogées toutes dispositions contraires au présent décret.

§ 3. — TRIBUNAUX CIVILS DE PREMIÈRE INSTANCE.

Les ordonnances et décrets insérés au § 1 contiennent toutes les dispositions relatives à l'institution des tribunaux civils. Elles se résument et se complètent ainsi :

Tribunal d'Alger. — Jusqu'en 1841, le service était fait par l'un des juges du tribunal supérieur. — Ord. du 28 fév. 1841. Institution d'un tribunal composé de deux juges et trois juges adjoints. — Ord. du 26 sept. 1842. Nouvelle organisation. Un président, quatre juges, trois juges adjoints, un procureur du roi et un substitut. Division en deux chambres. — Ord. du 50 nov. 1844. Nouvelle composition. Un président, un vice-président, un juge d'instruction, cinq juges, un procureur du roi et deux substituts. — Ord. du 26 juill. 1846. B. 232. Création d'une 3e chambre (2e chambre civile), composée de un président, trois juges et un substitut.

Tribunal de Bône. — Arrêté du 20 avr. 1832. Institution d'un juge royal. — Ord. du 10 août 1834. Création d'un tribunal composé de un juge du tribunal supérieur délégué, un suppléant et un substitut du procureur général. — Ord. du 28 fév. 1841. Le tribunal est composé de un juge, deux juges adjoints, un procureur du roi. — Ord. du 26 sept. 1842. Nouvelle composition. Un président, deux juges, deux juges adjoints, un procureur du roi et un substitut. — Ord. du 30 nov. 1844. Remplacement des deux juges adjoints par deux juges titulaires.

Tribunal d'Oran. — Arrêté du 20 sept. 1832. Institution d'un juge royal. Modifications successives comme au tribunal de Bône et en vertu des mêmes ordonnances.

Tribunal de Philippeville. — Ord. du 26 sept. 1842. Création du tribunal. Même organisation que pour les tribunaux de Bône et d'Oran, modifiée également par l'ord. postérieure du 30 nov. 1844.

Tribunal de Blidah. — Ord. du 50 nov. 1844. Création du tribunal, avec l'organisation consacrée par cette ordonnance pour tous les tribunaux du ressort et à laquelle aucune modification nouvelle n'a été apportée.

Tribunal de Constantine. — Ord. du 9 juill. 1849. B. 528. Création du tribunal. Même organisation.

Tribunal de Mostaganem. — Décret du 6 fév. 1856. B. 492. Création du tribunal. Même organisation.

Pour tout ce qui concerne les délimitations et ressort de juridiction, V. l'article spécial : *Circonscriptions judiciaires.*

§ 4.—JURIDICTION SPÉCIALE DES COMMANDANTS DE PLACE.

AG.—5-8 août 1843.—D. 155.— *Compétence et attributions.*

Vu l'ord. roy. du 31 oct. 1838. (*Admin. gén.*, § 1).—Considérant qu'il n'est pas encore possible d'introduire dans les localités soumises au régime des commissions administratives toutes les règles relatives à la distribution de la justice, à la police et à ce qui constitue la partie morale de l'administration; mais qu'il importe néanmoins de consacrer par des règles fixes et uniformes l'état de choses déjà existant ;—En vertu des pouvoirs qui nous sont conférés par l'art. 5 de l'ord. roy. du 22 juill. 1834 ; —Attendu l'urgence ;

Art. 1.—La population civile des places, postes et camps où l'autorité civile n'existe pas encore, sera soumise à la juridiction militaire, jusqu'à ce qu'il en ait été autrement ordonné.

Art. 2. — Le commandant de la place remplira les fonctions attribuées, dans les autres localités, au commissaire civil et au juge de paix. — On ne pourra appeler de ses jugements que devant le commandant supérieur de la subdivision dans laquelle sera comprise la place où ils auront été rendus, et dans les cas prévus par l'arr. du 18 déc. portant règlement des attributions des commissaires civils.

Art. 3. — Un sous-officier remplira auprès du commandant de place l'office de greffier et consignera tous les jugements et procès-verbaux de contravention sur un registre où il sera fait mention expresse des motifs qui auront déterminé la décision.—Les jugements et procès-verbaux seront adressés en expédition, à la fin de chaque mois, au commandant de la subdivision, qui les communiquera au commandant supérieur de la province.

BUGEAUD.

Circ. G., n° 7.—27 janv.-20 fév. 1844.—B. 160. —*Sur l'exécution de l'arrêté précédent.*

Les attributions administratives et judiciaires, qu'aux termes de mon arr. du 5 août dernier les commandants de place sont appelés à exercer dans les villes administrées par l'autorité militaire, imposent à ces officiers l'obligation de se pénétrer particulièrement des dispositions qui font l'objet des art. 27 à 45 de l'arr. min. du 18 déc. 1842 sur les attributions judiciaires des commissaires civils, afin d'appliquer les règles du droit commun au jugement des contestations civiles et commerciales qui leur sont déférées.

Je n'ai pas besoin de vous faire remarquer que, sauf les cas prévus par la loi, il n'appartient au juge, sous aucun prétexte, de refuser de prononcer sur les contestations portées devant lui toutes les fois qu'elles ne sortent pas des limites de sa compétence ; s'il agissait autrement, il commettrait un déni de justice qui entraînerait avec lui des lenteurs et des frais, double inconvénient qu'il importe singulièrement d'éviter aux parties. Toutefois lorsque le cas sera très-embarrassant et que l'autorité militaire se méfiera de ses lumières, elle pourra renvoyer les parties devant le tribunal civil de province avec l'instruction de l'affaire au point où elle se trouvera.

Je vous recommande de m'adresser à l'avenir avec exactitude dans les cinq premiers jours du mois, pour le mois écoulé, les extraits des divers jugements rendus par les commandants de place, afin que je puisse m'assurer par moi-même s'il a été fait, pour ce qui les concerne, une juste application des lois et arrêtés sur la matière.

Maréchal BUGEAUD.

Circ. G., n° 28. — 8-20 juill. 1845. — D. 201. —*Même objet.*

L'arr. du 5 août 1843 a confié des attributions judiciaires en matière civile et commerciale aux commandants de place, dans les villes et localités situées en dehors de la juridiction civile. — Entre toutes leurs attributions, celle-là est assurément l'une des plus importantes: elle est l'objet de mes soins les plus vigilants. — Au commencement de chaque trimestre, je me fais représenter les décisions émanées de ces officiers pendant le trimestre précédent ; j'examine avec attention chacune d'elles ; et je recherche s'il a été rendu bonne justice. Pour n'avoir aucun doute à cet égard, je ne m'en tiens pas à mon examen personnel ; je m'éclaire des lumières du chef de l'administration judiciaire, je mets leur œuvre sous les yeux, en le chargeant de me signaler tout ce qu'elle pourrait offrir de défectueux et tout ce qui, dans son opinion, serait susceptible d'une amélioration.

Jusqu'à ce jour, je le dis avec satisfaction, la part de l'éloge a été de beaucoup la plus forte. La magistrature militaire s'est tenue à la hauteur de sa mission et a justifié la confiance que j'avais placée en elle. Elle s'est montrée intelligente et équitable en matière civile, prudente et modérée en matière pénale.—Si les règles de la compétence n'ont pas été strictement observées, si, quelquefois, certains commandants de place ont retenu la connaissance d'infractions passibles de peines correctionnelles et tombant, par suite, sous la juridiction des conseils de guerre, j'ai signalé ces faits particuliers à ceux d'entre eux qu'ils concernaient. Ces déviations de la règle n'ont eu lieu, heureusement, qu'à l'occasion de délits d'une faible gravité et dans des circonstances où l'observation rigoureuse des principes eût présenté peut-être plus d'inconvénients que d'avantages ; ces écarts sont donc moins regrettables.

J'ai remarqué que deux fois des peines avaient été prononcées à raison de faits contraires, il est vrai, à la morale publique, mais non prévus par la loi. C'est là un excès de pouvoir, contre lequel mes conseils ne sauraient trop les prémunir. — Il importe que les commandants de place se conforment rigoureusement au principe que nul fait ne peut être puni de peines qui n'étaient pas prononcées par la loi avant qu'ils aient été commis.—En aucun cas, il n'appartient au magistrat de suppléer au silence de la loi et de punir ce qu'elle n'a point puni ; agir autrement, ce serait, avec les meilleures intentions, faire de l'arbitraire et non de la justice.

Il serait à désirer aussi que les jugements fussent à l'avenir formulés d'une manière plus explicative et plus complète qu'ils ne l'ont été jusqu'à ce jour. Ils doivent être, sans doute, brièvement rédigés et promptement rendus ; mais il faut éviter un trop grand laconisme, qui serait un autre excès, un autre tort. — La loi veut que les décisions de justice énoncent les motifs qui les ont déterminées. — C'est d'après ces motifs, en effet, que les parties apprécient s'il leur a été fait bonne justice et si l'appel leur offre des chances de succès. C'est d'après ces motifs aussi que le commandant de la subdivision, juge du second degré, peut reconnaître si les décisions frappées d'appel sont conformes à la loi, à l'équité, et s'il y a lieu, par suite, de les confirmer ou de les infirmer.

J'ai besoin moi-même de trouver dans les jugements un exposé net et complet des faits litigieux et des dispositions législatives dont il a été fait application.—J'ai besoin de ces éléments pour apprécier l'administration des officiers auxquels j'ai dû confier temporairement la grave et difficile mission du magistrat. — Faire aimer et respecter la justice est un but trop noble pour que leur zèle ait besoin d'être stimulé par des recommandations spéciales de ma part; il sera l'objet de leur première ambition, comme il est constamment l'objet de toute ma sollicitude.

Maréchal duc d'Isly.

AG. — 29 mai-4 juin 1846. — B. 225. — *Fonctions d'huissiers conférées aux brigadiers de gendarmerie* (V. *Huissiers*, § 2, 12 *fév.* 1853).

Vu notre arr. du 5 août 1843 et les art. 2, 3, 15, 29, 35 et 109 de l'ord. du 15 avril 1845;

Considérant la nécessité d'assurer sur les territoires mixtes et arabes l'exécution des actes de l'autorité, des décisions judiciaires et la constatation des actes conservatoires des intérêts particuliers;

Art. 1. — Les commandants des brigades de gendarmerie exerceront, dans les territoires mixtes et arabes, les fonctions d'huissiers près l'officier chargé de rendre la justice.

Art. 2. — Ils seront tenus de déférer à toutes réquisitions qui leur seraient adressées par des particuliers et de faire toutes notifications que ces derniers jugeraient nécessaires.

Art. 3. — Dans tous les cas où les commandants des brigades procéderont en qualité d'huissiers, leurs actes feront la même foi que ceux des huissiers ordinaires.

Art. 4. — Dans le même cas, lorsqu'ils instrumenteront à la requête et dans l'intérêt des parties, ils auront droit, indépendamment de leurs déboursés dûment justifiés, au tiers des honoraires qui seraient dus aux huissiers pour les actes de même nature. — Ils pourront exiger le dépôt préalable des déboursés et honoraires.

Art. 5. — Il ne leur sera alloué aucun salaire pour les notifications qu'ils sont chargés de faire en toute matière, à la requête de l'autorité ou des diverses administrations.

Art. 6. — Chaque commandant de brigade doit tenir, sur papier timbré, un répertoire sur lequel il mentionne jour par jour et par ordre de date les actes et procès-verbaux de toute nature qu'il formulera comme huissier. — Ce répertoire, coté et parafé par l'officier chargé des fonctions judiciaires, doit être représenté à toute réquisition de l'autorité; il est soumis tous les trois mois au moins au visa des agents de l'enregistrement.

Art. 7. — Tous les actes des commandants de brigades, en leur qualité d'huissier, sont soumis aux dispositions de l'ord. du 19 oct. 1841 sur l'enregistrement, et à celle du 10 janv. 1844 sur le timbre.

Maréchal duc d'Isly.

Circ G., n° 43. — **13 fév. 1847. — B. 218.** — Sur *l'exécution des jugements rendus par les tribunaux ordinaires.*

La justice militaire a été instituée dans les villes de l'intérieur comme répondant aux besoins des premiers temps de création dans les localités éloignées de l'action des tribunaux civils. Cette justice, rapide et économique parce qu'elle est peu formaliste et qu'elle agit sans l'intervention de certains intermédiaires obligés des tribunaux ordinaires, devait être très-favorable aux colons qui n'avaient ni temps à perdre, ni argent à dépenser en frais de justice. — Elle a généralement répondu à mon attente, et l'inspection de ses actes par des magistrats éclairés et expérimentés a donné lieu à des rapports très-satisfaisants.

Cependant, on me signale depuis quelque temps, non pas de mauvais jugements, mais des dénis de justice. Sur un petit nombre de points, on aurait négligé ou retardé l'exécution de jugements rendus par des tribunaux civils contre des débiteurs qui habitent des lieux soumis à la juridiction militaire.

— Cette manière de procéder est très-répréhensible. Si elle se continuait, elle aurait les conséquences les plus fâcheuses pour les localités que l'on aurait peut-être cru servir en montrant à quelques individus une condescendance qui serait injuste envers leurs créanciers. Cela ne tendrait à rien moins qu'à détruire tout crédit pour les villes où les débiteurs trouveraient ainsi protection contre la loi et la morale publique.

J'ai l'assurance qu'il me suffit d'avoir signalé ce manquement à la bonne justice pour qu'il ne se renouvelle plus. — Dès qu'un jugement régulier a été régulièrement signifié au juge militaire, celui-ci doit l'amener à exécution.

Maréchal duc d'Isly.

AG. — 2-4 fév. 1848. — B. 267. — *Compétence plus étendue donnée aux commandants de place.* (Cet arrêté rendu par le duc d'Aumale, alors gouverneur général, et qui conférait aux commandants de place en matière civile et commerciale, sauf quelques exceptions, la juridiction des tribunaux de première instance, n'a pas reçu l'approbation du gouvernement, nécessaire pour lui donner force exécutoire et n'a jamais été mis en vigueur.)

DP. — 14 mai 1850. (V. *Justice de paix*, § 1). — *Compétence des commandants de place en matière de délits forestiers.*

DP. — 22 mars-17 avril 1852. — B. 409. — *Juridictions devant lesquelles les appels doivent être portés.*

Considérant que l'arr. du 5 août 1843 (art. 2) donne aux commandants de place, dans les lieux où l'autorité civile n'existe pas encore, la plénitude des attributions conférées par les lois, ordonnances et règlements sur l'Algérie, tant au commissaire civil qu'au juge de paix; — Considérant que l'arrêté du ministre de la guerre, du 12 déc. 1843, qui fixe les attributions du juge de paix de Mostaganem, les étend aux matières civiles et commerciales dont la connaissance est conférée, par l'arr. du 18 déc. 1842, aux commissaires civils, et en outre aux contraventions en matière de chasse ainsi qu'aux délits correctionnels dont la pénalité n'excède pas quinze jours de prison ou une amende de 50 fr.;

Considérant que les matières civiles et commerciales dont la connaissance est dévolue, sur les territoires militaires, aux justices de paix par ledit arr. du 12 déc. 1843, se trouvent comprises dans la compétence des commandants de place, aux termes de l'arr. du 5 août 1843, et que, sur ces territoires, la population civile est soumise à la juridiction des conseils de guerre pour toutes les infractions qualifiées crimes ou délits;

Considérant que dans cet état de la législation, il ne reste plus qu'à régler à quelle juridiction appartiendra la connaissance des litiges en matière civile et commerciale, dépassant le taux de la compétence attribuée aux commandants de place par l'arr. du 5 août 1843, et à décider s'il ne conviendrait pas davantage d'attribuer l'appel des jugements rendus par les commandants de place au tribunal civil le plus voisin, au lieu de le porter devant le commandant supérieur de la subdivision;

Considérant qu'aujourd'hui, des tribunaux civils ont été créés dans plusieurs localités; qu'en rapprochant de plus en plus le ressort des territoires militaires, et que, d'autre part, la facilité et la sûreté des communications tendent constamment à les rendre plus promptes et plus suivies;

Art. 1. — Les commandants de place continueront à exercer les fonctions qui leur sont conférées par l'arr. du 5 août 1843, dans toutes les localités où il n'existe pas d'autorité civile.

Art. 2. — Les appels des jugements rendus par les commandants de place seront portés devant le tribunal de première instance de la province la plus voisine. — Seront également portées devant le même tribunal les affaires civiles et commerciales excédant la compétence des commandants de place, telle qu'elle est déterminée par l'arr. du 5 août 1843 (1).

AG. — 8-22 mai 1852. — B. 412. — *Dispositions complémentaires de l'arrêté précédent.*

Vu le décr. du 22 mars dernier ; — Considérant qu'il importe de déterminer à quel tribunal ressortiront en exécution du décret précité, les localités soumises à la juridiction des commandants de place ou des directeurs des colonies agricoles investis des mêmes attributions judiciaires ; — En vertu des pouvoirs conférés suivant dépêche min. du 26 mars 1852, n° 236 ;

Art. 1. — Les appels des jugements rendus en premier ressort par les commandants de place ou les directeurs des colonies agricoles exerçant les fonctions judiciaires qui leur sont conférées par l'arr. du 5 août 1843, dans les localités où il n'existe pas encore d'autorité civile, seront portés, en exécution du décret du 22 mars dernier, savoir : Ceux des jugements rendus par les commandants de place ou directeurs des colonies agricoles de la division militaire d'Oran, devant le tribunal de 1ᵉʳ inst. d'Oran ; — id. des subdivisions d'Alger, Aumale et Orléansville, devant le tribunal de 1ᵉʳ inst. d'Alger ; — id. des subdivisions de Blidah, Médéah et Milianah, devant le tribunal de 1ʳᵉ inst. de Blidah ; — id. dans les cercles militaires de Philippeville, Collo, Djidjelli et Bougie, devant le tribunal de 1ʳᵉ inst. de Philippeville ; — id. dans le surplus des subdivisions de Constantine ou de Sétif et dans la subdivision de Bathna, devant le tribunal de Constantine ; — id. dans la subdivision de Bône, devant le tribunal de 1ʳᵉ inst. de Bône.

Art. 2. — Les affaires civiles et commerciales excédant la compétence des commandants de place seront également portées devant les tribunaux ci-dessus désignés, conformément à l'art. 2, § 2 du décret du 22 mars dernier.

AG. — 15 mai-16 juin 1857. B. 509. — *Modification à l'arrêté précédent en ce qui concerne la province d'Oran.*

Vu le décret du 22 mars 1852 ; — L'arr. du 8 mai 1852 ; — Le décr. du 6 fév. 1856 ; — Considérant que la création du tribunal de 1ʳᵉ instance de Mostaganem, en divisant le département d'Oran en deux arrondissements judiciaires, a rendu nécessaire de diviser pareillement entre chacun d'eux, pour l'exécution du décr. du 22 mars 1852, les territoires militaires soumis à la juridiction des commandants de place ; — Considérant que le partage le plus naturel et le plus conforme à l'esprit du décr. du 22 mars 1852 consiste à rattacher les subdivisions de Mostaganem et de Mascara au tribunal de Mostaganem, et de laisser au tribunal d'Oran les affaires des autres subdivisions.

Art. 1. — Les appels des jugements rendus en premier ressort par les commandants de place, et les affaires civiles et commerciales excédant la compétence de ces officiers, seront portés, savoir :

dans les subdivisions de Mostaganem et de Mascara, au tribunal de Mostaganem ; dans les autres subdivisions de la province, au tribunal d'Oran.

Comte RANDON.

DI. — 15 mars 1860. — (V. ci-dessus, § 1.) — *Compétence. — Attributions d'officiers de police judiciaire auxiliaires.*

Justice militaire.

DIVISION.

§ 1. — Législation.
§ 2. — Conseils de guerre. — Compétence.

§ 1. — LÉGISLATION (2).

21 sept. 1857. — B. 512. — *Promulgation en Algérie de la loi du 9 juin 1857, code de justice militaire pour l'armée de terre et des décr. imp. du 18 juill. suivant, réglant le nombre et la composition des conseils de guerre.*

9 juill. 1858. — B. 522. — *Promulgation en Algérie de la loi du 4 juin 1858, code de justice militaire pour l'armée de mer.*

§ 2. — CONSEILS DE GUERRE. — COMPÉTENCE.

AG. — 15 oct. 1830. — *Compétence des conseils de guerre.*

Considérant qu'il importe à la sûreté et à la tranquillité de l'armée de statuer sur le cas où il serait porté atteinte aux personnes ou aux propriétés des Français par les habitants du pays ;

Art. 1. — Les conseils de guerre connaîtront des délits et crimes commis par les habitants du pays, dans l'étendue du royaume d'Alger, sur les personnes ou les propriétés des Français ou des auxiliaires à la solde de la France.

Art. 2. — Le mode de procédure suivi par-devant les conseils de guerre sera en tout applicable à la recherche, à la poursuite et au jugement des délits et des crimes spécifiés dans l'article ci-dessus.

Toutefois, les jugements portant des peines capitales, afflictives ou infamantes ne seront exécutés qu'après avoir été soumis à l'approbation du général commandant en chef.

Art. 3. — Le présent arrêté, imprimé dans les deux langues, sera mis à l'ordre, publié et affiché partout où besoin sera.

CLAUZEL.

AG. — 16 août 1832, art. 1. — (V. *Justice*, § 1). *Compétence limitée aux crimes emportant peine afflictive et infamante, et commis par des naturels du pays contre les personnes ou les propriétés des Français ou étrangers.*

OR. — 10 août 1834. — (*Eodem.*) — *Art. 37, compétence limitée aux crimes et délits commis en dehors de la juridiction des tribunaux institués.*

OR. — 28 fév. 1841, art. 45. — (*Eodem.*) — *Mêmes dispositions.*

OR. — 26 sept. 1842, art. 42. — *Mêmes dispositions. — Règles du recours en révision et du pourvoi en cassation.*

---

(1) 1° La cour serait incompétente pour connaître de ces appels. — *Cour d'Alger*, 22 sept. 1852. V. aussi au § 1 ci-dessus ord. du 26 sept. 1842, art. 4 et note.
2° Cette juridiction des tribunaux civils s'étend également aux territoires militaires en matière d'état civil ; ainsi, les extraits des actes reçus par les commandants de place, conformément à l'arr. du 29 sept. 1848 (V. *État civil*), doivent être légalisés par les présidents des tribunaux de 1ʳᵉ instance auxquels ressortissent les diverses circonscriptions du territoire militaire, en exécution de l'arr. du

8 mai 1852 ci-après. — Les signatures des officiers de l'armée faisant fonctions d'officiers de l'état civil en territoire militaire devront, en conséquence, à chaque changement de ces fonctionnaires, être adressées au président du tribunal de 1ʳᵉ instance compétent. — Circ. du gouv. gén. 27 juin 1853.
(2) En ce qui concerne la compétence en matière civile et commerciale dans les territoires militaires, V. *Justice*, § 4, juridiction spéciale des commandants de place.

OR. — 17 juill. 1843. — (V. *Peine de mort*). — *Compétence exclusive.* — *Cas déterminés.*

DP. — 10 avr. 1851, art. 2. (V. *Justice de paix*, § 1). *Les conseils de guerre connaîtront des crimes et délits commis par les indigènes dans le ressort des justices de paix instituées en territoire militaire.*

DI. — 29 avr. 1851-31 déc. 1855. — B. 490. — *Mêmes dispositions.*

Vu les art. 4 et 42 de l'ord. du 26 sept. 1842; — Vu l'art 2 du décr. du 10 avr. 1851.

Art. 1. — En Algérie, dans le ressort des justices de paix qui existent ou qui seront créées en territoire militaire, la connaissance des crimes et délits commis par les indigènes continue d'appartenir aux conseils de guerre (1).

Circ. M. — 7 oct.-9 déc. 1858. — BM. 5. — *Composition des conseils de guerre en Algérie.* — *Officiers connaissant la langue arabe.*

Général,..... — Il importe à la dignité de la France et aux intérêts des justiciables que cette juridiction exceptionnelle offre des garanties d'une bonne et impartiale justice. — A ce point de vue, je me demande si, dans tous les cas, la présence d'un interprète de l'armée aux débats suffit pour assurer aux juges tous les moyens d'éclairer leur conscience? Les interprètes que l'on emploie ne possèdent pas toujours une instruction générale et spéciale assez étendue pour prêter un concours utile. Il peut arriver que les questions du président et les réponses de l'accusé ne soient pas traduites avec une précision satisfaisante, et que la manifestation de la vérité rencontre des difficultés; d'un autre côté, les accusés amenés souvent des localités éloignées ne choisissent pas d'avocats et sont défendus d'office. Ils peuvent croire qu'on leur refuse les moyens de défense, et, se sentant séparés de leurs juges par tant d'obstacles, ils attendent leur arrêt dans un silence obstiné.

Pour remédier à cet état de choses et donner satisfaction aux légitimes scrupules de la conscience des juges, j'ai pensé qu'il faudrait, autant que possible, désigner parmi les membres de chaque tribunal militaire un officier sachant parler l'arabe, capable d'adresser les questions du président à l'accusé, de le rassurer, et, au besoin, d'éclairer la cour sur la fidélité et l'intelligence apportées par l'interprète dans l'accomplissement de ses fonctions. — Il y a dans l'armée d'Algérie, même en dehors des bureaux arabes, un certain nombre d'officiers qui connaissent la langue arabe. J'espère qu'il ne sera pas impossible d'en trouver toujours un pour siéger dans chacun des conseils de guerre. — D'autre part, il sera bon également de recommander aux rapporteurs, chargés de l'instruction, de se renseigner avec soin, soit auprès des bureaux arabes, soit même auprès des magistrats indigènes, pour signaler les circonstances particulières aux coutumes et aux lois musulmanes qui pourraient aider les juges à former leur conviction et à prononcer en parfaite connaissance de cause.

Je vous prie, général, de donner des instructions en conséquence aux chefs de corps chargés de faire les présentations pour la formation du tableau des officiers qui peuvent être appelés à siéger comme juges dans les conseils de guerre.

NAPOLÉON (Jérôme).

DI. — 15 mars 1860. (V. *Justice* § 1). — Les crimes et délits commis par les Européens et les israélites, en territoire militaire, sont déférés à la juridiction des cours d'assises.

Justice musulmane.

Le rapport ministériel annexé au décret ci-après du 31 déc. 1859, contient un historique complet de l'organisation judiciaire musulmane, et rend inutile tout autre développement; il suffit donc de mentionner le sommaire des actes législatifs qui avaient antérieurement réglementé cette juridiction.

AG. — 22 oct. 1830 (V. *Justice*, § 1). — Les cadis ont juridiction souveraine et sans appel, tant au civil qu'au criminel, sur toutes les causes entre musulmans, et à charge d'appel devant la cour de justice sur celles entre musulmans et israélites.

AG. — 16 août 1832. — (Eodem.) — Les jugements correctionnels et criminels des cadis sont soumis à appel, les premiers devant la cour de justice, les seconds devant le conseil d'administration. — Les affaires criminelles et correctionnelles entre musulmans et israélites seront à l'avenir jugées directement par les tribunaux français.

AG. — 8 oct. 1832. — (Eodem.) — Les jugements de la cour criminelle prononçant la peine capitale contre des maures ou des israélites sont en dernier ressort. — L'appel de tous jugements des cadis en matière criminelle est déféré à ladite cour.

OR. — 10 août 1834. — (Eodem.) — La compétence des cadis est maintenue, mais le visa du parquet est obligatoire pour la mise à exécution des jugements de condamnation en matière criminelle et correctionnelle, et la faculté d'appel est réservée au procureur général. — Le tribunal supérieur est investi du droit d'évocation pour les affaires criminelles entre musulmans.

OR. — 28 fév. 1841. — (Eodem.) — La juridiction criminelle des cadis est supprimée. — La juridiction civile maintenue à charge d'appel. Les cadis connaissent seulement des infractions punissables d'après la loi du pays, mais ne constituant, d'après la loi française, ni délit ni contravention. Ils peuvent être saisis d'office par l'autorité française. — L'ancienne juridiction est maintenue en dehors des territoires soumis aux tribunaux ordinaires français.

OR. — 26 sept. 1842. — (Eodem.) — Mêmes dispositions.

OR. — 17 juill. 1843 (V. *Peine de mort*). — Interdiction aux tribunaux musulmans de prononcer dans aucun cas la peine de mort.

OR. — 16 avr. 1845 (V. *Procédure judiciaire*). — Cas où les jugements des cadis ne peuvent être exécutés sans une ordonnance d'exequatur.

AG. — 1er mai 1848, art. 4 (V. *Affaires arabes*, § 2). — Surveillance sur les tribunaux musulmans, attribuée au chef du service de l'administration civile indigène.

(1) Une circulaire du gouverneur général, en date du 2 avr. 1856, détermine qu'aucune disposition législative n'ayant conféré aux israélites non plus qu'aux Arabes la qualité de Français, il s'ensuit qu'à l'exception de ceux qui auraient obtenu la naturalisation ou justifieraient d'une nationalité étrangère, tous les autres sont compris de plein droit dans la qualification générique d'indigènes, que leur a toujours donnée, au surplus, la législation coloniale au point de vue judiciaire, notamment dans les ord. des 10 août 1834, 28 fév. 1841 et 26 sept. 1842 (V. *Justi.*).

AG. — 29 juill.-5 août 1848. — B. 281. — *Nouvelle organisation des tribunaux musulmans. M'hakmas. — Midjelès. — Institution d'Oukils. — Tarif des droits à percevoir.*

DI. — 1er oct. 1854. — B. 468. — *Nouvelle organisation de la justice musulmane.* (*Abrogé par décr. du 31 déc. 1859.*)

AG. — 30 nov. 1855. — B. 488. — *Divers arrêtés d'exécution réglant les circonscriptions judiciaires des m'hakmas, l'institution des midjelès, le personnel des m'hakmas, l'exercice de la profession d'oukil.*

AM. — 31 déc. 1855. — *Traitements et indemnités des membres et agents des tribunaux musulmans.*

AG. — 16 mars 1858. — B. 520. — *Tarif général des droits à percevoir par les cadis et autres agents, pour les actes de leur juridiction.*

DI. — 31 déc. 1859-14 janv. 1860. — BM. 52. — *Nouvelle organisation de la justice musulmane* (1).

(1) *Rapport à l'empereur.*

Sire, ...C'était au nom de la souveraineté de la France que, du jour de la conquête, la justice devait s'exercer sur tout ce qui était soumis à notre autorité. Toutefois, dans la crainte de porter atteinte à des usages, à des lois que nous ne connaissions pas assez et que nous voulions pourtant respecter, tous les tribunaux musulmans furent conservés avec la juridiction criminelle et civile.

Dans tous les pays soumis à l'islamisme, la justice est d'une extrême simplicité dans sa forme, ce qui ne veut pas dire que les questions de droit ne se présentent souvent avec les plus difficiles complications, ce qui est encore moins une preuve, surtout quand il s'agit des Arabes dont l'esprit est subtil, que les procès ne soient pas fort nombreux, mais ce qui signifie toujours, Montesquieu l'a dit, que les garanties font défaut.

Quoi qu'il en soit, voici quelle était l'organisation judiciaire indigène au moment de notre conquête : en principe, au criminel comme au civil, un seul juge, le cadi ; un seul recours contre sa sentence, l'appel au souverain. Toutefois, en matière civile, les parties avaient le droit d'en référer au cadi mieux informé. Dans ce cas, ce magistrat réunissait le cadi du rite opposé (a) au sien, lorsqu'il s'en trouvait un, des mouphtis et quelques tolbas, et, devant cette réunion appelée medjelès, l'affaire se discutait de nouveau. Mais le cadi confirmait ou infirmait à sa propre décision sans être tenu de céder à l'avis de la majorité. Le medjelès n'était donc pas un véritable tribunal ; c'était seulement une sorte de comité consultatif.

En droit, il n'y avait d'autre recours contre cette dernière décision du cadi que le recours au souverain (sultan, pacha ou bey), le Coran lui faisant un devoir de se tenir chaque jour pendant quelque temps à la disposition de quiconque veut s'adresser à sa justice. Mais en fait, lorsqu'on n'avait point formé de recours toujours difficile à introduire, on pouvait, sous le plus vain prétexte, recommencer la contestation devant un autre cadi, et souvent le procès n'avait d'autre terme que celui de la patience du plaideur le moins opiniâtre ou plutôt le moins riche, qui ne pouvait ou supporter les frais de déplacement auxquels son adversaire l'entraînait, ou lutter avec lui, il faut bien le dire, pour des dépenses d'un tout autre caractère.

L'expérience ne tarda pas à démontrer les dangers d'une justice ainsi organisée et placée complètement en dehors de notre sphère d'autorité. — Dès 1834, on exigea, en matière criminelle, qu'aucun jugement de condamnation prononcé par les cadis ne fût mis à exécution avant d'avoir été revêtu du visa du procureur général à Alger et de son substitut à Bone et à Oran. Mais ce n'était là qu'un exécutoire qui laissait subsister un état de choses aussi contraire aux principes de notre souveraineté qu'opposé aux progrès de notre civilisation. L'ordonnance du 28 fév. 1841 vint donc sagement déférer aux tribunaux français tous les crimes et délits prévus par le code pénal, et soumit à l'appel devant la cour les jugements rendus en matière criminelle par les cadis. Puis, l'année suivante, une ordonnance du 26 sept. donna au procureur général la surveillance des tribunaux indigènes situés en territoire civil. Enfin, un arrêté du gouverneur général détermina, en 1848, une meilleure composition des mahakmas de cadis et de medjelès, donna leur présidence au mouphti maleki, et fixa le tarif des actes et des droits à percevoir.

C'était sans aucun doute une organisation simple et ra-

tionnelle. Elle se prêtait sans froissements aux améliorations successives reconnues nécessaires ; elle initiait la magistrature française à la langue, aux coutumes, aux mœurs arabes ; dégageait chaque jour dans la législation musulmane l'élément civil de l'élément religieux, et popularisait les idées de droit chez un peuple qui depuis des siècles, n'a guère connu que l'empire de la force et de la violence. — La faculté d'appel devant la cour était un frein pour le juge indigène. Elle prévenait les abus ou du moins elle empêchait qu'ils ne devinssent irréparables ; enfin, elle répondait aux traditions mêmes du passé pour le peuple arabe ; elle n'était, en définitive, que le recours au sultan, car la cour était bien la représentation du souverain ; c'est en son nom qu'elle rend la justice. — Le seul inconvénient que présentassent ces utiles réformes venait de l'éloignement qui séparait un grand nombre de justiciables de la résidence de la cour d'Alger, et il était facile d'y remédier.

Pendant le temps qu'a duré cette organisation, les plaintes et les abus furent moins graves que par le passé, et on devrait s'étonner qu'en 1854 on ait songé à reconstituer une justice musulmane entièrement livrée à elle-même et sans lien avec notre magistrature, si un fait considérable ne s'était produit qui avait dû entraîner l'autorité supérieure chargée de l'administration de l'Algérie à chercher les moyens d'action qui lui échappaient, et dont elle avait besoin pour remplir sa tâche.

En effet, plusieurs décrets rendus dans le mois d'août 1848 par le chef du pouvoir exécutif avaient divisé entre plusieurs autorités les attributions relatives aux cultes, à l'instruction publique et à la justice. Au ministère des cultes et de l'instruction publique fut confiée toute l'administration concernant le culte chrétien, le culte israélite, les écoles françaises et israélites. Mais tout ce qui se rapportait aux musulmans et aux écoles arabes resta soumis à l'autorité du ministre de la guerre. De même, l'administration de la justice, pour la population française et européenne des territoires civils, fut placée dans le ressort exclusif du ministre de la justice, tandis que le service de la justice indigène resta dans les attributions du ministre de la guerre.

On croyait ainsi faire un pas vers le progrès, parce que c'était un pas vers l'assimilation entre les règles qui devaient régir une partie du territoire plus particulièrement occupée par la population européenne et l'organisation même de la France ; mais, en réalité, c'était un obstacle de plus élevé contre toute assimilation entre les deux populations, et en définitive, au point de vue des intérêts généraux de la civilisation, c'était rétrograder. En effet, créer deux justices, les séparer comme si elles ne provenaient pas toutes deux de la même origine et ne prononçaient pas au nom du même souverain, quelles que fussent d'ailleurs les populations sur lesquelles elles s'exerçaient, et placer ces deux justices sous la surveillance de deux autorités différentes, indépendantes l'une de l'autre, c'était pousser fatalement l'autorité à laquelle appartient l'administration générale de l'Algérie à mettre tout ce qui se rapportait aux indigènes en dehors de nos institutions judiciaires, et à constituer des tribunaux musulmans sans lien et sans contact avec les nôtres.

C'est là, sire, il faut le reconnaître, la cause véritable du décret du 1er oct. 1854. Indépendance absolue en matière civile de la justice indigène vis-à-vis la justice française ; plus d'appel à la cour impériale ; la surveillance et la direction de la justice arabe enlevées au procureur général et territoire civil aux préfets, en territoire militaire aux généraux ; les medjelès perdant leur caractère purement consultatif, élevés à la hauteur d'une ju-

(a) Les Arabes suivent le rite maleki, les Turcs le rite hanefi, ainsi que les Couloughis, fils de Turcs et de Maures.

LIV. 1. — DE L'ORGANISATION DES TRIBUNAUX CIVILS MUSULMANS.

Dispositions préliminaires.

Art. 1. —La loi musulmane régit toutes les con-

ridiction souveraine, et formant ainsi en Algérie vingt et une cours prononçant sans appel, sans recours possible; enfin, un conseil de jurisprudence composé de muphtis et de cadis, sans action directe sur ces tribunaux, telles sont les innovations principales introduites par le décret du 1er octobre. En dehors de ces dispositions, je m'empresse de le dire, ce décret a apporté de sérieuses améliorations. Il a fixé les limites de la compétence générale de la justice indigène, les règles de la poursuite contre ses membres et ses agents, la division du territoire en circonscriptions judiciaires, et a assuré l'exécution des jugements. Enfin, déterminant les obligations des cadis en leur qualité de notaires, il a imposé à la rédaction, à la conservation et à la constatation des actes qui leur sont confiés, des conditions qui sont autant de garanties. Mais, si sous ce rapport il a rendu de véritables services, il faut reconnaître que les conséquences de la séparation complète des deux autorités judiciaires qu'il avait établie n'ont point tardé à se produire.

Protégées par leur omnipotence, les décisions des tribunaux musulmans ont donné naissance aux réclamations les plus vives. Plus d'une fois les indigènes, dans l'impuissance où ils étaient de s'adresser à nos magistrats pour obtenir la réformation des jugements de leurs tribunaux, ont fait retentir les cours d'assises de leurs plaintes contre la corruption de leurs juges. Des arrêts ont dû en flétrir quelques-uns, et si, dans quelques occasions, on n'a pas sévi autrement que par la destitution, c'est que, sans profit pour les justiciables, on aurait déconsidéré une institution à laquelle les Arabes étaient encore forcés d'avoir recours.

Voilà, sire, où en était la justice civile entre les musulmans lorsque, dans votre bienveillante sollicitude pour l'Algérie, vous avez voulu constituer une puissante unité de direction pour toutes les affaires de cette belle colonie.

.....Le projet de décret que j'ai l'honneur de soumettre à l'approbation de V. M. n'a été préparé qu'après l'étude de tous les documents qu'il a été possible de réunir et des différentes opinions des diverses autorités de l'Algérie. Dans le conseil supérieur, il a été l'objet d'une discussion approfondie; enfin, M. le garde des sceaux, après le plus sérieux examen, a bien voulu y donner son assentiment.

Ce décret, sire, comme les actes législatifs antérieurs, reconnaît que la loi musulmane régit toutes les conventions et toutes les contestations civiles et commerciales entre indigènes musulmans, mais en même temps il proclame que les musulmans sont libres de contracter sous l'empire de la loi française. — L'expression de leur volonté, une simple déclaration de leur part dans l'acte, suffit pour cela, et entraîne l'application de cette loi ainsi que la compétence des tribunaux français. — Ce n'est là sans doute qu'une faculté donnée aux arabes. Aucune obligation ne leur est imposée; ils conservent leurs lois, leurs coutumes; mais si, frappés de la sagesse de notre droit, ils veulent profiter de ses bienfaits, la barrière est abaissée devant eux, et tout en conservant leurs croyances religieuses, ils peuvent venir placer leurs biens et leurs contrats sous l'égide de notre loi. — Tel est le principe nouveau que, pour répondre à votre pensée, sire, il m'a paru nécessaire d'inscrire en tête du décret qui devait réorganiser la justice musulmane. Au temps seul il appartient de le consacrer, car lui seul sans doute pourra en faire comprendre tous les avantages aux indigènes et les entraîner sans réserve vers ces institutions dont aujourd'hui nous leur ouvrons l'accès. — En second lieu, le décret consacre le droit d'appel devant les tribunaux français des jugements des cadis. — C'est tout à la fois rétablir le lien entre la magistrature française et les tribunaux indigènes, et, sans secousse, sans froissements, les faire rentrer ceux-ci dans la voie normale. — C'est déjà un frein puissant que ce droit d'appel à des tribunaux supérieurs dont l'intervention possible est un gage assuré d'une justice plus vigilante et plus sévère. — Mais les tribunaux d'appel ne peuvent être saisis de tous les procès, et bien des abus regrettables pourraient se perpétuer dans l'ombre s'ils n'é-

talent prévenus et redressés par une active surveillance. Cette surveillance est donc indispensable. On se rappelle qu'elle avait été primitivement confiée au chef de la justice. D'après le décret elle appartient, sous l'autorité du ministre, en territoire civil, au premier président et au procureur général dans la limite de leurs attributions respectives, et en territoire militaire aux magistrats et au général commandant la division, qui doivent se concerter à cet effet.

Quelque contraire à nos habitudes judiciaires que puisse paraître cette dernière disposition, elle est indispensable pour atteindre le but qu'on se propose. — En effet, si la surveillance des tribunaux musulmans est facile en territoire civil et a dû être exclusivement confiée aux chefs de la justice, il n'en est pas de même en territoire militaire. — Là nos magistrats manquent de moyens d'action sur les cadis des tribus; l'autorité, en réalité, est exercée par les commandants de divisions, de subdivisions et de cercles dont les agents nombreux et dévoués connaissent les besoins, les mœurs indigènes. Pour être efficace, il fallait donc une surveillance mixte, et appeler à y participer le pouvoir judiciaire et l'autorité militaire.

Loin de voir dans cette combinaison des sujets de conflits, on doit espérer y trouver des occasions de rapprochement. L'esprit de conciliation, aujourd'hui plus nécessaire que jamais en Algérie, et dont toutes les autorités sont d'ailleurs animées, dominera toutes les difficultés de détail; enfin, le ministre dans les mains duquel sont concentrés tous les services aura toujours les moyens de leur imprimer cette salutaire impulsion que l'unité de vues peut seule permettre.

Mais il ne suffisait pas d'ouvrir aux musulmans la voie de recours aux tribunaux français contre les jugements des cadis, il fallait encore rendre ce recours facile, peu coûteux et dégagé de toutes les lenteurs de procédure qui seraient insupportables pour les indigènes. — Quelques dispositions ont suffi à cet égard. — Un mois est accordé pour interjeter appel du jugement du cadi. — Les seules formes à suivre consistent dans une déclaration faite devant l'adel du cadi qui l'enregistre, donne récépissé de la déclaration, et est tenu dans les quarante-huit heures d'en adresser copie au ministère public et d'en donner avis à la partie adverse. — Le magistrat du parquet est chargé de réclamer des parties leurs moyens de défense. Le président désigne un juge rapporteur pour l'affaire qui vient à bref délai. — L'intervention des défenseurs n'est pas obligatoire, mais le ministère public est toujours entendu. C'est, en quelque sorte, le tuteur impartial des intérêts qui s'agitent.

Aucun recours n'est possible contre le jugement définitif. — Mais, avant d'interjeter appel, les Arabes peuvent, dans les trois jours de la sentence du cadi, réclamer que l'affaire soit examinée de nouveau en assemblée de medjelès, constituée d'après les usages musulmans. La nouvelle décision doit être rendue dans la quinzaine, et le délai d'appel ne court que du jour de cette dernière sentence. —Par cette disposition, le décret veut montrer aux Arabes combien il tient compte de leurs habitudes, presque de leurs susceptibilités; il rend ainsi à la juridiction des cadis et aux medjelès leur véritable caractère; de même que le recours à nos tribunaux, à la cour impériale se rattache à la tradition; c'est le recours au souverain, dans la seule forme possible aujourd'hui. Enfin, pour entourer de plus de lumière les jugements et les arrêts de nos tribunaux sur toutes les contestations des Arabes, deux assesseurs pris parmi les plus instruits et les plus recommandables des muphtis, des oulémas, des tolbas, seront attachés à chaque tribunal. — Au surplus, notre magistrature qui a donné en Algérie tant de preuves de son intelligence et de son dévouement, heureuse de l'importance de sa nouvelle tâche, encouragée par votre bienveillance, se livrera avec empressement aux travaux déjà familiers à quelques-uns de ses membres, et pénétrera bientôt au cœur de la législation musulmane.

Le décret ne pouvait oublier que, indépendamment de leur qualité de juges, les cadis exercent aussi les fonctions de notaires, et il a dû leur tracer, à cet égard, quel-

traîne l'application de cette loi et la compétence des tribunaux français.

Art. 2. — Les parties peuvent également, d'un commun accord, porter leur contestation devant le tribunal français de leur circonscription, qui statue alors selon les règles déterminées par le présent décret.

Art. 3. — La poursuite, la répression des crimes, délits et contraventions prévus et punis par le code pénal français, ainsi que par les lois, ordonnances, décrets autres que le décret du 3 sept. 1830 sur les amins et par les arrêtés locaux, appartiennent aux tribunaux français.

Art. 4. — La justice entre les musulmans de l'Algérie est administrée au nom de l'empereur, par les cadis, par les tribunaux de 1re instance français et par la cour impériale, suivant 'es règles établies par le présent décret.

Art. 5. — Le territoire de l'Algérie, po l'administration de la justice musulmane, est divisé en circonscriptions judiciaires ressortissant aux tribunaux de 1re inst. — Ces circonscriptions et le tribunal auquel elles se rattachent sont déterminés par arrêtés de notre ministre de l'Algérie et des colonies.

Art. 6. — Sous quelque prétexte que ce soit, même celui du silence ou de l'obscurité de la loi, les tribunaux ne peuvent, sous peine de déni de justice, refuser de statuer sur la demande des parties.

Art. 7. — La surveillance des tribunaux indigènes appartient, sous l'autorité de notre ministre de l'Algérie et des colonies : en territoire civil, au premier président de la cour impériale et au procureur général, dans la limite de leurs attributions respectives, et, en territoire militaire, à ces magistrats et au général commandant la division, qui se concertent à cet effet.

Art. 8. — Les membres des tribunaux musulmans ne peuvent être traduits en justice pour actes relatifs à leurs fonctions qu'après autorisation de notre ministre de l'Algérie et des colonies. — En cas d'autorisation, ils seront traduits, sans distinction de territoire, en matière correctionnelle devant la cour impériale d'Alger, en matière criminelle devant la cour d'assises compétente.

Art. 9. — Un règlement spécial de notre ministre de l'Algérie et des colonies détermine les conditions et le mode selon lequel sont rémunérés ou rétribués les membres des tribunaux indigènes ainsi que les agents qui y sont attachés.

TITRE UNIQUE. — Des cadis et de leurs mahakmas.

Art. 10. — Il y a par circonscription judiciaire un cadi maléki et, lorsque le chiffre de la population hanéfite le rend nécessaire, un cadi hanéfi.

Art. 11. — Le personnel de chaque mahakma de cadi est fixé, selon les besoins du service, par arrêté de notre ministre de l'Algérie et des colonies. Il se compose du cadi et de deux adels au moins, dont l'un remplit les fonctions de naïb ou suppléant, en cas d'empêchement du cadi, et dont l'autre remplit les fonctions de greffier.

Art. 12. — Les cadis et les adels sont nommés, suspendus ou révoqués par arrêté de notre ministre de l'Algérie et des colonies. Ils ne peuvent entrer en fonctions qu'après avoir prêté le serment suivant : « En présence de Dieu et des hommes, je jure et promets, en mon âme et conscience, de rester fidèle à l'empereur, de bien et religieusement remplir mes fonctions, et de me conduire en tout comme un digne et loyal magistrat. » — Les cadis de l'arrondissement d'Alger prêtent serment devant la cour impériale, les autres devant le tribunal de 1re inst. duquel ils relèvent.

Art. 13. — En cas de décès, d'absence ou d'empêchement des adels ou de l'un d'eux, le cadi se fait assister de témoins par lui requis. — S'il y a lieu au remplacement provisoire d'un des adels, le cadi y pourvoit par la désignation d'un thaleb.

Art. 14. — Il est attaché à chaque mahakma de cadi, selon les besoins du service, un ou deux aouns qui sont nommés, suspendus ou révoqués, en territoire civil, par le procureur général, et en territoire militaire, par le général commandant la division, le procureur général consulté.

Art. 15. — (§ 1 ainsi modifié par décret du 19 mai 1860, BM. 80 :) Des oukils peuvent seuls représenter les parties ou défendre leurs intérêts devant les cadis lorsque les parties ne se défendent pas elles-mêmes ou refusent de comparaître sur sommation dûment justifiées. Celles-ci peuvent, toutefois, donner mandat spécial de les représenter à un de leurs parents ou amis musulmans. — Les oukils sont nommés, révoqués ou suspendus par notre ministre de l'Algérie et des colonies, qui en fixe le nombre près de chaque tribunal et règle tout ce qui concerne leur discipline.

Art. 16. — La suspension entraînera, pendant sa durée, la privation du traitement et des honoraires, qui sont dévolus au cadi ou à l'adel remplaçant.

LIV. 2. — DE LA COMPÉTENCE.

TIT. 1. — De la compétence des cadis.

Art. 17. — Sauf les exceptions résultant des art. 1 et 2, les cadis connaissent en premier ressort de toutes les affaires civiles et commerciales entre musulmans, ainsi que des questions d'état.

Art. 18. — Ils connaissent en dernier ressort des actions personnelles et mobilières jusqu'à la valeur de 200 fr. de principal, et des actions immobilières jusqu'à 20 fr. de revenu, déterminé soit en rentes, soit par prix de bail.

Art. 19. — Dans les trois jours du jugement, les parties peuvent réclamer que l'affaire soit examinée de nouveau en assemblée de midjelès, constituée d'après les usages musulmans.

Art. 20. — Les contestations judiciaires entre indigènes musulmans de rite différent peuvent être portées soit devant le cadi maléki, soit devant le cadi hanéfi, s'il existe un magistrat de chaque rite dans la circonscription judiciaire de la résidence des parties. — En cas de désaccord, le choix du cadi appartient au demandeur.

---

ques règles aujourd'hui consacrées par l'expérience, pour la stricte exécution de leurs devoirs. Enfin une disposition détermine que le décret n'est applicable ni à la Kabylie, ni au pays situé au delà du Tell : l'une a sa djemâa, qui rend la justice selon ses coutumes, l'autre est trop éloigné de nos centres de population pour que l'autorité militaire n'y conserve pas toute sa liberté d'action.

En résumé, sire, le décret que j'ai à présenter à V. M. consacre trois grandes mesures : — 1° La faculté pour les musulmans de contracter sous l'empire de la loi française; —

2° La surveillance de la justice indigène par notre magistrature, et le droit d'appel devant nos tribunaux; — 3° Une procédure des plus prompte et des moins coûteuses. — La première abaisse la barrière entre la société arabe et la nôtre; — La seconde prévient les abus, les répare au besoin, popularise les idées de droit et inspire le respect de la justice. — La dernière, enfin, permet l'entrée de nos prétoires au plus humble de vos sujets musulmans en Algérie.

Comte DE CHASSELOUP-LAUBAT.

Tit. 2. — De la compétence des tribunaux de première instance et de la cour impériale.

Art. 21. —Les appels des jugements rendus en premier ressort par les cadis sont portés devant les tribunaux de 1ʳᵉ inst. ou devant la cour impériale, conformément aux règles qui suivent.

Art. 22. — Les tribunaux de 1ʳᵉ inst. connaissent des jugements rendus en premier ressort par les cadis. Le taux de leur compétence est fixé, pour les actions personnelles et mobilières à 1,500 fr., et pour les actions immobilières à 150 fr. de revenu, déterminé soit en rentes, soit par prix de bail. — L'appel est porté devant le tribunal de 1ʳᵉ inst. au ressort duquel se rattache la circonscription judiciaire du cadi qui a rendu le jugement.

Art. 23. — La cour impériale connaît en appel de toutes les questions d'état et des litiges dont la valeur excède la compétence des tribunaux de 1ʳᵉ inst., telle qu'elle est déterminée ci-dessus.

Art. 24. — Les tribunaux de 1ʳᵉ inst. et la cour sont assistés, pour le jugement des appels entre musulmans, de deux assesseurs musulmans ayant voix consultative.

LIV. 3. — DE LA PROCÉDURE.

Tit. 1. — Des ajournements, des débats, de la tenue et de la police des audiences devant les cadis.

Art. 25. — Les dispositions de la loi musulmane et les usages locaux concernant le mode d'introduction de la demande, la comparution des parties, leur représentation par des oukils, la procédure et les débats, la tenue et la police des audiences, continuent à recevoir leur exécution, sauf les modifications apportées par le présent décret.

Art. 26. — Les cadis siègent aux lieux, jours et heures fixés par un règlement émané des autorités qui ont la surveillance de la justice indigène.

Art. 27. — Les séances sont publiques à peine de nullité; néanmoins, si cette publicité paraît dangereuse pour l'ordre et pour les mœurs, le cadi ordonne que les débats aient lieu à huis clos. Dans tous les cas, le jugement est prononcé publiquement.

Tit. 2. — Des jugements.

Art. 28. — Les jugements rendus par les cadis sont inscrits en entier sur un registre à ce destiné, revêtus du cachet du cadi et signés par ce magistrat et les adels. — Indépendamment de la formule arabe qui peut être insérée selon les usages, tout jugement contient : 1° les noms, qualités et domiciles des parties; 2° le point de fait; 3° les dires des parties; 4° les motifs et le dispositif; 5° la date à laquelle il a été rendu.

Art. 29. — Les jugements n'entraînent aucuns frais pour les parties lorsque celles-ci se présentent et se retirent sans réclamer expédition du jugement rendu. — Expédition doit en être délivrée sur la demande des parties, à charge par elles de payer les droits qui seront fixés par arrêté ministériel. — Elle indique, en outre des mentions prescrites par l'article précédent, si le jugement a été rendu en présence des parties elles-mêmes, ou si l'une d'elles était représentée par un oukil chargé de sa procuration ou nommé d'office. — L'expédition de tout jugement est signée par le cadi et par l'un de ses adels, et revêtue du cachet du cadi.

Tit. 3. — De l'appel.

Art. 30.—Le délai pour interjeter appel devant les tribunaux de 1ʳᵉ inst. et devant la cour impériale est de trente jours à partir du jour où le jugement a été rendu par le cadi.

Art. 31. —Avant d'interjeter appel, les musulmans peuvent, dans les trois jours qui suivent le jugement, invoquer le bénéfice de l'art. 19. L'adel constate cette réclamation. — La décision définitive doit intervenir dans les quinze jours, et, dans ce cas, le délai d'appel court du jour où elle a été rendue. — Il est toujours fait mention, en marge du premier jugement, de l'avis motivé des adels.

Art. 32. — Les seules formes à suivre pour l'appel consistent dans une déclaration faite devant l'adel du cadi, lequel est tenu de l'enregistrer sur un registre ad hoc. Récépissé de la déclaration est immédiatement délivré à l'appelant, et l'adel en donne avis à la partie adverse. — L'adel est encore tenu, dans les quarante-huit heures, d'adresser au ministère public copie de la déclaration et du jugement.

Art. 33. — Le ministère public, dans les vingt-quatre heures, fait inscrire au greffe du tribunal ou de la cour ladite déclaration, et prévient les parties qu'elles aient, dans le plus bref délai, à fournir leurs moyens d'appel et de défense.

Art. 34. — Dans la quinzaine, à partir du jour de l'avertissement donné par le ministère public, le président du tribunal ou de la cour commet un juge ou un conseiller pour faire rapport de l'affaire. — Le magistrat rapporteur est autorisé à recevoir l'appel incident de l'intimé, à entendre les parties ou leurs mandataires s'ils se présentent, et à les appeler s'il y a lieu.

Art. 35. — L'affaire doit venir à bref délai, et le ministère public, qui est toujours entendu, donne avis du jour de l'audience aux parties intéressées. — Le ministère des défenseurs n'est point obligatoire. Les parties peuvent comparaître en personne, ou être appelées par le tribunal ou la cour. — Dans le cas où l'une d'elles ne se présenterait pas, il est passé outre, et l'arrêt ou le jugement sont définitifs.

Art. 36. — En cas d'appel d'un jugement interlocutoire, si le jugement est infirmé et que l'affaire soit en état de recevoir une décision définitive, le tribunal ou la cour peut statuer sur le fond définitivement par un seul et même jugement, ou renvoyer l'affaire devant un autre cadi. — Il en est de même lorsque le tribunal ou la cour infirment pour vice de forme ou toute autre cause des jugements définitifs.

Art. 37. — Les jugements en dernier ressort des cadis et les jugements et arrêts rendus sur l'appel ne peuvent être attaqués devant aucune autre juridiction, et ne sont pas susceptibles du recours en cassation.

Tit. 4. — De l'exécution des jugements.

Art. 38. — Les jugements définitifs émanés des cadis, et les jugements et arrêts rendus sur appel, s'exécutent selon les voies actuellement en vigueur, en tant qu'il n'y est pas dérogé par le présent décret.

Art. 39. — Les expéditions de tout jugement émané des tribunaux indigènes doivent être revêtues de la formule suivante : « N... (le nom de l'empereur), par la grâce de Dieu et la volonté nationale, empereur des Français. — A tous présents et à venir, salut. » (Copier le jugement avec les mentions indiquées en l'article ci-dessus.) — Mandons et ordonnons à tous fonctionnaires et agents de l'autorité publique de faire exécuter ou d'exécuter le présent jugement. — En foi de quoi le présent jugement a été signé par (signature du cadi et de son bach-adel. — Apposition du cachet). »

LIV, 4. — DE L'ADMINISTRATION JUDICIAIRE.

TIT. 1. — Des successions.

Art. 40. — Les cadis procèdent : — 1° (ainsi modifié par décr. du 19 mai 1860, BM. 80 :) A la liquidation et au partage de toutes les successions musulmanes, suivant les usages établis ; — 2° Sous la surveillance de l'administration des domaines, à la liquidation et au partage des successions musulmanes auxquelles sont intéressés le bit-el-mâl ou des absents. — Ils consignent sur des registres séparés les opérations auxquelles donnent lieu ces deux espèces de succession.

Art. 41. — En cas de contestation, il est statué par les cadis et les tribunaux conformément aux règles de compétence et de procédure fixées par le présent décret,

TIT. 2. — Des dépôts.

Art. 42. — Les dépôts de toute nature, faits entre les mains des cadis, sont inscrits par eux sur un registre spécial et versés à l'administration du bit-el-mâl, qui en donnera récépissé.

Art. 43. — La valeur, la nature des dépôts qui peuvent être opérés entre les mains des cadis, le mode de versement au bit-el-mâl, le mode de restitution ainsi que la responsabilité des cadis et des agents du bit-el-mâl sont déterminés et régis par arrêté ministériel.

TIT. 3. — Des actes publics.

Art. 44. — Les actes publics entre musulmans sont reçus, suivant le choix des parties, par les cadis ou par les notaires. — Les actes reçus par les cadis sont transcrits en entier sur un registre à ce destiné, et signé par le cadi et les adels.

Art. 45. — Toute partie peut requérir expédition des actes qui la concernent. Les expéditions d'actes sont signées par le cadi et par l'un des adels, et doivent être en outre revêtues du cachet du cadi.

Art. 46. — Lorsque les cadis sont appelés à certifier la copie des actes qui leur sont présentés, mention de ce certificat est faite tant sur l'acte lui-même que sur un registre spécial.

Art. 47. — Les actes reçus par les cadis et les copies ou expéditions délivrées par eux sont payés par les parties, conformément au tarif arrêté par notre ministre de l'Algérie et des colonies. Ce tarif demeure exposé à l'entrée du local dans lequel les cadis tiennent leurs audiences.

Art. 48. — Le produit des actes appartient au cadi et aux adels; il est réparti entre eux dans les proportions déterminées par le tarif mentionné en l'article précédent.

Art. 49. — Le montant des droits payés par les parties doit être inscrit en toutes lettres au bas de chaque acte, expédition ou copie d'acte, sous peine pour l'adel copiste d'une amende de 5 fr. par contravention. — Cette amende est prononcée par le tribunal duquel relève la circonscription judiciaire de l'adel contrevenant.

Art. 50. — Tout agent de la justice musulmane qui reçoit ou exige d'autres rétributions que celles portées dans le tarif, peut être suspendu ou révoqué, sans préjudice des poursuites qui peuvent être dirigées contre lui, conformément aux dispositions du code pénal.

TIT. 4. — De la forme des registres à tenir par les cadis,

Art. 51. — Les jugements, actes et dépôts sont inscrits sur chacun des registres qui leur sont destinés par ordre de date, sans blancs, surcharges ni interlignes (1). — Les ratures et les renvois sont approuvés et signés par le cadi et par les adels.

Art. 52. — Les registres sont cotés et parafés par le procureur général ou par tout magistrat ou fonctionnaire délégué à cet effet.

Art. 53. — Les registres sont fournis par l'État et établis sur des modèles uniformes pour toutes les circonscriptions. Ils doivent être représentés aux autorités qui ont la surveillance de la justice indigène toutes les fois que ces autorités jugent convenable de les réclamer.

TIT. 5. — Du timbre et de l'enregistrement.

Art. 54. — Tous les registres dont la tenue est prescrite par le présent décret sont affranchis du droit et de la formalité du timbre.

Art. 55. — Aucun extrait, copie ou expédition d'actes ou de jugements ne peut être délivré aux parties que sur papier timbré, conformément à l'art. 12 de la loi du 13 brumaire an VII, sous peine de l'amende prononcée contre le fonctionnaire public par l'art. 26 de la même loi. — Toutefois, ces copies, extraits ou expéditions, peuvent être délivrés par les cadis sur papier d'une dimension inférieure à celle du papier dit papier moyen ou d'expédition.

Art. 56. — En territoire civil, les expéditions des jugements et actes qui emportent transmission de propriété ou d'usufruit de biens immeubles, les baux à ferme, à loyer ou à rente, les sous-baux, cessions ou subrogations de baux et les engagements de biens de même nature, sont soumis à l'enregistrement dans les trois mois de leur date (2). — Pour tous autres actes, l'enregistrement n'est de rigueur que lorsqu'il en est fait usage, soit par acte public, soit en justice ou devant toute autre autorité constituée (3).

---

(1) Cette inscription constitue une véritable minute dont le cadi reste dépositaire et délivre expédition. — Les registres doivent être établis sur un modèle qui permette d'inscrire au regard de l'acte ou du jugement et en langue française, les nom et domicile des parties, l'analyse des dispositions qu'il renferme, sa date, celle de l'enregistrement et les droits perçus. Dans les localités où il n'existe pas d'agent administratif habile à procéder à cette tra-cution, elle sera faite tous les quinze jours, soit par les interprètes de l'armée, soit par ceux des justices de paix auxquels il sera alloué une rétribution de 1 fr. par acte, qui sera perçue par le magistrat indigène en même temps que le coût de l'acte. — Ces registres seront communiqués à toute réquisition aux préposés de l'enregistrement, conformément à l'art. 52 de la loi du 22 frim. an VII. Ces préposés dresseront un relevé de tous les actes et jugements soumis par leur nature à l'enregistrement dans le délai de trois mois de leur date ; ce relevé sera rapproché du registre de formalité et chaque article émargé à la date de son enregistrement. — Le recouvrement des droits exigibles sur les actes et jugements qui n'auraient pas été

soumis à l'enregistrement dans le délai fixé, sera poursuivi contre les parties dans la forme prescrite par les lois sur l'enregistrement au vu d'un extrait du registre du cadi, délivré sur la demande du receveur, par les soins du bureau arabe départemental. — Circ. min. des 14 mai 1855 et 19 avr. 1858. (Cette circulaire se rapportait au décr. du 1er oct. 1854. Mais les dispositions de ce décret, relatives à la tenue des registres et enregistrement des actes étant textuellement reproduites dans le nouveau décr. du 31 déc. 1859, l'application de ses prescriptions reste la même.)

(2) C'est-à-dire de la date de l'acte ou du jugement, et non de la date de la délivrance de l'expédition. — Et à défaut d'enregistrement dans le délai prescrit, la peine du double droit édictée par l'art. 38 de la loi du 22 frim. an VII sera encourue, le silence du décret n'impliquant pas exception de la peine pécuniaire, qui n'est que la sanction des prescriptions qu'il renferme. (Même circul.)

(3) Cette disposition ne s'applique qu'aux officiers publics français, juridiction ou autorité française. Les cadis peuvent toujours agir en vertu d'actes non enregistrés,

Art. 57. — Les jugements et actes autres que ceux mentionnés dans les articles précédents(1) ne sont soumis au timbre et à l'enregistrement que dans les cas prévus par les lois, ordonnances, décrets et arrêtés réglant la matière en Algérie.

Tit. 6. — *Dispositions générales.*

Art. 58. — Le montant des amendes prononcées en vertu des dispositions du présent décret est versé dans la caisse du receveur de l'enregistrement, ou dans celle des contributions diverses, suivant le territoire.

Art. 59. — Le présent décret ne s'applique point à la Kabylie et à la région en dehors du Tell, qui demeurent régies, l'une par ses coutumes actuelles, l'autre par la juridiction des cadis telle qu'elle existait avant le décret du 1ᵉʳ oct. 1854.

Art. 60. — Le présent décret, ainsi que tout arrêté pris pour son exécution, sera traduit en arabe; une expédition en sera remise, au moment de leur nomination, à chaque cadi et à chacun des adels du cadi. — La traduction arabe du présent décret ne sera valable qu'après approbation de notre ministre de l'Algérie et des colonies, et elle devra être publiée dans la même forme que le décret (2).

Art. 61. — Le décret du 1ᵉʳ oct. 1854 est rapporté. Toutes autres dispositions des décrets, ordonnances et arrêtés sur l'organisation de la justice indigène cessent d'avoir leur effet en ce qu'elles ont de contraire au présent décret.

AM. — 21 août 1860. — BM. 92. — *Division du territoire de l'Algérie en circonscriptions judiciaires.*

Savoir : — (Province d'Alger) 16 en territoire civil, 75 *id.* militaire. — (Province d'Oran) 6 en territoire civil, 66 *id.* militaire. — (Province de Constantine) 15 en territoire civil, 84 *id.* militaire. — En tout 262.

Justice de paix.

De 1830 à 1834, les fonctions de juge de paix ont été exercées d'abord par le commissaire général de police, et ensuite par le président du tribunal correctionnel. C'était ce tribunal qui jugeait également les affaires de simple police. En 1834, ces fonctions furent attribuées à chacun des juges de première instance, puis déléguées spécialement en 1836 à un des juges du tribunal supérieur, chacun d'eux les exercer pendant trois mois à tour de rôle. L'ord. du 23 fév. 1841 les rendit au juge de première instance, avec faculté d'en charger un des juges adjoints, et posa le principe de l'institution des justices de paix dans les territoires érigés en commissariats civils.

Enfin l'ord. du 26 sept. 1842 institua régulièrement cette juridiction. C'est dans cette ordonnance organique que se trouvent les premières règles de la compétence et de l'organisation des justices de paix. Plus tard, cette compétence a été étendue par divers décrets, et en dernier lieu par celui du 19 août 1854 ci-après. Cette institution a d'autant plus d'importance en Algérie, que les attributions qu'elle confère sont exercées d'abord par les commandants de place (V. *Justice*, § 4), puis par les commissaires civils, à mesure que les colons se groupent sur un point du territoire, que la population s'y étend, que les intérêts s'y développent, jusqu'au jour où, ayant acquis assez d'importance pour que la cité soit constituée et forme un chef-lieu d'arrondissement, il devient nécessaire d'en confier la direction administrative à un sous-préfet et d'y créer un tribunal de 1ʳᵉ instance.

DIVISION.

§ 1. — Dispositions générales.
§ 2. — Création de justices de paix et attributions spéciales.

§ 1. — DISPOSITIONS GÉNÉRALES.

AM.—20. déc. 1842 (V. ci-après, § 2). — *Extension de la compétence de la justice de paix de Blidah. (Mesure appliquée par divers arrêtés suivants à plusieurs autres justices de paix et restée en vigueur jusqu'au décr. du 19 août 1854.)*

DP. — 14 mai-13 juin 1850.—B. 350. — *Compétence des juges de paix en matière de délits forestiers.*

Vu les art. 84 et 159 c. inst. crim.; — L'ord. du 26 sept. 1842, et l'art. 3 de l'arr. du chef du pouvoir exécutif, du 20 août 1848 (*Justice*, § 1.)

Art. 1. — Les juges de paix de l'Algérie et, à leur défaut, les commissaires civils, connaîtront, avec faculté d'appel devant les tribunaux correctionnels, des délits et contraventions en matière forestière, dans tous les cas où l'amende réclamée par la citation ne s'élèvera pas au delà de 150 fr.

Art. 2. — Dans le territoire militaire, la même compétence appartiendra en cette matière aux commandants de place, avec faculté de recours devant le commandant de la subdivision (3).

DP. — 10 avr. 1851. — B. 383. — *Art. 2.* — *Les conseils de guerre connaîtront des crimes et délits commis par les indigènes, dans la partie du ressort des justices de paix rattachées aux tribunaux civils qui est maintenu au territoire militaire.*

puisque l'obligation d'enregistrement concerne les parties seules dans les cas prévus. (Même circul.).

(1) C'est-à-dire les actes et jugements en territoire militaire par opposition à ceux en territoire civil. — Un des cas prévus est celui où il en serait fait usage devant un officier public français ou une autorité constituée, comme il est dit en l'article précédent. Dans ces cas, les copies et expéditions seront visées pour timbre sans amende et enregistrées au droit simple, quelle que soit la nature des conventions et dispositions de l'acte. (Même circul.)

En présentant à l'enregistrement les expéditions délivrées par les cadis, les parties continueront toujours à se conformer à l'art. 1 de l'arr. du 23 août 1859, qui exige la traduction préalable de la pièce à enregistrer. (Même circul.)

(2) Cette publication a eu lieu le 5 mai 1860, BM. 71.

(3) Devant quelle juridiction doivent être portés les appels des jugements des commandants de place en matière de délits forestiers? Est-ce devant le commandant de la subdivision, ou devant le tribunal désigné par les décrets suivants des 22 mars et 3 mai 1852? Si, d'une part, l'arrêté du 5 août 1843 visé dans ces décrets porte d'une manière générale que les attributions des commandants de place sont celles des commissaires civils et des juges de paix dans les autres localités, d'autre part il est évident, d'après le quatrième considérant qui précède le décret du 22 mars, que ce dernier n'a eu en vue que les litiges en matière civile et commerciale, il en résulterait que l'appel des jugements rendus en matière de délits forestiers en exécution du décret du 14 mai 1850 auquel on ne paraît pas avoir pensé lors de la rédaction de celui de 1852, doit continuer à être porté devant les commandants de subdivision, ce qui est contraire à l'esprit général qui a dicté la nouvelle législation sur cette compétence de juridiction.

DI.—29 avr. 1854 (V. *Justice militaire*). — *Dans le ressort des justices de paix qui existent ou qui seront créées en territoire militaire, la connaissance des crimes et délits commis par les indigènes continue d'appartenir aux conseils de guerre. — Note relative aux israélites.*

DI. — 19 août-22 nov. 1854. — B. 470. — *Extension de la compétence des juges de paix.*

Tit. 1. — *Des juges de paix à compétence étendue.*

Art. 1. — La compétence des juges de paix peut être étendue, par décret impérial, dans les localités où cette extension est jugée nécessaire.

Art. 2. — Les juges de paix à compétence étendue, connaissent de toutes actions personnelles et mobilières, en matières civile et commerciale, en dernier ressort, jusqu'à la valeur de 500 fr., et en premier ressort seulement jusqu'à celle de 1,000 fr. — Ils exercent, en outre, les fonctions des présidents des tribunaux de 1re inst., comme juges de référé, en toutes matières, et peuvent, comme eux, ordonner toutes mesures conservatoires (1). — En matière correctionnelle, ils connaissent : — 1o De toutes les contraventions de la compétence des tribunaux correctionnels qui sont commises ou constatées dans leur ressort ; — 2o Des infractions aux lois sur la chasse ; — 3o De tous les délits n'emportant pas une peine supérieure à celle de six mois d'emprisonnement ou de 500 fr. d'amende. — Un officier de police désigné par le procureur général remplit auprès du juge de paix les fonctions du ministère public.

Tit. 2. — *De l'appel des jugements de police correctionnelle.*

Art. 3. — Les appels des jugements rendus en police correctionnelle par les tribunaux de 1re inst. sont portés à la cour impériale. — Les appels des jugements rendus en matière correctionnelle par les juges de paix sont portés au tribunal de la circonscription duquel est située la justice de paix. — L'appel est interjeté conformément aux art. 202, 203, 204 et 205 c. d'inst. crim.

DI. — 15 nov.-8 déc. 1854. — B. 471. — *Désignation de justices de paix à compétence étendue* (V. au § 2., *les justices de paix auxquelles application a été faite du décr. du 19 août 1854*).

DI. — 18 juill.-8 août 1855. — B. 484. — *Promulgation de la loi du 2 mai 1855 sur les justices de paix.* (V. *l'arrêté de promulgation*, vo *Contrainte par corps*.)

Loi du 2 mai 1855.

Art. 1.—L'art. 5 de la loi du 25 mai 1838, modifié par la loi du 20 mai 1854, est remplacé par la disposition suivante :

« Art. 5. — Les juges de paix connaissent, sans appel, jusqu'à la valeur de 100 fr., et, à charge d'appel, à quelque valeur que la demande puisse s'élever, des actions en payement de loyers ou de fermages, des congés, des demandes en résiliation de baux fondées sur le seul défaut de payement des loyers ou fermages, des expulsions de lieux et des demandes en validité de saisie-gagerie, le tout lorsque les locations verbales ou par écrit n'excèdent pas annuellement 400 fr.—Si le prix du bail consiste en denrées ou prestations en nature, appréciables d'après les mercuriales, l'évaluation sera faite sur celle du jour de l'échéance, lorsqu'il s'agira du payement des fermages. Dans tous les autres cas, elle aura lieu suivant les mercuriales du mois qui aura précédé la demande. — Si le prix principal du bail consiste en prestations en nature, appréciables d'après les mercuriales, ou s'il s'agit de baux à colons partiaires, le juge de paix déterminera la compétence, en prenant pour base du revenu de la propriété le principal de la contribution foncière de l'année courante, multiplié par cinq. »

Art. 2. — L'art. 17 de la loi du 25 mai 1838 est modifié ainsi qu'il suit :

« Art. 17.—Dans toutes les causes, excepté celles qui requièrent célérité et celles dans lesquelles le défenseur serait domicilié hors du canton ou des cantons de la même ville, il est interdit aux huissiers de donner une citation en justice, sans qu'au préalable le juge de paix n'ait appelé les parties devant lui au moyen d'un avertissement sur papier non timbré, rédigé et délivré par le greffier, au nom et sous la surveillance du juge de paix, et expédié par la poste, sous bande simple, scellée du sceau de la justice de paix, avec affranchissement. — A cet effet, il sera tenu par le greffier un registre sur papier non timbré, constatant l'envoi et le résultat des avertissements ; ce registre sera coté et parafé par le juge de paix. Le greffier recevra pour tout droit et par chaque avertissement, une rétribution de 25 cent., y compris l'affranchissement, qui sera, dans tous les cas, de 10 c. — S'il y a conciliation, le juge de paix, sur la demande de l'une des parties, peut dresser procès-verbal des conditions de l'arrangement ; ce procès-verbal aura force d'obligation privée. — Dans les cas qui requièrent célérité, il ne sera remis de citation non précédée d'avertissement qu'en vertu d'une permission donnée, sans frais, par le juge de paix, sur l'original de l'exploit. — En cas d'infractions aux dispositions ci-dessus de la part de l'huissier, il supportera, sans répétition, les frais de l'exploit. »

DI. — 19 oct.-10 nov. 1859. — BM. 44. — *Légalisation de signatures* (2).

Art. 1.—Dans les localités autres que les chefs-lieux de tribunaux de 1re inst., les juges de paix de l'Algérie sont autorisés à légaliser, concurremment avec les présidents de ces tribunaux, les signatures des notaires et celles des officiers de l'état civil de leurs cantons respectifs.

---

(1) *Jurisprudence.* — 1o Le juge de paix à compétence étendue peut commettre un huissier pour l'exécution d'un jugement emportant contrainte par corps (art. 780 c. pr.). — *Cour d'Alger*, 15 févr. 1858.

2o Il n'a pas qualité pour autoriser une arrestation dans les cas où la loi prescrit cette autorisation, notamment un jour férié. — *Cour d'Alger*, 23 juin 1859.

3o Il n'est pas compétent pour statuer sur une demande en validité de saisie-arrêt, quelle que soit la somme pour laquelle elle est formée. — *Cour d'Alger*, 8 févr. 1860.

(2) *Rapport à l'empereur.* — Sire, cette mesure, d'une utilité incontestable en Algérie, où les communications sont quelquefois difficiles et où les colons ont fréquemment des actes à envoyer dans la métropole, est en complète harmonie avec l'esprit du décr. du 19 août 1854, qui a élevé dans des proportions considérables la compétence des juges de paix établis dans des localités éloignées des sièges des tribunaux de première instance. — La signature des officiers publics et ministériels est d'ailleurs mieux connue au siège cantonal qu'au chef-lieu de l'arrondissement, et pourra être plus sûrement constatée par le juge de paix que par le président du tribunal. — Le projet de décret ci-joint n'enlève aucune des garanties dont elle doit être entourée. Il répond, en même temps, à cette pensée constante de V. M. d'abréger les délais et de diminuer les frais auxquels les administrés et les justiciables peuvent être soumis.

Comte DE CHASSELOUP-LAUBAT.

§ 2. — Création de justices de paix. —
Attributions.—Compétence spéciale (1).

1° Province d'Alger.

Alger.

OR.—10 août 1851.—Art. 7 — (V. Justice, § 1).
— Fonctions de juge de paix remplies par
un des deux juges du tribunal,

OR.—26 sept. 1842, art. 3. — (Eodem). — Institution d'un juge de paix spécial,

OR.—30 nov. 1844, art. 9. —(Eodem).— Création d'une 2ᵉ justice de paix. — Délimitation
des deux cantons N. et S.

Aumale.

DI. — 7 déc. 1853. — B. 450. — Création d'une
justice de paix ressortissant au tribunal de
Blidah. — Mêmes compétence et attributions
que celles déterminées par l'arr. du 12 déc.
1843 pour la justice de paix de Mostaganem
(V. infrà).

DI. — 24 juin 1854. — B. 465. —Cette justice de
paix, ainsi que son territoire, ressortira à
l'avenir au tribunal d'Alger, à raison des facilités de communication qui rattachent Aumale à cette ville.

DI. — 15 nov. 1854. — B. 471. — Attribution
de la compétence étendue déterminée par le
décret du 19 août 1854.

Blidah.

OR.— 26 sept. 1842, art. 3. —(V. Justice, § 1).
— Création.— Attributions des juges de paix
de France.

M.— 20 déc. 1842. — B. 137. — Extension de
compétence. — (V. l'arr. du 12 déc. 1843 relatif à la justice de paix de Mostaganem et
inséré ci-après, qui reproduit textuellement
les dispositions du présent arrêté).

OR. —30 nov. 1844.— (V. Justice, § 1).—Art.
13. — Attributions restreintes à celles des
juges de paix de France à raison de la création d'un tribunal.

Bouffarick.

OR.—18 mai 1841. — B. 99. — Institution d'un
juge de paix avec compétence spéciale. (Abrogé
par l'art. 75, ord. du 26 sept. 1842.)

DI. — 5 déc. 1857. — B. 516. — Nouvelle création d'une justice de paix ressortissant au
tribunal de Blidah. — Attribution de la compétence étendue déterminée par le décret du
19 août 1854.

Douéra.

OR. — 30 nov. 1844, art. 9. — (V. Justice, § 1)
— Création.—Attributions des juges de paix
de France.

Koléah.

OR. — 9 et 25 sept. 1847. — B. 263. — Création. — Attributions des juges de paix de
France.

Médéah.

DP.—9 juill. 1849. — B. 528. — Création d'une
justice de paix ressortissant au tribunal de
Blidah. — Mêmes compétence et attributions
que celles déterminées par l'arr. du 12 déc.
1843 pour la justice de paix de Mostaganem.
(V. infrà).

DI. — 15 nov. 1854. — B. 471. — Attribution
de la compétence étendue déterminée par le
décret du 19 août 1854.

Miliannah.

DI.—23 avr. 1855. — B. 480. — Création d'une
justice de paix ressortissant au tribunal de
Blidah. — Attribution de la compét[é]nce étendue déterminée par le décret du 19 août 1854.

Orléansville.

DI.—23 avr. 1855. — B. 480. —Création d'une
justice de paix ressortissant au tribunal d'Alger. — Attributions de la compétence étendue
déterminée par le décret du 19 août 1854.

Ténès.

DP.—9 juill. 1849. — B. 528. — Création d'une
justice de paix ressortissant au tribunal d'Alger. — Mêmes compétence et attributions que
celles déterminées par l'arr. du 12 déc. 1843
pour la justice de paix de Mostaganem.

DI.— 15 nov. 1854. — B. 471. — Attribution de
la compétence étendue déterminée par le décret du 19 août 1854.

2° Province de Constantine.

Bathna.

DI.—7 déc. 1853.—B. 450. — Création d'une
justice de paix ressortissant au tribunal de
Constantine. — Mêmes compétence et attributions que celles déterminées par l'arr. du 12
déc. 1843. (V. ci-après Mostaganem.)

DI.— 15 nov. 1854. — B. 471. — Attribution
de la compétence étendue déterminée par le
décret du 19 août 1854.

Bône.

OR. — 26 sept. 1842. (V. Justice, § 1). — Création. — Attributions des juges de paix de
France.

Bougie.

DI. — 23 avr. 1855. — B. 480. —Création d'une
justice de paix ressortissant au tribunal de
Philippeville. — Attribution de la compétence
étendue déterminée par le décr. du 19 août
1854.

Constantine.

OR. — 9 déc. 1842. — B. 137. — Création

AM. — 24 déc. 1842. — B. 137. — Mêmes compétence et attributions que celles déterminées
par l'arr. du 20 déc. 1842, pour la justice de
paix de Blidah.

DP. — 9 juill. 1849. (V. Justice, § 3).—Attributions restreintes à celles des juges de paix de
France, à raison de la création d'un tribunal.

Guelma.

DP. — 9 juill. 1849. — B. 528. — Création d'une
justice de paix ressortissant au tribunal de
Constantine. — Mêmes compétence et attributions que celles déterminées par l'arr. du 12
déc. 1843, pour la justice de paix de Mostaganem.

DP. — 6 juill. 1850. — B. 359. — Cette justice
de paix ressortira, à l'avenir, au tribunal de
Bône.

DI. — 15 nov. 1854. — B. 471. — Attribution
de la compétence étendue déterminée par le
décr. du 19 août 1854.

Philippeville.

OR. — 18 mai 1841. — B. 99. — Institution

---

(1) En ce qui concerne le ressort de la juridiction des
justices de paix, V. l'article spécial Circonscriptions judiciaires.

d'un juge de paix avec compétence spéciale. (Abrogé par l'art. 75 de l'ord. du 26 sept. 1842.)

OR. — 26 sept. 1842. (V. *Justice*, § 1). — *Nouvelle création.* — *Attributions des juges de paix de France.*

Sétif.

DI. — 21 oct. 1854. — B. 470. — *Création d'une justice de paix ressortissant au tribunal de Constantine.*

DI. — 15 nov. 1854. — B. 471. — *Attribution de la compétence étendue, déterminée par le décret du 19 août 1854.*

DI. — 23 fév. 1859. — BM. 18. — *Création d'un emploi de suppléant rétribué, au traitement de 2,000 fr., et qui devra remplir les conditions exigées par l'art. 52 de l'ord. du 26 sept. 1842.*

3° Province d'Oran.

Mascara.

DI. — 23 avr. 1855. — B. 480. — *Création d'une justice de paix ressortissant au tribunal d'Oran. — Attribution de la compétence étendue déterminée par le décr. du 19 août 1854.*

Mostaganem.

OR. — 10 nov. 1845. — B. 163. — *Création.*

AM. — 12 déc. 1845 — B. 165. — *Compétence spéciale. (Abrogé par le décret suivant du 6 oct. 1856.)*

Vu l'art. 13 de l'ord. roy. du 26 sept. 1842;

Art. 1. — Indépendamment de la compétence qui lui est attribuée par l'ord. du 26 sept. 1842, le tribunal de paix établi à Mostaganem exercera, dans l'étendue de sa juridiction, les pouvoirs judiciaires conférés aux commissaires civils, en matière de commerce, par notre arr. du 18 déc. 1o12. — Sont, en conséquence, rendues communes à ce tribunal, en tant qu'elles s'appliquent à la compétence commerciale des commissaires civils en premier et dernier ressort, les dispositions des art. 29, 30, 51, 33, 34 et 35 dudit arrêté.

Art. 2. — Sont également rendues communes au tribunal de paix de Mostaganem, les attributions spéciales conférées aux commissaires civils par les art. 36, 37, 38 et 39 de l'arr. précité du 18 déc. 1842, ainsi que les dispositions des art. 75, 74, 76, 77, 79, § 2, 80, 81, 82, 83 du même arrêté.

Art. 3. — Le tribunal de paix de Mostaganem connaîtra, en outre, à charge d'appel devant le tribunal de l'arrondissement d'Oran, des contraventions en matière de chasse et de toutes les autres contraventions de police correctionnelle, commises et constatées dans l'étendue de son ressort, auxquelles les lois, ordonnances et arrêtés ayant force de loi, en Algérie, n'attachent pas une peine supérieure à quinze jours de prison ou 50 fr. d'amende. — Le tout sans préjudice de sa compétence en matière de simple police.

Maréchal duc de DALMATIE.

DI. — 12 fév. 1853. — B. 433. — *Création d'un emploi de suppléant rétribué au traitement*

de 2,000 fr. (supprimé par la création d'un tribunal en 1856.)

DI. — 15 nov. 1854. — B. 471. — *Attribution de la compétence étendue, déterminée par le décret du 19 août 1854.*

DI. — 6 oct. 1856. — B. 501. — *Compétence et attributions réstreintes à celles des juges de paix de France, à partir de l'installation du tribunal nouvellement créé.*

Oran.

OR. — 26 sept. 1842. (V. *Justice*, § 1). *Création. — Attributions des juges de paix de France.*

Saint-Cloud.

DP. — 6 juill. 1856. — B. 359. — *Création d'une justice de paix ressortissant au tribunal d'Oran. — Mêmes compétence et attributions que celles déterminées pour la justice de paix de Mostaganem, par l'arr. du 12 déc. 1845.*

Saint-Denis du Sig.

DI. — 5 déc. 1857. — B. 516. — *Création d'une justice de paix ressortissant au tribunal d'Oran. — Attribution de la compétence étendue déterminée par le décret du 19 août 1854.*

Sidi bel Abbès.

DI. — 7 déc. 1853. — B. 450. — *Création d'une justice de paix ressortissant au tribunal d'Oran. — Mêmes compétence et attributions que celles déterminées pour la justice de paix de Mostaganem, par l'arr. du 12 déc. 1845.*

DI. — 15 nov. 1854. — B. 471. — *Attribution de la compétence étendue déterminée par le décret du 19 août 1854.*

Tlemcen.

DP. — 9 juill. 1849. — B. 328. — *Création d'une justice de paix ressortissant au tribunal d'Oran. — Mêmes compétence et attributions que celles déterminées pour la justice de paix de Mostaganem, par l'arr. du 12 déc. 1845.*

DI. — 15 nov. 1854. — B. 471. — *Attribution de la compétence étendue déterminée par le décret du 19 août 1854.*

DI. — 2 oct. 1857. — B. 514. — *Création d'un emploi de suppléant rétribué au traitement de 2,000 fr.*

L

Langue arabe.

Trois chaires publiques de langue arabe ont été instituées à Alger, Constantine et Oran. — Un professeur d'arabe est en outre attaché au lycée d'Alger.

DP. — 4 déc. 1849, 2 fév. 1850. — B. 558. — *Primes annuelles. — Conditions (1).*

agents parlent très-imparfaitement cette langue. — Un semblable état de choses appelait une réforme.

Il m'a paru que le moyen le plus efficace de stimuler le zèle des agents civils serait celui qui toucherait le plus directement à leurs intérêts, en accordant à ceux d'entre eux qui auraient justifié devant un jury d'examen de leur connaissance de la langue arabe, une prime qui viendrait en augmentation de leur traitement. — L'administration

Considérant qu'il est de la plus haute importance de prendre des mesures efficaces pour vulgariser l'étude de la langue arabe parmi les fonctionnaires et employés de l'administration civile en Algérie ;

Art. 1. — Les fonctionnaires et employés de tout grade de l'administration civile de l'Algérie, qui justifieront devant un jury d'examen composé comme il sera dit ci-après, qu'ils remplissent les conditions d'aptitude exigées des interprètes militaires de 5e cl., par l'arr. du 24 juill. 1846, recevront, en sus de leur traitement, une indemnité annuelle de 200 fr. — Cette indemnité sera de 400 fr. pour ceux qui justifieront qu'ils remplissent les conditions d'aptitude exigées des interprètes militaires de 1re cl., par le même arrêté.

Art. 2. — Le jury d'examen sera composé de la manière suivante : — Un conseiller de préfecture, président ; — Le professeur d'arabe à la chaire publique ; — Un interprète principal de l'armée, ou un interprète militaire de 1re cl. à la désignation du préfet ; — Le chef du bureau de l'administration civile indigène de la préfecture, et, à son défaut, un interprète judiciaire, ou un employé qui aura déjà subi les épreuves de l'examen des interprètes militaires de 1re cl. — Le jury se réunira, chaque année, au mois d'octobre, au chef-lieu du département, et pour la première année, dans le mois qui suivra la promulgation du présent décret.

L.P. — 4-30 avr. 1851. — B. 382. — *Application du décret qui précède à divers services administratifs* (1).

Art. 1. — Le bénéfice du décret du 4 déc. 1839, qui accorde des primes aux employés de l'administration civile proprement dite (secrétariat général du gouvernement, préfectures, sous-préfec-

tures, commissariats civils), qui justifieront de la connaissance de la langue arabe, est étendue aux agents des services ci-après désignés : service des domaines, service des forêts, service des contributions diverses, service des poids et mesures, service des mines, service des opérations topographiques, inspecteurs de colonisation, service de la police rétribué sur les fonds du budget local et municipal.

Programme des examens à subir en exécution des décr. des 4 déc. 1849 et 4 avr. 1851.

1re cl. — *Prime de 400 fr.* — 1. Exercice d'interprétation orale, en français et en arabe, sur tous les points du service en général. — Narration d'un fait, explications, détails sur l'administration. — 2. Lecture et traduction orale et par écrit d'arabe en français. — Une lettre très-difficile ou un passage d'ouvrage arabe manuscrit que les membres du jury détermineront. — 3. Traduction écrite du français en arabe. — Une proclamation ou un document d'au moins vingt lignes en français. — Une heure sera accordée pour cette épreuve.

2e cl. — *Prime de 200 fr.* — 1. Interprétation orale sur les points ordinaires du service. — 2. Lecture et traduction orale et par écrit d'une lettre arabe d'un style simple. — 3. Traduction par écrit du français en arabe d'une lettre ou d'un avis d'un ordre d'idées assez simple. — Les pièces à traduire pourront être préalablement soumises pendant un quart d'heure à l'examen des candidats. On pourra faire usage du dictionnaire.

Afin de mettre l'administration à même de s'assurer que les employés déjà en possession de primes n'ont négligé en rien l'étude de la langue arabe, ils seront soumis à des révisions périodiques. Ces révisions auront lieu tous les trois ans. Elles s'appliqueront seulement aux agents admis à la prime de 200 fr., sans distinction de résidence. Ceux qui auront obtenu la prime de 1re cl. en seront exemptés de droit. La même faveur sera accordée aux agents qui au-

arrivera ainsi, en peu d'années, à se passer complètement d'interprètes civils qui seront remplacés par des employés déjà rétribués à un autre titre et recevant, en raison des services qu'ils seront appelés à rendre dans l'interprétation, une indemnité supplémentaire. Par conséquent, et sans augmenter les dépenses, au lieu d'interprètes spéciaux, dont quelques-uns n'ont en arabe qu'une instruction très-bornée, les administrations auront un certain nombre d'agents capables, remplaçant avec avantage les premiers.

La prime dont il s'agit me paraît devoir être fixée : — 1° A 200 fr. pour les employés qui justifieraient devant un jury d'examen, composé comme il est dit à l'art. 2 du projet de décret, des conditions d'aptitude imposées aux interprètes militaires de 3e classe ; — 2° A 400 fr. pour ceux qui rempliraient les conditions exigées des interprètes militaires de 1re classe.

Je ne doute pas, M. le président, que la mesure que j'ai l'honneur de soumettre à votre approbation n'exerce le plus salutaire effet sur les dispositions des employés de l'Algérie, auxquels le gouvernement doit désirer voir apprendre une langue qui les mette à même de s'initier aux mœurs des indigènes, et de faciliter ainsi leur administration. Assurés de trouver au but de leurs efforts un dédommagement des études difficiles auxquelles ils s'astreindront, ils se livreront, j'en suis sûr, avec ardeur à ce travail. — L'administration, comme eux-mêmes, y trouvera des avantages : l'administration, en pouvant disposer, sans augmentation de dépense, d'un plus grand nombre d'agents parlant l'arabe ; les employés, en recevant une augmentation de traitement.

Plus tard, le bénéfice de ces dispositions pourra être étendu à tous les services, qui, par leurs attributions, se trouvent incessamment en rapport avec la population indigène.   Le ministre de la guerre, D'HAUTPOUL.

(1) *Rapport à M. le président de la République.* — M. le président, vous avez bien voulu revêtir de votre signature, sous la date du 4 déc. 1849, un décret qui accorde, etc. — Ce décret a déjà produit d'excellents résultats. Un certain nombre d'employés se sont présentés devant la commission d'examen et ont été admis par elle ; un plus grand nombre se livrent avec ardeur à l'étude de cette langue, certains qu'ils sont que mon département est

résolu à récompenser leurs efforts, non-seulement au moyen d'une prime, mais encore en leur accordant un avancement plus rapide.

Le décr. du 4 déc. 1849 a eu pour but, en vulgarisant l'étude de l'arabe parmi les agents de l'administration, d'arriver à la suppression des interprètes civils, dont la plupart, sans posséder à fond la langue arabe, n'ont, en fait d'instruction générale, que des connaissances incomplètes, et à les remplacer par des employés parlant l'idiome du pays, et aptes en outre à remplir une autre tâche, soit dans le service sédentaire, soit dans le service actif. — En vulgarisant ainsi la connaissance de l'arabe parmi les employés, l'administration trouvera bientôt, je l'espère, un mode de recrutement facile pour les fonctions qui exigent que le fonctionnaire puisse se mettre en communication directe avec les indigènes ; il en résultera que les affaires seront mieux et plus vite traitées, au grand avantage de l'administration et des administrés.

Les résultats qui ont été déjà obtenus m'ont décidé à vous proposer de ne plus limiter le bénéfice du décr. du 4 déc. 1849 aux employés des préfectures, sous-préfectures, etc., mais, au contraire, de l'étendre à tous les services dont les agents sont, par leurs fonctions, mis particulièrement en rapport avec les indigènes. Tels sont ceux du domaine, des forêts, des contributions diverses, des poids et mesures, des mines, des opérations topographiques, des inspecteurs de colonisation, de la police. — En ce qui touche ce dernier service, une partie des agents étant rétribués sur les fonds communaux, je ne puis, à mon grand regret, les comprendre dans cette énumération. J'aurai soin d'appeler, toutefois, l'attention des conseils municipaux sur la question de savoir s'il ne serait pas convenable de les faire participer au bénéfice de la mesure.

Telles sont, M. le président, les propositions que je crois devoir vous soumettre pour la propagation de l'étude de la langue arabe parmi les employés civils de l'Algérie. Je n'épargnerai rien de mon côté pour arriver au même but, soit en accordant un plus rapide avancement à ceux de ces employés qui dépendent directement de mon département, soit en le réclamant à mes collègues pour les agents détachés des services continentaux.

Le ministre de la guerre, RANDON.

ront satisfait trois fois de suite (y compris le 1er examen) aux épreuves du programme.

DI. — 13 oct. 1855. — B. 487. — *Le bénéfice des décrets des 4 déc. 1849 et 4 avr. 1851 est étendu aux employés des ponts et chaussées et des bâtiments civils.*

DI. — 10 sept. 1859. — BM. 42.— *Même décision en faveur des médecins de colonisation.* — *La dépense résultant de l'attribution de la prime, sera mise à la charge du budget provincial.*

DI. — 25 mars 1860. — BM. 76. — *Même décision.* — *Service judiciaire* (1).

Art. 1. — Les fonctionnaires et employés du service judiciaire de l'Algérie (magistrats, greffiers et commis greffiers, employés des parquets) qui connaissent la langue arabe, ont droit à un supplément de traitement. — Ce supplément est de 200 ou de 400 fr. ; il varie suivant que lesdits fonctionnaires ou employés justifient, devant la commission spéciale instituée par le décret du 4 déc. 1849, de connaissances équivalentes à celles qui sont réclamées des interprètes militaires de 1re ou de 3e cl. — Toutefois, lorsqu'il s'agira de procéder à l'examen d'un fonctionnaire ou d'un employé de ce service, la commission sera présidée par un magistrat désigné par le procureur général.

DI.—(Même date).—*Assesseurs musulmans.*

Art. 1.—Les assesseurs musulmans attachés aux tribunaux français, les cadis et leurs adels, qui justifieront devant le jury indiqué par l'art. 5 du décr. du 25 avr. 1851 (*Interprètes*, § 2), qu'ils comprennent et parlent la langue française, recevront, en sus de leur traitement ou des allocations qui leur en tiennent lieu, une indemnité annuelle de 200 fr. — Cette indemnité sera de 400 fr. pour ceux qui justifieront qu'ils parlent, lisent et écrivent la langue française d'une manière correcte.

AM. — 29 nov.-31 déc. 1852. — B. 428. — *Prix de 5,000 fr. pour un dictionnaire arabe.*

Considérant qu'il importe de développer en Algérie l'étude de la langue arabe ; — Qu'il n'existe pas, jusqu'à ce jour, de dictionnaires français-arabe et arabe-français spécialement appropriés à l'idiome algérien ; que cette lacune regrettable met obstacle à la propagation de cette langue ; —

Qu'en présence des frais considérables qu'entraîne une semblable publication, il convient que le gouvernement vienne en aide aux auteurs ;

Art. 1. — Deux prix de 5,000 fr. chacun sont institués en faveur de l'auteur ou des auteurs des deux meilleurs dictionnaires français-arabe et arabe-français rédigés au point de vue de l'idiome algérien, conformément au programme annexé au présent arrêté.

Art. 2. — Ces prix seront décernés sur le rapport d'une commission spéciale, composée des interprètes principaux de l'armée d'Afrique et des professeurs d'arabe aux chaires publiques. — Ne pourront faire partie de la commission les interprètes ou professeurs qui se porteraient candidats pour obtenir l'un des prix. — En aucun cas la commission ne pourra se composer de moins de cinq membres. — Si, par une circonstance quelconque et notamment par suite de l'élimination prononcée par le § 2 du présent article, ce nombre n'était pas atteint, le ministre de la guerre se réserve la faculté de compléter la commission par tels membres qu'il jugera convenables. — Le vote de la commission aura lieu au scrutin secret. En aucun cas, les prix ne pourront être partagés.

Art. 3. — Un délai de deux années, à partir du 1er janvier 1853, est accordé aux concurrents pour terminer leur travail, qui devra être, en conséquence, remis au gouverneur général de l'Algérie, au plus tard, le 31 déc. 1854 (2).

Art. 4. — La somme accordée comme prix sera ordonnancée au profit des ayants droit, immédiatement après remise, au département de la guerre, de cinquante exemplaires de chacun de leurs dictionnaires.   A. DE SAINT-ARNAUD.

Programme du dictionnaire français-arabe.

1° Le but que le gouvernement veut atteindre étant la propagation de la langue arabe écrite et parlée en Algérie, le dictionnaire français-arabe doit être rédigé, avant tout, au point de vue pratique, et contenir tous les mots usités dans le pays.

2° Lorsqu'un mot arabe sera usité dans une partie de l'Algérie et pas dans un autre, on devra indiquer celle de ces parties où on l'emploie spécialement.

3° Lorsqu'un mot français a plusieurs acceptions

---

(1) *Rapport à l'empereur.* — Sire, le décr. du 31 déc. 1859 (*Justice musulmane* attribue à la magistrature française la surveillance de la justice indigène, et à nos tribunaux, auxquels viennent s'adjoindre dans ce cas deux assesseurs musulmans, l'appel des jugements rendus par les cadis. — Pour que ce décret produise les résultats qu'il est permis d'en attendre, il est à désirer que nos magistrats, appréciant les nouveaux devoirs qu'ils ont à remplir, se consacrent d'une manière spéciale à l'étude de la langue arabe, qui, seule, peut leur permettre de recevoir directement les plaintes, les explications et les témoignages des indigènes. — Dans la situation nouvelle qui leur est faite, les magistrats qui parviendront à se familiariser avec l'idiome du pays sont donc appelés à rendre d'éminents services. Cette pensée, sans aucun doute, suffit pour les engager à se livrer à cette étude ; le gouvernement saura, d'ailleurs, leur tenir compte de leur zèle. Mais il est indispensable que je puisse appuyer les propositions que je serai, à cet égard, dans le cas de soumettre à l'empereur, non point seulement sur des appréciations qui pourraient paraître incertaines, mais sur une constatation officielle qui ne peut résulter que d'un examen.

C'est dans ce but que j'ai l'honneur de proposer à V. M. d'étendre au service judiciaire de l'Algérie l'application du décr. du 4 déc. 1849, qui alloue un supplément de traitement, variable suivant l'étendue de leur instruction, aux fonctionnaires qui peuvent faire usage de la langue arabe. — Mais, si cette connaissance importe au plus haut degré à nos magistrats, il y a un intérêt non

moins grand peut-être à vulgariser l'étude de la langue française parmi les assesseurs musulmans, les cadis et les adels. Or, presque tout est à faire sous ce rapport. — Il faut donc montrer aux magistrats musulmans combien il est utile qu'ils puissent se servir de la langue française. A ce point de vue, il est bon qu'une augmentation de traitement leur fasse comprendre toute l'importance des nouvelles connaissances qu'ils sont conviés à acquérir.

Ainsi, appeler l'attention des magistrats français sur l'étude de l'arabe, inciter les fonctionnaires indigènes à parler notre langue, tel est le double but que nous devons nous proposer, et vers lequel tendent les deux décrets que j'ai l'honneur de soumettre à V. M. — La magistrature française verra dans celui qui la concerne bien moins un encouragement qu'un moyen de légitimer les récompenses exceptionnelles que doivent lui mériter les nouveaux services qu'elle va rendre. — Dans le second décret la magistrature musulmane trouvera une preuve du prix que le gouvernement attache au développement des connaissances qui peuvent contribuer à l'œuvre qu'il poursuit.
                                Comte DE CHASSELOUP-LAUBAT.

(2) La commission de l'article précédent ayant décidé qu'aucun des auteurs qui avaient envoyé leur ouvrage dans le délai fixé, n'avait satisfait d'une manière suffisante au programme, un nouveau délai de trois ans a été accordé par arrêté ministériel du 1er juin 1855, et le terme fixé au 30 juin 1858 pour la remise au gouverneur général du travail de chacun des concurrents.

exprimées en arabe par des mots différents, chaque acception devra être accompagnée d'un commentaire en français suivi du mot arabe correspondant.

4° Outre le mot primitif arabe, on devra indiquer, pour les substantifs, leur genre et leur pluriel; lorsqu'il s'agira d'un adjectif, son féminin et son pluriel, pour les verbes, le numéro de la forme et l'aoriste.

5° La prononciation des mots arabes devra être figurée en caractères français, soit d'après l'orthographe de la commission scientifique d'Algérie, soit d'après tout autre système que la commission d'examen reconnaîtrait préférable. — La figuration ne s'applique qu'aux mots primitifs et à leur pluriel, quand l'irrégularité de ce pluriel pourra constituer une difficulté pour la prononciation. Les phrases données comme exemple n'auront pas leur prononciation figurée.

Programme du dictionnaire arabe-français.

1° De même que le dictionnaire français-arabe, il doit être exclusivement rédigé au point de vue de l'idiome algérien et de la pratique.

2° Le dictionnaire arabe-français devra procéder par racines sous lesquelles seront placées les formes usitées du verbe, les différents mots qui en dérivent avec le mot correspondant en français. Pour les verbes, on indiquera l'aoriste; pour les substantifs, leur genre et leur pluriel; pour les adjectifs, leur féminin et leur pluriel. — Lorsque les substantifs et adjectifs ont leur pluriel régulier, on pourra l'indiquer par abréviation.

3° La figuration en caractères français de la prononciation arabe ne sera donnée que pour les racines et pour les mots dérivant de cette racine; ce qui exclut la figuration des féminins, ainsi que celle des pluriels et des aoristes.

Publication des dictionnaires.

Chacun des dictionnaires français-arabe et arabe-français devra être publié en un seul volume, sur deux colonnes, et dans un format commode qui, en aucun cas, ne devra dépasser le grand in-octavo. — Les auteurs devront s'efforcer de maintenir leur travail dans une limite de 1,200 à 1,500 pages.

Le min. de la guerre, A. DE ST-ARNAUD,

Inst. M. — 16 oct. 1858. — BM. 5. — *Dictionnaire d'orthographe arabe.*

Général, — Des instructions en date du 18 juill. 1856, avaient prescrit de préparer un dictionnaire des noms arabes de personnes, de tribus, de localités, de rivières, de montagnes, etc., afin de fixer l'orthographe en français des mots arabes, pour la correspondance officielle et pour les actes publics. — J'attache un grand intérêt à recevoir promptement ce travail, qui sera imprimé et mis à la disposition de tous les fonctionnaires et agents de l'administration. — La nouvelle section de l'état-major général employée aux affaires politiques possède un personnel spécial assez nombreux pour pousser activement la rédaction de ce dictionnaire. Vous pouvez disposer, à cet effet, des officiers de l'ancien bureau politique, des secrétaires arabes et des interprètes de la section politique du *Mobacher*, de l'état-major général, et enfin de l'interprète principal employé auprès de vous.

Pour la transcription des mots arabes en français, on devra éviter de se servir de lettres ou de signes étrangers à notre alphabet, et même de points ou d'accents placés au-dessus des lettres. Il faut moins se préoccuper de transcrire exactement l'orthographe arabe, au point de vue scientifique, que de reproduire à peu près fidèlement la prononciation d'une manière pratique. — Les mots arabes devront être écrits en caractères arabes et caractères français, afin de faciliter le contrôle. Mais le dictionnaire livré à l'impression ne sera qu'en caractères français, avec la signification en français, lorsque ce sera possible, et une très-courte explication géographique ou historique.

NAPOLÉON (Jérôme).

AM. — 29 nov. 1858. — BM. 10. — *Décision portant que la grammaire de langue touareg, par M. le commandant HANOTEAU, adjoint au bureau politique des affaires arabes à Alger, sera imprimée à 500 exemplaires par l'imprimerie impériale, aux frais du ministère de l'Algérie et des colonies.*

Législation algérienne.

DIVISION.

§ 1. — RÉSUMÉ HISTORIQUE.

APE. — 7-22 déc. 1848. — B. 501. — *Institution d'une commission pour la révision de toute la législation algérienne (1).*

___

(1) *Rapport au président du conseil, chargé du pouvoir exécutif.* — La législation française qui régit l'Algérie, indépendamment des lois françaises qui y sont appliquées, n'a pas moins de neuf volumes du *Bulletin officiel*. Les intérêts qui ont été réglés l'ont été si souvent, à des points de vue si différents et par des autorités si diverses, suivant la mobilité des choses et des hommes, qu'il en résulte, pour les administrateurs comme pour les magistrats, des embarras et des difficultés d'application que ne donnent lieu très-fréquemment à des réclamations plus ou moins fondées. Un tel état de choses appelle une réformation et demande un terme.

L'Algérie est appelée par la constitution nouvelle à recevoir un régime légal nouveau. Il importe, dès lors, de préciser la ligne de démarcation entre les attributions qui seront départies au pouvoir législatif et celles qui sont du domaine du pouvoir exécutif.

Il est indispensable d'abord de bien éclairer la question. A cet effet, il a paru nécessaire de soumettre le produit du régime encore aujourd'hui en vigueur à une révision générale qui, par la constatation du passé, fixe un point de départ certain pour l'avenir, et résume l'œuvre législative très-complexe, très-étendue et parfois très-confuse, qui a gouverné pendant dix-huit années une colonie naissante.

La législation algérienne éparse dans le *Bulletin officiel* est confondue avec des actes du gouvernement d'un intérêt tout individuel; elle se compose d'une foule de textes émanés de différentes sources, qui se complètent ou se contredisent, dont très-peu sont abrogés explicitement, dont la plupart ne le sont que par une formule impuissante et inefficace.

La même matière a été souvent réglée, soit par des arrêtés du gouverneur général, soit par des arrêtés ministériels, soit par des ordonnances royales; ce qui a fait naître entre les autorités, ou de la part des particuliers, des conflits d'attributions très-préjudiciables aux intérêts de tous.

Une loi du 24 avr. 1833, rendue en exécution de l'art. 75 de la charte de 1830, avait disposé : « Les établissements français, dans les Indes orientales et en Afrique, continueront d'être régis par des ordonnances du roi. » Et un arrêt de la cour de cassation, du 17 juin 1845, avait décidé que les établissements de l'Algérie étaient compris dans ce texte. — Cependant, avant comme depuis 1833, l'Algérie a été réglée, soit par des ordonnances royales, soit par des arrêtés du gouverneur général ou du ministre de la guerre.

Pour le passé, il faut voir ce qui a été, ce qui est encore fait. En fait, il y avait et il y a eu jusqu'à ce jour ré-

§ 2. — LÉGALITÉ DES ARRÊTÉS.

Arrêtés des gouverneurs généraux.

Il faut distinguer quatre périodes dans les attributions conférées aux gouverneurs généraux.

1° — De juill. 1830 au 22 juill. 1834. — Le général ou commandant en chef réunissait alors les pleins pouvoirs civils et militaires. Aucune ordonnance ne lui traçait de limites, les ordres seuls du ministre de la guerre lui servaient de règle, et la population civile pouvait être considérée comme étant à la suite d'une armée en campagne (1).

2° — Du 22 juill. 1834 au 15 avr. 1845. — Le 22 juill. 1834, une ordonnance royale instituait un gouverneur général et organisait l'administration supérieure. L'art. 5 de cette ord. (V. *Administration gén.*, §1) conférait au gouverneur le droit de rendre exécutoires, provisoirement et par voie d'arrêtés, dans les cas extraordinaires et urgents, les projets d'ordonnance réclamés par la situation du pays, et transmis par lui au ministre de la guerre.

3° — Du 15 avr. 1845 au 16 déc. 1848. — Ces attributions furent modifiées par les art. 2 et 3 de l'ord. du 15 avr. 1845. Le gouverneur reste seulement autorisé dans les cas imprévus où l'ordre et la sécurité publique seraient gravement intéressés, à prendre par voie d'arrêtés, les mesures jugées nécessaires; à charge par lui d'en rendre compte immédiatement au ministre; et avec cette condition que si le ministre refusait son approbation, ou si, dans les trois mois, cette approbation n'était pas publiée au *Bulletin officiel*, l'arrêté serait considéré de droit comme abrogé, et demeurerait nul et sans effet.

4° — Du 16 déc. 1848 ou 31 août 1858. — Les formalités prescrites par les ordonnances précédentes, sont supprimées, et l'art. 6 de l'arrêté du pouvoir exécutif du 16 déc. 1848 se borne à poser en principe que le gouverneur peut prendre sous sa responsabilité, et dans des cas déterminés, les

---

gime mixte d'ordonnances royales, d'arrêtés ministériels et d'arrêtés de l'autorité supérieure locale. Ces trois pouvoirs ont fonctionné simultanément : la pratique et les nécessités impérieuses de la politique ou de l'urgence ont seules déterminé la limite de leurs attributions respectives. Tout le travail des faits économiques et historiques de la conquête a dû être réglé d'abord par l'autorité locale ; mais, peu à peu, les faits se développant, devenant plus nombreux, plus sérieux, plus saisis et plus importants, elle a dû s'effacer devant une autorité plus haute, l'autorité centrale. Pour l'intelligence et le caractère de la mission de la commission qu'on se propose d'instituer, on aura soin de mettre sous ses yeux le résumé de toute la législation algérienne.

De 1830 à 1831, l'autorité locale est tout à fait dominante. — De 1831 à 1832, l'autorité métropolitaine intervient, mais divisée d'abord entre le ministre de la guerre et le président du conseil. — De 1832 à 1848, l'autorité centrale est remise complètement à un seul département ministériel, celui de la guerre. De 1832 à 1834, l'intendant civil a une autorité propre, indépendante de celle du chef militaire. De 1834 à 1848, le gouverneur général confond dans sa personne l'autorité militaire et l'autorité civile.

Dans quelles mesures diverses, aux différentes époques, l'autorité centrale est-elle intervenue dans la législation? Dans quelles mesures l'autorité des ordonnances royales et celle des arrêtés ministériels, comme représentant l'autorité métropolitaine, et celle des arrêtés du gouvernement local, se sont-elles combinées? C'est ce qu'établira le travail qui sera soumis à la commission.

A mesure que les intérêts de la colonie se consolident et s'étendent, ils sont étudiés avec plus de maturité, avec plus de mesure et de prévoyance, et l'autorité d'initiative du gouverneur général diminue; des ordonnances royales sont elles-mêmes le départ des pouvoirs de l'autorité royale, de l'autorité ministérielle et de l'autorité locale.— Le gouverneur général, par l'ord. du 15 avr. 1845, conserve le droit de prendre par voie d'arrêtés, dans les cas imprévus, les mesures jugées nécessaires, et à rendre compte immédiatement au ministre de la guerre. — Les arrêtés ministériels avaient la réglementation secondaire de tous les intérêts, après une instruction préalable. Ils étaient, vis-à-vis des ordonnances royales, ce que les ordonnances royales sont en forme de règlements d'administration publique vis-à-vis des lois. — Enfin, toutes les matières qui, dans la métropole, sont du ressort de la loi, telles que l'état des citoyens, l'organisation judiciaire ou administrative, etc.; l'état des propriétés, soit européennes, soit indigènes, soit publiques, soit privées; l'établissement des impôts, les divisions territoriales importantes, étaient et sont encore réglées par des ordonnances.

Tel est l'historique de la législation de l'Algérie jusqu'en 1848. On la voit lacérant longtemps et flottant d'une autorité à l'autre; mieux assise enfin, et offrant, en dernière analyse, aux différents intérêts, divers degrés de décisions, proportionnés à leur importance, et que la seule logique des faits avait établis entre eux, suivant des rapports assez exacts.

Il résulte de cet exposé la nécessité de résumer, de condenser enfin, dans un travail qui en présente seulement les résultats définitifs, cette législation; puis d'en retrancher tout ce qui est inutile ou abrogé implicitement ou explicitement; d'en coordonner, par une codification intelligente, et de n'en maintenir que ce qui est pratiqué et reste debout. Cette étude du passé préparera, d'ailleurs, les nécessités de l'avenir.

Nous nous proposons de réaliser pour l'Algérie la pensée conçue, à deux époques différentes en France, par le gouvernement impérial et celui de la restauration, c'est-à-dire la révision de la législation algérienne. Espérons que, plus heureux que ces gouvernements, nous pourrons mener à bonne fin une entreprise qui n'est restée qu'à l'état d'ébauche (a).

Nous proposons donc : de nommer une commission qui, à l'instar de celle de 1821, sera chargée de colliger et vérifier les arrêtés, ordonnances, et toutes décisions réglementaires rendues sur les affaires de l'Algérie; de rétablir les arrêtés ou décisions omis; d'élaguer les dispositions abrogées virtuellement ou implicitement; d'indiquer celles de ces dispositions qui ne seraient pas susceptibles d'être maintenues; en les soumettant à une abrogation explicite et définitive, et celles dont les mesures, reconnues utiles, doivent être conservées.

Cette mission serait incomplète si la commission n'y ajoutait pas celle d'indiquer en principe le partage des matières qui doivent être réglementées, soit par des arrêtés ministériels, soit par des décrets du pouvoir exécutif, soit par des lois particulières; et cette indication aura l'avantage réel de déterminer l'interprétation de l'art. 109 de la constitution, qui porte que l'Algérie sera régie par des lois particulières. — C'est là un bon et utile travail; il est à croire que la commission comprendra toute l'importance du service qu'elle est appelée à rendre à un pays, qui est à la veille de recevoir une transformation presque complète dans ses intérêts comme dans sa législation.

Le ministre de la guerre, DE LAMORICIÈRE.

(1) Pendant cette période et à la création d'un intendant civil indépendant de l'autorité militaire, les arrêtés relatifs aux matières purement militaires ou politiques furent signés par le général en chef seul, soit par le général et l'intendant civil collectivement; ceux relatifs aux matières administratives par l'intendant civil seul. Plus tard, lorsque l'intendant civil fut replacé dans la dépendance de l'autorité militaire, il ne signa plus seul qu'avec l'autorisation du général. (V. les observations au paragraphe suivant.)

(a) Avis du conseil d'État, du 7 janv. 1813, pour l'établissement d'un recueil des lois de l'empire. — Ord. du 24 août 1821, qui forme une commission de révision chargée de colliger et vérifier les arrêts, décrets et autres décisions ministérielles.

mesures autorisées par les lois de la métropole. Enfin, le 31 août 1858, le gouvernement général a été supprimé, et les pouvoirs du gouverneur répartis entre le ministre de l'Algérie et les préfets ou les généraux qui en exercent les attributions en territoire militaire.

D'autres règlements particuliers indiquaient d'une manière précise les attributions du gouverneur en matières spéciales, finances, concessions, expropriations et autres sur lesquelles il pouvait statuer dans des limites et pour des cas déterminés.

Tels étaient les principes assez simples sur lesquels reposait le droit de rendre des arrêtés, et auxquels cependant il a été commis de nombreuses infractions de diverse nature.

La première et la plus grave c'est que, perdant de vue que la délégation des attributions militaires et administratives était seule accordée aux gouverneurs généraux, mais qu'elle ne pouvait s'étendre à l'exercice du pouvoir législatif qui restait pleinement réservé au chef de l'État, quelques-uns d'entre eux rendirent des arrêtés qui édictaient des peines correctionnelles d'amende, d'emprisonnement et même de saisie de denrées et de confiscation que le ministre de la guerre lui-même n'aurait pas eu le droit de prononcer.

C'est ce qu'a jugé la cour de cassation par un arrêt du 15 fév. 1852 à l'occasion d'un arrêté du 28 juill. 1842 (V. Marchés et note) qui ne mentionnait d'ailleurs dans son préambule ni le motif d'urgence ni l'exécution de l'art. 5 de l'ord. du 22 juill. 1834, et elle a déclaré ces prescriptions pénales, illégales et non obligatoires. La cour d'Alger a prononcé de même au sujet d'une autre disposition du même arrêté (V. Abatage, note), et la cour de cassation a de nouveau confirmé sa jurisprudence, le 10 sept. 1857, à l'égard d'une disposition pareille que portait l'art. 11 d'un arrêté du 6 janv. 1845 (V. Boulangerie, note).

Plusieurs arrêtés sont entachés de la même illégalité, et ne mentionnent également ni la cause d'urgence, ni l'art. 5 de l'ord. de 1834. Nous citerons entre autres les suivants : — 21 août 1844 (Abatage §1), interdiction d'introduire des bestiaux en ville sous peine d'amende et de confiscation ;— 8 avr. 1844 (Bois et forêts, §1), art. 2, confiscation du bois vert colporté et provenant de l'olivier ;— 17 oct. 1844 (Chevriers), règlement portant des peines d'emprisonnement et d'amende. — 8 mars 1856 (Eau, §1), art. 2, qui soumet une simple contravention aux peines correctionnelles portées par un arrêté précédent ;— 24 juin 1845 (Ports), règlement sur le service du lestage, peines de saisie et de confiscation.

D'autres arrêtés de la même époque contiennent la formule, Vu l'urgence, mais ne visent pas l'art. 5 de l'ord. de 1834, ce sont notamment ceux des 10 mai 1843 (Afficheurs) ;— 24 août 1838 (Armes) ; — 19 mai 1843 (Portefaix) ; — 24 août 1838 (Ports) ; — 12 mars 1844 (Transactions immobilières) ; — 22 sept. 1843 (Ouvriers). La cour de cassation a déclaré que ce dernier arrêté ainsi motivé seulement avait été pris hors de cas extraordinaires qui seuls donnaient ouverture aux pouvoirs du gouverneur et l'a déclaré illégal de ce chef, indépendamment d'un autre motif de cassation dont il sera parlé plus loin.

Lorsque, au contraire, les arrêtés portent cette double mention, et nous pensons qu'il en serait de même pour ceux qui visent seulement l'art. 5 de l'ord. sans indiquer spécialement la cause d'urgence, la cour de cassation a déclaré par arrêt du 9 janv. 1857 (V. Eau, § 1, arrêté du 1er juill. 1835 et note) que l'exécution devait en être maintenue, et qu'il n'appartenait pas aux tribunaux d'apprécier les motifs d'urgence constatée par l'autorité supérieure. Parmi les arrêtés qui remplissent ces conditions et prononcent comme celui du 1er juill. 1835, des peines d'amende et d'emprisonnement, se trouvent les suivants : — 11 juill. 1838 (Bois et forêts, § 1), interdiction de défrichements ; — 30 mars 1835 (Brocanteurs) ; — 21 mars 1841 (Effets militaires), interdiction de vente et achat; — 14 juin 1841 (Expulsion de la colonie) ; — 16 août 1856 (Voirie, §3), règlement sur les puits et citernes. Nous n'en mentionnons pas plusieurs autres aussi réguliers qui règlent seulement des matières administratives sans édicter aucune pénalité, tels que divers arrêtés concernant les actes sous-seing privé, l'expropriation, la juridiction des commandants de place, le séquestre, les transactions immobilières, etc.

Un autre genre d'infraction aux règles d'attributions a été signalé par la cour de cassation, dans son arrêt du 15 juill. 1854 relatif à l'arrêté précité du 22 sept. 1843 (Ouvriers), qui assimilait les domestiques à gages aux ouvriers pour toutes les obligations concernant les livrets. La cour a en effet posé en principe qu'un arrêté du gouverneur ne pouvait être regardé comme légal, quand il portait des prescriptions et défenses sur un fait non prohibé par la loi et le soumettait à une pénalité non autorisée par la législation existante, et elle lui a même refusé la sanction pénale de l'art. 471, § 15 c. pén. Le même principe a été de nouveau consacré par elle dans un autre arrêt du 28 nov. 1856 (Marchés, arr. du 28 juill. 1842, note), à l'occasion d'un arrêté du préfet d'Alger qui interdisait arbitrairement la vente et l'achat des grains dans les demeures et magasins des acheteurs ou vendeurs, fait reconnu licite par nos anciens édits. Elle a, en conséquence, déclaré cet arrêté illégal, tandis que par un autre arrêt du 21 août 1857 (eodem), elle maintenait au contraire un arrêté du préfet d'Oran qui se bornait à interdire la vente et l'achat des grains sur les routes avant leur arrivée aux marchés.

Les observations qui précèdent se rapportent toutes aux arrêtés publiés pendant la période du 22 juill. 1834 au 15 janv. 1845. Dans la période suivante, l'insertion de l'approbation ministérielle était indispensable pour la validité des arrêtés pris d'urgence. Cependant un grand nombre d'arrêtés, notamment en 1848, n'ont pas été suivis de cette formalité et auraient dû être considérés de plein droit comme abrogés à l'expiration du délai fixé. Ce principe a, en effet, été plusieurs fois appliqué par la cour d'Alger. Mais aujourd'hui ceux qui offraient une importance spéciale ont été pour la plupart remplacés par une législation nouvelle et plus complète sur la matière ; d'autres, nés des besoins du moment, sont tombés en désuétude ; quelques-uns enfin continuent à être exécutés, mais il est vrai de dire qu'ils se rapportent principalement à l'organisation de certains services. Tels sont les arrêtés des 12 juin 1818 (*Armes*, § 1), formalités de vente ; — 16 avr. 1848 (*Avocats*), institution en Algérie ; — 17 et 29 juill. 1848 (*Défenseurs*), division entre la juridiction de première instance et d'appel et institution de deux chambres de discipline ; — 9 mai 1846 (*Justice*, § 4), fonctions d'huissiers auprès des commandants de place.

Enfin, en ce qui concerne la période du 16 déc. 1848 au 31 août 1858, un seul arrêté du 18 mai 1849 (*Armes*, § 1), a été l'objet de contestations quant à sa légalité. La cour de cassation, confirmant un arrêt de la cour d'Alger (*Admin. gén.*, § 1, ord. 15 avr. 1845, art. 3, et arr. 16 déc. 1848, art. 3, notes), a décidé, d'une part, que l'insertion de l'approbation ministérielle n'était plus nécessaire ; de l'autre, que le gouverneur en se fondant sur la loi du 24 mai 1844 pour ordonner que le soufre serait considéré comme munition de guerre, n'était pas sorti des termes de l'art. 6 de l'arrêté du 16 déc. 1848 qui déterminait ses attributions.

Arrêtés des intendants civils.

En 1831, un intendant civil, investi de pouvoirs séparés et indépendants, avait été adjoint au général en chef. Ce fonctionnaire avait-il le droit de se faire législateur ? L'ordonnance qui l'instituait était muette à cet égard. Mais s'il ne l'avait pas, il le prit, et rendit de nombreux arrêtés dont quelques-uns avaient et ont encore une portée très-grave, notamment celui du 28 mai 1832, qui établit le régime hypothécaire pour les Européens, et n'y soumit pas les indigènes : source si fréquente de complications et d'incertitudes dans l'établissement de la propriété. La cour d'Alger a toutefois consacré la légalité de ces arrêtés par diverses décisions (V. *Admin. gén.*, ord. 1er déc. 1831, note, et *Hypothèques*, arrêté du 28 mai 1832, notes).

Dans tous les cas, à partir de l'ord. du 22 juill. 1834, l'intendant civil, bien qu'assimilé à un préfet, n'eut plus la même initiative. Il était seulement chargé de préparer les projets d'arrêtés et règlements intéressant l'administration civile ; et il semblerait résulter des termes des art. 18 et 26 de l'arr. min. du 1er sept. 1834, et 12 et 17 de l'arr. min. du 2 août 1836 combinés avec l'ensemble des prescriptions relatives à ses attributions et à celles du gouverneur, que tous arrêtés, même ceux de police municipale, devaient émaner de ce dernier. — A l'appui de cette opinion, on peut citer un arrêt de cassation du 17 nov. 1849, D. P. 50. 5. 19 qui déclare non obligatoire un arrêté du directeur général des affaires civiles sur la vente et le colportage du gibier, par ce motif qu'il n'était investi d'aucune attribution à cet égard par la législation coloniale.— Quoi qu'il en soit, un grand nombre d'arrêtés n'en continuèrent pas moins à être rendus par les intendants civils ou les directeurs de l'intérieur qui les remplacèrent, soit en vertu de leur droit propre, soit en vertu d'une délégation expresse indiquée quelquefois en tête de l'arrêté, soit en vertu d'une délégation verbale et tacite.

Ces arrêtés peuvent se diviser en trois catégories, les uns n'édictaient que la pénalité prévue par l'art. 471 c. pén. ; d'autres celles des art. 475 et 479 ; d'autres enfin des peines correctionnelles. Il est évident que ces derniers ne pouvaient être re-

cordus obligatoires en ce qui concernait la pénalité ; cependant il n'apparaît point qu'aucune résistance ait été apportée à leur exécution. Il en est peu qui subsistent encore et puissent être appliqués. Quelques-uns cependant sont insérés dans cet ouvrage pour le cas où ils n'auraient pas été remplacés, et auraient encore quelque valeur comme règlements de police ou de voirie (V. 13 mars 1837 et 22 mai 1845 (*Abatage*). — 1er fév. 1837 (*Chemins vicinaux*). — 18 août 1842 (*Eau*). — 31 janv. 1842 (*Etats à marteau*). — 10 oct. 1845 (*Incendie*).— 9 déc. 1835 et 23 fév. 1838 (*Voirie*, § 5).

Arrêté ministériels.

V. notes de jurisprudence à l'article *Propriété*. — Arr. min. du 17 sept. 1846, art. 6.—Arr. min. du 2 nov. 1846, art. 1.

Arrêtés des préfets.

V. notes de jurisprudence aux articles : *Marchés*, arr. du 28 juill. 1842. — *Chasse*, décr. du 23 nov. 1850, art. 4.

Libraire—Librairie.

AM. — 11 août-1er sept. 1845. — B. 208.—*Contrefaçon étrangère. — Prohibition et pénalité.*

Vu la loi du 17 juill. 1793 sur la propriété littéraire, et les art. 425 à 429 c. pén., relatifs à la contrefaçon ;—Le titre 5 de la loi du 28 avr. 1816 portant répression de la contrebande ; — L'art. 12 de l'ord. roy. du 16 déc. 1843 (*Douanes*) ;

Art. 1. — Les imprimeurs, libraires, marchands de gravure et autres de l'Algérie qui se trouveraient possesseurs ou propriétaires d'ouvrages contrefaits en pays étrangers, seront tenus de produire un état indiquant : — 1° Le titre et la nature de chaque ouvrage, écrit, composition musicale, dessin ou toute autre production de ce genre ;—2° Le nom de l'auteur ; — 5° Le nombre d'exemplaires existant encore en leur possession.—Cet état sera déposé aux archives de l'administration civile de la localité.

Art. 2. — Lesdits exemplaires devront être représentés au fonctionnaire qui sera délégué à cet effet. Chacun d'eux sera marqué d'une estampille et revêtu de la signature du chef de l'autorité locale.

Art. 2.—Cette opération une fois terminée, tous les exemplaires qui seront trouvés dépourvus de la marque énoncée dans l'article précédent, seront considérés comme contrefaçon, et ceux qui les mettront dans le commerce seront passibles des peines portées, tant par les art. 427 et 429 c. pén., que par les art. 41, 42, 43 et 44 de la loi sur les douanes du 28 avr. 1816, et par l'art. 18 des ord. roy. du 16 déc. 1843 qui constituent, en Algérie, la législation des douanes.

Maréchal duc de DALMATIE.

Licence (droit de).

Avant l'ord. du 31 janv. 1847, divers arrêtés avaient imposé un droit de licence aux établissements publics ; mais il était nécessaire que cet impôt, réglementé d'une manière incomplète, fût régularisé ; c'est ce qu'a eu pour but l'ordonnance précitée, seule en vigueur aujourd'hui. Les arrêtés antérieurs ont été abrogés, et n'offrent plus d'intérêt.

OR. — 31 janv.-20 mars 1847. — B. 250. — *Règlement général sur le droit de licence.*

Vu les arr. des 10 mars 1832, 17 mars 1831 et 6 mars 1842 ; — Vu notre ord. du 17 janv. 1845 (Finances).

Tit. 1. — *Des assujettis au droit de licence.*

Art. 1. — Tout distillateur ou bouilleur de matières quelconques donnant des eaux-de-vie ou esprits ; — Tout fabricant de liqueurs composées d'eau-de-vie ou d'esprits, de bières, cidres et poirés ; — Tout fabricant de tabac à priser, à fumer ou à mâcher ; — Tout marchand en gros, en demi-gros ou en détail, des boissons ci-dessus désignées, de vins ou de tabac (V. ord. du 1er janv. 1848 ci-après) ; — Tout cabaretier, aubergiste, traiteur, restaurateur, maître d'hôtel garni, logeur, cafetier, buvetier, concierge et autres donnant à manger au jour, au mois ou à l'année, tout cafetier maure ayant musique, sont tenus de payer le droit de licence et de déposer un cautionnement, conformément au tarif annexé à la présente ordonnance, quel que soit d'ailleurs le lieu où ils seront établis en Algérie, dans les villes et communes des territoires civils et mixtes.

Art. 2. — Le droit de licence est indépendant des droits de patente, auxquels les dénommés en l'art. 1 restent soumis, suivant la classe à laquelle ils appartiennent.

Art. 3. — A dater du 1er avr. 1847, toute personne voulant entreprendre l'un des commerces ou industries dénommés en l'art. 1, sera tenue d'en faire la déclaration au bureau des contributions diverses le plus voisin, *dix jours* au moins avant l'ouverture du nouvel établissement. — Elle devra, en même temps, se munir d'une estampille qui lui sera délivrée, moyennant payement, dans ledit bureau, et dont le prix, qui ne pourra dépasser la somme de 5 fr., sera remboursable par l'administration dans les cas déterminés par les art. 7 et 10 ci-après. (V. arr. 19 fév. 1848 ci-après.) — La déclaration prescrite par le § 1 du présent article devra être renouvelée dans les dix premiers jours du mois de janvier de chaque année, pour chacun des établissements en cours d'exploitation. Il n'y aura pas lieu dans ce cas, à la délivrance d'une nouvelle estampille.

Art. 4. — La déclaration indiquera les noms et prénoms de l'assujetti, la nature de son commerce et de son industrie, le lieu, la rue, et, autant que possible, le numéro de la maison où il entend l'exercer. — La licence est personnelle et ne peut être cédée qu'en vertu d'une déclaration faite au bureau ; le débitant cessionnaire est tenu du payement des droits dus par le cédant, qui n'auraient pas été acquittés au moment de la cession.

Art. 5. — Les cantiniers des troupes sont soumis à la déclaration préalable de licence et à l'estampille, à l'exception de ceux qui, en vertu d'une commission régulière, sont établis dans l'intérieur des forts, camps et casernes, où le public n'est jamais admis.

Art. 6. — Aucune licence ne pourra être délivrée pour un établissement situé à moins de 500 mètres de l'enceinte des forts, camps ou casernes, hors des villes, sans une permission spéciale et par écrit du commandant de la subdivision. — Ladite permission sera remise au receveur, qui en fera mention sur la licence, et elle restera déposée au bureau.

Art. 7. — Tout assujetti muni de cette licence et pourvu de son estampille pourra être déplacé ou empêché d'exercer son commerce ou son industrie, en vertu d'un jugement ou d'un arrêt de police, par suite de contravention aux dispositions de police. Ce déplacement et cette interdiction ne donneront lieu à aucune restitution des droits de licence acquittés, à quelque époque du mois ou de l'année que soit exécuté le jugement ou l'arrêt. Seulement, et dans le cas d'interdiction, l'estampille devra être rendue et le prix en sera remboursé.

Art. 8. — Tout assujetti devra indiquer ostensiblement le lieu de son commerce ou de son industrie par une enseigne ou bouchon et par l'apposition en évidence, au-dessus de la porte d'entrée, de l'estampille qui lui aura été délivrée.

Art. 9. — L'assujetti qui exerce plusieurs commerces ou industries dans un seul même local ne doit qu'une seule licence ; dans ce cas, le droit est le plus élevé de ceux qu'il aurait à payer s'il était imposé pour chaque établissement. — Le redevable ne peut être réputé établi dans un seul et même local qu'autant qu'on n'y parvient que par une seule porte de maison ou d'appartement. — Il n'est dû qu'une seule licence lorsque l'assujetti exerce le même commerce ou la même industrie dans plusieurs locaux de la même maison. — Mais lorsque l'assujetti exerce un ou plusieurs commerces ou industries dans des maisons séparées ou dans des locaux qui, faisant partie d'une maison, ont pourtant chacune une entrée indépendante, même à l'intérieur, il est dû autant de licences qu'il y a d'établissements différents.

Art. 10. — Tout assujetti qui voudra cesser son commerce ou son industrie, est tenu d'en faire la déclaration au bureau des contributions diverses, et d'y remettre son estampille dont le prix lui sera remboursé. — Faute de déclaration de cesser et de la remise de l'estampille, les droits continueront à être dus.

Art. 11. — Les redevables qui, n'ayant pas fait leur déclaration de cesser et n'ayant pas remis leur estampille, seront restés quatre mois et un jour sans acquitter les droits, seront réputés avoir cessé leur commerce. — Dans ce cas et sur le procès-verbal des agents constatant le refus ou l'impossibilité d'acquitter les droits, le juge de paix ou l'autorité qui en remplit les fonctions prononcera, à la requête du receveur, la fermeture de l'établissement, le retrait d'office de l'estampille et l'imputation de toutes les sommes dues pour droits, frais, amendes ou prix d'estampille, sur le montant du cautionnement dont l'excédant seul sera remboursable.

Tit. 2. — *Droit de licence et cautionnement.*

Art. 12. — Les droits de licence sont et demeurent fixés annuellement, conformément au tarif ci-après, d'après les classes des assujettis et la population des communes, telle qu'elle sera établie par les arrêtés annuels de dénombrement.

Tarif des droits de licence dans les communes d'une population de :

	1re cl.		2e cl.		3e cl.
2,000 et au-dessous :	120	—	96	—	72
2,001 à 5,000 :	180	—	120	—	96
5,001 à 10,000 :	240	—	180	—	120
10,001 à 20,000 :	300	—	240	—	180
20,001 à 30,000 :	360	—	300	—	240
30,001 et au-dessus :	480	—	360	—	300

1re classe. — Débitants de boisson et cafetiers établis en maison, restaurateurs tenant un hôtel garni ou placés dans des maisons où il existe un hôtel garni, maîtres d'hôtels garnis tenant table d'hôte.

2e classe. — Marchands de boissons en gros, en demi-gros ou à emporter, brasseurs, distillateurs, traiteurs et restaurateurs sans hôtel garni, aubergistes logeant à pied ou à cheval et donnant à boire ou à manger.

3e classe. — Fabricants de tabac à priser, à fumer ou à mâcher, buvetiers, concierges donnant à boire ou à manger, entrepreneurs de rafraîchissements dans les cercles ou autres sociétés, débitants de boissons sous échoppes ou dans des baraques en bois, maîtres de pensions bourgeoises au jour, au mois ou à l'année.

4° *classe*. — Colporteurs de boissons ou de tabacs, 60 fr.

Cafés maures, quelle que soit la population, débitant une ou plusieurs des boissons indiquées à l'art. 1, 60 fr. — Ne débitant aucune de ces boissons et ayant musique, 24 fr. — Sans musique, 0,00.

Art. 13.—Dans les communes où la population est de 5,000 âmes et au-dessus, les assujettis exerçant dans la banlieue payeront les droits d'après le tarif applicable à la population agglomérée.—Les assujettis exerçant dans la partie agglomérée payeront le droit d'après le tarif applicable à la population totale.

Art. 14. — Les droits de licence sont dus par mois et d'avance. Ils sont exigibles pour le mois entier, à quelque époque que commence ou cesse le commerce.— Les percepteurs des contributions ont seuls qualité pour effectuer et poursuivre le recouvrement des droits de licence. — Le mode de poursuite sera déterminé par un arrêté du ministre de la guerre.

Art. 15.—Pour obtenir la licence, les assujettis dénommés à l'art. 1 devront verser un cautionnement égal à la moitié des droits fixés par l'art. 12. —Ce cautionnement est personnel; il ne porte pas intérêt; l'administration ne reconnaît pas de bailleur de fonds. — Il est affecté spécialement et par privilège : — 1° Au payement des amendes et frais auxquels les assujettis pourraient être condamnés à raison de leur commerce ;—2° Au payement des droits qui resteraient dus trois mois après la fin de l'année, ou lors de la déclaration de cesser, trois mois après cette déclaration. — Le cautionnement doit toujours être au complet.

Art. 16.—En cas de cessation de commerce régulièrement déclarée, et lorsque les droits dus auront été acquittés, le cautionnement sera immédiatement remboursé par les comptables et sous leur responsabilité.

Tit. 3. — *Obligations des assujettis et visites des employés.*

Art. 17. —Tout assujetti à une déclaration préalable à raison de l'exercice d'une des professions désignées par l'art. 1, est tenu d'exhiber sa licence à toute réquisition des préposés des contributions diverses, des douanes, de la gendarmerie et de la police, revêtus de leur uniforme ou porteurs de leur commission. — A cet effet, ces agents seront autorisés à entrer chez les assujettis sans l'assistance d'un officier de police.

Art. 18. — Les préposés des contributions diverses, revêtus de leur uniforme ou munis de leur commission, ont seuls qualité pour visiter sans l'assistance d'un officier de police les locaux et magasins affectés à chaque commerce ou industrie, à l'effet de constater : 1° si la licence est payée en raison du commerce ou de l'industrie réellement exercé ; 2° si la personne qui a pris la licence est bien celle qui fait, en réalité, les opérations de commerce. Dans le cas où les agents reconnaîtraient, lors de leur visite, que l'assujetti, imposé en raison de sa déclaration, n'est pas soumis au droit qui lui est applicable, ou que celui qui acquitte la licence n'est pas celui qui fait réellement le commerce, le redevable sera invité à faire une nouvelle déclaration et à acquitter la licence à laquelle il doit être imposé. — Sur son refus, il sera dressé procès-verbal ; ce procès-verbal, affirmé et enregistré, et communiqué au maire ou à l'autorité qui en remplit les fonctions, par le contrôleur, pour avoir son avis, sera transmis au chef du service des contributions diverses, qui statuera provisoirement, sauf recours auprès de qui de droit.—Néanmoins, dans le cas où la déclaration primitive serait reconnue évidemment fausse, le procès-verbal pourra être déféré aux tribunaux,

et le contrevenant sera passible des peines prévues par l'art. 21.

Art. 19. — Si des boissons, des spiritueux ou des tabacs de toute sorte étaient vendus ou mis en vente sans déclaration ou sans l'apposition de l'estampille, les agents dénommés en l'art. 17 auront le droit d'entrer, sans l'assistance d'un officier de police, dans le lieu de la vente et de constater la contravention.

Art. 20. — Dans le cas où une personne serait soupçonnée d'exercer sans licence une des industries ou l'un des commerces énoncés en l'art. 1, les préposés des contributions diverses et trois agents désignés en l'art. 17 pourront, avec l'assistance d'un officier de police, faire des visites dans l'intérieur de l'habitation.

Tit. 4. — *Des contraventions et des peines.*

Art. 21. — Sera puni d'une amende de 500 fr., sans préjudice des peines encourues pour rébellion et voies de fait, tout individu qui s'opposera aux visites et reconnaissances des préposés.

Sera puni d'une amende de 200 à 500 fr. et condamné au payement des droits fraudés, tout individu convaincu d'avoir exercé une des industries ou l'un des commerces désignés en l'art. 1, après avoir fait déclaration de cesser, ou sans déclaration et sans estampille, ou avec une déclaration fausse, ou avec une estampille sans déclaration préalable.

Sera puni d'une amende de 50 à 100 fr. tout individu qui, en faisant sa déclaration de cesser, ne remettra pas l'estampille qui lui a été confiée. Le prix de l'estampille sera, en outre, confisqué.

En cas de récidive, l'amende sera double.

Art. 22. — Les contraventions aux dispositions de la présente ordonnance seront constatées à la requête du directeur des finances et du commerce, par procès-verbaux des agents et préposés désignés en l'art. 17 —Les procès-verbaux, rédigés dans les vingt-quatre heures, par deux agents, affirmés dans les trois jours et enregistrés dans les quatre jours de la date, seront crus jusqu'à inscription de faux.

Art. 23.—Les contraventions seront poursuivies par-devant les tribunaux correctionnels, ou, à défaut, devant le juge de paix de la localité ou l'autorité qui en remplit les fonctions. — Les tribunaux ne pourront, dans aucun cas, modérer les confiscations et amendes, ni en ordonner l'emploi au préjudice de l'administration.

Art. 24. — Le chef du service des contributions diverses, dans chaque province, aura la faculté de transiger, soit avant, soit après le jugement, sur le montant des amendes et confiscations encourues.

Art. 25. — Le montant des amendes et confiscations sera réparti ainsi qu'il suit : — Moitié aux employés qui ont constaté la contravention et à leur chef immédiat ; — Un quart à la caisse des retraites ; — Un quart à la caisse du budget local et municipal. —Dans les répartitions, les employés du grade de contrôleur touchent deux parts.

Tit. 5. — *Dispositions générales.*

Art. 26. — Les droits de licence seront perçus conformément à la présente ordonnance, à partir du 1er avril 1847.

Art. 27. — Toutes dispositions contraires à la présente ordonnance seront et demeurent abrogées, à partir de la même époque.

OR. — 1er janv.-4 fév. 1848. — B. 267. — *Marchands de tabacs.— Modification à l'art. 1 de l'ordonnance qui précède.*

Art. 1.—Les marchands de tabacs, désignés en l'art. 1 de notre ord. du 31 janv. 1847, sont rangés dans la 4° classe du tarif réglé par l'art. 12 de ladite ordonnance. — Ils payeront un droit annuel de licence de 60 fr., quelle que soit la population de la commune où ils exerceront leur industrie.)

Art. 2. — Dans les communes où la population totale est de 5,000 âmes et au dessus, les assujettis, exerçant dans les banlieues, payeront les droits d'après le tarif applicable à la population non agglomérée. — Les assujettis exerçant dans la partie agglomérée payeront les droits d'après le tarif applicable à la population totale.

Art. 3. — Toutes dispositions contraires à la présente ordonnance sont et demeurent abrogées.

AG. — 19-28 fév. 1848. — B. 269. — *Prix de l'estampille.*

Vu l'art. 3 de l'ord. roy. du 31 janv. 1847; — Considérant qu'il importe de déterminer le prix des estampilles à délivrer aux assujettis, afin que l'État soit remboursé des avances faites pour leur confection;

Art. 1. — Le prix de l'estampille à délivrer par l'administration à tous les assujettis aux droits de licence, est fixé à 50 c.   H. D'ORLÉANS.

Logements militaires.

AG. — 26 nov. 1831. — (V. *Domaine*, § 1). — *Remise d'immeubles au génie militaire pour le casernement.*

AG. — 12 déc. 1851 et 8 janv. 1852. — (*Eodem*). — *Nomination de commissions pour le recensement des immeubles domaniaux et leur répartition entre les divers services.*

AM. — 29 oct.-16 nov. 1841. — B. 107. — *Evacuation successive des logements militaires. — Indemnité allouée aux officiers*(1).

Considérant qu'il importe de rendre, aussitôt que possible, à leurs propriétaires et à la libre circulation, un grand nombre d'immeubles militairement occupés en Algérie, et non susceptibles d'être définitivement affectés au casernement; — Que, toutefois, le délaissement de ces immeubles doit être effectué successivement, et à la condition que les officiers ou fonctionnaires assimilés qui en occupent la majeure partie recevront, selon leur grade, une indemnité mensuelle équivalente au prix moyen des logements meublés dont ils auront à se pourvoir; — Que l'indemnité réglée, en France, par le tarif du 5 déc. 1840 est reconnue insuffisan'e pour l'Algérie; qu'il y a lieu d'y suppléer, et qu'il est juste de mettre ce supplément à la charge de la colonie, qui profitera du délaissement et de l'exploitation privée des propriétés dont l'occupation devra cesser.

Art. 1. — L'indemnité de logement sera due, à partir du 1er janv. 1842, à tout officier de l'armée d'Afrique qui ne recevra point le logement en nature, et ne sera ni campé ni baraqué; l'indemnité spéciale d'ameublement, telle qu'elle est fixée par la décision du 12 juin 1834, continuera d'être allouée à tous les autres, à l'exception de ceux qui seraient logés dans des bâtiments meublés aux frais de l'État.

Art. 2. — L'officier non logé dans les bâtiments militaires recevra, selon son grade, et tant sur les fonds de l'État que sur ceux du budget colonial, l'indemnité et le supplément, fixés par le tarif ci-annexé.

Art. 3. — L'officier venant de France ou rentrant de l'un des postes ou camps dans lesquels l'indemnité de logement ne peut encore être allouée pour

_____
(1) Une ord. roy. du 15 nov. 1845, a disposé que l'indemnité de logement en Algérie serait payée en totalité sur le budget de la guerre, à partir du 1er janv. 1846. — Le tarif aujourd'hui en vigueur est celui du 15 août 1851 (*Journal militaire*, 2e sem. 1851, p. 16).

résider, à raison de son service, dans l'une des places auxquelles le présent arrêté aura été rendu applicable, ne pourra exiger le logement en nature; mais s'il ne lui en est point assigné, il entrera en jouissance de l'indemnité ci-dessus réglée, à compter du jour de son arrivée. La quinzaine commencée, à partir des 1er et 16 de chaque mois, sera décomptée tout entière à l'officier admis à l'hôpital, ou partant soit pour se rendre en France, soit pour suivre une destination qui ne lui donnerait droit qu'à l'indemnité d'ameublement, sans que les deux allocations puissent être faites cumulativement pour les mêmes journées. Le même mode de décompte sera appliqué à l'officier jouissant de l'indemnité d'ameublement.

Art. 4. — Tout officier pourra être admis, sur sa demande, à jouir de l'indemnité de logement, pourvu que, le jour même où il devra commencer à la recevoir, il renonce au logement en nature qu'il ne pourra plus réclamer. — Cette faculté cesse lorsque les règlements ou les devoirs du service obligent l'officier à loger dans les bâtiments militaires, et lorsque l'occupation de ces bâtiments est jugée nécessaire.

Art. 5. — Auront seuls droit à conserver le logement en nature : — 1° Le gouverneur général, ses aides de camp et officiers d'ordonnance; — 2° Le chef de l'état-major général; — 3° Les officiers généraux commandant les troupes; — 4° L'intendant militaire de l'armée; — 5° Les chefs d'état-major des divisions territoriales; — 6° Le directeur de l'artillerie; — 7° Le directeur et les chefs du génie; — 8° Les sous-intendants militaires chefs de service dans les provinces, ou les adjoints qui en remplissent les fonctions; — 9° Les commandants de place; — 10° Les agents comptables qui devront être logés dans les magasins mêmes confiés à leur surveillance; — 11° Les gardes de l'artillerie et du génie; — 12° Les concierges des bâtiments militaires et les portiers-consignes.

Art. 6. — La suppression des logements en nature s'effectuera dans l'ordre suivant : — 1° Les sous-intendants militaires, les officiers de santé, d'administration ou employés militaires; — 2° Les officiers des états-majors; — 3° Les officiers de troupe qui ne seront pas logés dans les pavillons d'officiers.

Art. 7. — Les officiers du génie, conjointement avec les membres de l'intendance, désigneront successivement les immeubles actuellement affectés au logement des officiers qui devront cesser d'être occupés. Cette désignation aura lieu de manière à ce que la cessation de l'occupation soit, autant que possible, complétée en 1845, et que le service du casernement ne retienne que les maisons nécessaires au logement des fonctionnaires à qui il continue d'être dû en nature, conformément à l'art. 5.

Art. 8. — L'évacuation des maisons occupées sera activée en raison de la facilité que trouveront les officiers à se procurer, chez les particuliers, des logements meublés dont le prix n'excède pas, moyennement, les allocations portées au tarif. Les logements en nature qu'il y aura lieu de conserver provisoirement seront successivement concentrés, de manière à faire occuper les immeubles en entier et à en libérer le plus grand nombre possible.

Art. 9. — Les maisons louées seront rendues à leurs propriétaires à l'expiration des baux, s'il n'est pas reconnu indispensable de les proroger pour l'exécution de l'art. 5. — Les immeubles dont l'État est en possession, et qui seront délaissés par le service militaire, seront remis au domaine pour être restitués, quand il y aura lieu, aux réclamants, ou autrement, administrés ainsi qu'il appartiendra.

Art. 10. — Jusqu'à ce qu'il en ait été autrement

ordonné, le présent arrêté ne sera exécutoire que dans les places d'Alger, Oran, Bône, Constantine et Philippeville.

Art. 11. — Les dispositions des art. 1, 2, 3 et 4 sont communes aux officiers de troupe et sans troupe, ainsi qu'aux fonctionnaires et employés assimilés.

Art. 12. — Des publications spéciales seront faites par l'autorité civile, dans l'objet d'avertir les propriétaires, principaux locataires et loueurs en garni, des nouveaux moyens qui leur sont offerts pour tirer parti de leurs maisons.

Art. 13. — Des instructions particulières détermineront le mode de payement du supplément d'indemnité mis à la charge des services coloniaux, ainsi que les voies et moyens destinés à pourvoir à cette portion de dépense.   Duc de DALMATIE.

Les dispositions de l'arrêté qui précède, ont successivement été rendues, par décisions du gouverneur général, applicables aux localités suivantes :

Blidah,	à partir du	1er nov. 1842.
Cherchell,	—	15 fév. 1843.
Milianah,	—	1er oct. 1844.
Tlemcen,	—	11 nov. —
Guelma,	—	24 janv. 1845.
Dellys et Djidjelli,	—	26 juin 1845.
Aumale,	—	1er oct. 1847.
Nemours,	—	1er —
Bougie,	—	1er janv. 1848.
Arzew,	—	15 fév. —
Médéah,	—	1er mai. —
Misserghin,	—	16 juill. —
Sidi bel Abbès,	—	1er déc. —
Djidjelli,	—	1er juin 1850.
Koléah,	—	20 déc. —

Loteries.

DI. — 15 juin 1853. — *Promulgation de la loi du 21 mai 1836 et de l'ord. du 29 mai 1844.*

Vu la loi du 21 mai 1836 sur les loteries; — L'ord. du 29 mai 1844, portant règlement d'administration publique pour l'exécution de l'art. 5 de ladite loi ; — Vu la délibération du conseil du gouvernement de l'Algérie, en date du 19 mai 1853; — Considérant que la non-promulgation en Algérie de la loi et de l'ordonnance susvisées entretient dans le public l'opinion qu'elles n'y sont pas obligatoires; — Voulant mettre un terme aux conséquences fâcheuses d'une pareille erreur, et prévenir le renouvellement de contraventions qui ont déjà appelé la répression des tribunaux ;

Art. 1. — La loi du 21 mai 1836 et l'ord. du 29 mai 1844, sur les loteries, seront promulguées en Algérie.

Loi du 21 mai 1836.

Art. 1. — Les loteries de toute espèce sont prohibées.

Art. 2. — Sont réputées loteries et interdites comme telles : — Les ventes d'immeubles, de meubles ou de marchandises effectuées par la voie du sort ou auxquelles auraient été réunies des primes ou autres bénéfices dus au hasard, et généralement toutes opérations offertes au public pour faire naître l'espérance d'un gain qui serait acquis par la voie du sort.

Art. 3. — La contravention à ces prohibitions sera punie des peines portées à l'art. 410 c. pén. — S'il s'agit de loteries d'immeubles, la confiscation prononcée par ledit article sera remplacée, à l'égard du propriétaire de l'immeuble mis en lo-

terie, par une amende qui pourra s'élever jusqu'à la valeur estimative de cet immeuble. — En cas de seconde ou ultérieure condamnation, l'emprisonnement et l'amende portés en l'art. 410 pourront être élevés au double du maximum. — Il pourra, dans tous les cas, être fait application de l'art. 463 c. pén.

Art. 4. — Ces peines seront encourues par les auteurs, entrepreneurs ou agents des loteries françaises ou étrangères, ou des opérations qui leur sont assimilées. — Ceux qui auront colporté ou distribué des billets; ceux qui, par des avis, annonces, affiches ou par tout autre moyen de publication, auront fait connaître l'existence de ces loteries ou facilité l'émission des billets, seront punis des peines portées en l'art. 411 c. pén. ; il sera fait application, s'il y a lieu, des deux dernières dispositions de l'article précédent.

Art. 5. — Sont exceptées des dispositions des art. 1 et 2 ci-dessus, les loteries d'objets mobiliers exclusivement destinées à des actes de bienfaisance ou à l'encouragement des arts, lorsqu'elles auront été autorisées dans les formes qui seront déterminées par des règlements d'administration publique.

Ordonnance du 29 mai 1844.

Vu la loi du 21 mai 1836, qui a prohibé les loteries, et notamment l'art. 5 ; — Voulant déterminer le mode suivant lequel sont délivrées les autorisations prescrites par la loi ci-dessus visée ;

Art. 1. — Les autorisations pour l'établissement des loteries désignées en l'art. 5 de la loi du 21 mai 1836, seront délivrées, savoir : par le préfet de police pour Paris et le département de la Seine, et dans les autres départements, par les préfets, sur la proposition des maires. Ces autorisations ne seront accordées que pour un seul tirage; elles énonceront les conditions auxquelles elles auront été accordées, dans l'intérêt du bon ordre et dans celui des bénéficiaires (1).

Art. 2. — Lesdits tirages se feront sous l'inspection de l'autorité municipale aux jours et heures qu'elle aura déterminés. — L'autorité municipale pourra, lorsqu'elle le jugera convenable, faire intervenir, dans cette opération, la présence de ses délégués ou de commissaires agréés par elle.

Art. 3. — Le produit net des loteries dont il s'agit sera entièrement et exclusivement appliqué à la destination pour laquelle elles auront été établies et autorisées, et il devra en être valablement justifié.

M

Machines et appareils à vapeur.

AM. — 8 avr. 1848, 20 fév. 1849. — 309. — *Promulgation en Algérie de l'ord. du 22 mai 1843, relative aux machines et chaudières à vapeur employées sur terre, ainsi que de l'instruction du 22 juill. 1833 sur les mesures de précaution habituelle à observer, et de l'ordonnance complémentaire du 15 juin 1844.*

AG. — 15 nov. 1856. — *Promulgation en Algérie de la loi du 21 juill. 1856 sur la répres-*

(1) Ces autorisations devront toujours contenir une disposition spéciale stipulant que tout lot gagné sera irrévocablement acquis à la loterie s'il n'a été réclamé dans un délai de trois mois à un an au plus, après le tirage et la

publication dans les journaux, de la liste des numéros gagnants. Les billets imprimés devront porter la mention de cette clause. — *Décis. min.*, 14 nov. 1857.

sion des contraventions relatives à la vente et à l'usage des appareils à vapeur.

Marchés.

L'arrêté du 28 juill. 1842 inséré ci-après a long-temps servi de règlement général pour l'établissement et la police des marchés. En exécution de l'art. 3, de nombreux arrêtés en ont étendu les effets aux divers marchés qui étaient ouverts successivement dans les villes du littoral et de l'intérieur. Aujourd'hui et d'après la nouvelle organisation du 27 oct. 1858 (*Admin. gén.*), tout ce qui concerne la création des marchés, le tarif des droits de place, pesage, jaugeage et mesurage, est réglementé par les préfets; mais jusqu'à dispositions contraires, l'arrêté de 1842 doit continuer à recevoir son exécution (Voir la notice sur l'article *Police municipale*, pour ce qui concerne la police des marchés).

A.G. — 28 juill.-30 sept. 1842. — B. 127. — *Règlement général sur la police des marchés, les droits à percevoir, les contraventions* (1).

Vu les arrêtés sur les droits de place dans les marchés, les octrois et les abattoirs; — Considérant que les droits perçus actuellement sur les marchés à l'entrée des villes par terre, et dans les abattoirs, reposent, pour la plupart, sur des bases vicieuses et quelquefois même sur d'anciens usages; que les tarifs varient suivant les localités; qu'il en résulte, dans les charges supportées par la population, une inégalité qu'il convient de faire disparaître;

TIT. 1. — *Établissement des droits.*

Art. 1. — La vente et le stationnement sur la voie publique des objets de consommation, des chevaux de selle, des bêtes de somme ou de trait et des bestiaux, des combustibles et des fourrages, l'introduction des marchandises dans les villes par les portes de terre, et l'abatage des bestiaux donneront lieu en Algérie à la perception d'un droit qui s'effectuera conformément aux dispositions et aux tarifs du présent arrêté.

TIT. 2. — *Des ventes sur les marchés.*

Art. 2. — La vente en public et le stationnement des objets de consommation, des chevaux de selle, des bêtes de somme ou de trait et des bestiaux, des combustibles et des fourrages, ne pourra avoir lieu que dans les marchés ou emplacements désignés à cet effet.

Art. 3. — Les marchés généraux ou spéciaux ouverts ou fermés, seront établis en Algérie par des arrêtés du gouverneur rendus sur la proposition du directeur de l'intérieur. — Provisoirement, les marchés actuellement créés continueront à se tenir dans les lieux où ils sont établis.

Art. 4. — Le directeur de l'intérieur déterminera, par des arrêtés de police, les lieux de stationnement des animaux, l'emplacement et l'espèce de marchés, les jours où ils se tiendront, les heures d'ouverture et de clôture, ainsi que les mesures de police et de surveillance nécessaires pour y assurer le bon ordre.

Art. 5. — Dans les villes, des marchés spéciaux seront établis, autant que possible, pour la vente des huiles, ainsi que pour celle des céréales et des légumes secs. — Les huiles, céréales et légumes secs, arrivés soit par mer, soit par terre, ne pourront être vendus en public que dans lesdits marchés (2); ces denrées seront passibles d'un droit de mesurage qui pourra être payé ou en argent de France ou en nature, à la volonté des redevables.

Art. 6. — Le droit ne sera dû qu'une fois si le séjour de ces denrées dans le marché ne dure que trois jours; il sera dû une seconde fois, si ce séjour excède ce délai. — Après le sixième jour, les denrées devront être enlevées par les soins du propriétaire, sous peine, pour chaque jour en plus, d'une amende égale au montant des droits dus sur les quantités mesurées.

Art. 7. — Les droits de place et de mesurage dans les marchés et lieux de stationnement sont et demeurent fixés conformément au tarif ci-après (ces droits sont réglés par l'autorité préfectorale depuis le décr. du 27 oct. 1858. V. *Admin. gén.*, § 1).

Art. 8. — Les ânes, mules et mulets, destinés exclusivement à la promenade, et stationnant à cet effet dans les emplacements désignés par l'autorité, sont exempts des droits de place (3).

Art. 9. — La vente en public des objets, animaux et denrées ci-dessus dénommés, dans les lieux autres que les marchés désignés par l'autorité, sera punie d'une amende de 5 fr. et de la

---

(1) *Jurisprudence.* — Diverses condamnations prononcées à Constantine par application de l'arr. du 28 juill. 1842, ont été suivies de pourvois en cassation, sur lesquels il a été statué par l'arrêt dont suit le sommaire :

Est légal et obligatoire l'arrêté du gouvernement général de l'Algérie, qui interdit ailleurs que sur les halles, foires et marchés, la vente des grains, bestiaux, etc., et qui édicte la peine d'amende contre celui qui y contreviendrait; et, dès lors, le juge de paix doit prononcer cette peine contre le marchand qui, transportant ses grains, les vend sur la route, près d'une ville dans laquelle il doit passer pour arriver à son lieu de destination, sans les avoir menés sur le marché de cette ville. — Mais cet arrêté est illégal et non obligatoire dans la partie où il édicte la peine de la confiscation; la confiscation, en effet, est une peine qu'il appartient au pouvoir législatif seul de prononcer, et qui ne rentre pas dans les pouvoirs du gouverneur général. — *Cass.* ch. crim. 15 fév. 1853. — (V. *Législation*, § 2, légalité des arrêtés).

(2) *Jurisprudence.* — Un arrêté du préfet d'Alger, en date du 25 juill. 1856, avait cru pouvoir étendre cette disposition et interdire d'une manière absolue dans toute l'étendue du département d'Alger, la vente et l'achat, en dehors des marchés généraux et spéciaux des grains ou autres denrées de quelque nature qu'ils fussent. Cette prohibition ne distinguait pas entre les ventes et achats faits publiquement dans les rues ou sur les voies publiques, et les ventes ou achats qui se traitent de gré à gré entre l'a-

cheteur et le vendeur, dans leurs demeures ou magasins : des poursuites ayant eu lieu et la question de légalité de cet arrêté ayant été déférée à la cour de cassation, un arrêt du 28 nov. 1856 (D. P. 57. 1. 27) a décidé : « Qu'aucune loi n'a donné à l'autorité municipale ou administrative, le droit d'apporter des entraves au libre essor des transactions du commerce; qu'il rentre dans les attributions de cette autorité de régler les police des marchés; d'ordonner les mesures nécessaires pour y faciliter les ventes et achats; que ses pouvoirs ne s'étendent pas plus loin; qu'en dehors des marchés le commerce des grains et des céréales reste libre; que la loi du 21 prair. an V, conforme à cet égard à nos édits anciens, le déclare en principe; qu'elle permet formellement les ventes et achats de grains dans les marchés et ailleurs; qu'en prescrivant le contraire l'arrêté du préfet d'Alger s'est écarté des dispositions de la loi et demeure à cet égard sans force et privé de toute sanction pénale; en conséquence casse et annule le jug. du trib. de simple police qui en a fait l'application. »

La cour de cassation a au contraire déclaré légal et obligatoire un arrêté du préfet d'Oran, qui se bornait à interdire aux commerçants et revendeurs de se transporter sur les routes et chemins pour y acheter des grains avant leur arrivée au marché. — *Cass.* 21 août 1857, D. P. 57. 1. 414. — (V. *Législation*, § 2, légalité des arrêtés.)

(3) Abrogé par l'arrêté suivant du 5 avr. 1853.

confiscation des objets mis en vente, sans préjudice des peines encourues pour contravention aux règlements de police.

Tit. 3. — Des droits d'octroi.

Art. 10 à 17. — (Abrogés par l'ord. du 21 déc. 1844. V, Douanes.)

Tit. 4. — Des droits d'abatage.

Art. 18 à 22. — (V, Abatage.)

Tit. 5. — Perception des droits, installation des bureaux.

Art. 23. — Il ne pourra être perçu, en Algérie, sur les marchés, aux octrois et dans les abattoirs, d'autres droits ni des droits plus forts que ceux résultant du présent arrêté, ou des arrêtés qui seraient rendus ultérieurement par le gouverneur, à peine pour ceux qui auraient prescrit ou effectué des perceptions non régulièrement autorisées, d'être poursuivis comme concussionnaires.

Art. 24. — La perception des droits établis par le présent arrêté s'effectuera sous les ordres et la surveillance du directeur des finances, soit par le bail à ferme, soit en régie, suivant qu'il y aura lieu.

Art. 25. — La perception ne pourra être mise en ferme qu'en vertu des décisions du gouverneur, rendues sur la proposition du directeur des finances: elle aura lieu, autant que possible, par adjudication publique.

Art. 26. — La perception en régie s'effectuera par des agents des finances commissionnés et cautionnés, conformément à l'art. 16 de l'ord. du 21 août 1839. — Néanmoins, sur les propositions du directeur des finances, la perception pourra être confiée aux agents administratifs institués par le directeur de l'intérieur pour la surveillance des établissements. — Dans ce cas, et conformément aux dispositions de l'art. 17 de l'ord. du 21 août 1839, ces agents recevront une commission spéciale du directeur des finances, et ils seront soumis à toutes les obligations imposées aux comptables.

Art. 27. — Les comptables, chargés des perceptions dans les marchés fermés ou dans les abattoirs publics, devront toujours avoir leur bureau et leur logement dans les bâtiments affectés à ces établissements. — La construction, l'entretien et la police des bâtiments affectés aux marchés fermés et aux abattoirs publics resteront dans les attributions du directeur de l'intérieur, mais les dépenses relatives à l'agencement intérieur et au mobilier des bureaux réservés aux comptables seront imputables sur le budget des services financiers.

Art. 28. — Les tarifs et les règlements relatifs à la perception seront toujours affichés à l'intérieur et à l'extérieur des bureaux de perception.

Tit. 6. — Procès-verbaux, poursuites des contraventions. — Transactions.

Art. 29. — Les contraventions aux dispositions du présent arrêté et aux règlements administratifs destinés à assurer la perception seront constatées, à la requête du directeur des finances, par procès-verbaux des comptables, des agents des douanes et des contributions diverses, des octrois, de la police et de la gendarmerie.

Art. 30. — Les procès-verbaux rédigés et affirmés dans les vingt-quatre heures par deux agents, enregistrés dans les quatre jours de leur date, seront crus jusqu'à inscription de faux.

Art. 31. — Les contraventions qui, en vertu du présent arrêté ou des règlements, entraînent la confiscation ou l'amende seront poursuivies pardevant les tribunaux de police correctionnelle, ou à défaut, devant le juge de paix de la localité. — Les tribunaux ne pourront modérer les confiscations et amendes, ni en ordonner l'emploi au préjudice de l'administration.

Art. 32. — Le directeur des finances aura la faculté de transiger, soit avant, soit après jugement, sur le montant des amendes et des confiscations encourues.

Art. 33. — Le montant des amendes et des confiscations sera réparti, moitié à la caisse coloniale, moitié aux agents qui auront constaté les contraventions.

Tit. 7. — Dispositions générales.

Art. 34. — Le présent arrêté sera exécutoire à partir du 1er oct. 1842.

Art. 35. — Toutes dispositions contraires au présent arrêté sont et demeurent abrogées. — Néanmoins les droits en ferme pourront continuer à être perçus jusqu'à l'expiration des baux actuels, conformément aux tarifs en vigueur à l'époque où le bail à ferme a été passé.   Bugeaud.

Vu et appr. conf. à l'art. 12 de l'ord, du 21 août 1839 pour être publié et mis à exécution. — Eu, le 17 sept. 1842.   Maréchal duc de Dalmatie.

AG. — 5-13 avr. 1855. — B. 478. — Droits de place sur les ânes, mules, etc.

Vu l'art. 8 de l'arr. du 28 juill. 1842; — Vu l'art. 1er de l'ord. du 17 janv. 1845, sur l'assiette des impôts, taxes de ville et de police en Algérie. (V, Finances); — Vu l'ord. du 28 sept. 1847, et notamment l'art. 52 de cette ord. concernant le règlement des tarifs de voirie dans des communes constituées (V, Communes). — Considérant que l'exemption édictée par l'art. 8 de l'arr, du 28 juill. 1842, prive les communes d'une taxe essentiellement municipale et leur enlève, en matière d'impôts, un droit d'initiative qu'elles tiennent de la loi:

Art. unique. — L'art. 8 de l'arr. sus-visé du 28 juill. 1842 est rapporté.

Comte Randon.

Mariages.

LOI. — 10 juill.-6 août 1850. — B. 557. — Formalités nouvelles à remplir par l'officier de l'état civil.

Art. 1. — Il sera ajouté aux art. 75, 76, 1391 et 1595 c. civ., les dispositions suivantes:

Art. 75 c. civ. — (A intercaler entre les deux phrases de l'article actuel): Il (l'officier de l'état civil) interpellera les futurs époux, ainsi que les personnes qui autorisent le mariage, si elles sont présentes, d'avoir à déclarer s'il a été fait un contrat de mariage, et, dans le cas de l'affirmative, la date de ce contrat, ainsi que le nom et lieu de résidence du notaire qui l'aura reçu.

Art. 76 c. civ.: § 10. La déclaration faite sur l'interpellation prescrite par l'article précédent, qu'il a été ou qu'il n'a pas été fait de contrat de mariage, et autant que possible de la date du contrat, s'il existe, ainsi que les nom et lieu de résidence du notaire qui l'aura reçu; le tout à peine, contre l'officier de l'état civil, de l'amende fixée par l'art. 50. — Dans le cas où la déclaration aurait été omise ou serait erronée, la rectification de l'acte, en ce qui touche l'omission ou l'erreur, pourra être demandée par le procureur de la République, sans préjudice du droit des parties intéressées, conformément à l'art. 99.

Art. 1391 c. civ. — (A placer à la fin de l'article actuel): Toutefois, si l'acte de célébration du mariage porte que les époux se sont mariés sans contrat, la femme sera réputée, à l'égard des tiers, capable de contracter dans les termes du droit commun, à moins que, dans l'acte qui contiendra son engagement, elle n'ait déclaré avoir fait un contrat de mariage.

Art. 1595 c. civ. — (A placer à la fin de l'article actuel) : Le notaire donnera lecture aux parties du dernier alinéa de l'art. 1391, ainsi que du dernier alinéa du présent article. Mention de cette lecture sera faite dans le contrat, à peine de 10 fr. d'amende contre le notaire contrevenant. — Le notaire délivrera aux parties, au moment de la signature du contrat, un certificat sur papier libre et sans frais, énonçant ses nom et lieu de résidence, les noms, prénoms, qualités et demeures des futurs époux, ainsi que la date du contrat. Ce certificat indiquera qu'il doit être remis à l'officier de l'état civil avant la célébration du mariage.

Art. 2. — La présente loi n'aura d'effet qu'à partir du 1er janv. 1851.

Vu pour être promulgué en Algérie, le 27 juill. 1850. Le gouverneur général, CHARON.

DP. — 5 sept. 1851 (V. *Actes de notoriété*). — *Dispense de droits pour les israélites.*

DP. — 19 mars-17 avril 1852. — B. 409. — *Loi du 10 déc. 1850. — Exemption de frais pour les indigents.*

Art. 1. — La loi du 10 déc. 1850, relative au mariage des indigents, sera promulguée en Algérie, et y recevra son exécution, sous les modifications suivantes.

Art. 2. — Les attributions conférées aux maires par ladite loi seront remplies, en territoire civil, par les commissaires civils dans les localités non érigées en communes, et en territoire militaire, par les commandants de place ou les officiers qui remplissent les fonctions de maire.

Art. 3. — Toute demande en rectification ou inscription des actes de l'état civil, en homologation d'actes de notoriété, et généralement toutes procédures nécessaires au mariage des indigents domiciliés en territoire militaire, seront portées devant le tribunal civil le plus rapproché de la province.

Art. 4. — Les procureurs de la République agiront, en ce qui concerne le territoire militaire, comme il est dit aux art. 1, 2 et 3 de la loi.

Art. 5. — La délivrance du certificat d'indigence n'est subordonnée à la production d'aucun extrait de rôle ou certificat de contributions. — L'extrait de rôle ou certificat de contributions sera remplacé par une déclaration constatant que le demandeur est indigent, déclaration faite par deux témoins en présence du commissaire de police, et dans les localités où il n'existe pas de commissaire de police, en présence du maire ou de l'officier qui en remplit les fonctions. — Le commissaire de police ou, à son défaut, le maire ou l'officier qui en remplit les fonctions délivrera le certificat d'indigence, qui devra, en outre, être visé par le juge de paix en territoire civil, et par le commandant supérieur du cercle en territoire militaire.

Art. 6. — Le certificat d'indigence délivré comme il est dit à l'article précédent suppléera au certificat prescrit par l'art. 6 de la loi, même pour assurer aux indigents fixés en Algérie le bénéfice de l'exécution de l'art. 4, dans la métropole, toutes les fois qu'ils auront besoin d'y recourir pour l'obtention des pièces et l'accomplissement des formalités et des actes indiqués à l'art. 4.

Art. 7. — Le dépôt préalable de l'extrait du rôle ou du certificat négatif du percepteur prescrit par le dernier paragraphe de l'art. 8 pour la célébration du mariage ne sera pas exigible en Algérie.

Art. 8. — Les dispositions de la loi du 10 déc. 1850 et celles du présent décret sont applicables aux israélites et aux étrangers, pour tous les actes, formalités, productions de pièces et décisions judiciaires émanant de l'autorité administrative ou judiciaire de l'Algérie.

Loi du 10 déc. 1850.

Art. 1. — Les pièces nécessaires au mariage des indigents, à la légitimation de leurs enfants naturels et au retrait de ces enfants déposés dans les hospices, seront réclamées et réunies par les soins de l'officier de l'état civil de la commune dans laquelle les parties auront déclaré vouloir se marier. — Les expéditions de ces pièces pourront, sur la demande du maire, être réclamées et transmises par les procureurs de la République.

Art. 2. — Les procureurs de la République pourront, dans les mêmes cas, agir d'office et procéder à tous actes d'instruction préalables à la célébration du mariage.

Art. 3. — Tous jugements de rectification ou d'inscription des actes de l'état civil, toutes homologations d'actes de notoriété, et généralement tous actes judiciaires ou procédures, nécessaires au mariage des indigents, seront poursuivis et exécutés d'office par le ministère public.

Art. 4. — Les extraits des registres de l'état civil, les actes de notoriété, de consentement, de publications, les délibérations de conseil de famille, les certificats de libération du service militaire, les dispenses pour cause de parenté, d'alliance ou d'âge, les actes de reconnaissance des enfants naturels, les actes de procédure, les jugements et arrêts dont la production sera nécessaire dans les cas prévus par l'art. 1, seront visés pour timbre et enregistrés gratis, lorsqu'il y aura lieu à enregistrement. Il ne sera perçu aucun droit de greffe ni aucun droit de sceau au profit du trésor sur les minutes et originaux, ainsi que sur les copies ou expéditions qui en seraient passibles. — L'obligation du visa pour timbre n'est pas applicable aux publications civiles ni au certificat constatant la célébration civile du mariage.

Art. 5. — La taxe des expéditions des actes de l'état civil requises pour le mariage des indigents est réduite, quels que soient les détenteurs de ces pièces, à 30 cent. lorsqu'il n'y aura pas lieu à légalisation, à 50 cent. lorsque cette dernière formalité devra être accomplie. — Le droit de recherche alloué aux greffiers par l'art. 14 de la loi du 21 vent. an VII, les droits de légalisation perçus au ministère des affaires étrangères ou dans les chancelleries de France à l'étranger, sont supprimés, en ce qui concerne l'application de la présente loi.

Art. 6. — Seront admises au bénéfice de la loi les personnes qui justifieront d'un certificat d'indigence, à elles délivré par le commissaire de police, ou par les maires dans les communes où il n'existe pas de commissaire de police, sur le vu d'un extrait du rôle des contributions, constatant que les parties intéressées payent moins de 10 fr., ou d'un certificat du percepteur de leur commune portant qu'elles ne sont pas imposées. — Le certificat d'indigence sera visé et approuvé par le juge de paix du canton. Il sera fait mention dans le visa de l'extrait des rôles ou du certificat négatif du percepteur.

Art. 7. — Les actes, extraits, copies ou expéditions ainsi délivrés, mentionneront expressément qu'ils sont destinés à servir à la célébration d'un mariage entre indigents, à la légitimation ou au retrait de leurs enfants naturels déposés dans les hospices. — Ils ne pourront servir à autres fins, sous peine de 25 d'amende, outre le payement des droits, contre ceux qui en auront fait usage ou qui les auront indûment délivrés ou reçus. — Le recouvrement des droits et des amendes de contravention sera poursuivi par voie de contrainte, comme en matière d'enregistrement.

Art. 8. — Le certificat prescrit par l'art. 6 sera délivré en plusieurs originaux, lorsqu'il devra être produit à divers bureaux d'enregistrement. Il sera remis au bureau de l'enregistrement où les actes, extraits, copies ou expéditions devront être visés pour timbre et enregistrés gratis. Le receveur en fera mention dans le visa pour timbre et dans la relation de l'enregistrement. — Néanmoins les réquisitoires des procureurs de la République tiendront lieu des originaux ci-dessus prescrits, pourvu qu'ils mentionnent le dépôt du certificat d'indigence à leur parquet. L'extrait du rôle ou le certificat négatif du percepteur sera annexé aux pièces déposées pour la célébration du mariage.

Art. 9. — La présente loi est applicable au mariage entre Français et étrangers. — Elle sera exécutoire aux colonies.

Art. 10. — L'art. 8 de la loi du 5 juill. 1816, l'ord. du 30 déc. 1815, et toutes dispositions contraires à la présente loi, sont abrogés.

Décis. M. — 25 sept. 1858. BM. 5. — *Officiers et fonctionnaires. — Formalités.*

M. le......... — Aux termes des instructions en vigueur, les officiers employés aux colonies ne peuvent contracter mariage qu'après une autorisation donnée, suivant le corps auquel ils appartiennent, soit par le ministre de la marine, soit par le ministre de la guerre, soit enfin par l'autorité locale. — Après m'être concerté avec MM. les ministres de la guerre et de la marine, j'ai décidé qu'à l'avenir aucun officier ou employé militaire dépendant de l'un de ces départements, à quelque corps qu'il appartînt d'ailleurs, ne pourrait être autorisé à contracter mariage aux colonies en vertu d'une décision locale. L'approbation préalable du ministre compétent sera toujours nécessaire. Elle ne pourra être demandée et accordée que par mon intermédiaire. — Quant aux autres fonctionnaires qui relèvent spécialement du ministère de l'Algérie, il n'existe pour eux aucune obligation de demander l'autorisation de se marier. Toutefois il est indispensable que, ainsi que cela est déjà prescrit en ce qui concerne les employés relevant du département des finances, je reçoive un extrait de l'acte de l'état civil constatant le mariage, afin qu'il soit déposé au dossier de l'employé. — Il sera nécessaire que l'envoi de cet acte soit accompagné, notamment en ce qui concerne les magistrats, d'une note du chef d'administration établissant la situation nouvelle qui pourrait résulter de l'union contractée au point de vue des incompatibilités. — Vous devrez considérer comme abrogées toutes les circulaires précédentes sur la matière. NAPOLÉON (Jérôme).

Marine marchande.

DI. — 1er nov.-15 déc. 1853. — B. 449. — *Promulgation en Algérie, du décret disciplinaire et pénal du 24 mars 1852, sur la marine marchande.*

Médaille militaire.

Décis. I. — 5 déc. 1859. — BM. 51. — *Le ministre de l'Algérie et des colonies a dans ses attributions le droit de soumettre directement à l'empereur des propositions pour la médaille militaire, en récompense des services rendus par :* 1° *les sous-officiers de toutes armes et les spahis détachés auprès des bureaux arabes;* 2° *les khiéla et les oskar de l'Algérie, ainsi qu'il a toujours eu le droit de le faire pour la décoration de la Légion d'honneur.*

DI. — 5 janv. 1860. — BM. 56. — *Les ministres,*

de l'Algérie et des colonies, de la guerre et de la marine, sont seuls appelés à faire des propositions pour l'obtention de la médaille militaire.

Médailles d'honneur.

Circ. M. — 17 déc. 1858. — BM. 12. — *Propositions de récompenses pour faits de sauvetage et actes de dévouement.*

Messieurs, avant la création du ministère de l'Algérie et des colonies, les médailles d'honneur accordées au nom de l'empereur pour récompenser les faits de sauvetage ou les actes de dévouement de toute nature accomplis aux colonies étaient décernées par M. le ministre de la marine.

Aujourd'hui, Son Excellence ne peut plus être appelée à statuer que pour ce qui concerne les faits purement maritimes, ainsi définis : 1° Tout fait qui s'est passé en mer ou sur les côtes de la mer, quels qu'en soient les auteurs; — 2° Tout fait qui s'est passé sur une rivière, dans les circonscriptions d'un quartier maritime et dont un marin est l'auteur; — 3° Tout fait qui a eu lieu sur une rivière, dans la circonscription d'un quartier maritime, quels qu'en soient les auteurs, s'il a eu pour objet les secours à porter à un bâtiment de mer en danger de naufrage ou naufragé. — Il a été convenu entre M. le ministre de la marine et moi que les propositions de récompenses qui seraient établies aux colonies pour des faits de cette nature me seraient d'abord soumises, afin que je puisse, s'il y a lieu, les lui transmettre avec mon avis. — Vous aurez donc à me faire parvenir les propositions dont il s'agit. — Quant aux actes de sauvetage ou de dévouement accomplis dans d'autres conditions et qui vous paraîtraient mériter des médailles d'honneur ou des témoignages de satisfaction, je statuerai directement sur vos propositions. — Lorsque vous aurez à demander, en même temps, des récompenses dans l'ordre civil et dans l'ordre militaire, vous devrez m'adresser ces propositions par lettres séparées, l'une s'appliquant aux civils et l'autre aux militaires. NAPOLÉON (Jérôme).

Médecins de colonisation.

AM. — 21 janv.-29 déc. 1853. — B. 450. — *Institution de médecins de colonisation.*

Art. 1. — Les territoires livrés à la colonisation en Algérie sont divisés en circonscriptions médicales déterminées par des arrêtés du ministre de la guerre, sur la proposition du gouverneur général.

Art. 2. — Les circonscriptions sont desservies par des médecins qui reçoivent le titre de *médecins de colonisation.*

Art. 3. — Les médecins de colonisation sont nommés par le ministre de la guerre, et choisis exclusivement parmi les docteurs en médecine. — Néanmoins, les médecins aujourd'hui en exercice, non pourvus du diplôme de docteur, sont maintenus dans leur emploi.

Art. 4. — Le traitement annuel des médecins de colonisation est fixé à 2,000 fr. — Lorsque l'étendue de la circonscription nécessitera l'emploi habituel d'un cheval, le médecin sera obligé d'en entretenir un. Il lui sera alloué, à cet effet, une indemnité dont le taux sera fixé par le ministre.

Art. 5. — Les médecins militaires peuvent être chargés du service des circonscriptions médicales; ils reçoivent, à ce titre, une indemnité qui est fixée par le ministre de la guerre.

Art. 6. — Les médecins de colonisation doivent résider dans la localité qui est désignée comme chef-lieu de leur circonscription. — Ils sont placés, pour tout ce qui concerne leur service, sous les ordres immédiats et sous la surveillance de l'autorité administrative.

Art. 7. — Les médecins de colonisation doivent gratuitement les soins et les secours de leur art à toute personne indigente de leur circonscription. — L'état d'indigence est constaté par un certificat émané du maire de la commune de la résidence du malade, ou de l'officier public en remplissant les fonctions dans cette localité.

Art. 8. — Les médecins de colonisation ont la direction médicale des infirmeries civiles qui se trouvent dans leur circonscription. — Ils doivent en visiter régulièrement les malades et constater leurs visites sur un registre spécial.

Art. 9. — Les médecins de colonisation sont tenus : — 1° De faire des tournées périodiques dans chacun des centres ou groupes de population compris dans leur circonscription; — 2° De tenir au lieu de leur résidence, à jours et heures fixes, un bureau de consultation gratuite pour quiconque s'y présente; — 3° De propager la vaccine; — 4° D'exécuter gratuitement au lieu de leur résidence, à défaut d'un médecin spécial du dispensaire, les visites périodiques auxquelles sont astreintes les filles soumises par mesure de police sanitaire; — 5° De constater les décès dans le lieu de leur résidence, conformément à l'art. 77 c. Nap.; — 6° De fournir à l'administration tous les renseignements et documents statistiques et nosographiques auxquels peuvent donner lieu le service médical et l'hygiène publique de leur circonscription (1).

Art. 10. — L'ordre et le nombre des tournées périodiques, ainsi que les détails du service confié aux médecins de colonisation, sont déterminés, pour chaque circonscription, par des arrêtés du gouverneur général, sur la proposition des préfets ou des généraux commandant les divisions pour leurs territoires respectifs.

Art. 11. — Un tarif arrêté, pour chaque circonscription, par le gouverneur général, sur la proposition des autorités désignées en l'article précédent, détermine les honoraires dus pour les visites et les opérations faites, par les médecins de colonisation, aux personnes non indigentes.

Art. 12. — Dans les localités où il n'existe pas de pharmacie, les médecins de colonisation délivrent les médicaments. — Les médicaments sont tirés des dépôts de pharmacie des hôpitaux civils ou militaires. — Les médicaments sont fournis gratuitement aux indigents et au prix fixé par l'administration aux autres personnes. — Les médecins doivent tenir registre des médicaments par eux tirés des dépôts de pharmacie, de ceux qu'ils fournissent aux malades, indiquer le nom et la demeure des personnes auxquelles ils sont fournis, et mentionner le prix perçu ou s'ils ont été remis gratuitement. — Un règlement spécial du gouverneur général détermine le mode de remboursement tant aux dépôts de pharmacie que par les parties prenantes.

Art. 13. — Les dispositions de l'article précédent ne seront applicables que pour les médicaments délivrés aux personnes indigentes, dans les localités où il y aura une pharmacie civile.

Art. 14. — Les médecins de colonisation sont inspectés chaque année.

A. de SAINT-ARNAUD.

(1) 1° Les médecins de colonisation sont tenus d'envoyer un rapport trimestriel seulement au lieu de mensuel qui était prescrit dans l'origine. — Décis. min. du 28 fév. 1860, B 66.
2° — V. Congés, arr. 8 mars 1854, art. 1, note 5

AX1. — 5-29 déc. 1853. — B. 450. — Circonscriptions médicales. (Rapporté par l'arrêté du 19 mai 1858 ci-après, ainsi que divers arrêtés intermédiaires qui avaient déjà modifié l'organisation primitive.)

AG. — 20-29 déc. 1855. — B. 450. — Règlement de service des médecins de colonisation.

Art. 1. — Les médecins de colonisation sont tenus, dans leurs tournées périodiques, de visiter, au moins une fois par semaine, toutes les habitations agglomérées ou isolées de leur circonscription. — L'autorité administrative fixera trois jours par semaine pendant lesquels les médecins de colonisation donneront, à des heures déterminées et au chef-lieu de la circonscription, des consultations gratuites.

Art. 2. — Le prix des visites faites à domicile par les médecins de colonisation aux colons non indigents de leur circonscription est fixé ainsi qu'il suit : — Dans un rayon de 6 kil. du chef-lieu de la circonscription : — Visites de jour, 1 fr.; — Visites de nuit, 2 fr. — A plus de 6 kil. du chef-lieu de la circonscription : — Visites de jour, 1 fr. 50 c. — Visites de nuit, 3 fr. — Les accouchements leur seront payés 20 fr. — Les médecins de colonisation sont autorisés à accepter des honoraires plus élevés des familles aisées qui leur en feraient l'offrande spontanée. — Le prix des opérations chirurgicales (autres que les accouchements) sera réglé à l'amiable entre les médecins de colonisation et les colons. En cas de désaccord, il sera statué, sans appel, par le sous-préfet, ou par un arbitre commis à cet effet par ses soins.

Art. 3. — Les médicaments qui, en exécution des §§ 1 et 2 de l'art. 12 de l'arr. min. du 21 janv. 1853, seront tirés des dépôts des pharmacies des hôpitaux civils ou militaires par les médecins de colonisation, pour le traitement des colons, dans les sections de territoire où il n'existe pas d'officine de pharmacie, leur seront livrés, sur leur demande, dûment visée par l'autorité administrative, au prix de revient à l'État, d'après les marchés ou fournitures ou d'après les tarifs arrêtés par M. le ministre de la guerre.

Art. 4. — Les livraisons se feront contre remboursement préalable. A cet effet, et suivant que les médicaments seront délivrés par les dépôts des pharmacies de l'État ou par les dépôts des hôpitaux civils, les médecins de colonisation verseront au trésor ou au receveur des domaines, pour le compte de la caisse locale et municipale, le prix de leurs commandes, d'après les décomptes établis par les comptables ou les économes des dépôts ou hôpitaux. Ces décomptes devront être visés par l'autorité administrative. — La livraison des médicaments ne se fera aux médecins de colonisation que sur la production du récépissé constatant le versement des sommes portées dans les décomptes.

Art. 5. — Les dispositions des deux articles précédents sont inapplicables aux livraisons de médicaments faites exclusivement pour le service des indigents, conformément à l'art. 15 de l'arr. min. du 21 janv. 1853.

Art. 6. — Les cessions de médicaments faites en détail par les médecins de colonisation aux colons non indigents, dans les localités où il n'existe pas d'officine de pharmacie, auront lieu au prix des livraisons effectuées par les dépôts, augmenté de 10 p. 100 dont le médecin est autorisé à bénéficier pour se couvrir des déchets et des avances auxquels il est assujetti par les dispositions de l'art. 4.

Art. 7. — A la fin de chaque trimestre, les médecins de colonisation remettront à l'autorité administrative de leur circonscription l'état des médicaments fournis par eux gratuitement aux colons indigents. Au vu de cet état, qui devra être appuyé des certificats dont il est fait mention dans le § 2 de l'art. 7 de l'arr. min. du 21 janv. 1855, il sera fait remboursement aux médecins de colonisation des fournitures gratuites par eux effectuées. — Ce remboursement aura lieu au prix des livraisons faites aux médecins par les dépôts de pharmacie, également augmenté de 10 p. 100, conformément aux dispositions du § 5 de l'art. 12 de l'arr. min. du 21 janv. 1855 (1).

Art. 8. — Le registre dont il est fait mention au § 4 de l'art. 12 de l'arr. min. du 21 janv. 1855, pour l'inscription des cessions de médicaments, sera établi conformément au modèle annexé au présent arrêté. Il sera coté et parafé par le préfet ou par le sous-préfet et devra toujours être tenu au courant.

Art. 9. — Les présentes dispositions sont applicables aux médecins militaires chargés momentanément du service de colonisation aussi bien qu'aux médecins civils de colonisation.

Comte RANDON.

ARR. — 19 mai-12 juin 1858. — B. 521. — *Réorganisation du service des médecins de colonisation. — Circonscriptions médicales.*

Vu l'arr. du 21 janv. 1855, l'arr. du 5 déc. 1855; — Considérant que l'augmentation de la population européenne de la colonie et l'érection en communes d'un grand nombre de localités ont rendu nécessaire la modification des circonscriptions existantes et la création de circonscriptions nouvelles;

Art. 1. — Les circonscriptions médicales des territoires livrés à la colonisation européenne, en Algérie, sont fixées au nombre de soixante-neuf, conformément au tableau ci-après :

Province d'Alger.

Territoire civil. — Chefs-lieux de circonscription.

1. *Kouba.*—Comprenant les communes ou territoires de: Kouba, Hussein Dey, Maison-Carrée, Birkhadem, Saoula et Birmandreis.

2. *Chéragas.* — Chéragas, Guyotville, Sidi Ferruch, Staouëli, Dély Ibrahim, El Achour, Draria, Kadous et Ouled Fayet.

3. *Douéra.*—Douéra, Saint-Jules, Ouled Mendil, Baba Hassen, Crescia, Mahelma, Sainte-Amélie, Saint-Ferdinand et Boukandoura.

4. *Rassauta.*—Rassauta, Fort de l'Eau, Maison-Blanche, Aïn Taya, Aïn Beïda, Matifoux et Rouïba.

5. *Fondouck.* — Fondouck, Oued Corso, Réghaïa, Alma et Hamedi.

6. *Arba.*—Arba, Rovigo, Sidi Moussa et Rivet.

7. *Blidah.*—Blidah (banlieue), Beni Méred, Dalmatie, Joinville, Montpensier et Oued el Halleg.

8. *Médéah.*—Médéah, Damiette, Lodi et Mouzaïa-les-Mines.

9. *Coléah.* — Coléah, Douaouda, Fouka, Hameaux suisses, Zéralda et Castiglione (Bou Ismaël et Tefeschoun).

10. *Boufarick.*—Boufarick, Birtouta, Chebli, Quatre-Chemins et Souma.

11. *Mouzaïa Ville.* — Mouzaïa Ville, Bou Roumi, la Chiffa et El Afroun.

12. *Marengo.*—Marengo, Bourkika, Tipaza et Ameur el Aïn.

13. *Milianah.* — Milianah, Affreville et Aïn Sultan.

14. *Vesoul Benian.*—Vesoul Benian et Bou Medfa.

15. *Cherchell.* — Cherchell, Novi et Zurich.

16. *Ténès.* — Ténès, Vieux Ténès, Montenotte et les Mines.

17. *Orléansville.*—Orléansville, la Ferme et Pontéba.

18. *Dellys.* — Dellys et Ben N'choud.

Territoire militaire.

1. *Téniet el Hâad.* — Téniet el Hâad.
2. *Aumale.* — Aumale.
3. *Aïn Defla.* — Aïn Defla, Duperré, etc.
4. *Boghar.* — Boghar.
5. *Laghouat.* — Laghouat.
6. *Dra el Mizan.* — Dra el Mizan.
7. *Tizi Ouzou.*— Tizi Ouzou.

Province d'Oran.

Territoire civil. — Chefs-lieux de circonscription.

1. *Misserghin.* — Comprenant les communes ou territoires de Misserghin et Bou Tlélis.

2. *Sidi Chami.*— Sidi Chami, Arcole, Assi el Bied et l'Étoile.

3. *Valmy.* — Valmy, Mangin et la Sénia (annexe de la commune d'Oran).

4. *Mers el Kébir.*—Mers el Kébir, Aïn el Turk et Bou Sfer.

5. *Arzew.*—Arzew, Damesme, Saint-Leu et Muley Magoun.

6. *Saint-Cloud.* — Saint-Cloud, Kléber, Meffessour, Sainte-Léonie et Christel.

7. *Fleurus.*— Fleurus, Assi ben Okba, Assi bou Nif, Assi Ameur, Saint-Louis et Assi ben Féréah.

8. *Mascara.*— Mascara, Saint-André, Saint-Hippolyte, Oued el Hammam (territoire militaire), Perregaux (arr. du 1er mars 1860).

9. *Saint-Denis du Sig.*—Saint-Denis du Sig et Union du Sig.

10. *Sainte-Barbe du Tlélat.*—Sainte-Barbe du Tlélat, Sidi bel Kheïr, banlieue militaire d'Oran, ferme d'Arbal, le Khamès, le Tafaraoui et Ismaïl.

11. *Sidi bel Abbès.* — Sidi bel Abbès, Sidi Brahim, Frenda, Sidi Lhassen, le Rocher, Sidi Khaled (territoire militaire), les Trembles (idem) et Muley Abd el Kader (idem).

12. *Tlemcen.*— Tlemcen, Sidi bou Médin, Bréa, Hennaya, Mansourah, Négrier et Safsaf.

13. *Aboukir.*—Aboukir, Aïn si Chérif et Bled Touarla.

14. *La Stidia.* — Rivoli, Aïn Nouissi et la Stidia.

15. *Tounin.*—Pélissier, Tounin, Aïn Boudinar et Vallée des Jardins.

16. *Aïn Tédelès.*—Aïn Tédelès, Pont du Chétif et Souk el Mitou.

Territoire militaire.

1. *Aïn Temouchent.* — Aïn Temouchent.
2. *Nemours.* — Nemours.
3. *Lalla Maghnia.* — Lalla Maghnia.
4. *Sebdou.* — Sebdou.
5. *Tiaret.* — Tiaret.
6. *Saïda.* — Saïda.
7. *Daya.* — Daya.
8. *Relizane.* — Relizane (arr. min. 21 mai 1860).

Province de Constantine.

Territoire civil. — Chefs-lieux de circonscription.

1. *Constantine.* — Comprenant les communes ou territoires de Constantine et sa banlieue.

2. *Le Kroubs.* — Le Kroubs, Ouled Rhamoun et toute la vallée du Bou Merzoug.

3. *Condé.* — Condé.

4. *Sétif.*— Sétif, Aïn Sfia, Fermatou, Khalfoun, Lanasser et Meslong.

5. *Philippeville.*—Philippeville (banlieue), Damrémont, Saint-Antoine, Stora et Valée.

6. *El Arrouch.*—El Arroueb, El Kantoura, Gastonville, Robertville et Saint-Charles.

7. *Bougie.*—Bougie et sa banlieue.

8. *Jemmapes.* — Jemmapes, Ahmed ben Ali et Sidi Nassar.

9. *Filfila.* — Filfila (annexe de la commune de Jemmapes).

10. *Bône.* — Bône (banlieue), Alélik, Duzerville, El Hadjar et Bugeaud.

11. *Mondovi.* — Mondovi, Barral et Dréan.

---

(1) Ce remboursement sera fait par les communes. A cet effet, le médecin présentera à l'autorité municipale un état trimestriel, et lorsque la circonscription médicale comprendra des localités placées en dehors du périmètre de la commune, il aura deux états à adresser, l'un pour l'autorité préfectorale, l'autre pour l'autorité municipale.— *Décis. min. du 17 mai 1851.*

12. *Guelma.*— Guelma, Petit, Millésimo et Medjez Amar.
13. *Héliopolis.* — Héliopolis, Guelaâ bou Sba et Oued Touta.
14. *La Calle.* — La Calle et sa banlieue.
15. *Penthièvre.* — Penthièvre et Nechmeya.

Territoire militaire.

1. *Djidjelli.* — Djidjelli et banlieue.
2. *Sétif.* — Banlieue militaire de Sétif.
3. *Batna.* — Batna et banlieue.
4. *Lambèse.* — Lambèse.
5. *Biskra.* — Biskra.
6. *Souk Harras.* — Souk Harras.

Art. 2. — Jusqu'à ce qu'il en soit autrement ordonné, les circonscriptions de : — Vesoul Benian, Dellys, Teniet el Hâad, Aïn Defla, Boghar, Laghouat, Dra el Mizan et Tizi Ouzou (province d'Alger);— Mers el Kébir, Aïn Temouchent, Nemours, Lalla Maghnia, Sebdou, Tiaret, Saïda et Daya, (province d'Oran); — Condé, Filfila, la Calle, Djidjelli, Sétif, Lambèse, Biskra, et Souk Harras (province de Constantine), seront desservies par des officiers de santé de l'armée, conformément aux dispositions de l'art. 5 de l'arr. min. du 21 janv. 1855.

Art. 3. — Le traitement des médecins civils de colonisation reste fixé à la somme de 2,000 fr. par an, conformément à l'art. 4 du même arrêté. — Il est accordé, en outre, à chacun une indemnité annuelle de 500 fr. pour frais de cheval. — Ces allocations sont à la charge du budget local et municipal.

Art. 4.—Dans les circonscriptions dont la population européenne n'atteint pas le chiffre de 2,000 hab., les médecins civils de colonisation auront droit soit au logement en nature, soit à une indemnité représentative fixée à 500 fr. par an. — Toutefois, cette disposition n'est pas applicable aux médecins qui ont pour résidence une ville non comprise dans leur circonscription, et dont la population, soit séparément, soit réunie à celle de la circonscription, atteint le chiffre ci-dessus de 2,000 hab. — Le logement ou l'indemnité représentative est à la charge de la commune dans les localités constituées en communes de plein exercice, et, dans les autres localités, à la charge du budget local et municipal.

Art. 5. — Les indemnités, accordées aux médecins militaires, chargés de desservir les circonscriptions désignées dans l'art. 2 du présent arrêté, sont fixées ainsi qu'il suit :

1° A 50 fr. par mois, pour : — Vesoul Benian, Dellys, Teniet el Hâad, Aïn Defla, Boghar, Dra el Mizan, et Tizi Ouzou (province d'Alger); — Mers el Kébir, Aïn Temouchent, et Nemours (province d'Oran); — Filfila, La Calle, Djidjelli, Sétif, et Souk Harras (province de Constantine).

2° A 25 fr. par mois, pour : — Laghouat (province d'Alger); — Lalla Maghnia, Sebdou, Tiaret, Saïda, et Daya (province d'Oran); — Condé, Lambèse, et Biskra province de Constantine).

(1) 29 juill. 1858.—*Rapport à l'empereur.*—Sire, les territoires livrés à la colonisation en Algérie sont divisés en circonscriptions médicales desservies par médecins spéciaux qui prennent le titre de médecins de colonisation. — Ces médecins font, au moins chaque semaine, une tournée dans tous les centres de population et dans toutes les habitations isolées de leur circonscription; ils donnent, trois fois par semaine, au lieu de leur résidence, des consultations gratuites à tous ceux qui s'y présentent; ils sont chargés de la direction des infirmeries civiles de leur ressort, et traitent gratuitement à domicile tous les malades indigents qui ne peuvent être transportés dans les hôpitaux. — Cet exposé suffit pour faire apprécier à V. M. toute l'utilité d'une institution qui prouve la constante sollicitude de l'administration pour les colons de l'Algérie.

Les médecins de colonisation reçoivent, sur les fonds du

Art. 6. — L'uniforme des médecins civils de colonisation est le même que celui des aides-majors de l'armée, sauf que les broderies sont en argent, et que les boutons, également en argent ou en métal argenté, portent en légende, autour de l'emblème habituel, les mots : *médecins de colonisation.* — Le pantalon est en drap bleu, sans bandes ni passepoil.

Art. 7. — L'arrêté ministériel du 5 déc. 1853 est et demeure rapporté.

DI. — 29 juill.-21 sept 1858.—BM. 1. — *Logement des médecins de colonisation* (1).

Vu l'ord. du 28 sept. 1847, art. 40, § 15 (*Commune*, § 1);

Art. 1. — Dans les localités de l'Algérie où le logement gratuit est attribué aux médecins de colonisation par les règlements en vigueur, cette prestation, ou l'indemnité représentative fixée par les mêmes règlements, est à la charge de la commune chef-lieu de la circonscription médicale, et la dépense qui en résulte est classée au nombre des dépenses obligatoires de la commune.

Circ. M. — 12-21 mars 1859. — BM. 21. — *Circulaire aux préfets de l'Algérie.* — Observations sur le service.

Les états de statistique médicale, dressés mensuellement par les médecins de colonisation et envoyés au département de l'Algérie et des colonies, constatent, comme les situations budgétaires, que l'admission des malades dans les hôpitaux de l'Algérie prend chaque jour d'inquiétantes proportions. — Sans doute ces admissions doivent être provoquées, lorsque le colon ne peut être efficacement traité chez lui, soit parce que la maladie est trop grave et qu'elle exige des soins de tous les instants, soit en raison de l'éloignement et du dénûment du malade ; mais, en dehors de ces cas, le traitement à domicile est de rigueur et doit être largement pratiqué par les médecins de colonisation, dont les circonscriptions et les émoluments ont été réglés en conséquence. C'est sur ces principes que vous devez baser la surveillance qu'il vous appartient d'exercer sur ces agents, et je vous invite à ne pas hésiter à remplacer ceux d'entre eux qui continueraient à user, sans nécessité absolue, de la faculté d'évacuer sur les hôpitaux les malades de leur circonscription.

Le ministre par intérim, ROUHER.

Décis. M. — 28 févr. 1860.—BM. 66. — *Traitement gratuit des gendarmes.*

Par suite de mesures arrêtées de concert avec M. le ministre de la guerre, les médecins de colonisation seront tenus, à l'avenir, de donner gratuitement leurs soins aux gendarmes ainsi qu'à leurs familles, dans les localités de l'Algérie dépourvues de médecins de l'armée et d'hôpitaux militaires. — Quant aux médicaments fournis par les médecins de colonisation, ils leur seront rem-

budget local et municipal un traitement, de 2,000 fr. par an et une indemnité, également annuelle, de 500 fr. pour frais d'entretien d'un cheval. Ces allocations sont suffisantes dans les circonscriptions où l'importance de la population et l'aisance d'une partie des habitants permettent aux médecins de se faire aisément une clientèle particulière ; mais cette ressource fait défaut à beaucoup d'entre eux, qui se trouvent réduits à leur seul traitement ; et, pour améliorer la position de ces derniers, un arrêté min. du 19 mai dernier leur a attribué, soit le logement en nature, soit une indemnité représentative. — Afin d'atténuer les sacrifices du budget local et municipal, il paraît juste de mettre ces allocations à la charge des communes qui profitent de tous les avantages du service médical de colonisation, sans participer en rien aux dépenses.

NAPOLÉON (Jérôme).

boursés sur les fonds de la masse de secours de la gendarmerie et sur la production de *notes décomptées*, visées par l'intendance militaire. — Il sera fait application, pour la fixation du prix des médicaments, des dispositions de l'art. 6 de l'arr. du 20 déc. 1853.

Comte DE CHASSELOUP-LAUBAT.

Décis. M. — 22 juin 1860. — BM. 85. — *Création ou modification des circonscriptions médicales.*

La fixation des circonscriptions médicales appartiendra désormais aux généraux et préfets dans le territoire soumis à leur juridiction, et conformément aux votes du conseil général approuvés par le ministre. — L'approbation ministérielle ne sera nécessaire que dans le cas où la circonscription devrait s'étendre aux deux territoires de la province, ou bien encore s'il s'agissait d'une création d'urgence en dehors des crédits inscrits sur le budget de l'exercice.

Milice.

Le service de la garde nationale est dévolu, en Algérie, à des milices locales dont l'établissement remonte à la première année de notre occupation de la régence. L'institution a suivi dans ses développements le progrès de la conquête. — Ainsi, dès le 24 déc. 1830, le maréchal Clauzel, alors général en chef, établissait dans la ville d'Alger une garde urbaine, dont tous les Français et les indigènes de vingt à soixante ans, domiciliés à Alger, et y possédant des propriétés ou des établissements commerciaux, étaient appelés à faire partie. Les Européens non Français, réunissant les mêmes conditions, pouvaient aussi y être admis, mais sur leur demande, et avec l'agrément du conseil de discipline. Cette garde forma immédiatement un bataillon; seulement l'admission des indigènes fut ajournée.

Le 17 août 1832, le duc de Rovigo institua à son tour une garde nationale. Un arrêté réglementaire du 21 sept. suivant n'y admit que les Français, et étendit l'institution aux villes de Bône et d'Oran.

Le 21 juill. 1835, le comte d'Erlon, gouverneur général, ordonnait que, dans un délai de dix jours, tout habitant de la ville, âgé de dix-huit à cinquante ans, serait tenu de se faire inscrire à la mairie, sous peine d'emprisonnement. Cet arrêté, mal exécuté d'ailleurs, fut abrogé le 2 sept. suivant par le maréchal Clauzel, qui avait repris le gouvernement de la colonie; et le 28 oct. 1836, fut rendu un nouvel arrêté qui abrogeait tous ceux antérieurs, instituait la *milice africaine* sur les bases des gardes nationales de France, modifiées selon les exigences du pays, ordonnait qu'elle se composerait de tous les Français et étrangers de dix-huit à soixante ans, admettait les indigènes à en faire partie, mais seulement en vertu de décisions spéciales, et réglait tous les détails du service.

Cet arrêté organique a régi la milice jusqu'au décret du 12 juin 1852. Quelques modifications y furent seulement apportées à diverses époques. En 1841, l'Algérie ayant été déclarée en état de guerre, l'action des conseils de discipline fut suspendue, et le droit d'élection, accordé auparavant aux miliciens jusqu'au grade de lieutenant inclusivement,

fut restreint aux caporaux et sous-officiers. — En 1818, un arrêté du général Cavaignac, alors gouverneur, abrogea ces dispositions pour les territoires civils, et décida que tous les grades, jusqu'à celui de capitaine inclusivement, seraient conférés à l'élection.

Un arrêté du 2 avr. 1851 avait institué pour la première fois des milices indigènes et réglé les dispositions principales de cette mesure. Cette organisation reçut un commencement d'exécution par la création d'une sections de milice indigène à Dellys, le 24 juin 1851, et les décrets de juin 1852 et nov. 1859 en ont conservé le principe.

Un arr. du 14 fév. 1842 avait aussi établi déjà une milice indigène à Tlemcen; mais ce corps soldé et nommé milice parce que sa principale destination était d'être attaché au service de la province, était une création mixte se rattachant plus spécialement à l'organisation militaire. — Il en est de même d'une garde urbaine qui avait été créée le 28 mars 1841 dans les villes de Blidah, Koléah et Djidjelli.

En juin 1852, un décret du président de la République vint réorganiser complètement l'institution des milices algériennes, dont l'effectif s'élevait à près de 18,000 hommes, armés pour le service ordinaire, et la mettre en harmonie avec la nouvelle législation de la métropole sur la garde nationale. Les principes de cette réorganisation sont ainsi exposés dans le rapport ministériel qui accompagnait le décret :

« Sans doute il est bon, indispensable même, que les milices algériennes sachent qu'elles aussi sont instituées pour concourir au maintien de l'ordre intérieur et de la tranquillité publique; il importe de veiller à ce qu'elles ne l'oublient jamais. Toutefois, elles ont une autre mission, je ne dirai pas plus essentielle, mais plus instante, et pour l'accomplissement de laquelle elles doivent se tenir incessamment prêtes : c'est la garde et la conservation du sol conquis à la colonisation européenne. Environnée d'une population indigène facile à entraîner dans des tentatives soudaines de révolte, notre population coloniale ne doit pas s'endormir sur son sillon. Il faut que, pendant longtemps encore, tout colon valide se garde comme appelé à se servir alternativement de la pioche et du fusil. D'ailleurs, en présence de l'indigène toujours prêt à revendiquer le sol que la conquête lui a fait perdre, serait-il raisonnable de laisser le colon désarmé? N'importe-t-il pas beaucoup, au contraire, au maintien des dispositions pacifiques de l'Arabe, qu'il sache notre population civile toujours organisée pour la défense et préparée contre toute agression?

« C'est à ce point de vue capital que l'administration de l'Algérie a dû se placer dans tous les temps, pour asseoir sur sa véritable base l'organisation des milices de ce pays; il explique et justifie tout à la fois les différences qui distinguent, sur beaucoup de points, le décret que j'ai l'honneur de proposer, de la législation qui lui a cependant servi de type. Des situations diverses ne peuvent être réglées par des dispositions identiques; conséquemment aux nécessités qui dominent dans chaque pays, l'organisation métropolitaine pourvoit plus spécialement à la défense de l'ordre intérieur, l'organisation algérienne plus spécialement à la défense du territoire. — Du reste, cette déclaration, écrite dans le préambule du décret, que « la milice est instituée en Algérie non-seulement pour le maintien de l'ordre public et la sécurité du foyer, mais encore pour concourir, au besoin, avec l'armée, à la défense et à la conservation du territoire; » cette déclaration, en même temps qu'elle révèle toute la pensée du décret, en caractérise l'économie générale d'une manière aussi nette que précise.

« Les étrangers forment en Algérie une grande partie de la population coloniale. A ce titre, ils ont le même intérêt, et, par conséquent, le même devoir à concourir au maintien de l'ordre intérieur et à la défense du territoire. Aussi proposé-je de les astreindre au service de la milice dans les mêmes conditions que les nationaux; et, en cela, le décret ne fera que maintenir un ordre de choses déjà établi. Seulement, pour satisfaire à toutes les précautions que la prudence peut conseiller dans certains cas et dans certaines localités; pour ne pas laisser prendre à l'élément étranger, dans l'effectif des corps de milice, des proportions exagérées, le décret attribue au gouverneur général le soin de fixer, pour chaque localité, le nombre des étrangers qui seront appelés à faire partie de la milice. — Quant aux indigènes le décret se borne encore à consacrer à nouveau ce qui était établi par les règlements antérieurs, en statuant qu'ils pourront être admis dans la milice en vertu d'arrêtés du gouverneur général, qui régleront le mode et les conditions de cette admission. — Imposer aux indigènes d'une manière générale l'obligation du service de la milice, c'eût été, le plus souvent, faire violence à leurs mœurs, à leur susceptibilité nationale, avec plus de danger que de profit. Les exclure formellement, c'était leur montrer une défiance presque injurieuse et souvent peu méritée; c'était leur enlever un moyen, qui pourra devenir très-efficace, de se mettre avec nous en communication d'idées, de sentiments et d'intérêt; c'était, enfin, se priver, dans plus d'une localité, d'une garantie et d'une force réelle. Il faut que les rangs de nos milices restent toujours ouverts aux indigènes, dans la mesure que prescrivent la politique et la prudence; rien, d'ailleurs, ne semble plus conforme à la pensée de conquête morale qui doit toujours nous animer à l'égard des indigènes, que de leur faire envisager leur admission sous le drapeau de l'ordre public comme un

honneur et une marque de confiance, non comme une corvée ou un acte de sujétion. »

Les modifications importantes apportées en 1858 dans l'organisation administrative de l'Algérie on motivé le nouveau décret impérial du 9 nov. 1859 inséré ci-après, et qui forme aujourd'hui la seule législation en cette matière.

Quant aux services rendus par les milices algériennes, voici le témoignage qu'en portait en 1839 M. Genty de Bussy, ancien intendant civil de la régence:

« Au mois de sept. 1832, le duc de Rovigo eut à combattre une des coalitions les plus importantes qui se soient formées contre nos armes. Il avait 5,000 malades, il était obligé de défendre ses cantonnements, de protéger les colons, de couvrir la campagne. Il fit appel au patriotisme des habitants d'Alger, et en moins de trois jours une garde nationale fut créée, armée et mise sur pied. Pendant un mois, elle garda la place, permit au général en chef de manœuvrer avec ses troupes au dehors, et rendit d'importants services. L'effet moral d'une improvisation, qui nous donnait si vite deux bataillons de plus, fut pour les indigènes la mesure de la rapidité avec laquelle nous savions trouver dans notre population de nouveaux moyens de défense. La scène se passa sous leurs yeux, et leur étonnement fut grand de voir en quelques jours nos citoyens transformés en soldats. Telle fut à Alger l'origine de la garde nationale; telle elle a été quelque temps après à Oran, et successivement à Bône, à Mostaganem, à Bougie.

« Ce qu'avait fait la garde nationale d'Alger en 1832, celle d'Oran la fit dans les premiers mois de 1837, pendant que le général Bugeaud parcourait la plaine; celle de Bône enfin suivit ce noble exemple en 1836 et en 1837, au moment des deux expéditions de Constantine: partout on les a vues rivaliser de zèle et de courage avec nos colonnes. Nées au milieu du danger, elles s'y retrouveraient sans crainte si l'occasion venait à s'en représenter.»

DIVISION.

§ 1. — Organisation de la milice.
§ 2. — Création des corps de milice. — Service de l'armement.

§ 1. — ORGANISATION DE LA MILICE.

DI. — 9 nov.-7 déc. 1859. — BM. 47. — *Nouvelle organisation générale* (1).

Considérant qu'il y a lieu de mettre l'institution

---

(1) *Rapport à l'empereur.* — Sire, l'organisation des milices algériennes répondait à un des premiers besoins de la colonie; aussi ont-elles été constituées dès la première année de l'occupation. Il fallait que les colons, environnés d'une population indigène souvent hostile, et qui, même soumise, pouvait se laisser entraîner à la révolte, fussent organisés pour la défense et préparés contre toute agression. Assurer l'ordre intérieur des villes et la sécurité du foyer, garder et conserver le sol conquis à la colonisation européenne, prêter un concours efficace à l'armée sous la direction de l'autorité militaire, telle a été la mission confiée aux milices algériennes et à laquelle elles n'ont jamais failli.

Leur organisation avait déjà été l'objet de divers actes de l'autorité supérieure, lorsque enfin le décr. du 12 juin 1852 régla cette organisation d'une manière plus précise, en faisant à l'Algérie l'application des principales dispositions de la loi du 13 juin 1851, sur la garde nationale. Ce décret, dont l'utilité a été démontrée par sept an-

nées d'expérience, réclame pourtant aujourd'hui quelques modifications que j'ai cru devoir soumettre à l'appréciation du conseil supérieur de l'Algérie et des colonies, et qui ont reçu son approbation.

Il était nécessaire, en effet, de bien fixer les attributions des diverses autorités, de déterminer la part d'action du ministre de l'Algérie et des colonies, des préfets et des généraux commandant les divisions, quant à la formation des milices; enfin de suivre, dans une certaine mesure, pour le choix des officiers, les principes en vigueur dans la métropole. — C'est ainsi qu'il a paru utile que les chefs de légion et les officiers supérieurs fussent nommés par l'empereur. — Recevant de V. M. leur acte de nomination, ils comprendront mieux encore l'importance de leur commandement, et leur autorité sera plus élevée aux yeux de leurs concitoyens.

Malgré le caractère essentiellement civil de l'institution des milices, il était indispensable que le commandant supérieur des forces de terre et de mer intervînt dans quel-

des milices en harmonie avec la nouvelle organisation administrative de l'Algérie et avec l'importance de la population ;

TIT. 1. — *Dispositions générales.*

Art. 1. — Le service de la milice algérienne consiste : — 1° En service ordinaire dans l'intérieur de la commune ; — 2° En service de détachement hors du territoire de la commune.

Art. 2. — La milice algérienne est organisée par commune, dans toutes les parties du territoire où le ministre de l'Algérie et des colonies, sur l'avis de l'autorité locale, le juge nécessaire.

Art. 3. — Le ministre de l'Algérie et des colonies peut suspendre ou dissoudre la milice, en tout ou en partie. Il prononce cette dissolution ou cette suspension sur la proposition des préfets ou des généraux commandant les divisions, suivant le territoire. — Le préfet dans les territoires civils et le général commandant la division dans les territoires militaires peuvent prononcer provisoirement la suspension et ordonner le dépôt des armes dans un lieu déterminé. Ils en réfèrent immédiatement au ministre de l'Algérie et des colonies, qui fixe la durée de la suspension, ou prononce, s'il y a lieu la dissolution.

Art. 4. — La milice est placée, dans les territoires civils, sous l'autorité des maires, commissaires civils, sous-préfets et préfets, et, dans les territoires militaires, sous l'autorité du pouvoir militaire chargé de l'administration du pays. — Toutefois, la milice peut passer sous le commandement de l'autorité militaire, en vertu d'un arrêté du ministre de l'Algérie et des colonies. — En cas d'urgence et dans les circonstances prévues au tit. 5 du présent décret, le général commandant la division, dans chaque province, peut prendre la même mesure, à charge par lui de la soumettre immédiatement à l'approbation du ministre de l'Algérie et des colonies.

Art. 5. — Lorsque, d'après les ordres de l'autorité supérieure, la milice de plusieurs communes est réunie, elle est sous l'autorité du maire de la commune où a lieu la réunion.

Art. 6. — Les miliciens ne peuvent ni prendre les armes, ni se rassembler sous ou sans uniforme, sans l'ordre des chefs immédiats, et ceux-ci ne peuvent donner cet ordre sans une réquisition de l'autorité compétente.

Art. 7. — Aucun chef de poste ne peut faire distribuer de cartouches aux miliciens qu'en vertu d'ordres précis ou en cas d'attaque de vive force.

TIT. 2. — *De l'organisation de la milice.*

SECT. 1. — *De la composition de la milice.*

Art. 8. — Le service de la milice est obligatoire pour tous les Français âgés de dix-huit ans, résidant en Algérie, et qui seront reconnus aptes à ce service par les conseils de recensement — Il est également obligatoire pour les étrangers, les musulmans et les israélites qui seront admis dans la milice en vertu d'arrêtés spéciaux des préfets ou des généraux commandant les divisions. — Ces arrêtés, qui devront déterminer par localité le nombre des étrangers, musulmans et israélites appelés dans les rangs de la milice, seront, au préalable, soumis à l'approbation du ministre de l'Algérie et des colonies.

Art. 9. — Ne font pas partie de la milice :

1° Les ministres des différents cultes reconnus par l'État, les élèves des grands séminaires et des facultés de théologie ; — Les membres ou novices des associations religieuses vouées à l'enseignement, autorisées par la loi ou reconnues comme établissements d'utilité publique ; — 2° Les militaires des armées de terre ou de mer en activité de service, en disponibilité ou en non-activité ; — Les administrateurs ou agents commissionnés des services de terre ou de mer en activité ; les comptables, magasiniers, préposés de dépôt, distributeurs, infirmiers et autres agents inférieurs des ports, arsenaux et établissements de la marine ; les ouvriers des ports, des arsenaux et manufactures d'armes organisés militairement (ne sont pas compris dans cette disposition les commis et employés des bureaux de la marine au-dessous du grade d'aide-commissaire) ; — 3° Les officiers, sous-officiers et soldats des gardes municipales et autres corps soldés ; — 4° Les préposés des services actifs des douanes ; — 5° Les directeurs et concierges des maisons d'arrêt, les gardiens-chefs et gardiens ordinaires des prisons, et les autres agents inférieurs de justice et de police ; — 6° Ceux que des infirmités mettent pour toujours hors d'état de faire aucun service (la nature de ces infirmités et le mode de les constater seront déterminés conformément à l'arr. min. du 30 juin 1852 (V. ci-après) ; — 7° Les consuls, vice-consuls et chanceliers de consulat des nations étrangères.

Art. 10. — Sont exclus de la milice :

1° Les individus privés de l'exercice de leurs droits civils et politiques ; — 2° Ceux auxquels les tribunaux jugeant correctionnellement ont interdit le droit de vote et d'élection, par application des lois qui autorisent cette interdiction ; — 3° Les condamnés pour crime à l'emprisonnement, par application de l'art. 463 c. pén. ; — 4° Ceux qui ont été condamnés à trois mois de prison, par application des art. 318 et 423 c. pén. ; — 5° Ceux qui ont été condamnés pour délit d'usure ; — 6° Les interdits ; — 7° Les faillis non réhabilités, dont la faillite a été déclarée soit par les tribunaux français, soit par jugements rendus à l'étranger, mais exécutoires en France ; — 8° Les condamnés à la prison pour vol, escroquerie, abus de confiance, soustractions commises par des dépositaires de deniers publics, ou attentat aux mœurs, prévus par l'art. 331 c. pén. quelle que soit la durée de l'emprisonnement auquel ils ont été condamnés ; — 9° Les individus condamnés à l'emprisonnement en vertu de l'art. 330 c. pén. ; — 10° Les individus qui, par application de l'art. 8 de la loi du 17 mai 1819 et de l'art. 5 du décr. du 11 août 1848, auront été condamnés pour outrage à la morale publique et religieuse et aux bonnes mœurs, et pour attaque contre le principe de la propriété et les droits de la famille ; — 11° Les individus condamnés à plus de trois mois d'emprisonnement, en vertu des art. 31, 33, 34, 35, 36, 38,

ques-uns des actes qui concernent la constitution même et les mouvements d'une force armée qui doit prendre part à la défense de l'Algérie. — Le commandant supérieur recevra donc et transmettra, avec son avis au ministre, les propositions relatives : — 1° A l'organisation des milices sur les divers points du territoire où il paraîtra nécessaire d'en établir ; — 2° A la suspension ou la dissolution de tout ou partie des milices ; — 3° A la fixation du nombre des étrangers musulmans et israélites à admettre dans les milices. — Il lui sera rendu compte par les préfets et les généraux des mesures ayant pour objet la suspension ou la dissolution provisoire des milices, le passage, en cas d'urgence, d'une partie des milices sous les ordres de l'autorité militaire, l'appel des réserves, la suspension des revues et les exercices. Enfin, si la sécurité de la colonie l'exigeait, la milice tout entière pourrait, en vertu d'un arrêté du ministre de l'Algérie et des colonies, passer sous la direction unique du commandant supérieur des forces de terre et de mer.

Le projet de décret que j'ai l'honneur de soumettre à l'approbation de l'empereur a donc pour objet tout : à la fois de fixer d'une manière précise les attributions des diverses autorités appelées à concourir à la formation des milices en Algérie, de déterminer les règles qui doivent les régir, selon les diverses positions dans lesquelles elles sont placées ; enfin de réunir, en les coordonnant, les dispositions éparses qu'il fallait aller chercher dans des actes législatifs ou réglementaires différents. Ce décret, si V. M. daigne l'approuver, assurera la marche régulière du service, et la milice algérienne, qui va pouvoir réunir un effectif de plus de 25,000 hommes, continuera à remplir dignement l'importante mission qui lui est confiée.

Comte DE CHASSELOUP-LAUBAT.

39, 40, 41, 42, 45 et 46 du décr. du 2 févr. 1852 (élection des députés au corps législatif) ; — 12° Les notaires, greffiers et officiers ministériels destitués en vertu de jugements ou de décisions judiciaires ; — 13° Les condamnés pour vagabondage ou mendicité ; — 14° Ceux qui auront été condamnés à trois mois de prison au moins par application des art. 439, 443, 444, 445, 446, 447 et 452 c. pén. ; — 15° Ceux qui auront été déclarés coupables des délits prévus par les art. 410 et 411 c. pén. et par la loi du 21 mai 1856, portant prohibition des loteries ; — 16° Les militaires condamnés au boulet ou aux travaux publics ; —17° Les individus condamnés à l'emprisonnement par application des art. 58, 41, 45 et 45 de la loi du 21 mars 1852, sur le recrutement de l'armée, et de l'art. 270 du code de justice milit. du 9 juin 1857 ; — 18° Les individus condamnés à trois mois de prison au moins par application de la loi du 27 mars 1851, sur la répression des fraudes dans la vente des marchandises.

SECT. 2. — *Du service ordinaire et de la réserve.*

Art. 11. — Le service de la milice se divise en service ordinaire et en service de réserve.

Art. 12. — Les miliciens inscrits sur le contrôle du service ordinaire sont appelés à tous les services d'ordre et de sûreté, ainsi qu'aux exercices et aux revues.

Art. 13. — Les miliciens inscrits sur le contrôle de la réserve peuvent être appelés dans les cas extraordinaires pour des services d'ordre et de sûreté, en vertu d'un arrêté du préfet ou du général commandant la division, suivant le territoire.

Art. 14. — Sont inscrits au contrôle du service ordinaire tous les Français âgés de 21 ans au moins, résidant dans la commune depuis six mois, et non compris dans les dispositions de l'article suivant. — Sont également inscrits au contrôle du service ordinaire les étrangers, les musulmans et les israélites admis dans la milice en vertu de l'art. 8 du présent décret.—Les compagnies et subdivisions de compagnie sont formées des miliciens inscrits sur le contrôle du service ordinaire, dans les circonscriptions où se trouve leur résidence.— Le lieu de la résidence est celui où le milicien a son principal établissement et où l'appellent habituellement ses fonctions ou ses occupations.

Art. 15. — Sont placés dans la réserve :

1° Les individus âgés de 18 à 21 ans ; — 2° Ceux pour lesquels le service habituel serait une charge trop onéreuse ; — 3° Les préposés du service actif des contributions diverses, des octrois et des administrations sanitaires, les cantonniers et les éclusiers, les gardes champêtres et forestiers ; — 4° Les facteurs de la poste aux lettres, les agents des lignes télégraphiques, les mécaniciens et chauffeurs des bateaux à vapeur et des chemins de fer ; — 5° Les portiers et les domestiques attachés au service de la personne.

Art. 16. — Peuvent se dispenser du service de la milice :

1° Les membres des cours et tribunaux et les greffiers des justices de paix ; — 2° Les membres des conseils de préfecture et des conseils des affaires civiles, les secrétaires des sous-préfectures et des commissariats civils ; — 3° Les directeurs, médecins et chirurgiens des hôpitaux et hospices civils et des asiles d'aliénés ; — 4° Les agents de la trésorerie et des postes ayant caisse, et les comptables des deniers publics ; — 5° Les Français exerçant, en vertu de l'exequatur du gouvernement, les fonctions de consuls des nations étrangères ; — 6° Les individus âgés de plus de 55 ans.

Art 17. — Sont temporairement dispensés du service de la milice les individus qu'un service public, une absence, une maladie ou une infirmité, dûment justifiés, d'après les formes établies par le règlement du service ordinaire, mettent dans l'impossibilité de faire le service.

Art. 18. — Le service de la milice est incompatible avec les fonctions qui confèrent le droit de requérir la force publique.

Art. 19. — Le service de la milice est personnel ; néanmoins, le remplacement pour le service ordinaire est permis entre le père et le fils, les frères, l'oncle et le neveu, ainsi qu'entre alliés au même degré, pourvu toutefois que le remplaçant et le remplacé appartiennent à la même compagnie. — Les miliciens de la même compagnie qui ne sont ni parents ni alliés aux degrés ci-dessus désignés peuvent seulement, et avec l'autorisation des chefs, changer leur tour de service.

SECT. 3. — *De l'inscription des miliciens sur les contrôles de la milice, de leur répartition entre le service ordinaire et la réserve, du jugement des dispenses, etc.*

Art. 20. — L'inscription des miliciens sur les contrôles de la milice, leur répartition entre le service ordinaire et la réserve, leur classement entre les compagnies et l'appréciation des causes de dispenses sont faits par les conseils de recensement, sauf recours devant le jury de révision.

§ 1. — *Des conseils de recensement.*

Art. 21. — Il y a un conseil de recensement dans chaque commune où la milice est organisée. — L'arrêté d'organisation règle la composition de ce conseil, dont fait partie le maire de la commune ou l'autorité qui en remplit les fonctions. — Les membres du conseil sont choisis, en nombre suffisant, parmi les individus aptes au service de la milice et désignés par le préfet pour les territoires civils, et par le général commandant la division pour les territoires militaires. — Le conseil est présidé par le maire, ou, à son défaut, par un des adjoints ou par un des membres du conseil municipal désigné par le maire. — Dans les communes non constituées, le préfet ou le sous-préfet en territoire civil, le général commandant la division ou le commandant de la subdivision en territoire militaire, désignent un des membres du conseil de recensement pour présider ce conseil, à défaut du maire ou de celui qui en remplit les fonctions.

Art. 22. — Les conseils de recensement sont renouvelés tous les ans par moitié. Les membres de ces conseils sont toujours rééligibles.

Art. 23. — Après trois absences consécutives et non justifiées, les membres du conseil sont réputés démissionnaires.

§ 2. — *Des jurys de révision.*

Art. 24. — Il y a un jury de révision par chaque canton ou circonscription de justice de paix. — Lorsqu'une ville est le chef-lieu de plusieurs cantons, il n'y a qu'un jury de révision pour tous ces cantons, lors même que leur ressort comprend plusieurs communes. — Chaque jury de révision est composé de quatre jurés et présidé par le juge de paix ou par le magistrat qui en remplit les fonctions. — Dans les villes dont le territoire est divisé en plusieurs cantons, un arrêté du préfet désigne le juge de paix qui doit présider.

Art. 25. — Les membres du jury de révision sont choisis parmi les Français aptes au service de la milice, et domiciliés au chef-lieu du canton ou de la circonscription. Ils sont nommés par arrêté du préfet ou du général commandant la division, suivant le territoire. — Le même arrêté désigne un nombre égal de jurés suppléants, choisis suivant le même mode. — Les fonctions de juré sont incompatibles avec celles de membre du conseil de recensement.

Art. 26. — Les jurys de révision sont renouvelés tous les ans par moitié. Les jurés sont rééligibles.

Art. 27. — Le jury ne peut prononcer qu'au nombre de trois membres au moins, y compris le président. — Ses décisions sont prises à la majorité absolue ; en cas de partage, la voix du président est prépondérante.

Art. 28. — Tout juré absent et non valablement excusé est condamné par le juge de paix à une amende de 5 fr. à 10 fr.

Art. 29. — Les décisions du jury ne sont susceptibles de recours devant le conseil d'Etat que pour incompétence, excès de pouvoir ou violation de la loi.

Art. 50. — Des rapporteurs, rapporteurs adjoints et secrétaires sont, s'il y a lieu, attachés aux jurys de révision et nommés par le ministre de l'Algérie et des colonies. — L'arrêté de nomination détermine leur rang et leur grade dans la milice.

§ 3. — *Dispositions communes aux conseils de recensement et aux jurys de révision.*

Art. 51. — Les formes de procéder des conseils de recensement et des jurys de révision sont déterminées par un règlement ministériel.

SECT. 4. — *Formation de la milice.*

Art. 52. — La milice en service ordinaire est organisée en subdivisions de compagnie, en compagnies, en bataillons et en légions d'infanterie. — Cette organisation a lieu conformément aux dispositions des art. 2 et 8 du présent décret, en vertu d'arrêtés du ministre de l'Algérie et des colonies, qui fixent, en même temps, les cadres et la composition de l'effectif de la milice dans chaque commune. — Il pourra être formé, par arrêté du ministre de l'Algérie et des colonies, des corps spéciaux de sapeurs-pompiers dans toutes les colonies où cette organisation sera jugée nécessaire. — Il pourra également être formé, en vertu d'arrêtés du ministre de l'Algérie et des colonies, des corps spéciaux d'artillerie ou de cavalerie, qui feront partie de la milice.

SECT. 5. — *De la nomination aux grades.*

Art. 55. — L'empereur nomme les chefs de légion et tous les officiers supérieurs de la milice, sur la présentation du ministre de l'Algérie et des colonies. — Les autres officiers, ainsi que les officiers de santé, sont nommés par le ministre de l'Algérie et des colonies, sur les propositions des préfets ou des généraux, selon le territoire. — Les sous-officiers et caporaux sont nommés, suivant le territoire, par les préfets ou par les généraux, sur la présentation des chefs de corps. — La révocation est prononcée par l'autorité qui a conféré le grade.

Art. 54. — Les officiers supérieurs et les capitaines, les sergents-majors et les sergents-fourriers doivent être Français ou naturalisés Français.

Art. 55. — Il est nommé aux emplois autres que ceux désignés ci-dessus, sur la présentation du chef de corps, par le maire, ou, si les compagnies communales sont réunies en bataillon, par le préfet ou le sous-préfet.

Art. 56. — Dans les villes et dans les communes où il existe plusieurs compagnies non réunies en bataillon, le commandement supérieur est donné, par le ministre de l'Algérie et des colonies, à l'un des capitaines, sur la proposition du préfet ou du général commandant la division.

Art. 57. — Tout officier de la milice peut être frappé d'une suspension de dix jours à deux mois par un arrêté du préfet ou du général commandant la division. — Cet arrêté, pour toute autre localité que le chef-lieu du département, est toujours rendu sur le rapport du sous-préfet ou du commissaire civil, ou du commandant de la subdivision, suivant le territoire. — L'arrêté du préfet ou celui du général commandant la division est immédiatement transmis au ministre de l'Algérie et des colonies, qui prononce la révocation, s'il y a lieu.

SECT. 6. — *Des armes et de l'uniforme.*

Art. 58. — Les communes sont responsables, sauf leur recours contre les miliciens, des armes que le gouvernement a jugé nécessaire de leur délivrer ; ces armes restent la propriété de l'Etat. — L'entretien de l'armement est à la charge des miliciens ; les réparations, en cas d'accidents causés par le service, sont à la charge de la commune. — Les miliciens détenteurs d'armes appartenant à l'État qui ne présentent pas ou ne font pas présenter ces armes aux inspections générales annuelles prescrites par les règlements peuvent être condamnés à une amende de 1 fr. au moins et de 5 fr. au plus, au profit de la commune. — Cette amende est prononcée et recouvrée comme en matière de police municipale.

Art. 39. — L'uniforme est déterminé, pour les différentes armes, par un arrêté du ministre de l'Algérie et des colonies, sur la proposition des préfets et des généraux. — L'uniforme est obligatoire pour tous les officiers et pour tous les miliciens des chefs-lieux de département et d'arrondissement, sauf les cas d'exemption admis par le conseil de recensement. — Il peut être rendu obligatoire dans les autres centres de population, sur l'avis des autorités locales, par un arrêté du ministre de l'Algérie et des colonies. — Si les officiers ne sont pas, dans les trois mois de leur nomination, complètement équipés et habillés suivant l'uniforme, ils sont considérés comme démissionnaires et remplacés immédiatement.

SECT. 7. — *Des préséances.*

Art. 40. — Les diverses armes dont se compose la milice sont assimilées, pour le rang à conserver entre elles, aux armes correspondantes de l'armée. — Les sapeurs-pompiers sont assimilés aux sapeurs du génie. — Dans les fêtes ou cérémonies, lorsque la milice algérienne et les troupes de l'armée concourent à un même service, la milice prend la droite. — Le commandement, dans ce cas, appartient à celui des officiers des divers corps qui a la supériorité du grade ; à grade égal, il appartient toujours à l'officier de l'armée.

SECT. 8. — *Des dépenses de la milice.*

Art. 41. — Les dépenses de la milice sont votées, réglées et surveillées comme toutes les autres dépenses municipales.

Art. 42. — Les dépenses de la milice sont obligatoires ou facultatives. — Les dépenses obligatoires sont : — 1° Les frais d'achat et d'entretien des tambours et trompettes ; — 2° L'entretien, les réparations et le prix des armes, sauf recours contre les miliciens, aux termes de l'art. 58 ; — 5° Le loyer, l'entretien, le chauffage, l'éclairage et le mobilier des corps de garde ; — 4° Les frais de registres, papiers, contrôles, billets de garde et tous les menus frais de bureau qu'exige le service de la milice ; — 5° La solde des majors, adjudants-majors et adjudants sous-officiers ; — 6° La solde et l'habillement des tambours et trompettes. — Toutes autres dépenses sont facultatives.

Art. 43. — Dans les bataillons cantonaux, la répartition de la portion afférente à chaque commune du canton dans les dépenses obligatoires du bataillon, autres que celles des compagnies, est faite par le préfet en conseil de préfecture, après avoir pris l'avis des conseils municipaux, ou, à défaut, celui des autorités exerçant les fonctions municipales. — Il en est de même pour la répartition des dépenses de compagnie, lorsque le contingent de plusieurs communes sera réuni pour former une seule compagnie.

Art. 44. — Il y a dans chaque légion ou chaque bataillon formé par les miliciens d'une même commune un conseil d'administration chargé de présenter annuellement au maire l'état des dépenses nécessaires pour le service de la milice, et de viser les pièces justificatives de l'emploi des fonds.

Ce conseil est composé du commandant de la milice, qui préside, et d'autres membres pris parmi les officiers, sous-off.   miliciens. — Il y a également, par bata.   antonal, un conseil d'administration chargé des mêmes fonctions, et qui doit présenter au sous-préfet l'état des dépenses résultant de la formation du bataillon. Ce conseil est composé du chef de bataillon président et de quatre membres pris également parmi les officiers, sous-officiers et miliciens. — Les membres des conseils d'administration sont nommés par le préfet.

Art. 45. — Dans les communes où la milice comprend une ou plusieurs compagnies non réunies en bataillon, l'état des dépenses est soumis au maire par le commandant de la milice. — Dans les territoires militaires, les dépenses de la milice sont régies suivant les règles spéciales à l'administration de ces territoires.

Tit. 3. — Du service ordinaire.

Art. 46. — Le règlement relatif au service ordinaire, aux revues, exercices et prises d'armes, est arrêté, sur la proposition du commandant de la milice, — Pour les territoires civils, par le maire, sous l'approbation du préfet ou sous-préfet ; — Pour les territoires militaires, par le commandant de place, sous l'approbation du général commandant la subdivision. — Les chefs de la milice pourront, en se conformant à ce règlement, et sans réquisition particulière, mais après en avoir prévenu l'autorité municipale, faire toutes les dispositions et donner tous les ordres relatifs au service ordinaire, aux revues et aux exercices. — Lorsque le service de place est fait en commun par les postes de la milice et de la troupe de ligne, la surveillance de ces postes reste séparée, à moins qu'il n'en soit décidé autrement par le général commandant la division. Les commandants de place restent investis du droit général d'inspection sur tous les postes. — Dans les villes de guerre, la milice ne peut prendre les armes ni sortir des portes qu'après que le maire en a informé par écrit le commandant de place. — Le tout sans préjudice de ce qui est réglé par les lois spéciales pour l'état de guerre et l'état de siège dans les places.

Art. 47. — Lorsque la milice est organisée en bataillons cantonaux et en légions, le règlement sur les exercices est arrêté par le sous-préfet, de l'avis des maires des communes, et sur la proposition du commandant pour chaque bataillon isolé, et du chef de légion pour les bataillons réunis en légion.

Art. 48. — Le sous-préfet ou le commandant de la subdivision, suivant le territoire, peut suspendre les revues et les exercices dans les communes, à la charge d'en rendre immédiatement compte au préfet ou au général commandant la division, qui, à leur tour, doivent en informer le ministre de l'Algérie et des colonies.

Art. 49. — Tout milicien commandé pour le service doit obéir, sauf à réclamer ensuite, s'il s'y croit fondé, devant le chef de corps.

Tit. 4. — De la discipline.

Sect. 1. — Des peines.

Art 50. — Les chefs de poste ou de détachement peuvent ordonner : — 1° Une faction, une patrouille ou autre service hors tour, contre tout milicien qui a manqué à l'appel ou s'est absenté du poste sans autorisation ; — 2° La détention dans la prison du poste jusqu'à la relevée de la garde de tout sous-officier, caporal ou milicien de service en état d'ivresse, ou qui s'est rendu coupable de bruit, tapage, voies de fait ou de provocation au désordre ou à la violence, sans préjudice du renvoi au conseil de discipline, si la faute emporte une punition plus grave.

Art. 51. — Les conseils de discipline peuvent infliger les peines suivantes : — 1° La réprimande ; — 2° La réprimande avec mise à l'ordre des motifs du jugement ; — 3° La prison pour six heures au moins et trois jours au plus, avec ou sans mise à l'ordre ; — 4° La privation du grade avec mise à l'ordre ; — 5° La radiation des contrôles avec mise à l'ordre. — S'il n'existe dans la commune ni prison spéciale pour l'exécution des jugements du conseil de discipline, ni local en tenant lieu, la peine de la prison est remplacée par une amende de 1 fr. à 15 fr. au profit de la commune du contrevenant.

Art. 52. — Est puni, selon la gravité des cas, de l'une des peines prononcées sous les n° 1, 2, 3 et 4 de l'article précédent, tout officier qui, étant de service ou en uniforme, tient une conduite qui compromet son caractère ou porte atteinte à l'honneur de la milice. — Est puni de l'une des mêmes peines, selon la gravité des cas, tout officier ou chef de poste qui commet une infraction aux règles du service, à la discipline ou à l'honneur de la milice, et, notamment, qui contrevient à l'art. 6 du présent décret.

Art. 53. — Est puni de la prison tout officier ou sous-officier, chef de poste ou de détachement qui, étant de service, s'est rendu coupable : — D'inexécution d'ordres reçus ou infraction à l'art. 7 du présent décret ; — De manquement à un service commandé ou d'absence du poste non autorisée ; — D'inexactitude à signaler dans les formes requises les fautes de ses subordonnés ; — De désobéissance ; — D'insubordination ; — De manque de respect, de propos offensants ou d'insultes envers les officiers d'un grade supérieur ; — De propos outrageants envers un subordonné ou d'abus d'autorité.

Art. 54. — Dans le cas où l'ordre public est menacé, tout milicien qui, sans excuse légitime, ne se rend pas à l'appel, est puni d'un emprisonnement qui ne pourra excéder trois jours. — Tout officier, sous-officier ou caporal est, en outre, privé de son grade. — Le jugement est mis à l'ordre. — Le conseil de discipline peut, de plus, prononcer contre les condamnés la radiation des contrôles du service ordinaire pour un temps qui n'excédera pas cinq années, et ordonner l'affiche du jugement à leurs frais. — Tout milicien rayé des contrôles du service ordinaire est immédiatement désarmé.

Art. 55. — Peut être puni, selon la gravité des cas, de la réprimande, de la réprimande avec mise à l'ordre, ou de la prison pour deux jours au plus et trois en cas de récidive : — 1° Tout sous-officier, caporal ou milicien coupable d'inexécution des ordres reçus, de désobéissance, d'insubordination ou de refus d'un service commandé. — Sont considérés comme services commandés, non-seulement les services commandés dans la forme ordinaire, mais encore les prises d'armes par voie de rappel ou de convocation verbale ; — 2° Tout sous-officier, caporal ou milicien de service qui est en état d'ivresse, profère des propos offensants contre l'autorité, ou tient une conduite qui porte atteinte à la discipline ou à l'ordre ; — 3° Tout sous-officier, caporal ou milicien de service qui abandonne ses armes, sa faction ou son poste avant d'être relevé. — L'arrivée tardive au lieu de rassemblement, l'absence du poste sans autorisation et l'absence prolongée au delà du terme fixé par l'autorisation peuvent être considérées comme abandon du poste ; — 4° Tout sous-officier, caporal ou milicien qui enfreint l'art. 6 du présent décret ; — 5° Tout sous-officier, caporal ou milicien dont l'armement est mal entretenu, ou qui ne fait pas son service en uniforme dans les communes où l'uniforme est obligatoire.

Art. 56.—Les infractions commises par les officiers de l'état-major, les majors, adjudants-majors et adjudants sous-officiers, sont punies des peines suivantes :—Les arrêts simples;—Les arrêts forcés avec remise d'armes. — En aucun cas, ces arrêts n'excèdent dix jours. — Les arrêts simples peuvent être appliqués par le supérieur à l'inférieur. — Les arrêts forcés ne sont prononcés que par le chef de corps.

Art. 57. — Pour les infractions prévues par l'art. 55 du présent décret, les tambours-majors, tambours-maîtres, tambours et trompettes soldés peuvent être punis par tout officier sous les ordres duquel ils se trouvent, de la prison pour un temps qui n'excédera pas trois jours. — Dans les communes et les cantons où la milice est formée en légion ou en bataillon, cette peine peut être, selon les circonstances, élevée jusqu'à dix jours de prison par le chef de légion ou le chef de bataillon.

Art. 58. — Est privé de son grade par le jugement de condamnation tout officier, sous-officier ou caporal qui, après une première condamnation, est, dans les douze mois, puni de la prison pour une seconde infraction, par le conseil de discipline.

Art. 59. — Le milicien qui vend, détourne ou détruit volontairement les armes de guerre, les munitions ou les effets d'équipement qui lui ont été confiés, est traduit de tribunal de police correctionnelle et puni de la peine portée en l'art. 408 c. pén., sauf l'application de l'art. 463 du même code. — Le jugement de condamnation prononce la restitution au profit de la commune, du prix des armes, munitions ou effets.

Art. 60.—Tout milicien qui, dans l'espace d'une année, a subi deux condamnations du conseil de discipline peut être, par le jugement qui prononce la seconde condamnation, rayé des contrôles du service ordinaire pour deux années au plus, avec mise à l'ordre.

Art. 61. — Après deux condamnations pour refus de service, le milicien est, en cas de troisième refus de service dans l'année, traduit devant le tribunal de police correctionnelle et puni d'un emprisonnement qui ne peut être moindre de six jours ni excéder dix jours. — En cas de récidive dans l'année, à partir du jugement correctionnel, le milicien est traduit de nouveau devant le tribunal de police correctionnelle et puni d'un emprisonnement qui ne peut être moindre de dix jours ni excéder vingt jours. — Il est, en outre, condamné aux frais et à une amende qui ne peut être moindre de 10 fr. ni excéder 50 fr. dans le premier cas, et dans le deuxième être moindre de 50 fr. ni excéder 100 fr.

Art. 62. — Dans le cas où un chef de corps, poste ou détachement, est poursuivi devant les tribunaux comme coupable des délits prévus par les art. 234 et 258 c. pén., la poursuite entraîne la suspension : en cas de condamnation, le jugement prononce la perte du grade.

Art. 63.—La juridiction attribuée en territoire civil aux tribunaux correctionnels pour délits prévus par les art. 59, 61 et 62 du présent décret, sera, pour les localités du territoire militaire où la milice est organisée, dévolue au tribunal correctionnel le plus voisin dans la même province.

SECT. 2. — Des conseils de discipline.

Art. 64. — Il y a un conseil de discipline : — 1° Par bataillon communal ou cantonal;—2° Par commune ayant une ou plusieurs compagnies non réunies en bataillon; — 3° Par compagnie formée de miliciens de plusieurs communes.

Art. 65.—Dans chaque légion, il y a, en outre, un conseil de discipline pour juger les colonels et les lieutenants-colonels.

Art. 66.—Le conseil de discipline de la milice d'une commune ayant une ou plusieurs compagnies non réunies en bataillon, et celui d'une compagnie formée des subdivisions de compagnie de plusieurs communes, sont composés de cinq juges, savoir : 1 capitaine, président; — 1 lieutenant ou 1 sous-lieutenant : — 1 sergent; — 1 caporal ;— 1 milicien.

Art. 67. — Le conseil de discipline de bataillon est composé de sept juges, savoir : Le chef de bataillon, président; — 1 capitaine ; — 1 lieutenant ou 1 sous-lieutenant : — 1 sergent ; — 1 caporal ; — 2 miliciens.

Art. 68. — Le conseil de discipline pour juger les colonels et les lieutenants-colonels est composé ainsi qu'il suit : 1 chef de légion, président ; — 1 lieutenant-colonel ; — 3 chefs de bataillon; — 2 capitaines.

Art. 69.—Lorsque l'inculpé est capitaine, lieutenant ou sous-lieutenant, deux officiers de son grade, à la désignation du sous-préfet ou du commandant de la subdivision, suivant le territoire, entrent dans le conseil de discipline en remplacement des deux derniers membres. — Si l'inculpé est chef de bataillon, trois officiers de ce grade, à la désignation du préfet ou du général commandant la division, suivant le territoire, entrent dans le conseil de discipline, le plus ancien comme président et les deux autres comme juges, en remplacement des deux derniers membres. — Dans les cas prévus par les art. 65 et 68, le colonel ou le lieutenant-colonel inculpé est remplacé, dans le conseil de discipline de la légion, par un officier de son grade, à la désignation du ministre de l'Algérie et des colonies.—Le major et les officiers de l'état-major de la légion sont justiciables du conseil de discipline du 1er bataillon de la légion.

Art. 70.—Il y a par conseil de discipline de bataillon ou de légion un rapporteur ayant rang de lieutenant et un capitaine et un secrétaire ayant rang de sous-lieutenant.—Ils sont nommés par le préfet ou le général commandant la division, suivant le territoire.

Art. 71.—Lorsque la milice d'une commune ne forme qu'une compagnie ou plusieurs compagnies non réunies en bataillon, un officier ou sous-officier remplit les fonctions de rapporteur, et un sous-officier celles de secrétaire du conseil de discipline.

Art. 72. — Les membres des conseils de discipline sont pris successivement, suivant l'ordre de leur inscription, sur un tableau dressé par le préfet et comprenant, d'après le contrôle du service ordinaire, par grade et par ancienneté: 1° Tous les officiers, la moitié des sous-officiers, le quart des caporaux ; — 2° Un nombre égal de miliciens de chaque bataillon ou des compagnies de la commune, ou de la compagnie formée de plusieurs communes. — Ce tableau, révisé chaque année, est déposé au lieu des séances du conseil de discipline où chaque milicien peut en prendre connaissance.

Art. 73. — Les conseils de discipline sont permanents. Ils ne peuvent juger que lorsque cinq membres, au moins, sont présents dans les conseils de bataillon ou de légion, et trois membres, au moins, dans les conseils de compagnie. — Les juges sont renouvelés tous les ans ; néanmoins, à défaut d'autres officiers du même grade, ceux qui en font partie ne sont pas remplacés. — Les rapporteurs et les secrétaires sont renouvelés tous les deux ans. Ils peuvent, toutefois, être maintenus dans leurs fonctions.

Art. 74.—Lorsque la milice d'une commune ou d'un canton n'a qu'un seul conseil de discipline, les miliciens faisant partie des armes spéciales sont justiciables de ce conseil.—S'il y a plusieurs bataillons dans le même canton, les miliciens des armes spéciales sont justiciables du même conseil de discipline que les compagnies de leur commune. —S'il y a plusieurs bataillons dans la même commune, le préfet détermine de quel conseil de discipline ces miliciens sont justiciables. — Dans ces trois cas, les officiers, sous-officiers, caporaux et miliciens des armes spéciales concourent pour la formation du tableau du conseil de discipline.

Art. 75. — Tout milicien qui a été condamné deux fois par le conseil de discipline, ou une fois par le tribunal de police correctionnelle, est rayé pour une année du tableau servant à former le conseil de discipline.

Sect. 3. — De l'instruction et des jugements.

Art. 76. — Le conseil de discipline est saisi par le renvoi que lui fait le chef de corps de tous les rapports, procès-verbaux ou plaintes constatant les faits qui peuvent donner lieu à une poursuite. — Lorsqu'il y aura lieu à poursuite contre le chef de corps, le conseil de discipline sera saisi par le préfet ou par le général commandant la division, suivant le territoire.

Art. 77. — L'officier rapporteur fait citer l'inculpé. — La citation est portée à domicile par un agent de la force publique. Si cet agent appartient à un corps soldé, il ne peut être employé que sur la réquisition de l'autorité municipale.

Art. 78. — En cas d'absence, tout membre du conseil de discipline non valablement excusé est condamné par le conseil de discipline à une amende de 5 fr. à 15 fr. au profit de la commune du contrevenant, et il est remplacé par l'officier, sous-officier, caporal ou milicien qui doit être appelé immédiatement après lui. — Dans les conseils de discipline des bataillons cantonaux, le juge absent est remplacé, d'après l'ordre du tableau, par un officier, sous-officier, caporal ou milicien du lieu où siège le conseil.

Art. 79. — Le milicien cité comparaît en personne ou par un fondé de pouvoirs. — Il peut être assisté d'un conseil.

Art. 80. — Si le prévenu ne comparaît pas au jour et à l'heure fixés par la citation, il est jugé par défaut. — L'opposition au jugement par défaut doit être formée dans le délai de trois jours, à compter de la notification du jugement. Cette opposition peut être faite par déclaration au bas de la signification. L'opposant est cité pour comparaître à la plus prochaine séance du conseil de discipline. — S'il n'y a pas opposition ou si l'opposant ne comparaît pas à la séance indiquée, le jugement par défaut devient définitif.

Art. 81. — L'instruction de chaque affaire devant le conseil est publique, à peine de nullité. — La police de l'audience appartient au président, qui peut faire expulser ou arrêter quiconque troublerait l'ordre. — Si le trouble est causé par un délit, il est dressé procès-verbal par le secrétaire, sur l'ordre du président. — L'auteur du trouble est jugé immédiatement par le conseil, si c'est un milicien et si la faute n'emporte qu'une peine que le conseil puisse prononcer. — Dans tout autre cas, le procès-verbal est transmis au procureur impérial, et, s'il y a lieu, le délinquant est mis à la disposition de ce magistrat.

Art. 82. — L'instruction devant le conseil a lieu de la manière suivante : — Le secrétaire appelle l'affaire. — En cas de récusation, le conseil statue. Si la récusation est admise, le président appelle, selon les règles établies par l'art. 78, les juges suppléants nécessaires pour compléter le conseil. — Si le prévenu décline la juridiction du conseil de discipline, le conseil statue d'abord sur

sa compétence ; s'il se déclare incompétent, l'affaire est renvoyée devant qui de droit. — Les témoins, s'il en a été appelé par le rapporteur ou l'inculpé, sont entendus après avoir prêté le serment prescrit par l'art. 155 c. inst. crim. — En cas de non-comparution, tout témoin non valablement excusé est condamné par le conseil de discipline à une amende de 1 fr. au moins et de 15 fr. au plus. — Le prévenu ou son conseil est entendu. — Le rapporteur donne ses conclusions. — L'inculpé ou son fondé de pouvoirs et son conseil peuvent présenter leurs observations. — Le conseil délibère en secret et hors de la présence du rapporteur ; le jugement est motivé ; il est prononcé en séance publique et signé du président et du secrétaire du conseil.

Art. 83. — Les mandats d'exécution de jugement des conseils de discipline sont délivrés dans la même forme que ceux des tribunaux de simple police. — Toutefois, les agents de la force publique n'ont droit à aucune espèce d'indemnité pour la notification de même que pour l'exécution forcée des jugements emportant la peine de l'emprisonnement.

Art. 84. — Il n'y a de recours contre les jugements définitifs des conseils de discipline que devant la cour de cassation, pour incompétence, excès de pouvoirs ou violation de la loi. — Le pourvoi en cassation est suspensif à l'égard des jugements prononçant soit l'emprisonnement, soit une autre peine, avec mise à l'ordre dans les cas prévus par les nos 2, 4 et 5 de l'art. 51. — Le condamné est dispensé de la mise en état. — Dans tous les cas, ce recours n'est assujetti qu'à l'amende de 50 fr. pour les jugements contradictoires, et de 25 fr. pour les jugements par défaut. — L'amende sera déposée dans les dix jours du pourvoi, sous peine de déchéance.

Art. 85. — Le condamné a trois jours francs à partir du jour de la notification, et le rapporteur a le même délai à partir de la prononciation du jugement, pour se pourvoir en cassation.

Art. 86. — Les jugements des conseils de discipline ne peuvent, en aucun cas, prononcer de condamnation aux dépens. — Tous actes de poursuite devant les conseils de discipline, tous jugements, recours et arrêts rendus en vertu du présent décret, sont dispensés du timbre et enregistrés gratis.

Tit. 5. — Des détachements de la milice.

Sect. 1. — Appel et service des détachements.

Art. 87. — La milice doit fournir des détachements : — 1° En cas d'insuffisance des troupes soldées, pour prendre tout ou partie du service des forts et des postes établis dans le territoire de la commune, pour escorter les convois de poudre, de fonds ou d'effets appartenant à l'État, et pour la conduite des accusés, des condamnés et autres prisonniers ; — 2° Pour porter secours aux communes qui seraient troublées ou menacées par des émeutes, des séditions, des incendies, ou par l'incursion de bandes ennemies ou de malfaiteurs.

Art. 88. — Lorsque, dans les cas prévus par l'article précédent, des détachements de la milice doivent agir dans toute l'étendue d'un arrondissement de sous-préfecture ou de commissariat civil, ils sont mis en mouvement sur la réquisition du sous-préfet ou du commissaire civil, lesquels doivent se concerter à cet effet avec l'autorité militaire. — Les contingents communaux sont réunis par canton, et les contingents cantonaux par arrondissement, sous le commandement d'un officier supérieur en grade aux commandants particuliers des détachements communaux et cantonaux. Cet officier est désigné par le préfet, sous-préfet ou commissaire civil.

Art. 89. — En cas d'urgence, et sur la demande écrite du maire d'une commune en danger, les maires des communes limitrophes, sans distinction de territoire, peuvent requérir un détachement de la milice de marcher immédiatement sur le point menacé, sauf à rendre compte, dans le plus bref délai, du mouvement et des motifs à l'autorité supérieure.

Art. 90. — Lorsque, conformément aux dispositions de l'art. 4 du présent décret, la milice du territoire civil d'une province est placée sous le commandement de l'autorité militaire, celle-ci requiert alors directement des détachements de la milice pour les services déterminés par l'art. 87, et désigne les officiers chargés de commander ces détachements.

Art. 91. — Dans les territoires militaires, les détachements de la milice sont requis, suivant les cas, par le commandant de place faisant fonctions de maire, par le commandant de la subdivision, ou par le général commandant la division. — Ces détachements sont sous les ordres de l'autorité militaire.

Art. 92. — L'acte en vertu duquel, dans les cas déterminés par les articles précédents, la milice est appelée à faire un service de détachement fixe le nombre des hommes requis.

Art. 93. — Lors de l'appel fait conformément aux articles précédents, le maire ou le commandant de place, suivant le territoire, assisté du commandant de la milice de chaque commune, désigne parmi les hommes inscrits sur le contrôle du service ordinaire ceux qui devront faire partie du détachement, en commençant par les célibataires et les moins âgés.

Art. 94. — Lorsque les détachements de la milice s'éloignent de leur commune pendant plus de vingt-quatre heures, il peut leur être alloué, en vertu d'un arrêté du général commandant la division, agissant par délégation du ministre de l'Algérie et des colonies, une indemnité de route et des prestations en nature comme aux troupes soldées. — Le commandant de la division rend compte immédiatement au ministre de l'Algérie et des colonies.

SECT. 2. — *Discipline.*

Art. 95. — L'action des conseils de discipline cesse dans tous les cas où la milice est en service de détachement. — Les peines de discipline sont fixées ainsi qu'il suit : — Pour les officiers, 1° Les arrêts simples pour dix jours au plus; 2° La réprimande avec mise à l'ordre; 3° Les arrêts de rigueur pour six jours au plus; 4° La prison pour six jours au plus. — Pour les sous-officiers, caporaux et miliciens, 1° La consigne pour dix jours au plus; 2° La réprimande avec mise à l'ordre; 3° La salle de discipline pour six jours au plus; 4° La prison pour six jours au plus.

Art. 96. — Les arrêts de rigueur, la prison et la réprimande avec mise à l'ordre ne peuvent être infligés que par le chef de corps; les autres peines peuvent l'être par tout supérieur à son inférieur, à la charge d'en rendre compte dans les vingt-quatre heures, en observant la hiérarchie des grades.

Art. 97. — Tout milicien qui, désigné pour faire partie d'un détachement, refuse d'obtempérer à la réquisition, ou quitte le détachement sans autorisation, est traduit en police correctionnelle et puni d'un emprisonnement qui ne peut être inférieur à dix jours ni excéder trois mois. S'il est officier, sous-officier ou caporal, il est, en outre, privé de son grade.

TIT. VI. — *Dispositions spéciales.*

Art. 98. — Les miliciens blessés dans l'accomplissement de leur service, les veuves et enfants auront droit à des pensions, secours et récompenses, qui seront ultérieurement déterminés.

Art. 99. — L'état des armes et des dépôts de munitions est constaté, au moins une fois chaque année, par un officier d'artillerie désigné par le ministre de l'Algérie et des colonies, — Les rapports d'inspection sont remis au préfet ou au commandant de la division, suivant le territoire, et transmis au ministre de l'Algérie et des colonies. — Indépendamment de l'inspection des armes, le ministre pourra faire procéder, chaque année, à une inspection générale des milices.

Art. 100. — Les propositions relatives : — A l'organisation des milices sur un point du territoire (art. 2); — A la suspension ou à la dissolution de tout ou partie des milices (art. 3); — A la fixation du nombre des étrangers, musulmans et israélites à admettre dans les milices (art. 8); — Sont adressées au commandant supérieur des forces de terre et de mer, qui les transmet, avec son avis, au ministre de l'Algérie et des colonies. — Il est rendu compte au commandant supérieur des forces de terre et de mer des mesures ayant pour objet : — La suspension ou la dissolution provisoire des milices (art. 3); — Le passage, en cas d'urgence, d'une partie de la milice sous les ordres de l'autorité militaire (art. 4); — L'appel des réserves; — La suspension des revues et des exercices.

Art. 101. — Sont abrogées toutes les dispositions relatives à la milice algérienne qui seraient contraires au présent décret.

Arrêté ministériel du 30 juin 1852 rendu exécutoire par l'art. 9 du décret qui précède.

Vu l'art. 8, § 6, de la loi du 13 juin 1851, ainsi conçu : — « Ne font pas partie de la garde nationale..... 6° ceux que des infirmités mettent pour toujours hors d'état de faire aucun service. La nature de ces infirmités et le mode de les constater seront déterminés par un règlement d'administration publique; » — Vu le décr. du 8 sept. 1851, rendu en exécution de la disposition précédente;

Art. 1. — Le tableau des infirmités qui donnent lieu à l'application de l'art. 8 de la loi du 13 juin 1851, annexé au décr. du 8 sept. 1851, est rendu exécutoire en Algérie, et sera promulgué à la suite du présent arrêté.

Art. 2. — Tout individu qui prétendra que, par application du n° 6 de l'art. 8 précité, il ne doit pas faire partie de la milice, sera tenu de se présenter devant le conseil de recensement, qui vérifiera si le réclamant est atteint d'une des infirmités énoncées au tableau.

Art. 3. — Si cette vérification réclame le concours des hommes de l'art, le conseil de recensement désignera pour y procéder un ou plusieurs médecins ou chirurgiens, choisis parmi ceux de l'arrondissement qui auront été portés sur la liste publiée en exécution de l'art. 9 du décr. du 12 juill. 1851 (*Art médical*), ou parmi les officiers de santé militaires de la subdivision. Leurs fonctions seront gratuites. — Le conseil de recensement pourra ordonner que la vérification ait lieu en sa présence.

Art. 4. — En cas d'appel, le jury de révision pourra ordonner, dans la même forme, de nouvelles vérifications.

Tableau des infirmités qui mettent pour toujours hors d'état de faire aucun service dans la garde nationale (annexé au décret du 8 sept. 1851).

Cécité complète ou affaiblissement très-considérable de la vue, par suite de lésions irrémédiables des yeux, comprenant l'opacité et le staphilôme des cornées, l'atrésie complète des pupilles, la cataracte double, le glaucome, l'amaurose, l'atrophie, la désorganisation ou l'absence des yeux. — Perte de la vue, de l'œil droit, par une des causes indiquées à l'article précédent. — Myopie très-prononcée. Perte totale du nez.

Surdité complète par suite de lésions irrémédiables de l'appareil auditif, comprenant la perte des oreilles, la perforation des membranes du tympan, la perte des osselets de l'ouïe. — Surdi-mutité.

Aphonie permanente ou altération considérable de la parole par suite de lésions irrémédiables de l'appareil vocal, comprenant les difformités de la langue, la perte de cet organe, les divisions considérables du voile du palais et de la voûte palatine. — Bégaiement très-prononcé. — Perte de substance ou difformité considérable à l'une ou à l'autre des deux mâchoires, gênant très-notablement leurs fonctions. — Goître volumineux, gênant habituellement la respiration.

Perte d'un membre. — Perte du pouce, de l'index, ou de deux doigts de l'une des deux mains. — Perte ou gêne considérable des mouvements d'un membre, par suite de lésions irrémédiables, comprenant l'ankilose, les cicatrices adhérentes, les rétractions musculaires.

Difformités congéniales ou accidentelles du tronc ou des membres, gênant la respiration, s'opposant au port de l'equipement militaire, ou rendant le maniement des armes impossible ou très-difficile. — Maladies organiques du cœur et des gros vaisseaux. — Phthisie pulmonaire.

Atrophie d'un ou de plusieurs membres. — Paralysie d'une ou de plusieurs parties du corps. — Claudication irrémédiable, quelle qu'en soit la cause. — Rachitisme.

Aliénation mentale ou folie, quel qu'en soit le caractère. — Epilepsie. — Imbécillité, idiotisme, crétinisme. — Eléphantiasis.

AM. — 15 juill. 1860. — BM. 90. — *Conseils de recensement et jurys de révision.*

TIT. 1. — *Mode de procéder des conseils de recensement.*

Art. 1. — Les contrôles de la milice, dressés par les conseils de recensement, en exécution de l'art. 30 du décr. du 9 nov. 1859, sont déposés au secrétariat de chaque mairie. Les citoyens ont le droit de prendre connaissance, chacun en ce qui le concerne, du travail arrêté par le conseil de recensement, et de présenter leurs réclamations.

Art. 2. — Les réclamations sont adressées au maire, président du conseil de recensement. Elles sont inscrites sur un registre à ce destiné.

Art. 3. — Le réclamant est averti du jour de la réunion du conseil de recensement, avec invitation de comparaître en personne ou par un fondé de pouvoirs.

Art. 4. — Au jour fixé, le conseil de recensement statue. — Aucune décision n'est valable qu'autant que la moitié plus un des membres y a pris part. — Les décisions sont prises à la majorité des voix. — En cas de partage, la voix du président est prépondérante.

Art. 5. — Les décisions contradictoires ne sont pas notifiées, mais il en est donné copie dûment certifiée à la partie qui la demande.

Art. 6. — L'opposition à la décision par défaut doit être formée dans la huitaine de la notification. — Le conseil de recensement peut néanmoins, en cas d'empêchement constaté, relever le défaillant du délai d'opposition.

Art. 7. — Chacune des décisions est transcrite à sa date sur le registre prescrit par l'art. 2.

TIT. 2. — *Mode de procéder des jurys de révision.*

Art. 8. — L'appel des décisions du conseil de recensement, devant le jury de révision, doit être interjeté dans la quinzaine de la décision contradictoire, ou de la notification de la décision par défaut, rendue sur opposition, ou dans la quinzaine du jour où la décision par défaut est devenue définitive, faute d'opposition. — L'appel est suspensif. — L'acte d'appel est déposé au secrétariat de la mairie et inscrit au registre mentionné à l'art. 2. — Il en est donné récépissé. — Le maire transmet

immédiatement l'acte au juge de paix. — Lorsque l'appel est formé par le préfet, il est adressé au juge de paix, président du jury.

Art. 9. — Les actes d'appel sont, au fur et à mesure de leur réception, inscrits par le secrétaire du jury sur un registre-journal disposé à cet effet, et dont les pages sont paraphées par première et dernière par le juge de paix.

Art. 10. — Sur l'indication donnée par le juge de paix, l'appelant est averti par le maire, du jour, de l'heure et du lieu où il sera statué sur son appel. — Le délai de comparution ne doit pas être moindre de dix jours.

Art. 11. — Aux jour, heure et lieu fixés pour la comparution à l'audience, les jurés s'assemblent sous la présidence du juge de paix.

Art. 12. — Appel est fait par le secrétaire, des quatre jurés titulaires et des jurés suppléants qui ont été convoqués. — En cas d'absence d'un des jurés titulaires, le secrétaire appelle pour le remplacer, en suivant l'ordre d'inscription, un des jurés suppléants qui ont répondu à l'appel. — Il en est de même en cas de récusation ou d'abstention d'un des jurés par application des art. 44 et 378 c. pr. civ.

Art. 13. — Le secrétaire appelle l'affaire. — Les récusations sont proposées et jugées. — L'appelant ou son fondé de pouvoir est entendu. — Le rapporteur donne les conclusions; il ne prend point part à la délibération. — L'avis des jurés est pris par le président dans l'ordre inverse des grades, et à grade égal, dans l'ordre inverse des âges. — La décision est rendue conformément à l'art. 27 du décr. du 9 nov. 1859; elle est motivée.

Art. 14. — Les décisions par défaut du jury ne sont pas susceptibles d'opposition.

Art. 15. — Les décisions du jury sont signées par le président et le secrétaire. — Le secrétaire transcrit chaque décision, à sa date, sur le registre prescrit par l'art. 9.

Art. 16. — Mention est faite des décisions définitives sur le registre tenu à la mairie, en exécution de l'art. 2. — Les décisions sont notifiées par le maire, à qui le juge de paix les transmet.

Art. 17. — Le rapporteur exerce près les jurys de révision les fonctions du ministère public, et fait en cette qualité toutes les réquisitions nécessaires ...... transmet au ministre, par l'intermédiaire ... préfet, avec ses observations, les décisions qui paraissent susceptibles d'être déférées au conseil d'Etat, pour incompétence, excès de pouvoir ou violation de la loi.

TIT. 3. — *Dispositions générales.*

Art. 18. — Les séances des conseils de recensement et des jurys de révision sont publiques. — La vérification des infirmités peut être faite en chambre du conseil. — Les décisions délibérées en chambre du conseil sont prononcées en séance publique.

Art. 19. — Les avertissements, notifications et significations faits en exécution du présent règlement ont lieu dans la forme administrative.

Art. 20. — Les attributions conférées par le présent arrêté aux préfets et aux maires, seront exercées, dans les territoires militaires, par les généraux commandant les divisions, et par les officiers exerçant les fonctions municipales. A défaut de juge de paix, les commandants de place en rempliront aussi les fonctions.

Comte DE CHASSELOUP-LAUBAT.

AM. — 25 juill. 1860. — BM. 86. — *Uniforme.*

Vu l'art. 59, § 3 du décr. du 9 nov. 1859.

Art. 1. — L'uniforme auquel sont assujettis les miliciens des chefs-lieux de département et d'arrondissement est rendu obligatoire pour tous les miliciens dans les chefs-lieux de district et dans toutes les localités où la milice est organisée.

Art. 2, 3, 4 et 5. — (Détails de l'habillement, la coiffure, l'équipement et l'armement des corps d'infanterie, de sapeurs-pompiers et de cavalerie des milices algériennes) :

(*L'uniforme des milices urbaines est celui qui est adopté en France. Pour les communes rurales la tunique est remplacée par la blouse bleue, avec collet rabattu en cotonnade écarlate; la coiffure est le képi en drap bleu, le ceinturon en cuir noir ainsi que la bretelle du fusil. — Pour les sapeurs pompiers le turban du képi sera en velours noir, ainsi que le collet de l'habit; le collet de la blouse sera en velours de coton noir pour les communes rurales. — L'uniforme précédemment adopté pour la cavalerie demeure provisoirement maintenu.*)

§ 2. — Création de corps de milice. — Service de l'armement.

En exécution du décr. du 9 nov. 1859, un arr. min. du 8 juin 1860, BM. 87, a créé des corps de milice dans les diverses communes et localités du département d'Alger, et déterminé la composition de l'état-major et des cadres. Aux termes de cet arrêté, l'effectif s'élève à la limite provisoire de 10,757 miliciens dont 10,350 en territoire civil et 407 en territoire militaire. Les arrêtés relatifs aux deux départements de Constantine et d'Oran n'ont point encore été publiés.

AG. — 14 août-2 sept. 1818. — b. 283. — *Règlement sur le service de l'armement.*

Vu les rapports en date des 17 avr. et 19 juin 1817, de la commission instituée à l'effet de proposer les mesures à prendre pour assurer la conservation et l'entretien de l'armement des milices algériennes. — Vu la dépêche min. du 8 mai dernier, n° 165;

Art. 1. — Les armes à feu et les armes blanches distribuées aux milices communales seront numérotées de manière à former, par modèle, une série distincte et continue, depuis un jusqu'à la dernière arme de ce modèle. — Les pièces d'une même arme, arme à feu: monture, baïonnette, canon, baguette. — Arme blanche: poignée, fourreau, seront marquées du même numéro.

Art. 2. — Il sera tenu pour chaque milice communale : — 1° Un livret d'armement conforme au modèle n° 1, coté et parafé par le directeur, sous-directeur ou commissaire civil dont relève la commune, ou par le fonctionnaire remplissant ces fonctions. — 2° Un contrôle matricule d'armement ou état émargé par les miliciens, modèle n° 2. — Le livret et le contrôle d'armement seront tenus par les officiers ou sous-officiers chargés du service de l'armement, sous le contrôle de l'officier commandant la milice. — Les livrets et contrôles seront déposés à la mairie ou chez le fonctionnaire remplissant les fonctions de maire.

Art. 3. — Dans chaque commune, les armes en réserve seront déposées dans un magasin spécial. — Il sera pourvu à la conservation de ces armes par les soins du commandant de la milice, qui préposera à cet entretien spécial un tambour de la milice ou agent payé sur les fonds municipaux. — Si la sécurité publique n'exige pas que les miliciens restent constamment armés, on pourra leur imposer l'obligation de déposer leurs armes dans le magasin de réserve, en laissant toutefois au maire ou au fonctionnaire qui en remplit les fonctions la faculté de dispenser de ce dépôt les miliciens auxquels il jugerait convenable de laisser leurs armes.

Art. 4. — Il sera organisé dans chaque milice communale un service spécial de surveillance de l'armement. — Ce service sera établi dans chaque légion, bataillon ou escadron, et dans les compagnies ou subdivisions de compagnies non réunies en bataillon ou escadron. Il sera confié, savoir : — Dans les légions, à un capitaine faisant partie de l'état-major desdites légions, qui prendra le titre de capitaine d'armement ; — Dans les bataillons ou escadrons, au capitaine adjudant-major ; — Dans chaque milice communale, composée de plusieurs compagnies ou subdivisions de compagnies non réunies en bataillon ou escadron, à un lieutenant ou à un sous-lieutenant ; — Dans la compagnie, à un sous-lieutenant ou à un sous-officier ; — Dans la subdivision, à un sous-officier.

Art. 5. — Les officiers et sous-officiers chargés du service de l'armement dans les compagnies ou subdivisions de compagnies seront désignés par l'autorité administrative locale, sur la proposition du commandant de la milice. — Ils seront dispensés du service ordinaire de la milice.

Art. 6. — Les officiers et sous-officiers chargés du service de l'armement tiendront, pour les armes placées sous leur surveillance, un contrôle conforme au modèle n° 3.

Art. 7. — Dans tous les cercles où se trouvent des ateliers de la compagnie d'armuriers attachés à l'armée, et dans tous ceux où il pourrait s'en établir par la suite, les réparations seront exclusivement exécutées par l'artillerie.

Art. 8. — Dans les autres cercles, l'exécution des réparations sera adjugée au rabais. — Les maîtres armuriers militaires, dûment autorisés par leurs chefs de corps respectifs, seront admis à soumissionner, mais sur des prix qui ne pourront être supérieurs à ceux de l'abonnement et à ceux du tarif en vigueur dans l'armée, sur le prix de main-d'œuvre avec augmentation d'un cinquième pour le prix de main-d'œuvre seulement.

Art. 9. — Toutes les réparations sans exception, tant celles imputées aux miliciens que celles que la loi met au compte des communes, seront exclusivement faites dans ces derniers cercles par l'armurier adjudicataire.

Art. 10. — Les réparations au compte des communes, qui proviennent de l'usage ordinaire de l'arme, sont données à l'abonnement. — Les réparations provenant d'accidents dans le service seront faites, suivant les usages militaires, aux prix d'un tarif arrêté par suite de l'adjudication, ainsi que de l'abonnement. — Les réparations imputées aux miliciens seront faites aux prix du même tarif.

Art. 11. — Il est expressément défendu aux armuriers des milices d'acheter des pièces d'armes ou de les fabriquer eux-mêmes. — Les pièces d'armes nécessaires pour les réparations seront tirées des magasins de l'artillerie. — Les demandes de pièces d'armes adressées, en double expédition, conforme au modèle n° 4 ; — En territoires civils, au directeur ou sous-directeur des affaires civiles, par l'entremise des commissaires civils ; — En territoires mixtes, à l'autorité militaire. — Chaque demande de pièces d'armes sera accompagnée d'un certificat de versement, dans la caisse du receveur des domaines, du prix desdites pièces. Le certificat de versement sera de même adressé à l'autorité administrative supérieure. — L'une des expéditions des demandes de pièces d'armes restera à la direction ou sous-direction des affaires civiles en territoires civils, et chez le commandant de subdivision ou de cercle en territoire mixte ; l'autre sera transmise, ainsi que les certificats de versement, au chef du service de l'artillerie de la province, avec un état récapitulatif en double expédition, toujours conforme au modèle n° 4.

L'expédition par l'artillerie des pièces d'armes demandées pour divers cercles d'un même arrondissement sera faite en un seul envoi adressé au directeur ou sous-directeur des affaires civiles, ou à l'autorité militaire supérieure en territoire mixte. Cet envoi contiendra en paquets distincts les pièces destinées à chaque cercle. — Les pièces d'armes sont expédiées du chef-lieu de l'arrondissement aux autorités locales. Les frais de transport acquittés jusqu'au chef-lieu seront répartis, entre les armuriers, par les directeur ou sous-directeur des affaires civiles, ou par les commandants de subdivisions au franc du prix de l'envoi qui leur sera fait. Les commissaires civils, et en territoires mixtes, les commandants de place, en poursuivront le remboursement.

Art. 12. — Les armuriers seront tenus de marquer de leurs poinçons respectifs les pièces qu'ils fourniront, et mettront en place, en ayant soin d'appliquer cette marque de manière à ne pas dégrader les pièces.

Art. 13. — Les officiers et sous-officiers chargés du service de l'armement feront chaque trimestre, au jour fixé par l'autorité administrative, une inspection des armes pour vérifier si elles sont maintenues en bon état, reconnaître les dégradations et prescrire les réparations nécessaires. — Ils tiendront un registre des réparations conforme au modèle n° 5; les réparations seront inscrites dans le plus grand détail, les imputations bien distinctes. — Ils surveilleront les réparations avec la plus grande attention, ils tiendront la main à ce que les armes n'éprouvent aucune des dégradations signalées dans l'instruction spéciale du ministre de la guerre, en date du 2 fév. 1815 (1). — Si de semblables dégradations étaient remarquées, l'officier ou le sous-officier chargé de l'armement, devrait en faire son rapport sur-le-champ au commandant de la milice.

Art. 14. — Les armes déposées aux mairies seront également visitées chaque trimestre, par un officier ou un sous-officier d'armement.

Art. 15. — Des vérifications spéciales de l'armement des milices seront faites annuellement par des officiers d'artillerie de l'armée, ayant servi dans les manufactures nationales. — Ces officiers seront assistés dans leurs tournées par des contrôleurs d'armes attachés aux établissements de l'artillerie, et prendront le titre d'officiers vérificateurs.

Art. 16. — Ils recevront, les uns et les autres, par journée de marche et de station, sur les fonds des budgets communaux, les allocations déterminées ci-après, savoir : — Officier vérificateur, 5 fr. par jour; — Contrôleur d'armes, 3 fr. par jour. — Le temps passé à bord des bâtiments de l'Etat ne

sera pas décompté. — Ces allocations seront acquittées par les soins de l'administration civile au vu des feuilles de route, visées par les fonctionnaires de l'intendance militaire.

Art. 17. — Lorsque les vérifications d'armes des milices auront lieu en même temps que les vérifications d'armes opérées annuellement dans les différents corps militaires, les frais de prolongation de séjour dans ces localités seront décomptés aux officiers et aux contrôleurs, et supportés par les budgets communaux.

Art. 18. — Les vérifications de l'armement n'auront lieu, autant que possible, que les dimanches et jours de fête. — La visite des armes ne sera faite sur le terrain dans aucun cas; elle aura lieu en présence des miliciens, de l'armurier et de l'officier ou sous-officier chargé du service de l'armement, dans un local désigné à cet effet par le maire ou le fonctionnaire remplissant ces fonctions, où la vérification doit avoir lieu.

Art. 19. — L'officier vérificateur se fera représenter le livret et le contrôle d'armement, et les pièces constatant les résultats des revues trimestrielles. Il vérifiera si ces documents sont tenus avec régularité, et donnera à cet effet aux officiers et sous-officiers chargés du service de l'armement toutes les instructions nécessaires.

Art. 20. — Le contrôleur des armes de la milice vérifiera, sous la direction et la surveillance de l'officier vérificateur, l'état de chaque arme dans toutes ses parties, d'après les règles indiquées par l'instruction du 2 fév. 1815.

Art. 21. — L'officier vérificateur, accompagné du contrôleur, examinera l'atelier de chaque armurier de la milice, les outils, calibres et pièces d'armes dont il se sert, les armes qui sont chez lui en réparation, et la manière dont ces réparations sont exécutées.

Art. 22. — La vérification des armes aura lieu sur une feuille d'appel conforme au modèle n° 6, établie par compagnie ou subdivision, et une distincte pour les armes en réserve. — Les maires ou fonctionnaires remplissant ces fonctions se concerteront avec les commandants des milices communales pour la confection des feuilles d'appel qui leur seront fournies par l'officier vérificateur.

Art. 23. — L'officier vérificateur rédigera pour chaque milice communale formant corps le procès-verbal de son opération conforme au modèle n° 7; il y joindra les états suivants : — 1° État des armes ou pièces d'armes à envoyer aux arsenaux pour y être réparées (modèle n° 8); — 2° État des armes hors de service (modèle n° 9). — Il consi-

---

(1) V. le *Journal militaire*, année 1845, 1re série, n° 21, p. 361 et suiv. (nombreux modèles). — Le ministre a décidé le 2 nov. 1836 :

1° Que l'indemnité de déplacement à accorder aux capitaines d'artillerie et aux contrôleurs d'armes chargés de la visite de l'inspection générale de l'armement des corps, serait allouée pour les jours de station employés à cette visite y compris les jours d'arrivée au lieu de garnison des troupes savoir : aux capitaines, à raison de 5 fr. par jour; aux contrôleurs, 3 fr. par jour;

2° Que pour établir les droits à cette indemnité, les sous-intendants militaires devront constater sur les feuilles de route, pour chaque place de station de troupes, le nombre des journées de séjour employées à la visite des armes;

3° Que le résumé de ces journées sera établi sur les feuilles de route à la fin du travail de l'inspection générale, par le sous-intendant militaire et visé par l'inspecteur général; qu'une expédition dans les formes en sera remise aux parties intéressées par le sous-intendant militaire;

4° Que pendant le cours de son inspection, M. l'inspecteur général sera autorisé, chaque fois qu'il le jugera nécessaire, à donner l'ordre au capitaine d'artillerie et au contrôleur d'armes qui lui est adjoint, de voyager par ur-

gence, pour se rendre d'une place de garnison à une autre, pour le service dont ils sont chargés, et dans ce cas, ils auront droit à la double indemnité de route, conformément au deuxième paragraphe de l'art. 6 de l'ord. du 24 sept. 1823 (*Journal militaire* de 1836, 2e série, n° 35, p. 415). — Le ministre de la guerre a décidé le 12 mai 1838 :

1° Que l'indemnité de déplacement accordée sur les fonds affectés au service du matériel de l'artillerie, aux capitaines de cette arme, et aux contrôleurs d'armes chargés de la visite d'inspection générale de l'armement des corps, et pour les jours employés à cette visite seulement, conformément à la décision du 2 nov. 1836, insérée au *Journal militaire officiel*, sera également allouée pour la journée de marche, lorsque sur le pied de guerre et d'après le règlement, il n'y aura pas lieu d'allouer d'indemnité de route;

2° Pour établir dans ce cas le droit à l'indemnité de déplacement, les journées de marche et celles de séjour employées à la visite des armes, seront indiquées sur la feuille de route par l'autorité compétente, et il en sera délivré un relevé à la fin du travail aux parties intéressées par le sous-intendant militaire du lieu de la résidence (*Journal militaire*, 1er semestre 1838, n° 18, p. 666).

gnera à la suite du procès-verbal ses observations et instructions pour les officiers ou sous-officiers d'armement; et son opinion sur l'armurier du corps; il exposera ses vues d'amélioration et de perfectionnement sur tout ce qui a rapport à l'entretien et à la conservation des armes.

Le procès-verbal clos, l'officier vérificateur remettra un double de son travail au commandant de la légion ou au chef de la milice formant corps, s'il s'agit d'une localité où la milice ne fait partie d'aucune légion; il y joindra les feuilles d'appel qui ont servi à la visite. — Une expédition du procès-verbal et des états particuliers nᵒˢ 8 et 9 sera adressée aux sous-directeurs des affaires civiles ou commissaires civils, ou aux commissaires supérieurs en territoire mixte, par l'entremise du maire ou du fonctionnaire chargé de ces fonctions. — L'officier vérificateur adressera la minute de son travail au commandant de la province ou au directeur des affaires civiles, chacun en ce qui le concerne.

Art. 24. — Les généraux commandant les provinces et les directeurs des affaires civiles pourront prescrire dans le cours d'une même année plusieurs vérifications pour les milices dont les armes auraient été reconnues en mauvais état.

Art. 25. — Le directeur général des affaires civiles, les généraux commandant les provinces, les directeurs des affaires civiles et le général commandant l'artillerie en Algérie sont chargés, etc.
MAREY-MONGE.

Mines et carrières.

DIVISION.

§ 1. — Législation spéciale.
§ 2. — Concessions. — Mesures générales.
§ 3. — Arrêtés de concessions.
§ 4. — Exploitation de carrières. — Règlement.
§ 5. — Service administratif.

§ 1. — LÉGISLATION SPÉCIALE.

APE. — 9 oct.-17 nov. 1848. — B. 296. — *Exception à la loi du 21 avril 1810, en ce qui concerne les minerais de l'Algérie.*

Vu la loi sur les mines, minières, carrières, etc. du 21 avr. 1810; — Vu l'art. 25 de la loi du 24 avr. 1833, concernant le régime législatif des colonies; — Considérant que l'art. 3 de la loi du 21 avr. 1810, en ce qui concerne les minerais de fer dits d'alluvion et les art. 59 à 69 de la même loi, relatifs à ces minerais et aux mines de fer en filons ou couches exploitables à ciel ouvert, n'ont été adoptés qu'en vue d'un état de choses préexistant en France et qui n'existe pas en Algérie; — Que l'application en Algérie des articles précités aurait pour conséquence de substituer, dans la plupart des cas, le régime des simples permissions accordées aux propriétaires de la surface du sol, au régime des concessions établi par l'art. 5 de la loi, et qui offre les meilleures garanties pour le bon aménagement des mines; — Qu'il est d'intérêt public que les minerais de fer d'alluvion et les mines de fer en filon ou en couches soient assujettis en Algérie au régime des concessions;

Art. 1. — Sont provisoirement déclarés inapplicables en Algérie l'art. 3 de la loi du 21 avr. 1810, en ce qui concerne les minerais de fer dits d'alluvion et les art. 59 à 69 inclusivement de la même loi, relatifs aux minerais de fer d'alluvion et aux mines de fer en filons ou en couches exploitables à ciel ouvert.

Art. 2. — Les minerais d'alluvion et les mines de fer en filons ou en couches exploitables à ciel ouvert sont assujettis, de même que les mines de fer exploitables par travaux souterrains, au régime établi pour les diverses substances minérales énoncées en l'art. 2 de la loi du 21 avr. 1810, et qui, conformément à l'art. 5, ne peuvent être exploitées qu'en vertu d'un acte de concession.
E. CAVAIGNAC.

LOI. — 16 juin 1851. — (V. *Propriété*.) — *L'exploitation des mines et minerais est replacée sous l'empire des lois de France.*

DP. — 6 fév.-13 mars 1852. — B. 406. — *Remise en vigueur de l'arrêté du 9 oct. 1848.*

Vu l'arr. du 9 oct. 1848; — Vu la loi du 16 juin 1851; — Considérant que de graves embarras en fait d'exploitation de mines et préjudiciables à l'intérêt public, avaient disparu par l'effet de l'arr. du 9 oct. 1848, susvisé; — Vu l'avis du comité consultatif de l'Algérie;

Art. 1. — Les dispositions de l'arrêté du chef du pouvoir exécutif, du 9 oct. 1848, continueront à ressortir leur plein et entier effet (V. ci-après, § 2, 5 janv. 1855).

Art. 2. — Toutes dispositions contraires sont abrogées.
LOUIS-NAPOLÉON.

AG. — 24-31 mars 1852. — B. 408. — *Promulgation en Algérie de la législation française sur les mines.* — 1ᵒ *Loi du 21 avr. 1810;* — 2ᵒ *Décr. du 6 mai 1811;*—3ᵒ *Décr. du 3 janv. 1813;* — 4ᵒ *Loi du 27 avr. 1838;* — 5ᵒ *Ord. du 25 mai 1841;* — 6ᵉ *Loi sur le sel, du 17 juin 1840;* — 7ᵒ *Ord. du 7 mars 1841;* — 8ᵒ *Ord. du 18 avr. 1842;* — 9ᵒ *Ord. du 26 mars 1843;* — 10ᵒ *Décr. du 24 déc. 1851.*

§ 2. — CONCESSIONS.—MESURES GÉNÉRALES.

AM. — 10 nov.-16 déc. 1848. — B. 300.—*Délai de trois mois, à partir de la promulgation de cet arrêté, accordé sous peine de révocation aux concessionnaires pour commencer leur exploitation, ou reprendre les travaux abandonnés. — Même délai pour les travaux de recherches qui ont fait l'objet de demandes et de permis d'exploitation.*

LOI.—11 janv. 1851.—(V. *Douanes*, § 1.)—*Faculté réservée au chef de l'État d'autoriser l'exportation du minerai en pays étranger.*

DP.—23 oct.-15 déc. 1852. — B. 426. — *Interdiction de réunion ou association entre concessionnaires.*

Vu les nombreuses réclamations adressées au gouvernement contre les réunions de mines opérées sans autorisation administrative sur divers points du territoire; — Considérant que, dans certains cas, ces réunions sont de nature à porter un grave préjudice aux intérêts du commerce et de l'industrie; — Considérant, dès lors, qu'il est du devoir de l'autorité publique de s'y opposer; — Vu la loi du 21 avr. 1810 sur les mines; — Vu l'art. 6 de la constitution;

Art. 1. — Défense est faite à tout concessionnaire de mines, de quelque nature qu'elles soient, de réunir sa ou ses concessions à d'autres concessions de même nature, par association ou acquisition, ou de toute autre manière, sans l'autorisation du gouvernement.

Art. 2.—Tous actes de réunion, opérés en opposition à l'article précédent, seront, en conséquence, considérés comme nuls et non avenus, et pourront donner lieu au retrait des concessions, sans préjudice des poursuites que les concessionnaires des mines réunies pourraient avoir encourues en vertu des art. 414 et 419 c. pén.
LOUIS-NAPOLÉON.

29

D1.—5 janv.-1er mars 1855.—B. 475.—*Concessions antérieures à la loi du 16 juin 1851, sur la propriété* (1).

Vu l'art. 5 de la loi du 16 juin 1851 (*Propriété*, § 1), l'art. du 9 oct. 1818, le décr. du 6 fév. 1852, la loi du 11 janv. 1851, relative au régime commercial en Algérie (*Douanes*), le décr. du 23 oct. 1852, les ordonnances, arrêtés et décrets antérieurs à la loi ci-dessus visée, du 16 juin 1851, portant concession des mines en Algérie, et les cahiers de charges et annexes ;

Art. 1.—Les concessionnaires de mines en Algérie, dont le titre est antérieur à la promulgation de la loi du 16 juin 1851, sur la constitution de la propriété, en sont reconnus propriétaires incommutables, sauf les droits des tiers — Leurs concessions sont disponibles et transmissibles, comme les autres biens, dans les termes de l'art. 7 de la loi du 21 avr. 1810, et sauf les restrictions résultant du décr. du 23 oct. 1852.

Art. 2.—Sont considérées comme non avenues, dans les actes constitutifs des concessions mentionnées en l'article précédent, toutes clauses et conditions contraires à la législation générale de la France sur les mines et la loi du 11 janv. 1851, sur

le régime commercial en Algérie. — Continueront néanmoins à recevoir leur pleine et entière application, l'arr. du 9 oct. 1818 et le décr. du 6 fév. 1852, aux dispositions desquels il n'est en rien dérogé.

Circ. G.—14 juill. 1856.—*Recherches de mines en territoire militaire.—Formalités.*

Aux termes de l'art. 10 de la loi du 21 avr. 1810, des recherches de mines ne peuvent être entreprises qu'avec le consentement du propriétaire de la surface, ou, à défaut de ce consentement, en vertu d'une autorisation donnée par le gouvernement, après que le propriétaire a été entendu.—Des doutes se sont élevés relativement à la manière dont cette disposition devait recevoir son application en territoire militaire. — Voici, d'après les règlements sur les mines et le droit commun, la marche qu'il convient de suivre.

Lorsqu'il ne se présente qu'un indigène comme propriétaire, c'est à l'explorateur, s'il veut agir prudemment, à s'assurer, près de l'autorité locale, de la validité du titre de propriété de cet indigène, avant de traiter, à l'amiable avec lui, de la cession de son droit de recherches. Si le titre est reconnu valable, l'art. 10 de la loi susindiquée

---

(1) *Rapport à l'empereur.* — Sire, les diverses concessions de mines instituées en Algérie, antérieurement à la loi du 16 juin 1851 (sur la propriété), qui a rendu exécutoire la législation générale de France, ont été faites conformément aux principes généraux de cette législation, mais avec certaines modifications qu'il avait jugé nécessaire d'y apporter. — Ainsi la durée des concessions, au lieu d'être perpétuelle aux termes de l'art. 7 de la loi sur les mines, du 21 avr. 1810, avait été limitée à quatre-vingt-dix-neuf ans, et, par dérogation au principe de la libre transmissibilité des concessions de mines, posé par le même article, il avait été stipulé que la propriété des concessions ne pourrait être cédée, vendue ou transmise d'une manière quelconque par les concessionnaires, sans l'autorisation du gouvernement. — Enfin, par des clauses exceptionnelles, l'exportation à l'étranger des minerais provenant des exploitations avait été interdite d'une manière géné rale, et les concessionnaires étaient astreints à traiter leurs minerais soit en Algérie, soit en France, au lieu d'être simplement soumis en cela aux lois de douane de la métropole.

A ces diverses dispositions, résultant uniquement des actes de concessions antérieurs à la loi du 16 juin 1851, est venue s'ajouter, mais par la voie réglementaire, une autre dérogation à la loi du 21 avr. 1810 : un arrêté du chef du pouvoir exécutif, du 9 oct. 1848, a déclaré provisoirement inapplicables, en Algérie l'art. 5 et les art. 59 à 69 de cette loi, relatifs aux minerais de fer d'alluvion et aux mines de fer en filons ou en couches exploitables à ciel ouvert, et a rangé ces minerais et mines dans la classe des substances minérales énoncées en l'art. 2 de ladite loi et qui, conformément à l'art. 5, ne peuvent être exploitées qu'en vertu d'une concession. La loi du 16 juin 1851 avait d'abord eu pour effet d'anéantir implicitement l'arrêté du 9 oct. 1848 ; mais il a été statué ultérieurement, par décr. du 6 fév. 1852, que cet arrêté continuerait à ressortir son plein et entier effet.

Dans cette situation s'est élevée la question de savoir quelles doivent être les conséquences de la loi du 16 juin 1851 à l'égard des concessions antérieures, et cette question a été l'objet d'un examen approfondi de la part du département de la guerre, du département de l'agriculture, du commerce et des travaux publics, du comité consultatif de l'Algérie, et, en dernier lieu, du conseil d'État ; examen dont le résultat a été de constater la nécessité d'un règlement d'administration publique pour faire rentrer lesdites concessions sous l'application de la législation française, à l'exception, toutefois, de ce qui concerne les minerais de fer exploitables à ciel ouvert, lesquels sont et doivent rester régis par le décr. du 6 fév. 1852.

En effet, à l'égard de la perpétuité des concessions, il existe un précédent qui doit servir de guide dans cette circonstance. Sous l'empire de la loi sur les mines, du 28 juill. 1791, les concessions de mines en France étaient

temporaires ; la loi du 21 avr. 1810, qui remplaça cette législation, étendit le bénéfice de la perpétuité à toutes celles de ces concessions dont le terme n'était pas expiré. On avait compris que, pour donner aux exploitations l'impulsion que réclamait l'intérêt public, il fallait en affermir la possession dans les mains des concessionnaires. — Ce que la loi de 1810 a fait en France à l'égard des anciennes concessions de mines, il importe, par les mêmes motifs, de le faire aujourd'hui pour l'Algérie, où l'on ne saurait laisser subsister, sans de graves inconvénients, deux catégories distinctes de concessions : les unes temporaires, les autres perpétuelles.

Quant à la libre transmissibilité des concessions, elle dérive de droit de l'art. 7 de la loi du 21 avr. 1810 (portant que les concessions de mines sont perpétuelles et transmissibles comme tous autres biens), sauf certains cas dans lesquels l'autorisation du gouvernement est exigée, par exemple quand il y a vente par lots ou partage d'une concession de mine (art. 7 précité), ou lorsqu'il s'agit de la réunion par vente, association, acquisition ou autrement de plusieurs concessions de mines, de même nature, entre les mains d'une seule personne ou d'une société (décr. du 23 oct. 1852, sur les réunions de mines).

Reste la clause qui obligeait les concessionnaires à traiter ou à faire traiter, soit en Algérie, soit en France, les minerais provenant de leurs exploitations, et prohibait l'exportation à l'étranger. Or, cette clause est devenue sans objet en présence de la loi du 11 janv. 1851, sur le régime commercial de l'Algérie dont l'art. 9, notamment, a rendu facultative, par décret, l'exploitation des minerais de cuivre.

Le projet de décret ci-joint, adopté par le conseil d'État, consacre les principes ci-dessus énoncés ; il reconnaît comme propriétaires incommutables, sauf les droits des tiers, les concessionnaires de mines en Algérie dont le titre est antérieur à la promulgation de la loi du 16 juin 1851 ; et déclare que leurs concessions sont disponibles et transmissibles, comme les autres biens, dans les termes de l'art. 7 de la loi du 21 avr. 1810, et sauf les restrictions résultant du décr. du 23 oct. 1852.—Il abroge en même temps dans les actes constitutifs de ces concessions toutes clauses et conditions contraires à la législation en France sur les mines, ainsi qu'à la loi du 11 janv. 1851 sur le régime commercial de l'Algérie, et il donne, pour ainsi dire, une nouvelle sanction au décr. du 6 fév. 1852 sur les minerais de fer exploitables à ciel ouvert. — En un mot, ce décret, qui établit entre toutes les concessions de mines en Algérie une uniformité aussi juste que nécessaire, me paraît destiné à exercer une heureuse influence au point de vue non-seulement de cette importante industrie, mais aussi du développement de la colonisation qu'elle seconde puissamment.....

Le ministre de la guerre, VAILLANT.

donne naturellement le moyen de résoudre la question de recherches, soit avec le consentement du propriétaire, soit, s'il ne consent pas, avec l'autorisation du gouvernement, à la charge d'une préalable indemnité envers ce propriétaire, après qu'il aura été entendu. — Si le titre n'est pas reconnu valable, le terrain étant alors supposé domanial, l'administration se trouve en position de donner le permis d'exploration demandé.

Quant aux contestations qui peuvent s'élever entre plusieurs individus, relativement à la possession d'un terrain, il est évident qu'elles ne sauraient entraver en rien l'exercice du droit conféré à l'administration par l'art. 10 de la loi, d'autoriser, si elle le juge convenable, un tiers à exécuter des recherches de mines dans ce terrain.—Toutefois, dans ce dernier cas, la personne ou la société qui veut entreprendre les recherches doit adresser, au fonctionnaire investi de l'autorité judiciaire, une déclaration constatant son intention d'explorer le terrain en litige, avec l'offre de consigner la somme nécessaire pour le payement des indemnités qui pourront être dues pour les dégâts et non-jouissance de terrains, occasionnés par les travaux de reconnaissance. Lorsque le domaine de l'État sera au nombre des prétendants à la propriété de l'immeuble, la déclaration devra être faite, conformément à l'art. 13 de la loi du 16 juin 1851, au procureur impérial près le tribunal civil le plus rapproché de la situation des biens.

Ensuite, la personne ou la société présentera à l'administration locale sa demande en autorisation de recherches, accompagnée d'une copie de la déclaration et contenant les indications prescrites par l'instruction ministérielle du 3 août 1810, et la demande sera instruite suivant les règles de la matière.—Si l'autorisation est accordée, elle sera notifiée, de même que la déclaration, à l'autorité judiciaire devant laquelle les prétendants seront renvoyés à se pourvoir pour faire décider auquel d'entre eux doivent appartenir les indemnités à payer, s'il y a lieu, par le permissionnaire.—L'essentiel de la part de l'administration est de veiller à ce qu'avant de commencer les travaux, celui-ci dépose, à titre de consignation, la somme nécessaire à cet égard, ainsi que cela se fait habituellement pour les recherches que le gouvernement autorise sur le refus des propriétaires de la surface.

Ces diverses formalités une fois remplies, il est du droit comme du devoir de l'administration d'assurer, par tous les moyens en son pouvoir, l'exécution de l'acte administratif qui a délivré le permis d'exploration.—Du reste, on doit espérer que les mesures dont il s'agit, en conciliant, selon les droits, les divers intérêts, permettront à l'administration d'atteindre complètement le but qu'elle se propose, c'est-à-dire de faciliter et d'activer les recherches de mines, en les dégageant de toute espèce d'entraves.

Comte RANDON.

Circ. M.—30 nov. 1858.—BM. 11.— *Invitation aux préfets et aux généraux commandant les territoires militaires de nommer dans chaque province les deux membres du conseil général qui doivent faire partie du comité d'évaluation pour les redevances de mines prescrit par le décr. du 6 mai 1811, et qui, suivant instruction min. du 14 nov. 1851, avaient été remplacés jusqu'à ce jour, à défaut de conseils généraux, par deux habitants notables du pays.*

(1) La loi de douane du 11 janv. 1851, art. 7 et 9, § 5, interdit l'exportation à l'étranger des minerais de cuivre de l'Algérie, mais dit toutefois que l'autorisation d'exporter ces minerais pourra être accordée temporaire-

Décis. M.—31 déc. 1858.—B. 15.— *Institution d'un service spécial pour l'exécution de la carte géologique de l'Algérie par les ingénieurs des mines.—Indemnités pour déplacement.—Mesures d'exécution.*

§ 3. — ARRÊTÉS DE CONCESSIONS (1).

1° Province d'Alger.
Mines de cuivre et de fer de Mouzaïa.

AM. — 23 sept. 1844. — B. 184. — *Concession pour 99 ans aux sieurs Henri frères (de Marseille) des mines de cuivre et de fer de Mouzaïa.* — Cette concession a été confirmée par ord. roy. du 5 nov. 1846, B. 347, qui en a déterminé les conditions. — Son périmètre a en outre été modifié et fixé à 53 kilom. carrés 62 hect. 85 ares par arr. du 12 août 1856, B. 501.

Mines de fer, cuivre, plomb et autres métaux.
Concession de l'Oued Allelah.

DP. — 14 mai 1849. — B. 223. — *Concession pour 99 ans aux sieurs Briqueler, Chevandier et Desago de mines de fer, situées au sud de Tenès, et des mines de cuivre, plomb et autres métaux compris dans les mêmes gîtes, sous le nom de concession de l'Oued Allelah.* — Par décr. du 16 oct. 1851, B. 461, l'étendue de cette concession a été portée à 23 kilom. carrés. — Un autre décr. du 13 fév. 1858, B. 519, a autorisé l'établissement d'une usine pour la préparation mécanique du minerai.

Mines de fer, cuivre, plomb et autres métaux.
Concession de l'Oued Taffilès.

DP. — 14 mai 1849. — B. 223. — *Concession pour 99 ans aux sieurs Adolphe et Albert Laugier fils cadet, de mines de fer, cuivre et autres métaux compris dans les gîtes situés au sud de Tenès, sous le nom de concession de l'Oued Taffilès. — Cahier des charges.*

Mines de cuivre, plomb et autres métaux.
Concession du cap Tenès.

DP. — 14 mai 1849. — B. 223. — *Concession pour 99 ans aux sieurs Leroy et Larrieu de mines de fer, cuivre et autres métaux compris dans les gîtes à l'est de Tenès.—Cahier des charges.*

Mines de cuivre et autres métaux.
Concession de l'Oued Merdja.

DP. — 23 avr. 1852. — B. 415. — *Concession aux sieurs Lavallée et Perdonnet des mines de cuivre, fer et autres métaux compris dans les gîtes au sud de Blidah. — Cahier des charges.*

2° Province de Constantine.
Mines de fer de la Meboudja (Bône).

OR. — 9 nov. 1845. — *Concession au sieur de Bassano. — Cette concession ayant été révoquée pour inexécution des engagements pris par le concessionnaire, a été, suivant procès-verbal administratif, approuvé le 5 nov. 1851, B. 397, par le ministre de la guerre, vendue aux sieurs Ogier et de Latena, au prix de 7,050 fr., outre les charges et conditions.*

ment par un décret spécial du chef de l'État. En vertu de cette disposition, plusieurs décrets qu'il est inutile de reproduire ont été rendus en faveur des diverses exploitations concédées par les décrets qui suivent.

Mines de fer du Bou Hamra (Bône).

OR. — 9 nov. 1845. — *Concession au sieur* Péron.

Mines de fer des Karesas (Bône).

OR. — 9 nov. 1845. — *Concession au sieur* Girard.

Mines de fer d'Aïn Morba (Bône).

DO. — 9 nov. 1845. — *Concession au sieur* Jules Talabot.

Mines de plomb argentifère, cuivre et autres métaux.

Concession du Kef Oum Thaboul (E. de a Calle).

DP. — 24 juill.-7 sept. 1849. — B. 329. — *Concession pour 99 ans au sieur* Roux de Fraissinet *des mines situées près et à l'est de la Calle, dans les limites déterminés, sous le nom de concession de Kef Oum Thaboul.*

Mines d'antimoine, de mercure et autres métaux.

Concession de Hamimdte.

DI. — 5 sept.-8 nov. 1854. — B. 469. — *Concession aux sieurs* Chirat et consorts *des mines d'antimoine et de mercure situées sur le territoire de la tribu de Horactas, dans le voisinage du mont Hamimdte, sous le nom de concession de Hamimdte.—Cahier des charges de cette concession. B. 472.*

Mines de fer.

Concession de Filfilah.

DI. — 27 fév. 1858. — B. 520. — *Concession à la société des hauts fourneaux de l'Alelick, près Bône, et au sieur* Deloutto *des mines de fer situées au cap Filfilah (cercle de Philippeville). — Conditions.*

3o Province d'Oran.

Mines de plomb, cuivre et autres métaux.

Concession de Gar Rouban.

DI. — 16 juin-8 nov. 1856. — B. 501. — *Concession au sieur* Dervieu *des mines de plomb, cuivre et autres métaux situés au territoire de Gar Rouban (subdiv. de Tlemcen).*

§ 4. — EXPLOITATION DE CARRIÈRES. — RÈGLEMENT.

AM. — 29 janv.-30 avr. 1851.—B. 458.—*Règlement général sur l'exploitation des mines et carrières en Algérie.*

Vu la loi sur les mines, carrières, etc., du 21 avr. 1810 ;—Vu la loi du 16 juin 1851 (*Propriété,* § 1) ;

Art. 1.—Les carrières de toute nature, ouvertes ou à ouvrir en Algérie, sont soumises aux mesures d'ordre et de police ci-après déterminée.

TIT. 1. — *Des déclarations.*

Art. 2.—Tout propriétaire ou entrepreneur qui voudra continuer l'exploitation d'une carrière, soit à ciel ouvert, soit par galeries souterraines, ou en ouvrir une nouvelle dans un terrain particulier, ou dans un terrain domanial, est tenu d'en faire la déclaration au maire de la commune où la carrière est située.

Art. 3.— La déclaration sera faite en deux expéditions, dont une sur papier timbré.—Elle contiendra l'énonciation des noms, prénoms et demeure des propriétaires ou entrepreneur, et de ses droits à la propriété ou à la jouissance du fonds où la carrière est située ; elle fera connaître d'une manière précise l'emplacement de la carrière et sa situation par rapport aux habitations, bâtiments et chemins les plus voisins ; elle indiquera la nature de la masse à extraire, l'épaisseur et la nature des terres ou bancs de rochers qui la recouvrent, le mode d'exploitation à ciel ouvert ou par galeries souterraines.

Art. 4. — Si l'exploitation doit avoir lieu par galeries souterraines, il sera joint à la déclaration un plan des lieux, également en deux expéditions et à l'échelle de 2 millim. par mètre ; sur ce plan seront indiqués le périmètre du terrain sur lequel l'exploitant aura acquis le droit d'établir des fouilles, ainsi que ses tenants et aboutissants, les chemins, édifices, canaux, rigoles et constructions quelconques existant sur ledit terrain ou dans son voisinage, dans un rayon de 25 m. au moins, l'emplacement des orifices des puits ou des galeries projetées. — S'il existe des travaux souterrains déjà exécutés, ils seront figurés sur le plan en projection horizontale et en coupe verticale.

Art. 5.—Si l'exploitation est entreprise par une personne étrangère à la commune où la carrière est située, cette personne devra faire élection de domicile dans ladite commune. — Dans le cas où l'exploitation devrait se faire pour le compte d'une société, le représentant de la société devra faire également élection de domicile dans la commune. — Le domicile élu, dans l'un comme dans l'autre cas, sera indiqué dans la déclaration.

Art. 6.— La déclaration sera faite : — 1o Pour les carrières actuellement en activité, dans le délai de deux mois, à dater de la promulgation du présent décret ;— 2o Pour les carrières nouvelles à ouvrir, un mois au moins avant le commencement des travaux. — Sera considérée comme carrière nouvelle :—1o Toute carrière abandonnée et dont on voudrait reprendre l'exploitation ; — 2o Toute carrière à ciel ouvert dans laquelle on voudrait introduire le mode d'exploitation par galeries souterraines.

Art. 7.— Les déclarations seront classées dans les archives de la mairie. Un extrait de chacune d'elles, contenant les noms, prénoms et domicile du déclarant, l'indication de la situation de la carrière, de la nature de la masse à extraire et du mode d'exploitation sera inscrite à la date de la réception sur un registre spécial.— Une des expéditions de la déclaration et du plan qui y est joint, quand il s'agit de carrière souterraine, sera transmise sans délai au préfet par l'intermédiaire du sous-préfet de l'arrondissement ou du commissaire civil.— Le préfet renverra à son tour ces pièces à l'ingénieur des mines, qui les conservera et en inscrira la mention sur un registre ouvert à cet effet dans son bureau.

Art. 8.— Faute par les propriétaires ou entrepreneurs d'avoir fait la déclaration ci-dessus prescrite, l'administration pourra ordonner la suspension provisoire des travaux illicitement entrepris, sans préjudice de la peine encourue pour la contravention résultant du défaut de déclaration.

TIT. 3. — *Des règles de l'exploitation.*

SECT. 1. — *Des carrières exploitées à ciel ouvert.*

Art. 9.—Les terres qui recouvrent la masse seront coupées en retraite par banquettes ou avec talus suffisant pour prévenir tout éboulement.

Art. 10.— L'exploitation de la masse ne pourra être poursuivie que jusqu'à la distance horizontale de 10 m. des chemins à voiture, édifices ou constructions quelconques, augmentée d'un mètre par chaque mètre d'épaisseur des terres de recouvrement. — La distance prescrite par le paragraphe précédent pourra être augmentée par le préfet du département, sur le rapport de l'ingénieur des mines, lorsque la nature des terres de recouvrement ou toute autre circonstance particulière l'exigeront.

Art. 11. — Le préfet détermine par des arrêtés

pris sur l'avis du maire et le rapport de l'ingénieur des mines, les distances à observer par rapport aux sentiers de piétons et aux rigoles ou tuyaux de conduite des eaux. — Lorsqu'il s'agira de rigoles ou tuyaux de conduite d'eau dépendant du domaine national ou départemental, l'avis du maire ne sera plus obligatoire, mais l'ingénieur des ponts et chaussées sera nécessairement consulté.

Art. 12. — Lorsque l'abord d'une carrière sera reconnu dangereux, il devra être garanti, soit par un fossé creusé au pourtour et dont les déblais seront rejetés du côté des travaux pour y former une berge, soit par un mur ou une palissade en bois de 1 m. 0 cent. de hauteur au moins, soit par tout autre moyen de clôture qui sera reconnu offrir des conditions équivalentes de sécurité. Ces clôtures seront accompagnées, s'il y a lieu, d'une rigole pour détourner les eaux. — Les dispositions qui précèdent seront applicables aux carrières abandonnées. Les travaux de clôture seront, dans ce cas, à la charge du propriétaire du fonds dans lequel la carrière est située, sauf son recours contre l'ancien exploitant.

Art. 13. — Les procédés d'abatage de la masse exploitée ou des terres de recouvrement, qui seront reconnus dangereux pour les ouvriers, pourront être interdits par des arrêtés du préfet rendus sur l'avis de l'ingénieur des mines. — Dans le tirage à la poudre, l'exploitant se conformera à toutes les mesures de précaution et de sûreté qui lui seront prescrites par l'autorité (1). — S'il est fait usage de mines à fourneaux chargées de 1 kilogr. ou plus de poudre, il sera placé, avant que l'on ne mettre le feu, des signaux apparents pour prévenir les passants, dans un rayon de 300 m. au moins de distance du centre du fourneau. L'exploitant sera tenu, en outre, de prévenir, avant le chargement du fourneau, le maire de la commune, qui pourra prescrire telles autres mesures de précaution qu'il jugera convenables, et même interdire le chargement, s'il pense que l'explosion puisse compromettre la solidité des chemins, édifices ou constructions quelconques, sauf recours au préfet de la part de l'exploitant. Le chargement du fourneau sera, en tous cas, ajourné jusqu'à la décision du préfet.

SECT. 2. — Des carrières souterraines.

Art. 14. — Les voies par lesquelles on entrera dans les carrières, puits ou galeries, seront toujours maintenues en bon état. Leurs parois seront consolidées par des revêtements en bois ou en maçonnerie, quand il en sera besoin. — Les puits seront garnis d'échelles construites et assujetties solidement, pour l'entrée et la sortie des ouvriers. — Les machines, câbles et tonnes d'extraction seront solidement établis et constamment entretenus en bon état.

Art. 15. — Aucune excavation souterraine ne pourra être ouverte ou poursuivie sans une autorisation spéciale du préfet, que jusqu'à une distance horizontale de 10 m. des habitations, chemins, rivières, rigoles ou conduites d'eau, édifices et constructions quelconques existant à la surface. — Cette distance sera augmentée de 1 mètre par chaque mètre de hauteur de l'excavation.

Art. 16. — Les exploitants se conformeront, pour tout ce qui concerne la sûreté des ouvriers et la solidité des travaux, notamment pour les moyens de consolidation des puits, galeries et autres excavations, les dispositions ou les dimensions des piliers de masse, les précautions

à prendre pour prévenir les accidents dans le tirage à la poudre, aux mesures qui leur seront prescrites par le préfet sur le rapport de l'ingénieur des mines.

TIT. 3. — Dispositions générales applicables aux carrières à ciel ouvert et aux carrières souterraines.

Art. 17. — Tout propriétaire ou entrepreneur de carrières est tenu : — 1° De faciliter la visite de sa carrière à tous les fonctionnaires chargés de la surveillance des travaux; — 2° D'adresser au maire de la commune, toutes les fois qu'il en fera la demande, la déclaration du nombre d'ouvriers qu'il emploie et la liste nominative desdits ouvriers; — 3° De n'employer que des ouvriers porteurs de livrets, aux termes de la loi du 22 germ. an XI et des règlements de l'Algérie; — 4° De ne pas admettre dans ses travaux d'enfants au-dessous de dix ans.

TIT. 4. — De la surveillance administrative.

Art. 18. — L'exploitation des carrières est surveillée, sous l'autorité du préfet, par les ingénieurs des mines et les agents sous leurs ordres, et concurremment par les maires et autres officiers de police municipale, conformément aux dispositions des art. 47, 48, 50, 81 et 82 de la loi du 21 avr. 1810, de l'art. 40 du décr. du 18 nov. 1810, et du décr. du 3 janv. 1813 sur la police souterraine.

Art. 19. — Les ingénieurs des mines, gardes-mines et autres agents sous leurs ordres visiteront les carrières dans leurs tournées; ils rédigeront des procès-verbaux de ces visites et laisseront, s'il y a lieu, aux exploitants, des instructions écrites pour la conduite des travaux sous le rapport de la sûreté et de la salubrité. Les ingénieurs adresseront au préfet une copie desdits procès-verbaux ou instructions.

Art. 20. — L'ingénieur des mines informera le préfet de tout vice ou abus qu'il aurait observé dans sa visite, et provoquera les moyens d'amélioration et les mesures d'ordre dont il aura reconnu l'utilité. Il sera statué par le préfet sur les propositions de l'ingénieur.

Art. 21. — Dans le cas où, par une cause quelconque, l'exploitation d'une carrière compromettrait la sûreté publique, la conservation des puits, la solidité des travaux, la sécurité des ouvriers, celle du sol ou des habitations de la surface, le propriétaire ou l'entrepreneur sera tenu d'en donner immédiatement avis au maire de la commune où la carrière est située et au préfet du département.

Art. 22. — L'ingénieur des mines, aussitôt qu'il sera prévenu par le préfet ou autrement, et à son défaut le garde-mines, se rendra sur les lieux, dressera procès-verbal de leur état, et enverra ce procès-verbal au préfet en y joignant l'indication des mesures qu'il jugera convenables pour faire cesser le danger. — Le maire pourra aussi adresser au préfet ses observations en ce qui concerne la sûreté des personnes et des propriétés. — Le préfet statuera après avoir entendu l'exploitant, et sauf recours au gouverneur général, le conseil du gouvernement entendu. En cas d'urgence, l'ingénieur en fera mention dans son rapport, et le préfet pourra ordonner que son arrêté soit provisoirement exécuté.

Art. 23. — Si le propriétaire ou l'entrepreneur, sur la notification qui lui sera faite de l'arrêté du préfet, ne se conforme pas aux mesures prescrites dans le délai qui lui aura été fixé, il y sera pourvu d'office et à ses frais par les soins de l'administration.

Art. 24. — En cas de péril imminent reconnu

(1) V. Instruction ministérielle du 10 oct. 1856, B. 506, sur l'emploi et les avantages des fusées de sûreté dans le tirage des rochers à la poudre.

par l'ingénieur des mines dans la visite d'une carrière, cet ingénieur fera, sous sa responsabilité, les réquisitions nécessaires aux autorités locales pour qu'il y soit pourvu sur-le-champ conformément à l'art. 5 du décr. du 3 janv. 1813. — Le maire pourra toujours d'ailleurs, dans le cas prévu au présent article et en l'absence de l'ingénieur, prendre toutes les mesures que lui paraîtra commander l'intérêt de la sûreté publique.

Art. 25. — En cas d'accident survenu dans une carrière, et qui aurait occasionné la mort ou des blessures à une ou plusieurs personnes, ouvriers ou autres, le propriétaire ou l'entrepreneur est tenu d'en donner avis immédiatement au maire de la commune. — Le maire en informera sans délai le préfet et l'ingénieur des mines ou le garde-mines à la résidence la plus rapprochée. En outre, il se transportera immédiatement sur le lieu de l'événement et dressera un procès-verbal qu'il transmettra au procureur impérial et dont il enverra copie au préfet. — L'ingénieur des mines ou à son défaut le garde-mines se rendra sur les lieux aussitôt que possible : il visitera la carrière, recherchera les circonstances et les causes de l'accident, et dressera du tout un procès-verbal qu'il adressera au procureur impérial et dont il enverra copie au préfet. — L'ingénieur des mines ou le garde-mines se conformera, pour les autres mesures à prendre, aux dispositions du décr. du 3 janv. 1813. — Sur le vu des pièces, le procureur impérial poursuivra, s'il y a lieu, les auteurs de l'accident devant le tribunal de police correctionnelle pour l'application des peines prononcées par les art. 319 et 320 c. pén., sans préjudice de tous dommages-intérêts.

Art. 26. — Il sera procédé ainsi qu'il est dit aux art. 21, 23, 24 et 25 ci-dessus dans le cas où à défaut d'avis donné par le propriétaire ou l'entrepreneur de la carrière, les faits seront parvenus autrement à la connaissance du maire ou de l'adjoint, sans préjudice des poursuites qui pourront être exercées contre ledit propriétaire ou entrepreneur pour la contravention résultant du défaut d'avertissement.

Art. 27. — Tout propriétaire ou entrepreneur de carrières souterraines sera tenu de faire dresser ou compléter le plan de ses travaux dès qu'il en sera requis par le préfet, et dans le délai fixé par ce magistrat. — S'il refuse ou néglige d'obtempérer à cette réquisition, le plan sera levé d'office à ses frais à la diligence de l'administration.

Art. 28. — Lorsque des travaux auront été exécutés ou des plans levés d'office dans les cas prévus par les art. 23 et 27 ci-dessus, le montant des frais sera réglé par le préfet, et le recouvrement s'en opérera contre qui de droit, comme en matière de contributions, sur des rôles rendus exécutoires par le préfet. — En cas de réclamation, le conseil de préfecture sera appelé à statuer, sauf recours au conseil d'État.

Art. 29. — Tout propriétaire ou entrepreneur qui voudra abandonner une carrière souterraine, est tenu d'en faire la déclaration au préfet par l'intermédiaire du maire de la commune où la carrière est située. Le préfet fera reconnaître les lieux par l'ingénieur des mines et prendra, sur son rapport, les mesures qu'il jugera nécessaires dans l'intérêt de la sûreté publique.

Art. 30. — Les dispositions des art. 22, 23 et 24 ci-dessus sont applicables à toute époque, aux carrières souterraines abandonnées, dont l'existence compromettrait la sûreté publique. — Les travaux prescrits seront, dans ce cas, soit à la charge du propriétaire du fonds dans lequel la carrière est située, soit à la charge de l'entrepre-

neur en terrain domanial, sauf recours contre l'ancien exploitant.

TIT. 5. — *De la constatation, de la poursuite et de la répression des contraventions.*

Art. 31. — Les contraventions aux dispositions du présent règlement et aux arrêtés préfectoraux rendus en exécution de ce règlement, commises par les propriétaires, entrepreneurs ou exploitants de carrières, seront constatées par les maires et adjoints, par les commissaires de police, gardes champêtres et autres officiers de police judiciaire, et concurremment par les ingénieurs des mines et les gardes-mines ou agents placés sous leurs ordres et ayant qualité pour verbaliser.

Art. 32. — Les procès-verbaux seront visés pour timbre et enregistrés en débet ; ils seront affirmés dans les formes et délais prescrits par la loi, pour ceux de ces procès-verbaux qui ont besoin de l'affirmation.

Art. 33. — Lesdits procès-verbaux seront transmis en originaux à qui de droit, et les contrevenants poursuivis d'office devant la juridiction compétente, sans préjudice des dommages-intérêts des parties. — Copies des procès-verbaux seront transmises aux préfets.

Art. 34. — Les contraventions aux dispositions du présent règlement, qui auraient pour effet de porter atteinte à la conservation des routes nationales et départementales, des canaux, rivières, ports ou autres ouvrages dépendant du domaine public, seront constatées et poursuivies par voie administrative, conformément à ce qui est prescrit par la loi du 29 flor. an X et les décr. des 18 août 1810 et 16 déc. 1811. — Les procès-verbaux dressés par les ingénieurs ou conducteurs des ponts et chaussées, par les ingénieurs des mines et gardes-mines, et par les autres fonctionnaires et agents désignés en l'art. 2 de la loi du 29 flor an X, seront visés pour timbre et enregistrés en débet : ils seront après affirmation, s'il y a lieu, transmis sans délai au sous-préfet, ou au commissaire civil, qui ordonnera par provision, et sauf recours au préfet, ce que de droit pour faire cesser le dommage. — Il sera statué définitivement par le conseil de préfecture, conformément aux lois et règlements.

TIT. 6. — *Dispositions générales.*

Art. 35. — Les attributions conférées aux préfets, sous-préfets, commissaires civils et maires, seront remplies en territoire militaire, par le général commandant la division et par les officiers investis sous ses ordres de commandements militaires, conformément à la législation de l'Algérie.

Art. 36. — Les attributions conférées aux tribunaux de police correctionnelle, aux tribunaux de simple police et aux conseils de préfecture, seront remplies, en territoire militaire, par les juridictions correspondantes.

Art. 37. — Par dérogation aux dispositions contenues dans les tit. 4 et 5 du présent règlement, les attributions confiées par ces dispositions aux ingénieurs des mines seront exercées respectivement par les ingénieurs des ponts et chaussées ou par les officiers du génie militaire pour les carrières du domaine de l'État, qui sont exploitées pour le compte du service des ponts et chaussées ou pour celui du génie militaire.

Art. 38. — Dans les zones de servitude des places de guerre, les carrières ne peuvent être ouvertes sans l'autorisation préalable du génie militaire.

Art. 39. — Le présent arrêté sera publié à la diligence du gouverneur général de l'Algérie et des préfets, et par les soins des maires dans les communes où il existe des exploitations de car-

rières. Il en sera, en outre, donné connaissance spéciale par les maires aux entrepreneurs de carrières.
A. DE SAINT-ARNAUD.

§ 5. — SERVICE ADMINISTRATIF.

OR. — 29 déc. 1845. — B. 220. — *Dispositions relatives à la retenue que doivent subir les traitements des gardes-mines, et à la liquidation des pensions de retraite qui pourront leur être accordées ainsi qu'à leurs veuves.*

AM. — 18 déc. 1858. — BM. 13. — *Règlement du tarif des traitements et accessoires de traitements du personnel des mines en Algérie. — Abrogation de toutes dispositions contraires et par suite des arrêtés antérieurs en date des 31 oct. 1840, 29 juin 1849 et 27 juin 1854. — Le traitement des gardes-mines a été augmenté de 100 fr. par an, par arrêté du 4 avr. 1859, BM. 24, et de 100 fr. encore par autre arrêté du 10 fév. 1860, BM. 57.*

Moniteur algérien.

Un journal appelé *Moniteur Algérien* avait été créé par arrêté de M. le baron Pichon, intendant civil, en date du 8 fév. 1832. Son principal but était de servir à la publication non-seulement des lois, ordonnances et actes du gouvernement en France qui intéressaient l'Algérie, mais également de tous les actes du gouvernement de la régence et des avis des divers services militaires ou civils. On y avait joint la publication des annonces légales et judiciaires requises par les lois du royaume ou les statuts et règlements locaux. Cette feuille officielle et utile, où étaient reproduits un grand nombre de documents intéressants concernant le commerce et la statistique, a cessé de paraître le 30 sept. 1858, par suite de l'institution du ministère de l'Algérie et des colonies et de la nouvelle organisation de l'administration algérienne.

Monnaies algériennes et françaises.

AG. — 7 sept. 1831. — *Le cours des monnaies françaises est déclaré forcé suivant un tarif comparatif du 7 mai 1830, qui n'a point été publié au Bulletin.*

Circ. 6i, n° 5. — 19-25 mai 1849. — B. 320. — *Instruction relative au retrait des monnaies algériennes et à leur évaluation dans le cas de versement comme contribution de guerre (remplacée par l'arrêté suivant).*

AM. — 11 août-8 sept. 1851. — B. 592. — *Retrait des monnaies algériennes.*

Art. 1. — Sous aucun prétexte, sauf les cas prévus ci-après, les monnaies algériennes, les piastres d'Espagne et toutes autres monnaies étrangères ne seront admises dans les caisses publiques en Algérie.

Art. 2. — Lorsque, pour l'acquittement des contributions imposées aux tribus du désert ou aux populations nouvellement soumises, ou pour le payement des contributions de guerre ou des amendes, il aura été constaté que les redevables sont dans l'impuissance absolue de compléter leur libération autrement qu'en pièces algériennes, lesdites pièces pourront être reçues sur état en nombre et espèce pour une valeur à leur décharge fixée sur les bases ci-après :

Zoudj boudjou (double boudjou). . . .	5 fr. 60 c.
Boudjou.	4 80
R'bia boudjou (1/4 de boudjou). . . .	» 45
Temin boudjou (1/8 de boudjou). . . .	» 22 1/2
Pataque chique 1/10 de 5 boudjous représentant la piastre d'Espagne. . . .	» 54
Demi-pataque chique (1/20 de 5 boudjous).	» 27

Art. 3. — Dans le cas unique prévu par l'article précédent, la tribu imposée sera définitivement créditée de la valeur monétaire représentée par les espèces algériennes qu'elle aura été admise à verser, mais les trésoriers-payeurs, en encaissant ces espèces et en en délivrant récépissé, n'en prendront charge dans leurs écritures qu'à titre de dépôt de matières métalliques. Elles seront dirigées par eux sur l'hôtel des monnaies de Paris, qui procédera à leur refonte et en versera le produit à la caisse centrale du trésor public.

Art. 4. — Les frais et pertes résultant de la fonte, les frais de transport et tous autres, ainsi que les droits d'affinage et de fabrication qui ne se trouveraient pas couverts par le produit de la refonte, seront remboursés au ministère des finances par le ministère de la guerre, sur les fonds du budget local et municipal.

Art. 5. — Les piastres d'Espagne pourront être admises dans les caisses publiques au taux de 5 fr. 40 c., mais uniquement pour l'acquittement des contributions et amendes imposées aux tribus arabes.

Art. 6. — Une ampliation du présent arrêté sera remise à M. le ministre des finances, à qui il appartient de régir le mode d'exécution et de comptabilité.
Comte RANDON.

Mont-de-piété.

La création d'un mont-de-piété à Alger remonte à un décret du 8 sept. 1852. Depuis longtemps, disait alors M. le ministre de la guerre dans son rapport au président de la République, l'attention de l'administration avait été appelée sur les abus de tous genres, et sur les exactions scandaleuses dont le prêt sur gages est la source dans ce pays. La justice a constamment l'œil ouvert sur ceux qui se livrent à ce genre d'industrie, dont la base est toujours une impitoyable exploitation de la détresse par la cupidité, mais elle voit souvent ses investigations et ses poursuites sans résultat, parce que les victimes elles-mêmes se taisent sur les dommages qu'elles éprouvent : le pauvre craindrait de tarir la seule source de crédit qui lui soit ouverte, en dénonçant l'usurier qui le pressure, ou en confirmant par son témoignage les soupçons trop légitimes de la justice.

Il n'est qu'un moyen efficace et sûr de mettre un terme à des abus si criants, et dont la répression échappe si facilement à l'action légale, c'est d'attaquer l'industrie des prêteurs sur gages dans sa source même, en lui opposant, par la création d'un mont-de-piété, une concurrence contre laquelle il leur soit impossible de lutter. C'est ainsi qu'on a toujours procédé, soit en France, soit dans les autres pays. « Ce moyen, est-il dit dans les lettres patentes de 1777, qui instituent le mont-de-piété de Paris, ce moyen nous a paru le plus capable de faire cesser les désordres que l'usure a introduits, et qui n'ont que trop fréquemment entraîné la perte de plusieurs familles. »

Un mont-de-piété fut donc institué. Les moyens de réalisation étaient fort limités. On ne pouvait les trouver que dans le concours du département et de la commune. Le département, représenté par la caisse locale et municipale dut faire une avance de 150,000 fr., et la commune garantir jusqu'à concurrence de 500,000 fr. d'emprunts. On verra dans le décret qui suit, les nouvelles dispositions prises pour la constitution et la réorganisation de cet établissement, qui répond à une nécessité publique de premier ordre.

DI.—28 avr. 1860.—BM. 75. — *Réorganisation du mont-de-piété* (1).

TIT. 1. — *Institution, organisation.*

Art. 1.—Le mont-de-piété créé à Alger, par le décr. du 8 sept. 1852, est maintenu, comme établissement d'utilité publique, sous la surveillance et la garantie de l'autorité municipale, aux conditions et dans les limites ci-après déterminées.

Art. 2.—Le mont-de-piété est administré, sous la présidence du maire de la ville, par un conseil composé de neuf membres nommés par le préfet et choisis, savoir:—Un tiers dans le conseil municipal; — Un tiers parmi les membres des conseils d'administration des établissements charitables;—Un tiers parmi les autres habitants de la commune. —Les fonctions de membres du conseil d'administration sont gratuites.—Ce conseil est renouvelé par tiers, chaque année, dans l'ordre fixé par un tirage au sort. — Les membres sortants peuvent être renommés.

Art. 3. — Le conseil d'administration se réunit au moins une fois par mois, et extraordinairement toutes les fois qu'il est convoqué par son président. —Le préfet peut toujours, pour un objet déterminé, exiger la convocation extraordinaire du conseil.— Tout membre qui, sans motif reconnu légitime, manque à trois convocations successives, est considéré comme démissionnaire et immédiatement remplacé.

Art. 4. — Les délibérations du conseil ne sont valables qu'autant qu'elles ont été prises par quatre membres au moins. — Les résolutions sont prises à la majorité des membres présents. En cas de partage, la voix du président est prépondérante.

Art. 5. — Le conseil d'administration peut être suspendu par le préfet, en conseil de préfecture. — Il ne peut être dissous que par le ministre de l'Algérie et des colonies, sur la proposition du préfet.

Art. 6.—Il y a près du conseil d'administration, et sous son autorité, un directeur, un caissier, un garde-magasin, deux appréciateurs et des commis et salariés en nombre nécessaire pour assurer le service de l'établissement.—Le directeur, le caissier, le garde-magasin et les appréciateurs sont soumis à des cautionnements en argent, dont la quotité est fixée par le ministre, sur la proposition

du préfet et l'avis du conseil d'administration.

Art. 7.—Le directeur est nommé par le ministre, sur la proposition du préfet et sur une liste de trois candidats dressée par le conseil d'administration. —Tout maniement personnel des fonds de l'établissement est interdit au directeur, sous les peines édictées contre ceux qui ont indûment disposé des deniers publics.

Art. 8. — Le caissier, le garde-magasin et les commis sont nommés par le préfet, sur la présentation du conseil d'administration. — Les révocations sont prononcées, sur l'avis préalable du conseil d'administration, par l'autorité à laquelle est attribuée la nomination. Dans le cas où le conseil, mis en demeure d'émettre son avis, néglige ou refuse de le faire, il est passé outre par l'autorité compétente. — Le directeur nomme les surveillants et gens de service.

Art. 9. — Les traitements du personnel administratif, des surveillants et gens de service sont fixés par le préfet, sur l'avis du conseil d'administration.

Art. 10. — Les appréciateurs sont pris parmi les commissaires-priseurs exerçant à la résidence d'Alger. Ils sont désignés par le préfet, sur la présentation des commissaires-priseurs et l'avis du conseil d'administration. — Le résultat final de leurs appréciations est garanti par la bourse commune des commissaires-priseurs. — Ils peuvent être changés à la demande soit des commissaires-priseurs, soit du directeur du mont-de-piété, et sur l'avis du conseil d'administration. — Ils perçoivent, pour chaque opération suivie d'un prêt, un droit de prisée, dont le taux, qui ne pourra dépasser *un pour cent* de la somme prêtée, est fixé par le préfet, sur la proposition du conseil d'administration.

Art. 11. — Le mont-de-piété est, quant aux règles de la comptabilité, assimilé aux établissements de bienfaisance. — Les budgets et comptes sont réglés par le préfet, après avoir été soumis à l'examen du conseil municipal.

Art. 12. — La dotation du mont-de-piété se compose : — 1° De la somme de 150,000 fr. qui lui a été avancée, en vertu des art. 10 et 11 du décr. du 8 sept. 1852, sur les fonds de l'ancienne caisse locale et municipale, en échange d'obligations qui sont et demeurent annulées; — 2° Des biens meubles et immeubles appartenant en propre à l'établissement ou qui auront été affectés à sa dotation, et de ceux dont il pourra devenir propriétaire, notamment par dons et legs; — 3° Des bénéfices et bonis constatés par les inventaires annuels; — 4° Des subventions qui pourront lui être accordées sur les fonds de la commune, de la province ou de l'État.

Art. 13. — En compensation du fonds de dotation de 150,000 fr. constitué par le § 1 de l'ar-

(1) *Rapport à l'empereur.* — Sire, un décret du 8 sept. 1852 a créé un mont-de-piété dans la ville d'Alger. — Cet établissement a déjà rendu de véritables services; mais une expérience de près de sept années a fait reconnaître la nécessité d'introduire dans son organisation quelques modifications essentielles. — C'est au moyen d'une somme de 150,000 fr., prêtée par l'ancienne caisse locale et municipale de l'Algérie, que le mont-de-piété d'Alger a constitué son fonds de roulement. A ce premier fonds sont venus s'ajouter les cautionnements versés par ses agents responsables : directeur, caissier, garde-magasin, appréciateurs, et les sommes qui lui ont été confiées contre des obligations négociables. — Ainsi, le fonds de roulement du mont-de-piété se compose uniquement, quant à présent, de capitaux empruntés, situation qui donne à son existence une base essentiellement précaire.

Le projet de décret l'exonère de l'obligation de rembourser la somme de 150,000 fr. dont il s'agit, en la fai-

sant passer du fonds de roulement au fonds de dotation, à la charge de payer au budget provincial une rente de 4,500 fr. En cas de liquidation, le remboursement du capital est garanti par la commune d'Alger. — Cette combinaison, qui sauvegarde tous les intérêts, a le grand avantage de consolider la situation du mont-de-piété et d'élargir les bases de son crédit, en faisant disparaître de sa dette flottante une somme considérable. — Le nouveau règlement augmente le maximum des prêts sur l'argenterie, les bijoux d'or et d'argent et les pierreries. Ces objets formant la majeure partie des gages présentés, la latitude accordée profitera surtout aux emprunteurs. — Les autres dispositions projetées, la plupart empruntées aux règlements de la métropole, ne renferment que des clauses déjà consacrées par une longue expérience et inspirées par un esprit de sympathie pour les classes nécessiteuses, etc.

Comte DE CHASSELOUP-LAUBAT.

ticle précédent, le mont-de-piété servira à perpétuité à la province d'Alger une rente annuelle de 4,500 fr., payable par trimestre, à partir du 1er janv. 1860. — Dans le cas de liquidation prévu par l'art. 20 du présent décret, le remboursement de ladite somme de 150,000 fr. est garanti par la commune d'Alger.

Art. 14. — Il est pourvu aux opérations du mont-de-piété au moyen : — 1° Des fonds disponibles de la dotation ; — 2° Des cautionnements du directeur, du caissier, du garde-magasin et des appréciateurs ; — 3° Des cautionnements versés à la caisse de l'établissement par les receveurs et économes des hospices, hôpitaux et autres établissements charitables de la commune d'Alger ; — 4° Des fonds offerts au mont-de-piété par des particuliers à titre de prêt, avec ou sans intérêt, à époque fixe ou indéterminée, dans la forme et sous les conditions réglées par le conseil d'administration ; — 5° Des fonds que l'établissement se procure par voie d'emprunt sous forme d'obligations négociables, et au taux d'intérêt arrêté et approuvé comme il est dit au paragraphe précédent.

Art. 15. — Les cautionnements, les fonds offerts par des particuliers, à titre de prêts, sont garantis par la commune, conformément à la délibération du conseil municipal d'Alger, en date du 17 déc. 1859. — Sont également garanties par la commune, jusqu'à concurrence de 500,000 fr., conformément à ladite délibération, les obligations que l'établissement est autorisé à émettre en vertu du § 5° de l'article précédent. — Le mont-de-piété servira l'intérêt des cautionnements versés dans sa caisse au taux payé par la caisse des dépôts et consignations pour les versements de cette nature. — Le préfet, sur l'avis du conseil d'administration, fixe le taux maximum de l'intérêt annuel auquel peuvent donner lieu les prêts mentionnés dans les §§ 4° et 5° de l'article précédent.

Art. 16. — Lorsque la dotation suffira tant à couvrir les frais généraux qu'à abaisser à 8 pour 100 le taux de l'intérêt des prêts, les excédants de recettes seront attribués aux hospices ou autres établissements de bienfaisance de la commune d'Alger par arrêté du préfet, sur l'avis du conseil municipal.

Art. 17. — L'intérêt des prêts à faire par le mont-de-piété est fixé tous les ans, pour l'année suivante, par le préfet, sur l'avis du conseil d'administration. — Tous les frais, moins ceux de prisée et de vente, sont à la charge de l'établissement.

TIT. 2. — *Dispositions diverses.*

Art. 18. — Les obligations, reconnaissances et tous actes concernant l'administration du mont-de-piété sont exempts des droits de timbre et d'enregistrement, conformément à l'art. 8 de la loi du 24 juin 1851.

Art. 19. — Est approuvé le règlement général du mont-de-piété d'Alger, annexé au présent décret.

Art. 20. — En cas de perte du tiers des capitaux engagés par le mont-de-piété et garantis par la commune, aux termes des art. 13, 14 et 15, il pourra, sur la demande du conseil municipal, être procédé à la liquidation du mont-de-piété. — Cette opération aura lieu dans les formes et les délais qui seront déterminées par un arrêté ministériel.

Art. 21. — Sont abrogées toutes dispositions contraires au présent décret.

Règlement général.

TIT. 1. — *Du conseil d'administration.*

Art. 1. — Le conseil d'administration élit dans son sein un vice-président. — Il choisit aussi parmi ses membres un secrétaire, qui tient les registres des délibérations et de la correspondance, délivre toutes les expéditions nécessaires et a, en outre, la garde des archives. — Le vice-président et le secrétaire sont élus pour une année et indéfiniment rééligibles.

Art. 2. — Le conseil d'administration fait les règlements du régime intérieur, et spécialement ceux concernant l'organisation et la tenue des bureaux. Ces règlements sont approuvés par le préfet. — Il fixe le maximum des sommes à affecter à un seul prêt. — Il détermine les objets ou marchandises qui, soit en raison de l'encombrement qu'ils causeraient dans les magasins, soit pour tout autre motif, ne doivent pas être admis en nantissement. — Il autorise, s'il y a lieu, les versements d'à-compte à la caisse du mont-de-piété et les conditions de ces versements. — Ces statue sur les prêts qui lui sont spontanément offerts par les particuliers, et fixe la forme et les conditions sous lesquelles ces prêts sont acceptés, s'il y a lieu. — Il détermine la quotité, le nombre et l'échéance des obligations négociables à émettre par le mont-de-piété.

Art. 3. — Le conseil d'administration donne son avis sur les objets suivants : — Budgets; — Comptes, tant du directeur que du caissier ; — Fixation du taux de l'intérêt des prêts et des emprunts ; — Acquisitions, échanges, aliénations des propriétés de l'établissement ; — Cahiers des charges des adjudications de travaux et de fournitures ; — Projets et devis de travaux neufs, grosses réparations ou démolitions ; — Acceptation ou refus de dons et legs ; — Actions judiciaires et transactions ; — Et généralement tous actes de propriété ou de gestion intéressant le mont-de-piété.

Art. 4. — Toute délibération sur les objets énoncés en l'art. 2 est immédiatement transmise au préfet, qui doit statuer dans un délai de trente jours.

Art. 5. — Le conseil d'administration choisit, chaque mois, dans son sein, un administrateur de service, qui est chargé d'assurer l'exécution tant du règlement général que du règlement sur le service intérieur de l'établissement. — Cet administrateur vise les états et mandats de dépenses délivrés par le directeur, — Il vérifie, toutes les fois qu'il le juge convenable, les caisses, les magasins, les armoires et les écritures de l'établissement. — Il doit, en outre, coter et parafer les registres, assister aux ventes, clore et signer les procès-verbaux.

TIT. 2. — *Du personnel.*

Art. 6. — Le directeur est chargé, sous sa responsabilité, de la gestion générale de l'établissement et de l'exécution des mesures prescrites par le conseil d'administration, sauf homologation de l'autorité supérieure, dans les cas où cette formalité est nécessaire. — Il ordonnance toutes les dépenses inscrites au budget ou régulièrement autorisées. — Il représente le mont-de-piété en justice, soit en demandant, soit en défendant.

Art. 7. — Il veille à l'exécution des dispositions du présent règlement et de celui du régime intérieur. — Il exerce un droit de surveillance et de vérification sur les caisses, livres, magasins et armoires de l'établissement. — Il reçoit les réclamations, déclarations et oppositions, ainsi que les propositions qui peuvent être faites. — En cas de difficultés qui pourraient survenir entre lui et les emprunteurs, il est tenu d'en référer à l'administrateur de service.

Art. 8. — Le directeur présente au conseil d'administration : — 1° Dans le mois d'avril de chaque année, le compte annuel des opérations du mont-de-piété et leurs résultats pour l'année précédente, et, s'il y a lieu, le budget supplémentaire de l'année courante ; — 2° Dans le mois d'octobre, le budget des recettes et des dépenses présumées de l'établissement pour l'année suivante. — La publicité du compte annuel peut être autorisée par le préfet.

Art. 9. — En cas d'empêchement légitime, le directeur peut se faire remplacer par une personne de son choix, agréée par le conseil d'administration ; mais il demeure responsable de la gestion de son remplaçant. — Il ne peut s'absenter qu'en vertu d'un congé, délivré par le préfet, sur l'avis du conseil d'administration.

Art. 10. — Dans le cas de décès ou de cessation de fonctions, volontaire ou forcée, il ne sera donné mainlevée du cautionnement du directeur qu'après que tous les comptes, jusqu'au jour de son décès ou de la remise de son service, auront été apurés par l'autorité compétente, et qu'autant qu'il n'aura pas été déclaré en débet envers l'établissement.

Art. 11. — Si, pendant la gestion du directeur, il y a lieu d'attaquer son cautionnement pour des faits de responsabilité n'entraînant pas la révocation, il doit compléter ledit cautionnement dans le délai de trois mois, sous peine d'être considéré comme démissionnaire.

Art. 12. — Le caissier est dépositaire et comptable des fonds du mont-de-piété. Il est chargé de faire toutes les recettes et d'acquitter toutes les dépenses.

Art. 13. — Il ne peut faire de payement que sur un mandat du directeur, visé par l'administrateur de service. — Toutefois, il effectue le payement des prêts journaliers sur le vu des reconnaissances du garde-magasin, et délivre les bons aux parties intéressées, d'après les comptes de vente. — Il ne peut recevoir de fonds en dehors de ceux provenant des dégagements, renouvellements et ventes, que sur un bordereau visé du directeur.

Art. 14. — Le caissier tient tous les registres nécessaires à la régularité de sa comptabilité ; le nombre et la forme en sont réglés par le conseil d'administration, sur le rapport du directeur.

Art. 15. — À l'expiration de chaque année, ce comptable remet au directeur le compte de ses recettes et dépenses, appuyé des pièces justificatives, pour y être joint à celui que le directeur doit rendre lui-même au conseil d'administration.

Art. 16. — Les comptes du caissier sont jugés et apurés par le conseil de préfecture, tant que les recettes ordinaires du mont-de-piété restent inférieures à 50,000 fr. Dès que les recettes ont atteint le chiffre de 50,000 fr., le caissier devient justiciable de la cour des comptes.

Art. 17. Le garde-magasin a la manutention des magasins. Il veille à la garde et à la conservation des nantissements qui y sont déposés ; il est responsable de leur disparition, sauf le cas de force majeure. Il est également responsable de leur détérioration, à moins qu'il ne prouve qu'il n'est point du fait de sa négligence.

Art. 18. — Le garde-magasin, sauf le cas spécifié ci-après, est seul dépositaire des clefs des différents magasins où sont placés les effets donnés en nantissement. — Les diamants, les bijoux, l'argenterie, les dentelles et autres objets précieux sont renfermés dans des armoires particulières. L'une de ces armoires est spécialement affectée à ceux des objets ci-dessus désignés qui ont donné lieu à un prêt de 200 fr. ou au-dessus. Elle ferme à deux clefs, dont une reste entre les mains du directeur.

Art. 19. — Lorsqu'à défaut de dégagement, il est procédé à la vente d'un nantissement, si le produit de cette vente ne suffit pas pour rembourser au mont-de-piété la somme prêtée à l'engagiste avec les intérêts et droits accessoires, la bourse commune des commissaires-priseurs est tenue de payer immédiatement la différence, sauf recours sur le cautionnement des appréciateurs.

Art. 20. — Le droit de prisée est prélevé collectivement au profit des appréciateurs. Il est ajouté à l'intérêt des prêts et reste à la charge de l'emprunteur. Il ne peut être exigé pour les évaluations qui n'ont pas été suivies d'un prêt.

Art. 21. — Le règlement intérieur de l'établissement détermine le mode suivant lequel est établi entre l'administration et les appréciateurs le décompte des droits de prisée.

TIT. 5. — Des prêts, renouvellements et dégagements.

Art. 22. — Le mont-de-piété ne prête que sur nantissement d'effets mobiliers.

Art. 23. — Les prêts n'ont lieu qu'en faveur de personnes connues, ou domiciliées ou assistées d'un répondant connu ou domicilié. — Ils ne peuvent être au-dessous de 1 fr.

Art. 24. — Les prêts accordés par le mont-de-piété sont, au maximum : — Des quatre cinquièmes de la valeur, au poids et au titre, de l'orgenterie et des bijoux d'or et d'argent ; — Des deux tiers de la valeur d'estimation des perles, pierres fines et diamants ; — De la moitié de la valeur appréciée sur tous autres objets admis en nantissement.

Art. 25. — Il est délivré, préalablement, une reconnaissance des objets, laquelle contient leur désignation précise, l'estimation qui en a été faite, le montant du prêt et ses conditions. Cette reconnaissance est signée par le directeur.

Art. 26. — Un acte de dépôt est dressé au même instant sur un registre parafé par l'administrateur de service ; cet acte, dans lequel sont indiqués les noms, prénoms, profession et domicile de l'emprunteur, porte un numéro d'ordre, inscrit également sur la reconnaissance et sur une étiquette attachée au dépôt. Il est signé par le déposant ou par un assistant, et, dans le cas où ni l'un ni l'autre ne sauraient signer, il en est fait mention.

Art. 27. — Si l'emprunteur n'a pas besoin de toute la somme qui pourrait lui être prêtée d'après l'évaluation du nantissement, la reconnaissance n'en porte pas moins l'évaluation entière, telle qu'elle doit toujours être faite par les appréciateurs. Il est expressément défendu à ces derniers de la réduire dans la proportion du prêt.

Art. 28. — L'intérêt des sommes prêtées et les frais sont réglés et payés à l'établissement lors du dégagement ou de la vente du nantissement, et pour le temps écoulé depuis le jour du prêt, sauf ce qui sera réglé en cas de versements d'à-compte. — Les décomptes des droits dus se font par quinzaine. La quinzaine commencée sera due en entier.

Art. 29. — Les prêts du mont-de-piété sont accordés pour un an au plus. — Toutefois, lorsque les objets déposés en nantissement sont des marchandises neuves ou des hardes et autres effets en fil, coton, laine ou soie, les prêts ne pourront être accordés que pour six mois. — Sauf le cas de liquidation du mont-de-piété, les marchandises neuves ne pourront être mises en vente qu'après l'expiration du délai d'une année.

Art. 30. — S'il arrive que l'effet donné en nantissement soit perdu et ne puisse être rendu à son propriétaire, la valeur lui en sera payée au prix d'estimation fixé lors du dépôt, et avec l'augmentation d'un quart en sus, à titre d'indemnité. — Si l'effet donné en nantissement se trouve avoir été avarié, le propriétaire aura le droit de l'abandonner à l'établissement moyennant le prix d'estimation fixé lors du dépôt, si mieux il n'aime le reprendre en l'état où il se trouve et recevoir en indemnité, d'après estimation par deux des appréciateurs de l'établissement, le montant de la différence reconnue entre la valeur actuelle dudit effet et celle qui lui avait été assignée lors du dépôt.—Sont exceptés de la garantie stipulée par les paragraphes précédents, les vols et pillages à force ouverte ou par suite d'émeute populaire, les dégâts par fait de guerre ou enfin tous autres accidents extraordinaires et hors de toute prévoyance humaine.

Art. 31. — A l'expiration de la durée du prêt, l'emprunteur peut être admis à renouveler l'engagement des effets donnés en nantissement, et, par ce moyen, à en empêcher la vente.

Art. 32. — Pour obtenir ce renouvellement, l'emprunteur est tenu de payer les intérêts et droits dus au mont-de-piété, à raison du premier prêt, de consentir à ce que le nantissement soit soumis à une nouvelle appréciation, et de solder, s'il y a lieu, le montant de la différence qui pourrait exister, d'après la nouvelle estimation, entre la valeur actuelle du nantissement et celle qu'il avait à l'époque du premier prêt.

Art. 33. — Le renouvellement s'effectue d'après la valeur actuelle du gage et dans la même forme que le prêt primitif. — Le droit de prisée, dans le cas de renouvellement, ne peut excéder un demi pour cent de la somme prêtée.

Art. 34. — La reconnaissance délivrée lors du premier engagement est retirée : il en est fait mention au registre des prêts, en regard de l'article où elle a été inscrite d'abord, et elle est reportée au registre des dégagements. — Il est délivré à l'emprunteur une nouvelle reconnaissance, dont il est pris note au registre des prêts.

Art. 35. — Tout possesseur d'une reconnaissance de dépôt, qui rembourse à la caisse du mont-de-piété la somme prêtée, plus les intérêts et autres droits dus, peut retirer le nantissement énoncé en ladite reconnaissance, soit avant le terme, soit même après son expiration, si la vente du gage n'a pas encore été faite.

Tit. 4. — Des ventes et bonis.

Art. 36. — Les effets mis en nantissement qui n'ont pas été retirés à l'expiration des délais déterminés par l'art. 29, ou dont l'engagement n'a pas été renouvelé, sont vendus publiquement à l'enchère, sur une seule exposition, dans le courant du treizième mois qui suit la date de l'engagement. — La vente a lieu par le ministère de l'un des commissaires-priseurs attachés à l'établissement, en vertu d'une ordonnance du président du tribunal civil, mise sans frais au bas du rôle de vente dressé et présenté à cet effet par le directeur.

Art. 37. — Les ventes sont annoncées, dix jours à l'avance, par la voie des journaux et par des affiches indicatives des numéros des reconnaissances et de la nature des objets.

Art. 38. — Lorsque des nantissements entièrement composés ou même seulement garnis d'or ou d'argent, se trouveront compris dans les rôles de vente, il en sera donné avis au contrôleur des droits de garantie, avec invitation de venir procéder à la vérification de ces nantissements. — Les objets d'or ou d'argent qui ne seront pas revêtus de l'empreinte de garantie ne pourront être délivrés qu'après l'avoir reçue, aux frais de l'adjudicataire, à moins que celui-ci ne consente à les laisser briser ou mettre hors de service.

Art. 39. — Dans le cas où, à la première exposition, le nantissement ne serait pas porté à sa valeur approximative, le directeur ou l'administrateur de service a la faculté de renvoyer l'adjudication à l'exposition suivante.

Art. 40. — Tout dépositaire, après un délai de trois mois, à partir du jour du dépôt, et sauf le cas de marchandises neuves, peut requérir, aux époques des ventes fixées par l'établissement, la vente de son nantissement avant même le terme indiqué sur la reconnaissance. — Le prix de cet objet est remis sans délai au propriétaire emprunteur, déduction faite du montant du capital prêté, des intérêts échus et des frais de prisée.

Art. 41. — Il est alloué aux commissaires-priseurs, pour vacations et frais de vente, un droit proportionnel qui est fixé par le préfet, sur la proposition du conseil d'administration, et qui ne peut excéder 5 p. 100 du produit de la vente. — La décision portant fixation de ce droit est affichée dans la salle des ventes. — Le droit de vente est à la charge de l'adjudicataire et ajouté au prix de chaque objet adjugé.

Art. 42. — Indépendamment du droit ordinaire des ventes, il est perçu, pour les ventes des nantissements qui ont exigé une annonce extraordinaire par catalogues imprimés, avis particuliers et exposition publique, un droit de 1 p. 100 du produit de la vente. — Ce droit, perçu au profit de l'établissement, est, comme le droit ordinaire, à la charge de l'adjudicataire et payé en sus du prix de l'adjudication.

Art. 43. — Le payement de l'excédant ou boni sur le produit net de la vente d'un nantissement se fait sur la représentation et la remise de la reconnaissance, s'il n'y a pas opposition régulière à la délivrance de ce boni.

Art. 44. — Les excédants ou bonis qui n'ont pas été retirés dans les trois ans de la date des reconnaissances ne peuvent être réclamés. Ils demeurent acquis à la dotation du mont-de-piété. — Cette disposition sera libellée d'une manière apparente sur les reconnaissances.

Tit. 5. — Du contentieux.

Art. 45. — L'emprunteur qui a perdu sa reconnaissance doit aussitôt en faire la déclaration au directeur, qui en ordonne la mention immédiate tant au registre des engagements qu'à celui du magasin. — Si la reconnaissance n'est pas retrouvée, l'effet engagé ne peut être retiré qu'après l'année expirée, en fournissant caution suffisante; et, s'il s'agit d'une somme de plus de 300 fr., l'acte de cautionnement doit être passé devant le notaire de l'établissement. — Si le nantissement a été vendu, le boni ne peut être retiré qu'après l'accomplissement des mêmes formalités.

Art. 46. — Lorsqu'un objet déposé au mont-de-piété à titre de nantissement est revendiqué par suite de vol ou pour tout autre motif, le réclamant n'en peut obtenir la remise qu'à la double condition : — 1° De justifier de son droit de propriété ; — 2° De rembourser, tant en principal qu'intérêts et droits, la somme pour laquelle l'objet a été laissé en nantissement. — Sont, d'ailleurs, réservés le recours et l'action du réclamant contre qui de droit, à raison du préjudice à lui causé.

Art. 47. — Les oppositions sur les objets déposés en nantissement ne peuvent être formées qu'entre les mains du directeur, et ne sont obligatoires pour le mont-de-piété qu'après le visa de cet agent, qui sera tenu de le donner sans frais.

Art. 48. — Les oppositions antérieures à la vente des nantissements ne mettent pas obstacle à cette vente, qui a lieu sans qu'il soit besoin d'y appeler l'opposant, sauf à celui-ci à exercer ses droits sur l'excédant ou boni.

Art. 49. — Lorsqu'il existe une opposition sur un nantissement vendu ou sur le boni résultant de la vente, ce boni ne peut être payé à l'emprunteur qu'avec le consentement de l'opposant et sur le vu de la décharge ou mainlevée de son opposition.

Tit. 6. — Dispositions diverses.

Art. 50. — Dans aucun cas, il ne pourra être établi à Alger de commissionnaire au mont-de-piété.

Art. 51. — A la diligence du directeur, les bâtiments occupés par le mont-de-piété, les objets mobiliers dépendant de l'établissement et les nantissements déposés dans les magasins seront assurés contre l'incendie.

Art. 52. — Dans le cas de liquidation du mont-de-piété, les prêts cesseront immédiatement, et les emprunteurs seront tenus, après sommation, de dégager leurs nantissements, au terme qui leur sera assigné, en payant les intérêts et droits dus en sus du principal. A défaut, il sera procédé à la vente, conformément au titre 5 du présent règlement.

NAPOLÉON.

Musées.

Circ. G., n° 15. — 25 mars-9 avr. 1844. — B. 173.
— *Conservation des monuments et restes d'antiquités.*

M. le maréchal ministre de la guerre m'a adressé les instructions ci-après, touchant les dispositions à prendre pour la conservation des monuments anciens et restes d'antiquités en Algérie. Je m'empresse de les mettre textuellement sous vos yeux en vous invitant à concourir, en ce qui vous concerne, à leur exécution.

« Une suite de lois et de dispositions administratives (V. notamment au Recueil des actes du ministère de l'intérieur la circ. du 8 avr. 1819) assurent en France la conservation des monuments anciens qui sont considérés comme propriété de l'État. Aucune mesure n'a jusqu'à ce jour été prise en Algérie pour préserver de la destruction les précieux débris d'antiquité qu'on y découvre à chaque pas; aussi n'ont-ils pas toujours été respectés. Dans plusieurs localités, leurs matériaux ont servi à des constructions publiques et même privées, sans que l'autorité ait été préalablement consultée sur l'opportunité de conserver les ruines intactes ou de les consacrer à quelques usages.

« Mon intention est qu'à l'avenir, et à l'instar de ce qui se pratique dans la métropole, les fonctionnaires et agents d'aucun service ne disposent des monuments anciens ou débris d'antiquités, sous quelque prétexte que ce soit, et quel que soit d'ailleurs, leur peu d'importance apparente, sans avoir satisfait à des conditions qui en garantissent la conservation et réservent les droits de l'administration. — En conséquence, à l'exception des cas urgents et de force majeure, qui se présentent d'ailleurs très-rarement, les restes d'antiquités ne pourront être ni démolis ni même restaurés que sur la proposition d'un fonctionnaire, soit militaire, soit civil, suivant les localités, sur l'avis du conseil d'administration ou de la commission administrative, et avec mon approbation.

« Je désire que vous fassiez connaître mes intentions à cet égard aux officiers généraux et fonctionnaires civils, en les invitant à donner aux officiers de toutes armes, ingénieurs des ponts et chaussées, architectes, géomètres, agents forestiers et autres agents militaires ou civils sous leurs ordres, les instructions les plus précises à cet égard.

« Pour arriver à constater aussi exactement que possible l'existence et l'état actuel des monuments, ruines et restes d'antiquités sur les parties occupées du territoire, et dans le but d'en donner le catalogue, les officiers d'état-major et du génie, les ingénieurs des ponts et chaussées ou les architectes du service des travaux coloniaux, seront invités à faire les dessins (plan, coupe et élévation) de tous ceux qui se trouveraient dans leurs arrondissements respectifs ou dont ils feraient ultérieurement la découverte, et à accompagner ces dessins de notes renfermant les indices qu'ils pourront se procurer sur leur origine et les souvenirs historiques qui s'y rattacheraient. Dans ce travail devront être compris les restes des monuments anciens qui auraient été restaurés et appropriés à l'usage des services civils ou militaires.

« Je verrai avec satisfaction l'empressement que l'on mettra à accomplir une tâche agréable et instructive, et que je recommande dans l'intérêt de l'art et de l'histoire. — Lorsque ces documents me seront parvenus, et que, par l'examen qui en sera fait, j'aurai pu me former une idée de l'importance des monuments anciens répandus sur le sol de l'Algérie, je compléterai mes instructions à l'effet de régulariser, à l'instar de ce qui se fait en France depuis plus de cinquante ans, la recherche des antiquités, d'assurer leur conservation, et de pourvoir à leur restauration, s'il y a lieu. — Alors je distinguerai d'une manière particulière les fonctionnaires, officiers, ingénieurs, architectes et agents de tout rang qui auront concouru avec zèle à cette utile entreprise. » Maréchal BUGEAUD.

Circ. G., n° 52. — 26 août-4 sept. 1845. — B. 209.
— *Recherches pour le musée algérien de Paris.*

Le roi a décidé, sur la proposition de M. le maréchal ministre de la guerre, qu'un musée algérien serait créé à Paris et placé à côté du musée égyptien. Ce rapprochement augmentera l'intérêt par l'analogie qu'il rappellera entre la campagne d'Égypte et les glorieux faits d'armes qui depuis quinze ans illustrent l'armée d'Afrique. — Nous sommes appelés à enrichir cette création en ne négligeant aucune des occasions qui se présenteront de réunir des collections d'armes, des trophées de tout genre, des objets d'art et d'industrie, enfin toutes les curiosités particulières à l'Algérie qui paraîtraient dignes de figurer au musée.

Je vous prie de vouloir bien adresser ce que vous aurez pu recueillir à M. le directeur de l'intérieur, à Alger, où un local sera désigné pour recevoir tous les objets destinés au musée algérien de Paris. Maréchal duc d'ISLY.

Circ. M. — 31 déc. 1858. — BM. 12. — *Recherches archéologiques.*

M. le...., l'Algérie a gardé de nombreux vestiges de la domination romaine; malheureusement ces curieux débris disparaissent chaque jour, et les notions précises qu'ils pouvaient fournir sur l'organisation politique et administrative des colonies romaines s'anéantissent avec eux. Je m'intéresse particulièrement aux études qui ont pour objet de reconstituer l'histoire du passé de notre colonie, et je désire que mon administration contribue à leur progrès. Je vous transmets, dans ce but, les indications qui me sont communiquées par un savant archéologue, M. Renier, de l'Institut, sur la direction à donner aux recherches, la méthode à suivre pour le relèvement des inscriptions et la conservation des antiquités découvertes. — Les instructions de M. Renier vous serviront de guide, et je ne doute pas que vous ne trouviez dans le personnel instruit que vous dirigez un grand nombre d'aides intelligents.

Les travaux d'utilité publique et privée qui s'exécutent ou vont s'exécuter en Algérie permettront, sans dépense spéciale, de faire de nombreuses fouilles et de retrouver beaucoup d'inscriptions précieuses pour l'historien et le géographe (1). — Toutes ces inscriptions devront être relevées avec

(1) Dans tous les arrêtés de concessions particulières, l'État se réserve expressément la propriété des objets d'art, mosaïques, bas-reliefs, statues, médailles, etc., qui pourraient exister sur la concession.

le plus grand soin, et je vous prie de m'en envoyer exactement des copies ou des estampages. Quant aux monuments eux-mêmes, lorsqu'ils ne seront pas, comme les bornes milliaires, de nature à rester en place, ils devront être transportés dans le centre de population le plus voisin. Jusqu'ici la plupart des antiquités découvertes ont été, au prix de dépenses considérables, et au grand dommage de ces antiquités elles-mêmes, transférées au musée d'Alger. Cette concentration ne doit pas être poursuivie. Chaque localité doit conserver les monuments relatifs à son histoire particulière.

Les municipalités devront assurer la conservation des débris historiques recueillis sur leur territoire, et en former des collections publiques. Lorsque ces collections seront assez considérables, comme elles le sont déjà ou le seront immédiatement, à Constantine, à Philippeville, à Guelma, à Souk Harras, à Sétif, à Cherchell et à Aumale, la garde en devra être confiée à un conservateur spécial, lequel sera en même temps chargé de veiller à la conservation des monuments d'architecture subsistant encore dans la ville ou dans les environs. — La formation et l'entretien de ces collections devront, en tout état de cause, rester à la charge des municipalités. — Je recommande aux officiers des bureaux topographiques de noter avec soin, sur 'es cartes et plans de leur subdivision, la direction des voies romaines, l'emplacement des ruines, des bornes milliaires, et de tous les monuments que l'on pourra découvrir. Ce travail sera d'une grande utilité pour les études archéologiques, et permettra, dans un prochain avenir, d'asseoir d'une manière définitive les bases d'une géographie complète de l'Afrique romaine.

NAPOLÉON (Jérôme).

N

Naturalisation.

DGP. — 28 mars-22 août 1848. — B. 282. — *Réduction du temps de résidence.*

Attendu que beaucoup d'étrangers ont pris une part active aux glorieux évènements de février ; — Attendu que ces étrangers, quoique résidant en France depuis plusieurs années, n'ont pas accompli ou pu accomplir les conditions exigées par les lois pour être admis à jouir des droits de citoyen français ; — Attendu que s'il est urgent, tout en respectant les principes de la législation existante, de faciliter la naturalisation des étrangers qui ont des titres certains à l'estime publique, il faut en même temps éviter d'étendre cette mesure à ceux dont la position n'est pas suffisamment établie ;

Art. 1. — Le ministre de la justice est provisoirement autorisé à accorder la naturalisation à tous les étrangers qui la demanderont et qui justifieront par actes officiels ou authentiques qu'ils résident en France depuis cinq ans au moins, et qui, en outre, produiront, à l'appui de leur demande, l'attestation par le maire de Paris ou le préfet de police pour le département de la Seine, et par les commissaires du gouvernement pour les autres départements, qu'ils sont dignes, sous tous les rapports, d'être admis à jouir des droits de citoyen français.

Art. 2. — Le payement des droits établis dans l'intérêt du trésor national, par l'ord. du 8 oct. 1814 et par la loi du 28 avr. 1816, continuera d'être opéré. Est également maintenue la disposition de ord. du 8 oct. 1814, qui autorise à remettre les-

dits droits, en tout ou en partie, mais seulement quand l'état de fortune des parties exigera cette remise. — Vu pour être promulgué en Algérie, 14 août 1848, le gouverneur général par intérim.

MAREY-MONGE.

(*Une dépêche de M. le ministre de la guerre, en date du 31 juill. 1848, contient la communication suivante au sujet du décr. du 28 mars 1848 : — « Le bénéfice de cette disposition, provisoirement suspendue en France, n'y pourra être réclamé qu'après la promulgation de la nouvelle constitution. Mais en considération des besoins spéciaux de l'Algérie, le ministre de la justice accordera la naturalisation, conformément au décr. du 28 mars, à ceux des étrangers résidant en ce pays qui se trouveraient dans une position telle qu'il y eût intérêt public à leur conférer dès à présent la qualité de Français. »*)

Naufrages, bris, échouements.

Circ. G. — 28 déc. 1856. — *Circulaire aux généraux et préfets.* — *Concours aux autorités maritimes.*

Vous trouverez ci-après copie d'une circulaire par laquelle M. le commissaire ordonnateur de la marine en Algérie rappelle aux commissaires de l'inscription maritime les dispositions des lois et règlements en matière de bris et naufrages. — Les autorités administratives et la force armée sont appelées, dans certains cas, à prêter leur concours aux autorités maritimes pour l'exécution de ces lois et règlements. — Je vous invite à prendre des mesures pour que ce concours soit assuré dans toutes les circonstances où il est nécessaire.

Comte RANDON.

Circulaire à MM. les commissaires de l'inscription maritime et directeurs de port en remplissant les fonctions en Algérie.

Alger, le 24 déc. 1856. — La tempête qui s'est fait sentir du 16 au 18 déc. courant, ayant occasionné plusieurs sinistres et amené un assez grand nombre d'épaves à la côte sur différents points du littoral de l'Algérie, j'ai eu à regretter, dans cette circonstance, quelques contraventions aux lois et règlements en matière de bris et naufrage. Il me paraît donc utile de vous en rappeler les principales dispositions et de vous recommander de ne pas hésiter, en pareil cas, à réclamer le concours des autorités civiles ou militaires, afin de prévenir, autant que possible, le retour des infractions, et les poursuites qu'elles entraîneraient à l'égard des délinquants. — Il résulte, comme vous le savez, des termes et de l'esprit de l'ord. du mois d'août 1681, que tout ce qui vient à la côte est sous la protection de la loi et des autorités chargées d'en assurer l'exécution. — L'administration de la marine est spécialement chargée de tout ce qui concerne la gestion des bris, naufrages et échouements (arr. du 17 flor. an IX). — Les arr. des 27 therm. an VII (art. 1) et 17 flor. an IX (art. 2), imposent aux individus témoins d'un naufrage ou d'un échouement, l'obligation d'en donner avis, sur-le-champ aux commissaires de l'inscription maritime. — L'édit du mois d'août 1681 (liv. 4, tit. 9) porte :

« Art. 19. — Enjoignons à tous ceux qui auront retiré du fond de la mer ou trouvé sur les flots des effets procédant de jet, bris ou naufrage, de les mettre en sûreté, et vingt-quatre heures après, au plus tard, d'en faire la déclaration aux officiers de l'amirauté dans le détroit de laquelle ils auront abordé, à peine d'être punis comme recéleurs.

« Art. 20. — Enjoignons aussi, sous les mêmes peines, à ceux qui auront trouvé sur les grèves et rivages de la mer, quelques effets échoués ou jetés par le flot, de faire semblable déclaration, en pareil temps, soit que les effets soient de cru de la mer, ou qu'ils procèdent de bris, naufrages ou échouements. »

Les propriétaires riverains n'ont aucun droit sur les effets naufragés et ils doivent travailler à les sauver et à empêcher le pillage en attendant l'arrivée du commissaire de l'inscription maritime. (art. 4 et 30 de l'ordonnance de 1681). — Les objets provenant de naufrages, bris et échouements sont rendus à leurs propriétaires ou vendus à leur profit, selon le cas, par les soins de l'administration de la marine, à charge par lesdits propriétaires, après avoir produit leurs titres d'acquitter les frais qui ont été faits et qui sont privilégiés (art. 24. de la même ord. ; art. 2102, § 5, c. Nap., etc.).—Les commissaires de l'inscription maritime sont chargés de faire recueillir les épaves trouvées en mer ou sur la grève, d'en opérer la vente et d'en rechercher les propriétaires pour remettre les objets en nature ou le montant de leur vente. (Règlements du 17 juill. 1816, art 21). — Pour les objets trouvés sur la côte, la déclaration à la douane est exigée indépendamment de celle qui doit être faite au bureau de l'inscription maritime. (Circulaire de l'administration des douanes du 27 juill. 1812). — Les agents de la douane sont dans l'obligation d'informer les commissaires de l'inscription des épaves que la mer jette sur le rivage. (Circulaire de la même administration du 19 mai 1815).

En cas de naufrage, le maire d'une commune voisine du littoral peut, jusqu'à l'arrivée d'un fonctionnaire de la marine, prendre la direction du sauvetage, et si ce dernier se trouvait dans l'impossibilité de continuer les opérations, soit à raison de la simultanéité de plusieurs sinistres, soit par toute autre cause, le maire qui aurait commencé le sauvetage serait obligé de le terminer (circ. du min. de la marine du 8 nov. 1813). — Si, par suite de ses investigations, le commissaire de l'inscription maritime découvre quelque fait de nature à être déféré aux tribunaux, il doit faire remettre les délinquants à la disposition de l'autorité compétente. Il réclame aussi, en cas de besoin, le concours de la force armée que les commandants militaires sont tenus de lui prêter (ord. de 1681, art. 5 et 18; loi du 10 avr. 1825). — Si des objets provenant de naufrage sont enlevés furtivement, le commissaire de l'inscription maritime, en l'absence du juge de paix, a le droit de faire toutes les informations nécessaires pour établir la constatation du délit, et même de procéder à des perquisitions dans le domicile des personnes prévenues de soustraction ou de recel (arr. du 27 therm. an VII, art. 6).

Lorsqu'une contravention, un délit ou un crime vient à la connaissance du commissaire de l'inscription maritime, il doit en dresser un procès-verbal qu'il transmet au commissaire de police ou au maire, s'il s'agit d'une simple contravention, et au procureur impérial, s'il s'agit d'un crime ou délit (décr. du 9-13 août 1791, t. 1, art. 10; c. inst. crim., art. 11 et 29). — En matière de naufrages, si le délit est flagrant, il doit arrêter le coupable sur-le-champ et le faire conduire, avec le procès-verbal d'arrestation, devant l'officier de police judiciaire le plus voisin (décr. du 6-22 août 1791, tit. 7, art. 7; c. inst. crim., art. 106).

De l'ensemble de ces dispositions et de plusieurs autres qu'il serait trop long de citer ici, il résulte que toute personne ayant connaissance d'un naufrage ou d'une épave doit en faire immédiatement la déclaration aux commissaires de l'inscription maritime, et qu'à plus forte raison, cette obligation existe pour tout fonctionnaire ou agent de la force publique; que cette déclaration doit être faite directement aux commissaires de l'inscription maritime à Alger, Bône et Oran, et pour les autres ports de l'Algérie aux directeurs de port qui en remplissent les fonctions; que les propriétaires des choses naufragées ou des épaves n'ont point eux-mêmes le droit d'aller reprendre sur la mer ou sur le rivage les objets qui leur appartiennent, sans le concours et l'autorisation de l'administration de la marine, ou du moins sans en faire la déclaration à cette administration et à la douane, et qu'enfin tout individu coupable du détournement desdits objets se rend passible des peines prévues par la loi.

En terminant la présente circulaire, dont vous aurez à m'accuser réception, je ne saurais trop vous recommander encore, monsieur, de tenir la main avec rigueur à l'application des lois et règlements en matière de bris et naufrages sur toute la partie du littoral de l'Algérie dont la surveillance vous est confiée. Vous n'hésiterez pas à l'avenir, à poursuivre, par toutes les voies de droit, les infractions qui pourraient y être commises, et si, dans l'exécution de ce service important, vous rencontriez quelque difficulté, vous devriez m'en rendre compte.

Le comm., chef du service adm. de la marine,
ARISTIDE FARON.
Vu et approuvé : Le contre-amiral comm. sup. de la marine en Algérie, O. DE CHABANNES.

25 fév. 1853. — Traité avec les Etats-Unis. — Sauvetage. — Circulaire du directeur général des douanes en date du 21 sept. 1853 (1).

Un décret impérial du 11 de ce mois promulgue la convention qui a été conclue à Washington, le 23 fév. dernier, entre la France et les Etats-Unis d'Amérique, pour régler les attributions des consuls et agents consulaires des deux pays. L'art. 11 de cette convention, le seul qui touche au service des douanes, est ainsi conçu :

« Toutes les opérations relatives au sauvetage des navires français naufragés sur les côtes des Etats-Unis, et des navires américains naufragés sur les côtes de France, seront respectivement dirigées par les consuls généraux, consuls, vice-consuls de France aux Etats-Unis, et par les consuls généraux, consuls et vice-consuls américains en France, et, jusqu'à leur arrivée, par les agents consulaires respectifs, là où il existera une agence. Dans les lieux et ports où il n'existerait pas d'agence, les autorités locales auront, en attendant l'arrivée du consul dans l'arrondissement duquel le naufrage aurait eu lieu, et qui devrait être immédiatement prévenu, à prendre toutes les mesures nécessaires pour la protection des individus et la conservation des effets naufragés.

« Les autorités locales n'auront, d'ailleurs, à intervenir que pour maintenir l'ordre, garantir les intérêts des sauveteurs, s'ils sont étrangers aux équipages naufragés, et assurer l'exécution des dispositions à observer pour l'entrée et la sortie des marchandises sauvées. — Il est bien entendu que ces marchandises ne seront tenues à aucun droit de douane, si elles doivent être réexportées, et si elles sont admises à la consommation, on leur accordera les modérations de droits consacrées par la législation douanière des pays respectifs. »

Il résulte de ces stipulations que, par dérogation spéciale aux prescriptions de l'art. 1 de l'arr. du 17 flor. an IX, les consuls généraux, consuls et vice-consuls des Etats-Unis sont, relativement aux navires de leur nation qui feraient naufrage sur les

(1) D'autres traités pareils existent également entre la France et diverses puissances; mais ils n'ont pas été spécialement publiés au *Bulletin officiel* et peuvent être facilement trouvés dans les recueils de lois.

côtes de France, substitués aux agents de la marine pour la direction des sauvetages et investis, sous ce rapport, de tous les droits que l'arrêté précité confère à ces agents; mais, comme l'a expliqué la circulaire n° 935, ils ne peuvent, en pareil cas, se faire suppléer par les employés de leur chancellerie, ni, à plus forte raison, par des étrangers. Seulement, quand il n'y aura pas de consul au lieu du naufrage, la convention autorise les agents consulaires qui pourraient y être établis à remplacer momentanément ces fonctionnaires pour la protection des intérêts de leurs nationaux.

Il demeure, du reste, entendu que le service des douanes conserve le droit et le devoir d'intervenir à l'effet, d'une part, d'empêcher l'introduction des marchandises frappées de prohibition, et, d'autre part, d'assurer l'application des taxes du tarif aux objets admissibles qui seraient déclarés pour la consommation.

Navigation.

DIVISION.

§ 1. — Régime de la navigation.
§ 2. — Bateaux à vapeur.

§ 1. — RÉGIME DE LA NAVIGATION.

En vue d'encourager l'établissement des étrangers en Algérie, et de les attacher à son sol en les faisant participer aux avantages dont jouissent nos nationaux, un arrêté rendu le 30 juin 1836, par le gouverneur général, avait permis aux marins étrangers, habitant depuis un an révolu la colonie, de commander, sans être astreints à aucun examen, les navires français et étrangers qui se livrent au cabotage sur les divers points de la côte. Mais cette faculté pour tout marin étranger de s'improviser capitaine au cabotage, pouvait devenir non-seulement compromettante pour la sûreté des navires et des hommes, mais encore préjudiciable aux intérêts de nos nationaux qui ont obtenu à grands frais de pratique et d'étude le diplôme de commandant. Il en résultait également que les navires français ou francisés, employés au cabotage sur le littoral algérien, n'avaient pas, en général, un seul marin français à bord, les capitaines étrangers donnant naturellement la préférence aux étrangers. Ces dispositions ont été remplacées par le décr. ci-après du 7 sept. 1856 qui consacre trois modifications principales et essentielles. La première exige un diplôme d'aptitude de tout marin étranger appelé à commander un navire francisé, et n'admet d'exception que pour les indigènes placés dans des conditions déterminées. La seconde prescrit l'embarquement de mousses et tend ainsi à raviver chez les jeunes Arabes le goût du service de mer, en même temps que la création d'une école de mousses indigènes à Alger promet à notre flotte une pépinière de bons matelots. La troisième soumet les gages et salaires de tous marins français indigènes ou étrangers, embarqués sur des navires francisés, à la prestation pour la caisse des invalides de la marine, assure ainsi les bénéfices de la demi-solde ou d'un secours annuel à tout marin retiré du service, et a pour effet de jeter les premiers fondements de l'inscription maritime dans l'étendue de nos possessions.

DI. — 7 sept. 1856. — B. 500. — *Francisation des navires étrangers. — Cabotage.*

Vu les lois des 13 août 1791 et 27 vend. an II; — L'arrêté du gouverneur général de l'Algérie, du 30 juin 1836; — La loi du 11 janv. 1851 (*Douanes*, § 1); — Le décr. du 19 mars 1852;

Art. 1. — Les bâtiments étrangers de 80 ton. et au-dessus pourront être admis, en Algérie, à une francisation spéciale qui leur permettra de naviguer exclusivement dans les eaux de cette colonie sous pavillon français et en franchise de droits.

Art. 2. — Les bâtiments seront présentés à la francisation, prêts à prendre la mer. La constatation de leur bon état de navigabilité et l'inventaire comprenant leurs agrès, apparaux et rechanges, seront soumis aux experts désignés par le tribunal de commerce, conformément à la loi du 13 août 1791.

Art. 3. — Les propriétaires de ces navires devront avoir leur domicile dans la localité où leur navire aura été francisé.

Art. 4. — Les bâtiments étrangers francisés seront soumis au payement d'un droit d'importation de 10 fr. par ton. de jauge. — Ces bâtiments pourront être réexportés sous les conditions du tarif général des douanes.

Art. 5. — Tous capitaines de la marine marchande étrangers qui se seront fait inscrire sur un registre matricule tenu au bureau de la marine, pourront commander les navires qui auront été admis à la francisation en Algérie. — Les officiers de commerce de la marine française et de la marine marchande étrangère, les patrons indigènes, les marins français, indigènes et étrangers, pourront également commander les navires francisés ou entrer dans la composition de leurs équipages, aux conditions déterminées par les art. 6 et 7 du présent décret.

Art. 6. — Pour être aptes à commander les navires francisés, les capitaines étrangers devront être âgés de 24 ans révolus et produire un diplôme de leurs gouvernements respectifs; à défaut, ils seront soumis, comme les officiers et matelots étrangers ou comme les Français et les indigènes qui demanderaient à commander, à justifier de leurs connaissances nautiques par l'attestation d'un jury spécial institué aux ports d'Alger, de Mers el Kébir et de tora. — Ce jury se composera : du directeur du port, président; d'un capitaine au long cours, ou à défaut, d'un maître au cabotage; d'un maître de port de commerce. — Le commandant supérieur de la marine délivrera aux candidats dont l'aptitude sera constatée par le jury, un certificat de capacité qui désignera les points de la côte sur lesquels ils pourront exercer le cabotage. — Le certificat de capacité pourra être délivré aux indigènes, *avec dispense d'examen*, quand ils auront fait preuve des connaissances nautiques exigées.

Art. 7. — Les étrangers ne pourront entrer que pour moitié, au plus, dans la composition des équipages des navires francisés : l'autre partie se composera de Français ou d'indigènes. — Toutefois, en cas d'insuffisance reconnue de matelots français ou indigènes dans le port d'embarquement, le commandant de la marine en Algérie pourra modifier temporairement la composition des équipages, au point de vue de leur nationalité.

Art. 8. — Il sera embarqué un mousse à bord de tout bâtiment francisé employé au cabotage ou à la pêche sur les côtes de l'Algérie, et ayant plus de 4 hommes d'équipage. Il sera embarqué un second mousse sur tout bâtiment de même nature ayant 20 hommes, non compris le premier mousse.

Art. 9. — Les prestations attribuées à la caisse des invalides de la marine par les lois et règlements en vigueur seront perçues tant pour la délivrance des rôles d'équipage des navires francisés, que sur les gages et salaires de tous les marins composant leurs équipages.

Art. 10. — Aucun bâtiment étranger jouissant, dans les eaux de l'Algérie, en vertu du présent décret, des priviléges accordés aux bâtiments français, ne pourra sortir d'un port de cette colonie sans un acte de francisation et un congé régulier. — L'acte de francisation sera délivré sous les conditions et d'après les règles fixées par la loi du 27 vend. an 11, en tout ce qui n'est pas contraire au présent décret. Les propriétaires devront, sous peine d'une amende de 3,000 fr., le rapporter, dans tous les cas de vente, de perte ou de prise de bâtiment, sauf les cas de force majeure, au bureau de la douane où il aura été délivré, et ils ne pourront, sans encourir la même peine, le vendre, le donner, le prêter, ni autrement disposer dudit acte de francisation et du congé.

Art. 11. — Tout individu qui usurperait pour lui ou pour son navire les priviléges concédés par le présent, qui aurait concouru comme officier public ou témoin à la rédaction des actes relatifs à des ventes simulées de navires, tout préposé des douanes, tout consignataire ou agent de bâtiments qui, connaissant la francisation coloniale frauduleuse, n'empêcherait pas la sortie du bâtiment, qui disposerait de la cargaison d'entrée ou en fournirait une de sortie, aurait commandé ou commanderait le bâtiment, seront condamnés, solidairement et par corps, à 6,000 fr. d'amende, en vertu de l'art. 15 de la loi du 27 vend. an 11, déclarés incapables d'exercer aucun emploi, de commander aucun bâtiment français ou francisé.—Le jugement de condamnation sera publié et affiché.

Art. 12. — Les prescriptions du décret du 19 mars 1852, concernant les rôles d'équipages, seront applicables à tous les navires francisés, naviguant sur les côtes de l'Algérie.

Art. 13. — Le présent décret sera applicable, dans les trois mois de sa promulgation, à tous les navires francisés sous l'empire de l'arr. du 30 juin 1836.

Art. 14.—Le présent décret n'est pas applicable aux bateaux coralliers, qui continueront à être soumis à des règles particulières. — Les dispositions des art. 5 et 6 ne sont pas applicables, en ce qui concerne le commandement, aux bateaux pêcheurs, qui font exclusivement, dans les eaux des ports auxquels ils sont attachés, la pêche du poisson, ni aux transports par allèges.

Art. 15. — Les priviléges résultant du présent décret ne sont accordés que jusqu'au 1er janv. 1860.

AG. — 20 déc. 1856.—B. 503.—*Règlement sur l'exécution du décret précédent.*

Art. 1. — Le décr. du 7 sept. 1856 sera mis à exécution en Algérie à compter du 1er fév. 1857.

Art. 2. — Dans le courant du mois de janvier, il sera procédé, simultanément dans les ports d'Alger, de Mers el Kébir et de Stora, aux examens de capacité que doivent subir les capitaines ou patrons qui ne pourraient produire un diplôme de leurs gouvernements respectifs. — Ces examens seront annoncés par la voie du *Moniteur algérien* et par des affiches placardées dans tous les ports de l'Algérie.

Art. 3. — Les jurys d'examen institués par l'art. 6 du décret seront composés comme suit : — Le directeur du port, président ; — Le plus ancien des capitaines au long cours présents sur rade ; — Le 1er maître du port militaire, à défaut d'un maître du port du commerce.

Art. 4. — Les connaissances nautiques à exiger des capitaines ou patrons, en vertu du même article, seront les suivantes : — 1° La conduite et la manœuvre, par tous les temps, du navire ou bateau qu'ils doivent commander ; — 2° La connaissance de la côte le long de laquelle ils se proposent de naviguer, et notamment les ports, les caps, les écueils et les courants. — Les lettres de commandement seront circonscrites à l'étendue de côte sur laquelle les capitaines ou patrons auront répondu d'une manière satisfaisante.

Art. 5. — Conformément aux dispositions de l'art. 5 du décret, les commissaires de l'inscription maritime ou les directeurs de port qui en remplissent les fonctions, tiendront la main à ce que les étrangers ne puissent entrer que pour moitié, au plus, dans la composition des équipages des navires francisés, et à ce que l'autre partie soit composée de marins français ou indigènes.—Toutefois, lorsque les ressources en personnel seront insuffisantes, ils pourront, d'urgence, pour ne pas arrêter les armements, compléter les équipages avec des étrangers ; mais, dans ce cas, ils devront toujours en rendre compte au chef du service administratif, qui prendra les ordres du commandant supérieur de la marine.

Art. 6. — Ils procéderont de la même manière à l'égard des mousses dont l'embarquement est prescrit par l'art. 8 du décret.

Art. 7. — Dès que les examens de capacité auront eu lieu, il sera procédé, par les soins des commissaires de l'inscription maritime, ou, à leur défaut, par les directeurs des ports, à l'ouverture des matricules qui doivent être tenues pour l'inscription des marins et mousses étrangers, français ou indigènes, naviguant sur les côtes de l'Algérie, ainsi qu'au renouvellement et à l'expédition régulière des rôles d'équipage pour tous les navires et bateaux soumis à la prestation des invalides.

Art. 8. — Le commandant supérieur et le chef du service administratif de la marine sont chargés d'assurer l'exécution du présent arrêté.

§ 2. — BATEAUX A VAPEUR.

AG. — 12-26 fév. 1849. — B. 311. — *Promulgation de l'ord. roy. du 17 janv. 1846 sur la construction. la navigation et le service des bateaux à vapeur destinés à naviguer sur mer.*

APE. — 14 oct. 1818-12 nov. 1849. — B. 354. — *Nouveau système d'éclairage en feux de couleur pour la nuit.*

Art. 1. — Les navires à vapeur de la marine marchande seront tenus, pour prévenir les rencontres de nuit, de porter à leurs tambours et en tête de mât des feux dont la couleur et la distribution ont été réglées à bord des bâtiments à vapeur de la République.

(*Suit une instruction ministérielle sur le nouveau système adopté d'un commun accord par la France et l'Angleterre.*)

Déc. M. — 1er sept. 1859. — BM. 59. — *Promulgation du décret du 28 mai 1858 et de l'arrêté explicatif du 22 avr. 1859, relatifs aux feux et signaux obligatoires à bord des navires, pendant la nuit et par un temps de brume, et déclarés exécutoires pour tous les bâtiments des colonies.*

AG. — 17-27 juill. 1848. — B. 280. — *Institution à Alger, Bône, Oran et Philippeville, d'une commission pour la surveillance des bateaux à vapeur.*

Vu les art. 47 et 50 de l'ord. du 17 janv. 1846, relative à la surveillance administrative à exercer sur les bateaux à vapeur de commerce français qui naviguent sur mer ; — Vu la dépêche min. n° 1640, prescrivant l'application en Algérie de la susdite ordonnance ;

Art. 1. — Il est institué dans chacune des villes

d'Alger, d'Oran, de Bône et de Philippeville, une commission chargée de s'assurer que les bateaux à vapeur de commerce français qui stationnent dans les ports de la colonie possèdent toutes les garanties de construction, de stabilité, d'armement et les appareils de sûreté exigés par l'ord. du 17 janv. 1846, susvisée.

Art. 2. — Cette commission devra se composer au moyen de membres pris dans les corps spéciaux des mines, des ponts et chaussées, de la marine et du génie. La présidence sera toujours déférée au membre le plus élevé en grade.

Art. 3. — En cas d'empêchement d'un ou de plusieurs fonctionnaires ou officiers faisant partie de ladite commission, ils seront remplacés par les intérimaires ou suppléants dans leurs fonctions.

MAREY-MONGE.

(Par arrêté du 22 mai 1850, le directeur du port d'Alger est nommé membre de la commission d'Alger.)

AG. — 28 nov. 1852. — B. 420. — *La commission instituée à Philippeville par l'arrêté précédent sera ainsi composée : — l'officier chef du service de la place, — l'officier commandant la marine, — l'ingénieur en chef des ponts et chaussées, — le capitaine de la santé.*

AG. — 12 août 1854. — B. 465. — *La commission instituée à Bône sera ainsi composée: — l'officier chef du génie de la place, — l'officier commandant de la marine, — le sous-commissaire de la marine, — l'ingénieur ord. des ponts et chaussées, — l'ingénieur ord. des mines, — le capitaine de la santé.*

Notaires.

DIVISION.

§ 1. — Législation spéciale.
§ 2. — Création d'offices.

§ 1. — LÉGISLATION SPÉCIALE.

AM. — 30 déc. 1842-26 janv. 1843. — B. 140. — *Règlement général sur l'exercice de la profession de notaire.*

CHAP. 1. — *Institution, nomination, nombre et placement des notaires. — Conditions d'admissibilité. — Cautionnement. — Prestation de serment. — Obligation de résider. — Incompatibilité. — Inamissibilité des offices.*

Art. 1. — Des officiers publics, sous le titre de notaires, sont institués en Algérie, pour y recevoir tous les actes et contrats auxquels les parties doivent ou veulent faire donner le caractère d'authenticité attaché aux actes de l'autorité publique, pour en assurer la date, en conserver le dépôt, en délivrer des grosses et expéditions, et remplir toutes autres fonctions qui sont attribuées aux notaires de France, le tout conformément aux dispositions ci-après.

Art. 2. — Les notaires continueront d'être nommés, et, lorsqu'il y aura lieu, révoqués par le ministre de la guerre, sur le rapport du procureur général. — L'arrêté de nomination fixera la résidence dans laquelle ils devront s'établir.

Art. 3. — Le nombre des notaires sera réglé par le ministre de la guerre, selon les besoins du service. — Il est provisoirement fixé, savoir : à 8 pour l'arrondissement du tribunal de 1re instance d'Alger ; à 2 pour chacun des arrondissements de Bône, Oran et Philippeville.

Art. 4. — A l'avenir, nul ne pourra être nommé notaire : — 1° S'il n'est Français ; — 2° S'il n'est âgé de 25 ans accomplis ; — 3° S'il n'a satisfait à la loi du recrutement de l'armée ; — 4° S'il ne jouit de ses droits civils et civiques ; — 5° Si, hors les cas de dispense prévus par l'article suivant, il ne justifie de l'accomplissement du temps de stage ou de travail dans une étude de notaire, exigé par le même article. — Le tout indépendamment de ce qui est prescrit en l'art. 6 ci-après.

Art. 5. — Le temps de travail requis par le n° 5 du précédent article sera de 5 années entières et consécutives, dont une au moins en qualité de premier clerc, dans l'étude d'un notaire de France ou de l'Algérie. — Pourront être dispensés de la justification de tout ou partie du temps de stage réglé par le présent article : — 1° Les avocats, avoués ou défenseurs ayant exercé leur profession soit en France, soit en Algérie, pendant plus de deux années ; — 2° Les aspirants qui auraient rempli, pendant cinq années au moins, des fonctions administratives ou judiciaires ; — 3° Ceux qui auraient précédemment exercé la profession de notaire en Algérie ou en France.

Art. 6. — Tout aspirant à l'emploi de notaire devra, lors même qu'il se trouverait dans l'un des cas de dispense du stage spécifiés en l'article précédent, se pourvoir préalablement, à l'effet d'obtenir un certificat de moralité et de capacité. — Ce certificat sera délivré par une commission formée, à Alger, que le procureur général qui désignera pour la composer l'un des magistrats attachés aux tribunaux d'Alger, et deux des notaires en exercice dans la même résidence (1). — Cette commission, présidée par le magistrat qui aura été désigné pour en faire partie, procédera à l'examen de la capacité du candidat, après vérification des pièces fournies par celui-ci et information sur sa moralité. Elle dressera du tout procès-verbal et délivrera ensuite, s'il y a lieu, le certificat de moralité et de capacité.

En cas de refus, la délibération motivée que la commission sera tenue de prendre, sera adressée par son président au procureur général, qui la transmettra, avec son avis personnel, au ministre de la guerre, en même temps que la demande de l'aspirant et les pièces produites à l'appui. — Nonobstant le refus du certificat, le ministre restera juge des titres du candidat. — Pourront, au surplus, être dispensés de l'accomplissement des conditions prescrites par le présent article, les aspirants qui produiraient un certificat de moralité et de capacité, à eux délivré, conformément à l'art. 45 de la loi du 25 vent. an XI, par la chambre de discipline des notaires de leur dernière résidence en France.

Art. 7. — Les notaires sont assujettis à un cautionnement provisoire fixé, savoir : pour ceux de la résidence d'Alger, à 6,000 fr. ; pour ceux des autres localités, à 4,000 fr. — Ce cautionnement, qui devra être fourni en numéraire, sera spécialement et par premier privilège, affecté à la garantie des condamnations qui pourraient être prononcées contre le titulaire, à raison de l'exercice de ses fonctions.

Art. 8. — Avant d'entrer en fonctions, les notaires prêteront, à l'audience du tribunal de 1re inst. de l'arrondissement dans lequel leur résidence aura été fixée, le serment dont la formule suit : — « Je jure obéissance à la constitution, et fidélité à l'empereur (S.-C. du 23 déc. 1852, art. 16). Je jure aussi obéissance aux lois, ordonnances, arrêtés ou règlements ayant force de loi en Algérie, et de remplir avec exactitude et probité les devoirs de ma profession. » — Ils ne seront admis à prêter ce serment qu'après avoir produit le récé-

(1) Même commission instituée à Oran et à Constantine par arrêté ministériel du 16 avr. 1853, B. 521.

30

pissé constatant le versement de leur cautionnement.

Art. 9. — Aussitôt après avoir prêté serment, et préalablement à tout exercice de leurs fonctions, les notaires devront déposer ou faire déposer leur signature et parafe, ainsi qu'un extrait certifié du procès-verbal de leur prestation de serment, dans chacun des greffes de la cour royale, des tribunaux de 1re instance, de commerce et de paix et des divers commissariats civils de l'Algérie. — Les dépôts de leurs signature et parafe seront renouvelés par eux toutes les fois que, pour des causes graves et dûment justifiées, ils auront été autorisés à les changer, par ordonnance du tribunal de leur résidence, rendue sur requête, le ministère public entendu.

Art. 10. — Les notaires seront tenus de résider dans le lieu qui leur aura été assigné par l'arrêté de nomination, et ne pourront s'absenter de l'Algérie sans un congé délivré par le procureur général, qui en fixera la durée et en rendra compte au ministre de la guerre. — Ils exerceront leurs fonctions, savoir : — 1° Ceux des villes où est établi un tribunal de 1re inst., dans l'étendue du ressort de ce tribunal, à l'exception néanmoins de celles des localités dépendant de ce ressort avec lesquelles on ne peut communiquer que par mer ; — 2° Ceux des localités dans lesquelles il n'existe qu'un tribunal de paix ou un commissariat civil, dans l'étendue du ressort de cette juridiction. — Néanmoins le notaire établi à Blidah pourra instrumenter concurremment avec les notaires d'Alger, dans le ressort des commissariats civils de Bouffarik, Douéra et Koléah (1).

Art. 11. — Les fonctions de notaires sont incompatibles avec tous autres offices ministériels, avec toutes fonctions publiques salariées et avec toute espèce de négoce.

Art. 12. — Seront réputés démissionnaires et pourront être immédiatement remplacés : — 1° Les notaires qui, sans avoir justifié d'une excuse légitime, n'auraient pas prêté le serment prescrit par l'art. 8, et ne seraient pas entrés en fonctions, dans trois mois, à dater du jour où leur nomination leur a été notifiée ; — 2° Ceux dont le cautionnement serait employé, en tout ou en partie, à l'acquit de condamnations pour faits de charge, ou frappé de saisies-arrêts déclarées valables par jugement, même pour des causes étrangères aux faits de charges, et qui n'auraient pas, dans le délai de trois mois, au plus tard, à partir de l'invitation qui leur en sera faite par le procureur du roi, sur l'avis du directeur des finances, soit rétabli en entier ledit cautionnement, soit produit un acte authentique ou un jugement définitif portant mainlevée des oppositions ou saisies-arrêts ; — 5° Ceux qui, s'étant établis hors du lieu qui leur est assigné par l'arrêté de nomination, n'y auraient pas fixé leur résidence dans les trois jours de l'avertissement qui leur sera donné par le procureur du roi ; — 4° Ceux qui se livreraient à l'exercice de fonctions ou professions incompatibles avec le notariat ; — 5° Ceux qui s'absenteraient de l'Algérie sans congé régulièrement délivré.

Art. 15. — Les notaires seront tenus de prêter leur ministère toutes les fois qu'ils en seront requis, à moins de motifs légitimes d'abstention, qu'ils devront immédiatement communiquer au procureur du roi. — Dans le cas où ces motifs ne seraient pas justifiés, le procureur du roi pourra, sur la demande des intéressés, enjoindre aux notaires d'instrumenter ; à défaut par eux de déférer à cette injonction, ils seront passibles de telles peines de discipline qu'il appartiendra. — Ils seront également tenus, sous les mêmes peines, de représenter gratuitement, lorsqu'ils seront désignés à cet effet, dans les divers cas prévus par les lois, les militaires et marins absents, et de procéder, au besoin, dans l'intérêt de ceux-ci, sans autre indemnité que celle des simples déboursés dûment justifiés, à tous actes du ministère des notaires.

Art. 14. — Les offices de notaires sont incessibles ; il ne pourra être traité, sous aucun prétexte, à prix d'argent, ou moyennant tout autre prix, quelle qu'en soit la nature, soit par le titulaire, soit par ses héritiers ou ayants cause, de la cession de son titre et de sa clientèle, sauf néanmoins ce qui sera dit en l'art. 52 ci-après, en ce qui concerne les recouvrements.

CHAP. 2. — *Actes notariés. — Leur forme.—Fonctions et devoirs des notaires.*

Art. 15. — Les actes seront reçus par le notaire en présence de deux témoins, et, s'il s'agit d'un testament par acte public, en présence de quatre témoins mâles, majeurs, Européens, ayant au moins une année de résidence en Algérie, jouissant de leurs droits civils, sachant signer, et autant qu'il se pourra, parlant la langue française.—Les mêmes témoins ne pourront être habituellement employés.—Le tout sans préjudice de la faculté accordée par les lois aux notaires de procéder, sans assistance de témoins, à certains actes, pour lesquels ils sont commis par les tribunaux.

Art. 16. — Toutes les fois qu'une personne ne parlant pas la langue française sera partie ou témoin dans un acte, le notaire devra être, en outre, assisté d'un interprète assermenté, qui expliquera l'objet de la convention, avant toute écriture, expliquera de nouveau l'acte rédigé et signera comme témoin additionnel (2).—Les signatures qui ne seraient pas écrites en caractères français seront traduites en français, et la traduction en sera certifiée et signée au pied de l'acte par l'interprète. — Les parents ou alliés, soit du notaire, soit des parties contractantes, en ligne directe, à tous les degrés, et en ligne collatérale jusqu'au degré d'oncle ou neveu inclusivement, ne pourront remplir les fonctions d'interprète, dans le cas prévu par le présent article. Ne pourront aussi être pris pour interprètes d'un acte public les légataires à quelque titre que ce soit, ni leurs parents ou alliés, jusqu'au degré de cousin germain inclusivement.

Art. 17. — Les actes des notaires seront écrits en langue française en un seul contexte, lisiblement, sans abréviation, blanc, lacune ni intervalle. Les sommes et les dates y seront écrites en toutes lettres ; les renvois en marge et au bas des pages et le nombre des mots rayés dans tout le texte de l'acte seront approuvés par l'initiale du nom propre

(1) Modifié par l'art. 2 de l'arr. du 7 août 1844, par suite de l'institution d'un office de notaire à Douéra. (V. infrà, § 2.)

(2) Jurisprudence. — L'art. 5 ord. du 19 mai 1845 (Interprètes) déclare non valable tout acte où cette assistance aurait été omise. C'est là une nullité radicale qui ne peut être ignorée de celui qui prétend se servir de l'acte et ne lui permet pas d'invoquer à bonne foi pour faire courir la prescription décennale. Dans le cas où il n'y aurait pas d'interprète attaché à la justice de paix du lieu où l'acte est reçu, comme dans le cas de tout autre empêchement, le notaire peut toujours appeler l'un des interprètes de l'administration civile ou militaire, ou même, à leur défaut, un individu auquel il ferait prêter serment. — Cour d'Alger, 3 fév. 1858.

ou le paraíe de chacune des parties, des témoins et du notaire.

Ces actes énonceront : 1° les noms et lieu de résidence du notaire qui les reçoit ; 2° les noms, prénoms, qualités et demeures des parties, et la mention de leur patente si l'acte est relatif à leur commerce, profession ou industrie ; 3° les noms, âges, professions et demeures des témoins ; 4° les nom et demeure de l'interprète s'il y a lieu ; 5° le lieu, l'année, le jour où les actes sont passés ; 6° les procurations des contractants, lesquelles certifiées par les parties qui en feront usage demeureront annexées à la minute ; 7° la lecture faite aux parties par le notaire, et, le cas échéant, l'accomplissement des interprétations prescrites par le premier alinéa de l'article précédent, sans préjudice des formalités spéciales auxquelles les actes sont assujettis par la loi. — Ils exprimeront les sommes en francs, décimes et centimes, et en mesures métriques toutes les quantités, poids ou mesures à énoncer. Toutes les sommes et quantités pourront être exprimées par les appellations usitées en Algérie ou dans le lieu du domicile des contractants ; pourvu qu'elles soient à la suite de la traduction ou conversion en dénominations nouvelles, conformes au système décimal ou métrique en France.

Art. 18. — Les notaires seront tenus d'annexer aux actes par eux reçus l'original ou, en tous cas, la traduction certifiée par un interprète assermenté, et signée des parties, des actes émanés des officiers publics indigènes, ou de tous fonctionnaires étrangers, et auxquels les nouvelles conventions se référeraient. Le contenu desdites pièces devra être, en outre, mentionné sommairement dans l'acte auquel elles seront annexées.

Art. 19. — Si le nom, l'état et la demeure des parties ne sont pas connus du notaire qui recevra leurs conventions, ils devront lui être attestés par deux témoins connus de lui et ayant les mêmes qualités que celles qui sont requises pour être témoin instrumentaire. — En matière de transaction immobilière ou de contrat hypothécaire, l'existence des immeubles, qu'il s'agira d'aliéner ou d'hypothéquer, devra être également connue du notaire instrumentaire ou lui être attestée, ainsi qu'il est dit au premier alinéa du présent article.

Art. 20. — Lorsque l'état d'une partie qui s'oblige, par acte passé devant eux, ne leur sera pas connu, les notaires devront, indépendamment de l'attestation prescrite par le précédent article, exiger, avant la passation de l'acte, la représentation du contrat de mariage de ladite partie, si elle se déclare mariée, ou son affirmation personnelle et sous serment qu'elle n'a point fait de conventions matrimoniales ; et si elle déclare n'être point mariée, son affirmation, également sous serment, qu'elle réellement elle ne l'est pas. — L'accomplissement de ce qui précède sera expressément constaté dans l'acte par le notaire, à peine contre lui de tous dommages-intérêts, s'il y a lieu.

Art. 21. — Dans les actes translatifs de propriétés immobilières, les notaires énonceront la nature, la situation, la contenance, les tenants et aboutissants des immeubles, les noms des précédents propriétaires, et, autant qu'il se pourra, le caractère et la date des mutations successives.

Art. 22. — Chaque notaire tiendra exposés dans son étude : — 1° Un tableau sur lequel il inscrira les noms, prénoms, qualités, professions et demeures des personnes qui, dans l'étendue du ressort où il peut exercer, sont interdites ou assistées d'un conseil judiciaire, ainsi que la mention des jugements y relatifs ; — 2° Un autre tableau où il inscrira également l'extrait des contrats de mariage intervenus entre époux domiciliés dans son ressort, et dont l'un serait commerçant, ledit extrait con-

tenant les indications prescrites par l'art. 67, § 2, c. com. — Ces inscriptions auront lieu immédiatement après la notification qui devra être faite aux notaires, savoir : par le greffier de la juridiction qui aura rendu le jugement définitif d'interdiction ou de nomination du conseil judiciaire, de l'extrait dudit jugement, et par le notaire qui, dans le cas prévu par le n° 2 du précédent paragraphe, aura reçu le contrat de mariage d'un commerçant, de l'extrait dudit contrat.

Art. 23. — Les notaires seront tenus d'apposer, sur les grosses et expéditions des actes, l'empreinte d'un sceau particulier, d'après le modèle adopté pour les notaires de France. — Les actes notariés seront légalisés par le président du tribunal civil de la résidence du notaire ou du lieu où sera délivré l'acte ou l'expédition, mais seulement lorsque les grosses ou expéditions qui en seront délivrés devront être employées en dehors de l'Algérie.

Art. 24. — Si un notaire décède avant d'avoir signé l'acte qu'il a reçu, mais après la signature des parties contractantes et des témoins, le tribunal de 1re inst. du ressort pourra, sur la demande des parties intéressées ou de l'une d'elles, ordonner que cet acte sera régularisé par la signature d'un autre notaire du même arrondissement. Dans ce cas, l'acte vaudra comme s'il avait été signé par le notaire instrumentaire.

Art. 25. — Les notaires tiendront répertoire de tous les actes qu'ils recevront. — Ces répertoires seront visés, cotés et parafés, savoir : ceux des notaires établis dans les villes où siège un tribunal de 1re inst., par le président ou par un juge de ce tribunal ; et ceux des notaires établis en dehors, des lieux où siègent les tribunaux de 1re inst., par le juge de paix ou l'un de ses suppléants, et s'il n'y a pas de justice de paix, par le commissaire civil de leur résidence.

Chaque article du répertoire sera dressé jour par jour, et contiendra : 1° son numéro d'ordre ; 2° la date de l'acte ; 3° la nature de l'acte ; 4° son espèce, c'est-à-dire s'il est en minute ou en brevet ; 5° les noms, prénoms et demeures des parties ; 6° l'indication des biens, leur situation et le prix, lorsqu'il s'agira d'actes ayant pour objet la propriété, l'usufruit ou la jouissance de biens immeubles ; 7° la somme prêtée, cédée ou transportée, s'il s'agit d'obligation, cession ou transport ; 8° la relation de l'enregistrement.

Les notaires feront aussi mention sur répertoire, tous les trois mois, et avant le visa du receveur de l'enregistrement, des noms des clercs qui, pendant le précédent trimestre, auront été en cours de stage dans leur étude, du temps de travail que lesdits clercs auront accompli et de leur rang de cléricature.

Art. 26. — Les notaires devront, en outre, tenir un registre particulier, qui sera coté, visé et parafé, comme il est dit pour le répertoire en l'article précédent, et sur lequel ils inscriront, à la date du dépôt, les noms, prénoms, professions, domiciles et lieux de naissance des personnes qui leur remettront un testament olographe. Ce registre ne fera aucune mention de la teneur du testament déposé ; il sera soumis, de même que le répertoire, au visa des préposés de l'enregistrement.

Si à l'époque où ils auront connaissance du décès de la personne dont le testament olographe aura été déposé en leur étude, aucune partie intéressée ne se présente pour requérir l'exécution de l'art. 1007 c. Nap., ils devront eux-mêmes faire les diligences nécessaires pour la présentation dudit testament au président du tribunal de 1re inst. du ressort, après en avoir donné avis au procureur du roi.

Dans le même cas, les notaires établis dans les lieux où il n'existe pas de tribunal de 1re inst., et à la distance de plus de 5 myr. du siège de ce tribunal, seront autorisés à présenter le testament au juge de paix, et s'il n'y a pas de justice de paix, au commissaire civil de leur résidence, qui le fera parvenir clos et cacheté au président du tribunal, par l'intermédiaire du procureur du roi, et qui pourra même en faire l'ouverture si les communications étaient interrompues entre le lieu de leur siège et le chef-lieu judiciaire.

Art. 27. — Seront également autorisés, les notaires établis à plus de 5 myr. de distance de la ville où siège le tribunal de 1re inst. du ressort, à présenter, dans le cas prévu par le deuxième alinéa de l'art. 1007 c. Nap., les testaments mystiques reçus par eux, soit au juge de paix, soit à défaut du juge de paix, au commissaire civil de leur résidence, lequel pourra faire l'ouverture desdits testaments, en présence des témoins signataires de l'acte de suscription qui se trouveront sur les lieux, ou eux dûment appelés.

Art. 28. — Le notaire dépositaire d'un testament contenant des dispositions au profit d'un établissement public, devra en donner avis au procureur du roi dans le mois de l'ouverture de ce testament.

Art. 29. — Indépendamment du répertoire et du registre prescrits par les art. 25 et 26, les notaires tiendront un registre, coté, parafé, soumis au visa des préposés de l'enregistrement conformément auxdits articles, sur lequel ils devront mentionner, jour par jour, par ordre de dates, sans blancs, lacunes ni transports en marge : 1° toutes les sommes ou valeurs qu'ils recevront en dépôt, à quelque titre que ce soit ; 2° les noms, prénoms, professions et demeures des déposants ; 3° la date des dépôts ; 4° l'emploi qui aura été fait des valeurs déposées.

Art. 30. — Sont au surplus rendues communes aux notaires de l'Algérie, sauf les modifications qui précèdent et celles qui seront énoncées ci-après, ou qui sont ou seraient ultérieurement établies par la législation spéciale du pays, les dispositions des lois et règlements de France, relatifs à la forme des actes notariés, à leur effet, et aux formalités à remplir par les notaires, notamment celles des art. 8, 10, § 2, 13 à 18, 20 à 27, 29, 30 et 68 de la loi du 25 vent. an XI, 971 à 977, 979, 1317 à 1320 c. Nap.

Art. 31. — Sont également rendues communes aux notaires de l'Algérie, en tout ce qui n'est pas contraire au présent arrêté et à la législation spéciale du pays : 1° les attributions particulières conférées par les lois françaises aux notaires de France ; 2° les obligations imposées par les mêmes lois et par les règlements en vigueur dans la métropole à ces officiers publics, en matière d'enregistrement des actes notariés, de tenue, visa, vérification par les préposés de l'enregistrement et dépôt des répertoires ; 3° les amendes applicables aux notaires de France pour toutes contraventions, omissions, irrégularités et autres inobservations des règles prescrites par lesdites lois, ainsi que les formes des poursuites à diriger pour le recouvrement de ces amendes.

Art. 32. — Les notaires exerceront d'ailleurs toutes autres fonctions ou attributions qui leur sont ou qui leur seraient particulièrement conférées par la législation spéciale de l'Algérie. — Ils ne pourront faire ni protêts faute d'acceptation ou de payement de lettres de change et autres effets commerciaux, ni actes d'offres réelles et procès-verbaux de consignation de ces offres, que dans les cas où lesdits actes ne pourraient pas être formalisés par des huissiers.

Art. 33. — Il est expressément interdit à tout notaire : — 1° D'employer, même temporairement, à son profit les sommes dont il s'est constitué détenteur ou dépositaire en sa qualité de notaire, ou de placer, en son nom personnel, les fonds qu'il aurait reçus de ses clients à la condition de leur en servir l'intérêt ;

2° De retenir entre ses mains, sans motifs légitimes, les sommes qui doivent être par lui versées à la caisse des dépôts et consignations, dans les divers cas prévus par les lois, ordonnances ou règlements ;

3° De prendre directement ou indirectement un intérêt dans les opérations où il intervient comme notaire, ou d'emprunter, pour ses affaires personnelles, le nom d'un tiers dans les actes qu'il reçoit ;

4° De se constituer garant ou caution, à quelque titre que ce soit, des prêts qui auraient été faits par son intermédiaire ou qu'il aurait été chargé de constater par acte public ou privé ;

5° De faire ou laisser intervenir ses clercs en qualité de mandataires d'une ou de plusieurs des parties qui contractent devant lui ;

6° De se rendre cessionnaire soit de procès, droits ou actions litigieux ou successifs, alors même qu'ils seraient hors de la compétence du tribunal dans le ressort duquel il exerce ses fonctions, soit d'indemnités ou rentes dues, en Algérie, à des particuliers, par l'État ou par la colonie ;

7° De se livrer directement ou indirectement, comme principal obligé, ou comme associé, même en participation, à des spéculations ou entreprises, à une ou plusieurs opérations de bourse, commerce, change, banque, escompte ou courtage ; de s'immiscer dans l'administration d'aucune entreprise ou compagnie de finance, de commerce ou d'industrie ; de spéculer sur l'acquisition et la revente des immeubles, sur la cession des créances, actions industrielles et autres droits incorporels, et de souscrire, à quelque titre et sous quelque prétexte que ce soit, des lettres de change ou billets à ordre négociables ;

8° D'insérer dans les actes des dispositions dont il retirerait un produit personnel, ou de stipuler pour autrui ;

9° De prêter son ministère pour la vente de biens qu'il saurait être inaliénables, ou qui ne pourraient être aliénés qu'après l'accomplissement des formalités prescrites par la législation spéciale de l'Algérie ou les anciennes lois du pays ;

10° De passer des actes pour le compte d'un notaire suspendu de ses fonctions, et de le substituer en quelque manière que ce soit, sauf ce qui sera dit en l'art. 54 ci-après ;

11° De s'associer, soit avec d'autres notaires, soit avec des tiers, pour l'exploitation de son office ;

12° D'instrumenter hors de son ressort, ainsi que d'ouvrir étude, et de conserver le dépôt de ses minutes ailleurs que dans le lieu qui lui a été fixé pour résidence.

Le tout, sans préjudice de la prohibition contenue en l'art. 14 ci-dessus et de toutes autres défenses faites aux notaires par celles des dispositions de la loi du 25 vent. an XI auxquelles se réfère le présent arrêté.

CHAP. 3. — *Frais d'actes, honoraires et droits des notaires.*

Art. 34. — Le tarif établi par les décrets du 16 fév. 1807, pour le règlement des vacations et droits de voyage des notaires de Paris, est rendu applicable aux notaires de l'Algérie, avec réduction d'un dixième. — Les droits d'expédition ou de grosse de tous actes sont fixés à 2 fr. 50 c. par rôle de trente lignes à la page et de quinze syllabes à la ligne.

Art. 35. — Pour tous actes non tarifés par les décrets précités du 16 fév. 1807, les honoraires seront réglés amiablement entre les parties et le notaire.—En cas de difficultés, avant comme après le payement, la taxe des honoraires sera faite par le tribunal de 1re inst. du ressort, en chambre du conseil, sur simples mémoires et sans frais, le ministère public entendu.

Art. 56. — Le notaire ne pourra réclamer ou recevoir des honoraires de deux parties ayant des intérêts différents, comme de l'emprunteur et du prêteur, de l'acquéreur et du vendeur, excepté dans les contrats d'échange et de société.—Les actes délivrés en brevet et les grosses ou expéditions des actes dont il doit être gardé minute, énonceront en détail les sommes reçues ou réclamées par le notaire, en distinguant les déboursés, droits et honoraires, le tout à peine, en cas de contravention, de telles mesures de discipline qu'il appartiendra.

Art. 57.— Les demandes en payement de droits et honoraires formées, par les notaires de l'Algérie, seront instruites et jugées, sans préliminaire de conciliation, en la même forme que celles des notaires de France.

CHAP. 4. — *Discipline des notaires.*

Art. 58. — Indépendamment des amendes qui seraient encourues par eux, aux termes de l'art. 51 ci-dessus, pour omissions, irrégularités et autres violations ou inobservations des règles prescrites par les lois qui leur sont rendues applicables, les notaires seront passibles, pour les mêmes infractions, comme pour toutes contraventions aux dispositions du présent arrêté, et pour tous manquements aux devoirs de leur profession, de l'application des peines disciplinaires, sans préjudice des peines plus graves, en cas de crime ou de délit.

Art. 59. — Les peines de discipline applicables aux notaires, sont : — 1° Le rappel à l'ordre ; — 2° La censure avec réprimande ; — 3° La suspension pendant trois mois au plus ; — 4° La révocation.

Art. 40. — Le rappel à l'ordre et la censure avec réprimande seront prononcés, lorsqu'il y aura lieu, par le procureur général, d'office, ou sur le rapport du procureur du roi près le tribunal de résidence du notaire, après que l'inculpé aura été entendu ou dûment appelé. — Ils seront toujours notifiés par écrit audit notaire, et il en sera fait mention tant au parquet du procureur général qu'en celui du procureur du roi, sur un registre spécialement tenu à cet effet.—Le procureur général informera, sans retard, le ministre de la guerre de tous rappels à l'ordre ou censures avec réprimande qu'il aura prononcés contre des notaires.

Art. 41.—Lorsqu'il y aura lieu à suspension ou révocation, il sera procédé à l'enquête disciplinaire par le procureur du roi de la résidence du notaire inculpé, qui devra toujours être entendu ou dûment appelé, et pourra fournir, dans le délai qui lui sera fixé, ses explications par écrit sur les griefs dont il lui sera donné communication. — Le procureur du roi adressera ensuite les pièces de l'enquête, les explications de l'inculpé, et son rapport au procureur général, qui transmettra le tout, avec son avis personnel, au ministre de la guerre. — Il sera statué par le ministre. — Néanmoins, en cas d'urgence, le gouverneur général pourra, sur la proposition du procureur général, prononcer provisoirement la suspension, à charge d'en rendre compte immédiatement au ministre de la guerre. — Il y aura lieu à cette suspension provisoire, toutes les fois que, par l'effet de condamnations prononcées pour faits de charge, le cautionnement des notaires se trouverait employé en tout ou en partie.

Art. 42. — La révocation sera toujours prononcée : — 1° Contre le notaire qui aurait contrevenu à l'une des prohibitions portées aux n°s 1, 2, 3, 4, 5, 6, 7, 9, 10 et 11 de l'art. 53 ci-dessus; — 2° Contre celui qui, ayant été suspendu, continuerait directement ou indirectement, pendant la durée de la suspension, l'exercice de ses fonctions, ou le reprendrait avant l'expiration de la peine, sans préjudice des peines portées en l'art. 197 c. pén.; — 3° Contre celui qui, en contravention à l'art. 14 ci-dessus, aurait traité à prix d'argent ou moyennant toute autre indemnité, de la cession de son office, lors même que la convention n'aurait pas été suivie d'effet, contre le nouveau titulaire qui, par suite d'une telle convention, aurait obtenu sa nomination; — 4° Contre celui qui, ayant précédemment subi la peine de la suspension, tomberait dans la récidive.

Art. 43. — La suspension et même la révocation seront prononcées, selon les cas, contre le notaire qui se trouvera dans l'un des cas prévus par les n°s 8 et 12 de l'art. 53, et contre celui qui, par sa conduite privée et habituelle, ou par un fait grave quelconque, compromettrait sa dignité, sa délicatesse, son honneur ou son caractère d'officier public.

Art. 44. — Il sera fait mention sur le registre prescrit par le deuxième alinéa de l'art. 40 ci-dessus, de toutes suspensions prononcées contre le notaire, soit par le ministre de la guerre, soit même, provisoirement, par le gouverneur général, aux cas prévus par l'art. 41.

Art. 45.—Les décisions portant peine de suspension et de révocation contre un notaire lui seront notifiées, à la diligence du procureur du roi de sa résidence, soit par simple lettre, soit même, s'il en est besoin, par le ministère d'un huissier. Elles seront exécutées à partir du jour de cette notification.

Art. 46.—Au commencement de chaque année, le procureur général nommera, parmi les notaires d'Alger, un syndic dont les attributions consisteront : — 1° A donner son avis, après information, s'il y a lieu, sur toutes plaintes qui seraient portées contre un notaire de son ressort; — 2° A intervenir officieusement et comme conciliateur, dans les débats qui s'élèveraient soit entre des notaires de son ressort, soit entre les mêmes notaires et leurs clients; — 3° A donner son avis, lorsqu'il en sera requis par les magistrats, sur les difficultés que feraient naître les réclamations d'honoraires, vacations et droits formées par les notaires; — 4° A représenter sa compagnie toutes les fois qu'il s'agira de ses intérêts collectifs, et dans toutes ses relations ou communications avec l'autorité judiciaire — Le syndic nommé continuera ses fonctions jusqu'à son remplacement, il sera indéfiniment rééligible.

CHAP. 5. — *Remises à faire des minutes et répertoires par les notaires qui cessent leurs fonctions ou par leurs représentants. — Recouvrements.*

Art. 47. — Les minutes et répertoires (1) d'un notaire décédé, démissionnaire, révoqué ou remplacé par suite de déchéance, seront remis à son successeur immédiat, et jusqu'à ce que celui-ci soit installé, déposés, selon les localités et les circonstances, soit en l'étude d'un autre notaire de la même résidence, désigné par le procureur du roi du ressort, soit au greffe du tribunal de 1re inst. de la justice de paix, ou du commissariat civil du lieu. — Le procureur du roi veillera à ce que la remise et le dépôt prescrits soient effectués sur inventaire régulier, qui devra être dressé par le notaire ou

---

(1) *Jurisprudence.* — Ces expressions comprennent nécessairement tous les papiers de l'étude relatifs à la profession du notaire décédé, ainsi que les dépôts qui lui ont été précédemment confiés en cette qualité. — *Cour d'Alger*, 27 avr. 1858, Succession Pouriauborde.

greffier dépositaire. — Le double de cet inventaire, au pied duquel le dépositaire donnera récépissé des minutes et répertoires, sera remis au greffe du tribunal civil du ressort, excepté dans le cas où le dépôt serait opéré dans ledit greffe.

Art. 48. — Les possesseurs ou détenteurs de minutes qui, dans le cas prévu par le précédent article, refuseraient d'en effectuer la remise, après avoir été mis en demeure par le procureur du roi, seront poursuivis à la requête de ce magistrat devant le tribunal de 1re inst. du ressort, pour y être condamnés à l'amende portée par l'art. 57 de la loi du 25 vent. an XI.

Art. 49. — Dans le cas de suppression d'office, les minutes et répertoires du notaire supprimé seront remis immédiatement, et après inventaire dressé conformément à l'art. 47, à celui des notaires du même ressort qui sera désigné par le ministre de la guerre sur la proposition du procureur général.

Art. 50. — Aussitôt après le décès, la démission ou la notification de la révocation d'un notaire, les minutes, papiers et répertoires de l'étude seront, s'il y a nécessité, et s'ils ne peuvent être immédiatement transportés, soit dans l'étude, soit dans le greffe, où ils devront être déposés, placés sous les scellés, même d'office, par le juge de paix, ou à défaut du juge de paix, par le commissaire civil de la résidence du notaire, jusqu'à ce que le dépôt puisse en être effectué. — L'apposition des scellés aura toujours lieu dans le cas où la résidence du notaire décédé, démissionnaire ou révoqué, se trouverait en dehors du lieu où siège le tribunal de 1re inst.

Art. 51. — Lorsque les minutes auront été déposées dans le greffe du tribunal de 1re inst., ou dans celui d'un tribunal de paix ou d'un commissariat civil, les grosses et expéditions pourront être délivrées par le greffier dépositaire, qui aura droit, dans ce cas, à la moitié de la rétribution fixée par l'art. 35, § 2, ci dessus, à charge par lui de se conformer aux règles prescrites aux notaires pour la délivrance desdites grosses et expéditions.

Art. 52. — Nonobstant la disposition de l'art. 14 du présent arrêté, le nouveau titulaire, ou le notaire qui recevra les minutes, dans le cas de suppression d'office, sera tenu d'indemniser l'ancien titulaire ou ses héritiers jusqu'à concurrence du montant des recouvrements qui pourraient être à exercer au profit de ceux-ci, à raison des actes dont les frais, honoraires ou droits quelconques resteraient dus. — Dans tous les cas, le montant de cette indemnité sera réglé sans frais par le tribunal de 1re inst., en chambre du conseil, le ministère public et les parties intéressées entendus. Le règlement n'en sera définitif qu'après l'approbation du ministre de la guerre, auquel la décision de la chambre du conseil devra être transmise par le procureur général. — Tout traité de gré à gré sur le montant de ladite indemnité sera nul, et entraînera la révocation du titulaire qui l'aura souscrit ayant ou après la remise des minutes.

CHAP. 6. — *Dispositions particulières.*

Art. 53. — Le notaire qui, par suite d'infirmités physiques ou morales, se trouverait hors d'état de continuer l'exercice de ses fonctions, sera remplacé.

Art. 54. — En cas de maladie, d'absence ou d'empêchement autre que celui résultant, soit d'une suspension disciplinaire, soit de parenté ou d'alliance, les notaires pourront être substitués, avec l'autorisation préalable du procureur du roi de leur ressort, par un autre notaire de la même résidence. — La minute de l'acte reçu par le notaire substituant restera en l'étude du notaire substitué, ce qui sera énoncé dans ledit acte. —

La minute devra, en outre, être portée à la fois sur le répertoire du notaire substitué et sur celui du notaire substituant, avec mention par celui-ci que cette minute est restée au notaire suppléé. — Le notaire suppléé et le notaire substituant seront solidairement responsables de toute inobservation des formalités prescrites pour la validité de l'acte, et passibles, selon les circonstances, en cas de contraventions, des mêmes peines disciplinaires.

Art. 55. — Aucun notaire suspendu de ses fonctions ne pourra, pendant la durée de la suspension, se faire substituer, même pour la délivrance des grosses ou expéditions des actes déposés dans son étude. — En ce cas, lorsqu'il y aura lieu à délivrance de grosses ou expéditions desdits actes, elle ne pourra être faite que par un autre notaire de la même résidence, spécialement commis à cet effet par le procureur du roi du ressort, sur la demande des parties intéressées, et il sera fait mention expresse de la délégation au bas de la grosse ou de l'expédition délivrée. — Dans le même cas, le notaire suspendu sera tenu de communiquer au notaire délégué, sur son récépissé, les minutes à expédier, lesquelles pourront ensuite être rétablies dans l'étude où elles sont déposées. — Les droits dus pour les grosses ou expéditions ainsi délivrées ne pourront être perçus qu'au profit du notaire commis. — Toute contravention au présent article sera punie de révocation, sans préjudice de peines plus graves, s'il y a lieu.

Art. 56. — Dans les lieux où il n'existe qu'un seul notaire en exercice, si ce notaire est empêché par l'un des motifs énoncés aux deux articles précédents ou pour cause de parenté ou d'alliance, il pourra être provisoirement remplacé, sur la demande expresse des parties intéressées et avec l'autorisation du procureur du roi du ressort, soit par le greffier du tribunal de 1re inst., soit par celui de la justice de paix, et à défaut de tribunal de 1re inst. ou de paix, par le secrétaire du commissariat civil de la résidence dudit notaire. — En ce cas, l'autorisation délivrée par le procureur du roi, et la cause de l'empêchement du notaire, seront énoncées dans l'acte dressé, ou dans les grosses ou expéditions délivrées par le substituant.

La minute de l'acte dressé par le notaire substituant sera déposée dans l'étude du notaire substitué, et si celui-ci est suspendu de ses fonctions, dans l'étude de celui des notaires les plus voisins qui sera désigné par les parties intéressées. — Le substituant se conformera d'ailleurs, soit pour la rédaction et la forme des minutes ou brevets, soit pour la délivrance des grosses et expéditions, à toutes les règles prescrites pour les notaires; au moyen de quoi ses actes vaudront comme actes notariés. — Dans les divers cas prévus par le présent article, le substituant pourra percevoir à son profit, indépendamment des honoraires, la moitié des vacations et droits réglés par l'art. 53 ci-dessus.

Art. 57. — Dans celles des villes du littoral où sont établis des commissariats civils et pour lesquelles il n'existe pas de notaires, les secrétaires des commissariats recevront et rédigeront, en la forme des actes notariés, les conventions des parties qui requerront leur ministère à cet effet. En ce cas, ils déposeront et conserveront dans les archives du secrétariat, la minute desdites conventions, et pourront, lorsqu'ils en seront requis, en délivrer aux intéressés des expéditions qui leur seront payées d'après le taux réglé par l'art. 21 de l'arr. min. du 18 déc. 1812, portant organisation des commissariats civils. — Les actes ainsi rédigés ne vaudront que comme écrits sous signature privée. — Le tout sans préjudice des attributions exceptionnelles conférées aux mêmes secrétaires par l'arrêté précité, en matière d'inventaire (1).

Art. 58. — Les parties intéressées à des actes reçus par un notaire de l'Algérie pourront lever à leurs frais, pour leur sûreté, et déposer au greffe du tribunal de 1re inst. du ressort, des expéditions desdits actes, collationnées et signées par le notaire et légalisées par le président du tribunal de la résidence de cet officier public. — Le greffier sera tenu de recevoir ce dépôt sur la réquisition de la partie et de le garder dans les archives du greffe. — Il sera fait mention sommaire dudit dépôt sur un registre tenu à cet effet dans chaque greffe de 1re inst., et coté et parafé par le président du tribunal.

CHAP. 7. — *Dispositions finales.*

Art. 59. — Sont maintenus, chacun dans leur résidence actuelle, sans qu'il soit besoin de leur délivrer des commissions confirmatives, et seulement à charge par eux de remplir, dans le délai de deux mois, à dater de l'époque où le présent arrêté sera exécutoire, les formalités prescrites par le premier alinéa de l'art. 9 du même arrêté, les notaires précédemment institués et nommés par le ministre de la guerre, et qui seront en exercice au moment de la promulgation des présentes.

Art. 60. — Les notaires qui auront exercé leurs fonctions avec honneur pendant vingt années consécutives pourront obtenir le titre de notaire honoraire. — Ce titre sera conféré par le ministre de la guerre, sur la proposition du procureur général.

Art. 61. — Il n'est rien innové par le présent arrêté en ce qui concerne les attributions conservées aux cadis, en matière de notariat, par l'art. 43, §§ 2 et 3 de l'ord. roy. du 26 sept. 1842 (V. *Justice*, § 1).

Art. 62. — Toutes dispositions contraires aux présentes sont abrogées.

Maréchal duc de DALMATIE.

AM. — 20 oct.-28 nov. 1845. — B. 213. — *Institution de notaires dans les territoires mixtes.*

Art. 1. — Il sera institué des notaires dans les territoires mixtes en telle localité et en tel nombre que le ministre de la guerre le jugera utile.

Art. 2. — Sera applicable à ces notaires, sous les modifications suivantes, l'arr. min. du 30 déc. 1842, sur le notariat en Algérie.

Art. 3. — Les juges civils, dans les localités où il en sera établi, et à leur défaut, les commandants de place, rempliront, à l'égard des notaires des territoires mixtes, les attributions qui sont dévolues au procureur du roi, aux tribunaux de 1re inst. et à leurs présidents, par l'arr. du 30 déc. 1842.

Art. 4. — Ces notaires seront assujettis à un cautionnement de 3,000 fr. en numéraire.

Art. 5. — Ils prêteront serment devant la cour royale. — Ils instrumenteront dans toute l'étendue du territoire dépendant de la ville qui sera le siège de leur résidence.

Art. 6. — Ils ne pourront s'absenter plus de cinq jours du lieu de leur résidence sans autori-

sation du juge, ou, à son défaut, du commandant de place, sous peine d'être, selon les circonstances, réputés démissionnaires. — Ils ne pourront s'absenter plus d'un mois sans un congé régulièrement délivré, conformément à l'art. 10 de l'arr. du 30 déc. 1842.

Art. 7. — L'interprète du commandant de place remplira, à défaut d'interprète assermenté, les fonctions d'interprète dans les actes reçus par ces notaires.

Maréchal duc de DALMATIE.

DP. — 21 avr.-22 mai 1852. — B. 412 — *Mise en vigueur de l'art. 51 de la loi du 22 frim. an VII.*

Vu les art. 26 et 29 de l'ord. du 30 déc. 1842;
— Vu l'art. 51 de la loi du 22 frim, an VII;

Art. 1. — Les amendes prévues par l'art. 51 de la loi précitée du 22 frim, an VII, pour les contraventions concernant la tenue et le visa trimestriel du répertoire des actes notariés, sont rendues applicables aux contraventions commises par les notaires de l'Algérie en matière de tenue et de présentation au visa des registres de dépôts et de consignations prescrits par les art. 26 et 29 de l'ord. du 30 déc. 1842.

§ 2. — CRÉATION D'OFFICES.

AM. — 10 fév.-21 mars 1845. — B. 145. — *Création d'un huitième office pour l'arrondissement d'Alger.*

AM. — 6 juill.-22 août 1844. — B. 180. — *Création d'un neuvième office pour l'arrondissement et à la résidence d'Alger, et d'un troisième pour l'arrondissement d'Oran, à la résidence de Mostaganem.*

AM. — 7-22 août 1844. — B. 180. — *Création d'un dixième office pour l'arrondissement et à la résidence d'Alger, et d'un onzième pour l'arrondissement d'Alger à la résidence de Douéra.*

Art. 1. — Un dixième office de notaire pour l'arrondissement du tribunal de 1re inst. d'Alger est institué à la résidence d'Alger. — Un onzième office de notaire pour l'arrondissement du tribunal de 1re inst. d'Alger est institué à la résidence de Douéra.

Art. 2. — Le § 5 de l'art. 10 de l'arr. du 30 déc. 1842 est modifié de la manière suivante : — « Les notaires établis à Blidah et à Douéra instrumenteront exclusivement dans leurs ressorts respectifs, sauf le droit attribué aux notaires d'Alger, conformément au § 3 de l'article précité, et concurremment avec ces derniers, dans le ressort des commissariats civils de Koléah et de Bouffarik. »

Maréchal duc de DALMATIE.

AM. — 24 mai-18 juin 1845. — B. 202. — *Création d'un deuxième office pour l'arrondissement et à la résidence de Blidah.*

AM. — 5 nov.-15 déc. 1845. — B. 214. — *Création d'un quatrième office pour l'arrondissement et à la résidence d'Oran.*

---

(1) V. *Commissaires civils*, arr. du 18 déc. 1842, art. 70.

Jurisprudence. — 1° Jugé qu'aux termes de cet article, les secrétaires de commissaires civils ont capacité suffisante pour recevoir un testament qui doit être compris dans le sens juridique du mot *convention* et lui conférer, sinon la force d'exécution parée, au moins l'authenticité nécessaire à sa validité. — *Cour d'Alger*, 10 fév. 1858, 1re chambre.

2° Jugé au contraire que l'art. 57, déclarant expressément que les actes reçus par les secrétaires des commissaires civils, en la forme notariée, vaudront seulement

comme écrits sous signature privée, ne saurait attribuer à un acte d'obligation hypothécaire reçu par eux, la force de l'exécution parée, ni celle de la constitution d'hypothèque que l'art. 2127 c. Nap. n'accorde qu'aux actes authentiques passés devant notaire; que c'est ainsi qu'a toujours été interprétée la disposition analogue qui se trouve dans l'art. 54 c. pr.; qu'enfin l'exception spéciale qui résulte, dans un cas déterminé, des dispositions de l'art. 56 de l'arrêté sur les notaires, confirme le principe contraire posé dans l'art. 57. — *Cour d'Alger*, 28 mai 1858, 2e chambre.

AM. — (Même date.) — *Création d'un office à la résidence de Tenez.*

AM. — 29-31 déc. 1815. — B. 215. — *Création d'un treizième office pour l'arrondissement d'Alger à la résidence de Cherchell.*

AM. — 24 sept.-17 oct. 1816. — B. 257. — *Création d'offices à Médéah, Milianah, Mascara et Tlemcen* (1).

AM. — 22 fév.-20 mars 1817. — B. 250. — *Création d'un dixième office à la résidence d'Alger.*

DI. — 8 juill.-3 août 1854. — B. 465. — *Création d'un office à Sidi bel Abbès.*

DI. — 7 juill.-8 août 1855. — B. 484. — *Création d'un deuxième office à Constantine.*

DI. — 12 mars-8 mai 1856. — B. 494. — *Création d'un office à Sétif.*

DI. —5-28 nov. 1856.—B. 502.—*Idem à Bougie.*

DI. — 18 mars-16 juin 1857. — B. 509. — *Idem à Orléansville, Saint-Denis du Sig et Batna.*

DI. — 1er-13 déc. 1858. — BM. 6. — *Idem d'un deuxième office à Mostaganem.*

DI. — 20 avr.-23 mai 1859. — BM. 25. — *Idem d'un office à Bouffarik.*

O

Octroi.

Une des premières mesures ordonnées après la conquête d'Alger, fut la perception d'un octroi de terre aux portes d'Alger, et le soin en fut confié par le général en chef à la municipalité indigène par lui constituée dans cette ville (V. *Commune*, notice, et *Admin. gén.*, § 1, arr. du 9 août 1830). Mais bientôt après son successeur supprima cette taxe, la remplaça par un octroi perçu sur les denrées arrivant par mer et chargea le service des douanes de cette nouvelle perception. En 1831, cependant, l'octroi de terre fut rétabli, concurremment avec l'octroi de mer, et fut réglementé d'une manière uniforme pour toute l'Algérie par un arr. du 28 juill. 1842. Cette nouvelle mesure, peu productive à une époque où la colonie s'approvisionnait presque exclusivement à l'extérieur, n'offrait point d'ailleurs l'avantage sérieux d'une ressource personnelle à nos communes, puisque celles-ci n'avaient pas d'existence légale et administrative, et que c'était l'État qui seul subvenait à tous leurs besoins. Elle fut donc abandonnée de nouveau, et une ord. du 21 déc. 1844, encore en vigueur aujourd'hui, réglementa la perception de l'octroi de mer. Lorsqu'en 1848, l'administration municipale fut organisée et les revenus communaux établis, il fut ordonné que les trois cinquièmes de l'octroi de mer formeraient un fonds commun applicable aux dépenses d'utilité communale, et dont il serait fait chaque année répartition au prorata des besoins et des ressources comparées de cha-

que commune. Un arr. du 11 nov. 1851 a prescrit que cette répartition serait faite au contraire au prorata de la population de chaque commune constituée, mais en ne comptant la population indigène que pour le dixième de son effectif. C'est encore d'après ce principe que la répartition est opérée; seulement les décisions postérieures reproduites ci-après à leur date ont successivement élevé jusqu'à 8 dixièmes la part afférente aux communes. Il est à remarquer enfin que le droit d'octroi municipal doit être perçu aux frontières de terre sur tous les produits tunisiens et marocains qui en sont passibles à l'entrée par mer.

DIVISION.

§ 1. — Législation spéciale.
§ 2. — Tarif de perception.

§ 1. — Législation spéciale.

AG. — 9 août 1830.—(V. *Admin. gén.*, § 1.)— *Remise du service de l'octroi aux délégués du conseil municipal indigène.*

AG.—17 sept. 1830.—*L'octroi de terre est aboli, et remplacé par un octroi de mer.*

AG.—22 sept. 1830.—*La perception de l'octroi est remise aux agents du service des douanes.*

AG.—17 oct. 1830.— *Le droit d'octroi de mer est remplacé par un droit d'un vingtième en sus sur les arrivages.*

AG.—21 mars 1831.—*Rétablissement d'un octroi de terre sur les denrées apportées par les Arabes, et dont la perception est confiée aux employés des douanes jusqu'à la mise en adjudication.*

AG.—5 janv. 1835.—*Les droits perçus à Alger sont étendus aux trois provinces; l'octroi municipal est maintenu.*

AG.—28 juill. 1842.— (V. *Marchés.*)—*Un nouveau tarif uniforme pour toute l'Algérie est réglé pour l'octroi de terre.*

OR.—21-31 déc. 1844.—B. 192. — *Suppression de l'octroi de terre. — Établissement d'un octroi municipal de mer.*

Vu l'art. 5 de la loi de finances du 4 août 1844;

Art. 1.—A dater du 1er avr. 1845, il sera perçu aux portes de mer, dans les villes du littoral de l'Algérie, un droit d'octroi municipal sur les objets désignés au tarif ci-annexé.

Art. 2.—Le droit d'octroi municipal sera perçu sur les objets dénommés au tarif, quels qu'en soient l'origine, la provenance, le pavillon importateur et la destination en Algérie.

Art. 3. — Les approvisionnements en vivres, destinés pour le service de la marine, seront introduits dans ses magasins de la manière prescrite pour les objets admis en entrepôt; le compte en sera suivi par les employés, et les droits seront dus sur toutes quantités enlevées à destination autre que les bâtiments de l'État.

Art. 4. — A partir du 1er janv. 1846, le produit net de l'octroi municipal sera soumis au profit du trésor, au prélèvement de 10 p. 100 prescrit par l'art. 155 de la loi du 28 avr. 1816.

Art. 5.—Les employés des douanes feront, pour le compte du service local et municipal, la perception du droit d'octroi municipal (2).

---

(1) Par arrêté ministériel du 23 mars 1859, BM. 23, le notaire de Tlemcen a été autorisé provisoirement à exercer ses fonctions dans le ressort du commissariat civil de Nemours.

(2) A partir du 1er janv. 1860, les receveurs princi-

paux des douanes sont tenus de verser le 1er de chaque mois le montant de l'octroi de mer perçu dans les caisses de leurs collègues des contrib. diverses du chef-lieu, après prélèvement de 3 p. 100 attribués au trésor pour frais de perception et de l'escompte bonifié aux redevables. Un

Art. 6.—Les dispositions législatives et réglementaires relatives aux douanes seront applicables au droit d'octroi municipal, en tout ce qui concerne les déclarations, la mise en entrepôt, le contentieux, la liquidation des droits et le cabotage.

Art. 7.—Sont et demeurent abrogées toutes dispositions contraires à la présente ordonnance, notamment l'arr. du 17 oct. 1830, constitutif du droit d'octroi de mer en Algérie, et le tit. 3 de l'arr. du 28 juill. 1842 relatif aux droits d'octroi aux portes de terre (V. *Marchés*, § 1).—Ces perceptions cesseront d'être effectuées à dater du 1er avr. 1845.

APE. — 4 nov. 1818, art. 12. — (V. *Commune*, § 1). — *Perception et répartition de l'octroi de mer.*

AM.—11 nov.-8 déc. 1854.'—B. 471.—*Part des communes dans l'octroi de mer, pour l'année 1855.*

Vu les art. 10 et 12 de l'arr. du 4 nov. 1818 (V. *Commune*, § 1); — Vu, etc.; — Considérant qu'en conférant au ministre de la guerre le droit de répartir, chaque année, au prorata des besoins et des ressources comparés, la portion du produit de l'octroi de mer attribué aux communes, le décret précité s'est abstenu d'indiquer suivant quelles règles serait déterminé le prorata qui doit servir de base à la répartition, et que dès lors le choix de cette base reste abandonné à l'appréciation discrétionnaire du ministre répartiteur; — Considérant qu'il importe, au double point de vue de l'intérêt des communes et des principes de l'équité, de s'arrêter à la base qui, par son caractère de fixité et de certitude, se prête le moins à l'arbitraire ou à l'erreur; — Que le chiffre officiel de la population peut seul présenter ce double caractère; — Que son adoption, comme base unique de la répartition à effectuer, est d'ailleurs une conséquence logique et rigoureuse de la nature du produit à répartir, puisqu'il s'agit de droits prélevés sur la consommation, et que celle-ci ne saurait avoir, dans chaque localité, de mesure plus exacte que le chiffre de la population; — Enfin, que, eu égard à la majeure partie des objets affectés par les tarifs de l'octroi de mer, la population indigène ne concourt, dans chaque localité, à leur consommation, que dans une proportion que les données actuelles de la statistique ne permettent pas d'évaluer à plus du dixième de la consommation européenne;

Art. 1.—Pour l'année 1855, la part revenant à chaque commune constituée, dans les trois cinquièmes du produit net de l'octroi de mer, sera déterminée au prorata de sa population tant européenne qu'indigène.—On appliquera à la répartition de l'octroi de mer entre les communes les derniers tableaux de population arrêtés pour servir de base à l'assiette de la contribution des patentes et des droits de licence.—Toutefois, les indigènes musulmans et israélites ne seront comptés que pour le dixième de leur effectif réel.

VAILLANT.

AM. — 10-5 déc. 1855.—B. 490.—*Même décision pour l'année 1856.*

DI.—11 août 1855. — (V. *Douanes*, § 1, art. 10).—*Perception de l'octroi municipal aux frontières de terre.*

DI.— 3 juill.-24 août 1857.— B. 511.—*Suppression du prélèvement d'un dixième au profit du trésor.*

bordereau de ce versement sera adressé au préfet qui assurera le versement partiel de la somme revenant à chaque commune et à chaque budget local.—*Décis. min.*, 24 oct. 1859.

Vu l'ord. du 21 déc. 1844 (ci-dessus);
Vu l'ord. du 2 janv. 1816 (*Finances*, § 1);
Art. 1. — A dater du 1er janv. 1858, le prélèvement de 10 p. 100, attribué au trésor public sur le produit net de l'octroi municipal, perçu aux portes de mer dans les villes du littoral de l'Algérie, est supprimé.

Art. 2.— A partir de la même époque, le prélèvement de 10 p. 100 effectué sur le produit brut du même octroi, à titre de frais de perception et de payement par les agents du trésor, est réduit à 5 p. 100.

Art. 3.— L'art. 4 de l'ord. susvisée du 21 déc. 1844 est abrogé.

Décis. M. — 25 juin-6 août 1858. — B. 523. — *Mode de répartition aux communes.*

1° A partir du 1er janv. 1859, sept dixièmes du produit net de l'octroi de mer seront mensuellement répartis aux communes constituées, au prorata de leur population, sauf à fixer, chaque année, sur la proposition du conseil de gouvernement, la proportion pour laquelle l'élément indigène sera compté dans le chiffre de cette population. — La part afférente, d'après les mêmes bases, aux localités non érigées en commune restera acquise au budget local et municipal, auquel sont rattachées ces mêmes localités pour leurs dépenses administratives. — 2° Les deux dixièmes du même produit net continueront d'être acquis à la caisse locale et municipale, comme contribution des communes aux dépenses des hospices et hôpitaux. — 3° Le dixième du même produit net formera un fonds commun destiné à venir en aide aux communes nécessiteuses et dont il sera disposé par le ministre, sur le vu du budget et sur les propositions de l'autorité supérieure. — 4° La répartition des sept dixièmes attribués aux communes par le § 1, sera établie désormais (c'est-à-dire à partir du 1er janv. 1859) par provinces et sur les produits exclusivement perçus dans chaque province.

Circ. M.—1er-25 déc. 1858.—BM. 10.—*Instructions relatives à la répartition de l'octroi de mer.*

M. le....., d'après la législation antérieure au décr. du 27 oct. dernier, la répartition de l'octroi de mer faite au profit des communes ou des localités non érigées en communes, au prorata de la population, ne devait porter, à partir du 1er janv. 1859, que sur les sept dixièmes de ce produit. Deux dixièmes auraient appartenu en propre au budget local et municipal, en vue des dépenses d'assistance publique. Le dernier dixième était réservé pour être réparti, chaque année, entre les communes, au prorata de leurs besoins ou des sacrifices qu'elles s'imposaient pour des travaux extraordinaires. — Il m'a paru utile et opportun, à plus d'un titre, que ce dernier dixième fût réuni aux sept premiers, pour être réparti d'après le même mode. Cette modification a été consacrée par le décr. du 27 oct. dernier (*Admin. gén.*, § 1). Il résulte, en effet, de la combinaison des art. 48-4° et 58 de décret, que les dispositions antérieures, relatives à la répartition de l'octroi de mer, sont abrogées, et que le cinquième seulement du produit de cet impôt sera perçu au profit du budget provincial, tant que ce budget restera spécialement chargé des dépenses relatives aux hôpitaux et hospices civils.

Toutefois, l'intention du gouvernement, en édictant la mesure dont il s'agit, n'a pu être, vous ne l'ignorez pas, de refuser aux communes les plus pauvres les moyens d'équilibrer leurs budgets, alors surtout que, par les allocations extraordinaires votées par leurs conseils municipaux, elles témoigneraient du désir d'améliorer leur situation

financière et de satisfaire aux besoins des services
communaux. Les subventions, autrefois prélevées
à leur profit sur l'un des dixièmes d'un impôt qu'il
convient de répartir également entre les diverses
localités, pourront, désormais, être obtenues sur
les fonds des budgets provinciaux. Je ne doute pas
de l'empressement que mettront les conseils généraux à assurer cette partie importante des services
publics, et, dans la répartition du fonds commun
provincial, je ne perdrai pas de vue le chiffre des
allocations inscrites, à ce titre, au budget de chaque province.

Sous un autre rapport, l'art. 48 précité du décr.
du 27 oct. a donné satisfaction au vœu légitime
des provinces intéressées à ce que la répartition
de l'octroi de mer fût opérée d'après le montant
des produits perçus dans les ports de chaque province, au lieu de l'être sur le revenu total de cet
impôt. — D'après ce qui précède, les quatre cinquièmes du montant présumé du produit net de
l'octroi de mer, perçu dans les ports de chaque
province, devront, à partir du 1er janv. 1859, être
portés en prévision dans les recettes des budgets
communaux et des budgets locaux, au prorata de
la population. L'autre cinquième devra figurer
dans les budgets provinciaux.

NAPOLÉON (Jérôme).

§ 2. — TARIF DE PERCEPTION.

Tarif annexé à l'ord. royale du 21 déc. 1844.

Boissons.

Vins ord. en cercles ou dames-jeannes, 5 fr. l'hect. de
liquide.
Vins ord. en bouteilles, 15 fr. id.
Vins de liqueur en cercles, 8 fr. id.
Vins de liqueur en bouteilles, 25 fr. id.
Vinaigres en cercles, 5 fr. id.
Vinaigres en bouteilles, 10 fr. id.
Bière, cidre, poiré, hydromel en cercles, bouteilles ou
cruchons, 5 fr. id.
Liqueurs en cercles et en bouteilles, 40 fr. l'hect. d'al-
cool pur.
Eau-de-vie et esprits en cercles et en bouteilles, 30 fr. id.

Comestibles.

Sucre, café, 5 fr. les 100 k.
Chocolat, 10 fr. id.
Thé, 25 fr. id.
Sucreries (bonbons, fruits confits au sucre, confitures
et autres), 12 fr. id.
Sirops en cercles, fioles, flacons ou bouteilles, 10 fr. id.
Pâtisseries sucrées de petit four (biscuits, macarons,
massepains, nougat et autres), 6 fr. id.
Conserves alimentaires (en terrine, boîtes de bois ou de
fer-blanc ou sans être renfermées), 20 fr. id.
Miel, mélasse en cercles ou autrement, 5 fr. id.
Marrons, châtaignes et leur farine, 5 fr. id.
Pâtes d'Italie et autres pâtes granulées comme salep,
sagou, tapioca, etc., 5 fr. id.
Fromages, 5 fr. id.
Sel marin, 1 fr. id.
Viandes salées et lard en planches, 5 fr. id.

Saindoux, 5 fr. id.
Poissons de mer secs, fumés ou marinés, 5 fr. id.
Porcs vivants, 6 fr. par tête.
Aulx et oignons secs, 5 fr. les 100 k.

Épices.

Moutarde (farine et confection de), 15 fr. les 100 k.
Piment commun, 5 fr. id.
Cannelle et *cassia lignea*, 45 fr. id.
Muscades, macis, fèves pichurins (noix de sassafras et
noix du girofle, fruit du ravensera), 100 fr. id.
Clous et griffes de girofle, 40 fr. id.
Gingembre et autres, 15 fr. id.
Poivre et piment des colonies, 20 fr. id.

Combustibles.

Chandelles en suif, 5 fr. les 100 k.
Bougies de toute sorte, 10 fr. id.
Suif et graisse de mouton, 2 fr. id.

Objets divers.

Tabacs (décr. du 7 sept. 1856) en feuilles ou en côtes,
10 fr. les 100 k.
Tabacs fabriqués (excepté ceux provenant de France et
revêtus des plombs et vignettes de la régie), 20 fr. id.
Savons autres que ceux de parfumerie, 5 fr. id.

Modifications au tarif ci-dessus.

Vermouths français et étrangers, assimilés aux vins de
liqueur (décis. min. du 21 mai 1853).
Sont exempts du droit d'octroi : — 1° L'alcool dénaturé
(décis. du 29 mai 1844) ; — 2° Les oignons secs (ord. 30 sept.
1847) ; — 3° Les objets d'avitaillement d'origine française
embarqués par transbordements dans les ports de l'Algérie
sur les navires caboteurs (décis. min. 17 juin 1851) ; —
4° L'élixir de la Grande-Chartreuse (décis. 5 déc. 1855).

Décisions interprétatives et assimilations (1).

1° Les jus de fruits purs seront affranchis du droit d'octroi, toutes les fois que l'addition d'alcool n'excédera pas
5 p. 100, proportion rigoureusement indispensable pour
neutraliser la fermentation. Dans le cas contraire, qu'ils
soient sucrés ou non, on doit leur appliquer la taxe afférente aux liqueurs. S'ils sont mélangés de sucre seulement,
ils devront suivre le régime des vins de liqueur ou celui
des sirops, selon la nature de la préparation qu'ils auront
reçue (décis. min. 29 mars 1846).

2° On doit entendre par conserves alimentaires les articles désignés au tarif des douanes sous le titre de conserves alimentaires préparées par la méthode Appert ou
par tout autre procédé analogue, et il fait exception à
cette nomenclature pour les articles spécialement dénommés au tarif d'octroi. Ainsi les conserves de viande sont traitées comme viandes salées ; celles de poissons comme poissons ; celles au vinaigre doivent acquitter les droits afférents au vinaigre ; les fruits à l'eau-de-vie suivent un régime
particulier comme tarifés au net en douane ; les conserves
au miel doivent le droit de miel ; celles au sucre le droit
des sucreries. Les conserves au sel ou autrement qu'il n'est
dit ci-dessus, ainsi que les conserves alimentaires végétales, préparées suivant le procédé Masson et renfermées
ou non dans des boîtes en fer-blanc, sont exemptes (décis.
min. 30 juin 1852).

3° La chicorée moulue est assimilée au café (décis.
admin. 5 nov. 1846).

4° Le pain d'épice suit le régime du miel (décis. admin.
2 mai 1837).

---

(1) L'impôt municipal connu sous le nom d'octroi procède d'un principe essentiellement différent de celui qui
régit les lois des douanes. Pour celles-ci l'assujettissement
au droit est la règle ; pour l'octroi, au contraire, il est l'exception. Le tableau des denrées imposées établi par l'ord.
roy. du 21 déc. 1844, est dès lors limitatif dans ses
énonciations, et il est difficile de comprendre que, sous
prétexte d'assimilation que rien n'autorise, on puisse le
modifier arbitrairement. Il faut reconnaître toutefois que
certaines indications, telles que celles de *conserves alimentaires* ou autres pouvaient rendre utile une décision interprétative pour laquelle il n'était assurément pas nécessaire de recourir à l'intervention du chef de l'État. Mais,
dans tous les cas, c'était du ministre seul qu'elle devait
émaner.

Il en est au contraire plusieurs autres qui ont été rendues par l'administration seule et résultent de circulaires
de la direction des finances ou des douanes et même de
simples lettres du chef de service, et qui cependant étendent le principe de l'impôt à des denrées non mentionnées
au tarif. La légalité en est très-contestable. Si la perception
de l'octroi, au lieu d'être, en Algérie, confiée à des agents
spéciaux, l'a été à l'administration des douanes, à raison
sans doute des facilités et de l'économie qu'offrait l'organisation particulière de ce service, ce n'est nullement une
raison pour que les principes d'assimilation, admis seulement en matière de tarifs de douanes, soient appliqués à
un impôt différent et spécial dont ils dénatureraient complètement le caractère et les effets.

5° Le glucose est assimilé au sucre (décis. admin. 2 mai 1837).

6° Les fruits confits à l'eau-de-vie doivent être soumis au droit de 20 fr. les 100 k. que le degré d'alcool soit appréciable ou non (décis. admin. 13 avr. 1837).

7° Le raisin, qu'il entre ou non du sucre dans sa confection, sera traité comme les confitures ou les sirops. Il y a lieu de traiter comme sucreries tous les articles qui, n'étant pas nommément tarifés, sont compris au tarif général des douanes sous la dénomination de bonbons (lettre du chef de service 18 janv. 1816).

8° Les pâtés de foie gras et les terrines de la même confection acquittent les droits des viandes salées (circul. 19 janv. 1832).

9° Les extraits liquides, jus ou sauces, pour assaisonnement, doivent le même droit que les épices, gingembre et autres (circul. 17 févr. 1816).

10° Le cambouis est assimilé à la graisse de mouton (décis. du directeur des finances, 6 août 1816).

11° Le tarif primitif de l'octroi n'ayant pas précisé le mode de vérification des denrées imposées et les règlements relatifs aux douanes étant déclarés applicables aux termes de l'art. 6 de l'ord. du 21 déc. 1844, il s'ensuivait que les taxes étaient appliquées sur le poids net ou sur le poids brut de la marchandise, selon que celle-ci devait acquitter plus ou moins de 40 fr. les 100 k. Une décision du ministre des finances en date du 25 avr. 1855 a prescrit d'appliquer la taxe sur le poids net, quelle que fût d'ailleurs la quotité du droit, toutes les fois que ce poids net serait indiqué sur l'expédition de la douane française.

Opérations topographiques.

Le cadastre est l'ensemble d'opérations par lesquelles on recherche la contenance des biens-fonds d'un pays. En France, on y joint l'évaluation des revenus qu'ils produisent, et ces bases servent à l'établissement et à la répartition de l'impôt foncier. En Algérie, où cet impôt n'existe pas, les opérations cadastrales auxquelles, pour éviter toute confusion, on a donné le nom d'opérations topographiques, ont seulement pour objet la constitution de la propriété immobilière, et le levé des plans nécessaires à la colonisation.

A.M. — 14 oct.-3 nov. 1846. — B. 259. *Organisation du service des opérations topographiques.* — *Personnel.* — *Attributions.* (Remplacé par l'arrêté suivant, du 12 juill. 1848.)

A.M. — 12 juill.-23 août 1848. — B. 283. — *Modifications à l'arr. du 14 oct. 1846.* — *Organisation nouvelle du service.*

Vu les lois de finances des 19 juill. 1845 et 3 juill. 1846 ; — L'ord. du 15 avr. 1845, sur le personnel des services administratifs en Algérie ; — L'ord. du 9 janv. 1846, sur l'administration et la comptabilité des finances en Algérie ; — L'ord. du 1er sept. 1847, portant réorganisation de l'administration générale en Algérie ; — L'arrêté organique du 14 oct. 1846, du service des opérations topographiques en Algérie ;

Art. 1. — Le service des opérations topographiques en Algérie, institué par l'arr. min. du 14 oct. 1846, est chargé de procéder au levé des plans nécessaires pour la colonisation, pour la reconnaissance, la conservation et l'aliénation des biens domaniaux et pour la constitution de la propriété. — Ce service est dans les attributions des directeurs des affaires civiles.

Art. 2. — Le personnel du service des opérations topographiques se compose de géomètres-vérificateurs, de géomètres-triangulateurs de deux classes, de géomètres-arpenteurs de trois classes, de dessinateurs, de calculateurs et d'expéditionnaires.

Art. 3. — Le traitement fixe de ces agents est fixé de la manière suivante : — Vérificateurs,

3,000 fr.; triangulateurs de 1re cl., 2,700 fr.; id. de 2e cl., 2,400 fr.; géomètres-arpenteurs de 1re cl., 2,100 fr.; id. de 2e cl., 1,800 fr.; id. de 3e cl., 1,500 fr.; expéditionnaires, 1,500 fr. — Ces agents, à l'exception de ceux qui sont employés aux travaux de cabinet en qualité de dessinateurs, calculateurs ou expéditionnaires, jouissent en outre d'une indemnité variable, calculée sur le montant et la nature des opérations effectuées d'après le tarif annexé au présent arrêté. (V. ci-après, 21 avr. 1856.)

Art. 4. — Les vérificateurs sont chefs de service dans chaque province ; ils doivent avoir leur résidence dans la ville chef-lieu, et ils ne peuvent exercer d'autres fonctions. — Ils ont droit à une indemnité de 600 fr. par an pour l'entretien d'un cheval. Ils correspondent directement avec le directeur des affaires civiles de leur province et en reçoivent les instructions ; ils lui rendent compte de tous les actes de leur gestion et lui soumettent toutes les propositions concernant le personnel et les travaux à exécuter. — Ils distribuent le travail entre les divers agents placés sous leur direction et leur donnent les ordres et les instructions nécessaires. — Ils tiennent un registre sur lequel ils inscrivent leurs tournées, par ordre de date, et qu'ils communiquent au directeur des affaires civiles, toutes les fois qu'il le demande. — Nul ne peut être nommé vérificateur s'il n'a été au moins pendant deux ans triangulateur en Algérie, ou géomètre en chef du cadastre en France.

Art. 5. — Sont attachés au bureau du vérificateur, selon l'exigence du service, un ou plusieurs dessinateurs, calculateurs ou expéditionnaires chargés, chacun dans sa spécialité, de réduire les plans, de les copier, d'en calculer les parcelles et d'en faire les écritures.

Art. 6. — Les géomètres-triangulateurs sont chargés de trianguler les portions de territoire qui leur sont désignées par le vérificateur. — Ils doivent : — 1° Être pourvus d'un cercle entier à double lunette, donnant directement de vingt en vingt secondes ; — 2° Observer par 100 hect., au moins, deux points accessibles et pouvant servir de stations aux géomètres chargés du levé des plans.

Art. 7. — Les géomètres-arpenteurs de toutes classes doivent : — 1° Être pourvus des instruments nécessaires à l'exécution des travaux qui leur sont confiés ; — 2° Fournir en double, à l'échelle qui leur sera indiquée par le géomètre-vérificateur, les plans des territoires qu'ils sont chargés de lever ; — 3° Exécuter les calculs par masses qui devront cadrer, à un trois-centième près, avec les calculs des détails ; — 4° Exécuter sur les plans toutes les opérations géodésiques réclamées par les besoins de la colonisation.

Art. 8. — Les triangulateurs et les géomètres-arpenteurs doivent tenir un carnet sur lequel ils inscrivent, jour par jour, le détail des opérations auxquelles ils se sont livrées. — Une copie de ce carnet est adressée, chaque mois, au chef de service. — Lors de leurs tournées, les vérificateurs se font représenter les carnets des agents placés sous leurs ordres, en vérifient l'exactitude et y apposent leur visa.

Art. 9. — Si les besoins du service l'exigent, il pourra être employé des géomètres auxiliaires, sauf l'approbation préalable du ministre ; ces géomètres seront rétribués comme les géomètres commissionnés et auront droit aux mêmes indemnités ; leurs fonctions cesseront aussitôt l'achèvement des travaux extraordinaires auxquels ils auront été attachés.

Art. 10. — Les géomètres-dessinateurs, calculateurs et expéditionnaires ne recevront aucune rétribution proportionnelle pour leurs travaux de cabinet, mais il leur sera alloué chaque année sur la proposition du directeur des affaires civiles, une indemnité qui pourra varier de 100 fr. à 600 fr.

Art. 11. — Tous les trois mois, les directeurs des affaires civiles adressent au ministre un état synoptique de la situation des opérations topographiques dans leur province. — A la fin de chaque année, ils lui adressent un rapport d'ensemble sur les travaux de toute nature effectués pendant l'année.

Art. 12. — Au commencement de chaque année, le ministre arrête, sur la proposition du gouverneur général et l'avis du conseil supérieur d'administration, l'ensemble des travaux qui doivent être exécutés dans chaque province pendant le cours de l'exercice.   DE LAMORICIÈRE.

Décis. M. — 6 oct. 1851. — B. 395. — *Délivrance de plans aux particuliers.* — (V. ci-après, 10 janv. 1860.)

Toute demande en délivrance d'un extrait ou d'une copie de plan levé pour le service des opérations topographiques devra être adressée au chef dudit service dans la province où sont situés les terrains à figurer. — Ce fonctionnaire, après avoir reconnu la consistance des terrains, remettra au demandeur un bordereau énonçant en toutes lettres leur surface exacte et le prix d'exécution calculé conformément au tarif réglementaire. — En échange de ce bordereau, le demandeur devra payer le prix y mentionné à la caisse du receveur des domaines, qui en délivrera récépissé.

Sur la présentation de cette dernière pièce, le chef du service des opérations topographiques fera établir le plan demandé au trait simple, avec un cartouche et une légende énonçant la nature et la contenance des parcelles, le certificat conforme au plan-minute, et le remettra directement à la partie contre un accusé de réception, après l'avoir soumis au visa du préfet, qui fera porter le nom du demandeur, la surface et le prix du plan sur un registre ouvert à cet effet dans ses bureaux.

A.M. — 30 janv.-15 mars 1852. — B. 406. — *Institution de géomètres experts pour les travaux courants du domaine.* — *Rétributions.* (*Supprimés à partir du 1er janv. 1856.*)

A.M. — 21 avr. 1856. — B. 495. — *Nouveau tarif des indemnités proportionnelles.* — *Modifications aux tarifs des 14 oct. 1846, 12 juill. 1848 et 29 juin 1851.*

Chef de service (décis. min. du 3 déc. 1855. — Indemnité applicable à la totalité des hectares levés, toutes dépenses à leur charge). — Direction et surveillance générale du service. Distribution des travaux. Contre-vérification partielle des plans sur le terrain. Contrôle exclusif de tous les travaux de cabinet; hect. 0,01. — Vérification exclusive des opérations trigonométriques sur le terrain; hect. 0,01.

Vérificateurs (décis. min. du 3 déc. 1855. — Toutes dépenses à leur charge. — Il leur est alloué une indemnité de 50 fr. par mois pour l'entretien d'un cheval). — Surveillance journalière des agents du service actif, vérification des plans parcellaires établis au 1/2,000 et 1/4,000; hect. 0,03; au 0,03. — Vérification des lotissements effectués à l'aide desdits plans; hect. 0,03; parc. 0,03. — Vérif. des plans de masse rapportés au 1/10,000; hect. 0,01.

Triangulateurs (tous les frais sont à leur charge et ils se fournissent d'instruments). — Délimitation, triangulation et division en sections; hect. 0,07.

Géomètres de toutes classes (même observation). — Levé des plans parcellaires, rédaction de la liste alphabétique et du tableau indicatif, communication, calcul de masses, rapportés à l'échelle de 1 à 2,000; hect. 0,50; parc. 0,25 (décis. min. du 21 déc. 1855). — *Id.* à l'échelle de 1 à 4,000; hect. 0,40; parc. 0,15. — Levé des plans périmétriques ou de masses, rapport et rédaction des listes alphabétiques et des tableaux indicatifs et communication; hect. 0,10. — Exécution de lotissements sur les plans parcellaires comprenant l'étude du lotissement proprement dit et le piquetage; hect. 0,15; parc. 0,15. —

Id. sur les plans périmétriques; hect. 0,80; parc. 0,15.

Plan détaillé d'une propriété rurale, avec une copie, donnant la contenance, et accompagné d'un état de consistance, comprenant jusqu'à 5 hect. et se trouvant dans un rayon de 4 kilom. de résidence (tarif du 14 oct. 1846); plan 5 fr. — *Id.* de 5 à 8 hect., rayon de 4 k.; plan 8 fr. — *Id.* de 8 à 25 hect.; hect. 1 fr. — *Id.* de 25 à 50 hect.; hect. 0,80. — *Id.* de 50 à 100 hect.; hect. 0,65. — *Id.* de 100 hect. et au-dessus; hect. 0,55. — *Id.* jusqu'à 5 hect., rayon de 4 à 8 k., plan 6 fr. — *Id.* de 5 à 8 hect.; plan 9 fr. — *Id.* de 8 à 25 hect.; hect. 1 fr. 10. — *Id.* de 25 à 50 hect.; hect. 1 fr. — *Id.* de 50 à 100 hect.; hect. 0,80. — *Id.* de 100 hect. et au-dessus; hect. 0,65. — *Id.* jusqu'à 5 hect., rayon de 8 à 12 k.; plan 7 fr. — *Id.* de 5 à 8 hect., rayon de 8 à 12 k. et au-dessus; plan 10 fr. — *Id.* de 8 à 25 hect.; hect. 1 fr. 50. — *Id.* de 25 à 50 hect.; hect. 1 fr. 10. — *Id.* de 50 à 100 hect.; hect. 0,80. — *Id.* de 100 hect. et au-dessus; hect. 0,70.

Plan de maison avec sa copie, la contenance et un état de consistance (tarif du 14 oct. 1846); plan 2 fr. — *Id.* de 1 à 5 maisons ou emplacements contigus; plan 1 fr. 60 par maison ou emplacement. — *Id.* de 5 à 10 maisons; plan 1 fr. 20 id. — *Id.* de 10 à 20 maisons; plan 1 fr. id. — *Id.* de 20 maisons ou empl. et au-dessus; plan 0,60.

Calculs des plans parcellaires et rédaction des cahiers (tarif du 29 juin 1851); hect. 0,012. — *Id.* des plans périmétriques; hect. 0,005.

Réduction des plans parcellaires en tableaux d'assemblage au 1/10,000 (tarif du 29 juin 1851); hect. 0,0038; parc. 0,03. — *Id.* au 1/20,000; hect. 0,0033; parc. 0,024. — *Id.* au 1/40,000; hect. 0,0012; parc. 0,0085; — *Id.* des plans périmétriques au 1/40,000; hect. 0,0012. — Copies ou calques des plans parcellaires au 1/2,000; hect. 0,006; parc. 0,045. — *Id.* au 1/4,000; hect. 0,003; parc. 0,025. — *Id.* des tableaux d'assemblage et plans périmétriques au 1/10,000; hect. 0,002; parc. 0,014. — *Id.* au 1/20,000; hect. 0,001; parc. 0,008. — *Id.* au 1/40,000; hect. 0,0008; parc. 0,005.

Copies de petits plans urbains et ruraux; plan 0,40. — *Id.* des tableaux indicatifs; parc. 0,008. — *Id.* des listes alphabétiques; parc. 0,003.

Comptabilité, expédition, travaux d'ordre, écritures diverses, etc., 50 fr. par mois.

Installation de concessionnaires; vérification des concessions, en conformité du décret de 26 avr. 1851 (*Concessions*, § 1); expertises et reconnaissance de propriétés domaniales; croquis dressés sur le terrain à titre de renseignements, etc.; conformément au tarif du 12 juill. 1848, le géomètre chargé des travaux ordinaires recevra une indemnité de 4 fr. par chaque journée de travail. Suivant l'étendue de la circonscription, il pourra lui être accordé une indemnité de 50 fr. par mois pour l'entretien d'un cheval.

Tous les travaux de quelque nature qu'ils soient, non prévus par le présent tarif et qui seraient demandés par le chef de service aux employés des bureaux, ne donneront droit à aucune indemnité, tels sont notamment les calculs approximatifs, les croquis remis à titre d'indication, ainsi que les renseignements à donner aux particuliers.

A.M. — 14 juill.-8 sept. 1856. — B. 499. — *Nouvelle organisation du service.*

Art. 1. — Les travaux du service des opérations topographiques se divisent en deux catégories, savoir: 1° — Les travaux ou opérations de détail, concernant la colonisation et le domaine; — 2° Les travaux extraordinaires ou opérations de délimitation de tribu et de section, de triangulation et de levé.

Art. 2. — En vue de l'exécution des travaux ordinaires, le territoire de chaque province est divisé en circonscriptions.

Art. 3. — Les géomètres de circonscription demeureront placés sous les ordres immédiats des chefs du service; toutefois, les autorités locales et les receveurs des domaines pourront demander directement, à ces agents, les travaux suivants: — 1° L'installation des concessionnaires; — 2° La vérification des concessions en conformité du décr. du 26 avr. 1851; — 3° Les expertises domaniales; — 4° Les descentes de lieux, pour l'examen des demandes de concession ou de vente; — 5° Des levés de terrains urbains et ruraux qui ne dépasseront pas 5 hectares ; — 6° L'étude des lotissements sur des plans déjà levés ; — 7° Les copies de plan à joindre aux titres de concession ou de vente. — L'ordre d'urgence de ces travaux pourra être déterminé, lorsqu'il y aura lieu, par l'autorité supérieure locale. — Les travaux qui ne sont pas désignés par le présent article ne pourront être exécutés qu'en vertu d'une autorisation du général commandant la division, ou du préfet, suivant le territoire (1).

Art. 4. — Les lotissements dont il est question au § 6 de l'article qui précède, après avoir été établis suivant les indications de l'autorité locale au point de vue du peuplement et des besoins de la colonisation, seront transmis au chef de service, qui les examinera au point de vue de sa spécialité.

Art. 5. — Toute copie de plan devant être jointe à un titre de propriété, projet d'échange ou de vente, sera soumise au visa du chef du service. Ce visa sera toujours expédié d'urgence.

Art. 6. — Toute demande concernant les travaux énumérés à l'art. 3 devra être adressée aux géomètres, par écrit ; elle mentionnera la nature des opérations à accomplir, l'indication des lots à délivrer aux concessionnaires, et la contenance de ces lots réelle ou approximative.

Art. 7. — Les plans aux échelles 1/1,000, 1/2,300 et 1/4,000 qui ne font pas partie de dossiers et qui se trouvent dans les bureaux des diverses autorités de chaque province, seront immédiatement remis aux géomètres des circonscriptions qui en seront seuls dépositaires. — Ces plans seront remplacés, lorsqu'il y aura lieu, et sur la demande des autorités, par des plans au 1/10,000.

Art. 8. — Les géomètres des circonscriptions ne pourront être employés qu'aux travaux de leur circonscription, et ils ne devront en être distraits ni pour suppléer les inspecteurs de la colonisation, ni pour accomplir des opérations qui seraient de la compétence des services des bâtiments civils ou des ponts et chaussées.

Art. 9. — Les géomètres classeront, avec soin, toutes les demandes de travaux, et ils seront tenus de les produire à toute invitation, soit du vérificateur, soit du chef du service, pendant leurs tournées.

Art. 10. — Ils tiendront un registre conforme au modèle ci-joint, dans lequel ils inscriront, par ordre de date, toutes les demandes de copies de plans qui leur seront faites, et dont ils adresseront, chaque mois, un relevé au chef du service.

Art. 11. — Il est formellement interdit aux géomètres de se livrer à des opérations pour le compte des particuliers.

Art. 12. — Les plans des terrains disponibles pour la colonisation doivent être communiqués par les géomètres à toute réquisition des personnes intéressées à les consulter. — Mais il n'en sera délivré aucune copie qu'après l'accomplissement des formalités prescrites par l'instruction ministérielle du 6 oct. 1851.

Art. 13. — Les géomètres de circonscription adresseront, tous les mois, au chef du service, un état indiquant les mutations ou modifications survenues dans les lotissements : ils y joindront, s'il y a lieu, des calques cotés pour faciliter les changements sur les minutes.

Art. 14. — Les géomètres conserveront minute de leurs lettres, soit sur feuilles isolées, soit sur un registre à ce destiné.

Art. 15. — Ils tiendront, en outre, en conformité de l'arr. organique du 14 oct. 1846, un registre ou carnet indiquant, jour par jour, et avec détails, les opérations auxquelles ils se seront livrés. Un extrait de ce carnet sera adressé, chaque mois, au chef du service, pour servir au contrôle des indemnités à payer.

Art. 16. — Les géomètres chargés des travaux extraordinaires auront leur résidence au chef-lieu de la province, d'où ils rayonneront suivant les besoins. — Ils sont exclusivement placés sous les ordres du chef du service, et ne pourront être distraits par les autorités locales d s opérations spéciales dont ils sont chargés.   VAILLANT.

Cire. M. — 5 sept. 1859. — Bl. 41. — *Nouvelle organisation du personnel.*

Les travaux de la topographie sont en Algérie la base de toute colonisation, car c'est sur eux que repose le premier élément de la constitution de la propriété. Le service auquel ces travaux sont confiés appelait donc, par son importance, toute mon attention, et je n'ai pas tardé à reconnaître combien il était circonscrit dans des limites beaucoup trop étroites pour les besoins auxquels il doit satisfaire. — L'Empereur, dans sa sollicitude pour l'avenir de l'Algérie, vient, sur ma proposition et l'avis favorable du conseil d'État, d'accorder un crédit supplémentaire de 120,000 fr. destiné à développer dans d'assez larges proportions les différentes branches du service topographique.

J'ai dû, en conséquence, déterminer une nouvelle organisation de ce service, et, par décis. du 31 août dernier, j'ai arrêté que le personnel serait composé désormais de la manière suivante dans chacune des trois provinces :

1 inspecteur chef du service, traitement 5,000 fr. ; — 1 vérificateur de 1re cl., 4,000 fr. ; — 1 id. de 2e cl., 3,500 fr. ; — 1 triangulateur de 1re cl., 3,000 fr. ; 1 id. de 2e cl., 2,700 fr. ; — 4 id. de 3e cl., 2,400 fr. ; — 15 géomètres arpenteurs de 1re cl., 2,100 fr. ; — 20 id. de 2e cl., 1,800 fr. ; — 25 id. de 3e cl., 1,500 fr. ; — 10 géomètres élèves, 600 fr. ; — 1 chaouch, 800 fr.— Total 80 agents.

Comme vous le remarquerez, j'ai donné au chef de service le titre d'inspecteur, qui me semble mieux correspondre à la fonction qu'il doit remplir. Il m'a paru indispensable de créer trois nouveaux emplois de vérificateur. — J'ai remarqué que souvent, à défaut de triangulateurs titulaires, les travaux de trigonométrie ont dû être confiés à des géomètres-arpenteurs, ce qui a pu, dans certains cas, nuire à la précision si nécessaire à ces opérations fondamentales. J'ai eu pour but d'obvier à cet inconvénient en augmentant le nombre des triangulateurs dans une proportion plus grande que celui des géomètres-arpenteurs ; et, afin d'entretenir l'émulation j'ai rendu possible l'amélioration de leur traitement en créant une nouvelle classe de triangulateurs.

Le recrutement du personnel topographique devenant chaque jour plus difficile, j'ai pensé qu'il était indispensable d'en préparer les éléments pour l'avenir, en instituant une catégorie de géomètres-

---

(1) De ce que la rédaction de ce dernier paragraphe n'ajoute point que l'exécution des travaux aura lieu sur l'avis et par l'intermédiaire des chefs de service, il ne faut pas en conclure qu'on puisse se passer de l'intermédiaire de ces derniers, et que les ordres puissent être donnés directement par les autorités provinciales aux géomètres chargés de l'exécution. Il est essentiel, au contraire, que cet intermédiaire des chefs de service soit maintenu en toute circonstance, parce que c'est le seul moyen d'assurer la centralisation qui est le but principal du règlement. Les chefs de service sont d'ailleurs les seuls qui aient régulièrement qualité pour donner des ordres aux géomètres, et agir autrement ce serait s'écarter complètement de l'esprit du règlement dont il s'agit. — *Décision interprétative du gouverneur général en date du 16 oct.* 1856.

Comte RANDON.

élèves. Ces agents, qui devront toujours être choisis de préférence parmi les enfants des géomètres
titulaires, seront appelés à combler les vides qui se
produiront dans le cadre des géomètres-arpenteurs
de 3e cl. quand ils auront fait preuve d'aptitude
suffisante.....

Il n'est dérogé, quant à présent, à aucune des
dispositions des décisions ministérielles des 12
juill. 1818 et 21 avr. 1856, qui ont déterminé
les devoirs des agents de tout grade, ainsi que le
tarif de leurs rétributions proportionnelles. Mais
vous me trouverez disposé à y introduire les changements qui vous paraîtraient conformes au bien
du service, et j'examinerai avec intérêt toutes les
communications que vous aurez à me faire à ce
sujet.

Je vous prie notamment de veiller à la tenue
régulière des carnets prescrits par la décision ministérielle du 12 juill. 1818, et sur lesquels tous
les géomètres doivent inscrire, jour par jour, le
détail de leurs opérations. Mon intention est de
réclamer, de temps en temps, la communication de
ces carnets, afin de me rendre compte des travaux
de chacun, et d'être à même ainsi de récompenser
les agents qui auront fait preuve de zèle et de dévouement.   Comte P. DE CHASSELOUP-LAUBAT.

Décis. M. — 10 janv. 1860. — BM. 56. —
*Institution d'un vérificateur spécial chargé de
vérifier le bureau des inspecteurs, et contrôler
les travaux et règlements d'indemnités. —
Droit de réclamer tous documents et explications nécessaires sans pouvoir prescrire aucune mesure.*

Inst. M. — 10 janv. 1860. — BM. 56. — *Rappel à l'exécution de l'arr. du 6 oct. 1851 (ci-
dessus) et blâme contre les géomètres qui délivrent personnellement aux particuliers des
copies de plans qu'ils se font payer.*

AM. 15 fév. 1860. — BM. 57. — *Conditions
d'admission aux emplois de géomètres-élèves.*

Art. 1. — Les géomètres-élèves du service des
opérations topographiques sont recrutés en France
et en Algérie. Nul ne peut être nommé géomètre-
élève s'il n'est né ou naturalisé Français, s'il est
âgé de moins de 17 ans ou de plus de 25 ans, et
s'il ne satisfait aux conditions du programme ci-
après.

1o Écriture courante et très-lisible.

2o Principes de la langue française (les candidats mettront au net une dictée destinée à donner un spécimen de
leur écriture et à constater qu'ils savent suffisamment l'orthographe).

3o Arithmétique. — Numération décimale; les quatre
règles fondamentales; preuves de ces opérations; nombres
décimaux, fractions; extraction des racines carrées; système légal des poids et mesures; règles de trois simples
ou composées; proportions et progressions.

4o Logarithmes. — Définition des logarithmes et usage
des tables.

5o Algèbre. — Addition et soustraction des polynômes;
multiplication et division des monômes et des polynômes;
équations du premier degré à une ou plusieurs inconnues.

6o Géométrie. — Préliminaires, égalité des triangles,
droites perpendiculaires, obliques, parallèles, parallélo-
grammes, polygones, lignes proportionnelles, triangles semblables; — Mesure des angles, contact et intersection des
cercles, tangentes et sécantes du cercle, polygones inscrits
et circonscrits au cercle, aires des polygones du cercle.

7o Trigonométrie rectiligne. — Lignes trigonométriques,
relations entre les lignes d'un arc, principales formules trigonométriques; — Usage des tables de sinus, relations
entre les côtés et les angles des triangles, résolution des
triangles.

8o Dessin graphique et lavis (les candidats fourniront
un spécimen).

9o Notions sur les levés de plans et l'usage des instruments.

Art. 2. — Les aspirants à l'emploi de géomètre-
élève sont examinés au chef-lieu de chaque département par des commissions dont la composition est fixée ainsi qu'il suit :

1o En France, savoir : — À Paris, le chef du
bureau de la colonisation au ministère de l'Algérie
et des colonies (président); le vérificateur spécial
du service des opérations topographiques et un
professeur de mathématiques élémentaires; — Au
chef-lieu des autres départements, un conseiller
de préfecture (président); l'agent-voyer en chef du
département et un professeur de mathématiques;

2o En Algérie : un conseiller de préfecture (président) le chef du service des opérations topographiques et un professeur de mathématiques.

Art. 3. — Les résultats de l'examen des candidats sont transmis au ministre avec le procès-
verbal de la commission.

Art. 4. — Toute demande d'emploi de géomètre-
élève est adressée au ministre, accompagnée de
l'acte de naissance du demandeur et d'attestations
émanées d'autorités compétentes, constatant qu'il
est de bonne moralité et doué d'une bonne constitution.

Art. 5. — Les concurrents qui ont satisfait aux
conditions du programme ci-dessus sont agréés
par le ministre, à la mesure des besoins du
service, et il leur est délivré une commission.

Art. 6. — Les géomètres-élèves sont assujettis
d'abord, dans les bureaux de l'inspecteur, chef de
service des opérations topographiques, à un stage
qui ne peut excéder six mois, à compter du jour
de leur entrée en fonctions. Pendant ce stage, destiné à les former aux travaux de cabinet et à les
familiariser avec les plans, les travaux qu'ils exécutent leur sont payés conformément aux tarifs en
vigueur.

Art. 7. — A la sortie des bureaux de l'inspecteur
chef de service, les géomètres-élèves sont placés,
sur la désignation de cet agent supérieur, sous les
ordres de géomètres-arpenteurs chargés de les former à la pratique des travaux. — La rétribution
proportionnelle des travaux exécutés sur le terrain
par les géomètres-élèves est attribuée, par égales
portions, à ces agents et aux géomètres titulaires,
qui demeurent responsables de la bonne exécution
desdits travaux. — La dépense est ordonnancée au
nom des géomètres titulaires.

Art. 8. — Chaque trimestre, les géomètres-
arpenteurs rendent compte à l'inspecteur chef de
service de la conduite et des travaux des géomètres-
élèves placés sous leur direction.

Art. 9. — Chaque année, l'aptitude pratique des
géomètres-élèves est constatée par un vérificateur,
délégué à cet effet par le chef de service : lorsque
leur aptitude pratique est reconnue suffisante, ils
sont déclarés admissibles dans le cadre règlemen-
taire par le ministre, sur l'avis du chef de service
et le rapport du préfet; ils sont ensuite titularisés
au fur et à mesure des vacances. — Si, après un
stage de trois ans, ils ne sont pas reconnus admissibles, leur licenciement est prononcé par le ministre.   Comte P. DE CHASSELOUP-LAUBAT.

Décis. M. 23 mars 1860. — BM. 76. — *Le
contrôle des travaux trigonométriques sera
fait, à l'avenir, par les vérificateurs du service,
qui jouiront en conséquence de la rétribution
proportionnelle de 1 cent. par hect. portée à
l'art. 2 du tarif annexé à l'arrêté ministériel
du 21 avr. 1856.*

Circ. M. 18 avr. 1860. — BM. 76. — *Instruction sur le mode d'appréciation par la commission, de l'examen des candidats aux emplois de géomètres-élèves.*

Circ. M. — 28 mai 1860. — BM. 83. — *Nouveaux modèles à suivre pour l'établissement des tableaux trimestriels.*

Or et argent (matières d').

La législation française sur la garantie des matières d'or et d'argent remonte à la déclaration du 17 fév. 1674. Les droits furent tarifés par une ord. de juill. 1681, modifiés en 1718 et 1726, supprimés en 1791, établis enfin par la loi du 19 brum. an VI, qui fixe la base du système actuellement consacré par la loi du 18 avr. 1816.

Pendant longtemps cette législation n'a point paru applicable à l'Algérie : d'une part, le nombre des orfèvres, bijoutiers et horlogers n'était point assez considérable pour comporter les dépenses qu'aurait entraînées le personnel affecté par la législation de la métropole au service de la garantie ; de l'autre, ce service, loin d'exercer une heureuse influence sur les besoins de la consommation, aurait pu avoir, au contraire, pour effet de la restreindre, soit par l'élévation du titre, soit par le payement des droits.

L'administration se borna donc à régulariser les fonctions d'*amin secca* ou *amin el fodda* (essayeurs publics) institués successivement dans toutes les localités où ils pouvaient être utiles. Le tarif suivant avait été adopté pour leur rétribution d'après les anciens usages suivis à Alger à l'époque de la conquête ; l'unité tarifée était : — Pour l'argent, le musc et les perles, l'*oukia* (1 once poids de marc, soit 30 gr. 594 milligr.) : rétrib. 2 fr. — Pour l'or et l'essence de rose, le *mitskal* (environ 4 gr.) : rétrib. 0,05 c. — Pour les diamants, le *grano* (1 grain poids de marc, soit 5 centigr.) : rétrib. 0,05 c.

Cette organisation spéciale a été maintenue jusqu'à l'arrêté ci-après du 25 mai 1859, dont la promulgation rend inutile la reproduction des arrêtés qui avaient institué des *amin secca* dans différentes villes.

DI. — 24 juill.-21 sept. 1857. — B. 512. — *Établissement de la garantie.*

Vu les lois des 19 brum., 26 frim. et 13 germ. an VI, du 5 vent. an XII, et l'art. 16 de celle du 10 août 1859 ; — L'arr. du directoire, du 16 prair. an VII ; — Les décr. des 28 flor. et 8 therm. an XIII ; — Les ord. des 5 mai 1819, 5 mai 1820, 7 avr. 1838, 30 déc. 1839 et 28 juill. 1840 ;

Art. 1. — Il est établi en Algérie des bureaux de garantie pour faire l'essai et constater les titres des ouvrages d'or et d'argent, ainsi que les lingots de ces matières qui y seront présentés.

Art. 2. — Les lois, décrets et ordonnances, tarifs et règlements en vigueur en France sur la matière sont rendus applicables à l'Algérie, en ce qui concerne la fabrication et la vente desdits ouvrages d'or et d'argent.

Art. 3. — Par application des dispositions de l'article précédent, les ouvrages d'or et d'argent expédiés de France en Algérie ou d'Algérie en France doivent, sans exception, être revêtus de l'empreinte des poinçons français de titre et de garantie en vigueur, et dans aucun cas, ils ne peuvent être admis au bénéfice de la restitution des deux tiers du droit.

Art. 4. — De même qu'en France, il y a en Algérie trois titres légaux pour les ouvrages d'or et deux pour les ouvrages d'argent, savoir : — Pour l'or : — Le 1er de 920 millièmes ; — Le 2e de 840

millièmes ; — Le 3e de 750 millièmes ; — Et pour l'argent : — Le 1er de 950 millièmes ; — Le 2e de 800 millièmes. — La tolérance des titres, pour l'or, est de 3 millièmes ; et celle des titres, pour l'argent, de 5 millièmes.

Art. 5. — La garantie des titres des ouvrages et matières d'or et d'argent est assurée, en Algérie, par des poinçons semblables à ceux qui ont cours en France. — Le poinçon de chaque bureau de garantie a une marque distinctive qui est déterminée par l'administration des monnaies.

Art. 6. — Les fabricants et marchands d'objets d'or et d'argent sont tenus, dans le délai d'un an, à compter de la promulgation du présent décret, de porter au bureau de garantie de leur circonscription les ouvrages d'or, d'argent et de vermeil sans marque, ou déjà marqués de poinçons français d'exportation, pour y recevoir l'empreinte des poinçons de titre et de garantie, et y acquitter les droits. — Les objets marqués des poinçons usités chez les nations étrangères sont considérés comme étant dépourvus de toute empreinte, et conséquemment assujettis, dans le même délai, aux formalités sus-indiquées.

AM. — 25 mai-29 juin 1859. — BM. 27. — *Exécution du précédent décret.*

Vu le décret du 24 juill. 1857. — Vu les arrêtés successifs de l'administration locale qui ont confié, depuis 1832, à des essayeurs indigènes le soin de procéder au contrôle des matières d'or et d'argent moyennant la rétribution d'un droit fixé d'avance à leur profit et payable par les assujettis ;

Art. 1. — A partir de la notification qui leur aura été faite du présent arrêté, les essayeurs indigènes désignés sous le nom d'*amin el fodda* et *el sekka* cesseront d'avoir qualité pour procéder au contrôle des objets d'or, d'argent et de vermeil.

Art. 2. — Les préfets feront connaître au public, dans le plus bref délai et par voie d'affiches, le jour de l'ouverture du bureau de garantie afférent à leur circonscription respective.

Art. 3. — Une récense de tous les objets d'or, d'argent et de vermeil existant aujourd'hui entre les mains des fabricants et marchands de l'Algérie devra être effectuée dans le délai indiqué par les préfets, à partir du jour de l'ouverture de chaque bureau de garantie.

Art. 4. — Sont et demeurent abrogées les dispositions contraires à la teneur du présent arrêté, dont l'exécution est confiée tant aux préfets, en territoire civil, qu'aux généraux commandant les divisions en territoire militaire.

Comte P. DE CHASSELOUP-LAUBAT.

DI. — 6-31 août 1859. — BM. 54. — *Montres d'origine étrangère. — Importation.*

Vu l'art. 9 de la loi du 11 janv. 1851 (*Douanes*) ; — Vu le décret du 24 juill. 1857 (ci-dessus) ;

Art. 1. — Les montres d'origine étrangère importées en Algérie devront être désormais dirigées par acquits-à-caution et sous le plomb de la douane d'entrée sur le bureau de garantie d'Alger, pour y être essayées et marquées, et y acquitter les droits déterminés par la loi.

Décis. M. — 26 juill. 1860.

Les ouvrages d'or et d'argent revêtus des poinçons légaux en usage, soit dans la métropole, soit dans la colonie, seront affranchis d'un nouveau contrôle, à leur arrivée d'Algérie en France, pourvu que les colis, accompagnés d'un certificat des bureaux de garantie algériens, soient en outre présentés sous le plombage intact de la douane du point de départ à laquelle ils devront avoir été préalablement transportés sous les plombs et cachets du service de la garantie.

Ouvriers. — Domestiques à gages.

AI. — 8-10 déc. '834. — B. 3. — *Asile donné aux déserteurs*.

Vu la lettre à nous adressée par M. le gouverneur général, sous la date du 27 nov. dernier, à l'effet de nous engager à prévenir les colons ou chefs d'établissement qu'ils ne doivent point admettre à travailler chez eux de militaires qui ne seraient point porteurs de permissions spéciales de leurs chefs ; — Vu la loi du 11 nov. 1797 (21 brum. an VI), relative à l'exécution de celles qui concernent les déserteurs ; — Considérant qu'il importe de prévenir les propriétaires des conséquences de cette loi, afin qu'ils n'admettent aucun militaire à travailler pour leur compte sans s'être assurés au préalable de leur véritable position ;

Art. 1. — Les art. 4 et 5 de la loi précitée seront réimprimés à la suite du présent arrêté, et recevront leur application toutes les fois qu'il y aura lieu.

Art. 2. — Les présentations prescrites par l'art. 5 de ladite loi, pour dégager la responsabilité de tout propriétaire qui aurait reçu chez lui un déserteur, auront lieu provisoirement devant l'officier ou sous-officier commandant le poste de gendarmerie le plus voisin. LE PASQUIER.

Loi du 11 nov. 1797.

Art. 4. — Tout habitant convaincu d'avoir recelé sciemment la personne d'un déserteur, ou d'avoir favorisé son évasion, ou de l'avoir soustrait d'une manière quelconque aux poursuites ordonnées par la loi, sera condamné, par voie de police correctionnelle, à une amende qui ne pourra être moindre de 300 fr. ni excéder 3,000 fr., et un emprisonnement d'un an. — L'emprisonnement sera de deux ans si le déserteur a été recelé avec armes et bagages.

Art. 5. — Celui qui aura reçu chez lui un déserteur ne sera point admis à proposer comme excuse valable que ledit déserteur était entré chez lui en qualité de serviteur à gages, à moins qu'il ne l'ait préalablement présenté à l'administration municipale de son canton pour l'interroger, examiner ses papiers et passe-port, et s'assurer par tous les moyens possibles qu'il n'était pas dans le cas de la désertion.

AG. — 29 sept.-6 oct. 1843. — B. 159. — *Règlement général sur les rapports des maîtres avec les ouvriers et domestiques à gages* (1).

Vu les art. 12 et 13 de la loi du 22 germ. an XI (12 avr. 1803), l'arr. du 9 frim. an XII (1er déc. 1803) ; — Considérant qu'il importe de régler d'une manière plus complète les rapports des maîtres avec les ouvriers ou domestiques à gages des deux sexes, et de soumettre ces derniers à des mesures d'ordre et de police ; le conseil d'administration entendu, vu l'urgence ;

Art. 1. — Aucun individu, ouvrier, apprenti, compagnon, journalier, charretier, conducteur de voitures, domestique à gages ou autres exerçant un métier ou une profession analogue, ne pourra désormais travailler en Algérie s'il n'est pourvu d'un livret contenant ses nom, prénoms, âge, profession, lieu de naissance et signalement, les noms

---

1) *Jurisprudence*. — Cet arrêté a donné lieu à un pourvoi en cassation, sur lequel il a été statué, ainsi qu'il suit, par arrêt de la cour de cassation, en date du 15 juill. 1854 : — Vu les art. 7 et 18 de l'arr. du gouverneur général de l'Algérie, du 22 sept. 1843, qui défendent de recevoir ou employer un domestique, s'il n'est porteur d'un livret en forme, et punissent toute contravention à cette prohibition d'une amende de 5 à 15 fr. ; — Vu également les art. 4 et 471, n° 15, c. pén., 408 et 413 inst. crim., ensemble les lois des 16-24 août 1790, 19-25 juill. 1791 ; — Attendu qu'il est de règle, aux termes de l'art. 4 précité, que nulle contravention, nul délit, nul crime, ne peuvent être punis de peines qui n'étaient pas prononcées par la loi avant qu'ils fussent commis ; — Attendu que le fait mis à la charge du sieur Choulet consistait, selon le procès-verbal dressé contre lui, et les constatations du jugement attaqué, dans cette circonstance qu'il aurait occupé chez lui le nommé Frasselin, sans avoir exigé de lui qu'il se munit au préalable d'un livret de domestique ; — Attendu qu'aucune loi n'astreint les domestiques à la nécessité d'un livret, et qu'on ne saurait leur appliquer, par voie d'extension, les dispositions, soit de la loi du 22 germ. an XI, soit de l'arrêté du 9 frim. an XII, puisqu'ils ne s'occupent que des ouvriers, compagnons et garçons ; — Que d'ailleurs cette loi, qui édicte contre ces derniers diverses prohibitions, ne prononce aucune peine au cas d'infraction ; qu'elle ne saurait donc, à aucun titre, servir de point de départ et de sanction, soit à la prohibition, soit à la pénalité de l'arrêté du 22 sept. 1843, et qu'il importe, pour apprécier sa valeur juridique, de rechercher si les pouvoirs appartenant en propre à cette époque au gouverneur général de l'Algérie l'autorisaient, au double point de vue des prescriptions et de la peine, à prendre un tel arrêté ; — Attendu qu'en 1843, le gouverneur général de l'Algérie tenait ses pouvoirs de l'ord. roy. du 22 juill. 1834, qui lui confiait spécialement, par son art. 1, le commandement général et la haute administration des possessions françaises dans le nord de l'Afrique ; — Attendu que cette délégation générale et absolue en ce qui concerne les attributions militaires et administratives, ne s'étendait pas par cela seul au pouvoir législatif, qui, dès lors, restait pleinement réservé au chef de l'État ; — Qu'il est tellement certain que cette restriction dans les pouvoirs délégués était péremptoirement dans la pensée de l'ordonnance, que

si par son art. 5 elle autorise le gouverneur général à rendre exécutoires par voie d'arrêtés les dispositions des projets d'ordonnance qu'il a fait délibérer en conseil pour les transmettre au ministre de la guerre, c'est uniquement à titre provisoire et dans les cas extraordinaires et urgents ; — Attendu qu'il suit de ces principes, d'une part, que l'arrêté du 22 sept. 1843, pris en dehors des cas extraordinaires et urgents, et édictant une peine non autorisée, pour le fait poursuivi, par la législation existante, a été pris en dehors du cercle des attributions confiées au gouverneur général de l'Algérie, par la haute délégation qui lui avait été accordée ; et, d'autre part, que cet arrêté ne pouvait trouver sa sanction pénale dans l'art. 471, n° 15, c. pén., puisqu'on ne saurait attribuer le caractère de règlement légalement fait par l'autorité administrative à un acte portant des prescriptions et des défenses sur un objet que la loi a laissé jusqu'à ce jour en dehors de ses prévisions, et qui échappe par sa nature au droit de réglementation accordé soit au pouvoir municipal par les lois ci-dessus visées, soit à l'administration supérieure elle-même, par les grands principes de notre droit public sur la séparation des pouvoirs ; — Casse le jugement du tribunal de simple police de Blidah, du 4 mai 1854, D. P. 54. 1. 291 (V. *Législation*, § 2, Légalité des arrêtés).

Cette décision de la cour de cassation paraît d'autant plus rigoureuse en droit que si, en effet, la loi du 22 germ. an XI et l'arrêté du 9 frim. an XII ne s'occupent que des ouvriers, un autre décret du 3 oct. 1810, qui réglemente les rapports entre les maîtres et les domestiques à gages, astreint notamment ceux-ci à l'obligation du livret comme les ouvriers : Ce décret, qui a été remis en vigueur par une ordonnance du préfet de police en date du 1er août 1855, est, il est vrai, spécial pour la ville de Paris ; mais il en résulte au moins cette conséquence que le fait d'astreindre les domestiques à certaines obligations sanctionnées en cas d'infraction par une peine légère, n'est pas, d'une manière absolue, contraire à la législation existante. La municipalité d'Alger avait pensé de même et avait pris, à la date du 24 déc. 1853, antérieurement à l'arrêt de cassation, un arrêté qui visait le décret de 1810 en reproduisait presque toutes les dispositions. Cet arrêté, comme celui du gouverneur, est resté inexécuté en ce qui concerne les domestiques.

et prénoms de ses père et mère, ainsi que ceux du maître qui l'occupe.

Art. 2. — Tout individu, déjà résidant en Algérie et exerçant l'un des états ci-dessus désignés devra être pourvu du livret exigé par l'article précédent dans le délai de quinze jours à partir de la publication du présent arrêté. — Tout individu arrivant en Algérie pour y exercer l'un desdits états, devra, dans les vingt-quatre heures de son arrivée, se présenter au bureau de police du lieu de son débarquement à l'effet d'obtenir ledit livret.

Art. 3. — Ce livret, dont le prix est fixé à 1 fr., sera délivré sur le dépôt d'un passe-port, d'un congé, d'une carte de sûreté, d'un livret antérieur, ou tout autre papier constatant l'identité de l'individu, et notamment sur un certificat du maître chez lequel il travaille.

Art. 4. — Tout ouvrier ou domestique qui voudra voyager dans l'intérieur de l'Afrique, ou retourner dans son pays, sera tenu de faire viser, au bureau de police du lieu de son domicile, le congé dont il sera parlé ci-après dans l'art. 9.

Art. 5. — En cas de perte d'un livret, il ne pourra en être délivré un second que sur la production des mêmes pièces qui sont exigées pour l'obtenir, et sur l'exhibition d'un certificat délivré par le dernier maître.

Art. 6. — Tout ouvrier ou domestique, voyageant sans être muni d'un livret régulièrement visé, sera réputé vagabond et arrêté comme tel, à moins qu'il ne soit porteur d'un passe-port ou d'autres papiers de sûreté.

Art. 7. — Nul ne pourra recevoir ni employer un ouvrier ou domestique quelconque, s'il n'est porteur d'un livret en forme. Le maître sera tenu d'y inscrire le jour de l'entrée dudit ouvrier ou domestique, et de le faire viser dans les vingt-quatre heures par l'autorité chargée de la police de la localité.

Art. 8. — Tout ouvrier ou domestique sortant d'une manufacture, fabrique, atelier, magasin, boutique ou maison bourgeoise, après avoir rempli ses engagements, sera tenu de faire viser sa sortie dans les vingt-quatre heures, ainsi qu'il vient d'être prescrit par l'article précédent. Néanmoins l'entrée et la sortie ne devront être visées qu'autant que l'ouvrier ou domestique aura été engagé, soit d'une manière déterminée, soit pour un laps de temps supérieur à quinze jours.

Art. 9. — Il est défendu à tout maître de recevoir un ouvrier ou un domestique, même nanti d'un livret, si ce livret n'est pas revêtu d'un congé d'acquit de son maître, avec mention de la conduite qu'aura tenue chez lui cet ouvrier ou domestique. — Ledit livret doit rester entre les mains du maître jusqu'à la sortie de l'ouvrier ou domestique.

Art. 10. — Le maître qui emploiera un ouvrier ou domestique faisant partie de la milice, et auquel des armes ou effets d'équipement auront été confiés à raison de ce service, sera responsable desdits armes et effets, sauf le cas de vol ou de force majeure bien et dûment constatés. — En conséquence, il ne restituera le livret à l'ouvrier ou domestique qu'après s'être assuré de la remise de ses armes et effets entre les mains, soit du nouveau maître, en cas de changement de condition, soit de l'officier d'armement et d'équipement, en cas de départ définitif.

Art. 11. — Tout certificat de bonnes vie et mœurs sera refusé aux ouvriers ou domestiques qui ne seraient pas munis d'un livret régulier.

Art. 12. — Lorsqu'un ouvrier ou domestique voudra quitter son maître, et réciproquement lorsqu'un maître voudra congédier son ouvrier ou domestique, ils devront se prévenir au moins huit jours d'avance, ou donner l'un à l'autre une indemnité dont le montant sera égal au quart du salaire mensuel convenu entre eux.

Art. 13. — L'ouvrier ou domestique à qui son maître a fait des avances, ou qui a contracté l'engagement de rester chez lui pendant un certain temps, ne peut exiger la remise de son livret ou la délivrance de son congé, qu'après avoir acquitté sa dette ou rempli ses engagements. — Il en est de même de l'ouvrier ou domestique venu de France aux frais de son maître; il ne peut quitter celui-ci sans sa volonté, à moins de lui rembourser les frais de voyage, ou d'être resté pendant une année entière à son service, sauf conventions différentes.

Art. 14. — S'il arrive que l'ouvrier soit obligé de se retirer pour cause jugée légitime, son livret et son congé lui sont remis sans qu'il soit astreint à rembourser préalablement les avances qui lui ont été faites; seulement le créancier a le droit de mentionner la dette sur le livret.

Art. 15. — Dans le cas de l'article précédent, ceux qui emploient ultérieurement le domestique ou l'ouvrier, font jusqu'à complète libération, sur le produit de son travail, une retenue au profit du créancier. Cette retenue ne peut jamais excéder le cinquième du salaire journalier du débiteur. Lorsque la dette est acquittée, il en est fait mention sur le livret. Celui qui a exercé la retenue est obligé d'en prévenir le maître au profit duquel elle a été faite, et d'en tenir le montant à sa disposition, sous peine de dommages-intérêts.

Art. 16. — Lorsque le maître pour lequel l'ouvrier a travaillé ne sait ou ne peut écrire, ou lorsqu'il est absent ou décédé, le congé est délivré après vérification et sans frais par l'autorité chargée de la police dans la localité.

Art. 17. — Tous les différends et contestations entre les maîtres et les ouvriers seront réglés conformément à ce qui est prescrit par l'art. 5 de la loi du 25 mai 1838 sur les justices de paix.

Art. 18. — Les contraventions aux articles précédents seront punies d'une amende 5 à 15 fr., à laquelle il sera ajouté un jour de prison en cas de récidive.

Art. 19. — Le présent arrêté sera affiché dans toutes les localités de l'Algérie et imprimé en tête de chaque livret. — Les art. 414, 415 et 416 c. pén., concernant les coalitions des maîtres et des ouvriers, seront imprimés à la suite. — A compter du jour de sa publication, les cartes de sûreté seront abolies, en ce qui concerne les ouvriers et domestiques.   DE BAR.

DI. — 7 mai-8 juill. 1856. — B. 496. — *Promulgation en Algérie de la loi sur les livrets d'ouvriers.*

Art. 1. — La loi du 22 juin 1854 sur les livrets d'ouvriers est rendue applicable à l'Algérie, et sera promulguée à la suite du présent décret.

Art. 2. — Il n'est apporté aucune modification par cette loi au décret du 3 sept. 1850, relatif aux corporations indigènes.

Loi du 22 juin 1854.

Art. 1. — Les ouvriers de l'un et de l'autre sexe attachés aux manufactures, fabriques, usines, mines, minières, carrières, chantiers, ateliers et autres établissements industriels, ou travaillant chez eux pour un ou plusieurs patrons, sont tenus de se munir d'un livret.

Art. 2. — Les livrets sont délivrés par les maires. — Ils sont délivrés par le préfet de police à Paris et dans le ressort de sa préfecture, par le préfet du Rhône à Lyon et dans les autres communes dans lesquelles il remplit les fonctions qui lui sont attribuées par la loi du 19 juin 1851. — Il n'est perçu pour la délivrance des livrets que le prix de confection. Ce prix ne peut dépasser 25 cent.

Art. 3. — Les chefs ou directeurs des établissements spécifiés en l'art. 1 ne peuvent employer un ouvrier soumis à l'obligation prescrite par cet article, s'il n'est porteur d'un livret en règle.

Art. 4. — Si l'ouvrier est attaché à l'établissement, le chef ou directeur doit, au moment où il le reçoit, inscrire sur son livret la date de son entrée. — Il transcrit sur un registre non timbré qu'il doit tenir à cet effet, les nom et prénoms de l'ouvrier, le nom et le domicile du chef de l'établissement qui l'aura employé précédemment, et le montant des avances dont l'ouvrier serait resté débiteur envers celui-ci. — Il inscrit sur le livret, à la sortie de l'ouvrier, la date de la sortie et l'acquit des engagements. — Il y ajoute, s'il y a lieu, le montant des avances dont l'ouvrier resterait débiteur envers lui, dans les limites fixées par la loi du 14 mai 1851.

Art. 5. — Si l'ouvrier travaille habituellement pour plusieurs patrons, chaque patron inscrit sur le livret le jour où il lui confie de l'ouvrage, et transcrit, sur le registre mentionné en l'article précédent, les nom et prénoms de l'ouvrier et son domicile. — Lorsqu'il cesse d'employer l'ouvrier, il inscrit sur le livret l'acquit des engagements, sans aucune autre énonciation.

Art. 6. — Le livret, après avoir reçu les mentions prescrites par les deux articles qui précèdent, est remis à l'ouvrier et reste entre ses mains.

Art. 7. — Lorsque le chef ou directeur d'établissement ne peut remplir l'obligation déterminée au troisième § de l'art. 4 et au deuxième § de l'art. 5, le maire ou le commissaire de police, après avoir constaté la cause de l'empêchement, inscrit, sans frais, le congé d'acquit.

Art. 8. — Dans tous les cas, il n'est fait sur le livret aucune annotation favorable ou défavorable à l'ouvrier.

Art. 9. — Le livret, visé gratuitement par le maire de la commune où travaille l'ouvrier, à Paris et dans le ressort de la préfecture de police par le préfet de police, à Lyon et dans les communes spécifiées dans la loi du 19 juin 1851 par le préfet du Rhône, tient lieu de passe-port à l'intérieur, sous les conditions déterminées par les règlements administratifs.

Art. 10. — Des règlements d'administration publique déterminent tout ce qui concerne la forme, la délivrance, la tenue et le renouvellement des livrets. — Ils règlent la forme du registre prescrit par l'art. 4, et les indications qu'il doit contenir.

Art. 11. — Les contraventions aux art. 1, 3, 4, 5 et 8 de la présente loi sont poursuivies devant le tribunal de simple police, et punies d'une amende de 1 à 15 fr., sans préjudice des dommages-intérêts, s'il y a lieu. — Il peut, de plus, être prononcé, suivant les circonstances, un emprisonnement d'un à cinq jours.

Art. 12. — Tout individu coupable d'avoir fabriqué un faux livret, ou falsifié un livret originairement véritable, ou fait sciemment usage d'un livret faux ou falsifié, est puni des peines portées en l'art. 155 c. pén.

Art. 13. — Tout ouvrier coupable de s'être fait délivrer un livret soit sous un faux nom, soit au moyen de fausses déclarations ou de faux certificats, ou d'avoir fait usage d'un livret qui ne lui appartient pas, est puni d'un emprisonnement de trois mois à un an.

Art. 14. — L'art. 463 c. pén. peut être appliqué dans tous les cas prévus par les art. 12 et 13 de la présente loi.

Art. 15. — Aucun ouvrier soumis à l'obligation du livret ne sera inscrit sur les listes électorales pour la formation des conseils de prud'hommes, s'il n'est pourvu d'un livret.

Art. 16. — La présente loi aura son effet à partir du 1er janv. 1855. Il n'est pas dérogé, par ses dispositions, à l'art. 12 du décr. du 26 mars 1852, relatif aux sociétés de secours mutuels.

Décret impérial du 30 avril 1855.

Vu l'art. 10 de la loi du 22 juin 1854 : — Vu l'arr. du 9 frim. an XII, la loi du 14 mai 1851 et les art. 153 et 463 c. pén. ;

Art. 1. — Le livret est en papier blanc, coté et parafé par les fonctionnaires désignés en l'art. 2 de la loi du 22 juin 1854. — Il est revêtu de leur sceau. — Sur les premiers feuillets sont imprimés textuellement la loi précitée, le présent décret, la loi du 14 mai 1851 et les art. 153 et 463 c. pén.

Il énonce : — 1° Le nom et les prénoms de l'ouvrier, son âge, le lieu de sa naissance, son signalement, sa profession ; — 2° Si l'ouvrier travaille habituellement pour plusieurs patrons, ou s'il est attaché à un seul établissement ; — 3° Dans ce dernier cas, le nom et la demeure du chef de l'établissement chez lequel il travaille ou a travaillé en dernier lieu ; — 4° Les pièces, s'il en est produit, sur lesquelles le livret est délivré. — Les livrets sont imprimés d'après le modèle annexé au présent décret.

Art. 2. — Il est tenu dans chaque commune un registre sur lequel sont relatés, au moment de leur délivrance, les livrets et les visas de voyage mentionnés ci-après. — Ce registre porte la signature des impétrants ou la mention qu'ils ne savent ou ne peuvent signer.

Art. 3. — Le premier livret d'un ouvrier lui est délivré sur la constatation de son identité et de sa position. — A défaut de justifications suffisantes, l'autorité appelée à délivrer le livret peut exiger de l'ouvrier une déclaration souscrite sous la sanction de l'art. 13 de la loi du 22 juin 1854, dont il lui est donné lecture.

Art. 4. — Le livret rempli ou hors d'état de servir est remplacé par un nouveau, sur lequel seront reportés : — 1° La date et le lieu de la délivrance de l'ancien livret ; — 2° Le nom et la demeure du chef d'établissement chez lequel l'ouvrier travaille ou a travaillé en dernier lieu ; — 3° Le montant des avances dont l'ouvrier resterait débiteur. — Le remplacement est mentionné sur le livret hors d'usage, qui est laissé entre les mains de l'ouvrier.

Art. 5. — L'ouvrier qui a perdu son livret peut en obtenir un nouveau sous les garanties mentionnées en l'art. 3. — Le nouveau livret reproduit les mentions indiquées en l'art. 4.

Art. 6. — L'ouvrier est tenu de représenter son livret à toute réquisition des agents de l'autorité.

Art. 7. — L'ouvrier ne travaillant que pour un seul établissement doit, avant de le quitter et d'être admis dans un autre, faire inscrire sur son livret l'acquit des engagements. — L'ouvrier travaillant habituellement pour plusieurs patrons peut, sans acquit, obtenir du travail d'un ou de plusieurs autres patrons.

Art. 8. — Le registre spécial que les chefs d'établissement doivent tenir, conformément aux art. 4 et 5 de la loi du 22 juin 1854, est dressé d'après le modèle annexé au présent décret. — Il est coté et parafé, sans frais, par les fonctionnaires chargés de la délivrance des livrets, et communiqué, sur leur demande, au maire et au commissaire de police.

Art. 9. — Le chef d'établissement indique, tant sur son registre que sur le livret, si l'ouvrier travaille pour un seul établissement ou pour plusieurs patrons. — A l'égard de l'ouvrier travaillant pour plusieurs patrons, le chef d'établissement n'est tenu de remplir les formalités du paragraphe prédent que lorsqu'il l'emploie pour la première fois.

Art. 10. — Si l'ouvrier est quitte envers le chef d'établissement, celui-ci, lorsqu'il cesse de l'employer, doit inscrire sur le livret l'acquit des engagements.

Art. 11. — Lorsque le livret, spécialement visé à cet effet, doit tenir lieu de passe-port à l'intérieur, le visa du départ indique toujours une destination fixe et ne vaut que pour cette destination. — Ce visa n'est accordé que sur la mention de l'acquit des engagements prescrite par les art. 4 et 5 de la loi du 22 juin 1851, et sous les conditions déterminées par les règlements administratifs, conformément à l'art. 9 de la même loi.

Art. 12. — Le livret ne peut être visé pour servir de passe-port à l'intérieur, si l'ouvrier a interrompu l'exercice de sa profession, ou s'il s'est écoulé plus d'une année depuis le dernier certificat de sortie inscrit audit livret.

Art. 13. — Le présent règlement ne fait pas obstacle à ce que des dispositions spéciales aux livrets soient prises dans les limites de leur compétence en matière de police, par le préfet de police à Paris et pour le ressort de la préfecture, et dans les départements, par les autorités locales.

Art. 14. — Sont abrogées toutes les dispositions des règlements antérieurs contraires au présent décret.

P

Passages maritimes.

Plusieurs arrêtés ministériels avaient successivement réglementé la délivrance des passages gratuits de France en Algérie. Leurs dispositions étant incomplètes ou donnant prise, à certains égards, à l'interprétation, avaient donné lieu à de nombreuses décisions dont l'application était devenue difficile. Il a été reconnu nécessaire de fixer à nouveau les bases de ce service; c'est ce qu'a eu pour objet l'arr. ci-après du 4 juin 1860 qui forme, avec le tableau annexé, la législation actuelle sur cette matière.

DÉ.—4 juin 1860.—BM. 83.—*Passages gratuits.*

Vu les arr. min. des 21 mai 1847, 17 déc. 1849, 28 mai et 28 juin 1850, ensemble les décisions ministérielles des 28 mai 1850 et 9 juill. 1855;

Art. 1.—Ont droit au passage aux frais de l'État sur les bâtiments faisant le service de la correspondance entre la France et l'Algérie et sur le littoral algérien:

1° Les magistrats, ecclésiastiques, membres des communautés religieuses, fonctionnaires, agents, employés, préposés et gens de service relevant du ministère de l'Algérie et des colonies et désignés au tableau de classement annexé au présent arrêté, lorsqu'ils se rendent à leur poste, sont licenciés, mis à la retraite, réintégrés dans les cadres de l'administration métropolitaine, porteurs d'un ordre de service ou munis d'un congé de convalescence. — La durée du droit au passage en cas de licenciement ou de mise à la retraite est fixée à un an. — Dans le cas de congé pour affaires personnelles ou de déplacement à l'époque des vacances, le passage gratuit n'est accordé qu'après un séjour consécutif de quatre années dans la colonie. — Le passage gratuit est accordé aux femmes et enfants, aux pères et mères desdits fonctionnaires et agents, lorsque ceux-ci se rendent à leur poste en Algérie, sont licenciés, mis à la retraite ou réintégrés dans les cadres

métropolitains. Dans ces trois derniers cas, la durée du droit au passage n'excédera pas un an. — Le passage gratuit est accordé, mais seulement aux femmes et enfants, en cas de congé de convalescence délivré aux chefs de famille après quatre années consécutives de séjour en Algérie.—Enfin le passage gratuit est concédé aux veuves et enfants, aux pères et mères des mêmes fonctionnaires et agents décédés en activité dans la colonie, si le départ a lieu dans l'année qui suivra le décès;

2° Les présidents et membres des conseils généraux de l'Algérie se rendant aux sessions ou en revenant;

3° Les élèves des lycées et collèges de l'Algérie allant en France pour y subir les épreuves du baccalauréat ès lettres ou ès sciences, ou les examens pour l'admission dans l'une des écoles du gouvernement; la même faveur est accordée pour le retour en Algérie;

4° Les élèves boursiers des maisons impériales de la Légion d'honneur et des écoles du gouvernement dont les auteurs résident en Algérie, se rendant dans ces institutions, voyageant à l'occasion des vacances ou rentrant définitivement dans leurs familles;

5° Les directeurs, régisseurs des théâtres privilégiés de l'Algérie, et les artistes dramatiques attachés à ces entreprises, lorsqu'ils se rendent dans la colonie à l'ouverture de l'année théâtrale ou en reviennent après la clôture ou l'expiration de leur engagement;

6° Les enfants des deux sexes justifiant de leur admission dans l'un des orphelinats de l'Algérie, se rendant dans l'établissement ou le quittant définitivement sur la demande d'un membre de leur famille.

Art. 2.—Peuvent obtenir des passages aux frais de l'État:

1° Les membres du conseil supérieur de l'Algérie et des colonies;

2° Les concessionnaires d'un lot de 50 hect. et au-dessous, ainsi que leur famille, lorsqu'ils vont prendre possession de leurs terres;

3° Les ouvriers d'art se rendant en Algérie et justifiant de leur aptitude par des certificats émanant de leurs patrons ou chefs d'atelier et légalisés par les maires ou les commissaires de police;

4° Les agriculteurs, les ouvriers de tous corps d'état et les domestiques établissant par des lettres ou des certificats de colons, chefs d'atelier ou habitants notables de l'Algérie, qu'ils ont du travail assuré dans la colonie. Ces lettres ou certificats devront en outre être revêtus du visa de l'autorité locale et accompagnés d'un avis motivé.

Les passages mentionnés au présent article sont accordés par le ministre.

Comte DE CHASSELOUP-LAUBAT.

Circ. M.—5 juill. 1860.—BM. 83.—*Instructions sur l'arrêté précédent.*

...Je crois inutile de rappeler que le droit au passage accordé aux fonctionnaires algériens et à leurs familles, ainsi qu'aux personnes comprises dans les catégories désignées aux §§ 2, 3, 4, 5 et 6 de l'art. 1, ne saurait être étendu au delà des limites qui sont déterminées par cet arrêté, et je me borne à vous prier de ne vous départir sur ce point d'aucun prétexte des règles qui y sont posées.

L'art. 2 donne les plus grandes facilités aux ouvriers et aux cultivateurs disposés à se rendre en Algérie; les uns et les autres peuvent compter sur mon empressement à leur accorder le passage gratuit; mais il ne peut entrer dans mes intentions de favoriser leur rentrée en France, et je dois en conséquence vous inviter à vous abstenir complètement de leur délivrer des passages de retour. Si des circonstances exceptionnelles commandaient d'aider certains rapatriements, vous auriez à m'en référer. Je me réserve expressément de statuer ce qu'il appartiendra, je désire d'ailleurs que vous vous montriez très-sobre de communications de cette nature.

Il arrive encore assez fréquemment que des passages sont accordés à destination soit de France, soit du littoral, à la charge du remboursement préalable des frais de nourriture : ces passages doivent être supprimés sur les paquebots du commerce, et ils ne seront accordés sur les bâtiments de l'État faisant la correspondance du littoral que dans les conditions indiquées par les dispositions finales du tableau de classement annexé à l'arrêté.

Comme, dans l'intérêt de la comptabilité, il importe de centraliser ce service autant que possible, je décide que les autorisations d'embarquement pour les ports du département seront délivrées par les préfets, et, en vertu de leurs délégations, par l'autorité civile supérieure des villes du littoral.

L'autorité militaire interviendra dans les mêmes conditions lorsque l'embarquement aura lieu dans un port placé en dehors des limites du département; dans les autres cas, elle aura à transmettre aux préfets les demandes d'embarquement applicables au personnel civil dont elle dispose, et à m'en référer directement s'il s'agit de colons relevant de son administration.

Comte DE CHASSELOUP-LAUBAT.

Tableau déterminant la position des fonctionnaires, employés et agents de l'ordre civil en Algérie, relativement au droit de passage maritime.

JUSTICE. — 1re *classe.* Premier président, procureur général, présidents de chambre, conseillers, avocat général, substituts du procureur général, présidents de tribunaux, juges, procureurs impériaux, substituts. — 2e *cl.* Juges de paix et suppléants, greffiers et commis-greffiers de la cour et des tribunaux, interprètes judiciaires, cadis, secrétaires des parquets. — 4e *cl.* Chaouchs et gagistes.

ADMINISTRATION PRÉFECTORALE. — 1re *cl.* Préfets, présidents et membres des conseils généraux, sous-préfets, secrétaires généraux des préfectures, conseillers de préfecture et conseillers civils, commissaires civils, chefs de bureau de préfecture et division. — 2e *cl.* Sous-chefs de bureau de préfecture et division, secrétaires des sous-préfectures, secrétaires des commissariats civils, commis de toute classe des bureaux des préfectures, des bureaux civils des divisions, des sous-préfectures et commissariats civils. — 4e *cl.* Chaouchs et gens de service de ces diverses administrations.

SERVICES INDIGÈNES. — 1re *cl.* Khalifats, bachaghas, aghas. — 2e *cl.* Cadis, cheiks. — 4e *cl.* Gardes-champêtres indigènes.

POLICE. — 1re *cl.* Commissaire central. — 2e *cl.* Commissaires, secrétaires du commissariat central. — 3e *cl.* Inspecteurs et employés des bureaux, agents.

PRISONS. — 1re *cl.* Inspecteurs. — 2e *cl.* Directeurs des maisons centrales, de détention, gardiens-chefs, greffiers comptables des prisons départementales. — 4e *cl.* Gardiens et autres agents.

ÉTABLISSEMENTS DE BIENFAISANCE. — 1re *cl.* Inspecteurs des établissements de plusieurs départements. — 2e *cl.* Inspecteurs départementaux.

CULTES. — 1re *cl.* Évêque, vicaires généraux titulaires et honoraires, chanoines, supérieurs de grands et petits séminaires, architectes des édifices diocésains, président du consistoire central protestant d'Alger, président du consistoire central israélite d'Alger, grand rabbin du consistoire d'Alger, muphti à Alger. — 2e *cl.* Secrétaire de l'évêché, curés, desservants, vicaires, prêtres auxiliaires, séminaristes dans les ordres ou tonsurés, inspecteurs, sous-inspecteurs et vérificateurs des édifices diocésains, pasteurs des oratoires protestants, secrétaire du consistoire central protestant d'Alger, rabbins des consistoires provinciaux, secrétaire du consistoire israélite d'Alger, muphtis et imans dans les localités autres qu'Al-

ger. — 3e *cl.* Élèves des séminaires non tonsurés. — 4e *cl.* Employés inférieurs, gagistes, domestiques des divers cultes.

INSTRUCTION PUBLIQUE. — 1re *cl.* Inspecteurs généraux de l'université, membres des jurys d'examen envoyés de la métropole en Algérie, recteur de l'académie, inspecteurs de l'académie, proviseurs et censeurs des lycées, directeur et professeurs de l'école préparatoire de médecine, conservateur de la bibliothèque et du musée d'Alger, supérieure provinciale des sœurs institutrices et hospitalières, titulaires des chaires publiques d'arabe, directeur du collège arabe-français. — 2e *cl.* Secrétaire et commis d'académie, professeurs des lycées, aumôniers des lycées, économes, commis d'économat, maîtres répétiteurs, aspirants répétiteurs, principaux et régents des collèges communaux, inspecteurs et sous-inspecteurs primaires, instituteurs et institutrices primaires, fonctionnaires de l'observatoire d'Alger, conservateurs de la bibliothèque et du musée dans les villes autres qu'Alger, sœurs institutrices et hospitalières, membres des communautés religieuses enseignantes (hommes, femmes), sous-directeur du collège arabe-français, professeurs id., maîtres répétiteurs id., directeurs et directrices des écoles arabes-françaises, maîtres et sous-maîtresses de ces écoles, directeurs et professeurs des m'dersas. — 3e *cl.* Maîtresses d'études des lycées. — 4e *cl.* Agents subalternes de ces divers établissements.

INTERPRÈTES DE L'ARMÉE. — 1re *cl.* Interprètes principaux, rapporteur du jury d'examen. — 2e *cl.* Interprètes de 1re, 2e et 3e *cl.*, interprètes auxiliaires.

PONTS ET CHAUSSÉES. — 1re *cl.* Inspecteurs généraux, ingénieurs en chef ou f. f., ingénieurs ordinaires de 1re et de 2e *cl.* — 2e *cl.* Ingénieurs ordinaires de 3e *cl.*, élèves ingénieurs, conducteurs de toute classe, piqueurs f. f. de conducteurs, régisseurs comptables, gardes-magasins, employés des bureaux et dessinateurs. — 3e *cl.* Piqueurs. — 4e *cl.* Surveillants et chaouchs.

MINES. — 1re *cl.* Inspecteurs généraux, ingénieurs en chef ou f. f., ingénieurs ordinaires de 1re et 2e *cl.* — 2e *cl.* Ingénieurs ordinaires de 3e *cl.*, élèves ingénieurs, gardes-mines et géologues, manipulateurs, employés des bureaux et dessinateurs. — 4e *cl.* Garçons de laboratoire et chaouchs.

TÉLÉGRAPHIE. — 1re *cl.* Inspecteurs généraux, directeurs divisionnaires, inspecteurs. — 2e *cl.* Élèves inspecteurs, directeurs de stations, receveurs et traducteurs, stationnaires du service électrique. — 3e *cl.* Surveillants et stationnaires du service aérien.

BATIMENTS CIVILS. — 1re *cl.* Architectes en chef. — 2e *cl.* Inspecteurs principaux et ordinaires, comptables vérificateurs, commis de bureaux, dessinateurs, expéditionnaires et gardes-magasins. — 4e *cl.* Chaouchs.

ENREGISTREMENT ET DOMAINES. — 1re *cl.* Directeurs, inspecteurs, vérificateurs. — 2e *cl.* Conservateurs des hypothèques, premiers commis de direction, receveurs, surnuméraires, employés coloniaux. — 4e *cl.* Chaouchs.

CONTRIBUTIONS DIVERSES, POUDRES A FEU, GARANTIE. — 1re *cl.* Directeurs, inspecteurs et sous-inspecteurs, entreposeurs. — 2e *cl.* Contrôleurs, commis principaux, receveurs ambulants, receveurs sédentaires, commis, surnuméraires. — 4e *cl.* Porteurs de contraintes et chaouchs.

FORÊTS. — 1re *cl.* Conservateurs, inspecteurs, sous-inspecteurs. — 2e *cl.* Gardes généraux, id. adjoints. — 3e *cl.* Brigadiers, gardes. — 4e *cl.* Chaouchs.

POSTES. — 1re *cl.* Inspecteurs et sous-inspecteurs. — 2e *cl.* Directeurs, contrôleurs, commis principaux et commis, distributeurs. — 3e *cl.* Brigadiers facteurs, facteurs. — 4e *cl.* Gardien de bureau.

OPÉRATIONS TOPOGRAPHIQUES. — 1re *cl.* Vérificateur spécial, inspecteurs. — 2e *cl.* Vérificateurs, triangulateurs, géomètres, commis. — 4e *cl.* Chaouchs.

POIDS ET MESURES. — 2e *cl.* Vérificateurs chefs de service, id. adjoints et auxiliaires. — 4e *cl.* Chaouchs.

COLONISATION. — 1re *cl.* Directeur de la pépinière centrale. — 2e *cl.* Inspecteur de colonisation, médecins id., jardinier en chef de la pépinière centrale, directeurs des pépinières et jardiniers en chef de ces établissements, agent comptable de la pépinière centrale, id. d s dépôts d'ouvriers. — 3e cl. Chefs de carré. — 4e cl. Chaouchs, employés secondaires des dépôts d'ouvriers.

PORTS, SANTÉ, LAZARETS. — 1re cl. Directeurs de la santé. — 2e cl. Capitaines de port et de santé, directeurs de lazarets, secrétaires, médecins. — 3e cl. Inspecteurs des quais, pilotes. — 4e cl. Gardes et canotiers.

PÊCHES. — 2e cl. Inspecteurs. — 3e cl. Gardes.

Le passage à la 1re cl. donne droit au passage d'un domestique à la 4e cl. — Sur les bâtiments de l'État, la 1re cl. correspond à la table du commandant; la 2e cl. à celle de l'état-major; la 3e à celle des maîtres. — Les passagers dont la fonction est marquée ci-dessus par un astérisque seront réglementairement placés à la table des aspirants, toutes les fois qu'il existera un poste d'aspirants à bord des bâtiments chargés du transport des voyageurs. — Les fonctionnaires et agents voyageant à leurs frais en dehors des termes du règlement seront classés sur les bâtiments de l'État, conformément à la nomenclature ci-dessus, sauf remboursement des frais de nourriture. — Les permis d'embarquement gratuit détermineront le classement des personnes étrangères à l'administration.

Tableau indiquant le classement à bord des bâtiments de l'État des officiers, fonctionnaires et agents du département de la guerre. (Publié au *Moniteur algérien* du 5 oct. 1857.)

La décis. du 21 fév. 1857, relative au classement des passagers militaires à bord des bâtiments de l'État, ayant donné lieu à des réclamations qui ont été accueillies, le nouveau tableau ci-après a été arrêté d'un commun accord entre les départements de la marine et de la guerre.

Table du commandant. — Maréchal de France, général de division, général de brigade, colonel, lieutenant-colonel, chef de bataillon ou d'escadron, ou major, intendant général, intendant militaire, sous-intendant militaire, adjoint à l'intendance militaire, médecin ou pharmacien inspecteur, médecin ou pharmacien principal, médecin ou pharmacien-major de 1re cl., vétérinaire principal, officier d'administration principal.

Table de l'état-major. — Capitaine, lieutenant, sous-lieutenant, garde principal d'artillerie, du génie et des équipages, garde d'artillerie, du génie et des équipages, maître artificier, aumônier, médecin ou pharmacien-major de 2e cl., médecin ou pharmacien aide-major, vétérinaire, chef de musique, officier d'administration comptable, adjudant d'administration.

Table des aspirants. — Chef artificier, chef ou sous-chef ouvrier d'État, ouvrier d'État, médecin ou pharmacien sous-aide, aide-vétérinaire.

Table des maîtres. — Portier-consigne, adjudant sous-officier, chef armurier, sergent-major ou maréchal-des-logis chef, sous-chef de musique, musicien de 1re cl.

Avec les seconds maîtres. — Sergent ou maréchal des logis, maître ouvrier, musicien de 2e cl.

A la ration. — Caporal ou brigadier, soldat, musicien de 3e cl., enfant de troupe.

Passe-ports.

Tous les règlements relatifs aux passe-ports et antérieurs au 17 fév. 1854, ont été abrogés par l'arrêté de ce jour, à l'exception des dispositions qui auraient pour objet la conservation des armes confiées par l'État aux miliciens. Ces dispositions se trouvent spécialement dans un arrêté du 5 déc. 1835, inséré ci-après. Le nouveau règlement a également fait disparaître l'obligation imposée par deux arrêtés des 31 mars 1835 et 23 avr. 1810, à tout individu qui était dans l'intention de s'embarquer pour France ou pour un point quelconque de l'Algérie, de faire afficher son nom à la mairie trois jours au moins à l'avance. Cette mesure avait pour but de permettre à tous intéressés d'élever des réclamations et de s'opposer au départ de leur débiteur. Bien qu'elle soit abrogée, les dispositions de l'ord. du 16 avr. 1843, art. 23 et suivants (V. *Procédure judiciaire*), relatives à cette

faculté d'opposition, n'en sont pas moins en vigueur, sous les réserves et restrictions qui résultent de cette loi exceptionnelle et de l'application qu'en a fait la jurisprudence.

ARR. — 17 fév.-20 mars 1854. — B. 455. — *Nouveau règlement sur les passe-ports.*

Vu les lois et décrets relatifs aux passe-ports, et notamment les lois et décrets des 1er fév., 28 mars 1792, 23 mess. an III, 10 vend. an IV, 11 et 17 vent. an IV, 28 vend. an VI, 18 sept. 1807 et 11 juill. 1810; — Vu les arrêtés rendus en Algérie sur le même objet, à la date des 27 juin 1833, 15 déc. 1834, 31 mars 1835 et 23 avr. 1810.

Art. 1. — Tout individu arrivant en Algérie est tenu de présenter, dans les 24 heures, son passe-port au visa de l'autorité. — Le passe-port est visé par le maire, si le porteur est Français; par le préfet, et, à défaut, par le sous-préfet, après visa préalable du consul, si le porteur est étranger. — Les passe-ports ainsi visés sont immédiatement rendus au titulaire. — Les préfets pourront déléguer le visa des passe-ports étrangers aux commissaires civils.

Art. 2. — Nul ne pourra voyager en Algérie, s'il n'est porteur d'un passe-port dûment visé à l'arrivée, comme il vient d'être dit. — Sont seuls exceptés de cette disposition : — 1° Les fonctionnaires publics et employés munis d'une commission ou d'un ordre de service; — 2° Les militaires voyageant par détachement ou isolément avec feuille de route; — 3° Les membres des corporations indigènes, porteurs d'un permis de départ délivré conformément à l'art. 5 du décret du 3 sept. 1830 sur les corporations indigènes; — 4° Jusqu'à ce qu'il en soit autrement ordonné, les indigènes des tribus, voyageant dans l'intérieur de l'Algérie, et dont les obligations seront réglées par les instructions du gouverneur général.

Art. 3. — Les passe-ports français sont délivrés en Algérie, savoir : — Par le gouverneur général : Pour les Échelles du Levant, l'empire du Maroc, et les régences de Tunis et de Tripoli; — Par les préfets : pour les colonies françaises et l'étranger; — Par l'autorité municipale : pour la France et pour l'Algérie. — Les visas au départ sont délivrés par les mêmes autorités, suivant la destination du porteur et sous la réserve du visa préalable du consul, pour les passe-ports des étrangers.

Art. 4. — La formalité de l'affiche, prescrite par les arrêtés des 31 mars 1835 et 23 avr. 1810, est supprimée. — Néanmoins, continueront à être observés les règlements en vigueur pour la conservation des armes confiées par l'État aux miliciens de l'Algérie (V. l'arr. du 5 déc. 1835 ci-après).

Art. 5. — Les formules de passe-ports en usage pour l'Algérie seront les mêmes que celles adoptées pour la France.

Art. 6. — Le prix des passe-ports est fixé, savoir : — Pour les passe-ports à l'intérieur de l'Algérie et à destination de France ou des colonies françaises, à 2 fr.; — Pour les passe-ports à l'étranger, à 10 fr.

Art. 7. — Il ne sera perçu aucun droit pour le visa de l'autorité française. — En cas d'indigence constatée, il pourra être délivré des passe-ports gratis.

Art. 8. — Les attributions, conférées par le présent arrêté aux préfets, aux sous-préfets et à l'autorité municipale, sont exercées, dans les territoires militaires, conformément au régime administratif de ces territoires.

Art. 9. — Toutes dispositions contraires au présent arrêté sont abrogées.

A. DE SAINT-ARNAUD.

Arrêté du 3 déc. 1853.

Nous, intendant civil, considérant qu'il a été délivré, sur notre demande, tant à la garde nationale d'Alger qu'aux gardes nationales des communes rurales, des armes extraites des arsenaux de l'État ; que la remise de ces armes a dû être constatée en vertu de nos instructions adressées à MM. les maires, conformément à l'art. 69 de la loi du 22 mars 1831, sur la garde nationale ; mais qu'il importe de veiller à ce qu'elles ne soient point perdues pour la commune, qui en est responsable, en cas de décès ou de départ de chaque garde national, qui en est détenteur.

Art. 1. — Aussitôt que le décès d'un garde national sera constaté sur les registres de l'état civil, le maire fera directement ou fera faire par l'officier chargé des détails de l'armement, les diligences nécessaires pour que la famille dudit garde national restitue les armes qui lui auront été délivrées.

Art. 2. — Toutes les fois qu'un individu se présentera au bureau central de police pour réclamer un passe-port, le commissaire de police, chef dudit bureau, sera tenu de vérifier au préalable, sous sa responsabilité, si cet individu appartient à la garde nationale d'Alger, et, en cas d'affirmative, il exigera de lui une déclaration signée du capitaine d'armement, constatant la remise de ses armes. Dans les communes rurales les maires déclareront, sur l'attestation qui doit motiver la délivrance du passe-port, que l'individu qu'elle concerne a satisfait entre leurs mains à la même obligation. LE PASQUIER.

A.M. — 16 oct.-9 déc. 1858. — D.M. 5. — *Passe-ports pour les échelles du Levant, etc.*

Vu le décret impérial du 31 août 1858, portant suppression du gouvernement général de l'Algérie ; — Vu l'arrêté ministériel du 17 fév. 1851 ;

Art. 1. — A l'avenir, les passe-ports français à destination des échelles du Levant, de l'empire du Maroc et des régences de Tunis et de Tripoli, seront délivrés, savoir : par les préfets, aux Européens des territoires civil et militaire et aux indigènes du territoire civil ; par les commandants des divisions territoriales, aux indigènes du territoire militaire. NAPOLÉON (Jérôme).

XIIIe. M. — 16 oct. 1858. — D.M. 5. — *Exécution du précédent arrêté.*

M. le......, par suite des dispositions concertées en 1850, entre les départements des affaires étrangères et de la guerre, les passe-ports à destination des échelles du Levant et de Barbarie étaient exclusivement délivrés, en Algérie, par le gouverneur général. La suppression du gouvernement général de l'Algérie, prononcée par le décr. du 31 août dernier, nécessitant de nouvelles dispositions à cet égard, l'arrêté ministériel du 17 fév. 1851 a été modifié par mon arrêté de ce jour.

Mais il importe essentiellement que ces passe-ports ne soient accordés qu'avec beaucoup de prudence et de circonspection : en s'écartant de ce principe, en munissant de passe-ports français des individus dont les antécédents, la position et la moralité n'auraient pas été vérifiés avec tout le soin désirable, vous vous exposeriez à compromettre la sécurité de nos établissements commerciaux dans les pays musulmans, et à créer des embarras à nos agents consulaires. Vous ne devrez donc user de la prérogative nouvelle dont vous êtes investi qu'en vous conformant scrupuleusement aux instructions suivantes : elles sont, en grande partie, la reproduction de celles qui ont été données par le ministre de la guerre au gouverneur général, à la date du 31 déc. 1850, de concert avec le ministre des affaires étrangères.

§ 1. — Les passe-ports pour les échelles du Levant et de Barbarie sont susceptibles d'être délivrés à quatre catégories d'individus : — 1° A des Français ; — 2° A des Algériens ; — 3° Parmi les Algériens, spécialement aux pèlerins de la Mekke ; — 4° Enfin à des étrangers appartenant à un pays ami, et qui n'auraient point de consuls en Algérie. — En outre, il importe de spécifier, dans tous les cas, que les passe-ports dont il s'agit ne confèrent la protection des autorités françaises au titulaire que dans une limite de trois ans, à l'expiration de laquelle ils doivent être visés de nouveau par un agent diplomatique français.

§ 2. — En ce qui concerne les voyageurs français, il ne suffira pas que vous constatiez leur nationalité pour leur délivrer le passe-port dont ils vous adresseraient la demande ; il faudra encore que vous vous entouriez de tous les renseignements propres à vous éclairer sur leurs antécédents, leur position et leurs ressources. Vous ne devrez pas hésiter, toutes les fois que vous ne jugerez pas ces renseignements assez favorables, à leur opposer un refus formel. Si le gouvernement a cru devoir supprimer, par l'ord. du 18 avr. 1835, les exigences excessives des anciens règlements à l'égard des Français qui voulaient être admis à former des établissements dans les échelles, il n'a point entendu ouvrir l'accès de ces contrées à des individus qui pourraient compromettre nos rapports politiques et commerciaux avec elles, ou être à la charge de nos consuls.

§ 3. — Si les précautions qui viennent d'être indiquées sont indispensables pour les Français, à plus forte raison devront-elles être rigoureusement observées à l'égard des Algériens. Par cela seul, en effet, qu'ils sont originaires d'un pays autrefois soumis à l'autorité du Grand Seigneur, notre droit de protection sur eux est, en général, plus difficile à faire reconnaître par les autorités turques, en même temps que la nature des transactions auxquelles ils se livrent, et les contestations qui en résultent, deviennent pour nos agents l'occasion de difficultés plus fréquentes. — Il y a donc lieu de prendre, au sujet des indigènes algériens qui demandent à se rendre dans les possessions turques, des précautions efficaces, en s'assurant, d'une part, de leur moralité, de leurs ressources et du motif de leur voyage, et, de l'autre, de leur origine ; car il est évident que, si nous devons protéger les indigènes sujets de la France, cette protection ne saurait s'étendre à ceux qui, étrangers à l'Algérie, n'y auraient fait qu'un séjour plus ou moins prolongé, dans l'unique but, peut-être, d'obtenir plus tard un passe-port français. — Avant de délivrer un passe-port à un indigène, vous ne négligerez donc aucun moyen de vous renseigner sur son compte de la manière la plus précise et la plus complète.

§ 4. — En ce qui concerne les pèlerins de la Mekke, les ménagements que l'on doit aux croyances religieuses de la population musulmane ne permettent pas d'aggraver les conditions auxquelles ils ont été soumis pour obtenir des passe-ports. De tous les indigènes qui sont dans le cas de réclamer la protection de nos agents, ce sont, sans contredit, ceux qui prêtent le moins à l'abus, parce que leur qualité de pèlerins suffit, en général, à leur assurer l'assistance des autorités musulmanes, et parce que leur condition de voyageurs ne leur permet pas de se créer des intérêts de quelque importance dans les lieux qu'ils ne font que traverser. — Il suffira donc, quant à eux, de constater leur origine algérienne.

§ 5. — Reste le cas où des passe-ports pour les échelles vous seraient demandés par des étran...

gers n'ayant pas de consuls en Algérie. Ces demandes ne peuvent pas être repoussées; toutefois, afin de décliner toute responsabilité morale et politique à l'égard d'individus qui, hors de notre territoire, ne relèvent à aucun titre du gouvernement français, les passe-ports de l'espèce devront contenir une mention indiquant qu'ils ne sont valables que pour sortir de l'Algérie.

Telles sont, M. le....., les instructions que j'avais à vous notifier, et dont je place la stricte exécution sous votre responsabilité. — Vous voudrez bien m'en accuser réception, et prendre note de m'adresser régulièrement, à la fin de chaque mois, en double exemplaire, dont un pour le ministre des affaires étrangères, un état des passe-ports que vous aurez délivrés, dans le cours du mois, à destination des échelles. Cet état indiquera les noms, profession ou position sociale des titulaires et la destination pour laquelle les passe-ports auront été délivrés. — Vous devrez, en outre, adresser à M. le commandant supérieur des forces de terre et de mer en Algérie un compte numérique mensuel des passe-ports dont il s'agit.

(NAPOLÉON (Jérôme).

Inst. M. — 13 nov. 1858. — B.M. 8. — *Passeports étrangers.*

M. le........, il résulte d'une communication adressée à M. le ministre des affaires étrangères, par M. le ministre de Sardaigne à Paris, que les sujets de cet État qui se rendent en Algérie sont tenus d'échanger les passe-ports qui leur ont été délivrés par les autorités compétentes de leur pays contre des livrets d'ouvriers ou des passe-ports français soumis au payement d'une taxe de 2 fr. — En appelant, au nom de son gouvernement, l'attention du gouvernement de l'empereur sur cet état de choses, M. le ministre de Sardaigne a fait observer que, indépendamment de la charge qui en résulte pour les sujets sardes, le système suivi par l'administration algérienne a l'inconvénient de mettre les consuls de Sardaigne dans l'impossibilité de remplir régulièrement vis-à-vis de leurs nationaux, dépourvus ainsi du titre destiné à constater leur origine et leur identité, les devoirs de protection et de surveillance qui découlent de l'exercice de leur mandat. — Ces considérations sont très-justes, et l'usage contre lequel M. le ministre de Sardaigne à Paris réclame avec raison n'a pu s'introduire en Algérie que par suite d'une fausse interprétation des règlements. Aucune disposition de la législation algérienne, en effet, ne prescrit ni même n'autorise l'échange des passe-ports étrangers contre des passe-ports français ou des livrets d'ouvriers.

Aux termes de l'arr. du 17 fév. 1851, tout individu en arrivant en Algérie est tenu de présenter, dans les vingt-quatre heures, son passe-port au visa de l'autorité. — Le passe-port est visé par le maire, si le porteur est Français; par le préfet, le sous-préfet ou le commissaire civil, après visa préalable du consul, si le porteur est étranger. — Dans les territoires militaires, les visas sont délivrés par les officiers remplissant les fonctions administratives et municipales. — Les passe-ports ainsi visés sont immédiatement rendus aux titulaires et sont valables pour voyager en Algérie. Il n'est perçu aucun droit pour le visa de l'autorité française. — Quant au livret, la loi du 22 juin 1851, rendue applicable à l'Algérie par un décr. du 7 mai 1856, le rend obligatoire pour tous les ouvriers indistinctement. — Les étrangers sont soumis à cette obligation comme les nationaux; mais la délivrance du livret, dont le prix n'est que de 15 cent., et qui peut, dans certains cas détermi-

nés, tenir lieu de passe-port, ne doit jamais entraîner, en échange, le retrait de ce titre.

NAPOLÉON (Jérôme).

Patentes.

Le droit de patente a été imposée en Algérie dès le mois de déc. 1830, et plusieurs fois modifié jusqu'à l'ord. du 31 janv. 1847, qui régit seule aujourd'hui cette contribution. Cette ordonnance est complétée par la décis. min. du 26 avr. 1850, par un décr. du 5 sept. 1851, et un autre décr. du 20 janv. 1851 relatif à la surtaxe établie pour les dépenses des chambres de commerce (V. *Chambres de commerce*). Tous les arrêtés antérieurs à 1847 sont devenus complétement inutiles.

OR. — 31 janv.-31 mars 1847. — D. 251. — *Règlement général.*

Vu l'art. du 7 déc. 1830, sur les droits des patentes en Algérie ; — La loi du 25 avr. 1844, sur les droits de patentes en France ; — L'art. 1 de notre ord. du 17 janv. 1845 (*Finances*, § 1), concernant les recettes et dépenses de l'Algérie;

Art. 1. — Tout individu français, étranger et indigène, domicilié dans les villes ou communes des territoires civils et mixtes, qui exerce un commerce, une industrie ou une profession non compris dans les exceptions déterminées par la présente ordonnance, est assujetti à la contribution des patentes.

Art. 2. — La contribution des patentes est composée d'un droit fixe et d'un droit proportionnel.

Art. 3. — Le droit fixe est réglé, comme en France, conformément à l'art. 5 de la loi du 23 avr. 1844 et aux tableaux annexés à ladite loi, imprimés à la suite de la présente ordonnance. — Les assujettis musulmans exerçant des commerces, industries ou professions compris dans les sept premières classes du tableau A, seront imposés au droit fixe de la classe immédiatement inférieure.

Art. 4. — Les commerces, industries et professions non dénommés dans les tableaux annexés à ladite loi n'en sont pas moins assujettis à la patente. Le droit fixe annuel auquel ils doivent être soumis est réglé, d'après l'analogie des opérations ou des objets de commerce, par un arrêté spécial du directeur des finances et du commerce, sur la proposition du chef de service des contributions diverses, et après avoir pris l'avis du maire ou de l'autorité qui en remplit les fonctions. — Tous les cinq ans, des tableaux additionnels contenant la nomenclature des commerces, industries et professions classées par voie d'assimilation, depuis trois années au moins, seront soumis à notre sanction.

Art. 5. — Tous les ans, un arrêté du gouverneur général, inséré au recueil des *Actes officiels du gouvernement* de l'Algérie, déterminera la population des communes. Les tableaux rédigés à cet effet présenteront distinctement la population agglomérée, celle des banlieues, et le total par commune. — Il sera pris des dispositions pour qu'il soit procédé tous les cinq ans à un recensement complet des communes, par les soins du maire de chaque commune, d'un magistrat et d'un contrôleur des contributions diverses.

Art. 6. — Pour les professions dont le droit fixe varie en raison de la population du lieu où elles sont exercées, les tarifs seront appliqués d'après la population qui aura été déterminée par le dernier arrêté de dénombrement. — Néanmoins, lorsque le dénombrement fera passer une commune dans une catégorie supérieure à celle dont elle faisait précédemment partie, l'augmentation du droit fixe ne sera appliquée qu'après trois arrêtés annuels de dénombrement maintenant le même chiffre, ou donnant un chiffre supérieur. — Dans le cas où la réduction du chiffre de la population ferait passer une commune d'une classe supérieure à une classe inférieure, la diminution du droit sera immédiatement appliquée.

Art. 7. — Les établissements placés hors des communes constituées par arrêtés, ou hors des anciens centres de population, ne seront pas soumis à l'impôt des patentes. — Ceux qui seront fondés dans les nouveaux villages créés par l'administration ou avec son autorisation, ne seront imposés que cinq ans après la publication de l'arrêté constitutif de ces villages, à moins toutefois que ces villages ne soient établis sur le territoire d'une commune déjà imposée, auquel cas ils devront le droit de patente à dater du 1er du mois dans lequel ils auront commencé à exercer, conformément à l'art. 15 ci-après.

Art. 8. — Dans les communes où la population totale est de 5,000 âmes et au-dessus, les patentables exerçant dans les banlieues des professions imposées eu égard à la population, payeront le droit fixe d'après le tarif applicable à la population non agglomérée (1). Les patentables exerçant lesdites professions dans la partie agglomérée payeront le droit fixe d'après le tarif applicable à la population locale.

Art. 9. — Le patentable qui exerce plusieurs commerces, industries ou professions, même dans plusieurs communes, ne peut être soumis qu'à un seul droit fixe. — Ce droit est toujours le plus élevé de ceux qu'il aurait à payer, s'il était assujetti à autant de droits qu'il exerce de professions.

Art. 10. — Le droit proportionnel est fixé, d'après la valeur locative, à la moitié du tarif déterminé par l'art. 8 de la loi du 25 avr. 1844.

Art. 11. — Le droit proportionnel est établi sur la valeur locative, tant de la maison d'habitation que des magasins, boutiques, usines, ateliers, hangars, remises, chantiers et autres locaux servant à l'exercice des professions imposables. — Il est dû lors même que le logement et les locaux occupés sont concédés à titre gratuit. — La valeur locative est déterminée, soit au moyen de baux authentiques, soit par comparaison avec d'autres locaux dont le loyer aura été régulièrement constaté ou sera notoirement connu, et à défaut de ces bases, par voie d'appréciation. — Le droit proportionnel pour les usines et les établissements industriels est calculé sur la valeur locative de ces établissements pris dans leur ensemble, et munis de tous leurs moyens matériels de production.

Art. 12. — Le droit proportionnel est payé dans toutes les communes où sont situés les magasins, boutiques, usines, hangars, ateliers, remises, chantiers et autres locaux servant à l'exercice des professions imposables. — Si indépendamment de la maison où il fait sa résidence habituelle et principale, et qui, dans tous les cas, sauf l'exception ci-après, doit être soumise au droit proportionnel, le patentable possède, soit dans la même commune soit dans des communes différentes, une ou plusieurs maisons d'habitation, il ne paye le droit proportionnel que pour celle de ces maisons qui sert à l'exercice de sa profession. — Si l'industrie pour laquelle il est assujetti à la patente ne constitue pas sa profession principale, et s'il ne l'exerce pas par lui-même, il ne paye le droit proportionnel que sur la maison d'habitation de l'agent préposé à l'exploitation.

Art. 13. — Le patentable qui exerce dans le même local ou dans des locaux non distincts plusieurs industries ou professions passibles d'un droit proportionnel différent, paye ce droit d'après le taux applicable à la profession pour laquelle il est assujetti au droit fixe. — Dans le cas où les locaux sont distincts, il ne paye pour chaque local que le droit proportionnel attribué à l'industrie ou à la profession qui y est spécialement exercée. — Dans ce dernier cas, le droit proportionnel n'en demeure pas moins établi sur la maison d'habitation d'après le taux applicable à la profession pour laquelle le patentable est imposé au droit fixe.

Art. 14. — Dans les communes dont la population est inférieure à 20,000 âmes, mais qui, en vertu d'un nouveau dénombrement, passent dans la catégorie des communes de 20,000 âmes et au-dessus, les patentables des septième et huitième classes ne seront soumis aux droits proportionnels que dans le cas où deux arrêtés annuels de dénombrement auront maintenu lesdites communes dans la même catégorie.

Art. 15. — Ne sont pas assujettis à la patente :

1° Les fonctionnaires et employés des services publics en Algérie, en ce qui concerne seulement l'exercice de leurs fonctions ;

2° Les notaires, les avoués, les greffiers, les commissaires-priseurs, les huissiers ;

3° Les défenseurs devant les tribunaux ; — Les docteurs en médecine ou en chirurgie, les officiers de santé, les sages-femmes et vétérinaires, les peintres, sculpteurs, graveurs et dessinateurs, considérés comme artistes et ne vendant que le produit de leur art ; — Les architectes, considérés comme artistes, ne se livrant pas, même accidentellement, à des entreprises de construction ; — Les professeurs de belles-lettres, sciences et arts d'agrément, les chefs d'institution, les maîtres de pension, les instituteurs primaires ; — Les éditeurs de feuilles périodiques ; — Les artistes dramatiques ;

4° Les laboureurs et cultivateurs, seulement pour la vente et la manipulation des récoltes et fruits provenant des terrains qui leur appartiennent ou par eux exploités, et pour le bétail qu'ils y élèvent, qu'ils y entretiennent ou qu'ils y engraissent (1) ; — Les concessionnaires des mines pour le seul fait de l'extraction et de la vente des matières par eux extraites ; — Les propriétaires ou fermiers des marais salants ; — Les propriétaires ou locataires louant accidentellement une partie de leur habitation personnelle ; — Les pêcheurs, même quand la barque qu'ils montent leur appartient ; — Les associés en commandite, les caisses d'épargne et de prévoyance administrées gratuitement, les assurances mutuelles régulièrement autorisées ; — Les capitaines de navires de commerce ne naviguant pas pour leur compte ; — Les cantiniers attachés à l'armée ;

Les écrivains publics ; — Les commis et toutes les personnes travaillant à gages, à façon et à la journée dans les maisons, ateliers et boutiques des personnes de leur profession, ainsi que les ouvriers travaillant chez eux ou chez les particuliers, sans compagnons ou apprentis, la femme travaillant avec son mari, les enfants non mariés travaillant avec leur père et mère, le simple manœuvre dont le concours est indispensable à l'exercice de sa profession ; — Les personnes qui vendent en ambulance, dans les rues, dans les lieux de passage et de marchés, soit des fleurs, de l'amadou, des balais, des statues et figures en plâtre, soit des fruits, des légumes, des poissons, du beurre, des œufs, du fromage et autres menus comestibles (2) ;

---

(1) Le gouverneur général est autorisé à classer comme banlieue les faubourgs sis hors des murs d'enceinte, jusqu'à ce que la population de ces faubourgs ait atteint un degré de prospérité assez grand pour subir les mêmes charges que les patentables de l'intérieur de la ville. — *Décis. min.* 10 mai 1854.

(2) V. *infrà*, 19 janv. 1856 et 27 déc. 1858. — Fabricants à métiers à façon. — Cultivateurs d'oliviers.

(3) Les personnes autorisées à conserver une ou plusieurs vaches ou chèvres dans l'intérieur de leur maison d'habitation qui stationnent chaque matin dans les rues et places de la ville pour y vendre du lait. — Les concessionnaires, propriétaires ou fermiers qui apportent leurs denrées sur les marchés (ceux qui vendraient leurs produits dans une boutique en ville doivent être traités comme marchands). — *Décis. min.* 15 mars 1854.

Lessavetiers, les chiffonniers au crochet, les porteurs d'eau à la bretelle ou avec voitures à bras, les rémouleurs ambulants, les gardes-malades.

Art. 16. — Les assujettis désignés dans l'art. 1, qui vendent en ambulance des objets non compris dans les exceptions déterminées par l'article précédent, et tous marchands sous échoppes ou en étalage, sont passibles de la moitié des droits que payent les marchands qui vendent les mêmes objets en boutique. Toutefois cette disposition n'est pas applicable aux bouchers, épiciers et autres marchands, ayant un étal permanent ou occupant des places fixes dans les halles et marchés.

Art. 17. — Les patentes sont personnelles et ne peuvent servir qu'à ceux à qui elles sont délivrées. En conséquence, les associés en nom collectif sont assujettis à la patente. — Toutefois l'associé principal paye seul le droit fixe en entier. Les autres associés ne sont imposés qu'à la moitié de ce droit, même quand ils ne résident pas tous dans la même commune que l'associé principal. — Le droit proportionnel est établi sur la maison d'habitation de l'associé principal et sur tous les locaux qui servent à la société pour l'exercice de son industrie. — La maison d'habitation de chacun des autres associés est affranchie du droit proportionnel, à moins qu'elle ne serve à l'exercice de l'industrie sociale.

Art. 18. — Les maris et femmes séparés de biens ne doivent qu'une patente, à moins qu'ils n'aient des établissements distincts, auquel cas chacun doit avoir sa patente et payer séparément les droits fixes et proportionnels.

Art. 19. — Les sociétés ou compagnies anonymes, ayant pour but une entreprise industrielle ou commerciale, sont imposées à un seul droit fixe, sous la désignation de l'objet de l'entreprise, sans préjudice du droit proportionnel. La patente assignée à ces sociétés ou compagnies ne dispense aucun des sociétaires ou actionnaires du payement des droits de patente auxquels ils pourraient être personnellement assujettis, pour l'exercice d'une profession particulière.

Art. 20. — Tout assujetti désigné dans l'art. 1, transportant des marchandises de commune en commune, lors même qu'il vend pour le compte des marchands et fabricants, est tenu d'avoir une patente personnelle, qui est, selon le cas, celle de colporteur avec balles, avec bêtes de somme ou avec voiture.

Art. 21. — Les commis voyageurs des nations étrangères seront traités, relativement à la patente, sur le même pied que les commis voyageurs français, chez ces mêmes nations.

Art. 22. — Les contrôleurs des contributions diverses procéderont annuellement au recensement des imposables et à la formation des matrices des patentes. — Le maire ou l'autorité qui en remplit les fonctions sera prévenu de l'époque de l'opération du recensement, et pourra assister le contrôleur dans cette opération ou se faire représenter à cet effet par un délégué. — En cas de dissentiment entre les contrôleurs et les maires ou les autorités qui en remplissent les fonctions, ou leurs délégués, les observations contradictoires de ces derniers seront consignées dans une colonne spéciale.

La matrice dressée par le contrôleur sera déposée pendant dix jours au secrétariat de la mairie, afin que les intéressés puissent en prendre connaissance, et remettre au maire ou à l'autorité qui en remplit les fonctions, leurs observations. A l'expiration d'un second délai de dix jours, le maire ou l'autorité qui en remplit les fonctions, après avoir consigné ses observations sur la matrice, l'adressera au commissaire civil, ou au sous-directeur de l'intérieur, pour les arrondissements de chef-lieu.

Ces fonctionnaires porteront également leurs observations sur la matrice, et la transmettront au chef du service des contributions, qui établira les taxes conformément à la présente ordonnance, pour tous les articles non contesté.. — A l'égard des articles sur lesquels le maire ou l'autorité qui en remplit les fonctions ne sera pas d'accord avec le contrôleur, le chef du service des contributions diverses soumettra les contestations au directeur des finances et du commerce, qui statuera, sauf recours au conseil supérieur d'administration. — Le directeur des finances et du commerce arrête les rôles et les rend exécutoires.

Art. 23. — Les patentés qui réclameront contre la fixation de leurs taxes, seront admis à prouver la justice de leurs réclamations par la présentation d'actes de société légalement publiés, de journaux et livres de commerce régulièrement tenus, et par tous autres documents.

Art. 24. — Les réclamations en décharge ou réduction seront adressées au contrôleur, qui les instruira sur les lieux, avec le concours du maire ou de l'autorité qui en remplit les fonctions, dont l'avis sera consigné par écrit sur la pétition. En cas de contestation, il sera statué sur les réclamations par le conseil du contentieux. — Les demandes en remise ou modération seront instruites de la même manière. Il sera statué sur les demandes par le directeur des finances et du commerce.

Art. 25. — La contribution des patentes est due pour l'année entière, par tous les individus exerçant au mois de janvier une profession imposable. — En cas de cession d'un établissement, la patente sera, sur la demande du cédant, transférée à son successeur: la mutation de cote sera réglée par arrêté du directeur des finances et du commerce. — En cas de fermeture des magasins par suite de décès ou de faillite, les droits ne seront dus que pour le passé et le mois courant. Sur la réclamation des parties intéressées, il sera accordé décharge du surplus de la taxe.

Ceux qui entreprennent après le mois de janvier une profession sujette à la patente, ne doivent la contribution qu'à partir du premier mois dans le quel ils ont commencé d'exercer, à moins que par sa nature la profession ne puisse pas être exercée pendant toute l'année. Dans ce cas, la contribution sera due pour l'année entière, quelle que soit l'époque à laquelle la profession aura été entreprise. — Les patentés qui, dans le cours de l'année, entreprennent une profession d'une classe supérieure à celle qu'ils exerçaient d'abord, ou qui transportent leur établissement dans une commune d'une plus forte population, sont tenus de payer, au prorata, un supplément de droit fixe.

Il est également dû un supplément de droit proportionnel par les patentables qui prennent des maisons ou locaux d'une valeur locative supérieure à celle des maisons ou locaux pour lesquels ils ont été primitivement imposés, et par ceux qui entreprennent une profession passible d'un droit proportionnel plus élevé. — Les suppléments seront dus à compter du 1er du mois, dans lequel les changements prévus dans les deux derniers paragraphes auront été opérés.

Art. 26. — La contribution des patentes est payable par douzième. Néanmoins les marchands forains, les colporteurs, les directeurs des troupes ambulantes, les entrepreneurs d'amusements et jeux publics non sédentaires, et tous autres patentables dont la profession n'est pas exercée à demeure fixe, sont tenus d'acquitter le montant total de leur cote au moment où la patente est délivrée. — Dans le cas où le rôle n'est émis que postérieurement au 1er mars, les douzièmes échus ne sont pas immédiatement exigibles, le recouvrement en est fait par portions égales en même temps que celui des nouveaux douzièmes échus.

Art. 27. — En cas de déménagement hors du ressort de la perception, comme en cas de vente volontaire ou forcée, la contribution des patentes sera immédiatement exigible en totalité. — Les propriétaires, et, à tout place, les principaux locataires qui n'auront pas, un mois avant le temps fixé par le bail ou par les conventions verbales, donné avis au percepteur du déménagement de leurs locataires, seront responsables des sommes dues par ceux-ci pour la contribution des patentes. — Dans le cas de déménagements furtifs, les propriétaires, et à leur place, les principaux locataires, deviendront responsables de la contribution de leurs locataires, s'ils n'ont pas, dans les trois jours, donné avis du déménagement au percepteur. — La part de la contribution mise à la charge des propriétaires ou principaux locataires par les paragraphes précédents comprendra seulement le dernier douzième échu et le douzième courant dus par le patentable.

Art. 28. — Les formules de patentes seront expédiées par le chef du service des contributions diverses sur des feuilles timbrées de 1 fr. 25 c. Le prix du timbre est acquitté en même temps que le premier douzième du droit de patente. Les formules de patentes sont visées par le maire et revêtues du sceau de la commune.

Art. 29. — Tout patentable est tenu d'exhiber sa patente lorsqu'il en est requis par les commissaires civils, maires, adjoints, juges de paix ou tous autres officiers ou agents de police judiciaire.

Art. 30. — Les marchandises mises en vente par les assujettis désignés dans l'art. 1, non munis de patente et venant hors de leur domicile, seront saisies ou séquestrées aux frais du vendeur, à moins qu'il ne donne caution suffisante jusqu'à la représentation de la patente ou de la production de la preuve que la patente a été délivrée. Si l'individu non muni de patente exerce au lieu de son domicile, il sera dressé un procès-verbal qui sera transmis immédiatement aux agents du service des contributions diverses.

Art. 31. — Nul ne pourra former de demande, fournir aucune exception ou défense de justice, ni faire aucun acte ou signification extrajudiciaire pour tout ce qui sera relatif à son commerce, sa profession ou son industrie, sans qu'il soit fait mention, en tête des actes, de sa patente, avec désignation de la date, du numéro et de la commune où elle aura été délivrée, à peine d'une amende de 25 fr., tant contre les particuliers sujets à la patente que contre les officiers ministériels qui auraient fait et reçu lesdits actes sans mention de la patente. La condamnation à cette amende sera poursuivie à la requête du procureur du roi, devant le tribunal civil de l'arrondissement. — Le rapport de la patente ne pourra suppléer au défaut de l'énonciation, ni dispenser de l'amende prononcée.

Art. 32. — Les agents des contributions diverses peuvent, sur la demande qui leur en est faite, délivrer des patentes avant l'émission du rôle, après, toutefois, que les requérants ont acquitté entre les mains du receveur les douzièmes échus s'il s'agit d'individus domiciliés dans le ressort de la perception, ou la totalité des droits s'il s'agit de patentables désignés en l'art. 26 ci-dessus, ou d'individus étrangers au ressort de la perception.

Art. 33. — Le patenté qui aura égaré sa patente, ou qui sera dans le cas d'en justifier hors de son domicile, pourra se faire délivrer un certificat par le chef du service ou le contrôleur des contributions diverses. Ce certificat fera mention des motifs qui obligent le patenté à le réclamer, et devra être sur papier timbré.

Art. 34. — Il est ajouté au principal des contributions des patentes 5 cent. par franc, dont le produit est destiné à couvrir les décharges, réductions, remises, et modérations, ainsi que les frais d'impression et d'expédition des formules de patentes. — En cas d'insuffisance des 5 cent., le montant du déficit est prélevé sur le principal des rôles. — Il est en outre prélevé sur le principal 10 cent. par franc, dont le produit est versé dans la caisse locale et municipale.

Art. 35. — Les contributions spéciales destinées à subvenir aux dépenses des bourses et chambres de commerce, et dont la perception est autorisée en France par l'art. 11 de la loi du 23 juill. 1820, seront réparties sur les patentables des trois premières classes au tableau A annexé à la présente ordonnance, et sur ceux désignés dans les tableaux B et C, comme passibles d'un droit fixe égal ou supérieur à celui desdites classes. — Les associés des établissements compris dans les classes et tableaux susdésignés contribueront aux frais des bourses et chambres de commerce. — Les produits seront versés à la caisse locale et municipale, qui demeure chargée d'acquitter les dépenses des bourses et chambres de commerce (1).

Art. 36. — Le privilège attribué au trésor et aux percepteurs agissant en son nom pour le recouvrement de ses droits, s'exerce avant tout autre en matière de patente. — Un arrêté du ministre de la guerre déterminera le mode des poursuites à suivre envers les débiteurs retardataires.

Art. 37. — La contribution des patentables sera établie, conformément à la présente ordonnance, à partir du 1er avr. 1847.

Art. 38. — Toutes les dispositions contraires à la présente ordonnance seront et demeureront abrogées, à partir de la même époque, sans préjudice des ordonnances ou règlements de police qui sont ou pourront être en vigueur.

TABLEAU A. — *Tarif général des professions imposées eu égard à la population.*

CLASSES.	de 100,000 âm. et au-dessus.	de 50,000 à 100,000.	de 30,000 à 50,000.	de 20,000 à 30,000.	de 10,000 à 20,000.	de 5,000 à 10,000.	de 2,000 à 5,000.	de 2,000 âmes et au-dessous.
	fr.	fr.	fr.	fr.	fr.	fr.	fr.	fr.
1re.	300	240	180	120	80	60	45	33
2e.	150	120	90	60	40	40	30	23
3e.	100	80	60	40	30	25	22	18
4e.	75	60	45	30	25	20	18	12
5e.	50	40	30	20	15	12	9	7
6e.	40	32	24	16	10	8	6	4
7e.	20	16	12	8	*8	*5	*4	*3
8e.	12	10	8	6	*4	*4	*3	*2

Le signe * veut dire : exemption du droit proportionnel.

Sont réputés : marchands en gros, ceux qui vendent habituellement aux marchands en demi-gros et aux marchands en détail ; — Marchands en demi-gros, ceux qui vendent habituellement aux détaillants et aux consommateurs ; — Marchands en détail, ceux qui ne vendent habituellement qu'aux consommateurs.

Première classe.

Aiguilles à coudre et à tricoter (m. d') en gros.

Bas et bonneterie (m. de) en gros. — Beurre frais ou salé (m. de) en gros. — Blondes (m. de) en gros. — Bois à brûler (m. de). Celui qui, ayant chantier ou magasin, vend au stère, ou par quantité équivalente ou supérieure. — Bois de marine ou de construction (m. de). — Bois

(1) § 3 abrogé par décret du 20 janv. 1852 (V. Chambres de commerce).

merrain (m: de) en gros. S'il vend par bateau ou charrette.—Bois de sciage (m. de) en gros.—Bronzés, dorurés et argenturés sur métaux (m. de) en gros.

Cachemires de l'Inde (m. de). — Caisse d'escompte (tenant). Caisse ou comptoir d'avances ou de prêts (t.). — Caisse ou comptoir de recettes et de payements (t.). — Châles (m. de) en gros. — Changeur de monnaies. — Chapeaux de paille (m. de) en gros. — Chapellerie (m. de matières prem. pour la). — Charbon de bois (m. de) en gros. — Chiffonnier (m.) en gros. — Cloutier (m.) en gros. — Coton en laine (m. de) en gros. — Coton filé (m. de) en gros. — Coutellerie (m. de) en gros. — Crin frisé (m. de) en gros. — Cristaux (m. de) en gros. — Cuirs en vert étrangers (m. de) en gros. — Cuirs tannés, corroyés, lissés, vernissés (m. de) en gros.

Denrées coloniales (m. de) en gros. — Dentelles (m. de) en gros. — Diamants et pierres fines (m. de). — Droguiste (m.) en gros.

Eau-de-vie (m. d') en gros. — Epicerie (m. d') en gros. — Escompteur.

Fanons ou barbes de baleine (m. de) en gros. — Fer en barres (m. de) en gros. Celui qui vend habituellement par parties d'au moins 500 kilog. — Fleureté et filoselle (m. de) en gros. — Fromages secs (m. de) en gros. — Fruits secs (m. de) en gros.

Graines fourragères, oléagineuses et autres (m. de) en gros.

Horlogerie (m. en gros de pièces d'). — Huiles (m. d') en gros.

Inhumations et pompes funèbres (entrep. des) dans les villes autres que Paris.

Laine brute ou lavée (m. de) en gros. — Laine filée ou peignée (m. de) en gros. — Liège brut (m. de) en gros. — Lin ou chanvre brut ou filé (m. d') en gros. — Liqueurs (m. de) en gros.

Merceries (m. de) en gros. — Métaux (m. de) en gros, autres que l'or, l'argent, le fer en barres et la fonte. — Miel et cire bruts (m. expéd. de). — Mine de plomb (m. de) en gros.

Octroi (adj. des droits d'). — Œufs (m. exp. d'). — Os pour la fabrication du noir animal (m. d') en gros.

Papetier (m.) en gros. — Parfumeur (m.) en gros. — Pastel (m. de) en gros. — Peaussier (m. de) en gros. — Pelleteries et fourrures (m. de) en gros, s'il tire habituellement des pelleteries de l'étranger ou s'il en envoie. — Pendules et bronzes (m. de) en gros. — Pierres fines (m. de) en gros. — Planches (m. de) en gros. — Plume et duvet (m. de) en gros. — Poisson salé, mariné, sec et fumé (m. de) en gros. — Porcelaine (m. de) en gros.

Quincailleries (m. de) en gros.

Résines et autres matières analogues (m. de) en gros. — Rouge végétal (m. de) en gros. — Rogues ou œufs de morue (m. de) en gros. — Rubans pour modes (m. de) en gros.

Safran (m. de) en gros. — Sangsues (m. de) en gros. — Sel (m. de) en gros. — Soie (m. de) en gros. — Soies de porc ou de sanglier (m. de) en gros. — Sucre brut et raffiné (m. de) en gros. — Suif fondu (m. de) en gros.

Tabac (m. de) dans le départ. de la Corse, en gros. — Tabac en feuille (m. de). — Teinture (m. en gros de matières prem. pour la). — Thé (m. de) en gros. — Tissus de laine, de fil, de coton ou de soie (m. de) en gros.

Ventes à l'encan (direct. d'un établiss. de). — Verres blancs et cristaux (m. de) en gros. — Vinaigre (m. de) en gros. — Vins (m. de) en gros. Vendant habituellement des vins par pièces ou paniers de vins fins, soit aux marchands en détail et aux cabaretiers soit aux consommateurs.

Deuxième classe.

Abattoir public (Concess. ou ferm. d'). — Aiguilles à coudre et à tricoter (m. d') en demi-gros. — Bas et bonneterie (m. de) en demi-gros. — Bijoutier (m. fab.) ayant atelier et magasin. — Blondes (m. de) en demi-gros. — Bois à brûler (m. d'). Celui qui, n'ayant ni chantier ni magasin, vend sur bateau ou sur les ports, au stère ou par quantité équivalente ou supérieure. — Bois de teinture (m. de) en demi-gros.

Carrossier (fab.). — Chapeaux de paille (m. de) en demi-gros. — Charbon de terre épuré ou non (m. de) en gros. — Cloutier (m.) en demi-gros. — Condition pour les soies (entrep. ou ferm. d'une). — Crin frisé (m. de) en demi-gros. — Cristaux (m. de) en demi-gros.

Dentelles (m. de) en demi-gros. — Diorama, panorama;

néorama; géorama (direct. de). — Droguiste (m.) en demi-gros.

Eau-de-vie (m. d') en demi-gros. — Entrepôt (concess. exploitant ou ferm. des droits d'emmagasinage dans un). — Entreprise générale du balayage, de l'arrosage ou de l'enlèvement des boues. — Epiceries (m. d') en demi-gros.

Fanons ou barbe de baleine (m. de) en demi-gros. — Fleurets et filoselle (m. de) en demi-gros.

Huiles (m. d') en demi-gros.

Joaillier (fabr. et m.) ayant atelier et magasin.

Laine filée ou peignée (m. de) en demi-gros. — Lin ou chanvre brut ou filé (m. de) en demi-gros.

Merceries (m. de) en demi-gros. — Métaux (m. en demi-gros de), autres que l'or, l'argent, le fer en barres, la fonte.

Nouveautés (m. de) en demi-gros.

Omnibus et autres voitures semblables (entrepr. d'). — Or et argent (m. d'). — Orfèvre (m. fabr.) avec atelier et magasin.

Quincaillier en demi-gros.

Rubans pour modes (m. de) en demi-gros.

Sel (m. de) en demi-gros. — Serrurerie (m. expéd. d'objets de). — Soies de porc ou de sanglier (m. de) en demi-gros. — Sucre brut et raffiné (m. de) en demi-gros. — Suif fondu (m. de) en demi-gros.

Thé (m. de) en demi-gros. — Tissus de laine, de fil, de coton ou de soie (m. de) en demi-gros.

Verres blancs et cristaux (m. de) en demi-gros. — Verrôterie et gobeleterie (m. de) en demi-gros.

Troisième classe.

Affineur d'or, d'argent ou de platine. — Agréeur. — Ardoises (m. d') en gros. Celui qui expédie par bateaux ou voitures.

Bâtiments (entrep. de). — Bazar de voitures (tenant). — Bijoutier (m.) n'ayant point d'atelier. — Bimbelotier (m.) en gros. — Bois de sciage (m. de), si, ayant chantier ou magasin, il ne vend qu'aux menuisiers, ébénistes, charpentiers et aux particuliers. — Bois d'ébénisterie (m. de). — Bois en grume ou de charronnage (m. de). — Bouchons (m. de) en gros. — Broderies (fabr. et m. de) en gros.

Caractères d'imprimerie (fond. de). — Carton ou carton-pierre (m. fab. d'ornements en pâte de). — Châles (m. de) en détail. — Chocolat (m. de) en gros. — Cidre (m. de) en gros. — Comestibles (m. de). — Confiseur. — Conserves alimentaires (m. de). — Coraux (prép. de). — Coraux bruts (m. de). — Cuirs en vert du pays (m. de) en gros.

Déménagement (entrep. de), s'il a plusieurs voitures. — Distillateur liquoriste. — Droguiste (m.) en détail.

Eau filtrée ou clarifiée et dépurée (entrep. d'un établissement d'). — Encre à écrire (fabr. m. d') en gros. — Eponges (m. d') en gros. — Equipements militaires (m. d'objets d'). — Essayeur pour le commerce.

Fer en meubles (m. de). — Fondeur d'or et d'argent. — Fruits secs (m. de) en demi-gros.

Gantier (m. fab.). — Glacier limonadier.

Halles, marchés et emplacements sur les places publiques (ferm. et adjud. des droits de). — Harpes (facl. et m. de), ayant boutique ou magasin. — Horloger. — Hôtel garni (mais. d'), tenant un restaurant à la carte. — Houblon (m. de) en gros. — Hydromel (fab. et m. d').

Imprimeur-libraire. — Imprimeur typographe.

Jambons (m. expéd. de). — Joaillier (m.) n'ayant point d'atelier.

Lattes (m. de) en gros. — Libraire-éditeur. — Linger (fourn.). — Liqueurs (fab. de).

Marbre (m. de) en gros. — Modes (m. de).

Nacre brute (m. de). — Navires (const. de).

Orfèvre (m.) sans atelier.

Pâtissier expéditeur. — Pavage des villes (entrepr. de). — Pendules et bronze (m. de) en détail. — Pharmacien. — Pianos et clavecins (fact. et m. en boutique ou magasin de). — Plaqué ou doublé d'or et d'argent (fabr. et m. d'objets en). — Plumes et duvet (m. de) en détail. — Plumes à écrire (m. expéd. de). — Poisson salé, mariné, sec et fumé (m. de) en demi-gros.

Restaurateur à la carte.

Saleur de viande. — Sarraus ou blouses (m. de) en gros. — Sellier-carrossier. — Soie (m. de) en détail. — Soudes végétales indigènes (m. en gros de).

Tabletterie (m. de matières premières pour la). —

Tailleur (m. avec magasin d'étoffes). — Tapis de laine et tapisseries (m. de). — Tissus de laine, de fil, de coton, de soie (m. de) en détail. — Tournerie de Saint-Claude (m. expéd. d'articles de). — Tourteaux (m. de).

Voilier (pour son compte).

Quatrième classe.

Agence ou bureau d'affaires (dir. d'). — Aiguilles à coudre et à tricoter (m. d') en détail. — Alambics et autres grands vaisseaux en cuivre (fab. ou m. d'). —Anchois (sal. d').—Apparaux (malt. d'). — Appréciateur au mont-de-piété. — Aubergiste.

Bacs (ferm. de) pour un fermage de 1,000 fr. et au-dessus. — Baleines (m. de brins de).—Bas et bonneterie (m de) en détail. — Billards (fab. de) ayant magasin. —Blondes (m. de) en détail. — Bois de teinture (m. de) en détail.—Boisselier (m.) en gros. — Bottier (m.). — Boucher (m.). — Boules à teinture (fab. de). — Brodeurs sur étoffes, en or et en argent. — Bronzes, dorures et argentures sur métaux (m. de) en détail.

Cafetier. — Caoutchouc (fab. ou m. d'objets confectionnés ou d'étoffes garnies en). — Cartier (fab. de cartes à jouer). — Chapeaux de 'cuivre et de soie (fab. de). —Charcutier.—Charpentier (entrep. fouroiş.).—Chasublier (m.). — Chaudières en cuivre (fab. de). — Chevaux (m. de). — Cire à cacheter (fab. de). — Cire (blanch. de), employant moins de six ouvriers. — Cirler (m.). — Cochons (m. de). — Commissionnaire au mont-de-piété. — Cordier (fab. de câbles et cordages pour la marine ou la navigation intérieure). — Cordonnier (m.). — Corroyeur (m.). — Coton filé (m. de) en détail. — Cotrets sur bateaux (m. dc).—Couleurs et vernis (fab. et m. de). —Couverts et autres objets en fer battu ou étamé (fab. et m. de) en gros, par procédés ordinaires. — Couvertures de soie, bourre, laine et coton, etc. (m. de).—Couvreur (entrep.). —Crin frisé (m.de).—Cuirs tannés, corroyés, lissés, vernissés (m. de) en détail.

Décors et ornements d'architecture (m. de). — Dentelles (m. de). — Dorures et argentures sur métaux (fab. ou m. de) en détail. — Dorures pour passementeries (m. de).

Eaux minérales factices (m. d'). — Ecorces de bois pour tan (m. de). — Estaminet (malt. d'). — Estampeur en or et en argent.

Facteur de denrées et marchandises (partout ailleurs qu'à Paris). — Farines (m. de) en gros. — Fer en barres (m. de) en détail. Celui qui vend habituellement par quantité inférieure à 500 kilogr.—Fleurets et filoselle (m. de) en détail. — Fonte ouvragée (m. de). — Fosses mobiles inodores (entrepr. de). — Fournier. — Fromages de pâte grasse (m. de) en gros.—Fromages secs (m. de) en demi-gros.

Garde du commerce. — Graines fourragères oléagineuses et autres (m. de) en demi-gros. — Grainetier fleuriste (expéd.) — Grains (m. de) en gros. — Graveur sur cylindres.

Herboriste expéditeur. — Hongroyeur ou hongrieur.— Horlogerie (m. de fournit. d'). —Hôtel garni (malt. d'). —Houblon (m. de) en demi-gros.—Huiles (m. d') en détail.

Instruments pour les sciences (fact. et m. d'), ayant boutique ou magasin.

Jardin public (ten. un). —Jaugeage des liquides (adjud. des droits de).

Laine brute ou lavée (m. de) en détail. — Laine filée (m. de) en détail. — Laineur. — Légumes secs (m. de) en gros.— Limonadier non glacier.—Liqueurs (m. de) en détail.—Lustres (fab. et m. de).

Maçonnerie (entrepr. de). — Manège d'équitation (ten. un). — Mâts (construct. de). — Mécanicien. — Menuisier (entrepr.).—Merceries (m. de) en détail. — Métaux (m. de, autres que l'or, l'argent, le fer en barres et la fonte) en détail.—Meules de moulins (fab. de). — Miel et cire brute (m. non expédit. de). —Moutardier (m.) en gros. — Moutons et agneaux (m. de).—Mulets et mules (m. de).

Nécessaires (m. de).—Nougat (fab. expédit. de).

Oranges, citrons (m. d'expédit.).—Orgues d'église (fact. d').—Ornemaniste.

Papetier (m.) en détail. — Pastel (m. de) en détail. —Pâtissier non expéditeur.—Feaussier (m.) en détail. — Peaux en vert ou crues (m. de). — Peinture (entrepr. de) en bâtiments. — Pelleteries et fourrures (m. de) en détail. —Pesage et mesurage (ferm. des droits de). —Pierre artificielle ou factice (fab. d'objets en). — Plieur d'étoffes. —Polytypage (fab. de).—Pompes à incendie (fab. de).—

Presseur de poisson de mer. — Presseur de sardines. — Pruneaux et prunes sèches (m. de) en gros.

Quincailler en détail.

Receveur de rentes.—Registres (fab. de).—Restaurateur et traiteur à la carte et à prix fixe.—Rubans pour modes (m. de) en détail.

Sabots (m. de) en gros.—Safran (m. de) en demi-gros. —Serrurier (entrep.). — Serrurier (mécan.). — Serrurier en voitures suspendues. —Sondés (fab. de grandes). — Suif en branches (m. de).—Suif fondu (m. de) en détail.

Tapissier (m.).—Thé (m. de) en détail. — Tôle vernie (fab. d'ouvrages en).—Tourbe (m. de) en gros. -- Truffes (m. de). — Tulles (m. de) en détail. — Tuyaux en fil de chanvre pour les pompes à incendie et les arrosements (fab. de).

Vaches ou veaux (m. de).—Vanneries (m. expédit. de). —Verres à vitres (m. de) en détail. —Vinaigrier en détail. —Vins (m. de) en détail, vendant habituellement, pour être consommés hors de chez lui, des vins au panier ou à la bouteille.—Vins (voitur. m. de).—Volailles truffées (m. de).

Cinquième classe.

Accouchement (chef de maison d'). — Acier poli (fab. d'objets en) pour son compte.—Affineur de métaux autres que l'or, l'argent et le platine. — Agrafes (fab. d') par les procédés ordinaires, pour son compte. — Albâtre (fab. ou m. d'objets en). — Almanachs ou annuaires (édit. prop. d'). —Appareils et ustensiles pour l'éclairage au gaz (fab. d') —Appréteur de chapeaux de paille. — Appréteur d'étoffes pour les particuliers.—Armurier.—Aubergiste ne logeant qu'à cheval.

Bains publics (entrep. de). — Balancier (m.). — Bals publics (entrep. de).—Bijoutier (fab.), pour son compte, sans magasin.—Bijoux en faux (m. de). — Blanchisseur de toiles et fils pour les particuliers. — Blatier avec voiture. —Bois à brûler (m. de). Celui qui, n'ayant ni chantier, ni magasin, ni bateau, vend par voiture au domicile des consommateurs.—Bois de bateaux (m. de).—Bois de boissellerie (m. de).—Bois de volige (m. de).—Bois feuillard (m. de). — Boîtes et bijoux à musique (fab. de mécanique pour), pour son compte. — Boucher en détail. — Bouclerie (fab. de) pour son compte.—Bougies (m. de).—Boulanger.—Bouteilles de verre (m. de).—Boutons de métal, corne, cuir bouilli, etc. (fab. de) pour son compte. — Brocanteur en boutique ou magasin.—Broches et cannelets pour la filature (fab. de) pour son compte. — Broderies (fab. et m. de) en détail. — Bureau de distribution d'imprimés, de cartes de visite, annonces, etc. (entrep. d'un). — Bureau d'indication et de placement (tenant un).

Cabaretier ayant billard. — Cabriolet sur place ou sous remise (loueur de), s'il a plusieurs cabriolets. — Calandreur d'étoffes neuves. — Caractères mobiles en métal (fab. de). — Carrossier raccommodeur. — Cartonnage fin (fab. et m. de).—Cercles ou sociétés (fourniss. des objets de consommation dans les). — Chapeaux de paille (m. de) en détail.—Chapellerie en fin.—Chapellerie (m. de fournitures pour la). — Charbon de bois (m. de) en demi-gros. Charbon de terre, épuré ou non (m. de) en demi-gros. — Chasse (m. d'ustensiles de). — Chaudronnier (m.). — Cheminées dites économiques (fab. et m. de). — Chevaux (loueur de). — Chevaux (tenant pension de). — Chevaux (m. de). — Chocolat (m. de) en détail. — Cloches de toutes dimensions (m. de). — Cloutier (m.) en détail. — Coffretier-malletier en cuir. — Colle pour la clarification des vins et liqueurs (fab. de). — Colleur d'étoffes. — Cornes brutes (m. de). — Coutelier (m. et fab.). — Crêmier-glacier. — Crics (fab. et m. de). — Crin frisé (apprêt. de). — Cristaux (m. de) en détail. — Culottier en peau (m.). — Curiosités (m. en boutique d'objets de).

Décaisseur. — Déchireur ou dépeceur de bateaux. — Dés à coudre en métal, autres que l'or et l'argent (fab. de), pour son compte. — Distillateur d'essences et eaux parfumées et médicinales.

Eau-de-vie (m. d') en détail. — Ebéniste (m.) ayant boutique ou magasin. — Eclairage à l'huile pour le compte des particuliers (entrep. d'). — Eperonnier pour son compte. — Epicier en détail. — Eponges (m. d') en détail. — Equipage (malt. d'). — Etain (fab. de feuilles d'). — Etriers (fab. d') pour son compte. — Etrilles (fab. d') pour son compte.

Ferblantier-lampiste. — Ferronnier. — Fiacre (loueur de) s'il a plusieurs voitures. — Fleurs artificielles (fab. et m. de). — Fondeur en fer, en bronze ou en cuivre (avec des

creusets ordinaires).—Forces (fab. de) pour son compte.
—Forgeron de petites pièces (canons, platines). — Foulonnier. — Fouriages (m. de) par bateaux, charrettes ou
voitures.—Frangier (m.).

Galonnier (m.). —Gantier (m.). — Glaces (m. de) (mi-
roitier). — Glacier.
Instruments de chirurgie en métal (fab. et m. d'). —
Ivoire (m. d'objets en).
Jaugeur juré pour liquides.—Jeu de paume (mait. de).
—Joaillier (fab. de) pour son compte.
Lampiste.—Lapidaire en pierres fausses (fab. ou m.)
ayant boutique ou magasin.—Laveur de laine.—Layetier-
emballeur. — Libraire. — Liège brut (m. de) en détail. —
Loueur de voitures suspendues.—Lunetier (m.). — Luthe-
rie (m. de fournit. de).—Luthier (fab. de) pour son compte.
Magasinier. — Maître ou patron de barque ou bateau,
naviguant pour son propre compte sur les fleuves, rivières
ou canaux, soit que la barque ou le bateau lui appartienne, soit qu'il l'ait loué. Si le conducteur n'est qu'un
homme à gages, la patente est due par le propriétaire de
la barque ou du bateau.— Maréchal expert.—Maroquinier
pour son compte. — Marrons et châtaignes (m. expéditeur
de).—Mégissier pour son compte. — Menuisier-mécanicien.
— Métiers à bas (forg. de) pour son compte. — Meubles
(m. de).—Meules à aiguiser (fab. et m. de). — Mine de
plomb (m. de) en détail.— Minéral de fer (m. de) ayant
magasin. — Miroitier.— Modiste.—Monuments funèbres
(entrep. de).—Moulures (fab. de) pour son compte.—Moulures (m. de) en boutique.—Musique (m. de).

Nacre de perles (fab. d'objets en) pour son compte. —
Nacre de perles (m. d'objets en).— Natation (tenant une
école de).
Orfèvre (fab.) pour son compte. — Orgues portatives
(fact. d') pour son compte.
Papier peint pour tenture (m. de).—Parc aux charrettes
(tenant un).—Parfumeur (m.) en détail.— Passementier
(m.).—Pavés (m. de).—Peignes de soie (m. de).—Peintre-
vernisseur en voitures ou équipages. — Perles fausses
(m. de).— Pierres brutes (m. de). — Pierres lithographi-
ques (m. de).—Planches (m. de) en détail. — Plombier.
—Plumassier (fab. et m.).—Plumes à écrire (m. de) non
expéditeur. — Poisson frais (m. de), vendant par fortes
parties aux détaillants. — Pompes de métal (fab. de),—
Porcelaine (m. de) en détail.—Poudrette (m. de).
Relais (entre.. de), même lorsqu'il est maître de poste.
—Résines et auc es matières analogues (m. de) en détail.
— Rogues ou œufs de morue (m. de) en détail. — Restaurateur et traiteur à prix fixe seulement.—Rôtisseur.
Saleur d'olives.—Seaux à incendie (fab. de).—Sellier-
harnacheur.—Serrurier non entrepreneur.—Soies de porc
ou de sanglier (m. de) en détail. — Soufflets (fab. et m.
de gros) pour les forgerons, bouchers, etc. — Sparterie
pour modes (fab. de). — Sucre brut et raffiné (m. de) en
détail.
Tableaux (m. de). — Taffetas gommés ou cirés (m. de).
— Taillandier. — Tailleur (m. d'habits neufs).— Tailleur
(m.), sans magasin d'étoffes, fournissant sur échantillons.
—Tapis peints ou vernis (m. de).—Toiles cirées ou vernies (m. de). — Toiles métalliques (fab. de) pour son
compte.—Tôle vernie (m. d'ouv. en).—Traçons (mait. de).
Ustensiles de chasse et de pêche (m. d').
Vannier-emballeur pour les vins. — Verres blancs et
cristaux (m. de) en détail.—Vidange (entrep. de).—Vins
(m. de) en détail, donnant à boire chez lui et tenant billard.

Sixième classe.

Affiches (entrep. de la pose et de la conservation des).
—Agaric (m. d').—Agent dramatique. — Aiguilles, clefs
et autres petits objets pour montres ou pendules (fab. d')
pour son compte.— Allumettes chimiques (fab. et m. d').
— Anatomie (fab. de pièces d'). — Anatomie (tenant un
cabinet d'). — Anes (m. d'). — Annonces et avis divers
(entrep. d'insertion d').— Appréciateur d'objets d'art. —
Appréteur de peaux.—Appréteur de plumes, laine, duvet
et autres objets de literie. — Ardoises (m. d'). Celui qui
vend par millier aux maçons ou aux entrepreneurs de bâtiments.—Arrosage (entrepr. particulière).—Arrimeur.
—Artificier.
Bacs (fermier de) pour un prix de fermage au-dessous
de 1,000 fr. — Baies de genièvre (m. de). — Bains de rivière en pleine eau (entrep. de). — Balancier (fab.) pour
son compte.—Balançons (m. de).—Balayage (entrep. par-

tielle de).—Bandagiste.— Bardeaux (m. de).—Baromètre
(fab. ou m. de).—Barques, bateaux ou canots (construct.
de).—Bateaux à laver (exploit. de).—Battandier. — Batteur de bois de teinture.—Batteur d'écorce. — Batteur de
graine de trèfle.—Batteur d'or et d'argent. — Baudruche
(apprêt. de). — Beurre frais ou salé (m. de) en détail. —
Bière (m. ou débitant de) en détail. — Bijoutier en faux
(fab.) pour son compte. — Billards (fab. de) sans magasins.—Bisette (fab. et m. de). — Blanc de craie (fab. et m.
de). — Blatier avec bêtes de somme. — Bluteaux ou blu-
toirs (fab. et m. de). — Bois merrain (m. de), s'il ne vend
qu'aux tonneliers et aux particuliers. — Boiseries (m. de
vieilles). — Boisselier (m.) en détail. — Bombagiste. —
Bombeur de verres. — Bosselier. — Bouchonnier. — Bouchons (m. de) en détail. — Boues (entrep. partielle de
l'enlèvem. des). — Bouilleur ou brûleur d'eau-de-vie. —
Bouillon et bœuf cuit (m. de). — Bourre de soie (m. de).—
Bourrelier.—Boyaudier.—Brasseur à façon.— Bretelles
et jarretières (fab. de) pour son compte. — Bretelles et
jarretières (m. de). — Briou (fab. de). — Briques (m. de).
— Briquets phosphoriques et autres (fab. de). — Brocanteur d'habits en boutique. — Brossier (fab.) pour son
compte.—Brossier (m.).—Buffletier (m.).—Buis ou racine
de buis (m. de). — Bustes en plâtre (mouleur de).

Cabaretier. — Cabinet de lecture (tenant un) où l'on
donne à lire les journaux et les nouveautés littéraires. —
Cabinets d'aisances publics (tenant).—Cadrans de montres
et de pendules (fab. de) pour son compte. — Cadres pour
glaces et tableaux (m. de). — Café de chicorée en poudre
(m. de). — Cafetières du Levant ou marabouts (fab. de)
pour son compte. — Caisses de tambour (fact. de). — Calfat
(radoubeur de navire).— Cannelles et robinets en cuivre
(fab. de) pour son compte. — Cannes (m. de) en boutique.
— Cantinier dans les prisons, hospices et autres établissements publics. — Caparaçonner pour son compte. — Capsules métalliques (fab. de) pour boucher les bouteilles. —
Cardes (fab. de) par les procédés ordinaires, pour son
compte.—Carreaux à carreler (m. de). — Carrés de montres (fab. de) pour son compte. — Cartes de géographie
(m. de).—Cartons pour bureaux et autres (fab. de) pour
son compte. — Casquettes (fab. de), pour son compte. —
Cendres (laveur de). — Cercles ou cerceaux (m. de). —
Chaînes de fil, laine ou coton, préparées pour la fabrication des tissus (m. de). — Chaises fines (m. et fab. de). —
Chaises (loueur de) pour un prix de ferme de 2,000 fr. et
au-dessus. — Chamoiseur pour son compte. — Chandeliers
en fer et en cuivre (fab. de) pour son compte. — Chanvre
(m. de) en détail. — Chapelier en grosse chapellerie. —
Charcutier revendeur. — Charpentier. — Charrée (m. de).
— Charron. — Châsses de lunettes (fab. de) pour son
compte.—Chaux (m. de). — Chefs de ponts et pertuis.—
Cidre (m. et débit. de) en détail. — Cimentier, employant
moins de cinq ouvriers.—Ciseleur.—Clinquant (fabr. de)
pour son compte. — Clochettes (fondeur de). — Cloches
(fondeur de) sans boutique ni magasin. — Coffretier-malletier en bois. — Coiffeur. — Cols (fab. de) pour son
compte. — Cols (m. de). — Combustibles (m. de) en boutique. — Commissionnaires-porteurs pour les fabricants
de tissus.—Coquetier avec voiture.—Cordes harmoniques
(fab. de) pour son compte. —- Cordes métalliques (fab. de)
pour son compte. — Cordier (m.). — Corne (apprêt. de)
pour son compte. — Corne (fab. de feuilles transparentes
de), pour son compte. — Corsets (fab. et m. de). — Cosmo-
rama (directeur de).—Costumier.—Coupeur de poils (m.)
pour son compte. — Courtier-gourmet-piqueur de vins.
—Couturière (m.).—Couverts et autres objets en fer battu
ou étamé (fab. et m. de) en détail.—Couvreur (mait.).—
Crayons (m. de). — Crépins (m. de). — Crinières (fab. de)
pour son compte. — Crins plats (m. de). — Cuir bouilli
et verni (fab. ou m. d'objets en) — Cuirs et pierres à
rasoirs (fab. et m. de).—Cuivre de navires (m. de vieux).
Dalles (m. de).—Damasquineur.—Découpoirs (fab. de)
pour son compte. — Déménagements (entrep. de), s'il a une
seule voiture.—Dentelles (fact. de). — Dépeceur de voitures.—Dessinateur pour fabrique.—Doreur et argenteur.—
Doreur sur bois.
Ebéniste (fab.) pour son compte, sans magasin. —
Ecrans (fab. d') pour son compte. — Emailleur pour son
compte. — Emballeur non layetier. — Encre à écrire (fab.
et m. d') en détail. — Enduit contre l'oxydation (applicat.
d').—Enjoliveur (m.).—Epingles (fab. d'), par les procédés ordinaires. — Essayeur de soie. — Estampes et gra-

vures (m. d').—Etameur de glaces.—Eventailliste (m. et fab.), ayant boutique ou magasin.

Facteur de fabrique. — Fagots et bourrées (m. de), vendant par voiture.—Faïence (m. de).—Farines (m. de) en détail.—Ferblantier.—Feutre (fab. et m. de) pour la papeterie, le doublage des navires, plateaux, vernis, etc.— Filagranisto.—Filasse de nerfs (fab. de) pour son compte. —Filets pour la pêche, la chasse, etc. (fab. de). — Fileur (entrep.).—Filotier.—Fleurs artificielles (m. d'apprès et papier pour).—Fleurs d'oranger (m. de).—Fondeur d'étain, de plomb ou fonte de chasse.—Fontaines publiques (fermier de). — Fontaines à filtrer (fab. et m. de). — Formaire (pour la fab. du papier), pour son compte.—Fouleur de bas et autres articles de bonneterie.—Fouleur de feutre pour les chapeliers.—Fourbisseur (m.).—Fournaliste. — Fourneaux potagers (fab. et m. de). — Fourrage (débit. de), à la botte ou en parlie au poids. — Fripier.— Fromages de pâte grasse (m. de) en détail. — Fromages secs (m. de) en détail.—Fruitier-oranger.—Fruits secs (m. de) en détail.—Fruits secs pour boissons (m. de).— Fumiste.

Gardes-robes inodores (fab. et m. de).—Gibernes (fab. de) pour son compte. — Glace, eau congelée (m. de).— Globes terrestres et célestes (fab. et m. de).—Gommeur d'étoffes.—Graine de moutarde blanche (m. de).—Grainés (m. de) en détail.—Grainetier-fleuriste en détail.—Graveur sur métaux, fab. les timbres secs et gravant sur bijoux.—Grue (mat. de).

Harpes (fact. de), n'ayant ni boutique ni magasin.— Herboriste-droguiste. — Histoire naturelle (m. d'objets d'). Horlogerie (fab. de pièces d') pour son compte.—Horloger rhabilleur (m.).—Huîtres (m. d').

Images (fab. ou m. d'). — Imprimeur-lithographe éditeur, — Instruments aratoires (fab. d'). — Instruments de chirurgie en gomme élastique (fab. d'). — Instruments de musique à vent, en bois ou en cuivre (fact. d').—Instruments pour les sciences (fact. d'), sans boutique ni magasin. — Ivoire (fab. d'objets en) pour son compte.

Jais ou jajet (fab. ou march. d'objets en).

Kaolin et pétunzé (m. de).

Lamineur par les procédés ordinaires. — Lanternier.— Lattes (m. de) en détail. — Lavoir public (tenant un).— Layetier.—Levure ou levain (m. de).—Lin (m. de) en détail.—Linge de table et de ménage (loueur de).—Linger. —Lithochrome-imprimeur. — Lithochromies (m. de). — Lithographies (m. de). — Lithophanies pour sucres (fab. et m. de).—Loueur de tableaux et dessins.—Loueur en garni.—Lunetier (fab.).—Lustreur de fourrures.

Maçon (malt.). — Maison particulière de retraite (tenant une).—Marbre factice (fab. et m. d'objets en).—Marbrier. —Maréchal-ferrant.—Marques (fab. et m. de).—Matériaux (m. de vieux).—Menuisier.—Mercerie (m. de menue).— Metteur en œuvre, pour son compte.—Meubles d'occasion (m. de).—Moireur d'étoffes, pour son compte. — Monteur de métiers.—Mosaïques (m. de).—Mulquinier; Celui qui prépare le fil pour les chaînes servant à la fabrication des tissus.

Naturaliste (m.). — Nécessaires (fab. de), pour son compte. — Nourrisseur de vaches et de chèvres pour le commerce du lait.

Oranges et citrons (m. d'), en boutique et en détail. —Os (fab. d'obj. en), pour son compte.—Outres (fab. d'), pour son compte.—Outres (m. d').

Paille (fab. de tissus pour les chapeaux de), pour son compte.—Paillettes et paillons (fab. de), pour son compte. — Pain à cacheter et à chanter (fab. etm. de). — Pain d'épice (fab. et m. en boutique de).— Papiers de fantaisie (fab. de), pour son compte.—Parapluies (fab. et m. de).— Parcheminier, pour son compte.—Parqueteur (menuisier).—Pâtes alimentaires (m. de).—Payeur.—Peaux de lièvres et de lapins (m. de) en boutique.—Pêche (adjud. ou fermier de), pour un prix de 2,000 fr. ou au-dessus. —Peignes à sérancer (fab. de), pour son compte.—Peignes d'écaille (fab. de), pour son compte.—Peignes (m. de) en boutique.—Peintre en bâtiments, non entrepreneur. —Pension bourgeoise (tenant).—Pension particulière de vieillards (tenant). — Perles fausses (fab. de), pour son compte.—Peseur et mesureur juré.—Pianos et clavecins (fact. de), n'ayant ni boutique ni magasin.—Pierres à bruir (fab. et m. de).—Pierres fausses (fab. de).— Pierres bleues (m. de) pour le blanchissage du linge.— Pierres taillées (m. de).—Pinceaux (fab. de).—Pipes (m. de).—Pisonneur.—Plâtre (m. de).

Plâtrier (maçon). — Plomb de chasse (fab. ou m. de).— Plumes métalliques (m. et fab. de). — Poëlier en faïence, fonte, etc. — Polisseur d'objets en or, argent, cuivre, acier, écaille, os, corne, etc. — Porces pour les papetiers (fab. de). — Portefeuilles (fab. de), pour son compte. — Portefeuilles (m. de).—Potier d'étain.—Poudre d'or (fab. et m. de).—Poulieur (fab.).—Pressoir (malt. de) à manège.

Queues de billard (fab. de), pour son compte.

Ramonage (entrep. de).—Rampiste.—Ressorts de bandages pour les hernies (fab. de), pour son compte. — Ressorts de montres et de pendules (fab. de), pour son compte.

Sacs de toile (fab. et m. de).—Salpêtrier.—Sarraux ou blouses (m. de) en détail. — Sculpteur en bois, pour son compte.—Son, recoupe et remoulage (m. de).—Sparterie (fab. et m. d'objets en).—Sphères (fab. de). — Stucateur. —Sumac (m. de).

Tabac (m. de) en détail dans le département de la Corse. — Table d'hôte (tenant une).—Tabletier (m.).—Tabletterie (fab. d'objets en), pour son compte. — Tambours, grosses caisses, tambourins (fab. de). — Tamisier (fab. et m.). — Tan (m. de). — Tapissier à façon. — Teinturier dégraisseur pour les particuliers. — Teinturier en peaux. —Tireur d'or et d'argent.—Tôlier.—Tourneur sur métaux.—Tourteaux (m. de) en détail. — Trélleur par les procédés ordinaires. — Tuiles (m. de).

Tannerie (m. de) en détail.—Vannier (fab. en vannerie fine).—Vérificateur de bâtiments.—Vernisseur su cuivre, feutre, carton et métaux.—Verres bombés (m. de). — Verroterie et gobeleterie (m. de) en détail. — Vignettes et caractères à jour (fab. de) pour son compte. — Vignettes et caractères à jour (m. en boutique de). — Vins (m. de) en détail, donnant à boire chez lui et ne tenant pas billard.— Vis (fab. de) par procédés ordinaires, pour son compte. — Vitrier en boutique. — Yoilier à façon. — Volaille ou gibier (m. de).

Septième classe.

Accordeur de pianos, harpes et autres instruments. — Acheveur en métaux. — Acier poli (fab. d'objets en), à façon.—Aiavin (m. d'). — Allèges (malt. d'). — Anes (loueur d').—Apprêteur de barbes ou façons de baleine.— Apprêteur de bas et autres objets de bonneterie. — Archets (fab. d'). — Armurier rhabilleur. — Armurier à façon. — Argenteur. — Attelles pour collier de bêtes de trait (fab. et m. d').—Avironnier.

Badigeonneur.—Balancier (fab.) à façon.—Ballons pour lampes (fab. de) pour son compte. — Bandagiste à façon. —Bardeaux (fab. de) pour son compte. — Bâtier. — Battoirs de paume (fab. de). — Daugeur. — Bijoutier à façon. — Bijoutier en faux (fab.) à façon. — Bimbeloterie (fab. d'objets en), sans boutique ni magasin.— Bimbelotier (m.) en détail.—Blanchisseur de chapeaux de paille. — Blanchisseur de fin.—Blanchisseur de linge, ayant un établissement de buanderie.—Blanchisseur sur pré.—Boisselier. —Boîtes et bijoux à musique (fab. de mécaniques pour), à façon. — Boîtes remontées (m. de).—Boîtier et cordonnier en chambre.—Boules vulnéraires dites d'acier ou de Nancy (fab. de). — Bouquetière (m.) en boutique. — Bouquiniste. — Bourrelets d'enfants (fab. et m. de). — Boursier. — Boutons de soie (fab. de) pour son compte.— Briquets phosphoriques et autres (m. de).—Broches pour la filature (recharg. de).—Broderies (blanchiss. et apprêt. de). — Broderie (dessinat. imprim. de). — Broderies (fab. à façon de). — Brunisseur. — Bumetlier (fab.) pour son compte.—Bustes en cire pour les coiffeurs (fab. de).

Cabinet de figures en cire (tenant un). — Cabinet de lecture où l'on donne à lire les journaux seulement (tenant un).—Cabinet particulier de tableaux, d'objets d'histoire naturelle ou d'antiquités (tenant un).—Cabriolets sur place ou sous remise (loueur de), s'il n'a qu'un cabriolet. — Calandreur de vieilles étoffes. — Cambreur de tiges de bottes.—Camés faux ou moulés (fab. de). — Cannelles et robinets en cuivre (fab. de) à façon. — Cannes (fab. de) pour son compte.—Cannetille (fab. de). — Caractères d'imprimerie (fondeur de) à façon. — Caractères d'imprimerie (grav. en).—Caractères mobiles en bois ou en terre cuite (fab. et m. de). — Carcasses ou montures de parapluies (fab. de), pour son compte.—Cardeur de laine, de coton, de bourre de soie, filoselle, etc.—Carreleur.— Carrioles (loueur de). — Ceinturonnier pour son compte. —Cendres métalliques (m. de). — Chaises (loueur de), pour un prix de ferme de 500 fr. à 2,000 fr. — Chapelets (fab.

et m. de). — Charnières en fer, cuivre ou fer-blanc (fab. de), par les procédés ordinaires, pour son compte. — Chasublier à façon. — Chaudronnier rhabilleur, — Chaussons en lisière et autres (m. de). — Chenille en soie (fab. de), pour son compte. — Chevaux (courtier de). — Chèvres et chevreaux (m. de). — Chiffonnier en détail. — Chineur. — Cirage ou encaustique (m. fab. de). — Cloutier au marteau, pour son compte. — Coiffes de femmes (fais. et m. de). — Colle de pâte, de peau (fab. de). — Colleur de chaînes pour fabrication de tissus. — Coquetier avec bêtes de somme. — Cordes harmoniques (fab. de), à façon. — Cordes métalliques (fab. de), à façon. — Cordier (fab. de menus cordages, tels que cordes, ficelles, longes, traits, etc.). — Cordons en fil, soie, laine, etc. (fab. de), pour son compte. — Corroyeur à façon. — Cosmétiques (m. de). — Coton cardé ou goumé (m. de). — Coupeurs de poils, à façon. — Courroies (apprêt. de), pour son compte). — Courtier de bestiaux. — Coutelier à façon. — Couturière en corsets, en robes ou en linge. — Couvreur en paille ou en chaume. — Crémier ou laitier. — Crépin en bois (fab. d'articles de), pour son compte. — Criblier. — Cristaux (taill. de), — Crochets pour les fabriques d'étoffes (fab. de), pour son compte. — Cuivre vieux (m. de). — Cuves, foudres, barriques et tonneaux (fab. de).

Déchets de coton (m. de). — Décrueur de fil. — Dégraisseur. — Denteleur de scies. — Doreur sur tranches.

Ebèniste (fab.) à façon. — Ecailles d'ables ou ablettes (m. d'). — Echalas (m. d'). — Ecorcheur ou équarrisseur d'animaux. — Embouchoire (fais. d'). — Emailleur à façon. — Enjoliveur (fab.), pour son compte. — Eperonnier à façon. — Epicier regrattier, s'il ne vend qu'au petit poids et à la petite mesure quelques articles d'épiceries, et joint à ce commerce la vente de quelques autres objets, comme poterie de terre, charbon en détail, bois à la falourde, etc. Epinglier-grillageur. — Equarrisseur de bois. — Equipeur monteur. — Essence d'Orient (fab. d'). — Estampeur en métaux autres que l'or et l'argent. — Etriers (fab. d') à façon. — Etrilles (fab. d') à façon. — Eventailliste (fab.), pour son compte. — Experts pour le partage et l'estimation des propriétés.

Ferblantier en chambre. — Ferrailleur. — Fiacre (loueur de), s'il n'a qu'une seule voiture. — Finisseur en horlogerie. — Fleuriste, travaillant pour le compte des marchands. — Fendeur de brins de baleine. — Fontaines en grès, à sable (m. de). — Forces (fab. de) à façon. — Forets (fab. de). — Formier. — Fouets, cravaches (fab. ou m. de), pour son compte. — Fournier. — Fourreaux pour sabres, épées, baïonnettes (fab. de), pour son compte. — Frangier (fab. de), pour son compte. — Fretin (m. de). — Friseur de draps et autres étoffes de laine. — Friteur ou friturier en boutique, — Fruitier.

Gabare (mat. de), ou gabarier. — Galettes, gaufres, brioches et gâteaux (m. de), en boutique. — Galochier. — Galonnier (fab.), pour son compte. — Gainier (fab.), pour son compte. — Gargotier. — Gaufreur d'étoffes, de rubans, etc. — Gaules et perches (m. de). — Graines fouragères, oléagineuses etautres (m. en détail). — Grainier ou grainetier. — Gravatier. — Graveur en caractères d'imprimerie. — Graveur sur métaux, se bornant à graver des cachets ou des planches pour factures et autres objets dits de ville. — Grueur. — Guêtrier. — Guillocheur. — Guimpler.

Halage (loueur de chevaux pour le). — Hameçons (fab. d'). — Herboriste, ne vendant que des plantes médicinales fraîches ou sèches. — Hongreur. — Horlogerie (fab. de pièces d') à façon. — Horloger-repasseur. — Horloger-rhabilleur (non m.). — Horloges en bois (fab. ou m. d').

Imprimeur en taille-douce, pour objets dits de ville. — Imprimeur-lithographe (non édit.). — Imprimeur sur porcelaine, faïence, verre, cristaux, émail, etc. — Ivoire (fab. d'objets de), à façon. — Joaillier.

Lait d'ânesse (m. de). — Lamier-rotier. — Lapidaire à façon. — Layettes d'enfant (m. de). — Légumes secs (m. de) en détail. — Lie de vin (m. de). — Lin (fab. de). — Linge (m. de vieux). — Liqueurs et eau-de-vie (débit. de). — Logeur. — Loueur de livres. — Lunettes (fab. de verres de). — Luthier (fab.) à façon.

Marbreur sur tranches. — Marchande à la toilette. — Maroquinier à façon. — Mégissier à façon. — Mesures linéaires, règles et équerres (fab. de), pour son compte. — Métiers à bas (forgeurs de) à façon. — Metteur en œuvre

à façon. — Monteur en bronze. — Montures (fab. de) à façon. — Moutardier (m.) en détail. — Muletier.

Nacre de perle (fab. d'obj. en) à façon. — Navetier (fab.). — Oiselier. — Orfèvre à façon. — Orge (exploit. un moulin à perler l'). — Orgues portatives (fact. d') à façon. — Ouate (fab. et m. d'). — Outres (fab. d') à façon. — Ovaliste.

Paille (fab. de tissus pour chapeaux de) à façon. — Paille (fab. de tresses, cordonnets, etc., en). — Paille teinte (fab. et m. de). — Pain (m. de) en boutique. — Papier de fantaisie (fab. de) à façon. — Passementier (fab.), pour son compte. — Patachier. — Pâtissier brioleur. — Pêche (adjud. ou ferm. de), pour un prix de ferme de 500 fr. à 2,000 fr. — Pédicure. — Peigneur de chanvre, de lin ou de laine. — Peintre en armoiries, attributs et décors. — Peintre ou doreur, soit sur verre ou cristal, soit sur porcelaine, etc., pour son compte. — Perruquier. — Pierre de touche (fab. de). — Piquonnier. — Planches ou ifs à bouteilles (fab. de). — Planeur en métaux. — Plaqueur. — Plumeaux (m. fab. de) pour son compte. — Poires à poudre (fab. de) pour son compte. — Poisson (m. en détail de). — Pompes de bois (fab. de). — Poterie de terre (m. de). — Présurier.

Queues de billards (fab. de) à façon.

Raquettes (fab. de), pour son compte. — Regrattier. — Relieur de livres. — Rentrayeur de couvertures de laine et de coton. — Ressorts de bandages pour les hernies (fab. de) à façon. — Ressorts de montres et de pendules (fab. de) à façon. — Revendeuse à la toilette, pour son compte. — Roseaux (m. de). — Rouettes ou harts pour lier les trains de bois (m. de). — Ruches pour les abeilles (fab. de), pour son compte.

Scleur de long. — Sculpteur en bois à façon. — Seaux ou baquets en sapin (fab. de), pour son compte. — Sel (m. de) en détail. — Sellier à façon. — Socques (fab. et m. de) en bois. — Soufflets ordinaires (fab. et m. de).

Tableaux (restaurat. de). — Tabletteries (fab. d'objets en) à façon. — Tailleur d'habits à façon. — Toiles grasses (fab. de) pour emballage. — Toiles métalliques (fab. de) à façon. — Toiseur de bâtiments. — Toiseur de bois. — Tondeur de draps et autres étoffes de laine. — Tonneaux (m. de). — Tonnelier. — Torcher. — Tourneur en bois (m.), vendant en boutique divers objets en bois faits au tour. — Treillageur. — Tripier.

Ustensiles de ménage (m. de vieux).
Vaisselles et ustensiles de bois (fab. et m. de).

Huitième classe.

Accoutreur. — Affiloirs (m. d'). — Agrafes (fab. d') par procédé ordinaire, à façon. — Aiguilles, clefs et autres petits objets pour montres et pendules (fabr. d') à façon. — Aiguilles (fab. d') à coudre ou à faire des bas par procédés ordinaires, à façon. — Aiguilles pour les métiers à faire des bas (mont. d'). — Allumettes et amadou (fab. et m. d'). — Appeaux pour la chasse (fab. d'). — Apprêteur de chapeaux de feutre. — Approprieur de chapeaux. — Arçonneur. — Artiste en cheveux. — Assembleur.

Balais de bouleau, de bruyère et de grand millet (m. de), avec voiture ou bêtes de somme. — Ballons pour lampes (fab. de) à façon. — Barbier. — Bardeaux (fab.) à façon. — Batelier. — Bâtonnier. — Baudelier. — Blanchisseur de linge, sans établissement de buanderie. — Bobines pour la manufacture (fab. de). — Bois à brûler (m. de), qui vend à la falourde, au fagot et au cotret. — Bois de galoches et de socques (fais. de). — Boisselier (fab. de) à façon. — Bouchons de flacons (ajust. de). — Bouclerie (fab. de) à façon. — Boutons de métal, corne, cuir bouilli (fab. de). — Boutons de soie (fab. de) à façon. — Bretelles et jarretières (fab. de) à façon. — Brioleur avec bêtes de somme. — Briquetier à façon. — Brocanteur d'habits, sans boutique. — Broches et cannelets pour la filature (fab. de) à façon. — Brosses (fab. de bois pour). — Brossier (fab.) à façon. — Bûches, briquettes factices (m. de). — Buffletier (fab.) à façon.

Cabas (fais. de). — Cadrans de montres et de pendules (fab. de) à façon. — Café tout préparé (débit. de). — Cafetières du Levant ou marabouts (fab. de) à façon. — Cages, souricières et tourniquets (fab. de). — Canevas (dessinat. de). — Cannes (fab. de) à façon. — Caparaçonnier à façon. — Carcasses ou montures de parapluies (fab. de) à façon. — Carcasses pour modes (fab. de). — Cardes (fab. de) à façon, par les procédés ordinaires. — Carrés de montres (fab. de) à façon. — Cartons pour les bureaux et autres (fab. de) à façon. — Casquettes (fab. de) à façon. — Castine

(m. de). — Ceinturonnier à façon. — Cerclier. — Chaises communes (fab. et m. de).—Chaises (loueur de) pour un prix de ferme au-dessous de 500 fr. — Chamoiseur à façon. — Chandeliers en fer ou en cuivre (fab. de) à façon. — Chapeaux (m. de vieux) en boutique ou en magasin. — Charbon de bois (m. de) en détail. — Charbon de terre épurée ou non (m. de) en détail. — Charbonnier-voiturier. — Charnières en fer, cuivre ou fer blanc (fab. de), par procédés ordinaires, à façon. — Charrettes (loueur de). — Châsses de lunettes (fab. de) à façon. — Chaussons en lisière (fab. de). — Chenille en soie (fab. de) à façon. — Chevilleur. — Clinquant (fab. de) à façon. — Cloutier au marteau à façon. — Colleur de papiers peints. — Colle (fab. de) à façon. — Cordes à puits et liens d'écorces (fab. de). — Cordons en fil, soie, laine, etc. (fab. de) à façon. Corne (apprêt. de) à façon — Corne (fab. de feuilles transparentes de) à façon. — Cotrets (débit. de). — Courroies (apprêt. de) à façon. — Couverts et autres objets en fer battu ou étamé (fab. de) à façon. — Crépin en buis (fab. d'articles de) à façon. — Crin (apprêt., crêpeur ou friseur de) à façon. — Crinières (fab. de) à façon. — Crochets pour les fabriques d'étoffes (fab. de) à façon. — Cuillers d'étain (fonds ambulant de).

Découpeur d'étoffes ou de papiers. — Découpoirs (fab. de) à façon. — Décrotteur en boutique. — Dés à coudre en métal autres que l'or et l'argent (fab. de) à façon.

Ecrans (fab. de) à façon. — Elastiques pour bretelles, jarretières, etc. (fab. d'). — Emeri et rouge à polir (m. d'). — Enjoliveur (fab.) à façon. — Etameur ambulant d'ustensiles de cuisine. — Etoupes (m. d'). — Eventailliste (fab.) à façon.

Fagots et bourrées (m. de) en détail, vendant au fagot. — Falourdes (débit. de). — Faînes (m. de). — Feuilles de blé de Turquie (m. de). — Figures en cire (mouleur de) à façon. — Filasse de nerfs (fab. de) à façon. — Formaire pour la fabrication du papier, à façon. — Fouets et cravaches (fab. de) à façon. — Fourreaux pour sabres, épées, baïonnettes (fab. de) à façon. — Frangier à façon. — Frappeur de gaze.—Fuseaux (fab. de).

Gaînier à façon. — Galonnier à façon. — Garnisseur d'étuis pour instruments de musique. — Garnitures de parapluies et cannes, telles que bouts, anneaux, cannes, manches, etc. (fab. de).— Gibernes(fab. de) à façon. — Graveur de musique.—Graveur sur bois.

Harmonicas (fact. d').

Laminier-rotier. — Langueyeur de porcs. — Limailles (m. de). — Limes (taill. de). — Livrets (fab. de) pour les batteurs d'or ou d'argent. — Loueur en garni, s'il ne loue qu'une chambre.

Marrons (m. de) en détail.—Matelassier.—Mèches et veilleuses (m. et fab. de). — Mesures linéaires, règles et équerres (fab. de). — Modiste à façon. — Moireur d'étoffes à façon. — Moules de boutons (fab. de).

Nattier. — Nécessaires (fab. de) à façon. — Nerfs (batteur de).

OEillets métalliques (fab. d'). — Oribus (faiseur et m. d'). — Os (fab. d'objets en) à façon.—Osier (m. d'). — Ourdisseur de fils.

Paillassons (fab. de). — Paillettes et paillons (fab. de) à façon. — Papiers verrés ou émerisés (fab. de). — Parcheminier à façon. — Passementier (fab.) à façon. — Pâte de rose (fab. de bijoux en). — Pêche (adjud. ou ferm. de) pour un prix de fermage au-dessous de 500 fr. —Peignes à sérancer (fab. de) à façon.—Peignes d'écaille (fab. de) à façon. — Peignes en cannes ou roseau pour le tissage (fab. et m. de).—Peintre ou doreur, soit sur verre ou cristal, soit sur porcelaine, etc., à façon. — Pelles de bois (fab. et m. de).—Perceur de perles.—Perles fausses (fab. de) à façon.—Pinceaux (fab. de) à façon. — Piqueur de cartes à dentelles. — Piqueur de grès. — Plieur de fils de soie à façon. — Plumassier à façon. — Plumeaux (fab. de) à façon. — Plumes à écrire (apprêt. de). — Poires à poudre (fab. de) à façon. — Pois d'iris (fab. de). — Portefeuilles (fab. de) à façon. — Porteur d'eau filtrée ou non filtrée, avec cheval et voiture. — Potier de terre ayant moins de cinq ouvriers. — Pressoir (maît. de) à bras. — Puits (maît. cureur de).

Raquettes (fab. de) à façon. — Régleur de papier. — Rémouleur ou repasseur de couteaux. — Reperceur. — Rognures de peaux (m. de). — Rouleaux (tourn. de) pour la filature — Ruches pour les abeilles (fab. de), à façon. — Sable (m. de).—Sabotier (fab.).—Sabots (m. de) en

détail. — Seaux ou baquets sapin (fab. de), à façon — Souliers vieux (m. de).

Têtes en carton servant aux marchandes de modes (fab. de). — Tisserand. — Tourbe (m. de) en détail.—Tourneur en bois (fab.) sans boutique.

Vannier (fab. de vannerie commune). — Vignettes et caractères à jour (fab. de), à façon. — Vis (fab. de) par procédés ordinaires, à façon. — Voiturier.

TABLEAU B.

Professions imposées, eu égard à la population d'après un tarif exceptionnel.

Agent de change : A Paris, 1,000 fr. — Dans les villes de 100,000 âmes et au-dessus, 250. — De 50,000 à 100,000 âmes, 200.—De 30,000 à 50,000, et dans les villes de 15,000 à 30,000 âmes qui ont un entrepôt réel, 150.—De 15,000 à 30,000 âmes, et dans les villes d'une population inférieure à 15,000 âmes qui ont un entrepôt réel, 100.—Dans toutes les autres communes, 75.

Banquier : A Paris, 1,000 fr.—Dans les villes d'une population de 50,000 âmes et au-dessus, 500. — De 50,000 à 30,000 âmes, et dans celles de 15,000 à 30,000 âmes qui ont un entrepôt réel, 400. — De 15,000 à 50,000 âmes, et dans les villes d'une population inférieure à 15,000 âmes qui ont un entrepôt réel, 500. — Dans toutes les autres communes, 200.

Commissionnaire en marchandises: A Paris, 400 fr.— Dans les villes d'une population de 50,000 âmes et au-dessus, 500.—De 50,000 à 50,000 âmes, et dans celles de 15,000 à 30,000 âmes qui ont un entrepôt réel, 200. —De 15,000 à 30,000 âmes, et dans les villes d'une population inférieure à 15,000 âmes qui ont un entrepôt réel, 150. — Dans toutes les autres communes, 75.

Commissionnaire entrepositaire. — Commissionnaire de transport par terre et par eau.—Courtier d'assurance.—Courtier de navire. — Courtier de marchandises : A Paris, 250 fr.—Dans les villes de 50,000 âmes et au-dessus, 200. — De 30,000 à 50,000 âmes, et dans celles de 15,000 à 30,000 âmes qui ont un entrepôt réel, 150. — De 15,000 à 30,000 âmes, et dans les villes d'une population inférieure à 15,000 âmes qui ont un entrepôt réel, 100. — Dans toutes les autres communes, 50.

Entrepreneur d'éclairage à l'huile : A Paris, 500 fr. — Dans les villes de 50,000 âmes et au-dessus, 150. — De 50,000 à 50,000 âmes, 100. — De 15,000 à 30,000 âmes, 50.—Dans toutes les autres communes, 25.

Facteur aux halles de Paris : Pour les farines, le beurre, les œufs, les fromages et le poisson salé, 150 fr. — Pour les grains, graines et grenailles, la marée, les huîtres et les cuirs, 100.—Pour le poisson d'eau douce, la volaille, le gibier, les agneaux, cochons de lait, veaux de rivière et de pré-salé, les veaux, les charbons de bois arrivés par eau, les draps, les toiles, les fourrages, 75. — Pour le charbon de bois arrivé par terre ou pour le charbon de terre, 50. — Pour les fruits et légumes, 25.

Gaz pour l'éclairage (fabrique de) : Pour les fabriques qui fournissent l'éclairage de tout ou partie de la ville de Paris, 600 fr. — Des villes de 50,000 âmes et au-dessus, 400. — De 30,000 âmes et au-dessus, 200. — De 15,000 à 30,000 âmes, 150. — Des villes au-dessous de 15,000 âmes, 75.

Inhumations et pompes funèbres de Paris (entreprise d'), 1,000 fr.

Monnaies (directeur des) : A Paris, 1,000 fr. — Dans toutes les autres villes, 500.

Négociant : A Paris, 400 fr.—Dans les villes de 50,000 âmes et au-dessus, 500. — De 30,000 à 50,000 âmes, et dans celles de 15 à 30,000 âmes qui ont un entrepôt réel, 200. — De 15,000 à 30,000 âmes, et dans les villes d'une population inférieure à 15,000 âmes qui ont un entrepôt réel, 150.—Dans toutes les autres communes, 100.

Pont (concessionn. ou fermier de péage sur un) : Dans l'intérieur de Paris, 200 fr.—Dans l'intérieur d'une ville de 30,000 âmes et au-dessus, 100. — Dans l'intérieur d'une ville de 20,000 à 30,000 âmes, 75. — Dans les autres communes d'une population inférieure à 20,000 âmes, lorsque le pont réunit deux parties d'une route impériale, 75.—D'une route départementale, 50. — D'un chemin vicinal de grande communication, 25. — D'un chemin vicinal, 15.

Roulage (entrep. de) : A Paris, 500 fr.—Dans les villes
de 50,000 âmes et au-dessus, 200. —De 30,000 à 50,000
âmes, et dans celles de 15,000 à 50,000 âmes qui ont un
entrepôt réel, 150. — De 15,000 à 30,000 âmes, et dans
les villes d'une population inférieure à 15,000 âmes qui
ont un entrepôt réel, 100.—Dans toutes les autres communes, 75.

TABLEAU C.

Professions imposées sans égard à la population.

PREMIÈRE PARTIE.

Droit proportionnel au 15ᵉ.

Armateur pour le long cours : 40 cent. par chaque tonneau, jusqu'au maximum de 400 fr.

Armateur pour le grand et le petit cabotage, la pêche de
la baleine et celle de la morue : 25 cent. par chaque tonneau, jusqu'au maximum de 400 fr.

Assurances non mutuelles, dont les opérations s'étendent à plus de 20 départements, 1,000 fr. — De 6 à 20
départements, 500.—A moins de 6 départements, 500.

Banque de France, y compris ses comptoirs, 10,000 fr.

Banques dans les départements, ayant un capital de 2
millions et au-dessous, 1,000. — Par chaque million de
capital en sus, 200 fr., jusqu'au maximum de 2,000 fr.

Bateaux et paquebots à vapeur pour le transport des
voyageurs (entrep. de) : Pour voyages de long cours, 500 fr.
—Sur fleuves, rivières, et le long des côtes, 200.

Bateaux et paquebots à vapeur pour le transport des
marchandises (entrep. de), 200 fr.

Bateaux à vapeur remorqueurs (entrep. de), 150 fr.

Canaux navigables avec péage (concess. de), 200 fr. —
Plus, 20 fr. par myriamètre complet en sus du premier,
jusqu'au maximum de 1,000 fr.

Coches d'eau (entrep. de), 100 fr.

Défrichement ou dessèchement (comp. de), 500 fr.

Fournisseurs généraux d'objets concernant l'habillement,
l'armement, la remonte, le harnachement, et l'équipement
des troupes, etc., 1,000 fr. — De subsistance aux armées,
1,000.—De bois et lumière aux troupes, 1,000.

Fournisseur des objets ci-dessus indiqués, par division
militaire, 150 fr.—Fournisseur de fourrages aux troupes
dans les garnisons, 100. — Fournisseur de vivres et
fourrages aux troupes dans un gîte d'étape, 25.—Fournisseur de bois et de lumière aux troupes dans les garnisons, 25.

Magasin de plusieurs espèces de marchandises (tenant),
lorsqu'il occupe habituellement au moins 25 personnes
préposées à la vente, 1,000 fr.

Marchand forain : Avec voiture à un seul collier, 60 fr.
—A deux colliers, 120. — A trois colliers et au-dessus,
ou ayant plus d'une voiture, 260.—Avec bête de somme,
40.—Avec balle, 15.—(Les droits ci-dessus sont réduits
de moitié lorsque le marchand forain ne vend que la boissellerie, de la poterie, de la vannerie ou des balais.)

Tontines (société de), 500 fr.

DEUXIÈME PARTIE.

*Droit proportionnel au 20ᵉ : 1º sur la maison d'habita-
tion; 2º sur les magasins de vente complètement séparés de l'établissement.—Au 25ᵉ : sur l'établissement
industriel.*

Aiguilles à coudre ou à faire des bas par procédés ordinaires (fab. d'), pour son compte, 25 fr.

Amidon (fab. d'), ayant 10 ouvriers et au-dessous,
25 fr. — Et 3 fr. par chaque ouvrier en sus, jusqu'au
maximum de 200 fr.

Ardoisière (exploit. d'), ayant 10 ouvriers et au-dessous, 25 fr.— Et 3 fr. par chaque ouvrier en sus, jusqu'au
maximum de 400 fr.

Blanc de baleine (raffinerie de), ayant 5 ouvriers et au-
dessous, 25 fr. — Et 3 fr. par chaque ouvrier en sus, jusqu'au maximum de 200 fr.

Bougies, cierges, etc. (fab. de), ayant 5 ouvriers et
au-dessous, 25 fr. — Et 3 fr. par chaque ouvrier en sus,
jusqu'au maximum de 500 fr.

Brais, goudrons, poix, résines et autres matières analogues (fab. de), 25 fr.

Briques (fab. de), ayant 5 ouvriers et au-dessous, 15 fr.
—Et 3 fr. par chaque ouvrier en sus, jusqu'au maximum
de 100 fr.

Café de chicorée (fab. de), 50 fr.

Capsules et amorces de chasse (fab. de), 50 fr.

Cendres gravelées (fab. de), 25 fr.

Chandelle (fab. de), ayant 5 ouvriers et au-dessous,
10 fr. — Et 3 fr. par chaque ouvrier en sus, jusqu'au
maximum de 100 fr.

Chaux naturelle (fab. de) : Pour un four, 15 fr.—Pour
deux, 30 fr.—Et pour trois fours et au-dessus, 50 fr.

Chaux artificielle (fab. de) : Pour un four, 20 fr.—Pour
deux, 30 fr.—Et pour trois fours et au-dessus, 80 fr.

Cire (blanchiss. de), ayant 5 ouvriers et au-dessous,
25 fr. — Et 3 fr. par chaque ouvrier en sus, jusqu'au
maximum de 200 fr.

Colle forte (fab. de), ayant 5 ouvriers et au-dessous,
25 fr. — Et 3 fr. par chaque ouvrier en sus, jusqu'au
maximum de 100 fr.

Crayons (fab. de), ayant 5 ouvriers et au-dessous, 25 fr.
—Et 3 fr. par chaque ouvrier en sus, jusqu'au maximum
de 300 fr.

Creusets (fab. de), 25 fr.

Encre d'impression (fab. d'), ayant 5 ouvriers et au-
dessous, 25 fr.—Et 3 fr. par chaque ouvrier en sus, jusqu'au maximum de 200 fr.

Engrais (m. d'), 25 fr.

Esprit ou eau-de-vie de vin (fab. de), 50 fr.

Esprit ou eau-de-vie de marc de raisin, cidre, poiré,
fécules et autres substances analogues (fab. de), 25 fr.

Étain (fab. d') pour glaces, ayant 10 ouvriers et au-
dessous, 50 fr. — Et 3 fr. par chaque ouvrier, jusqu'au
maximum de 300 fr.

Fécules de pommes de terre (fab. de), ayant 10 ouvriers
et au-dessous, 25 fr. — Et 3 fr. par chaque ouvrier, jusqu'au maximum de 200 fr.

Fontainier, sondeur et foreur de puits artésiens, 50 fr.

Formes à sucre (fab. de), pour 5 ouvriers et au-dessous, 25 fr. — Et 3 fr. par chaque ouvrier en sus, jusqu'au maximum de 100 fr.

Gélatine (fab. de), ayant 5 ouvriers et au-dessous,
25 fr. — Et 3 fr. par chaque ouvrier, jusqu'au maximum
de 200 fr.

Glacières (maît. de), 50 fr.

Mastics et ciments (fab. de), 50 fr.

Noir animal (fab. de), 50 fr.

Pâtes alimentaires (fab. de), ayant 5 ouvriers et au-
dessous, 25 fr. — Et 3 fr. par chaque ouvrier, jusqu'au
maximum de 200 fr.

Pierres à feu (fab. expéditeur de), 25 fr.

Pipes (fab. de), par four, 25 fr. — Jusqu'au maximum
de 150 fr.

Plâtre (fab. de) : Pour un four, 15 fr. — Pour deux
fours, 30 fr.—Et pour trois fours et au-dessus, 50 fr.

Pointes (fab. de), par procédés ordinaires, ayant 10
ouvriers et au-dessous, 50 fr. — Plus 3 fr. par chaque ouvrier en sus, jusqu'au maximum de 300 fr.

Poteries (fab. de), par chaque ouvrier, 3 fr. —Jusqu'au
maximum de 300 fr.

Réglisse (fab. de), ayant 5 ouvriers et au-dessus, 25 fr.
—Et 3 fr. par chaque ouvrier en sus, jusqu'au maximum
de 200 fr.

Savon (fab. de), par une ou plusieurs chaudières ayant
une capacité minimum de 30 hect., 50 fr.—1 fr. en plus
par chaque hectolitre excédant le chiffre de 30, jusqu'au
maximum de 400 fr.

Sel (raffinerie de), 100 fr.

Suif (fondeur de), ayant 5 ouvriers et au-dessous, 10 fr.
—Et 3 fr. par chaque ouvrier en sus, jusqu'au maximum
de 100 fr.

Taffetas gommés ou cirés (fab. de), 50 fr.

Tapis peints ou vernis (fab. de), 50 fr.

Toiles cirées ou vernies (fab. de), 50 fr.

Tourbes carbonisées (fab. de), 25 fr.

Tuiles (fab. de), ayant 5 ouvriers et au-dessous, 15 fr.
—Et 2 fr. par chaque ouvrier en sus, jusqu'au maximum
de 100 fr.

TROISIÈME PARTIE.

*Droit proportionnel au 20ᵉ : 1º sur la maison d'habita-
tion; 2º sur les magasins de vente complètement séparés de l'établissement.—Au 40ᵉ : sur l'établissement
industriel.*

Acier fondu ou acier de cémentation (fab. d'), ayant
5 ouvriers et au-dessous, 15 fr. — Et 3 fr. par chaque

ouvrier en sus, jusqu'au maximum de 500 fr.—(Ce droit sera réduit de moitié pour les fabriques qui sont forcées de chômer, par crue ou manque d'eau, pendant une partie de l'année équivalente au moins à 4 mois.)

Acier naturel (fab. d'), imposable comme les forges et hauts fourneaux.

Agrafes (fab. d') par procédés mécaniques, 50 fr.

Aiguilles à coudre ou à tricoter, ou pour métiers à faire des bas par procédés mécaniques (manuf. d'), ayant 5 ouvriers et au-dessous, 25 fr. — Plus 3 fr. par chaque ouvrier en sus, jusqu'au maximum de 300 fr.

Armes blanches (fab. d'), 100 fr.

Armes (manufact. d') de guerre, 400 fr.

Biscuit de mer (fab. de), 50 fr.

Blanchisserie de toiles et fils pour le commerce, par procédés mécaniques, ayant 5 ouvriers et au-dessous, 25 fr. — Et 3 fr. par chaque ouvrier en sus, jusqu'au maximum de 500 fr.

Bocard, patouillet ou lavoir de minerai : Pour chaque usine, 15 fr.—Jusqu'au maximum de 100 fr.—(Ce droit sera réduit de moitié pour les bocards, patouillets ou lavoirs qui sont forcés de chômer, par crue ou par manque d'eau, pendant une partie de l'année équivalente au moins à 4 mois.)

Brasserie : Pour chaque chaudière contenant moins de 10 hect., 10 fr.—Id. de 10 à 20 hect., 20 fr.—Id. de 20 à 30 hect., 30 fr. — Id. de 30 à 40 hect., 40 fr. — Id. de 40 à 50 hect., 60 fr.—Id. au-dessus de 60 hect., 100 fr.—Jusqu'au maximum de 400 fr. — (Ce droit sera réduit de moitié pour les brasseries qui ne brassent que quatre fois au plus par an.)

Cartonnage (fab. de) : Par cuve, 50 fr.—Jusqu'au maximum de 150 fr. — (Ce droit sera réduit de moitié pour les fabriques qui sont forcées de chômer, par manque ou par crue d'eau, pendant une partie de l'année équivalente au moins à 4 mois.)

Chaudronnerie pour les appareils à vapeur, à distiller, à concentrer, etc. (fab. de), 200 fr.

Chemin de fer avec péage (concess. de), 200 fr.—Plus 20 fr. par myriam. en sus du premier, jusqu'au maximum de 1,000 fr.

Clous et pointes (fab. de), par procédés mécaniques : Pour 10 métiers et au-dessous, 50 fr. — Plus 3 fr. pour chaque métier en sus de 10, jusqu'au maximum de 400 fr.

Convois militaires (entrep. gén. des), 1,000 fr.

Convois militaires (entrep. partic. des), pour une division militaire, 100 fr.

Convois militaires (entrep. partic. pour gîtes d'étape), 25 fr.

Cocons (filerie de), par bassine ou tour, 1 fr. 50 c., jusqu'au maximum de 400 fr.

Cristaux (manuf. de), 500 fr.

Diligences partant à jours et heures fixes (entrep. de), parcourant une distance de deux myriam. et au-dessous, 25 fr. — Pour chaque myriam. complet en sus des deux premiers, 5 fr. jusqu'au maximum de 1,000 fr.

Eaux minérales et thermales (exploit. d'), 150 fr.

Enclumes, essieux et gros étaux (manuf. d') : Par feu, 25 fr., jusqu'au maximum de 150 fr.

Épingles (manufact. d'), par procédés mécaniques, ayant 10 ouvriers et au-dessous, 25 fr.—Plus 3 fr. par chaque ouvrier en sus, jusqu'au maximum de 500 fr.

Faïence (manufact. de) : Par four, 25 fr., jusqu'au maximum de 150 fr.

Faux et faucilles (fab. de) : 10 ouvriers et au-dessous, 25 fr.—Et 3 fr. par chaque ouvrier en sus de ce nombre, jusqu'au maximum de 300 fr.

Fer-blanc (fab. de) : Jusqu'à 20 ouvriers, 100 fr. — Plus 3 fr. par chaque ouvrier en sus, jusqu'au maximum de 400 fr.

Ferronnerie, serrurerie et clous forgés (fab. de), ayant 10 ouvriers et au-dessous, 25 fr. — Et 3 fr. par chaque ouvrier en sus, jusqu'au maximum de 300 fr.

Forges et hauts fourneaux (maît. de), ayant au moins 5 hauts fourneaux au coke, 500 fr. — Plusieurs hauts fourneaux au coke, avec fonderies, forges et laminoirs, 500 fr. — 2 hauts fourneaux au coke, 400 fr. — 1 haut fourneau au coke, avec forges et laminoirs, 400 fr. — 1 haut fourneau au coke, avec une fonderie, 300 fr. — 1 haut fourneau au coke, 250 fr. — 5 hauts fourneaux au bois et plus, 400 fr. — 1 établissement ou un ensemble d'établissements réunissant à plus de 4 feux d'affinerie ou 4 fours à puddler une fabrication de tôle, ou deux autres

systèmes au moins de sous-fabrication de métaux, soit fonderie, tréfilerie, ferblanterie, métiers à clous à pointe, 400 fr. — 1 haut fourneau au bois, avec plusieurs forges, ou 2 hauts fourneaux au bois, avec une seule forge, 500 fr. — Plus de 2 hauts fourneaux au bois, avec une ou plusieurs forges, 400 fr. — 2 hauts fourneaux au bois, 250 fr. — 1 haut fourneau au bois, avec une fonderie, 250 fr. — 1 haut fourneau au bois, avec une forge, 200 fr. — Une ou plusieurs forges, avec laminoirs, tréfilerie, et tout autre système de sous-fabrication métallurgique, 200 fr. — 1 haut fourneau au bois, 150 fr. — Une forge à 5 marteaux et plus, 100 fr. — 3 forges à la catalane et plus, 100 fr. — Une forge où l'action des marteaux est remplacée par celle d'un laminoir cingleur, 100 fr. — Une forge à 2 marteaux, 50 fr. — 2 forges à la catalane, 50 fr. — Une forge à 1 seul marteau, 25 fr. — Une forge dite catalane, 25 fr.—(Ces droits seront réduits de moitié pour les forges dites catalanes et pour les forges à 1 ou 2 marteaux, lorsqu'elles seront forcées, par manque ou par crue d'eau, de chômer pendant une partie de l'année équivalente au moins à 4 mois.)

Fonderie de cuivre (entrep. de), ayant plusieurs laminoirs, 300 fr. — 1 laminoir ou plusieurs martinets, 200 fr. —Se bornant à convertir le cuivre rouge en cuivre jaune, 100 fr.

Fonderie de cuivre et bronze (entrep. de), fondant des objets de grande dimension, tels que cylindres ou rouleaux d'impression pour les manufactures, ou grandes pièces de mécanique, etc., 200 fr. — Ne fondant que des objets d'art ou d'ornementation, ou des pièces de mécanique de petite dimension, 100 fr. — Ne fondant que des objets d'un usage commun et de petite dimension, comme robinets, clochettes, anneaux, etc., 50 fr.

Fonderie de fer de seconde fusion, fabriquant des objets de grande dimension, tels que cylindres, grilles, colonnes, pilastres, bornes et grandes pièces de mécanique, etc., 200 fr.

Fonderie en fer de seconde fusion (entrep. de), ne fabriquant que des objets de petite dimension pour l'ornementation ou de petites pièces de mécanique, 100 fr.

Glaces (manufact. de), 400 fr.

Gobeleterie (manufact. de) par four de fusion, 50 fr., jusqu'au maximum de 500 fr.

Huîtres (m. expédit. d'), avec voitures servies par des relais, 400 fr.

Kaolin (exploit. une usine à pulvériser le) : Par chaque usine, 15 fr., jusqu'au maximum de 100 fr. — (Ce droit sera réduit de moitié pour les usines qui sont forcées, par manque ou par crue d'eau, de chômer pendant une partie de l'année équivalente au moins à 4 mois.)

Laminerie (entrep. de), ayant 3 paires de cylindres et au-dessus, 300 fr. — Ayant 2 paires de cylindres de grande dimension, 250 fr. — Ayant une seule paire de cylindres de grande dimension, ou 2 paires de cylindres de petite dimension, au-dessous d'un mètre de longueur, 200 fr. — Ayant une seule paire de cylindres de petite dimension, au-dessous d'un mètre de longueur, 100 fr.

Lamier-rotier par procédés mécaniques, 50 fr.

Limes (fab. de), ayant 10 ouvriers et au-dessous, 25 fr. — 3 fr. par chaque ouvrier en sus, jusqu'au maximum de 500 fr.

Lits militaires (entrep. gén. des), 1,000 fr.

Mareyeur expéditeur avec voitures servies par des relais, 400 fr.

Maison particulière de santé (tenant une), 100 fr.

Maroquin (fab. de), avec machine à vapeur ou moteur hydraulique, 100 fr.

Martinets, par arbre de camage, 15 fr., jusqu'au maximum de 200 fr. — (Ce droit sera réduit de moitié pour les fabriques qui sont forcées, par manque ou par crue d'eau, de chômer pendant une partie de l'année équivalente au moins à 4 mois.)

Moulin à blé, à huile, à garance, à tan, etc. : Pour une seule paire de meules ou de cylindres, 6 fr. — Pour 2 paires, 15 fr.—Pour 3 paires, 25 fr.—Pour 4 paires, 40 fr. — Et 20 fr. par paire en sus, jusqu'au maximum de 500 fr.—(Ce droit sera réduit de moitié pour les moulins à vent et pour les moulins à eau qui, par manque ou par crue d'eau, sont forcés de chômer pendant une partie de l'année équivalente au moins à 4 mois.)

Moulinier en soie, par 100 tavelles, 10 fr., jusqu'au maximum de 200 fr.

Orthopédie (tenant un établiss. d'), 100 fr.

Papeterie à la cuve : Par cuve, 15 fr., jusqu'au maximum de 100 fr. — (Ce droit sera réduit de moitié pour les papeteries à la cuve qui sont forcées, par manque ou par crue d'eau, de chômer pendant une partie de l'année équivalente à 4 mois.)

Papeterie à la mécanique : La première machine, 150 fr. —Plus 50 fr. par machine, jusqu'au maximum de 400 fr.

Papiers peints pour tenture (fab. de) : Pour 15 tables et au-dessous, 40 fr. — Et 5 fr. par table en sus, jusqu'au maximum de 500 fr. — Un cylindre sera compté pour 25 tables.

Porcelaine (manufact. de) : Par four, 50 fr., jusqu'au maximum de 300 fr.

Produits chimiques (manufact. de), ayant 5 ouvriers et au-dessous, 25 fr.—Et 5 fr. par chaque ouvrier en sus, jusqu'au maximum de 300 fr.

Quincaillerie (fab. de), ayant 10 ouvriers et au-dessous, 25 fr. — Plus 5 fr. par chaque ouvrier en sus, jusqu'au maximum de 300 fr.

Scierie mécanique : Par chaque cadre, 5 fr., jusqu'au maximum de 150 fr.—(Ce droit sera réduit de moitié pour les fabriques qui sont forcées, par manque ou par crue d'eau, de chômer pendant au moins 4 mois de l'année.)

Scies (fab. de), ayant 10 ouvriers et au-dessous, 25 fr. — Plus 5 fr. par ouvrier en sus, jusqu'au maximum de 300 fr.

Sucre (raffinerie de) 300 fr.

Sucre de betteraves (fab. de) : Pour chaque chaudière à déféquer contenant moins de 10 hect. 40 fr. — Id. contenant 10 hect. et au-dessus, 60 fr., jusqu'au maximum de 400 fr.

Tannerie de cuirs forts et mous, par mètre cube de fosses ou de cuves, 25 cent., jusqu'au maximum de 300 fr.

Teinturier pour les fabricants et les marchands, 3 fr. par ouvrier, jusqu'au maximum de 300 fr.

Transport de la guerre (entrep. gén. du), 1,000 fr.

Transport de la guerre (entrep. particul. de), pour une division militaire, 100 fr.

Transport de la guerre (entrep. particul. pour gîtes d'étapes), 25 fr.

Transports militaires (entrep. gén. des), 1,000 fr.

Transports des tabacs (entrep. gén. de), 1,000 fr.

Tréflerie en fer ou laiton : 10 bobines et au-dessous, 25 fr.—20 bobines, 50 fr. — Et 5 fr. par chaque bobine en gros numéro, et 1 fr. par bobine d'un numéro fin, jusqu'au maximum de 400 fr.

Verrerie, par four de fusion, 50 fr., jusqu'au maximum de 300 fr.

Vis (manufact. de) par procédés mécaniques, ayant 10 ouvriers et au-dessous, 25 fr.—Plus 5 fr. par chaque ouvrier en sus, jusqu'au maximum de 300 fr.

QUATRIÈME PARTIE.

Droit proportionnel au 20e : 1o sur la maison d'habitation; 2o sur les magasins de vente complètement séparés de l'établissement. — Au 50e : sur l'établissement industriel.

Apprêteur d'étoffes pour les fabriques ayant 5 ouvriers et au-dessous, 25 fr. — Et 5 fr. par ouvrier en sus, jusqu'au maximum de 150 fr.

Cardes (manufact. de) par procédés mécaniques, 200 fr.

Filature de laine, de chanvre ou de lin, au-dessous de 500 broches, 15 fr. (non compris les métiers préparatoires). — Par chaque centaine de broches au-dessus de 500, 3 fr., jusqu'au maximum de 500 fr.

Filature de coton au-dessous de 500 broches, 40 fr. (non compris les métiers préparatoires). — Par chaque centaine de broches au-dessus de 500, 1 fr. 50 c., jusqu'au maximum de 400 fr.

Fil de coton, chanvre, lin (fab. de) : Pour 1 ou 2 moulins, 15 fr. —Plus 10 fr. par chaque moulin en sus, jusqu'au maximum de 400 fr.

Imprimeurs d'étoffes : Pour 25 tables et au-dessous, 50 fr.—Plus 5 fr. par table en sus, jusqu'au maximum de 400 fr. — Un rouleau comptera pour 25 tables, et 4 perrotines pour un rouleau.

Machines à vapeur, presses pour l'imprimerie, mécaniques pour la filature et pour le tissage et autres grandes machines (construct. de), employant moins de 25 ouvriers, 100 fr. —De 50 ouvriers, 200 fr.—Plus de 50 ouvriers, 300 fr.

Métiers (fab. à).—Pour les métiers réunis dans un corps de fabrique : Jusqu'à 5 métiers, 10 fr.; et 2 fr. 50 c. en sus par métier, jusqu'au maximum de 400 fr. — Pour les métiers non réunis dans un corps de fabrique : 2 fr. 50 c. par chaque métier, jusqu'au maximum de 300 fr. (Ces droits seront réduits de moitié pour les fabricants à façon).

Tissage mécanique : Par chaque métier 2 fr. 50 c., jusqu'au maximum de 400 fr.

CINQUIÈME PARTIE.

Droit proportionnel au 15e sur la maison d'habitation seulement.

Carrières souterraines ou à ciel ouvert (exploit. de), ayant moins de 10 ouvriers, 25 fr.—Plus 3 fr. par chaque ouvrier en sus, jusqu'au maximum de 200 fr.

Cendres noires (extract. de), ayant moins de 10 ouvriers, 25 fr.—Plus 3 fr. par chaque ouvrier en sus, jusqu'au maximum de 200 fr.

Chaussées et routes (entrep. de l'entretien des), 25 fr.

Desséchement (entrep. des travaux de), 50 fr.

Dragueur entrepreneur, 50 fr.

Fabrication dans les prisons, etc. (entrep. de) : Pour un atelier de 25 détenus et au-dessous, 25 fr. — Par chaque détenu en sus, 50 c., jusqu'au maximum de 500 fr.

Fabrication dans les dépôts de mendicité (Entrep. de), moitié du droit ci-dessus fixé pour les entrepreneurs de fabrication dans les prisons.

Fournisseur général dans les prisons et dépôts de mendicité : A forfait et par tête de détenu, pour une population de 300 détenus et au-dessous 150 fr. — Par 100 détenus en sus, 25 fr., jusqu'au maximum de 500 fr.

Flottage (entrep. de), 25 fr.

Fruits sur bateaux (m. de), 50 fr.

Gare (entrep. de), 100 fr.

Minières non concessibles (exploit. de), ayant moins de 10 ouvriers, 25 fr. — Plus 3 fr. par chaque ouvrier en sus, jusqu'au maximum de 200 fr.

Restaurateur sur coches et bateaux à vapeur, 50 fr.

Spectacle (direct. de) : 1o Le quart d'une représentation complète dans les théâtres où l'on joue tous les jours; —2o Le huitième, si l'on ne joue pas tous les jours, et si la troupe est sédentaire; —3o Si la troupe n'est pas sédentaire, c'est-à-dire si elle ne réside pas 4 mois consécutifs dans la même ville, 50 fr.

Tourbière (exploit. de), ayant moins de 10 ouvriers, 25 fr. — Plus 3 fr. par chaque ouvrier en sus, jusqu'au maximum de 200 fr.

Travaux publics (entrep. de), 50 fr.

Madragues (fermier de), 25 fr.

TABLEAU D.

Exceptions à la règle générale qui fixe le droit proportionnel au 20e de la valeur locative.

Le droit proportionnel est fixé au 15e : — 1o Pour les patentables compris dans la 1re classe du tableau A; —2o Pour les patentables compris dans le tableau B; —3o Pour les patentables compris dans la première partie du tableau C.

Au 15e, mais sur la maison d'habitation seulement, pour les patentables compris dans la 5e partie du tableau C.

Au 25e de la valeur locative des établissements industriels compris dans la 2e partie du tableau C.

Au 50e de la valeur locative des locaux servant à l'exercice des professions ci-après désignées : — Marchands de bois en gros compris dans la 1re cl. du tableau A; — Marchands de charbon de bois et de charbon de terre compris dans la 1re et la 2e cl. du tableau A ; — Marchands de vins en gros; — Commissionnaires entrepositaires de vins; — Marchands d'huiles en gros.

Au 40e de la valeur locative :

1o De tous les locaux occupés par les patentables des 7e et 8e cl. du tableau A, mais seulement dans les communes d'une population de 20,000 âmes et au-dessus; — 2o Des établissements industriels compris dans la 3e partie du tableau C; — 3o Des locaux servant à l'exercice des professions ci-après désignées : — Fabricants de gaz pour l'éclairage; — Imprimeurs typographes employant des presses mécaniques; — Maîtres d'hôtels garnis; — Loueurs en garni ; — Individus tenant des maisons partientières d'accouchement, de santé, de retraite, des établissements d'orthopédie;—Magasiniers;—Entrepreneurs de roulage, de bains publics, de bains de rivière en pleine eau; — Maîtres de jeu de paume; —Individus tenant un manège d'équitation, une école de natation, un jardin public, un parc à charrette.

Au 50e de la valeur locative des établissements industriels compris dans la 4e partie du tableau G.

Au 20e, sur les maisons d'habitatio. seulement :
Les concessionnaires, exploitants ou fermiers des droits d'emmagasinage dans un entrepôt; — Les adjudicataires ou fermiers des droits des halles ou marchés; — Les adjudicataires des droits de jaugeage des liquides; — Les fermiers des droits de pesage et de mesurage; —Les fournisseurs d'objets de consommation, dans les cercles ou sociétés; — Les directeurs de diorama, panorama, géorama, néorama; — Les fermiers de fontaines publiques; — Les adjudicataires des droits d'octroi; — Les concessionnaires exploitants ou fermiers de péage sur un pont; — Les fermiers de bacs; — Les concessionnaires ou fermiers d'abattoir public; — Les directeurs des monnaies.

Sont exempts de tout droit proportionnel :
Les patentables de 7e et 8e cl., résidant dans les communes d'une population inférieure à 20,000 âmes; — Et les fabricants à métiers ayant moins de 10 métiers, et ne travaillant qu'à façon.

Décis. M.—26 avr.-20 mai 1850.—B. 348. — *Réclamations pour surtaxes.*

M. le ministre de la guerre a décidé, à la date du 26 avr. dernier, que la présentation et l'instruction des réclamations en décharges et réductions de droits de patentes et des demandes de remises et modération des mêmes droits seraient assujetties aux dispositions des art. 27, 28 et 29 de la loi du 26 mars 1831, et des art. 28, 29 et 30 de la loi du 22 avr. 1832.—En conséquence, tout contribuable qui se croira surtaxé devra, à peine de déchéance, formuler sa réclamation en décharge ou réduction dans les trois premiers mois de l'émission du rôle sur lequel il est compris.—Quant aux demandes en remises ou modération, M. le ministre a statué que le délai de quinze jours accordé en France, à compter du jour où ont eu lieu les pertes qui les motivent, sera porté à un mois en Algérie. Ces réclamations et demandes ne pourront être admises qu'autant qu'elles seront écrites sur papier timbré lorsqu'il s'agira de cotes au-dessus de 50 fr., qu'elles seront accompagnées de l'extrait du rôle remis au contribuable et de la quittance des termes échus. Elles seront adressées au préfet ou au sous-préfet, et dans les territoires militaires, au général commandant la division, ou au commandant de la division, pour ensuite être instruites conformément aux dispositions qui régissent la matière.

DP.—5 sept.-8 nov. 1851.—B. 395.—*Modification à l'ord. du 31 janv. 1847.*

Vu l'ord. du 31 janv. 1847, qui détermine et régularise l'assiette de la contribution des patentes, en Algérie, sur les bases de la loi du 25 avr. 1844; —Vu la loi du 18 mai 1850, qui modifie et complète quelques dispositions de la loi précitée du 25 avr. 1844;—Vu l'art. 1 de l'ord. du 17 janv. 1845, concernant les recettes et dépenses de l'Algérie;

Art. 1.—Les tarifs et tableaux annexés à la loi du 25 avr. 1844 et imprimés à la suite de l'ord. du 31 janv. 1847, sur les patentes en Algérie, sont modifiés et complétés conformément aux tableaux D, E, F, G, joints à la loi du 18 mai 1850 et annexés au présent décret.

Art. 2.—Les patentables exerçant plusieurs des industries tarifées au tableau G, annexé à l'ord. du 31 janv. 1847, et au tableau F, annexé au présent décret, en raison du nombre d'ouvriers, de machines ou d'instruments, seront imposés d'après tous ces moyens de production, sans toutefois que le droit fixe puisse dépasser le maximum établi pour celle des industries exercées qui est passible du droit fixe le plus élevé.

Art. 3.—Ne sont point considérés comme donnant lieu à l'exemption de patente prévu par l'art. 15, § 4, de l'ord. du 31 janv. 1817, les transformations de récoltes et fruits pratiquées au moyen d'agents chimiques, de machines ou ustensiles autres que ceux servant aux travaux habituels de l'agriculture.

Art. 4.—Les patentables compris aux tableaux A et B, annexés à l'ord. du 31 janv. 1847, et aux tableaux D et E, annexés au présent décret, ayant plusieurs établissements, boutiques ou magasins de même espèce ou d'espèces différentes, payeront un droit fixe entier pour l'établissement donnant lieu au droit le plus élevé, soit en raison de la population, soit en raison de la nature du commerce, de l'industrie ou de la profession, et, en outre, pour chacun des autres établissements, boutiques ou magasins, un demi-droit fixe calculé en raison de la population et de la profession exercée dans l'établissement.—La somme des demi-droits fixes additionnels ne pourra, dans aucun cas, excéder le double du droit fixe principal.

Art. 5.—Les patentables des quatre dernières classes du tableau A, annexé à l'ord. du 31 janv. 1847, et du tableau D, annexé au présent décret, qui exercent pour leur compte des professions consistant en un travail de fabrication, de confection ou main-d'œuvre, ne seront imposés qu'à la moitié des droits lorsqu'ils travailleront sans compagnon ni apprenti.

Art. 6.—Les dispositions de l'art. 51 de l'ord. du 31 janv. 1847, reproduites de l'art. 37 de la loi du 1er brum. an VII sur les patentes, et de l'art. 29 de la loi du 25 avr. 1844, sont abrogées.

Art. 7.—Le droit fixe de patente exigible des associés en nom collectif, en vertu de l'ord. du 31 janv. 1847, ne sera que du vingtième du droit fixe payé par l'associé principal pour les associés habituellement employés comme simples ouvriers dans les travaux de l'association.

Art. 8.—Les dispositions du dernier paragraphe de l'art. 19 de l'ord. du 31 janv. 1847, concernant la patente due par les sociétaires ou actionnaires des sociétés ou compagnies anonymes lorsqu'ils exerceront une industrie particulière, sont déclarées applicables aux gérants et associés solidaires des sociétés en commandite.

Art. 9. — Les dispositions qui précèdent seront exécutoires à partir du 1er janv. 1852.

ANNEXE AU DÉCRET DU 5 SEPT. 1851.

Tableau D, additionnel au tableau A de la loi du 25 avril 1844.

Première classe.

Coutellerie (m. de) en gros.
Épingles (m. d') en gros.
Faïence (m. de) en gros.
Graines fourragères, oléagineuses et autres (m. de) en gros. (Celui qui vend habituellement, par quantité équivalente à 10 hectol. et au-dessus.)
Lait (m. expédit. de)
Octroi (adjudicat. des droits d') pour un prix d'adjudication de 50,000 fr. et au-dessus. — Œufs ou volailles (m. expédit. d').
Rouge végétal (m. de) en gros.
Tissus de laine, de fil, de coton, de soie ou de crin (m. de) en gros.

Deuxième classe.

Charbon de terre épuré ou non (m. de) en gros.—(Celui qui vend habituellement par voiture de 1,000 kil. et au-dessus.) - Coton filé (m. de) en demi-gros. — Coutellerie (m. de) en demi-gros.
Épingles (m. d') en demi-gros.
Huîtres (m. expédit d') n'expédiant ni par chemin de fer, ni avec voiture servie par des relais.

Nouveautés (m. de) n'occupant pas plus de 5 personnes préposées à la vente.

Octroi (adjudicat. des droits d') pour un prix d'adjudication de 20,000 à 50,000 fr.

Tissus de laine, de fil, de coton, de soie ou de crin (m. de) en gros.

Troisième classe.

Chardons pour le cardage (m. de) en gros. — Chocolat (fab. de) avec machine à vapeur ou ouvriers.

Dentelles (entrep. de fabric. de). (Celui qui, fournissant le fil et moyennant un prix convenu, fait fabriquer pour les maisons qui lui donnent des dessins.)

Halles, marchés et places publiques (ferm. ou adjudicat. des droits de place sur les), pour un prix de ferme de 10,000 fr. et au-dessus.

Imprimerie (m. de presses, caractères et ustensiles d').

— Instruments de musique (m. expéd. d').

Octroi (adjud. des droits d') pour un prix d'adjudication de 10,000 à 20,000 fr.

Pacotilleur. (Celui qui expédie par petites quantités dans les colonies ou à l'étranger des marchandises diverses, et qui reçoit en retour, soit de l'argent, soit des marchandises d'une autre nature.)

Tissus de laine, de fil, de coton, de soie ou de crin (m. de) en détail. — Traiteur donnant à manger chez lui ou portant en ville.

Quatrième classe.

Agent d'affaires. — Amidon (m. d') en gros.

Balais (m. expéd. de). — Billard (maître de). — Bottier ou cordonnier (m.). (Celui qui tient magasin de chaussures.)

Chapeaux de feutre, de soie ou de paille (fab. de). — Chaussons de lisière (m. de) en gros.

Eaux minérales naturelles ou factices (m. d'). — Encriers perfectionnés (siphoïdes à pompes, inoxydables, etc.) (fab. ou m. d').

Fécules (m. de) en gros. — Fers vieux (m. de) en gros.

Graines fourragères, oléagineuses et autres (m. de) en demi-gros. (Celui qui vend habituellement par sac ou par balles.) — Grains et farines (commiss. en).

Halles, marchés et places publiques (ferm. ou adjud. des droits de place sur les) pour un prix de ferme de 5,000 à 10,000 fr.

Lait (m. de) en gros. (Celui qui vend aux crémiers, laitiers, cafetiers, etc.)

Maillechort et autres compositions métalliques (fab. ou m. en gros d'objets en). — Mandataire salarié pour l'administration des faillites (s'il en fait sa profession habituelle).

Octroi (adjud. des droits d') pour un prix d'adjudication de moins de 10,000 fr.

Plâtrier et plafonneur, entrepreneur. — Pommes à cidre (m. de) en gros. — Pommes de pins et d'autres arbustes résineux (m. de) en gros. — Pommes de terre (m. de) en gros. (Celui qui vend habituellement par quantité équivalente à 20 hectol. et au-dessus.) — Poteries (m. de) en gros.

Sabotier (fab., expéd.). — Sangsues (m. de) en demi-gros. — Sécheur de morues. (Celui qui se charge de laver et faire sécher en plein air la morue apportée en vert du banc de Terre-Neuve.)

Tonneaux, barriques, etc. (fabriq. de), pour expéditions maritimes et commerciales.

Cinquième classe.

Aubergiste ne logeant qu'à pied ou à cheval.

Boîtes de pendules, en zinc doré ou bronzé (fab. ou m. de). — Bois à brûler (m. de). (Celui qui n'ayant ni chantier, ni magasin, ni bateau, vend par voiture au domicile du consommateur le bois tiré directement de la coupe dont il n'est pas adjudicataire.) — Boucher à la cheville. (Celui qui revend la viande achetée par quartiers.)

Chandelles (m. de) en détail. — Charbon de terre épuré ou non (m. de) en demi-gros. (Celui qui vend habituellement aux détaillants et aux consommateurs par quantités inférieures à 1,000 kilog.) — Colle solide ou en poudre pour la clarification des vins et liqueurs (fab. de). — Coutellier (m.) en détail. — Cylindres pour filature (tourn. et couv. de).

Dents et râteliers artificiels (fab. et m. de).

Emplacement pour dépôt de marchandises (exploit. un). (Celui qui, propriétaire ou locataire d'un emplacement, reçoit des marchandises en dépôt, moyennant rétribution.)

Halles, marchés et places publiques (ferm. ou adjud. des droits de place sur les) pour un prix de ferme au-dessous de 5,000 fr.

Meules de moulin (m. de). — Monteur d'agrès et de manœuvres de navire. — Monteur de boîtes de montres (pour son compte).

Papiers, ou taffetas préparés pour usages médicinaux (m. de).

Rouge végétal (m. de) en détail.

Tir au pistolet (maître de). — Tricots à l'aiguille (fab. ou m. de).

Voiturier ou roulier (ayant plusieurs équipages).

Sixième classe.

Abeilles (m. d'). — Amidon (m. d') en détail. — Assortisseur (m. de petits coupons d'étoffes).

Batteur de graine (à manège). — Biberons (fab. de), pour son compte. — Bière ou cidre (m. de) en détail. — Blanchisseur de linge, ayant un établissement de buanderie. — Bottier ou cordonnier en boutique, travaillant sur commande avec ouvriers. — Boucher en petit bétail (ne vendant que veau, mouton, agneau, chevreau).—Broyeur à manège. — Bustes et figures en plâtre ou terre (moul. ou m. de).

Cafetières, bouillottes, marabouts (fab. ou m. de). — Cartes à jouer (m. de). — Carton en feuilles (fab. de), pour son compte. — Casquettes, toques, bonnets carrés et autres (fab. ou m. de). — Chaussons autres qu'en lisière (fab. de). — Chocolat (fab. de) n'employant ni machine à vapeur ni ouvriers. — Cimentier à manège. — Cols, collets et rabats (fab. de), pour son compte. — Cols, collets et rabats (m. de).

Diamants pour vitrier et miroitier (mont. de), pour son compte.

Fécules (m. de) en détail. — Feuilles de cuivre imitant l'or battu (m. de). — Forgeron (celui qui fait ou répare les instruments et outils aratoires).

Infirmerie d'animaux (tenant une). — Instruments de musique en cuivre (fact. de pièces d'), pour son compte.

Jaugeage des liquides (adjud. des droits de), pour un prix d'adjudication de plus de 2,000 fr.

Kaolin, pétunzé, manganèse (m. de).

Lin ou chanvre (fab. de). (Celui qui, après avoir roui et battu le lin ou le chanvre, le vend par bottes.) — Liseur de dessins. (Celui qui fait les dispositions nécessaires pour reproduire dans les tissus les dessins donnés par les fabricants.)

Maillechort et autres compositions métalliques (m. d'objets en) en détail. — Mesurage (ferm. des droits de), pour un prix de ferme de plus de 2,000 fr. — Meubles et outils d'occasion (m. de).

Pantoufles (m. de). — Papiers de fantaisie, papiers déchiquetés, papier végétal (fab. de), pour son compte — Papiers pour emballage et pour sacs (m. de). — Peignes d'écaille, d'ivoire, de corne, de buis, etc. (fab. de), pour son compte. — Plants, arbres ou arbustes (m. de). (Celui qui ne se borne pas à vendre les plants, arbres ou arbustes provenant des terrains par lui cultivés.) — Pesage (ferm. des droits de), pour un prix de ferme de plus de 2,000 fr. — Pianos (loueur de). — Piqueur de cartons. (Celui qui prépare les cartons destinés à reproduire dans les tissus les dessins donnés par les fabricants.) — Plafonneur et plâtrier. — Poudre d'or, de bronze et d'autres métaux (fab. ou m. de).

Quilles ou mail (maître de jeu de).

Sécheur de garance. (Celui qui fait sécher la garance récoltée par les propriétaires qui n'ont pas les appareils nécessaires pour la faire sécher eux-mêmes.)

Terrassier (maître). — Tissus grossiers et communs (m. de), sans assortiment. — Tonnelier (maître). — Tourneur en marbre ou en pierre. — Tours et autres ouvrages pour la coiffure en cheveux, soie, etc. (fab. ou m. de).

Vitraux (faiseur ou ajusteur de), pour son compte.

Yeux artificiels (fab. d').

Septième classe.

Arçons (fab. ou ferreur d').

Biberons (fab. de) à façon. — Bonbons et confiseries

(revend. de). — Bottier ou cordonnier sur commandes, travaillant seul en boutique ou en chambre. — Boursés, gants, mitaines, réseaux et autres ouvrages à mailles (fab. de). — Brocanteur dans les ventes (sans boutique ni magasin). — Bronze (metteur en). (Celui qui met en couleur de bronze des pendules, candélabres et autres objets en métaux.)

Cabriolets (maître de stat. de). (Celui qui loue des emplacements où, moyennant une rétribution, les cabriolets peuvent stationner. — Calendreur de vieilles étoffes ou de chapeaux de paille. — Cartons en feuilles (fab. de) à façon. — Charpentier à façon, travaillant à la journée pour des maîtres ou pour des particuliers qui lui fournissent la matière. — Charron à façon, travaillant à la journée pour des maîtres ou pour des particuliers qui lui fournissent la matière. — Colle de pâte, de peau, de graisse, de gélatine (fab. ou m. de). — Colliers de chiens (fab. et m. de). — Confiseur en chambre.—Cordons, lacets, tresses, ganses en fil, soie, laine, coton, etc. (fab. de), pour son compte. — Courtier de mouture. (Celui qui se charge de faire moudre le grain des particuliers dans les moulins exploités par d'autres.) — Couvreur à façon.

Déchets de soie, laine, coton, débris de cocons (m. de). — Découpeur en marqueterie. — Dépolisseur de verres. — Diamants pour vitriers et miroitiers (mont. de) à façon. — Doreur sur tranche, sur cuir, sur papier. — Drogues (pileur de).

Echelles et râteliers (fab. et m. de). — Estampeur en métaux autres que l'or et l'argent.—Étoffes (crêpeur d'). (Celui qui, après le tissage, crêpe les étoffes, pour en faire ressortir le duvet.)

Fendeur de brins de baleine ou de joncs. — Fendeur en bois. — Forgeron de petites pièces (à façon). — Fournier ou cuiseur. (Celui qui fait cuire le pain, la viande ou autres aliments pour les particuliers.)

Hallage (loueur de bêtes de trait pour le).

Instruments de musique en cuivre (fact. de pièces d') à façon.

Jaugeages des liquides (adjud. des droits de), pour un prix d'adjudication de 500 à 2,000 fr.

Librairie (agent de). — Logeur de chevaux et autres bêtes de somme.

Maçon à façon. — Mécanicien à façon (travaillant pour des maîtres ou des particuliers qui lui fournissent la matière). — Menuisier à façon (travaillant pour des maîtres ou des particuliers qui lui fournissent la matière).—Mesurage (ferm. des droits de), pour un prix de ferme de 500 à 2,000 fr. — Métreur de bâtiments, de bois, de pierres. — Monteur de boîtes de montre à façon.

Naturaliste préparateur à façon.

Oignons (cuiseur ou grilleur d'). — Outils, instruments et harnais à l'usage des ouvriers tisseurs (m. d').

Paille coupée pour chaises (m. de). — Pantoufles (fab. de), pour son compte. — Papiers de fantaisie, papier découpé, cliqueté, papier végétal (fab. de) à façon. — Papiers imprimés et vieux papiers (m. de). — Pastilleur. (Celui qui fait en pâte sucrée de petites figures, des fleurs et autres objets.) — Peigneur ou gratteur de toiles de coton. — Pesage (ferm. des droits de), pour un prix de ferme de 500 à 2,000 fr. — Plafonneur et plâtrier à façon. — Pompes de bois et pièces pour la conduite des eaux (fab. de).—Presseur d'étoffes pour les teinturiers et les dégraisseurs.

Raquettes ou volants (fab. de), pour son compte. — Raseur de velours. — Registres (fab. de) à façon. — Rentrayeur ou conservateur de tapis, de couverture de laine et de coton. — Roseaux préparés pour le tissage (m. de).

Sangsues (m. de) en détail. — Séchoir à linge (exploit. un). — Serrurier à façon (travaillant pour les maîtres qui lui fournissent la matière). — Sertisseur ou monteur à façon. (Celui qui monte des pierres fines ou fausses.)

Tailleur de pierres. — Tapisserie à la main (fab. de). — Tonnelier à façon. (Celui qui ne travaille qu'à la réparation ou à l'entretien chez les marchands et les fabricants ou chez les particuliers.) — Tondeur ou presseur de draps et autres étoffes de laine. — Tripier, cuiseur ou échaudeur d'abats, abatis et issues.

Vernisseur sur cuir, feutre, carton ou métaux (à façon). Vin, bière, cidre (débit. au petit détail). (Celui qui vend au pot ou à la bouteille et ne donne pas à boire chez lui.) — Vitraux (fais. ou ajust. de) à façon.

Huitième classe.

Assembleur ou brocheur.

Blanchisseur de bas de soie. — Bottier ou cordonnier à façon. (Celui qui travaille pour des maîtres qui lui fournissent la matière.) — Broyeur à bras. — Bûches, briquettes factices, mottes à brûler (m. de).

Cafetières, bouillottes ou marabouts (fab. de) à façon. — Casquettes, toques, bonnets carrés et autres (fab. de). — Chaises à porteur (loueur de). — Chapeaux (fab. de coiffes de). — Chapeaux (garniss. de). — Coloriste, enlumineur. — Cols, collets et rabats (fab. de) à façon. — Coquetier sans voiture ni bête de somme. — Cordons, lacets, tresses, ganses en fil, soie, laine, coton, etc. (fab. de) à façon. — Cylindres pour filature (garniss. de).

Encadreur d'estampes. — Épileur. — Étuis et sacs de papier (fab. de).

Ferreur de lacets.

Instruments pour les sciences (fab. d') à façon.

Jaugeage des liquides (adjud. des droits de), pour un prix de ferme de moins de 500 fr.

Maillechort et autres compositions métalliques (fab. d'objets en) à façon. — Mesurage (ferm. des droits de) pour un prix de ferme de moins de 500 fr.

Opticien à façon (travaillant pour des maîtres qui lui fournissent la matière).

Pantoufles (fab. de) à façon. — Peignes d'écaille, d'ivoire, de corne, de buis, etc. (fab. de), à façon. — Pesage (ferm. des droits de), pour un prix de ferme de moins de 500 fr.

Raquettes ou volants (fab. de) à façon. — Rognures de papier (m. de).

Satineur ou lisseur de papier. — Sciures de bois (m. de).

Tôlier à façon.

Voiturier ou roulier n'ayant qu'un équipage.

Tableau E, additionnel au tableau B de la loi du 25 avr. 1844.

Assureur maritime : À Paris (pour mémoire), 250 fr. —Dans les villes de 50,000 âmes et au-dessus, 200. — De 30,000 âmes à 50,000 âmes, et dans celles de 15,000 à 50,000 âmes, qui ont un entrepôt réel, 150. — De 15 à 50,000 âmes et dans celles au-dessous de 15,000 âmes, qui ont un entrepôt réel, 100. — Dans toutes les autres communes, 50.

Courtier en marchandises, domicilié dans une ville de 50,000 âmes et au-dessus, bien que breveté pour une commune de population inférieure, 200 fr.

Eau (entrepr. de distribut. d') fournissant la ville de Paris, en tout ou en partie (pour mémoire), 600 fr. — Une ville de 50,000 âmes et au-dessus, 400. — De 30,000 à 50,000 âmes, 200. — De 15,000 à 30,000 âmes, 150.— Au-dessous de 15,000 âmes, 75.

Pont (concession. ou ferm. de péage sur un) : Dans l'intérieur d'une ville de 20 à 50,000 âmes, 75 fr.

Vins (m. de), ayant son établissement dans l'entrepôt réel de la ville de Paris (pour mémoire), 103 fr.

Tableau F, additionnel au tableau C de la loi du 25 avr. 1844.

Première partie.

Barques et bateaux pour le transport des marchandises sur les fleuves, rivières et canaux (entrepr., matt. ou patron de), 15 cent. par chaque tonneau, jusqu'au maximum de 300 fr. — Si le conducteur n'est qu'un homme à gages, la patente est due par l'entrepreneur, le maître ou le patron qui l'emploie.

Canaux navigables avec péage, ou canaux d'irrigation (concession. de).

Magasin de plusieurs espèces de marchandises (tenant un). Lorsqu'il occupe habituellement plus de cinq personnes préposées à la vente, 25 fr. par personne, jusqu'au maximum de 1,000 fr.

Poterie (m. forain sur bateau de) : Pour un bateau, 50 fr. — Deux bateaux, 60. — Trois bateaux, 100.

Deuxième partie.

Amidon (fab. d'), 10 fr.—Plus 3 fr. par ouvrier, jusqu'au maximum de 200 fr.

Ardoisières (exploit. d'), 10 fr.—Plus 3 fr. par ouvrier, jusqu'au maximum de 400 fr.

Blanc de baleine (raffinerie de), 15 fr.—Plus 5 fr. par ouvrier, jusqu'au maximum de 200 fr.

Bougies, cierges, etc. (fab. de), 15 fr.—Plus 5 fr. par ouvrier, jusqu'au maximum de 500 fr.

Brique (fab. de), 5 fr.—Plus 2 fr. par ouvrier ou par série d'ouvriers momentanément employés, équivalente à un ouvrier employé complétement, jusqu'au maximum de 100 fr.

Chandelles (fab. de), 10 fr. — Plus 5 fr. par ouvrier, jusqu'au maximum de 100 fr.

Cire (blanchiss. de), 15 fr. — Plus 5 fr. par ouvrier, jusqu'au maximum de 200 fr.

Colle forte (fab. de), 15 fr. — Plus 5 fr. par ouvrier, jusqu'au maximum de 100 fr.

Colle végétale pour les papeteries (fab. de), 15 fr. — Plus 5 fr. par ouvrier, jusqu'au maximum de 100 fr.

Coke (fab. de), 15 fr. — Plus 5 fr. par four, jusqu'au maximum de 500 fr.

Crayons (fab. de), 15 fr. — Plus 5 fr. par ouvrier, jusqu'au maximum de 500 fr.

Encre d'impression (fab. d'), 15 fr.—Plus 5 fr. par ouvrier, jusqu'au maximum de 200 fr.

Esprit ou eau-de-vie de vin (fab. d'), 50 fr.—(Ce droit sera réduit de moitié pour les fabricants qui fabriquent moins de 100 hectol.)

Esprit ou eau-de-vie de marc de raisin, cidre, poiré, fécules et autres substances analogues (fab. d'), 25 fr. (Ce droit sera réduit de moitié pour les fabricants qui fabriquent moins de 100 hectol.)

Étain pour glaces (fab. d'), 15 fr.—Plus 5 fr. par ouvrier, jusqu'au maximum de 500 fr.

Fécule de pommes de terre (fab. de), 15 fr.—Plus 5 fr. par ouvrier, jusqu'au maximum de 200 fr.

Formes à sucre (fab. de), 15 fr.—Plus 5 fr. par ouvrier, jusqu'au maximum de 200 fr.

Fromages de Roquefort et autres fromages secs (fab. de), 50 fr.

Gélatine (fab. de), 15 fr. — Plus 5 fr. par ouvrier, jusqu'au maximum de 200 fr.

Glucose (fab. de), 15 fr.—Plus 5 fr. par ouvrier, jusqu'au maximum de 200 fr.

Papiers ou taffetas préparés pour usages médicinaux (fab. de), 50 fr.

Pâtes alimentaires (fab. de), 15 fr.—Plus 5 fr. par ouvrier, jusqu'au maximum de 200 fr.

Pointes (fab. de) par procédés ordinaires, 10 fr. — Plus 5 fr. par ouvrier, jusqu'au maximum de 500 fr.

Poterie (fab. de), 5 fr.—Plus 2 fr. par ouvrier, jusqu'au maximum de 200 fr.

Réglisse (fab. de), 15 fr.—Plus 5 fr. par ouvrier, jusqu'au maximum de 200 fr.

Savon (fab. de), 20 fr. — Plus 50 cent. par hectol. de capacité des chaudières, jusqu'au maximum de 400 fr.

Sel (raffinerie de), 25 fr.—Plus 5 fr. par ouvrier, jusqu'au maximum de 100 fr.

Sirop de fécules de pommes de terre (fab. de), 15 fr.—Plus 5 fr. par ouvrier, jusqu'au maximum de 200 fr.

Suif (fonf. de), 10 fr.—Plus 5 fr. par ouvrier, jusqu'au maximum de 100 fr.

Tuiles (fab. de), 5 fr.—Plus 2 fr. par ouvrier, jusqu'au maximum de 100 fr.

Vinaigre (fab. de), 25 fr.

Troisième partie.

Acier fondu ou acier de cémentation (fab. de), 10 fr. — Plus 5 fr. par ouvrier, jusqu'au maximum de 500 fr.

Aiguilles à coudre ou à tricoter, ou pour métiers à faire des bas (manufact. de), par procédés mécaniques, 15 fr. — Plus 5 fr. par ouvrier, jusqu'au maximum de 500 fr.

Blanchisserie de toile, fil, étoffes de laine pour le commerce, par procédé mécanique ou chimique, 15 fr.—Plus 5 fr. par ouvrier, jusqu'au maximum de 500 fr.

Bois de brosse (fab. de), par procédés mécaniques : par perçoir, 5 fr., jusqu'au maximum de 150 fr.

Brasserie, 70 cent. par hectolitre de capacité brute de toutes les chaudières, jusqu'au maximum de 400 fr. — (Ce droit sera réduit de moitié pour les brasseries qui ne brassent que quatre fois au plus par an, et d'un quart pour celles qui ne brassent que huit fois au plus par an.)

Charpie (fab. de) par procédés mécaniques : Par carde, 5 fr., jusqu'au maximum de 200 fr.

Clous et pointes (fab. de), par procédés mécaniques : Par métier, 5 fr., jusqu'au maximum de 400 fr.

Coutellerie (fab. expédit. de), 5 fr. — Plus 3 fr. par série d'ouvriers partiellement employés, équivalente à un ouvrier employé complètement, jusqu'au maximum de 100 fr.

Coutellerie (fab. de), non expéditeur, 4 fr.—Plus 2 fr. par série d'ouvriers partiellement employés, équivalente à un ouvrier employé complètement, jusqu'au maximum de 75 fr.

Déchireur de chiffons et vieilles étoffes de laine, par procédés mécaniques : Par machine, 10 fr., jusqu'au maximum de 100 fr.

Découpeur d'étoffes par procédés mécaniques : Par métier, 5 fr., jusqu'au maximum de 150 fr.

Épingles (manufact. d') par procédés mécaniques, 15 fr. — Plus 5 fr. par ouvrier, jusqu'au maximum de 500 fr.

Faux et faucilles (fab. de), 15 fr. — Plus 5 fr. par ouvrier, jusqu'au maximum de 500 fr.

Fer-blanc (fab. de), 50 fr. Plus 5 fr. par ouvrier, jusqu'au maximum de 400 fr.

Ferronnerie, serrurerie et clous forgés (fab. de), 5 fr. — Plus 5 fr. par ouvrier, jusqu'au maximum de 500 fr.

Forges et hauts fourneaux (maît. de) : Par haut fourneau au coke, 200 fr. — Par haut fourneau au bois, 100 fr. — Par chaufferie, feu, four ou fourneau de seconde fusion de toute usine de fer, 25 fr., jusqu'au maximum de 500 fr.—(Ces droits seront réduits de moitié pour les forges dites Catalanes et pour les forges de 1 à 2 marteaux, lorsqu'elles seront forcées, par manque ou par crue d'eau, de suspendre leur travail en tout ou en partie pendant un temps équivalent au moins à 4 mois.)

Foulonnier : Par pot à fouler ou à laver, 5 fr., jusqu'au maximum de 150 fr.

Foulonnier à la mécanique : Par machine à fouler ou à laver, 10 fr., jusqu'au maximum de 150 fr.

Galvanisation du fer (exploit. une usine pour la) : Par chaque four de fusion, 50 fr., jusqu'au maximum de 500 fr.

Horlogerie (fab. de pièces d') : Par procédés mécaniques, 10 fr. — Plus 5 fr. par ouvrier, jusqu'au maximum de 500 fr.

Laminerie (entrepr. de) : Par paire de cylindres de 1 m. de longueur et au-dessus, 100 fr.—Par paire au-dessous de 1 m. de longueur, 50 fr., jusqu'au maximum de 500 fr.

Limes (fab. de), 10 fr. —Plus 5 fr. par ouvrier, jusqu'au maximum de 500 fr.

Moulin ou autre usine à moudre, battre, triturer, broyer, pulvériser : Par paire de meules ou de cylindres, 5 fr., jusqu'au maximum de 500 fr. — Les usines fonctionnant au moyen de pilons seront taxées à raison de 1 fr. par pilon.—(Le droit sera réduit de moitié pour les moulins à vent et pour les moulins à eau, qui par manque ou par crue d'eau, sont périodiquement forcés de suspendre leur travail en tout ou en partie pendant un temps équivalent au moins à 4 mois.)

Moulinier en soie : Pour 100 tavelles et au-dessous, 10 fr. — Plus 10 fr. par chaque centaine de tavelles au-dessus de 100, jusqu'au maximum de 200 fr. — 200 broches compteront pour 100 tavelles—(Le droit sera réduit de moitié pour le moulinier en soie ni coton mélangée.)

Peignerie ou carderie de laine ou debourre de soie par procédés mécaniques : Par assortiment de machine à peigner ou à carder, 5 fr., jusqu'au maximum de 100 fr.

Peinture sur verre (exploit. un établiss. de) : Par four, 50 fr., jusqu'au maximum de 500 fr.

Polisseur ou tourneur d'objets en acier, cuivre, fer, par procédés mécaniques, 15 fr.—Plus 5 fr. par ouvrier, jusqu'au maximum de 100 fr.

Produits chimiques (manufact. de), 15 fr. — Plus 5 fr. par ouvrier, jusqu'au maximum de 500 fr.

Quincaillerie (fab. de), 10 fr.—Plus 5 fr. par ouvrier, jusqu'au maximum de 500 fr.

Scierie mécanique : Pour le sciage des bois de construction, de bâtisse et de menuiserie, par lame, 2 fr. — Pour le sciage des bois de marqueterie et placage, par lame, 1 fr. — Pour le sciage des pierres et du marbre, 50 c. par lame, jusqu'au maximum de 150 fr.—(Ces droits seront réduits de moitié pour les scieries qui, par manque ou par crue d'eau, sont forcées de suspendre leur travail en tout ou en partie pendant un temps équivalent au moins à 4 mois.)

Scies (fab. de), 10 fr.—Plus 5 fr. par ouvrier, jusqu'au maximum de 500 fr.

Sucre (raffinerie de), ayant moins de 25 ouvriers, 100 fr.

— De 25 à 50 ouvriers, 200 fr. — Plus de 50 ouvriers, 300 fr.

Tannerie de cuirs forts et mous, 10 fr. — Plus 25 c. par mètre cube de fosses et de cuves, jusqu'au maximum de 300 fr.

Teinturier pour les fabricants et les marchands, 15 fr. — Plus 5 fr. par ouvrier, jusqu'au maximum de 300 fr.

Tondeur de tapis par procédés mécaniques : Par tondeuse, 5 fr., jusqu'au maximum de 100 fr.

Transport des condamnés par voitures cellulaires, 300 fr.

Tréfilerie en fer ou laiton, 25 fr.—Plus 2 fr. 50 c. par bobine, jusqu'au maximum de 400 fr.

Ustensiles en fer battu (fab. de) par procédés mécaniques, 15 fr.—Plus 5 fr. par ouvrier, jusqu'au maximum de 300 fr.

Vis (manufact. de) par procédés mécaniques, 10 fr. —Plus 5 fr. par ouvrier, jusqu'au maximum de 300 fr.

Quatrième partie.

Apprêteur d'étoffes pour les fabriques, 15 fr.—Plus 5 fr. par ouvrier, jusqu'au maximum de 150 fr.

Cardes (manufact. de) par procédés mécaniques, 25 fr. —Plus 5 fr. par métier, jusqu'au maximum de 500 fr.

Collage et séchage de chaînes et tissus (exploit. un établiss. de), 15 fr. — Plus 5 fr. par ouvrier, jusqu'au maximum de 150 fr.

Cordes (fab. de) par procédés mécaniques : Pour 500 broches ou fuseaux et au-dessous, 10 fr. — Plus 1 fr. 50 c. pour chaque centaine de broches ou de fuseaux en sus, jusqu'au maximum de 400 fr.

Fil de coton, chanvre, lin (retordeur de) au moyen de moulins : Par chaque moulin, 5 fr., jusqu'au maximum de 400 fr. — Au moyen de broches, pour 500 broches et au-dessous, 10 fr. — Plus 1 fr. 50 c. par chaque centaine de broches en sus, jusqu'au maximum de 400 fr.

Filature de coton ou déchet de bourre de soie : Au-dessous de 500 broches, 10 fr. (non compris les métiers préparatoires).—Pour chaque centaine de broches au-dessus de 500, 1 fr. 50 c., jusqu'au maximum de 400 fr.

Lacets et tresses en laine ou coton (fab. de) par procédés mécaniques : Pour 5 broches et fuseaux et au-dessous, 10 fr.—Plus 1 fr. 50 c. par chaque centaine de broches ou fuseaux en sus, jusqu'au maximum de 400 fr.

Presses pour l'imprimerie, métiers mécaniques pour la filature et le tissage, et autres grandes machines (construct. de), employant moins de 25 ouvriers, 100 fr. — De 25 à 50 ouvriers, 200 fr. — Plus de 50 ouvriers, 300 fr.

Cinquième partie.

Carrières souterraines ou à ciel ouvert (expl. de), 5 fr. —Plus 5 fr. par ouvrier, jusqu'au maximum de 200 fr.

Cendres noires (extract. de), 5 fr. — Plus 5 fr. par ouvrier, jusqu'au maximum de 200 fr.

Chemins vicinaux (entrep. de l'entretien des), 10 fr.

Concerts publics (entrep. de) : Le quart d'une recette complète, si les concerts ont lieu plus de trois fois par semaine ; le huitième, si les concerts n'ont lieu qu'une, deux ou trois fois par semaine.

Minières non concessibles et extraction de minerai de fer (exploit. de), 5 fr. — Plus 5 fr. par ouvrier, jusqu'au maximum de 200 fr.

Tourbières (exploit. de), 5 fr.—Plus 5 fr. par ouvrier, jusqu'au maximum de 200 fr.

Tableau G additionnel au tableau D de la loi du 25 avr. 1844.—Professions assujetties seulement au droit proportionnel.

Droit proportionnel au 15e.

Architectes.—Avocats inscrits au tableau des cours et tribunaux. — Avocats au conseil d'État et à la cour de cassation. — Avoués et défenseurs devant la cour et les tribunaux. — Chirurgiens-dentistes. — Commissaires-priseurs — Docteurs en chirurgie. — Docteurs en médecine (1).—Greffiers.—Huissiers.—Mandataires agréés par les tribunaux de commerce. — Notaires. — Officiers de santé. — Référendaires du sceau. — Vétérinaires (2).—

(1, 2) Les médecins militaires et les vétérinaires attachés à l'armée, sont imposables quand ils ont une clientèle

Chefs d'institution, maîtres de pension. (Les locaux affectés au logement et à l'instruction des élèves ne seront pas compris dans l'estimation de la valeur locative)

Approuvé pour être annexé au déc. du 5 sept. 1851.

AG.—20 oct.-20 nov. 1852.—B. 424.—*Recensement de la population en 1852.*

Vu l'ord. du 31 janv. 1847 (art. 5);

Art. 1. — Il sera procédé, dans le cours de la présente année, par les soins des maires, des commissaires civils et, dans les territoires militaires, par les soins des autorités remplissant les fonctions d'officiers de l'état civil ou de leurs délégués, au dénombrement complet de la population européenne de l'Algérie, ainsi que de la population indigène (musulmane et israélite), habitant le territoire des communes et localités occupées par les Européens.

Art. 2.—Conformément aux dispositions du décr. du 1er fév. 1841, ne compteront pas dans le chiffre de la population servant de base à l'assiette de l'impôt des patentes et des droits de licitation, les catégories suivantes : — Corps de troupe de terre et de mer ;—Maisons de force et de correction ;—Maisons d'éducation correctionnelle et colonies agricoles de jeunes détenus ; — Prisons départementales ; — Dépôts de mendicité ; — Hospices et orphelinats ;—Collèges nationaux et communaux ; — Séminaires ; — Maisons d'éducation et écoles avec pensionnats ;—Communautés religieuses ; — Dépôts d'ouvriers ;—Établissements spéciaux des transportés ;—Réfugiés à la solde de l'État ;—Marins de commerce, absents pour les voyages de long cours.   Comte RANDON.

DI.—19 janv.-8 mai 1856.—B. 494.—*Métiers à façon. — Dispositions déclarées exécutoires en Algérie.*

Loi du 10 juin 1853.

Art. 13. —A partir du 1er janv. 1854, les fabricants à métiers à façon ayant moins de dix métiers seront exemptés de la patente.

DI. — 27 sept.-16 déc. 1858. — BM. 7. — *Les cultivateurs en Algérie, dont les pressoirs sont spécialement affectés au service de leur exploitation ne sont point soumis à la patente.*

Pêche.

DIVISION.

§ 1. — Pêche côtière.
§ 2. — Pêche du corail.

§ 1. — PÊCHE CÔTIÈRE.

DP. — 22 nov.-18 déc. 1852, — B. 427. — *Application en Algérie du décret du 9 janv. 1852.*

Vu le décr. du 9 janv. 1852 sur l'exercice de la pêche côtière;

Art. 1. — Le décr. du 9 janv. 1852 sur l'exercice de la pêche côtière, publié à la suite du présent décret, est rendu applicable et exécutoire en Algérie.

Art. 2. — Les attributions dévolues par ledit décret au ministre de la marine et des colonies seront exercées, en ce qui concerne l'Algérie, par le ministre de la guerre.

Art. 3. — Les règlements déterminés par les art. 2 et 3 du déc. du 9 janv. 1852 seront établis en Algérie par des arrêtés du ministre de la guerre.

Décret du 9 janv. 1852.

Art. 1. — L'exercice de la pêche côtière, ou pêche du poisson et du coquillage, tant à la mer,

civile. — Décis. min. 11 sept. 1858 ; *Conseil d'État,* 9 janv. 1855.

le long des côtes, que dans la partie des fleuves, rivières et canaux où les eaux sont salées, est soumis aux dispositions suivantes.

Art. 2. — Aucun établissement de pêcherie, de quelque nature qu'il soit; aucun parc, soit à huîtres, soit à moules; aucun dépôt de coquillage ne pourront être formés sur le rivage de la mer, le long des côtes, ni dans la partie des fleuves, rivières et canaux où les eaux sont salées, sans une autorisation spéciale, délivrée par le ministre de la marine. — Un règlement d'administration publique déterminera les formes suivant lesquelles cette autorisation sera accordée et pourra être révoquée.

Art. 3. — Des décrets détermineront, pour chaque arrondissement ou sous-arrondissement maritime : — 1° L'étendue de côte devant laquelle chaque espèce de pêche est permise; — 2° La distance de la côte, ainsi que des graus, embouchures de rivières, étangs ou canaux, à laquelle les pêcheurs devront se tenir; — 3° Les époques d'ouverture et de clôture des diverses pêches; l'indication de celles qui seront libres pendant toute l'année; les heures pendant lesquelles les pêches pourront être pratiquées; — 4° Les mesures d'ordre et de police à observer dans l'exercice de la pêche en flotte; — 5° Les rets, filets, engins, instruments de pêche prohibés; les procédés et modes de pêche prohibés; — 6° Les dispositions spéciales propres à prévenir la destruction du frai et à assurer la conservation du poisson et du coquillage, notamment celles relatives à la récolte des herbes marines; la classification du poisson qui sera réputé frai; les dimensions au-dessous desquelles les diverses espèces de poissons et de coquillages ne pourront être pêchés et devront être rejetées à la mer ou, pour les coquillages, déposées en des lieux déterminés; — 7° Les prohibitions relatives à la pêche, à la mise en vente, à l'achat, au transport et colportage ainsi qu'à l'emploi, pour quelque usage que ce soit, du frai ou du poisson assimilé au frai, et du coquillage qui n'atteint pas les dimensions prescrites; — 8° Les appâts défendus; — 9° Les conditions d'établissement de pêcheries, de parcs à huîtres, à moules, et de dépôts de coquillages; les conditions de leur exploitation; les rets, filets, engins, bateaux et autres instruments, ainsi que les matériaux qui pourront y être employés; — 10° Les mesures de police touchant l'exercice de la pêche à pied; — 11° Enfin, et généralement, les mesures d'ordre et de précaution propres à assurer la conservation de la pêche et à en régler l'exercice.

Art. 4. — Les préfets maritimes et, dans les sous-arrondissements, les chefs du service de la marine, fixeront par des arrêtés les époques d'ouverture et de clôture de la pêche des huîtres et des moules, et détermineront les huîtrières et moulières qui sont mises en exploitation. — Ces arrêtés seront, dans la quinzaine, transmis au ministre de la marine.

Art. 5. — Quiconque aura formé, sans autorisation, un établissement de pêcherie, de parc à huîtres ou à moules, ou de dépôt de coquillage, de quelque nature qu'il soit, sera puni d'une amende de 50 fr. à 250 fr., et pourra, en outre, être puni d'un emprisonnement de six jours à un mois. — La destruction des établissements formés sans autorisation aura lieu aux frais des contrevenants.

Art. 6. — Sera puni des peines portées par l'article précédent : — 1° Quiconque se sera servi d'appâts prohibés; — 2° Quiconque, dans l'établissement ou l'exploitation des pêcheries, parcs ou dépôts autorisés, aura contrevenu aux décrets rendus en exécution du § 9 de l'art. 3. — Dans ce cas, l'autorisation pourra être révoquée et les éta-

blissements détruits aux frais des contrevenants.

Art. 7. — Sera puni d'une amende de 25 fr. à 125 fr., ou d'un emprisonnement de 3 à 20 jours : — 1° Quiconque aura fabriqué, détenu hors de son domicile, ou mis en vente les rets, filets, engins, instruments de pêche prohibés par les règlements, ou en aura fait usage; — 2° Quiconque aura contrevenu aux dispositions spéciales établies par les règlements pour prévenir la destruction du frai et du poisson assimilé au frai, ou pour assurer la conservation et la reproduction du poisson et du coquillage; — 3° Quiconque aura fait usage d'un procédé ou mode de pêche prohibé par un décret rendu en exécution du § 5 de l'art. 3; — 4° Quiconque aura pêché, transporté, mis en vente ou employé à un usage quelconque le frai, le poisson assimilé au frai, le poisson ou le coquillage dont les dimensions n'atteindraient pas le minimum déterminé par les règlements. — La peine sera double lorsque le transport aura lieu par bateaux, voitures ou bêtes de somme.

Art. 8. — Sera puni d'un emprisonnement de 2 à 10 jours et d'une amende de 5 à 100 fr. : — 1° Quiconque se livrera à la pêche pendant les temps, saisons et heures prohibés, ou aura pêché en dedans des limites fixées par les décrets ou arrêtés rendus pour déterminer la distance de la côte, de l'embouchure des étangs, rivières et canaux dans lesquels la pêche aura été interdite; — 2° Quiconque aura enfreint les prescriptions relatives à l'ordre et à la police de la pêche en flotte; — 3° Quiconque se sera refusé à laisser opérer dans les pêcheries, parcs, lieux de dépôt de coquillages, bateaux de pêche et équipages, les visites requises par les agents chargés, aux termes du § 1 de l'art. 14, de la recherche et de la constatation des contraventions.

Art. 9. — Seront punies d'une amende de 2 à 50 fr., ou d'un emprisonnement d'un à cinq jours, toutes autres contraventions aux règlements rendus en exécution de l'art. 3.

Art. 10. — En cas de conviction de plusieurs infractions à la présente loi et aux arrêtés et règlements rendus pour son exécution, la peine la plus forte sera seule prononcée. — Les peines encourues pour des faits postérieurs à la déclaration du procès-verbal de contravention pourront être cumulées, s'il y a lieu, sans préjudice des peines de la récidive.

Art. 11. — En cas de récidive, le contrevenant sera condamné au maximum de la peine de l'amende ou de l'emprisonnement; ce maximum pourra être élevé jusqu'au double. — Il y a récidive lorsque, dans les deux ans précédents, il a été rendu contre le contrevenant un jugement pour contravention en matière de pêche.

Art. 12. — Pourront être déclarés responsables des amendes prononcées pour contraventions prévues par la présente loi, les armateurs des bateaux de pêche, qu'ils en soient ou non propriétaires, à raison des faits des patrons et équipages de ces bateaux; ceux qui exploitent les établissements de pêcheries, de parcs à huîtres ou à moules et de dépôts de coquillages, à raison des faits de leurs agents ou employés. — Ils seront, dans tous les cas, responsables des condamnations civiles. Seront également responsables, tant des amendes que des condamnations civiles, les pères, maris et maîtres, à raison des faits de leurs enfants mineurs, femmes, préposés ou domestiques. — Cette responsabilité sera réglée conformément au dernier paragraphe de l'art. 1384 c. Nap.

Art 13. — La recherche des rets, filets, engins et instruments de pêche prohibés, pourra être faite à domicile chez les marchands et fabricants.

Art. 14. — Les rets, filets, engins et instruments de pêche prohibés seront saisis; le jugement en ordonnera la destruction. — Le poisson et le coquillage saisis pour cause de délit seront vendus, sans délai, dans la commune la plus voisine, dans les formes prescrites par l'art. 49 de la loi du 15 avr. 1829; le prix en sera confisqué en cas de condamnation. — Les officiers et agents, chacun dans la limite de ses attributions, ont le droit de requérir directement la force publique pour la répression des infractions en matière de pêche maritime, ainsi que pour la saisie des filets, engins et appâts prohibés et du poisson et des coquillages pêchés en contravention.

Art. 15. — Le produit des amendes et confiscations sera attribué à la caisse des invalides de la marine, sous la déduction du cinquième de ces amendes et confiscations, lequel sera attribué à l'agent qui aura constaté la contravention, sans que cette allocation puisse excéder 25 fr. pour chaque infraction.

Art. 16. — Les infractions sont recherchées et constatées par les commissaires de l'inscription maritime, les officiers et officiers-mariniers commandant les bâtiments et les embarcations gardes-pêches, les inspecteurs des pêches maritimes, les syndics des gens de mer, les prud'hommes-pêcheurs, les gardes-jurés de la marine, les gardes maritimes et les gendarmes de la marine. — Lorsque l'infraction portera sur le fait de vente, transport ou colportage du frai, du poisson assimilé au frai, du poisson ou coquillage n'atteignant pas les dimensions prescrites, elle pourra être également constatée par les officiers de police judiciaire, les agents municipaux assermentés, les employés des contributions indirectes et des octrois.

Art. 17. — Les procès-verbaux devront être signés; ils devront, et à peine de nullité, être en outre affirmés dans les trois jours de la clôture des dits procès-verbaux par-devant le juge de paix du canton ou l'un des suppléants, ou par-devant le maire ou l'adjoint, soit de la commune de la résidence de l'agent qui dresse le procès-verbal, soit de celle où le délit a été commis. — Toutefois, les procès-verbaux dressés par les officiers du commissariat de la marine chargés du service de l'inscription maritime, par les officiers et officiers-mariniers commandant les bâtiments et embarcations garde-pêches, et les inspecteurs des pêches maritimes, ne sont point soumis à l'affirmation.

Art. 18. — Toutes poursuites en raison des infractions commises à la présente loi et aux décrets et arrêtés rendus en exécution des art. 3 et 4, seront portées devant les tribunaux correctionnels. — Si le délit a été commis en mer, elles seront portées devant le tribunal du port auquel appartient le bateau. — Ces poursuites seront intentées dans les trois mois qui suivront le jour où la contravention aura été constatée. — A défaut de poursuites intentées dans ce délai, l'action publique et les actions privées relatives aux contestations entre pêcheurs seront prescrites.

Art. 19. — Les poursuites auront lieu à la diligence du ministère public, sans préjudice du droit de la partie civile. Elles pourront être aussi intentées à la diligence des officiers de commissariat chargés de l'inscription maritime. Ces officiers, en cas de poursuites par eux faites, ont droit d'exposer l'affaire devant le tribunal, et d'être entendus à l'appui de leurs conclusions.

Art. 20. — Les procès-verbaux feront foi jusqu'à inscription de faux. — A défaut de procès-verbaux, ou en cas d'insuffisance de ces actes, les infractions pourront être prouvées par témoins.

Art. 21. — Les citations, actes de procédure et jugements sont dispensés du timbre et enregistrés gratis. — Les citations et significations seront faites et remises sans frais par les syndics des gens de mer, les gardes-jurés, les gardes maritimes et les gendarmes de la marine. Si la contravention a été constatée par des officiers de police judiciaire, des agents municipaux assermentés, des employés des contributions indirectes ou des octrois, les significations pourront être aussi remises par les agents de la force publique. — Les jugements seront signifiés par simple extrait contenant le nom des parties et le dispositif du jugement. — Cette signification fera courir les délais d'opposition, d'appel et de pourvoi en cassation.

Art. 22. — En cas de recours en cassation, l'amende à consigner est réduite à moitié du taux fixé par l'art. 419 c. inst. crim.

Art. 23. — Les receveurs de l'administration de l'enregistrement et des domaines sont chargés du recouvrement des amendes prononcées pour contraventions à la présente loi, et aux décrets et arrêtés rendus pour son exécution. Ils verseront les fonds en provenant dans les mains des trésoriers de la caisse des invalides de la marine.

Art. 24. — Sont et demeurent abrogés, en ce qu'ils ont de contraire aux dispositions de la présente loi, les lois et règlements aujourd'hui existants sur la police de la pêche côtière ou pêche du poisson et du coquillage à la mer, le long des côtes, ainsi que dans la partie des fleuves, rivières et canaux où les eaux sont salées. — Sont également abrogés les règlements relatifs à la récolte du varech, sart, goëmon et autres herbes marines. — Toutefois, ces lois et règlements continueront provisoirement à être exécutés, mais sous les peines ci-dessus énoncées pour les contraventions aux dispositions qu'ils contiennent, jusqu'à la publication des décrets à intervenir en conformité de l'art. 3, laquelle publication devra avoir lieu dans l'année qui suivra la promulgation de la présente loi. — Il n'est d'ailleurs pas dérogé à la loi du 23 juin 1840, sur les pêcheries dans les mers situées entre les côtes de France et celle du royaume uni de la Grande-Bretagne et de l'Irlande.

LOUIS-NAPOLÉON.

ARR. — 30 oct.-8 déc. 1854. — B. 471. — Surveillance des établissements de pêche.

Vu le décr. du 22 nov. 1852 et les art. 2 et 4 du décr. du 9 janv. 1852;

Art. 1. — Le contre-amiral, commandant supérieur de la marine en Algérie, demeurera seul chargé à l'avenir de la surveillance de tous les établissements de pêche existant sur le littoral algérien.

Art. 2. — Toutes dispositions contraires à la teneur du présent arrêté sont et demeurent abrogées.   VAILLANT.

ARR. — 24 sept. 1856-16 fév. 1857. — B. 505. — Règlement général pour l'Algérie.

Vu le décr. du 22 nov. 1852, et le décr. du 9 janv. de la même année (ci-dessus); — Vu notamment l'art. 3 du premier de ces décrets; — Vu les décr. du 4 juill. 1853, portant réglementation de la police de la pêche côtière pour les 2e, 3e et 4e arrondissements maritimes en France; — Le règlement dont la teneur suit sera exécuté sur toute l'étendue du littoral de l'Algérie.

TIT. 1. — Police de la pêche côtière. — Dispositions préliminaires.

Art. 1. — La police supérieure de la pêche côtière, tant à la mer, le long des côtes, que dans la partie des fleuves, rivières et canaux où les eaux sont salées, est exercée en Algérie par le commandant supérieur de la marine, sous l'autorité du gouverneur général. — Cette attribution est dévolue, sous l'autorité du commandant supérieur de la marine, au chef du service administratif de la marine. Les commissaires de l'inscription maritime, ou , à leur défaut, les directeurs des ports militaires et de commerce, sont spécialement chargés, sous les ordres immédiats de cet administrateur supérieur, d'assurer l'exécution des lois et règlements concernant la pêche côtière. — Dans ces fonctions, ils sont secondés par les officiers et officiers-mariniers commandant les bâtiments de la station de l'Algérie et les embarcations garde-pêches, ainsi que par les inspecteurs des pêches, les prud'hommes-pêcheurs, les gardes maritimes, les gendarmes de la marine et tous les agents assermentés qui pourront être ultérieurement chargés du même service. — La police des faits de vente, transport ou colportage du frai, du poisson assimilé au frai, du poisson et du coquillage n'atteignant pas les dimensions prescrites, est exercée, concurremment avec les officiers et agents mentionnés ci-dessus, par les officiers de police judiciaire, les agents municipaux assermentés, les employés des contributions directes et des octrois. — Les officiers et maîtres de port de commerce sont tenus de déférer aux ordres ou réquisitions des commissaires de l'inscription maritime, concernant la police des pêches.

Art. 2. — En temps de guerre, la pêche ne peut être interdite , suspendue ou limitée que par l'ordre du ministre de la guerre. — Toutefois, en cas d'urgence, le gouverneur général, après avoir pris l'avis du commandant supérieur de la marine, exerce le même droit , sauf à rendre compte immédiatement au ministre de ces dispositions.

Art. 3. — Il peut être établi des inspecteurs des pêches dans toutes les localités où la nécessité s'en fait sentir. — Ces agents, choisis, par préférence, parmi les anciens officiers de vaisseau, administrateurs de la marine, ou capitaines au long cours, sont nommés par le ministre de la guerre, sur la présentation du gouverneur général, et sur les propositions du commandant supérieur et l'avis du chef du service administratif.

Art. 4. — Les inspecteurs des pêches sont divisés en deux classes, et rétribués comme il est dit au tableau A, ci-annexé (1). — Ils sont placés sous les ordres directs de l'inscription maritime.

Art. 5. — Il peut être établi des gardes maritimes dans chaque quartier ou direction de port de l'Algérie. — Le nombre de ces agents est fixé, suivant les nécessités du service , par le ministre de la guerre.

Art. 6. — Les candidats à l'emploi de garde maritime devront justifier des conditions suivantes :
1° Être âgé de 25 ans au moins et présenter toutes les conditions de validité nécessaires pour garantir une complète aptitude à faire le service purement actif auquel les gardes maritimes sont destinés ;
— 2° Avoir accompli trois années au moins de service à l'État comme matelot ou officier-marinier ;
— 3° Savoir lire et écrire, et être en état de rédiger un procès-verbal. — A défaut d'officiers-mariniers ou de matelots, les militaires libérés de tous les corps de la guerre ou de la marine et les patrons indigènes pourront aussi être nommés à l'emploi de garde maritime, lorsque, d'ailleurs, ils rempliront les conditions d'âge, de validité et d'instruction qui viennent d'être déterminées.

Art. 7. — Les gardes maritimes sont nommés par le gouverneur général de l'Algérie, sur la proposition du commandant supérieur de la marine et l'avis du chef du service administratif. — Une commission sera délivrée à chaque garde par le commandant supérieur de la marine ; elle sera enregistrée au greffe du tribunal de 1re inst. du ressort de la résidence du garde maritime ; et

cet agent devra, avant d'entrer en fonctions, prêter serment devant le tribunal.

Art. 8. — Les gardes maritimes sont divisés en trois classes et rétribués comme il est dit au tableau A, ci-annexé (1). — Ils sont subordonnés aux inspecteurs des pêches.

Art. 9. — Les gardes maritimes surveillent les bateaux employés à la navigation ou à la pêche, et s'assurent tant de l'inscription sur les rôles que de la présence à bord des marins qui doivent composer les équipages desdits bateaux. — Ils surveillent également l'installation des parcs, pêcheries, filets, engins et instruments quelconques servant à la pêche. Ils tiennent la main à ce qu'il ne soit point fait usage de filets ou engins prohibés, et à ce que la pêche ait lieu selon le mode prescrit comme aux époques déterminées ; en un mot, ils veillent à la stricte observation de toutes les prescriptions et règlements relatifs à la navigation ou à la pêche. — Ils dressent, sous peine de destitution, le procès-verbal de toute contravention reconnue par eux, et le transmettent dans les 24 heures aux inspecteurs des pêches ou aux commissaires de l'inscription maritime. Ils doivent communiquer à ces fonctionnaires les observations qu'ils ont pu faire dans l'intérêt de la pêche. — Il leur est, en outre, prescrit de signaler, sans délai, à l'autorité dont ils relèvent, tout naufrage ou toute épave dont ils viendront à avoir connaissance, et d'agir au besoin dans l'intérêt du salut des personnes et des choses, jusqu'à l'arrivée sur le lieu du sinistre de l'autorité compétente en matière de naufrage. — Enfin ces agents sont chargés de veiller à l'exécution des lois et règlements sur la pêche côtière et sur la police de la navigation, et de provoquer la répression des contraventions y relatives.

Art. 10. — Il pourra être alloué une indemnité annuelle à ceux des gardes maritimes qui auront, dans leurs attributions, soit la surveillance des moulières ou autres bancs de coquillages, soit celle des pêcheries ou parcs auxquels on ne pourrait arriver qu'au moyen d'un bateau.

Art. 11. — Il peut être établi des prud'hommes pêcheurs dans les quartiers ou directions de port où la pêche a de l'importance.

Art. 12. — Ces prud'hommes sont nommés, sur la proposition du chef du service administratif, par le commandant supérieur de la marine.

Art. 13. — Les prud'hommes pêcheurs sont choisis parmi les anciens patrons de bateau , les maîtres au cabotage, les capitaines au long cours, les armateurs de bateau de pêche et les anciens administrateurs ou officiers de la marine possédant des connaissances spéciales en matière de pêche.

Art. 14. — Le nombre des prud'hommes pêcheurs est déterminé par le commandant supérieur de la marine , sur la proposition du chef du service administratif, suivant l'importance de la pêche dans les localités où ils sont établis.

Art. 15. — Ils concourent à faire exécuter les lois et règlements concernant la pêche côtière, et à assurer la répression des contraventions y relatives. — Ils recueillent, en outre, les renseignements de nature à intéresser cette industrie, et les communiquent aux commissaires de l'inscription maritime sous l'autorité desquels ils sont placés.

Art. 16. — Les fonctions de prud'hommes pêcheurs sont gratuites. — Le temps passé dans l'exercice de ces fonctions compte comme service en paix sur les bâtiments de la flotte et donne droit à la pension dite demi-solde, conformément à l'art. 10 des décr. du 4 juill. 1855, relatifs aux 2e, 3e et 4e arrondissements maritimes en

(1) 1re cl., 1,800 fr. — 2e cl., 1,500 fr. par an.

(1) 1re cl., 900 fr. — 2e cl., 750 fr., 3e cl., 600 fr.

France, pourvu que le titulaire réunisse au moins deux cents mois de navigation ou ait été blessé au service de l'État.

Art. 17. — Les prud'hommes pêcheurs dont la conduite donne des sujets de plainte sont suspendus ou révoqués de leurs fonctions par le commandant supérieur de la marine en Algérie, sur la proposition du chef du service administratif, et d'après les rapports des commissaires de l'inscription maritime.

Art. 18. — Les gendarmes de la marine sont tenus d'exécuter les ordres concernant la police des pêches qu'ils reçoivent des commissaires de l'inscription maritime de leur résidence.

Art. 19. — Il est défendu aux officiers et agents chargés de la police des pêches d'exiger ou de recevoir des pêcheurs aucune rétribution, soit en nature, soit en argent, sous peine d'être poursuivis comme concussionnaires. — Il leur est également interdit de se livrer eux-mêmes à la pêche, ou de prendre directement ou indirectement un intérêt dans la pêche, ou dans le commerce du poisson frais ou salé, ou du coquillage.

Art. 20. — Les contraventions aux lois et règlements sur la pêche côtière, commises tant à la mer, le long des côtes, que dans la partie salée de fleuves, rivières et canaux, peuvent être constatées par tous les agents de la marine chargés de la police des pêches, à quelque port ou quartier qu'ils appartiennent.

Art. 21. — Dans l'exercice de leurs fonctions, les inspecteurs des pêches, les gardes maritimes et les prud'hommes-pêcheurs portent l'uniforme et les marques distinctives ci-après : (suivent ces détails de costume).

Tit. 2. — *Littoral de l'Algérie. — Limites de la pêche maritime.*

Art. 22. — Le littoral de l'Algérie est limité, à l'E. par la frontière de Tunis, et à l'O. par celle du Maroc. — Il comprend les douze quartiers ou directions de ports ci-après : Bône, Stora, Djidjelli, Bougie, Dellys, Alger, Cherchell, Tenès, Mostaganem, Arzew, Mers el Kébir et Nemours.

Art. 23. — La pêche est maritime, c'est-à-dire libre, sans fermage ni licence, tant sur les côtes que dans les fleuves et rivières désignés aux tableaux suivants, jusqu'au point de cessation de salure des eaux.

Bône : la Mafrag 4 kil. (limite de la salure des eaux); la Seybouse, 6 id.; la Boudjima, 1 id.; l'Oued-el-Kébir, 2 id.; — *Stora :* Saf-Saf, 1 id.; Oued-el-Guebk, 1 id.; — *Djidjelli :* Oued-Nil, 1 id.; Imgel. 1 id.; — *Bougie :* Sumam (ou) Oued-Sahel (ou) Oued-el-Kébir, 1 id.; Oued-Djéma, 1 id.; Oued-Agriomn, 1 id.; Oued-Ziamath, 1 id.; — *Dellys.* — *Alger :* Oued-Isser, 3 id.; Regbala, 2 id.; Mazafran, 3 id. — *Cherchell.* — *Tenès.* — *Mostaganem:* Oued-Chelif, 1 id.; Macta, pont de la Macta. — *Arzew.* — *Mers-el-Kébir.* — *Nemours :* le Rio-Salado, 20 kilom.; la Tafna, 1 id.

Tit. 3. — *Époques d'ouverture et de clôture des différentes pêches. — Indication de celles qui sont libres pendant toute l'année. — Heures pendant lesquelles certaines pêches sont interdites.*

Art. 24. — La pêche de la sardine et du hareng est permise depuis le moment où ces poissons de passage arrivent sur le littoral de l'Algérie jusqu'au jour où ils le quittent. — La pêche de la sardine ouvre une heure avant le lever du soleil et ferme une heure après son coucher. — Elle est interdite pendant la nuit.

Art. 25. — La pêche de tous les poissons non mentionnés dans l'art. 24 est permise pendant toute l'année, en se conformant aux dispositions du présent arrêté.

Art. 26. — La pêche des huîtres ouvre le 1er septembre et ferme le 30 avr. — Elle est interdite avant le lever et après le coucher du soleil.

Art. 27. — La pêche des moules commence et finit aux mêmes époques et aux mêmes heures que celle des huîtres.

Art. 28. — La pêche des huîtres et des moules n'est permise, même pendant les périodes d'ouverture, que sur les huîtrières et moulières dont le commandant supérieur de la marine a autorisé l'exploitation.

Art. 29. — La pêche à pied des huîtres et des moules est interdite pendant le même temps que la pêche en bateau de ces coquillages; dans la période d'ouverture, elle est également prohibée avant le lever et après le coucher du soleil.

Art. 30. — La pêche des autres coquillages, poissons à croûte et crustacés, est permise pendant toute l'année.

Tit. 4. — *Rêts, filets, engins et instruments de pêche, procédés et modes de pêche prohibés.*

Art. 31. — Sont prohibés, dans toute l'étendue du littoral de l'Algérie, les rêts, filets, engins, instruments, modes et procédés de pêche autres que ceux décrits ci-dessous et au titre 11 des pêcheries.

Filets sédentaires.

1° La bouguière, buguière ou bogara. — Les mailles de ce filet auront au moins 23 millim. en carré — Le filet composé de 4 pièces ne pourra excéder 450 mèt. en longueur, et avoir plus de 14 mèt. de hauteur ou chute. — Il ne pourra être chargé de plus de 200 gr. de plomb par mètre de longueur. — L'usage en est autorisé toute l'année.

2° La rissole ou societière. — La longueur de ce filet n'excédera pas 150 mèt., et sa hauteur ou chute 6 mèt. 50 cent. — Les mailles mesureront au moins 100 millim. en carré. — Il pourra être chargé de 100 gr. de plomb par mètre. — L'usage en est autorisé toute l'année.

3° La palamidière, combrière ou recitinara. — Ce filet, formé de 5 pièces de 150 mèt. de longueur et 20 mèt. de hauteur ou chute, aura des mailles de 70 millim. en carré. — Il pourra être chargé de 50 gr. de plomb par mètre de longueur. — L'emploi en est autorisé toute l'année.

4° Le thonaire ou tonara. — Formé de 5 pièces d'une longueur totale de 400 mèt. sur 20 mèt. de chute ou hauteur. — Les mailles de ce filet ne pourront être moindres de 155 millim. en carré. — Le plomb dont il sera chargé n'excédera pas 55 gr. par mètre courant de longueur. — L'emploi en est autorisé du 1er juin au 30 sept.

5° La mugelière ou mulière. — Ce filet est composé de 4 pièces, dont la longueur totale ne dépassera pas 140 mèt.; la chute ou hauteur des pièces sera de 10 mèt.; les mailles seront de 20 millim. en carré. — Il pourra être chargé de 25 gr. de plomb, par mètre de longueur. — L'emploi en est autorisé du 1er sept. au 1er mars.

6° La rattade de poste ou schletta. — Filet composé de 4 pièces, ayant un total de 150 mèt. de longueur sur 5 mèt. de chute ou hauteur. — Le plomb dont il sera chargé n'excédera pas 200 gr. par mèt. — Le minimum de la maille, mesurée d'un nœud à l'autre, des quatre côtés, sera de 28 millim. — L'emploi en est autorisé toute l'année, du coucher au lever du soleil.

7° La rattade simple, rattade en bandeau hantée. — Filet composé de 10 pièces de 150 mèt. de longueur sur 10 mèt. de chute ou hauteur. Il pourra être chargé de 200 gr. de plomb par mètre de longueur. — Le minimum de la maille sera de 28 millim. — L'emploi en est autorisé toute l'année, du coucher au lever du soleil.

8° La rattade à trémaille. — Filet composé d'une rattade simple et d'une trémaille ou entremaillade. — L'emploi en est autorisé toute l'année, du coucher au lever du soleil. — Filets dormants à trois nappes.

9° La trémaille, entremaillade, tramaux ou tremacé. — Filet composé de 24 pièces de 60 mèt. de longueur sur 2 mèt. de chute ou hauteur. — Le plomb dont il sera chargé n'excédera pas 150 gr. par mètre de longueur. — Le minimum de la maille est fixé à 35 millim. — L'emploi en est autorisé toute l'année, du coucher au lever du soleil. — Filets flottants à simple nappe.

10° Le sardinal. — La longueur de ce filet ne dépassera pas 600 mèt. sur 20 mèt. de chute ou hauteur. — Il pourra être chargé de 200 gr. de plomb par mètre courant. — Le minimum de la maille est fixé à 10 millim. en carré.

11° L'aiguillère. — Filet composé de 5 pièces de 130 mèt. de longueur sur 10 mèt. de chute ou hauteur. — Il pourra être chargé de 50 gr. de plomb par mètre de longueur. — Le minimum de la maille reste fixé à 13 millim. en carré. — L'emploi de ce filet est autorisé du 1er mars au 50 juin.

12° La chevrettière, cambaroutière ou drague à chevrettes. — L'ouverture de cette drague aura 2 mèt. au plus de largeur, et le sac une profondeur de 2 mèt. au maximum. — Les mailles auront au moins 12 millim. en carré. — Au lieu d'une lame en fer, cette drague sera garnie d'une ralingue en cordage, à laquelle des plombs ou des pierres pourront être fixés, au moyen de hamels de 1 décim. de longueur au moins. Le poids total de ces plombs ou pierres n'excèdera pas 750 gr. — Au milieu des supports ou chandeliers de la drague, il pourra être placé une traverse ou tige en fer pour contenir l'ensemble du système. — L'usage de cet engin n'est permis que du 1er oct. au 50 avr.

13° La drague à huitres. — La drague à huitres, cernée de fer, porte un sac se terminant en carré. La lame de la drague ne pourra excéder 1 mèt. 250 de longueur. — L'usage de la drague à huitres n'est permis qu'en bateau pendant la période d'ouverture de la pêche aux huitres.

14° Les couteaux à moules. — Les couteaux en fer destinés à la pêche des moules n'auront pas plus de 189 millim. de long, y compris le manche; la lame de ces couteaux n'excèdera pas 54 millim. de large. — Le râteau à moules. — Le râteau à dents de fer destiné à la pêche des moules aura les dents écartées entre elles de 54 millim. au moins. — Cet instrument sera employé à l'exploitation des moulières qui ne découvrent pas.

15° La drague à moules. — La drague à moules sera conforme à la drague à huitres ci-dessus décrite. — L'usage de cet instrument ne sera permis que par décision spéciale du commandant supérieur de la marine, pour l'exploitation des moulières sur lesquelles il reste au moins 3 mèt. 240 d'eau.

16° Les claies, paniers, jombins et autres instruments employés à la pêche des crabes, homards, rocailles et autres poissons à croûte. — Les engins, formés d'osier à jour, auront les verges éloignées les unes des autres de 50 millim. au moins. — Lorsqu'ils seront faits de filets, la maille sera au moins de 40 millim. en carré. — L'emploi de ces engins est permis toute l'année.

17° L'hameçon. — La pêche à l'hameçon, ou pêche à la ligne et aux autres cordes, est permise pendant toute l'année, quel que soit le mode suivant lequel elle se pratique.

18° Les dards ou foënes. — Les dards ou foënes destinés à la pêche des poissons plats seront armés de six branches au plus, placées à 27 millim. au moins les unes des autres. — L'usage de cet instrument est permis toute l'année, mais en bateau seulement.

Art. 52. — Les mailles des filets de toute espèce doivent présenter les dimensions réglementaires, lorsque ces filets sont imbibés d'eau.

Art. 33. — Sont prohibés : — 1° Les rêts, filets, engins, instruments, modes et procédés destinés à la pêche de certains poissons ou coquillages, lorsqu'ils sont employés à d'autres pêches ou en dehors des limites indiquées; — 2° Les rêts, filets, engins, instruments, modes et procédés de pêche employés dans des conditions et sur des points autres que ceux qui sont déterminés par le présent arrêté.

Art. 34. — Les rêts, filets, engins, instruments, modes et procédés de pêche non décrits dans l'art. 31 du présent arrêté, ou au titre 11 des pêcheries, ne pourront être mis en usage sur les côtes de l'Algérie qu'en vertu d'un nouvel arrêté du ministre de la guerre.

TIT. 5. — *Mesures d'ordre et de police concernant l'exercice des différentes pêches.*

Art. 25. — Il sera établi, par les soins des commissaires de l'inscription maritime, ou à leur défaut, par les directeurs des ports militaires et de commerce, un état général des postes affectés à chaque genre de pêche. — Cet état indiquera la localité de chaque quartier ou direction de port où les bateaux devront se rendre pour concourir au partage des postes. Il restera déposé au bureau de l'inscription maritime.

Art. 36. — Les pêcheurs qui voudront concourir au partage des postes affectés à tel genre de pêche devront se rendre dans la localité où le tirage au sort aura lieu chaque dimanche, à midi.

Art. 37. — Le pêcheur qui arrivera après le tirage au sort des postes prendra rang après ceux qui auront concouru au partage.

Art. 38. — Aucun bateau ne pourra concourir au partage des postes, ni caler au poste qui lui aura été désigné par le sort, s'il n'est régulièrement armé et s'il n'a ses filets à bord.

Art. 39. — Le poste vacant après le soleil couché pourra être occupé par le premier bateau arrivé, sans que celui auquel le sort l'a dévolu puisse le revendiquer pour ce tour.

Art. 40. — Tout bateau qui sera entré au partage des postes d'une localité ne pourra concourir au partage des postes d'une autre localité.

Art. 41. — Tout patron présent dans la localité où a lieu le tirage au sort des postes, qui aura refusé de participer à ce tirage, ne pourra plus prendre part, dans le courant de la semaine, au partage de ceux d'une autre localité. — Chaque bateau aura la jouissance de son poste pendant deux jours consécutifs.

Art. 42. — Les patrons qui voudront pêcher pendant la nuit seront tenus de montrer un feu, à intervalles rapprochés, pendant le temps qu'ils mettront leurs filets à la mer, ainsi que chaque fois qu'un nouveau bateau arrivera sur les lieux pour y caler ses filets. — Ils sont munis, à cet effet, d'un vase contenant de l'essence de térébenthine, dont ils imbibent un pinceau qu'ils allument ensuite.

Art. 43. — Il est défendu aux bateaux arrivant sur les lieux de pêche de se placer ou de jeter leurs filets de manière à se nuire réciproquement, ou à gêner ceux qui ont déjà commencé leurs opérations.

Art. 44. — Lorsque les courants entraînent les filets d'un pêcheur sur ceux d'un autre, celui dont les filets seront ainsi déplacés est tenu de les retirer pour les jeter sur un autre point.

Art. 45. — Si des filets appartenant à des pêcheurs différents viennent à se mêler, les propriétaires de ces filets ne peuvent les couper, à moins de consentement mutuel, et avant d'avoir reconnu l'impossibilité de les séparer par d'autres moyens.

Art. 46. — Si les filets d'un bateau pêcheur, retenus au fond par un obstacle quelconque, empêchent ce bateau de dériver, il allume son feu comme s'il continuait à faire la pêche.

Art. 47. — Tout patron de bateau qui, pendant la nuit, veut lever l'ancre, doit, sauf le cas de force majeure, se retirer assez loin du lieu de pêche pour qu'il ne puisse causer aucun dommage aux bateaux dérivants. — Il doit, dans tous les cas, allumer son feu de position, comme il est dit à l'art 42.

Art. 48. — Lorsqu'un bateau, après avoir pêché son complet chargement de poisson, laisse une partie de sa tessure à la mer, il en fait le signal en mettant un pavillon en berne, si c'est le jour, et en allumant un feu de minute en minute pendant un quart d'heure, si c'est la nuit. — Dans ce cas, l'obligation de relever les filets restants est imposée au bateau du même quartier le plus rapproché, et qui a été hélé le premier.

Art. 49. — Le patron qui a laissé des filets pleins à la mer, et celui qui les a relevés, en rendent compte, chacun de son côté, dans les 24 heures, à l'administration de l'inscription maritime ou à son délégué. — La moitié du poisson appartient, à titre d'indemnité, à celui qui a relevé les filets, et l'autre moitié est remise, avec les engins, à leur propriétaire.

Art. 50. — Il est défendu aux capitaines, maîtres ou patrons de navires ou embarcations faisant le commerce de poissons frais, de louvoyer parmi les bateaux de pêche ou de les aborder. — Il leur est enjoint de se tenir toujours en dehors du théâtre de la pêche, et à un mille, au moins, du bateau le plus rapproché. — Il est également défendu auxdits capitaines, maîtres ou patrons d'envoyer leurs canots près des bateaux en pêche, sous prétexte d'arrer le poisson. — Les opérations de commerce ne peuvent s'effectuer qu'après la pêche terminée et hors des lieux où elle se pratique ordinairement, sauf l'exception prévue par l'art. 67.

TIT. 6. — *Mesures d'ordre et de précaution propres à assurer la conservation de la pêche et à en régler l'exercice.*

Art. 51. — Le commandant supérieur de la marine peut autoriser la pêche dans l'intérieur des ports et des bassins du commerce, après s'être concerté avec l'autorité compétente, lorsque cette autorisation n'entraîne pas d'inconvénients, soit pour la conservation des travaux hydrauliques civils ou militaires, soit pour les mouvements des bâtiments de mer. — Chaque année, au mois de décembre, le commissaire de l'inscription maritime, ou, à son défaut, le directeur du port, dressé la liste des individus qui demandent à être admis à faire la pêche dont il s'agit, et choisit parmi eux les plus méritants.

Art. 52. — Indépendamment de leur nom et de celui du port d'attache qu'ils doivent porter à la poupe, en conformité de l'art. 6 du décr. du 19 mars 1852, les bateaux de pêche portent encore la lettre initiale de leur port d'attache et leur numéro d'inscription.

Art. 53. — Les lettres initiales arrêtées pour les divers ports de l'Algérie sont les suivantes : — La Calle, L. C. ; — Bône, B. ; — Philippeville, P. ; — Stora, S. ; — Collo, C. ; — Djidjelli, D ; — Bougie, B. G. ; — Dellys, D. L. ; — Alger, A. ; Cherchell, C. C. ; — Tenès, T. ; — Mostaganem, M. ; — Arzew, A. Z. ; — Mers el Kebir, M. K. ; — Oran, O. ; — Nemours. N.

Art. 54. — Les lettres et les numéros sont placés sur chaque côté de l'avant du bateau à 8 ou 10 centim. au-dessous du plat-bord, et doivent être peintes en blanc, à l'huile, sur un fond noir. — Les dimensions de ces lettres et de ces numéros sont : — Pour les bateaux de 15 ton. et au-dessus, de 0m,450 de hauteur, sur 0m,060 de trait ; — — Pour les bateaux au-dessous de 15 ton., ces dimensions sont de 0m,250 de hauteur sur 0m,040 de trait. — Les mêmes lettres et numéros sont également placés sur chaque côté de la grande voile du bateau et peints à l'huile, en noir, sur les voiles blanches, et en blanc, aussi à l'huile, sur les voiles tannées ou noires. — Ces lettres et numéros, ainsi portés sur les voiles, ont un tiers de plus de dimension, en tout sens, que ceux qui sont placés sur l'avant du bateau.

Art. 55. — Il est interdit d'effacer, de couvrir ou de cacher, par un moyen quelconque, les lettres et les numéros placés sur les bateaux ou sur les voiles.

Art. 56. — Les lettres et les numéros affectés à chaque bateau sont portés sur les bouées, barils et flottes principales de chaque filet, et sur tous les instruments de pêche appartenant à ce bateau. — Ces lettres et numéros sont de dimensions suffisantes pour être facilement reconnus. — Les propriétaires de filets ou autres instruments de pêche peuvent, en outre, les marquer de tels signes qu'ils jugent convenables, sauf à en donner

avis à l'inspecteur des pêches ou au garde maritime, qui en tient note.

Art. 57. — Il est interdit aux pêcheurs, sous quelque prétexte que ce soit, d'amarrer ou de tenir leurs bateaux sur les filets, bouées ou attirail de pêche d'un autre pêcheur. — Il leur est également défendu de crocher, soulever ou visiter les filets et engins qui ne leur appartiennent pas.

Art. 58. — Lorsqu'un bateau pêchant aux cordes croise ses lignes avec celles d'une autre embarcation, le patron qui les lève ne doit pas les couper, à moins de force majeure, et, dans ce cas, la corde coupée est immédiatement renouée. — Si la pêche a lieu de nuit, les bateaux indiquent leur position en allumant de temps à autre un feu, jusqu'à ce qu'ils mettent la voile.

Art. 59. — Les filets trouvés sans bouées, mais revêtus d'une marque régulière, ne donnent droit à aucune indemnité. — Ceux de ces filets qui n'ont ni bouées ni marques, sont considérés comme épaves.

Art. 60. — Il est fait annuellement, aux époques déterminées par les commissaires de l'inscription maritime ou les directeurs des ports, une visite de tous les bateaux pêcheurs. — Cette visite est gratuitement opérée par l'inspecteur des pêches, assisté d'un ou de deux gardes maritimes. A défaut de ces derniers, l'inspecteur s'adjoint deux prud'hommes pêcheurs ou deux anciens patrons de bateaux. — Le rôle d'équipage est retenu ou n'est pas délivré à ceux des patrons dont les bateaux n'ont pas été trouvés en état d'aller à la mer.

Art. 61. — Les bateaux qui ont subi de graves avaries sont assujettis à la même visite.

Art. 62. — Il est défendu : — 1° D'attirer le poisson en pêchant la nuit avec des flambeaux, brandons et autres feux, et en employant des clairons ou trompettes ; — 2° De faire fuir le poisson pour qu'il donne dans des filets, engins ou instruments de pêche, en troublant ou battant l'eau avec des perches ou rabots, ou en épouvantant le poisson avec des chaînes, cliquettes, ou de toute autre manière ; — 3° Il est interdit aux propriétaires d'usines, établies sur le littoral, de répandre dans la mer ou dans la partie salée des fleuves ou rivières, les eaux ayant servi aux besoins de leur industrie, si elles sont de nature à faire périr le poisson.

Art. 63. — Il est défendu de retenir le poisson en plaçant des fascines ou amas de pierres aux passelis et digues des moulins, en établissant des batardeaux à l'embouchure des couves, canaux et fossés, ou en détournant le cours des eaux afin de former des mares d'où le poisson ne puisse plus sortir.

Art. 64. — Les infractions au présent arrêté qui, à raison de leur peu d'importance, ne méritent pas d'être déférées aux poursuites du ministère public, sont punies disciplinairement, en vertu de l'art. 58 de la loi du 24 mars 1852.

Art. 65. — La distance à observer entre les bateaux employés à la pêche de la sardine est de 150 mètres au moins.

Art. 66. — Il est interdit aux patrons qui se livrent à cette industrie de mouiller, la nuit, dans les lieux où se pêche la sardine.

Art. 67. — Par exception aux dispositions de l'art. 50, les capitaines, maîtres ou patrons de navires ou embarcations faisant le commerce de la sardine, peuvent se tenir dans le voisinage des lieux où l'on pratique cette pêche pour en acheter les produits, mais sans qu'il puisse en résulter de préjudice envers les pêcheurs.

Art. 68. — Les agents chargés de la police des pêches, déterminent, après s'être entendus avec l'administrateur de la marine ou l'inspecteur des pêches, les jours pendant lesquels les bateaux peuvent faire la pêche des huîtres. — Rendus sur le banc désigné pour être pêché, les agents de service donnent le signal de commencer la pêche, en hissant à l'extrémité de la grande vergue un pavillon blanc et rouge qu'ils conservent pendant une demi-heure, à l'expiration de laquelle ils reprennent le pavillon national. — Tous les bateaux cessent la pêche aussitôt que ces agents substituent au pavillon national le pavillon blanc et rouge. — Lorsque les bateaux pêcheurs appartiennent à la même localité, ils doivent sortir du port et y rentrer avec l'agent de service dont l'embarcation porte le guidon national.

Art. 69. — Sont sans appel les décisions prises par les agents chargés de la police des pêches touchant les journées et heures de pêche. — Mais, si les prud'hommes ou gardes maritimes se refusent à la sortie demandée par plusieurs patrons de bateau, ces patrons peuvent en appeler à l'inspecteur des pêches ou à l'administrateur de la marine, qui, après avoir entendu les deux parties et examiné par lui-même l'état de la mer et du temps, ordonne la sortie, s'il le juge à propos. Dans ce cas l'inspecteur des pêches ou l'administrateur désigne les agents chargés de sortir avec les pêcheurs pour exercer la police pendant la durée de la pêche. — Tout patron de bateau qui a demandé une sortie refusée par les prud'hommes-pêcheurs ou les gardes maritimes est tenu d'aller en pêche, si la sortie a lieu.

Art. 70. — Les gardes maritimes n'exercent d'autorité que sur les bancs qui dépendent de leurs ports ou baies. En conséquence, les patrons de bateaux et même les gardes maritimes de divers quartiers ou directions, qui se trouvent réunis sur un même point de la côte, sont tenus d'obéir aux ordres des gardes maritimes des ports ou baies dont dépendent les lieux où se fait la pêche, et d'attendre leur arrivée pour la commencer. A cet effet, lorsque le garde maritime du lieu aperçoit une réunion de bateaux sur un des bancs compris dans sa station, il est tenu de s'y porter immédiatement.

Tit. 7. — *Dispositions spéciales propres à prévenir la destruction du frai et à assurer la conservation du poisson et du coquillage.* — *Classification du poisson réputé frai.* — *Dimensions au-dessous desquelles les diverses espèces de poissons et coquillages ne pourront pas être pêchées et devront être rejetées à la mer, ou pour les coquillages, déposées en des lieux déterminés.*

Pêche des huîtres.

Art. 71. — Tous les ans, dans la première quinzaine du mois d'août, il sera procédé, sur l'ordre des administrateurs de l'inscription maritime, par des commissions locales, à la visite des anciens bancs et à la constatation des huîtrières découvertes ou formées récemment. — Ces commissions sont composées de l'inspecteur des pêches, du garde maritime et du plus ancien patron pêcheur. — L'inspecteur des pêches, dans les localités où il n'en existe pas, sera remplacé par tel agent que l'administrateur de la marine jugera convenable de désigner.

Art. 72. — Dans leurs rapports, les commissions de visite indiquent l'état des huîtrières anciennes, le gisement et le degré d'importance des bancs découverts ou formés récemment; les huîtrières ou portions d'huîtrières susceptibles d'être mises en exploitation; l'époque où cette exploitation peut commencer, et même, s'il y a lieu, le nombre de jours pendant lesquels la pêche est permise, ainsi que le nombre de bateaux à y employer; les huîtrières à tenir en réserve pendant l'année, et celles où doivent être reportées les huîtres n'ayant pas les dimensions réglementaires ou qui ont été pêchées en contravention. — Le coquillage ainsi rejeté à la mer est toujours déposé sur des huîtrières tenues en réserve.

Art. 73. — Les rapports des commissions indiquent, en outre, les amers propres à fixer l'exacte délimitation de chaque huîtrière. — A défaut d'amers pouvant servir à cette délimitation, les bancs sont signalés par le placement, aux frais des pêcheurs, d'un nombre de bouées suffisant pour bien indiquer l'huîtrière ou la partie de l'huîtrière mise en exploitation. — Dans les quartiers ou dans les ports où il existe des communautés de pêcheurs, elles supportent les frais occasionnés par le placement des bouées. — La perte ou l'absence de ces bouées entraîne l'interdiction de la pêche jusqu'à leur remplacement.

Art. 74. — Les rapports mentionnés aux articles précédents sont transmis, sous le plus bref délai, par le commissaire de l'inscription maritime, avec l'expression de son opinion, au chef du service administratif de la marine à Alger. — Après avoir pris communication de ces rapports, le commandant supérieur de la marine les soumet au gouverneur général, qui fixe, par des arrêtés, les époques d'ouverture et de clôture de la pêche des huîtres, et détermine les bancs qui doivent être mis en exploitation.

Art. 75. — Les bancs ou portions de bancs définitivement désignés pour être pêchés sont indiqués par des affiches faisant connaître les noms de ces bancs ou portions de bancs, leur situation, leurs amers et la position des bouées. — Ces affiches sont placées dans l'endroit le plus apparent du port ou de la commune où résident les pêcheurs.

Art. 76. — Si, dans le cours de la pêche, il est reconnu qu'un ou plusieurs bancs ont été suffisamment exploités, les officiers, fonctionnaires et agents spécialement chargés de la police de la pêche sur ces bancs doivent en suspendre immédiatement l'exercice. — Dans ce cas, ils rendent compte, sans délai, de leur décision à l'administrateur de l'inscription maritime, et provoquent la convocation de la commission de visite mentionnée à l'art. 71. — Le rapport de la commission, accompagné de l'avis de l'administrateur de l'inscription maritime et des observations du commissaire ordonnateur, est transmis au commandant supérieur de la marine, qui statue définitivement et rend compte de sa décision au gouverneur général. — Cette décision est portée à la connaissance des pêcheurs de la manière indiquée à l'article précédent.

Art. 77. — Tout pêcheur qui a découvert un nouveau banc d'huîtres est tenu d'en faire immédiatement la déclaration à l'administrateur de son quartier, ou à celui du port où il aborde. — Il doit, en outre, donner les amers de ce banc, pour qu'il soit vidé aussitôt.

Art. 78. — Il est interdit à tout pêcheur de draguer sur les bancs d'huîtres en dehors des époques et des heures pendant lesquelles la pêche a été autorisée par les agents chargés de la surveillance. — A cet effet, les bateaux ne doivent pas rester mouillés de nuit sur les bancs; ils sont, au contraire, tenus de rentrer de jour dans le port, sauf les cas de force majeure dont il est justifié devant les agents ci-dessus indiqués et devant l'inspecteur des pêches. — Il leur est également défendu de draguer sur les bancs ou portions de bancs autres que ceux qui ont été désignés conformément à l'art. 75.

Art. 79. — Les bateaux qui se livrent à l'exploitation des bancs ou portions de bancs désignés pour être pêchés ne doivent point draguer au delà des limites qui en déterminent la position.

Art. 80. — Le triage des huîtres peut être opéré soit sur les lieux de pêche, soit dans le port. — Dans le premier cas, les équipages sont tenus de rejeter immédiatement à la mer toutes les huîtres qui n'atteignent pas les dimensions réglementaires, ainsi que les poussières, sables, graviers et fragments d'écailles.—Dans le second cas, le triage est exécuté aussitôt après le déchargement du bateau, et les petites huîtres, ainsi que les matières ci-dessus mentionnées, sont reportées le lendemain sur le banc désigné à cet effet dans la baie où la pêche a lieu. — Ce report peut être effectué par un seul des bateaux pêcheurs, que l'administrateur de la marine désigne à tour de rôle.

Art. 81. — Si les patrons de bateaux négligent de se conformer de suite aux dispositions de l'article précédent, le triage est fait, à leurs frais, par les personnes que désigne l'inspecteur des pêches ou tout autre agent de surveillance, et les petites huîtres sont reportées, également aux frais des délinquants, avec les détritus ci-dessus mentionnés, sur le banc destiné à les recevoir, et ce sans préjudice des peines prévues par le décr. du 9 janv. 1852. — Les patrons de bateaux sont personnellement responsables des infractions à l'article précédent commises par leurs appareilleurs.

Art. 82. — Il est interdit de jeter sur les huîtrières et sur les grèves servant aux parcs et dépôts de coquillages des immondices ou du lest de navire.

Art. 83. — Dans les localités où les dragues ne servent qu'à la pêche des huîtres, elles sont déposées, après avoir été numérotées, dans les lieux déterminés par les administrateurs de l'inscription maritime, depuis la clôture jusqu'à l'ouverture de la pêche. — Elles sont, en outre, laissées à terre pendant la période d'ouverture, lorsque les bateaux sortent pour faire la pêche du poisson frais. — La même mesure est applicable aux râteaux à huîtres.

Art. 84. — Lorsque, par suite d'un coup de vent ou de toute autre cause, des huîtres appartenant à divers particuliers, et momentanément déposées sur la grève, se trouvent confondues, l'inspecteur des pêches, les prud'hommes-pêcheurs ou les gardes maritimes déterminent, au besoin, la part afférente à chacun. — Si cet arbitrage ne concilie pas les parties, il en est rendu compte à l'administrateur de l'inspection maritime, qui statue définitivement.

Pêche des moules.

Art. 85. — Il est défendu d'arracher les moules à poignées et de cueillir ces bivalves avec d'autres instruments que ceux mentionnés en l'art. 31 ci-dessus.

Art. 86. — Il sera procédé au triage des moules comme il est dit à l'art. 80, relatif au triage des huîtres.

Art. 87. — Il est défendu de jeter sur les moulières des immondices de quelque nature qu'elles soient, ou du lest de navire.

Art. 88. — Les dispositions des art. 71, 72, 73, 74, 75, 76, 77 et 78 du présent titre sont applicables aux moulières importantes désignées à cet effet par le commandant supérieur de la marine.

Classification du poisson réputé frai. — Prohibitions relatives à la pêche du frai. — Dimensions au-dessous desquelles les diverses espèces de poissons et de coquillages ne peuvent être pêchés.

Art. 89. — Les œufs de tous les poissons, ainsi que ceux des crustacés, sont compris sous la dénomination de frai. — Il est interdit de les pêcher ou de les recueillir de quelque manière que ce soit, sauf l'exception prévue à l'art. 99. — La gueldre est assimilée au frai.

Art. 90. — Il est interdit de pêcher les poissons, crustacés ou coquillages indiqués ci-après, qui n'ont pas les dimensions suivantes:

Poissons plats (longueur de l'œil à la naissance de la queue): turbot, raie, 200 millim.; plie ou targe, barbue, sole, carrelet, 160 millim.

Poissons longs (id.): Anguille, congre, julienne ou lingue, 270 millim.

Poissons ronds (id.): Alalie, merlue, alose, ombrine, palamède, bonite, brelette et méron, 270 millim.; bar, mulet, loup et dorade, 160 millim.; merlan, grondin, maquereau et vieille, 120 millim.

Crustacés (id.): Homard, langouste, 200 millim.; chevrette, 50 millim.

Coquillages (diamètre dans la plus grande largeur): huîtres, 50 millim. (diamètre dans la plus grande longueur); moules, 50 millim.

Art. 91. — il est également défendu de pêcher tous les poissons de mer non dénommés ci-dessus, sauf les exceptions prévues aux art. 76 et 77, dont la longueur, mesurée de l'œil à la naissance de la queue, est au-dessous de 81 millim.

Art. 92. — Il est néanmoins permis de pêcher, quelles que soient leurs dimensions, mais avec les filets et engins déterminés par le présent arrêté, les poissons qui s'ensablent, tels que les anguilles, lançons et autres de même espèce. — La pêche des crustacés et coquillages non dénommés à l'art. 90 est également autorisée, sans minimum de taille, mais avec les instruments et engins permis.

Art. 93. — Il est également permis de prendre, quelles que soient leurs dimensions, les poissons connus sous le nom de *blanche-blaquet, blanche-mélie, mcnusse* et *saumonelle*, sous la condition expresse que ces poissons ne pourront être employés que comme appât. — Cette pêche ne doit, d'ailleurs, être faite qu'avec les filets, engins et instruments permis par le présent arrêté.

Tit. 8. — *Prohibitions relatives à la mise en vente, à l'achat, au transport et au colportage, ainsi qu'à l'emploi, pour quelque usage que ce soit, du frai ou du poisson assimilé au frai, ainsi que du poisson et du coquillage qui n'atteignent pas les dimensions prescrites.*

Art. 94. — Il est interdit de donner ou de faire donner, de saler, d'acheter, de vendre ou de faire vendre, de transporter, de colporter ou d'employer à un usage quelconque, notamment à la nourriture des animaux et à l'engrais des terres : — 1° Le frai et le crustacé assimilé au frai désignés à l'art. 89 ; — 2° Les poissons, crustacés et coquillages nomenclaturés à l'art. 90, et qui n'ont pas la dimension minimum y indiqué pour chaque espèce ; — 3° Les poissons mentionnés en l'art. 91.

Art. 95. — Il est également défendu de vendre, d'acheter, de transporter et d'employer autrement que comme appâts des poissons dénommés à l'art. 93.

Art. 96. — Il est défendu, en tout temps, d'exposer ou de mettre en vente les moules recueillies sur la carène des navires doublés en cuivre.

Art. 97. — Il est prescrit aux pêcheurs en bateau ou à pied, aux détenteurs de pêcheries, de parcs à huîtres, à moules, ou de dépôts de coquillages, aux marchands, colporteurs, voituriers, capitaines, maîtres ou patrons, et à tous ceux qui transportent du poisson ou du coquillage, de laisser visiter, à la première réquisition, par les officiers, administrateurs ou agents chargés de la police des pêches, leurs bateaux, voitures, mannes et autres objets contenant le poisson ou le coquillage.

Tit. 9. — *Appâts défendus.*

Art. 98. — Il est défendu d'employer comme appât le frai et le crustacé assimilé au frai mentionnés à l'art. 89, les poissons nomenclaturés à l'art. 90 et qui n'ont pas les dimensions règlementaires, ainsi que ceux qui sont dénommés à l'art. 91.

Art. 99. — Il est néanmoins permis d'employer, pour la pêche de la sardine ou autres poissons, de la résure, rave ou rogue, pourvu qu'elle soit de bonne qualité. — Celle qui ne remplit pas cette condition est considérée comme appât prohibé, et la destruction en est poursuivie.

Art. 100. — Il est défendu de jeter dans l'eau de la mer, le long des côtes, et dans la partie des fleuves ou rivières où les eaux sont salées, de la chaux, des noix vomiques, des noix de cyprès, des coques du Levant, de la momie, du musc, et toutes autres drogues ou liquides, pour appâter, enivrer, ou empoisonner le poisson.

Tit. 10. — *Conditions d'établissement des pêcheries, des parcs à huîtres, à moules, et des dépôts de coquillages. — Conditions de leur exploitation. — Rêts, filets, engins, bateaux, instruments et matériaux qui peuvent y être employés.*

Art. 101. — Sont provisoirement maintenus les pêcheries, les parcs à huîtres ou à moules et les dépôts de coquillages, établis en vertu d'autorisations régulières, dont les détenteurs se conformeront aux dispositions ci-après.

Art. 102. — Tous les détenteurs de pêcheries, parcs à huîtres ou à moules, et de dépôts quelconques des coquillages, sont tenus de se pourvoir en autorisation dans le délai de trois mois, à dater de la notification du présent arrêté, laquelle leur sera faite par les commissaires de l'inscription maritime de leurs résidences respectives, aussitôt après sa promulgation, sous peine de démolition immédiate, à leurs frais, desdits établissements.

Art. 103. — A l'expiration de ce délai, il sera procédé au recensement général des pêcheries, parcs à huîtres ou à moules et lieux de coquillages existant dans chaque quartier ou direction de port. — Ce recensement sera opéré par le commissaire de l'inscription maritime, auquel seront adjoints un officier de vaisseau désigné par le commandant supérieur de la marine, et un pilote de la station locale. — Le procès-verbal de cette opération signalera ceux de ces établissements qui seraient nuisibles à la navigation.

Art. 104. — Dans chaque port ou quartier, le commissaire de l'inscription maritime dressera un état descriptif de tous les établissements de pêcheries, indiquant les points de la côte sur lesquels ils sont situés, la date de l'autorisation et les noms des détenteurs. — Cet état, dressé par le chef du service administratif, sera transmis au commandant supérieur de la marine, par le commandant supérieur de la marine au gouverneur général, et par ce dernier, avec l'avis du conseil de gouvernement, au ministre de la guerre, qui statuera.

Art. 105. — Les commissaires de l'inscription maritime, ou, à leur défaut, les directeurs des ports, tiennent un registre sur lequel sont consignés les renseignements suivants: — La configuration, la position, les limites des pêcheries, parcs ou dépôts du ressort, ainsi que les noms des détenteurs, les titres ou autorisations, et leur date.

Art. 106. — Toute autorisation de former des pêcheries, parcs à huîtres ou à moules et lieux de dépôt de coquillages, doit, sous peine d'annulation, être suivie des travaux d'appropriation dans l'année de sa date.

Pêcheries temporaires. — Madragues.

Art. 107. — Les pêcheries connues sous le nom de madragues sont mouillées le long des côtes, sur les points et dans les limites fixés par les titres de concession.

Art. 108. — Les concessions de madragues seront accordées, à titre temporaire et révocable, par le ministre de la guerre, sur la proposition du gouverneur général, le conseil de gouvernement entendu, et suivant les conditions spéciales énoncées au cahier des charges qui sera rédigé pour chacune d'elles.

Art. 109. — Nulle madrague ne pourra être établie sur les côtes de l'Algérie sans que, au préalable, une commission nautique, désignée par le commandant supérieur de la marine, n'ait constaté qu'elle ne peut nuire en rien à la sûreté de la navigation. — Le procès-verbal de cette commission devra indiquer, par des relèvements pris à terre, 1° la distance de la côte où seront mouillées les diverses parties des filets composant la madrague ; 2° la direction, par rapport à la côte, du corps allongé de la madrague ; 3° la profondeur de l'eau aux points extérieurs des filets ; 4° la longueur et la hauteur ou chute de la partie flottante de la madrague.

Art. 110. — Les mailles des filets formant le corps et les chambres de la madrague auront un minimum de 325 millim. en carré, les mailles du filet désigné sous le nom de fosse ou poche devront mesurer au moins 67 millim. en carré.

Art. 111. — Les prescriptions de l'art. 55 sont applicables aux mailles de madragues.

Art. 112. — Les filets des madragues seront calés au moyen d'ancres, de grappins ou de gueuses en fer. L'emploi des pierres pour le calage est absolument interdit.

Art. 113. — Les madragues seront calées du 1er avr. au 30 oct. — A chaque nouveau calage, une commission, désignée par le commandant supérieur de la marine, s'assurera et constatera, par procès-verbal, si les filets ont été établis selon les conditions et prescriptions stipulées au cahier des charges de la concession.

Art. 114. — En cas d'infraction à ces clauses, la madrague devra être immédiatement enlevée, pour être établie sur les points et dans les limites fixées. — Si, le cinquième jour après la notification qui lui sera faite par le président de la commission, le concessionnaire n'a entrepris aucun travail pour l'enlèvement de la madrague, il y sera procédé, à ses frais, par les soins de l'administration de la marine.

Art. 115. — Aux angles des filets les plus avancés en mer, formant le corps de la madrague, seront placés des bouées ou signaux attachés aux coins du mouillage.

Art. 116. — Trois feux de couleur placés sur des bateaux mouillés aux points extrêmes de la partie flottante, ou du filet de queue de la madrague, devront être constamment allumés pendant la nuit, depuis l'époque à laquelle les travaux de calage de la madrague seront entrepris jusqu'à l'entier achèvement des travaux du décalage.

Réservoirs à homards, langoustes et autres crustacés.

Art. 117. — Les réservoirs à homards, langoustes et autres crustacés sont formés de pierres ou de bois, et ne peuvent avoir plus de 8 mèt. de côté, ni plus de 1 mèt. 50 cent. de hauteur de muraille ; il est facultatif de les couvrir. — Il est pratiqué, à leur partie inférieure, une ouverture de 1 mèt. de large, qui ne peut être fermée que d'un filet dont les mailles ont au moins 54 millim. en carré, ou d'une grille de bois percée de trous ayant également 54 millim. en carré. — Les homards, langoustes et autres crustacés peuvent aussi être conservés dans des viviers flottants

33

Dispositions communes aux parcs à huîtres ou à moules,
et aux dépôts de coquillages.

Art. 118. — Les parcs à huîtres ou à moules et les dépôts de coquillages peuvent être formés de pierres superposées, sans aucune espèce de maçonnerie; la hauteur de ces murs n'excède pas 700 millim. au-dessus du sol. — Ces parcs et dépôts peuvent aussi être faits au moyen d'un clayonnage double ou simple, fixé sur des pieux ayant au plus 50 millim. de diamètre, et dont la hauteur n'excède pas 660 millim. au-dessus du sol. — L'intervalle compris entre le double clayonnage peut être rempli de paille ou de vase, de manière à retenir l'eau à volonté.

Art. 119. — Les parcs à moules connus sous le nom de bouchots sont construits de bois entrelacés, comme claies, autour de pieux enfoncés dans le sable, et dont la hauteur n'excède pas 1 mèt. 600 millim. au-dessus du sol.

Art. 120. — Les parcs à huîtres ou à moules et les dépôts de coquillages construits de manière à retenir l'eau ne doivent, dans aucun cas, servir de pêcherie à poisson. — Il est interdit de prendre le fretin qui peut y être retenu.

Art. 121. — Il est également défendu aux détenteurs de parcs à huîtres ou à moules et de dépôts de coquillages de vendre, louer ou transmettre ces établissements, à quelque prix que ce soit. — La même interdiction est faite aux détenteurs de madragues.

Art. 122. — Les détenteurs de parcs ou de dépôts d'huîtres, qui introduisent dans leurs établissements des huîtres au-dessous de la dimension réglementaire, sont tenus de les reporter à leurs frais sur les bancs indiqués par l'administration, sans préjudice des peines portées par l'art. 7 de la loi du 9 janv. 1852.

Art. 123. — Le coquillage gisant hors de l'enceinte des parcs et des dépôts ne peut être revendiqué par les détenteurs de ces établissements, s'il n'est constaté qu'il en a été enlevé par la mer ou par tout autre accident de force majeure.

Art. 124. — Les parcs à huîtres ou à moules et les dépôts de coquillages établis dans des propriétés particulières, au moyen de prises d'eau salée, sont soumis aux mêmes règles de police et de surveillance que ceux fondés sur les grèves.

Art. 125. — Il est interdit à tous détenteurs de parcs à huîtres ou à moules et de dépôts de coquillages de laisser leurs établissements inoccupés pendant une année entière. — Il leur est également défendu: — 1º D'empiéter sur les chemins de servitude, ou sur l'établissement d'un autre concessionnaire; — 2º De recevoir dans leurs parcs des huîtres provenant de la pêche à pied.

Art. 126. — Lorsqu'il est reconnu que des huîtres provenant de la pêche à pied ont été déposées dans des parcs ou dépôts, elles sont saisies et vendues au profit de la caisse des invalides de la marine.

Art. 127. — Les détenteurs de parcs et de dépôts sont tenus de placer, à l'angle Nord de chacun de ces établissements, une planche portant son numéro d'ordre.

Art. 128. — Les parcs à huîtres ou à moules sont permanents, mais les dépôts de ces coquillages ne peuvent être conservés que pendant la saison de la pêche. — Les huîtres et les moules trouvées dans ces dépôts après la clôture de la pêche sont reportées sur les bancs ou moulières désignés à cet effet, aux frais des personnes qui les ont recueillies.

Art. 129. — A la fin de chaque année, les commissaires de l'inscription maritime ou les inspecteurs des pêches passent l'inspection des parcs à huîtres ou à moules et des dépôts de coquillages situés dans leurs quartiers respectifs.

Art. 130. — A la même époque, il est procédé à la répartition des parcs à huîtres ou à moules et des dépôts de coquillages devenus vacants, par suite de décès, de cessation de commerce, d'éviction ou de toute autre cause, par les soins d'une commission formée par le gouverneur général, à l'approbation duquel sera soumis le projet de répartition. — Dans l'espace de temps qui s'écoule entre l'époque où ces établissements sont devenus vacants et la répartition annuelle, le commissaire de l'inscription maritime peut en autoriser la jouissance provisoire, suivant qu'il le juge convenable.

Tit. 11. — *Mesures de police touchant l'exercice de la pêche à pied.*

Art. 131. — Nul ne peut se livrer habituellement à la pêche à pied avec filets, sans en avoir fait la déclaration au commissaire de l'inscription maritime.

Art. 132. — Les pêcheurs à pied sont soumis, en ce qu'elles ont d'applicable à ce genre de pêche, à toutes les dispositions du présent arrêté relatives aux époques d'ouverture et de clôture et aux heures d'exercice des diverses pêches; aux mesures tendant à la conservation du frai, du poisson et du coquillage au-dessous des dimensions réglementaires; aux prohibitions relatives à la mise en vente, à l'achat, au transport et au colportage du frai, du poisson assimilé au frai, et de celui qui n'a pas atteint la dimension minimum déterminée; aux appâts défendus, aux diverses conditions imposées pour l'établissement et l'exploitation des pêcheries, parcs, étalages et dépôts pour les huîtres, et enfin à toutes les mesures d'ordre, de police et de précaution ayant pour but de conserver la pêche et d'en régler l'exercice.

Art. 133. — Il est interdit aux pêcheurs à pied de se servir d'aucun filet, engin ou instrument quelconque pour faire la pêche des huîtres. — Ils ne peuvent recueillir ce coquillage qu'à la main, et lorsqu'il a été délaissé par la mer.

Tit. 12. — *Délimitation des différents quartiers ou directions de ports de l'Algérie.*

Art. 134. — Le littoral de l'Algérie comprend les douze quartiers ou directions de ports dénommés et limités provisoirement suivant les indications du tableau suivant:

Bône: à l'E., frontière de Tunis; à l'O., l'Oued-Kebir. — *Stora*: E., cap Filfila; O., cap. Bougaroni. — *Djidjeli*: E., l'Oued-Kebir; O., l'Oued-Ziama. — *Bougie*: E., tribu des Beni-Ségour; O., tribu des Beni-Ksila. — *Dellys*: E., l'Oued-Isser; O., l'Oued-Sidi-Ahmed-ben-Jousse. — *Alger*: E., l'Oued-Isser; O., Tombeau de la Reine. — *Cherchell*: E., tombeau de la Reine; O., cap Tenès. — *Tenès*: E., l'Oued-Ameur; O., pointe Ouadja de la tribu des Sherfa. — *Mostaganem*: E., le Cheliff; O., la Macta. — *Arzew*: E., l'Habra; O., cap. Ferrat. — *Mers-el-Kebir*: E., pointe de l'Aiguille; O., la Tafna. — *Nemours*: E., Rio-Salado; O., frontière du Maroc.

Art. 135. — Toutes les attributions conférées par le présent arrêté aux commissaires de l'inscription maritime seront également exercées par les officiers de vaisseau qui en cumulent les fonctions avec celles de directeur de port sur le littoral de l'Algérie.

Tit. 13. — *Dispositions transitoires.*

Art. 136. — Il est accordé aux pêcheurs un délai de six mois, à partir de la date de la promulgation du présent arrêté, pour se conformer aux dispositions qu'il renferme, relativement à la forme des filets et à la dimension des mailles. — Toutefois, cette tolérance ne s'applique pas aux filets, engins et instruments de pêche non autorisés par le présent arrêté; l'usage en sera immédiatement interdit.

Art. 137. — Les détenteurs de madragues sont tenus, dans le délai ci-dessus énoncé, de se conformer aux dispositions du présent arrêté, relativement à l'installation et à l'exploitation de leurs pêcheries. — Ce délai n'est pas applicable aux prescriptions concernant la largeur des mailles des filets, l'entretien des feux, non plus qu'aux époques pendant lesquelles la pêche est interdite. — Les dispositions de l'arrêté sont immédiatement exécutoires à cet égard.

Art. 158. — Toutes dispositions contraires au présent arrêté sont et demeurent abrogées.

VAILLANT.

§ 2. — PÊCHE DU CORAIL.

A1. — 31 mars 1852. — *Règlement général sur la pêche du corail* (1).

Tit. 1. — *Patentes et prestations.*

Art. 1. — La pêche du corail, conformément aux règlements de l'ancienne compagnie d'Afrique, demeure divisée en deux saisons, celle d'été, ouvrant le 1er avr. et finissant le 30 sept., et celle d'hiver, commençant le 1er oct. et finissant le 31 mars (abrogé par l'arrêté suivant).

Art. 2. — Les bateaux corailleurs français ne payent aucune rétribution pour la pêche.

Art. 3. — Les bateaux étrangers, conformément aux anciens règlements précités, payeront, pour la pêche d'été, une rétribution de 200 piastres fortes d'Espagne, et, pour celle d'hiver, une rétribution de 90 piastres (abrogé).

Art. 4. — En remplacement de l'ancienne prestation supplémentaire de deux rottes de corail pour la première saison, et d'une rotte pour la seconde, il sera ajouté 16 piastres à la rétribution d'été, et 8 piastres à la rétribution d'hiver (abrogé).

Art. 5. — Tout bateau corailleur devra être muni d'une patente signée de l'intendant civil, et visée par l'administrateur qui en aurait fait la délivrance au patron, comme il sera dit ci-après. — Tout bateau trouvé exploitant, sans patente, la pêche dans les eaux de la régence, encourra la double prestation de la saison. — En conséquence, il sera saisi et conduit à Bône, ou dans les ports de la régence de Tunis, s'il pêche dans l'Est d'Alger, et à Alger ou à Oran, s'il pêche dans l'Ouest, et condamné, par voie administrative, au payement de la double prestation. Celle-ci payée, il pourra obtenir une patente pour exercer la pêche le reste de la saison.

Art. 6. — Les patentes seront délivrées à la douane d'Oran pour la pêche à l'Ouest d'Alger : elles seront délivrées, soit à Bône, soit à Tunis, pour l'Est, et, à Tunis, elles le seront, soit par le consul général de France, soit par le vice-consul par lui délégué à cet effet à Bizerte ou Tabarque. — Toute patente devra être apportée, et sa prestation acquittée au lieu de sa délivrance.

Art. 7. — Afin d'assurer le payement de la prestation, nulle patente ne sera délivrée aux patrons que sur le dépôt en douane de leurs papiers de bord, lesquels ne pourront leur être remis qu'après avoir acquitté la prestation.

Art. 8. — Les patrons seront dispensés du dépôt des papiers de bord, si le consul de leur nation consent à recevoir ces papiers et à souscrire l'engagement de ne les remettre au patron que sur l'apport du certificat de la douane constatant sa libération, et aussi la remise de la patente pour la saison expirée.

Art. 9. — Tout patron muni de la patente de

saison devra la rapporter au lieu de la délivrance à l'expiration de cette saison, afin de prendre la patente de la saison suivante s'il veut continuer la pêche.

Art. 10. — Indépendamment du dépôt des expéditions, le payement sera assuré, conformément aux anciens usages, par un dépôt des produits de la pêche. — A cet effet, dans la seconde quinzaine de mai, pour la première pêche d'été, et à la fin de septembre, pour celle d'hiver, tout corailleur étranger sera tenu de déposer dans les magasins des douanes une caisse contenant une quantité suffisante de corail pour répondre de ses prestations.

Tit. 2. — *Police à la mer et à terre.*

Art. 11. — Les pêcheurs ne pourront avoir à bord, conformément aux anciens règlements, plus de dix rottes de poudre de guerre : toute quantité supérieure trouvée à bord sera confisquée. — Si les circonstances de la pêche rendaient une plus grande quantité de poudre nécessaire, l'excédant serait déposé dans les magasins désignés par l'administrateur, pour être délivré en raison des besoins qui seraient justifiés. Toute poudre de guerre trouvée à terre dans les magasins des corailleurs sera confisquée.

Art. 12. — Toute vente de poudre à terre, sur la station de la pêche, sera punie des peines portées aux anciens règlements de la compagnie d'Afrique, et il est enjoint aux administrateurs de faire poursuivre cette contravention avec la plus grande sévérité.

Art. 13. — Les corailleurs obéiront aux injonctions du commandant de la marine royale, sous peine d'être renvoyés du lieu de la pêche. — Dès qu'un bâtiment du roi sera en vue, ils seront tenus d'arborer leur pavillon.

Art. 14. — A chaque station de pêche, il sera désigné, par les soins des sous-intendants civils de Bône et d'Oran, ou par ceux du consul général de France à Tunis ou de ses délégués, des maisons et autres locaux pour servir aux pêcheurs d'habitations et de magasins où seront déposés leurs filets et leurs provisions.

Art. 15. — Défenses sont faites à tout corailleur d'employer pour la pêche d'autres filets ou engins que ceux d'usage, et d'en employer qui seraient de nature à détruire les bancs ; le tout sous peine d'être renvoyé du lieu de pêche et de perte des instruments de contravention, ainsi que de sa prestation ou des dépôts faits pour l'acquitter.

Art. 16. — Les corailleurs ne pourront se servir d'autres maisons ou magasins que ceux dont se seront pourvus les administrateurs susénoncés, lesquels fixeront le loyer de chaque patron, en distribuant proportionnellement entre eux les loyers qu'ils auront consentis pour ces locaux.

Art. 17. — Les pêcheurs ne pourront habiter ni remiser leurs effets dans d'autres locaux que ceux susdésignés ; il sera loisible aux patrons de faire garder ces locaux, mais il ne pourra être laissé à terre, pour cette garde, plus d'un homme pour chaque maison.

Art. 18. — Les provisions de bouche et de pêche des corailleurs sont exemptes de tout droit de douane. Sera de même exempt de tous droits le corail de pêche déposé à terre.

Art. 19. — Les bateaux corailleurs ne payeront aucun droit d'ancrage dans les eaux de la régence.

Art. 20. — Toute personne qui achètera du corail d'un matelot embarqué sur un corailleur sera poursuivie comme pour effets volés.

Tit. 3. — *Hôpitaux.*

Art. 21. — Il sera établi pour les corailleurs, à

(1) V. pour tout ce qui a rapport à la pêche du corail, avant comme depuis l'occupation française : — *L'Algérie*, t. 1, par M. Baude ; — *Régence d'Alger*, t. 2, par M. Genty de Bussy ; — *Lois de l'Algérie*, par M. Franque, note intéressante et très-complète, t. 1, p. 83.

Oran et à Bône, ainsi qu'à Tabarque et Bizerte, si le consul général de France e. a la faculté, un hôpital qui sera dirigé par un médecin nommé par l'administration de la régence, ou par le consul général du roi à Tunis.

Art. 22. — Tout patron corailleur, tant français qu'étranger, payera, tant pour lui que pour son équipage, un abonnement fixe à cet hôpital pour chaque saison.

Art. 23. — L'abonnement de chaque bateau est fixé à 6 piastres fortes d'Espagne pour la pêche d'été, et à 4 pour celle d'hiver.

Art. 24. — Les blessés par suite de rixes, dispute, intempérance ou autres causes provenant de leur faute, et les vénériens, ne seront admis à l'hôpital des corailleurs qu'à la charge de payer les frais de traitement. Lesdits frais seront avancés par les patrons, qui se rembourseront sur le salaires.

Art. 25. — L'administration des douanes opérera la perception des prestations, en se conformant aux formes d'écriture et de comptabilité qui seront ultérieurement déterminées par l'intendant civil. — Quant aux perceptions à faire par le consul général de France ou ses délégués dans la régence de Tunis, elles se feront en la manière accoutumée. Les produits en seront réalisés d'après les formes concertées entre l'intendant civil et le consul général, sauf les ordres contraires du ministre des affaires étrangères.

Baron PICHON.

OR. — 9 nov.-18 déc. 1844. — B. 190. — *Abrogation des art. 1, 3 et 4 de l'arrêté précédent.* — *Dispositions nouvelles.*

Vu notre ord. du 16 déc. 1843 sur les droits de navigation et de douane en Algérie (*Douanes*); — Vu le traité en date du 24 oct. 1832, par lequel le bey de Tunis a cédé à la France l'exploitation de la pêche sur les côtes de cette régence; — Voulant accorder aux sujets des puissances alliées de la France qui se livrent à la pêche du corail sur les côtes de l'Algérie ou de la régence de Tunis, les avantages et diminutions de droits compatibles avec les intérêts de la marine française et de la colonisation de l'Algérie;

Art. 1. — A dater du 1er janv.1815, les bateaux corailleurs étrangers qui, d'après l'arr. du 31 mars 1832 sur la pêche du corail en Algérie, payaient pour la pêche d'été une rétribution de 1,160 fr., et de 535 pour la pêche d'hiver, formant ensemble une valeur de 1,695 fr., ne payeront qu'un droit de pêche de 800 fr. pour l'année entière, sans distinction de saisons d'hiver ou d'été.

Art. 2. — Les bateaux sardes, armés, commandés et équipés par des Sardes et pêchant exclusivement dans les eaux tunisiennes, continueront d'acquitter les droits, conformément à l'art. 6 du traité du 24 oct. 1832. Ces mêmes bateaux pourront faire la pêche sur les côtes de l'Algérie, pourvu qu'au préalable ils en aient fait la déclaration au bureau de la Calle, et qu'ils aient acquitté le supplément de droits nécessaire pour compléter la redevance fixée par l'art. 1 de la présente ordonnance.

Art. 3. - - Conformément à l'art. 3 de notre ord. du 16 déc. 1843, les bateaux étrangers employés en Algérie à la pêche du corail seront tenus de se pourvoir d'un passe-port valable pour un an, sous peine d'une amende de 100 fr. — Le prix de ces passe-ports est fixé ainsi qu'il suit : Pour les bateaux de moins de 10 tonneaux, 5 fr.; de 10 à 30 tonneaux, 15 fr.; de plus de 30 tonneaux, 30 fr.

Art. 4. — Les art. 1, 3 et 4 de l'arr. du 31 mars 1832 sont abrogés. Les autres articles, purement réglementaires, seront l'objet d'un nouvel arrêté de notre ministre de la guerre.

AM. — 16 oct.-24 nov. 1851. — B. 597. — *Conditions imposées aux corailleurs étrangers.*

Vu l'arr. du 31 mars 1832, et l'ord. du 9 nov. 1844, art. 4;

Art. 1. — Indépendamment du dépôt des papiers du bord, prescrit par les art. 7 et 8 de l'arrêté susvisé, les étrangers, patrons ou propriétaires de barques coralines qui voudront obtenir la patente nécessaire pour l'exploitation de la pêche, s'engageront, par une soumission non cautionnée, à acquitter, dans le délai de trois mois, le droit imposé par l'ord. de 1844, ou à garantir, dans le même délai, le payement de ce droit, soit par le dépôt d'une quantité de corail suffisante, soit par une caution solidaire notoirement solvable.

Art. 2. — Les patrons ou propriétaires des bateaux corailleurs déclareront, dans lesdites soumissions, affecter spécialement et indépendamment de leurs autres facultés à l'accomplissement de leurs engagements, sur la première réquisition par voie de contrainte de la douane, leurs bateaux et agrès, ainsi que les produits de pêche qui se trouveront à bord.

Art. 3. — Pour l'exécution des engagements ci-dessus spécifiés, tout patron ou propriétaire de barque sera tenu de faire élection de domicile dans la localité où la patente aura été délivrée. s'il n'y a son domicile réel.

Art. 4. — Les patentes pourront être délivrées dans tous les bureaux de douane de l'Algérie.

Art. 5. — Les droits garantis par un dépôt de corail ou par une caution devront être réalisés en numéraire avant l'expiration de l'année à compter du jour de la délivrance de la patente, et dans tous les cas, avant la remise des papiers de bord. — La date de la patente déterminera l'exercice auquel ces droits seront appliqués.   RANDON.

Peine de mort.

OR. — 1er-24 avr. 1842.— B.117.— *Sursis aux exécutions capitales jusqu'à décision royale.*

Vu les art. 43 et 51 de notre ord. du 28 fév. 1841 (*Justice*, § 1);

Art. 1. — Aucune exécution à mort, par quelque juridiction qu'elle ait été ordonnée, ne pourra avoir lieu dans toute l'étendue des possessions françaises en Algérie, qu'autant qu'il nous en aura été rendu compte, et que nous aurons décidé de laisser un libre cours à la justice. — Toutefois, dans les cas d'urgence extrême, le gouverneur général pourra ordonner l'exécution, à la charge de faire immédiatement connaître les motifs de sa décision à notre ministre de la guerre, qui nous en rendra compte. — Ce pouvoir, attribué au gouverneur général, ne pourra, dans aucun cas, être délégué.

OR. — 17 juill.-8 août 1843. — B. 155.— *Interdiction aux tribunaux musulmans de prononcer la peine de mort.—Conseils de guerre.*

Vu les art. 42, 45 et 50 de l'ord. du 26 sept. 1842 (*Justice*, § 1); — Considérant qu'il importe de déterminer d'une manière précise, en matière criminelle et en dehors de la juridiction des tribunaux ordinaires, les attributions de la justice musulmane;

Art. 1. — A l'avenir et en aucun cas, les tribunaux musulmans, quels qu'ils soient, ne pourront prononcer, en Algérie, des jugements portant condamnation à la peine de mort.

Art. 2. — Les conseils de guerre connaîtront seuls, en Algérie, des crimes commis par les indigènes, en dehors des limites de la juridiction des tribunaux ordinaires, et pouvant donner lieu à l'application de la peine de mort. — Ils connaîtront seuls aussi des crimes et délits qui intéresseraient la souveraineté française ou la sûreté de l'armée.

Pensions de retraites.

LOI.—9 juin 1853.—B. 451.—*Pensions civiles de retraites.*

Tit. 1.—*Liquidation des caisses de retraites supprimées.*

Art. 1.—Les caisses de retraites désignées au tableau n° 1 seront supprimées à partir du 1er janv. 1854.—Leur actif sera acquis à l'État.

Art. 2.—Seront inscrites au grand livre de la dette publique, à partir de la même époque : — 1° Les pensions existantes ou en cours de liquidation à la charge des caisses supprimées, pour services terminés avant le 1er janv. 1854; — 2° Les pensions et indemnités concédées pour cause de réforme, en vertu de l'art. 4 de la loi du 1er mai 1822 et du décr. du 2 mai 1818; — 3° Les pensions et les secours annuels qui seront concédés à titre de réversibilité aux veuves et aux orphelins des pensionnaires inscrits en vertu des deux paragraphes qui précèdent.

Tit. 2.—*Conditions du droit à pension pour les fonctionnaires qui entreront en exercice à partir du 1er janv. 1854.*

Art. 3.—Les fonctionnaires et employés directement rétribués par l'État, et nommés à partir du 1er janv. 1854, ont droit à pension, conformément aux dispositions de la présente loi, et supportent indistinctement, sans pouvoir les répéter dans aucun cas, les retenues ci-après : —1° Une retenue de 5 p. 100 sur les sommes payées à titre de traitement fixe ou éventuel, de préciput, de supplément de traitement, de remises proportionnelles, de salaires, ou constituant, à tout autre titre, un émolument personnel; — 2° Une retenue du douzième des mêmes rétributions lors de la première nomination ou dans le cas de réintégration, et du douzième de toute augmentation ultérieure; — 3° Les retenues pour cause de congés et d'absences, ou par mesure disciplinaire.—Sont affranchies de ces retenues les commissions allouées en compte courant par le trésor aux receveurs généraux des finances.—Les comptables, les receveurs particuliers et les percepteurs de contributions directes, ainsi que les agents ressortissant au ministère des finances, qui sont rétribués par des salaires ou remises variables, supportent ces retenues sur les trois quarts seulement de leurs émoluments de toute nature, le dernier quart étant considéré comme indemnité de loyer et de frais de bureau.

Art. 4. — Les fonctionnaires de l'enseignement, rétribués, en tout ou en partie, sur les fonds départementaux et communaux, ou sur le prix des pensions payées par les élèves des lycées nationaux, ont droit à pension, conformément aux dispositions de la présente loi, et supportent, sur leur traitement et leurs différentes rétributions, la retenue déterminée par l'art. 3. — La même disposition est applicable aux fonctionnaires et employés attachés à l'administration de la dotation de la couronne et rétribués sur les fonds de la liste civile. — Il en est de même des fonctionnaires et employés qui, sans cesser d'appartenir au cadre permanent d'une administration publique, et en con-

servant leurs droits à l'avancement hiérarchique, sont rétribués, en tout ou en partie, sur les fonds départementaux ou communaux, sur les fonds des compagnies concessionnaires, et même sur les remises et salaires payés par les particuliers (1):

Art. 5.—Le droit à la pension de retraite est acquis par ancienneté de 60 ans d'âge et après 30 ans accomplis de services. — Il suffit de 55 ans d'âge et de 25 ans de services pour les fonctionnaires qui ont passé 15 ans dans la partie active. —La partie active comprend les emplois et grades indiqués au tableau annexé à la présente loi sous le n° 2.—Aucun autre emploi ne peut être compris au service actif, ni assimilé à un emploi de ce service, qu'en vertu d'une loi. — Est dispensé de la condition d'âge établie aux §§ 1 et 2 du présent article, le titulaire qui est reconnu par le ministre hors d'état de continuer ses fonctions.

Art. 6.—La pension est basée sur la moyenne des traitements et émoluments de toute nature soumis à retenue, dont l'ayant droit a joui pendant les six dernières années d'exercice.—Néanmoins, dans les cas prévus par l'art. 4, la moyenne ne pourra excéder celle des traitements et émoluments dont le fonctionnaire aurait joui s'il eût été rétribué directement par l'État.

Art. 7.—La pension est réglée, pour chaque année de services civils, à un 60e du traitement moyen.—Néanmoins, après 25 ans de services entièrement rendus dans la partie active, elle est de la moitié du traitement moyen, avec accroissement, pour chaque année de service en sus, d'un 50e du traitement. —En aucun cas, elle ne peut excéder ni les trois quarts du traitement moyen, ni les maximum déterminés au tableau annexé à la présente loi sous le n° 3.

Art. 8.—Les services dans les armées de terre et de mer concourent avec les services civils pour établir le droit à pension, et seront comptés pour leur durée effective, pourvu toutefois que la durée des services civils soit au moins de 12 ans dans la partie sédentaire, ou de 10 ans dans la partie active.—Si les services militaires de terre ou de mer ont été déjà rémunérés par une pension, ils n'entrent pas dans le calcul de la liquidation. S'ils n'ont pas été rémunérés par une pension, la liquidation est opérée d'après le minimum attribué au grade par les tarifs annexés aux lois des 11 et 18 avr. 1831.

Art. 9.—Les services des employés des préfectures et des sous-préfectures rétribués sur les fonds d'abonnement sont réunis, pour l'établissement du droit à pension et pour la liquidation, aux services rémunérés conformément aux dispositions de la présente loi, pourvu que la durée de ces derniers services soit au moins de 12 ans dans la partie sédentaire et de 10 ans dans la partie active.

Art. 10.—Les services civils rendus hors d'Europe par les fonctionnaires et employés envoyés d'Europe par le gouvernement français sont comptés pour moitié en sus de leur durée effective, sans toutefois que cette bonification puisse réduire de plus d'un cinquième le temps de service effectif exigé pour constituer le droit à pension.—Le supplément accordé à titre de traitement colonial n'entre pas dans le calcul du traitement moyen.— Après 15 années de services rendus hors d'Europe, la pension peut être liquidée à 55 ans d'âge (2). — A l'égard des agents extérieurs du

---

(1) Application de cette règle à divers agents de l'Algérie. — V. ci-après *Décis. min.* du 18 août 1859.

(2) Les dispositions de cet article intéressent particulièrement les fonctionnaires et employés de l'Algérie, et il est utile de faire connaître la jurisprudence du conseil d'État à leur égard.

En ce qui concerne le personnel administratif, le conseil d'État, par deux décisions des 1er déc. 1852 et 9 mai 1853 (*Bulletin des lois*, 1852, n° 286; 2e partie, suppl., p. 818, et 1853, n° 21, 2e partie, suppl., 1er sem., p. 728, pension de MM. Derasey, chef du bureau à Constantine, et Rogier, conseiller de préfecture), a consacré

département des affaires étrangères et des fonctionnaires de l'enseignement, le temps d'inactivité durant lequel ils ont été assujettis à la retenue est compté comme service effectif; mais il ne peut être admis dans la liquidation pour plus de cinq ans.

Art. 11. — Peuvent exceptionnellement obtenir pension, quels que soient leur âge et la durée de leu. activité ; — 1° Les fonctionnaires et employés qui auront été mis hors d'état de continuer leur service, soit par suite d'un acte de dévouement dans un intérêt public, ou en exposant leurs jours pour sauver la vie d'un de leurs concitoyens, soit par suite de lutte ou combat soutenu dans l'exercice de leurs fonctions; — 2° Ceux qu'un accident grave, résultant notoirement de l'exercice de leurs fonctions, met dans l'impossibilité de les continuer. —Peuvent également obtenir pension, s'ils comptent 50 ans d'âge et 20 ans de service dans la partie sédentaire, ou 45 ans d'âge et 15 ans de service dans la partie active, ceux que des infirmités graves, résultant de l'exercice de leurs fonctions, mettent dans l'impossibilité de les continuer, ou dont l'emploi aura été supprimé. — Peuvent aussi obtenir pension les magistrats mis à la retraite en vertu du décr. du 1er mars 1852, qui remplissent la condition de services indiquée dans le paragraphe qui précède.

Art. 12. — Dans les cas prévus par le § 1° de l'article précédent, la pension est de la moitié du dernier traitement, sans pouvoir excéder les maximum déterminés au tableau n° 5. — Dans le cas prévu par le § 2°, la pension est liquidée, suivant que l'ayant droit appartient à la partie sédentaire ou à la partie active, à raison de 1/60° ou de 1/50° du dernier traitement pour chaque année de service civil ; elle ne peut être inférieure au sixième dudit traitement. — Dans les cas prévus par les deux derniers paragraphes de l'article précédent, la pension est également liquidée à raison de 1/60° ou de 1/50° du traitement moyen pour chaque année de service civil.

Art. 13. — A droit à pension la veuve du fonctionnaire qui a obtenu une pension de retraite en vertu de la présente loi, ou qui a accompli la durée du service exigée par l'art. 5, pourvu que le mariage ait été contracté six ans avant la cessation des fonctions du mari. — La pension de la veuve est du tiers de celle que le mari avait obtenue ou à laquelle il aurait eu droit. Elle ne peut être in-

férieure à 100 fr., sans toutefois excéder celle que le mari aurait obtenue ou pu obtenir. — Le droit à pension n'existe pas pour la veuve dans le cas de séparation de corps prononcé sur la demande du mari.

Art. 14. — Ont droit à pension : — 1° La veuve du fonctionnaire ou employé qui, dans l'exercice ou à l'occasion de ses fonctions, a perdu la vie dans un naufrage ou dans un des cas spécifiés au § 1° de l'art. 11, soit immédiatement, soit par suite de l'événement ; — 2° La veuve dont le mari aura perdu la vie par un des accidents prévus au § 2° de l'art. 11, ou par suite de cet accident. — Dans le premier cas, la pension est des deux tiers de celle que le mari aurait obtenue ou pu obtenir par application de l'art. 12, § 1. — Dans le second cas, la pension est des deux tiers de celle que le mari aurait obtenue ou pu obtenir en vertu dudit article, § 2. — Dans les cas spécifiés au présent article, il suffit que le mariage ait été contracté antérieurement à l'événement qui a amené la mort ou la mise à la retraite du mari.

Art. 15. — Dans le cas où un employé, ayant servi alternativement dans la partie active et dans la partie sédentaire, décède avant d'avoir accompli les trente années de service exigées pour constituer le droit à pension de sa veuve, un cinquième de son temps de service dans la partie active est ajouté fictivement en sus du service effectif pour compléter les trente années nécessaires. La liquidation ne s'opère, néanmoins, que sur la durée effective des services.

Art. 16. — L'orphelin ou les orphelins mineurs d'un fonctionnaire ou employé ayant obtenu sa pension, ou ayant accompli la durée de services exigée par l'art. 5 de la présente loi, ou ayant perdu la vie dans un des cas prévus par les §§ 1° et 2° de l'art. 11, ont droit à un secours annuel lorsque la mère est ou décédée, ou inhabile à recueillir la pension, ou déchue de ses droits. — Ce secours est, quel que soit le nombre des enfants, égal à la pension que la mère aurait obtenue ou pu obtenir conformément aux art. 13, 14 et 15. Il est partagé entre eux par égales portions, et payé jusqu'à ce que le plus jeune des enfants ait atteint l'âge de 21 ans accomplis, la part de ceux qui décéderaient ou celle des majeurs faisant retour aux mineurs. —S'il existe une veuve et un ou plusieurs orphelins mineurs provenant d'un mariage antérieur

---

le principe que la retraite devait être liquidée conformément à l'art. 5, tit. 2. de la loi des 3-22 août 1790, ainsi conçu : « Les années de service qu'on aurait remplies dans les emplois civils hors d'Europe, seront comptées pour deux années, lorsque les trente ans de service effectif seront d'ailleurs complets. » Il n'est rien changé à cette règle pour les services antérieurs au 1er janv. 1851, par la nouvelle loi dont l'art. 18, § 2, accorde aux fonctionnaires le droit d'obtenir, pour ces services antérieurs, la liquidation de leur pension conformément, soit aux règlements spéciaux, soit aux loi et décret des 3-22 août 1790 et 13 sept. 1806.

En ce qui concerne la magistrature d'Afrique, elle a, jusqu'au 1er janv. 1851, été régie par un règlement spécial, savoir : les ordonnances organiques des 10 août 1834 et 26 sept. 1842. Aux termes de l'art. 22 de la première de ces ordonnances et de l'art. 27 de la seconde, «les services des magistrats de l'Algérie sont comptés, pour les droits à la retraite, comme s'ils avaient été rendus en France.» Dès lors, ils ne peuvent être admis à invoquer ni l'art. 24 de la loi du 18 avr. 1831 sur les pensions de l'armée de mer, applicable aux magistrats des colonies, ainsi que l'a déclaré le conseil d'État dans une décision du 11 janv. 1853 (M. Marion, conseiller. Recueil de Dalloz, 55. 3. 47), ni le bénéfice de la nouvelle loi qui, loin d'avoir un effet rétroactif et de déroger au règlement spécial résultant des dispositions des ordonnances de 1834 et 1842, en prescrit explicitement l'exécution, en déterminant par son art. 18 le mode de liquidation pour les services antérieurs.

Il est donc évident que ces services ne peuvent être comptés pour les magistrats de l'Algérie que conformément aux ordonnances des 25 sept. 1814 et 22 fév. 1821, qui règlent les pensions des magistrats de France, et que c'est seulement à partir du 1er janv. 1851 que le bénéfice de l'art. 10 de la loi du 9 juin 1853 leur est acquis.

Le fonctionnaire qui, au moment de la promulgation de la loi du 9 juin 1853, remplissait des fonctions dispensées de retenue, et ne conférant pas droit à la pension, peut faire compter, pour la fixation de la pension à laquelle cette loi est venue lui donner droit, non-seulement les services qu'il a rendus depuis 1853, et à raison desquels il a subi la retenue, mais aussi les services qu'il avait rendus antérieurement dans d'autres fonctions qui étaient également sujettes à retenue.— Conseil d'État, 25 juill. et 10 déc. 1857, pourvois Gauthier et comte d'Audiffret. V. Gaz. des trib. du 6 janv. 1858.

Les magistrats qui ont rendu des services dans les colonies avant 1853, et qui terminant leur carrière dans la magistrature métropolitaine, sont admis à la retraite en cette dernière qualité, ne peuvent faire compter les services dont il s'agit que pour leur durée simple. Ils ne peuvent, nonobstant la pratique antérieure du ministère de la justice, réclamer le bénéfice de moitié en sus, soit en vertu de l'art. 7 de l'arrêté du 11 fruct. an XI, soit en vertu de la loi du 18 avr. 1831, qui ne s'appliquent qu'aux pensions servies par la caisse des invalides de la marine.— Conseil d'État, 29 juill. 1858, pourvoi du sieur Vanvincq. Voir la la discussion de cette décision Gaz. des trib. du 4 août 1858.

du fonctionnaire, il est prélevé sur la pension de la veuve, et sauf réversibilité en sa faveur, un quart au profit de l'orphelin du premier lit s'il n'en existe qu'un en âge de minorité, et la moitié s'il en existe plusieurs.

Art. 17. — Les pensions et secours annuels qui seront accordés conformément aux dispositions du présent titre sont inscrits au grand-livre de la dette publique.

Tit. 3. — *Dispositions transitoires applicables aux fonctionnaires et employés en exercice au 1er janv. 1854.*

Art. 18. — Les fonctionnaires et employés en exercice au 1er janv. 1854 sont soumis aux retenues déterminées à l'art. 3, et sont retraités d'après les règles ci-après : — Ceux qui étaient tributaires de caisses de retraite supprimées et ceux qui obtenaient pension sur fonds généraux sont liquidés dans les proportions et aux conditions réglées par la présente loi pour leurs services postérieurs au 1er janv. 1854; et pour les services antérieurs, conformément, soit aux règlements spéciaux, soit aux loi et décret des 22 août 1790 et 13 sept. 1806, qui régissaient respectivement leur situation, sans que les maximum déterminés par la présente loi puissent être dépassés. — Toutefois, les pensions des fonctionnaires et employés qui, au 1er janv. 1854, auront accompli la durée de service exigée par les règlements spéciaux, loi et décret précités, sont liquidées conformément à ces règlements, loi et décret.—Les magistrats nommés avant le 1er janv. 1854, et mis à la retraite en vertu du décr. du 1er mars 1852, auront droit à pension après quinze ans de service. — Les fonctionnaires et employés qui, antérieurement, ne subissaient pas de retenues et n'étaient pas placés sous le régime des loi et décret des 22 août 1790 et 13 sept. 1806, sont admis à faire valoir la totalité de leurs services admissibles pour constituer leur droit à pension; toutefois, cette pension n'est liquidée que pour le temps pendant lequel ces fonctionnaires auront subi la retenue, et n'est réglée qu'à raison de 1/120e du traitement moyen pour chaque année de services civils; mais le montant de la pension ainsi fixé est alors augmenté de 1/30e pour chacune des années liquidées : cette base exceptionnelle cesse lorsque le titulaire se trouve dans les conditions voulues par l'art. 5.

Tit. 4.—*Dispositions d'ordre et de comptabilité.*

Art. 19.—Aucune pension n'est liquidée qu'autant que le fonctionnaire aura été préalablement admis à faire valoir ses droits à la retraite par le ministre au département duquel il ressortit.

Art. 20. — Il ne peut être concédé annuellement de pension, en vertu de la présente loi, que dans la limite des extinctions réalisées sur les pensions inscrites. Dans le cas, toutefois, où cette limite devrait être dépassée, par suite de l'accroissement de liquidation auquel donneront lieu les nouvelles catégories de fonctionnaires soumis à la retenue et appelés à la pension par l'art. 5, l'augmentation de crédit nécessaire sera l'objet d'une loi spéciale.

Art. 21. — Il sera rendu compte annuellement, lors de la présentation de la loi du budget, des pensions de retraite concédées et inscrites en vertu de la présente loi, en distinguant les charges antérieures et celles postérieures au 1er janv. 1854.

Art. 22. — Toute demande de pension est adressée au ministre d'Etat du département auquel appartient le fonctionnaire. Cette demande doit, à peine de déchéance, être présentée avec les pièces à l'appui dans le délai de cinq ans à partir de la promulgation de la présente loi, pour les droits ouverts antérieurement, et pour les droits qui s'ouvriront postérieurement, à partir, savoir : pour le titulaire, du jour où il aura été admis à faire valoir ses droits à la retraite, ou du jour de la cessation de ses fonctions, s'il a été autorisé à les continuer après cette admission, et, pour la veuve, du jour du décès du fonctionnaire. — Les demandes de secours annuels pour les orphelins doivent être présentées dans le même délai à partir de la promulgation de la présente loi, ou du jour du décès de leur père ou de celui de leur mère.

Art. 23. — Les pensions sont liquidées d'après la durée des services, en négligeant, sur le résultat final du décompte, les fractions de mois et de franc. — Les services civils ne sont comptés que de la date du premier traitement d'activité et à partir de l'âge de 20 ans accomplis. Le temps de surnumérariat n'est compté dans aucun cas.

Art. 24. — La liquidation est faite par le ministre compétent, qui la soumet à l'examen du conseil d'Etat avec l'avis du ministre des finances. — Le décret de concession est rendu sur la proposition du ministre compétent. Il est contre-signé par lui et par le ministre des finances. — Il est inséré au *Bulletin des lois.*

Art. 25. — La jouissance de la pension commence du jour de la cessation du traitement, ou du lendemain du décès du fonctionnaire; celle du secours annuel, du lendemain du décès du fonctionnaire ou du décès de la veuve. Il ne peut, en aucun cas, y avoir lieu au rappel de plus de trois années d'arrérages antérieurs à la date de l'insertion au *Bulletin des lois* du décret de concession.

Art. 26. — Les pensions sont incessibles. Aucune saisie ou retenue ne peut être opérée du vivant du pensionnaire, que jusqu'à concurrence d'un cinquième pour débet envers l'Etat, ou pour des créances privilégiées, aux termes de l'art. 2101 c. Nap., et d'un tiers dans les circonstances prévues par les art. 203, 205, 206, 207 et 214 du même code.

Art. 27. — Tout fonctionnaire ou employé démissionnaire, destitué, révoqué d'emploi, perd ses droits à la pension. S'il est remis en activité, son premier service lui est compté. — Celui qui est constitué en déficit pour détournement de deniers ou de matières, ou convaincu de malversations, perd ses droits à la pension, lors même qu'elle aurait été liquidée ou inscrite.—La même disposition est applicable au fonctionnaire convaincu de s'être démis de son emploi à prix d'argent, et à celui qui aura été condamné à une peine afflictive et infamante. Dans ce dernier cas, s'il y a réhabilitation, les droits à la pension seront rétablis.

Art. 28. — Lorsqu'un pensionnaire est remis en activité dans le même service, le payement de sa pension est suspendu. Lorsqu'il est remis en activité dans un service différent, il ne peut cumuler sa pension et son traitement que jusqu'à concurrence de 1,500 fr. — Après la cessation de ses fonctions, il peut entrer en jouissance de son ancienne pension, ou obtenir, s'il y a lieu, une nouvelle liquidation basée sur la généralité de ses services.

Art. 29. — Le droit à l'obtention ou à la jouissance d'une pension est suspendu par les circonstances qui font perdre la qualité de Français, durant la privation de cette qualité. — La liquidation ou le rétablissement de la pension ne peut donner lieu à aucun rappel pour les arrérages antérieurs.

Tit. 5. — *Dispositions applicables aux pensions de toute nature.*

Art. 30. — Les pensions et secours annuels sont payés par trimestre; ils sont rayés des livres du trésor après trois ans de non-réclamation, sans que leur rétablissement donne lieu à aucun rappel d'arrérages antérieurs à la réclamation. — La même déchéance est applicable aux héritiers ou ayants cause des pensionnaires qui n'auront pas produit la justification de leurs droits dans les trois ans qui suivront la date du décès de leur auteur.

Art. 31. — Le cumul de deux pensions est autorisé dans la limite de 6,000 fr., pourvu qu'il n'y ait pas double emploi dans les années de service présentées pour la liquidation. — La disposition qui précède n'est pas applicable aux pensions que des lois spéciales ont affranchies des prohibitions du cumul.

TIT. 6. — *Dispositions spéciales.*

Art. 32. — Les dispositions de la loi du 22 août 1790, et du décr. du 13 sept. 1806 continueront à être appliquées : — Aux ministres secrétaires d'Etat ; — Aux sous-secrétaires d'Etat ; — Aux membres du conseil d'Etat ; — Aux préfets et sous-préfets.

Art. 33. — Lorsqu'un fonctionnaire aura passé d'un service sujet à retenue dans un service qui en est affranchi, ou réciproquement, la pension est liquidée d'après la loi qui régit son dernier service, à moins qu'il n'ait accompli dans le premier service les conditions d'âge et de durée de fonctions exigées. — Dans ce dernier cas, le fonctionnaire a le droit de choisir le mode de liquidation de sa pension.

Art. 34. — Les dispositions des art. 19, 22, 23, 24, 25, 26, 27, 28, 29, 30 et 31 de la présente loi sont applicables au fonctionnaire dont la pension est liquidée conformément à la loi du 22 août 1790 et au décr. du 13 sept. 1806.

Art. 35. — Un règlement d'administration publique déterminera : — 1° La portion des rétributions diverses qui peut être affranchie de la retenue mentionnée au § 1 de l'art. 3 ; — 2° La fixation des retenues mentionnées au § 3 du même article et des prélèvements autorisés sur les amendes et confiscations en matière de douanes, de contributions indirectes et de postes ; — 3° Les formes à suivre pour déclarer l'incapacité du fonctionnaire dans le cas prévu pas le dernier paragraphe de l'art. 5 ; — 4° Les formes et délais dans lesquels seront justifiées les causes, la nature et les suites des blessures ou infirmités pouvant donner droit à pension ; — 5° Le mode de constatation des circonstances de nature à ouvrir des droits aux veuves dans les cas prévus par les §§ 1 et 2 de l'art. 11 ; — 6° Les formes suivant lesquelles le fonctionnaire pourra être privé de sa pension dans les cas prévus par l'art. 27 ; — Et 7° celles suivant lesquelles aura lieu, entre les divers départements ministériels, la répartition du crédit alloué chaque année pour le service des pensions. — Ce règlement déterminera, en outre, les autres mesures propres à assurer l'exécution de la présente loi.

Art. 36. — Sont abrogés : la loi du 15 germ. an XI, l'arr. du 15 flor. an XI, le § 1 de l'art. 27 de la loi du 25 mars 1817, le § 1 de l'art. 13 de la loi du 15 mai 1818, et l'art. 31 de la loi du 19 mai 1819, ainsi que les dispositions des lois, décrets, ordonnances ou règlements qui seraient contraires à la présente loi.

Vu pour être promulgué en Algérie, 31 déc. 1853, le gouverneur général. Comte RANDON.

DI. — 9 nov.-31 déc. 1853. — B. 151. — *Règlement d'administration publique pour l'exécution de la loi du 9 juin 1853.*

TIT. 1. — *Suppression des caisses de retraite et inscription des pensions au grand-livre de la dette publique.*

Art. 1. — A partir du 1er janv. 1854, la caisse des dépôts et consignations cessera d'être chargée du service des pensions imputées sur les caisses de retraite supprimées par l'art. 1 de la loi du 9 juin 1853. — Elle continuera néanmoins, jusqu'au 1er mai 1854, à effectuer le payement des arrérages et décomptes d'arrérages afférents à l'année 1853 et années antérieures, et elle fera également recette des retenues portant sur lesdites années. — A partir du 1er mai 1854, les arrérages antérieurs au 1er janv. de ladite année seront, jusqu'au terme de prescription, payés aux caisses du trésor public par imputation sur le crédit spécial de dépense affecté chaque année au service des pensions civiles. Les retenues arriérées dévolues aux caisses de retraite supprimées, ou provenant de leur liquidation, seront portées au chapitre spécial qui sera ouvert au budget des recettes de l'année courante, sous le titre désigné à l'art. 5. — La caisse des dépôts et consignations arrêtera, au 1er juill. 1854, la situation des caisses de retraite supprimées, et versera au trésor leur solde en numéraire et leurs autres valeurs actives. — Les inscriptions de rentes appartenant à ces caisses seront annulées. — Un procès-verbal de clôture et de remise du service sera dressé contradictoirement entre un délégué du ministre des finances, le directeur général de la caisse des dépôts et consignations, et un membre de la commission de surveillance placée près de cet établissement, désigné par elle à cet effet.

Art. 2. — L'inscription au grand-livre de la dette publique des pensions existantes au 1er janv. 1854, à la charge des caisses de retraite supprimées, aura lieu d'après des états certifiés et transmis au ministre des finances par les ministres des divers départements. Ces états, conformes au modèle ci-annexé sous le n° 1, énonceront, pour chaque pension, la date, la nature et les motifs de l'acte qui l'aura constituée. Ils seront divisés en deux catégories : — 1° Pension liquidée et en cours de payement ; — 2° Pension liquidée, mais dont le payement sera suspendu pour cause de remplacement des titulaires, ou pour tout autre motif. — Des états dressés dans la même forme seront successivement transmis pour l'inscription des pensions en cours de liquidation au 1er janv. 1854.

Art. 3. — Les titulaires des pensions de retraite inscrites au grand-livre de la dette publique, en exécution de l'art. 2 de la loi du 9 juin 1853, recevront, à l'échéance du premier trimestre 1854, en échange de l'ancien titre, un certificat d'inscription au trésor délivré par le ministère des finances.

Art. 4. — Le payement de ces pensions aura lieu aux échéances des 1er janv., 1er avr., 1er juill. et 1er oct., et sera fait par les payeurs du trésor, sur les justifications, dans les formes et sous les garanties déterminées pour les pensions inscrites sur les fonds généraux de l'Etat. — A partir du 1er janv. 1854 : les pensions civiles concédées en vertu de la loi du 22 août 1790 et du décr. du 13 sept. 1806 ; les pensions ecclésiastiques ; les pensions des veuves de militaires et les pensions de donataires cesseront d'être payées par semestre, et seront acquittées par trimestre aux échéances sus-indiquées. — Il en sera de même des pensions des douanes précédemment payées par mois par les receveurs principaux de cette administration.

TIT. 2. — *Perception des retenues.*

Art. 5. — Les traitements ou allocations passibles de retenues, qui seront acquittés par les comptables du trésor, sont portés pour le brut dans les ordonnances et mandats, et il y est fait mention spéciale des retenues à exercer pour pension. — Les comptables chargés du payement de ces ordonnances ou mandats les imputent en dépense pour leur montant intégral, et ils constatent en recette les retenues opérées au crédit du budget de chaque exercice et à un compte distinct intitulé : *Retenues sur traitements pour le service des pensions civiles.*

Art. 6. — Les traitements des fonctionnaires des services qui ont une comptabilité spéciale, tels que l'administration de la dotation de la couronne, la Légion d'honneur, les chanceliers consulaires, les caisses d'amortissement et des dépôts et consignations ou autres, sont portés *pour le brut* dans les mandats délivrés sur les caisses particulières chargées de l'acquittement des dépenses de ces services, et il est fait mention spéciale des retenues à exercer. — Les décomptes des retenues sont établis sur les états mensuels du traitement. Un bordereau récapitulatif de ces retenues, visé par l'ordonnateur, est remis par lui, comme titre de perception, au receveur des finances, à qui il en fait en même temps verser le montant. Un duplicata de ce bordereau récapitulatif est adressé, par l'ordonnateur de chaque service, au ministre des finances.—Les règles établies par le présent article, en ce qui concerne les bordereaux fournis par les ordonnateurs comme titre de perception, ne sont pas applicables aux retenues sur les émoluments des receveurs des communes et d'établissements de bienfaisance, lesquelles doivent être soumises aux dispositions spéciales de l'art. 20.

Art. 7. — Les retenues afférentes aux traitements tant fixes qu'éventuels des fonctionnaires des lycées sont précomptées chaque mois ou chaque trimestre, à l'instant du payement, par l'économe, et par lui versés à la caisse du receveur des finances. — A l'appui de chaque versement et comme titre de perception, l'économe fournit au receveur une expédition des états de traitement certifiée par le proviseur et visée par le recteur.

Art. 8. — Les retenues à exercer sur les traitements des fonctionnaires des écoles secondaires de médecine et de pharmacie, et des collèges communaux en régie, au compte des villes, sont précomptées de la même manière par le receveur municipal et par lui versées dans la caisse du receveur des finances, auquel il remet, comme titre de perception, une expédition des états de traitements certifiée par le directeur de l'école ou par le principal et visée par le recteur.

Art. 9. — A l'égard des collèges communaux où le pensionnat est au compte des principaux, le montant des retenues est précompté par le receveur municipal sur les différents termes de la subvention allouée par la ville à l'établissement. A cet effet, le principal remet au receveur, chaque mois ou chaque trimestre, selon que les traitements sont acquittés mensuellement ou trimestriellement, un état des traitements dressé en double expédition, certifié par lui et visé par le recteur. Le traitement attribué au principal, pour le décompte de la retenue qu'il doit subir, sera calculé sur le traitement du régent le mieux rétribué, augmenté d'un quart. — Une des deux expéditions est produite par le receveur municipal au receveur des finances pour justifier le versement des retenues. — Dans les collèges auxquels la ville n'alloue pas de subvention, les retenues sont précomptées par le principal et versées directement par lui dans la caisse du receveur des finances, à qui il remet une expédition de l'état des traitements, certifiée comme il a été dit ci-dessus.

Art. 10. — Les retenues acquises au trésor sur le traitement des instituteurs communaux, quelle que soit l'origine des rétributions dont ce traitement se compose, sont prélevées par le receveur municipal lors du payement, lequel a lieu sur la production de mandats délivrés par le maire et indiquant le montant brut des rétributions, les retenues à exercer et le net à payer. — Lorsque l'instituteur est autorisé à percevoir lui-même la rétribution scolaire, conformément au § 2 de l'art. 41 de la loi du 15 mars 1850, il remet le vingtième de cette rétribution au receveur municipal qui le verse, avec les autres retenues acquises au trésor, dans la caisse du receveur des finances. — A l'appui des versements effectués, le receveur municipal produit des copies des mandats de payement, et, en cas, lorsque la rétribution scolaire a été perçue par l'instituteur, une copie du rôle de rétribution.

Art. 11. — Indépendamment des pièces mentionnées à l'article précédent, le receveur municipal adresse tous les trois mois au receveur des finances, pour être transmis au sous-préfet, un bordereau récapitulatif des sommes recouvrées dans le cours du trimestre, pour traitement de l'instituteur, et des retenues dont elles ont été frappées au profit du trésor. — Le sous-préfet, après avoir, de concert avec l'inspecteur des écoles primaires, opéré le rapprochement de l'état des mutations du personnel avec les bordereaux remis par le receveur des finances, arrête et transmet au préfet, en double expédition, un tableau général des traitements et rétributions de toute nature afférents aux instituteurs communaux de l'arrondissement, et des retenues qui ont été exercées sur ces traitements et rétributions pendant le trimestre écoulé. — Ce tableau est vérifié par le préfet qui en adresse une expédition, visée de lui, au ministre de l'instruction publique et des cultes.

Art. 12. — Tous les trois mois, le ministre de l'instruction publique fait parvenir au ministre des finances un état récapitulatif, par catégorie de fonctionnaires, des retenues acquises au trésor pour tout le service de l'instruction publique. — Cet état indique le total brut des traitements qui ont été payés et le montant des retenues qui ont dû être précomptées par les payeurs ou versées dans les caisses des receveurs des finances. En ce qui concerne les instituteurs communaux, cette production n'a lieu que tous les six mois. L'état est dressé par arrondissement.

Art. 13. — Les fonctionnaires et employés rétribués sur d'autres fonds que ceux de l'État, qui ont néanmoins droit à pension, conformément au dernier paragraphe de l'art. 4 de la loi du 9 juin 1853, supportent la retenue sur l'intégralité de leurs rétributions. — Ceux qui sont placés en Algérie doivent effectuer le versement de cette retenue, par trimestre et dans les premiers jours du trimestre qui suit le trimestre échu, à la caisse du receveur des finances ; ils transmettent la déclaration de ce versement au ministre du département auquel ils ressortissent. Ceux qui résident à l'étranger sont tenus de faire acquitter, pour leur compte, les retenues qui les concernent, et de faire en même temps la déclaration ci-dessus prescrite : ils sont autorisés à faire un seul versement par année. — Les ministres transmettent, chaque trimestre, au ministre des finances, des états nominatifs, par département, desdits fonctionnaires et employés ; ces états, indiquant le traitement applicable à chaque agent et la retenue à exercer, sont transmis, comme titres de perception à recouvrer, aux receveurs des finances.

Art. 14. — Pour les services tels que celui des haras, dans lesquels les traitements et salaires sont, comme les autres dépenses, payés par les comptables à titre d'avance et sauf justification ultérieure, l'ordonnancement des retenues a lieu tous les trois mois, au profit du trésor, par l'administration centrale.—La vérification et la liquidation définitive des décomptes de retenues perçues sur les agents des chancelleries diplomatiques et consulaires sont faites par le ministère des affaires étrangères, lors du règlement des comptes desdites chancelleries.

Art. 15.—Le compte général des retenues exercées pour le service des pensions civiles, établi par ministères et administrations, est annexé au compte définitif des recettes publié par le ministre des finances pour chaque exercice.

Art. 16.—Les fonctionnaires et employés ne peuvent obtenir, chaque année, un congé ou une autorisation d'absence de plus de quinze jours sans subir une retenue. Toutefois, un congé d'un mois sans retenue peut être accordé à ceux qui n'ont joui d'aucun congé et d'aucune autorisation d'absence pendant trois années consécutives. — Pour les congés de moins de trois mois, la retenue est de la moitié au moins et des deux tiers au plus du traitement. — Après trois mois de congé consécutifs, ou non, dans la même année, l'intégralité du traitement est retenue, et le temps excédant les trois mois n'est pas compté comme service effectif pour la pension de retraite. — Si, pendant l'absence de l'employé, il y a lieu de pourvoir à des frais d'intérim, le montant en sera précompté, jusqu'à due concurrence, sur la retenue qu'il doit subir. — La durée du congé avec retenue de la moitié au moins et des deux tiers au plus du traitement, peut être portée à quatre mois pour les fonctionnaires et employés exerçant hors de France, mais en Europe ou en Algérie, et à six mois pour ceux qui sont attachés au service colonial ou aux services diplomatiques et consulaires hors d'Europe.

Sont affranchies de toute retenue les absences ayant pour cause l'accomplissement d'un des devoirs imposés par la loi.—En cas d'absence pour cause de maladie dûment constatée, le fonctionnaire ou l'employé peut être autorisé à conserver l'intégralité de son traitement pendant un temps qui ne peut excéder trois mois. Pendant les trois mois suivants, il peut obtenir un congé avec retenue de la moitié au moins et des deux tiers au plus du traitement.—Si la maladie est déterminée par l'une des causes exceptionnelles prévues aux premier et deuxième paragraphes de l'art. 11 de la loi du 9 juin 1853, le fonctionnaire peut conserver l'intégralité de son traitement jusqu'à son rétablissement ou jusqu'à sa mise à la retraite.

Les membres des cours et tribunaux qui n'ont pas joui des vacances peuvent obtenir, en une ou plusieurs fois dans l'année, un congé d'un mois sans retenue. — Ce congé pourra être de deux mois pour les magistrats composant la chambre criminelle de la cour de cassation.

Il n'est dérogé par le présent article ni aux dispositions des art. 16 et 17 des décr. des 13 oct. et 21 déc. 1851, concernant la mise en disponibilité, pour défaut d'emploi, des ingénieurs des ponts et chaussées et des ingénieurs des mines, ni aux règles spéciales concernant la mise en activité des agents extérieurs du département des affaires étrangères et des fonctionnaires de l'enseignement (1).

Art. 17. — Le fonctionnaire ou l'employé qui s'est absenté ou qui a dépassé la durée de ses vacances ou de son congé sans autorisation, peut être privé de son traitement pendant un temps double de celui de son absence irrégulière.—Une retenue, qui ne peut excéder deux mois de traitement, peut être infligée, par mesure disciplinaire, dans le cas d'inconduite, de négligence ou de manquement au service (2).— Les dispositions du présent article ne sont applicables ni aux magistrats, qui restent soumis, quant aux peines disciplinaires, aux prescriptions des art. 50 et 56 de la loi du 22 avr. 1810, 35 du déc. du 28 sept. 1807 et 5 du déc. du 19 mars 1852, ni aux membres du corps enseignant, qui restent soumis aux art. 35 de la loi du 15 mars 1850 et 3 du décr. du 9 mars 1851. — Il n'est pas dérogé par le présent article aux dispositions des art. 20 et 21 du décr. du 13 oct. 1851, concernant les ingénieurs des ponts et chaussées, ni à celles des art. 19 et 20 du décr. du 24 déc. 1851, concernant les ingénieurs des mines.

Art. 18.—La retenue prescrite par les deux articles précédents s'exerce sur les rétributions de toute nature constituant l'émolument personnel passible de la retenue de 5 p. 100 aux termes du § 2 de l'art. 5 de la loi du 9 juin 1853.

Art. 19. — Les agents politiques et consulaires supportent les retenues déterminées par l'art. 3 de la loi du 9 juin 1853 sur l'intégralité des premiers 20,000 fr. de leurs émoluments personnels, sur les quatre cinquièmes des seconds 20,000 fr., sur les trois cinquièmes des troisièmes 20,000 sur les deux cinquièmes des quatrièmes 20,000 fr., et, enfin, sur le cinquième de tout ce qui excède 80,000 fr.

Art. 20.—Les percepteurs des contributions directes qui sont en même temps receveurs municipaux et receveurs d'établissements de bienfaisance, sont appelés au bénéfice de la loi du 9 juin 1853 pour l'ensemble de leur gestion, et soumis aux retenues prescrites par l'art. 5 de ladite loi pour la totalité de leurs émoluments personnels payés, soit sur les fonds de l'Etat, soit sur ceux des communes. — Les liquidations établies sur les mandats de payement, en ce qui concerne les retenues sur les remises attribuées aux percepteurs comme agents de l'Etat, constatent et justifient les recettes à effectuer à ce titre par les receveurs des finances.—Quant aux retenues sur les émoluments des mêmes agents, en qualité de receveurs des communes et d'établissements de bienfaisance, le receveur des finances de chaque arrondissement forme, tous les trois mois, au vu des liquidations individuelles, un décompte des sommes dues pour le trimestre, et dont il fait opérer le versement. Des décomptes généraux sont établis en outre, pour l'exercice, par les soins des receveurs particuliers et du receveur général, et les résultats en sont soumis à la certification du préfet. Les décomptes trimestriels et d'exercice constituent les titres de perception.

Art. 21. — Sont affranchies des retenues prescrites par l'art. 5 de la loi du 9 juin 1853, les sommes payées à titre d'indemnité pour frais de représentation et de stations navales, de gratifications éventuelles, de salaires de travail extraordinaire, d'indemnités pour missions extraordinaires, d'indemnités de perte, de frais de voyage, d'abonnements et d'allocations pour frais de bureau, de régie, de table et de loyer, de supplément de traitement colonial et de remboursement de dépenses. —Sont considérées comme payées à titre de frais de voyage, les indemnités attribuées aux présidents d'assises, et comme payées à titre de frais de bureaux, les indemnités attribuées aux procureurs impériaux des chefs-lieux de départements et aux juges de paix de Paris pour traitements des secrétaires.

Art. 22. — Pour les fonctionnaires et employés envoyés d'Europe dans l'Algérie ou dans les colonies, le traitement normal assujetti à la retenue est fixé, dans chaque grade, d'après le traitement de l'emploi correspondant, ou qui lui est assimilé en France. Dans les emplois qui se divisent en plusieurs classes en France et qui ne sont pas soumis, dans les colonies, à cette classification,

_____

(1) V. *Congés*, arrêtés spéciaux des 8 mars et 12 sept. 1851.

(2) V. *rodem*, décis. min. du 12 janv. 1853.

le traitement normal est réglé d'après celui de la 1re cl. du grade en France. Le surplus constitue le supplément de traitement colonial, qui est exempt de la retenue.

Art. 23. — Pour les fonctionnaires et employés qui sont rétribués par des remises et des salaires variables, la retenue du premier douzième des augmentations s'exerce en se reportant au dernier prélèvement subi par le titulaire, soit à titre de premier mois de traitement, soit à titre de premier mois d'augmentation, et la différence existant entre la moyenne du traitement frappé de la dernière retenue et celle des émoluments afférents au nouvel emploi constitue l'augmentation passible de la retenue du premier douzième.

Art. 24. — Les prélèvements sur les amendes et confiscations en matière de douanes, de contributions indirectes et de postes, qui doivent être versés au trésor au compte des pensions civiles, aux termes de l'art. 55 de la loi du 9 juin 1853, sont exercés dans les proportions déterminées au tableau ci-annexé sous le n° 2.

Art. 25. — Le fonctionnaire démissionnaire, révoqué ou destitué, s'il est réadmis dans un emploi assujetti à la retenue, subit de nouveau la retenue du premier mois de son traitement et celle du premier douzième des augmentations ultérieures. — Celui qui, par mesure disciplinaire ou par mutation volontaire d'emploi, est descendu à un traitement inférieur, subit la retenue du premier douzième des augmentations ultérieures. — Le fonctionnaire placé dans la situation indiquée par le dernier paragraphe de l'art. 10 de la loi du 9 juin 1853 est assujetti à la retenue sur son traitement d'inactivité ; mais il ne subit pas la retenue du premier douzième lorsqu'il est rappelé à un emploi actif.

Composition du traitement moyen.

Art. 26. — Pour déterminer la base de liquidation des pensions des conseillers référendaires de la cour des comptes, on divise par leur nombre le fonds annuel qui leur est réparti à titre de préciput et de récompense de travaux. — La somme produite par cette division est réunie au traitement fixe, pour former le total des émoluments sur lesquels la pension est liquidée. — Le montant annuel des salaires payés aux courriers et postulants courriers des postes est divisé par leur nombre, et le produit de cette division forme le traitement moyen à prendre pour base du calcul de la pension des agents de cette classe. — A l'égard des principaux des collèges communaux qui administrent le pensionnat à leur compte, le traitement moyen est réglé sur le traitement du régent le mieux rétribué sur-évalué d'un quart.

Art. 27. — A l'égard des agents extérieurs du département des affaires étrangères et des fonctionnaires de l'enseignement qui sont admis à la retraite dans la position d'inactivité prévue par le § 4 de l'art. 10 de la loi du 9 juin 1853, le traitement moyen s'établit sur les six années de services qu'ils ont rendus, comme titulaires d'emploi, avant leur mise en inactivité.

Art. 28. — Le traitement moyen des agents qui sont rétribués par des salaires ou remises variables sujets à liquidation est établi sur les six années antérieures à celle dans le cours de laquelle cesse l'activité.

TIT. 3. — *Justification du droit à pension, mode de liquidation.*

Art. 29. — L'admission du fonctionnaire à faire valoir ses droits à la retraite est prononcée par l'autorité qui, aux termes des règlements, a qualité pour prononcer sa révocation. — L'acte d'admission à retraite spécifie les circonstances qui

donnent ouverture au droit à la pension, et indique les articles de la loi applicables au fonctionnaire.

Art. 30. — Lorsque l'admission à la retraite a lieu avant l'accomplissement de la condition d'âge imposée par l'art. 5 de la loi du 9 juin 1853, cette admission est prononcée dans les formes suivantes. — Si l'impossibilité d'être maintenu en activité résulte pour le fonctionnaire d'un état d'invalidité morale inappréciable pour les hommes de l'art, sa situation est constatée par un rapport de ses supérieurs dans l'ordre hiérarchique. — Si l'incapacité de servir est le résultat de l'invalidité physique du fonctionnaire, l'acte prononçant son admission à la retraite doit être appuyé, indépendamment des justifications ci-dessus spécifiées, d'un certificat des médecins qui lui ont donné leurs soins et d'une attestation d'un médecin désigné par l'administration et assermenté, qui déclare que le fonctionnaire est hors d'état de continuer utilement l'exercice de son emploi.

Art. 31. — Le fonctionnaire admis à la retraite doit produire, indépendamment de son acte de naissance et d'une déclaration de domicile : — 1° Pour la justification des services civils : — Un extrait dûment certifié des registres et sommiers de l'administration ou du ministère auquel il a appartenu, énonçant ses nom et prénoms, sa qualité, la date et le lieu de sa naissance, la date de son entrée dans l'emploi avec traitement, la série de ses grades et services, l'époque et les motifs de leur cessation et le montant du traitement dont il a joui pendant chacune des six dernières années de son activité. — Cet extrait est dressé dans la forme du modèle ci-annexé sous le n° 3. — Lorsqu'il n'aura pas existé de registres, ou que tous les services administratifs ne se trouveront pas inscrits sur les registres existants, il y sera suppléé soit par un certificat du chef ou des chefs compétents des administrations où l'employé aura servi, relatant les indications ci-dessus énoncées, soit par un extrait des comptes et états d'émargement certifié par le greffier de la cour des comptes. — Les services civils rendus hors d'Europe sont constatés par un certificat distinct, délivré par le ministre compétent. Ce certificat, conforme au modèle ci-annexé sous le n° 4, énonce, pour chaque mutation d'emploi, le traitement normal du grade et le supplément accordé à titre de traitement colonial. — A défaut de ces justifications, et lorsque, pour cause de destruction des archives dont on aurait pu les extraire ou du décès des fonctionnaires supérieurs, l'impossibilité de les produire aura été prouvée, les services pourront être constatés par acte de notoriété. — 2° Pour la justification des services militaires de terre et de mer : — Un certificat directement émané du ministère de la guerre ou de celui de la marine. — Les actes de notoriété, les congés de réforme et les actes de licenciement ne sont pas admis pour la justification des services militaires. Lorsque des actes de cette nature sont produits, ils sont renvoyés au ministère de la guerre ou à celui de la marine, qui les remplace, s'il y a lieu, par un certificat authentique. — Les services des employés de préfectures et de sous-préfectures sont justifiés par un certificat du préfet ou du sous-préfet, constatant que le titulaire a été rétribué sur des fonds d'abonnement, et ce certificat doit être visé par le ministre de l'intérieur.

Art. 32. — Les veuves prétendant à pension fournissent, indépendamment des pièces que leur mari aurait été tenu de produire : — 1° Leur acte de naissance ; — 2° L'acte de décès de l'employé ou du pensionnaire ; — 3° L'acte de célébration du mariage ; — 4° Un certificat de non-séparation de corps, et, si le mariage est antérieur à la loi du 8 mai 1816, un certificat de non-divorce ; —

5° Dans le cas où il y aurait eu séparation de corps, la veuve doit justifier que cette séparation a été prononcée sur sa demande. — Les orphelins prétendant à pension fournissent, indépendamment des pièces que leur père aurait été tenu de produire : — 1° Leur acte de naissance ; — 2° L'acte de décès de leur père ; — 3° L'acte de célébration de mariage de leurs père et mère ; — 4° Une expédition ou un extrait de l'acte de tutelle ; — 5° En cas de prédécès de la mère, son acte de décès ; — En cas de séparation de corps, expédition du jugement qui a prononcé la séparation ou un certificat du greffier du tribunal qui a rendu le jugement ; — En cas de second mariage, acte de célébration. — Les veuves ou orphelins prétendant à pension produisent le brevet délivré à leur mari ou père, lorsqu'il est décédé en jouissance de pension, ou une déclaration constatant la perte de ce titre.

Art. 53. — Si le fonctionnaire a été justiciable direct de la cour des comptes, soit en deniers, soit en matières, il doit produire un certificat de la comptabilité générale des finances ou du ministère compétent, constatant, sauf justification ultérieure du quitus de la cour des comptes, que la vérification provisoire de sa gestion ne révèle aucun débet à sa charge. — Si le prétendant à pension n'est pas justiciable direct de la cour des comptes, sa situation en fin de gestion est constatée par un certificat du comptable supérieur duquel il relève.

Art. 34. — Les enfants orphelins des fonctionnaires décédés pensionnaires ne peuvent obtenir des secours à titre de réversion qu'autant que le mariage dont ils sont issus a précédé la mise en retraite de leur père.

Art. 35. — Dans les cas spécifiés aux §§ 1 et 2 de l'art. 11, 1 et 2 de l'art. 14 de la loi du 9 juin 1853, l'événement donnant ouverture au droit à pension doit être constaté par un procès-verbal en due forme dressé sur les lieux et au moment où il est survenu. A défaut de procès-verbal, cette constatation peut s'établir par un acte de notoriété rédigé sur la déclaration des témoins de l'événement ou des personnes qui ont été à même de le connaître et d'en apprécier les conséquences. Cet acte doit être corroboré par les attestations conformes de l'autorité municipale et des supérieurs immédiats du fonctionnaire. — Dans le cas d'infirmités prévu par le § 3 de l'art. 11 de la loi du 9 juin, ces infirmités et leurs causes sont constatées par les médecins qui ont donné leurs soins au fonctionnaire et par un médecin désigné par l'administration et assermenté. Ces certificats doivent être corroborés par l'attestation de l'autorité municipale et celle des supérieurs immédiats du fonctionnaire.

Art. 36. — Dans les cas exceptionnels prévus par les §§ 1 et 2 dudit art. 11, il est tenu compte à l'employé de ses services militaires de terre et de mer, suivant le mode spécial de rémunération réglé par l'art. 8 de la loi, indépendamment de la liquidation déterminée pour les services civils par les §§ 1 et 2 de l'art. 12. — La liquidation s'établit, dans les mêmes cas, sur le traitement moyen, lorsqu'il est plus favorable à l'employé que le dernier traitement d'activité.

Art. 37. — Les fonctionnaires et employés classés dans la partie active qui, antérieurement à la loi du 9 juin 1853, ne subissaient pas de retenues et n'étaient pas placés sous le régime des loi et décret des 22 août 1790 et 15 sept. 1806, sont liquidés à raison de 1/100° du traitement moyen pour chaque année de services assujettis à la retenue dans la partie active, et le montant de la pension ainsi fixée est augmenté de 1/25° par chacune des années liquidées.

Tit. 4. — *Dispositions d'ordre et de comptabilité.*

Art. 38. — En exécution de l'art. 20 de la loi du 9 juin 1853, le ministre des finances arrête, chaque année, dans les premiers jours de janvier, l'état des extinctions réalisées dans le cours de l'année précédente, et dont le montant sert de base pour la fixation du crédit d'inscription de l'année courante. — Un décret rendu sur le rapport du ministre des finances détermine : 1° la somme jusqu'à concurrence de laquelle ce crédit est employé ; 2° la portion afférente à chacun des départements ministériels.

Art. 39. — Le compte à rendre annuellement, lors de la présentation du budget, en exécution de l'art. 21 de la loi du 9 juin 1853, comprend par ministère, et avec la distinction des pensions d'employés, de veuves et d'orphelins : — 1° L'emploi du crédit d'inscription qui a été déterminé conformément aux dispositions de l'art. précédent ; 2° La situation, par accroissement et décroissement, des pensions concédées et inscrites au 31 déc. de l'année expirée pour services terminés avant le 1er janv. 1854 ; 3° La situation, par accroissement et décroissement, des pensions concédées et inscrites à la même date pour services terminés postérieurement au 1er janv. 1854.

Art. 40. — En exécution de l'art. 24 de la loi du 9 juin 1853, le ministère compétent réunit les pièces justificatives du droit à pension, arrête la liquidation, et après l'avoir communiquée au ministre des finances, la soumet, avec l'avis de ce ministre, à l'examen de la section des finances du conseil d'État. — Sur l'avis de cette section, le ministre liquidateur prépare le décret de concession, qui doit être contre-signé par le ministre des finances.

Art. 41. — Les décrets de concession, conformes au modèle ci-annexé sous le n° 5, mentionnent les noms, prénoms, grade, date et lieu de naissance du pensionnaire, la nature et la durée de ses services, la date des lois, décrets et ordonnances réglementaires en vertu desquels la pension a été liquidée, la quotité du traitement qui a servi de base à la liquidation, la part de rémunération afférente aux services militaires et celle afférente aux services civils, la limitation au maximum, la quotité de la pension, la date d'entrée en jouissance et le domicile de la partie. Ces décrets indiquent, en outre, la date de l'avis rendu par la section des finances, et, s'il y a lieu, celle de l'avis du conseil d'État. — Lorsque ces décrets sont collectifs, ils doivent être divisés en deux catégories, comprenant distinctement les pensions pour services terminés avant le 1er janv. 1854, et celles concédées pour services terminés postérieurement à cette date.

Art. 42. — La date de la présentation de la demande en liquidation est constatée par son inscription sur un registre spécial tenu dans chaque ministère. Un bulletin de cette inscription est délivré à la partie intéressée.

Art. 43. — Lorsqu'un fonctionnaire dont la pension est liquidée ou inscrite se trouve dans l'un des cas prévus par les deux derniers paragraphes de l'art. 27 de la loi du 9 juin 1853, sa perte du droit à la pension est prononcée par un décret rendu sur la proposition du ministre des finances, après avoir pris l'avis du ministre liquidateur et après avoir consulté la section des finances du conseil d'État.

Art. 44. — Lorsqu'un pensionnaire est remis en activité, il en est immédiatement donné avis par le ministre compétent au ministre des finances, pour que le payement de la pension soit suspendu ou pour qu'il soit fait application des dispositions de l'art. 31 de la loi du 9 juin relatives au cumul.

Art. 45. — Lorsqu'un fonctionnaire a disparu de son domicile, et que plus de trois ans se sont écoulés sans qu'il ait réclamé les arrérages de sa pension, sa femme ou les enfants qu'il a laissés peuvent obtenir, à titre provisoire, la liquidation des droits de réversion qui leur seraient ouverts par les art. 15 et 16 de la loi du 9 juin 1853 en cas de décès dudit fonctionnaire.

Art. 46. — Tout titulaire d'une pension inscrite au trésor doit produire, pour le payement, un certificat de vie délivré par un notaire, conformément à l'ord. du 6 juin 1839, lequel certificat contient, en exécution des art. 14 et 15 de la loi du 15 mai 1818, la déclaration relative au cumul. — La rétribution fixée par le décret du 21 août 1806 et l'ord. du 20 juin 1817, pour la délivrance des certificats de vie, est modifiée ainsi qu'il suit : — Pour chaque trimestre à percevoir : — De 600 fr. et au-dessus, 50 c. ; de 600 fr. à 501 fr., 35 c. de 500 à 101 fr., 25 c. ; de 100 à 50 fr., 20 c. ; au-dessous de 50 fr., rien.

Art. 47. — Lorsque l'intérêt du service l'exige, le fonctionnaire admis à faire valoir ses droits à la retraite peut être maintenu momentanément en activité, sans que la prolongation de ses services puisse donner lieu à un supplément de liquidation. Dans ce cas, la jouissance de sa pension part du jour de la cessation effective du traitement.

Vu pour être promulgué en Algérie, 31 déc. 1855.

Le gouverneur général, comte RANDON.

Décis. M. — 18 août-20 sept. 1859. — BM. 57. — *Agents du service des prisons, des tribunaux et des justices de paix.*

Monsieur le préfet, le changement d'imputation des traitements de certains agents du service des prisons, des tribunaux et des justices de paix, a donné lieu à des difficultés d'application, en ce qui concerne l'exécution de la loi du 9 juin 1853, sur les pensions civiles. Je me suis entendu à cet égard avec M. le ministre des finances, et je viens vous faire connaître ce qui a été résolu entre nos deux départements.

Les questions qui m'avaient été posées étaient les suivantes : — 1° Les agents du service des prisons en Algérie qui, jusqu'au 1er janv. 1859, ont été payés sur les fonds du budget local et municipal, et qui le sont aujourd'hui sur les fonds de l'État, doivent-ils être soumis à la retenue du premier mois de leur traitement et à celle de 5 p. 100 pour être admis au bénéfice de la retraite ? — 2° Les concierges des tribunaux et les chaouchs des tribunaux et des justices de paix, qui étaient payés, avant le 1er janv. 1859, sur les fonds de l'État, et qui, en conséquence, subissaient la retenue, étant désormais payés sur le budget provincial, doivent-ils cesser d'être soumis à l'application de la loi du 9 juin 1853 ?

Les emplois du service des prisons en France étant soumis à la retenue au bénéfice de la pension, la même situation doit être faite aux emplois similaires en Algérie. Mais les agents de ce service ne pouvant participer au bénéfice de la loi du 9 juin 1853 qu'à titre de nouveaux assujettis à la retenue et dans les conditions posées par le paragraphe dernier de l'art. 18 de cette loi, ne doivent pas être soumis à la retenue du premier mois de traitement, qui n'a pas été exigée des agents placés dans une situation analogue. — Quant aux concierges et aux chaouchs des tribunaux et des justices de paix nommés avant le 1er janv. 1859, le changement qui s'est effectué dans l'imputation de leur traitement ne doit pas les priver du bénéfice de la retraite, et ils devront continuer à subir la retenue et à être rangés au nombre des tributaires de la loi sur les pensions

civiles, par application du 3e paragraphe de l'art. 4 de la loi du 9 juin. — En conséquence, je vous prie de m'adresser un état de ces derniers agents, afin que le cadre puisse en être arrêté.

Comte DE CHASSELOUP-LAUBAT.

Pépinière du gouvernement.

AM. — 17 mai 1854. — B. 461. — *Organisation du service de la pépinière centrale d'Alger.*

Pesage public.

L'arrêté du 8 juill. 1840 établit un droit fixe pour toute espèce de denrées, et a ainsi abrogé les tarifs des 31 août 1831 et 18 juin 1835, qui avaient établi des nomenclatures détaillées.

AG. — 11 juin-17 juill. 1838. — B. 57. — *Création d'un bureau de pesage et jaugeage public dans la ville de Bône.*

AG. — 8-10 juill. 1840. — B. 77. — *Règlement général sur le pesage, mesurage et jaugeage publics.*

Vu les arr. des 14 déc. 1830, 31 août 1831, 18 juin 1835 et 11 juin 1838, relatifs à l'établissement de bureaux de droits de pesage et jaugeage publics à Alger et à Bône ; — Le conseil d'administration entendu, vu l'art. 5 de l'ord. du 22 juill. 1834.

Art. 1. — Il sera établi à Alger, et sur tous les points de l'Algérie où le besoin en sera reconnu des bureaux de pesage, jaugeage et mesurage publics.

Art. 2. — Nul ne pourra exercer les fonctions de peseur, mesureur et jaugeur, qu'en vertu d'une commission délivrée par nous, sur la proposition du directeur de l'intérieur, et après avoir prêté serment de bien et fidèlement remplir ses devoirs. Ce serment sera reçu par le président du tribunal de commerce ou par le juge de police du lieu.

Art. 3. — Les préposés du pesage, mesurage et jaugeage interviendront nécessairement, sans pouvoir être suppléés, dans les ventes faites au poids, à la jauge ou à la mesure, dans les places, les marchés, chantiers, ports et autres lieux publics soumis à la surveillance de la police.

Art. 4. — Seront exceptées néanmoins de l'article précédent, et sauf l'obligation des préposés d'intervenir s'ils en sont requis par les parties intéressées, les ventes en détail faites dans les lieux publics ci-dessus désignés, soit au poids avec des balances à la main, soit au décalitre et au-dessous, ainsi que les ventes de liquides, lorsque les pièces seront prises de gré à gré pour leur contenance.

Art. 5. — Les préposés ne pourront intervenir dans les ventes qui auront lieu dans les maisons, boutiques et magasins des particuliers, s'ils n'y sont appelés par l'une des parties intéressées.

Art. 6. — Tout individu qui aura rempli, sans y être autorisé, les fonctions de peseur, mesureur ou jaugeur pour autrui, subira la confiscation des instruments de pesage, jaugeage ou mesurage, indépendamment d'une amende de 25 à 50 fr., qui sera prononcée correctionnellement.

Art. 7. — Toutefois, et pour la perception des droits d'octroi, de douanes et autres institués par le gouvernement, les pesage, jaugeage et mesurage continueront à être faits par les préposés à ces perceptions.

Art. 8. — Les préposés aux pesage, jaugeage et mesurage publics seront tenus de délivrer aux parties un bulletin de leurs opérations : ce bulletin sera détaché d'un registre à souche ; la souche présentera les mêmes indications que le volant.

Art. 9. — Les bulletins par eux délivrés feront foi en justice, en cas de contestation.

Art. 10. — Tout préposé aux pesage, jaugeage et mesurage publics qui sera convaincu d'avoir fait usage de faux poids ou fausses mesures sera passible des peines portées par l'art. 425 c. pén.

Art. 11. — Les droits à percevoir pour les opérations de pesage, mesurage ou jaugeage, faites soit dans les bureaux à ce destinés, soit sur les marchés, ports ou autres lieux publics, soit au domicile des parties, sont réglés ainsi qu'il suit : 1° *Droit de pesage.* Le droit de pesage sera de 20 cent. par 100 kilogr. pour toute espèce de marchandises ou denrées. — 2° *Droit de mesurage.* 1° Le droit de mesurage au mètre sera de 1 cent. par mètre pour toute espèce de marchandises qui se vendent aux mesures de longueur; — 2° Le droit de mesurage au litre sera de 1 cent. par décalitre pour toute espèce de marchandises qui se vendent aux mesures de capacité. — 5° *Droit de cubage.* Le droit de cubage sera de 5 cent. par mètre cube. — 4° *Droit de jaugeage.* Les droits de jaugeage seront de 10 cent. par hectol.

Art. 12. — Relativement aux opérations de jaugeage, mesurage et cubage, le droit sera dû pour la fraction de l'unité qui sert de base à la perception comme pour l'entier. — Quant au pesage, dont le droit est fixé par 100 kilog. pris pour unité, la fraction de 1 à 25 sera prise comme 25; de 25 à 50, comme 50; de 50 à 75, comme 75; et de 75 à 100, comme une unité.

Art. 15. — Toutes les opérations faites à domicile donneront lieu à des droits doubles de ceux déterminés aux art. 11 et 12 ci-dessus.

Art. 14. — Aucune opération ne pourra donner lieu à la perception d'un droit moindre de 5 cent.

Art. 15. — Les droits seront payés, moitié par le vendeur, moitié par l'acquéreur; le vendeur et l'acquéreur seront solidaires pour la totalité, et les marchandises ne pourront être enlevées qu'après le payement des droits, dont le recouvrement sera poursuivi par la voie de la contrainte. Les frais seront par moitié à la charge des parties.

Art. 16. — L'intégralité du droit sera versée à la caisse coloniale.

Art. 17. — Le mode de perception, ainsi que les écritures à tenir par les préposés, seront réglés par le directeur des finances.

Art. 18. — Sont et demeurent révoquées toutes les dispositions contraires au présent.
Comte VALÉE.

AG — (Même date.) — *Mise en régie de ce service à Alger, à dater du 1er août 1840.*

Poids et mesures.

Le service des poids et mesures est régi par l'ord. du 26 déc. 1842, complétée par les arr. min. des 22 mai 1846 et 26 déc. 1851. — Les tableaux des assujettis publiés en 1847 et 1848, par arrêtés du gouverneur général, sont devenus inutiles, l'arr. du 26 déc. 1851 ayant reproduit les dispositions des arrêtés antérieurs et y ayant ajouté quelques prescriptions conformes aux règlements de la métropole.

DIVISION.

§ 1. — Règlements généraux.
§ 2. — Tableau des assujettis. — Obligations.

§ 1. — RÈGLEMENTS GÉNÉRAUX.

AG. — 14 déc. 1830. — *Poids et mesures indigènes (L'art. 1, relatif aux mesures indigènes anciennement autorisées, peut seul être utile à titre de renseignement).*

Art. 1. — A partir du 1er janv. prochain, les poids et mesures ci-après seront les seuls autorisés dans le commerce d'Alger et de tout le royaume, y compris les ports et les rades, savoir : — *Mesures de pesanteur.* — Le quintal, dit *quintal d'Alger*, du poids de 54 kil., se divisant en livres du poids de 540 gr., et la série en 16 onces de 34 gr. — Le quintal métrique de 50 kil. avec les divisions décimales. — *Mesures de surface.* — Le pic arabe, représentant 456 mill.; — le pic turc, représentant 656 mill.; — le mètre; — l'aune métrique, représentant 1 m. 20 cent. — Ces deux dernières mesures seront les seules autorisées chez les négociants et marchands européens. — *Mesures de capacité.* — L'hectolitre et ses subdivisions en litres, pour tous les liquides. — La kolla, mesure employée pour l'huile, contenant 16 litres et se subdivisant en demi et quart de kolla. — Le saâ, mesure usitée pour les grains et contenant 60 litr.

OR. — 26 déc. 1842, 17 janv. 1845. — B. 159. — *Lois de France déclarées applicables en Algérie.*

Vu l'arr. du 14 déc. 1830, autorisant en Algérie l'emploi de certains poids et mesures consacrés par l'usage; — Vu la loi du 4 juill. 1857 prescrivant l'adoption, dans tout le royaume, du système métrique des poids et mesures créé par les lois des 18 germ. an III et 19 frim. an VIII; — Vu nos ord. des 17 avr. et 16 juin 1859; — Considérant la convenance d'assurer à l'Algérie les avantages de l'uniformité des poids et mesures;

TIT. 1. — *Poids et mesures dont il sera fait usage en Algérie.*

Art. 1. — A partir du 1er mars 1845, les poids et mesures établis par les lois des 18 germ. an III et 19 frim. an VIII, et dont le tableau est joint à la présente ordonnance, seront exclusivement employés dans toutes les parties du territoire de l'Algérie où l'autorité civile est établie, et dans toutes celles qui seront successivement désignées par notre ministre secrétaire d'État de la guerre. — Les mêmes poids et mesures seront exclusivement employés pour toutes les opérations des administrations militaires, dans celles des localités où l'autorité civile n'est pas encore instituée.

Art. 2. — A partir de la même époque, tous poids et mesures, autres que lesdits poids et mesures, seront interdits sous les peines portées par l'art. 479 c. pén. — Seront punis des mêmes peines ceux qui auront des poids et mesures autres que les poids et mesures ci-dessus reconnus, dans leurs magasins, boutiques, ateliers ou maisons de commerce, ou dans les halles, foires ou marchés.

Art. 5. — Toutes dénominations de poids et mesures, autres que celles portées dans le tableau annexé à la présente ordonnance, sont interdites dans les actes publics ou sous seing privé, les journaux, affiches, annoncés, registres de commerce et autres écritures privées, produites en justice. — Les officiers publics contrevenants seront passibles d'une amende de 20 fr., qui sera recouvrée sur contrainte comme en matière d'enregistrement. — L'amende sera de 10 fr. pour les autres contrevenants; elle sera perçue pour chaque acte ou écriture sous signature privée. Quant aux registres de commerce, ils ne donneront lieu qu'à une seule amende pour chaque contestation dans laquelle ils seront produits.

Art. 4. — Il est défendu aux juges et arbitres de rendre aucun jugement ou décision en faveur des particuliers sur des actes, registres ou écrits, dans lesquels les dénominations métriques auraient été omises, avant que cette omission ait été réparée, et que les amendes encourues aux termes de l'article précédent aient été payées.

Art. 5. — Notre ord. du 16 juin 1839 sur la forme des poids et mesures, et sur les matières admises pour les fabriquer, est rendue applicable à l'Algérie à dater du 1er mars 1845. Les noms français qui, d'après les règlements de la métropole, doivent être apposés sur les poids et mesures, devront également être reproduits en caractères arabes.

Tit. 2. — De la vérification.

Art. 6. — Les poids et mesures, nouvellement fabriqués ou rajustés, ne pourront être livrés au commerce avant d'avoir été vérifiés et poinçonnés. — Indépendamment de cette vérification primitive, les poids et mesures dont les assujettis font usage ou qu'ils ont en leur possession sont soumis à une vérification périodique. — Chacune de ces vérifications est constatée par l'apposition d'un poinçon distinct.

Tit. 3. — Des agents de la vérification.

Art. 7. — La vérification des poids et mesures et instruments de pesage en Algérie sera confiée à des agents portant le titre de vérificateurs et vérificateurs adjoints.—Ils ne pourront exercer leurs fonctions qu'en vertu d'une lettre de service délivrée par notre ministre de la guerre.

Art. 8. — Les vérificateurs et les vérificateurs adjoints nommés en Algérie ne pourront être choisis que parmi ceux de ces agents qui, ayant satisfait aux conditions de l'examen prescrit dans la métropole, auront été commissionnés, en cette qualité, par notre ministre de l'agriculture et du commerce, et auront été par lui mis à la disposition de notre ministre de la guerre.

Art. 9. — Avant d'entrer en fonctions, les vérificateurs et les vérificateurs adjoints prêteront serment devant le tribunal de première instance de leur résidence.

Tit. 4. — De la constatation des contraventions.

Art. 10. — Les vérificateurs et vérificateurs adjoints des poids et mesures constateront, par procès-verbaux, les contraventions prévues par les lois et règlements concernant le système métrique des poids et mesures. — Ils pourront procéder à la saisie des instruments de pesage et de mesurage, dont l'usage est interdit par lesdites lois et lesdits règlements.—Ils saisiront également tous les poids, mesures, instruments de pesage et de mesurage altérés ou défectueux, ou qui ne seraient pas revêtus des marques légales de la vérification.

Art. 11.— Les procès-verbaux rédigés par eux, dûment affirmés et enregistrés, conformément aux dispositions de l'ord. du 17 avril 1839, feront foi en justice jusqu'à preuve contraire.

Tit. 5. — Des droits de vérification.

Art. 12. — La vérification première des poids et mesures et instruments de pesage est faite gratuitement. — Il en est de même pour les poids et mesures et instruments de pesage rajustés, qui sont soumis à une nouvelle vérification.

Art. 13. — Les droits de la vérification périodique seront provisoirement perçus comme en France, conformément au tarif annexé à l'ord. du 18 déc. 1825, modifiée par celles du 21 déc. 1852 et du 18 mai 1858.

Tit. 6. — Dispositions finales.

Art. 14. — Un arrêté, rendu par notre ministre de la guerre, déterminera les dispositions réglementaires à prendre pour l'exécution de la présente ordonnance et les obligations des assujettis. — En outre, des arrêtés du gouverneur général approuvés par notre ministre de la guerre, détermineront, soit chaque année, soit à des époques plus éloi-

gnées, l'ordre des opérations de la vérification périodique, les professions assujetties, le minimum des assortiments et les autres détails du service.

Art. 15. — Toutes dispositions contraires à la présente ordonnance, et notamment l'arr. du 14 déc. 1850, sont et demeurent abrogées.

AM. — 22 mai-30 juin 1846.— B. 227.— Règlement général d'exécution.

Vu l'art. 14 de l'ord. roy. du 26 déc. 1842, relative à l'application du système métrique des poids et mesures en Algérie ; — Vu l'ord. du 17 avr. 1839, réglant la matière en France ; — Vu l'ord. du 15 avr. 1815, portant organisation de l'administration générale en Algérie.

Tit. 1. — Mode de vérification des poids et mesures.

Art. 1. — Les poids et mesures à l'usage du commerce, ceux qui sont employés pour toute industrie, entreprise ou service public, pour déterminer les quantités vendues, livrées ou reçues, ceux qui servent aux fabricants et ajusteurs des poids et mesures pour s'assurer de la justesse des instruments qu'ils fabriquent ou rajustent, sont soumis aux vérifications des agents institués à cet effet par l'art. 7 de l'ord. du 26 déc. 1842.

Art. 2. — Le service de ces agents comprend : — Les vérifications primitives ; — Les vérifications périodiques ; — Les vérifications extraordinaires et de surveillance.

Art. 3. — Les vérifications primitives ont pour objet de faire constater l'exactitude et la légalité de tous les poids et mesures nouvellement fabriqués ou rajustés, qui ne peuvent être employés, mis en vente ou livrés au public sans avoir été vérifiés et poinçonnés (art. 6 de l'ord., § 1). — Elles s'effectuent, soit au fur et à mesure de la fabrication, au bureau permanent du vérificateur, tant qu'il y est présent, soit tous les ans au bureau temporaire de cet agent, lorsqu'il se rend dans chaque localité.

Art. 4. — Les vérifications périodiques ont pour but de faire connaître si tous les instruments de pesage et de mesurage ont été soumis à la vérification primitive ; si leur conformité avec les étalons n'a pas été altérée depuis la dernière vérification périodique, et si leur tenue est conforme aux règlements, tant sous le rapport de l'exactitude que sous celui de la propreté nécessaire à la santé publique. — Les vérifications périodiques se distinguent en vérifications d'office et vérifications obligatoires. — Les premières sont celles qui ont lieu dans les établissements publics rétribués par l'Etat ou soumis à sa tutelle et à sa surveillance. — Les secondes sont celles qui s'effectuent sur les instruments de pesage et de mesurage employés par les particuliers qui en font un usage public. — Les unes et les autres s'effectuent tous les ans, aux époques fixées par les arrêtés du gouverneur général, savoir : les vérifications d'office au siège de l'établissement, les vérifications obligatoires au bureau du vérificateur, sauf les exceptions prévues tit. 4, art. 50, du présent arrêté.

Art. 5. — Les vérifications extraordinaires et de surveillance s'effectuent, à des époques indéterminées, chez toutes les personnes qui y sont assujetties par l'art. 24 du présent arrêté, à l'effet de constater les contraventions aux lois et règlements concernant le système métrique des poids et mesures, et de procéder à la saisie des instruments de pesage et de mesurage dont l'usage est interdit, et de ceux qui sont altérés ou défectueux et qui ne seraient pas revêtus des marques légales de la vérification.

Art. 6. — Les vérifications sont constatées comme il suit : — Les vérifications primitives, par l'apposition d'un poinçon à la couronne; — Les vérifications périodiques, par l'apposition d'un poinçon spécial, portant l'empreinte d'une lettre variable tous les ans, et désignée dans les arrêtés annuels du gouverneur; — Les vérifications extraordinaires et de surveillance, par l'apposition d'un poinçon particulier, au milieu d'une étoile, portant un numéro dont le chiffre variera tous les ans depuis 1 jusqu'à 10, en se suivant sans interruption.

Art. 7. — Les vérifications périodiques obligatoires donnent seules lieu au payement des droits fixés par l'ord. du 26 déc. 1842; ces droits seront constatés et perçus conformément aux dispositions du présent arrêté, tit. 6.— Les autres vérifications sont faites gratuitement (art. 12 de l'ord.)

Art. 8. — Conformément à l'art. 10 de l'ord. du 18 avril 1825, les vérifications de tout genre, dont il est question dans les articles précédents, sont, sans préjudice de celles qui sont effectuées, d'après les ordres de l'autorité civile et conformément aux règlements de police, par les commissaires civils, les maires et autres officiers de police, en garantie de la fidélité du débit des objets qui se vendent au poids ou à la mesure.

Tit. 2. — Des bureaux de vérification et du matériel.

Art. 9. — Les bureaux de vérification sont permanents ou temporaires.—Les bureaux permanents sont ceux où est établi le matériel de la vérification et où réside habituellement un vérificateur. Ils sont ouverts au public de 8 heures à 10 heures du matin, et de midi à 5 heures du soir, tant que le vérificateur n'est pas en tournée, et même en l'absence de celui-ci, s'il est attaché au bureau un vérificateur adjoint. — Les bureaux temporaires sont ceux qui sont établis dans les différentes localités, lors des tournées annuelles que le vérificateur doit y faire.

Art. 10. — Le nombre des bureaux permanents, les villes où ils sont placés et la composition du personnel attaché à chacun d'eux sont déterminés par le ministre de la guerre.

Art. 11. — Les bureaux temporaires sont établis dans le local affecté aux maires et aux autorités militaires, remplissant les fonctions de maire.

Art. 12. — En exécution de l'art. 6 de l'ord. du 14 avr. 1839, chaque bureau permanent de vérification sera pourvu de l'assortiment nécessaire d'étalons vérifiés et poinçonnés au dépôt des prototypes, établi à Paris, près le ministère de l'agriculture et du commerce, et fournis par ce ministère. — Ces étalons devront être vérifiés au même dépôt une fois en dix ans.

Art. 13. — Les étalons et les poinçons de vérification sont conservés par les vérificateurs, sous leur responsabilité et sous la surveillance des contrôleurs principaux des contributions diverses, dans le local affecté au bureau.

Art. 14. — Les poinçons de surveillance restent déposés chez le chef de service des contributions diverses, qui remet chaque année aux vérificateurs celui qui doit être employé pendant l'année.

Art. 15. — Il y aura en outre, autant que possible, dans chaque bureau des contributions diverses, sous la garde et la surveillance des agents et de cette administration, une collection modèle des instruments de mesurage dûment poinçonnés et vérifiés pour servir aux vérifications de ces agents et des agents dépendant de l'autorité civile. — Ces instruments seront mis à la disposition de l'autorité civile ou de l'autorité militaire qui en remplit les fonctions, toutes les fois qu'elles sont tenues d'en donner. — Ce reçu sera restitué sur la remise des instruments au bureau.

Art. 16. — Les registres, bordereaux, imprimés et l'ameublement nécessaire au service, sont fournis par l'administration.

Tit. 3. — Des vérificateurs et vérificateurs adjoints.

Art. 17. — Conformément à l'art. 8 de l'ord. du 17 avr. 1839, le nombre et le traitement des vérificateurs et vérificateurs adjoints et agents de service sont fixés par le ministre de la guerre. — Il sera alloué au vérificateur, en sus de son traitement, une somme annuelle de 600 fr. qui tiendra lieu pour lui et son homme de peine de tous frais de tournées ordinaires et extraordinaires.

Art. 18. — L'emploi de vérificateur et de vérificateur adjoint est incompatible avec toute autre fonction publique ou privée.

Art. 19. — Les vérificateurs et vérificateurs adjoints, nommés comme il est dit aux art. 7 et 8 de l'ord. du 26 déc. 1842, ne peuvent entrer en fonctions qu'après avoir prêté le serment prescrit par l'art. 9 de ladite ordonnance et fait viser leur lettre de service par le chef du service des contributions diverses. — L'agent dûment commissionné et assermenté peut exercer ses fonctions sur tous les points de l'Algérie sans être astreint à prêter un nouveau serment ni faire viser l'acte qui lui en a été délivré.

Art. 20. — Les vérificateurs et vérificateurs adjoints exercent les attributions qui leur sont confiées par l'ordonnance précitée et par le présent arrêté, sous la direction du chef de service des contributions diverses et sous la surveillance du contrôleur principal de cette administration, dans la province à laquelle ils sont attachés. — Ils exercent les fonctions d'officiers de police judiciaire sous la surveillance et la protection du procureur du roi. — Ils sont subordonnés aux employés supérieurs des contributions diverses. — Les vérificateurs sont tenus, dans l'exercice de leurs fonctions, d'être revêtus de l'uniforme qui sera déterminé par le ministre de la guerre, et porteurs de leur commission, qu'ils doivent exhiber chaque fois qu'ils en sont requis, lors des visites qu'ils font chez les assujettis.

Art. 22. — Les peines encourues par les agents de la vérification pour toutes infractions à l'ordre, à la discipline ou à la morale, sont conformément à l'art. 26 de l'ord. du 15 avr. 1815 sur le personnel des services administratifs en Algérie : — 1° La réprimande simple; une retenue disciplinaire d'un à cinq jours de solde; — 2° La réprimande avec mise à l'ordre du service; la suspension de cinq jours à un mois; — 3° Le retrait d'un grade ou d'une classe; la révocation.

Tit. 4.—Professions soumises aux vérifications et obligations des assujettis.

Art. 23. — Les officiers publics, les services administratifs civils et militaires, et les établissements spéciaux placés sous la tutelle ou la surveillance du gouvernement, qui comptent avec le public au poids ou à la mesure, pour déterminer les quantités livrées, reçues ou vendues, doivent, aux vérifications périodiques d'office, faire reconnaître les instruments devenus défectueux ou irréguliers qu'il est nécessaire de remplacer, soit dans l'intérêt public, soit dans l'intérêt administratif.

Art. 24. — Sont assujettis aux vérifications primitives et périodiques, ainsi qu'aux visites et exercices des employés, les négociants, fabricants, marchands en gros ou en détail, à demeure ou ambulants, les entrepreneurs ou directeurs de messageries et de transports d'effets ou de marchandises par terre ou par eau, et tous autres faisant commerce ou faisant un usage public quelconque de poids ou de mesures.

Art. 25. Les dénommés en l'article précédent sont tenus de se pourvoir du minimum d'assortiment qui sera fixé, conformément à l'art. 11 de l'ord. du 26 déc. 1812, par les arrêtés annuels du gouverneur.

Art. 26. — L'assujetti qui se livre à plusieurs genres de commerce doit être pourvu de l'assortiment de poids et mesures fixés pour chacun d'eux, à moins que l'assortiment exigé pour une des branches de son commerce ne se trouve déjà compris dans l'une des autres branches des industries qu'il exerce.

Art. 27. — L'assujetti qui, dans une même ville, ouvre au public plusieurs magasins, boutiques ou ateliers distincts, placés dans des maisons différentes sans communications intérieures entre elles, doit pourvoir chacun de ces magasins, boutiques ou ateliers, de l'assortiment exigé pour la profession qu'il exerce.

Art. 28. — L'assujetti qui, sans ouvrir au public plusieurs magasins, boutiques ou ateliers, occupe pour le commerce ou la profession qu'il exerce plusieurs locaux, doit soumettre à la vérification les poids et mesures dont il fait usage dans ces divers locaux.

Art. 29. — Les balances en activité de service doivent être suspendues, savoir : — Les balances de magasin destinées aux grosses pesées, à 12 cent. du sol de la boutique ou du magasin ; — Les balances de comptoir, pour les pesées ordinaires, à 4 cent. de la table du comptoir ; pour les pesées moyennes, à 2 cent. ; pour les plus petites pesées, à 1 cent. (1).

Art. 30. — Aux époques fixées pour les vérifications primitives et périodiques dans chaque localité, les industriels assujettis en vertu de l'art. 25 du présent arrêté en sont avertis, à la requête du vérificateur, par une publication de l'autorité civile ou de l'autorité militaire qui en remplit les fonctions, et au besoin par les avertissements qui peuvent être donnés collectivement ou individuellement par le vérificateur et par les agents des contributions diverses.

Art. 31. — Immédiatement après cet avis, les fabricants, marchands et ajusteurs doivent présenter au bureau du vérificateur, pour être soumis à la vérification primitive, les poids et mesures et tous les instruments de pesage et de mesurage nouvellement fabriqués ou rajustés. — Ces fabricants, marchands et ajusteurs, et tous autres assujettis, en vertu de l'art. 24, doivent également présenter au bureau de vérification, pour y être soumis à la vérification périodique obligatoire, les poids et mesures dont ils font usage pour leur commerce ou industrie. — Sont néanmoins exceptés de cette présentation au bureau : 1° les balances dont les fléaux auront plus de 65 centim. de longueur, et les bascules-balances autorisées dans le commerce de gros dont la portée excède 100 kil. ; 2° les membrures de stères et doubles stères destinées au commerce du bois de chauffage. — Ces instruments seront vérifiés sur les lieux où ils sont employés.

Art. 32. — La vérification primitive ou périodique ne peut être effectuée, sans qu'au préalable les assujettis aient représenté au vérificateur leur patente de l'année, dont le numéro et la date doivent être reproduits dans les actes constatant la vérification.

Art. 33. — Ne peuvent être admis à la vérification périodique que les poids et mesures et in-

struments de pesage portant la marque de la vérification primitive, et qui réunissent d'ailleurs toutes les conditions exigées par l'ord. du 26 déc. 1812.

Art. 34. — Avant d'être soumis à la vérification, les poids et mesures doivent être dégagés de toute matière étrangère qui altère leur justesse et leur capacité. — Les poids et mesures qui, par leur état d'oxydation, pourraient nuire à la santé publique, devront être saisis comme altérés et défectueux, à moins que le propriétaire ne consente à ce qu'ils soient brisés par le vérificateur.

Art. 35. — Les poids et mesures qui auraient été présentés à la vérification périodique dans un état défectueux, mais dont le rajustage aurait été reconnu possible, seront laissés au propriétaire sous sa responsabilité, à la charge de les faire rajuster dans le délai qui sera déterminé par le vérificateur selon les circonstances. Il lui sera interdit de se servir du poids défectueux avant que l'autorité municipale ou celle qui en tient lieu ait dûment constaté le rajustage. — A cet effet, le vérificateur remettra à cette autorité copie de son procès-verbal constatant la défectuosité du poids et le délai accordé pour le rajustage. — Tout contrevenant aux dispositions de cet article sera puni des peines portées par l'art. 470 c. pén.

Art. 36. — Il est interdit à tout assujetti à la vérification périodique, à peine de confiscation et d'amende, d'exposer en vente, d'employer ou de garder en leur possession des poids et mesures et des instruments de pesage qui n'auraient pas été soumis à la vérification périodique et au poinçon de l'année.

Tit. 5. — *Des visites et des exercices.*

Art. 37. — Les visites et exercices que les vérificateurs et les vérificateurs adjoints sont tenus de faire chez les assujettis désignés en l'art. 24, ne peuvent avoir lieu que pendant le jour. — Néanmoins ils peuvent s'effectuer chez les marchands et débitants pendant tout le temps que les lieux de vente sont ouverts au public.

Art. 38. — Les assujettis sont tenus, sous peine d'une amende de 100 fr. à 200 fr., d'ouvrir leurs magasins, boutiques et ateliers à toute réquisition des vérificateurs revêtus de leur uniforme et porteurs de leur commission.

Art. 39. — En cas de refus d'exercice, et avant le lever ou après le coucher du soleil, les vérificateurs doivent être accompagnés, pour les visites prescrites par l'art. 2, soit du commissaire de police, soit du juge de paix, soit du maire, soit du commissaire civil, soit enfin de l'autorité militaire qui remplit l'une de ces fonctions.

Art. 40. — Les fonctionnaires dénommés en l'article précédent sont tenus d'accompagner sur-le-champ les vérificateurs lorsqu'ils en sont requis par eux. Les procès-verbaux qui sont dressés, s'il y a lieu, sont signés par l'officier ministériel en présence duquel ils ont été faits, sauf aux vérificateurs, en cas de refus, d'en faire mention auxdits procès-verbaux.

Tit. 6. — *Des droits de vérification et du mode de recouvrement.*

Art. 41. — La vérification primitive des poids et mesures et instruments de pesage est faite gratuitement. — Il en est de même pour les poids, mesures et instruments de pesage rajustés qui sont soumis à une nouvelle vérification (art. 12 de l'ord. du 26 déc. 1812).

Art. 42. — Les droits de vérification périodique seront perçus conformément au tarif annexé à l'ord. du 18 déc. 1825, modifié par celles du 21 déc. 1832 et du 18 mai 1838.

Art. 43. — La vérification périodique des poids

(1) Par arrêté du maire d'Alger en date du 27 mai 1852, ces dispositions ont été déclarées applicables à tout producteur ou vendeur autorisé à vendre ses denrées sur les marchés d'Alger, et défense a été faite de peser avec des balances tenues à la main.

et mesures et instruments de pesage appartenant aux établissements publics désignés en l'art. 23 est faite gratuitement. — Il en est de même pour les poids, mesures et instruments de pesage présentés volontairement à la vérification par des individus non assujettis.

Art. 14. — Les droits de la vérification périodique sont payés pour les poids et mesures formant l'assortiment obligatoire de chaque assujetti et pour les instruments de pesage soumis à la vérification. — Les poids et mesures excédant l'assortiment obligatoire sont vérifiés et poinçonnés gratuitement.

Art. 15. — Aussitôt après la vérification des instruments présentés par chaque assujetti, les vérificateurs et vérificateurs adjoints constateront leurs opérations sur le portatif à ce destiné. — Ils en extrairont un bulletin à souche, indiquant le droit dû.

Art. 16. Ces bulletins seront remis aux assujettis ou transmis au percepteur des contributions diverses, suivant le cas, savoir : — Lorsque le vérificateur opérera au chef-lieu de la résidence d'un percepteur des contributions, le bulletin sera remis à l'assujetti, qui ne pourra enlever les instruments vérifiés que sur la représentation de la quittance du percepteur, constatant le payement de la somme due. — Dans tous les autres cas, l'assujetti enlève ses instruments aussitôt après la vérification, et le bulletin indiquant la somme due est transmis au percepteur par les soins du vérificateur. — Ces bulletins servent de titres de perception aux percepteurs chargés sous leur responsabilité du recouvrement des droits.

Tit. 7. — Des livres et écritures.

Art. 47. — Les vérificateurs et vérificateurs adjoints doivent tenir : — 1° Un registre d'ordre ; — 2° Un portatif ; — 3° Un registre des rajustages ; — 4° Un registre des procès-verbaux ; — 5° Un registre de surveillance.

Art. 48. — Ils transcrivent sur le registre d'ordre toutes les instructions et les ordres de service qu'ils reçoivent des chefs de service des contributions diverses pour l'exécution des obligations qui leur sont imposées. — Le portatif des vérificateurs et vérificateurs adjoints doit constater toutes les opérations de vérification effectuées par eux. — Lorsque ces vérifications donnent lieu au payement d'un droit, ils doivent extraire du portatif le bulletin indiquant la somme due par chaque assujetti et qui doit servir de titre de recouvrement au percepteur, ainsi qu'il est dit à l'art. 46.

Art. 49. — Le portatif doit être coté et parafé par le juge de paix ; il doit être visé, à l'arrivée dans chaque commune et au départ, par le maire ou le fonctionnaire qui en tient lieu. — Toutes les opérations doivent y être constatées, jour par jour, sans lacune ni rature ; les sommes dues doivent y être additionnées par jour avec le report des journées précédentes ; au total de chaque mois on reportera le total des journées précédentes jusqu'à la fin de l'année. — Lorsque les opérations de vérification ne donnent lieu à aucune perception, les bulletins à souche doivent rester annexés au portatif, sous peine d'une amende de 10 fr. pour chaque bulletin manquant.

Art. 50. — Les vérificateurs consignent sur le registre des rajustages : — 1° La date des opérations ; — 2° Les noms des assujettis auxquels les rajustages ont été prescrits ; — 3° La nature des poids et mesures pour lesquels le rajustage a été prescrit ; — 4° Les motifs.

Art. 51. — Le registre des procès-verbaux mentionne les contraventions de toute nature constatées par les vérificateurs et vérificateurs adjoints et la suite donnée à ces procès-verbaux.

Art. 52. — Le registre de surveillance indique toutes les opérations de surveillance prescrites par le dernier paragraphe de l'art. 9, qui sont effectuées par les vérificateurs et vérificateurs adjoints chez les assujettis.

Art. 53. — Les vérificateurs et vérificateurs adjoints dressent pour chacun des quartiers qui sont indiqués dans les arrêtés annuels, suivant l'ordre des opérations, un état des assujettis et des rétributions dues par eux d'après les bulletins transmis aux percepteurs des contributions. — Ces états sont adressés au chef du service des contributions diverses. Ils servent à contrôler les états du produit des perceptions.

Art. 54. — Les chefs du service des contributions diverses dressent annuellement, à l'aide de ces documents, des états par province et par bureau de perception, indiquant la nature des rétributions constatées.

Art. 55. — Les vérificateurs et vérificateurs adjoints dressent et transmettent tous les mois au chef du service des contributions un rapport indiquant : — 1° Les travaux auxquels ils se sont livrés pendant le mois ; — 2° Les infractions constatées ; — 3° En fin de trimestre, ils fournissent un rapport sur l'évènement des produits et sur les améliorations à introduire dans le service. — Ces divers documents et les registres qui servent à les établir sont visés par les contrôleurs principaux des contributions diverses.

Tit. 8. — Des contraventions et des peines.

Art. 56. — Les instruments de pesage ou de mesurage, neufs ou rajustés, reconnus illégaux par leur défaut de dimension, ainsi que les mesures en étain reconnues illégales quant au titre ou au poids, seront déformés et brisés si le fabricant y consent, et la matière lui sera remise. — S'il ne consent pas à cette destruction, il sera rédigé procès-verbal contre lui pour contravention à l'art. 2 de l'ord. du 26 déc. 1842 ; les poids et mesures irréguliers seront saisis, et le contrevenant sera passible des peines portées par l'art. 479 c. pén.

Art. 57. — Après le délai fixé pour la vérification périodique dans chaque quartier ou commune, les personnes qui, pour leur commerce, entreprise ou industrie, conserveraient, dans leurs boutiques, magasins, ateliers ou autres localités où elles exercent leur commerce, des instruments de pesage et de mesurage non revêtus de l'empreinte des poinçons de la vérification périodique, seront poursuivies conformément aux art. 479 et 480 c. pén., et les poids et mesures défectueux seront saisis, aux termes de l'art. 481 du même code.

Art. 58. — Il est défendu aux fabricants et marchands de poids et mesures, aux commissionnaires en marchandises, quincailliers, ferrailleurs, opticiens et ingénieurs mécaniciens d'exposer en vente dans leurs boutiques, de vendre ou d'expédier au dehors, des poids, mesures de longueur ou de capacité, fléaux, balances ou romaines s'ils ne sont revêtus de poinçons à la couronne de la vérification primitive, sauf les peines portées par les art. 479, 480 et 481 c. pén.

Art. 59. — Il est défendu, tant aux marchands qu'aux entrepreneurs de messageries, de diligences et de transport de marchandises, de se servir de pesants à ressorts, sous peine de confiscation desdits objets.

Art. 60. — Seront saisis tous poids et mesures anciens, binaires ou duodécimaux, et généralement tous autres que ceux qui sont désignés par le tableau annexé à l'ord. du 26 déc. 1842.

Art. 61. — Les poids et mesures saisis par les vérificateurs et vérificateurs adjoints doivent, autant que possible, être déposés dans les locaux affectés aux mairies ou aux autorités militaires en tenant lieu.

Art. 62.— Les procès-verbaux des vérificateurs et vérificateurs adjoints font foi jusqu'à preuve contraire.

Art. 63. — Ces procès-verbaux doivent relater toutes les circonstances qui ont accompagné, soit la possession, soit l'usage des poids et mesures dont l'emploi est interdit. — Les vérificateurs et les vérificateurs adjoints dressent leurs procès-verbaux dans les vingt-quatre heures de la contravention par eux constatée. Ils les écrivent eux-mêmes, ils les signent et affirment, dans les trois jours de la clôture desdits procès-verbaux, par-devant le commissaire civil, le maire ou l'adjoint, soit de la commune de leur résidence, soit de celle où l'infraction a été commise; l'affirmation est signée tant par les commissaires civils, maires ou adjoints que par les vérificateurs.

Art. 64. — Les procès-verbaux sont enregistrés dans les quinze jours qui suivent celui de l'affirmation, et, conformément à l'art. 74 de la loi du 25 mars 1817, ils sont visés pour timbre et enregistrés en débet, sauf à suivre le recouvrement des droits contre les condamnés.

Art. 65. — Dans le même délai, ces procès-verbaux sont remis au juge de paix qui se conforme aux règles établies par les art. 20, 21 et 159 c. inst. crim.

Art. 66.— Si des affiches ou annonces contiennent des dénominations de poids et mesures autres que celles portées dans le tableau annexé à la loi du 4 juill. 1839, les commissaires civils, les maires, adjoints et commissaires de police sont tenus de constater cette contravention et d'envoyer immédiatement leurs procès-verbaux au receveur de l'enregistrement.—Les vérificateurs et tous autres agents de l'autorité publique sont tenus également de signaler au même fonctionnaire toutes les contraventions de ce genre qu'ils pourront découvrir. — Les receveurs d'enregistrement, soit d'office, soit d'après les dénonciations, soit sur la transmission qui leur est faite par les procès-verbaux ou rapports, dirigent contre les contrevenants les poursuites prescrites par l'art. 5 de la loi précitée.

Art. 67.— Le directeur des finances et du commerce est autorisé à transiger, avant ou après jugement, sur le montant des condamnations encourues.

Tit. 9. — Dispositions générales.

Art. 68. — Le présent arrêté sera exécutoire à partir du 1er juill. 1846. — Toutes dispositions contraires sont et demeurent abrogées à partir de la même époque.   M. DE SAINT-YON.

AM. — 26 déc. 1851, 26 févr. 1852. — B. 404. — *Employés détachés du service continental.*

Vu l'ord. du 17 avr. 1839, tit. 1, art. 1 ; — Vu l'arr. min. du 22 mai 1846, tit. 5, art. 20 ;

Art. 1 — Les vérificateurs et vérificateurs adjoints nommés par le département de l'agriculture et du commerce et détachés du service continental en Algérie, exerceront les attributions qui leur sont confiées par l'ordonnance précitée et l'arr. du 22 mai 1846, sous la direction et la surveillance immédiate des préfets des départements et des généraux commandant les divisions militaires de l'Algérie, suivant que les territoires sont classés comme civils ou militaires.

Art. 2. — Toutes dispositions contraires sont et demeurent abrogées.   A. DE SAINT-ARNAUD.

DI. — 2 mars-16 avr. 1853. — B. 455. — *Fabrication des mesures de capacité.*

Art. 1. — Le décr. du 5 nov. 1852, relatif à la fabrication des mesures de capacité, destinées au mesurage des matières sèches et liquides, publié à la suite du présent décret, est rendu applicable et exécutoire en Algérie.

Art. 2. — Les attributions dévolues par ledit décret au ministre de l'intérieur, de l'agriculture et du commerce seront exercées, en ce qui concerne l'Algérie, par le ministre de la guerre.

Décret du 5 nov. 1852.

Vu la loi du 4 juill. 1857 ; — L'art. 12 de l'ord. du 17 avr. 1839 ; — L'ord. du 16 juin 1839 et les tableaux n°s 2 et 3 y annexés ;

Art. 1. — À l'avenir, les bois de noyer ou de hêtre pourront être employés, ainsi que les bois de chêne, pour la fabrication en feuilles ou éclisses des mesures de capacité destinées au mesurage des matières sèches.

Art. 2. — Les mesures de capacité pour les liquides, notamment pour les huiles et l'alcool, pourront être établies en fer-blanc, mais exclusivement sous celui qui est connu dans le commerce sous la dénomination de cinq, de quatre ou de trois crojx.

Art. 3. — Il n'est pas dérogé aux dispositions des tableaux et des instructions annexés à l'ord. du 16 juin 1839, en ce qui concerne, soit les mesures pour le lait, soit la forme, les dimensions et les autres garanties que doivent présenter les mesures de capacité mentionnées au présent décret.

§ 2. — TABLEAU DES ASSUJETTIS. — VÉRIFICATIONS.

AM. — 26 déc. 1851, 26 fév. 1852. — B. 404. — *Mode de vérification.— Obligations des assujettis.*

Vu la loi du 4 juill. 1857 sur les poids et mesures ;—L'ord. du 26 déc. 1852;—Les art. 4 et 25 de l'arr. min. du 22 mai 1846, portant règlement pour l'exécution de l'ord. du 26 déc. 1852 ; — L'arr. du 23 fév. 1847, portant indication des professions soumises dans cette colonie à la vérification des poids et mesures ;

Art. 1.—Les professions qui figurent au tableau n° 2 ci-annexé seront désormais assujetties à la vérification des poids et mesures, en Algérie, et chacune d'elles devra être pourvue de l'assortiment des objets et instruments de pesage qui y est indiqué, conformément à la nomenclature du tableau n° 1 également ci-annexé.

Art. 2. — La vérification première des poids, mesures et instruments de pesage sera faite gratuitement. — Il en sera de même pour les poids, mesures et instruments de pesage rajustés qui seraient soumis à une nouvelle vérification.

Art. 3. — Les droits de vérification périodique seront payés pour les poids, mesures et balances à bras égaux formant l'assortiment obligatoire de chaque assujetti, et pour le nombre effectif des balances-bascules, romaines et séries de mesures en fer-blanc pour l'huile dont il sera fait usage.—Ces droits seront per us conformément au tarif annexé à l'ord. du 18 déc. 1825, modifié par celle du 21 déc. 1852. — Les poids et mesures excédant l'assortiment obligatoire seront vérifiés gratuitement.

Art. 4. — La vérification périodique des poids, mesures et instruments de pesage appartenant aux établissements publics désignés en l'art. 24 de l'ord. du 17 avr. 1839 sera faite gratuitement. — Il en sera de même pour les instruments de pesage et de mesurage présentés volontairement à la vérification par des personnes non assujetties.

Art. 5. — La vérification périodique aura lieu pour les établissements publics au siège même de chaque établissement.—Et pour les commerçants, industriels ou entrepreneurs exerçant une ou plusieurs professions ou industries dénommées au tableau n° 2, elle s'effectuera dans le chef-lieu de chaque province, au bureau permanent du vérificateur, et, dans les autres communes, au bureau temporaire qui sera établi à cet effet dans le local désigné par l'autorité civile ou par l'autorité militaire, suivant le cas conformément à l'art. 11 de l'arr. min. du 22 mai 1816.

Art. 6. — Les vérificateurs donneront aux autorités locales, plusieurs jours à l'avance, avis du jour de leur arrivée dans chaque commune.— A la réception de cet avis, les autorités préviendront les assujettis par voie d'affiches ou de toutes autres publications d'usage, du jour, de l'heure et du lieu où la vérification commencera.

Art. 7. — Les séries des poids et mesures assignées aux diverses professions ou industries sont strictement obligatoires. — En conséquence, les individus qui exercent ces professions ou industries sont tenus d'en avoir les assortiments en leur possession permanente et de les soumettre complets à la vérification.

Art. 8. — Les balances ne seront reconnues régulières et admises au poinçonnage annuel qu'autant qu'elles réuniront les conditions suivantes : — 1° Les fléaux, bien et solidement construits, auront la solidité prescrite, leurs couteaux et coussinets seront en acier trempé. — 2° Les chaînes ou cordons de suspension seront d'une égale longueur entre eux, de manière que la surface des plateaux soit parfaitement de niveau. — 3° Les plateaux de chaque balance seront toujours d'une égale pesanteur et ajustés exclusivement, soit par réduction, soit par addition de corps solides, soudés ou cloués ou rivés contre le plateau; il ne pourra être ajouté aucun objet mobile ni aux chaînes ou cordons, ni dans les plateaux. — 4° Les plateaux destinés à la vente de denrées plus ou moins humides, telles que le sel, le beurre, la viande, le poisson, etc., ne pourront, sous aucun prétexte, être en bois, ni suspendus avec des cordes.

Art. 9. — Il est expressément défendu à tous marchands qui revendent, soit à domicile, soit dans les halles, foires ou marchés, de peser avec des balances tenues à la main. Il leur est enjoint de les avoir fixées et suspendues sur le comptoir ou étal, à la hauteur déterminée par l'art. 29 de l'arr. min. du 22 mai 1816, et sans addition d'aucun corps sous l'un des plateaux.

Art. 10. — L'usage des pesons à ressort est formellement interdit. — Les assujettis trouvés détenteurs de ces sortes d'instruments seront poursuivis conformément aux art. 479 et 480 c. pén., et leurs instruments seront saisis aux termes de l'art. 481 du même code (1).

Art. 11. — Les poids et mesures présentés à la vérification seront propres et dégagés de toute matière étrangère qui en altérerait la justesse ou la capacité.

Art. 12.—Les mesures qui, par leur état d'oxydation, pourraient nuire à la santé, les poids, mesures et instruments de pesage reconnus illégaux par leurs formes ou par le défaut de leurs dimensions, ou qui ne seraient pas susceptibles d'être rajustés, seront déformés et brisés, si le propriétaire y consent. — S'il ne se prêtait pas à cette destruction, il y aurait lieu de le poursuivre, comme détenteur de mesures ou poids illégaux, et ces instruments seraient préalablement saisis.

Art. 13. — Les poids, mesures et instruments de pesage présentés à la vérification périodique dans un état défectueux, mais dont le rajustage

(1) Par arrêté du maire d'Alger en date du 27 mai 1852, ces dispositions ont été déclarées applicables à tout producteur ou vendeur autorisé à vendre ses denrées sur les marchés d'Alger.

aura été reconnu possible, seront laissés aux détenteurs sous leur responsabilité, à la charge par eux de les faire réparer dans un délai qui sera déterminé par le vérificateur, selon les circonstances.

Art. 14. — Les instruments de pesage et de mesurage rajustés ne pourront être remis en service dans les établissements publics, gardés ni employés chez les autres assujettis qu'après avoir été soumis à une nouvelle vérification et poinçonnés conformément aux dispositions des art. 10 de l'ord. du 17 avr. 1839 et 3 de l'arr. min. du 22 mai 1816.

Art. 15. — Après que la vérification aura eu lieu dans chaque quartier ou commune et après les délais accordés aux assujettis, qui auront à représenter dûment réparés les instruments trouvés défectueux, les commerçants ou industriels détenteurs de poids et mesur_ non poinçonnés à la lettre annuelle seront poursuivis comme employant des poids et mesures différents de ceux établis par la loi.

Art. 16. — L'uniformité légale des poids et mesures étant de rigoureuse observation et la marque de la vérification première devant être, avant la mise en vente, indispensablement et exclusivement appliquée sur ceux qui sont conformes aux étalons, il est défendu aux balanciers, quincailliers, ferrailleurs et tous autres fabricants ou marchands de poids et mesures, d'avoir dans leurs magasins, d'exposer en vente dans léurs boutiques ou ailleurs, et de livrer au commerce des poids, mesures ou instruments de pesage qui ne seraient point revêtus du poinçon de la vérification primitive, sous les peines portées par les art. 479, 480 et 481 c. pén.

Art. 17. — Les greffiers de MM. les juges de paix devront tenir les vérificateurs exactement informés de la suite donnée à leurs procès-verbaux de contravention, afin qu'ils puissent en rendre compte à l'autorité locale, civile ou militaire.

A. DE SAINT-ARNAUD.

TABLEAU N° 1.

Nomenclature des différentes espèces de poids et mesures groupées en séries d'après leur emploi usuel.

Avec: 1° le tarif des rétributions annexé à l'ord. du 18 déc. 1825; 2° le même tarif dégrevé conformément à l'ord. du 21 déc. 1832.

Poids en fonte de fer.

Séries.	fr. c.	fr. c.
1. 25 poids de 20 kilog.	6 25	5 63
2. 10 poids de 20 k.	2 50	2 25
3. 8 poids de 20 k.	2 »	1 80
4. 5 poids de 20 k.	1 25	1 13
5. 4 poids de 20 k.	1 »	» 90
6. 2 poids de 20 k.	» 50	» 45
7. 1 poids de 20 k.	» 25	» 23
8. 1 poids de 10 k., 5 k., 2 poids de 2 k., 1 k., 1 poids de 1/2 k., 2 poids de 2 h., à h. et 1/2 h.	1 10	» 99
9. Comme la 8e, moins le poids de 10 k.	» 85	» 77
10. 1 poids de 2 k., 1 k., 1/2 k., 2 poids de 2 h., 1 h. et 1/2 h.	» 50	» 45
11. Comme la 10e, moins le poids de 2 k.	» 40	» 36
12. 1 poids de 1/2 k., 2 poids de 2 h., 1 h. et 1/2 h.	» 30	» 27

Poids en cuivre.

	fr. c.	fr. c.
13. 1 poids de 10 k., 5 k., 1 k., 2 poids de 2 k., 1 poids de 500 gr., 200 gr., 2 poids de 100 gr., 50 gr., 20 gr., 2 poids de 10 gr., 5 gr., 2 poids de 2 gr. et 1 gr.	2 18	1 97
14. Comme la 13e, moins le poids de 10 k.	1 80	1 62
15. 1 poids de 2 k., 1 k., 1 poids de 500 gr., 200 gr., 2 poids de 100 gr., 50 gr., 20 gr., 2 poids de 10 gr., 5 gr., 2 poids de 2 gr. et 1 gr.	1 28	1 16
16. Comme la 15e, moins le poids de 2 k.	1 13	1 02

	fr. c.	fr. c.
17. 1 poids de 500 gr., 200 gr., 2 poids de 100 gr., 50 gr., 20 gr., 2 poids de 10 gr., 5 gr., 2 poids de 2 gr., et 1 gr.	» 98—»	89
18. Comme la 17ᵉ, moins le poids de 500 gr.	» 83—»	75
19. 1 poids de 100 gr., 50 gr., 20 gr., 2 poids de 10 gr., 5 gr., 2 poids de 2 gr. et 1 gr.	» 68—»	62
20. 1 poids à godets coniques de 1 k. ou de 1/2 k. divisé jusqu'au gr.	» 50—»	27

Instruments de pesage.

21. Une balance de magasin.	» 50—»	25
22. Une balance de comptoir.	» 25—»	13

ᗺ *Mesures de capacité pour les matières sèches.*

23. 1 hectol.	» 75—»	68
24. 1/2 hectol.	» 50—»	45
25. Du double-décal. au double-lit. inclus.	» 57—»	51
26. Du litre au 1/2 décil. inclus.	» 25—»	23

Mesures de capacité pour les liquides.

27. Un décal., son double et sa moitié.	1 50—1	35
28. Double-litre, litre, 1/2 litre, double-décil., décil., 1/2 décil., double-centil. et centil. (8 mesures étain).	» 95—»	86
29. Comme la 28ᵉ, moins le double-litre.	» 75—»	68
30. Litre, 1/2 litre, double-décil., décil., 1/2 décil., double-centil. et centil. (7 mesures fer-blanc pour l'huile).	» 40—»	36
31. Double-litre, litre, 1/2 litre, double-décil., décil. et 1/2 décil. (en fer-blanc pour le lait).	» 40—»	36

Mesures de solidité.

32. Stère et double-stère.	1 50—1	35
33. Un stère.	» 75—»	68

Mesures de longueur.

34. Un décamèt., son double ou sa moitié.	» 25—»	23
35. Un double-mètre.	» 15—»	14
36. 1 mètre ou 1/2 mètre.	» 10—»	09
37. 1 décimèt. ou un double-décimèt.	» 03—»	05

Instruments de pesage tolérés.

38. Balances-bascules de la portée de 100 k. et au-dessus.	2 »—1	80
39. Romaines, quelle que soit leur portée jusqu'à 40 k.	» 50—»	45
La rétribution sur chaque romaine, dont la portée s'élèvera de 40 à 200 k., sera calculée à raison de 25 c. ou 23 c. après remise du dixième pour chacun des poids de 20 k., qui constituent sa plus forte portée, et sans qu'il soit tenu compte des divisions en kilogr. qui excéderaient un nombre rond de 20 k.	» 25—»	23
Romaines de la portée de 200 k. et au-dessus.	2 50—2	25

TABLEAU Nº 2.

Professions assujetties à la vérification des poids et mesures avec indication des séries composant le minimum obligatoire pour chacune (1).

	fr. c.	fr. c.
Amadou (fab. d'). *Séries* 9, 18, 22.	1 63 — 1	93
Amidonnier. 8, 18, 22.	1 87 — 2	18
Apprêteur d'étoffes. 3 fois la s. 36.	» 27 — »	30
Architecte. 35, 36, 37.	» 28 — »	30
Armurier. 37.	» 05 — »	05
Arpenteur-géomètre. 34, 35, 36, 37.	» 51 — »	55
Aubergiste (log. à pied et à cheval). 9, 20, 22, 23, 26, 28.	2 60 — 2	97
Avoine, orge, son (m. vend. à la mesure). 23, 24, 25.	1 47 — 1	62
Balancier (fab. et ajust. de poids et mesures). 6, 8, 14, 20, 21, 3 f. la s. 22, 36.	4 06 — 5	05
Banquier. 16, 22.	1 15 — 1	58

	fr. c.	fr. c.
Bateaux (construct. de). 35, 36, 37.	» 28 — »	30
Beurre, fromage, graisse (m. de 1ʳᵉ cl.). 4, 8, 16, 21, 22.	3 52 — 4	23
Beurre, from. gr. (2ᵉ cl.). 9, 17, 2 f. la s. 22.	1 92 — 2	37
Beurre, from. gr. (3ᵉ cl.). 11, 18, 22.	1 21 — 1	41
Bière (débit. de). 2 f. la s. 28.	1 72 — 1	90
Bijoutier 1ʳᵉ cl. 15, 3 f. las. 22, 36, 37.	1 69 — 2	18
Bijoutier 2ᵉ cl. 20, 22, 37.	» 45 — »	60
Billards (fab. de). 36, 37.	» 14 — »	15
Bimbelotier. 9, 20, 22, 36.	1 26 — 1	50
Bitume (fab. ou entrep. de). 4, 8, 21, 22.	2 50 — 3	10
Bois de chauffage (m. 1ʳᵉ cl.). 1, 8, 2 f. la s. 21.	7 12 — 8	35
Bois de chauffage (m. 2ᵉ cl.). 4, 8, 21.	2 37 — 2	83
Bois de construction (m. de). 35, 36, 37.	» 28 — »	30
Bonnetier. 8, 18, 22, 36.	1 96 — 2	28
Boucher 1ʳᵉ cl. 4, 8, 15, 21, 2 f. la s. 22.	4 60 — 5	55
Boucher 2ᵉ cl. 9, 22, 2 f. la s. las s. 22.	2 87 — 3	40
Boucher 3ᵉ cl. 9, 22.	» 90 — 1	10
Bouchonnier (m. de liège). 7, 8, 18, 21, 22.	2 55 — 2	93
Bougies (fab. de). 8, 15, 2 f. la s. 22.	2 41 — 2	88
Boulanger 1ʳᵉ cl. 4, 8, 15, 21, 2 f. la s. 22, 23, 26.	4 56 — 5	23
Boulanger 2ᵉ cl. 8, 17, 21, 2 f. la s. 22, 23, 26.	2 96 — 3	70
Boulanger 3ᵉ cl. 9, 18, 22, 26.	1 88 — 2	18
Boulanger revendeur de pain. 10, 22.	» 58 — »	75
Bourrelier, sellier. 36.	» 09 — »	10
Brasseur. 27, 28.	2 21 — 2	45
Cabaretier débit. de boissons, 2 f. la s. 28.	1 72 — 1	90
Cabaretier donnant à manger. 9, 20, 22, 28.	2 03 — 2	53
Cadres pour tableaux (fab. de). 2 f. la s. 36.	» 18 — »	20
Café moulu (m. de). 10, 18, 22.	1 33 — 1	58
Cantinier. Sera coté en raison des poids et mesures qu'il présentera.	» » — »	»
Carreleur. 36, 37.	» 14 — »	15
Carrier (malt.). 35, 36, 37.	» 28 — »	30
Carton (m. et fab. de). 8, 22.	1 12 — 1	33
Cendres (m. de). 24, 25.	» 79 — »	87
Chamoiseur. 8, 22, 36.	1 21 — 1	43
Chandelles (fab. ou m. en gros). 4, 8, 18, 21, 22.	3 23 — 3	93
Changeur de monnaies, 17, 22.	1 02 — 1	23
Charbon de bois (m. 1ʳᵉ cl.). 4, 8, 21, 22, 23, 25.	3 52 — 4	22
Charbon de bois (m. 2ᵉ cl.). 8, 22, 25.	1 46 — 1	72
Charbon de bois à la mesure seulement. 2 f. la s. 24, 25.	1 24 — 1	57
Charcutier 1ʳᵉ cl. 4, 8, 14, 21, 2 f. la s. 22.	4 25 — 1	15
Charcutier 2ᵉ cl. 9, 17, 2 f. la s. 22.	1 92 — 2	33
Charpentier, Charron. 36, 37.	» 14 — »	15
Charron, Forgeron. 5, 8, 21, 36, 37.	2 28 — 2	75
Chaudronnier. 8, 19, 22.	1 74 — 2	03
Chaufournier. 23, 24, 25.	1 47 — 1	62
Chiffons en gros (m. de). 4, 8, 21, 22.	2 50 — 3	10
Chocolat (fab. ou m. de). 8, 15, 2 f. la s. 22.	2 41 — 2	88
Ciment (fab. ou m. de). 7, 8, 21, 24, 25.	2 26 — 2	72
Cirage (fab. ou m. de). 10, 22, 29.	1 26 — 1	50
Cirier. 8, 15, 2 f. la s. 22.	2 41 — 2	88
Cloutier (m. de clous). 9, 19, 2 f. la s. 22.	1 65 — 2	03
Colporteur (vendeur au mètre). 36.	» 09 — »	10
Comestibles (m. de) 1ʳᵉ cl. 4, 8, 14, 21, 2 f. la s. 22.	4 25 — 5	15
Comestibles (m. de) 2ᵉ cl. 8, 15, 2 f. la s. 22.	2 41 — 2	88
Comestibles (m. de). 3ᵉ cl. 15, 22.	1 29 — 1	53
Commissaire-priseur-vendeur. 14, 2 f. la s. 22, 27, 36.	3 32 — 3	90
Commissionn. en march. 2, 8, 19, 21, 22, 36.	4 33 — 5	15
Commissionn. de roulage. 2, 8, 19, 21, 22, 36.	4 33 — 5	15
Confiseur 1ʳᵉ cl. 7, 8, 15, 21, 2 f. la s. 22.	2 89 — 3	63

	fr. c.	fr. c.
Négociant 3ᵉ cl. 7, 8, 15, 21, 22,	2 76 — 3 38
Noir animal (fab. de). 5, 8, 21, 21.	3 49 — 4 10
Nouveautés (m. de). 1 f. au m. la s. 56.	» 09 — » 10
Or, argent (fond. en). 8, 14, 18, 2 f. la s. 22.	3 62 — 4 23
Orfèvre. 15, 2 f. la s. 22.	2 23 — 2 68
Os (m. d'). 5, 8, 21, 22.	5 17 — 3 85
Papier à écrire (m. de). 17, 22, 56.	4 11 — 1 55
Papiers peints pour tentures (m. de). 2 f. la s. 56.	♦ 18 — » 20
Parapluies, baleines (m. de). 10, 19, 22, 56.	1 29 — 1 53
Parfumeur 1ʳᵉ cl. 8, 17, 2 f. la s. 22, 29.	2 82 — 3 33
Parfumeur 2ᵉ cl. 16, 22.	1 15 — 1 38
Passementier 1ʳᵉ cl. 9, 15, 2 f. la s. 22, 56.	2 28 — 2 73
Passementier 2ᵉ cl. 17, 22, 56.	1 11 — 1 55
Pâtes alimentaires (fab. ou m. de). 4, 8, 18, 21, 22.	3 25 — 3 95
Pâtissier 1ᵉʳ cl. 8, 15, 2 f. la s. 22.	2 41 — 2 88
Pâtissier 2ᵉ cl. 16, 22.	1 15 — 1 38
Paveur (maît.). 54, 56.	♦ 52 — ♦ 35
Peignes (fab. de). 17, 22.	1 02 — 1 23
Peintre-vitrier. 55, 56.	♦ 25 — » 23
Pelletier-fourreur. 4, 8, 19, 21, 22.	5 12 — 3 75
Peseur ou mesureur juré, Poids ou mes. suivant la cl.	» » — » »
Pharmacien. 15, 18, 20, 5 f. la s. 22, 29.	5 25 — 3 91
Plafonneur. 55, 56.	» 23 — » 23
Plaqué (fab. de). 15, 2 f. la s. 22.	2 23 — 2 68
Plâtre et chaux (m. de) au poids. 5, 8, 21, 22.	5 17 — 3 85
Plâtre et chaux (m. de) à la mes. 25, 26.	♦ 57 — ♦ 62
Plombier (m. de plomb). 4, 8, 21, 22.	2 50 — 5 10
Poêlier-fumiste. 7, 8, 21, 56, 57.	1 64 — 2 »
Poisson frais (m. de). 10, 22.	» 58 — » 75
Poisson salé (m. de) 1ʳᵉ cl. 4, 8, 21, 22.	2 50 — 5 10
Poisson salé (m. de) 2ᵉ cl. 8, 18, 22.	1 87 — 2 18
Pompes et fontaines (fab. de). 50.	» 09 — » 10
Potier d'étain. 6, 8, 19, 21, 22.	2 44 — 5 03
Poudre et plomb de chasse (m. de). 15, 2 f. la s. 22.	2 23 — 2 68
Produits chimiques (fab. de). 6, 8, 19, 21, 2 f. la s. 22, 28.	5 45 — 4 23
Quincaillier 1ʳᵉ cl. 5, 8, 17, 21, 2 f. la s. 22, 56.	4 28 — 5 18
Quincaillier 2ᵉ cl. 8, 17, 2 f. la s. 22, 56.	2 23 — 2 68
Romaines (fab. de). 2, 8, 17, 21, 2 f. la s. 22, 56.	4 75 — 5 68
Rôtisseur. 9, 19, 22.	1 52 — 1 78
Roulage (entrepr. de). 2, 8, 19, 21, 22, 56.	4 55 — 5 13
Rubanier (m. de rubans). 2 f. la s. 56.	» 18 — » 20
Salpêtrier. 4, 8, 21, 22, 23.	2 84 — 5 47
Sangsues (m. de). 14, 18, 22.	2 50 — 2 88
Savon (fab. et m. en gros de). 4, 8, 21, 22.	2 50 — 5 10
Savon en détail (m. de). 6, 19, 22.	1 52 — 1 78
Scieur de long et à la mécanique. 55, 56, 57.	» 28 — » 50
Sel (fab. ou m. de sel en gros). 2, 8, 21, 22.	5 62 — 4 55
Sel (m. en détail de) au poids. 8, 22.	1 12 — 1 55
Sel (m. en détail de) à la mes. 25, 26.	» 57 — » 62
Semoule (fab. ou m. de). 7, 8, 22, 23.	1 69 — 1 97
Serrurier. 8, 22, 56, 57.	1 26 — 1 50
Soieries (fab. de). 8, 17, 2 f. la s. 22, 56.	2 23 — 2 68
Soudes et potasses (m. de). 8, 22.	1 12 — 1 55
Sucre (m. en gros et raffineur de). 2, 8, 21, 22.	5 62 — 4 55
Suif (fond. ou m. en gros de). 4, 8, 21, 22.	2 50 — 5 10
Tabacs et cigares (m. en gr. et fab. de). 4, 8, 18, 21, 22.	3 25 — 3 93
Tabacs et cigares, déb. 1ʳᵉ cl. 9, 15, 2 f. la s. 22.	2 19 — 2 63
Tabacs et cigares, déb. 2ᵉ cl. 10, 17, 22.	1 47 — 1 73
Tabacs et cigares, déb. 3ᵉ cl. 12, 19, 22.	1 02 — 1 25

	fr. c.	fr. c.
Tabletier. 10, 19, 22, 56, 57.	1 51 — 1 58
Taillandier. 8, 22, 56.	1 21 — 1 45
Tailleur d'habits en boutique. 56.	» 09 — » 10
Tanneur. 4, 8, 21, 22.	2 50 — 5 10
Tapissier. 8, 18, 22, 56.	1 96 — 2 28
Teinturier. 8, 18, 22, 56.	1 96 — 2 28
Terrassier (entrep.). 54, 55, 56.	» 46 — » 50
Thé (m. de). 15, 2 f. la s. 22.	1 42 — 1 78
Tisserand. 56.	» 09 — » 10
Tissus de toute espèce (m. de). 56.	» 09 — » 10
Tourneur en bois. 56.	» 09 — » 10
Tourneur en métaux. 8, 18, 22, 56.	1 96 — 2 28
Traiteur-restaurateur. V. le Cabaretier donnant à manger.	2 03 — 2 35
Transport par terre et par eau (entr. de). 2, 8, 21, 22.	5 62 — 4 55
Tripier. 8, 19, 22.	1 74 — 2 03
Vérificateur en bâtiments. 54, 55, 56, 57.	» 51 — » 55
Vermicellier. 7, 8, 18, 21, 22.	2 55 — 2 95
Verres à vitre (m. de). 4, 8, 21, 22, 56.	2 59 — 5 20
Verres vieux, cassés (m. de). 6, 8, 21, 22.	1 82 — 2 35
Vins, eaux-de-vie, esprits (m. en gr. de). 27, 28.	2 21 — 2 45
Vin en détail (m. de). 2 f. la s. 28.	1 72 — 1 90
Vinaigre en détail (m. de). 2 f. la s. 28.	1 73 — 1 90
Vinaigrier. 27, 28.	2 21 — 2 45
Vollier. 56.	» 09 — » 10
Voitures publiques (entrep. de). 4, 8, 18, 21, 22.	5 25 — 5 95

Police.

DIVISION.

§ 1. — Organisation du service. — Attributions des préfets et maires.

§ 2. — Institution de commissariats et bureaux de police. — Tableau du personnel.

§ 1. — ORGANISATION DU SERVICE.

Le service de la police avait d'abord été confié par arrêté du général en chef, en date du 13 juill. 1830, à un lieutenant général de police chargé de pourvoir à la sûreté de la ville et d'y maintenir l'ordre si nécessaire au premier moment de l'occupation. Ces fonctions, remplies peu de temps après par un commissaire général furent, par arrêté du 21 mars 1831, réunies à celles du grand prévôt de l'armée. De 1854 à 1850, la direction du service fut remise tantôt à un commissaire central, tantôt à un commissaire chef de service dont les attributions étaient plus restreintes. Un décret du 11 août 1850 institua un commissaire général dont la mission avait principalement un caractère politique, et qui exerçait une autorité plus étendue. Mais cette fonction a été supprimée par décr. du 7 avr. 1852 inséré ci-après, et un commissariat central a été rétabli à Alger avec les attributions déterminées par un arr. du 14 fév. 1850. L'arrêté d'organisation du 17 janv. 1851 est toujours en vigueur, et a été successivement complété par la création de diverses classes de commissaires, et les autres dispositions reproduites ci-après. Les attributions des préfets et maires ont été réglées par les ordonnances organiques inscrites aux articles : — Administration générale, — Commune, par l'arrêté du 16 janv. 1851 ci-après, et en dernier lieu par le décr. du 25 juin 1860 qui rend exécutoire en Algérie la loi du 5 mai 1855 et le décr. du 26 sept. de la même année concernant l'organisation municipale relative à ce service.

A 31. — 17-28 janv. 1851. — B. 372. — *Organisation de la police municipale.*

Vu les art. 26 et 27 de l'ord. du 28 sept. 1847
(*Commune*, § 1);

§ 1. — *Attributions des maires de l'Algérie en matière
de police.*

Art. 1. — Les maires des communes et localités
de l'Algérie sont chargés, sous l'autorité et la surveillance de l'administration supérieure, de la police
municipale et rurale, et de l'exécution des mesures
de sûreté générale. — Ils donnent, à cet effet, et
dans la limite des lois, ordonnances, décrets et
arrêtés qui régissent l'Algérie, toutes injonctions
et instructions aux commissaires de police et autres
agents de service établis dans les communes ou
localités qu'ils administrent.

§ 2. — *Division et composition des commissariats
de police en Algérie.*

Art. 2. — Il y aura trois classes de commissaires de police en Algérie ; leurs traitements sont
fixés : à 3,000 fr., 2,500 fr., 2,000 fr.

Art. 3. — Nombre des commissaires de chaque
classe (abrogé par l'arr. du 5 nov. 1852, ci-après).

Art. 4. — A chaque commissariat de police seront attachés un ou plusieurs inspecteurs et des
agents français et indigènes, dont le nombre sera
réglé d'après les besoins du service. — Un secrétaire, un interprète et un commis expéditionnaire
pourront être adjoints à ceux des commissariats où
cette adjonction sera reconnue nécessaire. — La
composition de chaque commissariat de police sera
déterminée par des arrêtés ministériels, pris sur la
proposition du gouverneur général.

§ 3. — *Classification du personnel secondaire.*

Art. 5. — Les inspecteurs de police sont divisés
en deux classes, dont les traitements sont fixés à
1,800 fr., 1,500 fr. — Il y aura également deux
classes de secrétaires et d'interprètes de commissariats : les traitements seront les mêmes que
pour les inspecteurs. — Le traitement des commis
expéditionnaires de commissariat est fixé à 1,200 fr.
— Les agents français et indigènes formeront respectivement deux classes, dont les traitements
sont fixés ainsi qu'il suit : 1re cl. : Français,
1,200 fr.; indigènes, 960 fr.; — 2e classe : Français, 1,000 fr.; indigènes, 840 fr.

§ 4. — *Nomination, suspension et révocation
du personnel.*

Art. 6. — Nul ne pourra être commissaire de
police en Algérie, s'il n'est Français ou naturalisé
Français, jouissant de ses droits civils et âgé de 25
ans au moins. — Nul ne pourra être secrétaire de
commissariat de police, s'il n'est Français ou naturalisé Français, jouissant de ses droits civils et
majeur. — Nul ne pourra être inspecteur ou agent
de police en Algérie, avant 21 ans accomplis.

Art. 7. — Les secrétaires de commissariat et
inspecteurs français de 1re cl. pourront, après
deux années de grade, concourir pour les emplois
de commissaire de police.

Art. 8. — Les commissaires de police sont nommés et révoqués par le ministre de la guerre, sur
la proposition du gouverneur général. — Ils
peuvent être suspendus par le gouverneur général sur la proposition des préfets. — Les secrétaires de commissariat, inspecteurs de police et
interprètes sont nommés, suspendus ou révoqués
par le gouverneur général sur la proposition des
préfets, sauf l'exception déterminée par l'art. 12
du présent arrêté. — Les autres employés et agents
sont nommés, suspendus ou révoqués par les préfets, sauf l'exception mentionnée au paragraphe
précédent. — Dans tous les cas de nomination,
suspension ou révocation des fonctionnaires, employés et agents ci-dessus désignés, le commissaire général de police sera préalablement appelé
à donner son avis.

§ 5. — *Du service de la police générale et de sûreté.*

Art. 9. — Les commissaires de police, pour tout
ce qui ressort au service de la police générale et
administrative, relèvent directement des préfets
et du commissaire général de police, et, subsidiairement, des sous-préfets et commissaires civils de
leurs résidences. Il sont tenus de se conformer
aux instructions et injonctions qu'ils reçoivent de
ces fonctionnaires. Ils leur adressent des rapports
journaliers sur tous les faits qui intéressent l'ordre
public.

Art. 10. — Dans les communes divisées en plusieurs arrondissements de police autres que la ville
d'Alger, la direction du service de la sûreté générale est dévolue au commissaire de police du
grade le plus élevé. En cas d'égalité de grade
entre les commissaires de la même résidence, le
préfet désigne, par un arrêté spécial, celui qui
sera chargé du service de la sûreté générale. — Le
commissaire général de police devra être préalablement consulté par le préfet. Le commissaire de
police chargé du service de la sûreté générale,
transmettra à son collègue les ordres de l'autorité
supérieure et en surveillera l'exécution. Son collègue lui remettra chaque jour un rapport sur les
faits qui intéressent l'ordre public.

Art. 11. — A Alger, le service de la police
générale et de sûreté est placé sous la direction
immédiate du commissaire général de police. — A
cet effet, il a sous ses ordres directs un personnel
spécial qui comprend : — Un inspecteur de 1re cl.;
— Deux inspecteurs de 2e cl., — Et un nombre
d'agents français et indigènes qui sera ultérieurement déterminé par un arrêté ministériel pris sur
la proposition du gouverneur général.

Art. 12. — Les agents du service spécial créé
par l'article précédent seront nommés, suspendus
ou révoqués, savoir : — Ceux qui reçoivent un
traitement de 1,500 fr. et au-dessus par le gouverneur général, sur la proposition du commissaire
général de police; — Les agents d'un grade inférieur, par le commissaire général de police.

§ 6. — *Répartition des dépenses afférentes au service.*

Art. 13. — Sont mis à la charge du budget local
et municipal de l'Algérie : — 1° Le traitement des
commissaires de police; — 2° Les dépenses du
service de sûreté générale institué pour la ville
d'Alger (personnel et matériel). — Les communes
continueront de rétribuer le personnel secondaire
des commissariats de police et de pourvoir aux
dépenses matérielles du service de la police municipale et rurale.

§ 7. — *Dispositions transitoires et générales.*

Art. 14. — Les commissariats actuellement existant et leur personnel respectif sont provisoirement maintenus.

Art. 15. — Sont et demeurent abrogées toutes
dispositions antérieures, contraires au présent arrêté, et notamment l'arr. minist. du 14 fév. 1850.
                    REGNAUD DE SAINT-JEAN-D'ANGÉLY.

AM. — 13 juin 1851. — B. 387. — *Dispositions
générales.*

Art. 1 à 4. — (Organisation du personnel dans
les trois départements. — Abrogé.)

Art. 5. — Les inspecteurs préposés comme chefs
de service aux bureaux de police exerceront dans
leur résidence les pouvoirs attribués aux commissaires de police : à cet effet, ils prêteront serment
entre les mains des commissaires civils ; ils présenteront et feront enregistrer expédition de l'acte
de prestation de serment au tribunal de 1re inst.
de l'arrondissement, conformément aux dispositions du décr. du 22 juin 1811.

Art. 6. — Les agents spéciaux employés comme

crieurs publics, gardiens des cimetières ou attachés à d'autres services purement locaux, cesseront de figurer dans le cadre du personnel de la police municipale. Dans les localités non érigées en communes, le traitement de ceux de ces agents qui devront être maintenus sera désormais compris au titre des dépenses du personnel des mairies (chap. 2, art. 1, § 1, du budget local et municipal).   RANDON.

AM. — 29 sept.-20 nov. 1852. — B. 424. — *Rétablissement d'un commissariat central à Alger. — Attributions. — Dispositions générales.*

Vu le décr. du 7 avr. 1852, portant suppression du commissariat général de police de l'Algérie; — Vu les arr. min. du 14 fév. 1850 et des 17 janv. et 13 juin 1851, sur le service de la police en Algérie; — Considérant que lesdits arrêtés présentent un ensemble de dispositions propres à assurer le fonctionnement régulier des diverses branches de la police, et qu'il convient, par conséquent, de les remettre en vigueur ou de les confirmer, sauf les modifications nécessitées par la suppression du commissariat général ou indiquées par l'expérience.

Art. 1. — L'arr. min. du 14 fév. 1850, portant règlement des attributions du commissaire central de police d'Alger, est remis en vigueur, sauf l'art. 8, qui demeure abrogé, et sera remplacé par les dispositions de l'article suivant.

Art. 2. — Les commissaires de police de l'Algérie sont nommés et révoqués par le ministre de la guerre, directement ou sur la proposition du gouverneur général (1). — Ils peuvent être suspendus par le gouverneur général, sur la proposition des préfets. — Tous les autres employés et agents du service de la police sont nommés ou révoqués par le gouverneur général, sur la proposition des préfets. — Ils peuvent être suspendus par les préfets, sauf l'approbation du gouverneur général.

Art. 3. — Les commissaires de police et les inspecteurs, chefs du service de la police dans les diverses localités de l'Algérie, adressent chaque semaine, au gouverneur général et au préfet du département, un rapport conforme au modèle annexé au présent arrêté.

Art. 4. — L'envoi du rapport prescrit par l'article précédent ne dispense pas les commissaires et inspecteurs, chefs de service, des rapports quotidiens et autres qu'ils doivent aux autorités locales sous les ordres immédiats desquels ils sont placés.

Art. 5. — Le préfet adresse chaque mois, au gouverneur général, un rapport d'ensemble résumant les faits les plus importants parvenus à sa connaissance et accompagné de ses observations sur la situation du département.

Art. 6. — Tous les 3 mois, le gouverneur général adresse au ministre de la guerre un résumé analytique des divers rapports prescrits par les dispositions précédentes, et le suit d'une appréciation de la situation générale de l'Algérie.

Art. 7. — Les dispositions des arrêtés et règlements antérieurs qui ne sont pas contraires au présent arrêté sont maintenues.
A. DE SAINT-ARNAUD.

Arrêté du 14 février 1850 remis en vigueur.

Art. 1. — Le commissariat central de police d'Alger, institué par déc. minist. du 16 sept. 1846, se compose d'un personnel actif et d'un personnel sédentaire.

(1) V. Exception pour les commissaires de la dernière classe, arr. min. des 15 juin 1854 et 14 sept. 1835, *infrà.*

Le personnel actif comprend : — Le commissaire central ; — Un inspecteur de police de 1re cl., chef du service de sûreté ; — Deux inspecteurs de police de 2e cl., sous-chefs du service de sûreté ; — Et un nombre, qui sera ultérieurement déterminé, d'agents français et indigènes, composant la brigade de sûreté.

Le personnel sédentaire comprend : — Un commis rédacteur, secrétaire du commissaire central ; — Un interprète ; — Et des commis expéditionnaires dont le nombre sera ultérieurement déterminé.

Art. 2. — Le commissaire central est spécialement chargé, sous la direction du préfet et de l'autorité judiciaire, de la police administrative et de sûreté générale, tant dans la ville d'Alger que dans les localités suburbaines. — Il centralise, sous la direction du maire d'Alger, le service de la police municipale, telle qu'elle est définie par l'art. 5 du tit. II de la loi du 16-24 août 1790.— Néanmoins, le maire ne peut, sous aucun prétexte, intimer au commissaire central des injonctions contraires à celles que ce dernier aurait reçues de l'autorité supérieure.—Avant d'exécuter un ordre émané de l'autorité municipale, le commissaire central pourra toujours en référer au préfet, qui statuera immédiatement.

Art. 3. — Sont comprises dans les attributions spéciales du commissaire central d'Alger : — 1° La surveillance de haute police ; — 2° La délivrance et le visa des passe-ports, cartes de sûreté, livrets d'ouvriers ou de domestiques, et manifestes des navires de commerce ; — 3° L'exécution des mesures de police concernant les entrepreneurs et loueurs de voitures publiques et leurs préposés.

Art. 4. — Pour l'exécution du service qui lui est confié, le commissaire central a sous les ordres les commissaires de police de quartier, et le personnel actif dont ils disposent. — Un commissaire de police ne doit pas renvoyer à un de ses collègues l'exécution d'un ordre du commissaire central, sous prétexte que le lieu où l'ordre doit être exécuté n'est pas situé dans son quartier.

Art. 5. — Le commissaire central adresse des rapports journaliers : — En ce qui concerne la police administrative et de sûreté générale : — Au gouverneur général de l'Algérie ; — Au procureur général près la cour d'appel d'Alger ; — Au préfet du département ; — En ce qui concerne la police municipale seulement : — Au maire d'Alger.

Art. 6.— Dans les communes autres que celles d'Alger, les commissaires de police, pour tout ce qui est du ressort de la police générale, relèvent directement des préfets et des sous-préfets. Ils doivent se conformer aux instructions et injonctions qu'ils en reçoivent. Ils leur adressent, chaque jour, un rapport sur tous les faits, intéressant l'ordre public, qui sont parvenus à leur connaissance.

Art. 7. — Dans les communes divisées en plusieurs arrondissements de police, mais où il n'existe pas de commissaire central, la direction du service de la sûreté générale sera dévolue à celui des commissaires que le préfet ou le sous-préfet désignera par arrêté spécial. Le fonctionnaire ainsi désigné transmettra aux autres commissaires de police les ordres de l'autorité supérieure, et en surveillera l'exécution. — Lesdits commissaires devront lui remettre, chaque jour, un rapport sur les faits spécifiés à l'article précédent, et qui seraient parvenus à leur connaissance personnelle.

Art. 8. — (Abrogé).

Art. 9. — A partir du 1er janv. 1850, les communes de l'Algérie cesseront de contribuer au traitement des commissaires de police. Elle continueront, néanmoins, de rétribuer le personnel secondaire des commissariats et de pourvoir aux dépenses matérielles du service. — La commune d'Alger est exonérée de toute dépense, en ce qui concerne le personnel et le matériel du commissariat central. — Les dépenses du service de la police en Algérie, autres que celles qui demeurent à la charge des communes ou qui ne seront pas inscrites au chap. 31 du budget de la guerre, seront imputées, jusqu'à nouvel ordre, au budget local ou municipal.　D'HAUTPOUL.

AM. — 29 sept. 1852. — B. 424. — *Création d'une quatrième classe de commissaires.*

Vu l'arr. min. du 17 janv. 1851;

Art. 1. — Il est créé en Algérie une quatrième classe de commissaires de police, dont le traitement est fixé à 1,800 fr.

Art. 2. — La résidence de ces commissaires de police sera déterminée par le ministre, suivant les besoins du service et sur la proposition du gouverneur général. — Leur traitement sera imputé sur le budget communal, dans les localités érigées en communes.　A. DE SAINT-ARNAUD.

AM. — 5 nov.-15 déc. 1852. — B. 426. — *Nombre limité des commissaires de chaque classe.*

Vu les arr. min. des 17 janv. 1851 et 29 sept. 1852;

Art. 1. — La division des commissaires de police en quatre classes est maintenue, et les traitements afférents à chaque classe restent fixés tels qu'ils ont été établis par les arr. des 9 janv. 1851 et 29 sept. 1852 susvisés. — Le nombre des commissaires de police de 1re classe ne pourra dépasser trois; — Celui des commissaires de 2e classe est limité à six; — Celui des commissaires de 3e classe et de 4e classe est indéterminé.

Art. 2. — La classe est inhérente à la personne et non à la résidence. — Les commissaires de police de toute classe seront répartis, suivant les besoins du service, dans les chefs-lieux de département, d'arrondissement, de commissariat civil et de commune.

Art. 3. — L'art. 5 de l'arr. min. du 17 janv. 1851 est abrogé.　A. DE SAINT-ARNAUD.

AM. — 15 juin-15 juill. 1854. — B. 462. — *Modification à l'arrêté du 29 sept. 1852.*

Art. 1. — A l'avenir, les commissaires de police de 4e classe en Algérie seront nommés et révoqués par le gouverneur général, sur la proposition des préfets.　VAILLANT.

AM. — 14 sept.-8 oct. 1855. — B. 486. — *Répartition en cinq classes et traitement des commissaires de police.*

Vu l'ord. du 28 sept. 1847, sur l'organisation communale en Algérie, en ce qui concerne les dépenses obligatoires des communes (V. *Communes*, § 1).

Art. 1. — Les commissaires de police de l'Algérie seront répartis en cinq classes, dont les traitements et les frais de bureaux sont fixés de la manière suivante:

	Traitement.	Frais de bureau.	Total.
1re classe.	5,000 fr.	600 fr.	5,600 fr.
2e —	2,500	500	3,000
3e —	2,100	420	2,520
4e —	1,800	360	2,160
5e —	1,500	300	1,800

Art. 2. — Toute promotion à une classe supérieure ne peut être conférée que par le ministre, sur la proposition du gouverneur général. — Nul ne peut être proposé pour l'avancement qu'après trois années d'exercice dans le même grade. — La classe est inhérente à la personne et non à la résidence; néanmoins, il ne peut y avoir de commissaire de police de 1re et de 2e classe que dans les chefs-lieux de département et d'arrondissement, ou dans les communes dont la population est d'au moins 10,000 âmes.

Art. 3. — A partir du 1er janv. 1856, dans les localités érigées en communes, les traitements et frais de bureaux des commissaires de police, aussi bien que toutes autres dépenses du service de la police, seront imputés sur les budgets communaux, par application de l'art. 40, § n° 11, de l'ord. du 28 sept. 1847. — Il n'est pas dérogé aux dispositions antérieures concernant le traitement et les frais de bureau du commissariat central de police à Alger, des employés et agents attachés à ce commissariat.

Art. 4. — Toutes dispositions contraires sont et demeurent abrogées.　VAILLANT.

DI. — 25 juin-22 août 1860. — BM. 90. — *Attributions des préfets et maires.*

Art. 1. — Sont exécutoires en Algérie: 1° l'art. 50 de la loi du 5 mai 1855, sur l'organisation municipale; 2° les art. 2, 3 et 4 du décr. du 26 sept. de la même année, rendu en exécution de ladite loi.

Art. 2. — Les cadres du personnel de la police dans les villes régies par les présentes dispositions seront fixés par arrêté de notre ministre de l'Algérie et des colonies.

Art. 3. — Continueront à être imputés: — Sur le budget de l'État, le traitement du commissaire central de police à Alger; — Sur le budget provincial, les dépenses de personnel et de matériel de la police centrale.

Loi du 5 mai 1855.

SECT. 4. — *Dispositions particulières.*

Art. 50. — Dans les communes chefs-lieux de département, dont la population excède 40,000 âmes, le préfet remplit les fonctions de préfet de police, telles qu'elles sont réglées par les dispositions actuellement en vigueur de l'arrêté des consuls du 12 mess. an VIII. — Toutefois les maires desdites communes restent chargés, sous la surveillance du préfet, et sans préjudice des attributions, tant générales que spéciales, qui leur sont conférées par les lois: — 1° De tout ce qui concerne l'établissement, l'entretien, la conservation des édifices communaux, cimetières, promenades, places, rues et voies publiques, ne dépendant pas de la grande voirie; l'établissement et la réparation des fontaines, aqueducs, pompes et égouts; — 2° De la police municipale, en tout ce qui a rapport à la sûreté et à la liberté du passage sur la voie publique, à l'éclairage, au balayage, aux arrosements, à la solidité et à la salubrité des constructions privées; — Aux mesures propres à prévenir et à arrêter les accidents et fléaux calamiteux, tels que les incendies, les épidémies, les épizooties, les débordements; — Aux secours à donner aux noyés; — A l'inspection de la salubrité des denrées, boissons, comestibles et autres marchandises mises en vente publique, et de la fidélité de leur débit; — 3° De la fixation des mercuriales; — 4° Des adjudications, marchés et baux. — Les conseils municipaux desdites communes sont appelés, chaque année, à voter, sur la proposition du préfet, les allocations qui doivent être affectées à chacun des services dont les maires cessent d'être chargés. Ces dépenses sont obligatoires. — Si un conseil n'allouait pas les fonds exigés pour ces dépenses, ou n'allouait qu'une somme insuffisante, l'allocation nécessaire serait inscrite au budget par décret impérial, le conseil d'État entendu.

Décret du 26 sept. 1855.

Art. 2. — Les employés et agents de tout ordre seront nommés et commissionnés par le préfet, et prêteront serment entre ses mains.

Art. 5.—Le maire, pour les attributions de police dont il reste chargé, aura sous son autorité le commissaire central, qui transmettra ses ordres aux divers fonctionnaires et agents de la police, et qui en assurera l'exécution.

Art. 6.—Les dispositions relatives à l'organisation et aux détails du service, au costume, à l'armement, seront réglées par des arrêtés préfectoraux, sous l'approbation du ministre de l'intérieur.

§ 2. — Création de commissariats et bureaux de police.

Commune d'Alger.

Arr. — 15 juin-5 juill. 1851. — B. 387. — Division de la ville d'Alger en quatre arrondissements (Modifié par l'arr. suivant du 9 juin 1852).

Vu l'arr. min. du 17 janv. 1851, art. 11 ;

Art. 1. — La commune d'Alger est divisée en quatre arrondissements de police, ainsi qu'il suit :

1er arrondissement. — Il se composera de la partie basse de la ville comprise, à partir de la mer, entre les bâtiments qui forment la partie gauche de la place Nationale, la rue qui longe ladite place, jusqu'à la rue du Divan ; le côté droit de ladite rue, jusqu'à la place du gouvernement ; le côté droit de ladite place, jusqu'à la rue de l'État-Major ; le côté droit des rues de l'État-Major, de l'Hydre et Akermmout, jusqu'aux anciennes fortifications ; une ligne descendant de ce point vers la mer, jusqu'à la place Bab el Oued ; — Il comprendra en outre tout le territoire situé entre ce dernier point, la mer, la limite N. du cimetière européen, la limite de la commune d'Alger ; à partir dudit cimetière jusqu'au chemin des carrières, en face de la poudrière de l'Oued ; une ligne tirée de ce point au nouveau mur d'enceinte jusqu'à la porte Valée.

2e arrondissement. — Il se composera de la partie de la ville comprise entre les limites du 1er arrondissement, la mer, l'ancienne porte Bab Azoun, le côté droit en venant de la mer, des rues Médée, des Dattes, Porte-Neuve, d'Amfreville, du Palmier, de la Gazelle, du Taureau, de la Victoire, jusqu'à la place du même nom ; les murs extérieurs de la Casbah et une ligne droite s'étendant du point extrême ou occidental de ces murs jusqu'au nouveau mur d'enceinte, ce même mur jusqu'à la limite du 1er arrondissement.

3e arrondissement. — Il comprendra la partie de la ville renfermée entre la mer, la nouvelle enceinte et les limites du 2e arrondissement.

4e arrondissement. — Cet arrondissement, situé hors de l'enceinte de la ville, se composera du territoire limité au N. par ladite enceinte, à l'E. par la mer, au S. par une ligne contournant le champ de manœuvres de Mustapha Pacha, et rejoignant le petit chemin qui longe l'enclos de Mustapha, ledit chemin, jusqu'à la route de Birkhadem, à l'O., par cette dernière route, en se dirigeant vers Alger, le ravin de l'Agha jusqu'à l'aqueduc d'Aïn Zeboudja, ledit aqueduc jusqu'au ravin de Beni Mzab, ledit ravin, en remontant jusqu'à la route de Douëra, ladite route, la limite de la commune d'Alger, jusqu'au chemin des carrières et les limites des 1er et 3e arrondissements.

RANDON.

Arr.—(Même date).—Commissariats d'Alger.

Art. 1.—Les quatre commissariats de police de la ville d'Alger seront composés ainsi qu'il suit (abrogé par l'arr. min. du 2 sept. 1855. V. infra).

Art. 2. — Les services municipaux de la salubrité, des marchés, des voitures publiques et de l'abattoir public, seront centralisés par le commissaire du premier arrondissement.

Art. 3. — Un commissariat spécial, sous le titre de commissariat du dispensaire, sera établi pour la surveillance des maisons de tolérance et des filles publiques, dans l'intérêt des mœurs, de la santé publique et de la caisse municipale ; sa juridiction s'étendra sur les quatre arrondissements de police. — Il se composera d'un commissaire de police de 3e classe et de quatre agents français de 2e classe. — Ce service étant essentiellement municipal, la dépense en sera supportée par la caisse municipale, au titre des dépenses obligatoires.

Art. 4.—Chaque commissaire d'arrondissement exercera habituellement ses fonctions et résidera dans la circonscription qui lui est assignée. — Néanmoins il n'est aucunement dérogé aux prescriptions de l'art. 12 c. inst. crim., et nul commissaire de police ne pourra renvoyer à l'un de ses collègues l'exécution d'un ordre de son supérieur hiérarchique, sous prétexte que le lieu où cet ordre devra être exécuté ne serait pas situé dans son arrondissement.

RANDON.

Arr. — 9 juin-28 juill. 1852. — B. 416. — Établissement, au faubourg Bab el Oued, d'un bureau de police. (Converti en commissariat par arr. postérieur du 13 mai 1857. B. 509).

Art. 1.—Un bureau de police, composé d'un inspecteur et de deux agents, et relevant du commissaire central, est institué dans le faubourg Bab el Oued.

Art. 2.—La circonscription de ce bureau comprendra la partie du territoire du 1er arrondissement de police situé en dehors des anciennes fortifications, et telle qu'elle est délimitée par l'arr. du 15 juin 1851 (1er arrondissement, dernier §) ; — Cette partie du territoire est détachée, à cet effet, du 1er arrondissement.

Autres localités.

Arr.—11 déc. 1842.—B. 137.—Institution d'un commissariat à Constantine.

Arr. — 10 fév. 1843. — B. 144. — Idem à Blidah.

Arr. — 26 juin 1847. — B. 259. — Idem à Mostaganem.

Arr. — 29 sept. 1848. — B. 295. — Arrondissements de la commune d'Oran.

Vu la décision en date du 12 août 1848, qui institue un second commissariat de police à la résidence d'Oran ;

Art. 1. — La commune d'Oran est divisée en 2 arrondissements de police. — Le 1er comprendra Mers el Kébir, les quartiers de la marine, Blanca et Philippe ; — Le 2e, le quartier Napoléon, Kerguentah et la Senia. — Ils seront délimités par une ligne partant du fort Sainte-Thérèse, longeant les murs du château-Neuf et ceux de la ville jusqu'à la porte Napoléon, se dirigeant de cette porte par la rue des Jardins, vers la porte du Ravin et le Château-d'Eau et gagnant enfin la tour Combe.

DE LAMORICIÈRE.

Arr.—13 juin 1851.—B. 387.—Commune d'Oran.

Art. 5. — La division de cette ville en 2 arrondissements est maintenue, conformément à l'arr. min. du 29 sept. 1848. — Un bureau annexe du 1er arrondissement sera établi à Mers el Kébir. — Un bureau annexe du 2e arrondissement sera établi au faubourg de Kerguentah. — Un agent indigène résidera au village nègre, situé dans la circonscription du même arrondissement.

RANDON.

AM. — 2 avr. 1853. — B. 456. — *Institution de commissariats à Bouffarik, Douera, Mascara, Bougie, Guelma.* — *Tableau des cadres du personnel des commissariats et bureaux de police en Algérie* (Cette organisation a subi de nombreuses modifications par suite de créations nouvelles).

AM. — 28 avr. 1854. — B. 461. — *Idem à Cherchell, Ténès, Orléansville, Medeah, Milianah, Koleah, Sétif.*

AM. — 24 janv. 1855. — 475. — *Idem à Arzew.*

AM. — 16 août 1855. — B. 486. *Idem à Saint-Denis du Sig.*

AM. — 15 déc. 1856. — B. 503. — *Création dans le service de la police de la ville de Constantine d'une section spécialement affectée à la surveillance des marchés et du faubourg du Coudiat-Aty.* — *Le commissaire de cette section sera entièrement subordonné à l'autorité du commissaire chef de la police municipale de la ville.*

AM. — 20 fév. 1857. — B. 507. — *Institution d'un commissariat à Sidi Bel Abbès.*

AM. — 15 mai 1857. — B. 509. — *Idem à la Calle.*

AM. — 24 août 1857. — B. 512. — *Idem à Jemmapes.*

AM. — 25 sept. 1857. — B. 514. — *Idem à Dellys.*

Police municipale.

Jusqu'au 1er avril 1818, tous les arrêtés et règlements concernant la police municipale étaient pris par les intendants civils, le directeur de l'intérieur et les gouverneurs généraux, et la plupart étaient d'une application générale à toute l'Algérie. A partir de 1818, ces attributions ont été conférées aux maires dans les communes constituées (V. *Commune*, §1, ord. du 28 sept. 1847, art. 50); leurs arrêtés sont seulement soumis à l'approbation du préfet et n'ont d'autorité que dans la commune pour laquelle ils ont été rendus.

Il en résulte que dans les localités non constituées en communes, de même que dans les communes dont les maires n'ont pris aucune disposition nouvelle sur les matières antérieurement règlementaires, les anciens arrêtés sont, en droit strict, restés en vigueur. Mais comme la plupart remontent aux premières années de l'occupation, et qu'ils sont demeurés inexécutés depuis plus ou moins longtemps, il serait prudent, pour éviter toute surprise, qu'ils fussent publiés de nouveau par la municipalité ou l'autorité préfectorale, et nous n'en avons inséré qu'un très-petit nombre à quelques articles spéciaux. — (V. sur l'organisation du service, l'article *Police*.)

Police rurale.

Un arr. du 2 avr. 1833 avait pris des dispositions relatives à la police rurale, mais il créait en outre une juridiction exceptionnelle qui a été abrogée. Les dispositions du droit commun qu'il contenait furent reproduites dans un autre arrêté du 29 avr. 1835, B. 14, relatif principalement aux fonctions des gardes champêtres communaux et à la nomination des gardes particuliers, que tout propriétaire peut avoir pour la surveillance de ses propriétés, conformément à l'art. 4 de la loi du 20 messid. an III (8 juill. 1795). Cet arrêté, qui n'était d'ailleurs applicable qu'aux communes du massif d'Alger, rappelait les services et obligations des agents de la police rurale, qui consistent notamment à rechercher spécialement les délits et contraventions qui portent atteinte à la propriété rurale, et à recueillir toutes les preuves, tous les indices nécessaires pour les faire constater par les maires; à suivre les choses enlevées partout où elles se trouvent transportées et à les mettre en séquestre, sans pouvoir s'introduire dans les maisons, bâtiments, cours adjacentes et enclos, s'ils ne sont assistés du maire de la localité ou du sous-officier de gendarmerie commandant le poste le plus voisin; à arrêter et conduire devant le maire tout individu surpris en flagrant délit; à saisir et mettre en fourrière : 1° tous les bestiaux errants à l'abandon et dont les propriétaires ne seraient pas connus; 2° tous les bestiaux qui auraient commis quelque dommage sur les propriétés d'autrui, en restreignant toutefois la saisie au nombre de têtes suffisant pour garantir le dédommagement.

Les nominations de gardes champêtres communaux se font actuellement par la préfecture, en vertu de l'ord. du 28 sept. 1847 (V. *Commune*, § 1) et du décr. du 27 oct. 1858 (V. *Admin. gén.*, § 1), et celle des gardes particuliers en vertu de l'art. 40 de la loi du 5 brum. an IV, et de l'art. 9 de la loi du 28 pluv. an VIII.

Consulter sur cette matière deux circulaires du maréchal Randon, en date des 20 mai 1856 et 15 mars 1858 (*Affaires arabes*, § 1, 2°), qui contiennent des prescriptions d'une grande sagesse sur l'exercice de la police rurale à l'égard des indigènes, et les mesures de prudence à prendre pour éviter des conflits regrettables avec les colons européens.

Ponts et chaussées.

AM. — 15-29 avr. 1816. — B. 222. — *Le service des ponts et chaussées est remis dans chaque province à un ingénieur en chef chargé de le diriger, et dont la résidence est fixée à Alger, Oran et Bône.*

AM. — 9 fév.-22 mars 1819. — B. 514. — *Institution de régisseurs-comptables des ponts et chaussées et des bâtiments civils.*

Vu l'ord. du 2 janv. 1816 (*Finances*); — Considérant la nécessité de réglementer le service des régisseurs-comptables des ponts et chaussées et des bâtiments civils en Algérie;

Institution des régisseurs-comptables.

Art. 1. — Les régisseurs-comptables des services des ponts et chaussées et des bâtiments civils fonctionnent en vertu d'une commission spéciale du ministre, qui leur confère exclusivement le maniement de deniers résultant des avances autorisées par l'art. 28 de l'ord. du 2 janv. 1816, sur l'administration et la comptabilité des finances en Algérie.

Art. 2. — Les régisseurs-comptables sont choisis, soit parmi les employés attachés aux services susmentionnés, soit parmi les employés et agents d'autres services civils, soit parmi les anciens sous-officiers comptables de l'armée, réunissant les conditions d'aptitude et de moralité nécessaires. — Toutefois, dans les arrondissements où il ne s'exécuto en régie que des travaux peu considérables et de peu de durée, les fonctions de régisseur peuvent, temporairement et jusqu'à la concession de ces travaux, être confiées à des conducteurs ou piqueurs des ponts et chaussées et à des inspecteurs ou conducteurs des bâtiments civils. —Toute disposition de cette nature devra être préalablement autorisée par le ministre.

Art. 3. — La position des régisseurs-comptables actuellement en exercice sera régularisée dans un délai de trois mois, conformément aux deux articles qui précèdent; ceux qui, dans ce délai, à partir de la promulgation du présent arrêté, n'auraient point été pourvus d'une commission ministérielle, cesseront leurs fonctions.

Art. 4. — Une ampliation de la commission ministérielle délivrée aux régisseurs-comptables, et revêtue de la signature de ces agents, doit être transmise, par le préfet du département au trésorier-payeur, qui la notifie au besoin à ses préposés. Cette formalité sera immédiatement accomplie partout où elle aurait été omise.

Art. 5. — Un cautionnement est imposé aux régisseurs comptables, le ministre en fixe le chiffre pour chaque régisseur d'après l'importance des sommes dont il peut avoir le maniement.—Toutefois le ministre se réserve de dispenser du cautionnement les régisseurs qui n'ont à manier que des sommes peu considérables.

Limites des avances à faire aux régisseurs-comptables.

Art. 6.—Les régisseurs-comptables peuvent être chargés à la fois des dépenses des deux services des ponts et chaussées et des bâtiments civils; mais, quelle que soit l'importance de ces services, l'avance de fonds qui leur est faite ne peut, dans aucun cas, dépasser le maximum de 55,000 fr., déterminé par les décis. min. des 25 nov. et 9 déc. 1813. — En conséquence, si le cas se présentait qu'un régisseur-comptable eût à demander à la fois des avances pour les deux services dont il serait chargé, il ne pourrait dépasser, pour l'ensemble de ces deux services réunis, la somme totale de 55,000 fr., alors même qu'il s'agirait de budget et d'exercices différents.

Art. 7. — Les avances faites aux régisseurs-comptables chargés d'un seul service devront toujours se renfermer dans la limite réglementaire de 20,000 fr.

Spécialité des avances.

Art. 8. — La spécialité des fonds remis aux régisseurs-comptables résulte de l'imputation donnée aux mandats par l'ordonnateur du service. Cette spécialité doit être scrupuleusement observée dans l'emploi des avances.

Art. 9. — Si, à la fin d'un exercice, ou après l'achèvement des travaux pour lesquels les avances ont eu lieu, il restait entre les mains du régisseur-comptable des sommes qui n'auraient pas été employées, le reversement devrait en être fait immédiatement au trésor ou à la caisse locale et municipale, selon que le service appartiendrait au budget de l'État ou au budget local et municipal.

Art. 10. — Le récépissé comptable de l'agent à la caisse duquel le reversement a été fait, doit être transmis au ministre par le préfet du département, pour faire opérer la réintégration aux crédits du budget de la somme non employée; un duplicata ou copie certifiée de ce récépissé est produit à l'appui des bordereaux de dépense dressés par le régisseur-comptable, pour justifier l'emploi de l'avance qu'il a reçue.

Payements et justifications des dépenses.

Art. 11. — Les payements opérés par les régisseurs-comptables ne doivent avoir pour objet, que les salaires d'ouvriers et les menues dépenses, qui

ne pourraient être ordonnancées directement sans occasionner des lenteurs préjudiciables au service. Toutes les autres dépenses sont mandatées au nom des créanciers réels sur la production des titres réguliers de leurs créances.

Art. 12. — Dans le cas où une exception à l'article précédent serait reconnue indispensable dans l'intérêt du service, par l'ordonnateur, les régisseurs comptables ne pourraient procéder au payement, sous leur responsabilité, qu'après avoir acquis, auprès du payeur, la preuve qu'il n'existe aucune opposition contre le créancier réel.

Art. 13. — Pour être acquittées par les régisseurs-comptables, les pièces de dépenses présentées à leur caisse doivent être revêtues de toutes les formalités prescrites par les nomenclatures réglementaires; elles sont établies en deux expéditions, revêtues toutes deux de l'acquit de la partie prenante, et chacune d'elles appuyée des justifications voulues.

Art. 14. — Les avances faites aux régisseurs-comptables dans les limites déterminées par les art. 6 et 7 du présent règlement, doivent être scindées, selon la nature des travaux, de manière à ce que la justification puisse en avoir lieu dans le délai d'un mois ou de 15 jours au plus. — Le délai de 15 jours n'est accordé qu'à la charge de produire une déclaration de l'ordonnateur portant qu'il y a eu impossibilité pour le comptable de se procurer les pièces dans le délai d'un mois. — Les justifications dont il s'agit doivent être produites, non collectivement et sans distinction d'avance, mais pour une somme égale à chaque mandat, sauf à compléter les pièces quand il y aura lieu, par un récépissé de reversement.

Art. 15. — Lors de l'expiration des délais ci-dessus, et plus tôt s'il se peut, les régisseurs-comptables transmettront leurs pièces de dépense au trésorier-payeur ou à ses préposés, après les avoir présentées au visa de l'ordonnateur. — Ces pièces sont accompagnées de deux expéditions, d'un bordereau justificatif (mod. n° 50 du régl. du 1er déc. 1838), dont l'une, après avoir été revêtue du récépissé du payeur, est renvoyée au régisseur-comptable pour lui servir de décharge. — Une troisième expédition du bordereau justificatif est remise à l'ordonnateur, pour être envoyée au ministre avec le double des pièces de dépense.

Art. 16. — Lorsque des pièces de dépenses acquittées existent entre les mains d'un régisseur-comptable à l'époque du 31 déc. au soir, ces pièces doivent être l'objet d'un bordereau justificatif spécial, et l'on ne peut confondre avec elles, dans ce même bordereau, aucune des dépenses effectuées postérieurement à cette époque, sauf à reproduire au besoin des bordereaux distincts pour la justification d'un même mandat d'avance. — Lorsque la gérance des mêmes travaux est successivement confiée, dans le cours d'une année, à deux ou plusieurs préposés, chacun d'eux doit rendre compte distinctement du montant des avances qu'il a reçues et de la justification de l'emploi desdites avances.

Livres et écritures.

Art. 17. — Les régisseurs-comptables enregistrent les faits de leur gestion sur les livres ci-après désignés:—1° Livre-journal de caisse;—2° Grand-livre;—3° Livre de détail;—4° Livres auxiliaires ou de développement.

Art. 18. — Le livre-journal sert à inscrire, jour par jour et par ordre de priorité, toutes les opérations de fonds qui se rattachent aux dépenses dont l'administration est confiée au régisseur-comptable. Chacun des articles décrits au journal est successivement reporté sur le grand-livre, au compte d'imputation correspondant.

Art. 19. — Le grand-livre présente, à des comptes distincts par service, par exercice, par chapitre, et, selon le cas, par article, le montant des recettes et des dépenses de chaque jour. Il est tenu par année, comme le livre-journal, et présente toutes les opérations effectuées du 1ᵉʳ janv. au 31 déc. de chaque année. — Les comptes à ouvrir au grand-livre se divisent en deux catégories intitulées : *Comptes de dépenses publiques* et *Comptes d'ordre.*

Art. 20. — Les comptes de dépenses publiques sont destinés à l'enregistrement des opérations principales du comptable. Le nombre en est déterminé par la spécialité des imputations données par l'ordonnateur aux mandats d'avance. Les comptes des dépenses publiques reçoivent, au crédit, l'inscription des sommes encaissées, et, au débit, l'indication des payements effectués.

Art. 21. — Les comptes d'ordre sont destinés à l'enregistrement des opérations accessoires du comptable. Ils sont au nombre de deux, intitulés : *Avances à régulariser* et *Fonds particuliers.*

Art. 22. — Le compte *Avances à régulariser* sera employé, en cas de payements d'urgence, sur pièces non conformes à celles exigées par les nomenclatures réglementaires. Il est débité des payements effectués et crédité de ces mêmes payements régularisés, au moment où le montant en est transporté au débit des comptes de dépenses publiques que les payements concernent. Le compte *Avances à régulariser* ne doit jamais présenter d'excédant de recette.

Art. 23. — Le compte *Fonds particuliers* est ouvert au grand-livre dans le but de permettre au comptable de placer dans sa caisse, comme l'endroit le plus sûr de son domicile, la portion de ses fonds personnels dont il n'aurait pas l'emploi immédiat ; ce compte est crédité des versements dans la caisse, et débité des extraits. Il ne doit jamais présenter d'excédant de dépenses.

Art. 24. — Les livres de détail sont le premier élément de comptabilité pour la dépense ; un compte spécial y est ouvert à chacun des paragraphes de dépense du budget, et tout payement est enregistré au compte qui le concerne au moment même où il s'effectue. A la fin de chaque journée, les comptes sont totalisés et leur montant est porté en dépense au livre-journal, au débit des comptes généraux auxquels la dépense se rapporte. L'article ainsi passé au livre-journal doit relater chacun des comptes du livre de détail qui concourt à la dépense du jour. Les livres de détail sont tenus par service et par exercice.

Art. 25. — Les livres auxiliaires varient de forme et de destination. Ils servent au développement de ceux des comptes généraux ouverts aux livres de détail ou qui exigent cette extension. — Le compte ouvert au grand-livre sous le titre de : *Avances à régulariser,* exige la tenue d'un carnet auxiliaire, sur lequel le comptable enregistre chaque payement au moment où il s'effectue, pour en faire ensuite, à la fin de la journée, un total à porter en dépense au livre-journal.

Documents périodiques de comptabilité à fournir par les régisseurs-comptables.

Art. 26. — A la fin de chaque mois, les régisseurs-comptables établissent et transmettent au chef du service de la localité les bordereaux présentant : 1° Leur situation comptable, ou relevé au dernier jour du mois des additions des comptes ouverts à leur grand-livre ; — 2° Le développement, par mandat d'avance, des recettes effectuées pendant le mois ; — 3° Le développement par compte ouvert, aux livres de détail, des dépenses effectuées pendant le mois ; — 4° La situation, au dernier jour du mois, des justifications produites au trésorier-payeur ou à ses préposés.

Art. 27. — Les situations sont établies en double expédition, dont l'une reste entre les mains du comptable, et l'autre, après vérification et visa par le chef de service, est transmise à l'ordonnateur de la dépense. — La situation comptable fournie à l'époque du 31 déc. de chaque année sert de base aux articles à passer au journal, pour le transport des opérations de la gestion expirée sur les livres de la nouvelle gestion. Dans ces articles, on fait entrer la masse du débit et du crédit des comptes de dépenses publiques, appartenant à l'année commencée, mais dans ces mêmes articles, on ne comprend que le solde des comptes d'ordre.

Inspection et surveillance des régisseurs-comptables.

Art. 28. — Les régisseurs-comptables sont soumis aux vérifications périodiques de l'ingénieur ou de l'architecte chef du service de la localité, et aux vérifications accidentelles de l'ingénieur en chef ou de l'architecte du département ou de tout délégué de l'autorité administrative muni d'un ordre spécial. — Ils sont également assujettis aux vérifications inopinées des inspecteurs des finances, conformément aux dispositions de l'art. 80 de l'ord. du 2 janv. 1816.

Art. 29. — Toutes dispositions contraires à celles qui précèdent sont abrogées. RULHIÈRE.

ART. — 10-27 mars 1849. — B. 515. — *Personnel des bureaux des ingénieurs.*

Art. 1. — Le personnel des bureaux des ingénieurs des ponts et chaussées en Algérie sera formé de commis rangés dans trois catégories, savoir : Comptables ; — Expéditionnaires ; — Dessinateurs. — Chacune de ces catégories de commis sera subdivisée en trois classes, auxquelles il sera alloué les traitements ci-après indiqués :
Comptables, 2,400, 2,100, 1,800 fr. ; expéditionnaires, 2,100, 1,800, 1,500 fr. ; dessinateurs, 2,100, 1,800, 1,500 fr.

Art. 2. — Ces commis porteront le titre de *commis auxiliaires,* et seront nommés par le ministre, sur la double proposition des ingénieurs en chef et des préfets des départements. Ils seront essentiellement révocables, suivant les nécessités ou les convenances du service, et leur position ne leur conférera aucun droit à la retraite.

Art. 3. — Par application des dispositions des art. 1 et 2, la composition du personnel des bureaux des ingénieurs des ponts et chaussées est réglée ainsi qu'il suit :
Département d'Alger. — Bureau de l'ingénieur en chef : 1 comptable, 3 expéditionnaires, 1 dessinateur. — Id. des ingénieurs, chefs des arrondissements territoriaux : 1 comptable, 1 expéditionnaire, 1 dessinateur. — Id. de l'ingénieur chef de l'arrondissement des travaux hydrauliques du port d'Alger : 1 dessinateur.
Départements d'Oran et de Constantine. — Bureau des ingénieurs en chef : 1 comptable, 2 expéditionnaires, 1 dessinateur. — Id. des ingénieurs, chefs d'arrondissements : 1 expéditionnaire, 1 dessinateur.

Art. 4. — Toutefois, lorsque les besoins d'un service extraordinaire l'exigeront, il pourra être adjoint aux commis auxiliaires permanents des commis supplémentaires qui seront agréés par les préfets, sur la proposition des ingénieurs en chef. Ces commis ne pourront, dans aucun cas, être maintenus au delà de l'exercice dans le cours duquel ils auront été appelés, sans qu'il en soit rendu compte au ministre, dont l'autorisation sera indispensable pour régulariser leur maintien pendant tout ou partie de l'exercice suivant. — Ils recevront des indemnités dont le chiffre ne pourra pas dépasser 125 fr. par mois. — Les fonctions de commis supplémentaires cesseront avec les travaux qui auront rendu leur concours nécessaire.

Art. 5. — Tout employé des bureaux des ingénieurs des ponts et chaussées non compris dans les trois catégories de commis instituées par l'art. 1 et conservé à ce titre, sera licencié un mois après l'organisation, sans qu'il puisse prétendre à aucune autre indemnité. Il sera considéré pendant ce temps comme commis supplémentaire.

Art. 6. — L'organisation prescrite par le présent arrêté devra être terminée, et ses dispositions devront être mises en vigueur à partir du 1er mai 1849.

Le ministre de la guerre, RULLIÈRE.

AM. — 18 déc. 1858. — BM. 13. — Règlement du tarif des traitements et accessoires de traitements du personnel des ponts et chaussées en Algérie. — Abrogation de toutes dispositions contraires, et par suite des arrêtés antérieurs en date des 31 oct. 1846, 27 déc. 1848, 29 juin 1849, 31 juill. 1852 et 16 janv. 1851. — Le traitement des conducteurs embrigadés et auxiliaires des diverses classes a été augmenté de 100 fr. par an par arr. du 5 avr. 1859, BM. 24, et de 100 fr. encore, par autre arrêté du 10 fév. 1860, BM. 57.

Circ. M. — 6-24 janv. 1859. — BM. 14. — Ordonnancement des dépenses.

M. le préfet. — Aux termes du règlement spécial du 28 sept. 1849, sur la comptabilité du ministère des travaux publics, les mandats de payement concernant les dépenses du service des ponts et chaussées, afférentes aux budgets de l'État, sont délivrés par les ingénieurs en chef. — Une décision présidentielle du 20 déc. 1849 a rendu la même mesure applicable aux dépenses soit d'entretien, soit de construction des routes départementales. — Ces dispositions, qui ont eu principalement pour but d'améliorer la marche des affaires dans les services de la métropole, n'ont pu, jusqu'à ce jour, être adoptées en Algérie, les préfets y ayant seuls qualité, en vertu de l'organisation existante, pour mandater les dépenses faites par les ponts et chaussées au titre du budget de l'État ou du budget local et municipal; mais une exception vient d'être faite à cette règle par l'art. 52, § 5, du décret du 27 oct. 1858, sur la nouvelle organisation administrative de l'Algérie, lequel autorise les préfets, en tant qu'ordonnateurs, à déléguer leurs pouvoirs dans la limite des instructions ministérielles.

Après un examen attentif de la question, je ne vois aucun inconvénient à ce qu'il soit fait application en Algérie des dispositions plus haut indiquées du règlement du 28 sept. et de la décision du 20 déc. 1849, et je vous autorise à sous-déléguer à l'ingénieur en chef de votre département les crédits afférents à son service, soit au budget de l'État, soit au budget du département, soit enfin à ces deux budgets, si vous le jugez utile et convenable. — L'adoption de cette mesure aurait pour résultat d'exonérer vos bureaux du travail assez considérable de l'expédition des mandats; mais vous ne perdrez pas de vue, dans tous les cas, que vous n'en demeurez pas moins titulaire des crédits de délégation, et qu'à ce titre vous devrez vous faire rendre compte, chaque mois, des opérations faites par l'ingénieur en chef, afin de pouvoir contrôler le mandatement et vous assurer que les crédits inscrits n'ont été ni détournés de leur destination, ni outre-passés quant à leur quotité.

NAPOLÉON (Jérôme).

Portefaix.

Un arr. du 14 nov. 1830 avait réglementé la profession de portefaix, les ayait formés en une espèce de corporation et avait établi un tarif des prix de transport; l'arrêté de 1845 a substitué la libre concurrence au principe de monopole, et remplacé le tarif par les libres conventions des parties. Ces dispositions sont conformes à la législation de la métropole et à l'ord. du préfet de police de Paris du 1er juill. 1852.

AG. — 19-25 mai 1843. — B. 150. — Règlement général sur l'exercice de la profession de portefaix (1).

Vu les lois des 16 août 1790 et 14 juin 1791; — Vu les art. 415, 471 et 474 c. pén; — Vu les arr. des 4 juin 1837 et 51 janv. 1838 (Corporations indigènes), et l'ord. roy. du 31 oct. 1838 (Administration gén., § 1); — Considérant que la profession de portefaix qui, jusqu'à présent a été régie par des arrêtés divers dans chaque localité, peut être soumise à un règlement uniforme; — Considérant qu'il importe, dans l'intérêt du commerce et de la population, de déclarer le libre exercice de cette profession, et aussi de prendre à l'égard de ceux qui l'exercent des mesures d'ordre et de police. — Le conseil d'administration entendu, vu l'urgence;

Art. 1. — Toutes les compagnies, corporations ou associations de portefaix qui ont pu être établies dans les ports ou villes de l'Algérie, sont et demeurent abolies. — Il n'est pas dérogé néanmoins par la disposition qui précède aux arr. de nos prédécesseurs des 4 juin 1837 et 51 janv. 1838, organiques des corporations de Kabyles, Biskris, Mozabites, Mzitas, Laghouats et Nègres.

Art. 2. — Le nombre des portefaix sera désormais illimité.

Art. 3. — Le prix des transports sera débattu et fixé de gré à gré.

Art. 4. — Tout Européen ou indigène qui voudra se livrer à l'exercice de la profession de portefaix, devra se présenter devant le commissaire de police et l'autorité en faisant fonctions, pour obtenir une autorisation spéciale. A cet effet, il sera tenu de faire une déclaration où seront énoncés ses nom, prénoms, âge, demeure, lieu de naissance et signalement. Cette déclaration indiquera l'époque depuis laquelle le requérant réside dans le ressort du commissariat et le lieu où il désire stationner. Elle sera certifiée par deux témoins domiciliés qui attesteront que le requérant est de bonne vie et mœurs. — Il sera ouvert en conséquence à chaque commissariat civil ou de police un registre matricule sur lequel seront inscrits les noms, prénoms, âge, profession, lieu de naissance, signalement et demeure des portefaix.

Art. 5. — Chaque portefaix recevra, avec l'autorisation d'exercer, un livret ou une plaque en fer-blanc. Celle-ci sera portée ostensiblement et de manière qu'il soit toujours facile d'en prendre le numéro.

Art. 6. — Le livret reproduira entièrement la déclaration faite au commissariat. Les portefaix devront en être constamment porteurs et seront tenus de le représenter à toute réquisition des officiers et agents de police, ou des personnes qui les emploieront.

Art. 7. — La médaille portera les initiales des prénoms et le nom du portefaix, le numéro d'enregistrement, et, s'il y a lieu, l'indication particulière du lieu de stationnement.

Art. 8. — Le prix de la plaque et du livret est fixé à 5 fr.

(1) V. Législation, § 2, légalité des arrêtés.

Art. 9. — Le livret et la plaque ne pourront, sous aucun prétexte, être prêtés ni échangés.

Art. 10. — Il est défendu à tout portefaix de s'immiscer dans un travail entrepris par d'autres, sans en avoir été requis par les intéressés. Il est également défendu à tout portefaix de stationner sur un point de la voie publique autre que celui qui lui aura été assigné en dernier lieu sur son livret.

Art. 11. — Tout portefaix qui voudra occuper une nouvelle station, devra se munir de l'autorisation prescrite par l'art. 4.

Art. 12. — Lorsqu'un portefaix changera de demeure, il en fera sur-le-champ la déclaration au commissariat où il en sera tenu note, et mention en sera faite également sur son livret.

Art. 13. — Tout portefaix qui renoncera à son état ou quittera, même temporairement, le ressort du commissariat, déposera son livret et sa médaille audit commissariat.

Art. 14. — Les portefaix seront responsables des distractions, pertes ou dégâts des objets qui leur seront confiés. — Tous ceux qui concourront à un travail commun seront solidaires dans cette responsabilité.

Art. 15. — Les portefaix seront tenus de déférer à toutes les réquisitions de l'autorité.

Art. 16. — Le retrait temporaire ou définitif de l'autorisation d'exercer pourra être prononcé en dernier ressort par le commissaire de police ou l'autorité en faisant fonctions contre les portefaix qui auront prêté ou échangé leurs plaques ou livrets, qui auront commis des actes d'improbité, d'inconduite ou de violence, ou qui auront désobéi aux ordres de l'autorité.

Art. 17. — Les contraventions aux dispositions des art. 4, 5, 6, 7, 9, 10, 11, 12, 13 et 15 du présent arrêté, donneront lieu à l'application des peines prononcées par les art. 471 et 474 c. pén., indépendamment des peines administratives ci-dessus fixées.

Art. 18. — Toute coalition de la part des portefaix pour empêcher ou suspendre les transports, ou pour en faire augmenter les prix, s'il y a eu tentative ou commencement d'exécution, sera punie d'un emprisonnement d'un mois à trois mois; les chefs ou moteurs seront passibles des peines portées par l'art. 415 c. pén.

Art. 19. — Les dispositions du présent arrêté sont obligatoires pour les conducteurs des voitures à bras.

Art. 20. — L'arr. du 14 nov. 1850 est abrogé.

Art. 21. Le présent arrêté sera exécutoire sur tous les points de l'Algérie administrés par l'autorité civile. BUGEAUD.

Ports (police des).

A1.—12 sept. 1852.—*Règlement général sur la police des ports et des quais.*

Tit. 1. — *De l'entrée et de la sortie du port.*

Art. 1. — (Ainsi modifié, vu l'urgence, par arr. du 24 août 1858? B. 58.) — Tous capitaines, patrons, maîtres ou marins arrivant dans les ports occupés par l'armée française, après avoir rempli les formalités ordonnées par l'administration sanitaire, seront tenus de se présenter à la direction du port à l'effet d'y faire leur déclaration et de recevoir l'indication de la place que leurs bâtiments devront occuper le long des quais pour y opérer leur chargement ou déchargement. — Les capitaines ou patrons devront déclarer s'ils ont à bord des personnes qui ne soient pas portées sur le rôle d'équipage, ou qui ne soient pas munies de papiers voulus par la loi ou les règlements; ils seront prévenus qu'à défaut de cette déclaration,

et dans le cas où elle ne serait pas conforme à la vérité, ils seraient passibles de l'amende prononcée par l'ord. de 1681 (300 fr. par personne); ils seront prévenus, en outre, qu'il leur est expressément défendu de prendre à bord, au moment de leur sortie, aucune personne qui ne serait pas portée sur le rôle d'équipage ou munie de titres en règle, sous peine de l'amende déjà indiquée et de toutes autres peines plus fortes, s'il y a lieu (1).

Art. 2. — Tous capitaines, patrons, maîtres ou marins qui voudront sortir du port avec leurs bâtiments seront tenus de venir préalablement en faire la déclaration à la direction du port, et d'y exhiber leur patente de santé: sur le vu de cette patente, il sera délivré un permis de départ que les capitaines présenteront au stationnaire sous peine d'être arrêtés à la sortie, et dans le cas où ils chercheraient à quitter le port sans permis, d'être cités devant le tribunal de police correctionnelle, qui alors jugera sommairement.

Avant le départ de tous bâtiments français ou étrangers soupçonnés d'embarquement clandestin, M. le commissaire central de police ou ses agents, feront une visite à bord, afin de s'assurer que tous les passagers sont en règle et portés sur le rôle d'équipage. Les capitaines devront faciliter cette visite; ils n'obtiendront leur billet de sortie qu'après avoir déclaré au capitaine du port qu'il n'existe sur le bord aucun individu en contravention. Si, lorsqu'ils seront à la voile, la police, sur quelques indices qui lui seraient parvenus, croyait nécessaire de faire une nouvelle visite, les capitaines devraient mettre en panne ou même mouiller à la première injonction qui leur en sera faite par le canal du stationnaire, sur l'ordre donné par M. l'amiral commandant de la marine, et ce, sous peine d'encourir toutes conséquences désastreuses que pourrait entraîner leur désobéissance.

Lorsqu'il s'agira de visiter un bâtiment étranger, la police devra préalablement s'entendre, suivant l'usage, avec le consul de la nation à laquelle appartient ce bâtiment.

Tout capitaine qui sera reconnu avoir fait une fausse déclaration, ou qui aura pris à son bord des individus en état de contravention, sera puni de l'amende indiquée dans l'article précédent.

Tit. 2.—*Amarrage.—De la police de chargement et de déchargement.*

Art. 3. — Tous capitaines, patrons, maîtres ou marins, qui, sans permission préalable, amarreront leurs bâtiments au quai du port pour effectuer leur chargement ou déchargement, en tout ou en partie, ou qui ne prendraient pas la place qui leur aurait été indiquée, ou qui la quitteraient sans autorisation, seront condamnés à 20 fr. d'amende, et seront tenus de prendre à leurs frais la place que la direction du port leur désignera.

Art. 4. — Les bâtiments seront amarrés au quai, ainsi que le comportent les localités du port.

Art. 5. — Il est expressément ordonné à tous capitaines, patrons, etc., d'avoir à leurs bâtiments deux amarres sur le quai, ou au moins un câble de l'arrière. — Toute infraction au présent article sera punie de 50 fr. d'amende, sans préjudice du montant de la réparation de la dégradation, qui sera à la charge du capitaine ou patron.

Art. 6. — Les capitaines et patrons des bâtiments qui les auront abordés à quai, pour charger ou décharger des marchandises, ne pourront y rester plus de huit jours, à moins d'une permission spéciale de la direction, passé lequel délai ils seront obligés de quitter le poste qui leur avait été assigné et d'aller se placer à celui qui leur sera

(1) V. *Procédure judiciaire*, ord. 16 avr. 1843, art. 23, note, et *Législation* § 2, légalité des arrêtés.

indiqué par la direction du port, sous peine de 24 fr. d'amende.

Art. 7.—Tous les capitaines ou patrons dont les navires chargeront, le long des quais, de la laine, du coton ou autres matières combustibles, se retireront aussitôt que la cale sera pleine et qu'ils voudront en mettre sur le pont; ces bâtiments mettront de suite en rade, à peine de 50 fr. d'amende.

Art. 8. — Tous capitaines ou patrons dont les bâtimens sont chargés de bois de construction, ne pourront les débarquer qu'après en avoir obtenu la permission de la direction du port, qui leur indiquera l'endroit où le débarquement peut se faire, à peine de 12 fr. d'amende.

Art. 9.—Tous capitaines ou patrons qui arriveront dans le port chargés de brai, goudron, soufre, paille ou autres matières combustibles, mouilleront au large de tous les navires, en attendant que la direction du port leur ait désigné la place où ils devront effectuer leur déchargement, à peine de 50 fr. d'amende.

Art. 10.—Ceux qui auront à la mer des bois du Nord propres à la mâture des bâtimens, s'adresseront à la direction du port, qui leur indiquera le lieu où ils pourront être entreposés; et, quant aux bois du Nord et autres, destinés aux bâtimens civils, ils seront tirés à terre dans l'espace de trois jours, pour être transportés dans les lieux où les propriétaires jugeront à propos de les faire entreposer, mais ailleurs que sur les quais, à peine de 50 fr. d'amende.

TIT. 3. — De la garde des bâtimens mouillés dans le port, et des précautions contre l'incendie.

Art. 11. — Il y aura jour et nuit, à bord de chaque bâtiment armé ou désarmé dans le port, au moins un gardien, qui ne pourra être âgé de moins de 20 ans, ni de plus de 60, à peine de 600 fr. d'amende contre le propriétaire.

Art. 12. — Les gardiens seront pourvus par les propriétaires d'une bache et de six seaux, qu'ils auront soin de tenir constamment pleins d'eau; de deux aussières, de deux grelins, d'un kilogramme de chandelles et de deux fanaux, pour s'en servir dans l'occasion, à peine de 25 fr. d'amende de la part des propriétaires. — La direction du port devra faire de fréquentes visites à bord des bâtiments désarmés, afin de s'assurer de l'exécution de ces dispositions.

Art. 13.—En cas d'incendie dans le port, lorsque le stationnaire tirera deux coups de canon, soit de jour, soit de nuit, tous les gardiens des bâtiments marchands se tiendront prêts à exécuter les ordres qui leur seront donnés par l'agent du port; ils les exécuteront sans délai, sous les peines portées par l'art. 475 c. pén. — La direction du port se portera sur les lieux, et fera écarter les bâtiments de celui où le feu se sera manifesté, et sur lequel, après l'avoir fait avancer au milieu du port ou dehors, s'il est possible, elle dirigera tous les secours disponibles. — La direction du port préviendra en outre de suite les autorités.

Art. 14. — Lorsque les prud'hommes pêcheurs entendront les signaux d'incendie, soit le jour, soit la nuit, ils seront tenus de faire équiper le plus grand nombre de bateaux pêcheurs qu'ils pourront, pour se rendre au stationnaire, où ils recevront les ordres de la direction du port, à peine de 200 fr. d'amende; les charpentiers et calfats en feront de même.

Art. 15. — Les capitaines, officiers et matelots dont les navires sont mouillés dans le port seront obligés, au même signal, de se rendre à leur bord, et d'y rester jusqu'à ce que le feu soit éteint, à peine de trois mois de prison et de 100 fr. d'amende.

Art. 16. — Tous patrons, bateliers, passeurs de port, seront obligés de se rendre, au signal de l'incendie, chacun dans son bateau, et d'y passer, soit le jour, soit la nuit, tous ceux qui se présenteront pour aller donner du secours, à peine de 10 fr. d'amende et de trois mois d'emprisonnement.

Art. 17. — Dans tous les cas d'incendie, les charpentiers, calfats et autres personnes qui auront donné des secours efficaces, recevront une gratification.

Art. 18. — Il est expressément défendu à tous capitaines, patrons et autres, qu'ils n'en aient obtenu la permission de la direction du port, de faire du feu sur les quais, à peine de 25 fr. d'amende. Il est également défendu de faire du feu au carénage après le soleil couché, sous peine de 50 fr. d'amende.

Art. 19. — Tous capitaines et patrons seront tenus, avant d'entrer dans le port, de débarquer les poudres et artifices qu'ils auront à bord, et de décharger toutes les armes, à peine de 50 fr. d'amende; et, dans le cas où le mauvais temps les forcerait d'entrer dans le port, ils les débarqueront de suite dans des bateaux qui les déposeront aussitôt à la poudrière.

TIT. 4. — Du calfatage, du radoubage, etc., des bâtiments dans le port.

Art. 20. — Il est défendu à tous capitaines, patrons, calfats et autres, d'allumer du feu dans les chaloupes, bateaux et autres embarcations, pour y fondre de la rusе, du brai, du goudron, du suif ou d'autres matières. Ces opérations ne pourront être faites que dans les pégoulières établies sur les quais, à peine de 50 fr. d'amende.

TIT. 5. — Du lestage et du délestage (1).

Art. 21. — Tous capitaines, patrons ou marins qui auront besoin d'embarquer ou de débarquer du lest de leurs bâtiments, bateaux ou chaloupes, devront en obtenir la permission par écrit de la direction du port, à peine de 50 fr. d'amende. Il est expressément défendu d'embarquer ou de débarquer du lest sans l'interposition d'une voile, natte ou rente, afin d'empêcher qu'il ne tombe du lest dans le port, à peine de 50 fr. d'amende contre chaque contrevenant.

Art. 22. — Tous capitaines ou patrons devront faire en arrivant la déclaration, au bureau de la direction du port, de la quantité de lest qu'ils ont à leur bord; et lorsqu'ils voudront effectuer leur délestage, ils en préviendront la direction du port, qui fera vérifier si la quantité de lest déclarée à l'arrivée du bâtiment existe, et qui lui indiquera ensuite le lieu où le lest devra être déposé; le tout sous peine de 20 fr. d'amende.

Art. 23. — Il est expressément défendu d'embarquer ou de débarquer du lest pendant la nuit, ou de le jeter à la mer ou le port, sous peine de 500 fr. d'amende. Il est de même défendu de jeter dans le port ou dans la rade des ordures, comestibles gâtés ou autres matières, sous peine de 16 fr. d'amende.

Art. 24. — Il est permis à tous capitaines, patrons ou marins, de transborder entre eux du lest, moyennant la permission de la direction du port, pourvu que leurs bâtiments soient tout à fait bord à bord, et qu'ils observent les précautions prescrites par l'art. 21; le transbordement n'aura d'ailleurs lieu que pendant le jour; le tout sous peine de 50 fr. d'amende.

TIT. 6. — De la police et de la conservation des quais.

Art. 25. — Il est défendu à tous marchands de

_____

(1) V. ci-après arr. des 24 juin 1845 et 12 août 1848. — Service du lestage mis à l'entreprise.

bois, constructeurs et autres, de laisser sur les quais plus de quarante-huit heures les bois qu'ils seront débarquer, à peine de 50 fr. d'amende.

Art. 26. — Il est pareillement défendu à tous marchands, propriétaires et autres, de laisser sur les quais ou de placer le long des maisons des ancres, pierres, du sable, du bois, des briques, matériaux, et tout ce qui obstrue le passage, sous les peines portées au précédent article.

Art. 27. — Il est défendu de faire sécher le long des quais du blé lavé, du linge ou d'autres marchandises, ou d'y déposer des objets qui ne doivent pas être embarqués à bord des navires.

Art. 28. — Il est défendu à tous marchands établis sur les quais de tenir dans leurs magasins et boutiques aucune marchandise inflammable, à peine de 50 fr. d'amende ; ils pourront néanmoins y tenir un baril de brai, un baril de goudron, et un baril de soufre, pour fournir aux bâtiments en carène.

Art. 29. — Il est défendu à tous particuliers, marchands et autres personnes, d'emballer sur les quais les caisses et ballots, et d'y entreposer aucune sorte de marchandises qui obstrue la voie publique, sous peine de 10 fr. d'amende.

Art. 30. — Il est ordonné à tous maçons, bourgeois et autres, pour qui on débarquera sur le quai des pierres, du sable ou du gravier de n'en mettre sur le quai qu'autant qu'il pourra en être enlevé dans la journée, et après en avoir obtenu la permission de la direction du port, sous peine de 12 fr. d'amende. Les précautions prescrites par l'art. 21, pour le lestage et délestage des bâtiments, devront être prises pour le débarquement du sable et du gravier, sous les peines portées audit article.

Tit. 7. — Des débris des vieux bâtiments.

Art. 31. — Il est ordonné à tous propriétaires, capitaines ou patrons des bâtiments coulé à fond dans le port, de les relever dans l'espace de huit jours, sous peine de saisie au profit de ceux qui seront chargés par la direction du port de les relever, et de 100 fr. d'amende.

Art. 32. — Il est défendu de faire démolir aucun bâtiment dans le port, si ce n'est avec l'autorisation par écrit de la direction du port, et en prenant les précautions qu'elle jugera convenables pour prévenir tout encombrement, sous peine de 50 fr. d'amende et de saisie du bâtiment.

Tit. 8. — Des bouées, balises et signaux.

Art. 33. — Tout matelot ou autre qui ôtera les bouées, balises ou autres signaux des ancres mouillées dans le port, sera arrêté sur l'ordre des agents du port, traduit de suite au tribunal de police correctionnelle, pour y être poursuivi suivant la rigueur des lois de police, sans préjudice des dommages-intérêts des parties.

Tit. 9. — De la police et de la sûreté des bâtiments.

Art. 34. — Tous ceux qui causeront des dommages, par quelque voie que ce soit, aux vaisseaux et autres bâtiments mouillés dans le port, tant pour ce qui regarde les câbles, cordages, grappins et autres effets leur appartenant, que pour ce qui peut concerner leur cargaison, en seront responsables et traduits, s'il y a lieu, au tribunal compétent, sur l'ordre de la direction du port, pour être punis suivant la rigueur des lois, sans préjudice des intérêts des tiers.

Art. 35. — Il est défendu d'acheter de qui que ce soit, si ce n'est des propriétaires, capitaines, patrons ou subrécargues des bâtiments marchands, des cordages, câbles, bois, biscuits et autres effets appartenant aux bâtiments, sous peine de 50 fr. d'amende.

Art. 36. — Il est défendu à toutes personnes de

rôder, une heure après le coup de canon de retraite jusqu'au coup de canon de la diane, avec des bateaux ou chaloupes, autour des bâtiments mouillés et amarrés dans le port, sous les peines portées par les lois et règlements de police. — Les dispositions du présent article ne sont point applicables aux bateaux de la douane employés au service public, non plus qu'aux embarcations de la marine royale.

Tit. 10. — De la direction du port.

Art. 37. — La direction du port et les agents sous ses ordres feront observer exactement tous les articles du présent règlement ; les contraventions seront constatées par procès-verbaux, qui seront affirmés devant le maire, conformément aux lois et décr. des 19 mai 1802 et 16 déc. 1811, relatifs à la répression des délits de grande voirie. — Les capitaines ou tous autres trouvés en contravention consigneront entre les mains du maire la somme qui sera fixée par lui suivant l'exigence des cas ; cette somme restera en dépôt jusqu'à ce que le jugement ait été prononcé ; elle sera employée au payement de l'amende ; l'excédant, s'il y en a, sera rendu aux délinquants.

Tit. 11. — De la compétence et de l'application des amendes.

Art. 38. — Les contraventions aux dispositions du présent règlement seront déférées, selon qu'il y aura lieu, au commissaire général de police ou au tribunal de police correctionnelle, et les contrevenants seront poursuivis et jugés conformément aux lois et règlements.

Art. 39. — Un tiers des amendes appartiendra à l'agent qui aura constaté le délit ; les deux autres seront versés à la caisse des domaines.

Art. 40. — Les dispositions du présent arrêté sont applicables à tous les ports de la régence occupés par les troupes françaises.

Art. 41. — Le directeur du port, le commissaire général de police, le commissaire du roi près la municipalité d'Alger, le directeur des douanes, chacun en ce qui le concerne, et, dans les autres localités, ceux qui rempliront les fonctions attribuées à ces différents chefs de service, sont chargés de l'exécution du présent arrêté.

GENTY DE BUSSY.

AG. — 21-28 juin 1845. — B. 203. — Service du lestage.

Considérant que la liberté laissée jusqu'à présent au service du lestage dans le port d'Alger n'a produit que de mauvais résultats, et que la navigation commerciale souffre de l'insuffisance des moyens mis en usage pour l'assurer ;

Art. 1. — Le service du lestage dans le port d'Alger sera concédé à un entrepreneur par voie d'adjudication publique, au rabais, sur soumissions cachetées, et aux clauses et conditions portées dans le cahier des charges ci-annexé.

Art. 2. — A partir de la mise à exécution de l'entreprise, il sera interdit à tous individus, autres que l'adjudicataire ou les agents employés par lui, de s'immiscer directement ou indirectement dans la fourniture du lest, soit en allant chercher du sable, gravier, galet ou toute autre matière propre à en servir, soit en le transportant pour leur compte ou pour celui des capitaines, maîtres ou patrons des navires, dans le port ou hors du port d'Alger, soit enfin en s'entremettant de quelque manière que ce soit dans le service du lestage.

Toutefois les capitaines, maîtres ou patrons conserveront la faculté de faire eux-mêmes leur lest ; ceux dont les navires appartiennent au même armateur pourront s'aider entre eux pour faire leur lest, mais à la condition expresse de n'y employer que des hommes appartenant à leurs équipages et de ne se servir que de leurs propres embarcations, à l'exclusion de tous autres moyens étrangers à leurs bâtiments.

Art. 3. — Toute infraction aux dispositions de l'article précédent sera punie conformément aux art. 471, § 15, et 474 c. pén., plus de la saisie et confiscation du lest que les embarcations pourraient contenir (1).

Art. 4. — Il ne pourra être pris de sable, gravier ou galet, pour servir de lest ou pour tout autre usage, ailleurs que dans la partie de la plage située au delà du fort des Anglais, à l'O., et à partir de l'angle du champ de manœuvre de Mustapha à l'E.; à l'exception toutefois, en ce qui regarde ce dernier point, de la partie de la plage réservée pour l'extraction du sable nécessaire aux travaux hydrauliques, telle qu'elle se trouve délimitée par le plan ci-joint. — La présente défense est commune tant à l'entrepreneur du service du lestage qu'aux capitaines, maîtres ou patrons des navires qui désireraient faire eux-mêmes leur lest. — Toute contravention au présent article sera passible des peines portées aux art. 471, § 15, et 474 c. pén.
Maréchal duc d'ISLY.

Approuvé pour être rendu exécutoire par le ministre de la guerre.

ARR. — 12 août-16 sept. 1848. — B. 285. — Règlement sur le service du lestage.

Vu les ord. de 1669 sur les eaux et forêts, et d'août 1681 sur la marine; — Vu la loi du 29 flor. an X; le tit. 9 du décr. du 16 déc. 1811, concernant les mesures à prendre pour la répression des contraventions en matière de grande voirie, et la loi du 23 mars 1842 y relative; — Vu le décr. du 10 avr. 1812; — Vu l'arr. du 12 sept. 1852 sur la police des ports en Algérie; — Vu l'arr. du 24 juin 1845 (ci-dessus);

Art. 1. — Les dispositions de l'arr. du 24 juin 1845 sont applicables à tous les points du littoral de l'Algérie.

Art. 2. — L'autorité administrative déterminera et désignera les lieux ou points sur lesquels il pourra être pris du sable, galet ou gravier, soit pour l'usage public, soit pour le service du lestage ou tout autre usage privé.

Art. 3. — Les contraventions à l'art. 4 de l'arr. du 24 juin 1845, qui détermine les points sur lesquels il est permis de prendre du sable, galet ou gravier, et aux dispositions des arrêtés administratifs qui auront déterminé ces points, seront, à l'avenir, constatées, réprimées et poursuivies par voie administrative, conformément à la loi du 29 flor. an X.

Art. 4. — Ces contraventions seront constatées concurremment par les maires ou adjoints, le directeur du port ou ses agents, les ingénieurs des ponts et chaussées, leurs conducteurs et piqueurs, les commissaires et agents de police, les gardes de santé, les gardes champêtres, les gendarmes ou tous autres agents ou officiers de police judiciaire.

Art. 5. — Les procès-verbaux de contravention seront adressés aux directeurs et sous-directeurs des affaires civiles, qui pourront ordonner, par provision, ce que de droit pour faire cesser le dommage. Il sera ensuite statué définitivement en conseil de direction.

Art. 6. — Par application de la loi du 23 mars 1842, relative à la police de la grande voirie, toute contravention à l'art. 4 de l'arrêté précité du 24 juin 1845, et aux arrêtés administratifs spécifiés à l'art. 2, donnera lieu à une amende de 16 à 300 fr.

Art. 7. — Il est expressément défendu de prendre, même aux lieux désignés par l'arr. du 24 juin

1845, ou tous autres arrêtés, du sable, galet ou gravier pendant la nuit, sous les peines portées par l'art. 6.

Art. 8. — Les capitaines, patrons ou marins qui voudraient faire du lest, conformément aux dispositions de l'art. 2 de l'arr. du 24 juin 1845, seront tenus de se munir d'une permission qui devra leur être délivrée par le directeur du port.

Art. 9. — La répartition des amendes encourues par les contrevenants s'effectuera ainsi qu'il suit : — 1° Un tiers à l'agent qui aura constaté le délit; — 2° Un tiers sera versé au trésor au titre du budget local et municipal, ou à la commune du lieu quand elle aura été constituée; — 3° Le dernier tiers sera versé au trésor et au titre du budget de la guerre.
DE LAMORICIÈRE.

DP. — 16 juill.-51 déc. 1852. — B. 428. — Institution d'un service de pilotage.

Vu la loi du 15 août 1792 et le décr. du 12 déc. 1806, sur l'organisation du service de pilotage.

Art. 1. — Il sera établi, dans les ports et rades de l'Algérie, et suivant les besoins de la navigation, un service de pilotes lamaneurs.

Art. 2. — Nul ne pourra être pilote lamaneur ou aspirant pilote s'il n'est âgé de 24 ans, s'il n'a fait deux campagnes de trois mois au moins au service de l'État, et satisfait à un examen sur la manœuvre, la connaissance des bancs, courants, écueils et autres empêchements qui peuvent rendre difficile l'entrée ou la sortie du port. — Les services sur les bâtiments de l'État, comme ceux sur les navires du commerce, devront être extraits des rôles d'armement, et certifiés par les administrateurs de la marine.

Art. 3. — L'examen des pilotes et aspirants pilotes sera fait, en présence de l'administrateur de la marine, par un officier de vaisseau du port, deux pilotes et deux capitaines du commerce, qui seront désignés par l'officier directeur des mouvements du port.

Art. 4. — Le commandant supérieur de la marine en Algérie délivrera une lettre d'admission à chacun des pilotes lamaneurs admis. Cette lettre sera enregistrée au bureau de l'inscription maritime de la résidence du pilote, et notifiée au préfet du département.

Art. 5. — Dans les ports où le service du pilotage aura été organisé, l'administration de la marine et la chambre du commerce dresseront, sur la proposition du gouverneur, un tarif des droits qui sera examiné en conseil de gouvernement et arrêté par un décret.

Art. 6. — Les produits du pilotage, de quelque nature qu'ils soient, seront consacrés aux dépenses du personnel et du matériel de ce service. — L'excédant des recettes sur les dépenses devra être employé à l'amélioration du service, à l'augmentation des salaires, aux dépenses imprévues et à des allocations de secours aux pilotes malades ou infirmes, aux veuves et aux orphelins.

Art. 7. — Dans chaque port, le service administratif du pilotage sera confié à une commission composée du commandant supérieur de la marine ou de son délégué, président, du capitaine du port ou de commerce, de deux négociants ou armateurs, et d'un pilote désigné par la chambre de commerce du ressort. — Les membres négociants et le pilote seront nommés pour 3 ans; ils seront rééligibles. — Ils peuvent être suspendus de leurs fonctions et révoqués par un arrêté du gouverneur général.

Art. 8. — Cette commission réglera toutes les dépenses du personnel et du matériel du service, ainsi que les secours qui pourront être accordés conformément à l'art. 6 du présent décret. — Les décisions de la commission sont définitives.

Art. 9. — Les droits de pilotage et produits de

___
(1) V. Législation, § 2, légalité des arrêtés.

toute nature en provenant seront acquittés entre les mains d'un caissier qui sera désigné par le gouverneur général.—Les payements seront effectués par le caissier sur mandats de la commission.

Art. 10.—Le capitaine de tout bâtiment entrant ou sortant devra prendre un pilote. En cas de refus, les droits de pilotage demeurent néanmoins dus, sans préjudice de toute action civile et même criminelle contre le capitaine, suivant la nature et la gravité des faits, et conformément aux lois sur la matière.

Art. 11. — Les bâtiments français et étrangers au-dessous de 25 tonneaux, et les bâtiments inscrits comme caboteurs, quel que soit leur tonnage, seront exemptés à l'entrée et à la sortie, de l'obligation imposée aux autres navires par l'article précédent.

Art. 12.— Un bâtiment qui, après sa première sortie, rentrera dans le port, forcé par la tempête ou par tout autre accident fortuit, ne devra pas de droits pour la seconde sortie ; mais il sera tenu de payer la moitié du droit en cas d'une troisième sortie, tant à cette sortie qu'à la troisième rentrée et successivement pour les autres.

Art. 13. — En cas de tempête et de péril évident, une indemnité particulière sera fixée par le tribunal de commerce et payée par le capitaine au pilote.

Art 14.—Toutes promesses faites aux pilotes lamaneurs, dans le danger du naufrage, sont nulles.

Art. 15. — Les courtiers et consignataires des navires étrangers sont responsables du payement des droits d'entrée et de sortie.

Art. 16.— Les contestations relatives au droit de pilotage, indemnités et salaires des pilotes seront jugées par le tribunal de commerce du ressort, à la diligence soit des tiers intéressés, soit d'un membre de la commission administrative, délégué.—Les peines disciplinaires qui pourraient être encourues par les pilotes lamaneurs seront prononcées par l'officier directeur des mouvements du port, et, à défaut de celui-ci, par l'officier du port de commerce, sous l'autorisation de l'administrateur supérieur de la marine.— Toute infraction constituant une contravention, un délit ou un crime sera jugée par les tribunaux compétents, conformément aux lois.

Art. 17.—Le montant des amendes prononcées, même disciplinairement contre les pilotes, sera versé à la caisse des invalides de la marine du port où les délits et contraventions auront eu lieu.

Art. 18.—Des règlements concernant le service du pilotage et les dispositions auxquelles les pilotes et les capitaines de navires devront être assujettis seront établis, pour chacun des ports, par le gouverneur général, sur la proposition du préfet du département et l'avis du commandant supérieur de la marine en Algérie, le conseil de gouvernement entendu.

Art. 19.— Sont déclarés applicables à l'Algérie les dispositions du décr. du 12 déc. 1806, en ce qu'elles n'ont rien de contraire au présent décret.

DP.— (Même date.)—*Tarif des droits de pilotage.*

Vu l'art. 1 du décr. du 16 juill. 1852;—Vu l'ord. du 10 août 1841 qui réduit de moitié les droits de pilotage à percevoir sur les bâtiments à vapeur ;

Art. 1. — Le tarif des droits de pilotage à percevoir dans la rade et le port d'Alger, sur les bâtiments de commerce et navires de guerre français et étrangers, est fixé comme il suit :

Bâtiments du commerce. — A l'entrée, 11 cent. par tonneau ; — A la sortie, 5 cent. par tonneau.

Bâtiments de guerre à l'entrée et à la sortie. — Vaisseaux de ligne de tout rang, 50 fr.— Frégates à voiles de tout rang, 40 fr.— Corvettes de guerre ou de charge

à trois mâts de tout rang, 30 fr. — Gabares à voiles et trois mâts, 25 fr. — Bricks de guerre et bâtiments légers, à voiles, de toute grandeur et de tout rang, 20 fr.

Art. 2. — Les bâtiments mixtes payeront comme les bâtiments à voiles. — Les bâtiments à vapeur ne payeront que la moitié des droits de pilotage. — Les bâtiments étrangers payeront provisoirement les mêmes droits que les bâtiments français. — Tout bâtiment qui, après avoir mouillé en rade, entrera dans le port, payera le demi-droit d'entrée. — Les caboteurs immatriculés dans les divers ports de l'Algérie sont exempts de tous droits.

AG. — 19 nov.-31 déc. 1852. — B. 428. — *Règlement de service pour les pilotes lamaneurs.*

Vu les arr. des 9 et 16 déc. 1848 (*Admin. gén.*, § 1) ;

Art. 1. — (Ainsi modifié par arr. min. du 3 juin 1856, B. 496.) — Le nombre des pilotes-lamaneurs, pour le service du port d'Alger, est fixé à trois, parmi lesquels le commandant supérieur de la marine désigne un chef pilote. — Il y aura, en outre, trois aspirants pilotes.

Art. 2. — (Ainsi modifié, même arrêté.) — Le salaire des pilotes est fixé ainsi qu'il suit : — Chef pilote, 150 fr. par mois ; — Pilote, 125 fr. ; — Aspirant pilote, 100 fr. — Chacun d'eux recevra, en outre, une indemnité supplémentaire de 4 cent. par tonneau, pour les bâtiments à voiles, et de 2 cent. par tonneau pour les bateaux à vapeur qu'ils auront pilotés à l'entrée, sans que, dans aucun cas, les salaires et indemnités supplémentaires réunis puissent dépasser : — Pour le chef pilote, 2,100 fr. par an ; — Pour chaque pilote, 2,000 fr. ; — Pour chaque aspirant pilote, 1,800 fr. — La commission administrative, instituée par le décret précité, réglera le salaire des matelots de manœuvres. Ces matelots devront être, autant que possible, Français ou indigènes algériens, et, pour ces derniers, la préférence sera donnée à ceux qui parlent français.

Art. 3. — (Ainsi modifié, même arrêté.) — Le caissier, chargé de la perception des produits du pilotage, tiendra un journal livre de caisse, qui sera coté et parafé par le président du tribunal de commerce, et sur lequel il inscrira, par ordre de date, les recettes et les dépenses du service. — Il constatera l'entrée et la sortie de tout navire soumis au pilotage, son tonnage et le nom du pilote qui l'aura fait entrer dans le port. — L'excédant des recettes sur les dépenses sera versé chaque mois, au compte de la caisse du pilotage, à la caisse d'épargne, au même titre que les fonds provenant des sociétés de secours mutuels. — Les fonds déposés ne pourront être retirés que par autorisation écrite du président de la commission administrative du pilotage. — Le compte annuel des produits du pilotage et des dépenses de ce service présenté à la commission administrative, sera transmis au gouverneur général, pour être soumis à l'approbation de M. le ministre de la guerre.

Art. 4. — Le chef-pilote devant rendre compte de tous les événements de mer qui intéressent le pilotage ; les pilotes et aides sont tenus de l'informer des faits qui parviendront à leur connaissance. — Le chef-pilote sera également chargé, sous sa responsabilité personnelle, de signaler les fautes et négligences du personnel placé sous ses ordres.

Art. 5. — Les pilotes lamaneurs seront tenus d'avoir trois chaloupes bien équipées.

Art. 6. — Le bateau pilote qui se dirigera sur un navire pour le piloter, sera tenu de hisser et d'amener à plusieurs reprises son pavillon pendant le jour et un feu pendant la nuit pour indiquer audit navire qu'il cherche à l'aborder.

Art. 7. — Tout capitaine qui arrivera de nuit

Postes.

devra indiquer sa présence dans la baie par le placement d'un feu au mât de misaine.

Art. 8. — Chaque pilote en exercice sera tenu d'avoir un carnet parafé par le président de la commission administrative, disposé en colonnes de manière à faire inscrire par le capitaine qu'il aura piloté, sa provenance, sa nation, le nom du navire, le tonnage, le jour et l'heure que le pilote est monté à bord et la distance du port. — Pour les cas où il ne pourrait monter à bord, la déclaration en serait faite par le capitaine, sur le livret particulier qui lui sera présenté par le pilote.

Art. 9. — Tout pilote de service qui aura conduit au port un bâtiment, sera tenu de se présenter au chef-pilote pour lui rendre compte et recevoir ses ordres.

Art. 10. — Pour les postes d'amarrage à donner aux navires qui entrent dans le port, les pilotes se conformeront aux ordres qui leur seront donnés à cet égard.

Art. 11. — Tout pilote forcé par les circonstances de monter à bord d'un navire venant d'un pays suspecté de contagion, ou qui aura été visité par un navire suspect, interdira de suite toute communication jusqu'à ce que l'autorité ait statué. — Il lui sera payé, par le capitaine, 6 fr. par vingt-quatre heures, et, en outre, il sera nourri; le tout pendant que le navire ne sera pas admis en libre pratique.

Art. 12. — Lorsqu'un pilote sera requis par le capitaine de séjourner à bord du navire, il lui sera payé par ledit capitaine 3 fr. par nuit et 3 fr. par jour; il recevra en outre la ration du bord.

Art. 13. — Tout capitaine qui aura à réclamer auprès du directeur du port relativement au pilotage, devra faire son rapport dans les vingt-quatre heures de son arrivée, et dans les quarante-huit heures, s'il est en quarantaine. Ces délais expirés, la réclamation ne sera point admise.

Art. 14. — Dans les cas où il y aurait lieu de payer la conduite d'aller et de retour aux pilotes qui auront été employés par les bâtiments du commerce, elle sera de 2 fr. par myriamètre.

Art. 15. — Les pilotes auront toujours un grelin dans leurs chaloupes pour être prêts à le porter à tous bâtiments qui pourraient en avoir besoin. Ces grelins étant à la charge des pilotes, il leur sera payé 1 fr. pour chaque navire français ou étranger.

Art. 16. — Les pilotes lamaneurs ne monteront à bord des bâtiments de l'État que lorsqu'ils y seront appelés par le signal prescrit par l'art. 20 du décr. du 12 déc. 1806. Comte RANDON.

Depuis la conquête, le service des postes en Algérie avait constamment été réuni à celui de la trésorerie et n'avait pas cessé de fonctionner comme aux armées en campagne sous des chefs communs relevant de l'administration centrale des finances. Le développement des affaires et des relations dans la colonie a déterminé, après enquête administrative, la séparation de ces deux services.

DIVISION.

§ 1. — Organisation du service.
§ 2. — Lois postales.

§ 1. — ORGANISATION DU SERVICE.

D1. — 7 fév.-13 mars 1860. — BM. 57. — *Création d'un service spécial.*

Art. 1. — Le service des postes en Algérie est séparé du service de la trésorerie; il est placé dans les attributions du ministère de l'Algérie et des colonies.

Art. 2. — Nos ministres, etc..... Le présent décret sera mis en vigueur à partir du 31 mars 1860.

D1. — 10 mars-5 avr. 1860. — BM. 64. — *Organisation du service* (1).

TIT. 1. — *Organisation.*

Art. 1. — Le service des postes en Algérie est organisé dans chaque province ainsi qu'il suit : — 1° Un inspecteur, chef du service et ordonnateur secondaire, est chargé de toutes les attributions relatives à l'organisation, la surveillance, la vérification et le contrôle; — 2° Un directeur comptable, résidant au chef-lieu, dirige le bureau de poste et centralise la comptabilité des autres directions de la province : les attributions de cet agent sont les mêmes que celles des agents de son grade dans la métropole; — 3° Des directeurs de bureaux composés et de bureaux simples, des sous-inspecteurs, des contrôleurs, des commis principaux, des commis, des distributeurs, des distributeurs-entreposeurs, des brigadiers-facteurs, des gardiens de bureaux, des facteurs-boîtiers, des facteurs de ville, des facteurs locaux et ruraux, des gardiens d'entrepôts de dépêches, sont chargés de l'exécution des diverses parties du service. — Le nombre de ces agents est déterminé par arrêtés de notre ministre de l'Algérie et des colonies.

Art. 2. — Les agents du service des postes en

---

(1) *Rapport à l'empereur.* — Sire, le conseil d'État, en émettant l'avis que le moment était venu de faire passer dans les attributions du département de l'Algérie et des colonies le service des postes en Algérie, a exprimé en même temps la pensée qu'il conviendrait de placer ce service dans des conditions analogues à celles qui ont été déjà adoptées pour celui de la télégraphie. Cette indication, qui avait principalement pour but d'assurer au nouveau service postal le bénéfice de l'organisation métropolitaine et le concours d'un personnel spécial emprunté au cadre de la direction générale des postes, devait me servir de règle, et elle a été, en quelque sorte, le principe des mesures que je propose aujourd'hui à la sanction de V. M. — Ainsi, la direction et la haute surveillance du service des postes en Algérie, en tout ce qui concerne l'étude et la satisfaction des besoins économiques et industriels des populations, les questions d'organisation et de revenu public, les moyens de transport, l'emploi des crédits budgétaires, sont réservés, dans le projet, au ministre de l'Algérie et des colonies, qui connaît et doit apprécier la situation du pays.

Toutefois, il est des opérations et des intérêts à l'égard desquels le bien du service exige que l'administration générale des postes ait, en Algérie comme en France, toute sa liberté d'action : je veux parler de la manipulation des

dépêches, des règlements qui la déterminent, de la surveillance du personnel, des dispositions à prendre pour assurer la sécurité des dépêches et l'application des taxes, en un mot, de tout ce qui a un caractère technique. Il s'agit de porter dans la colonie le personnel de la métropole, où il doit fonctionner ainsi qu'il le fait en France. Il faut donc le mettre dans les mêmes conditions, lui prescrire les mêmes règles et le placer sous la même surveillance. — Ces dispositions font l'objet du titre 1 du projet de décret.

Le titre 2 est destiné à régler les conditions du nouveau service en ce qui concerne la comptabilité. — Le mode de comptabilité des régies financières en Algérie a été déterminé par l'ord. du 2 janv. 1846. Les règles consacrées par cette ordonnance, quoique différant, sur quelques points, des règles suivies par le service métropolitain, ont paru, néanmoins, devoir être étendues à la comptabilité des postes en Algérie. Elles présentent de véritables garanties d'ordre et de sécurité, et se concilient aisément avec les exigences d'un service postal. Il est d'ailleurs convenable, dans l'intérêt de l'uniformité, de ne pas faire pour un seul service une dérogation au système général de comptabilité appliqué en Algérie.

Enfin, le titre 3 consacre les dispositions transitoires que rendait nécessaires la séparation de la trésorerie et des postes. Comte DE CHASSELOUP-LAUBAT.

Algérie sont, en ce qui concerne les droits et les devoirs, la responsabilité et le classement hiérarchique, dans des conditions identiques à celles qui sont déterminées pour le personnel métropolitain par l'instruction générale sur le service des postes, les règlements et circulaires de l'administration générale des postes, qui leur deviennent applicables dans toutes leurs parties.

Art. 3.—Les inspecteurs, directeurs-comptables, directeurs, sous-inspecteurs. contrôleurs, commis principaux, commis et brigadiers-facteurs, sont pris dans les cadres du personnel métropolitain, dont ils continuent à faire partie pendant la durée de leur service en Algérie.

Art. 4. — Les inspecteurs, directeurs-comptables, directeurs de bureaux composés, sous-inspecteurs et contrôleurs, sont nommés par le ministre des finances sur la proposition du directeur général des postes. — Les commis principaux, les commis, les directeurs de bureaux simples et les brigadiers-facteurs, sont nommés par le directeur général des postes. — Aucun agent nommé à l'un des grades indiqués ci dessus ne peut exercer ses fonctions en Algérie et y jouir des émoluments et allocations afférents audit grade qu'autant que sa commission est visée par notre ministre de l'Algérie et des colonies.

Art. 5. — Les traitements affectés à chaque emploi sont fixés suivant les règles et la classification adoptées dans la métropole. — Toutefois, les directeurs des bureaux simples et les commis ne pourront avoir un traitement moindre de 1,200 fr. — Les surnuméraires toucheront une indemnité coloniale de 1,200 fr.

Art. 6. — Conformément à ce qui a été réglé par l'ord. du 15 avr. 1845 pour le personnel continental détaché en Algérie, une indemnité coloniale, égale au quart du traitement de France, est allouée à tous les agents jusques et y compris le grade de commis.

Art. 7. — Les frais de déplacement des inspecteurs, pour leur tournées périodiques, sont réglés par abonnement au commencement de chaque année. — Quant aux déplacements extraordinaires, des indemnités fixées d'après un tarif spécial pourront, sur l'avis du directeur général des postes, être allouées par le ministre de l'Algérie et des colonies sur la production d'un état de frais indiquant le but et les résultats du déplacement.

Art. 8. — Le préfet, en territoire civil, et le général commandant la division territoriale, en territoire militaire, nomment, sur la proposition de l'inspecteur des postes, les distributeurs, distributeurs-entreposeurs, facteurs-boîtiers, facteurs de ville, facteurs locaux et ruraux.

Art. 9. — Les agents subalternes recrutés dans la colonie même ne touchent pas le supplément colonial du quart en sus, à l'exception des brigadiers-facteurs, qui pourront être admis à jouir de cette indemnité.

Art. 10. — L'uniforme des agents sera réglé par arrêté de notre ministre de l'Algérie et des colonies, de concert avec l'administration générale des postes.

Art. 11. — Le ministre de l'Algérie et des colonies statue sur l'organisation générale du service, sur le nombre et la nature des emplois, sur la création, la suppression ou la modification des établissements de poste, tels que directions, distributions, distributions-entrepôts, bureaux gérés par un facteur-boîtier. — Il statue également sur tout ce qui, à un titre quelconque, engage une dépense à la charge du budget de l'Algérie et des colonies. — Il règle le service du transport des dépêches et passe les marchés destinés à assurer ce service.

Art. 12. — Le ministre de l'Algérie et des

colonies reçoit chaque mois des inspecteurs un rapport sommaire sur l'état des affaires qui touchent à la moralité des agents et à la sécurité des dépêches. Il reçoit, à la fin de chaque trimestre, des notes sur le personnel, qu'il transmet, après examen, à la direction générale des postes, et en fin d'année, un rapport d'ensemble sur l'exécution du service dans chaque province. — Il reçoit également toute la correspondance relative au service postal. — Néanmoins, le directeur général des postes correspond avec les inspecteurs pour tout ce qui concerne la surveillance du personnel, les infractions aux règlements et instructions sur le service de la manipulation des dépêches, la police de ce service et les enquêtes ou recherches à faire par suite de pertes ou réclamations. — Il transmet aux fonctionnaires et agents du service des postes les instructions et circulaires modificatives ou interprétatives des règlements qui sont communs à l'Algérie et au service continental. Il correspond avec eux pour ce qui se rapporte au mode d'exécution desdites circulaires et instructions. — Les instructions spéciales au service de l'Algérie sont soumises à l'approbation du ministre de l'Algérie et des colonies.

Art. 13. — Les peines disciplinaires sont prononcées par le conseil d'administration des postes métropolitaines. — Les décisions du conseil d'administration ne sont exécutoires qu'après l'approbation du ministre de l'Algérie et des colonies.

Art. 14. — La révision mensuelle du compte du produit des taxes est faite par la direction générale des postes, qui reçoit, à cet effet, des inspecteurs, les pièces nécessaires à cette révision. — Les inspecteurs transmettent en même temps à notre ministre de l'Algérie et des colonies un relevé sommaire des produits réalisés dans le mois écoulé.

Art. 15. — Les rapports des fonctionnaires et agents avec les autorités sont déterminés par l'instruction générale et les règlements de l'administration des postes métropolitaines.

Art. 16. — En cas d'insuffisance de fonds pour le service des articles d'argent, les comptables des postes sont autorisés à réclamer des fonds de subvention des payeurs du trésor et des comptables des autres administrations financières fonctionnant en Algérie.—L'exercice de cette faculté est soumis aux mêmes restrictions et formalités qu'en France.

Tit. 2. — Comptabilité.

Art. 17. — Les règles tracées par l'ordonnance du 2 janv. 1846, sur la comptabilité en Algérie, sont applicables au service des postes, en ce qui concerne l'encaissement des produits du trésor et le payement des dépenses imputables sur les crédits ouverts au budget de l'Etat (dépenses publiques).

Art. 18. — Les inspecteurs rempliront dans chaque province les fonctions d'ordonnateurs secondaires. Ils délivreront, pour les dépenses du service, des mandats en vertu des ordonnances de délégation de notre ministre de l'Algérie et des colonies. Ces mandats seront acquittés par les trésoriers payeurs et leurs préposés. Néanmoins, pour la facilité des parties prenantes, les mandats pourront être, sur l'indication de l'inspecteur, visés par les agents de la trésorerie, pour être payés par les comptables des postes ou ceux des autres régies financières.

Art. 19. — Les produits du service des postes sont versés par les directeurs des postes aux époques prescrites par l'art. 95 de l'ord. du 2 janv. 1846, et selon les conditions indiquées dans l'instruction générale des postes (11e partie).

Art. 20. — Les inspecteurs, les directeurs-comptables, les trésoriers, sont soumis, en ce qui concerne les opérations de comptabilité, les communications avec le département de l'Algérie et des colonies, et le département des finances, à toutes les obligations imposées, par ladite ord. du 2 janv. 1816, au directeur des finances et du commerce, aux chefs de service des régies et aux comptables.

Art. 21. — Pour tout ce qui n'est pas contraire aux principes posés dans les quatre articles précédents, le mode de comptabilité en usage en France dans le service des postes sera suivi en Algérie. — Les modifications que ce mode peut être appelé à subir, par suite de l'application desdits principes, seront déterminées par un règlement concerté entre le département de l'Algérie et des colonies et le département des finances.

Tit. 5. — Dispositions transitoires.

Art. 22. — Les dispositions actuellement en vigueur en Algérie, pour l'exécution du service et le mode de comptabilité, continueront à être exécutées jusqu'à la remise effective du service au ministre de l'Algérie et des colonies ou à ses délégués. — Les mesures à prendre pour la remise du service seront concertées entre le département de l'Algérie et des colonies et celui des finances.

Art. 23. — Par exception aux dispositions prévues dans le § 1 de l'art. 1, le service des trois provinces pourra être provisoirement dirigé par un seul inspecteur résidant à Alger.

Art. 24. — Les traités passés par notre ministre des finances, antérieurement au présent décret, pour le transport des dépêches et les autres besoins du service, recevront leur entière exécution.

Tit. 4. — Dispositions générales.

Art. 25. — Sont abrogées toutes dispositions contraires au présent décret.

DI. — 5-25 avr. 1860. — BM. 68. — *Directions et bureaux.*

Art. 1. — Le service des postes, en Algérie, comprend : — 7 bureaux de direction composée ; — 26 *id.* de direction simple ; — 58 *id.* de distribution ; — 23 *id.* de distribution entrepôts.

Art. 2. — La répartition de ces bureaux entre les trois provinces de l'Algérie est réglée de la manière suivante, savoir :

Province d'Alger : — 2 directions composées : Alger, Blidah. — 12 directions simples : Aumale, Dellys, Koléah, Douéra, Millanah, Orléansville, Tenès, Cherchell, Médéah, Laghouat, Marengo, Bouffarik. — 15 bureaux de distribution : Kouba, l'Arba, Maison-Carrée, le Fondouk, Routba, Tizi Ouzou, Fort-Napoléon, Dra el Mizan, Delhy Ibrahim, Cheragas, Bou Medfa, Vesoul Bénian, Téniet el Had, Boghar, Mouzaïaville. — 10 bureaux de distribution-entrepôts : Bir Rabalou, Reghaïa, l'Alma, Col des Beni Aicha, Lavarande, Duperré, Bourkika, Zurich, Ameur el Aïn, El Affroun.

Province d'Oran : — 2 directions composées : Oran, Mostaganem. — 6 directions simples : Tlemcen, Nemours, Sidi bel Abbès, Arzew, Saint-Denis-du-Sig, Mascara. — 16 bureaux de distribution : Mers el Kebir, Tanger (Maroc), Misserghin, Bou Tlélis, Aïn Temouchen, Lalla Maghrnia, Assi Ameur, Saint-Cloud, Aïn Tédelès, Abuokir, Relizane, Valmy, le Tlélat, Tiaret, Saïda, la Stidia. — 5 bureaux de distribution-entrepôts : Lourmel, Aïn Khial, Pont-de-l'Isser, Sidi Brahim, Oued el Hamman.

Province de Constantine : — 3 directions composées : Constantine, Bône, Philippeville. — 8 directions simples : Bougie, Djidjeli, Sétif, Bathna, la Calle, Souk Ahras, Guelma, Jemmapes. — 7 bureaux de distribution : Aïn Beïda, Tebessa, Bordj bou Arreridj, Biskra, Stora (Tunisie), Stora, El Arrouch. — 8 bureaux de distribution-entrepôts : Ouled Rahmoun, Aïn Arnat, Lambèse, l'enthièvre, Nechmeja, Guelaa bou Shâ, Smendou, Bou Sâada.

Comte DE CHASSELOUP-LAUBAT.

AM. — 3 avr. 1860. — BM. 68. — *Composition du personnel attaché à chaque direction et bureau.*

AM. — 15 avr. 1860. — BM. 77. — *Mandatement des dépenses.*

Considérant que, conformément à l'art. 23 du décr. du 10 mars 1860, le service des trois provinces de l'Algérie sera provisoirement dirigé par un seul inspecteur résidant à Alger, et que, dès lors, la nature de cette mission ne permet pas à cet agent supérieur d'exercer par lui-même les fonctions d'ordonnateur secondaire des dépenses dévolues aux inspecteurs des postes chefs du service dans chaque province, par l'art. 18;

Art. 1. — Un commis d'inspection des postes, résidant au chef-lieu de chaque province de l'Algérie, sera chargé jusqu'à nouvel ordre d'effectuer le mandatement des dépenses, en vertu de délégations de crédits faites par le département de l'Algérie et des colonies. — Cet agent exercera ses fonctions sous le contrôle et l'autorité de l'inspecteur chef du service pour les trois provinces.

§ 2. — Lois postales (1).

LOI. — 16 oct. 1849. — *Timbres-postes.* — *Dispositions pénales.*

Article unique. — Quiconque aura sciemment fait usage d'un timbre-poste ayant servi à l'affranchissement d'une lettre, sera puni d'une amende de 50 fr. à 1,000 fr. — En cas de récidive, la peine sera d'un emprisonnement de 5 jours à un mois et l'amende sera doublée. — Sera puni des mêmes peines, suivant les distinctions sus-établies, la vente ou tentative de vente d'un timbre-poste ayant déjà servi. — L'art. 463 c. pén. sera applicable dans les divers cas prévus par le présent article de loi.

LOI. — 4 juin 1859. — *Transport des valeurs déclarées.*

Art. 1. — L'insertion, dans une lettre, de billets de banque ou de bons, coupons de dividendes et d'intérêts, payables au porteur, est autorisée jusqu'à concurrence de 2,000 fr. et sous condition d'en faire la déclaration (2).

Art. 2. — Cette déclaration doit être portée, en toutes lettres, sur la suscription de l'enveloppe, et énoncer en francs et centimes le montant des valeurs expédiées.

Art. 3. — L'administration des postes est responsable jusqu'à concurrence de 2,000 fr., et sauf le cas de perte par force majeure, des valeurs insérées dans les lettres et déclarées conformément aux dispositions des art. 1 et 2 de la présente loi. — Elle est déchargée de cette responsabilité par la remise des lettres dont le destinataire ou son fondé de pouvoir a donné reçu. — En cas de contestation, l'action en responsabilité est portée devant les tribunaux civils.

Art. 4. — L'expéditeur des valeurs déclarées payera d'avance, indépendamment d'un droit fixe de 20 c. et du port de la lettre, selon son poids, un droit proportionnel de 10 c. par chaque 100 fr. ou fraction de 100 fr.

Art. 5. — Le fait d'une déclaration frauduleuse de valeurs supérieures à la valeur réellement insérée dans une lettre, est puni d'un emprisonne-

(1) Les deux lois reproduites ci-après n'ont pas été promulguées en Algérie. Mais cette formalité n'était pas nécessaire, parce que, dans les dispositions préliminaires ou dans les mesures prescrites par le gouvernement pour l'exécution de ces lois, les bureaux de l'Algérie se trouvent compris dans la nomenclature de ceux auxquels elles sont applicables de plein droit.

(2) La déclaration ne doit pas excéder 2,000 fr., mais le même expéditeur peut adresser à la fois au même destinataire plusieurs lettres portant une déclaration de valeurs (règlement de la direction générale).

ment d'un mois au moins et d'un an au plus, et d'une amende de 5 fr. au moins et de 500 fr. au plus.—L'art. 463 c. pén. peut être appliqué au cas prévu par le paragraphe précédent.

Art. 6.— L'administration des postes, lorsqu'elle a remboursé le montant des valeurs déclarées non parvenues à destination, est subrogée à tous les droits du propriétaire.— Celui-ci est tenu de faire connaître à l'administration, au moment où elle effectue le remboursement, la nature des valeurs ainsi que toutes les circonstances qui peuvent faciliter l'exercice utile de ses droits.

Art. 7. — Les valeurs de toute nature, autres que l'or et l'argent, les bijoux et autres effets précieux, peuvent être insérées dans les lettres chargées, sans déclaration préalable. — La perte des lettres chargées continuera à n'entraîner, pour l'administration des postes, que l'obligation de payer une indemnité de 50 fr., conformément à l'art. 14 de la loi du 5 niv. an V.

Art. 8. — Le poids des lettres simples, lorsqu'elles sont chargées où qu'elles contiennent des valeurs déclarées, est porté à 10 gr. — En conséquence, et indépendamment du droit fixe de 20 c., la taxe des lettres chargées ou de celles contenant des valeurs déclarées circulant de bureau de poste à bureau de poste, dans l'intérieur de la France, celle des lettres de même nature de la France pour la Corse et l'Algérie, et réciproquement, est ainsi fixé : — Jusqu'à 10 gr. inclusivement 20 c.; — Au-dessus de 10 gr. jusqu'à 20 gr. inclusivement, 40 c.; — Au-dessus de 20 gr. jusqu'à 100 gr. inclusivement, 80 c. — Les lettres chargées ou contenant des valeurs déclarées, dont le poids dépasse 100 gr., sont taxées 80 c. par chaque 100 gr. ou fraction de 100 gr. excédant les 100 premiers grammes.

Art. 9.—Est punie d'une amende de 50 à 500 fr.: — 1° L'insertion dans les lettres de l'or ou de l'argent, des bijoux et autres effets précieux ; — 2° L'insertion des valeurs énumérées dans l'art. 1 de la présente loi dans les lettres non chargées et non soumises aux formalités prescrites par les art. 2 et 3.—La poursuite est exercée à la requête de l'administration des postes, qui a le droit de transiger.

Poudres à feu.

DIVISION.

§ 1. — Législation spéciale.
§ 2. — Etablissement de débits de poudre.

§ 1. — LÉGISLATION SPÉCIALE.

OR. — 14 fév.-17 mars 1835. — B. 11. — *Loi du 24 mai 1834 déclarée exécutoire* (1).—*Fixation du prix des poudres pour les consommateurs.*

OR. — 22 juin-21 juill. 1841. —B. 100.— *Augmentation du prix des poudres pour faire face aux frais de magasinage, de manutention et de vente, plus considérables en Algérie qu'en France.*

OR. — 4 sept.-12 oct. 1841. — B. 185.— *Règlement général sur la fabrication et le commerce des poudres.*

Vu les lois des 13 fruct. an V, 28 avr., 1810, 24 mai 1834 et 25 juin 1841, qui régissent la matière dans la métropole ; — Vu notre ord. du 22 juin 1841, fixant, en Algérie, le prix des poudres des manufactures royales ;

o(1) La loi dont il s'agit ici est une loi de finances, et n celle de la même date qui modifie l'art. 314 c. pén.

Tit. 1.—*Fabrication, importation et circulation des poudres à feu.*

Art. 1. — La fabrication des poudres est et demeure formellement interdite en Algérie à tous particuliers, européen ou indigène.

Art. 2. — Est et demeure également prohibée l'importation des poudres étrangères, quelles qu'en soient la quantité et la qualité. — Sont considérées comme poudres étrangères toutes celles qui ne seront pas renfermées dans des boîtes, caisses, rouleaux ou barils revêtus des plombs ou vignettes des poudreries de France, et qui seront trouvées soit à domicile, soit en circulation.

Art. 3. — Les poudres françaises ne pourront être introduites que pour les approvisionnements de l'armée, de la marine ou des entrepôts, en vertu des expéditions régulières délivrées par l'autorité compétente. — Néanmoins, tout voyageur est autorisé à importer, pour sa consommation, des poudres françaises, revêtues des plombs ou vignettes de la régie, en quantité de 2 kil. et au-dessous.

Art. 4. — Les capitaines de navire, de quelque lieu qu'ils viennent, sont obligés, dans les 24 heures de leur entrée dans le port, de faire, au bureau des douanes, déclaration des poudres qu'ils ont à bord, et de les représenter au départ, à peine d'une amende de 100 fr. par kil. manquant.

Art. 5. — Aucune poudre française ne peut circuler en Algérie en quantité supérieure à 2 kil., que sous les plombs ou vignettes de l'administration, et en vertu d'un laissez-passer visé par le maire ou le commissaire civil, ou à défaut par le commandant de place.— Il est également interdit, à toute personne qui n'y serait pas autorisée par le maire, le commissaire civil, ou le commandant de place, de conserver chez elle de la poudre française, en quantité supérieure à 5 kil. — La possession d'une quantité quelconque de poudre de guerre est interdite.

Tit. 2. — *De la vente des poudres.*

Art. 6. — Il ne sera vendu, en Algérie, que des poudres provenant des manufactures royales de France.

Art. 7. — La vente des poudres françaises est interdite, en Algérie, à toutes personnes autres que celles qui y sont spécialement autorisées.

Art. 8. — La vente des poudres se fera exclusivement pour le compte de l'Etat et par ses agents, savoir : — Par des entreposeurs nommés par le ministre des finances ; — Par des débitans nommés par le directeur des finances en Algérie. — Il pourra être nommé un entreposeur par province. — Des débits seront établis dans toutes les villes où le gouverneur général aura jugé convenable d'autoriser cette création.

Art. 9. — L'entrepôt ou le lieu de débit seront désignés par un tableau indicatif, portant en caractères distinctifs : *Entrepôt ou débit de poudres des manufactures royales de France.*

Art. 10. — Les entreposeurs ne pourront faire de vente qu'au comptant, soit aux débitants, soit aux consommateurs.— Les entreposeurs ni les débitants ne jouiront d'aucun traitement fixe. — Les entreposeurs jouiront, sur le produit des poudres vendues par eux aux débitants, d'une remise fixée à 50 c. par kil. de poudre de chasse, et à 25 c. par kil. de poudre de mines ; et, pour celles qu'ils vendront directement aux consommateurs, des remises accordées aux débitants.—Ces remises seront liquidées, en fin de mois, par le directeur des finances, sur décomptes vérifiés et arrêtés par les agents des contributions diverses. — Dans le cas où ces remises ne s'élèveraient pas annuellement à 1,800 fr., il leur sera alloué en fin d'année la somme nécessaire pour leur compléter le minimum de 1,800 fr.—La remise accordée aux débitants se composera de la différence entre les prix d'achat à l'entrepôt, et les prix réglés pour la vente aux consommateurs, par le tarif ci-après :

Prix de vente en Algérie des poudres provenant des manufactures royales de France. (Tarif remplacé par décr. du 21 fév. 1851 ci-après.)—Ce tarif devra rester constamment affiché dans le lieu le plus apparent du débit.

Art. 11. — Les entreposeurs et débitants ne pourront être installés et commencer leur débit qu'après avoir prêté serment, les entreposeurs devant le tribunal de 1re instance d'Alger, et les débitants devant le maire ou le commissaire civil ou, à défaut, devant le commandant supérieur de leur résidence.—L'acte de serment devra être enregistré dans les dix jours.—Les entreposeurs devront justifier, avant d'entrer en fonction, du versement d'un cautionnement en numéraire de 3,000 fr.

Art. 12.—Les débitants ne pourront s'approvisionner en quantités inférieures à 10 kil. de poudres de toute espèce. L'entreposeur leur délivrera une facture détachée d'un registre à souche, qui sera remise, après vérification des poudres, aux agents des contributions diverses.

Art. 13.—Les entreposeurs et les débitants sont autorisés, sous les précautions prescrites par l'article suivant et sous leur responsabilité, à vendre des poudres en quantité de 1/2 kil. et au-dessous, sans autorisation préalable, à tout officier qui se présentera en uniforme, ainsi qu'à toute personne connue et munie d'un port d'armes.—La vente de toute quantité de poudre supérieure à 1/2 kil. ne pourra se faire sans une autorisation spéciale délivrée par le maire ou par le commissaire civil, ou à défaut par le commandant de place.

Art. 14.—Les entreposeurs et les débitants seront obligés, sous peine de révocation, de tenir un registre, coté et parafé par le chef du service des contributions diverses à la direction centrale des finances, sur lequel ils inscriront jour par jour, au fur et à mesure des ventes, sans aucune rature ni surcharge : 1° la date des ventes ; 2° la qualité et la quantité des poudres vendues; 3° les noms et prénoms des acheteurs; 4° leur qualité ou profession ; 5° leur domicile ; 6° l'autorité qui aura donné l'autorisation dans les cas où elle est prescrite.

Art. 15. — Ce registre sera présenté aux employés des contributions diverses, à toute réquisition, et visé par eux, après comparaison des quantités reçues, vendues et restant en magasin.—Tous les quinze jours, une copie certifiée dudit registre, sera transmise au maire ou au commandant de place par l'employé supérieur des contributions diverses dans chaque localité.

Tit. 3. — Surveillance.

Art. 16.—Les employés des douanes et ceux des contributions diverses, la milice, la troupe de ligne, la gendarmerie et les agents de police, sont chargés de la recherche des poudres étrangères et de celles fabriquées en fraude, ainsi que des poudres françaises qui pourraient circuler sans que les formalités prescrites par l'art. 5 eussent été remplies. — Ces mêmes agents et la force armée pourront aussi faire des recherches chez les particuliers soupçonnés de fraude, mais en se faisant assister par un officier de police.

Tit. 4. — Dispositions pénales.

Art. 17.—Tout individu qui fabriquera ou fera fabriquer de la poudre sera condamné à 3,000 fr. d'amende. La poudre, les matières et ustensiles servant à sa confection, seront en outre confisqués. Les fabricants et les ouvriers employés à cette fabrication seront condamnés, pour la première fois,

à trois mois, et, en cas de récidive, à un an de détention.

Art. 18.—Toute introduction de poudre en contravention à l'art. 2, et toute circulation en contravention à l'art. 5, seront punies de la confiscation de la poudre et des moyens de transport, et d'une amende de 20 fr. par chaque kil. de poudre saisie. Les contrevenants encourront en outre la détention déterminée par l'art. 17 ci-dessus.

Art. 19. — Seront considérés comme fabricants et punis comme tels, de l'amende de 3,000 fr. et de la détention déterminée par ledit art. 17, ceux qui seront trouvés nantis de quantité quelconque de poudre prohibée par les art. 2 et 5, à moins qu'ils ne mettent le vendeur sous la main de la justice, auquel cas ils ne seront personnellement passibles que d'une amende de 100 fr.

Art. 20.—Tout individu qui vendra de la poudre française, sans y être autorisé conformément à l'art. 17, sera condamné, pour la première fois, à une amende de 500 fr., laquelle sera portée au double, en cas de récidive.

Art. 21. — Seront punis d'une amende qui ne pourra être moindre de 100 fr. ni excéder 200 fr., ceux qui seront reconnus avoir conservé chez eux une quantité de poudre française excédant 5 kil. Les contrevenants encourront en outre la détention déterminée par l'art. 17.

Art. 22.—Toute contravention de la part des entreposeurs ou des débitants, aux règles qui leur sont imposées, pourra être suivie de la privation momentanée ou définitive de leur commission. — Si un débitant ou un entreposeur étaient convaincus de tenir en dépôt ou de vendre de la poudre de contrebande, ils encourraient, outre la révocation, la confiscation des matières prohibées et une amende de 1,000 fr.

Art. 23. — Toute vente de poudre faite par les entreposeurs ou les débitants, à des prix plus élevés que ceux fixés par l'art. 8, entraînera la révocation du contrevenant, qui sera en outre poursuivi comme concussionnaire.

Art. 24.—Seront également révocables et passibles d'une amende de 100 fr. au moins, et de 1,000 fr. au plus ; les entreposeurs ou les débitants qui opéreront des ventes de poudres sans l'accomplissement des formalités prescrites par l'art. 13.—La révocation, dans tous les cas où elle aura été encourue, sera prononcée, quant aux débitants, par le directeur des finances, quant aux entreposeurs par le ministre de la guerre.

Art. 25.—Il est défendu à tous militaires, à tous gardes des arsenaux de la marine ou de la guerre, à tous ouvriers employés dans les magasins de l'Etat, de vendre, donner ou échanger aucune poudre, sous peine de détention de trois mois à un an.

Art. 26.—En ce qui concerne l'arrestation et la détention pour les faits prévus par les art. 17, 19, 21 et 25 de la présente ord., on se conformera aux dispositions des art. 222, 223, 224 et 225 de la loi du 28 avr. 1816, rendus applicables, par celle du 25 juin 1841, à la fabrication illicite, au colportage et à la vente des poudres à feu sans permission.

Art. 27.—Dans tous les cas de contravention aux dispositions de la présente ordonnance, en outre des condamnations pécuniaires qu'elles prononcent, les poudres qui auront été l'objet de la contravention, seront confisquées et versées à l'artillerie.

Tit. 5. — Des contraventions et de la rédaction des procès-verbaux.

Art. 28. — Toutes contraventions à la présente ordonnance seront constatées par procès-verbaux rédigés à la requête du directeur des finances, et poursuivies devant les tribunaux de police correctionnelle.

Art. 29.—Les contraventions provenant du fait des entreposeurs ou des débitants seront jugées administrativement, en premier ressort par le directeur des finances, et en dernier ressort, par le conseil d'administration de l'Algérie, quant aux débitants ; à l'égard des entreposeurs, ils pourront être suspendus seulement, sauf au ministre de la guerre à statuer définitivement.

Art. 30. — Le chef du service des contributions diverses à la direction centrale est autorisé à consentir, avant et même après jugement, des transactions sur les amendes encourues. — Toutefois, ces transactions ne seront définitives qu'avec l'approbation du directeur des finances, si l'amende encourue et le prix des objets confisqués s'élèvent à 1,000 fr., et avec celle du ministre, s'ils excèdent cette somme.

TIT. 6.—Primes aux saisissants.

Art. 51. — Les employés, préposés, gendarmes et militaires qui, dans les cas prévus par les art. 17, 18, 19, 21 et 25, arrêteront ou auront concouru à arrêter des contrevenants en matières de poudres à feu, recevront, quel que soit le nombre des saisissants, une prime de 15 fr. par chaque individu arrêté.

Art. 52. — Les poudres saisies seront, dans les vingt-quatre heures de la saisie, déposées dans les magasins de l'artillerie, et payées aux saisissants, à raison de 1 fr. 50 c. par kil. sans distinction de qualité, ni prélèvement d'aucun frais.

Art. 53.—Le montant des amendes, du prix des poudres, suivant le taux fixé par l'art. ci-dessus, et le produit net de la vente des objets confisqués, seront, après la transaction approuvée par qui de droit, ou après l'exécution du jugement, répartis par portions égales entre tous les employés saisissants, sauf les employés supérieurs, officiers et receveurs poursuivants qui toucheront deux parts de saisissant. Les agents qui n'auront pas personnellement concouru à la saisie n'auront droit à aucune part. — Lorsque les saisissants appartiendront à l'administration financière, il sera fait d'abord prélèvement, en faveur de la caisse des retraites, du quart du produit net qui leur reviendra sur les amendes et confiscations, en conformité de la décision du ministre des finances du 26 mars 1829.

Art. 54. — Il sera accordé à l'indicateur de la fraude ou de la contravention, un tiers du produit net des amendes ou confiscations, pourvu, toutefois, qu'il se soit fait connaître, avant la saisie, au directeur des finances ou à l'agent supérieur des douanes ou des contributions diverses de la localité la plus voisine du lieu de la saisie.

Art. 55. — Tous les frais relatifs aux saisies de poudres seront imputés sur le produit des amendes et confiscations: en cas d'insuffisance, les frais demeureront à la charge du trésor.

Art. 56. — Toutes dispositions contraires à la présente ordonnance sont et demeurent abrogées.

OR.—22-31 déc. 1846.—B. 246. — *Traitement des entreposeurs.*

Vu l'ord. roy. du 4 sept. 1844 ;
Art. 1. — Le traitement des entreposeurs des poudres à feu en Algérie, cessera d'être établi sur remises, à partir du 1er janv. 1847. Il sera déterminé pour chaque entreposeur, par un arrêté de notre ministre de la guerre.

AM.—26-31 déc. 1846.—B. 246. — *Traitement des entreposeurs.*

Art. 1.—Le traitement annuel des entreposeurs des poudres à feu en Algérie est fixé ainsi qu'il suit, à partir du 1er janv. 1847 : — Entreposeur à

Alger, 4,000 fr. — Id. à Philippeville, 1,800 fr. —Id. à Oran, 1,800 fr.

Art. 2. — L'entreposeur d'Alger, indépendamment du traitement fixe attaché à son emploi, recevra une indemnité annuelle de 2,000 fr., pour frais de manutention et de transport des poudres de l'entrepôt à ses magasins.

Art. 3. — Les indemnités qu'il pourrait y avoir lieu d'allouer au même titre aux entreposeurs de Philippeville et d'Oran seront réglées ultérieurement. M. DE SAINT-YON.

DP.—21 fév.-22 mars 1851.—B. 379. — *Prix de vente.*

Vu les ord. des 22 juin 1841 et 4 sept. 1844, qui règlent en Algérie le prix de vente des poudres à feu provenant des manufactures de l'État ; —La loi du 7 août 1850, portant fixation du budget des recettes de 1851 et contenant des dispositions relatives à la vente de la poudre de chasse dans la métropole ; — Le décret présidentiel du 29 sept. 1850, qui réglemente le prix de vente de la poudre de mine et de commerce extérieur, à partir du 1er janv. 1851 ;

Art. 1.—Le prix de vente des poudres à feu de toute espèce est fixé, en Algérie, ainsi qu'il suit:

		Aux débit.	Aux consom.
Poudre de chasse extra-fine,	le kil.	14 50 fr.	15 50 fr.
—	superfine.	11 00	12 00
—	fine. . . .	8 50	9 50
Poudre de mine.	—	2 25	2 50
Poudre de comm. extérieur.	—	2 25	2 50

Toutefois, la poudre de mine pourra être vendue directement par les entreposeurs aux consommateurs, au prix de 2 fr. 25 le kil.

Art. 2. — Les présentes dispositions seront applicables en Algérie, à partir du 1er avr. 1851.
LOUIS-NAPOLÉON BONAPARTE.

§ 2. — ETABLISSEMENT DE DÉBITS DE POUDRE.

AG.—14 déc. 1850.—*Entrepôt des manufactures de France à Alger.*

AG.—2-9 août 1842.—B. 122. — *Création d'un débit à Philippeville.*

Art. 1.—Il est créé à Philippeville un débit de poudres à feu.

Art. 2. — Le débitant sera nommé par le directeur des finances, conformément au § 4 de l'art. 150 de l'ord. roy. du 21 août 1839.

Art. 3.—Il prêtera devant le commissaire civil de Philippeville le serment prescrit par l'art. 9 de l'arr. du 1er juill. 1834. BUGEAUD.

AG. — 14 sept. 1842. — B. 120. — *Création d'un débit à Blidah. — Nomination par le directeur des finances. — Serment devant le commissaire civil de Blidah.*

AG. — 20 mars 1844. — B. 174.—*Maintien des débits établis à Alger, Bône, Oran et Philippeville. — Création de débits à Bouffarik, Douéra, Koléah, Bougie, Cherchell, Tenès, Orléansville, Médéah, Milianah, dans la province d'Alger ; Constantine, Sétif, Guelma, Djijelli, dans la province de Constantine; Arzew, Mostaganem, Mascara, Tlemcen, dans la province d'Oran. — Nomination par le directeur des finances.*

AG. — 18 mars 1848. — B. 270. — *Création d'un débit à Saint-Denis du Sig. — Nomination par le commandant supérieur de la province d'Oran.*

AG. — 26 avr. 1848.—B. 273. — *Id. à Batna. — Nomination par le général commandant la province de Constantine.*

AG. — 27 avr. 1848. — B. 275. — *Id. à El Arrouch.*

AG. — 19 fév. 1850. — B. 545. — *Id. à Aumale.*

AG. — 19 mars 1850. — B. 545. — *Id. à Sidi bel Abbès.*

AG. — 30 avr. 1851. — B. 583. — *Création d'un débit de poudres de mine à Alger. — Nomination par le préfet d'Alger.*

AG. — 20 juin 1851. — B. 587. — *Création d'un débit à Tiaret. — Nomination par le général commandant la division.*

AG. — 6 oct. 1851. — B. 291. — *Id. à Saint-Cloud.*

AG. — 23 juin 1854. — B. 462. — *Id. à Jemmapes.*

AG. — 7 oct. 1854. — B. 468. — *Id. à Marengo.*

AG. — 8 nov. 1854. — B. 470. — *Id. à Nemours.*

AG. — 15 avr. 1855. — B. 480. — *Id. à Aïn Temouchen.*

AG. — 2 juin 1855. — B. 481. — *Id. à Laghouat.*

AG. — 3 janv. 1857. — B. 503. — *Id. à Aïn Beïda, Tebessa et Souk Arras.*

AG. — 23 mars 1857. — B. 507. — *Id. à Teniet el Haad* (1).

AG. — 3 juin 1857. — B. 509. — *Id. à Ammi Moussa.*

AG. — 3 juill. 1857. — B. 510. — *Création à Alger d'un troisième débit de poudres de chasse et de tabacs (autres que les cigares) provenant des manufactures impériales* (2).

AG. — 2 juill. 1857. — B. 511. — *Id. à Biskra et Bordj bou Areridj.*

AG. — 4 sept. 1857. — B. 512. — *Id. d'un troisième débit à Oran.*

AG. — 20 oct. 1857. — B. 514. — *Id. à Boghar.*

AG. — 23 oct. 1857. — B. 514. — *Id. à Lalla Maghnia.*

AG. — 7 déc. 1857. — B. 515. — *Id. à Saïda.*

AG. — 21 janv. 1858. — B. 517. — *Id. d'un quatrième débit à Alger.*

AG. — 7 mai 1858. — B. 521. — *Id. d'un deuxième débit à Mostaganem.*

AG. — 21 juill. 1858. — B. 524. — *Id. à Aïn Tedelès.*

Préséances.

L'ordre de préséance dans lequel les fonctionnaires et corps constitués doivent être placés aux cérémonies publiques et visites officielles, est souvent l'objet d'incertitudes de la part de l'autorité qui commande, et d'observations de la part des intéressés. Le décr. du 24 mess. an XII, qui règle les honneurs et préséances, donne encore quel-

---

(1) Un décret impérial du 30 déc. 1856, sur la décentralisation administrative, avait conféré au gouverneur général le droit de nomination des débitants de poudre, ce droit appartient actuellement aux préfets en vertu de la nouvelle organisation administrative. — *Décret du 27 oct. 1858.*

(2) Application d'un décret du 31 mai 1853 (V. *Tabacs*) qui établit en Algérie des entrepôts de tabacs fabriqués, provenant des manufactures impériales et ordonne que la gestion en sera confiée aux entreposeurs de poudres à feu.

(3) L'art. 25 de l'arr. min. du 22 nov. 1842 (V. *Justice*, § 2) porte que pour les cérémonies qui ont lieu hors l'enceinte du palais de justice les corps judiciaires sont convoqués, dans les villes de l'Algérie autres qu'Alger,

---

quefois matière à interprétation, et d'ailleurs il est incomplet en ce qui concerne la création postérieure de divers services et surtout l'organisation spéciale de l'Algérie. Divers documents qui ont statué sur ces difficultés, sont reproduits ci-après.

Décis. M. — 4 oct. 1811.

Plusieurs difficultés s'étant élevées à Alger au sujet du rang que les diverses autorités doivent occuper dans les cérémonies publiques, j'ai dû examiner attentivement l'arrêté de M. le gouverneur général, du 24 avr. 1835, qui a réglé les préséances. J'ai remarqué que cet arrêté s'est écarté en plusieurs points des prescriptions du décr. du 24 mess. an XII.

D'abord, il assigne un rang individuel aux colonels directeurs de l'artillerie et du génie, tandis que les officiers supérieurs, dans cette position, ne sont pas compris parmi ceux auxquels ce rang est accordé et qu'au contraire un avis du conseil d'Etat, approuvé le 5 brum. an XIII, porte formellement qu'ils doivent marcher avec l'état major de la division. Il en est de même des officiers de santé en chef de l'armée qui font partie du même état-major.

En second lieu, cet arrêté fait marcher le maire avec le conseil municipal et le président du tribunal de commerce avec les autres membres de ce tribunal, tandis que le décr. du 24 mess. accorde, à ces deux fonctionnaires, un rang individuel, et les place par conséquent avant tous les corps.

Enfin, le corps des ponts et chaussées, celui de l'instruction publique et les administrations financières n'ont pas été convenablement placés. En effet, outre que le décr. de messidor les a complètement passés sous silence, les personnes qui les composent n'exercent par elles-mêmes aucune autorité publique, elles ne sauraient donc marcher avant les commissaires de police qui sont magistrats et dont la place est indiquée par ce même décret.

Quant aux réclamations qui paraissent avoir été élevées sur le rang occupé par MM. les consuls étrangers, elles ne sont point fondées. En principe, aucun rang, aucun honneur, n'est dû aux agents consulaires, mais la courtoisie exige, et il est d'usage général, qu'on les place immédiatement après l'autorité la plus élevée qui préside la cérémonie.

Le ministre de la guerre, BERNARD.

Circ. G. — 18 nov. 1843.

Des doutes se sont élevés sur la question de savoir à quelle autorité il appartient de convoquer aux solennités ou aux visites de corps. — J'ai décidé que ce serait toujours aux commandants militaires, investis de l'autorité supérieure dans la localité, à prendre cette initiative d'office, ou en se guidant d'après les ordres que nous leur aurons transmis. — Ils donneront à la fois avis des dispositions arrêtées, tant à l'administrateur civil qu'au procureur du roi (3), et dans les villes où

---

par le président du tribunal de première instance sur l'invitation qui lui est adressée par l'autorité compétente. — Pour concilier la contradiction qui existe entre cette prescription et celle de la circulaire, il a été consacré par l'usage général que l'autorité supérieure envoie une double invitation : l'une au président du tribunal, l'autre au chef du parquet.

En outre, d'après une décision du mois d'août 1816, concertée entre le ministre de la justice et celui de l'intérieur, les magistrats de l'ordre judiciaire peuvent se rendre directement et de la manière qui leur parait le plus convenable dans le lieu de la cérémonie, pour y occuper la place assignée par le décr. de mess. an XII, sans être obligés d'aller se réunir préalablement chez l'autorité qui tient le premier rang.

il n'y a pas de tribunal de 1re inst., au juge de paix, ainsi qu'à l'agent des services financiers le plus élevé en grade, en se conformant pour l'ordre et les préséances au décr. du 24 mess. an XII (1).

Maréchal BUGEAUD.

Circ. G. — 26 janv.-20 fév. 1844. — B. 169. — *Mode de convocation des services financiers.*

Par décis. du 18 nov. dernier, j'ai réglé le mode de convocation aux cérémonies publiques, des différents fonctionnaires de l'ordre civil, en prescrivant aux commandants supérieurs d'avoir toujours à prendre à l'avenir l'initiative en pareil cas. En ce qui concerne les services financiers, il avait été prescrit de convoquer le plus élevé en grade des fonctionnaires de cet ordre ; toutefois, sur les observations que m'a adressées à ce sujet M. le directeur des finances, j'ai modifié ma décision en ce sens, qu'attendu que les chefs des différents services financiers (domaines, douanes, contributions, forêts), employés dans les localités sont indépendants les uns des autres, ils seront à convoquer individuellement.

Maréchal BUGEAUD.

DP. — 6 mai-22 juin 1849. — B. 523. — *Préséance des commandants militaires.*

Vu le décr. du 24 mess. an XII, et spécialement les art. 1 et 6 du tit. 25 ;

Considérant : — 1° Que le commandement militaire prend en Algérie, en raison de l'état de guerre, une prépondérance qu'il n'a pas à l'intérieur ; — 2° Que les fonctions de commandant de division et de subdivision ne sont point assignées d'une manière invariable et absolue à des grades déterminés ; — 3° Que ces fonctions sont exercées, dans toute la plénitude de l'autorité qu'elles confèrent, sans distinction de grade ; — 4° Que l'autorité des commandants de division et de subdivision s'étend sur les territoires civils et militaires, tandis que les territoires civils sont seuls soumis au pouvoir des préfets et sous-préfets.

Art. 1. — Dans les cérémonies publiques, en Algérie, les commandants des divisions investis du commandement par décision du pouvoir exécutif, prendront rang, quel que soit leur grade, avant les préfets. — Les commandants des subdivisions, également quel que soit leur grade, marcheront avant les sous-préfets.

L.-N. BONAPARTE.

AG. — 10 fév. 1853. — *Préséances des autorités militaires et corps d'officiers (ordre du jour publié dans l'Akbar du 17 fév. 1853).*

Les décrets et décisions ministérielles qui règlent les rangs de préséance des différents corps de l'armée ayant été interprétés sur plusieurs points d'une manière différente, le gouverneur général rappelle que, dans les visites de corps et dans les cérémonies, ces rangs ont été déterminés de la manière suivante, par la décis. minist. du 7 fév. 1818, modifiée par le décr. du 23 mars 1852, savoir :

Les généraux de division et leurs aides de camp.
Le contre-amiral commandant supérieur de la marine.
Les généraux de brigade et leurs aides de camp.
Les commandants supérieurs de l'artillerie et du génie, lorsqu'ils ne sont pas officiers généraux.
L'intendant militaire de la division.
L'état-major général, ou l'état-major de la division, suivant la localité.
Le bureau politique ou la direction divisionnaire des affaires arabes, suivant la localité.
Le colonel commandant la légion de gendarmerie.
L'intendance militaire.
Le trésorier payeur, les payeurs particuliers et les agents du trésor.
L'état-major particulier de l'artillerie. — Id. du génie.
L'état-major de la marine.
Les officiers de santé des hôpitaux.
L'état-major de la subdivision.
L'état-major de la place, les parquets des conseils de guerre et les officiers attachés aux ateliers de condamnés et aux pénitenciers militaires.
Les officiers d'administration des hôpitaux ; — Du campement et de l'habillement ; — Du service des subsistances.
— Les commis entretenus de l'intendance militaire.
Les officiers des compagnies de gendarmerie ; — Des troupes de l'artillerie ; — Des troupes du génie ;
Les corps d'officiers de chasseurs à pied ; — D'infanterie de ligne ; — De zouaves ; — Des bataillons d'Afrique ; — Des compagnies de discipline ; — Des régiments de la légion étrangère ; — Des bataillons de tirailleurs indigènes ; — Des chasseurs d'Afrique ; — Des spahis ; — De l'état-major du parc de réparations ; — Des compagnies d'ouvriers constructeurs ; — Des escadrons du train des équipages militaires ; — Des bataillons d'ouvriers d'admin.

Circ. M. — 10 août 1859. — BM. 31. — *Consuls étrangers* (2).

..... La question de rang et de préséance des consuls étrangers dans les cérémonies publiques a donné lieu fréquemment à des difficultés résultant du silence gardé sur ce point par le décr. de messid. an XII. M. le ministre des affaires étrangères a appelé mon attention sur cette question, et j'ai l'honneur de vous adresser aujourd'hui des instructions qui ont pour objet de concilier les égards dus aux consuls étrangers avec une législation qui ne permet pas de leur assigner un rang officiel déterminé dans les cérémonies publiques. Bien que le droit des gens n'attribue pas de caractère représentatif aux membres du corps consulaire, les convenances exigent que ces fonctionnaires reçoivent tant en France qu'en Algérie et aux colonies, l'accueil le plus courtois et le plus honorable. C'est le principe que le département

---

(1) Aux termes de l'art. 5, tit. 1 du décret de messidor, les ordres du chef de l'État doivent être adressés aux archevêques et évêques pour les cérémonies religieuses, et aux préfet, pour les cérémonies civiles. — Aux termes de l'art. 6, lorsqu'il y a dans le lieu de la résidence du fonctionnaire auquel les ordres sont adressés une ou plusieurs personnes désignées avant lui dans l'art. 1er, il doit se rendre chez le fonctionnaire auquel la préséance est due, pour convenir du jour et de l'heure de la cérémonie. Dans le cas contraire, il convoque chez lui par écrit ceux des fonctionnaires placés après lui dans l'ordre des préséances dont le concours sera nécessaire pour l'exécution des ordres du chef de l'État.
Ainsi à l'occasion de la fête du 15 août, les diverses autorités (d'Oran) devaient être convoquées : pour la cérémonie religieuse par le curé au nom de l'évêque ; pour la fête civile par le préfet, sauf à celui-ci à s'entendre avec le général commandant la division et même dans le cas où il y aurait un cortège, à se rendre chez ce général pour l'accompagner (art. 7, tit. 1, décret de messidor). — Décis. min. 9 oct. 1852. — Le conflit dont il s'agit s'était élevé à l'occasion de la convocation des tribunaux de 1re inst. et de commerce que le général s'était réservée.

(2) 1° *Ordre de préséance des consuls entre eux.* — En principe, les consuls étant chargés d'un mandat essentiellement commercial ne peuvent invoquer aucun privilège diplomatique de préséance. Toutefois, par induction des règles posées par les actes du congrès de Vienne en ce qui concerne le rang des agents diplomatiques, le consul général doit avoir le pas sur le consul et celui-ci sur le vice-consul. À égalité de grade, les agents doivent se ranger d'après l'ordre de la date de leur *exequatur*, ou en cas de concordance, d'après l'ordre alphabétique des pays auxquels ils appartiennent. La qualité de négociant ou le titre de français ne peuvent motiver la moindre distinction quant au traitement honorifique. — *Décis. min.* notifiée le 7 janv. 1858.
2° Le corps consulaire peut être convoqué en la personne du doyen, chargé lui-même d'en faire part à ses collègues. Toutefois l'usage adopté à Alger est de convoquer personnellement et séparément chacun de ses membres. — *Inst. du gouverneur, 23 janv. 1858.*

des affaires étrangères s'est toujours attaché à soutenir auprès des gouvernements étrangers, afin d'obtenir, par réciprocité, pour ses agents consulaires la considération et l'autorité nécessaires à l'exercice de leurs fonctions.

Dans cet état de choses, le département des affaires étrangères et de l'Algérie et des colonies ont pensé que la solution la plus simple était celle qui a été adoptée, à Paris, dans ces dernières années, en plusieurs occasions solennelles, à l'égard du corps diplomatique : quand le corps diplomatique est invité spécialement, on lui donne une place d'honneur ; quand, au contraire, on laisse à l'initiative de ses membres la faculté de se joindre à la cérémonie, on leur réserve des places très-honorables en dehors de la hiérarchie établie par le décret de messidor.

Comte DE CHASSELOUP-LAUBAT.

Circ. M. — 10 août 1859, — BM. 57. — *Sénateurs, députés et conseillers d'État.*

..... Il a été arrêté par décision de S. M. l'impératrice régente, prise en conseil des ministres, qu'à l'avenir des places d'honneur seront réservées dans les cérémonies publiques à MM. les sénateurs, députés et conseillers d'État qui se présenteront revêtus de leur costume. — Lorsque les autorités se rendront en cortége dans l'enceinte où sera célébré une solennité, les membres des grands corps de l'État ne se joindront pas au cortége ; ils se rendront séparément au lieu de la cérémonie et y trouveront les places spéciales qui leur auront été réservées. Comte DE CHASSELOUP-LAUBAT.

Décis. I. — 28 avr. 1860. — BM. 78. — *Commandants de cercle.*

Rapport à l'empereur. — Sire, V. M., par un décr. du 6 mai 1849, a établi, en faveur des commandants de subdivision en Algérie, une dérogation aux dispositions du décr. du 24 messid. an XII, en leur accordant, quel que soit leur grade, le pas sur les sous-préfets. J'ai l'honneur de demander à V. M. de vouloir bien régler également par une décision spéciale la situation des commandants de cercle : leur classement dans l'ordre des préséances n'a jamais été déterminé, et il devient nécessaire de faire cesser une incertitude qui pourrait donner naissance à quelques difficultés. Le décret de messidor, dans la hiérarchie qu'il établit, nomme en 15e ligne les généraux de brigade commandant un département, et en 23e ligne les commandants d'armes. Des fonctionnaires de l'ordre civil remplissent les sept places intermédiaires. Ce sont : les évêques, les commissaires généraux de police, les présidents de colléges électoraux, les sous-préfets, les présidents de tribunaux de 1re inst., le président du tribunal de commerce, les maires. Je pense que l'assimilation aux généraux de brigade serait trop élevée pour les commandants de cercle, et que, au contraire, l'assimilation aux commandants d'armes ne répondrait pas suffisamment à la situation de ces officiers. Aussi proposerai-je à V. M. de donner rang aux commandants de cercle immédiatement après les sous-préfets.

C'est après m'être entendu avec M. le maréchal ministre de la guerre et d'accord avec lui que j'ai l'honneur de demander à l'empereur de prendre une décision qui assurera aux commandants de cercle un rang de préséance parfaitement en rapport avec l'importance de leurs fonctions.

Comte DE CHASSELOUP-LAUBAT.

Approuvé, NAPOLÉON.

Tableau des rangs et préséances dans les villes autres que Paris, aussi complet que possible d'après le décr. du 24 mess. an XII et les nombreuses décisions ministérielles qui l'ont interprété ou modifié (extrait du Manuel du ministère public, par M. le président MASSABIAU) (1).

1° Les cardinaux dans le diocèse où ils exercent des fonctions épiscopales ;

2° Les sénateurs en mission ;

3° Les conseillers d'État en mission ;

4° Le général de division commandant la division militaire et 2 aides de camp ;

5° Le premier président de la cour impériale ;

6° L'archevêque ;

7° Le préfet et le secrétaire général, quand il y a un titulaire. Le conseiller de préfecture qui en remplit les fonctions n'a pas droit à ce rang ;

8° Le président de la cour d'assises dans les villes où il n'y a pas de cour impériale ;

9° Le général de brigade commandant la subdivision et 1 aide de camp ;

10° L'évêque ;

11° Le commissaire général ou départemental de police ;

12° Le sous-préfet ;

13° Le président du tribunal de 1re inst. ;

14° Le président du tribunal de commerce ;

15° Le maire de la ville ;

16° Le commandant d'une place de guerre ;

17° Le président du consistoire ;

18° La cour impériale tout entière suivie des magistrats du parquet et des greffiers ;

19° Les conseillers assesseurs et les membres du parquet du procureur général pour le service des assises dans les villes où il n'y a pas de cour impériale ;

20° L'état-major de la division, comprenant : Les généraux de brigade commandant les écoles spéciales d'artillerie et autres ; — L'intendant militaire ; — Le colonel chef d'état-major et les officiers qui lui sont adjoints ; — Le colonel chef de légion et les officiers supérieurs de gendarmerie suivant leur grade (*avis cons. d'Ét.* 16 avr. 1843) ; — Les officiers supérieurs de la direction de l'artillerie et du génie ; le colonel inspecteur ou sous-inspecteur des forges, etc. ;

21° Le recteur et les inspecteurs d'académies (*décis. min.* 30 avr. 1831) (2) ;

22° Le conseil de préfecture ;

23° L'état-major de la subdivision, comprenant : Les capitaines de gendarmerie, non-seulement les capitaines commandants, mais encore les capitaines trésoriers et les capitaines lieutenants (*décis. min.* 2 juill. 1850) ; — Le commandant du génie ; — Les sous-intendants adjoints à l'intendance militaire ; — Le commandant du recrutement et l'officier adjoint ; — Les officiers attachés à la direction de l'artillerie et à l'inspection des forges, etc.

24° Le tribunal de 1re inst., suivi du parquet et du greffier. Le bâtonnier et les membres du conseil de l'ordre des avocats près la cour impériale ne peuvent avoir le pas sur le tribunal de 1re inst. ni ne doivent marcher qu'après lui (*décis. min.* 22 oct. 1814).

(1) 1° *Jurisprudence.* — Aucune disposition du décr. du 24 mess. an XII ne prescrit de laisser vacant dans les cérémonies publiques le siége d'un fonctionnaire absent qui a droit à la préséance. — Si l'art. 9 de ce décret, en accordant aux princes dignitaires ou membres des autorités nationales une place spéciale, déclare qu'en leur absence, cette place sera réservée, aucune disposition semblable n'existe à l'égard des fonctionnaires ayant dans les cérémonies un rang individuel ; — Ainsi, lorsque l'absence d'un de ces fonctionnaires est certaine, sa place doit être occupée par celui qui vient immédiatement après lui dans l'ordre hiérarchique. — *Conseil d'État,* 11 août 1859.

2° Dans une église, la place d'honneur est à droite de la nef, en regardant l'autel. — *Inst. du gouverneur,* 4 août 1838.

(2) Un autre rang a été assigné aux recteurs par une circulaire ministérielle du 11 janv. 1832. Mais le décret d'organisation du 22 août 1854 étant survenu depuis, on peut dire qu'il n'y a encore rien de définitivement réglé à leur égard. — Ainsi, le corps académique devrait au contraire prendre rang immédiatement après le conseil de préfecture et du même côté que lui. Dans tous les cas, il peut se rendre directement, comme les tribunaux, au lieu désigné pour la cérémonie publique. — *Décis. min.* 1851.

Un commandant de place dans une ville ouverte n'a point non plus le pas sur le tribunal et ne peut marcher qu'avec l'état-major de la place;

25° Le corps municipal;

26° Les doyen et professeurs des facultés (*décr.* 15 nov. 1811, art. 165);

27° L'état-major de la place, comprenant : Les lieutenants de gendarmerie; — Le capitaine du génie; — Les officiers de remonte; — Les corps d'officiers des régiments d'artillerie, infanterie et cavalerie de la garnison; — Les officiers en non-activité, en réforme ou en retraite (*décr.* 25 mars 1852, art. 28); — Les officiers de santé des hôpitaux et les officiers d'administration militaire;

28° 1° Le tribunal de commerce (*décis. min.* 3 août 1834); — 2° La chambre de commerce (*décr.* du 3 sept. 1851, art. 16) (1);

29° Les juges de paix, leurs suppléants et leurs greffiers. Quand il n'y a pas d'état-major, les juges de paix marchent avant les lieutenants de gendarmerie;

30° Les commissaires centraux, cantonaux ou communaux de police.

Plusieurs autres corps ou fonctionnaires, ajoute M. Massabiau, n'ont pas jusqu'ici de rang déterminé dans les cérémonies publiques. Peut-être pourrait-on les classer comme suit : — 1° Le conseil général, — 2° le conseil académique, — 3° les vicaires généraux et les chanoines, — 4° les ingénieurs en chef directeurs des ponts et chaussées et des mines, — 5° le directeur de l'enregistrement, — 6° le conservateur des forêts, — 7° le directeur des contributions directes, — 8° le directeur des douanes.

Il y a de plus en Algérie, les inspecteurs des finances, le consistoire protestant, le consistoire israélite, les membres des commissions de bienfaisance, le service de la santé, les cadis muphtis, et ulemas, le service des bâtiments civils, le personnel de l'instruction publique, le conservateur du musée, le service télégraphique (2) et d'autres encore, dont le rang n'est pas assigné d'une manière précise.

Presse.

Jusqu'en 1818, la presse algérienne avait été soumise à la censure. C'est à cette époque seulement que les lois de France ont été déclarées applicables sous quelques modifications, par un arrêté du général Cavaignac en date du 13 mars 1848. Divers autres décrets aujourd'hui abrogés ou sans intérêt l'ont régie jusqu'à celui du 11 mars 1855, qui forme avec celui du 17 fév. 1852 la législation actuelle.

Les lois sur la répression des crimes et délits de presse ont été également promulguées en Algérie et sont reproduites ci-après.

DAN. — 11 août-2 sept. 1848. — B. 983. — *Décret sur la répression des crimes et délits de presse.*

Les lois des 17 mai 1819 et 25 mars 1822 sont modifiées ainsi qu'il suit :

Art. 1. — Toute attaque par l'un des moyens énoncés en l'art. 1 de la loi du 17 mai 1819 contre les droits et l'autorité de l'assemblée nationale, contre les droits et l'autorité que les membres du pouvoir exécutif tiennent des décrets de l'assemblée, contre les institutions républicaines et la constitution, contre le principe de la souveraineté du peuple et du suffrage universel, sera puni d'un emprisonnement de trois mois à cinq ans et d'une amende de 500 à 6,000 fr.

Art. 2. — L'offense par l'un des moyens énoncés en l'art. 1 de la loi du 17 mai 1819 envers l'assemblée nationale, sera punie d'un emprisonnement d'un mois à trois ans, et d'une amende de 100 à 5,000 fr.

Art. 3. — L'attaque par l'un de ces moyens contre la liberté des cultes, le principe de la propriété et les droits de la famille, sera puni d'un emprisonnement d'un mois à trois ans, et d'une amende de 100 à 4,000 fr.

Art. 4. — Quiconque, par l'un des moyens énoncés en l'art. 1 de la loi du 17 mai 1819, aura excité à la haine ou au mépris du gouvernement de la République, sera puni d'un emprisonnement d'un mois à quatre ans et d'une amende de 150 à 5,000 fr. — La présente disposition ne peut porter atteinte au droit de discussion et de censure des actes du pouvoir exécutif et des ministres.

Art. 5. — L'outrage fait publiquement, d'une manière quelconque, à raison de leurs fonctions ou de leur qualité, soit à un ou plusieurs membres de l'assemblée nationale, soit à un ministre de l'un des cultes qui reçoivent un salaire de l'État, sera puni d'un emprisonnement de quinze jours à deux ans, et d'une amende de 100 à 4,000 fr.

Art. 6. — Seront punis d'un emprisonnement de quinze jours à deux ans, et d'une amende de 100 à 4,000 fr. — 1° L'enlèvement ou la dégradation des signes publics de l'autorité du gouvernement républicain, opéré en haine ou mépris de cette autorité; — 2° Le port public de tous signes extérieurs de ralliement non autorisés par la loi ou par des règlements de police; — 3° L'exposition dans des lieux ou réunions publics, la distribution ou la mise en vente de tous signes ou symboles propres à propager l'esprit de rébellion ou à troubler la paix publique.

Art. 7. — Quiconque, par l'un des moyens énoncés en l'art. 1 de la loi du 17 mai 1819, aura cherché à troubler la paix publique en excitant le mépris ou la haine des citoyens les uns contre les autres, sera puni des peines portées en l'article précédent.

Art. 8. — L'art. 463 c. pén. est applicable aux délits de la presse.

Vu pour être promulgué en Algérie, 19 août 1848. Le gouverneur général par intérim.

MAREY-MONGE.

LOI. — 27 juill.-12 août 1849. — B. 527. — *Loi sur la police de la presse.*

CHAP. 1. — *Délits commis par la voie de la presse ou par toute autre voie de publication.*

Art. 1. — Les art. 1 et 2 du décr. du 11 août 1848 sont applicables aux attaques contre les droits

---

(1) 1° Lorsqu'une place distincte et séparée n'est pas assignée au président du tribunal de commerce (art. 1 déc. de messidor), il doit prendre le rang déterminé par la sect. 3 du même décret pour le tribunal auquel il appartient, après la revue du corps municipal et l'état-major de la place. — *Décis. du gouv.* 23 janv. 1858.

2° Les tribunaux de commerce n'ont pas le droit à l'escorte prescrite par l'art. 4, tit. 20, du décret de messidor. Mais il convient de les faire escorter, le cas échéant, par un détachement des sapeurs-pompiers de la milice, ainsi que cela se pratique dans plusieurs villes de France. — *Décision du gouvernement du* 21 mai 1850.

(2) 1° Les fonctionnaires des lignes télégraphiques doivent être convoqués par l'autorité civile et se réunir chez le préfet, le sous-préfet ou le commissaire civil pour se rendre de là soit chez le commandant supérieur, soit sur le lieu de la cérémonie. — *Circ. du gouv.* 25 août 1851.

2° La trésorerie en Afrique est considérée comme service d'armée, et à ce titre, son personnel doit figurer parmi les autorités militaires et sur leur convocation. — *Circ. du gouv.* octobre 1852.

et l'autorité que le président de la République tient de la constitution, et aux offenses envers sa personne. — La poursuite sera exercée d'office par le ministère public.

Art. 2. — Toute provocation par l'un des moyens énoncés en l'art. 1 de la loi du 17 mai 1819, adressée aux militaires des armées de terre et de mer, dans le but de les détourner de leurs devoirs militaires et de l'obéissance qu'ils doivent à leurs chefs, sera punie d'un emprisonnement d'un mois à deux ans et d'une amende de 25 fr. à 4,000 fr., sans préjudice des peines plus graves prononcées par la loi, lorsque le fait constituera une tentative d'embauchage ou une provocation à une action qualifiée crime ou délit.

Art. 3. — Toute attaque par l'un des mêmes moyens contre le respect dû aux lois et à l'inviolabilité des droits qu'elles ont consarrés, toute apologie de faits qualifiés crimes ou délits par la loi pénale, sera punie d'un emprisonnement d'un mois à deux ans et d'une amende de 16 à 1,000 fr.

Art. 4. — (remplacé par l'art. 15 du décret du 17 fév. 1852.)

Art. 5. — Il est interdit d'ouvrir ou annoncer publiquement des souscriptions ayant pour objet d'indemniser des amendes, frais, dommages et intérêts prononcés par des condamnations judiciaires. La contravention sera punie, par le tribunal correctionnel, d'un emprisonnement d'un mois à un an et d'une amende de 500 à 1,000 fr.

Art. 6. — Tous distributeurs ou colporteurs de livres, écrits, brochures, gravures et lithographies devront être pourvus d'une autorisation qui leur sera délivrée, pour le département de la Seine, par le préfet de police, et pour les autres départements, par les préfets. — Ces autorisations pourront toujours être retirées par les autorités qui les auront déli es. — Les contrevenants seront condamnés, par les tribunaux correctionnels, à un emprisonnement d'un mois à six mois et à une amende de 25 à 500 fr., sans préjudice des poursuites qui pourraient être dirigées pour crimes ou délits, soit contre les auteurs ou éditeurs de ces écrits, soit contre les distributeurs ou colporteurs eux-mêmes.

Art. 7. — Indépendamment du dépôt prescrit par la loi du 21 oct. 1811, tous écrits traitant des matières politiques ou d'économie sociale et ayant moins de dix feuilles d'impression, autres que les journaux ou écrits périodiques, devront être déposés, par l'imprimeur, au parquet du procureur de la République du lieu de l'impression, vingt-quatre heures avant toute publication et distribution. — L'imprimeur devra déclarer, au moment du dépôt, le nombre d'exemplaires qu'il aura tirés. — Il sera donné récépissé de la déclaration. — Toute contravention aux dispositions du présent article sera punie, par le tribunal de police correctionnelle, d'une amende de 100 à 500 fr.

CHAP. 2. — *Dispositions relatives aux journaux et écrits périodiques.*

Art. 8 et 9. — (Dispositions transitoires s'appliquant à un régime qui n'existe plus).

Art. 10. — Il est interdit de publier les actes d'accusation et aucun acte de procédure criminelle avant qu'ils aient été lus en audience publique, sous peine d'une amende de 100 à 2,000 fr. — En cas de récidive commise dans l'année, l'amende pourra être portée au double, et le coupable condamné à un emprisonnement de six jours à six mois.

Art. 11. — Il est interdit de rendre compte des procès pour outrages ou injures et des procès en diffamation où la preuve des faits diffamatoires n'est pas admise par la loi. — La plainte pourra seulement être annoncée sur la demande du plaignant. Dans tous les cas, le jugement pourra être

publié. — Il est interdit de publier les noms des jurés, excepté dans le compte rendu de l'audience où le jury aura été constitué ; — De rendre compte des délibérations intérieures, soit des jurés, soit des cours et tribunaux. — L'infraction à ces dispositions sera punie d'une amende de 200 à 5,000 fr. — En cas de récidive commise dans l'année, la peine pourra être portée au double.

Art. 12. — Les infractions aux dispositions des deux articles précédents seront poursuivies devant les tribunaux de police correctionnelle.

Art. 13. — (Le 1er § de cet article est remplacé par l'art. 19 du décret du 17 fév. 1852.) L'insertion sera gratuite pour les réponses et rectifications prévues par l'art. 11 de la loi du 25 mars 1822, lorsqu'elles ne dépasseront pas le double de la longueur des articles qui les auront provoquées ; dans le cas contraire, le prix d'insertion sera dû pour le surplus seulement.

Art. 14 et 15. — (Virtuellement abrogés par le décret du 17 fév. 1852.)

CHAP. 3. — *De la poursuite.*

Art. 16 à 22. — (Concernant les poursuites devant la cour d'assises et aujourd'hui sans objet, en présence du décret du 17 fév. 1852 qui attribue au tribunal correctionnel la connaissance des délits de presse.)

Art. 23. — L'art. 463 c. pén. est applicable aux délits prévus par la présente loi. — Lorsqu'en matière de délits, le jury aura déclaré l'existence de circonstances atténuantes, la peine ne s'élèvera jamais au-dessus de moitié du maximum déterminé par la loi. — Vu pour être promulgué en Algérie.

Le gouverneur général, CHARON.

Loi. — 16 juill.-6 août 1850. — B. 357. — *Loi sur les cautionnements et le timbre* (1).

TIT. 1. — *Du cautionnement.*

Art. 3. — Tout article de discussion politique, philosophique ou religieuse, inséré dans un journal, devra être signé par son auteur, sous peine d'une amende de 500 fr. pour la première contravention, et de 1,000 fr. en cas de récidive. — Toute fausse signature sera punie d'une amende de 1,000 fr. et d'un emprisonnement de six mois, tant contre l'auteur de la fausse signature que contre l'auteur de l'article et l'éditeur responsable du journal.

Art. 4. — Les dispositions de l'article précédent seront applicables à tous les articles, quelle que soit leur étendue, publié dans des feuilles politiques ou non politiques, dans lesquelles seront discutés des actes ou opinions des citoyens, et des intérêts individuels ou collectifs.

Art. 5. — Lorsque le gérant d'un journal ou écrit périodique paraissant dans les départements autres que ceux de la Seine, de Seine-et-Oise, de Seine-et-Marne et du Rhône, aura été renvoyé devant la cour d'assises par un arrêt de mise en accusation pour crime ou délit de presse, si un nouvel arrêt de mise en accusation intervient contre les gérants de la même publication avant la décision définitive de la cour d'assises, une somme égale à la moitié du maximum des amendes édictées par la loi, pour le fait nouvellement incriminé, devra être consigné dans les trois jours de la notification de chaque arrêt, et nonobstant tout pourvoi en cassation.

En aucun cas, le montant des consignations ne pourra dépasser un chiffre égal à celui du cautionnement (2).

Art. 9. — Les peines pécuniaires prononcées

—————
(1) Cette loi, sauf quelques dispositions que nous reproduisons, est abrogée par le décr. du 17 fév. 1852.
(2) V. les art. 29 et suiv. du décr. du 17 fév. 1852

pour crimes et délits par les lois sur la presse et autres moyens de publication ne se confondront pas entre elles et seront toutes intégralement subies, lorsque les faits qui y donneront lieu seront postérieurs à la première poursuite.

Art. 10.— Pendant les vingt jours qui précéderont les élections, les circulaires et professions de foi signées des candidats pourront, après le dépôt au parquet du procureur de la République, être affichées et distribuées sans autorisation de l'autorité municipale.

Art. 11. — Les dispositions des lois des 9 juin 1819 et 18 juill. 1828 qui ne sont pas contraires à la présente loi continueront à être exécutées.—La loi du 9 août 1848 et celle du 21 avr. 1819 sont abrogées.

Tit. 2. — Du timbre (3).

Vu pour être promulgué en Algérie. — 2 août 1850. Le gouverneur général, Charon.

DI. — 14 mars-13 avr. 1855. — B. 478. — *Promulgation en Algérie du décret organique sur le régime de la presse en France.*

Vu l'art. 36 du décr. du 17 fév. 1852 ; — Vu le décr. du 28 mars 1852, sur le régime de la presse en Algérie.

Art. 1. — Le décret organique du 17 fév. 1852, sur le régime de la presse en France, sera promulgué en Algérie, pour être exécuté selon sa forme et teneur, sous la réserve des modifications suivantes : — 1° Le gouverneur général continue de surveiller l'usage de la presse en Algérie, de donner les autorisations de publier les journaux, et de révoquer ces autorisations en cas d'abus. — 2° Le taux du cautionnement demeure fixé, conformément à l'art. 1 de la loi du 16 juill. 1850, à 5,600 fr. pour les journaux ou écrits périodiques publiés en Algérie, et paraissant plus de cinq fois par semaine. Il sera réduit à moitié de cette somme, pour les journaux ou écrits périodiques paraissant cinq fois par semaine seulement ou à des intervalles plus éloignés.—Le droit de timbre, fixé par la même loi, est également maintenu pour les journaux, gravures ou écrits périodiques publiés en Algérie. L'acquittement de ce droit continuera à valoir affranchissement pour les publications qui ne sortiront pas de l'Algérie. — 3° L'interdiction portée par l'art. 16 du décret du 17 fév. 1852 est étendue à toute publication ou article ayant pour objet les opérations militaires, les mouvements de troupes ou les travaux de défense des places de terre et de mer, en ce qui concerne la colonie. — Cette interdiction n'est applicable ni à la reproduction pure et simple des articles insérés dans les journaux officiels de la métropole ou de l'Algérie, ni aux publications qui auront été préalablement autorisées par l'administration.

Art. 2. — Sont abrogées toutes les dispositions contraires au présent décret, et notamment le déc. du 28 mars 1852. Napoléon.

Décret du 17 fév. 1852.

Chap. 1. — *De l'autorisation préalable et du cautionnement des journaux et écrits périodiques.*

Art. 1. — Aucun journal ou écrit périodique traitant de matières politiques ou d'économie sociale, et paraissant soit régulièrement et à jour fixe, soit par livraison et irrégulièrement, ne pourra être créé ou publié sans l'autorisation préa-

lable du gouvernement. — Cette autorisation ne pourra être accordée qu'à un Français majeur, jouissant de ses droits civils et politiques.— L'autorisation préalable du gouvernement sera pareillement nécessaire, à raison de tous changements opérés dans le personnel des gérants, rédacteurs en chef, propriétaires ou administrateurs d'un journal.

Art. 2. — Les journaux politiques ou d'économie sociale publiés à l'étranger ne pourront circuler en France qu'en vertu d'une autorisation du gouvernement. — Les introducteurs ou distributeurs d'un journal étranger dont la circulation n'aura pas été autorisée seront punis d'un emprisonnement d'un mois à un an et d'une amende de 100 fr. à 5,000 fr.

Art. 3. — Les propriétaires de tout journal ou écrit périodique traitant de matières politiques ou d'économie sociale sont tenus, avant sa publication, de verser au trésor un cautionnement en numéraire, dont l'intérêt sera payé au taux réglé pour les cautionnements.

Art. 4. — Pour les départements de la Seine, de Seine-et-Oise, de Seine-et-Marne et du Rhône, le cautionnement est fixé ainsi qu'il suit : — Si le journal ou écrit périodique paraît plus de trois fois par semaine, soit à jour fixe, soit par livraisons irrégulières, le cautionnement sera de 50,000 fr. — Si la publication n'a lieu que trois fois par semaine ou à des intervalles plus éloignés, le cautionnement sera de 30,000 fr. — Dans les villes de cinquante mille âmes et au-dessus, le cautionnement des journaux ou écrits périodiques paraissant plus de trois fois par semaine sera de 25,000 fr. — Il sera de 15,000 fr. dans les autres villes, et, respectivement, de moitié de ces deux sommes pour les journaux ou écrits périodiques paraissant trois fois par semaine ou à des intervalles plus éloignés.

Art. 5. — Toute publication de journal ou écrit périodique sans autorisation préalable, sans cautionnement ou sans que le cautionnement soit complété, sera punie d'une amende de 100 à 2,000 fr. pour chaque numéro ou livraison publié en contravention, et d'un emprisonnement d'un mois à deux ans. — Celui qui aura publié le journal ou écrit périodique et l'imprimeur seront solidairement responsables. — Le journal ou écrit périodique cessera de paraître.

Chap. 2. — *Du timbre des journaux périodiques.*

Art 6. — Les journaux ou écrits périodiques et les recueils périodiques de gravures ou lithographies politiques de moins de dix feuilles de 25 à 32 décim. carrés, ou de moins de cinq feuilles de 50 à 72 décim. carrés, seront soumis à un droit de timbre. — Ce droit sera de 6 cent. par feuille de 72 décim. carrés et au-dessous, dans les départements de la Seine et de Seine-et-Oise, et de 5 cent. pour les journaux, gravures ou écrits périodiques publiés partout ailleurs. — Pour chaque fraction en sus de 10 décim. carrés et au-dessous, il sera perçu 1 cent. et demi dans les départements de la Seine et de Seine-et-Oise, et 1 cent. partout ailleurs. — Les suppléments du journal officiel, quel que soit leur nombre, sont exempts de timbre (2).

Art. 7. — Une remise de 1 p. 100 sur le timbre sera accordée aux éditeurs de journaux ou écrits périodiques pour déchets de maculature.

Art. 8. — Les droits de timbre imposés par la présente loi seront applicables aux journaux et

les romans-feuilletons, et l'art. 18, relatif au timbre des suppléments de journaux, ont en outre été formellement abrogés par l'art. 36 du décret précité.

(1) V. le décr. du 28 mars 1852 ci-après relatif au droit de timbre et promulgué par décret de 1859.

(1) Ce titre établissait un droit de timbre qui servait aussi d'affranchissement à la poste ; ce système, tout nouveau en France, a été supprimé par le décr. du 17 fév. 1852 ; ce qui rend sans objet toutes les dispositions de ce titre. L'art. 14, qui avait établi un droit de timbre sur

écrits périodiques publiés à l'étranger, sauf les conventions diplomatiques contraires. — Un règlement d'administration publique déterminera le mode de perception de ce droit.

Art. 9. — Les écrits non périodiques traitant de matières politiques ou d'économie sociale qui ne sont pas actuellement en cours de publication, ou qui, antérieurement à la présente loi, ne sont pas tombés dans le domaine public, s'ils sont publiés en une ou plusieurs livraisons ayant moins de dix feuilles d'impression de 25 à 52 décim. carrés, seront soumis à un droit de timbre de 5 cent. par feuille. — Il sera perçu 1 cent. et demi par chaque fraction en sus de 10 décim. carrés et au-dessous. — Cette disposition est applicable aux écrits non périodiques publiés à l'étranger. Ils seront à l'importation, soumis aux droits de timbre fixés pour ceux publiés en France.

Art. 10. — Les préposés de l'enregistrement, les officiers de police judiciaire et les agents de la force publique sont autorisés à saisir les journaux ou écrits qui seraient en contravention aux présentes dispositions sur le timbre. — Ils devront constater cette saisie par des procès-verbaux, qui seront signifiés aux contrevenants dans le délai de trois jours.

Art. 11. — Chaque contravention aux dispositions de la présente loi, pour les journaux, gravures ou écrits périodiques, sera punie, indépendamment de la restitution des droits frustrés, d'une amende de 50 fr. par feuille ou fraction de feuille non timbrée. Elle sera de 100 fr. en cas de récidive. L'amende ne pourra, au total, dépasser le chiffre du cautionnement. — Pour les autres écrits, chaque contravention sera punie, indépendamment de la restitution des droits frustrés, d'une amende égale au double desdits droits. — Cette amende ne pourra, en aucun cas, être inférieure à 200 fr. ni dépasser en total 50,000 fr.

Art. 12. — Le recouvrement des droits de timbre et des amendes de contravention sera poursuivi, et les instances seront instruites et jugées conformément à l'art. 76 de la loi du 28 avr. 1816.

Art. 13. — En outre des droits de timbre fixés par la présente loi, les tarifs existant antérieurement à la loi du 16 juill. 1850, pour le transport par la poste des journaux et autres écrits, sont remis en vigueur.

CHAP. 3. — *Délits et contraventions non prévus par les lois antérieures. — Juridiction. — Exécution des jugements. —Droit de suspension et de suppression.*

Art. 14. — Toute contravention à l'art. 42 de la constitution sur la publication des comptes rendus officiels des séances du corps législatif sera punie d'une amende de 1,000 à 5,000 fr.

Art. 15. — La publication ou la reproduction de nouvelles fausses, de pièces fabriquées, falsifiées ou mensongèrement attribuées à des tiers, sera punie d'une amende de 50 à 1,000 fr. — Si la publication ou reproduction est faite de mauvaise foi, ou si elle est de nature à troubler la paix publique, la peine sera d'un mois à un an d'emprisonnement, et d'une amende de 500 à 1,000 fr. Le maximum de la peine sera appliqué si la publication ou reproduction est tout à la fois de nature à troubler la paix publique et faite de mauvaise foi.

Art. 16. — Il est interdit de rendre compte des séances du sénat, autrement que par la reproduction des articles insérés au journal officiel. — Il est interdit de rendre compte des séances non publiques du conseil d'État.

Art. 17. — Il est interdit de rendre compte des procès pour délits de presse. La poursuite pourra seulement être annoncée; dans tous les cas, le jugement pourra être publié. — Dans toutes affaires civiles, correctionnelles ou criminelles, les cours et tribunaux pourront interdire le compte rendu du procès. Cette interdiction ne pourra s'appliquer au jugement, qui pourra toujours être publié.

Art. 18.—Toute contravention aux dispositions des art. 16 et 17 de la présente loi sera punie d'une amende de 50 fr. à 5,000 fr., sans préjudice des peines prononcées par la loi, si le compte rendu est infidèle et de mauvaise foi (1).

Art. 19. — Tout gérant sera tenu d'insérer en tête du journal les documents officiels, relations authentiques, renseignements, réponses et rectifications qui lui seront adressés par un dépositaire de l'autorité publique. — La publication devra avoir lieu dans le plus prochain numéro qui paraîtra après le jour de la réception des pièces.— L'insertion sera gratuite.— En cas de contravention, les contrevenants seront punis d'une amende de 50 fr. à 1,000 fr. En outre, le journal pourra être suspendu par voie administrative pendant quinze jours au plus.

Art. 20.—Si la publication d'un journal ou écrit périodique frappé de suppression ou de suspension administrative ou judiciaire est continuée sous le même titre, ou sous un titre différent, les auteurs, gérants ou imprimeurs seront condamnés à la peine d'un mois à deux ans d'emprisonnement, et solidairement à une amende de 500 fr. à 5,000 fr., par chaque numéro ou feuille publiée en contravention.

Art. 21.—La publication de tout article traitant de matières politiques ou d'économie sociale et émanant d'un individu condamné à une peine afflictive et infamante, ou infamante seulement, est interdite.— Les éditeurs, gérants, imprimeurs qui auront concouru à cette publication, seront condamnés solidairement à une amende de 1,000 fr. à 5,000 fr.

Art. 22. — Aucuns dessins, aucunes gravures, lithographies, médailles, estampes ou emblèmes, de quelque nature et espèce qu'ils soient, ne pourront être publiés, exposés ou mis en vente sans l'autorisation préalable du ministre de la police de Paris ou des préfets dans les départements.— En cas de contravention, les dessins, gravures, lithographies et médailles, estampes ou emblèmes pourront être confisqués, et ceux qui les auront publiés seront condamnés à un emprisonnement d'un mois à un an et à une amende de 100 fr. à 1,000 fr.

Art. 23.—Les annonces judiciaires exigées par les lois pour la validité ou la publicité des procédures ou des contrats seront insérées, à peine de nullité de l'insertion, dans le journal ou les journaux de l'arrondissement qui seront désignés, chaque année, par le préfet. — A défaut de journal dans l'arrondissement, le préfet désignera un ou plusieurs journaux du département. — Le préfet réglera en même temps le tarif de l'impression de ces annonces.

Art. 24.—Tout individu qui exerce le commerce de la librairie sans en avoir obtenu le brevet exigé par l'art. 11 de la loi du 2 oct. 1814, sera puni d'une peine d'un mois à deux ans d'emprisonnement et d'une amende de 100 fr. à 2,000 fr. L'établissement sera fermé.

Art. 25. — Seront poursuivis devant les tribunaux de police correctionnelle : 1° les délits commis par la voie de la presse ou tout autre moyen de publication mentionné dans l'art. 1 de la loi du 17 mai 1819, et qui avaient été attribués par les lois antérieures à la compétence des cours d'assises ; 2° les contraventions sur la presse prévues par les lois antérieures ; 3° les délits et contraventions édictés par la présente loi.

_____

(1) V. la loi du 25 mars 1822, art. 7, sur la répression des délits commis par la voie de la presse (dans les codes ordinaires).

Art. 26.—Les appels des jugements rendus par les tribunaux correctionnels sur les délits commis par la voie de la presse seront portés directement, sans distinction locale de ces tribunaux, devant la chambre correctionnelle de la cour d'appel.

Art. 27. — Les poursuites auront lieu dans les formes et délais prescrits par le code d'instruction criminelle.

Art. 28. — En aucun cas, la preuve par témoins ne sera admise pour établir la réalité des faits injurieux ou diffamatoires.

Art. 29.—Dans les trois jours de tout jugement ou arrêt définitif de condamnation pour crime, délit ou contravention de presse, le gérant du journal devra acquitter le montant des condamnations qu'il aura encourues ou dont il sera responsable. — En cas de pourvoi en cassation, le montant des condamnations sera consigné dans le même délai.

Art. 50.—La consignation ou le payement prescrits par l'article précédent sera constaté par une quittance délivrée en duplicata par le receveur des domaines. — Cette quittance sera, le quatrième jour au plus tard, remise au procureur de la République, qui en donnera récépissé.

Art. 51.— Faute par le gérant d'avoir remis la quittance dans les délais ci-dessus fixés, le journal cessera de paraître sous les peines portées par l'art. 5 de la présente loi.

Art. 52.— Une condamnation pour crime commis par la voie de la presse, deux condamnations pour délits ou contraventions commis dans l'espace de deux années, entraînent de plein droit la suppression du journal dont les gérants ont été condamnés. — Après une condamnation prononcée pour contravention ou délit de presse contre le gérant responsable d'un journal, le gouvernement a la faculté, pendant les deux mois qui suivent cette condamnation, de prononcer, soit la suspension temporaire, soit la suppression du journal. — Un journal peut être suspendu par décision ministérielle, alors même qu'il n'a été l'objet d'aucune condamnation, mais après deux avertissements motivés et pendant un temps qui ne pourra excéder deux mois. — Un journal peut être supprimé soit après une suspension judiciaire ou administrative, soit par mesure de sûreté générale, mais par un décret spécial du président de la République, publié au *Bulletin des lois.*

CHAP. 4. — *Dispositions transitoires.*

Art. 53.— Les propriétaires de journaux ou écrits périodiques politiques, actuellement existants, sont dispensés de l'autorisation exigée par l'art. 1 de la présente loi. Il leur est accordé un délai de deux mois pour compléter leur cautionnement. A l'expiration de ce délai, si le cautionnement n'est pas complété et si la publication continue, l'art. 5 de la présente loi sera appliqué.

Art. 54.— Les dispositions de la présente loi, relatives au timbre des journaux et écrits périodiques, ne seront exécutoires qu'à partir du 1er mars prochain.— Les droits de timbre et de poste afférents aux abonnements contractés avant la promulgation de la présente loi seront remboursés aux propriétaires des journaux ou écrits périodiques. — Les réclamations et justifications nécessaires seront faites dans les formes et délais déterminés par le décr. réglementaire du 27 juill. 1850.—Cette dépense sera imputée sur le crédit alloué au ch. 70 du budget des finances, concernant les remboursements sur produits indirects et divers.

Art. 55. — Un délai de trois mois est accordé pour obtenir un brevet de libraire à ceux qui n'en ont pas obtenu et font actuellement le commerce de librairie.—Après ce délai, ils seront passibles, s'ils continuent leur commerce, des peines édictées par l'art. 24 de la présente loi.

Art. 56.— La présente loi n'est pas applicable à l'Algérie et aux colonies. — Sont abrogées les dispositions des lois antérieures contraires à la présente loi, notamment les art. 14 et 18 de la loi du 16 juill. 1850 (1).

D1. — 2-7 mars 1859. — BM. 10. — *Promulgation du décret suivant.*

Décret du 28 mars 1852.

Art. 1. — Sont exceptés du droit de timbre les journaux et écrits périodiques et non périodiques, exclusivement relatifs aux lettres, aux sciences, aux arts et à l'agriculture.

Art. 2. — Ceux de ces journaux et écrits qui, même accidentellement, s'occuperaient de matières politiques ou d'économie sociale, seront considérés comme étant en contravention aux dispositions du décr. du 17 fév. 1852, et seront passibles des peines établies par les art. 5 et 11 de ce décret.

Circ. M. — 18 sept.-3 déc. 1858. — BM. 5. — *Avertissements aux journaux* (V. ci-après circulaire du 21 sept. 1859).

M. le préfet, le décr. du 17 fév. 1852, sur le régime de la presse, rendu exécutoire en Algérie par le décr. du 14 mars 1855, confère aux préfets le droit de donner des avertissements aux journaux; toutefois, dans la pratique, ce droit est soumis, en France, à une restriction importante: l'autorisation préalable du ministre de l'intérieur. — Ce mode de procéder, dont l'expérience a fait reconnaître la convenance et la nécessité dans la métropole, me paraît, à plus forte raison, utilement applicable en Algérie. — Là, en effet, la presse n'a pas, à vrai dire, d'importance politique. Son rôle essentiel, sa véritable mission, consistent à étudier les besoins du pays, à les faire connaître, à provoquer toutes les mesures qui peuvent favoriser le développement de la colonisation. Dans cet ordre d'idées, le gouvernement, qui veut être éclairé, ne voit aucun danger, et trouve, au contraire, des avantages réels à laisser à la presse locale toute la liberté de discussion et d'appréciation compatible avec le bon ordre et la sécurité publique. Ce qu'il veut empêcher, c'est l'esprit factieux ou de dénigrement systématique hostile et empreint de violence ou de mauvaise foi, en laissant à l'autorité judiciaire le soin de réprimer les écarts. — L'autorité administrative ne doit dès lors user qu'avec beaucoup de circonspection et d'opportunité du droit d'avertissement, et, pour que ce droit ne s'exerce qu'avec l'unité de vues et l'esprit de haute impartialité désirables, il importe de le soumettre, comme en France, au contrôle de l'autorité centrale. — En conséquence, vous devrez vous abstenir désormais de donner aucun avertissement aux journaux de votre département, avant de m'en avoir référé. Toutes les fois que vous jugerez nécessaire de recourir à cette mesure administrative, vous devrez m'en adresser la proposition motivée, en ayant soin de prendre toujours pour règle les principes que je viens de vous exposer. — Ma décision vous sera toujours notifiée par le retour du courrier.

NAPOLÉON (Jérôme).

---

(1) *Jurisprudence:* — Le principe de l'atténuation des peines par l'admission de circonstances atténuantes, introduit en matière de presse par l'art. 8 du décr. du 11 août 1848, régit même les délits commis par les lois postérieures, et notamment ceux prévus par le décret organi-

que du 17 fév. 1852. Toutefois ce principe n'est applicable qu'aux délits et non aux simples infractions qui peuvent exister indépendamment de l'intention de l'agent. — Cass. 25 juin 1857. P. F. 59. 1. 280 et notes sur la jurisprudence.

Circ. M. — 50 oct. 1858. — *Attributions ministérielles.*

M. le préfet, le décr. du 11 mars 1855 a rendu exécutoire en Algérie, avec certaines restrictions, le décret organique du 17 fév. 1852, qui régit la presse en France. — A la suite de cette promulgation l'autorité supérieure ajouta de nouvelles réserves à celles qui étaient mentionnées dans le décret. — J'annule toutes ces dispositions, mon administration devra, en matière de presse, se renfermer strictement dans l'application du décr. du 17 fév. 1852, complété par celui du 14 mars 1855. — Le gouverneur général avait le droit d'accorder et de révoquer les autorisations de publication des journaux en Algérie. Le gouvernement général étant supprimé, j'ai décidé que ces attributions seront exercées par le ministre seul. — Vous ferez publier ma présente circulaire qui place les journaux algériens sous l'action pure et simple des lois et décrets. NAPOLÉON (Jérôme).

Inst. M. — 25 nov. 1858. — BM. 5. — *Publication des actes officiels.*

M. le préfet, il est nécessaire de suppléer à la publicité dont disposait l'ancienne administration par l'organe du *Moniteur algérien*, au moyen des journaux de votre ressort. — Je vous invite, en conséquence, à faire insérer dans les feuilles de votre département tous les actes et documents officiels susceptibles d'intéresser les populations placées sous votre autorité, et je désire que vous donniez ces communications à tous les journaux de votre département en même temps, sans distinction ni privilège. — Vous ne ferez exception que pour les documents émanant de mon ministère qui auraient un caractère confidentiel.
NAPOLÉON (Jérôme).

DI. — 16 août-20 sept. 1859. — B. 57. — *Les avertissements qui ont pu être donnés jusqu'à ce jour aux feuilles périodiques de l'Algérie, en vertu du décr. du 17 fév. 1852, sont considérés comme non avenus.*

Circ. M. — 21 sept.-10 nov. 1859. — BM. 44. — *Avertissements aux journaux.*

M. le préfet, le décr. du 17 fév. 1852, sur le régime de la presse, rendu exécutoire en Algérie par le décr. du 11 mars 1855, confère aux préfets le droit de donner des avertissements aux journaux. Toutefois, d'après les instructions ministérielles, les préfets, en France, n'exercent ce droit qu'après l'approbation préalable du ministre de l'intérieur. Des considérations d'un ordre élevé ont fait adopter au gouvernement ce mode de procéder, que la rapidité des communications existant entre Paris et les différents points du territoire rend d'ailleurs d'une application facile. En effet, au moment où le ministre est consulté par le préfet, il peut déjà avoir sous les yeux l'article signalé à son attention. Il est donc en mesure de décider immédiatement en complète connaissance de cause, et l'avertissement reconnu nécessaire est autorisé assez tôt pour qu'il ne perde rien de son actualité. C'est là, on ne doit pas l'oublier, le caractère essentiel que la législation a entendu donner à cette mesure et qu'il importe de lui conserver. Il le faut pour l'administration, qui ne peut se trouver désarmée, même momentanément, devant une attaque répréhensible; pour le public, qui ne saurait être trop tôt éclairé; pour le journal, enfin, qui, suivant la pensée même de la loi, doit être averti à temps qu'il s'engage dans une voie dangereuse.

Prenant exemple de ce qui se fait en France, l'instr. du 18 sept. 1858 vous a prescrit de vous abstenir de donner aucun avertissement aux journaux avant d'en avoir référé au ministre. Mais, il faut bien le reconnaître, quelque régulières que soient les communications entre l'Algérie et la France, des difficultés sérieuses se présentent dans l'application de cette prescription. — Le ministre peut bien être consulté par la voie télégraphique, mais il n'a pas encore sous les yeux l'article qui doit être soumis à son approbation; il se trouve alors dans la nécessité ou de répondre avant d'être aussi complétement éclairé qu'il le désirerait, ou d'ajourner sa décision, et, dès lors, d'ôter par ce retard à l'avertissement le caractère d'à-propos qui doit en être, je le répète, une des conditions essentielles. — Enfin, par cela même qu'une plus grande responsabilité pèse sur les représentants de l'autorité centrale lorsqu'ils sont éloignés de la métropole, il est juste et convenable d'abandonner davantage à leur action personnelle. Ces considérations qui avaient motivé, d'ailleurs, la disposition expresse du deuxième alinéa de l'art. 1 du décr. du 11 mars 1855, sont assez puissantes pour qu'il ait paru nécessaire de vous laisser l'exercice entier du droit que la loi vous confère.

Je suis certain, d'ailleurs, que vous n'en userez qu'avec une extrême modération, de même que je ne doute pas de la fermeté dont vous feriez preuve, s'il en était besoin. — Vous connaissez la pensée du gouvernement de l'empereur en ce qui touche la presse. Vous savez qu'il veut lui laisser toute liberté de discussion et d'appréciation compatible avec le bon ordre et la sécurité publique. Ce qu'il entend empêcher, c'est l'esprit factieux ou de dénigrement systématique, hostile; enfin, tout ce qui pourrait être injurieux pour les personnes. — Vous voudrez bien m'accuser réception de la présente circulaire, et, à l'occasion, me rendre immédiatement compte de ce que vous auriez cru devoir faire dans la limite du pouvoir que la loi de 1852 vous a remis.
Comte DE CHASSELOUP-LAUBAT.

Prises sur l'ennemi.

AM. — 26 avr. 1841, 29 mars 1842. — B. 115. — *Mode de répartition des prises faites sur l'ennemi.*

La répartition des prises faites sur l'ennemi en Algérie s'opérera désormais conformément aux règles ci-après:

Art. 1. — Les prises faites par les Arabes non soldés, agissant sans l'assistance d'aucune force française, appartiendront aux capteurs pour les quatre cinquièmes, le cinquième restant sera partagé en deux parts égales, dont l'une sera versée au trésor, l'autre à la caisse coloniale.

Art. 2. — Les prises faites par des corps ou détachements de troupes indigènes à la solde de la France, et agissant sans l'assistance d'aucune force française, seront réparties dans les proportions indiquées à l'article précédent.

Art. 3. — Si un détachement de troupes françaises, agissant isolément et en vertu d'ordres positifs, fait une prise sur l'ennemi, elle sera répartie entre les hommes composant le détachement, selon les règles indiquées en l'art. 119 de l'ord. du 3 mai 1832.

Art. 4. — Les prises faites par un corps ou une colonne expéditionnaire seront réparties ainsi qu'il suit: un tiers sera distribué aux troupes, les deux autres tiers appartiendront par portions égales au trésor public et à la caisse coloniale. — Dans le cas du présent article, la part des troupes pourra être élevée jusqu'à la moitié par les officiers généraux commandant l'expédition.

Art. 5. — Les indigènes qui auront concouru aux prises énoncées à l'art. 4 seront admis au partage de la portion attribuée aux troupes, au prorata de leur effectif.

Art. 6.—Les Européens autorisés expressément à suivre, pour les ressaisir, les choses à eux enlevées par l'ennemi, ou à exercer sur lui des représailles, conserveront l'entière propriété des prises qu'ils auront faites à la suite de ladite autorisation, et non autrement.

Art. 7. — Lorsque l'expédition aura été entreprise pour assurer la perception des taxes ou impôts dus par les indigènes, le produit des prises, déduction faite de la part réservée aux troupes dans les proportions établies à l'art. 4, sera attribuée à la caisse coloniale exclusivement, jusqu'à concurrence des sommes ou valeurs dues pour tributs arriérés. Le surplus, s'il y en a, sera partagé entre le trésor et la colonie, conformément aux règles établies ci-dessus.

Art. 8.—Les denrées et les bestiaux provenant des prises seront versés dans les magasins et parcs de l'administration militaire, qui en fera payer la valeur au prix courant. Il en sera de même des bêtes de charge ou de somme qu'elle jugera pouvoir servir aux transports de l'armée.—Les armes et munitions de guerre seront livrées au service de l'artillerie sans indemnité. — Les chevaux reconnus propres au service de la cavalerie seront dirigés sur l'un des régiments de chasseurs et payés comme chevaux de remonte. — Les objets qu'aucun des services militaires ne pourrait utiliser seront vendus aux enchères, dans la place la plus voisine. — La répartition se fera sur les produits réalisés en exécution des dispositions ci-dessus.

Maréchal duc de DALMATIE.

Prisons.

DIVISION.

§ 1. — Règlements généraux. — Prison d'Alger.
— Maison centrale de l'Harrach.
§ 2. — Commissions de surveillance.

§ 1. — RÈGLEMENTS GÉNÉRAUX. — PRISON D'ALGER. — MAISON CENTRALE DE L'HARRACH.

ARR. — 28 fév.-31 mai 1851. — B. 384. — *Règlement sur le régime administratif de la prison d'Alger.*

Vu les dispositions du code d'instruction criminelle, au titre des Prisons, maisons d'arrêt et de justice; — Vu les ord. des 9 avr. 1819 et 25 juin 1823, sur les commissions spéciales des prisons; — Vu le règlement général pour les prisons départementales, du 30 oct. 1841;

CHAP. 1.

§ 1. — *Du personnel.*

Art. 1. — Le personnel préposé à l'administration, à la garde et aux divers services de la prison civile d'Alger, sera composé ainsi qu'il suit :—Un directeur, dont le traitement annuel est fixé à 3,000 fr.; — Un gardien-chef à 900 fr.; — Trois gardiens ordinaires (1) et un gardien portier à 600 fr. chacun;—Un greffier ou commis aux écritures à 1,200 fr.;—Un médecin chargé du service de santé, à 1,200 fr.; — Un aumônier catholique pour le service religieux, qui recevra un traitement de 600 fr.;—Un instituteur primaire à 600 fr.; —Des sœurs religieuses, dont le nombre et le trai-

(1) Le nombre des gardiens ordinaires de la prison civile d'Alger est porté de trois à six.
A l'avenir, aucun agent externe, même à titre d'auxiliaire, ne pourra être employé au service de gardien ordinaire de la prison civile.—*Arr. min. du 19 nov.* 1851. B. 404

tement seront ultérieurement déterminés, seront chargées de ce qui concerne la surveillance des femmes et des services qui leur seront attribués par un arrêté du préfet approuvé par le ministre.

Art. 2. — Le directeur est nommé par le ministre; il peut être suspendu par le préfet, mais ne peut être révoqué que par arrêté ministériel.— Tous les autres préposés et agents sont nommés et révoqués par le préfet, mais la révocation n'est définitive qu'après avoir été approuvée par le ministre.

§ 2. — *Du directeur.*

Art. 3. —(Ainsi modifié par arr. min. du 19 nov. 1851, B. 401). — Le directeur est chargé de veiller à la tenue régulière des registres d'écrou prescrits par l'art. 607 c. inst. crim. — Ces registres seront établis conformément aux modèles prescrits par les instructions ministérielles des 26 août 1831 et 31 janv. 1832.

Art. 4. — Indépendamment des registres spécialement affectés aux prévenus, aux accusés et aux condamnés, en matière criminelle ou correctionnelle, il sera tenu au greffe de la prison des registres séparés pour chacune des catégories suivantes de prisonniers : — Détenus pour dettes envers les particuliers; — Condamnés en matière de simple police; — Passagers civils; — Passagers militaires; — Et, s'il y a lieu : — Condamnés par les conseils de discipline de la milice algérienne.

Art. 5. — Comme administrateur, le directeur étend son action à toutes les parties du service intérieur de la prison. Tous les employés lui sont subordonnés et doivent lui obéir. — Il est responsable de l'exécution des règlements relatifs au régime intérieur et économique et du maintien de la police et de la discipline dans la prison. — Il doit appeler l'attention de l'autorité supérieure, et il donne son avis sur tous les objets qui concernent l'administration et la police de la prison.

Art. 6. — Le directeur veille à l'exécution des marchés souscrits pour les diverses fournitures à faire à la prison. — Il désigne les détenus qui peuvent être employés comme auxiliaires du service intérieur. — Il assure le classement des prisonniers conformément aux lois et aux règlements. —Il examine la correspondance des détenus à l'arrivée et au départ.

Art. 7. — Le directeur prononce la mise aux arrêts contre les gardiens qui ont enfreint les règles du service, et signale au préfet ceux qui auraient encouru des peines plus sévères.

Art. 8. — Le directeur inflige les peines disciplinaires encourues par les détenus. Les décisions sont consignées sur un registre spécial, qui contiendra en regard du nom du détenu frappé d'une punition, les motifs de cette punition, sa nature, sa durée, les jours où elle aura commencé et fini. — Ce registre sera mis sous les yeux de la commission de surveillance, à chacune de ses réunions ordinaires, et communiqué à toute réquisition des magistrats ou fonctionnaires auxquels la loi et les règlements confèrent le droit ou le devoir de visiter les prisons.

Art. 9. — Les peines qui pourraient être infligées par le directeur en cas de menaces, injures ou violences commises par un prisonnier, ou de toute autre infraction au règlement de la maison, sont les suivantes : — 1° La cellule obscure pendant cinq jours au plus; — 2° La privation temporaire du travail et de la lecture; — 3° La mise au pain et à l'eau pendant cinq jours au plus; — 4° Une retenue sur la part qui lui aurait été allouée sur les travaux ou sur son dépôt d'argent à la caisse de la maison; — 5° L'interdiction de communiquer avec ses parents et amis.

Ces moyens de correction pourront être employés cumulativement ou partiellement suivant les cas,

— Le directeur pourra même, en cas de violence grave ou de fureur, ordonner la mise aux fers, en vertu de l'art. 614 c. inst. crim., mais il sera tenu d'en rendre compte immédiatement à l'autorité judiciaire, s'il s'agit d'un prévenu, ou au préfet s'il s'agit d'un condamné. — Chaque mois, le directeur rendra compte par écrit au procureur général, des punitions disciplinaires qui auront été infligées aux prisonniers.

Art. 10. — Le directeur est spécialement chargé de tout ce qui concerne les travaux industriels des prisonniers. Il veille à l'exécution du règlement qui détermine la nature, le mode d'exécution et le tarif des travaux. — Il assiste à toutes les réceptions d'ouvrages, reçoit les réclamations et statue, sauf l'approbation du préfet, sur les réductions de prix demandées pour malfaçons, soustractions ou dégradations de matières, métiers, outils ou ouvrages confectionnés.

Art. 11. — Le directeur tiendra les registres d'ordre et de comptabilité suivants : — 1° Registre des effets d'habillement et de literie à l'usage des détenus, avec un état de tous les meubles et autres objets appartenant à l'administration ; — 2° Registre, par compte ouvert, de l'argent de dépôt et des bijoux de chaque détenu ; — 3° Registre, par compte ouvert, à chaque ouvrier, du travail des prisonniers.—Il sera chargé de la tenue des caisses.

Art. 12. — En cas de décès d'un détenu, le directeur en fait mention en marge de l'acte d'écrou, conformément à l'art. 84 c. Nap. Il en donne avis au maire, qui, de son côté, fait constater les effets, papiers et argent laissés par le défunt. — Le directeur informe l'autorité judiciaire du décès de tout prévenu ou accusé.

§ 3. — Du gardien-chef.

Art. 13. — (Ainsi modifié par arr. min. du 19 nov. 1851.) Le gardien-chef tiendra les registres d'écrou mentionnés par l'art. 1 du présent et en l'art. 4 de l'arr. du 28 fév.

Art. 14. — Indépendamment de la garde des prisonniers, et du maintien du bon ordre et de la décence, dont il est plus particulièrement chargé, le gardien-chef veille à ce que le service de propreté se fasse exactement dans toutes les parties de la maison. — Il veille également à ce que les effets des prisonniers, qui sont mis en magasin, soient préalablement lavés, nettoyés, raccommodés, mis en paquet et étiquetés.

Art. 15. — Nul ne pourra être appelé aux fonctions de gardien-chef : — 1° S'il ne sait lire, écrire et compter ; — 2° S'il a moins de trente ou plus de quarante-cinq ans, sauf une autorisation spéciale du ministre.

§ 4. — Des gardiens ordinaires et du portier.

Art. 16. — Les gardiens sont placés immédiatement sous les ordres du gardien-chef, et doivent se conformer exactement à tout ce qu'il leur prescrit.—Ils sont responsables des dégradations aux bâtiments et autres dégâts commis par les détenus, lorsqu'en ayant eu connaissance, ils ne les ont pas signalés sur-le-champ au gardien-chef.

Art. 17. — Les gardiens ordinaires et le gardien-portier ne pourront être nommés avant 25 et après 40 ans, à moins d'autorisation spéciale du ministre.—Ils devront savoir lire et écrire.

§ 5. — Dispositions communes aux §§ 2, 3 et 4.

Art. 18. — Le directeur, le gardien-chef, les gardiens ordinaires et le gardien-portier seront logés dans la prison.—Ils auront un costume qu'ils seront tenus de porter constamment dans l'exercice de leurs fonctions.

Art. 19. — Le directeur ne pourra s'absenter sans autorisation du préfet.—Les absences du gardien-chef et des gardiens sont autorisées par le directeur.—Le gardien-chef ne peut découcher de la prison sans autorisation du directeur. — Les gardiens ordinaires et le portier ne peuvent sortir de la prison pendant le jour, sans la permission du gardien-chef.

Art. 20. — Le gardien-chef et les gardiens étant exclusivement préposés à la surveillance et au service intérieur de la prison, ils ne peuvent, sous aucun prétexte et à aucun titre, en être détournés pour quelque service extérieur que ce soit. — Ils ne pourront non plus exercer d'autre profession.

Art. 21. — Les congés seront délivrés par le préfet, conformément aux règlements et instructions sur la matière. — Dans le cas d'un congé accordé au directeur, l'intérimaire sera désigné par le préfet. L'intérim pourra être confié au gardien-chef.—L'intérimaire du gardien-chef en congé sera désigné parmi les gardiens ordinaires par le directeur.

Art. 22. — A la fin de chaque période de cinq années, les préposés du service de sûreté (gardien-chef, gardiens ordinaires et portier) qui pendant ce temps se seront acquittés de leur service avec exactitude et zèle, et sans avoir encouru de punition grave, auront droit à une augmentation du vingtième de leur traitement.—Cette augmentation pourra être retirée à ceux qui, après l'avoir obtenue, se rendront coupables d'insubordination ou de tout autre fait grave.—En aucun cas le traitement accru en vertu du présent article ne pourra dépasser pour le gardien-chef 1,080 fr., pour les gardiens 720 fr.

(Ainsi modifié par arr. min. du 19 nov. 1851, B. 404.)—Le traitement du gardien-chef de la prison civile d'Alger est fixé à 1,200 fr. — Cet agent jouira du bénéfice des dispositions de l'art. 22, sans que, néanmoins, son traitement puisse, en aucun cas, par suite des accroissements successifs qui lui seraient accordés en vertu dudit article, dépasser un maximum de 1,440 fr.

§ 6. — Du médecin.

Art. 23. — Le médecin de la prison ne pourra être choisi que parmi les praticiens pourvus du diplôme de docteur de l'une des facultés de France.

Art. 24. — Le médecin est tenu de faire, chaque jour, une visite dans la prison. — Pour le service des infirmiers, il inscrira sur un cahier spécial ses prescriptions relatives au traitement et au régime alimentaire de chaque malade. — Deux fois par mois, il inspectera au point de vue de la salubrité, les cellules, dortoirs, communs, ateliers et lieux de punition.—Il propose les mesures d'assainissement qui lui paraissent nécessaires.—Le résultat de ses visites périodiques, ainsi que ses observations et propositions, sont consignés sur un registre ad hoc; ce registre, déposé au greffe de la prison, sera communiqué à la commission de surveillance, lors de ses réunions ordinaires.

Art. 25. — En cas d'absence, empêchement ou congé, le médecin titulaire est suppléé par un autre médecin désigné par le préfet.

§ 7. — De l'aumônier.

Art. 26. — L'aumônier célébrera la messe tous dimanches et fêtes dans l'établissement. — Il fera aux détenus une instruction religieuse, une fois par semaine au moins.—Il visitera les infirmeries et se rendra auprès des malades qui le feront demander.—Il sera informé de chaque décès.

Art. 27.—Les détenus appartenant à un des cultes non catholiques reconnus par l'État, recevront les secours religieux du ministre de leur communion.

§ 8. — De l'instituteur.

Art. 28.—L'instituteur primaire de la prison dévra réunir les conditions d'aptitude et de capacité exigées par les lois et règlements sur l'enseignement public. — Il tiendra, chaque jour non férié, dans chacun des quartiers assignés aux prévenus, aux accusés et aux condamnés, une classe dont la durée sera d'une heure au moins.

§ 9. — *Dispositions communes aux §§ 6, 7 et 8.*

Art. 29. — Chaque détenu sera visité au moins une fois par semaine par le médecin, l'aumônier et l'instituteur.

Art. 30. — Les ministres des cultes non catholiques seront admis à visiter leurs coreligionnaires détenus dans la prison. — La même faculté est accordée aux cadis et aux fonctionnaires de l'instruction publique musulmane.

Art. 31. — Les heures affectées aux offices et aux instructions religieuses, aux visites journalières du médecin, à l'école élémentaire et aux visites aux détenus, seront déterminées par le règlement sur la police intérieure de la prison.

Art. 32. — Deux heures au moins par jour seront réservées aux détenus pour l'école, pour les visites ci-dessus indiquées, enfin pour la lecture. — Le choix de livres donnés en lecture aux prisonniers sera déterminé par le préfet, sur la proposition de la commission de surveillance. — Une heure au moins d'exercice en plein air sera accordée tous les jours à chaque détenu.

Art. 33. — La lecture et le travail ne pourront être refusés aux détenus, si ce n'est à titre de punition temporaire.

Art. 34. — Les dispositions du § 1 de l'art. 21, sur les congés, sont applicables au médecin, à l'aumônier et à l'instituteur.

CHAP. 2. — *De la commission de surveillance.*

§ 1. — *Composition, mode de nomination et remplacement.*

Art. 35. — Il est institué, près de la prison civile d'Alger, une commission gratuite de surveillance. — Cette commission sera composée de membres de droit et de membres ordinaires. Ces derniers seront nommés par le ministre.

Art. 36. — Les membres de droit de la commission de surveillance sont : — Le président de la cour d'appel d'Alger ; — Le procureur général près ladite cour ; — Le président du tribunal civil d'Alger ; — Le procureur de la République près ledit tribunal ; — Le préfet, président de la commission ; — Le maire d'Alger, vice-président ; — Le commissaire général de police.

Art. 37. — Les membres ordinaires de la commission, sont au nombre de sept ; — Ils seront nommés sur la présentation du préfet ; — Ils seront remplacés au fur et à mesure des vacances par suite de décès, démission ou révocation.

§ 2. — *Attributions.*

Art. 38. — La commission est chargée de la surveillance intérieure de la prison, en tout ce qui concerne la salubrité, la discipline, la tenue régulière des registres d'écrou, le travail, l'instruction primaire et religieuse des détenus, la conduite envers eux du directeur et des gardiens.

Elle peut, dans l'intérêt de la surveillance qui lui est dévolue, appeler auprès d'elle le directeur, pour recevoir tels renseignements et explications que de droit, sur les divers services placés sous la responsabilité de ce dernier. Elle entend également le médecin, l'aumônier et l'instituteur, pour les services dont ils sont respectivement chargés.

Elle signale à l'autorité compétente les abus à redresser, les améliorations à introduire. Elle propose les mesures et règlements relatifs aux diverses branches du régime intérieur et économique, mais elle ne peut prendre directement aucune mesure administrative.

Art. 39. — La commission donne son avis sur les cahiers des charges à rédiger pour les marchés des fournitures relatives aux services économiques et à la prison. Elle délègue un de ses membres, pour assister aux adjudications publiques ou pour intervenir dans le débat et la conclusion des marchés de gré à gré relatives aux fournitures, lorsque de tels marchés sont autorisés par les ordonnances et règlements.

Art. 40. — Un des membres ordinaires de la commission sera de service à tour de rôle, pendant une semaine, pour faire dans la prison des visites journalières. — Il visitera toutes les cellules dans le cours de la semaine. — Il veillera à ce que tous les services, et particulièrement ceux qui ont pour objet le service économique, soient faits régulièrement. — Les visites journalières du semainier, ainsi que les observations auxquelles elles auront donné lieu, seront consignées sur un registre spécial, déposé au greffe de la prison, et dont il sera donné communication à la commission, à chacune de ses réunions ordinaires. — Le même registre pourra servir à recevoir, dans une partie séparée, les observations des magistrats et fonctionnaires auxquels les lois et règlements attribuent le droit et le devoir de visiter les prisons.

Art. 41. — Chaque année, dans le courant du premier trimestre, la commission adressera au ministre, par l'intermédiaire du préfet, un résumé général de ses travaux et de ses observations dans le cours de l'année précédente. — Elle y consignera ses vues et ses propositions sur les améliorations dont l'état et le régime de la prison lui paraîtront susceptibles.

§ 3. — *Des réunions de la commission.*

Art. 42. — La commission de surveillance tiendra ses séances ordinaires au moins une fois par mois. Elle s'assemblera extraordinairement toutes les fois qu'elle sera convoquée par le préfet. — Elle ne pourra délibérer qu'autant que huit au moins de ses membres seront présents à la réunion ; ses délibérations seront prises à la majorité des membres présents. En cas de partage, la voix du préfet est prépondérante.

Art. 43. — La commission établira, par un règlement spécial, la périodicité de ses réunions, l'ordre de ses travaux, la police de ses séances et le roulement entre ses membres du service de semaine prescrit par l'art. 40 ci-dessus.

Art. 44. — Tout membre ordinaire de la commission qui, sans motif légitime d'excuse ou d'empêchement admis par la commission, aura manqué soit au service de semaine, soit à trois réunions consécutives, sera considéré comme démissionnaire. Il sera pourvu à son remplacement sur la proposition du préfet.

CHAP. 3. — *Dispositions transitoires et générales.*

§ 1. — *Dispositions transitoires.*

Art. 45. — Les préposés du service de sûreté actuellement en exercice, et qui seront reconnus aptes à le continuer, seront dispensés des conditions d'âge prescrites par les art. 15 et 17 du présent arrêté. — Quant à ceux qui devront être licenciés, par application du présent règlement, ils recevront, au moment de leur licenciement, une indemnité égale à un mois de leur traitement.

§ 2. — *Dispositions générales.*

Art. 46. — En outre des prescriptions contenues dans le présent arrêté, un règlement particulier déterminera toutes mesures d'ordre, de discipline, de propreté et de salubrité, ainsi que toutes les mesures de police locale et de détail qui pourront recevoir leur exécution dans la prison. — Ce règlement, proposé par la commission de surveillance et arrêté par le préfet, ne sera exécutoire qu'après avoir été revêtu de l'approbation ministérielle.

Art. 474 — Seront prises pour bases du règlement à intervenir, sauf ce qui est réglé par le présent arrêté, les dispositions du règlement général pour les prisons départementales, du 30 oct. 1841, en ce qui touche : — 1° La nourriture, le vêtement et le coucher du détenu ; — 2° Le régime de l'infirmerie ; — 3° Le travail des détenus ; — 4° Le régime disciplinaire et de police.

RANDON.

ARR. — 9-28 juill. 1855. — B. 483. — *Fondation de la Maison centrale de l'Harrach.*

Considérant que l'encombrement des maisons centrales de détention du midi de la France ne permet plus d'y recevoir les condamnés indigènes de l'Algérie ; — Considérant, d'ailleurs, que la translation de ces condamnés dans les prisons de la métropole a de graves inconvénients au point de vue de leur santé ;

Art. 1. — Les bâtiments de l'ancien fort dit *la Maison-Carrée* (province d'Alger) sont affectés provisoirement à l'établissement d'une maison centrale de détention spéciale pour les condamnés indigènes de l'Algérie. — Cette maison, qui prendra la dénomination de *Maison centrale de l'Harrach*, est constituée comme les maisons centrales de France : 1° en maison de force pour renfermer, conformément aux dispositions du c. pén., art. 16 et 21, les individus des deux sexes condamnés à la peine de la reclusion, et les femmes et les filles condamnés à la peine des travaux forcés ; 2° en maison de correction pour les individus condamnés par voie de police correctionnelle (art. 40 c. pén.), lorsque la peine à subir sera de plus d'une année.

Art. 2. — Les décrets, ordonnances, arrêtés et règlements qui régissent les maisons centrales de la métropole, sont applicables à la maison centrale de l'Harrach, sauf l'exception ci-après.

Art. 3. — Les attributions qui, en France, appartiennent aux préfets des départements où sont situées les maisons centrales de détention, et celles qui sont réservées au ministre de l'intérieur, seront exercées, pour la maison centrale de l'Harrach, par le gouverneur général de l'Algérie, qui rendra compte au ministre de la guerre. — Néanmoins, le ministre de la guerre conserve la nomination du directeur et le règlement du budget des dépenses.

VAILLANT.

Décis. M. — 17 fév. 1860. — BM. 65. — *Inspection des prisons civiles. — Attributions.*

M. le préfet, le service de l'inspection des prisons civiles de l'Algérie, placé lors de sa création, sous l'autorité immédiate du gouverneur général, n'a, depuis la formation du ministère de l'Algérie et des colonies, été l'objet d'aucune décision réglant d'une manière précise la nature des relations de l'inspecteur des prisons avec les autorités départementales. — Il m'a paru indispensable de combler cette lacune, et j'ai, en conséquence, arrêté les dispositions suivantes :

1° L'inspecteur des prisons civiles de l'Algérie est mis à la disposition des trois préfets; sa résidence reste fixée à Alger.

2° L'inspecteur fera annuellement une tournée dans chaque département, indépendamment des missions extraordinaires qui pourraient lui être confiées (je réglerai, sur la proposition des préfets, l'ordre et les époques successives des tournées annuelles).

3° La mission de l'inspecteur est exclusivement d'enquête et de contrôle (il ne peut prendre de son chef aucune mesure de répression, ni donner aucun ordre de service; mais il constate les irrégu-

larités et les faits répréhensibles par des procès-verbaux, qu'il envoie immédiatement à l'autorité administrative compétente).

4° Les rapports de tournée de l'inspecteur devront être adressés au préfet à la fin de sa mission, et avant son retour à sa résidence, lorsqu'il opérera hors du département d'Alger (une expédition de ces rapports sera transmise au ministre par le préfet, qui y joindra ses observations personnelles).

5° La correspondance de l'inspecteur avec les préfets aura lieu, suivant le cas, sous le contre-seing de l'autorité civile supérieure du département, des arrondissements et des districts.

M. le préfet d'Alger sera chargé de pourvoir, sur les fonds du chapitre 5. du budget de mon département, à l'acquittement du traitement de 4,500 fr. et de l'indemnité de voyage de 15 fr. par jour alloués à l'inspecteur.

Comte DE CHASSELOUP-LAUBAT.

§ 2. — COMMISSIONS DE SURVEILLANCE.

ARR. — 28 fév. 1851 (V. ci-dessus, § 1), art. 35 et suiv. — *Commission d'Alger.*

ARR. — 1er-23 déc. 1851. — B. 399. — *Commission de surveillance à Constantine. — Attributions.*

Art. 1. — Il est institué, près de la prison civile de Constantine, une commission gratuite de surveillance. — Cette commission sera de cinq membres nommés par le ministre de la guerre, sur la présentation du préfet.

Art. 2. — Sont de droit membres supplémentaires de ladite commission : — Le préfet de Constantine, président-né ; — Le président du tribunal de 1er inst. de l'arrondissement de Constantine ; — Le procureur de la République près le même tribunal ; — Et lorsqu'il y aura un corps municipal institué à Constantine : — Le maire, vice-président-né.

Art. 3. — La commission de surveillance exercera les attributions déterminées par le § 2 du chap. 2 de l'arr. min. du 28 fév. 1851, ci-dessus visé.

Art. 4. — Les membres nommés de la commission éliront entre eux, tous les six mois, un second vice-président pour les présider en l'absence du préfet et du maire. — Le membre ainsi élu sera indéfiniment rééligible.

Art. 5. — La commission ne pourra délibérer que lorsque quatre au moins de ses membres seront présents. Les décisions seront prises à la majorité des membres présents. — En cas de partage, la voix du président sera prépondérante. Toutefois, aucune décision ne pourra être prise à une majorité composée de moins de trois voix.

Art. 6. — Sont applicables aux réunions de la commission de surveillance, les dispositions non modifiées par l'article précédent du § 3 du chap. 2 de l'arr. du 28 fév. 1851.

Art. 7. — Il sera établi, pour la prison civile de Constantine, un règlement de service intérieur et de discipline. — Ce règlement, discuté et proposé par la commission de surveillance et arrêté par le préfet, sera soumis à l'approbation du ministre.

A. DE SAINT-ARNAUD.

ARR. — 6 août-15 sept. 1852. — B. 420. — *Même institution à Bône et à Philippeville.*

Art. 1. — Il est institué, près de chacune des prisons civiles de Bône et de Philippeville, une commission gratuite de surveillance. — Chaque commission sera de cinq membres, nommés par nous sur la présentation du préfet.

Art. 2. — Sont en outre membres de droit de chaque commission : — Le sous-préfet de l'arrondissement, président-né'; — Le maire de la commune, vice-président-né; — Le président du tribunal de 1ʳᵉ inst. de l'arrondissement ; — Le procureur de la République près le même tribunal.

Art. 3. — Sont applicables aux commissions instituées par les articles précédents, les dispositions de notre arr. du 1ᵉʳ déc. 1851, à partir de l'art. 3 inclusivement, ainsi que les dispositions y relatées de l'arr. min. du 28 fév. 1851.

A. DE SAINT-ARNAUD.

AM. — 26 sept.-20 nov. 1852. — B. 424. — *Même institution à Oran.*

Art. 1. — Il est institué, près de la prison civile d'Oran, une commission gratuite de surveillance. — Cette commission sera de cinq membres nommés par nous, sur la présentation du préfet.

Art. 2. — Sont en outre membres de droit de ladite commission : — Le préfet d'Oran, président-né ; — Le maire d'Oran, vice-président-né ; — Le président du tribunal de 1ʳᵉ inst. d'Oran ; — Le procureur de la République près le même tribunal.

Art. 3 à 7. — (Comme aux articles correspondants de l'arr. du 1ᵉʳ déc. 1851.)

AM. — 7 nov.-5 déc. 1853. — B 448. — *Même institution à Blidah.*

Art. 1. — Il est institué près de la prison civile de Blidah (dép. d'Alger) une commission gratuite de surveillance. — Cette commission sera de cinq membres nommés par le préfet ; ils ne pourront être révoqués que par le gouverneur général.

Art. 2. — Sont de droit membres supplémentaires de ladite commission : — Le sous-préfet, président-né ; — Le président du tribunal de 1ʳᵉ inst. ; — Le procureur impérial ; — Le maire, vice-président-né.

Art. 3. — Les membres nommés de la commission éliront entre eux tous les six mois, à la majorité absolue des suffrages, un vice-président pour les présider en l'absence du sous-préfet et du maire. — Le membre ainsi élu sera indéfiniment rééligible.

Art. 4. — Les membres sortants par suite de décès, changement de domicile, démission ou révocation, seront immédiatement remplacés par le préfet.

Art. 5. — La commission pourra être dissoute par arrêté du gouverneur général, sur la proposition du préfet.

Art. 6. — (Comme à l'art. 3 de l'arr. du 1ᵉʳ déc. 1851.)

Art. 7. — (Comme à l'art. 5, *eodem*.)

Art. 8. — La commission de surveillance tiendra ses séances ordinaires au moins une fois par mois. Elle s'assemblera extraordinairement toutes les fois qu'elle sera convoquée par le sous-préfet.

Art. 9. — (Comme à l'art. 43 du règlement du 28 fév. 1851.)

Art. 10. — (Comme à l'art. 44 du même règlement.)

Art. 11. — Il sera établi pour la prison civile de Blidah un règlement du service intérieur comprenant toutes les parties de ce régime et la discipline tant des préposés à la surveillance que des détenus. — Ce règlement, discuté et proposé par la commission de surveillance, et arrêté par le préfet, ne sera définitif qu'après l'approbation du ministre.

Art. 12. — Les dispositions des art. 1, 5 et 10 du présent arrêté relatives soit au mode de nomination et de révocation des membres des commissions de surveillance, soit à la dissolution desdites commissions, sont rendues applicables à toutes les commissions précédemment instituées.

A. DE SAINT-ARNAUD.

Procédure devant les tribunaux.

La procédure à suivre devant les tribunaux français et indigènes a été successivement déterminée par les ord. des 10 août 1834, art. 47 et suiv.; 28 fév. 1841, art. 54 et suiv.; 26 sept. 1842, art. 54 et suiv., (V. *Justice*, § 1). La procédure commerciale qui seule était autorisée, sauf quelques exceptions prévues, a fait place, depuis l'ord. du 16 avr. 1843 ci-après, à un régime qui, en simplifiant les nombreuses formalités prescrites par le code de procédure civile n'en est pas moins de nature à permettre une grande rapidité dans l'instruction des affaires, et une bonne administration de la justice.

Les règlements spéciaux concernant les instances domaniales, les concordats amiables autorisés en 1848, les conflits d'attributions avec l'autorité administrative, ont été réunis dans cet article.

OR. — 16 avr.-12 mai 1843. — B. 149. — *Promulgation du code de procédure. — Modifications. — Oppositions à départ.*

Art. 1. — Le code de procédure civile sera exécuté en Algérie sous les modifications ci-après établies (1).

CHAP. 1. — *Des ajournements.*

Art. 2. — Lorsqu'il s'agira de droits ou actions ayant pris naissance en Algérie, le demandeur pourra assigner, à son choix, devant le tribunal du domicile, en France, du défendeur, ou devant le tribunal de l'Algérie dans le ressort duquel le droit ou l'action auront pris naissance (2). — En Algérie la résidence habituelle vaut domicile (3).

Art. 3. — Aucune citation ou signification ne

---

(1) *Jurisprudence.* — La promulgation du code de procédure édictée par cet article a eu pour effet, entre autres conséquences :

1° D'ouvrir la faculté d'appel contre les jugements interlocutoires, refusée par l'art. 56 de l'ord. du 26 sept. 1842 (V. note à cet article).

2° De rendre obligatoire le préliminaire de conciliation. — *Cour d'Alger,* 3 janv. 1849.

3° De rendre exécutoire le tarif de 1807 annexé du code de procédure et relatif à la taxe des frais. — *Cour d'Alger,* 17 oct. 1853.

(2) *Jurisprudence.* — La faculté d'assigner, dans le cas prévu, devant les tribunaux de l'Algérie, existe lors même que le défendeur aurait quitté le territoire algérien et repris en France son domicile d'origine, et s'il n'a point rempli les formalités prescrites par l'art. 103 et 104 c. Nap., il est valablement assigné par exploit déposé en son absence à la mairie. — *Cass.* 17 mai 1858.

(3) *Jurisprudence.* — 1° La résidence en Algérie ne vaut domicile et ne rend justiciable des tribunaux de ce pays, qu'autant qu'elle a continué jusqu'à l'assignation. Mais elle ne peut être réputée habituelle, lorsque celui qui a résidé momentanément en Algérie est revenu en France reprendre son domicile d'origine. — *Cass.* 7 juin 1852.

2° Jugé de même qu'il faut que la résidence soit réelle et existe au moment où l'assignation est donnée. Si la partie était rentrée en France sans esprit de retour, le deuxième paragraphe de l'art. 2 ne serait plus applicable. — *Cour d'Alger,* 11 juill. 1855 ; 23 fév. 1859.

3° Cette condition s'applique surtout aux militaires ou employés militaires qui n'ont pas transféré spécialement leur domicile dans une ville de l'Algérie, mais y ont seulement résidé à raison de leurs fonctions et ont été envoyés dans une autre résidence. — *Cour d'Alger,* 25 janv. 1854 ; 29 mars 1854 ; 11 juill. 1855.

pourra être valablement faite qu'à la personne ou au domicile réel ou d'élection, ou à la résidence de la partie citée, sauf les dispositions de l'article suivant. — Sera nulle toute signification ou citation faite à la personne ou au domicile d'un mandataire, à moins qu'il ne soit porteur d'un pouvoir spécial et formel de défendre à la demande. Cette nullité devra être prononcée, en tout état de cause, sur la demande de la partie intéressée, et même d'office par le tribunal (1).

Art. 4. — Lorsque le lieu du domicile ou de la résidence de la partie citée ne sera pas connu, l'exploit sera affiché à la principale porte, et dans l'auditoire du tribunal où la demande sera portée. Il sera en outre donné copie, en duplicata, à l'officier du ministère public près le tribunal compétent, lequel visera l'original, gardera l'une des copies, dont il fera insérer l'extrait au Moniteur algérien, et transmettra l'autre au ministre de la guerre, si la partie est française, ou au ministère des affaires étrangères, si la partie est étrangère. — Néanmoins, dans le même cas, la citation ne sera valable qu'autant que le demandeur rapportera un certificat constatant que la partie assignée n'a point fait la déclaration du lieu de sa résidence à la mairie du chef-lieu de l'arrondissement judiciaire, sur un registre qui sera spécialement tenu à cet effet dans ladite mairie. Ce certificat sera délivré sans frais et dispensé de la formalité de l'enregistrement.

Art. 5. — La disposition de l'art. 72 c. pr. civ. est rendue commune à ceux qui sont domiciliés ou qui résident habituellement en Algérie.

Art. 6. — Le délai pour les ajournements à comparaître devant les tribunaux de l'Algérie sera augmenté d'un jour par chaque myriam. de distance par terre entre le tribunal devant lequel la citation est donnée et le domicile, ou la résidence, en Algérie, de la partie citée.

Art. 7. — Lorsqu'une partie domiciliée en Algérie, et assignée à comparaître devant un tribunal de cette colonie, ne peut se rendre que par voie de mer dans le lieu où siège ledit tribunal, il y aura un délai fixe de 30 jours pour la traversée maritime, indépendamment du délai réglé par l'article précédent pour la distance par terre, s'il y a lieu.

Art. 8. — Si la partie citée à comparaître devant un tribunal de l'Algérie est domiciliée ou réside en France, il y aura un délai de 21 jours pour la traversée maritime de France à Alger, et de 40 jours pour la traversée maritime de France à tous les points du littoral, plus un jour par trois myriam. pour la distance de Toulon au lieu du domicile ou de la résidence de la partie citée, sans préjudice, le cas échéant, du délai réglé par l'art. 6, à raison des distances qui devraient être parcourues par terre en Algérie (V. ci-après loi du 11 juin 1859) (2).

Art. 9. — Si celui qui est cité demeure hors de

la France continentale et de l'Algérie, il y aura un délai unique, savoir : — Pour ceux demeurant à Tunis, un délai de 60 jours ; — Pour ceux demeurant dans les États limitrophes de la France ou de l'Algérie, un délai de 90 jours. — Seront, au surplus, exécutées, à l'égard des personnes domiciliées ou demeurant en tous autres lieux, hors de la France continentale ou de l'Algérie, les dispositions de l'art. 73 c. pr. civ., le tout sans préjudice de celles de l'art. 74 du même code qui sera également observé, le cas échéant.

Art. 10. — Dans le cas prévu par l'art 4 de la présente ord., le délai de l'ajournement sera, savoir : 1º si la partie est française, celui que comporte, d'après les règles ci-dessus établies, la distance entre Paris et le tribunal devant lequel la citation est donnée ; 2º si la partie est étrangère, celui qui est réglé par l'art. 9 ; 3º si le domicile d'origine de la partie est inconnu, le délai ordinaire des ajournements.

CHAP. 2. — De l'instruction.

Art. 11. — Toutes les matières en Algérie seront réputées sommaires et jugées sur simples conclusions motivées, signées par le défenseur constitué (3). — Ces conclusions seront respectivement signifiées dans la forme des actes d'avoué à avoué, vingt-quatre heures au moins avant l'audience où l'on devra se présenter. — A cette audience les défenseurs déposeront leurs conclusions, et la cause sera plaidée, ou le tribunal indiquera un jour pour les plaidoiries.

Art. 12. — Si une affaire ne paraît pas susceptible d'être jugée sur plaidoirie, le tribunal pourra ordonner qu'il sera fourni des mémoires, et déterminera les délais dans lesquels ces mémoires seront signifiés. Le jugement alors rendu ne sera pas signifié. Les mémoires ne pourront être grossoyés ; le tribunal taxera les honoraires du défenseur suivant l'importance du travail. — Le tribunal pourra également, conformément aux art. 93 et 94 c. pr. civ., mettre la cause en délibéré.

Art. 13. — Seront exécutées, en toutes matières, les dispositions des art. 406, 407, 408, 409, 410, 411, 412 et 413, c. pr. civ.

Art. 14. — Dans tous les cas, les tribunaux pourront, selon les circonstances et nonobstant l'expiration des délais réglés par les art. 6, 7, 8, 9 et 10 de la présente ord., surseoir d'office à la prononciation du défaut, et renvoyer la cause à tel jour qu'ils jugeront convenable.

Art. 15. — S'il est constaté qu'il y a urgence et péril en la demeure, les tribunaux auront la faculté, en usant de ce pouvoir avec une grande réserve, d'ordonner, avant l'échéance des délais de la citation, les mesures conservatoires ou de précaution que les circonstances rendraient indispensables. Ces mesures ne seront néanmoins autorisées qu'autant que le demandeur aura dénoncé à la partie citée, dans l'exploit introductif

(1) Jurisprudence. — 1º C'est au demandeur à justifier de la régularité de la procédure qu'il a suivie, et à prouver que le mandataire au domicile duquel il a assigné est muni d'un pouvoir spécial et formel de répondre à la demande. — Cass. 23 juin 1851; Cour d'Alger, 19 août 1850; 11 fév. 1851 et autres arrêts.
2º La nullité prononcée par cet article est absolue, d'ordre public, et doit être prononcée même d'office; elle peut même être présentée pour la première fois devant la cour de cassation. — Cass. 22 juin 1853; Cour d'Alger, 10 sept. 1844; 1er mai 1851; 6 déc. 1853 et autres arrêts.
3º Il pourrait être prouvé devant les tribunaux que le mandat spécial dont s'agit a été donné verbalement. — Cour d'Alger, 6 mai 1851.
Pour les nombreuses décisions relatives à ces questions et à celles qui résultent de la signification au domicile élu

chez un défenseur, V. le recueil Jurisprudence de la cour d'Alger du même auteur.
(2) Jurisprudence. — La signification d'un exploit au domicile du mandataire spécial autorisé par l'art. 3 qui précède, ne dispense pas du délai des distances. — Cour d'Alger, 6 déc. 1848.
(3) Jurisprudence. — 1º Aucune disposition de loi n'interdit en Algérie l'enquête par la voie ordinaire sous peine de nullité. — Cour d'Alger, 11 oct. 1852.
2º Il est d'usage devant la cour et le tribunal d'Alger d'allouer aux défenseurs le droit de conclusions, bien qu'il leur soit refusé en matières sommaires par le tarif de 1807, la signification de cet acte étant rendue obligatoire par l'art. 11 de l'ordonnance, et étant d'ailleurs un élément essentiel de l'examen de l'affaire et de la décision à rendre.

d'instance, la demande qu'il se propose d'en faire. — Elles ne seront accordées, s'il y a lieu, que dans la limite des termes de cette dénonciation. En ce cas le ministère public sera toujours entendu.

CHAP. 3. — Dispositions diverses.

Art. 16. — Ceux qui demeurent hors de l'Algérie ou dans un lieu autre que celui où le jugement a été rendu, auront, outre le délai de 30 jours pour interjeter appel, et de 90 jours pour la requête civile, les délais, à raison de la distance, fixés ci-dessus pour les ajournements. — Lorsque leur absence sera motivée par l'une des causes énoncées aux art. 446 et 485 c. pr. civ., le délai à raison de la distance sera de 90 jours, s'ils se trouvent en France, et d'une année, s'ils se trouvent hors du territoire de la France continentale (1).

Art. 17. — Dans le cas de requête civile, la consultation exigée par l'art. 495 c. pr., pourra être donnée par trois défenseurs exerçant près le tribunal de l'Algérie, et désignés par le procureur général.

Art. 18. — Les réceptions de cautions seront jugées conformément aux art. 440 et 441 c. pr.

Art. 19. — La disposition de l'art. 166 du c. pr. peut être invoquée même par le défendeur étranger, mais résidant et ayant un établissement en Algérie. Elle ne peut être appliquée qu'aux demandeurs étrangers qui n'ont ni résidence habituelle ni établissement en Algérie.

Art. 20. — La disposition de l'art. 167 c. proc. est applicable au cas où les immeubles dont il y est fait mention sont situés en Algérie.

Art. 21. — Sont admis au bénéfice de la cession de biens, les étrangers qui résideront en Algérie et y auront un établissement.

Art. 22. — Lorsque l'exécution d'un jugement rendu par le cadi, en matière civile ou commerciale, ne pourra être obtenue à l'aide des voies autorisées par la loi musulmane, la partie en faveur de laquelle ce jugement aura été rendu pourra se pourvoir devant le président du tribunal civil de 1ᵉʳ inst., du ressort, à l'effet de le faire rendre exécutoire, selon les formes de la loi française. En ce cas, le président rendra, s'il y a lieu, une ordonnance d'exequatur, comme en matière de jugement arbitral, la partie adverse préalablement entendue ou dûment citée à comparaître devant lui. Au moyen de cet exequatur, il pourra être procédé à l'exécution du jugement, suivant les formes de la loi française. — La partie à qui l'exequatur sera refusé pourra se pourvoir contre cette décision, comme dans le cas d'opposition prévu par l'art. 1028 c. pr. civ. (2).

---

(1) V. Justice, § 1, noté à l'art. 56 de l'ord. du 26 sept. 1842.

(2) Jurisprudence. — Jugé avant la nouvelle organisation de la justice musulmane en 1854 et 1859.

1° Que c'est par voie d'opposition à l'ordonnance d'exequatur et non par voie d'appel, que l'on doit d'abord se pourvoir contre une ordonnance incompétemment rendue par le magistrat qui l'a signée. Dans ce cas, l'art. 1028 c. pr. n'est pas applicable. — Cour d'Alger, 5 juin 1854.

2° Que l'annulation de l'ordonnance pour un vice qui lui est propre n'entraîne pas l'anéantissement de la sentence. Une nouvelle ordonnance peut être régulièrement rendue. — Cour d'Alger, 21 janv. 1845.

3° Que le jugement d'un cadi confirmé par un arrêt de la cour, n'a plus besoin pour être exécuté d'être revêtu d'une ordonnance d'exequatur. — Cour d'Alger, 12 fév. 1855.

4° Que la signification de la sentence fait courir les délais d'appel, qu'elle ait ou non été revêtue de l'ordonnance d'exequatur.—Cour d'Alger, 11 déc. 1855. Contra. 3 déc. 1849.

5° Que l'ordonnance doit être accordée dès que l'exé-

CHAP. 4. — Mode de procéder en matière d'opposition au départ d'un débiteur.

Art. 23. — Tout créancier pourra former opposition au départ, par voie de mer, de son débiteur, en vertu d'une ordonnance rendue sur requête par le président du tribunal civil du lieu où le débiteur veut s'embarquer, ou par le juge qui le remplace. Si le passe-port n'a point encore été délivré, l'opposition sera notifiée à l'officier de police chargé de le donner (3). — L'ordonnance du président liquidera provisoirement la créance s'il y a lieu. Elle mentionnera le jour et l'heure où elle aura été rendue. Elle accompagnera la notification de l'opposition à peine de nullité. Elle sera exécutoire sur minute, et pourra être signifiée même avant la formalité de l'enregistrement, sauf à la faire enregistrer en même temps que l'exploit, sous les peines de droit.

Art. 24. — Si le passe-port est demandé pour une des villes du littoral où sont établis des tribunaux de 1ʳᵉ inst., des justices de paix ou des commissaires civils, le passe-port ne pourra être refusé. Mais en vertu de l'autorisation donnée par le juge du lieu du départ, dans la forme prescrite par l'article précédent, le créancier pourra, sans qu'il soit besoin de se pourvoir de nouveau, former au lieu d'arrivée, ou en tout autre port, opposition au départ ou à la délivrance du passe-port pour un lieu autre que les villes ci-dessus mentionnées. Il sera, à cet effet, délivré par le greffier autant de grosses de l'ordonnance autorisant l'opposition, qu'il en sera demandé par la partie poursuivante.

Art. 25. — Si le débiteur présumé s'embarque sur un navire de commerce autre que les paquebots à vapeur servant de courriers, son départ pourra être arrêté, quelle que soit la destination du navire.

Art. 26. — Dans tous les cas, l'ordonnance du juge autorisant l'opposition au départ sera notifiée au débiteur présumé, dans les vingt-quatre heures de sa date. — Si le débiteur présumé ne peut être trouvé au moment de la signification de l'ordonnance, et s'il n'a ni domicile ni résidence connus dans le lieu où il veut s'embarquer, copie de l'exploit sera laissée au juge de paix qui visera l'original. — Faute par le créancier de faire ladite signification dans le délai de vingt-quatre heures, l'ordonnance sera réputée non avenue, et le débiteur sera libre de s'embarquer, sans qu'il puisse être demandé ou délivré une nouvelle ordonnance autorisant l'opposition à son départ.

Art. 27. — Le débiteur présumé pourra, en vertu de l'autorisation du président qui a rendu l'ordonnance ou du juge qui le remplace, citer le demandeur d'heure à heure devant ce magistrat, qui statuera, comme en matière de référé, même un jour de fête ou de dimanche.

---

cution du jugement doit avoir lieu au moins en partie dans le territoire civil. Les effets en sont alors restreints aux actes d'exécution qui peuvent avoir lieu en ce territoire. — Cour d'Alger, 5 juin 1854.

6° L'art. 22 de l'ord. du 16 avr. 1845 se trouve nécessairement abrogé par les art. 59, 40 et 73 du décr. du 1ᵉʳ oct. 1854 (39, 39 et 61 du décr. du 31 déc. 1859, Justice musulmane). — Cour d'Alger, 16 avr. 1858.

(3) Jurisprudence. — Le commandant d'un navire de l'État ne pourrait être responsable du préjudice causé à des créanciers par l'embarquement du débiteur fait au mépris d'une ordonnance de justice, qu'autant qu'il serait constant que cet embarquement aurait eu lieu par son fait personnel, sa négligence, son imprudence ou la faute des personnes dont il doit répondre. Mais cet officier n'est pas chargé de recevoir les passagers et de s'assurer de la régularité de leurs papiers. Ces fonctions de détail sont confiées à d'autres officiers, et ceux-ci ne sauraient pas leurs grades et leurs fonctions du commandant, il n'est point civilement responsable d'un dommage causé par leur fait. — Trib. civ. d'Alger, 21 sept. 1850.

Art. 28. — L'ordonnance du président sera exécutoire par provision, si elle confirme l'opposition au départ. Dans le cas contraire, l'appel sera suspensif. — L'appel pourra être interjeté immédiatement, et la citation être donnée d'heure à heure avec l'autorisation du président de la cour royale. — Dans tous les cas, la cause sera jugée à la première audience, et toutes autres affaires cessantes. — S'il y a nécessité, la cour ordonnera l'apport immédiat, en son greffe, de l'ordonnance attaquée, laquelle sera réintégrée, après l'arrêt, au greffe de 1re inst.

Art. 29. — S'il y a contestation sur le fond de la demande qui a motivé l'opposition au départ du débiteur présumé, le juge du référé renverra les parties devant le tribunal qui doit en connaître, l'opposition tenant. — Les juges saisis du fond prononceront sur le tout dans le plus bref délai. Ils pourront néanmoins, selon les circonstances, et avant de statuer sur le fond, autoriser le départ et ordonner l'exécution provisoire, nonobstant appel, de leur jugement sur ce dernier point.

Art. 30. — Le débiteur présumé pourra, en tout état de cause, faire cesser l'opposition à son départ, en fournissant caution, qui sera agréée par le tribunal saisi de la contestation, et même par le juge du référé. — La demande en réception de caution sera jugée sans retard et avant toute affaire, même commencée.

Art. 31. — Si l'opposition au départ du débiteur présumé est reconnue vexatoire et de mauvaise foi, il y aura lieu, contre l'opposant, à dommages-intérêts (1).

Le tribunal pourra, en outre, prononcer contre l'opposant une amende de 100 à 500 fr.

Art. 32. — Dans les villes du littoral où ne siégent pas des tribunaux de 1re inst., l'opposition au départ pourra être autorisée, dans les formes et suivant les règles ci-dessus établies, par les juges de paix, et à défaut, par les commissaires civils. — En ce cas, la copie signifiée dont il est fait mention en l'art. 25, deuxième alinéa, sera laissée, le cas échéant, au greffier du juge de paix, et à défaut de justice de paix, au secrétaire du commissariat civil qui devra connaître de la demande.

CHAP. 3. — Dispositions générales.

Art. 33. — Il y aura constitution de défenseur, dans tous les cas où la constitution d'avoué est prescrite par le code de procédure civile.

Art. 34. — Tous les actes qui, d'après le code de procédure, doivent être faits par le ministère des avoués, seront faits, en Algérie, par le ministère des défenseurs. — Ces actes seront notifiés entre défenseurs, lorsqu'il y aura lieu, dans la forme ordonnée par le code de procédure pour les significations correspondantes d'avoué à avoué.

Art. 35. — Les jugements et actes, mentionnés en l'art. 546 du c. pr., ne seront exécutoires en Algérie que de la manière et dans les cas prévus par les art. 2125 et 2128 c. Nap.

Art. 36. — La disposition de l'art. 547 c. pr. sera commune aux jugements rendus et aux actes passés en Algérie.

Art. 37. — Dans tous les cas où le code de procédure civile ordonne que le délai qu'il détermine pour l'accomplissement d'une formalité, telle que signification, sommation, dénonciation, appel en cause, sera augmenté d'un jour par trois myriamètres, comme dans tous ceux où il y a lieu à une notification ayant pour objet de faire courir ou de prévenir une déchéance, le délai supplémentaire à raison de la distance sera réglé conformément aux dispositions des art. 6, 7, 8, 9 et 10 de la présente ordonnance.

Art. 38. — Lorsque le code de procédure civile abrège les délais ordinaires à raison de la distance, comme dans les art. 611, 642, 677, 691, 725 et 751, ou lorsqu'il ordonne qu'une chose sera faite dans un certain délai, à peine de dommages-intérêts, comme dans le cas de l'art. 602, le délai à raison de la distance sera spécialement déterminé par le président du tribunal, par une ordonnance rendue sur la requête du poursuivant.

Art. 39. — Lorsqu'il y aura lieu de citer un témoin demeurant hors du lieu où il doit être entendu, le président du tribunal devant lequel il devra être procédé à l'enquête fixera, par ordonnance sur requête, le délai qui sera donné au témoin pour comparaître.

Art. 40. — Toutes les fois que le code de procédure ordonne des formalités, telles que apposition de placards, affiches, publications, vente d'effets mobiliers, dans des lieux ou dans une forme déterminés, et que ces formalités ne pourront être exécutées conformément audit code, à raison d'un empêchement local, ou qu'elles ne pourront l'être que d'une manière dommageable pour les parties, par suite de l'état des lieux, la partie devra se pourvoir devant le président du tribunal, qui déterminera, par ordonnance, le mode d'accomplissement de ces formalités, en se conformant, autant que possible, aux prescriptions du code de procédure civile.

Art. 41. — Dans tous les cas où le code de procédure ordonne de laisser au maire un exploit ou tout autre acte de procédure, s'il ne se trouve pas de maire dans le lieu où la signification est faite, la copie notifiée sera remise au greffier de la justice de paix, à défaut, au secrétaire du commissariat civil, et s'il n'y a ni justice de paix ni commissariat civil, à la principale autorité civile du lieu. Celui à qui la copie est remise sera tenu de viser l'original.

Art. 42. — Les insertions et annonces qui, d'après le code de procédure, doivent être faites dans les journaux d'arrondissement ou de département, se feront dans l'une des feuilles publiées à Alger, tant qu'il n'existera pas de journaux dans les autres localités.

Art. 43. — Dans tous les cas où les tribunaux de paix, de 1re inst. et de commerce sont autorisés à prononcer l'exécution provisoire, sans caution, ils pourront, en même temps, ordonner que les fonds, recouvrés sur les poursuites du demandeur, seront déposés, sans divertissement de deniers, dans une caisse publique, pour y rester jusqu'à ce que le jugement soit passé en force de chose jugée.

Art. 44. — Lorsqu'il s'agit d'une obligation contractée en Algérie, en matière civile ou commerciale, même antérieurement à la présente ordonnance, le créancier pourra, après mise en demeure, citer son débiteur devant le tribunal de l'Algérie dans le ressort duquel l'affaire aura pris naissance, à l'effet de faire prononcer contre lui la

---

(1) *Jurisprudence.* — Considérant que les dispositions rigoureuses des art. 23 et suiv. de l'ord. du 16 avril n'ont évidemment eu pour but que de donner au créancier le temps de faire reconnaître par la justice, en présence de son débiteur, la légitimité de ses droits et de se procurer un titre exécutoire par les voies ordinaires et légales; — Qu'elles ont surtout en vue le débiteur de mauvaise foi et n'offrant aucune garantie, ou sans domicile certain, et partant sans esprit de retour; — Qu'en effet, en soumettant l'opposant à des dommages-intérêts dans le cas où la poursuite serait vexatoire, l'ordonnance a exprimé l'intention de restreindre autant que possible, et aux cas seulement sérieux, l'exercice du droit qu'elle conférait; — Que c'est aux tribunaux à apprécier, d'après les circonstances, s'il n'en a point été fait abus;

Par ces motifs, etc. — *Cour d'Alger*, 30 juill. 1851.

contrainte par corps, même dans le cas où il y aurait une reconnaissance de la dette, dans un acte ayant exécution parée.

Art. 45. — La loi du 25 mai 1838 sur la justice de paix et la loi du 17 avr. 1832 sur la contrainte par corps, seront exécutées, en Algérie, en tout ce qui n'est pas contraire aux dispositions ci-dessus, ni aux dispositions des ordonnances, arrêtés ou règlements antérieurs qui ne sont point modifiés par la présente ordonnance (1).

Art. 46. — La disposition de l'art. 69 de l'ord. du 26 sept. 1842, concernant les nullités, continuera d'être exécutée, à l'exception des nullités établies par la présente ordonnance.

Art. 47. — Il n'est point innové aux ordonnances et arrêtés antérieurs concernant les défenseurs, en ce qui touche les matières commerciales.

Art. 48. — Toutes dispositions des ordonnances, arrêtés ou règlements antérieurs sont abrogées en ce qu'elles ont de contraire à la présente ordonnance.

AG. — 25-50 juin 1815. — B. 152. — *Consignation au greffe pour les frais d'instance.*

Vu l'ord. du 19 oct. 1842, sur l'enregistrement; l'ord. du 10 janv. 1815, sur le timbre; l'ord. du 16 avr. 1815, sur la procédure civile en Algérie.

Art. 1. — En matière civile et de commerce, tant en première instance qu'en appel, toute partie devra, soit par elle-même, soit par les soins de son défenseur constitué, déposer entre les mains du greffier, avant l'insertion de la cause au rôle, la somme présumée nécessaire pour couvrir les droits de timbre et d'enregistrement.

Art. 2. — A défaut de liquidation préalable de la somme à déposer, cette somme ne pourra être moindre de 12 fr.

Art. 3. — Les dispositions ci-dessus ne dispenseront en aucune manière les greffiers de se conformer, le cas échéant, aux prescriptions de l'art. 57 de la loi du 22 frim. an VII.

Pour le gouverneur général, absent,

DE BAR.

OR. — 1er sept. 1817. Art. 14. — (V. *Admin. gén.*, § 1). — *Notification d'exploits aux ingènes par l'intermédiaire des bureaux arabes.* — *Notes de jurisprudence.*

DGP. — 19 mars-26 avr. 1848. — B. 272. — *Sursis judiciaire en matière de commerce.* — *Les tribunaux de commerce sont autorisés à accorder à tout commerçant un sursis de trois mois contre les poursuites de ses créanciers, sous certaines conditions déterminées.*

AG. — 16-26 mai 1848. — B. 275. — *Application à l'Algérie du décret du 23 mars 1848 sur la réduction des frais de protêt.*

Attendu que les embarras du commerce sont les mêmes en Algérie que dans la métropole et qu'il est urgent de leur venir en aide par les mêmes moyens;

Art. 1. — Le décret du gouvernement provisoire, du 23 mars dernier, qui réduit les frais de protêt, est exécutoire en Algérie; mais il ne sera perçu pour l'enregistrement que le demi droit, conformément à l'ord. du 19 oct. 1841.

CHANGARNIER.

DAN. — 22 août-6 oct. 1848. — B. 289. — *Liquidations judiciaires.* — *Concordats amiables.*

Art. 1. — Les suspensions ou cessations de payement survenues depuis le 24 fév. jusqu'à la promulgation du présent décret, bien que régies p...

les dispositions du livre 5 du c. com., ne recevront la qualification de faillite et n'entraîneront les incapacités attachées à la qualité de failli, que dans le cas où le tribunal de commerce refuserait d'homologuer le concordat, ou, en l'homologuant, ne déclarerait pas le débiteur affranchi de cette qualification.

Art. 2. — Le tribunal de commerce aura la faculté, si un arrangement amiable est déjà consenti entre le débiteur et la moitié en nombre de ses créanciers représentant les trois quarts en somme, de dispenser le débiteur de l'apposition des scellés et de l'inventaire judiciaire. — Dans ce cas, le débiteur conservera l'administration de ses affaires, et procédera à leur liquidation concurremment avec les syndics régulièrement nommés et sous la surveillance d'un juge commis par le tribunal, mais sans pouvoir pour cela créer de nouvelles dettes. — Les dispositions du code de commerce, relatives à la vérification des créances, au concordat, aux opérations qui les précèdent et qui les suivent, et aux conséquences de la faillite, dont le débiteur n'est pas affranchi par l'art. 1 du présent décret, continueront de recevoir leur application.

Art. 3. — Le présent décret est applicable à l'Algérie.

(*Rapporté par une loi du 12 nov. 1849, portant que les dispositions du code de commerce reprendront tou[t] leur empire trois jours après la promulgation de la loi.*)

DD. — 30 déc. 1848, 15 fév. 1849. — B. 508. — *Conflits d'attributions entre les tribunaux et l'autorité administrative.* — *Procédure.*

Vu les lois des 7 et 14 oct. 1790, 21 fruc. an III (7 sept. 1795), art. 27; l'arr. du 13 brum. an X (1er nov. 1801), et les ord. des 1er juin 1828 et 12 mars 1851;

Art. 1. — En Algérie, le conflit d'attributions entre les tribunaux et l'autorité administrative ne sera jamais élevé en matière criminelle.

Art. 2. — Il ne pourra être élevé de conflit, en matière de police correctionnelle, que dans les deux cas suivants : — 1° Lorsque la répression du délit est attribuée à l'autorité administrative par une disposition, soit des lois générales, soit des ordonnances ou arrêtés ayant force de loi en Algérie; — 2° Lorsque le jugement à rendre par le tribunal dépendra d'une question préjudicielle dont la connaissance appartiendrait à l'autorité administrative par une disposition; soit des lois générales, soit des ordonnances ou arrêtés ayant force de loi en Algérie. — Dans ce dernier cas, le conflit ne pourra être élevé que sur la question préjudicielle.

Art. 3. — Ne donneront pas lieu au conflit : — 1° Le défaut d'autorisation, soit de la part du gouvernement, lorsqu'il s'agit de poursuites contre ses agents, soit de la part du conseil de préfecture, lorsqu'il s'agit de contestations judiciaires dans lesquelles son autorisation est nécessaire; — 2° Le défaut d'accomplissement des formalités à remplir devant l'administration, préalablement aux poursuites judiciaires.

Art. 4. — Hors le cas prévu ci-après par le dernier paragraphe de l'art. 8 du présent arrêté, il ne pourra jamais être élevé de conflit après des jugements rendus en dernier ressort ou acquiescés, ni après des arrêts définitifs. — Néanmoins, le conflit pourra être élevé en cause d'appel, s'il ne l'a pas été en première instance, ou s'il l'a été irrégulièrement après les délais prescrits par l'art. 8 du présent arrêté.

Art. 5. — Le conflit d'attributions ne pourra être élevé que dans les formes et de la manière déterminées par les articles suivants.

Art. 6. — Lorsqu'un préfet estimera que la connaissance d'une question portée devant un tribunal de 1re instance ou devant la cour d'appel, est attribuée à l'autorité administrative par une disposition, soit des lois générales, soit des ordonnances ou arrêtés, ayant force de loi en Algérie, il pourra, alors même que l'admini-tration ne serait pas en cause, demander le renvoi de l'affaire devant l'autorité compétente.

A cet effet, le préfet adressera au procureur de la République ou au procureur général un mémoire dans lequel sera rapportée la disposition, soit des lois générales, soit des ordonnances ou arrêtés ayant force de loi en Algérie, qui attribue la connaissance du litige à l'autorité administrative. — Dans la quinzaine de la réception du mémoire, ou immédiatement, si la cause est au rôle, le procureur de la République ou le procureur général fera connaître au tribunal ou à la cour la demande formée par le préfet. — Il requerra le renvoi si la revendication lui paraît fondée.

Art. 7. — Après que le tribunal ou la cour aura statué sur le déclinatoire, le procureur de la République ou le procureur général adressera au préfet, dans les cinq jours qui suivront le jugement ou l'arrêt, copie de ses conclusions ou réquisitions et du jugement ou de l'arrêt rendu sur la compétence. La date de l'envoi sera consignée sur un registre tenu à cet effet au parquet.

Art. 8. — Si le déclinatoire est rejeté, le préfet, s'il estime qu'il y ait lieu, pourra élever le conflit dans le mois de l'envoi, pour tout délai. — Si le déclinatoire est admis, le préfet pourra également, et sans qu'il soit tenu de proposer un nouveau déclinatoire, élever le conflit dans le mois qui suivra la signification de l'acte d'appel, si la partie interjette appel du jugement. — Le conflit pourra être élevé dans ledit délai, alors même que le tribunal ou la cour aurait, avant l'expiration de ce délai, passé outre au jugement du fond.

Art. 9. Dans tous les cas, l'arrêté par lequel le préfet élèvera le conflit et revendiquera la cause, devra viser le jugement intervenu, et l'acte d'appel s'il y a lieu; la disposition, soit des lois générales, soit des ordonnances ou arrêtés ayant force de loi en Algérie, qui attribue à l'administration la connaissance du point litigieux, y sera textuellement insérée.

Art. 10. — Lorsque le préfet aura élevé le conflit, il sera tenu de faire déposer son arrêté et les pièces y visées au greffe du tribunal de la cour. — Il lui sera donné récépissé de ce dépôt, sans délai et sans frais.

Art. 11. — Si, dans le délai d'un mois, cet arrêté n'a pas été déposé au greffe, le conflit ne pourra plus être élevé devant le tribunal saisi de l'affaire.

Art. 12. — Après le dépôt au greffe de l'arrêté, le greffier le remettra immédiatement au procureur de la République ou au procureur général, qui le communiquera au tribunal ou à la cour, dans la chambre du conseil, et requerra que, conformé-

ment à l'art. 27 de la loi du 21 fruct. an III, il soit sursis à toute procédure judiciaire.

Art. 13. — Après la communication ci-dessus, l'arrêté du préfet et les pièces seront rétablis au greffe, où ils resteront déposés pendant quinze jours. Le procureur de la République ou le procureur général en préviendra de suite les parties ou leurs défenseurs, lesquels pourront en prendre communication sans déplacement, et remettre dans le même délai de quinzaine, au parquet du procureur de la République ou du procureur général, leurs observations sur la question de compétence, avec tous les documents à l'appui.

Art. 14. — Le rapport sur les conflits ne pourra être présenté qu'après la production des pièces ci-après énoncées, savoir : — La citation; — Les conclusions des parties; — Le déclinatoire proposé par le préfet; — Le jugement de compétence; — L'arrêté de conflit. — A l'expiration du délai fixé par l'art. 13, ces pièces seront adressées, par le procureur de la République ou par le procureur général, au ministre de la justice, qui devra lui adresser, par le plus prochain courrier, un récépissé énonciatif des pièces envoyées, lequel sera déposé au greffe du tribunal ou de la cour. — Dans les vingt-quatre heures de la réception de ces pièces, le ministre de la justice en donnera communication au ministre de la guerre pour avoir ses observations. — Dans quinze jours, pour tout délai, ces observations seront transmises au ministre de la justice, qui en fera le renvoi immédiatement au secrétariat de l'autorité chargée de statuer sur les conflits.

Art. 15. — Il sera statué sur le conflit dans le délai de trois mois, à dater de la réception des pièces, au ministère de la justice.

Art. 16. — Si, quarante jours après l'expiration du délai fixé par l'article précédent, l'autorité judiciaire n'a pas reçu notification de la décision rendue sur le conflit, elle pourra procéder au jugement de l'affaire.

Art. 17. — Au cas où le conflit serait élevé dans les matières correctionnelles comprises dans l'exception prévue par l'art. 2 du présent arrêté, il sera procédé conformément aux art. 6, 7 et 8.

DI. — 15 janv.-10 mars 1853.—B. 433. — *Taxe des placards timbrés*, art. 699 et 700 c. pr. Vu l'ord. du 10 oct. 1841;

Art. 1. — Le timbre des placards autorisés par les art. 699 et 700 c. pr. ne passera en taxe que sur un certificat délivré sans frais par le receveur du timbre ou de l'enregistrement du bureau dans l'arrondissement duquel la vente a eu lieu, constatant que le nombre des exemplaires a été vérifié par lui et indiquant le montant total des droits de timbre. — La seconde disposition de l'art. 19 de l'ord. du 10 oct. 1841 est abrogée.

DI. — 28 déc. 1855. — *Instances domaniales.* — *Procédure* (1).

---

(1) *Rapport à l'empereur.* — Sire, le 23 oct. 1841, le gouverneur général de l'Algérie, usant du pouvoir qu'il tenait de l'art. 5 de l'ord. du 22 juill. 1834, a pris un arrêté déterminant le mode de procéder en matière de propriété domaniale, pour ou contre l'État, devant les tribunaux. — La première partie de cet arrêté, qui règle les formalités à remplir avant l'introduction des instances, impose au demandeur, État en particulier, sous peine de refus d'audience, la remise d'un mémoire énonçant l'objet de l'action intentée (art. 1, 2 et 3). — La seconde partie, concernant les formalités à remplir pour l'instruction de l'instance introduite, prescrit de faire cette instruction et de prononcer le jugement sur mémoires et sur conclusions écrites du ministère public; en d'autres termes, sans discussion orale ou plaidoirie (art. 4 et 5).

Mais l'administration domaniale ayant invoqué, dans un

procès, cette dernière disposition, la cour de cassation, par arrêt du 14 juin 1851, a déclaré que ledit arrêté du 23 oct. 1841 était abrogé par l'ord. du 16 avr. 1843, qui, sous la réserve de certaines modifications étrangères au point en question, a rendu le code de procédure civile applicable à notre colonie, et a d'ailleurs statué, art. 11, qu'en Algérie, toutes les matières sont réputées sommaires, qu'elles sont jugées sur simples conclusions déposées par les défenseurs, et que la cause doit être plaidée, soit le jour de sa fixation, soit le jour indiqué par le tribunal.

Tout en m'inclinant devant cette décision de la cour suprême, j'ai pensé qu'elle m'imposait l'obligation d'examiner s'il ne convenait pas de faire revivre légalement, à côté de l'ord. du 16 avr. 1843, pour l'instruction des procès en matière domaniale, les dispositions spéciales édictées par l'arrêté du 23 oct. 1841. — La question a

Vu la loi du 5 nov. 1790, l'avis du conseil d'État, du 28 août 1825, et la loi du 16 juin 1851, sur la propriété en Algérie;

Art. 1. — Préalablement à toute action contre le domaine de l'État ou le domaine départemental de l'Algérie, les demandeurs seront tenus de se pourvoir devant le préfet du département, par simple mémoire avec production de pièces à l'appui. Ce mémoire devra contenir élection de domicile au siège du tribunal compétent. — Il en sera délivré un récépissé, qui interrompra la prescription de l'action, lorsqu'il aura été, dans les trois mois de sa date, suivi d'une assignation en justice. — Dans les quarante jours, à partir de la date du récépissé, le préfet notifiera aux parties, dans la forme administrative et au domicile élu, les réponses de l'administration.

Art. 2. — Nulle action relative à une propriété domaniale ou départementale ne pourra être portée devant les tribunaux au nom de l'État ou des départements, si, préalablement, le préfet n'a fait notifier, en la forme administrative, aux parties intéressées, l'objet et les motifs de la demande, avec invitation de faire connaître leurs observations en réponse dans les quarante jours, à partir de la notification. Cette notification interrompra la prescription de l'action, comme il est dit en l'art. 1. — Après l'expiration de ce délai de quarante jours, il sera procédé et statué ainsi qu'il appartiendra. — Communication des pièces, sans déplacement, sera donnée aux parties, si elles le requièrent.

Art. 3. — Toute audience sera refusée au demandeur, s'il n'est justifié de l'accomplissement des formalités prescrites par les art. 1 et 2 ci-dessus. — L'assignation donnée avant que ces formalités aient été remplies et que les délais soient expirés, sera considérée comme nulle et non avenue.

Art. 4. — L'instruction aura lieu et le jugement sera rendu sur simples mémoires respectivement signifiés. — Toutefois, les parties pourront, après cette signification, constituer défenseur, mais, dans ce cas, les frais résultant de cette constitution et des plaidoiries demeureront à la charge de la partie qui les aura occasionnés (1).

été étudiée successivement par M. le gouverneur général, en conseil de gouvernement, par le comité consultatif de l'Algérie, enfin par MM. les ministres de la justice et des finances; et il est résulté de ces diverses études un projet de décret joint au présent rapport, et dont je prie V. M. de me permettre de lui exposer les dispositions principales.

Tous les avis ont été unanimes sur la nécessité d'amender, pour les affaires domaniales, les prescriptions de l'ord. du 10 avr. 1843, par un décret impérial dont les dispositions pourraient être empruntées à l'arrêté du 25 oct. 1841; mais ils se sont partagés au sujet de quelques modifications à apporter à cet arrêté. — L'attention s'est fixée, en premier lieu, sur l'obligation réciproque qu'il imposait, tant aux particuliers qu'à l'État, demandeurs, d'énoncer dans un mémoire l'objet du litige avant l'introduction de l'instance. — Tout le monde a été d'avis qu'il convenait de maintenir cette obligation à l'égard des particuliers, et de ne pas priver le domaine de l'État, en Algérie, d'un avantage qui lui est attribué en France par la loi du 5 nov. 1790. Mais la question de savoir s'il convenait de la maintenir également envers le domaine a été diversement appréciée.

Les partisans de la non-réciprocité ont dit que, si l'intérêt public faisait une nécessité de l'avis préalable donné à l'administration du domaine quand on veut attaquer celui-ci, l'intérêt privé, qui sait toujours se défendre, n'avait pas besoin d'une plus grande protection contre le domaine poursuivant que contre tout autre prétendant droit à la propriété, et qu'il était en conséquence inutile de prescrire en Algérie, pour ce cas spécial, une formalité que la loi précitée du 5 nov. 1790 n'avait pas jugée nécessaire en France; et ils ont ajouté que, si la réciprocité consacrée par l'arrêté de 1841 avait paru indispensable à l'époque où la propriété n'était pas encore clairement constituée en Algérie, elle n'aurait plus aujourd'hui sa raison d'être.

Mais en faveur de l'opinion contraire, on a observé que la notification, par chacune des parties, d'un mémoire contenant l'exposé de leurs prétentions, remplace avec avantage le préliminaire de conciliation dont les instances intéressant le domaine sont dispensées par l'art. 49 c. pr. civ.; que cette formalité, qui a pour objet de prévenir, par une discussion amiable, des procès téméraires, concilie en toute occasion l'intérêt du domaine avec celui des particuliers; et que, si le principe de son application réciproque n'est pas écrit dans la loi, il est du moins passé en pratique en France, en vertu d'un arrêté du ministre des finances, en date du 5 juill. 1834, lequel prescrit aux directeurs des domaines de remettre au préfet un mémoire énonciatif de la demande à introduire, et dont il doit être donné connaissance aux parties. — M. le ministre de la justice, tout en déclarant se ranger à ce dernier avis, n'a pas cru devoir insister pour qu'une disposition formelle en ce sens fût insérée dans le projet de décret; mais il a appelé mon attention sur la convenance d'y suppléer au moyen d'instructions adressées aux agents de l'administra-

tion domaniale en Algérie. — Le principe de la réciprocité écrit dans l'arrêté du 25 oct. 1841, puisant force et consécration dans la pratique de la métropole, j'estime de mon côté qu'il convient de le poser formellement, au lieu de ne le reconnaître en quelque sorte que tacitement, dans une instruction, qui, adressée en même temps que le décret, pourrait paraître y constituer une dérogation.

Les dispositions de l'arrêté de 1841, qui refusent au domaine et à ses adversaires le droit de défense orale, ont été également l'objet d'un examen approfondi. Tous les avis se sont réunis pour déclarer que l'interdiction du débat oral, en matière domaniale, interdiction empruntée, à tort, à la loi du 22 frim. an VII sur l'enregistrement, c'est-à-dire à une législation combinée en vue d'exigences particulières, était, en matière domaniale, une dérogation inutile au mode de procédure dont la loi et la jurisprudence ont consacré l'usage devant les tribunaux de la métropole. On a d'ailleurs fait remarquer qu'en Algérie même et sous l'empire de l'arrêté de 1841, on avait depuis longtemps, dans la pratique, renoncé à cette interdiction.

J'estime également, quant à moi, qu'il convient, tout en maintenant comme règle que les affaires domaniales seront instruites et jugées sur simples mémoires, de réserver aux parties la faculté de constituer, à leurs frais, un défenseur. — Telles sont, sire, les principales modifications qu'il a paru opportun de faire subir à l'arrêté du 25 oct. 1841, lequel a reçu, d'ailleurs, d'autres changements de détails, nécessités pour la plupart par la nouvelle organisation de l'administration algérienne, et dont il serait superflu d'entretenir spécialement V. M. — En résumé, le projet de décret ci-joint me paraît se recommander dans ses dispositions de principe, par une conformité parfaite avec la législation et avec la pratique de la métropole en matière domaniale; et, dans ses dispositions de détail, par le soin avec lequel cette législation et cette pratique ont été adaptées à l'état du pays où elles doivent être mises en vigueur. — Je ne puis donc que proposer à V. M. de vouloir bien l'approuver.

Le ministre de la guerre, VAILLANT.

(Les considérations exposées dans ce rapport rendent inutiles les notes relatives à la jurisprudence de la cour sous l'empire de l'arrêté de 1841; jurisprudence qui a entraîné la promulgation du nouveau décret.)

(1) *Jurisprudence.* — 1° La disposition du § 1 de cet article, qui a pour but de faire connaître à l'administration défenderesse les moyens sur lesquels se fondaient ses adversaires et de la mettre à même de les apprécier, ne saurait s'appliquer en cause d'appel, alors surtout qu'aucun moyen nouveau n'est soulevé. — Cour d'Alger, 22 juin 1857.

Cet arrêt, déféré à la cour de cassation, a été confirmé par une décision dont voici le sommaire : — En Algérie, l'art. 4 du décret du 18 déc. 1855 détermine la forme des mémoires à signifier; par suite, le vœu de la loi est rempli par la signification de tous écrits, et par exemple de conclusions motivées, dans lesquelles les moyens des

Art. 5.—Il ne sera statué par le tribunal qu'après communication au ministère public, dont les conclusions seront mentionnées au jugement.

Art. 6. — Toutes notifications ou significations de mémoires, pièces, actes judiciaires ou extra-judiciaires, en matière domaniale, seront faites au préfet, en la personne du directeur des domaines, ou, à défaut, du receveur résidant au siège du tribunal, qui devra connaître de l'action. Ce fonctionnaire délivrera le récépissé prescrit par l'art. 1, et fournira les communications dont il est parlé dans l'art. 2.

Art. 7.—Les requêtes civiles et tierces oppositions seront introduites et jugées conformément aux dispositions qui précèdent.

Art. 8.—Il ne pourra, valablement, être transigé sur les actions litigieuses intéressant le domaine, sans l'autorisation préalable de notre ministre de la guerre. — Cette autorisation est également nécessaire pour l'acquiescement aux jugements de première instance qui auront rejeté les demandes de l'administration, ou prononcé contre elle des condamnations.

Art. 9. — Les règles posées par le présent décret s'appliqueront aux instances en matière domaniale à suivre dans les territoires militaires. Les fonctionnaires et les services civils y seront substitués par les autorités, et les services militaires dans l'ordre de leurs attributions.

Art. 10. — Les instances relatives à l'enregistrement, au timbre et aux autres prescriptions confiées à l'administration des domaines, continueront à être régies par les lois spéciales concernant la matière.

Inst. M.—25 sept. 1858.—BM. 5.— *Instances domaniales.*

M. le..... je vous ai fait connaître, par dépêche du 23 août dernier, que je désirais qu'aucune instance judiciaire en matière domaniale ne fût désormais introduite ou soutenue qu'après un examen très-attentif de la solidité du droit de l'administration, et des considérations d'équité particulières à l'affaire qui pourraient militer en faveur d'une transaction amiable.—Je crois à propos de revenir sur ces instructions sommaires et de les développer, afin que dans aucune circonstance vous ne puissiez hésiter sur la marche à suivre.

Attention scrupuleuse à n'exciper, soit pour l'attaque, soit pour la défense, que d'un droit évident; rapidité dans la notification et la justification des prétentions; abstention des expédients de procédure; esprit de conciliation et d'équité présent à toutes les phases de la discussion, et constamment prêt à tenir compte, pour arriver à un arrangement amiable, de la position personnelle de la partie adverse et de l'importance relative des intérêts en présence; enfin désistement immédiat, lorsque, dans le cours du procès, l'administration mieux renseignée vient à douter de la justice de sa cause. — Telles sont les règles générales que vous aurez dorénavant à suivre dans toutes les matières litigieuses.—J'ajoute que, quand bien même l'État aurait des droits irrécusables à faire valoir

sur un immeuble indûment détenu par un tiers, si cet immeuble paraît avoir été acquis de bonne foi, et si, d'ailleurs, il a été mis en valeur, on devra toujours, au lieu d'exercer une action en déguerpissement contre le tiers détenteur, s'efforcer d'abord de l'amener à composition en lui offrant de régulariser sa possession par une cession amiable.

Je tiens essentiellement à accorder ainsi un juste encouragement aux colons méritants en leur garantissant la paisible jouissance du fruit de leur travail et la possibilité d'appliquer à leurs cultures le capital de temps et d'argent qu'ils dépenseraient inutilement en luttes judiciaires.—Mais il importe d'obvier à ce que l'application de ces principes puisse raviver l'esprit de fraude et d'usurpation.

— S'il est vrai que mes intentions de traiter avec une grande bienveillance les colons honnêtes, je n'entends nullement procéder de la même manière à l'égard des hommes qui semblent s'être fait une profession d'exploiter toutes les obscurités du code musulman au profit de leur avidité, et dont les noms se retrouvent toujours dans les contrats d'acquisitions litigieuses.—Quand l'administration sera ainsi, en présence d'un adversaire de mauvaise foi, elle devra au contraire exercer rigoureusement la revendication de ses droits.

Je vous recommande de veiller à ce que ces règles soient ponctuellement observées à l'avenir, et servent de guide pour terminer les affaires actuellement pendantes devant les tribunaux de votre département. NAPOLÉON (Jérôme.)

LOI.— 11 juin-6 juill. 1859. — BM. 31. — *Délai des instances devant le conseil d'État et la cour de cassation.*

Art. 1. — Les délais à observer dans les instances portées devant le conseil d'État par les habitants du département de la Corse et par ceux de l'Algérie seront les mêmes que les délais réglés par le décr. du 22 juill. 1806 pour les habitants de la France continentale. — L'art. 15 du même décret cessera de leur être appliqué.

Art. 2.—Les lois et règlements qui déterminent pour la France continentale les délais à observer pour les pourvois et procédure en matière civile devant la cour de cassation sont également applicables à la Corse et à l'Algérie.

Art. 3. — Toutes les dispositions contraires à la présente loi sont abrogées.

LOI.— 11 juin-6 juill. 1859. — BM. 31. — *Délai des ajournements d'Algérie en France.*

Art. 1. — Le délai des ajournements, devant les tribunaux de France, pour les personnes domiciliées en Algérie, ou devant les tribunaux d'Algérie, pour les personnes domiciliées en France, est de deux mois.

Art. 2. — Toutes les dispositions contraires à la présente loi sont abrogées.

DI.— 29 oct.-19 nov. 1859. — BM. 45. — *Promulgation de la loi du 21 mai 1858 contenant des modifications au code de procédure civile en matière de vente sur saisie immobilière et procédure d'ordre.*

---

parties sont exposés. — En tout cas le décret n'interdit pas le débat oral, et, dès lors, le préfet qui, en constituant un défenseur, a pris part au débat oral engagé par son adversaire, est non recevable à conclure à la non-recevabilité de l'action de ce dernier, à défaut de signification du mémoire prescrit par le décret. — Le préfet n'a pas non plus qualité, en ce pareil, pour se faire un grief de ce que la partie adverse a fait signifier ses moyens, non à l'administration du domaine elle-même, mais au défenseur constitué pour celle-ci, si élection de domicile a été faite chez ce défenseur par le préfet, sauf à l'administration à demander un délai pour prendre communication des pièces

que ce mode de procéder l'aurait empêché de connaître. — *Cass.* 2 août 1858, D. P. 58. 1. 373.

2° Les mémoires préalables, respectivement notifiés, sont extrajudiciaires et ont pour but de prévenir l'évènement du litige en éclairant les parties. Mais ils n'équivalent pas à une comparution ou à une défense devant la justice; et le jugement rendu seulement sur la production du mémoire signifié, dans l'espèce, par l'administration ne peut être qu'un jugement par défaut. — *Cour d'Alger*, 11 juin 1851, confirmé par arrêt de cassation du 24 mai 1852, D. P. 52. 1. 144.

Promulgation des lois et arrêtés (1).

Avant la création du *Bulletin officiel*, les arrêtés du gouvernement avaient été seulement publiés soit au moyen d'affiches, soit par insertion au *Moniteur algérien* depuis que ce journal existait.

AM.—1er sept. 1854. — Art. 18. — (V. *Administration générale*, § 1.) — *Le gouverneur général promulgue les lois et publie les ordonnances, arrêtés et règlements.*

AG.—20 oct.-6 nov. 1834.—B. 1.—*Création du Bulletin officiel.*—*Délais de promulgation.*

Voulant déterminer le mode de publication des actes émanés de nous ou des différents chefs de service qui concourent à l'administration du pays, et fixer d'une manière invariable l'époque à partir de laquelle ces actes deviendront obligatoires pour chacun, dans chaque localité;

Art. 1.—Les actes susmentionnés seront publiés dans un recueil spécial intitulé : *Bulletin officiel des actes du gouvernement.* Chaque numéro de ce bulletin portera l'empreinte du sceau du gouvernement, et il en sera transmis un exemplaire à chacun des fonctionnaires publics dont la nomenclature sera par nous déterminée.

Art. 2.—Les actes du gouvernement deviendront obligatoires à Alger, à Bône, à Bougie, à Mostaganem, à Oran, ainsi que dans toute l'étendue du territoire dépendant de chacune de ces localités et soumis à la domination française, le troisième jour après la réception du *Bulletin officiel* dans les bureaux de l'intendant civil, du sous-intendant ou du commissaire du roi, pour les services civils.—En conséquence, chacun de ces fonc-

---

(1) Les lois qui régissent la métropole sont-elles de plein droit applicables en Algérie, ou bien est-il nécessaire qu'elles soient spécialement promulguées? Une distinction essentielle paraît devoir d'abord être faite entre les lois antérieures et celles postérieures à l'année 1834. A cette époque, en effet, l'Algérie reçut une double organisation administrative et judiciaire. Jusque-là, il n'y avait eu qu'un corps d'occupation commandé par un général en chef qui réunissait tous les pouvoirs civils et militaires, et puisait dans sa haute initiative et dans les ordres du ministre de la guerre le droit de prendre toutes les mesures qu'exigeaient la conservation, la défense et la sûreté du territoire occupé. Mais l'ord. du 22 juill. 1834 (V. *Admin. gén.*, § 1, et *Législation*, § 2) institua un gouverneur général dont les pouvoirs furent réglementés, conféra à l'ancienne régence d'Alger le titre de possessions françaises dans le nord de l'Afrique, et les soumettant au même régime que les autres colonies, ordonna qu'à l'avenir elles seraient régies par ordonnances.

A partir de ce moment et pour qu'une loi rendue en France soit exécutoire en Algérie, il faut qu'elle ait été l'objet d'une ordonnance de promulgation; et si cette promulgation a eu lieu quelquefois non par ordonnance ou décret, mais par simple décision du gouverneur, c'est qu'il est dans ses attributions de prendre sous sa responsabilité les mesures d'ordre et de sécurité publics qui sont autorisées par les lois de la métropole, ce qui s'étend à plus forte raison à la promulgation de la loi elle-même. C'est ainsi que l'ont compris la justice et le gouvernement. D'une part, la cour de cassation, par arrêt du 17 nov. 1849, D. P. 50. 5. 19, a décidé que la loi de 1844 sur la chasse ne pouvait être exécutée, parce qu'à cette époque elle n'avait pas été promulguée en Algérie. La cour d'Alger a souvent jugé aussi que les lois d'un intérêt général étaient exécutoires lorsqu'il n'existait dans la législation coloniale aucune disposition spéciale sur la matière. (V. *Justice*, § 1, ord. 26 sept. 1842, art. 37, note).—Mais il s'agissait alors de lois qui étaient, comme celle sur la propriété littéraire, antérieures à 1834 ; et c'est à remarquer d'ailleurs que la loi française a été appliquée dès le premier jour sans promulgation ni prescription législative spéciale, par ce seul fait que les tribunaux français ne pouvaient ni ne devaient en appliquer d'autre. Ce principe fut consacré même à l'égard des étrangers justiciables de nos tribunaux, par l'ord. du 10 août 1834 et les suivantes sur l'organisation de la justice; et par loi française, il faut entendre non-seulement tel ou tel code, mais encore l'ensemble de lois qui forment avec eux le faisceau de la législation. Dans un autre arrêt, du 22 fév. 1851, la cour citait alléo plus loin, et avait étendu le même principe à une loi répressive postérieure à 1834 ; mais la cour de cassation à laquelle son arrêt avait été déféré ne l'a point suivie dans cette voie, et son arrêt sur un autre chef par arrêt du 19 avr. 1851, D. P. 51. 5. 19, n'a point prononcé sur cette question qui avait motivé le pourvoi du ministère public des conclusions contraires à la doctrine de l'arrêt d'Alger.

D'autre part, le gouvernement a constamment regardé comme indispensable, depuis 1834, de promulguer et rendre ainsi exécutoires en Algérie, avec ou sans modifi-

cations, toutes les lois et tous les décrets dont l'application lui a paru utile dans la colonie. Il suffit pour s'en convaincre de jeter les yeux sur la table spéciale insérée à la fin du *Dictionnaire*. Cette table comprend plus de 100 lois, ordonnances ou décrets postérieurs à 1834 et 22 seulement d'une date antérieure. Cette dernière circonstance n'infirme en rien les observations qui précèdent. En effet, sur ces 22 actes législatifs, 9 aux articles *Armes*, *Art médical*, *Etat de guerre*, *Ouvriers*, *Roulage* sont seulement rappelés à l'appui des prohibitions portées par les arrêtés locaux, et réimprimés à la suite dans un but de plus grande publicité, les 13 autres, aux articles *Affichage*, *Dépôts et consignations*, *Greffiers*, *Mines*, *Notaires*, *Salubrité*, de même que tous ceux compris dans cette formule générale : « Sont déclarés exécutoires en Algérie tous les décrets, lois, ordonnances, tarifs et règlements concernant l'enregistrement, le timbre, la garantie des matières d'or et d'argent, les servitudes militaires, etc. », se rapportent à des arrêtés et décrets qui modifient la législation coloniale préexistante sur la matière, ou créent des institutions qui n'existaient pas encore.

Il nous paraît inutile d'entrer dans le développement des considérations de droit politique qui viennent justifier cette interprétation législative. Nous ferons seulement remarquer que lorsque le gouvernement a voulu qu'il en fût autrement, il l'a formellement déclaré. C'est ainsi qu'aux termes d'un décr. du 25 fév. 1851 (V. *Douanes*, § 1), toutes les lois de la métropole en matière de douanes seront de plein droit exécutoires en Algérie par le fait seul de leur promulgation à Paris et sous les conditions prescrites par l'art. 1 c. Nap. Une décision ministérielle du 24 mars 1858, insérée en note de l'art. 5 du décr. du 13 juill. 1849 (V. *Hôpitaux*, § 1), est aussi explicite et indique le motif de prudence administrative qui rend opportune l'application de la règle adoptée en fait de promulgation. Le décret de 1849 a lui-même ceci de remarquable, que renouvelant pour une matière spéciale ce que nous prétendons que l'ord. de 1834 a fait d'une manière plus générale pour les lois françaises prises dans leur ensemble, il rend exécutoires, sans les promulguer et avec une restriction explicite, les lois et ordonnances en vigueur au jour de sa date. Une ord. du 19 oct. 1841 art. 7 (V. *Enregistrement*) et plusieurs autres actes législatifs portent une mention aussi expresse qui vient interpréter au besoin et confirmer la pensée que nous croyons avoir présidé à la rédaction de l'ord. de 1834.

Toutefois diverses lois sont rendues en France, qui abrogent ou modifient un ou plusieurs articles d'une loi préexistante et déjà exécutoire en Algérie, telle que les codes Napoléon, de procédure ou de commerce. La cour d'Alger a jugé à cette occasion, et notamment en ce qui concerne la loi du 23 juin 1856, qui supprime l'arbitrage forcé (arrêt du 16 janv. 1857), que le code de commerce étant exécutoire en Algérie, les modifications introduites par la loi nouvelle et incorporées au même code, en étaient inséparables, et devaient recevoir, même sans promulgation spéciale, la même application que la loi générale dont elles faisaient partie. Elle avait déjà formulé ce même principe dans un autre arrêt du 28 fév. 1844 (V. *Armes*, § 2, arr. du 23 fév. 1835, note).

tionnaires ouvrira, immédiatement après la réception du présent arrêté, un registre coté et paraphé, où il inscrira successivement et sans lacune le numéro de chaque bulletin, l'indication sommaire des matières que ce bulletin renferme et la date de sa réception. D. comte d'Erlon.

20 fév. 1844.—B. 169. — *Note.* — *L'insertion au Bulletin officiel tiendra lieu de notification aux officiers généraux, colonels et chefs de service auxquels les circulaires sont adressées.*

OR.—15 avr. 1845, art. 4 et suiv.—(V. *Admin. gén.*, § 1.)—*La promulgation est réputée connue au chef-lieu de la direction de l'intérieur et des travaux publics, un jour après la réception par le directeur du Bulletin officiel qui lui est transmis par le gouverneur général, et dans l'étendue de chaque sous-direction, passé ce même délai, après autant de jours qu'il y aura de fois 5 myriamètres de distance entre le chef-lieu de la direction et celui des sous-directions, cercles ou mairies qui en dépendent.—Autres détails d'exécution.*

APE.—16 déc. 1848, art. 1 et suiv. — (V. *Admin. gén.*, § 1.)—*Mêmes dispositions. — Délai de promulgation en territoire militaire.—Attributions du gouverneur.*

DP.—25 fév. 1851.—(V. *Douanes.*) — *Promulgation spéciale des lois de douane conformément aux règles de l'art. 1 c. Nap.—Distance légale de Paris à Alger.*

DI. — 27 oct. 1858, art. 1 et 5. — (V. *Admin. gén.*, § 1.)—*Le Bulletin officiel des actes du gouvernement de l'Algérie est supprimé et remplacé par un Bulletin officiel des actes du ministère de l'Algérie et des colonies.— La promulgation est réputée connue: à Paris, le jour de la réception du Bulletin au secrétariat général du ministère; au chef-lieu de chaque province de l'Algérie, un jour après la réception du Bulletin par le préfet du département; dans les circonscriptions secondaires, après l'expiration de ce même délai, augmenté d'autant de jours qu'il y aura de fois 5 myriamètres de distance, entre le chef-lieu de la province, et celui de la circonscription. — Détails d'exécution.*

Propriété.

L'établissement de la propriété devait être en Algérie la base de tout essai de colonisation. Pour retracer, même rapidement, quel en était l'état chez le peuple musulman et analyser les différentes mesures prises par le gouvernement pour la constituer, il faudrait entrer dans des développements d'un intérêt réel, mais qui sortent des limites d'une notice. Plusieurs auteurs ont d'ailleurs traité déjà ces questions, et leurs travaux offrent des documents précieux à étudier. Nous ne ferons donc qu'indiquer les trois principales mesures législatives qui forment la base de la constitution actuelle de la propriété et qui sont les ordonnances des 1er oct. 1844, 21 juill. 1846, et la loi du 16 juin 1851. Les rapports qui les précèdent feront connaître avec plus de détails les désordres et l'anarchie auxquels elles avaient pour objet de porter remède, et l'esprit qui a présidé à leur rédaction.

L'ord. de 1844 régularisait, sous certaines conditions, toutes les ventes antérieures, établissait le principe du rachat des rentes constituées, réglait les formes de l'expropriation pour utilité publique, et dans l'espoir d'arriver plus promptement au peuplement et à la mise en valeur du territoire, frappait d'un impôt spécial les terres laissées incultes qu'elle soumettait même à l'expropriation. Des difficultés de toutes sortes s'étant manifestées dans l'exécution d'une partie de ces dispositions, et ayant révélé un mal plus grand qu'on ne le pensait, l'ord. du 21 juill. 1846 vint modifier et compléter les règles d'abord posées. Il fut ordonné que toute propriété rurale, située, dans un périmètre de colonisation déterminé, serait délimitée par les soins de l'administration, et que les titres seraient produits dans un délai fixé, sous peine d'une déchéance rigoureuse par suite de laquelle les terres non réclamées seraient réputées vacantes et sans maître. Quant à la vérification des titres produits, la justice ordinaire eût été impuissante pour une pareille liquidation; l'examen de leur validité et de leur application fut donc confié exceptionnellement à la juridiction administrative, et les tribunaux civils restèrent seulement juges des questions de propriété dans le cas où plusieurs prétendants revendiqueraient le même immeuble; les conditions de cette validité furent également déterminées, et des dédommagements furent promis sous forme de concession, soit à ceux qui ne justifieraient point de titres réguliers, soit à ceux qui, sans titres, auraient fécondé la terre par leurs travaux.

Enfin, la loi du 16 juin 1851, rentrant dans le droit commun, a déclaré la propriété privée inviolable sans distinction entre les possesseurs indigènes et les possesseurs français ou autres, reconnu les droits appartenant aux particuliers et aux tribus, validé vis-à-vis de l'État les acquisitions d'immeubles au moyen d'une prescription de courte durée et proclamé le droit absolu de jouissance et d'aliénation en territoire civil : elle a seulement proscrit également, d'une manière formelle, toute transmission de droits immobiliers en territoire militaire.

Quelque sollicitude que le gouvernement ait apportée à régulariser une situation que bien des causes, mais surtout l'impatiente ambition des premiers acquéreurs, avaient rendue si compliquée et si périlleuse, les mesures adoptées, tout en tranchant beaucoup de difficultés, froissaient encore bien des intérêts. Aussi ont-elles été souvent l'objet de vives récriminations. On ne s'est pas généralement assez bien rendu compte des incroyables difficultés qu'il y avait à résoudre, en principe d'abord, et ensuite dans l'exécution de cette œuvre de consolidation sur un territoire aussi étendu.

Diverses mesures ont été prises dans le but de faciliter et activer cette question. C'est ainsi que dans la province d'Alger fut instituée une commission spéciale des transactions et partages. Le territoire soumis à la délimitation par l'ord. de 1846 contenait 168,000 hect., dont 60,000 environ étaient frappés des déchéances dont il a été parlé. Les deux mille familles que cette mesure atteignait pouvaient être arrachées au sol qu'elles cultivaient et laissées sans moyens d'existence. L'autorité supérieure ne le voulut pas. D'un autre côté, le domaine avait des droits indivis dans un grand nombre de propriétés, et cette indivision ne pouvait cesser qu'après avoir traité ou plaidé avec 1,500 copropriétaires déjà connus. Cette situation était grave et pouvait amener de nouvelles complications. M. le gouverneur général, maréchal Randon, pour y remédier, institua en 1852 une *commission des transactions et partages*, sous la présidence de M. Walwein, conseiller de préfecture, à laquelle il donna pour mission de préparer les projets de partage des biens indivis avec le domaine, de proposer des concessions à titre gracieux en faveur des indigènes ; enfin de donner une solution aux réclamations qui naîtraient de l'application des art. 18 et 24 de l'ordonnance.

Les travaux de cette commission, chargée plus tard d'opérer également sur 50,000 hectares situés dans le territoire militaire des Hadjoutes, et qui ne s'appliquaient qu'à une exécution partielle de l'ordonnance, intéressaient une population indigène considérable et exigeaient une infinité de vérifications préparatoires et d'opérations de détail dont les habitudes arabes augmentaient les difficultés. Cependant, dans l'espace de six années, la propriété de 110,000 hect. a été exactement réglée et déterminée au moyen de transactions. 78,000 hect. ont été reconnus appartenir au domaine et ont doté la colonisation européenne de ressources importantes ; le reste a servi à accomplir un grand acte de justice vis-à-vis des indigènes qui ne pouvaient se prévaloir que de titres irréguliers ou de leur travail.

C'est dans le cours de ces opérations qu'a été rendu, à la date du 2 avr. 1851, un décret qui règle le mode de partage des biens indivis entre le domaine de l'État et les particuliers (V. *Domaine*, § 1).

Les documents relatifs à l'établissement et à la constitution de la propriété sont complétés par ceux insérés notamment aux articles *Colonisation, Commune, Concessions, Domaine, Expropriation, Séquestre, Servitudes militaires, Transactions immobilières.*

DIVISION.

§ 1. — Constitution de la propriété.
§ 2. — Arrêtés spéciaux d'exécution.

§ 1. — CONSTITUTION DE LA PROPRIÉTÉ.

OR. — 1er-21 oct. 1844. — B. 186. — *Constitution de la propriété* (1).

TIT. 1. — *Des acquisitions d'immeubles.*

Art. 1. — Les ventes et autres actes translatifs de propriété, antérieurs à la présente ordonnance, consentis à des Européens, au nom de propriétaires indigènes, et dans lesquels, sans mandat spécial, les cadis auront stipulé pour des mineurs ou des absents, les maris pour leurs femmes, les pères pour leurs enfants, gendres ou belles-filles, les frères pour leurs frères, sœurs ou alliés au même degré, les chefs de famille pour les membres de la famille placés sous leur protection, présents ou absents, ne pourront être argués de nullité à raison de l'insuffisance des pouvoirs des cadis, maris, pères, frères et chefs de famille ; sauf le recours des ayants droit, s'il y a lieu, contre ceux qui auront agi en leur nom. — Ne pourra être contestée la validité des procurations écrites ou données devant témoins, en vertu desquelles il aura été procédé aux actes ci-dessus, lorsque ces procurations auront été, avant la vente, reconnues suffisantes et certifiées par le cadi (2).

Art. 2. — Tout bail à rente, ou par annuité, dont la durée n'est pas fixée par le contrat, est considéré comme perpétuel, et emporte transmission définitive et irrévocable des immeubles qui en sont l'objet (3). — La rente ou l'annuité stipulée est également considérée comme perpétuelle, sauf l'exercice de la faculté de rachat par le débiteur.

---

(1) *Rapport au roi.* — Sire, la sécurité dont l'Algérie est redevable à la valeur et au dévouement de l'armée, les progrès incessants de toutes les industries, notamment de l'agriculture, l'affluence des capitaux et des bras, réclament des mesures propres à développer cette heureuse situation que nos dernières victoires et la paix du Maroc viennent consolider encore. — ...Il est d'une haute importance politique que le territoire de l'Algérie soit promptement peuplé et mis en valeur. L'un des plus grands obstacles que puisse rencontrer la colonisation, naît de l'incertitude et de l'instabilité de la propriété. Aussi l'ordonnance que j'ai l'honneur de soumettre ici à la sanction de V. M. a-t-elle pour objet essentiel de faire cesser les situations douteuses, d'épurer, de fixer ou de garantir les droits immobiliers. L'habitude qu'ont les indigènes de vivre dans l'indivision, le nombre infini de copropriétaires d'un même immeuble qui résulte de cette indivision, le manque d'état civil chez les Arabes, le mystère qui entoure la famille musulmane, font que les acquéreurs européens ont été parfois induits à erreur sur la véritable qualité de leurs vendeurs ; il est juste et urgent de régulariser leurs acquisitions. — Les immeubles en Algérie sont généralement grevés de habous, c'est-à-dire de substitutions. Des craintes, exagérées d'ailleurs, se sont élevées sur la légitimité des ventes de biens substitués. Pour lever tous les doutes, il y a lieu de les valider formellement. — J'ai reconnu nécessaire de déterminer le caractère des baux à rente ; dont la durée n'est pas limitée par le contrat ; d'autoriser les acquéreurs à exiger les titres formant la preuve de leur droit ; de faciliter la constatation de la propriété par la vérification des contenances vendues ; enfin d'abréger par une courte prescription la durée des incertitudes qu'on ne pouvait éviter.... Les marais, foyers d'insalubrité, sont un fléau public ; leur dessèchement ne peut être fait que par les soins de l'administration à raison des travaux d'ensemble et de la dépense majeure qu'il néces-sitera. Depuis des siècles, les marais sont abandonnés et constituent des biens vacants. L'intérêt public veut que l'administration puisse en disposer immédiatement, sauf à faire une part équitable au propriétaire qui justifierait de son droit. — Telles sont, sire, les principales matières de l'ordonnance, etc.
Le ministre de la guerre, maréchal duc de DALMATIE.

(2) *Jurisprudence.* — 1° La vente faite par la mère musulmane des biens de ses enfants mineurs ne rentre dans aucun des cas prévus par l'art. 1 de l'ordonnance. C'est d'ailleurs l'application des principes du droit musulman qui refuse à la mère la tutelle légale de ses enfants. La vente faite par elle échappe dès lors aux prescriptions de l'art. 7 et l'action en nullité intentée par un des enfants, à quelque époque que ce soit, n'est point frappée de déchéance. — *Cour d'Alger*, 26 janv. 1853.
2° L'art. 1 de l'ordonnance ne s'applique qu'aux actes translatifs de propriété et aux procurations relatives à ces actes. Il n'est point applicable à une procuration en vertu de laquelle a été consentie une réduction de rente. — *Cour d'Alger*, 15 nov. 1859.

(3) *Jurisprudence.* — 1° Le bail à rente perpétuelle emportant transmission définitive et irrévocable, donne naissance au droit de résolution et est une véritable vente dont le capital de la rente est le prix et les arrérages sont les intérêts. Par suite, le bailleur est privilégié sur l'immeuble pour le payement de son prix et de la totalité des arrérages qui peuvent lui être dus et en sont l'accessoire (art. 1652 c. Nap.), et son privilège ne doit pas être restreint à deux ans et à l'année courante seulement comme celui du créancier hypothécaire. — *Cour d'Alger*, 10 mars 1852.
2° Toutefois les arrérages de rente sont nécessairement atteints par la prescription de l'art. 2277 c. Nap. — *Cour d'Alger*, 2 mars 1851, jurisprudence constante.

Art. 3. — Aucun acte translatif de propriété d'immeuble consenti par un indigène, au profit d'un Européen, ne pourra être attaqué par le motif que les immeubles étaient inaliénables, aux termes de la loi musulmane (1).

Art. 4. — Toutes les fois que l'État ou un Européen seront en cause, comme demandeur ou défendeur, les actions en revendication d'immeubles, en nullité ou en rescision de ventes ou actes translatifs de propriété, et en général toutes les actions réelles, seront portées devant les tribunaux français de la situation des immeubles, et jugées d'après les lois françaises, combinées avec la présente ordonnance et les dispositions antérieures.

Art. 5. — Le dernier paragraphe de l'art. 1, et les art. 2, 3 et 4 ci-dessus, sont applicables aux ventes antérieures à la promulgation de la présente ordonnance, comme à celles qui auront lieu ultérieurement.

Art. 6. — Dans les ventes d'immeubles ruraux, antérieures à la présente ordonnance, et qui n'auront pas été faites à raison de la mesure, l'indication de la contenance ne donnera lieu à une diminution de prix pour l'insuffisance, ou à un supplément de prix pour excédant de mesure qu'autant que la différence de la mesure réelle à celle exprimée au contrat sera de plus du tiers de la mesure réelle. — L'action en diminution de prix de la part de l'acquéreur, ou en supplément de prix de la part du vendeur, devra, sous peine de déchéance, être intentée dans l'année de la promulgation de la présente ordonnance (2).

Art. 7. — Toute action en nullité ou en rescision de ventes antérieures à la présente ordonnance, ou en revendication d'immeubles compris dans ces ventes, devra, sous peine de déchéance, être intentée dans les deux ans de la promulgation de la présente ordonnance, sans préjudice des prescriptions et déchéances qui seraient encourues avant ce terme (3). — Ce délai court contre les interdits, les mineurs et les femmes mariées, sauf leur recours, s'il y a lieu, contre qui de droit. — Les ventes qui auront lieu à l'avenir demeurent soumises aux dispositions du code civil.

Art. 8. — Les acquéreurs d'immeubles pourront, à toute époque, exiger de ceux de leurs auteurs médiats ou immédiats, qui sont détenteurs des titres de propriété, la remise ou le dépôt de ces titres en l'étude d'un notaire. L'action sera portée devant le tribunal de la situation des immeubles. Le tribunal ne pourra statuer qu'après que l'administration du domaine aura été mise en cause pour surveiller ses droits (4). — S'il est dû, pour le prix ou pour partie du prix des immeubles, soit une rente, soit les intérêts d'un prix à terme, le débiteur pourra en suspendre le payement durant le procès, tant à l'égard du vendeur qu'envers son cessionnaire, sans préjudice des dommages-intérêts, s'il y a lieu.

Art. 9. — L'action en production de titres ne pourra être intentée à raison des ventes antérieures à la promulgation de la présente ordonnance que dans le délai de deux ans, à partir de cette promulgation.

Art. 10. — Lorsque le domaine aura vendu comme sien un immeuble non occupé et que la

---

(1) V. décret du 30 oct. 1858 (ci-après), extension aux aliénations entre indigènes du principe consacré par cet article.
Jurisprudence. — Cet article n'a pas aboli le chefâa (droit de retrait par un copropriétaire indigène). Il ne s'applique qu'aux biens frappés de mainmorte par la constitution de habous et non aux biens sujets à retrait. La nature de ces conventions reste donc réglée par les dispositions finales de l'art. 4 de l'ordonnance et les dispositions antérieures qui s'y réfèrent. — Cour d'Alger, 21 déc. 1846.

(2) Jurisprudence. — L'art. 6 n'a pas eu pour objet de relever les contractants des déchéances déjà encourues aux termes de l'art. 1622 c. Nap., et de faire renaître des actions en réduction de prix pour défaut de contenance déjà éteintes par la prescription, mais au contraire de limiter le nombre et de fixer la durée de ces actions en portant au vingtième tiers la différence de contenance qui y donnerait lieu et en réduisant à une année à partir de l'ordonnance le délai pendant lequel elles pourraient être intentées. — Cour d'Alger, 2 mars 1846. — Contrà, 6 juin 1855.

(3) Jurisprudence. — 1° Jugé, contrairement à la jurisprudence de la cour d'Alger (arrêts des 21 mai 1856 et 8 mars 1858) que le délai de deux années prescrit par l'art. 7 a commencé à courir non du jour de la promulgation faite à Alger le 21 oct. 1844, mais de celui où cette promulgation a dû être réputée connue dans chaque localité, c'est-à-dire trois jours après la réception du bulletin contenant l'ord. au chef-lieu de chaque division territoriale. — Cass. 11 mai 1859.
2° Cette déchéance est d'ordre public. Elle est péremptoire et doit être jugée préalablement au fond. Il n'appartient pas aux parties de déroger à des règles d'intérêt général, et de présenter ce moyen de déchéance d'une manière subsidiaire seulement et avec réserves. — Cour d'Alger, 21 août 1850 ; 6 juin 1855.
3° Cette déchéance n'est qu'une prescription de courte durée, et qui, comme telle, a pour condition essentielle de son application la possession continue, pendant le temps limité, du terrain à acquérir. Il en est de même à l'égard de la déchéance édictée par l'art. 12 de la loi du 16 juin 1851. — Cour d'Alger, 11 nov. 1857 ; 7 déc. 1858.
4° D'où il résulte que le demandeur en revendication ne peut opposer cette déchéance à la défense par laquelle son adversaire cherche seulement à repousser l'ac-

tion intentée contre lui. — Cour d'Alger, 11 nov. 1857.
5° D'après les termes de l'art. 7, la déchéance ne s'applique pas à la réclamation par l'État d'un emplacement usurpé sans titre et en dehors de toute convention. Les exceptions sont de droit étroit et doivent être strictement renfermées dans les cas spécialement prévus par la loi. — Cour d'Alger, 5 nov. 1850.
6° Elle ne s'applique pas non plus à la revendication d'un immeuble occupé contrairement à une ordonnance spéciale, et dont l'acte d'acquisition rentre notamment dans la prohibition formelle de l'ord. du 9 juin 1844 relative aux transactions dans la ville de Constantine. — Cour d'Alger, 5 nov. 1849.
7° Elle s'applique au contraire nécessairement à la revendication du prix de l'immeuble comme à la revendication de l'immeuble lui-même. — Cour d'Alger, 23 mars 1852.
8° Elle s'applique aussi à l'action du preneur à bail emphytéotique qui demande la mise en possession de la chose louée. — Cour d'Alger, 10 nov. 1851.
9° L'action par laquelle le vendeur d'un immeuble attaque la vente comme simulée et n'ayant jamais eu d'existence réelle est une action en revendication d'immeuble et en nullité de vente, soumise à ce titre à la prescription de l'art. 7. — Cass. 16 déc. 1851.
10° L'art. 7 de l'ord. 1er oct. 1844, suppose évidemment qu'il existe un détenteur contre lequel il est possible d'exercer utilement une action réelle en revendication. Il n'en est point ainsi lorsque antérieurement, un arrêté d'expropriation pour cause d'utilité publique a dépossédé ce détenteur de la propriété en litige, et ne lui a laissé qu'une action en indemnité contre l'État, action mobilière de sa nature et qui avant l'échéance des deux années dont parle l'art. 7 précité, s'est trouvé subordonnée, pour pouvoir être admise, à l'observation des formalités et prescriptions de l'ord. du 21 juill. 1846. L'exception de déchéance ne peut donc, dans ce cas, être opposée au prétendant droit à la propriété. — Cour d'Alger, 7 juin 1852, conf. par arrêt de cass. du 19 juin 1854. — Contrà, 7 mars 1855.
(4) Jurisprudence. — Cet article n'a eu en vue que les acquisitions d'immeubles faites antérieurement à l'ordonnance et n'a statué que pour le passé. Il n'est pas applicable aux ventes postérieures. — Cour d'Alger, 26 févr. 1852.

propriété de cet immeuble sera revendiquée par un tiers, la vente faite par le domaine sera maintenue, et si les droits du réclamant sont reconnus valables, l'État lui restituera le prix qu'il aura perçu et le subrogera à tous ses droits à raison du prix restant dû ou de la rente constituée. — A l'avenir, le domaine sera autorisé à vendre les immeubles sur lesquels personne n'aura fait acte public de possession. Avis de cette vente sera publié trois mois à l'avance dans le *Moniteur algérien*. Le propriétaire qui n'aura pas fait de réclamation dans ledit délai de trois mois ne pourra, après la vente, exercer d'autre droit que celui de demander la restitution du prix payé et de se faire subroger aux droits du domaine en ce qui concerne le prix à payer ou la rente stipulée (1).

Tit. 2. — *Du rachat des rentes.*

Art. 11. — Toute rente perpétuelle constituée ou à constituer pour prix de vente ou de concession d'un immeuble ou pour cession d'un droit immobilier, au profit des particuliers, des corporations ou du domaine, est essentiellement rachetable, nonobstant toutes coutumes ou stipulations contraires. — Les parties peuvent seulement convenir que le rachat ne sera pas fait avant un délai qui ne pourra pas excéder dix ans, ou sans avoir averti le créancier au terme d'avance qu'elles auront déterminé.

Art. 12. — Le rachat s'effectuera au taux légal de l'intérêt de l'argent tel qu'il se trouvera fixé pour l'Algérie à l'époque du remboursement. — Toute convention ou disposition contraire sera considérée comme non écrite.

Art. 13. — Le rachat des rentes dues au domaine ou aux établissements de piété, de charité ou d'utilité publique, s'effectuera sur les bases fixées par l'article précédent.

Art. 14. — Si le créancier n'accepte pas le rachat, le débiteur peut lui faire des offres réelles, et au refus du créancier de les accepter, consigner le capital dans le dépôt public établi pour recevoir les consignations. — Par l'acte de notification des offres réelles, le créancier sera averti des lieu, jour et heure auxquels la consignation sera effectuée; il sera sommé d'y assister. S'il ne se présente pas, le procès-verbal de consignation lui sera notifié, avec sommation de retirer les sommes consignées.

Art. 15. — Tout débiteur envers le domaine d'une ou plusieurs rentes établies pour aliénation ou concession de biens aura la faculté d'offrir en compensation de sa dette, et jusqu'à due concurrence, une ou plusieurs rentes liquidées à la charge du domaine, et provenant de cession ou d'expropriation d'immeubles.

Tit. 3. — *Des prohibitions d'acquérir ou de former des établissements.*

Art. 16. — Nul officier des armées de terre ou de mer, nul fonctionnaire ou employé militaire ou civil salarié ne pourra, pendant la durée de son service en Algérie, y acquérir des propriétés immobilières, directement ou indirectement, par lui-même ou par personnes interposées, ou devenir preneur ou locataire de semblables propriétés par bail excédant neuf années, s'il n'a obtenu de notre ministre de la guerre une autorisation spéciale. (Abrogé par arrêté du 5 mai 1848. — V. *Transactions immobilières.*)

Art. 17. — L'autorisation sera délivrée, s'il y a lieu, sur l'avis motivé du gouverneur général et du conseil d'administration.

Art. 18. — Les acquisitions d'immeubles faites contrairement aux prohibitions portées en l'art. 16 seront nulles. — La nullité de la vente ou du bail sera prononcée par le tribunal civil, sur la demande de toute partie intéressée ou sur l'action d'office du ministère public. Le tribunal statuera en même temps, s'il y a lieu, sur les dommages-intérêts réclamés.

Art. 19. — Sont nulles de plein droit toutes acquisitions à titre onéreux d'immeubles situés même dans les territoires régis par la présente ordonnance, si lesdits immeubles ne sont pas renfermés dans les limites qui seront successivement assignées aux établissements européens et à la colonisation par des arrêtés de notre ministre de la guerre, rendus après avis du conseil d'administration et du gouverneur général, et publiés au journal officiel de la colonie. — Un plan certifié, indiquant le périmètre des circonscriptions ainsi limitées, sera annexé à chacun des arrêtés de notre ministre de la guerre; une copie, également certifiée, demeurera déposée au greffe du tribunal civil, pour être donnée en communication sans frais à toute partie intéressée (2).

Art. 20. — Sont exceptées de la prohibition portée en l'article précédent : — 1° Les acquisitions faites par l'administration pour des services publics ; — 2° Les acquisitions faites par des particuliers pour des établissements d'industrie et de commerce formés en dehors des limites ci-dessus fixées, pourvu que ceux qui les ont fondés aient obtenu une autorisation spéciale et personnelle, délivrée dans les formes prescrites par l'art. 17.

Art. 21. — Les actes prohibés par l'art. 19 ne pourront, en aucun cas, produire d'effet, alors même que les biens qui en auraient été l'objet deviendraient ultérieurement susceptibles de libre transmission en faveur des colons par l'extension du territoire assigné à la colonisation.

Art. 22. — Tous notaires, cadis ou rabbins qui prêteraient leur ministère pour les actes interdits par la présente ordonnance seront, selon la gravité des cas, suspendus ou révoqués, sans préjudice, s'il y a lieu, de dommages-intérêts envers les parties.

Art. 23. — Sont valables et sortiront leur plein

---

(1) *Jurisprudence.* — 1° Cet article n'est applicable qu'au cas où les biens ainsi aliénés n'étaient pas occupés au moment de l'adjudication. Mais s'il est prouvé que le terrain n'a pas cessé d'être possédé *animo domini* par son propriétaire, qu'il a été cultivé avant et depuis la vente qui lui en a été faite, son droit de revendication doit être reconnu, et la propriété lui être restituée. — *Cour d'Alger,* 16 juill. 1846.

2° Si l'administration a pris possession postérieurement à l'ordonnance sans remplir aucune des formalités prescrites, la réclamation du propriétaire dépossédé ne soulève point une question d'expropriation qui doive être déférée aux tribunaux administratifs, mais une question de propriété dont la connaissance appartient aux tribunaux ordinaires. — *Cour d'Alger,* 20 nov. 1851.

3° S'il est constant, bien que les formalités d'insertion au *Moniteur algérien* n'aient pas été remplies, que le propriétaire a eu connaissance parfaite et immédiate de la dépossession, et qu'il n'ait cependant protesté que longtemps après, le but de l'insertion s'est trouvé rempli en fait et il ne peut invoquer le défaut d'accomplissement de cette formalité. — Même arrêt.

4° Si l'État, une fois en possession, a concédé gratuitement l'immeuble, au lieu d'en opérer la vente, il est tenu de payer lui-même le prix qu'il eût été raisonnablement obtenu si la propriété eût été vendue, et l'art. 10 ne cesse pas d'être applicable. — Même arrêt.

5° L'indemnité due par l'État dans le cas précédent ne doit être réglée que sur la valeur des terres à l'époque où la dépossession a eu lieu, et non sur celle qu'elles ont pu acquérir pendant le temps que le réclamant est resté sans intenter son action. — Même arrêt.

(2) *Jurisprudence.* — Cet article et les suivants ne portent nulle atteinte à la libre transmission par les indigènes entre eux et suivant la loi du pays, des propriétés qui leur appartiennent. — *Cour d'Alger,* 19 mars 1851.

et entier effet les actes d'acquisitions d'immeubles situés en dehors des limites assignées à la colonisation, si ces actes sont antérieurs à la promulgation de la présente ordonnance, et si les acquéreurs s'en sont mis en possession (1). — Si, par l'effet de la force majeure, l'acquéreur n'a pu se mettre ou se maintenir en possession desdits immeubles, la vente pourra être résiliée. Toute action à cet effet devra être intentée dans le délai de six mois, à compter de la promulgation de la présente ordonnance. — En cas de résiliation, le capital stipulé sera restitué, mais il ne pourra être ordonné de restitution, soit des arrérages payés, soit des fruits perçus.

TIT. 4. — *De l'expropriation et de l'occupation temporaire pour cause d'utilité publique.*

CHAP. 1. — *Formes de l'expropriation.*

Art. 24. — L'expropriation pour cause d'utilité publique sera prononcée dans les cas et dans les formes ci-après déterminées, sauf les exceptions portées aux art. 107 et 111 de la présente ordonnance.

Art. 25. — L'expropriation pour cause d'utilité publique ne pourra avoir lieu que : — 1° Pour la fondation de villes, villages ou autres centres de population ; — 2° Pour l'agrandissement des enceintes de tous ces centres de population ; — 3° Pour tous travaux relatifs à la défense et à l'assainissement du territoire ; — 4° Pour toutes autres causes pour lesquelles la loi du 3 mai 1841 autorise l'expropriation.

Art. 26. — Lorsqu'il y aura lieu de déclarer l'utilité publique, un avis indiquant la nature et la situation des travaux à entreprendre et des établissements à former sera, à la diligence du gouverneur général, inséré dans le journal officiel de l'Algérie et affiché au siège de la justice de paix, et à défaut de justice de paix, au chef-lieu du commissariat civil. — Pendant dix jours, à partir de ces insertions et de ces affiches, les propriétaires et autres intéressés seront admis à consigner leurs observations sur un registre ouvert, pour la province d'Alger, à la direction de l'intérieur, et pour les autres provinces, à la sous-direction de l'intérieur. — Toutefois, dans les portions du territoire qui seront formées en district, ces observations pourront être faites au commissariat civil du district.—Les observations des propriétaires et autres intéressés seront soumises au conseil d'administration, qui en constatera sommairement les résultats. — La déclaration d'utilité publique ne pourra être faite qu'après l'accomplissement de ces formalités : elle sera rendue par notre ministre de la guerre, sur les avis du conseil d'administration et du gouverneur général (2).

Art. 27. — Extrait de la décision ministérielle portant déclaration d'utilité publique, et indiquant, en outre, les immeubles qui doivent être soumis à l'expropriation, leur nature, leur situation et leurs propriétaires, s'ils sont connus, sera inséré dans le journal officiel de l'Algérie, et affiché aux lieux déterminés au § 1 de l'article précédent.—Les observations des propriétaires et autres particuliers intéressés seront reçues dans les formes et délais déterminés au même article, et soumises au conseil d'administration, qui en constatera sommairement les résultats.

Art. 28. — L'expropriation sera prononcée par une décision de notre ministre de la guerre, ren-

due sur l'avis du conseil d'administration et sur celui du gouverneur général. — Toutes les pièces de l'instruction seront, à cet effet, transmises à notre ministre de la guerre par le gouverneur général. — Les parties intéressées pourront adresser au même ministre leurs réclamations ou observations, indépendamment de celles qui auront été faites conformément à l'article précédent. — Extrait de la décision portant indication des immeubles expropriés, avec les désignations portées en l'article précédent, sera publié et affiché sans délai, de la même manière que la décision déclarative de l'utilité publique.—Pareil extrait sera notifié aux propriétaires intéressés.

CHAP. 2. — *Effets de l'expropriation quant aux privilèges, hypothèques et autres droits réels.*

Art. 29. — Immédiatement après la notification prescrite par l'article précédent, la décision ministérielle portant expropriation sera transcrite, sans frais, au bureau de la conservation des hypothèques, conformément à l'art. 2181 c. Nap.

Art. 30. — Dans la quinzaine de la transcription, les privilèges et les hypothèques conventionnelles, judiciaires et légales, antérieurs à la publication de la décision, seront inscrits. — A l'expiration de ce délai, l'immeuble exproprié deviendra libre de tout privilège et de toute hypothèque non encore inscrits, de quelque nature qu'ils soient, sans préjudice du recours contre les maris, tuteurs et autres administrateurs qui auraient dû requérir ces inscriptions, et les droits des créanciers, des femmes, mineurs, interdits et de l'État, seront transportés sur le montant de l'indemnité tant qu'elle n'aura pas été payée, ou que l'ordre n'aura pas été définitivement réglé. — Les créanciers inscrits n'auront, dans aucun cas, la faculté de surenchérir, mais ils pourront exiger que l'indemnité soit fixée par l'autorité judiciaire, conformément aux dispositions ci-après.

Art. 31. — Les actions en résolution ou en revendication, et toutes autres actions réelles, ne pourront arrêter l'expropriation ni en empêcher l'effet. Le droit des réclamants sera transporté sur le prix, et l'immeuble en demeurera affranchi.

CHAP. 3. — *Règlement, attribution et payement de l'indemnité.*

Art. 32. — Le propriétaire qui voudra faire valoir ses droits à l'indemnité, sera tenu de justifier de son droit de propriété. Les titres et autres documents qu'il aura produits, seront communiqués au directeur des finances, qui procédera à leur examen, et prendra ou provoquera telles mesures qu'il jugera convenables pour la conservation des intérêts du domaine.

Art. 33. — Dans la huitaine qui suit la notification prescrite par l'art. 28, le propriétaire est tenu d'appeler et de faire connaître à l'administration, les fermiers, locataires, ceux qui ont des droits d'usufruit, d'usage ou d'habitation, tels qu'ils sont réglés par le code Nap., et ceux qui peuvent réclamer des servitudes résultant des titres mêmes du propriétaire ou d'autres actes, dans lesquels il serait intervenu ; sinon il restera seul chargé envers eux des indemnités que ces derniers pourront réclamer (3). — Les autres intéressés seront en demeure de faire valoir leurs droits par l'avertissement énoncé en l'art. 28, et tenus de se faire connaître à l'administration dans le même délai de

---

(1) V. *Transactions immobilières*, ord. du 9 juin 1844 et notes.

(2) Art. 26, 27 et 28 modifiés par décr. du 8 sept. 1859 (*Expropriation*, § 1).

(3) *Jurisprudence*. — A défaut par le propriétaire de dénonciation, dans le délai fixé, des droits qu'un fermier

peut avoir à une indemnité distincte, il reste seul responsable envers ce dernier ; l'État est complètement libéré par le payement de l'indemnité fixée en faveur du propriétaire, et ne peut être actionné en garantie. — *Cour d'Alger*, 10 oct. 185

huitaine ; à défaut de quoi, ils seront déchus de tous droits à l'indemnité.

Art. 54. — Les dispositions de la présente ordonnance, relatives aux propriétaires et à leurs créanciers, sont applicables à l'usufruitier et à ses créanciers.

Art. 55. — Dans la huitaine de la notification prescrite par l'art. 28, l'administration notifiera aux propriétaires et à tous autres intéressés qui auront réclamé, les sommes qu'elle offre pour indemnités.

Art. 56. — Dans la quinzaine suivante, les propriétaires et autres intéressés sont tenus de déclarer leur acceptation, ou, s'ils n'acceptent pas les offres qui leur sont faites, d'indiquer le montant de leurs prétentions. — Ils seront également tenus de déclarer, dans le même délai, à peine de déchéance, s'ils requièrent l'expropriation entière des bâtiments, dont une portion seulement serait comprise dans l'expropriation pour cause d'utilité publique.

Art. 57. — Si, dans le délai ci-dessus, les offres de l'administration ne sont pas acceptées, l'administration citera les propriétaires et tous les autres intéressés devant le tribunal civil de 1er inst. de la situation de l'immeuble exproprié, pour qu'il y soit procédé au règlement de l'indemnité. — La citation contiendra l'énonciation des offres qui auront été faites et les moyens à l'appui.

Art. 58. — Dans la huitaine de la citation, les parties assignées signifieront leurs demandes, et les moyens à l'appui. — A l'expiration de ce délai, le tribunal pourra se transporter sur les lieux ou déléguer à cet effet un ou plusieurs de ses membres. — Il fixera, par le même jugement, le jour et l'heure où le transport devra s'effectuer, et nommera d'office, s'il y a lieu, un ou plusieurs experts.

Art. 59. — Le tribunal, ou, le cas échéant, le juge-commissaire, parties présentes ou dûment appelées, fera sur les lieux toutes vérifications, y prendra tous renseignements, ou entendra toutes personnes qu'il croira pouvoir l'éclairer. — Les experts prêteront serment et procéderont en la forme ordinaire. — Les opérations terminées, la minute du procès-verbal sera remise au greffe du tribunal dans les huit jours. — Lorsque le procès-verbal aura été déposé, le tribunal délibérera, en chambre du conseil, toutes affaires cessant, sur les mémoires produits et sur les conclusions écrites du ministère public. Le jugement sera prononcé en audience publique.

Art. 40. — Le tribunal appréciera la sincérité des titres produits et les actes et circonstances qui seront de nature à modifier l'évaluation de l'indemnité. — Si l'exécution des travaux qui ont motivé l'expropriation doit procurer une augmentation de valeur immédiate, et spéciale au restant de la propriété, cette augmentation sera prise en considération dans l'évaluation du montant de l'indemnité.

Art. 41. — Si le tribunal acquiert la conviction que des ouvrages ou travaux quelconques ont été faits par le propriétaire de mauvaise foi, et dans la vue d'obtenir une indemnité plus élevée, le tribunal devra, selon les circonstances, rejeter ou réduire la valeur de ces ouvrages ou travaux.

Art. 42. — Si dans les six mois, à compter de la décision ministérielle prononçant l'expropriation, l'administration ne poursuit pas la fixation de l'indemnité, les parties pourront exiger qu'il soit procédé à cette fixation. — Quand l'indemnité aura été réglée, si elle n'est pas acquittée ni consignée dans les six mois du jugement du tribunal, les intérêts courront de plein droit à l'expiration de ce délai.

Art. 43. — Le tribunal accordera des indemnités distinctes aux parties qui les réclameront à des titres différents, comme propriétaires, fermiers,

locataires, ou en toute autre qualité. — Dans le cas d'usufruit, le tribunal ne fixera qu'une seule indemnité, égale à la valeur totale de l'immeuble ; le nu-propriétaire et l'usufruitier exerceront leurs droits sur le montant de l'indemnité, au lieu de l'exercer sur la chose. — L'usufruitier sera tenu de donner caution. Les père et mère ayant l'usufruit légal du bien de leurs enfants en sont seuls dispensés.

Art. 44. — L'indemnité allouée par le tribunal ne pourra, en aucun cas, être inférieure aux offres de l'administration ni supérieure à la demande de la partie intéressée.

Art. 45. — La décision du tribunal, seulement en ce qui concerne la fixation du montant de l'indemnité, sera souveraine et sans appel (1).

Art. 46. — Les frais de l'instance en règlement de l'indemnité seront supportés comme il suit : — Si l'indemnité réglée par le tribunal ne dépasse pas l'offre de l'administration, les parties qui l'auront refusée seront condamnées aux dépens. — Si l'indemnité est égale à la demande des parties, l'administration sera condamnée aux dépens. — Si l'indemnité est à la fois supérieure à l'offre de l'administration et inférieure à la demande des parties, les dépens seront compensés de manière à être supportés par les parties et par l'administration dans la proportion de l'offre et de la demande avec l'indemnité réglée. — Tout indemnitaire qui n'aura pas indiqué le montant de ses prétentions, conformément à l'art. 36, sera, dans tous les cas, condamné aux dépens.

Art. 47. — L'indemnité sera liquidée en une somme capitale. — Toutefois, si l'immeuble exproprié est grevé d'une rente valablement constituée pour prix de la transmission du fonds, cette rente ne sera pas comprise dans la liquidation. L'indemnité, en ce cas, consistera dans la somme que l'immeuble sera jugé valoir en sus de la rente. — L'administration aura l'option de continuer le service de la rente ou de la racheter au taux légal.

Art. 48. — L'administration ne pourra se mettre en possession des immeubles qu'après avoir délivré aux propriétaires expropriés le montant de l'indemnité ou en avoir fait la consignation.

Art. 49. — S'il s'élève des contestations relatives à l'attribution de l'indemnité, le tribunal en ordonnera la consignation pour le compte de qui il appartiendra. — La consignation sera également ordonnée si l'immeuble est chargé d'inscriptions hypothécaires, ou s'il s'élève des oppositions ou autres empêchements à la délivrance de l'indemnité. — Les titres de liquidation ne seront délivrés par l'administration que sur le vu d'un jugement ou d'un arrêt définitif, ou sur une transaction régulière et authentique.

CHAP. 4. — De l'occupation temporaire (2).

Art. 50. — Dans le cas où l'exécution des travaux d'utilité publique définis dans l'art. 25 nécessitera l'occupation temporaire d'un immeuble en tout ou en partie, il sera procédé de la manière suivante :

Art. 51. — L'occupation temporaire sera autorisée par décision rendue par notre ministre de la guerre, sur l'avis motivé du conseil d'administration et sur celui du gouverneur général. — Dans les trois jours de la réception de l'arrêté de notre ministre de la guerre, le directeur de l'intérieur

(1) *Jurisprudence.* — Cette interdiction s'applique tant au montant de l'indemnité en principal qu'à ses accessoires, spécialement les intérêts dus. — *Cour d'Alger,* 5 août 1850.

(2) Chapitre abrogé par décr. du 5 déc. 1855 (*Expropriation,* § 1).

transmettra ampliation dudit arrêté au procureur du roi près le tribunal de l'arrondissement où seront situées les propriétés qu'il s'agira d'occuper, et au maire de la commune de leur situation. — Sur le vu de cet arrêté, le procureur du roi requerra de suite, et le tribunal ordonnera immédiatement que l'un des juges se transporte sur les lieux, avec un expert que le tribunal nommera d'office. — Le maire fera, sans délai, publier l'arrêté par affiche, tant à la principale porte de l'église du lieu qu'à celle de la maison commune, et par tous les autres moyens possibles. Les publications et affiches seront certifiées par ce magistrat.

Art. 52. — Dans les trois jours le juge-commissaire rendra, pour fixer le jour et l'heure de sa descente sur les lieux, une ordonnance qui sera signifiée à la requête du procureur du roi, au maire de la commune où le transport devra s'effectuer, et à l'expert nommé par le tribunal. — Le transport s'effectuera dans les dix jours de cette ordonnance, et seulement huit jours après la signification dont il vient d'être parlé. — Le maire, sur les indications qui lui seront données par l'agent de l'administration chargé de la direction des travaux, convoquera, au moins cinq jours à l'avance, pour le jour et l'heure indiqués par le juge-commissaire; — 1° Les propriétaires intéressés, et, s'ils ne résident pas sur les lieux, leurs agents, mandataires ou ayants cause; — 2° Les usufruitiers ou autres personnes intéressées, telles que fermiers, locataires ou occupants, à quelque titre que ce soit. — Les personnes ainsi convoquées pourront se faire assister par un expert ou arpenteur.

Art. 53. — Un agent de l'administration du domaine, désigné par le directeur des finances, et un expert ingénieur, architecte ou arpenteur, choisi par le directeur de l'intérieur, se transporteront sur les lieux, au jour et à l'heure indiqués, pour se réunir au juge-commissaire, au maire ou à l'adjoint, à l'agent chargé des travaux et à l'expert désigné par le tribunal. Le juge-commissaire recevra le serment préalable des experts sur les lieux, et il en sera fait mention au procès-verbal. — L'agent, chargé des travaux déterminera, en présence de tous, par des pieux et piquets, le périmètre du terrain, dont l'exécution des travaux nécessitera l'occupation. Cette opération achevée, l'expert désigné par le directeur de l'intérieur procédera immédiatement et sans interruption, de concert avec l'agent de l'administration du domaine, à la levée du plan parcellaire, pour indiquer, dans le plan général de circonscription, les limites et la superficie des propriétés particulières.

Art. 54. — L'expert nommé par le tribunal dressera un procès-verbal qui comprendra: — 1° La désignation des lieux, cultures, plantations, clôtures, bâtiments, et autres accessoires du fonds. Cet état descriptif devra être assez détaillé pour servir de base à l'appréciation de la valeur foncière, et, en cas de besoin, de la valeur locative, ainsi que des dommages-intérêts résultant des changements ou dégâts qui pourront avoir lieu ultérieurement; — 2° L'estimation de la valeur foncière et locative de chaque parcelle de ces dépendances, ainsi que l'indemnité qui pourra être due pour frais de déménagement, pertes de récoltes, détériorations d'objets mobiliers ou, tous autres dommages. — Ces diverses opérations auront lieu contradictoirement avec l'agent de l'administration du domaine et l'expert nommé par le directeur de l'intérieur, avec les parties intéressées, si elles sont présentes, ou avec l'expert qu'elles auront désigné; si elles sont absentes et qu'elles n'aient pas nommé d'expert, ou si elles n'ont point le libre exercice de leurs droits, un expert sera désigné d'office par le juge-commissaire pour les représenter.

Art. 55. — L'expert nommé par le tribunal devra, dans son procès-verbal: — 1° Indiquer la nature et la contenance de chaque propriété, la nature des constructions, l'usage auquel elles sont destinées, les motifs des évaluations diverses, et le temps qu'il paraît nécessaire d'accorder aux occupants pour évacuer les lieux; — 2° Transcrire l'avis de chacun des autres experts et les observations et réquisitions, telles qu'elles lui seront faites, de l'agent chargé des travaux, du maire, de l'agent du domaine et des parties intéressées ou de leurs représentants. — Chacun signera ses dires, ou mention sera faite de la cause qui l'en empêche.

Art. 56. — Lorsque les propriétaires, ayant le libre exercice de leurs droits, consentiront à la cession qui leur sera demandée et aux conditions qui leur seront offertes par l'administration, il sera passé entre eux et le directeur de l'intérieur un acte de bail ou de vente qui sera rédigé dans la forme des actes d'administration, et dont la minute restera déposée aux archives de la direction de l'intérieur.

Art. 57. — Dans le cas contraire, sur le vu de la minute du procès-verbal dressé par l'expert et de celui du juge-commissaire qui aura assisté à toutes les opérations, le tribunal, dans une audience tenue aussitôt après le retour de ce magistrat, déterminera sans retard et sans frais: — 1° L'indemnité de déménagement à payer aux détenteurs avant l'occupation; — 2° L'indemnité approximative et provisionnelle de dépossession, qui devra être consignée, sauf règlement ultérieur et définitif, préalablement à la prise de possession.

Art. 58. — Le même jugement, autorisera le directeur de l'intérieur à se mettre en possession, à la charge: — 1° De payer sans délai l'indemnité de déménagement, soit au propriétaire, soit au locataire; — 2° De signifier avec le jugement l'acte de consignation de l'indemnité provisionnelle de dépossession. — Ledit jugement déterminera le délai dans lequel, à compter de l'accomplissement de ces formalités, les détenteurs seront tenus d'abandonner les lieux. Ce délai ne pourra excéder cinq jours pour les propriétés non bâties, et dix jours pour les propriétés bâties. — Le jugement sera exécutoire nonobstant appel ou opposition.

Art. 59. — Aussitôt après la prise de possession, le tribunal procédera au règlement définitif de l'indemnité de dépossession. — L'indemnité annuelle, représentative de la valeur locative de la propriété et du dommage résultant du fait de la dépossession, sera payée, par moitié, de six mois en six mois, au propriétaire et au fermier, le cas échéant. — Lors de la remise des terrains qui n'auront été occupés que temporairement, l'indemnité due pour les détériorations causées par les travaux, ou pour la différence entre l'état des lieux au moment de la remise et l'état constaté par le procès-verbal descriptif, sera payée, sur le règlement, amiable, ou judiciaire, soit au propriétaire, soit au fermier ou exploitant, et selon leurs droits respectifs.

Art. 60. — Lorsque des terrains seront occupés temporairement, pour l'extraction des pierres ou autres matériaux nécessaires aux travaux publics, il ne sera dû de dédommagement au propriétaire que pour la destruction des bâtiments ou clôtures, pour la perte des récoltes pendantes et pour la diminution de valeur que les terrains auraient subie par suite des travaux de l'administration. — Il n'y aura lieu à faire entrer dans l'estimation la valeur des matériaux à extraire, que dans le cas où l'administration s'emparerait d'une carrière ou minière déjà en exploitation. Dans ce cas, les matériaux seront évalués d'après leur prix courant, abstraction faite de la hausse occasionnée par le travail d'utilité publique pour lequel ils seraient pris.

Art. 61.—Si l'occupation temporaire se prolonge plus de trois ans, le propriétaire aura droit d'exiger la prise de possession définitive par une déclaration expresse notifiée à l'administration ; en ce cas, il sera procédé à l'expropriation, conformément aux dispositions de la présente ordonnance, et l'indemnité sera réglée eu égard à l'état et à la consistance de l'immeuble, tels qu'ils auront été constatés par les procès-verbaux mentionnés aux art. 54 et 55.

CHAP. 5. — *De la prise de possession en cas d'urgence.*

Art. 62.— Lorsqu'il y aura urgence de prendre possession des terrains et bâtiments qui seront soumis à l'expropriation, l'urgence sera spécialement déclarée par une décision de notre ministre de la guerre.

Art. 63.— En ce cas, la décision portant expropriation et celle qui déclare l'urgence seront notifiées au propriétaire, avec assignation devant le tribunal civil. L'assignation sera donnée à huit jours au moins, outre le délai des distances, s'il y a lieu. Elle énoncera la somme offerte par l'administration (1).

Art. 64.— Au jour fixé, le propriétaire et les détenteurs seront tenus de déclarer la somme dont ils demandent la consignation avant l'envoi en possession.—Faute par eux de comparaître, il sera procédé contre eux en leur absence.

Art. 65.— Le tribunal fixe les sommes à consigner.—Le tribunal peut se transporter sur les lieux ou commettre un juge pour visiter les terrains, recueillir tous les renseignements propres à en déterminer la valeur et en dresser, s'il y a lieu, un procès-verbal descriptif. Cette opération devra être terminée dans les dix jours, à dater du jugement qui l'aura ordonnée. — Dans les trois jours de la remise de ce procès-verbal au greffe, le tribunal déterminera les sommes à consigner.

Art. 66.— La consignation doit comprendre, outre le principal, la somme nécessaire pour assurer, pendant deux ans, le payement des intérêts au taux légal.

Art. 67. — Sur le vu du procès-verbal de la consignation, et sur une nouvelle assignation à deux jours de délai, le président ordonne la prise de possession.

Art. 68. — Le jugement du tribunal et l'ordonnance du président sont exécutoires sur minutes et ne peuvent être attaqués par opposition ni par appel.

Art. 69.— Le président taxera les dépens qui seront supportés par l'administration.

Art. 70.—Après la prise de possession, il sera, à la poursuite de la partie la plus diligente, procédé à la fixation définitive de l'indemnité, conformément aux art. 40 et suiv. de la présente ordonnance.

Art. 71.— Si cette fixation est supérieure à la somme qui a été déterminée par le tribunal, le supplément doit être consigné dans la quinzaine de la notification du jugement, et, à défaut, le propriétaire peut s'opposer à la continuation des travaux.

CHAP. 6. — *Dispositions générales.*

Art. 72.— La décision qui déclare l'utilité publique et celle qui prononce l'expropriation sont rendues sur la proposition du chef de service dans l'intérêt duquel l'expropriation est poursuivie. — Le règlement et l'attribution de l'indemnité sont

effectués, pour tous les services publics, à la diligence du directeur de l'intérieur. — Le domaine et les anciennes corporations sont représentés par le directeur des finances, soit devant l'autorité judiciaire, soit devant l'autorité administrative.

Art. 73.—Les significations et notifications mentionnées en la présente ordonnance seront faites, ainsi qu'il est prescrit par les art. 3 et 4 de notre ord. du 16 avr. 1843. (*Procédure.*)

Art. 74.—Pour les ajournements donnés en exécution des art. 37 et 63 de la présente ordonnance, seront observés les délais fixés par les art. 6 et 7 de l'ord. du 16 avr. 1843, sans que, dans aucun cas, le délai puisse excéder trente jours.

Art. 75.—Les significations et notifications mentionnées en la présente ordonnance peuvent être faites tant par huissiers que par tout agent de l'administration dont les procès-verbaux font foi en justice.

Art. 76. — Les plans, procès-verbaux, certificats, significations, jugements, contrats, quittances et autres actes faits en vertu de la présente ordonnance, seront visés pour timbre et enregistrés gratis, lorsqu'il y aura lieu à la formalité de l'enregistrement.— Il ne sera perçu aucun droit pour la transcription des actes au bureau des hypothèques.

Art. 77.— Les concessionnaires de travaux publics exerceront tous les droits et seront soumis à toutes les obligations de l'administration, tels que ces droits et obligations sont régies par la présente ordonnance.

Art. 78.—Les ordonnances et arrêtés antérieurs sur l'expropriation et l'occupation temporaire pour cause d'utilité publique sont abrogés, sauf ce qui sera dit aux art. 107 et 108 de la présente ordonnance (V. sect. 2).

CHAP. 7. — *Dispositions transitoires.*

Art. 79. — Les indemnités dues pour expropriations consommées depuis le 5 juill. 1830 jusqu'à la promulgation de la présente ordonnance, seront réglées conformément à la législation sous l'empire de laquelle ces expropriations auront été consommées. Pour le temps antérieur à l'arr. du 17 oct. 1833, l'expropriation est réputée consommée : — 1° Par le seul fait de la démolition ou de l'occupation effective de l'immeuble ;— 2° Par l'attribution qui en aura été faite à un service public ; — 3° Par la disposition que l'administration en aurait faite en faveur des tiers, à titre d'aliénation d'échange ou de concession ; — 4° Enfin par tout acte ou fait administratif ayant pour résultat de faire cesser la possession du propriétaire (2).

TIT. 5. — *Des terres incultes* (abrogé par l'ord. suivante du 21 juill. 1846).

Art. 80. — Notre ministre de la guerre déterminera, par des arrêtés spéciaux (3), le périmètre des territoires qui devront être mis en culture à l'entour de chaque ville, village ou hameau existant ou à créer. — Chaque arrêté rappellera les dispositions des art. 81, 82, 83, 91 et 92 ci-après ; il sera affiché à Alger, ainsi qu'au chef-lieu de l'arrondissement judiciaire de la situation des terres à mettre en culture, et inséré au *Moniteur algérien.*

Art. 81.— Dans les trois mois de cette insertion, tout indigène ou Européen qui se prétendra propriétaire des terres incultes comprises dans le périmètre déterminé, signifiera ses titres de propriété au directeur des finances à Alger. — Dans

(1) Modifications à cet article et aux suivants, par décrets des 11 juin 1858 et 8 sept. 1859 (*Expropriation*, § 1).
(2) V. *Expropriation*, et notamment arrêté du 9 déc. 1841, art. 31 et notes.

(3) Ces arrêtés ont été publiés pour les trois provinces à la date du 1er fév. 1845, B. 195. L'abrogation de cette mesure par l'ord. du 21 juill. 1846 rend inutile leur reproduction.

cette signification, il élira domicile au chef-lieu de l'arrondissement judiciaire de la situation des immeubles; toutes les significations à la requête du domaine seront valablement faites à ce domicile élu, sans qu'il soit besoin d'observer les délais des distances, à raison du domicile réel du propriétaire prétendu. A défaut d'élection de domicile, toutes ces significations seront valablement faites au parquet du procureur du roi. — Le délai de trois mois courra contre les interdits, les mineurs et les femmes mariées, sauf leur recours contre qui de droit.

Art. 82.—Tout réclamant sera tenu de produire des titres remontant, avec date certaine, à une époque antérieure au 5 juill. 1830, et constatant le droit de propriété, la situation, la contenance et les limites de l'immeuble.

Art. 83. — Les terres incultes, comprises dans le périmètre dont la propriété n'aura pas été réclamée conformément aux articles précédents, seront réputées vacantes, et l'administration, sans qu'il soit besoin de jugement, pourra en faire la concession aux clauses et conditions qu'elle jugera convenables.

Art. 84.— Si les titres de propriété ne sont produits qu'après les trois mois fixés par l'art. 81 ci-dessus, et s'ils sont reconnus valables, le propriétaire sera mis en possession de ceux de ses biens qui seront encore dans les mains de l'Etat. Quant à ceux qui auront été concédés, le concessionnaire, même provisoire, ne pourra en être évincé, et, dans aucun cas, le propriétaire ne pourra prétendre d'autre indemnité que la délivrance d'une contenance égale de terres incultes de même nature, et dans le lieu le plus rapproché, lorsque le domaine en aura à sa disposition. — Si pourtant les immeubles ont été concédés à titre onéreux, l'Etat restituera au propriétaire le prix qu'il aura reçu, et le subrogera à tous ses droits pour le prix à recevoir ou pour la rente constituée, le tout sans garantie.

Art. 85. — Dans l'année (1), soit de la signification des titres, faite au directeur des finances, conformément à l'art. 81, soit de la production des titres mentionnés en l'art. 84, l'administration des domaines assignera, devant le tribunal de la situation des immeubles, ceux dont elle entendra contester les droits. — Passé ce délai, les titres seront réputés valables, et l'administration ne sera plus recevable à les contester.

Art. 86. — Le propriétaire assigné par l'administration, en vertu de l'article précédent pourra, s'il est dû une rente pour le prix ou partie du prix des terres incultes, mettre en cause le créancier de cette rente. Le jugement, quand il y aura lieu, sera déclaré commun avec ce créancier et l'immeuble affranchi du payement de la rente, sauf le recours dudit créancier contre qui de droit.

Art. 87.—Le tribunal, investi de la vérification des titres, procédera, comme en matière sommaire et d'urgence, toute autre affaire cessant. Il décidera si les titres sont conformes aux prescriptions de l'art. 82 ci-dessus, sauf les droits que les tiers pourraient exercer dans les délais de l'art. 7.

Art. 88. — Le jugement énoncera la contenance pour laquelle le défendeur aura fait preuve de ces droits, et désignera la situation et les limites résultant des titres.

Art. 89. — S'il n'est pas produit de titres antérieurs au 5 juill. 1830, ou si les titres produits sont insuffisants, le défendeur sera déchu de tous droits, sauf recours contre qui il appartiendra, et l'Etat sera déclaré propriétaire des terres en litige.

Art. 90. — Les propriétaires des terres incultes

dont les titres n'auront pas été contestés, ou auront été déclarés valables par jugements ou arrêts définitifs, feront fixer la situation et les limites de leurs propriétés, contradictoirement avec leurs voisins. — Lorsque l'espace effectif sera insuffisant pour toutes les contenances admises par les jugements ou arrêts, il y aura lieu, pour chaque propriété, à une réduction proportionnelle aux contenances totales. Dans aucun cas l'Etat ne sera responsable du défaut de contenance. — L'établissement de la situation et le bornage se feront sous la surveillance de l'autorité administrative, qui statuera sur toutes les contestations à ce relatives.

Art. 91. — Celui qui possède dans le périmètre d'un territoire où la culture est obligatoire une terre cultivée, ou sur laquelle lui ou ses auteurs ont fait des plantations, des travaux de dessèchement ou d'irrigation, ou fait construire des bâtiments d'exploitation ou une maison d'habitation, est réputé légitime propriétaire, à l'égard du domaine, des terrains qu'il possède réellement, sauf les droits que les tiers pourront faire valoir, dans les délais de l'art. 7 ci-dessus.—Il sera tenu, dans les trois mois de l'insertion au *Moniteur algérien*, de l'arrêté qui aura déterminé le périmètre, de signifier au directeur des finances, à Alger, le plan des lieux, avec indication de la contenance dont il se prétend en possession, des tenants et aboutissants, et description sommaire des travaux exécutés. — Les deux derniers paragraphes de l'art. 81 ci-dessus lui sont applicables.

Art. 92. — Celui qui, dans les trois mois, n'aura pas satisfait à la prescription de l'article précédent, perdra le bénéfice résultant de la mise en culture et autres travaux, et sera tenu de produire des titres remontant, avec date certaine, à une époque antérieure au 5 juill. 1830.

Art. 93. — Dans l'année (2) de la signification prescrite par l'art. 91 ci-dessus, l'administration des domaines citera devant le conseil d'administration de l'Algérie, sauf recours devant nous, en notre conseil d'Etat, ceux dont elle entendra contester les droits résultant de la mise en culture ou autres travaux. — Le conseil d'administration ne pourra motiver sa décision que sur l'existence ou la non-existence des travaux de culture allégués. — L'arrêté du conseil d'administration énoncera la contenance pour laquelle les droits du défendeur auront été reconnus, et désignera la situation et les limites de sa propriété.

Art. 94. — Les terres laissées incultes dans les périmètres où la culture aura été ordonnée seront soumises à un impôt spécial et annuel de 5 fr. par hectare, indépendamment de tous autres impôts établis ou à établir sur les terres en général. — L'inculture sera constatée administrativement, et l'impôt établi et perçu dans la même forme que les contributions publiques.

Art 95. — Ne seront point sujets à l'impôt spécial : — 1° Les terrains que l'administration autorisera à conserver ou à convertir en bois ;— 2° Les prairies naturelles, pourvu qu'elles soient nettoyées, et que leur étendue n'excède pas le quart de l'immeuble dont elles font partie ;— 3° Les terrains que l'administration reconnaîtra ne devoir pas être cultivés.

Art. 96. — L'impôt spécial diminuera annuellement dans la proportion des terres mises en culture durant l'année. Lorsqu'un propriétaire aura fait agréer par l'administration un plan de mise en culture qui exigera plusieurs années, l'impôt spécial ne sera pas perçu sur les terres incultes pour les années durant lesquelles le propriétaire aura exécuté les travaux et culture auxquels il s'était soumis.

_____

(1) Délai prorogé d'un an à dix-huit mois, par ord. roy. du 10 fév. 1846.

(2) Délai prorogé d'un an à dix-huit mois, par l'ord. précitée du 10 fév. 1846.

Art. 97. — Les propriétaires de terres incultes pourront s'affranchir de l'impôt spécial, en offrant de délaisser lesdites terres au domaine, à la charge par celui-ci de leur en rendre d'autres à leur première demande, de même étendue, et autant que possible de même nature.

Art. 98. — Les propriétaires de terres incultes qui se refuseraient à payer l'impôt spécial, ou qui demeureraient plus de six mois sans l'acquitter, seront réputés de plein droit avoir fait au domaine le délaissement de terres incultes assujetties audit impôt, et les dispositions du précédent article et des articles suivants leur deviendront applicables.

Art. 99. — Les terres à donner en échange devront être situées dans les périmètres affectés à la culture. Elles seront délivrées sous la condition spéciale de cultiver.

Art. 100. — Le droit de demander des terres à titre d'indemnité n'aura d'autre limite que le manque de terres dans les zones colonisées, sauf à le faire valoir plus tard dans les nouvelles zones, qui pourront être successivement ouvertes à l'agriculture; dans aucun cas il ne pourra se convertir en droit de créance pécuniaire contre l'État. Il sera prescrit par dix ans.

Art. 101. — Si l'administration n'accepte pas le délaissement, les terres qui en étaient l'objet seront affranchies de l'impôt spécial.

Art. 102. — Les actes de délaissement et de délivrance des terres données en échange se feront par des arrêtés du gouverneur général, qui seront soumis à l'approbation de notre ministre de la guerre.

Art. 103. — Les contestations relatives au délaissement ou à la délivrance des terres données en échange seront portées devant le conseil d'administration de l'Algérie, sauf recours devant nous en notre conseil d'État.

Art. 104. — Si, dans l'année de la demande en attribution de terres formée par un propriétaire, en vertu de l'art. 97, l'administration ne lui a pas fait cette délivrance, le propriétaire aura droit à une indemnité égale à la valeur des terres délaissées. Cette indemnité sera fixée d'après les règles déterminées par les art. 107 et 108 ci-après.

Art. 105. — Les droits que des tiers pourraient avoir, comme créanciers ou à tout autre titre, soit sur des terres concédées en vertu de l'art. 85, soit sur des terres délaissées en vertu de l'art. 97, cesseront de grever lesdites terres, et passeront, s'il y a lieu, dans le même ordre et sans aucune novation sur les terres données en échange ou sur l'indemnité qui en tiendrait lieu. Ils seront admis à intervenir dans le règlement de cette indemnité.

Art. 106. — L'inculture des terres situées dans les périmètres déterminés en vertu de l'art. 80 ci-dessus, est une cause suffisante d'expropriation pour utilité publique.

Art. 107. — Lorsqu'il y aura lieu d'exproprier des terres incultes pour cause d'utilité publique, il sera procédé conformément à la législation en vigueur avant la promulgation de la présente ordonnance.

Art. 108. — L'indemnité sera arbitrée par le conseil d'administration, d'après l'appréciation des circonstances. — Néanmoins, le montant ne pourra en être fixé qu'abstraction faite de toute augmentation de valeur résultant de travaux publics, tels que routes, canaux, dessèchements, création de centres de population et autres ouvrages exécutés par l'administration. — La plus value que ces ouvrages et travaux auront donnée aux immeubles contigus, appartenant au même propriétaire et non compris dans l'expropriation, devra être appréciée et compensée, jusqu'à due concurrence avec l'indemnité.

Tit. 6. — *Des marais* (1).

Art. 109. — Les marais sont réputés biens vacants. — L'administration peut immédiatement prendre, pour leur dessèchement, telle mesure, passer tel marché, et faire telle concession qu'elle jugera convenable.

Art. 110. — Les droits à la propriété d'un marais ne pourront s'établir que contradictoirement avec l'administration des domaines et par des titres remontant, avec date certaine, à une époque antérieure au 5 juill. 1830. L'action sera portée devant le tribunal de la situation des marais.

Art. 111. — Dans le cas où les titres produits seront reconnus valables, le droit du propriétaire se résoudra en une indemnité, à la fixation de laquelle il sera procédé conformément aux art. 107 et 108 ci-dessus.

Art. 112. — Le propriétaire d'un marais exproprié en vertu de l'article précédent, pourra, au lieu de demander une indemnité, exiger une égale quantité de terres incultes, s'il s'en trouve à la disposition du domaine dans l'un des périmètres affectés à la culture; il sera, quant à ces terres incultes, soumis aux dispositions des art. 94 et suiv. du tit. 5 ci-dessus.

Tit. 7. — *Dispositions générales.*

Art. 113. — Les dispositions de la présente ordonnance sont applicables aux portions de l'Algérie qui se trouvent comprises dans le ressort des tribunaux civils de 1ʳᵉ inst.

Art. 114. — Pour l'avenir, l'étendue et la limite du ressort des tribunaux déjà institués ou de ceux qui seraient ultérieurement institués, ne pourront être déterminées ou modifiées que par des ordonnances royales.

Art. 115. — La disposition de l'art. 5, § 2, de notre ord. du 22 juill. 1834, est abrogée en ce qui concerne toutes les matières qui se rapportent à la propriété (2).

Oʀᴅ. — 21 juill.-8 août 1846. — B. 250. — *Délimitation de la propriété.* — *Vérification des titres.* — *Terres incultes* (3).

Vu nos ord. des 1ᵉʳ oct. 1844 et 10 fév. 1846, relatives à la propriété en Algérie;

(1) Abrogé par l'ord. suivante, du 21 juill. 1846.
(2) V. Admin. gén., § 1, Attributions du gouverneur général.
(3) *Rapport au roi.* — Sire, le but de la colonisation de l'Algérie doit être : le peuplement du pays, pour créer une force défensive qui prépare dans l'avenir la diminution de l'effectif de l'armée; la fertilisation du sol, pour assurer contre toute éventualité l'alimentation de ses habitants; enfin, la mise en valeur du territoire, pour arriver à l'impôt qui dégrève d'abord, et finit par enrichir le trésor. — La colonisation pourra s'opérer, soit par les colons déjà établis en Algérie, soit par les colons nouveaux qui demandent la concession de terres à cultiver. — Malheureusement, l'état anarchique où se trouve la propriété rurale, paralyse le bon vouloir des uns et des autres.

De nombreuses acquisitions ont été faites vers les premiers temps de la conquête. — Elles ont généralement eu lieu au hasard, sur la foi suspecte des Arabes vendeurs, en vertu de titres insuffisants ou d'actes de notoriété faits pour le besoin de chaque affaire, sans que les acquéreurs vissent, pussent même voir les lieux. — Cette incurie a porté ses fruits. — Quelquefois les terres vendues n'existaient même pas. Toujours les contenances ont été fabuleusement exagérées. Trop souvent les mêmes immeubles ont été vendus plusieurs fois à divers.

Les tribunaux seraient impuissants à porter la lumière dans ce chaos. C'est ce qu'a formellement déclaré la commission de colonisation créée en 1841. — En effet, le manque, habituel de déclarations précises dans les actes et de signes divisoires sur le terrain; le défaut de possession réelle tant de la part des vendeurs que des acqué-

Art. 1. — Notre ministre de la guerre détermi-nera, par des arrêtés spéciaux (V. ci-après § 2),

reurs; l'absence de témoins dignes de foi; le grand nombre des propriétés à recouvrer ainsi, rendraient la tâche tellement difficile et longue, pour les tribunaux déjà surchargés, qu'elle équivaudrait à une impossibilité; le cours de la justice en serait interrompu. — Il suit de là : — Que l'État et les particuliers ignorent également ce qui leur appartient; — Que les colons sérieux craignent de faire de dispendieux travaux d'avenir sur des propriétés contestables; — Que l'administration ne soit de trouver des terres concessibles pour les capitalistes et les travailleurs qui se présentent; — Qu'enfin la situation n'est bonne que pour l'agiotage qui en a profité pour acheter à vil prix, et qui en voudrait le maintien pour trafiquer de titres sans valeur.

A cet obstacle s'en joint un autre non moins grave. — Les établissements agricoles, pour prospérer, ont besoin de travaux d'utilité générale tels que routes, dessèchements de marais, distribution des eaux, barrages, ponts, etc. — Ces travaux publics, l'administration ne peut les exécuter que dans la limite des crédits budgétaires, et ne saurait dès lors les entreprendre partout à la fois. Il importe donc que, sur les points où ils seront dotés, les terres ne continuent pas de rester incultes et inhabitées, afin que les sacrifices de l'État ne s'effectuent pas en pure perte.

Dans cette situation, il importe de fixer avec certitude et sans perte de temps, les droits tant de l'État que des particuliers, relativement à la possession des terres, pour en assurer la fertilisation. — Déjà le titre 5 de l'ord. du 1er oct. 1844, et l'art. 5 de l'ord. du 21 juill. 1845 (Concessions), avaient posé des règles à ce sujet. — Des difficultés d'exécution qui se sont manifestées, nécessitent des dispositions nouvelles, ou constituent l'objet de l'ordonnance que j'ai l'honneur de soumettre à V. M.

Quand les actes renferment des indications suffisantes pour reconnaître la propriété acquise, cette reconnaissance doit être faite sur les lieux de manière à constituer immédiatement un droit certain et inattaquable; des mesures ont été prises à cet effet. — Lorsqu'au contraire les titres ne désignent pas la situation précise, la contenance et les limites de l'immeuble, de pareils titres sont évidemment défectueux, et l'ord. du 1er oct. 1844 en a justement déclaré l'invalidité. — Mais à côté du droit strict, il convenait d'admettre des tempéraments d'équité en faveur de ceux qui avaient acheté afin de cultiver. Cette intention mérite des encouragements. Le travail aussi est un titre, le meilleur peut-être à la possession du sol.

Pour apprécier la part qu'il est convenable et possible d'attribuer à chacun, il faut se bien rendre compte des chances qu'avaient acceptées les acquéreurs à titre irrégulier. — A raison tantôt de l'inexistence des propriétés acquises, tantôt des ventes multiples d'un même immeuble, et surtout de l'exagération habituelle des contenances, plusieurs n'auraient rien eu, la plupart fort peu. Le sol lui-même n'aurait pas suffi pour représenter toutes les étendues énoncées dans les actes d'acquisition. Après des contestations sans nombre et sans terme, force aurait été d'en finir par des réductions, des réductions, par un arbitrage général. — Cet arbitrage n'aurait pu se faire que par voie de disposition réglementaire, que la loi interdit aux tribunaux.

Tels furent les motifs impérieux de l'art. 5 de l'ord. du 21 juill. 1845, qui attribua 1 hectare de terre par chaque 5 fr. de rente stipulé dans le titre annulé pour cause d'irrégularité. — Cette proportion m'a paru équitable et en rapport avec l'étendue des terres à répartir et le nombre des intérêts à satisfaire. J'ai jugé utile de la maintenir dans le projet d'ordonnance soumis à V. M. — L'attribution de la terre dérivant ici, non d'un droit préexistant et certain, mais d'une disposition gracieuse, il était juste de la subordonner à des conditions de culture conformes à l'intérêt général. — Néanmoins, à cause de la position favorable de ceux qui avaient acheté avec le dessein de cultiver, ils recevront gratuitement le lot qui leur revient. — Quelques-uns auront moins que les étendues chimériques dont ils s'étaient flattés; d'autres obtiendront plus que ne leur aurait donné le cours ordinaire des choses. Mais, par-dessus tout, l'administration, certaine que le pays sera cultivé, pourra désormais faire utilement les

travaux d'utilité générale, qui, en rendant possible et facile l'exploitation du sol, décupleront la valeur des terres. Ainsi, dans tous les cas, la qualité dédommagera de la quantité.

J'ai l'honneur de proposer à V. M. d'accorder un délai de cinq ans aux intéressés pour réclamer la portion du sol qui leur est attribuée. Cette latitude leur donnera tout le temps nécessaire pour réunir leurs capitaux, faire leurs préparatifs, étudier les meilleurs procédés de culture signalés par l'expérience, attendre même que la fondation de nombreux centres de population vienne faciliter leur tâche et leur assurer de nouvelles chances de succès. — Enfin, les terres ainsi concédées, étant possédées en vertu de titres nouveaux délivrés par l'administration, toute propriété deviendra certaine, incommutable, demeurera préservée de procès ruineux et sans fin; et c'est là le plus grand service qu'on puisse rendre aux acquéreurs de bonne foi.

Ces divers principes forment la base de l'art. 82 de l'ord. du 1er oct. 1844 et de l'art. 5 de l'ord. du 21 juill. 1845; mais ils s'y trouvaient épars et n'y avaient pas reçu les développements nécessaires. Pour en faire ressortir l'esprit et la portée, il fallait les fondre dans un même texte, les compléter, et bien expliquer, pour prévenir les inquiétudes, que la même décision qui déchirera les titres vicieux, reconstituera immédiatement une propriété inébranlable. — Tel est l'objet des art. 18, § 2 et suiv. de l'ordonnance nouvelle.

L'intention de l'ord. du 1er oct. 1844 était de ne trancher la question de propriété que lorsqu'elle se présentait enveloppée d'obscurité, et qu'elle ne pouvait se résoudre par les moyens ordinaires. — Dans la banlieue des villes, où la terre était possédée, où généralement chaque propriété était délimitée, close de murs ou de haies, parfaitement connue, les mesures dont je viens de parler auraient été sans objet et sans motifs. Le projet soumis à V. M. détermine les exceptions applicables aux propriétés de cette catégorie. — L'art. 21 de l'ord. du 1er oct. 1844 reconnaît un droit de propriété en faveur de celui qui a cultivé, quoique sans titre régulier; mais il n'explique pas suffisamment ni la nature de ce droit, ni celle des travaux qui le constituent. — Le droit à la propriété dérive ici de cette circonstance que, l'État ayant intérêt au peuplement et à la fertilisation du sol, il serait illogique de retirer la possession de la terre à celui qui en fait l'usage que l'utilité publique réclame. Il suit de là que les travaux de culture, pour donner droit à la conservation des terrains où ils ont été faits, doivent avoir autant d'importance que ceux auxquels la délivrance de la terre aux ayants droit est elle-même subordonnée.

Par ce motif, comme aussi pour prévenir la crainte de l'arbitraire, j'ai cru nécessaire d'établir des règles uniformes relativement aux conditions de culture requises dans les cas ci-dessus prévus, en les réduisant, toutefois, à leur plus simple expression. J'ai pris pour guide à cet égard l'intérêt général, qui veut que le pays soit cultivé, qu'il soit peuplé, que la population soit européenne, que le sol se boise ou se reboise.

Évidemment c'était à l'autorité administrative de constater l'accomplissement ou l'inexécution des conditions de culture. J'ai maintenu, dans le projet, cette disposition de l'ord. du 1er oct. 1844. — Mais y avait-il également convenance et possibilité de laisser aux tribunaux la charge de vérifier les titres d'acquisition? — Il a été objecté que les tribunaux, qui ont déjà tant de peine à remplir leur tâche ordinaire, ne pourraient suffire à ce surcroît de travail. — Ceci m'a amené à rechercher quel est le caractère réel de la vérification générale des titres. — Cette mesure a pour but de rendre possible la colonisation, de pourvoir à un grand intérêt à la fois politique et administratif.

C'est en se plaçant à ce point de vue que la commission de la colonisation proposa de soumettre la révision des titres à une commission administrative. Des scrupules écartèrent cette idée, à laquelle l'expérience a démontré qu'il fallait revenir. — Telle a été aussi la pensée de la commission des crédits ordinaires pour 1846, qui vient de déclarer que les difficultés de la situation ne peuvent être vidées que par une grande mesure administrative. — Il est donc juste et opportun que l'application des règles

le périmètre des territoires dans l'étendue desquels les titres de propriétés rurales devront être vérifiés, conformément à la présente ordonnance. — Ne seront pas compris dans ces territoires : — 1° Pour le district d'Alger, les communes d'Alger, d'El Biar, de Mustapha Pacha, de Birmandraïs, de Draria, de Birkhadem, de Kouba, de Dely Ibrahim, de Bouzareah, de la Pointe-Pescade, et la partie de la commune de Hussein Dey située sur la rive gauche de l'Harrach; — 2° La commune de Blidah, telle qu'elle a été délimitée par notre ord. du 29 oct. 1845; — 3° La commune d'Oran, telle qu'elle a été délimitée par notre ord. du 29 oct. 1845; — 4° La commune de Mostaganem, telle qu'elle a été délimitée par arr. min. du 18 juill. 1845; — 5° Le territoire communal et civil de Bône, tel qu'il avait été constitué par l'arr. min. du 28 juill. 1858. (Circonscription, §§ 2 et 6.)

Art. 2. — Chaque arrêté sera affiché aux lieux ordinaires dans toutes les villes, bourgs ou villages existants dans le périmètre déterminé, et spécialement à la porte de la mairie ou du siège de l'autorité qui remplace le maire. — Le maire ou l'autorité qui le remplace dressera procès-verbal de l'apposition des affiches. — Le même arrêté sera inséré au *Moniteur universel*, à Paris, et au *Moniteur algérien*, à Alger. — L'insertion au *Moniteur algérien* rappellera la date du procès-verbal d'affiche.

Art. 3. — Dans les trois mois de cette double insertion, tout Européen ou indigène qui se prétendra propriétaire de terres comprises dans le périmètre déterminé déposera ses titres de propriété, pour l'arrondissement d'Alger, entre les mains du directeur des finances et du commerce, et pour les autres localités, entre les mains du receveur du domaine. — Le vendeur non payé ainsi que le bailleur à rente perpétuelle ou leur cessionnaire, et généralement toute personne prétendant un droit réel sur l'immeuble, seront admis à faire ou à compléter le dépôt des titres de propriété. — Le délai de trois mois courra contre les interdits, les mineurs et les femmes mariées, sauf leur recours contre qui de droit.

Art. 4. — Le déposant sera tenu de faire élection de domicile, pour la province d'Alger, à Alger ; pour les autres provinces, au lieu de la résidence du receveur du domaine. Toutes les significations tendant à l'exécution de la présente ordonnance seront valablement faites à ce domicile élu, sans qu'il soit besoin d'observer les distances à raison du domicile réel du réclamant. A défaut d'élection de domicile, toutes ces significations seront valablement faites au parquet du procureur du roi ou à l'autorité qui le remplace.

Art. 5. — Les terres comprises dans le périmètre déterminé par notre ministre de la guerre, en vertu de l'art. 1, et dont la propriété n'aura pas été réclamée conformément à l'art. 3 ci-dessus, seront réputées vacantes et sans maître, et l'administration pourra en faire immédiatement la concession aux clauses et conditions qu'elle jugera convenables (1).

Art. 6. — La vérification des titres produits sera faite par le conseil du contentieux.

Art. 7. — Les receveurs du domaine enverront, dans la huitaine, au directeur des finances et du commerce, les titres dont ils ont reçu le dépôt. — Le directeur des finances et du commerce transmettra au conseil du contentieux, après inventaire et dans le délai de huit jours, à partir de la réception ou du dépôt, les titres envoyés par le receveur du domaine et ceux qui lui auront été remis directement.

Art. 8. — Le conseil du contentieux déclarera réguliers en la forme, les titres remontant, avec date certaine, à une époque antérieure au 5 juill. 1830 et constatant le droit de propriété, la situation précise, la contenance et les limites de l'immeuble. — La même décision ordonnera que l'un des membres du contentieux ou des auditeurs autorisés à participer aux travaux de ce conseil, se transporte sur les lieux, pour y faire l'application des titres, avec l'assistance d'un ou plusieurs experts, nommés d'office par le conseil du contentieux, si la descente a eu lieu dans la province d'Alger, et par le membre délégué, si la descente se fait dans une autre province.

Art. 9. — Le membre délégué rendra, dans le plus bref délai, une ordonnance pour fixer le jour et l'heure de la descente sur les lieux. Cette ordonnance sera notifiée en la forme administrative : — 1° A la partie qui aura produit les titres au domicile élu, conformément aux prescriptions de l'art. 4 ; — 2° Dans la province d'Alger, au directeur des finances et du commerce ; dans les autres provinces, au receveur du domaine ; — 3° Aux experts ; — 4° Aux propriétaires riverains dont les titres auront été reconnus valables.

Art. 10. — Le transport ne pourra s'effectuer que huit jours après la notification de l'ordonnance mentionnée au précédent article.

Art. 11. — Un agent de l'administration des domaines, désigné, pour la province d'Alger, par le directeur des finances et du commerce, pour les autres provinces, par le receveur du domaine, et toutes autres parties appelées devront se présenter sur les lieux au jour et à l'heure indiqués pour assister à la délimitation.

Art. 12. — Le membre du conseil du contentieux délégué recevra sur les lieux le serment préalable des experts.

Art. 13. — Les experts, parties présentes ou dûment appelées, détermineront par des bornes les limites, le périmètre, la contenance de la propriété, et en lèveront le plan.

Art. 14. — Au cas de contestation, le plan devra figurer l'objet précis de la réclamation.

Art. 15. — Il sera dressé procès-verbal de l'opération. — Ce procès-verbal mentionnera : — Le jour et l'heure où l'opération aura commencé ; — La date des notifications faites, conformément à l'art. 9 ; — La présence ou l'absence des parties appelées ou intervenantes : — Le serment prêté par les experts ; — Le nombre et la durée des vacations ; — La situation et la contenance de la pro-

---

établies par l'ordonnance, et spécialement la révision générale des titres, soient confiées à une juridiction administrative déjà régulièrement constituée, au conseil du contentieux.

L'ensemble des mesures que j'ai l'honneur de proposer à V. M. aura pour résultat d'attribuer à chacun sa part légitime du sol ; de fonder la propriété sur des bases certaines, de favoriser le travail, d'assurer la mise en valeur du pays, de dégager l'administration des entraves qui l'arrêtent à chaque pas, de lui permettre de combiner en temps opportun ses plans de colonisation, de faire utilement les travaux d'intérêt général, d'employer les capitaux et les bras qui s'offrent, d'obtenir enfin des résultats

proportionnés à la grandeur de l'entreprise et aux sacrifices de la France.

Le ministre de la guerre, M. DE SAINT-YON.

(1) *Jurisprudence.* — 1° Cette dévolution à l'État est rigoureuse, absolue. Elle a eu lieu par le fait seul de la non-production des titres et du défaut de réclamation dans le délai prescrit. — Même lorsque les anciens propriétaires seraient restés en possession, et justifieraient aujourd'hui de titres légitimes. — *Cour d'Alger*, 20 déc. 1858 ; 18 mai 1859 ; 7 juin 1859.

2° V. sur l'exécution de cette mesure la notice en tête de cet article, qui relate les travaux de la *commission des transactions et partages*.

priété, les bornes posées, et, au cas de contestation, les prétentions respectivement élevées ; — Le conseil du contentieux prononcera sur les contestations auxquelles pourra donner lieu l'exécution des mesures ci-dessus prescrites.

Art. 16. — Le plan et le procès-verbal seront homologués, s'il y a lieu, par le conseil du contentieux. — A la suite de l'homologation, ce conseil rendra une décision qui vaudra titre au propriétaire, et ne pourra être attaquée, pour quelque cause que ce soit, par les tiers qui n'auront pas réclamé antérieurement. — Copie certifiée par le secrétaire du contentieux en sera déposée à la direction des finances et du commerce (1).

Art. 17. — Si les immeubles délimités par le conseil du contentieux sont revendiqués par plusieurs prétendants, le conseil surseoira à statuer jusqu'à ce que les tribunaux civils aient prononcé sur la question de propriété.

Art. 18. — Lorsque les titres déposés dans les délais fixés par l'art. 3 de la présente ordonnance ne réuniront pas toutes les conditions exigées par le § 1 de l'art. 8 ci-dessus, le conseil du contentieux déclarera la nullité de ces titres.—La même décision portera que, conformément à l'art. 5 de notre ord. du 21 juill. 1845, l'administration sera tenue de délivrer à l'acquéreur dont le titre aura été annulé, lorsqu'il en fera la demande, un hectare de terre pour chaque 5 fr. de rente stipulés dans le dernier acte d'acquisition ayant acquis date certaine antérieurement à la promulgation de l'ord. du 21 juill. 1845 relative aux concessions.

Art. 19. — Ces terres seront prises dans les parties disponibles du territoire civil. — Elles seront concédées en franchise de redevance et dans la forme établie par notre ord. du 21 juill. 1845, à la diligence du directeur de l'intérieur et de la colonisation. — Elles seront délivrées, si la partie le demande, par fractions, et à des époques différentes ; toutefois, les fractions ne pourront être ni supérieures ni inférieures à 20 hect. — La demande du tout devra être formée dans le délai de cinq ans, à partir du jour de l'annulation des titres, sous peine de déchéance.

Art. 20. — L'acte de concession, indépendamment des conditions généralement imposées, soumettra le concessionnaire à construire une maison et à y établir une famille européenne, le tout par chaque 20 hect. de terre, et à planter et entretenir trente arbres par chaque hectare. — La maison devra avoir une valeur de 5,000 fr. au moins. Seront considérées comme dépendances de la maison, et comprises dans l'estimation qui en sera faite, les bâtisses utiles pour l'exploitation jusqu'à concurrence d'une valeur de 5,000 fr. — Les mêmes conditions seront exigées pour les parcelles dont la contenance sera moindre de 20 hect. — Les concessionnaires seront tenus de remplir les conditions qui leur sont imposées dans le délai de cinq ans à partir de leur mise en possession. Néanmoins, les constructions devront être faites dans les six mois, et les familles établies dans l'année. — L'administration pourra modifier, à l'égard des indigènes, les conditions établies par le présent article.

Art. 21. — En cas d'inexécution des conditions prescrites, il sera procédé conformément aux dispositions de notre ord. du 21 juill. 1845.

Art. 22. — Si la même terre est demandée par plusieurs personnes, la préférence sera accordée à celui qui, justification faite de sa solvabilité, aura soumis les propositions de culture reconnues les plus avantageuses pour l'intérêt général. — Il

sera statué définitivement par notre ministre de la guerre.

Art. 23.—Le droit établi par le § 2 de l'art. 18 est susceptible de transmission. — Toutefois, le concessionnaire sera soumis aux mêmes conditions que le cédant. — L'acte de transmission sera fait en la forme authentique, et la mutation ne donnera lieu à aucun droit d'enregistrement.

Art. 24. — Celui qui aura cultivé, même en l'absence d'un titre régulier, recevra la concession définitive de la partie du sol cultivée, si les travaux exécutés sont conformes aux prescriptions de l'art. 20. — En cas de contestation, il sera statué par notre ministre de la guerre, sur l'avis du conseil du contentieux, sauf recours devant nous en notre conseil d'Etat.—Indépendamment des terres pour lesquelles le réclamant aura obtenu une concession définitive, il aura le droit de demander l'étendue des terres qui lui revient, d'après la rente stipulée dans son acte d'acquisition, conformément à l'art. 18, §§ 2 et suiv.

Art. 25. — S'il y a eu, antérieurement à la publication de la présente ordonnance, simple commencement de travaux entrepris par le réclamant ou par les auteurs européens, il sera préféré à tout autre pour la concession des terrains sur lesquels les travaux ont été commencés, dans la proportion et moyennant les conditions mentionnées aux art. 18, § 2, 19, 20, 21 de la présente ordonnance. — La demande en devra être formée dans le délai de trois mois, déterminé par l'art. 3. Passé ce délai, l'administration aura la libre disposition de ces terrains. — Toutefois la concession ne pourra en être faite à des tiers qu'à la condition de rembourser préalablement, ou de faire rembourser par le concessionnaire, soit le coût dûment justifié des ouvrages effectués par le possesseur évincé ou par ses auteurs européens, soit une somme égale à celle dont ces ouvrages ont augmenté la valeur du fonds, le tout au choix de l'administration. — Les contestations, le cas échéant, seront portées devant le conseil du contentieux.

Art. 26. — Lorsqu'il s'agira d'une exploitation ayant pour objet l'élève du bétail ou le boisement, l'état des lieux sera constaté par le conseil du contentieux, et, eu égard à l'importance des travaux exécutés, il pourra être pareillement accordé une concession définitive, même à ceux qui ne se trouveraient pas dans les conditions prescrites par l'art. 20.

Art. 27. — Le titre définitif, conféré en exécution des art. 24, § 1, et 26, déterminera la situation, la contenance et les limites de l'immeuble, conformément à la constatation qui en aura été faite par le conseil du contentieux dans les formes prescrites par les art. 8, § 2, et suiv. de la présente ordonnance. — Ce titre définitif ne pourra, dans aucun cas, être contesté par les tiers.

Art. 28. — Lorsqu'un jugement ou un arrêt rendu contre le domaine antérieurement à la présente ordonnance et ayant acquis l'autorité de la chose jugée, aura attribué la propriété d'une terre à un particulier, ce jugement ou cet arrêt aura son plein et entier effet à l'égard de l'administration.

Art. 29. — Si le jugement ou l'arrêt indique la contenance et les limites de l'immeuble, la reconnaissance et la constatation en seront faites par le conseil du contentieux, en conformité des art. 8, § 2, et suivants de la présente ordonnance.

Art. 30. — Si le jugement ou l'arrêt ne fait pas connaître la contenance et les limites de l'immeu-

---

(1) *Jurisprudence.* — Les arrêts de délimitation forment, quant à la fixation des limites, un titre complet et définitif et constituent à cet égard la chose jugée ; la

question de propriété étant seule de la compétence des tribunaux ordinaires dans les cas prévus. — *Cour d'Alger*, 25 janv. 1858.

ble, et, si les titres de propriété n'ont pas été déclarés conformes aux prescriptions de l'art. 8, § 1, la contenance sera fixée par le conseil du contentieux d'après la règle posée au § 2 de l'art. 18, et les limites seront établies par le même conseil, conformément aux dispositions des art. 8, § 2, et suivants.

Art. 51. — Les rentes ou prix stipulés pour ventes ou baux à rente perpétuelle annulés en exécution de la présente ordonnance, cesseront d'être payées, même pour les termes échus antérieurement à ladite ordonnance.

Art. 52. — Les créanciers de ces rentes ou prix pourront réclamer des terres à cultiver, moyennant les conditions qui seront déterminées par l'administration, selon les circonstances.

Art. 53. — Les terres possédées, en vertu d'un titre spécial et annuel de 10 fr. par hect., indépendamment de tous autres impôts établis ou à établir sur les terres en général.

Art. 54. — L'inculture sera déclarée par le ministre de la guerre, sur l'avis du conseil du contentieux.

Art. 55. — L'impôt spécial sera exigible à partir de la décision du conseil du contentieux, rendue à la suite de l'homologation du procès-verbal et du plan de délimitation, conformément à l'art. 16. — L'impôt spécial sera fixé d'après le nombre d'hectares mentionné audit procès-verbal de délimitation et perçu dans la même forme que les contributions publiques.

Art. 56. — Lorsqu'un propriétaire aura fait agréer par l'administration un plan de mise en culture qui exigera plusieurs années, l'impôt spécial ne sera pas perçu sur les terres incultes pour les années durant lesquelles le propriétaire aura exécuté les travaux de culture auxquels il s'était soumis.

Art. 57. — Si, après mise en demeure, le propriétaire se refuse à payer l'impôt ou reste plus de six mois sans l'acquitter, la terre sera vendue aux enchères publiques, à la diligence du directeur des finances et du commerce, dans les formes usitées pour l'aliénation des biens domaniaux, sur une mise à prix fixée par le ministre directeur. — Le cahier des charges soumettra l'adjudicataire à remplir les conditions prescrites par l'art. 20 de la présente ordonnance.

Art. 58. — Le prix de l'adjudication sera compté au propriétaire ou consigné, s'il y a lieu.

Art. 59. — S'il ne se présente pas d'enchérisseur, l'administration demeurera de plein droit adjudicataire, à la charge de payer à qui de droit le montant de la mise à prix.

Art. 40. — L'inculture des terres est une cause suffisante d'expropriation pour utilité publique. Elle est constatée dans les formes établies par l'art. 51 de la présente ordonnance.

Art. 41. — L'utilité publique est déclarée et l'expropriation prononcée par un arrêté de notre ministre de la guerre, rendu sur l'avis du conseil supérieur d'administration et du gouverneur géné-

ral. — Cet arrêté détermine la situation et le périmètre des terres comprises dans l'expropriation.

Art. 42. — Lorsque, dans l'intérêt du peuplement et de la fertilisation du pays, il y aura urgence de prendre possession des terres incultes soumises à l'expropriation, l'urgence sera spécialement déclarée par notre ministre de la guerre. — En ce cas, l'occupation aura lieu immédiatement, même avant la vérification des titres pouvant se rapporter aux mêmes terres.

Art. 43. — S'il est ultérieurement établi, par la vérification des titres produits, que ces terres appartiennent en totalité ou en partie à des tiers, ceux-ci recevront une indemnité.

Art. 44. — L'indemnité sera réglée proportionnellement au prix porté dans le dernier acte d'acquisition ayant acquis date certaine antérieurement à la présente ordonnance, en y ajoutant les frais d'actes et loyaux coûts, ainsi que les intérêts échus depuis la prise de possession. — La liquidation en sera faite par le conseil du contentieux. Elle sera rendue exécutoire par décision de notre ministre de la guerre.

Art. 45. — Si des présomptions s'élèvent contre la sincérité des prix portés dans les titres produits, il sera statué par notre ministre de la guerre, sur l'avis du conseil du contentieux, sauf recours devant nous en notre conseil d'Etat.

Art. 46. — Les marais sont réputés biens vacants et sans maîtres. — Ils seront délimités par le conseil du contentieux. L'administration prendra pour leur dessèchement telles mesures qu'elle jugera convenables. Mais les concessions ne pourront en être faites que par ordonnance royale.

Art. 47. — Toute transmission d'immeubles en propriété ou en usufruit, entre indigènes et Européens, ou entre Européens, est interdite dans les territoires situés en dehors de la juridiction des tribunaux civils de 1re instance (1). — Toutefois dans ces mêmes territoires, des autorisations spéciales et individuelles d'acquérir pourront être accordées, suivant les circonstances, par arrêtés de notre ministre de la guerre.

Art. 48. — Les acquisitions faites contrairement à la prohibition portée au précédent article sont nulles de plein droit, sans qu'il soit besoin de jugement.

Art. 49. — Nous nous réservons de déterminer ultérieurement par ordonnance royale les parties du territoire où l'interdiction d'acquérir sera successivement levée.

Art. 50. — Il n'est point dérogé aux ordonnances ou arrêtés antérieurs qui ont autorisé les transactions immobilières dans les localités situées en dehors de la juridiction des tribunaux civils de 1re inst., sans préjudice, en ce cas, de la vérification des titres de propriété, conformément à la présente ordonnance.

Art. 51. — Tout acte ayant pour objet l'exécution des dispositions de la présente ordonnance est affranchi des droits de timbre et d'enregistrement.

Art. 52. — Les dispositions de la présente ordonnance ne sont point applicables aux propriétés qui ont fait l'objet d'actes d'aliénation de la part de l'administration.

---

(1) Une décision de M. le ministre de la guerre, en date du 10 mai dernier, interprétative des dispositions de l'ord. du 21 juill. 1846 (art. 47 à 50), a statué que les prohibitions de la transmission d'immeubles situés en dehors de la juridiction des tribunaux civils de 1re inst., devront être considérés comme non applicables aux immeubles provenant de concessions définitives ou d'aliénations faites par l'administration.

La transmission des biens de cette catégorie sera désormais entièrement libre; mais en ce qui concerne les immeubles d'origine non domaniale en territoire militaire et

ceux qui n'ont pas été l'objet de concessions définitives, il n'est nullement dérogé aux dispositions des ordonnances ou arrêtés qui en prohibent la transmission ou l'astreignent à une autorisation préalable. — V. arrêté ci-après du 2 nov. 1846, art. 1er. suiv.

Jurisprudence. — A moins d'une extension qui ne sort ni de leur esprit ni de leur teneur, ces dispositions ne sauraient être appliquées aux concessions faites par le domaine; — Par ces motifs, etc. — *Cour d'Alger*, 8 déc. 1851.

Art. 53. — Les tit. 5 et 6 de notre ord. du 1er oct. 1844, et notre ord. du 10 fév. 1846 sont abrogés. — Il n'est point innové aux dispositions de l'art 19 de notre ord. du 9 nov. 1845, relative au domaine.

Art. 54. — Notre ministre de la guerre fera les règlements nécessaires pour l'exécution de la présente ordonnance.

AM. — 17 sept.-13 oct. 1846. — B. 236. — *Règlement pour l'exécution de l'ord. du 21 juill. 1846.*

Vu l'art. 54 de l'ord. roy. du 21 juill. 1846 ;

Art. 1. — Tout individu qui se prétendra propriétaire de terres comprises dans les périmètres où la vérification des titres doit s'opérer, conformément à l'ord. du 21 juill. 1846, aura à déposer, avec ses titres : — 1° Un plan de sa propriété, dressé à l'échelle de 1/2 millimètre (V. ci-après, arr. du 6 mars 1847) ; — 2° Une déclaration de la contenance en ares et hectares, en distinguant la partie inculte de la partie cultivée de sa propriété.

Art. 2. — Dans le cas où le déposant aurait produit le plan et la déclaration ci-dessus prescrits, et où les énonciations de ses titres paraîtraient suffisantes pour l'application à faire de ces titres à la propriété, le conseil du contentieux pourra déléguer à un de ses membres l'opération prévue par le second paragraphe de l'art. 8 de l'ordonnance.

Art. 3. — Il en sera de même, quelles que soient les énonciations des titres, quand le prétendant à la propriété sera un indigène, et que sa possession paraîtra de bonne foi.

Art. 4. — Le membre délégué rendra une ordonnance pour fixer le jour et l'heure de la descente sur les lieux. — Quinzaine au moins à l'avance, cette ordonnance sera affichée et insérée au *Moniteur algérien* ou au journal de la localité. Tous intéressés pourront assister à l'opération. — L'ordonnance sera, au surplus, notifiée en la forme administrative, ainsi qu'il est prescrit par l'art. 9 de l'ord. du 21 juill. ; et avis en sera donné à M. le directeur des finances et du commerce, pour qu'il ait à désigner, conformément à l'art. 11 de la même ordonnance, un agent chargé de veiller à la conservation des droits du domaine.

Art. 5. — S'il y a, entre la partie dont il s'agit de vérifier les droits et les autres propriétaires riverains, accord sur la ligne séparative de leurs héritages, procès-verbal en sera dressé et signé par les parties. Il sera, en outre, procédé à la levée d'un plan et à une plantation de bornes, en conformité des dispositions des art. 13 et 15 de l'ordonnance. — L'agent représentant le domaine pourra faire consigner, dans le procès-verbal, ses observations. — L'affaire sera ensuite portée devant le conseil du contentieux, qui statuera, sur le simple rapport du membre délégué, et homologuera, s'il y a lieu, le plan et le procès-verbal. En cas de non-homologation, il sera prononcé sur la régularité des titres produits, selon les dispositions du § 1 de l'art. 8 et celles de l'art. 18 de l'ordonnance.

Art. 6. — Si les parties intéressées sont en désaccord, soit qu'il s'agisse d'une simple contestation de limites, soit que plusieurs déclarants à la fois prétendent droit à la même propriété, ou si l'agent chargé de représenter l'administration des domaines revendique au nom de celle-ci la propriété du terrain, il en sera pareillement dressé procès-verbal conformé aux dispositions des art. 14 et 15 de l'ordonnance. — Le conseil du contentieux procédant comme il est dit dans les art. 15, 16 et 17 de l'ordonnance, statuera sur la délimitation de la propriété, et au cas où l'immeuble ainsi délimité serait revendiqué sur plusieurs prétendants, les renverra à se pourvoir devant les tribunaux civils. — Dans le mois, à partir de la notification par voie administrative de cette décision du conseil du contentieux, les divers prétendants droit, ou le plus diligent pour tous, devront se pourvoir devant le tribunal de 1re inst., pour faire statuer sur la question de propriété. — Il ne pourra être produit, devant les tribunaux, d'autres titres que ceux déposés en exécution de l'art. 5 de l'ordonnance (1). — L'appel du jugement à intervenir ne pourra être intenté que dans la huitaine de sa prononciation (2). — Faute de l'introduction de l'instance, dans le délai d'un mois ci-dessus déterminé, le conseil du contentieux prononcera sur la régularité des titres ainsi qu'il est dit dans l'article précédent.

Art. 7. — Les experts qui auront à procéder aux opérations tracées par l'art. 13 de l'ord. du 21 juill. et les art. 5 et 6 du présent règlement, constateront en même temps la contenance de la partie cultivée et de la partie inculte de la propriété. — A la suite de l'homologation et de la décision prévues pé l'art. 16 de l'ordonnance et par le second paragraphe de l'art. 6 ci-dessus, le conseil du contentieux déterminera, sous forme d'avis, la contenance de terre inculte qui devra servir de base à la perception de l'impôt spécial établi par l'art. 33 de l'ordonnance. — Cet avis devra être soumis à notre approbation, sous le plus court délai, conformément à l'art. 34 de l'ordonnance. Dans ce but, le procès-verbal de descente de lieux et d'expertise et la teneur entière de la délibération du conseil du contentieux nous seront adressées. M. DE SAINT-YON.

AM. — 2-14 nov. 1846 — B. 240. — *Instruction et règlement pour l'exécution de l'ord. du 21 juill. 1846.*

Vu l'art. 54 de l'ord. roy. du 21 juill. 1846 ;

Art. 1. — A partir du 1er mars 1847, aucun contrat ayant pour objet un immeuble rural situé dans les territoires civils de l'Algérie, en dehors des périmètres déterminés par l'art. 1 de l'ord. roy. du 21 juill. 1846, ne pourra être passé devant notaire, si, préalablement, les titres de propriété n'ont reçu l'homologation du contentieux (3). — Les notaires qui contreviendront au présent article encourront la révocation.

Art. 2. — Dans le délai déterminé par l'art. 5 de l'ord. du 21 juill. 1846, tous les propriétaires soumis à la vérification devront déposer, à défaut de

---

(1) *Jurisprudence.* — Cette prescription, imposée en exécution de l'ord. du 21 juill. 1846, est obligatoire. — *Cour d'Alger,* 7 juin 1859.

(2) *Jurisprudence.* — 1° Cette procédure spéciale est également obligatoire, le règlement ministériel du 17 sept. 1846 ayant été fait en vertu de la délégation conférée par l'ord. du 21 juillet, qui a été elle-même maintenue par l'art. 22 de la loi du 16 juin 1851, et la déchéance qu'entraîne un appel interjeté hors de ce délai spécial est d'ordre public. — *Cour d'Alger,* 22 juin 1857.
2° Toutefois cette disposition restrictive du droit commun ne doit être appliquée que dans les cas exactement déterminés, et ne peut être invoquée dans une instance

ordinaire, lors même que depuis son introduction le défendeur aurait fait tierce opposition devant le tribunal administratif aux titres qui lui auraient été opposés et que les parties auraient été renvoyées devant les tribunaux civils pour faire vider entre elles la question de propriété. Cette circonstance ne changerait pas le caractère primitif de l'instance déjà pendante. — *Cour d'Alger,* 1er avr. 1857.

(3) *Jurisprudence.* — Considérant que l'ord. du 21 juill. 1846, en restreignant, dans une pensée d'intérêt public, la faculté d'aliéner les immeubles en Algérie, a limité ses prohibitions aux biens situés en dehors de la juridiction des tribunaux civils de 1re inst. ; que cette

leurs titres, au secrétariat du conseil du contentieux, une déclaration portant : — 1° Le nom du propriétaire ; — 2° Le nom de l'immeuble ; — 3° Sa situation ; — 4° Son étendue approximative ; —5° Le nom des immeubles qui le limitent ; —6° La désignation des titres et actes de propriété.

Art. 3. — Les titres qui ont été déposés ou qui le seraient ultérieurement entre les mains des agents de l'administration des finances, seront transmis immédiatement au conseil du contentieux. — Les dépôts ultérieurs de titres ou déclarations pourront être faits, soit entre les mains des agents des finances, qui en délivreront un premier récépissé, soit directement par les parties intéressées au secrétariat du conseil du contentieux. — Un récépissé détaillé et définitif de toutes les pièces déposées, et qui sera détaché d'un livre à souche sur lequel se trouveront consignées les diverses énonciations de ce récépissé, sera délivré par le secrétaire du conseil du contentieux, à toute partie intéressée, que le dépôt ait été fait directement ou non au secrétariat dudit conseil. — Ce livre à souche sera tenu en *duplicata*.

Art. 4. — La traduction des titres arabes sera faite par des traducteurs assermentés attachés spécialement au conseil du contentieux, et le coût en sera payé par le déposant, sur la taxation faite par le président du conseil.

Art. 5. — Les détenteurs de terres incultes devront compléter le dépôt de leurs titres à la première réquisition du conseil du contentieux. — L'homologation des titres des détenteurs de terres cultivées ne sera faite, en ce qui concerne lesdites terres, que sur la demande des parties intéressées, pourvu que cette demande soit formulée avant l'expiration d'un délai de deux ans, à partir du jour de la promulgation de l'arrêté concernant la vérification des titres.

Art. 6. — Par application des §§ 1 et 2 combinés de l'art. 8 de l'ord. du 21 juill. 1846, pourront être admis comme satisfaisant aux prescriptions de cet article, les titres notariés d'une date même postérieure au 5 juill. 1830 et antérieure à la promulgation de l'ord. du 1er octobre 1844, s'ils contiennent l'énonciation des titres primitifs antérieurs au 5 juill. 1830, et susceptibles d'être complétés à l'aide des opérations prescrites par le règlement du 17 sept. 1846. — Les titres originaires, relatés dans les actes notariés, ne peuvent être, dans aucun cas, de simples actes de notoriété.

Art. 7. — La production du dernier titre d'acquisition pourra être considérée comme suffisante, si ce dernier titre a été passé devant notaire, s'il relate tous les actes de mutation antérieurs, et s'il satisfait aux prescriptions du précédent article.

Art. 8. — Aucune homologation de titres ne

devra être faite par le conseil du contentieux qu'après la publication à Alger dans le *Moniteur algérien*, à Paris dans le *Moniteur universel*, à trois reprises successives, de la demande d'homologation lorsqu'il en sera fait une, et dans tous les cas, d'une signification adressée directement à l'administration des domaines et à toute partie intéressée en la personne du procureur du roi, de se présenter pour faire valoir ses droits, dans le délai d'un mois, à partir de la publication dont il s'agit. — Toute partie intéressée qui ne compléterait pas, dans ce dernier délai d'un mois, les diverses productions exigées, ne sera plus admise, soit à intervenir dans les opérations ultérieures du conseil, soit à attaquer la décision prise conformément aux art. 3 et 16 de l'ord. du 21 juill. 1846. — Toute opposition appuyée des productions exigées et formée dans les délais prescrits, nécessitera le renvoi de l'affaire devant les tribunaux, conformément à l'article 17 de l'ord. du 21 juill. 1846. — L'homologation des titres par le conseil du contentieux sera constatée par un certificat délivré à l'ayant droit, conformément à l'art. 16 de l'ord. du 21 juill. 1846. — Ce certificat, comme tout acte ayant pour objet l'exécution de l'ord. du 21 juill. 1846, sera, par application de l'art. 51 de ladite ord., affranchi des droits de timbre et d'enregistrement.

Art. 10. — Les prescriptions relatives à la culture des terres ne seront pas appliquées aux terrains reconnus ne pouvoir être cultivés, notamment par suite du défaut de sécurité, ou par l'absence de toute voie carrossable ouverte dans la commune. — Sera d'ailleurs considérée comme cultivée, conformément à l'art. 26 de l'ord. du 21 juill. 1846, toute propriété mise en valeur et pourvue : 1° De bâtiments et de constructions d'exploitation ; 2° Du personnel et du matériel en rapport avec l'importance de la propriété. — Les bâtiments et constructions d'exploitations pourront être situés en dehors des terres exploitées et même dans la limite de la banlieue des villes. — Les marais et prairies qui seraient mis en valeur, suivant la nature et la situation des lieux, sont dispensés des prescriptions du présent article.

Art. 11. — Les inspecteurs de la colonisation procéderont à une première reconnaissance de l'état de culture ou d'inculture des terres ; et leurs rapports, qu'ils constatent la culture ou l'inculture, seront immédiatement transmis, à titre de renseignement, par la voie hiérarchique, au conseil du contentieux.

Art. 12. — Le conseil du contentieux désignera, pour la constatation de l'inculture, des experts spéciaux dont un sera pris parmi les propriétaires riverains.

Art. 13. — Le membre délégué du conseil fixera

---

prohibition étant une exception au droit commun, doit rester rigoureusement renfermé dans les bornes de cette ordonnance;

Que cependant le règlement du 2 nov. 1846 exige, dans son art. 1, que les titres de propriété aient, préalablement à tout contrat relatif à ces immeubles, reçu l'homologation du conseil du contentieux ; — Qu'on ne peut admettre que le ministre, qui ne décrétait pas une loi, mais faisait un simple règlement pour assurer l'exécution de l'ordonnance, ait pu ou voulu ajouter à cette ordonnance des prohibitions et des conditions qu'elle n'avait pas prévues ; — Que le langage du règlement témoigne, il est vrai, de la préoccupation où était son auteur sur les dangers ou les inconvénients que pourrait présenter l'aliénation d'immeubles non encore soumis à la vérification des titres et à la délimitation ; que sous l'influence de cette pensée, il a adressé aux notaires de l'Algérie une injonction et une menace propre à prémunir les acheteurs contre des entraînements imprudents, mais qu'il ne prononce cependant aucune nullité contre ces actes ni aucune sanction pénale quelconque contre les parties contractantes

auxquelles nulle prohibition n'est directement imposée ; que l'on ne doit donc pas regarder le règlement du 2 nov. 1846 comme introduisant, en fait ni en droit, une législation différente de celle proclamée par l'ordonnance à laquelle il fait suite ;

Que cette interprétation, au point de vue du fait, se corrobore de l'énergie des expressions employées par le législateur, lorsqu'il a réellement voulu, dans un intérêt public, déroger au droit commun en matière de transmission d'immeubles, ainsi qu'il l'a fait dans les art. 47 et 48 de l'ord. du 21 juill. 1846, et en matière de biens séquestrés ou d'acquisition par des fonctionnaires publics ; qu'en effet, dans ces divers cas, il ne s'est pas borné à adresser aux notaires des injonctions ou des menaces, mais a expressément déclaré la nullité des contrats ; — Que, dès lors, c'est à bon droit que le sieur Valeau a pu frapper de saisie les biens du sieur Laujoulet, situés dans la commune de Mers el Kébir, bien que cette saisie puisse en définitive aboutir à l'aliénation de ces biens ; — Par ces motifs, etc. — *Cour d'Alger*, 14 janv. 1850.

le jour et l'heure de la descente sur les lieux, et fera notifier au propriétaire intéressé le rapport de l'inspecteur de la colonisation et l'ordonnance de descente sur les lieux.

Art. 14. — Si, au jour et à l'heure déterminés, le propriétaire intéressé ne se présente pas en personne ou par mandataire, le membre délégué du conseil lui nommera d'office un représentant qui assistera aux opérations.

Art. 15. — Le membre délégué du conseil, assisté des experts spéciaux, procédera à la constatation de l'état de l'immeuble en présence du propriétaire intéressé ou de son représentant et de l'inspecteur de la colonisation. Il sera dressé procès-verbal de l'état des lieux. Ce procès-verbal mentionnera les observations du propriétaire intéressé.

Art. 16. — Le conseil du contentieux, en statuant, après le rapport de son membre délégué, et sous forme d'avis, sur l'état d'inculture des terres, devra également donner son avis sur l'application de l'impôt, eu égard à la contenance des terres incultes.

Art. 17. — L'impôt spécial sur les terres incultes sera perçu dans la forme et dans les délais établis pour l'impôt foncier, par application du § 2 de l'art. 55 de l'ord. du 21 juill. 1846.

Art. 18. — Les indigènes qui détiennent actuellement ces terres incultes ou cultivées dans les territoires civils de l'Algérie et en dehors des périmètres déterminés par l'art. 1. de l'ord. du 21 juill. 1846, jouiront des bénéfices des diverses dispositions ci-dessus prescrites.

M. DE SAINT-YON.

AM. — 6 mars-11 avr. 1847. — B. 252. — *Dispositions additionnelles au règlement du 17 sept. qui précède. — Plans et frais.*

Vu l'art. 54. de l'ord. roy. du 21 juill. 1846 ;

Art. 1. — Les plans dont le dépôt est prescrit par l'art. 1 du règlement du 17 sept. dernier pourront être levés par les soins des agents du service des opérations topographiques. — Ils auront droit, dans ce cas, aux indemnités fixées par le tarif joint à l'arr. du 14 oct. dernier. — Les frais de levé de plans demeurent à la charge du déposant.

Art. 2. — Les honoraires des traducteurs assermentés, dans le cas prévu par l'art. 4 du règlement du 2 nov. dernier, sont fixés à 1 fr. 50 c. par rôle de vingt-cinq lignes à la page et de vingt-cinq syllabes à la ligne.

Art. 5. — Le montant de chaque taxe, après avoir été arrêté par le président du conseil du contentieux, sera acquitté à titre d'avance par les receveurs de l'enregistrement et des domaines, et le recouvrement en sera poursuivi, à la diligence de ces agents, contre les parties débitrices, sur mandements rendus exécutoires par le président dudit conseil.

Art. 4. — Les frais d'expertise seront réglés conformément aux art. 160, 161 et 162 du décr. du 16 fév. 1807, portant règlement sur le tarif des frais en matière judiciaire ; la taxe en sera faite par le président du contentieux.

Art. 5. — Ces frais seront supportés par moitié entre l'État et les propriétaires soumis à la vérification

Art. 6. — La portion à la charge de ces derniers sera acquittée, à titre d'avance, par les receveurs de l'enregistrement et des domaines, et recouvrée dans les formes indiquées par l'art. 5 ci-dessus.

Art. 7. — Il sera alloué pour tous frais quelconques, en cas de descente de lieux, pour chaque journée de déplacement, aux membres du conseil du contentieux, une indemnité de 15 fr. ; aux auditeurs, une indemnité de 10 fr.

Art. 8. — Lorsqu'il s'agira d'opérer la vérifica-

tion sur des localités où il n'existe pas d'habitation, les intendants militaires mettront à la disposition du membre délégué tous les objets de campement nécessaires, la tente, le lit de camp et les cantines.

Art. 9. — Les interprètes dont la présence sera reconnue nécessaire pour la délimitation des propriétés recevront, savoir : — Les interprètes français ou européens, une indemnité de 8 fr. par jour ; — Les interprètes indigènes, une indemnité de 5 fr.

Art. 10. — Les indemnités dues tant aux membres du conseil du contentieux qu'aux auditeurs et interprètes seront payables, d'après la liquidation qui en sera faite par le président du conseil, sur mandats du directeur de l'intérieur.

M. DE SAINT-YON.

OR. — 1er sept. 1847. (*Admin gén.,* § 1), art. 5. — *Les attributions du conseil du contentieux sont transférées au conseil de direction dans chaque province.* (*Ces conseils ont été eux-mêmes remplacés par les conseils de préfecture. Décr. du 9 déc. 1848.*)

LOI. — 16 juin-15 juill. 1851. — B. 388. — *Nouvelle constitution de la propriété.*

TIT. 1. — *Du domaine national en Algérie.*

Art. 1. — Le domaine national comprend le domaine public et le domaine de l'État.

Art. 2. — Le domaine public se compose : — 1° Des biens de toute nature que le code Napoléon et les lois générales de la France déclarent non susceptibles de propriété privée ; — 2° Des canaux d'irrigation, de navigation et de desséchement exécutés par l'État ou pour son compte dans un but d'utilité publique, et des dépendances de ces canaux ; des aqueducs et des puits à l'usage du public ; — 3° Des lacs salés, des cours d'eau de toutes sortes et des sources. — Néanmoins sont reconnus et maintenus, tels qu'ils existent, les droits privés de propriété, d'usufruit ou d'usage légalement acquis antérieurement à la promulgation de la présente loi sur les lacs salés, les cours d'eaux et les sources, et les tribunaux ordinaires restent seuls juges des contestations qui peuvent s'élever sur ces droits.

Art. 3. — L'exploitation et la jouissance des canaux, lacs et sources, pourront être concédés par l'État, dans ce cas, suivant les formes et aux conditions qui seront déterminées par un règlement d'administration publique.

Art. 4. — Le domaine de l'État se compose : — 1° Des biens qui, en France, sont dévolus à l'État, soit par les art. 55, 539, 541, 713, 723 c. Nap. et par la législation sur les épaves, soit par suite de déshérence, en vertu de l'art. 768 c. Nap. en ce qui concerne les Français et les étrangers, et en vertu du droit musulman en ce qui concerne les indigènes ; — 2° Des biens et droits mobiliers et immobiliers provenant du beylik et de tous autres réunis au domaine par des arrêtés ou ordonnances rendus antérieurement à la promulgation de la présente loi ; — 3° Des biens séquestrés qui auront été réunis au domaine de l'État dans les cas et suivant les formes prévus par l'ord. du 31 oct. 1845 ; — 4° Des bois et forêts, sous la réserve des droits de propriété et d'usage régulièrement acquis avant la promulgation de la présente loi. — Des règlements d'administration publique détermineront le mode d'exercice des droits d'usage.

Art. 5. — Les mines et minières sont réglés par la législation générale de la France.

Art. 6. — Les biens dépendant du domaine de l'État pourront être aliénés, échangés, concédés, donnés à bail ou affectés à des services publics, dans les formes et aux conditions qui seront ultérieurement déterminées par la loi.

Art. 7. — Chaque année, le ministre rend compte à l'assemblée législative de l'état du domaine national en Algérie, et lui fait connaître le nombre, la nature et l'importance des immeubles aliénés, affectés à des services publics ou concédés.

Tit. 2. — *Du domaine départemental et du domaine communal.*

Art. 8. — Le domaine départemental se compose : — 1° Des édifices et bâtiments domaniaux qui sont ou seront affectés aux différents services de l'administration départementale ; — 2° Des biens meubles et immeubles, et des droits attribués aux départements par la législation générale de la France.

Art. 9. — Le domaine communal se compose : — 1° Des édifices et bâtiments domaniaux qui sont ou seront affectés aux services de l'administration communale ; — 2° Des biens déclarés biens communaux et des droits conférés aux communes par la législation générale de la France ; — 3° Des biens et des dotations qui sont ou qui pourront être attribués aux communes par la législation spéciale de l'Algérie.

Tit. 3. — *De la propriété privée.*

Art. 10. — La propriété est inviolable, sans distinction, entre les possesseurs indigènes et les possesseurs français ou autres.

Art. 11. — Sont reconnus tels qu'ils existaient au moment de la conquête ou tels qu'ils ont été maintenus, réglés ou constitués postérieurement par le gouvernement français, les droits de propriété et les droits de jouissance appartenant aux particuliers, aux tribus et aux fractions de tribus.

Art. 12. — Sont validées, vis-à-vis de l'État, les acquisitions d'immeubles en territoire civil faites plus de deux années avant la promulgation de la présente loi, et à l'égard desquelles aucune action en revendication n'a été intentée par le domaine (1). — Les actions en revendication d'immeubles acquis dans le cours des deux années antérieures à la promulgation de la présente loi, devront, sous peine de déchéance, être intentées par le domaine dans le délai de deux ans, à partir de ladite promulgation (V. ord. 1er oct. 1844, art. 7, note 5°). — Les deux paragraphes précédents sont applicables aux domaines acquis en territoire militaire avec autorisation du gouvernement.

Art. 13. — Les actions immobilières intentées par le domaine ou contre lui seront, en territoire civil, portées devant le tribunal civil de la situation des biens ; et quand il s'agira de biens situés en territoire militaire, elles seront portées devant celui des tribunaux civils de la province qui en sera le plus rapproché.

Art. 14. — Chacun a le droit de jouir et de disposer de sa propriété de la manière la plus absolue en se conformant à la loi. — Néanmoins, aucun droit de propriété ou de jouissance portant sur le sol du territoire d'une tribu ne pourra être aliéné au profit des personnes étrangères à la tribu (2). — À l'État seul est réservée la faculté d'acquérir ces droits dans l'intérêt des services publics ou de la colonisation, et de les rendre, en tout ou en partie, susceptibles de libre transmission.

Art. 15. — Sont nulles de plein droit, même entre les parties contractantes, toutes aliénations ou acquisitions faites contrairement à la prohibi-

tion portée au § 2 de l'article précédent. — La nullité en sera poursuivie, soit par les parties directement, soit d'office, à la requête de l'administration supérieure ou du ministère public, devant le tribunal de la situation des biens. — Les notaires ou autres officiers publics qui auront prêté leur ministère pour des aliénations ou acquisitions de cette nature seront, suivant la gravité des cas, suspendus ou révoqués, sans préjudice, s'il y a lieu, de dommages-intérêts envers les parties.

Art. 16. — Les transmissions de biens de musulman à musulman continueront à être régies par la loi musulmane. Entre toutes autres personnes, elles seront régies par le code Napoléon.

Art. 17. — Aucun acte translatif de la propriété d'un immeuble appartenant à un musulman au profit d'une autre personne qu'un musulman ne pourra être attaqué pour cause d'inaliénabilité fondée sur la loi musulmane (3). — Toutefois, dans le cas de transmission par un musulman à toute autre personne d'une portion d'immeubles indivis entre le vendeur et d'autres musulmans, l'action en retrait, connue sous le nom de *droit de chefâa* dans la loi musulmane, pourra être accueillie par la justice française, et le retrait être autorisé ou refusé, selon la nature de l'immeuble et les circonstances.

Tit. 4. — *De l'expropriation et de l'occupation temporaire pour cause d'utilité publique.*

Art. 18. — L'État ne peut exiger le sacrifice des propriétés ou des droits de jouissance reconnus par les art. 10, 11 et 12 de la présente loi, que pour cause d'utilité publique légalement constatée, et moyennant le payement ou la consignation d'une juste et préalable indemnité.

Art. 19. — L'expropriation peut être prononcée pour les causes suivantes : — Pour la fondation des villes, villages ou hameaux, ou pour l'agrandissement de leur enceinte ou de leur territoire ; — — Pour l'établissement des ouvrages de défense et des lieux de campement des troupes ; — Pour l'établissement de fontaines, d'aqueducs, d'abreuvoirs ; — Pour l'ouverture des routes, chemins, canaux de desséchement, de navigation ou d'irrigation, et l'établissement de moulins à farine ; — Pour toutes les autres causes prévues et déterminées par la loi française (4).

Art. 20. — Il sera toujours tenu compte, dans le règlement des indemnités, de la plus-value résultant de l'exécution des travaux pour la partie de l'immeuble qui n'aura pas été atteinte par l'expropriation. — La plus-value pourra être admise jusqu'à concurrence du montant total de l'indemnité, et dans aucun cas, elle ne pourra motiver le payement d'une soulte par le propriétaire exproprié.

Art. 21. — Jusqu'à ce qu'une loi en ait autrement décidé, l'ord. du 1er oct. 1844 continuera à être exécutée en ce qui touche les formes à suivre en matière d'expropriation ou d'occupation temporaire pour cause d'utilité publique, et sera appliquée dans les territoires militaires comme dans les territoires civils (V. *Expropriation*, § 1. — Décr. des 5 déc. 1855, 11 juin 1858).

Tit. 5. — *Dispositions générales.*

Art. 22. — Continueront à être exécutées : — 1° Les dispositions de l'ord. du 21 juill. 1846, re-

---

(1) *Jurisprudence.* — Le bénéfice de cette disposition ne profite qu'à l'acquéreur. Le vendeur n'en reste pas moins soumis à l'action de l'État en restitution du prix qu'il a retiré de la vente par lui constatée. — Cour d'Alger, 19 janv. 1858-25 avr. 1860.

(2) V. ci-après décr. des 16 fév. et 7 mai 1859 ; V.

aussi *Affaires arabes*, § 2 ; décr. du 8 août 1854, art. 2.

(3) V. ci-après décr. du 30 oct. 1858, extension de cette disposition aux aliénations entre indigènes.

(4) V. *Expropriation*, § 1, décr. des 11 juin 1858, 6 sept. 1859 et autres.

latives à la vérification des titres de propriété, jusqu'à l'achèvement des opérations actuellement commencées ; — 2° L'ord. du 31 oct. 1845, relative au séquestre des biens appartenant à des indigènes, jusqu'à ce qu'une loi en ait autrement ordonné.

Art. 25. — Sont abrogés, en tout ce qu'ils ont de contraire à la présente loi, les ordonnances, arrêtés et règlements antérieurs relatifs au domaine national, au domaine départemental, au domaine communal et à la propriété privée en Algérie, notamment les dispositions de ces ordonnances, arrêtés et règlements qui s'appliquent aux terres incultes et aux marais.

DI. — 30 oct.-3 déc. 1858. — BM. 5. — *Extension des art. 3 ord. du 1er oct. 1844, et 17 loi du 16 juin 1851* (1).

Art. 1. — Sont applicables aux transactions passées ou à venir de musulman à musulman, et de musulman à israélite, les dispositions de l'art. 3 de l'ord. du 1er oct. 1844 et de l'art. 17 de la loi du 16 juin 1851, sur la propriété en Algérie, portant qu'aucun acte translatif de propriété d'immeubles consenti par un indigène au profit d'un Européen ne pourra être attaqué par le motif que les immeu-

bles étaient inaliénables, aux termes de la loi musulmane.

Inst. M. — 13 déc. 1858. — BM. 12. — *Sur l'exécution du décret précédent.*

L'administration n'a point à s'immiscer dans les contestations que pourra occasionner entre particuliers l'exécution du décr. du 30 oct., mais il est de son devoir de donner, en ce qui la concerne, l'exemple d'une soumission complète aux nouvelles règles édictées. En conséquence, si quelque action était aujourd'hui pendante, devant un tribunal quelconque, entre le domaine et des indigènes, pour obtenir, au profit de l'État, l'annulation de la vente d'un bien habous, il y aurait lieu de s'en désister immédiatement. — Il est à observer, toutefois, que cette ligne de conduite doit être limitée aux affaires encore litigieuses, et ne peut avoir pour effet de remettre en question la chose jugée, non plus que la possession du domaine à l'égard des immeubles qui lui ont été dévolus en fait par suite de habous.   NAPOLÉON (Jérôme).

DI. — 16-21 fév. 1859. — BM. 16. — *Liberté des transactions immobilières en territoire militaire* (2).

---

(1) *Rapport à l'empereur.* — Sire, l'ord. du 1er oct. 1844, dont le tit. 1 a seul régi la propriété immobilière en Algérie jusqu'à la promulgation de la loi du 16 juin 1851, s'exprime ainsi, art. 3 : (Suit le texte.) — Cette disposition, reproduite par l'art. 17 de la loi précitée de 1851, a été le résultat d'un examen approfondi de la question du habous. — Le habous est une espèce de substitution ayant pour objet des biens immeubles dont la nue propriété est donnée à des établissements religieux ou d'utilité publique, mais dont l'usufruit insaisissable est réservé au donateur, à ses descendants et aux descendants de ceux-ci, tant qu'ils restent fidèles à la foi musulmane. Le habous s'établit par un acte passé devant un cadi. — Il semblerait que l'existence du habous sur un immeuble quelconque dût être constatée et immédiatement vérifiée, soit par l'examen des archives des oukils (administrateurs) des mosquées et autres établissements publics, soit par la production de la copie du contrat laissée entre les mains du bénéficiaire de la nue propriété. Mais la régularité dans la tenue et la conservation des actes relatifs à la propriété est peu compatible avec l'incurie orientale et le désordre des administrations indigènes, et les sortes de constatations d'anciens droits sont, chez les Arabes, un vaste champ ouvert à la fraude et à la mauvaise foi. Ce qui est certain, c'est que beaucoup de propriétés, ainsi frappées d'inaliénabilité, ont été, depuis l'origine de la conquête, vendues illégalement par les indigènes à des Européens qui ignoraient et n'étaient pas en position de constater l'existence du habous ; et, aujourd'hui encore, bien que s'attachant à faire, par tous les moyens possibles, la lumière dans le chaos du passé, l'administration serait dans l'impossibilité absolue de vérifier la situation de tous les immeubles grevés de ces sortes de substitutions.

Dès avant 1844, cet état de choses avait appelé l'attention du gouvernement, qui reconnut la nécessité d'y remédier. Il aurait pu, à titre de dévolutaire définitif, puisqu'il avait pris à sa charge l'administration de tous les établissements religieux et autres existant dans l'ancienne régence, statuer uniquement dans son intérêt, et, s'appuyant sur la loi musulmane, prononcer la nullité de tout contrat relatif à des biens frappés de habous. De plus hautes considérations le dirigèrent : il pensa avec raison que ce qui importait le plus était de protéger la constitution de la propriété européenne, et c'est dans cet esprit que fut conçu le principe consacré par l'art. 3 de l'ord. de 1844. À dater de ce moment, l'acquéreur européen n'eut plus à craindre que, après avoir payé le prix d'achat d'un immeuble, la propriété de cet immeuble lui fût contestée en vertu d'un titre de habous tenu secret jusqu'alors.

Mais s'il a été donné ainsi pleine satisfaction aux acquéreurs européens, l'expérience acquise depuis quelques

années démontre qu'il reste quelque chose à faire dans l'intérêt des acquéreurs indigènes qui, eux aussi, sont souvent victimes de fraudes ou d'erreurs en matière de habous. — Il est arrivé, en effet, que des biens *habous* ont été vendus comme *melk* (libres de substitutions) par des indigènes à d'autres indigènes ; puis, alors que la propriété avait subi d'importantes transformations et considérablement augmenté de valeur, les vendeurs sont venus, excipant de l'acte de constitution de habous, retrouvé par hasard, disaient-ils, mais bien certainement dissimulé jusqu'alors, réclamer l'annulation de la vente devant les tribunaux musulmans ; et ces derniers, pour rester dans les termes de la loi, ont dû prononcer non-seulement la restitution de l'immeuble, mais encore celle des fruits perçus par les acquéreurs, à la seule condition par les vendeurs de rembourser le prix de vente. Dans l'une de ces affaires, on a vu l'acquéreur condamné à restituer une valeur vingt fois plus forte que celle que le vendeur dut lui rembourser ; ce fut une véritable spoliation.

En d'autres circonstances, les vendeurs, de bonne foi dans le principe, ont profité de la découverte postérieure des actes de substitution pour intenter les mêmes actions en revendication ; et quelques-unes d'entre elles, relatives à des terrains qui étaient complétement nus au moment de la vente, portent en réalité aujourd'hui sur toutes les constructions qui y ont été élevées depuis cette époque.— Ces faits, qui se sont renouvelés fréquemment, surtout dans la province de Constantine, nécessitent un prompt remède, et les euléma eux-mêmes, dont la conscience a été troublée par la conséquence désastreuse des jugements que la loi musulmane les force à prononcer, demandent que le gouvernement accorde aux acquéreurs indigènes le bénéfice des garanties attribuées aux acquéreurs européens.

Je ne propose pas de prononcer la suppression des habous ; ce serait aux yeux des musulmans un acte d'une haute gravité, que le fanatisme pourrait exploiter au détriment de notre influence ; mais tout conseille d'abriter ceux qui sont disposés à s'affranchir de cette entrave sous la protection d'une prescription légale garantissant la sécurité des transactions sur biens habous, et j'estime qu'il y a lieu, dans ce but, d'étendre aux transactions passées entre musulmans ou entre musulmans et israélites, les règles tracées par l'ord. de 1844 à l'égard des transactions entre indigènes et Européens. — Cette mesure ne pourra soulever aucune récrimination, car, en constituant une facilité pour tous, elle ne contraindra personne, à l'exception des juges musulmans qui la provoquent eux-mêmes, et elle réalisera le double avantage de liquider heureusement un passé grevé de déplorables procès, et de prévenir tout nouvel embarras dans l'avenir.

NAPOLÉON (Jérôme).

(2) *Rapport à l'empereur.* — Sire, l'art. 11 de la loi

Art. 1. — Sont libres en Algérie, sans distinction de territoire, les transactions immobilières portant sur des biens possédés en vertu de titres réguliers de propriété privée.

Art. 2. — La transmission de ces biens est réglée conformément à l'art. 16 de la loi du 16 juin 1851.

Art. 3. — Sont et demeurent maintenues les dispositions des art. 14 et 15 de la même loi, en ce qui concerne les immeubles possédés indivisement et collectivement par les tribus.

DI. — 7 mai-14 juin 1859. — B. M. 26. — *Suspension de l'exécution du décret qui précède* (1).

Art. 1. — L'exécution du décr. du 16 fév. 1859, sur la liberté des transactions immobilières dans les territoires militaires, est suspendue.

§ 2. — ARRÊTÉS SPÉCIAUX POUR L'EXÉCUTION DE L'ART. 1 DE L'ORD. DU 21 JUILLET 1846.

AM. — 27 juill.-15 oct. 1846. — B. 256. — *Circonscriptions dans lesquelles les titres de propriété seront vérifiés. — Arrondissement d'Alger.*

Vu les art. 1 et 2 de l'ord. roy. du 21 juill. 1846, relative à la propriété rurale en Algérie;

Art. 1. — Les titres de propriétés rurales seront vérifiés conformément aux dispositions de l'ord. du 21 juill. 1846, dans toute l'étendue de l'arrondissement d'Alger (2), à l'exception des communes d'Alger (3), d'Elbiar, de Draria, de Mustapha Pacha, de Birmandraïs, de Birkhadem, de Kouba, de Dely Ibrahim, de Bouzareab, de la Pointe Pescade, et la partie de la commune de Hussein Dey située sur la rive gauche de l'Harrach.

Art. 2. — Cet arrêté sera affiché aux lieux ordinaires dans toutes les villes, bourgs ou villages de l'arrondissement d'Alger, et spécialement à la porte de chaque mairie ; il sera dressé par le maire procès-verbal de l'apposition des affiches.

Art. 3. — Il sera, en outre, inséré au *Moniteur universel* et au *Moniteur algérien*. — L'insertion au *Moniteur algérien* rappellera la date du procès-verbal d'affiche. M. DE SAINT-YON.

AM.—(Même date.) — *Arrondissement d'Oran.*

Art. 1.— Les titres de propriétés rurales seront vérifiés conformément aux dispositions de l'ord. du 21 juill. 1846 dans toute l'étendue de l'arrondissement d'Oran, à l'exception des communes d'Oran et de Mostaganem telles qu'elles ont été délimitées, la première par l'ord. roy. du 29 oct. 1845, la seconde par l'arr. min. du 18 juill. 1845 (4).

---

du 16 juin 1851 est ainsi conçu : (Suit le texte.) — Bien que les dispositions prohibitives de cet article n'aient pu être édictées qu'en vue des immeubles occupés à titre collectif par les tribus, on a cru devoir l'interpréter dans le sens d'une interdiction absolue de toute transmission de la propriété privée dans les territoires militaires. — Cette interprétation, rigoureusement maintenue depuis 1851, malgré les réclamations répétées des autorités supérieures de la colonie, arrête, aux portes mêmes de certaines villes, le mouvement des transactions immobilières, et frappe de mainmorte un assez grand nombre de propriétés réellement privées, que les capitaux européens auraient déjà transformées si leurs détenteurs avaient pu les aliéner. Ceux-ci, d'ailleurs, privés à la fois de la double faculté de vendre ou de recourir aux emprunts hypothécaires pour obtenir à bon compte les ressources nécessaires à l'amélioration de leurs fonds, se trouvent placés dans une situation trop pénible pour ne pas appeler une réforme radicale.

L'empereur ne voudra pas maintenir ces prohibitions, car elles faussent l'esprit de la loi en isolant, dans l'étroite enceinte des territoires civils, les garanties dont la propriété régulièrement assise doit jouir partout où elle existe, et elles constituent une entrave sérieuse à la meilleure des colonisations, celle qui, confiante dans sa propre force, sait marcher sans l'appui de l'administration et se développer par la seule puissance des intérêts individuels. Imposer plus longtemps à l'État l'obligation de déposséder et d'indemniser l'indigène pour placer l'Européen, c'est ajouter, sans profit pour l'intérêt général, de lourdes charges à un budget déjà très-obéré; étreindre les Arabes entre l'impossibilité de disposer de leurs biens et une menace permanente d'expropriation, c'est semer et entretenir dans cette population de dangereux ferments de haine et préparer à la complète pacification du pays de graves difficultés.

Les prohibitions qu'on a voulu trouver dans la loi de 1851 doivent donc disparaître, et le décret que j'ai l'honneur de soumettre à la signature de V. M. a pour objet de consacrer leur abolition, tout en maintenant les droits de l'État sur les biens occupés à titre collectif par les tribus, conformément à la loi du 16 juin 1851. — Dans un intérêt d'ordre public, il a paru nécessaire de rappeler les dispositions de l'art. 16 de la même loi. Elles stipulent que les actes publics de transmission ne peuvent être passés que par les cadis que lorsque deux musulmans sont en cause. Entre tous autres contractants, l'intervention des notaires est obligatoire à peine de nullité.

J'ai la conviction, sire, que la tranquillité publique et notre influence n'auront qu'à gagner à l'introduction d'un système qui, pour arriver au peuplement par les Euro-

péens, substitue la libre volonté des indigènes à la contrainte qu'ils subissent dans l'état actuel des choses. Son application aura pour conséquence heureuse d'ouvrir de nouveaux horizons à la colonisation, de faire cesser l'antagonisme des deux races en les rapprochant par les intérêts communs, et d'introduire successivement dans le pays arabe de précieux éléments de civilisation et de progrès. A tous ces titres, sire, la mesure que j'ai l'honneur de soumettre à la décision de V. M. me semble digne de sa haute sollicitude, NAPOLÉON (Jérôme).

(1) *Rapport à l'empereur.* — Sire, dans la vue de faciliter le développement de la colonisation européenne en Algérie, V. M. a daigné signer, le 16 février dernier, un décret qui déclare libres, sans distinction de territoire, les transactions immobilières portant sur des propriétés privées. — Cette mesure, qui avait pour but de permettre l'établissement de nouveaux colons européens sur le sol exclusivement occupé aujourd'hui par les Arabes, peut, si elle était appliquée avant que la propriété individuelle ait été reconnue ou constituée, avoir pour conséquence de donner naissance à des spéculations plus ou moins sérieuses qui viendront plus tard entraver les opérations des délimitations de territoires sur lesquels les tribus devront être placées. — On verra, nous devons le craindre, se reproduire sur une plus vaste échelle encore, les difficultés qu'on a rencontrées dans la reconnaissance des propriétés de la plaine de la Mitidja, et qui ont laissé tant de fâcheux souvenirs. Il importe aussi bien aux acquéreurs qu'au domaine de l'État de ne pas laisser se produire, sans l'examen le plus approfondi, des titres qui sont loin de présenter les caractères d'authenticité désirables.

Pour que cet examen puisse se faire avec toutes les garanties nécessaires, autant dans l'intérêt des possesseurs des titres que dans celui du domaine de l'État, j'ai l'honneur de prier V. M. de vouloir bien ordonner que l'exécution des dispositions du décret du 16 févr. dernier sera suspendue jusqu'à ce que la situation réelle de la propriété publique et privée dans les tribus ait pu être constatée. Comte DE CHASSELOUP-LAUBAT.

(2) L'arrondissement d'Alger se compose des districts d'Alger et de Douéra, tels qu'ils ont été délimités par les arr. min. du 21 déc. 1842 (V. *Circonscriptions*, § 2, arrond. d'Alger, et § 4, commune de Douéra).

(3) Le territoire de chacune de ces communes a été délimité par les arr. min. des 17 déc. 1843 et 13 août 1844 (V. *eodem*, § 2, arrond. d'Alger).

(4) L'arrondissement d'Oran a été délimité par arr. min. du 4 août 1843 (V. *eodem*, § 2, arrond. d'Oran et arrond. de Mostaganem).

Art. 2 et 3. — (Comme au précédent arrêté.)
M. DE SAINT-YON.

AM. — (Même date.) — B. 258. — *Arrondissement de Blidah.*

Art. 1. — Les titres de propriétés rurales seront vérifiés conformément aux dispositions de l'ord. du 21 juill. 1846, dans toute l'étendue de l'arrondissement de Blidah (1), à l'exception de la commune de Blidah, telle qu'elle a été délimitée par l'ord. du 29 oct. 1845.

Art. 2, 3. — (Comme aux précédents arrêtés.)
M. DE SAINT-YON.

AM. — (Même date.) — *Arrondissement de Bône.*

Art. 1. — Les titres de propriétés rurales seront vérifiés, conformément aux dispositions de l'ord. du 21 juill. 1846, dans toute l'étendue de l'arrondissement de Bône (2), à l'exception du territoire communal et civil de la ville de Bône tel qu'il avait été constitué par l'arr. min. du 28 juill. 1838.

Art. 2 et 3. — (Comme aux précédents arrêtés.)
M. DE SAINT-YON.

AG. — 9-14 nov. 1846. — B. 240. — *Institution d'une commission chargée de statuer provisoirement sur toutes les difficultés qui pourraient survenir à l'exécution de l'ord. du 21 juill. 1846.*

DP. — 5-24 avr. 1849. — B. 318. — *Auditeurs au conseil d'État désignés comme conseillers délimitateurs adjoints.*

Vu l'art. 68 de l'ord. du 15 avr. 1845, portant que les auditeurs au conseil d'État, attachés à l'administration centrale de l'Algérie, sont autorisés à participer aux travaux du conseil du contentieux; — Vu l'ord. du 21 juill. 1846, et notamment l'art. 8, § 2; — Vu la loi sur le conseil d'État, en date du 9 mars 1849;

Considérant qu'il importe de ne pas interrompre le cours des opérations de délimitation prescrites par l'ord. du 21 juill. 1846, mais au contraire d'en accélérer le terme; — Considérant que les conseillers de préfecture auxquels cette mission a été départie concurremment avec des auditeurs au conseil d'État sont en nombre insuffisant pour donner une activité convenable à ces opérations, et que, d'ailleurs, s'ils y étaient exclusivement appliqués, l'exercice de la justice administrative se trouverait suspendu ; — Qu'il est indispensable de maintenir et de confirmer dans leur situation actuelle, pour le complet achèvement de ces opérations, les auditeurs au conseil d'État qui ont été précédemment autorisés par les ordonnances précitées, à participer à ces travaux;

Art. 1. — Les auditeurs au conseil d'État, actuellement détachés auprès du gouvernement général de l'Algérie et autorisés à participer aux travaux des anciens conseils de direction, pour l'exécution de l'ord. du 21 juill. 1846, continueront leurs fonctions près des conseils de préfecture pour ces opérations seulement, et jusqu'à leur entier achèvement, en qualité de conseillers délimitateurs adjoints.

AM. — 30 nov. 1849, 28 janv. 1851.— B. 572.— *Délimitation des propriétés du territoire de la Calle.*

(1) L'arrondissement de Blidah comprend les districts de Blidah, Bouffarik et Koléah, tels qu'ils ont été délimités par les arr. du 21 déc. 1842 et ord. du 10 févr. 1846 (V. eodem, § 2, arrond. de Blidah, et § 4, communes de Bouffarik et de Koléah).

(2) L'arrondissement de Bône est délimité par l'ord. roy. du 12 févr. 1845 (V. eodem, § 2, arrond. de Bône, et § 6, trib. de Bône).

Art. 1. — Les titres de propriétés rurales seront vérifiés dans toute l'étendue du territoire de la Calle, conformément aux dispositions de l'ordonnance et des arrêtés ministériels susvisés.

Art. 2.—Le présent arrêté sera affiché aux lieux ordinaires, à la Calle et à Bône. — Il sera dressé, par le commissaire civil de la Calle et le maire de Bône, procès-verbal de l'apposition de ces affiches.
D'HAUTPOUL.

R

Receveurs municipaux.

L'institution de receveurs municipaux, pour effectuer les recettes et dépenses communales, a été posée en principe dans l'art. 69 de l'ord. du 28 sept. 1847 (V. *Commune*, § 1), et réglée d'abord par le titre 4 de l'arrêté du 4 nov. 1848. Par arr. du 21 déc. 1849, B. 537, des receveurs municipaux furent en effet nommés dans les six principales villes de l'Algérie, constituées en communes de plein exercice, par l'ord. du 31 janv. 1848. Un arrêté du gouverneur général, du 30 mars 1848, avait décidé que jusqu'à ce que cette nomination ait eu lieu, les fonctions de receveurs municipaux seraient remplies dans ces communes par les trésoriers-payeurs ou leurs préposés qui, chargés d'acquitter les dépenses sur l'ordonnancement des maires, seraient en même temps chargés de centraliser à leur caisse tous les produits et revenus attribués auxdites communes. Une décision du 9 août 1851, concertée entre les départements de la guerre et des finances, régla la rémunération à laquelle auraient droit les trésoriers-payeurs, et les écritures à tenir par eux furent également réglées de concert entre l'inspection des finances et la direction générale des affaires de l'Algérie. Ces dispositions furent successivement appliquées aux communes de Constantine, Tlemcen, Mascara, Bougie, Sétif, Guelma, Médéah, Milianah, Cherchell et Ténès, jusqu'à la nomination de receveurs municipaux dans chacune de ces localités.

Aujourd'hui, toute cette législation est abrogée ainsi que le titre 4 de l'arrêté de 1848, par un décret du 20 janv. 1858, inséré ci-après, et qui contient règlement général sur les recettes municipales. Un receveur municipal spécial doit être nommé dans toute commune dont le revenu s'élève à plus de 50,000 fr., et le service de la recette est confié aux receveurs des contributions diverses dans toute commune dont le revenu est inférieur à ce chiffre ; les conditions de traitement, de cautionnement et les règles de gestion sont établies par le même décret.

DI. — 20 janv.-13 fév. 1858. — B. 517. — *Règlement sur les recettes municipales.*

Vu l'ord. du 28 sept. 1847, art. 69 (*Commune*, § 1);—L'arr. du 4 nov. 1848, titre 4 (*Commune*, § 1); — L'arr. min. du 21 déc. 1849, portant fixation des cautionnements et traitements des receveurs municipaux des communes d'Alger, Blidah, Oran, Mostaganem, Bône et Philippeville;—L'ord. du 2 janv. 1846, titres 4 et 5 (*Finances*, § 1); — L'ord. du 31 mai 1838, portant règlement général sur la comptabilité publique;

CHAP. 1. — *Institution et nomination des receveurs municipaux.*

Art. 1. — Il sera nommé un receveur municipal spécial pour la gestion financière de toute commune dont le revenu s'élève à 50,000 fr. et au-dessus. — Pour les communes dont le revenu est inférieur à 50,000 fr., le service de la recette municipale est confié aux receveurs des contributions diverses, sous la surveillance et le contrôle du chef de service dans chaque province (1).—Néanmoins, sur la demande du conseil municipal, et sur l'avis conforme du conseil du gouvernement, le ministre de la guerre pourra instituer un receveur spécial dans les communes dont le revenu est inférieur à 50,000 fr.

Art. 2. — Les receveurs municipaux spéciaux sont nommés : — Par le ministre de la guerre, pour les communes dont le revenu est de 500,000 fr. et au-dessus; — Par le gouverneur général de l'Algérie, pour les communes d'un revenu inférieur à 500,000 fr. — Tout receveur, une fois nommé, sera maintenu dans ses fonctions, lors même que, dans le cours de sa gestion, le revenu de la commune descendrait au-dessous de 50,000 fr.

Art. 3.—Chaque receveur municipal est nommé sur une liste de trois candidats votée par le conseil municipal au scrutin de liste. La liste n'est définitive qu'autant que tous les candidats ont réuni au moins la majorité absolue des suffrages.

CHAP. 2. — *Fixation des cautionnements.*

Art. 4. — Les receveurs municipaux n'entrent en fonctions qu'après avoir justifié du versement au trésor d'un cautionnement en numéraire, fixé, savoir : — A 10 pour 100 du montant des recettes ordinaires, pour les premiers 100,000; — A 5 pour 100 des mêmes recettes sur tout ce qui excède 100,000 fr.

Art. 5. — Le cautionnement de chaque receveur est fixé, par l'arrêté de nomination, sur le montant des recettes ordinaires portées au compte du dernier exercice. — Si la nomination a lieu avant qu'aucun compte d'exercice ait été réglé, le cautionnement est provisoirement établi sur le montant présumé des recettes ordinaires. Il n'est définitivement fixé qu'après le règlement du premier compte d'exercice postérieur à la nomination. — Le cautionnement sera toujours porté à une somme ronde, multiple de 100.—Les cautionnements des receveurs municipaux actuellement en exercice seront fixés à nouveau, conformément aux dispositions qui précèdent.

Art. 6. — Si, postérieurement à la fixation du cautionnement d'un receveur municipal, il s'est produit dans les recettes ordinaires de la commune un accroissement notable et permanent, il sera

procédé à une nouvelle fixation du cautionnement, basée sur la moyenne des recettes ordinaires portées aux comptes des trois derniers exercices.

CHAP. 3. — *Fixation des traitements.*

Art. 7.—Les receveurs municipaux sont rétribués au moyen de remises proportionnelles, tant sur les recouvrements que sur les payements par eux effectués pour le service communal.—Ces remises sont fixées, savoir : à 4 pour 100 sur les premiers 10,000 fr., tant des recettes que des dépenses; à 3 pour 100 sur les 20,000 fr. suiv.; à 2 et 1/2 pour 100 sur les 20,000 fr. suiv.; à 2 pour 100 sur les 50,000 fr. suiv.; à 50 cent. pour 100 sur les sommes excédant 100,000 fr. jusqu'à 1 million; à 25 cent. pour 100 sur les sommes excédant 1 million. Il n'est alloué, en sus des allocations ci-dessus déterminées, ni frais de bureau, ni indemnités ou prestations d'aucune espèce (2).

Art. 8. — Ne sont pas comptées, pour le calcul des remises allouées au receveur municipal : — 1° Les recettes provenant de taxes ou contributions pour le recouvrement desquelles il serait alloué, par le décret d'institution, des remises spéciales, ni les dépenses exclusivement imputables sur lesdites taxes ou contributions; — 2° Les recettes et les payements qui ne constituent que des conversions de valeur, conformément aux règles établies par l'instruction générale du 17 juin 1840, art. 1064; — 3° Toutes recettes et dépenses qui, bien que faites dans un intérêt local, ne concerneraient pas le service direct de la commune, à moins d'un vote spécial du conseil municipal, approuvé par l'autorité administrative compétente.

Art. 9. — Les conseils municipaux seront toujours appelés à délibérer sur la fixation des remises à attribuer à leurs receveurs, sans, toutefois, que les proportions du tarif établi par l'art. 7 puissent être élevées ou réduites de plus d'un dixième, et sauf décision du ministre de la guerre.

CHAP. 4. — *Des intérims.*

Art. 10. — Dans tous les cas de vacance d'une recette municipale, le service intérimaire est immédiatement dévolu à un agent du service des contributions diverses, à la diligence du chef de service de la province et en vertu d'un arrêté du préfet.

CHAP. 5. — *Du contrôle et de la surveillance de la gestion des receveurs municipaux.*

Art. 11. — Les receveurs municipaux de l'Algérie, pour tout ce qui concerne leur gestion, les formes de la comptabilité, la responsabilité qui leur incombe, le contrôle et la surveillance de leurs opérations et de leurs écritures, sont assu-

(1) 1° Les rétributions allouées dans ce cas aux receveurs des contributions diverses sont fixées à la moitié du taux des remises déterminées par l'art. 7 du même décret. — *Décis. min.*, 7 oct. 1859.

2° Un cautionnement uniforme de 3,000 fr. est imposé à ces receveurs. — *Décis. min.*, 30 sept. 1859.

3° Les directeurs des contributions directes ont une double mission, le contrôle, la coopération. La première reste au compte de l'Etat. La rétribution pour le travail supplémentaire occasionné par la seconde est à la charge des communes, et est fixée à 10 cent. par article pour tous frais de confection des rôles de la taxe sur les loyers et des prestations en nature, y compris les dépenses accessoires telles que fournitures d'imprimés, frais de reliure et dépenses diverses. — *Décis. min.*, 19 sept. 1859.

(2) Aucune allocation spéciale, pour frais d'assiette et de recouvrement de la taxe des loyers ne doit être accordée par les conseils municipaux. Ils sont seulement autorisés à proposer l'augmentation d'un dixième sur le tarif réglementaire, en cas de nécessité bien établie, pour les communes où les gestions présentent des difficultés

exceptionnelles de recouvrement. — Les receveurs municipaux n'ont d'ailleurs à supporter aucune des dépenses relatives à l'assiette des taxes et aux opérations qui précèdent leur mise en recouvrement jusques et y compris la distribution du premier avertissement. Ces dépenses restent à la charge des communes. — Le receveur municipal chargé, à défaut des agents du service des contributions directes, de toute opération antérieure à la mise en recouvrement sera remboursé sur le pied du tarif arrêté par la décis. min. du 19 sept. 1859 (V. art. 1, note 3).— Aucune remise spéciale ne peut être allouée pour le recouvrement des taxes sur les loyers, sur les chiens et pour les chemins vicinaux. Elles doivent former masse avec les autres produits municipaux pour le calcul des remises à allouer aux receveurs. — Le salaire des porteurs de contraintes doit être supporté par le contribuable qui a rendu les poursuites nécessaires. Dans les communes où le porteur de contraintes reçoit un traitement fixe, ce traitement ne sera pas mis à la charge du receveur mais imputé au budget municipal, qui encaissera en retour les frais de poursuite. — *Décis. min.* du 23 mai 1860, BM. 85.

jettis aux règles prescrites par l'ord. du 31 mai 1838, tit. 4, chap. 20.

Art. 12. — La surveillance dévolue par l'art. 495 de l'ordonnance ci-dessus mentionnée aux receveurs généraux et particuliers des finances, sera spécialement exercée par les chefs du service des contributions diverses, sans préjudice des vérifications à exercer par les inspecteurs des finances.

Art. 13. — La surveillance attribuée au service des contributions diverses sur la gestion des receveurs municipaux s'exercera aux conditions et dans les formes prescrites par l'instruction générale du 17 juin 1840 (tit. 9, chap. 1, sect. 2, §§ 1 et 2), sauf les dérogations nécessitées par la législation spéciale de l'Algérie. — Toutefois, la responsabilité des chefs du service des contributions diverses, à l'égard des communes, même pour les recettes confiées aux agents dudit service, sera purement morale, par dérogation aux dispositions de l'art. 497 de l'ord. précitée du 31 mai 1838. — Les mesures spéciales relatives à l'exécution des dispositions précédentes seront réglées par voie d'instructions ou d'arrêtés ministériels.

CHAP. 6. — De l'apurement des comptes.

Art. 14. — Les comptes des receveurs municipaux sont définitivement apurés par les conseils de préfecture, pour les communes dont le revenu est inférieur à 50,000 fr., sauf recours à la cour des comptes. — Les comptes des receveurs des communes dont le revenu s'élève à 50,000 fr. et au-dessus sont réglés et apurés par ladite cour.

Art. 15. — Les comptes des communes dont le revenu, précédemment inférieur à 50,000 fr., se sera élevé à ce chiffre pendant trois années consécutives, seront mis sous la juridiction de la cour des comptes. L'arrêté que le préfet prendra à cet effet sera immédiatement transmis à la cour des comptes par l'intermédiaire du ministre de la guerre.

CHAP. 7. — Dispositions diverses.

Art. 16. — Les dispositions du présent décret relatives aux cautionnements et remises des receveurs municipaux spéciaux ne sont point applicables aux agents du service des contributions diverses chargés de recettes municipales; les traitements ou remises à allouer auxdits agents seront fixés par le ministre de la guerre, sur la proposition du gouverneur général, le conseil du gouvernement préalablement consulté.

Art. 17. — Le présent décret sera mis en vigueur à partir du 1er janv. 1858.

Art. 18. — Sont abrogés : 1° Le titre 4 de l'arr. du 4 nov. 1848. — 2° Toutes autres dispositions antérieures contraires à celles du présent décret.

AM. — 27 juin-23 juill. 1859. — BM. 52. — Fixation des cautionnements.

Vu le décr. du 20 janv. 1858, art. 4, 5, 7 et 9 ; — Les délibérations des conseils municipaux de communes de l'Algérie pourvues d'un receveur spécial ; — Les avis des préfets d'Alger, d'Oran et de Constantine ;

Art. 1. — Les cautionnements des receveurs municipaux de l'Algérie, actuellement en exercice, sont fixés à nouveau, conformément au tableau qui suit :

Alger, 47,000 fr. (élevé à 50,000 fr. par arr. min. du 18 sept. 1859, BM. 44);— Tenès, 6,500 fr.;— Blidah, 14,500 fr.;— Médéah, 11,200 fr.;— Bouffarik, 7,000 fr.; Milianah, 6,700 fr.

Oran, 23,600 fr.;— Mascara, 9,800 fr.;— Tlemcen, 12,900 fr.;— Mostaganem, 12,600 fr.

Constantine, 27,500 fr.;— Sétif, 8,600 fr.;— Bône, 15,700 fr.; — Guelma, 7,400 fr.;— Philippeville, 12,000 fr.;— Bougie, 8,000 fr.

Art. 2. — Il est accordé aux comptables jusqu'au 1er nov. prochain pour verser au trésor le complément de leur cautionnement, tel qu'il est fixé par le tableau précédent, sous peine, pour celui qui n'aurait pas satisfait à cette prescription, d'être considéré comme démissionnaire.

Art. 3. — Est approuvée la délibération du conseil municipal d'Alger, en date du 27 fév. 1858, portant qu'il y a lieu d'augmenter d'un dixième en sus du tarif réglementaire les remises à attribuer au receveur de cette commune.

Art. 4. — Est également approuvée la délibération du conseil municipal de Constantine, en date du 24 mars 1858, portant qu'il y a lieu d'accorder au receveur de cette commune une augmentation du taux des remises proportionnelles déterminées par l'art. 7 du décr. du 20 janv. 1858 ; toutefois, cette augmentation est réduite au vingtième en sus du tarif réglementaire.

Art. 5. — Ne sont pas approuvées les délibérations des conseils municipaux de Blidah, de Bouffarik et de Philippeville, pour l'augmentation ; de Tenès et de Bougie, pour la diminution du tarif des remises à attribuer à leurs receveurs municipaux. — Il sera fait à ces comptables application pure et simple du tarif réglementaire. Il en sera de même pour tous les autres receveurs municipaux dont il n'est fait aucune mention dans les dispositions précédentes. NAPOLÉON (Jérôme).

AM. — 27 juin 1859. — BM. 52. — Institution d'un receveur municipal à Koléah.

AM. — 24 déc. 1859. — BM. 55. — Idem à Saint-Denis du Sig.

AM. — 26 déc. 1859. — BM. 55. — Idem à Cherchell.

Réquisitions.

AG. — 30 mars-16 avr. 1816. — B. 221 — Droit de réquisition des autorités locales.

Art. 1. — Toutes les fois qu'une localité sera envahie par les sauterelles, l'autorité locale pourra requérir les habitants pour l'exécution des mesures qui seront jugées nécessaires pour combattre le fléau dont il s'agit.

Art. 2. — Lorsque les habitants s'entendront spontanément pour détruire les jeunes sauterelles, ils seront tenus, avant d'agir, de prendre les instructions des autorités locales dont l'autorisation devra être préalablement obtenue lorsqu'il s'agira de recourir à l'emploi du feu.

Art. 3. — Tout refus d'obtempérer aux réquisitions faites en vertu du présent arrêt, sera puni conformément aux dispositions de l'art. 475 c. pén. Maréchal duc d'ISLY.

Roulage (police du).

Le décret ci-après du 3 nov. 1855 règle actuellement tout ce qui concerne la police du roulage en Algérie, et a abrogé les arrêtés antérieurs. Quant aux mesures spéciales de police municipale concernant les voitures publiques, c'est aux maires qu'il appartient de les réglementer dans chaque localité.

DP. — 1er-28 juin 1849. — B. 523. — Décret du 13 août 1810. — Vente des objets non réclamés aux entrepreneurs de transports.

Art. 1. — Le décret du 13 août 1810, concernant la vente des objets confiés aux entrepreneurs de transports et non réclamés par les destinataires après leur arrivée au lieu de leur destination, sera appliqué en Algérie, sauf les modifications indiquées dans l'article suivant.

Art. 2. — Le délai de six mois fixé par l'art. 1 du décret précité, sera de neuf mois en Algérie. — Le délai d'un mois, fixé par l'art. 4 du même décret, pour l'avis préalable à la vente, sera de trois mois en Algérie. — Pendant ce délai, trois avis successifs, donnés à un mois de distance, et rédigés dans la forme prescrite par le décret, seront insérés dans les journaux du département où la vente doit avoir lieu. — Toutefois, si la valeur présumée des objets mis en vente est inférieure à 50 fr., il ne sera publié qu'un seul avis. — Dans aucun cas, la vente ne pourra avoir lieu qu'à l'expiration du douzième mois, à compter du jour de l'arrivée des objets non réclamés au lieu de leur destination.

Art. 3. — Le décr. du 13 août 1810 sera publié en Algérie et inséré à la suite du présent.

Décret du 13 août 1810.

Vu les art. 107 et 108 c. com. ;

Art. 1. — Les ballots, caisses, malles, paquets et tous autres objets qui auraient été confiés, pour être transportés dans l'intérieur de l'empire, à des entrepreneurs, soit de roulage, soit de messageries par terre ou par eau, lorsqu'ils n'auront pas été réclamés dans le délai de six mois, à compter du jour de l'arrivée au lieu de leur destination, seront vendus par voie d'enchère publique, à la diligence de la régie de l'enregistrement, et après l'accomplissement des formalités suivantes.

Art. 2. — A l'expiration du délai qui vient d'être fixé, les entrepreneurs de messageries et de roulage devront faire aux préposés de la régie de l'enregistrement la déclaration des objets qui se trouveront dans le cas de l'article précédent.

Art. 3. — Il sera procédé par le juge de paix, en présence des préposés de la régie de l'enregistrement et des entrepreneurs de messageries ou de roulage, à l'ouverture et à l'inventaire des ballots, malles, caisses et paquets.

Art. 4. — Les préposés de la régie de l'enregistrement seront tenus de faire insérer dans les journaux, un mois avant la vente des objets non réclamés, une note indiquant le jour et l'heure fixés pour cette vente, et contenant en outre les détails propres à ménager aux propriétaires de ces objets la faculté de les reconnaître et de les réclamer.

Art. 5. — Il sera fait un état séparé du produit de ces ventes, pour le cas où il surviendrait, dans un nouveau délai de deux ans, à compter du jour de la vente, quelque réclamation susceptible d'être accueillie.

Art. 6. — Les préposés de la régie de l'enregistrement et ceux de la régie des droits réunis sont autorisés, tant pour s'assurer de la sincérité des déclarations ci-dessus prescrites que pour y suppléer, à vérifier les registres qui doivent être tenus par les entrepreneurs de messageries ou de roulage.

DI. — 3 nov.-7 déc. 1855. — B. 489. — *Police du roulage* (1).

Vu l'arr. du 29 janv. 1849, réglant la police du roulage et des messageries en Algérie ; — La loi du 30 mai 1851, réglant la même matière en France ; — Vu, etc.,

TIT. 1. — *Des conditions de la circulation des voitures en Algérie.*

Art. 1. — Les voitures suspendues ou non suspendues, servant au transport des personnes ou des marchandises, peuvent circuler sur toutes les voies publiques, en Algérie, sans aucune condition de réglementation de poids ou de largeur de jantes.

Art. 2. — Des arrêtés du ministre de la guerre détermineront : — § 1 Pour toutes les voitures : — 1° La forme des moyeux, le maximum de la longueur des essieux, et le maximum de leur saillie au delà des moyeux ; — 2° La forme des bandes des roues ; — 3° La forme des clous des bandes ; — 4° Les conditions à observer pour l'emplacement et les dimensions de la plaque prescrite par l'art. 3 ; — 5° Le maximum du nombre des chevaux de l'attelage que peut comporter la police ou la libre circulation des routes ; — 6° Les mesures à prendre pour restreindre momentanément la circulation sur les routes ou sur les chemins vicinaux, ainsi que les précautions à prendre pour la protection des ponts.

§ 2. Pour les voitures ne servant pas au transport des personnes : — 1° La largeur du chargement ; — 2° La saillie des colliers de chevaux ; — 3° Les modes d'enrayage ; — 4° Le nombre des voitures qui peuvent être réunies en un même convoi, l'intervalle qui doit rester d'un convoi à un autre, et le nombre de conducteurs exigé pour la conduite de chaque convoi ; — 5° Les autres mesures de police à observer par les conduc-

---

(1) 3 nov. 1855. — *Rapport à l'empereur.* — Sire, la loi du 30 mai 1851, qui a affranchi le roulage, dans la métropole, des entraves que l'ancienne législation avait cru nécessaire de faire peser sur lui dans l'intérêt de la conservation des routes, imposait l'obligation d'étudier les moyens d'appliquer cette loi à l'Algérie, où les mêmes besoins demandaient les mêmes réformes.

Un décret du 29 janv. 1849, calqué sur les anciens règlements de France avait assujetti le roulage, dans cette colonie, à de nombreuses restrictions concernant le poids ou chargement, la largeur des jantes, des chevaux d'attelage ou autres bêtes de trait. Aussi les inconvénients précédemment reconnus dans la métropole y venaient gêner le transport des produits de toute nature, surtout des produits agricoles, et retarder le développement de la colonisation.

A une époque où, dans l'intérêt général, le gouvernement s'applique à rendre les communications plus rapides et plus économiques par l'établissement de chemins de fer qui, en abrégeant les distances et en diminuant les frais de transport, procurent des débouchés plus nombreux et plus fréquents aux produits du sol et de l'industrie, l'état des choses à l'égard du roulage ne pouvait être maintenu.

Un grand principe, d'ailleurs, avait été posé dans la discussion qui a précédé l'adoption de la loi du 30 mai 1851, c'est que « le commerce et l'industrie retirent de la liberté du roulage des avantages tellement considérables, qu'ils ne peuvent être mis en balance avec l'augmentation de dépense, relativement faible, que la dégradation des routes et le surcroît de réparations peuvent faire supporter à l'État. »

Un tel argument serait susceptible, comme il le fut alors, de décider la question ; mais un fait plus puissant encore est venu à l'appui des dispositions de la loi nouvelle. Le simple raisonnement avait déjà indiqué qu'il existait dans l'organisation, dans l'essence même du roulage, des conditions qui naturellement empêcheraient d'abuser de la liberté du chargement ; et en effet, l'expérience a constaté, en France, que les routes placées en dehors des lignes de chemins de fer, et qui ont conservé leur ancienne circulation, n'ont pas été plus détériorées que par le roulage affranchi de ses anciennes entraves, et que, par conséquent, l'État ne consacre à leur entretien annuel qu'à peu près les mêmes sommes qu'autrefois.

Telles sont, sire, les motifs qui m'ont déterminé à proposer à V. M. de faire jouir l'Algérie des avantages qui viennent d'être indiqués, en y décrétant l'application des principes et des dispositions de la loi du 30 mai 1851, sur la liberté du roulage. Le projet de décret que j'ai l'honneur de soumettre à la signature de V. M. a été élaboré dans ce but, en tenant compte, toutefois, des modifications de détail nécessitées par l'organisation administrative du pays. Le ministre de la guerre, VAILLANT.

teurs, notamment en ce qui concerne le stationnement sur les routes, et les règles à suivre pour éviter ou dépasser d'autres voitures. — Sont affranchies de toute réglementation de largeur de chargement les voitures de l'agriculture servant au transport des récoltes de la ferme aux champs et des champs à la ferme.

§ 3. Pour les voitures des messageries : — 1° Les conditions relatives à la solidité et à la stabilité des voitures ; — 2° Le mode de chargement, de conduite et d'enrayage des voitures ; — 3° Le nombre de personnes qu'elles peuvent porter ; — 4° La police des relais ; — 5° Les autres mesures de police à observer par les conducteurs, cochers ou postillons, notamment pour éviter ou dépasser d'autres voitures.

Art. 3. — Toute voiture circulant sur les voies publiques doit être munie d'une plaque conforme au modèle prescrit par l'arr. min. rendu en vertu de l'art. 2 (1).

Sont exceptées de cette disposition : — 1° Les voitures particulières destinées au transport des personnes, mais étrangères à un service public des messageries ; — 2° Les voitures appartenant à l'administration des postes ; — 3° Les voitures d'artillerie, chariots et fourgons appartenant au département de la guerre et de la marine. — Des arrêtés ministériels détermineront les marques distinctives que doivent porter les voitures désignées aux §§ 2 et 3, et les titres dont leurs conducteurs doivent être munis ; — 4° Les voitures employées à la culture des terres, au transport des récoltes, à l'exploitation des fermes, qui se rendent de la ferme aux champs ou des champs à la ferme, ou qui servent au transport des objets récoltés du lieu où ils ont été recueillis jusqu'à celui où, pour les conserver ou les manipuler, le cultivateur les dépose ou les rassemble.

Tit. 2. — De la pénalité.

Art. 4. — Sera punie d'une amende de 5 à 30 fr. toute contravention aux règlements qui détermineront :

1° Pour toutes les voitures, — La forme des moyeux, le maximum de la longueur des essieux et le maximum de leur saillie au delà des moyeux; — La forme des bandes des roues ; — La forme des clous des bandes ; — Le maximum du nombre des chevaux d'attelage que peut comporter la police ou la libre circulation des routes ; — Les mesures concernant la restriction momentanée de la circulation sur les routes ou les chemins vicinaux, et les précautions à prendre pour la protection des ponts ;

2° Pour les voitures ne servant pas au transport des personnes ; — La largeur du chargement ; — La saillie des colliers de chevaux ; — Les modes d'enrayage.

Art. 5. — Sera punie d'une amende de 5 à 10 fr. et d'un emprisonnement d'un à trois jours toute contravention aux dispositions déterminant : — Le nombre des voitures qui peuvent être réunies en un même convoi, l'intervalle qui doit rester libre d'un convoi à un autre, et le nombre de conducteurs exigé pour la conduite de chaque convoi ; — Les autres mesures de police à observer par les conducteurs, notamment en ce qui concerne le stationnement sur les routes, et les règles à suivre pour éviter ou dépasser d'autres voitures. — En cas de récidive, l'amende pourra être portée à 15 fr., et l'emprisonnement à cinq jours.

Art. 6. — Sera punie d'une amende de 16 à 200 fr. et d'un emprisonnement de cinq à dix jours, toute contravention aux règlements qui détermineront pour les voitures de messageries : — Les conditions relatives à la solidité et à la stabilité des voitures ; — Le mode de chargement, de conduite et d'enrayage des voitures ; — Le nombre des personnes qu'elles peuvent porter ; — La police des relais ; — Les autres mesures de police à observer par les conducteurs, cochers ou postillons, notamment pour éviter ou dépasser d'autres voitures.

Art. 7. — Tout propriétaire d'une voiture circulant sur des voies publiques, sans qu'elle soit munie de la plaque prescrite par l'art. 3 et par les arrêtés rendus en exécution de l'art. 2, sera puni d'une amende de 5 à 15 fr., et le conducteur d'une amende de 1 à 5 fr.

Art. 8. — Tout propriétaire ou conducteur de voiture qui aura fait usage d'une plaque portant soit un nom, soit un domicile faux ou supposé, sera puni d'une amende de 50 à 200 fr., et d'un emprisonnement de six jours au moins et de six mois au plus. — La même peine sera applicable à celui qui, conduisant une voiture dépourvue de plaque, aura déclaré un nom ou un domicile autre que le sien ou que celui du propriétaire pour le compte duquel la voiture est conduite.

Art. 9. — Lorsque par la faute, la négligence ou l'imprudence du conducteur, une voiture aura causé un dommage quelconque à une route ou à ses dépendances, le conducteur sera condamné à une amende de 5 à 50 fr. — Il sera, de plus, condamné aux frais de la réparation.

Art. 10. — Sera puni d'une amende de 16 à 100 fr., indépendamment de celle qu'il pourrait avoir encourue pour toute autre cause, tout voiturier ou conducteur qui, sommé de s'arrêter par l'un des fonctionnaires ou agents chargés de constater les contraventions, aura refusé d'obtempérer à cette sommation et de se soumettre aux vérifications prescrites.

Art. 11. — Les dispositions du liv. 3, tit. 1, chap. 3, sect. 4, § 2, c. pén., sont applicables en cas d'outrage ou de violence envers les fonctionnaires ou agents chargés de constater les délits et contraventions prévus par la présente loi.

Art. 12. — Lorsqu'une même contravention ou un même délit prévu aux art. 4, 7 et 8 a été constaté à diverses reprises, il n'est prononcé qu'une seule condamnation, pourvu qu'il ne se soit pas écoulé plus de vingt-quatre heures entre la première et la dernière constatation. — Lorsqu'une même contravention ou un même délit prévu à l'art. 6 a été constaté à plusieurs reprises pendant le parcours d'un même relais, il n'est prononcé qu'une seule contravention. — Sauf les exceptions mentionnées au présent article, lorsqu'il aura été dressé plusieurs procès-verbaux de contravention, il sera prononcé autant de condamnations qu'il y aura eu de contraventions constatées.

Art. 13. — Tout propriétaire de voiture est responsable des amendes, des dommages-intérêts et des frais de réparation prononcés, en vertu des articles du présent titre, contre toute personne préposée par lui à la conduite de sa voiture. — Si la voiture n'a pas été conduite par ordre et pour le compte du propriétaire, la responsabilité est encourue par celui qui a préposé le conducteur.

Art. 14. — Les dispositions de l'art. 463 c. pén. sont applicables dans tous les cas où les tribunaux

---

(1) Arr. min. du 18 déc. 1856, B. 504, ainsi conçu : Art. 1. — La plaque prescrite par l'art. 3 dudit décret aura 10 centimètres de largeur, 7 de hauteur, et elle portera pour souscription : *Province d*... — *Contributions diverses*. — N°...

Art. 2. — Le prix de cette plaque est fixé à 2 francs qui seront payés au service des contributions diverses, aussitôt après que la pose en aura été effectuée.

Maréchal VAILLANT.

correctionnels ou de simple police prononcent en vertu de la présente loi.

Tit. 5. — *De la procédure.*

Art. 15.— Sont spécialement chargés de constater les contraventions et délits prévus par le présent décret, les conducteurs, agents voyers, cantoniers chefs et autres employés du service des ponts et chaussées ou de la petite voirie, commissionnés à cet effet, les gendarmes, les gardes champêtres, les employés des contributions indirectes, agents forestiers ou des douanes, et employés des poids et mesures ayant droit de verbaliser, et les employés de l'octroi ayant le même droit. — Peuvent également constater les contraventions et les délits prévus par le présent décret, les maires et adjoints, les commissaires et agents assermentés de police, les ingénieurs des ponts et chaussées, les officiers, les sous-officiers de gendarmerie, et toute personne commissionnée par l'autorité pour la surveillance de l'entretien des voies de communication.— Les dommages prévus à l'art. 9 sont constatés, pour les routes et les chemins vicinaux, par les ingénieurs, les conducteurs et autres agents des ponts et chaussées commissionnés à cet effet, sans préjudice du droit réservé à tous les fonctionnaires et agents mentionnés au présent article de dresser procès-verbal du fait de dégradation qui a eu lieu en leur présence.

Art. 16. — Les contraventions prévues par les art. 4 et 6 ne peuvent, en ce qui concerne les voitures publiques allant au trot, être constatées qu'aux lieux de départ, d'arrivée, de relais et de stations desdites voitures, ou à l'entrée des villes ou villages, sauf toutefois celles qui concernent le nombre de voyageurs, le mode de conduite des voitures, la police des conducteurs, cochers ou postillons, et les moyens d'enrayage.

Art. 17.— Les procès-verbaux dressés en vertu du présent décret font foi jusqu'à preuve contraire. — Ils ne sont pas sujets à l'affirmation.

Art. 18.— Ces procès-verbaux sont enregistrés en débet dans la huitaine de leur date, à peine de nullité.— Ils sont adressés, dans les six jours de l'enregistrement, aux sous-préfets ou aux commissaires civils, qui les transmettent, dans les deux jours de leur réception, au préfet, s'il s'agit de la compétence des conseils de préfecture, ou au procureur impérial, s'il s'agit d'une contravention de la compétence des tribunaux.

Art. 19. — Les contraventions prévues par les art. 4 et 9 seront jugées pour toute la province par le conseil de préfecture.—Tous les autres délits et contraventions prévus par le présent décret sont de la compétence des tribunaux.

Art. 20.— Lorsqu'une voiture est dépourvue de plaque et que le propriétaire n'est pas connu, la voiture est provisoirement retenue, et le procès-verbal immédiatement porté à la connaissance du maire de la commune où il a été dressé, ou de la commune la plus proche sur la route que suit le prévenu. — Le maire arbitre provisoirement le montant de l'amende, et, s'il y a lieu, des frais de réparation, et il en ordonne la consignation immédiate, à moins qu'il ne lui soit présenté une caution solvable. — A défaut de consignation ou de caution, la voiture est retenue jusqu'à ce qu'il ait été statué sur le procès-verbal.— Les frais qui en résultent sont à la charge du propriétaire. — Le contrevenant est tenu d'élire domicile dans le département du lieu où la contravention a été constatée ; à défaut d'élection de domicile, toute notification lui sera valablement faite au secrétariat de la commune dont le maire aura arbitré l'amende sur les frais de réparation.

Art. 21.— Il en est de même dans le cas de procès-verbal dressé à raison de l'un des délits prévus à l'art. 8. — Il sera procédé de la même manière à l'égard de tout conducteur de voiture de roulage ou de messageries inconnu dans le lieu où il serait pris en contravention, et qui ne serait point régulièrement muni d'un passeport, d'un livret ou d'une feuille de route, à moins qu'il ne justifie que la voiture appartient à une entreprise de roulage ou de messageries, ou qu'il ne résulte des lettres de voitures ou des autres papiers qu'il aurait en sa possession, que la voiture appartient à celui dont le domicile serait indiqué sur la plaque.

Art. 22.— S'il s'agit d'une contravention de la compétence du conseil de préfecture, copie du procès-verbal est notifiée, avec citation, par la voie administrative, au domicile du propriétaire, tel qu'il est indiqué sur la plaque, ou tel qu'il a été déclaré par le contrevenant, et quand il y a lieu, à celui du conducteur.— Cette notification a lieu dans le mois de l'enregistrement, à peine de déchéance. — Le délai est étendu à deux mois, lorsque le contrevenant n'est pas domicilié dans la province où la contravention a été constatée ; il est étendu à un an lorsque le domicile du contrevenant n'a pu être constaté au procès-verbal. — Si le domicile du conducteur est resté inconnu, toute notification qui lui est faite au domicile du propriétaire, est valable.

Art. 23. — Le prévenu est tenu de produire, dans le délai de trente jours, ses moyens de défense devant le conseil de préfecture. — Ce délai court à compter de la date de la notification du procès-verbal ; mention en est faite dans ladite notification.—A l'expiration du délai fixé, le conseil de préfecture prononce, lors même que les moyens de défense n'auraient pas été produits.

Art. 24.— L'arrêté du conseil de préfecture est notifié au contrevenant dans la forme administrative, dix jours au moins avant toute exécution. Si la condamnation a été prononcée par défaut, la notification faite au domicile énoncé sur la plaque est valable. — L'opposition à l'arrêté rendu par défaut devra être formée dans le délai de quarante jours, à compter de la date de la notification.

Art. 25.— Le recours au conseil d'Etat contre l'arrêté du conseil de préfecture peut avoir lieu par simple mémoire déposé au secrétariat général de la préfecture ou à la sous-préfecture, et sans l'intervention d'un avocat au conseil d'Etat. — Il sera délivré au déposant récépissé du mémoire, qui devra être immédiatement transmis par le préfet.— Si le recours est formé au nom de l'administration, il devra l'être dans les trois mois de la date de l'arrêté.

Art. 26. — L'instance à raison des contraventions de la compétence des conseils de préfecture est périmée par six mois, à compter de la date du dernier acte des poursuites, et l'action publique est éteinte, à moins de fausses indications sur la plaque et de fausse déclaration en cas d'absence de plaque.

Art. 27. — Les amendes se prescrivent par une année, à compter de la date de l'arrêté du conseil de préfecture, ou à compter de la décision du conseil d'Etat, si le pourvoi a eu lieu. — En cas de fausses indications sur la plaque, ou de fausses déclarations du nom ou du domicile, la prescription n'est acquise qu'après cinq années.

Art. 28. — Lorsque le procès-verbal constatant le délit ou la contravention a été dressé par l'un des agents désignés au § 1 de l'art. 15, le tiers de l'amende prononcée appartient audit agent, à moins qu'il ne s'agisse d'une contravention ou d'un délit prévu aux art. 10 et 11. — Les deux autres tiers sont attribués au trésor public, soit à la caisse locale et municipale, soit aux communes intéressées, selon que la contravention ou le dommage concerne une route impériale, une route provinciale ou départementale, ou un chemin vicinal. Il en est de même du total des frais de réparation réglés en vertu de l'art. 9, ainsi que du total de l'amende, lorsqu'il n'y a pas lieu d'appliquer les dispositions du § 1 du présent article.

Tit. 4.

Art. 29. — Le décr. du 29 janv. 1819 est et demeure abrogé.

Tit. 5.

Art. 30.—Amnistie est accordée pour les peines actuellement encourues ou prononcées à raison des infractions aux règlements concernant le roulage et les messageries publiques. — Cette amnistie n'est point applicable aux frais avancés par l'État, ni à la part attribuée par les lois et règlements, sur le montant des amendes prononcées, aux divers agents qui ont constaté les contraventions. — Les sommes recouvrées avant la promulgation de la présente loi, en vertu des décisions des conseils de préfecture, ne seront pas restituées.

NAPOLÉON.

AM. — (Même date.) — *Règlement sur l'exécution du précédent décret.*

Tit. 1. — *Dispositions applicables à toutes les voitures.*

Art. 1. — Les essieux des voitures ne peuvent avoir plus de 2 mèt. 50 c. de largeur, ni dépasser à leurs extrémités le moyeu de plus de 6 centim. — La saillie des moyeux, y compris celle de l'essieu, n'excédera pas plus de 12 centim. le plan passant par le bord extérieur des bandes. Il est accordé une tolérance de 2 centim. sur cette saillie, pour les roues qui ont déjà fait un certain service.

Art. 2. — Il est expressément défendu d'employer des clous à tête de diamant. Tout clou de bande sera rivé à plat, et ne pourra, lorsqu'il sera posé à neuf, former une saillie de plus de 5 millim.

Art. 3. — Il ne peut être attelé : — 1° Aux voitures servant au transport des marchandises, plus de cinq chevaux si elles sont à deux roues, plus de huit si elles sont à quatre roues, sans qu'il puisse y avoir plus de cinq chevaux de file; — 2° Aux voitures servant au transport des personnes, plus de trois chevaux si elles sont à deux roues, plus de six si elles sont à quatre roues.

Art. 4. — Lorsqu'il y aura lieu de transporter des blocs de pierre, des locomotives ou d'autres objets d'un poids considérable, l'emploi d'un attelage exceptionnel pourra être autorisé, sur l'avis des ingénieurs ou des agents voyers, par les préfets des départements traversés.

Art. 5. — Les prescriptions de l'art. 3 ne sont pas applicables sur les parties des voies publiques affectées de rampes d'une déclivité ou d'une longueur exceptionnelle. — Les limites de ces parties de routes ou de chemins vicinaux sur lesquels l'emploi de chevaux de renfort est autorisé sont déterminées par un arrêté du préfet, sur la proposition de l'ingénieur en chef du département, et indiquées sur-place par des poteaux portant cette inscription : *Chevaux de renfort.* — Pour les voitures marchant avec relais réguliers et servant au transport des personnes ou des marchandises, la faculté d'atteler des chevaux de renfort s'étend à toute la longueur des relais dans lesquels sont placés les poteaux. — L'emploi des chevaux de renfort peut être autorisé temporairement sur les parties de routes ou de chemins vicinaux qui ne sont pas parvenues à l'état d'entretien, ou sur les-quelles, par suite de travaux de réparation ou d'autres circonstances accidentelles, cette mesure sera

nécessaire. — Dans ce cas, le préfet fera placer des poteaux provisoires.

Art. 6. — Lorsqu'une route ou une partie de route, un chemin vicinal ou une partie de chemin vicinal ne sera pas encore parvenue à l'état d'entretien, et ne pourrait, sans de trop grands dommages, être abandonnée à la liberté du roulage, le préfet pourra, sur l'avis de l'ingénieur en chef, y restreindre momentanément la circulation. — L'arrêté qu'il prendra à cet effet indiquera l'espace et le nombre de bêtes de trait qui pourront être attelées à chaque voiture. — Toute voiture prise en contravention aux dispositions du présent article sera arrêtée et les bêtes de trait seront mises en fourrière dans l'auberge la plus rapprochée, le tout sans préjudice de l'amende stipulée à l'art. 4, titre 2 du décr. du 3 nov. 1835, et des frais de réparation mentionnés dans l'art. 9 dudit décret.

Art. 7. — Pendant la traversée des ponts autres que les ponts en pierre, les chevaux seront mis au pas, les voituriers ou rouliers tiendront les guides ou le cordeau, les conducteurs et postillons resteront sur leurs sièges.—Défense est faite aux rouliers et aux voituriers de dételer aucun de leurs chevaux pour le passage des ponts. — Toute voiture attelée de plus de cinq chevaux ne doit pas s'engager sur le tablier d'une travée quand il y a déjà sur cette travée une voiture d'un attelage supérieur à ce nombre de chevaux.—Pour les ponts qui n'offriraient pas toutes les garanties nécessaires pour le passage des voitures lourdement chargées, il pourra être adopté par le préfet telles dispositions qui seront jugées nécessaires. — Dans des circonstances urgentes, les maires pourront prendre telles mesures que leur paraîtra commander la sûreté publique, sauf à en rendre compte à l'autorité supérieure. — Les mesures prescrites pour la protection des ponts seront, dans tous les cas, placardées à l'entrée et à la sortie de ces ponts.

Art. 8. — Tout roulier ou conducteur de voiture doit se ranger à sa droite, à l'approche de toute autre voiture, de manière à lui laisser libre au moins la moitié de la chaussée.

Art. 9. — Il est interdit de laisser stationner sans nécessité sur la voie publique aucune voiture attelée ou non attelée.

Tit. 2. — *Dispositions applicables aux voitures ne servant pas au transport des personnes.*

Art. 10. — La largeur du chargement des voitures qui ne servent pas au transport des personnes ne peut excéder 2 mèt. 50 c. Il est accordé une tolérance de 1 mèt. en sus pour les voitures transportant des produits agricoles ou des fagots. Toutefois, le préfet peut délivrer des permis de circulation pour les objets d'un grand volume qui ne seraient pas susceptibles d'être chargés dans ces conditions. — Sont affranchis, conformément au décr. du 3 nov. 1835, de toute réglementation de largeur, de chargement, les voitures d'agriculture, lorsqu'elles sont employées au transport des récoltes des champs à la ferme et de la ferme aux champs.

Art. 11. — La largeur des colliers des chevaux ou autres bêtes de trait ne peut dépasser 90 cent. mesurés entre les points les plus saillants des pattes des attelles.

Art. 12. — Lorsque plusieurs voitures marchent à la suite les unes des autres, elles doivent être distribuées en convois de quatre voitures au plus, si elles sont à quatre roues et attelées d'un seul cheval; et trois voitures au plus, si elles sont à 2 roues et attelées d'un seul cheval, et de deux voitures au plus, si l'une d'elles est attelée de plus d'un cheval. — L'intervalle d'un convoi à l'autre ne peut être moindre de 50 mèt.

Art. 13. — Tout voiturier ou conducteur doit se

tenir constamment à portée de ses chevaux ou bêtes de trait et en position de les guider. — Il est interdit de faire conduire par un seul conducteur plus de quatre voitures à un cheval si elles sont à quatre roues, et plus de trois voitures à un cheval si elles sont à deux roues. — Chaque voiture attelée de plus d'un cheval doit avoir un conducteur. Toutefois, une voiture dont le cheval est attaché derrière une voiture attelée de quatre chevaux au plus n'a pas besoin d'un conducteur particulier. — Les règlements de police municipale détermineront, en ce qui concerne la traverse des villes, bourgs et villages, les restrictions qui peuvent être apportées aux dispositions du présent article et de celui qui précède.

Art. 14. — Aucune voiture marchant isolément ou en tête d'un convoi ne peut circuler pendant la nuit sans être pourvue d'un falot ou d'une lanterne allumée. — Il en est de même pour les voitures particulières employées au transport des personnes. — Cette disposition pourra être appliquée aux voitures d'agriculture par des arrêtés des préfets ou des maires.

Art. 15. — Tout propriétaire de voiture ne servant pas au transport des personnes, est tenu de faire placer, en avant des roues et au côté gauche de sa voiture, une plaque métallique portant, en caractères apparents et lisibles, ayant au moins 5 millim. de hauteur, ses nom, prénoms et profession, le nom de la commune, du canton et du département de son domicile.

Sont exceptés de cette disposition, conformément au décr. du 3 nov. 1855 : — 1° Les voitures particulières destinées au transport des personnes, mais étrangères à un service public des messageries ; — 2° Les voitures appartenant à l'administration des postes ; — 3° Les voitures d'artillerie, chariots et fourgons appartenant aux départements de la guerre et de la marine ; — 4° Les voitures employées à la culture des terres, au transport des récoltes, à l'exploitation des fermes, qui se rendent de la ferme aux champs ou des champs à la ferme, ou qui servent au transport des objets récoltés du lieu où ils ont été recueillis jusqu'à celui où, pour les conserver ou les manipuler, le cultivateur les dépose ou les rassemble.

Tit. 3. — *Dispositions applicables aux voitures des messageries.*

Art. 16. — Les entrepreneurs de voitures publiques allant à destination fixe déclareront le siège principal de leur établissement, le nombre de leurs voitures, celui des places qu'elles contiennent, le lieu de destination, les jours et heures de départ et d'arrivée. Cette déclaration sera faite dans le département, au préfet ou aux sous-préfets. — Ces formalités ne sont obligatoires pour les entrepreneurs actuels qu'au renouvellement de leurs voitures, ou lorsqu'ils en modifieront la forme ou la contenance. — Tout changement aux dispositions arrêtées par suite du premier paragraphe du présent article donnera lieu à une déclaration nouvelle.

Art. 17. — Aussitôt après les déclarations faites en vertu des §§ 1 et 2 de l'article précédent, le préfet ou le sous-préfet ordonne la visite des voitures, afin de constater si elles sont entièrement conformes à ce qui est prescrit par les articles ci-après, de 18 à 28 inclusivement, et si elles ne présentent aucun vice de construction qui puisse occasionner des accidents. Cette visite, qui pourra être renouvelée toutes les fois que l'autorité le jugera nécessaire, sera faite en présence du commissaire de police, par un expert nommé par le préfet ou le sous-préfet. — L'entrepreneur a la faculté de nommer de son côté un expert pour opérer contradictoirement avec celui de l'admi-

nistration. — La visite des voitures ne peut être faite qu'à l'un des principaux établissements de l'entreprise ; les frais sont à la charge de l'entrepreneur. — Le préfet prononce sur le vu du procès-verbal d'expertise et du rapport du commissaire de police. — Aucune voiture ne peut être mise en circulation avant la délivrance de l'autorisation du préfet. — Le préfet adresse au directeur des contributions directes extrait des autorisations par lui accordées en vertu du présent article. — L'estampille prescrite par l'art. 117 de la loi du 25 mars 1817 n'est délivrée que sur le vu de cette autorisation, qui doit être écrite sur un registre spécial.

Art. 18. — La largeur de la voie pour les voitures publiques est fixée, au minimum, à 1 mèt. 65 c. entre le milieu des jantes de la partie des roues reposant sur le sol. — Si les voitures sont à quatre roues, la voie du devant pourra être réduite à 1 mèt. 55 c. — En pays de montagne, les entrepreneurs peuvent être autorisés par les préfets, sur l'avis des ingénieurs et des agents voyers, à employer des largeurs de voie moindre que celles réglées par les paragraphes précédents, mais à la condition que les voies seront au moins égales à la voie la plus large des voitures en usage dans la contrée.

Art. 19. — La distance entre les axes des deux essieux, dans les voitures publiques à quatre roues, sera égale au moins à la moitié de la longueur des caisses mesurées à la hauteur de leur ceinture, sans pouvoir néanmoins descendre au-dessous de 1 mèt. 55 cent.

Art. 20. — Le maximum de la hauteur des voitures publiques, depuis le sol jusqu'à la partie la plus élevée du chargement, est fixé à 3 mèt. pour les voitures à quatre roues et de 2 mèt. 60 c. pour les voitures à deux roues. — Il est accordé, pour les voitures à quatre roues, une augmentation de 10 centim., si elles sont pourvues à l'avant-train de sassoires et contre-sassoires, formant chacun au moins un demi-cercle de 1 mèt. 15 c. de diam., ayant la cheville ouvrière pour centre. — Lorsque, par application du § 3 de l'art. 18, on autorisera une réduction dans la largeur de la voie, le rapport de la hauteur de la voiture avec la largeur de la voie sera, au maximum, de un trois quarts. — Dans tous les cas, la hauteur est réglée par une traverse en fer placée au milieu de la longueur affectée au chargement, et dont les montants, au moment de la visite prescrite par l'art. 18, sont marqués d'une estampille constatant qu'ils ne dépassent pas la hauteur voulue ; ils doivent, ainsi que la traverse, être constamment apparents. — La bâche qui recouvre le chargement ne peut déborder ces montants ni la hauteur de la traverse. — Il est défendu d'attacher aucun objet en dehors de la bâche.

Art. 21. — Les compartiments des voitures publiques seront disposés de manière à satisfaire aux conditions suivantes : — Largeur moyenne des places, 48 centim. ; — Largeur des banquettes, 45 centim. ; — Distance entre deux banquettes, 45 centim. ; — Distance entre la banquette du coupé et le devant de la voiture, 35 centim. ; — Hauteur du pavillon au-dessus du fond de la voiture, 1 mèt. 40 c. ; — Hauteur des banquettes, y compris le coussin, 40 centim. ; — Pour les voitures parcourant moins de 50 kilom. et pour les banquettes à plus de trois places, la largeur moyenne des places pourra être réduite à 40 centim.

Art. 22. — Il peut être placé sur l'impériale une banquette destinée au conducteur et à deux voyageurs, ou à trois voyageurs lorsque le conducteur se placera sur le même siège que le cocher. — Cette banquette, dont la hauteur, y compris le coussin, ne dépassera pas 50 centim., ne peut être recouverte que d'une capote flexible.—Aucun paquet ne peut être chargé sur cette banquette.

Art. 23. — Le coupé et l'intérieur auront une portière de chaque côté. — La caisse de derrière, ou la rotonde, peut n'avoir qu'une portière ouverte à l'arrière. — Chaque portière sera garnie d'un marchepied.—Dans chaque compartiment des voitures publiques, il sera placé un cordon destiné à mettre les voyageurs en rapport avec le conducteur.

Art. 24.— Toutes les fois que les préfets feront application du § 3 de l'art. 18 du présent arrêté, ils pourront également réduire les fixations indiquées par les art. 20 et 21.

Art. 25.— Les essieux seront en fer corroyé, de bonne qualité, et arrêtés à chaque extrémité, soit par un écrou assujetti au moyen d'une clavette, soit par une botte à huile fixée par quatre boulons traversant la longueur du moyeu, soit par tout autre système qui serait approuvé par le gouverneur général.

Art. 26.—Toute voiture publique doit être munie d'une machine à enrayer agissant sur les roues de derrière, et disposée de manière à pouvoir être manœuvrée de la place assignée au conducteur. — Les voitures doivent être, en outre, pourvues d'un sabot et d'une chaîne d'enrayage, que le conducteur placera à chaque descente rapide. — Les préfets peuvent dispenser de l'emploi de ces appareils les voitures qui parcourent uniquement des pays de plaine.

Art. 27. — Pendant la nuit, les voitures publiques seront éclairées par une lanterne à réflecteur placée à droite et à l'avant de la voiture.

Art. 28. — Chaque voiture porte à l'extérieur, dans un endroit apparent, indépendamment de l'estampille délivrée par l'administration, le nom et le domicile de l'entrepreneur, et l'indication du nombre des places de chaque compartiment.

Art. 29.—Elle porte à l'intérieur des compartiments : — 1º Le numéro de chaque place ; — 2º Le prix de la place depuis le lieu du départ jusqu'à celui d'arrivée.—L'entrepreneur ne peut admettre dans les compartiments de ses voitures un plus grand nombre de voyageurs que celui indiqué sur les panneaux, conformément à l'art. 28.

Art. 30. — Chaque entrepreneur inscrit sur un registre coté et parafé par le maire le nom des voyageurs qu'il transporte ; il y inscrit également les ballots et paquets dont le transport lui est confié. — Il remet au conducteur, pour lui servir de feuille de route, une copie de cet enregistrement, et à chaque voyageur un extrait de ce qui le concerne en rapport de sa place.

Art. 31. — Les conducteurs ne peuvent prendre en route aucun voyageur, ni recevoir aucun paquet, sans en faire mention sur les feuilles de route qui leur ont été remises au point de départ.

Art. 32.—Toute voiture publique dont l'attelage ne présentera de front que deux rangs de chevaux peut être conduite par un seul postillon ou un seul cocher.—Elle devra être conduite par deux postillons ou par un cocher et un postillon, lorsque l'attelage comportera plus de deux rangs de chevaux.

Art. 33.—Les postillons ou cochers ne pourront, sous aucun prétexte, descendre de leurs chevaux ou de leurs sièges.—Il leur est enjoint d'observer, dans les traversées des villes et des villages, les règlements de police concernant la circulation dans les rues. — Dans les haltes, les conducteurs et le postillon ne peuvent quitter en même temps la voiture, tant qu'elle reste attelée. — Avant de remonter sur son siège, le conducteur doit s'assurer que les portières sont exactement fermées.

Art. 34. — Lorsque, contrairement à l'art. 8 du présent arrêté, un roulier ou conducteur de voiture n'aura pas cédé la moitié de la chaussée à une voiture publique, le conducteur ou postillon qui aurait à se plaindre de cette contravention devra en faire la déclaration à l'officier de police du lieu le plus rapproché, en faisant connaître le nom du voiturier d'après la plaque de sa voiture. — Les procès-verbaux de contravention seront sur-le-champ transmis au procureur impérial, qui fera poursuivre les délinquants.

Art. 35.—Les entrepreneurs de voitures publiques feront, à la préfecture ou sous-préfecture du du lieu où sont établis leurs relais, la déclaration des lieux où ces relais sont situés et du nom des relayeurs. — Une déclaration semblable sera faite chaque fois que les entrepreneurs traiteront avec un nouveau relayeur.

Art. 36.—Les relayeurs ou leurs préposés seront présents à l'arrivée et au départ de chaque voiture, et s'assureront par eux-mêmes et sous leur responsabilité, que les postillons ne sont pas en état d'ivresse.—La tenue des relais, en tout ce qui intéresse la sûreté des voyageurs, est surveillée par les maires des communes où ces relais se trouvent établis.

Art. 37.—Nul ne peut être admis comme postillon ou cocher s'il n'est âgé de seize ans au moins, et porteur d'un livret délivré par le maire de la commune de son domicile, attestant ses bonnes vie et mœurs et son aptitude pour le métier qu'il veut exercer.

Art. 38.—A chaque bureau de départ et d'arrivée et à chaque relais il y a un registre coté et parafé par le maire pour l'inscription des plaintes que les voyageurs peuvent avoir à former contre les conducteurs, postillons ou cochers. Ce registre est présenté aux voyageurs à toute réquisition par le chef du bureau ou par le relayeur.

Art. 39.—Les art. ci-dessus, de 15 à 37, seront constamment placardés, à la diligence des entrepreneurs des voitures publiques, dans le lieu le plus apparent de ces bureaux et des relais.—Les art. ci-dessus, de 27 à 37 inclusivement, seront imprimés à part, et affichés dans l'intérieur de chacun des compartiments des voitures.

Tit. 4. — *Dispositions transitoires.*

Art. 40.—L'emploi des voitures existantes peut être autorisé jusqu'à leur mise hors de service, bien qu'elles ne satisfassent pas aux conditions exigées par les art. 18, 19, 20 et 21, lorsque le préfet, sur l'avis des ingénieurs des ponts et chaussées, aura reconnu qu'elles ne présentent pas de défauts graves et que leur circulation peut avoir lieu sans danger pour les voyageurs.

Tit. 5.

Art. 41. — Les contraventions au présent arrêté seront constatées, poursuivies et réprimées conformément aux tit. 2 et 3 du décr. du 5 nov. 1855, sans préjudice des mesures spéciales prescrites par les règlements locaux.

Art. 42. — En territoire militaire, les attributions conférées par le présent arrêté aux préfets, sous-préfets, commissaires civils et maires, sont dévolues aux généraux commandant les divisions, aux généraux commandant les subdivisions et aux officiers chargés des fonctions municipales.—Les attributions conférées au service des ponts et chaussées sont dévolues au service du génie militaire.

VAILLANT.

§

Salubrité publique.

Un arrêté du 23 mai 1833 avait institué en Algérie des commissions spéciales de salubrité; mais les pouvoirs exceptionnels et exorbitants qui leur avaient été conférés étaient depuis longtemps déjà l'objet de vives et justes réclamations; cette juridiction sans appel, qui avait le droit d'ordonner la destruction immédiate du corps du délit, n'était pas en harmonie avec notre législation si sage, si attentive à entourer de garanties sérieuses les intérêts de tous. Ainsi disparaissait tout moyen de réparer une erreur possible, quelle que fût la scrupuleuse investigation des commissaires, d'éviter la ruine d'un commerçant de bonne foi, de lui conserver son action en garantie contre ses commettants et expéditeurs, de lui conserver la faculté de réexpédition en France de certaines denrées propres encore, quoique avariées, à un usage industriel. La mesure suivante a supprimé cette institution pour en confier les attributions à l'autorité municipale et à la justice ordinaire.

DIVISION.

§ 1. — Surveillance administrative.
§ 2. — Établissements insalubres.
§ 5. — Interdictions spéciales.

§ 1. — SURVEILLANCE ADMINISTRATIVE.

AM. — 20 fév.-15 mars 1852.— B. 400.— *Surveillance administrative.*

Vu : — 1° La loi du 16-24 août 1790, tit. 11, art. 5, n° 4 ; — 2° Le décr. du 19-22 juill. 1791 ; — 3° L'ord. du 28 sept. 1847 sur l'organisation municipale en Algérie, art. 27 et 50 ; — 4° La loi du 27 mars 1851, ensemble le décr. du 14 sept. 1851, qui rend ladite loi applicable à l'Algérie (*Substances alimentaires*) ; — 5° Les art. 318, 475, n° 6, 476 et 477 c. pén.

Considérant que les commissions permanentes de santé, instituées en Algérie par arr. du 23 août 1833, sont investies d'attributions qui, par leur nature, appartiennent à l'autorité municipale ; — Que les circonstances exceptionnelles qui avaient rendu cette institution nécessaire ont cessé d'exister, et que les objets spécialement confiés à la surveillance de ces commissions doivent être désormais régis par les règles du droit commun;

Art. 1. — Les commissions permanentes de santé, instituées en Algérie par l'arr. du 23 mai 1833, et par les arrêtés subséquents, sont supprimées.

Art. 2. — A l'avenir, les maires, le commissaire général de police de l'Algérie, les commissaires civils, les commissaires et inspecteurs de police, assistés, lorsqu'il y aura lieu, d'un expert ou homme de l'art, exerceront la surveillance et l'inspection que les lois attribuent à l'autorité municipale, sur la fidélité du débit des denrées qui se vendent au poids, au mètre ou à la mesure, et sur la salubrité et la qualité loyale et marchande des comestibles, substances alimentaires ou boissons exposés en vente publique ou destinés à la vente par leur détenteurs. — En territoire militaire, les mêmes attributions seront exercées sous l'autorité des généraux commandant les divisions ou subdivisions, par les commandants de place ou leurs

délégués à cet effet, et par tous officiers de police placés sous leurs ordres.

Art. 3. — Les contraventions seront constatées par des procès-verbaux qui seront transmis à l'autorité judiciaire, pour lesdites contraventions être poursuivies conformément à la loi devant la juridiction compétente.

Art. 4. — Les comestibles, substances alimentaires ou boissons avariés, falsifiés, gâtés, corrompus ou nuisibles, seront saisis lors de la constatation des contraventions pour, par l'autorité judiciaire, être statué à leur égard ce que de droit.

Art. 5. — Sont et demeurent abrogés tous arrêtés et règlements antérieurs contraires aux présentes dispositions.   A. DE SAINT-ARNAUD.

§ 2. — ÉTABLISSEMENTS INSALUBRES.

DI. — 24 mars 1858. — *Promulgation du décret du 15 oct. 1810 et autres ordonnances.*

Vu le déc. du 15 oct. 1810, relatif aux autorisations d'établissements insalubres ou incommodes ; Les ord. des 14 janv. 1815, 15 avr. 1838 et 20 mai 1815 ; le décr. du 25 mars 1852, sur la décentralisation administrative en France ; le décr. du 30 déc. 1856, sur la décentralisation administrative en Algérie.

Art. 1. — Le déc. du 15 oct. 1810, les ord. des 14 janv. 1815, 15 avr. 1838 et 20 mai 1815; et le décr. du 25 mars 1852 sont rendus exécutoires en Algérie, sous la réserve des dispositions énoncées ci-après :

Art. 2. — Les autorisations d'établissements insalubres ou incommodes sont accordées en Algérie, savoir : — Celles relatives aux établissements de 1re cl., par le gouverneur général ; — Celles de 2e cl. ; en territoire civil, par les préfets; en territoire militaire, par les généraux commandant les divisions ; — Celles de 3e cl. : en territoire civil, par les sous-préfets; en territoire militaire, par les commandants de subdivision. — En cas d'opposition, les demandes d'autorisation relatives à chacune des classes seront déférées, tant pour les territoires civils que pour les territoires militaires, à l'examen du conseil de préfecture siégeant au chef-lieu de la province.

AG. — 20-30 mars 1858. — B. 519. — *Fabriques d'étoupes, de crin végétal de palmier-nain, de pâte à papier tirée de plantes textiles.*

Vu le décr. du 15 oct. 1810 et l'ord. du 14 janv. 1815; le décr. du 30 déc. 1856 sur la décentralisation administrative en Algérie ; — Considérant que des usines, non encore classées dans la nomenclature des établissements dangereux, insalubres et incommodes, se sont fondées en Algérie, pour l'extraction des filaments du palmier-nain et de diverses autres plantes textiles ; — Considérant que l'inspection des usines dont il s'agit a démontré que les unes dégagent des odeurs incommodes et même nuisibles, et que les autres pourraient avoir des inconvénients, si elles n'étaient pas soumises à la surveillance de l'administration ; — Considérant qu'il y a lieu d'établir une distinction entre celles qui opèrent à l'air libre et celles qui n'opèrent pas à l'air libre ; — Considérant, toutefois, que ce classement pourra être modifié à la suite d'une expérimentation plus complète et des perfectionnements que comporte cette industrie naissante ; d'où résulte la convenance d'un classement provisoire que permet l'art. 5 de l'ord. du 14 janv. 1815 ; — Vu les délibérations des commissions spéciales instituées à l'effet de visiter ces usines; vu les avis des conseils d'hygiène et des préfets des départements de l'Algérie; le conseil de gouvernement entendu;

Art. 1. — Sont rangées provisoirement dans la 2ᵉ cl. des établissement dangereux, insalubres et incommodes, les fabriques d'étoupes de palmier-nain et autres plantes textiles avec fermentation à l'air libre; les fabriques de crin végétal de palmier-nain, avec peignage, teinture, cardage et fermentation à l'air libre.

Art. 2. — Sont rangées provisoirement dans la 3ᵉ cl., les fabriques de pâte à papier (dite palmicoton), tirée du palmier-nain et autres plantes textiles par des procédés chimiques, à l'exclusion de la macération et de la fermentation à l'air libre.
Comte Randon.

§ 3. — Interdictions spéciales.

AG. — 29 avr.-8 mai 1852. — B. 411. — *Distillateurs. — Vases de cuivre.*

Vu le rapport de l'école de pharmacie de Paris, en date du 30 août 1848 ;—Vu les instructions de M. le ministre de la guerre, en date du 20 avr. 1852 ;

Art. 1. — Il est interdit, en Algérie, à tout distillateur ou détaillant, de se servir de vases en cuivre étamé, connus dans le commerce sous le nom d'*estagnons*, pour renfermer des eaux de fleurs d'oranger.

Art. 2. — Les contraventions seront constatées, comme en matière de police municipale, et punies des peines portées par les art. 471 et 474 c. pén.

AG. — 1ᵉʳ-18 mai 1854. — B. 459. — *Substances nuisibles. — Ustensiles et vases en métal.*

Considérant que de graves accidents sont résultés, soit de l'emploi de substances vénéneuses pour colorier les liqueurs, bonbons, dragées et pastillages, soit de la mauvaise qualité ou de l'altération des substances alimentaires, soit enfin, du mauvais état, de la nature même des vases dans lesquels sont préparées ou conservées les substances livrées à la consommation ; — Que des accidents ont été également causés par l'emploi des papiers coloriés avec des substances toxiques, dans lesquels on enveloppe des aliments pour les livrer au public;

Vu la loi des 16 et 24 août 1790 et celle du 22 juill. 1791 ; — La loi du 3 brum. an IX ; — La loi du 27 mars 1851 (V. *Subst. aliment.*), les art. 519, 520, 471, § 15, et 477 c. pén. ; — L'arr. du 29 avr. 1852 (V. ci-dessus).

Tit. 1. — *Sucreries, liqueurs et pastillages.*

Art. 1. — Il est expressément défendu de se servir d'aucune substance minérale, le bleu de Prusse, l'outremer, la craie (carbonate de chaux) et les ocres exceptés, pour colorier les liqueurs, bonbons, dragées, pastillages, et toute espèce de sucreries et pâtisseries. — Il est également défendu d'employer, pour colorier les liqueurs, bonbons, etc., des substances végétales nuisibles à la santé, notamment la gomme-gutte et l'aconit napel. — Les mêmes défenses s'appliquent aux substances employées à la clarification des sirops et des liqueurs.

Art. 2. — Il est défendu d'envelopper ou de couler des sucreries dans des papiers blancs lissés ou coloriés avec des substances minérales, le bleu de Prusse, l'outremer, les ocres et la craie exceptés. — Il est défendu de placer des bonbons dans des boîtes garnies à l'intérieur, de papiers coloriés avec des substances prohibées et de les recouvrir avec des découpures de ces papiers.

Art. 3. — Il est défendu de faire entrer aucune préparation fulminante dans la composition des enveloppes de bonbons. — Il est également défendu de se servir de fils métalliques comme supports de fleurs, de fruits et autres objets en sucre et en pastillage.

Art. 4. — Les bonbons enveloppés porteront le nom et l'adresse du fabricant ou marchand ; il en sera de même des sacs dans lesquels les bonbons ou sucreries seront livrés au public. — Les flacons contenant des liqueurs coloriées devront porter les mêmes indications.

Art. 5. — Il est interdit d'introduire dans l'intérieur des bonbons et pastillages des objets de métal ou d'alliage métallique, capables, par leur altération, de former des composés nuisibles à la santé. — Il ne pourra être employé que des feuilles d'or et d'argent fins pour la décoration des bonbons et pastillages. — Il en sera de même pour les liqueurs dans lesquelles on introduit des feuilles métalliques.

Art. 6. — Les sirops qui contiendront de la glucose (sirop de fécule, sirop de froment) devront porter, pour éviter toute confusion, les dénominations communes de sirops de glucose; en outre de cette indication, les bouteilles porteront l'étiquette suivante : *liqueurs de fantaisie à l'orgeat, à la groseille, etc.*

Art. 7. — Il sera fait des visites chez les fabricants et détaillants, à l'effet de constater si les dispositions prescrites par le présent arrêté sont observées.

Tit. 2. — *Sel de cuisine et autres substances alimentaires.*

Art. 8. — Il est expressément défendu à tous fabricants, raffineurs, marchands en gros, épiciers et autres faisant le commerce du sel marin (sel de cuisine) en Algérie, de vendre et débiter, comme sel de table et de cuisine, du sel retiré de la fabrication du salpêtre ou extrait des varechs, ou des sels provenant de diverses opérations chimiques. — Il est également défendu de vendre du sel altéré par le mélange des sels précédents ou par le mélange de toutes autres substances étrangères.

Art. 9. — Il est défendu d'ajouter frauduleusement au lait, aux fécules, amidons, farines, ou toute autre denrée, des substances étrangères, même quand ces substances n'auraient rien de nuisible.

Art. 10. — Les commissaires civils, les maires, les commissaires de police feront, à des époques indéterminées, avec l'assistance des hommes de l'art, des visites dans les ateliers, magasins et boutiques des fabricants, marchands et débitants de sel et de comestibles quelconques, à l'effet de vérifier si les denrées dont ils sont détenteurs sont de bonne qualité et exemptes de tout mélange.

Art. 11. — Le sel et toutes substances alimentaires ou denrées falsifiées seront saisis, sans préjudice des poursuites à exercer, s'il y a lieu, contre les contrevenants, conformément aux dispositions de la loi précitée du 27 mars 1851.

Art. 12. — Il est défendu d'envelopper aucune substance alimentaire quelconque avec les papiers peints et notamment avec ceux qui sont défendus par l'art. 2 du présent arrêté.

Tit. 3. — *Ustensiles et vases de cuivre et autres métaux ; étamages.*

Art. 13. — Les ustensiles et vases en cuivre ou d'alliage de ce métal dont se servent les marchands de vins, traiteurs, aubergistes, restaurateurs, pâtissiers, confiseurs, bouchers, fruitiers, épiciers, etc., devront être étamés à l'étain fin et entretenus constamment en bon état d'étamage. — Sont exceptés de cette disposition les vases et ustensiles dits d'office, et les balances, lesquels devront être constamment entretenus en bon état de propreté.

Art. 14. — L'emploi du plomb, du zinc et du fer galvanisé est interdit dans la fabrication des vases destinés à préparer ou à contenir les substances alimentaires et les boissons.

Art. 15. — Sont maintenues les dispositions de l'arr. du 29 avr. 1832, qui interdit en Algérie, à tout distillateur ou détaillant, de se servir de vases en cuivre étamé, connus dans le commerce sous le nom d'estagnons, pour renfermer des eaux de fleurs d'oranger.

Art. 16. — Il est défendu aux marchands de vins et de liqueurs d'avoir des comptoirs revêtus de lames de plomb, aux débitants de sels, de se servir de balances de cuivre ; aux nourrisseurs de vaches, crémiers et laitiers, de déposer le lait dans des vases de plomb, de zinc, de fer galvanisé, de cuivre et de ses alliages ; aux fabricants d'eaux gazeuses, de bière ou de cidre et aux marchands de vin, de faire passer par des tuyaux et appareils de cuivre, de plomb ou d'autres métaux pouvant être nuisibles, les eaux gazeuses, la bière, le cidre ou le vin. Toutefois, les vases et ustensiles de cuivre dont il est question au présent article, pourront être employés s'ils sont étamés.

Art. 17. — Il est défendu aux raffineurs de sel de se servir de vases et instruments de cuivre, de plomb, de zinc et de tous autres métaux pouvant être nuisibles.

Art. 18. — Il est défendu aux vinaigriers, épiciers, marchands de vins, traiteurs et autres, de préparer, de déposer, de transporter, de mesurer et de conserver dans des vases de cuivre et de ses alliages, non étamés, de plomb, de zinc, de fer galvanisé, ou dans des vases faits avec un alliage dans lequel entrerait l'un des métaux désignés ci-dessus, aucuns liquides ou substances alimentaires susceptibles d'être altérés par l'action de ces métaux.

Art. 19. — La prohibition portée en l'article ci-dessus est applicable aux robinets fixés aux barils dans lesquels les vinaigriers, épiciers et autres marchands renferment le vinaigre.

Art. 20. — Les vases d'étain employés pour contenir, déposer, préparer ou mesurer les substances alimentaires ou des liquides, ainsi que les lames du même métal qui recouvrent les comptoirs des marchands de vin ou de liqueurs, ne devront contenir, au plus, que 10 p. 100 de plomb ou des autres métaux qui se trouvent ordinairement alliés à l'étain de commerce.

Art. 21. — Les lames métalliques recouvrant les comptoirs des marchands de vins ou de liqueurs, les balances, vases et ustensiles en métaux défendus par le présent arrêté, qui seraient trouvés chez les marchands et fabricants désignés dans les articles qui précèdent, seront saisis et remis au service des domaines, pour être vendus au profit de l'État, après avoir été mis hors de service.

Art. 22. — Les étamages prescrits par les articles qui précèdent devront être toujours faits à l'étain fin, et être constamment entretenus en bon état.

Art. 23. — Les ustensiles et vases de cuivre ou d'alliage de ce métal, dont l'usage serait dangereux par le mauvais état de l'étamage, seront étamés aux frais des propriétaires, lors même qu'ils déclareraient ne pas s'en servir. — En cas de contestation sur l'état de l'étamage, il sera procédé à une expertise, et, provisoirement, ces ustensiles seront mis sous scellés.

Tit. 4. — Dispositions générales.

Art. 24. — Les fabricants et les marchands désignés dans le présent arrêté sont personnellement responsables des accidents qui pourraient être la suite de leurs contraventions aux dispositions qu'il renferme.

Art. 25. — Les contraventions seront poursuivies conformément à la loi, devant les tribunaux compétents, sans préjudice des mesures administratives auxquelles elles pourraient donner lieu.

Comte Randon.

Santé publique.

Dès les premiers jours de l'occupation d'Alger, le régime sanitaire avait été institué et réglementé. Un arrêté du gouverneur général, en date du 25 avr. 1832, lui avait donné une organisation plus complète et l'avait étendu à tous les ports de l'Algérie. Des commissions sanitaires avaient successivement été constituées. Cette organisation a été abrogée par le décret suivant du 12 août 1854 qui promulgue en Algérie les décrets de 1850 et de 1853 qui régissent en France ce service.

DI. — 12 août-2 oct. 1854. — B. 467. — *Régime sanitaire.*

Vu l'arr. du 25 avr. 1832, relatif au régime sanitaire dans la colonie ; — Vu les décr. des 24 déc. 1850 et 4 juin 1853, sur le régime sanitaire en France ;

Art. 1. — Le décr. du 24 déc. 1850, sur le service sanitaire, et le déc. du 4 juin 1853, qui a pour objet d'assurer l'exécution de la convention sanitaire internationale et du règlement intervenus entre la France et plusieurs puissances étrangères, à l'effet d'établir un régime sanitaire uniforme applicable à la navigation dans la Méditerranée, seront promulgués en Algérie pour y être exécutés, sous la réserve des modifications suivantes.

Art. 2. — Les attributions dévolues à notre ministre de l'agriculture, du commerce et des travaux publics, par les décrets susvisés, seront exercées pour l'Algérie par notre ministre de la guerre.

Art. 3. — Les commissions sanitaires actuellement existantes en Algérie seront remplacées par des conseils composés ainsi qu'il suit : — Les préfets, sous-préfets, commissaires civils ou les autorités qui remplissent ces fonctions, présideront les conseils sanitaires au siège de leur résidence.

Feront partie de droit de ces conseils avec voix délibérative : — 1° Pour la ville d'Alger : le maire, le commandant de place, le chef du service des douanes de la circonscription, le commissaire de la marine, le directeur du port militaire et du commerce, l'agent supérieur de la santé ; — 2° Pour les villes d'Oran, de Bône et de Philippeville : le maire, le commandant de place, le directeur du port militaire et du commerce, le commissaire de la marine, l'agent principal du service de la douane, l'agent supérieur de la santé. — Deux conseillers de préfecture feront, en outre, partie de droit des conseils d'Alger et d'Oran ; — 3° Pour les autres ports de l'Algérie : le maire ou l'autorité qui en tiendra lieu, le commandant de place, le directeur du port militaire et du commerce, l'agent principal du service de la douane, l'agent supérieur de la santé.

Chaque conseil sanitaire comprendra, en outre, trois membres au moins et six au plus, selon ce qui sera décidé par le gouverneur général désignés un tiers par le conseil municipal, un tiers par la chambre de commerce, un tiers par le conseil d'hygiène publique de la circonscription, et, à leur défaut, par le préfet en territoire civil, et par le général commandant la division en territoire militaire.

Art. 4. — Le service sanitaire de l'Algérie sera ultérieurement reconstitué, quant à son personnel administratif rétribué, par des arrêtés du ministre de la guerre, conformément aux prescriptions des décrets susvisés et suivant les besoins de chaque localité.

(Suit la publication au *Bulletin officiel*: 1° du décr. du 24 déc. 1850, précédé d'un rapport du ministre du commerce ;—2° De quatre tableaux annexes;—3° De la convention sanitaire internationale conclue entre la France et la Sardaigne et diverses autres puissances maritimes ; — 4° Du règlement international adopté en exécution de la convention qui précède ; — 5° D'un décr. du 4 juin 1853 réglant le mode d'application des dispositions de la convention et du règlement ci-dessus; — 6° D'une instruction générale pour l'exécution du décr. du 4 juin 1853.)

AG. — 5-30 oct. 1854. — B. 468. — *Composition des conseils sanitaires.*

Art. 1. — Les conseils sanitaires institués dans chacun des ports de l'Algérie seront composés, indépendamment du président et des membres de droit désignés par l'art. 3 du décret précité, savoir : — Pour les villes d'Alger, Oran, Bône et Philippeville, de six membres désignés, un tiers par le conseil municipal, un tiers par la chambre de commerce, un tiers par le conseil d'hygiène publique de la circonscription ;—Pour les villes de Mostaganem, Cherchell, Tenès et Bougie, de trois membres désignés, un par le conseil municipal, un par le préfet du département et un par le conseil d'hygiène publique;—Pour les villes d'Arzew et la Calle, de trois membres désignés, deux par le préfet du département, un par le conseil d'hygiène publique;—Pour les villes de Dellys, Djidjelli et Nemours, de trois membres désignés, deux par le général commandant la division, un par le conseil d'hygiène publique.   *Comte* RANDON.

AM. — 23 mars-7 juin 1856. — B. 495. — *Organisation du personnel.*

Vu le décr. du 12 août 1854, qui rend exécutoires, en Algérie, les décr. des 24 déc. 1850 et 4 juin 1853, sur le régime sanitaire en France ; — L'art. 8 de la convention sanitaire internationale, promulguée par le décr. du 27 mai 1853 ;

Art. 1. — Les ports de l'Algérie forment trois circonscriptions sanitaires correspondant aux trois provinces et dont les chefs-lieux sont établis à Alger, Oran et Bône. — Ils sont répartis en trois classes, ainsi qu'il suit :

Port de 1re cl. : Alger. — *Ports de 2e cl. :* Mers el Kebir, Stora, Bône. — *Ports de 3e cl. :* la Calle, Djidjelli, Bougie, Dellys, Cherchell, Tenès, Mostaganem, Arzew, Djemma Gharouat.

Art. 2. — Le cadre du personnel administratif du service sanitaire comprend :

1 agent principal portant le titre de directeur de la santé résidant à Alger; 1 *id.* à Oran, 1 *id.* à Bône. — 14 agents ordinaires portant le titre de capitaines de santé divisés en deux classes, savoir : 5 de 1re cl., 9 de 2e cl. et résidant, 3 à Alger et 1 dans chacun des autres ports énumérés ci-dessus à l'exception d'Oran. — 24 gardes de la santé, dont un garde principal, divisés en deux cl., savoir : 8 de 1re cl., 15 de 2e cl. et attachés : le garde principal et 5 gardes au port d'Alger; 3 à Mers el Kebir et à Bône; 2 à Stora et la Calle; 1 dans chacun des huit autres ports. — 1 concierge au lazaret d'Alger. — 3 secrétaires sont attachés aux conseils de santé des circonscriptions d'Alger, Oran et Bône.

Art. 3. — Les traitements attribués à chacun des agents ci-dessus désignés seront fixés ainsi qu'il suit :

Directeurs de la santé : Alger, 3,000 fr.; Oran et Bône, 2,400 fr. — Capitaines de 1re cl., 2,100 fr.; de 2e cl., 1,800 fr. — Secrétaires : Alger, 1,800 fr.; Oran et Bône, 1,500 fr.—Garde principal, 1,500 fr.—Gardes de 1re cl., 900 fr.; de 2e cl., 800 fr.

Art. 4. — Des indemnités annuelles seront allouées dans les proportions suivantes, au médecin attaché simultanément au conseil et au lazaret de chaque circonscription sanitaire : — Pour Alger, 1,200 fr.; — Pour Mers el Kebir et Bône, 1,000 fr.

Art. 5. — Les directeurs de la santé des trois circonscriptions sanitaires d'Alger, d'Oran et de Bône, seront placés sous les ordres immédiats des préfets ou sous-préfets, présidents des conseils sanitaires.

Art. 6. — Dans tous les ports secondaires de 2e et de 3e cl., les capitaines de santé seront placés sous les ordres de l'autorité civile ou militaire administrant la localité. Ils pourront recevoir, toutefois, en cas d'urgence, des instructions directes du directeur de la santé de leur circonscription. — Le capitaine du lazaret d'Alger sera placé sous les ordres du directeur de la santé de cette circonscription.

Art. 7.—Deux lazarets seront institués ultérieurement à Arzew et à Bône et il sera pourvu à la fixation de leur personnel.

Art. 8. — Les agents supérieurs et ordinaires du service de la santé seront choisis, autant que possible : — Les premiers, parmi les capitaines de la santé actuellement en fonctions dans les principaux ports de notre colonie d'Afrique ; — Les seconds, dans le cadre du service actif continental ou parmi les officiers de marine retraités ou anciens capitaines au long cours et anciens agents du service sanitaire.   VAILLANT

Secours mutuels (société de).

L'organisation des sociétés de secours mutuels, en Algérie, a été réglementée par le décr. du 13 déc. 1852, qui, sauf quelques modifications de forme, reproduit les dispositions du décret organique du 26 mars précédent, applicable aux mêmes institutions en France. Ces modifications, justifiées par le régime administratif alors en vigueur dans la colonie, avaient pour objet de transférer au gouverneur général, avec le concours du conseil du gouvernement, la plupart des attributions qu'en France le décret organique a conférées aux préfets et aux conseils de préfecture. La prérogative, réservée au chef de l'État, de nommer les présidents des sociétés, avait de même été déléguée au gouverneur, dans un sentiment de prévoyance politique et d'intérêt pour les sociétés, et pour éviter les lenteurs toujours inséparables du recours au pouvoir central qui pourraient entraîner des retards quelquefois nuisibles à la constitution définitive des associations. Par le même décret, le ministre est substitué à la commission supérieure établie près du département de l'intérieur, pour l'exercice de certaines attributions ; le budget local et municipal intervient, en cas d'insuffisance des ressources de la commune, pour subvenir aux dépenses obligatoires; les monts-de-piété sont autorisés à recevoir concurremment avec la caisse des dépôts et consignations, les excédants de recettes déterminés par l'art. 13 du décret organique; enfin les sociétés de secours de l'Algérie sont admises à participer à la dotation créée pour celles de France.

La suppression du gouvernement général et la nouvelle organisation administrative de l'Algérie exigeaient de nouvelles dispositions qui ont fait l'objet du décr. du 28 janv. 1860, et pour stimuler efficacement le développement de ces utiles établissements et créer entre eux une émulation féconde en bons résultats, il a paru, en outre, utile de les placer, comme ceux de France, sous le patronage et la surveillance de la commission supérieure instituée par le décr. du 26 mars 1852.

DIVISION.

§ 1. — Règlements généraux.
§ 2. — Création de sociétés.

§ 1. — RÈGLEMENTS GÉNÉRAUX.

DÉ. — 13 déc. 1852, 25 janv. 1853. — B. 450. — *Institution des sociétés de secours mutuels.*

Vu le décr. du 26 mars 1852, sur les sociétés de secours mutuels; — Voulant faire participer les habitants de l'Algérie aux avantages de cette institution;

Tit. 1. — *Organisation et base des sociétés de secours mutuels.*

Art. 1. — Une société de secours mutuels sera créée par les soins du maire et du curé dans chacune des communes de l'Algérie où l'utilité en aura été reconnue. — Cette utilité sera déclarée par arrêté du gouverneur général, pris sur la proposition du préfet, le conseil de gouvernement entendu. — Toutefois, une seule société pourra être créée pour deux ou plusieurs communes entre elles, lorsque la population de chacune sera inférieure à 1,000 habitants. — Lorsque le siège d'une société sera établi dans une localité érigée en commune de plein exercice, le conseil municipal sera appelé à émettre son avis préalablement à la déclaration d'utilité.

Dans le cas prévu par le troisième paragraphe du présent article, la réunion pourra avoir lieu entre localités du territoire civil et du territoire militaire; mais pour les localités appartenant au territoire militaire, la commission consultative du cercle sera appelée à émettre son avis.

Art. 2. — Les sociétés de secours mutuels se composent d'associés participants et de membres honoraires. Ceux-ci payent les cotisations fixées ou font des dons à l'association sans participer aux bénéfices des statuts.

Art. 3. — Le président de chaque société sera nommé par le gouverneur général, sur la proposition du préfet. — Le bureau sera nommé par les membres de l'association.

Art. 4. — Le président et le bureau prononceront l'admission des membres honoraires. — Le président surveillera et assurera l'exécution des statuts ; le bureau administrera la société.

Art. 5. — Les associés participants ne pourront être reçus qu'au scrutin et à la majorité des voix de l'assemblée générale. — Le nombre des sociétaires participants ne pourra excéder celui de cinq cents. Cependant il pourra être augmenté en vertu d'une autorisation du gouverneur général donnée sur la proposition du préfet.

Art. 6. — Les sociétés de secours mutuels auront pour but d'assurer des secours temporaires aux sociétaires malades, blessés ou infirmes, et de pourvoir à leurs frais funéraires. — Elles pourront promettre des pensions de retraite si elles comptent un nombre suffisant de membres honoraires.

Art. 7. — Les statuts de ces sociétés seront soumis à l'approbation du gouverneur général, qui statuera sur l'avis du conseil du gouvernement.

Ces statuts régleront les cotisations de chaque sociétaire d'après les tables de maladie et de mortalité confectionnées et approuvées par le gouvernement.

Tit. 2. — *Des droits et des obligations des sociétés de secours approuvées.*

Art. 8. — Une société de secours approuvée peut prendre des immeubles à bail, posséder des objets mobiliers et faire tous les actes relatifs à ces droits. — Elle peut recevoir, avec l'autorisation du gouverneur général, des dons et legs mobiliers dont la valeur n'excède pas 5,000 fr. — L'autorisation est donnée sur la proposition du préfet et sur l'avis conforme du conseil du gouvernement.

Art. 9. — Les communes sont tenues de fournir gratuitement aux sociétés approuvées les locaux nécessaires pour leurs réunions, ainsi que les livrets et registres nécessaires à l'administration et à la comptabilité. — En cas d'insuffisance des ressources de la commune, et pour les localités non constituées en communes de plein exercice, cette dépense sera mise à la charge du budget local et municipal.

Art. 10. — Dans les villes où il existe un droit municipal sur les convois, il sera fait à chaque société une remise des deux tiers pour les convois dont elle devra supporter les frais aux termes de ses statuts.

Art. 11. — Tous les actes intéressant les sociétés de secours mutuels approuvées seront exempts de droits de timbre et d'enregistrement.

Art. 12. — Des diplômes pourront être délivrés par le bureau de la société à chaque sociétaire participant. — Ces diplômes leur serviront de passeport et de livret, sous les conditions déterminées par un arrêté ministériel.

Art. 13. — Lorsque les fonds réunis dans la caisse d'une société de plus de 100 membres excéderont la somme de 5,000 fr., l'excédant sera versé à la caisse des dépôts et consignations. — Si la société est de moins de 100 membres, ce versement devra être opéré lorsque les fonds réunis dans la caisse dépasseront 1,000 fr. — Le taux de l'intérêt des sommes déposées est fixé à 4 1/2 pour 100 par an. — Lorsque, dans la circonscription administrative dont dépendra une société, il existera un mont-de-piété, les excédants à verser, en exécution des dispositions qui précèdent, pourront être déposés à la caisse du mont-de-piété. — Le taux de l'intérêt à servir par cette caisse ne pourra être inférieur à celui qui est déterminé par le paragraphe précédent.

Art. 14. — Les sociétés de secours mutuels approuvées pourront faire aux caisses d'épargne des dépôts de fonds égaux à la totalité de ceux qui seraient permis au profit de chaque sociétaire individuellement. — Elles pourront aussi verser dans la caisse des retraites, au nom de leurs membres actifs, les fonds restés disponibles à la fin de chaque année. — Sont nulles de plein droit les modifications apportées à ses statuts par une société, si elles n'ont pas été préalablement approuvées par le gouverneur général dans les formes prescrites par l'art. 7. — La dissolution ne sera valable qu'après la même approbation.

Art. 15. — En cas de dissolution d'une société de secours mutuels, il sera restitué aux sociétaires faisant à ce moment partie de la société le montant de leurs versements respectifs, jusqu'à concurrence des fonds existants et déduction faite des dépenses occasionnées par chacun d'eux. — Les fonds restés libres après cette restitution seront partagés entre les sociétés du même genre ou les établissements de bienfaisance situés dans la commune, ou, à leur défaut, entre les sociétés de secours mutuels approuvées du même département, au *prorata* du nombre de leurs membres.

Art. 16. — Les sociétés approuvées pourront être suspendues ou dissoutes par le gouverneur général, sur la proposition du préfet et sur l'avis conforme du conseil du gouvernement.

TIT. 3. — *Dispositions générales.*

Art. 17. — Les sociétés de secours mutuels de l'Algérie adresseront chaque année au gouverneur général, par l'intermédiaire du préfet, un compte rendu de leur situation morale et financière. — Chaque année le gouverneur général de l'Algérie adressera à notre ministre de la guerre un rapport d'ensemble sur la situation de ces sociétés. Ce rapport sera mis sous nos yeux, et notredit ministre nous soumettra en même temps les propositions propres à développer et à perfectionner l'institution en Algérie

Art. 18. — Sur la proposition de notre ministre de la guerre, des mentions honorables, médailles d'honneur et autres distinctions honorifiques pourront être décernées aux membres honoraires ou participants qui se seront signalés par leur zèle et leur dévouement pour la propagation des sociétés de secours mutuels en Algérie.

Art. 19. — Les sociétés de secours mutuels de l'Algérie sont déclarées habiles à participer à la dotation de 10 millions créée par l'art. 5 du décret du 22 janv. 1852, inséré au *Bulletin des lois* sous le n° 3511.

AM. — 23 juin-8 août 1858. — B. 523. — *Diplômes servant de livrets et de passe-ports*

Vu le décret du 13 déc. 1852;

Art. 1. — Les diplômes accordés, en vertu de l'art. 12 du décret du 26 mars 1852, aux membres des sociétés de secours mutuels approuvées, pourront servir de livrets et de passe-ports, aux conditions suivantes :

Art. 2. — Les sociétaires ne pourront en obtenir la délivrance qu'un an au moins après leur admission dans la société, et après le dépôt à son secrétariat du livret ou du passe-port dont ils pourraient être nantis, ou, à défaut, d'une déclaration signée d'eux portant qu'ils ne sont munis d'aucun de ces titres.

Art. 3. — Les diplômes seront délivrés par le bureau de la société. Ils énonceront les nom, prénoms, âge, profession, domicile et signalement du sociétaire, l'époque de son entrée dans la société ; ils seront signés par le président, le secrétaire et le sociétaire, et porteront le timbre de la société ; chaque feuillet du diplôme sera coté et parafé par le président.

Art. 4. — Les diplômes devront être délivrés sur des feuilles à souches fournies gratuitement à la société, d'après le modèle ci-joint, par l'administration communale. La souche contiendra toutes les énonciations du diplôme et sera transmise par le bureau à la mairie. Le diplôme ne pourra être délivré au secrétaire qu'un mois après cet envoi, et à défaut d'opposition du maire dans cet intervalle. Les diplômes seront représentés à toute réquisition du bureau de la société et des agents de l'autorité publique.

Art. 5. — Copie des énonciations du diplôme sera transcrite sur un registre spécial et signé par le président et le sociétaire. Ce registre sera parafé par le maire. Il sera représenté à toute réquisition de l'autorité administrative.

Art. 6. — Le diplôme remplacera le livret pour l'ouvrier, et servira aux mêmes usages.

Art. 7. — Lorsque le sociétaire voudra voyager, il ne sera tenu qu'à faire viser sans frais, son diplôme par le maire.

Art. 8. — Dans le cas où le titulaire ferait partie de plusieurs associations, il ne pourra lui être visé qu'un seul diplôme comme passe-port.

Art. 9. — L'apposition de la signature du président et du timbre de la société devra être renouvelée tous les deux ans, sous peine de nullité du diplôme comme passe-port. Avis du renouvellement sera donné par le bureau à la mairie dans les quarante-huit heures.

Art. 10. — Dans le cas d'exclusion ou de sortie volontaire de la société, le diplôme devra être remis au bureau et annulé. Mention en sera faite sur le registre de la société, et avis en sera donné par le bureau à la mairie dans les quarante-huit heures. Maréchal VAILLANT.

DI. — 28 janv. 1860. — BM. 57. — *Modifications au décret du 13 déc. 1852.*

Art. 1. — Les présidents des sociétés de secours mutuels de l'Algérie sont nommés par nous, sur la proposition de notre ministre de l'Algérie et des colonies.

Art. 2. — Les préfets, en conseil de préfecture, et les généraux commandant les divisions, en conseil des affaires civiles, — Déclarent l'utilité de créer les sociétés de secours mutuels, approuvent leurs statuts ou en autorisent la modification ; — Les autorisent à accepter les dons et legs immobiliers dont la valeur ne dépasse pas 5,000 fr. ; — Statuent sur les demandes en autorisation de porter à plus de 500 le nombre des membres participants ; — Prononcent la suspension ou la dissolution desdites sociétés.

Art. 3. — Les attributions de la commission supérieure d'encouragement et de surveillance, instituée par l'art. 19 de notre décr. du 26 mars 1852, sont étendues aux sociétés de secours mutuels de l'Algérie (1).

Art. 4. — Les sociétés approuvées adressent chaque année, au préfet ou au général commandant la division, suivant le territoire, un compte rendu de leur situation morale et financière. — Ces documents sont transmis, avec un rapport d'ensemble, à notre ministre de l'Algérie et des colonies, qui se concerte avec notre ministre de l'intérieur pour qu'ils soient soumis à la commission supérieure.

Art. 5. — Les subventions allouées aux sociétés de secours mutuels de l'Algérie, sur la dotation créée par notre décr. du 22 janv. 1852, sont accordées et délivrées dans les formes prescrites par les art. 3 et 4 de notre décr. du 28 nov. 1855, après concert entre nos ministres de l'Algérie et des colonies et de l'intérieur.

Art. 6. — Toutes dispositions contraires au présent décret sont et demeurent abrogées.

§ 2. — CRÉATION DE SOCIÉTÉS.

AG. — 25 avr.-7 mai 1853. — B. 436. — *Institution d'une société de secours à Alger.* — *Approbation des statuts le 25 nov. 1856.*

AG. — 24-30 juin 1853. — B. 459. — *Même institution à Constantine.*

_____

(1) Une commission supérieure d'encouragement et de surveillance des sociétés de secours mutuels est instituée au ministère de l'intérieur, de l'agriculture et du commerce. Elle est composée de dix membres nommés par le président de la République. Cette commission est chargée de provoquer et d'encourager la fondation et le développement des sociétés de secours mutuels, de veiller à l'exécution du présent décret et de préparer les instructions et règlements nécessaires à son application. Elle propose des mentions honorables, médailles d'honneur et autres distinctions honorifiques, en faveur des membres honoraires ou participants qui lui paraissent les plus dignes. Elle propose à l'approbation du ministre de l'intérieur les statuts des sociétés de secours mutuels établies dans le département de la Seine (décr. du 26 mars 1852, art. 19).

AG. — 8 et 10 juin 1856. — *Approbation donnée aux statuts des sociétés établies à Blidah, Douéra, Oran, Mostaganem et Tlemcen.*

AG. — 15 mars-22 avr. 1858. — B. 520. — *Même institution à Philippeville.*

AG. — 18 avr.-12 juin 1858. — B. 521. — *Même institution à Tenès.*

AG. —21 avr.-12 juin 1858.—B. 521.—*Approbation des statuts de la société fondée à Alger sous le nom de société des arts et métiers.*

AG. — 27 avr.-12 juin 1858. — B. 521. — *Idem de la société fondée à Alger sous le nom de saint François-Xavier.*

Séquestre.

La législation spéciale relative au séquestre, ainsi que la nomenclature des arrêtés qui ont frappé de cette mesure les propriétés appartenant aux indigènes en Algérie, ont été réunis sous cet article ; toutefois, pour compléter l'étude de cette matière, il sera utile de consulter les articles *Domaine.* — *Propriété.* — *Villes et villages*, qui contiennent des documents relatifs, soit au mode d'administration des propriétés domaniales, soit à la réunion au domaine de diverses catégories de biens immobiliers.

DIVISION.

§ 1. — Législation spéciale.
§ 2. — Arrêtés spéciaux de séquestre.

§ 1. — LÉGISLATION SPÉC''LE.

AGI.—24 avr. 1834.—*Interdiction aux officiers publics, relativement aux biens séquestrés.*

Vu les arrêtés du général en chef, du 8 sept. 1830, des 10 juin et 11 juill. 1831 (ci-après, § 2), sur le séquestre ; — Considérant que, malgré les dispositions prohibitives qu'ils renferment, des spéculations ont eu lieu sur les biens frappés du séquestre ; — Que non-seulement aux termes des arrêtés susdatés, mais encore d'après les principes qui régissent la matière, toute aliénation, toute mutation quelconque des biens qu'ils spécifient sont radicalement nulles (1) ; — Qu'il est du devoir de l'administration à la fois d'avertir les particuliers qui voudraient se livrer à ces spéculations de leurs conséquences, et de prendre toutes les mesures convenables pour prévenir les nombreuses difficultés qui résulteraient plus tard des contrats d'acquisition ;

Art. 1.—Il est interdit sous peine de destitution aux notaires, cadis, rabbins, et à tous officiers judiciaires ou ministériels de la régence d'Alger, de recevoir des actes de vente, location ou autres qui se rapporteraient aux arrêtés des généraux en chef des 8 sept. 1830, 10 juin et 11 juill. 1831, si ces actes ne sont consentis par l'administration des domaines ou par l'autorité compétente, pour la gestion ou l'aliénation de ces biens.

Art. 2.— Le présent arrêté sera publié en arabe et en français, sur tous les points de la régence occupés par les troupes françaises.

Général VOIROL.   GENTY DE BUSSY.

---

(1) *Jurisprudence.* — Ce considérant contient une double erreur. En ce qui concerne la législation antérieure, il n'était point vrai, à cette époque, qu'aucun arrêté eût prononcé la nullité des actes d'aliénation des biens séquestrés (V. les arr. des 8 sept. et 8 nov. 1830, 10 juin, 11 juill. 1831, 4 juin 1832 (ci-après § 2 et *Domaine*, § 1). Cette disposition ne paraît pour la première fois que dans l'arr. de 1840, et n'est point reproduite dans l'ord.

AG. — 1er-5 déc. 1840. — B. 86. — *Règlement général sur le séquestre.*

Vu les arr. des 8 sept. 1830, 10 juin et 11 juill. 1831 (ci-après, § 2), touchant le séquestre ou la réunion de certains immeubles ; —Vu les arr. des 8 nov. 1830, 4 juin 1832 (*Domaine*) et 24 avr. 1834 (ci-dessus), qui interdisent l'aliénation et l'achat des immeubles séquestrés ;

Considérant qu'avant et depuis la reprise des hostilités, des indigènes ont abandonné les lieux où l'autorité française est établie pour passer sur le territoire ennemi ; qu'ils se sont livrés à des actes d'hostilité et de brigandage contre la population européenne et contre les tribus restées soumises ; que par là ils ont pris parti pour les ennemis de la France ; que dès lors il y a lieu d'appliquer aux uns et aux autres les lois de la guerre, de reprendre la possession des terres qu'ils occupent et de frapper de séquestre les biens qu'ils possédaient en propre ; — Qu'il convient en même temps de déterminer les effets du séquestre apposé jusqu'à ce jour, soit en vertu des arrêtés ci-dessus visés, soit par mesure politique ou conservatoire ; en vertu des pouvoirs qui nous sont conférés par l'art. 5 de l'ord. du 22 juill. 1834, le conseil d'administration entendu, vu l'urgence ;

TIT. 1. — *Du séquestre des biens qui sont frappés et de la mainmise.*

Art. 1. — Le séquestre apposé, pour quelque cause et en quelque temps que ce soit, sur les propriétés des indigènes, en exécution soit des arr. des 8 sept. 1830, 10 juin et 11 juill. 1831, soit de tous autres actes de l'administration dont l'effet n'a pas encore cessé, est confirmé et maintenu à l'égard de tous les biens qui, depuis le 5 juill. 1830 jusqu'à la promulgation du présent arrêté, ont été, en l'absence des propriétaires indigènes, affectés à des services publics, inscrits sur les sommiers du domaine ou mis en sa possession.

Art. 2. —Sont ou seront frappés du séquestre et provisoirement réunis au domaine les biens immeubles qui appartiennent : —1° Aux indigènes qui sont ou seront reconnus des actes d'hostilité contre les Français ou contre les tribus soumises à la France, prêté directement ou indirectement assistance à l'ennemi ou entretenu des intelligences avec lui ; — 2° A tous ceux qui, depuis le renouvellement des hostilités, ont abandonné ou abandonneront, pour passer à l'ennemi, leurs propriétés ou le territoire qu'ils occupaient.

L'abandon et le passage à l'ennemi sont présumés à l'égard de ceux qui sont absents de leur domicile depuis plus de trois mois, sans permission de l'autorité française. — Le domaine reprendra immédiatement la libre disposition des terres qui étaient occupées par les tribus passées à l'ennemi ou qui auront pris parti pour lui.

Art. 3.— Les dispositions de l'art. 2 seront applicables, alors même qu'il n'y aurait eu ni poursuites ni condamnations, et sans qu'il soit besoin d'autres preuves que le fait administrativement constaté, qui donnera lieu à l'apposition du séquestre ou à la reprise de possession.

Art. 4. — Seront également placés sous le séquestre établi par l'art. 2 tous les biens meubles, droits et actions, capitaux, rentes ou créances ac-

---

du 31 oct. 1845. En ce qui concerne les principes qui régissent la matière, il est au moins très-contestable que le séquestre enlève le droit d'aliénation ; le séquestre de guerre n'est pas la confiscation, il n'enlève que la possession et la jouissance, mais il ne dépouille pas du droit de propriété (V. arrêts de cass. des 7 juin 1809, 11 déc. 1816 ; Merlin, *Quest. de droit*; V. *infrà*, arr. du 1er déc. 1840, art. 12 et note).

tives appartenant aux personnes ci-dessus désignées.

Art. 5.— Les effets du séquestre résultant des dispositions qui précèdent remonteront à la date, soit de la prise de possession de fait, pour ceux des immeubles qui ont été occupés comme abandonnés depuis la reprise des hostilités, soit de la publication du présent arrêté, pour ceux dont le domaine n'a pas encore pris possession. — L'état indicatif des individus ou tribus atteints par le séquestre sera successivement arrêté par le gouverneur général en conseil d'administration.—Au fur et à mesure de la découverte des biens atteints par le séquestre, les agents du domaine en dresseront successivement état détaillé. — Les états mentionnés au présent article seront publiés dans les deux langues arabe et française, au fur et à mesure de leur formation.

Art. 6.—Il est enjoint à tous détenteurs ou administrateurs de biens placés sous le séquestre, fermiers, locataires, gérants, notaires, oukils et tous autres, à tous débiteurs généralement quelconques de rentes, créances ou autres droits incorporels appartenant aux indigènes désignés par l'art. 2, d'en faire la déclaration dans le délai de deux mois à partir de la promulgation du présent arrêté, savoir : à Alger, à la direction des finances; dans les autres localités, à l'agent du domaine le plus élevé en grade (ce délai a été prorogé jusqu'au 1er mars 1841, par autre arr. du 27 janv. 1841).

Art. 7.— Cette déclaration sera consignée sur les registres ouverts à cet effet : il en sera délivré récépissé.— Elle indiquera aussi exactement que possible : 1° La nature, la situation, la consistance et les revenus des immeubles ou fermages, rentes ou loyers; — 2° La nature des biens meubles, objets mobiliers, droits et actions, le montant des capitaux et celui des sommes exigibles, avec les noms, profession et domicile des débiteurs ou détenteurs; — 3° Les noms, profession et domicile des propriétaires; — 4° Les noms, profession et domicile des déclarants.

Art. 8.— Toute personne assujettie à cette déclaration, et qui ne l'aurait pas faite dans le délai prescrit, sera traduite devant la police correctionnelle et condamnée à une amende de 500 fr. à 2,000 fr. Il n'y aura point lieu, dans ce cas, à l'application de l'art. 463 c. pén.— Toutefois, en raison des circonstances, et même après la condamnation, le conseil d'administration pourra, sauf l'approbation du ministre, faire remise au condamné de tout ou partie de l'amende encourue.

Art. 9.—Toutes personnes autres que celles désignées en l'art. 6, qui feront connaître à l'administration des biens meubles ou immeubles atteints par le séquestre et non déclarés, auront droit, après la prise de possession par les agents du domaine, à une prime qui sera fixée par le conseil d'administration.— Toute découverte sera constatée par procès-verbal des agents du domaine, affirmé et enregistré; il n'y sera fait aucune mention du nom de l'indicateur qui aura procuré la découverte.

Art. 10.— Les biens séquestrés seront régis par l'administration du domaine de la même manière que les propriétés domaniales. Cette administration percevra également les capitaux, loyers, prix de rente et toutes autres sommes dues et exigibles. — La perception et la classification des produits s'effectueront conformément à l'ord. du 21 août 1839.

Art. 11. — Nulle inscription hypothécaire, à quelque époque que l'hypothèque ait été fournie, ne peut, à peine de nullité, être prise sur les biens séquestrés postérieurement à la promulgation du présent arrêté. Les droits résultant de l'art. 23 demeurant réservés, la nullité est de droit et n'aura pas besoin d'être prononcée.

Art. 12. — Tous actes translatifs de propriété ou d'usufruit, à titre onéreux ou gratuit, entre-vifs ou à cause de mort, concernant les biens meubles ou immeubles placés sous le séquestre, sont interdits; tous actes de cette nature faits pendant la durée du séquestre sont déclarés nuls. — Défense est faite aux tribunaux d'y avoir égard, lors même que les parties n'en invoqueraient le bénéfice que postérieurement à la levée du séquestre. — Les notaires, cadis, rabbins ou autres officiers publics qui auront reçu les actes prohibés et frappés de nullité par le présent article pourront être révoqués, et seront passibles de dommages-intérêts envers qui il appartiendra (1).

Tit. 2. — De la mainlevée.

Art. 13. — Les propriétés maintenues sous le séquestre en vertu de l'art. 1, pourront être restituées, avec l'autorisation préalable du ministre, aux personnes qui étaient propriétaires à l'époque où le séquestre a été apposé, à leurs héritiers naturels ou ayants cause, pourvu : — 1° Que ces propriétaires, leurs héritiers ou ayants cause, établissent qu'ils ne se trouvent ni les uns ni les autres dans aucun des cas prévus par l'art. 2; — 2° Que les droits des réclamants soient justifiés par pièces ou titres authentiques ayant date certaine antérieure à la promulgation du présent arrêté. — Seront admis comme authentiques, sauf les cas de dissimulation ou de fraude, tous actes reçus ou certifiés par un officier public institué ou reconnu par l'autorité française. Les actes passés à l'étranger ne seront admis qu'après avoir été dûment certifiés et légalisés par les consuls ou agents français.

Art. 14. — Sont et demeurent ratifiées, en tant que besoin serait, les restitutions précédemment effectuées, sauf le droit des tiers et la réserve pour le domaine des sommes dues, même par l'impétrant, pour loyers ou fermages échus antérieurement à la restitution.

Art. 15. — La mainlevée des propriétés séquestrées ou reprises en conformité de l'art. 2 et 4, pourra être autorisée en faveur des indigènes propriétaires dont la soumission aura été faite et acceptée.

Art. 16. — Les mainlevées du séquestre autorisées par le ministre seront insérées au *Moniteur algérien.*

Art. 17. — La mainlevée du séquestre ne peut être réclamée comme un droit : elle ne peut, non plus que le séquestre lui-même, donner lieu à pourvoi en la forme contentieuse, à l'exception toutefois du cas d'erreur matérielle touchant les personnes ou les choses, qui préjudicierait à un individu non sujet aux dispositions de l'art. 2. — Il n'y a jamais lieu à la restitution des fruits perçus, à moins d'une exception motivée dans la décision même qui prononce la mainlevée. — Les individus auxquels la restitution est accordée n'ont droit qu'aux choses, dans l'état où elles se trouvent au moment de la restitution. — Si l'immeuble a été vendu, l'ancien propriétaire n'aura droit qu'au prix principal, sans répétition de rentes ou intérêts échus, perçus ou à percevoir, lesquels, demeurent acquis au domaine, sauf les exceptions auto-

(1) *Jurisprudence.* — Un arrêt du 18 août 1852 a ramené, nous le croyons, aux vrais principes en décidant que l'ord. du 31 oct. 1845 sur le séquestre a abrogé les dispositions des arrêtés antérieurs qui entachaient de nul-

lité les ventes d'immeubles séquestrés, et que l'art. 9 de cette ordonnance admet par sa lettre comme par son esprit la vente des immeubles faite pendant l'existence du séquestre. — *Cour d'Alger*, Javel et Sulfati.

risées par le § 2 du présent article et par l'art. 23.

Art. 18. — Ne seront non plus restituables les immeubles, compris à un titre quelconque dans le séquestre, qui seraient affectés à un service public ou colonial, ou désignés pour recevoir une destination quelconque d'utilité publique. — Toutefois les demandes en mainlevée pourront être faites et instruites à l'égard de ces immeubles ; et, s'il est déclaré y avoir lieu à restitution, la décision fixera l'indemnité, qui devra être calculée d'après la valeur de l'immeuble au moment où il avait été placé sous le séquestre. L'expropriation pour cause d'utilité publique ne sera pas nécessaire dans ce cas. — A l'égard des propriétés anciennement séquestrées, cette indemnité pourra être accordée en tout ou en partie, suivant les circonstances, aux acquéreurs qui auront été relevés des interdictions prononcées par les arrêtés et décisions ministérielles sur la matière.

Tit. 3. — De la réunion définitive au domaine.

Art. 19. — Au 1er janv. 1842, seront réunis de droit au domaine colonial tous les biens meubles ou immeubles désignés en l'art. 1, ou séquestrés en vertu des art. 2 et 4, à l'égard desquels la mainlevée n'aurait pas été prononcée. — L'effet de cette disposition sera suspendu : — 1° A l'égard des propriétés qui auront été l'objet d'une demande en restitution sur laquelle il n'aurait pas encore été statué ; — 2° A l'égard de celles appartenant à des individus qui, pour des considérations politiques, seraient relevés, par décision ministérielle, de la déchéance encourue.

Art. 20. — Les biens ainsi réunis au domaine seront gérés, administrés, vendus et concédés, même à des indigènes, s'il y a lieu, comme toute autre propriété domaniale. — Ces biens pourront également être vendus ou concédés avant la réunion définitive au domaine, sauf les droits de qui il appartiendra sur le prix de la vente.

Tit. 4. — Des effets du séquestre à l'égard des tiers.

Art. 21. — A partir de la promulgation du présent arrêté, les débiteurs des indigènes dont les biens sont frappés du séquestre ne seront valablement libérés qu'en payant à la caisse de l'administration des domaines. — Tout payement fait en d'autres mains sera nul, et les débiteurs seront tenus de payer une seconde fois, à la diligence du receveur des domaines. Les intérêts seront dus au taux légal, par les débiteurs, à partir du jour où la dette est devenue exigible. — Les contraintes décernées par les receveurs des domaines, en vertu d'une décision du directeur des finances, pour tous recouvrements dûment autorisés, seront exécutoires même par la voie de la contrainte par corps (art. 60 de l'ord. du 10 août 1831).

Art 22. — Seront également nuls tous payements qui auraient été faits par anticipation et avant l'échéance des termes portés aux conventions ou obligations. Sont toutefois exceptés les payements effectués avant la promulgation du présent arrêté, et dont la preuve résulterait d'actes authentiques certifiés et reçus comme il est exigé au n° 2 de l'art. 13.

Art. 23. — Les créanciers ou leurs cessionnaires, porteurs de titres réguliers ayant date certaine antérieure à la promulgation du présent arrêté, seront payés de leurs créances, dûment vérifiées et constatées par une délibération du conseil d'administration, soit sur les capitaux, soit sur le revenu des immeubles séquestrés au nom du débiteur. — Dans le cas où le revenu annuel serait insuffisant pour éteindre la créance, le conseil pourra, sauf approbation ministérielle, autoriser ou la prolongation du payement d'année en année jusqu'à l'extinction de la dette, ou l'abandon de l'immeuble au créancier. — Si l'immeuble séquestré ne produit pas de revenus ou ne peut être abandonné au créancier, il sera payé sur les produits généraux des biens séquestrés, jusqu'à concurrence de la valeur de l'immeuble ou des immeubles qui forment le gage de la créance. — L'estimation de ces immeubles sera fixée à dire d'experts, d'après leur valeur à l'époque où le séquestre aura été apposé.

Art. 24. — Il est accordé aux créanciers, à peine de déchéance, un délai de six mois, à partir de la publication des états de séquestre, pour effectuer à la direction des finances le dépôt des titres établissant leur créance : il en sera donné récépissé.

Art. 25. — La réunion au domaine, consommée conformément aux art. 19 et 20, ne préjudiciera pas à l'exécution des dispositions contenues dans le présent titre, en ce qui concerne les tiers dont les réclamations auront été faites en temps utile.

Tit. 5. — De la compétence.

Art. 26. — Toute demande en mainlevée du séquestre, indemnité, restitution de fruits, revenus, sommes d'argent ou autres réclamations quelconques résultant de l'exécution du présent arrêté, sera instruite par le directeur des finances, portée devant le conseil d'administration et jugée sur simple production de mémoire avec pièces à l'appui (1). — La décision du conseil ne sera exécutoire qu'après avoir été confirmée par décision spéciale du ministre, contre laquelle, sauf l'exception ci-après, aucun recours ne sera ouvert. — Les réclamants auront trois mois, à partir de la notification de la décision, pour déposer au secrétariat du gouvernement tous mémoires ou documents, dont il leur sera donné récépissé et qui seront transmis au ministre avec les autres pièces. — La décision du ministre, dans le cas d'exception prévu au § 1 de l'art. 17, pourra être déférée au conseil d'État.

Art. 27. — Les contestations entre les réclamants, sur des questions de propriété ou d'attribution de droit, continueront à être portées devant les tribunaux, sans que les jugements à intervenir, dans le cas même où le domaine aurait été mis en cause, puissent jamais avoir pour effet de modifier les règles de compétence établies par l'article précédent (2).

Art. 28. — Toutes dispositions contraires au présent arrêté sont et demeurent abrogées.

Comte VALÉE.

OR. — 31 oct.-28 nov. 1845. — B. 213. — Règlement sur le séquestre.

Tit. 1. — Des biens séquestrés antérieurement à la présente ordonnance.

Art. 1. — Sont maintenus et sortiront leur plein et entier effet toutes décisions antérieures d'une autorité civile ou militaire, ordonnant la remise de biens séquestrés. — Si la remise ordonnée n'a pas

---

(1) Voir au § 2 ci-après, arr. du 10 juin 1831, art. 7 et note.

(2) Jurisprudence.—Les tribunaux peuvent bien statuer sur les attributions de part dans une rente litigieuse entre les parties en cause, mais leur décision ne peut ni directement ni indirectement atteindre les mesures de séquestre prises par l'administration et ordonner que celle-ci restituera les fruits d'une partie des immeubles par elle séquestrés. Ce serait décider l'étendue des biens sur lesquels portait le séquestre, et déclarer qu'il avait été apposé à tort, en tout ou en partie. — Cour d'Alger, 22 janv. 1851.

été effectuée, elle se fera immédiatement. — Sortiront également leur plein et entier effet les décisions définitives rendues avant la publication de la présente ordonnance, qui ont rejeté des demandes en mainlevée de biens séquestrés.

Art. 2. — Les biens séquestrés qui seront encore dans les mains du domaine, et sur la remise desquels il n'a pas été définitivement statué, seront remis aux anciens propriétaires qui justifieront ne se trouver dans aucun des cas prévus par l'art. 10 de la présente ordonnance.

Art. 5. — Les demandes en remise sont recevables à quelque époque que le séquestre ait été établi depuis 1830. — Elles devront, à peine de déchéance, être formées dans le délai d'un an à partir de la publication de la présente ordonnance.

Art. 4. — Il ne sera statué sur les anciennes demandes non rejetées qu'autant qu'elles auront été renouvelées dans le délai d'un an, à partir de la publication de la présente ordonnance.

Art. 5. — Les demandes en remise seront déposées à la direction des finances à Alger ; il en sera donné récépissé. — Dans les trois mois de ce dépôt, la demande sera transmise à notre ministre de la guerre par le gouverneur général, avec son avis et celui du conseil d'administration. — Il sera statué par notre ministre de la guerre dans les six mois de la réception des pièces au ministère. — La décision sera définitive.

Art. 6. — La remise des biens séquestrés antérieurement à la présente ordonnance ne donnera droit qu'à la restitution des fruits perçus depuis les demandes faites aux renouvelées dans le délai établi par les art. 3 et 4.

Art. 7. — Si les immeubles séquestrés ont été, durant le séquestre, baillés à loyer, ou vendus par l'État, l'ancien propriétaire n'aura droit qu'à la rente constituée ou au prix principal de la vente reçu par l'État, avec restitution des arrérages ou intérêts, conformément à l'article précédent.

Art. 8. — Nulle remise de biens séquestrés ne sera faite aux anciens propriétaires s'ils ne sont pas, à l'époque de la promulgation de la présente ordonnance, établis sur le territoire algérien soumis à notre domination, et s'ils ne se présentent, en personne, devant le directeur des finances à Alger, ou devant le chef du service des domaines dans les provinces. — Le conseil supérieur d'administration de l'Algérie sera juge des cas de légitime empêchement qui seraient allégués, sauf recours devant notre ministre de la guerre, dont la décision sera définitive.

Art. 9. — En cas d'aliénation des biens séquestrés, l'État pourra se faire tenir quitte par l'acquéreur en lui remboursant le prix de la vente ou de la cession avec les intérêts, à compter du jour où ledit prix a été payé et les loyaux coûts dûment justifiés. — Si le bien séquestré était, lors de la vente, affecté notoirement à un service public, l'État pourra user de la faculté mentionnée au paragraphe précédent, et en ce cas il ne sera tenu de rembourser à l'acquéreur que le prix capital sans intérêts, avec les frais et loyaux coûts.

Tit. 2. — Des biens séquestrés postérieurement à la présente ordonnance.

CHAP. 1. — Établissement du séquestre.

Art. 10. — À l'avenir, le séquestre ne pourra être établi sur les biens meubles et immeubles des indigènes que si ces indigènes ont : — 1° Commis des actes d'hostilité, soit contre les Français, soit contre les tribus soumises à la France, ou prêté, soit directement, soit indirectement, assistance à l'ennemi ou enfin entretenu des diligences avec lui ; — 2° Abandonné, pour passer à l'ennemi, les propriétés, ou les territoires qu'ils occupaient. — L'abandon et le passage à l'ennemi seront présu-

més à l'égard de ceux qui seront absents de leur domicile depuis plus de trois mois, sans permission de l'autorité française.

Art. 11. — Aucun séquestre ne pourra être établi que par un arrêté du gouverneur général, le conseil d'administration préalablement entendu. — L'arrêté indiquera les causes qui l'auront motivé. — Toutefois, le séquestre pourra être ordonné provisoirement et d'urgence, par les commandants militaires, sauf décision ultérieure du gouverneur général dans la forme ci-dessus déterminée. — Tout arrêté portant établissement du séquestre sera soumis par le gouverneur général à notre ministre de la guerre, qui statuera définitivement.

Art. 12. — Les arrêtés ainsi confirmés seront publiés immédiatement en arabe et en français dans le journal officiel de l'Algérie. — Dans le cas où ces arrêtés ne désigneraient pas nominativement les individus atteints par le séquestre, les états nominatifs en seront ultérieurement dressés et arrêtés après avoir entendu le conseil supérieur d'administration. Ils seront publiés en la même forme que les arrêtés établissant le séquestre. — sera également dressé des états des biens immeubles séquestrés que les agents du domaine découvriront. Ces états seront arrêtés et publiés en la même forme, aussitôt après la découverte ou la prise de possession.

CHAP. 2. — Effets du séquestre.

Art. 15. — Les biens séquestrés seront régis par l'administration des domaines. — Elle ne pourra consentir des baux pour un temps excédant neuf années. — Les maisons et bâtiments dont l'état de dépérissement sera constaté pourront être aliénés, sur la proposition du gouverneur général et l'autorisation de notre ministre de la guerre, dans la même forme que les immeubles domaniaux. — Il en sera de même des terres incultes, nécessaires pour l'exécution de l'art. 80 de notre ord. du 1er oct. 1844.

Art. 14. — Toutes les sommes principales échues, les intérêts desdites sommes, les loyers et fermages, et généralement tout ce qui sera dû à un individu frappé de séquestre, sera versé dans la caisse du domaine. — L'administration des domaines pourra, en cas d'offres de la part des débiteurs, recevoir les sommes non échues et le principal des rentes perpétuelles.

Art. 15. — Les payements faits, durant le séquestre, à l'individu qui en est frappé ou à ses héritiers, ayants cause ou mandataires, ne libéreront pas le débiteur envers l'État. — Il en sera de même des payements des sommes non échues, faites antérieurement au séquestre, s'ils ne sont constatés par des actes ayant date certaine.

Art. 16. — Tous détenteurs, dépositaires, administrateurs et gérants, fermiers ou locataires des biens placés sous le séquestre, tous débiteurs de rentes, créances ou autres droits incorporels, atteints par le séquestre, seront tenus d'en faire la déclaration dans les trois mois qui suivront la publication, soit de l'arr. de séquestre, soit de l'état nominatif, désignant le propriétaire desdits biens.

Art. 17. — Cette déclaration indiquera, aussi exactement que possible : — 1° La nature, la situation, la consistance des immeubles et le montant des fermages, rentes et loyers ; — 2° La nature des biens meubles, objets mobiliers, droits et actions, le montant des capitaux exigibles ou non exigibles, avec les noms, profession et domicile des débiteurs et détenteurs ; — 3° Les noms, profession et domicile des propriétaires ; — 4° Les noms, profession et domicile des déclarants.

Art. 18. — La déclaration sera faite, dans chaque localité, au chef du service des domaines, qui l'inscrira sur un registre à talon, ouvert à cet effet, et qui en donnera récépissé.

Art. 19. — Toute personne assujettie à la déclaration énoncée en l'art. 16, qui aura omis de la faire dans le délai prescrit, pourra, suivant le cas, être condamnée par le conseil du contentieux à une amende qui ne pourra excéder le quart de la valeur des biens non déclarés. Le recours, s'il y a lieu, sera porté devant nous, en notre conseil d'Etat.

Art. 20. — Postérieurement à la publication de l'arrêté qui aura ordonné le séquestre, aucun droit utile ne pourra être conféré, au préjudice de l'Etat, sur les biens séquestrés.

Art. 21. — Tous créanciers des individus atteints par le séquestre devront, à peine de nullité, inscrire les hypothèques et privilèges établis en leur faveur par des actes antérieurs au séquestre, et présenter leurs demandes, avec les titres à l'appui, à la direction des finances à Alger, dans le délai d'un an à partir de la publication de l'arrêté ou de l'état contenant le nom du débiteur. — Le dépôt de la demande et des titres sera constaté par un procès-verbal énonçant la nature du titre, le montant de la créance et l'époque de son exigibilité. Il en sera donné récépissé.

Art. 22. — Nul titre de créance sur un individu frappé de séquestre ne sera admis, s'il n'a une date certaine et antérieure au séquestre.

Art. 23. — Le conseil du contentieux prononcera sur l'admission ou le rejet des titres déposés. — Si la créance antérieure au séquestre n'est pas établie par titre, le conseil statuera sur la légitimité des droits des réclamants.

Art. 24. — Les créances admises ne seront payées qu'après que les biens séquestrés auront été définitivement réunis au domaine, conformément à l'art. 28 ci-après, et jusqu'à concurrence seulement de la valeur totale de ces biens. — En cas d'insuffisance, les biens séquestrés seront vendus, et il sera procédé, devant les tribunaux, à l'ordre ou à la distribution, à la requête de la partie la plus diligente.

CHAP. 3. — Mainlevée du séquestre.

Art. 25. — Toute demande en remise de biens séquestrés devra établir, ou que le propriétaire desdits biens n'était pas l'individu désigné dans l'arrêté du séquestre, ou qu'il ne s'est rendu coupable d'aucun des faits énoncés en l'art. 10 ci-dessus.

Art. 26. — Les demandes seront formées et il y sera statué conformément aux art. 3 et 5 ci-dessus.

Art. 27. — La remise des biens séquestrés postérieurement à la présente ordonnance, donnera droit à la restitution des fruits ou intérêts perçus depuis le jour de la demande en remise, sauf déduction des impenses faites par le domaine. — Les immeubles seront repris dans l'état où ils se trouveront, sans aucun recours contre l'Etat, et à la charge de maintenir les baux existant.

CHAP. 4. — Réunion des biens séquestrés au domaine.

Art. 28. — Seront réunis définitivement au domaine, sauf les droits des créanciers, les biens frappés de séquestre qui n'auront pas été réclamés dans le délai de deux ans, à compter des publications prescrites par l'art. 12 de la présente ordonnance. — Il en sera de même en cas de rejet des réclamations, prononcé dans les formes prescrites par les art. 25 et suivants.

Art. 29. — Lorsque le séquestre sera établi sur des terres, villes ou villages abandonnés en masse par la population, l'arrêté qui l'établira, ou une décision ultérieure, pourront en ordonner immédiatement, soit la réunion au domaine, soit l'affectation à un service public, soit la concession à d'autres populations indigènes, ou à des colons européens.

TIT. 5. — Dispositions générales.

Art. 30. — Si, antérieurement à la demande en remise de biens séquestrés, soit avant, soit après la présente ordonnance, les immeubles réclamés ont été affectés à un service public, et si l'administration veut maintenir cette affectation, l'ancien propriétaire dont la réclamation aura été admise, n'aura droit qu'à une indemnité qui sera réglée par le conseil d'administration, sauf recours devant nous en notre conseil d'Etat. — Cette indemnité sera liquidée conformément aux dispositions de l'art. 47 de notre ord. du 1er oct. 1844.

Art. 31. — Les actions en revendication et toutes actions des tiers prétendant un droit quelconque sur les biens remis en vertu de la présente ordonnance seront portées devant les tribunaux, sans recours contre l'Etat. — Si la remise n'a pas encore été effectuée, elle sera suspendue jusqu'après les jugements définitifs ou arrêts à intervenir.

Art. 32. — Nonobstant toutes déchéances ou tout rejet de réclamations, les biens séquestrés pourront, tant qu'ils seront dans les mains du domaine, être remis par nous, par grâce spéciale et en vertu de notre pleine autorité, aux anciens propriétaires ou à leurs héritiers, qui les reprendront dans l'état où ils se trouveront, et sans aucune restitution de fruits perçus.

Art. 33. — Toutes dispositions des ordonnances, arrêtés ou règlements antérieurs sont abrogés, en ce qu'elles ont de contraire à la présente ordonnance.

L.01. — 16 juin 1851, art. 22 (V. Propriété, § 1). — Tous les effets de l'ordonnance qui précède sont maintenus.

§ 2. — ARRÊTÉS SPÉCIAUX DE SÉQUESTRE.

1° Province d'Alger.

AG. — 8 sept. 1830. — Propriétés des Turcs réunies au domaine.

Art. 1. — Toutes les maisons, magasins, boutiques, jardins, terrains, locaux et établissements quelconques, occupés précédemment par le dey, les beys et les Turcs sortis du territoire de la régence d'Alger, ou gérés pour leur compte, ainsi que ceux affectés, à quel titre que ce soit, à la Mecque et Médine rentrent dans le domaine public, et sont régis à son profit. (Ainsi complété sur la réclamation des ulémas et du muphti : « Les biens affectés à la Mecque et Médine continueront à être gérés par des administrateurs musulmans au choix et sous la surveillance du gouvernement français. »

Art. 2. — Les individus de toute nation, détenteurs ou locataires desdits biens sont tenus de faire, dans le délai de trois jours, à dater de la publication du présent arrêté, une déclaration indiquant la nature, la situation, la consistance des domaines dont ils ont la jouissance ou la gestion, le montant du revenu ou du loyer, et l'époque du dernier payement.

Art. 3. — Cette déclaration sera consignée sur des registres ouverts à cet effet à la municipalité.

Art. 4. — Tout individu assujetti à cette déclaration, et qui ne l'aurait pas faite dans le délai prescrit, sera condamné à une amende qui ne pourra pas être moindre d'une année du revenu ou du loyer de l'immeuble non déclaré, et il sera contraint au payement de cette amende par les peines les plus sévères.

Art. 5. — Toute personne qui révélera au gouvernement français l'existence d'un domaine non déclaré, aura droit à la moitié de l'amende encourue par le contrevenant.

Art. 6. — Le produit des amendes sera versé à la caisse du payeur général de l'armée.

Comte CLAUZEL.

AG. — 10 juin 1831. — *Propriétés réunies au domaine. — Séquestre.*

Vu l'arr. du 8 sept. 1830 (V. ci-dessus); — Vu la décision du ministre de la guerre, en date du 27 mai dernier;

Art. 1. — Tous les biens immeubles, de quelque nature qu'ils soient, appartenant au dey, aux beys et aux Turcs sortis du territoire de la régence d'Alger, sont mis dès aujourd'hui sous le séquestre, et ils seront régis par l'administration des domaines.

Art. 2. — Les individus de toutes nations, détenteurs ou locataires, ou gérants desdits biens, sont tenus de faire, dans le délai de huit jours, à dater de la publication du présent arrêté, une déclaration indiquant la nature, la situation, la consistance des domaines dont ils ont la jouissance ou la gestion, le montant du revenu ou du loyer qu'ils touchent, et l'époque du dernier payement.

Art. 3. — Cette déclaration sera consignée sur des registres ouverts à cet effet à la direction des domaines.

Art. 4. — Tout individu détenteur, locataire ou gérant desdits biens, qui n'aurait pas fait cette déclaration dans le délai prescrit, sera passible d'une amende qui ne pourra pas être moindre d'une année du revenu de l'immeuble non déclaré; et, en cas de refus ou de retard, il sera contraint par corps au payement de cette amende.

Art. 5. — Toute personne qui révélera au gouvernement français l'existence d'un domaine non déclaré aura droit à la moitié de l'amende encourue par le contrevenant, sans avoir besoin de se faire connaître.

Art. 6. — Le produit des amendes sera versé à la caisse du recouvreur des domaines.

Art. 7. — Toutes les discussions qui pourraient s'élever entre des particuliers et l'administration des domaines, relativement à l'exécution du présent arrêté, seront jugées par la commission administrative (1). — Quant aux discussions qui pourraient naître entre des tiers et les propriétaires, les gérants ou les détenteurs des biens dont il est question, elles resteront dans le droit commun et seront jugées par les tribunaux ordinaires.

Art. 8. — Le présent arrêté sera imprimé et publié dans les deux langues.

Baron BERTHEZÈNE.

AG. — 11 juill. 1831. — *Propriétés réunies au domaine. — Séquestre.*

Vu les arrêtés (ci-dessus) des 8 sept. 1830 et 10 juin 1831;

Considérant que si cette mesure, résultant du droit que donnait la conquête de disposer des propriétés des Turcs, n'a pas été appliquée, dans le principe, aux individus de cette nation restés depuis l'occupation française dans le territoire de la régence, ce n'était qu'à la condition de justifier l'exception dont ils étaient l'objet par une conduite exempte d'intrigues et d'opposition à l'administration française; — Considérant que, par une conséquence naturelle des motifs qui ont prédominé dans l'adoption de cette mesure, les Turcs résidant dans l'étendue de la régence qui violeraient leurs promesses et manqueraient aux engagements pris par eux envers l'autorité française perdent leurs droits au bénéfice de cette exception;

Art. 1. — L'art. 1 de l'arr. du 10 juin, relatif au séquestre des immeubles appartenant aux Turcs s'applique aux individus de cette nation qui, quoique résidant dans le territoire de la régence, se feraient remarquer par leur esprit d'opposition contre l'autorité de la France.

Art. 2. — Le présent arrêté, imprimé dans les deux langues, sera publié et affiché.

Baron BERTHEZÈNE.

AG. — 20 sept. 1840. — (V. *Villes et villages*). — *Séquestre sur toutes les propriétés de la ville de Cherchell, non réclamées dans un délai fixé.*

AG. — 1er oct. 1840 (*eodem*). — *Même décision pour la ville de Blidah.*

AG. — 1er oct. 1840 (*eodem*). — *Même décision pour la ville de Koléah.*

AG. — 10-16 fév. 1845. — B. 112. — *Séquestre sur les propriétés de Mohamed ben Aïssa, ex-Khalifa de la province de Tittery.*

AG. — 8-22 mai 1847. — B. 255. — *Séquestre sur les propriétés de el hadj Zeghra à Tenès.*

AG. — 5 janv.-4 fév. 1848. — B. 268. — *Commission pour le règlement du séquestre apposé sur les propriétés de la Métidja.*

Considérant que le séquestre mis par suite des événements de la guerre, et conformément à l'arr. du 1er déc. 1840, sur les propriétés que les indigènes possédaient dans la plaine de la Métidja, n'a jamais été réglé ni appliqué d'une manière précise; que, dans la plupart des cas, il n'a été suivi d'aucune prise de possession régulière; que cependant cette situation, et l'interdit dont elle frappe la propriété, fait peser sur cette propriété et sur le sort des indigènes une incertitude pénible, et à laquelle il importe de mettre un terme aussi promptement que possible;

Art. 1. — Il sera formé une commission chargée de procéder à la vérification et au règlement du séquestre établi sur les propriétés des indigènes de la Métidja, en exécution de l'arr. du 1er déc. 1840.

Art. 2. — Cette commission opérera suivant les instructions contenues dans la dépêche adressée le 30 déc. 1847 à M. le directeur des affaires civiles de la province d'Alger, et dont M. le directeur lui donnera communication.

Art. 3. — Le travail de la commission nous sera transmis par le directeur des affaires civiles, avec ses observations particulières, et par l'intermédiaire du lieutenant général, qui y joindra également les siennes. Ce travail devra ensuite être soumis à l'examen du conseil supérieur d'administration.

H. D'ORLÉANS.

AG. — 4-15 oct. 1852. — B. 423. — *Séquestre sur la tribu des Nestioua en Kabylie (subdivision d'Alger). — Complété par un autre arr. du 5 janv. 1853, B. 430.*

AG. — 25 janv.-15 fév. 1853. — B. 431. — *Séquestre sur les propriétés de Laghouat. — Publication de la liste des propriétaires atteints par le séquestre, B. 450.*

---

(1) *Jurisprudence.* — Cette attribution de juridiction a subsisté jusqu'à l'ord. de 1834 (*Justice*, § 4). En effet, l'art. 63 de cette ord. et l'arr. min. du 2 août 1836, art. 49 (*Admin. gén.*, § 1), ayant abrogé tous arrêtés et règlements antérieurs et ne contenant aucune disposition qui donnât juridiction formelle au conseil d'administration, pour connaître les discussions entre les particuliers et le domaine à l'occasion des immeubles mis sous séquestre, ces contestations sont rentrées dans le droit commun et ont été soumises à la juridiction ordinaire, de même que les contestations domaniales en France. Mais l'arr. du 1er déc. 1840 a rendu au conseil d'administration juridiction relativement aux demandes en mainlevée de séquestre, et à partir de cette époque, les tribunaux ordinaires ont de nouveau cessé d'être compétents. — Cour d'Alger, 17 août 1843.

AG.—30 juin-18 juill. 1855.—B. 441.—*Séquestre sur le kaïd des Beni Hidjas (cercle de Tenès).*

AG.—23 nov.-31 déc. 1855.—B. 490.—*Séquestre sur les biens de El Hadj Mohamed el Arbi bou Djemil (cercle de Tenès).*

AG.—12-27 fév. 1856.—B. 491.—*Séquestre sur les biens de Si Kouider el Titeraoui et son fils (subdivision de Médéah).—Complété par un autre arr. du 24 avr. 1857, B. 508.*

AG.—20 fév.-16 mars 1857.—B. 508.—*Séquestre sur la tribu des Mechtras, fraction des Guechtoulas (Kabylie).— Listes nominatives. — Délimitation du territoire.*

AG.—20 avr.-16 mai 1857.—B. 508.—*Séquestre sur les indigènes appartenant à six tribus de l'Oued Sahel.—Listes nominatives.*

AG.—1er-16 juin 1857.—B. 509.—*Séquestre sur les biens de la famille Embareck de Koléah.*

AG.—20 juin-21 sept. 1857.—B. 512.—*Séquestre sur les biens du bach agha du Djurjura, Sid el Djoudi et son fils (Kabylie).—Complété par autre arr. du 5 sept. 1857, B. 512, et 10 nov. 1857, B. 514.*

2º Province de Constantine.

AG. — 8 sept. 1850, 10 juin et 11 juill. 1851.— *Propriétés des Turcs (V. ci-dessus, Province d'Alger).*

AG.—51 déc. 1850. — *Réunion au domaine des propriétés de Hadj Achmet, ex-bey de Constantine.*

AG.—10-29 août 1849.—B. 528.—*Séquestre sur les propriétés de Rais Selah ben Chenah (Djidjelli).*

AG.—26 fév.-10 mars 1852.—B. 405.—*Séquestre sur les propriétés des habitants de l'oasis de Zaatcha.— Listes nominatives.*

AG.—23 oct.-20 nov. 1852.—B. 421.—*Séquestre sur la tribu des Ouled d'Han (subdivision de Bône).— Publication des listes nominatives, B. 452.*

AG. — 14-25 janv. 1853.— B. 430.— *Séquestre sur les propriétés des Beni Salah (subdivision de Bône).—Publication des listes nominatives, B. 452.*

5º Province d'Oran.

AG. — 8 sept. 1850, 10 juin et 11 juill. 1851.— *Propriétés des Turcs (V. ci-dessus Province d'Alger).*

AG. — 30 mai-23 juin 1841.—B. 98. — *Séquestre sur toutes les propriétés abandonnées dans la ville de Mascara et un rayon de 24,000 mètres. — Transactions immobilières interdites.*

AG. — 14 fév.-4 mars 1842. — B. 115. — *Même mesure pour la ville de Tlemcen et le territoire en dépendant.*

AG. — 18-29 avr. 1846. — B. 222. — *Dépossession de toute tribu émigrée.—Leurs propriétés déclarées propriétés de l'État et administrées comme telles par les bureaux arabes.*

AG. — 16-28 déc. 1846. — B. 245. — *Séquestre dans la ville et le cercle de Djemah Ghazouat.*

AG.—19 août-5 oct. 1855.—B. 444.—*Séquestre dans les cercles d'Oran, Nemours, Tlemcen, Sebdou, Lalla Maghnia.—Listes nominatives.*

AG.— 12 juill. 1854-18 janv. 1855. — B. 473.— *Séquestre dans les cercles d'Aïn Temouchen et Mascara. — Listes nominatives.*

AG.—15 janv.-8 fév. 1855.—B. 474.—*Séquestre sur la tribu des Ouled Mimoun (subdivision de Tlemcen).— Listes nominatives.*

AG. — 27 janv.-1er mars 1855. — B. 475. — *Séquestre dans le cercle de Saïda (division d'Oran). — Listes nominatives.*

AG.—12 mars-7 avr. 1855.—B. 477.—*Séquestre sur la tribu des Hassinats (subdivision de Mascara). — Listes nominatives.*

AG. — 18 déc. 1856-16 mars 1857. — B. 506. — *Séquestre dans le cercle de Mascara.—Listes nominatives. — Exécution de l'arr. du 18 avr. 1846 ci-dessus.*

Serment.

§ 1. — SERMENT POLITIQUE.

SC. — 23 déc. 1852.

Art. 16. — Le serment prescrit par l'art. 14 de la constitution est ainsi conçu : — « Je jure obéissance à la constitution et fidélité à l'empereur. »

§ 2. — SERMENT PROFESSIONNEL.

Lorsqu'il n'y a point de formule spécialement prescrite, comme pour les employés des postes, la gendarmerie et autres fonctionnaires ou agents tels que commissaires-priseurs, défenseurs, greffiers, huissiers, interprètes, magistrats, notaires, etc. (V. à ces divers articles), la formule adoptée est ainsi conçue : — « Je jure obéissance à la constitution, fidélité à l'empereur, et de bien et fidèlement remplir les fonctions qui me sont confiées, ou les devoirs de ma profession. »

Servitudes militaires.

Par décr. du 29 avr. 1857, les lois sur les servitudes imposées en France à la propriété pour la défense du territoire, ainsi que la loi du 10 juill. 1851 et le décr. du 10 août 1853 où elles sont visées, ont été déclarées exécutoires en Algérie ; toutes les places et ports de l'Algérie ont été rangés dans la deuxième série, suivant le tableau reproduit ci-après. Divers arrêtés du gouvernement général avaient déjà déterminé les zones de servitudes aux abords de plusieurs places. Ainsi, pour Alger, trois arrêtés en date des 28 août 1810, 11 mars 1844, 21 fév. 1845, B. 80, 172, 196, avaient délimité le terrain soumis aux servitudes, tant extérieures qu'intérieures. Deux arrêtés en date des 22 avr. 1844 et 27 juill. 1846, B. 175 et 230, en avaient fait autant pour la place d'Oran. Un arr. du 10 sept. 1844, B. 104, déclarait les villes d'Oran, Mostaganem, Bône et Constantine places de 1re cl., et en fixait les servitudes conformément à l'ord. du 1er août 1821, aujourd'hui abrogée par le décr. du 10 août 1853. Enfin un arr. du 30 mai 1847, B. 236, déclarait Blidah place de 3e cl. et en fixait également les servitudes. Tous ces arrêtés se référant par leurs indications à des plans qu'il est indispensable de consulter pour en comprendre et en suivre les prescriptions, il a paru inutile d'en donner une reproduction qui n'aurait qu'un résultat tout à fait incomplet.

DI. — 29 avr.-26 nov. 1857. — B. 514. — *Pro-*

mulgation des lois de France sur les servitudes militaires. — Classement des places de l'Algérie.

Art. 1. — Les lois sur les servitudes imposées en France à la propriété pour la défense du territoire, déjà visées dans les arrêtés pris par le gouverneur général de l'Algérie, ainsi que la loi du 10 juill. 1851 sur le même objet et le décr. du 10 août 1853, portant règlement d'administration publique sur les servitudes dont il s'agit, lesquels seront publiés, l'un et l'autre, en même temps que le présent décret, sont rendus applicables et exécutoires en Algérie, sauf en ce qu'ils auraient de contraire aux dispositions suivantes.

Art. 2. — Les places de guerre et les postes militaires de l'Algérie sont classés, pour l'application des servitudes défensives, conformément au tableau annexé au présent décret.

Art. 3. — Les maisons de commandement, les bordjs, les caravansérails, les maisons de smalas de spahis, les postes télégraphiques, les enceintes de villages, etc., auxquels le gouverneur général attachera une importance défensive, seront classés dans la deuxième série comme postes militaires. — Le gouverneur général établira, par un arrêté, le tableau de ces postes; il pourra, au besoin le modifier et y comprendre, dans la même forme, ceux des mêmes établissements qui viendraient à être créés, comme aussi réduire à leur égard l'étendue des zones, créer des terrains d'exception et homologuer les plans de délimitation ou de circonscription.

Art. 4. — Toutes les dispositions des lois et des règlements concernant les servitudes défensives seront applicables, en Algérie, aux places et aux postes militaires dont il est question à l'art. 2, à partir du jour de la publication du présent décret, et aux postes militaires mentionnés à l'art. 3, à compter de l'arrêté de classement du gouverneur général.

Art. 5. — Les décrets relatifs, soit à des constructions nouvelles de places ou de postes de guerre, soit à la suppression ou à la démolition de places ou postes qui existent actuellement, soit à des changements dans le classement ou dans l'étendue de ces places ou de ces postes, soit enfin à l'établissement de polygones exceptionnels, à l'homologation des plans de délimitation des zones de servitudes ou à celles des places de circonscription des zones des fortifications, sont insérés tant au Bulletin des lois qu'au Bulletin officiel des actes du gouvernement de l'Algérie. — Les arrêtés du gouverneur général, pris en vertu des pouvoirs qui lui sont conférés par l'art. 3 ci-dessus, sont insérés seulement dans ce dernier recueil. — À la réception du Bulletin des actes du gouvernement, les préfets ou les fonctionnaires qui en tiennent lieu font publier ces décrets et ces arrêtés dans les communes ou dans les territoires intéressés.

Art. 6. — Lorsqu'il est possible de réduire l'étendue des zones de servitudes d'une place ou d'un poste, sans compromettre la défense et sans porter atteinte aux intérêts du trésor, cette réduction est prononcée par un décret ou par un arrêté, dans les mêmes cas et dans la même forme que le classement qui a donné lieu à l'établissement des zones.

Art. 7. — Le plan de délimitation, ses annexes et le procès-verbal de bornage sont adressés par le directeur des fortifications, et suivant la voie hiérarchique, au ministre de la guerre.

Art. 8. — (Ainsi remplacé par décr. du 30 oct. 1857, B. 514) : — Les expropriations auxquelles peut donner lieu l'application à l'Algérie des lois sur les servitudes défensives et le domaine militaire sont régies par les dispositions spéciales de l'ord. du 1er oct. 1844 (Propriété, § 1), rendues applicables au territoire civil et au territoire militaire par l'art. 21 de la loi du 16 juin 1851 (Propriété, § 1), et les occupations temporaires sont soumises aux lois et règlements en vigueur dans la métropole, lesquels ont été rendus exécutoires par le décr. du 5 déc. 1855 (Expropriation, § 1).

Art. 9. — En Algérie, l'état de guerre peut être déclaré non-seulement dans les cas prévus à l'art. 58 du décret du 10 août 1853, mais aussi d'urgence par un arrêté du gouverneur général, toutes les fois que les circonstances obligent à donner à la police militaire plus de force et d'action que pendant l'état de paix. — Lorsqu'une place ou un poste de l'Algérie est déclaré en état de guerre, les inondations et les occupations de terrain nécessaires à la défense peuvent avoir lieu, soit dans les cas prévus par l'art. 58 du décret du 10 août 1853, soit en vertu d'un arrêté du gouverneur général.

Art. 10. — En Algérie, l'état de siége résulte des cas prévus à l'art. 59 du décret du 10 août 1853, ou d'un arrêté pris d'urgence par le gouverneur général.

Art. 11. — Dans les localités non érigées en communes, les attributions conférées par ce décret aux maires sont remplies par les fonctionnaires qui en tiennent lieu.

Art. 12. — En matière de servitudes défensives, les conseils de préfecture des départements d'Alger, de Constantine et d'Oran statuent, respectivement, pour toute l'étendue de la province dont le département fait partie.

Art. 13. — En territoire militaire, l'enregistrement de la commission des gardes du génie et de leur prestation de serment est fait tant au greffe du tribunal civil le plus voisin qu'à la mairie du lieu où ils exercent leurs fonctions.

Art. 14. — En territoire militaire, les généraux commandant les divisions, les commandants de subdivisions, les commandants de place et les géomètres du service topographique désignés par les commandants de subdivision, exercent, respectivement, les attributions que le décret du 10 août 1853 confère aux préfets, aux sous-préfets, aux maires et aux ingénieurs des ponts et chaussées.

Art. 15. — Toutes les dispositions contraires au présent décret sont abrogées.

Tableau de classement des places et postes militaires auxquels doivent être appliquées les lois sur les servitudes défensives, conformément au décret ci-dessus et aux dispositions de la loi du 10 juill. 1851 et du décr. du 10 août 1853, relatives à la deuxième série dans laquelle ils sont tous placés.

Division d'Alger.

Chefferie de Blidah,—Place : Blidah. (Ouvrages détachés) redoute Mimiche. — Poste: Koléah, l'enceinte du camp seulement; les tours et les anciennes fermes retranchées autour de la ville ne porteront point servitudes.

Chefferie d'Alger. — Place : Alger; ville, citadelle et défenses du port. (Ouvrages détachés) îlot de la Marine, forts des musoirs N. et S., fort du coude de la jetée, batterie Algéina, fort l'Empereur, fort Matifoux, fort de l'Eau, Maison-Carrée, batterie du Cimetière, batterie Charles-Quint, fort des Anglais (1), batterie des Consuls, batterie du l'E., batterie de l'O. — Postes : 1° Sidi Ferruch ; les ouvrages construits à la gorge de la presqu'île ne porteront pas servitudes; 2° Dra el Miran.

Chefferie de Dellys.—Postes : 1° Dellys. (Ouvrages détachés) tour de Sidi Souzan ; 2° bordj Tizi Ouzou.

Chefferie d'Aumale.— Place : Aumale. — Postes :

(1) Par décis. min. du 18 fév. 1860, qui consacre un état de choses préexistant et autorisé, la limite de la première zone des servitudes du fort des Anglais est réduite de manière à ne comprendre que le terrain faisant partie du domaine militaire.

1° bordj Boufra ; 2° maison de commandement des Beni Mansourh.

Chefferie de *Médéah*. — Place : Médéah, place et citadelle. — Poste : Boghar.

Chefferie de *Laghouat*. — Postes : 1° Laghouat, place et forts ; les forts classés sont ceux de Bouscaren et Morand ; 2° bordj Djelfa.

Chefferie de *Milianah*. — Place : Milianah. — Poste : Teniet el Hâad, enceinte du poste et du village.

Chefferie de *Cherchell*. — Postes : 1° Cherchell ; les ouvrages détachés en avant de l'enceinte ne porteront pas servitudes ; 2° batterie Zizeraïn.

Chefferie d'*Orléansville*. — Place : Orléansville. — Postes : 1° Tenès, ouvrage détaché, côté 20 ; 2° batterie n° 18 d'El Mersa.

Division de Constantine.

Chefferie de *Constantine*. — Place : Constantine, ville et citadelle. (Ouvrage détaché) mur d'enceinte du quartier de cavalerie du Bardo. — Poste : Tebessa, ville et citadelle ; le classement comprend l'enceinte de la ville, le réduit et l'annexe.

Chefferie de *Philippeville*. — Place : Philippeville, enceinte et fort détaché. (Ouvrages détachés) maison crénelée de Safsaf et batteries n° 2 et 3.

Chefferie de *Djidjelli*. — Place : Djidjelli, ancienne et nouvelle ville et forts détachés ; le classement comprend l'enceinte de l'ancienne ville, la batterie n° 1 de l'hôpital, l'enceinte de la nouvelle ville, les forts Saint-Ferdinand et Duquesne. (Ouvrages détachés) fort Galbois, fort Saint-Eugène, maison crénelée, fort Valée, fort Forain, batterie n° 3 du phare.

Chefferie de *Bône*. — Place : Bône, ancienne et nouvelle ville et Casbah. (Ouvrages détachés) batterie de l'anse des corailleurs, batterie du mouillage du fort Génois, fort Génois. — Poste : la Calle, nouvelle ville et presqu'île.

Chefferie de *Guelma*. — Poste : Guelma, ville et citadelle.

Chefferie de *Bathna*. — Place : Bathna, ville et citadelle. — Postes : 1° pénitencier de Lambesse ; 2° Biskra, ville et fort de Saint-Germain formant citadelle ; 3° maison de commandement de Doussen.

Chefferie de *Sétif*. — Place : Sétif, ville et citadelle. — Postes : 1° bordj bou Arrerldj. (Ouvrages détachés) redoute extérieure ; 2° Boussada.

Chefferie de *Bougie*. — Place : Bougie, ville et citadelle ou casbah. (Ouvrages détachés) maison crénelée, poste de Salem, poste Rouman, fort Gouraya, blockhaus Rapatel, blockhaus du Fossé, fort Clausel, blockhaus de Douac, fort Douac, blockhaus Lemercier, batterie de Bonac, batterie de l'Hôpital.

Division d'Oran.

Chefferie d'*Oran*. — Places : 1° Oran, ville et citadelle, château neuf, fort Lamone, forts de Sainte-Thérèse, de Saint-André et de Saint-Philippe ; la redoute en avant du fort Saint-Philippe ne portera pas servitudes. (Ouvrages détachés) fort Saint-Grégoire, fort Sainte-Croix, lunettes Saint-Louis, Saint-André, San-Carlos ou de la Campana, batterie d'Ozara, de la Briqueterie ; 2° Mers el Kebir. — Poste : Arzew. (Ouvrages détachés) redoute de la montagne, coté 13, blockhaus 12, fortin de la Pointe et batterie de côte n° 1, 2 et 3.

Chefferie de *Mostaganem*. — Place : Mostaganem, ville et réduit de Matemore ; la branche descendant à la marine, le blockhaus n° 1 et les redoutes n° 2 et 3 ne porteront pas servitudes. (Ouvrages détachés) fortin de la Marine, batterie de côte. — Poste : Ammi Moussa, ; la redoute Pelissier ne portera pas servitudes.

Chefferie de *Sidi bel Abbès*. — Postes : 1° Sidi bel Abbès. (Ouvrage détaché) poste de la Mékerra ; 2° Daya, enceinte et vigie.

Chefferie de *Mascara*. — Place : Mascara. (Ouvrage détaché) redoute Moueffac. — Postes : 1° Tiarel ; 2° Saïda ; 3° Géryville.

Chefferie de *Tlemcen*. — Place : Tlemcen, ville et citadelle ou méchouar. — Postes : 1° Nemours. (Ouvrages détachés) les deux redoutes 9 et 10 et le fort de Touent ; 2° Lalla Maghnia, enceinte et annexe basse ; 3° Sebdou, enceinte du fort et du camp retranché.

Loi du 10 juill. 1851.

Art. 1. — Nulle construction de nouvelles places de guerre ou de nouvelles enceintes fortifiées, et nulle suppression ou démolition de celles qui existent, ne pourront être ordonnées qu'après l'avis d'une commission de défense, et en vertu d'une loi. — Nul ouvrage nouveau à ajouter à une enceinte fortifiée, nul fort, batterie ou autre ouvrage défensif ayant un caractère permanent, ne pourront être entrepris que lorsqu'un crédit spécial aura été ouvert, à cet effet, à l'un des chapitres du budget. — Les améliorations partielles à faire aux fortifications existantes, lorsqu'elles ne devront apporter aucune extension au tracé du polygone formé par les saillants d'une enceinte fortifiée, pourront être ordonnées par le ministre de la guerre, sur les fonds qui sont portés annuellement au budget pour les réparations et améliorations des places fortes.

Art. 2. — La loi qui ordonnera la construction d'une nouvelle place de guerre ou d'une nouvelle enceinte fortifiée spécifiera, en même temps, la série dans laquelle cette place ou cette enceinte devra être rangée pour l'application des servitudes défensives. — Les ouvrages qui seront ajoutés à une enceinte fortifiée, les forts, batteries ou autres ouvrages défensifs ayant un caractère permanent, ne pourront être classés ou donner lieu à une extension quelconque des servitudes existantes, qu'en vertu d'une disposition législative.

Art. 3. — Le projet de loi ou la demande de fonds à présenter, par suite des dispositions des §§ 1 et 2 de l'art. 1, seront accompagnés de l'état estimatif de la dépense, d'un plan indiquant le tracé de l'enceinte fortifiée ou de l'ouvrage projeté. — Ce plan indiquera, en outre, la série à laquelle cette enceinte ou cet ouvrage devront appartenir, et le tracé des zones des servitudes que le ministre de la guerre proposera de leur appliquer.

Art. 4. — Le classement d'une place de guerre ou d'un poste militaire s'étendra à tous les ouvrages extérieurs situés à moins de 250 m. des chemins couverts ou des dehors, quand il n'y a pas de chemins couverts. — Les ouvrages détachés, c'est-à-dire ceux qui seront situés à plus de 250 m. seront classés séparément. — Sont compris sous la dénomination de *dehors* tous les ouvrages, tels que demi-lunes, contre-gardes, ouvrages à cornes, à couronne, ou tous autres qui sont enveloppés par la même contrescarpe que le corps de place.

Art. 5. — Le tableau des places de guerre et des postes militaires annexé à l'ord. du 1ᵉʳ août 1821 sera remplacé par le nouveau tableau joint à la présente loi. — La première série de ce tableau correspond, pour l'application des servitudes, à la 1ʳᵉ et à la 2ᵉ cl. de la loi du 10 juill. 1791, mais elle ne comprend aucun poste. La seconde série correspond à la 3ᵉ cl. ; elle comprend tous les postes.

Art. 6. — Le classement des places de guerre ne pourra être modifié qu'en vertu d'une loi. — Toutefois, lorsqu'il sera possible de réduire l'étendue des zones de servitudes du côté de quelque centre important de population, sans compromettre la défense ni porter atteinte aux intérêts du trésor, cette réduction pourra être prononcée par un décret du président de la République. — La largeur de la rue militaire, telle qu'elle est définie par les art. 15 et 16 du titre 1 de la loi du 10 juill. 1791, pourra aussi être réduite par un décret du président de la République.

Art. 7. — Les servitudes défensives résultant du nouveau classement auront leur effet à partir du jour de la promulgation de la présente loi.

Art. 8. — Les dispositions relatives au plan de circonscription, §§ 2 et 3 de l'art. 8 et dans l'art. 9 de la loi du 17 juill. 1819, sont abrogées. — Un règlement d'administration publique réunira et coordonnera dans leur ensemble toutes les dispositions des lois concernant les servitudes imposées à la propriété autour des fortifications, et précisera les mesures d'exécution.

Art. 9. — Continueront d'être observées les dispositions des lois existantes non abrogées par la présente loi.

Décret du 10 août 1853.

Vu les art. 6 et 56 de la constitution ; les ord. des 16 juill. 1670, 14 août 1680, 9 déc. 1713, 7 fév. 1744, 51 déc. 1776 et autres, portant défense de bâtir et de faire, sans permission, des déblais et des remblais dans un rayon déterminé en avant des fortifications; la loi du 10 juill. 1791, concernant la conservation et le classement des places de guerre et postes militaires; l'arr. du gouvernement du 22 germ. an VI, le décr. du 9 déc. 1811 et la loi du 17 juill. 1819, concernant les servitudes imposées à la propriété dans l'intérêt de la défense de l'Etat, la police des fortifications et les constructions projetées dans le rayon des enceintes fortifiées; les lois des 19 mai 1802, 29 mars 1806 et 23 mars 1842, et les décr. des 19 et 24 déc. 1811 et 29 août 1813, concernant les délits commis dans les établissements du département de la guerre, les contraventions en matière de grande voirie et le service des états-majors des places ; l'ord. du 1er août 1821, qui règle le mode d'exécution de la loi du 17 juill. 1819 ; la loi du 10 juill. 1851, relative aux mêmes objets ;

TIT. 1. — Classement des fortifications.

Art. 1. — Les places de guerre et les postes militaires sont classés, pour l'application des servitudes défensives, conformément au tableau annexé au présent décret. — Ce tableau est divisé en deux séries, dont la première correspond, pour cette application, à la 1re et à la 2e cl. spécifiées dans la loi du 10 juill. 1791, mais sans comprendre aucun poste, et dont la deuxième correspond à la 5e cl. et comprend tous les postes.

Art. 2. — Le tableau de classement pour les servitudes défensives ne peut être modifié qu'en vertu d'un décret.

Art. 3. — Le décret qui ordonne la construction d'une nouvelle place de guerre ou d'une nouvelle enceinte fortifiée classe en même temps cette place ou cette enceinte, et spécifie la série dans laquelle elle doit être rangée pour l'application des servitudes défensives. — Les ouvrages ajoutés à une enceinte fortifiée, les forts, batteries ou autres ouvrages défensifs ayant un caractère permanent, ne peuvent être classés ou donner lieu à une extension quelconque de servitudes qu'en vertu d'un décret. — Les servitudes sont applicables du jour de la publication du décret de classement. — Ce décret de classement est accompagné d'un plan indiquant, avec le tracé de la fortification, les limites des terrains qui doivent être soumis aux servitudes.

Art. 4. — Les décrets relatifs soit à des constructions nouvelles de places ou postes de guerre, soit à la suppression ou démolition de ceux actuellement existants, soit à des changements dans le classement ou dans l'étendue desdites places ou postes, sont, ainsi que tous ceux qui sont mentionnés dans le présent règlement, insérés au Bulletin des lois. — A la réception du Bulletin des lois, les préfets les font immédiatement publier dans les communes intéressées.

TIT. 2. — Servitudes défensives autour des fortifications.

SECT. 1. — Servitudes relatives aux nouvelles constructions.

Art. 5. — Les servitudes défensives autour des places et des postes s'exercent sur les propriétés qui sont comprises dans trois zones commençant toutes aux fortifications et s'étendant respectivement aux distances de 250 m., 487 m. et 974 m. pour les places, et 250 m., 487 m. et 584 m. pour les postes.

Art. 6. — Lorsqu'il est possible de réduire l'étendue des zones de servitudes du côté de quelque centre important de population sans compromettre la défense ou porter atteinte aux intérêts du trésor, cette réduction est prononcée par un décret. — Le mode d'exécution de ce décret a lieu conformément à ce qui est prescrit à l'art. 4 du présent règlement.

Art. 7. — Dans la première zone des servitudes autour des places et des postes classés, il ne peut être fait aucune construction, de quelque nature qu'elle puisse être, à l'exception, toutefois, de clôtures en haies sèches ou en planches à claire-voie, sans pans de bois ni maçonnerie, lesquelles peuvent être établies librement. — Les haies vives et les plantations d'arbres ou d'arbustes formant haie sont spécialement interdites dans cette zone.

Art. 8. — Au delà de la première zone jusqu'à la limite de la deuxième, il est également interdit, autour des places de la première série, d'exécuter aucune construction quelconque en maçonnerie ou en pisé. Mais il est permis d'élever des constructions en bois et en terre, sans y employer de pierres ni de briques, même de chaux ni de plâtre, autrement qu'en crépissage, et à la charge de les démolir immédiatement, et d'enlever les décombres et matériaux, sans indemnité, à la première réquisition de l'autorité militaire, dans le cas où la place, déclarée en état de guerre, serait menacée d'hostilités. — Dans la même étendue, c'est-à-dire entre les limites de la première et de la deuxième zone, il est permis, tout autour des places de la deuxième série et des postes militaires, d'élever des constructions quelconques. Mais, le cas arrivant où ces places et postes sont déclarés en état de guerre, les démolitions qui sont jugées nécessaires n'entraînent aucune indemnité pour les propriétaires.

Art. 9. — Dans la troisième zone de servitudes des places et des postes, il ne peut être fait aucun chemin, aucune levée ni chaussée, aucun exhaussement de terrain, aucune fouille ni excavation, aucune exploitation de carrière, aucune construction au-dessous du niveau du sol, avec ou sans maçonnerie, enfin aucun dépôt de matériaux ou autres objets, sans que leur alignement et leur position n'aient été concertés avec les officiers du génie, et que, d'après ce concert, le ministre de la guerre n'ait déterminé ou fait déterminer par un décret les conditions auxquelles les travaux doivent être assujettis dans chaque cas particulier, afin de concilier les intérêts de la défense avec ceux de l'industrie, de l'agriculture et du commerce. — Dans la même étendue, les décombres provenant des bâtisses et autres travaux quelconques ne peuvent être déposés que dans les lieux indiqués par les officiers du génie; sont exceptés toutefois de cette disposition ceux des détriments destinés à servir d'engrais aux terres, pour les dépôts desquels les particuliers n'éprouvent aucune gêne, pourvu qu'ils évitent de les entasser. — Enfin, dans la même zone, il est défendu d'exécuter aucune opération de topographie sans le consentement de l'autorité militaire. Ce consentement ne peut être refusé lorsqu'il ne s'agit que d'opérations relatives à l'arpentage des propriétés.

SECT. 2. — Servitudes concernant les constructions existantes.

Art. 10. — Les reconstructions totales de maisons, clôtures et autres bâtisses sont soumises aux mêmes prohibitions que les constructions neuves, quelle qu'ait pu ou que puisse être la cause de la destruction. — Les restaurations de bâtiments, clôtures et autres ouvrages tombant par vétusté ou pour une cause quelconque constituent des reconstructions totales, lors même qu'on voudrait, dans ces restaurations, conserver quelques parties des anciennes constructions.

Art. 11. — Entretien des bâtisses en bois ou en bois et terre. — Les bâtisses en bois ou en bois et terre existant dans la limite de 487 m. ne peuvent être entretenues dans leur état actuel qu'autant qu'il n'est apporté aucun changement dans leurs formes et leurs dimensions, et que sous les restrictions expresses : — 1° Que les matériaux de réparation et de reconstruction partielle sont de même nature que ceux précédemment mis en œuvre ; — 2° Que la masse des constructions existantes n'est point accrue.

Art. 12. — Entretien des bâtiments en maçonnerie. — La disposition qui précède s'applique aussi pour les places de la deuxième série et les postes militaires, aux constructions en maçonnerie situées au delà de la première zone jusqu'à la limite de 487 m. — Les bâtisses en maçonnerie situées dans la zone de 250 m. des places et des postes, ou dans celle de 487 m. des places de la première série, ne peuvent être entretenues librement, dans leur état actuel, qu'à la charge expresse de les soumettre aux restrictions mentionnées à l'art. 11, et de ne faire en outre aucun des travaux de la nature de ceux qui sont légalement prohibés en matière de voirie, c'est-à-dire de reprises en sous-œuvre, de grosses réparations et autres travaux confortatifs, — Soit à leurs fondations ou à leur rez-de-chaussée, s'il s'agit de bâtiment d'habitation ; — Soit, pour les simples clôtures, jusqu'à moitié de leur hauteur, mesurée sur leur parement extérieur ; — Soit, pour toutes les autres constructions, jusqu'à 3 m. au-dessus du sol extérieur. — Ces derniers travaux ne peuvent être exécutés qu'autant que le propriétaire fournit la preuve que la bâtisse existait, dans sa nature et ses dimensions actuelles, antérieurement à l'époque de l'établissement des servitudes dont elle est grevée, ou justifie qu'elle a déjà fait l'objet d'un engagement de démolition sans indemnité, pour le cas prévu à l'art. 8, ou enfin, à défaut de l'une ou de l'autre de ces justifications, souscrit préalablement l'engagement dont il s'agit.

SECT. 3. — *Exceptions.*

Art. 13. — Peuvent être exécutés dans les zones de servitudes, par exception aux prohibitions des deux premières sections : — 1° Au delà de la première zone des places et des postes, les socles en maçonnerie ou en pierre, isolés ou servant de base à d'autres constructions et ne dépassant pas 50 c. en hauteur et en épaisseur ; — 2° Les fours de boulangerie et les fourneaux ordinaires de petites dimensions nécessaires dans les bâtiments d'habitation ; — 3° Les cheminées ordinaires en briques ou en moellons dans les pignons et les refends des mêmes bâtiments construits en bois ou en bois et terre, pourvu que la largeur de la maçonnerie n'excède par 1 mèt. 50 cent. pour chaque pignon et chaque refend, et qu'on se conforme, en outre, aux usages locaux, tant pour les dimensions que pour la nature des matériaux ; — 4° Les cloisons légères de distribution : en bois, à l'intérieur des bâtisses construites en bois et terre, couvertes et fermées de tous côtés ; en plâtro ou en briques de champ, dans les mêmes constructions en maçonnerie ; dans aucun cas, leur épaisseur ne peut dépasser 8 cent. tout compris ; — 5° Le remplacement des couvertures en chaume ou en bardeaux par des couvertures légères en ardoises ou en zinc,

et même en tuiles, pourvu qu'il ne soit pas apporté de changement à la forme de la toiture ; — 6° Les murs de soutenement adossés au terrain naturel, sur toute la hauteur, sans déblais ni remblais créant des couverts ou augmentant ceux qui existent ; — 7° Au delà de la première zone, les caves, les citernes et les autres excavations couvertes, pratiquées au-dessous du sol, que le directeur des fortifications juge sans inconvénients pour la défense ; — 8° Enfin, les puits avec margelle de 80 cent. au plus de hauteur.

Sont également tolérés à la charge de démolition de la totalité de la construction, sans indemnité, dans le cas prévu à l'art. 8 : — 1° Les reculements, exigés par le service de la voirie, d'une façade ou d'un pignon dépendant d'une construction couverte, pourvu qu'on emploie dans cette opération des matériaux de même nature que ceux précédemment mis en œuvre ; — 2° Les ponts en bois sur les fossés ou sur les cours d'eau non navigables ni flottables, quand leur tablier ne s'élève pas de plus de 50 cent. au-dessus du sol, sur chaque rive ; — Enfin, les baraques en bois, mobiles sur roulettes, ayant au plus 2 mèt. de côté et 2 mèt. 50 cent. de hauteur de faîtage extérieurement, et susceptibles d'être traînées par deux hommes, sont permises, à la condition de n'en établir qu'une seule par propriété, et de prendre l'engagement de l'enlever, en toute circonstance, à la première réquisition de l'autorité militaire.

Art. 14. — Les moulins et autres semblables usines en bois, ou en maçonnerie peuvent être exceptionnellement autorisés par le ministre de la guerre dans les zones de prohibition, à la condition de n'être élevés que d'un rez-de-chaussée, et qu'en cas de guerre il ne sera accordé aucune indemnité pour démolition. — La permission ne peut, toutefois, être accordée qu'après que le chef du génie, l'ingénieur des ponts-et-chaussées et le maire ont reconnu, de concert et par un procès-verbal, que l'usine est d'utilité publique, et que son emplacement est déterminé par quelque circonstance locale qui ne se peut rencontrer ailleurs. — Elle n'est valable qu'en ce qui concerne le service militaire, et ne dispense pas de l'accomplissement des formalités à remplir vis-à-vis des autres administrations publiques et tiers intéressés.

Art. 15. — Indépendamment des exonérations résultant des réductions de limites mentionnées à l'art. 6, des décrets déterminent, dans l'étendue des zones de servitudes, les terrains pour lesquels, à raison des localités, il est possible, sans nuire à la défense, de tolérer, par exception aux dispositions des art. 7 et 8, l'exécution de bâtiments, clôtures et autres ouvrages.

Art. 16. — Le ministre de la guerre peut, suivant les localités et les besoins de la défense, autoriser, à la condition de démolition sans indemnité, dans le cas prévu à l'art. 8, la clôture des cimetières, situés dans les zones de prohibition : — 1° Par des murs en maçonnerie ou en terre, lesquels, à moins de circonstances particulières, ne devront avoir au maximum que 2 m. 50 d'élévation au-dessus du sol et 50 c. au plus d'épaisseur à la base ; — 2° Par des grilles en fer ou des clôtures en bois pleines ou à claire-voie, avec ou sans socles, soutenues de distance en distance, à l'aide de poteaux en bois ou de piliers en maçonnerie de 50 c. au plus de côté, lesquels sont espacés d'au moins 4 m. d'axe en axe. Dans les clôtures à claire-voies en bois, les lattis seront distants entre eux de manière à laisser au moins autant de vide que de plein.

Le ministre de la guerre peut aussi permettre l'intérieur des cimetières, aux conditions qu'il juge convenables dans l'intérêt de la défense, et toujours sous la condition précitée de démolition sans indemnités : — 1° La construction de bâtiments de service de petites dimensions ; — 2° L'exécution de monuments, tombeaux et autres signes funéraires. — Ces autorisations particulières ne sont pas d'ailleurs nécessaires lorsqu'il s'agit : — 1° De caveaux dont la maçonnerie ne s'élève pas à plus de 50 c. au-dessus du sol ; — 2° De pierres tumulaires horizontales ne dépassant pas cette même hauteur de 50 c. ; — 3° De pierres d'inscription verticales ou pyramidales, de colonnes sépulcrales et d'urnes funéraires ou autres petits monuments de toute forme en maçonnerie, n'ayant au maximum que 1 m.50 d'élévation, socle compris, et 50 c. d'épaisseur; — 4° De grilles ou de balustrades d'entourage en bois ou en fer, avec ou sans socle, de 1 m. 50 au plus d'élévation totale. — Il ne peut être établi de cimetières, dans la zone de servitude de 487 m., avant que le ministre de la guerre n'ait été consulté, au point de vue des intérêts de la défense, sur le choix de l'emplacement proposé.

SECT. 4. — *Bornage des zones de servitudes et des polygones exceptionnels.*

Art. 17. — Les distances mentionnées à l'art. 5, pour la détermination des zones de servitudes, sont comptées à partir de la crête des parapets des chemins couverts les plus avancés, ou des murs de clôture ou d'escarpe lorsqu'il n'y a pas de chemin couvert, ou enfin, quand il n'y a ni chemin couvert ni mur de clôture ou d'escarpe, à partir de la crête intérieure des parapets des ouvrages.

Art. 18. — Ces distances sont mesurées sur les capitales de l'enceinte, des dehors et des ouvrages extérieurs. Leurs points extrêmes sont fixés par des bornes qui, réunies de proche en proche par des lignes droites, servent de limites extérieures aux zones de servitudes. — Peuvent être considérées comme capitales suivant les circonstances : — 1° Les lignes qui divisent en deux parties égales les angles saillants d'un ouvrage ; — 2° Celles qui réunissent ces angles saillants aux angles correspondants du chemin couvert ; — 3° Celles qui partagent en deux portions égales les angles de la gorge d'une pièce de fortification ou les angles que cette gorge fait avec les parties latérales de l'ouvrage. — Pour les ouvrages curvilignes et autres qui n'ont pas de capitale, les distances peuvent être mesurées sur des perpendiculaires aux escarpes et aux lignes de feu ou de gorge. — Les capitales et les autres lignes indiquées ci-dessus comme pouvant servir à la délimitation sont choisies de manière que les périmètres des zones forment des polygones les moins irréguliers possible, et que nulle part les limites des zones ne se trouvent plus rapprochées d'un point quelconque des chemins couverts, murs de clôture ou d'escarpe, ou crêtes intérieures de parapet, que ne l'exigent les distances mentionnées à l'art. 5. — Ce choix est fait par le ministre de la guerre.

Art. 19. — Le chef du génie, de concert avec l'ingénieur des ponts et chaussées, en présence du maire ou de son adjoint, fait procéder sur le terrain, aux frais du gouvernement, contradictoirement avec les propriétaires intéressés, dûment appelés par voie d'affiches ou autres moyens de publication en usage, aux bornages des zones de servitudes et des polygones exceptionnels, conformément au plan arrêté par le ministre de la guerre. — Les bornes sont rattachées à des points fixes et rapportées sur un plan dit de délimitation. — Ce plan est établi à l'échelle de 1/5000° ; mais on peut y annexer, pour les polygones exceptionnels, des plans particuliers à une plus grande échelle. Il ne donne d'ailleurs, ainsi que ces derniers plans, le tracé des limites et les points de repère. — Les maires, sur l'invitation du chef du

génie, sont tenus de prêter appui aux opérations de la délimitation et du bornage, et de fournir aux agents de l'autorité militaire les indications et les documents qui sont réclamés.

Art. 20. — Il est dressé, par le chef du génie et par l'ingénieur des ponts et chaussées, un procès-verbal de bornage, sur lequel le maire ou son adjoint peut consigner ses observations. Ce procès-verbal, ainsi que le plan de délimitation et ses annexes, est déposé pendant trois mois à la mairie de la place ou du poste, pour que chacun puisse en prendre connaissance. Avis de ce dépôt est donné aux parties intéressées, par voie d'affiches ou autres moyens de publication en usage. — Les parties intéressées ont trois mois, à la date de cet avis, pour se pourvoir devant le conseil de préfecture contre l'opération matérielle du bornage. — Le conseil de préfecture statue, sauf recours au conseil d'Etat, après avoir fait faire au besoin, sur les lieux, les vérifications nécessaires par les ingénieurs civils et militaires. — Les réclamants ont le droit d'être présents à ces vérifications et doivent y être dûment appelés. Ils peuvent s'y faire assister par un arpenteur, et leurs observations sont consignées au procès-verbal qui constate l'opération.

Art. 21. — Dès qu'il a été définitivement statué sur les réclamations des parties intéressées, le plan de délimitation, ses annexes et le procès-verbal de bornage sont adressés par le directeur des fortifications au ministre de la guerre, qui les fait homologuer et rendre exécutoires par un décret, aucun changement ne peut être ensuite apporté à ces pièces qu'en se conformant de nouveau à toutes les formalités ci-dessus prescrites. — Une expédition desdites pièces est déposée dans le bureau du génie de la place, et une autre expédition à la sous-préfecture, où chacun peut en prendre connaissance. — Il est défendu, sous les peines portées par les lois et les règlements, aux sous-préfets et à leurs agents, de laisser déplacer les plans dont il s'agit, ni d'en laisser prendre copie ou extrait, pour quelque motif ou sous quelque prétexte que ce soit. — En temps de guerre, si le chef-lieu de la sous-préfecture est dans une ville ouverte, les plans sont transportés dans le bureau du génie de la place la plus voisine. Il en est de même, en cas de siège, pour les plans, en dépôt dans les chefs-lieux qui sont places de guerre.

TIT. 5. — *Servitudes relatives au terrain militaire formant la zone des fortifications, et bornage de ce terrain.*

Art. 22. — La zone des fortifications, tant des places et des postes que des ouvrages, s'étend depuis la limite intérieure de la voie militaire ou du rempart jusqu'aux lignes qui terminent les glacis, et comprend, s'il y a lieu, les terrains extérieurs annexes de la fortification, tels que les esplanades, avant-fossés et autres ayant une destination défensive. — Elle est inaliénable et imprescriptible, et les constructions particulières y sont prohibées.

Art. 23. — La rue militaire est établie pour assurer intérieurement une libre communication le long des remparts, parapets ou murs de clôture des ouvrages de fortification. Les habitants en ont l'usage, en se conformant aux règlements concernant la police de la place et la voirie urbaine. — Elle est limitée du côté de l'intérieur : — En arrière des courtines, par une ligne tracée parallèlement au pied du talus ou du mur de soutènement du rempart, ou bien du talus de banquette s'il n'y a qu'un simple parapet, à la distance de 7m,79 de ce pied de talus ou de mur ; et, s'il n'existe qu'une clôture ou un parapet sans banquette, par une parallèle au pied intérieur de cette clôture ou de ce parapet, à la distance de

9^m,74; — En arrière des bastions et des redans, par une ligne distante de 7^m,79 de la gorge de l'ouvrage. — Sur les points où l'intervalle compris entre les lignes précitées et les propriétés particulières bordant la voie publique à une largeur plus grande que celle que prescrit la disposition qui précède, il n'est rien changé aux dimensions actuelles de la rue du rempart. — La rue militaire, telle qu'elle est définie ci-dessus, ne peut être réduite que par un décret rendu sur le rapport du ministre de la guerre. — Les autorités civiles peuvent lui faire assigner des limites plus étendues, par voie d'alignement, dans l'intérêt de la circulation en se conformant aux prescriptions de la loi du 16 sept. 1807 et du décr. du 24 mars 1852.

Art 24. — Toute personne qui possède actuellement des maisons, bâtisses ou clôtures débordant la limite intérieure de la rue militaire continue d'en jouir sans être inquiétée, en se conformant aux dispositions des art. 11 et 12 ci-dessus; mais, dans le cas de démolition desdites maisons, bâtisses ou clôtures, pour une cause quelconque, elle est tenue de se reculer sur l'alignement fixé — Lorsque la construction n'est comprise qu'en partie dans la limite intérieure de la zone des fortifications, la restriction ci-dessus ne portera que sur les portions qui empiètent sur l'alignement de la rue du rempart. — Au fur et à mesure que les emplacements ainsi occupés par des particuliers cessent d'être bâtis ou clos, ils sont réunis de plein droit à la fortification, sans qu'il soit besoin d'un décret déclaratif d'utilité publique, et les particuliers sont indemnisés de la valeur du sol, s'ils justifient qu'ils en sont possesseurs à titre légitime.

Art 25. — Les prescriptions ci-dessus des art. 19, 20 et 21, concernant le bornage et l'homologation du plan de délimitation des zones de servitude sont applicables au bornage et à l'homologation du plan spécial de circonscription du terrain militaire formant la zone des fortifications. Ce dernier plan est, au besoin, à l'échelle de 1/1000°, et ne donne aucun détail sur les constructions existantes, non plus que sur la propriété des terrains : il peut être fait et homologué par parties.

TIT. 4. — *Déclarations, demandes, permissions, soumissions et certificats.*

Art. 26. — Les travaux qui sont l'objet d'une autorisation générale (art. 7, 8, 11, 12, 13 et 24), ne peuvent être entrepris, même ceux de simple entretien, qu'après que la déclaration en a été faite chef du génie. — Cette déclaration est accompagnée d'une soumission de démolition sans indemnité dans les circonstances prévues, à l'art. 8, lorsqu'il s'agit : — 1° De bâtisses en bois au delà de la limite de la première zone, pour toutes les places et tous les postes (art. 8); — 2° De bâtisses en maçonnerie au delà de la même limite, pour les places de la deuxième série et les postes militaires (art. 8); — 3° De travaux confortatifs et de grosses réparations légalement prohibés en matière de grande voirie, aux bâtisses en maçonnerie situées dans la zone de 250 m. des places et des postes ou dans celles de 487 m. des places de la première série, lorsque la construction n'a pas déjà fait l'objet d'une soumission, ou que le propriétaire ne peut prouver qu'elle existe antérieurement à l'établissement des servitudes dont elle est grevée (art. 12); — 4° Des mêmes travaux dans les mêmes conditions, pour les constructions ou portions de constructions qui empiètent sur les limites de la rue militaire (art. 24); — 5° De reculements de façade ou de pignon par mesure de voirie (art. 13); — 6° De ponts en bois sur les fossés et cours d'eau non navigables ni flottables (art. 13). — Par exception, les dépôts d'engrais ainsi que les dépôts de décombres, dans les endroits

désignés d'avance par le chef du génie, et les caveaux et signes funéraires de petites dimensions, énoncés à l'art 16, ne sont soumis à aucune formalité. — Enfin, les baraques mobiles en bois donnent lieu à une soumission de démolition en toute circonstance et sans indemnité (art 13).

Art. 27. — Nuls travaux nécessitant une permission spéciale (art. 9, 14, 15 et 16) ne peuvent être commencés qu'après l'accomplissement des formalités suivantes : — 1° Production d'une demande sur papier timbré indiquant l'espèce des travaux, la position et les principales dimensions de la construction, ainsi que la nature des matériaux; — 2° Permission du directeur des fortifications, énonçant les conditions auxquelles elle est accordée, lorsqu'il s'agit de constructions comprises dans un polygone exceptionnel; et, dans les autres cas, permission du ministre; — 3° Soumission par laquelle le propriétaire s'engage à remplir les conditions imposées et à démolir sa construction sans indemnité, dans le cas prévu à l'art. 8.

Art. 28. — Les soumissions concernant les servitudes défensives sont faites en double, sur papier timbré; elles ne sont assujetties qu'au droit fixe d'un franc pour l'enregistrement, décime en sus, et leur effet subsiste indéfiniment, sans qu'il soit besoin de les renouveler. — Lorsqu'il s'agit de travaux à des bâtisses existantes, la soumission s'étend à la totalité de la construction, et non pas seulement à la partie réparée ou améliorée. — Dans tous les cas, la signature du soumissionnaire doit être légalisée par le maire, et celle du maire par le sous-préfet ou le préfet. — Une expédition des soumissions souscrites est envoyée au ministère de la guerre, et l'autre reste déposée au bureau du génie de la place.

Art. 29. — Dans les vingt-quatre heures qui suivent l'accomplissement des diverses formalités ci-dessus prescrites, le chef du génie délivre à la partie intéressée, pour le cas de permission spéciale, une copie certifiée de l'autorisation accordée, contenant l'énoncé des clauses et des conditions imposées, et, pour le cas d'autorisation générale, un certificat constatant que toutes les formalités exigées ont été remplies — Toute permission spéciale dont il n'a point été fait usage dans le délai d'un an, à partir de la date du certificat délivré, est considérée comme nulle et non avenue.

TIT. 5. — *Registres, plans et états descriptifs concernant les constructions préexistantes.*

Art. 30. — Aussitôt après l'homologation du plan de délimitation des zones de servitudes ou du plan de circonscription de la zone des fortifications, le chef du génie fait déposer à la mairie de la place un registre coté et parafé par le directeur des fortifications. Ce registre est destiné à recevoir les déclarations des propriétaires, lesquels doivent affirmer, d'une part, que leurs constructions existaient dans leur nature et leurs dimensions actuelles avant que le sol sur lequel elles se trouvent ne fût soumis aux servitudes défensives, et, de l'autre, qu'elles n'ont fait, depuis cette époque, l'objet d'aucune soumission de démolition sans indemnité. — Le dépôt de ce registre est porté à la connaissance des propriétaires par trois publications, faites de mois en mois, dans les communes intéressées, à l'aide d'affiches ou autres modes de publication en usage dans la localité. — La signature de chaque propriétaire est légalisée par le maire.

Art. 31. — Sur les rapports des officiers du génie, dressés d'après les titres produits par les déclarants et les documents que fournissent les archives de la place, le ministre de la guerre fait connaître s'il admet la priorité d'existence de la construction, ou s'il trouve que les pièces fournies sont insuffisantes ou inadmissibles pour établir la preuve de priorité. — La décision du ministre est transcrite sur le registre, en regard ou à la suite des déclarations, et la transcription est certifiée par le chef du génie, qui en informe le propriétaire.

Art. 32. — Les particuliers à l'égard desquels le ministre déclare les pièces insuffisantes ou inadmissibles conservent le droit de fournir et de faire constater, à toute époque, la preuve de la priorité d'existence, en produisant, à cet effet, leurs titres devant les tribunaux ordinaires. — L'affaire est instruite sommairement comme en matière domaniale : le département de la guerre y est représenté par un avoué, qui opère d'après les documents que lui transmet le directeur des fortifications. — Le conseil de préfecture statue, sauf recours au conseil d'Etat, s'il s'agit de contestations relatives à l'interprétation des titres administratifs. — L'époque à laquelle remonte l'existence d'un ouvrage de fortification est déterminée par une déclaration du ministre de la guerre, et la décision prise à cet égard ne peut être attaquée que devant le conseil d'Etat.

Art. 33 — Le chef du génie fait indiquer, sur un plan pareil au plan de délimitation et de ses annexes, chacune des propriétés dont les constructions ont fait l'objet de déclarations acceptées par le ministre. Cette indication a lieu sans détail, mais porte un numéro d'ordre. — Ce plan est fait en double expédition, l'une pour la mairie et l'autre pour le service militaire ; il est complété chaque année, et signé tous les ans par le maire et par le chef du génie.

Art. 34. — Il est fait en outre, par propriété, un plan parcellaire des constructions reconnues préexistantes et non soumissionnées, avec l'état descriptif de leur nature et de leurs dimensions. Ce plan et cet état sont rapportés, avec le numéro d'ordre, sur un registre tenu en double et signé comme il est dit ci-dessus. — Si l'une de ces constructions fait plus tard l'objet d'une soumission de démolition sans soumission, cette circonstance est annotée sur le registre, et l'annotation est certifiée par le chef du génie et par le maire. — Le conseil de préfecture prononce d'ailleurs, sauf recours au conseil d'Etat, sur les réclamations auxquelles donnent lieu les plans parcellaires ou les états descriptifs, après avoir fait faire par les ingénieurs civils et militaires les vérifications qu'il juge nécessaires.

Tit. 6. — *Dépossessions, démolitions et indemnités.*

Art. 35. — La construction de fortifications et les mesures prises pour la défense des places de guerre et des postes militaires peuvent donner lieu à des indemnités pour cause de dépossession, de privation de jouissance et de destruction ou de démolition dans les cas et suivant les conditions mentionnées dans les articles suivants.

Art. 36. — Il y a lieu à allouer des indemnités de dépossession lorsque les constructions nouvelles de places ou de postes de guerre ou des changements ou augmentations à ceux qui existent, mettent le gouvernement dans le cas d'exiger la cession à l'Etat de propriétés privées par la voie d'expropriation pour cause d'utilité publique. — L'indemnité est réglée dans les formes établies par la loi du 3 mai 1841.

Art. 37. — Il y a lieu à indemnité pour privation de jouissance, pendant l'état de paix, toutes les fois que, par suite de l'exécution de travaux de fortification ou de défense, d'extraction de matériaux ou pour toute autre cause, l'autorité militaire occupe ou fait occuper temporairement une propriété privée, de manière à y porter dommage ou à en diminuer le produit. Cette occupation ne peut avoir lieu que dans les circonstances et dans les formes déterminées par les lois des 16 sept. 1807, 30 mars 1831 et 3 mai 1841, et l'indemnité est réglée en conformité des prescriptions de ces mêmes lois. — L'état de paix a lieu toutes les fois que la place ou le poste n'est point constitué en état de guerre ou de siège par un décret, par une loi ou par l'effet des circonstances prévues aux art. 38 et 39.

Art. 38. — Lorsqu'une place ou un poste est déclaré en état de guerre, les inondations et les occupations de terrains nécessaires à sa défense ne peuvent avoir lieu qu'en vertu d'un décret, ou, dans le cas d'urgence, des ordres du gouverneur ou du commandant de place, sur l'avis du conseil de défense, après avoir fait constater, autant que possible, l'état des lieux par des procès-verbaux des gardes du génie ou des autorités locales. Il y a urgence dès que les troupes ennemies se rapprochent à moins de trois journées de marche de la place ou du poste. — L'indemnité pour les dommages causés par l'exécution de ces mesures de défense est réglée aussitôt que l'occupation a cessé. — Les dispositions qui précèdent sont applicables, dans les mêmes circonstances, à la détérioration, à la destruction ou à la démolition de maisons, clôtures ou autres constructions situées sur le terrain militaire ou dans les zones de servitudes. Seulement, il n'est pas dressé d'état de lieux, et il n'est alloué d'indemnité qu'aux particuliers ayant préalablement justifié, sur titres, que ces constructions existaient, dans leur nature et leurs dimensions actuelles, avant que le sol sur lequel elles se trouvaient fût soumis aux servitudes défensives. — L'indemnité, pour les démolitions faites dans les zones de servitudes, ne se règle que sur la valeur des bâtisses, sans y comprendre l'estimation du sol, qui n'est point acquis par l'Etat. Si cependant il s'agit d'un terrain couvert par des constructions ou affecté à leur exploitation, l'indemnité peut exceptionnellement porter sur la valeur du sol, et alors l'Etat en devient propriétaire. — L'état de guerre est déclaré par une loi ou par un décret, toutes les fois que les circonstances obligent à donner à la police militaire plus de force et d'action que pendant l'état de paix. — Il résulte, en outre, de l'une des circonstances suivantes : — 1° En temps de guerre, lorsque la place ou le poste est en première ligne ou sur la côte, à moins de cinq journées de marche des places, camps ou positions occupées par l'ennemi; — 2° En tous temps, quand on fait des travaux qui ouvrent une place ou un poste situé sur la côte ou en première ligne ; — 3° Lorsque des rassemblements sont formés dans le rayon de cinq journées de marche sans l'autorisation des magistrats.

Art. 39. — Toute occupation, toute privation de jouissance, toute démolition, destruction et autres dommages résultant d'un fait de guerre ou d'une mesure de défense prise soit par l'autorité militaire pendant l'état de siège, soit par un corps d'armée ou un détachement en face de l'ennemi, n'ouvre aucun droit à indemnité. — L'état de siège d'une place ou d'un poste est déclaré par une loi ou par un décret. — Il résulte aussi de l'une des circonstances suivantes : — L'investissement de la place ou du poste par des troupes ennemies qui interceptent les communications du dehors au dedans et du dedans au dehors, à la distance de 3,500 m. des fortifications ; — Une attaque de vive force ou par surprise ; — Une sédition intérieure ; — Enfin des rassemblements formés dans le rayon d'investissement sans l'autorisation des magistrats. — Dans le cas d'une attaque régulière, l'état de siège ne cessé qu'après que les travaux de l'ennemi ont été détruits et les brèches réparées ou mises en état de défense.

TIT. 7. — *Répression des contraventions.*

Art. 40. — Les gardes du génie, dûment assermentés, recherchent les contraventions et les constatent aussitôt qu'elles sont reconnues. A cet effet, ils dressent des procès-verbaux qui font foi jusqu'à inscription de faux, conformément à la loi du 29 mars 1806. Ces procès-verbaux doivent être affirmés, dans les vingt-quatre heures, devant le juge de paix ou le maire du lieu où la contravention a été commise; ils sont visés pour timbre et enregistrés en débet dans les quatre jours de leur date — Les gardes du génie opèrent, dans tous les cas, sous l'autorité des officiers du génie chargés des poursuites.

Art. 41. — Les procès-verbaux de contravention sont notifiés sans délai aux contrevenants par les gardes du génie dûment assermentés, avec sommation de suspendre sur-le-champ les travaux indûment entrepris, de démolir la partie déjà exécutée, et de rétablir les lieux dans l'état où ils étaient avant la contravention, ou, en cas d'impossibilité, dans un état équivalent; le tout dans un délai déterminé d'après le temps que cette opération réclame. — Une notification et une sommation pareilles sont aussi faites à l'architecte, à l'entrepreneur ou au maître ouvrier qui dirige les travaux.

Art. 42. — Si le contrevenant n'interrompt pas ses travaux dans les vingt-quatre heures de la date de l'acte de notification et de sommation, le chef du génie en informe le directeur des fortifications, en lui envoyant cet acte. — Le directeur vise et transmet cette pièce au préfet du département, et demande que le conseil de préfecture prononce immédiatement la suspension des ouvrages commencés. — Sur le vu de cette demande et de l'acte à l'appui, le conseil de préfecture, convoqué d'urgence par le préfet, ordonne sur-le-champ cette suspension par provision, nonobstant toute inscription de faux. — Dans les vingt-quatre heures qui suivent le jugement, le préfet fait parvenir au directeur des fortifications une expédition de l'arrêté du conseil de préfecture. — Cet arrêté est notifié au contrevenant par le garde du génie, et dès le lendemain de la notification, nonobstant et sauf tout toute opposition et tout recours, les officiers et les gardes du génie en assurent l'exécution, même, au besoin, par l'emploi de la force publique.

Art. 45. — Dans le cas où, nonobstant l'acte de notification et de sommation prescrit à l'art. 41, le contrevenant ne démolit pas les travaux indûment exécutés et ne met pas les lieux en l'état spécifié audit acte, le directeur des fortifications adresse au préfet un mémoire de discussion, avec plan à l'appui, tendant à obtenir que le conseil de préfecture prononce la répression de la contravention, conformément aux dispositions consignées dans la sommation. — Ce mémoire est notifié au contrevenant en la forme administrative, avec citation devant le conseil de préfecture et sommation de présenter ses moyens de défense dans le délai d'un mois; sauf le cas d'inscription de faux, le conseil de préfecture statue le mois suivant. — Toutefois, si le procès-verbal est reconnu incomplet ou irrégulier en tout ou en partie, et que le conseil ne trouve pas dans les autres pièces produites les renseignements nécessaires, il fait faire préalablement sur les lieux, par les officiers du génie et les ingénieurs des ponts et chaussées, les vérifications qu'il juge convenables, et il prononce sur le tout dans le mois de la remise qui lui est faite du procès-verbal de vérification. — L'arrêté du conseil de préfecture, dans les huit jours au plus tard de sa date, est adressé par le préfet au directeur des fortifications. — Cet officier supérieur, si cet arrêté fait droit à ses conclusions, le fait notifier au contrevenant par un garde du génie, avec sommation d'exécuter le jugement dans le délai qui lui est assigné; dans le cas contraire, il en réfère immédiatement au ministre de la guerre.

Art. 44. — Le conseil de préfecture fixe le délai dans lequel le contrevenant est tenu de démolir les travaux exécutés et de rétablir à ses frais les lieux dans l'état où ils étaient avant la contravention, ou en cas d'impossibilité, dans l'état équivalent déterminé par le conseil.

Art. 45. — A l'expiration du délai fixé, si le jugement n'a pas été exécuté par le contrevenant, le chef du génie se concerte avec le commandant de place sur l'époque de l'exécution du jugement, et, s'il est nécessaire, sur l'intervention de la force armée, et requiert, en outre, par écrit le maire de la commune d'être présent à l'opération. — Huit jours à l'avance, un garde du génie dûment assermenté notifie au contrevenant le jour et l'heure de l'exécution du jugement, avec sommation d'y assister. — L'exécution a lieu, et les démolitions, déblais et remblais sont effectués comme s'il s'agissait de travaux militaires, soit au moyen des ouvriers de l'entrepreneur des fortifications, soit à l'aide de travailleurs militaires ou civils, requis au besoin sur les lieux, en vertu de l'art. 31 du titre 6 de la loi du 10 juill. 1791. — Le garde du génie constate, par un procès-verbal, les résultats de l'opération et les incidents auxquels elle donne lieu.

Art. 46. — Toutes les dépenses faites pour constater, poursuivre et réprimer une contravention sont à la charge du contrevenant. — Les officiers du génie tiennent la comptabilité de ces diverses dépenses dans les formes établies pour les travaux de fortifications, et si le contrevenant ne les acquitte pas immédiatement, le chef du génie en dresse le compte, y joint les feuilles de dépense, et envoie le tout, certifié par lui et signé par l'entrepreneur ou par le gérant, au directeur des fortifications, qui le vise et le transmet au préfet du département. — Le préfet arrête le compte de la dépense, le déclare exécutoire, et en fait poursuivre le recouvrement conformément aux dispositions de la loi du 19 mai 1802.

Art. 47. — Les droits de timbre et d'enregistrement sont payés par le contrevenant après le jugement définitif de condamnation. La rentrée de ces droits est suivie par les agents de l'enregistrement.

Art. 48. — Les contrevenants, outre la démolition à leurs frais des ouvrages indûment exécutés, encourent, selon le cas, les peines applicables aux contraventions analogues en matière de grande voirie, conformément à l'art. 13 de la loi du 17 juill. 1819.

Art. 49. — L'action publique, en ce qui concerne la peine de l'amende qui serait prononcée par application de l'arrêt du conseil du 27 fév. 1765, est prescrite après une année révolue, à compter du jour auquel la contravention a été commise. — Mais l'action principale, à l'effet de faire prononcer la démolition des travaux indûment entrepris, est imprescriptible, dans l'intérêt toujours subsistant de la défense de l'État.

TIT. 8. — *Dispositions diverses.*

Art. 50. — Toutes les dispositions antérieures contraires au présent décret, et notamment l'ord. du 1er août 1821 sur les servitudes défensives, sont abrogées.

Sociétés en commandite.

DI. — 27 janv.-3 mars 1858. — B. 518. — *Promulgation de la loi sur les sociétés en commandite.*

Art. 1. — La loi du 17 juill. 1856, sur les sociétés en commandite par actions, est rendue exécutoire en Algérie.

Loi du 17 juill. 1856.

Art. 1. — Les sociétés en commandite ne peuvent diviser leur capital en actions ou coupons de moins de 100 fr., lorsque ce capital n'excède pas 200,000 fr., et de moins de 500 fr. lorsqu'il est supérieur. — Elles ne peuvent être définitivement constituées qu'après la souscription de la totalité du capital social et le versement par chaque actionnaire du quart au moins du montant des actions par lui souscrites. — Cette souscription et ces versements sont constatés par une déclaration du gérant dans un acte notarié. — A cette déclaration sont annexés la liste des souscripteurs, l'état des versements faits par eux, et l'acte de société.

Art. 2. — Les actions des sociétés en commandite sont nominatives jusqu'à leur entière libération.

Art. 3. — Les souscripteurs d'actions dans les sociétés en commandite sont, nonobstant toute stipulation contraire, responsables du payement du montant total des actions par eux souscrites. Les actions ou coupons d'actions ne sont négociables qu'après le versement des deux cinquièmes.

Art. 4. — Lorsqu'un associé fait, dans une société en commandite par actions, un apport qui ne consiste pas en numéraire, ou stipule à son profit des avantages particuliers, l'assemblée générale des actionnaires en fait vérifier et apprécier la valeur. — La société n'est définitivement constituée qu'après approbation dans une réunion ultérieure de l'assemblée générale. — Les délibérations sont prises par la majorité des actionnaires présents. Cette majorité doit comprendre le quart des actionnaires et représenter le quart du capital social en numéraire. — Les associés qui ont fait l'apport ou stipulé les avantages soumis à l'appréciation de l'assemblée n'ont pas voix délibérative.

Art. 5. — Un conseil de surveillance, composé de cinq actionnaires au moins, est établi dans chaque société en commandite par actions. — Ce conseil est nommé par l'assemblée générale des actionnaires immédiatement après la constitution définitive de la société, et avant toute opération sociale. — Il est soumis à la réélection tous les cinq ans au moins, toutefois le premier conseil n'est nommé que pour une année.

Art. 6. — Est nulle et de nul effet, à l'égard des intéressés, toute société en commandite par actions constituée contrairement à l'une des prescriptions énoncées dans les articles qui précèdent. — Cette nullité ne peut être opposée aux tiers par les associés.

Art. 7. — Lorsque la société est annulée aux termes de l'article précédent, les membres du conseil de surveillance peuvent être déclarés responsables, solidairement et par corps, avec les gérants de toutes les opérations faites postérieurement à leur nomination. — La même responsabilité solidaire peut être prononcée contre ceux des fondateurs de la société qui ont fait un apport en nature, ou au profit desquels ont été stipulés des avantages particuliers.

Art. 8. — Les membres du conseil de surveillance vérifient les livres, la caisse, le portefeuille et les valeurs de la société. — Ils font, chaque année, un rapport à l'assemblée générale sur les inventaires et sur les propositions de distribution de dividendes faites par le gérant.

Art. 9. — Le conseil de surveillance peut convoquer l'assemblée générale. Il peut aussi provoquer la dissolution de la société.

Art. 10. — Tout membre d'un conseil de surveillance est responsable, avec les gérants, solidairement et par corps : — 1° Lorsque, sciemment, il a laissé commettre dans les inventaires des inexactitudes graves, préjudiciables à la société ou aux tiers ; — 2° Lorsqu'il a, en connaissance de cause, consenti à la distribution de dividendes non justifiés par des inventaires sincères et réguliers.

Art. 11. — L'émission d'actions ou de coupons d'actions d'une société constituée contrairement aux art. 1 et 2 de la présente loi, est punie d'un emprisonnement de huit jours à six mois, et d'une amende de 500 fr. à 10,000 fr., ou de l'une de ces peines seulement. — Est puni des mêmes peines, le gérant qui commence les opérations sociales avant l'entrée en fonctions du conseil de surveillance.

Art. 12. — La négociation d'actions ou de coupons d'action dont la valeur ou la forme serait contraire aux dispositions des art. 1 et 2 de la présente loi, ou pour lesquels le versement des deux cinquièmes n'aurait pas été effectué, conformément à l'art. 3, est punie d'une amende de 500 fr. à 10,000 fr. — Sont punies de la même peine toute participation à ces négociations, et toute publication de la valeur desdites actions.

Art. 13. — Sont punies des peines portées par l'art. 405 c. pén., sans préjudice de l'application de cet article à tous les faits constitutifs du délit d'escroquerie : — 1° Ceux qui, par simulation de souscriptions ou de versements, ou par la publication faite de mauvaise foi de souscriptions ou de versements qui n'existent pas, ou de tous autres faits faux, ont obtenu ou tenté d'obtenir des souscriptions ou des versements ; — 2° Ceux qui, pour provoquer des souscriptions ou des versements, ont, de mauvaise foi, publié les noms de personnes désignées contrairement à la vérité comme étant ou devant être attachées à la société à un titre quelconque ; — 3° Les gérants qui, en l'absence d'inventaire ou au moyen d'inventaire frauduleux, ont opéré entre les actionnaires la répartition de dividendes non réellement acquis à la société. — L'art. 463 c. pén. est applicable aux faits prévus par le présent article.

Art. 14. — Lorsque les actionnaires d'une société en commandite par actions ont à soutenir, collectivement et dans un intérêt commun, comme demandeurs ou comme défendeurs, un procès contre les gérants ou contre les membres du conseil de surveillance, ils sont représentés par des commissaires nommés en assemblée générale. — Lorsque quelques actionnaires seulement sont engagés comme demandeurs ou comme défendeurs dans la contestation, les commissaires sont nommés dans une assemblée spéciale composée des actionnaires parties au procès. — Dans le cas où un obstacle quelconque empêcherait la nomination des commissaires par l'assemblée générale ou par l'assemblée spéciale, il y sera pourvu par le tribunal de commerce, sur la requête de la partie la plus diligente. — Nonobstant la nomination des commissaires, chaque actionnaire a le droit d'intervenir personnellement dans l'instance, à la charge de supporter les frais de son intervention.

Art. 15. — Les sociétés en commandite par actions actuellement existantes, et qui n'ont pas de conseil de surveillance, sont tenues, dans le délai de six mois, à partir de la promulgation de la présente loi, de constituer un conseil de surveillance. — Ce conseil est nommé conformément aux dispositions de l'art. 5. — Les conseils déjà existants et ceux qui sont nommés en exécution du présent article exercent les droits et remplissent les obligations déterminés par les art. 8 et 9; ils sont soumis à la responsabilité prévue par l'art. 10. — A défaut de constitution du conseil de surveillance dans le délai ci-dessus fixé, chaque actionnaire a le droit de faire prononcer la dissolution de la société. Néanmoins un nouveau délai peut être accordé par les tribunaux, à raison des circonstances. — L'art. 14 est également applicable aux sociétés actuellement existantes.

Sociétés secrètes.

L'arrêté du chef du pouvoir exécutif, en date du 28 nov. 1848, consacrait et réglementait le droit de réunion des citoyens français en Algérie. La constitutionnalité de cet arrêté fut vivement contestée dans l'affaire du complot politique d'Oran. On excipait de l'art. 109 de la constitution, aux termes duquel l'Algérie ne devait plus être régie, disait-on, que par des lois particulières et non par simples décrets. Cette doctrine fut repoussée par arrêt de la cour d'Alger, du 22 fév. 1851, confirmé par arrêt de la cour de cassation, du 19 mars suivant.

Le 19 juin 1849, l'Assemblée nationale avait, par une loi spéciale, autorisé le gouvernement à interdire, pendant l'année qui suivrait la promulgation de cette loi, les clubs et autres réunions publiques qui seraient de nature à compromettre la sécurité publique. Deux autres lois, l'une du 6 juin 1850, l'autre du 21 juin 1851, prorogèrent cette autorisation d'abord jusqu'au 22 juin 1851 et ensuite jusqu'au 22 juin 1852, en l'étendant aux réunions électorales; enfin le décret du 11 mai 1852 est venu abroger définitivement l'arr. du 28 nov. 1848, à l'exception de l'art. 13.

Nous reproduisons seulement les dispositions législatives actuellement en vigueur.

APE. — 28 nov.-16 déc. 1848. — B. 300. — *Sociétés secrètes.*

Art. 13. — Les sociétés secrètes sont interdites. Ceux qui seront convaincus d'avoir fait partie d'une société secrète seront punis d'une amende de 100 à 500 fr., d'un emprisonnement de six mois à deux ans, et de la privation des droits civiques de un à cinq ans — Ces condamnations pourront être portées au double contre les chefs ou fondateurs desdites sociétés. — Ces peines seront prononcées sans préjudice de celles qui pourraient être encourues pour crimes ou délits prévus par les lois.

Vu pour être promulgué en Algérie,
Le gouverneur général.

DP. — 11 mai-23 juin 1852. — B. 414. — *Clubs. — Sociétés secrètes.*

Vu les art. 291 et suiv. c. pén. qui prononcent les peines applicables à ceux qui font partie des associations ou réunions illicites; — Vu la loi du 10 avr. 1854 sur les associations; — Vu l'arr. du 28 nov. 1848 (ci-dessus);

Considérant que le droit d'association et de réunion doit être réglementé de manière à empêcher le retour des désordres qui se sont produits sous le régime d'une législation insuffisante pour les prévenir; — Qu'il est du devoir du gouvernement de prendre les mesures nécessaires pour pouvoir exercer sur toutes les réunions publiques une surveillance qui est la sauvegarde de l'ordre;

Art. 1. — L'arr. du 28 nov. 1848 est abrogé, à l'exception toutefois de l'art. 13 de cet arrêté, qui interdit les sociétés secrètes.

Art. 2. — Les art. 291, 292 et 294 c. pén., et

les art. 1, 2 et 3 de la loi du 10 avr. 1834, seront applicables aux réunions publiques, de quelque nature qu'elles soient, en Algérie.

Substances alimentaires.

DP. — 14 sept.-14 oct. 1851. — B. 394. — *Falsification des substances alimentaires. — Loi du 27 mars 1851.*

Vu la loi du 27 mars 1851, tendant à la répression plus efficace de certaines fraudes dans la vente des marchandises; — Considérant qu'il importe de rendre applicables à l'Algérie les dispositions de ladite loi, en vue de réprimer les fraudes, notamment dans la préparation et la vente des substances et denrées alimentaires et médicamenteuses;

Art. 1. — La loi du 27 mars 1851, tendant à la répression plus efficace de certaines fraudes dans la vente des marchandises, sera promulguée en Algérie et rendue applicable dans la colonie, à partir du jour de cette promulgation.

Loi du 27 mars 1851.

Art. 1. — Seront punis des peines portées par l'art. 423 c. pén. : — 1° Ceux qui falsifieront des substances ou denrées alimentaires ou médicamenteuses destinées à être vendues; — 2° Ceux qui vendront ou mettront en vente des substances ou denrées alimentaires ou médicamenteuses qu'ils sauront être falsifiées ou corrompues; — 3° Ceux qui auront trompé ou tenté de tromper, sur la quantité des choses livrées, les personnes auxquelles ils vendent ou achètent, soit par l'usage de faux poids ou de fausses mesures, ou d'instruments inexacts servant au pesage ou mesurage, soit par des manœuvres ou procédés tendant à fausser l'opération du pesage ou mesurage, ou à augmenter frauduleusement le poids ou le volume de la marchandise, même avant cette opération; soit, enfin, par des indications frauduleuses tendant à faire croire un pesage ou mesurage antérieur et exact.

Art. 2. — Si, dans les cas prévus par l'art. 423 c. pén. ou par l'art. 1 de la présente loi, il s'agit d'une marchandise contenant des mixtions nuisibles à la santé, l'amende sera de 50 à 500 fr., à moins que le quart des restitutions et dommages-intérêts n'excède cette dernière somme; l'emprisonnement sera de trois mois à deux ans.

Le présent article sera applicable même au cas où la falsification nuisible serait connue de l'acheteur ou consommateur.

Art. 3. — Sont punis d'une amende de 16 à 25 fr. et d'un emprisonnement de six à dix jours, ou de l'une de ces deux peines seulement, suivant les circonstances, ceux qui, sans motifs légitimes, auront dans leurs magasins, boutiques, ateliers ou maisons de commerce, ou dans les halles, foires ou marchés, soit des poids ou mesures faux, ou autres appareils inexacts servant au pesage ou au mesurage, soit des substances alimentaires ou médicamenteuses qu'ils sauront être falsifiées ou corrompues. — Si la substance falsifiée est nuisible à la santé, l'amende pourra être portée à 50 fr., et l'emprisonnement à quinze jours.

Art. 4. — Lorsque le prévenu, convaincu de contravention à la présente loi ou à l'art. 423 c. pén., aura, dans les cinq années qui ont précédé le délit, été condamné pour infraction à la présente loi ou à l'art. 423, la peine pourra être élevée jusqu'au double du maximum; l'amende prononcée par l'art. 423 et par les art. 1 et 2 de la présente loi pourra même être portée jusqu'à 1,000 fr., si la moitié des restitutions et dommages-intérêts n'excède pas cette somme; le tout sans préjudice de l'application, s'il y a lieu, des art. 57 et 58 c. pén.

Art. 5. — Les objets dont la vente, usage ou

possession constitue le délit, seront confisqués, conformément à l'art. 523 et aux art. 477 et 481 c. pén. — S'ils sont propres à un usage alimentaire ou médical, le tribunal pourra les mettre à la disposition de l'administration pour être attribués aux établissements de bienfaisance. — S'ils sont impropres à cet usage ou nui-ibles, les objets seront détruits ou répandus aux frais du condamné. Le tribunal pourra ordonner que la destruction ou effusion aura lieu devant l'établissement ou le domicile du condamné.

Art. 6. — Le tribunal pourra ordonner l'affiche du jugement dans les lieux qu'il désignera, et son insertion intégrale ou par extrait dans tous les journaux qu'il désignera, le tout aux frais du condamné.

Art. 7. — L'art. 463 c. pén. sera applicable aux délits prévus par la présente loi.

Art. 8. — Les deux tiers du produit des amendes sont attribués aux communes dans lesquelles les délits auront été constatés.

Art. 9. — Sont abrogés les art. 475, n° 14, et 479, n° 5, c. pén.

Successions vacantes.

Un arr. du 2 avr. 1833 avait réglé d'une manière incomplète la curatelle des successions vacantes ; il a été remplacé et rendu inutile par l'ordonnance ci-après.

OR. — 26 déc. 1842, 17 janv. 1843. — B. 130. — *Règlement général sur les successions vacantes.*

Art. 1. — Il sera institué en Algérie, dans le ressort de chacun des tribunaux de 1re inst., des curateurs aux successions vacantes.

Art. 2. — Une succession sera présumée vacante lorsqu'au moment de son ouverture aucun héritier ne se présentera, soit en personne, soit par un mandataire spécial, ou lorsque les héritiers présents ou connus y auront renoncé.

Art. 3. — Dans le ressort de la cour royale, les curateurs aux successions vacantes sont nommés par le procureur général, sur la proposition du procureur du roi. — L'acte de nomination déterminera la portion de territoire dans l'étendue de laquelle chacun d'eux devra remplir sa mission ; à dater du jour où leur nomination leur sera notifiée, ils auront la curatelle de toutes les successions ouvertes dans la circonscription territoriale qui leur aura été respectivement assignée. — Leur nomination sera publiée dans le *Moniteur algérien.*

Art. 4. — Les fonctions de curateurs pourront être déférées à tout individu majeur, domicilié, jouissant de ses droits civils et offrant des garanties d'aptitude, de moralité et de solvabilité, et, de préférence, aux notaires et défenseurs. — Tout officier ministériel désigné pour exercer la curatelle ne pourra refuser ce mandat, à moins d'excuse légitime approuvée par le procureur général.

Art. 5. — Il sera procédé tous les deux ans, s'il y a lieu, au renouvellement des curateurs nommés en conformité des articles précédents. Devront néanmoins, ceux qui seraient remplacés par suite de ce renouvellement, continuer jusqu'au terme fixé par les dispositions ci-après les gestions par eux commencées.

Art. 6. — Les curateurs seront placés sous la surveillance immédiate du procureur du roi de leur ressort. — Ceux qui seront établis en dehors des lieux où siègent des tribunaux de 1re inst. seront, en outre, soumis à la surveillance du juge de paix, et s'il n'y a pas de juge de paix, à celle du commissaire civil de leur résidence. — Le directeur des finances ou ses préposés surveilleront

également les curateurs en tout ce qui concernera les mesures d'ordre et de comptabilité qui sont ou pourront être prescrites.

Art. 7. — En recevant la déclaration de tout décès, l'officier de l'état civil sera tenu de s'informer si les héritiers du défunt sont présents ou connus. En conséquence, les aubergistes, hôteliers, locateurs et toutes autres personnes chez lesquelles sera décédé un individu dont les héritiers sont absents ou inconnus, et si le décès a eu lieu dans un hôpital civil ou militaire ou autres établissements publics, les supérieurs, directeurs, administrateurs, préposés en chef ou maîtres de ces établissements devront, à peine de tous dépens et dommages-intérêts envers qui de droit, fournir à cet égard à l'officier de l'état civil tous renseignements qui pourront être à leur connaissance, et lui déclarer en même temps si le défunt a laissé ou non des sommes d'argent, des effets mobiliers ou papiers dans la maison mortuaire.

Art. 8. — S'il résulte des informations recueillies que les héritiers du décédé ne sont ni présents ni connus, l'officier de l'état-civil donnera sur-le-champ avis au procureur du roi et au juge de paix du ressort, ainsi qu'au curateur en exercice dans le territoire du lieu du décès. Il leur transmettra en même temps les indications qui auront pu lui être fournies sur les objets délaissés par le défunt.

Art. 9. — Sur l'avis qui lui sera donné comme il est dit dans l'art. 8, ou d'après toute autre information, le curateur entrera de plein droit en fonctions et sans serment préalable.

Art. 10. — Si les scellés n'ont déjà été apposés, il en requerra sur-le-champ l'apposition. Dans le délai légal, il fera procéder à la levée desdits scellés et à l'inventaire, conformément aux art. 943 et 944 c. pr. civ. — Les titres et papiers inventoriés seront déposés entre ses mains.

Art. 11. — Lorsqu'au moment de la levée des scellés, les valeurs mobilières de la succession seront présumées être inférieures à 1,000 fr., il en sera dressé, sans frais, par le juge de paix, ou s'il n'y a pas de juge de paix, par le commissaire civil compétent, un procès-verbal descriptif. Ce procès-verbal tiendra lieu d'inventaire. — Le procureur du roi, à son défaut le juge de paix, ou s'il n'y a pas de juge de paix, le commissaire civil, pourra dispenser le curateur, sur sa demande, de faire placer sous les scellés, ou l'autoriser à en faire extraire : — 1° Les objets sujets à dépérissement prochain, ou à dépréciation imminente, ou dispendieux à conserver ; — 2° Les objets servant à l'exploitation d'un fonds de commerce, lorsque cette exploitation ne pourrait être interrompue sans préjudice pour la succession. — La vente des objets mentionnés au n° 1 de l'alinéa précédent pourra être faite immédiatement sur autorisation donnée comme il est dit au premier paragraphe du présent article. S'il s'agit de l'exploitation d'un fonds de commerce, elle aura lieu en vertu de la même autorisation et à la diligence du curateur.

Art. 12. — Si le lieu du décès n'est pas celui du dernier domicile et du principal établissement du décédé, le curateur établi dans ce lieu se bornera aux opérations prescrites par les deux articles qui précèdent et transmettra, par l'intermédiaire du procureur du roi, du juge de paix ou du commissaire civil de son ressort, l'inventaire ou le procès-verbal descriptif qui en tiendra lieu au curateur en exercice dans le lieu du dernier domicile et du principal établissement du défunt. La suite de la curatelle appartiendra à ce dernier curateur. — En cas de concurrence et de difficultés sur le droit à la curatelle entre deux ou plusieurs curateurs, il sera statué définitivement d'office ou sur la demande des intéressés, savoir : par le procureur du roi, si lesdits curateurs appartiennent au ressort du même tribunal de 1re inst., et par le procureur général, s'ils appartiennent à des ressorts différents.

Art. 13. — Dans le cas prévu par l'article précédent, comme en tous autres cas, où des effets dépendant d'une succession vacante se trouveraient dans le ressort d'un curateur autre que celui auquel est dévolue la curatelle de cette succession, le curateur en titre dans ledit ressort sera tenu, selon qu'il en sera requis, soit de les faire remettre au curateur compétent qui lui fournira décharge, soit d'en faire opérer la vente sur les lieux, à charge de rendre compte à celui-ci du prix qui en proviendra, s'il s'agit d'effets mobiliers susceptibles de dépérissement, ou qu'il soit plus opportun de vendre sur place.

Art. 14. — Dans les dix jours après la confection de l'inventaire, le curateur poursuivant en fera un relevé sommaire indiquant l'évaluation approximative des biens meubles et immeubles composant l'hérédité. Un duplicata de ce relevé sera envoyé par lui avec une lettre d'avis aux héritiers, s'ils peuvent être connus, et l'autre au procureur du roi, qui le transmettra par la voie hiérarchique au ministre de la guerre. — Un extrait dudit relevé sera inséré à la diligence du procureur du roi dans le *Moniteur algérien*, et par les soins du ministre de la guerre dans le *Moniteur universel*.

Art. 15. — Dans le mois qui suivra la clôture de l'inventaire, le curateur fera vendre les effets mobiliers de la succession autres que ceux mentionnés en l'art. 529 c. Nap. La vente aura lieu aux enchères publiques dans les formes ordinaires, et autant qu'il se pourra par le ministère d'un commissaire-priseur.

Art. 16. — Si, dans la localité où doit s'opérer cette vente, il n'y a ni commissaire-priseur ni aucun autre officier public ayant qualité pour y procéder, elle pourra être faite aux enchères publiques, le curateur présent, par tout individu spécialement commis à cet effet par le commissaire civil du ressort. — Dans ce cas, la personne chargée de faire fonctions de commissaire-priseur dressera procès-verbal de la vente, dont le produit sera directement perçu par le curateur. — Le curateur pourra d'ailleurs dans le même cas, s'il y a avantage pour la succession, faire transporter tout ou partie des effets à vendre dans le ressort des commissaires-priseurs, à l'effet d'en faire opérer la vente par le ministère de l'un de ces officiers ministériels.

Art. 17. — Le curateur exercera et poursuivra, sans qu'il soit besoin d'une autorisation spéciale, tous droits et actions mobiliers et immobiliers de la succession vacante en Algérie, et répondra à toutes demandes formées contre elle. — Il recherchera et revendiquera tous biens meubles ou immeubles de ladite succession qui seraient en la possession de tiers détenteurs.

Art. 18. — S'il se trouve dans la succession des immeubles, actions ou rentes constituées sur l'État ou sur particuliers, et s'il est avantageux ou nécessaire de les aliéner, le curateur pourra les faire vendre dans la forme prescrite par l'art. 1001 c. pr. civ. de France, mais seulement après en avoir obtenu l'autorisation par écrit du procureur du roi du ressort, qui devra se concerter à cet effet avec le directeur des finances ou son préposé.

Art. 19. — Il est expressément interdit au curateur de se rendre directement ou indirectement adjudicataire d'aucun des biens meubles ou immeubles dont il poursuit la vente, à peine contre le contrevenant et ses prête-noms, s'il en existe, d'une amende double de la valeur des objets achetés et sans préjudice de la révocation du curateur, de la nullité de l'acquisition et de tous dépens et dommages-intérêts envers qui de droit.

Art. 20. — Le numéraire trouvé dans la succession et les deniers provenant soit du recouvrement des créances actives, soit de la vente des meubles ou immeubles, seront versés immédiatement par le curateur dans la caisse des dépôts et consignations, pour la conservation des droits de qui il appartiendra (1). Les versements ne pourront être retardés sous aucun prétexte. S'il y a lieu, le curateur sera mis en demeure de les effectuer, par le receveur des domaines, et passible d'une amende de 50 fr. pour chaque jour de retard constaté par procès-verbal de cet agent.

Art. 21. — Le curateur n'acquittera directement aucune dépense ni aucune dette de la succession (2). — Tous payements à faire pour le compte et à la décharge de l'hérédité, seront opérés par le receveur des domaines, savoir : s'il s'agit de dépenses courantes, de frais de curatelle ou de succession, sur certificat du curateur avec pièces à l'appui, visés par le juge de paix, et à défaut du juge de paix, par le commissaire civil du lieu, et s'il s'agit de dettes passives, privilégiées ou autres, sur la production des titres visés ou certifiés par ledit curateur, et sur mandat du directeur des finances ou de son préposé. — Lorsqu'il y aura lieu à distribution par ordre ou contribution entre les créanciers, le receveur des domaines ne payera que sur bordereaux de collocation ou mandements judiciairement délivrés.

Art. 22. — Le curateur sera tenu d'ouvrir, dès son entrée en exercice, un registre sur papier libre, sur lequel il inscrira, par ordre de dates, toutes les successions dont il aura la curatelle. Ce registre, qui devra être coté et parafé par le juge de paix du lieu, et à défaut du juge de paix par le commissaire civil ou l'autorité qui en fait les fonctions, fera mention, pour chacune des successions : 1° des nom, surnom, profession, domicile, et autant que possible, du lieu de naissance du défunt ; 2° des noms et domiciles des héritiers absents s'ils sont connus, ou des renseignements propres à les indiquer ; 3° des noms, profession et domicile du

___

(1) V. *Dépôts et consignations*, décr. du 23 oct. 1856.

(2) Par décision du 7 juill. 1854, M. le ministre de la guerre, après s'être concerté avec M. le ministre des finances, a prescrit que l'acquittement des petites dettes privilégiées des successions vacantes, ainsi que l'examen et la discussion des comptes provisoires des curateurs, auraient lieu suivant le mode indiqué dans l'instr. gén. du 23 avr. 1852, n° 29, aux préposés de la caisse des dépôts et consignations. Cette instruction porte ce qui suit : « Il n'y a pas d'uniformité dans les départements sur le mode de payement des petites dettes privilégiées des successions vacantes, telles que les frais de maladie, d'enterrement, de scellés, etc. Dans le ressort du tribunal de la Seine, l'officier ministériel qui a fait la vente du mobilier paye tous ces frais ; le curateur, en sa qualité d'administrateur que lui défère le code civil, arrête le compte de cet officier ministériel, en recettes et en dépenses, et le reliquat du produit de la vente est versé à la caisse du receveur de l'enregistrement et des domaines, chargé d'en consigner le montant, pour être remis à qui par justice sera ordonné. « Les curateurs aux successions vacantes, dans votre département, peuvent opérer de cette manière, qui est aussi régulière qu'elle est simple. Quand aux comptes provisoires exigés des curateurs, leur examen et leur discussion ont été de nouveau réservés aux receveurs de l'enregistrement par la décision du ministre des finances, du 10 sept. 1829, rendue sur un avis conforme du conseil d'État du 11 fév. de la même année. « Les curateurs ne peuvent toucher aucune somme consignée pour le compte des successions vacantes, qu'en vertu d'une autorisation judiciaire ; mais ils sont autorisés, lorsqu'il n'existe pas d'opposition, à consentir des prélèvements au profit soit des créanciers privilégiés, soit des créanciers ordinaires porteurs de titres ou de juge-

conjoint, de l'exécuteur testamentaire ou du légataire, s'il en existe; 4° de la date des inscriptions faites, aux termes de l'art. 11 ci-dessus, dans le *Moniteur algérien* et dans le *Moniteur universel*. — Le même registre relatera, en outre, jour par jour, tous les actes de l'administration du curateur, l'analyse de sa correspondance et le résultat définitif de la curatelle, soit que la succession ait été remise aux héritiers, soit qu'elle soit tombée en déshérence.

Art. 23. — Pareil registre sera tenu au greffe de chaque tribunal de 1re inst. pour toutes les successions vacantes ouvertes dans le ressort, à l'effet de quoi le curateur devra fournir au greffier, tous les trois mois au moins, les documents et renseignements nécessaires. — Ce registre sera coté et parafé par le président du tribunal.

Art. 24. — Indépendamment du registre prescrit par l'art. 22, le curateur sera tenu d'avoir un livre-journal sur papier libre, coté et parafé comme il est dit au même article, et mentionnant, jour par jour, sans blanc, lacunes ni transports en marge, tout ce qu'il aura reçu et fait payer pour le compte de chacune des successions dont il aura la curatelle. — Tous les trois mois au moins, il enverra au greffier du tribunal du ressort, pour qu'il en soit fait mention sur le registre tenu au greffe en exécution de l'art. 23, une copie certifiée, sur papier libre, des inscriptions faites sur ledit livre-journal, pendant le trimestre précédent.

Art. 25. — Il sera donné communication, sans frais et sans déplacement, à toute partie intéressée qui le requerra, des registres et livre-journal dont la tenue est prescrite par les art. 22, 23 et 24; le procureur du roi et le directeur des finances ou ses préposés pourront se les faire représenter et s'en faire délivrer des copies, toutes les fois qu'ils le jugeront convenable. — Les registre et livre-journal des curateurs établis hors des lieux où siègent les tribunaux de 1re inst., seront vérifiés au commencement de chaque trimestre par le juge de paix, et à défaut de juge de paix par le commissaire civil; procès-verbal de cette vérification sera dressé et transmis au procureur du roi du ressort.

Art. 26. — Le curateur rendra compte annuellement, aussi longtemps que durera chaque curatelle, et dans les trois premiers mois de chaque année, de la gestion de toute succession devenue vacante non réclamée (1). — Ce compte sera déposé au greffe du tribunal de 1re inst. du ressort, avec les pièces à l'appui. Le tribunal statuera en chambre du conseil, sur une simple requête du curateur et sur les conclusions écrites du ministère public (2). Il ordonnera préalablement, s'il y a lieu, communication du compte et des pièces justificatives au directeur des finances ou à son préposé, qui pourra intervenir dans l'instance par simple requête et former telles demandes que de droit contre le curateur. — Le curateur en retard de rendre ses comp-

les annuels sera poursuivi, s'il y a lieu, devant le tribunal civil du ressort à la diligence du procureur du roi, et passible d'une amende de 100 à 500 fr. par chaque mois de retard (3).

Art. 27. — La curatelle cessera à dater du jour où les héritiers ayant justifié de leur qualité, ou leurs fondés de pouvoirs, se seront fait remettre la succession. En ce cas le compte de curatelle pourra être réglé de gré à gré entre le curateur et les ayants droit. — Aussitôt que la succession sera réclamée, il en sera donné avis par le curateur au procureur du roi, au directeur des finances ou à son préposé et au greffier du tribunal de 1re inst. du ressort. Lorsque la remise de la succession aura été effectuée, le curateur en informera également ces fonctionnaires.

Art. 28. — Si la succession n'a pas été réclamée dans le cours de trois années à compter du jour du décès, elle sera de plein droit, à l'expiration de ce délai, présumée en déshérence, et provisoirement acquise au domaine de l'État qui en demandera l'envoi en possession au tribunal de 1re inst. dans le ressort duquel la curatelle aura été suivie. Il sera procédé, dans ce cas, conformément à l'art. 770 c. nap. — Dans le même cas, la curatelle prendra fin aussitôt que le domaine aura été envoyé en possession par jugement définitif. Dans les trois mois de ce jugement au plus tard, le curateur sera tenu de rendre et faire juger son compte définitif contradictoirement avec le directeur des finances ou son préposé à qui il devra remettre tous les titres et papiers concernant l'hérédité; à défaut de quoi il y sera contraint par toutes voies de droit et passible, pour chaque mois de retard, d'une amende de 100 à 500 f., laquelle sera requise et prononcée comme il est dit au dernier alinéa de l'art. 26 ci-dessus.

Art. 29. — Le domaine, mis en possession par jugement définitif, fera les fruits siens, et si les héritiers habiles à succéder se présentent et obtiennent contre lui la remise de la succession, il ne sera obligé qu'à restituer les biens tels qu'ils se trouveront au moment de la demande, ou le capital du prix s'ils ont été vendus, sans être tenu à aucune indemnité pour pertes ou dégradations.

Art. 30. — S'il y a lieu de remplacer le curateur, soit pour cause d'inconduite, de négligence ou d'infidélité constatée dans sa gestion, soit pour toute autre cause, il sera pourvu à la nomination d'un nouveau curateur par le procureur général.

Art. 31. — Le curateur remplacé sera tenu de remettre, aussitôt qu'il en sera requis, tous les titres, papiers, registres et documents de toute nature, relatifs aux curatelles dont il aura été chargé au nouveau curateur désigné, à peine, pour chaque jour de retard, d'une amende de 25 à 50 fr. qui sera prononcée ainsi qu'il est dit en l'art. 26, et tout sans préjudice de l'action en restitution de la part des ayants droit et de l'action criminelle s'il y échet. Si le curateur est décédé, ses héri-

---

(1) V. *Dépôts et consign.*, décr. du 23 oct. 1856.

(2) *Jurisprudence*. — Le jugement qui statue sur requête et conclusions du ministère public, ne peut être considéré comme ayant été rendu par défaut. C'est donc par voie d'appel qu'il peut être attaqué. Le ministère public est le seul adversaire direct du curateur et le domaine n'a pas qualité pour défendre à l'action. — *Cour d'Alger*, 15 sept. 1851.

(3) 23 déc. 1859, BM. 55. — *Instruction ministérielle adressée au procureur général.* — Ces dispositions protectrices des intérêts confiés aux curateurs ne sont qu'exceptionnellement observées. — Il importe de faire cesser un état de choses qui compromet les garanties de la bonne gestion des curateurs, et engage la responsabilité des fonctionnaires chargés de faire exécuter les règlements sur la matière. — Les parquets doivent s'assurer de la régularité des comptes des curateurs, et veiller à ce que les tribunaux soient saisis, en temps opportun, des

documents qui peuvent les mettre à portée de statuer d'une manière provisoire ou définitive sur les comptes de chaque curateur.

En conséquence, vous voudrez bien adresser aux curateurs aux successions vacantes des instructions pour les rappeler à la stricte observation de leurs devoirs. — Vous aurez, en outre, à vous faire remettre, par arrondissement, un état indiquant, en regard du nom de chaque curateur en exercice, la date soit de la remise de son compte, soit des poursuites dirigées contre lui. Je devrai, dans ce dernier cas, être informé du résultat de l'instance engagée contre le contrevenant. — Enfin, chaque année, dans la deuxième quinzaine du mois d'avril, vous me ferez parvenir, avec vos observations, s'il y a lieu, un état général présentant l'ensemble des informations qui vous auront été fournies relativement aux prescriptions qui font l'objet de la présente dépêche.

Comte P. DE CHASSELOUP-LAUBAT.

tiers ou représentants à un titre quelconque qui seraient reconnus détenteurs desdits titres, registres et papiers, devront, sous les mêmes peines, en opérer la remise.

Art. 32.—Le curateur qui voudra s'absenter de l'Algérie devra, sous peine d'être réputé démissionnaire et sans préjudice de toutes autres peines, s'il y a lieu, en donner avis à l'avance au procureur du roi du ressort, et indiquer à ce magistrat le lieu dans lequel il se proposera de se rendre, le motif et la durée présumée de son absence, ainsi que les mesures qu'il aura prises pour pourvoir à son remplacement provisoire.—Dans ce cas, le procureur du roi pourra, s'il le juge nécessaire, désigner un curateur intérimaire.

Art. 33. — Le notaire curateur ne pourra recevoir ou passer comme notaire les actes de quelque nature qu'ils soient, auxquels donneront lieu les successions vacantes dont il aura la gestion comme curateur.—Les fautes ou contraventions qu'il commettrait dans ses fonctions de curateur pourront entraîner, selon les cas, la suspension ou la révocation de ses fonctions de notaire.—Le cautionnement par lui fourni, en sa qualité de notaire, sera concurremment affecté à la garantie des curatelles dont il sera chargé. — Les dispositions des deux alinéas qui précèdent sont applicables à tous autres officiers ministériels ayant charge de curatelles.—Ces officiers ministériels ne pourront occuper et postuler dans les procès intéressant les successions vacantes qu'ils auront à gérer.

Art. 34.—Dans le cas où il y a lieu de présumer que les héritiers présents ne sont pas seuls habiles à succéder, les scellés pourront être apposés dans le plus bref délai, soit à la requête desdits héritiers, soit à la diligence du procureur du roi ou du curateur en exercice, soit même d'office par le juge paix, et à défaut de juge de paix par le commissaire civil du lieu de l'ouverture de la succession. Dans le délai légal, il sera procédé, en présence du curateur, ou lui dûment appelé, à l'inventaire dont un extrait en duplicata sera remis audit curateur, aux frais du curateur, conformément à l'art. 14, qui sera exécuté ; seront également exécutées à la diligence des héritiers présents, et avec la participation du curateur, les dispositions de l'art. 15 ; les deniers provenant de la vente du mobilier et le numéraire trouvé dans la succession, seront immédiatement versés à la caisse des consignations.—Six mois après la clôture de l'inventaire, si les autres héritiers présumés ne se sont pas présentés, les héritiers présents recueilleront seuls la totalité de la succession. Ils ne seront comptables des fruits envers les héritiers absents, s'il en existe, qu'autant que ceux-ci se présenteraient dans les trois premières années à dater du jour du décès. Après ce délai, ils gagneront les fruits par eux perçus de bonne foi, demeurant au surplus réservé aux ayants droit l'action en pétition d'hérédité

Art. 35.—La curatelle d'une succession échue, en Algérie, à des mineurs absents, appartiendra à leur tuteur, s'il est présent ou représenté, et se prorogera en sa personne, même après l'expiration de sa tutelle jusqu'à ce que cette succession soit réclamée ou tombée en déshérence. — La succession, en ce cas, sera présumée en déshérence et le domaine pourra en demander l'envoi en possession conformément à l'art. 28, lorsqu'il se sera écoulé trois années à partir de l'époque où la tutelle aura pris fin sans réclamation de la part des ayants droit.

Dans le même cas, le tuteur sera tenu de rendre compte au domaine. — Si dans cet intervalle de trois années, à dater de la cessation de la tutelle, le tuteur vient à décéder avant que l'héritier absent se soit présenté, le curateur entrera immédiatement en fonctions et continuera la curatelle de la succession jusqu'au terme fixé par le premier alinéa du présent article.

Art. 36. — Lorsque le défunt dont les héritiers seront absents ou inconnus, aura laissé un conjoint ou des enfants naturels prétendant droit à sa succession, à défaut d'autres parents, l'hérédité n'en sera pas moins réputée vacante. Il sera procédé à l'apposition des scellés et à l'inventaire, à la diligence du prétendant droit ou du curateur qui se conformera à ce qui est prescrit par l'art. 14. Le curateur sera mis en cause sur la demande d'envoi en possession (1). — Si l'époux survivant ou les enfants naturels ne peuvent fournir la caution exigée par l'art. 761 c. Nap., le mobilier sera vendu en présence du curateur et le produit en sera versé à la caisse des consignations. Il en sera de même de tous autres capitaux ou revenus provenant de la succession. Ces capitaux et les intérêts qu'ils auront produits seront remis aux envoyés en possession, si dans l'intervalle des trois années à dater du décès, il ne s'est pas présenté d'héritier ; le tout sans préjudice des actions en pétition d'hérédité et autres droits réservés aux absents. — Dans le même cas, la curatelle cessera à l'expiration du délai ci-dessus de trois années.

Art. 37. — L'institution d'un exécuteur testamentaire, même avec saisine, ne dispensera pas le curateur de requérir, si déjà elle ne l'a été, l'apposition des scellés sur les meubles et effets mobiliers de la succession vacante, de veiller à ce qu'il en soit dressé inventaire régulier et de remplir les formalités prescrites par l'art. 13. — En aucun cas, l'exécuteur testamentaire ne pourra se mettre en possession des biens de la succession vacante avant d'avoir communiqué le testament au curateur qui y apposera son visa et qui pourra ensuite former toutes oppositions ou actions en nullité. — A l'expiration de l'an et jour à compter du décès du testateur, si les héritiers ne se sont pas présentés, ledit exécuteur testamentaire devra rendre compte de sa gestion au curateur, lequel sera tenu de l'y contraindre par toutes voies de droit sous peine d'être personnellement responsable de sa négligence.

Art. 38. — Si celui qui est décédé sans héritiers présents ou représentés était en société avec une ou plusieurs personnes, et si, aux termes de l'acte de société, son décès doit donner lieu à la dissolution de ladite société, il sera fait inventaire après l'apposition des scellés à la diligence du curateur en présence des associés survivants ou eux dûment appelés, de tous les titres, papiers et effets mobiliers de la société, à l'effet de quoi lesdits associés survivants seront tenus de représenter ceux des effets mobiliers et papiers qui pourront être entre leurs mains. Les registres et livres de la société seront parafés et arrêtés par tous les assistants à l'inventaire.

Art. 39.—Dans le cas prévu par l'art. 40, lorsque l'avoir de la société ne consistera qu'en effets mobiliers, le curateur en provoquera le partage et fera vendre ensuite dans les formes prescrites par les dispositions qui précèdent, la part afférente à la succession vacante. Néanmoins l'associé survivant demeurera chargé du recouvrement des créances

(1) *Jurisprudence.* — Si dans le cas prévu par cet article il y a toujours lieu à la nomination d'un curateur, rien ne s'oppose à ce que le conjoint survivant soit envoyé en possession, aux termes de l'art. 767 c. Nap., et qu'il soit investi de l'administration provisoire de la suc-

cession, sous la surveillance toutefois du curateur, et à charge de verser à la caisse des consignations le reliquat des recettes après le payement des dettes.—*Cour d'Alger,* 22 nov. 1859.

qui seraient en péril durant la procédure en partage. Il conservera aussi la direction des affaires commencées, pour la poursuite desquelles son concours serait nécessaire, sauf le droit de surveillance et même d'intervention directe des curateurs. S'il se trouve dans l'actif social des immeubles en même temps que des effets mobiliers, la société continuera entre l'associé survivant et la succession, jusqu'à ce qu'elle soit dissoute par licitation ou par tout autre mode de partage. Jusqu'au moment de cette dissolution, elle sera dirigée et administrée par l'associé survivant sous la surveillance, et, le cas échéant, avec la participation du curateur. Toutefois, la dissolution ne pourra être retardée au delà du terme de deux années, à dater du jour du décès.

Art. 40. — Dans le cas où la société aurait été formée par le défunt pour raison d'une exploitation rurale par lui prise à ferme avec l'associé survivant, ladite société continuera avec la succession vacante pour le reste de la durée du bail, le curateur se mettra au lieu et place du défunt.

Art. 41. — La curatelle des successions délaissées en Algérie par tous militaires en activité de service qui seront décédés dans le ressort des tribunaux de 1ᵉ inst., ou qui, étant décédés en dehors des limites de ce ressort, auront laissé dans ledit ressort des biens meubles ou immeubles, appartiendra aux curateurs institués par la présente ordonnance.

Art. 42. — Les curateurs qui seront nommés en exécution de la présente ordonnance feront, chacun dans l'étendue de son ressort, la recherche de toutes celles des successions vacantes ouvertes en Algérie, avant la promulgation de ladite ordonnance dont il n'aurait pas été définitivement rendu compte à qui de droit, par les curateurs nommés judiciairement; ils se feront remettre la curatelle de ces successions pour la continuer en l'état où elle se trouvera, conformément à ce qui est prescrit par les dispositions qui précèdent. — Ils poursuivront, par toutes voies de droit, le remboursement et le versement à la caisse des consignations de tous deniers provenant desdites successions qui auraient été perçus par les curateurs antérieurement nommés. — Les procureurs du roi veilleront, chacun en ce qui le concerne, à l'exécution de la présente disposition, et feront fournir aux curateurs tous renseignements qui pourraient leur être nécessaires à cet effet.

Art. 43. — Pour toutes successions dont la valeur ne s'élèvera pas au delà de 200 fr., il ne sera rien alloué au curateur à titre de vacations ou indemnités; il n'aura droit qu'à la répétition des simples déboursés dûment justifiés.

Art. 44. — Lorsque la valeur de la succession excédera 200 fr., il sera alloué au curateur, indépendamment de ses déboursés pour tous droits, vacations et indemnités, une remise proportionnelle dont le taux sera réglé sur l'importance de la succession et eu égard aux soins que la curatelle aura exigés. — Ces honoraires sont taxés, savoir: — 1° Dans le cas où la succession aura été remise aux héritiers, et dans ceux prévus par les art. 12, § 1, 13, 34 et 36, par le président du tribunal de 1ᵉ inst. du ressort (1); — 2° Dans le cas où la succession sera remise au domaine, comme étant tombée en déshérence, par le jugement qui apurera le compte définitif de curatelle. — Ils seront payables par privilège, au vu de la taxe, sur les sommes déposées à la caisse des consignations, et sur toutes autres valeurs dépendant de l'hérédité.

Art. 45. — Pour toute infraction à laquelle la présente ordonnance n'attache pas une peine spéciale, les curateurs encourront une amende de 50 à 300 fr., sans préjudice des actions que pourrait intenter contre eux toute partie intéressée. En ce cas, comme dans ceux énoncés aux art. 19, 26, 28 et 31, l'amende sera prononcée à charge d'appel, sur la poursuite du procureur du roi, par le tribunal de 1ᵉ inst. du ressort.—Dans le cas prévu par les art. 19 et 20, l'amende sera recouvrable par voie de contrainte, comme en matière d'enregistrement, à la diligence du directeur des finances ou de son préposé. — Toute peine ou condamnation prononcée contre un curateur entraînera la contrainte par corps.

Art. 46.—Seront observées, en tout ce qu'elles n'ont pas de contraire à ce qui précède, les dispositions du code Napoléon et des lois de procédure de France, applicables aux divers cas prévus par la présente ordonnance.

Art. 47. — Il n'est point dérogé par la présente aux règles particulières d'après lesquelles sont gérées les successions musulmanes et celles qui sont délaissées en Algérie par des étrangers (2).

Art. 48. — L'arr. du 2 avr. 1835 est abrogé.

OR. — 11 juin-24 juill. 1844. — B. 179. — *Successions militaires* (3).

Vu l'art. 7 de l'ord. roy. du 26 déc. 1842;—Vu les art. 935 et suiv. du règlement général sur le

---

(1) *Jurisprudence.* — L'ordonnance de taxe faite par le président n'est pas souveraine. Elle peut être attaquée par les tiers intéressés; et cette contestation peut s'élever régulièrement dans une instance d'ordre, par voie de contredit à la collocation privilégiée requise par le curateur et qui lui a été accordée par le juge. — *Cour d'Alger*, 9 janv. 1857.

(2) 1° *Dispositions arrêtées entre le département des affaires étrangères et celui de la justice, au sujet de la conservation de la succession des étrangers.* — *Décision du 18 janv. 1857, rendue à l'occasion de la succession d'un sujet sicilien à laquelle le tribunal d'Alger avait nommé un curateur.*

Dans tous les cas où un étranger décède en France, le juge de paix doit, soit sur réquisition des parties intéressées, soit d'office, apposer les scellés sur les effets délaissés par le défunt. Mais l'agent de la nation à laquelle il appartient a droit d'intervenir et de joindre ses scellés à ceux du juge de paix, pour être les uns et les autres levés de concert, et d'assister à l'inventaire. Il ne doit, toutefois, croiser les scellés qui seraient déjà apposés par le magistrat qu'après l'avoir préalablement prévenu et appelé.

De son côté, le juge de paix doit requérir l'assistance de l'agent étranger toutes les fois que cet agent est intervenu pour croiser les scellés, et lors même que cette intervention spontanée n'aurait pas eu lieu, si le juge de

paix, dans le cours de ses opérations, acquiert la preuve qu'elles concernent un étranger, il ne peut passer outre sans appeler l'agent de la nation à laquelle il appartient, et sans lui donner avis de ses opérations ultérieures.

Lorsqu'il ne se présente aucun sujet français comme créancier de la succession d'un étranger, ou lorsque les créanciers sont désintéressés, l'administration de la liquidation de la succession de cet étranger appartient exclusivement à l'agent de la nation.

2° *Jurisprudence.* — Lorsqu'il s'agit de la succession d'un Espagnol, et qu'il ne se présente aucun créancier français, le curateur n'a point à s'immiscer dans l'administration de cette succession, et elle appartient exclusivement au consul de la nation. C'est ce qui résulte formellement des conventions entre l'Espagne et la France à ce sujet. — *Cour d'Alger*, 6 fév. 1855.

(3) *Successions militaires.* — *Papiers concernant l'État.* — Circ. du procureur général, du 18 juill. 1844. — Aux termes de l'arr. du 13 niv. an X, aussitôt après le décès d'un officier général ou supérieur, ou d'un fonctionnaire militaire correspondant à ce même rang, les juges de paix doivent apposer les scellés sur les papiers du défunt, et en instruire le général commandant la division militaire et le ministre de la guerre. Souvent les juges de paix ne se conforment pas à cette prescription, soit faute de savoir par qui seront payés les frais quand les familles

service des hôpitaux, du 1er avr. 1831 (1);—Considérant qu'il y a lieu de mettre en harmonie les dispositions de l'ord. du 26 déc. 1842 avec celles du règlement sur le service des hôpitaux ;

Art. 1. — Les effets mobiliers dépendant des successions laissées par des officiers ou soldats décédés en Algérie dans les hôpitaux militaires, continueront d'être soumis aux règles établies par les art. 935 et suiv. du règlement général sur le service des hôpitaux, du 1er avr. 1851.

Art. 2. — Les biens immobiliers provenant des successions vacantes laissées par des officiers ou soldats décédés en Algérie, soit dans les hôpitaux militaires, soit ailleurs, seront administrés conformément aux dispositions de l'ord. roy. du 26 déc. 1842, sur la curatelle des successions vacantes en Algérie.

T

Tabacs.

DI.—31 mai 1854-31 déc. 1855.—B. 490. — *Entrepôts de tabacs de France*

Vu les art. 176 et 177 du tit. 5 de la loi du 28 avr. 1816 sur les tabacs ; — Voulant procurer aux habitants de l'Algérie la facilité de s'approvisionner directement, dans les magasins de la régie, de tabacs fabriqués dans les manufactures impériales de France ;

Art. 1. — Il sera établi, dans les villes de l'Algérie où il existe des entrepôts de poudres à feu, des entrepôts de tabacs fabriqués, autres que les cigares, provenant des manufactures impériales de France.

Art. 2. — Ces entrepôts seront gérés par les entreposeurs des poudres à feu.

ne requièrent pas cette mesure, soit parce que le caractère public des décédés ne leur est pas connu.

Lorsque l'apposition des scellés ne peut être attribuée à une autre cause qu'à l'exécution de l'arrêté du 13 niv., c'est l'administration de la guerre, seule intéressée à l'accomplissement de cette formalité, qui doit en supporter les frais. Jamais elle n'a refusé d'acquitter les dépenses de cette nature.

D'après l'arr. du 13 niv., il appartient aux juges de paix d'examiner quels sont, parmi les papiers du fonctionnaire décédé, ceux qui doivent être mis sous les scellés et ceux qu'il convient d'en affranchir, mais ils ne sauraient, sans manquer à leurs devoirs, se dispenser de procéder à l'apposition des scellés, lorsqu'il ne résulte pas d'une manière évidente, de l'examen des papiers du défunt, qu'il ne s'en trouve aucun de nature à être réclamé par l'État. Dès l'instant que des doutes peuvent s'élever à cet égard, l'autorité militaire doit être appelée à intervenir pour apprécier le caractère et l'importance des documents dont il s'agit.

V. *Commissaires civils*, 18 déc. 1842, art. 77.

(1) *Règlement sur les hôpitaux* (tit. 7, chap. 2).

Art. 935. — Les effets laissés par les sous-officiers et soldats décédés ou évadés, autres que ceux dont il est fait mention au chapitre précédent, sont vendus, pour le produit en être versé avec les deniers et valeurs à la caisse des dépôts et consignations, au nom des successions ou ayant cause. Ces ventes sont effectuées et constatées, et les versements ont lieu suivant les formalités prescrites par les articles ci-après.

Art. 936. — Il est procédé, ainsi qu'il est prescrit à l'article précédent, à l'égard de tous les effets d'habillement, d'équipement et d'armement, des officiers et autres individus y assimilés, ainsi qu'à l'égard des deniers et autres valeurs dont ils ont fait le dépôt à leur entrée à l'hôpital.

Art. 3.—Le prix de vente des tabacs mentionnés en l'art. 1 est fixé conformément au tableau ci-après:

Tabacs dits étrangers: en poudre, à fumer, en rôles, 7 fr. 50 cent. par kilo aux entreposeurs; 8 fr. aux consommateurs.

Tabacs dits ordinaires: en poudre, à fumer, 5 fr. 50 cent. par kilo aux entreposeurs; 6 fr. aux consommateurs.

Art. 4.—Les tabacs seront vendus dans les entrepôts par paquets fermés de 1 kilog. à 2 hectog. au moins, revêtus des vignettes de la régie et d'étiquettes spéciales.—Ils ne pourront être introduits et consommés en France. Toute infraction à cette disposition sera considérée comme une importation frauduleuse et punie comme telle.

V. Poudres, § 2.— Création de débits de tabacs dans diverses localités.

Télégraphie.

La législation qui régit en Algérie la correspondance télégraphique privée, ainsi que la répression pénale des contraventions, délits et crimes relatifs aux lignes télégraphiques, est la même que celle de la métropole, aux termes des décrets des 19 août 1853 et 7 janv. 1854 qui l'ont promulguée et déclarée exécutoire. Des conventions internationales sont en outre intervenues entre la France et les États limitrophes, et se réfèrent en général aux règles établies dans le décr. du 17 juin 1852.

Le tarif des dépêches en France est aujourd'hui réglé par les lois des 21 juill. 1856 et 18 mai 1858, dont le but est d'arriver graduellement à une taxe uniforme; il repose sur les bases suivantes.

Pour une dépêche de 1 à 15 mots, droit fixe 2 fr. plus 10 cent. par myriamètre.—Au-dessus de 15 mots augmentation d'un dixième, pour chaque série de 5 mots ou fraction de série excédant:

Pour la même dépêche échangée entre deux bu-

Art. 939. — Les officiers d'administration, comptables des hôpitaux, constitués, par les articles précédents, dépositaires des objets laissés par les décédés, seront tenus d'adresser aux héritiers, immédiatement après la mort des militaires et avec l'acte de décès, l'état de tous les objets compris dans les successions, en indiquant ceux de ces effets susceptibles d'être vendus à défaut de réclamation, et dont le produit doit être versé à la caisse des dépôts et consignations. L'envoi de ces états doit être fait sous bande, par l'entremise des sous-intendants, aux maires des lieux où les décédés avaient leur domicile.

Art. 940. — Les remises à effectuer aux héritiers ou à leurs fondés de pouvoirs, des objets mentionnés aux articles précédents, ont lieu d'après l'ordre du sous-intendant militaire, et sur la présentation de titres authentiques d'hérédité délivrés par l'autorité compétente. Ces remises sont justifiées par les récépissés des parties prenantes, inscrits au bas des états individuels dont il est fait mention à l'article ci-dessus. Le sous-intendant appose son visa au bas de ces récépissés.

Art. 942. — Les ventes des effets faisant partie de la succession des décédés ont lieu tous les six mois, et plus souvent si la nécessité en est reconnue. Elles sont faites administrativement, en adjudication publique, et aux enchères, par les soins de l'officier comptable en présence du sous-intendant. On se conforme, en ce qui concerne la vente des armes des officiers, aux règlements de police des lieux où les ventes sont faites.

Art. 945. — Le montant total des successions, porté au procès-verbal prescrit par l'article précédent, est versé par le comptable, dans le délai de cinq jours, dans la caisse du receveur du lieu, au compte des dépôts et consignations, et au nom des successions. Le comptable remet au receveur deux expéditions du procès-verbal de vente, dont une lui est rendue après que le receveur y a apposé son récépissé et visée par le sous-intendant.

reaux de la même ville, droit fixe, 1 fr. — Entre deux bureaux d'un même département, 1 fr. quelle que soit la distance. — Entre deux bureaux de deux départements limitrophes, 1 fr. 50 c. quelle que soit la distance. Dans ces divers cas, même augmentation proportionnelle d'un dixième, d'après l'étendue de la dépêche.

Ce sont ces principes qui ont présidé à la rédaction du décr. du 29 juill. 1858, concernant le tarif des dépêches en Algérie qui a remplacé et abrogé tous ceux antérieurs.

Quant aux dépêches adressées d'Alger en France par Marseille ou réciproquement, elles sont soumises à une augmentation de 40 c. par chaque dépêche pour frais de poste d'Alger à Marseille et taxées pour le reste du parcours conformément aux lois précitées.

En ce qui concerne le droit de correspondance officielle et gratuite autorisé en faveur des fonctionnaires, il est réglé par un décr. du 12 fév. 1859 (V. *Franchise de correspondance*).

Le service télégraphique, en Algérie, n'offre aujourd'hui presque aucune différence avec celui de la France; le système électrique y est à peu près seul en usage comme dans la métropole, et le personnel est choisi parmi les fonctionnaires et agents des lignes télégraphiques. Ces considérations ont déterminé la réorganisation du service par le décret ci-après du 16 août 1859 et sur les bases consacrées pour la métropole par un décr. du 29 nov. 1858. Tous les décrets antérieurs, relatifs au personnel administratif, sont ainsi devenus inutiles.

DIVISION.

§ 1. — Législation spéciale.
§ 2. — Service administratif.

§ 1. — LÉGISLATION SPÉCIALE.

Dl. — 10 août-5 oct. 1855. — B. 444. — *Promulgation du décr. du 27 déc. 1851.*

Vu le décr. du 27 déc. 1851, sur les lignes télégraphiques; — Considérant que l'ouverture prochaine d'une ligne télégraphique électrique en Algérie nécessite de rendre applicables, dans ce pays, les dispositions relatives aux contraventions, délits et crimes concernant la télégraphie électrique;

Art. 1. — Le décr. du 27 déc. 1851, sur les lignes télégraphiques, sera promulgué en Algérie.

Décret du 27 décembre 1851.

TIT. 1. — *Établissement et usage des lignes télégraphiques.*

Art. 1. — Aucune ligne télégraphique ne peut être établie ou employée à la transmission des correspondances que par le gouvernement ou avec son autorisation. — Quiconque transmettra, sans autorisation, des signaux d'un lieu à un autre, soit à l'aide de machines télégraphiques, soit par tout autre moyen, sera puni d'un emprisonnement d'un mois à un an, et d'une amende de 1,000 à 10,000 fr. — En cas de condamnation, le gouvernement pourra ordonner la destruction des appareils et machines télégraphiques.

TIT. 2. — *Des contraventions, délits et crimes relatifs aux lignes télégraphiques.*

Art. 2. — Quiconque aura, par imprudence ou involontairement, commis un fait matériel pouvant compromettre le service de la télégraphie électrique; — Quiconque aura dégradé ou détérioré, de quelque manière que ce soit, les appareils des lignes de télégraphie électrique ou les machines des télégraphes aériens, sera puni d'une amende de 16 à 500 fr. — La contravention sera poursuivie et jugée comme en matière de grande voirie.

Art. 3. — Quiconque, par la rupture des fils, par la dégradation des appareils ou par tout autre moyen, aura volontairement causé l'interruption de la correspondance télégraphique électrique ou aérienne, sera puni d'un emprisonnement de trois mois à deux ans, et d'une amende de 100 à 1,000 fr.

Art. 4. — Seront punis de la détention et d'une amende de 1,000 à 5,000 fr. sans préjudice des peines que pourrait entraîner leur complicité avec l'insurrection, les individus qui, dans un mouvement insurrectionnel, auront détruit ou rendu impropres au service un ou plusieurs fils d'une ligne de télégraphie électrique; ceux qui auront brisé ou détruit un ou plusieurs télégraphes, ou qui auront envahi, à l'aide de violences ou de menaces, un ou plusieurs postes télégraphiques, ou qui auront intercepté par tout autre moyen, avec violence et menaces, les communications ou la correspondance télégraphique entre les divers dépositaires de l'autorité publique, ou qui s'opposeront avec violences ou menaces au rétablissement d'une ligne télégraphique.

Art. 5. — Toute attaque, toute résistance avec violence et voies de fait envers les inspecteurs et les agents de surveillance des lignes télégraphiques électriques ou aériennes, dans l'exercice de leurs fonctions, sera punie des peines appliquées à la rébellion, suivant les distinctions établies au code pénal.

TIT. 3. — *Des contraventions commises par les concessionnaires ou fermiers de chemins de fer et de canaux.*

Art. 6. — Lorsque, sur la ligne d'un chemin de fer ou d'un canal concédé ou affermé par l'État, l'interruption du service télégraphique aura été occasionnée par l'inexécution soit des clauses du cahier des charges et des décisions rendues en exécution de ces clauses, soit des obligations imposées aux concessionnaires ou fermiers, ou par l'inobservation des règlements ou arrêtés, procès-verbal de la contravention sera dressé par les inspecteurs du télégraphe, par les surveillants des lignes télégraphiques, ou par les commissaires et sous-commissaires préposés à la surveillance des chemins de fer.

Art. 7. — Les procès-verbaux, dans les quinze jours de leur date, seront notifiés administrativement au domicile élu par le concessionnaire ou le fermier, à la diligence du préfet, et transmis, dans le même délai, au conseil de préfecture du lieu de la contravention.

Art. 8. — Les contraventions prévues en l'art. 7 seront punies d'une amende de 300 fr. à 3,000 fr.

TIT. 4. — *Disposition particulière concernant les télégraphes aériens.*

Art. 9. — Lorsque, sur une ligne de télégraphie aérienne déjà établie, la transmission des signaux sera empêchée ou gênée, soit par des arbres, soit par l'interposition d'un objet quelconque placé à demeure, mais susceptible d'être déplacé, un arrêté du préfet prescrira les mesures nécessaires pour faire disparaître l'obstacle, à la charge de payer l'indemnité qui sera fixée par le juge de paix. — Cette indemnité sera consignée préalablement à l'exécution de l'arrêté du préfet. Si l'objet est mobile et n'est point placé à demeure, un arrêté du maire suffira pour en ordonner l'enlèvement.

Tit. 5. — *Dispositions générales.*

Art. 10. — Les crimes, délits ou contraventions prévus dans la présente loi pourront être constatés par les procès-verbaux dressés concurremment par les officiers de police judiciaire, les commissaires et sous-commissaires préposés à la surveillance des chemins de fer, les inspecteurs des lignes télégraphiques, les agents de surveillance nommés ou agréés par l'administration et dûment assermentés. — Ces procès-verbaux feront foi jusqu'à preuve contraire.

Art. 11. — Les procès-verbaux dressés en vertu de l'article précédent seront visés pour timbre et enregistrés en débet. — Ceux qui auront été dressés par des agents de surveillance assermentés devront être affirmés dans les trois jours, à peine de nullité, devant le juge de paix ou le maire, soit du lieu du délit ou de la contravention, soit de la résidence de l'agent.

Art. 12. — L'administration pourra prendre immédiatement toutes mesures provisoires pour faire cesser les dommages résultant des crimes, délits et contraventions, et le recouvrement des frais qu'entraînera l'exécution de ces mesures sera poursuivi administrativement, le tout ainsi qu'il est procédé en matière de grande voirie.

Art. 15. — L'art. 463 c. pén. est applicable aux condamnations qui seront prononcées en exécution de la présente loi,

Art. 14. — En cas de conviction de plusieurs crimes ou délits prévus par la présente loi ou par le code pénal, la peine la plus forte sera seule prononcée. LOUIS-NAPOLÉON BONAPARTE.

DI. — 7 janv.-25 fév. 1851. - B. 453. — *Promulgation des lois concernant la télégraphie électrique.*

Art. 1. — A partir de la promulgation du présent décret, les lignes de télégraphie électrique établies ou à établir en Algérie pourront être mises à la disposition des particuliers, en se conformant aux lois et règlements qui régissent en France la correspondance télégraphique privée.

Art. 2. — La loi du 29 nov. 1850, celle du 28 mai 1853, portant modification de la loi précédente, le décr. du 17 juin 1852, portant règlement sur le service de la correspondance télégraphique privée, seront promulgués en Algérie à la suite du présent décret.

Loi du 29 nov. 1850.

Art. 1. — Il est permis à toutes personnes dont l'identité est établie de correspondre, au moyen du télégraphe électrique de l'Etat, par l'entremise des fonctionnaires de l'administration télégraphique. La transmission de la correspondance télégraphique privée est toujours subordonnée aux besoins du service télégraphique de l'Etat.

Art. 2. — Les dépêches, écrites lisiblement, en langage ordinaire et intelligible, datées et signées des personnes qui les envoient, sont remises par elles ou par leurs mandataires au directeur du télégraphe, et transcrites dans leur entier, avec l'adresse de l'expéditeur, sur un registre à souche. Cette copie est signée par l'expéditeur ou par son mandataire, et par l'agent de l'administration télégraphique. — Sont exemptés de la transcription sur le registre à souche les articles destinés aux journaux et les dépêches relatives au service des chemins de fer.

Art. 3. — Le directeur du télégraphe peut, dans l'intérêt de l'ordre public et des bonnes mœurs, refuser de transmettre les dépêches. En cas de réclamation, il en est référé au directeur à Paris, au ministre de l'intérieur, et, dans les départements, au préfet ou au sous-préfet, ou à tout autre agent délégué par le ministre de l'intérieur. Cet agent, sur le

vu de la dépêche, statue d'urgence. Si, à l'arrivée au lieu de destination, le directeur estime que la communication d'une dépêche peut compromettre la tranquillité publique, il en réfère à l'autorité administrative, qui a le droit de retarder ou d'interdire la remise de la dépêche.

Art. 4. — La correspondance télégraphique privée peut être suspendue par le gouvernement, soit sur une ou plusieurs lignes séparément, soit sur toutes les lignes à la fois.

Art. 5. — Tout fonctionnaire public qui viole le secret de la correspondance télégraphique est puni des peines portées en l'art. 187 c. pén.

Art. 6. — L'Etat n'est soumis à aucune responsabilité à raison du service de la correspondance privée par la voie télégraphique.

Art. 7. — (Tarif modifié par la loi du 28 mai 1853, art. 1 et 2, et en dernier lieu par la loi du 21 juill. 1856, actuellement en vigueur. V. ci-après.)

Art. 8. — En payant double taxe, les particuliers ont la faculté de recommander leurs dépêches. Toute dépêche recommandée est vérifiée par une répétition de la dépêche faite par le directeur destinataire.

Art. 9. — Indépendamment des taxes ci-dessus spécifiées, il est perçu, pour le port de la dépêche, soit au domicile du destinataire, s'il réside au lieu de l'arrivée, soit au bureau de la poste aux lettres, un droit de 50 cent., dans les départements, et de 1 fr. pour Paris. Si le destinataire ne réside pas au lieu d'arrivée, la dépêche lui sera transmise, sur la demande et aux frais de l'expéditeur, par exprès ou estafette. Les conditions de ce service seront fixées par le règlement à intervenir en vertu de l'art. 11 de la présente loi.

Art. 10. — Les dépêches sont transmises selon l'ordre d'inscription pour chaque destination. L'ordre des transmissions, entre les diverses destinations, est réglé de manière à les servir utilement et également. Toutefois, la transmission des dépêches dont le texte dépasserait cent mots peut être retardée pour céder la priorité à des dépêches plus brèves, quoique inscrites postérieurement. Les dépêches relatives au service des chemins de fer, qui intéresseraient la sécurité des voyageurs, pourront, dans tous les cas, obtenir la priorité sur les autres dépêches.

Art. 11. — La présente loi recevra son exécution à partir du 1er mars 1851. — Le service de la correspondance télégraphique privée, les conditions nécessaires pour constater l'identité des personnes, et les dispositions réglementaires de la comptabilité, seront réglés par un arrêté concerté entre le ministre de l'intérieur et le ministre des finances. Cet arrêté sera converti en un règlement d'administration publique dans l'année qui suivra la promulgation de la présente loi.

Décret du 17 juin 1852 (1).
De l'enregistrement des dépêches au départ.

Art. 2. — Les dépêches ne peuvent être reçues qu'autant que l'expéditeur établit son identité, ou que le directeur du bureau télégraphique a été mis à même de constater la sincérité de la signature apposée par l'expéditeur au bas de la dépêche.

Art. 3. — L'identité peut être établie soit par l'attestation de témoins connus, soit par la production de passe-ports, feuilles de route, ou toutes autres pièces dont l'ensemble serait jugé suffisant par le directeur du bureau télégraphique.

_____

(1) Les dispositions utiles au public ont seules été reproduites; les autres ne concernent que l'administration intérieure des bureaux ou ont été abrogées par les lois postérieures sur les tarifs.

Art. 4. — Toute personne qui a justifié de son identité, a la faculté d'apposer sa signature en double sur un registre spécial ouvert au bureau télégraphique. La partie du feuillet contenant le double de la signature est détachée du registre et remise au signataire, pour être représentée par lui ou son mandataire, en même temps que la dépêche qu'il voudrait faire expédier.

Art. 5. — La sincérité de la signature mise au bas de la dépêche peut aussi être constatée par un visa des préfets ou sous-préfets, du président du tribunal civil, des juges de paix, notaires, maires et commissaires de police. Elle peut l'être, en outre, pour les commerçants patentés, par le président ou les juges du tribunal de commerce, par les agents de change et les courtiers d'assurance et de commerce ; et, pour les militaires et marins en activité de service, par les fonctionnaires de l'intendance militaire et par les commissaires ou sous-commissaires de marine.

Art. 6. — Les dépêches doivent être écrites lisiblement, en langage ordinaire et intelligible, sans aucune abréviation de mots, datées et signées. Le directeur du télégraphe vérifie si les désignations de l'adresse sont suffisantes pour assurer la remise de la dépêche, et s'il n'y a rien dans le texte qui puisse porter atteinte à l'ordre public et aux bonnes mœurs. — Si le directeur refuse de transmettre la dépêche, soit parce que l'identité ne lui paraît pas établie, soit pour tout autre motif, il énonce sur la minute la cause de son refus, signe et remet la pièce aux déposants. — Si rien ne s'oppose à la transmission, la dépêche est transcrite en entier sur un registre à souches, dans la forme et avec les indications prescrites par l'art. 27 ci-après. Le registre est signé par l'expéditeur ou son mandataire. Il lui est délivré quittance de la somme perçue.

Art. 7. — La minute de la dépêche reçoit un numéro d'ordre. Il est fait mention en marge de l'heure à laquelle elle a été remise aux stationnaires de service et de l'heure de son arrivée à destination. — Les minutes des dépêches sont réunies à la fin de chaque jour et scellées du cachet de la direction.

De l'ordre de transmission des dépêches.

Art. 12. — Aucune dépêche déposée à un bureau télégraphique ne peut être retirée de la transmission que par la personne même qui l'a remise ou envoyée. — Dans ce cas, la taxe perçue n'est pas remboursée, sauf ce qui aurait été payé pour port de lettres ou pour frais d'exprès ou d'estafettes.

De la remise des dépêches à l'arrivée.

Art. 13. — Au bureau d'arrivée, la dépêche reçue est visée par le directeur. — Lorsque, par application du § 2 de l'art. 3 de la loi du 29 nov. 1850, la remise de la dépêche au destinataire est interdite, il en est donné avis au directeur qui l'a expédiée.

Art. 14. — Quand rien ne s'oppose à la remise de la dépêche, elle est timbrée du sceau de l'administration et signée du directeur. — S'il est demandé que la dépêche reste au bureau de l'arrivée, elle est, jusqu'à réclamation, déposée dans un coffre fermant à clef.

Art. 15. — Lorsque la dépêche doit être portée au domicile du destinataire, dans le lieu de l'arrivée, elle est immédiatement remise à un exprès. — Le lieu de l'arrivée s'entend, pour Paris, de l'enceinte du mur d'octroi, et pour les départements, lorsque la commune est composée de plusieurs centres de population, de celui où est situé le bureau télégraphique.

Art. 16. — Les dépêches adressées hors du lieu de l'arrivée sont, à la diligence du directeur, ou portées à la poste, ou envoyées à destination par un exprès, selon que la demande en a été faite par l'expéditeur. — Toutefois, l'envoi d'un exprès peut être refusé par l'administration, lorsque, soit à raison de la grande distance, soit à raison de l'état des communications, le bureau destinataire ne serait pas en mesure de faire le service demandé.

Art. 17. — Quand l'expéditeur ne stipule rien pour l'envoi d'une dépêche hors du lieu d'arrivée, la dépêche est mise à la poste. — Dans ce cas, comme dans celui où le dépôt à la poste est fait sur la demande de l'expéditeur, l'affranchissement est obligatoire, et les lettres sont recommandées. — Il est perçu, à cet effet, au point de départ, le port d'une lettre simple, plus la taxe de recommandation.

Art. 18. — Le choix des exprès appartient au directeur du bureau télégraphique.

Art. 19. — L'envoi des dépêches privées par les relais de la poste aux chevaux, sur la demande du directeur du télégraphe, ne peut avoir lieu que dans le rayon du relais du lieu d'arrivée, et successivement, de manière qu'une nouvelle estafette ne puisse être demandée qu'après le retour du postillon en course. — Pour l'envoi d'une estafette qui devrait franchir un ou plusieurs relais, l'expéditeur devra se munir d'une autorisation spéciale du directeur général des postes, en se conformant aux lois et règlements sur la matière.

Art. 20. — A toute dépêche portée au domicile du destinataire est joint un reçu qui doit être signé de la personne à qui la dépêche est adressée, ou d'un membre de sa famille, ou de toute personne attachée à son service. — Si l'on ne trouve, à l'adresse indiquée, ni le destinataire, ni personne qui réponde pour lui, mention en est faite sur la dépêche qui est rapportée au bureau d'arrivée.

De la perception de la taxe.

Art. 22. — Ne sont comptés que pour un seul mot, dans la taxe déterminée par l'art. 7 de la loi du 29 nov. 1850 : — 1° Les mots composés compris à ce titre au Dictionnaire de l'Académie française ; — 2° Les noms de famille formés de plusieurs mots, non compris les titres et prénoms ; — 3° Dans l'adresse : 1° le nom de la rue ; 2° le numéro de l'habitation, quel que soit le nombre de mots nécessaires pour les exprimer. — Les traits d'union, les signes de ponctuation, ne sont pas comptés ; mais tous les autres signes entrent dans la taxe pour le nombre de mots qui servent à les traduire.

Art. 24. — Le droit fixé par l'art. 9 de la loi du 29 nov. 1850 pour le port de la dépêche, soit au domicile du destinataire, s'il réside au lieu de l'arrivée, soit au bureau de la poste aux lettres, est payé au bureau de départ. — Pour toute dépêche envoyée par exprès hors du lieu de l'arrivée, l'expéditeur paye également au bureau de départ une somme fixe de 1 fr. pour le premier kilomètre et de 50 cent. pour les autres. — La distance est calculée du bureau d'arrivée au chef-lieu de la commune ou de la section de commune où réside le destinataire. — Pour l'envoi d'une estafette dans le rayon du relais du lieu d'arrivée, l'expéditeur dépose la somme déterminée par les tarifs de l'administration des postes.

Art. 25. — Les sommes payées pour la transmission d'une dépêche télégraphique sont remboursées à l'expéditeur, quand la dépêche a été remise tardivement au destinataire, soit par un accident survenu à la ligne télégraphique, soit par le fait de l'exprès ou de l'estafette. — Le remboursement a également lieu : 1° quand le texte de la dépêche a été dénaturé par des fautes qui la rendent impropre à remplir l'objet pour lequel elle a été expédiée ; 2° quand l'autorité administrative du lieu de destination **en a interdit la remise.**

Art. 26. — La réponse peut être payée d'avance par l'expéditeur. — L'expéditeur dépose pour la réponse, à titre d'arrhes, une somme égale à la taxe d'une dépêche de vingt mots pour la distance à parcourir. — Il est délivré récépissé du dépôt. Si les arrhes sont insuffisantes, la dépêche n'est remise qu'après règlement de compte.

Loi du 28 mai 1853.

Art. 1. — (Tarif remplacé par la loi du 21 juill. 1856 ci-après.)

Art. 2. — Tout nombre, jusqu'au maximum de cinq chiffres, est compté pour un mot. Les nombres de plus de cinq chiffres représentent autant de mots qu'ils contiennent de fois cinq chiffres, plus un mot pour l'excédant. — Les virgules et les barres de division sont comptées pour un chiffre.

Art. 3. — Tout expéditeur peut exiger qu'on lui fasse connaître l'heure de l'arrivée de la dépêche, soit au bureau télégraphique, soit au domicile du destinataire, à charge par lui de payer en plus le quart de la somme qu'aurait coûté la transmission d'une dépêche de un à vingt mots pour le même parcours, sans préjudice des frais ordinaires pour le port des dépêches.

Art. 4. — Quant une dépêche est adressée à plusieurs destinataires dans la même ville, la taxe est augmentée, pour frais de copies, d'autant de fois 50 cent. qu'il y a de destinataires, moins un.

Art. 5. — Le ministre de l'intérieur est autorisé à concéder des abonnements à prix réduits aux chambres de commerce, aux syndicats des agents de change et aux syndicats des courtiers de commerce, sous la condition que les dépêches seront immédiatement rendues publiques dans les formes déterminées par le ministre.

Art. 6. — Les dépêches déposées par les expéditeurs sont immédiatement numérotées. Elles sont rappelées sur le registre à souche par leur numéro, leur premier et leur dernier mot, sans y être transcrites en entier. Ce registre est signé par l'expéditeur ou son mandataire. — La minute de chaque dépêche est conservée et transcrite en entier, dans les vingt-quatre heures qui suivent sa transmission, sur un registre destiné à cet effet. — L'expéditeur ou le destinataire qui veut obtenir copie d'une dépêche par lui envoyée ou reçue, paye la taxe de copie fixée dans l'art. 4 ci-dessus.

Art. 7. — Les directeurs du télégraphe et les chefs du service télégraphique chargés de la perception des taxes fournissent un cautionnement dont la quotité est fixée conformément à l'art. 16 de la loi du 8 août 1847. — Le taux des remises attribuées pour frais de perception et de bureau aux directeurs du télégraphe par l'art. 4 de la loi du 25 fév. 1851, pourra être modifié, s'il y a lieu, par des arrêtés du ministre de l'intérieur, pris de concert avec le ministre des finances.

Art. 8. — Sont maintenues les dispositions de la loi du 29 nov. 1850 qui ne sont pas contraires à la présente loi.

D1. — 15 sept.-8 oct. 1856. — B. 500. — *Promulgation de la loi du 21 juill. 1856.*

Art. 1. — La loi du 21 juill. 1856, qui modifie le tarif pour les dépêches télégraphiques privées, sera promulguée en Algérie, à la suite du présent, pour y recevoir son exécution.

Loi du 21 juill. 1856.

Art. 1. — Les dépêches télégraphiques privées sont soumises à la taxe suivante, perçue au départ : — Pour une dépêche de 1 à 15 mots, il est perçu un droit fixe de 2 fr. plus 10 cent. par myriamètre. — Au-dessus de 15 mots, la taxe précédente est augmentée d'un dixième pour chaque série de 5 mots ou fraction de série excédant. — Il est accordé, pour l'adresse de chaque dépêche, de 1 à 5 mots qui ne sont pas comptés. — Au-dessus de 5 mots, l'excédant est compté et taxé avec le corps de la dépêche. — Le lieu de départ et la date sont transmis d'office.

Art. 2. — Les dépêches entre deux bureaux télégraphiques d'une même ville sont soumises à une taxe fixe, indépendante des distances. — La taxe est de 1 fr. pour une dépêche de 1 à 15 mots; elle est augmentée d'un dixième pour chaque série de 5 mots ou fraction de série excédant.

Art. 3. — Les dépêches de nuit entre des stations télégraphiques où il existe un service de nuit ne donnent lieu à aucune surtaxe. — Dans les stations où le service de nuit n'est pas permanent, les dépêches de nuit continuent d'être soumises à la double taxe.

Art. 4. — Le port des dépêches à domicile est gratuit. — Néanmoins, lorsqu'un expéditeur demande qu'il soit délivré une copie de sa dépêche à plusieurs domiciles, dans un même lieu de station, il paye 50 cent. de port pour chaque copie, moins une; indépendamment du droit de copie établi par l'art. 4 de la loi du 28 mai 1853.

Art. 5. — Les dispositions de la présente loi seront mises à exécution à partir du 1er sept. 1856.

Art. 6. — Sont maintenues les dispositions des lois des 29 nov. 1850, 28 mai 1853 et 22 juin 1851 qui ne sont pas contraires à la présente loi.

D1. — 29 juill.-17 août 1858. — BM. 1. — *Nouveau tarif pour l'Algérie.*

Vu la loi du 18 mai 1858 (1), portant réduction de la taxe des dépêches télégraphiques privées échangées entre deux bureaux d'un même département ou de deux départements limitrophes;

Art. 1. — A partir de la promulgation du présent décret, les dépêches télégraphiques privées échangées en Algérie entre deux bureaux d'une même province seront soumises à une taxe fixe de 1 fr., quelle que soit la distance.

Art. 2. — Les dépêches de 1 à 15 mots échangées entre deux bureaux de deux provinces limitrophes seront soumises à la taxe fixe de 1 fr. 50 c., quelle que soit la distance.

Art. 3. — Les dépêches de 1 à 15 mots échangées entre deux bureaux de provinces non limitrophes seront soumises à la taxe fixe de 2 fr., quelle que soit la distance.

Art. 4. — Dans les cas prévus par les articles précédents, la taxe sera augmentée d'un dixième pour chaque série de 5 mots ou fraction de série excédant.

Art. 5. — Sont maintenues les dispositions des lois des 29 nov. 1850, 28 mai 1853, 22 juin 1851 et 21 juill. 1856, qui ne sont pas contraires au présent décret.

§ 2. — SERVICE ADMINISTRATIF.

D1. — 16 août-20 sept. 1859. — BM. 37. — *Nouvelle organisation du service télégraphique.*

---

(1) La loi du 18 mai 1858 porte:

Art. 1. — A partir du 1er juill. 1858, les dépêches télégraphiques privées de 1 à 15 mots échangées entre deux bureaux d'un même département seront soumises à une taxe fixe de 1 fr., quelle que soit la distance.

Art. 2. — Les dépêches de 1 à 15 mots échangées entre

---

deux bureaux de deux départements limitrophes seront soumises à la taxe fixe de 1 fr. 50 c., quelle que soit la distance.

Art. 3. — Dans l'un et l'autre cas, cette taxe sera augmentée d'un dixième pour chaque série de 5 mots ou fraction de série excédant.

Vu les décr. des 21 mars 1855, 23 fév. 1856 et 29 nov. 1858;

Art. 1.—Le personnel de la télégraphie en Algérie se compose de fonctionnaires et agents du service télégraphique de France, mis à cet effet par le ministre de l'intérieur à la disposition du ministre de l'Algérie et des colonies.

Il comprend : — Un directeur divisionnaire, résidant à Alger, chargé de diriger et de contrôler toutes les parties du service selon les conditions et dans les limites déterminées par les instructions et règlements émanés du département de l'Algérie et des colonies; — Un inspecteur, chef du bureau central, résidant également à Alger, et qui prendra provisoirement la direction du service, en cas d'absence ou d'empêchement du directeur divisionnaire; — Des inspecteurs, directeurs de station, stationnaires, receveurs, expéditionnaires, surveillants et piétons, en nombre suffisant pour les besoins du service et remplissant les fonctions qui sont attribuées aux agents du même grade dans la métropole par le décr. du 29 nov. 1858.

Art. 2.—Le directeur divisionnaire correspond directement avec le ministre de l'Algérie et des colonies, chargé de transmettre à notre ministre de l'intérieur celles des affaires qui se rattachent exclusivement au service télégraphique.

Art. 3. — Les fonctionnaires et agents de la télégraphie employés en Algérie sont considérés comme individus détachés pour un service public des cadres de la métropole, dans lesquels ils sont aptes à rentrer avec leur grade, après cinq ans de service en Algérie.—Toutefois, la rentrée en France peut également avoir lieu pour raison de santé, ou par suite d'avancement, quelle que soit d'ailleurs la durée du séjour en Afrique.

Art. 4.—Les fonctionnaires et agents de la télégraphie en Algérie sont nommés conformément aux art. 10 et 11 du décr. du 29 nov. 1858 (1). Ils exercent en vertu de commissions délivrées par le ministre de l'Algérie et des colonies.

Art. 5.— Les emplois de surveillants sont, jusqu'à concurrence des deux tiers, conférés, sur la désignation du ministre de l'Algérie et des colonies, à des sous-officiers libérés du service, dont l'aptitude aura été préalablement reconnue par un surnumérariat dont la durée sera au moins de six mois.—Les autres emplois de surveillants sont accordés aux candidats mis à la disposition du département de l'Algérie et des colonies par notre ministre de l'intérieur.

Art. 6.— Les propositions d'avancement, de ré-

compenses ou de rentrée en France, concernant les fonctionnaires et agents du service télégraphique, sont adressées par le directeur divisionnaire au ministre de l'Algérie et des colonies, qui se concerte avec le ministre de l'intérieur. — L'avancement est soumis, en Algérie, aux conditions déterminées pour la métropole, par les art. 12 et suiv. du décr. du 29 nov. 1858 (2).

Art. 7.—Les fonctionnaires et agents des lignes télégraphiques employés en Algérie reçoivent, selon leurs grades et emplois, les traitements déterminés par l'art. 18 du décret précité, avec une augmentation d'un quart en sus à titre d'indemnité coloniale (3). — Toutefois, il est fait exception à cette règle en faveur des surnuméraires, qui reçoivent en Afrique une indemnité fixe de 1,200 fr. pour les surnuméraires stationnaires, et de 1,000 fr. pour les surnuméraires surveillants. —Tous ces fonctionnaires et agents reçoivent, en outre, les frais de route et de séjour déterminés pour leur grade, audit art. 18.

Art. 8.—Le directeur divisionnaire n'a pas droit aux frais de route et de séjour pour les tournées ou déplacements qu'il accomplira sans avoir reçu préalablement un ordre spécial du ministre.—Les inspecteurs n'ont pas droit non plus aux frais de route et de séjour pour les tournées périodiques qu'ils font dans l'étendue de leur circonscription. —Des indemnités spéciales pourront être accordées à ces fonctionnaires par le ministre.

Art. 9. — Les fonctionnaires et agents chargés d'une construction touchent les frais de séjour pendant la durée des travaux et n'ont droit aux frais de route que pour l'aller et le retour.

Art. 10.—Les fonctionnaires et agents changés de résidence ont droit aux frais de route, lorsque le changement de résidence n'a pas lieu sur leur demande ou par suite d'avancement.

Art. 11. — Les fonctionnaires et agents chargés de faire un intérim hors de leur circonscription ou de leur résidence ont droit à des frais de route en sus des frais de séjour.—Les surnuméraires appelés temporairement hors de leur résidence pour remplacer un stationnaire ou surveillant empêché, ou suppléer à l'insuffisance du personnel d'une station, ont droit également aux frais de route et de séjour.

Art. 12. — Les allocations pour frais de route sont réduites à la moitié pour tous les trajets faits en chemin de fer ; par exception, cette allocation, pour les agents dont les frais de route sont fixés à

(1) Art. 10.—Le directeur de l'administration est nommé par nous. — Les inspecteurs généraux, directeurs divisionnaires, inspecteurs, élèves inspecteurs, directeurs de station, stationnaires, receveurs, traducteurs et stationnaires surnuméraires sont nommés par le ministre de l'intérieur, sur la proposition du directeur de l'administration. — Les autres employés et agents sont nommés et révoqués par le directeur de l'administration.

Art. 11. — Nul ne pourra être admis dans le personnel de l'administration des lignes télégraphiques s'il a moins de 20 ans révolus et plus de 28 ans. — Les candidats comptant sept années de service militaire pourront être admis jusqu'à 30 ans. — La présente disposition n'est point applicable aux agents dont la nomination est réservée au directeur de l'administration.

(2) Art. 12.— Nul ne peut être promu à un grade supérieur s'il ne compte au moins quatre ans de service dans le grade immédiatement inférieur, qu'il est réglé par le présent décret, ou qu'il résulte de l'application des décrets suivis jusqu'à ce jour. — Nul ne peut être promu à une classe supérieure qu'après deux ans révolus de service dans la classe immédiatement inférieure.

Art. 14.—Un tiers au moins des emplois d'inspecteurs est réservé aux élèves inspecteurs. — Les deux tiers au moins

des emplois de surveillants et de piétons seront accordés aux anciens militaires.

Art. 15.—Les directeurs de station ne seront nommés inspecteurs; les surveillants ne seront nommés stationnaires, et les surnuméraires ne seront admis qu'après avoir été reconnus aptes, à la suite d'un examen dont le programme sera arrêté par le ministre de l'intérieur.

Art. 16.—Les inspecteurs généraux, les directeurs divisionnaires, les directeurs de station et les stationnaires ayant 65 ans révolus, et les inspecteurs ayant 62 ans, seront admis à faire valoir leurs droits à la retraite.

(3) Art. 18 (suivant la classe à laquelle appartient l'employé).—Directeur divisionnaire, 7,000 fr., 6,000 fr., 5,000 fr.; — Inspecteur, 4,000 fr., 3,500 fr., 3,000 fr.; — Elèves inspecteurs, faisant fonctions d'inspecteurs, 2,000 fr.; — Directeurs de stations, receveurs, traducteurs, 3,000 fr., 2,500 fr., 2,000 fr. — Stationnaires, 1,800 fr., 1,500 fr., 1,200 fr.; — Surnuméraires, faisant fonctions de stationnaires, 900 fr.; — Expéditionnaires, 2,000 fr., 1,800 fr., 1,500 fr.; — Gardes-magasins et chefs-mécaniciens, 3,000 fr., 2,500 fr., 2,000 fr.; — Mécaniciens, 1,800 fr., 1,500 fr., 1,200 fr.; — Surveillants chefs d'atelier et surveillants, 1,200 fr., 1,100 fr., 1,000 fr.; — Piétons, 1,000 fr., 900 fr., 800 fr. — Plus des frais de route et de séjour.

1 fr. 50 cent. par myriamètre, est réduite dans ce cas à 1 fr.

Art. 13. — Il n'est accordé aucune indemnité à 'titre de frais de route et de séjour, pendant le séjour des agents à bord des bâtiments appartenant à l'État ou subventionnés par l'État.

Art. 14. — Les peines disciplinaires portées aux art. 30 et 31 du décr. du 29 nov. 1858 sont applicables aux fonctionnaires et agents de la télégraphie, en Algérie, de la manière suivante : — L'avertissement, la réprimande et la suspension pendant un mois sont prononcés par le ministre de l'Algérie et des colonies. Toutefois, en cas d'urgence, et pour motifs graves, le directeur divisionnaire, chef du service, peut suspendre provisoirement les fonctionnaires sous ses ordres, à la condition d'en rendre compte immédiatement au ministre. — Le retrait d'emploi et la révocation sont prononcés par le ministre de l'intérieur, sur la proposition du ministre de l'Algérie et des colonies.

Art. 15. — En outre, le directeur divisionnaire est autorisé à exercer sur le traitement des stationnaires, surveillants et piétons, pour fautes éventuelles dans le service, et sur la proposition des inspecteurs, des retenues qui ne pourront excéder quinze jours par mois.

Art. 16. — L'uniforme des fonctionnaires et agents du service télégraphique d'Algérie est le même qu'en France. Il est réglé par l'art. 36 du décr. du 29 nov. 1858. Les surveillants et piétons nommés en Algérie recevront, lors de leur entrée en fonctions, une indemnité de première mise d'habillement. Ils devront entretenir et renouveler cet habillement à leurs frais.

Art. 17. — Les fonctionnaires et agents du service télégraphique actuellement en fonctions, dont le traitement dépasse le taux fixé par le décr. du 29 nov. 1858, conserveront ce traitement jusqu'à ce qu'ils soient promus à un grade donnant droit à un traitement au moins égal à celui dont ils jouissent en ce moment. — L'application des dispositions nouvelles, en ce qui concerne ceux dont le traitement actuel est inférieur au taux fixé par ledit décret pour leur grade et la classe à laquelle ils appartiennent, est subordonnée aux ressources du budget et à la décision prise par le ministre de l'intérieur, de concert avec le ministre de l'Algérie et des colonies.

Art. 18. — Des piétons, nommés conformément aux dispositions dudit décret, remplaceront, au fur et à mesure des vacances, les surveillants qui, en Algérie, remplissent actuellement les fonctions de piéton.

Art. 19. — Sont abrogés les décr. des 21 mars 1855 et 23 fév. 1856, en ce qu'ils ont de contraire au présent décret.

AM. — 19 mars 1860. — BM. 69. — *Règlements de service intérieur concernant les directeurs de station et les inspecteurs du service télégraphique en Algérie.*

AM. — 17 déc. 1859. — BM. 73. — *Programme des examens aux fonctions de stationnaires.*

AM. — 20 déc 1859. — BM. 73. — *Programme des examens aux fonctions de stationnaires surnuméraires.*

Théâtres.

LOI. — 30 juill.-20 août 1850. — B. 359. — *Police des théâtres. — Ouvrages dramatiques.*

Art. 1. — Jusqu'à ce qu'une loi générale, qui devra être présentée dans le délai d'une année, ait définitivement statué sur la police des théâtres, aucun ouvrage dramatique ne pourra être représenté sans l'autorisation préalable du ministre de l'inté-

rieur à Paris, et du préfet dans les départements. — Cette autorisation pourra toujours être retirée pour des motifs d'ordre public.

Art. 2. — Toute contravention aux dispositions qui précèdent est punie, par les tribunaux correctionnels, d'une amende de 100 à 1,000 fr., sans préjudice des poursuites auxquelles pourraient donner lieu les pièces représentées.

Vu pour être promulguée en Algérie.

Le gouverneur général, CHARON.

DI. — 1er-24 sept. 1851. — B. 393. — *Promulgation de la loi du 30 juill. 1851, qui proroge jusqu'au 31 déc. 1852 la loi qui précède.* (Le décret ci-après du 30 déc. 1852 a prorogé indéfiniment les effets de cette loi.)

DI. — 30 août-5 oct. 1853. — B. 444. — *Promulgation du décr. du 30 déc. 1852 sur les ouvrages dramatiques.*

Art. 1. — Notre décret en date du 30 déc. 1852, relatif à la représentation des ouvrages dramatiques, sera promulgué en Algérie.

Décret du 30 déc. 1852.

Vu le décret du 8 juin 1806, les lois des 30 juill. 1850 et 30 juill. 1851 ; — Vu l'art. 6 de la constitution ; — Considérant que l'ordre public est intéressé à ce que les ouvrages dramatiques ne puissent être représentés sans l'autorisation préalable du gouvernement ;

Art. 1. — Les ouvrages dramatiques continueront à être soumis, avant leur représentation, à l'autorisation de notre ministre de l'intérieur à Paris, et des préfets dans les départements.

Art. 2. — Cette autorisation pourra toujours être retirée pour des motifs d'ordre public.

Timbre.

DIVISION.

§ 1. — Législation spéciale.
§ 2. — Débits de papier timbré.

§ 1. — LÉGISLATION SPÉCIALE.

OR. — 10 janv.-31 mars 1813. — B. 446. — *Établissement du timbre en Algérie.*

Art. 1. — A partir du 1er mars 1813 (délai prorogé jusqu'au 1er juill. de la même année par ord. du 12 mars 1813), seront applicables et exécutoires, en Algérie, les lois, décrets et ordonnances qui régissent actuellement en France l'impôt et les droits de timbre.

Art. 2. — Les lois et ordonnances qui seraient rendues par la suite en France, relativement aux droits de timbre, ne deviendront exécutoires, en Algérie, qu'en vertu de nos ordonnances spéciales.

OR. — 19 oct.-18 nov. 1844. — B. 188. — *Droit de timbre sur les pièces administratives.*

Art 1. — Les expéditions et quittances de droits délivrées par les administrations financières de l'Algérie seront timbrées. — L'administration des finances fera elle-même appliquer ce timbre et comptera de son produit. — Sont toutefois affranchies de la formalité du timbre les expéditions relatives au transport des grains, les manifestes des cargaisons et les déclarations qui doivent être fournies aux douanes.

Art. 2. — Le droit de timbre des expéditions et quittances délivrées par les administrations financières est fixé, conformément à la législation de la métropole, sans addition du décime (1).

_____

(1) 1° Application de cette règle doit être faite aux

Art. 3. — Les quittances des articles d'argent déposés à la poste seront constatées sur un mandat timbré de 35 cent., lorsque la somme excédera 10 fr. — Les quittances de 10 fr. et au-dessous sont affranchies de tout droit de timbre.—Le droit sera toujours payé par l'envoyeur.

Art. 4. — Le droit de timbre des expéditions et quittances sera perçu au profit du trésor.

Art. 5. — La présente ordonnance sera exécutoire en Algérie, à partir du 1er janv. prochain.

LOI.—21 nov. 1818, 13 déc. 1819.—B. 336.—*Inscriptions aux caisses d'épargne et bons du trésor.*

Art. 7.—Les pouvoirs à donner par les porteurs de livrets qui voudront vendre leurs inscriptions seront exempts de timbre et de l'enregistrement.

Les autres pièces à produire pour la vente, dans certains cas, telles que certificats de propriété, intitulés d'inventaire, etc., sont aussi exemptés du timbre et de l'enregistrement.

Vu pour être promulgué en Algérie. — 3 déc. 1819. LE GOUVERNEUR GÉNÉRAL.

DP. —10 août-2 sept. 1850.—B. 360.—*Loi sur le timbre des effets de commerce.*

Vu l'ord. du 10 janv. 1813; — Vu la loi des 7, 22 mars et 5 juin 1850, relative au timbre des effets de commerce, des bordereaux de commerce, des actions dans les sociétés, etc.;

Art. 1. — Sont déclarées exécutoires, en Algérie, les dispositions de la loi susvisée des 7, 22 mars et 5 juin 1850, relative au timbre des effets de commerce, des bordereaux de commerce, des actions dans les sociétés, des obligations négociables des départements, communes, établissements publics et compagnies, et des polices d'assurances.

Art 2. — Les époques et délais fixés pour la mise à exécution des diverses dispositions de ladite loi sont prorogés de trois mois, dans leur application en Algérie.

DI. — 17 fév.-30 mars 1858. — B. 519.— *L'art. 12 de la loi des finances du 23 juin 1857 est déclaré exécutoire en Algérie.*

Loi du 23 juin 1857.

Art. 12. — Est abrogé l'art. 1 de la loi du 6 prairial an VII qui assujettit au timbre spécial les avis imprimés qui se crient et se distribuent dans les rues et lieux publics, ou que l'on fait circuler de toute autre manière.

OR. — 7 juin-29 juill. 1847.—B. 259. — *Promulgation de l'ord. du 28 sept. 1846, qui prescrit l'établissement de nouveaux timbres sur les papiers et formules délivrés par l'administration, à partir du 1er juill. 1847 ; autorise tout détenteur de papiers frappés de timbres supprimés à les échanger sans frais, du 1er juill. 1847 au 1er oct. suivant, excepté pour les registres déjà timbrés qui pourront être employés jusqu'à épuisement ; interdit après le 1er juill. 1847 (prorogé par ord. du 17 déc. 1846 au 1er oct. 1847) l'usage des anciens papiers sous les peines et amendes portées par la loi.*

DI. — 23 mai-30 juin 1853. — B 439. — *Nouveau changement ordonné.—Délai d'échange et d'usage des anciens timbres accordé jus-*

qu'au 1er juill. 1854. — *Mêmes dispositions d'exécution.*

DI. — 11 janv.-6 fév. 1860.— BM. 56. — *Timbre mobile.*

Vu l'ord. du 10 janv. 1843, art. 2 (ci-dessus) ;

Art. 1. — Sont exécutoires en Algérie, sous la réserve mentionnée dans l'article suivant, les dispositions des art. 19, 20, 21, 22, 23 et 24 de la loi du 11 juin 1859, sur la perception des droits de timbre et d'enregistrement.

Art. 2.—Aux termes de l'art. 2 de l'ord. du 19 oct. 1841, il ne sera perçu en Algérie que la moitié des droits, soit fixes, soit proportionnels (décime non compris), établis par l'art. 22 de la loi du 11 juin 1859.

Loi du 11 juin 1859.

TIT. 3. — *Moyens de service et dispositions diverses.*

Art. 19.— Le droit de timbre auquel l'art. 3 de la loi du 5 juin 1850 assujettit les effets de commerce venant soit de l'étranger, soit des îles ou des colonies dans lesquelles le timbre n'aurait pas encore été établi, pourra être acquitté par l'apposition sur ces effets d'un timbre mobile que l'administration de l'enregistrement est autorisée à vendre et faire vendre. — La forme et les conditions d'emploi de ce timbre mobile seront déterminées par un règlement d'administration publique.

Art. 20. — Seront considérés comme non timbrés :— 1° Les effets mentionnés en l'art. 19, sur lesquels le timbre mobile aurait été apposé sans l'accomplissement des conditions prescrites par le règlement d'administration publique, ou sur lesquels aurait été apposé un timbre mobile ayant déjà servi ;— 2° Les actes, pièces et écrits autres que ceux mentionnés en l'art. 19, et sur lesquels un timbre mobile aurait été indûment apposé. — En conséquence, toutes les dispositions pénales et autres des lois existantes concernant les actes, pièces et écrits non timbrés, pourront leur être appliquées.

Art. 21.—Ceux qui auront sciemment employé, vendu ou tenté de vendre des timbres mobiles ayant déjà servi, seront poursuivis devant le tribunal correctionnel et punis d'une amende de 50 fr. à 1,000 fr. En cas de récidive, la peine sera d'un emprisonnement de cinq jours à un mois, et l'amende sera doublée. — Il pourra être fait application de l'art. 463 c. pén.

Art. 22.— Les marchés et traités réputés actes de commerce par les art. 632, 633 et 634, n° 1, c. com., faits ou passés sous signature privée, et donnant lieu au droit proportionnel, suivant l'art. 69, § 3, n° 1, et § 5, n° 1, de la loi du 22 frim. an VII, seront enregistrés provisoirement moyennant un droit fixe de 2 fr. et les autres droits fixes auxquels leurs dispositions peuvent donner ouverture d'après les lois en vigueur. Les droits proportionnels édictés par ledit article seront perçus lorsqu'un jugement portant condamnation, liquidation, collocation ou reconnaissance, interviendra sur ces marchés et traités, ou qu'un acte public sera fait ou rédigé en conséquence, mais seulement sur la partie du prix ou des sommes faisant l'objet soit de la condamnation, liquidation, collocation ou reconnaissance, soit des dispositions de l'acte public.

---

quittances délivrées par le service des contributions diverses en acquit de droits et taxes de toute nature.— *Circul. min.* 9 déc. 1844.

2° Les quittances pour taxes municipales de villes telles que droits d'abatage, mesurage, pesage, etc., sont affranchies au-dessous de 10 fr. du timbre de 10 cent., spécial aux contributions indirectes; au-dessus de 10 fr., elles

seront timbrées à 35 cent. — *Décis. min.*, 15 juin 1851.

(1) Lorsqu'après une sommation extrajudiciaire, ou une demande tendante à obtenir un payement, une livraison, ou l'exécution de toute autre convention dont le titre n'aurait point été indiqué dans lesdits exploits, ou qu'on aura simplement énoncé comme verbal, on produira, au cours d'instance, des écrits, billets, marchés, factures acceptées,

Art. 23. — Dans le cas prévu par l'art. 57 de la loi du 28 avr. 1816 (1), le double droit, dû en vertu de cet article, sera réglé conformément aux dispositions de l'art. 22 de la présente loi, et pourra être perçu lors de l'enregistrement du jugement.

Art. 24. — Les dispositions qui précèdent seront appliquées aux marchés et traités sur lesquels des demandes en justice ont été formées antérieurement à la présente loi, et qui n'auraient pas encore été enregistrés. Néanmoins, il ne sera perçu que les droits simples, si lesdits marchés et traités sont soumis à la formalité de l'enregistrement, dans le mois de la promulgation de la présente loi, ou, au plus tard, en même temps que le jugement, s'il est rendu avant l'expiration de ce mois.

D1. — 18 fév.-13 mars 1860.—BM. 57. — *Est déclaré exécutoire en Algérie, le décret portant règlement d'administration publique sur le timbre mobile.*

Décret du 18 janv. 1860.

Art. 1. — Il sera établi, pour l'exécution des art. 19, 20 et 21 de la loi du 11 juin 1859, des timbres mobiles dont le prix et l'emploi sont fixés, conformément à l'art. 1 de la loi du 5 juin 1850, ainsi qu'il suit :

Prix.		Effets.		
0f. 05c. de 100 fr. et au-dessous.				
0	10	au-dessus de	100 fr. jusqu'à	200 fr.
0	15	—	200 —	300
0	20	—	300 —	400
0	25	—	400 —	500
0	50	—	500 —	1,000
1	00	—	1,000 —	2,000
1	50	—	2,000 —	3,000
2	00	—	3,000 —	4,000

Et ainsi de suite, en suivant la même progression et sans fraction.—Ces timbres seront conformes au modèle annexé au présent décret.

Art. 2. — Les timbres mobiles ne pourront être apposés sur les effets de plus de 30,000 fr. Ces effets continueront à être soumis au visa pour timbre, moyennant le payement à raison de 50 cent. par 1,000 fr., sans fraction, conformément aux art. 10 et 11 de la loi du 13 brum. an VII.

Art. 3. — Le timbre mobile sera apposé, sur les effets pour lesquels l'emploi en est autorisé, avant tout usage de ces effets en France. — Il sera collé sur l'effet, savoir : avant les endossements, si l'effet n'a pas encore été négocié, et, s'il y eu négociation, immédiatement après le dernier endossement souscrit en pays étranger. — Le signataire de l'acceptation, de l'aval, de l'endossement et de l'acquit, après avoir apposé le timbre, l'annulera immédiatement, en y inscrivant la date de l'apposition et sa signature.

Art. 4. — L'administration de l'enregistrement et des domaines fera déposer au greffe des cours et tribunaux des spécimens de timbres mobiles. Il sera dressé, sans frais, procès-verbal de chaque dépôt.

§ 2. — DÉBITS DE PAPIER TIMBRÉ.

AM. — 6 sept.-7 oct. 1844. — B. 184. — *Débits auxiliaires.*

Vu l'ord. roy. du 10 janv. 1843; — Considérant que les besoins du commerce et de la population ont rendu nécessaire l'établissement de bureaux auxiliaires de débits de papiers timbrés;

lettres, en h'st autre titre émané du défendeur, qui n'auraient pas été enregistrés avant ladite demande ou sommation, le double droit sera dû, et pourra être exigé ou perçu lors de l'enregistrement du jugement intervenu.— Loi du 28 avr. 1816, art. 57.

Art. 1. — Il pourra être créé en Algérie des bureaux auxiliaires pour le débit du papier timbré. — Ces bureaux seront établis, sur la proposition du directeur des finances, par le ministre de la guerre, qui nommera les débitants.

Art. 2. — Il sera alloué aux débitants, pour tout traitement et émoluments, 5 p. 100 de la valeur du papier timbré débité.

Art. 3. — Le directeur des finances assignera les quartiers où les débits devront être placés.

Art. 4. — Les bureaux de distribution seront ouverts au public, de huit heures du matin à six heures du soir.

Art. 5. — Il sera affiché dans un endroit apparent de chaque bureau de débit, le prix, d'après le tarif, des papiers timbrés, avec mention que ce prix ne pourra être augmenté ni diminué sous les peines de droit.

Art. 6. — Le prix des papiers timbrés, qui devront être pris par les distributeurs aux bureaux des receveurs des domaines désignés dans leur commission, sera payé comptant, sous la déduction de 5 p. 100, allouée aux débitants en vertu de l'art. 2.

Art. 7. — Il est créé dès à présent des débits auxiliaires de papier timbré, savoir : — A Alger, 4; à Bône, 1; à Oran, 2; à Douéra, 1; à Boufarik, 1. Maréchal duc de DALMATIE.

AM. — 18 mai 1857. — B. 510. — *Création d'un débit à Médéah.*

AM. — 28 août 1857. — B. 515. — *Idem à Mascara.*

AM. — 21 déc. 1857. — B. 517. — *Idem à Boghar.*

AM. — 26 mars 1858. — B. 521. — *Idem à Aïn-Tédélès.*

AM. — 19 avr. 1858. B. 521. — *Idem à Sidi bel Abbès.*

AM. — 10 mai 1858. — B. 521. — *Idem à Souk-Arras, Aïn Beïda, Tebessa et Bordj bou Arreridj (province de Constantine).*

Titres (usurpation de).

LOI. — 28 mai-17 août 1858.— B. 525.—*Promulgation de la loi qui modifie l'art. 259 c. pén.*

Article unique. — L'art. 259 du c. pén. est modifié ainsi qu'il suit :

Art. 259. — Toute personne qui aura publiquement porté un costume, un uniforme ou une décoration qui ne lui appartiendrait pas, sera punie d'un emprisonnement de six mois à deux ans. — Sera puni d'une amende de 500 fr. à 10,000 fr., quiconque, sans droit et en vue de s'attribuer une distinction honorifique, aura publiquement pris un titre, changé, altéré ou modifié le nom que lui assignent les actes de l'état civil. — Le tribunal ordonnera la mention du jugement en marge des actes authentiques ou des actes de l'état civil dans lesquels le titre aura été pris indûment ou le nom altéré. — Dans tous les cas prévus par le présent article, le tribunal pourra ordonner l'insertion intégrale ou par extrait du jugement dans les journaux qu'il désignera. — Le tout aux frais du condamné.

Vu pour être promulgué en Algérie,
Le gouverneur général par intérim,
Général baron RENAULT.

Traités.

De nombreux traités diplomatiques ont été consentis entre la France et diverses puissances, en ce qui concerne l'extradition des malfaiteurs, le commerce, la navigation, les conventions postales etc.; bien que quelques-unes de leurs dispositions puissent intéresser l'Algérie, leur étendue ne permet pas de les reproduire, et on s'est borné à insérer ci-après les principales clauses du traité avec le Maroc. — Le texte de la capitulation d'Alger a déjà été donné à l'article *Administration générale*, § 1.

18 mars 1845. — D. 211. — *Traité avec le Maroc.*

Les deux empereurs, animés d'un égal désir de consolider la paix heureusement rétablie entre eux, et voulant, pour cela, régler d'une manière définitive l'exécution de l'art. 5 du traité du 10 sept. de l'an de grâce 1844, (24 cha'ban de l'an 1260 de l'hégire); — Ont nommé, pour leurs commissaires plénipotentiaires, à l'effet de procéder à la fixation exacte et définitive de la limite de souveraineté entre les deux pays, savoir :

L'empereur des Français, le sieur Aristide Isidore, comte de la Rue, maréchal de camp dans ses armées, commandeur de l'ordre impérial de la Légion d'honneur, etc.

L'empereur de Maroc, le Sid Ahmida Ben Ali el Sedjaut, gouverneur d'une des provinces de l'empire ;

Lesquels, après s'être réciproquement communiqué leurs pleins pouvoirs, sont convenus des articles suivants, dans le but du mutuel avantage des deux pays et d'ajouter aux liens d'amitié qui les unissent :

Art. 1. — Les deux plénipotentiaires sont convenus que les limites qui existaient autrefois entre le Maroc et la Turquie resteraient les mêmes entre l'Algérie et le Maroc. — Aucun des deux empereurs ne dépassera la limite de l'autre; aucun d'eux n'élèvera à l'avenir de nouvelles constructions sur le tracé de la limite; elle ne sera pas désignée par des pierres. Elle restera, en un mot, telle qu'elle existait entre les deux pays avant la conquête de l'Algérie par les Français.

Art. 2. — Les plénipotentiaires ont tracé la limite au moyen des lieux par lesquels elle passe et touchant lesquels ils sont tombés d'accord, en sorte que cette limite est devenue aussi claire et aussi évidente que le serait une ligne tracée. — Ce qui est à l'E. de cette ligne frontière appartient à l'empire de l'Algérie. — Tout ce qui est à l'O. appartient à l'empire du Maroc.

Art. 3. — La désignation du commencement de la limite et des lieux par lesquels elle passe est ainsi qu'il suit : — (suit le détail topographique de cette ligne.)

Art. 4. — Dans le Sahra (désert), il n'y a pas de limite territoriale à établir entre les deux pays, puisque la terre ne se laboure pas et qu'elle sert de pacage aux Arabes des deux empires qui viennent y camper pour y trouver les pâturages et les eaux qui leur sont nécessaires. Les deux souverains exerceront de la manière qu'ils l'entendront toute la plénitude de leurs droits sur leurs sujets respectifs dans le Sahra. Et toutefois, si l'un des deux souverains avait à procéder contre ses sujets, au moment où ces derniers seraient mêlés avec ceux de l'autre État, il procédera comme il l'entendra sur les siens, mais il s'abstiendra envers les sujets de l'autre gouvernement.

Ceux des Arabes qui dépendent de l'empire du Maroc, sont : les M'beia, les Beni Guil, les Hamian Djenba, les Eûmeur Sahra et les Ouled Sidi Cheik el Gharaba. — Ceux des Arabes qui dépendent de l'Algérie sont : les Ouled Sidi el Cheik el Chéraga et tous les Hamian, excepté les Hamian Djenba susnommés.

Art. 5. — Cet article est relatif à la désignation

des kessoura (villages du désert) des deux empires. — Les deux souverains suivront à ce sujet l'ancienne coutume établie par le temps, et accorderont, par considération l'un pour l'autre, égard et bienveillance aux habitants de ces kessoura.

Les kessoura qui appartiennent au Maroc sont ceux de Yiche et de Figuigue. — Les kessoura qui appartiennent à l'Algérie sont : Aïn Safra, S'fissifa, Assla, Tiout, Chellala, el Abjad et bou Semghoune.

Art. 6. — Quant au pays qui est au S. des kessoura des deux gouvernements, comme il n'y a pas d'eau, qu'il est inhabitable, et que c'est le désert proprement dit, la délimitation en serait superflue.

Art. 7. — Tout individu qui se réfugiera d'un État dans l'autre, ne sera pas rendu au gouvernement qu'il aura quitté par celui auprès duquel il se sera réfugié, tant qu'il voudra y rester.

S'il voulait, au contraire, retourner sur le territoire de son gouvernement, les autorités du lieu où il se sera réfugié ne pourront apporter la moindre entrave à son départ. S'il veut rester, il se conformera aux lois du pays, et il trouvera protection et garantie pour sa personne et ses biens. Par cette clause, les deux souverains ont voulu se donner une marque de leur mutuelle considération.

Il est bien entendu que le présent article ne concerne en rien les tribus, l'empire auquel elles appartiennent étant suffisamment établi dans les articles qui précèdent.

Il est notoire aussi que El Hadj Abd el Kader et tous ses partisans ne jouiront pas du bénéfice de cette convention, attendu que ce serait porter atteinte à l'art. 4 du traité du 10 sept. de l'an 1844, tandis que l'intention formelle des hautes parties contractantes est de continuer à donner force et vigueur à cette stipulation émanée de la volonté de leurs souverains, et dont l'accomplissement affermira l'amitié et assurera pour toujours la paix et les bons rapports entre les deux États.

Fait sur le territoire français voisin des limites, le 18 mars 1845 (9 de rabià el ouel 1261 de l'hégire). — Puisse Dieu améliorer cet état de choses dans le présent et dans le futur !

(L. S.) Signé le général comte DE LA RUE.
(L. S.) Signé AHMIDA BEN ALI.

Transactions immobilières.

A1. — 7 mai 1852. — *Toute transmission de biens immobiliers, de musulmans à chrétiens, est provisoirement déclarée nulle et non avenue à Bône et dans la province de Constantine.*

A1. — 8 mai 1853. — *Abrogation de l'arrêté précédent.*

Art. 1. — L'arr. du 7 mai 1852 est rapporté.

Art. 2. — Les transactions immobilières reprendront leurs cours à Bône, savoir : en ce qui concerne les propriétés situées à l'extérieur de la ville, à dater de la publication du présent arrêté. — En ce qui concerne celles situées dans l'intérieur, aussitôt après la confection et la publication du nouveau plan sur lequel devront être reconstruites les principales rues de la ville.

Art. 3. — Toutefois les acquéreurs sont prévenus qu'ils achèteront à leurs risques et périls, et que c'est à eux à s'informer de la validité des titres de leurs vendeurs.

Art. 4. — Des dispositions sont prises pour que le plan annoncé par l'art. 2, ainsi que la direction, les dimensions et les alignements qui doivent en être la conséquence, soient préparés dans le plus bref délai possible.

VOIROL.

GENTY DE BUSSY.

AGI. — 3 sept. 1833. — *Interdiction de transactions à Arzew et Mostaganem.*

Vu l'arr. du 7 mai 1832 ;

Art. 1. — Jusqu'à disposition contraire, toute transmission d'immeubles entre indigènes et Européens est interdite dans les villes d'Arzew et de Mostaganem, de la province d'Oran.

Art. 2. — Toute transaction qui aurait lieu avant la révocation du présent arrêté serait nulle de plein droit.

VOIROL.   GENTY DE BUSSY.

AGI. — 4 oct. 1833. — *Mêmes dispositions en ce qui concerne la ville de Bougie.*

AG. — 28-31 oct. 1836. — B. 40. — *Interdiction de toute transaction dans la province de Constantine, la ville de Bône exceptée.*

Considérant que tant que la propriété de l'Etat ne sera pas régulièrement constituée dans la province de Bône et de Constantine, et que les établissements nécessaires à tous les services publics ne seront pas formés, il y aurait de graves inconvénients à tolérer les transactions ayant pour objet la transmission de propriétés immobilières ; — Qu'il convient, avant d'autoriser ces transactions, de déterminer le territoire dans lequel elles auront lieu ; — Vu l'art. 5 de l'ord. du 22 juill. 1834 ; — Le conseil d'admin. entendu, vu l'urgence ;

Art. 1. — Sont et demeurent provisoirement suspendues toutes transmissions entre vifs de propriétés immobilières situées dans la province de Bône et de Constantine. — Toutefois, les transactions relatives aux immeubles situés dans la ville de Bône continueront d'avoir lieu.

Art. 2. — Il est interdit, sous peine de révocation, à tous notaires, cadis, rabbins et autres officiers publics de passer aucun acte translatif de propriétés immobilières situées sur le territoire de cette province, de concourir à la rédaction de ces actes ou de les recevoir en dépôt.

Art. 3. — Tous actes de cette nature qui auront été rédigés ou consentis, soit en forme authentique, soit sous signature privée, seront considérés comme nuls et non avenus.

Art. 4. — Les portions de territoire sur lesquelles les transactions pourront avoir lieu seront ultérieurement déterminées.

Maréchal CLAUZEL.

AG. — 10-19 juill. 1837. — B. 50. — *Même interdiction dans la province d'Alger, au delà de limites déterminées.*

Considérant que tant que l'administration française n'exercera pas son action dans les parties du territoire de la province d'Alger ci-après désignées, il importe d'y interdire provisoirement toutes transactions relatives à des propriétés immobilières dont, jusqu'à présent, l'existence, la nature et l'étendue n'ont pu être reconnues ; — Que cette mesure, conservatrice des intérêts des indigènes et des Européens, a aussi pour but de faciliter la formation, sur les points à occuper, des établissements nécessaires à l'armée et aux autres services publics ; que, pour assurer aux Européens la sécurité dont ils ont besoin pour l'établissement et le développement de leurs exploitations sur ces parties du territoire, il convient également de les soumettre à certaines obligations que leur intérêt même exige ; — Vu l'art. 5 de l'ord. du 22 juill. 1834 ; — Le conseil d'admin. entendu, vu l'urgence ;

Art. 1. — Toute transmission, toute transcription nouvelle d'immeubles situés en dehors des limites déterminées à l'O. de la Métidja, par la ligne tracée depuis l'embouchure de l'Oued el Agar, dans la mer, jusqu'au blockhaus de Sidi Yaïch, en suivant la ligne de défense et passant par Sidi Abd el Kader, ben Chaaban, ben Daly Bey et le blockhaus de Méred, sont et demeurent provisoirement interdites.

Art. 2. — Défense est faite, sous peine de révocation, à tous notaires, cadis, rabbins et autres officiers publics de passer, jusqu'à ce qu'il en soit autrement ordonné, aucun acte translatif de propriété immobilière située en dehors des limites ci-dessus mentionnées.

Art. 3. — Tout acte de vente qui aurait été consenti ou rédigé, soit en forme authentique, soit sous signature privée, contrairement aux dispositions du présent arrêté, sera considéré comme nul et non avenu.

Art. 4. — Tout Européen qui voudra s'établir en dehors des limites ci-dessus indiquées devra en faire directement la demande au gouverneur général, et produire l'extrait authentique des titres en vertu desquels il possède ou tient à loyer l'immeuble sur lequel il veut s'établir.

Art. 5. — Le gouverneur général, après examen des titres, donnera ou refusera l'autorisation demandée.

Comte de DAMRÉMONT.

AG. — 30 mai 1841. — (V. *Séquestre*, § 2.) — *Même interdiction à Mascara, et dans un rayon de 21,000 m. autour de la ville.*

AG. — 14 fév. 1842. — (V. *Séquestre*, § 2.) — *Même interdiction dans la ville et le territoire de Tlemcen.*

AG. — 11-19 janv. 1842. — B. 112. — *Mainlevée partielle de l'interdiction prononcée par l'arr. du 28 oct. 1836.*

Vu l'arr. du 28 oct. 1836 ; — Considérant que rien ne s'oppose, dans les circonstances actuelles, à ce que les transmissions de biens immeubles, situés dans la ville de Constantine, reprennent leur cours entre musulmans indigènes ; mais qu'il y a lieu néanmoins de maintenir, quant à présent, toutes les prohibitions établies par l'arrêté précité, en ce qui concerne les transactions immobilières, soit entre musulmans et indigènes israélites, soit entre musulmans et Européens ; — Vu l'art. 5 de l'ord. du 22 juill. 1834 ; — Le conseil d'admin. entendu, vu l'urgence ;

Art. 1. — Sont et demeurent rapportées les prohibitions portées par l'arr. du 28 oct. 1836, en tant qu'elles ont pour objet les transactions, entre indigènes musulmans, relatives aux propriétés immobilières situées dans la ville de Constantine ; — Ces transactions sont autorisées.

Art. 2. — Sont maintenues, jusqu'à ce qu'il en ait été ordonné autrement, les dispositions du même arrêté qui prohibent toutes transmissions, à quelque titre que ce soit, soit entre musulmans et Européens, soit entre musulmans et indigènes israélites, de biens immeubles situés dans la province de Constantine et de Bône, à l'exception seulement des propriétés immobilières faisant partie du territoire de cette dernière ville.

Art. 3. — Indépendamment de la nullité de ces transactions, les Européens ou indigènes israélites qui les auront contractées, soit directement, soit par personnes interposées, encourront, s'il y a lieu, l'exclusion de tout ou partie du territoire de l'Algérie.

BUGEAUD.

AG. — 12-26 mars 1844. — B. 172. — *Dispositions relatives aux territoires d'Alger, Oran, Bône, Cherchell, Mostaganem et Philippeville.*

Vu les arr. des 3 sept. 1833, 28 oct. 1836, 10 juill. 1837, 30 mai 1841 et 14 fév. 1842, portant prohibition de toutes transactions immobilières dans diverses localités de l'Algérie, hors certaines limites ; — Le conseil d'admin. entendu, vu l'urgence ;

Art. 1. — Sont et demeurent autorisées toutes transactions relatives aux biens immeubles situés dans les villes et les territoires ci après désignés : — 1° Dans la province d'Alger, à Oran et à Bône, sur toute l'étendue du territoire soumis à la juridiction des tribunaux de 1ʳᵉ inst., telle que cette étendue a été déterminée par l'arr. du 21 déc. 1842; — 2° Cherchell et les terrains compris dans la ligne de défense formée par les blockhaus; — 3° Mostaganem (*intrà-muros*); — 4° Philippeville et dans sa banlieue, telle qu'elle sera déterminée par l'arrêté à intervenir.

Art. 2. — Jusqu'à disposition contraire, toute transmission d'immeubles en propriété ou usufruit entre les indigènes ou Européens est interdite sur tous les autres points de l'Algérie sans exception, sauf ce qui concerne les acquisitions à faire par l'État. — Toute transaction passée contrairement à cette disposition sera nulle et stipulée non avenue. Les officiers publics et ministériels qui auront prêté leur concours aux actes de l'espèce seront passibles d'une amende de 500 à 2,000 fr., sans préjudice des peines disciplinaires et dommages-intérêts, s'il y a lieu.

Art. 3. — La nullité de ces ventes sera poursuivie d'office par le ministère public.

Art. 4. — Les dispositions contraires au présent arrêté sont abrogées.   Maréchal BUGEAUD.

AG. — 8-11 avr. 1844. — B. 474. — *Dispositions relatives aux villes et territoires de Médéah, Milianah, Mascara et Tlemcen.*

Vu l'arr. du 12 mars relatif aux transactions immobilières dans certaines limites ; — Considérant que les progrès administratifs réalisés dans les villes de l'intérieur permettent aujourd'hui une impulsion nouvelle à la colonisation européenne dans ces localités ; — Qu'il y a lieu en conséquence d'y permettre les transactions immobilières qui pourront s'effectuer sans inconvénients pour les contractants ou pour les services publics ;

Art. 1. — Les transactions immobilières sont autorisées dans les villes de Médéah, Milianah,

Mascara et Tlemcen et dans les banlieues déterminées autour de ces villes au delà de la zone militaire desdites places.

Art. 2. — Néanmoins et jusqu'à nouvel ordre lesdites ventes ne pourront s'effectuer sans une autorisation spéciale du commandant de la subdivision après avoir pris l'avis des commissions administratives, rendue au vu des plans et décisions qui ont déterminé les limites des alignements et l'affectation des immeubles à des services publics.

Art. 3. — Toute vente effectuée sans cette autorisation sera nulle et réputée non avenue. L'annulation en sera poursuivie et les officiers publics et ministériels qui auront prêté leur concours aux actes de l'espèce, seront punis conformément aux dispositions de notre arrêté du 12 mars courant.

Art. 4. — Les transactions immobilières et tous autres actes passibles des droits d'enregistrement seront soumis à l'enregistrement et au payement des droits conformément à l'ord. du 10 oct. 1841.   Maréchal BUGEAUD.

OR. — 9 juin 1844. — B. 17°. — *Dispositions particulières pour la ville de Constantine divisée en deux quartiers* (1).

Voulant régler le mode d'administration de la ville de Constantine et régulariser les prohibitions dont sont frappées les transactions immobilières dans cette ville depuis sa conquête ; — Vu le plan produit ;

Art. 1. — La ville de Constantine sera divisée en deux quartiers : un quartier indigène et un quartier européen, dont les limites sont déterminées par le plan ci-annexé.

Art. 2. — Le quartier européen sera administré suivant la législation qui régit les autres points de l'Algérie soumis à l'action de l'autorité civile.

Art. 3. — Dans ce quartier, l'admission, le séjour et tous établissements, soit d'Européens, soit d'israélites étrangers, de même que les transactions immobilières entre toutes personnes, Européens, musulmans et israélites indigènes, sont affranchis des prohibitions portées par les règlements antérieurs.

Art. 4. — Dans le quartier indigène, l'autorité

---

(1) V. ci-dessus arr. des 28 oct. 1836 et 11 janv. 1842. — Ci-après 20 mars 1849.

Jurisprudence. — Cette ordonnance en 1844 était sensée et prudente ; elle faisait une part assez large aux Européens et s'opposait à des spéculations ardentes qui auraient entraîné souvent la spoliation des indigènes. Elle avait en outre pour but, à une époque où la conservation de la ville arabe pouvait avoir un haut intérêt politique, de réserver l'avenir. Aujourd'hui elle est sans application possible et virtuellement abrogée par l'art. 14 de la loi du 16 juin 1851 (*Propriété*, § 1). — Toutefois les contrats d'aliénation qui ont été consentis de 1844 à 1851, contrairement aux prohibitions de l'ordonnance, ont donné lieu à diverses contestations sur lesquelles sont intervenues les décisions suivantes :

1° L'ord. du 1ᵉʳ oct. 1844 n'a pas abrogé l'ord. du 9 juin 1844 spéciale pour la province de Constantine, mais elle l'a complétée notamment par la disposition de son art. 23 qui valide les transmissions antérieures, sous la condition que les acquéreurs se seront mis en possession. Si la preuve de cette mise en possession n'est point rapportée, l'acte ne peut être maintenu. — *Cour d'Alger*, 28 oct. 1850, confirmé par arrêt de cassation du 19 juin 1855.

2° L'art. 9 de l'ord. du 9 juin 1844, en disposant que nul ne serait recherché pour les ventes ayant date certaine, antérieurement à ladite ordonnance, a validé tous les contrats faits jusqu'à sa promulgation entre Européens et indigènes, lors même que ces contrats auraient été passés contrairement aux précédents arrêtés rendus sur la matière pour la province de Constantine. — *Cour d'Alger*, 7 mai 1851.

3° Considérant que les prohibitions des art. 5, 6 et 7 de l'ord. du 9 juin 1844 ont été notablement modifiées par le décret du 20 mars 1849 ; — Que l'art. 2 de ce décret, en déclarant libres désormais les transactions immobilières dans la banlieue de Constantine, n'exige qu'une seule condition, à savoir les vérifications et homologation des titres de propriété ; — Considérant que les jardins vendus se trouvent dans la banlieue de Constantine ; qu'il résulte des documents de la cause que, dès l'année 1844, l'administration a fait preuve de la plus grande tolérance relativement aux transactions qui avaient pour objet les immeubles compris dans cette circonscription ; que les motifs d'intérêt public qui avaient fait porter les prohibitions de l'ord. de 1844 ayant cessé d'exister, et l'administration permettant aujourd'hui les transactions qu'elle trouvait dangereuses à une époque antérieure, c'est le cas de maintenir et de consacrer un acte que les parties pouvaient, en l'état, régulièrement contracter ; — Par ces motifs, etc. — *Cour d'Alger*, 19 août 1851.

4° La vente d'une maison faite à Constantine en 1838, contrairement aux prohibitions des lois existantes à cette époque, a pu devenir valable en vertu de l'art. 3 de l'ord. du 9 juin 1844, et elle a été ratifiée par le vendeur postérieurement à cette dernière ordonnance qui a reçu le capital de la rente qui en formait le prix, les art. 17 et 23 de l'ord. du 1ᵉʳ oct. 1844 ne s'opposant point à cette ratification, la loi générale ne dérogeant pas en principe à la loi spéciale, et les dispositions rigoureuses de l'ord. du 1ᵉʳ oct. 1844 ayant reçu d'ailleurs de graves et importantes modifications par suite du décret du 20 mars 1849. — *Cour d'Alger*, 21 déc. 1853. Confirmé par arrêt de cassation du 21 août 1854.

civile française, administrative et judiciaire, conservera tous les pouvoirs et attributions qui lui sont dévolus par la législation spéciale de l'Algérie. — Les fonctionnaires administratifs indigènes, les amins et chefs de corporations y relèveront directement de l'administration civile et exerceront, sous la surveillance immédiate, les diverses attributions qui leur sont ou leur seront déléguées. — Le commandant supérieur et la commission administrative exerceront les pouvoirs qui leur sont conférés par la législation spéciale de l'Algérie, en ce qui touche les immeubles domaniaux.

Art. 5. — Aucun Européen ou israélite étranger ne pourra s'établir ni devenir locataire, propriétaire ou détenteur d'immeuble, à quelque titre que ce soit, dans le quartier indigène. — Sont et demeurent prohibées, dans ce quartier, toutes locations ou acquisitions d'immeubles à quelque titre que ce soit, définitif ou temporaire, si ce n'est de musulmans à musulmans ou d'israélites indigènes à israélites indigènes. — Néanmoins, sont autorisées toutes transactions immobilières, à titre définitif ou temporaire, de la part des israélites indigènes en faveur de musulmans, sans réciprocité. — Les israélites indigènes pourront recevoir des musulmans à titre de bail, pour un temps qui n'excédera pas neuf ans, les immeubles nécessaires à leur logement ou à l'exploitation de leur commerce. — Ces dispositions ne sont applicables qu'au quartier indigène, les transactions devenant libres pour toutes personnes dans le quartier européen de la ville.

Art. 6. — Toute transaction consentie contrairement aux dispositions de l'article précédent sera réputée nulle et non avenue. Le vendeur et l'acquéreur seront passibles chacun d'une amende de 500 fr. à 5,000 fr. — L'annulation des actes et la condamnation au payement de l'amende seront poursuivies par le ministère public. Le jugement prononcera la restitution de l'immeuble et liquidera les sommes dont le remboursement serait dû à l'acquéreur. — Dans le cas de refus ou d'impossibilité par le vendeur de restituer ces sommes ou d'acquitter l'amende, l'immeuble sera vendu par autorité de justice et le prix en sera remis au vendeur, déduction faite : 1° des frais ; 2° de l'amende; 3° des sommes dont la restitution aura été ordonnée au profit de l'acquéreur. Les sommes revendiquées par l'acquéreur seront affectées par privilège et préférence au payement de l'amende par lui due, et l'excédant, s'il y en a, lui sera seul remis. — En cas de bail, les mêmes dispositions seront appliquées, s'il y a lieu.

Art. 7. — La banlieue de la ville de Constantine sera divisée, comme la ville elle-même, en deux quartiers, un quartier indigène et un quartier européen, dont la délimitation sera faite par une commission composée d'Européens et d'indigènes, que nommera le gouverneur général de l'Algérie. — Les règles ci-dessus tracées pour les quartiers européen et indigène de la ville de Constantine seront applicables aux quartiers européen et indigène de la banlieue.

Art. 8. — Des établissements d'utilité publique pourront toujours être formés dans les quartiers indigènes de la ville et de la banlieue, avec l'approbation de notre ministre de la guerre.

Art. 9. — Nul ne sera recherché pour les transactions immobilières ayant date certaine antérieurement à la présente ordonnance. Les Européens et israélites étrangers, qui sont propriétaires ou locataires d'immeubles situés en dehors du quartier européen, sont et demeurent libres de les habiter, d'en disposer, de les reconstruire et de les aliéner ou donner à loyer, mais seulement en faveur des musulmans ou israélites indigènes.

Art. 10. — Immédiatement après la promulgation de la présente ordonnance, il sera dressé un état des Européens ou israélites étrangers établis dans le quartier réservé aux indigènes.

Art. 11. — Toutes les dispositions antérieures, contraires à la présente ordonnance, sont abrogées.

OR. — 1er oct. 1844 (V. *Propriété*, § 1), art. 1, 16, 19 et suiv. — *Régularisation des ventes antérieures. — Interdiction aux fonctionnaires d'acquérir. — Abrogée par arr. du 5 mai 1848 ci-après* (1).

OR. — 15 avr. 1845 (V. *Admin. gén.*, § 1), tit. 2, art. 14 et suiv. — *Territoires où les transactions sont limitées ou interdites.*

OR. — 21 juill. 1845 (V. *Concessions*, § 1). — *Transactions interdites jusqu'à la délivrance du titre définitif.*

OR. — 20 sept.-13 nov. 1845. — B. 912. — *Transactions autorisées à Mostaganem et sur son territoire communal.*

Vu nos ord. du 1er oct. 1844, du 15 avr. et du 21 juill. 1845;

Art. 1. — Les transactions immobilières entre les Européens et les indigènes sont autorisées dans la ville de Mostaganem et sur son territoire communal.

Art. 2. — Toutes dispositions contraires demeurent abrogées.

Art. 3. — Il sera ultérieurement statué, quant aux transactions d'immeubles, sur les autres parties du territoire de Mostaganem.

OR. — 9 nov.-15 déc. 1845. — B. 214. — *Mêmes dispositions pour Dellys.*

Art. 1. — Les transactions immobilières entre Européens et indigènes sont autorisées à Dellys dans un rayon de 5 kilomètres.

Art. 2. — Toutes les acquisitions faites au delà de cette limite sont nulles de plein droit.

OR. — 21 juill. 1846 (V. *Propriété*, § 1), art. 47 et suiv. — *Transactions interdites dans les territoires situés hors la juridiction des tribunaux civils.*

AM. — 2 nov. 1846 (eodem). *Mêmes dispositions.*

Cir. G. n° 40. — 5-17 déc. 1846. — B. 214. — *Instructions aux commandants militaires sur la stricte exécution des prohibitions ci-dessus.*

Un arr. du 20 oct. 1845 (*Notaires*) a autorisé la création d'offices de notaires dans les villes des territoires mixtes. — Cette récente institution pourrait faire supposer que les règles actuellement en vigueur dans ces territoires, relativement aux transactions immobilières, ont perdu quelque chose de leur force, et que leur exécution doit cesser d'y être assurée et maintenue. Ce serait là une grave erreur ; l'intention formelle du gouvernement est au contraire que les dispositions prohibitives ou restrictives des transactions immobilières continuent d'avoir leur plein et entier effet, et par dépêche du 5 nov. dernier, Son Excellence vient d'appeler de nouveau mon attention sur ce point.

---

(1) Cette décision, provoquée par la commission de colonisation, avait pour but principal de protéger la dignité de l'administration civile contre les insinuations dont quelques-uns de ses membres pouvaient être l'objet, et de ne point distraire les fonctionnaires des devoirs et des soins de leur emploi, par des opérations d'intérêt privé auxquelles l'état des choses donnait nécessairement un caractère de spéculation. — V. *Concession*, § 1, 17 sept. 1851, formalités et règles pour les concessions à accorder aux fonctionnaires.

— Je crois donc devoir vous rappeler à ce sujet les dispositions générales de la législation existante, les exceptions qu'elle consacre et les peines qu'elle prononce, et vous prescrire les mesures nécessaires pour en assurer l'exécution. Un arr. du 12 mars 1844 a prohibé les transactions immobilières en dehors de certains territoires y désignés et qui tous composent aujourd'hui les territoires civils. L'ord. du 1ᵉʳ oct. 1844 (art. 19, 20, 21, 22 et 23) a maintenu les mêmes prohibitions ; celle du 15 avr. 1845 les a implicitement confirmées en n'autorisant les Européens à acquérir, en territoire mixte, que dans les limites déterminées par le ministre ; enfin l'ord. du 21 juill. dernier a renouvelé d'une manière explicite et formelle les dispositions précédentes dans les art. 47, 48, 49 et 50. — Ainsi, messieurs, il est de règle générale qu'aucune transmission de propriété ne peut avoir lieu entre indigènes et Européens ou entre Européens, en dehors des limites assignées aujourd'hui aux territoires civils.

Cette règle générale a déjà ses exceptions : à mesure que notre conquête s'est assurée, à mesure que l'élément européen s'est introduit dans les territoires mixtes, le gouvernement a senti le besoin de le rendre à la propriété immobilière la liberté qui la vivifie, en se réservant toutefois encore une action de simple tutelle jusqu'au moment où les droits de chacun auraient été vérifiés et reconnus. Cette restriction était nécessaire dans l'intérêt de l'État et dans l'intérêt des particuliers, afin que les transactions eussent un caractère de certitude qu'elles n'ont pas toujours eu en Algérie.

C'est ainsi qu'à Médéah, Milianah, Mascara, Tlemcen et leur banlieue, les ventes d'immeubles ne peuvent, aux termes d'un arr. du 8 avr. 1844, avoir lieu que sur l'autorisation des commissions consultatives ; — Qu'à Constantine et dans sa banlieue, les ventes entre indigènes et Européens ont été autorisées, sans restriction, dans le quartier européen, et prohibées dans le quartier indigène (ord. du 9 juin 1844) ; — Qu'elles ont été également autorisées sans restriction à Dellys et dans une banlieue de 3 kil. de rayon (ord. du 9 nov. 1845). — Ces exceptions à la règle générale sont les seules que présente la législation ; et l'ord. du 21 juill. dernier les a confirmées dans son art. 50, en déclarant qu'il n'est pas dérogé aux ordonnances ou arrêtés antérieurs qui ont autorisé les transactions immobilières dans les localités en dehors de la juridiction des tribunaux.

Mais il ne suffisait pas d'édicter des mesures prohibitives, il fallait encore que ces mesures eussent une sanction pénale afin de ne pas rester sans effet. — La législation a pourvu à ce besoin. — Indépendamment de la nullité absolue et de plein droit des actes faits au mépris de ses dispositions, elle a prononcé des peines contre les officiers publics qui prêteraient leur ministère pour des actes prohibés.

L'arr. du 30 déc. 1842 défend à tout notaire, sous peine de révocation, de passer acte de vente des biens qu'il saurait inaliénables, ou qui ne pourraient être aliénés qu'après l'accomplissement des formalités prescrites par la législation spéciale de l'Algérie ou les anciennes lois du pays (art. 33, n° 9, et 42, n° 1). — Celui du 12 mars 1844 rend les officiers publics qui contreviendraient à ses dispositions, passibles d'une amende de 500 à 2,000 fr. sans préjudice des autres peines disciplinaires. — L'ordonnance du 1ᵉʳ oct. 1844 prononce également, dans le même cas, contre les notaires, la peine de la suspension ou de la révocation. — Enfin l'arrêté du 20 oct. 1845 soumet les notaires en territoire mixte aux dispositions de l'arr. du 30 déc. 1842, sans rapporter celles de l'arr. du 12 mars 1844, et confie à leur égard aux commandants de place les attributions dévolues sur les territoires civils aux procureurs du roi, aux tribunaux de 1ʳᵉ inst. et à leurs présidents.

Ainsi, messieurs, en règle générale, — les transactions immobilières sont prohibées en territoire mixte et arabe, et il n'y a d'exception à ce principe que pour Médéah, Milianah, Tlemcen, Mascara, Constantine et Dellys, et encore avec les restrictions que j'ai indiquées plus haut ; — toute contravention à cette disposition entraîne nullité absolue de l'acte et condamnation de l'officier public qui l'a reçu à une amende de 500 à 2,000 fr. sans préjudice des autres peines disciplinaires ; — enfin l'exécution de ces mesures et la surveillance des notaires sont confiées aux commandants de place. — Absorbés déjà par de soins trop nombreux, ces officiers, malgré le zèle qu'ils déploient chaque jour, seront peut-être insuffisants pour remplir les nouveaux devoirs que la législation leur impose. Ils trouveront alors de puissants auxiliaires dans les agents de l'administration des domaines.

Indépendamment de leurs attributions en matière domaniale, ces agents sont appelés à donner, par l'enregistrement, date certaine aux actes sous seing privé, à donner la formalité à tous les actes notariés, et à exercer sur MM. les notaires un contrôle de tous les instants, soit par la vérification des répertoires, soit par les communications qu'ils ont le droit d'exiger. Ils sont tenus, en outre, de signaler et de constater par des procès-verbaux toutes les contraventions aux lois. Leur concours assurera donc avec efficacité l'action de MM. les commandants de place, et permettra à ces derniers de s'en rapporter à leur vigilance. Pour atteindre ce but, je viens d'inviter M. le directeur des finances à prescrire à ces agents de rédiger scrupuleusement procès-verbal de toutes les contraventions que pourraient commettre les notaires, non-seulement aux prohibitions d'acquérir, mais encore à toutes les autres obligations qui leur sont imposées par les arrêtés, et de vous adresser régulièrement les procès-verbaux pour y être donné telle suite que de droit.

Je ne saurais trop vous recommander, messieurs, de veiller avec une attention toute spéciale au maintien des prohibitions d'acquérir, et de réprimer avec soin toutes les contraventions qui vous seraient signalées. — Vous aurez à me transmettre par la voie hiérarchique copie des procès-verbaux de contravention et des décisions que vous aurez rendues. — Mais s'il est nécessaire d'appliquer rigoureusement les dispositions pénales de la législation, il est plus nécessaire encore de mettre les parties et les officiers publics en mesure de connaître les limites territoriales dans lesquelles la prohibition est levée.

Nulle part les limites de la banlieue n'ont été déterminées d'une manière fixe et certaine. Déjà, par plusieurs dépêches, j'ai invité les commissions consultatives à procéder à une nouvelle délimitation des banlieues de leur localité. Ce travail devient aujourd'hui de la plus haute importance, et ne doit sous aucun prétexte être ajourné. S. Exc. me l'a réclamé plusieurs fois, pour soumettre à S. M. les projets d'ordonnance prescrits par l'ord. organique du 15 avr. 1845, et destinés à fixer les territoires mixtes sur lesquels les transactions peuvent être autorisées.

Quelques commissions ont pensé que le cadastre devait nécessairement précéder cette délimitation. Sans doute le préalable ne pourrait que produire le meilleur effet et les plus grands avantages, mais il n'est pas indispensable, et tout retard dans l'exécution des mesures que réclame l'intérêt public aurait de graves inconvénients. Les biens domaniaux d'ailleurs ont déjà été reconnus sur une grande étendue, et sous ce rapport on peut dès à présent tracer les limites en dehors desquelles il est interdit d'acquérir.

Je vous prie donc, messieurs, au reçu de la présente circulaire, de saisir les commissions consultatives de la question de délimitation des banlieues et de leur prescrire de s'occuper sans délai des propositions à me soumettre.—Elles devront prendre pour base de leurs opérations l'étendue sur laquelle la sécurité est assurée, et appuyer leurs délimitations sur les limites naturelles, tels que ruisseaux, routes, accidents de terrains ou autres que présente la configuration du sol, sans s'astreindre à une figure régulière et sans recourir, autant que possible, à des lignes fictives. — Elles pourraient, à cet effet, former dans leur sein une sous-commission qui, accompagnée d'un géomètre, rechercherait les limites naturelles, constaterait ses opérations par un procès-verbal accompagné d'un croquis visuel dressé par le géomètre, et soumettrait ensuite son travail à la commission. — Ce moyen est simple, facile et rapide, et me permettrait de soumettre, dans les premiers jours de l'année prochaine, des propositions à S. Exc.

Pour la ville de Dellys, l'ord. du 9 nov. 1845 indique le rayon dans lequel les transactions sont autorisées, mais n'en indiquent pas les limites; il est donc indispensable que ces limites soient également fixées comme je l'ai prescrit pour les autres localités, sans qu'elles puissent généralement s'étendre au delà de 5 kilom., conformément à l'ord. du 9 nov. 1845. Maréchal duc d'ISLY.

AG. — 5-21 mai 1848.—B. 274.—*Abrogation des articles de l'ord. du 1er oct. 1844 qui interdisent aux fonctionnaires d'acquérir.*

Vu les art. 16, 17 et 18 de l'ord. du 1er oct. 1844:

Considérant que l'interdiction d'acquérir en Algérie a eu pour but de mettre un terme à certains abus qui ne peuvent plus se reproduire; — Que la restriction du droit d'acquérir implique contre les fonctionnaires civils et contre les militaires une défiance injurieuse et désormais sans motifs; — Que cette restriction est aussi incompatible avec les droits naturels et civils que préjudiciable aux intérêts de la colonisation;

Art. 1. — Les art. 16, 17 et 18 de l'ord. du 1er oct. 1844 sont abrogés. E. CAVAIGNAC.

DT. — 20 mars-21 avr. 1849. — B. 318.—*Fixation de la banlieue de Constantine dans laquelle les transactions sont autorisées* (1).

Vu l'art. 3 de l'arr. du 9 déc. 1848;

Art. 1. — Les limites de la banlieue de Constantine, formant un périmètre d'une contenance de 11,000 hectares, sont indiquées par une ligne lavée en rose sur le plan annexé au présent arrêté.

Art. 2. — Les transactions immobilières entre particuliers sont libres dans toute l'étendue du territoire ci-dessus délimité, sauf les restrictions apportées par l'ord. du 9 juin 1844, en ce qui touche le quartier indigène de la ville, mais à la condition, sous peine de nullité, que les titres de propriété des parties contractantes auront été préalablement vérifiés et homologués par le conseil de préfecture du département, conformément aux dispositions de l'ord du 21 juill. 1846 et de l'arr. du 1er sept. 1847.

Art. 3. —Dans le délai de six mois, à partir de la promulgation du présent arrêté, tout indigène qui se prétendra propriétaire dans l'étendue de la banlieue de Constantine sera tenu de faire le dépôt de ses titres de propriété au secrétariat de la préfecture, pour être soumis au conseil de préfecture du département. — Les terres comprises dans la banlieue de Constantine, et dont la propriété n'aura pas été réclamée dans le délai fixé par le présent article, seront réputées vacantes et sans maître, et le domaine en prendra immédiatement possession.

LOI. — 16 juin 1851, art. 14 (V. *Propriété*, § 1). — *Chacun a le droit de jouir et de disposer de sa propriété de la manière la plus absolue. — Seule exception pour le droit de propriété ou de jouissance portant sur le sol du territoire d'une tribu, et pour la transmission entre musulmans de biens inaliénables* (art. 17).—V. *les décrets suivants* (eodem) *des 30 oct. 1858, 16 fév. et 7 mai 1859, sur l'application de cette disposition et son abrogation.*

Transcription hypothécaire.

DI. — 4 juil.-8 août 1855. — B. 481. — *Promulgation de la loi sur la transcription.*

Art. 1. — La loi du 23 mars 1855, sur la transcription en matière hypothécaire, sera promulguée en Algérie.

Loi du 23 mars 1855.

Art. 1. — Sont transcrits au bureau des hypothèques de la situation des biens : — 1° Tout acte entre-vifs, translatif de propriété immobilière ou de droits réels susceptibles d'hypothèque ; — 2° Tout acte portant renonciation à ces mêmes droits ; — 3° Tout jugement qui déclare l'existence d'une convention verbale de la nature ci-dessus-exprimée ; — 4° Tout jugement d'adjudication, autre que celui rendu sur licitation au profit d'un cohéritier ou d'un copartageant.

Art. 2. —Sont également transcrits : — 1° Tout acte constitutif d'antichrèse, de servitude, d'usage et d'habitation ; — 2° Tout acte portant renonciation à ces mêmes droits ; — 3° Tout jugement qui en déclare l'existence en vertu d'une convention verbale ; — 4° Les baux d'une durée de plus de dix-huit années ; — 5° Tout acte ou jugement constatant, même pour bail de moindre durée, quittance ou cession d'une somme équivalente à trois années de loyers ou fermages non échus.

Art. 3. — Jusqu'à la transcription, les droits résultant des actes et jugements énoncés aux articles précédents ne peuvent être opposés aux tiers qui ont des droits sur l'immeuble et qui les ont conservés en se conformant aux lois. — Les baux qui n'ont point été transcrits ne peuvent jamais leur être opposés pour une durée de plus de dix-huit ans.

Art. 4. — Tout jugement prononçant la résolution, nullité ou rescision d'un acte transcrit, doit, dans le mois, à dater du jour où il a acquis l'autorité de la chose jugée, être mentionné en marge de la transcription faite sur le registre. — L'avoué qui a obtenu ce jugement est tenu, sous peine de 100 fr. d'amende, de faire opérer cette mention, en remettant un bordereau rédigé et signé par lui au conservateur, qui lui en donne récépissé.

Art. 5. — Le conservateur, lorsqu'il en est requis, délivre, sous sa responsabilité, l'état spécial ou général des transcriptions et mentions prescrites par les articles précédents.

Art. 6. — A partir de la transcription, les créanciers privilégiés ou ayant hypothèque, aux termes des art. 2123, 2127 et 2128 c. Nap., ne peuvent prendre utilement inscription sur le pré-

---

(1) Cette délimitation a été modifiée par décr. des 12 sept. 1855 et 31 déc. 1856. (V. *Circonscriptions*, § 2, arrond. de Constantine, et § 4, commune de Constantine.)

cédent propriétaire. — Néanmoins, le vendeur ou le copartageant peuvent utilement inscrire les privilèges à eux conférés par les art. 2108 et 2109 c. Nap., dans les quarante-cinq jours de l'acte de vente ou de partage, nonobstant toute transcription d'actes faits dans ce délai. — Les art. 834 et 835 c. de pr. civ. sont abrogés.

Art. 7. — L'action résolutoire établie par l'art. 1654 c. Nap. ne peut être exercée après l'extinction du privilège du vendeur, au préjudice des tiers qui ont acquis des droits sur l'immeuble du chef de l'acquéreur et qui se sont conformés aux lois pour les conserver.

Art. 8. — Si la veuve, le mineur devenu majeur, l'interdit relevé de l'interdiction, leurs héritiers ou ayants cause, n'ont pas pris inscription dans l'année qui suit la dissolution du mariage ou la cessation de la tutelle, leur hypothèque ne date, à l'égard des tiers, que du jour des inscriptions prises ultérieurement.

Art. 9. — Dans le cas où les femmes peuvent céder leur hypothèque légale ou y renoncer, cette cession ou cette renonciation doit être faite par acte authentique, et les cessionnaires n'en sont saisis à l'égard des tiers que par l'inscription de cette hypothèque prise à leur profit, ou par la mention de la subrogation en marge de l'inscription préexistante. — Les dates des inscriptions ou mentions déterminent l'ordre dans lequel ceux qui ont obtenu des cessions ou renonciations exercent les droits hypothécaires de la femme.

Art. 10. — La présente loi est exécutoire à partir du 1er janv. 1856.

Art. 11. — Les art. 1, 2, 3, 4, et 9 ci-dessus ne sont pas applicables aux actes ayant acquis date certaine et aux jugements rendus avant le 1er janv. 1856. Leur effet est réglé par la législation sous l'empire de laquelle ils sont intervenus. Les jugements prononçant la résolution, nullité ou rescision d'un acte non transcrit mais ayant date certaine avant la même époque, doivent être transcrits conformément à l'art. 4 de la présente loi. — Le vendeur dont le privilège serait éteint au moment où la présente loi deviendra exécutoire pourra conserver vis-à-vis des tiers l'action résolutoire qui lui appartient, aux termes de l'art. 1654 c. Nap., en faisant inscrire son action au bureau des hypothèques, dans le délai de six mois à partir de la même époque. — L'inscription exigée par l'art. 8 doit être prise dans l'année à compter du jour où la loi est exécutoire ; à défaut d'inscription dans ce délai, l'hypothèque légale ne prend rang que du jour où elle est ultérieurement inscrite. — Il n'est point dérogé aux dispositions du code Napoléon relatives à la transcription des actes portant donation ou contenant des dispositions à charge de rendre ; elles continueront à recevoir leur exécution.

Art. 12. — Jusqu'à ce qu'une loi spéciale détermine les droits à percevoir, la transcription des actes ou jugements qui n'étaient pas soumis à cette formalité avant la présente loi est faite moyennant le droit fixe d'un franc.

DI. — 29 sept.-2 déc. 1855. — B. 488. — *Délai pour l'enregistrement des actes sous seing privé* (1).

Vu le 1er alinéa de l'art. 5 et l'art. 11 de la loi du 25 mars 1855 ; — Voulant lever les obstacles qui pourraient s'opposer à la régularisation des actes sous signatures privées ;

Art. 1. — Il est accordé jusqu'au 1er janv.

1856, pour soumettre au visa pour timbre et à l'enregistrement sans droits en sus ou amendes, les actes sous seings privés translatifs de propriété immobilière ou de droits réels susceptibles d'hypothèques, ou constitutifs d'antichrèse, de servitude d'usage ou d'habitation et tous les baux de biens immeubles.

Art. 2. — Cette disposition ne s'applique qu'aux contraventions existantes au jour de la publication du présent décret.

Transportation.

A la suite des événements politiques de 1848, l'Assemblée nationale adopta, le 24 janv. 1850, une loi sur le transfèrement en Algérie de tous les individus condamnés à la transportation, et régla les bases principales de ce nouvel établissement ainsi que les conditions auxquelles les transportés se trouveraient soumis. Plusieurs décrets portant règlement d'administration publique furent rendus par le président de la République pour assurer l'exécution de cette loi. Ainsi, par décret du 31 janv. 1850, le territoire de l'ancienne Lambessa, dans la province de Constantine, fut désigné pour la fondation de l'établissement disciplinaire ; deux décr. des 8 déc. 1851 et 5 mars 1852 soumirent à la transportation les affiliés aux sociétés secrètes et les repris de justice en rupture de ban, ainsi que les condamnés politiques de 1852 de diverses catégories ; d'autres décr. des 20 et 28 mars, 16 avr., 31 mai 1852, réglèrent tout ce qui concernait le régime intérieur du pénitencier, les transportés internés, les mesures disciplinaires de répression. Enfin, deux décr. des 23 déc. 1853 et 5 déc. 1855 complétèrent l'ensemble de ces dispositions. L'amnistie générale accordée par le décret impérial du 16 août 1859 a mis fin à toutes ces mesures de sûreté générale. Les détenus de Lambessa ont été rendus à la liberté, et il devient inutile de reproduire une législation spéciale dont il n'y a plus lieu aujourd'hui de faire l'application.

Travaux publics.

AM. — 27 janv.-25 fév. 1846. — B. 219. — *Répartition des travaux publics entre les divers services.*

Considérant que la répartition des travaux publics civils en Algérie entre les divers services appelés à concourir à leur exécution n'a pas été jusqu'à ce jour suffisamment déterminée ;

Art. 1. — Les travaux publics civils dont la nomenclature forme les tableaux B bis et B ter annexés à l'ord. roy. du 17 janv. 1845 (*Finances*), concernant les recettes et les dépenses de l'Algérie, sont exécutés par quatre services distincts, savoir : — Le service des ponts et chaussées ; — Des mines et forages ; — Du génie ; — Des bâtiments civils.

Art. 2. — Les travaux à exécuter sont répartis entre ces quatre services, conformément au tableau A annexé au présent arrêté.

Art. 3. — L'essence des arbres à planter sur les routes, chemins, canaux, fossés, etc., ainsi que les travaux préparatoires et d'entretien à exécuter pour la bonne réussite des plantations, sont déterminés sur les indications de l'agent chargé du service de la pépinière la plus rapprochée des localités où ces plantations doivent être faites.

Art. 4. — Sur les territoires mixtes et arabes le concours du service des ponts et chaussées pour

(1) Ce décret, promulgué d'urgence par le gouverneur général le 2 déc. 1855, a été déclaré exécutoire en Algérie par un décret impérial spécial rendu à Paris, le 12 du même mois, et promulgué le 31 déc. à Alger. B. 490.

les travaux d'irrigation, d'aqueducs et de distribution des eaux, n'a lieu qu'en vertu d'une décision spéciale du ministre, lorsqu'il s'agit de travaux de quelque importance. — Ce concours s'établit par des conférences préalables, dans lesquelles les bases principales des projets sont discutées et arrêtées.—La rédaction des projets comme la direction des travaux demeurent exclusivement réservées au service du génie, conformément aux dispositions de l'ord. roy. du 15 avr. 1845.

Art. 5.—Les explorations géologiques relatives à la recherche des eaux souterraines et l'établissement des puits artésiens sont confiées au service des mines et forages, dans toute l'étendue de l'Algérie.—Le forage des puits artésiens est exécuté : — 1° Sur les territoires civils, sous la direction immédiate et par les soins du service des mines et forages ; — 2° Sur les territoires mixtes et arabes, par les soins du service du génie, et d'après les projets concertés d'avance avec le service des mines et forages. —Toute modification quelconque à apporter au projet primitif de forage, dans son exécution, devra être préalablement concertée avec le service des mines et forages qui demeure, à cet effet, chargé de suivre la marche et d'apprécier les résultats des travaux entrepris.

Art. 6.—La recherche, la constatation et la description des monuments anciens sont placées dans les attributions de l'inspecteur général des bâtiments civils, sans distinction de territoire, conformément à la décis. du 12 oct. 1845.—Les travaux de conservation et de restauration de ces monuments sont exécutés, sur les territoires civils, sous la direction et par les soins du service des bâtiments civils.—Le concert à établir entre l'inspecteur général des bâtiments civils et le service du génie, pour ces travaux, sur les territoires mixtes et arabes, est réglé d'une manière conforme aux dispositions du dernier paragraphe de l'article précédent.

Art. 7. — Le levé des plans des villes et centres de populations, soit anciens, soit à créer, et la rédaction des plans d'alignement appartiennent : — 1° Sur les territoires civils, au service des bâtiments civils ; — 2° Sur les territoires mixtes et arabes, au service du génie.

Art. 8. — Les bases d'après lesquelles les nivellements et alignements doivent être exécutés dans chaque localité, sont préalablement déterminées par des commissions spéciales.

Sur les territoires civils, les commissions d'alignement sont composées ainsi qu'il suit :

1° Au chef-lieu d'arrondissement : — Le sous-directeur de l'intérieur et des travaux publics, président ; — Le maire de la ville ; — Le chef du génie ; — L'ingénieur des ponts et chaussées ; — Le chef du service des domaines ; — Trois notables habitants propriétaires d'immeubles urbains ; — L'architecte des bâtiments civils, secrétaire ;

2° Au chef-lieu du cercle : — Le commissaire civil, président ; — Le maire de la commune ; — Le chef du génie ; — L'ingénieur des ponts et chaussées ; — L'agent des domaines ; — Trois notables habitants propriétaires d'immeubles urbains ; — L'agent des bâtiments civils, secrétaire.

Sur les territoires mixtes et arabes, les commissions consultatives instituées par l'ord. du 15 avr. 1845 (art. 113 et suiv.), forment les commissions d'alignement. Dans ce cas, les fonctions de secrétaire sont remplies par un officier du génie que désigne le commandant supérieur.

Art. 9. — Les dispositions du présent arrêté seront immédiatement applicables aux nouveaux travaux civils à exécuter. — Il ne sera dérogé à ces dispositions que pour les travaux en cours d'exécution, et dont la direction ne pourrait être enlevée, sans inconvénient, au service qui les a commencés. Cette exception sera essentiellement temporaire.

Art. 10.—Toutes dispositions contraires à celles du présent arrêté sont et demeurent abrogées.
M. DE SAINT-YON.

Tableau A indiquant la répartition des travaux civils en Algérie, entre les divers services appelés à concourir à leur exécution, et selon que l'exécution a lieu en territoires civils ou en territoires mixtes et arabes (aujourd'hui territoires militaires).

	Territoires civils.	Territ. mixtes et arabes.
Routes royales, stratégiques, provinciales et d'arrondissement.	P. et ch.	Génie.
Chemins vicinaux et de mulets.	Id.	Id.
Chemins de fer.	Id.	
Ponts, ponceaux et autres ouvrages d'art se rattachant à ces diverses voies de communication.	Id.	Id.
Travaux maritimes.	Id.	P. et ch.
Phares, fanaux et feux de port.	Id.	Id.
Travaux de desséchement.	Id.	Génie.
Canalisation, endiguement et barrage des rivières et cours d'eau.	Id.	P. et ch. et Gén.
Canaux, bassins, et tous autres ouvrages relatifs aux irrigations.	Id.	Id.
Travaux d'arrosage dans les pépinières.	Id.	Génie.
Nivellement et pavage des rues de grande et de petite voirie.	Id.	Id.
Aqueducs, conduits et distribution des eaux et établissements de bornes-fontaines dans l'intérieur et à l'extérieur des villes et villages.	Id.	Gén. et P. et ch.
Égouts.	Id.	Génie.
Plantations sur les routes et chemins, sur les berges des rivières, canaux et fossés de desséchement et d'irrigation au bord des aqueducs et sur les rues et places.	Id.	Id.
Découverte et exploitation des mines et minières.	M. et for.	M. et for.
Forage des puits artésiens.	Id.	M. et gén.
Hôtels affectés au gouvernement et à l'administration générale.	Bât. civ.	Génie.
Églises (1), temples, mosquées, synagogues et autres édifices consacrés au culte.	Id.	Id.
Tribunaux, prisons, pénitenciers.	Id.	Id.
Érections de monuments.	Id.	Id.
Fouilles et travaux pour la recherche, la restauration ou la conservation des monuments anciens.	Id.	G. et Bât. civ.
Bâtiments affectés à tous les services administratifs, financiers et municipaux.	Id.	Génie.
Bâtiments affectés au service des ponts et chaussées.	P. et ch.	P. et ch.
Bâtiments affectés au service des bâtiments civils et des		

(1) Suivant décision ministérielle du 29 juin 1859, motivée par la suppression du conseil de gouvernement dont l'évêque d'Alger faisait partie, tous les projets relatifs à des établissements intéressant le culte catholique,

qu'ils aient pour objet des constructions nouvelles, ou seulement des réparations très-importantes, doivent être au préalable communiqués à ce prélat et envoyés au ministère toujours accompagnés de son avis. DM. 52.

	Bât. civ.	Génie.
mines.		
Bâtiments domaniaux.	Id.	Id.
Bâtiments affectés à la marine royale et aux services qui en dépendent.	Id.	Id.
Bâtiments et postes du service télégraphique.	Id.	Id.
Bâtiments des pépinières.	Id.	Id.
Hospices, dispensaires et tous établissements de bienfaisance.	Id.	Id.
Cimetières.	Id.	Id.
Bâtiments affectés à l'administration des Arabes.	Id.	Id.
Caravansérails, fondoucks, bazars et tous édifices à l'usage des indigènes.	Id.	Id.
Salles de spectacle.	Id.	Id.
Fontaines, abreuvoirs, lavoirs et embranchements d'aqueducs ou de conduits destinés à les alimenter tant dans l'intérieur qu'à l'extérieur des villes et villages.	Id. (1)	Id.
Rédaction des plans d'alignement et de nivellement des villes et villages existants et projetés.	Id.	Id.
Travaux d'installation de nouveaux centres de population, nivellements, construction de l'enceinte des édifices publics et des maisons destinées aux premiers colons, distribution des eaux qui s'y rapportent (3), plantations sur les rues et places des nouveaux villages.	Id. (2)	Id.

AG. — 26 oct.-25 nov. 1847. — B. 204. — *Commission des routes, ponts et dessèchements.*

Considérant que les commissions des routes et ponts et des dessèchements instituées par décis. min. du 15 juin 1846, ont cessé d'exister par le fait même de l'ord. du 1er sept.; — Considérant, toutefois, qu'il importe que les projets de ces travaux soient examinés par des commissions spéciales avant d'être soumis à l'autorité supérieure;

Art. 1er. — Il est créé dans chacune des provinces d'Alger, d'Oran et de Constantine, une commission des routes et ponts et des dessèchements.

Art. 2. — Cette commission est chargée d'émettre son avis sur les projets de travaux à exécuter pour la construction des routes et ponts, et pour le dessèchement des marais, dans la province où réside ladite commission.

Art. 3. — Elle est composée du directeur des affaires civiles de la province, président; de l'ingénieur en chef des ponts et chaussées, membre; du directeur des fortifications de la province, dans la province où réside ladite commission. — La commission désignera son secrétaire-archiviste.

H. D'ORLÉANS.

AM. — 19 oct. 1850. — *Travaux communaux. Service des eaux et des travaux de petite voirie.*

Vu l'ord. du 28 sept. 1847 sur l'organisation municipale;

Art. 1. — Une portion des crédits inscrits au budget de l'État pour la construction et l'entretien des aqueducs, égouts et fontaines est attribuée à la commune d'Alger. Le chiffre en sera déterminé chaque année par le ministre de la guerre, sur les propositions de l'autorité locale. — Les dépenses relatives aux travaux de petite voirie continueront d'être à la charge de la commune.

Art. 2. — La propriété des aqueducs d'Alger étant jusqu'à présent attribuée à l'État, l'eau nécessaire aux établissements nationaux continuera à leur être concédée gratuitement.

Art. 3 à 8. — (Travaux confiés à un ingénieur spécial des ponts et chaussées. — Abrogé par l'arr. du 23 janv. 1852 ci-après.)

AM. — 12 nov. 1850 (V. *Bâtiments civils*). *Organisation et attributions de ce service.*

AM. — 30 juill.-8 sept. 1851. — B. 392. — *Travaux communaux.*

Vu l'arr. min. du 27 janv. 1846, qui détermine la répartition des travaux publics en Algérie entre les divers services appelés à concourir à leur exécution; — Vu l'ord. du 28 sept. 1847, sur l'organisation municipale en Algérie; — Vu les arrêtés du président du conseil chargé du pouvoir exécutif, des 7 et 16 déc. 1848, portant organisation et règlement d'attributions de l'administration générale et du personnel des services administratifs en Algérie;

Considérant que, par suite de la création des communes en Algérie, et de la nouvelle division des dépenses publiques qui a été la conséquence de cette création, le service des ponts et chaussées ne saurait être régulièrement tenu de diriger, comme par le passé, les travaux communaux ; — Considérant, d'ailleurs, que la situation des ressources communales ne permet pas encore d'affecter aux travaux qui concernent les communes, des agents spéciaux qui seraient à leur charge; — Attendu qu'il convient néanmoins de pourvoir à la bonne et économique exécution de ces travaux jusqu'au moment où les communes pourront suffire à tous leurs besoins, et avoir à leur solde un personnel spécial;

Art. 1. — Le service des ponts et chaussées, en Algérie, est chargé des travaux communaux analogues à ceux qu'il fait exécuter pour le compte de l'État.

Art. 2. — Il sera alloué à ce service, pour les travaux communaux qu'il fera exécuter, une indemnité de 5 pour 100 des dépenses liquidées, à répartir entre les agents qui auront concouru à la rédaction des projets et à la conduite des travaux. — Cette indemnité sera portée à 6 p. 100, lorsque les travaux s'exécuteront à 5 kilom. de distance du lieu de la résidence légale des agents. — Elle sera augmentée de 1/2 p. 100 par 5 nouveaux kilom. de distance, à partir des 5 premiers, et ainsi de suite. — Le préfet arrêtera la répartition des indemnités acquises entre les ayants droit, et la portera à la connaissance du ministre. — Les maires ordonnanceront, pour les travaux communaux, le montant des indemnités au nom des parties prenantes, d'après la répartition préfectorale.

(1 et 2) Par arr. du 28 avr. 1852, B. 424, ces travaux sont dévolus au service des ponts et chaussées; toutefois une dépêche ministérielle, du 6 août 1852, interprétative de cette décision, dispose que les édifices publics attribués au service des ponts et chaussées ne doivent s'entendre que de ceux qui sont de première nécessité, lors de l'installation des nouveaux centres de population, tels que lavoirs, abreuvoirs, fontaines, et généralement tous les travaux qui concernent l'aménagement et la distribution des eaux. — Quant aux églises, écoles, mairies, presbytères, fondoucks, qui ne se construisent

qu'après l'installation complète des nouveaux centres, ils continuent à rester dans les attributions du service des bâtiments civils.

(3) Il s'agit ici de la distribution des eaux des sources qui se trouvent sur place ou très-près des terrains affectés à l'installation des nouveaux villages. Lorsqu'il faut amener les eaux de loin, les projets de construction des aqueducs doivent être préparés par le service des ponts et chaussées, sur les territoires civils et de concert entre le service du génie et des ponts et chaussées, sur les territoires mixtes et arabes.

Art. 3. — Deux tiers du montant des indemnités allouées seront payés au service des ponts et chaussées au fur et à mesure de l'exécution des travaux, et un tiers après leur achèvement et l'apurement des comptes y relatifs.

Art. 4. — En cas de dépassement de la dépense énoncée à l'état estimatif des travaux, dressé par le service des ponts et chaussées, et arrêté par l'autorité supérieure, il ne sera dû à ce service aucune indemnité pour les travaux exécutés en dehors de ceux prévus audit état, quels que soient d'ailleurs les motifs du dépassement.

Art. 5. — Les conseils municipaux détermineront le mode d'exécution des travaux communaux confiés au service des ponts et chaussées, et en surveilleront l'exécution. — La comptabilité de ces travaux (deniers et matières) sera tenue par les soins et aux frais des communes.

Art. 6. — Toutes les dispositions contraires à celles qui font l'objet du présent arrêté sont et demeurent abrogées. RANDON.

AM. — 23 janv.-10 mars 1852. — B. 405. — *Modification à l'arrêté précédent du 19 oct. 1850.*

Vu l'arr. du 19 oct. 1850 ; — Considérant qu'il convient de placer la commune d'Alger, en ce qui concerne les travaux ressortissant au service des ponts et chaussées, sous l'empire de l'arr. du 30 juill. 1851, qui accorde des remises pour lesdits travaux aux agents de ce service ; — Considérant toutefois qu'il y a lieu de maintenir les art. 1 et 2 dudit arrêté, en date du 19 oct. 1850 ;

Art. 1. — L'arr. du 19 oct. 1850, portant organisation du service des eaux et des travaux de petite voirie dans la commune d'Alger, est abrogé, à l'exception des art. 1 et 2 qui sont maintenus.

Art. 2. — Les dispositions de l'arr. du 30 juill. 1851, portant fixation des remises accordées au service des ponts et chaussées pour les travaux communaux qu'il peut être chargé de faire exécuter, sont applicables à la commune d'Alger.

A. DE SAINT-ARNAUD.

AM. — 19 déc. 1856-9 fév. 1857. — B. 504. — *Travaux communaux. — Agents spéciaux aux frais des communes.*

Vu les arr. min. des 12 nov. 1850 (*Bâtiments civils*) et 30 juill. 1851 (ci-dessus) concernant l'exécution des travaux communaux par les agents des services des ponts et chaussées et des bâtiments civils ; — Considérant que certaines dispositions de ces arrêtés ont donné lieu à quelques difficultés dans l'application ;

Art. 1. — Les communes régulièrement constituées sont libres, si elles possèdent les ressources suffisantes, d'entretenir à leurs frais des agents spéciaux pour l'exécution de leurs travaux communaux.

Art. 2. — Les communes qui, faute de ressources suffisantes ou pour tout autre motif, désireront recourir aux agents des services de l'État, pour l'exécution de ces travaux, pourront, avec l'assentiment de l'autorité supérieure, employer les agents des ponts et chaussées et des bâtiments civils qui, dans ce cas spécial, relèveront exclusivement de l'autorité municipale.

Art. 3. — Le taux des indemnités à allouer par les communes aux agents des services de l'État pour la rédaction des projets, la conduite et l'exécution des travaux communaux, est fixé à 5 p. 100 des dépenses liquidées, quel que soit le lieu de la résidence des agents. Ces indemnités seront attribuées aux seuls agents qui auront rédigé les projets, conduit ou fait exécuter les travaux.

Art. 4. — Il sera institué auprès des préfets une commission consultative spéciale, qui sera chargée de donner son avis sur les projets des travaux présentés par les communes. — La composition et les attributions de ces commissions seront réglées par un arrêté du gouverneur général, sur les propositions des préfets des départements.

Art. 5. — Sont abrogées, en ce qu'elles ont de contraire au présent arrêté, les dispositions des arr. des 12 nov. 1850 et 30 juill. 1851.

VAILLANT.

AG. — 16 mai-16 juin 1857. — B. 509. — *Exécution de l'arrêté précédent. — Commission.*

Vu l'art. 4 de l'arr. min. en date du 19 déc. 1856 ;

Art. 1. — Il est institué auprès des préfets des départements une commission consultative spéciale chargée de donner son avis sur les projets de travaux communaux qui seront soumis à son examen par les préfets.

Art. 2. — Cette commission sera composée dans chaque département de la manière suivante : — Le secrétaire général de la préfecture, président ; — L'ingénieur en chef des ponts et chaussées ; — L'architecte en chef des bâtiments civils. — Les fonctions de secrétaire seront remplies par un employé de la préfecture, à la désignation du préfet.

Comte RANDON.

Décis. M. — 8 oct.-9 déc. 1858. — BM. 5. — *Centralisation des travaux du génie à Alger.*

1° Les travaux purement militaires, faits dans l'intérêt de la défense du pays et de l'armée, tels que fortifications, casernement, etc., continueront à être centralisés à Alger sous la direction supérieure du général commandant le génie.

2° Les travaux exécutés en territoire militaire, dans un but civil ou administratif, dans l'intérêt des communes, du département ou des tribus, relèvent du général commandant la division. Le directeur du génie divisionnaire les prépare et les fait exécuter ; il en rend compte au commandant de la province, qui correspond directement, à ce sujet, avec le ministre, sans qu'il y ait aucune centralisation à Alger.

3° Dans les cas exceptionnels où des travaux civils sont faits par le génie en territoire civil, les directeurs du génie doivent se mettre en rapport avec les préfets.

Jusqu'à nouvelle disposition, cette décision devra servir de base aux rapports du général commandant le génie avec les directeurs des trois divisions. Les mêmes principes seraient appliqués à l'artillerie, si elle était appelée à exécuter des travaux. NAPOLÉON (Jérôme).

Inst. M. — 25 oct. et 8 nov. 1858. — BM. 7. — *Travaux exécutés en territoire civil par le génie militaire.*

Les attributions administratives qui sont dévolues aux généraux de division par la nouvelle organisation des pouvoirs civils en Algérie leur donnent une action plus directe sur les travaux exécutés par le service du génie dans les territoires militaires, soit au compte de l'État, soit au compte du budget local et municipal. — Dans ces circonstances, en effet, le service du génie remplit le rôle des ponts et chaussées pour le département militaire, et le colonel directeur du génie, dans chaque division, doit être en rapport immédiat avec le général commandant cette division, qui remplit les fonctions de préfet. Il ne doit aucun compte de ces travaux au général commandant supérieur du génie en Algérie, excepté en ce qui touche l'emploi et l'administration des hommes et des outils, ou des instruments appartenant à son service spécial.

Ainsi, sous ce rapport, plus de centralisation à

Alger.—Il y a en Algérie trois espèces de travaux publics exécutés par le génie militaire :

1° Ceux *purement militaires*, tels que fortifications, casernement, etc. qui continuent naturellement à être centralisés à Alger par le général commandant supérieur du génie ;

2° Ceux exécutés *en territoire militaire dans un but civil* ou administratif, dans l'intérêt des communes ou du département, qui relèvent du général commandant la division ; le directeur des fortifications les prépare, les fait exécuter et lui en rend compte; le commandant de la division correspond directement à ce sujet avec le prince chargé du ministère, sans qu'il y ait aucune centralisation à Alger ;

3° Enfin *les travaux civils* exécutés exceptionnellement par le génie militaire *en territoire civil.* Pour ces derniers, le général commandant la division territoriale doit entrer en communication avec le préfet du département.

NAPOLÉON (Jérôme).

DI.—21 nov. 1858 (V. *Administration générale*, § 2).—*Institution d'une commission permanente des travaux publics au sein du conseil supérieur de l'Algérie et des colonies.*

AM.—9 déc. 1858 (V. eodem).—*Attributions de cette commission.*

Tribunaux de commerce.

La compétence des tribunaux civils en matière de commerce a été successivement réglée par les ordonnances d'organisation de la justice en Algérie, en date des 10 août 1834, 28 fév. 1841 et par celle du 26 sept. 1842, seule en vigueur aujourd'hui.

C'est l'ord. du 10 août 1834 qui a institué à Alger le premier tribunal spécial de commerce ; depuis cette époque deux autres tribunaux ont été créés, l'un à Oran, l'autre à Constantine. Leur composition, leur compétence, leur juridiction, le mode de procéder devant eux sont régis par les lois de la métropole et par la législation spéciale de l'Algérie (V. notamment *Défenseur, Justice*, ord. du 26 sept. 1842,—*Procédure*, etc.)

Aux termes de l'art. 10 de l'ord. du 10 août 1834, la nomination des juges consulaires était faite dans l'origine par le gouverneur général. En 1842, il fut prescrit qu'elle aurait lieu à l'avenir par ordonnance royale sur la présentation du gouverneur général, et c'est en 1847 seulement que, par ordonnance ci-après du 24 nov. le droit d'élire leurs magistrats a été conféré aux commerçants.

DIVISION.

§ 1. — Dispositions générales.
§ 2. — Création de tribunaux et mesures d'exécution.

§ 1. — DISPOSITIONS GÉNÉRALES.

OR.—24 nov.-17 déc. 1847.—B. 205.—*Nominations mises à l'élection.*

Vu la loi du 15 août 1791 ; — L'art. 25 de la loi du 24 avr. 1833 ; — Le liv. 4, tit. 1, c. com. ; — Le décr. du 6 oct. 1809 ;

Art. 1.—Les membres des tribunaux de commerce de l'Algérie seront élus par ceux des commerçants de l'arrondissement du tribunal de 1re inst. où doit siéger le tribunal de commerce qui auront été portés sur les listes de commerçants notables, dressées par le directeur des affaires civiles de la province, et approuvées par le gouverneur général.

Art. 2.—Leur nombre sera déterminé pour chaque ville ou arrondissement par des arrêtés spéciaux du gouverneur général, en conseil d'administration.

Art. 3.—Les membres de chacun des tribunaux de commerce de l'Algérie ne pourront être choisis que dans la liste formée en vertu de l'article précédent.

Art. 4.—Des arrêtés pris par le gouverneur général fixeront l'époque à laquelle ces élections auront lieu chaque année.

Art. 5. — Les procès-verbaux d'élections seront transmis par l'intermédiaire du gouverneur général de l'Algérie, à notre ministre de la guerre, qui nous proposera l'institution des élus, lesquels ne seront admis à prêter serment qu'après avoir été institués par nous.

Art. 6. — En cas de décès ou de récusation légale d'un ou plusieurs juges, si le tribunal ne se trouvait plus en nombre pour délibérer, il y serait suppléé par l'adjonction d'un ou de plusieurs commerçants français, ou naturalisés Français, pris sur la liste formée en vertu de l'art. 2, et suivant l'ordre dans lequel ils y sont portés.

Art. 7. — L'art. 14 de notre ord. du 26 sept. 1842 (*Justice*) est modifiée comme il suit :

« Les membres des tribunaux de commerce de l'Algérie sont indéfiniment rééligibles. Ils ne peuvent rendre jugement qu'au nombre de trois. Ils ne reçoivent ni traitement ni indemnité.—Un greffier et des commis greffiers, dont le nombre est réglé par le ministre de la guerre, sont attachés à chaque tribunal de commerce. »

§ 2. — CRÉATION DE TRIBUNAUX. — NOMBRE DES ÉLECTEURS.

1° Alger.

OR.—10 août 1834, art. 5 et 10 (V. *Justice*, § 1).—*Institution d'un tribunal de 7 négociants. — Trois juges suppléants institués en outre par arr. du gouverneur du 1er oct. suivant.*

AG.—12-18 fév. 1850.— B. 340.— *Le nombre des membres composant le tribunal est fixé à : un président, neuf juges et cinq suppléants.*

AG.—4-15 déc. 1852.—B. 420. — *Nombre des électeurs fixé à 70.*

Vu l'art. 2 de l'ord. du 24 nov. 1847 ;

Art. 1. — Le nombre des commerçants notables qui seront appelés à concourir à l'élection des juges du tribunal de commerce d'Alger est fixé à 70.

(Le nombre des électeurs avait d'abord été fixé à 50 par arr. du 8 déc. 1847 ; deux autres arr. des 15 mars 1849 et 12 fév. 1850 l'avaient élevé à 240.)

2° Oran.

OR. — 5 mars-10 avr. 1847. — B. 252. — *Ordonnance d'institution.*

Vu l'art. 14 de l'ord. roy. du 26 sept. 1842 ;

Art. 1. — Il est créé à Oran un tribunal de commerce.

Art. 2. — Son ressort sera le même que celui du tribunal de 1re inst. de l'arrondissement d'Oran.

Art. 3. — Il sera pourvu à la composition de ce tribunal conformément aux dispositions de l'art. 14 de l'ord. roy. du 26 sept. 1842.

OR. — 11 mars 1847. — *Nomination d'un président, quatre juges et deux juges suppléants.*

AG. — 12 févr. 1850. — B. 340. — *Le nombre des membres composant le tribunal est fixé à : un président, cinq juges, trois suppléants,*

AG. — 4-15 déc. 1852. — B. 426. — *Nombre des électeurs fixé à 40.*

Vu l'art. 2 de l'ord. du 24 nov. 1847;

Art. 1. — Le nombre des commerçants notables qui sont appelés à concourir à l'élection des membres du tribunal de commerce d'Oran est fixé à 40.

(Le nombre des électeurs, fixé à 10 par arr. du 8 déc. 1847, avait été élevé à 150 par autre arr. du 15 mars 1849.)

3° Constantine.

DI. — 27 déc. 1858-10 janv. 1859. — BM. 11. — *Décret d'institution (1).*

Vu l'ord. du 24 nov. 1847;

Art. 1. — Il est créé à Constantine un tribunal de commerce. — Le ressort de ce tribunal sera le même que celui du tribunal de 1re inst. de Constantine.

Art. 2. — Le tribunal de commerce de Constantine se compose d'un président, de cinq juges, de trois juges suppléants et d'un greffier. — Il sera procédé à la nomination des membres de ce tribunal conformément aux dispositions de l'ord. du 24 nov. 1847.

Tribunaux israélites.

AG. — 22 oct. 1830 (V. *Justice*, § 1). — *Tribunal de trois rabbins prononçant souverainement et sans appel, tant au civil qu'au criminel, dans les causes entre israélites.*

AG. — 12 mars 1831. — *Gendarmes maures mis à la disposition du président du tribunal des rabbins pour l'exécution des jugements.*

AG. — 21 juin 1831 (V. *Israélites*). — *Le chef de la nation règle toutes les contestations qui ne sont pas de la compétence du tribunal rabbinique.*

AG. — 16 août 1832 (V. *Justice*, § 1). — *Les jugements correctionnels et criminels sont soumis à appel, les premiers devant la cour de justice, les seconds devant le conseil d'administration.*

OR. — 10 août 1834. — (*Eodem.*) — *La juridiction criminelle est supprimée, la compétence du tribunal est restreinte aux infractions à la loi religieuse, qui ne constituent ni crime, ni délit, ni contravention, d'après la loi française. En matière civile, la compétence est limitée aux contestations relatives à la validité ou à la nullité des mariages et répudiations.*

AG. — 6 déc. 1835. — B. 25; — *Institution, à Oran d'un tribunal israélite dont les membres prêteront serment devant le tribunal civil d'Oran, et dans les formes usitées devant les tribunaux israélites.*

OR. — 28 fév. 1841. — (*Eodem.*) — *Toute juridiction est retirée aux israélites. Les israélites sont exclusivement justiciables des tribunaux français; les rabbins sont seulement appelés à donner leur avis écrit dans les contestations relatives à l'état civil, aux mariages et répudiations, et à statuer sur les infractions à la loi religieuse.*

OR. — 26 sept. 1842. — (*Eodem.*) — *Mêmes dispositions.*

(1) D'après le rapport ministériel qui a provoqué ce décret, le mouvement des affaires dont Constantine est le centre est signalé comme ayant considérablement augmenté dans le cours des dernières années. Le chiffre des sommes en litige, après avoir atteint 1,822,000 fr. dès 1856, paraissait devoir s'élever en 1859 à plus de

V

Vaccination.

Deux arrêtés du gouverneur général, du 20 juin 1848, avaient institué un service de la vaccination et réglé la composition des comités, les indemnités et primes à accorder aux vaccinateurs. La création d'une école préparatoire de médecine à Alger a motivé les dispositions de l'arr. du 6 janv. 1859 qui organise ce service sur de nouvelles bases. Le règlement de service annexé aux arr. de 1848 reste toutefois exécutoire en partie, et est, à ce titre, reproduit ci-après.

AG. — 20 juin 1848. — B. 280. — *Règlement.*

Tit. 1. — *Attributions et devoirs des comités de vaccine.*

Art. 1. — Les comités de vaccine reçoivent communication de tous les documents, ordres, circulaires, etc., relatifs au service de la vaccination. Ils entendent les rapports des médecins conservateurs et vaccinateurs sur la situation des parties de service qui leur sont confiées. Ils signalent ceux d'entre eux qui ont fait preuve du plus de zèle et d'activité et qui ont obtenu les meilleurs résultats. Ils se préoccupent de l'intérêt qui s'attache à faire apprécier les bienfaits de la vaccine à la population indigène. Ils font, dans ce but, tous leurs efforts pour attirer dans leur sein et associer à leurs travaux le plus grand nombre possible de fonctionnaires ou notables musulmans.

Art. 2. — Les comités de vaccine doivent se réunir au moins une fois tous les six mois. Les procès-verbaux de leurs séances sont transmis, avec l'état semestriel des vaccinations opérées, au directeur des affaires civiles de la province.

Art. 3. — Le comité de l'arrondissement d'Alger sera en même temps comité central algérien.

Art. 4. — Le comité central algérien recevra communication, par le gouverneur général, des travaux et des rapports des comités locaux. Il rédigera, à l'aide de ces documents et de tous autres qui seront mis à sa disposition, un travail d'ensemble sur les résultats généraux obtenus et sur les observations faites dans toute l'étendue de l'Algérie. Il se mettra en rapport direct avec la société de vaccine de Paris. Il lui signalera les faits survenus en Algérie qui peuvent intéresser la science, et se tiendra au courant des questions relatives à la vaccine et à la variole. — Il fournira copie au gouverneur général des communications de la société de vaccine de Paris qui pourraient intéresser les comités locaux.

Tit. 2. — *Fonctions et devoirs.*

§ 1. — *Du directeur du service de vaccination.*

Art. 5. — Le directeur du service de vaccination, conservateur du dépôt de vaccin, entretiendra continuellement et sans intermittence le germe vaccinal, par des vaccinations périodiques et successives de bras à bras, de manière à pouvoir

2 millions. Quant au nombre des affaires inscrites au rôle du tribunal civil, jugeant en matière commerciale, il était déjà de 1,822 en 1857; le moment était donc venu de doter le chef-lieu de la province d'une juridiction consulaire.

continuellement fournir du vaccin aux conservateurs.

Art. 6. — Il prendra les mesures nécessaires pour que les dépôts secondaires soient toujours abondamment pourvus, pour que le vaccin y soit renouvelé fréquemment et conservé avec soin ; il s'assurera que la vaccination est pratiquée publiquement et périodiquement dans tous les centres de population.

Art. 7. — Il rédigera les instructions auxquelles les conservateurs et les vaccinateurs devront se conformer ; ces instructions seront préalablement soumises à l'approbation du directeur général des affaires civiles.

Art. 8. — Il fixera et fera connaître aux vaccinateurs l'époque à laquelle ceux-ci seront tenus de commencer leurs tournées dans les centres ou communes de leur ressort.

Art. 9. — Il fera lui-même, lorsqu'il y aura lieu, des tournées dans les principaux points de l'Algérie pour s'assurer que le service fonctionne avec toute la régularité et l'activité désirables.

Art. 10. — A la fin de chaque année, il remettra au directeur des affaires civiles, d'après les observations qu'il aur recueillies pendant ses tournées ou sur le vu des documents qui lui seront communiqués, un mémoire sur la situation et les progrès du service de la vaccination en Algérie, les moyens de l'améliorer, les épidémies varioliques qui se sont manifestées, le rapport des vaccinations aux naissances, les phénomènes intéressant la science, etc., etc. Ce mémoire sera transmis au comité central algérien.

Art. 11. — Il remplira les fonctions de secrétaire du comité central algérien, et sera spécialement chargé à ce titre de la rédaction des rapports à faire sur l'ensemble du service.

§ 2. — Des conservateurs des dépôts secondaires de vaccin.

Art. 12. — Autant que possible, les conservateurs entretiendront continuellement le germe vaccinal dans leur dépôt par des vaccinations périodiques et successives de bras à bras. Quand ils en seront dépourvus faute de sujets, ils s'adresseront au directeur du dépôt central, qui leur en fera parvenir immédiatement.

Art. 13. — Ils satisferont gratuitement, en tout temps et sans délai, aux demandes de vaccin sec ou liquide qui pourraient leur être faites de tous les points de leur circonscription.

Art. 14. — Ils se pourvoiront à leurs frais de tous les instruments nécessaires, soit pour communiquer, soit pour envoyer le vaccin sec ou liquide.

Art. 15. — Toutes les demandes ou envoi de vaccin, soit du conservateur du dépôt central, soit des conservateurs des dépôts secondaires, se feront sous le couvert de l'administration.

§ 3. — Des vaccinateurs.

Art. 16. — Les vaccinateurs vaccineront à leur domicile ou à la mairie à une heure déterminée, aux mois d'avril et d'octobre, tous les individus qui se présenteront. Ils leur délivreront un certificat huit jours après cette opération, en s'assurant qu'elle a donné tous les résultats qui en caractérisent le succès.

Art. 17. — Les vaccinateurs feront également deux fois par an, aux époques qui seront fixées par le conservateur-directeur du service, une tournée dans les communes ou localités qu'ils seront chargés de desservir. Ils vaccineront de bras à bras les sujets européens ou indigènes qui se présenteront. Huit jours après chaque tournée, ils en feront une seconde, à l'effet de constater le résultat de l'opération et de la renouveler s'il y a lieu.

Art. 18. — A la fin de chaque semestre, et après avoir soumis à la vaccination le plus grand nombre de sujets possible, les vaccinateurs feront certifier par l'autorité administrative locale l'état des vaccinations opérées par eux pendant le semestre. — Cet état sera transmis par l'autorité administrative locale au directeur des affaires civiles de la province.

Art. 19. — Les vaccinateurs visiteront les établissements dans lesquels nul ne doit être admis sans avoir justifié par un certificat qu'il a été atteint de la petite vérole ou vacciné.

Art. 20. — En cas d'invasion de la petite vérole, les vaccinateurs en donneront immédiatement avis au conservateur-directeur du service, qui prendra, de concert avec l'autorité administrative, les moyens nécessaires pour la combattre et la circonscrire.

Art. 21. — Les conservateurs des dépôts de vaccin exerceront de droit, dans le chef-lieu de leur circonscription, les fonctions de vaccinateur. — Ils toucheront à ce titre, en sus de l'indemnité qui leur est allouée pour frais de conservation et d'expédition de vaccin, l'indemnité accordée à chaque vaccinateur pour les vaccinations réussies.

TIT. 3. — Dispositions diverses.

Art. 22. — Par application de l'art 5 d'une instruction du ministre de l'intérieur en date du 30 juin 1809, en vigueur dans la métropole et ainsi conçu : « Les indigents qui reçoivent des secours du gouvernement ou de la charité publique doivent prouver qu'eux et leurs enfants ont eu la petite vérole ou ont été vaccinés, » il ne sera accordé de secours aux indigents des villes et des campagnes qu'autant qu'ils produiront un certificat justifiant que leurs enfants ont été ou atteints de la petite vérole, ou vaccinés, ou inscrits pour être prochainement vaccinés. — En ce qui concerne les indigènes, ces dispositions ne seront rigoureusement applicables qu'à ceux qui touchent d'une manière régulière et permanente des secours sur les fonds de la Mecque et Médine.

Art. 23. — Les maires devront fournir aux médecins vaccinateurs, au commencement de chaque trimestre, la liste des enfants nés dans le trimestre précédent, avec indication de l'adresse des parents. Ils leur remettront également, en avril et octobre, la liste des enfants des deux sexes qui fréquentent les écoles.

Art. 24. — Aucun enfant ne sera admis dans les hospices, dans les établissements d'orphelins ou dans les écoles primaires, s'il n'a été vacciné ou atteint de la petite vérole, ou s'il n'est inscrit pour être vacciné.

Art. 25. — Les indemnités dont jouissent les instituteurs primaires en sus de leur traitement fixe, ne leur seront payées que sur le vu d'un certificat du vaccinateur de la localité portant qu'ils ont veillé, en ce qui les concerne, à l'exécution des dispositions de l'article précédent. Ce certificat ne devra pas être joint au mandat de payement.

Art. 26. — Les commissions administratives des hospices n'admettront et ne conserveront pour le service de ces établissements aucun individu de l'un ou l'autre sexe qui ne justifiera pas, au moyen d'un certificat, qu'il a été vacciné ou atteint de la petite vérole.

Art. 27. — Les nourrices des enfants placés par les hospices ne recevront leur salaire que lorsqu'elles auront justifié que les enfants qui leur sont confiés et les leurs propres ont été vaccinés ou atteints de la petite vérole, ou qu'ils sont inscrits pour être vaccinés.

Art. 28. — Il sera alloué aux sages-femmes musulmanes, sur les fonds de la Mecque et Médine, pour chaque enfant indigène nouveau-né qu'elles feront vacciner, une prime dont le montant sera déterminé par le directeur général des affaires civiles. CHANGARNIER.

AM.—6 janv.-21 fév. 1859.—BM. 16.—*Réorganisation du service de la vaccination.*

Vu les deux arr. du 20 juin 1848; ensemble le règlement du même jour pour l'exécution desdits arrêtés; — Vu le décr. imp. du 4 août 1857, portant institution de l'école préparatoire de médecine et de pharmacie d'Alger;

Art. 1.—Sont supprimés : — Le directeur spécial du service de la vaccination ; — Le comité central de vaccine siégeant à Alger;—Les comités de vaccine d'arrondissement et de subdivision ; — Les conservateurs d'arrondissement du virus-vaccin.

Art. 2.—La direction du service de la vaccination est dévolue au directeur de l'école préparatoire de médecine, avec les attributions définies par les art. 5, 6, 7 et 8 du règlement d'exécution du 20 juin 1848.

Art. 3. — Il y a au chef-lieu de chaque province un comité de vaccine dont le nombre des membres n'est pas limité.—Il y a au chef-lieu de chacune des provinces de Constantine et d'Oran un conservateur du virus-vaccin, nommé par le préfet et choisi parmi les vaccinateurs publics. — Les vaccinateurs de la province d'Alger s'approvisionnent au dépôt central.

Art. 4.—Sont spécialement chargés du service de la vaccination publique en Algérie:—Les médecins de colonisation,—Les médecins attachés aux bureaux arabes, — Les médecins et chirurgiens des hôpitaux civils. — Ils reçoivent, à ce titre, les instructions du directeur du service, et lui rendent, tous les six mois, compte de leurs opérations et observations.

Art. 5. — Sont de droit membres de chaque comité : le maire de la ville chef-lieu et le conservateur du virus-vaccin.—Les autres membres sont nommés par le préfet.

Art. 6. — Chaque comité de vaccine est présidé par le préfet. — La vice-présidence appartient au maire.—En l'absence du préfet et du maire, le comité élit son vice-président. — Les fonctions de secrétaire sont remplies par le conservateur du vaccin.

Art. 7.—Il est alloué pour frais de bureau, de correspondance, de conservation et d'expédition du virus-vaccin : — Au directeur du service, une indemnité annuelle de 600 fr.; — A chaque conservateur de province, une indemnité annuelle de 500 fr.—Ces indemnités sont payables par trimestre et à terme échu.

Art. 8.—Il est alloué à chaque vaccinateur public une rétribution de 50 cent. par vaccination réussie, jusqu'à concurrence de 500 vaccinations; au delà de ce nombre, la rémunération est purement honorifique.—Le prix des vaccinations réussies est ordonnancé par le préfet, sur états semestriels fournis par les vaccinateurs en double expédition, visés et certifiés par les maires des communes où les vaccinations ont été opérées.

Art. 9. — Indépendamment de la rétribution ordinaire, il peut être décerné, chaque année, sur les fonds votés à cet effet par les conseils généraux, des médailles d'honneur à ceux des vaccinateurs publics ou privés qui, dans chaque province,

auront propagé la vaccine avec le plus de zèle et de succès. — Ces médailles sont décernées par le ministre, sur la proposition des comités de vaccine et l'avis du directeur du service.

Art. 10. — Le rapport annuel, prescrit au directeur par l'art. 10 du règlement du 20 juin 1848, est adressé au ministre.

Art. 11. — Toutes dispositions contraires au présent arrêté sont et demeurent abrogées.

Art. 12. — Les préfets des départements et les généraux administrant les territoires militaires de l'Algérie sont chargés, chacun en ce qui le concerne, de l'exécution du présent arrêté.

NAPOLÉON (Jérôme.)

Ventes mobilières.

DIVISION.

§ 1. — Fonds de commerce.
§ 2. — Marchandises et objets divers.

§ 1. — FONDS DE COMMERCE.

AG. — 19 déc. 1831. — *Publicité ordonnée.*

Considérant la nécessité, dans le début d'une colonisation, de donner aux transactions commerciales toutes les garanties possibles, et de les astreindre à une publicité qui arrête les ventes frauduleuses et clandestines; — Vu la demande faite à ce sujet par la chambre de commerce d'Alger; — Vu l'avis émis sur l'objet de cette demande, tant par M. le commissaire du roi près la municipalité d'Alger que par le président de la cour de justice;

Art. 1.—Toute boutique ou fonds de commerce situé dans la ville d'Alger restera chargé, nonobstant la vente qui en sera faite, des dettes contractées par le vendeur relativement à ce fonds de commerce ou boutique, soit pour loyer ou fourniture de marchandises; et les acquéreurs ne pourront se soustraire à cette disposition sous prétexte qu'ils auraient payé tout ou partie de leur acquisition, qui ne sera affranchie de cette garantie que quand le vendeur et l'acheteur auront donné communication de leur transaction, par voie d'affiches, à la chambre de commerce d'Alger, et qu'ils auront déposé et affiché un extrait de l'acte de vente au greffe de la cour de justice, lequel devra être visé et placardé dans un tableau à ce destiné. Quinze jours après le dépôt, l'objet vendu sera affranchi de la garantie ci-dessus spécifiée (1).

Baron BERTHEZÈNE.

§ 2. — MARCHANDISES ET OBJETS DIVERS.

AG. — 24 avr.-11 mai 1848.— B. 275. *Promulgation de la loi du 25 juin 1841.*

Vu la loi du 25 juin 1841, sur la vente aux enchères de marchandises neuves; — Vu l'arr. min. du 1er même mois, qui règle l'exercice de la profession de commissaire-priseur en Algérie, et celui du 6 mai 1844, sur les courtiers de commerce ;— Considérant que les dispositions de ces arrêtés, relatives à la vente aux enchères publiques de marchandises neuves ont donné lieu à des abus qu'il importe de faire disparaître, dans l'intérêt général du commerce, en appliquant à l'Algérie la législation de France sur cette matière;

Art. 1. — A partir de la promulgation du présent arrêté, la loi du 25 juin 1841, sur la vente

---

(1) *Jurisprudence.* — 1° Attendu que les formalités prescrites par l'arr. du 19 déc. 1831 n'ont eu pour objet que les ventes de boutiques ou fonds de commerce situés dans la ville d'Alger; que, si on étendait cette prescription à toute autre localité qu'à la ville d'Alger, il s'ensuivrait qu'on pourrait prétendre qu'elle est applicable aux ventes de même nature dans toute l'Algérie, ce qui n'est pas admissible, toute disposition restrictive du droit commun

devant être renfermée dans les cas spécialement prévus ; qu'il est constant au procès que le fonds de commerce vendu par Boic était situé à Mustapha, qui ne dépend pas de la ville d'Alger; — Par ces motifs, etc. — *Cour d'Alger*, 23 déc. 1844.

2° Mais cette dérogation au droit commun ne saurait être étendue aux effets d'un simple bail. — *Cour d'Alger*, 23 févr. 1855.

aux enchères de marchandises neuves sera appliquée en Algérie.

Art. 2. — Il n'est pas autrement dérogé aux arr. min. des 1ᵉʳ juin 1841 (*Commissaires-priseurs*) et 6 mai 1844 (*Courtiers*).

E. CAVAIGNAC.

AM. — 5 mars-28 avr. 1855. — B. 479. — *Règlement sur la profession de dellal.*

Considérant qu'il importe de réglementer la profession exercée en Algérie par les indigènes musulmans connus sous le nom de *dellals* (1) qui consiste à vendre aux enchères les objets mobiliers appartenant à des musulmans ; — Arrête :

Art. 1. — La profession de dellal ne peut être exercée que par des indigènes musulmans, pourvus d'une autorisation délivrée dans les formes et conditions indiquées par les art. 3 et 4 du présent arrêté. — Cette autorisation est essentiellement révocable.

Art. 2. Dans toutes les localités où cela sera reconnu possible, les dellals musulmans seront constitués, suivant le territoire, par arrêtés des généraux commandant les divisions ou des préfets des départements, en corporations placées sous la direction d'un amin (2) assisté d'un khodja (3). — La surveillance de ces corporations appartient à l'autorité administrative.

Art. 3. — Les dellals, leur amin et leur khodja sont nommés, en territoire militaire, par le général commandant la division ; en territoire civil, par le préfet. Le nombre des dellals est fixé proportionnellement aux besoins de chaque localité.

Art. 4. — Nul ne peut être admis à exercer la profession de dellal, s'il n'est âgé de 25 ans et s'il ne justifie : 1° d'un certificat de moralité ; 2° du versement d'un cautionnement dont l'importance sera déterminée pour chaque localité par le général ou le préfet, et qui, en aucun cas, ne pourra dépasser 150 fr. — L'amin est soumis à un cautionnement double de celui du dellal. — Le khodja est dispensé de cautionnement, à moins qu'il ne soit pris parmi les dellals.

Art. 5. — L'amin distribue entre les dellals le travail des ventes et le service de garde nocturne du bureau où sera établie la caisse de la corporation. — La clef de cette caisse restera entre les mains de l'amin. — Il préside aux ventes, en reçoit et paye le montant. — Il est enfin chargé de la police de la corporation et de celle de la salle de vente. Il peut faire toutes réquisitions pour y maintenir l'ordre.

Art. 6. — Les dellals, leur amin et leur khodja prêtent serment, avant d'entrer en fonctions, entre les mains du délégué du général ou du préfet.

Art. 7. — Les objets mobiliers destinés à la vente seront, au moment même du dépôt, évalués par l'amin, assisté d'un dellal et du propriétaire desdits objets.

Art. 8. — Les objets seront ensuite inscrits sur un registre où seront mentionnés, sous un numéro d'ordre pour chaque objet : — La date du dépôt, — Le nom du propriétaire, — L'évaluation de l'objet, — Le nom du dellal chargé de la vente, — La date de la vente, — Le montant de la vente, — Le nom de l'acheteur, — Les droits perçus, — Et toutes observations qu'il y aura lieu. — Ce registre sera visé, coté et parafé par l'autorité administrative et arrêté chaque jour par l'amin.

Art. 9. — Les lieu, jour et heure de vente dans chaque localité seront fixés par un règlement de l'autorité locale.

(1) Encanteurs.
(2) Syndic.
(3) Secrétaire.

Art. 10. — Les objets à vendre pourront être mis à l'enchère dans tous les quartiers de la ville ; mais l'adjudication définitive ne sera déclarée qu'au lieu désigné par l'autorité et en présence de l'amin. Elle ne pourra être prononcée au-dessous de l'estimation que du consentement du vendeur.

Art. 11. — Il sera délivré au vendeur un reçu des objets par lui déposés, avec indication de leur valeur estimative, et à l'acheteur un reçu du prix.

Art. 12. — La corporation est responsable des objets déposés et, après la vente, de leur prix. — L'actif de la corporation et l'ensemble des cautionnements sont affectés à cette garantie.

Art. 13. — Le vendeur aura toujours, avant l'adjudication, le droit de retirer, sans frais, un objet qu'il aurait confié au dellal. — Aussitôt après l'adjudication, il lui sera fait remise du prix, sur lequel seront retenus les droits de vente.

Art. 14. — L'amin percevra le prix d'adjudication, au profit de la société : — 5 p. 100, de 1 à 25 fr. ; — 4 p. 100, de 25 à 50 fr. ; — 2 et demi p. 100, de 50 à 100 fr. ; — 2 p. 100, de 100 fr. et au-dessus.

Art. 15. — La taxation déterminée par le tarif faisant suite à l'arr. du 29 juill. 1848 (*Justice musulmane*) continuera à être appliquée aux dellals qui auront prêté leur ministère aux ventes faites par les cadis.

Art. 16. — Le premier de chaque mois, les bénéfices seront, après le prélèvement de tous les frais, partagés entre l'amin, les dellals et le khodja. — L'amin recevra deux parts ; chacun des dellals et le khodja, une part.

Art. 17. — Il est interdit à l'amin et aux dellals de prêter leur ministère pour vendre des objets appartenant à des personnes frappées d'incapacité par la loi musulmane. — Il est, en outre, fait défense expresse aux amins, aux dellals et aux khodjas de se rendre directement ou indirectement adjudicataires des objets qu'ils sont chargés de vendre, et de se livrer ou d'être associés à aucun commerce ayant quelque rapport avec la profession de dellal.

Art. 18. — L'autorité administrative pourra prononcer contre le dellal qui se sera rendu coupable d'infraction aux règles prescrites ci-dessus, soit la révocation, soit la suspension de cinq jours à trois mois, avec privation, jusqu'à l'expiration de la peine, de toute part dans les bénéfices communs.

Art. 19. — Les perceptions non autorisées par le présent règlement, les soustractions, détournements et substitutions d'effets, seront punis conformément aux dispositions du code pénal.

Art. 20. — Les dispositions du présent arrêté sont applicables aux dellals non réunis en corporation, dans tout ce qu'elles ne renferment pas de spécial à l'existence de ces associations.

VAILLANT.

DI. — 31 mars-9 mai 1860. — BM. 72. — *Sont rendues exécutoires en Algérie les lois du 28 mai 1858 sur les négociations concernant les marchandises déposées dans les magasins généraux et sur les ventes publiques de marchandises en gros, ainsi que le règlement d'administration publique du 12 mars 1859. — Autorisation à la société J. Duvallet et comp., par décr. du 12 mai suivant, d'établir à Alger un magasin général et une salle de vente publique en gros.*

Villes et villages.

La création des centres de population a lieu en vertu de la législation sur les concessions (V. Con-

cessions) qui en détermine les conditions et la forme. Co droit appartenait dans l'origine au gouverneur général (arr. 18 avr. 1841, art. 1, mais depuis l'ord. royale du 21 juill. 1845, il a été réservé exclusivement au chef de l'Etat. Aucun décret de fondation n'est en outre rendu sans que cette mesure ait été soumise à l'avis d'une commission spéciale chargée de constater, par une enquête approfondie, si le nouvel établissement se trouvera dans des conditions qui puissent garantir son avenir et l'avancement progressif de la colonisation. — Les attributions de cette commission sont déterminées par les arr. des 2 avr. 1846 et 23 août 1859 (*Concessions*, § 1). Aux villages dont l'énumération suit, il convient d'ajouter ceux dont la création a été imposée comme condition des concessions faites à des particuliers et qui sont insérées à l'article *Concessions*, § 2.

DIVISION.

§ 1. — Fondation de villes et villages.
§ 2. — Colonies agricoles de 1848.

§ 1. — FONDATION DE VILLES ET VILLAGES.

1° *Province d'Alger.*

AG. — 27 sept.-29 oct. 1836. — D. 59. — *Formation d'un centre sur les fermes d'Haouch Chaouch et Bouyagueb près Bouffarik.*—*Concession provisoire de terres moyennant 8 fr. de redevance annuelle par hectare. — Défense de vendre, louer ou hypothéquer les terres concédées à peine de nullité de ces actes. — Délivrance du titre définitif après l'accomplissement des conditions imposées.*—*En cas d'inexécution des clauses et conditions de la concession, éviction des concessionnaires par décision des conseils d'administration, et retour au domaine des terres avec les améliorations qui auront eu lieu, à l'exception des constructions en pierre ou en pisé dans l'enceinte destinée aux habitations qui resteront leur propriété. — Faculté de rachat de la rente au denier vingt.*

AG. — 20-29 sept. 1840. — B. 81. — *Colonie à Cherchell.*

Considérant que les habitants indigènes de la ville de Cherchell qui n'ont pas reparu depuis la prise de cette place ont abandonné leurs propriétés pour se joindre aux ennemis de la France; — Que les maisons de Cherchell et les terres qui entourent cette place ne peuvent rester dans un état complet d'abandon; — Que, d'autre part, il importe de donner à la population européenne qui se fixe en Afrique des établissements qui puissent subvenir aux besoins de la colonie; — Vu l'urgence;

Art. 1. — Toutes les propriétés situées dans la ville de Cherchell et dans la zone de défense du territoire de cette place, qui n'auront pas été réclamées au 1er oct. prochain, seront séquestrées et réunies au domaine de l'Etat.

Art. 2. — Il sera formé à Cherchell une colonie composée de 100 familles. — Chaque chef de famille recevra une maison dans la ville et 10 hect. de terre dans la banlieue, à la charge de réparer la maison et de cultiver les terres dans l'année 1841. — Ces concessions seront faites dans les formes prescrites par les règlements en vigueur

dans l'Algérie. — Une redevance annuelle sera imposée à chaque concessionnaire par l'acte de concession. — Les maisons et les terres de la colonie de Cherchell seront exemptes, pendant dix années, d'impôts directs. — Les transmissions des propriétés concédées ne pourront avoir lieu qu'à la fin de la seconde année, et lorsque les concessionnaires auront réparé les maisons et cultivé les terres qui leur auront été délivrées: aucune hypothèque ne pourra être consentie avant l'expiration du délai de deux années. — Les terres qui n'auront pas été cultivées dans le courant de l'année 1841 feront retour au domaine de l'Etat et seront données à de nouveaux concessionnaires.

Art. 3. — Un adjoint civil au commandant supérieur de Cherchell sera établi dans cette place; il aura des fonctions et attributions analogues à celles conférées à l'adjoint du district de l'Atlas par l'art. 7 de l'arr. min. du 17 fév. 1840 (*commissaires civils*).

Art. 4. — A dater du 1er nov. de la présente année, les lois, arrêtés, règlements et tarifs des administrations financières seront mis à exécution à Cherchell comme dans les localités actuellement placées sous l'autorité des fonctionnaires civils.

Art. 5. — La ville et le territoire de Cherchell seront placés sous la juridiction des tribunaux siégeant à Alger.

Art. 6. — Le district de Cherchell restera en état de guerre tant que la situation du pays rendra cette disposition nécessaire. Le commandant supérieur pourra, sous sa responsabilité personnelle envers le gouverneur général, prendre toutes les mesures qui lui paraîtront nécessaires pour la sûreté du pays.   Comte VALÉE.

AG. — 1er-6 oct. 1840. — B. 82. — *Colonie à Blidah* (1).

Considérant que les habitants indigènes de Blidah qui sont absents depuis une année ont abandonné leurs propriétés pour se joindre aux ennemis de la France; — Que les maisons non occupées dans la ville de Blidah, et les terres et jardins qui entourent cette place, ne peuvent rester dans un état complet d'abandon; — Que l'Etat possède dans Blidah des propriétés qu'il importe de mettre en culture, etc.;

Art. 1. — Toutes les propriétés situées dans la ville de Blidah et dans la zone de défense du territoire de cette place, qui n'auront pas été réclamées avant le 1er nov. prochain, seront séquestrées et réunies au domaine de l'Etat. — Les propriétés situées dans le même territoire qui appartenaient précédemment au beylik, seront soumises à un recensement qui sera fait par les soins de la direction des finances. — Les propriétés appartenant aux mosquées et autres établissements religieux seront soumises aux règles d'administration prescrites pour les biens de même nature dans la province d'Alger.

Art. 2. — Il sera formé à Blidah une colonie composée de 300 familles. — Chaque chef de famille recevra dans la ville de Blidah une maison ou un emplacement destiné à recevoir des constructions: il lui sera, en outre, accordé en dehors des murs de la place un jardin ou une portion de jardin, et des terres jusqu'à concurrence de 10 hect. — Ces concessions seront faites dans les formes prescrites par les règlements en vigueur dans l'Algérie, et à la charge de construire des maisons ou de réparer celles concédées et de mettre les terres

(1) Blidah, occupé une première fois le 30 nov. 1830 et une seconde le 21 juin 1831, le fut définitivement par l'armée le 3 mai 1838. Cependant le séjour de l'armée dans la ville pouvait présenter des inconvénients, et d'ailleurs, il y avait nécessité de raser une partie des murs des jardins qui entourent la ville, d'abattre même en grand nombre les orangers qui s'étendaient jusqu'au mur d'enceinte et en couvraient les abords; on préféra donc établir un camp permanent à quelque distance de la ville, et ce ne fut que plus tard que la population civile y fut régulièrement établie.

en culture avant le 1er janv. 1812. — Une redevance annuelle sera imposée à chaque concessionnaire par l'acte de concession.

Les concessionnaires ne pourront abattre les arbres qui se trouveront sur leur terrain avant l'expiration de la troisième année, et qu'après en avoir obtenu l'autorisation : dans l'un et dans l'autre cas, ils seront tenus de les remplacer. — La transmission des propriétés concédées ne pourra avoir lieu qu'à la fin de la deuxième année, et lorsque les concessionnaires auront rempli toutes les obligations qui leur auront été imposées ; aucune hypothèque ne pourra être consentie avant l'expiration du délai de deux années, à dater du jour de la concession. — Les terres concédées qui n'auront pas été cultivées à l'époque du 1er janv. 1812, les maisons qui n'auront pas été réparées, et les terrains concédés à la charge de bâtir qui, à la même époque, n'auront pas reçu de constructions, feront retour au domaine de l'Etat et seront donnés à de nouveaux concessionnaires.

Art. 3. — Les Européens qui justifieront, devant M. le directeur des finances, par des titres légaux antérieurs au présent arrêté, de la propriété de terres ou de maisons sur le territoire de Blidah, seront admis à faire partie de la colonie établie dans cette ville, aux charges et conditions imposées aux autres colons ; toutefois, ils ne seront tenus à aucune redevance envers l'Etat. — Toutes les propriétés du territoire de Blidah qui n'auront p été mises en culture au 1er janv. 1812, seront réunies au domaine de l'Etat et données à des concessionnaires, aux charges prescrites par les articles précédents.

Art. 1. — L'adjoint civil du district de l'Atlas s'établira immédiatement à Blidah et aura, dans cette colonie, les fonctions et attributions qui lui sont conférées par l'art. 7 de l'arr. du 17 fév. 1810 (Commissaires civils.)

Art. 5. — A dater du 1er janv. 1811, les lois, arrêtés, règlements et tarifs des administrations financières seront mis à exécution à Blidah, comme dans les localités actuellement placées sous l'autorité des fonctionnaires civils.

Art. 6. — La ville et le territoire de Blidah seront placés dans le ressort de la juridiction des tribunaux d'Alger.

Art. 7. — Le district de l'Atlas, dont la ville de Blidah fait partie, restera en état de guerre tant que la situation du pays rendra cette disposition nécessaire. Le commandant supérieur pourra, sous sa responsabilité personnelle envers le gouverneur général, prendre toutes les mesures qu'il jugera nécessaires pour la sûreté du pays.

Comte VALÉE.

AG. — 1er.6 oct. 1810. — B. 82. — *Colonie militaire de Koléah.*

Considérant que les habitants indigènes de la ville de Koléah qui sont absents depuis une année ont abandonné leurs propriétés pour se joindre aux ennemis de la France ; — Que les maisons non encore occupées dans la ville de Koléah, et les terres et jardins qui entourent cette place, ne peuvent rester dans un état complet d'abandon ; — Que l'Etat possède sur le territoire de Koléah des propriétés qu'il importe de mettre en culture ;

Art. 1. — Toutes les propriétés situées dans la ville de Koléah et dans la zone de défense du territoire de cette place, qui n'auront pas été réclamées au 1er nov. prochain, seront séquestrées et réunies au domaine de l'Etat. — Les propriétés qui appartenaient précédemment au beylik seront soumises à un recensement qui sera fait par les soins de la direction des finances. — Les propriétés qui appartenaient aux mosquées et aux autres établissements religieux seront soumises aux règles

prescrites pour les biens de même nature dans la province d'Alger.

Art. 2. — Il sera formé à Koléah une colonie militaire de 300 soldats. — Chaque soldat recevra dans la ville de Koléah une maison ou un emplacement destiné à recevoir des constructions. Il lui sera en outre accordé, sur le territoire environnant, une concession en terres qui pourra avoir jusqu'à 10 hect. — Ces concessions seront faites dans les formes prescrites par les règlements en vigueur dans l'Algérie, et à la charge de construire des maisons ou de réparer celles qui seront délivrées.

Art. 3 et suiv. — (Mesures d'exécution.)

Comte VALÉE.

AG.—10 janv. 1842.—B. 113.—*Village à Draria.*

Vu l'art. 2 de l'arr. du 1er déc. 1840 sur le séquestre ; — Vu les art. 1, 2 et 3 de l'arr. du 18 avr. 1841, concernant la concession de terres et la formation de centres de population agricole ; — Vu les plans produits ; — Considérant que les tribus arabes demeurant aux lieux dits de Draria, Beni Arbia, Ouled Sriah et lieux voisins (district de Kouba, communes de Kaddous et Birkhadem) ont passé à l'ennemi en nov. et déc. 1839 en incendiant les gourbis et assassinant des colons européens ; — Qu'il importe de placer sur le même point une population européenne ;

Art. 1. — Il sera formé sur le territoire des tribus émigrées de Draria, Beni Arbia, Ouled Sriah (district de Kouba, commune de Kaddous) un village composé de 51 familles ; il sera construit sur l'emplacement désigné au plan annexé et conformément aux indications de ce plan. — Sa circonscription territoriale renfermera 450 hect. environ compris dans le périmètre tracé au plan cadastral également ci-joint.

Art. 2. — Il sera fait remise à la direction de l'intérieur par la direction des finances de terres qui se trouveraient appartenir au domaine dans les limites du territoire qui vient d'être spécifié. Quant aux parcelles comprises dans le même territoire et reconnues comme appartenant à des particuliers, elles seront expropriées pour cause d'utilité publique et les indemnités dues aux propriétaires dépossédés seront liquidées conformément à l'arr. du 9 déc. 1841. BUGEAUD.

AG. — 17 mars 1842. — B. 115. — *Village à Douéra.*

Art. 1. — Il sera formé dans le territoire de Douéra un centre de population composé de 250 à 300 familles. — La circonscription territoriale qui devra être affectée à ce centre de population, sera ultérieurement déterminée (elle l'a été par arr. du 30 déc. suivant, B. 137).—Art. 2. (Comme au précédent.)

AG. — 20 avr. 1842. — B. 117. — *Village à El Achour.*

Art. 1. — Il sera formé sur le territoire d'El Achour, district de Douéra, un village composé de 50 familles. — La circonscription territoriale renfermera 500 hect. environ, compris au plan cadastral également ci-joint. — Art. 2. (Comme au précédent.) BUGEAUD.

AG. — 25 avr. 1842. — B. 118. — *Village militaire à Aïn Fouka.*

Considérant qu'il importe d'établir sur la limite même de l'obstacle continu des villages qui étant exclusivement composés de militaires congédiés puissent opposer à l'ennemi une résistance énergique ; — Que le territoire d'Aïn Fouka, en avant de Koléah, formé en grande partie de terres domaniales et séquestrées, offre toutes les conditions nécessaires à l'établissement d'une population composée comme il vient d'être dit; — Que d'importants travaux ont déjà été exécutés sur ce point pour l'établissement de cette colonie par le génie militaire; — Qu'en ce qui concerne l'allotissement et la concession des terres il y a lieu d'agir selon les dispositions de l'arr. du 18 avr. 1841;

Art. 1. — Il sera formé sur le territoire d'Aïn Fouka, près de Koleab, un village composé de 80 feux; il sera construit par le génie militaire sur l'emplacement désigné au plan annexé et conformément aux indications de ce plan. La circonscription territoriale renfermera 600 hect. environ, compris au plan cadastral également ci-joint.

Art. 2. — Dans la partie du territoire qui touche à la mer et qui est indiqué au plan cadastral par les lettres A, B, C, D, il sera fondé un village principalement destiné à l'établissement d'entrepôts pour les besoins et les opérations du commerce. Les dispositions relatives à ce village seront concertées entre les autorités civiles et militaires et ultérieurement arrêtées par nous.

Art. 3. — Il sera fait remise, etc. (Comme aux arrêtés ci-dessus.)   BUGEAUD.

AG. — 22 août 1842. — B. 124. — *Village à Chéragas.*

Considérant que le territoire précédemment occupé par la tribu des Chéragas émigrée en 1840, est composé en grande partie de terres domaniales et qu'il offre toutes les conditions nécessaires à l'établissement d'une population européenne;

Art. 1. — Il sera formé sur le territoire des Chéragas, district de Douéra, un village composé de 60 familles. — La circonscription territoriale renfermera 400 hect. environ, compris au plan cadastral également ci-joint (1). Un supplément sera ajouté, s'il y a lieu, à cette quantité, et d'après des plans établis et approuvés en la forme ordinaire.

Art. 2. — Il sera fait remise, etc. Quant aux parcelles comprises dans le même territoire et reconnues comme appartenant à des particuliers, elles sont et demeurent, dès à présent, expropriées pour cause d'utilité publique, et les indemnités dues aux propriétaires dépossédés seront liquidées conformément à l'arr. du 9 déc. 1841.

    BUGEAUD.

AG. — 16 nov. 1842. — B. 131. — *Village à Birkhadem.*

Art. 1. — Il sera créé, à Birkhadem, un village conforme aux dispositions du plan ci-annexé. — Art. 2. (Comme au précédent.)   BUGEAUD.

AG. — 2 déc. 1842. — B. 132. — *Village à Ouled Fayet.*

Art. 1. — Il sera formé, sur le territoire des anciennes tribus d'Ouled Fayet et Deschioued, un village composé de 50 familles : — Circonsc. territ., environ 700 hect. — Art. 2. (Comme ci-dessus.)   DE BAR.

AG. — 16 janv. 1843. — B. 140. — *Village de Saint-Ferdinand.*

Art. 1. — Il sera formé, au lieu dit Boukandoura (plaine de Staouëli), un centre composé de 60 familles: ce village sera réparti en plusieurs groupes. Le principal groupe, composé de 40 familles, prendra le nom de Saint-Ferdinand. — Circonsp. territ., 870 hect. — Art. 2. Il sera fait remise, etc.   BUGEAUD.

AG. — (Même date.) — *Village à Beni Mered* (2).

Considérant que le point de Beni Mered, situé à

---

(1) V. arrêté suivant du 17 févr. 1843.
(2) V. arrêté suivant du 15 déc. 1843.

---

la naissance de l'enceinte de Blidah et à mi-chemin de cette ville à Bouffarik, forme depuis longtemps un poste militaire et qu'il importe d'adjoindre à ce poste une population fixe qui puisse l'appuyer et même, toutes les fois que les circonstances le permettront, le suppléer; — Que les terres qui environnent ont été abandonnées par les Arabes, et sont devenues la propriété de l'État;

Art. 1. — Il sera formé, au lieu dit Beni Mered (district de Blidah), un centre composé de 70 familles. — Circonscription territoriale, 720 hect. — Art. 2. Il sera fait remise, etc.   BUGEAUD.

AG. — 17-22 fév. 1843. — B. 143. — *Village à Staouëli.*

Art. 1. — Il sera formé au lieu dit de Staouëli, un centre de 60 familles ou un établissement d'utilité publique d'une importance égale à celle de ce centre de population. — Art. 2. Il sera statué à cet égard par une décision particulière. — Art. 3. Circonscription territoriale, 1,020 hect. — Art. 4. Il sera fait remise, etc.   BUGEAUD.

AG. — (Même date.) — *Village à Saoula.*

Considérant que les terres situées aux environs du lieu dit de Saoula ont été abandonnées dès le commencement des hostilités par la population indigène qui les occupait;

Art. 1. — Il sera formé au lieu dit de Saoula (district d'Alger, commune de Birkhadem) un centre composé de 50 familles. — Circonscription territoriale, 470 hect. — Art. 2. Il sera fait remise, etc.

    BUGEAUD.

AG. — (Même date.) — *Addition de 200 hect. au village de Chéragas.*

Vu l'art. 1 de l'arr. du 22 août 1842, concernant la création du village de Chéragas; — Considérant que par suite de l'accroissement de la population de ce village, il est nécessaire d'augmenter le territoire qui doit lui être concédé, clause prévue par l'article précité;

Art. 1. — Il sera ajouté au territoire attribué au village de Chéragas un supplément de territoire de 200 hect., compris dans le plan ci-annexé. — Art. 2. Les dispositions de l'arr. du 22 août 1842 sont applicables au présent.   BUGEAUD.

AG. — 8-12 mars 1843. — B. 144. — *Village à Baba Hassen.*

Art. 1. — Il sera formé au lieu dit Baba Hassen (district de Douéra), un centre composé de 60 familles. — Circonscription territoriale, 517 hect. — Art. 2. Il sera fait remise, etc.   BUGEAUD.

AG. — 23-31 mars 1843. — B. 146. — *Village de Sainte-Amélie.*

Art. 1. — Il sera formé au lieu dit Ben Omar, district de Douéra, un centre composé de 50 familles. — Circonscription territoriale, 650 hect. — Ce village prendra le nom de Sainte-Amélie. — Art. 2. Il sera fait remise, etc.   BUGEAUD.

AG. — 23-30 juin 1843. — B. 152. — *Formation d'un nouveau centre à Blidah.*

Art. 1. — Il sera formé dans l'enceinte du camp inférieur de Blidah un centre composé de 20 familles. — Circonscription territoriale, 240 hect. — Art. 2. Il sera fait remise, etc.

AG. — 5-12 juill. 1843. — B. 153. — *Village de Joinville.*

Art. 1. — Il sera formé dans l'enceinte du camp supérieur de Blidah un centre, composé de 50 familles; ce village portera le nom de Joinville. — Circonscription territoriale, 432 hect. — Art. 2. Il sera fait remise, etc.

AG.— (Même date.)— *Village de Crescia.*

Art. 1. — Il sera formé au lieu dit Crescia (district de Douéra) un centre composé de 50 familles. — Circonscription territoriale, 450 hect.—Art. 2. Il sera fait remise, etc.

AG.— (Même date.)— *Village de Douaouda.*

Art. 1.—Il sera créé au lieu connu sous le nom de Douaouda (district de Koléah) un centre composé de 70 familles.—Circonscription territoriale, 807 hect. — Art. 2. Il sera fait remise, etc.

AG. — 5-27 sept. 1843. — B. 157. — *Remise à l'administration civile des villages de Saint-Ferdinand, de Sainte-Amélie, du marabout d'Aumale et de la ferme consulaire.*

Considérant que les conditions d'admission dans les villages construits et à construire par les condamnés militaires ou par l'armée, devant être essentiellement différentes des concessions faites jusqu'à ce jour dans les autres centres de population, il importe de les déterminer d'une manière précise, et de faire connaître aux intéressés les avantages qui les attendent et les obligations qui leur seront imposées dans ces nouveaux villages;

Art. 1.— Le village de Saint-Ferdinand, le marabout d'Aumale (hameau pour 10 familles), et la grande ferme dite la Consulaire, seront mis, le 15 du courant, à la disposition de la direction de l'intérieur. — Le village de Sainte-Amélie, construit pour 55 familles, sera remis vers la fin de l'année.

Art. 2. — Dans ces diverses localités et dans celles qui seront prochainement établies, d'après le même système, chaque concession se compose ou se composera : — 1° D'une maison de 60 à 64 m. de superficie, bâtie en bons moellons, avec les encoignures et ouvertures en pierre de taille, parfaitement recrépie à l'intérieur et à l'extérieur, couverte en tuiles courbes et comprenant deux pièces au rez-de-chaussée et deux au premier étage (cette partie de la concession représente, à elle seule, une valeur de 4,500 fr. au moins);— 2° De 12 hect. de terre cultivable, dont 4 hect. défrichés; — 3° D'un certain nombre d'arbres plantés.

Art. 3. — Une église, affectée au service du culte catholique, desservira les centres de population ci-dessus désignés.

Art. 4. — Le prix de chaque concession est fixé à 1,500 fr. — Le concessionnaire aura le choix de se libérer en un seul payement dès son entrée en jouissance ou en trois termes égaux de 500 fr. chacun dans un délai de dix-huit mois. Le premier sera exigible le jour de l'installation de la famille.

Art. 5. — Dans le premier cas, il sera propriétaire incommutable dès le jour du payement; dans le second, il ne recevra le titre de propriété qu'après s'être libéré entièrement. — Si ce dernier terme n'était pas payé dans les délais voulus, le concessionnaire pourrait être évincé, sans aucun recours de sa part, pour la première somme versée par lui.

Art. 6. — Dans l'un et l'autre cas, le colon ne pourra aliéner tout ou partie de sa concession qu'après trois ans de jouissance, à moins qu'il n'en reçoive auparavant l'autorisation du gouverneur général, le conseil d'administration consulté.

Art. 7. — Indépendamment du prix de la concession, chaque famille devra justifier d'un avoir personnel de 1,500 fr., comme garantie d'une bonne exploitation.

Art. 8. — Il pourra être accordé des concessions plus considérables en terres aux personnes qui justifieront de ressources suffisantes. Ces dernières concessions devront être préalablement soumises à l'approbation de M. le ministre de la guerre.

Art. 9. — Les colons seront tenus de clore, dans l'année, leur cour et jardin attenants à la maison, d'un mur, d'une palissade ou d'une haie vive ou sèche. Les alignements, pour l'établissement de ces clôtures, seront délivrés sans retard sur leur demande.

Art. 10. — Les récoltes pendantes par racine, qui se trouveront exister à l'époque de l'entrée en jouissance des colons, seront partagées entre eux au prorata de l'étendue de leurs concessions, moyennant le remboursement du prix de culture et de semences.

Art. 11. — Chaque colon sera tenu de planter 300 arbres sur sa propriété, dans le délai de trois ans, après son entrée en jouissance.

Art. 12. — Dans le cas où les colons le demanderaient, il sera construit, par les ouvriers militaires, contre leurs maisons un appentis en bois, pour loger leurs bestiaux, dont ils rembourseront le prix à la caisse coloniale, d'après le taux de la dépense effectuée, qui ne dépassera pas 150 fr. Ils y gagneront la différence notable entre le prix de la main-d'œuvre par les ouvriers militaires et de la main-d'œuvre par les ouvriers civils.

Art. 13. — Les maisons devront être blanchies à la chaux, une fois chaque année, dans le courant du mois de septembre.
BUGEAUD.

AG. — 22 sept. 1843. — B. 158. — *Village Saint-Jules, autorisation accordée à MM. de Vialard et Coussidou de fonder sur leur propriété de Hadj Yakoub un centre de population de 20 familles. — A la charge par eux de livrer à chaque famille 4 hect. de terres sans palmiers nains ni broussailles, et par l'administration de lui faire une avance de 1,000 fr., dont 750 fr. en numéraire et 250 fr. en matériaux, grains, semences ou bestiaux, ladite somme remboursable par cinquième à partir du 1er janv. 1850. Cette fondation a été abandonnée.*

AG. — 15 déc. 1843. — B. 164. — *Nouveau centre à Beni Mered.*

Considérant qu'il convient d'établir à Beni Mered une annexe civile au village militaire créé déjà sur ce point par l'arr. du 16 janv. 1843 ; — Que les terres qui avoisinent, précédemment abandonnées par les indigènes, sont entre les mains du domaine ;

Art. 1. — Il sera formé à Beni Mered, district de Blidah, un nouveau centre de population composé de 22 familles. — Circonscription territoriale, 205 hect. — Art. 2. Il sera fait remise, etc.
Maréchal BUGEAUD.

AG. — 31 déc. 1843. — B. 174. — *Augmentation du territoire de Bouffarik.*

Art. 1. — Il est annexé au territoire de Bouffarik deux portions de terrains domaniaux désignées au plan ci annexé sous le nom de partie de Haouch Goreit et partie de l'Haouch Gharaba, comprenant ensemble une superficie de 717 hect. — Art. 2. Il sera fait remise à la direction de l'intérieur, par la direction des finances, des deux portions de terrain dont il s'agit.
Maréchal BUGEAUD.

AG. — 22 mars 1844. — B. 174. — *Village à Mahelma.*

Art. 1. — Il est formé au lieu dit Mahelma un village de 50 familles. — Art. 2. Circonscription territoriale, 500 hect. — Art. 3. Il sera fait remise, etc.
Maréchal BUGEAUD.

AG. — 13 sept. 1844. — B. 183. — *Village à Zeralda.*

Art. 1. — Il sera formé à Zeralda, district de Koléah, un nouveau centre composé de 50 familles. — Circonscription territoriale, 500 hect. — Art. 2. Il sera fait remise, etc.

AG. — (Mme date.) — *Village de Dalmatie.*

Art. 1. — Il sera formé à Ouled Yaïch, district de Blidah, un nouveau centre composé de 50 familles. — Circonscription territoriale de ce village, qui portera la dénomination de Dalmatie, 708 hect. — Art. 2. Il sera fait remise, etc.

Maréchal Bugeaud.

AG. — 14-21 oct. 1844. — B. 186. — *Village du Fondouck.*

Art. 1. — Il sera formé au Fondouck, district d'Alger, un nouveau centre de 150 familles. — Circonscription territoriale, environ 1,200 hect. — Art. 2. Il sera fait remise, etc.

Maréchal Bugeaud.

AG. — 28 janv.-4 fév. 1845. — B. 194. — *Village maritime de Sidi Ferruch.*

Vu l'arr. du 18 avr. 1841, relatif à l'établissement des centres de population ; — Le tit. 5 de l'ord. roy. du 1er oct. 1844 concernant les terres incultes ; — La proposition faite par le sieur Gouin, de fonder sur la presqu'île de Sidi Ferruch, un village de pêcheurs français et indigènes ; — Considérant qu'un pareil établissement sera essentiellement propre à nationaliser une industrie exploitée jusqu'ici par les étrangers, et à former, par suite, une pépinière de matelots dont s'enrichira le personnel de notre inscription maritime ; — Qu'il y a donc lieu de faire concourir l'État à la réalisation d'un projet si éminemment utile et de venir en aide à celui qui en a conçu la pensée ;

Art. 1. — Il est fait concession au sieur Gouin, des immeubles désignés ci-après : — 1° La presqu'île de Sidi Ferruch, à l'exception des parties réservées tant par le génie militaire que par l'administration civile, et indiquée au plan ci-joint, contenant 30 hect. et tenant de tous côtés aux réserves du génie et de l'administration ; 2° Broussailles en dehors de la ligne des fortifications, contenant 150 hect. à délimiter ultérieurement par des lignes droites.

Art. 2. — La présente concession ne deviendra définitive qu'après l'accomplissement des conditions ci-après.

Art. 3. — M. Gouin bâtira sur la presqu'île de Sidi Ferruch, et d'après les plans fournis par l'administration : 1° vingt maisons en bonne maçonnerie, couvertes en tuiles ou autres matières incombustibles, et comprenant chacune au moins deux pièces principales, avec 50 ares de terrain y attenant ; 2° une maison destinée à son habitation et à celle de sa famille.

Art. 4. — Ce nouveau centre de population sera composé de pêcheurs pris exclusivement parmi les Français ou les indigènes algériens. — Il sera pourvu d'une église affectée au service du culte catholique.

Art. 5. — M. Gouin recevra par chaque maison complètement achevée, soit en matériaux, soit en numéraire, une somme totale de 800 fr., sur laquelle il pourra lui être fait des avances proportionnelles à la valeur des travaux en cours d'exécution. — Cette somme sera portée à 2,400 fr., en ce qui concerne son habitation et les annexes dont il sera parlé ci-après dans l'art. 8.

Art. 6. — Dix des maisons susdésignées, indépendamment de la dernière, devront être achevées dans le courant de 1845, et les dix autres avant le 1er janv. 1847. — Un égal nombre de familles

y seront placées dans les mêmes délais et par les soins de M. Gouin, qui devra les transporter à destination moyennant une indemnité de 50 fr. par famille.

Art. 7. — M. Gouin sera tenu de mettre ou de faire mettre en culture toutes les parties des terrains à lui concédés qui en seront reconnus susceptibles. — Il aura, à cet effet, un délai de deux années pour ceux desdits terrains qui sont compris dans la presqu'île, et de cinq ans, à partir du 1er janv. 1846, pour les 150 hect. situés en dehors des fortifications. — L'exploitation relative à ces 150 hect. aura lieu par cinquième et d'année en année.

Art. 8. — Il s'engage, en outre, à établir dans le délai d'une année et moyennant une subvention de 6,000 fr. : — 1° Un débarcadère provisoire en bois ; — 2° Des cales pour tirer à terre les bateaux légers ; — 3° Deux corps-morts en état d'amarrer les bateaux de 20 à 30 ton. ; — 4° Un parc aux huîtres, alimenté tant par la pêche du pays que par celle du Nord ; — 5° Des ateliers pour la préparation de la sardine et la sécherie de tous les poissons de grande pêche, notamment de ceux du pays et de la côte occidentale d'Afrique.

Art. 9. — Les sels provenant des salines françaises lui seront délivrés en franchise de tous droits, jusqu'à concurrence de la quantité employée à la préparation du poisson, conformément aux décr. des 11 juin 1806 et 8 oct. 1810 et à l'ord. du 30 oct. 1816.

Art. 10. — Il sera alloué à M. Gouin, comme à tout autre pêcheur attaché à l'établissement, une prime de 100 fr., une fois payée, pour chaque bateau de 2 à 4 hommes et de 200 fr. pour toute embarcation supérieure.

Art. 11. — Les habitants du nouveau village seront, comme ceux des autres localités, soumis à toutes les mesures d'ordre et de sûreté que l'autorité croira devoir prescrire. — Ils se conformeront à tous les règlements qui sont ou pourront être portés sur la pêche maritime et la tenue des marchés aux poissons. — Ils supporteront les contributions et redevances qui pourront être imposées en Algérie sur la propriété en général.

Art. 12. — Toutes les contestations qui pourraient s'élever sur le sens ou l'exécution du présent arrêté seront jugées administrativement.

De Bar.

AG. — 2-25 mars 1845. — B. 197. — *Ville à Dellys.*

Art. 1. — Il sera formé à Dellys, en dehors de la ville indigène, un centre européen de 200 familles.

Art. 2. — Cette ville sera établie conformément au plan d'alignement et de distribution dressé le 12 oct. 1844 par M. le directeur des fortifications, adopté par le conseil d'administration et modifié par le ministre. Maréchal duc de Dalmatie.

AG. — 19-25 avr. 1845. — B. 198. — *Village maritime au cap Caxine.*

Vu la proposition faite par le sieur Tardis de fonder entre le cap Caxine et le cap Ras el Coalet un village de pêcheurs français et indigènes ; — Considérant que le territoire dont il demande la concession est exclusivement domanial ; — Qu'un pareil établissement sera essentiellement propre à nationaliser une industrie exploitée jusqu'ici par les étrangers, et à former par suite une pépinière de matelots, dont s'enrichira le personnel de notre inscription maritime ; — Qu'il y a donc lieu de faire concourir l'État à la réalisation d'un projet si éminemment utile, et de venir en aide à celui qui en a conçu la pensée ;

Art. 1. — Il est fait concession au sieur Tardis des immeubles désignés ci-après : — Une superficie de 200 hect. de terrain située entre les caps Caxine et Ras el Conater, telle qu'elle est désignée au plan ci-annexé. — Il sera fait remise par le domaine à la direction de l'intérieur des immeubles dont il s'agit, et qui seront délivrés par celle-ci au concessionnaire.

Art. 2. — La présente concession ne deviendra définitive qu'après l'accomplissement des conditions ci-après :

1° M. Tardis bâtira au cap Ras el Conater, sur l'emplacement qui lui sera désigné par l'administration et d'après les plans qu'elle aura approuvés, 20 maisons en bonne maçonnerie, couvertes en tuiles ou autres matières incombustibles, et comprenant chacune au moins deux pièces principales. Un terrain de 50 ares sera affecté pour la culture à chaque habitation. — Une maison sera destinée à son habitation et à celle de sa famille.

2° Ce nouveau centre de population sera composé de pêcheurs pris exclusivement parmi les Français et les indigènes algériens.

3° M. Tardis recevra, par chaque maison complètement achevée, soit en matériaux, soit en numéraire, une somme totale de 800 fr., sur laquelle il pourra lui être fait des avances proportionnées à la valeur des travaux en cours d'exécution. Cette somme sera portée à 2,400 fr., en ce qui concerne son habitation.

4° Dix des maisons susdésignées, indépendamment de la dernière, devront être achevées dans le courant de 1845, et les dix autres avant janv. 1847. Un nombre égal de familles y sera placé dans le même délai et par les soins de M. Tardis, qui devra les transporter à destination moyennant une indemnité de 50 fr. par famille. Les conditions auxquelles chaque famille pourra devenir propriétaire de sa maison et du terrain en dépendant seront fixées de concert entre le sieur Tardis et l'administration.

5° M. Tardis sera tenu de mettre ou de faire mettre en culture tous les parties des terrains à lui concédés qui en seront reconnus susceptibles.

Art. 3, 4, 5, 6 et 7. (Mêmes dispositions qu'aux art. 8, 9, 10, 11 et 12 de l'arrêté qui précède.)
Maréchal duc d'Isly.

AG. — 11-30 juill. 1845. — B. 205. — *Village indigène à Guerouaou.*

Vu l'arr. du 18 avr. 1841 (*Concessions*); — Vu les art. 81, 82, 83, 84, 91 et 92 de l'ord. roy. du 1er oct. 1844; — Considérant qu'un certain nombre de familles indigènes du Béni Khelil et autres restées fidèles à la France pendant la guerre de 1839 à 1842, ont été réunies en tribu depuis l'hiver de 1841, sous les ordres du kaïd nommé par l'autorité militaire, sur les territoires de Guerouaou et de Mechdoufa, près de Blidah; — Que cette tribu est aujourd'hui enveloppée et pressée de toutes parts par les territoires des villages européens nouvellement créés à Béni Méred, Dalmatie et Souma; — Qu'il est à la fois utile et politique de laisser place aux indigènes au milieu des populations européennes en les astreignant à nos habitudes fixes d'habitation et de culture, et qu'il est juste surtout d'y conserver les familles qui nous sont restées fidèles dans le danger; — Qu'il n'a été fait à l'égard des territoires de Guerouaou et de Mechdoufa aucune des déclarations et justifications voulues par l'ord. roy. précitée;

Art. 1. — Il sera formé un village indigène sur les territoires de Guerouaou et de Mechdoufa, district de Blidah, avec les familles actuellement établies sur les lieux. — La circonscription territoriale de ce village sera délimitée conformément au plan qui sera ultérieurement dressé, comme le veut l'arr. du 18 avr. 1841.

Art. 2. — Le territoire de ce village sera alloti et distribué aux familles composant la tribu, conformément aux dispositions du même arrêté.

Art. 3. — Les clauses et conditions des concessions seront en conséquence déterminées en l'acte de concession provisoire, et devront notamment contenir l'obligation de construire une habitation en pierres et couverte en tuiles, et de ne pouvoir disposer de tout ou partie de l'immeuble concédé, sans une autorisation expresse du gouverneur général.

Art. 4. — Il sera fait remise à la direction de l'intérieur, par la direction des finances, des terres comprises dans le périmètre territorial du village.
Maréchal duc d'Isly.

OR.—20 sept.-13 nov. 1845. —B. 212.—*Village de Souma.*

Art. 1. — Un centre de population destiné à recevoir des familles de colons européens est fondé sous le nom de Souma, au lieu dit Souma, sur le revers septentrional de l'Atlas et le territoire civil de Blidah. — Art. 2. Il aura un territoire de 900 hect. qui seront concédé conformément aux dispositions du § 2 de l'art. 3 de notre ord. du 21 juill. dernier.

OR. — 7 janv.-18 fév. 1846. — B. 218.—*Village maritime de Notre-Dame de Fouka.*

Art. 1. — Un village maritime sera fondé, sous le nom de Notre-Dame de Fouka, autour de la crique de Fouka, district de Koléah, province d'Alger.

Art. 2. — Le sieur Tardis, concessionnaire du village maritime d'Aïn Benian, dans le district d'Alger, est et demeure chargé de l'établissement de ce nouveau centre de population. — A cet effet, il lui sera concédé une étendue de 66 hect. 48 a. de terrains bordant la crique. — Toutefois l'administration se réserve pour les besoins publics les emplacements qui lui seront nécessaires jusqu'à concurrence de 3 hect. dans le nouveau village.

Art. 3. — Ladite concession ne deviendra définitive qu'après l'exécution des travaux désignés ci-après, savoir :

Le sieur Tardis bâtira d'après les plans de l'administration, et dans les délais qui seront fixés par l'autorité locale : — 1° 20 maisons en bonne maçonnerie couvertes en tuiles et ayant au moins deux pièces principales. — 50 ares de jardins seront affectés à chacune de ces maisons; — 2° Une maison plus considérable pouvant servir d'entrepôt de marchandises.

Art. 4. — Il recevra par chaque maison complètement achevée, soit en matériaux, soit en numéraire, une somme totale de 800 fr., sur laquelle il pourra lui être fait des avances proportionnées à la valeur des travaux en cours d'exécution. Cette somme sera portée à 2,100 fr. pour le bâtiment qui doit servir d'entrepôt.

Art. 5. — Les maisons devront être achevées avant le 1er janv. 1847. — Un égal nombre de familles y seront placées dans les mêmes délais et par les soins du sieur Tardis, qui devra les transporter à destination moyennant une indemnité de 50 fr. par famille. Ces familles devront être plus particulièrement composées de pêcheurs et de marins.

Art 6. — Le sieur Tardis sera tenu de mettre ou de faire mettre en culture dans le délai de cinq ans, et par cinquième d'année en année, les terrains compris dans les concessions qui en seront susceptibles; il y fera planter au moins 20 arbres fruitiers ou forestiers par hectare.

Art 7. — La propriété de toutes les sources qui

peuvent exister sur les terrains concédés est réservée à l'Etat, le sieur Tardis est autorisé à en jouir, sauf à exécuter les travaux de fontaines et autres jugés nécessaires.

Art. 8, 9 et 10. — (Mêmes dispositions qu'aux articles correspondants de l'arr. du 28 janv. 1845.)

Art. 11. — Les habitants du nouveau village seront soumis à toutes mesures d'ordre, de sûreté et de défense du territoire que l'autorité croira devoir prendre. — Ils se conformeront en outre à toutes les lois, ordonnances et règlements qui pourront être portés sur l'inscription et la pêche maritime, ainsi que sur la police et la tenue des ports et marchés aux poissons. — Ils supporteront les contributions et redevances qui pourront être imposées en Algérie sur la propriété en général; les colons non français ni indigènes devront être présentés par le concessionnaire, à l'agrément de l'autorité administrative, et souscrire l'engagement de se soumettre aux obligations imposées par le présent article, sous peine de révocation de la concession qu'ils auraient obtenue, de la perte de tous les travaux faits par eux sur cette concession, ainsi que des embarcations pour lesquelles ils auraient reçu une prime.

En conséquence, le sieur Tardis devra présenter préalablement, à l'agrément de l'autorité administrative, chaque étranger qu'il voudra établir sur le territoire de la concession, afin que celui-ci souscrive l'obligation de se soumettre aux conditions ci-dessus spécifiées.

Art. 12. — Le sieur Tardis payera à l'Etat une redevance annuelle de 66 fr., qui commencera à courir du 1er janv. 1846.

OR. — 22-31 déc. 1846. — B. 216. — *Village indigène des Aribs.*

Art. 1. — Il est créé sur le domaine de la Rassauta, près Alger, un centre de population indigène destiné à recevoir la tribu des Aribs, dont il prendra le nom. — Art. 2. Territoire, 1,600 hect.

OR. — 22 déc. 1846, 15 fév. 1847. — B. 217 bis. *Village de la Chiffa.*

Art. 1. — Il est créé, auprès du pont de la Chiffa, sur la route de Blidah à Milianah, un village de 50 familles qui portera le nom de la Chiffa. — Art. 2. Territoire, 750 hect.

OR. — (Même date.) — *Village de Mouzaïa.*

Art. 1. — Il est créé, entre la Chiffa et le Bou Roumi, à 12 kil. de Blidah, sur une partie de l'immeuble dit Haouch el Agha, un centre de population de 160 familles, qui portera le nom de Mouzaïa. — Art. 2. Territoire, 1,658 hect.

DAN. — 19 sept. 1848. — *Etablissement de colonies agricoles* (V. ci-après, § 2).

APE. — 9 oct.-14 nov. 1848. — B. 295. — *Village d'Affreville.*

Art. 1. — Il est créé, à 5 kil. de Milianah, sur les deux rives de l'Oued Boutan, un centre de population de 50 familles européennes, qui prendra le nom d'Affreville. — Art. 2. Territoire, 450 hect.

DP. — 5 janv.-8 fév. 1849. — B. 307. — *Village de l'Arba.*

Art. 1. — Il est créé, au lieu dit l'Arba, dans le Beni Moussa, au point de jonction des routes d'Alger à Aumale, et de Blidah à Fondouk, un centre de population européenne de 50 feux, qui prendra le nom de l'Arba. — Art. 2. Le territoire agricole à affecter à ce nouveau centre sera ultérieurement constitué par un arrêté spécial.

DP. — 11 janv. 1850. — B. 338. — *Village du Fort de l'Eau.*

Art. 1. — Il est créé, sur le domaine de la Rassauta, au lieu dit le Fort de l'Eau, un centre de population de 50 feux, qui prendra le nom de Fort de l'Eau. — Art. 2. Territoire agricole, 500 hect.

DP. — 15 déc. 1851. — B. 401. — *Village de Birtouta.*

Art. 1. — Il est créé, au lieu dit Blockhaus, sur la route d'Alger à Blidah (distr. de Douéra), un centre de population européenne de 20 feux, qui prendra le nom de Birtouta. — Art. 2. Territoire rural, 579 hect. 86 a. 95 c.

DP. — (Même date.) — *Village de Oued el Halleg.*

Art. 1. — Il est créé au lieu dit Ouled el Halleg, situé à 10 kilom. de Blidah, dans la partie O. de la Métidja, un centre de population de 30 familles, qui prendra le nom de Oued el Halleg. — Art. 2. Territoire, 663 hect 94 a.

DP. — 11 fév. 1852. — B. 406. — *Hameau de Boukandoura.*

Art. 1. — Il est créé, sur une partie des terrains dépendant du Haouch Boukandoura, district de Douéra, un centre de population européenne de 8 feux, qui prendra le nom de Boukandoura. — Art. 2. Territoire, 68 hect. 92 a 80 c.

DP. — 14 juin 1852. — B. 416. — *Hameau de Sidi Moussa.*

Considérant qu'il n'a point été possible d'établir le village de Sidi Moussa dans les proportions déterminées par l'ord. du 23 août 1846;

Art. 1. — L'ord. du 23 août 1846 autorisant la création d'un centre de population de 54 feux à Sidi Moussa, est rapportée.

Art. 2. — Il est créé, au lieu dit Sidi Moussa, à l'embranchement des deux routes d'Alger à Rovigo, et d'Alger à l'Arba (commune de l'Arba), un centre de population européenne de 15 feux, qui prendra le nom de Sidi Moussa.

Art. 3. — Territoire, 198 hect. 20 a. 65 c.

DI. — 30 sept. 1853. — B. 446. — *Village de Aïn Taya et deux hameaux annexes.*

Art. 1. — Il est créé dans l'arrondissement d'Alger, sur les rives de la baie E. du cap Matifoux, un centre de population de 60 feux qui prendra le nom de Aïn Taya, et deux hameaux, annexes de ce centre, composés, l'un de 10 feux, l'autre de 8 feux, portant, le premier, le nom de Aïn Beidia, et le deuxième, celui de Matifoux. — Art. 2. Territoire, 1,026 hect. 42 a. 46 c.

DI. — (Même date.) — *Village de Rouiba.*

Art. 1. — Il est créé dans l'arrondissement d'Alger, sur la route d'Alger à Dellys, un centre de population de 22 feux, qui prendra le nom de Rouiba. — Art. 2. Territoire, 385 hect. 85 a. 90 c.

DI. — 21 juill. 1854. — B. 465. — *Village de Chébli.*

Art. 1. — Il est créé, à 8 kilom. de Bouffarik, entre ce village et l'haouch Mimouch, sur la route médiane de la plaine de la Métidja (arrondissement de Blidah), un centre de population de 40 feux, qui prendra le nom de Chébli. — Art. 2. Territoire, 1,072 hect.

DI. — 14 oct. 1854. — B. 470. — *Village de Reghaïa.*

Art. 1. — Il est créé, entre la Rassauta et le Boudouaou, sur la route d'Alger à Dellys, arrondissement d'Alger, un centre de population de 31 feux, qui prendra le nom de Reghaïa. — Art. 2. Territoire, 615 hect. 42 a. 25 c.

DI. — 21 mars 1855 — B. 470. — *Village de Staouéli.*

Art. 1. — Il est créé dans l'arrondissement d'Alger, entre le couvent des trappistes et le village de Sidi Ferruch, un centre de population de 30 feux, qui prendra le nom de Staouéli. — Art. 2. Territoire, 536 hect. 88 a. 55 c.

DI. — 18 juill. 1855. — B. 485. — *Territoire de colonisation d'Aumale.*

Art. 1. — La circonscription territoriale affectée à la ville d'Aumale, province d'Alger, est fixée à 10,553 hect.

DI. — 26 mai 1856. — B. 496. — *Village Hamedi.*

Art. 1. — Il est créé, sur le haouch Ben Hamedi, situé entre le lieu dit la Maison-Blanche et le Fondouck, sur la route d'Alger au Fondouck, un hameau de 10 feux qui prendra le nom de Hamedi. — Art. 2. Territoire, 112 hect. 19 a.

DI. — 5-21 juin 1856. — B. 496. — *Village Rivet.*

Art. 1. — Il est créé sur la route du pied de l'Atlas, entre les villages de l'Arba et du Fondouck, un centre de population de 43 feux, qui prendra le nom de Rivet. — Art. 2. Territoire, 555 hect. 61 a. 50 c.

DI. — 25 juill. 1856. — B. 499. — *Village l'Alma.*

Art. 1. — Il sera créé, sur la route d'Alger à Dellys, auprès des rives du Boudouaou, un centre de population de 72 feux, qui prendra le nom de l'Alma. — Art. 2. Territoire, 1127 hect. 62 a. 95 c.

DI. — 10 juill. 1857. — B. 511. — *Village Lavarande.*

Art. 1. — Il est créé dans la vallée du Chélif, à 14 kil. de Milianab (arrondissement de Blidah), près de la route de Milianah à Orléansville, un centre de population de 40 feux, qui prendra le nom de Lavarande. — Art. 2. Territoire, 1743 hect. 28 a. 35 c.

DI. — 6 sept. 1857. — B. 513. — *Village Duperré.*

Art. 1. — Il est créé dans la vallée du Chélif, à 31 kil. de Milianah, sur la route de cette ville à Orléansville, un centre de population de 82 feux, qui prendra le nom de Duperré. — Art. 2. Territoire, 2,251 hect. 93 a. 90.

DI. — 5-31 déc. 1857. — B. 516. — *Village Bouïnan.*

Art. 1. — Il est créé sur le territoire de Bouïnan, commune de Bouffarick (arrondissement de Blidah), un centre de population de 50 feux, qui prendra le nom de Bouïnan. — Art. 2. Territoire, 916 hect. 15 a. 35 c.

DI. — 26 déc. 1857-3 mars 1858. — B. 518. — *Villages St-Pierre et St-Paul.*

Art. 1. — Il est créé, aux lieux dits Sidi Salem et Ouled Moussa, entre les villages du Fondouck, de l'Alma et de la Réghaïa, deux centres de population, l'un de 22 feux, qui prendra le nom de St-Pierre, l'autre de 17 feux, qui prendra le nom de St-Paul. — Art. 2. Territoire, 625 hect. 91a. 80 c.

DI. — 8 avr. 1858. — B. 521. — *Hameau du Pont de l'Oued Djer.*

Art. 1. — Il est créé dans la vallée de l'Oued Djer, sur la route de Blidah à Milianab, au lieu dit Pont de l'Oued Djer, un hameau de 14 feux, qui conservera le nom actuel de la localité: Pont de l'Oued Djer. — Art. 2. Territoire, 228 hect. 29 a. 45 c.

DI. — 11 juin 1858. — B. 523. — *Hameau de Chatterbach.*

Art. 1. — Il est créé, entre les villages d'El Afroun et d'Ameur el Aïn, à proximité de la route d'Alger à Milianah (arrondissement de Blidah), un centre de population de 22 feux, qui prendra le nom de hameau de Chatterbach. — Art. 2. Territoire, 364 hect. 71 a. 25 c.

DI. — 29 juill. 1858. — BM. 1. — *Village Bir Rabalou.*

Art. 1. — Il est créé dans la plaine des Aribs, à 19 kilom. d'Aumale, sur la route d'Alger à cette dernière ville, et au lieu dit Bir Rabalou (subdivision d'Aumale), un centre de population de 72 feux, qui prendra le nom de Bir Rabalou. — Art. 2. Territoire, 2,281 hect. 97 a. 55 c.

DI. — 2-17 août 1858. — BM. 1. — *Village de Teniet el Had.*

Art. 1. — Il est créé dans la subdivision de Milianab, auprès du poste militaire de Teniet el Had, un centre de population de 70 feux, qui prendra le nom de Teniet el Had. — Art. 2. Territoire, 937 hect. 75 a. 15 c.

DI. — 15 oct. 1858. — BM. 4. — *Village Bérard.*

Art. 1. — Il est créé, dans le Sahel des Hadjoutes, sur le versant N. entre Bou Ismaël et Tipaza, à 10 kilom. de la première de ces localités et à 16 kilom. de la seconde, sur le Haouch Tagoureith et partie de Bled Mustapha, un centre de population de 52 feux, qui prendra le nom de Bérard. — Art. 2. Territoire, 862 hect. 12 a. 80 c.

DI. — 27 oct. 1858. — BM. 44. — *Village de Tizi Ouzou.*

Art. 1. — Il est créé dans la subdivision de Dellys, sur la route de cette ville à Bougie, un centre de population européenne de 94 feux, qui portera le nom de Tizi-Ouzou. — Art. 2. Territoire, 286 hect. 5 a. 65 c.

DI. — 30 déc. 1858. — BM. 13. — *Village Dra el Mizan.*

Art. 1. — Il est créé dans la subdivision de Dellys, à environ 42 kilom. sud de Dellys, un centre de population de 82 feux, qui prendra le nom de Dra el Mizan. — Art. 2. Territoire, 683 hect. 18 a. 45 c.

DI. — 16-21 fév. 1859. — BM. 16. — *Village de Guelt Zerga.*

Art. 1. — Il est créé dans la subdivision d'Aumale, dans la plaine des Aribs, à 7 kilom. N. de la ville et à l'E. de la route d'Alger, un centre de population de 77 feux, qui portera le nom de Guelt Zerga. — Art. 2. Ce village sera divisé en quatre groupes, savoir : — 1° Le village de Guelt Zerga (chef-lieu de la commune); — Le hameau de Bir Djaich; — 3° Le hameau d'Aïn Tasta; — 4° Le hameau d'Aïoun Sebaa. — Art. 3. Territoire, 2,492 hect. 73 a. 90 c.

DI. — 5 mars 1860. — BM. 65. — *Village de Berouaghia.*

Art. 1. — Il est créé sur la route de Medéah à Boghar, au lieu dit Berouaghia, un centre de population de 42 feux, qui gardera le nom de cette localité. — Art. 2. Territoire, 875 hect. 21 a. 25 c.

DI. — 4 juin 1860. — BM. 83. — *Village de Rébeval.*

Art. 1. — Il est créé dans le district de Dellys, sur les bords de l'Oued Sebaou, à l'embranchement des routes de Dellys à Tizi Ouzou et à Alger, un centre de population européenne de 51 feux, qui portera le nom de Rébeval (nom d'un officier supérieur tué en Kabylie, expédition de 1857). — Art. 2. Territoire, 651 hect. 44 a. 80 c.

2° *Province de Constantine.*

AG. — 15-31 août 1840. — B. 79. — *Concessions définitives à Philippeville.*

Art. 1. — Toutes les concessions faites à titre

provisoire dans la place de Philippeville, et dont le plan et l'état sont ici annexés, sont définitivement approuvées. — Art. 2. Les concessionnaires se feront délivrer, par le directeur des finances, des titres de propriété définitifs, aux seules charges qui leur ont été précédemment imposées. Ces titres seront délivrés gratuitement et dans le plus bref délai.

Comte VALÉE.

AG. — 22 mars 1844. — B. 174. — *Village d'El Arrouch.*

Art. 1. — Il est créé, au lieu dit El Arrouch, un village de 120 familles, conformément au plan ci-annexé. — Art. 2. La circonscription territoriale qui doit être affectée au village sera fixée ultérieurement. (Par arrêté suivant du 29 mars 1845, B. 198, cette circonscription a été fixée à 1,621 hect., y compris 226 hect. affectés à la ferme du 3° bataillon d'Afrique.) — Art. 3. Il sera fait remise au domaine à l'autorité militaire, de tous les terrains compris au plan dont il s'agit. — Art. 4. Les fonds nécessaires à cette création seront prélevés sur les crédits affectés à la colonisation civile.

Maréchal BUGEAUD.

AG. — 26 août 1844. — B. 181. — *Villages Damrémont, Valée et Saint-Antoine.*

Art. 1. — Il sera créé dans la banlieue de Philippeville trois villages dénommés: l'un Damrémont, sur la rive gauche du Saf Saf; l'autre Valée, sur la rive droite de cette rivière; le troisième dans la vallée du Zeramma, portant le nom de Saint-Antoine, qu'il a reçu déjà. — Art. 2. Les circonscriptions territoriales de ces villages sont: — Pour le village Valée, de 550 hect.; — Damrémont, de 456 hect.; — Saint-Antoine, de 600 hect., y compris les terres de la ferme Brinchard et celle du hameau qui sera créé ultérieurement près du block-haus. — Art. 3. Il sera fait remise, etc.

DE BAR.

AM. — 20 janv. 1845. — B. 195. — *Ville de Guelma.*

Art. 1. — Il sera formé à Guelma, annexe au camp, un centre européen de 250 familles, avec un territoire de 1,000 à 1,500 hect. (Porté à 1,956 hect. par arrêté suivant du 18 mai 1845, B. 200.) — Art. 2. Cette ville sera établie conformément au plan d'alignement dressé le 7 oct. 1844, par M. le directeur des fortifications, adopté par le conseil d'administration et modifié par le ministre.

Maréchal duc de DALMATIE.

AG. — 12-20 fév. 1845. — B. 195. — *Village de Duzerville.*

Art. 1. — Il sera formé, sous le nom de Duzerville, un centre de population de 52 feux au lieu dit Bouzaroura (district de Bône). Sa circonscription territoriale renfermera 800 hect. — Art. 2. Il sera fait remise, etc.

OR. — 11 fév. 1847. — B. 250. — *Ville de Sétif.*

Art. 1. — Il est créé, au camp de Sétif, une ville européenne qui prendra le nom de Sétif. — Art. 2. Territoire, 2,509 hect.

OR. — 5 avril-11 juin 1847. — B. 256. — *Village de Saint-Charles.*

Art. 1. — Il est créé, au confluent de l'Oued Zerga et de l'Oued SafSaf, sur la route de Philippeville à Constantine, un centre de population de 50 familles européennes. Il portera le nom de Saint-Charles. — Art. 2. Territoire, 900 hect.

OR. — 3 juin 1847. — B. 258. — *Village de Bugeaud.*

Art. 1. — Il est créé un village de 24 feux dans la circonscription civile de Bône, sur la montagne de l'Edough, au lieu dit Aïn Barouaga. — Ce village portera le nom de Bugeaud. — Art. 2. Territoire, 162 hect.

OR. — 9 sept. 1847. — B. 263. — *Village de Condé.*

Art. 1. — Il est créé, sur la route de Philippeville à Constantine, au point occupé aujourd'hui par le poste de Smendou, un centre de population de 36 familles européennes, qui portera le nom de Condé. — Art. 2. Territoire, 1,057 hect. 25 a. 50 c.

OR. — 26 sept. 1847. — B. 263. — *Village de Penthièvre.*

Art. 1. — Il est créé, sur la route de Bône à Guelma, au confluent de l'Oued Moya Berda et de l'Oued Dardara, un centre de population de 60 familles européennes, qui portera le nom de Penthièvre. — Art. 2. Territoire, 1,400 hect.

OR. — 16 nov. 1847. — B. 265. — *Village de Robertville.*

Art. 1. — Il est créé, sur la route d'El Arrouch à Collo, et dans le voisinage de la source dite Aïn Medjez Edchich, un centre de population de 60 familles européennes, qui portera le nom de Robertville. — Art. 2. Territoire, 890 hect.

OR. — (Même date.) — *Village de Gastonville.*

Art. 1. — Il est créé sur la route de Philippeville à Constantine, au lieu dit Bir Ali, entre les villages de Saint-Charles et d'El Arrouch, un centre de population de 40 familles européennes, qui prendra le nom de Gastonville. — Art. 2. Territoire, 555 hect.

OR. — 14 fév. 1848. — B. 270. — *Village mixte de Saint-Augustin.*

Art. 1. — Il est créé, derrière le cimetière européen de Bône, sous le nom de Saint-Augustin, un centre de population européenne et indigène. — Art. 2. Emplacement, 3 hect. 8 a. 85 c.

OR. — (Même date.) — *Village de Jemmapes.*

Art. 1. — Il est créé dans la vallée de l'Oued Fendeck, à l'embranchement des routes projetées d'El Arrouch et de Philippeville à Bône, un centre de population de 120 familles européennes, qui prendra le nom de Jemmapes. — Art. 2. Territoire, 2,850 hect.

APE. — 12 sept. 1848. — B. 288. — *Ville de la Nouvelle-Lambèse.*

Art. 1. — Il est créé à Bathna, sur la route de Constantine à Biskara, au lieu indiqué par les plans produits, une ville européenne pouvant renfermer 5,000 habitants, et qui prendra le nom de la Nouvelle-Lambèse. — La superficie des limites du territoire de cette ville sera ultérieurement fixée. (Fixée à 8,700 hect. par décr. du 8 fév. 1851, B. 376.)

DP. — 30 juill. 1851. — B. 391. — *Village d'Alelich.*

Art. 1. — Il est créé au lieu dit l'Alelich, situé à 6 kil. de Bône, un centre de population de 34 familles qui portera le nom d'Alelich. — Art. 2. Territoire, 262 hect. 66 a. 84 c.

DP. — (Même date.) — *Village de El Hadjar.*

Art. 1. — Il est créé au lieu dit El Hadjar, situé à 12 kil. de Bône, un centre de population de 45 familles qui portera le nom d'El Hadjar. — Art. 2. Territoire, 1,625 hect. 51 a. 24 c.

DP. — 5 mars 1852. — B. 409. — *Village de Fornier.*

Art. 1. — Il est créé, dans la vallée du Bou Merzoug, à 18 kil. de Constantine, près des ruines romaines de Rummah, un village de 44 feux, qui prendra le nom de Fornier.— Art. 2. Territoire, 2,510 hect.

DI.— 5 août 1854.— B. 466. — *Village de Aïn Smara.*

Art. 1. — Il est créé au lieu dit Aïn Smara, sur la route de Constantine à Sétif, et à 16 kil. de la première de ces villes, un centre de population de 50 feux, qui prendra le nom de Aïn Smara.— Art. 2. Territoire, 1,384 hect. 14 a. 7 c.

DI.—15-25 janv. 1856.—B. 491.—*Village Bizot.*

Art. 1. — Il est créé dans l'arrondissement de Constantine, à 15 kil. de cette ville, sur la route de Philippeville, au lieu dit El Hadjar, un centre de population de 20 feux, qui prendra le nom de Bizot. — Art. 2. Territoire, 464 hect. 95 a. 51 c.

DI.—28 fév. 1857.—B. 507.—*Village de Nechmeya.*

Art. 1.—Il est créé au lieu dit Nechmeya, sur la route de Guelma à Bône, cercle de Guelma, subdivision de Bône, un centre de population de 40 feux, qui prendra le nom de Nechmeya.— Art. 2. — Territoire, 1,019 hect. 12 a. 87 c.

DI.—27 mai 1857.—B. 510.—*Village Duvivier.*

Art. 1.—Il est créé dans le cercle de Bône, sur la route de Bône à Soukarras, à 34 kil. en avant de ce poste militaire, au lieu dit Bou Chagouf, un centre de population de 50 feux, qui prendra le nom de Duvivier.—Art. 2. Territoire, 1,372 hect.

DI.—12 sept. 1858.—BM. 1.—*Village de Souk Arras.*

Art. 1.—Il est créé dans la subdivision de Bône, au chef-lieu du cercle de Souk Arras, un cercle de population européenne de 308 feux, qui portera le nom de Souk Arras.—Art. 2. Territoire, 4,658 1 a. 88 c.

DI.— 20 oct. 1858.— BM. 85.—*Village de Enchir Saïd.*

Art. 1. — Il est créé, sur la route de Philippeville à Guelma, au lieu dit Enchir Saïd, dans la vallée de l'Oued Hammam des Ouled Ali, subdivision de Bône, un centre de population européenne de 60 feux, qui portera le nom de Enchir Saïd.—Art. 2. Territoire, 1,750 hect.

DI.— 6-31 août 1859. — BM. 34. — *Village de Lamblèche.*

Art. 1. — Il est créé, dans la vallée du Bou Merzoug (arrondissement de Constantine), à 14 kil. de cette ville, un centre de population de 44 feux, qui portera le nom de Lamblèche.—Art. 2. Territoire, 1,148 hect. 34 a. 56 c.

DI.—(Même date.)—*Village de Khoubs.*

Art. 1. — Il est créé, dans la vallée du Bou Merzoug (arrondissement de Constantine), à 16 kil. de cette ville, sur la nouvelle route de Batna, un centre de population de 50 feux, qui portera le nom de Khoubs.—Art. 2. Territoire, 980 hect. 58 a. 57 c.

DI.—(Même date).—*Village Ouled Ramoun.*

Art. 1.—Il est créé dans la vallée du Bou Merzoug (arrondissement de Constantine), à 26 kil. de cette ville, sur la nouvelle route de Batna, un centre de population de 50 feux, qui portera le nom des Ouled Ramoun.—Art. 2. Territoire, 1,092 hect.

DI.—(Même date).—*Village de Guerfa.*

Art. 1. — Il est créé, dans la vallée du Bou Merzoug (arrondissement de Constantine), à 20 kil. de cette ville, sur l'ancienne route de Batna,

un centre de population de 50 feux, qui portera le nom de Guerfa. — Art. 2. Territoire, 1,052 hect.

DI.—(Même date).—*Village Madjiba.*

Art. 1.—Il est créé, dans la vallée du Bou Merzoug (arrondissement de Constantine), à 27 kil. de cette ville, au lieu appelé Madjiba, un centre de population de 52 feux, qui portera le nom de Madjiba. — Art. 2. Territoire, 1,433 hect. 51 a. 04 c.

DI.— 2 sept. 1859.— BM. 41. — *Village Medjez Sfa.*

Art. 1. — Il est créé dans la subdivision de Bône, sur la route de Bône à Souk Arras, à 12 kil. du village Duvivier, un centre de population de 56 feux, qui portera le nom de Medjez Sfa.— Art. 2. Ce village sera divisé en deux groupes, savoir :— 1° Le village de Medjez Sfa (chef-lieu de la commune); — 2° Le hameau d'Aïn Tahamimim — Art. 3. Territoire, 1,249 hect. 82 a. 85 c.

DI.— 25 juin 1860.— BM. 85.—*Village Gastu.*

Art. 1. — Il est créé sur la route de Philippeville à Guelma, au lieu dit Ksentina Kedima, dans la vallée de l'Oued Hammam des Ouled Ali, subdivision de Bône, un centre de population européenne de 43 feux, qui portera le nom de Gastu. Art. 2. — Territoire, 921 hect. 99 a. 62 c. y compris une réserve communale de 229 hect. 97 a. 60 c.

3° *Province d'Oran.*

AG.— 10 juill. 1844. — B. 120. —*Village de la Sénia.*

Art. 1.— Il sera formé au lieu dit la Sénia, un village de 48 familles. — Art. 2. Circonscription territoriale, 655 hect. — Art. 3. Il sera fait remise, etc. **DE BAR.**

AG.— 25 nov. 1844.—B. 190.—*Village de Misserghin.*

Art. 1. — Il sera formé à Misserghin (district d'Oran) un centre de population qui comprendra 101 feux. Circonscription territoriale 1,044 hect. — Art. 2. Il sera fait remise, etc.

AM. — 20 juin 1845. — B. 205. — *Village de Saint-Denis du Sig.*

Art. 1.— Un centre de population européenne de 100 familles sera créé sur le parcours de la route d'Oran à Mascara, dans la vallée du Sig, non loin du pont et du barrage construits récemment sur cette rivière. — Art. 2. Ce centre, qui prendra le nom de Saint-Denis du Sig, sera établi conformément au plan de distribution dressé par M. le chef du génie à Oran et annexé à la délibération de la commission administrative de cette ville. — Art. 3. Un arrêté ultérieur en fixera la circonscription territoriale.
Maréchal duc de **DALMATIE.**

OR.— 12 août 1845.— B. 210. — *Ville à Arzew-le-Port.*

Art. 1.— Une ville de 1,500 à 2,000 âmes sera fondée au lieu dit Arzew-le-Port.— Art. 2. Territoire, 1,800 hect.

OR.— 10-31 déc. 1845.—B. 215.— *Création du village de Sidi Chami.*

Art. 1.— Il est créé sur le territoire civil d'Oran, à 12 kil. de cette ville, au lieu dit Sidi Chami, un centre de population européenne qui portera le nom de Sidi Chami. — Art. 2. Territoire, 880 hect. 45 a. 24 c.

OR. — 18 janv. 1846. — B. 218. - *Village de Mazagran.*

Art. 1. — Il est créé sur le territoire civil de Mostaganem, au lieu dit Mazagran, un centre de population européenne qui portera le nom de Mazagran.— Art. 2. Territoire, 1,310 hect. 25 a.

OR. — 23 août 1846.— B. 234. — *Village maritime de Mers el Kebir.*

Art. 1.— Il est créé, sous le nom de village des Pêcheurs, sur un promontoire de la rade de Mers el Kebir et sur la route qui conduit d'Oran au port de ce nom, un centre de population maritime qui fait partie de la commune de Mers el Kebir.

Art. 2.— Une étendue de 1 hect. 10 a. est affectée à l'établissement des maisons, et sera répartie à cet effet en lots à bâtir.

OR. — 4-31 déc. 1846. — B. 246. — *Villages : Nemours,— Joinville,—Saint-Louis,—Saint-Cloud,— Sainte-Adélaïde,— Saint-Eugène, —Saint-Leu,— Sainte-Barbe.*

Art. 1.— Il est créé dans la subdivision d'Oran, sur le territoire mixte, huit communes, savoir :— Nemours, Joinville, Saint-Louis, Saint-Cloud, Sainte-Adélaïde, Saint-Eugène, Saint-Leu, Sainte-Barbe.

Art 2.— La circonscription territoriale desdites communes est déterminée conformément au plan général annexé à la présente ordonnance.

Art. 3.— Les communes, après leur constitution, passeront successivement du territoire mixte au territoire civil.

Art. 4.— L'administration y fera exécuter, proportionnellement aux crédits affectés à la colonisation, les routes, enceintes, fontaines, abreuvoirs et autres travaux d'utilité publique qui seront déterminés spécialement pour chaque commune.

Art. 5.— Le territoire de chaque commune sera aliéné, soit en totalité, soit par portions déterminées, à des particuliers ou à des compagnies qui prendront l'engagement d'en opérer le peuplement en y établissant des familles de cultivateurs européens, dont trois cinquièmes, au moins, devront être Français.

Art. 6.— L'aliénation en sera faite par adjudication publique ou par voie de concession directe s'il y a des motifs pour préférer ce dernier mode.

Art. 7.— Aussitôt après la promulgation de la présente ordonnance, la commission consultative de la province d'Oran préparera les cahiers de charges pour la mise en adjudication de chacune des contenances mentionnées à l'art. 1. — Elle pourra faire, s'il y a lieu, des cahiers de charges séparés pour les fractions de communes qu'il y aurait intérêt à décomposer.

Art. 8.— Ces cahiers de charge seront envoyés dans le plus bref délai au gouverneur général, qui les communiquera au conseil supérieur d'administration pour avoir son avis. Le gouverneur général transmettra sans retard la délibération dudit conseil, en y joignant son avis personnel, s'il le juge convenable, à notre ministre de la guerre, par qui les cahiers de charges seront définitivement arrêtés.

Art. 9.— Les cahiers de charges ainsi arrêtés resteront déposés pendant deux mois, pour Paris, à la direction des affaires de l'Algérie ; pour les départements, aux chefs-lieux de préfecture ; pour Alger, à la direction de l'intérieur et de la colonisation ; pour Oran, dans les bureaux de l'agent supérieur du domaine de la province d'Oran.—A l'expiration de ce délai, il sera procédé à l'adjudication par les soins du même agent.

Art. 10.— Les adjudications auront lieu sur soumissions cachetées, adressées audit agent du domaine. Ces soumissions seront ouvertes en séance publique, par le président de la commission consultative de la subdivision, au jour et à l'heure qui auront été fixés et portés à la connaissance des in-

téressés, par les voies ordinaires de la publicité.

Art. 11.— Toute soumission qui ne sera pas accompagnée de la preuve d'un versement en argent dans une caisse publique ou d'un crédit ouvert dans une maison de banque de l'Algérie ou de France, sera regardée comme nulle et non avenue et ne sera pas lue.

OR. — 4 déc. 1846-1847.— B. 247.— *Village de Sainte-Léonie.*

Art. 1.— Il est créé dans la commune d'Arzew, sur la route de cette ville à Oran, au lieu dit Muley Magoug, un centre de population d'au moins 40 familles européennes qui prendra le nom de Sainte-Léonie.—Art. 2. Territoire, 600 hect. dont le périmètre sera ultérieurement déterminé.

OR. — (Même date.)— *Village de la Stidia.*

Art. 1. — Il est créé, sur la route de Mostaganem à Arzew, à 15 kilom. de la première de ces villes et à 53 kil. de la seconde, au lieu dit la Stidia, un centre de population d'au moins 120 familles européennes.— Art. 2. Ce centre formera, sous le nom de la Stidia, une commune dépendant du commissariat civil de Mostaganem, avec un territoire de 2,000 hect., qui sera ultérieurement délimité.

OR. — 21 déc. 1846. — B. 247 bis. — *Ville de Nemours.*

Art. 1. — Il est créé à Djemmah Ghazouat, sur le littoral de la province d'Oran, subdivision de Tlemcen, une ville européenne qui prendra le nom de Nemours.— Art. 2. Une superficie de 11 hect. 75 a., est affecté à l'établissement de la ville et aux concessions à y faire pour les constructions particulières. — Art. 3. Cette ville sera établie conformément au plan d'alignement arrêté par notre ministre de la guerre.

OR. — 19 fév. 1847.—B. 252.— *Villages érigés en communes: Christine, San-Fernanda, Isabelle.*

Art. 1. — Il est créé trois nouvelles communes dans le territoire mixte de la subdivision d'Oran. — Art. 2. Les communes dont la délimitation est conforme au plan annexé à notre ord. du 4 déc. dernier, et qui comprennent les territoires désignés sous le nom de Sidi Ali; Zaout et Guessiba, s'appelleront : la première, Christine ; la seconde, San-Fernanda, et la troisième Isabelle.

OR. — 14 fév. 1848. — B. 270. — *Village de Valmy.*

Art. 1.— Il est créé un village de 52 feux dans la circonscription civile d'Oran, au lieu dit le Figuier, sous le nom de Valmy. — Art. 2. Territoire, 500 hect.

OR. — (Même date.) — *Village de Fleurus.*

Art. 1. — Il est créé un village de 20 familles dans la circonscription civile d'Oran, sur la route d'Oran à Mostaganem, au lieu dit Assi el Gir, sous le nom de Fleurus. — Art. 2. Territoire, 469 hect.

DP. — 5 janv. 1849. — B. 307. — *Ville de Sidi bel Abbès.*

Art. 1. — Il est créé à Sidi bel Abbès, dans la position indiquée sur le plan ci-annexé, un centre de population européenne de 2 à 3,000 habitants, qui prendra le nom de ville de Sidi bel Abbès. — Art. 2. La circonscription territoriale sera fixée par un arrêté ultérieur. (Fixée à 16,101 hect. par décr. du 26 mars 1852. B. 411.)

DP. — 11 janv. 1849. — B. 307. — *Village de Négrier.*

Art. 1. — Il est créé à 6 kilom. de Tlemcen, près du pont de la Saf Saf, entre cette rivière la route d'Oran, au lieu dit Benzarve, un centre de population européenne qui prendra le nom de Négrier. — Art. 2. Territoire, 580 hect.

DP. — 11 janv. 1849. — B. 508. — *Village Bréa.*

Art. 1. — Il est créé sur le territoire de Tlemcen, au lieu dit la Ferme, entre le ravin d'Aïn el Kab et la route de Nemours, un centre de population de 50 familles qui prendra le nom de Bréa. — Art. 2. Territoire, 650 hect.

DP. — 22 janv. 1850. — B. 511. — *Village de Saint-André.*

Art. 1. — Il est créé sur le territoire de Mascara, à 1,800 m. S.-O. de cette ville, au lieu dit Arcibia, un centre de population de 51 familles qui prendra le nom de Saint-André. — Territoire, 1,602 hect.

DP. — (Même date). — *Village de Saint-Hippolyte.*

Art. 1. — Il est créé sur le territoire de Mascara, à 3,500 m. au N. de cette ville, au lieu dit Aïn Toudmann, un centre de population européenne qui prendra le nom de Saint-Hippolyte. — Art. 2. Territoire, 225 hect.

DP. — 6 mai 1850. — B. 549. — *Village de Seysaf.*

Art. 1. — Il est créé sur le territoire de Tlemcen, à 5 kilom. de cette ville, au lieu dit la Seysaf supérieure, un centre de population européenne de 42 feux, qui prendra le nom de Seysaf. — Art. 2. Territoire, 292 hect. 47 a. 35 c.

DP. — (Même date.) — *Village de Mansourah.*

Art. 1. — Il est créé sur le territoire de Tlemcen, à 2 kilom. à l'O. de cette ville, et au S. de la route de Maghrnia, un centre de population européenne de 42 feux, qui prendra le nom de Mansourah. — Art. 2. Territoire, 317 hect. 95 a. 94 c.

DP. — 11 août 1850. — B. 561. — *Village Aïn el Turck.*

Art. 1. — Il est créé dans la plaine de l'Eurfa (arrondissement d'Oran), au lieu dit Aïn el Turck, un centre de population européenne de 60 feux, qui prendra le nom de Aïn el Turck. — Art. 2. Territoire, 2,624 hect. 35 a. 44 c.

DP. — 25 avr. 1851. — B. 583. — *Village de Hennaya.*

Art. 1. — Il est créé près de l'Oued Hennaya, à 11 kilom. de Tlemcen, sur la route de cette ville à Nemours, un village de 200 familles, qui prendra le nom de Hennaya. — Art. 2. Territoire, 2,722 hect.

DP. — 10 nov. 1851. — B. 287. — *Village de Oued el Hammam.*

Art. 1. — Il est créé dans la subdivision de Mascara, à 20 kilom. N.-O. de cette ville, au lieu dit le Pont de l'Oued el Hammam, un centre de population de 54 feux, qui prendra le nom d'Oued el Hammam. — Art. 2. Territoire, 700 hect.

DP. — 26 déc. 1851. — B. 404. — *Village d'Aïn Temouchen.*

Art. 1. — Il est créé au camp d'Aïn Temouchen, dans la subdivision de Sidi bel Abbès, un centre de population pouvant recevoir 228 feux, et qui prendra le nom de Aïn Temouchen. — Art. 2. Territoire, 1,159 hect. 99 a. 60 c.

DI. — 22 avr.-30 juin 1853. — B. 459. — *Hameau d'Ourea.*

Art. 1. — Il est créé dans l'arrondissement de Mostaganem, entre les villages de Mazagran et de la Stidia, au lieu dit Ourea, un hameau agricole de 11 feux, qui prendra le nom d'Ourea. — Art. 2. Territoire, 515 hect. 48 a. 58 c.

DI. — 22 déc. 1855-27 janv. 1856. — B. 491. — *Village de Aïn Kial (province d'Oran).*

Art. 1. — Il est créé sur la route d'Oran à Tlemcen, au lieu dit Aïn Kial, un centre de population de 68 feux, qui prendra le nom d'Aïn Kial. — Art. 2. Territoire, 3,135 hect. 95 a. 60 c.

DI. — 15-27 janv. 1856. — B. 491. — *Village de Lourmel.*

Art. 1. — Il est créé dans la subdivision d'Oran, sur la route d'Oran à Tlemcen, au lieu dit Bou Rchach, un centre de population de 70 feux, qui prendra le nom de Lourmel. — Art. 2. Territoire, 3,684 hect.

DI. — 24 janv. 1857. — B. 505. — *Village de Relizane.*

Art. 1. — Il est créé à Relizane, dans la plaine de la Mina, un centre de population, sous le nom de Relizane. — Art. 2. Territoire, 4,000 hect.

DI. — 30 janv. 1858. — B. 518. — *Village de Ténira.*

Art. 1. — Il est créé sur la route actuelle de Sidi bel Abbès à Daya, au lieu dit Ténira, un centre de population de 40 feux, qui prendra le nom de Ténira. — Art. 2. Territoire, 2,758 hect. 46 a. 40 c.

DI. — 12 mai 1858. — B. 521. — *Village du pont d'Isser.*

Art. 1. — Il est créé sur la route actuelle d'Oran à Tlemcen, auprès du pont construit sur l'Isser, un centre de population de 60 feux, qui prendra le nom de pont d'Isser. — Art. 2. Territoire, 2,100 hect.

DI. — 29 juill. 1858. — BM. 1. — *Village de M'leta.*

Art. 1. — Il est créé au lieu dit Aïn Beda, dans la plaine de la M'leta, un centre de population de 40 feux, qui prendra le nom de M'leta. — Art. 2. Territoire, 1,000 hect.

DI. — (Même date.) — *Village Perregaux.*

Art. 1. — Il est créé dans la subdivision de Mascara, à 28 kilom. au N. de cette ville, sur la route qui la relie à Mostaganem, au lieu dit redoute Perregaux, un centre de 128 feux, qui prendra le nom de Perregaux. — Art. 2. Territoire, 2,265 hect. 40 a.

DI. — 25 août 1858. — BM. 1. — *Village d'Aïn el Arba.*

Art. 1. — Il est créé dans la plaine de la M'leta, au lieu dit Aïn el Arba, un centre de population de 44 feux, qui prendra le nom d'Aïn el Arba. — Art. 2. Territoire, 3,427 hect. 57 a. 40 c.

DI. — (Même date.) — *Hameau de Tamzoura.*

Art. 1. — Il est créé dans la plaine de la M'leta, au lieu dit Tamzoura, un centre de population de 16 feux, qui prendra le nom de hameau de Tamzoura. — Art. 2. Territoire, 652 hect.

DI. — 13 oct. 1858. — BM. 4. — *Village d'Ouled Mimoun.*

Art. 1. — Il est créé dans la plaine des Ouled Mimoun, à 32 kilom. de Tlemcen, un centre de population de 50 feux, qui prendra le nom d'Ouled Mimoun. — Art. 2. Territoire, 1,051 hect. 78 a.

DI. — 8-24 janv. 1859. — BM. 14. — *Village de l'Hillil.*

Art. 1. — Il est créé dans la plaine de l'Hillil, sur la route de Mostaganem à Relizane, un centre de population de 50 feux, qui prendra le nom de l'Hillil. — Art. 2. Territoire, 1,725 hect. 7 a. 80 c.

DI. — 16-21 fév. 1859. — BM. 16. — *Village de Río Salado.*

Art. 1. — Il est créé sur la route d'Oran à Tlemcen, entre Aïn Témouchen et Lourmel, un centre de population de 50 feux, qui prendra le nom de Rio Salado. — Art. 2, Territoire, 5,000 hect.

DI. — 2 sept. 1859. — BM. 41. — *Hameau d'Er Rahel.*

Art. 1. — Il est créé au lieu dit Er Rahel, sur la route d'Oran à Tlemcen, un centre de population de 20 feux, qui prendra le nom de hameau d'Erl Rahel. — Art. 2. Territoire, 1,000 hect.

DI. — 14 sept. 1859. — BM. 41. — *Village d'Ammi Moussa.*

Art. 1. — Il est créé au lieu dit Ammi Moussa, dans la subdivision de Mostaganem, un centre de population de 58 feux, qui prendra le nom d'Ammi Moussa. — Art. 2. Territoire, 1,050 hect. 16 a. 80 c.

§ 2. — COLONIES AGRICOLES DE 1848.

Un décret rendu le 19 sept. 1848 par l'assemblée nationale avait ouvert un crédit de 50 millions pour l'établissement de colonies agricoles en Algérie et l'exécution des travaux d'utilité publique destinés à en assurer la prospérité. Des subventions de toute nature furent en outre allouées aux colons pendant trois années, et divers arrêtés ministériels réglementèrent les détails d'exécution de cette grande mesure. Un arrêté du 18 nov. 1848 notamment ordonnait que les fonctions administratives et judiciaires seraient remplies, conformément à l'art. 109 de l'ord. du 15 avr. 1845, par les officiers directeurs des colonies.

Plus tard, une loi du 20 juill. 1850, tout en maintenant les colonies agricoles sous la direction des autorités militaires jusqu'à l'expiration des trois années pendant lesquelles elles avaient à recevoir des subventions, autorisa le pouvoir exécutif à établir le régime municipal et judiciaire dans les colonies où l'application lui en paraissait opportune, institua dans chacune une commission consultative et ordonna qu'immédiatement après la promulgation elles seraient toutes rattachées au ressort des justices de paix les plus voisines ou placées dans le ressort de nouvelles justices de paix qui seraient créées à cet effet.

C'est en vertu de ces dispositions générales, qu'un arrêté pris à la date du 18 juin 1852 institua des maires dans chaque colonie pour remplir les fonctions d'officier de l'état civil et les autres attributions qui pourraient leur être déléguées. Les colonies agricoles qui durent être maintenues transitoirement en territoire militaire, furent réunies en circonscriptions placées sous l'autorité d'un officier directeur chargé d'exercer les pouvoirs administratifs et judiciaires, conformément à l'art. 45 de l'arrêté du chef du pouvoir exécutif du 16 déc. 1848. Les colonies agricoles furent ensuite réunies successivement à l'autorité civile en vertu de divers arrêtés en date des 20 juin et 9 juill. 1852, 12 janv. 1853, 6 avr. suivant et 22 déc. 1854.

Enfin il fut pourvu par les décrets reproduits ci-après et rendus par application des ord. des 21 juill. 1845, 5 juin et 1er sept. 1847 (V. *Concessions*) à la constitution définitive des centres dont s'agit qui, selon le vœu du décr. du 19 sept. 1848, ont été depuis érigés en communes et compris dans les circonscriptions communales créées par les décr. des 17 juin 1854 et 31 déc. 1856 (V. *Communes*, § 5).

Il a paru utile de réunir dans un paragraphe spécial ces documents et les arrêtés qui suivent afin que toutes les mesures relatives à la création et à l'organisation des centres de population établis originairement sous le titre de *colonies agricoles* pussent être au besoin facilement consultés.

DP. — 11 fév.-23 mars 1851. — B. 379. — *Constitution définitive des colonies agricoles.*

Par décrets du président de la République, en date du 11 fév. 1851, les colonies agricoles créées en vertu du décret de l'assemblée nationale, du 19 sept. 1848, ont été définitivement constituées ainsi qu'il suit :

Province d'Alger.

Montenotte.—6 kil. S. de Tenès.—355 hectares.
Lodi.—5 k. O. de Médéah.—1583 h.
Damiette.—12 k. E. de Médéah.—1845 h. 76 a.
Pontéba.—6 k. E. d'Orléansville.—958 h. 09 a. 52 c.
La Ferme.—Près d'Orléansville.—551 h. 12 a. 40 c.
Castiglione.—8 k. O. de Koléah.—770 h.
Teleschoun.—6 k. O. de Koléah.—765 h.
L'Afroun.—19 k. O. de Blidah.—735 h. 93 a.
Bou Roumi.—17 k. O. de Blidah.—575 h. 15 c.
Marengo.—38 k. O. de Blidah.—1963 h. 54 a. 15 c.
Zurich.—15 k. S.-E. de Cherchell.—1181 h.
Novi.—8 k. O. de Cherchell.—1300 h.

Province d'Oran.

Mangin.—15 k. S.-O. d'Oran et 12 k. de Saint-Louis.—1202 h.
Haci bou Nif.—4 k. O. de Fleurus.—1078 h.
Haci ben Okba.—6 k. N.-O. de Fleurus.—968 h. 44 a.
Saint Louis.—24 k. E. d'Oran et 10 k. S. de Saint-Cloud.—2492 h. 98 a.
Haci ben Féréah.—2 k. de Saint-Louis.—1158 h. 56 a.
Haci Ameur.—4 k. N.-E. de Fleurus.—1076 h.
Fleurus.—19 k. E. d'Oran et 6 k. de Saint-Louis.—1426 h. 84 a.
Saint-Cloud.—19 k. d'Arzew.—4686 h.
Méfessour.—11 k. O. d'Arzew.—1526 h.
Kléber et son annexe Muley Magoun.—8 k. O. d'Arzew.—1266 h.
Damesme.—2 k. de Saint-Leu.—780 h.
Saint-Leu.—10 k. S.-O. d'Arzew.—546 h.
Sourkel Mitou.—12 k. S. de Tounin.—1747 h.
Aïn Tedelès.—20 k. S.-E. de Mostaganem.—1900 h.
Karouba.—4 k. E. de Mostaganem.—440 h.
Tounin.—11 k. S.-E. de Mostaganem.—1028 h.
Aïn Nouissy.—7 k. O. de Rivoli.—1980 h.
Rivoli.—8 k. O. de Mostaganem.—1600 h.
Aboukir.—12 k. S.-O. de Mostaganem.—1550 h.

Province de Constantine.

Petit.—9 k. S.-O. de Guelma.—2080 h.
Barral.—31 k. S. de Bône.—1613 h. 84 a. 81 c.
Mondovi.—26 k. S. de Bône.—1656 h. 52 a. 88 c.
Millésimo.—5 k. E. de Guelma.—2420 h.
Héliopolis.—5 k. N. de Guelma.—2000 h.
Robertville.—26 k. S. de Philippeville.—1750 h. 20 a.
Gastonville.—22 k. S. de Philippeville.—1870 h. 9 a. 15 c.
Jemmapes.—10 k. S.-E. de Philippeville.—2375 h.

DI. — 4-22 juill. 1855. — B. 483. — *Même constitution. Autres localités.*

Par trois décrets en date de ce jour, les centres de population dont la désignation suit ont été constitués définitivement en ce qui concerne l'emplacement et la circonscription territoriale, savoir :

Département d'Alger.

Arrondissement de Blidah.

Ameur et Aïn.—23 k. O. de Blidah.—2000 h. 55 feux.
Bourkika.—31 k. O. de Blidah.—1886 h. 72 a., 51 feux.
Sidi Abd el Kader et Bou Medfa.—38 k. O. de Blidah.—1213 h. 74 c., 64 feux.
Aïn Bénian.—19 k. N.-E. de Milianah.—1525 h. 52 a. 55 c., 59 feux.

Aïn Sultan.—16 k. N.-E. de Milianah.—1504 h. 53 a. 51 c., 48 feux.

Division de Constantine.

Cercle de Philippeville.

Sidi Nassar.—3 k. E. de Jemmapes.—1694 h. 91 a. 18 c., 20 feux.

Hamed ben Ali.—3 k. S.-O. de Jemmapes.—1709 h. 8 a, 54 c., 52 feux.

Département d'Oran.

Arrondissement d'Oran.

Bou Tlelis.—30 k. d'Oran.—1054 h. 80 a., 108 feux.

Arrondissement de Mostaganem.

Bled Touaria.—19 k. de Mostaganem.—1123 h. 87 a. 60 c., 66 feux.

Aïn Sidi Chérif.—18 k. de Mostaganem.—1294 h. 95 a. 25 c., 56 feux.

Aïn Boudinar.—11 k. de Mostaganem.—1381 h. 62 a. 60 c., 47 feux.

Pont du Chélif.—29 k. de Mostaganem, 1889 h. 50 a. 40 c., 59 feux.

Voirie.

Le service de la voirie municipale est actuellement du ressort des maires. On a reproduit seulement les arrêtés qui, par leur généralité, s'appliquent à toutes les villes d'Algérie et peuvent encore être exécutoires dans les localités qui ne sont pas érigées en communes ou dans celles où leur application a été maintenue. — Les dispositions relatives au service des eaux et aux travaux communaux et de petite voirie, sont reproduites à l'article *Travaux publics.* V. également les articles *Chemins vicinaux, Commune, Roulage* et autres qui traitent de la police de la voirie.

DIVISION.

§ 1. — Routes. — Plantations.
§ 2. — Rues. — Passages. — Galeries, etc.
§ 3. — Construction de maisons. — Droits de voirie.
§ 4. — Sûreté publique. — Edifices menaçant ruine.
§ 5. — Amendes. — Répartition.

§ 1. — ROUTES. — PLANTATIONS.

AI. — 14 nov. 1853.—*Création d'un service de cantonniers nommés par l'intendant civil et placés sous la surveillance des ponts et chaussées. — Ces agents sont chargés des travaux de réparation des routes, de veiller à la conservation des plantations et de remplir l'office de gardes voyers.*

AM. — 9 juin-23 août 1854.—B. 464. — *Plantations d'arbres le long des routes. — Primes.* (V. *Chemins vicinaux*).

Art. 1. — Des primes seront accordées en Algérie aux propriétaires qui planteront des arbres sur leurs fonds, le long des routes et des chemins vicinaux de grande communication. — Un arrêté du gouverneur général déterminera chaque année les routes auxquelles la disposition précédente pourra être appliquée (1). — Toutefois, l'adminis-

tration continuera d'être chargée des plantations sur les parties de ces routes où elles seront reconnues le plus nécessaires; le reste du parcours sera seul destiné aux plantations avec primes par les propriétaires riverains.

Art. 2. — La prime sera de 2 fr. par arbre; elle sera payée. — 1 fr. dans le mois d'oct. de la deuxième année, la plantation ayant alors traversé deux étés; — 50 cent. au mois d'oct., après le troisième été; — 50 cent. au mois d'oct., après le quatrième été.

Art. 3. — L'arbre devra être droit, à écorce lisse, sans mousse ni gerçure et avoir au minimum 15 cent. de circonférence, mesuré à 1 m. au-dessus du collet de la racine. — La hauteur du fût depuis le collet jusqu'à la couronne sera de 1 m. 80 c. au minimum.

Art. 4. — Tous les trois ans, le gouverneur général arrête la nomenclature des arbres dont la plantation donnera droit à la prime.

Art. 5. — Les primes seront accordées sur le vu des procès-verbaux dressés par les ingénieurs des ponts et chaussées en territoire civil, et par l'officier du génie de chaque subdivision, en territoire militaire.

Art. 6. — Des arrêtés des généraux commandant les divisions et des préfets des départements, portant autorisation de planter le long des routes et chemins vicinaux de grande communication, fixeront l'alignement des arbres et leur espacement. — Ces arrêtés seront délivrés sans autres frais que ceux du timbre.

Art. 7. — Il est interdit à tout propriétaire de couper ou faire couper, arracher ou détruire, sans la permission spéciale de l'autorité administrative, les arbres qu'il aura plantés sur son terrain le long des routes. — Les contraventions à cette prohibition seront déférées aux tribunaux de simple police, et punis des peines portées par les art. 471, n° 15 et 474 c. pén.   VAILLANT.

§ 2. — RUES. — PASSAGES. — GALERIES, ETC.

AG. — 22-27 août 1842. — B. 124. — *Entretien des passages, bazars et galeries* (1).

Vu les art. 2 et 3 de l'ord. roy. du 31 oct. 1838 (*Admin. gén.*, § 1); — Vu les art. 471 et 474 c. pén.; — Considérant qu'il importe, dans l'intérêt de la circulation, de régler le mode d'entretien du sol des passages, bazars et galeries qui dépendent de la voie publique, et de déterminer la part et les charges des propriétaires et de l'administration; — Le conseil d'administration entendu, vu l'urgence;

TIT. 1. — Passages et bazars.

Art. 1. — Dans les passages couverts et bazars livrés à la circulation publique, l'entretien du sol ou pavage est à la charge des propriétaires. — Si les passages ou bazars appartiennent à divers, chacun est tenu de la réparation jusqu'au milieu de la voie et au droit de sa propriété.

Art. 2. — Lorsque le sol des passages ou bazars nécessitera des réparations, il y sera pourvu par les propriétaires dans les quinze jours de la notification qui leur sera faite du procès-verbal constatant les dégradations avec mise en demeure; faute de quoi l'autorité civile pourra les faire exécuter d'office aux frais et risques desdits propriétaires.

---

(1) En exécution de cette disposition, trois arrêtés ont été rendus le premier à la date du 4 déc. 1854, inséré B. 471; le deuxième à la date du 12 déc. 1855, B. 490; le troisième à la date du 17 nov. 1856, B. 502, contenant la nomenclature des routes et chemins auxquels l'arr. du

9 juin 1854 serait applicable pendant les années 1855, 1856 et 1857. — Depuis cette époque, aucun autre arrêté n'a été publié.

(2) Cet arrêté est reproduit par les motifs indiqués dans la notice en tête de l'article *Voirie.*

— Les procès-verbaux seront dressés par les commissaires de police ou par les agents des travaux coloniaux, et les contraventions seront punies des peines portées par les art. 471 et 474 c. pén., sans préjudice du remboursement des frais de réparation et des dommages et intérêts auxquels elles pourraient donner lieu.

Art. 3. — Dans le cas où les propriétaires ne résideraient pas sur les lieux, les poursuites seront valablement dirigées contre les locataires, et les réparations devront être faites par eux, sauf leur recours contre qui de droit.

TIT. 2. — Galeries.

Art. 4.— Dans les galeries ouvertes qui longent la voie publique, les frais de premier établissement du dallage sont à la charge des propriétaires. — Les frais d'entretien seront partagés par moitié entre les propriétaires et l'administration.

Art. 5. — A l'avenir, les autorisations de construire qui seront délivrées pour les maisons comportant des galeries, indiqueront les matériaux dont il sera fait usage pour le dallage desdites galeries. — L'administration ne sera tenue de contribuer à l'entretien de ce dallage qu'après la vérification des travaux de premier établissement constatée par procès-verbal d'un agent des ponts et chaussées ou des travaux coloniaux délégué à cet effet. — Les réparations demeureront exclusivement à la charge des propriétaires jusqu'à ce que cette vérification soit opérée et les travaux approuvés.

Art. 6. — En ce qui concerne les maisons déjà construites au moment de la publication du présent arrêté, l'administration devra contribuer a l'entretien du dallage des galeries, sans qu'il soit besoin de procéder à une vérification préalable des travaux de premier établissement.

Art. 7. — Les travaux d'entretien du passage des galeries seront exclusivement exécutés par l'administration des ponts et chaussées dans les rues de grande voirie, et partout ailleurs, par les architectes des travaux coloniaux.

Art. 8. — Les propriétaires rembourseront la moitié des frais à leur charge sur états dressés par les ingénieurs ou architectes civils et approuvés par le chef de l'administration civile locale. — En cas de refus, les propriétaires y seront contraints par les voies ordinaires.

Art. 9. — Le présent arrêté sera exécutoire dans toutes les villes de l'Algérie.   BUGEAUD.

AG. — 8-25 nov. 1847. — B. 264. — *Dallage des galeries.*

Vu l'arr. du 22 août 1842 ; — Considérant que cet arrêté ne contient pas de disposition précise concernant les frais de reconstruction du dallage, dans le cas où ce travail serait reconnu nécessaire par l'administration, et qu'il y a lieu de répartir cette dépense, comme dans le cas d'entretien, entre l'administration et les propriétaires ;

Art. 1. — Les frais de reconstruction du dallage des galeries ouvertes qui longent la voie publique, seront, dans tous les cas où ce travail sera jugé nécessaire par l'administration , partagés entre l'administration et les propriétaires.

Art. 2. — Les art. 7 et 8 de l'arr. susvisé du 22 août 1842, relatifs au mode d'exécution des travaux d'entretien et au mode de remboursement par les propriétaires, de la partie de la dépense restant à leur charge, seront applicables au cas de reconstruction prévu par l'art. 1 du présent arrêté.

Art. 3. — Le présent arrêté sera exécutoire dans toutes les villes de l'Algérie.

H. D'ORLÉANS.

DI. — 26 août-4 oct. 1859. — DM. 59. — *Règlement relatif aux rues d'Alger.*

Vu la délibération, en date du 8 juin 1857, par laquelle le conseil municipal de la ville d'Alger demande qu'il soit fait application à cette ville du décr. du 26 mars 1852, relatif aux rues de Paris; — Le plan général d'alignement de la ville d'Alger; — Les décr. des 26 mars 1852 et 27 déc. 1858 ; — L'art. 53 de la loi du 16 sept. 1807; — La loi du 7 juin 1845; — Le tit. 4 de la loi du 16 juin 1851, sur la constitution de la propriété en Algérie, et le tit. 4 de l'ord. du 1er oct. 1844, relative au droit de propriété en Algérie ;

Art. 1. — Dans tout projet d'expropriation pour l'élargissement, le redressement ou la formation des rues d'Alger, l'administration aura la faculté de comprendre la totalité des immeubles atteints, lorsqu'elle jugera que les parties restantes ne sont pas d'une étendue ou d'une forme qui permette d'y élever des constructions salubres. Elle pourra pareillement comprendre, dans l'expropriation, des immeubles en dehors des alignements, lorsque leur acquisition sera nécessaire pour la suppression d'anciennes voies publiques jugées inutiles. Les parcelles de terrain acquises en dehors des alignements et non susceptibles de recevoir des constructions salubres seront réunies aux propriétés contiguës, soit à l'amiable, soit par l'expropriation de ces propriétés, conformément à l'art. 53 de la loi du 16 sept. 1807.

Art. 2. — Dans chacun des cas prévus en l'article précédent, l'indication des immeubles ou parcelles à exproprier en dehors des alignements sera portée sur le plan soumis à l'enquête prescrite par l'art. 27 de l'ord. du 1er oct. 1844. — Si les propriétaires intéressés déclarent, sur le procès-verbal d'enquête, s'opposer à l'expropriation, il sera statué sur leur opposition par décision spéciale du ministre de l'Algérie et des colonies. — Si l'administration le juge préférable, il pourra être statué, par une seule et même décision ministérielle, tant sur l'utilité publique de l'élargissement, du redressement ou de la formation des rues projetées, que sur l'autorisation d'exproprier les immeubles ou parcelles situés en dehors des alignements. Dans ce cas, l'indication desdits immeubles ou parcelles sera comprise au projet soumis à l'enquête qui précédera la déclaration d'utilité publique, et les observations des propriétaires seront reçues, constatées et transmises dans la forme spécifiée en l'art. 26 de l'ord. du 1er oct. 1844, sans préjudice du recours ouvert aux parties intéressées par l'art. 28 de ladite ordonnance. — La fixation du prix des terrains acquis, cédés ou expropriés en exécution des art. 1 et 2 du présent décret, sera réglée dans la forme adoptée et devant la juridiction compétente pour les expropriations ordinaires en Algérie.

Art. 3.— Les plans, procès-verbaux, certificats, significations, jugements, contrats, quittances et autres actes relatifs aux terrains acquis pour la voie publique par simple mesure de voirie, seront visés pour timbre et enregistrés gratis, lorsqu'il y aura lieu à la formalité de l'enregistrement. — Il ne sera perçu aucun droit pour la transcription des actes au bureau des hypothèques. — Les droits perçus sur les acquisitions amiables faites antérieurement aux arrêtés administratifs seront restitués lorsque, dans le délai de deux ans à partir de la perception, il sera justifié que les immeubles acquis sont compris dans ces arrêtés. La restitution des droits ne pourra s'appliquer qu'à la portion des immeubles qui aura été reconnue nécessaire à l'exécution des travaux.

Art. 4.— A l'avenir, l'étude de tout plan d'alignement de rue devra nécessairement comprendre le nivellement ; celui-ci sera soumis à toutes les formalités qui régissent l'alignement.— Tout constructeur de maisons, avant de se mettre à l'œuvre, devra demander l'alignement et le nivellement de la voie publique au devant de son terrain et s'y conformer.

Art. 5.—Il devra pareillement adresser à l'administration un plan et des coupes cotés des constructions qu'il projette et se soumettre aux prescriptions qui lui seront faites dans l'intérêt de la sûreté publique et de la salubrité. — Vingt jours après le dépôt de ces plans et coupes au secrétariat de la mairie d'Alger, le constructeur pourra commencer les travaux d'après son plan, s'il ne lui a été notifié aucune injonction. — Une coupe géologique des fouilles pour fondation de bâtiment sera dressée par tout architecte constructeur et remise à la mairie de la ville d'Alger.

Art. 6. — Les façades et terrasses des maisons seront constamment tenues en bon état de propreté. Ces façades et terrasses seront grattées, repeintes ou reblanchies à la chaux, aux époques qui seront déterminées par l'autorité municipale et sur l'injonction qu'elle adressera aux propriétaires. —Les contrevenants seront passibles d'une amende qui ne pourra excéder cent francs.

Art. 7.—Toute construction nouvelle dans une rue pourvue d'égouts devra être disposée de manière à y conduire ses eaux pluviales et ménagères. —La même disposition sera prise pour toute maison ancienne, en cas de grosses réparations, et, en tout cas, avant dix ans.

Art. 8.—Indépendamment des travaux particuliers prescrits par l'article précédent, les frais de premier établissement des égouts publics devront, à l'avenir, être répartis par moitié entre la commune et les propriétaires riverains, au prorata du développement des façades de leurs propriétés.— Les frais de reconstruction à grande section des égouts publics de petite section, à la dépense desquels les propriétaires riverains n'auraient pas contribué, seront répartis de la même manière. — Les frais d'entretien ou de curage des égouts publics de toute catégorie resteront en totalité à la charge de la commune.

Art. 9.—Dans les rues et places où l'établissement de trottoirs aura été reconnu d'utilité publique, la dépense de construction de ces trottoirs sera répartie par moitié entre la commune et les propriétaires riverains.

§ 3. — CONSTRUCTION. — DROITS DE VOIRIE.

AI. — 8 oct. 1852. — Règlement général de voirie.

Vu la loi du 16 sept. 1807 ; — Le décret des 22 et 27 juill. 1808 ; — Les ord. des 30 juill., 3 déc. 1817, 18 nov., 12 déc. 1818, 11 fév., 23 juill., 1er nov. 1820 ; — Les ord. des 19 mars 1823, 7 avril 1824 et 19 mai 1826, etc. ;

Considérant qu'il convient d'appliquer aux villes de la régence d'Alger occupées par les troupes françaises la législation sur la voirie, et voulant remédier aux abus auxquels a donné lieu jusqu'ici cette partie essentielle de l'administration publique ;

Art. 1. — Nul ne pourra construire de maisons, bâtiments, murs ou clôtures quelconques, dans les villes de la régence d'Alger ou leurs faubourgs, avant d'en avoir préalablement fait au maire de chacune d'elles la demande par écrit.

Art. 2. — Nul ne pourra, sans en avoir également fait la demande par écrit dans la même forme que celle prescrite par l'art. 1, faire, du côté de la voie publique ou en saillie sur la voie publique, les ouvrages ci-après désignés, savoir :

Abat-jour ; — Abat-vent ; — Appuis de boutiques ; — Aurents.

Balcons ; — Bancs ; — Bannes ; — Barreaux en saillie ; — Boutiques (devantures, fermetures) ; — Baldaquins.

Colonnes et demi-colonnes en saillie ; — Contrevents ; — Corniches — Crochets en fer ; — Cuvettes et conduites ; — Chantiers pour préparations et dépôts de matériaux ; — Chenaux, conduits et gouttières.

Démolitions.

Echafaudages ; — Enseignes ; — Entablements ; — Etalages fixes ou mobiles, formant saillie ; — Embranchements de tuyaux aux égouts ; — Exhaussements de mur de face ; — Échoppes.

Fausses vues ; — Fermetures de boutiques ; — Gargouilles ; — Jalousies.

Lanternes avec potence ; — Marches.

Ouverture et percement de boutiques, portes, croisées, lieux d'aisances.

Perrons ; — Percements ; — Pilastres ; — Poitrails ; — Poteaux ; — Potences en fer ; — Poulies.

Ravalements ; — Réparations.

Sièges ; — Soupiraux ; — Stores ; — Supports.

Tableaux ; — Tuyaux de conduites, eaux pluviales et ménagères.

Et tous les ouvrages et objets quelconques ayant saillie sur la voie publique ; enfin, les fours, forges, fourneaux, puits et lieux d'aisances.

Art. 3. — Sur le vu des demandes, les maires donneront les alignements et autoriseront les travaux ; ils les réduiront aux proportions des lois et de l'usage ; ils les ajourneront ou rejetteront, s'il y a lieu.

Art. 4. — Les autorisations dont on n'aura pas fait usage pendant plus d'une année seront annulées de droit et devront être renouvelées pour avoir force d'exécution.

Art. 5. — Tous les ouvrages en saillie actuellement existants, dont la conservation n'aura pas été autorisée, seront supprimés dans le délai d'un mois.

Art. 6. — Les matériaux ne seront jamais préparés sur la voie publique ; ni seront apportés prêts à être mis en place. — A la fin de chaque journée de travail, les matériaux non employés, les gravois et autres résidus, seront enlevés ; s'il y a impossibilité absolue d'enlèvement, l'autorisation n'en sera pas moins demandée aux maires, qui ne l'accorderont qu'à la charge de faire éclairer les matériaux. — Les échafaudages seront disposés de manière à ne pas poser sur la voie publique, et à ne pas gêner la circulation.

Art. 7. — Aucune eau pluviale ou ménagère ne devra avoir d'écoulement sur la voie publique ; elles devront être dirigées vers l'égout le plus voisin par des tuyaux de descente et d'embranchement, aux frais des propriétaires ou locataires. — Les tuyaux de lieux d'aisances devront être également conduits jusqu'aux égouts, aux frais des propriétaires ou locataires. — L'embranchement ne pourra être pratiqué qu'après en avoir obtenu l'autorisation du maire.

Art. 8. — Avant de commencer aucuns travaux, les architectes, entrepreneurs, ou les ouvriers, devront se faire représenter les autorisations ; faute par eux de le faire, ils seront solidaires des droits et amendes avec ceux pour le compte desquels les travaux auront été autorisés.

Art. 9. — Il est défendu d'effacer ou de masquer par des couleurs nouvelles les noms des rues et les numéros des maisons ; ceux qui ne pourraient plus se voir par suite de travaux seront rétablis immédiatement aux frais du propriétaire de l'immeuble d'où ils auraient disparu, sauf son recours contre qui de droit, dans le cas où les travaux ne concerneraient pas sa propriété.

Art. 10. — Il est défendu de jeter quoi que ce soit dans la rue ou même d'une terrasse à l'autre.

Art. 11. — Les droits dus à l'avenir pour les

43

autorisations d'alignements, de construire, de réparer, et généralement de faire toute espèce de travaux et d'établissements du côté de la voie publique et sur la voie publique, seront fixés conformément au tarif ci-après.

Tarif des droits à percevoir.

Alignements pour chaque mètre de longueur, savoir:

		fr.	c.
1° Sur les places et dans les rues ayant plus de 6 mètres de largeur.		3	»
2° Dans les autres rues et sur les places à l'intérieur et à l'extérieur de la ville.		2	»
3° D'un mur de clôture dans la ville.		1	»
4° D'un mur de clôture hors la ville.		»	50
5° D'une clôture provisoire en planches dans la ville.		»	25
6° D'une clôture provisoire en planches hors la ville.		»	15
Avant-corps en pierre et pilastres, pour chaque.		5	»
Balcons (petits) aux fenêtres, pour chaque. . .		2	50
Balcons (grands), pour chaque mètre de longueur.	10	»
Bornes, en quelque nombre qu'elles soient. . .		2	»
Colonne engagée, en pierre, ou en marbre, ou en bois, formant décoration en avant ou au-dessus des rez-de-chaussées, pour chaque décimètre de saillie.		2	»
Colonne isolée en pierre ou en bois pour chaque demi-décimètre de saillie..		3	»
Dosserets.		3	»
Devantures de boutiques en menuiserie.	12	50
Encorbellement, pour chaque décimètre de saillie au-dessus des portes et croisées.		2	50
Echoppes sédentaires ou demi-sédentaires. . .	10	»
Echoppes mobiles.		4	»
Exhaussement d'un bâtiment aligné..		5	»
Jambe étrière reconstruite.		5	»
Linteau.		5	»
Ouverture de boutique.	10	»
Percement de porte.		5	»
Percement de croisée.		5	»
Poitrail.		5	»
Ravalement avec échafaud de toute une maison.		5	»
Ravalement avec échafaud d'une partie de maison.	2	50
Et de tous autres ouvrages non indiqués au présent tarif, chaque.		2	»

Art. 12. — Toute autorisation délivrée par les maires donnera lieu immédiatement au versement dans la caisse du domaine du montant du droit fixé par le tarif annexé à l'art. 11; ces autorisations ne pourront recevoir d'exécution qu'après qu'il aura été justifié du payement. Les quittances devront être déposées aux mairies.

Art. 13. — Toute contravention aux dispositions du présent arrêté sera constatée par procès-verbaux des maires ou des architectes-voyers qu'ils auront délégués, et sera punie d'une amende qui ne pourra être moindre de 5 fr. ni excéder 50 fr. (complété par l'arr. suivant). — Chaque procès-verbal donnera lieu au payement du droit fixé par l'art. 1 de l'arrêté de l'intendant civil, du 22 sept. dernier, (abrogé par l'arr. suivant).

Art. 14. — Sont et demeurent rapportées toutes dispositions contraires. GENTY DE BUSSY.

A1. — 23 fév.-8 mars 1838. — B. 55. — *Modifications à l'arr. du 8 oct. 1832.*

Vu l'art. 16 de l'arr. min. du 2 août 1836 (*Adm. gén.*, § 1); — Vu l'arr. du 8 oct. 1832, concernant les mesures relatives à la voirie; — Considérant qu'il est de principe que toute contravention en matière de voirie entraîne, indépendamment des amendes encourues, l'obligation de faire disparaître les causes qui la constituent; — Que ce principe n'a pas été posé par l'arrêté susvisé du 8 oct. 1832;

Art. 1. — Toute contravention en matière de voirie entraînera, indépendamment de l'amende portée au § 1 de l'art. 13 de l'arr. du 8 oct. 1832, l'obligation de faire disparaître dans les vingt-quatre heures de la signification du jugement les causes de la contravention. Passé ce délai, il y sera pourvu par l'administration aux frais des parties.

Art. 2. — Dans le cas où le maintien des ouvrages ou dépôts pourraient donner lieu à des inconvénients graves, nous nous réservons de les faire disparaître d'office, sur le vu du procès-verbal constatant la contravention. — Le cas échéant, ledit procès-verbal sera transmis à qui de droit avec la note arrêtée par nous des frais faits en conséquence, à l'effet d'obtenir : 1° la condamnation à l'amende encourue; 2° le remboursement du montant des frais, soit à la caisse du service chargé du travail, soit entre les mains de l'entrepreneur qui y aura été commis.

Art. 3. — Le § 2 de l'art. 13 de l'arr. susvisé, du 8 oct. 1832, est et demeure supprimé.
BRESSON.

AG. — 16 août-1er oct. 1836. — B. 58. — *Puits et citernes.*

Vu la délibération de la commission des fontaines, du 2 fév. dernier, sur la nécessité de faire pourvoir d'un puits ou d'une citerne les constructions qui s'élèvent à Alger;

Considérant que cette ville n'a dans le territoire qui l'environne aucune rivière ni ruisseau qui ne soit à sec pendant l'été; qu'elle reçoit toute son eau par le moyen d'aqueducs qui l'amènent de sources éloignées et la distribuent, au moyen de conduits, dans les divers quartiers ; que ces sources peuvent tarir dans un moment de sécheresse, ou être arrêtées dans le long trajet qu'elles ont à parcourir dans des aqueducs dont la construction défectueuse ne présente pas de garantie suffisante de bonne durée ; — Qu'Alger est une place de guerre, et qu'il importe de lui assurer un approvisionnement dans la prévision de l'état de siège, indépendamment de la ressource qu'elle trouve dans les aqueducs dont la source est placée à une grande distance de son enceinte ; — Que le grand nombre de constructions qui s'élèvent à Alger donne à la mesure proposée un caractère d'urgence ; — Vu l'art. 5 de l'ord. du 22 juill. 1834 ; — Vu l'urgence;

Art. 1. — Toutes les maisons qui seront construites à partir de la publication du présent arrêté dans les villes des possessions françaises du N. de l'Afrique, devront être pourvues d'un puits ou d'une citerne.

Art. 2. — Les fouilles du puits devront être poussées jusqu'à la rencontre de l'eau vive, et ensuite approfondies jusqu'à ce qu'on ait au moins deux mètres d'eau.

Art. 3. — On placera dans le fond du puits un châssis de bois de chêne du diamètre du puits, dans œuvre de 1,15 à 0,18 cent. d'épaisseur, sur lequel on posera deux ou trois assises de pierres de taille, maçonnées avec mortier de pouzzolane ou du ciment, reliées par des crampons de fer. Le reste de la maçonnerie, jusqu'à dix centimètres au-dessous du rez-de-chaussée, sera en maçonnerie de briques ou de moellons, et le rez-de-chaussée sera surmonté de deux ou trois assises de pierres de taille formant ensemble une hauteur de 0,80 cent. à 1 m., maçonnées en mortier de pouzzolane ou de ciment, et cramponnées comme celles du fond.

Art. 4. — La capacité à donner à la citerne sera au *minimum* du tiers de la surface totale occupée par le bâtiment.

Art. 5. — Les citernes seront construites en maçonnerie de briques ou de moellons durs avec mortier hydraulique de chaux et pouzzolane, composé de deux parties de pouzzolane et d'une de chaux. Les parois intérieures seront recouvertes d'un enduit de mortier fin et de pouzzolane ou de ciment.

Art. 6. — Chaque citerne sera munie d'un citerneau d'un mètre carré, pour que l'eau puisse filtrer avant d'entrer dans la citerne. Le fond de ce citerneau devra, en conséquence, être de deux à trois mètres plus élevé que celui de la citerne, c'est-à-dire à la hauteur de la voûte.

Art. 7. — Les contraventions seront constatées par procès-verbaux dressés selon les cas par les employés des ponts et chaussées et par l'architecte de la ville. Ces procès-verbaux seront transmis à M. l'intendant civil, qui provoquera administrativement, contre les contrevenants, l'application des peines prononcées par l'article suivant.

Art. 8. — Les contrevenants seront passibles d'une amende de 100 à 500 fr., indépendamment des obligations qui leur seront imposées par les dispositions qui précèdent.

Pour le gouverneur général absent :
Baron Rapatel.

AG. — 17 mai-11 juin 1847. — B. 256.—*Egouts particuliers* (V. ci-dessus, § 2).

Art. 1. — Tout propriétaire qui sera autorisé à construire ou à reconstruire, en tout ou partie, des conduits destinés à déverser les immondices ou seulement les eaux pluviales et ménagères de sa maison dans des égouts publics, sera tenu de donner au conduit une pente d'au moins 2 cent. par mètre, dans toute la partie qui sera située sous la voie publique.

§ 4. — Sureté publique. — Edifices menaçant ruine.

La démolition des édifices menaçant ruine a été également réglementée par plusieurs ordonnances de voirie qui ne sont plus en vigueur ; elles se référaient principalement, pour les formalités à remplir et l'exercice des droits des propriétaires, aux attributions de conseils de voirie qui avaient été créés dans plusieurs vil'es par arr. du 8 mai 1833, et qui n'existent plus aujourd'hui. Le seul arrêté qui puisse être encore consulté avec fruit est celui du 9 déc. 1835, qui est seul reproduit ci-après, et dont les principales dispositions au moins paraissent avoir été conservées.

AI. — 9-11 déc. 1835. — B. 24. — *Démolition pour sûreté publique.*

Vu les déclarations des 18 juill. 1729 et 18 août 1730, concernant les mesures que doit prendre l'autorité pour prévenir les accidents qui pourraient résulter de la chute des édifices menaçant ruine, soit en raison de vétusté, soit en raison de quelques autres circonstances accidentelles ; — Vu l'art. 50 de la loi des 14-18 déc. 1789, les art. 1 et 3 du tit. 11 de la loi des 16-24 août 1790, et l'art. 50 de la loi des 19-22 juill. 1791 ; — Vu d'ailleurs diverses ordonnances royales, et entre autres celles des 21 mai 1825 et 16 juin 1824, qui établissent qu'à l'autorité municipale seule appartient le droit de prononcer et d'opérer, au besoin, la démolition des édifices menaçant ruine ; — Considérant qu'il nous est signalé chaque jour des édifices qui se trouvent dans ce cas, et qu'il importe d'adopter un mode expéditif pour statuer en pareille matière ;

Art. 1. — Toutes les fois qu'un procès-verbal rédigé par un agent chargé de la police de la voirie constatera qu'une construction quelconque, placée sur la voie publique, menace d'une ruine prochaine, le propriétaire sera invité, par un avertissement que lui notifiera le commissaire de police de son quartier, à se présenter dans les cinq jours, au secrétariat de l'intendance civile, pour prendre connaissance dudit procès-verbal. — Si la demeure du propriétaire est inconnue, l'avertissement susdit sera notifié, soit à son fondé de pouvoirs, soit au principal locataire, soit à l'un des locataires.

Art. 2. — Dans le cas où celui-ci, après avoir pris connaissance du procès-verbal susmentionné, prétendrait en contester les conclusions, il nous notifiera, à l'expiration du cinquième jour au plus tard le nom de l'expert qu'il entend charger du soin de ses intérêts, et nous prendrons immédiatement des mesures pour qu'il soit procédé à une visite de l'édifice, contradictoirement avec ledit expert et celui de l'administration.

Art. 3. — Cette visite contradictoire aura lieu dans le délai de trois jours, et le propriétaire demeurera chargé de se concerter avec l'expert que nous lui aurons indiqué, pour déterminer le jour et l'heure où les deux experts devront se rencontrer sur les lieux. — En cas d'absence de l'expert du propriétaire, cette absence sera constatée par un procès-verbal que rédigera l'expert désigné par l'autorité.

Art. 4. — Les deux experts, après avoir visité l'édifice dans toutes ses parties, exposeront chacun leur opinion et les motifs sur lesquels elle se fonde ; dans un procès-verbal dont la remise aura lieu dans le délai de vingt-quatre heures, et nous déciderons, sur le simple vu de ce procès verbal, à moins de circonstances particulières, s'il y a lieu ou non d'opérer la démolition.

Art. 5. — Elle sera prononcée, dans tous les cas, si le propriétaire, négligeant l'avertissement qui lui aura été notifié, conformément à l'art. 1, ne fait, dans le délai de cinq jours, aucune diligence pour contredire le procès-verbal qui aura donné lieu à cette notification.

Art. 6. — Nous nous réservons, nonobstant les dispositions des articles précédents, qui ne veulent leur exécution dans les cas ordinaires, de faire démolir immédiatement tout édifice dont le mauvais état ou un accident quelconque menacerait d'une chute immédiate.

Art. 7. — La démolition des édifices menaçant ruine aura toujours lieu aux frais et par les soins des propriétaires. — Dans les cas où l'administration aurait été obligée de faire démolir d'office, il sera rédigé contre le propriétaire un procès-verbal constatant sa négligence ou son refus d'obtempérer à l'ordre qui lui aura été notifié. Ce procès-verbal sera remis à M. le procureur général, avec demande de provoquer la condamnation dudit propriétaire : 1° à l'amende encourue conformément au § 5 de l'art. 471 c. pén. ; 2° au remboursement des frais de démolition, dont l'agent chargé du travail produira un état qui sera souscrit de notre visa.

Le Pasquier.

§ 5. — Amendes. — Répartition.

AM. — 17 juill.-7 sept. 1847. — B. 261. — *Répartition des amendes.*

Vu les décr. des 16 déc. 1811 et 10 avr. 1812; Considérant qu'il importe, non-seulement d'appliquer à l'Algérie les dispositions des susdits décrets, mais aussi d'étendre ces dispositions à la petite voirie, ainsi qu'aux aqueducs, fontaines et égouts;

Art. 1. — Le tiers des amendes qui seront prononcées pour délits ou contraventions commis, soit en matière de grande et de petite voirie, soit sur les travaux à la mer, les fossés, canaux, aqueducs, fontaines, égouts ou autres ouvrages d'art, sera attribué à l'agent qui aura constaté le délit ou la contravention.

Art. 2. — Le présent arrêté est exécutoire sur les territoires civils et mixtes. Trézel.

APPENDICE.[1]

———◦◦◦———

Justice musulmane.

AM.—23 août-11 sept. 1860.—BM. 94.—*Appels des jugements des cadis.* —*Tribunaux de 1re inst. compétents.*

Art. 1. — Les appels des jugements rendus en premier ressort par les cadis de l'Algérie, dans les limites fixées par l'art. 22, § 1, du décr. du 31 déc. 1859, sont portés devant les tribunaux de 1re inst. indiqués au tableau annexé au présent arrêté.

Tribunal d'Alger. — Jugements des tribunaux de cadis situés dans le ressort du tribunal d'Alger et les cercles de Tenès, Orléansville, Cherchell, Dellys, Tizi Ouzou, Aumale et l'annexe des Beni Mansour, Fort Napoléon, Dra el Mizan (moins les tribus placées dans les cinq derniers cercles, sous l'administration des Amins el Oumena).

Tribunal de Blidah. — *Idem* ressort du tribunal et cercles de Médéah, Boghar, Milianah, Teniet el Had.

Tribunal d'Oran. — *Idem* ressort du tribunal et cercles d'Oran et annexe d'Aïn Temouchen, Sidi bel Abbès et annexe de Daya, Tlemcen, Nemours, Lella Maghnia, Sebdou.

Tribunal de Mostaganem. — *Idem* ressort du tribunal et cercles de Mostaganem, Ammi Moussa, Mascara, Tiaret, Saïda.

Tribunal de Constantine. — *Idem* ressort du tribunal et cercles de Constantine et annexe de Milah, Batna, Sétif, Bordj bou Areridj (moins les tribus placées sous l'administration des Amins el Oumena), Aïn Beïda.

Tribunal de Philippeville. — *Idem* ressort du tribunal et cercles de Philippeville et annexe de Collo, Djidjelli, Bougie (moins les tribus placées sous l'administration des Amins el Oumena).

Tribunal de Bône. — *Idem* ressort du tribunal et cercles de Bône, Guelma, Souk Arras, La Calle.

Comte DE CHASSELOUP-LAUBAT.

---

(1) Les décrets insérés à l'appendice ont été publiés pendant l'impression du *Dictionnaire*, mais trop tard pour être reproduits à l'article qu'ils concernent.

(2) *Rapport à l'empereur.* — Sire, un décret impérial du 30 juin dernier, rendu sur le rapport de M. le ministre de l'agriculture, du commerce et des travaux publics, prescrit, à dater de 1861, de régler d'après le produit net moyen des deux dernières années l'abonnement à la redevance proportionnelle des mines qui, précédemment, se calculait à l'avance sur le revenu net présumé des années auxqu... ce mode d'imposition devait être appliqué.

Mines.

DI.—4 août-11 sept. 1860.—BM. 94. — *Abonnement à la redevance proportionnelle des mines* (2).

Vu le décr. du 30 juin 1860, concernant l'abonnement à la redevance proportionnelle des mines;

Vu l'art. 5 de la loi du 16 juin 1851 (*Propriété*, § 1).

Art. 1. — Le décr. du 30 juin 1860, concernant l'abonnement à la redevance proportionnelle des mines, sera promulgué en Algérie et y recevra son application.

Décret du 30 juin 1860.

Vu la loi du 21 avr. 1810 et le décr. du 6 mai 1811;

Art. 1.—A dater de l'année 1861, l'abonnement à la redevance proportionnelle des mines sera réglé, pour les exploitants qui le demanderont, en prenant pour base le produit net moyen des deux années antérieures. — Le taux de l'abonnement fixé comme il est dit ci-dessus sera maintenu sans modification pendant une durée de cinq ans.

Mobilier légal.

DI.—18 août-12 sept. 1860. — BM. 95.—*Ameublement des hôtels de préfecture, etc.* — (V. Admin. gén., § 1, p. 43; Décr. du 27 oct. 1858, Art. 44, 6e et note).

Art. 1. — L'ameublement et l'entretien du mobilier des hôtels de préfecture, de sous-préfecture et de commissariat civil, des hôtels des généraux commandant les divisions militaires, des bureaux des services administratifs, y compris ceux des

---

Ce nouveau système, dont M. le ministre des travaux publics a fait ressortir tous les avantages dans son rapport à V. M., ne peut manquer de contribuer en Algérie, de même que dans la métropole, au développement de l'industrie minérale; et comme, d'ailleurs, il est de principe, aux termes de la loi du 16 juin 1851, que les mines de la colonie doivent être régies par la législation générale de la France, j'ai l'honneur de prier V. M de vouloir bien revêtir de sa signature le projet de décret ci-joint, portant que le décret précité du 30 juin sera promulgué en Algérie et y recevra son application.

Comte DE CHASSELOUP-LAUBAT.

affaires civiles des territoires militaires en Algérie, placés par le n° 6 de l'art. 44 de notre décret susvisé parmi les dépenses ordinaires des provinces, comprendront à l'avenir :

Pour les hôtels de préfecture : — 1° Le mobilier des appartements de réception; — 2° Le mobilier des salles du conseil de préfecture, du conseil général et des commissions, du cabinet du préfet et des bureaux de la préfecture; — 3° Le mobilier d'au moins six chambres de maître avec leurs accessoires et de six chambres de domestique; — 4° Les objets mobiliers nécessaires au service des cuisines, à celui des écuries et remises, et les ustensiles de jardinage.

Pour les hôtels de sous-préfecture : — 1° Le mobilier d'un salon de réception et d'une salle à manger au moins ; — 2° Le mobilier du cabinet du sous-préfet et des bureaux de la sous-préfecture; — 3° Le mobilier d'au moins trois chambres de maître avec leurs accessoires et de trois chambres de domestique; — 4° Les objets mobiliers nécessaires au service de la cuisine et des écuries et remises, et les ustensiles de jardinage.

Pour les hôtels de commissariat civil : — 1° Le mobilier d'un salon de réception et d'une salle à manger ; — 2° Le mobilier du cabinet du commissaire civil et des bureaux du commissariat civil; — 3° Le mobilier d'au moins deux chambres de maître avec leurs accessoires et de deux chambres de domestique; — 4° Les objets mobiliers nécessaires au service de la cuisine et d'une écurie, et les ustensiles de jardinage.

Pour les hôtels des généraux de division : — Le même mobilier que celui des préfectures, à l'exception de ce qui concerne la salle des délibérations du conseil général.

Art. 2. — Dans leur prochaine session, les conseils généraux de province délibéreront sur la somme à laquelle devra s'élever, pour chaque hôtel administratif, le taux du mobilier constitué conformément à l'article précédent. — Ce taux sera définitivement fixé par décret impérial.

Art. 3. — Il sera dressé pour chaque hôtel, par les soins du fonctionnaire en exercice, un inventaire des meubles actuellement existants, avec indication du prix d'achat pour chacun d'eux. — Cet inventaire sera récolé par un préposé de l'administration des domaines, et le récolement sera vérifié par une commission du conseil général, pour les hôtels de la préfecture et du général de division, et, pour les hôtels de sous-préfecture et de commissariat civil, par un membre du conseil général résidant au chef-lieu administratif, ou, à défaut, soit par le juge de paix, soit par deux membres du conseil municipal requis à cet effet. — Chaque inventaire sera déposé aux archives. Deux copies seront remises, l'une au fonctionnaire en exercice, l'autre au directeur des domaines, une troisième sera transmise à notre ministre de l'Algérie et des colonies.

Art. 4. — Les meubles qui seront achetés, s'il y a lieu, pour compléter l'ameublement, seront portés sur l'inventaire avec leur prix d'achat.

Art. 5. — Il sera fait, en fin d'année, à chaque mutation du titulaire et pendant chaque session ordinaire du conseil général, un récolement du mobilier administratif. — Ces récolements seront opérés par un agent de l'administration des domaines et vérifiés comme il est prescrit au deuxième paragraphe de l'art. 3.

Art. 6. — L'allocation votée chaque année par le conseil général, pour l'entretien du mobilier, sera du vingtième du taux fixé conformément à l'art. 2 ci-dessus. Elle devra être employée exclusivement au maintien du mobilier en bon état de conservation. — Il sera rendu compte, chaque année, au conseil général, de l'emploi de cette allocation.

Art. 7. — Indépendamment du fonds annuel d'entretien mentionné à l'article précédent, il pourra être ouvert des crédits pour réparations extraordinaires du mobilier.

Art. 8. — Les meubles entretenus ou réparés conformément aux art. 6 et 7 conserveront, sur l'inventaire, leur valeur primitive d'achat.

Art. 9. — Les meubles qui seraient réformés seront remplacés par des meubles nouveaux, sans que, dans aucun cas, le taux du mobilier, fixé conformément à l'art. 2 ci-dessus, puisse être dépassé. — Les meubles réformés seront vendus au profit de la province. Le produit de la vente figurera dans le budget provincial, à la section des *Recettes extraordinaires*, où il formera un article spécial.

Art. 10. — Les fonctionnaires en exercice sont tenus de représenter les divers objets inventoriés, mais ne sont pas responsables des détériorations et diminutions de valeur qu'ils pourraient avoir subies.

FIN DE L'APPENDICE.

TABLE ALPHABÉTIQUE DES MATIÈRES.

A

Nota. A chaque article principal, le sommaire des paragraphes qui ont servi de base à la division adoptée dans le *Dictionnaire* est seul rapporté. Quant aux renvois, après la mention de l'article et du paragraphe où se trouve l'arrêté ou le décret qu'il y a lieu de consulter, la date de ce décret est seule indiquée et suffit pour s'y reporter, puisque l'ordre chronologique a été suivi dans l'insertion des textes à chaque paragraphe.

(1) Un décret du 25 juill. 1860, B.M. 90, fixe à 25 le
nombre maximum des membres du conseil général de
chaque province.

néral. — § 2. Création de sociétés. — V. *Caisse d'épargne.*

SECRÉTAIRES (de commissariats civils). — V. *Commissaires civils.* — *Notaires*, arr. 30 déc. 1842, art. 57.

SÉNATEURS. — V. *Préséances.*

SÉQUESTRE. — § 1. Législation spéciale. — § 2. Arrêtés d'exécution. — V. *Bureaux de bienfaisance*, § 2, décr. 5 déc. 1857, rapport. — *Domaine*, ordonnances diverses. — *Expropriation*, § 1, arr. 9 déc. 1841, art. 51, note sur le casernement. — *Transactions immobilières.* — *Villes et villages.*

SERMENT. — § 1. Serment politique. — § 2. Serment professionnel. — V. *Commissaires civils.* — *Commissaires-priseurs.* — *Défenseurs.* — *Greffiers.* — *Huissiers.* — *Interprètes.* — *Justice.* — *Magistrats.* — *Notaires*, etc.

SERVICES (administratifs et autres). — V. aux articles spéciaux.

SERVITUDES MILITAIRES. — Promulgation des lois de France et règlements généraux.

SOCIÉTÉS DE CHARITÉ. — V. *Hôpitaux.* décr. 13 juill. 1849, art. 4, droit de quête.

SOCIÉTÉS EN COMMANDITE. — Loi du 17 juill. 1856.

SOCIÉTÉS DE SECOURS MUTUELS. — V. *Secours mutuels.*

SOCIÉTÉS SECRÈTES. — Interdiction, pénalité.

SOIE. — V. *Agriculture*, § 2.

SOUFRES. — V. *Armes*, § 1. — *Poudres*, § 1.

SOURCES. — V. *Concessions.* — *Eau.* — *Propriété*, § 1, loi 16 juin 1851, art. 2.

SUBSTANCES ALIMENTAIRES. — Loi du 27 mars 1851. — V. *Boissons.* — *Salubrité.*

SUBSTANCES VÉNÉNEUSES OU NUISIBLES. — V. *Art médical.* — *Salubrité.*

SUCCESSIONS VACANTES.—Règlement général.—Successions militaires. — V. *Commissaires civils*, arr. 15 déc. 1842, art. 77 et suiv. — *Dépôts et consignations*, obligations des curateurs.

SÛRETÉ PUBLIQUE. — V. *Démolitions.* — *Voirie*, § 4.

SURSIS JUDICIAIRE. — V. *Procédure*, décr. 19 mars 1848.

T

TABACS. — Création d'entrepôts. — V. *Douanes*, Importations et exportations. — *Licence.* — *Octroi.* — *Poudres*, § 2, débits.

TAXE. — V. *Boulangerie.* — *Boucherie.* — *Chemins vicinaux.* — *Chiens.* — *Curateurs aux successions.* — *Défenseurs.* — *Finances.* — *Loyers.* — *Postes.* — *Télégraphie.*

TÉLÉGRAPHIE. — § 1. Législation spéciale. — § 2. Service administratif. — V. *Fonctionnaires*, renvois à la table. — *Franchise.*

TERRES INCULTES. — V. *Propriété*, § 1.

TERRITOIRE (civil et militaire). — V. *Administration générale.* — *Circonscriptions.* — *Propriété.* — *Transactions immobilières.*

THÉÂTRES. — Représentation d'ouvrages dramatiques. — V. *Hôpitaux*, décr. 15 juill. 1849. — *Propriété*, § 1, ord. 26 sept. 1842, art. 57, note, droits d'auteurs.

TIMBRE. — § 1. Législation spéciale. — § 2. Débits de papier timbré.—V. *Actes de notoriété.* — *Assistance judiciaire.*—*Indigents*, renvois à la table. —*Justice musulmane*, décr. 31 déc. 1859, art. 54 et suiv. — *Mont-de-piété*, décr. 28 avr. 1860, art. 18. — *Presse.* — *Procédure.* — *Secours mutuels*, décr. 15 déc. 1852, art. 11.

TIMBRE MOBILE. — V. *Timbre*, § 1.

TIMBRES-POSTE. — V. *Postes.*

TITRES (usurpation de). — Loi 28 mai 1858, art. 259 c. pén.

TOPOGRAPHIE. — V. *Opérations topographiques.*

TRADUCTEURS, TRADUCTION. — V. *Actes sous-seing privé.* — *Assistance judiciaire.* — *Courtiers.* — *Enregistrement d'actes.* — *Impôt arabe*, circ. 21 févr. 1859. — *Interprètes.* — *Justice*, § 1, ord. 26 sept. 1842, art. 68, notifications aux musulmans.

TRAITEMENTS. — V. *Intérimaires*, et dispositions spéciales à chaque service. — *Fonctionnaires*, renvois à la table.

TRAITÉ. — Traité avec le Maroc. — V. *Administration générale*, § 1, 5 juill. 1850, capitulation.—*Naufrages.*

TRANSACTIONS IMMOBILIÈRES. — Interdiction dans les provinces, *id.* aux fonctionnaires. — V. *Circonscriptions.* — *Concessions*, § 1. titre provisoire. — *Domaine.* — *Hypothèque.* — *Notaire.* — *Propriété.* — *Séquestre.* — *Transcription hypothécaire.*

TRANSACTIONS ET PARTAGES.—V. *Propriété*, notice. Commission spéciale.

TRANSCRIPTION HYPOTHÉCAIRE. — Loi 23 mars 1855.

TRANSPORTATION. — Notice. — V. *Amnistie.*

TRANSPORTS (entrepr. de). — V. *Roulage.*

TRAVAUX PUBLICS. — Travaux communaux. — Répartition entre les divers services. — V. *Administration générale*, § 1, ordonnances organiques, attributions des gouverneurs, etc.; § 2, commission permanente au ministère. — *Affaires arabes*, § 1, circ. 15 nov. 1844. — *Chambres de commerce.* — *Chemins vicinaux.* — *Commissaires civils*, attributions. — *Commune*, § 2, attributions. — *Expropriation.* — *Impôt arabe*, § 2, centimes additionnels.

TRÉSORERIE. — V. *Administration générale*, § 1, ordonnances organiques. — *Dépôts et consignations.* — *Finances.*— *Fonctionnaires*, renvois à la table.— *Monnaies.*— *Postes.*— *Timbre.*

TRIBUNAUX.—V. *Justice*, article et renvois à la table.

TRIBUNAUX DE COMMERCE.— § 1. Dispositions générales. — § 2. Institution de tribunaux; nombre des électeurs. — V. *Assistance judiciaire.* — *Chambres de commerce*, attributions. — *Justice*, § 1, ordonnances organiques.— *Préséances.*

TRIBUNAUX ISRAÉLITES.— Notice et renvois.

TRIBUS ARABES. — V. *Administration générale*, § 1, ordonnances organiques.— *Affaires arabes.*

U

UTILITÉ PUBLIQUE.—V. *Démolition.*—*Expropriation.* —*Voirie.*

USINES. — V. *Eau*, § 2. Concessions, formalités. — *Machines à vapeur.*

V

VACANCES.— V. *Congés.* — *Justice*, § 2, décr. 19 mai 1853, 25 févr. 1860. — *Pensions de retraite*, arr. 9 nov. 1853, art. 16 et 17.

VACCINATION.—Organisation du service.— V. *Médecins de colonisation.*

VAGABONDAGE.—V. *Expulsion de la colonie.* — *Passeports.* — *Ouvriers et domestiques*, arr. 22 sept. 1843, art. 6.

VAPEUR.—V. *Machines et appareils.*— *Navigation*, § 2.

VASES ET USTENSILES DE CUIVRE. — V. *Salubrité*, § 3.

VENTES IMMOBILIÈRES. — V. *Concessions.* — *Domaine.* —*Notaire.*—*Propriété.* — *Transactions immobilières.* —*Transcription hypothécaire.*

VENTES MOBILIÈRES.— § 1. Vente de fonds de commerce, publicité.— § 2. Marchandises neuves, profession de dellal. — V. *Commissaires-priseurs.* — *Courtiers.* — *Dépôts et consignations.*—*Finances*, § 1, ord. 17 janv. 1845, tabl. A, ventes par le domaine. — *Huissiers.* — *Mont-de-piété.*— *Roulage*, objets non réclamés.

FIN DE LA TABLE DES MATIÈRES.

TABLE CHRONOLOGIQUE

DES LOIS, ORDONNANCES, DÉCRETS, ARRÊTÉS ET DÉCISIONS

INSÉRÉS OU MENTIONNÉS

AU DICTIONNAIRE DE LA LÉGISLATION ALGÉRIENNE.

ABRÉVIATIONS SPÉCIALES A LA TABLE CHRONOLOGIQUE.

CG	circulaire du gouverneur.
CM	circulaire ministérielle.
DI	décision impériale.
DM	décision ministérielle.
IM	instruction ministérielle.

1830

	Juillet.	Pages
	5	5
AG	6	5
AG	15	555
	Août.	
AG	9	5
	Septembre.	
AG	1	278
AG	8	504
AG	8	616
AG	9	585
AG	17	472
AG	22	472
	Octobre.	
AG	15	409
AG	16	5
AG	17	472
AG	22	585
AG	26	524
AG	29	6
AG	30	6
	Novembre.	
AG	8	278
AG	14	545
A	16	580
	Décembre.	
AG	7	156
AG	7	289
AG	7	516
AG	7	584
AG	14	525
AG	14	526
AG	14	554
AG	24	437
AG	31	299
AG	31	618

1831

	Janvier.	
AG	9	206
AG	19	524

1831

	Mars.	Pages
AG	12	651
AG	21	384
AG	21	472
AG	21	535
	Avril.	
AG	22	311
	Mai.	
AG	24	324
AG	24	525
	Juin.	
AG	1	6
AG	9	3
AG	9	384
AG	10	617
AG	21	513
AG	21	380
AG	25	513
AG	25	529
	Juillet.	
AG	11	513
AG	11	617
	Août.	
AG	31	525
	Septembre.	
AG	4	120
AG	7	455
AG	17	513
	Novembre.	
AG	26	278
	Décembre.	
OR	1	6
OR	6	5
AG	12	279
AG	19	656
AG	20	513

1832

	Janvier.	
AG	8	428

1832

	Février.	Pages
AI	8	455
A	14	325
AI	15	325
AI	16	315
AGI	16	384
AI	25	313
	Mars.	
AI	1	384
AI	17	269
AI	31	515
	Avril.	
AI	6	315
AI	20	6
AGI	25	608
	Mai.	
AI	7	513
AI	7	615
OR	12	7
AI	28	356
	Juin.	
AI	4	279
	Juillet.	
AI	8	516
	Août.	
AI	6	305
AGI	16	384
AG	17	437
AI	23	505
	Septembre.	
AI	5	299
AI	12	101
AI	12	514
AG	20	57
AI	21	289
AI	21	437
AI	22	313
	Octobre.	
AGI	8	345
AI	8	675

1833

	Janvier.	Pages
A	21	384
	Mars.	
AI	1	290
A	9	384
	Avril.	
AGI	2	120
AI	2	250
AI	2	278
AI	2	639
	Mai.	
AI	2	256
AGI	8	643
AGI	8	675
AGI	9	120
AI	23	606
	Septembre.	
AGI	3	644
	Octobre.	
AGI	4	644
AGI	17	279
AGI	17	319
AGI	17	320
	Novembre.	
AI	14	671

1834

	Avril.	
AGI	2	279
AGI	24	612
	Mai.	
AGI	24	120
	Juin.	
A	25	362
	Juillet.	
OR	22	7
AGI	26	290
	Août.	
OR	10	585

1843

		Pages
	Janvier.	
OR	10	640
AM	13	516
AG	16	500
AG	16	660
AG	16	660
	Février.	
AG	10	471
AM	10	539
AM	10	617
AG	17	660
AG	17	660
AG	17	660
	Mars.	
DM	8	350
AG	8	660
OR	12	640
AG	23	660
AM	23	290
AM	23	117
	Avril.	
OR	16	568
OR	23	567
	Mai.	
AG	19	87
AG	19	543
	Juin.	
AG	4	291
AG	23	572
AG	23	660
	Juillet.	
AG	5	660
AG	5	661
AG	5	661
AM	11	234
AM	11	268
OR	17	516
	Août.	
AM	4	160
AG	5	407
AM	5	117
	Septembre.	
AG	5	661
AG	13	517
AG	22	480
AG	22	661
AM	27	268
	Octobre.	
AD	10	561
	Novembre.	
OR	16	419
CG	18	535
	Décembre.	
OR	2	261
AM	12	419
AG	15	661
OR	16	298
OR	16	559
AG	17	213
AG	31	661
	1844	
	Janvier.	
CG	2	61
CG	12	62
AG	15	299

1844

		Pages
CG	26	556
CG	27	407
AG	29	501
	Février.	
AM	1	59
OR	4	262
CG	5	65
AG	11	97
CG	12	65
AG	12	299
	Mars.	
AG	11	618
AG	12	644
CG	22	94
AG	22	661
AG	22	666
CG	23	460
AG	26	554
	Avril.	
AM	1	527
AG	8	121
AG	8	645
AG	22	618
	Mai.	
AM	1	282
AM	6	256
AM	6	269
OR	19	344
	Juin.	
OR	9	645
OR	11	633
AM	19	269
AM	24	554
	Juillet.	
AM	6	471
AG	10	667
AM	10	257
OR	14	563
	Août.	
AM	6	175
AM	7	471
AM	13	151
AG	21	2
AG	26	666
	Septembre.	
OR	4	552
AM	6	642
AG	13	661
AG	13	662
AM	13	171
AM	13	215
CG	17	65
AM	22	431
CG	30	66
	Octobre.	
OR	1	578
AM	4	156
AM	14	662
AG	17	145
AM	17	153
OR	19	640
	Novembre.	
OR	9	516
CG	13	67
AM	19	158
AG	23	667

1844

		Pages
OR	30	396
	Décembre.	
OR	21	472
AM	22	269
	1845	
	Janvier.	
AM	6	128
AM	13	354
OR	17	299
OR	17	331
AG	20	666
AG	28	662
AM	31	354
	Février.	
OR	9	546
AG	12	666
OR	12	183
AM	16	347
AG	21	618
	Mars.	
AM	2	662
AM	6	158
L	18	613
AG	29	666
	Avril.	
AM	9	257
OR	15	13
OR	13	22
AM	16	268
AG	19	662
	Mai.	
AG	8	98
OR	9	327
AM	10	296
AG	18	159
AD	22	2
AM	24	471
AM	26	268
	Juin.	
L	9	300
AM	20	667
AG	24	516
	Juillet.	
CG	1	67
CG	5	68
CG	8	407
AG	11	663
CG	17	68
AM	18	162
OR	21	228
	Août.	
OR	2	57
CG	6	69
AM	10	354
AM	11	425
OR	12	667
CG	26	460
	Septembre.	
OR	20	616
OR	20	663
OR	27	382
	Octobre.	
CG	14	70
AM	20	471
AM	24	189

1845

		Pages
OR	29	154
OR	29	160
OR	31	614
	Novembre.	
AM	3	375
AM	5	471
AM	5	472
AM	8	215
OR	9	265
OR	9	282
OR	9	451
OR	9	452
OR	9	452
OR	9	452
OR	9	616
OR	15	428
	Décembre.	
OR	2	299
OR	16	667
OR	29	435
AM	29	472
	1846	
	Janvier.	
OR	2	554
OR	7	663
OR	18	667
AM	27	649
	Février.	
OR	1	347
AM	7	52
OR	10	154
OR	10	585
AG	28	193
	Mars.	
AG	30	599
	Avril.	
AG	2	228
AM	15	540
AG	18	618
OR	22	24
CG	23	71
CG	24	72
AG	28	193
AM	30	52
	Mai.	
OR	14	261
OR	19	377
AM	22	527
AM	27	257
AM	29	377
AG	29	408
AM	30	375
	Juin.	
AG	30	582
	Juillet.	
OR	15	164
OR	21	556
CG	22	73
OR	26	406
AM	27	596
AG	27	618
AM	30	260
	Août.	
OR	10	213
OR	21	164
OR	23	668

1846

		Pages
Septembre.		
AM	2	206
AG	7	268
AM	8	554
AM	9	365
AM	17	591
AM	24	472
Octobre.		
AM	13	258
AM	14	475
AM	31	455
AM	31	543
Novembre.		
AM	2	591
OR	5	451
AM	5	347
AG	9	597
AM	16	124
AM	16	206
AM	18	205
AM	19	206
OR	20	367
Décembre.		
OR	4	668
OR	4	668
OR	4	668
CG	5	646
OR	13	160
AG	16	618
CG	17	75
OR	22	654
OR	22	664
OR	22	664
OR	22	664
OR	24	668
AM	26	554
AM	29	108

1847.

		Pages
Janvier.		
OR	23	185
OR	31	426
OR	31	487
Février.		
OR	11	666
CG	15	408
AG	16	250
AG	16	250
OR	18	668
AM	22	268
AM	22	472
Mars.		
OR	5	653
AM	6	593
OR	12	240
AM	29	554
Avril.		
OR	6	666
CG	10	186
AD	17	150
Mai.		
CG	6	74
AM	6	268
AG	8	617
AG	17	675
AM	19	317
AM	20	215

1847

		Pages
AG	21	07
AG	22	382
AQ	30	618
AM	31	269
Juin.		
OR	5	666
OR	5	229
OR	7	611
AG	10	95
AM	26	559
Juillet.		
AM	16	259
AM	17	675
Septembre.		
OR	1	24
OR	1	231
OR	9	418
OR	9	666
AM	25	418
OR	26	666
AM	27	554
OR	28	207
OR	30	474
Octobre.		
AG	26	651
Novembre.		
AG	8	672
OR	16	666
OR	16	666
OR	24	655
Décembre.		
AG	8	653
AG	8	654
OR	15	25
AM	22	554

1848.

		Pages
Janvier.		
OR	1	427
AG	5	617
AG	13	551
OR	14	205
OR	31	216
Février.		
AG	2	408
OR	14	666
OR	14	666
OR	14	668
OR	14	668
AM	17	375
AG	19	428
Mars.		
DGP	2	25
DGP	13	52
AG	13	558
AG	18	554
DGP	19	572
AG	27	215
AG	30	597
Avril.		
AM	8	429
AG	16	111
AG	21	656
AG	23	177
AG	26	551
AG	27	555

1848

		Pages
Mai.		
AG	1	81
AG	5	25
AG	5	327
AG	5	848
AG	8	514
AG	10	161
AG	16	572
AG	19	350
AG	26	296
AG	27	97
AM	27	260
AG	31	98
Juin.		
AG	12	08
AM	12	191
AG	20	277
AG	20	654
AG	20	651
AG	20	654
Juillet.		
AM	1	529
APE	5	97
AG	8	92
AM	12	475
AG	17	268
AG	17	461
APE	27	205
APE	27	215
AG	29	411
Août.		
AG	12	517
AG	14	447
APE	16	154
APE	16	215
APE	16	261
APE	16	564
APE	20	397
DAN	22	572
Septembre.		
APE	12	666
DAN	19	670
APE	21	563
AG	29	517
AM	29	539
Octobre.		
AG	3	201
APE	5	564
AG	9	216
APE	9	449
APE	9	664
APE	12	504
APE	14	461
Novembre.		
APE	4	211
APE	4	374
DAN	4	25
AM	10	449
AG	18	670
AM	27	260
APE	30	25
Décembre.		
AG	5	376
APE	7	422
APE	9	26
APE	16	28
APE	16	50

1848

		Pages
APE	19	107
APE	19	136
APE	19	136
AM	27	515
DP	30	572

1849

		Pages
Janvier.		
DP	5	664
DP	5	668
DP	11	668
DP	11	669
Février.		
AM	9	540
AG	12	461
Mars.		
AM	10	542
AG	15	655
AG	15	654
DP	20	648
Avril.		
DP	5	597
Mai.		
DP	6	556
CG	7	186
DP	14	451
DP	14	451
DP	14	451
AG	18	99
DP	18	262
CG	19	453
Juin.		
DP	1	599
CG	15	187
DM	23	269
AM	29	435
AM	29	543
Juillet.		
DP	9	418
DP	15	349
AG	21	88
DP	24	452
DP	27	87
Août.		
AG	10	618
DP	29	269
DP	29	551
Septembre.		
AM	11	55
Octobre.		
AG	14	216
Novembre.		
DP	11	574
L	12	572
DP	16	578
DP	28	31
DP	28	233
AM	30	597
Décembre.		
DP	4	410
AM	8	544
DP	9	555
AM	21	597

1850

		Pages
	Janvier.	
DP	11	664
DP	17	278
DP	22	669
DP	22	669
L	24	649
DM	26	345
DP	31	649
	Février.	
DP	11	185
AG	12	653
AG	12	653
AG	12	653
AM	14	537
AG	19	555
DP	21	291
DP	22	292
IM	28	292
	Mars.	
DP	10	158
A	12	146
AG	19	555
DP	19	136
DP	19	314
AM	22	216
DP	23	378
	Avril.	
DP	2	48
DM	26	500
	Mai.	
DP	6	669
DP	6	669
DP	14	416
AG	22	465
	Juin.	
DP	11	60
AM	11	296
AM	14	53
AG	23	121
AM	25	216
	Juillet.	
DP	5	151
DP	6	182
DP	6	418
DP	14	367
L	20	670
	Août.	
AG	2	94
DP	10	314
DP	10	611
DP	11	335
DP	11	660
DP	30	51
	Septembre.	
DP	3	230
AM	5	252
AM	20	243
DP	50	216
DP	50	568
	Octobre.	
DP	6	89
AM	19	631
AM	28	235
	Novembre.	
DP	4	205
AM	12	117
DP	22	139

1850

		Pages
AM	26	118
	Décembre.	
AG	11	233
AM	26	233
DP	28	578

1851

	Janvier.	
L	11	500
DP	11	343
AM	17	535
DP	20	156
	Février.	
DP	4	315
DP	5	529
DP	11	670
DP	14	155
DP	21	534
DP	23	301
AM	28	564
	Mars.	
DP	17	93
	Avril.	
DP	4	420
DP	10	181
DP	23	378
DP	25	669
DP	26	231
AG	30	533
	Mai.	
DP	2	278
DP	21	562
DP	26	132
	Juin.	
AG	1	550
AM	13	536
AM	13	539
AM	13	539
AM	13	539
DP	16	152
L	16	595
AM	17	474
DP	18	504
AG	20	533
AG	24	437
DP	25	294
	Juillet.	
AM	4	235
DP	10	156
AM	11	51
DP	12	103
DP	12	103
DP	12	104
DP	12	106
DP	30	666
DP	30	666
AM	30	651
DP	31	167
	Août.	
L	4	112
AM	11	455
DP	16	235
DP	16	211
AM	18	216
DP	22	175
DP	22	175
DP	22	171

1851

		Pages
	Septembre.	
DP	1	610
DP	5	2
DP	5	500
DP	8	184
DP	14	623
AM	15	233
AM	15	233
AM	17	233
	Octobre.	
AG	6	476
AM	6	553
DP	14	270
AM	16	516
	Novembre.	
DM	5	315
AM	5	451
DP	10	669
DR	17	501
AM	17	107
AM	19	564
DP	21	199
DP	21	216
	Décembre.	
AM	1	567
AG	7	518
DP	8	649
DP	12	99
DP	15	664
DP	15	664
DR	17	48
DP	17	518
DP	19	294
AM	22	107
IM	23	294
AG	24	216
DP	26	181
DP	26	669
AM	26	531
AM	26	531

1852

	Janvier.	
DP	5	123
AG	23	652
AM	30	476
AM	31	545
	Février.	
DP	6	449
DP	11	664
DP	19	80
AM	20	606
AG	26	618
DP	26	154
	Mars.	
DP	5	666
DP	5	649
DP	19	432
AM	19	107
AG	20	619
DP	22	403
AG	24	449
DP	26	170
DP	28	94
DP	28	619
AG	30	544
DP	31	212

1852

		Pages
	Avril.	
DP	12	511
CM	13	106
DP	16	151
AG	16	649
DP	21	471
DP	23	5
DP	23	555
DP	23	451
AM	28	651
AG	29	607
	Mai.	
AG	8	409
AM	21	274
AM	21	269
DP	31	649
	Juin.	
AG	7	190
AG	8	356
AM	9	559
DP	12	437
DP	14	664
A	15	151
AG	18	570
AG	20	670
AM	30	249
AM	30	445
	Juillet.	
AG	9	160
AM	9	670
DP	16	517
DP	16	518
DP	21	367
AM	31	545
	Août.	
DP	6	178
AM	6	567
DP	11	135
DP	14	91
DP	25	538
	Septembre.	
AM	3	319
DP	8	455
DP	22	151
DP	23	134
DP	22	166
AM	26	567
AM	29	537
AM	29	538
	Octobre.	
AG	4	617
DP	10	214
AM	13	93
AG	23	618
DP	23	440
DP	27	88
	Novembre.	
AM	5	538
AG	10	518
DP	20	378
DP	22	562
DP	22	504
AG	28	465
AM	29	421
	Décembre.	
DM	2	94
AG	4	653

TABLE CHRONOLOGIQUE.

1852 — Pages

		Pages
AG	4	654
DI	8	112
DI	15	610
DI	50	640

1853

Janvier.

AG	5	617
AG	11	154
AG	12	155
AG	14	618
DI	15	575
AM	21	455
AG	25	617
AM	51	106

Février.

AG	10	556
AM	11	255
AG	12	555
AG	12	562
DI	12	419
AG	22	100
CG	25	462

Mars.

DI	2	551

Avril.

AM	2	540
AG	6	184
DI	16	567
DI	22	90
DI	22	669
AG	25	611
DI	26	257

Mai.

DI	19	405
DI	25	517
DI	25	641
AM	25	90
DI	51	259

Juin.

DM	15	544
DI	15	499
AM	25	150
AG	24	611
AG	25	562
AG	50	618

Juillet.

AM	1	255
AM	11	127
DI	20	262

Août.

DI	10	655
DI	11	501
DI	15	116
DI	15	117
AG	19	618
DI	50	640

Septembre.

DI	12	156
DI	50	664
DI	50	664

Octobre.

DI	16	91
DI	16	91
AM	17	566
AG	27	97

1853 — Pages

Novembre.

DI	1	455
AM	7	567
DY	9	520
DI	15	515

Décembre.

AM	5	451
DI	7	418
AG	20	454
DI	25	649
DI	24	262
A	24	480
AM	50	864
AG	51	562

1854

Janvier.

AG	7	562
DI	7	656
AM	16	545
AM	29	452

Février.

DI	4	575
AM	4	576
AM	5	576
AM	17	485
DM	27	246

Mars.

AM	8	245
AM	15	562
AM	17	55
AM	24	150
AG	28	562

Avril.

DI	2	285
DI	12	154
DI	14	154
DI	26	217
AM	28	540
DI	29	410

Mai.

DI	1	217
AG	1	607
AM	9	505
DI	15	47
DI	17	238
AM	17	525
DI	51	654

Juin.

AM	2	125
AM	9	92
AM	9	122
AM	9	671
AM	12	123
DI	14	163
AM	15	558
DI	17	218
AG	25	555
DI	24	418
AM	27	455

Juillet.

AM	5	122
DI	5	145
DM	7	630
DI	8	51
DI	8	217

1854 — Pages

DI	8	472
AG	12	618
DI	21	664

Août.

DI	5	667
DI	8	83
DI	8	89
DI	12	255
AG	12	465
DI	12	608
DI	19	397
AM	23	260
DI	50	518

Septembre.

DI	5	452
AM	12	245
AM	15	54
DI	30	162
DI	50	164

Octobre.

DI	1	411
AG	5	609
DI	5	299
AG	7	555
DI	14	664
DI	16	451
AG	19	544
DI	21	419
DI	25	98
DI	28	155
AM	50	506

Novembre.

DI	1	598
AG	8	555
AM	10	151
AM	11	475
DI	15	517
DI	18	598

Décembre.

AG	4	671
DI	16	258
AG	22	156

1855

Janvier.

DI	5	450
DM	12	245
DI	15	205
AG	15	618
DI	17	98
AM	17	570
AM	24	540
AG	27	618

Février.

DM	8	545
AM	12	55
DI	14	217
DI	14	501
DM	15	85

Mars.

DI	5	156
AM	5	657
DI	7	181
DI	10	546
AG	12	618

1855 — Pages

DI	14	560
DI	24	664
AM	28	125
AM	51	122

Avril.

AG	5	451
DI	15	154
AG	15	555
DI	25	418

Mai.

DM	21	474
DI	25	501
AM	25	123

Juin.

AM	1	421
AG	2	555
DI	20	240
AM	29	195

Juillet.

DI	4	648
DI	4	670
DI	7	472
AM	9	567
DI	18	245
DI	18	551
DI	18	417
DI	18	665
AM	50	560

Août.

AG	5	106
IM	8	507
AM	16	540
AM	22	125
DI	29	515

Septembre.

DI	5	299
AM	6	122
AM	14	123
AM	14	558
AM	24	254
DI	29	649

Octobre.

DI	6	124
DI	10	298
DI	15	420
DI	20	160

Novembre.

AG	2	277
DI	5	600
AM	5	603
AG	16	560
AG	25	618
AG	50	411

Décembre.

DI	5	525
DI	5	557
DI	5	649
AM	7	254
AM	10	475
DI	12	649
AG	12	671
DI	22	184
DI	22	669
DI	28	575
AM	51	411

1856

Janvier.

		Pages
DI	15	667
DI	15	669
DI	19	315
DI	19	504

Février.

DI	6	406
AG	12	618

Mars.

DI	12	472
DI	22	138
AM	23	609

Avril.

DI	16	214
AM	21	476
AM	28	119

Mai.

DI	7	481
DI	10	94
AM	16	551
CG	20	74
AG	21	87
DI	26	665
DI	28	157
DI	31	547

Juin.

AG	3	548
AM	3	249
DI	3	505
DI	3	665
AG	8	612
AG	10	612
DI	12	94
DI	16	452
CM	20	276
AM	23	221

Juillet.

DI	7	255
AM	14	476
CG	14	450
DI	23	665
L	26	501
DI	31	133

Août.

DI	4	146
AM	6	146
DI	7	2
AM	12	451
CG	14	74
DI	19	91
AG	22	87
AG	22	93

Septembre.

DI	1	299
DI	7	299
DI	7	302
DI	7	463
AG	8	138
DI	9	262
AM	9	2
DI	13	501
DI	13	638
AM	13	93
AM	18	128
AG	23	93
AM	24	506
DI	28	561

1856

Octobre.

		Pages
DI	6	419
IM	10	453
AM	14	406
AG	17	560
DI	25	276
CM	24	277
AG	27	87

Novembre.

DI	5	472
AG	13	429
AG	17	671
AG	25	611

Décembre.

DI	5	117
AG	12	87
AM	15	540
AM	18	600
AG	18	618
AM	19	652
AG	20	464
CG	28	461
DI	30	51
DI	31	203
DI	31	221
DI	31	223

1857

Janvier.

AG	3	555
CG	7	558
AM	16	122
DI	17	169
AG	19	147
DI	19	262
DI	24	669

Février.

AG	11	2
AG	20	618
AM	20	540
AM	27	123
DI	28	667

Mars.

DI	7	501
DI	14	570
DI	18	472
AG	23	555

Avril.

DI	8	142
DM	16	652
AG	20	618
AM	24	375
AG	24	618
DI	29	240
DI	29	618

Mai.

AG	7	299
AM	15	539
AM	15	540
AG	15	409
AG	16	652
AM	18	642
AM	20	94
DI	27	667

Juin.

AG	1	618

1857

AG	3	555
DI	10	299
AG	20	618

Juillet.

AG	2	555
AG	3	555
DI	5	475
DI	10	665
DI	24	479

Août.

DI	4	564
AM	7	193
DI	16	242
AM	24	540
AM	26	642

Septembre.

AG	4	555
AG	5	618
DI	6	565
AM	25	540

Octobre.

DI	2	419
AM	19	53
AG	20	555
AG	25	555
DI	30	558
DI	30	619

Novembre.

AG	16	618
DI	18	174

Décembre.

DI	5	418
DI	5	419
DI	5	665
AG	7	555
AG	7	65
AM	11	55
AM	11	232
DI	16	299
AM	21	642
CG	23	189
DI	26	665

1858

Janvier.

DI	6	315
AM	6	119
AG	16	374
DI	20	597
AG	21	555
DI	27	627
DI	30	669

Février.

AM	12	132
AM	12	234
DI	15	160
DI	15	241
AG	15	431
DI	17	641
AM	26	560
DI	27	432

Mars.

AG	4	147
AG	15	612
CG	15	75
AG	16	411
AG	20	606

1858

		Pages
AG	24	560
DI	24	606
AM	26	642

Avril.

DI	8	665
AM	16	465
AG	18	612
AM	19	642
AG	21	612
DI	24	154
AG	27	612
AM	30	94
AM	30	260

Mai.

AG	7	555
AM	10	642
DI	12	669
AM	19	455
CG	20	190
CG	20	285
DI	28	183

Juin.

AG	9	330
DI	11	523
DI	11	665
AG	15	87
AM	18	244
AM	23	611
DI	24	55
AM	25	475

Juillet.

IM	1	54
DM	9	409
DM	22	75
AG	24	555
DI	29	598
DI	29	436
DI	29	658
DI	29	665
DI	29	669
DI	29	669
DI	29	53
DM	31	121

Août.

DI	2	564
DI	2	665
AM	21	55
DI	23	669
DI	23	669
DM	25	84
DM	25	296
DM	26	121
AM	26	122
AM	26	122
AM	26	122
AM	26	123
AM	26	123
AM	26	123
AM	27	51
DI	31	53

Septembre.

CM	2	84
DI	8	240
AM	8	123
123	9	36
IM	11	57
DI	12	667

1858

		Pages
AM	16	58
IM	18	562
DM	20	555
CM	21	78
AM	21	77
DM	25	415
IM	25	575
DI	27	504

Octobre.

IM	7	410
DM	8	652
AM	12	240
DI	13	57
DI	13	665
DI	13	669
DI	16	504
AM	16	486
DM	16	486
IM	16	422
DI	20	155
DI	20	171
DI	20	667
IM	21	574
IM	25	652
AM	26	87
CM	26	255
DI	27	57
DI	27	665
DI	30	595
CM	30	595

Novembre.

DM	8	652
CM	8	80
CM	12	59
DI	13	47
CM	13	245
CM	13	487
CM	18	47
DI	21	50
DI	21	185
DI	21	185
CM	24	75
IM	25	565
AM	26	574
AM	29	422
CM	30	451

Décembre.

DI	1	558
DI	1	479
CM	1	44
CM	1	475
AM	2	518
AM	4	85
CM	4	85
AM	9	51
AM	11	50
DM	13	5
CM	13	595
AM	13	51
DI	13	599
DI	13	599
DI	15	47
DI	15	50
AM	15	51
DM	15	77
CM	17	455
AM	18	565
AM	18	455
AM	18	545

1859

		Pages
DI	22	45
AM	22	45
AM	24	48
DI	27	654
DM	27	80
DM	27	92
IM	28	76
DI	30	184
DI	30	665
AM	31	49
AM	31	51
DM	31	451
CM	31	460

1859.

Janvier.

AM	6	636
DM	6	61
CM	6	542
DI	8	669
CM	8	86
AM	17	254

Février.

AM	13	545
DI	15	593
DI	16	665
DI	16	669
DI	19	566
AM	19	559
AM	21	560
IM	21	559
AM	22	51
AM	22	59
DI	23	419
DI	26	85

Mars.

DI	2	103
DI	2	562
DI	5	171
DI	5	209
CM	12	436
AM	14	128
CM	15	41
DI	19	91
DI	19	135
AM	23	472
CM	25	56

Avril.

AM	4	255
AM	5	545
DI	11	218
DI	14	206
DI	20	175
DI	20	472
DI	22	400
AM	22	464

Mai.

DI	7	596
CM	8	76
AM	25	49
AM	25	479

Juin.

L	11	575
L	11	575
AM	25	45
AM	27	599
DI	28	455
CM	28	191

1859

		Pages
CM	19	45
CM	29	650

Juillet.

DI	14	98
CM	21	81

Août.

DI	6	479
DI	6	667
AM	9	354
CM	10	556
CM	10	557
DI	16	91
DI	16	148
DI	16	563
DI	16	638
AM	16	51
AM	17	132
AM	17	125
DM	18	525
AM	20	545
AM	25	254
DI	25	256
AM	25	545
DI	26	672
AM	27	125
AM	27	125
AM	27	123

Septembre.

DM	1	464
DI	2	667
DI	2	670
DI	5	41
DI	5	225
DI	5	510
CM	5	477
CM	7	192
DI	8	524
AM	8	125
DM	9	47
DM	10	420
DI	11	189
DI	14	252
DI	14	554
DI	11	555
DI	14	670
AM	18	599
CM	21	565

Octobre.

AM	7	52
AM	14	122
DI	19	417
DM	22	90
CM	22	545
CM	25	545
AM	27	125
DM	27	546
DI	29	575

Novembre.

DI	9	458
DI	10	49
AM	12	49
AM	16	122
DI	27	547
AM	29	48
AM	29	259
IM	30	518

Décembre.

DI	5	455
DI	10	165

1859

		Pages
AM	17	640
CM	19	123
AN	20	640
IM	25	651
AM	24	122
AM	24	599
AN	26	560
AM	26	599
AM	30	519
DI	31	411
DI	31	58

1860

Janvier.

DI	4	455
DM	10	478
DM	10	478
DI	11	203
DI	11	224
DI	11	260
DI	11	611
AM	15	122
AM	15	125
AM	16	122
AM	16	560
DI	28	226
DI	28	611

Février.

DI	7	549
DM	7	559
AM	10	455
AM	10	545
DI	11	505
AM	15	478
CM	17	567
DI	18	179
DI	18	226
DI	18	649
CM	25	505
DI	25	149
DI	25	406
DM	28	456
DI	29	567
DI	29	567

Mars.

AM	1	455
DI	5	665
DI	6	500
AM	9	119
DI	10	260
DI	10	519
DI	14	135
DI	15	400
DI	15	401
AM	15	259
AM	19	658
DM	25	478
DI	24	565
DI	25	420
DI	25	421
AM	25	401
DM	30	545
DI	31	657
AM	31	519

Avril.

DI	5	551
AM	5	551
AM	5	77

1860		Pages	1860		Pages	1860		Pages	1860		Pages
DI	11	217	DI	19	415	L	20	142	DI	23	287
AM	15	551	AM	21	455	CM	22	141	DI	25	682
DM	18	478	CM	23	598	CM	22	147	DI	25	688
DI	23	91	CM	28	470	CM	22	457	AM	25	561
DI	27	554	CM	29	190	DI	23	182	AM	25	416
DI	28	456	DI	30	355	DI	25	504	DI	28	215
DI	28	557	DI	30	567	DI	25	558	AM	31	686
Mai.			Juin.			DI	25	667	Août.		
AM	8	564	DI	4	665	AM	30	92	DI	4	677
DI	9	545	AM	4	483	Juillet.			AM	5	686
DI	12	566	CM	5	122	CM	5	483	DI	18	677
DI	12	637	AM	8	447	DI	11	145	AM	21	416
AM	14	123	DI	18	98	AM	15	446	AM	23	677

FIN DE LA TABLE CHRONOLOGIQUE.

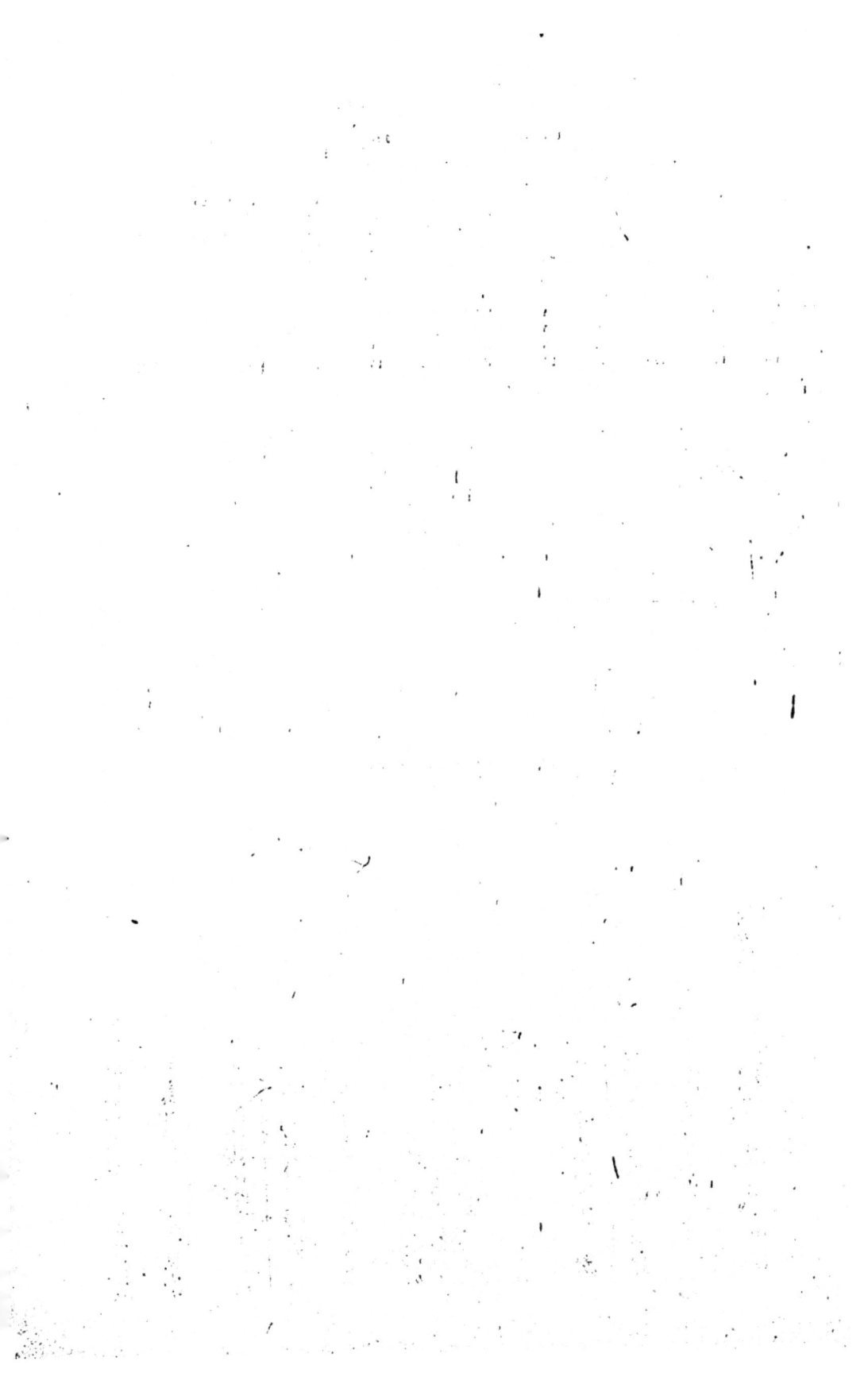

NOMENCLATURE

DES LOIS, DÉCRETS ET ORDONNANCES RÉGISSANT LA MÉTROPOLE

QUI ONT ÉTÉ PROMULGUÉS ET RENDUS EXÉCUTOIRES EN ALGÉRIE.

Ont en outre été spécialement déclarés exécutoires en Algérie, par décrets rapportés aux articles suivants, tous les décrets, lois, ordonnances, tarifs et règlements concernant les *Contributions diverses*, — Les *Courtiers*, — Le *Crédit foncier*, — Les *Douanes*, — L'*Enregistrement*, — Les *Fabriques*, — Les *Inhumations*, — Les *Notaires*, — La garantie des objets d'*Or et argent*, — Les *Servitudes militaires*, — Le service *Télégraphique*, — Le *Timbre*.

FIN DE LA NOMENCLATURE.

Paris. — Imprimé par E. TRUNOT ET Cie, 26, rue Racine.